2018

LE GUIDE DES MEILLEURS VINS DE FRANCE

Olivier Poussier
Meilleur sommelier du monde 2000

Olivier Poels

Pierre Citerne

Caroline Furstoss

Roberto Petronio

Jean-Emmanuel Simond

Alexis Goujard

Romain Iltis
Meilleur sommelier de France 2012

Christian Martray

Philippe Maurange

Pierre Vila Palleja

1JOUR1VIN.com
Ventes privées de vins au meilleur prix

RETROUVEZ UN GRAND CHOIX DE VINS ET CHAMPAGNES RECOMMANDÉS PAR

 UNE SÉLECTION D'EXPERTS !

 EN DIRECT DES DOMAINES !

 VINS AU MEILLEUR PRIX !

L'ABUS D'ALCOOL EST DANGEREUX POUR LA SANTÉ, À CONSOMMER AVEC MODÉRATION

ÉDITO

DES VINS PLUS SAINS
—

Sécheresses, canicules, cruelles gelées, la grêle qui peut en quelques minutes anéantir l'espoir d'une année… La violence du climat marque les derniers millésimes du vignoble français. Elle suscite chez les vignerons de profondes interrogations. Faut-il changer de cépages, de viticulture, chercher d'autres terroirs, accepter l'idée de s'approvisionner ailleurs en raisin ? Les questions sont culturales, économiques, mais aussi bien sûr culturelles. Prises en tenaille entre les impondérables rudesses du ciel et le droit successoral français, les exploitations familiales apparaissent particulièrement menacées. Et du côté des passionnés de vin, les craintes existent aussi ; les vins vont-ils devenir plus rares, plus chers ? Pas de panique : l'expertise de nos dégustateurs, totalement indépendants, constitue une utile passerelle entre les amateurs et les nouveaux talents vignerons.

Des vins plus sains, plus « naturels », des pratiques viticoles moins polluantes : les producteurs ne peuvent plus rester immobiles face à des aspirations devenues générales. Le Guide Vert des meilleurs vins de France qui, cette année encore, évolue pour offrir davantage d'exhaustivité et de plaisir de lecture, est le témoin privilégié de cette fondamentale prise de conscience. Les modèles vertueux sont désormais considérés avec respect et intérêt, alors qu'ils étaient il y a quelques années encore raillés par la majorité.

L'élite du vignoble, celle que nous défendons dans ces pages, répond brillamment à ces multiples défis. Elle nous a cette année encore impressionnés, avec tant de cuvées capables de raconter l'histoire des hommes et celle des lieux, des cuvées qui suscitent un engouement désormais planétaire. Qui eût cru que l'Amérique ou l'Australie se passionneraient pour les vins de paysans ligériens, jurassiens ou pyrénéens ! Plus qu'un paradoxe, c'est une raison d'espérer : ce désir partagé des grands vins de France s'oppose précisément à l'uniformisation délétère de la mondialisation.

Pierre Citerne et Olivier Poels

www.larvf.com
La Revue du vin de France
@LaRVF_mag

SOMMAIRE

Éditorial — 3

MODE D'EMPLOI

Notre méthode — 7
Notre charte — 8
Comment lire ce guide ? — 9
Comment lire un commentaire ? — 10
Nos auteurs — 12

BIEN ACHETER SES VINS

Les cavistes à suivre de près cette année — 15
Vente de vin en ligne : les meilleurs sites — 23

LE PALMARÈS 2018

Les domaines qui entrent dans le guide — 27
Les domaines promus — 28
Les domaines étoilés — 29

BONNES AFFAIRES

20 bonnes affaires en blanc à moins de 15 € — 36
20 jolis flacons en rouge à moins de 15 € — 37
20 rosés désaltérants à moins de 15 € — 38
20 vins effervescents pour les fêtes à moins de 26 € — 39

À L'HONNEUR CETTE ANNÉE

Ces 23 vignerons ont épaté le comité de dégustation — 40

Le tableau des millésimes — 57

LES RÉGIONS

Alsace — 60
Beaujolais — 100
Bordeaux — 124
Bourgogne — 280
Champagne — 412
Corse — 464
Jura — 480
Languedoc — 496
Vallée de la Loire — 544
Provence — 612
Vallée du Rhône septentrionale — 640
Vallée du Rhône méridionale — 676
Roussillon — 714
Savoie — 744
Sud-Ouest — 760

LES INDEX

Index appellations — 794
Index châteaux, domaines et caves — 815
Index propriétaires — 822
Index des domaines bio — 828

RÉDACTION

Les auteurs : Olivier Poussier, Pierre Citerne, Caroline Furstoss, Alexis Goujard, Romain Iltis, Christian Martray, Philippe Maurange, Roberto Petronio, Olivier Poels, Jean-Emmanuel Simond, Pierre Vila Palleja.

Rédacteur en chef : Olivier Poels
Conseiller éditorial : Pierre Citerne
Rédacteur en chef-adjoint : Jérôme Baudouin

Chef d'édition et gestion de la base de données : Bruno Ménard
Premier secrétaire de rédaction : Raphaël Czarny
Secrétaire de rédaction : Justine Knapp
Saisie des données : Nathalie Souksamrane et Eliott Kratiroff, avec Anouk Marchaland
Organisation des dégustations : Enzo Pias et Jean-Baptiste Guillaume
Couverture et maquette : Émilie Greenberg, Gilles Grman (La RVF)
Photo des auteurs : Régis Grman
Cartographie : Romuald Belzacq – Légendes Cartographie
Mise en page : Didier Naulevade – NRS

DIRECTION ET ÉDITION
Éditeur délégué : Thomas Herson
Directeur de la rédaction : Denis Saverot

FABRICATION
Directeur de la fabrication : Benoît Carlier
Chef de fabrication adjoint : Catherine Bricout
Impression et façonnage : NIIAG

DIFFUSION
Responsable marketing-diffusion-abonnement : Émilie Juglar, avec Ingrid Cambour
Diffusion : Interforum Editis et NAP Investissement

INTERNET ET DIGITAL
Directeur Internet et digital : Amalric Poncet
Directeur technique : Fabrice Picq
Chef de projet fonctionnel : Fabienne Dujardin
Développeur analyse de données : Ludovic Sallet
Développeurs : Thibaut Masset et Sulivan Bochant

PUBLICITÉ
Directrice de la publicité : Audrey Aubinel-Balague
Directeurs de clientèle : Pierre Besserat et Tristan de Crisnay
Coordination technique : Marie-Hélène Dargouge

Le Guide des meilleurs vins de France est édité par la Société d'information et de créations (SIC) :
RCS Nanterre, 302 114 509 – SARL au capital de 3 822 000 euros –
10, boulevard des Frères-Voisin – 92130 Issy-les-Moulineaux
Tél. : 01 41 46 88 88
Droits réservés, traduction ou adaptation, même partielle, strictement
interdite sans l'accord de l'éditeur.
© 2017 : SIC, La Revue du vin de France
ISBN : 979-10-323-0196-8
N° éditeur : 38369
Imprimé en Italie
Dépôt légal : 3e trimestre 2017

Président du Groupe Marie-Claire et directeur de la publication : Arnaud de Contades

PRÉCISION SUR NOTRE MÉTHODE

Notre objectif : présenter à nos lecteurs le palmarès le plus exhaustif possible de l'élite de la viticulture française. Tous les vins notés et commentés dans ce guide, à l'exception des primeurs 2016 de Bordeaux, ont été dégustés par les auteurs (lire pages 12 et 13) entre les mois de mars et de juin 2017, dans les locaux de La Revue du vin de France. Les vins nous ont été fournis par les producteurs. Toutefois, certains domaines n'ayant pas souhaité nous adresser d'échantillons, les auteurs ont intégré dans ce guide des notes de vins dégustés par eux-mêmes dans d'autres circonstances, lors de dégustations privées ou de visites dans le vignoble pour La RVF.

NOTRE CHARTE

ENGAGEMENT ET INDÉPENDANCE

—

LA NOTATION DES DOMAINES

Tous les domaines de ce guide sont classés de 0 à 3 étoiles. Ce classement tient compte du potentiel de terroir, de la faculté qu'a le vigneron à l'exploiter et de l'homogénéité de sa production sur les derniers millésimes. Ces critères sont valables pour toutes les régions. Une étoile a donc la même valeur en Alsace, dans la Loire ou à Bordeaux. Nous rappelons que ce guide est un palmarès et qu'à ce titre, tous les domaines qui y figurent, même sans étoile, représentent, à nos yeux, l'excellence de la production française.

LA NOTATION DES VINS

Tous les vins sont notés sur une échelle de 20 points. Cette notation établit une hiérarchie au sein d'une appellation et d'un millésime. Il faut cependant comprendre qu'il n'est pas possible de comparer un sylvaner sec d'Alsace 2015 et un liquoreux de Bordeaux 2008. Seuls les vins ayant obtenu une note supérieure ou égale à 12/20 figurent dans ce guide.

LES PRIX

Dans la mesure du possible, nous publions les prix que nous ont fourni les domaines. Il s'agit de prix TTC départ domaine. De nombreux vignerons ne vendant pas de vin en direct, nous leur avons demandé de nous fournir un prix indicatif constaté chez les cavistes ou sur les sites internet de ventes de vins. Pour les grands crus de Bordeaux, nous publions des prix généralement constatés auprès du négoce spécialisé. Tous les prix mentionnés sont évidemment susceptibles de variations en fonction des circuits de distribution.

NOTRE CHARTE

COMMENT LIRE CE GUIDE ?
—

LES DOMAINES ÉTOILÉS

★★★
Ils représentent l'excellence du vignoble français. Les meilleurs terroirs exploités par les plus grands vignerons. Déguster leur vin est toujours un moment magique.

★★
Ces très grands domaines, souvent dotés de terroirs fabuleux, sont des incontournables qui, par leur régularité et l'excellence de leur production, se doivent de figurer dans la cave des amateurs.

★
Stars en devenir ou vignerons de qualité à la production de bon niveau, vous ne serez pas déçus en dégustant les vins de ces domaines.

LE BARÈME DE NOTATION DES VINS

19,5 à 20 : vin exceptionnel
18 à 19 : grand vin
16 à 17,5 : très bon vin
14 à 15,5 : bon vin
12 à 13,5 : vin correct

LES SIGNES ET ABRÉVIATIONS

- vin rouge
- vin rosé
- vin blanc
- ♣ labellisé bio
- ☾ labellisé biodynamique

VDN : vin doux naturel
VT : vendanges tardives
SGN : sélection des grains nobles
IGP : indication géographique protégée
VDF : vin de France

LES TARIFS

10 € : le prix TTC départ propriété de ce vin est égal à 10 €, sauf mention (c).
N.C. : prix non communiqué.
(c) : prix relevé auprès de cavistes.
Les circuits de distribution étant très nombreux (domaine, caviste, restaurant, enchères, vente en ligne, etc.), les prix mentionnés le sont à titre indicatif. La plupart du temps, il s'agit de prix de vente TTC en direct au domaine pour les particuliers. Ils peuvent donc être plus élevés chez les cavistes ou auprès des distributeurs.

NOTRE CHARTE

COMMENT LIRE UN COMMENTAIRE

—

Niveau de classement en étoiles Nom du domaine	★★ **DOMAINE ANTOINE ARENA**	❶ ❷
En quelques mots, comprendre ce que produit le domaine, son histoire, apprécier la qualité et la personnalité des vins et, éventuellement, s'informer sur leur commercialisation	L'année 2014 était un tournant dans l'histoire de la famille Arena : depuis ce millésime, les enfants d'Antoine Arena produisent leurs propres vins avec leurs propres étiquettes. Antoine et Marie ont gardé la vigne paternelle de Morta Maïo et le cépage biancu gentile. Une vigne de blanc sera bientôt en production sur Morta Maïo. 2013 était donc le dernier millésime pour le Carco rouge et le Grotte di Sole en rouge et en blanc sous la bannière Antoine Arena. Nous tenions à saluer Antoine et Marie pour tout le travail effectué depuis des années pour cette appellation et pour la réputation du vignoble corse. Les enfants sont sur des bons rails, et les anciens toujours dans la course : une vraie bonne nouvelle.	❸
Une sélection de vins représentatifs, notés et commentés avec leur prix de vente directe au domaine ou dans le commerce. Un coup de cœur est décerné pour chaque domaine. Prix en euros et notation des vins sur 20.	**Les vins** : le Carco blanc se montre bien mûr, avec une trame ample et enrobée. La finale est savoureuse. Le Bianco Gentile évoque les fruits jaunes ; un soupçon plus riche en milieu de bouche, il se montre quand même bien équilibré : une belle définition de ce cépage. Le muscat est superbe, grâce à un excellent niveau de maturité du raisin. Le patrimonio Morta Maïo séduit par ses tanins fins et sa bonhomie en milieu de bouche. Déjà prêt à boire, on pourra le garder quelques années. ▱ Muscat du Cap Corse 2015 24 € 17 ▱ VDF Bianco Gentile 2015 22 € 17 ▰ Patrimonio Morta Maïo 2014 22 € 17 **Le coup de ♥** ▱ Patrimonio Carco 2016 22 € 18 Superbe définition du fruit sur le floral et les épices : sa bouche est assez large et ronde, mais sans mollesse. Ce vin impose une belle puissance tout en gardant un juste équilibre. Nous aimons sa sapidité et son acidité finale.	❹ ❺ ❻
Information sur la production, la superficie, l'encépagement et le volume de production.	**Rouge** : 2 hectares. Nielluccio 100 %. **Blanc** : 3 hectares. Muscat à petits grains blancs 33,33 %, Biancu gentile 33,33 %, Vermentino 33,33 % **Production moyenne** : 30 000 bt/an	❼ ❽
Toutes les données pratiques pour entrer en contact avec le producteur ou lui rendre visite au domaine.	DOMAINE ANTOINE ARENA ♣ Morta Maïo, 20253 Patrimonio 04 95 37 08 27 • antoine.arena@wanadoo.fr • Vente et visites : au domaine sur rendez-vous. Propriétaire : Antoine et Marie Arena	❾ ❿ ⓫ ⓬

NOTRE CHARTE

❶ Classement 2018.
Les domaines sont classés en quatre familles : sans étoile, avec une étoile, avec deux étoiles ou avec trois étoiles.

❷ Le nom du producteur ou de la propriété.
Il peut s'agir d'un domaine, d'une cave coopérative ou d'une maison de négoce produisant un ou plusieurs vins différents chaque année.

❸ Notre commentaire sur le domaine, la maison de négoce ou la cave coopérative.
Nous présentons le domaine, le style et le caractère de la production et nous donnons notre avis.

❹ Les vins sélectionnés et commentés.
Les vins présentés ici sont les meilleurs vins disponibles soit à la propriété, soit dans le commerce. Pour certains crus majeurs, nous présentons des millésimes antérieurs, que l'amateur peut posséder dans sa cave.

❺ La couleur du vin, la cuvée, le prix et notre notation.
Le prix : prix indicatif à la propriété communiqué par le producteur, sauf mention (c) qui indique un prix relevé auprès de cavistes. S'il n'est pas communiqué (« N.C. »), c'est parce que le vin n'est plus disponible, ou que son prix n'est pas encore fixé.
La disponibilité : si le prix est suivi de la mention « épuisé », ce vin n'est plus disponible chez le producteur. On peut le trouver dans le commerce de détail.

❻ Le coup de cœur de l'année.
Pour chaque domaine, un coup de cœur est attribué à un vin, qui représente pour nous la plus belle illustration du savoir-faire de chaque vigneron.

❼ La surface et l'encépagement de son vignoble.
Nous donnons le nombre d'hectares en production et les variétés de cépages plantées pour les vins rouges et les vins blancs.

❽ Le nombre total de bouteilles produites.
Il s'agit d'une moyenne annuelle correspondant à l'ensemble des vins produits par le domaine.

❾ Domaine bio ou en biodynamie.
Ce logo indique si le domaine pratique une viticulture propre. Le trèfle ♣ identifie les domaines certifiés en bio, tandis que la lune ☾ identifie les domaines certifiés en biodynamie.

❿ L'adresse du producteur, son numéro de téléphone, son adresse mail et/ou son site internet.

⓫ Les horaires de visite.
Attention : il est toujours préférable de prendre rendez-vous au préalable avec le producteur. Lorsque celui-ci ne peut pas recevoir de visites, nous l'indiquons.

⓬ Le nom du propriétaire ou du responsable avec qui vous pouvez entrer en contact.
Il peut s'agir du propriétaire, du directeur d'exploitation ou du responsable de la production, selon les domaines.

LES AUTEURS

OLIVIER POUSSIER
Vallée du Rhône nord - Beaujolais - Corse

Millésime 1964. Meilleur sommelier du monde, sacré à Montréal en 2000. Dégustateur universel par excellence. Parisien, formé à La Tour d'Argent puis en Angleterre, il a consacré sa vie à explorer la diversité viticole de la planète. Capable de s'enthousiasmer pour un fief vendéen, un bordeaux classé ou un assyrtiko du Péloponnèse, il se distingue par sa discipline et son intégrité.

OLIVIER POELS
Médoc - Côte de Beaune - Champagne (maisons)

Millésime 1971. Né à Bruxelles, il a découvert enfant les caves bourguignonnes, sur la route des vacances vers la Méditerranée, son père n'omettant jamais de s'arrêter entre Nuits-Saint-Georges et Beaune. Amoureux de la Côte-d'Or, il a aussi le goût des grands bordeaux, des vins de Champagne et d'Alsace. Fine fourchette, Olivier anime la chronique gastronomique sur Europe 1.

PIERRE CITERNE
Saint-Émilion - Languedoc - Roussillon

Millésime 1973. Tous les dégustateurs qui l'ont affronté lors de concours de dégustation à l'aveugle savent à quel point cet universitaire, spécialiste des peintures rupestres préhistoriques, possède un palais redoutable. Établi au pied des Pyrénées, ce passionné de littérature consacre l'essentiel de sa vie à déguster, voyager et découvrir ce monde du vin qui le fascine.

JEAN-EMMANUEL SIMOND
Chablis - Côte de Nuits - Jura - Savoie

Millésime 1971. Fils et petit-fils de montagnards à Chamonix, diplômé de Sciences Po Paris où il enseigne, Jean-Emmanuel s'est très tôt passionné pour les grands vins français, mais aussi d'ailleurs. Gueule d'acteur et palais subtil, il a créé sa société d'importation de vins fins et sillonne les vignobles de l'Italie, de la Bourgogne, de la vallée de la Loire mais aussi du Jura et de la Savoie.

PHILIPPE MAURANGE
Pessac-Léognan, Pomerol et Graves

Millésime 1972. Entré à La RVF en 1996 comme simple assistant, il fut d'emblée distingué par son formidable humour. Bordelais de naissance et de culture (sa famille maternelle possède un château à Sainte-Croix-du-Mont), il garde en lui le meilleur de Bordeaux, l'esprit des relations humaines et le goût du voyage. Il nourrit une passion sincère pour les Graves, la Provence et la Corse.

ALEXIS GOUJARD
Champagne (vignerons) - Provence - Loire

Millésime 1987. Né à Rouen, Alexis se passionne pour le vin dès l'âge de 18 ans. Titulaire d'un master en commerce international du vin décroché à Avignon, il intègre La RVF au très stratégique poste de caviste en 2010. Intéressé par la révolution bio et allergique aux vins trop boisés, il a gagné sa place au sein du Comité de dégustation et a repris la région Loire cette année.

LES AUTEURS

ROBERTO PETRONIO
Sauternes - Vallée du Rhône sud

Millésime 1963. Un tempérament volcanique. Issu d'une famille d'origine sicilienne, élevé dans le sud de Paris, passionné de musique et de photographie, il a la fougue de Mario Cavaradossi, le peintre amant de Tosca. Les vins, il les aborde guidé par son instinct et sa passion, toujours épris de liberté. Ses jugements sans concession sont recherchés par les propriétaires.

CAROLINE FURSTOSS
Alsace

Millésime 1982. Née à Colmar, Caroline a grandi dans le village de Mittelwihr, au milieu des vignes. L'odeur des raisins fraîchement coupés, des premiers jus qui fermentent a bercé sa jeunesse. Devenue sommelière, elle a enchaîné les postes prestigieux en restauration : Auberge de l'Ill, Hameau Albert Iᵉʳ, Méridien Dubaï, Apicius, Shangri-La et aujourd'hui Jean-François Piège.

CHRISTIAN MARTRAY
Côte chalonnaise et Mâconnais

Millésime 1968. Élevé en Beaujolais, il a conquis dans les caves l'affectueux surnom de « petit tonneau ». Sommelier à 19 ans, Christian franchit la Saône et débute à Vonnas, chez Georges Blanc, puis s'envole vers Orlando (Floride), chez Paul Bocuse. Après la Suisse et dix ans au Hameau Albert Iᵉʳ, à Chamonix, il traque aujourd'hui les bonnes affaires pour le site venteealaproprieté.com.

ROMAIN ILTIS
Sud-Ouest

Millésime 1981. Curieux, ouvert, exigeant : Romain Iltis incarne la nouvelle génération de sommeliers. Cet Alsacien passionné est aussi un compétiteur qui affiche déjà un joli palmarès : Master of Port, Meilleur sommelier de France 2012 et Meilleur Ouvrier de France sommellerie 2015. Chef sommelier du restaurant doublement étoilé la Villa René Lalique, à Wingen-sur-Moder.

PIERRE VILA PALLEJA
Bordeaux et Côtes de Bordeaux

Millésime 1987. Sommelier et restaurateur, il a fait du restaurant de ses parents, Le Petit Sommelier, face à la gare Montparnasse, l'une des adresses du vin à Paris. Ambitieux et méthodique, passé par le Ritz, le Crillon et Lasserre, Pierre a une solide connaissance des vins étrangers et aime aussi la Bourgogne, le Rhône et les bordeaux qui sortent des sentiers battus.

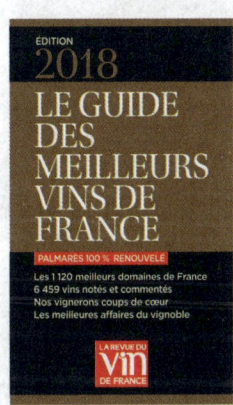

LES CAVISTES À SUIVRE DE PRÈS CETTE ANNÉE

Les cavistes sont les amis du vin et des amateurs. Chaque année, La RVF leur consacre en novembre un guide, avec nos meilleures adresses. En voici une sélection, département par département.

AISNE
LA FONTAINE DES SENS
27, rue Carnot,
02400 Château-Thierry
03 23 69 82 40
www.la-fontaine-des-sens.fr
300 étiquettes. Vins bio et classiques, belles découvertes. Une soirée dégustation est proposée chaque mois.

HAUTES-ALPES
LA CAVE DE LA TONNELLE
6, rue du colonel-Bonnet,
05200 Embrun
04 92 43 26 31
350 étiquettes. Valeurs sûres girondines, Rhône, Provence et les vins des Hautes-Alpes. Un bon rapport qualité-prix.

ALPES-MARITIMES
IVINIO
69, boulevard de Cessole,
06100 Nice
04 22 16 71 13
www.ivinio.com
450 étiquettes. En guise de fil rouge, du vin bio ; des cuvées venues du Languedoc, du Roussillon, du Rhône, de Provence ou d'Italie. Dégustations en français, en anglais et en italien.

LES COMPAGNONS DE LA GRAPPE
2, rue Catherine-Segurane,
06300 Nice
04 93 55 69 24
www.lescompagnonsdelagrappe.com
2 000 étiquettes. Le patron de cette cave niçoise s'impose comme un expert des vieux millésimes et vins rares.

AUBE
AUX CRIEURS DE VIN
4-6, place Jean-Jaurès,
10000 Troyes
03 25 40 01 01
www.auxcrieursdevin.fr
350 étiquettes. L'une des premières caves de France à avoir proposé des vins "nature".

BOUCHES-DU-RHÔNE
CAVES DAMIANI
86, boulevard Mireille-Lauze,
13010 Marseille
04 91 79 61 68
www.caves-damiani.com
500 étiquettes. Voici l'un des meilleurs établissements marseillais pour acheter ses bouteilles. On y trouve un choix de spiritueux incroyable (700), à découvrir lors de dégustations organisées régulièrement.

PROV'OC
2, rue des Trois-Mages,
13006 Marseille
06 17 83 48 44
150 étiquettes. Vins bio, biodynamiques ou "nature" issus du Mas Conscience et du château Pépusque (Minervois) notamment. Attention, cette cave tenue par l'ex-journaliste Sandrine Lopez n'ouvre qu'à 16h30 !

CALVADOS
LA CAVE TROUVILLAISE
34-36, rue des Bains,
14360 Trouville-sur-Mer
02 31 88 87 49
1200 étiquettes. Caviste en chef, Gérard Bazire propose une sélection affinée des meilleurs crus du pays. Aussi, rares références de calvados.

CHARENTE
LE ROUGE AUX LÈVRES
4, rue des Cloutiers,
17000 La Rochelle
05 46 50 08 17
www.lerouge-auxlevres.fr
300 étiquettes. Une cave où manger et déguster des vins bio, biodynamiques et "nature", près des halles de La Rochelle. En particulier du Languedoc : Le Mas de mon Père, les saint-joseph de Jean-Pierre Monnier et les crozes-hermitage de Lucie Faurel.

Stéphane Bandry et Jean-Charles Gauthey dirigent La Fontaine des Sens, à Château-Thierry (02).

LES CAVISTES À SUIVRE

Olivier Fernandez, ancien vigneron, dirige Oli'vins, à Mauguio (34).

LA CALE
1, rue de Courbiac,
17100 Saintes
05 46 90 69 03
www.lagabare.com/la-cale
300 étiquettes. Dans les locaux de l'excellente maison de cognac Grosperrin, belle sélection de vins "nature", et spiritueux (500), notamment de pineaux des Charentes du coin.

CHER
LE TOCSIN
36, rue Édouard-Vaillant,
18000 Bourges
02 48 65 00 58
www.letocsin.com
350 étiquettes. Sur le devant de la scène, du "nature", de la Loire au Languedoc, en passant par le Roussillon.

CORRÈZE
MAISON DENOIX
9, boulevard
du Maréchal-Lyautey,
19108 Brive-la-Gaillarde
05 55 74 34 27
www.denoix.com
900 étiquettes. Ce producteur de liqueurs, spécialisé dans celles à la noix, ne néglige pas le vin pour autant.

CÔTES-D'ARMOR
LA CAVE DES HALLES
4, place du Miroir,
22300 Lannion
02 96 48 78 26
www.caviste-lannion.fr
400 étiquettes. Vins bio, du Languedoc (Mas des Chimères), de la Loire (les muscadets du domaine de la Pépière) ou de la Champagne (Bérêche & fils). Une sélection de 150 bières, dont la moitié est bretonne.

LA CAVE DES JACOBINS
3, rue Sainte-Claire,
22100 Dinan
02 96 39 03 82
1300 étiquettes. Des classiques aux pépites bio. Les lieux proposent aussi un service de stockage en cave, par abonnement.

DOUBS
TERRA VINEA
1, rue de la Gare,
25500 Morteau
03 81 67 52 88
www.caviste-terravinea.com
500 étiquettes. Des quilles "nature" de Loire, du Rhône, du Languedoc, du Jura ou du Beaujolais. Également bar à vins, pour une idéale mise en bouche.

DRÔME
LE VIN POÈTE
165, rue Étienne-Gougne,
26169 Le Poët-Laval
04 75 90 08 85
www.le-vin-poete.com
1000 étiquettes. Vins bio, biodynamiques ou "nature" de la Vallée du Rhône. Pour s'y tenter, ateliers d'initiation et perfectionnement à la dégustation ou d'accords mets et vins.

EURE-ET-LOIR
CAVE SAINT-LUBIN
28, rue du Soleil-d'Or,
28000 Chartres
02 37 21 00 00
www.cave-st-lubin.com
500 étiquettes. Attention, éclectisme ! Nichés dans des caves du XIIe siècle, des classiques, des vins bio militants et des crus à découvrir.

FINISTÈRE
LE CORPS DE GARDE
8, rue Saint-Mathieu,
29290 Saint-Renan
02 98 84 20 06
2 500 étiquettes. Sélection XXL de références françaises et de grands formats, des "petits" vins aux crus classés de Bordeaux et de Bourgogne, en passant par l'étranger. 80 whiskies, 60 rhums et cognacs d'avant-guerre.

LA CAVE DE JULIEN
22 bis, rue Lannevain,
29360 Clohars-Carnoët
02 98 71 59 03
200 étiquettes. Des jus biodynamiques pour la plupart, de Loire et d'ailleurs.

HAUTE-GARONNE
LA PLACE DES VINS
50, route de Lavaur,
31850 Montrabé
09 73 61 86 02
www.laplacedesvins.fr
500 étiquettes. En particulier Languedoc, Roussillon et Sud-Ouest. Vins de terroir, de caractère et sans artifice, comme les minervois de Sénat ou les gaillacs du domaine de Brin. 80 whiskies, 40 rhums et 200 bières.

LE TEMPS DES VENDANGES
9, place de l'Estrapade,
31300 Toulouse
05 61 42 94 66
www.letempsdesvendanges.com
400 étiquettes. Depuis longtemps, cette cave défend haut-la-main les vins bio. La cuisine, appréciable, est loin de desservir la cause.

GIRONDE
AUTRES CHÂTEAUX
29, cours Portal,
33000 Bordeaux
05 57 30 92 24
1000 étiquettes. Vins girondins et d'autres vignobles, vins d'auteur également. Côté spiritueux, on trouve ici près de 180 références notables.

HÉRAULT
LA TERRASSE DU MIMOSA
23, place de l'Horloge,
34150 Montpeyroux
04 67 44 49 80
www.terrassedumimosa.fr
400 étiquettes. Les meilleurs vins des Terrasses du Larzac et du Languedoc sont mis au premier plan dans cette cave de Montpeyroux.

LES CAVISTES À SUIVRE

OLI'VINS
248, boulevard de la Démocratie, 34130 Mauguio
04 67 12 28 70
500 étiquettes. Une majorité de vins du Languedoc et du Roussillon. Des blancs frais et fruités, des rouges charpentés. 250 références de spiritueux, dont une centaine de whiskies et des rhums.

ILLE-ET-VILAINE
HISTOIRES DE VINS
47, rue Vasselot, 35000 Rennes
02 99 79 18 19
800 étiquettes. Olivier Cochard y prêche la bonne parole des vins "nature" depuis 2003.

ISÈRE
VIN À CŒUR
16, avenue du général-de-Gaulle, 38120 Saint-Egrève
04 76 40 72 98
www.vinacoeur.fr
1000 étiquettes. Joli tour de France : Rhône nord (Courbis, domaine Mélody, etc.), Savoie (Belluard, Berlioz), Alsace, Languedoc, et les vins iserois de Thomas Finot. Excellents spiritueux.

LOIRE-ET-CHER
LE RELAIS DES CAVES
148, rue des Perrières, 41350 Saint-Gervais-la-Forêt
02 54 42 06 60
www.relais-des-caves.fr
550 étiquettes. Loire, Rhône, Bordelais et Languedoc. Pas commun, millésimes girondins et bourguignons jusqu'en 1990. 200 whiskies, 120 rhums, une centaine de bières.

LOIRE
PARFUMS DE CAVE
13, boulevard Docteur-Gabriel-Cousin, 42330 Saint-Galmier
04 77 83 50 39
www.parfumsdecave.com
350 étiquettes. Des vins à déguster sur place, ou à emporter. Soirées à thème et ateliers de dégustation.

LOIRE-ATLANTIQUE
LA CAVE DU BOSSIS
41, boulevard des Martyrs-de-la-Résistance, 44220 Couëron
02 40 85 09 87
350 étiquettes. Crus français, bio à 85 %, de la vallée du Rhône et du Languedoc. Le patron valorise avec joie les vins fruités, élégants et fins.

VINO VINI
25, rue Racine, 44000 Nantes
02 40 69 06 66
www.vinovini.fr
1100 étiquettes. Une des meilleures caves de Nantes. Au programme, le fruit de vignerons respectant le raisin.

LOIRET
MAISON CLÉMENT
Halles centrales - place Gaston-Pailhou, 37000 Tours
02 47 80 04 71
800 étiquettes. Vins remarquables, réputés ou méconnus, bio pour beaucoup.

L'ANGE VINS CAVE
43, rue du Poirier, 45000 Orléans
02 38 54 20 81
www.langevinscave.com
500 étiquettes. Tous à la cave ! Pour y faire des trouvailles françaises et du reste du monde désormais (90 références) : Croatie, Géorgie, Israël...

LOT
PLAISIRS DU VIN
548, avenue Anatole-de-Monzie, 46000 Cahors
04 65 21 75 12
www.plaisirsduvin.com
1500 étiquettes. La cave d'une excellente enseigne très présente dans le Sud-Ouest.

MAINE-ET-LOIRE
À BOIRE ET À MANGER
5, place de la Visitation, 49100 Angers
02 41 72 86 91
www.aboireamanger.com
600 étiquettes. Vins nés d'une vigne sans intrants chimiques de synthèse et avec le moins possible d'intrants œnologiques en cave, dont 40 % en Loire. Rhums de la Compagnie des Indes, whiskies Bellevoye et cognacs de Fanny Fougerat.

LES COMPAGNONS CAVISTES
2, avenue Gambetta, 49300 Cholet
02 41 29 06 33
www.compagnonscavistes.com
500 étiquettes. Une jolie et grande cave d'angle, où se déclinent de très bons vins, spiritueux et bières.

MANCHE
LA CAVE COUTANÇAISE
77, avenue de la Division-Leclerc, 50200 Coutances
02 33 45 96 77
500 étiquettes. Éclectisme et qualité, c'est le credo du patron passionné de vins et de bons mets. Aussi, 300 références de spiritueux, et un coin épicerie fine.

MARNE
LES CAVES DU FORUM
10, rue Courmeaux, 51100 Reims
03 26 79 15 15
www.lescavesduforum.com
2 000 étiquettes. Références françaises et italiennes. Le caviste de l'année 2017 de La RVF.

MEURTHE-ET-MOSELLE
L'ÉCHANSON
9-10, rue de la Primatiale, 54000 Nancy
03 83 35 51 58
1000 étiquettes. La douce musique des vins d'artisans rythme les lieux. De beaux apéros nancéiens en perspective, dans le bar installé en face.

Alexandre Forge, patron d'À boire et à manger, à Angers (49).

LES CAVISTES À SUIVRE

Benoît Laly vous attend dans son Cellier, à Autun (71).

VINDIOU
1, rue Saint-Michel,
54000 Nancy
09 86 17 34 24
150 étiquettes. Vins bio, biodynamiques, ou "nature" : Pithon-Paillé, les domaines Milan et Charvin, Fabien Jouves. Les soirs de fin de semaine, la cave devient bar à vins, avec charcuterie et fromages du Puy-de-Dôme.

MORBIHAN
LA CAVE DU GOUVERNEUR
12, rue Paluden, 56360
Le Palais – Belle-Île-en-Mer
02 97 31 22 65
300 étiquettes. Vins d'Éric Morgat, de Dagueneau, Thierry Germain (Loire), Goisot et Bret Brothers (Bourgogne), ou d'Albert Mann (Alsace), qui plairont au pêcheur local comme au milliardaire.

BAUDART-LHÉRITIER
1, rue Bernon, 56640 Arzon
02 97 41 79 05
www.lacavefromagere.fr
300 étiquettes. Vins et fromages se glanent ici ensemble. La cave polyvalente propose notamment une ribambelle de muscadets. Et une centaine de spiritueux.

NORD
AU GRÉ DU VIN
20, rue Péterynck, 59000 Lille
03 20 55 42 51
573 étiquettes. Une cave du Nord spécialiste des vins du Sud-Ouest, du Languedoc et du Roussillon. En bio, biodynamie et "nature", à déguster sur place.

PAS-DE-CALAIS
LES CANAILLES
73, rue de Paris,
62520 Le Touquet-Paris-Plage
03 21 05 03 03
120 étiquettes. Noëlla Morantin, Gilles Ballorin, Christian Vénier, Jean-Christophe Comor, Philippe Valette, etc. Le soir, Madame, cuisinière autodidacte, régale les visiteurs de ses plats accompagnés par les vins de Monsieur.

PYRÉNÉES-ATLANTIQUES
LE CHAI
86, route de Bayonne
64140 Billère
05 59 27 05 87
www.lechai.fr
1 400 étiquettes. Des quilles chinées dans tous les vignobles français, et signées de vignerons réputés.

LA VIE EN ROUGE
31, rue Sainte-Croix
61400 Mortagne-au-Perche
09 66 13 88 20
150 étiquettes. Vins bio, "nature" et biodynamiques d'artisans vignerons. À accompagner de jolies assiettes sur place, pour becs salés comme sucrés. Coin épicerie.

PYRÉNÉES-ORIENTALES
VIA DEL VI
43 bis, avenue du Maréchal-Leclerc, 66000 Perpignan
04 68 67 84 96
www.viadelvi.com
250 étiquettes. Outre la cave à manger, on revisite la France et la Catalogne, version "nature", bio ou biodynamique. En cuisine comme dans le verre, circuits courts et respect de la terre.

BAS-RHIN
AU BIEN BOIRE
4, rue du Général-Leclerc, 67210 Obernai
09 83 39 02 25
www.aubienboire.fr
400 étiquettes. Vins d'auteurs, bio, biodynamiques ou "nature". Le caviste adore le chasselas de Dominique Lucas (Savoie), les vins de Stéphane Érissé (Loire) et d'Alexandre Bain. Succès sans faille pour ses soirées vins-fromages.

HAUT-RHIN
LA BONNE BOUTEILLE
12, Grand'Rue,
68150 Ribeauvillé
03 89 73 33 13
www.bonnebouteille.fr
1500 étiquettes. L'établissement se trouve dans l'un des plus beaux villages de la Route des vins, dans le parc naturel des Ballons des Vosges. Sélection maligne de vins et spiritueux.

RHÔNE
LE VERCOQUIN
33, rue de la Thibaudière,
69007 Lyon
04 78 69 43 87
www.vercoquin.com
350 étiquettes. Épatante, cette cave lyonnaise spécialisée dans le "nature" (Bourgogne, Rhône, etc.). Dégustations gratuites organisées régulièrement.

UNE CAVE À BRON
51, avenue Camille-Rousset, 69500 Bron
09 81 97 72 01
www.unecaveabron.com
1000 étiquettes. Besace fournie pour le patron, dont sortent des côtes-du-forez de Jacky Logel, des vins du nord de la vallée du Rhône, des champagnes de Vouette & Sorbée et des côtes-du-marmandais d'Elian da Ros. Spiritueux (200) et bistrot à vins situé en face.

SAÔNE-ET-LOIRE
LE CELLIER DE BENOÎT LALY
14, rue de la Grange-Vertu, 71400 Autun
03 85 52 24 83
www.vins-laly.com
700 étiquettes. Bourgogne (en particulier les fameux domaines de la Côte de Nuits), mais aussi de Champagne, du Rhône, du Languedoc ou du Beaujolais. 400 spiritueux et une sélection de quelque 150 bières.

LES CAVISTES À SUIVRE

SARTHE
L'UN DES SENS
9, rue du Docteur-Leroy,
72000 Le Mans
02 43 80 94 81
www.lundessens-lemans.fr
300 étiquettes. Sur place ou à emporter, on trouve dans cette cave mancelle des vins remarquables de Sarthe et de l'Hexagone.

HAUTE-SAVOIE
LE NEZ EN L'AIR
4, route de la Piaz,
74340 Samoëns
04 50 18 60 85
www.lenezenlair.com
550 étiquettes. Une cave en altitude où l'on trouve les meilleurs vins de Savoie, choisis selon le principe suivant : du bon sans artifices œnologiques. 50 références de whiskies, rhum et génépi sont aussi proposés.

ENTRE METS ET VINS
951, route des Tivillons,
74370 Charvonnex
04 50 24 10 63
www.vins-traiteur-annecy.fr
500 étiquettes. 200 soirées dégustation-repas par an, un bar à vins, des ateliers de cuisine : il y a ici à boire et à manger. Signalons les vins du Mas des Agrunelles (Languedoc) ou les cuvées Ithaque et Odyssée du domaine marocain de la Ferme rouge.

PARIS
LAVINIA
3, boulevard de la Madeleine,
75001 Paris
01 42 97 20 20
www.lavinia.fr
6 000 étiquettes. Cette cave propose des milliers de vins français et du monde entier, et près d'un millier de spiritueux. Également bar à vins et restaurant.

CAVES LEGRAND FILLES ET FILS
1, rue de la Banque,
75002 Paris
01 42 60 07 12
www.caves-legrand.com
3 000 étiquettes. L'une des plus vieilles caves de Paris, au catalogue XXL.

DIVVINO
16, rue Elzévir, 75003 Paris
09 83 74 25 04
www.divvino.com
1 500 étiquettes. Bourgogne, Jura et Champagne y sont aussi bien représentés que l'Italie. Des noms ? Dauvissat, Pico, Derain, Selosse, Horiot, Lubbe, Valette, Ganevat, Robinot, etc.

LA FAUTE AU VIN
83, rue du Cherche-Midi, 75006 Paris
01 53 71 95 73
www.lafauteauvin.com
300 étiquettes. Vins bio, biodynamiques ou "nature", à 90 % français, mais aussi chiliens. Bouteilles d'Éric Pfifferling (du côté de Tavel) de Fred Cossard (Bourgogne), et du château de Fond-Cyprès (Corbières).

LA CAVE DE LA GRANDE ÉPICERIE DE PARIS
38, rue de Sèvres, 75007 Paris
01 44 39 81 00
www.lagrandeepicerie.com
2 400 étiquettes. Sont représentées dans les rayons toutes les régions de France ; on trouve aussi de nombreux vins du monde, et une sélection de 700 spiritueux.

CAVES AUGÉ
116, boulevard Haussmann, 75008 Paris
01 45 22 16 97
www.cavesauge.com
3 600 étiquettes. Ce spécialiste des vins "nature" depuis 30 ans arbore dans ses rayons des vins étrangers, des vieux alcools et des cuvées de toutes les régions de France.

CAVES DE TAILLEVENT
228, rue du Faubourg-Saint-Honoré, 75008 Paris
01 45 61 14 09
www.taillevent.com
1 500 étiquettes. Une institution à Paris, qui est à la fois une cave et un restaurant. On y trouve aussi une belle sélection de 250 spiritueux.

CRUS ET DÉCOUVERTES
7, rue Paul-Bert, 75011 Paris
01 43 71 56 79
400 étiquettes. Au point de ralliement des gourmets de la capitale, des vins très "propres", sélectionnés avec brio par Mikaël Lemasle.

LES CRUS DU SOLEIL
146, rue du Château,
75014 Paris
01 43 71 56 79
500 étiquettes. Comme son nom l'indique, Les Crus du Soleil misent sur les vins du Sud, Languedoc et Roussillon principalement. On y trouve aussi des gins, des rhums, des whiskies.

CAVES PETRISSANS
30 bis, avenue Niel, 75017 Paris
01 42 27 52 03
1 000 étiquettes. Ce bel espace parisien accueille un bistrot à vins et présente dans ses rayons des vins français, surtout, ainsi qu'une centaine de spiritueux.

SEINE-MARITIME
LE CASIER À BOUTEILLES
80, rue du Président-Wilson,
76600 Le Havre
02 35 21 54 22
www.casier-a-bouteilles.fr
300 étiquettes. Bel étendu du vignoble français qui travaille sans chimie ni artifices.

LES CAVES DE L'AUSTREBERTHE
213, rue Auguste-Badin,
76360 Barentin
02 35 59 13 66
www.lescavesdelaustreberthe.com
600 étiquettes. Du très haut de gamme (Roumier, Rousseau, Graillot, etc.) partagent les lieux avec des vins plus méconnus. Excellents spiritueux.

L'Italo-Brésilienne Marina Giuberti, fondatrice de Divvino, à Paris 3e (75).

LES CAVISTES À SUIVRE

YVELINES
LE CARAFON
20, rue du maréchal-Foch, 78110 Le Vésinet
01 39 76 20 50
3 000 étiquettes. Au menu : des pinots noirs de Bourgogne, des vins corses et des whiskies. Côté épicerie, de la charcuterie de Conquet ou d'Ospital.

LIEU-DIT
19, avenue de Saint-Cloud, 78000 Versailles
01 39 50 53 40
500 étiquettes. Cette cave versaillaise propose des vins de toutes les régions, et 150 références de spiritueux.

VAR
IMPRESSION DE VIN
12, avenue Gallieni, 83110 Sanary-sur-Mer
04 94 74 02 76
200 étiquettes. Une belle cave en pierre aménagée dans les locaux d'une ancienne imprimerie. 60 références de rhums et de whiskies.

VAUCLUSE
LE VIN DEVANT SOI
4, rue du Collège-du-Roure, 84000 Avignon
04 90 82 04 39
www.levindevantsoi.com
500 étiquettes. Cave et bar à vins. Outre la sélection fine, 32 crus sont à déguster de façon permanente.

CAVE DE LA GRANDE MARINE
65, avenue de la Grande-Marine, 84800 Isle-sur-la-Sorgue
04 32 62 09 78
www.cavegrandemarine.fr
500 étiquettes. Nombreux vins du Rhône sud, rosés de Provence. Côté spiritueux et alcools fins, plus de 300 références.

VENDÉE
LA CAVE SE REBIFFE
45, promenade Clemenceau, 85100 Les Sables-d'Olonne
06 85 34 71 17
www.lacaveserebiffe.eu
200 étiquettes. Une belle sélection de références bio, à déguster sur place, sur la terrasse face à l'Atlantique.

HAUTE-VIENNE
LE COMPTOIR DES VIGNES
6-8, rue Maurice-Thorez, 87600 Rochechouart
05 55 03 76 14
www.comptoirdesvignes.fr
450 étiquettes. Toutes les régions françaises, dont le Bordelais, le Languedoc ou le Rhône et une cinquantaine de vins étrangers. Rayon spiritueux, la moitié des 100 whiskies et des 50 rhums est à déguster sur place.

HAUTS-DE-SEINE
CAVE SAINT-CLAIR
247, boulevard Jean-Jaurès, 92100 Boulogne-Billancourt
01 47 61 05 12
www.cavesaintclair.com
500 étiquettes. La cave promeut d'excellents artisans vignerons français.

YVES LEGRAND CHEMIN DES VIGNES BOUTIQUE
113 bis, avenue de Verdun, 92130 Issy-les-Moulineaux
01 46 38 90 51
www.chemindesvignes.com
500 étiquettes. Au pied de la ligne de chemin de fer, quelques rangs de vignes et la cave d'Yves Legrand qui présente des cuvées de toute la France et une sélection d'une centaine de spiritueux.

ESSONNE
LA PART DES ANGES
88, rue Charles-de-Gaulle, 91440 Bures-sur-Yvette
01 69 28 26 90
350 étiquettes. Beaucoup de vins "nature". Caviste et bar à vins au calendrier animé : soirées dégustations mets et vins à thème, rencontres avec les vignerons, etc.

SEINE-SAINT-DENIS
LA P'TITE CAVE
76, allée de Montfermeil, 93340 Le Raincy
09 83 79 93 48
www.laptitecave-leraincy.com
400 étiquettes. Des classiques issus de grands domaines : l'Oratoire Saint-Martin (Rhône), Simon Bize, Henri Gouges, Vincent Dauvissat, Rémi Jobard ou Fabien Coche (Bourgogne), Clos Marie et domaine d'Aupilhac (Languedoc).

VAL-DE-MARNE
ARÔMES
5, rue Pierre-Leroux, 94140 Alfortville
01 56 29 16 90
www.aromes.com
5 000 étiquettes. On trouve dans cette cave d'Alfortville des vins français, principalement de Bordeaux, de Bourgogne, du Languedoc et du Rhône.

CAVE D'IVRY
40, rue Marat, 94200 Ivry-sur-Seine
01 46 58 33 28
500 étiquettes. Paco Mora milite pour les vins bio et en biodynamie, à apprécier aussi sur place. On s'y ravira également avec une séduisante sélection de 200 références de spiritueux et 60 références de bières.

VAL-D'OISE
CAVE POUTEAU
55, rue de la Station, 95130 Franconville
01 34 14 63 02
www.cave-pouteau.com
500 étiquettes. Dirigée par Jean-Luc Pouteau, Meilleur sommelier de France 1976 et Meilleur sommelier du monde 1983, accueille des dégustations. Toutes les régions de France y sont représentées.

L'ancien banquier Benjamin Didier tient Le Carafon, au Vésinet (78).

VENTE EN LIGNE : LES MEILLEURS SITES

—

Cavistes, ventes privées, enchères, abonnements : la vente de vin en ligne offre chaque jour de nouveaux services. Voici les meilleurs sites marchands français de vin sur la Toile.

par La Revue du vin de France

—

Pour ce banc d'essai, nous avons évalué l'étape la plus importante au moment de faire ses achats sur Internet : la livraison. Qualité de l'emballage, coût et surtout délais ont ainsi été passés au crible.

LAVINIA

www.lavinia.fr
18/20

Le site internet reprend l'esprit du magasin. On y trouve des vins du monde entier, et les sommeliers de la cave parisienne vous conseillent au téléphone. Le site est agréable, le service et la livraison sont de qualité, avec une protection optimale des bouteilles.

1JOUR1VIN.com

www.1jour1vin.com
18/20

Le site, agréable et aéré, est traduit en anglais et on peut se faire livrer dans 11 pays européens. La vente à la bouteille permet de découvrir les vins de différentes régions sans casser sa tirelire. La livraison n'est pas chère et tient ses engagements.

CHATEAUNET
DUCLOT depuis 1886

www.chateaunet.com et www.chateauprimeur.com
17/20

Les deux sites du négociant bordelais Duclot sont de véritables références pour les achats en primeur et pour les grands crus bordelais. Ils restent simples d'utilisation.

MILLÉSIMA
BORDEAUX

www.millesima.fr
17/20

Le client vient ici se constituer une cave de qualité, avec l'assurance d'une bonne conservation des bouteilles. Une fois payé, le vin peut rester vieillir dans les caves Millésima. La sélection est haut-de-gamme, le service client, très efficace.

##
VENTEALAPROPRIETE.COM

www.ventealapropriete.com
17/20

Le site met en vente pendant une période donnée des lots de vin réservés chez les propriétaires. Pour ses sélections, le site emploie deux membres de La RVF, Olivier Poussier, Meilleur sommelier du monde 2000, et Christian Martray.

##

www.enviedechamp.com
16/20

Que des bulles ! Plus de 1 200 références de champagnes sont à l'honneur. Les prix restent des plus compétitifs. Envie de Champagne propose des séries limitées et des étiquettes rares.

iDealwine

www.idealwine.com
16/20

Le site propose d'acheter ses bouteilles aux enchères ou à prix fixe. Il est réputé pour son offre de millésimes anciens. Il propose également des services d'analyse économique.

MILLÉSIMES

www.millesimes.com
16/20

Le site a été créé en 2004. Depuis 2012, les directeurs commerciaux, Aubert Bogé et Michel Santé (sommelier de formation), mettent l'accent sur les grands crus et les vieux millésimes.

ACHETER DU VIN EN LIGNE

www.vinatis.com
16/20

On y trouve une belle offre de vins à moins de 10 €, des millésimes anciens et une originalité : l'offre "étiquettes abîmées" à prix doux. Les clients sont invités à noter les vins ; les crus les moins appréciés sont alors supprimés de la sélection. Un bon site pour les petits budgets.

Vins Grands Crus
www.vinsgrandscrus.fr
16/20

Ce site vend des cuvées produites par les domaines les plus prestigieux (2 500 références) et propose aussi de racheter les vins des particuliers.

wineandco.com
16/20

Ce site revendique une gamme de "vins consensuels" et de grandes étiquettes. Les délais de livraison oscillent entre trois jours et un mois. On apprécie la qualité de son service client.

www.vin-malin.fr
15,5/20

Vin-malin affiche plus de 800 références. Les livraisons se font à domicile ou au bureau, en France mais aussi au Benelux et en Allemagne.

www.vinsetmillesimes.com
15,5/20

Plus de 1 500 étiquettes se retrouvent en stock chez ce spécialiste des grands vins à maturité. On y trouve de nombreux vins à leur apogée ainsi que des millésimes anciens.

HoMetsVins
www.hometsvins.fr
15/20

Tourné vers les accords mets-vins, ce site lyonnais permet de trouver le vin à servir avec un plat, et inversement. Le client peut récupérer sa bouteille chez un caviste partenaire ou à domicile.

www.laroutedesblancs.com
15/20

Ce site de ventes privées se consacre exclusivement aux vins blancs et aux champagnes. Valeurs sûres, étoiles montantes, personnalités : tout ce qu'on aime.

www.lepetitballon.com
15/20

Le site propose deux bouteilles de vin chaque mois, accompagnées d'une fiche de dégustation et de conseils. En 2017, Vente-privee est devenu l'actionnaire majoritaire de l'entreprise, qui garde néanmoins son autonomie.

www.vinsetcadeaux.fr
15/20

Plus de 1 500 références sont disponibles. La page d'accueil met l'accent sur les grands crus, les vieux millésimes. On trouvera aussi des petits producteurs et des spiritueux du monde entier.

www.vitis-epicuria.com
15/20

Le site est spécialisé dans l'offre de vins et de services haut de gamme à destination d'une clientèle française et étrangère.

www.cavissima.com
14,5/20

Cavissima offre la possibilité d'acheter des vins, de gérer sa cave à distance, de se faire livrer ou de revendre ses bouteilles en quelques clics.

vente-privee
www.vente-privee.com
14/20

Leader de la vente de vin en ligne en France, avec 5 millions de bouteilles en 2016, Vente-privee.com fait noter ses vins par des professionnels. La navigation sur le site reste très agréable.

www.vins-prives.com
14/20

Sur ce site de ventes privées, la sélection est renouvelée fréquemment. Trois domaines sont mis en avant sur une période de dix jours.

www.cdiscount.com
12/20

Propriété du groupe Casino, Cdiscount est aujourd'hui l'un des plus importants e-commerçants français avec 3 millions de bouteilles vendues chaque année. On peut trouver quelques bonnes affaires. Le service téléphonique reste peu précis et cher, mais les frais de livraison sont souvent offerts à partir de 50 € d'achat.

> Lire également notre banc d'essai sur les sites de ventes privées.
> (*La RVF* n° 612, juin 2017)

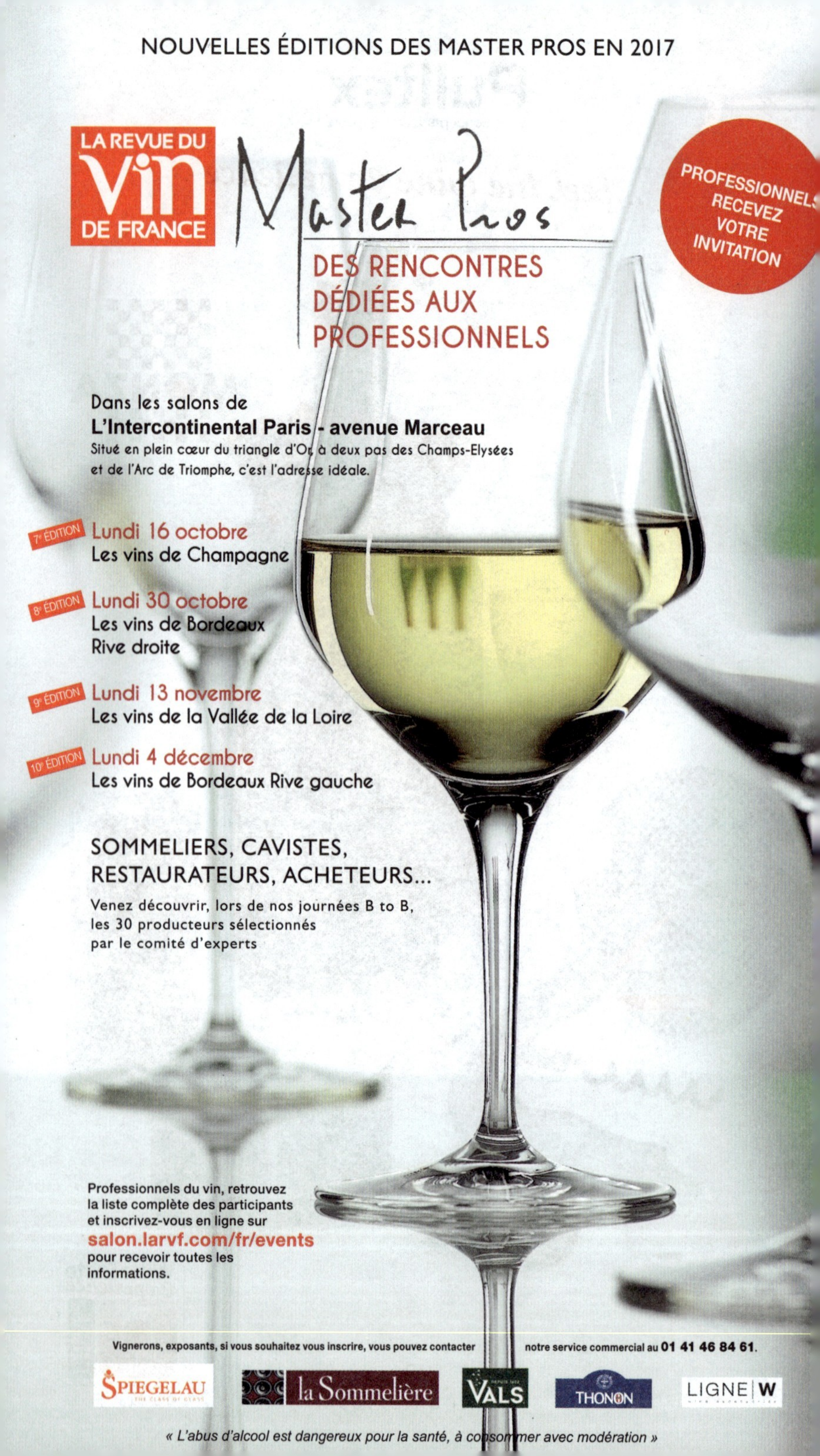

NOUVELLES ÉDITIONS DES MASTER PROS EN 2017
LA REVUE DU VIN DE FRANCE
Master Pros
DES RENCONTRES DÉDIÉES AUX PROFESSIONNELS
PROFESSIONNELS RECEVEZ VOTRE INVITATION
Dans les salons de
L'Intercontinental Paris - avenue Marceau
Situé en plein cœur du triangle d'Or, à deux pas des Champs-Elysées et de l'Arc de Triomphe, c'est l'adresse idéale.
7e ÉDITION Lundi 16 octobre
Les vins de Champagne
8e ÉDITION Lundi 30 octobre
Les vins de Bordeaux Rive droite
9e ÉDITION Lundi 13 novembre
Les vins de la Vallée de la Loire
10e ÉDITION Lundi 4 décembre
Les vins de Bordeaux Rive gauche
SOMMELIERS, CAVISTES, RESTAURATEURS, ACHETEURS...
Venez découvrir, lors de nos journées B to B, les 30 producteurs sélectionnés par le comité d'experts
Professionnels du vin, retrouvez la liste complète des participants et inscrivez-vous en ligne sur
salon.larvf.com/fr/events
pour recevoir toutes les informations.
Vignerons, exposants, si vous souhaitez vous inscrire, vous pouvez contacter notre service commercial au 01 41 46 84 61.
SPIEGELAU
la Sommelière
VALS
THONON
LIGNE W
« L'abus d'alcool est dangereux pour la santé, à consommer avec modération »

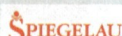

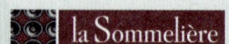

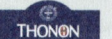

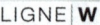

NOUVEAUX DOMAINES

ILS ENTRENT DANS LE GUIDE CETTE ANNÉE

"Félicitations aux nouveaux lauréats. Tous ces domaines se sont distingués depuis plusieurs années et sont ici récompensés."

BEAUJOLAIS
- **Domaine Guillaume Chanudet** 118
- **Domaine Jules Desjourneys** 112
- **Clos de La Roilette** 121

BORDEAUX
- **Château Croizet-Bages** 237
- **Château La Clotte** 188
- **Domaine de Galouchey** 153

BOURGOGNE
- **Clos de Tart** 316
- **Denis Bachelet** 336
- **Domaine Amiot-Servelle** 335
- **Domaine Bertrand et Axelle Machard de Gramont** 341
- **Domaine Frantz Chagnoleau** 407
- **Domaine Gilles Duroché** 338
- **Domaine Henri Gouges** 329
- **Domaine Marc Rougeot** 386
- **Domaine Oudin** 304
- **Domaine Parigot Père et Fils** 385
- **Domaine Sylvain Morey** 386
- **Domaine Sylvain Pataille** 342

CHAMPAGNE
- **Doyard** 452
- **Mouzon-Leroux** 463
- **Pierre Gerbais** 462

CORSE
- **Clos Fornelli** 478
- **L'Enclos des Anges** 479

JURA
- **Domaine de la Pinte** 493
- **domaine Philippe Chatillon** 491

LANGUEDOC
- **Domaine Bertrand-Bergé** 527
- **Domaine de Cébène** 543
- **Yannick Pelletier** 537

PROVENCE
- **Abbaye Sainte-Marie de Pierredon** 636
- **Domaine Lafran-Veyrolles** 635

RHONE SUD
- **Château de Beaucastel** 684
- **Château La Verrerie** 713
- **Domaine du Gour de Chaulé** 706

ROUSSILLON
- **Clos Massotte** 734
- **Domaine Jorel** 737

SAVOIE
- **Domaine des Côtes Rousses** 759

SUD-OUEST
- **Château Combel La Serre** 785

VALLEE DE LA LOIRE
- **Château Soucherie** 577
- **Clau de Nell** 577
- **Domaine Florian Roblin** 609
- **Domaine Landron Chartier** 560

TABLEAU D'HONNEUR 2018

LES DOMAINES QUI PROGRESSENT CETTE ANNÉE

Ils prennent du galon : la régularité et la qualité de leurs vins permettent à ces domaines de gagner une étoile supplémentaire.

LES ★★★
Bordeaux, **Château Coutet**
Jura, **Domaine Ganevat**

LES ★★
Alsace, **Trimbach**
Bordeaux, **Château Beauséjour Héritiers Duffau-Lagarrosse**
Bordeaux, **Château Batailley**
Bordeaux, **Château Boyd-Cantenac**
Bordeaux, **Château Brane-Cantenac**
Bordeaux, **Clos du Marquis**
Bourgogne, **Samuel Billaud**
Bourgogne, **Clos de Tart**
Bourgogne, **Domaine Arlaud**
Bourgogne, **Domaine Albert Grivault**
Bourgogne, **Domaine Buisson-Charles**
Bourgogne, **Domaine Jacques Saumaize**
Champagne, **AR Lenoble**
Champagne, **Tarlant**
Corse, **Domaine Antoine-Marie Arena**
Loire, **Domaine La Grange Tiphaine**
Loire, **Domaine Gérard Boulay**
Provence, **Domaine de Terrebrune**
Rhône nord, **Domaine François Villard**
Rhône nord, **Domaine Pierre-Jean Villa**
Rhône sud, **Château de Beaucastel**
Sud-Ouest, **Château Tour des Gendres**
Sud-Ouest, **Domaine Cosse Maisonneuve**

LES ★
Beaujolais, **Château des Bachelards – Comtesse de Vazeilles**
Beaujolais, **Domaine Jules Desjourneys**
Bordeaux, **Château Rochebelle**
Bordeaux, **Château Soutard**
Bordeaux, **Domaine de l'Alliance**
Bourgogne, **Domaine Isabelle et Denis Pommier**
Bourgogne, **Domaine Henri Gouges**
Bourgogne, **Maison Jane Eyre**
Bourgogne, **Domaine Lucien Muzard et Fils**
Bourgogne, **Éric Forest**
Bourgogne, **Domaine Theulot Juillot**
Champagne, **Éric Rodez**
Champagne, **Dehours et Fils**
Champagne, **Lallier**
Champagne, **Olivier Horiot**
Jura, **Domaine Berthet-Bondet**
Languedoc, **Château Pech-Redon**
Languedoc, **Domaine de Dernacueillette**
Languedoc, **Domaine Vaïsse**
Loire, **Domaine de Belle-Vue**
Loire, **Daniel Crochet**
Provence, **Château Sainte-Anne**
Provence, **Villa Baulieu**
Rhône nord, **Ferraton Père et Fils**
Rhône sud, **Domaine L'Or de Line**
Roussillon, **Domaine Jean-Philippe Padié**
Sud-Ouest, **Domaine Le Roc**

TABLEAU D'HONNEUR 2018

DOMAINES 3 ÉTOILES
L'ÉLITE DES VINS
DE FRANCE

ALSACE
Domaine Albert Boxler 66
Domaine Albert Mann 67
Domaine Marcel Deiss 66
Domaine Ostertag 68
Domaine Weinbach 69
Domaine Zind Humbrecht 69

BORDEAUX
Château Angélus 169
Château Ausone 169
Château Cheval Blanc 170
Château Climens 267
Château Coutet 268
Château d'Yquem 268
Château de Fargues 268
Château Ducru-Beaucaillou 206
Château Figeac 171
Château Haut-Brion 248
Château L'Eglise-Clinet 154
Château Lafite Rothschild 206
Château Lafleur 154
Château La Mission Haut-Brion 248
Château Latour 207
Château Léoville Barton 207
Château Léoville Las Cases 208
Château Margaux 208
Château Mouton Rothschild 209
Château Palmer 209
Château Pichon-Longueville Baron 210
Château Pontet-Canet 210
Château Trotanoy 155
Pétrus 155
Vieux Château Certan 156

BOURGOGNE
Domaine Armand Rousseau 312
Domaine Bernard Dugat-Py 307
Domaine Coche-Dury 347
Domaine d'Auvenay 346
Domaine de Courcel 348
Domaine de la Romanée-Conti 310
Domaine des Lambrays 308
Domaine Georges Roumier 311
Domaine Guffens-Heynen 397
Domaine Jack Confuron-Cotetidot 305
Domaine Jacques-Frédéric Mugnier 309
Domaine Jean-Paul et Benoît Droin 286
Domaine Jean Trapet Père et Fils 313
Domaine Leflaive 348
Domaine Leroy 308
Domaine Ponsot 310
Domaine Raveneau 287
Domaine Roulot 349
Domaines David Duband - François Feuillet 306
Domaine Vincent Dauvissat 286

CHAMPAGNE
Agrapart 418
Bollinger 418
Égly-Ouriet 419
Jacques Selosse 423
Jacquesson 420
Krug 420
Louis Roederer 421
Pol Roger 421
Salon 422

CORSE
Domaine Comte Abbatucci 470

JURA
Domaine André et Mireille Tissot 487
Domaine Ganevat 486
Domaine Jean Macle 487

LANGUEDOC
Domaine Les Aurelles 502
Domaine Peyre Rose 503
Mas Jullien 502

PROVENCE
Domaine Tempier 618

RHONE NORD
Chapoutier - Sélections parcellaires 646
Domaine Gonon 647
Domaine Jamet 648
Domaine Jean-Louis Chave 647

RHONE SUD
Château Rayas 682
Clos du Mont-Olivet 682
Domaine du Vieux Donjon 683

ROUSSILLON
Domaine Gauby 720

SUD-OUEST
Camin Larredya 766

VALLEE DE LA LOIRE
Clos Rougeard 561
Domaine Alphonse Mellot 599
Domaine des Roches Neuves 562
Domaine Didier Dagueneau 598
Domaine du Clos Naudin 579
Domaine François Chidaine 578
Domaine Huet 579

TABLEAU D'HONNEUR 2018

DOMAINES 2 ÉTOILES
LE PALMARES DES GRANDS DOMAINES

ALSACE
- Domaine André Kientzler 74
- Domaine Barmès-Buecher 70
- Domaine Bott-Geyl 71
- Domaine Dirler-Cadé 72
- Domaine du Clos Saint-Landelin-Véronique et Thomas Muré 71
- Domaine Loew 74
- Domaine Meyer-Fonné 75
- Domaine Schoffit 76
- Domaine Valentin Zusslin 78
- Josmeyer 73
- Martin Schaetzel by Kirrenbourg 75
- Trimbach 77

BEAUJOLAIS
- Château des Jacques 107
- Château Thivin 108
- Domaine Daniel Bouland 106
- Domaine du Vissoux 109
- Domaine Louis Claude Desvignes 107
- Domaine Paul Janin et Fils 108
- Georges Descombes 106

BORDEAUX
- Château Batailley 211
- Château Beau-Séjour Bécot 172
- Château Beauséjour Héritiers Duffau-Lagarrosse 172
- Château Belair-Monange 173
- Château Boyd-Cantenac 211
- Château Branaire-Ducru 212
- Château Brane-Cantenac 212
- Château Calon-Ségur 213
- Château Canon 173
- Château Canon-La-Gaffelière 174
- Château Cantenac-Brown 213
- Château Clinet 156
- Château Cos d'Estournel 214
- Château Doisy Daëne 270
- Château Gilette 270
- Château Giscours 214
- Château Grand-Puy-Lacoste 215
- Château Gruaud Larose 215
- Château Guiraud 270
- Château Haut-Bailly 250
- Château Hosanna 158
- Château L'Evangile 157
- Château La Conseillante 157
- Château Lafaurie-Peyraguey 271
- Château La Fleur-Pétrus 157
- Château La Gaffelière 176
- Château Larcis-Ducasse 176
- Château La Tour Blanche 274
- Château Léoville Poyferré 216
- Château Le Pin 159
- Château Lynch-Bages 216
- Château Malartic-Lagravière 251
- Château Malescot Saint-Exupéry 217
- Château Montrose 217
- Château Nairac 272
- Château Nénin 158
- Château Pape Clément 252
- Château Pavie 177
- Château Pavie Decesse 178
- Château Pavie-Macquin 179
- Château Pichon Longueville Comtesse de Lalande 218
- Château Rauzan-Ségla 218
- Château Raymond-Lafon 272
- Château Saint-Pierre 219
- Château Sigalas Rabaud 272
- Château Smith Haut-Lafitte 253
- Château Sociando-Mallet 219
- Château Suduiraut 273
- Château Tertre Rotebœuf 179
- Château Troplong Mondot 180
- Château Trotte Vieille 181
- Château Valandraud 181
- Clos du Marquis 214
- Clos Fourtet 175
- Clos Haut Peyraguey 269
- Domaine de Chevalier 249
- La Mondotte 177

BOURGOGNE
- Antoine Jobard 358
- Clos de Tart 316
- Domaine Albert Grivault 357
- Domaine Arlaud 314
- Domaine Bart 315
- Domaine Bonneau du Martray 349
- Domaine Bruno Clair 316
- Domaine Bruno Colin 354
- Domaine Buisson-Charles 350
- Domaine Catherine et Claude Maréchal 358
- Domaine Cécile Tremblay 325
- Domaine Chandon de Briailles 352
- Domaine Chantal Remy 324
- Domaine Claude Dugat 317
- Domaine de l'Arlot 314
- Domaine de la Pousse d'Or 359
- Domaine de la Vougeraie 326
- Domaine de Montille 359
- Domaine Denis Mortet 321
- Domaine de Villaine 389
- Domaine du Comte Armand 355
- Domaine Dujac 317
- Domaine Emmanuel Rouget 324
- Domaine François Carillon 351
- Domaine François Lumpp 389
- Domaine Georges Mugneret-Gibourg 322
- Domaine Henri Perrot-Minot et Domaine Christophe Perrot-Minot 323
- Domaine Jacques Carillon 351
- Domaine Jacques Saumaize 398
- Domaine J.-A. Ferret 398
- Domaine Jean Chartron 353
- Domaine Jean Grivot 319
- Domaine Jean-Hugues et Guilhem Goisot 290
- Domaine Joblot 388

TABLEAU D'HONNEUR 2018

Domaine Marc Colin et Fils	354
Domaine Méo-Camuzet	322
Domaine Michel Bouzereau et Fils	350
Domaine Pattes Loup	291
Domaine Pierre-Yves Colin-Morey	355
Domaine Robert Groffier Père et Fils	319
Domaine Sylvie Esmonin	318
Domaine Thibault Liger-Belair	320
Domaine Vincent Dureuil-Janthial	387
Domaine William Fèvre	289
Etienne Sauzet	360
Maison Camille Giroud	357
Maison Chanson Père et Fils	352
Maison Joseph Drouhin	356
Samuel Billaud	288
Verget	399

CHAMPAGNE

AR Lenoble	423
Benoit Lahaye	428
Bérêche et Fils	425
Billecart-Salmon	425
Champagne Gosset	426
Deutz	426
Dom Pérignon	427
Françoise Bedel et Fils	424
Georges Laval	429
Larmandier-Bernier	429
Pascal Doquet	427
Philipponnat	430
Pierre Pétoro	431
Tarlant	431

CORSE

Clos Canarelli	471
Domaine Antoine Arena	470
Domaine Antoine-Marie Arena	471
Yves Leccia	472

JURA

Domaine Labet	488

LANGUEDOC

Château La Baronne	505
Clos Marie	507
Domaine Alain Chabanon	506
Domaine d'Aupilhac	504
Domaine de la Garance	508
Domaine de Montcalmès	509
Domaine Léon Barral	505
Domaine Les Mille Vignes	509
Ermitage du Pic Saint-Loup	507
Mas des Brousses	508

PROVENCE

Château Pradeaux	620
Château Revelette	620
Château Simone	621
Domaine de la Bégude	618
Domaine de la Tour du Bon	622
Domaine de Terrebrune	622
Domaine de Trévallon	623
Domaine Hauvette	619

RHONE NORD

Château-Grillet	651
Domaine Alain Graillot	650
Domaine Alain Voge	657
Domaine André Perret	653
Domaine Clusel-Roch	648
Domaine Combier	649
Domaine Duclaux	650
Domaine du Tunnel	654
Domaine François Villard	656
Domaine Georges Vernay	655
Domaine Guigal	651
Domaine Marc Sorrel	653
Domaine Pierre-Jean Villa	655
Stéphane Ogier	652

RHONE SUD

Château de Beaucastel	684
Château des Tours - Sarrians	690
Clos des Papes	687
Domaine Bosquet des Papes	685
Domaine Charvin	686
Domaine de l'Oratoire Saint-Martin	689
Domaine de la Janasse	688
Domaine de Marcoux	689
Domaine des Bernardins	684
Domaine de Villeneuve	692
Domaine Jérôme Gradassi	687
Domaine Marcel Richaud	690
Vieux Télégraphe	691
Vignobles André Brunel	686

ROUSSILLON

Clos du Rouge Gorge	720
Domaine de la Rectorie	724
Domaine Gardiés	721
Domaine Los Torres de Fagayra	724
Domaine Matassa	722
Domaine Olivier Pithon	723
Mas Amiel	722

SAVOIE

Domaine Belluard	750
Domaine des Ardoisières	750
Les Fils de Charles Trosset	751

SUD-OUEST

Château du Cèdre	767
Château Tirecul La Gravière	770
Château Tour des Gendres	770
Clos Triguedina	771
Domaine Arretxea	766
Domaine Cosse Maisonneuve	767
Domaine Plageoles	769
Les Jardins de Babylone	769
Michel Issaly	768

VALLEE DE LA LOIRE

Château de Villeneuve	565
Coulée de Serrant	563
Domaine Bernard Baudry	581
Domaine de Bellivière	581
Domaine de la Chevalerie	582
Domaine de la Taille aux Loups	583
Domaine du Collier	562
Domaine Eric Morgat	564
Domaine François Cotat	600
Domaine Gérard Boulay	600
Domaine La Grange Tiphaine	582
Domaine Philippe Alliet	580
Domaine Pierre Luneau-Papin	552
Domaine Richard Leroy	564
Domaine Vacheron	602
Domaine Vincent Pinard	601
La Ferme de la Sansonnière	563

TABLEAU D'HONNEUR 2018

DOMAINES I ÉTOILE LEURS VINS SE DISTINGUENT

ALSACE

Agathe Bursin	83
Domaine Agapé	78
Domaine Émile Beyer	80
Domaine Jean-Louis et Fabienne Mann	86
Domaine Jean-Luc Mader	86
Domaine Jean-Marc Bernhard	80
Domaine Jean Sipp	88
Domaine Laurent Barth	79
Domaine Léon Beyer	81
Domaine Léon Boesch	82
Domaine Paul Blanck	82
Domaine Paul Ginglinger	83
Domaine Paul Kubler	85
Domaines Schlumberger	87
Domaine Trapet	89
Domaine Vincent Stoeffler	89
Domaine Zinck	90
Famille Hugel	84
Kuentz-Bas	85
Louis Sipp	88

BEAUJOLAIS

Château de Poncié	117
Château des Bachelards – Comtesse de Vazeilles	110
Château du Moulin-à-Vent	116
Domaine Chignard	112
Domaine des Terres Dorées	117
Domaine Dominique Piron	116
Domaine Jean Foillard	113
Domaine Jean-Marc Burgaud	110
Domaine Jules Desjourneys	112
Domaine Labruyère	114
Domaine Laurent Martray	115
Domaine Mee Godard	113
Domaine Nicolas Chemarin	111
Domaine Th. Liger-Belair	114
Marcel Lapierre	114

BORDEAUX

Château Beauregard	159
Château Bel-Air La Royère	142
Château Belgrave	220
Château Belle-Vue	182
Château Belle-Vue	220
Château Berliquet	182
Château Beychevelle	221
Château Bourgneuf	160
Château Bouscaut	254
Château Branas Grand Poujeaux	221
Château Caillou	275
Château Cantemerle	222
Château Carbonnieux	254
Château Chasse-Spleen	222
Château Clarke	222
Château Clerc Milon	223
Château Couhins-Lurton	256
Château d'Aiguilhe	145
Château d'Armailhac	220
Château d'Issan	226
Château Dassault	183
Château Dauzac	223
Château de Carles	146
Château de Fieuzal	257
Château de Malle	276
Château de Pez	230
Château de Rayne Vigneau	277
Château de Reignac	133
Château des Eyrins	224
Château Destieux	184
Château Doisy-Védrines	275
Château du Domaine de l'Église	161
Château Duhart-Milon	224
Château du Tertre	234
Château Ferrière	224
Château Feytit-Clinet	162
Château Fleur Haut-Gaussens	132
Château Fonroque	185
Château Fontenil	147
Château Fougas	143
Château Fourcas Hosten	225
Château Gazin	163
Château Gloria	225
Château Grand Corbin-Despagne	186
Château Grand Mayne	186
Château Grand-Pontet	187
Château Haut-Batailley	225
Château Haut-Bergeron	275
Château Haut-Marbuzet	226
Château Jean-Faure	187
Château Kirwan	227
Château Labégorce	227

TABLEAU D'HONNEUR 2018

Château La Clotte	188
Château La Dominique	184
Château La Fleur de Boüard	147
Château Lafon-Rochet	227
Château Lagrange	228
Château La Lagune	228
Château Langoa Barton	229
Château La Rousselle	148
Château Larrivet Haut-Brion	258
Château Lascombes	229
Château Latour à Pomerol	163
Château La Tour Carnet	235
Château La Tour Figeac	191
Château Latour-Martillac	259
Château La Vieille Cure	149
Château La Violette	164
Château Le Bon Pasteur	160
Château Le Gay	162
Château Le Pin Beausoleil	133
Château Les Carmes-Haut-Brion	255
Château Les Jonqueyres	143
Château Les Justices	276
Château Magrez-Fombrauge	188
Château Meyney	230
Château Moulin Saint-Georges	189
Château Olivier	260
Château Ormes de Pez	230
Château Péby Faugères	189
Château Petit-Village	163
Château Phélan Ségur	231
Château Potensac	231
Château Poujeaux	232
Château Prieuré-Lichine	232
Château Puygueraud	148
Château Quinault l'Enclos	190
Château Rauzan-Gassies	232
Château Rieussec	277
Château Roc de Cambes	143
Château Rochebelle	190
Château Rollan de By	233
Château Rouget	164
Château Siran	233
Château Soutard	191
Château Talbot	234
Château Vrai Canon Bouché	149
Clos Floridène	256
Clos l'Église	161
Clos Puy Arnaud	146
Clos Saint-Martin	183
Domaine de Courteillac	132
Domaine de l'A	145
Domaine de L'Alliance	274

BOURGOGNE

Alice et Olivier De Moor	293
Bret Brothers	401
Château de la Maltroye	372
Château de Puligny-Montrachet	374
Château des Rontets	405
Denis Jeandeau	404
Domaine Alain Michelot	333
Domaine Albert Morot	372
Domaine Anne-Marie et Jean-Marc Vincent	376
Domaine Antonin Guyon	369
Domaine Bachelet-Ramonet	361
Domaine Ballot Millot et Fils	361
Domaine Barraud	400
Domaine Billaud-Simon	292
Domaine Chevalier Père et Fils	363
Domaine Christian Moreau Père et Fils	296
Domaine C. Newman	373
Domaine Colinot	292
Domaine Comte Georges de Vogüé	327
Domaine Comte Senard	365
Domaine Corinne et Jean-Pierre Grossot	294
Domaine de Bellene	362
Domaine de la Bongran	401
Domaine des Croix	365
Domaine Emmanuel Giboulot	368
Domaine Follin-Arbelet	367
Domaine Françoise et Denis Clair	364
Domaine François Raquillet	393
Domaine Guillot-Broux	403
Domaine Henri Germain et Fils	367
Domaine Henri Gouges	329
Domaine Héritiers du Comte Lafon	403
Domaine Hubert Lamy	371
Domaine Huguenot Père et Fils	330
Domaine Isabelle et Denis Pommier	295
Domaine Jean-Claude Bachelet et Fils	360
Domaine Jean-Claude Bessin	291
Domaine Jean-Claude Regnaudot et Fils	375
Domaine Laroche	295
Domaine La Soufrandière	406
Domaine Laurent Père et Fils	331
Domaine Lignier-Michelot	332
Domaine Lorenzon	392
Domaine Lucien Muzard et Fils	373
Domaine Michel Lafarge	370
Domaine Moreau-Naudet	297
Domaine Nicolas Rossignol	375
Domaine Philippe et Vincent Lecheneaut	331
Domaine Philippe Naddef	333
Domaine Pierre Damoy	328
Domaine Rapet Père et Fils	374
Domaine Rossignol-Trapet	334
Domaine Saumaize-Michelin	405
Domaine Stéphane Aladame	390
Domaine Theulot Juillot	391
Domaine Thierry Violot-Guillemard	377
Domaine Tollot-Beaut et Fils	376
Eric Forest	402
Maison Bouchard Père et Fils	363
Maison Decelle-Villa	328
Maison Deux Montille Soeur Frère	366
Maison Jane Eyre	366
Maison Jean-Claude Boisset	326
Maison Louis Jadot	370
Maison Olivier Leflaive Frères	371

TABLEAU D'HONNEUR 2018

Maison Philippe Pacalet 334
Maison Vincent Girardin 368
Paul et Marie Jacqueson 391

CHAMPAGNE

A. Margaine 443
Ayala & Co 432
Bruno Paillard 445
Champagne Éric Rodez 447
Charles-Heidsieck 439
Christophe Mignon 444
Dehours et Fils 434
De Sousa 433
Diebolt-Vallois 435
Drappier 435
Duval-Leroy 436
Fleury 436
Francis Boulard & Fille 432
Franck Pascal 446
Gonet-Médeville 438
Joseph Perrier 446
Laherte Frères 440
Lallier 440
Laurent-Perrier 441
Leclerc Briant 433
Lilbert-Fils 442
Mailly Grand Cru 442
Marguet 443
Marie-Noëlle Ledru 441
Olivier Horiot 439
Perrier-Jouët 447
Pierre Paillard 445
René Geoffroy 437
Taittinger 448
Veuve Fourny et Fils 437

CORSE

Cantina Di Torra - Nicolas Mariotti Bindi 473
Clos Nicrosi 474
Clos Signadore 474
Domaine de Vaccelli 476
Domaine Giudicelli 475
Domaine Jean-Baptiste Arena 473
Domaine Leccia 475
Domaine U Stiliccionu 476

JURA

Domaine Berthet-Bondet 489
Domaine de la Tournelle 490
Domaine de Montbourgeau 489
Domaine Pignier 490

LANGUEDOC

Château de Jonquières 514
Château Ollieux Romanis 521
Château Pech-Redon 522
Clos Centeilles 511
Clos Maïa 512
Domaine Canet Valette 510
Domaine de Dernacueillette 513
Domaine de la Prose 523
Domaine de Mouscaillo 520
Domaine du Pas de l'Escalette 521
Domaine Jean-Baptiste Senat 524
Domaine Jean-Michel Alquier 510
Domaine La Terrasse d'Élise 524
Domaine Le Conte des Floris 513
Domaine Ledogar 515
Domaine Maxime Magnon 515
Domaine Navarre 520
Domaine Vaïsse 525
Les Clos Perdus 512
Mas Cal Demoura 516
Mas Champart 516
Mas d'Alezon - Domaine de Clovallon 517
Mas de Daumas Gassac 518
Mas des Caprices 518
Mas des Chimères 519
Mas Haut-Buis 517
Roc d'Anglade 523

PROVENCE

Château de Pibarnon 627
Château de Roquefort 629
Château Sainte-Anne 630
Clos Saint-Vincent 625
Domaine de La Réaltière 630
Domaine du Deffends 625
Domaine La Bastide Blanche 623
Domaine Milan 627
Domaine Ray-Jane 628
Domaine Richeaume 629
Dupéré-Barrera 626
Villa Baulieu 624
Villa Minna Vineyard 631

RHONE NORD

Cave Yves Cuilleron 662
Domaine Bernard Gripa 666
Domaine Bonnefond 658
Domaine Chambeyron 659
Domaine du Coulet 661
Domaine Franck Balthazar 658
Domaine Garon 665
Domaine Jean-Michel Gerin 665
Domaine Les Bruyères 658
Domaine Pierre et Jérôme Coursodon 661
Ferraton Père et Fils 664
Julien Pilon 668
Les Vins de Vienne 669
Maison Delas Frères 663
Maison E. Guigal 666
Maison M. Chapoutier 660
Paul Jaboulet Aîné 667
Vignobles Levet 668

TABLEAU D'HONNEUR 2018

RHONE SUD

Domaine Bois de Boursan	693
Domaine de Beaurenard	692
Domaine de la Ferme Saint-Martin	695
Domaine de la Vieille Julienne	700
Domaine du Cayron	694
Domaine Guillaume Gros	697
Domaine Jean David	695
Domaine L'Or de Line	698
Domaine La Bouïssière	694
Domaine Le Sang des Cailloux	699
Domaine Roger Sabon	698
Domaine Saint-Préfert	699
La Barroche	692
Maison Tardieu-Laurent	700
Moulin de la Gardette	696
Vignobles Mayard	697

ROUSSILLON

Domaine Bruno Duchêne	726
Domaine Danjou-Banessy	725
Domaine de Rancy	728
Domaine des Soulanes	730
Domaine Jean-Philippe Padié	727
Domaine Laguerre	726
Domaine La Tour Vieille	731
Domaine Le Roc des Anges	728
Domaine Sarda-Malet	729
Domaine Vial Magnères	731
Le Soula	730
Mas Mudigliza	727

SAVOIE

Domaine du Cellier des Cray	752
Domaine Giachino	754
Domaine J.-P. et J.-F. Quénard	754
Domaine La Combe des Grand'Vignes	753
Domaine partagé Gilles Berlioz	752
Les Vignes de Paradis	755

SUD-OUEST

Château de Chambert	774
Château Jonc-Blanc	778
Château La Colombière	775
Clos de Gamot	775
Clos Joliette	774
Clos Lapeyre	774
Domaine Bru-Baché	773
Domaine de Brin	772
Domaine de Souch	780
Domaine Elian Da Ros	776
Domaine Guirardel	777
Domaine Haut-Campagnau	777
Domaine Ilarria	778
Domaine L'Ancienne Cure	772
Domaine Labranche-Laffont	779
Domaine Le Roc	780
Domaine Mouthes Le Bihan	779

VALLEE DE LA LOIRE

Château de Coulaine	587
Château Pierre Bise	566
Château Yvonne	572
Clos de l'Elu	567
Domaine Alexandre Bain	602
Domaine aux Moines	570
Domaine Bonnet-Huteau	553
Domaine Catherine et Pierre Breton	585
Domaine Charles Joguet	588
Domaine Damien Laureau	569
Domaine Daniel Crochet	603
Domaine de Belle-Vue	553
Domaine de l'Écu	557
Domaine de la Butte	585
Domaine de la Chauvinièro	554
Domaine de la Pépière	556
Domaine Delesvaux	568
Domaine des Huards	588
Domaine du Bel Air	584
Domaine du Closel - Château des Vaults	568
Domaine François Crochet	603
Domaine Guiberteau	569
Domaine Haute Févrie	555
Domaine Jonathan Didier Pabiot	604
Domaine Landron	555
Domaine Le Rocher des Violettes	589
Domaine Mélaric	570
Domaine Michel Redde et Fils	605
Domaine Nicolas Reau	571
Domaine Patrice Colin	586
Domaine Patrick Baudouin	565
Domaine Pellé	604
Domaine Richou	571
Domaine Saint-Nicolas	557
Domaine Stéphane Bernaudeau	566
Domaine Thibaud Boudignon	567
Domaine Vincent Carême	586
Domaine Yannick Amirault	584

SÉLECTION

20 BONNES AFFAIRES EN BLANC À MOINS DE 15 EUROS

ALSACE
Christian et Véronique Hebinger
Pinot Gris Grand Cru Pfersigberg 2014
14,50 € - 16/20

BORDEAUX
Clos des Lunes
Bordeaux Lune d'Argent 2014 - 13,50 € - 16,5/20

BOURGOGNE
Domaine Saumaize-Michelin
Saint-Véran Les Crèches 2015 - 14 € - 16,5/20

CORSE
Clos Nicrosi
Blanc de Blancs 2016 - 14 € - 17/20

Clos Fornelli
Corse La Robe d'Ange 2016 - 10 € - 16/20

JURA
Domaine Rijckaert
Côtes du Jura Chardonnay Les Sarres 2015
14,95 € - 16,5/20

Domaine de Montbourgeau
L'Etoile 2014 - 11 € - 16/20

LANGUEDOC
Château Pech-Redon
Languedoc La Clape L'Epervier 2015 - 13 €
16,5/20

Domaine Turner Pageot
Languedoc Le Blanc 2016 - 12 € - 16/20

VALLÉE DE LA LOIRE
Domaine Patrice Colin
Coteaux du Vendômois Pente des Coutis 2015
9,20 € - 16,5/20

Domaine Haute Févrie
Muscadet Sèvre et Maine Château-Thébaud
Coteau de l'Ébeaupin 2014 - 12 € - 16/20

Domaine Landron
Muscadet Sèvre et Maine sur Lie Les Houx 2009
12 € - 16/20

VALLÉE DU RHÔNE
Domaine des Bernardins
Muscat de Beaumes de Venise 2016 - 13,60 €
17,5/20

ROUSSILLON
Domaine des Schistes
Muscat de Rivesaltes 2016 - 9 € - 16,5/20

Domaine Cazes
Muscat de Rivesaltes 2014 - 12,50 € - 16/20

SAVOIE
Domaine La Combe des Grand'Vignes
Vin de Savoie Chignin Argile sur Schiste 2015
9,90 € - 16,5/20

Domaine Belluard
Vin de Savoie Ayse Brut
Les Perles du Mont-Blanc 2013
12 € - 16/20

SUD-OUEST
Château Tirecul La Gravière
Monbazillac Les Pins 2014 - 11 € - 16,5/20

Domaine Plageoles
Gaillac Premières Côtes Sec Mauzac Vert 2015
12,45 € - 16/20

Domaine Plageoles
Gaillac Doux Loin de L'OEil 2015 - 10,85 € - 16/20

SÉLECTION

20 JOLIS FLACONS EN ROUGE À MOINS DE 15 EUROS

BEAUJOLAIS
Domaine Jean-Marc Burgaud
Morgon Grands Cras 2015 - 13 € - 16,5/20

Clos de la Roilette
Fleurie Cuvée Tardive 2016 - 11,50 € - 17/20

Domaine Daniel Bouland
Morgon Corcelette Vieilles Vignes 2016 - 9 €
16,5/20

BORDEAUX
Château Peyrabon
Pauillac Château La Fleur Peyrabon 2015
13 € - 17/20

Château Belle Garde
Bordeaux Supérieur L'Excellence 2014
9,90 € - 16,5/20

BOURGOGNE
Domaine Olivier Morin
Irancy 2015 - 13 € - 16,5/20

Domaine Jean-Hugues et Guilhem Goisot
Bourgogne Côtes d'Auxerre Corps de Garde 2015
14,40 € - 16/20

CORSE
Domaine Antoine-Marie Arena
VDF San Giovanni 2016 - 13 € - 17/20

Clos Fornelli
Corse La Robe d'Ange 2016 - 9,90 € - 16/20

L'Enclos des Anges
Corse Calvi 2015 - 14,5 € - 16/20

VALLÉE DE LA LOIRE
Domaine Bernard Baudry
Chinon Les Grézeaux 2015 - 14 € - 17/20

Domaine Sérol
Côte Roannaise Oudan 2016 - 14,60 € - 16/20

VALLÉE DU RHÔNE
Domaine La Roubine
Gigondas 2015 - 14,60 € - 16/20

SUD-OUEST
Domaine Cosse Maisonneuve
Cahors Le Combal 2015 - 10 € - 18/20

Château du Cèdre
Cahors 2014 - 14,80 € - 16,5/20

LANGUEDOC
Mas des Chimères
IGP Coteaux du Salagou Oeillade 2016 - 9 € - 17/20

Domaine Navarre
VDF Ribeyrenc 2015 - 10 € - 17/20

ROUSSILLON
Domaine des Soulanes
Maury Grenat 2016 - 14 € - 16/20

SAVOIE
Les Fils de Charles Trosset
Vin de Savoie Arbin Mondeuse Prestige
des Arpents 2016 - 14 € - 17/20

Domaine J.-P. et J.-F. Quénard
Vin de Savoie Mondeuse Elisa 2016 - 14,80 €
16,5/20

SÉLECTION

20 ROSÉS DÉSALTÉRANTS À MOINS DE 15 EUROS

BORDEAUX
Château Penin
Bordeaux Clairet 2016 - 6,70 € - 14,5/20

Bordeaux 2016 - 6,50 € - 14/20

CORSE
Clos Canarelli
Corse Figari 2016 - 14 € - 15,5/20

Yves Leccia
IGP Île de Beauté YL 2016 - 13,80 € - 15/20

L'Enclos des Anges
Corse Calvi 2016 - 11,50 € - 14,5/20

LANGUEDOC
Domaine Henry
Languedoc Saint-Georges-d'Orques
Vin Vermeil 2016 - 14 € - 15,5/20

Château Pech-Redon
Languedoc L'Epervier 2016 - 9,50 € - 15/20

Domaine de Cazaban
Cabardès Hors Série N° 1 2016 - 9 € - 14/20

VALLÉE DE LA LOIRE
Domaine Patrice Colin
Coteaux du Vendômois Gris Bodin 2016
7,60 € - 15/20

Domaine François Cotat
Sancerre 2015 - 11 € - 15/20

Domaine Daniel Crochet
Sancerre 2016 - 10,50 € - 14,5/20

VALLÉE DU RHÔNE
Domaine Clusel-Roch
Coteaux du Lyonnais Rosé 2016 - 10 € - 14,5/20

Maison Tardieu-Laurent
Tavel Vieilles Vignes 2016 - 12 € - 14/20

PROVENCE
Château de Roquefort
Côtes de Provence Corail 2016 - 12,50 € - 15/20

Château Simone
IGP des Bouches du Rhône Les Grands Carmes
de Simone 2015 - 14,50 € - 14,5/20

Domaine Les Bastides
Coteaux d'Aix-en-Provence Rosé Saignée 2016
8 € - 14/20

ROUSSILLON
Domaine de la Rectorie
Collioure Côté Mer 2016 - 14 € - 14,5/20

SAVOIE
Domaine J.-P. et J.-F. Quénard
Vin de Savoie Sous la Tonnelle 2016 - 7,80 €
14,5/20

SUD-OUEST
Château Plaisance
VDF Lakaat-e-Barzh 2016 - 9 € - 15/20

Domaine de Brin
VDF Brin de Folie 2015 - 14 € - 14,5/20

SÉLECTION

20 VINS EFFERVESCENTS POUR LES FÊTES À MOINS DE 26 EUROS

—

Égly-Ouriet
Brut Premier Cru Les Vignes de Vrigny - 26 €
16/20

Lilbert-Fils
Brut Grand Cru Blanc de Blancs Perle - 26 €
16/20

Pierre Gimonnet et Fils
Brut Premier Cru Blanc de Blancs Gastronome 2012 - 26 € - 15,5/20

Veuve Fourny et Fils
Brut Premier Cru Grande Réserve - 26 € - 15,5/20

J. de Telmont
Brut Grand Rosé - 24 € - 15,5/20

Marie-Noëlle Ledru
Extra Brut Grand Cru - 25,10 € - 15/20

Chartogne-Taillet
Brut Sainte Anne - 25 € - 15/20

Huré Frères
Brut Invitation - 25 € - 15/20

Gatinois
Brut Rosé Grand Cru - 24 € - 15/20

Lancelot-Pienne
Brut Blanc de Blancs - 23,40 € - 15/20

Dehours et Fils
Brut Grande Réserve - 23,15 € - 15/20

Gonet-Médeville
Brut Premier Cru Tradition - 22 € - 15/20

A. Margaine
Brut Premier Cru - 19,90 € - 15/20

René Geoffroy
Brut Premier Cru Expression - 26 € - 14,5/20

Yann Alexandre
Demi-Sec Sucré Noir - 24 € - 14,5/20

Pierre Gimonnet et Fils
Brut Cuis Premier Cru Blanc de Blancs - 23 €
14,5/20

J. de Telmont
Brut Grande Réserve - 22 € - 14,5/20

André Jacquart
Brut Premier Cru Blanc de Blancs Expérience
22 € - 14,5/20

Pierre Moncuit
Extra Brut Grand Cru Blanc de Blancs Pierre Moncuit-Delos - 21,50 € - 14,5/20

Apollonis
Brut Blanc de Noirs Authentic Meunier
24,50 € - 14/20

LES COUPS DE CŒUR 2018 DE NOS DÉGUSTATEURS

—

Les producteurs dont nous dressons le portrait dans ce guide ont en commun la passion des grands vins. Ces vignerons et vigneronnes travaillent le plus précieux de leur capital, leurs vignes, selon des méthodes de culture et de vinification respectueuses de leurs terroirs exceptionnels. On découvrira, parmi ces quinze coups de cœur, des vignerons historiques, des néo-propriétaires comme des héritiers qui ont révolutionné le domaine familial. Leurs cuvées étonnent, détonnent, dynamisent un secteur qui en a bien besoin. Terroirs variés, tanins policés et vignerons heureux : c'est l'alchimie des vins que nous cherchons pour ce guide. Des vins qui ne laissent personne indifférent. Goûtez-les vite, ils ne vous décevront pas.

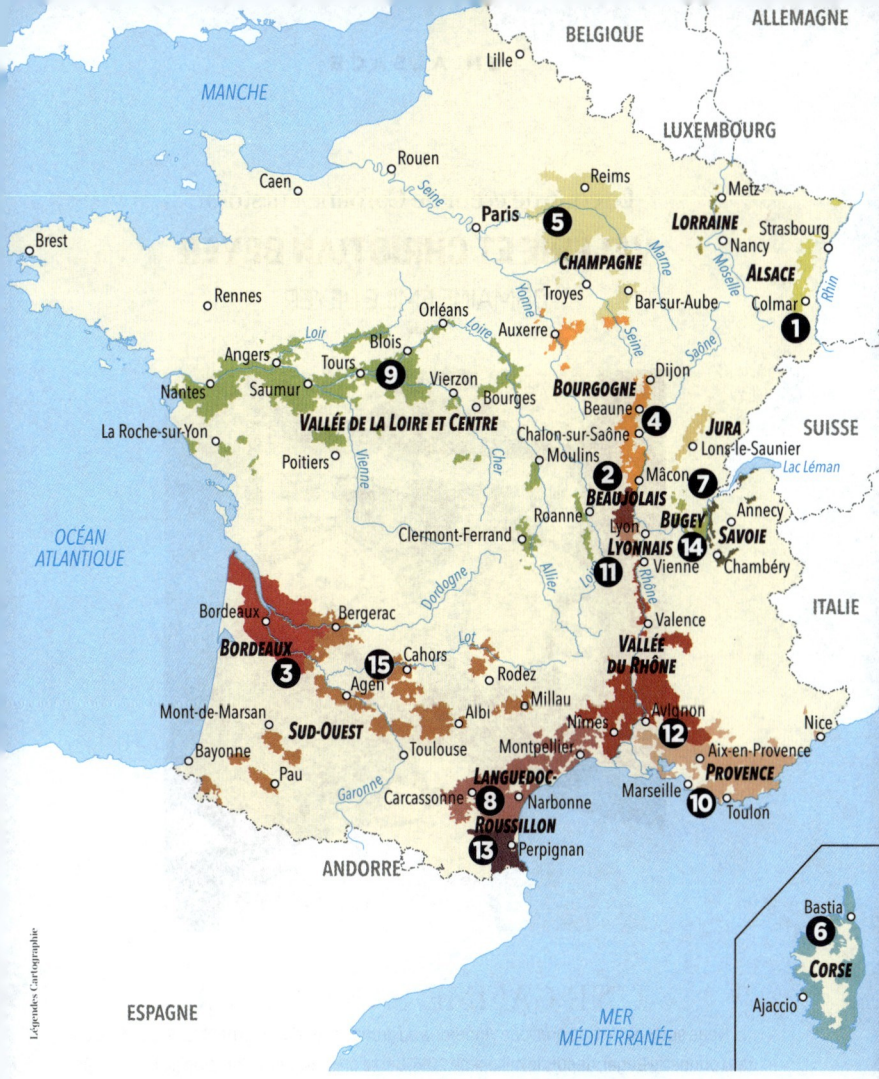

CES 23 VIGNERONS ONT ÉPATÉ LE COMITÉ DE DÉGUSTATION

1. Christian et Valérie Beyer, en Alsace — 42
2. Fabien Duperray, en Beaujolais — 43
3. Daniel et Valérie Alibrand, à Bordeaux — 44
4. Vincent Dureuil, en Bourgogne — 45
5. Benoît et Mélanie Tarlant, en Champagne — 46
6. Antoine-Marie Arena, en Corse — 47
7. Jean-François Ganevat, dans le Jura — 48
8. Christophe Bousquet, en Languedoc — 49
9. Coralie et Damien Delecheneau, en Loire — 50
10. Reynald Delille, en Provence — 51
11. Brigitte Roch, Gilbert et Guillaume Clusel, en Rhône nord — 52
12. Olivier Adnot, en Rhône sud — 53
13. Jean-Hubert et Brigitte Verdaguer, en Roussillon — 54
14. Nicolas Ferrand, en Savoie — 55
15. Matthieu Cosse et Catherine Maisonneuve, dans le Sud-Ouest — 56

Le coup de cœur de Caroline Furstoss :

VALÉRIE ET CHRISTIAN BEYER
DOMAINE ÉMILE BEYER

—

UNE GAMME SANS FAILLE

Nous suivons de très près ces vignerons au grand cœur, qui incarnent la 14ᵉ génération de la dynastie Beyer, depuis le millésime 2014. Cette année-là, leur domaine de 17 hectares venait d'être certifié en bio, et Christian et Valérie Beyer devenaient parents d'adorables jumeaux ! Valérie assure chaleureusement l'accueil au caveau, sis à l'intérieur des remparts d'Eguisheim, tandis que le chai est situé à l'extérieur du village. Le couple travaille main dans la main.

La gamme, sans faille, comprend notamment les grands crus Pfersigberg et Eichberg, aux expressions toujours profondes, complexes et précises, qui représentent un tiers de la superficie du domaine. Au cœur du Pfersigberg, le très prometteur Clos Lucas Beyer a été planté en riesling et donnera un grand vin. En entrée de gamme, on se régale avec des cuvées aux rapports qualité-prix attrayants. Certains vins sont hors-norme, comme l'Instant Rare d'Émile, pinot blanc botrytisé, produit quatre fois seulement. Christian Beyer en a eu l'intuition lors de sa formation au Château Rieussec (Sauternes).

Enfin, les vins rouges talonnent les meilleurs de la région, notamment le lieu-dit Sundel, dont les vignes sont issues d'une sélection massale du Clos des Épenots, à Pommard. **C.F.**

EN BEAUJOLAIS

Le coup de cœur d'Olivier Poussier :
FABIEN DUPERRAY
DOMAINE JULES DESJOURNEYS

LE PRINCE DE LA GOURMANDISE

Voici un vigneron d'une grande dimension : nous saluons l'entrée au sein du Guide Vert de Fabien Duperray, qui nous a présenté dès 2014 de haut niveau. Chacune de ses cuvées parcellaires dévoile une palette aromatique et un style de bouche propres, uniques. Le travail de titan effectué à la vigne, suivi d'une vinification soignée, mais pas interventionniste, livre des vins qui se distinguent par leur sincérité.

Ainsi, l'équilibre et la sapidité du millésime 2014 se trouvent ici magnifiés par des matières étoffées en bouche, sans être trop extraites : mention spéciale pour le fleurie Chapelle des Bois, qui nous régale par sa gourmandise et sa chair pulpeuse. Une bouteille plus accessible et plus avenante que le fleurie Les Moriers ; cette cuvée sublime impose une bouche plus cossue, tout en gardant la gourmandise qui définit, mieux que tout autre terme, les vins du Beaujolais.

Autre cuvée magnifique, le morgon nous enchante par son joli jus profond. Au sommet de la gamme, ne manquez pas d'encaver le magnifique moulin-à-vent, issu du terroir de Chassignol. Nous palpitons encore au souvenir de sa dégustation : voici un vin plein, concentré en finesse, à la trame veloutée et longiligne à la fois. **O. P.**

À BORDEAUX

Le coup de cœur de Roberto Petronio :
DANIEL ET VALÉRIE ALIBRAND
DOMAINE DE L'ALLIANCE
—

ILS ONT JETÉ L'ANCRE À SAUTERNES

C'est par le plus pur des hasards que Daniel Alibrand est arrivé à Sauternes. Le propriétaire du Domaine de L'Alliance était en effet marin-pêcheur en Vendée dans sa première vie. Il a troqué filets et poissons pour le sémillon, et créé *ex nihilo* son domaine à Langon, en 2005, après un stage au château La Tour Blanche, premier cru classé de Sauternes.

Dès ses débuts, le néo-vigneron a fait le choix d'une agriculture biologique et peu interventionniste. Ce qui nécessite un travail intense dans ses vignes, situées dans le secteur de Fargues : entre la fin du printemps et le début de l'été, sa journée de travail dure rarement moins de douze bonnes heures. Le prix à payer pour obtenir des raisins sains, qui donneront des concentrations optimales dans ses bouteilles.

Comme les liquoreux de Sauternes peinent à se vendre, Daniel Alibrand produit un magnifique blanc sec du même calibre que sa somptueuse cuvée classique. En un peu plus de dix ans, le domaine de L'Alliance s'est hissé au plus haut niveau des vins de l'appellation, en liquoreux comme en blanc sec. Cette réussite est le fruit d'un travail précis et intense, dans les vignes et en cave, devant lequel nous nous inclinons. **R. P.**

Le coup de cœur de Christian Martray :

VINCENT DUREUIL

DOMAINE VINCENT DUREUIL-JANTHIAL

—

LE PATRON DE LA CÔTE CHALONNAISE

Meilleur ambassadeur des vins de la Côte chalonnaise, Vincent Dureuil produit les vins les plus exquis de ce vignoble sous-estimé de la Bourgogne. Perfectionniste, il a atteint un niveau d'excellence que nous saluons aujourd'hui. Les vins du millésime 2015 montrent, une fois encore, sa capacité à sublimer les terroirs de Rully, qui composent l'essentiel du domaine, et démontrent sa maîtrise des élevages.

Certes, le métier n'est pas de tout repos. 2016 a été une année difficile, même si l'arrière-saison ensoleillée a sauvé les jus : hélas, le gel puis le mildiou avaient auparavant frappé, obligeant Vincent à traiter en conventionnel les cinq hectares qui pouvaient être sauvés. La certification en bio perdue, il faudra donc traverser à nouveau trois années de conversion avant de récupérer le précieux label.

Néanmoins, Vincent Dureuil ne se décourage pas. À 47 ans, il pense à l'avenir, au prometteur millésime 2017 en ligne de mire, à la transmission, toujours : la parcelle de Rully premier cru Meix Cadot Vieilles Vignes a été plantée en 1920 par son arrière-grand-père. Aujourd'hui, son jeune fils Clément, âgé de 12 ans, rêve à son tour de devenir un grand vigneron… **C. M.**

EN CHAMPAGNE

Le coup de cœur d'Alexis Goujard :
BENOÎT ET MÉLANIE TARLANT
TARLANT

J.-C. Gutner

CES ARTISANS SONT DES ARTISTES

Dans les plus grandes villes du monde, les sommeliers des bistrots branchés et des tables étoilées s'arrachent les champagnes de vignerons talentueux. Si bien que ces artisans de la bulle, parfois victimes de leur succès, mettent sur le marché des vins très jeunes et stridents.

Mais chez les Tarlant, on prend le temps de façonner des champagnes séveux et percutants. Aujourd'hui incarnée par la douzième génération, Mélanie au commerce et son frère Benoît à la vigne et en cave, cette vieille famille champenoise a commencé à cultiver la vigne en 1687, pendant que Dom Pérignon mettait au point sa méthode traditionnelle. Benoît est revenu à ses racines, en 1999, à Œuilly, coin discret de la rive gauche de la vallée de la Marne, où il cherche à affirmer les expressions des terroirs et à faire des *"vins qui ont du goût et de la force"*.

Le généreux vigneron initie ainsi de nouvelles cuvées issues de vieilles vignes des trois grands cépages champenois et remet au goût du jour les variétés anciennes (pinot blanc, arbanne et petit meslier). Il modernise les techniques, tout en restant fidèle au savoir-faire familial ancien : vinifications en tonneaux et vieillissements prolongés en bouteilles (le 2004 ne quittera les caves qu'en 2018 !). La sagesse de ces champagnes, qui font référence dans l'univers des non dosés, mérite d'être saluée par une deuxième étoile cette année. **A. G.**

EN CORSE

Le coup de cœur d'Olivier Poussier :
ANTOINE-MARIE ARENA
DOMAINE ANTOINE-MARIE ARENA
—

UN JEUNE HOMME PRESSÉ

Il n'a que trois millésimes derrière lui, mais ses cuvées dévoilent une telle sensation de pureté et d'osmose, qu'Antoine-Marie Arena pourrait avoir dix ans de métier derrière lui. Il faut dire que le vigneron est du genre à y aller en vitesse : dès le millésime 2015, son deuxième, il signait deux nouvelles cuvées, impressionnantes de cohérence et de justesse.

Cette année, nous avons été particulièrement séduits par la fraîcheur et la tension des blancs 2016, du Hauts de Carco, finement floral et fruité, épuré, à la texture ciselée par une superbe empreinte minérale, au Bianco Gentile, magnifiquement maîtrisé et plus large en attaque grâce aux vignes plantées en 1997, en passant par l'harmonieux Bianchi, composé à parts égales de muscat, de bianco gentile, et de vermentino.

Brillant avec les blancs, Antoine-Marie Arena ne manque pas de talent quand il s'agit de s'occuper des rouges : la cuvée de soif San Giovanni désaltère, tandis que le Carco exalte dans ses arômes et ses saveurs toute la complexité d'un vin méditerranéen. Et même s'il avance à toute vitesse, le producteur sait aussi travailler pour les années à venir : essayez donc d'oublier en cave pendant quelque temps le fabuleux vin de méditation Memoria. Vous ne le regretterez pas ! **O. P.**

Le coup de cœur de Jean-Emmanuel Simond :
JEAN-FRANÇOIS GANEVAT
DOMAINE GANEVAT
—

UNE QUALITÉ ÉPOUSTOUFLANTE

Jean-François Ganevat, dit "Fanfan", est revenu en 1998 dans le Jura, dans la combe de Rotalier, après plusieurs années à Chassagne-Montrachet, chez Jean-Marc Morey. Aidé de sa sœur Anne, il a repris le domaine familial, riche en vieilles vignes et en diversité de terroirs, qu'il a peu à peu agrandi et complété par une activité de négoce, achetant des raisins dans différentes régions de France. Ce vigneron touche-à-tout produit une centaine de cuvées, auxquelles des amateurs du monde entier vouent désormais un véritable culte.

Très attachant, l'homme sait à merveille dissimuler sa générosité et sa sensibilité derrière son bagout et son formidable humour. Mais c'est avant tout un grand travailleur : fidèle à la philosophie des vins naturels sans pourtant s'en revendiquer, Jean-François Ganevat maîtrise parfaitement la biodynamie et a affiné ses talents de vinificateur. Son utilisation *a minima* du soufre (voire son absence totale) va de pair avec une précision et une intensité de saveurs encore accrues dans ses vins. Si quelques petites déviances étaient encore perceptibles dans certaines cuvées, rouges en particulier, cela fait désormais partie du passé.

La troisième étoile récompense l'œuvre de ce vigneron intuitif, ancré dans ses racines jurassiennes, dont il revisite comme personne le passé pour se projeter dans l'avenir. **J.-E. S.**

Le coup de cœur de Pierre Citerne :

CHRISTOPHE BOUSQUET

CHÂTEAU PECH-REDON

—

AU SOMMET DE LA CLAPE

Christophe Bousquet est un tenace. La résilience même ? Quand il arrive en 1988 à Pech-Redon, le jeune œnologue se doute certainement que le parcours ne sera pas de tout repos. En presque trente ans d'exercice, de combat, il a développé une vision agronomique de grande acuité, une réponse au dialogue quotidien avec l'environnement chaud, minéral et surtout très sec dans lequel est situé son vignoble. Pendant l'été 2016, le chemin de la Couleuvre qui, de Narbonne, mène à Pech-Redon, était interdit à la circulation par crainte des incendies, et les contrevenants, désireux de rencontrer le vigneron ou d'acheter ses vins, verbalisés !

La vision esthétique répond à la vision agronomique et là, Christophe Bousquet cesse d'être le chef de clan portant tout un vignoble vers la reconnaissance administrative de l'appellation autonome (en 2015) ; il redevient ce franc-tireur, qui ose réaliser ce que les autres peinent seulement à imaginer. De sa cave sortent des vins plus libres, multidimensionnels, des rouges burinés par la garrigue, des rosés (d'intenses clairets devrait-on plutôt dire) et des blancs (salins, fougueux, tanniques), qui sont aujourd'hui les seuls à pousser le sublime terroir de La Clape dans les retranchements de son expressivité. **P. Ci.**

EN LOIRE

Le coup de cœur d'Alexis Goujard :
CORALIE ET DAMIEN DELECHENEAU
DOMAINE LA GRANGE TIPHAINE

—

LES MAESTROS DE LA TOURAINE

Une douce mélodie ligérienne résonne au domaine La Grange Tiphaine, à Amboise, depuis le retour au bercail de Coralie et de Damien Delecheneau. Sous le regard de Tiphaine (celle qui a inscrit son prénom sur sa grange en 1730, la première propriétaire de ces lieux investis ensuite par la lignée Delecheneau), Damien, cinquième génération, est revenu tambour battant en 2002. Son épouse l'a rejoint quelques années plus tard.

L'approche sensible de ces deux œnologues se manifeste d'abord dans le vignoble, réparti entre la Touraine et Montlouis-sur-Loire : ils abandonnent les produits chimiques, passent en bio, puis en biodynamie. Un bon sens naturel pour accompagner les jeunes vignes et un hommage rendu aux vénérables chenins des Grenouillères et aux côts plantés il y a plus de 120 ans.

La nouvelle cave construite en 2009 représente un tournant pour le couple mélomane : une batterie de cuves en béton, tronconiques, parallélépipédiques et en forme d'œufs, accueillent les raisins. Le travail est de haute précision, dans l'objectif d'affiner l'expression et la profondeur de chaque cuvée. De la bulle Nouveau Nez jusqu'au rouge floral Côt Vieilles Vignes, en passant par la nouvelle cuvée Les Épinays, chenin élancé, la gamme est absolument irréprochable. Elle propulse le domaine vers la deuxième étoile, et dans l'élite des grands vins de Loire. **A. G.**

Le coup de cœur d'Alexis Goujard :
REYNALD DELILLE
DOMAINE DE TERREBRUNE

LA FORCE TRANQUILLE DE BANDOL

Au milieu de la garrigue, des collines accidentées et des restanques de vignes frappées par le soleil et balayées par le mistral, où les rouges de Bandol, dominés par le mourvèdre impressionnent souvent par leur puissance, une certaine sérénité se dégage de Terrebrune.

En 1968, Georges Delille, 90 printemps aujourd'hui, quitte le tumulte des pavés parisiens pour faire renaître ce havre de paix. Il appréhende magnifiquement ce terroir singulier d'argilo-calcaires du Trias, proche de la mer, exceptionnellement frais, dont il tire des vins très fins dès la jeunesse.

Depuis 1980, le fils de Georges Delille, Reynald, poursuit brillamment son œuvre en produisant des vins splendides. L'homme, discret, défend le fait qu'un grand vin est une subtile alchimie de l'ensemble des parcelles d'un domaine, loin de la mode des micro-cuvées issues de minuscules parcelles idéalement situées. Grâce à un fin doigté et de longues réflexions sur les assemblages, ce grand sage d'aïkido livre un rouge, un rosé et un blanc prodigieux.

Toujours sur la retenue les premières années, ces vins se déploient dans le temps avec un raffinement, une délicatesse et une profondeur qui n'ont que peu d'égaux en Provence. Nous saluons l'excellence de ce domaine en lui décernant aujourd'hui une deuxième étoile. **A. G.**

Le coup de cœur d'Olivier Poussier :
BRIGITTE ROCH, GILBERT ET GUILLAUME CLUSEL
DOMAINE CLUSEL-ROCH

LA PRIMAUTÉ D'UN STYLE

Les vins du domaine Clusel-Roch ont véritablement passé un cap ces dernières années et se révèlent aujourd'hui d'une grande finesse de style.

Les rouges associent ainsi la maturité, le volume et la juste extraction. S'ils possèdent tous, dès leur prime jeunesse, sapidité et toucher de bouche délicat, les vins vieillissent à merveille, et les différents terroirs s'expriment chacun selon leur propre tempo. La régularité démontrée lors des millésimes 2013, 2014 et 2015 nous amène à honorer ce domaine.

Parmi les cuvées à saluer, signalons notamment le condrieu Verchery, assemblage de raisins issus des lieux-dits Vernon et Chéry, incroyablement bien géré en 2015 : ce millésime solaire a donné naissance, à Condrieu, à des vins souvent exubérants et un peu pâteux en bouche. Verchery 2015, lui, épouse la largeur de l'année sans être déséquilibré.

Depuis 2009 et le retour au domaine de Guillaume, le fils de Brigitte et de Gilbert, Clusel-Roch exploite des vignes en Coteaux du Lyonnais, dans les villages de Millery et d'Orliénas. Les gamays y atteignent un niveau rarement vu dans cette appellation. Autre belle cuvée, le chardonnay L'Hecto, partiellement fermenté sous bois, demeure très gourmand. **O. P.**

EN VALLÉE DU RHÔNE MÉRIDIONALE

Le coup de cœur de Roberto Petronio :
OLIVIER ADNOT
CHÂTEAU LA VERRERIE

R. Petronio

PLUS VIGNERON QUE TECHNICIEN

Une fois n'est pas coutume, nous avons décidé de souligner la réussite d'un domaine qui, après être sorti de notre guide il y a quelques années, y revient dans l'édition 2018. Preuve que les hiérarchies ne sont pas intangibles, que les domaines peuvent évoluer et que les critiques suivent attentivement ces changements.

Cette année, nous avons été particulièrement séduits par le travail accompli au Château La Verrerie par son directeur Olivier Adnot. Formé dans sa Champagne natale, puis en Californie, cet ingénieur agronome et œnologue est arrivé en 2006 dans le Luberon. Mais c'est par une approche de vigneron, plutôt que de technicien, qu'il a su donner, en dix ans, une belle orientation aux vins de ce domaine, plus fins que par le passé. Ainsi, Olivier Adnot a engagé dès 2009 un processus de conversion en bio. Il a poursuivi en baissant les rendements, sans jamais trop extraire, et en recherchant en permanence la bonne maturité : ces principes ont payé.

Aujourd'hui, ses vins blancs, rouges et rosés font partie de l'élite du Luberon. La gamme du Château La Verrerie demeure équilibrée, avec des vins grands publics, aux prix doux, misant sur la fraîcheur et l'élégance, et des cuvées de demi-garde destinées à la table. **R. P.**

Le coup de cœur de Pierre Citerne :
JEAN-HUBERT ET BRIGITTE VERDAGUER
DOMAINE DE RANCY

—

LES ROIS DES VINS DOUX NATURELS

C'est une histoire de famille, l'histoire d'un goût, particulier et universel... Situé à Latour-de-France sur l'ancienne frontière des royaumes de France et d'Aragon, ce domaine du Roussillon nous donne à goûter l'évolution du monde viticole catalan pendant près d'un siècle.

Rancy rime bien entendu avec rancio ; la collection de rivesaltes ambrés, vins doux naturels issus du cépage macabeu, remonte au millésime 1919. De multiples dégustations le démontrent : les VDN du domaine de Rancy sont uniques et acquièrent avec l'âge, l'évaporation, la concentration, une dimension tactile et une complexité aromatique extraordinaires. Le zénith des VDN, dans le courant du XXe siècle, a éloigné le domaine de la production de vins rouges secs. Avec la décrue des premiers, les seconds sont revenus. Ils sont, depuis 2006, attentivement suivis par Delphine, la fille aînée, et progressent d'année en année, tout en conservant un sens du lieu évident. Les rancios secs, récemment reconnus par l'administration, véritable passion de Jean-Hubert Verdaguer, sont la quintessence de cette catalanité.

À l'heure où le Roussillon semble s'ouvrir sur tous les possibles viticoles, la famille Verdaguer nous montre qu'accepter son héritage, son identité constitue finalement la plus précieuse des modernités. **P. Ci.**

EN SAVOIE

Le coup de cœur de Jean-Emmanuel Simond :

NICOLAS FERRAND
DOMAINE DES CÔTES ROUSSES
—

L'ESPOIR DE LA SAVOIE

Nicolas Ferrand, 31 ans, est né à La Motte-Servolex, aux portes de Chambéry. Après un master en aménagement des territoires ruraux, il se rend compte qu'il préfère faire vivre et travailler ces espaces agricoles, plutôt que de se contenter de les observer. Formé chez Pascal Quénard, il installe son domaine en 2013, reprenant en fermage 13 parcelles de vignes à un coopérateur pépiniériste, récupère une grange appartenant à ses grands-parents paysans, qu'il aménage en chai de vinification, et élabore ses premiers vins en 2014.

Nicolas Ferrand exploite aujourd'hui 5,2 hectares de vignes situées dans les coteaux de la combe de Savoie, sous le massif des Bauges. Certaines parcelles montent jusqu'à 600 m d'altitude. Le domaine a rapidement banni les herbicides et vise une certification en bio en 2018. Il va également s'agrandir d'un hectare en plantation, mais Nicolas Ferrand, aidé de son épouse, s'en tiendra là : il veut en effet travailler lui-même toutes ses vignes.

Les vins du domaine des Côtes Rousses sont vinifiés sans soufre, les blancs sur lies totales, les rouges majoritairement en grappes entières, vinifiés et parfois embouteillés sans soufre : la prise de risque est parfaitement mesurée ; la précision et la régularité des vins nous ont impressionnés. **J.-E. S.**

DANS LE SUD-OUEST

Le coup de cœur de Romain Iltis :
MATTHIEU COSSE ET CATHERINE MAISONNEUVE
DOMAINE COSSE-MAISONNEUVE

ILS REDÉFINISSENT LE VIN DE CAHORS

Longtemps le malbec, cépage-roi de Cahors, a produit des vins austères, rigides, presque durs, dotés d'une identité forte. Et puis, plus mûrs et immédiats, sont arrivés les malbecs d'Amérique du Sud, qui ont rebattu les cartes et la vision de ce cépage. Aujourd'hui, Cahors vit une véritable révolution et, comme souvent, les nouveaux vignerons en sont les principaux acteurs.

C'est le cas de Catherine Maisonneuve et de Matthieu Cosse, qui se sont rencontrés sur les bancs de l'école, et ont repris ensemble, en 1999, un vignoble à Lacapelle-Cabanac. Catherine se concentre sur la vigne, Matthieu est davantage attiré par la vinification ; mais c'est de concert qu'ils conduisent en biodynamie les 22 hectares de leur domaine. Attentif au terroir et au vivant, ils multiplient les remises en question : sélection massale, analyse microbiologique des minéraux, isolation des parcelles, réflexion sur les élevages…

Aujourd'hui, leurs cuvées possèdent une vraie personnalité, des tanins soyeux et pulpeux, une profondeur qui allonge les vins, empreints de minéralité. Une approche à la fois très actuelle et ancrée dans l'authenticité, qui permet de découvrir une nouvelle dimension du vin noir de Cahors. Ambition qui justifie cette année l'attribution d'une deuxième étoile. **R. I.**

TABLEAU DES MILLÉSIMES

LES VINS À BOIRE OU À GARDER

—

Quand faut-il ouvrir votre pommard 2009 ? Réponse ci-dessous !

	2016	2015	2014	2013	2012	2011	2010	2009
Alsace	16	14,5	15,5	14	15,5	15	16	16
Beaujolais	15	16,5	16,5	14,5	15	15	16,5	18
Bordeaux rouge	18	17,5	16,5	14	14	15	18	17,5
Bordeaux blanc	16	16,5	16	14	14	16	17	17
Bourgogne rouge	18,5	18	16,5	16	17	16	16,5	17
Bourgogne blanc	18	16,5	17	15,5	16	16	18	17
Champagne					18	15	14	15
Corse	16,5	16,5	15	14,5	14,5	15	16	16,5
Jura	17,5	16,5	15,5	16	15	15	15	16
Languedoc	15	15,5	16,5	17	15,5	14	16	14
Loire rouge	16	16	17	14,5	14	14	17	18
Loire blanc	16	16,5	17	15	15	15	16	15
Provence	16	16,5	15	14,5	14,5	15	16	16,5
Rhône nord	17,5	16,5	15,5	15	16	15	17	15
Rhône sud	17,5	17	15	15,5	15	15	16	15
Roussillon	15	16,5	14,5	17	15	15,5	16	14
Savoie	15	16,5	15,5	16	15	15	15	16
Sud-Ouest	16	16	16	15	14	14	16	16

(16) Nos notes s'entendent sur 20.

● À garder plus de 10 ans
● À garder de 3 à 10 ans
● À boire dans les 3 ans

Découvrez chaque mois
La Revue du vin de France ...

Le magazine

- **Une information riche**
  pour connaitre, choisir et déguster le meilleur vin.
- **Plus de 300 vins notés**
  et commentés avec impartialité
  et indépendance de jugement.
- **Des enquêtes
  et des actualités**
  pour décrypter les terroirs,
  les appellations ...

Version digitale incluse

... et tout son univers

2 hors-séries par an
- **Œnotourisme**
  les 300 plus belles adresses
  du vin pour l'été.
- **Spécial fin d'année**
  Les vins d'exception

2 numéros spéciaux par an
- **Les millésimes**
- **« Les foires aux vins »**
  pour discerner les
  vraies bonnes affaires
  et vous aider à
  compléter votre cave.

3 guides offerts par an
- **Le guide des millésimes**
  la qualité et la garde des grands
  vins de France. Parution avril.
- **Le guide d'achat des crus**
  200 châteaux, 6 millésimes,
  un palmarès inédit.
  Parution septembre.
- **Le guide des cavistes**
  3000 adresses de cavistes pour
  acheter son vin.
  Parution novembre.

Découvrez
TOUTES NOS OFFRES d'abonnement
sur
www.magazines.fr/larvf

dès **35€** seulement

ABONNEZ-VOUS,
C'EST FACILE ET RAPIDE !

ET PROFITEZ :
- de prix exclusifs,
- de réductions,
- de cadeaux.

"Le défi consiste à valoriser les vins alsaciens pour les hisser au niveau des plus grands blancs de l'Hexagone et du monde. Les pinots noirs sont aussi en constante évolution : il ne faut à aucun prix manquer les rouges du magique millésime 2015."

Caroline Furstoss, dégustatrice des vins d'Alsace
Membre du comité de dégustation de La Revue du Vin de France

ALSACE

—

LE VIGNOBLE AUX 51 "GRANDS CRUS"

—

Entre les Vosges et le Rhin, les meilleurs vignerons ont prouvé le grand potentiel de la région. La création d'une appellation Premier Cru apparaît comme la reconnaissance de cette progression.

Après plusieurs années de petites récoltes, le vignoble alsacien poursuit sa progression, en particulier chez les vignerons les plus dynamiques et les plus rigoureux. Malgré les efforts consentis et une mise en avant des cépages et des terroirs sur les étiquettes, le plus oriental des vignobles de l'Hexagone reste assez méconnu des amateurs, vite effrayés par la complexité des dénominations des crus et des lieux-dits à consonance germanique.

Plantés sur une faille géologique contribuant à une grande variété de sols, les cépages nobles (riesling, pinot gris, gewurztraminer…) retranscrivent au mieux les nuances de terroirs, avec un potentiel de vieillissement sans limite. Dans cette recherche d'interprétation spécifique des terroirs, la création d'une appellation Premier Cru est en cours : ce serait une belle passerelle entre les expressions les plus simples des cépages et les grands crus déjà existants.

Le vignoble alsacien s'étend pratiquement de Strasbourg à Mulhouse, sur une bande étroite de coteaux, formés pour l'essentiel par les massifs sous-vosgiens. Protégé des influences océaniques par la montagne vosgienne, le vignoble bénéficie de fait d'un microclimat, plutôt sec, qui accentue les effets de l'ensoleillement continental en été et en automne. Ainsi, grâce à un cycle végétatif de la vigne particulièrement long, les raisins blancs mûrissent mieux ici que partout ailleurs en France, tout en conservant leur fruité spécifique, souligné par la fraîcheur des coteaux.

En rouge, le pinot noir alsacien, longtemps dilué et sans véritable intérêt, prend de la couleur et se densifie. Les meilleurs vignerons élaborent à présent des cuvées prometteuses sur des terroirs adaptés. Malheureusement, une partie du vignoble alsacien s'est étendue dans la plaine, sur des sols fertiles et moins difficiles à travailler. Résultat : des vins dilués largement vendus en grande distribution et aux touristes, qui entretiennent la mauvaise réputation des vins d'Alsace. Un handicap de taille pour cette région devenue en cinquante ans l'un des fers de lance de l'œnotourisme, grâce à sa "Route des vins" qui voit défiler des millions de visiteurs, notamment d'outre-Rhin.

Toute une génération, mise à l'honneur dans ce guide, fait pourtant bouger les lignes depuis une vingtaine d'années. La région a été précurseur, dès les années 90, dans la conduite du vignoble en agriculture biologique et en biodynamie : plus de la moitié des domaines sélectionnés dans ce guide sont certifiés par les organismes les plus sérieux. Ce chiffre est en constante augmentation : chaque année, de nombreux vignerons se convertissent, notamment parmi les plus jeunes qui reprennent les domaines familiaux.

Quant au style des vins, ces vignerons abandonnent de plus en plus les vins blancs chargés de sucres résiduels pour s'orienter vers des vins plus secs, plus tendus et précis, à l'image de ceux que l'on trouve chez les meilleurs vignerons allemands. Une preuve de plus du dynamisme de l'Alsace et de son vignoble.

LES APPELLATIONS

Si l'Alsace met surtout en avant ses cépages, le vignoble compte trois types d'appellations : l'AOC Alsace, l'AOC Alsace Grand Cru, qui compte 51 terroirs identifiés, et le crémant d'Alsace. Il existe enfin deux mentions complémentaires, pour les vins moelleux et liquoreux, les Vendanges tardives (VT) et les Sélections de grains nobles (SGN).

LES CRUS DU BAS-RHIN (AU NORD)

Les vins du Bas-Rhin sont, par nature, plus discrets que ceux du Haut-Rhin. Ils peuvent parfois atteindre des sommets de finesse (terroir d'Andlau) ou de puissance (terroir de Barr). Les sylvaners en retirent souvent une distinction inconnue ailleurs. Les rieslings se plaisent sur ces microclimats plus froids, tandis que les gewurztraminers manquent parfois de panache mais évitent la lourdeur..

LES CRUS DU HAUT-RHIN (AU SUD)

La partie nord du département, de Bergheim à Kaysersberg, donne les vins d'Alsace les plus équilibrés et les plus séduisants. Les rieslings sont fins et racés, les pinots gris et les gewurztraminers plus élégants que puissants. Le microclimat de Colmar favorise la pourriture noble et l'opulence des textures, ce qui convient particulièrement aux gewurztraminers et aux pinots gris. Le sud est souvent trop chaud pour les rieslings, à l'exception des terroirs gréseux de Guebwiller ou des célèbres laves du Rangen à Thann.

AOC ALSACE

Cette appellation peut être ou non suivie du nom de l'un des cépages autorisés. Dans ce cas, le vin est vinifié exclusivement à partir des raisins de ce cépage. Les vins d'assemblage sont aussi classés dans cette appellation. 839 424 hectolitres en 2016.

AOC ALSACE GRAND CRU

Cinquante-et-un terroirs peuvent prétendre à l'appellation Grand Cru. Et quatre cépages nobles peuvent accéder à ce niveau de terroir : le riesling, le muscat, le pinot gris et le gewurztraminer. Le sylvaner peut également être autorisé, mais uniquement sur le terroir de Zotzenberg. Et les terroirs de l'Altenberg de Bergheim et du Kaefferkopf peuvent revendiquer l'appellation Grand Cru, même s'ils sont issus d'un assemblage de cépages nobles définis et réglementés. 41 696 hectolitres en 2016.

ALSACE VENDANGES TARDIVES (VT) ET ALSACE SÉLECTION DE GRAINS NOBLES (SGN)

Le sommet de la qualité, grâce à un contrôle strict du raisin et du vin, soumis à une dégustation obligatoire. Les VT sont élaborées à partir de raisins riches en sucre naturel et conservent en général un peu de sucre résiduel. Les SGN, comme leur nom l'indique, relèvent d'un tri sélectif de raisins atteints de pourriture noble et rivalisent avec les plus grands vins liquoreux du monde.

CRÉMANT D'ALSACE

Vins effervescents, élaborés selon des techniques identiques à celles utilisées pour le champagne. Une appellation en constante progression et qui représente environ un quart de la production totale des vins d'Alsace, soit 295 233 hectolitres en 2016.

LES CÉPAGES

L'Alsace est le seul vignoble français à mettre en avant ses cépages avec les appellations. Dix sont autorisés dans l'élaboration des vins, dont un rouge. Voici les principaux.

LE RIESLING

Cépage roi d'Alsace, le riesling occupe 21,8 % de la surface du vignoble. Il se révèle sous de multiples facettes. Le plus souvent, les vins sont nerveux et tendus avec une grande fraîcheur, ils ont la capacité exceptionnelle d'exprimer les nuances de leur terroir. Toutefois, le niveau reste très inégal, la largesse des rendements et la sous-maturité des raisins pénalisent la typicité et la grandeur de ce cépage.

LE PINOT BLANC

Représentant 21,2 % de la surface du vignoble, il est très utilisé pour l'élaboration du crémant. Il offre une palette aromatique proche de celle du chardonnay, une bouche plus ronde et moins nerveuse que le sylvaner. Il donne un vin facile à savourer sur des entrées ou des poissons et crustacés. Il est souvent assemblé avec l'auxerrois, mais l'étiquette ne renseigne pas sur leurs pourcentages respectifs. Les deux cépages sont de la même famille, mais l'auxerrois donne des vins plus riches et plus suaves.

LE GEWURZTRAMINER

Représentant 20,4 % de la surface globale du vignoble, le gewurztraminer donne des vins originaux, parmi les plus parfumés d'Alsace (des plus communs aux plus raffinés). Le cépage se transfigure sous l'effet de la pourriture noble et peut donner un nectar comparable aux grands sauternes.

LE PINOT GRIS

D'origine bourguignonne, ce cépage aux grains roses est capable d'enrichir sa saveur grâce à la surmaturité ou à la pourriture noble. Il constitue 15,4 % de la surface du vignoble alsacien. Si le pinot gris est ramassé à faible maturité, il donne des vins insignifiants, mais en vendanges tardives ou en sélection de grains nobles, il peut atteindre des sommets de qualité et une longévité inimaginable.

LE PINOT NOIR

Les vins rouges alsaciens sont exclusivement issus de ce cépage qui représente 10,1 % de la surface du vignoble. C'est avec le pinot noir que les vignerons alsaciens ont réalisé les progrès les plus notables. Les vins rouges d'Alsace sont à découvrir.

LE SYLVANER

Franc, délicat, léger, le sylvaner donne des vins frais. Représentant 7,5 % de la surface du vignoble, mais fréquemment banalisé, il apparaît souvent mince et dilué à cause des hauts rendements. Privilégiez les cuvées de vieilles vignes des meilleurs vignerons.

LE MUSCAT

Occupant 2,3 % de la surface du vignoble, ce sont deux muscats qui sont implantés et autorisés en Alsace : la variété à petits grains, dit muscat d'Alsace, et l'ottonel, présent en Europe centrale, qui possède la particularité de faire des vins plus séduisants et plus moelleux. Ils donnent des vins friands et aromatiques en sec, parfait pour l'apéritif.

L'AUXERROIS

Quelques vignerons le vinifient séparément. Il donne un vin plus ample et plus gras que le pinot blanc, avec une texture et un équilibre entre l'alcool, l'acidité et le sucre qui le rapprochent d'un pinot gris.

LE KLEVENER DE HEILIGENSTEIN

C'est un savagnin rose présent sur le village de Heiligenstein et dans ses alentours, sur 44 hectares, soit 0,3 % de la surface totale du vignoble.

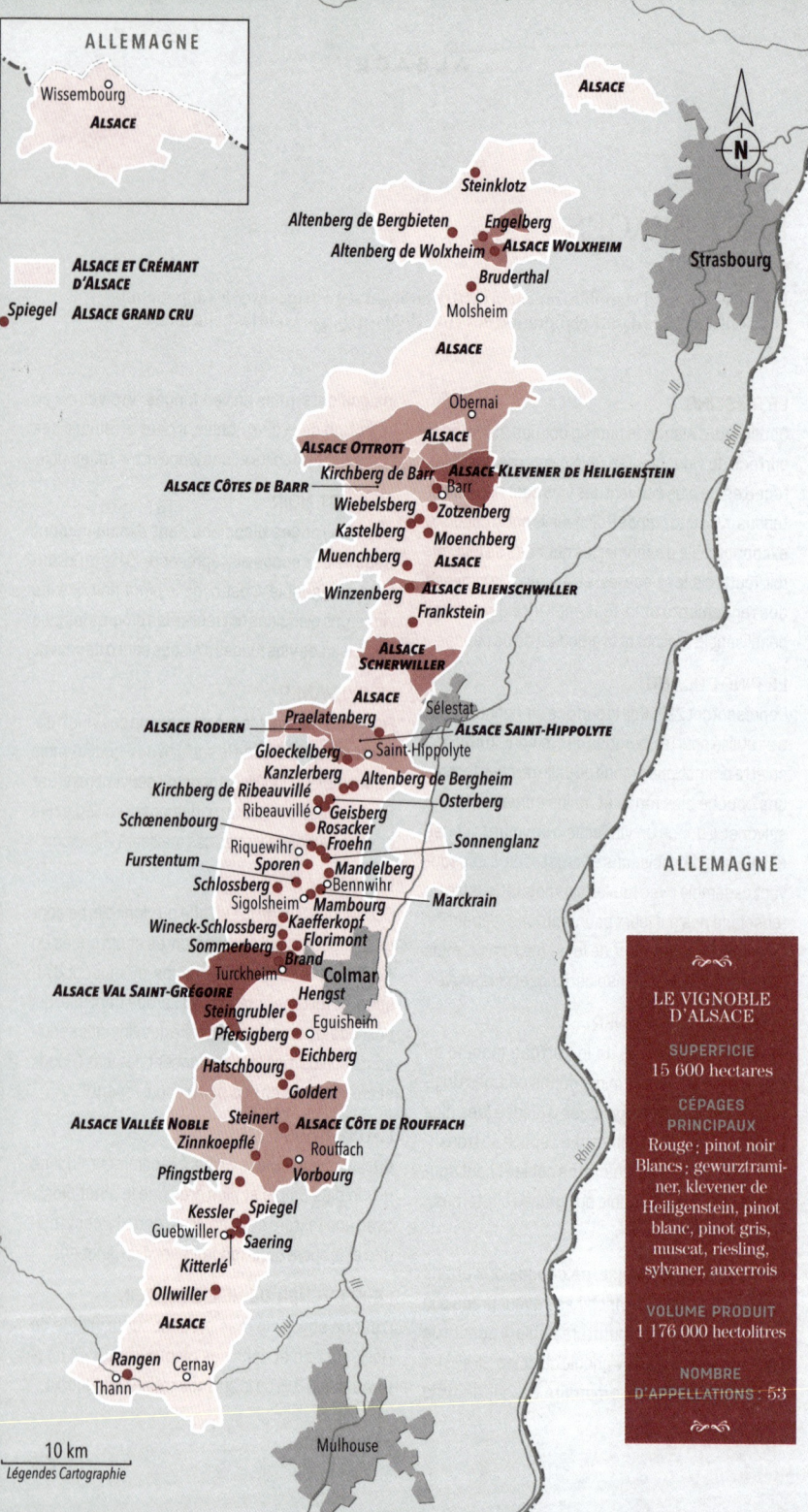

ALSACE

NOS MEILLEURES ADRESSES DE STRASBOURG À THANN

Premier vignoble bio de France, l'Alsace, terre de pinots noirs croquants et de blancs élégants, reçoit les visiteurs à bras ouverts.

CHAMBRES D'HÔTES

LES REMPARTS DE RIQUEWIHR
Au cœur du village, une quinzaine de gîtes de différentes tailles. De 58 à 229 € la nuit selon la saison.
9, rue des Cordiers, 68340 Riquewihr. Tél. : 06 08 03 37 52. www.i-love-riquewihr.com

DOMAINE JEAN SIPP
Au centre de Ribeauvillé, dans une ancienne demeure seigneuriale, la magnifique bâtisse abrite deux grandes chambres d'hôtes. De 78 à 93 €.
60, rue de la Fraternité, 68150 Ribeauvillé. Tél. : 03 89 73 60 02 www.jean-sipp.com .

L'ÉCURIE
Sur les remparts d'Obernai, cinq chambres confortables et lumineuses. De 89 à 150 €.
57, rue de Sélestat, 67210 Obernai. Tél. : 03 88 95 59 36. www.ecurie.alsace

CAVISTES

LA BONNE BOUTEILLE
Plus de 1 500 références en cave, dont une très belle sélection de vignerons alsaciens et bourguignons.
12, Grand'Rue, 68150 Ribeauvillé. Tél. : 03 89 73 33 13. www.bonnebouteille.fr

LA SOMMELIÈRE
Très belle sélection de vins d'Alsace, principalement en bio et biodynamie, et d'au-delà.
19, place de la Cathédrale, 68000 Colmar. Tél. : 03 89 41 20 38. www.lasommeliere.fr

BOUTIQUE VINI
Cette cave sert d'écrin à une sélection de haute volée de tous les vignobles de France et étrangers.
27, rue du général-de-Gaulle, 68340 Riquewihr. Tél. : 03 89 47 99 37. www.boutiquevini.com

RESTAURANTS

LA TAVERNE ALSACIENNE
Cette institution de la cuisine alsacienne dispose d'une carte des vins très imposante. Menus à partir de 19 €.
99, rue de la République, 68040 Ingersheim. Tél. : 03 89 27 08 41. www.tavernealsacienne-familleguggenbuhl.com

AU BON COIN
Cuisses de grenouilles, émincés de volailles au riesling, pâté chaud en croûte : quelques spécialités de cette maison dont la cave (460 références) recèle plus d'un trésor… Vieux millésimes à prix raisonnables. Menus de 14,50 à 40,50 €.
4, rue de Logelbach, 68920 Wintzenheim Tél. : 03 89 27 48 04.

BARS À VINS

SÉZANNE
Épicerie fine, fromagerie, cave et bistrot à l'étage. On trouve ici une foule de remarquables cuvées de vignerons.
30, Grand-Rue, 68000 Colmar. Tél. : 03 89 41 55 94. www.sezanne.net

FÊTES VIGNERONNES

LE 24 AOÛT 2017 : LES 7 PÉCHÉS CAPITEUX DES VIGNERONS DE BERNARDSWILLER.
Balade surprise dans le vignoble, rencontre avec les viticulteurs, et dîner à base de produits régionaux.

LES 26 ET 27 AOÛT 2017
Grande fête des vignerons d'Eguisheim, dans la plus pure tradition alsacienne.

DU 29 SEPTEMBRE AU 1ᴱᴿ OCTOBRE 2017
Barr organise sa traditionnelle fête des vendanges. Cortège fleuri, dégustations de vins, marché aux puces, concerts.

NOS TROIS COUPS DE ♥

JY'S
Restaurant doublement étoilé de Jean-Yves Schillinger, idéalement situé en plein cœur de Colmar. Une cuisine inventive qui garde un pied dans le terroir.
17, rue de la Poissonnerie, 68000 Colmar. Tél. : 03 89 21 53 60. www.jean-yves-schillinger.com

LE GRENIER DES ARÔMES
Chambres claires, agréables et fonctionnelles dans la jolie maison du domaine Wittmann. On peut déguster les vins du domaine et visiter les caves. 80 € la nuit.
7, rue principale, 67140 Mittelbergheim. Tél. : 03 88 08 95 79. www.legrenier-desaromes.fr

LE GOUPIL
Au cœur de Ribeauvillé, tapas, tartines, planches, et une belle sélection de vins orientée bio et biodynamie. Comptez de 10 à 25 € pour un apéro.
2, place de l'Ancien-Hôpital, 68150 Ribeauvillé. Tél. : 03 89 78 81 23.

ALSACE

DOMAINE ALBERT BOXLER

Jean Boxler, qui a pris la suite de son père Jean-Marc, producteur très scrupuleux et d'une grande exigence, continue à porter au plus haut les couleurs de ce domaine de référence. Il donne toute sa noblesse au grand cru Sommerberg dont le coteau très pentu, parfois organisé en terrasses, rend le travail particulièrement difficile. La maison en possède 4 hectares et 1,9 hectares dans le grand cru Brand. Différentes cuvées issues de plusieurs parcelles sont proposées ; toutes atteignent désormais un niveau exceptionnel.

Les vins : issu du grand cru Brand, le pinot blanc B est l'un des meilleurs de la région. Dans un registre de fruits mûrs et de chèvrefeuille, le sylvaner accuse de la rondeur mais reste sec. Dans la série des rieslings, le Sommerberg se montre ciselé, cristallin, avec de la chair. Dans les parcellaires du Sommerberg, coup de cœur pour le E : un vin exotique et large au premier abord, puis qui offre une très belle allonge saline. Le Brand est prometteur, délicat avec de l'ampleur et doté de jolis amers pour terminer. Le millésime 2015 nous offre un Sommerberg SGN d'un équilibre incroyable, grand vin de garde. Sur le Brand, le pinot gris apparaît gras et ample et le gewurztraminer raffiné avec un beau bouquet de fleurs de printemps.

▷ Gewurztraminer Grand Cru Brand 2015	N.C.	17,5
▷ Pinot Blanc B 2015	N.C.	16
▷ Pinot Gris Grand Cru Brand 2015	N.C.	16,5
▷ Riesling Grand Cru Brand 2015	N.C.	17,5
▷ Riesling Grand Cru Sommerberg 2015	N.C.	18
▷ Riesling Grand Cru Sommerberg E 2015	N.C.	18
▷ Sylvaner 2015	N.C.	15,5

Le coup de ♥

▷ Riesling Grand Cru Sommerberg SGN 2015	N.C.	18

Le nez est déjà d'une complexité rare avec ses parfums d'agrumes confits et de bergamote. On trouve en bouche un équilibre incroyable, de la profondeur et une finale éclatante.

Rouge : 0,5 hectare.
Pinot noir 100 %
Blanc : 13,8 hectares.
Riesling 38 %, Pinot blanc 20 %, Pinot gris d'Alsace 17 %, Gewurztraminer 15 %, Muscat à petits grains blancs 5 %, Sylvaner 5 %
Production moyenne : 60 000 bt/an

DOMAINE ALBERT BOXLER
78, rue des Trois-Épis,
68230 Niedermorschwihr
03 89 27 11 32 ● albert.boxler@9online.fr
● Vente et visites : au domaine sur rendez-vous.
Propriétaire : Jean-Marc et Jean Boxler

DOMAINE MARCEL DEISS

Jean-Michel Deiss, désormais bien épaulé par son fils Mathieu, reste fidèle à sa voie : réaliser des vins de terroir à partir de vignes complantées. Cette fusion au sein d'une parcelle reste pour lui la meilleure définition de l'expression d'un terroir. La complantation, fort ancienne dans la région, était systématique autrefois. Le procédé reste très peu suivi et divise fortement les vignerons. Les Deiss avancent tranquillement dans cette démarche, et livrent des vins convaincants, complexes, dotés d'une intensité de saveur merveilleuse et d'un équilibre incroyable. L'harmonie entre les cépages se fait naturellement, sans éprouvette, à la cave, loin de tout calcul savant. Les vins sont hors-norme pour la région, ce qui est un peu déroutant pour le consommateur mais le résultat est magnifique. Quelques années de recul permettent d'analyser la précision des définitions de terroir et la capacité de ces vins à gérer leur propre équilibre. À noter, depuis le millésime 2010, une plus grande recherche de droiture dans les vins, avec une présence moins marquée des sucres résiduels pour certaines cuvées.

Les vins : dans les entrées de gamme, l'alsace regroupe tous les cépages de la région, dans un style large mais sec, aux notes de rhubarbe et d'agrumes ; Berckem est quant à lui un vin demi-sec qui offre encore une certaine richesse et évoque des fruits à noyaux ainsi qu'un registre pâtissier. Le nez du rouge Burlenberg rappelle la griotte, avec une touche grillée et fumée. Les tanins sont encore un peu fermes. Langenberg et Engelgarten, secs et plutôt larges, salivants : des notes de pêche pour le premier, tandis que le second développera des notes plus épicées. Rotenberg est un vin gras, riche et exotique avec une impression tannique. Grasberg : herbes aromatiques au nez, un vin demi-sec à la finale précise et salivante. Le nez de Burg s'avère encore réduit. Après ouverture, il montre des notes miellées, de beaux amers et livre une sensation de citron confit en finale. Puissant et terrien, Grünspiel exhale la badiane, dans une bouche longiligne. Pour les grands crus, le Mambourg est truffé avec des arômes d'abricot. Un vin sec dans la puissance. L'Altenberg se montre plus gras dans un registre exotique ; et enfin très belle réussite pour le Schoenenbourg, au nez fumé typique du terroir : tout en dentelle, il laisse deviner une puissance sous-jacente et offre de très beaux amers en finale.

⇨ Alsace 2015	14 €	15,5
⇨ Berckem 2015	21 €	16
⇨ Burg (Bergheim) 2014	35 €	16,5
⇨ Engelgarten 2014	27 €	16,5
⇨ Grand Cru Altenberg de Bergheim 2014	65 €	17
⇨ Grand Cru Mambourg 2014	65 €	17
⇨ Grand Cru Schoenenbourg 2014	65 €	18,5
⇨ Grasberg (Bergheim) 2013	34 €	16,5
⇨ Grünspiel (Bergheim) 2013	31 €	16,5
⇨ Rotenberg 2014	31 €	17
⬛ Burlenberg 2014	34 €	15,5

Le coup de ♥

⇨ Langenberg 2014	27 €	16,5

Riesling, pinots et une touche de muscat sont complantés sur ce lieu-dit granitique de Saint-Hippolyte. On trouve de subtiles notes de pêche et de fruits exotiques. Un vin au profil sec avec une certaine largeur et une force salivante qui persiste.

Rouge : 2 hectares.
Pinot noir 95 %, Pinot gris 5 %
Blanc : 25 hectares.
Riesling 32 %, Pinot gris 25 %,
Gewurztraminer 20 %, Pinot blanc 18 %,
Muscat à petits grains blancs 5 %
Production moyenne : 130 000 bt/an

DOMAINE MARCEL DEISS ☾

15, route du Vin, 68750 Bergheim
03 89 73 63 37 ● **www.marceldeiss.fr** ●
Vente et visites : au domaine sur rendez-vous.
Lundi au vendredi de 9h à 12h et de 14h à 18h. Ouvert le samedi d'avril à décembre de 10h à 12h et de 14h à 18h.
Propriétaire : Jean-Michel et Mathieu Deiss

★★★
DOMAINE ALBERT MANN

Le domaine, né de l'union des familles Mann et Barthelmé, deux grandes lignées de vignerons depuis le XVIIe siècle, livre depuis déjà quelques années des vins de très haute volée, emblème de ce que l'Alsace peut produire de plus grand. Et ce ne sont pas les titres de gloire qui ont fait s'endormir sur leurs lauriers les frères Jacky et Maurice Barthelmé, secondés par Marie-Claire et Marie-Thérèse, qui continuent, grâce à un travail méticuleux à la vigne et un sens de la vinification très pointu, à porter haut les couleurs de ce domaine attachant. Certifié en biodynamie en 2013 par Biodyvin, ce domaine est un des fleurons français. L'équilibre des vins, leur côté digeste et leur profondeur en font des modèles pour tous les amateurs. À noter, l'excellence des pinots noirs qui se hissent au sommet de la production alsacienne, mais aussi au-delà.

Les vins : 2015 est un millésime exceptionnel pour les vins rouges en Alsace et la série du domaine nous le confirme. Le Clos de la Faille est porté par des notes de cerise, tout en élégance pour un toucher de bouche délicat. Le Grand H, enrobant et aux tanins soyeux, garde un côté juteux, alors que le Grand P se montre plus gourmand avec des notes d'épices plus affirmées et toujours une belle finale fruitée. Les Saintes Claires représente le raffinement ultime : c'est l'un des plus grands vins rouges de la région. Le riesling Schlossberg : rond avec des notes d'agrumes et de fruits exotiques et une belle acidité en filigrane. Le pinot blanc, élevé en barrique, relève d'une belle entrée de gamme. Un vin rafraîchissant dont l'élevage apporte un peu de rondeur. Le gewurztraminer Steingrubler est exotique avec une bouche large. De très notables réussites dans les vins moelleux liquoreux en 2015 : intensité et fraîcheur sont au rendez-vous. Le gewurztraminer Altenbourg VT rejoint un univers floral avec une belle puissance ; le grand cru Furstentum SGN apparaît éclatant avec d'appréciables notes de mangue ; le pinot gris Altenbourg SGN Le Tri s'avère torréfié, d'une belle fraîcheur ; le riesling Schlossberg l'Epicentre est un monument avec des notes complexes d'agrumes confits.

⇨ Gewurztraminer Altenbourg VT 2015	44 €	17,5
⇨ Gewurztraminer Grand Cru Furstentum SGN 2015	50 €	18
⇨ Gewurztraminer Grand Cru Steingrubler 2015	30 €	17
⇨ Pinot Blanc Elevé en Barrique 2015	15 €	15
⇨ Pinot Gris Altenbourg Le Tri SGN 2015	40 €	18
⇨ Riesling Grand Cru Schlossberg 2015	41 €	18
⇨ Riesling Grand Cru Schlossberg L'Epicentre 2015	60 €	18,5
⬛ Pinot Noir Clos de la Faille 2015	35 €	17

ALSACE

Pinot Noir Grand H 2015	46 €	17,5
Pinot Noir Grand P 2015	46 €	17,5

Le coup de ♥

Pinot Noir Les Saintes Claires 2015	55 €	18

Terroir marno-calcaire de prédilection pour le vin rouge, Les Saintes Claires ne cesse de nous épater de millésime en millésime. C'est le plus complexe de la série avec un raffinement ultime. 60 % des raisins sont vinifiés en grappe entière et l'élevage est très bien maîtrisé. Incontestablement le plus grand vin rouge de la région.

Rouge : 2,5 hectares.
Pinot noir 100 %
Blanc : 20,5 hectares.
Riesling 37 %, Pinot gris 20 %, Gewurztraminer 17 %, Pinot blanc 12 %, Auxerrois 11 %, Muscat à petits grains blancs 3 %
Production moyenne : 120 000 bt/an

DOMAINE ALBERT MANN ☾
13, rue du Château, 68920 Wettolsheim
03 89 80 62 00 ● www.albertmann.com ●
Vente et visites : au domaine sur rendez-vous.
Du lundi au samedi de 9h à 12h et de 14h à 18h. Fermé dimanche et jours fériés.
Propriétaire : Maurice et Jacky Barthelmé
Maître de chai : Jacky Barthelmé

DOMAINE OSTERTAG

En 50 ans seulement, trois générations de la famille Ostertag ont su hisser au plus haut niveau cet incontournable domaine alsacien. André Ostertag façonne des vins qui évoluent avec leur temps et leurs sols, équilibrés, digestes et éclatants. Il continue de tracer une voie originale, élevant certaines cuvées en barrique de bois vosgiens, en sublimant des terroirs comme le Muenchberg, le Fronholz et l'Heissenberg, parfaitement inconnus avant lui. Il est rare de constater une gamme aussi cohérente et limpide dans un seul domaine et chaque amateur se doit d'en posséder dans sa cave.

Les vins : fluide mais suave, le sylvaner est un vrai petit plaisir ! La vinification à la bourguignonne sied bien au pinot blanc qui offre de jolies notes de fruits blancs et une sensation ronde et croquante en bouche. Le pinot gris s'impose avec ses notes de fruits jaunes et un côté ample en bouche. On monte d'un cran avec la cuvée Zellberg, d'une précision hors-norme, avant d'atteindre des sommets avec le Muenchberg, au nez envoûtant, fumé, avec des notes d'herbes aromatiques. Une puissance modérée qui appelle une cuisine épicée. Retour à la légèreté avec le muscat, qui offre un nez expressif d'abricot et de citronnelle. La bouche est tout en rondeur, d'une belle finale poivrée et fraîche. Un superbe vin. Dans la série des rieslings, Vignoble d'E accuse une acidité mûre avec une belle finale saline ; le Fronholz est un grand vin, marqué par une texture dense et de beaux amers en finale tandis que Heissenberg se montre plus large, avec une touche exotique mais sans lourdeur. Enfin, le gewurztraminer Fronholz s'illustre à travers un équilibre de vendange tardive dans un univers très floral.

Gewurztraminer Fronholz 2015	40 (c) €	16
Muscat Fronholz 2015	23 (c) €	16,5
Pinot Blanc Barriques 2015	16 (c) €	15,5
Pinot Gris Barriques 2015	23 (c) €	16
Pinot Gris Grand Cru Muenchberg A360P 2015	50 (c) €	18,5
Riesling Fronholz 2015	28 (c) €	17,5
Riesling Heissenberg 2015	29 (c) €	17
Riesling Vignoble d'E 2015	18 (c) €	16,5
Sylvaner Vieilles Vignes 2015	16 (c) €	15,5

Le coup de ♥

Pinot Gris Zellberg 2015	33 (c) €	17

Le nez séduit immédiatement par ses notes florales et de fruits mûrs avec une touche de poivre. La bouche montre du volume, toujours une expression de fruits jaunes et une finale précise et agréable.

Rouge : 0,7 hectare.
Pinot noir 100 %
Blanc : 13,8 hectares.
Riesling 45 %, Gewurztraminer 17 %, Pinot gris d'Alsace 15 %, Sylvaner 15 %, Pinot blanc 6 %, Muscat ottonel 2 %
Production moyenne : 83 000 bt/an

DOMAINE OSTERTAG ☾
87, rue Finkwiller, 67680 Epfig
03 88 85 51 34 ● www.domaine-ostertag.fr
● **Vente et visites : au domaine sur rendez-vous.**
Ouvert en semaine.
Propriétaire : André Ostertag

★★★
DOMAINE WEINBACH

Le Clos des Capucins fait partie de ces endroits magiques, insaisissables et hors du temps. Il est rare de trouver un endroit avec tant d'énergie et d'histoire, produisant des vins d'une telle pureté. Épaulée par ses deux fils Eddy et Théo, Catherine Faller est à la tête du domaine, déployant une énergie rare pour conserver la qualité des vins au plus haut et garder un accueil chaleureux au domaine. Son fils Théo porte beaucoup d'attention à la vigne, conduite en biodynamie depuis 2005 sur l'ensemble du domaine, alors que Ghislain Berthiot, présent depuis quelques années, est en charge de la vinification. Eddy vient épauler sa mère sur la partie commerciale. On peut déguster ici une des plus belles expressions du grand cru Schlossberg, sur différents niveaux de maturité. Sa limpidité et sa précision nous bluffent. Le muscat est également l'un des mieux définis de toute l'Alsace. Le gewurztraminer trouve ses terroirs de prédilection aux alontours.

Les vins : le pinot noir W conserve une expression franche de fruit à noyau au boisé bien intégré. Le pinot blanc Réserve comprend une majorité d'auxerrois dans l'assemblage et se montre rond, avec de la matière. Le pinot gris Altenbourg montre un registre toasté et grillé : beau volume de bouche pour ce vin demi-sec. Encore fermé, le gewurztraminer Furstentum VT est un vin d'une grâce exceptionnelle. La série des rieslings relève d'une pureté hors pair. Le riesling Cuvée Colette est ouvert, aromatique, dans un registre fruité et floral, annoté d'une touche fumée. Un vin salivant à la superbe allonge et d'une belle densité en bouche. Le riesling Schlossberg Sainte-Catherine se présente avec du coffre et des notes de citron confit salivant. Un grand vin de garde. L'Inédit clôt la série : son acidité s'équilibrera avec les quelques grammes de sucres restants. Un vin complexe et racé doté d'une belle allonge saline.

▷ Gewurztraminer Grand Cru Furstentum VT 2015	N.C.	17,5
▷ Pinot Blanc Réserve 2015	14 €	15
▷ Pinot Gris Altenbourg 2015	31 €	16,5
▷ Riesling Cuvée Colette 2015	31,50 €	17,5
▷ Riesling Grand Cru Schlossberg Sainte-Catherine 2015	44 €	18
▷ Riesling Grand Cru Schlossberg Sainte-Catherine L'Inédit 2015	52 €	18
▶ Pinot Noir W 2015	32 €	15,5

**Le coup de **

▷ Riesling Grand Cru Schlossberg VT 2015	N.C.	18,5

Un vin tout à fait unique dans son genre ! Le millésime 2015 nous offre ici une très belle concentration. Le nez nous emmène avec du fruit de la passion et un côté floral qui apporte fraîcheur et élégance. La bouche est merveilleuse de profondeur et de relief, on en oublierait les sucres qui tiendront ce vin très, très loin dans le temps.

Rouge : 1,62 hectare.
Pinot noir 100 %
Blanc : 27,51 hectares.
Riesling 48 %, Gewurztraminer 25 %, Pinot gris d'Alsace 13 %, Pinot blanc 7 %, Sylvaner 4 %, Muscat à petits grains blancs 3 %
Production moyenne : 136 000 bt/an

DOMAINE WEINBACH ☎
**Clos des Capucins, 25, route du Vin,
68240 Kaysersberg
03 89 47 13 21 •
www.domaineweinbach.com • Vente et visites : au domaine sur rendez-vous.
Du lundi au samedi de 9h à 12h et de 13h30 à 17h30. Fermé le dimanche et les jours fériés.
Propriétaire : Famille Faller
Directeur : Catherine Faller
Maître de chai : Ghislain Berthiot**

★★★
DOMAINE ZIND HUMBRECHT

Plus que jamais, ce domaine majeur porte haut les couleurs de l'Alsace, avec une gamme de vins difficiles à prendre en défaut. Infatigables ambassadeurs de leurs vins et de la région, Olivier Humbrecht, premier Français possédant le titre de Master of Wine, et son père Léonard ont compris depuis longtemps l'importance du travail à la vigne. Impliqué dans la biodynamie, Olivier en est devenu un des chefs de file en France. L'installation dans une cave immense, à Turckheim, a encore fait progresser la qualité. Conscient de l'impasse provoquée par l'augmentation de la maturité des raisins et son corollaire, la montée des sucres résiduels, le vigneron est revenu depuis quelques millésimes vers des vins plus secs, gardant leur forte personnalité avec une extraordinaire concentration. Comme tous les grands vins d'Alsace, ils prennent leur dimension avec quelques années de garde.

ALSACE

Les vins : lancée il y a quelques années, la cuvée Zind relève d'un assemblage de chardonnay et d'auxerrois, plantés il y a 25 ans sur le Clos Windsbuhl : le 2014 se montre frais, avec du fond. Ouvrez-le à table. Le muscat grand cru Goldert est une cuvée signature de la maison, un vin aérien et épicé, d'une belle complexité. Dans un registre sec, les rieslings Herrenweg de Turckheim et Heimbourg affichent un profil salivant. On monte en puissance avec le Clos Windsbuhl, d'une parfaite maturité, large et racé. Dans les grands crus, le riesling Brand est encore discret, équilibré, avec une allonge saline, tandis que le Rangen de Thann Clos Saint-Urbain se trouve marqué par son terroir très fumé et salin. Un grand vin. Le pinot gris Heimbourg : fumé avec une belle allonge.

▷ Muscat Grand Cru Goldert 2014	38,50 €	16,5
▷ Pinot Gris Heimbourg 2014	46 €	16,5
▷ Riesling Clos Windsbuhl 2014	69 €	17
▷ Riesling Grand Cru Brand 2014	79 €	18
▷ Riesling Grand Cru Rangen de Thann Clos Saint-Urbain 2014	100 €	18,5
▷ Riesling Heimbourg 2014	46 €	16,5
▷ Riesling Herrenweg de Turckheim 2014	38,80 €	16

Le coup de ♥

▷ VDT Zind 2014	24,50 €	16

Notes toastées et fruits blancs dans ce vin à la bouche fraîche et équilibrée. Élégant, avec du fond, à retrouver sur la table. Son prix est tout à fait abordable.

Rouge : 0,3 hectare.
Pinot noir 100 %
Blanc : 39,7 hectares.
Riesling 33 %, Pinot gris d'Alsace 28 %, Gewurztraminer 28 %, Chardonnay 8 %, Muscat à petits grains blancs 3 %
Production moyenne : 180 000 bt/an

DOMAINE ZIND HUMBRECHT ☾

4, route de Colmar, 68230 Turckheim
03 89 27 02 05 • www.zindhumbrecht.fr •
Vente et visites : au domaine sur rendez-vous.
Du lundi au vendredi.
Propriétaire : Olivier Humbrecht

DOMAINE BARMÈS-BUECHER

Le millésime 2012 est le premier millésime entièrement vinifié par Maxime Barmès, épaulé au domaine par sa mère Geneviève et sa sœur Sophie. Il confirme et poursuit le travail mis en place depuis près de trente ans et entend maintenir la qualité au plus haut niveau. Un travail sérieux à la vigne, la maîtrise de la biodynamie et un bon suivi en cave font de ce domaine l'un des plus sérieux de la région. Les derniers millésimes sont exemplaires : les vins ont gagné en précision et les grands crus relèvent du cercle restreint des grands vins.

Les vins : on trouve un pinot noir Vieilles Vignes juteux dont l'élevage de 16 mois en barrique est bien maîtrisé. Belle série de rieslings, qui affichent toujours leurs identités propres : le Clos Sand, vif à l'acidité en dentelle ; le Rosenberg, salivant, précis, aux notes d'agrumes ; le Leimental, plus léger, toujours dans un style sec. Côté grands crus, le Steingrubler est une très belle surprise, le Hengst se montre magistral, complet et complexe. Le pinot gris Pfleck s'illustre dans un esprit sec. Parmi les gewurztraminers, le grand cru Hengst est un vin exotique et épicé, avec de la race et un équilibre parfait dans un style demi-sec. Le Pfersigberg, issu d'un tri de botrytis au cœur du grand cru, évoque la pêche et l'abricot : un vin liquoreux à la concentration exceptionnelle. L'étiquette a été illustrée par Maxime Barmès.

▷ Gewurztraminer Grand Cru Hengst 2014	23,75 €	16
▷ Gewurztraminer Grand Cru Pfersigberg 2013	50 €	16,5
▷ Pinot Gris Pfleck 2014	14 €	14
▷ Riesling Clos Sand 2014	20 €	16
▷ Riesling Grand Cru Hengst 2014	26 €	17
▷ Riesling Leimental 2014	18 €	15,5
▷ Riesling Rosenberg 2014	16 €	16
■ Pinot Noir Vieilles Vignes 2014	26 €	15,5

Le coup de ♥

▷ Riesling Grand Cru Steingrubler 2014	23 €	16,5

Cette petite parcelle de 30 ares dans le grand cru Steingrubler fait des merveilles. Le nez est déjà ouvert sur les notes de chèvrefeuille et de pomelos. La bouche affiche un équilibre parfait, l'acidité et l'amertume s'imbriquant à merveille.

Rouge : 1 hectare.
Pinot noir 100 %
Blanc : 15 hectares.

Riesling 26 %, Pinot blanc 26 %, Gewurztraminer 23 %, Pinot gris 18 %, Sylvaner 5 %, Muscat à petits grains blancs 2 %
Production moyenne : 100 000 bt/an

DOMAINE BARMÈS-BUECHER ☾
30, rue Sainte-Gertrude,
68920 Wettolsheim
03 89 80 62 92 ●
www.barmes-buecher.com ● Vente et visites : au domaine sur rendez-vous.
Du lundi au samedi de 9h à 12h et de 14h à 18h.
Propriétaire : Geneviève, Sophie et Maxime Barmès

DOMAINE BOTT-GEYL

Rigoureux et perfectionniste, Jean-Christophe Bott fait partie des grands vignerons alsaciens. Depuis 1993, il s'investit dans un travail rigoureux au chai comme à la vigne, en partisan d'une viticulture en biodynamie. Alors qu'il ne comptait que 4 ha à sa création en 1953, le domaine en possède aujourd'hui 15, répartis sur sept communes. Les vins produits sont amples et suaves, d'une grande richesse, très bien maîtrisée, puisque même les vins les plus doux ne souffrent d'aucune lourdeur. Ils possèdent à la fois puissance et allonge de bouche, deux qualités qui conduisent à la plénitude. Pour couronner le tout, le domaine propose à la vente des millésimes affinés, un must !

Les vins : dans l'attente des maturités phénoliques, Jean-Christophe Bott a su s'armer de patience pour la récolte. On découvre avec plaisir un millésime dans l'ensemble très réussi, avec des surmaturités très bien maîtrisées qui appellent la patience ! Sans trop de richesse, la gamme Les Éléments se montre efficace et harmonieuse. Le riesling Kronenbourg VT et Grafenreben SGN seront des trésors de cave si vous savez attendre : si vos enfants sont nés en 2015, c'est ce qu'il vous faut ! Le riesling Schlossberg est un peu plus riche qu'à son habitude mais ce profil demi-sec lui va bien. Dans un style plus opulent et puissant, le Schoenenbourg et le Mandelberg seront parfaits à table avec des plats épicés. Le gewuztraminer Sonnenglanz s'avère une très belle surprise tandis que le pinot noir offre un bel équilibre entre le fruit et le bois, sans trop de structure.

⊐ Gewurztraminer Les Eléments 2015   17,50 €   14,5

⊐ Gewurztraminer Schloesselreben VT 2015   32 €   16
⊐ Pinot Gris Grand Cru Furstentum 2015   26 €   16
⊐ Pinot Gris Grand Cru Sonnenglanz 2015   26 €   16
⊐ Pinot Gris Les Eléments 2015   16,50 €   15
⊐ Riesling Grafenreben Sélection de Grains Nobles 2015   50 €   17
⊐ Riesling Grand Cru Mandelberg VT 2015   37 €   16,5
⊐ Riesling Grand Cru Schlossberg 2015   31 €   16
⊐ Riesling Grand Cru Schoenenbourg Vendanges Tardives 2015   39,50 €   16,5
⊐ Riesling Kronenbourg Vendanges Tardives 2015   25 €   16,5
⊐ Pinot Noir Galets Oligocène 2015   25 €   15,5

Le coup de ♥
⊐ Gewurztraminer Grand Cru Sonnenglanz 2015   27 €   16,5

D'emblée, les notes expressives et intenses de cardamome, d'épices et de fleur d'oranger attirent. En bouche, on reste très proche du fruit. Ce vin ample garde un aspect juteux. Il sera prêt à boire tôt mais se dévoilera avec complexité dans les dix ans.

Rouge : 0,6 hectare.
Pinot noir 100 %, Pinot gris 20 %
Blanc : 14,3 hectares.
Riesling 32 %, Gewurztraminer 23 %, Pinot blanc 20 %, Muscat à petits grains blancs 5 %
Production moyenne : 90 000 bt/an

DOMAINE BOTT-GEYL ☾
1, rue du Petit-Château, 68980 Beblenheim
03 89 47 90 04 ● www.bott-geyl.com ●
Vente et visites : au domaine sur rendez-vous.
De 8h30 à 11h30 et de 14h à 17h30.
Propriétaire : Jean-Christophe Bott

DOMAINE DU CLOS SAINT-LANDELIN-VÉRONIQUE ET THOMAS MURÉ

Ce très beau domaine comprend le Clos Saint-Landelin, monopole de 12 ha situé à l'extrémité sud du grand cru Vorbourg, dont il est le fleuron. Il est aujourd'hui dirigé par Véronique et son frère Thomas Muré, les enfants de René. La culture du vignoble et la maîtrise des vinifications sont ici exemplaires depuis longtemps, et cette nou-

ALSACE

velle génération ne s'encombre plus de sucres résiduels. Depuis quelques années, le domaine s'est recentré sur la production des vins issus de ses propres vignobles, abandonnant progressivement l'activité de négoce lancée il y a plus de trente ans.

Les vins : pionniers des crémants de table, la famille Muré nous livre un attrayant Grand Millésime 2012 issu d'un assemblage à parts égales de riesling et chardonnay, élevé en barrique, ce qui apporte de la structure à cet effervescent de table. Le riesling Zinnkoepflé, belle expression du cru, affiche une puissance maîtrisée et valorise la force saline du terroir. Quant au Clos Saint Landelin, il recèle des notes de pâte d'amande et de fruits blancs, sublimées par une belle tension en bouche. Le sylvaner n'est pas conventionnel : il apparaît surmûri, en raison de son exposition et fera fureur sur des fromages de chèvre bien secs. Des notes épicées et une sensation chaleureuse pour le gewurztraminer Côte de Rouffach. Le riesling Clos Saint Landelin SGN s'impose comme une rareté élégante aux notes d'abricot (1000 bouteilles). Les pinots noirs sont aussi des incontournables, avec une belle intégration du bois pour le V 2015 et des notes grillées et de cerise pour le Clos Saint Landelin, un vin structuré mais à la bouche qui reste élégante. Les vins rouges ont été vinifiés pour moitié en vendange entière, et élevé avec 20 % de bois neuf : deux choix très judicieux.

▷ Crémant d'Alsace Grand Millésime 2012	25,20 €	15,5
▷ Gewurztraminer Côte de Rouffach 2015	14,50 €	14,5
▷ Muscat Steinstuck 2015	20,50 €	14,5
▷ Riesling Clos Saint Landelin 2015	29 €	16
▷ Riesling Clos Saint Landelin SGN 2015	73,50 €	16,5
▷ Riesling Grand Cru Zinnkoepflé 2015	41 €	17
▷ Sylvaner Clos Saint Landelin Cuvée Oscar 2015	19,60 €	15,5
▶ Pinot Noir Clos Saint Landelin 2015	46,20 €	16,5
▶ Pinot Noir V 2015	33,60 €	15,5

Le coup de ♥

▷ Riesling Côte de Rouffach 2015	14,90 €	15,5

De la personnalité : les arômes de fleurs de printemps et de fruits mûrs sont omniprésents. La bouche, dense et fraîche à la fois, est déjà agréable à boire. Un excellent exemple du niveau de l'appellation communale en Alsace.

Rouge : 3,5 hectares.
Pinot noir 100 %
Blanc : 21,5 hectares.
Gewurztraminer 35 %, Riesling 33 %, Pinot gris 21 %, Sylvaner 4 %, Muscat à petits grains blancs 4 %, Chardonnay 3 %
Production moyenne : 95 000 bt/an

DOMAINE DU CLOS SAINT-LANDELIN-VÉRONIQUE ET THOMAS MURÉ ☾
Route du Vin, 68250 Rouffach
03 89 78 58 00 ● www.mure.com ● Vente et visites : au domaine sur rendez-vous. Du lundi au vendredi de 8h à 18h30. Le samedi de 10h à 13h et de 14h à 18h. Sur rendez-vous pour les groupes.
Propriétaire : Véronique et Thomas Muré

DOMAINE DIRLER-CADÉ

Jean Dirler et son épouse Ludivine maîtrisent mieux que jamais ce domaine fondé en 1871, transmis de père en fils depuis cinq générations et désormais en biodynamie. Les densités ont progressé, les maturités également. Plus que jamais, on y produit une belle série de grands vins blancs secs, dans la lignée de ceux réalisés par Jean-Pierre Dirler. Cette maison sûre offre de surcroît un accueil remarquable.

Les vins : assemblage de pinot gris et auxerrois, avec une touche de pinot noir et riesling, le crémant Brut Nature est ample et vineux. Les vieilles vignes de sylvaner font leur effet : un vin avec du gras et de l'équilibre, parfait en dégustation à l'aveugle ! L'edelzwicker en litre se montre amusant, très bien vinifié, mais ce n'est pas le trésor du domaine ! Le muscat est une perle : ce vin déjà très ouvert est issu des grands crus Saering et Spiegel. Il fait vibrer pour l'apéritif. Le muscat grand cru Saering, au caractère épicé et floral, ample et sec, affiche une très bonne tenue en bouche. Le pinot gris Schimberg est encore discret au nez, mais la bouche offre de la rondeur et du fruit. Le riesling Belzbrunnen se montre très réussi avec ses notes de fenouil, cédrat et sa belle finale saline. Enfin, le riesling sur le grand cru Kessler, large, est doté de notes d'infusion de plantes et d'écorce de pamplemousse. Mais il est fantastique sur la parcelle Heisse Wanne (comprenez "la Cuvette Chaude") : un vin complexe, longiligne, aux beaux amers en finale et apte au vieillissement.

▷ Crémant d'Alsace Brut Nature 2014	12,80 €	14
▷ Muscat 2015	13 €	15,5

⊂▷ Muscat Grand Cru Saering 2015	18 €	16,5
⊂▷ Pinot Gris Schimberg 2015	14,60 €	15
⊂▷ Riesling Belzbrunnen 2015	16,50 €	15,5
⊂▷ Riesling Grand Cru Kessler 2015	24 €	16,5
⊂▷ Riesling Grand Cru Kessler Heisse Wanne 2015	30 €	17
⊂▷ Riesling Grand Cru Saering VT 2015	26 €	16,5
⊂▷ Sylvaner Vieilles Vignes 2015	10,50 €	14,5

Le coup de ♥

⊂▷ Edelzwicker Réserve 2015	8,30 €	14,5

Quel plaisir de boire cet archétype du vin de table alsacien (en bouteille d'un litre, capsule vissée), frais, aromatique, avec du peps ! Les Dirler utilisent de l'auxerrois, sylvaner, pinot blanc, chasselas, muscat et gewurztraminer des sols de grès rose de Guebwiller et Bergholtz. Un vin du quotidien de qualité !

Rouge : 1,3 hectare.
Pinot noir 100 %
Blanc : 15,3 hectares.
Riesling 34 %, Gewurztraminer 22 %, Pinot gris 18 %, Pinot blanc 12 %, Sylvaner 8 %, Muscat d'Alsace 5 %, Chasselas 1 %
Production moyenne : 90 000 bt/an

DOMAINE DIRLER-CADÉ ⌞
13, rue d'Issenheim, 68500 Bergholtz
03 89 76 91 00 ● www.dirler-cade.com ●
Vente et visites : au domaine sur rendez-vous.
Du lundi au samedi de 8h à 11h30 et de 13h30 à 18h.
Propriétaire : Jean et Ludivine Dirler

★★
JOSMEYER

C'est aujourd'hui la cinquième génération, incarnée par Céline et Isabelle Meyer, qui tient les rênes de ce domaine fondé en 1854 et conduit en biodynamie : Céline à la direction, et Isabelle aux vinifications. Ce duo efficace continue à porter la qualité des vins vers l'excellence, dans la lignée de Jean Meyer, leur père, décédé en janvier 2016. L'Art est omniprésent dans la famille, avec des poèmes et des dessins des deux sœurs, tantôt sur les étiquettes ou sur les foudres… Il faut ouvrir grand les yeux pour ne rien rater lors de la visite de ce domaine modèle ! Le style des vins, tourné vers l'élégance, nous séduit. Le grand cru Hengst s'exprime ici au sommet. Le pinot blanc et l'auxerrois signent des cuvées emblématiques de la maison.

Les vins : le sylvaner est léger, rafraîchissant, sans manquer de volume : toujours une belle référence. Le pinot blanc Les Lutins s'illustre dans un profil rond avec des notes de miel d'acacia. Saluons la maîtrise des rieslings : Le Kottabe et son expression racinaire, sa tension en bouche ; les grands crus, toujours d'une très grande pureté, des vins au vieillissement facile, voire conseillé. Le Brand se montre élégant avec des notes de fruits blancs et d'amande tandis que le Hengst est encore massif ; franc coup de cœur pour la cuvée Samain, référence à la fête celtique qui célèbre la fin des récoltes.

⊂▷ Gewurztraminer Les Folastries 2015	17,90 €	15
⊂▷ Pinot Blanc Les Lutins 2015	15,60 €	14,5
⊂▷ Riesling Grand Cru Brand 2015	N.C.	17
⊂▷ Riesling Grand Cru Hengst 2015	N.C.	17
⊂▷ Riesling Grand Cru Hengst Samain 2013	N.C.	15
⊂▷ Riesling Le Kottabe 2015	16,60 €	15
⊂▷ Sylvaner Peau Rouge 2016	12,20 €	14,5

Le coup de ♥

⊂▷ Riesling Grand Cru Hengst Samain 2011	46,80 €	17,5

D'une parfaite évolution, le nez rappelle le poivre et la pierre à fusil. En bouche, un vin sec avec de l'ampleur, de la puissance et une force incroyable, soulignée par les écorces d'agrumes. D'une très grande race. On peut le carafer pour aider l'ouverture de ce superbe vin.

Rouge : 0,5 hectare.
Pinot noir 100 %
Blanc : 24,2 hectares.
Riesling 28 %, Pinot gris d'Alsace 21 %, Gewurztraminer 19 %, Pinot blanc 12 %, Auxerrois 12 %, Sylvaner 5 %, Muscat à petits grains blancs 3 %
Production moyenne : 160 000 bt/an

JOSMEYER ⌞
76, rue Clemenceau, 68920 Wintzenheim
03 89 27 91 90 ● www.josmeyer.com ●
Vente et visites : au domaine sur rendez-vous.
Du lundi au vendredi de 9h à 12h et de 14h à 17h, samedi matin de 9h à 12h.
Propriétaire : Famille Meyer
Directeur : Céline Meyer
Œnologue : Isabelle Meyer

ALSACE

DOMAINE ANDRÉ KIENTZLER

Ce domaine s'impose depuis de nombreuses années comme une des références alsaciennes. André Kientzler, épaulé par son fils Thierry, a produit, depuis plus de vingt ans, une série remarquable de vins réguliers, précis et très expressifs. Le riesling est ici le roi de la cave. Le Geisberg apparaît immense et rivalise avec les plus grands vins du monde. Toujours austères dans la jeunesse, il faut savoir attendre quelques années avant de déboucher ces crus. Les autres cépages sont traités avec rigueur, sans toutefois atteindre la perfection du riesling.

Les vins : avec ses notes de fleurs d'oranger et son beau volume de bouche, le muscat paraît plus convaincant que le chasselas en 2015. Le muscat grand cru Kirchberg se montre plus mûr avec des notes d'amande et de pêche. Le pinot gris grand cru Kirchberg est torréfié, avec une touche de fruits jaunes et s'impose en largeur avec un beau potentiel devant lui. Le gewurztraminer s'avère équilibré et sans lourdeur. Enfin, la série des rieslings nous réjouit. Le 2015 reste simple, croquant mais délivre une belle énergie, un vin parfait pour entamer la conversation ! La réserve particulière a un côté plus salivant et cristallin, il sera parfait avec des fruits de mer. Dans la série des grands crus, le Kirchberg apparaît encore austère avec une grande puissance minérale ; l'Osterberg est plus solaire et structuré. Coup de cœur pour le Geisberg, produit par une petite poignée de domaines seulement.

▻ Chasselas 2015	6,50 €	14
▻ Gewurztraminer 2015	10,50 €	15
▻ Muscat 2015	10 €	15
▻ Muscat Grand Cru Kirchberg 2015	20 €	16
▻ Pinot Gris Grand Cru Kirchberg 2015	28 €	16
▻ Riesling 2015	10 €	15
▻ Riesling Grand Cru Kirchberg 2015	28 €	16,5
▻ Riesling Grand Cru Osterberg 2015	23 €	16,5
▻ Riesling Réserve Particulière 2015	15 €	15,5

Le coup de ♥

▻ Riesling Grand Cru Geisberg 2015	31 €	17

Ce grand cru confidentiel issu des magnifiques coteaux de Ribeauvillé nous livre ici un très beau riesling, à la fois minéral et doté d'une puissance impressionnante en finale. Un superbe vin qu'il faudra s'empêcher d'ouvrir avant 2020.

Blanc : 14 hectares.

Riesling 30 %, Gewurztraminer 24 %, Pinot blanc 19 %, Pinot gris d'Alsace 14 %, Muscat à petits grains blancs 5 %, Sylvaner 4 %, Chasselas 4 %
Production moyenne : 80 000 bt/an

DOMAINE ANDRÉ KIENTZLER
**50, route de Bergheim, 68150 Ribeauvillé
03 89 73 67 10 ● www.vinskientzler.com ●
Vente et visites : au domaine sur rendez-vous.
Propriétaire : Thierry Kientzler**

DOMAINE LOEW

Depuis quelques années, ce domaine piloté avec dextérité par Étienne Loew nous séduit par la régularité de sa production et le très bon niveau de ses vins. Il a su trouver la clé pour pleinement entrer dans les nuances de sols autour de Westhoffen, et défend ce vignoble un rien isolé comme un gardien surveillerait son rempart ! Sa patte est sûre, sa réflexion ouverte et ses vins se distinguent par leur élégance. Un domaine à découvrir.

Les vins : la vinification sans soufre du pinot noir Westhoffen lui va bien, dans un registre frais, juteux et fruité. Le muscat Les Marnes Vertes est très agréable : un vin cristallin qui évoque la verveine doté d'une touche mentholée qui rafraîchit. Rond et marqué par des parfums de fruits jaunes, Pinots Barrique est un assemblage d'auxerrois, pinot gris et pinot blanc élevés en demi-muids. Très belle série de rieslings qui témoignent de la maîtrise du millésime. Le Suessenberg est très élancé, encore fermé mais une finale salivante lui promet de l'avenir. Le pinot gris Bruderbach Clos Marienberg adopte un style demi-sec. L'auxerrois offre un résultat tout à fait hors-norme de l'action du botrytis sur ce cépage : une impression de fruits très mûrs, une grande amplitude et un véritable panier de fruits secs en bouche.

▻ Auxerrois Botrytis 2015	14,80 €	15
▻ Gewurztraminer Ostenberg 2015	15,20 €	15,5
▻ Muscat Les Marnes Vertes 2015	12,70 €	15
▻ Pinot Gris Bruderbach Clos Marienberg 2013	13,20 €	14,5
▻ Pinots Barrique 2014	11,90 €	14,5
▻ Riesling Muschelkalck 2015	9,50 €	15
▻ Riesling Ostenberg 2015	13,50 €	15,5

⌒ Riesling Suessenberg 2015	13,50 €	15,5
▬ Pinot Noir Westhoffen 2015	12,70 €	15

Le coup de ♥

⌒ Gewurztraminer Grand Cru Altenberg de Bergbieten 2015	19,20 €	16,5

Expressif et raffiné, le nez rappelle l'abricot sec, les fleurs séchées et un panier de fruits exotiques. La texture en bouche de ce demi-sec est enveloppante, dotée d'un très bel équilibre. On garde une finale sans amertume et sans richesse : juste les arômes délicats de fruits secs.

Rouge : 1 hectare.
Pinot noir 100 %
Blanc : 10 hectares.
Riesling 28 %, Gewurztraminer 28 %, Pinot gris 25 %, Muscat à petits grains blancs 7 %, Sylvaner 7 %, Pinot blanc 5 %
Production moyenne : 35 000 bt/an

DOMAINE LOEW
28, rue Birris, 67310 Westhoffen
03 88 50 59 19 ● www.domaineloew.fr ●
Vente et visites : au domaine sur rendez-vous.
Propriétaire : Caroline et Étienne Loew
Directeur : Caroline Loew
Maître de chai : Étienne Loew

★★
DOMAINE MEYER-FONNÉ

En quelques années, Félix Meyer s'est forgé une solide réputation en Alsace. Ce n'est pas par hasard. La viticulture est de qualité, avec des rendements très surveillés, et les vinifications s'effectuent sur lies fines dans de grands foudres. Arrivé au domaine familial en 1992, Félix révèle avec talent les terroirs granitiques de Katzenthal. C'est aujourd'hui le domaine de référence de cette commune. Ne négligez pas chez lui le gewurztraminer qui ne comporte aucune lourdeur, et acquiert une pureté cristalline, séduisant même les détracteurs de ce cépage trop souvent pommadé.

Les vins : accessible et fruité, le pinot noir est agréable. La série des rieslings s'avère très réussie, notamment le lieu-dit Pfoeller qui offre sur ce millésime une certaine rondeur en gardant une impression générale de sec. Dans les grands crus, le Wineck-Schlossberg est fin, élancé avec de subtiles notes de poire, le Kaefferkopf s'impose comme un très joli vin, dans la mesure et d'esprit sec. Le Schoenenbourg offre un aspect presque tannique avec quelques grammes de sucres résiduels qui vont se fondre dans les trois-quatre ans. Enfin, très belles réussites que les gewurztraminers, le Furstentum Vieilles Vignes étant le plus sec et possédant un atout : son côté salivant.

⌒ Gewurztraminer Grand Cru Furstentum Vieilles Vignes 2013	18,50 €	16,5
⌒ Gewurztraminer Grand Cru Kaefferkopf 2015	16,50 €	16
⌒ Gewurztraminer Grand Cru Sporen VT 2014	19 €	16
⌒ Pinot Blanc Vieilles Vignes 2015	7,70 €	14
⌒ Riesling Grand Cru Schoenenbourg 2015	25,50 €	16,5
⌒ Riesling Grand Cru Wineck-Schlossberg 2015	18,90 €	15,5
⌒ Riesling Pfoeller 2015	18 €	15
▬ Pinot Noir Réserve 2015	9,80 €	15

Le coup de ♥

⌒ Riesling Grand Cru Kaefferkopf 2015	25,50 €	16

Dans la série des grands crus, ce Kaefferkopf atteint un juste milieu, entre le style aérien du Wineck-Schlossberg et le Schoenenbourg encore massif. Il a encore du mal à se dévoiler, mais on perçoit un vin large et puissant avec de beaux amers en finale.

Rouge : 1,1 hectare.
Pinot noir 100 %
Blanc : 14,5 hectares.
Riesling 29 %, Pinot blanc 27 %, Gewurztraminer 23 %, Pinot gris 17 %, Muscat à petits grains blancs 4 %
Production moyenne : 90 000 bt/an

DOMAINE MEYER-FONNÉ
24, Grand-Rue, 68230 Katzenthal
03 89 27 16 50 ● www.meyer-fonne.com ●
Vente et visites : au domaine sur rendez-vous.
Du lundi au samedi de 8h à 11h30 et de 14h à 17h30.
Propriétaire : Félix et François Meyer

★★
MARTIN SCHAETZEL BY KIRRENBOURG

Après le rachat de la maison Martin Schaetzel, Marc Rinaldi a installé son chai à Kientzheim, avec vue imprenable sur son terroir de prédilection : le Schlossberg. Jean Schaetzel est toujours à ses côtés dans la cave et c'est le jeune et brillant Ludovic Merieau qui gère au quotidien la partie technique. La conversion en biodynamie est bien lancée et les premiers résultats sur les sols granitiques sont déjà très convaincants. Brillant homme d'affaires colmarien, Marc

ALSACE

Rinaldi est aussi à l'initiative de "Millésime Alsace" et Alsace Crus et Terroirs. Son but est de valoriser les vins de la région qu'il aime tant.

Les vins : un excellent sylvaner, issu des abords du Grand Cru Schlossberg, qui s'avère à la fois droit et ample. On retrouve les beaux approvisionnements de Jean Schaetzel avec le muscat Réserve, 100 % ottonel, épicé et charnu avec une belle finale éclatante ! Sous l'ancienne étiquette Schaetzel, le riesling Eichberg, qui évolue sur des notes de fruits jaunes, est un vin opulent mais équilibré, à boire dans les cinq ans. Retour sur le Schlossberg avec le Terroir S : un "petit" Schlossberg qui commence déjà à faire ses preuves avec une maturité optimale. Le Grand Cru Schlossberg est un très beau vin, complexe, marqué par de nobles amers. Enfin, le gewurztraminer, que l'on n'attendait pas sur ce terroir, s'exprime avec de l'exotisme, dans un style riche et opulent.

▭ Gewurztraminer Grand Cru Schlossberg 2015	30,80 €	16
▭ Muscat Réserve 2015	13,20 €	16
▭ Riesling Grand Cru Eichberg 2013	17 €	16,5
▭ Riesling Grand Cru Schlossberg 2015	35 €	17
▭ Sylvaner Vieilles Vignes 2015	N.C.	15,5
▬ Pinot Noir Mathieu 2015	19,80 €	14,5
▬ Pinot Noir Premier 2015	30,80 €	16

Le coup de ♥

▭ Riesling Terroir S 2015	22 €	15,5

Issu de vignes d'une trentaine d'années sur le Schlossberg, en pleine conversion biodynamique, ce vin offre un nez concentré sur les agrumes et la bergamote. En bouche, on perçoit une belle maturité soutenue par une trame minérale très agréable. Un beau rapport qualité-prix !

Rouge : 1,1 hectare.
Pinot noir 100 %
Achat de raisins.
Blanc : 7,9 hectares.
Riesling 59 %, Gewurztraminer 21 %, Pinot gris d'Alsace 11 %, Muscat à petits grains blancs 5 %, Sylvaner 4 %
Achat de raisins.
Production moyenne : 40 000 bt/an

MARTIN SCHAETZEL BY KIRRENBOURG
15 C, route du vin, 68240 Kientzheim
03 89 47 11 39 ●
www.martin-schaetzel.com ● Vente et visites : au domaine sur rendez-vous.
Propriétaire : Marc Rinaldi
Maître de chai : Ludovic Merieau
Œnologue : Jean Schaetzel

★★
DOMAINE SCHOFFIT

Le domaine Schoffit est installé à l'intérieur de Colmar, ce qui est inhabituel, mais s'explique par l'importance du vignoble de la Harth dans l'histoire de la ville. Entre l'extension urbaine et le maintien de la forêt, la Harth a perdu de son importance viticole. Très intelligemment, le domaine s'est déployé au sud dès 1986, sur le célèbre grand cru Rangen, d'où il tire aujourd'hui l'essentiel de ses grands vins. Il se partage entre trois terroirs relativement distants : les cailloutis de la plaine de la Harth, près de Colmar, le granite dans le grand cru Sommerberg, et le volcanique dans le Rangen, à Thann. À noter que Bernard Schoffit s'est vu confier la vinification par la ville de Thann de son clos, une parcelle replantée dans le haut du grand cru Rangen.

Les vins : les raisins du pinot noir sont issus de la plaine, autour du domaine. Le vin, assez simple, s'exprime sur son fruit, libérant la maturité du millésime. Le chasselas reste une valeur sûre dans la région : des notes de fruits jaunes et une bouche assez ample pour ce millésime 2015. Le nez du muscat rappelle le raisin frais : son équilibre demi-sec le rend très abordable et harmonieux. Dans la gamme Harth Tradition, issue des vignobles de la plaine, on trouve un riesling simple, de style sec, parfait pour une mise en bouche, et un pinot gris demi-sec aux notes de fruits secs. Le riesling grand cru Rangen Clos de la Ville de Thann est issu d'un haut de coteau en bordure de forêt : un grand vin sec qui propose une sensation presque tannique en finale. Le pinot gris grand cru Rangen de Thann Clos Saint-Théobald, vin demi-sec, offre des notes miellées et de pêche jaune, avec une touche d'épices. Le millésime 2015 ne verra pas de riesling Clos Saint-Théobald sec ; c'est une VT qui prend sa place, encore fermée, sur le potentiel duquel il faudra sans aucun doute miser. Clos Saint-Théobald SGN 2013 est un nectar d'une pureté incroyable !

▭ Chasselas Vieilles Vignes 2015	8,50 €	14
▭ Muscat Grand Cru Rangen de Thann Clos Saint-Théobald 2015	30 €	16
▭ Muscat Tradition 2015	11 €	14,5
▭ Pinot Gris Grand Cru Rangen de Thann Clos Saint-Théobald 2015	30 €	16
▭ Pinot Gris Grand Cru Rangen de Thann Clos Saint-Théobald SGN 2013	70 €	17
▭ Pinot Gris Grand Cru Rangen de Thann Clos Saint-Théobald VT 2015	42 €	16,5
▭ Pinot Gris Harth Tradition 2015	11 €	14

▷ Riesling Grand Cru Rangen de Thann Clos Saint-Théobald VT 2015	42 €	16,5
▷ Riesling Grand Cru Rangen de Thann Clos de la Ville de Thann 2014	30 €	16,5
▷ Riesling Harth Tradition 2015	9,50 €	14,5
▶ Pinot Noir Vieilles Vignes 2015	14,50 €	14

Le coup de ♥

▷ Gewurztraminer Grand Cru Rangen de Thann Clos Saint-Théobald 2015	32 €	17,5

Le nez est incroyable de fraîcheur, apportée par les notes de verveine fraîche, de citronnelle et de fleurs. En bouche, il offre du volume et s'affiche dans un registre moelleux. Le sucre est très bien intégré et la finale affiche déjà un bel éclat. Il va falloir s'armer de patience avant de profiter de ce grand vin.

Rouge : 0,9 hectare.
Pinot noir 100 %
Blanc : 16,1 hectares.
Pinot gris d'Alsace 27 %, Riesling 27 %, Gewurztraminer 22 %, Chasselas 6 %, Pinot blanc 6 %, Auxerrois 6 %, Muscat à petits grains blancs 5 %, Sylvaner 1 %
Production moyenne : 80 000 bt/an

DOMAINE SCHOFFIT
68, Nonnenholzweg, 68000 Colmar
03 89 24 41 14 ● domaine.schoffit@free.fr
● Vente et visites : au domaine sur rendez-vous.
Du lundi au samedi de 8h30 à 11h30 et de 14h à 17h (16h le samedi).
Propriétaire : Bernard et Fabienne Schoffit
Directeur : Bernard Schoffit

TRIMBACH

Maison incontournable qui s'élève fièrement dans la belle cité des ménétriers, Trimbach fait le bonheur des amateurs à travers le monde avec ses cuvées mythiques Cuvée Frédéric Émile et Clos Sainte Hune. Au gré des millésimes, Pierre Trimbach vinifie le riesling dans la verticalité, toujours de style sec. De l'oncle Hubert jusqu'à la fille Anne, la famille a œuvré depuis plus de trente ans au développement du domaine, avec aujourd'hui plus de 50 ha en propriété et une centaine en achat de raisins. Certains grands crus sont revendiqués depuis 2009 et directement alloués en petites quantités par Jean Trimbach aux plus belles tables du monde. Même si les entrées de gamme ont connu une période plus critique, force est de constater que la qualité est bien là. Un effort considérable en marche dans les vignes, lié à un travail de longue haleine mené avec dynamisme par une équipe de passionnés, à la vigne comme en cave : la trentaine d'employés profite d'une belle récompense dans la bouteille ! En résumé, la maison contribue indéniablement à la valorisation des vins d'Alsace avec des cuvées emblématiques au niveau international, tout en produisant des vins d'entrée de gamme en volume de qualité constante. Il paraît donc logique qu'une telle maison regagne sa deuxième étoile cette année.

Les vins : le millésime 2015 dévoile un travail notable sur les vins rouges avec tout d'abord le pinot noir Réserve, porté par des notes de cerise, tandis que le Cuve 7 est un assemblage de parcelles ayant effectué un léger passage en gros contenants de bois, ce qui rend sa bouche moins abordable pour le moment. Cette année encore, le riesling et le riesling Réserve sont tout à fait recommandables. Cette dernière cuvée regroupe uniquement des vignes en propriété de plus de 30 ans : il faudra attendre 2018/2019 pour commencer à l'apprécier. Le riesling Sélection de Vieilles Vignes est issu de vignes de plus de 50 ans sur le secteur nord de Ribeauvillé. En 2015, cette cuvée montre un très beau potentiel de garde : un vin racé parfait pour la table. Les deux cuvées stars de la maison sont disponibles dans le millésime 2011 : la Cuvée Frédéric Émile et le Clos Sainte Hune. Même si l'on ne perçoit pas la précision et l'éclat des grands millésimes sur la seconde, on peut se réjouir de son aspect plus abordable, d'autant qu'elle se montre déjà ouverte. Une belle rencontre possible pour ceux qui n'ont pas encore eu l'occasion de la goûter. Quant à la Cuvée Frédéric Émile, elle paraît ample et sphérique : elle fera sensation avec un homard relevé aux épices douces. Le pinot gris Réserve Personnelle est un vin demi-sec, large, à la belle finale de fruits jaunes. Enfin, le gewurztraminer Cuvée des Seigneurs de Ribeaupierre offre un sacré beau volume, porté par les fruits exotiques.

▷ Gewurztraminer Seigneurs de Ribeaupierre 2011	32,60 €	15,5
▷ Pinot Gris Réserve 2014	16,70 €	14
▷ Pinot Gris Réserve Personnelle 2013	25,80 €	15,5
▷ Riesling Clos Sainte-Hune 2011	139 €	17,5
▷ Riesling Frédéric-Emile 2011	44,90 €	16,5
▷ Riesling Réserve 2015	17,60 €	15
▷ Riesling Sélection de Vieilles Vignes 2015	22,35 €	15,5
▶ Pinot Noir Réserve 2015	14,85 €	14

ALSACE

▶ Pinot Noir Réserve Cuvée 7 2015	19,80 €	14

Le coup de ♥
▭ Riesling 2015	13,35 €	14,5

Le vin est déjà expressif, sur des notes de fruits jaunes et d'acacia. On retrouve en bouche une notable maturité de fruits, mais toujours dans un esprit sec caractéristique des vins de la maison. Produite à 330 000 bouteilles (qualité et quantité réunies), la cuvée est simple et équilibrée : parfait pour aborder le riesling alsacien, attablé dans une winstub.

Rouge : 9 hectares.
Pinot noir 100 %
Achat de raisins.
Blanc : 144 hectares.
Riesling 43 %, Pinot blanc d'Alsace 21 %, Gewurztraminer 20 %, Pinot gris 15 %, Muscat à petits grains blancs 1 %
Achat de raisins.
Production moyenne : 1 100 000 bt/an

TRIMBACH
15, route de Bergheim, 68150 Ribeauvillé
03 89 73 60 30 ● www.trimbach.fr ● Vente et visites : au domaine sur rendez-vous.
Du lundi au vendredi de 8h à 12h et de 14h à 17h30, samedi sur rendez-vous.
Propriétaire : Famille Trimbach
Directeur : Pierre et Jean Trimbach
Maître de chai : Pierre Trimbach

DOMAINE VALENTIN ZUSSLIN

Jean-Marie Zusslin allait fêter son 50ᵉ millésime mais la maladie l'a malheureusement emporté le 26 mai 2016. Le travail de ses enfants Jean-Paul et Marie Zusslin, qui poursuivent la tradition viticole familiale, née en 1691, est exemplaire depuis déjà quelques années. Installés à Orschwihr, sur un très joli vignoble, ils forment un duo passionné, charismatique et soucieux du travail bien accompli. Et multiplient les projets : conception d'une nouvelle bouteille, mise en place de dizaines de ruches et nichoirs dans les parcelles... Chacun a son rôle : Marie à la commercialisation, Jean-Paul dans les vignes et à la cave. Une viticulture en biodynamie depuis 1997, une vinification soignée et un élevage précis résument le travail de ce domaine de référence. L'esprit parcellaire est omniprésent, même dans les cuvées de crémant.

Les vins : l'assemblage de riesling et auxerrois issus du Clos Liebenberg est une belle réussite pour ce crémant à la bulle très fine et aux délicats parfums de fleurs. Le sylvaner montre un très joli nez d'aubépine, de fleurs blanches, avec une bouche fraîche. Le riesling Neuberg (jolie parcelle dans le Bollenberg) s'avère précis avec du coffre, une allonge minérale distincte et de beaux amers en finale. Un superbe riesling de table. Le riesling grand cru Pfingstberg VT est un grand vin avec des notes de goyave et de pamplemousse. À garder au moins dix ans en cave pour qu'il s'affine et que les sucres s'intègrent. Le gewurztraminer Bollenberg VT est exotique et équilibré : un très beau vin, à laisser vieillir tranquillement.

▭ Crémant d'Alsace Brut Zéro Sans Soufre	15 €	15,5
▭ Crémant d'Alsace Clos Liebenberg	32,50 €	16
▭ Gewurztraminer Bollenberg VT 2015	N.C.	16,5
▭ Riesling Grand Cru Pfingstberg VT 2015	N.C.	17
▭ Riesling Neuberg 2015	N.C.	16
▭ Sylvaner Bollenberg 2014	N.C.	14,5

Le coup de ♥
▭ Pinot Gris Bollenberg 2015	N.C.	16

On mise sur le potentiel de ce très beau pinot gris sec. Le terroir du Bollenberg lui apporte du volume mais sans sucrosité, avec une finale salivante.

Rouge : 3 hectares.
Pinot noir 100 %
Blanc : 13 hectares.
Riesling 37 %, Gewurztraminer 24 %, Auxerrois 20 %, Muscat à petits grains blancs 6 %, Pinot gris d'Alsace 6 %, Sylvaner 4 %, Chasselas 2 %, Chardonnay 1 %
Production moyenne : 90 000 bt/an

DOMAINE VALENTIN ZUSSLIN
57, Grand Rue, 68500 Orschwihr
03 89 76 82 84 ● www.zusslin.com ● Vente et visites : au domaine sur rendez-vous.
Du lundi au vendredi de 8h30 à 11h30 et de 13h30 à 18h et le samedi matin (8h30-11h30).
Propriétaire : Famille Zusslin
Directeur : Jean-Paul et Marie Zusslin

★

DOMAINE AGAPÉ

Vincent Sipp a quitté le domaine familial Sipp-Mack pour créer le sien en 2007. Dix hectares de vignes composent ce domaine, désormais très régulier, aux terroirs prestigieux : Schœnenbourg, Rosacker et Osterberg. Nous aimons le style et le profil de ses vins épurés et précis, avec un côté gourmand. La gamme se répartit en trois grandes familles : les Expression, des vins qui unissent le fruit et la gourmandise, à boire dès leur prime jeunesse ; les grands crus, avec une bonne lecture du terroir, qui s'inscrivent aujourd'hui parmi les grandes réussites du secteur de Riquewihr ; Hélios pour les vendanges de belle maturité et les tries plus confites.

Les vins : une très belle entrée en matière avec le sylvaner Expression, un vin simple et rafraîchissant, avec un certain coffre pour le cépage, dû à son origine sur le grand cru Osterberg. Le riesling grand cru Rosacker reste un grand favori, incontournable du domaine, pour les amateurs de vins racés. Le grand cru Osterberg est très salivant, avec des notes d'agrumes et de citronnelle. La bouche offre une belle fraîcheur et une certaine rondeur en finale. Le gewurztraminer Hélios est un vin moelleux, avec de la puissance, des épices et du relief, mais on monte d'un cran avec le gewurztraminer grand cru Schoenenbourg aux jolies notes épicées. Un notable vin de garde, racé et complet.

Gewurztraminer Grand Cru Schoenenbourg 2015	19,40 €	16
Gewurztraminer Hélios 2015	15,40 €	15
Riesling Grand Cru Osterberg 2015	18,80 €	16
Sylvaner Expression Vieilles Vignes 2015	7,80 €	14

Le coup de ♥

Riesling Grand Cru Rosacker 2015	22,80 €	17

Cette cuvée s'impose comme la grande signature de Vincent Sipp. Le nez, complexe, présente des notes de camomille et de fruits jaunes. De type sec, avec de l'ampleur, ce grand vin de garde est encore sur la réserve et propose une belle minéralité.

Rouge : 1,11 hectare.
Pinot noir 100 %
Blanc : 9,03 hectares.
Riesling 28 %, Gewurztraminer 25 %, Pinot gris d'Alsace 20 %, Auxerrois 15 %, Muscat à petits grains blancs 6 %, Sylvaner 6 %
Production moyenne : 65 000 bt/an

DOMAINE AGAPÉ
10, Rue des Tuileries, 68340 Riquewihr
03 89 47 94 23 ● www.alsace-agape.fr ●
Vente et visites : au domaine sur rendez-vous.
Du lundi au samedi de 10h à 18h.
Propriétaire : Vincent Sipp

★
DOMAINE LAURENT BARTH

Installé depuis 2004 à Bennwihr, où il a repris le petit domaine familial, Laurent Barth incarne cette nouvelle génération de vignerons dynamiques qui apportent un souffle nouveau à la région. Conversion à la viticulture bio, travail très soigné à la vigne, il mène son domaine avec conviction et efficacité. La qualité des vins s'en ressent et les derniers millésimes nous ont convaincus.

Les vins : le pinot noir est réussi, toujours dans un style délicat, c'est la signature maison ! Le riesling Vieilles Vignes est rafraîchissant avec ses notes de fruits jaunes et son acidité mûre. Le pinot gris, demi-sec, rond et axé sur le fruit, reste équilibré. Le gewurztraminer Vieilles Vignes est d'esprit sec tandis que le Grand Cru Marckrain se déploie dans un registre de tarte à la mirabelle, avec une belle expression épicée.

Gewurztraminer Grand Cru Marckrain 2015	20 €	15,5
Gewurztraminer Vieilles Vignes 2015	11 €	14,5
Pinot Gris 2015	13 €	14,5
Riesling Vieilles Vignes 2014	14 €	15

Le coup de ♥

Pinot Noir S08 P93 2015	N.C.	15

Le nez s'ouvre directement sur la cerise bien mûre, avec une touche fumée très agréable. En bouche, toujours dans un style élégant sans trop de force, les tanins sont enrobés. De belles notes fumées en finale et une sensation de fruit rouge mûr.

Rouge : 0,45 hectare.
Pinot noir 100 %
Blanc : 3,5 hectares.
Auxerrois 27 %, Gewurztraminer 25 %, Riesling 24 %, Muscat à petits grains blancs 12 %, Pinot gris d'Alsace 12 %
Production moyenne : 20 000 bt/an

DOMAINE LAURENT BARTH ♣
3, rue du Maréchal-de-Lattre,
68630 Bennwihr
03 89 47 96 06 ●
laurent.barth@wanadoo.fr ● Vente et visites : au domaine sur rendez-vous.
Du dimanche au vendredi sur rendez-vous.
Sans rendez-vous le samedi de 9h à 19h.
Propriétaire : Laurent Barth

ALSACE

DOMAINE JEAN-MARC BERNHARD

Trois générations se sont succédées dans ce domaine fondé en 1802 : le grand-père Germain Bernhard, le père Jean-Marc, et le fils Frédéric. Après des études à Dijon et quelques séjours dans le Bordelais et en Afrique du Sud, Frédéric a fait monter d'un cran le niveau des vins, qui étaient déjà de bonne facture. Ils se caractérisent par leur fraîcheur et leur digestibilité, reflétant parfaitement les facteurs du terroir et du climat. Les tarifs sont doux et l'ensemble des vins est certifié en agriculture biologique depuis le millésime 2016.

Les vins : le pinot noir Barrique montre un joli nez fumé avec des notes de fruits rouges et une belle chair. Son milieu de bouche est intense, sa finale, légère. De style sec, les rieslings sont bien vinifiés ; notable réussite pour le Wineck-Schlossberg 2014, vin élancé, aux notes épicées de cardamome. Le pinot gris Cuvée Particulière a été vendangé précocement. Il garde un bel équilibre, à la limite du demi-sec et une appréciable expression de fruits jaunes. Pour les gewurztraminers, le grand cru Kaefferkopf s'ouvre sur un registre exotique : un vin puissant, épicé, à la finale éclatante. Le Mambourg se montre davantage chaleureux. Parmi les moelleux, le riesling Le Jus de Jules VT est issu d'une belle parcelle calcaire proche de Katzenthal qui permet d'atteindre cette complexité et cette concentration, tout en gardant de la fraîcheur. Le nez du muscat VT Hinterburg de Katzenthal exhale l'abricot et les fleurs blanches. On garde une texture dense en bouche, et la finale rappelle la confiture d'abricot. En bref, une belle gamme homogène qui offre des expressions de terroirs justes.

▭ Gewurztraminer Grand Cru Kaefferkopf 2014	14 € 15,5
▭ Gewurztraminer Grand Cru Mambourg 2015	14 € 15
▭ Muscat Hinterburg VT 2014	14 € 15
▭ Pinot Gris Cuvée Particulière 2015	7 € 14,5
▭ Riesling Grand Cru Schlossberg 2013	18 € 15
▭ Riesling Grand Cru Wineck-Schlossberg 2014	18 € 15,5
▭ Riesling Grand Cru Wineck-Schlossberg 2015	14 € 15
▭ Riesling Le Jus de Jules VT 2014	18 € 15,5
▭ Riesling Vieilles Vignes 2015	7 € 14,5
▬ Pinot Noir Barrique 2015	14 € 14,5

Le coup de ♥
▭ Pinot Gris Grand Cru Furstentum 2014	14 € 16

Le nez est très ouvert et s'exprime sur des notes de noisette torréfiée et de fruits jaunes. En bouche, la majesté du grand cru Furstentum s'impose. Cette parcelle exposée plein sud, sur un sol marno-calcaro-gréseux, donne un vin charnu à la finale subtilement grillée.

Rouge : 1 hectare.
Pinot noir 100 %
Blanc : 10 hectares.
Riesling 30 %, Gewurztraminer 25 %, Pinot gris 20 %, Pinot blanc 18 %, Muscat à petits grains blancs 5 %, Sylvaner 2 %
Production moyenne : 65 000 bt/an

DOMAINE JEAN-MARC BERNHARD ♣
21, Grand-Rue, 68230 Katzenthal
03 89 27 05 34 ●
www.jeanmarcbernhard.fr ● Vente et visites : au domaine sur rendez-vous.
Du lundi au vendredi de 9h à 11h30 et de 13h30 à 17h30, le samedi 17h.
Propriétaire : Famille Bernhard
Directeur : Frédéric Bernhard

DOMAINE ÉMILE BEYER

Valérie et Christian Beyer continuent à faire briller le domaine familial, en produisant une excellente gamme de vins, précis et digestes comme nous les aimons. Ils œuvrent pour la reconnaissance des appellations communales et premier cru. Dans cet élan, leur gamme Hostellerie devient Eguisheim à partir du millésime 2015. Il faudra encore quelques années de patience avant de goûter le riesling Clos Lucas Beyer, planté plein sud dans le cœur du Pfersigberg. Ce domaine en pleine forme, avec en prime un caveau refait à neuf pour l'accueil des visiteurs, est une valeur sûre qui nous enchante d'année en année.

Les vins : le crémant Emile Victor est un assemblage de chardonnay, pinot blanc et pinot noir qui développe des notes de réglisse et de racines. L'élevage de 30 mois rend les bulles élégantes : un style plutôt vineux pour accompagner une cuisine épicée. Les pinots noirs sont superbes. Eguisheim, un peu fermé au premier abord, s'ouvre sur un registre de fruits rouges avec de délicates notes grillées, devient juteux en bouche avec une finale assez fine. Saluons la grande maîtrise des rieslings, des vins précis et profonds. Le Saint-Jacques est exotique, d'un style mûr, et affiche une notable force en bouche. Un vin sec à la fine amertume en bouche. Le Pfersigberg, solaire, s'ouvrira d'ici quelques années tandis que le Eichberg montre déjà sa grande force minérale, avec ses superbes amers et son allonge minérale. Le pinot gris se montre harmonieux ; le gewurztraminer grand cru Pfersigberg présente beaucoup de complexité, sur des notes intenses de fruits exotiques, de curcuma et d'épices douces. Un vin dans la puissance qui mérite quelques années d'affinage.

Crémant Emile Victor 2013	11,50 €	14
Gewurztraminer Grand Cru Pfersigberg 2015	25 €	16
Pinot Gris Eguisheim 2014	13,10 €	14,5
Riesling Grand Cru Eichberg 2014	25 €	17
Riesling Grand Cru Pfersigberg 2014	25 €	16
Riesling Saint-Jacques 2014	19 €	15
Pinot Noir Eguisheim 2015	13,10 €	14

Le coup de ♥

| Pinot Noir Sundel 2015 | 25 € | 16 |

Un exemple de ce que la région a pu produire en rouge en 2015 ! Sundel est inclu dans le grand cru Pfersigberg, riche en oxyde de fer. 2015 : 15 % des raisins vinifiés en grappe entière sont élevés 15 mois en barriques bourguignonnes, neuves pour un quart. Le boisé très délicatement intégré apporte une touche grillée et un support de texture. Complexe et persistant, il fera un tabac sur du bœuf.

Rouge : 1,3 hectare.
Pinot noir 100 %
Blanc : 15,7 hectares.
Riesling 35 %, Pinot gris d'Alsace 21 %, Gewurztraminer 20 %, Pinot blanc 17 %, Sylvaner 4 %, Muscat à petits grains blancs 3 %
Production moyenne : 120 000 bt/an

DOMAINE ÉMILE BEYER ♣

7, place du Château Saint-Léon,
68420 Eguisheim
03 89 41 40 45 ● www.emile-beyer.fr ●
Vente et visites : au domaine sur rendez-vous.
Du lundi au samedi de 8h à 12h et de 14h à 18h. Le dimanche sur rendez-vous.
Propriétaire : Luc et Christian Beyer

DOMAINE LÉON BEYER

Maison historique d'Eguisheim, Léon Beyer est un négociant influent qui a su imposer sa marque à travers le monde. Même si le niveau d'ensemble de la production est hétérogène, sur les meilleurs terroirs, les vins se montrent classiques et appétants. Les rieslings Écaillers et Comtes d'Eguisheim sont des assemblages de terroirs, dont le grand cru Pfersigberg. R de Beyer fait également partie des cuvées haut de gamme, avec des raisins provenant du grand cru Eichberg. Enfin, la maison soigne la qualité des tries en VT et en SGN, livrant ainsi des vins tout en finesse. À noter que la cave est dotée d'un très beau trésor de millésimes plus anciens, ce qui lui permet de commercialiser de nombreux vins prêts à boire. Une aubaine !

Les vins : le pinot noir manque de maturité. Le pinot gris pèche par une sensation alcooleuse. Parmi les riesling, notre préférence va au R de Beyer. Les Ecaillers s'affiche sec et légèrement évolué. Comtes d'Eguisheim, mûr, offre un nez déjà un peu évolué, mais manque de longueur en bouche. Les gewurztraminers sont de style sec.

Gewurztraminer 2011	N.C.	13
Gewurztraminer Comtes d'Eguisheim 2009	N.C.	13,5
Pinot Blanc 2015	N.C.	13
Pinot Gris Comtes d'Eguisheim 2010	N.C.	14
Riesling 2015	N.C.	13,5
Riesling Comtes d'Eguisheim 2009	30,10 €	14,5
Riesling Les Ecaillers 2010	N.C.	14,5
Pinot Noir Comtes d'Eguisheim 2015	30,10 €	14

Le coup de ♥

| Riesling R de Beyer 2010 | 28,20 € | 15 |

Le nez de ce riesling sec exhale les fruits jaunes ; le vin se montre d'une belle maturité. La bouche est marquée par une impression tannique.

Rouge : 3 hectares.
Pinot noir 100 %
Achat de raisins.
Blanc : 17 hectares.
Gewurztraminer 46 %, Riesling 31 %, Pinot gris d'Alsace 18 %, Muscat à petits grains blancs 5 %
Achat de raisins.
Production moyenne : 700 000 bt/an

ALSACE

DOMAINE LÉON BEYER

2, rue de la Première-Armée,
68420 Eguisheim
03 89 21 62 30 • www.leonbeyer.fr • Vente et visites : au domaine sur rendez-vous.
De 8h à 12h et de 14h à 17h, tous les jours sauf le jeudi. Réservation demandée pour les groupes. Congés annuels en janvier et février.
Propriétaire : Marc Beyer
Directeur : Yann Beyer (président)
Maître de chai : Eric Schuller
Œnologue : Marc et Yann Beyer

DOMAINE PAUL BLANCK

Avec leur approche très originale de la vinification, Bernard et Marcel Blanck s'étaient déjà fait remarquer. La nouvelle génération s'est installée en 1985, avec le volubile Philippe au service commercial et le discret Frédéric à la vinification. La surface du domaine dépasse aujourd'hui 35 ha avec cinq grands crus représentant 30 % de la totalité. Le vignoble est cultivé manuellement, sans désherbant, ni pesticide, ni engrais chimique. Toujours habilement vinifiés, les vins de la maison expriment un style à la fois tendu et profond.

Les vins : la série des rieslings est sans faille, toujours de style sec. Les lieux-dits sont idéaux pour une mise en bouche : le Patergarten dans un style léger et aérien et le Rosenbourg avec plus de panache. Côté grands crus, le Schlossberg se montre délicat avec une acidité en dentelle tandis que le Furstentum est plus large. Le gewurztraminer sur l'Altenbourg fait preuve d'équilibre ; Mambourg est plus épicé avec des notes persistantes de rose. Le pinot gris VT Altenbourg propose un vin généreux, large, mais le sucre bien intégré lui permet d'endosser le rôle de beau vin de gastronomie.

⌐ Gewurztraminer Altenbourg 2015	18 €	15
⌐ Gewurztraminer Grand Cru Furstentum Vieilles Vignes 2009	23 €	16
⌐ Pinot Gris Altenbourg VT 2009	35 €	15,5
⌐ Riesling Grand Cru Furstentum 2014	21 €	16
⌐ Riesling Grand Cru Schlossberg 2014	21 €	16
⌐ Riesling Patergarten 2015	15 €	14,5
⌐ Riesling Rosenbourg 2015	15 €	15

Le coup de
⌐ Gewurztraminer Grand Cru Furstentum VT 2011   38 € 16,5

Au nez, le caractère exotique et charmeur du terroir prend le dessus. On a une sensation de tarte à la mirabelle et de gingembre, accompagnée d'une touche florale. En bouche, la puissance est perceptible mais bien mesurée, avec l'apport de complexité du botrytis qui lui va si bien. Un très grand vin de garde à la longueur florale unique.

Rouge : 3 hectares.
Pinot noir 100 %
Blanc : 33 hectares.
Riesling 31 %, Gewurztraminer 23 %, Pinot blanc 17 %, Pinot gris d'Alsace 16 %, Sylvaner 5 %, Muscat à petits grains blancs 3 %, Chardonnay 3 %, Chasselas 2 %
Production moyenne : 230 000 bt/an

DOMAINE PAUL BLANCK

32, Grand-Rue, 68240 Kientzheim
03 89 78 23 56 • www.blanck.com • Vente et visites : au domaine sur rendez-vous. Du mardi au samedi de 10h à 12h et de 14h à 18h. Fermé dimanche et lundi.
Propriétaire : Frédéric et Philippe Blanck

DOMAINE LÉON BOESCH

Fervents défenseurs de la biodynamie depuis plus de 10 ans, Matthieu et son épouse Marie représentent la onzième génération du domaine Léon Boesch, au cœur de la Vallée Noble. Ici, le grand cru Zinnkoepflé est maintenant voué au gewurztraminer pour en faire une référence dans un style sec et charpenté. Le domaine travaille en agriculture biodynamique depuis 2000, et la cave inaugurée à Westhalten en 2010 est un exemple bioclimatique. Nous sommes ravis de l'approche proposée dans les derniers millésimes : les vins possèdent de la profondeur et expriment au mieux les terroirs du secteur.

Les vins : Les Pierres Rouges est un sylvaner croquant et épicé. Les Grandes Lignes, très frais, propose de beaux amers en finale. Luss, vin cristallin, rappelle les herbes fraîches. Breitenberg déploie sa force salivante sur ce millésime plus riche : c'est salvateur. Les gewurztraminers ne sont pas en reste, avec une expression florale sur Les Fous et de très belles complexités à la fois florales et épicées sur le grand cru Zinnkoepflé.

- Gewurztraminer Grand Cru Zinnkoepflé 2015 — 24,70 € — 16
- Gewurztraminer Grand Cru Zinnkoepflé VT 2015 — 35,70 € — 16,5
- Gewurztraminer Les Fous 2015 — 13,70 € — 15
- Pinot Gris Le Coq 2015 — 13,40 € — 14,5
- Riesling Les Grandes Lignes 2015 — 11,10 € — 14,5
- Riesling Luss 2015 — 15 € — 15
- Sylvaner Les Pierres Rouges 2015 — 9,10 € — 14

Le coup de ♥
- Riesling Breitenberg 2015 — 16,20 € — 16

Un vin ample au parfum de fruits confits, avec la trame salivante du Breitenberg qui prend le dessus. Il s'affinera sur trois à cinq ans.

Rouge : 1,5 hectare.
Pinot noir 100 %
Blanc : 13 hectares.
Riesling 23 %, Gewurztraminer 23 %, Pinot gris d'Alsace 21 %, Pinot blanc 20 %, Sylvaner 10 %, Muscat à petits grains blancs 3 %
Production moyenne : 90 000 bt/an

DOMAINE LÉON BOESCH ☎
6, rue Saint-Blaise, 68250 Westhalten
03 89 47 01 83 • www.domaine-boesch.fr •
Vente et visites : au domaine sur rendez-vous.
Du lundi au samedi de 10h30 à 12h et de 14h30 à 18h30.
Propriétaire : Colette, Marie et Matthieu Boesch
Maître de chai : Marie et Mathieu Boesch

AGATHE BURSIN

Jeune femme passionnée et attachante, Agathe signe son quinzième millésime en 2015, et en a profité pour mettre en place une vinothèque. Depuis le début, elle n'a cessé de progresser par petites touches, toujours au service des ses terroirs autour de Westhalten. Plus du tiers de l'exploitation est situé sur le grand cru Zinnkoepflé, où sont plantés rieslings, pinots gris et gewurztraminers, mais également des sylvaners. Que ce soit à la vigne ou à la cave, elle maîtrise parfaitement son sujet et ses vins. Les derniers millésimes montrent qu'elle sait s'adapter aux différents profils et à dame nature !

Les vins : 2015 est un millésime dans la puissance mais Agathe Bursin nous propose des vins frais et secs aux définitions aromatiques citronnées et mentholées, comme le riesling Dirstelberg. On trouve également de belles VT, comme le muscat Bollenberg dans un style épicé, ou encore le riesling Zinnkoepflé avec toujours des notes de citron vert. Un beau millésime pour les vins rouges : Strangenberg s'offre avec légèreté alors que Lutzeltal se gardera.

- Gewurztraminer Grand Cru Zinnkoepflé 2015 — 18 € — 15,5
- Muscat Bollenberg VT 2015 — 25 € — 16
- Riesling Dirstelberg 2015 — 12 € — 15,5
- Riesling Grand Cru Zinnkoepflé 2015 — 18 € — 16,5
- Riesling Grand Cru Zinnkoepflé VT 2015 — 35 € — 16,5
- Pinot Noir Strangenberg 2015 — 19 € — 15

Le coup de ♥
- Pinot Noir Lutzeltal 2015 — 21 € — 15,5

Un joli vin rouge de garde, issu d'un tri rigoureux à la vigne, issu d'une parcelle marno-calcaire à la production minuscule. Ouvrez-le dans 3 à 5 ans.

Rouge : 0,8 hectare.
Pinot noir 100 %
Blanc : 5,2 hectares.
Riesling 30 %, Gewurztraminer 21 %, Pinot gris 21 %, Pinot blanc 8 %, Divers blanc 8 %, Sylvaner 6 %, Muscat à petits grains blancs 6 %
Production moyenne : 35 000 bt/an

AGATHE BURSIN
11, rue de Soultzmatt, 68250 Westhalten
03 89 47 04 15 •
agathe.bursin@wanadoo.fr • Vente et visites : au domaine sur rendez-vous.
Propriétaire : Agathe Bursin

DOMAINE PAUL GINGLINGER

Avec une histoire vieille de plus de 400 ans, ce domaine est une des belles références de la région. C'est aujourd'hui Michel Ginglinger qui, après une expérience internationale, en tient les rênes avec rigueur et conviction. Curieux et perfectionniste, il amène peu à peu sa touche à cet humble domaine d'Eguisheim. Depuis son arrivée en 2000, il approfondit avec intelligence le travail parcellaire, il faut donc être attentif aux informations sur la contre-étiquette..

Les vins : une belle gamme de 2015, dans un style sec et mûr. Le sylvaner est frais et sapide. Le riesling Drei Exa se montre élancé avec une expression florale. Sur le Pfersigberg, le riesling Ortel est un vin salivant à la finale fumée. En

ALSACE

Vieilles Vignes, elle montre davantage de puissance avec des angles plus arrondis. Eichberg est encore fermé, massif. Le pinot gris Prélats est assez simple, de style sec-tendre avec une impression briochée. Les gewurztraminers sont délicieux : expression florale pour le Wahlenbourg tandis que le Pfersigberg, complexe et profond, requiert quelques années de garde.

Gewurztraminer Grand Cru Pfersigberg 2015	20 €	16,5
Pinot Gris Les Prélats 2015	11 €	14
Riesling Drei Exa 2015	11 €	14,5
Riesling Grand Cru Eichberg 2015	20 €	16
Riesling Grand Cru Pfersigberg Ortel 2015	20 €	16,5
Riesling Grand Cru Pfersigberg Ortel Vieilles Vignes 2015	20 €	16,5
Sylvaner 2015	9 €	14
Pinot Noir Les Rocailles 2015	20 €	14,5

Le coup de ♥

Gewurztraminer Wahlenbourg 2015	12 €	15

Un bouquet de fleurs et de patchouli au nez, sans excès. Un vin moelleux, issu d'un assemblage de trois parcelles d'Eguisheim, avec cette veine calcaire qui lui confère un bel équilibre et une superbe finale épicée.

Rouge : 1 hectare.
Pinot noir 100 %
Blanc : 11 hectares.
Pinot blanc 30 %, Riesling 28 %, Gewurztraminer 21 %, Pinot gris d'Alsace 17 %, Sylvaner 2 %, Muscat à petits grains blancs 2 %
Production moyenne : 80 000 bt/an

DOMAINE PAUL GINGLINGER ♣
8, place Charles-de-Gaulle,
68420 Eguisheim
03 89 41 44 25 ● www.paul-ginglinger.fr ●
Vente et visites : au domaine sur rendez-vous.
Du lundi au samedi de 9h à 12h et de 14h à 18h.
Propriétaire : Michel Ginglinger

FAMILLE HUGEL

Cette grande maison, dont l'activité viticole remonte à 1639, est un domaine incontournable, ne serait-ce qu'en raison de son empreinte historique laissée dans le vignoble alsacien. L'achat de raisins sur 100 ha est vendu sous l'étiquette Classic. L'étiquette Gentil représente un tiers de la production. La famille est aussi propriétaire de 30 ha sur Riquewihr, commercialisés sous plusieurs niveaux d'expressions de terroirs. Le premier niveau est appelé Estate. Il comprend le riesling sur marnes et le gewurztraminer sur argile. Les Grossi Laüe et le Schoelhammer sont une sélection des meilleures parcelles au cœur des grands crus, mais la maison persiste à ne pas mentionner l'appellation grand cru. Enfin, les VT et SGN, signatures de la maison, atteignent un niveau remarquable de précision et d'élégance. 2016 a été marqué par le décès brutal d'Étienne Hugel, en charge du commerce à l'international. Un ambassadeur hors pair pour la famille.

Les vins : le riesling Estate montre un caractère encore asséchant en bouche. Le riesling Grossi Laüe, issu du Schoenenbourg, s'illustre dans un style sec assez large. Le pinot noir juteux affiche un caractère nerveux, certainement dû à son sol calcaire sur le Pflostig, à Riquewihr. Dans cette gamme de vins de terroirs, principalement issus des grands crus, le gewurztraminer du Sporen sort du lot. Toujours dans un style racé avec des notes d'épices et une sensation minérale en bouche, le Schoelhammer est vendu comme le cœur du grand cru Schoenenbourg. Les SGN sont d'une rare complexité, faisant preuve d'équilibres toujours très justes.

Pinot Gris SGN "S" 2008	145 €	17
Riesling Estate 2013	20,90 €	14
Riesling Grossi Laüe 2011	42,50 €	14,5
Riesling SGN 2010	145,80 €	17
Riesling Schoelhammer 2008	89 €	15,5
Pinot Noir Grossi Laüe 2013	N.C.	14,5

Le coup de ♥

Gewurztraminer Grossi Laüe 2011	N.C.	15,5

Un nez d'amande et de fleurs d'oranger, une touche fraîche de menthe. La bouche élégante propose une impression de mangue et une finale assez vive.

Rouge : 1,5 hectare.
Pinot noir 100 %
Achat de raisins.
Blanc : 28 hectares.
Riesling 40 %, Gewurztraminer 36 %, Pinot gris 14 %, Muscat ottonel 10 %
Achat de raisins.
Production moyenne : 1 000 000 bt/an

FAMILLE HUGEL
3, rue de la Première-Armée,
68340 Riquewihr
03 89 47 92 15 ● www.hugel.com ● Vente et visites : au domaine sur rendez-vous.
De 10h à 17h30.
Propriétaire : Famille Hugel
Directeur : Marc Hugel
Maître de chai : Marc Hugel

⭐ DOMAINE PAUL KUBLER

Philippe Kubler propose depuis quelques millésimes une belle gamme, cohérente, qui gagne en précision d'année en année. Il gère avec efficacité son vignoble situé autour du village de Soultzmatt, dont quelques parcelles en grand cru Zinnkoepflé. On retrouve dans ses vins beaucoup de pureté, et l'expression singulière de la Vallée Noble. Kintet, Z la Petite Tête au Soleil ainsi que le riesling Breitenberg sont les incontournables de la maison.

Les vins : la gamme "K" est sans faille. Le pinot blanc est équilibré, salivant, avec des notes de fruits blancs, et le gewurztraminer est riche, dans un registre exotique, avec une persistance sur la citronnelle. Le riesling Breitenberg 2014 est salin et précis, et le 2012 montre le potentiel de vieillissement propice. La cuvée Z Petite Tête au Soleil 2015 est de style demi-sec, plus sec en 2014. Enfin, le pinot gris Zinnkoepflé VT est complexe, jouant avec des notes de pêches de vigne et de fruits jaunes. Un beau vin de garde.

Vin	Prix	Note
Alsace Z La Petite Tête au Soleil 2014	15 €	16
Alsace Z La Petite Tête au Soleil 2015	15,50 €	15,5
Gewurztraminer K 2015	11,50 €	15,5
Pinot Blanc K 2015	8 €	14,5
Pinot Gris Grand Cru Zinnkoepflé VT 2015	26 €	16
Riesling Breitenberg 2012	17 €	16
Riesling Breitenberg 2014	15 €	16,5
Riesling K 2015	10,50 €	15

Le coup de ♥

Alsace Kintet 2015	8 €	15

Cuvée signature d'assemblage du domaine, le 2015 est réussi, complet et agréable. On lui trouve des notes fumées et de citron confit. Un vin sec issu de pinot blanc, pinot noir, sylvaner, muscat et une touche de riesling.

Rouge : 0,5 hectare.
Pinot noir 100 %
Blanc : 9 hectares.
Riesling 28 %, Gewurztraminer 28 %, Pinot gris d'Alsace 22 %, Pinot blanc 15 %, Sylvaner 5 %, Muscat à petits grains blancs 2 %
Production moyenne : 60 000 bt/an

DOMAINE PAUL KUBLER
**103, rue de la Vallée, 68570 Soultzmatt
03 89 47 00 75 ● www.paulkubler.com ●
Vente et visites : au domaine sur rendez-vous.**

Du lundi au samedi de 9h30 à 18h30, dimanche matin sur rendez-vous uniquement et fermé le mercredi après-midi.
Propriétaire : Philippe Kubler

⭐ KUENTZ-BAS

Cette propriété rachetée en 2004 par Jean-Baptiste Adam est gérée par Samuel Tottoli. Ce jeune homme brillant, qui a obtenu la certification des vignes du domaine en biodynamie, trace une route qui a su ramener les vins à un beau niveau. Produisant des cuvées toujours franches et d'esprit droit, la gamme ne déçoit pas. Le label Trois Châteaux regroupe la production de vins en biodynamie, le domaine comptant également une partie en négoce. Depuis peu, on compte également quelques crus du secteur de Ribeauvillé qui ne manquent pas d'intérêt. Symbole d'un travail méticuleux et précis depuis plusieurs millésimes, le domaine confirme sa première étoile acquise l'an passé, avec une notable maîtrise du millésime 2015.

Les vins : plusieurs belles surprises dans la gamme Trois Châteaux. Le pinot noir, tout d'abord, est loin d'être massif et reste fruité grâce à son côté acidulé. Le sylvaner et le riesling offrent un équilibre agréable, tout en rondeur, marqué par le millésime 2015. Le pinot gris est moelleux tout comme le grand cru Eichberg qui s'impose comme un grand vin de garde avec des notes de fruits mûrs. Le riesling Collection à la structure fine se fait discret : déjà prêt à boire. Enfin, le pinot gris VT offre des notes grillées ; il est rond mais garde une belle fraîcheur en bouche. Une réussite.

Vin	Prix	Note
Pinot Gris Grand Cru Eichberg Trois Châteaux 2015	21,50 €	16
Pinot Gris Trois Châteaux 2015	15,90 €	14,5
Pinot Gris VT 2015	30 €	15,5
Riesling Collection 2015	9,30 €	14,5
Riesling Grand Cru Eichberg Trois Châteaux 2015	21,50 €	16,5
Riesling Trois Châteaux 2015	12,90 €	15
Sylvaner Trois Châteaux 2015	7,80 €	14,5
Pinot Noir Trois Châteaux 2015	23 €	14,5

Le coup de ♥

Muscat Trois Châteaux 2015	10,70 €	15

Un beau muscat dans un équilibre demi-sec qui séduit immédiatement, avec ses notes mentholées et l'impression qu'il donne de croquer dans le raisin. Saluons le bel équilibre et

ALSACE

la fluidité de cette cuvée 100 % ottonel, issue d'un sol marno-calcaro-gréseux de Husseren-les-Châteaux.

Rouge : 0,9 hectare.
Pinot noir 100 %
Achat de raisins.
Blanc : 8,3 hectares.
Auxerrois 20 %, Riesling 20 %, Sylvaner 20 %, Muscat ottonel 20 %, Pinot gris d'Alsace 20 %
Achat de raisins.
Production moyenne : 150 000 bt/an

KUENTZ-BAS

14, route des Vins,
68420 Husseren-les-Châteaux
03 89 49 30 24 • www.kuentz-bas.fr •
Vente et visites : au domaine sur rendez-vous.
Du lundi au vendredi de 10h à 12h et de 13h à 18h. Ouvert les samedis de Pâques à la Toussaint de 10h à 12h et de 13h à 18h.
Propriétaire : Jean-Baptiste Adam
Directeur : Samuel Tottoli
Maître de chai : Samuel Tottoli

DOMAINE JEAN-LUC MADER

Jérôme Mader, trentenaire, incarne le renouveau alsacien. Gestion intelligente du vignoble (conduit en bio), contrôle des rendements et vinification maîtrisée, évitant les sucres inutiles, tout cela fait de cette propriété une bonne adresse pour tous ceux qui souhaitent remplir leur cave de beaux vins francs, vendus à des prix accessibles.

Les vins : excellente surprise que ce pinot noir Muhlforst, un vin poivré aux notes de fruits rouges à découvrir absolument ! Le riesling est très agréable, mûr et sec. Parmi les lieux-dits, Haguenau se montre plus chaleureux que le Muhlforst à la force sapide incontournable. Le grand cru Rosacker est encore fermé. Sa grande puissance se révèlera dans les 5 ans. Le pinot gris Schlossberg est sec mais l'élevage en barrique marque toujours le vin. Les gewurztraminers sont amples.

Gewurztraminer Grand Cru Rosacker 2015	16,80 €	16
Gewurztraminer Muhlforst 2015	12,30 €	15
Pinot Gris 2015	8,50 €	14,5
Pinot Gris Grand Cru Schlossberg 2015	19,90 €	15
Riesling 2015	9,40 €	14,5
Riesling Grand Cru Rosacker 2015	20,90 €	16
Riesling Haguenau 2015	12,30 €	14
Pinot Noir Muhlforst 2015	12,30 €	15

**Le coup de **

Riesling Muhlforst 2015	13,40 €	15,5

Un nez déjà ouvert porté par les fruits blancs et les fruits exotiques avec des notes d'amande fraîche. Un vin suave mais frais avec un esprit sapide en finale.

Rouge : 0,75 hectare.
Pinot noir 100 %
Blanc : 9,6 hectares.
Riesling 31 %, Pinot gris 27 %, Pinot blanc 19 %, Gewurztraminer 15 %, Muscat à petits grains blancs 5 %, Chardonnay 3 %
Production moyenne : 55 000 bt/an

DOMAINE JEAN-LUC MADER

13, Grand-Rue, 68150 Hunawihr
03 89 73 80 32 • www.vins-mader.com •
Vente et visites : au domaine sur rendez-vous.
De 9h à 12h et de 14h à 18h30.
Propriétaire : Jérôme Mader

DOMAINE JEAN-LOUIS ET FABIENNE MANN

Jean-Louis et Fabienne Mann disposent d'un bien joli patrimoine de vignes avec des parcelles significatives dans les deux grands crus d'Eguisheim, l'Eichberg et le Pfersigberg, et une dizaine de lieux-dits dans le secteur d'Eguisheim. Certifié bio depuis 2008, la famille porte un regard attentif à la vigne comme à la vinification. L'arrivée du fils, Sébastien Mann, en 2009, permet de développer une approche en biodynamie. On trouve dans les vins un grand respect du terroir et les équilibres sont toujours justes, avec de la profondeur. Une adresse remarquable.

Les vins : une progression constante pour ce domaine, qui montre son sérieux avec la belle maîtrise du millésime 2015. Les vins rouges séduisent, avec un caractère plus juteux pour le Chemin du Soleil et un toucher de bouche soyeux pour le Chemin de Pierre. Ortel est un vin demi-sec issu de complantation de sylvaner, muscat, gewurztraminer et pinot gris. L'aromatique de fruits exotiques persiste mais l'ensemble manque de cohésion. La gamme des rieslings va crescendo, avec le Vieilles Vignes, frais et fluide, qui termine sur des notes de pamplemousse, puis le Logelberg dans une très belle expression de fruits jaunes et une bouche équilibrée et, pour finir en beauté, le grand cru Pfersigberg, au registre pâtissier, dans un style sec.

⊃ Alsace Ortel 2015	15,40 €	14
⊃ Pinot Gris Grand Cru Eichberg 2015	24 €	15,5
⊃ Pinot Gris Letzenberg 2015	17,90 €	15
⊃ Riesling Grand Cru Pfersigberg 2015	30 €	16,5
⊃ Riesling Logelberg 2015	22,30 €	15
⊃ Riesling Vieilles Vignes 2015	14,80 €	14
▶ Pinot Noir Chemin de Pierres 2015	30 €	15,5
▶ Pinot Noir Chemin du Soleil 2015	21,40 €	15

Le coup de ♥

⊃ Gewurztraminer Grand Cru Pfersigberg 2015	24 €	16,5

Terroir marno-calcaire à Eguisheim, le Pfersigberg fait ici des merveilles : un vin moelleux que sa puissance saline rend totalement digeste. Au nez et en bouche, des arômes de fruits exotiques et une touche d'épices qui apporte de la complexité et de la fraîcheur, avec cette sensation de cardamome en finale. Idéal pour une cuisine indienne épicée !

Rouge : 0,8 hectare.
Pinot noir 100 %.
Blanc : 12 hectares.
Gewurztraminer 28 %, Riesling 27 %, Auxerrois 18 %, Pinot gris d'Alsace 11 %, Sylvaner 6 %, Muscat à petits grains blancs 5 %, Chardonnay 3 %, Pinot blanc 2 %
Production moyenne : 55 000 bt/an

DOMAINE JEAN-LOUIS ET FABIENNE MANN ♣
11, rue du Traminer, 68420 Eguisheim
03 89 24 26 47 ● www.vins-mann.com ●
Vente et visites : au domaine sur rendez-vous.
Du lundi au samedi de 9h à 12h et de 13h30 à 18h. Dimanche sur rendez-vous.
Propriétaire : Jean-Louis Mann
Directeur : Sébastien Mann
Maître de chai : Sébastien Mann

DOMAINES SCHLUMBERGER

Séverine et Thomas Schlumberger incarnent désormais la nouvelle génération de ce très ancien domaine au patrimoine de vignes et de forêts absolument superbe. Il compte en effet un peu plus de 120 ha de vignoble, dont la moitié en grands crus sur le Kitterlé, Kessler, Saering et Spiegel. Adhérent à la charte Tyflo depuis 2003, le domaine pratique une viticulture respectueuse de l'environnement ; une trentaine d'hectares est même cultivée en bio et biodynamie. À la tête de l'association Alsace Crus et Terroirs, Séverine Schlumberger se mobilise pour la valorisation du vignoble de la région.

Les vins : la gamme des Princes Abbés est une valeur sûre, avec un gewurztraminer qui se dévoile en finesse. Les grands crus sont sublimes : le riesling Kessler, fin et éclatant, aux notes d'herbes aromatiques, tandis que le Kitterlé est clairement plus robuste, encore fermé, avec un grand potentiel de garde. Les pinots gris ne sont pas en reste sur les coteaux de Guebwiller : le grand cru Spiegel développe des notes de fruits jaunes et se positionne dans un style demi-sec, offrant un bel équilibre pour la table. Le pinot gris grand cru Kessler, torréfié, s'affiche comme un vin moelleux à la finale salivante. Le gewurztraminer grand cru Kessler, également moelleux, s'avère d'une grande puissance, et livre une impression épicée.

⊃ Gewurztraminer Grand Cru Kessler 2014	23,85 €	15,5
⊃ Gewurztraminer Les Princes Abbés 2015	14,90 €	14,5
⊃ Pinot Gris Grand Cru Kessler 2014	20 €	16,5
⊃ Pinot Gris Grand Cru Spiegel 2014	19,30 €	16
⊃ Pinot Gris Les Princes Abbés 2015	12,10 €	14
⊃ Riesling Grand Cru Kessler 2014	20,70 €	16,5
⊃ Riesling Grand Cru Kitterlé 2014	23,20 €	16,5

Le coup de ♥

⊃ Riesling Les Princes Abbés 2015	10,95 €	15

La robe jaune or brillante de ce vin, qui assemble les différents terroirs de Guebwiller, est accueillante. Le nez séduit par ses arômes de fruits jaunes et de mandarine. Un beau volume en bouche et la confirmation d'un registre fruité déjà présent au nez. On termine avec de l'énergie, une acidité mûre qui prolonge le plaisir.

Rouge : 8,72 hectares.
Pinot gris 33 %
Blanc : 115 hectares.
Gewurztraminer 34 %, Riesling 33 %
Production moyenne : 650 000 bt/an

ALSACE

DOMAINES SCHLUMBERGER

**100, rue Théodore-Deck,
68500 Guebwiller
03 89 74 27 00**
www.domaines-schlumberger.com • Vente et visites : au domaine sur rendez-vous. Du lundi au jeudi de 8h à 18h. Le vendredi de 8h à 17h. Le samedi sur rendez-vous de mai à septembre.
Propriétaire : Famille Schlumberger
Directeur : Stéphane Chaise
Maître de chai : Alain Freyburger

DOMAINE JEAN SIPP

Jean-Guillaume Sipp est officiellement à la tête du domaine depuis 2013. Sous son impulsion, le travail des sols est encore plus poussé qu'auparavant et les vins ont gagné en précision. La famille possède un large choix de terroirs, situés sur cinq communes, avec les trois grands crus Kirchberg, Osterberg et Altenberg de Bergheim comme fleurons. De très belles cuvées parcellaires sont apparues lors du millésime 2014, notamment le Grossberg et le Haguenau. Celles-ci offrent un bon compromis entre les génériques et les grands crus. La gamme présentée est incontestablement de qualité, les rieslings étant le point fort du domaine. Le caveau traditionnel reste accueillant et surtout ouvert aux visiteurs tous les jours, et de très belles chambres d'hôtes sont gérées par Carole, la sœur de Jean-Guillaume. Des animations médiévales sont organisées dans la cour lors des deux week-ends du marché de Noël de Ribeauvillé : un évènement à ne pas rater !

Les vins : un apport de bois encore trop généreux pour les cuvées Optimus et Osmose. En pinot gris, le Trottacker est un vin puissant avec aux notes torréfiées. Le Clos Ribeaupierre, issu du terroir granitique du Hagel, reste assez chaleureux sur ce millésime. Enfin, le grand cru Altenberg de Bergheim offre un nez pâtissier, beurré, avec une touche grillée. La bouche s'avère équilibrée avec de jolis amers en finale. Un vin de table par excellence. Parmi les rieslings, le Vieilles Vignes se présente d'un bon rapport qualité-prix dans un esprit frais et fruité. Le Grossberg, équilibré, se démarque par ses notes épicées, de poivre blanc, tandis que le Haguenau paraît plus mûr, dans un esprit de sec-tendre, avec d'agréables notes de fruits jaunes et d'amande. Les grands crus sont toujours d'une maturité optimum, accompagné d'un vrai relief et de panache : de beaux vins taillés pour la garde. Le Kirchberg en 2014 semble cependant le plus abouti et complet.

▭ Gewurztraminer Carole 2015	21 €	15
▭ Pinot Gris Grand Cru Altenberg de Bergheim 2014	24 €	15,5
▭ Pinot Gris Ribeauvillé Clos Ribeaupierre 2011	25 €	15,5
▭ Pinot Gris Trottacker 2014	15 €	14,5
▭ Riesling Grand Cru Altenberg de Bergheim 2013	24 €	16
▭ Riesling Grossberg 2015	15 €	15
▭ Riesling Haguenau 2015	15 €	15
▭ Riesling Vieilles Vignes 2014	10,30 €	14,5
▬ Pinot Noir Osmose 2015	28 €	14,5

Le coup de ♥
▭ Riesling Grand Cru Kirchberg Ribeauvillé 2014	24 €	16,5

Axé sur une palette d'agrumes et de fleurs d'oranger au nez, le vin offre une belle complexité d'emblée. En bouche, il se montre ciselé, avec du volume. Une superbe réussite sur les terroirs argilo-calcaires de Ribeauvillé pour ce vin salivant.

Rouge : 2,68 hectares.
Pinot noir 100 %
Blanc : 20,78 hectares.
Riesling 34 %, Pinot gris d'Alsace 25 %, Gewurztraminer 23 %, Pinot blanc d'Alsace 8 %, Muscat d'Alsace 6 %, Sylvaner 2 %, Auxerrois 2 %
Production moyenne : 100 000 bt/an

DOMAINE JEAN SIPP

**60, rue de la Fraternité, 68150 Ribeauvillé
03 89 73 60 02** • www.jean-sipp.com •
Vente et visites : au domaine sur rendez-vous.
Propriétaire : Jean-Guillaume Sipp

LOUIS SIPP

Passionné par ses terroirs, Étienne Sipp exploite en bio un vaste vignoble dont deux jolis grands crus : le Kirchberg de Ribeauvillé et l'Osterberg. Le riesling sur les parcellaires ou les grands crus est ici particulièrement recommandable. Il est vinifié dans un esprit de garde, toujours épuré.

Les vins : les lieux-dits 2016 comme le Haguenau ou le Steinacker ont besoin de temps. Les grands crus sont toujours exemplaires de droiture. L'Osterberg 2015 se montre dans un profil de sec tendre tandis que le 2013 est ciselé :

l'effet millésime trouvera des amateurs dans les deux styles. Le pinot gris est taillé pour la table, dans un style sec. Le SGN offre une texture onctueuse, soutenue par un côté acidulé qui prolonge le plaisir.

⇨ Pinot Blanc Ribeauvillé 2015	9 €	14
⇨ Pinot Gris Grand Cru Kirchberg de Ribeauvillé 2014	25 €	15,5
⇨ Pinot Gris SGN 2008	59 €	17
⇨ Riesling Grand Cru Kirchberg de Ribeauvillé 2015	25 €	16
⇨ Riesling Grand Cru Osterberg 2013	25 €	15,5
⇨ Riesling Grand Cru Osterberg 2015	25 €	15,5

Le coup de ♥

⇨ Gewurztraminer Grand Cru Osterberg 2014	25 €	15,5

Une belle réussite pour ce vin de style demi-sec, au caractère épicé avec ses notes de cardamome et de muscade. En bouche, on ressent une certaine puissance mais sans lourdeur. Un vin à déguster dès maintenant sur des cuisines relevées ou à attendre 8 à 10 ans.

Rouge : 3 hectares.
Pinot noir 100 %, Pinot gris 16 %
Achat de raisins.
Blanc : 36 hectares.
Riesling 30 %, Gewurztraminer 25 %, Pinot blanc 12 %, Auxerrois 9 %, Sylvaner 4 %, Muscat à petits grains blancs 2 %, Chasselas 1 %, Chardonnay 1 %
Achat de raisins.
Production moyenne : 400 000 bt/an

LOUIS SIPP ♣

5, Grand-Rue, 68150 Ribeauvillé
03 89 73 60 01 ● www.sipp.com ● Vente et visites : au domaine sur rendez-vous.
De 8h à 12h et de 14h à 18h.
Propriétaire : Pierre Sipp et famille
Directeur : Étienne Sipp

DOMAINE VINCENT STOEFFLER

Valeur sûre de la région, le domaine possède un vignoble qui s'étend sur deux axes : dans le Bas-Rhin, autour des villages de Barr et de Heiligenstein ; dans le Haut-Rhin, entre Ribeauvillé, Zellenberg et Riquewihr. Il produit une vaste gamme aujourd'hui parfaitement cohérente, avec peu d'intervention en cave et des fermentation souvent assez longues. Les derniers millésimes sont bien gérés, dans un esprit droit et épuré.

Les vins : un sylvaner simple et désaltérant, un muscat aromatique doté d'une certaine rondeur et un riesling Tradition simple, avec une acidité mûre. Saluons un beau travail sur le lieu-dit Salzhof, avec un pinot gris sec et une belle surprise pour le rouge, qui pourra en surprendre plus d'un ! Le grand cru Kirchberg de Barr donne des vins d'une bonne tenue. Le millésime 2015 montre une jolie tension et une maturité optimale.

⇨ Muscat 2015	8,40 €	14
⇨ Pinot Gris Grand Cru Kirchberg de Barr 2015	15 €	15,5
⇨ Pinot Gris Salzhof 2015	11,20 €	14,5
⇨ Riesling Grand Cru Kirchberg de Barr 2015	15 €	16
⇨ Riesling Tradition 2015	8,40 €	14
⇨ Sylvaner 2015	6,20 €	13,5
⬛ Pinot Noir Salzhof 2015	11,60 €	15

Le coup de ♥

⇨ Gewurztraminer Grand Cru Kirchberg de Barr 2015	16,40 €	16

Un vin moelleux qui offre un plaisir immédiat et complet, sans excès, avec des notes de muscade et de fleurs de printemps. En bouche, le vin est large avec du relief. Le temps sera son allié.

Rouge : 2 hectares.
Pinot noir 100 %
Blanc : 14 hectares.
Riesling 23 %, Gewurztraminer 23 %, Pinot gris 20 %, Pinot blanc 13 %, Sylvaner 7 %, Chardonnay 6 %, Muscat d'Alsace 5 %, Divers blanc 3 %
Production moyenne : 120 000 bt/an

DOMAINE VINCENT STOEFFLER ♣

1, rue des Lièvres, 67140 Barr
03 88 08 52 50 ● www.vins-stoeffler.com ●
Vente et visites : au domaine sur rendez-vous.
De 10h à 12h et de 13h30 à 18h sauf dimanche et jours fériés. Caveau ouvert sans rendez-vous.
Propriétaire : Vincent Stoeffler

DOMAINE TRAPET

Épouse du célèbre vigneron bourguignon Jean-Louis Trapet, Andrée Trapet n'a jamais voulu renoncer à ses origines alsaciennes. Aussi a-t-elle choisi, depuis 2002, de reprendre les vignes familiales et de développer ce domaine,

ALSACE

situé à Riquewihr. Entre Gevrey-Chambertin et Riquewihr, elle gère avec efficacité ce petit domaine à la jolie collection de terroirs. Culture en bio, vinifications soignées, les vins possèdent du cachet. La gamme montre la légitimité de la hiérarchisation par commune et la mise en avant des terroirs.

Les vins : A Minima est toujours un plaisir, une belle cuvée d'assemblage, un vin ouvert, facile, avec de la rondeur mais une finale bien nette. Les rieslings gardent une puissance modérée. On est surpris de goûter des vins qui offrent une certaine douceur en 2014, comme le riesling Beblenheim que l'on a connu plus sec. Riquewihr est plus salivant mais il est préférable de le carafer. Le Schlossberg est un vin droit qui mérite un peu de temps à l'ouverture. Un vin délicat, sans agressivité. Le Schoenenbourg est large, marqué par les fruits exotiques, d'aspect demi-sec.

Alsace A Minima 2015	N.C.	14,5
Gewurztraminer Grand Cru Sporen 2014	N.C.	15
Riesling Beblenheim 2014	N.C.	14
Riesling Grand Cru Schlossberg 2014	N.C.	16
Riesling Grand Cru Schoenenbourg 2014	N.C.	15,5
Riesling Riquewihr 2014	N.C.	15

Le coup de ♥

Ox 2016	N.C.	14

Une belle cuvée d'auxerrois ronde et charmeuse, à l'équilibre réussi. On termine sur des notes de fenouil et de poire. Un vin idéal pour un repas improvisé avec des tapas espagnols ou des mezzes libanais.

Blanc : 14 hectares.
Riesling 48 %, Gewurztraminer 36 %, Sylvaner 8 %, Pinot gris d'Alsace 6 %, Muscat à petits grains blancs 2 %
Production moyenne : 40 000 bt/an

DOMAINE TRAPET
14, rue des Prés, 68340 Riquewihr
03 80 34 30 40 ● **www.trapet.com** ● **Vente et visites : au domaine sur rendez-vous.**
Propriétaire : Andrée et Jean-Louis Trapet

DOMAINE ZINCK

Avec leurs habillages haut en couleur, difficile de rater les vins de cette belle maison qui s'est installée, sous l'impulsion de Philippe Zinck, dans la catégorie des valeurs sûres de la région. Non certifié, dans un esprit de culture bio, le domaine poursuit son travail d'excellence à la vigne comme à la cave. Un complément d'achat de raisins sur une surface de 5 hectares est réservé à l'élaboration du crémant. La gamme Terroir provient de parcelles autour d'Eguisheim.

Les vins : le crémant est une réussite qui porte haut les couleurs du domaine avec ses bulles dynamiques. Le rosé a besoin de quelques mois supplémentaires pour assagir la fougue des bulles. Le pinot noir offre une belle structure avec un boisé bien maîtrisé. Gardez-le encore deux ans. Le riesling est sec avec un joli caractère fruité. Le pinot blanc et le pinot gris s'inscrivent dans un registre demi-sec et sont très plaisants. Le muscat montre de la complexité et le gewurztraminer est équilibré, dans un style demi-sec. Les grands crus en 2014 sont des vins complexes et raffinés : le Goldert montre un certain panache tandis que le Pfersigberg affiche de la race. Il faut les garder cinq à six ans.

Crémant Brut	12 €	14,5
Gewurztraminer Terroir 2015	14,50 €	14,5
Pinot Blanc Terroir 2015	11,50 €	14
Pinot Gris Terroir 2014	14,50 €	14,5
Riesling Grand Cru Goldert 2014	21 €	15,5
Riesling Grand Cru Pfersigberg 2014	21 €	16
Riesling Terroir 2015	14,50 €	14,5
Crémant Brut Rosé	12 €	13,5
Pinot Noir Terroir 2015	19 €	15,5

Le coup de ♥

Muscat Terroir 2015	12,50 €	15

Une sélection de muscat d'Alsace et d'ottonel sur des coteaux et grands crus aux sols à dominante de grès. Le vin est floral et fluide, persistant en bouche, offrant toujours un joli côté croquant et une fine amertume en finale.

Rouge : 2 hectares.
Pinot noir 100 %
Achat de raisins.
Blanc : 16 hectares.
Gewurztraminer 30.7 %, Riesling 27.4 %, Pinot blanc 17.5 %, Pinot gris d'Alsace 14.2 %, Sylvaner 3.3 %, Muscat à petits grains blancs 3.3 %, Chardonnay 3.3 %
Achat de raisins.
Production moyenne : 180 000 bt/an

DOMAINE ZINCK
18, rue des Trois-Châteaux,
68420 Eguisheim
03 89 41 19 11 ● **www.zinck.fr** ● **Vente et visites : au domaine sur rendez-vous.**

Du lundi au vendredi de 9h à 12h et de 14h à 18h. Samedi de 10h à 12h et de 14h à 18h.
Propriétaire : Philippe et Pascale Zinck

JEAN-BAPTISTE ADAM

Cette vénérable maison a fêté en 2014 ses quatre siècles d'histoire à Ammerschwihr ! La famille Adam combine une activité de négoce et une production issue de ses propres vignobles. Ces derniers sont cultivés en agriculture biologique, et les vins se révèlent de belle facture, avec une retranscription fidèle des terroirs. La gamme est large mais reste cohérente, autre bonne nouvelle pour les amateurs, la maison commercialise de nombreuses cuvées après quelques années de garde. À noter, la prise en main récente de la nouvelle génération incarnée par Laure, accompagnée de son mari Emmanuel Boyer qui devient le chef de culture.

Les vins : le crémant, (90 % chardonnay et 10 % pinot noir) propose une bulle agréable avec un dosage très faible, à moins de 4 g/l. Le riesling Letzenberg est marqué par le millésime 2015 et sa rondeur peut surprendre. Dans les Grands Crus, le Kaefferkopf Cuvée Jean-Baptiste paraît un peu simple. Nous lui préférons la cuvée Vieilles Vignes. Le Wineck-Schlossberg est une réussite dans un registre floral et sec. Dans la gamme des pinots gris, Les Natures offre un fruité agréable tandis que le Vin de Gastronomie, simple, ne tient pas sa promesse d'un beau vin de table, contrairement au Letzenberg qui recèle une certaine énergie. Les gewurztraminers ne souffrent d'aucune lourdeur. La SGN est complexe et exotique.

⇨ Crémant d'Alsace Prestige Emotion	12,30 €	14
⇨ Gewurztraminer Grand Cru Kaefferkopf Vieilles Vignes 2015	19,50 €	15
⇨ Gewurztraminer SGN 2013	30 €	16
⇨ Pinot Gris Les Natures 2015	10,60 €	14,5
⇨ Pinot Gris Letzenberg 2014	18 €	15,5
⇨ Pinot Gris Letzenberg Vin de Gastronomie 2015	18 €	14,5
⇨ Riesling Grand Cru Kaefferkopf Cuvée Jean-Baptiste 2014	13,80 €	14,5
⇨ Riesling Grand Cru Wineck-Schlossberg 2014	18,50 €	16
⇨ Riesling Letzenberg 2015	14 €	14,5

Le coup de ♥

⇨ Riesling Grand Cru Kaefferkopf Vieilles Vignes 2014	19 €	16

Un vin aux notes de fruits jaunes dans lequel on trouve un beau volume de bouche avec une sensation fluide. À la fois élégant et structuré, doté d'une finale allongée offrant une sensation de mirabelle, il sera parfait avec une caille farcie aux fruits secs.

Rouge : 3 hectares.
Pinot noir 100 %
Blanc : 18 hectares.
Riesling 33 %, Pinot blanc 22 %, Gewurztraminer 17 %, Pinot gris d'Alsace 17 %, Muscat à petits grains blancs 8 %, Sylvaner 3 %
Production moyenne : 180 000 bt/an

JEAN-BAPTISTE ADAM ☏
5, rue de l'Aigle, 68770 Ammerschwihr
03 89 78 23 21 ● www.jb-adam.com ●
Visites : sans rendez-vous.
De janvier à avril : de 8h30 à 12h30 et de 14h à 18h. De mai à décembre : tous les jours de 9h à 12h30 et de 14h à 19h.
Propriétaire : Jean-Baptiste Adam

DOMAINE JEAN-PHILIPPE ET JEAN-FRANÇOIS BECKER

Ce domaine est géré par la tribu Becker, avec Jean-Philippe à la vinification, Jean-François à la viticulture et Martine à la commercialisation. Ce trio de choc a emmené le vignoble sur la voie de la viticulture biologique (label AB) dès 1999. Les étiquettes bordées de rouge sont des vins issus d'achat de belles sélections de raisins, tandis que les étiquettes or et noir illustrent les vignes en propriété. Depuis 20 ans, les Becker visent la qualité, avec une perpétuelle remise en question au gré des millésimes. À noter que Martine aura le privilège en 2018 d'être Grand Maître à la Confrérie Saint-Etienne, l'une des rares femmes à avoir accès à ce statut !

Les vins : un sylvaner au style simple et croquant. Sur les lieux-dits, coup de cœur pour le Rimelsberg qui a permis un développement de botrytis en 2015 et offre une cuvée en vendanges tardives d'un très bel équilibre. Dans les grands crus, le Schoenenbourg s'impose en gewurztraminer dans un style opulent et plutôt riche qui fera des merveilles. Sur ce même terroir, le riesling a encore du mal à se déployer mais il ne cache pas sa puissance avec des notes légèrement fumées.

⇨ Gewurztraminer Grand Cru Schoenenbourg 2015	17,70 €	15
⇨ Pinot Gris Grand Cru Sonnenglanz 2015	18,95 €	15
⇨ Pinot Gris Rimelsberg 2015	14,80 €	14,5

ALSACE

▭ Riesling Grand Cru
  Schoenenbourg 2015   18,40 € 14,5
▭ Sylvaner 2015   6,70 € 14

Le coup de ♥
▬ Pinot Gris Rimelsberg VT 2015 28,20 € 16

Encore en attente de l'agrément pour la mention Vendanges Tardives, ce moelleux affiche moins de 30 g de sucre. Issu d'un lieu-dit tardif, argilo-marneux, propice aux surmaturations, il exhale des notes éclatantes de fruits jaunes et une touche exotique. La bouche équilibrée doit s'accorder à une gastronomie épicée ou à des fromages forts. Une impression agréable de fruits mûrs en finale.

Rouge : 2,6 hectares.
Pinot noir 100 %
Blanc : 15,2 hectares.
Riesling 32 %, Gewurztraminer 27 %, Pinot gris d'Alsace 20 %, Auxerrois 13 %, Muscat à petits grains blancs 5 %, Chardonnay 2 %, Sylvaner 1 %
Production moyenne : 150 000 bt/an

DOMAINE JEAN-PHILIPPE ET
JEAN-FRANÇOIS BECKER ♣
2-4, route d'Ostheim, 68340 Zellenberg
03 89 47 90 16 ● www.vinsbecker.com ●
Vente et visites : au domaine sur rendez-vous.
Propriétaire : Famille Becker
Directeur : Martine Becker
Œnologue : Jean-Philippe Becker

DOMAINE PIERRE FRICK

Vigneron idéaliste, Pierre Frick est un adepte de la viticulture bio qu'il pratique depuis 1970 ; ses essais en biodynamie datent de 1981, ce qui en fait un des premiers de France. Sans compost, ses vignes plafonnent des rendements naturellement modérés. Les vendanges sont manuelles, la moitié des parcelles étant ramassée en deux fois pour une meilleure maturité des raisins. Les vinifications se déroulent dans le respect du cahier des charges de la viticulture bio, c'est-à-dire avec le moins de SO_2 possible. Quand tout se passe bien, les vins sont merveilleux de naturel et de pureté. Attention toutefois, ils sont extrêmement sensibles une fois en bouteille et quelques déviances aromatiques peuvent se produire.

Les vins : il y a du relief et de la personnalité dans chacun des vins de Pierre Frick. Le gewurztraminer développe de belles notes de rose, coriandre et girofle. La bouche est ample avec une sucrosité apparente mais une finale fraîche.

Le riesling grand cru Vorbourg est expressif avec des notes d'agrumes et de fruits exotiques et une acidité encore mordante. Une macération pelliculaire en 2015 de pinot gris nous a interpellé, dans un registre presque tannique avec de beaux amers et des extraits secs.

▭ Gewurztraminer Grand Cru
  Steinert 2011   17,60 € 14,5
▭ Riesling Grand Cru
  Vorbourg 2013   16,20 € 14

Le coup de ♥
▬ Pinot Noir Strangenberg 2015   13,70 € 15,5

Le nez interpelle par son aspect rustique (notes de cuir, épices et terre) et élégant (touche de rose). Un millésime 2015 mature, propice à cette vinification en grappe entière ! Sa fraîcheur en bouche est amenée par le sol calcaire ferrugineux du Strangenberg sur Westhalten. Vin gourmand et doté de matière, aux tanins encore asséchants, sans soufre, il faudra l'attendre au moins trois ans et le carafer.

Rouge : 2 hectares.
Pinot noir 100 %
Blanc : 10 hectares.
Gewurztraminer 27 %, Riesling 25 %, Auxerrois 14 %, Pinot gris d'Alsace 13 %, Sylvaner 12 %, Muscat à petits grains blancs 5 %, Chasselas 4 %
Production moyenne : 80 000 bt/an

DOMAINE PIERRE FRICK ☾
5, rue de Baer, 68250 Pfaffenheim
03 89 49 62 99 ● www.pierrefrick.com ●
Vente et visites : au domaine sur rendez-vous.
Du lundi au samedi de 9h à 12h et de 14h à 18h.
Propriétaire : Chantal, Jean-Pierre et Thomas Frick

HENRY FUCHS

Trentenaire dynamique, Paul Fuchs a repris le flambeau du domaine familial depuis 2005. Il profite d'un beau patrimoine de vieilles vignes dans le réputé secteur de Ribeauvillé. Puriste et consciencieux, il produit des vins précis, dans un style sec. La certification Ecocert, obtenue en 2011, est le résultat d'un travail des sols rigoureux, sans trop d'interventions en cave. Du sylvaner aux grands crus, la gamme est complète avec des tarifs attractifs.

Les vins : le crémant propose un rafraîchissement parfait avec ses bulles très fines et son style léger. Le sylvaner issu de vieilles vignes est l'un des meilleurs de la région, frais et cristallin, comme on les aime. Le muscat déploie une aromatique florale et muscatée : un vin sec avec de l'ampleur. En 2015, le riesling paraît plus simple et manque de relief. Toujours en riesling, mais sur l'unique terroir granitique de Ribeauvillé connu sous le nom de Hagel, le vin se montre très fin avec un côté salivant. L'Equinoxe s'impose comme une cuvée inévitable pour les amoureux de ce cépage et enfin, le Grand Cru Kirchberg est un vin complexe et racé aux notes de fruits jaunes. Le Gewurztraminer VT est superbe dans un registre d'épices et pivoine : encore riche, il doit prendre son temps pour s'affiner. Encore un peu fermé, le Rouge comme Renard s'annonce très prometteur.

Crémant d'Alsace Extra Brut 2014	10,80 €	14,5
Gewurztraminer Grand Cru Kirchberg de Ribeauvillé VT 2015	29 €	15
Muscat 2015	8 €	14,5
Riesling 2015	8,60 €	14
Riesling Grand Cru Kirchberg de Ribeauvillé 2015	19,20 €	16
Riesling Hagel 2015	15,50 €	15,5
Sylvaner Vieilles Vignes 2015	7,40 €	14,5
Pinot Noir Rouge Comme Renard 2015	19,20 €	15,5

Le coup de ♥

Riesling Equinoxe 2015	11,80 €	15

Cette cuvée signature du domaine montre en 2015 une ligne d'équinoxe toute tracée : de style sec, ce beau riesling jouit d'une acidité mûre et d'un certain coffre. Les raisins sont sélectionnés sur les coteaux marno-calcaires de Ribeauvillé, aux abords du Grand Cru Osterberg notamment. Il offrira de grandes émotions avec des langoustines ou un carpaccio de poisson.

Rouge : 0,9 hectare.
Pinot noir 100 %.
Blanc : 9,7 hectares.
Riesling 33 %, Pinot gris d'Alsace 22 %, Gewurztraminer 22 %, Auxerrois 12 %, Sylvaner 5 %, Muscat d'Alsace 4 %, Pinot blanc 2 %
Production moyenne : 50 000 bt/an

HENRY FUCHS ♣
8, rue du 3-Décembre, 68150 Ribeauvillé
03 89 73 61 70 • www.fuchs-henry-et-fils.fr
● **Vente et visites :** au domaine sur rendez-vous.
Du lundi au samedi de 8 h à 18 h.
Propriétaire : Famille Fuchs
Directeur : Paul Fuchs

DOMAINE RÉMY GRESSER

Rémy Gresser, vigneron emblématique, dirige son vignoble de 11 ha sur la commune d'Andlau depuis plusieurs décennies. Travaillées avec des pratiques biodynamiques depuis 2000, les vignes sont certifiées AB depuis 2010. L'âme du domaine est de type sec et la variation des trois grands crus d'Andlau est un must. Des sols sablonneux au schiste, Rémy traduit au mieux ses terroirs et ne se contente pas du riesling ; c'est d'ailleurs le seul à proposer du pinot gris sur le grand cru Wiebelsberg. Millésimes prêts à boire, en vente à des prix abordables, le domaine propose aussi d'excellents moelleux et liquoreux.

Les vins : excellente entrée en matière avec l'incontournable muscat Brandhof du domaine : un vin croquant, frais et épicé. La série des rieslings est impeccable. Commençons par le Duttenberg, un vin frais à l'acidité mûre, d'un très bon rapport qualité-prix. Quant aux grands crus, le Moenchberg est un joli vin, d'un bel équilibre avec une vraie persistance saline. Le Wiebelsberg, élégant, déploie une acidité encore tranchante. Enfin, comme à son habitude, le Kastelberg reste complexe et racé. On termine en apothéose avec le riesling SGN, un ovni qui se suffit à lui-même. Le pinot noir Brandhof montre des tanins encore fermes mais reste prometteur : à mettre en cave trois ou quatre ans. Enfin, le pinot gris Wiebelsberg se montre très harmonieux, raffiné, parfait pour la table et à boire dès aujourd'hui.

Muscat Brandhof 2015	11 €	15
Pinot Gris Grand Cru Wiebelsberg 2012	22 €	16
Riesling Duttenberg 2015	11 €	15
Riesling Grand Cru Kastelberg 2014	26 €	16
Riesling Grand Cru Moenchberg 2014	22 €	15,5
Riesling Grand Cru Wiebelsberg 2012	22 €	15,5
Pinot Noir Brandhof 2015	10,50 €	14,5

Le coup de ♥

Riesling Grand Cru Kastelberg SGN 2006	37 €	16

Très complexe, on ressent des notes de fruits secs, d'amande grillée et de marmelade d'orange. Une bouche sans lourdeur, marquée par des saveurs de curcuma et d'écorces d'orange. On retrouve celles-ci en finale, après une sensation de fraîcheur. Seulement 600 bouteilles produites en 2006 : une rareté !

Rouge : 0,64 hectare.

ALSACE

Pinot noir 100 %
Blanc : 10 hectares.
Riesling 43 %, Gewurztraminer 22 %, Pinot gris d'Alsace 11 %, Auxerrois 9 %, Pinot blanc d'Alsace 9 %, Muscat d'Alsace 3 %, Sylvaner 3 %
Production moyenne : 60 000 bt/an

DOMAINE RÉMY GRESSER ♣
2, rue de l'École, 67140 Andlau
03 88 08 95 88 • www.gresser.fr • Vente et visites : au domaine sur rendez-vous.
Du lundi au samedi de 10h à 12h et de 13h30 à 17h. Groupes exclusivement sur rendez-vous.
Propriétaire : Rémy Gresser

DOMAINE JEAN-MARIE HAAG

Installés à Soultzmatt, au cœur de la Vallée Noble, le domaine est construit autour du grand cru Zinnkoepflé. Les vins de terroirs sont généralement de belle facture, avec cette ampleur qui caractérise cette zone au sud de Colmar.

Les vins : ils affichent une belle maturité de fruits. On constate une bonne maîtrise du millésime 2015. Le sylvaner ne manque pas d'intérêt et offre une jolie matière en restant sec. Le riesling est agréable dans un registre sec ; Vallée Noble offre davantage de complexité et de volume. Les gewurztraminers sont réussis, toujours bien équilibrés, notamment le Grand Cru Zinkoepflé marqué par des notes florales.

Gewurztraminer 2015	9,50 €	14,5
Gewurztraminer Grand Cru Zinnkoepflé 2015	17,20 €	15
Gewurztraminer Grand Cru Zinnkoepflé VT 2015	27,30 €	15,5
Pinot Gris Breitenberg 2015	12,10 €	14
Riesling 2015	8,70 €	14,5
Riesling Grand Cru Zinnkoepflé VT 2015	24,20 €	15,5
Sylvaner Vieilles Vignes 2015	6,50 €	14,5

Le coup de ♥

Riesling Vallée Noble 2015	12,10 €	15

Une belle parcelle de grès donne ce vin aux notes de fruits jaunes, avec du volume mais surtout une belle finale élancée.

Rouge : 0,7 hectare.
Pinot noir 100 %
Blanc : 6,3 hectares.
Pinot gris d'Alsace 28 %, Gewurztraminer 26 %, Riesling 25 %, Sylvaner 9 %, Pinot blanc 9 %, Muscat à petits grains blancs 3 %
Production moyenne : 50 000 bt/an

DOMAINE JEAN-MARIE HAAG
17, rue des Chèvres, 68570 Soultzmatt
03 89 47 02 38 • www.domaine-haag.fr • Vente et visites : au domaine sur rendez-vous.
Du lundi au samedi de 9h30 à 12h et de 14h à 18h.
Propriétaire : Jean-Marie Haag

CHRISTIAN ET VÉRONIQUE HEBINGER

Véronique et Christian Hebinger, progressivement secondés par leurs fils Denis, dirigent avec passion ce domaine à taille humaine. Dotée de moyens performants, la maison pratique la culture biodynamique depuis quelques années, certifiée par Demeter en 2011. Partisans des appellations communales pour Eguisheim et des classifications en premier cru en Alsace, les Hebinger proposent de bons rapports qualité-prix. Un domaine très prometteur. Les lieux-dits et grands crus sont à carafer au moins une heure avant dégustation.

Les vins : le riesling Frohnenberg, de style sec, se montre mûr et expressif, un délice ! Plus simple, le pinot gris Eguisheim gagnera en relief à table. En grand cru, le Sommerberg n'en est qu'à ses prémices, il va falloir suivre les prochains millésimes de très près. Le pinot gris Pfersigberg est une grande réussite, grâce à un élevage est très bien maîtrisé. Le gewurztraminer sur ce même terroir se montre plus riche, avec une forte tendance florale.

Crémant d'Alsace Brut 2013	8 €	14
Gewurztraminer Grand Cru Pfersigberg 2015	15 €	15
Pinot Gris Eguisheim 2015	8,30 €	14
Pinot Gris Grand Cru Pfersigberg 2014	14,50 €	16
Riesling Frohnenberg 2015	8 €	15
Riesling Grand Cru Sommerberg 2015	24 €	15,5

Le coup de ♥

Pinot Noir 2015	9 €	15

Issu du lieu-dit argilo-sableux Neugesetz à Wintzenheim, ce pinot noir a tout pour lui : fruité éclatant, gourmandise, touche d'épices. Une malicieuse macération carbonique pour une partie des raisins apporte du croquant et de la légèreté sur ce millésime incroyable pour le cépage ! Exactement le style de vins rouges attendus dans la région, à moins de 10 euros. Excellent sur une viande rouge juteuse.

Rouge : 1,5 hectare.

Pinot noir 100 %
Blanc : 9,7 hectares.
Gewurztraminer 27 %, Riesling 21 %, Pinot gris d'Alsace 20 %, Auxerrois 17 %, Pinot blanc d'Alsace 6 %, Sylvaner 5 %, Muscat à petits grains blancs 3 %, Chasselas 1 %
Production moyenne : 55 000 bt/an

CHRISTIAN ET VÉRONIQUE HEBINGER
**14, Grand'Rue, 68420 Eguisheim
03 89 41 19 90**
hebinger.christian@wanadoo.fr • Vente et visites : au domaine sur rendez-vous. De 8h à 12h et de 13h à 18h.
Propriétaire : Christian et Véronique Hebinger

VIGNOBLE CLÉMENT KLUR

Issu d'une famille ancrée à Katzenthal depuis le XVIIe siècle, Clément Klur a recomposé un domaine en 1999. Adepte du développement durable, le vigneron conduit le vignoble en biodynamie. Outre l'âge respectable des vignes, la force de la propriété réside dans la qualité des terroirs exploités : la majeure partie des vignes est située en coteaux, sur des pentes pouvant atteindre 40 % de déclivité. Les sols présentent une dominante granitique, avec quelques parcelles sur l'argilo-calcaire, surtout en pinot gris et noir. Quatre cuvées d'assemblage viennent compléter la gamme. Un "Katz' Croute" peut être commandé au bistrot gourmand attenant à la cave afin de sensibiliser la clientèle aux accords mets-vins. Le domaine élabore des vins sincères, sans artifice, aux rapports qualité-prix excellents.

Les vins : les cuvées Gentil de Katz, au style demi-sec, et Voyou de Katz, qui s'annonce plus frais, sont les deux signatures maison. Le riesling grand cru Wineck-Schlossberg, fin et élégant, affiche une belle expression de granite. Le gewurztraminer se montre charnu avec des parfums de fleurs. Enfin, le pinot noir est très agréable : un vin rouge gourmand au fruité éclatant.

▷ Crémant de Clément	12 €	14,5
▷ Gewurztraminer 2015	16 €	14,5
▷ Riesling Grand Cru Wineck-Schlossberg 2011	19 €	15
▷ Voyou de Katz 2015	10 €	14
▅ Pinot Noir Klur 2015	17 €	14,5

Le coup de ♥

▷ Gentil de Katz 2015	10 €	14,5

Cette cuvée emblématique du domaine est un savant assemblage de 30 % de gewurztraminer, 30 % de pinot gris et 40 % d'auxerrois, qui donne un fruité franc et précis. Le vin, plein de gourmandise, s'affiche dans un équilibre demi-sec.

Rouge : 0,8 hectare.
Pinot noir 100 %
Blanc : 6 hectares.
Riesling 27 %, Pinot gris d'Alsace 22 %, Auxerrois 22 %, Gewurztraminer 19 %, Sylvaner 5 %, Muscat à petits grains blancs 5 %
Production moyenne : 45 000 bt/an

VIGNOBLE CLÉMENT KLUR
**105, rue des Trois-Épis, 68230 Katzenthal
03 89 80 94 29** • www.klur.net • Vente et visites : au domaine sur rendez-vous.
Propriétaire : Clément Klur

DOMAINE DES MARRONNIERS

Pierre Wach a pris le relais de son père, Guy, en signant sa première vinification au domaine familial en 2015. Son ouverture d'esprit, sa rigueur et son attachement aux terroirs d'Andlau sont prometteurs pour ce domaine qui a encore un potentiel d'évolution. La conversion en agriculture biologique pourra sans doute améliorer la précision des vins et accroître le potentiel de garde. Un domaine à suivre !

Les vins : une année atypique avec de la richesse pour le premier millésime de Pierre. Le pinot noir Saint-Hubert s'inscrit dans un style léger et fruité, conforme à ce que l'on attend d'un vin rouge de la région : une belle réussite ! En riesling, le domaine est sensible à la distinction entre les différents styles des trois terroirs, ce qui est appréciable.

▷ Riesling Andlau 2015	10 €	14,5
▷ Riesling Grand Cru Kastelberg 2013	20 €	16
▷ Riesling Grand Cru Moenchberg 2013	17,90 €	16
▷ Sylvaner Duttenberg 2015	7,70 €	14
▅ Pinot Noir Saint-Hubert 2015	10,20 €	14

Le coup de ♥

▷ Riesling Grand Cru Wiebelsberg 2013	18,20 €	15,5

Le nez est déjà bien ouvert et s'exprime dans un registre de fruits jaunes. La tarte à la mirabelle traduit bien cette belle maturité du millésime 2015. En bouche, on garde une sensation

ALSACE

cristalline, accompagnée d'une fine acidité qui fera merveille avec un poisson de roche ou des crustacés.

Rouge : 0,75 hectare.
Pinot noir 100 %
Blanc : 7 hectares.
Riesling 38 %, Gewurztraminer 20 %, Sylvaner 11 %, Pinot gris d'Alsace 10 %, Auxerrois 9 %, Muscat à petits grains blancs 8 %, Chardonnay 4 %
Production moyenne : 50 000 bt/an

DOMAINE DES MARRONNIERS
5, rue de la Commanderie, 67140 Andlau
03 88 08 93 20 • www.guy-wach.fr • Vente et visites : au domaine sur rendez-vous.
Du lundi au samedi de 9h à 12h et de 14h à 18h.
Propriétaire : Guy Wach
Directeur : Pierre Wach

DOMAINE FRÉDÉRIC MOCHEL

Depuis 2001, Guillaume Mochel perpétue avec passion la tradition familiale au domaine situé à Traenheim. Cette belle région aux portes de Strasbourg offre des terroirs profonds et riches. Sur les 10 hectares, la moitié provient de Traenheim et l'autre moitié de Bergbieten, avec son grand cru Altenberg. Rares sont les metteurs en bouteille sur la commune, en raison de la présence d'une grande cave coopérative. L'accueil au domaine est des plus agréables, tout comme le rapport qualité-prix de la gamme.

Les vins : le crémant, assemblage de chardonnay et pinot noir, est un un vin d'apéritif à la bulle vive et dynamique. Le pinot gris est rond mais l'équilibre juste, dans un registre fruité. Il ne faudra pas passer à côté des rieslings grand cru : des vins complexes, équilibrés, dont certains millésimes en vente affichent un peu de recul pour les plus impatients. À noter le superbe muscat, au style demi-sec pour ce grand cru 100 % ottonel Enfin, les trois domaines de Traenheim ont pour projet l'appellation communale, dont on aperçoit les prémices depuis 2012, avec la cuvée Traenheim, assemblage de pinot blanc et gris élevés en barrique. En 2015, le vin est frais et équilibré.

▷ Crémant d'Alsace Brut	10,80 €	14
▷ Gewurztraminer 2013	12 €	14,5
▷ Muscat Grand Cru Altenberg de Bergbieten 2015	17 €	15
▷ Pinot Gris 2015	10,90 €	14
▷ Traenheim 2015	13 €	14,5

Le coup de ♥

▷ Riesling Grand Cru Altenberg de Bergbieten Cuvée Henriette 2012	16,80 €	15,5

Ce millésime se montre prêt à boire, avec un registre de fleurs d'oranger et de fruits jaunes. En bouche, le vin est très complet, avec de la densité mais aussi beaucoup de finesse et une finale qui rappelle l'orange sanguine. Un excellent rapport qualité-prix.

Rouge : 0,8 hectare.
Pinot noir 100 %
Blanc : 9 hectares.
Riesling 34 %, Gewurztraminer 22 %, Pinot gris 15 %, Muscat ottonel 12 %, Auxerrois 12 %, Chardonnay 5 %
Production moyenne : 70 000 bt/an

DOMAINE FRÉDÉRIC MOCHEL
56, rue Principale, 67310 Traenheim
03 88 50 38 67 • www.mochel.alsace •
Vente et visites : au domaine sur rendez-vous.
Du lundi au samedi de 8h à 12h et de 13h30 à 18h.
Propriétaire : Guillaume Mochel

DOMAINE PFISTER

Arrivée à la tête du domaine en 2008, après des études d'ingénieur agronome et d'œnologie, Mélanie représente la 8e génération de la famille Pfister. Située à quelques kilomètres de Strasbourg, cette maison offre une gamme d'un bon niveau, avec beaucoup de pureté et donne l'occasion de découvrir l'Engelberg, ce grand cru signifiant "le coteau des Anges". Cette jeune femme dynamique est aussi à l'initiative des Divines d'Alsace, association régionale réunissant les femmes du vin.

Les vins : une fois encore, Mélanie montre sa compétence avec des vins de style sec, très réussis pour le millésime 2015. Le pinot blanc est un must, un superbe vin pour entrer en matière. Le pinot noir Rahn est juteux avec un aspect acidulé et une jolie prise de bois. Nous aimons le riesling, d'une belle maturité de fruits avec une finale éclatante.

▷ Pinot Blanc 2015	9 €	14
▷ Pinot Gris Tradition 2015	12,50 €	14
▷ Riesling Tradition 2015	12,50 €	15

▶ Pinot Noir Rahn 2014   22 €   14
Le coup de ♥
▷ Alsace Cuvée 8 2015   14,50 €   14,5

Les quatre cépages nobles donnent un vin aromatique qui rappelle le miel d'acacia et les fruits blancs, avec une sensation sèche en bouche et un certain volume. Une cuvée à garder dans le frigo pour toutes les occasions !

Rouge : 1 hectare.
Pinot noir 100 %
Blanc : 9 hectares.
Riesling 30 %, Gewurztraminer 20 %, Pinot gris d'Alsace 19 %, Pinot blanc 17 %, Auxerrois 7 %, Chardonnay 4 %, Muscat à petits grains blancs 3 %
Production moyenne : 60 000 bt/an

DOMAINE PFISTER
**53, rue principale, 67310 Dahlenheim
03 88 50 66 32 ● www.domaine-pfister.com
● Vente et visites : au domaine sur rendez-vous.
De 9h à 12h et de 14h à 18h. Fermé le dimanche.
Propriétaire : Mélanie Pfister**

CAVE DE RIBEAUVILLÉ

Plus ancienne cave coopérative de l'Hexagone, elle offre l'une des plus grandes diversités de terroirs que l'on puisse trouver dans la région. Propriétaire de dix grands crus et de huit lieux-dits, la maison s'appuie sur une charte de qualité sérieuse, avec des rendements revus à la baisse par rapport au décret. C'est aussi la seule cave coopérative d'Alsace où la totalité des raisins est vendangée à la main. Que dire du Clos du Zahnacker ! Situé sur le terroir du grand cru Osterberg, il appartient à la cave en monopole depuis 1965. La démarche qualitative engagée par les dirigeants va assurément dans le bon sens ; la cave est certifiée bio depuis 2015, et a été élue meilleure cave coopérative de l'année par La Revue du vin de France en 2016.

Les vins : d'un rapport qualité-prix indéniable, le crémant Giersberger est idéal pour l'apéritif alors que la Grande Cuvée se révèle plutôt taillée pour la table. Le pinot noir Rodern, juteux, aux tanins soyeux, se gardera cinq ans. Il faudra attendre au moins 2018 avant d'ouvrir les cuvées parcellaires, surtout Haguenau qui montre un beau potentiel. Le Clos Zahnacker en 2013 n'est pas le plus massif de la décennie mais son caractère digeste et sa pureté sont appréciables. Le gewurztraminer grand cru Altenberg de Bergheim s'illustre comme une belle démonstration de vin structuré, épicé, sans caricature variétale. Il pourra prouver que le vieillissement réussit à ce cépage sur de grands terroirs ! Enfin, les riesling 2014 en lieux-dits et grands crus sont tout simplement délicieux, à boire maintenant ou en 2025...

▷ Alsace Clos du
  Zahnacker 2013   22,60 €   14,5
▷ Crémant d'Alsace Brut
  Giersberger   7,50 €   14
▷ Crémant d'Alsace Brut Grande
  Cuvée   15,90 €   15
▷ Gewurztraminer Grand Cru Altenberg de
  Bergheim 2015   18,95 €   15,5
▷ Riesling Grand Cru Altenberg de
  Bergheim 2014   18,50 €   15,5
▷ Riesling Haguenau 2016   8,80 €   14,5
▶ Pinot Noir Rodern Grande
  Cuvée 2015   12,90 €   14,5

Le coup de ♥
▷ Riesling Mühlforst 2014   8,80 €   15

Rapport qualité-prix immanquable pour les amateurs de rieslings secs ! Seulement 5200 bouteilles sont produites sur ce lieu-dit Muhlforst, constitué d'un sol assez lourd entre Ribeauvillé et Hunawihr. Sa couleur jaune or brillante séduit ; on hume des parfums de cire d'abeille, de fleurs d'acacia et de zestes d'orange. La bouche est vive et racée avec de notables amers en finale. A accommoder de sashimis.

Rouge : 19 hectares.
Pinot noir 100 %
Blanc : 206 hectares.
Riesling 26 %, Pinot blanc d'Alsace 23 %, Gewurztraminer 18 %, Pinot gris 18 %, Sylvaner 7 %, Chardonnay 4 %, Muscat à petits grains blancs 4 %
Production moyenne : 2 000 000 bt/an

CAVE DE RIBEAUVILLÉ ♣
**2, route de Colmar, 68150 Ribeauvillé
03 89 73 61 80 ● www.vins-ribeauville.com
● Vente et visites : au domaine sur rendez-vous.
Visite possible d'avril à août avec un départ à 11h et un départ à 16h du lundi au vendredi et sur rendez-vous pour les groupes.
Propriétaire : Cave de Ribeauvillé
Directeur : Yves Baltenweck (Président)
Maître de chai : Yves Ortlieb
Œnologue : Evelyne Bleger-Cognacq**

ALSACE

DOMAINE RIEFLÉ-LANDMANN

Chez les Rieflé, c'est une histoire de famille : le premier vigneron de la lignée apparaît dès 1830. Aujourd'hui, Thomas s'occupe de la vigne, Paul assure la commercialisation et Jean-Paul, le père, vinifie. Mais c'est leur dialogue quotidien qui fait avancer le domaine. Le millésime 2011, marqué par le rachat du célèbre domaine Seppi Landmann, coïncide avec le début d'une vinification à la recherche de la pureté : davantage de gras et de texture, mais sans les sucres, et un élevage un peu plus long sur lies fines. Un nouvel habillage promet aussi plus de lisibilité dans la gamme proposée. À noter enfin, l'entrée de gamme par type de vins, qui peuvent être des assemblages : L'Éclat est un vin sec, L'Aplomb, rond et ample, L'Arabesque aromatique, L'Étoffe est un vin rouge.

Les vins : assez convaincants, dans un style facile d'accès ; reste à suivre leur évolution dans les prochains millésimes. Un beau travail dans les lieux-dits avec un riesling Bihl encore fermé qui promet une expression exotique et un riesling Steinstück très salivant. Le Pinot Gris Steinert est encore marqué par son élevage en demi-muids. Les vins sous l'étiquette Seppi Landmann restent fidèles à leur style : purs et originaux !

▷ Pinot Gris Grand Cru Steinert 2015	19,50 €	14,5
▷ Riesling Bihl 2015	17 €	14,5
▷ Riesling Steinstück 2015	17 €	14,5
▷ Riesling Zinnkoepflé 2015	20 €	15
▷ Sylvaner Cuvée Z Hors la Loi 2015	28 €	15

Le coup de ♥
▶ Pinot Noir Strangenberg 2015	18 €	15

Un premier millésime prometteur pour ce lieu-dit, situé au dessus du grand cru Vorbourg, à Rouffach. Une belle maturité de fruits. L'élevage se fondra parfaitement d'ici un à deux ans. Les tanins sont soyeux et on garde une sensation gourmande de cerise en finale.

Rouge : 1,5 hectare.
Pinot noir 100 %
Blanc : 19,5 hectares.
Pinot blanc 30 %, Riesling 24 %, Gewurztraminer 22 %, Pinot gris 15 %, Sylvaner 4 %, Muscat d'Alsace 3 %, Chardonnay 2 %
Production moyenne : 180 000 bt/an

DOMAINE RIEFLÉ-LANDMANN ♣
7, rue du Drotfeld, 68250 Pfaffenheim
03 89 78 52 21 ● www.riefle.com ●
Visites : sans rendez-vous.
En semaine de 9h à 12h et de 14h à 18h.
Le samedi de 10h à 18h. Fermé dimanche et jours fériés.
Propriétaire : Jean-Claude Rieflé
Directeur : Paul et Thomas Rieflé

DOMAINE ERIC ROMINGER

Le domaine certifié en biodynamie, depuis 2005, reste homogène et offre une très belle expression du Grand Cru Zinnkoepflé. Un domaine familial aux très bons rapports qualité-prix, toujours dans un style élégant.

Les vins : le pinot gris dégusté était marqué par des notes lactiques. Parmi les rieslings, notre préférence va au Clos des Chats. Le pinot blanc est frais et simple.

▷ Pinot Blanc Vieilles Vignes 2015	7 €	13,5
▷ Pinot Gris Clos des Chats 2015	15 €	13,5
▷ Riesling Réserve 2015	10,20 €	14

Le coup de ♥
▷ Riesling Clos des Chats 2015	13,50 €	14,5

Il présente des notes de fruit mûr, une belle structure et une amertume noble.

Rouge : Pinot noir 100 %
Blanc : 11 hectares.
Riesling 20 %, Pinot gris d'Alsace 20 %, Pinot blanc 20 %, Gewurztraminer 20 %, Sylvaner 10 %, Muscat à petits grains blancs 10 %
Production moyenne : 60 000 bt/an

DOMAINE ERIC ROMINGER ☾
16, rue Saint-Blaise, 68250 Westhalten
03 89 47 68 60 ●
www.domainerominger.fr/ ● Vente et visites : au domaine sur rendez-vous.
Du lundi au samedi de 9h à 12h et de 14h à 18h. Dimanche et jours férié sur rendez-vous.
Propriétaire : Famille Rominger
Directeur : Claudine Rominger Sutter

SCHŒNHEITZ

Seul vignoble alsacien classé en zone de montagne, le Val Saint Grégoire regroupe plusieurs communes de la vallée de Munster. Le domaine Schoenheitz est l'unique metteur en bouteille à Wihr-au-Val, la plupart des propriétaires de vignes apportant leurs raisins aux caves coopératives des alentours. Fils de celui qui a aidé à la replantation du vignoble après guerre, Henri Schoenheitz est aujourd'hui propriétaire de 16 ha exposés vers le sud/sud-est, avec un point culminant pour l'appellation Alsace à 550 mètres. Son fils Adrien représente la future génération, diplômé d'œnologie en poche, il s'essaie à vinifier quelques cuvées en barriques bourguignonnes. Il règne au domaine un solide esprit de famille et d'hospitalité, avec la moitié des ventes réalisées au caveau et une belle présence sur les cartes des vins de renom. Un peu à l'écart de la Route des vins d'Alsace, ces coteaux escarpés, qui réussissent merveilleusement aux cépages alsaciens depuis le Moyen Âge, méritent le détour.

Les vins : le muscat est éclatant, à vocation apéritive ; le pinot noir Herrenreben, frais et juteux, manque un peu de structure. Le gewurztraminer Holder se montre très floral et épicé, mais l'équilibre est réussi en bouche. Les rieslings rejoignent un esprit sec, donnant l'impression de croquer le raisin pour le Linsenberg, arborant un aspect plus mûr pour le Herrenreben. Enfin, la cuvée Audace est un riesling élevé en barriques d'acacia, plus convaincant que le pinot gris Tokade, mais l'élevage mérite d'être davantage intégré.

▭ Gewurztraminer Holder 2015	16 €	14,5
▭ Muscat 2015	11,30 €	15
▭ Riesling Audace 2015	16 €	14
▭ Riesling Herrenreben 2015	13 €	15,5
▭ Riesling Herrenreben SGN 2013	58 €	16
▭ Riesling Linsenberg 2015	13 €	15
▬ Pinot Noir Herrenreben 2014	18,90 €	15

Le coup de ♥

▭ Riesling Linsenberg VT 2012	25,40 €	16

Un nez complexe sur des notes fumées, exotiques mais aussi des parfums de truffe blanche. En bouche, on commence en douceur, puis le vin gagne en puissance, toujours avec de la fraîcheur en toile de fond. Un vin complexe et addictif !

Rouge : 2 hectares.
Pinot noir 100 %
Blanc : 14 hectares.
Riesling 36 %, Gewurztraminer 25 %, Pinot gris 17 %, Pinot blanc 17 %, Muscat à petits grains blancs 4 %, Sylvaner 1 %
Production moyenne : 85 000 bt/an

SCHOENHEITZ
1, rue de Walbach, 68230 Wihr-au-Val
03 89 71 03 96 • www.vins-schoenheitz.fr •
Vente et visites : au domaine sur rendez-vous.
De 9h à 12h et de 14h à 19h.
Propriétaire : Dominique et Henri Schoenheitz

DOMAINE ÉTIENNE SIMONIS

Étienne Simonis signe en 2016 son 20ᵉ millésime à la tête de ce domaine familial. C'est sous son impulsion qu'arriva, en 2008, la certification Demeter en agriculture biodynamique. Les vins sont dotés d'une belle maturité de fruit, volume et puissance n'étant pas en reste. Depuis quelques millésimes, Étienne Simonis a donc trouvé sa vitesse de croisière, les vins ont gagné en pureté.

Les vins : l'élevage sur lies fines marque les vins, en leur amenant davantage de complexité aromatique et un registre délicatement toasté/beurré. Le meilleur exemple pour illustrer cet élevage est le riesling réserve. La gamme desdits rieslings est impeccable. Le grand cru Kaefferkopf est ample et le Clos des Chats montre une belle complexité. Les gewurztraminers sont aussi très réussis en 2015, et particulièrement harmonieux.

▭ Gewurztraminer Grand Cru Kaefferkopf Armand 2015	17 €	15,5
▭ Pinot Blanc Vieilles Vignes 2015	7 €	13,5
▭ Pinot Gris Clos des Chats 2015	15 €	13,5
▭ Riesling Clos des Chats 2015	13,50 €	14,5
▭ Riesling Grand Cru Kaefferkopf 2015	15,50 €	15,5
▭ Riesling Réserve 2015	10,20 €	14

Le coup de ♥

▭ Gewurztraminer Grand Cru Marckrain 2015	17 €	15,5

Son nez expressif et agréable nous emmène dans un registre exotique et floral. En bouche, le vin paraît très équilibré, dans un style moelleux, et offre une belle sensation de jus de mangue avec une touche amère en finale, très digeste. À déguster avec du foie gras. 900 bouteilles seulement sont produites.

Rouge : 1,05 hectare.
Pinot noir 100 %
Blanc : 6,18 hectares.
Gewurztraminer 31 %, Pinot gris 19 %, Riesling 17 %, Pinot blanc d'Alsace 10 %, Auxerrois 10 %, Sylvaner 5 %, Muscat à petits grains blancs 4 %, Chasselas 4 %
Production moyenne : 40 000 bt/an

DOMAINE ÉTIENNE SIMONIS ☾
2, rue des Moulins, 68770 Ammerschwihr
03 89 47 30 79 • www.vins-simonis.fr •
Vente et visites : au domaine sur rendez-vous.
De 9h à 12h et de 13h30 à 18h30 tous les jours sauf le dimanche.
Propriétaire : Étienne Simonis

"Si 2016 est un millésime très intéressant en Beaujolais, je suis triste pour une partie du vignoble qui n'a pas pu y participer, à cause du gel et de la grêle : Chiroubles, Fleurie et Morgon ont ainsi été sévèrement frappés."

Olivier Poussier, dégustateur des vins du Beaujolais
Meilleur sommelier du monde et membre du comité de dégustation de La Revue du vin de France

BEAUJOLAIS

-

LA FIN DE LA MAUVAISE RÉPUTATION

-

L'arrivée de puissants négociants des régions voisines et d'une jeune génération de vignerons talentueux permet enfin au Beaujolais de s'exprimer autrement qu'à travers ses vins primeurs.

Alors que le Beaujolais retrouve un allant dynamique, le vignoble a subi les foudres du climat l'an dernier : ces accidents climatiques ont fortement perturbé le très beau millésime 2016, notamment dans la partie septentrionale. Dans le même temps, la région sort progressivement de la crise de mévente du beaujolais nouveau. Les producteurs font désormais le choix de la qualité. Il était temps : le vignoble a perdu près de 7 000 hectares en quelques années, à la suite de cette crise économique.

Aujourd'hui, les plus grands négociants de Bourgogne et du Rhône investissent en Beaujolais, croient en son potentiel, en la qualité de ses vins et en l'excellence de ses terroirs. De surcroît, 2015 apparaît comme un millésime exceptionnel au grand potentiel de garde, et illustre le grand retour des beaujolais de gastronomie, élégants, complexes, digestes et naturellement gourmands.

À côté des négociants, une multitude de jeunes vignerons s'installent et reprennent les domaines. Ils s'inspirent de grands noms comme Jules Chauvet, l'illustre père des vins "nature", ou de Marcel Lapierre. Tout comme leurs célèbres aînés, ils travaillent les sols, bannissent les produits phytosanitaires et redécouvrent des terroirs oubliés de ce vignoble, le plus connu au monde avec la Champagne et le Bordelais.

Cette notoriété, il la doit bien sûr au beaujolais nouveau, qui représente un tiers de la production. Mais celui-ci a été la meilleure et la pire des aventures ! Si ce vin primeur a permis de vendre du beaujolais dans le monde entier, le beaujolais nouveau est désormais stéréotypé, synonyme de goût de banane et éloignant les amateurs. Négociants et caves coopératives portent une lourde part de responsabilité dans cette dérive. Pourtant, quelle merveilleuse idée que de fêter le vin nouveau ! Ce breuvage des premiers frimas (troisième jeudi de novembre) est aussi un vin d'initiation : combien d'étudiants ont approché pour la première fois du vin lors d'une fête autour des vins du Beaujolais ? Le gamay, avec sa rondeur, flatte les palais néophytes et les initie aux premiers plaisirs du vin. Vient ensuite le temps de découvrir les beaujolais plus sérieux, les vrais beaujolais et beaujolais-villages "qui ont fait leurs Pâques". Dans tous les cas, ces vins offrent quelques-uns des meilleurs rapports prix-plaisir de France, que ce soit en appellations génériques, en villages ou encore dans les dix crus de la partie septentrionale de la région : Brouilly, Chénas, Chiroubles, Côte de Brouilly, Fleurie, Juliénas, Morgon, Moulin-à-Vent, Régnié et Saint-Amour.

Ce secteur est fortement influencé par la Bourgogne, et notamment par le Mâconnais, avec lequel il partage le même cépage, le gamay. Une nouvelle appellation, créée en 2011, a scellé ce rapprochement. S'étendant de la Bourgogne au Beaujolais, l'AOC Coteaux bourguignons permet de produire des vins rouges et rosés issus de pinot noir ou de gamay, vinifiés seuls ou assemblés, et des blancs élaborés à partir de chardonnay.

LES APPELLATIONS

Le vignoble du Beaujolais s'étend du sud de Mâcon jusqu'au nord de Lyon, sur 15 700 ha. Si les AOC régionales sont plutôt situées dans le sud, les AOC communales (les crus) sont concentrées dans la partie septentrionale du Beaujolais.

BEAUJOLAIS

Cette appellation régionale est répartie en deux zones géographiques distinctes : la partie principale, dans le sud du vignoble, et une bande presque continue s'étirant depuis Villefranche-sur-Saône jusqu'à la Saône-et-Loire, au nord du vignoble. Par ailleurs, environ 200 hectares sont également consacrés à la production de l'AOC Beaujolais blanc. Ces parcelles de chardonnay sont situées à l'extrême nord du vignoble, aux limites du Mâconnais, et dans le sud, autour des villages de Liergues, Le Bois-d'Oingt et Bully.

BEAUJOLAIS-VILLAGES

Trente-huit communes ont droit à cette appellation. Elles sont situées dans les départements du Rhône (31 villages) et de la Saône-et-Loire (sept villages), dans trois zones produisant des vins à la typicité différente : la zone sud, adossée aux monts de la Haute-Azergue, la zone centrale, jouxtant les AOC Brouilly et Régnié, et une troisième zone, au nord, autour des AOC Fleurie, Juliénas, Chénas et Moulin-à-Vent.

BEAUJOLAIS NOUVEAU

Celle-ci se superpose aux deux précédentes appellations régionales. L'AOC Beaujolais produit les deux tiers des beaujolais nouveaux. Au total, cette dénomination représente un tiers de la production totale du vignoble, soit environ 28 millions de bouteilles.

COTEAUX BOURGUIGNONS

Créée en 2011, cette appellation s'étend sur la Bourgogne et le Beaujolais. Elle permet de produire des rouges ou des rosés élaborés à partir de pinot noir ou de gamay, vinifiés seuls ou assemblés, et des blancs issus de chardonnay.

BROUILLY

La plus vaste appellation communale du Beaujolais (1260 hectares) est aussi la plus méridionale et s'étend sur six communes. Brouilly ne compte qu'un seul climat, Pisse-Vieille, parcelle de 22 hectares sur la commune de Cercié. Ses vins sont ronds et souples.

CHÉNAS

La plus petite appellation du Beaujolais (249 hectares) compte 200 vignerons et s'étend sur deux communes, Chénas, dans le Rhône, et La Chapelle-de-Guinchay, en Saône-et-Loire.

CHIROUBLES

Chiroubles (323 hectares) est la plus élevée des appellations du Beaujolais. Ses parcelles sont plantées entre 250 et 450 mètres d'altitude. Elle recense seulement 75 vignerons. Cette appellation beaujolaise produit des vins qui sont parmi les plus expressifs de la région.

CÔTE DE BROUILLY

Encerclée par l'AOC Brouilly, cette petite appellation (316 hectares) doit sa spécificité aux métadorites, roche d'origine volcanique, plus connue sous le nom de pierre bleue de la Côte de Brouilly. Elle donne des vins musclés et fougueux.

FLEURIE

L'appellation Fleurie s'étend sur 840 hectares, uniquement sur la commune éponyme. Elle donne

BEAUJOLAIS

des vins d'une grande finesse et compte également treize climats différents produisant autant de vins typés. Du nord au sud, se succèdent ainsi Les Labourons, Poncié, Les Moriers, La Roilette, Les Garants, Montgenas, La Chapelle des Bois, La Côte, Le Bon Cru et Champagne.

JULIÉNAS
Située sur des sols granitiques, maigres et arides, l'appellation Juliénas (537 hectares) s'étend sur quatre communes des départements du Rhône et de la Saône-et-Loire. Elle donne des vins plus tendus, davantage axés sur la fraîcheur.

MORGON
Bien que vaste (1 100 hectares), l'appellation s'étend uniquement sur la commune de Villié-Morgon, sur des roches friables de schiste pyriteux. L'AOC comporte six climats qui sont, d'est en ouest, Grand Cras, Les Charmes, Côte de Py (le plus réputé de tous), Corcelette, Les Micouds et Douby.

MOULIN-À-VENT
Cette appellation tire son nom du moulin du XVe siècle qui la domine. Moulin-à-Vent s'étend sur deux villages, Romanèche-Thorins et Chénas, et couvre 627 hectares. Ses vins complexes et puissants vieillissent avec majesté.

RÉGNIÉ
Il a fallu 10 ans aux 120 vignerons de Régnié pour faire reconnaître les spécificités de leur cru. Ils ont été entendus puisque, depuis 1988, Régnié est le dernier-né des crus du Beaujolais (424 hectares). Il s'étend principalement sur le village de Régnié-Durette.

SAINT-AMOUR
Cette petite appellation (302 hectares) ne compte que 46 vignerons. Elle est située à l'extrême nord du vignoble, sur la commune éponyme, et donne des vins délicats et fruités. Elle compte également douze climats dont certains s'accordent à merveille avec le nom de l'AOC : À La Folie ou En Paradis.

LES CÉPAGES

LE GAMAY NOIR
Le gamay a véritablement trouvé sa terre d'élection sur les sols argilo-calcaires et granitiques du Beaujolais, où 70 % de la production mondiale se concentre. Jusqu'à l'invasion du phylloxéra, à la fin du XIXe siècle, il était l'un des cépages les plus répandus dans le vignoble hexagonal et couvrait plus de 160 000 hectares, soit un dixième de la surface totale plantée de vignes en France. On le retrouve d'ailleurs encore dans le Val de Loire et dans le sud de la Bourgogne (Mâconnais). Sur les sols variés du Beaujolais, le gamay excelle à retranscrire l'identité des terroirs. C'est un cépage précoce, qui donne des vins peu colorés, mais très aromatiques. Dans le Beaujolais, il couvre 99 % du vignoble. Il exprime ses arômes de fruits rouges dans les beaujolais primeurs, mais se complexifie sur les grands terroirs communaux de la région et vieillit admirablement.

LE CHARDONNAY
Le chardonnay est également présent dans le nord du Beaujolais, mais de façon marginale. Il occupe à peine 200 hectares de vigne sur les 15 700 que compte la région. Il est dédié à la confidentielle production de beaujolais blanc et de beaujolais-villages blanc. Les vins sont aromatiques, en particulier dans la zone des Terres Dorées, mais n'atteignent ni la finesse ni la noblesse des plus grands bourgognes blancs.

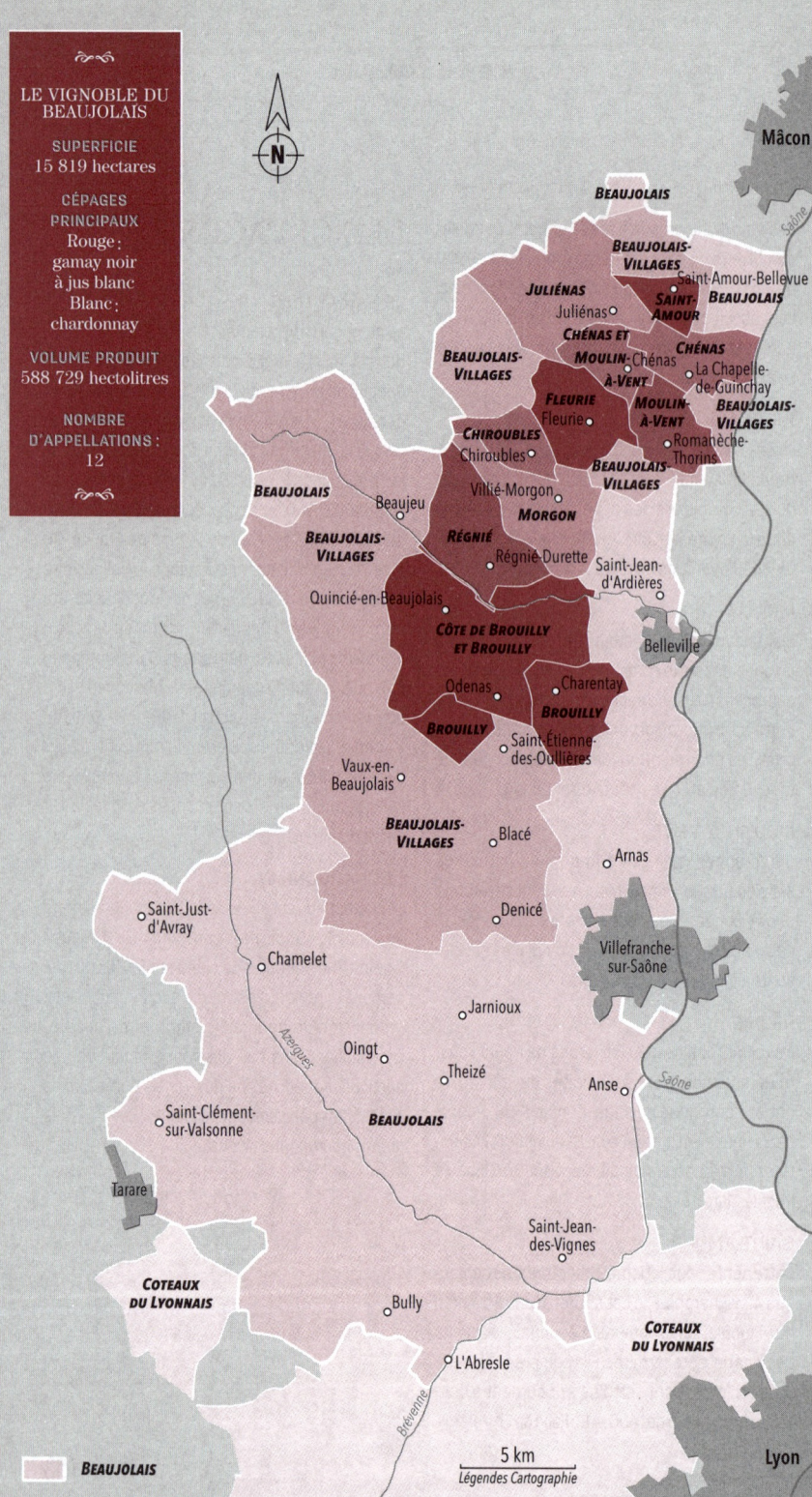

BEAUJOLAIS

BONNES TABLES ET BELLES CHAMBRES DE SAINT-AMOUR À BROUILLY

Grâce à sa route des vins qui sillonne les appellations de la région, le Beaujolais a toujours su attirer les visiteurs. Voici une sélection de chambres d'hôtes, cavistes, bars à vins et restaurants à ne pas manquer pour réussir un séjour inoubliable.

CHAMBRES D'HÔTES

AUBERGE DU PARADIS
Une auberge de charme avec six chambres et deux suites. Côté vins, 200 références dont un quart du Beaujolais. Chambres : de 145 à 255 €. Petits-déjeuners : 22 €. Menu unique : 72 €.
Le Plâtre Durand. 71570 Saint-Amour-Bellevue. Tél. : 03 85 37 10 26.
www.aubergeduparadis.fr

DOMAINE DU CLOS DES GARANDS
Quatre chambres de charme dans une propriété sur les hauteurs de Fleurie. Comptez de 105 à 125 €, petit-déjeuner compris.
Clos des Garands, 69820 Fleurie. Tél : 04 74 69 80 01.
www.closdesgarands.fr

CAVISTES

LA MAISON P-U-R
Les vinificateurs itinérants de Production unique rebelle (P-U-R) s'invitent dans des domaines du Beaujolais et d'ailleurs pour créer leurs cuvées "nature", qu'ils vendent dans leur cave avec 350 cuvées d'autres vignerons de France issus de la même mouvance.
Château de Bel Avenir. 393, route du Bel Avenir. 71570 La Chapelle-de-Guinchay. Tél : 09 65 03 13 33. www.vinpur.fr

LE PROMENOIR DES VINS
Une adresse pertinente à la sélection éclectique. 500 références de jeunes domaines prometteurs, dont 70 en Beaujolais. Des initiations à l'œnologie sont proposées.
113, rue d'Anse, 69400 Villefranche-sur-Saône. Tél. : 04 74 69 03 12.
www.lepromenoirdesvins.com

RESTAURANTS

ROUGE ET BLANC
Georges Blanc, chef triplement étoilé, déploie dans ce restaurant bistronomique, une sélection de 80 cuvées. Menus de 32 à 57 €.
513, route de Fleurie, D 32, 71570 Romanèche-Thorins. Tél : 03 85 35 51 70.
www.lespritblanc.com

AUBERGE DE CLOCHEMERLE
Cette table étoilée propose 180 références (Bourgogne sud, vallée du Rhône). Menus de 42 à 86 €.
Rue Gabriel-Chevallier, 69460 Vaux-en-Beaujolais. Tél : 04 74 03 20 16.
www.aubergedeclochemerle.fr

BAR À VINS

LE 91 - BAR À VIN MAIS PAS QUE…
Une cuisine du marché (produits bio et locaux) et des assiettes de tapas du jeudi au samedi soir. Côté vins, une centaine de références.
91, rue Stalingrad, 69400 Villefranche-sur-Saône. Tél : 04 74 03 14 10.
www.baravinmaispasque.fr

FÊTES VIGNERONNES

AVRIL 2018 : 38ᴱ FÊTE DES CRUS DU BEAUJOLAIS
Dégustations, concerts, repas, vente aux enchères. Chaque année, l'un des dix crus du Beaujolais accueille cette grande fête conviviale.
www.fetedescrus-beaujolais.com

NOS DEUX COUPS DE ♥

LE CHÂTEAU DE BELLEVUE
Françoise et Xavier Barbet, propriétaires de la maison de négoce Jean Loron, accueillent en leur château, qui compte 22 hectares de vignes, cinq chambres d'hôtes et un appartement pour 12 personnes au milieu d'un parc remarquable. Chambres de 99 à 160 € la nuit. L'appartement à partir de 755 € le week-end.
Lieu-dit Bellevue, 69910 Villié-Morgon. Tél : 04 74 66 98 88.
www.chateau-bellevue.fr

L'ATELIER DU CUISINIER
Dans une ambiance bistrot, avec la carte des vins inscrite à la craie sur un tableau, tous les crus du Beaujolais et près de 70 domaines sont proposés, ainsi que de nombreux vins au verre.
17, rue Baudelaire, 69910 Villié-Morgon. Tél : 04 74 26 20 76.
www.atelier-cuisinier.com

BEAUJOLAIS

DOMAINE DANIEL BOULAND

Viticulteur du hameau de Corcelette, Daniel Bouland (attention au prénom car les Bouland sont nombreux dans le secteur !) nous séduit depuis quelques années avec des morgons d'une intensité de fruit et d'une rondeur exemplaires, issus d'un patrimoine de très vieilles vignes impeccablement cultivées et vendangées. Le fruit ne masque pas la minéralité presque sauvage du terroir, mais l'exalte au contraire. De plus, les rapports qualité-prix sont ici imbattables ! Précipitez-vous.

Les vins : nous sommes séduits par les 2016 : de jolies matières et des expressions de fruit précises sont au rendez-vous. Le chiroubles, séduisant, représente bien dans ses arômes et sa texture toute la gourmandise et le côté friand de ce cru. Le sérieux côte-de-brouilly affiche une mâche plus carrée, en toute logique, sans être décalé dans sa perception tannique. La série des morgons est de qualité. Corcelette brille par sa matière et sa trame savoureuse profite de l'empreinte minérale du terroir de Morgon dans les arômes, sans la dureté tannique en bouche. Le Bellevue s'avère plus mat pour le moment : le vin épouse davantage les schistes et la sève est plus longiligne. Le beaujolais blanc est vraiment intéressant. Même sur le millésime 2015, assez large et rond, le vin possède de la profondeur.

⊃ Beaujolais 2015	8 €	15
▬ Chiroubles Chatenay 2016	9 €	15,5
▬ Côte de Brouilly Mélanie 2016	9 €	15,5
▬ Morgon Bellevue 2016	9 €	16
▬ Morgon Corcelette Vieilles Vignes 2016	9 €	16,5
▬ Morgon Delys Vieilles Vignes 2015	11 €	15,5

Le coup de ♥

▬ Morgon Delys Vieilles Vignes 2016	10 €	17

Un nez bien mûr, porté par des fruits noirs et de la réglisse. Le style se montre plus serré, avec une jolie mâche. Une tension notable anime ce vin, qui brille par sa longueur.

Rouge : 8 hectares.
Gamay noir à jus blanc 100 %
Blanc : Chardonnay 100 %
Production moyenne : 50 000 bt/an

DOMAINE DANIEL BOULAND
**Lieu-dit Corcelette, 69910 Villié-Morgon
04 74 69 14 71** ● **bouland.daniel@free.fr** ●
Vente et visites : au domaine sur rendez-vous.

Propriétaire : Daniel Bouland

GEORGES DESCOMBES

On ne présente plus Georges Descombes, dont la vision des vins du Beaujolais a fait école dans la région. Ce domaine qu'il a repris pleinement en 1993 est aujourd'hui implanté sur 14 ha. Nous avions noté, il y quelques années, que la régularité des vins était en progrès. Tout en gardant sa philosophie et son style peu interventionniste, Georges Descombes a fait évoluer les vins vers davantage de pureté et de franchise, et chacun exprime la dimension des crus et des terroirs. La gamme est sérieuse et homogène.

Les vins : de belle envergure, ils témoignent d'une maîtrise des niveaux de maturité. Nous sommes un peu inquiets pour le beaujolais blanc, qui bascule sur des arômes de pomme. La maturité est présente, mais pas la précision. Le brouilly offre un jus concentré, équilibré et sapide, qui anoblit cette appellation souvent rangée dans la case des vins légers et fruités. Le fleurie au fruit gourmand est vraiment savoureux. Le morgon est plus serré et plus ferme. La matière est noble et l'empreinte de graphite du granite lui donne de la verticalité. Le régnié, plus rhodanien, subit un peu plus le millésime.

⊃ Beaujolais blanc 2015	12 €	12,5
▬ Brouilly Vieilles Vignes 2015	16,50 €	16
▬ Chiroubles Vieilles Vignes 2015	16,50 €	15
▬ Régnié Vieilles Vignes 2015	16,50 €	15,5
▬ Fleurie 2015	16,50 €	16,5

Le coup de ♥

▬ Morgon Vieilles Vignes 2015	16,50 €	17

Expression mûre et épicée pour ce vin concentré, souligné par la touche de graphite des schistes, dont la bouche charnue reflète la dimension solaire des 2015. Au cœur de la bouche, une belle tension tannique recentre le vin, dont l'allonge laisse présager un beau potentiel.

Rouge : 14 hectares.
Gamay noir à jus blanc 100 %
Achat de raisins.
Blanc : Chardonnay 100 %
Achat de raisins.
Production moyenne : 90 000 bt/an

GEORGES DESCOMBES
**Vermont, 69910 Villié-Morgon
04 74 69 16 67** ●
descombesgeorges@orange.fr ● **Visites : sur rendez-vous uniquement aux professionnels.**

Propriétaire : Georges et Ghislaine Descombes

Gamay noir à jus blanc 100 %
Production moyenne : 50 000 bt/an

★★
DOMAINE LOUIS CLAUDE DESVIGNES

Claude-Emmanuelle et Louis-Benoît représentent la huitième génération de vignerons au domaine, succédant à l'emblématique Louis-Claude Desvignes. Le style des vins s'avère sans concession : ils affichent une identité et une race qui mettent en valeur les différents terroirs du cru. Tous les sols sont labourés. Chaque parcelle est vinifiée séparément, et le tri est sévère. La vinification traditionnelle et l'élevage assez long sur deux hivers ne destinent pas ces vins à une évolution rapide. Il suffit d'avoir eu la chance de déguster des vieux millésimes comme 1976 et 1991 pour bien comprendre la philosophie de ce domaine.

Les vins : ils sont très cohérents en 2015. La gestion des maturités et des équilibres est spectaculaire pour ce millésime solaire. La Voûte Saint-Vincent est un peu surdimensionné par rapport à son volume habituel mais nous donne beaucoup de bonheur. Côte du Py : superbe, avec sa pointe de poivre et de cassis. Un fruit scintillant. La bouche déploie une magnifique envergure avec une empreinte de graphite qui la resserre ; les tanins sont aboutis. Un petit avantage pour Javernières cette année : son fruit s'exprime comme un coulis et il propose une très belle concentration en finesse, qui séduit par sa parfaite adéquation entre volume et volupté. Les Impénitents atteint l'excellence avec son volume dense et caressant à la fois. Une bouteille indispensable. L'élevage uniquement en ciment sur ce genre de millésime paye : les vins ne sont pas fardés et bien recentrés sur les cœurs de bouche.

- Morgon La Voûte Saint-Vincent 2015   11 €   16
- Morgon Côte du Py 2015   20 €   18
- Morgon Javernières 2015   17 €   18,5

Le coup de ♥
- Morgon Javernières Les Impénitents 2015   28 €   19,5

Un nez d'une grande précision où le fruit se dévoile avec une belle maturité. L'élevage élégant assure une jolie dimension en bouche, avec un volume concentré en finesse et une texture veloutée et soyeuse. Le vin se montre enveloppé, caressant : exceptionnel.

Rouge : 11 hectares.

DOMAINE LOUIS CLAUDE DESVIGNES
135, rue de la Voûte, 69910 Villié-Morgon
04 74 04 23 35 ●
www.louis-claude-desvignes.com ● Vente et visites : au domaine sur rendez-vous.
De 9h à 12h et de 14h à 18h. Fermé le dimanche et jours fériés.
Propriétaire : Claude-Emmanuelle et Louis-Benoît Desvignes

★★
CHÂTEAU DES JACQUES

Ce domaine phare de Moulin-à-Vent a été acheté par la maison beaunoise Louis Jadot en 1996. Cette acquisition a valu à ce vignoble un essor que peu de domaines du Beaujolais ont connu depuis presque vingt ans. Un pari audacieux, mais réussi pour Pierre-Henri Gagey, qui s'était alors appuyé sur le savoir-faire de Guillaume de Castelnau, directeur du château de 2000 à 2014. Il est remplacé aujourd'hui par Cyril Chirouze, ingénieur agronome et œnologue qui connaît bien le domaine pour y avoir travaillé entre 2007 et 2013. Le style bourguignon des vins leur a longtemps donné une patte unique dans la région. Depuis quelques années, d'autres domaines se sont inspirés de cette vision originale du gamay, dont ce domaine fut l'un des grands instigateurs. Toutes les cuvées parcellaires demandent un minimum de cinq ans de garde pour exprimer pleinement le caractère propre de leur terroir. Il faut donc de la patience pour profiter de leur complexité !

Les vins : le fleurie a subi la chaleur de l'année ; le boisé le farde un peu. Il évoque un vin rhodanien. À l'inverse, la rigueur toute nuancée du morgon lui donne davantage de fraîcheur. La série des moulin-à-vent est exemplaire. La Roche est cossu et dense. Le Clos des Rochegrès pinote davantage et la texture est plus épurée. Une belle énergie l'anime. Le Clos du Grand Carquelin impose le respect : c'est un vin concentré en finesse et dompté par son terroir. Quelle classe ! La Rochelle s'affirme comme une force tranquille, qui possède une sève et une allonge de premier ordre. La bouche affiche la dimension et la volupté d'un grand vin.

- Beaujolais Clos de Loyse 2016   10,80 €   14
- Fleurie Château des Jacques 2015   16,80 €   15

BEAUJOLAIS

- Morgon Château des Jacques 2015 — 13,60 € — 16
- Morgon Côte du Py 2015 — 25,60 € — 16,5
- Moulin-à-Vent Château des Jacques 2015 — 16,80 € — 16
- Moulin-à-Vent Clos des Rochegrès 2015 — 25,60 € — 17,5
- Moulin-à-Vent La Roche 2015 — 25,60 € — 16,5
- Moulin-à-Vent Clos du Grand Carquelin 2015 — 25,60 € — 18,5

Le coup de ♥
- Moulin-à-Vent La Rochelle 2015 — 25,60 € — 19

Une très belle dimension fruitée dans ce vin juteux, soulignée par un boisé de grande classe. La bouche, veloutée et soyeuse, habille une belle matière sans excès. La trame reste digeste et le jus tendu en finale.

Rouge : 77 hectares.
Gamay noir à jus blanc 100 %
Blanc : 9 hectares.
Chardonnay 100 %
Production moyenne : 300 000 bt/an

CHÂTEAU DES JACQUES
**147, rue des Jacques,
71570 Romanèche-Thorins
03 85 35 51 64** ●
www.chateau-des-jacques.fr ● **Vente et visites : au domaine sur rendez-vous.
Du lundi au vendredi de 8h30 à 17h30.
Propriétaire : Famille Kopf
Directeur : Cyril Chirouze**

DOMAINE PAUL JANIN ET FILS

Éric Janin a réalisé sa première vendange au domaine en 1983. Depuis le départ de son père à la retraite en 2008, il veille sur le domaine de 8 ha, composé majoritairement de parcelles sur le cru Moulin-à-Vent. Certaines vignes sont centenaires, comme Les Greneriers, plantées en 1914. Les vignes du Clos des Tremblay, situées sur le terroir des Burdelines, oscillent entre 80 et 100 ans. Les vins produits sont peu extraits et possèdent des matières délicates.

Les vins : nous sommes impressionnés par le niveau de la cave en 2015. Ce n'est pas seulement justifié par la richesse ou le niveau de concentration du millésime, mais surtout par la lecture des vins, qui associent matière et perception veloutée. Piemonts est un modèle de texture pour un simple beaujolais-villages : ample et rond, il nous ravit par sa bouche délicate. Les Vignes du Tremblay affiche davantage de mâche, tout en gardant beaucoup d'amabilité et un fruit juste et scintillant. Héritage du Tremblay se dévoile sur un fruit bien mûr ; une empreinte de graphite lui donne plus de profondeur. Une vendange entière bien aboutie lui donne cet éclat et cette allonge de bouche de grande qualité.

- Beaujolais-Villages Argiles 2015 — 11 € — 15
- Moulin-à-Vent Héritage du Tremblay 2015 — 19 € — 17,5
- Moulin-à-Vent Les Vignes du Tremblay 2015 — 13,50 € — 16
- Beaujolais-Villages Piemonts 2015 — 9 € — 15,5

Le coup de ♥
- Moulin-à-Vent Vieilles Vignes des Greneriers 2015 — 24 € — 18,5

Une robe violine pour ce vin qui épouse le côté minéral et graphite des granites, tandis que la bouche impose un volume remarquable. Le jus est concentré en finesse. Et que de beaux tanins enrobés ! Nous aimons sa jolie matière et sa trame veloutée.

Rouge : 7,58 hectares.
Gamay noir à jus blanc 100 %
Blanc : 0,5 hectare.
Chardonnay 100 %
Production moyenne : 40 000 bt/an

DOMAINE PAUL JANIN ET FILS
**651, rue de la Chanillière,
71570 Romanèche-Thorins
03 85 35 52 80** ●
www.domaine-paul-janin.fr ● **Vente et visites : au domaine sur rendez-vous.
De 10h à 12h et de 14h à 18h.
Propriétaire : Éric Janin**

CHÂTEAU THIVIN

Nous sommes admiratifs du travail effectué par Claude Geoffray et son fils Claude-Édouard, arrivé au domaine en 2007. Rares sont ceux qui gardent de la constance à travers les différents millésimes. Les vins affichent une assurance stylistique exemplaire, qui trouve son apothéose dans les derniers millésimes. Le corps, la texture et le potentiel des cuvées issues des terroirs de la Côte de Brouilly n'ont pas d'équivalent connu. Dans l'ordre croissant des prix, Les 7 Vignes, assemblage de différents terroirs, donne un vin assez souple. Vient ensuite La Chapelle, parcelle de 2 ha située tout en haut de la côte, exposée plein sud et en forte pente, sur un terroir cailouteux. En général plus dense, Les Griottes de Brulhié bénéficie d'une exposition très solaire à mi-côte. Enfin, la cuvée Zaccharie est un savant assemblage de ces différentes parcelles. Elle est élevée sous bois, dont 5 à 10 % de fûts neufs, dans un objectif de garde.

Les vins : nous saluons la fraîcheur et la gestion boisée de Marguerite, issu du village de Saint-Lager, qui séduit par sa texture fraîche et désaltérante. Le brouilly affiche toujours la même gourmandise d'année en année. La bouche du 2016 est ample et veloutée. En Côte de Brouilly, chaque cuvée parcellaire livre une définition et une trame bien caractéristiques. Les 7 Vignes est la plus ouverte aujourd'hui. Le scintillant Les Griottes de Brulhié affiche un fruit poivré et de la violette. La bouche est charnue, avec une matière enveloppée et un joli grain de tanin. Clos Bertrand se montre plus mat pour le moment mais le jus est parfaitement maîtrisé. Zaccharie est une cuvée absolument merveilleuse. Nous sommes ici dans l'un des meilleurs domaines de la région.

▭ Beaujolais-Villages Marguerite 2016	12 €	14,5
▬ Brouilly Reverdon 2016	11 €	15
▬ Côte de Brouilly Clos Bertrand 2015	16 €	16,5
▬ Côte de Brouilly Les 7 Vignes 2016	12 €	15,5
▬ Côte de Brouilly Les Griottes de Brulhié 2016	16 €	17

Le coup de ♥

▬ Côte de Brouilly Zaccharie 2015	24 €	19

Un léger boisé souligne ce vin très pur. La bouche dévoile une attaque large, avec un beau relief de tanins. Il se distingue par sa longueur.

Rouge : 25 hectares.
Gamay noir à jus blanc 100 %
Blanc : 2 hectares.
Chardonnay 100 %
Production moyenne : 120 000 bt/an

CHÂTEAU THIVIN
**630, route du Mont Brouilly,
69460 Odenas**
04 74 03 47 53 ● www.chateau-thivin.com
● Vente et visites : au domaine sur rendez-vous.
De 9h à 12h et de 14h à 18h.
Propriétaire : Claude Geoffray
Maître de chai : Claude-Édouard et Sonja Geoffray

DOMAINE DU VISSOUX

Dans le sud du Beaujolais, bien loin du cœur des crus, dans le secteur de Oingt, ce domaine est d'une régularité exemplaire depuis vingt ans. Les vins, élaborés par Martine et Pierre-Marie Chermette (depuis peu avec leur fils Jean-Étienne), ne comptent pratiquement aucun équivalent, tant leur profondeur et leur définition les placent au-dessus du lot. Leurs efforts et leur talent de vinificateurs se concrétisent avec des vins réussis dans les trois crus : Fleurie, Brouilly et Moulin-à-Vent.

Les vins : avec le millésime 2016, nous revenons sur des définitions bien plus fraîches et des équilibres bien plus digestes. En toute logique, les rouges sont plus classiques et gouleyants. La série des beaujolais se montre sincère avec une montée en puissance crescendo des textures. Les crus sont justes, avec des matières concentrées en finesse. Le Pierreux 2016 se place au-dessus du 2015. Le fleurie Poncié, superbe en 2015, se montre plus tendu sur le millésime 2016, pourvu d'une jolie acidité. C'est également la marque de ce terroir du nord de l'appellation. Les Garants est plus enrobé, sans atteindre le volume et le charnu du 2015. Le moulin-à-vent Les Trois Roches apparaît toujours velouté. Sa puissance s'avère modérée, mais la finesse est au rendez-vous. Un léger reproche concerne le choix des bois sur le moulin-à-vent La Rochelle. Nous aimons à penser qu'il sera digéré, mais nous n'en sommes pas certain. Signalons également la qualité du crémant de Bourgogne blanc de blancs en extra-brut, pour son toucher de bouche, sa bulle agréable et sa texture crémeuse.

▭ Beaujolais Chardonnay 2016	10 €	13,5
▭ Crémant de Bourgogne Blanc de Blancs Extra Brut	12,90 €	14,5
▬ Beaujolais Les Griottes 2016	7,50 €	13,5
▬ Crémant de Bourgogne Brut Rosé	12,90 €	13,5
▬ Beaujolais Les Griottes 2016	7,50 €	14
▬ Beaujolais Traditionnelle Vieilles Vignes 2016	7,50 €	14,5
▬ Brouilly Pierreux 2016	12 €	16
▬ Fleurie Les Garants 2016	13 €	16,5
▬ Fleurie Poncié 2016	12,50 €	16
▬ Moulin-à-Vent La Rochelle 2013	23 €	16,5

BEAUJOLAIS

- Moulin-à-Vent Les Trois Roches 2016 — 13,50 € — 16

Le coup de ♥
- Beaujolais Cœur de Vendanges 2016 — 10,50 € — 15,5

Une superbe maturité ! Cerise burlat et fruit scintillant au nez ; une bouche étoffée au jus sérieux. Le constat ne change pas : si le niveau des beaujolais pouvait égaler celui de ce vin, nous en serions ravis.

Rouge : 36 hectares.
Gamay noir à jus blanc 100 %
Blanc : 6 hectares.
Chardonnay 100 %
Production moyenne : 350 000 bt/an

DOMAINE DU VISSOUX
Le Vissoux, 69620 Saint-Vérand
04 74 71 79 42 • www.chermette.fr • Vente et visites : au domaine sur rendez-vous.
Du lundi au samedi de 9h à 17h.
Propriétaire : Pierre-Marie et Martine Chermette
Maître de chai : Pierre-Marie Chermette

CHÂTEAU DES BACHELARDS – COMTESSE DE VAZEILLES

Ce château fait partie des propriétés historiques de la région. Alexandra de Vazeilles a acquis ce domaine en 2014. Diplômée d'œnologie, elle a fait ses armes dans des domaines prestigieux de Bourgogne, le domaine de Montille, le domaine Roulot, et dans le Bordelais, au château Latour à Pauillac. Le château des Bachelards possède 10 ha de vignes entre Fleurie, Saint-Amour et Moulin-à-Vent, ainsi que 2 ha en Beaujolais-Villages, sur le village de Lancié. Il possède un atout remarquable : des vieilles vignes âgées de 60 à 100 ans. Le vignoble est certifié bio depuis 2007. Depuis le millésime 2015, le Bordelais Stéphane Derenoncourt distille ses conseils en vinifications pour ce domaine.

Les vins : dégustant à nouveau les 2015, nous confirmons dans l'ensemble l'évolution positive de ces vins. Nous sommes séduits par la manière dont a été géré ce millésime. Seule la cuvée Esprit de Géométrie est plus marquée par le côté solaire du fruit, sans basculer pour autant dans le compoté. Petite Fleur reste signée par un fruit jovial et une bouche digeste. Esprit de Finesse propose une trame plus longiligne que carrée ; le toucher de bouche est peu extrait et une belle fraîcheur, venue d'une touche de graphite, anime ce vin. Le fleurie se dote d'un joli fruit et d'un boisé élégant qui ne farde pas. Les louanges que nous dressions l'an passé au pouilly-vinzelles restent d'actualité : le vin, finement touché par une réduction sur les lies, démontre une tension minérale et une énergie de qualité. Nous attribuons une étoile cette année.

- IGP Comtés Rhodaniens Grand Vin Esprit de Finesse 2014 — 28 € — 17
- IGP Comtés Rhodaniens Grand Vin Esprit de Géométrie 2015 — 28 € — 16
- IGP Comtés Rhodaniens Petite Fleur 2015 — 16 € — 15,5
- Pouilly-Vinzelles Les Quarts 2015 — 24 € — 17

Le coup de ♥
- Fleurie Le Clos 2015 — 40 € — 18

Il affiche le côté solaire du gamay sans en avoir les défauts. Épicée et soulignée par un boisé de qualité, la bouche affiche beaucoup de bonhomie. Nous aimons ses tanins bien enrobés.

Rouge : 11 hectares.
Syrah 50 %, Gamay noir à jus blanc 50 %
Achat de raisins.
Blanc : 1,5 hectare.
Chardonnay 100 %
Achat de raisins.
Production moyenne : 30 000 bt/an

CHÂTEAU DES BACHELARDS – COMTESSE DE VAZEILLES
69820 Fleurie
09 81 49 47 00 • www.bachelards.com •
Vente et visites : au domaine sur rendez-vous.
Tous les jours de 8h à 19h.
Propriétaire : Alexandra de Vazeilles
Œnologue : Stéphane Derenoncourt et Simon Blanchard

★

DOMAINE JEAN-MARC BURGAUD

Jean-Marc Burgaud est un vigneron consciencieux, une valeur sûre de notre guide. Les années passent et le style des vins s'affine. Créé en 1989, le domaine possède la majorité de ses vignes sur différents terroirs de Morgon, ainsi qu'une parcelle sur sable et cailloux dans le cru Régnié, et 5 ha en Beaujolais-Villages sur les sols granitiques du village de Lantignié, où est produit depuis 2012, sur argiles, un beaujolais blanc.

Les vins : ceux dégustés en 2015 ne manquent pas de matière ni de profondeur. Nous avons un peu moins d'attirance pour les cuvées élevées en fût de 350 litres, marquées par les arômes rhum-raisin du bois, pourtant usagé. Le fard est d'autant plus prononcé sur ce type de millésime vineux. La cuvée James, issue d'une parcellaire de la Côte du Py nommée La Croix, est ample et charnue, et le temps devrait avoir raison de son élevage. Dans le Côte du Py Javernières, les notes d'acétate du bois ressortent au premier nez. La grande cuvée qui s'impose en 2015 est le morgon Côte du Py, vin juteux à la bouche ample et serrée. Grands Cras est un vin plein, plus sphérique, moins minéral, qui reste cependant pulpeux. Nous aimons Les Charmes pour sa volupté et sa rondeur. Immédiat, il possède aussi un joli potentiel. Enfin, le beaujolais-villages issu des vignes de Thulon offre un superbe rapport qualité-prix.

- Beaujolais-Villages Les Vignes de Thulon 2015 — 9 € — 15,5
- Morgon Côte du Py 2015 — 15 € — 18
- Morgon Côte du Py James 2015 — 25 € — 17
- Morgon Côte du Py Javernières 2015 — 22 € — 16,5
- Morgon Grands Cras 2015 — 13 € — 16,5
- Morgon Les Charmes 2015 — 113 € — 16,5

Le coup de ♥
- Régnié Vallières 2015 — 10 € — 16

Un fruit avenant. Le jus possède une belle dimension et une trame charnue pour ce terroir, souvent décrié (à tort !) pour son manque de matière. Un vin joliment étoffé à l'allonge notable.

Rouge : 17 hectares.
Gamay noir à jus blanc 100 %
Blanc : 0,5 hectare.
Chardonnay 100 %
Production moyenne : 90 000 bt/an

DOMAINE JEAN-MARC BURGAUD
Morgon La Côte du Py,
69910 Villié-Morgon
04 74 69 16 10 ●
www.jean-marc-burgaud.com ● Vente et visites : au domaine sur rendez-vous.
De 8h à 18h.
Propriétaire : Jean-Marc Burgaud.

★
DOMAINE NICOLAS CHEMARIN

Ce jeune vigneron n'a pas attendu très longtemps pour démontrer tout son talent. Installé sur le village de Marchampt, il commence après ses études à exploiter 2 ha issus du domaine familial en Beaujolais-Villages. Ces vignes sont exposées plein sud, à une altitude parmi les plus hautes de la région (450 mètres). Nicolas Chemarin achète en 2005 des vignes à Régnié, sur le secteur de Haute Ronze, et aux Charmes, en Morgon. Aujourd'hui, il exploite 8,5 ha et continue à vendre une partie de ses raisins au négoce, l'autre partie étant vendue sous sa propre étiquette.

Les vins : les P'tit Grobis se positionnent comme des vins de soif et de plaisir immédiat. Le blanc exprime une belle maturité de chardonnay, avec une envergure de bouche qui dépasse le vin variétal. Les beaux amers apportés par le granite donnent du relief sur la fin de bouche. Le rouge est moins abouti : si le fruit est jovial, le fond du nez est touché par des arômes de pyrazine venus de la vendange entière. La cuvée issue des vieilles vignes se dote d'un jus sérieux. Le régnié est marqué par une définition plus sudiste qu'à l'accoutumée : un vin dense, riche, qui perd un soupçon de facilité gustative.

- Beaujolais-Villages P'tit Grobis 2016 — 8 € — 14,5
- Beaujolais-Villages P'tit Grosbis 2016 — 7 € — 13,5
- Beaujolais-Villages Vieilles Vignes 2015 — 10 € — 15
- Régnié Haute Ronze 2015 — 10 € — 16

Le coup de ♥
- Beaujolais-Villages Le Rocher 2015 — 12,60 € — 16,5

Voici un vin cohérent : une robe intense, un nez marqué par les fruits noirs et les épices, dont on retrouve les tonalités, sudistes et chaudes, dans une bouche riche et enveloppée, au jus concentré. Le boisé est nuancé et bien intégré.

Rouge : 9 hectares.
Gamay noir à jus blanc 100 %
Blanc : 0,5 hectare.
Chardonnay 100 %
Production moyenne : 25 000 bt/an

DOMAINE NICOLAS CHEMARIN
Les Villiers, 69430 Marchampt
04 74 69 02 19 ● ptitgrobis@gmail.com ●
Vente et visites : au domaine sur rendez-vous.

BEAUJOLAIS

Propriétaire : Nicolas Chemarin

DOMAINE CHIGNARD

Cédric Chignard se situe dans la lignée de son père, Michel, qui lui a laissé les clefs du domaine en 2007. La famille possède des vignes de plus de 60 ans en moyenne, situées principalement dans le secteur des Moriers, à la limite de Moulin-à-Vent. Les vins sont vraiment sans fanfreluches. Ils expriment, dans un profil très bourguignon, la qualité des vins du Beaujolais.

Les vins : le domaine poursuit sa recherche de l'harmonie et de la finesse. Le beaujolais-villages 2015 est épanoui. Sa bouche est sérieuse, avec un milieu gourmand et velouté. Les Moriers 2014 rejoint un style très classique, plus infusé qu'extrait, allonge sapide et fraîche en prime. Le 2015 est davantage sphérique, avec un fruit plus démonstratif mais parfaitement géré. La Cuvée Spéciale 2013, au profil aromatique plus bourguignon, au jus étiré, peu extrait, est à boire dès aujourd'hui. On retrouve des saveurs de griotte en finale. Le 2014 brille par ses arômes floraux de pivoine et de pot-pourri, qui s'associent avec les nuances de cerise macérée. La bouche est étoffée, tout en restant bien étirée par l'acidité du millésime 2014.

▶ Beaujolais-Villages 2015	9 €	15
▶ Fleurie Cuvée Spéciale Vieilles Vignes 2013	16 €	15,5
▶ Fleurie Les Moriers 2014	12 €	15,5
▶ Fleurie Les Moriers 2015	12 €	16

Le coup de ♥
▶ Fleurie Cuvée Spéciale Vieilles Vignes 2014	15,50 €	16,5

Des arômes floraux de pivoine et de rose dans ce vin à la bouche avenante, sans excès de richesse, contrairement au 2015. On y retrouve du gras et du volume, un bon rapport entre alcool et acidité. L'élevage est cohérent.

Rouge : 10 hectares.
Gamay noir à jus blanc 100 %
Production moyenne : 45 000 bt/an

DOMAINE CHIGNARD
**Le Point du Jour, 69820 Fleurie
04 74 04 11 87 ●
domaine.chignard@wanadoo.fr ● Vente et visites : au domaine sur rendez-vous.
Du lundi au samedi de 8h à 12h et de 14h à 18h.
Propriétaire : Cédric Chignard**

NOUVEAU DOMAINE

DOMAINE JULES DESJOURNEYS

Que de chemin parcouru par Fabien Duperray en dix ans, depuis son premier fleurie réalisé en 2007 ! L'homme est un perfectionniste, un passionné désireux de mettre en valeur les grands terroirs et les grands vins du Beaujolais. Cette noble cause a été défendue en plusieurs étapes. La première fut la recherche et l'acquisition de très beaux terroirs de vieilles vignes sur des crus majeurs. La dimension des vins produits aujourd'hui est le résultat d'un travail de titan à la vigne, où rien n'est laissé au hasard. Aucune chimie, travail et labourage des sols au treuil, à la pioche. Les vins ont bien évolué dans leur style. Ils présentent des matières superbes sans aucune sensation d'extraction ni de lourdeur. Nous constatons aussi l'évolution, depuis 2010, de la qualité des élevages et de la manière dont ils sont intégrés. Tous ces louanges sont largement méritées et nous attribuons une étoile justifiée.

Les vins : la cave se révèle d'un excellent niveau pour 2014. Nous saluons la qualité et la densité des jus sur ce millésime très classique. Quand nous trouvons la mâche, la profondeur, tout en restant dans un registre très digeste et appétant, ce n'est que du bonheur. Le morgon demande de l'oxygène pour dévoiler son fruit, mais vous apprécierez son volume. La Chapelle des Bois se dévoile avec un fruit juteux et un boisé poudré. La matière est pleine de charme, voluptueuse, avec des tanins bien enrobés. Le fleurie Les Moriers est encore un jeunot dans ses arômes et ses saveurs, mais suscite un plaisir certain tant la lecture de bouche est séduisante. Sur Le Jugement Dernier, l'empreinte de l'élevage s'avère plus présente pour le moment. La bouche est moins en place, mais le fond demeure sérieux.

▶ Chénas Le Jugement Dernier 2014	36 €	16
▶ Fleurie Chapelle des Bois 2014	50 €	17
▶ Morgon 2014	36 €	15,5
▶ Fleurie Les Moriers 2014	50 €	18

Le coup de ♥
▶ Moulin-à-Vent Chassignol 2014	70 €	18,5

Nous vous conseillons de l'aérer avant dégustation. Le fruit est juste, l'élevage soigné : un vin charmant, plein, sans austérité. Sa bouche de grande classe affiche un bon volume et une matière concentrée en finesse. Un superbe vin de garde qui associe matière et volupté.

Rouge : 9 hectares.
Gamay 100 %
Production moyenne : 20 000 bt/an

DOMAINE JULES DESJOURNEYS
**75, rue Jean Thorin, 71570 La Chapelle-de-Guinchay
03 85 33 85 88 ● www.julesdesjourneys.fr/
● Pas de visites.
Propriétaire : Fabien Duperray**

DOMAINE JEAN FOILLARD

Jean Foillard fait partie des vignerons mythiques du Beaujolais. Tout commence en 1981, lorsqu'il rejoint le domaine familial. Le vigneron traverse les années, tout en restant fidèle à son style, des vins naturels, sans fioritures, mais précis. L'ensemble des vinifications s'effectue à basse température, en macération carbonique et vendange entière. Les vins transcrivent l'appétence et la fraîcheur des grands crus du Beaujolais.

Les vins : le domaine ne nous ayant pas fait parvenir ses vins cette année, nous sommes amenés à reconduire les notes et les commentaires de notre édition précédente. Nous aimons bien les textures des vins de 2014. Les soucis de réduction sur certains ne sont que passagers. Il faut bien aérer les vins avant de les servir. Nous avons été séduits par la fraîcheur du terroir de Corcelette. Le vin épouse bien la trame et semble prêt à boire dès sa prime jeunesse. Côte de Py 3.14 n'est pas produit tous les ans, mais nous vous assurons que vous pouvez investir dans cette cuvée et l'oublier quelque temps en cave.

▬ Fleurie 2014	30 €	14
▬ Morgon Côte du Py 2014	25 €	15,5
▬ Morgon Corcelette 2014	25 €	16
▬ Morgon Côte de Py 3.14 2014	45 €	17

Rouge : 16,5 hectares.
Gamay noir à jus blanc 100 %
Production moyenne : 64 000 bt/an

DOMAINE JEAN FOILLARD ♣
**Le Clachet, 69910 Villié-Morgon
04 74 04 24 97 ● jean.foillard@wanadoo.fr
● Vente et visites : au domaine sur rendez-vous.
De 9h à 11h30. Fermé les week-end et les jours fériés.
Propriétaire : Jean Foillard**

DOMAINE MEE GODARD

Mee Godard a créé son domaine en février 2013. Agent technico-commercial pour les produits œnologiques dans sa vie passée, elle réalise son rêve en faisant son propre vin. Ce petit domaine de 5,40 ha est composé de beaux terroirs du cru Morgon, et de très vieilles vignes (Corcelette, Grand Cras, Côte du Py). Nous sommes impressionnés par la dimension des vins après seulement trois années de vendange. Une précision qui nous a encouragé à décerner une première étoile l'an dernier.

Les vins : délicieux, la plupart des vins dégustés bruts de cuve se montrent déjà convaincants, tant dans la pureté du fruit que dans les dimensions de bouche. Les 2016 sont limpides, la maturité s'exprime différemment avec un fruit plus frais et moins confit. Les bouches sont davantage étirées et moins immédiates ; les acidités amènent énormément de dynamisme. Grand Cras a changé de style : il nous semble moins extrait et plus bourguignon que le 2015. Le Côte du Py est superbe. Son fruit exprime le cassis et la mûre avec une empreinte de graphite qui le resserre. Le moulin-à-vent Les Michelons se dévoile sur un fruit scintillant ; la matière s'affiche sans excès sur une allonge délicate et des tanins fins.

▬ Morgon Corcelette 2016	15 €	16,5
▬ Morgon Grand Cras 2016	17 €	17
▬ Moulin-à-Vent Les Michelons 2016	21 €	17
▬ Morgon Côte du Py 2016	19,50 €	18

Le coup de ♥
▬ Morgon Passerelle 577 2016	28 €	18,5

Son fruit scintille. Des petites baies, des épices, de la violette : une très belle fraîcheur souligne ce vin. La bouche est de belle envergure avec une charpente serrée, sans dureté. Tonique et gourmand, il est bâti pour la garde.

Rouge : 5,4 hectares.
Gamay noir à jus blanc 100 %
Production moyenne : 18 000 bt/an

DOMAINE MEE GODARD
**Morgon le Bas, 69910 Villié-Morgon
06 66 47 00 64 ● www.meegodard.com ●
Vente et visites : au domaine sur rendez-vous.**

BEAUJOLAIS

Propriétaire : Mee Godard

DOMAINE LABRUYÈRE

Ce domaine produit de très jolis vins en appellation Moulin-à-Vent, dans un style friand et profond à la fois. Également propriétaire du domaine Jacques Prieur à Meursault et du château Rouget à Pomerol, la famille Labruyère détient ce domaine viticole depuis 1850. Après avoir livré durant de longues années sa récolte au négociant Georges Duboeuf, Jean-Pierre Labruyère, secondé par son fils Édouard depuis 2008, a modernisé la cuverie et agrandi le domaine, en faisant notamment l'acquisition du splendide et légendaire Clos du Moulin-à-Vent, en 2000. Les vins sont vinifiés par Nadine Gublin, du domaine Jacques Prieur. La volonté d'obtenir une maturité poussée du gamay apparaît ici évidente et la méthode de vinification, inspirée de la Bourgogne, en vendanges égrappées, donne un style très séducteur, avec des tanins charmeurs, ronds et suaves.

Les vins : ils sont mûrs et expressifs. Cœur de Terroirs subit un peu le millésime en bouche. L'alcool monopolise la finale. Le Champ de Cour prouve une bien meilleure gestion de la richesse.

▬ Moulin-à-Vent Coeur de Terroirs 2015   16,50 €   15,5

Le coup de ♥
▬ Moulin-à-Vent Champ de Cour 2015   22,30 €   16,5

Un jus mûr comme un coulis, enrobé par un boisé de qualité que le vin digérera avec les années. La bouche, ample et cossue, nous réjouit par sa matière équilibrée. Bonne longueur.

Rouge : 14 hectares.
Gamay noir à jus blanc 100 %
Production moyenne : 55 000 bt/an

DOMAINE LABRUYÈRE
310, rue des Thorins
71570 Romanèche-Thorins
03 85 20 38 18 ●
www.domaine-labruyere.com ● Vente et visites : au domaine sur rendez-vous.
De 8h30 à 17h.
Propriétaire : Famille Labruyère
Directeur : Édouard Labruyère
Maître de chai : Michel Rovere
Œnologue : Nadine Gublin

★
MARCEL LAPIERRE

Marcel Lapierre, disparu en 2010, était un adepte des vins naturels et l'un des vignerons les plus emblématiques du Beaujolais. C'est sa femme et son fils Mathieu (ancien cuisinier), déjà à ses côtés depuis 2005, qui poursuivent son travail dans la même philosophie. La force du domaine, en culture biodynamique, réside aussi dans l'âge moyen du vignoble, qui frôle les 60 ans, ainsi que dans la situation des vignes, sur le fameux terroir de la Côte du Py (2 ha) et sur les secteurs de Corcelette et de Montplain. Le domaine achète également du raisin. La vinification reste classique (raisin entier en semi-macération carbonique beaujolaise sans SO$_2$). Le vin est élevé en moyenne neuf mois en pièces âgées de 3 à 13 ans. La qualité des derniers millésimes force le respect.

Les vins : avec son nom évocateur, le millésime 2016 de la cuvée Raisins Gaulois se définit par un fruit scintillant et gourmand et par une matière juste, peu extraite et désaltérante. Un vin fidèle dans son style à ce que le domaine recherche : plaisir immédiat et partage.

▬ VDF Raisins Gaulois 2016   9,50 €   14,5

Le coup de
▬ Morgon Vieille Vigne 2016   17,70 €   16

Un vin séduisant et sans artifice qui exhale la framboise. Le jus se montre sapide et juste. L'acidité lui donne une définition très plaisante, avec cette bouche joviale, aux notes de fruits rouges et d'épices douces. La matière n'est pas trop extraite mais nous saluons son allonge.

Rouge : 16 hectares.
Gamay noir à jus blanc 100 %
Achat de raisins.
Production moyenne : 150 000 bt/an

MARCEL LAPIERRE ♣
Les Chênes, BP4, 69910 Villié-Morgon
04 74 04 23 89 ● www.marcel-lapierre.com
● Vente et visites : au domaine sur rendez-vous.
Propriétaire : Mathieu et Camille Lapierre

★
DOMAINE TH. LIGER-BELAIR

Producteur de talent à Nuits-Saint-Georges, Thibault Liger-Belair a acquis quelques belles parcelles en Moulin-à-Vent, qu'il bichonne et vinifie comme ses grands crus bourguignons. Il en résulte des vins de race, de caractère, prêts à affronter la garde, et qui ne pâtiront pas de la comparaison avec de nombreux crus prestigieux de la Côte de Nuits.

Les vins : nous nous réjouissons de la dimensions des vins du millésime 2015. Les vins se démarquent par leur puissance et leur richesse, mais sans tomber dans des expressions confites du fruit ni dans la mollesse en bouche. Les élevages tendent les vins sur la finale. Le Champ de Cour est voluptueux ; La Roche se montre ample et bien serré, velouté, doté d'un gros potentiel. Les Vieilles Vignes se montre tout aussi racé, avec une belle mâche concentrée en finesse. Les Rouchaux se dévoile sur des fruits noirs, typé cassis et myrtille, soulignés par un boisé luxueux. Les Vignes Centenaires traversera les décennies.

- Moulin-à-Vent Champ de Cour 2015 — 19 € 16,5
- Moulin-à-Vent La Roche 2015 — 23 € 17
- Moulin-à-Vent Les Rouchaux 2015 — 19 € 16
- Moulin-à-Vent Les Rouchaux 2015 — 19 € 15,5
- Moulin-à-Vent Les Vieilles Vignes 2015 — 19 € 17,5

Le coup de ♥
- Moulin-à-Vent Les Vignes Centenaires 2015 — 70 € 18,5

Il arbore une robe intense et propose un fruit abouti aux notes de mûre et de myrtille. Le profil aromatique est plus rhodanien : on y retrouve des notes chaudes et épicées. La bouche est étoffée, avec une trame ample et riche, sans dureté de matière. Il possède une belle structure grâce à un élevage adapté.

Rouge : 14 hectares.
Gamay noir à jus blanc 100 %
Production moyenne : 30 000 bt/an

DOMAINE TH. LIGER-BELAIR ♣
32, rue Thurot, 21700 Nuits-Saint-Georges
03 80 61 51 16 ●
www.thibaultligerbelair.com ● **Pas de visites.**
Propriétaire : Thibault Liger-Belair

DOMAINE LAURENT MARTRAY

Que de chemin parcouru depuis 1987 et la première vendange ! Laurent Martray fait partie aujourd'hui des vignerons de référence dans le Beaujolais. Le vignoble de 10 ha est réparti majoritairement à Odenas et Saint-Étienne-la-Varenne. Le travail respectable à la vigne est talonné par une vinification soignée, dans un profil très bourguignon. Les raisins sont partiellement égrappés et l'élevage se fait en fût. Le beau terroir granitique de Combiaty est à la base des cuvées Vieilles Vignes et Corentin. Le joyau du domaine ? Les vieilles vignes plantées en 1916 sur les terroirs de porphyres bleus de la Côte de Brouilly. Voisin du château Thivin, la cuvée Les Feuillées possède l'empreinte des grands vins du terroir de la Côte.

Les vins : Laurent Martray n'a pas été impacté par les gels de mai et juin 2016. Nous découvrons une récolte et une cave abouties. Nous avions salué la superbe gestion du millésime 2015 ; le 2016 s'avère tout aussi réussi, mais dans un registre plus classique. Combiaty s'impose comme la cuvée la plus immédiate, dans les arômes comme dans les saveurs. C'est le premier millésime de la nouvelle parcelle La Folie. Nous saluons la matière de ce vin, mais nous pensons que le vigneron s'est fait surprendre par la maturité de ce terroir, le fruit n'étant pas de la même veine que les autres 2016. La cuvée Corentin est prometteuse : elle est juste et soignée. Le côte-de-brouilly Les Feuillées, long, plus serré dans sa définition de bouche, apparaît comme un vin de grande garde.

- Brouilly Combiaty 2016 — 14 € 15
- Brouilly Corentin 2016 — 18 € 16
- Brouilly La Folie 2016 — 16 € 14,5
- Côte de Brouilly Les Feuillées 2016 — 16 € 16,5

Le coup de ♥
- Brouilly Lois 2015 — 30 € 17,5

Une superbe définition du fruit dans un boisé élégant et subtil. La fraîcheur est également de mise. Le volume de bouche impose le respect, sans surjouer un style extrait ou massif. Ce vin charnu est doté d'une allonge de bouche sérieuse qui en dit long sur son potentiel.

Rouge : 10 hectares.
Gamay noir à jus blanc 100 %
Production moyenne : 35 000 bt/an

DOMAINE LAURENT MARTRAY
Combiaty, 69460 Odenas
06 14 42 04 74 ●
www.domainelaurentmartray.com ● **Vente et visites : au domaine sur rendez-vous. De 8h à 12h et de 13h30 à 19h.**
Propriétaire : Laurent Martray

BEAUJOLAIS

CHÂTEAU DU MOULIN-À-VENT

Acquis par la famille Parinet en 2009, ce joyau de l'appellation possède une magnifique collection de terroirs. D'importants travaux ont été réalisés par les nouveaux propriétaires qui affichent de grandes ambitions pour le domaine. Très vite, la qualité des vins a fait un bond qualitatif spectaculaire, dans un style plus moderne, avec des élevages sous bois bien maîtrisés. Autre nouveauté depuis le rachat : la création d'une gamme étendue, avec la mise en avant de cuvées parcellaires. Les derniers millésimes se révèlent très convaincants et placent le château du Moulin-à-Vent parmi les domaines majeurs de l'appellation.

Les vins : Couvent des Thorins se montre plutôt séduisant, avec un fruit bien juteux et une trame en demi-corps. La cuvée du château 2014 dévoile un boisé un peu bacon qui empêche le fruit de s'exprimer. Sa bouche est peu extraite et fine. Dans Croix des Vérillats, la matière et le fond sont plus soutenus, mais l'élevage reprend légèrement le dessus. Champ de Cour a bien digéré son élevage et le prouve avec une matière délicate. Le Clos de Londres 2011, cohérent et équilibré, est prêt à boire.

Moulin-à-Vent Champ de Cour 2014	27,60 €	16
Moulin-à-Vent Château du Moulin-à-Vent 2014	18,60 €	14
Moulin-à-Vent Clos de Londres 2011	48 €	15,5
Moulin-à-Vent Couvent des Thorins 2015	13,50 €	15,5
Moulin-à-Vent Croix des Vérillats 2014	25,60 €	15

Le coup de ♥

Moulin-à-Vent La Rochelle 2014	29,60 €	16,5

Une petite prise de bois, une note de lardé-fumé. Le fruit pinote, le vin se montre fin et délicat. Nous aimons sa bouche peu extraite à la trame savoureuse.

Rouge : 30 hectares.
Gamay noir à jus blanc 100 %
Blanc : Chardonnay 100 %
Production moyenne : 80 000 bt/an

CHÂTEAU DU MOULIN-À-VENT
**4, rue des Thorins,
71570 Romanèche-Thorins**

03 85 35 50 68 ●
www.chateaudumoulinavent.com ● Vente et visites : au domaine sur rendez-vous.
Du lundi au samedi de 9h à 12h et de 13h30 à 18h. 15€ par personne.
Propriétaire : Édouard et Jean-Jacques Parinet
Directeur : Édouard Parinet
Maître de chai : Brice Laffond

DOMAINE DOMINIQUE PIRON

Le domaine écrit une nouvelle page de son histoire en s'associant avec un partenaire-vigneron, Julien Revillon. Ce dernier, qui fut longtemps le bras droit de Jean-Luc Colombo, dans la vallée du Rhône, a acquis 7 ha de vignes dans le Beaujolais et apporte tout son savoir-faire en matière de vinification. L'association devrait permettre à ce vénérable domaine, installé depuis quatorze générations, de poursuivre sa marche. La gamme, très vaste et homogène, est largement recommandable.

Les vins : le beaujolais blanc possède la tension et la fraîcheur du millésime 2016, mais se dévoile dans un style un peu moderne et variétal : c'est techniquement bien fait mais sans émotion. La cuvée Quartz Domaine Piron-Lameloise se montre stricte et sèche sur sa fin de bouche. Pour avoir une jolie matière avec des tanins plus enrobés, direction Grand Cras : le fruit est plus avenant et la matière civilisée. Le moulin-à-vent se montre concentré ; la matière est sérieuse, mais une pointe d'alcool en milieu de bouche l'empêche d'attendre l'équilibre du Côte du Py.

Beaujolais Domaine de la Chanaise 2016	9 €	12,5
Chénas Quartz Domaine Piron-Lameloise 2015	14 €	14
Morgon Domaine de la Chanaise 2015	10 (c) €	12
Morgon Grand Cras 2015	13 €	15
Moulin-à-Vent Domaine Piron-Lameloise Vieilles Vignes 2015	15 €	15,5

Le coup de ♥

Morgon Côte du Py 2015	16 €	16,5

Un fruit juteux, avenant et juste. La bouche est cossue, dense, avec une matière rassemblée. Une trame de tanins séveux. Le côté minéral se perçoit nettement en bouche.

Rouge : 92 hectares.
Gamay noir à jus blanc 100 %
Blanc : 3 hectares.

Chardonnay 100 %
Production moyenne : 550 000 bt/an

DOMAINE DOMINIQUE PIRON
Lieu-dit Morgon, 69910 Villié-Morgon
04 74 69 10 20 ● www.domaines-piron.fr ●
Vente et visites : au domaine sur rendez-vous.
Du lundi au samedi de 9h à 12h et de 14h à 18h.
Propriétaire : Dominique Piron et Julien Revillon
Œnologue : Pierre Meunier

CHÂTEAU DE PONCIÉ

Ce domaine historique de Fleurie, situé au nord de l'appellation, a été repris en 2008 par la famille Henriot, qui ne cesse d'apporter le soin et les améliorations que ce beau vignoble de 49 ha, dont une grande partie en coteaux, avec des pentes raides pouvant atteindre 60 %, mérite. La parcelle des Hauts du Py est l'un des points culminants de l'appellation (410 m). Les derniers millésimes démontrent les progrès réalisés et témoignent de l'ambition du domaine. Il faut noter que celui-ci affiche désormais sur ses étiquettes Château de Poncié pour le marché français, et Villa Ponciago pour le marché étranger.

Les vins : ils ne souffrent par trop de l'excès de maturité que peut révéler le millésime 2015. Seule Le Pré Roi apparaît légèrement alcooleux en milieu de bouche. Les Hauts du Py, sérieux, affiche une belle mâche et de l'amplitude – mais le boisé se montre un peu racoleur. Le deux grandes cuvées de garde se hissent à la hauteur de nos espérances : La Salomine est parfaitement géré avec un boisé bien plus respectueux du fruit, et de la matière en bouche. La Grande Cuvée La Roche Muriers relève du délice !

- Fleurie La Réserve Villa Ponciago 2015 — 8,20 € 14,5
- Fleurie La Salomine 2015 — 10,90 € 15,5
- Fleurie Le Pré Roi 2015 — 8,20 € 14
- Fleurie Les Hauts du Py Villa Ponciago 2015 — 10,90 € 15

Le coup de ♥
- Fleurie Grande Cuvée La Roche Muriers Villa Ponciago 2015 — 21,20 € 16,5

Le nez se trouve à un mi-chemin appréciable entre le fruit éclatant et son élevage : le boisé est ici mieux géré que dans toutes les autres cuvées. La bouche, sérieuse, propose une matière de qualité. Un vin charnu, ample et velouté, aux tanins bien intégrés.

Rouge : 46 hectares.
Gamay noir à jus blanc 100 %
Production moyenne : 90 000 bt/an

CHÂTEAU DE PONCIÉ
69820 Fleurie
04 37 55 34 75 ● www.chateaudeponcie.fr
● Pas de visites.
Propriétaire : Groupe Henriot
Directeur : Christian Albouy
Maître de chai : Frédéric Weber

DOMAINE DES TERRES DORÉES

La réputation du beaujolais nouveau de Jean-Paul Brun est telle qu'elle finit par éclipser ses autres vins. Il est vrai que son style très naturel convient bien à ce type de vin, même si la gamme recèle d'autres affaires intéressantes, à commencer par le moulin-à-vent. Dans le respect des expressions des terroirs, avec des vinifications justes, sans excès d'élevage, les derniers millésimes délivrent beaucoup de raffinement et de nuances. Il ne faut pas non plus négliger son blanc, assurément l'un des meilleurs du coin !

Les vins : la série des beaujolais pèche par un manque d'extraction. Les crus affichent dans l'ensemble une belle envergure. Le saint-amour souffre d'un excès de richesse. Les deux fleuries proposent des textures délicates et des bouches affinées. Le morgon du domaine témoigne d'une meilleure maîtrise de la densité et de l'harmonie que le Côte du Py Javernières. Ce dernier offre beaucoup de volume et de mâche, mais est souligné par une pointe de volatile qui lui enlève de la pureté. Les deux moulin-à-vent sont bien en place : laissez-les vieillir, surtout Les Thorins.

- Beaujolais Classic 2015 — 11 € 14,5
- Beaujolais L'Ancien 2015 — 11 € 13
- Beaujolais L'Ancien Le Buissy 2015 — 14 € 14
- Beaujolais Le Ronsay 2015 — 7,50 € 13,5
- Côte de Brouilly 2015 — 13 € 15,5
- Fleurie 2015 — 16 € 15,5
- Morgon 2015 — 13,50 € 16

BEAUJOLAIS

- Morgon Côte du Py Javernières 2015 — 17,50 € 15,5
- Moulin-à-Vent 2015 — 16 € 15,5
- Saint-Amour 2015 — 16 € 14
- Moulin-à-Vent Les Thorins 2015 — 20,50 € 16,5

Le coup de ♥
- Fleurie Grille-Midi 2014 — 21 € 17

Il possède une fraîcheur rare, arbore un profil bourguignon, comme un pinot issu de vendange entière. Ce vin délicat ne manque pas de puissance et se révèle très persistant.

Rouge : 39 hectares.
Gamay noir à jus blanc 95 %, Pinot noir 5 %
Blanc : 9 hectares.
Chardonnay 89 %, Roussanne 11 %
Production moyenne : 300 000 bt/an

DOMAINE DES TERRES DORÉES
**565, route d'Alix,
69380 Charnay-en-Beaujolais
04 78 47 93 45 • contact@terresdorees.fr •
Vente et visites : au domaine sur rendez-vous.
De 9h à 12h et de 14h à 18h.
Propriétaire : Jean-Paul Brun**

NOUVEAU DOMAINE

DOMAINE GUILLAUME CHANUDET

2015 est la deuxième vendange de Guillaume Chanudet, 5ᵉ génération vigneronne. Créé en 1920, le petit domaine bénéficie d'un vignoble d'une soixantaine d'années réparti entre le terroir de la Madone et celui de Prion. Les vinifications sont classiques, avec levures indigènes et semi-macération carbonique. Les vins, vinifiés en ciment, s'affinent en inox. Seule La Patte du P'tit Chat subit un élevage final de huit mois en fût de chêne. Nous saluons la qualité des vins présentés, aux matières sérieuses, au fruit scintillant, bien dans l'esprit et le style digeste que devraient afficher tous les vins de cette région.

Les vins : on retrouve dans La Madone 2015 une définition rhodanienne du fruit, où les arômes de fruits noirs et d'épices flirtent avec le compoté. Cela reste cohérent. La bouche est large et cossue ; de beaux tanins redressent l'ensemble. Le 2016 est plus juteux, avec une bouche sérieuse. La matière s'avère plus digeste grâce à l'acidité du millésime.

- Fleurie La Madone 2015 — 9 € 15,5
- Fleurie La Madone 2016 — 9 € 16

Le coup de ♥
- Fleurie La Patte du P'tit Chat 2015 — 12 € 16,5

Un vin au fruit juteux, souligné par un boisé qui lui donne une touche de moka, mais bien géré. Sa bouche est assez riche et enveloppée. Vineux, mais cohérent.

Rouge : 5 hectares.
Gamay noir à jus blanc 100 %
Blanc : 5 hectares.
Production moyenne : 7 000 bt/an

DOMAINE GUILLAUME CHANUDET
**Prion 69820 Fleurie
06 79 12 83 57 •
chanudet.guillaume@gmail.com • Vente et visites : au domaine sur rendez-vous.
Propriétaire : Guillaume Chanudet
Directeur : Guillaume Chanudet**

DOMAINE DAMIEN COQUELET

Damien Coquelet, jeune vigneron plein de talent, a commencé à vinifier en 2007. Il possède un vignoble de choix sur Morgon avec 4 ha sur le cru Côte du Py (anciennes vignes du domaine Pierre Savoye). Il se distingue avec deux chiroubles qui associent le juteux du fruit et la volupté, deux vins qui séduisent par leur gourmandise – les Vieilles Vignes sont plus amples. Les parcelles des Saignes et du col de Truges en sont le berceau. Adepte des vins issus de raisins entiers, il suit la digne mouvance de son beau-père Georges Descombes.

Les vins : cette année, nous avons dégusté pour la première fois un blanc provenant du village de Marchampt, et un rouge issu d'achats de raisins à Saint-Amour, signé avec Frédéric Cossard et Kévin Descombes. Si le jus est très digeste, une pointe d'acétate lui enlève de la pureté, la texture est peu extraite, l'ensemble n'est pas abouti. Le blanc 2015 est bien équilibré : l'altitude du village de Marchampt lui permet de garder une belle tension finale. Le chiroubles Vieilles Vignes est charnu mais séducteur. Un joli fruit et une trame gourmande limitent l'excès de puissance que peuvent montrer certains vins de ce millésime.

- Beaujolais blanc 2015 — 12 € 14
- Chiroubles 2016 — 10 € 14
- Chiroubles Vieilles Vignes 2015 — 17 € 16

- Morgon Côte du Py 2016 — 10 € — 15
- Saint-Amour 2016 — 25 € — 11,5

Le coup de ♥
- Morgon Côte du Py Vieilles Vignes 2015 — 17 € — 16

Un vin cohérent à la palette aromatique dense et riche, au jus bien mûr, aux tanins bien gérés, au boisé intégré : un morgon concentré et gourmand.

Rouge : 9 hectares.
Gamay noir à jus blanc 100 %
Achat de raisins.
Production moyenne : 50 000 bt/an

DOMAINE DAMIEN COQUELET
**Les Bourrons 69820 Vauxrenard
04 74 02 80 85 ●
damiencoquelet@hotmail.fr ● Pas de visites.
Propriétaire : Damien Coquelet**

JULIEN DUPORT

Julien Duport, jeune vigneron consciencieux, a déjà un bon lot de vendanges derrière lui depuis la reprise du domaine familial en 2003. L'ensemble du vignoble est travaillé, labouré, même les terroirs les plus pentus. La vinification reste traditionnelle. Les vins sont issus de vendange entière, avec des cuvaisons de trois semaines. En Côte de Brouilly, le terroir exceptionnel de La Boucheratte est pentu à vous donner le vertige. Grâce aux vieilles vignes (12000 pieds/ha), le vin produit montre une mâche qui ne peut laisser indifférent.

Les vins : le fruit du côte-de-brouilly Empreintes se révèle d'une bonne maturité. La bouche, charnue, étoffée, possède une trame encore un peu décalée. Le style est concentré mais le vin doit gagner en charme et en volupté. La Boucheratte affiche une bonne matière mais manque d'un peu de précision. Le boisé légèrement coco impacte la fraîcheur du fruit. La bouche est ample et charnue mais le bois sèche un peu sur la fin. Lieu-dit Brouilly s'avère plus mat pour le moment. Le jus est ample et ferme, la vendange entière le resserre un peu et amène à ce stade une petite austérité. À encaver.

- Côte de Brouilly Empreintes 2015 — 14,50 € — 15,5
- Côte de Brouilly La Boucheratte 2015 — 12,50 € — 15
- Côte de Brouilly Lieu-dit Brouilly 2016 — 9,90 € — 15,5

Le coup de ♥
- Brouilly La Folie 2016 — 9 € — 15

Une définition fraîche et épicée. La bouche est concentrée, sans atteindre la puissance des 2015, mais nous préférons ce style plus aérien et plus appétant. Un vin de semi-garde qui s'affinera après la mise.

Rouge : 8,4 hectares.
Gamay noir à jus blanc 100 %
Blanc : 0,2 hectare.
Chardonnay 100 %
Production moyenne : 25 000 bt/an

JULIEN DUPORT
**Brouilly 69460 Odenas
06 81 83 10 21 ● jul.duport@wanadoo.fr ●
Pas de visites.
Propriétaire : Julien Duport**

DOMAINE DE FA

Antoine et Maxime Graillot, célèbres vignerons de Crozes-Hermitage, ont repris, en 2013, 5 ha familiaux d'un terroir de coteaux très caillouteux sur granite, dans les hauteurs de Saint-Amour. L'ensemble du vignoble est en biodynamie. En parallèle, ils ont fait l'acquisition de 3 ha de vignes dans le lieu-dit Roche Guillon, au nord du cru Fleurie, près du terroir de Poncié. Les vins sont vinifiés en grappe entière, en cuve béton ; l'élevage se fait en foudre Stockinger de 20 et 30 hl.

Les vins : s'il ne manque pas de caractère et d'étoffe, nous sommes tout de même légèrement déçus de la gestion de ce millésime 2015, solaire à la cave. Le beaujolais En Besset apparaît déséquilibré, et une pointe de volatile souligne l'ensemble aromatique. Certes, la bouche est riche, mais l'alcool impose sa présence avec cette sensation de chaleur. Le saint-amour s'avère plus précis mais le fruit bascule un soupçon. Même si le vin se montre charnu, il manque un peu de gourmandise. La cuvée la plus aboutie de la cave est le fleurie Roche Guillon. Il est difficile sur ce genre de millésime de garder la juste maturité et l'élégance : cela se joue parfois à peu de choses, comme la maturité du raisin ou la date des vendanges.

- Beaujolais En Besset 2015 — 13 € — 13,5
- Saint-Amour 2015 — 24 € — 14,5

Le coup de ♥
- Fleurie Roche Guillon 2015 — 22 € — 16

Une intensité charmante ! Le fruit étant légèrement bloqué par une réduction, il faut l'aérer

BEAUJOLAIS

pour apprécier ses arômes de fruits noirs et de poivre. La bouche se dévoile sur une matière de qualité. Indéniablement la cuvée la plus aboutie du domaine.

Rouge : 8,00 hectares.
Gamay noir à jus blanc 100 %
Production moyenne : 15 000 bt/an

DOMAINE DE FA
**Faye, 71700 Boyer
04 75 84 67 52** ●
contact@domainegraillot.com ● **Pas de visites.**
Propriétaire : Antoine et Maxime Graillot
Œnologue : Antoine et Maxime Graillot

DOMAINE DE LA GRAND'COUR

Jean-Louis Dutraive n'est pas un débutant : arrivé au domaine en 1977, il succède à son père en 1989. Le domaine est doté d'un vignoble de plus de 11,7 ha, dont 9 en Fleurie et le reste en Brouilly. Les vins du domaine sont sans artifice. Ils expriment la vérité du raisin et la gourmandise des vins peu extraits. Certifiés Ecocert depuis 2009, les vins sont vinifiés en levures indigènes. Le vigneron est partisan de longues macérations avec des élevages d'un peu plus d'une année. Les vignes de Fleurie sont installées sur la partie sud, La Chapelle des Bois, Grand'Cour et Champagne, près du village de Lancié.

Les vins : le domaine ne nous ayant pas fait parvenir ses vins cette année, nous sommes amenés à reconduire les notes et les commentaires de notre édition précédente. Les 2015 montrent des niveaux divers. Le brouilly nous semble marqué par une pointe d'acidité volatile. Le Clos de la Grand'Cour est un peu mâché dans sa phase aromatique, mais le jus est plus conforme. L'ensemble se montre cohérent. La Chapelle des Bois est le vin le plus abouti, tant dans les arômes que dans les saveurs. La matière est pleine, le vin possède un bon potentiel de garde.

▬ Brouilly 2015	14,50 €	11
▬ Fleurie Clos de la Grand Cour 2015	14,50 €	15
▬ Fleurie La Chapelle des Bois 2015	14 €	16

Rouge : 11,7 hectares.
Gamay noir à jus blanc 100 %
Production moyenne : 35 000 bt/an

DOMAINE DE LA GRAND'COUR ♣
**La Grand Cour 69820 Fleurie
04 74 69 81 16** ● jlouis.dutraive@orange.fr
● **Pas de visites.**
Propriétaire : Jean-Louis Dutraive

DOMAINE DES MARRANS

C'est en 2008, après des expériences en Australie et en Nouvelle-Zélande, que Mathieu Mélinand prend la suite de son père dans ce domaine de 20 ha, à cheval sur six appellations. Les vins produits sont vinifiés en levures indigènes et possèdent des textures peu extraites avec des fruités sincères et juteux. Chaque cru possède des vignobles d'un certain âge dans des secteurs bien placés : Corcelette à Morgon, Champagne et La Chapelle des Bois à Fleurie, Les Côtes et Crozet à Chiroubles. Le demi-hectare de blanc provient des sols argilo-calcaires de Saint-Jean-d'Ardières.

Les vins : les entrées de gamme sont bien gérées mais manquent encore d'une empreinte de terroir. Des notes amyliques et variétales sont trop présentes sur le blanc et le rosé. Si le simple beaujolais rouge nous enchante par sa chair peu extraite, le Villages manque de précision. Parmi les crus, les fortunes sont diverses : ceux vendangés à bonne maturité sont complets et homogènes. Le Clos du Pavillon en est une parfaite illustration. Le morgon s'avère tout aussi réussi, avec un fruit scintillant et une belle envergure de bouche. Le juliénas compote un peu : cela lui fait perdre de la fraîcheur. Le chiroubles n'atteint pas en 2015 le niveau du millésime 2014.

◻ Beaujolais Chardonnay 2016	9,50 €	13
▬ Rosé des Marrans 2016	7 €	11,5
▬ Beaujolais Vieilles Vignes 2016	7 €	14
▬ Beaujolais-Villages 2016	8,50 €	12
▬ Chiroubles Vieilles Vignes 2015	11,50 €	14,5
▬ Fleurie 2015	12,50 €	15
▬ Juliénas 2015	12,50 €	15
▬ Morgon Corcelette 2015	12,50 €	16,5

Le coup de ♥
▬ Fleurie Clos du Pavillon 2015	17 €	17

Un nez mûr et épicé où l'on retrouve un fruit franc et savoureux : la maturité du millésime ne déborde pas. Nous sommes séduits par le volume et la richesse de ce fleurie qui jouit d'une trame de tanin enrobée.

Rouge : 19,5 hectares.
Gamay noir à jus blanc 100 %
Blanc : 0,5 hectare.
Chardonnay 100 %
Production moyenne : 100 000 bt/an

DOMAINE DES MARRANS
**Les Marrans, 69820 Fleurie
04 74 04 13 21** ●
www.domainedesmarrans.com ● **Vente et visites : au domaine sur rendez-vous. De 9h à 18h.
Propriétaire : Famille Mélinand
Directeur : Mathieu Mélinand**

DOMAINE DES NUGUES

Le domaine possède l'essentiel de son vignoble dans les appellations génériques Beaujolais et Beaujolais-Villages, et quelques parcelles en crus sur Morgon (1 ha) et Fleurie (6 ha). L'âge des vignes est élevé et les vins produits par Gilles Gelin, assez extraits dans leur jeunesse, s'imposent par un style structuré.

Les vins : les 2015 sont bien mûrs et fidèles au millésime en matière de volume. Le fleurie et le morgon se montrent un peu déstabilisés par l'alcool et leurs équilibres ne sont pas exceptionnels. Le beaujolais-villages est plus digeste, mais le fruit moins éloquent. La cuvée Elle et Lui s'impose certainement comme l'une des plus réussies question harmonie. Le chardonnay nous laisse un peu perplexe : son style nous semble simple et variétal.

⟶ Beaujolais-Villages 2016	11 €	12,5
⟶ Beaujolais-Villages 2015	8 €	14
⟶ Fleurie 2015	13 €	14,5
⟶ Morgon 2015	13 €	14
⟶ VDF Elle et Lui 2014	13 €	15,5

Le coup de ♥
⟶ Beaujolais-Villages Quintessence du Gamay 2011	13 €	15,5

Une belle évolution sur des notes de laurier, avec une pointe automnale. Une pointe de graphite ressort aussi, apportant de la profondeur. La bouche est ample et de belle tenue.

Rouge : 29,9 hectares.
Gamay noir à jus blanc 98,5 %, Syrah 1,5 %
Blanc : 2,85 hectares.
Chardonnay 100 %
Production moyenne : 200 000 bt/an

DOMAINE DES NUGUES
**Les Pasquiers, 40, rue de la Serve, 69220 Lancié
04 74 04 14 00** ●
www.domainedesnugues.com ● **Vente et visites : au domaine sur rendez-vous.
Du lundi au samedi de 8h à 12h et de 13h30 à 18h30.
Propriétaire : Gilles Gelin**

DOMAINE DES PIERRES

Cela fait quelques années déjà que Jean-François Trichard a repris le domaine à son père Georges, doté d'un joli vignoble de vieilles vignes. Les vins produits à Saint-Amour et Chénas se caractérisent toujours par des matières enveloppées, tout en privilégiant la fraîcheur et le côté digeste des vins du Beaujolais. Même les cuvées en fût sont élaborées avec soin et prennent un accent bourguignon avec le temps. 3 ha en blanc agrémentent la production.

Les vins : Le mâcon-chaintré reste techniquement bien maîtrisé, avec une bouche assez digeste, fidèle aux équilibres du millésime, mais manque un peu d'envergure et de profondeur. Le saint-amour se montre juteux avec un fruit démonstratif. La bouche affiche une matière souple et harmonieuse. Un vin qui séduit par sa finesse.

⟶ Mâcon-Chaintré 2016	7,50 €	12
⟶ Saint-Amour 2016	8,50 €	14

Le coup de ♥
⟶ Chénas 2016	6 (c) €	15,5

Nous aimons son fruit avenant et juteux aux notes de poivre. La bouche est dotée d'une jolie mâche et offre un appréciable volume. L'ensemble est plein, avec une superbe sève de tanin. Garde assurée !

Rouge : 15,5 hectares.
Gamay noir à jus blanc 100 %
Blanc : 3 hectares.
Chardonnay 100 %
Production moyenne : 50 000 bt/an

DOMAINE DES PIERRES
**2347, route de Juliénas, 71570 La Chapelle-de-Guinchay
03 85 23 19 93** ● trichardjf@orange.fr ●
**Vente et visites : au domaine sur rendez-vous.
Propriétaire : Jean-François Trichard**

NOUVEAU DOMAINE

CLOS DE LA ROILETTE

Le clos de la Roilette est aux mains de la famille Coudert depuis 1967, Alain ayant signé sa première vendange en 1982. Composé de 14 ha, le domaine s'est agrandi en 2005, avec la reprise d'une parcelle de Brouilly, située sur le village de Saint-Lager. À Fleurie, les vieilles vignes entourent la cave. Notons également 3 ha dans le secteur de Champagne, situé au sud-ouest du village. Le style des vins est sans fioritures. Au programme, vinification classique en vendange entière et élevage en foudres de chêne usagés. La cuvée Les Griffes du Marquis subit un élevage de douze mois en barrique. Ces vins au joli potentiel de garde se montrent denses et charnus.

Les vins : Alain Coudert réalise un millésime 2016 de qualité, à défaut de pouvoir proposer une certaine quantité. En cause : deux grêles, le 27 mai et le 24 juin. La Cuvée tardive fraîchement mise en bouteille se dévoile par un joli fruit et une texture digeste – certains préféreront le côté plus sudiste du 2015, mais nous sommes bien plus fidèles à la région avec ce millésime 2016. Elle montre un fruit juteux et épicé, de prune et de poivre du moulin. La bouche est structurée avec ampleur et mâche. Ce brut de cuve n'est pas encore figé dans son équilibre final, mais nous somme séduits par la matière et la densité. Les Griffes du Marquis 2015, d'une très belle matière, offre une maturité juste pour ce genre de millésime chaud. Une expression du fruit obtenue grâce à une bonne gestion de la date des vendanges. Léger bémol concernant l'empreinte du bois qui sucre l'ensemble. La trame de bouche, ample et structurée, dévoile tout son potentiel.

- Fleurie Les Griffes du Marquis 2015   16 €   16

Le coup de ♥
- Fleurie Cuvée Tardive 2016   11,50 €   17

Un nez juteux sur les fruits frais, avec un côté poivré. La bouche, ample et charpentée, s'appuie sur un support tannique qui resserre la matière. À ce stade, le toucher de bouche final reste un peu anguleux. Il grandira après la fin de l'élevage.

Rouge : 14 hectares.
Gamay noir à jus blanc 100 %
Production moyenne : 60 000 bt/an

CLOS DE LA ROILETTE
**La Roilette, 69820 Fleurie
04 74 69 84 37 ●
clos-de-la-roilette@wanadoo.fr ● Vente et visites : au domaine sur rendez-vous. De 8 h à 12 h et de 14 h à 18 h.
Propriétaire : Alain Coudert**

DOMAINE BERNARD SANTÉ

Ce domaine a été créé en 1945. Bernard Santé y exploite une dizaine d'hectares sur les crus Chénas et Moulin-à-Vent. Il possède de jolis terroirs, comme Les Blémonts, Les Chassignol ainsi que les vieilles vignes des Mouilles, qui produisent un excellent et profond juliénas. La vinification est faite en grappe entière, de manière traditionnelle. Les vins sont élevés en foudre. Nous saluons leur bon rapport qualité-prix.

Les vins : les millésimes se suivent et le style des vins demeure. Le millésime 2016 a été bien géré : le chénas se montre gourmand et sincère, avec une bouche privilégiant la rondeur. Le juliénas est un peu plus mâché. Le moulin-à-vent, d'un bon niveau, n'est pas le plus étoffé du cru, mais reflète bien son élégance et sa finesse.

- Chénas 2016   8,50 €   15
- Juliénas 2016   8,50 €   15
- Moulin-à-Vent 2016   12 €   15,5

Le coup de ♥
- Juliénas La Vieille Vigne des Mouilles 2016   12 €   16

Une belle définition du fruit sur des notes de cerise et de framboise. La maturité s'exprime différemment des 2015, avec davantage de fraîcheur. La bouche est définie par une mâche de qualité, un jus serré et une dimension minérale. Ses tanins finaux vont se polir.

Rouge : 9 hectares.
Gamay noir à jus blanc 100 %
Blanc : 1 hectare.
Chardonnay 100 %
Production moyenne : 25 000 bt/an

DOMAINE BERNARD SANTÉ
**71570 La Chapelle-de-Guinchay
03 85 33 82 81 ●
earl.sante-bernard@wanadoo.fr ● Vente et visites : au domaine sur rendez-vous.
Propriétaire : Bernard Santé**

JULIEN SUNIER

Bourguignon de naissance, Julien Sunier crée son domaine dans le Beaujolais en 2008, après un long périple à parcourir les vignobles dans le monde entier. Il est passé par le domaine Roumier, à Chambolle-Musigny, et chez Albert Mann, en Alsace. Trois appellations sont élaborées ici. Le chai se situe à 750 mètres d'altitude sur les hauteurs d'Avenas. Certifiées en bio sur 4 ha, toutes les vignes sont travaillées manuellement, même dans le secteur pentu et difficile de Niagara (Fleurie). Suivant les principes de Jules Chauvet, les vins sont peu extraits et brillent par leur sapidité et leur fraîcheur. La méthode : raisins entiers en semi-macération carbonique, élevage en fût bourguignon sans bois neuf.

Les vins : dans ce millésime 2016 compliqué, les épisodes de grêle se sont conjugués à une attaque de mildiou, dont a souffert Julien Sunier, comme d'autres vignerons. Le producteur a créé une cuvée Wild Soul, issue d'achats de raisins des secteurs de Lantignié et Régnié : un vin sans prétention qui nous régale et se montre désaltérant. Une pointe d'acidité volatile enlève de la pureté au régnié. Le fleurie est bien en place, avec la fraîcheur et la tension qui caractérisent les terroirs en altitude du cru. Le morgon s'avère plus cossu, tout en restant fidèle en bouche au style du domaine. Issu d'un assemblage de plusieurs terroirs (Charmes, Grand Cras et Corcelette), il arbore une matière plus charpentée et un potentiel supérieur.

- Fleurie 2016   24 (c) €   15
- Régnié 2016   19 (c) €   13,5
- VDF Wild Soul 2016   16 (c) €   14

Le coup de ♥
- Morgon 2016   24 (c) €   16

Le nez est le plus ouvert de tous, sur des fruits scintillants. Le jus en bouche possède davantage de mâche que le reste des cuvées, tout en gardant une trame épurée sans austérité. C'est un vin savoureux.

Rouge : 7,5 hectares.
Gamay noir à jus blanc 100 %
Production moyenne : 30 000 bt/an

JULIEN SUNIER ♣
Les Noisetiers 69430 Avenas
04 74 69 91 74 ● www.julien-sunier.com ●
Pas de visites.
Propriétaire : Julien Sunier

DOMAINE THILLARDON

Paul-Henri Thillardon exploite des vignes sur le terroir de Chénas, en métayage, depuis quelques années. Il rachète le domaine en 2012, avant d'être rejoint par son frère Charles en 2014. Le domaine se compose aujourd'hui de 4 terroirs sur Chénas et de 3 à Moulin-à-Vent, d'une petite parcelle de Chiroubles, au lieu-dit Le Bourg, ainsi qu'une parcelle de Beaujolais dans les Terres Dorées (sa région d'origine). En 2012, il rachète une vieille vigne de 90 ans sur le terroir de Chassignol, et la remet en culture. Le domaine est certifié en bio et en cours de certification en biodynamie.

Les vins : ce domaine, qui fit son entrée avec les beaux vins du millésime 2014 l'an passé, nous laisse un peu perplexe face à ses 2015. Nous aimons les vins issus de vendange entière dans un style peu extrait, comme ce domaine peut nous le proposer. Or si les maturités et les volumes sont bons, les vins manquent de précision et sont pour la plupart marqués par trop d'acidité volatile. Ce chaud millésime 2015, qui a donné des vins charpentés, aux acidités basses, demandait la plus grande vigilance. La gestion des vins avec très peu de SO_2 sur ce profil de millésime nous semble hasardeuse.

- Chénas Les Blemonts 2015   19 €   14,5
- Chénas Les Boccards 2015   18 €   14
- Chénas Les Carrières 2015   16 €   13
- Chénas Les Vibrations 2015   19 €   12,5
- Moulin à Vent 2015   20 €   14

Le coup de
- Chénas Chassignol 2015   25 €   15,5

C'est le vin le plus abouti du domaine. Le fruit est sincère, la palette aromatique très florale, avec des notes de pot-pourri et de griotte. La bouche, étoffée, est pleine et homogène.

Rouge : 12 hectares.
Gamay noir à jus blanc 100 %
Production moyenne : 40 000 bt/an

DOMAINE THILLARDON ♣
Les Brureaux 69840 Chénas
06 07 76 00 91 ● paul-henri.t@hotmail.fr ●
Vente et visites : au domaine sur rendez-vous.
Propriétaire : Charles et Paul-Henri Thillardon

"Avec trois grands millésimes, 2014, 2015 et 2016, aux prix raisonnables, Bordeaux revient en grâce. On redécouvre que le vignoble produit des crus excellents dont les rapports qualité-prix sont parmi les plus intéressants de France."

Olivier Poels, dégustateur des vins de Bordeaux
Membre du comité de dégustation de La Revue du vin de France

BORDEAUX

LES AMATEURS RETROUVENT LE GOÛT DE SES VINS

Souvent montré du doigt pour ses prix, son utilisation de la chimie et la "parkerisation" de ses vins, le vignoble bordelais est pourtant en train de passer à une nouvelle étape de sa longue existence.

Bordeaux est-il en train de tourner enfin la page du "bashing" dont il a été victime ces dernières années ? Le fait que le vignoble ait enregistré trois grands millésimes successifs sans que les prix ne flambent y est sans doute pour quelque chose. Mais pas seulement... D'abord, Bordeaux n'a jamais produit d'aussi bons vins, dans les crus classés comme dans les appellations génériques ; ensuite, on voit émerger une viticulture plus précise, des vins au style moins opulent qu'auparavant. Bordeaux s'éloigne ainsi du canon dicté par l'influence du dégustateur américain Robert Parker.

Côté tarifs, les prix des crus classés bordelais n'ont pas retrouvé les plafonds du millésime 2010. La récente sortie des primeurs 2016 (annoncé comme l'un des plus grands millésimes de la décennie) illustre cette tendance. Des crus comme Ausone ou Lafite ont été mis sur le marché à des prix deux fois moins élevés qu'en 2010. Et la moyenne générale est tout à fait raisonnable par rapport aux grands crus bourguignons, par exemple. À l'autre extrémité du spectre, le vignoble produit parmi les vins les moins chers de France. En appellations Bordeaux et Bordeaux supérieur, on trouve des centaines de vins remarquables souvent vendus à des prix très raisonnables, entre 4 et 8 euros.

Si Bordeaux est souvent montré du doigt quant aux questions environnementales, on voit une multitude de crus classés se convertir à la viticulture biologique, voire à la biodynamie, à l'instar de Pontet-Canet, véritable star de ces dernières années. Espérons que cette tendance se généralise et touche des crus moins prestigieux. Car la Gironde est le département qui utilise le plus de pesticides en France, devant la Champagne. Les instances dirigeantes de la viticulture bordelaise veulent faire amende honorable et ambitionnent d'abandonner ces intrants dans les prochaines années. Déjà plus de 8 000 hectares de vignes ont été convertis en bio.

Côté atouts, la notoriété mondiale du vignoble bordelais reste son principal avantage. Aucune autre région au monde ne peut se prévaloir de posséder autant de "marques" fortes. Les grands crus classés du Médoc, les crus classés de Saint-Émilion, des Graves, de Sauternes et les plus prestigieux vins de Pomerol continuent de jouir d'une réputation internationale forte et bénéficient, dans les grands millésimes, d'une demande très soutenue.

L'autre particularité de Bordeaux est de bénéficier d'un système de commercialisation unique au monde, via ce que l'on nomme "la place". Les différents châteaux ne vendent pas leurs vins en direct aux particuliers, ni aux différents circuits de distribution, mais à des négociants qui se chargent ensuite de les diffuser dans le monde entier. Cette vente s'effectue "en primeur", c'est-à-dire que les vins sont payés par les négociants avant leur mise en bouteilles, au printemps suivant la vendange. Cela permet aux châteaux d'encaisser de la trésorerie et de ne plus avoir à se soucier ensuite de la commercialisation des vins. L'avantage pour les négociants : payer ces vins moins cher, et pouvoir ainsi spéculer dessus, ce qui engendre malheureusement des fluctuations de prix importantes, qui attirent certes les spéculateurs, mais détournent les amateurs.

BORDEAUX

LES APPELLATIONS
—

Très vaste région viticole, Bordeaux peut être découpé en différents secteurs géographiques. Chacun de ces secteurs propose des vins aux profils différents. Voici les principales zones de production.

L'ENTRE-DEUX-MERS

Cette zone est située dans ce vaste triangle très vallonné, entre la Dordogne et la Garonne. L'AOC Entre-deux-Mers produit des vins blancs secs, floraux et frais ; l'AOC Cadillac Côtes de Bordeaux, dont les vignes sont plantées sur les coteaux dominant la Garonne, depuis Bordeaux jusqu'à Cadillac, produit des vins rouges simples et fruités. Les appellations Cadillac, Loupiac et Sainte-Croix-du-Mont, situées face au Sauternais, sur la rive droite de la Garonne, livrent des vins liquoreux qui peuvent donner, dans les bonnes années, de très belles bouteilles à des prix doux. Enfin, l'AOC Bordeaux Haut-Benauge au cœur de l'Entre-deux-Mers produit des vins moelleux et quelques blancs secs et rouges.

LES CÔTES DE BORDEAUX

Cet ensemble regroupe cinq appellations situées sur les coteaux le long de la Dordogne et de l'estuaire de la Gironde. Blaye Côtes de Bordeaux, Côtes de Bourg et Castillon Côtes de Bordeaux sont les plus renommées grâce à leurs vins rouges pleins et gourmands. Les meilleurs vins de Castillon peuvent rivaliser avec les crus de Saint-Émilion. Francs Côtes de Bordeaux est un petit vignoble en progrès, où quelques domaines sont au-dessus du lot. Sainte-Foy Bordeaux se révèle petit à petit.

LE LIBOURNAIS

Les appellations situées autour de la ville de Libourne comptent, à l'ouest, Fronsac et Canon-Fronsac, dont les vins rouges charnus et profonds rappellent ceux de Pomerol au vieillissement. Les satellites de Saint-Émilion (Lussac Saint-Émilion, Montagne Saint-Émilion, Puisseguin Saint-Émilion, Saint-Georges Saint-Émilion) élaborent des vins d'un style comparable, mais moins fin que celui des crus de Saint-Émilion. Au nord de Pomerol, l'AOC Lalande de Pomerol progresse grâce à quelques producteurs dynamiques dont les vins sont très proches de bons pomerols. Les AOC Saint-Émilion et Saint-Émilion Grand cru s'étendent sur 5 500 hectares au profil géographique contrasté : une partie méridionale située sur une plaine sablonneuse et une autre, plus intéressante, au nord, en côte et en plateau. À leur meilleur niveau, les vins de Saint-Émilion possèdent à la fois une structure bien définie et une chair étoffée et gourmande. Enfin, Pomerol, appellation très prestigieuse, et pourtant fort hétérogène, se situe au nord de Saint-Émilion. Mais une nouvelle dynamique amorcée par les plus prestigieux crus montre tout le potentiel de l'appellation. Les plus grands déploient un corps et un bouquet majestueux au vieillissement.

MÉDOC ET HAUT-MÉDOC

La presqu'île du Médoc compte deux vastes appellations régionales, l'AOC Médoc, située au nord de Saint-Estèphe, et l'AOC Haut-Médoc, qui se situe entre Blanquefort, à la périphérie de Bordeaux, et Saint-Estèphe. Leur qualité globale est inévitablement hétérogène. De très nombreux crus bourgeois de bon niveau s'illustrent.

LES COMMUNALES DU MÉDOC

Les appellations communales sont parmi les plus prestigieuses de Bordeaux. Les AOC Moulis et Listrac, contiguës et situées un peu en retrait à l'intérieur des terres entre Margaux et Saint-Julien, produisent de bons vins, moins fins cependant que ceux des crus voisins. Du sud au nord, le long de l'estuaire de la Gironde, on découvre Margaux, réputée pour la finesse de ses vins dont les meilleurs ne manquent pas de corps ; Saint-Julien, aux cuvées structurées et harmonieuses, qui concentre une très grande majorité de crus classés ; Pauillac, ses vins de grande structure, racés et puissants, austères dans leur jeunesse ; et Saint-Estèphe, qui présente des vins charpentés, charnus et possédant, pour les meilleurs, une race similaire à celle de leurs voisins de Pauillac.

PESSAC-LÉOGNAN ET GRAVES

L'appellation régionale des Graves s'étend de Portets jusqu'au sud de Langon, à la limite du Lot-et-Garonne. Se caractérisant par son terroir de graviers appelés graves, elle produit des vins rouges équilibrés, fruités mais sans commune mesure avec ceux de Pessac-Léognan, et des vins blancs de grande qualité, pleins de personnalité. Malgré des progrès, le niveau d'ensemble demeure très hétérogène. Au nord des Graves, Pessac-Léognan jouxte Bordeaux et englobe tous ses crus classés. Vins rouges sérieux et harmonieux, à la texture serrée, vins blancs en net progrès, gras, riches et frais. La petite appellation Cérons intégrée dans une partie du vignoble des Graves peut produire, dans les meilleurs millésimes, des vins liquoreux de belle finesse.

SAUTERNES

Cette région se caractérise par ses vins liquoreux de grande race issus des appellations Barsac et Sauternes et vieillissant magnifiquement. D'un style plus nerveux et plus frais, les vins de Barsac peuvent choisir de s'appeler soit Barsac, soit Sauternes, soit Sauternes-Barsac. Le niveau d'ensemble a très nettement progressé dans les années 1980, mais ces vins qui nécessitent des coûts et des soins de production énormes ne tolèrent pas la médiocrité.

LES CÉPAGES

LES CÉPAGES ROUGES

Le principal cépage rouge de Bordeaux est le merlot (65 % de la superficie viticole). On le retrouve majoritairement dans les appellations de la Rive droite et dans le Libournais, et de manière minoritaire dans le Médoc et les Graves. Le cabernet-sauvignon (23 % de la superficie viticole) se cultive principalement dans le Médoc et les Graves. Il confère toute leur distinction aux grands vins de Pauillac, Margaux et Saint-Julien. Le cabernet franc (10 % de la superficie) se concentre à Saint-Émilion et à Pomerol. Il est le cépage majoritaire d'Ausone et de Cheval Blanc. Plus marginaux, le petit verdot est planté dans le Médoc ; le malbec reste encore présent du côté de Blaye et de Bourg.

LES CÉPAGES BLANCS

Le vignoble blanc de Bordeaux est devenu marginal et représente moins de 20 % de l'encépagement. Aujourd'hui, le principal cépage employé est le sémillon (49 % de l'encépagement), qui fait le charme des vins secs des Graves et surtout la grandeur des liquoreux de Sauternes. Le deuxième cépage employé est le sauvignon, notamment pour les blancs secs. On le retrouve également pour les blancs de l'Entre-deux-Mers. La muscadelle (6 % de l'encépagement) apporte des notes musquées. Enfin, plus rarement, l'on retrouve les cépages communs du Sud-Ouest comme le colombard, l'ugni blanc, le merlot blanc et le sauvignon gris.

BORDEAUX

LES CLASSEMENTS
—

Système hiérarchique traditionnel du vignoble bordelais, le premier classement officiel a été réalisé à l'occasion de l'Exposition universelle de Paris de 1855, à la demande de l'empereur Napoléon III. Ce classement consacre les crus du Médoc, en intégrant le château Haut-Brion, situé dans les Graves, et ceux du Sauternais. Une seule modification est survenue en 1973, lors du passage du rang de deuxième à premier cru classé du château Mouton Rothschild. Il existe aussi le classement de Saint-Émilion créé en 1956 et révisable tous les dix ans, dont le dernier date de 2012. Enfin, le classement des vins de Graves a été créé en 1955 et révisé en 1959.

LE CLASSEMENT DU MÉDOC EN 1855

Premiers crus • Château Haut-Brion, Château Lafite Rothschild, Château Latour, Château Margaux, Château Mouton Rothschild.

Seconds crus • Château Brane-Cantenac, Château Cos d'Estournel, Château Ducru-Beaucaillou, Château Durfort-Vivens, Château Gruaud-Larose, Château Lascombes, Château Léoville-Barton, Château Léoville-Las-Cases, Château Léoville-Poyferré, Château Montrose, Château Pichon-Longueville Baron, Château Pichon-Longueville Comtesse de Lalande, Château Rauzan-Ségla, Château Rauzan Gassies.

Troisièmes crus • Château Boyd-Cantenac, Château Calon-Ségur, Château Cantenac-Brown, Château Desmirail, Château Ferrière, Château Giscours, Château d'Issan, Château Kirwan, Château La Lagune, Château Lagrange, Château Langoa Barton, Château Malescot Saint-Exupéry, Château Marquis d'Alesme-Becker, Château Palmer.

Quatrièmes crus • Château Beychevelle, Château Branaire, Château Duhart-Milon, Château Lafon-Rochet, Château La Tour Carnet, Château Marquis de Terme, Château Pouget, Château Prieuré-Lichine, Château Saint-Pierre, Château Talbot.

Cinquièmes crus • Château d'Armailhac, Château Batailley, Château Belgrave, Château Camensac, Château Cantemerle, Château Clerc Milon, Château Cos Labory, Château Croizet-Bages, Château Dauzac, Château Grand-Puy Ducasse, Château Grand-Puy-Lacoste, Château Haut-Bages Libéral, Château Haut-Batailley, Château Lynch-Bages, Château Lynch-Moussas, Château Pédesclaux, Château Pontet-Canet, Château du Tertre.

LE CLASSEMENT DU SAUTERNAIS EN 1855

Premier cru supérieur • Château d'Yquem.

Premiers crus • Château Climens, Château Clos Haut-Peyraguey, Château Coutet, Château Guiraud, Château Lafaurie-Peyraguey, Château Rabaud-Promis, Château de Rayne Vigneau, Château Rieussec, Château Sigalas Rabaud, Château Suduiraut, Château La Tour Blanche.

Seconds crus • Château d'Arche, Château Broustet, Château Caillou, Château Doisy-Daëne, Château Doisy-Dubroca, Château Doisy-Védrines, Château Filhot, Château Lamothe (Guignard), Château de Malle, Château Myrat, Château Nairac, Château Romer du Hayot.

LE CLASSEMENT DE SAINT-ÉMILION EN 2012

Premiers grands crus classés A • Château Angélus, Château Ausone, Château Cheval Blanc, Château Pavie.

Premiers grands crus classés B • Château Beauséjour (Duffau-Lagarosse), Château Beau-Séjour Bécot, Château Belair-Monange, Château Canon, Château Canon-la-Gaffelière, Château Figeac, Clos Fourtet, Château La Gaffelière, Château Larcis-Ducasse, Château La Mondotte, Château Pavie Macquin, Château Troplong-Mondot, Château Trottevieille, Château Valandraud.

Grands crus classés • Château L'Arrosée, Château Balestard-La-Tonnelle, Château Barde-Haut, Château Bellefont-Belcier, Château Bellevue, Château Berliquet, Château Cadet-Bon, Château Capdemourlin, Château Le Châtelet, Château Chauvin, Château Clos de Sarpe, Château La Clotte, Château La Commanderie, Château Corbin, Château Côte de Baleau, Château La Couspaude, Château Couvent des Jacobins, Château Dassault, Château Destieux, Château La Dominique, Château Faugères, Château Faurie de Souchard, Château De Ferrand, Château Fleur-Cardinale, Château La Fleur Morange, Château Fombrauge, Château Fonplégade, Château Fonroque, Château Franc-Mayne, Château Grand Corbin, Château Grand Corbin-Despagne, Château Grand-Mayne, Château Les Grandes Murailles, Château Grand-Pontet, Château Guadet, Château Haut-Sarpe, Clos des Jacobins, Château Jean Faure, Château Laniote, Château Larmande, Château Laroque, Château Laroze, Clos la Madeleine, Château La Marzelle, Château Monbousquet, Château Moulin du Cadet, Clos de L'Oratoire, Château Pavie-Decesse, Château Péby-Faugères, Château Petit-Faurie-de-Soutard, Château de Pressac, Château Le Prieuré, Château Quinault L'Enclos, Château Ripeau, Château Rochebelle, Château Saint-Georges-Côte-Pavie, Clos Saint-Martin, Château Sansonnet, Château La Serre, Château Soutard, Château Tertre-Daugay, Château La Tour-Figeac, Château Villemaurine, Château Yon-Figeac.

LE CLASSEMENT DES GRAVES EN 1959

En blanc : Château Bouscaut, Château Carbonnieux, Domaine de Chevalier, Château Couhins-Lurton, Château Laville Haut-Brion, Château Malartic-Lagravière, Château Olivier, Château La Tour-Martillac.

En rouge : Château Bouscaut, Château Carbonnieux, Domaine de Chevalier, Château Fieuzal, Château Haut-Brion, Château Haut-Bailly, Château Latour Haut-Brion, Château La Mission Haut-Brion, Château Malartic-Lagravière, Château Olivier, Château Pape Clément, Château Smith-Haut-Lafitte, Château La Tour-Martillac.

LES CRUS BOURGEOIS DU MÉDOC

Créé en 1932, le classement des crus bourgeois du Médoc a été révisé en 2003. Contesté en justice en 2007, une nouvelle forme de classement, révisée chaque année et basée sur la dégustation en bouteille, a été mise en place depuis 2008. Hélas, la plupart des crus bourgeois prestigieux refusent de s'y soumettre, ce qui dévalorise quelque peu cette nouvelle classification annuelle.

BORDEAUX

RIVE DROITE OU RIVE GAUCHE, NOS MEILLEURES ADRESSES

Depuis une dizaine d'années, le vignoble bordelais multiplie les propositions œnotouristiques : voici nos meilleures adresses.

CHAMBRES D'HOTES DE VIGNERONS

LES BELLES PERDRIX
Le château Troplong Mondot offre un panorama idéal sur Saint-Émilion depuis de somptueuses chambres d'hôtes (à partir de 160 €).
Château Troplong Mondot, 33330 Saint-Émilion. Tél. : 05 57 55 32 05.
www.chateau-troplong-mondot.com

CHÂTEAU SOUTARD
Le cru classé a ouvert quatre chambres d'hôtes, dans le pur style XVIIIe siècle (de 200 à 350 €, petit-déjeuner et visite-dégustation compris).
1, lieu-dit Soutard, 33330 Saint-Émilion. Tél. : 05 57 24 71 41.
www.chateau-soutard.com

CAVISTES

L'INTENDANT
Incontournable, cette cave spectaculaire est exclusivement consacrée aux bordeaux.
2, allée de Tourny, 33000 Bordeaux. Tél. : 05 56 48 01 29.
www.intendant.com

L'ESSENTIEL
On peut y déguster les principaux premiers grands crus classés au verre.
6, rue Guadet, 33330 Saint-Émilion. Tél. : 05 57 24 39 76.

RESTAURANTS

LA GRAND'VIGNE
Nicolas Masse anime cette table exceptionnelle des Sources de Caudalie, à la carte des vins très complète.
Chemin de Smith Haut-Lafitte, 33650 Martillac. Tél. : 05 57 83 83 83.
www.sources-caudalie.com

L'UNIVERRE
La carte des vins regroupe de formidables cuvées de la France entière. À partir de 35 €.
40, rue Lecoq, 33000 Bordeaux. Tél. : 05 56 23 01 53.
www.univerre-restaurant.com

GAROPAPILLES
500 références (toutes régions) autour d'un menu unique du marché. À partir de 35 €.
62, rue Abbé-de-l'Épée, 33000 Bordeaux. Tél. : 09 72 45 55 36.
www.garopapilles.com

BARS A VINS

AUX QUATRE COINS DU VIN
Une quarantaine de crus au verre, une centaine à la bouteille.
8, rue de la Devise, 33000 Bordeaux. Tél. : 05 57 34 37 29.
www.aux4coinsduvin.com

MAX BORDEAUX
Ce lieu design, anciennement nommé "Bordeaux Wine Gallery", propose tous les crus classés au verre.
14, cours de l'Intendance, 33000 Bordeaux. Tél. : 05 57 29 23 81.
www.maxbordeaux.com

FÊTES VIGNERONNES

9 SEPTEMBRE 2017 : MARATHON DU MÉDOC
Il traverse Pauillac, Saint-Julien et Saint-Estèphe avec possibilité de dégustation.
www.marathondumedoc.com

16-17 SEPTEMBRE 2017 : LE BAN DES VENDANGES DE LA JURADE DE SAINT-ÉMILION
Défilé dans les rues de Saint-Émilion-des-Jurats. Le ban des vendanges est proclamé depuis le donjon du village.
Tél. : 05 57 55 28 28.
www.saint-emilion-tourisme.com

NOS TROIS COUPS DE ♥

CHÂTEAU LE PAPE
Cinq chambres très spacieuses. À partir de 220 € la nuit, petit-déjeuner compris.
34, chemin Le Thil, 33850 Léognan. Tél. : 05 56 64 75 11.
www.chateaulepape.com

LA VINOTHÈQUE
Cette cave de référence propose des milliers de vins de toutes les régions et une large sélection de bordeaux.
8, cours du 30-Juillet, 33000 Bordeaux. Tél. : 05 56 52 32 05.
www.vinotheque-bordeaux.com

LE LOGIS DE LA CADÈNE
Étoilée depuis l'an dernier, une très jolie table installée au centre du village de Saint-Émilion. Très belle carte des vins. À partir de 32 €.
3, place du Marché au Bois, 33330 Saint-Émilion. Tél. : 05 57 24 71 40.
www.logisdelacadene.fr

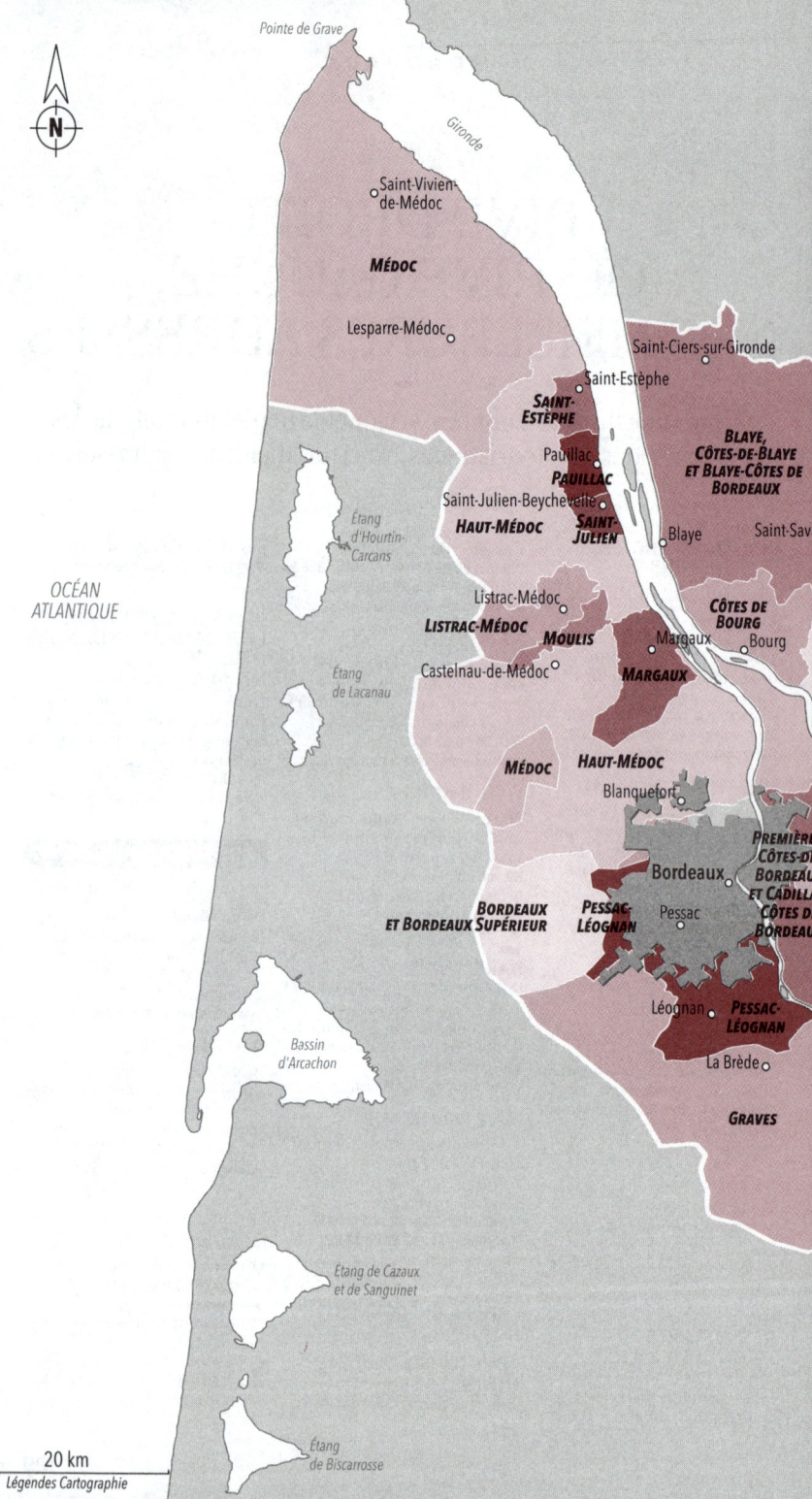

BORDEAUX

LE VIGNOBLE DE BORDEAUX

SUPERFICIE
111 000 hectares

CÉPAGES PRINCIPAUX
Rouges :
cabernet franc, cabernet-sauvignon, carmenère, malbec, merlot, petit verdot
Blancs :
muscadelle, sauvignon, sémillon

VOLUME PRODUIT
5,3 millions d'hectolitres

NOMBRE D'APPELLATIONS : 65

BORDEAUX ET BORDEAUX SUPÉRIEUR

MONTAGNE-SAINT-ÉMILION
LUSSAC-SAINT-ÉMILION
FRONSAC
LALANDE-DE-POMEROL
FRANCS-CÔTES DE BORDEAUX
ON-FRONSAC ET FRONSAC
POMEROL
PUISSEGUIN-SAINT-ÉMILION
SAINT-GEORGES-SAINT-ÉMILION
Vayres
○ Libourne
○ Saint-Émilion
GRAVES DE VAYRES
SAINT-ÉMILION
CASTILLON-CÔTES DE BORDEAUX
○ Castillon-la-Bataille
Dordogne
○ Sainte-Foy-la-Grande

○ Créon
ENTRE-DEUX-MERS
SAINTE-FOY BORDEAUX
○ Pellegrue

○ Targon
CADILLAC-CÔTES DE BORDEAUX
ENTRE-DEUX-MERS-HAUT-BENAUGE ET BORDEAUX-HAUT-BENAUGE
CADILLAC
○ Sauveterre-de-Guyenne
○ Cadillac
CÔTES-DE-BORDEAUX-SAINT-MACAIRE
CÉRONS
LOUPIAC
BARSAC
SAINTE-CROIX-DU-MONT
○ La Réole
Garonne
SAUTERNES
○ Langon

BORDEAUX ET BORDEAUX SUPÉRIEUR

☐ BORDEAUX, BORDEAUX SUPÉRIEUR ET CRÉMANT DE BORDEAUX

BORDEAUX SUPÉRIEUR

★ DOMAINE DE COURTEILLAC

Dominique Méneret, propriétaire de ce cru depuis 1997, vient de le vendre à la société chinoise d'importation et de distribution de vins Daohe Wines & Spirits, basée à Guangzhou. Durant vingt ans, il a su en faire une référence de l'appellation Bordeaux supérieur. Après avoir modernisé l'outil de travail, restructuré le vignoble, les vins jouissent d'une parfaite régularité et se distinguent de façon quasi-systématique dans les dégustations à l'aveugle. On apprécie leur caractère soyeux, la douceur des tanins et la justesse des élevages en bois. Les grandes années, comme 2010, ou plus récemment 2015, vieillissent très bien en bouteille une petite dizaine d'années. Dominique Méneret se trouve toujours aux commandes de la propriété : il conserve la distribution et demeure consultant auprès de l'acquéreur.

Les vins : grâce à un élevage en cuve, le C de Courteillac joue la carte de la facilité, avec un fruit spontané, une bouche de demi-corps. Une boule de fruit.

- Bordeaux C de Courteillac 2014   7 €   13

Le coup de ♥
- Bordeaux Supérieur 2014   12 €   16

Le beau classicisme bordelais : son nez élégant évoque le fruit noir et le pot-pourri. La bouche est raffinée, les tanins un peu pointus, mais sans excès.

Rouge : 28 hectares.
Merlot 80 %, Cabernet-Sauvignon 10 %, Cabernet franc 10 %
Production moyenne : 150 000 bt/an

DOMAINE DE COURTEILLAC
2, Lieu-dit Courteillac, 33350 Ruch
05 57 40 79 48 •
www.domainedecourteillac.com •
Visites : sur rendez-vous uniquement aux professionnels.
Propriétaire : Courteillac Vineyard Holding Company
Directeur : Emma-Xin Lebail
Maître de chai : Stéphane Dubes
Œnologue : Stéphane Derenoncourt

★ CHÂTEAU FLEUR HAUT-GAUSSENS

Ce domaine produit l'archétype du bon vin en Bordeaux supérieur : gourmand, fruité et toujours très agréablement boisé. Il constitue régulièrement l'une des excellentes affaires des foires aux vins pour tout amateur à la recherche de la bonne bouteille à boire au quotidien. Hervé Lhuillier bichonne ses 30 ha de vignes, pour une production moyenne de 200 000 bouteilles par an, suivie par le conseiller Olivier Dauga. Le succès aidant, Hervé Lhuillier a entamé un vaste programme de rénovation des bâtiments de l'exploitation, avec des visites guidées du vignoble et d'intéressantes dégustations privées. De plus, au vignoble, il commence à replanter du malbec (avec un porte-greffe précoce) ainsi que du cabernet franc sur les buttes et les coteaux. Nous vous recommandons de déguster le vin de ce domaine sur le fruit, durant les cinq premières années.

Les vins : le bordeaux supérieur 2016 est étonnant de densité. Le caractère acidulé et le tanin serré en font une belle bouteille. Le Grand Vin 2016 affiche son ambition, avec un nez très riche, un fruit intense, et une bouche plus extraite. Espérons que cette générosité ne sera pas masquée en fin d'élevage. La Viminière 2016, pur malbec, n'est pas sans rappeler les terroirs les plus frais de Cahors : un nez de fruit sauvage, et une bouche bâtie autour d'une structure tannique appuyée, mais de qualité. Le cabernet franc Bergeronnette 2016 subit légèrement la puissance du millésime, et l'ambition de l'élevage, cachant le fruit, et mettant de côté la fraîcheur typique du cépage.

- Bordeaux Supérieur 2015   7,70 €   15
- Bordeaux Supérieur 2016   7,70 €   15
- Bordeaux Supérieur Cabernet Franc Bergeronnette 2016   15 €   14,5
- Bordeaux Supérieur Grand Vin 2016   27 €   15,5
- Bordeaux Supérieur Malbec La Viminière 2016   15 €   15

Le coup de ♥
- Bordeaux Supérieur Malbec La Viminière 2015   15 €   16

Ce malbec 2015 s'impose comme un superbe rapport qualité-prix. Le nez raffiné, la sève et la longueur sapide en font un vin de belle garde.

Rouge : 30 hectares.
Merlot 85 %, Cabernet franc 5 %, Malbec

(cot) 5 %, Cabernet-Sauvignon 5 %
Production moyenne : 200 000 bt/an

CHÂTEAU FLEUR HAUT-GAUSSENS
Les Gaussens, 33240 Vérac
05 57 84 48 01 •
www.chateau-fleurhautgaussens.com •
Vente et visites : au domaine sur rendez-vous.
De 8h30 à 17h30 tous les jours samedi inclus.
Propriétaire : Hervé Lhuillier

Merlot 80 %, Cabernet franc 15 %, Cabernet-Sauvignon 5 %
Production moyenne : 20 000 bt/an

CHÂTEAU LE PIN BEAUSOLEIL
Le Pin, 33420 Saint-Vincent-de-Pertignas
05 57 84 02 56 • www.lepinbeausoleil.com
• Vente et visites : au domaine sur rendez-vous.
De 8h à 17h.
Propriétaire : Ingrid et Michael Hallek
Directeur : Igor Leclere

CHÂTEAU LE PIN BEAUSOLEIL

Non loin de Saint-Émilion, dans l'entre-deux-mers, ce château est devenu Le Pin Beausoleil en 1997. C'est un couple d'Allemands, Ingrid et Michael Hallek, lui professeur de médecine et hémathologue, qui a racheté le vignoble en 2004. Les six hectares (huit d'ici 2020) sont magnifiquement situés sur un terroir argilo-calcaire entourant une très originale bâtisse du XIVᵉ siècle. Le vignoble est travaillé à la hauteur du potentiel qualitatif du terroir, loin des standards de l'appellation Bordeaux supérieur. Et c'est avec le concours de Stéphane Derenoncourt, qui conseille la propriété depuis le millésime 1998, que Le Pin Beausoleil est devenu une référence incontournable pour tous les amateurs. Les vins atteignent un très haut niveau de qualité, avec une quête permanente d'élégance et de finesse, notamment par la défense d'une proportion notable de cabernets dans les assemblages. Le second vin, Le Petit Soleil, qui représente jusqu'aux deux tiers de la production, offre un excellent rapport qualité-prix.

Les vins : sous ses airs de Pomerol, Le Pin Beausoleil 2014 est en ligne directe avec son second vin, alliant la pleine maturité et la fraîcheur, dans un style plus concentré et aux tanins plus dessinés.

➤ Bordeaux Supérieur Le Pin Beausoleil 2014   19,50 €   16,5

Le coup de ♥
➤ Bordeaux Supérieur Le Petit Soleil 2014   9 €   16

Un rapport qualité-prix exceptionnel. Caché sous une appellation peu valorisée, Le Petit Soleil 2014 offre un fruit bien mûr, de la fleur séchée, un boisé raffiné, et un soupçon de truffe. La bouche est rafraîchissante, une pure caresse ! On peut le boire dès maintenant.

Rouge : 6 hectares.

CHÂTEAU DE REIGNAC

Depuis 1990, Yves et Stéphanie Vatelot sont à la tête de ce vaste domaine (135 ha, dont 77 en vignes) de l'Entre-deux-Mers, situé à Saint-Loubès, non loin de Bordeaux. Ne privant leur vignoble d'aucun moyen et s'appuyant, dès le début de leur aventure, sur les conseils de l'œnologue Michel Rolland, Yves et Stéphanie Vatelot ont pour seule ambition de placer Reignac (en particulier avec la cuvée Grand Vin) en tête des meilleurs vins produits dans l'appellation Bordeaux supérieur, et même de surpasser d'autres célèbres crus de Saint-Émilion, de Pomerol ou même du Médoc – ce qui peut arriver dans certains millésimes et dans quelques célèbres dégustations à l'aveugle. Reignac est un vin moderne, flatteur, luxueusement élevé et issu de rendements faibles. Il plaît, en général, aux amateurs de vins dits modernes. La propriété produit également un blanc sur une toute petite superficie (2 ha), ainsi que l'ambitieuse cuvée Balthus en 100 % merlot. Cette dernière, élevée jusqu'à 18 mois en barrique neuve, joue souvent dans un registre "too much" à notre goût ! Le Grand Vin est incontestablement un modèle, par son équilibre et son élégance superlative.

Les vins : le 2015 fera partie des plus réussis du domaine. Sa distinction, la précision de son élevage, et la qualité de ses tanins lui permettront de vieillir au moins 20 ans. Le 2014 est dans sa pleine jeunesse, fermé, serré, austère. Mais la qualité de son fruit et son élégance en feront un joli vin dans quelques années. Le 2012 affiche un registre plus variétal et classique, avec une touche végétale. La bouche est raffermie par une acidité encore présente. Il faut l'attendre. Balthus 2014 se situe encore dans sa prime jeunesse. Ce monstre de puissance aura besoin de temps pour que fonde son bois luxueux. Balthus 2011 digère difficilement sa matière riche et son élevage ambitieux.

BORDEAUX BORDEAUX SUPÉRIEUR

- Balthus 2011 — 60 € 14,5
- Balthus 2014 — 60 € 15
- Grand Vin de Reignac 2012 — 21,50 € 14,5
- Grand Vin de Reignac 2014 — 21 € 15,5
- Grand Vin de Reignac 2015 — 21,50 € 17,5

Le coup de ♥
- Grand Vin de Reignac 2011 — 21,50 € 17

Bien malin celui qui pourra qualifier la cuvée de "simple bordeaux supérieur". La réunion d'un nez mûr sans excès (fruits noirs, truffe, cèdre, chocolat grand cru) et d'une bouche concentrée aux tanins élégants en font un grand vin.

Rouge : 75 hectares.
Merlot 75 %, Cabernet-Sauvignon 20 %, Cabernet franc 5 %
Blanc : 2 hectares.
Sauvignon blanc 80 %, Sémillon 10 %, Sauvignon gris 10 %
Production moyenne : 380 000 bt/an

CHÂTEAU DE REIGNAC
38, chemin de Reignac,
33450 Saint-Loubès
05 56 20 41 05 ● www.reignac.com ● Vente et visites : au domaine sur rendez-vous. Du lundi au vendredi de 8h30 à 18h et le samedi de mai à octobre de 10h à 12h30 et de 13h30 à 18h.
Propriétaire : Yves Vatelot
Directeur : Nicolas Lesaint
Maître de chai : Olivier Prevot
Œnologue : Michel Rolland

AD VITAM ÆTERNAM

Né en 2005, ce micro-domaine vinifie une seule cuvée à partir d'une parcelle de 1,9 ha. La propriété s'est un peu agrandie en 2012, avec l'achat de 40 ares, qui permettent, dès 2013, de produire 8000 bouteilles. C'est aux Billaux, village au cœur du vignoble du Fronsadais, que l'ancien propriétaire du château de la Rivière, Xavier Péneau, en association avec Xavier Buffo, cultive cette vigne de merlot (90 %) et de cabernet franc (10 %). Comme pour toute microcuvée, les rendements demeurent faibles, la recherche de maturité poussée, les extractions longues et les élevages se font en barrique (jusqu'à vingt mois pour certains millésimes).

Les vins : La Parenthèse 2013 a donné une cuvée souple, tout en fruit, avec une note balsamique. La bouche est fraîche, digeste, les tanins doux. Ouvrez-le dès maintenant pour jouir de ses notes acidulées. La maturité du 2015 ressort avec exubérance : le fruit surmûri, le chocolat et le bois blond sont dominants. La bouche est riche, arrondie par une douceur venant de la maturité et du bois. La finale mentholée reste fraîche, mais il faudra attendre quelque temps pour que l'ensemble se fonde.

- Ad Vitam Aeternam 2015 — 19,50 € 16
- La Parenthèse d'Ad Vitam Aeternam 2013 — 13,50 € 14,5

Le coup de ♥
- Ad Vitam Aeternam 2014 — 18,90 € 16

Il est en train de s'ouvrir. Un fruit bien mûr, un bois enveloppant mais intégré, pour un vin soutenu par l'acidité du millésime dont on profitera pendant quelques années.

Rouge : 1,9 hectare.
Merlot 90 %, Cabernet franc 10 %
Production moyenne : 8 000 bt/an

AD VITAM ÆTERNAM
36, Rue des Gauthiers, 33500 Les Billaux
05 57 74 66 36 ● www.vin-advitam.fr ●
Vente et visites : au domaine sur rendez-vous.
Propriétaire : Xavier Buffo et Xavier Péneau

CHÂTEAU DE BEL

Olivier Cazenave a démarré l'aventure en 2003 en s'installant dans un petit vignoble de paluds des bords de Dordogne, à Arveyres. À partir d'un terroir léger, il produit avec beaucoup de talent et de sensibilité un rouge délicieux, éclatant de fruit, régulier et d'un rapport qualité-prix excellent. Depuis, il a repris une petite superficie de vignes à Pomerol (Clos du Canton des Ormeaux), où il élabore un vin possédant du style mais qui pourrait aller plus loin dans la recherche de complexité et de corpulence ; les derniers millésimes sont un peu irréguliers. Il propose également un délicieux saint-émilion Aux Plantes, et plus récemment le Château Les Hautes Graves à Montagne-Saint-Émilion.

Les vins : Échappée Bel blanc, à l'assemblage original (70 % de muscadelle et 30 % de sauvignon) mérite le détour. Un nez envoûtant avec une bouche limpide, ponctuée par de légers tanins. En rouge : profil frais et classique pour Château de Bel 2014, qui ravira les amateurs de bordeaux digestes ; bon rapport qualité-prix pour La Capitane 2015 ; Franc de Bel, rouge racé à la structure appuyée pour un cabernet franc dont le boisé un peu marqué, typé Rioja, détonne. Sa capacité de garde est évidente. Les Hautes Graves 2014 mérite du temps pour affiner sa structure concentrée. Son fruit noir et ses parfums de thé fumé apportent beaucoup de noblesse. Dans un style confit, Achille 2014 affiche des notes de pruneau et de chocolat noir, et une finale chaleureuse. La Veille des Landes 2015, séduisant, se hisse en 2015 parmi les grands des satellites, avec un fruit juteux, des tanins de grande qualité, et une finale minérale étonnante : à carafer. Le pomerol 2013 souffre du caractère limitatif du millésime avec un nez réservé, aux arômes de cendre. La bouche est légère, manquant d'enveloppe pour l'appellation. Enfin, le saint-émilion 2012 bascule d'ores et déjà vers des arômes tertiaires de fruit cuit et de truffe, de résine, de balsamique. Ouvrez-le dès cet hiver.

▷ Bordeaux Échappée Bel	6,85 €	15
▬ Bordeaux Supérieur 2014	6,85 €	14
▬ Bordeaux Supérieur La Capitane 2015	8,25 €	14,5
▬ Montagne-Saint-Emilion Achille 2014	13,70 €	14,5
▬ Montagne-Saint-Emilion Château Les Hautes Graves 2014	10 €	14,5
▬ Montagne-Saint-Emilion La Veille des Landes 2015	19 €	16
▬ Pomerol Clos du Canton des Ormeaux 2013	25 €	14,5
▬ Saint-Emilion Aux Plantes 2012	18,50 €	15
▬ VDF Franc de Bel	18,50 €	15,5

Le coup de ♥

▷ Bordeaux Bel en Blanc	18,50 €	15,5

C'est un pur muscadelle aux tonalités de fleur d'oranger, de fruits secs et de miel marquées. La structure tannique permet de compenser sa générosité en alcool. Mérite le détour.

Rouge : 11 hectares.
Merlot 95 %, Cabernet franc 5 %
Blanc : 3 hectares.
Muscadelle 60 %, Sauvignon blanc 40 %
Production moyenne : 60 000 bt/an

CHÂTEAU DE BEL
Malbatit, 33500 Arveyres
05 24 24 69 96 ● www.chateaudebel.com ● Vente et visites : au domaine sur rendez-vous.
De 9h à 13h et de 14h à 19h.
Propriétaire : Olivier Cazenave

CHÂTEAU BELLE GARDE

Éric Duffau fait partie des vignerons bordelais qui ont su démontrer que de simples bordeaux rouges, à des prix très attractifs, pouvaient atteindre un niveau d'excellence irréprochable. Les argiles sur socle calcaire des beaux terroirs du secteur de Génissac apportent aux cuvées du domaine un équilibre savoureux. Issus de raisins récoltés à parfaite maturité, les vins se révèlent magnifiquement élevés et ils vieillissent avec grâce dans les belles années.

Les vins : le blanc 2014 rappelle la Loire, affichant haut et fort les agrumes et le chèvrefeuille. La bouche est fraîche, digeste, bien que s'affaiblissant en finale. Le 2015 a des accents du Sud, avec un fruit surmûri et une grande concentration. La Cuvée élevée en Fût de Chêne 2015 joue l'équilibre, entre haute maturité et justesse de l'élevage : elle se gardera dix ans.

▷ Bordeaux 2016	5,30 €	14,5
▬ Bordeaux 2015	5,30 €	14,5
▬ Bordeaux Cuvée élevée en Fût de Chêne 2015	6,80 €	15,5

Le coup de ♥

▬ Bordeaux Supérieur L'Excellence 2014	9,90 €	16,5

Il s'exprimera pleinement après un carafage. On est enchanté par le fruit juteux, le boisé ambitieux, mais intégré, et la bouche pulpeuse. Un superbe rapport qualité-prix.

Rouge : 41 hectares.
Merlot 80 %, Cabernet-Sauvignon 10 %, Cabernet franc 10 %
Blanc : 5 hectares.
Sauvignon blanc 80 %, Sémillon 20 %
Production moyenne : 250 000 bt/an

CHÂTEAU BELLE GARDE
2692, route de Moulon, 33420 Génissac
05 57 24 49 12 ●
www.vignobles-ericduffau.com ● Vente et visites : au domaine sur rendez-vous.
Propriétaire : Eric Duffau
Maître de chai : Renaud Chelengeas

CHÂTEAU BOLAIRE

Dans les paluds de Macau, au lieu-dit Le Bout de l'Île, l'équipe du château Belle-Vue (Haut-Médoc) élabore un bordeaux supérieur de très belle facture. Sa spécificité tient à un apport non négligeable de petit verdot (60 % de l'assemblage), qui donne au vin un caractère épicé et mentholé tout à fait pertinent. De récolte tardive, vinifiés à basse température (extraction

BORDEAUX BORDEAUX SUPÉRIEUR

de couleur et d'expression fruitée) avec un élevage en barrique (bois neuf pour 30 %) parfois un peu trop dominant au détriment du fruit, les derniers millésimes s'imposent grâce à leur profil séducteur et à leur grande longueur en bouche. Cette propriété se place indiscutablement parmi les valeurs sûres de l'appellation !

Les vins : le domaine ne nous ayant pas fait parvenir ses vins cette année, nous sommes amenés à reconduire les notes et les commentaires de notre édition précédente. Avec leur caractère très complet, les vins de cette propriété se distinguent par leur très grande régularité et un savoir-faire en matière de vinification et d'élevage irréprochables. Les millésimes se suivent avec brio. Le 2014 est un rouge très fringant. La fraîcheur apportée par l'acidité du millésime réveille les papilles en bouche. L'effet du petit verdot joue son rôle à plein dans ce millésime.

- Bordeaux Supérieur 2014   10 €   15,5

Rouge : 7 hectares.
Petit Verdot 60 %, Merlot 35 %, Cabernet-Sauvignon 5 %
Production moyenne : 40 000 bt/an

CHÂTEAU BOLAIRE
103, route de Pauillac, 33460 Macau
05 57 88 19 79 •
www.chateau-belle-vue.com • Vente et visites : au domaine sur rendez-vous.
De 9 h à 12 h et de 14 h à 18 h.
Propriétaire : Héritiers Vincent Mulliez
Directeur : Jean-Michel Marle
Maître de chai : Jérôme Pineau
Œnologue : Christophe Coupez

CHÂTEAU DE BOUILLEROT

Thierry Bos, originaire de Gironde-sur-Dropt, est un vigneron décidé et passionné ! Voilà plus de dix ans qu'il s'attache à faire revivre des cépages "oubliés" comme la carménère, le malbec et, dans une moindre mesure, le petit verdot et le cabernet franc. Les différentes cuvées expriment des styles de vin à forte personnalité. Toujours dans la mesure, avec des niveaux de maturité justes et des extractions délicates, on apprécie le caractère atypique de ces vins. Un domaine qui mérite vraiment votre attention.

Les vins : Fruit d'Automne 2015 rappelle les vertus désaltérantes d'un beaujolais : tout en fruit pulpeux, peu de tanins, éclatant. Essentia 2015 offre un registre plus normé, avec un fruit noir, un fumé élégant. Bon rapport qualité-prix. Palais d'Or est gourmand, facile, avec des arômes intenses de fruits exotiques.

- Côtes de Bordeaux Saint-Macaire Palais d'Or 2015   10 €   14,5
- Bordeaux Essentia 2015   9 €   15
- Bordeaux Fruit d'Automne 2015   5,50 €   14

Le coup de ♥
- Bordeaux Cep d'Antan 2015   9 €   16,5

Cep d'Antan 2015 est en dehors des codes, associant des cépages peu utilisés dans la région. Le nez est superbe, explosif de fruit, rappelant le côté poivré de la négrette. La bouche montre, par sa structure, tout le potentiel de ces variétés. Superbe finale végétale.

Rouge : 7,7 hectares.
Merlot 55 %, Cabernet franc 25 %, Malbec (cot) 10 %, Petit Verdot 5 %, Carmenère 5 %
Blanc : 0,5 hectare.
Sémillon 100 %
Production moyenne : 30 000 bt/an

CHÂTEAU DE BOUILLEROT ♣
8, Lacombe, 33190 Gironde-sur-Dropt
05 56 71 46 04 • www.bouillerot.com •
Vente et visites : au domaine sur rendez-vous.
De 9h à 12h et de 14h à 18h.
Propriétaire : Thierry Bos

CHÂTEAU BRANDE-BERGÈRE

Denis Dalibot est propriétaire de ce domaine depuis 1997. Cet ancien cadre du groupe LVMH a choisi d'investir dans ce vignoble situé tout au nord de la Gironde sur le village des Églisottes. Sur un terroir d'argile et de silices graveleuses, le domaine bénéficie d'un encépagement particulier composé de 60 % de cabernet (35 % de franc et 25 % de sauvignon), et 40 % de merlot. Les vinifications se font en cuves de béton et l'élevage, classique en barriques avec renouvellement par tiers.

Les vins : sans être trop concentrés ou démonstratifs, les vins sont plaisants, joliment extraits avec une recherche évidente de finesse et d'élégance. Amateurs de cuvées bodybuildées, passez votre chemin !

Le coup de ♥
- Bordeaux Supérieur Cuvée O'Byrne 2014   12 €   15

Cette cuvée issue de vieilles vignes s'illustre dans un style classique à Bordeaux. Le pot-pourri, le fruit noir compoté et l'amande distinguent le nez. L'élevage un peu asséchant domine la finale.

Rouge : 8 hectares.
Merlot 40 %, Cabernet franc 35 %,
Cabernet-Sauvignon 25 %
Production moyenne : 35 000 bt/an

CHÂTEAU BRANDE-BERGÈRE
Lieu-dit Brande-Bergère, 33230 Les Églisottes
05 57 49 51 52 ● www.brandebergere.com
● Vente et visites : au domaine sur rendez-vous.
De 8h à 12h et de 14h à 17h.
Propriétaire : GFA Dalibot
Directeur : Cyril Tessier

CLOS DES LUNES

C'est la marque la plus récente de Bordeaux, spécialisée dans l'élaboration de vins blancs secs issus majoritairement du vignoble du Sauternais sur les cinq communes qui composent l'appellation (Sauternes, Fargues, Bommes, Preignac et Barsac). Une idée originale et singulière que nous devons à l'entrepreneur Olivier Bernard et à sa famille, propriétaires du Domaine de Chevalier à Léognan. Le constat est simple : Sauternes traverse une crise sans précédent, pourquoi ne pas produire, sur ce grand terroir de blanc, de grands vins secs plutôt que d'invendables liquoreux ? C'est chose faite depuis le millésime 2011 : aujourd'hui le vignoble s'étend sur 74 ha, auxquels s'ajoutent des achats de raisins (5 % de la production) dans les appellations de la rive droite, Cadillac et Sainte-Croix-du-Mont. Trois cuvées de vins blancs secs sont donc aujourd'hui sur le marché, toutes à dominantes de sémillon. Lune Blanche (élevage uniquement en cuve inox et béton), Lune d'Argent (élevage en cuve et 30 % de barrique), et enfin Lune d'Or (vinification et élevage de 18 mois en barrique dont un tiers de neuves). Enfin, deux cuvées de liquoreux en appellation Sauternes sont produites dans les grandes années (Clos des Lunes et Clair de Lunes). Aujourd'hui, c'est Hugo Bernard, le fils d'Olivier, qui dirige cette toute jeune, mais ambitieuse propriété.

Les vins : Grâce à un élevage en cuve, Lune Blanche se démarque par son approche ligérienne, fraîche, citronnée, et sa très belle longueur : idéal pour l'apéritif. Le Lune d'or 2013 revient dans la tradition bordelaise, avec un boisé un peu enveloppant, mais élégant, et une grande longueur acidulée.

⇨ Bordeaux Lune Blanche 2016	11 €	14,5
⇨ Bordeaux Lune d'Or 2013	48 (c) €	15,5

Le coup de ♥
⇨ Bordeaux Lune
  d'Argent 2014   13,50 (c) €   16,5

Le Lune d'argent 2014 est d'une rare pureté. Ce vin élégant, qui brille par une magnifique alliance d'agrumes et de fruits exotiques, mériterait de vieillir cinq ans.

Blanc : 73 hectares.
Sémillon 70 %, Sauvignon blanc 30 %
Production moyenne : 300 000 bt/an

CLOS DES LUNES
Lieu-dit Caplane, 33210 Sauternes
05 56 64 16 16 ● www.closdeslunes.com ●
Visites : sur rendez-vous uniquement aux professionnels.
Propriétaire : Famille Bernard
Directeur : Olivier Bernard

CHÂTEAU GRÉE LAROQUE

Arnaud et Patricia Benoit de Nyvenheim ont acquis le domaine Laroque en 1981, situé tout au nord du département de la Gironde, et baptisé Grée Laroque, du nom de jeune fille de Patricia. Cette petite propriété, qui atteint aujourd'hui 2,5 ha (dernière plantation en 2003), est répartie en trois parcelles. Elle compte une part importante de vieilles vignes sur des argiles sableuses et calcaires, ainsi que des molasses du Fronsadais. Arnaud, ancien barman, élabore un vin d'une admirable définition, avec une constitution bluffante pour cette appellation et doté d'une véritable capacité de garde. Depuis 2011, la propriété élabore un second vin baptisé Le Second de Grée.

Les vins : le 2014 est encore engoncé par sa jeunesse et son élevage. Cependant, la qualité de fruit, la densité et le muscle de ce vin lui promettent un bel avenir.

▬ Bordeaux Supérieur 2014	17,40 €	16

Le coup de ♥
▬ Bordeaux Supérieur 2012	18 €	16

Ce vin parvient à allier la maturité sans lourdeur et la rondeur sans richesse. Les tanins sont suaves, élégants. On peut en profiter dès maintenant, et pendant sept ans.

Rouge : 2,5 hectares.
Merlot 90 %, Cabernet franc 7 %,
Cabernet-Sauvignon 3 %
Production moyenne : 10 000 bt/an

BORDEAUX BORDEAUX SUPÉRIEUR

CHÂTEAU GRÉE LAROQUE
**225, rue Laroque,
33910 Saint-Ciers-d'Abzac
05 57 49 45 42** ● www.greelaroque.com ●
**Vente et visites : au domaine sur rendez-vous.
Propriétaire : Patricia et Arnaud Benoit de Nyvenheim
Œnologue : Derenoncourt Consultants**

CHÂTEAU L'ISLE FORT

Sylvie Douce et François Jeantet forment un couple d'heureux entrepreneurs parisiens, propriétaires du célèbre Salon du chocolat et du Grand Tasting. Passionnés de vin, ils se sont offert une villégiature bordelaise sur laquelle sont plantés 7 ha de vignes, avec une importante proportion de cabernet franc (14 %). C'est au conseiller Stéphane Derenoncourt qu'ils ont confié la partie culturale et la vinification, et les vins atteignent un excellent niveau.

Les vins : deux vins déjà dégustés l'an dernier : le 2014 a perdu un peu de l'éclat de sa jeunesse, mais il est agréablement fruité, sur des notes de petits fruits rouges macérés, sans posséder une très grande matière. À boire d'ici deux ans. On peut sortir de la cave le 2012.

● Bordeaux Supérieur 2012   13,40 €   14,5
● Bordeaux Supérieur 2014   13,15 €   14
Le coup de ♥
● Bordeaux Supérieur 2011   14,20 €   15

Il arrive doucement à son apogée. Le nez de truffe et de champignons se combine à des essences de vieux bois. Sa matière déliée le rend très accessible.

Rouge : 8,2 hectares.
Merlot 58 %, Cabernet franc 28 %, Cabernet-Sauvignon 14 %
Production moyenne : 40 000 bt/an

CHÂTEAU L'ISLE FORT
**33, route de l'Entre-deux-Mers,
33360 Lignan-de-Bordeaux
06 82 00 68 95** ● www.lislefort.com ● **Vente et visites : au domaine sur rendez-vous.
De 9h à 12h et de 14h à 17h.
Propriétaire : Sylvie Douce et François Jeantet
Directeur : Valérie Trolet
Maître de chai : Bertrand Dugoua**

CHÂTEAU JEAN FAUX

Haut en couleur, le propriétaire Pascal Collotte a connu une première vie à la tonnellerie Saury qu'il a développé durant plus de vingt ans avant de revendre son entreprise. Passionné et féru de grands vins, il a décidé de reprendre le château Jean Faux en 2002. D'une ruine, il a bâti un petit domaine magnifiquement situé sur les coteaux de Sainte-Radegonde, sur la rive gauche de la Dordogne, à 5 km de Castillon-la-Bataille. Avec énormément de soins apportés à la vigne, ce passionné de plantes (et de bien d'autres choses...) cultive sa vigne avec ardeur et recherche avant tout une signature de terroir. Labellisé bio depuis 2011, Pascal Collotte vise la certification en biodynamie d'ici 2017. Suivis de près par Stéphane Derenoncourt, les vins sont vinifiés dans des conditions parfaites et bénéficient d'élevages mesurés. Ici la priorité va à l'équilibre. Les vins sont donc très digestes et se boivent facilement jeunes comme avec un peu d'âge.

Les vins : le 2016 démontre qu'il est possible d'avoir de superbes vins dans cette sous-région. L'assemblage de sauvignon (85 %) et de sémillon (15 %) offre un parfum riche en agrume, dans un style très rhénan. La bouche est épurée, ponctuée par une finale crayeuse.

▱ Bordeaux 2016   17,50 €   15,5
Le coup de ♥
● Bordeaux Supérieur 2014   17,50 €   15,5

Ce vin surclasse son appellation. Digeste et frais, il se distingue par la précision de ses tanins, son extraction juste et sa finale appétente.

Rouge : 10 hectares.
Merlot 80 %, Cabernet franc 20 %
Blanc : 2 hectares.
Sauvignon blanc 85 %, Sémillon 15 %
Production moyenne : 65 000 bt/an

CHÂTEAU JEAN FAUX ☾
**Château Jean Faux,
33350 Sainte-Radegonde
05 57 40 03 85** ●
www.chateaujeanfaux.com ● **Vente et visites : au domaine sur rendez-vous.
De 9h à 18h.
Propriétaire : Pascal Collotte
Œnologue : Stéphane Derenoncourt**

CHÂTEAU MIRAMBEAU PAPIN

Sous la bannière de ce château, nous regroupons trois domaines : Château Mirambeau Papin (Bordeaux supérieur), Château Courrèges (Cadillac Côtes de Bordeaux) et Domaine Grange Brûlée (Bordeaux et Bordeaux supérieur). Ces trois crus sont exploités avec la même volonté d'excellence et le même savoir-faire par Xavier Landeau. Sur de beaux terroirs, et avec un vignoble assez âgé, il produit des vins toujours très élégants, profonds et reconnus pour leur excellent rapport qualité-prix. Signalons l'existence de quelques cuvées très originales, comme Papin, en 100 % petit verdot.

Les vins : à Mirambeau Papin, le rouge 2014 fait un retour dans le classicisme : un boisé sec prend le dessus sur le fruit, raffermissant la finale. Papin 2014 est un pur petit verdot s'offrant d'un seul bloc, avec une bouche serrée, massive, qui s'affinera avec le temps. Sur le terroir du Château Courrèges, Cap de Fer 2015 est un blanc un peu décevant, engoncé par un soufre prenant. La bouche, légère, est raccourcie par le SO_2. Courrèges rouge 2014 s'avère encore marqué par un boisé sucrant, aux arômes de caramel et de fruits cuits. Le bois assèche la finale. La version 2012 offre beaucoup de plaisir aujourd'hui, avec un nez truffé et parcouru de notes d'humus, ainsi qu'une bouche patinée. Profitez-en dès maintenant. Enfin, au Domaine Grange Brulée, le rouge 2015, fluide, facile, relève d'un style très classique. Chemin de la Vie 2014 affirme davantage de modernité, avec un nez concentré. La bouche se montre dense, enrobée par un boisé ambitieux.

- Bordeaux Château Courrèges Cap de Fer 2015   10 €   13,5
- Bordeaux Supérieur 2014   10 €   14
- Bordeaux Supérieur Domaine Grange Brûlée 2015   6 €   13
- Bordeaux Supérieur Domaine Grange Brûlée Chemin de la Vie 2014   10 €   14,5
- Bordeaux Supérieur Papin 2014   18 €   15
- Cadillac Côtes de Bordeaux Château Courrèges 2012   14 €   14,5
- Cadillac Côtes de Bordeaux Château Courrèges 2014   14 €   14

Le coup de ♥
- Bordeaux Supérieur Château Courrèges Colline 2012   15 €   15

Il se livre avec rondeur et suavité : fruit macéré, épices douces et bois brûlé. La bouche fondue et la finale évoquant la truffe donnent beaucoup de plaisir.

Rouge : 24 hectares.
Merlot 50 %, Cabernet-Sauvignon 20 %, Cabernet franc 15 %, Petit Verdot 10 %, Malbec (cot) 5 %
Blanc : 1 hectare.
Sémillon 100 %
Production moyenne : 100 000 bt/an

CHÂTEAU MIRAMBEAU PAPIN
**Vignobles Landeau, domaine Grange Brûlée, 40, avenue Stephen-Couperie, 33440 Saint-Vincent-de-Paul
05 56 77 03 64 • www.vignobleslandeau.fr
• Vente et visites : au domaine sur rendez-vous.
De 8h à 12h et de 14h à 19h.
Propriétaire : Xavier Landeau**

CHÂTEAU MOUTTE BLANC

Avec seulement 5 ha de vignes à Macau, dans le sud du Médoc, Patrice de Bortoli vinifie trois appellations : Bordeaux supérieur, provenant des paluds, Haut-Médoc et Margaux. Suivis par l'œnologue Éric Boissenot, les vins, élaborés avec un minimum de technologie, offrent une grande personnalité et beaucoup de style, comme en témoigne l'excellente cuvée Moisin. Les élevages en bois sont fort bien mesurés, sans excès, et laissent une grande place à l'expression du raisin, tout en jouant leur rôle d'affineur de tanins. Un petit cru médocain qui mérite le détour !

Les vins : dans un style friand, le haut-médoc joue la carte de la facilité, tendu par son acidité. Plus structuré que le 2014, il se montre plus concentré, avec un alcool sucrant. La qualité des tanins et son acidité lui confèrent une belle garde. Le bordeaux supérieur 2014 est classique mais délicat, avec des nuances épicées : il offre un très bon rapport qualité-prix. Le 2015 reflète la qualité du millésime, avec un fruit plus mûr mais éclatant, un boisé un peu coco, et une bouche charnue et désaltérante. Le margaux 2015 affiche la classe de son cru, avec un nez d'une grande noblesse, et une bouche dense. Très beau potentiel de garde.

BORDEAUX BORDEAUX SUPÉRIEUR

▬ Bordeaux Supérieur 2014	10,20 €	14,5
▬ Bordeaux Supérieur 2015	10,70 €	15
▬ Cuvée Marguerite Dejean 2014	13,50 €	14
▬ Margaux 2015	23 €	16,5
▬ Cuvée Marguerite Dejean 2015	13,80 €	15

Le coup de ♥

▬ Bordeaux Supérieur Moisin 2015	15,50 €	17

Ce petit verdot est simplement génial. Le nez évoque un panier de fruits, les épices douces et l'orange amère. La bouche allie suavité et concentration sans excès. A découvrir !

Rouge : 5 hectares.
Merlot 50 %, Petit Verdot 30 %,
Cabernet-Sauvignon 20 %
Production moyenne : 25 000 bt/an

CHÂTEAU MOUTTE BLANC
**6, impasse de la Libération, 33460 Macau
05 57 88 40 39 ● www.moutte-blanc.fr ●
Vente et visites : au domaine sur
rendez-vous.
Propriétaire : Patrice de Bortoli
Œnologue : Edouard Lambert**

CHÂTEAU PENIN

Château Penin demeure l'une des belles références en appellation Bordeaux et Bordeaux supérieur. Si les vins ont connu ces dernières années une légère baisse de qualité, les cuvées dans le millésime 2014 renouent avec davantage de concentration. Les tanins sont mieux intégrés et offrent un style mieux défini. On retrouve un esprit plus civilisé avec une trame davantage marquée par le terroir de calcaire et de graves. Ce cru confirme en 2015 !

Les vins : le blanc 2014, dominé par le sauvignon, joue la carte de la digestibilité. On fait le plein d'agrumes, de mangue et de thé vert. Le toucher de bouche est limpide, cristallin, talonné par de beaux amers en finale. Le rosé 2016, aux senteurs de fruits rouges acidulés, est fringuant. Côté Clairet 2016, très réussi, dont le nez évoque la tombée de fruit et la réglisse, propose une bouche limpide. Le rouge 2015 apparaît un peu léger pour le millésime, avec un nez timide, à la limite de la maturité, un peu fluide. Le cabernet franc 2015 montre une bonne alliance entre maturité et fraîcheur. Le nez, qui évoque le cassis frais et le papier d'Arménie, est valorisé par une bouche croquante. Cabernet Franc by Château Penin est un pur merlot éclatant de fruit. L'élevage bien mené fait encore ressortir quelques tanins de bois, mais sans excès. Les Cailloux 2015 offre un grand profil minéral, avec un nez austère, rappelant la terre humide. La bouche est un peu serrée par une belle acidité et des tanins présents. Il est davantage destiné aux amateurs de vins de garde. La Fleur Penin 2014 s'épanouit dans un style joufflu, aidé par un boisé chocolaté. L'acidité en finale est garante de sa garde.

▭ Bordeaux 2016	8,25 €	14
▬ Bordeaux 2016	6,50 €	14
▬ Bordeaux Clairet 2016	6,70 €	14,5
▬ Bordeaux Cabernet Franc 2015	7,80 €	14
▬ Bordeaux Supérieur Grande Sélection 2015	9,55 €	15
▬ Bordeaux Supérieur Les Cailloux 2015	13,65 €	15,5
▬ Bordeaux Supérieur Tradition 2015	6,80 €	14
▬ Saint-Émilion Grand Cru Château La Fleur Penin 2014	15,99 €	15,5

Le coup de ♥

▬ Bordeaux Natur' 2015	8,20 €	16

Natur' 2015 représente une jolie réussite de vin sans souffre. Son nez, encore réservé, laisse transparaître des arômes de fruits compotés. Sa bouche est dense, charnue, aux tanins veloutés.

Rouge : 40 hectares.
Merlot 83 %, Cabernet franc 12 %,
Cabernet-Sauvignon 5 %
Blanc : 2 hectares.
Sauvignon blanc 60 %, Sémillon 20 %,
Sauvignon gris 20 %
Production moyenne : 300 000 bt/an

CHÂTEAU PENIN
**39, impasse Couponne, 33420 Génissac
05 57 24 46 98 ● www.chateaupenin.com ●
Vente et visites : au domaine sur
rendez-vous.
Du lundi au vendredi de 9h à 12h et de
14h à 18h, le samedi matin de 10h à 12h.
Propriétaire : Patrick Carteyron**

CHÂTEAU LA RAME

Valeur sûre de l'appellation Sainte-Croix-du-Mont, le Château La Rame bénéficie d'un terroir remarquable de coteaux exposé au sud. Il est aujourd'hui géré par les enfants d'Yves Armand, Grégoire et Angélique. Les vins font preuve d'une très grande régularité, tant sur la précision des arômes que dans celle des élevages. La cuvée de prestige de la propriété, La Réserve du Château, créée en 1983, est toujours de haut niveau et vieillit admirablement. Plus abordable en prix, le Château La Caussade est un liquoreux agréablement fruité, mais qui progresse en complexité, en particulier dans le beau millésime 2015. Les rouges, plus simples, peuvent eux aussi se révéler délicieux.

Les vins : La Caussade moelleux 2015 est une petite sucrerie, avec peu (ou pas) de botrytis. Sa douceur maîtrisée le rend très digeste. La Caussade rouge 2015 profite d'un élevage flatteur, avec un travail très marqué sur le bois.

- Sainte-Croix-du-Mont Château La Caussade 2015 — 11,50 € — 15
- Cadillac Côtes de Bordeaux Château La Caussade 2015 — 7,95 € — 14

Le coup de ♥
- Sainte-Croix-du-Mont 2014 — 16 € — 17

Un rapport qualité-prix exceptionnel. Son nez rappelle les meilleurs sauternes classés : safran, pêche rôtie et miel au rendez-vous. Beau botrytis ! La bouche, précise, joue la carte de l'équilibre avec le sucre. Un vin qui se gardera jusqu'en 2030 au moins.

Rouge : 10 hectares.
Merlot 60 %, Cabernet-Sauvignon 40 %
Blanc : 21 hectares.
Sémillon 85 %, Sauvignon blanc 15 %
Production moyenne : 150 000 bt/an

CHÂTEAU LA RAME
GFA du Château La Rame,
33410 Sainte-Croix-du-Mont
05 56 62 01 50 ● **www.chateaularame.com**
● **Visites : sans rendez-vous.**
Du lundi au vendredi de 8h30 à 12h et de 13h30 à 17h30, le week-end sur rendez-vous.
Propriétaire : Famille Armand
Directeur : Angélique Armand et Olivier Allo

CHÂTEAU REYNON

Cette propriété se situe sur les contreforts de la vallée de la Garonne, à Beguey, commune voisine de Cadillac. Après la disparition de l'œnologue Denis Dubourdieu, son épouse Florence est restée aux commandes, secondée par ses fils Jean-Jacques et Fabrice, qui s'impliquent à plein temps dans l'élaboration des vins. Toujours à l'affût d'expériences nouvelles, c'est ici, comme à Clos Floridène (Graves), que Denis Dubourdieu avait élaboré et défini le style de ses rouges et de ses fameux blancs secs de sauvignon, qui ont largement contribué à sa renommée dans le monde.

Les vins : le blanc 2016 est une décoction d'agrumes. Le nez rappelle le citron vert. La bouche est vive, tenue, avec une finale légèrement tannique, suggérant le zeste et la coriandre. Issu d'un millésime frais, le rouge 2014 est bâti sur son acidité et désaltère. Sa capacité de garde est évidente.

- Bordeaux 2016 — 9,40 € — 14,5
- Cadillac Côtes de Bordeaux 2014 — 12,50 € — 15

Le coup de ♥
- Cadillac Côtes de Bordeaux 2015 — 12,50 € — 15,5

Un 2015 austère, sombre, au fruit noir. La bouche, d'un bloc, est ceinturée par son élevage et des tanins de qualité, mais durs.

Rouge : 19 hectares.
Merlot 80 %, Petit Verdot 10 %, Cabernet-Sauvignon 10 %
Blanc : 8,5 hectares.
Sauvignon blanc 100 %
Production moyenne : 50 000 bt/an

CHÂTEAU REYNON
33410 Beguey
05 56 62 96 51 ● **www.denisdubourdieu.fr**
● **Vente et visites : au domaine sur rendez-vous.**
Propriétaire : Florence Dubourdieu
Maître de chai : Ludovic Bernard
Œnologue : Fabrice Dubourdieu

CHÂTEAU TIRE PÉ

Situé en coteaux, dans le sud du Langonnais, cette petite propriété est tenue avec soin et passion par Hélène et David Barrault. Ce jeune couple a redonné vie à ce terroir en reprenant un patrimoine de vieilles vignes, avec une part non négligeable de cabernet franc et une touche de malbec, qui peut faire, selon les millésimes, l'objet d'une cuvée valant vraiment le détour. Hélène et David Barrault produisent des vins superbes de fruit, d'une texture et d'une profondeur que l'on trouve rarement dans ce secteur ! Une fois encore, la dégustation des derniers millésimes illustre parfaitement le travail accompli par ce couple amoureux de son terroir, désormais labellisé bio. Le 2015 fait sûrement partie des meilleurs millésimes du domaine.

Les vins : Tire Vin Vite 2016 est un vin de plaisir sans détour, au fruit éclatant, piqué d'une touche végétale : la preuve que vin sans soufre et sans défaut sont compatibles. La Côte propose un style plus sérieux, avec une matière enveloppée. On lui prédit une belle garde. Le pur malbec est une grande réussite dans ce millésime, alliant une grande maturité, équilibrée par une fraîcheur mentholée, et des tanins poudrés.

- Bordeaux La Côte 2015 — 13,50 € 15,5
- Bordeaux Les Malbecs 2015 — 15 € 16,5
- Tire Vin Vite 2016 — 9 € 14,5

Le coup de ♥
- Bordeaux 2015 — 9,50 € 15

Un rapport qualité-prix exceptionnel ! Porté par la beauté du millésime, ce vin frais, pulpeux, aux tanins policés, donne un plaisir immédiat.

Rouge : 12 hectares.
Merlot 60 %, Cabernet franc 30 %, Malbec (cot) 10 %
Production moyenne : 40 000 bt/an

CHÂTEAU TIRE PÉ ♣
**Château Tire Pé 33190 Gironde-sur-Dropt
05 56 71 10 09 ● www.tirepe.blogspot.com
● Vente et visites : au domaine sur rendez-vous.
Propriétaire : David Barrault**

BLAYAIS ET BOURGEAIS

CHÂTEAU BEL-AIR LA ROYÈRE

Avec des vignes bien situées sur les coteaux argilo-calcaires de la commune de Cars, ce cru a la particularité d'inclure une forte proportion de malbec (20 %) dans son encépagement, et jusqu'à 35 % dans l'assemblage du grand vin, ce qui lui confère un style bien particulier. Depuis sa reprise en 1995 par le talentueux Xavier Loriaud, Bel-Air La Royère est devenu l'une des propriétés de pointe du Blayais. Le vignoble de 12 ha est aujourd'hui géré avec beaucoup de soin par Corinne Chevrier-Loriaud. Les derniers millésimes, bien mis en valeur par un élevage ambitieux (de 17 à 24 mois), séduisent par leur maturité de fruit et leur densité de matière. Les vins sont une référence de l'appellation.

Les vins : Gourmandise de Bel-Air La Royère 2015 se livre avec timidité, avec une réduction encore marquée. La bouche, légère et friande, en fera un vin de plaisir immédiat. L'Esprit 2014 est un peu fluide. L'acidité du millésime fait ressortir les tanins. Vous pouvez en profiter dès maintenant. Le 2014 s'avère une belle réussite, mais tend à se fermer. La qualité de son fruit et sa finale minérale le feront tenir au moins dix ans.

- Château Bel-Air La Royère 2014 — 25,50 € 16,5
- Gourmandise de Bel-Air La Royère 2015 — 9,50 € 13,5
- L'Esprit de Bel-Air La Royère 2014 — 15,50 € 14,5

Le coup de ♥
- Château Bel-Air La Royère 2015 — 15,50 € 16

Un blanc riche, aux accents exotiques, mené par une bouche opulente. Cette générosité est domptée par un élevage bien choisi, donnant une texture cristalline, ponctuée par de beaux amers.

Rouge : 11 hectares.
Merlot 64 %, Malbec (cot) 30 %, Cabernet-Sauvignon 6 %
Blanc : 1 hectare.
Sauvignon blanc 100 %
Production moyenne : 60 000 bt/an

CHÂTEAU BEL-AIR LA ROYÈRE

1, Les Ricards, 33390 Cars
05 57 42 91 34 •
www.bel-air-la-royere.com • Vente et visites : au domaine sur rendez-vous.
De 9h à 17h.
Propriétaire : Corinne Chevrier-Loriaud

CHÂTEAU FOUGAS

Acquis en 1976 par la famille Béchet, le château Fougas est situé sur une croupe bénéficiant d'une forte diversité de sols combinant sables, argiles (blanches et rouges), graves et molasses. Le domaine est certifié en biodynamie (certification Ecocert) depuis 2010.

Les vins : la cuvée Maldoror, dont la production a débuté en 1993, est aujourd'hui le seul vin produit par le domaine. Elle est élevée 18 mois en barrique et en cuve, et figure parmi les plus expressives des côtes-de-bourg.

Le coup de ♥
- Côtes de Bourg Maldoror 2015   16,80 €   16,5

On retrouve toute la puissance et le sérieux du millésime 2015 dans ce rouge concentré, actuellement en phase de fermeture. Il pourra rester des années en cave, grâce à la justesse de l'extraction et à ses tanins fermes mais civilisés. Grande longueur saline.

Rouge : 23 hectares.
Merlot 75 %, Cabernet-Sauvignon 25 %
Production moyenne : 100 000 bt/an

CHÂTEAU FOUGAS ☾

Fougas, 33710 Lansac
05 57 68 42 15 • www.fougas.com • Vente et visites : au domaine sur rendez-vous.
De 9h à 12h et de 14h à 18h.
Propriétaire : Jean-Yves Béchet
Œnologue : Thomas Duclos

CHÂTEAU LES JONQUEYRES

Le merlot, largement dominant (70 %) sur ce vignoble aux rendements très sages, donne aux vins des Jonqueyres un fruit très pur et une véritable harmonie, sans aspérité. La propriété est parfaitement menée, avec un très beau patrimoine de vieilles vignes (40 ans d'âge moyen), sur un terroir exceptionnel d'argiles bleues et grises à fossile, et sur un socle calcaire dans certains secteurs. Le château Les Jonqueyres, certifié en bio depuis avril 2012, produit depuis ce millésime une nouvelle cuvée baptisée À l'Enfer, composée pour moitié de malbec et de merlot, issue de très vieilles vignes ; elle mérite toute votre attention.

Les vins : If des Jonqueyres 2015 est un vin tout en fruit qui donnera un plaisir immédiat. Les Jonqueyres 2015 se montre d'une certaine classe, offre un fruit noble. La bouche est encore serrée, mais la qualité des tanins suggère une grande aptitude à la garde.

- Blaye Côtes de Bordeaux 2015   18,50 €   15,5
- Blaye Côtes de Bordeaux If des Jonqueyres 2015   9 €   14

Le coup de
- Blaye Côtes de Bordeaux À L'Enfer 2014   35 €   16,5

À l'Enfer 2014 rappelle la structure d'un cahors : un vin bâti, concentré sans excès, assagi par la douceur du merlot. Magnifique finale sur les fruits noirs et le thé fumé.

Rouge : 10 hectares.
Merlot 70 %, Cabernet-Sauvignon 20 %, Malbec (cot) 10 %
Production moyenne : 40 000 bt/an

CHÂTEAU LES JONQUEYRES ♣

7, Courgeau, 33390 Saint-Paul-de-Blaye
05 57 42 34 88 •
www.chateaulesjonqueyres.com • Vente et visites : au domaine sur rendez-vous.
De 9h à 12h et de 15h à 19h.
Propriétaire : Pascal Montaut
Œnologue : Michel Guiraud

★

CHÂTEAU ROC DE CAMBES

Les amateurs avisés, les grands sommeliers et les cavistes aguerris ont depuis de nombreuses années placé au meilleur niveau de l'appellation les vins de cette propriété appartenant à François Mitjavile (qui vinifie avec sa fille Nina), également propriétaire du rare et très coté château Le Tertre-Rotebœuf, à Saint-Émilion. Bénéficiant de soins tout particuliers, les vins du domaine expriment, à leur manière, un style élégant, suave. Ils charment immédiatement, avec toujours ce goût de raisin bien à part (maturités poussées et extractions par longues infusions). Excellents jeunes, ils vieillissent également avec une réelle harmonie. Ils sont d'ailleurs à leur apogée après dix ans, et davantage. La famille Mitjavile produit également sur cette propriété un bordeaux rouge de premier ordre !

BORDEAUX BLAYAIS ET BOURGEAIS

Les vins : le domaine ne nous ayant pas fait parvenir ses vins cette année, nous sommes amenés à reconduire les notes et les commentaires de notre édition précédente. Dans le millésime 2004, Roc est en pleine forme ; il affiche la vigueur de ce millésime, mais sans ce profil végétal qui marque tant d'autres vins. La culture de la haute maturité, signature Mitjavile, fait toutes ses preuves dans ce vin magnifié par un long élevage qui sert la finale. Parfait à boire en ce moment après un passage en carafe. Le 2006 surpasse les vins de son appellation avec des notes de tabac blond, des tanins présents qui structurent la fin de bouche. Sa complexité aromatique sur un goût de raisins légèrement grillés donne énormément de charme à la finale. Avec des notes de tabac blond, des tanins présents qui structurent la fin de bouche, le 2006 surpasse les vins de son appellation. Sa complexité aromatique sur un goût de raisins légèrement grillés donne énormément de charme à la finale.

- Côtes de Bourg Roc de Cambes 2004 — 74 (c) €   17
- Bordeaux Domaine de Cambes 2006 — 55 (c) €   16

Rouge : 10 hectares.
Merlot 80 %, Cabernet-Sauvignon 15 %, Malbec (cot) 5 %
Production moyenne : 47 000 bt/an

CHÂTEAU ROC DE CAMBES
3, Roc, 33710 Bourg-sur-Gironde
05 57 74 42 11 ● www.roc-de-cambes.com
● **Vente et visites :** au domaine sur rendez-vous.
En semaine sur rendez-vous. Moins de 10 personnes.
Propriétaire : François Mitjavile

CHÂTEAU BRÛLESÉCAILLE

Brûlesécaille jouit d'un vignoble bien situé dans l'appellation Côtes de Bourg, en surplomb de l'estuaire de la Gironde. La propriété produit avec régularité des vins plaisants et distingués, dotés d'une séduction immédiate grâce à un assemblage intéressant de merlot (majoritaire), de cabernet franc et de cabernet-sauvignon. La bonne exposition des cabernets permet d'obtenir, sur ce terroir, une excellente maturité, ce qui explique le velouté de texture et le fondu de tanins des meilleurs millésimes du domaine. Les prix sont très attractifs, profitez-en !

Les vins : encore d'une grande jeunesse, le blanc 2016 est engoncé par son élevage grillé et vanillé. Cependant, la matière riche et cristalline promet beaucoup de plaisir d'ici un ou deux ans. Brûlesécaille rouge 2014 se montre un peu fermé, dans un registre froid qui se traduit par des arômes de suie, une bouche de demi-corps, tendue par une minéralité vive. Sur le terroir du Château La Gravière, le 2015 offre une vision plus terrienne, sans avoir les stigmates du millésime. La bouche est magnifique, équilibrée entre générosité du fruit et qualité de tanins. Les Terrasses 2014 révèle un style moderne, permettant aux néophytes de découvrir cette appellation, qui se manifeste par une bouche souple, sans dureté, et arrondie par un boisé prenant. Le saint-émilion 2015 est dominé par une note de coco/vanille. La bouche, encerclée par la douceur de l'élevage, finit par des tanins secs. Il faudra être patient.

- Côtes de Bourg 2016 — 9 €   14,5
- Côtes de Bourg 2014 — 10 €   14,5
- Côtes de Bourg Château La Gravière 2015 — 9 €   15
- Côtes de Bourg Château La Gravière - Les Terrasses 2014 — 8,50 €   14
- Saint-Émilion Château Yon Saint-Christophe 2015 — 15 €   14,5

Le coup de ♥
- Côtes de Bourg 2015 — 11 €   15,5

Une jolie réussite pour l'appellation, parvenant à allier classicisme, haute maturité, muscle de Bourg et belle qualité de l'élevage.

Rouge : 26,3 hectares.
Merlot 57 %, Cabernet-Sauvignon 27 %, Cabernet franc 13 %, Malbec (cot) 3 %
Blanc : 1,7 hectare.
Sauvignon blanc 75 %, Sauvignon gris 25 %
Production moyenne : 125 000 bt/an

CHÂTEAU BRÛLESÉCAILLE
29, route des Châteaux, 33710 Tauriac
05 57 68 40 31 ● www.brulesecaille.com ●
Vente et visites : au domaine sur rendez-vous.
Du lundi au samedi de 9h à 12h et de 14h à 18h.
Propriétaire : Martine Rodet
Œnologue : Stéphane Beuret

CHÂTEAU FALFAS

Pionnier de la biodynamie dans la région (certifié en 1989), le domaine est l'une des valeurs sûres de l'appellation. Il élabore sur ses 20 ha, remarquablement situés sur un socle de calcaire à astéries, des vins toujours très francs. Avec une proportion non négligeable de cabernet-sauvignon (30 %) et de cabernet franc (10 %), l'addition du mode de culture et de vinification (levures indigènes) et de l'encépagement donne un caractère tout à fait singulier aux vins.

Les vins : leur côté juteux, sincère, sans artifice ni maquillage boisé, rappelle les rouges les plus délicats et les plus profonds de la vallée de la Loire.

Le coup de ♥
- Côtes de Bourg Château Falfas 2014   15 €   15

Ce vin profite d'une précision et d'une qualité de tanins superbe ! Malgré l'austérité juvénile du nez et la fermeté de la bouche, sa fraîcheur et sa longueur annoncent une grande garde.

Rouge : 20 hectares.
Merlot 55 %, Cabernet-Sauvignon 30 %, Cabernet franc 10 %, Malbec (cot) 5 %
Production moyenne : 90 000 bt/an

CHÂTEAU FALFAS ☾
34, route de Coudart,
33710 Bayon-sur-Gironde
05 57 64 80 41 ● www.chateaufalfas.com ●
Vente et visites : au domaine sur rendez-vous.
De 9h à 12h et de 14h à 18h.
Propriétaire : Véronique Cochran
Œnologue : Michel Guiraud

LIBOURNAIS

DOMAINE DE L'A

Le cru de Christine et Stéphane Derenoncourt fait désormais la course en tête de l'appellation Castillon Côtes de Bordeaux, aux côtés des domaine d'Aiguilhe et de Clos Puy Arnaud. L'un des plus célèbres conseillers en viticulture et en vinification du Bordelais et son épouse appliquent dans leur petite propriété de Sainte-Colombe les méthodes que Stéphane Derenoncourt encourage ailleurs : favoriser la finesse aromatique, rechercher l'équilibre et le soyeux de texture, plutôt que l'hyper-concentration et le boisé massif.

Les vins : ils sont accessibles dans leur jeunesse et peuvent se conserver dix à quinze ans dans les beaux millésimes, comme 2009 et 2010.

Le coup de ♥
- Côtes de Castillon 2014   27 €   17

Une fois encore, la sensibilité du couple Derenoncourt paye. Ce vin envoûte par la qualité de son fruit et ses nuances florales. La bouche est caressante, éclatante, encore prise par la jeunesse des tanins. Il se classe parmi les grands de Bordeaux.

Rouge : 10 hectares.
Merlot 80 %, Cabernet franc 20 %
Production moyenne : 25 000 bt/an

DOMAINE DE L'A
11, lieu-dit Fillol, 33350 Sainte-Colombe
05 57 24 60 29 ● www.domainedela.com ●
Vente et visites : au domaine sur rendez-vous.
Propriétaire : Christine et Stéphane Derenoncourt

CHÂTEAU D'AIGUILHE

Ce domaine connaît un succès unique en Côtes de Bordeaux, qui ne se dément pas au fil des millésimes. Au-delà du vignoble propre, des fermages sont adjoints et près de 100 ha sont vinifiés sous le nom de Château d'Aiguilhe. Voici une des rares marques de la rive droite qui s'impose par des volumes conséquents et qui peut se prévaloir de concurrencer quelques crus du Médoc ou des Graves. On doit cette réussite au savoir-faire du duo constitué par Stephan von

BORDEAUX LIBOURNAIS

Neipperg et Stéphane Derenoncourt (également propriétaire du Domaine de L'A dans la même appellation), qui s'illustre aussi à Château Canon-La-Gaffelière, au Clos de L'Oratoire et à La Mondotte à Saint-Émilion, les autres propriétés de la famille von Neipperg.

Les vins : le style des vins est régulier, toujours délicieux et immédiat ; on peut les consommer jeunes, ou les conserver trois à cinq ans en cave.

Le coup de ♥
- Castillon Côtes de Bordeaux 2014   22 (c) €   16

La combinaison de la haute maturité et d'un élevage ambitieux donne naissance à un vin joufflu, dense, résolument moderne, mais qui ne bascule pas dans la lourdeur grâce à sa fraîcheur saline.

Rouge : 49 hectares.
Merlot 80 %, Cabernet franc 20 %
Blanc : 1 hectare.
Sauvignon blanc 100 %
Production moyenne : 250 000 bt/an

CHÂTEAU D'AIGUILHE
33350 Saint-Philippe-d'Aiguilhe
05 57 24 71 33 ● www.neipperg.com ●
Vente et visites : au domaine sur rendez-vous.
Du lundi au vendredi de 9h à 12h et de 14h à 17h.
Propriétaire : Stephan von Neipperg

CHÂTEAU DE CARLES

Le banquier Stéphane Droulers a créé la cuvée Haut-Carles en 1994, afin d'exprimer ce que les terroirs du château de Carles, propriété venant de son épouse, Constance Chastenet de Castaing, pouvaient produire de mieux. Vinifiée avec soin, au boisé raffiné, cette cuvée a d'abord constitué l'archétype du bordeaux moderne, sans tomber dans la caricature. Composée à 90 % de merlot, on découvre avec le temps l'expression très personnelle d'un terroir racé qui vieillit avec harmonie. La première cuvée du château est plus souple, mais a l'avantage d'être accessible plus jeune.

Les vins : le Château de Carles 2014 est une belle réussite, avec un fruit noir, une fraîcheur mentholée et réglissée. La bouche est de demi-corps, aux tanins encore un peu accrocheurs, et de constitution légère en finale.

- Château de Carles 2014   13 €   14,5

Le coup de ♥
- Haut-Carles 2014   28 €   16,5

Il allie densité et raffinement. Un nez d'une grande subtilité, une bouche concentrée sans excès, un joli gras, des tanins polis et raffinés. Sa longueur sapide encourage à la grande garde.

Rouge : 14,5 hectares.
Merlot 90 %, Malbec (cot) 5 %, Cabernet franc 5 %
Production moyenne : 60 000 bt/an

CHÂTEAU DE CARLES
Lieu-dit Château de Carles 33141 Saillans
05 57 84 32 03 ● www.hautcarles.com ●
Vente et visites : au domaine sur rendez-vous.
De 8h à 12h et de 13h à 16h.
Propriétaire : M. & Mme Droulers
Directeur : Thierry Perdigon
Maître de chai : Gérald Baudy
Œnologue : Jean-Philippe Faure

CLOS PUY ARNAUD

Depuis 2000, Thierry Valette est propriétaire de ce vignoble de Castillon. Réalisé avec soin, le vin s'est imposé dès le début comme l'un des crus les plus intéressants de l'appellation, dans un style profond et éminemment racé. Aujourd'hui, le vignoble, cultivé en biodynamie, confirme tous les espoirs. Le vin, de facture classique, se démarque par sa droiture et sa densité : cette bouteille faite pour la table vieillit remarquablement bien dans les grandes années. Thierry Valette propose en plus du premier vin, trois excellentes cuvées, dont deux dites de soif (Bistrot et Pervenche) qui nous réconcilient avec les bordeaux de consommation rapide : ce sont deux pépites à ne pas manquer.

Les vins : Cuvée Bistrot 2016 porte bien son nom ! Ce pur merlot fait prévaloir un fruit spontané, juteux. Le Clos Puy Arnaud 2014 est une magnifique bouteille, pouvant faire pâlir certains crus classés, qui brille par la qualité de son fruit et de son élevage. La qualité du millésime porte Cuvée Pervenche 2015. La qualité des tanins et sa jolie finale évoquant le thé fumé en font un très bon rapport qualité-prix.

- Castillon Côtes de Bordeaux 2014   32 €   16

- Castillon Côtes de Bordeaux Cuvée Pervenche 2015 — 15 € — 15,5
- VDF Cuvée Bistrot 2016 — 14 € — 14,5

Le coup de ♥
- Castillon Côtes de Bordeaux Cuvée Les Ormeaux 2014 — 18 € — 15

Un bordeaux friand, sans dureté. La jolie finale offre des parfums de truffe et d'eucalyptus. Profitez-en dès aujourd'hui.

Rouge : 13 hectares.
Merlot 70 %, Cabernet franc 25 %, Cabernet-Sauvignon 4 %, Petit Verdot 1 %
Production moyenne : 65 000 bt/an

CLOS PUY ARNAUD
7, Puy Arnaud, 33350 Belvès-de-Castillon
05 57 47 90 33 ● www.clospuyarnaud.com
● Vente et visites : au domaine sur rendez-vous.
Propriétaire : Thierry Valette
Maître de chai : Nicolas Cosse
Œnologue : Nadine Poulazan

★

CHÂTEAU LA FLEUR DE BOÜARD

Hubert de Boüard a porté cette propriété à la tête de l'appellation Lalande de Pomerol, en appliquant les mêmes principes de viticulture et de vinification que ceux qui ont assuré le succès du Château Angélus à Saint-Émilion. Une sélection des meilleurs raisins peut, dans les grandes années, produire la cuvée Le Plus de La Fleur de Boüard, qui cherche ouvertement à rivaliser avec les plus prestigieux pomerols. Et elle y parvient souvent avec brio ! Depuis 2012, la propriété travaille avec un cuvier flambant neuf, conçu entièrement pour travailler par gravité et doté de cuves de forme tronconique inversée, pendues au plafond.

Les vins : ils sont riches mais équilibrés, d'un superbe charme aromatique. Les derniers millésimes continuent à gagner en élégance.

Le coup de ♥
- Lalande-de-Pomerol 2013 — 24 € — 15

En cours de fermeture. La fraîcheur du millésime, combinée à la délicatesse de l'extraction, en font un vin sensuel et fringuant. Pour l'hiver.

Rouge : 25 hectares.
Merlot 85 %, Cabernet-Sauvignon 8 %, Cabernet franc 7 %
Production moyenne : 100 000 bt/an

CHÂTEAU LA FLEUR DE BOÜARD
BP 7, 33500 Pomerol
05 57 25 25 13 ●
www.lafleurdebouard.com ● Vente et visites : au domaine sur rendez-vous.
En semaine de 8h30 à 12h et de 14h30 à 16h30.
Propriétaire : Hubert de Boüard et sa famille
Directeur : Philippe Nunes

CHÂTEAU FONTENIL

Depuis la vente du château Le Bon Pasteur à Pomerol, Dany et Michel Rolland, le plus célèbre couple d'œnologues bordelais, s'investit encore plus dans leur petite propriété familiale de Fronsac. Acquis en 1986, et portant le nom de l'une des parcelles, le vignoble de Fontenil est tenu avec autant de soins qu'un cru majeur de la rive droite. Les derniers millésimes gagnent encore en finesse et se montrent moins démonstratifs qu'à leur début, tout en conservant ce qui fait la signature du duo : la maturité du raisin. Mais c'est essentiellement sur la marque de l'élevage que les vins surprennent. De plus, ils conservent un équilibre et une finesse remarquables et vieillissent avec beaucoup de style.

Les vins : le 2014 est un beau classique qui ravira les amateurs de bordeaux frais au boisé précis. Encore sur un fruit primaire, la bouche de demi-corps séduit par sa texture fine et son équilibre acidulé. Il gagnera à patienter trois à cinq ans en cave.

- Fronsac 2014 — 23,90 € — 15

Le coup de ♥
- Fronsac 2015 — 27,50 € — 17

Ce 2015 fera partie des meilleurs vins de la rive droite. La générosité du millésime, associée à la classe du terroir, offre un merlot mûr et suave, aux tanins précis.

Rouge : 9 hectares.
Merlot 100 %
Production moyenne : 45 000 bt/an

CHÂTEAU FONTENIL
Cardenau Nord 33141 Saillans
05 57 51 52 43 ●
www.rollandcollection.com ● Visites : sur rendez-vous uniquement aux professionnels.
Propriétaire : Michel et Dany Rolland
Maître de chai : Gerald Chambfort
Œnologue : Michel Rolland

BORDEAUX LIBOURNAIS

★ CHÂTEAU PUYGUERAUD

La famille Thienpont, propriétaire du domaine depuis 1946, a fait revivre, à partir de 1983, l'appellation Francs-Côtes de Bordeaux avec ce cru de premier ordre. Nicolas Thienpont, par ailleurs responsable d'une poignée de crus classés à Saint-Émilion, produit un vin corsé, généreux, au boisé toujours contrôlé, conçu pour une garde honnête (de cinq à dix ans). La propriété est régulière et les derniers millésimes d'un bon niveau de qualité. Elle se signale, avec Château Marsau, comme étant la plus intéressante production en Francs.

Les vins : le domaine ne nous ayant pas fait parvenir ses vins cette année, nous sommes amenés à reconduire les notes et les commentaires de notre édition précédente. On perçoit une légère réduction sur le blanc 2014, qui va s'épanouir en bouteille. On devine son fruité et sa fine acidité en bouche, mais l'ensemble gagnera en gras et en intensité. Tout en rondeur, le 2013 est aujourd'hui davantage dans la séduction et la longueur. Le rouge 2013 est vraiment souple avec un milieu de bouche léger ; il faut le boire jeune. Le 2012 est un vin plus en structure qui exprime bien la puissance des argiles de Francs. Son aspérité tannique lui confère de la tenue et son caractère un rien rustique s'accordera avec une cuisine en sauce.

▱ Francs Côtes de Bordeaux 2013	14 €	15
▱ Francs Côtes de Bordeaux 2014	14 €	14
▬ Francs Côtes de Bordeaux 2013	14 €	13,5
▬ Francs Côtes de Bordeaux 2012	15 €	15

Rouge : 42 hectares.
Merlot 80 %, Cabernet franc 15 %, Malbec (cot) 5 %
Blanc : 5 hectares.
Sauvignon blanc 60 %, Sauvignon gris 40 %
Production moyenne : 140 000 bt/an

CHÂTEAU PUYGUERAUD
33570 Saint-Cibard
05 57 56 07 47 ●
www.nicolas-thienpont.com ● Vente et visites : au domaine sur rendez-vous.
Propriétaire : Héritiers George Thienpont
Directeur : Nicolas et Cyrille Thienpont
Maître de chai : Grégory Bertet

★ CHÂTEAU LA ROUSSELLE

Ce micro cru de 3,3 ha a longtemps appartenu à Viviane Davau ; il est aujourd'hui la propriété de l'homme d'affaires Enzo Ide. Ce domaine est riche de vieilles vignes situées sur un terroir de coteaux calcaires formant un amphithéâtre qui domine la vallée de la Dordogne. Stéphane Derenoncourt conseille ce vin d'une complexité et d'une finesse rares pour Fronsac. Les bouquets gagnent en complexité à la garde, et prennent des arômes de truffe et de lard fumé. Le velouté des tanins est servi par des élevages judicieux. Les derniers millésimes ont atteint un niveau de qualité indiscutable et les prix restent stables ! Un très beau vin d'amateurs, digne de certains grands pomerols. Espérons que le nouveau propriétaire saura conserver toute la grandeur de cette pépite trop souvent méconnue.

Les vins : le domaine ne nous ayant pas fait parvenir ses vins cette année, nous sommes amenés à reconduire les notes et les commentaires de notre édition précédente. 2012 s'épanouit et prend de la rondeur. En une année, il a gagné en équilibre et en finesse de tanins. Solide, il a toutes les qualités pour bien vieillir. Avec ses arômes qui commencent à truffer, le 2011 forme une excellente bouteille au caractère charnu, tannique et délié en finale. Le 2010, de part sa concentration, l'éclat de sa matière et son intensité aromatique, est la plus belle réussite de l'appellation Fronsac pour le millésime. Incroyablement dense, avec un moelleux de tanins en finale qui force le respect. Une bouteille à avoir en cave.

▬ Fronsac 2011	16 €	16,5
▬ Fronsac 2012	16 €	15,5
▬ Fronsac 2010	16,50 €	17

Rouge : 3,3 hectares.
Merlot 60 %, Cabernet franc 40 %
Production moyenne : 14 000 bt/an

CHÂTEAU LA ROUSSELLE
1, Rousselle, 33126 La Rivière
05 57 24 96 73 ●
chateau@chateaularousselle.com ● Vente et visites : au domaine sur rendez-vous.
Du lundi au samedi de 10h à 13h et de 14h à 18h.
Propriétaire : Viviane Davau

CHÂTEAU LA VIEILLE CURE

Cette propriété est détenue depuis 1986 par des investisseurs américains, qui ont investi tant dans le vignoble que dans l'outil technique, tout en contribuant à la notoriété de ce château du Fronsadais. Comptant 18 ha d'un seul tenant, répartis entre plateau et côte, ainsi qu'un joli patrimoine de vieilles vignes, le domaine a tout pour produire de beaux merlots (plus des deux tiers du vignoble). Ces derniers possèdent le caractère racé et gourmand du terroir, dans un style enrobé et frais. La propriété est conseillée par l'œnologue Michel Rolland et son équipe.

Les vins : La Sacristie 2014 est un vin d'une grande facilité, grâce à sa bouche digeste, sa fraîcheur, ses tanins délicats.

— Fronsac La Sacristie 2014   12 €   14,5

Le coup de ♥
— Fronsac 2014   24,50 € 15,5

Ce flacon offre une grande noblesse dès le nez, avec un fruit précis et un élevage intégré. La bouche est patinée, étirée par de beaux tanins poudrés.

Rouge : 18 hectares.
Merlot 75 %, Cabernet franc 22 %, Cabernet-Sauvignon 3 %
Production moyenne : 90 000 bt/an

CHÂTEAU LA VIEILLE CURE
Coutreau, 33141 Saillans
05 57 84 32 05 ● www.la-vieille-cure.com ● Vente et visites : au domaine sur rendez-vous.
Propriétaire : Christopher Gant
Maître de chai : Frédéric Labatut
Œnologue : Jean-Philippe Fort

CHÂTEAU VRAI CANON BOUCHÉ

C'est désormais le fond d'investissements La Française Rem qui possède cette propriété, dont l'éclat a été restauré par son ancien propriétaire, l'homme d'affaires hollandais Philip de Hasseth-Möller. D'importants investissements ont été consentis et Stéphane Derenoncourt a apporté sa patte à des vins qui ont considérablement gagné en finesse et en élégance. Les nouveaux propriétaires, représentés par le dynamique Patrick Ribouton, poursuivent dans la voie de la qualité. Les derniers millésimes sont d'un excellent niveau.

Les vins : Le Tertre de Canon 2014 relève d'un style de haute maturité et se distingue par un nez mentholé très prenant. La bouche est sans artifice, suave, juteuse.

— Canon-Fronsac Le Tertre de Canon 2014   9 €   14,5

Le coup de ♥
— Canon-Fronsac 2014   20 €   16

La fraîcheur forme la colonne vertébrale de ce vin d'amateur. Il allie la belle maturité de fruits noirs, un élevage précis, et une impression minérale intense. Un très bon rapport qualité-prix !

Rouge : 12 hectares.
Merlot 70 %, Cabernet franc 30 %
Production moyenne : 25 000 bt/an

CHÂTEAU VRAI CANON BOUCHÉ
1, le Tertre de Canon, 33126 Fronsac
05 57 24 39 91 ●
www.chateauvraicanonbouche.com ● Pas de visites.
Propriétaire : SAS Les Grands Vignobles de Bordeaux
Directeur : Jean de Laitre

CHÂTEAU CANON PÉCRESSE

Jean-Francis Pécresse, directeur de la rédaction de Radio Classique et éditorialiste aux Échos, est également vigneron-propriétaire sur les terres du Fronsadais d'un petit cru familial, acquis par ses aïeux corréziens, bien implanté sur le plateau calcaire de Saint-Michel-de-Fronsac. Supervisés par Stéphane Derenoncourt, ces 4,2 hectares affirment progressivement leur rythme dans un vin assez dense, aux notes plus sauvages dans les millésimes chauds comme 2009. Le domaine progresse constamment et 2015 est certainement le meilleur millésime produit dans l'histoire de ce cru.

Les vins : sous-tendu par une grande fraîcheur, le classique 2014 promet une grande capacité de garde. Le 2013 s'offre avec facilité, grâce à une matière légère. Le 2011 est plus austère, un peu fermé, et devrait se réveiller prochainement.

— Canon-Fronsac 2011   Épuisé   14
— Canon-Fronsac 2013   17,50 € 14
— Canon-Fronsac 2014   Épuisé   15

Le coup de ♥
— Canon-Fronsac 2012   Épuisé   15,5

Il livre beaucoup de plaisir, allie densité et élégance, liées par une fraîcheur sous-jacente. On peut l'ouvrir dès maintenant.

Rouge : 4,2 hectares.

BORDEAUX LIBOURNAIS

Merlot 85 %, Cabernet franc 15 %
Production moyenne : 15 000 bt/an

CHÂTEAU CANON PÉCRESSE
33126 Saint-Michel-de-Fronsac
05 57 24 98 67 •
www.chateau-canon-pecresse.fr • Vente et visites : au domaine sur rendez-vous.
Propriétaire : Famille Pécresse
Directeur : Jean-Francis Pécresse
Maître de chai : Alain Joubert

CHÂTEAU CLARISSE

Directeur du grand hôtel parisien La Réserve, Didier Le Calvez est aussi un passionné de vins. Il a acquis cette petite propriété de Puisseguin-Saint-Émilion et en a confié les vinifications au conseiller Stéphane Derenoncourt. Deux cuvées de très belle facture sont élaborées : une cuvée classique, que l'on boira sur son fruit, et une cuvée Vieilles Vignes, plus ambitieuse (extraction par pigeages, fermentations malolactique en barrique...), présentant une marque de terroir, qui s'impose en bouche avec un bon potentiel de garde. La production gagne en précision et en éclat

Les vins : le 2014 offre un plaisir immédiat. Son nez, ouvert, est souligné par des fruits noirs juteux et un élevage précis. La bouche est juste, suave, avec une finale citronnée.

➤ Puisseguin-Saint-Emilion 2014   26 €   15

Le coup de ♥
➤ Puisseguin-Saint-Emilion Vieilles
    Vignes 2014   40 €   16

Les vieilles vignes ont su apporter concentration et fraîcheur. L'élevage maîtrisé a donné des tanins fondus et précis, donnant un plaisir immédiat.

Rouge : 20 hectares.
Merlot 80 %, Cabernet franc 20 %
Production moyenne : 40 000 bt/an

CHÂTEAU CLARISSE
Lieu-dit Croix de Justice, 33570 Puisseguin
• www.chateau-clarisse.com • Vente et visites : au domaine sur rendez-vous.
Propriétaire : Olivia et Didier Le Calvez
Directeur : Ludovic Nadal
Œnologue : Stéphane Derenoncourt

CHÂTEAU LA COURONNE

Avec sa cuvée Reclos (3 ha en pur merlot), le château La Couronne réalise des vins qui se distinguent du peu d'ambition des satellites de Saint-Émilion. Ils témoignent d'ailleurs, indiscutablement, du potentiel qualitatif des meilleurs terroirs de Montagne-Saint-Émilion. Vinifiés dans un esprit moderne, avec une recherche prononcée de couleur, de concentration, d'extraction et d'élevage, les derniers millésimes montrent une progression vers davantage d'équilibre et de finesse.

Les vins : Malgré la belle maturité du fruit, le boisé ambitieux de Réserve 2014 prend le dessus, donnant une texture sucrée un peu lourde. La finale rappelle le vernis.

➤ Montagne-Saint-Emilion
    Réserve 2014   12,50 €   13,5

Le coup de ♥
➤ Montagne-Saint-Emilion Reclos de la
    Couronne 2014   18 €   15,5

Dans un style plus charnu que Réserve, il se distingue par l'intégration de son boisé. La densité de ce vin est équilibrée par son élevage bien choisi. Nous apprécions sa finale balsamique.

Rouge : 11 hectares.
Merlot 100 %
Production moyenne : 70 000 bt/an

CHÂTEAU LA COURONNE
34, le Bourg, 33570 Montagne
05 57 74 66 62 • lacouronne@aol.com •
Vente et visites : au domaine sur rendez-vous.
Propriétaire : Thomas Thiou
Œnologue : Jean Philippe Fort

CHÂTEAU DALEM

Depuis 2002, Brigitte Rullier-Loussert mène avec sérieux ce très joli cru, bien situé sur les coteaux de Saillans. Les derniers millésimes adoptent un style rond et agréablement ouvert dans leur jeunesse. Dans les grandes années, comme 2010, le potentiel de garde s'impose, donnant des vins foncés, assez puissants et qui truffent avec le temps. Nous classons ce domaine parmi les valeurs sûres d'une appellation dont on redécouvre chaque jour le potentiel. La famille possède également Château de la Huste, souple et friand, qui devra être bu avant les vins de Dalem.

Les vins : un seul vin dégusté cette année, un 2014 dont on pourra profiter dès aujourd'hui, et pendant des années.

Le coup de ♥
➤ Fronsac 2014   26 €   15,5

Les vignes de 45 ans livrent un vin déjà très épanoui. Le nez est d'une grande noblesse, oscillant entre le cassis, le bois fin et l'humus.

Rouge : 10 hectares.

Merlot 90 %, Cabernet franc 10 %
Production moyenne : 50 000 bt/an

CHÂTEAU DALEM ♣
1, Dalem, 33141 Saillans
05 57 84 34 18 ● www.chateaudalem.com ●
Vente et visites : au domaine sur
rendez-vous.
De 10h à 12h et de 14h à 18h.
Propriétaire : Brigitte Rullier-Loussert
Maître de chai : Sacha Sokoloff
Œnologue : Christian Veyry

CHÂTEAU DE LA DAUPHINE

À la surprise générale, Guillaume Halley, dont le père Jean avait acquis cette propriété à la fin de l'année 2000, a annoncé sa vente à la famille Labrune fin 2015. Rien ne prédisait jusqu'alors ce changement de propriétaire, d'autant que Guillaume Halley s'était énormément investi dans le renouveau de La Dauphine et avait converti le vignoble en biodynamie (certification en 2015). C'est donc entre les mains de la famille Labrune, par ailleurs actionnaire majoritaire de la société Cegedim, réalisant environ 500 millions d'euros de chiffre d'affaires et cotée sur Euronext Paris, que le Château de La Dauphine va connaître une nouvelle destinée. Les nouveaux propriétaires viennent d'agrandir le vignoble de 13 ha supplémentaires en rachetant le Château Haut-Ballet à Olivier Decelle (Château Jean-Faure à Saint-Émilion et Mas Amiel à Maury). Ils ont planté un peu de sauvignon qui produira un vin blanc d'ici trois ans. De plus, ils bénéficient d'un outil performant et d'installations techniques ad hoc pour continuer à produire des vins de bonne qualité.

Les vins : dans un esprit très sudiste, Delphis de La Dauphine 2015 offre avec beaucoup d'immédiateté un grand panel de fruits noirs surmûris. La bouche est généreuse, juteuse. On peut le boire dès maintenant.

▬ Delphis de La Dauphine 2015   10 €   15

Le coup de ♥
▬ Château de La Dauphine 2015   21 €   16,5

Une splendide bouteille ! Ce vin conjugue la haute maturité du millésime et une fraîcheur parfaite. La bouche éclatante est d'une grande richesse. Le grain de tanin serré lui permettra de voir sereinement les dix prochaines années.

Rouge : 53 hectares.
Merlot 90 %, Cabernet franc 10 %
Production moyenne : 250 000 bt/an

CHÂTEAU DE LA DAUPHINE ♣
Rue Poitevine, 33126 Fronsac
05 57 74 06 61 ●
www.chateau-dauphine.com ● Vente et
visites : au domaine sur rendez-vous.
Du lundi au vendredi, de 9h à 13h et de
14h à 17h.
Propriétaire : Famille Labrune
Directeur : Stéphanie Barousse
Maître de chai : Julien Schaus
Œnologue : Michel Rolland et Bruno Lacoste

CHÂTEAU HOSTENS-PICANT

Avec ses 40 ha en plein cœur de l'appellation Sainte-Foy-Bordeaux, Hostens-Picant s'impose comme l'un des meilleurs vins du secteur. Il a bénéficié du travail patient et obstiné d'Yves Hostens-Picant, de son épouse Nadine et désormais de leurs filles Valentine et Charlotte. Les vins sont élaborés avec beaucoup d'ambition, et bénéficient des conseils avertis de Stéphane Derenoncourt. Le point fort du domaine est la fameuse Cuvée des Demoiselles (60 % sauvignon, 30 % sémillon, 10 % muscadelle), blanc d'une rare subtilité aromatique pour Bordeaux, séduisant par sa finesse de style. La cuvée Lucullus se dévoile, en rouge, ambitieuse et opulente. Elle vieillit harmonieusement avec, dans les derniers millésimes, une approche de l'élevage beaucoup plus discrète que lors de sa création au début des années 2000.

Les vins : les tanins encore un peu rugueux du rouge 2014 devront se fondre. Le nez, plein de fruit juteux et de suie, est raffiné. Le Lucullus 2014 est engoncé dans son élevage, avec des arômes prononcés de fruits macérés et de chocolat. Mais la matière magnifique, d'une densité juste, promet une belle garde.

▬ Sainte-Foy Bordeaux 2014   23 €   15
▬ Sainte-Foy Bordeaux Cuvée d'Exception
  LVCVLLVS 2014   34 €   16,5

Le coup de ♥
▭ Sainte-Foy Bordeaux Cuvée des
  Demoiselles 2015   23 €   16,5

Heureux celui qui saura garder dans sa cave cette perle de l'Entre-deux-Mers. Son nez délicat rappelle les agrumes et hydrocarbures rhénans. La bouche, éclatante, riche, est nuancée par une fraîcheur étirée par de beaux amers.

Rouge : 30 hectares.
Merlot 65 %, Cabernet franc 30 %,
Muscardin 7 %, Cabernet-Sauvignon 5 %
Blanc : 10 hectares.
Sauvignon blanc 62 %, Sémillon 31 %
Production moyenne : 240 000 bt/an

BORDEAUX LIBOURNAIS

CHÂTEAU HOSTENS-PICANT
Grangeneuve Nord, 33220 Les
Lèves-et-Thoumeyragues
05 57 46 38 11 •
www.chateauhostens-picant.fr • Vente et
visites : au domaine sur rendez-vous.
Du lundi au vendredi de 9h à 12h et de
14h à 18h.
Propriétaire : Yves et Nadine Hostens-Picant

CHÂTEAU MARSAU

Voici l'un des trois meilleurs représentants de l'appellation Francs Côtes de Bordeaux, avec Puygueraud et Les Charmes-Godard. Marsau, suivi par l'œnologue Michel Rolland, appartient à Jean-Marie Chadronnier, ancien président de la maison de négoce CVBG Dourthe-Kressmann. Il produit régulièrement un vin gourmand, fruité, doté d'une bonne concentration. Aujourd'hui, ses enfants Anne-Laurence et Mathieu reprennent progressivement la gestion de la propriété familiale, Anne-Laurence à la production et à la communication, Mathieu à la commercialisation.

Les vins : Prélude 2013 est à l'image de son millésime, un peu léger, avec une pointe végétale. Sa fluidité le rend très accessible. Marsau 2011 est magnifique à ce stade : il faut en profiter dès à présent. Le truffe et les fruits macérés dominent le nez. La petite sécheresse en finale pourra être gommée par une cuisine adaptée. Marsau 2013 joue la partition de la légèreté, avec une matière fine et délicate. Les tanins ressortent un peu en finale. Marsau 2014 profite d'un toucher aérien, est enrobé par un élevage doux, permettant de dompter sa légère végétalité.

▶ Francs Côtes de Bordeaux 2011	18 €	15,5
▶ Francs Côtes de Bordeaux 2013	18 €	14
▶ Francs Côtes de Bordeaux 2014	18 €	14,5
▶ Francs Côtes de Bordeaux Prélude 2013	9 €	13

Le coup de ♥
▶ Francs Côtes de Bordeaux 2015	18 €	16

Un tour de force. Ce vin joue la carte de la haute maturité maîtrisée, avec un fruit pulpeux, une grande suavité, de beaux tanins et une finale mentholée.

Rouge : 14 hectares.
Merlot 100 %
Production moyenne : 60 000 bt/an

CHÂTEAU MARSAU
3, Bernarderie 33570 Francs
05 56 44 30 49 • www.chateaumarsau.com
• Visites : sur rendez-vous uniquement aux professionnels.

Propriétaire : Famille Chadronnier
Directeur : Jean-Marie Chadronnier
Œnologue : Anne-Laurence Chadronnier

CHÂTEAU DE LA RIVIÈRE

Cette très ancienne et magnifique propriété de Fronsac, dont les vins étaient servis dès le XIIIe siècle à la table du roi d'Angleterre, dispose d'un beau terroir de coteaux d'argile, de calcaire et de sable, où le merlot s'épanouit à merveille. Il appartient depuis 2013 au groupe chinois Bolian qui a également transformé le site en un haut lieu de l'œnotourisme avec chambres d'hôtes et salles de réception. Il faut dire que le château est l'un des plus impressionnants de la région et bénéficie d'une vue magnifique sur la Dordogne.

Les vins : le rosé 2013 est simple, estival. Le blanc s'avère encore comprimé par son élevage. Enveloppé par un élevage qui l'alourdit, le 2013 est limité par son millésime. Le 2015 se referme, mais se révèle très prometteur.

▶ Bordeaux Blanc 2016	9,50 €	13,5
▶ Bordeaux Rosé 2016	7,50 €	13
▶ Fronsac 2012	18 €	15,5
▶ Fronsac 2013	17 €	14
▶ Fronsac 2015	20,50 €	15,5

Le coup de ♥
▶ Fronsac 2014	18,50 €	16

Même si l'élevage n'est pas encore complètement intégré, ce 2014 se distingue par sa classe. Son fruit éclatant le place parmi les meilleurs de l'appellation. Grande capacité de garde.

Rouge : 64 hectares.
Merlot 84 %, Cabernet franc 8 %,
Cabernet-Sauvignon 6 %, Malbec (cot) 2 %
Blanc : 1 hectare.
Sauvignon blanc 67 %, Sauvignon gris 33 %
Production moyenne : 350 000 bt/an

CHÂTEAU DE LA RIVIÈRE
33126 La Rivière
05 57 55 56 56
www.chateau-de-la-riviere.com •
Visites : sans rendez-vous.
Du lundi au vendredi, toute l'année, de
10h30 à 13h30 et de 14h30 à 16h30. Le
samedi entre mai et septembre et le
dimanche sur rendez-vous en juillet et
août.
Propriétaire : Groupe Bolian
Directeur : Xavier Buffo

CHÂTEAU LES TROIS CROIX

Cette propriété appartient à Patrick Léon, ancien directeur technique de Château Mouton Rothschild. Le vignoble bien exposé est majoritairement planté en merlot. Avec son fils Bertrand, il y réalise d'élégants fronsacs.

Les vins : ils ne recherchent pas la surpuissance mais privilégient l'équilibre, dans un style classique bordelais, svelte et fruité, qui leur permettent d'être dégustés assez rapidement.

Le coup de ♥

➤ Fronsac 2014   18 €   15

Ce 2014 offre un plaisir spontané. Le fruit noir infusé est un peu masqué par un boisé maîtrisé mais très présent. La bouche, concentrée, se montre encore dominée par son élevage. Le temps fera son œuvre.

Rouge : 18,2 hectares.
Merlot 88 %, Cabernet franc 12 %
Production moyenne : 70 000 bt/an

CHÂTEAU LES TROIS CROIX
**1, Les Trois Croix, 33126 Fronsac
05 57 84 32 09** ●
www.chateaulestroiscroix.com ● **Vente et visites :** au domaine sur rendez-vous.
Propriétaire : Patrick Léon
Directeur : Bertrand Léon
Maître de chai : Christophe Rigaud
Œnologue : Bertrand Léon

NOUVEAU DOMAINE

DOMAINE DE GALOUCHEY

Ce domaine a été créé par trois amis, Jean Terrade, Gérard Pantanacce, et Marco Pelletier (ancien chef sommelier du Taillevent et du Bristol). Leur volonté : créer un vin hors des codes à Bordeaux, en bio, utilisant quasiment tous les cépages, complantés, de la région. La Chapelle est une parcelle de 0,5 ha de merlot, plantée en 1986. Le style digeste et frais est clairement affiché dans ces rouges où le terme de "buvabilité", tant critiqué, est le maître-mot. On est loin des codes boisés (Galouchey n'utilise que des vieux fûts) ou hyper-techniques (les raisins y sont égrainés à la main). Le Bordeaux-bashing a peut-être trouvé un contre-exemple parfait.

Les vins : avec La Chapelle 2014 le terme d'infusion prend tout son sens. Le nez, raffiné, posé, suggère une vinification douce, avec sa purée de fruits noirs, son papier d'Arménie et ses fleurs séchées. La bouche rappelle la finesse de la Bourgogne : tanins imperceptibles et finale fraîche. Les Cabernets propose un style plus sérieux. Une fois aéré, le nez offre un registre atypique de cassis bien mûr, de menthe poivrée et de cèdre. La bouche oscille entre délicatesse et structure. Un joli vin de gastronomie.

➤ VDF La Chapelle 2014   18 €   16
➤ VDF Les Cabernets 2014   24 €   17

Le coup de ♥

➤ VDF Vin de Jardin 2014   20 €   15

Issu de cépages rouges et blancs égrenés à la main, ce 2014 fruité étonne par la justesse de son extraction et la délicatesse de son nez. Sa robe rubis évoque celle d'un pinot. La bouche est sensuelle, acidulée. Sa finale fraîche, étirée par de beaux amers minéraux, en fait un rouge digeste et désaltérant.

Rouge : 0,8 hectare.
Merlot 70 %, Cabernet-Sauvignon 12 %, Cabernet franc 10 %, Petit Verdot 4 %, Carmenère 4 %
Blanc : 0,14 hectare.
Sauvignon gris 25 %, Sauvignon blanc 25 %, Sémillon 25 %, Muscadelle 25 %
Production moyenne : 4 500 bt/an

DOMAINE DE GALOUCHEY
**1, route de Galouchey, Lesparre,
33750 Beychac et Caillau** ●
www.vindejardin.com ● **Vente et visites :** au domaine sur rendez-vous.
Propriétaire : Gérard Pantanacce, Marco Pelletier, Jean et Claudia Terrade

BORDEAUX

POMEROL

★★★
CHÂTEAU L'EGLISE-CLINET

Homme visionnaire et vigneron talentueux, Denis Durantou a porté cette propriété au sommet de l'appellation. Le vignoble est idéalement implanté sur un terroir d'argiles et de graves-argileuses, dont une partie a résisté au terrible gel de 1956, puis à ceux de 1985 et de 1987. L'âge moyen du vignoble dépasse ainsi les 40 ans. Vinifiés avec rigueur et justesse dans un esprit qui mêle classicisme et modernité, les vins paraissent parfois un peu austères dans leur jeunesse, mais ils sont taillés pour la garde. L'Église-Clinet commence en effet à révéler tout son potentiel à partir de 10-12 ans d'âge. Malheureusement, les quantités produites s'avèrent faibles et le vin atteint des prix très élevés en raison de son succès. Il est toujours possible de se consoler avec le second vin du domaine, La Petite Église.

Les vins : les millésimes récents brillent par la pureté de leur expression aromatique et la complexité de leurs saveurs. Le 2016, en primeur, combine richesse et fraîcheur, avec une immense longueur, une grande puissance et une maturité parfaite avec du croquant et des tanins. Le 2014 se montre plein, vigoureux, avec beaucoup de raffinement dans la texture et de remarquables notes florales, taillé pour la garde. Le 2013 apparaît très charmeur, déjà épanoui, d'une concentration modérée, mais doté d'un fruit précis et souligné par de fraîches notes de réglisse.

➤ Pomerol 2013	160 €	17,5
➤ Pomerol 2014	210 (c) €	18,5
➤ Pomerol 2016	N.C.	19,5

Le coup de ♥

➤ Pomerol 2015	169 (c) €	19

Le 2015 est un vin captivant, qui s'impose déjà comme une grande réussite du cru par l'intensité de son fruit et sa structure tannique moelleuse et élégante. Très grand potentiel.

Rouge : 5,5 hectares.
Merlot 90 %, Cabernet franc 10 %
Production moyenne : 15 000 bt/an

CHÂTEAU L'EGLISE-CLINET
33500 Pomerol
05 57 25 96 59 ● www.eglise-clinet.com ●
Vente et visites : au domaine sur rendez-vous.
Du mardi au vendredi à 12h.

Propriétaire : Denis Durantou

★★★
CHÂTEAU LAFLEUR

Avec son épouse Julie, Baptiste Guinaudeau poursuit le travail de ses parents en conduisant avec passion et méticulosité cette toute petite propriété culte de Pomerol (4,5 hectares). Un heureux caprice de la nature a accumulé sur ce carré de vignes, lui-même découpé en quatre carrés, toutes les graves des alentours, ce qui permet au cabernet franc de mûrir comme nulle part ailleurs. Ce cépage entre judicieusement pour moitié dans l'encépagement, l'autre moitié étant réservée aux somptueux merlots qui bénéficient, comme sur l'ensemble du haut plateau de Certan, d'argiles profondes directement sous les graves. Lafleur vieillit à la perfection et affiche une régularité sans faille ces dernières années. Hélas, ce vin demeure très difficile à trouver. Issu d'une sélection décidée dès la vigne, Les Pensées offre une personnalité singulière, plus proche d'une cuvée complémentaire à Lafleur que d'un second vin.

Les vins : d'année en année, l'exigence de la famille Guinaudeau vise à améliorer la qualité du cru, déjà au sommet de l'appellation. Le 2016 est un vin très tramé, fin, avec une expression intense du cabernet qui forme la stature de l'assemblage. Il rappelle l'éclat aromatique des 2008 mais avec plus de vivacité. Lafleur 2015, bénéficiant de conditions climatiques permettant un retour des merlots au sommet, s'inscrit dans la lignée des millésimes mythiques de cette propriété si attachante. Le 2013 est en phase de transition : tandis que le nez est encore discret et assez austère, la bouche séduit par un moelleux et un velouté remarquables pour le millésime. En 2014, Les Pensées brille par sa délicatesse et son superbe bouquet floral, alors que la gourmandise du 2013 illustre la rigueur du tri dans ce millésime délicat.

➤ Pomerol 2013	450 €	18
➤ Pomerol 2015	520 (c) €	19,5
➤ Pomerol 2016	770 (c) €	19
➤ Pomerol Pensées de Lafleur 2013	100 (c) €	16,5
➤ Pomerol Pensées de Lafleur 2014	84 (c) €	17

Le coup de ♥

➤ Pomerol 2014	520 (c) €	18,5

Bien que dégusté juste après la mise en bouteille, Lafleur 2014 impressionne par la qualité de sa texture, dense et soyeuse à la fois, ainsi que par sa persistance aromatique riche en nuances de violette et de cassis.

Rouge : 4,5 hectares.
Merlot 50 %, Cabernet franc 50 %
Production moyenne : 20 000 bt/an

CHÂTEAU LAFLEUR
**Grand-Village, 33240 Mouillac
05 57 84 44 03 ● Vente et visites : au domaine sur rendez-vous.
Propriétaire : Jacques et Sylvie Guinaudeau**

★★★
PÉTRUS

Propriété de la famille Moueix (branche Jean-François), le vin le plus mythique du monde n'a pas fini de fasciner ceux qui ont la chance de le déguster. Issu à 100 % de merlot planté sur des sols d'argiles profondes, Pétrus bénéficie d'un terroir singulier pour Pomerol. Certes, tous les millésimes produits durant les années 1980 ou 1990 ne sont peut-être pas à la hauteur de l'attente qu'un tel cru peut susciter. Mais le vieillissement du vignoble et l'attention portée ces dernières années au vin ont permis de produire quelques bouteilles de légende – comme le seront, à n'en pas douter, les 2000, 2005, 2009 et 2010. Olivier Berrouet, qui en assure la vinification, a parfaitement pris la dimension du terroir, et le nouveau cuvier, permettant d'affiner la précision de la vinification, lui donne un outil magnifique. Pétrus est désormais plus en forme que jamais et bénéficie désormais de sa propre structure de distribution.

Les vins : pureté du fruit et saveurs salines en finale caractérisent le 2016 en primeur. Un vin très séducteur et sucré à la juste mesure d'un grand pomerol. Le 2014 brille par la qualité de ses tanins et la précision de ses arômes, offrant des perspectives heureuses pour son avenir. Le 2013 transcende quant à lui le millésime et présente une cohérence remarquable dans sa structure, pas très volumineuse mais savoureuse.

▬ Pomerol 2012	1 500 €	19
▬ Pomerol 2013	1 560 €	18
▬ Pomerol 2014	2 628 (c) €	18,5
▬ Pomerol 2016	N.C.	19,5

Le coup de ♥
▬ Pomerol 2015	2 025 (c) €	19,5

Le vin se révèle impressionnant d'onctuosité, de chair, et de profondeur. La fraîcheur de ce vin témoigne d'une juste maturité du fruit et le prédispose à un vieillissement harmonieux sur des décennies.

Rouge : 11,5 hectares.
Merlot 95 %, Cabernet franc 5 %
Production moyenne : 30 000 bt/an

PÉTRUS
**3, route de Lussac, 33500 Pomerol ●
cjaubert@petrus.com ● Pas de visites.
Propriétaire : Jean-François Moueix
Directeur : Olivier Berrouet**

★★★
CHÂTEAU TROTANOY

Le cru, situé au cœur du plateau de Pomerol, bénéficie d'un terroir composé pour moitié de graves et pour l'autre d'argiles. Exploité par la famille Moueix, il livre un vin d'une profondeur et d'un équilibre bouleversants, qui dépasse parfois en raffinement Pétrus lui-même. Apte au très long vieillissement, toujours idéalement équilibré, sans jamais surjouer ni la maturité du fruit ni l'élevage, il est d'une régularité exemplaire. La troisième étoile accrédite son appartenance au cercle restreint des plus grands vins de Bordeaux et d'ailleurs.

Les vins : un 2016 en primeur de haute constitution, aux tanins imposants, qui mettra du temps à se faire. Le 2014 se montre vibrant, précis et persistant. Le 2013 est le plus complet de la série des pomerols des établissements Jean-Pierre Moueix, son velouté compensant la concentration moyenne liée à l'année.

▬ Pomerol 2012	200 €	17,5
▬ Pomerol 2013	144 €	17
▬ Pomerol 2014	154 (c) €	18
▬ Pomerol 2016	N.C.	19,5

Le coup de ♥
▬ Pomerol 2015	110 (c) €	18,5

Ancré dans son style si reconnaissable, le 2015 s'appuie sur une trame tannique dense, puissante, avec une grande précision du fruit. Ses notes de prune fraîche et de tabac lui confèrent un caractère séducteur, mais il triomphera dans vingt ans.

Rouge : 7,2 hectares.
Merlot 90 %, Cabernet franc 10 %
Production moyenne : 30 000 bt/an

CHÂTEAU TROTANOY
**33500 Pomerol
05 57 51 78 96 ● www.moueix.com ● Pas**

BORDEAUX POMEROL

de visites.
Propriétaire : Famille Moueix
Directeur : Christian et Édouard Moueix

VIEUX CHÂTEAU CERTAN

Situé au cœur du plateau de Certan, sur des parcelles tantôt graveleuses, tantôt argileuses, Vieux Château Certan parvient à faire mûrir ses cabernets brillamment. Ce sont d'ailleurs ces derniers qui lui donnent un cachet unique, tout en le pénalisant parfois lors des dégustations en primeur – le vin n'ayant pas le charnu immédiat de quelques-uns de ses voisins. Il ne s'amaigrit cependant pas au cours de l'élevage et gagne même en définition après cinq ans. Il vieillit ensuite comme un grand médoc, en conservant une fabuleuse fraîcheur. Depuis 2011, Guillaume Thienpont, œnologue et ingénieur, a rejoint son père Alexandre pour gérer la propriété familiale. Le cru fait par ailleurs preuve d'une régularité exceptionnelle et les derniers millésimes lui ont permis d'obtenir à une troisième étoile.

Les vins : Vieux Château Certan continue son impressionnante série de succès. A dominante de merlot, le 2016 est la plus grande réussite de Pomerol avec La Conseillante, dans des styles très différents. Tout est tension dans ce vin, le fruit, les tanins et la fine acidité relayée en finale. Il éclate à l'air et prend une tenue admirable avec une puissance ferme. Magnifique ! Le 2015 est grandiose, épuré, racé, qui fera une bouteille d'anthologie dans vingt ans. Le 2014 confirme son potentiel et brille par sa fraîcheur et la continuité de sa texture. Une propriété au sommet de Pomerol.

➡ Pomerol 2014	126 (c) €	18
➡ Pomerol 2015	117 (c) €	18,5
➡ Pomerol 2016	235,50 (c) €	20

Le coup de ♥

➡ Pomerol 2013	175 (c) €	17

S'il n'est évidemment pas le plus puissant ni le plus complet des millésimes récents, le 2013 est un vin délicieux, qui transcende les caractéristiques de l'année. Il séduit par la précision de son fruit et sa finale savoureuse.

Rouge : 14 hectares.
Merlot 60 %, Cabernet franc 30 %, Cabernet-Sauvignon 10 %
Production moyenne : 55 000 bt/an

VIEUX CHÂTEAU CERTAN
33500 Pomerol
05 57 51 17 33 ●
www.vieuxchateaucertan.com ● **Vente et visites :** au domaine sur rendez-vous.
Propriétaire : Famille Thienpont
Directeur : Alexandre Thienpont

CHÂTEAU CLINET

La famille Laborde, propriétaire du cru depuis 1999, produit un très joli pomerol, charmeur et toujours racé, privilégiant la fraîcheur. Il faut dire que le cru dispose d'un superbe terroir, au cœur du haut plateau de Pomerol, sur des sols argilo-graveleux qui confèrent au vin puissance et intensité. Le château est également doté d'un outil de vinification dernier cri.

Les vins : bâtis dans un style moderne et puissant, les derniers millésimes sont vraiment recommandables. Le 2016 est un vin d'une très belle couleur, limpide et brillante. Le nez s'exprime sur un fruit pur, bien en place, au boisé discret et empreint d'élégance. La trame tannique s'impose avec une grande pureté. C'est un vin droit, très sincère et complet. Dense et austère, 2014 est une réussite, mais il faut se montrer patient. Encore marqué par un élevage appuyé, le 2013 est torréfié et possède une assise tannique ferme. D'une concentration moyenne, il est continu et svelte. En 2013, Fleur de Clinet, le second vin de la propriété, est un pomerol gourmand, accessible et fruité.

➡ Pomerol 2013	51 €	15,5
➡ Pomerol 2014	66,50 (c) €	16
➡ Pomerol 2016	83 (c) €	18
➡ Pomerol Fleur 2013	25 (c) €	14,5

Le coup de ♥

➡ Pomerol 2015	49 (c) €	16,5

L'onctuosité caractéristique de 2015 réussit très bien à Clinet et assouplit la rigueur de constitution de ce vin au fruit intense. Une garde d'une dizaine d'années lui permettra de s'épanouir pleinement.

Rouge : 9 hectares.
Merlot 85 %, Cabernet-Sauvignon 10 %, Cabernet franc 5 %
Production moyenne : 40 000 bt/an

CHÂTEAU CLINET
33500 Pomerol
05 57 25 50 00 ● www.chateauclinet.com ●
Vente et visites : au domaine sur rendez-vous.

Propriétaire : Famille Laborde
Directeur : Ronan Laborde (président)

CHÂTEAU LA CONSEILLANTE

Propriété familiale en pleine forme depuis une quinzaine d'années, La Conseillante doit beaucoup à son ex-directeur technique, Jean-Michel Laporte, qui a quitté ses fonctions en 2015. Conseillé par l'oenologue Michel Rolland et comptant sur un outil de vinification à la hauteur des ambitions de ce très beau cru, La Conseillante fait partie des valeurs sûres de l'appellation, et certains des millésimes récents placent le château au sommet de la hiérarchie. Il faut dire qu'il peut compter sur un terroir de sables, de graves et d'argiles idéalement situé. Marielle Cazaux, la nouvelle directrice technique, semble avoir pris dès son premier millésime la pleine mesure du cru.

Les vins : suave et délicat à la fois, le 2014 est un joli vin, doté d'une réelle classe. Le 2013 s'exprime agréablement, en misant davantage sur la pureté du fruit que sur la puissance.

▬ Pomerol 2013	78 €	15,5
▬ Pomerol 2014	77 (c) €	17

Le coup de ♥
▬ Pomerol 2016	175,50 (c) €	19,5

Ce 2016 est magnifique, d'une très grande intensité aromatique avec des saveurs de tanins exceptionnels. L'un des plus beaux vins produits par La Conseillante depuis 2010. À acheter en priorité !

Rouge : 12 hectares.
Merlot 80 %, Cabernet franc 20 %
Production moyenne : 48 000 bt/an

CHÂTEAU LA CONSEILLANTE
33500 Pomerol
05 57 51 15 32 ● www.la-conseillante.com
● Vente et visites : au domaine sur rendez-vous.
Du lundi au vendredi matin de 9h à 11h et de 14h à 17h.
Propriétaire : Héritiers Nicolas
Directeur : Marielle Cazaux

CHÂTEAU L'EVANGILE

Idéalement situé entre Pétrus et Cheval Blanc, L'Évangile, qui appartient majoritairement à la société Domaines Barons de Rothschild (Lafite), a connu une profonde restructuration et une reprise en main du vignoble ces dernières années, avec, entre autre, l'acquisition de nouvelles parcelles. Les résultats de cet important travail mené par Jean-Pascal Vazart et son équipe sont perceptibles dans la qualité des vins et les derniers millésimes produits situent le cru au plus haut niveau de l'appellation.

Les vins : l'Évangile s'exprime dans un registre toujours ample et généreux, tout en possédant une profondeur admirable. Élevage 100 % en barriques neuves (85 % en provenance de la tonnellerie de Lafite Rothschild) avec la totalité des "malos" effectuées sous bois. L'Évangile 2016 est un pomerol puissant, structuré et crémeux avec une très agréable sucrosité. Le 2015 est fidèle au style de la propriété, épicé, onctueux et puissant. Le 2013 est une très belle réussite pour l'année, avec un joli fruit et une structure souple.

▬ Pomerol 2012	115 €	17,5
▬ Pomerol 2013	138 €	17
▬ Pomerol 2015	103,50 (c) €	18,5
▬ Pomerol 2016	210,50 (c) €	18

Le coup de ♥
▬ Pomerol 2014	172,50 (c) €	18

Le 2014 confirme le potentiel pressenti en primeur. Constitué d'une proportion élevée de cabernet franc, c'est un modèle de pomerol, moelleux, plein, frais, avec un fruit remarquable en rétro-olfaction.

Rouge : 19 hectares.
Merlot 89 %, Cabernet franc 11 %
Production moyenne : 60 000 bt/an

CHÂTEAU L'EVANGILE
33500 Pomerol
05 57 55 45 55 ● www.lafite.com ● Vente et visites : au domaine sur rendez-vous.
Du lundi au vendredi matin de 9h à 11h et de 14h à 16h.
Propriétaire : Domaines Barons de Rothschild (Lafite)
Directeur : Jean-Pascal Vazart

CHÂTEAU LA FLEUR-PÉTRUS

Voisin de Pétrus et de Lafleur, comme le suggère son nom, La Fleur-Pétrus ne jouit pas du même prestige. Si le château a produit de très jolis vins, notamment dans les années 1970, il ne s'est pas toujours montré à la hauteur de son fantastique terroir. Une nouvelle impulsion a été donnée en 1995 : le vignoble s'est agrandi par l'ajout d'une parcelle de 4 hectares de vieilles vignes provenant du château Le Gay, ce qui a renforcé la puissance du vin. Très adroitement vinifié par l'équipe de la maison Jean-Pierre Moueix, le pomerol possède un style tout en finesse et en harmonie. Le vignoble a été restructuré récemment et les derniers millésimes apparaissent particulièrement brillants, avec davantage de profondeur. La deuxième étoile est aujourd'hui parfaitement justifiée.

Les vins : le 2016 est un vin d'une splendide définition avec une trame de tanins extraordinaire. Saveurs de grande expression, finesse de grain et subtilité aromatique, longueur époustouflante. Sa constitution s'amplifiera dans le temps. Le 2014 est une nouvelle réussite de la propriété et brille dans un style frais et précis. Il possède une opulence gourmande. Si la densité et la persistance du 2013 sont inférieures, c'est un vin qui ne manque pas de charme et permettra d'attendre les millésimes plus puissants.

▬ Pomerol 2013   138 €   16
▬ Pomerol 2014   140 €   17
▬ Pomerol 2016   187 (c) €   18

Le coup de ♥
▬ Pomerol 2015   100 € 17,5

2015 marque la première intégration dans l'assemblage d'une petite proportion de petit verdot. Le vin est épicé et fruité. Sa texture illustre le nouveau style de la propriété, avec davantage de puissance, tout en conservant une trame fine et élancée.

Rouge : 12 hectares.
Merlot 89 %, Cabernet franc 10 %, Petit Verdot 1 %
Blanc :
Production moyenne : 45 000 bt/an

CHÂTEAU LA FLEUR-PÉTRUS
33500 Pomerol
05 57 51 78 96 ● www.moueix.com/ ● Pas de visites.
Propriétaire : Famille Moueix

CHÂTEAU HOSANNA

La propriété est issue de la division de l'ancien château Certan Giraud, survenue en 1999. Rachetée par la famille Moueix, la moitié du vignoble a ainsi été rebaptisée Hosanna. Hosanna associe un corps plein, une grande maturité de fruit et un boisé plus démonstratif que Trotanoy ou Pétrus. Le temps lui permet ensuite de gagner en précision et en rectitude.

Les vins : comme à son habitude, ce cru en 2016 se distingue par un moelleux et une emprise flatteuse de l'élevage, plus prégnante que sur les autres crus des établissements Jean-Pierre Moueix. La bouche demeure sapide, avec une grande délicatesse de tanins. Hosanna 2015 apparaît moins expressif que d'habitude, mais il possède une belle profondeur, avec une trame dense et sapide. En raison des conditions de l'année et des faibles quantités, la propriété a décidé de ne pas commercialiser de 2013.

▬ Pomerol 2015   77,50 (c) € 16,5
▬ Pomerol 2016   N.C.   16

Le coup de ♥
▬ Pomerol 2014   98 €   16,5

2014 signe une très belle réussite de Hosanna, avec un vin prometteur, marqué par d'intenses notes de cacao et de prune fraîche, opulent mais sans lourdeur.

Rouge : 4,5 hectares.
Merlot 75 %, Cabernet franc 25 %
Production moyenne : 18 600 bt/an

CHÂTEAU HOSANNA
54, quai du Priourat, 33500 Libourne
05 57 51 78 96 ● www.moueix.com ● Pas de visites.
Propriétaire : Ets Jean-Pierre Moueix

CHÂTEAU NÉNIN

La famille Delon, propriétaire de l'illustre château Léoville Las Cases à Saint-Julien et du château Potensac en Médoc, a racheté ce grand domaine en 1997, mettant tout en œuvre pour renouer avec la plus haute qualité. Elle y a engagé d'importants travaux, une nouvelle étape ayant été franchie en 1999, avec l'agrandissement du vignoble par le rachat de la moitié de l'ancien château Certan Giraud (l'autre moitié appartenant à la maison Jean-Pierre Moueix, sous le nom d'Hosanna). Les vins produits ici affichent un esprit classique ; ils se montrent souvent un peu sévères et stricts durant leur jeunesse, mais ils évoluent remarquablement. La qualité des vins ne cesse de progresser au prix d'une sélection très stricte (généralement 30 à 40 % de la production seulement entrent dans le grand vin). Les derniers millésimes sont tous admirables, plus accessibles dans leur jeunesse sans se départir pour autant de leur profondeur ni de leur classe. Les prix restant sages, il s'agit de très bonnes affaires pour les amateurs de vins purs et distingués.

Les vins : pour la première fois, les plantations de merlot et de cabernet franc réalisées entre 1998 et 2001 entrent dans le grand vin. Splendide couleur pour ce millésime 2016 concentré, riche d'une sensation de maturité élevée dans les arômes en finale. Un vin sérieusement bâti. Légèrement moins dense et plus longiligne que le 2015, le 2014 n'est pas très loin derrière et vieillira bien. Moins ample, le 2013 possède toutefois un joli fruit. La Fugue de Nénin 2014 est un second vin accessible et de bonne facture. Superbe 2012, éclatant de fruits frais, de notes de réglisse et de menthol. La bouche est moelleuse, ample, riche en saveurs, avec une bonne persistance. C'est un modèle de pomerol classique.

Pomerol 2013	36 €	15
Pomerol 2014	45 (c) €	16,5
Pomerol 2015	30 (c) €	17,5
Pomerol 2016	57,50 (c) €	17
Pomerol Fugue de Nénin 2014	22,50 (c) €	14
Pomerol 2012	33 €	17

Rouge : 32 hectares.
Merlot 80 %, Cabernet franc 20 %

CHÂTEAU NÉNIN
**66, route de Montagne, 33500 Pomerol
05 57 51 00 01 • www.domaines-delon.com
• Vente et visites : au domaine sur rendez-vous.
Propriétaire : Jean-Hubert Delon
Directeur : Mariette Veyssière**

★★
CHÂTEAU LE PIN

Bien qu'il se défende d'en faire partie, Château Le Pin a initié en Libournais le mouvement des "vins de garage", ces petites productions extrêmement individualisées, objet de toutes les attentions et dont les prix ont parfois eu tendance à s'envoler. Avec beaucoup d'intelligence, Jacques Thienpont a su créer un type de vin parfaitement accordé au goût moderne, à l'appel immédiat, voluptueux et boisé, tout en étant porteur du charme indéfinissable des grands pomerols. Au bout de dix ans, au début des années 90, le vin était devenu une légende et ses prix grimpaient à des hauteurs vertigineuses. Contrairement à bien d'autres crus dont le succès a été éphémère, Le Pin a gagné ses lettres de noblesse au fil des ans, grâce à un évident potentiel de vieillissement ; son style s'est affiné, devenant moins démonstratif et plus profond. Depuis 2011, il s'est doté d'un nouveau chai, parfaitement adapté à des vinifications sur mesure permettant de gagner encore en définition de goût.

Les vins : comme à plusieurs reprises dans l'histoire du cru, Jacques Thienpont a décidé de ne pas commercialiser le 2013 en raison d'une qualité jugée insuffisante. Le 2014 lui succède.

Le coup de

Pomerol 2014	1 540 (c) €	18

Le 2014 donne une expression remarquable, florale, au boisé intégré, loin de toute forme de caricature. La finesse et le soyeux des tanins lui confèrent beaucoup d'élégance.

Rouge : 2,2 hectares.
Merlot 98 %, Divers noir 2 %
Production moyenne : 8 000 bt/an

CHÂTEAU LE PIN
**Les Grands-Champs, 33500 Pomerol
00 32 55 31 17 59 • Vente et visites : au domaine sur rendez-vous.
Propriétaire : Jacques Thienpont**

★
CHÂTEAU BEAUREGARD

Cette vaste (17,5 hectares) et jolie propriété a été vendue en 2013 par le groupe Banque Populaire-Caisse d'Épargne aux familles Moulin (Galeries Lafayette) et Cathiard (Smith Haut-Lafitte). Minoritaires, ces derniers en assureront l'exploitation. Vincent Priou est toujours à la tête de ce cru qu'il maîtrise très bien, élaborant des vins de belle facture, dans un style moderne, mais qui vieillissent bien. Un nouveau chai a été inauguré en 2015 et les futurs millésimes devraient bénéficier de cet outil pour gagner encore en profondeur et en précision.

Les vins : nous notons une véritable progression de ce cru. 2016 prend vraiment de la chair et de la matière. Avec un caractère minéral tout en conservant un profil doux, le vin est mieux construit. Le 2015 possède de l'amplitude et de l'allonge. De demi-corps, le 2013 est un vin tendre, fruité et rond.

Pomerol 2013	28 €	14
Pomerol 2015	29 (c) €	15,5
Pomerol 2016	55 (c) €	16

Le coup de ♥

Pomerol 2014	39 (c) €	16

Avec une proportion de cabernet franc plus élevée qu'habituellement, le 2014 a bénéficié

BORDEAUX POMEROL

d'une sélection rigoureuse pour donner un vin dense, suave, avec une belle personnalité, dans un style moderne.

Rouge : 17,5 hectares.
Merlot 70 %, Cabernet franc 30 %
Production moyenne : 90 000 bt/an

CHÂTEAU BEAUREGARD
33500 Pomerol
05 57 51 13 36 ●
www.chateau-beauregard.com ● Vente et visites : au domaine sur rendez-vous.
Propriétaire : Familles Moulin et Cathiard
Directeur : Vincent Priou

★

CHÂTEAU LE BON PASTEUR

Cette propriété, qui appartenait à la famille Rolland, a été vendue en juin 2013 à un groupe d'investissement chinois de Hong Kong. Benoît Prévot en a pris la direction technique et les célèbres oenologues, Michel et Dany Rolland, continuent à suivre les vinifications de très près. C'est ici qu'ils ont développé depuis de nombreuses années les techniques et les recettes qui ont fait leur succès : vendange de raisins très mûrs, rendements limités, élevage luxueux et, désormais, la fameuse vinification intégrale avec fermentation alcoolique des raisins dans les fûts. Une approche permettant de tirer le meilleur parti de ce terroir de graves et d'argile, situé dans le secteur de Maillet, en dehors de la zone la plus réputée de l'appellation. Séduisant dans sa jeunesse, le vin vieillit également de façon admirable, développant de beaux arômes truffés après une dizaine d'années en cave. La création d'un second vin, à partir du millésime 2013, permet une plus grande rigueur encore dans la sélection.

Les vins : le millésime 2016 se distingue par une très élégante extraction, avec un délicieux moelleux de tanins. La bouche est une petite boule de merlot, au fruit précis, avec une prise de bois légère. Une réussite pour ce cru fidèle à son style. Le 2014 bénéficie d'une sélection drastique et brille par sa densité, dans un style puissant. Moins profond, le 2013 se distingue par son fruit net et pur, enrobé par un élevage présent. Après quelques années de vieillissement, le 2010 confirme tout le potentiel de ce millésime exceptionnel.

▶ Pomerol 2013   48 €   15
▶ Pomerol 2014   72 (c) €   16
▶ Pomerol 2015   62 (c) €   16,5
▶ Pomerol 2016   66 (c) €   17,5
▶ Pomerol 2010   95 €   16,5

Rouge : 15,95 hectares.
Merlot 80 %, Cabernet franc 20 %
Production moyenne : 57 000 bt/an

CHÂTEAU LE BON PASTEUR
10, chemin de Maillet, 33500 Pomerol
05 57 51 52 43 ●
www.chateaulebonpasteur.com ● Vente et visites : au domaine sur rendez-vous.
Propriétaire : Eagle Dynasty Ltd
Directeur : Benoît Prevot
Maître de chai : Brice Gaillot
Œnologue : Michel Rolland

CHÂTEAU BOURGNEUF

C'est désormais Frédérique Vayron (la fille de Dominique et Xavier) qui, après des études de philosophie, dirige cette propriété très attachante (anciennement baptisée Bourgneuf-Vayron), située non loin de Trotanoy. Sans bouleverser l'esprit qui règne ici depuis une trentaine d'années, et qui a permis d'élaborer de nombreux vins suaves et séduisants, elle apporte par petite touche sa patte, conférant aux vins un peu plus de profondeur. Un courageux programme de renouvellement du vignoble est entrepris depuis quelques années. Des prix sages et une régularité difficile à prendre en défaut font de Bourgneuf une des très belles affaires de l'appellation.

Les vins : le 2016 affiche 14,5º d'alcool, comme en 2010. Très jolie prise de bois présente au nez (35 % de bois neuf, avec 20 % de "malo" effectués en barriques), matière pleine, élégante, belle allonge épicée, longueur charnue, à l'opposé de l'attaque plus moelleuse. Le 2014 n'est pas très loin derrière le 2015, avec moins de densité en milieu de bouche mais une belle tension et un retour de prune fraîche et d'épices. Agréable 2013, de constitution légère mais sans maigreur, avec des tanins soyeux. Le 2012, délicieux, est un modèle de pomerol classique, fruité (framboise, cerise), délicat et parfumé. Comme souvent, il mise davantage sur la finesse que sur la puissance, mais son équilibre est remarquable. Superbe rapport qualité-prix.

▶ Pomerol 2013   33,60 (c) €   14,5
▶ Pomerol 2014   33 (c) €   15

| Pomerol 2015 | 21,90 (c) € | 15,5 |
| Pomerol 2016 | 36 (c) € | 16,5 |

Le coup de ♥

| Pomerol 2012 | 30 € | 16,5 |

Un vin délicieux, modèle d'un pomerol classique, fruité (framboise, cerise), délicat et parfumé. Comme souvent, il mise davantage sur la finesse que sur la puissance, mais son équilibre est remarquable. Superbe rapport qualité-prix.

Rouge : 9 hectares.
Merlot 90 %, Cabernet franc 10 %
Production moyenne : 40 000 bt/an

CHÂTEAU BOURGNEUF
**1, Le Bourg-Neuf, 33500 Pomerol
05 57 51 42 03 •
chateaubourgneufvayron@wanadoo.fr •
Vente et visites : au domaine sur rendez-vous.
Du lundi au samedi de 9h30 à 12h et de 14h à 19h.
Propriétaire : Xavier et Dominique Vayron
Directeur : Frédérique Vayron**

CLOS L'ÉGLISE

La famille Garcin-Cathiard a totalement métamorphosé le cru en une décennie, élaborant un vin de profil moderne et flatteur, avec une volonté évidente d'obtenir une maturité maximale des raisins, quitte à tomber parfois dans l'excès. Élaborés dans un style ultra-moderne et démonstratif, certains millésimes des années 2000 ont pu manquer de délicatesse, mais le style change depuis 2012 et les vins présentent davantage d'équilibre et d'harmonie.

Les vins : d'un style toujours assez mûr, le 2016 montre beaucoup de crémeux en attaque avec une belle densité de matière, un caractère très doux et finement sucré en finale. L'empreinte du terroir d'argile est bien présente. Le 2014, marqué par un élevage luxueux, possède une chair et une texture pulpeuse laissant présager une évolution heureuse.

| Pomerol 2014 | 69 (c) € | 15,5 |
| Pomerol 2016 | 83 (c) € | 17,5 |

Le coup de ♥

| Pomerol 2015 | 50,30 (c) € | 17 |

Un vin mesuré, équilibré, qui a conservé un fruit frais et une structure douce. Ses arômes de violette et de cerise le rendent très gourmand.

Rouge : 5,9 hectares.
Merlot 80 %, Cabernet franc 20 %
Production moyenne : 18 000 bt/an

CLOS L'ÉGLISE
**33500 Pomerol
05 56 64 05 22 • www.vignoblesgarcin.com
• Pas de visites.
Propriétaire : Sylviane Garcin-Cathiard
Directeur : Hélène Garcin-Levêque**

CHÂTEAU DU DOMAINE DE L'ÉGLISE

Ce joli domaine situé non loin de l'église de Pomerol appartient à la famille Castéja. À ce titre, les vinifications sont conseillées, à l'instar des autres propriétés de la maison, par l'équipe de l'oenologue Denis Dubourdieu. Jamais très démonstratifs lors des dégustations primeurs, les vins possèdent néanmoins une belle race et vieillissent avec grâce, dans un esprit très classique.

Les vins : ce domaine affiche une forme resplendissante. 2016 confirme la réussite du 2015, avec une magnifique fraîcheur framboisée et poivrée. 2014 est conforme au style défendu par la propriété, le vin possède un côté juteux agréable et une matière élégante et très équilibrée. Après un an de vieillissement en bouteille, le 2013 brille par un fruit précis et une structure sérieuse, continue. Il offre beaucoup de plaisir.

| Pomerol 2013 | 32 € | 16 |
| Pomerol 2014 | 36,40 (c) € | 16,5 |

Le coup de ♥

| Pomerol 2015 | 29 (c) € | 17,5 |

Le 2015 est une remarquable réussite du cru, libérant des arômes de fruits rouges frais et de fleurs. Sa texture est moins austère que parfois en primeur, mais sans se départir de sa race habituelle. C'est un vin au profil classique.

Rouge : 7 hectares.
Merlot 95 %, Cabernet franc 5 %
Production moyenne : 36 000 bt/an

CHÂTEAU DU DOMAINE DE L'ÉGLISE
**86, cours Balguerie-Stuttenberg,
33300 Bordeaux
05 56 00 00 70 •
domaines@borie-manoux.fr • Vente et visites : au domaine sur rendez-vous.
Propriétaire : Philippe Castéja**

BORDEAUX POMEROL

★ CHÂTEAU FEYTIT-CLINET

Pas de château spectaculaire ni de chai dernier cri ici. Pourtant, voilà une décennie que ce cru, auparavant quelconque, s'est hissé au niveau des belles références de l'appellation. Il faut dire que son terroir de graves sur argiles est joliment situé (voisin de Clinet et de Latour, à Pomerol) et que Jérémy Chasseuil, qui en a pris les rênes en 2000, soigne avec talent les vinifications. Les vins combinent distinction et profondeur, sans côté tapageur, avec un grand respect du fruit et un bon potentiel de garde. La qualité des derniers millésimes est régulière et les prix restent accessibles.

Les vins : 2016 est le premier millésime vinifié dans le nouveau cuvier, ce qui a permis d'affiner la sélection parcellaire et d'extraire sur des plus petits volumes. Les jeunes vignes ont été mises de côté en raison de l'été très chaud. Le vin est une très grande réussite dans un caractère moelleux et surtout richement épicé. Le 2015 est un millésime complet, onctueux et racé. Légèrement plus chaleureux qu'à l'accoutumée, il possède une belle ampleur, dans un style très marqué par le merlot. Le 2013 est discret mais possède une belle fraîcheur et un équilibre délicat.

- Pomerol 2015   38 (c) €   16,5
- Pomerol 2016   58,60 (c) €   17,5

Le coup de ♥

- Pomerol 2014   50 (c) €   16,5

Magnifique 2014 qui combine des tanins moelleux et une profondeur des saveurs. L'élevage est maîtrisé et le fruit est au premier plan, avec des notes de prune fraîche et de mûre sauvage. Son évolution s'annonce heureuse.

Rouge : 6,3 hectares.
Merlot 90 %, Cabernet franc 10 %
Production moyenne : 30 000 bt/an

CHÂTEAU FEYTIT-CLINET
Chemin de Feytit, 33500 Pomerol
05 57 25 51 27 •
jeremy.chasseuil@orange.fr • Vente et visites : au domaine sur rendez-vous.
Propriétaire : Jérémy Chasseuil

★ CHÂTEAU LE GAY

Héritière des Cristalleries d'Arques, Catherine Péré-Vergé, disparue en 2013, n'a pas ménagé ses efforts pour porter haut cette propriété. En quelques années et à force d'investissements, elle a réussi à faire du Château Le Gay l'une des belles marques de l'appellation. Les conseils de l'œnologue Michel Rolland, ainsi qu'une grande attention portée à la vigne, ont métamorphosé le cru, dont une partie est idéalement implantée non loin de Lafleur. Les vinifications sont réalisées intégralement en barrique et conduisent à des vins généreux et modernes, pour amateurs de pomerols charnus. Ce cru est désormais dirigé par Henri Parent, le fils de Catherine Péré-Vergé.

Les vins : le 2016 possède une structure de belle qualité avec toujours une tenue de tanins fermes en finale. C'est un vin qui gagne en gras et en ampleur à l'élevage et développe un profil épicé. Le 2014 est fidèle au style de la propriété, avec un vin large et puissant, au fruit baroque et exubérant. Une pointe de rusticité marque la finale. Il succède à un 2013 marqué par un boisé prononcé et possédant un beau volume. Sa trame tannique est un peu brutale.

- Pomerol 2013   66 € 14,5
- Pomerol 2014   84 (c) €   15
- Pomerol 2016   100,50 (c) € 18,5

Le coup de ♥

- Pomerol 2015   69 (c) €   17

Les caractéristiques du millésime 2015 conviennent très bien à Le Gay, riche et concentré, moderne mais sans excès. Le moelleux de ses tanins lui donne beaucoup de gourmandise et il devrait s'affiner en vieillissant.

Rouge : 10,5 hectares.
Merlot 90 %, Cabernet franc 10 %
Production moyenne : 41 000 bt/an

CHÂTEAU LE GAY
62, boulevard de Feydeau,
33370 Artigues-près-Bordeaux
03 20 64 20 56 •
www.vignoblesperevrge.com • Vente et visites : au domaine sur rendez-vous.
**Propriétaire : Famille Parent
Directeur : Henri Parent**

CHÂTEAU GAZIN

Gazin est le plus vaste des meilleurs crus de Pomerol, avec 24 hectares situés sur les terroirs argilo-graveleux du plateau. Nicolas de Bailliencourt y produit, avec régularité, un excellent vin à la trame classique, sans aucun effet de style, qui vieillit admirablement. Les derniers millésimes nous paraissent particulièrement convaincants et Gazin s'impose comme une valeur sûre, à des prix qui ont su rester raisonnables.

Les vins : dans un esprit fin et salin, le 2016 se dote d'un fruit qui explose dans un jus de cerise avec une absence d'arômes boisés, malgré 45 % de bois neuf. Le 2013 est encore marqué par le bois, il affiche une belle continuité mais sa finale est légèrement rustique.

Pomerol 2013	44 (c) €	15,5
Pomerol 2015	53,20 (c) €	16
Pomerol 2016	70,50 (c) €	16,5

Le coup de ♥

Pomerol 2014	49 (c) €	17,5

Superbe 2014 avec un vin très racé, au fruit frais et à la texture charnue, dense et profonde. Sans aucune lourdeur, il possède une finale sapide et salivante, signature de son grand terroir.

Rouge : 26,26 hectares.
Merlot 90 %, Cabernet-Sauvignon 7,5 %, Cabernet franc 2,5 %
Production moyenne : 80 000 bt/an

CHÂTEAU GAZIN
33500 Pomerol
05 57 51 07 05 ● www.gazin.com ● Vente et visites : au domaine sur rendez-vous.
De 9h à 12h et de 14h à 18h.
Propriétaire : Famille de Bailliencourt dit Courcol
Directeur : Mickaël Obert

CHÂTEAU LATOUR À POMEROL

Ce cru, exploité en fermage par les établissements Moueix, se situe au cœur du plateau de l'appellation, sur les sols les plus caractéristiques, mêlant argiles et graves. Les vignes sont plantées sur deux parcelles, l'une près de l'église de Pomerol, sur les sols de graviers, l'autre sur des sols plus légers. Les amateurs, qui ont eu la chance de déguster les millésimes légendaires du cru que sont les 1961, 1959 et 1947, savent à quel point ce château est capable de produire des vins extraordinaires, égalant ou dépassant les meilleurs crus classés de Bordeaux. Souvent un peu difficile à juger dans sa jeunesse, le vin évolue généralement bien, gagnant en volume et en raffinement.

Les vins : le 2016 développe une très belle bouche, pleine et juteuse, avec une parfaite expression de fruit. Les saveurs de tanins sont justes avec de la salinité. Un équilibre idéal entre le terroir chaud du plateau et la partie plus fraîche autour du château. En 2014, Latour s'exprime une nouvelle fois dans un registre discret et élégant, en privilégiant l'équilibre de ses saveurs à une puissance ostentatoire. Le 2013 porte les marques de l'année, avec un petit creux en milieu de bouche, mais son fruit est plaisant. Il est déjà accessible et devrait évoluer sans sécher.

Pomerol 2013	84 €	14,5
Pomerol 2014	64,40 (c) €	15
Pomerol 2016	67 (c) €	16,5

Le coup de ♥

Pomerol 2015	50 (c) €	17

Le 2015 évolue admirablement autour la fraîcheur des arômes de fleurs (violette confite) et de fruits rouges. Sa densité est modérée, mais sa structure svelte et élancée lui confère beaucoup d'élégance.

Rouge : 8 hectares.
Merlot 90 %, Cabernet franc 10 %
Production moyenne : 46 000 bt/an

CHÂTEAU LATOUR À POMEROL
54, quai du Priourat, 33500 Libourne
05 57 69 60 03 ● Pas de visites.
Propriétaire : Foyer de charité de Châteauneuf-de-Galaure

CHÂTEAU PETIT-VILLAGE

Propriété du groupe Axa, Petit-Village, qui a vu se succéder différentes équipes, n'a pas toujours été au niveau de ce que son terroir, très bien situé, peut prétendre. Les derniers millésimes montrent toutefois une évolution positive, avec des vins plus élégants, moins "médocains" dans leur style. Il nous semble cependant que le cru peut encore viser plus haut et les efforts qualitatifs seront poursuivis par Diana Berrouet-Garcia, qui a pris ses fonctions de directrice technique juste avant les vendanges 2015.

BORDEAUX POMEROL

Les vins : la bouche du 2016 est d'un beau fruit et bénéficie d'une absence de boisé. Une matière tannique imposante tracée par les cabernets marque la finale. Le vin est défini par un caractère très naturel du raisin, sanguin en finale. Le 2014 présente une expression aromatique fruitée complétée par une attaque crémeuse, mais son milieu de bouche manque de concentration par rapport aux meilleurs. Le 2013 est fruité, svelte et sapide, mais sa finale apparaît vive avec une pointe de sécheresse.

- Pomerol 2013   55 (c) €   14,5
- Pomerol 2014   55 (c) €   15,5
- Pomerol 2016   63,50 (c) €   16,5

Le coup de ♥

- Pomerol 2015   48 (c) €   15,5

En dépit d'un boisé assez présent, l'échantillon de Petit Village 2015 se montrait séduisant, épicé et mentholé. De l'ampleur en attaque, milieu de bouche assez continu, moins de rusticité en finale.

Rouge : 10,5 hectares.
Merlot 70 %, Cabernet franc 20 %, Cabernet-Sauvignon 10 %
Production moyenne : 30 000 bt/an

CHÂTEAU PETIT-VILLAGE
**126, route de Catusseau, 33500 Pomerol
05 57 51 21 08** ● **www.petit-village.com** ●
● **Vente et visites : au domaine sur rendez-vous.**
**Propriétaire : AXA Millésimes
Directeur : Christian Seely (directeur général)**

CHÂTEAU ROUGET

Voisin de L'Église-Clinet, sur des terroirs de même valeur, Château Rouget a considérablement progressé depuis son rachat par la famille Labruyère. Édouard Labruyère, en charge du cru, ne ménage pas ses efforts pour porter la propriété au sommet de l'appellation. Le vin possède la noblesse de bouquet des plus grands ; tout le travail, à la vigne et au chai, est exemplaire. De plus, la politique tarifaire du château demeure des plus raisonnables, ce qui fait de Rouget une très belle affaire au sein de l'appellation, dans un style plutôt moderne.

Les vins : depuis quelques années, les vins gagnent en raffinement dans leur texture, comme l'illustre le très beau 2015, mais également le 2014, plus suave que lors des dégustations primeurs bien qu'encore marqué par le bois. Moins profond dans sa constitution, le 2013 conserve un équilibre classique et sera prêt à boire plus rapidement. Le 2012 vieillit harmonieusement et se révèle complexe, intense, avec l'apparition d'arômes de sous-bois et d'humus très plaisants.

- Pomerol 2013   39 €   15,5
- Pomerol 2014   36,40 (c) €   15,5
- Pomerol 2015   28 (c) €   16,5
- Pomerol 2016   44,40 (c) €   18
- Pomerol 2012   44 €   16,5

Rouge : 18 hectares.
Merlot 85 %, Cabernet franc 15 %
Production moyenne : 80 000 bt/an

CHÂTEAU ROUGET
**33500 Pomerol
05 57 51 05 85** ● **www.chateau-rouget.com**
● **Vente et visites : au domaine sur rendez-vous.
De 9h à 18h.
Propriétaire : Famille Labruyère
Directeur : Edouard Labruyère**

CHÂTEAU LA VIOLETTE

Cette petite propriété, au terroir de rêve en plein cœur du plateau de Pomerol, doit sa résurrection à la regrettée Catherine Péré-Vergé, également propriétaire des châteaux Le Gay et Montviel à Pomerol, une femme de tempérament et une amoureuse des grands vins. Elle en avait fait un véritable laboratoire de vinification, poussant très loin le souci de chaque détail : rendements très bas, égrainage des raisins à la main, vinification intégrale en barrique. Il en résulte un vin de haute couture, dont la production s'avère malheureusement plus que confidentielle. L'aventure continue et La Violette n'a pas fini de charmer les amateurs chanceux qui pourront y accéder.

Les vins : Château La Violette est l'un des vins les plus stylisés de Pomerol par son haut niveau de maturité (100 % merlot) et sa suavité apportée par l'extrême précision des vinifications et du tri à la récolte. Moelleux, richesse de sève, boisé fin et salinité en finale, le 2016 impressionne par sa longueur épicée (et par son prix). Ample, profond mais encore austère, le 2014 a une texture compacte. Son profil est résolument moderne et très mûr, il a besoin de temps pour s'exprimer. Le 2013 est savoureux, fruité, avec un élevage bien intégré. Encore un peu ferme, c'est un joli vin dans ce millésime délicat.

- Pomerol 2013 — 180 € — 16
- Pomerol 2014 — 210 (c) € — 16,5
- Pomerol 2016 — 210,50 (c) € — 17,5

Le coup de ♥
- Pomerol 2015 — 165 (c) € — 18

2015 constitue une réussite majeure pour La Violette, qui allie sa puissance habituelle avec un raffinement de texture remarquable. Très savoureux, onctueux et long, il développe un retour aromatique floral.

Rouge : 1,8 hectare.
Merlot 100 %
Production moyenne : 4 800 bt/an

CHÂTEAU LA VIOLETTE
**Vignobles Péré-Vergé, Parc de la Haute Borne, 8, rue Haddock,
59650 Villeneuve-d'Ascq
03 20 64 20 56 ●
www.vignoblespereverge.com ● Vente et visites : au domaine sur rendez-vous.
Propriétaire : Famille Parent
Directeur : Henri Parent**

CHÂTEAU BONALGUE

Ni boisé opulent, ni fruit surmûri pour ce pomerol à la trame très classique et digeste. Jean-Baptiste Bourotte, qui tient les rênes de cette propriété située non loin de l'hippodrome de Libourne, y produit des vins francs, d'une belle ampleur. Ils s'avèrent délicieux après une petite dizaine d'années de cave, déployant alors de beaux arômes truffés.

Les vins : les derniers millésimes sont encourageants, le vin semble gagner en volume. Dans son style, avec beaucoup de raffinement, le 2014 séduit par son bel équilibre et sa finale savoureuse.

- Pomerol 2012 — 39 € — 14,5
- Pomerol 2014 — 42 (c) € — 15

Le coup de ♥
- Pomerol 2015 — 45 (c) € — 15,5

Bonalgue s'est très bien adapté aux conditions du millésime 2015, avec un vin aux tanins moelleux, à la bouche crémeuse et suave. De concentration correcte, il présente un joli fruit bien mûr.

Rouge : 9,5 hectares.
Merlot 90 %, Cabernet franc 10 %
Production moyenne : 35 000 bt/an

CHÂTEAU BONALGUE
**62, quai du Priourat, BP 79,
33502 Libourne Cedex
05 57 51 62 17 ●
www.chateaubonalgue.com ● Vente et visites : au domaine sur rendez-vous.
Du lundi au vendredi.
Propriétaire : Famille Bourotte-Audy
Directeur : Jean-Baptiste Bourotte**

CHÂTEAU CERTAN DE MAY

Fort bien située sur le plateau de Certan, cette belle propriété a tout en main pour produire des vins de haut niveau, d'autant que la famille Barreau ne manque pas d'ambition. Une ambition qui se traduit par une belle amélioration des derniers millésimes, dans un style plus élégant que puissant. Il lui manque encore un peu de constitution pour égaler les meilleurs.

Les vins : assemblage assez inédit pour Certan en 2016 du fait des conditions climatiques (65 % merlot, 31 % de cabernet franc et 4 % de cabernet-sauvignon). On sent bien la signature des cabernets en bouche, mais avec la douceur tannique des merlots. Un vin joliment enrobé, avec beaucoup de finesse. 2015 est fidèle au profil des vins de la propriété. Fruité juteux, texture svelte mais très savoureuse, il vieillira avec race en développant son moelleux. Le 2013 est gourmand, avec un fruit assez juteux, encore légèrement strict en finale.

- Pomerol 2013 — 87,50 (c) € — 15
- Pomerol 2015 — 76 (c) € — 16
- Pomerol 2016 — 103 (c) € — 17

Le coup de ♥
- Pomerol 2014 — 71 (c) € — 15,5

Le 2014 n'est pas le pomerol le plus éclatant du millésime, mais c'est un vin très attachant, construit dans un style classique et équilibré, avec une belle fraîcheur aromatique (framboise, cerise, violette). Texture souple et continue.

Rouge : 5 hectares.
Merlot 70 %, Cabernet franc 25 %, Cabernet-Sauvignon 5 %
Production moyenne : 24 000 bt/an

CHÂTEAU CERTAN DE MAY
**33500 Pomerol
05 57 51 41 53 ● Vente et visites : au domaine sur rendez-vous.
Propriétaire : Odette Barreau-Badar**

BORDEAUX POMEROL

CLOS DU CLOCHER

Voisin direct des châteaux Beauregard et Petit-Village, ce cru est dirigé par Jean-Baptiste Bourotte dont la famille est également propriétaire du château Bonalgue. Avec les conseils de Michel Rolland, le vin réalisé est très classique, bien constitué. Il a gagné en chair et en volume depuis 1998, affichant désormais une bonne régularité. Quelques années de garde sont nécessaires pour qu'il exprime toutes ses nuances.

Les vins : ce vignoble de plateau dominé par l'argile supporte bien les millésimes de grosse chaleur comme 2016. S'il compte 30 % de cabernet franc, il n'en rentre que 25 dans l'assemblage. Cela donne un vin de caractère, grâce aussi à l'âge des vignes (de 30 à 60 ans). L'extraction est douce pour compenser le terroir qui engendre des vins assez costauds. Dense, serré et puissant, 2015 est dans cette veine. Il présente des tanins onctueux et un nez chaleureux. Très gourmand !

▭ Pomerol 2012	51 €	15,5
▭ Pomerol 2015	32 (c) €	16
▭ Pomerol 2016	43,50 (c) €	16,5

Le coup de ♥

▭ Pomerol 2014	35,30 (c) €	15,5

Clos du Clocher 2014 apparaît légèrement sur la réserve, mais son expression florale et la qualité de sa trame tannique montrent un bon potentiel. Racé et équilibré.

Rouge : 5,9 hectares.
Merlot 75 %, Cabernet franc 25 %
Production moyenne : 26 000 bt/an

CLOS DU CLOCHER
35, quai du Priourat, BP 79,
33502 Libourne Cedex
05 57 51 62 17 • www.closduclocher.com •
Vente et visites : au domaine sur rendez-vous.
Du lundi au vendredi.
Propriétaire : Famille Bourotte-Audy
Directeur : Jean-Baptiste Bourotte

CHÂTEAU LA CLÉMENCE

Le cru appartient à Christian Dauriac, depuis 1996. Ce dernier l'exploite avec le talent et la méticulosité qu'il prodigue au château Destieux (Saint-Émilion), suivant les conseils de Michel Rolland. Issus d'un assemblage de six parcelles aux profils variés, les premiers millésimes significatifs du tournant du millénaire nous ont séduits par leur plénitude.

Les vins : style moderne pour ce vin aux notes d'épices douces et d'herbes aromatiques. En 2013, la matière est bonne pour le millésime, mais la finale apparaît ferme avec une pointe de sécheresse. Sur une forte prise de bois, 2016 exhibe un velouté supérieur, une richesse torréfiée entêtante.

▭ Pomerol 2013	40 (c) €	15

Le coup de ♥

▭ Pomerol 2014	45 (c) €	16

Bel arôme floral au-delà d'un boisé épicé capiteux. Soyeux et sphérique, fruit en avant. Velouté hédoniste, facile, enjôleur, mais extraction juste.

Rouge : 3 hectares.
Merlot 85 %, Cabernet franc 15 %
Production moyenne : 6 000 bt/an

CHÂTEAU LA CLÉMENCE
Château Destieux, 33330 Saint-Hippolyte
05 57 24 77 44 •
www.vignoblesdauriac.com • Vente et visites : au domaine sur rendez-vous.
Du lundi au vendredi de 8h à 12h et de 14h à 17h.
Propriétaire : Christian Dauriac
Directeur : Laure Ininger

CHÂTEAU LA CROIX DE GAY

C'est désormais Chantal Lebreton, qui exploite seule les deux marques produites sur la propriété : Croix de Gay et Fleur de Gay (cuvée parcellaire), réparties sur 4,2 ha. La sérénité retrouvée, après quelques dissensions familiales, le cru peut repartir de l'avant. Le nouveau cuvier devrait permettre d'affiner encore la production, ce que semble confirmer la maîtrise des superbes 2015. Moins accessible dans sa jeunesse, La Fleur de Gay possède une densité qui lui permet de vieillir harmonieusement durant de longues années.

Les vins : la cuvée La Fleur de Gay 2016 (100 % merlot) s'inscrit toujours parmi les vins puissants et riches de l'appellation. Si le boisé est présent en attaque avec un profil un rien toasté, la bouche se montre fine et surtout portée par une acidité qui lui confère une certaine fraîcheur en finale. La Croix de Gay 2015 séduit par sa suavité et son fruit croquant, c'est un vin équilibré qui ne cherche pas à être démonstratif. Si La Fleur de Gay 2014 brille par la compacité de sa trame, La Croix de Gay apparaît plus avenant, très frais avec une forme d'évidence. La Fleur de Gay 2013 est démonstratif, puissant et viandé.

- Pomerol 2014 — 80 (c) € 14,5
- Pomerol Château La Fleur de Gay 2013 — 68 € 15
- Pomerol Château La Fleur de Gay 2014 — 69,90 (c) € 16
- Pomerol Château La Fleur de Gay 2016 — 85,40 (c) € 16
- Pomerol 2015 — 72 (c) € 15

Le coup de ♥
- Pomerol Château La Fleur de Gay 2015 — 44,80 (c) € 17,5

Si l'évolution confirme le potentiel perçu en primeur, La Fleur de Gay 2015 sera l'un des plus grands succès de la propriété. Franc, onctueux et dense, il concilie gourmandise et classicisme, avec une très belle définition aromatique.

Rouge : 4,2 hectares.
Merlot 95 %, Cabernet franc 5 %
Production moyenne : 20 000 bt/an

CHÂTEAU LA CROIX DE GAY
8, chemin Saint-Jacques-de-Compostelle - lieu dit Pignon, 33500 Pomerol
05 57 51 19 05 ●
www.chateau-la-croix-de-gay.com ● **Vente et visites : au domaine sur rendez-vous.**
Propriétaire : Famille Lebreton
Directeur : Chantal Lebreton
Œnologue : Laboratoire Rolland

CHÂTEAU MONTVIEL

Situé sur deux terroirs distincts, l'un près de Clinet, sur des graves argileuses, l'autre sur des graves fines du secteur de Grand-Moulinet, Montviel a été racheté en 1985 par la dynamique Catherine Péré-Vergé. Cette dernière, disparue en 2013, l'avait remis en ordre via un programme d'investissements conséquent, incluant la réfection du cuvier. C'est son fils, Henri, qui veille désormais sur le cru. Le niveau atteint aujourd'hui est celui d'un bon pomerol, gourmand et d'approche facile.

Les vins : le 2014 est un bel exemple de pomerol moderne mais sans excès, en conservant un caractère longiligne et équilibré. L'élevage du 2013 est un peu appuyé et simplifie son expression. C'est dommage car il y a du fond pour le millésime.

- Pomerol 2013 — 30 (c) € 13,5
- Pomerol 2014 — 25 (c) € 15

Le coup de ♥
- Pomerol 2015 — 28 (c) € 15,5

À l'instar des autres propriétés de la famille (La Violette et le Gay), Montviel affiche un très bon niveau en 2015. Fumé, mûr et suave, c'est un vin attachant qui sera rapidement accessible et offrira un plaisir immédiat.

Rouge : 4,5 hectares.
Merlot 80 %, Cabernet franc 20 %
Production moyenne : 21 000 bt/an

CHÂTEAU MONTVIEL
1, rue du Grand-Moulinet, 33500 Pomerol
03 20 64 20 56 ●
www.vignoblespereverge.com ● **Vente et visites : au domaine sur rendez-vous.**
Propriétaire : Famille Parent
Directeur : Henri Parent

CHÂTEAU LA POINTE

Ce cru de vieille réputation, situé à l'entrée de Pomerol, a fortement progressé depuis son rachat par la société d'assurances Generali, sous l'impulsion de son directeur Éric Monneret. Il se montre désormais vraiment digne d'intérêt. Reprise en main du vignoble, construction d'un nouveau chai : le vin possède désormais, au plus haut degré, le charme aromatique, la suavité, la chaleur et la persistance qu'on reconnaît à ses meilleurs voisins, ainsi qu'une finesse particulière qui, même en année chaude, le préserve de toute lourdeur. Une propriété à suivre de près !

Les vins : une addition de terroirs permet d'élaborer un cru 2016 plus en relief qui s'affirme par un style élancé. Légèrement fumés, les cabernets francs sont un peu marqués par le bois. Les merlots de graves apportent une ossature sérieuse à l'assemblage (33 %). Les vignes sur argiles ont produit des vins assez puissants avec une structure de tanins plus rugueuse. Plein de charme, le 2012 illustre les progrès de la propriété par la belle définition de son fruit et la gourmandise de sa texture.

- Pomerol 2011 — 32 (c) € 15,5
- Pomerol 2015 — 24,30 (c) € 16,5
- Pomerol 2016 — 36 (c) € 16
- Pomerol 2012 — 35 (c) € 16

Rouge : 25 hectares.
Merlot 85 %, Cabernet franc 15 %
Production moyenne : 95 000 bt/an

BORDEAUX SAINT-ÉMILION

CHÂTEAU LA POINTE

33500 Pomerol
05 57 51 02 11 ●
contact@chateaulapointe.com ● Vente et visites : au domaine sur rendez-vous.
De 9h à 12h et de 14h à 17h.
Propriétaire : Assurance Generali
Directeur : Eric Monneret
Maître de chai : Emilie Faniest
Œnologue : Hubert de Boüard

CHÂTEAU LA ROSE FIGEAC

Nathalie Despagne est à la tête de cette petite propriété familiale d'ancienne réputation, située au sud-est de l'appellation Pomerol, à la limite avec Saint-Émilion. Enthousiaste et passionnée, elle conduit un vignoble de 4,56 hectares certifié agriculture biologique. Le chai, moderne et bien équipé, permet d'effectuer des vinifications précises et rigoureuses. Ses premiers millésimes apparaissent très réussis, les vins sont élaborés dans un style classique privilégiant l'éclat du fruit et la délicatesse des tanins.

Les vins : dégusté juste avant mise, le 2014 est apparu fermé sur le plan aromatique, mais le moelleux de sa bouche et sa finale florale laissent espérer un bel avenir. Il succède à un 2013 très plaisant, de mi-corps mais avec une trame soyeuse, dans un style frais et fruité.

- Pomerol 2013   35 €   15
- Pomerol 2014   35 €   15

Le coup de ♥
- Pomerol 2015   26,40 (c) €   16

Délicieux 2015 possédant un naturel de texture très séduisant. Plus délicat que puissant, il présente un équilibre sapide, avec des tanins doux et des nuances florales.

Rouge : 4,56 hectares.
Merlot 90 %, Cabernet franc 10 %
Production moyenne : 10 000 bt/an

CHÂTEAU LA ROSE FIGEAC ♣
54, chemin de Lamberte, 33500 Libourne
05 57 25 04 92 ● www.larosefigeac.com ●
Vente et visites : au domaine sur rendez-vous.
Propriétaire : Nathalie Despagne
Maître de chai : Sébastien Xans
Œnologue : Mikaël Laizet

CHÂTEAU VRAY CROIX DE GAY

Acquis par la famille Guichard en 1949, le domaine, qui fut longtemps conduit par Aline Guichard et Paul Goldschmidt, a vu François Pinault entrer dans son capital en 2013 ; il bénéficie depuis des conseils de Jean-Claude Berrouet, l'ancien vinificateur de Pétrus, aujourd'hui retraité actif. Son excellent terroir se répartit sur trois petites parcelles, dont la plus grande se situe derrière Pétrus, à côté de Lafleur. Longtemps quelconques, et bien en-deçà du potentiel du cru, les vins s'améliorent considérablement, pour atteindre aujourd'hui un bon niveau.

Les vins : le changement de style commence à se faire sentir avec un 2014 longiligne, épuré et savoureux. Le 2013 est svelte et continu, avec une pointe d'amertume. Chocolaté et balsamique, 2016 déploie un fruit moins opulent, lisse, riche en nuances aromatiques capiteuses.

- Pomerol 2011   70 €   15
- Pomerol 2012   68 €   14,5
- Pomerol 2013   60 €   14
- Pomerol 2014   44,90 (c) €   16

Le coup de ♥
- Pomerol 2015   38,40 (c) €   16

En conciliant élégance des tanins et profondeur, le 2015 s'impose comme l'un des millésimes les plus réussis de l'histoire récente du cru. Dans un registre plus équilibré et délicat que puissant, il affiche un fruit éclatant.

Rouge : 3,67 hectares.
Merlot 80 %, Cabernet franc 20 %
Production moyenne : 11 000 bt/an

CHÂTEAU VRAY CROIX DE GAY
Château Siaurac, 33500 Néac
05 57 51 64 58 ● www.siaurac.com ● Vente et visites : au domaine sur rendez-vous.
En semaine de 10h à 17h. Le week-end sur rendez-vous.
Propriétaire : Paul Goldschmidt et François Pinault
Directeur : Pénélope Godefroy
Œnologue : Jean Claude Berrouet

SAINT-ÉMILION

★★★
CHÂTEAU ANGÉLUS

Promus dans le quatuor des premiers grands crus classés A lors du dernier classement de Saint-Émilion en 2012, aucun château n'aura parcouru autant de chemin dans la hiérarchie bordelaise en si peu de temps. Une prodigieuse ascension accomplie en deux décennies, signée Hubert de Boüard, vinificateur moderniste, grand communiquant et consultant international, homme de poids dans les instances de la viticulture locale et nationale. 2013 a vu la rénovation complète et l'embellissement du chai désormais surmonté d'un spectaculaire carillon. Après avoir restructuré le parcellaire du cru familial, se donnant tous les atouts pour atteindre les sommets qualitatifs de l'appellation, Hubert de Boüard passe la main. Thierry Grenié-de Boüard rejoint en 2017 Stéphanie de Boüard-Rivoal à la tête du château. La huitième génération prend le pouvoir ! Angélus illustre le meilleur de la perfection formelle et sophistiquée des grands bordeaux d'aujourd'hui. En quelques années, les prix se sont envolés.

Les vins : colorés, raffinés, précis, Angélus conserve dans les derniers millésimes une fraîcheur dans le fruit qui pouvait naguère lui faire défaut, grâce aux cabernets francs qui jouent un rôle majeur dans l'assemblage, mais aussi au développement d'un protocole d'élevage extrêmement pointu. Basé sur un assemblage classique 60 % merlot et 40 % cabernet franc, Angélus 2016 affiche une vibration et une pureté de fruit émouvantes, peut-être inédites. Bien moins opaque et massif que le 2015, à l'équilibre somptueux, mais construit sur une puissance alcoolique certaine, il conjugue la grande droiture d'une trame aérienne avec une séduction tactile irrésistible. Loin de son ampleur habituelle, 2013 est un Angélus sage, prudent, qui se met tranquillement en place. Avec le millésime 2014, les 5 ha de merlot achetés par le domaine dans le secteur de Figeac intègrent pour la première fois le Carillon de l'Angélus, second vin du château, particulièrement brillant, parfumé et fin en 2015 et 2016.

➤ Saint-Emilion Grand Cru 2013	225 €	15,5
➤ Saint-Emilion Grand Cru 2014	N.C.	18
➤ Saint-Emilion Grand Cru 2015	N.C.	17,5
➤ Saint-Emilion Grand Cru 2016	N.C.	16,5
➤ Saint-Emilion Grand Cru Carillon de l'Angélus 2015	N.C.	16,5

Rouge : 39 hectares.
Merlot 50 %, Cabernet franc 47 %, Cabernet-Sauvignon 3 %
Production moyenne : 100 000 bt/an

CHÂTEAU ANGÉLUS
33330 Saint-Émilion
05 57 24 71 39 • www.angelus.com • Vente et visites : au domaine sur rendez-vous. Du lundi au vendredi.
Propriétaire : Famille de Boüard de Laforest
Œnologue : Hubert de Boüard de Laforest et Emmanuelle d'Aligny-Fulchi

★★★
CHÂTEAU AUSONE

Sur seulement 7 ha idéalement situés à mi-coteaux, avec une rare collection de cabernet franc en sélection massale (qui entre au moins pour moitié dans l'assemblage final), Ausone produit un vin à la fois profond et ciselé, innervé par une grande fraîcheur et doté d'un velouté extraordinaire. Il ne révèle pleinement son potentiel qu'après une garde de dix à quinze ans et se montre alors capable, dans les grands millésimes, d'évoluer sur plusieurs décennies. Sous la conduite avisée et visionnaire de son propriétaire Alain Vauthier, tous les millésimes depuis 1998 sont particulièrement réussis, avec toutefois une mention particulière pour le légendaire 2005, qui atteint un niveau de perfection absolu. Hélas, quasi introuvables, les vins du château atteignent des prix stratosphériques. Depuis 2005 et l'arrivée de Pauline Vauthier aux vinifications, le style d'Ausone, comme celui des autres propriétés saint-émilionnaises appartenant à la famille Vauthier, a doucement évolué vers davantage de croquant, de mise en avant de l'éclat du fruit (grâce notamment à la réduction du pourcentage de fûts neufs utilisés pour l'élevage, 85 au lieu de 100 %).

Les vins : les derniers millésimes dominent la production saint-émilionnaise avec une grâce et une facilité déconcertante. Simple et savant à la fois, on dirait le vin totalement insouciant de son élevage (imperceptible) et de sa valeur spéculative. 2016 est généreux à Ausone (25 000 bouteilles) ; le millésime impose l'harmonie de ses formes, avec cette spontanéité confondante qui caractérise désormais le cru, un fruit qui demeure croquant de bout en bout.

BORDEAUX SAINT-ÉMILION

Aussi accompli qu'en 2015, clairement dans le même élan, Ausone en 2016 apparaît au même stade davantage sur la réserve. 2014 (60 % de cabernet) possède un côté joyeux, agreste, qui convient admirablement à sa profondeur. Un an après la mise il ne s'est pas refermé ; le vin respire et rayonne. En 2013 la production est exiguë (9 000 bouteilles) mais elle plane au-dessus du millésime. Sans posséder de gras, ni une forte structure Ausone 2013 peut compter sur une évidence, une assise et une intensité de saveur qui le propulsent dans la sphère des grands vins. Moins puissant qu'Ausone, La Chapelle partage dans tous les derniers millésimes son insigne élégance et sa vibration spécifique.

- Saint-Emilion Grand Cru 2013   510 €   18
- Saint-Emilion Grand Cru 2014   N.C.   19
- Saint-Emilion Grand Cru Château Ausone 2016   N.C.   18,5
- Saint-Emilion Grand Cru La Chapelle d'Ausone 2014   N.C.   17,5
- Saint-Emilion Grand Cru La Chapelle d'Ausone 2015   N.C.   18

Le coup de ♥
- Saint-Emilion Grand Cru 2015   N.C.   20

Juste avant mise, le vin confirme l'enthousiasme ressenti au moment des dégustations en primeur. Aucune angulosité, mais une pertinence fraîche, saline, de tous les instants. Dans la lignée des millésimes précédents, tout paraît facile, malgré le volume charnel et solaire de 2015. De l'évidence aromatique à l'émouvante finale, la grâce est unique, l'équilibre parfait.

Rouge : 7 hectares.
Cabernet franc 55 %, Merlot 45 %
Production moyenne : 20 000 bt/an

CHÂTEAU AUSONE
**33330 Saint-Émilion
05 57 24 24 57** ● www.chateau-ausone.com
● Pas de visites.
Propriétaire : Famille Vauthier
Directeur : Alain Vauthier

★★★
CHÂTEAU CHEVAL BLANC

Dans un contexte de concurrence accrue entre premiers grands crus classés, et après une période de laisser aller (jusqu'en 2005), le retour de la propriété des hommes d'affaires Albert Frère et Bernard Arnault au sein de l'élite saint-émilionnaise s'avère fracassant. Une nouvelle page s'écrit sur ce terroir sablo-graveleux exceptionnel en bordure de Pomerol, avec un vignoble qui s'appuie sur une proportion importante de cabernet franc, dont 8 ha plantés en 1956, qui confère au grand vin une fraîcheur et une profondeur de saveurs uniques. Depuis 2011, les vinifications se déroulent dans le nouveau et aérien chai signé par l'architecte Christian de Portzamparc. Un vaisseau haut, vaste, lumineux, élémentaire, écologique. 55 cuves en ciment ivoire fabriquées sur mesure, corsetées et profilées. L'outil « beau et utile » dont rêvait le capitaine-directeur Pierre Lurton et Pierre-Olivier Clouet, le directeur technique. Cet investissement spectaculaire, mais non ostentatoire, fait suite à une vigoureuse reprise en main de la viticulture depuis 2008. Avec sa confirmation au rang de premier grand cru classé A dans le classement 2012, l'assiette foncière s'est élargie. Pour la première fois 1,40 ha venu de l'annexion du château Tour du Pin (butte d'argile dans le parfait prolongement de l'allée du château) entre dans le grand vin. Le restant de ce parcellaire est désormais consacré au sauvignon et au sémillon ; 2014 est le premier millésime commercialisé du Petit Cheval blanc.

Les vins : jamais le plus puissant, Cheval Blanc se montre en revanche capable d'offrir une élégance et un raffinement rares. Des caractéristiques que l'on retrouve dans les derniers millésimes et qui justifient le retour de Cheval Blanc dans le clan restreint des trois étoiles. En 2016 la profondeur et surtout le raffinement des parfums sont d'emblée saisissants ; on perçoit le détail naissant des notes florales, minérales, humiques. Les 33 parcelles convoquées (77 % de la production) confluent en une complexité déjà aboutie, naturelle. L'intensité de la chair fait écho à celle de la couleur. C'est un très grand Cheval, souverain, déjà en majesté. Il sera passionnant de chercher à quel millésime historique du cru il ressemble ! En 2015 plus de 90 % de la récolte a produit le Cheval Blanc, il n'y a pas de Petit Cheval cette année. Une décision forte et un vin qui accentue encore la volonté stylistique affichée par l'équipe du château. Sobre, il se développe en conservant un magnifique sens du sous-entendu. Le corps est très fourni, on ne s'en aperçoit pas ; la complexité aromatique percole lentement au travers de la chair naturelle et serrée. 2014 est un millésime de fraîcheur et de mesure qui sied comme un gant à l'esprit du cru. D'une très grande pureté lui aussi, 2013 affiche une finesse de goût bien à part. Le fondu et la distinction des motifs floraux, ferrugineux, subtilement épicés, sont dignes des grands 2012 et 2014 qui l'encadrent. Avec un assemblage proche de celui du grand vin, clair et délié, Petit Cheval 2014 est porté par une sensation de vivacité. Il succède à un 2013 lui aussi très convaincant, dans un style évidemment moins dense que Cheval Blanc, plus immédiat, mais participant de la même race.

- Saint-Emilion Grand Cru 2013 390 € 17,5
- Saint-Emilion Grand Cru 2015 N.C. 19
- Saint-Emilion Grand Cru 2016 N.C. 19,5
- Saint-Emilion Grand Cru Le Petit Cheval 2013 N.C. 16
- Saint-Emilion Grand Cru Le Petit Cheval 2014 N.C. 16,5

Le coup de ♥
- Saint-Emilion Grand Cru 2014 N.C. 18,5

On en boirait déjà à grandes lampées, alors qu'il est armé pour la très longue garde ! Moins d'un an après la mise, l'expression demeure très pure, délicate, toute en nuances printanières, florilège d'où émergent par moment la framboise et le lilas. L'acidité est présente mais toujours enrobée. Saluons la cohérence de goût entre les échantillons primeurs et le vin en bouteille !

Rouge : 37 hectares.
Cabernet franc 60 %, Merlot 40 %
Production moyenne : 150 000 bt/an

CHÂTEAU CHEVAL BLANC
33330 Saint-Émilion
05 57 55 55 55 ●
www.chateau-cheval-blanc.com ●
Visites : sur rendez-vous uniquement aux professionnels.
Propriétaire : Albert Frère et Bernard Arnault
Directeur : Pierre Lurton

★★★
CHÂTEAU FIGEAC

À partir d'un encépagement atypique, avec une parité entre cabernet franc, cabernet-sauvignon et merlot, le style unique et personnel de Figeac représente la quintessence de l'élégance et du raffinement des vins du plateau occidental que Saint-Émilion partage avec Pomerol. Figeac possède un cachet bien à lui, souvent plus austère et compact que celui de ses voisins durant sa jeunesse. Des vins d'une race exceptionnelle, digestes et longs. Figeac brille dans les millésimes chauds et ne se dévoile totalement qu'après une garde de dix à quinze ans. C'est aujourd'hui Frédéric Faye, ancien directeur technique, qui assure la direction générale. En 2013, l'arrivée à la cogérance de Jean-Valmy Nicolas, proche de la famille Manoncourt, coïncide avec celle du médiatique conseiller Michel Rolland. L'annonce de la construction d'un nouveau chai, qui devrait être opérationnel pour la vendange 2019, participe de la marche vers une « modernité raisonnée » qu'a amorcé ce cru unique et essentiel.

Les vins : en primeur, Figeac 2016 apparaît comme un des vins du millésime, exprimant un fruit accompli, d'une grande intensité framboisée/chlorophyllienne et d'une saisissante profondeur, qui ne se départit jamais d'un charme gracieux, délié, culminant en une finale étirée, minérale, de haute civilisation. Plus immédiatement perceptible comme un archétype du style du château que le 2015, c'est un Figeac de rêve ! 2014 en bouteille montre une intensité de premier ordre. Une complexité mentholée et framboisée prend peu à peu le pas sur le moka de l'élevage. Particulièrement velouté, il demeure néanmoins fidèle au style Figeac, avec des tanins d'une élégance et d'une sérénité parfaites. Fort de sa complexité florale et épicée, le 2013 fait preuve d'une finesse tannique remarquable, avec un corps à la fois gracieux et dynamique.

- Saint-Emilion Grand Cru 2013 66 € 16,5
- Saint-Emilion Grand Cru 2014 N.C. 17,5
- Saint-Emilion Grand Cru 2016 N.C. 19,5
- Saint-Emilion Grand Cru Petit Figeac 2014 N.C. 16
- Saint-Emilion Grand Cru Petit Figeac 2015 N.C. 15,5

Le coup de ♥
- Saint-Emilion Grand Cru 2015 N.C. 18

Très sombre, indéniablement solaire, d'une grande puissance, le vin conjugue volupté de texture superlative et longueur autoritaire des cabernets (43 % de sauvignon et 28 % de franc). Il s'est néanmoins considérablement affiné pendant l'élevage, pour retrouver la tension architecturée propre à Figeac, ce qui rassurera les aficionados du château. Très longue garde en perspective.

Rouge : 40 hectares.
Cabernet-Sauvignon 35 %, Cabernet franc 35 %, Merlot 30 %
Production moyenne : 180 000 bt/an

CHÂTEAU FIGEAC
33330 Saint-Émilion
05 57 24 72 26 ● **www.chateau-figeac.com**
● **Vente et visites : au domaine sur rendez-vous.**
Du lundi au vendredi de 9h30 à 12h et de 14h à 18h.

BORDEAUX SAINT-ÉMILION

Propriétaire : Famille Manoncourt
Directeur : Frédéric Faye
Maître de chai : Jean Aubino
Œnologue : Michel Rolland

Saint-Emilion Grand Cru 2013	45 €	16
Saint-Emilion Grand Cru 2014	N.C.	17
Saint-Emilion Grand Cru 2016	N.C.	18

Le coup de ♥
Saint-Emilion Grand Cru 2015 — N.C. — 18,5

La famille Bécot a frappé fort en 2015 ! L'éclat et la densité du fruit sont saisissants ; le vin semble parti pour 50 ans de carrière. Extrêmement fourni, serré mais sans aucune angulosité, le corps ne laisse voir aucune couture. La prenante saveur de cerise noire, mêlée à la menthe fraîche et à la craie mouillée, se remet doucement de la mise.

Rouge : 19 hectares.
Merlot 70 %, Cabernet franc 24 %, Cabernet-Sauvignon 6 %
Production moyenne : 78 600 bt/an

★★
CHÂTEAU BEAU-SÉJOUR BÉCOT

Magnifiquement situé dans le centre-ouest du plateau calcaire de Saint-Émilion, le vignoble est mené de main de maître par les frères Bécot, Dominique et Gérard, qui élaborent un vin expressif possédant droiture et densité. Gérard Bécot a pris officiellement sa retraite le 2 janvier 2014. La direction générale a été confiée à son gendre, Julien Barthe, époux de Juliette Bécot qui suit toujours les vinifications. Dominique Bécot, frère de Gérard, reste à la tête du vignoble. Ses enfants Pierre et Caroline travaillent également sur la propriété. Beauséjour a acheté en janvier 2014 le château Haut-Pourret, 2,5 ha sur la côte sud qui seront vinifiés dans le chai de La Gomerie, sous l'étiquette Le Bécot de Beau-Séjour. Les méthodes de vinification évoluent, visant une approche élégante du fruit, en cherchant à donner du volume à la fermeté et à l'allonge des vins issus du calcaire. Maintenu à son rang de premier grand cru classé en 2012, le château a obtenu l'autorisation d'intégrer la parcelle de La Gomerie dans son cadastre.

Les vins : la qualité des élevages, qui marquent moins les vins que naguère, a sensiblement progressé ; le plus familial des premiers crus classés s'impose désormais comme le champion d'un classicisme serein. Vendangé "à la carte", du 2 au 24 octobre, Beauséjour-Bécot 2016 parle déjà brillamment du plateau calcaire. Moins corsé, moins solaire, moins alcoolique que le monumental 2015, il s'appuie sur une structure tannique formidable de franchise et de précision. Le fruit est croquant, mentholé, radieux. Derrière une robe mesurée, loin de la saturation opaque de certaines, la classe du 2014 se développe en finesse, mais sans le moindre creux ni relâchement. La texture est appliquée, finement grenue, dynamique, la transparence de saveur remarquable. En 2013 les vendanges tardives pour lesquelles le château a opté ont porté leurs fruits. Si le profil aromatique et la structure sont très classiques, distingués, "calcaires", le petit supplément de maturité amène une pointe de douceur (accentuée par les 30 % de vinification en barrique) qui amplifie et prolonge l'expression.

CHÂTEAU BEAU-SÉJOUR BÉCOT
33330 Saint-Émilion
05 57 74 46 87 ●
www.beausejour-becot.com ● Vente et visites : au domaine sur rendez-vous. Du lundi au vendredi de 9h à 17h de novembre à avril et du lundi au samedi de 9h à 17h de mai à octobre.
Propriétaire : Gérard et Dominique Bécot
Directeur : Julien Barthe

★★
CHÂTEAU BEAUSÉJOUR HÉRITIERS DUFFAU-LAGARROSSE

Beauséjour (HDL pour les initiés) appartient à la même famille depuis 1847. Les propriétaires, Vincent Duffau Lagarrosse et Christophe Redaud, ont confié depuis le millésime 2009 sa gestion à Nicolas Thienpont et Stéphane Derenoncourt. Il ressort de la nouvelle gestion de ce grand terroir de côte un vin d'expression plus ample et généreuse, mais toujours très lié à l'expression terrienne du lieu. Considéré (à tort ?) comme étant à la traîne des premiers crus classés de Saint-Émilion, malgré des réussites éclatantes (tel le désormais légendaire 1990), Beauséjour-Duffau se remet donc en selle et signe depuis 2009 des millésimes d'une probante régularité. La deuxième étoile attribuée aujourd'hui est une évidence.

Les vins : les derniers millésimes rendent pleinement justice à la personnalité tellurique du vin. 2016 va peut-être encore plus loin que 2015 et deviendra lui aussi une référence dans l'histoire du château. Les arômes sont aigus, évoquant la craie mouillée et le poivre blanc. D'une intensité impressionnante, introspective, la matière semble sculptée (dans le calcaire évidemment…) par les courants acides et tanniques qui la parcourent. Presque un pur merlot (95 %), 2014 continue de montrer un an après la mise un fruit éclatant, des notes florales et salines d'une grande finesse, une matière étirée et pleine de répondant, qui claque au palais. Dans une veine acidulée mais ferme, très distinguée, le 2013 séduit par sa longue saveur, la chair reste modeste dans ses mensurations mais d'une admirable pureté.

- Saint-Emilion Grand Cru 2013   84 €   16
- Saint-Emilion Grand Cru 2014   N.C.   17
- Saint-Emilion Grand Cru 2016   N.C.   18

Le coup de
- Saint-Emilion Grand Cru 2015   N.C.   18

Beaucoup de profondeur, une chair ample, très cerise noire, admirable finesse dans la concentration. Les pointes salines et la vigueur tannique qui caractérisent le cru sont au rendez-vous.

Rouge : 7 hectares.
Merlot 74 %, Cabernet franc 26 %
Production moyenne : 25 000 bt/an

CHÂTEAU BEAUSÉJOUR HÉRITIERS DUFFAU-LAGARROSSE
**33330 Saint-Émilion
05 57 24 71 61 ● www.beausejourhdl.com
● Pas de visites.
Propriétaire : Héritiers Duffau-Lagarrosse
Directeur : Nicolas Thienpont**

★★
CHÂTEAU BELAIR-MONANGE

Belair a été rebaptisé Bélair-Monange en l'honneur de la grand-mère de Christian Moueix, l'entier propriétaire des lieux depuis 2008. Son fils Édouard a élu domicile dans ce premier grand cru classé B, confirmé en 2012. Le jeune directeur commercial de la Maison J.-P. Moueix a supervisé le colossal chantier de consolidation des caves troglodytiques, qui a duré trois ans. Ces travaux permettront l'accès au plateau devenu trop instable pour les engins mécaniques, et ainsi de terminer arrachages et replantations d'un vignoble finement analysé par l'équipe agronomique de chez Moueix, qui gère 25 ha à Saint-Émilion et 75 ha à Pomerol, hors Pétrus. La côte Sud, et surtout Sud-Est (6,5 ha), joue un rôle prédominant dans la relance du grand vin depuis 2009. Le vignoble du château Magdelaine fait désormais partie de Bélair-Monange. Actuellement 12 ha seulement sont en production, sur 25 potentiels. Une deuxième étoile est venue saluer la haute qualité des derniers millésimes, en sachant que le cru dispose du potentiel pour viser le sommet absolu de la hiérarchie saint-émilionnaise.

Les vins : les derniers millésimes expriment toute la distinction de cette fabuleuse réunion de terroirs. 2016 est doté d'une vigueur et d'une race phénoménales, c'est un vin qui ne pourra que grandir. L'éclat du fruit, toujours très proche du minéral, évoque la guigne sauvage et la framboise. 2015 en fin d'élevage manifeste une grande autorité dans la façon dont il prend possession de la bouche du dégustateur. Ce long faisceau de muscles solaires se déploie avec une pureté admirable. La complexité aromatique arrive lentement, tant la concentration est importante. Le 2014 s'exprime en finesse, en tension, avec une fermeté calcaire hautement civilisée. Le fruit semble sculpté, étiré. Cet admirable classicisme formel résume tout ce qu'il peu y avoir de plus racé dans un saint-émilion de côte et de plateau.

- Saint-Emilion Grand Cru 2014   N.C.   17,5
- Saint-Emilion Grand Cru 2015   N.C.   18
- Saint-Emilion Grand Cru 2016   N.C.   17,5

Le coup de
- Saint-Emilion Grand Cru 2013   80 €   17

C'est assurément l'un des plus beaux vins du millésime, intense, alerte, sans aucune maigreur. Magnifique évolution aromatique vers le cèdre et le bouquet séché.

Rouge : 12 hectares.
Merlot 85 %, Cabernet franc 15 %
Production moyenne : 20 000 bt/an

CHÂTEAU BELAIR-MONANGE
**1, Bélair, 33330 Saint-Émilion
05 57 51 78 96 ● www.moueix.com ● Vente et visites : au domaine sur rendez-vous.
Propriétaire : Etablissements J.-P. Moueix
Directeur : Eric Murisasco**

★★
CHÂTEAU CANON

Tout comme Rauzan-Ségla à Margaux, Canon appartient à la famille Wertheimer (propriétaire de la maison Chanel). Cette propriété historique du plateau de Saint-Émilion a connu de nombreuses évolutions sous la direction de John Kolasa (remplacé en 2014 par Nicolas Audebert, ancien de chez LVMH) et du maître de chai Stéphane Bonnasse. Les travaux de la partie habitation du château sont désormais achevés. En 2011, la propriété s'est considérablement agrandie après l'achat des 12,5 hectares du château Matras, situés dans le prolongement de Canon sur la côte sud/ sud-ouest du plateau de Saint-Émilion. Ces vignes sont destinées aujourd'hui à produire le second vin, Clos Canon. Le vignoble a été progressivement remis en état, en augmentant de manière significative la proportion de cabernet franc. Des efforts qui paient : les derniers millésimes ont ramené Canon dans le peloton de tête des premiers, avec un style classique, supérieurement élégant, de plus en plus précis, à l'opposé de l'exubérance sucrée des merlots modernes. Le château mérite aujourd'hui amplement la deuxième étoile que nous lui attribuons.

Les vins : sagement élevés (entre 50 et 70 % de barriques neuves) les trois derniers millésimes s'avèrent brillants, des modèles d'équilibre, de finesse tonique et épicée, avec la promesse des notes florales que le temps révèle dans les vins nés sur les calcaires à astéries. 2014 a livré un Canon particulièrement élancé, limpide et épuré, qui dans ce millésime de fraîcheur trouve son cap avec aisance. La finesse des tanins et la précision des arômes sont manifestes. En un an, le 2013 a considérablement précisé sa race, au travers de pointes florales et salines saisissantes. Il conserve sa très belle élégance de texture, fine, diaphane même, d'une brillante élégance. Canon 2012 joue davantage sur la largeur et le velouté, tout en gardant une grande finesse. Encore plus qu'en 2014, Croix Canon, second vin, s'affirme en 2015 comme une éclatante réussite, des tonalités framboisées confèrent un charme exceptionnel à cette matière aérienne.

- Saint-Emilion Grand Cru 2013 45 € 17
- Saint-Emilion Grand Cru 2014 N.C. 17
- Saint-Emilion Grand Cru Croix Canon 2014 N.C. 15,5
- Saint-Emilion Grand Cru Croix Canon 2015 N.C. 16,5
- Saint-Emilion Grand Cru Croix Canon 2016 N.C. 16,5

Le coup de ♥
- Saint-Emilion Grand Cru 2015 N.C. 18,5

On ne peut qu'admirer le très délicat parfum de framboise sauvage qui annonce le vin. Il trace en bouche une voie toute en subtilité et en équilibre. Voici le grand millésime de plénitude qu'on attendait de Canon, qui ne renie absolument pas son parti pris de délicatesse, mais le transcende.

Rouge : 34 hectares.
Merlot 70 %, Cabernet franc 30 %
Production moyenne : 130 000 bt/an

CHÂTEAU CANON
BP 22, 33330 Saint-Émilion
05 57 55 23 45 ● www.chateaucanon.com ●
Vente et visites : au domaine sur rendez-vous.
Du lundi au vendredi de 9h à 12h et de 14h à 17h.
Propriétaire : Chanel
Directeur : Nicolas Audebert

★★
CHÂTEAU CANON-LA-GAFFELIÈRE

Intégrant tous les progrès d'une œnologie moderne bien conduite, Stephan von Neipperg a, en moins de dix ans et avec l'aide de Stéphane Derenoncourt, redonné au vin sa stature des années 1950. Promu au rang de premier grand cru classé, certifié bio en 2014 (un exemple à même de marquer les esprits), le château poursuit un travail de fond à partir d'une collection de sélections massales de cabernet franc et de bons choix de porte greffe, "dans le but de construire un vignoble pour les cinquante et soixante prochaines années". Les sols chauds et précoces des pieds de coteau conviennent admirablement à ces cabernets francs, qui apportent de la finesse et de la noblesse à la structure tannique du vin. Le sacrifice d'une partie du volume explique la concentration remarquable mais sans artifices.

Les vins : en quelques millésimes le style des vins a opéré une impressionnante mutation vers une finesse et une fraîcheur accrues. 2016 prolonge et approfondit la veine "ligérienne" du 2015, marquée par la signature aromatique florale des cabernets francs. Noblement parfumé et texturé, déjà riche de fines nuances, il affiche néanmoins une insistance tannique très volontaire. Offrant un jus dense, sombre et précis, le millésime 2014 se goûte de mieux en mieux. La qualité des cabernets propulse la bouche dans un grand élan frais. La finesse tannique et la vibration du fruit sont de haut vol. Assez mince quoique sans faiblesse, de bonne allonge, le 2013 offre de jolis détails aromatiques qui se détachent d'un fruit exempt de verdeur.

- Saint-Emilion Grand Cru 2013 — 52 € — 14,5
- Saint-Emilion Grand Cru 2014 — N.C. — 16,5
- Saint-Emilion Grand Cru 2016 — N.C. — 17,5

Le coup de ♥
- Saint-Emilion Grand Cru 2015 — N.C. — 17

Avec ses touches de framboise, de cassis et de réglisse, l'expression, très marquée par les cabernets, évoque le cachet d'un grand rouge ligérien. L'impression d'éclat et de grande fraîcheur se poursuit en bouche. Vendange précoce, vinification sans soufre de l'intégralité des lots et baisse constante de la proportion de bois neuf : "less is more", le flair de Stephan von Neipperg a encore payé !

Rouge : 19,5 hectares.
Merlot 55 %, Cabernet franc 35 %, Cabernet-Sauvignon 10 %
Production moyenne : 65 000 bt/an

CHÂTEAU CANON-LA-GAFFELIÈRE ♣
BP 34, 33330 Saint-Émilion
05 57 24 71 33 ● www.neipperg.com ●
Vente et visites : au domaine sur rendez-vous.
Du lundi au vendredi de 9h à 12h et de 14h à 17h.
Propriétaire : Stephan von Neipperg

CLOS FOURTET

Ce premier grand cru classé B, confirmé dans le classement 2012, est idéalement situé au bord de la cité, à quelques mètres de l'église collégiale de Saint-Émilion, ancré sur le fameux plateau calcaire à astéries. Acquis, en 2001, par la famille Cuvelier (ex-papeterie Guibert), Fourtet a retrouvé son rang et se présente aujourd'hui comme l'une des icônes de Saint-Émilion, combinant une texture profondément fruitée, des tanins à l'élégance suave et une singulière race aromatique. Avec un passage progressif du vignoble en biodynamie, le cru a arraché les cabernets francs mal implantés alors que de nouvelles sélections massales entrent en production, même si le merlot demeure ultra-majoritaire. Un travail de fond entrepris avec les conseils de l'équipe de Stéphane Derenoncourt. Un nouveau cuvier a été inauguré avec le millésime 2014. Il se décline en une batterie de petites cuves inox de 40 à 70 hectolitres. La famille Cuvelier, également propriétaire du château Poujeaux (Moulis) a acheté en mars 2013 deux belles propriétés saint-émilionnaises à la famille Reiffers : leur voisin Les Grandes Murailles (qui pourraient logiquement intégrer Clos Fourtet) et Côte de Baleau.

Les vins : les derniers millésimes replacent avec autorité Clos Fourtet parmi les grands terroirs du plateau. En primeur 2016 déploie énormément de densité et de maturité. Derrière les arômes orientalisants, les épices et la floralité capiteuse, le calcaire pointe, inexorable, avant d'imposer en finale sa marque fraîche de craie, presque de pastille Vichy. C'est un des seuls crus majeurs où 2016 semble au même stade plus massif et moins accessible que 2015. Très parfumé, exprimant une grande variété d'épices douces, de bois précieux et d'excitantes nuances fruitées, 2014 offre une sapidité distingué mais terrienne, servie par un corps pulpeux, intense mais sans insistance tannique ni alcoolique. Une grande réussite, qui ne fait que grandir à chaque dégustation ! Le 2012 possède une matière ferme, très fraîche, mue par une belle accroche calcaire, des arômes épicés magnifiques, une pointe d'agrumes.

- Saint-Emilion Grand Cru 2012 — 55 € — 17
- Saint-Emilion Grand Cru 2014 — N.C. — 18
- Saint-Emilion Grand Cru 2016 — N.C. — 18

Le coup de ♥
- Saint-Emilion Grand Cru 2015 — N.C. — 19

On est d'emblée saisi par la fraîcheur et la distinction du vin (88 % merlot). Merveilleusement parfumé, le fruit se déploie au fil d'une pulpe à la fois satinée et croquante. L'expression penche cette année davantage vers la floralité que vers les épices ; les tanins sont d'une extrême finesse, imperceptibles. La générosité du millésime est sublimée.

Rouge : 20 hectares.
Merlot 85 %, Cabernet-Sauvignon 10 %, Cabernet franc 5 %
Production moyenne : 70 000 bt/an

CLOS FOURTET
1, Chatelet Sud, 33330 Saint-Émilion
05 57 24 70 90 ● www.closfourtet.com ●
Vente et visites : au domaine sur rendez-vous.
En semaine de 9h à 12h et de 14h à 17h.
Propriétaire : Philippe Cuvelier
Directeur : Tony Ballu

BORDEAUX SAINT-ÉMILION

★★

CHÂTEAU LA GAFFELIÈRE

En parallèle d'une profonde restructuration du vignoble, sous la férule de l'équipe conseil Derenoncourt (arrachage et replantation de 5 ha de cabernet franc sur les magnifiques coteaux calcaires au sud du village), Alexandre Mallet, désormais aux commandes, a largement investi dans la refonte technique du cuvier. Entre les murs historiques du chai, vingt hautes cuves inox teintées en pourpre ont pris place juste à temps pour la vinification du millésime 2013. De forme tronconique inversée, elles permettent d'extraire davantage le chapeau par compression naturelle, la masse liquide étant supérieure en haut de la cuve. Après les investissements dans les plantations depuis 2000 et un renouvellement du matériel de culture, l'outil de production de la Gaffelière est désormais au niveau de l'élite des premiers grands crus classés. À terme le grand vin sera issu des vignes du coteau à 80 % (sous Belair) et des bas de côte à 20 %, généreux mais moins racés. Dans les années 70/80 La Gaffelière n'a pas toujours produit un vin digne de son rang. Le creux de la vague est désormais bien derrière nous. Défendant un style classique mais expressif, sans excès, construit sur la finesse de la deuxième partie de bouche, ce premier à la situation topographique exceptionnelle n'a pas fini de surprendre, d'autant qu'il pratique des prix encore compréhensibles. On est ici au cœur de ce qu'il y a de plus sensuel et singulier à Saint-Émilion !

Les vins : pendant que les grands travaux de restructuration du vignoble et de réaménagement des bâtiments se poursuivent, le crescendo des derniers millésimes pointe vers le sommet de la hiérarchie ! La veine acide du millésime dirige le 2016. Avec beaucoup d'élégance et de naturel, harmonie des parties et tension cohésive de l'ensemble, l'échantillon affiche un style à la fois intemporel et d'une grande précision. Après un an de bouteille, 2014 (80 % de merlot et 20 % de cabernet franc), modérément extrait mais pulpeux, exprime toute l'élégance longiligne et l'aplomb des argiles du vignoble de côte. Malgré des mensurations restreintes, le 2013 affiche une plénitude de corps remarquable, une fermeté déliée. Il décolle grâce à un élan de saveur particulièrement racé, des arômes déjà éthérés portés par ce corps en forme d'épure.

▬ Saint-Emilion Grand Cru 2013	42 €	16
▬ Saint-Emilion Grand Cru 2014	N.C.	18
▬ Saint-Emilion Grand Cru 2016	N.C.	18
Le coup de ♥		
▬ Saint-Emilion Grand Cru 2015	N.C.	19

Présents à hauteur de 30 % dans l'assemblage, les jeunes cabernets francs issus des sélections massales du château, replantés en coteau, montent formidablement en puissance. 2015 est une éclatante réussite qui couronne le réveil actuel du château, alliant profondeur de la texture, raffinement de la structure et distinction des arômes, à la limite touchante de la décadence (sublime potpourri, soutenu et non alourdi par une pointe lactique).

Rouge : 22 hectares.
Merlot 80 %, Cabernet franc 20 %
Production moyenne : 62 000 bt/an

CHÂTEAU LA GAFFELIÈRE
BP 65, 33330 Saint-Émilion
05 57 24 72 15 ●
www.chateau-la-gaffeliere.com ● Vente et visites : au domaine sur rendez-vous.
De 8h à 12h et de 14h à 18h.
Propriétaire : Léo de Malet Roquefort
Directeur : Alexandre de Malet Roquefort

★★

CHÂTEAU LARCIS-DUCASSE

Premier grand cru classé en 2012, cette magnifique propriété occupe l'extrémité de la fameuse côte Pavie, sur la commune de Saint-Laurent-des-Combes. Une merveilleuse exposition plein sud et un vignoble planté en terrasses, effectivement dignes d'un premier grand cru. Depuis 1945, Hélène Gratiot puis son fils, Jacques-Olivier, ont préservé la typicité unique de ce terroir en produisant un vin de grande race, noblement truffé et d'une vigueur surprenante dans les petits millésimes. Depuis 2002, en confiant la gérance à Nicolas Thienpont et en faisant appel aux conseils de Stéphane Derenoncourt, Larcis Ducasse est entré dans une nouvelle phase. Ce travail se précise encore dans les derniers millésimes, notamment en ce qui concerne les élevages, avec l'adoption de barriques de 500 litres pour certains lots.

Les vins : les derniers millésimes visent désormais les sommets de l'appellation en ajoutant un soupçon de raffinement à l'inhérente puissance solaire du cru. 2016 se présente en primeur comme un Larcis dynamique et appliqué, presque concis. Solaire et délié à la fois, longiligne grâce à une trame tannique aérienne, il propose une saveur pour l'heure compacte, évoquant l'iris (une constante du cru) et le coulis de fruits rouges. Exhalant une floralité intrigante, sombre, capiteuse, ainsi que des notes méditerranéennes de garrigue, Larcis 2014 concilie un caractère solaire, baroque, et la retenue d'un millésime tendre. C'est un vin qui ne cesse de croître. Réussite majeure, 2013 dégage une impression de sérénité, une finesse de saveur éblouissante, mise en valeur par un élevage très discret. La chair est fine mais présente, détaillée, rémanente.

- Saint-Emilion Grand Cru 2013   41 €   16,5
- Saint-Emilion Grand Cru 2014   N.C.   17
- Saint-Emilion Grand Cru 2016   N.C.   16,5

Le coup de
- Saint-Emilion Grand Cru 2015   N.C.   17,5

Très coloré, rôti, solaire bien entendu, il surprend par l'amplitude fraîche de sa matière. Chair satinée et concentration sans saturation : le terroir exprime à plein son originalité grâce au potentiel acide préservé.

Rouge : 11 hectares.
Merlot 78 %, Cabernet franc 22 %
Production moyenne : 32 000 bt/an

CHÂTEAU LARCIS-DUCASSE
33330 Saint-Émilion
05 57 24 70 84 • www.larcis-ducasse.com • Pas de visites.
Propriétaire : Famille Gratiot-Alphandery
Directeur : Nicolas Thienpont

★★
LA MONDOTTE

Même s'il est déjà fait mention de la parcelle de la Mondotte dans de nombreux ouvrages centenaires, ce petit morceau de terre, voisin de Troplong Mondot et des trois Pavie, n'a pas été jugé digne d'intégrer la cadastre de Canon-la-Gaffelière lors du classement de 2006. Malicieusement, Stephan von Neipperg en a donc profité pour créer un cru à part, et faire un joli pied de nez à la commission de classement. Commission qui, en 2012, n'a pu que reconnaître l'expression puissante, dense et équilibrée de ce cru et donc l'élire premier grand cru classé. Il faut dire que le vin, issu d'un vignoble ancien désormais cultivé en bio (plus de 65 ans, 75 % merlot, au rendement bas, élevé 100 % fût neuf), s'est montré admirable dès les premiers millésimes (à partir de 1996). La signature de fraîcheur du terroir (le ph du vin est très bas) est impressionnante ; la Mondotte est capable d'affronter le temps sans sourciller .

Les vins : 2016 en primeur est une épure de Mondotte, un vin réservé, presque sur la défensive, corps serré, poigne argileuse mais au délié inhabituel en deuxième partie de bouche. L'acidité du millésime renforce la fraîcheur native du terroir. Le 2014, issu de rendements de 18 hl/ha (honorable pour les vieux merlots coulards de La Mondotte !), impose une texture ferme, toute en tension, et un étonnante insistance calcaire au cœur de son fruit de myrtille. Il aura besoin de temps pour s'exprimer pleinement. 2013, avec des rendements dérisoires (8 hl/ha), livre un jus intense, vibrant, strict, d'une vigueur impavide qui surprend parmi les profils graciles et souvent timorés du millésime.

- Saint-Emilion Grand Cru 2013   138 €   16
- Saint-Emilion Grand Cru 2014   N.C.   17
- Saint-Emilion Grand Cru 2016   N.C.   17,5

Le coup de
- Saint-Emilion Grand Cru 2015   N.C.   18

Avec une intense concentration, une tension de tous les instants, cette Mondotte offre une vision très fraîche, sans sucrosité, intense et pénétrante d'un millésime de grande générosité. La texture des vieux merlots offre un velouté admirable, qui ne s'éloigne jamais de l'élan acide.

Rouge : 4 hectares.
Merlot 75 %, Cabernet franc 25 %
Production moyenne : 10 000 bt/an

LA MONDOTTE
BP 34, 33330 Saint-Émilion
05 57 24 71 33 • www.neipperg.com • Pas de visites.
Propriétaire : Stephan von Neipperg

★★
CHÂTEAU PAVIE

Acquis en 1997 par Gérard Perse, le cru vole de succès en succès, en défendant un style résolument moderne de haute concentration. Rendements extrêmement bas, recherche d'une grande maturité des raisins, extraction poussée et élevage luxueux : tous les curseurs permettant l'amélioration théorique de la qualité des vins ont été poussés à leur maximum. Et les investissements ne s'arrêtent jamais... L'impressionnante et massive extension des chais, de la cuverie et surtout la création d'une salle de réception lumineuse et versaillaise de 600 m2, inaugurée en juin 2013. La propriété ne cherche pas à élaborer des vins faciles, immédiats, mais à inscrire sa démarche dans la durée. Ni raco-

BORDEAUX SAINT-ÉMILION

leur, ni fardé, le Pavie de Gérard Perse est un vin exigeant, inattaquable formellement mais s'exprimant davantage dans l'affirmation péremptoire que dans la suggestion. C'est du moins ainsi que nous l'avons perçu lors de récentes dégustations verticales, remontant aux premiers millésimes de l'ère Perse. Ceci nous a conduit après mûre réflexion à enlever la troisième étoile au château l'an dernier, car nous sommes persuadés que ce terroir, un des tout premiers de Saint-Émilion, peut s'incarner avec davantage de délié, d'esprit et au final de plaisir gustatif. Sans rien perdre de leur monumentalité, certains parmi les derniers millésimes montrent une légère inflexion dans ce sens ; le 2016 en primeur, moins extrait, semble accélérer l'évolution. Ceux qui auront la chance de les déguster d'ici quelques décennies pourront vérifier le bien-fondé de cette vision du grand vin de côte et continuer à nourrir le débat esthétique qu'elle suscite.

Les vins : Pavie 2015 affiche un profil extrêmement serré, mais complexe et distingué dans ses prémices aromatiques. Il faudra que le vin parvienne à délier sa vigueur de trame, irréprochable, et sa compacité de grain, pour atteindre à l'harmonie. Opaque, hyper dense, 2014 en bouteille exprime une grande tannicité, avec une veine ligneuse/végétale qui dénote une extraction forcée par rapport au fruit du millésime. Le temps arrangera-t-il les choses ? Le 2013 traverse une phase tannique ingrate, malgré une expression aromatique épicée et humique intéressante.

Saint-Emilion Grand Cru 2013	228 €	14,5
Saint-Emilion Grand Cru 2014	N.C.	15
Saint-Emilion Grand Cru 2015	N.C.	17
Saint-Emilion Grand Cru Arômes de Pavie 2015	N.C.	15,5

Le coup de ♥

Saint-Emilion Grand Cru 2016	N.C.	18

60 % merlot, 30 % cabernet franc et 10 % cabernet-sauvignon, Pavie 2016 offre un toucher particulièrement velouté, très dense bien sûr, mais aussi plus articulé que dans les millésimes précédents. Un tournant ? On ne peut qu'être séduit par la pureté du fruit, sa profondeur de jus de myrtille teinté d'épices orientales, et la retenue de sa puissance alcoolique.

Rouge : 35 hectares.
Merlot 70 %, Cabernet franc 20 %, Cabernet franc 10 %
Production moyenne : 88 000 bt/an

CHÂTEAU PAVIE
33330 Saint-Émilion
05 57 55 43 43 ● **www.vignoblesperse.com**
● **Visites : sur rendez-vous uniquement aux professionnels.**
Propriétaire : Gérard Perse

★★
CHÂTEAU PAVIE DECESSE

Comme il l'a fait avec Pavie, Gérard Perse a métamorphosé Pavie Decesse, racheté en février 1997. Ici aussi, sur ce petit parcellaire de moins de 4 ha, tout est mis en œuvre pour porter le cru au plus haut niveau. Il faut dire que le terroir le permet. grâce à un outil de vinification moderne, le vin ne cesse de progresser. S'il ne possède pas tout à fait le raffinement de son frère, Pavie, il s'impose comme l'un des saint-émilion les plus complets qui soient, dans le style qu'aime Gérard Perse, à savoir concentré et taillé pour la garde, nécessaire pour que les tanins aigus s'arrondissent.

Les vins : très serré mais d'une fraîcheur souveraine, en prise directe avec le socle calcaire, l'échantillon 2016 confirme le style tendu de Pavie Decesse, avec une puissance nerveuse qui domine aujourd'hui l'expression du fruit. 2014, noir et strict, possède une armature tannique impressionnante, profondément réglissée, ligneuse, qui bataille ferme avec la salinité calcaire aiguillonnant la masse fruitée. Un vin de combat et d'attente qui évolue positivement. 2012 est toujours dominé par un boisé très moka, avec un corps austère et profond, des tanins qui tirent fort.

Saint-Emilion Grand Cru 2012	110 €	15
Saint-Emilion Grand Cru 2014	N.C.	15,5
Saint-Emilion Grand Cru 2016	N.C.	16,5

Le coup de ♥

Saint-Emilion Grand Cru 2015	N.C.	17,5

Très expressif dans sa haute concentration (18hl/ha !), le vin affiche une fraîcheur de fruit magnifique, particulièrement réactive. Avec sa saveur prenante de craie et de poivre blanc pilé, il exprime à merveille son terroir calcaire homogène.

Rouge : 3 hectares.
Merlot 90 %, Cabernet franc 10 %
Production moyenne : 8 000 bt/an

CHÂTEAU PAVIE DECESSE
33330 Saint-Émilion
05 57 55 43 43 ● **www.vignoblesperse.com**
● **Pas de visites.**

Propriétaire : Gérard Perse
Directeur : Laurent Lusseau

CHÂTEAU PAVIE-MACQUIN

Une nouvelle salle d'accueil sobre, toute en verre, permet de déguster avec une vue imprenable sur le village de Saint-Émilion. Pavie-Macquin a conservé son rang de premier grand cru classé dans le dernier classement de Saint-Émilion en 2012. Une juste récompense qui vient saluer le travail remarquable réalisé au château par son gestionnaire, Nicolas Thienpont, et son conseiller Stéphane Derenoncourt. Ce duo à métamorphosé la propriété en s'inspirant largement de la biodynamie (non certifiée) depuis la fin des années 1990. Une série de vins fantastiques, combinant une magnifique intensité du fruit et une grande profondeur de bouche, est venue couronner ce travail de fond. Des vins qui se distinguent de leurs voisins Pavie et Pavie Decesse par une matière à la fois plus en retenue et plus en souplesse, un jus profond mais toujours très vif. Valeur sûre bien connue des amateurs, Pavie-Macquin n'a commis aucune fausse note ces dernières années.

Les vins : le style demeure fidèle au terroir, marqué à la fois par la puissance de la partie argileuse et la minéralité des calcaires affleurants. Si Pavie-Macquin reste un vin d'évolution lente, introspectif, exigeant, l'on se dirige insensiblement vers davantage d'épure. Le cru montre en 2016 davantage d'agilité et d'expressivité qu'à son habitude. Nicolas Thienpont reconnaît une vinification moins extractive, avec notamment moins de saignées. La salinité est très forte dès l'attaque, l'acidité prend le relais, tranchante, souveraine. Elle anime un fruit profond et déjà gourmand, qui semble hésiter entre la mûre et la myrtille. 2014 impressionne par la fermeté de sa matière et l'envergure de son socle. C'est un vin taiseux, profond, replié sur une austérité certaine ; distillant pour l'heure un étrange parfum d'eucalyptus. Très cohérent, remarquablement plein, 2013 offre une des chairs les plus pulpeuses du millésime, tout en conservant beaucoup d'élégance, c'est une remarquable réussite.

Saint-Emilion Grand Cru 2013	42 €	16
Saint-Emilion Grand Cru 2014	N.C.	15,5
Saint-Emilion Grand Cru 2016	N.C.	17,5

Le coup de ♥

Saint-Emilion Grand Cru 2015	N.C.	17

Le vin est caractérisé par sa puissance argileuse et sa forte acidité. Plein et pur, commençant à dévoiler les prémices d'un belle complexité aromatique, il saisit pour l'heure par son impressionnante poigne tannique, dont l'envergure évoque le remarquable 1998, très justement qualifié de cistercien par Nicolas Thienpont.

Rouge : 15 hectares.
Merlot 84 %, Cabernet franc 14 %, Cabernet-Sauvignon 2 %
Production moyenne : 60 000 bt/an

CHÂTEAU PAVIE-MACQUIN
Peygenestau 33330 Saint-Émilion
05 57 24 74 23 ● www.pavie-macquin.com
● Visites : sur rendez-vous uniquement aux professionnels.
Propriétaire : Famille Corre-Macquin
Directeur : Nicolas Thienpont

CHÂTEAU TERTRE ROTEBŒUF

Farouchement indépendant, François Mitjavile est un vigneron érudit, passionné d'histoire de l'agronomie, qui a révélé Tertre Rotebœuf, ce terroir d'argiles "extravagant, le plus exotique de la côte sud" de Saint-Émilion. Pour lui, un grand vin, c'est "réussir l'assemblage d'une propriété", vision à l'opposé de la doxa des châteaux qui aujourd'hui divisent leur production en deux, trois, voire quatre cuvées, avec toujours plus de tries pour s'illustrer dans les classements. Cette tendance à l'eugénisme du raisin et à sa concentration oriente la production vers des "grands vins boîtes de conserve" que réfute le visionnaire François Mitjavile. Ici tout est assemblé dès les pressurages, à chaque soutirage, élevé dans des fûts neufs en provenance d'un seul tonnelier (Radoux, grain fin, chauffe blonde), pendant deux à trois ans : "Il faut que ça mitonne", car un grand vin, pour François Mitjavile, se civilise par l'élevage. Avec ses vignes basses, leur cycle végétatif bien régulé, leur parfaite photosynthèse (peu d'effeuillage), le vignoble plein sud est vendangé tardivement et promptement dans les prémices de la décomposition crépusculaire des raisins. "Les vins issus de raisins cueillis au seuil de leur décadence vieillissent mieux que ceux vendangés primeurs et trop croquants. Il faut chercher la fraîcheur dans une légère surmaturation."

Les vins : au début de sa vie, 2016 ne possède peut-être pas la carrure du 2015, mais il porte haut les caractères emblématiques du cru : un entêtant parfum de violette, un velouté jouissif,

BORDEAUX SAINT-ÉMILION

un fruit poussé loin dans la maturité mais toujours très désert, d'une évidente noblesse de goût. Alors qu'analytiquement l'acidité est basse, l'impression de fraîcheur qui prolonge la finale s'avère remarquable. Le 2015 présente d'emblée une audacieuse volupté, avec une grande expression de violette confite, une pointe d'iris et de viande rôtie. En fin d'élevage il apparaît monumental, mais sans l'extravagance ni la sucrosité du légendaire 2010 ; c'est au final un vin de structure, d'allonge et d'équilibre, qui finit net et décidé. Le 2012 possède cette même séduction, florale, exotique, un profil d'une grande originalité, un équilibre confit, peu acide, mais en même temps gracieux, une suavité de chair et de parfum qui évoque peut-être davantage le grenache ou le pinot que les cépages bordelais.

➤ Saint-Emilion Grand Cru 2012   150 €   17,5
➤ Saint-Emilion Grand Cru 2015   N.C.   18
➤ Saint-Emilion Grand Cru 2016   N.C.   17

Le coup de ♥
➤ Saint-Emilion Grand Cru 2014   N.C.   18

François Mitjavile ne cache pas son attirance pour les millésimes tardifs, "au charme sénescent, aux tanins attendris par l'automne". Son interprétation du 2014 se démarque autant qu'elle séduit, avec une impression de velours sucré et une complexité aromatique rare dans le millésime. Pour autant le vin reste aérien dans sa texture, avec un irrésistible côté Dorian Gray, décadent, violette fanée.

Rouge : 6 hectares.
Merlot 85 %, Cabernet franc 15 %
Production moyenne : 27 000 bt/an

CHÂTEAU TERTRE ROTEBŒUF
**33330 Saint-Laurent-des-Combes
05 57 24 75 46** ●
contact@tertre-roteboeuf.com ● **Vente et visites :** au domaine sur rendez-vous.
Propriétaire : François et Emilie Mitjavile

★★
CHÂTEAU TROPLONG MONDOT

Après la disparition en 2014 de sa propriétaire, Christine Valette-Pariente, Troplong-Mondot, qui trône sur la situation la plus dominante de Saint-Émilion, semble s'interroger sur son avenir. La "reine Christine" incarnait avec son mari Xavier la renaissance de ce cru conforté en 2012 dans son rang de premier grand cru B. Une récompense méritée, au regard du terroir tout d'abord, mais aussi du travail réalisé par Christine et Xavier Pariente depuis plus de vingt ans. Tous les millésimes produits depuis la fin des années 1980 (1989 et 1990 en tête) ont poussé aux maximum les curseurs afin de démontrer l'excellence de cette propriété située sur la butte de Mondot. Une page s'est tournée, qui aura marqué l'histoire contemporaine de Saint-Émilion. À noter que le château propose un excellent restaurant dans un cadre personnel et raffiné et de magnifiques chambres d'hôtes (Les Belles Perdrix).

Les vins : profonds et sensuels, ils expriment avec panache, parfois avec emphase, le grand style d'un terroir généreux. Irréprochable dans sa monumentalité, mais pour l'heure intimidant, le 2015 est une masse compacte, riche en alcool, évoquant la crème de mûre et le pain grillé. C'est un style, peut-être plus à siroter (ou simplement à admirer) qu'à boire ? Il réveille en tout cas certaines interrogations sur l'équilibre et l'évolution de certains blockbusters des millésimes les plus favorisés des années 90 et 2000. Avec une dynamique calcaire magnifique, une texture fine, serrée, précise, le 2014 affirme sa présence tactile avec une autorité et une distinction remarquables. L'expression aromatique, terrienne et rôtie, se cherche encore ; il faudra surveiller son évolution.

➤ Saint-Emilion Grand Cru 2014   N.C.   16
➤ Saint-Emilion Grand Cru 2015   N.C.   15

Le coup de ♥
➤ Saint-Emilion Grand Cru 2016   N.C.   17,5

L'échantillon primeur du millésime 2016 nous remplit à la fois de curiosité et d'espoir. Sans renier le style Troplong, capiteux et opaque, il se situe pourtant loin du hiératique 2015. Le vin montre déjà de séduisantes nuances de goût, sa trame tannique souveraine se met au service du fruit.

Rouge : 28 hectares.
Merlot 85 %, Cabernet-Sauvignon 13 %,
Cabernet franc 2 %
Production moyenne : 80 000 bt/an

CHÂTEAU TROPLONG MONDOT
**1, lieu dit Mondot, 33330 Saint-Émilion
05 57 55 32 05** ●
www.chateau-troplong-mondot.com ● **Vente et visites :** au domaine sur rendez-vous.
De 9h à 12h et de 14h à 18h.
Propriétaire : Xavier Pariente
Maître de chai : Jean-Pascal Schmidt

★★
CHÂTEAU TROTTE VIEILLE

Premier cru traditionnel de Saint-Émilion, Trotte Vieille occupe un superbe coteau un peu à l'écart de ses pairs, capable de donner des vins fins et racés, de grande longévité. Il possède un rare capital de très vieilles vignes de cabernet franc, avec lequel le château produit une microcuvée non commercialisée. Philippe Castéja a engagé une évidente reprise en main au début des années 2000, s'appuyant sur les conseils avisés du regretté Denis Dubourdieu. Le cru produit un vin de facture classique, s'exprimant avec une certaine austérité en primeur, qui ne joue pas l'opulence mais davantage la fraîcheur du grain et du fruit. Nous lui avons attribué sa deuxième étoile en 2015. Consécutivement au classement de 2012, tout le vignoble du château Bergat (3,5 ha) a désormais la possibilité d'entrer dans Trottevieille. Pour l'instant, une partie est dévolue à l'amélioration du second vin, La Vieille Dame de Trotte Vieille.

Les vins : le style des derniers millésimes est enthousiasmant, il rend pleinement justice au talent du terroir. Même dans un contexte de crescendo manifeste, 2016, millésime que Philippe Castéja dédie à Denis Dubourdieu, frappe un grand coup. Si les arômes du 2015 sont profonds, la constitution demeure svelte et articulée, marquée par le relief des cabernets (49 % de franc). Il y a beaucoup de promesses dans ce vin au style peu démonstratif, tannique et fin, racé, construit sur des repères très classiques. Signé par une présence des cabernets francs encore plus forte, qui comptent pour 59 % de l'assemblage, le millésime 2014 a donné à Trotte Vieille l'occasion d'affirmer encore un peu plus son style résolument axé sur la finesse. Le vin ne possède pas le charnu de milieu de bouche ni l'exubérance fruitée de certains de ses voisins, mais les dépasse tous en harmonie et en délicatesse de saveur. Le 2013 est une indéniable réussite, avec une matière très fine, ciselée, réactive. La race aromatique, autour de notes "froides" de graphite, est déjà évidente et la longueur notable.

➤ Saint-Emilion Grand Cru 2013	62 €	16
➤ Saint-Emilion Grand Cru 2014	N.C.	17
➤ Saint-Emilion Grand Cru 2015	N.C.	17,5

Le coup de ♥
➤ Saint-Emilion Grand Cru 2016	N.C.	18,5

L'échantillon exhale de sublimes notes d'humus, d'épices douces, de musc, qu'on imagine issues des cabernets francs (53 %) dans leur grande maturité. La bouche est tapissée par un fruit vibrant, plus voluptueux qu'à l'accoutumée, moins serré par l'élevage. Densité et fraîcheur en harmonie parfaite, immense race : ce millésime devrait consacrer Trotte Vieille parmi les références absolues de Saint-Émilion.

Rouge : 10 hectares.
Merlot 50 %, Cabernet franc 45 %, Cabernet-Sauvignon 5 %
Production moyenne : 36 000 bt/an

CHÂTEAU TROTTE VIEILLE
**86, cours Balguerie-Stuttenberg, 33330 Bordeaux
05 56 00 00 70**
domaines@borie-manoux.fr ● **Vente et visites : au domaine sur rendez-vous.
Propriétaire : Philippe Castéja**

★★
CHÂTEAU VALANDRAUD

Consécration suprême en 2012 pour Murielle Andraud, la vigneronne, et Jean-Luc Thunevin, le négociant : Valandraud, leur création, le chef de file du mouvement des vins de garage, cru aussi encensé que honni depuis sa création au début des années 1990, accède au rang tant convoité de premier grand cru classé. Une formidable success story, comme seul l'ascenseur social de la rive droite en offre à Bordeaux. Bâti à partir de 0,6 ha dans le vallon de Fongaban, le domaine couvre aujourd'hui 10 ha, sur la commune de Saint-Etienne-de-Lisse. Valandraud n'aurait pu s'imposer parmi les plus chers et les plus recherchés des saint-émilion sans le sens aigu du commerce de son propriétaire. Mais c'est le contenu de Valandraud qui fait surtout courir les amateurs. Un étonnant vin assemblé par Michel Rolland, méticuleusement sélectionné à partir de merlot très sucré, velouté, exotique (100 % en fût neuf), sensuel à sa naissance, et qui évolue avec suavité sur d'intenses notes de moka. Le vignoble est l'un des mieux tenus du Libournais. Certaines parcelles spécifiques et les vignes plus jeunes produisent le Virginie de Valandraud depuis 1997, vendu à un prix raisonnable.

Les vins : alors que certains suiveurs persistent dans le style qui était celui des années 1990, Valandraud semble avoir accompli sa mue et s'exprime aujourd'hui dans un registre supérieurement intense, haute-couture, mais au final d'un profond "classicisme". Cela témoigne, si l'on en doutait, de l'intelligence de Jean-Luc Thunevin. Encore plus panthère noire que le 2015,

BORDEAUX SAINT-ÉMILION

Valandraud 2016 est dirigé par une colonne acide étonnante, qui prend la bouche d'emblée et ne l'abandonne que bien plus tard... Hyperdense, le corps suit cette dynamique, tout en muscles longilignes garnis d'un grain remarquablement fin. Valandraud 2014 s'est tendu pendant l'élevage, le vin conserve un fruit abondant, une très agréable suavité dans les tanins. L'hédonisme est affiché, la tenue demeure irréprochable. Le 2013 étonne par son intensité, il a digéré son élevage et possède le coffre pour évoluer encore favorablement.

- Saint-Emilion Grand Cru 2013   N.C.   16
- Saint-Emilion Grand Cru 2014   N.C.   17
- Saint-Emilion Grand Cru 2016   N.C.   17,5

Le coup de ♥
- Saint-Emilion Grand Cru 2015   N.C.   17,5

Nous ne sommes plus dans l'hédonisme mais dans la percussion. Tout en muscles, extrêmement précis, tendu, le vin se déploie autour d'une structure très dense, encore ramassée. Les dernières dégustations, avant la mise, confirment ce profil intense et racé, enjolivé par des arômes de fruits rouges et de mine de crayon.

Rouge : 10 hectares.
Blanc : 2 hectares.
Production moyenne : 55 000 bt/an

CHÂTEAU VALANDRAUD
6, rue Guadet, BP 88 33330 Saint-Émilion
05 57 55 09 13 ● **www.thunevin.com** ●
Vente et visites : au domaine sur rendez-vous.
Propriétaire : Ets Thunevin
Directeur : Murielle Andraud

CHÂTEAU BERLIQUET

Situé sur le plateau de Magdeleine, voici un cru qui ne fait jamais dans l'évidence. Il faut aller à la rencontre de cette austérité un peu salée, typique des argilo-calcaires à l'ouest du village, entre Magdelaine et Canon. Depuis 2008, Nicolas Thienpont et Stéphane Derenoncourt supervisent les vinifications, proposant un vin plus accessible et séducteur.

Les vins : les derniers millésimes sont d'une grande régularité et d'une sérénité stylistique parfaite ; ils apportent une dimension de gourmandise au cru. Dans cette régularité, 2016 marque néanmoins un cap. Les premières sélections massales de cabernet franc entrent en production, et représentent 25 % de l'assemblage. Il gagne en profondeur, bien calé sur un socle de tanins dynamiques ; il conserve néanmoins toute la finesse qui le caractérisait jusque ici. Sveltesse, finesse et tranchant caractérisent le 2014, un vin droit et sapide, dont l'élégance correspond bien à l'esprit du millésime. Peu coloré, tendu, très net, mince mais doté de longs tanins fins, 2013 laisse parler le terroir, admirablement.

- Saint-Emilion Grand Cru 2013   N.C.   15,5
- Saint-Emilion Grand Cru 2014   N.C.   16
- Saint-Emilion Grand Cru 2016   N.C.   16,5

Le coup de ♥
- Saint-Emilion Grand Cru 2015   N.C.   16,5

Plus immédiatement séducteur que d'habitude, Berliquet 2015 conserve le profil svelte du cru, avec un fond fruité remarquable et un grand dynamisme.

Rouge : 9 hectares.
Merlot 75 %, Cabernet franc 21 %, Cabernet-Sauvignon 4 %
Production moyenne : 35 000 bt/an

CHÂTEAU BERLIQUET
33330 Saint-Émilion
05 57 24 70 48 ●
chateau.berliquet@wanadoo.fr ● **Vente et visites : au domaine sur rendez-vous.**
Ouvert tous les jours.
Propriétaire : Patrick de Lesquen
Directeur : Nicolas Thienpont

CHÂTEAU BELLEVUE

Merlot presque exclusif pour ce cru bien situé sur un petit plateau sud/sud-ouest au-dessus du château Angélus qui en est propriétaire pour moitié. Hubert de Boüard conduit d'ailleurs la propriété et signe les vinifications avec la même détermination et des moyens similaires à Château Angélus. Un cru récolté très mûr pour un vin au charnu harmonieux, très boisé en primeur (ce qui enthousiasme certains, pas nous), que l'on juge et boit trop souvent sur sa forme adolescente et malheureusement pas assez sur le fond de ses argiles, qui signent des saint-émilion d'une rare force en bouche.

Les vins : les derniers millésimes semblent évoluer vers une interprétation plus élégante et tendue de ce cru magnifiquement situé. En 2016 la fraîcheur du calcaire de Bellevue se conjugue à celle du millésime, c'est un vin pour l'heure très serré, austère même, mais qui portera sans doute pendant longtemps, et très loin, un message de terroir éloquent. Bellevue 2014 affiche un nerf appréciable, un fruit disponible, qui s'ouvre sagement parmi les rappels d'un boisé encore très présent. Avec un profil froid, tendu, très calcaire, épuré, 2013 constitue une belle réussite, un poil austère, mais très digne.

- Saint-Emilion Grand Cru 2013   38 €   15
- Saint-Emilion Grand Cru 2014   N.C.   15,5
- Saint-Emilion Grand Cru 2016   N.C.   16,5

Le coup de ♥
- Saint-Emilion Grand Cru 2015   N.C.   16,5

Le terroir domine la forme crémeuse de ce pur merlot, très mûr, mû par une tension calcaire qui lui donne toute sa direction et son tranchant.

Rouge : 6 hectares.
Merlot 98 %, Cabernet franc 2 %
Production moyenne : 23 000 bt/an

CHÂTEAU BELLEVUE
**33330 Saint-Émilion
05 57 24 74 23** ●
www.bellevue-grandcru.com ● **Vente et visites :** au domaine sur rendez-vous.
Propriétaire : Familles Pradel de Lavaux et de Boüard de Laforest.
Directeur : Hubert de Boüard

CLOS SAINT-MARTIN

Les trois propriétés de la famille Reiffers (Clos Saint-Martin, Les Grandes Murailles, Côte de Balleau) ont été vendues en 2013 à la famille Cuvelier (Clos Fourtet). Après négociation l'ex-dirigeante et co-propriétaire, Sophie Fourcade, a récupéré la propriété de ce minicru de moins de 2 ha (1,3 en production), idéalement exposé sur une petite croupe qui sépare les deux illustres Beauséjour. Élaborée avec une grande attention, conseillée par Michel Rolland, la petite production est vinifiée intégralement en barrique depuis 2008 (fermentation alcoolique et malolactique en grain entier), ce qui pare le vin d'un boisé plus immédiatement séduisant, en le dotant aussi de tanins raffinés et d'une belle élégance.

Les vins : le vignoble bichonné par Sophie Fourcade est capable de livrer un vin d'une séduction unique parmi ses pairs les Grands Crus Classés, comme ce fut le cas en 2015. Peu de rendement en 2014, 20hl/ha ; une prise de bois très douce vient épauler un corps d'intensité moyenne, aux tanins raffinés. Le vin s'exprime aujourd'hui en grand séducteur, nous faisant oublier la petite teinte racinaire qui marque comme une coquetterie la disponibilité de son fruit. Le 2012, avec des tanins serrés dans une élégante structure, une maturité épicée et sanguine, confirme sa valeur, même s'il ne possède pas la distinction aromatique de ses voisins immédiats.

- Saint-Emilion Grand Cru 2012   37 €   15,5
- Saint-Emilion Grand Cru 2014   N.C.   16,5

Le coup de ♥
- Saint-Emilion Grand Cru 2015   N.C.   17,5

Avec sa pulpe soyeuse et profonde, très expressive, le plus petit des crus classés domine ses pairs cette année. La vinification intégrale a merveilleusement fonctionné, laissant, au-delà de l'aspect particulièrement caressant de la texture, le fruit exprimer un pot-pourri de nuances déjà complexes. Extrêmement séduisant !

Rouge : 1 hectare.
Merlot 70 %, Cabernet franc 20 %,
Cabernet-Sauvignon 10 %
Production moyenne : 5 000 bt/an

CLOS SAINT-MARTIN
**BP 20017, 33330 Saint-Émilion
05 57 24 71 09** ●
clossaintmartin.saintemilion@gmail.com ●
Vente et visites : au domaine sur rendez-vous.
Propriétaire : Sophie Fourcade

CHÂTEAU DASSAULT

Marcel Dassault a donné son nom à l'ancien château Couprie, situé sur le glacis nord de Saint-Émilion. Ces terroirs froids exigent une certaine discipline de travail pour donner de grands vins. Depuis 1995, sous l'efficace direction de Laurence Brun, la culture et la vinification s'effectuent selon les règles les plus strictes de l'école bordelaise. Valeur sûre, le cru commence à prendre la place qu'il mérite.

Les vins : tous les derniers millésimes évoquent le profil d'un vin régulier, harmonieux et équilibré. Avec son style généreux et parfaitement maîtrisé, 2016 en est le parfait exemple. Basé sur la vigueur et la disponibilité d'un fruit bien mûr, mais sans lourdeur et surtout sans raideur, l'échantillon suggère floralité, volume et séduction. Plus en persuasion qu'en force, conformément aux capacités du terroir, le millésime 2014 confirme une sapidité épanouie sur les fruits noirs épicés, soutenue par des tanins fins qui se resserrent avec élégance. Tendre, délicat, bien parfumé, 2013 évolue bien en bouteille ; élevage et extraction habiles concourent à l'aménité de son profil.

- Saint-Emilion Grand Cru 2013   29 €   14,5
- Saint-Emilion Grand Cru 2014   N.C.   15
- Saint-Emilion Grand Cru 2016   N.C.   15,5

Le coup de ♥
- Saint-Emilion Grand Cru 2015   N.C.   16

La structure du vin, harmonieuse et précise, met en valeur un fruité particulièrement expressif et gourmand. Avec sa puissante évocation de coulis de fraise, Dassault affirme haut et fort l'idée d'un saint-émilion de plaisir.

Rouge : 29 hectares.
Merlot 70 %, Cabernet franc 23 %, Cabernet-Sauvignon 7 %
Production moyenne : 30 000 bt/an

CHÂTEAU DASSAULT
33330 Saint-Émilion
05 57 55 10 00 ●
www.dassaultwineestates.com ● **Vente et visites : au domaine sur rendez-vous.**
Propriétaire : Famille Dassault
Directeur : Laurence Brun

CHÂTEAU DESTIEUX

"Je suis un médecin qui a construit sa propriété progressivement, en trente ans, tel un artisan", raconte Christian Dauriac, qui a toujours conservé des vieux millésimes en vente pour une clientèle particulière. Cette notoriété patiemment construite a été récompensée par le classement du château au rang de grand cru classé en 2006. Le vignoble, d'un seul tenant, est situé à l'écart du centre historique, sur le secteur tardif de Saint-Hippolyte. Grâce au travail mené avec Michel Rolland, Destieux est devenu le prototype du vin de côte moderne, charnu et enveloppant.

Les vins : le style hédoniste de Destieux s'exprime pleinement dans les derniers millésimes. À propos du 2016, Christian Dauriac est formel : "C'est le plus beau millésime de ma vie" . C'est en tout cas un des vins les plus puissants du millésime. La matière est impressionnante, un grand fruit noir profond, réservé, une trame large et serrée à la fois, avec une maturité très aboutie qui civilise l'emprise argileuse des tanins. Le fruité de mûre du 2014 s'avère très séducteur, épicé par un élevage en bois neuf sans agressivité. D'un hédonisme parfaitement maî-

trisé, satiné de bout en bout, il développe une suavité qui ne trahit pas le caractère ferme du terroir calcaire de ce secteur tardif, le plus en altitude de l'appellation. Peu extrait, le 2013 joue intelligemment la rondeur.

- Saint-Emilion Grand Cru 2013   N.C.   14
- Saint-Emilion Grand Cru 2014   N.C.   16
- Saint-Emilion Grand Cru 2016   N.C.   16,5

Le coup de ♥
- Saint-Emilion Grand Cru 2015   N.C.   16

Très moelleux, richement doté, le vin affiche une suavité solaire assez capiteuse ; la plénitude de la matière est soutenue par une belle tension (les 17 % de cabernet-sauvignon !), même si la sensation de chaleur alcoolique ralentit un peu l'élan final. Il faudra suivre attentivement son évolution.

Rouge : 8 hectares.
Merlot 66 %, Cabernet-Sauvignon 17 %, Cabernet franc 17 %
Production moyenne : 30 000 bt/an

CHÂTEAU DESTIEUX
1, Destieux, 33330 Saint-Hippolyte
05 57 24 77 44 ●
www.vignobles-dauriac.com ● **Vente et visites : au domaine sur rendez-vous.**
Du lundi au vendredi de 8h à 12h et de 14h à 17h.
Propriétaire : Christian Dauriac

CHÂTEAU LA DOMINIQUE

Le vaste chantier d'agrandissement du rutilant chai de vinification et d'élevage (600 m2) signé Jean Nouvel est désormais terminé. Le restaurant sur le toit du chai, baptisé La Terrasse Rouge (avec vue sur La Conseillante, Pétrus et Cheval Blanc), a été inauguré en 2014. Il connaît un franc succès. Le vignoble quant à lui, sur un terroir sablo-graveleux remarquable, s'est agrandi de 5 ha, admis par le nouveau classement. Il connaît aussi une restructuration importante avec des plantations de cabernet franc en sélection massale. Ce cépage passera de 15 à 30 % dans l'assemblage. Clément Fayat, le propriétaire, créateur du groupe de BTP éponyme, a passé la main à son fils Jean-Claude Fayat, qui a modifié les équipes en 2014.

Les vins : depuis 2011, la production de premier vin est passée de 80 % à 55 %, ce qui se ressent dans la précision du grand vin. Avec 45 % de second vin (très réussi) en 2015, l'équipe de La Dominique confirme sa volonté de sélectivité.

Poudré de cacao et de notes poivrées, le fruit noir profond s'exprime dans une veine un peu monolithique au terme de son élevage, surtout si l'on considère le secteur dont il est issu. Puissant pour le millésime, 2014 s'exprime au nez sur des notes de grande maturité, évoquant la soupe de cerise à la cannelle (avec ses croûtons beurrés !). La bouche possède de l'allonge, de la profondeur, une densité encore repliée sur elle-même.

- Saint-Emilion Grand Cru 2014   N.C.   15
- Saint-Emilion Grand Cru 2015   N.C.   15
- Saint-Emilion Grand Cru Relais de la Dominique 2015   N.C.   14,5

Le coup de ♥
- Saint-Emilion Grand Cru 2016   N.C.   16

Une inflexion est perceptible dans le style du cru : davantage de finesse dans le grain, une expression plus nuancée et plus croquante. Le vin reste très charnu, toujours sur le fruit noir ; la bouche se resserre considérablement en une finale redevenue guillerette.

Rouge : 23 hectares.
Merlot 85 %, Cabernet franc 13 %, Cabernet-Sauvignon 2 %
Production moyenne : 60 000 bt/an

CHÂTEAU LA DOMINIQUE
33330 Saint-Émilion
05 57 51 31 36 ● www.vignobles.fayat.com
● **Vente et visites : au domaine sur rendez-vous.**
Du lundi au vendredi de 8h à 12h et de 14h à 18h.
Propriétaire : Clément Fayat
Directeur : Pierre Meyhleul

CHÂTEAU FONROQUE

Le Château Fonroque est le berceau saint-émilionnais de la famille Moueix, acquis en 1931 par Jean et Adèle, arrière-grands-parents d'Alain Moueix, qui s'est vu confier la gestion de la propriété familiale en 2001. Chaque génération a apporté son empreinte. Quel que soit le devenir du château, dans un contexte local où les propriété familiales sont de plus en plus rares, on pourra dire que la génération actuelle n'a pas dérogé à la tradition. Ingénieur agricole et œnologue de formation, Alain Moueix réfléchit au passage en bio dès 2002. Le contrôle pour certification débute en 2003. En 2005, une progression logique de toutes les démarches entreprises amène l'ensemble du vignoble à la biodynamie. Les 17,6 hectares d'un seul tenant qui composent le vignoble se répartissent sur un plateau et un coteau exposé à l'ouest, au nord-ouest du bourg de Saint-Émilion. "Les meilleures parcelles de la partie haute de la propriété ont été préservées par les générations d'avant, explique Alain Moueix. C'est toujours une décision difficile d'arracher des vieilles vignes puisqu'elles construisent votre grand vin. Quand j'ai commencé à les arracher en 2001, je doutais. Aujourd'hui je n'ai pas de regret. Privé de leur production, cela m'a pénalisé pendant 5 ans, mais aujourd'hui j'en prends tout le bénéfice."

Les vins : au-delà de l'engagement cultural et éthique, la qualité des vins, leur fraîcheur et leur élégance, dans un style à notre sens précurseur, méritent amplement la reconnaissance d'une première étoile accordée l'an passé. Dégusté à plusieurs reprises, 2016 présentait des tendances oxydatives qui rendaient à chaque fois l'échantillon difficile à juger. 2014 s'illustre par son fruit de griotte, sa touche florale et son acidité guillerette. Un style à part, un vin qui s'est densifié pendant l'élevage, incisif et naturel, d'une grande sérénité. 2013 s'offre avec un côté framboisé extraordinairement attirant, un corps très souple, coulant. À boire frais, maintenant, pour toucher du doigt une séduction insoupçonnée dans le millésime.

- Saint-Emilion Grand Cru 2013   20 €   15,5
- Saint-Emilion Grand Cru 2014   N.C.   16

Le coup de ♥
- Saint-Emilion Grand Cru 2015   N.C.   16,5

L'amplitude et la pleine maturité du fruit évoquent le 2010, millésime de référence à Fonroque. Le vin impressionne et séduit par son agilité distinguée, sa grande fluidité d'élocution, jusque dans l'insistance ferme de la finale.

Rouge : 17 hectares.
Merlot 85 %, Cabernet franc 15 %
Production moyenne : 57 000 bt/an

CHÂTEAU FONROQUE ♣
Fonroque 33330 Saint-Émilion
05 57 24 60 02 ●
www.chateaufonroque.com ● Vente et visites : au domaine sur rendez-vous.
Du lundi au vendredi.
Propriétaire : Alain Moueix

BORDEAUX SAINT-ÉMILION

★

CHÂTEAU GRAND CORBIN-DESPAGNE

Situé à la limite de Pomerol, sur un terroir où les sables dominent, Grand Corbin-Despagne a retrouvé en toute légitimité son rang de grand cru classé en 2012. François Despagne poursuit ses efforts sans relâche depuis quinze ans pour améliorer l'expression de son terroir, notamment au travers de sélections massales. Le vignoble est désormais en culture biologique (labellisation en 2013). C'est un saint-émilion de style classique, plein, jamais tapageur mais très gourmand, et qui vieillit bien en développant de jolis arômes truffés.

Les vins : en primeur le 2016 affiche une réelle finesse, malgré une prise de bois grillée, un peu biscotte. Le très joli toucher de bouche brille grâce à une fraîcheur remarquablement intégrée, au coeur d'un fruit intense. 2014 montre une amplitude fraîche dans l'aboutissement de la maturité. L'acidité est harmonieuse et la présence alcoolique très modérée ; c'est un vin sain, serein, bâti pour bien évoluer sur le long terme. Adroitement extrait et patiné par l'élevage, léger, le 2013 fait une agréable bouteille de déjeuner.

Saint-Emilion Grand Cru 2013	20 €	14
Saint-Emilion Grand Cru 2014	24 €	16
Saint-Emilion Grand Cru 2016	N.C.	16

Le coup de ♥
Saint-Emilion Grand Cru 2015	N.C.	16,5

D'une vigueur étonnante pour le secteur des Corbin, proche de Pomerol, ce vin dense, sanguin, possède un coeur fruité palpitant, à la maturité presque rôtie, qu'innerve en profondeur un faisceau tannique très présent.

Rouge : 28,79 hectares.
Merlot 75 %, Cabernet franc 24 %, Cabernet-Sauvignon 1 %
Production moyenne : 125 000 bt/an

CHÂTEAU GRAND CORBIN-DESPAGNE ♣
33330 Saint-Émilion
05 57 51 08 38 •
www.grand-corbin-despagne.com • Vente et visites : au domaine sur rendez-vous.
De 8h à 12h et de 14h à 18h. Autres possibilités sur rendez-vous.
Propriétaire : Famille Despagne
Directeur : François Despagne

★

CHÂTEAU GRAND MAYNE

Vaste propriété située sur la côte occidentale du plateau de Saint-Émilion et appartenant à la famille Nony depuis 1934, Grand Mayne est géré par Marie-Françoise Nony et ses deux fils, Jean-Antoine et Damien. Avec la complicité de l'œnologue Michel Rolland, qui les conseille depuis 1973, ils ont mis au point un saint-émilion de style moderne, riche et plein, qui vieillit bien. L'arrivée de quatre nouvelles cuves bois de 60 hl, en remplacement des cuves inox, permet une sélection reflétant encore plus fidèlement le parcellaire. Les surfaces de cabernet franc sont renouvelées et s'agrandissent. La propriété est conseillée par Louis Mitjavile depuis 2014.

Les vins : les derniers millésimes sont réguliers et confirment un saint-émilion d'excellente garde tout en offrant davantage d'amabilité précoce que par le passé. Très apprécié, l'échantillon du millésime 2016 en primeur poussait trop loin la prépondérance d'un boisé cosmétique. Il faudra le regoûter avec attention. Le 2014 offre un abord intense sans être saturé. L'enrobage boisé, bien présent, ne masque pas la finesse du fruit, ample et exprimé sans brutalité extractive ni raideur. Le 2012 (70 % de merlot) affiche une bonne densité et une assise ferme, le milieu de bouche semble toutefois un peu empâté par la saveur épicée et sucrée de l'élevage.

Saint-Emilion Grand Cru 2012	25 €	15
Saint-Emilion Grand Cru 2014	N.C.	16
Saint-Emilion Grand Cru 2016	N.C.	14

Le coup de ♥
Saint-Emilion Grand Cru 2015	N.C.	16,5

D'une sensualité affirmée, c'est un vin complet, à l'image du terroir du château, qui embrasse à la fois le plateau calcaire et le pied de coteau, plein d'entrain, un vin qui aura très vite de la conversation, tout en étant promis à un bel avenir.

Rouge : 17 hectares.
Merlot 75 %, Cabernet franc 22 %, Cabernet-Sauvignon 3 %
Production moyenne : 60 000 bt/an

CHÂTEAU GRAND MAYNE
33330 Saint-Émilion
05 57 74 42 50 • www.grand-mayne.com •
Vente et visites : au domaine sur rendez-vous.
De 9h à 12h et de 14h à 16h.
Propriétaire : Marie-Françoise, Jean-Antoine et Damien Nony
Directeur : Jean François Plumas

Œnologue : Louis Mitjavize et Michel Rolland

★ CHÂTEAU GRAND-PONTET

La propriété de Sylvie Pourquet-Bécot occupe un vignoble voisin de celui de Beau-Séjour avec, en partie, des sols plus riches en argiles, qui donnent des vins plus colorés, plus charpentés. Le directeur, Pascal Lucin, récolte les fruits d'une mise en culture totale du vignoble, faisant monter en puissance l'expression crayeuse attendue du grand vin de ce plateau.

Les vins : les derniers millésimes sont tous recommandables, de très beaux classiques qui vieilliront bien, à l'image du 1990 somptueux aujourd'hui. Le 2016 en primeur montre derrière une prise de bois cacaotée une matière très serrée, de fort volume, avec une poigne calcaire autoritaire et beaucoup d'allonge. Belle fraîcheur en 2014, une pulpe fine, rien de forcé. L'évidence du fruit est remarquable, sans concession ni facilité : au goût on est bien sur le plateau calcaire ! 2013 reste austère, marqué par un boisé un peu sec.

▬ Saint-Emilion Grand Cru 2013	22 €	13
▬ Saint-Emilion Grand Cru 2014	N.C.	16
▬ Saint-Emilion Grand Cru 2016	N.C.	16,5

Le coup de ♥
▬ Saint-Emilion Grand Cru 2015	N.C.	17

Aucune épate dans ce vin solaire mais sobre, à l'expression aromatique discrète encore, marqué par un fruit très mûr, confituré, mais dont la densité de la chair, la présence réactive en milieu de bouche et surtout la grande allonge saline ne trompent pas.

Rouge : 13 hectares.
Merlot 70 %, Cabernet-Sauvignon 15 %, Cabernet franc 15 %
Production moyenne : 50 000 bt/an

CHÂTEAU GRAND-PONTET
33330 Saint-Émilion
05 57 74 46 88 ●
chateau.grand-pontet@wanadoo.fr ● Vente et visites : au domaine sur rendez-vous.
Propriétaire : Famille Pourquet-Bécot
Directeur : Pascal Lucin

★ CHÂTEAU JEAN-FAURE

Très bien placé entre Cheval Blanc, La Dominique et Ripeau, le château Jean Faure a été acquis en 2004 par Olivier Decelle, également propriétaire du Mas Amiel en Roussillon et, en partie, du jeune négoce nuiton, Decelle-Villa. Profondément repensé, on découvre dans Jean Faure, millésime après millésime, de troublantes et excitantes similitudes avec le style pomerolais de Cheval-Blanc, sans en être aucunement une copie. Car Jean Faure explore avec ses cabernets un fruité "pinotant" qui lui est propre. Cette progression n'a pu se faire qu'en concentrant la propriété sur de gros efforts agronomiques. Les cabernets francs ne sont plus considérés ici comme des compléments d'assemblage mais comme le cœur du vin.

Les vins : la recherche de finesse est patente ; le style s'affirme un peu plus à chaque millésime, avec un peu plus d'audace encore, il pourrait devenir révolutionnaire ! 2016 se situe dans le prolongement naturel des 2015 et 2014 ; dominé par l'expression des cabernets francs (50 %), il se singularise par l'élégance déliée des tanins qui articulent la finale. Le fruit du 2014 reste sur le floral et les baies rouges. La fermeté de fin de bouche marque ce vin sérieux, pur, bien proportionné, qui commence à se détendre avec bonheur. 2013 présente un bon volume, l'harmonie entre l'acidité et le fruit s'est opérée au fil des mois, le vin a considérablement progressé en bouteille.

▬ Saint-Emilion Grand Cru 2013	N.C.	15
▬ Saint-Emilion Grand Cru 2014	N.C.	16,5
▬ Saint-Emilion Grand Cru 2016	N.C.	16

Le coup de ♥
▬ Saint-Emilion Grand Cru 2015	N.C.	17

Avec Cheval Blanc, c'est en 2015 le vin le plus frais et distingué du secteur nord-ouest de Saint-Émilion. L'alcool demeure très contenu dans cette forme longiligne. Florale et terrienne à la fois, la saveur est dominée par l'expression tendue des vieux cabernets francs.

Rouge : 18 hectares.
Cabernet franc 55 %, Merlot 40 %, Malbec (cot) 5 %
Production moyenne : 60 000 bt/an

CHÂTEAU JEAN-FAURE
33330 Saint-Émilion
05 57 51 34 86 ● www.jeanfaure.com ●
Vente et visites : au domaine sur rendez-vous.

BORDEAUX

BORDEAUX SAINT-ÉMILION

Du lundi au vendredi de 8h à 17h.
Propriétaire : Olivier Decelle
Directeur : J.-B. Pedrazzini
Œnologue : Hubert de Bouärd

NOUVEAU DOMAINE

CHÂTEAU LA CLOTTE

La famille Vauthier a racheté ce domaine historique, merveilleusement situé dans le vallon de Fongaban, à un jet de pierre des murs de la cité, en 2014. Après une remise à niveau du vignoble, vieillissant, c'est aujourd'hui le grand chantier de la nouvelle cuverie qui est mis en œuvre. La Clotte a toujours été une marque prisée des connaisseurs de la géographie saint-émilionnaise. Le vin était largement consommé au Logis de la Cadène, du temps où cette table historique de la cité appartenait, comme La Clotte, à la famille Mouliérac. À chaque nouveau millésime de l'ère Vauthier, la distinction du cru s'impose avec davantage d'évidence. Nous saluons son retour dans ce guide en lui décernant la première étoile.

Les vins : peu à peu amadoué par Pauline Vauthier, le terroir de la Clotte livre en 2016 un vin de grande séduction. Extrait uniquement par pigeage, il fait valoir une chair tendre et serrée à la fois, très fine dans son toucher, avec un fruit d'une générosité presque exotique mais qui conserve une ligne directrice de grand vin de garde. 2014, millésime de transition entre les propriétaires, s'exprime tout en finesse ; construit autour d'une belle acidité, presque taquine, il propose beaucoup plus qu'il n'impose.

Saint-Emilion Grand Cru 2014	N.C.	16
Saint-Emilion Grand Cru 2016	N.C.	17,5

Le coup de ♥

Saint-Emilion Grand Cru 2015	N.C.	17

La Clotte a considérablement gagné en pulpe par rapport au millésime précédent. Son expression chatoyante conserve néanmoins une grande finesse, sans le moindre écart alcooleux.

CHÂTEAU MAGREZ-FOMBRAUGE

En 2011, la marque créée par Bernard Magrez devient officiellement une entité "château" hors de Fombrauge (voir ce domaine), avec un lieu de vinification propre pour son rouge et son blanc en AOP Bordeaux. S'il n'a pas postulé au classement 2012 par manque d'ancienneté, ce micro-cru (4 000 bouteilles) de 1,8 ha (70 % cabernet franc, 30 % merlot) sur le plateau et les coteaux de Saint-Hyppolite, entre Lassègue et Destieux, se pose aujourd'hui clairement comme un rival des premiers grands crus. Difficile de parler de vin de garage. Plutôt d'un vin d'écurie, de cavalerie légère puisque le vignoble est entièrement travaillé au cheval ?

Les vins : ce sont des vins d'impact et de volume, qui s'expriment cependant avec de plus en plus de finesse, comme 2016 l'indique clairement. Solaire, expressif, 2015 affiche une personnalité ouvertement hédoniste, chatoyante, toutefois défendue par une structure tannique extrêmement fournie. 2014 impressionne par sa matière dense, serrée. Ce corps musculeux possède indéniablement du fond et une réelle tension, une allonge supérieure. Le 2013, d'une très honorable concentration, un peu raide, manifeste une tension acide qui lui confère une vraie direction.

Saint-Emilion Grand Cru 2013	N.C.	14
Saint-Emilion Grand Cru 2014	N.C.	15
Saint-Emilion Grand Cru 2015	N.C.	16,5

Le coup de ♥

Saint-Emilion Grand Cru 2016	N.C.	17,5

Comme en 2015, une partie significative du 2016 (assemblage de 60 % de merlot et de 40 % de cabernet franc) a été vinifiée puis élevée en jarres. L'échantillon montre beaucoup de profondeur, des notes distinguées d'humus et de craie qui parent un fruit superbe, dont la sucrosité est vivifiée par une section rythmique (tanin et acidité) de grande classe.

Rouge : Merlot 70 %, Cabernet franc 30 %
Production moyenne : 4 000 bt/an

CHÂTEAU LA CLOTTE
33330 Saint-Emilion
05 57 24 66 85 ●
chateau-la-clotte@wanadoo.fr ● Visites : Pas de visites.
Propriétaire : Famille Vauthier

CHÂTEAU MAGREZ-FOMBRAUGE
Lieu-dit Maurens, 33330 Saint-Hippolyte
05 57 40 40 71 ● chateau@fombrauge.com
● Pas de visites.
Propriétaire : Bernard Magrez

CHÂTEAU MOULIN SAINT-GEORGES

Les amateurs de bonnes affaires seraient bien inspirés de s'intéresser de près aux vins de cette propriété, dont le terroir fait face à celui d'Ausone. Pauline Vauthier, qui vinifie les deux crus, réalise à Moulin Saint-Georges un magnifique saint-émilion intense, racé, mais jamais lourd. La régularité qualitative est impressionnante depuis plus de deux décennies et les prix demeurent raisonnables. Le seul regret concerne les quantités disponibles…

Les vins : vivant, vibrant, mais moins amène que d'habitude, l'échantillon du millésime 2016 montre une structure tannique serrée, sur la défensive. Avec encore plus de profondeur, 2015 poursuit dans la veine très heureuse du 2014. Très expressif mais sans aucune ostentation, celui-ci propose un fruit vibrant, aimable, d'un croquant magistral. Un style abouti, que l'on pourrait qualifier de reposant, au service d'un terroir qui a la suprême élégance de ne pas en rajouter.

Saint-Emilion Grand Cru 2014	N.C.	17
Saint-Emilion Grand Cru 2016	N.C.	16

Le coup de ♥

Saint-Emilion Grand Cru 2015	N.C.	17,5

Un allant magnifique anime le fruit, une fraîcheur crayeuse porte les saveurs très loin en finale. L'équilibre est si juste que tout semble évident. La richesse du millésime est évoquée avec le plus grand tact.

Rouge : 7 hectares.
Merlot 70 %, Cabernet franc 20 %, Cabernet-Sauvignon 10 %
Production moyenne : 30 000 bt/an

CHÂTEAU MOULIN SAINT-GEORGES
**Château Ausone, 33330 Saint-Émilion
05 57 24 24 57** • www.chateau-ausone.com
• **Vente et visites : au domaine sur rendez-vous.**
De 10h à 18h.
Propriétaire : Famille Vauthier
Directeur : Alain Vauthier

CHÂTEAU PÉBY FAUGÈRES

A partir de 2011, Péby-Faugères, la sélection haut de gamme du château Faugères, est devenu un cru à part entière (9,45 ha en culture biologique) afin de prétendre à un classement, qu'il a effectivement décroché en 2012. Comme Faugères, Péby Faugères, pur merlot, conseillé par Michel Rolland, était dirigé depuis 1997 par Alain Dourthe-Larrère, qui après avoir fait considérablement évoluer les crus a été remplacé en 2016 par Yann Buchwalter. Au moment où nous écrivons, un chai est toujours en gestation. Ce projet en forme de figue, "une forme primitive en pierre, sans façade", signé de l'architecte Mario Botta, n'a pas encore reçu les autorisations des élus locaux. À suivre.

Les vins : les derniers millésimes illustrent avec panache le style puissant et moderne qui a réveillé les terres argileuses et tardives de l'est de l'appellation. Un peu moins délié que Faugères mais plus intense, le 2016 en primeur affiche une matière garnie, articulée, de très belle saveur. Lustré par la vinification en barriques neuves, le 2014 s'impose à la fois crémeux et profond, linéaire à force de densité, mais avec un velouté magnifié par une finale très dynamique, qui pourrait faire croire à la présence de cabernets.

Saint-Emilion Grand Cru 2014	N.C.	15,5
Saint-Emilion Grand Cru 2016	N.C.	16,5

Le coup de ♥

Saint-Emilion Grand Cru 2015	N.C.	16

Entièrement vinifié en barriques, c'est pourtant un vin d'un grand classicisme, armé pour la longue garde. Campée sur sa trame argileuse profonde, sans facilité, la matière s'exprime avec droiture, malgré un voile boisé encore tenace. Faugères s'exprime à ce stade avec davantage de verve.

Rouge : 7 hectares.
Merlot 85 %, Cabernet franc 10 %, Cabernet-Sauvignon 5 %
Production moyenne : 12 000 bt/an

CHÂTEAU PÉBY FAUGÈRES
**Saint-Etienne-de-Lisse, 33330 Saint-Émilion
05 57 40 34 99** •
info@vignobles-silvio-denz.com • **Vente et visites : au domaine sur rendez-vous.**

Du lundi au vendredi de 9h à 12h et de 14h à 17h.

Propriétaire : Silvio Denz

Directeur : Yann Buchwalter

BORDEAUX SAINT-ÉMILION

★

CHÂTEAU QUINAULT L'ENCLOS

Situé en pleine ville, à Libourne, ce domaine a été acquis en 2008 par les actionnaires du château Cheval Blanc, Bernard Arnault et le baron Albert Frère. Pierre-Olivier Clouet, proche collaborateur de Pierre Lurton, en a pris les commandes, avec comme objectif la remise en valeur d'un vieux vignoble désormais entièrement travaillé. La nouvelle équipe a peu à peu révélé un vin naturellement fin, issu de graves légères, qui "s'avère plus complexe qu'on ne l'imaginait", explique son directeur.

Les vins : depuis 2014 l'élevage est désormais réalisés entièrement en barriques de 500 litres. Le cabernet-sauvignon implanté par l'équipe de Cheval Blanc s'installe dans l'assemblage. Il apporte en 2016 une merveilleuse touche florale, bourgeon de cassis, au spectre aromatique d'une matière douce, raffinée, subtilement grenue. Doté d'un toucher soyeux, délicat, en rondeur, le 2015 ne montrait pas autant de charme que le 2014 au même stade. Il se rattrape après la mise en bouteille, affichant une matière importante, solaire, mais qui a acquis une grande élégance.

- Saint-Emilion Grand Cru 2015   N.C.   16,5
- Saint-Emilion Grand Cru 2016   N.C.   16

Le coup de ♥
- Saint-Emilion Grand Cru 2014   N.C.   16,5

Le millésime 2014 consacre la métamorphose stylistique opérée par l'équipe de Cheval Blanc. Pour la première fois la parcelle de cabernet-sauvignon rentre dans l'assemblage, à hauteur de 18 %. Le vin évolue avec grâce et allant, conservant une très belle fraîcheur aromatique, où la floralité se mêle au chlorophyllien.

Rouge : 18 hectares.
Merlot 70 %, Cabernet franc 30 %
Production moyenne : 80 000 bt/an

CHÂTEAU QUINAULT L'ENCLOS
30, chemin Videlot 33500 Libourne
05 57 74 19 52 ●
po.clouet@chateau-chevalblanc.com ●
Vente et visites : au domaine sur rendez-vous.
De 9h à 18h.
Propriétaire : Bernard Arnault et Albert Frère
Directeur : Pierre Olivier Clouet

★

CHÂTEAU ROCHEBELLE

Sur le plateau calcaire, juste au-dessus de Tertre Roteboeuf, on sent la vibration d'un terroir fort. De fait le vin de la famille Faniest déborde de vigueur et de caractère. À la tête de ce petit cru de trois hectares, François Faniest et sa fille Émilie travaillent d'arrache-pied pour obtenir des tanins de plus en plus soyeux. Il faut dire que par le passé une certaine rudesse tannique et des boisés parfois proéminents ont pu desservir ce cru confidentiel, même si une récente dégustation verticale a confirmé son exceptionnelle aptitude à la garde (sublime 1985). Pour fêter son classement, Rochebelle s'est paré avec le millésime 2012 d'une nouvelle étiquette, illustrée par un dessin fin XIXe représentant les carrières du domaine. Il faut aussi noter que la commercialisation se fait uniquement à la propriété et dans la restauration.

Les vins : après un 2010 monumental et sensuel, les millésimes suivants confirment que la vitesse de croisière est atteinte, ce que nous saluons en attribuant la première étoile au domaine. 2016 en primeur semble très proche du remarquable 2015, par sa plénitude satinée mais toujours fraîche, crayeuse. Son éclat fruité est peut-être encore supérieur. Encore marqué par le bois, avec une saveur prenante de camphre et de clou de girofle, le jus généreux du 2014 impose une ampleur de chair, une vigueur, un velouté de texture et une finesse de tanin de premier plan. 2013 se montre digne d'intérêt, les arômes toastés en net contrepoint à des tanins bien intégrés.

- Saint-Emilion Grand Cru 2013   N.C.   14,5
- Saint-Emilion Grand Cru 2014   N.C.   16,5
- Saint-Emilion Grand Cru 2016   N.C.   17,5

Le coup de ♥
- Saint-Emilion Grand Cru 2015   N.C.   17

Le vin possède une stature solaire impressionnante, une faconde rabelaisienne, un fruit amoureusement mitonné par le soleil, qu'innerve et dynamise une forte sève terrienne. L'élevage toasté est encore présent.

Rouge : 3 hectares.
Merlot 85 %, Cabernet franc 15 %
Production moyenne : 18 000 bt/an

CHÂTEAU ROCHEBELLE
Le Bourg à Saint Laurent des Combes
33330 Saint-Émilion
05 57 51 30 71 ●
www.chateau-rochebelle.com ●
Visites : sans rendez-vous.

Tous les jours de 9h30 à 18h30.
Propriétaire : Philippe Faniest
Maître de chai : Patrice Moucheboeuf

CHÂTEAU SOUTARD

Les extérieurs de ce majestueux château ont été entièrement restaurés. Ils participent du même désir de théâtralité que le cuvier neuf en inox et les chais souterrains complètement reconstruits sous la houlette du propriétaire, le groupe La Mondiale, installé depuis 2006, qui possède par ailleurs les châteaux Larmande et Cadet-Piola. Après le classement de 2012, 7 ha du superbe terroir calcaire pur de Cadet-Piola font leur entrée dans le grand vin de Soutard, ce qui change la physionomie du cru en apportant plus de tension à la finesse de son fruité. La bouche gagne aussi en profondeur. Un vin à suivre, dont nous reconnaissons cette année les progrès par l'attribution d'une étoile. Depuis l'ouverture en mai 2011 d'une vaste boutique tournée vers le grand public, le château s'affirme comme un haut lieu de l'œnotourisme du Libournais.

Les vins : au lendemain de la mise Soutard 2015 se montre dynamique et vigoureux, richement texturé, sans aucun relâchement malgré un caractère solaire qui s'est affirmé au cours de l'élevage. Frais, longiligne mais d'une belle intensité de fruit croquant, Soutard 2014 a très bien capté l'esprit du millésime ; c'est un vin de profondeur et de patience. 2013 propose une matière modeste mais décidée, bien cadrée par l'élevage, avec un certain potentiel évolutif.

— Saint-Emilion Grand Cru 2013   38 €   14
— Saint-Emilion Grand Cru 2014   N.C.   16
— Saint-Emilion Grand Cru 2015   N.C.   16,5

Le coup de ♥
— Saint-Emilion Grand Cru 2016   N.C.   17,5

Beaucoup de race dans cet échantillon, un nez poivré, intense, déjà nuancé, une matière savoureuse, d'une très belle évidence, riche en pulpe mais conservant un équilibre très distingué sur toute la longueur du passage en bouche. Voici le grand vin d'équilibre qu'on attendait de Soutard.

Rouge : 30 hectares.
Merlot 70 %, Cabernet franc 30 %
Production moyenne : 100 000 bt/an

CHÂTEAU SOUTARD
BP4, 33330 Saint-Émilion
05 57 24 71 41 •
www.chateau-soutard.com • Vente et visites : au domaine sur rendez-vous.
Tous les jours d'avril à novembre de 10h à 18h.
Propriétaire : AG2R La Mondiale
Directeur : Bertrand de Villaines
Maître de chai : Véronique Corporandy
Œnologue : Michel Rolland

CHÂTEAU LA TOUR FIGEAC

Dans les derniers millésimes, ce beau cru voisin de Figeac, dont il a été détaché en 1897, s'est affirmé comme l'un des plus harmonieux et des mieux vinifiés de ce secteur prestigieux. La vinification et l'élevage sont suivis par Christine Derenoncourt (épouse et associée du conseiller Stéphane Derenoncourt). Particulièrement soignée et largement inspirée de la biodynamie, la viticulture se veut exemplaire. Des replantations de cabernet franc sont programmées, avec la volonté à terme de passer de 35 à 50 % en utilisant uniquement des sélections massales. Le vin ne joue jamais la puissance (son terroir, d'ailleurs, ne le lui permettrait pas) mais l'harmonie.

Les vins : trois quarts de merlot pour un quart de cabernet franc, La Tour Figeac 2014 offre une belle pulpe, des tanins soyeux, et un fruit exubérant. Ce n'est pas un poids lourd mais son charme et sa franchise de goût (fraise bien mûre !) sont enthousiasmants. La matière tendre du 2013 peine un peu à résister à l'emprise du bois ; la maturité du fruit est cependant intéressante.

— Saint-Emilion Grand Cru 2013   26 €   13,5
— Saint-Emilion Grand Cru 2014   N.C.   15,5

Le coup de ♥
— Saint-Emilion Grand Cru 2015   N.C.   16,5

2015 confirme en bouteille toutes ses promesses, moelleux et fin, le vin dessine un joli contour de bouche, avec la gourmandise d'une cerise noire juteuse et cacaotée.

Rouge : 14,6 hectares.
Merlot 65 %, Cabernet franc 35 %
Production moyenne : 50 000 bt/an

CHÂTEAU LA TOUR FIGEAC
1 LD, La Tour Figeac, 33330 Saint-Émilion
05 57 51 77 62 • latourfigeac@orange.fr •
Vente et visites : au domaine sur rendez-vous.

BORDEAUX SAINT-ÉMILION

De 9h à 12h et de 14h à 17h.
Propriétaire : Otto Rettenmaier
Directeur : Pierre Blois
Œnologue : Julien Lavenu

CHÂTEAU BARDE-HAUT

Acheté en 2000 par Sylviane Garcin-Cathiard (également propriétaire de Clos l'Église à Pomerol, de Château Haut-Bergey et de Château Branon à Léognan), Château Barde-Haut est entré pour la première fois de son histoire dans le classement de 2012 (17 ha dont 12,5 en production), grâce aux vins signés Hélène (la fille de Sylviane) et son époux Patrick Lévêque. Des investissements originaux et intelligents ont été réalisés dans un chai conçu autour de multiples énergies vertes (éolienne, photovoltaïque, puits canadiens pour une climatisation naturelle)… jusqu'à sa toiture végétalisée et sa ceinture bardée d'acier Corten, une enveloppe architecturale qui se patine par la rouille. Quatre ans de travaux un projet qui met en valeur un saint-émilion à 90 % merlot (des cabernets seront replantés), sur argile dominant, né dans un amphithéâtre plein sud. Un vin coloré, charnu, consistant, qui porte une touche personnelle dans une finale fraîche et mentholée. Depuis 2001, les Lévêque dirigent également Poesia, une bodega argentine située à Mendoza.

Les vins : sous l'emprise d'une copieuse prise de bois, 2016 montre néanmoins en primeur une chair réactive, un bon fruité de cerise épicée et une solide armature tannique. En regoûtant le 2014, nous avons été gênées par des notes végétales et terreuses qui prennent l'ascendant sur le fruit. Clair, tendre, d'une gentille sapidité, le 2013 ne force pas l'allure mais apparaît comme une vraie réussite dans le contexte du millésime.

▬ Saint-Emilion Grand Cru 2013	30 €	14
▬ Saint-Emilion Grand Cru 2014	N.C.	13
▬ Saint-Emilion Grand Cru 2016	N.C.	15

Le coup de ♥

▬ Saint-Emilion Grand Cru 2015	N.C.	16

La forme du 2015 s'est précisée pendant son élevage. Très marqué par le bois, nous ne l'avions pas compris en primeur ; il offre aujourd'hui une belle qualité de fruit et de trame, dans un ensemble complet, harmonieux.

Rouge : 17 hectares.
Merlot 90 %, Cabernet franc 10 %
Production moyenne : 40 000 bt/an

CHÂTEAU BARDE-HAUT
33330 Saint-Christophe-des-Bardes
05 57 25 72 55 ● www.vignoblesgarcin.com
● **Vente et visites :** au domaine sur rendez-vous.
Propriétaire : Sylviane Garcin-Cathiard
Directeur : Hélène Garcin-Lévêque

CHÂTEAU BELLEFONT BELCIER

En novembre 2012, après avoir été reconduit dans son classement, ce cru orienté plein sud, situé dans le virage après Pavie, juste après Larcis Ducasse, a été racheté par un millionnaire chinois, M. Wang. Dans le courant de l'été 2015, l'aventure du cru classé de Saint-Émilion passé sous pavillon chinois prenait fin, avec le rachat du château par un homme d'affaires chypriote, John Renos. Malgré ces remous, l'ambition de faire monter Bellefont-Belcier au niveau d'un premier grand cru classé, comme ses proches voisins, ne semble pas illégitime. La situation du terroir est magnifique, avec une complémentarité rare du plateau, de la côte et du pied de côte. Le directeur, Emmanuel de Saint Salvy, reste solidement à la barre. Le conseiller-pilote, l'incontournable Michel Rolland, connaît bien la propriété. Bellefont Belcier est un saint-émilion qui s'écrit dans les pleins de la chair mûre typique des coteaux sud, tout en restant frais dans sa finale.

Les vins : les derniers millésimes sont réussis et devraient bien vieillir, digérant un élevage parfois prépondérant dans la jeunesse des vins. Assez linéaire mais bien doté, l'échantillon du millésime 2016 s'exprime avec franchise, dans une allonge fine. Avec 15 % de cabernet franc et 14 % de cabernet-sauvignon, 2014 apparaît comme un millésime plus cabernet que d'habitude, issu de petits rendements. En bouteille, les saveurs sont nettes, quoique très marquées par le pain grillé, le corps serré et croquant à la fois, un vin complet au corps élégant. 2013 se montre épicé, mince, mais avec de la franchise et de l'allant. 2012 est une nouvelle fois marqué par un côté très grillé, la matière est serrée, avec une réelle élégance qui perce en finale.

▬ Saint-Emilion Grand Cru 2013	31 €	14
▬ Saint-Emilion Grand Cru 2014	34 €	15
▬ Saint-Emilion Grand Cru 2016	N.C.	15

Le coup de ♥

▬ Saint-Emilion Grand Cru 2015	N.C.	16

Le vin affiche une expression déjà brillante, locace, finement nuancée d'épices douces.

Son architecture apparaît en revanche très classique, tant dans son articulation que dans son intensité sans démonstrativité.

Rouge : 13 hectares.
Merlot 72 %, Cabernet franc 17 %, Cabernet-Sauvignon 11 %
Production moyenne : 35 000 bt/an

CHÂTEAU BELLEFONT BELCIER
33330 Saint-Laurent-des-Combes
05 57 24 72 16 •
www.bellefont-belcier.com • Vente et visites : au domaine sur rendez-vous.
Propriétaire : John Renos
Directeur : Emmanuel de Saint Salvy

CLOS DE L'ORATOIRE

Situé au nord-est de l'appellation, entre Soutard, Balestard et les hauts de Dassault, Clos de l'Oratoire a été acheté en 1991 par Stephan von Neipperg. Ce dernier a orienté le travail dans le même esprit qu'à Canon-la-Gaffelière, d'où des progrès considérables dans les derniers millésimes et son classement en grand cru classé reconduit en 2012. Les vins sont sombres, amples, très ronds, d'un fruit de baies noires et se montrent très séduisants, avec un bon potentiel de garde. Le domaine compte aujourd'hui 13,07 ha contre 10,39 ha avant le classement de 2012, avec notamment de nouvelles vignes vers Saint-Christophe des Bardes. Les années sèches réussissent bien à ce cru. Malgré sa qualité constante, il s'exprime dans un registre simple, surtout si on le compare aux autres propriétés Neipperg.

Les vins : 2016 en primeur marque une progression par rapport à 2015 (un peu dissocié entre masse fruitée importante et tanins boisés encombrants), avec un fruit très franc, sphérique, une mâche tannique qui articule bien la finale. 2013 est bien réussi, rond, ouvert, sapide, à boire.

▰ Saint-Emilion Grand Cru 2013	N.C.	14
▰ Saint-Emilion Grand Cru 2015	N.C.	14,5
▰ Saint-Emilion Grand Cru 2016	N.C.	15

Le coup de ♥

▰ Saint-Emilion Grand Cru 2014	N.C.	15

Bien dans le style de la propriété, le 2014 propose un fruit noir crémeux, très disponible, une puissante évocation de mûre qui commence déjà à truffer ; le milieu de bouche laisse une impression veloutée, sphérique.

Rouge : Merlot 90 %, Cabernet franc 10 %
Production moyenne : 45 000 bt/an

CLOS DE L'ORATOIRE
BP 34, 33330 Saint-Émilion
05 57 24 71 33 • www.neipperg.com •
Vente et visites : au domaine sur rendez-vous.
Du lundi au vendredi de 9h à 12h et de 14h à 17h.
Propriétaire : Stephan von Neipperg

CLOS DES JACOBINS

Longtemps propriété de la maison Cordier, le Clos des Jacobins est passé en 2001 aux mains de l'ex-parfumeur Marionnaud, puis en 2004 à celles de la famille Decoster (héritiers du groupe électrique Legrand). Après un début de millénaire mouvementé, cette marque historique de la « Côte Ouest » de Saint-Émilion retrouve sous la conduite impliquée de Thibaut et Magali Decoster une vraie stabilité, affirmant son style avec des vins sereins, richement fruités et expressifs. Accompagnée par Hubert de Boüard, conseil de la propriété, cette évolution favorable devrait se poursuivre, traduisant les améliorations agronomiques peu à peu apportées à la conduite du vignoble. Également propriétaire du château La Commanderie, dans le secteur de Ripeau, la famille Decoster vient de faire l'acquisition du château Candale (février 2017), à l'est de Saint-Émilion, dont le restaurant devrait servir de vitrine à la production des trois propriétés.

Les vins : les derniers millésimes partagent un caractère velouté et harmonieux, qu'accompagnent des arômes bien exprimés, nuancés, souvent floraux. Ce sont des vins qui bien que rapidement accessibles dureront dans le temps. 2016 en primeur se distingue par son charme aromatique enlevé et sa texture très élégante, il semble à ce stade moins intense que le 2015. Il cache peut-être son jeu car il a la préférence de Thibaut Decoster... 2015, justement, montre aujourd'hui un fruit très bien capturé, une réelle finesse tannique, dans un ensemble qui reste pimpant malgré une richesse alcoolique perceptible.

▰ Saint-Emilion Grand Cru 2015	N.C.	16
▰ Saint-Emilion Grand Cru 2016	N.C.	15,5

Le coup de ♥

▰ Saint-Emilion Grand Cru 2014	N.C.	16,5

Nous avons été conquis par la fraîcheur aromatique de ce vin au fruit vibrant, préservé, au grain serré mais finement lissé.

Rouge : 8,5 hectares.
Merlot 75 %, Cabernet franc 23 %, Cabernet-sauvignon 2 %
Production moyenne : 40 000 bt/an

BORDEAUX SAINT-ÉMILION

CLOS DES JACOBINS
4, Gomerie, 33330 Saint-Emilion
05 57 24 70 14 • www.closdesjacobins.com
• Pas de visites.
Propriétaire : Bernard et Thibaut Decoster
Directeur : Thibaut Decoster

CHÂTEAU CORBIN MICHOTTE

Dans les secteur des Corbin, un peu à l'écart de Saint-Émilion, l'homonymie a de quoi désorienter l'amateur, cinq châteaux se partageant le même vocable. Si le terroir sablonneux, proche de Pomerol, leur confère un air de famille, et s'ils se serrent souvent les coudes, chacun a sa personnalité. Celle de Corbin Michotte est bien trempée ! Contre vents et marées, mais sans aucun passéisme, on revendique ici une vision "traditionnelle" du vin de Bordeaux. La famille Boidron vit le vin comme une évidence. "Nous cherchons à faire des vins classiques, sans surextraction ni boisage excessif. Nous voulons faire des vins personnels, qui expriment le millésime et le terroir". Cela peut paraître si simple, mille fois entendu... Sauf qu'ici le goût du vin correspond vraiment à la pétition de principe. À la lumière de nos dégustations, nous ne comprenons pas le déclassement du château en 2012.

Les vins : le 2014 (65 % de merlot, 30 % de cabernet franc et 5 % de cabernet-sauvignon) marque d'emblée son territoire par une subtilité aromatique sans épate et une grande franchise de texture. L'élevage (70 % de barriques neuves) s'harmonise déjà, sans aucun heurt dans le déroulé frais et serein de la matière. L'expression du 2013 est un peu à vif mais sans verdeur, étroite sans être délavée, surette et non sans charme.

▬ Saint-Emilion Grand Cru 2013	N.C.	14
▬ Saint-Emilion Grand Cru 2014	N.C.	16

Le coup de ♥

▬ Saint-Emilion Grand Cru 2015	N.C.	16

Dans un millésime marqué par la tannicité, ce vin pose une caresse sur les muqueuses ! Un fruit gourmand, articulé, civilisé, déjà délicieux, animé par une touche florale très délicate. Un style pleinement en accord avec le terroir de l'ancien fief de Corbin.

Rouge : 7 hectares.
Merlot 80 %, Cabernet franc 20 %
Blanc :
Production moyenne : 35 000 bt/an

CHÂTEAU CORBIN MICHOTTE
33330 Saint-Émilion
05 57 51 64 88 •
vignoblesjnboidron@wanadoo.fr • Vente et visites : au domaine sur rendez-vous.
De 8h à 12h et de 14h à 17h.
Propriétaire : Jean-Noël Boidron

CHÂTEAU CORBIN

Elle le revendique : "Je suis une fille de la terre, les vignes sont ma raison d'être." Ces paroles, somme toutes banales dans le milieu viticole, prennent un sel particulier dans la bouche d'une femme qu'un jugement hâtif classe en pure châtelaine héritière bordelaise. Annabelle Bardinet née Cruse est effectivement issue d'une grande famille girondine, mais son gracieux château Corbin (du XIXᵉ siècle, acheté en 1924 par ses grands parents) est tout sauf un héritage maternel de complaisance. C'est une œuvre, un combat toujours en cours, d'argent et de style, pour comprendre, sans déléguer, ce plateau de sable et d'argile, flirtant avec Cheval Blanc et Pomerol. La conviction de posséder un terroir original a progressivement habité cette œnologue diplômée. Une musique qu'elle interprète de plus en plus par la vigne pour que le vin gagne en sincérité.

Les vins : reconnu pour se distinguer dans les millésimes secs, Corbin passe un cap avec le 2012, archétype du millésime océanique. Un saint-émilion à la puissance fraîche, au contact subtil et chatoyant. Le 2013 possède un fruit charmeur, en avant, un peu limité en maturité dans ses tonalités d'écorce et de chlorophylle, mais doté d'une réelle pulpe. On apprécie d'emblée la délicatesse du jus finement grenu, parfumé, du 2014, un vin auquel il ne manque qu'un soupçon de tonicité. Le second vin, baptisé Divin de Corbin, joue en 2015 la carte du plaisir immédiat avec beaucoup de flair.

▬ Saint-Emilion Grand Cru 2013	N.C.	14
▬ Saint-Emilion Grand Cru 2014	N.C.	15
▬ Saint-Emilion Grand Cru 2016	N.C.	15,5
▬ Saint-Emilion Grand Cru Divin de Corbin 2015	N.C.	15

Le coup de ♥

▬ Saint-Emilion Grand Cru 2015	N.C.	16

Au terme de son élevage le vin transcrit l'esprit charmeur et charnu propre au secteur avec beaucoup d'élégance. Le velouté de la chair est souligné par la générosité glycérolée des tanins ; l'expression a pris un tour floral captivant.

Rouge : 13 hectares.

Merlot 80 %, Cabernet franc 20 %
Production moyenne : 40 000 bt/an

CHÂTEAU CORBIN
**33330 Saint-Émilion
05 57 25 20 30** ●
contact@chateau-corbin.com ● **Pas de visites.**
Propriétaire : Anabelle Bardinet

CHÂTEAU LA COUSPAUDE

Situé sur un excellent secteur du plateau calcaire, proche de Trotte Vieille, ce cru est le fleuron de la famille Aubert, qui possède huit vignobles dans le Bordelais. Un grand cru classé désormais incarné par la jeune génération : Yohann, qui pilote les vinifications, et ses cousines Vanessa et Héloïse. Toujours avec les conseils de Michel Rolland, La Couspaude propose un vin enrobé par la suavité du chêne, dans un esprit moderne et opulent mais non dénué de finesse. L'emprise de l'élevage sous bois, avec une puissante signature aromatique (moka et notes fumées), a modelé le style du cru depuis plus de vingt ans.

Les vins : s'ils ne possèdent ni toute la vibration ni toute l'originalité aromatique que l'on pourrait attendre au vu de la situation des vigne, les derniers millésimes apparaissent bien construits, maîtrisés et surtout capables d'apporter beaucoup de plaisir. On retrouve en 2016 le cachet aromatique exubérant qui caractérise le cru de la famille Aubert, ses notes fumées, d'agrumes, de réglisse, accompagné par une vigueur de fruit et une fraîcheur innatendues ; l'ensemble affiche un beau dynamisme. Cohérent et veiné de tanins fins, le 2015 a gagné en tonicité sur la fin de son élevage et s'affirme comme un modèle d'hédonisme, toujours typé par son fruit caressant, rôti, fumé. 2013 se présente plus concentré que la moyenne mais pénalisé par des arômes verts.

- Saint-Emilion Grand Cru 2013   N.C. 13,5
- Saint-Emilion Grand Cru 2015   N.C. 15,5
- Saint-Emilion Grand Cru 2016   N.C. 15,5

Le coup de ♥
- Saint-Emilion Grand Cru 2014   N.C. 15,5

Vinifié à hauteur de 30 % en barriques, le 2014 propose une pulpe douce et charmeuse, légèrement confite, marquée par un boisé fumé mais sans caricature d'où émergent de très belles notes florales et épicées.

Rouge : 7 hectares.
Merlot 75 %, Cabernet franc 20 %, Cabernet-Sauvignon 5 %
Production moyenne : 36 000 bt/an

CHÂTEAU LA COUSPAUDE
**BP 40, 33330 Saint-Émilion
05 57 40 15 76** ●
www.aubert-vignobles.com ● **Vente et visites : au domaine sur rendez-vous. Tous les jours en juillet et en août.**
Propriétaire : Jean-Claude Aubert

CHÂTEAU FAUGÈRES

Depuis son acquisition, en 2005, par Silvio Denz, homme d'affaires suisse-allemand (parfumerie de luxe, verrerie Lalique) et la création d'un chai à la pointe de la technologie en 2009, on assiste à une évolution stylistique, avec des vins qui se veulent moins démonstratifs, davantage axés sur la finesse. Ce secteur de l'est de l'appellation, généreux en argile, donne naturellement des rouges souvent gras, en largeur. La sélection parcellaire Péby-Faugères qui joue clairement la grande concentration et la puissance, possède désormais une marque à part depuis 2011 (voir Château Péby Faugères). À noter que le domaine produit aussi un bon côtes-de-castillon, Cap de Faugères.

Les vins : expressifs, suaves et fins les deux derniers millésimes montrent une évolution très encourageante. 2016 en primeur exhibe beaucoup de fruit, une saveur nuancée, pleine, distinguée, avec une plénitude de chair qui conserve une délicatesse rare pour la partie orientale de l'appellation, une construction particulièrement harmonieuse dont on ne perçoit pas les coutures. Texture veloutée, crémeuse, confort fruité : Faugères 2014 se présente comme un vin tactile, précis, abouti dans sa maturité et encore compact.

- Saint-Emilion Grand Cru 2014   N.C. 15
- Saint-Emilion Grand Cru 2016   N.C. 16,5

Le coup de ♥
- Saint-Emilion Grand Cru 2015   N.C. 16,5

Difficile de reconnaître en fin d'élevage dans ce vin capiteux, très parfumé, séducteur, l'échantillon primeur un peu sec, débordé par l'alcool, avec des notes très grillées, presque fruits secs. Nous notions cependant en mars 2016 qu'il faudrait le regoûter attentivement…

Rouge : 37 hectares.
Merlot 85 %, Cabernet franc 10 %, Cabernet-Sauvignon 5 %
Production moyenne : 110 000 bt/an

BORDEAUX SAINT-ÉMILION

CHÂTEAU FAUGÈRES
Saint-Etienne-de-Lisse, 33330 Saint-Émilion
05 57 40 34 99 •
www.chateau-faugeres.com • Vente et visites : au domaine sur rendez-vous.
Du lundi au vendredi de 9h à 12h et de 14h à 17h.
Propriétaire : Silvio Denz
Directeur : Yann Buchwalter

CHÂTEAU FLEUR CARDINALE

La famille Decoster (venue de la porcelaine de Limoges, Haviland) ne ménage pas ses efforts pour faire de ce cru une des valeurs sûres de l'appellation. Cette belle propriété, située dans la partie orientale de Saint-Émilion, au nord de Saint-Étienne-de-Lisse, bénéficie d'un terroir d'argile généreux, imposant d'être patient pour atteindre un haut niveau de maturité. Le vignoble de Fleur Cardinale est dans le secteur le plus tardif des grands crus classés. Conseillée par Jean-Luc Thunevin, la propriété élabore des vins au style moderne, riche et flatteur, souvent à la limite de la surmaturité. Agrandie de 8 ha avec le classement de 2012, la propriété atteint maintenant 23,5 ha de superficie. Sur ces 8 ha provenant de La Croix Cardinale (marque que les Decoster produisent toujours), 4 ha entrent dans le grand vin de Fleur Cardinale.

Les vins : le style est toujours très caractéristique, c'est celui qu'aime et recherche la famille Decoster. Noir, saturé, empyreumatique, 2016 en primeur l'exprime parfaitement. Subtil en robe et en arômes, pointu mais bien garni en milieu de bouche, le 2013 témoigne d'une bonne adaptation aux spécificités de l'année sur un terroir particulièrement tardif. Opaque, crémeux, sucré par l'empreinte du bois neuf, le 2014 est un vin très concentré, son fruit a basculé dans un registre très confituré. Nous ne sommes pas convaincus… Nous retirons l'étoile au domaine.

▬ Saint-Emilion Grand Cru 2013	N.C.	14
▬ Saint-Emilion Grand Cru 2014	N.C.	13
▬ Saint-Emilion Grand Cru 2016	N.C.	14

Le coup de ♥

▬ Saint-Emilion Grand Cru 2015	N.C.	15,5

Assumé et maîtrisé, le style velouté et enveloppant du cru a parfaitement tiré parti de la générosité du millésime. Très dense, caressante de bout en bout, la matière s'étire luxurueusement, mais sans pesanteur, dans une atmosphère de confiserie (poudre de cacao, épices douces, cola…).

Rouge : 23 hectares.
Merlot 75 %, Cabernet franc 20 %, Cabernet-Sauvignon 5 %
Production moyenne : 100 000 bt/an

CHÂTEAU FLEUR CARDINALE
Saint-Étienne-de-Lisse, 33330 Saint-Émilion
05 57 40 14 05 • www.fleurcardinale.com •
Vente et visites : au domaine sur rendez-vous.
Propriétaire : Florence et Dominique Decoster

CHÂTEAU FOMBRAUGE

Cette magnifique propriété constitue désormais le plus vaste des grands crus de Saint-Émilion. Son ambitieux propriétaire, Bernard Magrez, est aussi un grand travailleur sachant bien s'entourer. La production a très vite repris sa place : généreux et soignés, les vins s'affirment dans un style moderne et flamboyant, dont la douceur épicée peut séduire ou rebuter. Avec l'arrivée d'Alexis Combe à la direction de la propriété, Fombrauge a postulé en 2012 au classement en grand cru classé, après s'être mis en conformité en créant un lieu de vinification propre pour Magrez-Fombrauge (voir ce domaine).

Les vins : la production apparaît régulière, avec des vins que l'on peut apprécier dès leur jeunesse, mais d'un niveau de complexité aromatique et structurelle limité, surtout en comparaison avec Magrez-Fombrauge. 2016 en primeur apparaît dense et expressif (réglisse et épices douces), suave, plus moelleux que structuré. 2014 possède une matière de belle amplitude, qui allie le confort épicé et vanillé d'un élevage flatteur à un développement dynamique. Il manque toutefois un peu d'éclat et de délié. Encombré par le bois, le fluet 2013 en revanche peine à s'exprimer.

▬ Saint-Emilion Grand Cru 2013	N.C.	12
▬ Saint-Emilion Grand Cru 2014	N.C.	14
▬ Saint-Emilion Grand Cru 2016	N.C.	14,5

Le coup de ♥

▬ Saint-Emilion Grand Cru 2015	N.C.	15,5

Le volume et la chair sont remarquables, la maturité poussée, avec une pointe de douceur qui accompagne la masse fruitée du vin du début à la fin de la dégustation.

Rouge : 56 hectares.
Merlot 77 %, Cabernet franc 14 %, Cabernet-Sauvignon 9 %
Blanc : 2 hectares.
Sémillon 40 %, Sauvignon gris 30 %, Sauvignon blanc 30 %
Production moyenne : 200 000 bt/an

CHÂTEAU FOMBRAUGE
**33330 Saint-Christophe-des-Bardes
05 57 24 77 12** ●
www.bernard-magrez.com ● **Pas de visites.**
Propriétaire : Bernard Magrez

CHÂTEAU FONPLÉGADE

Cette imposante propriété et son château bourgeois à flanc de coteaux ont été réveillés par un couple de millionnaires américains, Denise et Steve Adams. Après avoir acheté quatre châteaux, ils se sont recentrés sur Fonplégade et le château L'Enclos à Pomerol. Les investissements ne cessent depuis dix ans sur cette propriété qui mise beaucoup sur un œnotourisme haut de gamme. Le caveau, ouvert au grand public, est l'un des plus chics et courus de Saint-Émilion. Le château s'est agrandi d'une deuxième tour, attestée dans les gravures du Féret et sur les anciennes étiquettes. Le vignoble encore jeune a été certifié bio en 2013. Une ouverture d'esprit que l'on retrouve également en cave, où les barriques côtoient désormais des œufs béton. Stéphane Derenoncourt apporte depuis 2016 ses conseils à la propriété. On peut espérer que le potentiel de ce très beau terroir composite (pied de côte, côte et plateau calcaire) soit ainsi de mieux en mieux compris et exploité.

Les vins : le vin, qui se veut charmeur, ample et séduisant, doit encore gagner en naturel. 2016 marque un tournant et l'on sent que ce merveilleux terroir piaffe d'aller encore plus loin. 2015 offre une matière très dense, ample mais précise, aux tanins feutrés. L'architecture du vin est aboutie, il lui manque encore un peu de spontanéité dans l'expression du fruit. L'équilibre du 2014 s'est stabilisé autour d'une texture crémeuse et d'une trame aromatique réglissée, presque empyreumatique. Le fruit, mat, enrobe de bons tanins. Frais et épicé, le 2013 s'affirme au travers d'une belle longueur ; dans un millésime compliqué, il témoigne de la réactivité et de la sensibilité de la jeune équipe.

- Saint-Emilion Grand Cru 2013   N.C.   14
- Saint-Emilion Grand Cru 2014   N.C.   14,5
- Saint-Emilion Grand Cru 2015   N.C.   14,5

Le coup de ♥
- Saint-Emilion Grand Cru 2016   N.C.   16

La pureté du fruit est remarquable, sa fraîcheur et sa précision bien supérieures aux millésimes précédents. La matière reste sombre, fournie, veloutée, dans un profil à la fois solaire et tendu propre aux grands vins de côte.

Rouge : 18 hectares.

Merlot 95 %, Cabernet franc 5 %
Production moyenne : 42 000 bt/an

CHÂTEAU FONPLÉGADE ♣
**1, Fonplégade, 33330 Saint-Émilion
05 57 74 43 11** ● **www.fonplegade.com** ●
Vente et visites : au domaine sur rendez-vous.
Propriétaire : Steve et Denise Adams
Directeur : Eloi Jacob

CHÂTEAU LES GRANDES MURAILLES

Ce tout petit clos situé sur le plateau à l'entrée du village tire son nom des vestiges d'une église gothique, symbole immanquable de Saint-Émilion. Il a été racheté, après son classement fin 2012, par son voisin direct le premier grand cru Clos Fourtet. Les Grandes Murailles, vignoble assez jeune, avait été mis en valeur par Sophie Fourcade (née Reiffers). Le vin est vinifié dans d'étonnantes caves souterraines situées au sein du clos. Très soigneusement élaboré, il est encore trop marqué par l'empreinte du bois, surtout si on le compare à son voisin Clos Fourtet.

Les vins : nous attendons davantage de ce cru, au vu de sa situation. Le millésime 2016 semble indiquer une heureuse inflexion stylistique. C'est un merlot capiteux, suave mais plus dynamique et précis que dans les éditions précédentes, grâce notamment à un élevage qui s'intègre avec davantage de tact. Les tonalités grillées de l'élevage demeurent en revanche prépondérantes dans le 2014, elles se heurtent à un soupçon de végétalité terreuse, même si la matière se montre intense, pulpeuse, avec une tension interne qui détoure efficacement le profil du vin.

- Saint-Emilion Grand Cru 2014   N.C.   14
- Saint-Emilion Grand Cru 2016   N.C.   16

Le coup de ♥
- Saint-Emilion Grand Cru 2015   N.C.   15

Beaucoup d'intensité colorante (davantage que Clos Fourtet), une matière serrée, complète, de belle allonge, développant une saveur réglissée, des arômes "noirs" toujours marqués par une pointe grillée insistante

Rouge : 2 hectares.
Merlot 100 %
Production moyenne : 7 200 bt/an

CHÂTEAU LES GRANDES MURAILLES
**Château Côte de Baleau,
33330 Saint-Émilion**

BORDEAUX SAINT-ÉMILION

05 57 24 71 09 ●
www.lesgrandesmurailles.com ● Vente et visites : au domaine sur rendez-vous.
De 10h à 19h.
Propriétaire : Philippe Cuvelier
Directeur : Matthieu Cuvelier

CHÂTEAU GUADET

Si le parcellaire de ce petit domaine (5,30 ha divisés en quatre parcelles) est situé sur le plateau, juste derrière la ville, le château Guadet (dans la famille Lignac depuis six générations) présente la particularité d'être vinifié intra-muros. Les derniers millésimes nous ont impressionnés par leur harmonie et leur vibration fraîche. Le déclic semble être lié au retour sur le domaine de Vincent Lignac en 2010. Après plusieurs années de winemaking au Chili, en Australie ou aux Etats-Unis, il prend la relève de son père Guy-Petrus, figure saint-émilionnaise, et se revendique aujourd'hui vigneron, tout simplement. La culture est certifiée bio depuis 2012 et s'engage dans la biodynamie avec le millésime 2015. Autre particularité : la commercialisation se fait entièrement sur place, 4 rue Guadet.

Les vins : sveltes de corps et intenses en goût, ils manifestent dans les derniers millésimes beaucoup de caractère, de sobriété et de naturel. Pimpant, entre floralité et purée de fruits rouges, l'échantillon 2016 conjugue éclat aromatique et fruit caressant, chaleureux, presque mediterranéen dans sa douceur, mais en même temps très frais. L'évidence de l'expression est admirable. 2014 offre un très jolie saveur de noyau, de cerise noire fraîche, de framboise, de la profondeur et une finale saline, montante, réveillée. Le 2013 possède une matière fine et distinguée, acidulée, de très belle tenue quoique sans enrobage, ni sucrosité exogène, ni béquille d'un élevage démontratif.

- Saint-Emilion Grand Cru 2013 N.C. 15
- Saint-Emilion Grand Cru 2014 N.C. 16,5
- Saint-emilion Grand Cru 2016 N.C. 16,5

Le coup de ♥
- Saint-Emilion Grand Cru 2015 N.C. 16,5

La perception d'une acidité très fraîche accompagne toute la dégustation. La matière exprime une belle densité, en mouvement, vibrante, batailleuse, avec une perception tactile très proche du calcaire.

Rouge : Merlot 75 %, Cabernet franc 25 %
Production moyenne : 22 000 bt/an

CHÂTEAU GUADET ♣
4, rue Guadet, 33330 Saint-Émilion
05 57 74 40 04 ●
www.chateau-guadet-saintemilion.fr ● Vente et visites : au domaine sur rendez-vous.
Tous les jours de 10h à 19h.
Propriétaire : Guy-Petrus Lignac

CHÂTEAU LARMANDE

Situé au nord de l'appellation et baptisé d'après le lieu-dit éponyme, le vignoble repose sur des terroirs assez variés, partagés entre argilo-calcaires et sables. Depuis 1990, le cru appartient à la compagnie d'assurances La Mondiale, qui a beaucoup investi, tant dans les chais que dans le vignoble. La qualité des vins s'est sensiblement améliorée et Larmande apparaît régulièrement comme un saint-émilion de belle facture, dans un style plus délicat et subtil que puissant et extrait. Avec le classement de 2012, le cru compte 20 ha dont 16 en production.

Les vins : comme Soutard, Larmande joue sur un pourcentage significatif de cabernet franc qui amène un surcroît d'éclat et d'élan à sa chair tendre. 2016 en primeur montrait une chair serrée, élégante mais étroite ; il faudra le regoûter. Très belle réussite, 2014 propose une trame lisse, un fruit délicat, sur le croquant, qui semblait d'emblée très accessible mais qui évolue admirablement vers la complexité aromatique. Parfumé et coulant, le 2013 fait preuve d'une élégance presque chlorotique, mais avec un fruit qui revient ferme et vif en fin de bouche.

- Saint-Emilion Grand Cru 2013 25 € 14
- Saint-Emilion Grand Cru 2014 N.C. 16
- Saint-Emilion Grand Cru 2016 N.C. 14,5

Le coup de ♥
- Saint-Emilion Grand Cru 2015 N.C. 16,5

Très belle réussite pour Larmande, avec un fruit très nuancé, d'une profondeur remarquable, déjà élégant, sans exubérance mais tout en équilibre et en sensibilité.

Rouge : 20 hectares.
Merlot 65 %, Cabernet franc 30 %, Cabernet-Sauvignon 5 %
Production moyenne : 100 000 bt/an

CHÂTEAU LARMANDE
BP 26, 33330 Saint-Émilion
05 57 24 71 41 ●
www.chateau-soutard.com ● Vente et visites : au domaine sur rendez-vous.
Du lundi au vendredi de 9h à 17h30.

Propriétaire : AG2R La Mondiale
Directeur : Bertrand de Villaines

CHÂTEAU LAROQUE

Laroque est une vaste propriété du plateau de Saint-Christophe-des-Bardes, à l'est de Saint-Emilion. Le cru s'enorgueillit de bâtiments spectaculaires construits au XVIIe siècle, qui devraient bientôt être ouverts à la visite. La famille Beaumartin ne ménage pas ses efforts pour placer le cru au sein des belles marques de l'appellation. Tous les derniers millésimes signés du consciencieux vinificateur Bruno Sainson s'avèrent réussis ; il laisse sa place en 2015 à David Suire, bras droit de Nicolas Thienpont.

Les vins : 2014 confirme un fruit bien dégagé, pulpeux, innervé par des tanins très doux. C'est un vin d'harmonie et de mesure, léger mais très séduisant dans ses arômes comme dans ses contours. Parfumé, diaphane, le 2013, conscient de ses limites, s'exprime avec une belle franchise. Le 2012, souple et sapide, sur le fruit, possède un profil proche du 2014, avec cependant davantage de verdeur aromatique.

- Saint-Emilion Grand Cru 2013   20,40 €   14
- Saint-Emilion Grand Cru 2014   22 €   14,5
- Saint-Emilion Grand Cru 2016   N.C.   16,5

Le coup de ♥
- Saint-Emilion Grand Cru 2015   N.C.   16,5

Pour son premier millésime à la tête de Laroque, David Suire a livré une interprétation totalement convaincante du cru. Le fruit s'affirme avec beaucoup d'éclat et de cohérence. Malgré son assise terrienne (touche d'hydrocarbures, à la manière de Beauséjour), le vin possède un profil délié qui évoluera vers encore davantage d'élégance.

Rouge : 61 hectares.
Merlot 88 %, Cabernet franc 10 %,
Cabernet-sauvignon 2 %
Production moyenne : 330 000 bt/an

CHÂTEAU LAROQUE
33330 Saint-Christophe-des-Bardes
05 57 24 77 28 ●
www.chateau-laroque.com ● Vente et visites : au domaine sur rendez-vous.
De 9h à 12h et de 14h à 18h.
Propriétaire : Famille Beaumartin
Directeur : David Suire

CHÂTEAU LAROZE

Valeur sûre trop méconnue, cette propriété appartient à la même famille depuis plus d'un siècle. Elle est située en pied de côte, à l'ouest de Saint-Émilion, sur un sol de sables anciens et d'argiles désormais bien drainés. Conseillé par son voisin Hubert de Boüard, le propriétaire Guy Meslin est un vinificateur qui a su dans les derniers millésimes donner aux vins toute la gourmandise que l'on attend de ce secteur. La forte présence des cabernets, représentant 40 % de l'assemblage, n'est sans doute pas étrangère au charme aromatique qui singularise désormais les vins du château.

Les vins : la progression des derniers millésimes est remarquable. 2016 en primeur l'illustre parfaitement ; le fruit exprime déjà des parfums racés, mélangeant fleurs et humus. La matière montre à la fois beaucoup de grâce, de mesure, de sérieux et de délié. Bonheur précoce en perspective ! 2014 s'est amélioré en bouteille, l'élevage est désormais digéré et le vin exprime avec une belle plénitude un fruit avenant de myrtille et de cassis. Original dans son caractère aromatique, le 2013 exhale des fleurs capiteuses, entre lys et pivoine ; on apprécie également son joli grain frais et sobre. C'est une réussite majeure dans un millésime ingrat.

- Saint-Emilion Grand Cru 2013   20 €   15
- Saint-Emilion Grand Cru 2014   N.C.   15
- Saint-Emilion Grand Cru 2016   N.C.   16

Le coup de ♥
- Saint-Emilion Grand Cru 2015   N.C.   16,5

La plénitude du millésime est exprimée avec beaucoup de tact. Gracieuse, parfumée et fraîche, la matière arrive sur la pointe des pieds, pour finalement s'imposer avec autorité. La pureté du fruit est remarquable.

Rouge : 27 hectares.
Merlot 65 %
Production moyenne : 110 000 bt/an

CHÂTEAU LAROZE
BP 61, 33330 Saint-Émilion
05 57 24 79 79 ● www.laroze.com ● Vente et visites : au domaine sur rendez-vous.
De 9h à 12h et de 13h30 à 16h.
Propriétaire : Guy Meslin

CHÂTEAU LA MARZELLE

Acquis en 1997 par la famille flamande Sioen, le château, situé derrière l'hôtel Grand Barrail, a bénéficié d'importants investissements et a

BORDEAUX SAINT-ÉMILION

retrouvé son classement en 2012. L'équipe dirigée par Philippe Genevey a affiné l'approche du parcellaire, dans un secteur parfois limité par ses sables, et dispose désormais d'un chai-vitrine dernier cri. La Marzelle est revenu à un bon niveau, produisant des vins colorés, amples et structurés. Désormais conduit en biodynamie, le cru devrait encore gagner en élégance.

Les vins : le style des derniers millésimes va loin dans la recherche de l'opulence fruitée (toujours fruits noirs). Très dense d'aspect mais soyeux au toucher, avec une prise de bois aromatique, un peu camphrée, 2016 en primeur offre un cœur svelte et réactif, malgré une générosité de chair manifeste. Puise-t-il cette fraîcheur dans l'élevage en jarre, qui concerne 7 % de l'assemblage ? 2014 nous déconcertait l'an dernier ; il semble avoir retrouvé les belles promesses de l'échantillon primeur, avec une grande amplitude de corps pour le millésime et un hédonisme évident, comme une pulpeuse évocation de forêt noire. La matière du 2013 est honorable, mais le fruit manque d'éclat. Moins intense mais plus délié que le grand vin, le second vin Prieuré La Marzelle montre en 2015 un profil juteux égayé par une jolie pointe florale. Il mérite d'être recherché.

- Saint-Emilion Grand Cru 2013   N.C.   13
- Saint-Emilion Grand Cru 2014   N.C.   15
- Saint-Emilion Grand Cru 2016   N.C.   15,5
- Saint-Emilion Grand Cru Prieuré La Marzelle 2015   N.C.   15

Le coup de ♥
- Saint-Emilion Grand Cru 2015   N.C.   16

Cohérent et capiteux, il propose un fruit de cerise expressif, légèrement confite mais d'une très belle pureté, ainsi qu'une pulpe ultra-veloutée, désormais signature du cru.

Rouge : 17 hectares.
Merlot 75 %, Cabernet franc 17 %, Cabernet-Sauvignon 8 %
Production moyenne : 45 000 bt/an

CHÂTEAU LA MARZELLE
La Marzelle, 33330 Saint-Émilion
05 57 55 10 55 •
www.chateaulamarzelle.com • Vente et visites : au domaine sur rendez-vous.
Propriétaire : Mme Sioen
Directeur : Philippe Genevey

CHÂTEAU MONBOUSQUET

Gérard Perse a vendu en 2012 les murs du château à une mutuelle d'assurances, la Caisse autonome de retraite des médecins de France (CARMF), afin de régler sa succession et les investissements nécessaires au château Pavie. Il reste pour l'heure à la tête du vignoble. Situé en plaine sur un terroir de sables, de graves et de calcaire qui n'est pas considéré comme étant de première catégorie, Monbousquet a été réveillé par Gérard Perse, qui s'en est servi comme d'un prototype avant d'acquérir Pavie et Pavie Decesse. Dans leur nouveau style, les vins de Monbousquet ont, dès leur naissance, une couleur spectaculaire, des arômes envoûtants de cacao et de torréfaction, sans lourdeur, et surtout une signature dans le velouté de texture. La propriété produit de façon confidentielle un blanc sec finement boisé qui peut rivaliser avec quelques crus de Graves dont c'est la spécialité.

Les vins : dans le sillage du 2015, 2016 en primeur promet de belles choses, avec une matière très veloutée innervée par une mâche dynamique. Comme l'an dernier, le second vin affiche une amplitude remarquable, avec une véritable finesse de propos, davantage de fraîcheur que son grand frère. 2014 qui se montrait serré et extrait dans sa jeunesse, avec des tanins un peu abrupts, s'est considérablement assoupli. 2013 est une très bonne surprise, avec une générosité de saveur étonnante dans le millésime.

- Saint-Emilion Grand Cru 2013   N.C.   15
- Saint-Emilion Grand Cru 2014   N.C.   14,5
- Saint-Emilion Grand Cru 2016   N.C.   15
- Saint-Emilion Grand Cru Angélique de Monbousquet 2016   N.C.   15

Le coup de ♥
- Saint-Emilion Grand Cru 2015   N.C.   16

Profond, opaque, extrêmement corsé mais innervé par des tanins admirablement lissés, il met la générosité du millésime au service du style qui a rendu le cru célèbre, à la fois torréfié (extrait de chicorée...) et extrêmement velouté.

Rouge : 32 hectares.
Merlot 60 %, Cabernet franc 30 %, Cabernet-Sauvignon 10 %
Production moyenne : 60 000 bt/an

CHÂTEAU MONBOUSQUET
42, avenue de Saint-Emilion,
33330 Saint-Sulpice-de-Faleyrens

05 57 24 67 19
www.chateaumonbousquet.com • Pas de visites.
Propriétaire : CARMF
Directeur : Laurent Lusseau
Maître de chai : Jean-Philippe Lavautour
Œnologue : Michel Rolland

CHÂTEAU DE PRESSAC

Cet historique château de Saint-Étienne-de-Lisse, impressionnant par son architecture néo-moyenâgeuse, a été acquis par la famille Quenin en 1997. Pressac est, par ailleurs, l'ancien nom donné au cépage malbec. Le vignoble a depuis été restructuré avec beaucoup d'ambition, des coteaux escarpés ont notamment été remis en culture. L'extension en 2012 d'un nouveau chai, contenant des petites cuves en béton avec possibilité de pigeage, permet de travailler de façon plus précise sur des volumes de 60 à 40 hl.

Les vins : ils s'affirment dans un style plein, puissant, un rien démonstratif, mais sans rusticité ni caractère asséchant. 2016 affiche en primeur un jus précoce, d'un très joli velouté mais bien cadré par une finale justement tannique. Très dense, noir, saturé, d'un grain fortement serré, montrant un profil compact mais complet, Pressac 2015 se met en place, même si la perception du boisé demeure insistante. Le 2013 reste campé sur une tannicité anguleuse dominant le fruit, qui semble déjà se retirer de la partie.

- Saint-Emilion Grand Cru 2013   24 €   12,5
- Saint-Emilion Grand Cru 2015   N.C.   15
- Saint-Emilion Grand Cru 2016   N.C.   15

Le coup de ♥
- Saint-Emilion Grand Cru 2014   N.C.   15,5

Un 2014 précieux et suave ; la chair dense est portée par des tannins particulièrement fins. Avec une recherche manifeste de suavité, il confirme l'évolution stylistique des vins du château.

Rouge : 36 hectares.
Merlot 72 %, Cabernet franc 14 %, Cabernet-Sauvignon 12 %, Malbec (cot) 1 %, Carmenère 1 %
Production moyenne : 180 000 bt/an

CHÂTEAU DE PRESSAC
1, château de Pressac,
33330 Saint-Étienne-de-Lisse
05 57 40 18 02
www.chateau-de-pressac.com • Vente et visites : au domaine sur rendez-vous.

Propriétaire : Jean-François Quenin

CHÂTEAU LE PRIEURÉ

Artemis, holding de la famille Pinault, est entrée début 2014 à 49 % dans le capital des vignobles Baronne Guichard (56 hectares), signant ainsi l'arrivée à Pomerol et à Saint-Émilion de François Pinault. Paul Goldschmidt reste à la direction de cette charmante propriétés du vallon de Fongaban. Le château possède de belles parcelles complémentaires : face à Trotte Vieille, sur le plateau (qui donne un vin pierreux et assez austère), face à Troplong Mondot, plein sud (qui apporte plus de rondeur) et, toujours plein sud, en pied de côte, regardant le village de Saint-Émilion et Ausone, là encore, offrant des vins généreux. Le vignoble est assez jeune, la moitié de sa surface a été replantée dans les dix dernières années. La jeune œnologue Pénélope Godefroy, par ailleurs ingénieur agronome, a réalisé sa première vinification au Prieuré avec le millésime 2014 ; biodynamiste convaincue, elle insuffle indéniablement une énergie nouvelle au cru. Le Prieuré livre un saint-émilion d'un style classique, sans aucune recherche de concentration ni élevage démonstratif. Les prix étaient raisonnables... jusqu'à présent.

Les vins : dans le crescendo des derniers millésimes, nettement perceptible à la dégustation, 2016 pose un jalon important. Le jus est intense, élancé, d'une cohérence et d'une pureté parfaites, à la saveur de cerise nuancée et déjà gourmande. L'acidité reste toujours gainée par une chair raffinée, pulpeuse. Voici un vin très prometteur et d'un naturel exemplaire. Terrien, droit, campé sur une belle structure acide, 2014 évolue bien, avec une expression aromatique qui penche vers le sous-bois et la résine. 2013 affiche une concentration convenable mais manque d'éclat et de relief.

- Saint-Emilion Grand Cru 2013   N.C.   13,5
- Saint-Emilion Grand Cru 2014   N.C.   15,5
- Saint-Emilion Grand Cru 2015   N.C.   16

Le coup de ♥
- Saint-Emilion Grand Cru 2016   N.C.   17

Peu marqué par le bois (seulement 40 % de barriques neuves), solaire, très velouté, mais sans aucune lourdeur extractive, le 2015 annonce le style voulu par les propriétaires.

Rouge : 6 hectares.
Merlot 80 %, Cabernet franc 20 %
Production moyenne : 28 000 bt/an

BORDEAUX SAINT-ÉMILION

CHÂTEAU LE PRIEURÉ
Château Siaurac, 33500 Néac
05 57 51 64 58 •
www.chateausiauracandco.com/ • Vente et visites : au domaine sur rendez-vous.
Propriétaire : Paul Goldschmidt et François Pinault
Directeur : Paul Goldschmidt

CHÂTEAU QUINTUS

Ex-château Tertre-Daugay, débaptisé depuis son acquisition aux vendanges 2011 par les Domaines Clarence Dillon (Haut-Brion). Le foncier s'est agrandi avec le rachat des 13 ha du château l'Arrosée (cette étiquette disparaît) en octobre 2013. Les équipes techniques de Haut-Brion, sous la direction de Jean-Philippe Delmas, travaillent activement à la réunion des meilleures parcelles des deux vignobles. On attend beaucoup de cette reprise d'un cru historique de Saint-Émilion. Le second vin est baptisé Le Dragon de Quintus, il fait référence à la statue qui depuis le Tertre Daugay domine désormais l'ouest saint-émilionnais.

Les vins : dans la lignée stylistique de ses prédécesseurs, qui se singularisent par des tanins extrêmement civilisés, le 2016 propose toutefois, avec davantage de cabernet franc (30 %) et moins de bois neuf (29 % seulement) qu'en 2015, un équilibre plus frais et tendu. Presque gracile dans ses contours, il s'articule autour d'une trame étirée. Le 2014 possède un soyeux de tanins remarquable pour un vin d'argilo-calcaires, remarquable également la précision aromatique. L'expertise dans la gestion de l'extraction est manifeste, l'esprit du vin demeure centré sur la sveltesse, avec un côté réservé, même si l'élevage vient un peu sucrer la bouche. La structure modeste du 2013 est en revanche dominée par le bois qui était censé la polir.

➤ Saint-Emilion Grand Cru 2013   82 €   12
➤ Saint-Emilion Grand Cru 2014   N.C.   15,5
➤ Saint-Emilion Grand Cru 2016   N.C.   16

Le coup de ♥
➤ Saint-Emilion Grand Cru 2015   N.C.   16

Avec 2015, Quintus passe un cap, en cohérence et en profondeur. S'appuyant sur une remarquable qualité des tanins, le vin déploie un fruit tendu et suave à la fois. En fin d'élevage, il développe de beaux et luxueux arômes de bois et de cuir (intérieur de voiture anglaise...). Seul bémol : une générosité en alcool qui reste assez voyante.

Rouge : 28 hectares.
Merlot 66 %, Cabernet franc 26 %, Cabernet-Sauvignon 8 %
Production moyenne : 38 400 bt/an

CHÂTEAU QUINTUS
1, Larosé, 33330 Saint-Émilion
05 57 24 69 44 •
www.chateau-quintus.com • Visites : sans rendez-vous.
Du lundi au vendredi.
Propriétaire : Prince Robert de Luxembourg
Directeur : Jean-Philippe Delmas
Maître de chai : Claude Diligeart

CHÂTEAU ROL VALENTIN

Son absence apparaît comme une des injustices du classement de 2012, au vu de la régularité et de la qualité des vins de ce cru, qui fut l'un des porte-drapeaux des vins de garage dans la région. Créé en 1994 par l'ancien joueur professionnel de football Éric Prissette, et vinifié sous la houlette de Stéphane Derenoncourt, le domaine s'est rapidement imposé, avec des vins séduisants, ronds et suaves. Le parcellaire se compose de deux sites différents : l'un à l'est de l'appellation, près de Valandraud, à Saint-Étienne-de-Lisse, l'autre dans la partie occidentale, près du Clos des Jacobins. Vendu en 2009 à Alexandra et Nicolas Robin, Rol Valentin poursuit sur sa lancée sans faiblir. Dans un contexte de plus en plus compétitif, qui s'accompagne d'un vrai renouveau stylistique, le vin nous semble néanmoins manquer de complexité et d'articulation et nous retirons l'étoile accordée au domaine.

Les vins : il y a une belle tension dans le 2016, un échantillon aux contours très nets, au fruité intense et plein. Le 2014 déborde d'un fruit très agréablement parfumé, qui évoque la pulpe de cerise. Grêlé à 50 % le millésime 2013 a pourtant livré un vin valeureux, desservi par des tanins à vif.

➤ Saint-Emilion Grand Cru 2013   N.C.   13,5
➤ Saint-Emilion Grand Cru 2014   N.C.   15,5
➤ Saint-Emilion Grand Cru 2016   N.C.   15

Le coup de ♥
➤ Saint-Emilion Grand Cru 2015   N.C.   15,5

Très fruits noirs, avec une pointe de cacao et d'amande grillée, la matière tapisse bien la bouche ; il y a de la sucrosité dans la trame tannique de ce vin plein et satiné.

Rouge : 7 hectares.
Merlot 90 %, Cabernet-Sauvignon 10 %
Production moyenne : 28 000 bt/an

CHÂTEAU ROL VALENTIN
5, Cabanes Sud, 33330 Saint-Émilion
05 57 40 13 76 ● www.vignoblesrobin.com
● Vente et visites : au domaine sur rendez-vous.
Propriétaire : Alexandra et Nicolas Robin

CHÂTEAU SANSONNET

Déclassée en 1996, cette propriété de 7 ha d'un seul tenant, située au sommet du plateau argilo-calcaire, entourée par La Couspaude, Trotte-vieille et Balestard La Tonnelle, appartenait à la famille d'Aulan, qui fut propriétaire du champagne Piper-Heidsieck. Depuis son rachat en 1999 par la famille Lefévère (entreprise de travaux publics), elle connaît une complète renaissance. Bien conseillée par le cabinet de Michel Rolland et Jean-Luc Thunevin, la responsable Marie-Bénédicte Lefévère, pharmacienne de formation et cavalière émérite, a investi dans la refonte du vignoble : le chai neuf permet une sélection beaucoup plus fine. Le château a retrouvé son classement en grand cru de Saint-Émilion en 2012. Une adresse à suivre, dont nous attendons une belle progression, et davantage de lisibilité stylistique.

Les vins : nous avons l'impression avec les derniers millésimes d'assister à une sorte de fuite en avant, une recherche de puissance qui désoriente ce cru pourtant extrêmement bien situé. 2016 propose un échantillon dense, compact, bien en place mais dont les éléments (fruit pur, mâche fournie) manquent encore de liant, de naturel et de délié. Comme le 2014 avant lui, 2015 nous pose question. Sa chair ferme garnit efficacement l'abondante matrice tannique, dominante à ce stade. Le grain est insistant mais policé, on sent un réel potentiel dans ce fruit presque noir (myrtille). Il faudra d'une part que les tanins s'assagissent et d'autre part que le fruit très mûr ne bascule pas dans le registre cuit/oxydatif, comme c'était le cas du dernier échantillon dégusté. La matière du 2013, sans charme, semble avoir été un peu trop sollicitée par rapport au potentiel du raisin.

▬ Saint-Emilion Grand Cru 2013	24 €	13
▬ Saint-Emilion Grand Cru 2015	N.C.	15
▬ Saint-Emilion Grand Cru 2016	N.C.	15,5

Le coup de ♥

▬ Saint-Emilion Grand Cru 2014	N.C.	15

Très concentré, avec une matière que l'on sent extraite, sollicitée, des arômes saturés de fruits noirs et de torréfaction, quasiment "Nouveau Monde", le 2014 poursuit une route qui parlera aux amateurs de grande puissance.

Rouge : 7 hectares.

Merlot 70 %, Cabernet franc 20 %, Cabernet-Sauvignon 10 %
Production moyenne : 18 600 bt/an

CHÂTEAU SANSONNET
1, Sansonnet, 33330 Saint-Émilion
09 60 12 95 17 ● www.sansonnet.com ●
Visites : sur rendez-vous uniquement aux professionnels.
Propriétaire : Famille Lefévère
Directeur : Marie Lefévère

CHÂTEAU LA SERRE

Le vignoble de La Serre, cru familial d'un grand classicisme, s'étend sur le plateau calcaire côté est, non loin de Trotte Vieille et de Villemaurine. Luc d'Arfeuille est désormais épaulé par son neveu Arnaud, qui s'occupe également du Château Tessendey à Fronsac. La Serre évolue avec discrétion en se dotant en 2013 d'une salle de dégustation simple et lumineuse offrant une vue rare sur le vallon bucolique de Fongaban. Si le château a jadis donné des vins manquant d'intensité, il a progressé avec intelligence. Mieux constitués, ils brillent désormais par leur élégance et leur finesse.

Les vins : les derniers millésimes possèdent autant d'éclat que d'harmonie. 2016 parmi ses pairs se signale par une matière délicate, élégante, fraîche et nuancée ; la petite minceur en milieu de bouche est compensée par la distinction et l'élan de la saveur. S'il gagne un peu en profondeur pendant l'élevage, il devrait amener avec lui une étoile largement à la portée du terroir. 2014 est un vin parfumé, frais, svelte, avec un caractère aromatique floral, un fruit disponible mais discret, alerte, naturel : on se situe manifestement dans la recherche de fraîcheur, loin de l'école de la surmaturité. Modeste mais très harmonieux dans son propos, 2013 développe une jolie saveur de guigne relevée de quelques épices et d'une touche d'écorce.

▬ Saint-Emilion Grand Cru 2013	29 €	14,5
▬ Saint-Emilion Grand Cru 2014	N.C.	16
▬ Saint-Emilion Grand Cru 2016	N.C.	15,5

Le coup de ♥

▬ Saint-Emilion Grand Cru 2015	N.C.	16,5

Une élégance de proportions très classique se double d'un éclat fruité particulièrement frais, subtil et framboisé. L'acidité fine, présente dès l'attaque et persistant jusqu'en finale accompagne la dynamique calcaire de la structure. Le millésime est ici tout sauf surjoué.

Rouge : 7 hectares.

BORDEAUX SAINT-ÉMILION

Merlot 80 %, Cabernet franc 20 %
Production moyenne : 35 000 bt/an

CHÂTEAU LA SERRE
Luc d'Arfeuille SCE, 33330 Saint-Émilion
05 57 24 71 38 • chateaulaserre@orange.fr
• Vente et visites : au domaine sur rendez-vous.
Propriétaire : Luc d'Arfeuille

CHÂTEAU TEYSSIER

Jonathan Maltus, citoyen anglais ayant grandi en Afrique, est arrivé à Saint-Émilion en 1994, via Cahors. Avec sa micro-cuvée Le Dôme, il s'est vite fait adouber comme l'un des garagistes majeurs de la Rive Droite. Depuis 2008 il a développé une activité en Californie, dans la Napa Valley, sous l'étiquette World's End. C'est peu dire que l'homme est entreprenant. À Saint-Émilion il est parvenu à acheter au fil du temps d'autres parcelles très biens placées, notamment sur le plateau (Les Astéries, Le Carré). Ces cuvées sont vinifiées au château Teyssier à Vignonet ; on ne les voit guère sur le marché français, les amateurs anglo-saxons se les arrachent. 2014 semble marquer un virage stylistique, avec des élevage moins présents, moins sucrants, davantage d'élégance. Certes puissantes et opulentes, elles font preuve en 2015 d'une distinction et d'une mesure, d'une clarté dans l'expression du lieu et du sol, que nombre de crus classés cherchent encore.

Les vins : petit vignoble jouxtant celui d'Angélus, Le Dôme est constitué à 80 % de cabernet franc. Cette originalité se ressent indéniablement dans le caractère du vin. Le Dôme 2016 confirme l'immense caractère du 2015. Grand nez, exubérance ponctuée de bois de santal, de pollen… Grand sillon de tanins sucrés, qui amorce une finale vraiment interminable, signature du cru. 2014 se développe au fil de tanins très élancés, avec autant de panache que de finesse. 2013 est une réussite, un vin fin et réactif, ligérien dans l'esprit. Vieux Château Mazerat, également proche d'Angélus, en 2015 exprime sa profondeur veloutée avec beaucoup d'assurance et de limpidité. Sur le plateau, les deux cuvées Le Carré et Les Astéries sont très différentes. La première s'exprime en largeur, avec des saveurs épicées et confites, avant de faire valoir la fermeté du terroir. La seconde est beaucoup plus tranchante, avec une veine acide et minérale forte. À 250 mètres d'écart, avec les mêmes vinifications, la démonstration est presque bourguignonne !

➤ Saint-Emilion Grand Cru Le Carré 2015 N.C. 16
➤ Saint-Emilion Grand Cru Les Astéries 2015 N.C. 16,5
➤ Saint-Emilion Grand Cru Vieux Château Mazerat 2015 N.C. 16,5
➤ Saint-Emilion Grand cru Le Dôme 2013 N.C. 15,5
➤ Saint-Emilion Grand cru Le Dôme 2014 N.C. 17,5
➤ Saint-Emilion Grand cru Le Dôme 2016 N.C. 17,5

Le coup de ♥
➤ Saint-Emilion Grand cru Le Dôme 2015 N.C. 18

Certes extrêmement profond, ultra-velouté, il exprime des arômes déjà subtils, une grande finesse de toucher et surtout une extraordinaire profondeur de goût, portée par un élan tannique interminable.

Rouge : 25 hectares.
Merlot 85 %, Cabernet franc 15 %
Production moyenne : 180 000 bt/an

CHÂTEAU TEYSSIER
33290 Puisseguin-Saint-Émilion
05 57 74 63 11 • contact@cvbg.com •
Visites : Pas de visites.
Propriétaire : Jonathan Maltus

CHÂTEAU VILLEMAURINE

En bordure de l'enceinte de Saint-Émilion, Villemaurine a été acquis en 2007 et rénové par le négociant belge Justin Onclin, également propriétaire de Branas Grand Poujeaux à Moulis. Bien noté en 2009 et 2010, le château doit en partie ses performances à une nouvelle cuverie gravitaire et au soin tout particulier apporté aux tris de vendanges issues du plateau, dans un secteur réputé pour la finesse tannique qu'il confère aux vins. Villemaurine a changé de conseiller en 2012 ; l'équipe d'Hubert de Boüard remplace celle de Stéphane Derenoncourt. "Notre priorité, désormais plus commerciale, est de travailler sur notre déficit d'image", explique Justin Onclin, son propriétaire.

Les vins : Villemaurine est un outsider qui confirme sa réussite dans les derniers millésimes. Le cru de Justin Onclin fait brillamment valoir en 2016 la proverbiale finesse de ses tanins. Finesse aussi dans l'expression aromatique, déjà très nuancée, pivoine, rose, thé Oolong… Un jus fin, pénétrant, précoce mais innervé par une belle tension calcaire. Ouvert et séducteur l'an dernier, 2014 nous a montré lors de notre dernière dégustation un profil malheureusement terni par des notes végétales terreuses (trop fréquentes en 2014) devenues envahissantes. 2013 évolue rapidement lui-aussi, avec une matière légère et souple, peu extraite.

- Saint-Emilion Grand Cru 2013   26 €   13,5
- Saint-Emilion Grand Cru 2014   N.C.   13
- Saint-Emilion Grand Cru 2016   N.C.   16,5

Le coup de ♥
- Saint-Emilion Grand Cru 2015   N.C.   16,5

Confirmant et même amplifiant les qualités exhibées en primeur, le 2015 joue la séduction d'un fruit tendre, offert, d'une densité moyenne dans le contexte du millésime mais déroulant sa remarquable finesse structurelle sur une très jolie longueur. Son charme précoce est irrésistible.

Rouge : 7 hectares.
Merlot 95 %, Cabernet franc 5 %
Production moyenne : 15 000 bt/an

CHÂTEAU VILLEMAURINE
**Lieu dit Villemaurine, 33330 Saint-Émilion
05 57 74 47 30 ● www.villemaurine.com ●
Vente et visites : au domaine sur
rendez-vous.
Tous les jours sauf le mardi de 9h30 à
19h.
Propriétaire : Famille Onclin**

MÉDOC

★★★
CHÂTEAU DUCRU-BEAUCAILLOU

Les amateurs de grands médocs classiques trouveront leur bonheur avec Ducru-Beaucaillou. Bruno Borie conduit ce superbe cru avec talent et détermination ; il l'a placé ces dernières années dans le peloton de tête des bordeaux. Jamais démonstratifs, ni surextraits ni très puissants, les vins brillent par leur distinction et le soyeux de leur matière. Il s'agit de grands médocs profonds, digestes et équilibrés. Attention toutefois, un Ducru-Beaucaillou ne se révélant pleinement qu'avec l'âge, il est toujours dommage de le déguster trop tôt ; sa grande fraîcheur en finale et le grain élégant de ses tanins signent l'exceptionnelle capacité de cœur de son terroir. Croix de Beaucaillou, ancien second vin du château, est désormais un cru à part entière, avec un parcellaire dédié.

Les vins : il sera difficile de surpasser le 2015 et le 2016 qui, en primeur, atteignaient un sommet de raffinement et d'équilibre, offrant des fruits vibrants. 2014 est aussi somptueux dans son profil très précis et intense.

- Croix de Beaucaillou 2013   30 (c) €   15,5
- Saint-Julien 2013   93,50 €   17
- Saint-Julien 2014   N.C.   18,5
- Saint-Julien 2016   N.C.   19
- Saint-Julien La Croix de Beaucaillou 2016   N.C.   16,5
- Croix de Beaucaillou 2014   34 (c) €   16,5

Le coup de ♥
- Saint-Julien 2015   N.C.   20

Heureux les amateurs qui pourront boire dans les décennies à venir ce vin au raffinement superlatif. Le velouté des tanins, l'énergie du fruit et la portée de la finale qui déroule sans fin en font une légende.

Rouge : 55 hectares.
Cabernet-Sauvignon 70 %, Merlot 25 %, Cabernet franc 5 %
Production moyenne : 215 000 bt/an

CHÂTEAU DUCRU-BEAUCAILLOU
**33250 Saint-Julien-Beychevelle
05 56 73 16 73** ●
www.ducrubeaucaillou.com ● **Vente et visites :** au domaine sur rendez-vous.

Du lundi au vendredi de 9h à 12h et de 14h à 17h. Fermé en août et pendant les vendanges.
Propriétaire : Famille Borie
Directeur : Bruno Borie

★★★
CHÂTEAU LAFITE ROTHSCHILD

Premier grand cru classé de Pauillac, dont une partie du terroir se situe d'ailleurs sur Saint-Estèphe, le vin est ici d'un raffinement sans pareil. Serré, profond et très élancé dans sa jeunesse, il vieillit à merveille, prenant alors un typique bouquet de mine de crayon, de cèdre et d'épices. Directeur technique depuis 1982, Charles Chevalier a passé la main à Éric Kohler. Ce dernier a pour mission de poursuivre la formidable série de grands vins élaborés par le château. Il doit aussi faire progresser le second vin, les Carruades, dont nous pensons qu'il lui reste une marge de progression substantielle.

Les vins : Lafite est un immense coureur de fond qui ne commence vraiment à accélérer qu'après une bonne décennie. Il faudra donc être patient avec les 2016 et 2015, deux vins tramés par des cabernets à la fois puissants et racés. Il sera d'ailleurs passionnant de comparer ces deux "monstres" dans une dizaine d'années. Quant au second vin, Les Carruades de Lafite, il nous semble un peu plus facile et pas toujours au niveau de son prix, ce qui est une autre histoire. Le 2014 est d'une race immense, avec une bouche très étirée et enrobée juste comme il faut. La finale, légèrement poivrée, est spectaculaire.

- Pauillac 2016   N.C.   18,5
- Pauillac Les Carruades de Lafite 2013 N.C.   15,5
- Pauillac Les Carruades de Lafite 2014 N.C.   16,5
- Pauillac 2013   396 €   17
- Pauillac 2014   N.C.   18,5

Le coup de ♥
- Pauillac 2015   576 (c) € 19

Avec Lafite 2015, nous plongeons dans un vin de cabernet (91 %) de grande race. L'équilibre magistral dont peut faire preuve les vins de la propriété est une fois encore au rendez-vous.

Rouge : 105 hectares.
Cabernet-Sauvignon 70 %, Merlot 25 %, Cabernet franc 3 %, Petit Verdot 2 %
Production moyenne : 300 000 bt/an

CHÂTEAU LAFITE ROTHSCHILD
**33250 Pauillac
05 56 73 18 18 • www.lafite.com •** Vente et visites : au domaine sur rendez-vous.
**Propriétaire : Famille de Rothschild
Directeur : Éric Kohler**

CHÂTEAU LATOUR

Ce cru est au sommet absolu de la hiérarchie bordelaise ; il continue à se montrer d'une régularité sans faille et ce, depuis plusieurs décennies. Difficile de prendre Latour en défaut, y compris dans les petits millésimes. Il représente l'essence même du grand pauillac : plein, riche et complet, développant avec l'âge un bouquet complexe et racé. Les millésimes légendaires ne manquent pas, et tous ceux qui ont eu la chance de déguster un jour les 1945, 1947, 1961 ou 1982 savent de quoi ce fantastique terroir est capable. Le directeur actuel, Frédéric Engerer, entretient fidèlement ce style sans concession. La refonte complète des chais et des installations techniques opérée ces dernières années, ainsi qu'une sélection drastique, ont permis au cru d'atteindre de nouveaux sommets. Dans le même temps, Les Forts de Latour s'impose comme un cru également extraordinaire, surpassant en raffinement et en profondeur bien des crus classés. Enfin, une troisième étiquette, Le Pauillac de Latour, mérite aussi l'intérêt des amateurs. À noter que depuis le millésime 2012, le château ne vend plus son vin en primeur, mais uniquement "en livrable" lorsque l'équipe estime qu'il a atteint sa maturité. Une politique commerciale unique pour un premier grand cru classé en 1855.

Les vins : en 2014, Le Pauillac est gourmand et racé, très savoureux, Les Forts offre une structure remarquable aux tanins raffinés et Latour se montre impérial. Aucun de ces vins n'a pour l'heure été mis sur le marché.

Pauillac 2013	N.C.	17,5

Le coup de ♥

Pauillac Grand Vin de Château Latour 2014	N.C.	19

Impérial, avec un éclat et une énergie superbes en bouche. Ce vin racé et long offre un équilibre et un grain de tanins de haut vol, soutenu par un fruité toujours juteux.

Rouge : 80 hectares.
Cabernet-Sauvignon 75 %, Merlot 23 %, Petit Verdot 1 %, Cabernet franc 1 %
Production moyenne : 320 000 bt/an

CHÂTEAU LATOUR
**33250 Pauillac
05 56 73 19 80 • www.chateau-latour.fr •
Vente et visites : au domaine sur rendez-vous.
Du lundi au vendredi de 8h30 à 12h30 et de 14h à 17h.
Propriétaire : François Pinault
Directeur : Frédéric Engerer**

CHÂTEAU LÉOVILLE BARTON

Anthony Barton et sa fille Lilian conduisent avec efficacité ce cru qui se distingue comme étant le plus raffiné des trois Léoville. Hormis un goût évident pour le travail bien fait, le secret de ce succès tient à l'âge élevé de cet ancien vignoble, qui permet d'obtenir des raisins mûrs et concentrés, mais sans jamais chercher à surjouer. Barton enchante par son gras, mais aussi surtout par le côté croquant et juteux de son fruit et le côté velouté de ses tanins. Plus ouvert en primeur, le vin passe souvent par une phase d'austérité, puis prend peu à peu sa forme définitive ; il déploie alors au vieillissement un des bouquets les plus complexes et les plus élégants du Médoc. De plus, au regard de sa qualité et de sa grande régularité, les prix restent toujours très abordables.

Les vins : comment résister au charme et au croquant des vins de la propriété ? En primeur, 2016 explosait de fruit, avec du gras et du charnu. 2015 est dans cette lignée, alors que 2014, juteux et savoureux est lui aussi délicieux. 2013 est plus délié, mais souple et charmeur.

Saint-Julien 2016	N.C.	18
Saint-Julien 2013	59 €	16,5
Saint-Julien 2014	N.C.	17,5

Le coup de ♥

Saint-Julien 2015	75 (c) €	18

Il sera difficile de résister à ce vin au fruité opulent et juteux. Très racé et droit, il se prolonge admirablement, avec, une fois encore, une petite pointe saline qui souligne sa finale et en exhausse les saveurs.

Rouge : 50 hectares.
Cabernet-Sauvignon 74 %, Merlot 23 %, Cabernet franc 3 %
Production moyenne : 240 000 bt/an

CHÂTEAU LÉOVILLE BARTON
**33250 Saint-Julien-Beychevelle
05 56 59 06 05 • www.leoville-barton.com
•** Vente et visites : au domaine sur rendez-vous.

BORDEAUX MÉDOC

Du lundi au jeudi de 9h à 11h30 et de 14h à 16h30.
Propriétaire : Famille Barton
Directeur : Mme Lilian Barton Sartorius

★★★
CHÂTEAU LÉOVILLE LAS CASES

La force du château réside indiscutablement dans son célèbre clos, au terroir complexe et aux parcelles diverses et complémentaires. Le grand vin est d'ailleurs issu uniquement de ce terroir, qui évoque par différents aspects celui de Château Latour. Il peut présenter, en fonction des millésimes, un profil plus droit et pauillacais ou bien jouer sur une expression plus tendre, évoquant davantage un saint-julien. Le vin arbore régulièrement une robe bleue-noire impressionnante, même en année moyenne. À son apogée – qui peut atteindre plus de vingt ans –, il offre un bouquet dépassant en complexité et en noblesse de saveurs, celui d'un saint-julien, avec les nuances aromatiques les plus fines du cabernet-sauvignon des grands terroirs médocains. Propriété de Jean-Hubert Delon, l'un des plus fins connaisseurs bordelais de grands vins français, ce cru fait preuve d'une régularité sans faille depuis les années 70. Le Petit Lion, désormais seconde étiquette du cru, est également de fort belle tenue !

Les vins : qui finira par s'imposer entre le 2016 et le 2015 ? Il sera, pour ceux qui le pourront, passionnant de les voir évoluer au fil des ans, voire des décennies. Une chose étant certaine, nous avons ici affaire à deux légendes. 2014, avec un profil plus accessible, s'avère néanmoins lui aussi un vin ultra complet, doté de tanins admirablement fondus.

▶ Saint-Julien 2014	N.C.	19
▶ Saint-Julien 2016	N.C.	19

Le coup de ♥

▶ Saint-Julien 2015	N.C.	20

Une des plus grandes réussites du cru qui réussit à convoquer sa puissance habituelle, mais sans aucune dureté. La bouche est sapide, éclatante, énergique et admirablement étirée.

Rouge : 98 hectares.
Cabernet-Sauvignon 66 %, Merlot 24 %, Cabernet franc 9 %, Petit Verdot 1 %
Production moyenne : 200 000 bt/an

CHÂTEAU LÉOVILLE LAS CASES
33250 Saint-Julien-Beychevelle
05 56 73 25 26 ●
contact@leoville-las-cases.com ● Vente et visites : au domaine sur rendez-vous.
Du lundi au vendredi de 9h à 11h et de 14h à 16h.
Propriétaire : Famille Delon
Directeur : Pierre Graffeuille

★★★
CHÂTEAU MARGAUX

Figure emblématique et directeur de Château Margaux depuis 1983, Paul Pontalier est décédé au lendemain des vendanges 2015 et c'est désormais Philippe Bascaules qui dirige ce cru à la régularité hors pair. Déguster un grand Château Margaux à son apogée demeure une expérience unique, tant le cru se distingue, au sein de son appellation, par son bouquet floral caractéristique, la profondeur de ses saveurs et le soyeux de ses tanins. Autant de particularités que le cru doit à son superbe terroir, majoritairement composé de graves, qui réussit si bien aux cabernets composant le cœur de Margaux, et dont le foncier n'a pratiquement pas évolué depuis son classement. Grâce à une amélioration de l'outil de travail et à une sélection encore plus rigoureuse, les derniers millésimes semblent être les plus complets qui soient. La propriété produit également, sous le nom Pavillon Blanc, un vin qui, grâce à une plus grande exigence dans la recherche de maturité des sauvignons, est devenu l'un des meilleurs blancs de Bordeaux.

Les vins : le duo 2016 et 2015 est très prometteur et nous attendons avec impatience la mise pour confirmer nos impressions. En attendant, le 2014 brille de 1000 feux et le 2013 joue sur la délicatesse et le soyeux des tanins. Le Pavillon Blanc a beaucoup gagné en raffinement et en éclat.

▶ Margaux 2013	300 €	17
▶ Margaux 2016	N.C.	19
▶ Margaux Pavillon Rouge du Château Margaux 2013	N.C.	16
▶ Margaux 2015	N.C.	19,5

Le coup de ♥

▶ Margaux 2014	358 €	19

Une bouteille somptueuse, dotée d'une trame longiligne, portée par des cabernets sauvignons (90 %) d'une très grande définition. Un classique indémodable parti pour 30 ans. Aérien.

Rouge : 82 hectares.

Cabernet-Sauvignon 75 %, Merlot 20 %, Petit Verdot 3 %, Cabernet franc 2 %
Blanc : 12 hectares.
Sauvignon blanc 100 %
Production moyenne : 400 000 bt/an

CHÂTEAU MARGAUX
33460 Margaux
05 57 88 83 83 •
www.chateau-margaux.com • **Vente et visites : au domaine sur rendez-vous.**
Du lundi au vendredi de 10h à 12h et de 14h à 16h. Fermé en août et pendant les vendanges.
Propriétaire : Famille Mentzelopoulos
Directeur : Philippe Bascaules

★★★
CHÂTEAU MOUTON ROTHSCHILD

Philippe Sereys de Rothschild préside depuis la disparition de sa mère, la baronne Philippine de Rothschild en 2014, cette emblématique propriété de Pauillac. Le vin, toujours flamboyant, exhalant naturellement de généreuses notes fumées est plus en place que jamais. Car, même si Mouton connut un passage à vide au milieu des années 90, il a brillamment été remis en selle au début des années 2000 avec, entre autre, l'arrivée de Philippe Dhalluin à la direction technique, qui a su lui redonner tout son lustre. La mise en service d'une nouveau cuvier depuis deux ans permet à Mouton d'aller encore plus loin dans le soin porté à la définition des vins. Le blanc Les Ailes d'Argent n'a jamais été aussi bon.

Les vins : Mouton est plus en forme et spectaculaire que jamais. En primeur, le 2016 semblait vouloir s'imposer comme un des meilleurs de l'histoire et un des plus grands vins du millésime. 2014 confirme sa grandeur et la splendide race de sa bouche. D'un équilibre souverain, avec une tension enrobée et beaucoup d'éclat, il est très raffiné.

⊂ Bordeaux Aile d'Argent 2014	N.C.	15,5
▬ Pauillac 2013	300 €	17
▬ Pauillac 2014	N.C.	19
▬ Pauillac 2016	N.C.	19
▬ Pauillac Le Petit Mouton 2015	N.C.	17,5
▬ Le Petit Mouton 2014	110 (c) €	17

Le coup de ♥
▬ Pauillac 2015	N.C.	20

La grande race des cabernets de Mouton permet au 2015 de tutoyer la perfection. Osons prendre le pari qu'il se révèlera être le plus grand vin de la propriété depuis le 1945. Sublime distinction et longueur incroyable.

Rouge : 78 hectares.
Cabernet-Sauvignon 83 %, Merlot 11 %, Cabernet franc 5 %, Petit Verdot 1 %
Blanc : 4 hectares.
Sauvignon blanc 51 %, Sémillon 47 %, Muscadelle 2 %
Production moyenne : 300 000 bt/an

CHÂTEAU MOUTON ROTHSCHILD
33250 Pauillac
05 56 73 20 20 •
www.chateau-mouton-rothschild.com •
Vente et visites : au domaine sur rendez-vous.
Du lundi au jeudi de 9h30 à 11h et de 14h à 16h, fermeture à 15h le vendredi. Pas de visites le week-end.
Propriétaire : Famille de Rothschild
Directeur : Philippe Dhalluin

★★★
CHÂTEAU PALMER

Avec Château Margaux, Palmer est l'autre grande star d'une appellation trop souvent hétérogène. Son style, fait d'opulence et de rondeur, avec un soyeux magnifique, est néanmoins très différent de celui de son voisin. L'explication tient essentiellement dans la différence d'encépagement (et donc de terroir) entre les deux crus. Château Palmer est ainsi l'un des crus classés du Médoc à intégrer la plus forte proportion de merlot dans son assemblage final (aux environs de 50 %). Le château Palmer a écrit sa légende en produisant quelques vins absolument somptueux : les 1961, 1983 et 1989 demeurent des références incontournables. Aujourd'hui propriété des héritiers de trois grandes familles, les Mähler-Besse, les Sichel et les Bouteiller, Palmer est dirigé par le brillant Thomas Duroux qui, depuis 2004, a permis au cru de gagner encore en précision et surtout en régularité, portant les derniers millésimes au sommet. La conversion en biodynamie du vignoble est en cours pour une certification en 2017.

Les vins : en primeur, le 2016 fait montre d'une suavité hors-norme, avec un grain de tanins immense. Il sera passionnant de le comparer à un autre monstre : le 2015. Le 2014 est encore serré, mais avec une immense classe en bouche et une définition exemplaire. Il allie allonge et velouté, profondeur et éclat. Le 2013 est assez classique, avec un cœur de bouche de belle densité et des tanins de velours.

- Margaux 2014 — N.C. — 18
- Margaux 2016 — N.C. — 18,5
- Margaux Alter Ego 2014 — N.C. — 17
- Margaux 2013 — 210 € — 16,5

Le coup de ♥
- Margaux 2015 — 288 (c) € — 18

Avec le millésime 2015, Palmer retrouve un rendement plus conforme. Le vin possède la densité et l'ampleur des grands millésimes de références, avec une extrême douceur des tanins.

Rouge : 55 hectares.
Cabernet-Sauvignon 47 %, Merlot 47 %, Petit Verdot 6 %
Production moyenne : 240 000 bt/an

CHÂTEAU PALMER
33460 Margaux
05 57 88 72 72 ● www.chateau-palmer.com
● Vente et visites : au domaine sur rendez-vous.
De 9h à 11h30 et de 14h à 17h30.
Propriétaire : Familles Mälher-Besse et Sichel
Directeur : Thomas Duroux

★★★
CHÂTEAU PICHON-LONGUEVILLE BARON

Ce très beau second cru classé a produit une série de vins proprement stupéfiants et il s'impose au sommet de la hiérarchie médocaine. Impossible de manquer, depuis la route des châteaux, la somptueuse demeure de "Pichon Baron", l'un des édifices les plus impressionnants du Médoc. Acquis par le groupe Axa à la fin des années 80, "Pichon Baron" a été réaménagé de fond en comble en moins de deux décennies et l'équipe, autour de Christian Seely, réalise un travail exemplaire qui l'amène au sommet des crus du Médoc. L'outil de vinification et le chai d'élevage, ainsi que le vignoble qui a été largement replanté, lui ont permis d'atteindre, dans les derniers millésimes un niveau de qualité historique. Le second vin se nomme désormais Les Griffons de Pichon Baron, Les Tourelles étant devenues une marque annexe dotée d'un vignoble indépendant.

Les vins : les derniers millésimes se permettent de titiller, voire de faire jeu égal avec les premiers grands crus classés, tant le vin est pur et intense. En primeur, le 2016 nous a subjugué par sa définition et son équilibre. Même le 2013 est bluffant de complexité.

- Pauillac 2014 — N.C. — 19
- Pauillac 2016 — N.C. — 18,5
- Pauillac Les Tourelles de Longueville 2015 — 27,60 € — 16,5
- Pauillac 2013 — 71 € — 17

Le coup de ♥
- Pauillac 2015 — N.C. — 19,5

Voilà une bouteille qui entrera dans la légende. Les patients seront récompensés par un vin intense, puissant, persistant et surtout parfaitement équilibré. La grande harmonie pauillacaise.

Rouge : 73 hectares.
Cabernet franc 7,5 %, Merlot 47 %, Cabernet-Sauvignon 45,5 %
Production moyenne : 180 000 bt/an

CHÂTEAU PICHON-LONGUEVILLE BARON
33250 Pauillac
05 56 73 17 17 ●
www.pichonlongueville.com ● Vente et visites : au domaine sur rendez-vous.
De 10h à 12h30 et de 14h à 18h30.
Propriétaire : AXA Millésimes
Directeur : Christian Seely

★★★
CHÂTEAU PONTET-CANET

Aucun cru classé ne peut se targuer d'avoir réalisé une telle ascension ! Cinquième cru de bonne facture, Pontet-Canet est devenu, en l'espace d'une bonne décennie, la marque la plus recherchée dans le Médoc. Un triomphe que le château doit à deux hommes : Alfred Tesseron, le propriétaire, et son régisseur, Jean-Michel Comme. Convaincus, passionnés, déterminés, ils ont réussi ce que personne ne pensait faisable : convertir les 80 ha du vignoble à la biodynamie. Et qu'importe le retour à la vie d'un vignoble longuement entretenu selon les codes de la chimie ne s'est pas fait sans douleur, rien n'a pu arrêter ce rouleau compresseur de "l'écolo-viticulture", que certains raillent à outrance, à défaut de s'en inspirer. Et qu'importe si l'utilisation des chevaux, qui permet aujourd'hui de travailler une grande partie de la surface du vignoble, continue à faire sourire quelques voisins jaloux. La qualité des vins, leur énergie et leur profondeur sont là pour démontrer que les options prises étaient les bonnes. Un approche qui fait désormais école dans le Médoc.

Les vins : ceux qui le peuvent doivent mettre en cave les derniers millésime produits ici et dont la race, la définition et l'énergie nous impressionnent. Cultivant désormais une approche et un "goût" à part, le cru redéfinit la notion de texture et de soyeux dans le Médoc. 2016 et 2015 tutoient la perfection.

- Pauillac 2014   N.C.   19
- Pauillac 2016   N.C.   19,5
- Pauillac Les Hauts de Pontet-Canet 2014   32,80 €   15,5
- Pauillac 2013   81 €   17

Le coup de ♥
- Pauillac 2015   N.C.   20

On écrira certainement longtemps sur les vertus de ce 2015 taillé pour traverser le temps. La bouche est immense, puissante, vibrante, mais aussi dotée d'une suavité extrême. Une référence qui cultive son style "à part".

Rouge : 81 hectares.
Cabernet-Sauvignon 65 %, Merlot 30 %, Cabernet franc 4 %, Petit Verdot 1 %
Production moyenne : 300 000 bt/an

CHÂTEAU PONTET-CANET ☾
33250 Pauillac
05 56 59 04 04 ● www.pontet-canet.com ● Vente et visites : au domaine sur rendez-vous.
Ouvert tous les jours du 1ᵉʳ mai au 31 octobre.
Propriétaire : Alfred Tesseron et héritiers Gérard Tesseron
Directeur : Jean-Michel Comme

★★
CHÂTEAU BATAILLEY

Philippe Castéja produit un pauillac de style et de forme classiques, qui a considérablement gagné en définition et en précision ces dernières années. Le vin vieillit par ailleurs remarquablement bien, conservant un profil très typique des grands vins du Médoc. Les prix demeurent très accessibles. La régularité et l'excellent niveau des derniers millésimes nous ravissent et nous attribuons à cette propriété une seconde étoile méritée. Batailley n'est désormais plus un outsider, il a rejoint le peloton de tête !

Les vins : il ne faudra pas manquer l'occasion de mettre en cave le remarquable 2016 qui, en primeur, laissait éclater la classe et la définition de ses très beaux cabernets. 2015 et 2014 sont des modèles de classicisme qui évolueront avec bonheur. Le 2013 se place aussi dans le haut du tableau. S'il n'est pas le plus racoleur de l'appellation, il impressionne par sa droiture et la lecture précise de sa bouche.

- Pauillac 2013   43 €   16,5
- Pauillac 2016   N.C.   17,5
- Pauillac 2015   58,60 (c) €   18

Le coup de
- Pauillac 2014   N.C.   18

Le cru se place dans le haut du panier en 2014. Il n'est pas le plus massif ou le plus puissant, mais certainement l'un des plus raffinés, avec une admirable qualité des tanins et un soyeux de matière superbe.

Rouge : 55 hectares.
Cabernet-Sauvignon 70 %, Merlot 25 %, Cabernet franc 3 %, Petit Verdot 2 %
Production moyenne : 300 000 bt/an

CHÂTEAU BATAILLEY
33300 Bordeaux
05 56 00 00 70 ●
domaines@borie-manoux.fr ● Vente et visites : au domaine sur rendez-vous.
Propriétaire : Famille Castéja
Directeur : Philippe Castéja (Président)

★★
CHÂTEAU BOYD-CANTENAC

Lucien Guillemet, homme discret et affable, conduit sa propriété avec le plus grand soin. Ici rien de tapageur dans les chais ou même dans les bouteilles. Le vin est néanmoins une des expressions classiques les plus enthousiasmantes de l'appellation. Il évolue parfaitement bien en bouteille et se révèle alors gracile et très soyeux. La régularité des derniers millésimes nous conduit à lui attribuer cette année une seconde étoile.

Les vins : Boyd est souvent d'une séduction absolue. C'est le cas de ce 2014 irrésistible, aux tanins doux et à la finale de grand éclat. À venir, un 2016 absolument superbe de distinction, avec un fruit très profond en bouche, qui s'inscrit comme une réussite du millésime. Laissez deux ou trois ans au 2013 pour se départir de son boisé.

BORDEAUX MÉDOC

- Margaux 2016 — N.C. — 17
- Margaux 2013 — 38,50 € — 16
- Margaux 2015 — N.C. — 18,5

Le coup de ♥
- Margaux 2014 — 39 (c) € — 16

Lucien Guillemet élabore des vins au profil exubérant et au boisé marqué lors de leurs premières années. On retrouve cette approche dans un 2014 à la matière solide. Il faudra donc être patient.

Rouge : 18 hectares.
Cabernet-Sauvignon 66 %, Merlot 30 %, Petit Verdot 4 %
Production moyenne : 70 000 bt/an

CHÂTEAU BOYD-CANTENAC
33460 Cantenac
05 57 88 90 82 ● www.boyd-cantenac.fr ●
Vente et visites : au domaine sur rendez-vous.
Propriétaire : Famille Guillemet

★★
CHÂTEAU BRANAIRE-DUCRU

Branaire-Ducru s'est tranquillement hissé au sommet et fait désormais partie des crus incontournables du Médoc. Ces dernières années, le château a bénéficié d'équipements techniques de premier plan. Par la nature de son terroir, Branaire-Ducru ne peut donner un vin aussi corsé que ceux engendrés par les trois Léoville ; il joue sur un registre différent, plus en finesse et en souplesse, tout en vieillissant admirablement. Les derniers millésimes atteignent un niveau remarquable.

Les vins : voici l'archétype d'un saint-julien bien constitué et vieillissant avec grâce. En primeur 2016 s'impose comme une très grande réussite : un vin à la fois éclatant et riche. Il succède à un 2015 de grande ampleur, aux tanins nobles. Le 2013 possède de la sève et de la mâche. Solidement construit, mais avec un juste équilibre, il témoigne de la belle forme de la propriété qui livre un vin sérieux dans ce millésime très compliqué.

- Saint-Julien 2016 — N.C. — 17,5
- Saint-Julien 2013 — 35 € — 16
- Saint-Julien 2015 — 52 (c) € — 17

Le coup de ♥
- Saint-Julien 2014 — 42 € — 17

Le cru est en forme et livre une fois encore un vin de très belle harmonie. Soyeux, mais intense en saveurs et persistant, voilà un très joli classique taillé pour la garde.

Rouge : 60 hectares.
Cabernet-Sauvignon 70 %, Merlot 22 %, Petit Verdot 4 %, Cabernet franc 4 %
Production moyenne : 260 000 bt/an

CHÂTEAU BRANAIRE-DUCRU
33250 Saint-Julien
05 56 59 25 86 ● www.branaire.com ●
Vente et visites : au domaine sur rendez-vous.
Propriétaire : Famille Maroteaux
Directeur : François-Xavier Maroteaux et Jean-Dominique Videau

★★
CHÂTEAU BRANE-CANTENAC

Ce second cru classé est dirigé avec conviction et talent par Henri Lurton, qui dispose à la fois d'un fort beau terroir et d'infrastructures modernes. Il y élabore des vins très fins, dans ce que l'on pourrait qualifier de signature margalaise, sans lourdeur et sans effet de style, avec un fruit délicat. Ces vins ne s'imposent pas toujours dans les dégustations en primeur, mais gagnent souvent en volume à l'élevage et évoluent avec grâce.

Les vins : les amateurs de margaux raffinés et soyeux seront comblés avec les derniers millésimes du cru. Au regard d'une 2016 qui, en primeur, se dégustait merveilleusement bien, d'un 2015 de très haute volée et d'un 2014 complet, aux tanins particulièrement fins et surtout à la finale très étirée, nous accordons une seconde étoile au château !

- Margaux 2014 — N.C. — 17
- Margaux 2016 — N.C. — 17
- Margaux 2013 — 36 € — 16

Le coup de ♥
- Margaux 2015 — N.C. — 18

Très plein, charnu et surtout doté d'un fruit précis et intense. Ce vin complet offre beaucoup d'élégance et d'intensité, avec de la race en finale.

Rouge : 75 hectares.
Cabernet-Sauvignon 55 %, Merlot 40 %,

Cabernet franc 4,5 %, Carmenère 0,5 %
Production moyenne : 150 000 bt/an

CHÂTEAU BRANE-CANTENAC
33460 Cantenac
05 57 88 83 33 • www.brane-cantenac.com
• Vente et visites : au domaine sur rendez-vous.
Propriétaire : Henri Lurton

★★
CHÂTEAU CALON-SÉGUR

Acquise en 2012 après le décès de Denise Gasqueton, par le groupe d'assurances Suravenir, Calon-Ségur vise désormais très haut et se dote de tous les moyens pour y parvenir. Car la propriété, dotée d'un terroir d'exception, a démontré par le passé sa capacité à produire des vins qui se hissent parmi les plus grands médocs. Très serrés, fermes et longs à se faire, ils possèdent, à leur meilleur niveau, une densité et une élégance hors du commun, que l'on commence à retrouver dans les derniers millésimes. Vincent Millet, venu du château Margaux, est, depuis 2006, le nouveau directeur technique. Sa mission : conduire le cru vers davantage de qualité, en adoptant une approche des assemblages beaucoup plus marquée par le cabernet-sauvignon. Au regard des derniers millésimes, vraiment très réussis, Calon-Ségur s'impose désormais comme l'une des marques les plus intéressantes du Médoc, avec des prix qui n'ont pas encore flambé.

Les vins : difficile de cacher notre enthousiasme face à un 2016, en primeur, au sommet du raffinement et de la complexité. Déjà, 2015 nous avait bluffé, par sa définition, et 2014 continue d'évoluer avec grande distinction. Bref, il ne faut pas les manquer.

▶ Saint-Estèphe 2013	55 €	17,5
▶ Saint-Estèphe 2016	N.C.	18
▶ Saint-Estèphe 2015	76,80 (c) €	19

Le coup de ♥
▶ Saint-Estèphe 2014	72 €	18

Calon Ségur revient au premier plan avec ce 2014 dense, mais très raffiné, avec des tanins de dentelles et une finale portée par la fraîcheur.

Rouge : 45 hectares.
Cabernet-Sauvignon 53 %, Merlot 38 %,
Cabernet franc 7 %, Petit Verdot 2 %
Production moyenne : 80 000 bt/an

CHÂTEAU CALON-SÉGUR
33180 Saint-Estèphe
05 56 59 30 08 • www.calon-segur.fr •
Vente et visites : au domaine sur rendez-vous.
Propriétaire : Assurances Suravenir
Directeur : Laurent Dufau

★★
CHÂTEAU CANTENAC-BROWN

L'imposant château Cantenac-Brown est la propriété depuis 2006 d'un homme d'affaires britannique, Simon Halabi. Laissant une large marge de manœuvre à son directeur, José Sanfins, le cru a incontestablement progressé ces dernières années, s'installant parmi les valeurs sûres de l'appellation. Le vin affiche une belle profondeur et a surtout gagné en raffinement. Il faut noter que le château produit, depuis 2011, une faible quantité d'un blanc fruité et délicieux, baptisé Alto.

Les vins : en primeur, le 2016 éclatait de fruit et imposait une bouche de grande classe. À suivre de près. Ne manquez pas non plus le 2015, solide, mais soyeux, ni le 2013, tendre, mais gourmand.

▶ Margaux 2013	33 €	15,5
▶ Margaux 2016	N.C.	16,5
▶ Margaux 2015	46,80 (c) €	17

Le coup de ♥
▶ Margaux 2014	39 €	17

Il n'a rien perdu de sa complexité, bien au contraire, le vin possède un charme indéniable et des tanins précis et racés. Très équilibré.

Rouge : 42 hectares.
Cabernet-Sauvignon 67 %, Merlot 27 %,
Cabernet franc 6 %
Production moyenne : 180 000 bt/an

CHÂTEAU CANTENAC-BROWN
33460 Cantenac
05 57 88 81 81 • www.cantenacbrown.com
• Vente et visites : au domaine sur rendez-vous.
De 9h à 12h et de 14h à 17h.
Propriétaire : Simon Halabi
Directeur : José Sanfins

★★ CLOS DU MARQUIS

Longtemps estampillé comme le second vin de Léoville Las Cases, le Clos du Marquis est désormais un cru à part entière, issu d'une sélection de parcelles dédiées et situées au cœur de la zone des crus classés, il bénéficie de toute l'attention et du savoir-faire de l'équipe de Las Cases. Pas étonnant que son niveau soit celui d'une troisième grand cru classé. Sa régularité et la qualité des derniers millésimes justifient une seconde étoile.

Les vins : 2016 en primeur possédait un corps impressionnant, tout comme le 2015 d'une intensité bluffante. Il ne faudrait pas non plus négliger le 2014 ni le surprenant 2013.

➧ Saint-Julien 2013	36 €	16
➧ Saint-Julien 2014	N.C.	17,5
➧ Saint-Julien 2016	N.C.	17

Le coup de ♥
➧ Saint-Julien 2015	N.C.	18,5

Un achat majeur dans le millésime et le plus sérieux des vins hors crus classés. Il affiche une race, une intensité et des saveurs de fruits frais irrésistibles.

Rouge : 35 hectares.
Cabernet-Sauvignon 66 %, Merlot 24 %, Cabernet franc 9 %, Petit Verdot 1 %
Production moyenne : 200 000 bt/an

CLOS DU MARQUIS
33250 Saint-Julien-Beychevelle
05 56 73 25 26 ●
leoville-las-cases@wanadoo.fr ● **Vente et visites : au domaine sur rendez-vous.**
Du lundi au vendredi de 9h à 11h et de 14h à 16h.
Propriétaire : Famille Delon
Directeur : Pierre Graffeuille

★★ CHÂTEAU COS D'ESTOURNEL

Propriétaire du cru depuis 2000, Michel Reybier (fondateur des charcuteries Aoste) n'a eu de cesse de tout mettre en œuvre pour doter Cos d'Estournel de tous les atouts nécessaires à l'élaboration du plus grand vin possible. La construction d'un des chais les plus performants au monde, par l'architecte Jean-Michel Wilmotte, en est l'illustration. Aymeric de Gironde, qui a succédé à Jean-Guillaume Prats à la direction du domaine, a pour charge d'apporter à Cos d'Estournel ce petit supplément d'âme et de distinction qui le propulsera au sommet. La dégustation des derniers millésimes va d'ailleurs dans ce sens.

Les vins : en primeur, le 2016 semble vouloir écrire une nouvelle page du cru, grâce à une fraîcheur et une race de tanins qui nous ont impressionnés. Le 2015, bien que très défini, ne possède pas encore cet éclat suprême. Le 2013 est séduisant, velouté, très racé. Un Cos de très belle facture dans le contexte de l'année.

➧ Saint-Estèphe 2016	N.C.	18
➧ Saint-Estèphe Les Pagodes de Cos 2013	39 €	15
➧ Saint-Estèphe 2013	110,50 €	17
➧ Saint-Estèphe 2015	169 €	18,5

Le coup de ♥
➧ Saint-Estèphe 2014	118,80 €	17,5

Il se resserre légèrement, la matière est ample, le boisé encore un peu marqué et les abondants tanins commencent à peine à se fondre. Une bouteille qu'il faudra savoir attendre.

Rouge : 91 hectares.
Cabernet-Sauvignon 60 %, Merlot 40 %

CHÂTEAU COS D'ESTOURNEL
33180 Saint-Estèphe
05 56 73 15 50 ● **www.estournel.com** ●
Vente et visites : au domaine sur rendez-vous.
Du lundi au vendredi.
Propriétaire : Michel Reybier
Directeur : Aymeric de Gironde

★★ CHÂTEAU GISCOURS

Belle propriété du sud de l'appellation Margaux, Giscours a produit des vins de haute volée au début des années 80, durant la grande époque de Pierre Tari. Il s'est ensuite quelque peu endormi à cause d'interminables querelles familiales et de quelques affaires judiciaires, avant d'être réveillé par l'homme d'affaires hollandais Eric Albada Jelgersma (également propriétaire du château du Tertre), qui a repris ce troisième cru classé en fermage. Sous la direction d'Alexander Van Beek, d'importants progrès ont été réalisés à la vigne et au chai, et le cru a retrouvé sa sérénité. Les derniers millésimes sont très réussis, avec des vins pleins, riches et corsés.

Les vins : toujours réguliers, les Giscours des derniers millésimes sont de très beaux classique qui évolueront bien. 2016, en primeur s'avérait très prometteur, gras, plein et charnu. 2014 est à ce stade encore un peu ferme, mais précis et équilibré, avec surtout une finale qui le porte bien. Le 2013 n'est pas à négliger non plus.

- Margaux 2013 — 34 € — 15,5
- Margaux 2014 — N.C. — 16,5
- Margaux 2016 — N.C. — 17

Le coup de
- Margaux 2015 — N.C. — 17,5

Ce Giscours de grande expression, avec une bouche éclatante et de la profondeur signe une réussite majeure pour la propriété. Nous retrouvons le côté vibrant des légendes du cru.

Rouge : 80 hectares.
Cabernet-Sauvignon 60 %, Merlot 32 %, Cabernet franc 5 %, Petit Verdot 3 %
Production moyenne : 240 000 bt/an

CHÂTEAU GISCOURS
33460 Margaux
05 57 97 09 09 ● **www.chateau-giscours.fr**
● **Vente et visites : au domaine sur rendez-vous.**
Propriétaire : Eric Albada Jelgersma
Directeur : Alexander Van Beek

★★
CHÂTEAU GRAND-PUY-LACOSTE

Ce domaine a connu deux propriétaires seulement en soixante-quinze ans : Raymond Dupin, de 1932 à 1978, puis la famille Borie, représentée aujourd'hui par François-Xavier et sa fille, ont dirigé ce cinquième cru classé, disposant d'un vignoble homogène sur le plateau de graves et d'argiles de Grand-Puy, avec une bonne proportion de vieilles vignes. La régularité des millésimes est sans faille depuis déjà une bonne décennie et certains millésimes plus anciens surprennent toujours. "GPL", comme on dit à Bordeaux, produit un pauillac classique, plein et nerveux, aux tanins richement épicés, de style plutôt droit. Il acquiert, dans les grands millésimes, un moelleux magnifique qui gagne à vieillir.

Les vins : en primeur, 2016 semblait parti pour entrer dans la légende, avec un soyeux et un éclat magiques. 2015 et 2014 sont aussi très réussis, mêlant intensité et superbe trame, tout comme un 2013 forcément un peu plus tendre, mais gourmand.

- Pauillac 2016 — N.C. — 16,5
- Pauillac 2013 — 36 € — 16,5
- Pauillac 2015 — 67,20 € — 17,5

Le coup de
- Pauillac 2014 — 58,20 € — 17,5

La bouche est bien construite ; elle offre un croquant de fruit absolument délicieux. Il est porté par des notes acidulées en finale. Un régal.

Rouge : 55 hectares.
Cabernet-Sauvignon 75 %, Merlot 20 %, Cabernet franc 5 %
Production moyenne : 195 000 bt/an

CHÂTEAU GRAND-PUY-LACOSTE
33250 Pauillac
05 56 59 06 66 ●
dfxb@domainesfxborie.com ● **Vente et visites : au domaine sur rendez-vous.**
Propriétaire : François-Xavier Borie

★★
CHÂTEAU GRUAUD LAROSE

Très bien situé, le vignoble occupe un plateau de graves profondes, d'une homogénéité parfaite, dans la partie sud de la commune de Saint-Julien, où les vignes s'épanouissent remarquablement. Connu pour avoir produit, dans les années 80 et 90, des vins puissants, avec souvent une définition un rien animale, le cru propose des millésimes récents plus précis dans les arômes. La famille Merlaut optimise les installations techniques que le groupe Alcatel, éphémère propriétaire, avait permis d'installer. Elle a choisi également de donner aux vins de Gruaud Larose un profil plus friand et gourmand, afin de les rendre accessibles dans leur jeunesse. Les derniers millésimes montrent un progrès en ce sens, avec des vins qui ont aussi gagné en précision. La politique tarifaire défendue par Jean Merlaut fait de Gruaud une marque toujours accessible, ce dont nous nous félicitons.

Les vins : les derniers millésimes ont accouché de très grandes réussites. En primeur, le 2016 semblait s'imposer comme le plus moderne, combinant éclat et puissance. Le nez du 2014 dévoile un joli fruit, souligné par un élevage habile. La bouche, serrée, dense, est néanmoins racée et offre une très belle définition, avec du muscle. 2013 est lui aussi très bien constitué.

BORDEAUX MÉDOC

- Saint-Julien 2014 — N.C. 17,5
- Saint-Julien 2016 — N.C. 18
- Saint-Julien 2013 — 53 € 16

Le coup de ♥
- Saint-Julien 2015 — N.C. 18

Chaque dégustation confirme la grandeur de ce vin et sa définition. Le Gruaud le plus pur et le plus précis que nous connaissons. Son potentiel est énorme !

Rouge : 82 hectares.
Cabernet-Sauvignon 65 %, Merlot 25 %, Petit Verdot 5 %, Cabernet franc 5 %
Production moyenne : 450 000 bt/an

CHÂTEAU GRUAUD LAROSE
33250 Saint-Julien-Beychevelle
05 56 73 15 20 ● www.gruaud-larose.com ●
Vente et visites : au domaine sur rendez-vous.
De mai à octobre : du lundi au samedi de 9h30 à 12h30 et de 13h30 à 16h30. De novembre à avril : du lundi au vendredi mêmes horaires.
Propriétaire : Jean Merlaut
Directeur : Nicolas Sinoquet

★★
CHÂTEAU LYNCH-BAGES

Jean-Charles Cazes, qui a pris la succession de son père Jean-Michel en 2007 à la tête de la propriété, a parfaitement trouvé ses marques et impose petit à petit son style. Doucement, le vin évolue vers une forme plus profonde, sans perdre de sa flamboyance. Il faut dire que Jean-Michel Cazes, personnalité médocaine exceptionnelle et infatigable ambassadeur des vins de Bordeaux, a réalisé à Lynch-Bages un travail exceptionnel, portant ce cinquième cru au niveau de bien des seconds. La magnifique propriété familiale, excellemment située sur le plateau de Bages, a produit une impressionnante série de vins sans aucun point faible depuis le début des années 70, imposant son style riche, séduisant et immédiatement accessible, tout en étant capable de vieillir avec grâce. Depuis quelques millésimes, le cru a encore gagné en définition et en précision ; il est plus que jamais au sommet et la livraison prévue pour 2019 d'un nouvel outil de production pourrait le pousser encore plus loin.

Les vins : les amateurs, et ils sont nombreux, du cru seront ravis avec les derniers millésimes qui démontrent la grande forme du château. 2016, en primeur, laissait entrevoir un potentiel fantastique qui pourrait même lui permettre, au final, de surpasser un 2015 déjà de très haut vol. 2014 et même 2013 affichent le velouté habituel de Lynch-Bages.

- Pauillac 2016 — N.C. 17,5
- Pauillac 2013 — 60 € 16,5
- Pauillac 2014 — N.C. 18

Le coup de ♥
- Pauillac 2015 — 115,80 € 18

2015 sera encore un très grand Lynch Bages, d'une expression droite, sapide et éclatante. La finale livre des tanins parfaitement dessinés, une expression minérale, avec une touche de salinité qui prolonge l'ensemble.

Rouge : 90 hectares.
Cabernet-Sauvignon 73 %, Merlot 18 %, Cabernet franc 8 %, Petit Verdot 1 %
Blanc : 4 hectares.
Sauvignon blanc 58 %, Sémillon 30 %, Muscadelle 12 %
Production moyenne : 420 000 bt/an

CHÂTEAU LYNCH-BAGES
33250 Pauillac
05 56 73 24 00 ● www.lynchbages.com ●
Vente et visites : au domaine sur rendez-vous.
De 9h30 à 12h30 et de 14h à 18h.
Propriétaire : Famille Cazes
Directeur : Jean-Charles Cazes

★★
CHÂTEAU LÉOVILLE POYFERRÉ

Depuis la fin des années 70 et l'arrivée de Didier Cuvelier, ce deuxième cru classé a été entièrement rénové. De nombreuses parcelles ont été replantées et l'outil de vinification actualisé. La vigne affiche désormais un âge respectable et le cru est dans la course à l'excellence, au sein d'une appellation bien pourvue en challengers. Les vins possèdent une sève et une ampleur qui les placent désormais au sommet de l'appellation. Le terroir confère au vin de Poyferré sa profondeur de robe, sa chair ample et nerveuse, son large bouquet épicé, ainsi que son potentiel de longévité.

Les vins : les derniers millésimes réussissent la synthèse absolue entre la finesse et la puissance. En primeur, 2016 apparaissait flamboyant et éternel. Le 2014 est une très belle réussite qui brille par l'éclat de son fruit et son côté pulpeux, avec une milieu de bouche qui demeure très savoureux. Le 2013 est une des belles réussites du millésime dans le Médoc.

- Saint-Julien 2014   N.C.   18
- Saint-Julien 2016   N.C.   19
- Saint-Julien 2013   53,50 €   17

Le coup de ♥
- Saint-Julien 2015   N.C.   19

Voici un très solide candidat dans la course au sommet du millésime. Massif, dense, mais aussi très subtil, il impose sa bouche de grande race et surtout des tannins très nobles.

Rouge : 80 hectares.
Cabernet-Sauvignon 65 %, Merlot 25 %, Petit Verdot 8 %, Cabernet franc 2 %
Production moyenne : 450 000 bt/an

CHÂTEAU LÉOVILLE POYFERRÉ
33250 Saint-Julien-Beychevelle
05 56 59 08 30 ● www.leoville-poyferre.fr ●
Vente et visites : au domaine sur rendez-vous.
Du lundi au jeudi de 9h à 12h et de 14h à 17h. Le vendredi de 9h à 12h.
Propriétaire : Famille Cuvelier
Directeur : Didier Cuvelier

★★
CHÂTEAU MALESCOT SAINT-EXUPÉRY

Discret, ce petit cru de Margaux continue, sans faire de bruit, à élaborer quelques-uns des vins les plus attachants et originaux de l'appellation. Un succès que l'on doit à son propriétaire, Jean-Luc Zuger, consciencieux et toujours à l'affût de nouvelles pistes à explorer. Disposant d'un remarquable terroir (en partie voisin du château Margaux), il exprime la suavité et la maturité du fruit comme nul autre : le vin brille toujours par sa texture crémeuse, presque bourguignonne, et ses tanins raffinés. La régularité des derniers millésimes est irréprochable.

Les vins : ils représentent de solides références pour l'appellation, tel le 2016 qui imposait en primeur sa monumentale structure et l'équilibre de son fruit. 2015, lui aussi très solidement bâti est somptueux, tout comme le 2014. Tous vieilliront à merveille.

- Margaux 2013   38 €   15,5
- Margaux 2016   N.C.   17,5
- Margaux 2015   50,50 €   17,5

Le coup de ♥
- Margaux 2014   N.C.   18

L'un des crus les plus accomplis de l'appellation en 2014, dense, au fruité intense, avec une structure tannique parfaitement intégrée.

Rouge : 23 hectares.
Cabernet-Sauvignon 50 %, Merlot 35 %, Cabernet franc 10 %, Petit Verdot 5 %
Production moyenne : 220 000 bt/an

CHÂTEAU MALESCOT SAINT-EXUPÉRY
33460 Margaux
05 57 88 97 20 ● www.malescot.com ●
Vente et visites : au domaine sur rendez-vous.
Du lundi au vendredi de 10h à 12h et de 14h à 17h.
Propriétaire : Jean-Luc Zuger

★★
CHÂTEAU MONTROSE

Les entrepreneurs Martin et Olivier Bouygues, propriétaires de ce célèbre cru classé depuis 2006, ont achevé la refonte totale de l'outil de production. Le nouveau chai est ainsi l'un des plus spectaculaires bâti dans la région depuis longtemps, dans un style épuré et classique. Ils exploitent à merveille l'un des plus beaux terroirs du Médoc qui, à de nombreuses reprises par le passé, s'est distingué, produisant des vins qui pouvaient atteindre, voire dépasser, le niveau des premiers grands crus classés. Lorsque l'année est chaude et sèche, comme ce fut le cas en 2003, 2009, 2010 ou même 2011, Montrose est à la fête et offre alors une distinction hors-norme. Hervé Berland, qui le dirige aujourd'hui, continue à affiner les détails qui ont déjà permis à Montrose de gagner ces dernières années en précision, seul petit point qui était encore perfectible.

Les vins : le duo 2016 et 2015 entrera dans la légende, avec cette intensité si caractéristique de Montrose qui annonce une magnifique aptitude au vieillissement. La tenue en bouche du 2014 est impressionnante. Il possède encore la rigidité habituelle du cru, mais son potentiel est énorme.

- Saint-Estèphe 2014   122,40 €   18,5
- Saint-Estèphe 2016   N.C.   18,5

BORDEAUX MÉDOC

► Saint-Estèphe 2013	78 €	17

Le coup de ♥

► Saint-Estèphe 2015	N.C.	19,5

Une nouvelle légende pour le cru qui s'impose ici avec une densité et une puissance parfaitement canalisée par les tanins fins et une trame acidulée qui le porte.

Rouge : 95 hectares.
Cabernet-Sauvignon 60 %, Merlot 32 %, Cabernet franc 6 %, Petit Verdot 2 %
Production moyenne : 400 000 bt/an

CHÂTEAU MONTROSE
33180 Saint-Estèphe
05 56 59 30 12 ●
www.chateau-montrose.com ● Vente et visites : au domaine sur rendez-vous. De 9h à 11h et de 14h à 16h30.
Propriétaire : Martin et Olivier Bouygues
Directeur : Hervé Berland

★★
CHÂTEAU PICHON LONGUEVILLE COMTESSE DE LALANDE

Dans le giron depuis 2007 de la famille Rouzaud (champagnes Louis Roederer), le cru ouvre une nouvelle page de son histoire. Dirigé par Nicolas Glumineau, doté d'un nouveau chai et d'une cuverie dernier cri, il se relance dans la course à l'excellence et entend reprendre la place de "super second" qu'il avait dans les années 80, grâce à la production d'une série de vins légendaires (1982, 1986, 1989). Si la décennie 2000 fut moins réussie, les derniers millésimes, livrant un vin plus précis et plus droit, davantage marqués par les cabernets, sont bien plus convaincants.

Les vins : le trio 2016, 2015 et 2014 permet à Pichon Comtesse de recoller au peloton des tout meilleurs vins du Médoc. Le moelleux habituel du cru est porté par une trame plus profonde. En primeur, 2016 tutoyait les sommet et devrait rejoindre le mythique 1982 !

► Pauillac 2013	68 €	16
► Pauillac 2016	N.C.	18,5
► Pauillac 2015	135,60 €	18

Le coup de ♥

► Pauillac 2014	94 €	18,5

Le cru signe une de ces belles réussites avec ce vin à la fois gourmand, soyeux et profond. Il possède une admirable constitution et surtout beaucoup d'allonge.

Rouge : 85 hectares.
Cabernet-Sauvignon 60 %, Merlot 30 %, Petit Verdot 5 %, Cabernet franc 5 %
Production moyenne : 400 000 bt/an

CHÂTEAU PICHON LONGUEVILLE COMTESSE DE LALANDE
33250 Pauillac
05 56 59 19 40 ●
pichon@pichon-lalande.com ● Vente et visites : au domaine sur rendez-vous. Du lundi au vendredi de 9h à 12h et de 14h à 16h30.
Propriétaire : Famille Rouzaud
Directeur : Nicolas Glumineau

★★
CHÂTEAU RAUZAN-SÉGLA

Appartenant à la famille Wertheimer (Chanel), également propriétaire de Château Canon à Saint-Émilion, ce prestigieux domaine produit des vins qui n'imposent jamais leur puissance mais impriment, avec délicatesse, la distinction et la finesse de l'un des plus beaux terroirs de Margaux. Depuis 2000, il s'agit de l'un des plus grands vins du Médoc, mêlant raffinement et fraîcheur, mais aussi persistance. Le château ne sort pas toujours du lot en primeur, mais tranquillement, en cours d'élevage, la race du terroir et la noblesse du style s'affirment. Il vieillit de surcroît admirablement bien et gagne vraiment en complexité, comme en témoignent de nombreux millésimes anciens. Une référence très sûre dans l'appellation.

Les vins : 2016 en primeur est d'un classicisme absolu, avec une matière très noble ; 2014 est subtil et délicat, a pour lui un très bel équilibre et beaucoup de distinction dans le velouté de ses tanins. 2013 est plus tendre et ouvert. On peut le boire dès maintenant.

► Margaux 2013	46 €	16,5
► Margaux 2014	N.C.	17
► Margaux 2016	N.C.	17,5

Le coup de ♥

► Margaux 2015	78 €	18

Fidèle à ce qui fait sa force, le cru joue en 2015 sur la grande élégance de sa matière. Le soyeux, le velouté sont préservés, avec un cœur de bouche très plein.

Rouge : 66 hectares.
Cabernet-Sauvignon 60 %, Merlot 35 %, Petit Verdot 3,5 %, Cabernet franc 1,5 %
Production moyenne : 220 000 bt/an

CHÂTEAU RAUZAN-SÉGLA
**33460 Margaux
05 57 88 82 10** ●
www.chateaurauzansegla.com ● **Vente et visites : au domaine sur rendez-vous. Du lundi au vendredi de 9h à 12h et de 14h à 17h.**
**Propriétaire : Famille Wertheimer
Directeur : Nicolas Audebert**

★★
CHÂTEAU SAINT-PIERRE

Ce cru classé a longtemps été le plus méconnu du vignoble de Saint-Julien. Il a été racheté en 1982 par Henri Martin, propriétaire du célèbre cru bourgeois Château Gloria. Sous la houlette de Françoise et de Jean-Louis Triaud, gendre d'Henri Martin et heureux président des Girondins de Bordeaux, ce cru a effectué un brillant retour au premier plan. Depuis le milieu des années 80, il se révèle remarquable de concentration et de séduction aromatique. Le boisé, naguère un peu insistant, apparaît beaucoup mieux intégré depuis quelques années. Par ailleurs, le vin a gagné en longueur et en élégance. C'est une valeur sûre de l'appellation, vendue à des prix encore très raisonnables.

Les vins : la mise en service de nouvelles installations techniques a permis de gagner en définition en 2015. 2014 est classique. Le millésime 2013 démontre que le cru est décidément en pleine forme. Nous louons sa belle intensité et surtout son soyeux.

▬ Saint-Julien 2013	37 €	16
▬ Saint-Julien 2016	N.C.	17
▬ Saint-Julien 2015	56 €	17

Le coup de ♥
▬ Saint-Julien 2014	N.C.	16,5

Il semble à ce stade porté par les notes toastées d'un boisé noble. la matière répond, mais l'ensemble n'est pas encore fondu. Il faudra l'oublier en cave.

Rouge : 17 hectares.
Cabernet-sauvignon 75 %, Merlot 15 %, Cabernet franc 10 %
Production moyenne : 60 000 bt/an

CHÂTEAU SAINT-PIERRE
**33250 Saint-Julien-Beychevelle
05 56 59 08 18** ●
www.domaines-henri-martin.com ● **Vente et visites : au domaine sur rendez-vous.**
**Propriétaire : Françoise Triaud
Directeur : Rémi di Constanzo**

★★
CHÂTEAU SOCIANDO-MALLET

Le public a depuis longtemps consacré ce cru pourtant absent de tout classement officiel. Il suffit en effet de déguster tous les vins, produits depuis vingt-cinq ans, pour se rendre compte à quel point le terroir de Sociando-Mallet, constitué de graves de même nature que celle de Montrose ou Latour, figure parmi les meilleurs. Homme raisonnable et visionnaire, Jean Gautreau y a posé ses valises en 1969, et a hissé progressivement son cru au sommet de la qualité, à tel point que l'on compare volontiers aujourd'hui Sociando-Mallet aux meilleurs seconds crus classés du Médoc. Il suffit de déguster les 1982, 1990 et 1996 pour s'en convaincre. Le grand vin, aux arômes magnifiques de petits fruits rouges est bâti pour vieillir sur une, voire deux générations pour les derniers millésimes. La régularité est admirable, mais le vin n'atteint sa pleine capacité qu'après dix ans de bouteille.

Les vins : en primeur, le 2016 est particulièrement juteux et savoureux, il succède à un 2015 lui aussi très réussi. Le 2014 se montre bien défini : un joli classique à acheter en toute confiance. Le 2013 est une jolie révélation, avec une étonnante tenue en bouche pour le millésime.

▬ Haut-Médoc 2013	24 €	15
▬ Haut-Médoc 2016	N.C.	17
▬ Haut-Médoc 2014	25,80 €	16,5

Le coup de ♥
▬ Haut-Médoc 2015	N.C.	17,5

Le vin impose sa très belle définition et une structure à la fois ferme et moelleuse. Très complet et ample, c'est un très beau classique du cru promis à un long avenir.

Rouge : 85 hectares.
Cabernet-Sauvignon 55 %, Merlot 40 %, Cabernet franc 5 %
Production moyenne : 600 000 bt/an

CHÂTEAU SOCIANDO-MALLET
**33180 Saint-Seurin-de-Cadourne
05 56 73 38 80** ● **www.sociandomallet.com**
● **Vente et visites : au domaine sur rendez-vous.**
Du lundi au samedi de 9h à 12h et de 14h à 17h.
**Propriétaire : Jean Gautreau
Directeur : Patrice Laujac**

CHÂTEAU D'ARMAILHAC

Dirigé avec efficacité par l'équipe de Mouton Rothschild, Château d'Armailhac représente une excellente affaire pour les amateurs. Son prix très raisonnable et sa régularité font de lui un cru désormais incontournable. L'exposition sur des croupes graveleuses proches de Mouton Rothschild et de Pontet-Canet se montre de qualité, et l'encépagement comporte un bon pourcentage de cabernet-sauvignon. Sous l'impulsion de Philippe Dhalluin, le vin a gagné en constitution depuis une décennie, et il est toujours amusant de le comparer à son compagnon d'écurie Clerc Milon, qui s'appuie davantage sur le merlot.

Les vins : cette "bonne affaire" de l'écurie Rothschild (Mouton) affiche de la régularité et une belle aptitude au vieillissement. 2016 (en primeur) sort du lot et s'impose comme le meilleur millésime récent. 2014 est doté d'un beau raffinement, avec une bouche droite, gourmande et ouverte. Un vin séduisant et joliment arrondi.

▬ Pauillac 2013	32 €	15
▬ Pauillac 2014	N.C.	16
▬ Pauillac 2016	N.C.	16

Le coup de ♥

▬ Pauillac 2015	N.C.	17

Il explose de fruits au nez. Une magnifique exubérance que l'on retrouve dans une bouche pleine et enrobée, mais qui a su conserver toute sa fraîcheur.

Rouge : 72 hectares.
Cabernet-Sauvignon 52 %, Merlot 36 %, Cabernet franc 11 %, Petit Verdot 1 %
Production moyenne : 200 000 bt/an

CHÂTEAU D'ARMAILHAC
**33250 Pauillac
05 56 73 20 20 •
www.chateau-darmailhac.com • Pas de visites.
Propriétaire : Famille de Rothschild
Directeur : Philippe Dhalluin**

CHÂTEAU BELGRAVE

Voisin des châteaux La Tour Carnet, Camensac et Lagrange, à un ruisseau de l'appellation Saint-Julien, Belgrave est géré en fermage par la maison de négoce Dourthe – elle-même propriété du groupe champenois Thiénot. Le cru a effectué des progrès notoires sous la direction de Frédéric Bonnaffous. Outre d'importants efforts réalisés à la vigne, la propriété a bénéficié d'investissements importants. Le vin, d'un style charnu et épanoui, mais profond, s'est particulièrement affiné et s'est installé comme l'une des valeurs sûres de l'appellation. Les derniers millésimes constituent d'excellentes affaires pour les amateurs.

Les vins : rien à redire sur les derniers millésimes, particulièrement le 2016 très défini et éclatant. Le 2014 est un très beau classique, bien équilibré et doté d'une bouche juteuse et de tanins fins. La finale est finement saline. 2013 est déjà ouvert et reste souple.

▬ Haut-Médoc 2014	N.C.	16
▬ Haut-Médoc 2016	N.C.	16,5
▬ Haut-Médoc 2013	25 €	15,5

Le coup de ♥

▬ Haut-Médoc 2015	N.C.	17

Un vin qui affiche une bouche dense, profonde, mais aussi très digeste, avec un fruité ample. Très belle qualité de tanins.

Rouge : 58 hectares.
Cabernet-Sauvignon 65 %, Merlot 30 %, Cabernet franc 5 %
Production moyenne : 218 000 bt/an

CHÂTEAU BELGRAVE
**33180 Saint-Laurent-du-Médoc
05 56 35 53 00 • www.dourthe.com •
Vente et visites : au domaine sur rendez-vous.
Propriétaire : Vignobles Dourthe
Directeur : Frédéric Bonnaffous**

CHÂTEAU BELLE-VUE

Le château Belle-Vue (en deux mots, contrairement à son homologue de Saint-Émilion) jouxte les parcelles de Cantemerle, le terroir alternant argiles et graves, avec un encépagement fortement marqué par le petit verdot. Les derniers millésimes confirment la pleine forme de ce cru bourgeois, longtemps considéré comme une valeur montante, et désormais à l'égal des crus classés.

Les vins : une régularité sans faille sur les derniers millésimes. Voici une marque sûre pour se faire plaisir à des tarifs très raisonnables. Le 2014 se révèlera dans une bonne décennie.

| Haut-Médoc 2014 | 12 € | 16,5 |

Le coup de ♥

| Haut-Médoc 2016 | N.C. | 16,5 |

En primeur, il impose sa belle belle classe en bouche, avec de la définition et de l'élégance, mais surtout beaucoup de fond. Encore une fois, il s'impose comme une très belle affaire.

Rouge : 15 hectares.
Cabernet-Sauvignon 50 %, Merlot 30 %, Petit Verdot 20 %
Production moyenne : 90 000 bt/an

CHÂTEAU BELLE-VUE
33460 Macau
05 57 88 19 79 ● www.chateau-belle-vue.fr
● Vente et visites : au domaine sur rendez-vous.
Du lundi au vendredi de 9h à 12h et de 14h à 17h30.
Propriétaire : Famille Mulliez
Directeur : Jean-Michel Marle

★
CHÂTEAU BEYCHEVELLE

Depuis 2011, cette propriété emblématique de Saint-Julien appartient pour moitié à Pierre Castel et pour l'autre au groupe japonnais Suntory. Il jouit d'une fort belle réputation, produisant avec régularité des vins élégants et toujours digestes. Sans être les plus démonstratifs, ils vieillissent aussi très bien. Comme bien des crus du Médoc, le château s'est mis "à la page" en terme d'infrastructures de vinification et vient d'accueillir un chai flambant neuf.

Les vins : si nous pouvions parfois reprocher un petit manque de constitution à Beychevelle, ce n'est plus le cas avec les derniers millésimes. 2016 se présentait, en primeur, particulièrement intense et profond. 2015, très constitué, montrait la voie. 2013, bien que beaucoup plus tendre, ne manque pas de raffinement.

Saint-Julien 2013	53,50 €	16
Saint-Julien 2016	N.C.	17
Saint-Julien 2014	N.C.	17

Le coup de ♥

| Saint-Julien 2015 | N.C. | 17,5 |

Il confirme nos bonnes impressions, avec du gras, de la race et surtout une très jolie élégance soyeuse. Une très belle réussite du cru.

Rouge : 90 hectares.
Cabernet-Sauvignon 54 %, Merlot 37 %, Cabernet franc 6 %, Petit Verdot 3 %
Production moyenne : 480 000 bt/an

CHÂTEAU BEYCHEVELLE
33250 Saint-Julien-Beychevelle
05 56 73 20 70 ● www.beychevelle.com ●
Vente et visites : au domaine sur rendez-vous.
Du lundi au vendredi de 10h à 12h et de 14h à 17h.
Propriétaire : Pierre Castel et Groupe Suntory
Directeur : Philippe Blanc

CHÂTEAU BRANAS GRAND POUJEAUX

Bien situé entre Chasse-Spleen et Poujeaux, sur le plateau de Grand Poujeaux, le château connaît une nouvelle vie depuis son rachat par Justin Onclin, également en charge de Prieuré-Lichine à Margaux et propriétaire du château Villemaurine à Saint-Émilion. Le domaine s'est doté de toutes les installations techniques nécessaires à l'élaboration d'un grand vin et propose, depuis déjà quelques millésimes, un des moulis les plus séduisants et charmeurs. Depuis le millésime 2013, Hubert de Boüard remplace Stéphane Derenoncourt et conseille la propriété.

Les vins : le 2016 apparaissait en primeur très large et solide ; il faudra qu'il s'arrondisse. Dans un style très élégant et fin, le 2014 est l'un des plus aboutis produits par la propriété. Nous sommes sous le charme de son soyeux. Réussi également, le 2013 est charmeur ; la bouche est dotée d'une belle structure moelleuse et veloutée.

| Moulis 2013 | 22 € | 15 |
| Moulis 2014 | 25 € | 15,5 |

Le coup de ♥

| Moulis 2015 | N.C. | 16,5 |

Dans un registre très charmeur, ce vin à la bouche charnue et ample, servie pas des tanins moelleux est une très jolie réussite.

Rouge : 12 hectares.
Merlot 50 %, Cabernet-Sauvignon 45 %, Petit Verdot 5 %
Production moyenne : 35 000 bt/an

CHÂTEAU BRANAS GRAND POUJEAUX
33480 Moulis-en-Médoc
05 56 58 93 30 ●
www.branasgrandpoujeaux.com ● Pas de visites.
Propriétaire : Justin Onclin
Directeur : Carmen Onclin-Paqueron

BORDEAUX MÉDOC

★ CHÂTEAU CANTEMERLE

Philippe Dambrine maîtrise bien son sujet et les amateurs avisés doivent s'intéresser de près à ce beau cru classé du Médoc, dont les derniers millésimes sont de belles réussites, à des prix demeurant très abordables. Si Cantemerle a toujours produit des vins élégants et digestes, ceux élaborés depuis une dizaine d'années ajoutent un supplément de profondeur et de définition, et le positionnent clairement comme l'un des meilleurs rapports qualité-prix de tout le Médoc. Le travail au vignoble et les choix de vinification et d'assemblage opérés depuis quelques années paient. Il faut en profiter, d'autant que le potentiel de garde est remarquable.

Les vins : ils représentent une très belle affaire, surtout dans les grands millésimes où leurs prix ne flambent pas alors que leur niveau est remarquable. 2016 est particulièrement abouti, tout comme le 2015 qui offre un profil classique, droit et net. 2013 est plus tendre et se montre déjà prêt.

▬ Haut-Médoc 2013	24 €	15
▬ Haut-Médoc 2014	N.C.	15,5
▬ Haut-Médoc 2016	N.C.	16

Le coup de ♥

▬ Haut-Médoc 2015	N.C.	17

La plus grande réussite du château confirme son statut de très belle affaire. le vin est ample, généreux et offre une bonne persistance, avec des tanins fins.

Rouge : 92 hectares.
Cabernet-Sauvignon 60 %, Merlot 30 %, Cabernet franc 6 %, Petit Verdot 4 %
Blanc : 0,00 hectare.
Production moyenne : 560 000 bt/an

CHÂTEAU CANTEMERLE
33460 Macau
05 57 97 02 82 • www.cantemerle.com •
Vente et visites : au domaine sur rendez-vous.
Du lundi au vendredi de 10h à 12h et de 14h à 16h. Fermé en août.
Propriétaire : SMABTP
Directeur : Philippe Dambrine

★ CHÂTEAU CHASSE-SPLEEN

Ce vin jouit d'une excellente réputation, bien méritée d'ailleurs. Chasse-Spleen possède un très beau terroir, situé, pour une grande part, sur les magnifiques sols de graves du secteur de Grand Poujeaux. Sa richesse de constitution et sa puissance aromatique le situent en tête de l'appellation, avec des vins toujours élégants, digestes et évitant le caractère parfois un peu rustique que l'on trouve dans le secteur.

Les vins : les deux derniers millésimes sont extrêmement prometteurs, préservant une très belle définition du fruit. 2014 est lui aussi un grand séducteur, avec une belle matière acidulée et juteuse.

▬ Moulis 2013	23 €	14,5
▬ Moulis 2014	26 (c) €	16

Le coup de ♥

▬ Moulis 2016	N.C.	16

Son côté gourmand et soyeux séduit, avec un très beau velouté en bouche. De quoi ravir les amateurs de ce cru qui a toujours su préserver la finesse de son corps.

Rouge : 100 hectares.
Cabernet-Sauvignon 55 %, Merlot 40 %, Petit Verdot 5 %
Blanc : 1 hectare.
Production moyenne : 600 000 bt/an

CHÂTEAU CHASSE-SPLEEN
33480 Moulis-en-Médoc
05 56 58 02 37 • www.chasse-spleen.com •
Vente et visites : au domaine sur rendez-vous.
Du lundi au vendredi de 9h à 12h et de 14h à 17h. Sans rendez-vous en juillet et en août.
Propriétaire : Céline Villars-Foubet

★ CHÂTEAU CLARKE

Dans cette propriété historique du Médoc, acquise en 1973 par le baron Edmond de Rothschild, le vignoble a été totalement replanté et des installations techniques de premier ordre ont été mises en place. Le domaine est désormais dirigé par son fils Benjamin, et l'équipe produit un vin de très belle régularité, avec une dominante de merlot, ce qui lui confère opulence et ampleur. Il a néanmoins gagné en finesse ces dernières années.

Les vins : plus serré et droit qu'à l'habitude, le 2013 s'appuie sur les cabernets et ne manque pas de charme.

- Listrac-Médoc 2013   20 €   14,5

Le coup de ♥
- Listrac-Médoc 2014   32 €   16

80 % de merlot constituent cette cuvée au fruit pulpeux et charnu qui s'équilibre bien. Un vin au charme réel, avec une très grande largeur de bouche.

Rouge : 54 hectares.
Merlot 70 %, Cabernet-Sauvignon 30 %
Blanc : 2 hectares.
Sauvignon blanc 70 %, Sémillon 20 %, Muscadelle 10 %
Production moyenne : 250 000 bt/an

CHÂTEAU CLARKE
33480 Listrac-Médoc
05 56 58 38 00 • www.cver.fr • Visites : sur rendez-vous uniquement aux professionnels.
Propriétaire : Benjamin de Rothschild
Directeur : Georges Alnot

★
CHÂTEAU CLERC MILON

Ce château fait partie de l'écurie des domaines Rothschild (Mouton). Il est toujours passionnant de le comparer à son frère Armailhac. Vinifié par la même équipe, le second joue le classicisme, avec une proportion significative de cabernet-sauvignon dans son assemblage, tandis que le premier compte sur une proportion plus importante de merlot. Après une période en dents de scie, le cru retrouve son meilleur niveau, avec une concentration et un velouté mieux définis. La construction récente d'un cuvier et d'un chai a permis d'aller plus loin encore.

Les vins : le cru s'affine et va aujourd'hui plus loin que son "compère" d'Armailhac. En primeur, 2016 était vraiment brillant, porté par des cabernets francs de grande expression. 2014 est aussi une très belle réussite pour le cru qui affiche beaucoup de raffinement et de profondeur. Avec une acidité bien calée, il donne une sentiment de "croquant" dans la définition du fruit.

- Pauillac 2013   42,50 €   15,5
- Pauillac 2014   N.C.   17
- Pauillac 2016   N.C.   16

Le coup de ♥
- Pauillac 2015   61 €   17

Un 2015 explosif, sphérique en milieu de bouche, avec un fruité juteux et une touche significative de cabernet franc (13 %) qui confère une minéralité saline au vin. La finale est sapide et racée en diable.

Rouge : 30 hectares.
Cabernet-Sauvignon 50 %, Merlot 36 %, Cabernet franc 11 %, Petit Verdot 2 %, Carmenère 1 %
Production moyenne : 170 000 bt/an

CHÂTEAU CLERC MILON
33250 Pauillac
05 56 73 20 20 •
www.chateau-clerc-milon.com • Pas de visites.
Propriétaire : Famille de Rothschild
Directeur : Philippe Dhalluin

CHÂTEAU DAUZAC

Laurent Fortin, directeur du cru depuis 2014, s'applique à pousser encore plus loin le sens de l'exigence et ne cache pas ses ambitions. Que ce soit dans le vignoble ou grâce au nouveau chai entré en fonction avec le millésime 2014, Dauzac est désormais dans la course et les derniers millésimes s'avèrent particulièrement réussis. Le domaine, qui vise la certification en biodynamie pour 2020, se rapproche de la seconde étoile.

Les vins : en primeur le 2016 se distingue par son équilibre et sa race. Le plus abouti des vins de la propriété. 2014 est un vin plein et très équilibré, savoureux. Le 2013 possède une très belle énergie pour le millésime, avec du volume et de la tenue.

- Aurore de Dauzac 2014   24 €   15,5
- Margaux 2014   N.C.   17
- Margaux 2016   N.C.   17,5
- Margaux 2013   27,50 €   16

Le coup de ♥
- Margaux 2015   43,20 €   17,5

Un Dauzac racé et séduisant dans ce grand millésime bordelais.

Rouge : 46 hectares.
Cabernet-Sauvignon 53 %, Merlot 47 %
Production moyenne : 280 000 bt/an

CHÂTEAU DAUZAC
33460 Labarde
05 57 88 32 10 • www.chateaudauzac.com • Vente et visites : au domaine sur rendez-vous.
De 8h à 12h et de 13h30 à 17h30.

BORDEAUX MÉDOC

Propriétaire : MAIF
Directeur : Laurent Fortin

CHÂTEAU DUHART-MILON

Le petit frère de Lafite Rothschild bénéficie de toute l'attention d'Éric Kohler et de son équipe. Doté d'un beau terroir de graves, situé en plein cœur de Pauillac, il a longtemps souffert du jeune âge des vignes. Les années passant, le cru est désormais bien en place, bénéficiant par ailleurs d'un nouveau cuvier depuis 2003. Produisant des vins sérieux, classiques et très denses, qui vieillissent à merveille, Duhart est une valeur sûre de Pauillac.

Les vins : leur style est régulier, dans un esprit pauillacais classique. Le 2016 en primeur était doté d'un bel éclat de tanins très gourmands. 2015 affiche de l'ampleur et du gras.

Pauillac 2013	65 €	14,5
Pauillac 2016	N.C.	16
Pauillac Moulin de Duhart 2014	50,40 €	14,5
Pauillac 2015	66,25 €	16

Le coup de ♥

Pauillac 2014	N.C.	16

Un Duhart au profil sérieux et tendu, avec une bouche très droite, encore un peu austère, mais de belle allonge.

Rouge : 65 hectares.
Cabernet-Sauvignon 70 %, Merlot 30 %
Production moyenne : 240 000 bt/an

CHÂTEAU DUHART-MILON
33250 Pauillac
05 56 73 18 18 ● www.lafite.com ● Vente et visites : au domaine sur rendez-vous.
Propriétaire : Famille de Rothschild
Directeur : Éric Kohler

CHÂTEAU DES EYRINS

Véritable révélation des derniers millésimes, ce petit cru a été repris par Julie et Xavier Gonet-Médeville, en 2009. Son vignoble de 2,5 hectares, très bien situé à Margaux, est capable de produire un vin raffiné et élégant, et de défier bien des crus classés. Une belle découverte en dehors du sentier très balisé des crus classés.

Les vins : en primeur, 2016 livrait une bouche soyeuse et caressante, avec un rien plus de vivacité que le 2015. 2014 est toujours aussi charmeur, avec sa finale délicate qui livre encore beaucoup de fruit ; 2013 est évidemment plus fluide, mais fin.

Margaux 2013	25 €	14,5
Margaux 2014	N.C.	15,5

Le coup de ♥

Margaux 2015	25 €	17

Ce 2015 est un vin d'une belle constitution et à vrai dire, le meilleur de ce jeune domaine. Il prend du volume, tout en conservant le soyeux de ses tanins.

Rouge : 9 hectares.
Production moyenne : 65 000 bt/an

CHÂTEAU DES EYRINS
26, rue Général de Gaulle 33460 Margaux
05 56 76 28 44 ●
www.gonet-medeville.com ● Visites : Pas de visites.
Propriétaire : Famille Gonet-Médeville

CHÂTEAU FERRIÈRE

Toute petite propriété, Ferrière continue de tracer sa route. Claire Villars-Lurton, qui dirige cette propriété, ne ménage pas ses efforts : construction d'un nouveau chai, opérationnel depuis les vendanges 2013 et certification du vignoble en biodynamie depuis 2015. Les vins gagnent tous les ans un peu plus en densité, proposant un style bien typé, sans jamais chercher à jouer les gros bras. C'est désormais une valeur sûre de Margaux.

Les vins : il faut les suivre de très près. Il ne faut pas chercher ici la puissance, mais un raffinement et une finesse de saveurs parfaitement exploitée dans les derniers millésimes, dont un 2016 qui s'annonçait, en primeur, flamboyant.

Margaux 2013	28 €	14,5
Margaux 2014	26 €	16,5
Margaux 2016	N.C.	16

Le coup de ♥

Margaux 2015	N.C.	17

Son profil est presque bourguignon, avec une matière soyeuse, des tanins fins et un fruité finement acidulé. Nous louons le velouté de sa finale.

Rouge : 18 hectares.
Cabernet-Sauvignon 51 %, Merlot 41 %, Petit

Verdot 6 %, Cabernet franc 2 %
Production moyenne : 50 000 bt/an

CHÂTEAU FERRIÈRE 🌙
33460 Margaux
05 57 88 76 65 ● **info@ferriere.com** ●
Vente et visites : au domaine sur rendez-vous.
Du lundi au vendredi de 9h à 17h30.
Samedi de 10h à 18h.
Propriétaire : Claire Villars-Lurton

CHÂTEAU FOURCAS HOSTEN

Les spectaculaires progrès réalisés par cette propriété de Listrac, depuis son rachat par la famille Momméja (Hermès), en font désormais une des références de l'appellation. Renaud et son frère Laurent Momméja ne ménagent pas leurs efforts pour permettre au cru de s'exprimer pleinement. Le vignoble a été entièrement repris en main et un outil de vinification performant a été bâti. Un excellent rapport qualité-prix à ne pas laisser passer.

Les vins : 2015 est d'un très bon niveau et 2016 semblait, en primeur, vouloir le rejoindre, voire peut-être le dépasser, avec un équilibre superbe. À dominante de merlot, le 2014 joue la suavité et la finesse.

▬ Listrac-Médoc 2013	12 €	15
▬ Listrac-Médoc 2014	14 €	15,5
▬ Listrac-Médoc 2016	N.C.	16

Le coup de ♥
▬ Listrac-Médoc 2015	N.C.	17

Ce 2015 continue à nous séduire, avec sa délicatesse et son côté très précis en bouche. Une référence pour l'appellation.

Rouge : 33 hectares.
Merlot 55 %, Cabernet-Sauvignon 42 %, Cabernet franc 3 %
Blanc : 2 hectares.
Production moyenne : 200 000 bt/an

CHÂTEAU FOURCAS HOSTEN
5, rue Odilon-Redon, 33480 Listrac-Médoc
05 56 58 01 15 ● **www.fourcas-hosten.com**
● **Vente et visites : au domaine sur rendez-vous.**
Du lundi au vendredi de 9h à 12h30 et de 14h à 17h.
Propriétaire : Laurent et Renaud Momméja
Directeur : Sophie Solnicki-Thierry

CHÂTEAU GLORIA

Constitué patiemment, parcelle après parcelle, dans la deuxième moitié du XXe siècle par Henri Martin, Gloria est l'une des marques fortes des crus non classés du Médoc. Cette réputation n'est pas usurpée, loin de là, comme en témoignent les dernières cuvées. Sous l'impulsion de Jean-Louis Triaud, de son fils, Jean, et de son directeur, Rémi Di Costanzo, les vins atteignent ici un excellent niveau. Toujours très complet, coloré et concentré, le cru a été très peu pris en défaut dans la dernière décennie. Il vieillit harmonieusement, mais les amateurs les plus pressés pourront se régaler en le buvant dès cinq ans d'âge.

Les vins : en primeur, le 2016 était à la fois dense et ferme, mais doté d'une architecture tannique qui laisse entrevoir une très belle évolution. Le 2014 est profond et très équilibré. Un futur classique pour le cru. Sans faillir, le 2013 demeure bien dense et mûr, doté d'un charme évident.

▬ Saint-Julien 2013	28 €	15
▬ Saint-Julien 2014	30 €	16
▬ Saint-Julien 2016	N.C.	16

Le coup de ♥
▬ Saint-Julien 2015	N.C.	16,5

Ce millésime de Gloria est certainement le plus profond et sérieux qui soit. Doté d'un fruité bien mûr et d'un corps solide, il n'en oublie pas pour le moins de jouer la finesse en finale.

Rouge : 50 hectares.
Cabernet-Sauvignon 65 %, Merlot 25 %, Petit Verdot 5 %, Cabernet franc 5 %
Production moyenne : 300 000 bt/an

CHÂTEAU GLORIA
33250 Saint-Julien-Beychevelle
05 56 59 08 18 ●
www.domaines-henri-martin.com ● **Vente et visites : au domaine sur rendez-vous.**
Propriétaire : Françoise Triaud
Directeur : Rémi Di Costanzo

CHÂTEAU HAUT-BATAILLEY

Une nouvelle histoire va s'écrire pour ce cru longtemps géré en fermage par François-Xavier Borie (Grand-Puy-Lacoste), qui a été vendu en 2017 à la famille Cazes. Les installations techniques sont à jour, la qualité des vins est régulière.

BORDEAUX MÉDOC

Il faudra suivre son évolution stylistique dans les millésimes à venir, mais nous ne nourrissons aucune inquiétude quant à la capacité des nouveaux propriétaires à l'amener encore plus loin.

Les vins : ils offrent un joli profil toujours séduisant de gourmandise, à l'image du 2014 très distingué, et du 2013 est précis, doté d'une bouche droite aux tanins fins et racés.

- Pauillac 2014 — 33,60 € — 16
- Pauillac 2013 — 29 € — 16

Le coup de ♥
- Pauillac 2015 — N.C. — 16

Le nez est fin, frais et juteux, un pauillac de joli style, porté par une belle trame tannique. Plus en élégance qu'en puissance.

Rouge : 22 hectares.
Cabernet-Sauvignon 70 %, Merlot 25 %, Cabernet franc 5 %
Production moyenne : 110 000 bt/an

CHÂTEAU HAUT-BATAILLEY
33250 Pauillac
05 56 59 06 66 •
dfxb@domainesfxborie.com • Vente et visites : au domaine sur rendez-vous.
Propriétaire : Famille Cazes
Directeur : Jean-Charles Cazes

CHÂTEAU HAUT-MARBUZET

Rares sont les domaines susceptibles de se prévaloir d'une telle cote d'amour auprès du public. L'explication tient autant à la personnalité des vins produits ici qu'à celle de son truculent et attachant propriétaire, Henri Duboscq, vigneron visionnaire et passionné, qui a su comprendre très tôt les attentes des amateurs pour des vins plus immédiats. Désormais épaulé par ses fils, il a su, en quarante ans, conquérir une foule d'inconditionnels. Opulents, riches et séducteurs, les vins de Haut-Marbuzet se montrent irrésistibles dès leur mise en bouteille, avec un cachet facilement reconnaissable. S'il est généralement à son apogée après une dizaine d'années de bouteilles, il peut aller bien plus loin dans les beaux millésimes.

Les vins : le 2015 est admirable, mais le 2016, tel que nous l'avons goûté en primeur pourrait aller encore plus loin, tant il apparaît complet et racé. 2014 bénéficie de l'apport de 10 % de petit verdot, qui lui confère des notes nobles d'épices et de poivre, sans lui ôter son charme habituel. L'évolution du 2013, dont l'élevage a été écourté, confirme son profil très charmeur, délié, presque bourguignon. Une belle série de réussites.

- Saint-Estèphe 2013 — 29,50 € — 15
- Saint-Estèphe 2014 — 32 € — 16,5
- Saint-Estèphe 2015 — 30 € — 17,5
- Saint-Estèphe 2016 — N.C. — 17

Rouge : 70 hectares.
Production moyenne : 390 000 bt/an

CHÂTEAU HAUT-MARBUZET
Vignoble H. Duboscq et Fils
33180 Saint-Estèphe
05 56 59 30 54 • infos@haut-marbuzet.net
• Vente et visites : au domaine sur rendez-vous.
De 9h à 12h et de 14h à 17h.
Propriétaire : GFA des Vignobles H. Duboscq & Fils
Directeur : Henri Duboscq

CHÂTEAU D'ISSAN

Monument historique, Issan est un véritable château, riche d'une histoire comme il en existe peu dans le Bordelais. Ses bâtiments sont les plus élégants du Médoc, et il jouit d'un terroir splendide en bord de Gironde. La structure capitalistique du cru a changé en 2013, avec l'acquisition de 50 % des parts par l'homme d'affaires Jacky Lorenzetti. Emmanuel Cruse, dont la famille demeure actionnaire, continue de diriger avec entrain et talent le cru.

Les vins : en primeur, le 2016 semblait s'imposer comme le plus grand vin de la propriété, avec une bouche d'un éclat impressionnant et une grande pureté de fruit. En 2014, la matière est là, avec de la structure et du fond, mais l'élevage n'est pas encore totalement digéré. Il faudra lui laisser un peu de temps.

- Margaux 2013 — 38 € — 15,5
- Margaux 2014 — N.C. — 16
- Margaux 2016 — N.C. — 17

Le coup de ♥
- Margaux 2015 — N.C. — 17,5

Plein, charnu, avec un très beau gras en bouche, mais aussi des tanins raffinés, c'est le Issan le plus complet qui soit !

Rouge : 30 hectares.
Cabernet-Sauvignon 70 %, Merlot 30 %
Production moyenne : 103 000 bt/an

CHÂTEAU D'ISSAN
**33460 Cantenac
05 57 88 35 91** ● **www.chateau-issan.com** ●
**Vente et visites : au domaine sur rendez-vous.
En semaine.
Propriétaire : Famille Cruse et Jacky Lorenzetti
Directeur : Emmanuel Cruse**

CHÂTEAU KIRWAN

Les ambitions de la famille Schÿler pour le cru sont réelles et l'entrée en fonction, avec le millésime 2015, de nouvelles installations techniques, a poussé Kirwan en avant. La petite période durant laquelle le cru nous a semblé un peu en deçà semble bien révolue, et Philippe Delfaut, l'efficace directeur technique, jouit désormais de tous les outils pour replacer Kirwan au sein de l'élite.

Les vins : le cru est reparti de l'avant ! 2014 amorce les changements qui sont encore plus perceptibles dans le 2015, et surtout dans le très beau 2016, qui faisait montre en primeur d'une race et d'une profondeur digne de son classement. Trois millésimes à suivre de près.

▬ Margaux 2013	27,50 €	13,5
▬ Margaux 2014	N.C.	15,5
▬ Margaux 2016	N.C.	16,5

Le coup de ♥
▬ Margaux 2015	N.C.	16,5

Un cru bien construit et de belle définition, avec de l'ampleur et une finale bien bâtie. Il faudra le suivre de près.

Rouge : 37 hectares.
Cabernet-Sauvignon 45 %, Cabernet franc 30 %, Merlot 15 %, Petit Verdot 10 %
Production moyenne : 180 000 bt/an

CHÂTEAU KIRWAN
**33460 Cantenac
05 57 88 71 00** ● **www.chateau-kirwan.com**
● **Vente et visites : au domaine sur rendez-vous.
De 9h30 à 12h30 et de 13h30 à 17h30.
Visites sans rendez-vous : à 16h du lundi au vendredi, samedi en saison.
Propriétaire : Famille Schÿler
Directeur : Philippe Delfaut**

CHÂTEAU LABÉGORCE

La famille Perrodo, propriétaire des châteaux Labégorce, Labégorce-Zédé et Marquis d'Alesme, a décidé d'unifier les deux crus sous le nom de Labégorce. Une réorganisation du parcellaire a été opérée et tout est mis en œuvre pour faire de cette marque une des références des crus non classés de Margaux. Les anciens millésimes, vendus sous le nom de Labégorce-Zédé, sont généralement d'un très bon niveau. À compter du millésime 2016, le cru sera baptisé Labégorce-Margaux.

Les vins : dans un style très raffiné, le 2016 en primeur ne manquait pas d'atouts. 2014 est une des belles réussites du cru, tout en velours et en profondeur. Un vin très charmeur. Le 2013 joue aussi la carte de l'élégance, avec une belle suavité.

▬ Margaux 2013	22 €	15
▬ Margaux 2014	22 €	16
▬ Margaux 2016	N.C.	16

Le coup de ♥
▬ Margaux 2015	N.C.	16,5

Ce margaux s'impose au niveau d'un cru classé, avec une définition de fruit et une structure tannique enveloppée. Un ensemble très équilibré.

Rouge : 70 hectares.
Cabernet-Sauvignon 50 %, Merlot 40 %, Petit Verdot 5 %, Cabernet franc 5 %
Production moyenne : 144 000 bt/an

CHÂTEAU LABÉGORCE
**33460 Margaux
05 57 88 71 32** ●
www.chateau-labegorce.fr ● **Vente et visites : au domaine sur rendez-vous.
Tour des chais et dégustation sur rendez-vous.
Propriétaire : Famille Perrodo
Directeur : Marjolaine De Coninck**

CHÂTEAU LAFON-ROCHET

Le fils de Michel Tesseron, Basile, a pris ses marques à la tête de ce joli cru classé, dont la bâtisse d'un jaune flamboyant ne peut échapper au visiteur. Depuis le millésime 2012, Jean-Claude Berrouet, ancien vinificateur de Pétrus et des crus de la famille Moueix, conseille la propriété. Le vignoble, d'un seul tenant, magnifiquement

BORDEAUX MÉDOC

situé, est entouré de Lafite-Rothschild et de Cos d'Estournel. Il produit régulièrement l'un des saint-estèphe les plus opulents et harmonieux qui solent. Son prix demeure très attractif et en fait l'une des meilleures affaires du Médoc, d'autant que les derniers millésimes sont réellement très réussis, avec une pureté de fruit remarquable.

Les vins : le cru est en forme et vient de produire les meilleurs vins de son histoire. 2016, en primeur, était particulièrement flamboyant.

➤ Saint-Estèphe 2013	29 €	15
➤ Saint-Estèphe 2016	N.C.	17
➤ Saint-Estèphe 2014	N.C.	17

Le coup de ♥
➤ Saint-Estèphe 2015   N.C.   17,5

Plein, mais aussi très raffiné et soyeux, ce 2015 est un tournant pour le cru. Ne le manquez pas, d'autant qu'il reste très accessible en terme de prix.

Rouge : 40 hectares.
Cabernet-Sauvignon 55 %, Merlot 40 %, Cabernet franc 3 %, Petit Verdot 2 %
Production moyenne : 180 000 bt/an

CHÂTEAU LAFON-ROCHET
33180 Saint-Estèphe
05 56 59 32 06 ● www.lafon-rochet.com ●
Vente et visites : au domaine sur rendez-vous.
De 9h à 12h et de 14h à 16h.
Propriétaire : Michel Tesseron
Directeur : Basile Tesseron

CHÂTEAU LAGRANGE

Par petites touches, ce château, acquis en 1983 par le groupe japonais Suntory, avance et progresse dans la recherche de l'excellence. De nombreux travaux ont été réalisés : les bâtiments d'exploitation, l'outil de vinification et les vignobles ont été progressivement améliorés et les méthodes culturales adaptées. Au fil de ces vingt dernières années, Lagrange est devenu l'un des châteaux les plus réguliers du Médoc, produisant un vin structuré, racé et toujours très équilibré. Le second vin, Les Fiefs de Lagrange, demeure l'une des meilleures affaires de la région.

Les vins : la dégustation en bouteille des 2014 et 2013 nous laisse le sentiment que le cru s'as-souplit au profit de la densité et de la puissance. Ces deux millésimes sont apparus un peu trop tendres.

➤ Saint-Julien 2013	32 €	14,5
➤ Saint-Julien 2014	N.C.	16
➤ Saint-Julien 2016	N.C.	16

Le coup de ♥
➤ Saint-Julien 2015   N.C.   16,5

De la droiture, de la fermeté et une jolie allonge, ce Lagrange est à la fois fin et étiré. Il termine sur des notes de fruits juteux. Plus délicat que corpulent.

Rouge : 118 hectares.
Cabernet-sauvignon 67 %, Merlot 27 %, Petit verdot 6 %
Blanc : 7 hectares.
Sauvignon blanc 80 %, Sémillon 20 %
Production moyenne : 700 000 bt/an

CHÂTEAU LAGRANGE
33250 Saint-Julien-Beychevelle
05 56 73 38 38 ●
www.chateau-lagrange.com ● Vente et visites : au domaine sur rendez-vous.
De 9h à 12h et de 14h à 17h30.
Propriétaire : Groupe Suntory
Directeur : Matthieu Bordes

CHÂTEAU LA LAGUNE

Situé à l'entrée du Médoc, ce cru impose son style caractéristique, exprimant toujours beaucoup de finesse et d'élégance. Piloté par Caroline Frey, avec l'appui de l'oenologue Denis Dubourdieu, le cru a produit une série de millésimes de très bon niveau qui lui permettent de s'insérer au sommet des crus de son appellation. Il faut dire que le château a toutes les cartes en main pour triompher : un terroir très intéressant, homogène et un outil de vinification dernier cri.

Les vins : le style gracieux et élégant des vins en fait des références de l'appellation. Le 2016 est très racé et raffiné, le 2014 est souple et tendre, doté d'une très jolie élégance et surtout d'un grain de tanin fin. Déjà étonnamment séduisant. Le 2013 est une cuvée issue à 100 % de cabernet-sauvignon, totalement atypique parmi les vins du domaine.

➤ Haut-Médoc 2013	38 €	15
➤ Haut-Médoc 2014	42 €	17

- Haut-Médoc 2016   N.C.   17

Le coup de ♥
- Haut-Médoc 2015   N.C.   17,5

Il affiche un remarquable fond, avec une toucher de bouche soyeux et une belle profondeur. Complet et racé.

Rouge : 77 hectares.
Cabernet-Sauvignon 58 %, Merlot 28 %, Petit Verdot 14 %
Production moyenne : 150 000 bt/an

CHÂTEAU LA LAGUNE
33290 Ludon-Médoc
05 57 88 82 77 ●
www.chateau-lalagune.com ● Vente et visites : au domaine sur rendez-vous.
Du lundi au vendredi matin de 9h à 12h et de 14h à 17h.
Propriétaire : Famille Frey
Directeur : Caroline Frey

CHÂTEAU LANGOA BARTON

Peu connu en France, ce petit cru produit pourtant un saint-julien de très belle facture. Appartenant aux mêmes propriétaires que Léoville Barton, à savoir Anthony Barton et sa fille, Lilian, il possède d'ailleurs un style qui s'en rapproche, avec un corps plein, généreux et beaucoup de velouté en bouche. Il se montre toutefois un rien moins profond et un peu plus strict au vieillissement, mais fait preuve d'une régularité exemplaire ces dernières années. Son prix demeure accessible et il représente une très belle affaire. Largement exporté, il n'est, hélas, pas facile à trouver en France.

Les vins : dans un style qui évoque Léoville Barton, mais avec moins de densité et de constitution, Langoa Barton séduit par sa finesse et son croquant. 2016 et 2015 sont absolument délicieux et méritent quelques années de cave.

- Saint-Julien 2016   N.C.   16,5
- Saint-Julien 2013   39,50 €   15,5
- Saint-Julien 2015   44 €   16,5

Le coup de ♥
- Saint-Julien 2014   N.C.   16,5

Ce petit cru exprime toujours et avec régularité la finesse et l'élégance. C'est à nouveau perceptible dans ce 2014 délicat et gourmand. Déjà très accessible.

Rouge : 17 hectares.
Cabernet-Sauvignon 60 %, Merlot 35 %, Cabernet franc 5 %
Production moyenne : 80 000 bt/an

CHÂTEAU LANGOA BARTON
33250 Saint-Julien-Beychevelle
05 56 59 06 05 ●
chateau@leoville-barton.com ● Vente et visites : au domaine sur rendez-vous.
Du lundi au jeudi de 9h à 11h30 et de 14h à 16h30.
Propriétaire : Famille Barton
Directeur : Lilian Barton

CHÂTEAU LASCOMBES

Passé en 2011 sous le contrôle de la mutuelle des professions de santé, la MACSF, Lascombes a retrouvé de la sérénité et peut désormais regarder vers l'avenir. Le nouveau propriétaire ne cache d'ailleurs pas son ambition de porter Lascombes au niveau d'un très bon second cru classé. Sous la direction de Dominique Befve, le cru a déjà bien progressé ces dernières années, franchissant encore un pas au début des années 2010. Il est désormais régulier.

Les vins : le cru cultive un style plutôt moderne et séduisant. Les derniers millésimes sont très réussis, à l'image d'un 2016 à la grande définition et aux tanins enrobés. Il leur manque juste le petit éclat magique des plus grands. Le 2014 offre une belle opulence de bouche, avec du volume et de la chair. Un vin typique du château, avec un côté suave et arrondi. Le 2013 est davantage sous l'emprise de son bois.

- Margaux 2013   50 €   15
- Margaux 2014   N.C.   16
- Margaux 2016   N.C.   16

Le coup de ♥
- Margaux 2015   N.C.   17

Quel volume et quelle intensité ! Il livre une bouche au fruit très mûr et expressif, mais termine sans lourdeur.

Rouge : 84 hectares.
Merlot 50 %, Cabernet-Sauvignon 45 %, Petit Verdot 5 %
Production moyenne : 250 000 bt/an

CHÂTEAU LASCOMBES
33460 Margaux
05 57 88 70 66 ●
www.chateau-lascombes.com ● Vente et visites : au domaine sur rendez-vous.

Tous les jours de 9h à 12h et de 14h à 16h30, sauf week-ends et jours fériés.
Propriétaire : Groupe MACSF
Directeur : Dominique Befve

CHÂTEAU MEYNEY

Magnifiquement situé en bord de Gironde et proche voisin de Montrose, Meyney a été, dans les années 1960 et 1980, l'un des meilleurs crus bourgeois de Saint-Estèphe et même du Médoc. Dans les grands millésimes (1961, 1986 et 1989 en particulier), ses vins, robustes et charpentés, montrent élégance et race en raison d'un terroir exceptionnel. Hélas, durant la décennie 1990, le cru s'est laissé aller à la facilité et a produit une série de vins indignes de son potentiel. Depuis son rachat par une filiale du Crédit Agricole, il fait l'objet d'une sérieuse reprise en main. Dans la vigne et au chai, d'importants progrès ont été réalisés, et Meyney a retrouvé son rang. Depuis 2014, les vinifications sont suivies par Hubert de Boüard.

Les vins : ne manquez pas le duo des 2015 et 2016 qui signent les plus grandes réussites du cru ! 2014 demeure lui aussi très intéressant, il se fond et livre un saint-estèphe de très beau classicisme.

Saint-Estèphe 2013	26 €	16,5
Saint-Estèphe 2014	35 €	15,5
Saint-Estèphe 2016	N.C.	16

Le coup de ♥

Saint-Estèphe 2015	N.C.	16,5

Ce millésime prendra place aux côtés des plus belle réussites du cru. Un corps ample, des tanins abondants, mais mûrs, le voilà parti pour une longue évolution.

Rouge : 51 hectares.
Cabernet-Sauvignon 58 %, Merlot 32 %, Petit Verdot 10 %
Production moyenne : 340 000 bt/an

CHÂTEAU MEYNEY
33250 Pauillac
05 56 59 00 40 ● www.cagrandscrus.com ●
Visites : sur rendez-vous uniquement aux professionnels.
Propriétaire : CA Grands Crus
Directeur : Thierry Budin

CHÂTEAU ORMES DE PEZ

Cette jolie propriété doit son nom aux beaux ormes qui ornaient jadis son jardin. Dans le giron de la famille Cazes (Lynch-Bages) depuis les années 30, Ormes de Pez produit un vin qui séduit les amateurs par son bouquet ample, riche et séduisant. Il se boit en général assez rapidement et fait preuve d'une grande régularité depuis plus de dix ans, grâce au travail d'une équipe parfaitement rodée. Une bonne affaire.

Les vins : en primeur, le 2016, tout en rondeur et porté par des merlots juteux, était tout simplement délicieux. On notera aussi un irrésistible 2014, caressant et soyeux, et un 2013, certes tendre, mais aujourd'hui très gourmand.

Saint-Estèphe 2013	21,60 €	15
Saint-Estèphe 2014	30 €	16
Saint-Estèphe 2016	N.C.	16

Le coup de ♥

Saint-Estèphe 2015	N.C.	16,5

Le cru joue la carte du charme, avec ce toucher de bouche soyeux et un côté bien enrobé. 2015 ajoute une dimension et une matière bienvenues.

Rouge : 35 hectares.
Cabernet-Sauvignon 54 %, Merlot 37 %, Cabernet franc 7 %, Petit Verdot 2 %
Production moyenne : 200 000 bt/an

CHÂTEAU ORMES DE PEZ
33180 Saint-Estèphe
05 56 73 24 00 ● www.ormesdepez.com ●
Pas de visites.
Dégustations possibles au château Lynch-Bages.
Propriétaire : Famille Cazes
Directeur : Jean-Charles Cazes

CHÂTEAU DE PEZ

La famille Rouzaud (champagnes Louis Roederer et château Pichon-Longueville Comtesse de Lalande à Pauillac) a magnifiquement restauré le château de Pez, l'une des plus anciennes propriétés médocaines, porte-drapeau des crus bourgeois. Il dispose d'un joli terroir d'un seul tenant et après une phase plus "merlotée", privilégie désormais le cabernet dans l'assemblage, ce qui confère au vin plus de droiture.

Les vins : s'appuyant sur de beaux merlots, le 2016 affichait, en primeur, un profil rond et très charmeur, avec une acidité de fin de bouche bien calée. Charnu et joliment enrobé, le 2014 possède du volume en bouche et une jolie trame tannique. Le 2013 est une réussite dans le millésime, avec un très beau dessin du fruit, ciselé et plein à la fois.

Saint-Estèphe 2013	45 €	15,5
Saint-Estèphe 2014	30 €	15,5
Saint-Estèphe 2016	N.C.	16

Le coup de

Saint-Estèphe 2015	N.C.	16,5

Le vin se libère et a gagné en raffinement. La bouche est ample, avec du fond et des tanins imposants. Il évoluera néanmoins très bien, car l'équilibre est là.

Rouge : 38 hectares.
Merlot 50 %, Cabernet-Sauvignon 45 %, Petit Verdot 5 %
Production moyenne : 140 000 bt/an

CHÂTEAU DE PEZ
33180 Saint-Estèphe
05 56 59 30 26 • www.chateaudepez.com •
Vente et visites : au domaine sur rendez-vous.
Du lundi au jeudi de 8h à 12h et de 13h30 à 17h30, le vendredi de 8h à 12h.
Propriétaire : Famille Rouzaud
Directeur : Philippe Moureau

★
CHÂTEAU PHÉLAN SÉGUR

Cette vaste et belle propriété de Saint-Estèphe, appartenant à la famille Gardinier, également propriétaire des restaurants Taillevent à Paris et des Crayères à Reims, est idéalement située et produit avec régularité un vin de très bon niveau. Jamais trop démonstratif mais vieillissant avec élégance et offrant un style digeste et classiquement médocain, Phélan-Ségur, vendu à un prix qui demeure raisonnable, représente une valeur sûre. Aujourd'hui dirigé avec efficacité par Véronique Dausse, le cru affiche de nouvelles ambitions et possède certainement les ressources pour aller plus loin encore.

Les vins : le château enchaîne les très belles réussites, ne cherchant jamais à monter dans la course à la puissance et sachant préserver l'équilibre. 2016 écrira une nouvelle page. Grâce à des cabernets somptueux, il pourrait finir par coiffer le 2015, lui aussi impressionnant.

Saint-Estèphe 2013	28,50 €	15
Saint-Estèphe 2016	N.C.	17
Saint-Estèphe 2015	40 €	17

Le coup de

Saint-Estèphe 2014	33 €	16,5

Ce 2014 ne cesse de nous surprendre, la matière est belle, le fond est là et tout se met en place pour livrer un très joli classique qu'il ne faudra pas négliger à côté des 2015 et 2016.

Rouge : 70 hectares.
Cabernet-Sauvignon 55 %, Merlot 45 %
Production moyenne : 450 000 bt/an

CHÂTEAU PHÉLAN SÉGUR
33180 Saint-Estèphe
05 56 59 74 00 • www.phelansegur.com •
Vente et visites : au domaine sur rendez-vous.
De 9h à 12h et de 14h à 18h.
Propriétaire : Famille Gardinier
Directeur : Véronique Dausse

★
CHÂTEAU POTENSAC

Les amateurs de bonnes affaires le savent, Château Potensac est le porte-drapeau de l'appellation Médoc, grâce aux 300 000 bouteilles produites chaque année et à la régularité de sa qualité. Petit frère d'écurie de Léoville Las Cases, il bénéficie de tout le savoir-faire de l'équipe et, grâce au vieillissement du vignoble, il produit désormais le meilleur vin de son appellation. Délicieux après deux ou trois ans de bouteille, il est aussi capable de vieillir longtemps. Son style mêle générosité et précision, sans lourdeur ni vulgarité.

Les vins : voici une affaire que les amateurs avisés ne doivent pas laisser passer. La régularité, même dans les millésimes plus compliqués, est là, comme avec le 2013. 2016 et 2014 réservent des surprises au vieillissement.

Médoc 2013	19 €	15
Médoc 2014	18 €	15,5

Le coup de ♥

Médoc 2015	N.C.	16

Charnu, affichant un fruité de belle intensité et d'une maturité juste, il est déjà séduisant et gourmand. Il faudra néanmoins savoir l'attendre.

Rouge : 81 hectares.
Merlot 45 %, Cabernet-Sauvignon 36 %, Cabernet franc 18 %, Carmenère 1 %
Production moyenne : 300 000 bt/an

BORDEAUX MÉDOC

CHÂTEAU POTENSAC
33340 Ordonnac
05 56 73 25 26 • **www.domaines-delon.com**
• **Vente et visites : au domaine sur rendez-vous.**
Propriétaire : Jean-Hubert Delon
Directeur : Pierre Graffeuille

CHÂTEAU POUJEAUX

Marque emblématique de l'appellation, Poujeaux dispose d'un fort beau potentiel qu'il exploite à nouveau grâce, entre autres, aux conseils de Stéphane Derenoncourt. Sous la houlette du Cuvelier (Clos Fourtet), Poujeaux s'est remis dans la course à l'excellence, produisant des vins fort attrayants, soyeux et qui vieillissent souvent très bien. Les derniers millésimes sont au niveau.

Les vins : en primeur, le 2016 affichait un caractère particulièrement juteux et friand. Le 2014 se place bien, dans un registre soyeux, fin et très digeste. L'aérien 2013 peut se boire dès maintenant.

Moulis 2013	22 €	14
Moulis 2016	N.C.	16
Moulis 2014	25 (c) €	16

Le coup de ♥

Moulis 2015	N.C.	16,5

En plus de son côté suave et élégant habituel, le 2015 ajoute une densité supplémentaire. Un vin complet et très séduisant qui évoluera bien.

Rouge : 68 hectares.
Cabernet-Sauvignon 50 %, Merlot 40 %, Petit Verdot 5 %, Cabernet franc 5 %
Production moyenne : 350 000 bt/an

CHÂTEAU POUJEAUX
33480 Moulis-en-Médoc
05 56 58 02 96 •
www.chateau-poujeaux.com • **Vente et visites : au domaine sur rendez-vous.**
Propriétaire : Philippe Cuvelier
Directeur : Matthieu Cuvelier

CHÂTEAU PRIEURÉ-LICHINE

Le cru appartient depuis 1999 au groupe Ballande, implanté en Nouvelle-Calédonie. Depuis l'entrée en fonction, en 2013, du nouveau cuvier, nous constatons des progrès très sensibles et les vins, qui pouvaient parfois manquer de volume et de profondeur, par rapport aux meilleurs, se sont bien densifiés. Cette ambition nouvelle et les moyens qui ont été donnés étaient nécessaires. Les tarifs raisonnables en font une belle affaire pour les amateurs.

Les vins : les progrès sont notables sur les derniers millésimes. Le 2014 est un vin au profil tendre et souple, avec un joli délié en bouche et une finale tendre, mais il sera dépassé par le 2015, et surtout par le très beau 2016, qui offre encore davantage de volume et d'éclat.

Margaux 2013	29 €	15
Margaux 2014	N.C.	15
Margaux 2016	N.C.	16

Le coup de ♥

Margaux 2015	N.C.	17

Le cru bénéficie à plein de ses nouvelles installations techniques et livre un vin complet, dense et d'une fort belle allonge. Un beau classique qui évoluera bien.

Rouge : 78 hectares.
Cabernet-Sauvignon 50 %, Merlot 45 %, Petit Verdot 5 %
Blanc : 1 hectare.
Sauvignon blanc 60 %, Sémillon 40 %
Production moyenne : 300 000 bt/an

CHÂTEAU PRIEURÉ-LICHINE
33460 Cantenac
05 57 88 36 28 • **www.prieure-lichine.fr** •
Vente et visites : au domaine sur rendez-vous.
Du lundi au samedi, y compris les jours fériés, de 9h à 12h et de 14h à 17h (18h en été) de préférence sur rendez-vous.
Propriétaire : Groupe Ballande
Directeur : Stanislas Henriot

CHÂTEAU RAUZAN-GASSIES

Sans être le plus démonstratif ou le plus profond des crus classés, Rauzan-Gassies a retrouvé, depuis une décennie, un rang fort honorable, même si nous pensons qu'il peut viser encore plus haut. Le vignoble a été sérieusement repris en main et le château est en train de se doter d'un nouvel outil de vinification qui devrait lui permettre d'aller plus loin dans la précision et la densité. Les prix demeurent par ailleurs très raisonnables ; il faut donc en profiter.

Les vins : en primeur, le 2016 nous est apparu prometteur, dans son registre fin et plutôt délicat, mais porté par de jolis cabernets. Un style que l'on retrouve d'ailleurs dans les autres millésimes, avec parfois un petit manque de chair et de densité si on le compare aux meilleurs.

► Margaux 2013	32,50 €	15
► Margaux 2014	N.C.	15
► Margaux 2016	N.C.	16

Le coup de ♥

► Margaux 2015	N.C.	17

La plus belle réussite du château : il allie sa délicatesse habituelle à une jolie constitution. Un vin très raffiné et d'une fort belle allonge.

Rouge : 28 hectares.
Cabernet-Sauvignon 65 %, Merlot 25 %, Petit Verdot 5 %, Cabernet franc 5 %
Production moyenne : 100 000 bt/an

CHÂTEAU RAUZAN-GASSIES
**33460 Margaux
05 57 88 71 88 ● www.rauzangassies.fr ●
Vente et visites : au domaine sur rendez-vous.
D'avril à octobre (sauf jours fériés) : du lundi au samedi (sauf mardi) à 11h en français, 14h30 en anglais, et 16h en français. Le mardi à 14h30 en anglais et 16h en français. De novembre à mars (sauf jours fériés) : sur rendez-vous uniquement.
Propriétaire : Jean-Michel Quié
Directeur : Anne-Françoise et Jean-Philippe Quié
Maître de chai : Nicolas Pejoux
Œnologue : Éric Boissenot**

CHÂTEAU ROLLAN DE BY

Cette propriété créée par Jean Guyon est désormais un classique du Médoc, tant avec Rollan de By qu'avec l'ambitieuse cuvée Haut Condissas. Le Château Rollan de By doit son succès à un prix raisonnable, et surtout à un style séduisant dès sa prime jeunesse : il exprime des notes de fruits rouges mûrs, un boisé généreux parfaitement intégré, et développe un corps onctueux et savoureux, riche mais jamais dénué de fraîcheur. Il vieillit de surcroît très bien. Haut Condissas, cuvée confidentielle, se distingue par davantage de concentration et de richesse. Ce vin ambitionne de se mesurer aux plus prestigieux crus classés.

Les vins : Rollan de By, marque largement distribuée en France à des prix sages, représente une très belle affaire pour les amateurs. 2016 et 2015 feront d'admirables vins à boire sur une décennies. L'ambitieuse cuvée Haut Condissas monte en puissance et en densité. Les deux derniers millésimes seront légendaires pour le cru !

► Médoc 2013	18 €	14,5
► Médoc Château Haut Condissas 2013	30 €	16
► Médoc Château Haut Condissas 2014	34 €	17
► Médoc Château Haut Condissas 2016	N.C.	17
► Médoc 2014	18 €	16

Le coup de ♥

► Médoc Château Haut Condissas 2015	N.C.	17

Il sera passionnant de voir évoluer et de comparer ce cru à d'autres pointures médocaines. Il possède une grande densité, une matière très riche et d'abondants tanins mûrs.

Rouge : 80 hectares.
Merlot 65 %, Petit Verdot 13 %, Cabernet-Sauvignon 12 %, Cabernet franc 10 %
Production moyenne : 500 000 bt/an

CHÂTEAU ROLLAN DE BY
**33340 Bégadan
05 56 41 58 59 ● www.rollandeby.com ●
Vente et visites : au domaine sur rendez-vous.
De 8h à 12h et de 13h 30 à 17h30.
Propriétaire : Jean Guyon**

CHÂTEAU SIRAN

Édouard Miailhe s'investit pour redonner à son cru tout le lustre qu'il mérite. Après des investissements techniques, il a fait appel à Hubert de Boüard pour superviser les vinifications depuis le millésime 2015. Son remarquable terroir, situé sur la commune la plus sudiste de l'appellation (Labarde), s'étend sur un superbe plateau de graves siliceuses. Robuste en primeur mais développant, avec le temps, un splendide bouquet de roses anciennes et d'épices (fidèle au profil des margaux), Siran a régulièrement produit des vins très typés. Après une période en demi-teinte, les derniers millésimes renouent avec les belles périodes du passé. Par ailleurs, le château abrite un très beau musée dédié au vin.

Les vins : en primeur, nous avons découvert un 2016 d'une très belle race, avec une bouche juteuse et construite. 2014 et 2013 jouent une partition fine et classique. Ils sont délicieux.

BORDEAUX MÉDOC

► Margaux 2013	19 €	14,5
► Margaux 2014	21 €	15,5
► Margaux 2016	N.C.	16

Le coup de ♥

| ► Margaux 2015 | N.C. | 16,5 |

Ce 2015 confirme sa stature de très grande réussite pour le château. Un vin a su conserver sa très belle délicatesse, mais qui s'étoffe. Remarquable équilibre.

Rouge : 38 hectares.
Merlot 46 %, Cabernet-Sauvignon 41 %, Petit Verdot 11 %, Cabernet franc 2 %
Production moyenne : 194 000 bt/an

CHÂTEAU SIRAN
**33460 Labarde-Margaux
05 57 88 34 04 ● www.chateausiran.com ●
Visites : sans rendez-vous.
Propriétaire : Famille Miailhe
Directeur : Édouard Miailhe**

CHÂTEAU TALBOT

Cette marque forte et très appréciée (à juste titre) des amateurs est repartie de l'avant. Travail à la vigne, recherche d'une meilleure maturité, sélection plus stricte et construction d'un nouvel outil de production : Talbot vient de produire une série de grands millésimes. Nous sommes ravis de revoir le cru à ce niveau. Son prix, qui n'a pas flambé, en fait de surcroît une belle affaire.

Les vins : plus que jamais, Talbot est dans la course, avec coup sur coup trois millésimes très réussis. 2016, en primeur, semblait aux sommets en terme de définition, mais 2015 est lui aussi somptueux et 2014 offre la constitution et le charme typiques du cru.

► Saint-Julien 2013	37,10 €	15,5
► Saint-Julien 2014	N.C.	16,5
► Saint-Julien 2016	N.C.	17

Le coup de ♥

| ► Saint-Julien 2015 | N.C. | 17,5 |

Talbot retrouve les sommets avec ce 2015 d'une superbe densité et surtout d'une grande précision dans ses arômes, avec un fruité suave et généreux.

Rouge : 102 hectares.
Cabernet-Sauvignon 66 %, Merlot 26 %, Petit Verdot 5 %, Cabernet franc 3 %
Blanc : 5 hectares.
Sauvignon blanc 86 %, Sémillon 14 %
Production moyenne : 550 000 bt/an

CHÂTEAU TALBOT
**33250 Saint-Julien-Beychevelle
05 56 73 21 50 ● www.chateau-talbot.com
● Vente et visites : au domaine sur rendez-vous.
Du lundi au jeudi de 9h à 11h et de 14h à 16h30, vendredi jusqu'à 15h.
Propriétaire : Nancy Bignon-Cordier**

CHÂTEAU DU TERTRE

Sous la houlette d'Alexander Van Beek, son directeur, Le Tertre s'est imposé comme l'une des valeurs sûres de Margaux. Après son rachat par Eric Albada Jelgersma, le cru a été profondément transformé et modernisé. Une baisse des rendements et d'importants investissements ont donné un vin plein et nerveux, qui justifie parfaitement son classement. Les derniers millésimes s'avèrent particulièrement réussis, dans un style toujours droit, parfois un peu austère, mais vieillissant bien, grâce à une part importante de petit verdot et de cabernet franc dans l'assemblage.

Les vins : nous avons pu, à l'occasion du vingtième anniversaire de l'acquisition du cru par Éric Albada, déguster tous les millésimes produits sous cette ère. Les progrès sont remarquables et Du Tertre a considérablement affiné son style. 2016 en primeur et 2015 sont indiscutablement les plus belles réussites du cru, mais 2013 nous a surpris par son tonus et sa finesse.

► Margaux 2013	25 €	15,5
► Margaux 2015	N.C.	16,5
► Margaux 2016	N.C.	16,5

Le coup de ♥

| ► Margaux 2014 | N.C. | 16 |

Solide et intense, dans un registre de fruits noirs, c'est un margaux qui impose son volume et sa densité.

Rouge : 50 hectares.
Merlot 33 %, Cabernet-Sauvignon 32 %, Cabernet franc 30 %, Petit Verdot 5 %
Production moyenne : 200 000 bt/an

CHÂTEAU DU TERTRE
**33460 Arsac
05 57 88 52 52 ● chateaudutertre.fr ●
Vente et visites : au domaine sur rendez-vous.
Propriétaire : Eric Albada Jelgersma
Directeur : Alexander Van Beek**

★ CHÂTEAU LA TOUR CARNET

Le château peut se prévaloir aujourd'hui du titre de plus vaste cru classé du Médoc. Au fil des ans, Bernard Magrez, le propriétaire, l'a considérablement agrandi. Dans le même temps, l'outil a été modernisé et le style des vins s'est affiné depuis quelques millésimes. Les vins denses et extraits, qui ont longtemps caractérisé le cru, ont largement gagné en raffinement et en élégance. Une évolution que nous saluons, tout comme la politique tarifaire très raisonnable, qui continue à faire de La Tour Carnet une excellente affaire.

Les vins : la régularité est au rendez-vous. les vins affichent richesse et velouté, au détriment parfois du raffinement, mais ils sont toujours très séduisants. Les 2016 en primeur est mûr, charnu, mais pas lourd. Le 2013 est facile et ouvert.

➤ Haut-Médoc 2014	24,20 €	15,5
➤ Haut-Médoc 2016	N.C.	16
➤ Haut-Médoc 2013	20 (c) €	15

Le coup de ♥

➤ Haut-Médoc 2015	N.C.	16,5

Il cultive son côté exotique et séduira les amateurs de vins ample, gras et exubérants, mais sans lourdeur. Très charnu.

Rouge : 125 hectares.
Merlot 53 %, Cabernet-Sauvignon 40 %, Cabernet franc 5 %, Petit Verdot 2 %
Blanc : 1 hectare.
Sauvignon blanc 56 %, Sémillon 26 %, Sauvignon gris 18 %
Production moyenne : 700 000 bt/an

CHÂTEAU LA TOUR CARNET
33112 Saint-Laurent-du-Médoc
05 56 73 30 90 ●
www.bernard-magrez.com ● Vente et visites : au domaine sur rendez-vous.
Propriétaire : Bernard Magrez
Directeur : Frédéric Chabaneau

CHÂTEAU D'AGASSAC

Situé sur de belles graves profondes, proche de La Lagune, ce château au passé chargé revit sous la direction du régisseur Jean-Luc Zell qui, en quelques années, a accompli un travail considérable. Grâce à un précieux capital de vieilles vignes qu'il a su valoriser et à une importante restructuration, la qualité des vins a bondi sans perdre un excellent rapport qualité-prix. À noter que le château s'investit beaucoup dans l'oenotourisme. Pour les visiteurs du Médoc, il est une adresse fortement recommandable pour se plonger dans l'univers du vin.

Les vins : le domaine ne nous ayant pas fait parvenir ses vins cette année, nous sommes amenés à reconduire les notes et les commentaires de l'édition précédente. Une jolie plénitude de bouche et une texture agréable signent le 2014, bien construit, avec une empreinte droite et une bonne étoffe. Le charme se retrouve aussi dans le 2013, aux tanins bien enrobés et au fruit facile.

➤ Haut-Médoc 2013	15 €	14,5
➤ Haut-Médoc 2014	18 €	15

Rouge : 43 hectares.
Merlot 50 %, Cabernet-sauvignon 47 %, Cabernet franc 3 %
Production moyenne : 220 000 bt/an

CHÂTEAU D'AGASSAC
33290 Ludon-Médoc
05 57 88 15 47 ● www.agassac.com ● Vente et visites : au domaine sur rendez-vous. D'octobre à mai, de 9h à 12h et de 14h à 17h. Sans rendez-vous, tous les jours de juin à septembre.
Propriétaire : Groupama
Directeur : Jean-Luc Zell

CHÂTEAU CAMBON LA PELOUSE

Depuis quelques années déjà, ce cru fort bien situé en bordure de l'appellation Margaux, élabore un vin d'un remarquable rapport qualité-prix. Sous la houlette d'Annick et de Jean-Pierre Marie, il a peu à peu trouvé ses marques, et le vieillissement du vignoble lui permet désormais d'atteindre un très beau niveau, dans un style séduisant, non dénué de finesse.

Les vins : après un 2014 fin et très enjôleur, le 2015 se montre plus dense et profond.

➤ Haut-Médoc 2014	20 €	14,5

Le coup de ♥

➤ Haut-Médoc 2015	N.C.	16

Doté d'un joli gras et d'une bouche chaleureuse, ce 2015 est un joli vin au profil charmeur et déjà très gourmand. À boire sans se presser sur une décennie.

Rouge : 65 hectares.
Cabernet-Sauvignon 47 %, Cabernet franc 4 %
Production moyenne : 390 000 bt/an

BORDEAUX

BORDEAUX MÉDOC

CHÂTEAU CAMBON LA PELOUSE
5, chemin de Canteloup, 33460 Macau
05 57 88 40 32 •
www.cambon-la-pelouse.com • Vente et visites : au domaine sur rendez-vous.
Du lundi au vendredi de 9h à 12h et de 14h à 18h.
Propriétaire : Annick et Jean-Pierre Marie
Directeur : Olivier Pascaud

CHÂTEAU DE CAMENSAC

Le cru, racheté en 2005 par la famille Merlaut, est aujourd'hui géré par l'équipe de Chasse-Spleen, incarnée par Céline et Jean-Pierre Foubet. Les ambitions de faire de Camensac un cru de bon niveau paient et les derniers investissement ont doté le cru d'un outil à la hauteur du défi. Depuis quelques millésimes les progrès sont d'ailleurs substantiels et Camensac fait partie des crus que les amateurs doivent regarder de près, d'autant que les tarifs demeurent très sages, ce dont nous nous félicitons.

Les vins : en primeur le 2016 semblait s'imposer comme la plus belle réussite du cru. Il succède à un autre beau vin, le 2015 et à un 2014 qui confirme ses bonnes dispositions, avec du volume et un naturel de fruit bien préservé. Un haut-médoc qui a su conserver une jolie distinction. Le 2013 est dans un esprit tendre, souple mais toujours séduisant.

▬ Haut-Médoc 2014	N.C.	16
▬ Haut-Médoc 2016	N.C.	16
▬ Haut-Médoc 2013	19,50 €	15,5

Le coup de ♥
▬ Haut-Médoc 2015	N.C.	17

Une très belle révélation pour cette bouteille au fruité explosif et à l'élevage encore un peu enrobant, mais très bien calé. Puissant et raffiné.

Rouge : 75 hectares.
Merlot 50 %, Cabernet-Sauvignon 50 %
Production moyenne : 285 000 bt/an

CHÂTEAU DE CAMENSAC
33112 Saint-Laurent-du-Médoc
05 56 59 41 69 •
www.chateaucamensac.com • Vente et visites : au domaine sur rendez-vous.
Sans rendez-vous en période estivale.
Propriétaire : Céline Villars-Foubet et Jean Merlaut
Directeur : Jean-Pierre Foubet

CHÂTEAU CLAUZET

Voilà quelques millésimes que ce cru ancien mais méconnu de Saint-Estèphe, propriété du baron belge Maurice Velge, mérite l'attention des amateurs. Le château, qui a totalement été restructuré, notamment avec l'acquisition de parcelles contiguës, donne désormais un vin régulier et plaisant dans sa jeunesse. Dans les grands millésimes, il est même capable de se frotter aux meilleurs. Une excellente affaire pour les amateurs.

Les vins : les millésimes anciens témoignent de sa capacité de vieillissement. Ils atteignent leur apogée à une dizaine d'année.

▬ Saint-Estèphe 2014	20 €	15,5
▬ Saint-Estèphe 2013	21,50 €	15

Le coup de ♥
▬ Saint-Estèphe 2015	16 €	16

S'il n'est pas construit sur la puissance, le 2015 a pour lui une belle élégance digeste et une franchise de fruit qui séduit. Très joli équilibre.

Rouge : 23 hectares.
Cabernet-Sauvignon 55 %, Merlot 40 %
Production moyenne : 120 000 bt/an

CHÂTEAU CLAUZET
Leyssac 33180 Saint-Estèphe
05 56 59 34 16 • www.chateauclauzet.com
• Vente et visites : au domaine sur rendez-vous.
Du lundi au vendredi de 8h à 12h et de 13h30 à 17h.
Propriétaire : Maurice Velge
Directeur : José Bueno
Maître de chai : Pascal Bazin
Œnologue : Eric Boissenot

CLOS MANOU

Cette petite propriété de 19 hectares, située au nord du Médoc, sur la commune de Saint-Christoly, est gérée avec passion par un jeune couple de vignerons, Françoise et Stéphane Dief. Travail de la vigne soigné, vinifications parfaitement maîtrisées, les vins offrent à la fois du charme et de la profondeur. Une belle découverte à l'écart de la route des grands crus classés.

Les vins : 2016 (en primeur) et 2015 sont deux bombes de fruit au charme irrésistible. 2014 est lui aussi gourmand et terriblement savoureux. Foncez !

➤ Médoc 2013	20 €	14
➤ Médoc 2014	25 €	16
➤ Médoc 2016	N.C.	17

Le coup de ♥

➤ Médoc 2015	N.C.	17

Il a encore gagné en gourmandise et en volume. C'est une très belle révélation, avec un charme fou et un fruité expressif !

Rouge : 18 hectares.
Merlot 45 %, Cabernet-Sauvignon 45 %, Cabernet franc 6 %, Petit Verdot 4 %
Production moyenne : 120 000 bt/an

CLOS MANOU
**7, rue du 19 mars
1962 33340 Saint-Christoly-Médoc
05 56 41 54 20 ● www.clos-manou.com ●
Vente et visites : au domaine sur rendez-vous.
Propriétaire : Françoise et Stéphane Dief
Maître de chai : Stéphane Dief**

CHÂTEAU COS LABORY

Discret cru classé de Saint-Estèphe, Cos Labory ne manque pourtant pas d'atouts. La famille Audoy, qui le dirige, élabore un vin de facture très classique, souvent un peu austère dans sa jeunesse, mais vieillissant ensuite avec élégance. Loin des canons modernes actuels, Cos Labory, qui fut séparé de Cos d'Estournel à la Révolution française, a produit ces derniers millésimes des vins intéressants, à des prix demeurant très sages.

Les vins : dans les beaux millésimes que furent 2015 et 2016, le cru livre des vins au charme évident portés par des matières toujours élégantes. 2014 est lui aussi un joli classique, avec un fruit très frais. 2013 se livre en finesse, avec une approche très digeste.

➤ Saint-Estèphe 2013	24,50 €	15
➤ Saint-Estèphe 2014	N.C.	16,5
➤ Saint-Estèphe 2016	N.C.	16,5

Le coup de ♥

➤ Saint-Estèphe 2015	N.C.	17

Avec un joli gras et un fruité charnu, c'est une vraie réussite pour le cru. Il impose sa belle bouche franche et nette.

Rouge : 18 hectares.
Cabernet-Sauvignon 55 %, Merlot 35 %, Cabernet franc 10 %
Production moyenne : 100 000 bt/an

CHÂTEAU COS LABORY
**33180 Saint-Estèphe
05 56 59 30 22 ● www.cos-labory.com ●
Vente et visites : au domaine sur rendez-vous.
Du lundi au vendredi de 9h à 12h et de 14h à 18h.
Propriétaire : Bernard Audoy**

CHÂTEAU LE CROCK

Cette propriété de la famille Cuvelier (Château Léoville Poyferré) jouit d'un très beau terroir, voisin de Cos d'Estournel et de Haut-Marbuzet. Le château sort avec régularité un saint-estèphe profond, suave, appréciable dans sa jeunesse. Les derniers millésimes témoignent d'une belle régularité.

Les vins : en primeur, le 2016 qui s'appuie sur de beaux merlots livrait un profil rond et charmeur. Le 2014 possède un très joli charnu et un fruit pulpeux, à la fois mûr et frais. Une future bouteille pleine de plaisir, avec un côté abordable, plus dense et construite que le séduisant 2013, qui joue la carte de la gourmandise avec talent.

➤ Saint-Estèphe 2013	21 €	15
➤ Saint-Estèphe 2014	22 €	15

Le coup de ♥

➤ Saint-Estèphe 2015	N.C.	16,5

Avec une belle puissance et un fruité charnu, le 2015 confirme ses très belles dispositions et se montrera délicieux sur une bonne décennie au moins.

Rouge : 32 hectares.
Cabernet-Sauvignon 60 %, Merlot 25 %, Cabernet franc 10 %, Petit Verdot 5 %
Production moyenne : 180 000 bt/an

CHÂTEAU LE CROCK
**33180 Saint-Estèphe
05 56 59 73 05 ● www.chateaulecrock.fr ●
Vente et visites : au domaine sur rendez-vous.
Propriétaire : Famille Cuvelier
Directeur : Didier Cuvelier**

NOUVEAU DOMAINE

CHÂTEAU CROIZET-BAGES

Comme Rauzan Gasies à Margaux, ce cru appartient à la famille Quié. Il ne dispose pas des moyens des cadors de l'appellation, mais peut néanmoins se révéler tendre et délicieux dans les bons millésimes. Il représente alors, et ce n'est pas négligeable, une bonne affaire pour les amateurs, grâce à des prix très sages.

BORDEAUX MÉDOC

Les vins : comme à Rauzan Gassies, les Quié proposent un vin de style tendre et délicat. 2016 sort du lot avec un très bel éclat de fruit et beaucoup de saveurs. De la finesse, de la fraîcheur, porté par une trame élégante, 2014 est une belle réussite. Un vin au profil digeste qui devrait être assez vite accessible.

▬ Pauillac 2013	N.C.	14,5
▬ Pauillac 2014	N.C.	15,5
▬ Pauillac 2016	N.C.	16

Le coup de ♥

▬ Pauillac 2015	N.C.	16

Le plus dense des vins produits par Croizet, avec un volume imposant et des tanins qui devront se fondre. Le potentiel est là.

Rouge : 27,4 hectares.
Merlot 45 %, Cabernet-Sauvignon 45 %, Cabernet franc 10 %
Production moyenne : 150 000 bt/an

CHÂTEAU CROIZET-BAGES
33250 Pauillac
05 56 59 01 62 ● **Vente et visites : au domaine sur rendez-vous.**
Du mardi au samedi de 9h à 12h et de 14h à 18h.
Propriétaire : Jean-Michel Quié

CHÂTEAU DESMIRAIL

Troisième cru classé de Margaux, le château a été littéralement ressuscité par Lucien Lurton, au début des années 80. Depuis, il a souvent déçu avec un vin faible en corps, manquant de vigueur et de distinction du bouquet. Mais, depuis 2000, il progresse régulièrement, jouant la finesse aromatique et la délicatesse de texture, garantes d'un margaux accompli, la forte proportion de merlot contribuant à "arrondir les angles" d'un vin un peu dur autrefois.

Les vins : en primeur, nous avions salué la gourmandise et le bel éclat d'un 2016 à suivre de près. 2014 est souple et tout en finesse, avec un boisé élégant et un fruité tendre. Un joli margaux digeste et gourmand. 2013 semble un peu plus fluide.

▬ Margaux 2013	27 €	14,5
▬ Margaux 2014	28 €	15,5
▬ Margaux 2016	N.C.	16

Le coup de ♥

▬ Margaux 2015	N.C.	17

il s'était révélé dès les primeurs, avec son élégance et surtout son équilibre digeste remarquable. Il est toujours aussi raffiné et noble à la fois. une affaire.

Rouge : 30 hectares.
Cabernet-Sauvignon 60 %, Merlot 39 %, Cabernet franc 1 %
Production moyenne : 160 000 bt/an

CHÂTEAU DESMIRAIL
33460 Cantenac
05 57 88 34 33 ● **www.desmirail.com** ●
Vente et visites : au domaine sur rendez-vous.
Tous les jours de 8h à 12h et de 14h à 17h.
Propriétaire : Denis Lurton

CHÂTEAU FOURCAS-DUPRÉ

Le vignoble de Fourcas-Dupré est planté d'un seul tenant sur une belle croupe de graves. La propriété, très bien gérée par Patrice Pagès, épaulé désormais par son frère Ghislain, propose un listrac classique, ferme, un peu austère, sincère et d'une impeccable franchise d'expression. Si les vins sont lents à se faire, ils préservent leurs qualités dans le temps et les prix restent raisonnables. Une nouvelle approche plus moderne de la vinification est en cours et les derniers millésimes sont intéressants.

Les vins : les derniers millésimes sont solides. Le 2013 est très tendre et doit être bu.

▬ Listrac-Médoc 2013	12 €	14,5

Le coup de ♥

▬ Listrac-Médoc 2014	13 €	15,5

Avec un joli fruit qui apporte vivacité et croquant, il offre une bouche souple et harmonieuse. Jolie finesse.

Rouge : 44 hectares.
Merlot 44 %, Cabernet-Sauvignon 44 %, Cabernet franc 10 %, Petit Verdot 2 %
Production moyenne : 300 000 bt/an

CHÂTEAU FOURCAS-DUPRÉ
33480 Listrac-Médoc
05 56 58 01 07 ● **www.fourcasdupre.com** ●
Vente et visites : au domaine sur rendez-vous.

Du lundi au vendredi de 8h à 12h et de 14h à 17h30, fermé les jours fériés. Le weekend sur rendez-vous.
Propriétaire : Famille Pagès
Directeur : Patrice Pagès

CHÂTEAU DU GLANA

Issu du partage du château Saint-Pierre, dont il faisait historiquement partie, le château du Glana ne faisait plus que 4 hectares à la fin des années 50. Il doit son essor à Gabriel Meffre, pépiniériste du Vaucluse qui l'acquit en 1961 et porta sa superficie progressivement à plus de 40 hectares. Ce sont aujourd'hui ses petits-enfants, Ludovic et Julien, qui conduisent la propriété, qui a bénéficié depuis une dizaine d'années d'une remise à niveau complète de ses installations et d'une reprise en main du vignoble. Les vins sont aujourd'hui au niveau : il s'agit de saint-julien charmeurs et souples, dotés d'une belle élégance.

Les vins : le 2014 est un joli classique de l'appellation avec du moelleux, de la rondeur et un bel éclat de fruit. Savoureux. Le 2013 se montre aussi élégant et fin, avec une grande franchise de fruit.

▬ Saint-Julien 2013	19 €	15
▬ Saint-Julien 2014	20 €	15,5

Le coup de ♥

▬ Saint-Julien 2016	N.C.	16

Dégusté uniquement en primeur, le 2016 semblait doté d'une très belle finesse, avec une côté croquant préservé dans le fruit. À confirmer en bouteille.

Rouge : 43 hectares.
Cabernet-Sauvignon 60 %, Merlot 40 %
Production moyenne : 120 000 bt/an

CHÂTEAU DU GLANA
33250 Saint-Julien-Beychevelle
05 56 59 06 47 ●
www.chateau-du-glana.com ● Vente et visites : au domaine sur rendez-vous.
De 9h à 12h et de 14h à 16h30.
Propriétaire : Vignobles Meffre
Directeur : Ludovic et Julien Meffre

GOULÉE BY COS D'ESTOURNEL

Derrière cette marque se cache un domaine récent qui, comme son nom l'indique, appartient aux propriétaires du célèbre cru classé de Saint-Estèphe. Issu d'un terroir situé au nord du Médoc et bénéficiant de tout le savoir-faire de l'équipe, Goulée by Cos d'Estournel s'impose comme un superbe vin très friand, immédiat, plein et accessible en termes de prix.

Les vins : ils s'affichent tout en gourmandise, avec un très beau naturel de fruit. En primeur, 2016 était éclatant ; 2014 est fondu et suave.

▬ Médoc 2013	35 €	14,5
▬ Médoc 2014	40 €	15

Le coup de ♥

▬ Médoc 2015	N.C.	16

Tout en suavité, avec un côté très croquant du fruit en bouche. Il offre un caractère déjà irrésistible grâce à des tanins très veloutés.

Rouge : 6 hectares.
Cabernet-Sauvignon 60 %, Merlot 40 %
Blanc : 16 hectares.
Sauvignon blanc 75 %, Sémillon 25 %
Production moyenne : 69 000 bt/an

GOULÉE BY COS D'ESTOURNEL
33180 Saint-Estèphe
05 56 73 15 50 ● **www.estournel.com** ●
Vente et visites : au domaine sur rendez-vous.
Du lundi au vendredi.
Propriétaire : Michel Reybier
Directeur : Aymeric de Gironde

CHÂTEAU GRAND-PUY DUCASSE

Comme Meyney, Grand-Puy Ducasse appartient à une filiale du Crédit agricole (CA Grands Crus). Si nous avons été un peu déçus par certains millésimes du début des années 2000, clairement en-dessous du niveau d'un bon cru classé, les choses bougent : l'ambition affichée par le domaine est de produire un vin digne de son rang. Anne Le Naour, qui supervise les vinifications, bénéficie depuis 2014 des conseils d'Hubert de Boüard (en remplacement de Denis Dubourdieu), qui a apporté sa patte aux derniers millésimes, clairement plus denses et aboutis. Le cru est sur le bon chemin.

Les vins : nous pointons des progrès notables depuis quelques millésimes. Le 2016 marquera

BORDEAUX MÉDOC

une étape importante : en primeur il nous est apparu d'un éclat très intéressant, avec une grand potentiel. Il emboite la pas à un 2015 lui aussi solidement constitué et très généreux.

▶ Pauillac 2013	30 €	14,5
▶ Pauillac 2014	N.C.	16
▶ Pauillac 2016	N.C.	16

Le coup de ♥

▶ Pauillac 2015	N.C.	17

Le cru signe, avec ce millésime 2015, sa plus belle réussite. Encore relativement massif, il offre du fond et de la définition. Une belle évolution s'annonce.

Rouge : 40 hectares.
Cabernet-Sauvignon 55 %, Merlot 45 %
Production moyenne : 130 000 bt/an

CHÂTEAU GRAND-PUY DUCASSE
33250 Pauillac
05 56 59 00 40 ● www.cagrandscrus.com ●
Visites : sur rendez-vous uniquement aux professionnels.
Du lundi au vendredi de 9h à 12h et de 14h à 17h.
Propriétaire : CA Grands Crus
Directeur : Thierry Budin

CHÂTEAU LES GRANDS CHÊNES

Cette propriété du nord du Médoc, reprise en 1998 par Bernard Magrez, a toujours produit des vins solidement constitués et francs. Ils sont vinifiés dans l'esprit de celui de toutes les propriétés du groupe, et expriment richesse, puissance, concentration, sur un support boisé imposant, tout en préservant une agréable fraîcheur en finale. Les amateurs de ce style de vins démonstratifs y trouveront leur compte.

Les vins : riche, mûrs et exubérants, les derniers millésimes font preuve d'une grande régularité. Même le 2013 est actuellement très bon et surtout bien constitué pour le millésime.

▶ Médoc 2013	18 €	15
▶ Médoc 2014	17 €	15

Le coup de ♥

▶ Médoc 2015	N.C.	15,5

Fidèle à son style, il séduira les amateurs de vins flamboyants et charnus. Une belle affaire et un vin qui ne vous fera pas bouder votre plaisir.

Rouge : 22 hectares.
Merlot 55 %, Cabernet-Sauvignon 40 %,
Cabernet franc 5 %
Production moyenne : 120 000 bt/an

CHÂTEAU LES GRANDS CHÊNES
13, route de Lesparre
33340 Saint-Christoly-Médoc
05 56 41 53 12 ●
www.bernard-magrez.com ● Vente et visites : au domaine sur rendez-vous.
De 8h à 12h et de 13h à 17h.
Propriétaire : Bernard Magrez
Directeur : Frédéric Chabaneau

CHÂTEAU HAUT-BAGES LIBÉRAL

Propriété de la famille Merlaut, Haut-Bages Libéral est géré par Claire Villars-Lurton, tout comme les châteaux Ferrière et La Gurgue. Elle y œuvre pour redonner à ce cinquième cru, qui possède une splendide parcelle toute proche de Latour, le lustre qu'il mérite. Elle y défend avec conviction une approche qui privilégie l'élégance et le raffinement. Si le vin peut parfois nous sembler manquer un peu de chair, sa définition tannique a bien progressé.

Les vins : par petite touches, ils continuent de s'affiner, sans toutefois posséder la constitution des meilleurs. Il n'empêche, leur élégance (très aboutie dans un 2016 à la race évidente) et leurs prix toujours accessibles en font des affaires pour les amateurs de vins de demi-corps, mais pas fluets.

▶ Pauillac 2013	27 €	15
▶ Pauillac 2014	N.C.	15,5
▶ Pauillac 2016	N.C.	16,5

Le coup de ♥

▶ Pauillac 2015	N.C.	17

Un nouvel habillage vient accompagner le meilleur des millésimes de la propriété. Nous louons sa belle intensité et son raffinement, avec une finale douce et polie.

Rouge : 28 hectares.
Cabernet-Sauvignon 80 %, Merlot 20 %
Production moyenne : 170 000 bt/an

CHÂTEAU HAUT-BAGES LIBÉRAL
33250 Pauillac
05 57 88 76 65 ●
www.hautbagesliberal.com ● Vente et visites : au domaine sur rendez-vous.
Du lundi au vendredi de 9h à 16h.
Propriétaire : Claire Villars-Lurton
Directeur : Stefano Ruini

CHÂTEAU L'INCLASSABLE

Anciennement baptisé Château Lafon, L'Inclassable s'appelle ainsi depuis 2003, suite à une série de démêlés juridiques pour cause d'homonymie avec un célèbre cru bourgeois de Listrac. Très au point techniquement, appuyé sur un encépagement minutieusement étudié et une viticulture très respectueuse, ce cru, développé par Rémy Fauchey, produit avec régularité un beau médoc profond, coloré, riche en tanins bien mûrs. Une belle marque médocaine, sûre et régulière.

Les vins : le château n'a produit ni 2014, ravagé par la grêle, ni 2013 jugé trop faible (ce qui force le respect). Nous sommes ravis de retrouver un 2015 de très belle facture.

Le coup de ♥
- Médoc 2015   N.C.   17

Charnu, plein et intense, ce 2015 témoigne d'une très belle, mais juste maturité du fruit. Un vin de style assez ample qui se fondra bien.

Rouge : 17 hectares.
Cabernet-Sauvignon 60 %, Petit Verdot 25 %, Merlot 12 %, Cabernet franc 3 %
Production moyenne : 30 000 bt/an

CHÂTEAU L'INCLASSABLE
33340 Prignac-en-Médoc
05 56 09 02 17 ● www.linclassable.com ●
Vente et visites : au domaine sur rendez-vous.
Du lundi au vendredi de 9h à 18h.
Week-end sur rendez-vous.
Propriétaire : Rémy Fauchey

CHÂTEAU LILIAN LADOUYS

Ayant connu plusieurs propriétaires ne sachant pas toujours exploiter son potentiel, le discret château Lilian Ladouys a été racheté par l'homme d'affaires, Jacky Lorenzetti, en 2008. Ce dernier, qui a ensuite acquis le château Pédesclaux à Pauillac, nourrit de grandes ambitions pour ses deux crus. Lilian Ladouys, profondément remodelé ces dernières années, a trouvé depuis quelques millésimes un rythme de croisière fort honorable. Le vin mérite l'attention des amateurs.

Les vins : tout est en place. Succédant à un 2014 juste et classique, les 2015 et 2016 méritent leur place dans les caves des amateurs avertis. Ce sont des cuvées sérieuses et régulières.

- Saint-Estèphe 2013   16 €   15
- Saint-Estèphe 2014   17 €   15,5

Le coup de ♥
- Saint-Estèphe 2015   25 €   16,5

Il confirme nos très belles impressions des primeurs. Le vin est à la fois souple, gourmand et profond, avec une finale précise.

Rouge : 42,4 hectares.
Merlot 62 %, Cabernet-Sauvignon 33 %, Petit Verdot 3 %, Cabernet franc 2 %
Production moyenne : 220 000 bt/an

CHÂTEAU LILIAN LADOUYS
Blanquet 33180 Saint-Estèphe
05 56 59 71 96 ●
www.chateau-lilian-ladouys.com ● Vente et visites : au domaine sur rendez-vous.
Propriétaire : Jacky et Françoise Lorenzetti
Directeur : Vincent Bache-Gabrielsen
Maître de chai : Frédéric Godard
Œnologue : Eric Boissenot et Christophe Coupez

CHÂTEAU LALANDE-BORIE

Cette propriété de 30 hectares, bien située sur le terroir de Lalande, fut créée de toutes pièces en 1970 par Jean-Eugène Borie. C'est désormais son fils Bruno, également en charge du château Ducru-Beaucaillou, qui la dirige. Les vins y sont exquis, relativement faciles d'accès et gourmands. De vrais saint-julien typiques.

Les vins : nous louons la grande gourmandise des vins au profil très juteux. 2016 et 2015 sont à ne pas rater : ils font montre d'une densité admirable ! 2013 demeure un très grand charmeur.

- Saint-Julien 2013   20,40 €   14,5
- Saint-Julien 2014   22 €   15,5

Le coup de ♥
- Saint-Julien 2015   N.C.   16,5

Explosif dans l'expression de son fruit, avec des saveurs complexes et surtout une très grande fraîcheur. La finale est soyeuse à souhait.

Rouge : 25 hectares.
Cabernet-Sauvignon 65 %, Merlot 25 %, Cabernet franc 10 %

CHÂTEAU LALANDE-BORIE
33250 Saint-Julien-Beychevelle
05 56 73 16 73 ● Pas de visites.
Propriétaire : Famille Borie
Directeur : Bruno Borie

BORDEAUX MÉDOC

CHÂTEAU LYNCH-MOUSSAS

Philippe Castéja donne depuis quelques années déjà une nouvelle impulsion à ce cru classé. L'oenologue Denis Dubourdieu y a effectué un travail de fond, à commencer par la reprise en main du vignoble. Depuis quelques millésimes, les vins ont progressé et le château bénéficie désormais de nouvelles installations techniques qui devraient permettre d'aller plus loin encore. Lynch-Moussas élabore un vin relativement fin, de constitution moyenne, que l'on peut boire assez rapidement.

Les vins : depuis quelques millésimes, grâce au travail engagé par Philippe Castéja et ses équipes, le cru a retrouvé un très bon niveau, confirmé par un 2016 (en primeur) complet et de très belle profondeur, mais aussi par un 2015 solide. Avec une matière juteuse, le 2014 au profil typique brille par sa belle finale sapide.

- Pauillac 2013   27 €   15
- Pauillac 2016   N.C.   16
- Pauillac 2014   N.C.   16

Le coup de ♥
- Pauillac 2015   36 €   16

Le 2015 est à son meilleur, avec une belle définition et une épaisseur de bouche que nous ne lui connaissions pas. Complet et doté d'une très belle chair, avec des tanins racés. À suivre de près.

Rouge : 58 hectares.
Cabernet-Sauvignon 70 %, Merlot 30 %
Production moyenne : 180 000 bt/an

CHÂTEAU LYNCH-MOUSSAS
33300 Bordeaux
05 56 00 00 70 •
domaines@borie-manoux.fr • Vente et visites : au domaine sur rendez-vous.
Directeur : Philippe Castéja (Président)

CHÂTEAU MARQUIS DE TERME

Propriété de la famille Sénéclauze, ce discret quatrième cru classé de Margaux progresse régulièrement, gagnant en densité en en précision. Après une longue série de vins sans grand intérêt, les millésimes produits après 2009 ont sonné le réveil de cette belle endormie. Un résultat que l'on doit en partie à Ludovic David, directeur du cru. Un vaste programme de remise à niveau a commencé, avec d'importants travaux de restructuration des bâtiments de vinification. Le souhait de produire des vins plus charnus et, surtout, dotés de tanins plus veloutés, est clairement affiché. Un soupçon de raffinement supplémentaire le porterait encore plus haut.

Les vins : les derniers millésimes témoignent des progrès en matière de précision et de définition des tanins. 2016 en est une très belle illustration, de même que le 2015 et le surprenant 2013, à la belle générosité.

- Margaux 2013   30 €   15,5
- Margaux 2015   N.C.   16,5
- Margaux 2016   N.C.   16

Le coup de ♥
- Margaux 2014   N.C.   15,5

Le cru a considérablement gagné en netteté et en constitution : il offre un vin de belle facture, solide.

Rouge : 38 hectares.
Cabernet-Sauvignon 60 %, Merlot 33 %, Petit Verdot 7 %
Production moyenne : 150 000 bt/an

CHÂTEAU MARQUIS DE TERME
33460 Margaux
05 57 88 30 01 •
www.chateau-marquis-de-terme.com •
Vente et visites : au domaine sur rendez-vous.
Du lundi au vendredi de 9h à 11h30 et de 14h à 16h30.
Propriétaire : Famille Sénéclauze
Directeur : Ludovic David

CHÂTEAU MARQUIS D'ALESME

Désormais doté d'un outil à la pointe de l'efficacité, le cru, racheté en piteux état en 2006 par la famille Perrodo (château Labégorce), semble bien reparti et affiche, autour d'une équipe compétente, ses ambitions. Côté vignoble, tout a aussi été repris en main, avec désormais un travail de la vigne digne d'un cru classé et une redistribution parcellaire. Il faudra désormais compter avec celui qui était autrefois baptisé Marquis d'Alesme Becker. À noter l'ouverture au château cette année d'un pôle oenotouristique qui en fait une attraction très intéressante à Margaux.

Les vins : Le 2013 affiche une densité très intéressante, mais aussi du raffinement, il s'étoffe et gagne en profondeur au fil des dégustations. C'est une réussite pour l'équipe et un nouveau départ pour le cru qui se matérialise encore davantage avec le 2014, plein et complet et surtout avec un 2015 qui dépasse de loin tout ce qui a été produit ici.

- Margaux 2013 — 26,50 € — 15,5
- Margaux 2015 — N.C. — 16
- Margaux 2016 — N.C. — 16

Le coup de ♥
- Margaux 2014 — 17 € — 16,5

Une jolie surprise qui se confirme, le vin évolue avec grâce et conserve sa belle élégance. Dense et raffiné à la fois.

Rouge : 16 hectares.
Merlot 45 %, Cabernet-sauvignon 30 %, Cabernet franc 15 %, Petit verdot 10 %
Production moyenne : 95 000 bt/an

CHÂTEAU MARQUIS D'ALESME
33460 Margaux
05 57 88 71 32 ●
svidalens@chateau-marquis-dalesme.fr ●
Vente et visites : au domaine sur rendez-vous.
Du lundi au vendredi de 9h à 12h30 et de 13h30 à 17h.
Propriétaire : Famille Perrodo
Directeur : Marjolaine de Coninck

CHÂTEAU MAUVESIN-BARTON

Cette propriété, qui vivotait depuis longtemps, connaît une nouvelle vie depuis son rachat par la famille Barton (Leoville-Barton et Langoa-Barton). C'est la petite fille d'Anthony, Mélanie Sartorius, qui la dirige. On retrouve ici désormais le côté velouté et suave des vins élaborés par la famille, qui ont fait leur franc succès. Un excellent rapport qualité-prix.

Les vins : 2014 est un très belle réussite, tout en élégance et en finesse, mais avec du fruit. Le 2013, à la robe légère joue sur la délicatesse de son fruit. Souple et ouvert. Quant au 2016, dégusté uniquement en primeur, il apparaît très gourmand, crémeux et doté d'une belle sève, avec une finale doucement acidulée.

- Moulis 2013 — 12 € — 14
- Moulis 2014 — 11 € — 15

Le coup de ♥
- Moulis 2015 — 14 € — 15

Le 2015 séduit, dans le style des vins de la famille, avec une très belle expression du fruit et une bouche expressive et suave.

- Moulis 2016 — N.C. — 15,5

Dégusté uniquement en primeur, ce 2016 apparaît très gourmand, crémeux et doté d'une belle sève, avec une finale doucement acidulée.

Rouge : 51 hectares.
Merlot 46 %, Cabernet-Sauvignon 36 %, Cabernet franc 16 %, Petit Verdot 2 %
Production moyenne : 200 000 bt/an

CHÂTEAU MAUVESIN-BARTON
33480 Moulis-en-Médoc
05 56 58 41 81 ●
www.mauvesin-barton.com ● **Vente et visites : au domaine sur rendez-vous.**
Propriétaire : Lilian Barton-Sartorius
Directeur : Mélanie Sartorius

CHÂTEAU MAYNE LALANDE

Bernard Lartigue dirige cette propriété de Listrac avec passion et conviction. Il élabore un vin puissant, sans rusticité, dans un esprit moderne et très régulier. Il vieillit généralement correctement sur quelques années, d'autant que le vignoble a maintenant pris de l'âge. Une valeur sûre de l'appellation.

Les vins : les derniers millésimes ont gagné en densité et profondeur.

- Listrac-Médoc 2016 — N.C. — 15

Le coup de ♥
- Listrac-Médoc 2013 — N.C. — 15

Un vin gourmand et soyeux !

Rouge : 20 hectares.
Cabernet-Sauvignon 60 %, Merlot 32 %, Petit Verdot 6 %, Cabernet franc 2 %
Production moyenne : 100 000 bt/an

CHÂTEAU MAYNE LALANDE
33480 Listrac-Médoc
05 56 58 27 63 ●
www.chateau-mayne-lalande.com ● **Vente et visites : au domaine sur rendez-vous.**
De 9h à 12h et de 14h à 18h.
Propriétaire : Bernard Lartigue

CHÂTEAU MONBRISON

Laurent Vonderheyden porte désormais cette jolie propriété de Margaux avec conviction et brio. Archétype du margaux raffiné et construit, Monbrison peut s'élever au niveau d'un bon cru classé, tant sur le plan du raffinement que du potentiel de garde. Les derniers millésimes ont remis le cru bien en place et il navigue désormais régulièrement avec les meilleurs.

Les vins : nous n'avons pas dégusté les 2015 et 2016. 2014 demeure une très belle affaire de l'appellation.

| ▬ Margaux 2013 | 25 € | 14,5 |

Le coup de ♥

| ▬ Margaux 2014 | N.C. | 16,5 |

Très fin et doté d'une jolie matière. Un 2014 qui se tient admirablement et qui offre beaucoup de potentiel.

Rouge : 13 hectares.
Cabernet-Sauvignon 50 %, Merlot 30 %, Cabernet franc 15 %, Petit Verdot 5 %
Production moyenne : 130 000 bt/an

CHÂTEAU MONBRISON
**1 Allée Monbrison, 33460 Arsac
05 56 58 80 04 ●
www.chateaumonbrison.com ● Vente et visites : au domaine sur rendez-vous.
Propriétaire : Mme E. M. Davis et fils
Directeur : Laurent Vonderheyden**

CHÂTEAU MOULIN RICHE

Moulin Riche fut acquis en même temps que le château Léoville Poyferré, en 1920, par la famille Cuvelier. Ces dernières années, cette marque fut utilisée comme second vin. Depuis 2009, le cru a repris son envol et s'assume à nouveau comme un château à part entière, ce qu'il a longtemps été, puisqu'il fut même classé cru bourgeois exceptionnel en 1932.

Les vins : le 2016 s'imposait en primeur comme irrésistible, juteux et énergique. Le 2014 est une révélation : avec une proportion forte de petit verdot, il embaume les fruits frais et les épices. Très complet. Le 2013 surfe sur le côté délié du millésime, sans se montrer creux.

▬ Saint-Julien 2013	24 €	15
▬ Saint-Julien 2014	25 €	16
▬ Saint-Julien 2015	N.C.	16,5

Le coup de ♥

| ▬ Saint-Julien 2016 | N.C. | 17 |

Un vin de belle densité, souligné par une jolie acidité qui lui confère de l'élégance et du croquant. Tout est en place et il devrait évoluer à merveille.

Rouge : 21 hectares.
Cabernet-Sauvignon 55 %, Merlot 28 %, Petit Verdot 17 %
Production moyenne : 80 000 bt/an

CHÂTEAU MOULIN RICHE
**Le Bourg, BP 8,
33250 Saint-Julien-Beychevelle
05 56 59 08 30 ● lp@leoville-poyferre.fr ●
Vente et visites : au domaine sur rendez-vous.
Sur rendez-vous.
Propriétaire : Famille Cuvelier
Directeur : Didier Cuvelier**

CHÂTEAU PETIT BOCQ

Né en 1972, ce domaine minuscule à l'époque (2 ha) atteint désormais une taille raisonnable, au terme de l'acquisition de différentes parcelles. Propriété de la famille Lagneaux, depuis 1993, le cru produit un saint-estèphe rond, suave et facilement accessible. Les derniers millésimes sont très complets.

Les vins : en primeur, 2016 livrait un muscle très impressionnant et une grande distinction. Il faudra le suivre de près. 2014 est un admirable classique et 2013 est à point, avec une définition intéressante pour le millésime.

| ▬ Saint-Estèphe 2013 | 19 € | 15 |
| ▬ Saint-Estèphe 2014 | 22 € | 16,5 |

Le coup de ♥

| ▬ Saint-Estèphe 2015 | N.C. | 16 |

Un vin de grand volume, avec de la matière, mais aussi des tanins civilisés. Il ne craindra pas une garde d'une décennie au moins.

Rouge : 19 hectares.
Merlot 48 %, Cabernet-Sauvignon 48 %, Petit Verdot 2 %, Cabernet franc 2 %
Production moyenne : 100 000 bt/an

CHÂTEAU PETIT BOCQ
**3 Rue de la Croix de Pez,
33180 Saint-Estèphe
05 56 59 35 69 ●
www.chateaupetitbocq.com ● Vente et visites : au domaine sur rendez-vous.
Propriétaire : Famille Lagneaux
Directeur : Ph. Mottes**

CHÂTEAU PEYRABON

Propriété du négociant Patrick Bernard (Millésima), Peyrabon élabore deux cuvées. La première, en Haut-Médoc, est facilement accessible et de garde moyenne. La seconde, baptisée La Fleur Peyrabon, est issue de vignes bien situées à Pauillac (4 ha), mais l'extraction et l'élevage lui confèrent parfois un caractère austère dans sa jeunesse. Ils évoluent ensuite plutôt bien.

Les vins : nous sommes impressionnés par la belle tenue de La Fleur Peyrabon 2014 qui confirme en bouteille tout son potentiel, et par le 2015 de grand volume et de grande race. Peyrabon offre forcément un profil plus souple et tendre, mais gourmand.

▬ Haut-Médoc 2013	8,75 €	13
▬ Haut-Médoc 2014	12 €	14,5
▬ Pauillac Château La Fleur Peyrabon 2013	18,30 €	14,5
▬ Pauillac Château La Fleur Peyrabon 2014	22,50 €	16

Le coup de ♥

▬ Pauillac Château La Fleur Peyrabon 2015	13 €	17

Doté d'une grande richesse, avec de la maturité, du gras, mais aussi un équilibre qui le tient bien. Un ensemble promis à une très belle évolution.

Rouge : 43,84 hectares.
Production moyenne : 225 000 bt/an

CHÂTEAU PEYRABON
33250 Saint-Sauveur-en-Médoc
05 56 59 57 10 ● www.chateau-peyrabon.fr
● Visites : sans rendez-vous.
Juillet-août : du lundi au vendredi de 10h30 à 19h. Septembre à juin : du lundi au vendredi de 9h à 12h et de 14h à 17h.
Propriétaire : MILLESIMA
Directeur : Xavier Michelet
Maître de chai : Eric Pinto Guerro
Œnologue : Eric Boissenot

CHÂTEAU PEYRAT-FOURTHON

Pierre Narboni se démène pour porter ce cru au sommet de l'appellation. Après avoir produit des vins très démonstratifs et parfois un peu trop boisés, il trouve les bons réglages et le vin ne manque, en tout cas, jamais de profondeur. Il est vendu à un tarif très raisonnable. Il s'agit d'une belle découverte à suivre de près.

Les vins : leur profil, sévère parfois, semble évoluer vers plus d'élégance dans les derniers millésimes, vraiment prometteurs.

▬ Haut-Médoc 2013	N.C.	13

Le coup de ♥

▬ Haut-Médoc 2016	N.C.	16,5

Le plus abouti des millésimes de ce château que nous ayons pu déguster. Le vin se révèle élégant et dense à la fois, avec une finale vive.

Rouge : 23 hectares.
Cabernet-Sauvignon 50 %, Merlot 43 %, Petit Verdot 7 %
Production moyenne : 50 000 bt/an

CHÂTEAU PEYRAT-FOURTHON
1, allée Fourthon, 33112 Saint-Laurent
05 56 59 40 87 ●
www.peyrat-fourthon.com ● Vente et visites : au domaine sur rendez-vous.
Sur rendez-vous au 06 07 32 57 34.
Propriétaire : Pierre Narboni
Directeur : Hervé Godin

CHÂTEAU PIBRAN

Installé sur la croupe de Pontet-Canet et d'Armailhac, Pibran a été racheté, en 1987, par AXA Millésimes. Le vin se distingue régulièrement parmi l'élite des crus bourgeois, porté par un style pauillacais très classique, mêlant générosité et structure tannique. Corsé, bouqueté, accessible rapidement, il vieillit bien et avec grâce.

Les vins : il faudra compter avec les 2015 et 2016 qui, en primeur, laissaient entrevoir un grand potentiel, avec la sève, mais aussi la rondeur qui signe le style de ce cru. Élégant 2014, plein et gourmand à la fois, qui se montre déjà très accessible.

▬ Pauillac 2013	22 €	14
▬ Pauillac 2015	30 €	15,5

Le coup de ♥

▬ Pauillac 2014	35 €	16

On trouve dans ce Pibran 2014 une très belle élégance, un côté plein et gourmand à la fois. Il se montre déjà très accessible.

Rouge : 17 hectares.
Cabernet-Sauvignon 51 %, Merlot 49 %
Production moyenne : 54 000 bt/an

CHÂTEAU PIBRAN
33250 Pauillac
05 56 73 17 17 ●
contact@pichonlongueville.com ● Pas de visites.

BORDEAUX MÉDOC

Propriétaire : AXA Millésimes
Directeur : Christian Seely

CHÂTEAU PÉDESCLAUX

C'est l'histoire d'une résurrection. Acquis en 2009 par Jacky Lorenzetti, ex-propriétaire du groupe immobilier Foncia, Pédesclaux sort d'une longue période de médiocrité. Tout ou presque a été remis à plat : une superbe parcelle (ancien château Béhéré) située au cœur de Pauillac a été acquise et intégrée au foncier, un vaste projet de réfection des bâtiments et de l'outil de travail a été conduit par l'architecte Jean-Michel Wilmotte et est opérationnel depuis le millésime 2014, le travail à la vigne et les choix de vinification ont été repensés. Déjà en progrès constant depuis son rachat, le cru monte encore en puissance. À suivre de près !

Les vins : chaque millésime lui apporte une dimension supplémentaire, avec une mention spéciale pour le 2016 qui impose une gourmandise absolue et une équilibre magnifique, servi par des tanins très soyeux. Le 2014 est très racé, intense et complet en bouche, porté par un beau fruit mûr et juteux.

▶ Pauillac 2013	24 €	15
▶ Pauillac 2014	N.C.	16,5
▶ Pauillac 2016	N.C.	16,5

Le coup de ♥

▶ Pauillac 2015	N.C.	17,5

Un rapport qualité-prix à ne pas manquer. Ce 2015, à la fois charnu et plein d'éclat, offre un fruité frais explosif et une qualité de grain de tanins superbe. La nouvelle référence de la propriété.

Rouge : 49 hectares.
Merlot 48 %, Cabernet-Sauvignon 47 %, Petit Verdot 3 %, Cabernet franc 2 %
Production moyenne : 250 000 bt/an

CHÂTEAU PÉDESCLAUX
**33250 Pauillac
05 56 59 22 59** ●
www.chateau-pedesclaux.com ● **Vente et visites :** au domaine sur rendez-vous.
Propriétaire : Jacky et Françoise Lorenzetti
Directeur : Vincent Bache-Gabrielsen

CHÂTEAU LA TOUR DE BY

Nous avons eu la chance de déguster cette année de nombreux vins, issus parfois de millésimes anciens de cette propriété située au nord du Médoc, près de Bégadan. La tenue de ses vins dans le temps est convaincante et nous avouons quelques surprises, comme avec le 1982 ou le 1989, encore bien en forme. Les héritiers de Marc Pagès poursuivent le travail débuté ici depuis 3 générations et tentent de pousser le cru encore plus loin.

Les vins : le 2015 est bien parti pour faire date dans l'histoire du cru. Le 2014 est classique et droit, un joli vin équilibré et savoureux.

▶ Médoc 2013	N.C.	14,5
▶ Médoc 2014	N.C.	15

Le coup de ♥

▶ Médoc 2015	N.C.	16

2015 est un millésime qui fera date. Le vin est ample, avec beaucoup de richesse et une structure imposante. Il est armé pour une belle garde.

▶ Médoc Château La Tour de By 2015	20 €	16

Avec ses 60 % de cabernet sauvignon, ce beau vin possède de la droiture et une définition qui le rangeront parmi les plus grandes réussites de la propriété.

Rouge : 114 hectares.
Cabernet-Sauvignon 60 %, Merlot 35 %, Petit Verdot 5 %
Production moyenne : 450 000 bt/an

CHÂTEAU LA TOUR DE BY
**5, route de la Tour de By 33340 Bégadan
05 56 41 50 03** ● **www.latourdeby.com** ●
Visites : sans rendez-vous.
Haute saison : de 9h à 12h30 et de 13h30 à 18h, du lundi au samedi (7j/7 en juillet-août). **Basse saison :** de 9h à 12h30 et de 13h30 à 18h, du lundi au vendredi.
Propriétaire : Famille Marc Pages (Frédéric Le Clerc et Benjamin Richer de Forges)
Directeur : Frédéric Le Clerc
Maître de chai : Benoît Estassy
Œnologue : Eric Boissenot

CHÂTEAU LA TOUR DE MONS

Dans le giron du Crédit Agricole, cette propriété de 48 hectares bénéficie depuis quelques millésimes de toute l'attention nécessaire à la production d'un joli margaux. Les vins y sont fins et raffinés, sans recherche de puissance, et dotés d'un équilibre digeste très agréable. Il bénéficie surtout d'un très beau rapport qualité-prix.

Les vins : ils cultivent un style très margalais, tout en finesse. Les derniers millésimes sont très fiables, l'image d'un 2016 particulièrement gracile.

▬ Margaux 2014	18 €	15

Le coup de ♥

▬ Margaux 2015	19 €	15,5

Dans un style assez dense et serré, mais avec de la mâche, voici un vin qui devrait bien évoluer et qui pourrait alors se révéler plus raffiné.

Rouge : 48 hectares.
Merlot 49 %, Cabernet-Sauvignon 37 %, Cabernet franc 8 %, Petit Verdot 6 %
Production moyenne : 140 500 bt/an

CHÂTEAU LA TOUR DE MONS
33460 Soussans
05 57 88 33 03 ●
www.chateau-latourdemons.com ● Pas de visites.
Propriétaire : CA Grands Crus
Directeur : Thierry Budin

CHÂTEAU TRONQUOY-LALANDE

Martin et Olivier Bouygues ont acquis Tronquoy-Lalande à Saint-Estèphe en 2006, quelques mois après avoir acheté le château Montrose, situé à quelques encablures. Légalement, ils auraient pu réunir les deux propriétés. Il n'en a rien été. Ce très ancien cru de Saint-Estèphe garde son autonomie et son style. La direction du château, comme celle de Montrose, a été reprise en 2012 par Hervé Berland, venu de Mouton Rothschild. Les vins sont remarquables, dans un style plus accessible et ouvert qu'à Montrose.

Les vins : dans un style très différent de Montrose, le merlot joue ici un rôle prépondérant. En primeur, 2016 est suave et rond, tout comme le 2014 à la bouche qui se met en place et aux tanins soyeux.

▬ Saint-Estèphe 2013	27 €	15
▬ Saint-Estèphe 2014	28 €	15,5

Le coup de ♥

▬ Saint-Estèphe 2015	N.C.	15,5

Un vin qui affiche de la rondeur, servi par des merlots mûrs et caressants en bouche. Le fruit est opulent et la finale bien enrobée.

Rouge : 28 hectares.
Cabernet-Sauvignon 50 %, Merlot 40 %, Petit Verdot 10 %
Production moyenne : 140 000 bt/an

CHÂTEAU TRONQUOY-LALANDE
33180 Saint-Estèphe
05 56 59 61 05 ●
www.tronquoy-lalande.com/ ● Vente et visites : au domaine sur rendez-vous.
Propriétaire : Martin et Olivier Bouygues
Directeur : Hervé Berland

GRAVES

★★★
CHÂTEAU HAUT-BRION

Seul premier cru classé hors Médoc à avoir été rattaché au classement de 1855, le château Haut-Brion a la particularité d'être totalement enclavé dans la ville de Pessac, la plus proche banlieue de Bordeaux. Son terroir, comme celui de La Mission Haut-Brion, de Pape-Clément ou des Carmes Haut-Brion, est certainement le plus précoce de l'appellation et les raisins, à parts quasi-égales de merlot et de cabernet-sauvignon (ce qui le différencie des premiers crus classés du Médoc), mûrissent ici parfaitement, donnant un vin ample et riche qui déploie, au vieillissement, des notes fumées inimitables. Les derniers millésimes produits par le cru sont de haute volée, avec notamment un 2009 qui s'annonce légendaire, un 2010 encore plus aristocratique et un 2015 qui survole les plus grandes réussites des Graves. Le Prince Robert de Luxembourg, propriétaire, a décidé la construction d'un nouveau cuvier et d'un chai. Il a également ouvert, en novembre 2015, Le Clarence, un magnifique restaurant/cave à vin dans un hôtel particulier avenue Franklin-Roosevelt (Paris 8e).

Les vins : pour les blancs, La Clarté 2013, qui possède beaucoup de délicatesse et de charme, porte des notes d'encens, de fruits blancs, une touche cendrée, de fumée froide, de caillou chaud et d'ambre. La bouche est généreuse, fraîche, avec du moelleux en finale, dans un registre délicat et poudré porté par la marque du sauvignon. Haut-Brion blanc 2013 affiche une robe d'un doré plus marqué que La Mission. Il se distingue par plus d'intensité et de goût en bouche avec une matière enrobée, et la trame d'un sauvignon bien mûr. Généreux, opulent et long, on apprécie sa déclinaison grillée en finale. Beaucoup plus expressif et d'un équilibre abouti, Haut-Brion blanc 2015 se montre délicieux par sa vivacité et ses parfums mêlant des arômes de muguet, de fruits blancs joliment iodés. Plus citrus en finale, on le préfère à La Mission dans ce millésime pour la qualité des sauvignons. Plus coloré que La Mission, Haut-Brion 2016 affirme sa typicité avec un corps plus dense et concentré. Au nez comme en bouche, on retrouve une déclinaison aromatique sur le tabac blond et les griottes et une mâche aristocratique. La très grande tenue de tanins en fait un modèle pour le cru. Avec un boisé encore marqué, Le Clarence rouge 2013 possède une bouche d'un corps léger. Il sera prêt assez jeune. L'assemblage du Haut-Brion rouge 2015 est identique aux 2014, 2013 et 2000 (50 % merlot, 42 % cabernet-sauvignon et 8 % cabernet-franc). Robe noire, esprit fumé au nez et bouche pleine, il affiche une longueur magnifique avec une grande expression et des tanins encore massifs. L'un des plus grands vins du millésime.

⌐ Pessac-Léognan 2013	655,35 €	16,5
⌐ Pessac-Léognan 2015	690,50 (c) €	18,5
⌐ Pessac-Léognan La Clarté de Haut-Brion 2013	83 (c) €	16
⌐ Pessac-Léognan 2015	470,50 (c) €	19,5
⌐ Pessac-Léognan 2016	495,50 (c) €	19,5
⌐ Pessac-Léognan Le Clarence de Haut-Brion 2013	75 (c) €	15,5

Le coup de ♥

⌐ Pessac-Léognan 2013	290 €	17

Avec un élevage légèrement plus court, le milieu de bouche maintient de la concentration et une matière expressive. Le profil fumé et lardé de Haut-Brion est au rendez-vous, avec en finale un esprit plus croquant. Une belle surprise.

Rouge : 49,89 hectares.
Merlot 46 %, Cabernet-Sauvignon 42 %, Cabernet franc 11 %, Petit Verdot 1 %
Blanc : 2,93 hectares.
Sémillon 52 %, Sauvignon blanc 48 %
Production moyenne : 119 400 bt/an

CHÂTEAU HAUT-BRION
135, avenue Jean-Jaurès, 33608 Pessac Cedex
05 56 00 29 30 • www.haut-brion.com •
Vente et visites : au domaine sur rendez-vous.
Du lundi au jeudi de 8h30 à 11h30 et de 14h à 16h30. Le vendredi de 8h30 à 11h30.
Propriétaire : Prince Robert de Luxembourg (Président)
Directeur : Jean-Philippe Delmas (DG délégué)

★★★
CHÂTEAU LA MISSION HAUT-BRION

Le château comprend aujourd'hui 28 hectares plantés sur un terroir graveleux, légèrement plus riche que celui de Haut-Brion, qui lui fait face. Il est d'ailleurs toujours passionnant de les comparer. Si l'on veut définir la spécificité de ce célèbre cru à partir des millésimes dégustés, on dira qu'il ressemble énormément, on s'en doute, au château Haut-Brion. Il possède les mêmes qualités de souplesse, de fondu – qui n'empêchent en rien de longues et glorieuses évolutions en bouteille –, ainsi que le même bouquet fumé très original, mais sa forme en bouche se révèle assez différente, plus moelleuse, plus profonde en primeur, plus charmeuse, car plus facile à comprendre dès les premières années. Avec l'âge, La Mission cède à Haut-Brion en complexité de style et en finesse pure, mais surpasse son voisin en volupté de texture. Vous l'avez compris, ces deux cousins, vinifiés par la même équipe et avec autant d'exigence, sont de parfaits reflets de leurs terroirs propres et des choix d'encépagement.

Les vins : plus strict que d'habitude, le 2016 est à ce jour typé par les cabernets. Très sophistiquée, la bouche est charnue avec une sensation juteuse en finale qui rend le vin plus aimable qu'en attaque. Souplesse de bouche, matière délicate sans être très concentrée, La Chapelle 2013 est encore marqué par des tanins un rien rugueux en finale. Avec seulement 39 % de grand vin (65 % merlot), La Mission rouge 2013 est un vin encore rugueux en attaque de bouche avec une matière expressive, plus ouverte et épanouie en bouche qu'au nez. Mais les tanins sont anguleux en finale, la bouche durcie par son manque de concentration. On trouve une belle attaque et un vin plein, assez riche, de bon volume de bouche dans La Mission blanc 2013. On retrouve des similitudes gustatives avec La Clarté Haut-Brion car le sauvignon trace la fin de bouche. Ce vin généreux, ample et expressif commence à s'ouvrir, à se livrer. Avec une acidité un peu basse, La Mission blanc 2015 se montre parfumé dans un registre joliment exotique, relevé d'une agréable salinité en finale. Mais il demeure un peu souple et ne possède pas la longueur des plus grandes années de La Mission blanc.

⌒ Pessac-Léognan 2013	648 €	16
⌒ Pessac-Léognan 2015	550 (c) €	16,5
▬ Pessac-Léognan 2013	175 (c) €	16
▬ Pessac-Léognan 2016	387,50 €	18,5
▬ Pessac-Léognan La Chapelle de La Mission Haut-Brion 2013	48 (c) €	15

Le coup de ♥
▬ Pessac-Léognan 2015   360 (c) € 19,5

Un superbe vin d'une grande intensité de saveurs, à la maturité de fruit splendide. De haut vol, la trame tannique est parfaitement dessinée et la prise de bois toute en finesse ; le grain de ce vin est littéralement subjuguant.

Rouge : 25,44 hectares.
Cabernet-Sauvignon 48 %, Merlot 41 %, Cabernet franc 11 %.
Blanc : 3,74 hectares.
Sémillon 63 %, Sauvignon blanc 37 %
Production moyenne : 70 800 bt/an

CHÂTEAU LA MISSION HAUT-BRION
67, rue Peybouquey, 33400 Talence
05 56 00 29 30 ●
www.mission-haut-brion.com ● **Vente et visites : au domaine sur rendez-vous.**
Du lundi au jeudi de 8h30 à 11h30 et de 14h à 16h30, vendredi de 8h30 à 11h30.
Propriétaire : Prince Robert de Luxembourg (Président)
Directeur : Jean-Philippe Delmas (DG délégué)

★★
DOMAINE DE CHEVALIER

La famille Bernard met tout en œuvre depuis 1983 pour maintenir cette très belle propriété dans le peloton de tête de l'appellation. Grâce à un outil technique de pointe et un vignoble parfaitement soigné qui a pris l'âge nécessaire pour produire de grands raisins, les vins sont, depuis une décennie, irréprochables tant en blanc qu'en rouge. Le vignoble, situé dans l'une des zones froides de l'appellation, est tenu comme un jardin. Les raisins blancs sont triés avec un soin extrême et leur vinification s'est considérablement sophistiquée, sans modifier le style ni la classe des vins. Ces derniers dévoilent une finesse et une complexité uniques à Léognan et s'expriment au mieux, à notre goût, dans leur dix premières années, et souvent plus pour les amateurs. Les rouges possèdent un superbe cachet et ont encore gagné en moelleux avec l'arrivée du conseiller Stéphane Derenoncourt, mais sans jamais tomber dans l'excès. Les derniers millésimes, comme 2013 dégusté en bouteille ou 2015 dégusté en primeur, sont des exemples marquants de ce style qui s'affirme. Les vins vieillissent à merveille et déploient, après quelques années, un bouquet magnifique et subtil.

Les vins : d'une superbe couleur, le millésime 2016 affiche une grande structure de tanins. Le niveau tannique est aussi élevé qu'en 2010. La matière généreuse est portée par les cabernets, la signature de Chevalier en 2016. On trouve un assemblage un rien atypique pour le rouge 2015 avec 5 % de petit verdot. "On aurait pu en incorporer jusqu'à 10 % s'ils ne resserraient pas la finale", explique Hugo Bernard. C'est un vin ultraparfumé alliant la douceur des épices du cabernet-sauvignon (65 %) et le charme d'une maturité parfaitement atteinte, tout à fait dans l'esprit frais et distingué du millésime. Dans le même millésime, l'expression du fruit et le gras prennent le dessus sur la fraîcheur dans le blanc et l'équilibre est moins porté par l'acidité. Charmeur il est aussi plus élancé en finale qu'en attaque. Chevalier propose une belle série de 2013. L'esprit de Chevalier blanc est assez puissant, avec de la richesse dans un style ample et long en finale, et une expression mature du sauvignon. En rouge le second vin est un peu végétal, mais possède une bouche charnue. Côté grand vin, le blanc commence à prendre des goûts de pierre à fusil et évoque presque un chablis. Le rouge 2013 affiche une belle couleur dense : c'est certainement l'un des plus colorés de ce millésime dans les Graves. Sa belle matière possède du charnu, un cœur de bouche bien rempli, des tanins qui structurent l'ensemble. Plus généreux, gras et riche en bouche, L'Esprit de Chevalier blanc 2014 possède du style. On peut commencer à le boire.

▱ Pessac-Léognan 2013	90 (c) €	17
▱ Pessac-Léognan 2015	90 (c) €	16,5
▱ Pessac-Léognan L'Esprit de Chevalier 2013	22 (c) €	15
▱ Pessac-Léognan L'Esprit de Chevalier 2014	22 (c) €	15,5
▬ Pessac-Léognan 2013	45 (c) €	16,5
▬ Pessac-Léognan 2015	66 (c) €	18,5
▬ Pessac-Léognan 2016	62,10 (c) €	19,5
▬ Pessac-Léognan L'Esprit de Chevalier 2013	22 (c) €	14

Le coup de ♥

▱ Pessac-Léognan 2014	84 (c) €	18

Tout en fraîcheur et en droiture, il affiche le caractère long et tendu du sauvignon issu d'un terroir frais. L'allonge est impeccablement dessinée sur un fruit juteux, savoureux, sans aspérité. Il conserve le style cristallin et pur de sa naissance. Il ira loin.

Rouge : 50 hectares.
Cabernet-Sauvignon 63 %, Merlot 30 %, Petit Verdot 5 %, Cabernet franc 2 %
Blanc : 6 hectares.
Sauvignon blanc 70 %, Sémillon 30 %
Production moyenne : 120 000 bt/an

DOMAINE DE CHEVALIER
102, chemin de Mignoy, 33850 Léognan
05 56 64 16 16 ●
www.domainedechevalier.com ● Vente et visites : au domaine sur rendez-vous.
Propriétaire : Famille Bernard
Directeur : Olivier Bernard

CHÂTEAU HAUT-BAILLY

Cultivant un style personnel et terriblement attachant, cette propriété, acquise en 1998, par le banquier américain Robert G. Wilmers, propose un vin (rouge uniquement) d'une droiture et d'une classe uniques. Véronique Sanders, petite-fille de l'ancien propriétaire, gère soigneusement au quotidien ce cru classé, avec le très compétent directeur technique, Gabriel Vialard. Ils y produisent un vin rouge harmonieux et suprêmement équilibré, respectant les usages bordelais, sans jamais trop en faire. Le terroir de graves sur crasse de fer permet aux différents millésimes d'acquérir un bouquet de griottes fort séduisant, et une chair veloutée sans équivalent dans ce secteur de Léognan. Il est bien difficile de prendre en défaut un seul millésime : tous, avec un style inimitable, long et fin, parviennent à l'excellence. Avis aux amateurs trop impatients : comme tout grand vin qui se respecte, Haut-Bailly peut paraître austère dans sa jeunesse avec une trame de tanins rugueuse. Il ne se révèle véritablement qu'après quelques années de garde. La propriété a décidé l'année dernière de mettre fin au test en culture biologique et biodynamique engagé sur 6 hectares.

Les vins : la volupté de Haut-Bailly parle dans ce millésime 2016 sans retenue. C'est un vin très puissant, mais enveloppé par une douceur exceptionnelle. Il offre du crémeux et de la sapidité. Ce vin possède toutes les qualités du 2010, sans la rigidité, ce qui le rend très séducteur. Parmi les plus grandes réussites de l'appellation. La Parde Haut-Bailly 2013 est un vin souple et léger, avec une matière tendre en finale. Nous vous conseillons de le boire durant les deux prochaines années. "La pluie d'août a sauvé le millésime" s'amusent à raconter Véronique Sanders et Gabriel Vialard, à propos du millésime 2015, qui donne un vin ne jouant la surenchère ! La couleur est lumineuse, brillante, sans être noire. Un très beau nez d'épices frais très présent, avec beaucoup de fraîcheur, amène une superbe trame tannique. Sa structure toute en subtilité paraît moins granuleuse que d'habitude, ce qui le place une fois encore parmi les très grandes réussites du millésime.

▬ Pessac-Léognan 2015	92 €	19
▬ Pessac-Léognan 2016	98,50 €	19,5
▬ Pessac-Léognan La Parde de Haut-Bailly 2013	21 €	14

Le coup de ♥

▬ Pessac-Léognan 2013	55 €	17

De grande structure, avec de la puissance et une tannicité marquée en bouche, ce

2013 demeure un modèle de réussite dans le millésime. Il se distingue par sa race, sa tenue, une corpulence supérieure et une allonge tramée.

Rouge : 30 hectares.
Cabernet-Sauvignon 60 %, Merlot 34 %,
Cabernet franc 3 %, Petit Verdot 3 %
Production moyenne : 160 000 bt/an

CHÂTEAU HAUT-BAILLY
**103, avenue de Cadaujac, 33850 Léognan
05 56 64 75 11** ●
www.chateau-haut-bailly.com ● **Vente et visites : au domaine sur rendez-vous.**
Propriétaire : Robert G. Wilmers
Directeur : Véronique Sanders

★★
CHÂTEAU MALARTIC-LAGRAVIÈRE

Illustrant parfaitement le renouveau de l'appellation, Malartic-Lagravière a spectaculairement progressé depuis son rachat, en 1998, par l'entrepreneur belge Alfred-Alexandre Bonnie. Avec son fils Jean-Jacques, sa fille Véronique et sa belle-fille Séverine, la propriété a rattrapé en peu d'années le retard qu'elle avait accumulé lors de son passage dans le giron du groupe champenois Laurent-Perrier. Le vignoble, superbement situé sur une croupe de graves à l'arrière du château, est parfaitement tenu, et les installations techniques modernes ont permis aux rouges de gagner en ampleur et en profondeur de corps notamment grâce à un vignoble qui prend de l'âge et s'enracine davantage. Les rouges n'ont jamais été aussi bons et s'inscrivent parmi les plus intéressants de l'appellation. Les blancs adoptent également un style très abouti, travaillé et généreux. Un travail d'observation sur les élevages a conduit le cru à investir pour la vinification et l'élevage dans des contenants en bois de 350 et 500 litres.

Les vins : le rouge 2016 se dote d'une très jolie finesse de bouche, des tanins hyper soignés, et d'un caractère de terroir plus prégnant car le boisé est beaucoup moins marqué. Il s'inscrit dans la nouvelle ère de ce cru classé. En blanc 2013, La Réserve offre du gras avec des notes de bergamote, une bouche crémeuse et généreuse marquée par le sémillon. Le grand vin aux notes d'épices douces et de poivre blanc est doté d'une matière opulente, construite sur de la richesse et de la longueur, à l'acidité modérée. Sa rondeur lui confère du charme et de la présence en bouche. Toujours en 2013, le rouge est un vin très complet, bien charnu et long en bouche avec une expression ample en finale. Il exprime parfaitement le terroir de graves du cru, avec une belle intensité aromatique. Un peu léger, le second vin est sur la griotte avec une matière souple. Toujours un peu plus sucré par son bois, Malartic blanc 2014 est aussi plus ample en bouche avec une matière tout en rondeur. Comme La Réserve blanc 2014, qui affiche un profil rondouillard avec un peu sucré donnant du moelleux à une finale séduisante. Le rouge 2015 est le premier millésime dans lequel une proportion significative de petit-verdot (7 %) entre dans l'assemblage. Planté en 2005, ce cépage apporte de délicieux parfums épicés et floraux. On retrouve également une marque d'élevage beaucoup plus discrète. D'une très belle structure avec une masse de tannins présente en bouche, il se dévoile structuré et vigoureux. Quant au blanc 2015 sa richesse de matière est la preuve d'une très belle maturité du sauvignon offrant une bouche tout en rondeur.

⇨ Pessac-Léognan 2013	50 €	16
⇨ Pessac-Léognan 2014	50 €	16
⇨ Pessac-Léognan 2015	55 €	17
⇨ Pessac-Léognan La Réserve de Malartic 2013	20 €	15
⇨ Pessac-Léognan La Réserve de Malartic 2014	20 €	14,5
⇨ Pessac-Léognan 2013	35 €	16
⇨ Pessac-Léognan 2015	55 €	18,5
⇨ Pessac-Léognan 2016	48,50 (c) €	18
⇨ Pessac-Léognan La Réserve de Malartic 2013	15 €	13,5

Le coup de ♥
⇨ Pessac-Léognan 2014	40 €	17

Voici un très beau vin, complet puissant et généreux, à la matière dense, serrée, concentrée et richement fruitée sur une expression mature du raisin. Un ensemble corpulent et généreux, d'une belle intensité de corps. Le boisé doit encore se fondre.

Rouge : 46 hectares.
Merlot 45 %, Cabernet-Sauvignon 45 %,
Cabernet franc 8 %, Petit Verdot 2 %
Blanc : 7 hectares.
Sauvignon blanc 80 %, Sémillon 20 %
Production moyenne : 200 000 bt/an

CHÂTEAU MALARTIC-LAGRAVIÈRE
**43, avenue de Mont-de-Marsan,
33850 Léognan
05 56 64 75 08** ●
www.malartic-lagraviere.com ● **Vente et visites : au domaine sur rendez-vous.**

BORDEAUX GRAVES

De 9h à 12h et de 14h à 17h.
Propriétaire : Alfred-Alexandre Bonnie
Directeur : Jean-Jacques Bonnie et
Véronique Bonnie-Laplane
Œnologue : Michel Rolland

★★
CHÂTEAU PAPE CLÉMENT

Bernard Magrez, également propriétaire des châteaux La Tour Carnet (Haut-Médoc) et Fombrauge (Saint-Émilion) a fait de cette propriété son vaisseau amiral. Rien n'est laissé au hasard pour élaborer le plus grand vin qui soit. Recherche de la maturité optimale, égrappage à la main, élevage luxueux... Le vin est l'archétype du grand bordeaux de luxe, moderne, qui séduit immédiatement et évolue avec beaucoup de charme. Revers de la médaille, certains millésimes ont parfois joué la démesure. Le temps remet alors les choses en place et calme la fougue du vin, car le terroir finit par reprendre le dessus. Cependant, on remarque depuis le millésime 2012, un changement de style, allant vers des vins moins marqués par la recherche parfois excessive de maturité, et vers des élevages moins appuyés, ce qui se ressent bien lors de nos dernières dégustations, en particulier avec le millésime 2015. La propriété produit en petite quantité un blanc (élevé en partie en cuve béton ovoïde) délicatement musqué, et d'une élégance qui le place en tête des graves à dominante de sauvignon. Depuis 2012, Bernard Magrez a agrandi son vignoble de 15 hectares (ancien château de Malleprat), qui produit désormais du Clémentin rouge et blanc, vinifié dans un cuvier flambant neuf entièrement dédié au second vin de Pape Clément.

Les vins : en 2016 les vendanges ont été plus tardives qu'à Haut-Brion, mais le vin conserve une réelle fraîcheur et un fruit sapide. Beaucoup de crémeux avec une fine sucrosité et un boisé doux (60 % de bois neuf). Bouche de grand équilibre avec une saveur saline en finale dans un assemblage à quasi parts égales de merlot et de cabernet-sauvignon. Clémentin rouge 2013 présente une jolie matière, du charnue et de la densité de corps en bouche. La matière est présente avec des tanins bien intégrés. Il affiche une corpulence relative en finale, mais a de la tenue et ne paraît pas dilué. Mieux bâti, le 2014 est plus complet avec des tanins plus prenants. Le rouge 2014 a énormément gagné en profondeur et en matière. La bouche se montre généreuse, très ample en finale, faisant preuve d'une suavité et d'une douceur très séductrice. La proportion des cabernets dans l'assemblage du rouge 2015 atteint 56 % "en raison de leur qualité exceptionnelle", explique Jeanne Lacombe, directrice technique. Macération plus courte et extraction par pigeages ont donné un vin d'une très grande finesse épicée, tout en préservant l'esprit crémeux de Pape. Certainement le meilleur rouge produit par la propriété depuis l'inflexion vers un caractère moins tapageur. Le blanc 2013 est tout en richesse, son profil exotique généreux, marque de fabrique du cru avec une petite part de muscadelle, fait la différence avec tous les autres blancs des crus classés. Le 2014 gagne en gras dans la construction de la bouche, mais demeure un peu fermé aujourd'hui. Il se dévoilera vraiment d'ici un an. Le blanc 2015 est issu de petits rendements avec seulement 29,5 hl/ha. Il est vinifié et élevé à 85 % en barrique dont 50 % de neuves et 15 % de cuve béton ovoïde, après avoir été récolté quasiment sans tris, et à une date de vendange moins tardive pour conserver de la fraîcheur et de la tension. Il offre une belle expression fruitée, de la fraîcheur et une sensation influencée par le sauvignon. D'un bel or, Clémentin blanc 2013 affiche une légère réduction au nez et la bouche se montre déjà un peu évoluée avec des notes de poivre. Le Clémentin blanc 2014 est plus friand avec une bonne acidité.

⮕ Pessac-Léognan 2013	190,70 €	16,5
⮕ Pessac-Léognan 2014	122 €	17
⮕ Pessac-Léognan 2015	107,64 (c) €	16,5
⮕ Pessac-Léognan Clémentin de Pape Clément 2013	55 €	14
⮕ Pessac-Léognan Clémentin de Pape Clément 2014	35 (c) €	14,5
⮕ Pessac-Léognan 2014	70 €	17
⮕ Pessac-Léognan 2015	69 (c) €	19
⮕ Pessac-Léognan 2016	82,50 (c) €	18,5
⮕ Pessac-Léognan Clémentin de Pape Clément 2013	35 €	15
⮕ Pessac-Léognan Clémentin de Pape Clément 2014	19,75 (c) €	15,5

Le coup de ♥
⮕ Pessac-Léognan 2013	110 €	16,5

Moelleux en attaque de bouche, la matière est remarquablement fruitée, d'une grande fraîcheur en finale. Les tanins sont lissés par un élevage de bonne facture, parfaitement dosé. Il dévoile en finale une déclinaison aromatique épicée et fruitée.

Rouge : 50 hectares.
Cabernet-Sauvignon 50 %, Merlot 47 %, Petit Verdot 2 %, Cabernet franc 1 %
Blanc : 7,2 hectares.
Sémillon 48.5 %, Sauvignon blanc 44.5 %,

Sauvignon gris 5.5 %, Muscadelle 1.5 %
Production moyenne : 180 000 bt/an

CHÂTEAU PAPE CLÉMENT
**216, avenue du Docteur-Nancel-Pénard,
33600 Pessac
05 57 26 38 38 •
www.bernard-magrez.com • Vente et
visites :** au domaine sur rendez-vous.
Du lundi au samedi et le dimanche matin.
Propriétaire : Bernard Magrez
Directeur : Jeanne Lacombe
Maître de chai : Arnaud Lasisz
Œnologue : Michel Rolland

CHÂTEAU SMITH HAUT-LAFITTE

Avec le millésime 2015, Daniel et Florence Cathiard ont fêté leur vingt-cinquième vendange à Smith Haut-Lafitte. Pour fêter cet anniversaire, une étiquette collection décorera les bouteilles de ce millésime. Quel chemin parcouru dans cette propriété depuis 1990, l'année du rachat. D'un cru classé en ruine, d'un vignoble quasiment à l'abandon, ces deux néo-vignerons, formés à l'école de la grande distribution pour lui et de la communication pour elle, ont fait un nom qui compte. D'abord produire un vin qui, sans aucun doute, s'inscrit parmi l'élite de la production bordelaise et ensuite faire de Smith Haut-Lafitte une étape incontournable œnotouristique. Si les vins ont été à leurs débuts parfois un peu trop mûrs et boisés, leur style s'est grandement affiné depuis dix ans. La texture des rouges, la mesure des extractions avec des masses tanniques plus délicate construisent des vins qui s'inscrivent dans le cadre d'un goût plus actuel, moins démonstratif. Les blancs ont également suivi cette tendance avec en particulier une influence des élevages beaucoup moins prégnante dans les derniers millésimes. Le succès ne se dément pas : les vins de Smith Haut-Lafitte rencontrent un succès international et connaissent une forte croissance de prix.

Les vins : le 2016 affiche une grande matière avec une large dominante de cabernet-sauvignon (70 %), tout en profondeur de saveurs. Les tanins dessinent parfaitement la bouche encore sur sa prise de bois. Hauts de Smith rouge 2013 est encore sur des tanins accrocheurs en bouche. Le rouge 2015 exprime beaucoup de matière et un très bel effet stylistique entre expression du fruit et nuances boisées. Un vin qui ira loin par sa fraîcheur et sa tension. La bouche du rouge 2013 est de grande expression, alliant une part de maturité poussée à un élevage légèrement toasté qui lui confère une forme de séduction très plaisante. La bouche est franche avec de la constitution, des tanins et de la mâche en finale. Très en fruit, le second vin en blanc 2014, Les Hauts de Smith, est délicieux. Vendanges matinales et pressurage direct (sans macération) ont su préserver une très grande fraîcheur du fruit et une fine acidité qui manque à d'autres dans le blanc 2015 ! Encore sur la réserve avec une matière moins expressive, le blanc 2014 se distingue aujourd'hui par la finesse de son grain en bouche et ses arômes finement poudrés. La bouche est délicate, rehaussée en finale par une fine acidité.

⬜ Pessac-Léognan 2014	82 €	17
⬜ Pessac-Léognan 2015	74 (c) €	18
⬜ Pessac-Léognan Les Hauts de Smith 2014	20 €	15,5
⬛ Pessac-Léognan 2012	73 €	18,5
⬛ Pessac-Léognan 2013	52 €	16,5
⬛ Pessac-Léognan 2015	73 (c) €	19
⬛ Pessac-Léognan 2016	84,50 (c) €	18,5
⬛ Pessac-Léognan Les Hauts de Smith 2013	16 €	15

Le coup de ♥
⬜ Pessac-Léognan 2013	83 €	18

Une splendide matière pour un vin qui s'affirme parmi les plus grandes réussites des crus classés. Pureté, maturité, élevage juste et précis, immense longueur : il redonne de la noblesse aux blancs secs de Bordeaux !

Rouge : 67 hectares.
Cabernet-Sauvignon 60 %, Merlot 30 %, Cabernet franc 9 %, Petit Verdot 1 %
Blanc : 11 hectares.
Sauvignon blanc 90 %, Sauvignon gris 5 %, Sémillon 5 %
Production moyenne : 200 000 bt/an

CHÂTEAU SMITH HAUT-LAFITTE
**33650 Martillac
05 57 83 11 22 •
www.smith-haut-lafitte.com • Vente et
visites :** au domaine sur rendez-vous.
Propriétaire : Daniel et Florence Cathiard
Directeur : Fabien Teitgen
Maître de chai : Yann Laudeho

BORDEAUX GRAVES

CHÂTEAU BOUSCAUT

De gros progrès ont été réalisés par Sophie et Laurent Cogombles, qui continuent à tout mettre en œuvre dans ce cru classé pour le porter au niveau des bonnes références de Pessac-Léognan, notamment par un important travail de replantations. L'originalité de ce terroir apparaît dans les derniers millésimes : les vins blancs, issus d'un encépagement réalisé jusque-là à part égale entre sauvignon et sémillon, connaissent depuis 2011 une augmentation du sauvignon atteignant 50 à 60 % dans l'assemblage (59 % en 2015), épaulé par quelques parcelles de très vieux sémillons bichonnés par la propriété. Ces blancs, par leur profil réducteur (noble), aux arômes grillés, se démarquent véritablement des autres blancs produits par les crus classés. Leur singularité les rend complexes et leur donne un charme que les autres n'ont pas forcément. Avec un peu de malbec, les rouges méritent de l'attention, mais ils ne possèdent pas encore le fond et l'intensité des blancs, et sont encore trop irréguliers.

Les vins : une dominante de merlot (55 %) et la traditionnelle touche de malbec (7 %) donnent à Bouscaut rouge 2016 un joli cœur de bouche avec une matière concentrée et mûre, ainsi qu'une superbe expression de fruit. Belle allonge sur des tanins qui peuvent encore gagner en gras. Son style aux saveurs minérales se montre très désaltérant. Le rouge 2015 exprime des tanins raides avec un profil strict et de la dureté en fin de bouche. Dans cette propriété, on préfère le blanc au rouge ! Avec 59 % de sauvignon, le nez du blanc 2015 est assez vif. Sur de tendres parfums de fruits blancs et une approche modérée de l'élevage, il maintient en bouche une grande fraîcheur tout en offrant une finale bien remplie prenant des nuances grillées. Les Chênes blanc 2014 est assez savoureux avec une expression finement toastée au nez comme en bouche. L'une des réussites de la propriété : le rouge 2011. Son charnu, sa tenue en bouche et son évolution sur un caractère très épicé lui confère beaucoup de charme, en plus de sa noble longueur en finale.

⮞ Pessac-Léognan 2015	21,60 (c) €	14,5
⮞ Pessac-Léognan Les Chênes de Bouscaut 2014	18 €	14,5
⬤ Pessac-Léognan 2015	24,30 (c) €	14,5
⬤ Pessac-Léognan 2016	25 €	16
⬤ Pessac-Léognan 2011	32 €	16

Le coup de ♥
⮞ Pessac-Léognan 2014	32 €	16

De très belle facture, le blanc du Château 2014 est finement tannique, au boisé parfaitement dosé, et exprime sur des notes fumées le caractère bien particulier des blancs de Bouscaut.

Rouge : 34 hectares.
Cabernet-Sauvignon 48 %, Merlot 46 %, Malbec (cot) 6 %
Blanc : 8 hectares.
Sémillon 50 %, Sauvignon blanc 50 %
Production moyenne : 90 000 bt/an

CHÂTEAU BOUSCAUT
**1477, avenue de Toulouse,
33140 Cadaujac
05 57 83 12 20** ●
www.chateau-bouscaut.com ● **Vente et visites : au domaine sur rendez-vous. De 8h30 à 12h et de 13h30 à 17h.
Propriétaire : Sophie Lurton-Cogombles
Maître de chai : Patrice Grandjean
Œnologue : Edouard Massie**

CHÂTEAU CARBONNIEUX

Les frères Éric et Philibert Perrin, avec leur sœur Christine Lescuyer, continuent de faire progresser cette importante propriété qui, en l'espace d'une dizaine d'années, a considérablement évolué, produisant avec une grande régularité un vin délicieux. Sur les conseils du professeur Denis Dubourdieu, les blancs sont vinifiés selon les règles les plus modernes de l'œnologie bordelaise. Élégants et rafraîchissants, ils ont gagné en précision et en expression de fruit tout en prenant du gras dans le cœur de bouche avec des élevages légers en barrique. Ils ne vieillissent pas forcément éternellement et nous vous conseillons de les déguster dans les cinq premières années après leur mise en bouteille. Cependant, quelques grandes années peuvent réserver des surprises magiques à la garde. Les rouges, sérieux et réguliers, bien que souvent austères dans leur jeunesse, ont également gagné en densité de corps. Ils ne se goûtent jamais aussi bien qu'entre cinq et dix ans d'âge. Le vignoble suit son programme de restructuration avec le remplacement des sauvignons blancs sur les beaux terroirs de graves par des cabernets-sauvignons. À noter que la propriété retarde désormais la mise sur le marché du blanc afin de laisser les vins se reposer en cuve avant leur mise en bouteille, ce qui créé un décalage de millésime. Par exemple, jusqu'à l'automne 2016, c'est le 2014 que vous trouverez dans le commerce. Et le millésime 2015 à l'été 2017.

Les vins : Carbonnieux est en pleine forme. Son rouge 2016 est une réussite associant un grand équilibre de matière et une douce extraction des tanins. On retrouve le côté crémeux du millésime dans ce vin à la chair moelleuse. Sans être très long, Carbonnieux rouge 2016 offre du plaisir, dans un style tendre et très rafraîchissant. Si Philibert Perrin s'attriste des 4 hl de moins à l'hectare sur le rouge 2015 en raison des cabernets-sauvignons plantés sur les terrains secs du plateau, il se réjouit, avec son frère Éric, de l'excellent potentiel qualitatif du grand vin. Cette petite baisse de rendement sert le vin et lui apporte de la chair et une masse tannique plus riche et généreuse que d'habitude. C'est une très belle réussite avec un style alliant puissance et fraîcheur. Gourmand et généreux, le rouge 2012 livre une matière plus aboutie et complète, avec une sensation de grande concentration. De la souplesse, mais un bel éclat de fruit relancé en bouche par une fine acidité affirmant la finale. Une belle surprise ! Carbonnieux blanc 2015, qui représente quasiment à lui seul la moitié des volumes de Pessac-Léognan, est très frais et délicat avec des nuances citronnées et fraîches en bouche, parfait à boire dans les deux ans. Très classique, friand avec une trame du sauvignon bien présente et une belle tension en finale, le blanc 2013 affiche un joli style, très plaisant aujourd'hui, mais qui évoluera bien sur cinq ans. On aime l'agréable vivacité de La Croix de Carbonnieux blanc 2013, friand et délicat, sur de fines notes d'agrumes.

▭ La Croix de Carbonnieux 2013	19,90 (c) €	14
▭ Pessac-Léognan 2013	28 €	15
▭ Pessac-Léognan 2015	24,15 (c) €	15
▬ Pessac-Léognan 2013	25 €	14,5
▬ Pessac-Léognan 2015	26,90 (c) €	16,5
▬ Pessac-Léognan 2016	29,40 €	17
▬ Pessac-Léognan 2012	28 €	15

Le coup de ♥
▭ Pessac-Léognan 2014	28 €	16

En blanc 2014, Carbonnieux montre qu'il gagne en gras et en amplitude de matière avec un milieu de bouche plus ample qu'auparavant. Il garde son profil très abordable, mais gagne de ce fait en complexité et prend de la corpulence.

Rouge : 50 hectares.
Cabernet-Sauvignon 60 %, Merlot 35 %, Cabernet franc 5 %
Blanc : 42 hectares.
Sauvignon blanc 78 %, Sémillon 22 %
Production moyenne : 500 000 bt/an

CHÂTEAU CARBONNIEUX
Chemin de Peyssardet, 33850 Léognan
05 57 96 56 20 ● **www.carbonnieux.com** ●
Vente et visites : au domaine sur rendez-vous.
De 8h30 à 12h et de 14h à 17h.
Propriétaire : Famille Perrin
Directeur : Eric et Philibert Perrin

CHÂTEAU LES CARMES-HAUT-BRION

Depuis 2010, le promoteur immobilier Patrice Pichet et sa femme Diane sont les heureux propriétaires de ce magnifique et unique château sis la ville de Bordeaux. Depuis, ce cru non classé, portant le nom de l'un des plus célèbres premiers crus classés de 1855, est en pleine mutation. Celle-ci passe par de très sérieux et ambitieux investissements, dont la construction d'un tout nouveau chai spectaculaire, conceptualisé par le designer Philippe Starck et l'architecte bordelais Luc Arsène-Henry, dans lequel le millésime 2015 a été vinifié. Notons aussi l'achat de nouvelles parcelles (5,6 hectares au château Le Thil Comte Clary et 17 hectares au château Haut-Nouchet) permettant la création d'un vin à part entière, Le Clos des Carmes Haut-Brion, dont l'assemblage est largement dominé par 85 % de merlot, avec une vinification partielle en grappes entières. Un chai a été construit en 2016, à Martillac pour la vinification de cette nouvelle étiquette. Si Les Carmes Haut-Brion a longtemps été une propriété confidentielle avec la signature de très élégants cabernets francs entièrement élevés en jarres (jusqu'à 45 % dans les assemblages), Patrice et Diane Pichet avec leur directeur, Guillaume Pouthier, sont, de toute évidence, bien décidés à faire des Carmes Haut-Brion un cru majeur de Pessac-Léognan, prêt à concourir aux côtés des meilleurs crus classés.

Les vins : l'assemblage se démarque comme chaque année avec 41 % de cabernet franc, 20 % de cabernet-sauvignon et 39 % de merlot, un élevage à 70 % en fûts neufs, 25 % en fûts d'un vin et 5 % en jarres. Un caractère de craie (tuffeau) marque ce millésime 2016 à l'ADN cabernet franc et aux tanins étirés. Beaucoup

BORDEAUX GRAVES

de style avec une matière sophistiquée et un équilibre abouti. Le Grand vin 2013 est une belle réussite. Sans manque de matière, il associe la finesse de l'année avec un fruité éclatant et une longueur savoureuse. Le grain du cabernet-franc est bien présent en finale et apporte une touche singulière à ce beau vin très stylisé. 2015 est le premier millésime vinifié dans le tout nouveau cuvier ! Guillaume Pouthier, le directeur technique, a su se servir avec brio de son nouvel outil. Ce cru, avec sa dominante de cabernet-franc, fait figure d'apache dans les Graves, d'autant que 50 % de la vendange a été vinifié entière (sans éraflage). Les tanins sont dessinés à la craie avec une minéralité chatoyante en bouche et l'on se rapproche du profil des grands rouges ligériens du tuffeau.

- Pessac-Léognan 2013   55 € 16,5
- Pessac-Léognan 2016   86 (c) € 19

Le coup de ♥
- Pessac-Léognan 2015   51 (c) € 19

Ce cru, avec sa dominante de cabernet-franc, fait figure d'apache dans les Graves, d'autant que 50 % de la vendange a été vinifié entière (sans éraflage). Les tanins sont dessinés à la craie avec une minéralité chatoyante en bouche et l'on se rapproche du profil des grands rouges ligériens du tuffeau.

Rouge : 12 hectares.
Merlot 41 %, Cabernet franc 39 %, Cabernet-Sauvignon 20 %
Production moyenne : 30 000 bt/an

CHÂTEAU LES CARMES-HAUT-BRION
20, rue des Carmes, 33000 Bordeaux
05 56 93 23 40 ●
www.les-carmes-haut-brion.com ● Vente et visites : au domaine sur rendez-vous.
Propriétaire : Groupe Pichet
Directeur : Guillaume Pouthier

★
CLOS FLORIDÈNE

Bien connu des amateurs, ce domaine est l'œuvre du "pape" des vins blancs bordelais, l'œnologue récemment disparu Denis Dubourdieu. Depuis de nombreuses années, il fait incontestablement partie des valeurs sûres dans une appellation qui, si elle progresse, manque encore d'homogénéité et de leaders. Le plus étonnant, dans la production de ce domaine, réside dans le profond classicisme qu'elle exprime : bien loin des lourdes caricatures de blancs boisés et trop exubérants, que l'on rencontre souvent dans les ambitieux châteaux bordelais, Floridène blanc est un vin svelte et droit, sans artifices, d'une pureté cristalline. Il rappelle d'ailleurs le délicieux vin blanc sec du château Doisy Daëne, le cru classé de Barsac de Denis Dubourdieu. Le rouge possède la même élégance distinguée. Ces vins peuvent parfaitement vieillir plusieurs années en cave.

Les vins : on retrouve des saveurs de griottes et de fruits rouges croquants dans le rouge 2013 qui se montre fluide et souple. On le boira d'ici deux à trois ans.

- Graves 2013   16 € 14,5

Le coup de
- Graves 2015   20 € 17

Le sauvignon s'exprime avec un caractère très floral ; il affiche de la noblesse et du tempérament en bouche. Il mérite vraiment d'être mis en cave !

Rouge : 15 hectares.
Cabernet-Sauvignon 70 %, Merlot 30 %
Blanc : 25 hectares.
Sauvignon blanc 50 %, Sémillon 50 %
Production moyenne : 160 000 bt/an

CLOS FLORIDÈNE
Château Reynon, 21, route de Cardan,
33410 Beguey
05 56 62 96 51 ● www.denisdubourdieu.fr
● Vente et visites : au domaine sur rendez-vous.
Propriétaire : Famille Dubourdieu
Maître de chai : Ludovic Bernard
Œnologue : Fabrice Dubourdieu

★
CHÂTEAU COUHINS-LURTON

Il aura fallu pas moins de quarante ans au tenace André Lurton pour parvenir, en 1992, à reconstituer dans sa quasi-intégralité l'ensemble de cette propriété. Uniquement classé en blanc, la production, dans cette couleur suivie par les œnologues Denis Dubourdieu et Valérie Lavigne, est entièrement vouée au sauvignon avec des expressions cristallines de ce cépage. Dans sa jeunesse, le vin peut sembler exprimer davantage les qualités primaires du sauvignon que celles de son terroir, mais il acquiert souvent à la garde une complexité surprenante, comme nous l'a déjà prouvé la dégustation de millésimes de dix ans d'âge. Côté rouge, c'est le merlot qui domine dans un vignoble qui commence à prendre un peu d'âge, mais qui a durant longtemps produit des vins assez légers.

Avec l'arrivée de Michel Rolland et de son équipe, les choses évoluent dans le bon sens depuis 2013 pour les rouges ! Une recherche évidente de vins plus denses, plus soyeux et plus séducteurs est en route. En 2014 et en 2015, un petit volume de vin rouge a bénéficié d'une vinification intégrale dans 30 barriques et 4 foudres de 9 hectolitres. Et les initiatives vont certainement s'accélérer avec l'arrivée en 2015 de Christine Lurton à la tête des crus de Pessac-Léognan propriétés d'André Lurton, l'homme aux 600 hectares de vignes - dont le Crédit Agricole est un actionnaire important.

Les vins : comme à La Louvière, les jeunes vignes ont souffert de la chaleur donnant un rouge 2016 marqué par sa prise de bois, avec des tanins anguleux. La matière est concentrée, mais l'extraction domine le vin. Moins tannique et plus souple que La Louvière, le rouge 2015 se démarque par sa rondeur avec une prise de bois plus présente. "Nous voulons rendre ce vin plus charmeur avec des extractions plus précises pour gagner en densité", explique Vincent Millet le directeur. L'expression du blanc 2015 reflète parfaitement l'esprit d'un sauvignon un peu variétal : une matière en fraîcheur avec de l'acidité en bouche donnant une finale tendue, avec un caractère minéral et une longueur mentholée. Il gagnera à vieillir trois à quatre ans. On trouve un joli gras, de la générosité aromatique avec des notes de citron confit dans la bouche du blanc 2013 amenant une finale expressive. On aime la bouche ronde, de bonne tenue, aux tanins moelleux, du rouge 2013. L'ensemble ne possède pas une très grande longueur, mais se montre flatteur avec la marque d'un boisé élégant en finale. À boire sur quatre ans.

⊂ Pessac-Léognan 2013	25,75 €	15
⊂ Pessac-Léognan 2015	20,50 (c) €	15,5
⬛ Pessac-Léognan 2013	25,05 €	14
⬛ Pessac-Léognan 2015	16 (c) €	14,5
⬛ Pessac-Léognan 2016	25 €	14,5

Le coup de ♥

⊂ Pessac-Léognan 2014	26 €	15

Bien élaboré, il présente le caractère d'un bon sauvignon, peu marqué par le bois et conservant de la fraîcheur, d'une belle allonge plaisante avec une amertume assez noble en finale. Il vieillira gracieusement.

Rouge : 16 hectares.
Merlot 77 %, Cabernet-Sauvignon 23 %
Blanc : 6 hectares.
Sauvignon blanc 100 %
Production moyenne : 43 000 bt/an

CHÂTEAU COUHINS-LURTON
48, Chemin de Martillac, 33140 Villenave d'Ornon
05 57 25 58 58 ● www.andrelurton.com ●
Vente et visites : au domaine sur rendez-vous.
Au Château La Louvière.
Propriétaire : André Lurton
Directeur : Pascal Le Faucheur
Maître de chai : Jean-Marc Conte

CHÂTEAU DE FIEUZAL

Ce cru classé a produit les plus grands blancs de Bordeaux des années 1980. Après avoir été vendu en 1994 à la Banque Populaire, Fieuzal a décliné jusqu'en 2001. C'est cette année là que l'homme d'affaires irlandais Lochlann Quinn s'en porte acquéreur, puis embauche Stephen Carrier comme directeur. Dès lors, le cru retrouve un excellent niveau, avec une recherche évidente de corps, de tenue et d'élégance tannique dans les rouges, grâce, entre autres, aux conseils d'Hubert de Boüard. Et les blancs renouent avec leur caractère très entier, se montrent mûrs et finement boisés tout en affichant moins d'exubérance. Des vins vraiment dans leur époque ! Grâce aux investissements consacrés à la reconstruction d'un chai et d'un cuvier moderne (permettant des vinifications en cuve de bois, inox ou béton), les derniers millésimes renouent avec les belles années de ce cru classé. Fieuzal a terminé en 2015 son programme de 15 hectares de replantation, débuté en 2007. La propriété a décidé de s'engager dans un début de conversion bio et biodynamique avec l'objectif d'être certifié d'ici 2020.

Les vins : en 2016, l'ensemble du vignoble, gelé à 60 %, a été travaillé en biodynamie. Stephen Carrier a réduit le bois dans les élevages et testé vinification, pigeages et élevage sur trois amphores de 320 l d'une petite partie des merlots et sur six jarres de 160 l en terre cuite de cabernet-sauvignon. Avec ses tanins suaves, son fruit éclatant et gourmand, le rouge 2016 se montre équilibré. Un Fieuzal de plaisir. "Nous conservons une approche classique pour les blancs, tant en vinification que dans l'assemblage, même si l'influence du sémillon s'affirme jusqu'à 40 %"! explique Stephen Carrier. Passé de 18 à 10 hectares depuis 2007, les blancs sont élevés en barrique de 400 litres d'acacia depuis 2011 (40 %) et en fût de chêne. Encore légèrement marqué par son bois, le blanc 2014 s'affirme et s'affine en bouteille. Il possède une belle assise avec une matière et qui s'impose

BORDEAUX GRAVES

par une longueur de premier ordre. La couleur du blanc 2013 est d'un doré plus soutenu et les arômes affichent une certaine évolution vers les fleurs séchées et les fruits secs. On retrouve cette expression aromatique dans une bouche moelleuse, un peu sucrée. Avec de très beaux tanins, une grande expression fumée, très légèrement lardée, 2015 affiche une grande finesse en bouche et un équilibre digeste tout en suavité. Une jolie matière marquée par la rondeur distingue ce cru dans la dégustation des rouges 2013. On aime le profil enrobé et assez gras de la finale qui compense le déficit de chair du millésime.

⇨ Pessac-Léognan 2013	38 €	14
⇨ Pessac-Léognan 2014	20 €	16
▬ Pessac-Léognan 2013	27,50 €	15
▬ Pessac-Léognan 2015	27,60 (c) €	16,5
▬ Pessac-Léognan 2016	39 (c) €	16

Le coup de ♥

⇨ Pessac-Léognan 2015	33 (c) €	17,5

Le blanc 2015 plein, mentholé, très aromatique, est certainement l'un des plus parfumés et généreux du millésime. Il allie gras et fine acidité, et mérite un élevage un peu plus long que d'habitude.

Rouge : 65 hectares.
Cabernet-Sauvignon 48 %, Merlot 45 %, Cabernet franc 5 %, Petit Verdot 2 %
Blanc : 10 hectares.
Sauvignon blanc 70 %, Sémillon 25 %, Muscadelle 5 %
Production moyenne : 350 000 bt/an

CHÂTEAU DE FIEUZAL
124, avenue de Mont-de-Marsan, 33850 Léognan
05 56 64 77 86 ● www.fieuzal.com ● Vente et visites : au domaine sur rendez-vous.
Propriétaire : Brenda et Lochlann Quinn
Directeur : Stephen Carrier

CHÂTEAU LARRIVET HAUT-BRION

Cette propriété, qui appartient à la famille Gervoson (groupe Andros), produit avec régularité des vins agréables et accessibles. Doté d'un beau terroir sur les hauteurs de Léognan, non loin de Haut-Bailly et de La Louvière, le cru bénéficie également d'un outil de vinification moderne avec un tout nouveau cuvier en béton. Bruno Lemoine en est le directeur depuis 2007 et François Gaudichon, natif de Cognac,

diplômé d'œnologie à Dijon et formé chez les frères Confuron à Vosne-Romanée, est le nouveau maître de chai depuis juin 2015. Ils apportent un supplément de précision dans la définition stylistique des vins, tant sur le plan aromatique des blancs (avec notamment des vinifications en cuve ovoïde et sept cuves en bois afin d'affiner davantage la sélection parcellaire) que dans la structure tannique des rouges. Depuis le millésime 2015, Michel Rolland a été remplacé par Stéphane Derenoncourt comme conseiller.

Les vins : 2016 est le premier millésime entièrement suivi par Stéphane Derenoncourt et Frédéric Massie. Le rouge progresse en finesse d'extraction avec un boisé plus délicat. Le fruit ressort dans une matière élégante. En second vin, le blanc 2014 affiche un fruit expressif avec des fines notes de pêches de vignes. Le rouge 2014 est quant à lui assez rond, de belle matière avec du corps en finale. En grand vin, le blanc 2014 est délicieux avec une rondeur et des saveurs salines en finale. Avec une évolution plus marquée, une acidité basse, le blanc 2013 commence à donner des signes de faiblesse. Même constat pour le rouge, dans le même millésime, qui s'ouvre sur des notes de fruits macérés et avec des tanins légers. En raison d'une petite récolte, les blancs 2015 ne sont pas passés dans les cuves ovoïdes en béton, mais dans trois contenants de vinification et d'élevage : barriques neuves, fûts de 500 litres, et foudres. C'est un blanc gras avec un milieu de bouche complet aux arômes plus exotiques qu'agrumes. Une petite partie des merlots a été, dans le rouge 2015, vinifiée en vendange entière et la totalité de la vendange n'a pas été foulée. Autre particularité de l'année, le merlot ne représente plus qu'un tiers de l'assemblage au bénéfice du cabernet-sauvignon (62 %). Le vin arbore une très belle couleur, sombre et dense et présente une forte puissance, une richesse de maturité avec une agréable sensation sucrée en finale, beaucoup de matière, une grande richesse de sève et une masse tannique importante.

⇨ Pessac-Léognan 2013	39 €	14,5
⇨ Pessac-Léognan 2014	39 €	15,5
⇨ Pessac-Léognan 2015	40 €	16
⇨ Pessac-Léognan Les Demoiselles de Larrivet Haut-Brion 2014	18 €	14
▬ Pessac-Léognan 2013	33 €	13,5
▬ Pessac-Léognan 2015	45 €	16,5
▬ Pessac-Léognan 2016	29,40 (c) €	17

▬ Pessac-Léognan Les Demoiselles de Larrivet Haut-Brion 2014   18 €   15

Le coup de ♥
▬ Pessac-Léognan 2014   37 €   15,5

D'une belle tenue en bouche, avec des tanins bien dessinés, et donnant une finale élégante, le rouge 2014 est un vin équilibré et assez fin qui évoluera joliment sur cinq ans.

Rouge : 65 hectares.
Merlot 50 %, Cabernet-Sauvignon 45 %, Cabernet franc 5 %
Blanc : 10 hectares.
Sauvignon blanc 80 %, Sémillon 20 %
Production moyenne : 400 000 bt/an

CHÂTEAU LARRIVET HAUT-BRION
84, avenue de Cadaujac, 33850 Léognan
05 56 64 75 51 • www.larrivethautbrion.fr
• Vente et visites : au domaine sur rendez-vous.
Du lundi au samedi de 10h à 12h et de 14h à 17h.
Propriétaire : Philippe Gervoson
Directeur : Bruno Lemoine
Maître de chai : François Gaudichon
Œnologue : Stéphane Derenoncourt

CHÂTEAU LATOUR-MARTILLAC

Voici un bel exemple de propriété familiale, toujours entre les mains des Kressmann, très ancienne famille de négociants bordelais. Tristan et Loïc Kressmann sont aujourd'hui aux commandes de ce cru classé très bien situé sur le plateau de Martillac. Les différentes générations ont su respecter le patrimoine transmis, tout en progressant dans la conduite de la vigne et dans les vinifications avec leur directrice Valérie Vialard. Depuis dix ans, la propriété est suivie par l'équipe de Denis Dubourdieu. Les vins ont conservé leur style élégant et précis, et gagnent en densité. En 2012, la famille Kressmann a acquis 6 hectares, qu'elle cultivait en fermage depuis vingt-cinq ans et, à partir du millésime 2014, 1,3 hectare de sémillon, issus de sélections massales, entre en production, ce qui apporte en particulier dans le blanc 2015 un supplément de chair. Prochainement des travaux de rénovation du cuvier vont être mise en œuvre avec l'objectif de réaliser des sélections parcellaires plus précises.

Les vins : les 8 % de petit verdot dans l'assemblage apportent de la couleur à ce millésime 2016 corpulent, très complet, aux magnifiques tanins crémeux et structurants. Beaucoup de plaisir dans le blanc 2013 très bien élaboré, équilibré, fin et élégant, tout en possédant du fond, du gras et de l'ampleur en finale. Moelleux, de bonne chair, à l'expression bien fruitée en bouche, Lagrave-Martillac blanc 2013 est un bon classique à boire. Avec 40 % de sémillon dans son assemblage, le blanc 2015 marque un nouveau virage à Latour-Martillac. On découvre des arômes d'abricot et des nuances grillées pouvant évoquer le chardonnay mûr. Sur la fluidité des tanins et la préservation du fruit, Lagrave-Martillac rouge 2013 n'est pas très dense, voire même plutôt souple, mais plaisant. Il faut le boire d'ici un an. Tristan et Loïc Kressmann, avec leur directrice Valérie Vialard, ont dessiné un rouge 2015 de très belle tenue. Il présente toutes les qualités de plaisir d'un très beau vin de Graves. Le fruit rouge s'associe aux épices au nez et en bouche ; les tanins gourmands et charmeurs respectent un profil très classique.

▭ Pessac-Léognan 2013   28 €   16
▭ Pessac-Léognan 2015   24,30 (c) €   16,5
▭ Pessac-Léognan Lagrave Martillac 2013   24,30 (c) €   14,5
▬ Pessac-Léognan 2015   25,30 (c) €   17,5
▬ Pessac-Léognan 2016   29,40 (c) €   18
▬ Pessac-Léognan Lagrave Martillac 2013   19 €   13,5

Le coup de ♥
▬ Pessac-Léognan 2013   24 €   15

Avec un fruit assez croquant, une matière de belle fraîcheur et une expression très classique des tanins, ce vin affiche une bouche délicate, fine, sans excès et d'un équilibre digeste. Il sera agréable à boire dans les cinq ans.

Rouge : 40 hectares.
Cabernet-Sauvignon 55 %, Merlot 40 %, Petit Verdot 5 %
Blanc : 10 hectares.
Sauvignon blanc 60 %, Sémillon 40 %
Production moyenne : 290 000 bt/an

CHÂTEAU LATOUR-MARTILLAC
Vignobles Jean Kressmann, 33650 Martillac
05 57 97 71 11 • www.latourmartillac.com
• Vente et visites : au domaine sur rendez-vous.
Du lundi au samedi de 10h à 18h de juin à septembre. Du lundi au vendredi de 9h à 18h et le samedi de 9h à 13h de septembre à juin.
Propriétaire : Famille Jean Kressmann
Directeur : Loïc et Tristan Kressmann

BORDEAUX GRAVES

CHÂTEAU OLIVIER

Ce cru classé de Graves a connu, en à peine dix ans, l'une des plus importantes mutations de l'appellation. Sous l'impulsion de Laurent Lebrun, les vins atteignent un excellent niveau et l'engagement d'Alexandre de Bethmann, le propriétaire, ne se dément, notamment avec un important soutien financier dans la restructuration du vignoble. Il faut dire que cette propriété est absolument magnifique ! Nichée au milieu d'une zone boisée, elle s'appuie sur un terroir de graves sis sur une croupe splendide, ventilée, idéale pour produire un cabernet-sauvignon d'anthologie. De ce fait, l'assemblage du rouge évolue. Dès 2015, 55 % de cabernet-sauvignon composent l'assemblage, contre 55 % de merlot en 2005. À cela, s'ajoute une prise de risque supplémentaire pour récolter plus mûr, diminuer les rendements et sélectionner davantage entre second et premier vin.

Les vins : avec 50 % de cabernet-sauvignon, 45 % de merlot et 5 % de petit verdot, l'assemblage du 2016 révèle une matière avec des tanins élégants et de la mâche apportée par les cabernets, mais aussi une rondeur en finale. La qualité des merlots sur argiles apporte une assise consistante. Olivier est désormais une valeur sûre des Graves ! En blanc 2015, le caractère du sauvignon domine au nez et en bouche alors que 23 % de sémillon et 2 % de muscadelle viennent agrémenter l'assemblage. Un peu citronné, délicat, avec une fine acidité en finale, c'est un blanc cristallin, avec de la tension, loin du caractère mou de l'année. Comme en rouge, Olivier s'en sort avec les honneurs. Dans un style délicat avec une bonne franchise de fruit, l'extraction est restée délicate dans le rouge 2013, sans excès de tanins, respectant le profil léger du millésime. On trouve le plaisir du fruit, la fraîcheur et la souplesse de l'année dans ce vin qu'il faudra boire jeune. Le blanc 2014 conserve une belle fraîcheur, de la tension, avec des notes d'agrumes au nez et en bouche.

fruit et la profondeur des cabernets sur graves. Complet, long, savoureux et très justement extrait.

Rouge : 52 hectares.
Merlot 58 %, Cabernet-Sauvignon 39 %, Petit Verdot 3 %
Blanc : 8 hectares.
Sauvignon blanc 82.5 %, Sémillon 17 %, Muscadelle 0.5 %
Production moyenne : 240 000 bt/an

CHÂTEAU OLIVIER
175, avenue de Bordeaux, 33850 Léognan
05 56 64 73 31 ● www.chateau-olivier.com
● Vente et visites : au domaine sur rendez-vous.
Du lundi au vendredi de 10h à 12h et de 13h30 à 18h.
Propriétaire : Famille de Bethmann
Directeur : Laurent Lebrun

CHÂTEAU BROWN

Cette propriété, rachetée en 2005 par les familles Mau et Dirkzwager, est aujourd'hui gérée par Jean-Christophe Mau. Ce dernier a effectué un travail en profondeur sur ce terroir voisin du cru classé château Olivier. Les derniers millésimes atteignent un excellent niveau. Sous l'influence du conseiller Stéphane Derenoncourt, dont la collaboration en place depuis dix ans s'arrête avec le millésime 2015, les vins ont également gagné en finesse d'extraction et d'élevage. Le vignoble s'agrandit : trois hectares (préalablement drainés) des sept déboisés en 2013 seront plantés au printemps de cette année (1,25 hectare de merlot et 1,75 hectare de cabernet-sauvignon).

Les vins : le rouge 2016, élevé à 65 % en barriques neuves, se montre expressif et offre une matière aux tanins élancés. La bouche s'affine progressivement tout en conservant un cœur plein. Toujours bien citronné au nez et en bouche, le blanc 2014 a gagné en intensité en bouche et commence à présenter une finale sur de beaux amers nobles. Dans ce pessac-léognan doté d'un beau style, les 30 % de sémillon ne sont pas anodins.

Pessac-Léognan 2014	30 €	15
Pessac-Léognan 2015	32 €	16,5
Pessac-Léognan 2013	26 €	14,5
Pessac-Léognan 2016	23,80 (c) €	16

Le coup de ♥
Pessac-Léognan 2015	34 €	17

L'un des meilleurs rouges produit par Olivier depuis 20 ans. Il réunit la richesse de l'année, un équilibre fin apporté par la fraîcheur du

Pessac-Léognan 2014	30 €	16
Pessac-Léognan 2016	23 €	16

Le coup de ♥
Pessac-Léognan 2013	18 €	15

Ce rouge qui présente un cœur de bouche bien rempli offre une très belle expression du fruit. Ses tanins sont bien plus moelleux que dans beaucoup d'autres rouges du millésime. Si la longueur n'est pas immense, il sera délicieux à boire d'ici 2019.

Rouge : 23,5 hectares.
Cabernet-Sauvignon 55 %, Merlot 40 %, Petit Verdot 5 %
Blanc : 5,5 hectares.
Sauvignon blanc 70 %, Sémillon 30 %
Production moyenne : 120 000 bt/an

CHÂTEAU BROWN

Allée John-Lewis-Brown, 33850 Léognan
05 56 87 08 10 • www.chateau-brown.com
• **Vente et visites :** au domaine sur rendez-vous.
De 9h à 12h et de 13h30 à 16h. Fermé le week-end et les jours fériés.
Propriétaire : Familles Mau et Dirkzwager
Directeur : Jean-Christophe Mau
Maître de chai : Bruno Patrouilleau

CHÂTEAU DE CHANTEGRIVE

Propriété emblématique de Podensac au cœur de l'appellation Graves, Chantegrive doit sa création à Henri Lévêque. Ce courtier historique de la place de Bordeaux a démarré l'aventure Chantegrive en 1966, avec seulement 2 hectares de vignes. Aujourd'hui, la propriété atteint 96 hectares en production, répartis à parts quasiment égales entre blanc et rouge. Longtemps pionnière dans l'élaboration de vins ambitieux, Chantegrive a connu au début des années 2000 une période plus creuse. Le château, repris en main par Marie-Hélène Levêque avec les conseils d'Hubert de Boüard depuis 2006, donne des vins qui retrouvent leur place parmi les belles références de l'appellation.

Les vins : une belle série de vins blancs sur la cuvée classique : 2015 est vif, avec des nuances citronnées et une fraîcheur croquante présentant un profil mûr du sauvignon ; 2014 est une jolie surprise, qui gagne en opulence tout en conservant sa vivacité en finale. Il évolue bien pour être bu à table. Côté rouge, 2013 est austère avec un milieu de bouche agréablement constitué, sans être profond.

⇨ Graves 2014	12,50 €	15
⇨ Graves 2015	12,50 €	15
■ Graves 2011	14 €	16
■ Graves 2012	14 €	14,5
■ Graves 2013	12,50 €	14

Le coup de ♥
⇨ Graves Caroline 2015	16,50 €	16

Chantegrive renoue avec le caractère des grands blancs qui ont fait sa réputation. Ce 2015 révèle le nouveau travail engagé avec un style plus mûr et un équilibre mesuré entre l'élevage et la maturité du fruit.

Rouge : 49 hectares.
Merlot 50 %, Cabernet-Sauvignon 50 %
Blanc : 47 hectares.
Sémillon 50 %, Sauvignon blanc 50 %
Production moyenne : 450 000 bt/an

CHÂTEAU DE CHANTEGRIVE

40, cours Georges-Clemenceau, 33720 Podensac
05 56 27 17 38 • www.chantegrive.com •
Vente et visites : au domaine sur rendez-vous.
Du lundi au samedi de 9h à 12h30 et de 13h30 à 17h. Samedi de 10h à 13h et de 14h à 18h.
Propriétaire : Françoise Lévêque
Directeur : Marie-Hélène Lévêque
Maître de chai : Michel Mesnard
Œnologue : Hubert de Boüard

CHÂTEAU COUHINS

Depuis 1968, l'Inra est propriétaire de ce cru classé de Graves. Sous la houlette de Dominique Forget, Couhins (à ne pas confondre avec son voisin Couhins-Lurton) représente aujourd'hui à la fois un site de recherche viticole et de production. En effet, sur ce beau terroir, s'établissent les recherches les plus poussées sur le matériel végétal (sélections clonales, porte-greffe, etc.). En parallèle, on y mène une approche de la viticulture précise et parcellaire. Les vins blancs (souvent en 100 % sauvignon) sont de belle facture, assez faciles d'accès, et se dégustent très bien jeunes. Les rouges peuvent manquer de fond et de matière avec parfois des finales trop liquides. Mais les derniers millésimes se montrent cependant plus denses et de meilleure concentration avec une augmentation significative du cabernet-sauvignon dans les assemblages. Régulièrement, des investissements sont concédés par l'Inra pour améliorer l'outil de production. La propriété s'est agrandie dans le courant de l'année avec un hectare supplémentaire de sauvignon blanc et doit encore planter deux hectares pour atteindre rapidement une superficie totale de 27 hectares (11 hectares en blanc et 16 hectares en rouge). Alice Bibes (27 ans) formée aux châteaux Carbonnieux, Olivier et Doisy-Daëne, par Denis Dubourdieu, a pris le poste de maître de chai en juin 2015.

Les vins : le rouge 2016 s'impose par sa finesse tannique et un joli crémeux, même s'il est encore marqué par une légère prise de bois. Les plantes de dix ans d'âge sont rentrées dans l'assemblage du rouge 2015, renforçant la présence du cabernet-sauvignon jusqu'à 58 %. Toujours en 2015, le blanc est en pur sauvignon issu des terroirs argilo-calcaires avec une maturation plus lente que d'habitude (vendanges du 1er au 5 septembre). Peu de jus dans les baies avec un rendement de 35 hl/ha. C'est une expression de fruit blanc, moins dans l'acidité que d'habitude, mais conservant la fraîcheur du fruit. Nous sommes déçus par le blanc 2013 qui dévie vers une forte réduction et de l'amertume en finale, et également par le très léger et fluide rouge 2013. Beaucoup plus précis, le blanc 2014, s'il ne possède pas une immense matière, offre une agréable bouche avec un profil friand et frais, de la délicatesse et du charme. Et le rouge 2014 ne démérite pas avec une matière charnue, une touche d'acidité en finale, de la tension, et des tanins possédant du moelleux et de la rondeur en finale.

⇨ Pessac-Léognan 2013	27,50 €	12
⇨ Pessac-Léognan 2014	30 €	14
⇨ Pessac-Léognan 2015	25 €	15,5
⬤ Pessac-Léognan 2013	22,50 €	13
⬤ Pessac-Léognan 2014	20 €	15
⬤ Pessac-Léognan 2015	20 €	15,5
⬤ Pessac-Léognan 2016	20,50 €	15,5

Le coup de ♥
⬤ Pessac-Léognan La Dame de Couhins 2014	15 €	14,5

Une matière pleine, de bonne composition tannique avec une expression fluide du fruit, une franchise des arômes et de la suavité en finale. C'est un second vin complet et long en finale, bien élaboré, qui suit les progrès de la propriété.

Rouge : 21 hectares.
Merlot 49 %, Cabernet-Sauvignon 40 %, Petit Verdot 6 %, Cabernet franc 5 %
Blanc : 6 hectares.
Sauvignon blanc 95 %, Sauvignon gris 5 %
Production moyenne : 120 000 bt/an

CHÂTEAU COUHINS
**Chemin de la Gravette, BP 81,
33883 Villenave-d'Ornon Cedex
05 56 30 77 61 ● www.chateau-couhins.fr ●
Vente et visites : au domaine sur rendez-vous.
Du lundi au vendredi de 9h à 12h et de 14h à 17h.
Propriétaire : Inra
Directeur : Dominique Forget**

CHÂTEAU CRABITEY

À la tête de 28 hectares de vignes, dont une bonne partie sur l'une des plus belles croupes de graves de Portets, Arnaud de Butler, a fait en une quinzaine d'années de ce cru des Graves l'une des références de l'appellation. Il a entamé en 2008 un vaste programme de restructuration du vignoble en privilégiant le cabernet-sauvignon sur les plus belles croupes de sa propriété. Un choix judicieux, comme le montre l'importance de ce cépage dans la qualité des derniers assemblages (en particulier en 2014). Ses vins se sont grandement étoffés et affirmés depuis dix ans. Gagnant en moelleux et en expression du fruit, les élevages ont aussi énormément progressé en élégance, tant en blanc qu'en rouge. Souvent corpulents, les rouges ne sont jamais meilleurs que dans leurs trois ou quatre premières années de bouteille, et sur dix ans dans les millésimes les plus concentrés.

Les vins : avec un boisé qui ressort en bouche, le rouge 2013 est encore sur la réserve. L'ensemble a besoin de se fondre et les tanins de se polir en bouteille. En 2015, le blanc est séduisant, offre une belle définition de fruit, sans exubérance : un vin sapide et fin.

⇨ Graves 2015	13 €	15,5
⬤ Graves 2013	11,50 €	14,5

Le coup de ♥
⬤ Graves 2012	13 €	16

Il conserve son profil mature avec de la douceur dans les tanins et un profil plus charnel. Les nuances réglissées apparaissent au nez et se prolongent en bouche. Un bon classique qui évolue avec style.

Rouge : 25 hectares.
Merlot 55 %, Cabernet-Sauvignon 45 %
Blanc : 3 hectares.
Sauvignon blanc 70 %, Sémillon 30 %
Production moyenne : 150 000 bt/an

CHÂTEAU CRABITEY
**63, route du Courneau, 33640 Portets
05 56 67 18 64 ● contact@debutler.fr ●
Vente et visites : au domaine sur rendez-vous.
De 9h à 17h.
Propriétaire : Arnaud de Butler**

CHÂTEAU LA GARDE

Cette propriété de la Maison Dourthe possède un vaste vignoble de près de 54 hectares (50 de rouge et 3,9 de blanc), sur un terroir composé de différentes croupes graveleuses et d'un plateau d'argile sur la commune de Martillac. Remembrées et en grande partie replantées, les vignes produisent aujourd'hui des vins plus percutants et mieux équilibrés, notamment avec une emprise des élevages beaucoup plus modérée (seulement 15 % de barriques neuves pour les blancs). Les derniers millésimes sont d'un très bon niveau et possèdent un potentiel de garde non négligeable.

Les vins : La Garde 2016 conserve de la puissance, mais il s'affine dans la structure de ses tanins. On retrouve en finale un caractère franc, au boisé dosé. Son équilibre dans les parfums et l'élevage préserve l'identité du terroir. Encore un peu dur en attaque de bouche avec des tanins fermes, le rouge 2014 doit se caler en bouteille. On ressent une légère touche végétale dans le rouge 2013 qui ne manque cependant pas de matière.

- Pessac-Léognan 2013   25 (c) €   14
- Pessac-Léognan 2014   25 (c) € 14,5
- Pessac-Léognan 2016   19,30 (c) € 15,5

Le coup de ♥
- Pessac-Léognan 2014   28 (c) €   16

La bouche du blanc 2014 est limpide et précise dans les arômes. La finale élancée présente des notes d'agrumes et de pierre à fusil, sans aucune influence du bois.

Rouge : 50 hectares.
Cabernet-Sauvignon 54,75 %, Merlot 44,5 %, Petit Verdot 0,75 %
Blanc : 3,9 hectares.
Sauvignon blanc 74 %, Sauvignon gris 15 %, Sémillon 11 %
Production moyenne : 161 000 bt/an

CHÂTEAU LA GARDE
**1, chemin de la Tour, 33650 Martillac
05 56 35 53 00 ●
www.chateau-la-garde.com ● Vente et visites : au domaine sur rendez-vous.
Propriétaire : Dourthe
Directeur : Frédéric Bonnaffous**

CHÂTEAU GAZIN-ROCQUENCOURT

Ce cru de Léognan était totalement inconnu jusqu'à son rachat en 2005 par la famille Bonnie, également propriétaire du cru classé Malartic-Lagravière. On doit à Véronique Bonnie-Laplane, Séverine et Jean-Jacques Bonnie le renouveau spectaculaire de ce beau terroir d'argiles et de graves. En moins de dix ans, les vins rouges atteignent un excellent niveau de qualité, avec un style profond, sensuel, flatteur et un boisé souvent opulent. En 2010, le blanc est créé en 100 % sauvignon et les premiers millésimes sont assez convaincants. Désormais davantage qu'un simple outsider de Pessac-Léognan, Gazin-Rocquencourt est un cru adulte qui a tout les atouts pour encore progresser.

Les vins : d'un très bon niveau, les derniers millésimes illustrent parfaitement les progrès effectués par cette propriété. En blanc comme en rouge, les vins sont d'un très bon niveau. En 2013, le blanc est séduisant, tandis que le rouge est marqué par des tanins encore en relief. Il montre cependant un peu plus de concentration que la moyenne de l'appellation.

- Pessac-Léognan 2013   20 €   15

Le coup de ♥
- Pessac-Léognan 2013   22 € 15,5

Le blanc 2013 est vif, tendu avec la marque d'un sauvignon bien mûr. On apprécie son profil gras et assez généreux en finale sur une expression mentholée.

Rouge : 19 hectares.
Cabernet-sauvignon 55 %, Merlot 45 %
Blanc : 2,5 hectares.
Sauvignon blanc 100 %
Production moyenne : 128 400 bt/an

CHÂTEAU GAZIN-ROCQUENCOURT
**43, avenue de Mont-de-Marsan,
33850 Léognan
05 56 64 75 08 ●
www.gazin-rocquencourt.com ● Visites : sur rendez-vous uniquement aux professionnels.
Propriétaire : Alfred-Alexandre Bonnie
Directeur : Jean-Jacques Bonnie et Véronique Bonnie-Laplane
Maître de chai : Philippe Garcia
Œnologue : Michel Rolland**

CHÂTEAU LA LOUVIÈRE

Originaire de l'Entre-deux-Mers, André Lurton, qui règne sur plus de 600 hectares de vignes dans le Bordelais, a acheté ce cru non classé de Graves en 1965. À partir de cette date, il n'a cessé d'embellir et d'affirmer cette propriété à travers ses vins, à tel point qu'aujourd'hui, les amateurs l'assimilent souvent au classement de l'appellation, au même titre que ses prestigieux voisins, Haut-Bailly ou Carbonnieux. Ce cru doit également sa forte notoriété à l'action menée par André Lurton dans la création, en 1987, de l'appellation Pessac-Léognan, dont il a été le principal artisan. Si les vins se sont mon-

BORDEAUX GRAVES

très d'un très bon niveau, ils ont toujours été produits dans des volumes importants. Cela a permis à La Louvière d'implanter une distribution forte tout en maintenant des prix de vente accessibles. Leur style est facilement reconnaissable, particulièrement pour les blancs, dont le cépage sauvignon, largement dominant, signe des millésimes avec un caractère souvent jugé variétal, mais typique du cru. Depuis dix ans, le domaine a entrepris un important travail de replantation, avec pour objectif un vignoble entièrement rénové en 2020. Il a abandonné la récolte mécanique à partir du millésime 2013, qui a aussi vu l'arrivée du célèbre conseiller et œnologue Michel Rolland. Désormais, avec la banque Crédit Agricole, actionnaire non négligeable des Vignobles André Lurton, cette propriété est remise sur les rails.

Les vins : le rajeunissement du vignoble avec huit hectares de jeunes vignes et une moyenne d'âge de 25 ans pour les autres rend le millésime 2016 un peu compliqué à La Louvière. Il y a de la dureté dans les tanins et une astringence en finale. Ce 2016 est à élever pour le rendre plus aimable. En 100 % sauvignon, L de La Louvière blanc 2014 affiche de belle notes citronnées avec une légère marque d'amertume en finale. Souple, le rouge L de La Louvière 2013 est vraiment léger. En grand vin, le blanc 2014 est de belle facture avec un caractère bien mûr du sauvignon. 2015 s'inscrit parmi les très beaux rouges de l'histoire récente du cru. Encore légèrement sur la prise de bois, la bouche dévoile une matière dense, charnue, plus en matière qu'auparavant (60 % de cabernet-sauvignon) avec un tiers de vinification intégrale en barrique. En 100 % sauvignon en raison de la richesse tannique des sémillons qui ont été écartés, le blanc 2015 gagne en précision aromatique et prend du gras en finale grâce à un bon niveau de maturité (un peu poussée).

▭ Pessac-Léognan 2014		23,50 €	15,5
▭ Pessac-Léognan 2015		20 €	15,5
▭ Pessac-Léognan L de La Louvière 2014		13,65 €	14,5
▬ Pessac-Léognan 2015		25 €	16
▬ Pessac-Léognan 2016		24 (c) €	14,5
▬ Pessac-Léognan L de La Louvière 2013		13,50 €	13

Le coup de ♥
▬ Pessac-Léognan 2013		22,40 €	15

Notons la qualité des tanins, la densité et la concentration de ce rouge 2013. Le fruit est croquant en bouche, le style tramé. La finale bien fraîche montre un caractère presque crayeux. Une belle réussite dans ce millésime.

Rouge : 46 hectares.
Cabernet-Sauvignon 60 %, Merlot 40 %
Blanc : 15 hectares.
Sauvignon blanc 90 %, Sémillon 10 %
Production moyenne : 200 000 bt/an

CHÂTEAU LA LOUVIÈRE
**149, avenue de Cadaujac, 33850 Léognan
05 56 64 75 87** ● **www.andrelurton.com** ●
**Vente et visites : au domaine sur rendez-vous.
De 9h à 17h.
Propriétaire :** André Lurton
Directeur : Pascal le Faucheur
Maître de chai : Jean-Marc Conte

CHÂTEAU RAHOUL

Cette propriété a connu ses heures de gloire dans les années quatre-vingt sous l'impulsion de Peter Vinding-Diers qui y produisit ce qui fut certainement l'un des meilleurs vins blancs secs de son époque et qui participa largement au renouveau de la viticulture et de la vinification bordelaise. L'ayant acquise en 1986, le champenois Alain Thiénot a récemment confié la gestion de son vignoble à la Maison Dourthe, dont il est propriétaire depuis 2007. Avec beaucoup de dynamisme, le directeur technique Frédéric Bonnaffous a redonné du lustre à cette propriété. Du beau terroir situé sur le plateau de Portets, il tire à nouveau un vin blanc raffiné et expressif, doté d'un équilibre hors-norme, pouvant aller jusqu'à 80 % de sémillon et 20 % de sauvignon. Le rouge a connu une véritable mue. Vin léger et souple autrefois, les derniers millésimes se démarquent par une couleur sombre et une texture tannique marquée.

Les vins : dans une phase austère, le rouge 2014 fait ressortir des tanins amers en finale. Il faut le garder en cave une bonne année avant de commencer à le boire. Aux tanins rugueux, le 2013 manque de fond.

▬ Graves 2013		20 (c) €	13
▬ Graves 2014		20 (c) €	14,5

Le coup de ♥
▭ Graves 2015		20 (c) €	15

Ce blanc 2015 à dominante de sémillon ne laisse pas indifférent. Il possède la rondeur du cépage et une gamme aromatique florale. On s'en régale déjà aujourd'hui.

Rouge : 35 hectares.

Merlot 69 %, Cabernet-Sauvignon 31 %
Blanc : 4,4 hectares.
Sémillon 65 %, Sauvignon blanc 35 %
Production moyenne : 112 000 bt/an

CHÂTEAU RAHOUL
**4, route du Courneau, 33640 Portets
05 56 35 53 00 • www.chateau-rahoul.com
• Vente et visites : au domaine sur rendez-vous.
Propriétaire : Dourthe
Directeur : Frédéric Bonnaffous**

CHÂTEAU RESPIDE MÉDEVILLE

Le château, propriété de la famille Médeville depuis les années 1980, (qui possède également les châteaux Gilette et Les Justices à Sauternes, le château des Eyrins à Margaux ainsi que les champagne Gonet-Médeville), situé à Preignac, dans le sud des Graves tout proche de Langon et du Sauternais, est parfaitement tenu. Grâce à un encépagement équilibré, les vins expriment les vertus complémentaires du merlot et du cabernet-sauvignon (légèrement majoritaire) en rouge, du sauvignon et du sémillon et d'une petite part de muscadelle (jusqu'à 5 % dans l'assemblage selon les millésimes) en blanc. Ce dernier révèle le véritable style des vins de la région des Graves du sud : sans artifice, aux notes d'écorce d'agrumes et à la bouche sans lourdeur, avec un élevage court de trois mois en barrique. Les rouges ont bien progressé grâce aux conseils en vinification d'Olivier Dauga. Julie et Xavier Gonet gèrent avec talent cette propriété qui maintient un excellent niveau et une parfaite régularité de production.

Les vins : le rouge 2013 est une belle réussite et présente un niveau de concentration supérieur à la moyenne de l'année. Si les tanins sont encore en relief, la matière est présente. Ce vin évoluera gracieusement sur cinq bonnes années.

| ➥ Graves 2013 | 26 (c) € | 15 |

Le coup de ♥
| ➥ Graves 2013 | 13 € | 16 |

Il offre un joli gras et une grande générosité de matière en bouche. Ce blanc joue la séduction par un apport important de sémillon (50 %). La fine acidité de la finale, marqueur de ce millésime, ressort bien et apporte la fraîcheur nécessaire à son équilibre.

Rouge : 8 hectares.
Cabernet-sauvignon 60 %, Merlot 40 %
Blanc : 4 hectares.
Sémillon 50 %, Sauvignon blanc 48 %, Muscadelle 2 %
Production moyenne : 70 000 bt/an

CHÂTEAU RESPIDE MÉDEVILLE
**4, rue du Port, 33210 Preignac
05 56 76 28 44 • gonet-medeville.com •
Vente et visites : au domaine sur rendez-vous.
Du lundi au jeudi de 9h à 12h et de 14h à 17h. Vendredi de 9h à 12h et de 14h à 15h.
Propriétaire : Julie et Xavier Gonet-Médeville**

CHÂTEAU DE ROUILLAC

Ce cru de Canéjan, autrefois propriété du baron Haussmann, appartient depuis avril 2010 à Laurent et Sophie Cisneros. Cet autodidacte d'origine charentaise, ancien joueur de foot de deuxième division aux côtés de Zinédine Zidane, à Cannes, et qui a fait fortune comme chauffagiste, s'est impliqué à 100 % dans la remise en route du domaine et du vignoble. Les anciens propriétaires (la famille Lafragette) avaient entièrement rénové les bâtiments et replacé les vins parmi les bonnes références de l'appellation. Désormais, Laurent Cisneros tient cette propriété au cordeau dans un souci permanent de qualité et dans une démarche environnementale forte (labours d'un tiers du vignoble au cheval et suppression des herbicides), qu'il s'agisse des vins ou de l'accueil à la propriété. Rouillac a reçu à plusieurs reprises des prix pour la qualité de sa réception, avec la volonté de rassembler en un même lieu le monde du vin et celui de l'équitation. Avec l'œnologue-conseil médocain Éric Boissenot, ils apportent un souffle nouveau à Rouillac en déclinant les vins en trois cuvées : Le Château, un second vin Le Baron et une cuvée plus abordable Le Dada.

Les vins : avec une part plus importante de cabernet-sauvignon, le 2016 marque le virage pris à Rouillac avec une affirmation de style et un gain de précision dans l'élevage et l'extraction : parfums floraux amenant une bouche aux tanins ciselés et au boisé élégant. Le Dada est très réussi en 2014 avec un fruit frais et une matière délicate en blanc. Le rouge 2014 constitue un délicieux vin de soif à boire jeune, aux notes de cerises. Plus boisé au goût, le blanc 2013 manque d'un peu d'acidité mais se distingue par une forme moelleuse en finale. Frais et sincère, en demi-puissance, le rouge 2013 est joliment tannique, sans excès.

BORDEAUX GRAVES

⬜ Pessac-Léognan 2013	22 €	15
⬜ Pessac-Léognan 2015	25 €	14,5
⬜ Pessac-Léognan Le Dada de Rouillac 2014	16 €	15
⬛ Pessac-Léognan 2015	25 €	16
⬛ Pessac-Léognan 2016	25 (c) €	16,5
⬛ Pessac-Léognan Le Dada de Rouillac 2014	16 €	15

Le coup de ♥

⬜ Pessac-Léognan 2014	22 €	16

Ce blanc superbe allie la finesse d'un fruit juste, sans trace d'élevage, avec une longueur minérale, sans manquer de matière. On l'appréciera dès maintenant et sur trois à cinq ans car sa légère acidité lui permettra de tenir.

Rouge : 21 hectares.
Cabernet-Sauvignon 54 %, Merlot 46 %
Blanc : 3 hectares.
Sauvignon blanc 66 %, Sémillon 18 %,
Sauvignon gris 16 %
Production moyenne : 150 000 bt/an

CHÂTEAU DE ROUILLAC
**12, chemin du 20-Août-1949,
33610 Canéjan
05 57 12 84 63** •
www.chateauderouillac.com • **Vente et
visites : au domaine sur rendez-vous.
Du lundi au vendredi à 10h30, 14h30 et
16h. Et le samedi en période estivale.
Propriétaire : Laurent Cisneros**

CHÂTEAU SEGUIN

Acquise par Jean Darriet en 1987 à la Caisse des dépôts, cette vaste propriété de 31 hectares est aujourd'hui gérée par son fils Denis, ancien diamantaire, en association (depuis 1999) avec Moïse Ohana. Le vignoble, planté en 1988, se divise en deux grandes zones, à parts égales de cabernet-sauvignon et de merlot : Seguin sur la commune de Canéjan, et Petit Bordeaux sur celle de Gradignan. D'un âge moyen de 25 ans, les vignes (uniquement de rouge) produisent des vins aux équilibres élégants, qui présentent de bons niveaux de maturité et de concentration. Très réguliers, toujours colorés, les derniers millésimes confirment la bonne forme de cette propriété, qui s'inscrit parmi les meilleurs crus non classés de Pessac-Léognan. Depuis peu les propriétaires réfléchissent sérieusement à se tourner vers la biodynamie ! À suivre.

Les vins : avec 40 % de merlot et 60 % de cabernet-sauvignon, Seguin 2016 affiche une matière à l'esprit concentré pour le millésime : haut niveau de tanins avec une signature d'extraction veloutée. 2015 est un assemblage à parts égales de merlot et de cabernet-sauvignon affichant 14º d'alcool. Son caractère est moelleux, les tanins très enrobés par les 30 % de fermentations malolactiques en barrique neuve. Le caractère merloté prend le dessus aujourd'hui, lui conférant un style très rive droite (entre un saint-émilion et un pomerol).

⬛ Pessac-Léognan 2015	25 €	16
⬛ Pessac-Léognan 2016	25 (c) €	16,5

Le coup de ♥

⬛ Pessac-Léognan 2014	20,90 €	16

Un magnifique rouge au caractère ambitieux affiché par sa concentration et sa tenue de l'élevage. Les tanins sont présents en bouche, mais la structure d'ensemble est noble, avec de la mâche et une longueur profilée.

Rouge : 31 hectares.
Merlot 50 %, Cabernet-Sauvignon 50 %
Production moyenne : 130 000 bt/an

CHÂTEAU SEGUIN
**Chemin de la House, 33610 Canéjan
05 56 75 02 43** • **www.chateauseguin.com** •
**Vente et visites : au domaine sur
rendez-vous.
De 8h30 à 18h.
Propriétaire : Jean et Denis Darriet
Directeur : François Machy
Maître de chai : Xavier Moragues
Œnologue : Alain Raynaud**

VIEUX CHÂTEAU GAUBERT

Dominique Haverlan est propriétaire de ce cru situé à Portets depuis les années 1980. Son travail privilégie la profondeur corsée des vins rouges par une vinification qui recherche de l'extraction et par des élevages flatteurs. Les vins ont bien progressé en élégance. C'est ainsi que Vieux Château Gaubert est aujourd'hui l'une des bonnes affaires de l'appellation. Dans un style gras, les blancs se démarquent également. Il nous semble dommage de les boire trop tôt, alors qu'ils sont encore marqués par un élevage en barrique. En blanc comme en rouge, les vins atteignent leur apogée après cinq à dix ans de garde.

Les vins : Le blanc 2014 est un rien lourd en bouche avec un déficit de fraîcheur en finale. Nous vous conseillons de le boire dans l'année. Sans trace végétal, le rouge 2013 est un peu austère et pas d'une grande concentration. Benjamin rouge 2013 est finement toasté et souple en finale : un bon rouge de soif.

- Graves 2014 — 12 € — 14
- Graves 2013 — 14,90 € — 14,5
- Graves Benjamin de Vieux Château Gaubert 2013 — 9,60 € — 14,5

Le coup de ♥

- Graves Benjamin de Vieux Château Gaubert 2015 — 7,80 € — 14,5

Voilà un délicieux second vin, très agréable pour son côté friand et la fraîcheur de sa jeunesse. Ses arômes de menthol et de basilic vous séduiront et la limpidité du vin en bouche est fort plaisante. Un bon rapport qualité/prix.

Rouge : 20 hectares.

Merlot 50 %, Cabernet-Sauvignon 50 %

Blanc : 5 hectares.

Sauvignon blanc 50 %, Sémillon 50 %

Production moyenne : 120 000 bt/an

VIEUX CHÂTEAU GAUBERT

35, rue du 8-Mai-1945, 33640 Portets

05 56 67 18 63 ● **dominique.haverlan@libertysurf.fr** ● **Vente et visites : au domaine sur rendez-vous.**

De 9h à 12h et de 14h à 17h.

Propriétaire : Dominique Haverlan

SAUTERNAIS

CHÂTEAU CLIMENS

Château Climens est la propriété de la famille de Lucien Lurton depuis 1971. Aujourd'hui, le cru est dirigé avec brio par sa fille Bérénice. Peu de vins liquoreux français se distinguent par un bouquet aussi pur et élégant que ce premier cru classé de Barsac. Il doit sa qualité transcendante à son terroir exceptionnel, qui produit des récoltes aussi riches en sucres qu'à Sauternes, mais sur une palette de parfums souvent plus complexe et diversifiée. Le savoir-faire de l'équipe n'est pas non plus étranger à cette réussite : au gré des différents lots vendangés à des degrés plus ou moins intenses de botrytis, Bérénice Lurton, et son directeur Frédéric Nivelle, réalisent de savants assemblages comme autant d'œuvres d'art. Consciente des changements culturaux et culturels des dernières années, Bérénice Lurton a obtenu la certification de son vignoble en biodynamie.

Les vins : une petite note d'acidité volatile vient stimuler le fruit ciselé du 2014 à l'ouverture, aux notes d'agrumes. Un vin épuré, très barsac dans son équilibre. Plus on le déguste, plus il gagne en épaisseur, et le nez devient plus pâtissier. Le Cyprès 2014 aussi a une touche d'acidité volatile et de jolies notes d'agrumes, mais avec une belle sapidité. Le 2016 devrait donner un grand barsac, épuré mais intense.

- Barsac 2014 — 75 (c) € — 18,5
- Barsac 2016 — N.C. — 18
- Barsac Cyprès de Climens 2014 — 35 (c) € — 16,5

Blanc : 30 hectares.
Sémillon 100 %
Production moyenne : 45 000 bt/an

CHÂTEAU CLIMENS ☾
6, plantey, 33720 Barsac
05 56 27 15 33 ● **www.chateau-climens.fr** ●
Vente et visites : au domaine sur rendez-vous.
10h, 14h et 16h.
Propriétaire : Bérénice Lurton
Directeur : Frédéric Nivelle
Œnologue : Lucien Llorca

BORDEAUX SAUTERNAIS

★★★
CHÂTEAU COUTET

Ce premier grand cru classé est l'un des deux seigneurs de Barsac, avec Climens. Sur la majorité des parcelles, le fameux sol rouge – association d'oxyde de fer et de roche calcaire – donne au vin un supplément de nervosité par rapport à ses proches voisins à teneur en sucre équivalente. Les arômes d'agrumes et d'acacia le rapprochent de Climens, mais Coutet s'exprime en général plus rapidement et possède souvent un peu moins de liqueur, en dehors de la fameuse crème de tête connue sous le nom de cuvée Madame. L'Alsacien Philippe Baly et son frère Dominique, avec sa fille Aline, gèrent très consciencieusement le domaine depuis son rachat par leur père en 1977. Ce domaine prend une troisième étoile cette année.

Les vins : sa dynamique de bouche confère un très bel équilibre au 2014, au milieu de bouche ample, à la finale longue, au fruit charnu mais vif. On voyage de la mandarine vers une belle note de pierre à fusil. Nous suivons ce domaine très régulier depuis de longues années.

⊳ Barsac Premier Cru 2014   45 € 18,5

Le coup de ♥
⊳ Barsac 2016   N.C. 19

Le nez très élégant évoque l'ananas frais. La matière est onctueuse et souple, tout en suavité et d'un raffinement singulier. Un vin de volume et de finesse qui s'impose comme la grande réussite de ce millésime.

Blanc : 38,5 hectares.
Sémillon 75 %, Sauvignon blanc 23 %, Muscadelle 2 %
Production moyenne : 42 000 bt/an

CHÂTEAU COUTET
33720 Barsac
05 56 27 15 46 ● www.chateaucoutet.com ●
Vente et visites : au domaine sur rendez-vous.
De 9 h à 12 h et de 13 h à 17 h.
Propriétaire : Philippe et Dominique Baly
Directeur : Philippe Baly
Maître de chai : Laurier Girardot
Œnologue : Lucien Llorca

★★★
CHÂTEAU DE FARGUES

Ancien copropriétaire et vinificateur d'Yquem durant plus de trente millésimes, Alexandre de Lur Saluces s'est attaché, depuis la vente du château d'Yquem, à revaloriser la production du château de Fargues, fief de sa famille. Il y applique exactement les mêmes principes qu'à Yquem (notamment des élevages très longs, jusqu'à trente-six mois), produisant ainsi un sauternes classique et complet, comparable aux plus grands et qui jouit, auprès des professionnels comme des amateurs, d'une estime largement méritée. Tous les millésimes en vente sont actuellement remarquables. Saluons également le magnifique engagement d'Alexandre de Lur Saluces dans la restauration architecturale du château de Fargues.

Les vins : ce domaine produit des vins d'une magnifique régularité avec une finale sur la mandarine acidulée. Le 2014, au nez, évoque le gâteau à la noix de coco et l'abricot sec bien mûr, avec un élevage présent. La bouche dense, musclée et racée s'impose avec énergie et aristocratie. Du volume et une belle vigueur en bouche. De très beaux amers appuient avec force la race et l'élégance de ce vin. Le 2016 livre un nez de pierre à fusil qui précède une bouche élancée avec une liqueur modérée. Fin, précis et intense avec toujours un grand raffinement de texture. Superbe.

⊳ Sauternes 2014   100 € 18,5
⊳ Sauternes 2016   N.C. 18,5

Blanc : 20 hectares.
Sémillon 80 %, Sauvignon blanc 20 %
Production moyenne : 20 000 bt/an

CHÂTEAU DE FARGUES
33210 Fargues
05 57 98 04 20 ●
www.chateaudefargues.com ● Vente et visites : au domaine sur rendez-vous.
Du lundi au vendredi de 9 h à 12 h et de 14 h à 18 h.
Propriétaire : Alexandre de Lur Saluces
Directeur : François Amirault

★★★
CHÂTEAU D'YQUEM

Reconnu comme étant le plus célèbre vin liquoreux du monde, Yquem est la propriété, depuis 1999, du groupe LVMH dirigé par l'homme d'affaires Bernard Arnault. Le château est aujourd'hui incarné par Pierre Lurton, également à la tête du château Cheval Blanc, à Saint-Émilion. Avant lui, Alexandre de Lur Saluces a écrit, de 1967 à 2004, quelques-unes des plus belles pages de l'histoire de l'unique premier cru classé supérieur en 1855, dans la lignée de ses aïeux. Car ce vin est peut-être le plus régulier du Bordelais depuis cent ans. Même dans les petits millésimes et les périodes difficiles, Yquem a tenu son rang jusque dans son vieillissement incomparable. Il doit cet état de fait à un terroir unique, réagissant au développement du botrytis comme aucun autre, et à des hommes qui ont su comprendre et mettre en valeur ses qualités. Si Yquem n'impressionne pas forcément dans sa jeunesse, il creuse irrémédiablement l'écart avec ses voisins après quelques années de garde. Déguster un vieux millésime du château demeure une expérience que tout amateur de vin liquoreux se doit d'avoir connu dans sa vie.

Les vins : le 2014 s'est illustré avec une profondeur et une fraîcheur de légende. Avec le 2013, nous retrouvons également un vin superbe, partant sur un parfum de marmelade d'orange et une note généreuse d'ananas frais. La bouche monte progressivement. Le 2016, encore dans l'empreinte du raisin frais, s'étire en bouche malgré une belle suavité à l'attaque et une jolie finale sur une note d'écorce d'agrume. Magistral.

Sauternes 2013	350 €	19
Sauternes 2014	N.C.	20
Sauternes 2016	N.C.	19

Le coup de ♥

Sauternes 2015	N.C.	19,5

Nez majestueux, où l'élevage est totalement absorbé par la richesse et la complexité d'un beau botrytis. Un terroir singulier, sublimé par le savoir exemplaire d'une belle équipe, même si la richesse de l'année confère à cette grande cuvée des petites rondeurs séduisantes. Cependant, le cœur de bouche reste dense, centré sur l'expression de son sol. Un vin qui défiera le siècle.

Blanc : 100 hectares.
Sémillon 80 %, Sauvignon blanc 20 %
Production moyenne : 100 000 bt/an

CHÂTEAU D'YQUEM
33210 Sauternes
05 57 98 07 07 ● **www.yquem.fr** ● **Vente et visites : au domaine sur rendez-vous. Du lundi au vendredi à 14h et à 15h30.**
Propriétaire : LVMH
Directeur : Pierre Lurton

★★
CLOS HAUT PEYRAGUEY

En 2012, la famille Pauly a pris la décision de vendre ce premier cru classé à Bernard Magrez. Déjà propriétaire de Pape Clément, La Tour Carnet et Fombrauge, Bernard Magrez devient, avec l'acquisition de ce château, le seul propriétaire bordelais à posséder un cru classé dans les quatre appellations majeures du bordelais (Sauternes, Médoc, Saint-Emilion et Graves). Issu de la division du cru Peyraguey, ce merveilleux Clos Haut-Peyraguey a hérité de la partie la plus haute du fameux terroir du Haut-Bommes – la mieux exposée et la plus riche en argiles –, ce qui explique la nature ample de ses vins. L'ancienne propriétaire, Martine Langlais-Pauly, n'avait négligé aucune occasion de perfectionner viticulture et vinification, même dans les périodes difficiles. Les derniers millésimes sont des vins superbes, riches en liqueur, au lent mais sûr développement en bouteille. Souhaitons que l'équipe de Bernard Magrez sache préserver ce style dans les prochaines années. Les assemblages sont élaborés par Michel Rolland, fidèle conseiller des vignobles Magrez.

Les vins : un nez pâtissier pour la cuvée Symphonie 2014. La bouche affiche une belle suavité mais rééquilibrée par cette dynamique d'un millésime où l'acidité ravive le fruit. On apprécie la pureté du fruit et ses jolis amers de fin de bouche. Le Clos Haut-Peyraguey 2014 offre un nez complexe de bois précieux et note pâtissière. Belle richesse en bouche, avec un fruit épuré. Un Sauternes doux et onctueux, porté par une liqueur élevée avec une finale légèrement collante par son sucre. Dès le premier nez, on perçoit la richesse du 2016, avec une note de pomme au four. Vin de volume et de chair, il évolue sur une touche d'épices. D'un bloc, son fruit très épuré porte en lui un confit élevé. Un style que cultive le domaine depuis plusieurs millésimes. Mais celui-ci est le plus beau de ces trois dernières années.

Sauternes 2014	38 €	17,5
Sauternes 2016	N.C.	18
Sauternes Symphonie de Haut-Peyraguey 2014	22 €	16

Le coup de ♥

Sauternes 2015	40 €	17,5

Le nez, complexe, livre à l'ouverture une note d'encens. Puis le fruit reprend ses droits. La bouche est portée par cette haute liqueur du millésime. Même si le fruit se montre très pur, la richesse prend une place abondante à ce stade. Patience...

Blanc : 17 hectares.
Sémillon 95 %, Sauvignon blanc 5 %
Production moyenne : 18 000 bt/an

CLOS HAUT PEYRAGUEY
Clos Haut Peyraguey 33210 Bommes
05 56 76 61 53 ●
www.bernard-magrez.com ● **Vente et visites : au domaine sur rendez-vous.**

BORDEAUX SAUTERNAIS

Du lundi au vendredi de 9h à 12h30 et de 14h à 17h30. Le week-end en haute saison, de 10h à 12h30 et de 15h à 17h30.
Propriétaire : Bernard Magrez
Directeur : Anthony Defives
Œnologue : Michel Rolland

★★ CHÂTEAU DOISY DAËNE

Voisin de Climens, ce cru classé de Barsac bénéficie du savoir-faire de la famille Dubourdieu, propriétaire depuis plusieurs générations. L'équipe de Denis Dubourdieu, chef de file de l'école œnologique bordelaise récemment disparu, vinifie magistralement une vendange récoltée toujours avec précision, au moment où la pourriture noble offre le meilleur compromis entre richesse en sucre et finesse aromatique, tout en préservant de hauts niveaux d'acidité. Élevés ensuite par de courts séjours en barrique, les vins affichent ainsi une pureté et une élégance qui les rendent d'autant plus recherchés que leur prix reste sage. La propriété produit trois vins : un blanc sec aromatique, un liquoreux raffiné et, dans les très grands millésimes, la rarissime cuvée L'Extravagant, issue d'un lot de la récolte beaucoup plus riche, équivalent local des plus sublimes "Trockenbeerenauslese" allemands.

Les vins : très frais dans ses arômes, le 2013 explore à la fois des notes d'agrumes et d'herbe séchée. En bouche, il offre une belle dynamique grâce à son acidité presque mordante, qui accompagne une liqueur modérée. Cette dernière met bien en relief la personnalité de ce terroir de Barsac.

▷ Barsac 2013   25 €   17,5

Blanc : 15 hectares.
Sémillon 90 %, Sauvignon blanc 9 %, Muscadelle 1 %
Production moyenne : 30 000 bt/an

CHÂTEAU DOISY DAËNE
33720 Barsac
05 56 27 33 65 ● www.denisdubourdieu.fr
● Vente et visites : au domaine sur rendez-vous.
Propriétaire : Famille Dubourdieu
Maître de chai : Ricardo Giorgi

★★ CHÂTEAU GILETTE

Ce tout petit cru de Preignac, aujourd'hui sous la responsabilité de Julie Médeville et de son mari Xavier Gonet, est célèbre pour mettre uniquement en vente de très anciens millésimes, longuement vieillis en cuve de béton (à l'abri de l'air), puis en bouteille, et issus de vendanges très riches (d'où la mention crème de tête). Le bouquet caractéristique de Gilette est sans doute le plus fruité du Sauternais, avec des notes de confiture d'agrumes (orange amère), renforcées par le délicat rancio apporté par l'âge et la durée de l'élevage. La méthode de conservation privilégie la réduction sans oxydation, ce qui explique l'étonnante jeunesse des vins, même plus de trente ans après leur naissance. Il est vivement conseillé de les décanter plusieurs heures avant le service.

Les vins : un millésime solaire d'une grande richesse. Le nez en porte encore les traces, même si cette cuvée vient tout juste d'être mise en bouteille. La bouche livre une liqueur douce aux notes de caramel au lait et de pâtisserie à l'orange, qui se prolongent par le safran. L'onctuosité du millésime reste présente. Un vin à servir à table ou à déguster seul pour lui-même en milieu de journée. Il grandira sur cinquante ans et plus sans le moindre doute.

▷ Sauternes 1997   N.C.   18,5

Blanc : 4,5 hectares.
Sémillon 90 %, Sauvignon blanc 8 %, Muscadelle 2 %
Production moyenne : 7 000 bt/an

CHÂTEAU GILETTE
4, rue du Port, 33210 Preignac
05 56 76 28 44 ● gonet-medeville.com ●
Vente et visites : au domaine sur rendez-vous.
Du lundi au jeudi de 9h à 12h et de 14h à 17h, fermeture à 15h le vendredi.
Propriétaire : Julie et Xavier Gonet-Médeville

★★ CHÂTEAU GUIRAUD

Ce premier cru classé de Sauternes appartient aujourd'hui à quatre copropriétaires : Robert Peugeot, Olivier Bernard (domaine de Chevalier), Stephan von Neipperg (château Canon-la-Gaffelière) et Xavier Planty. Sous l'adroite direction de Xavier Planty, le cru offre depuis de nombreux millésimes un parfait exemple de grand sauternes moderne, rôti, très ouvert dès ses premières années et qui a énormément gagné en finesse et en minéralité. La viticulture y est particulièrement soignée, Guiraud a d'ailleurs été le premier des premiers crus classés de 1855 à bénéficier de la labellisation bio, en 2011. Le domaine parvient, avec énormément de volonté, à respecter le développement naturel de la pourriture noble. La vinification, quant à elle, se refuse à la moindre chaptalisation, comme cela devrait d'ailleurs être le cas pour tous les crus classés — cause pour laquelle milite ardemment Xavier Planty. Le château produit également, sur des terroirs non-classés en Sauternes, en appellation Bordeaux, un important volume d'un vin blanc sec à boire dans sa prime jeunesse.

Les vins : le Petit Guiraud 2013 joue sur de beaux amers de type pamplemousse jaune, ce qui lui donne ce caractère digeste, d'autant plus que la liqueur se montre modérée. Un vin déjà fort agréable à boire aujourd'hui. Le 2016 est marqué par une note fumée à l'ouverture. En bouche, il délivre une belle puissance qui fait jeu égal avec son élégance. Équilibré, son fruit épuré et ciselé alterne vivacité et douceur.

Sauternes 2016	N.C.	18,5
Sauternes Petit Guiraud 2013	26 €	16

Le coup de ♥

Sauternes 2014	50 €	18,5

Le Guiraud 2014 possède un très joli parfum de pâtisserie et de safran. La bouche joue davantage sur les amers que sur l'opulence. Sa liqueur est modérée et laisse une belle place à l'expression de ce joli terroir. Un sauternes frais et digeste dans un millésime bon à savourer aujourd'hui.

Blanc : 100 hectares.
Sémillon 65 %, Sauvignon blanc 35 %
Production moyenne : 75 000 bt/an

CHÂTEAU GUIRAUD
Château Guiraud 33210 Sauternes
05 56 76 61 01 ● www.chateauguiraud.com
● **Vente et visites : au domaine sur rendez-vous.**
De 10h à 18h.
Propriétaire : SCA Château Guiraud
Directeur : Xavier Planty

★★
CHÂTEAU LAFAURIE-PEYRAGUEY

L'homme d'affaires suisse Silvio Denz (Château Faugères à Saint-Émilion) a acquis cette vénérable propriété, qui fut durant de longues années popularisée par son ancien propriétaire, la maison Cordier. Ce splendide domaine produit de grands sauternes classiques à partir de vendanges très riches, sélectionnant désormais avec davantage de rigueur le premier vin. C'est à ce prix que la propriété obtient une qualité régulière, qui perpétue sa renommée. Le raisin est évidemment récolté par tries successives ; le pressurage s'effectue sur d'anciens pressoirs verticaux, et le vin est élevé pendant 30 mois en barriques (par lot correspondant aux dates de récolte), dont un tiers de bois neuf. Lafaurie-Peyraguey se distingue par une grande richesse due à son terroir, en contraste avec la finesse de son plus proche voisin, Sigalas-Rabaud. Sous l'impulsion de l'actuel directeur, Eric Larramona, les derniers millésimes arborent un style plus accessible et précis dans leur jeunesse, ce que l'on peut considérer comme une avancée, voire comme un progrès !

Les vins : le 2014 offre un superbe mélange de senteurs d'ananas et d'agrumes, avec un raffinement complexe. Une des plus belles réussites récentes.

Sauternes 2013	48 €	17,5
Sauternes 2014	40 €	18

Le coup de ♥

Sauternes 2016	N.C.	18

Ici, la finesse et l'élégance priment sur la générosité. D'où une liqueur autour de 130 g qui laisse s'exprimer un fruit plus frais, type ananas. Le vin s'étire en bouche avec une sensation rafraîchissante de peau d'agrume. Distingué.

Blanc : 40 hectares.
Sémillon 93 %, Sauvignon blanc 6 %, Muscadelle 1 %
Production moyenne : 80 000 bt/an

CHÂTEAU LAFAURIE-PEYRAGUEY
33210 Bommes
05 56 76 60 54 ●
www.lafaurie-peyraguey.com ● **Vente et visites : au domaine sur rendez-vous. Sur rendez-vous.**
Propriétaire : Silvio Denz
Directeur : Eric Larramona

BORDEAUX SAUTERNAIS

★★
CHÂTEAU NAIRAC

Nicolas Tari-Heeter a porté ce cru classé de Barsac à son meilleur niveau. Les derniers millésimes sont splendides d'équilibre et de finesse avec des liqueurs expressives, dont les arômes expriment à la perfection un botrytis de premier ordre. Les élevages ont eux aussi su trouver (après quelques approximations) un juste apport d'oxygénation, renforçant la capacité de vieillissement et d'évolution complexe des vins. Très séduisants dès leur prime jeunesse, les derniers-nés du château évoluent avec justesse et précision aromatique, sans jamais tomber dans des oxydations prématurées comme ce fut le cas pour ce cru dans les années 1990. Nairac fait désormais partie du cercle des très grands liquoreux de Barsac.

Les vins : le 2013 prend une note de citron confit. Fraîcheur que l'on retrouve en bouche, à l'attaque douce mais ciselée. Elle développe une amertume puissante mais stimulante sur une note de pamplemousse jaune. Un vin dense, presque tannique en bouche. On le boira sur le fruit mais il grandira sans problème sur une ou deux décennies.

⟞ Barsac 2013	38,50 €	17,5
⟞ Barsac 2014	43 €	18

Le coup de ♥

⟞ Barsac 2015	N.C.	18,5

Nez d'une grande élégance aux notes d'agrumes et de fleurs. Bouche très Barsac par sa finesse et sa minéralité. Un 2015 équilibré et juste, avec de beaux amers sur le pamplemousse. Un liquoreux à boire seul, dès maintenant pour le plaisir de son fruit équilibré, frais et digeste.

Blanc : 17 hectares.
Sémillon 90 %, Sauvignon blanc 6 %, Muscadelle 4 %
Production moyenne : 16 000 bt/an

CHÂTEAU NAIRAC
81, avenue Aristide-Briand, 33720 Barsac
05 56 27 16 16 • www.chateaunairac.com •
Vente et visites : au domaine sur rendez-vous.
Propriétaire : Nicole Tari
Directeur : Nicolas Tari-Heeter

★★
CHÂTEAU RAYMOND-LAFON

Situé à côté d'Yquem et cerné par un aéropage de crus classés, Raymond-Lafon peut rivaliser, surtout dans les grands millésimes, avec les meilleurs crus de l'appellation. Dirigé par la famille Meslier (Pierre a été directeur d'Yquem durant plusieurs années), ce cru fait preuve d'une grande régularité.

Les vins : derrière une pointe de réduction et une note de pierre à fusil, le 2016, au fruit assez épuré, offre une belle fraîcheur d'attaque. Tendu, avec de la vivacité et une belle douceur, il évolue sur le zeste d'agrumes.

⟞ Sauternes 2016	N.C.	17,5

Le coup de ♥

⟞ Sauternes 2014	45 €	19

Le 2014 développe aussi un parfum somptueux, du pamplemousse rose à l'orange confite. Bouche bien équilibrée par l'acidité du millésime, ce qui lui donne une dimension digeste. Pourquoi l'attendre alors qu'il donne déjà tellement de plaisir ?

Blanc : 20 hectares.
Sémillon 80 %, Sauvignon blanc 20 %
Production moyenne : 30 000 bt/an

CHÂTEAU RAYMOND-LAFON
4, au puits 33210 Sauternes
05 56 63 21 02 •
www.chateau-raymond-lafon.fr • Vente et visites : au domaine sur rendez-vous.
Du lundi au samedi.
Propriétaire : Famille Meslier
Directeur : Marie-Françoise Meslier (gérante)
Œnologue : Laboratoire oenoconseil M. Boyer

★★
CHÂTEAU SIGALAS RABAUD

La famille de Lambert exploite ce magnifique terroir homogène, qui permet un développement idéal de la pourriture noble. Le style du vin n'a pas d'équivalent : s'il égale les premiers crus du Haut-Sauternes en richesse de liqueur et en puissance, avec un bouquet de même nature, il révèle une finesse immédiate plus affirmée, qui ne fait que décupler au vieillissement. Au final, il s'agit bien de petits miracles qu'un noyau de connaisseurs fidèles place au firmament du Sauternais. Laure de Lambert-Compeyrot a repris la direction de Sigalas Rabaud à partir de 2013 et développe avec beaucoup d'énergie la production de blancs secs, La Sémillante de Sigalas et La Demoiselle. Rejointe par son fils Jean, Laure de Lambert se bat ardemment pour la reconnaissance d'une nouvelle appellation Sauternes Sec.

Les vins : La Sémillante de Sigalas 2015 délivre un nez réduit marqué par une pointe de SO_2. Bouche cohérente avec un joli fruit mais avec de la tension sur une finale légèrement citronnée. C'est un pur sémillon qui plaira sur une belle gastronomie. Le N°5 est un vin sans soufre avec une richesse modérée, qui a pour ambition d'être bu rapidement. Si son caractère digeste se montre appréciable, le vin y perd cependant en harmonie et en complexité. C'est davantage un vin de comptoir qu'un vin étoilé. La Demoiselle de Sigalas offre un nez avec une réduction trop prononcée, que l'on retrouve fortement en bouche et le vin y perd en expressivité. On est très loin du niveau du sauternes du domaine. Le sauternes 2013 évoque le fruit confit (citron, abricot) mais aussi la pomme au four. Un millésime où la liqueur n'abonde pas mais le soyeux de Sigalas Rabaud lui confère une belle douceur en bouche. Un vin à boire de suite, sur ce fruit savoureux et encore frais.

⌐ Bordeaux Demoiselle de Sigalas 2015	17 €	12,5
⌐ Bordeaux La Sémillante de Sigalas 2015	24 €	14
⌐ Bordeaux N°5 de Sigalas sans soufre ajouté 2016	17 €	13,5
⌐ Sauternes 2013	38 €	17,5
⌐ Sauternes 2016	N.C.	18

Le coup de ♥

⌐ Sauternes Lieutenant de Sigalas 2015	17 €	16,5

Avec le Lieutenant 2015, on pénètre enfin dans la magie de ce beau terroir de Sauternes. Une richesse modérée mais juste ne dessert pas le vin, elle le porte par un bel équilibre. Le fruit est net et pur, on a déjà envie de le boire sur cette gourmandise juvénile.

Blanc : 14 hectares.
Sémillon 80 %, Sauvignon blanc 20 %
Production moyenne : 50 000 bt/an

CHÂTEAU SIGALAS RABAUD
Château Sigalas Rabaud 33210 Bommes
05 57 31 07 45 ●
www.chateau-sigalas-rabaud.com ● **Vente et visites :** au domaine sur rendez-vous.
De 9h à 17h en basse saison et de 9h à 19h l'été.
Propriétaire : Laure de Lambert Compeyrot
Directeur : Laure de Lambert Compeyrot
Maître de chai : Gregory Gourgue
Œnologue : M. Lurton et M. Boissenot

★★
CHÂTEAU SUDUIRAUT

Ce très vaste domaine a été racheté en 1992 par AXA Millésimes. Grâce à un vignoble géographiquement bien réparti, Suduiraut associe la puissance des vins du Haut-Sauternais au fruité prestigieux que l'on trouve dans les crus des plateaux de Preignac et de Barsac. Le tout donne un nectar complet, très lent à vieillir, et qui, dans les grandes années, touche au génie. Les derniers millésimes atteignent un très haut niveau.

Les vins : S de Suduiraut 2016 devient un vin majeur dans la gamme des vins du château. Nez élégant qui fait la part belle au terroir et non au cépage. La bouche reprend cette sensation par un fruit ciselé, épuré mais mûr, avec de beaux amers. Le sauternes sec a un avenir, cela ne fait aucun doute, il faut juste l'assumer. S de Suduiraut Vieilles Vignes 2015 prend un joli nez complexe avec une petite touche anisée. La bouche délivre un beau volume, tout en étant stimulée par la force du terroir de Preignac. Un blanc sec en début de vie qui a tout d'un grand sauternes sec, sans jamais tomber dans le variétal du sauvignon ni du sémillon. Superbe. Doté d'une belle richesse, le volumineux 2016, au parfum d'abricot, va se construire lentement mais sûrement. À ce stade, si la générosité de son fruit lui donne une belle amplitude, il doit encore s'affiner et s'étirer pour laisser parler davantage le terroir que le millésime.

⌐ Bordeaux S de Suduiraut 2016	16 (c) €	17
⌐ Bordeaux S de Suduiraut 2015	31 (c) €	18
⌐ Sauternes 2016	N.C.	18
⌐ Sauternes Castelnau de Suduiraut 2014	26 (c) €	16,5
⌐ Sauternes Lions de Suduiraut 2014	26 (c) €	17

Le coup de ♥

⌐ Sauternes 2014	N.C.	19

Le millésime 2014 va comme un gant à ce terroir de Sauternes, qui alterne puissance et élégance et où vient se superposer la belle acidité du millésime. Si bien que la liqueur élevée épouse à merveille la force de ce terroir et la dynamique de l'année. Superbe. Un vin à boire sur le fruit, même s'il grandira sur plusieurs décennies.

Blanc : 91 hectares.
Sémillon 93 %, Sauvignon blanc 7 %

CHÂTEAU SUDUIRAUT
33210 Preignac
05 56 63 61 92 ● www.suduiraut.com ●
Vente et visites : au domaine sur rendez-vous.
Propriétaire : AXA Millésimes - Directeur Général : Christian Seely
Directeur : Pierre Montégut (directeur technique)
Œnologue : Directeur technique AXA Millésimes : Daniel Llose

CHÂTEAU LA TOUR BLANCHE

Ce premier cru classé de Bommes, dont l'ancien propriétaire (Daniel Iffa) a fait don à l'État en 1911, est aujourd'hui géré par le Conseil régional d'Aquitaine. Devenu une école de viticulture, le château a formé des célébrités comme l'œnologue Michel Rolland. Depuis vingt ans, La Tour Blanche n'a cessé de produire des sauternes accomplis, harmonieux, noblement bouquetés. Aujourd'hui, ils sont encore plus riches, complexes et raffinés qu'il y a dix ans ! Leur très importante teneur en sucres résiduels ne leur confère aucune lourdeur : sur ce terroir en effet, la pourriture noble concentre les sucres pour donner aux vins une dimension aromatique extraordinaire, tout en préservant une forme gustative aérienne. Le cru est dirigé depuis 2010 par Alex Barrau avec Philippe Pélicano, ancien élève du lycée, pour les vinifications.

Les vins : un sauternes 2016 tout en volume, avec une sensation presque tannique qui raffermit l'ensemble, dans une bouche dense. Son élevage devrait lui permettre de digérer cette richesse qui alterne entre notes d'abricot confit et acidulées.

▷ Sauternes 2016   N.C.   18

Le coup de ♥
▷ Sauternes 2015   N.C.   18,5

La finesse domine dans ce 2015 au fruit épuré et ciselé, avec une liqueur de plus en plus modérée dans l'évolution du style du château. Ses belles notes d'agrumes accompagnent son élégance et son bel équilibre.

Rouge : 3 hectares.
Merlot 90 %, Malbec (cot) 10 %
Blanc : 37 hectares.
Sémillon 83 %, Sauvignon blanc 12 %, Muscadelle 5 %
Production moyenne : 45 000 bt/an

CHÂTEAU LA TOUR BLANCHE
33210 Bommes
05 57 98 02 73 ● www.tour-blanche.com ●
Vente et visites : au domaine sur rendez-vous.
Du lundi au vendredi de 9h à 12h et de 14h à 17h.
Propriétaire : Conseil Régional d'Aquitaine
Directeur : Alex Barrau

DOMAINE DE L'ALLIANCE

Figure montante du vignoble de Sauternes, Daniel Alibrand, marin-pêcheur en Vendée auparavant, arrive par hasard à Sauternes où il s'installe en 2005. Peu interventionniste depuis ses débuts, il travaille en bio. Ses vignes sont situées sur le secteur de Fargues. Les vins se distinguent par leur équilibre et sont au niveau de bien des crus classés, à la fois pleins et digestes, dotés d'une très belle énergie. Ils méritent leur place dans votre cave. Et nous lui attribuons une étoile cette année.

Les vins : pour le blanc sec 2016, le nez distingué évoque la pêche blanche. La bouche délivre un fruit dense, charnu, dans cette matière presque trapue avec un final d'une grande salinité. Voici un blanc qui affirme le potentiel des vins secs sur le terroir de Sauternes.

▷ Bordeaux 2016   N.C.   15

Le coup de ♥
▷ Sauternes 2015   N.C.   18,5

Nez riche aux accents de sorbet à l'orange, belle qualité du fruit. La bouche possède la puissance du terroir de Fargues. Un vin musclé, de belle longueur, au magnifique équilibre et à la liqueur d'une grande pureté. Ce domaine mérite sa première étoile.

Blanc : 8,7 hectares.
Sémillon 87 %, Sauvignon blanc 10 %, Muscadelle 3 %
Production moyenne : 18 000 bt/an

DOMAINE DE L'ALLIANCE
Gaillat, route d'Auros 33210 Langon
06 73 10 27 85 ou 06 80 22 21 34 ●
daniel.alibrand@wanadoo.fr ● Vente et visites : au domaine sur rendez-vous.

De 9h à 19h.
Propriétaire : Valérie et Daniel Alibrand

CHÂTEAU CAILLOU

Voici un magnifique domaine d'une grande discrétion, situé dans les beaux terroirs de Barsac. Ici, la finesse prend le pas sur la puissance. Cette propriété de 15 hectares appartient depuis quatre générations à la famille Ballan-Bravo. Composé de 90 % de sémillon, Château Caillou fait partie de ces grands vins de Barsac, où l'on mise sur des niveaux de liqueur peu excessifs, autour de 105 g, ce qui donne des vins digestes et très élancés, à l'élégance admirable.

Les vins : Les Tourelles 2015 s'impose par un nez de pierre à feu qui masque un peu le fruit. La bouche se montre vive et assez désaltérante avec de puissants amers légèrement disgracieux. Même si c'est une cuvée d'entrée de gamme, on aimerait une complexité accrue. Le 2016 est un barsac qui prend des notes évoquant l'abricot et la pêche blanche. Un vin fin tout en tension : la liqueur est modérée dans le style cultivé par ce domaine, qui mise plus sur la finesse que sur la densité et la profondeur.

▭ Sauternes 2016	N.C.	17,5
▭ Sauternes Les Tourelles de Caillou 2015	14 €	15

Le coup de ♥
▭ Sauternes Cuvée Prestige 2011	45 €	19

La Cuvée Prestige 2011 offre un très joli nez de tarte à l'orange amère. La bouche s'appuie sur une liqueur abondante encore fort présente mais vivifiée par cette minéralité typique de Barsac. Elle doit encore grandir car elle a perdu son éclat juvénile sans basculer vers la magie de l'âge tertiaire. Le vin gagne en complexité à l'aération, tant dans sa palette aromatique que dans son ouverture de bouche. Superbe.

Blanc : 16 hectares.
Sémillon 95 %, Sauvignon blanc 5 %
Production moyenne : 25 000 bt/an

CHÂTEAU CAILLOU
33720 Barsac
05 56 27 16 38 ● **www.chateaucaillou.com**
● **Vente et visites : au domaine sur rendez-vous.**
De 9h à 12h et de 14h à 17h30.
Propriétaire : Michel et Marie-José Pierre
Directeur : Sébastien Pierre
Maître de chai : Jean Marie Brousse
Œnologue : Henri Boyer

CHÂTEAU DOISY-VÉDRINES

Issu du partage de Doisy en trois domaines, ce cru porte le nom des anciens propriétaires (jusqu'en 1846), les Védrines. Il se situe à proximité de Climens, de Coutet, ainsi que des deux autres Doisy (Daëne et Dubroca). Le château pratique des rendements bas, d'où un vin qui figure parmi les plus riches en bouquet et les plus liquoreux de Barsac. Il demande entre cinq et dix ans pour s'épanouir et atteint alors la distinction et l'éclat des stars de l'appellation. Olivier Castéja dirige ce cru classé avec énormément d'attention depuis 2001.

Les vins : ils ont gagné en précision et en élégance. Védrines fait indiscutablement partie de l'élite du plateau de Barsac.

▭ Sauternes 2013	26,50 €	16,5
▭ Sauternes 2016	N.C.	17,5

Blanc : 35 hectares.
Sémillon 80 %, Sauvignon blanc 15 %, Muscadelle 5 %
Production moyenne : 36 000 bt/an

CHÂTEAU DOISY-VÉDRINES
1, rue Védrines, 33720 Barsac
05 56 27 15 13 ● **doisy-vedrines@orange.fr**
● **Vente et visites : au domaine sur rendez-vous.**
De 10h à 17h sur rendez-vous.
Propriétaire : Héritiers de Pierre Castéja
Directeur : Olivier Castéja

CHÂTEAU HAUT-BERGERON

Très bien situé, non loin de Suduiraut et fort d'un remarquable patrimoine de vieilles vignes, Haut-Bergeron se hisse au rang de nombreux crus classés en matière de qualité, tout en demeurant certainement l'une des meilleures affaires de Sauternes. La famille Lamothe vinifie avec soin ce vin qui brille, depuis vingt ans, par une régularité difficile à contester. Parfois un peu massif dans sa jeunesse et ayant connu des épisodes très boisés, il vieillit harmonieusement et gagne alors en finesse. Les derniers millésimes, plus élégants, affirment le changement de cap vers des sauternes moins opulents et privilégiant l'équilibre et la distinction. Cette évolution passe également par une augmentation des sauvignons (plantés sur le terroir de Barsac) dans les prochains millésimes.

Les vins : le 2013 qui mise sur une belle puissance, affiche une robe soutenue. Sa force est appuyée par une sensation de liqueur abondante à l'attaque, avec une belle fougue sur la fin de bouche qui explore de doux amers. Une attaque tout en douceur pour le 2016 qui se prolonge par cette matière longiligne et fraîche. Un liquoreux plein avec un sucre légèrement collant que viennent revigorer de beaux amers type pamplemousse jaune.

⇨ Sauternes 2013	30 (c) €	16,5
⇨ Sauternes 2016	N.C.	17,5

Le coup de ♥
⇨ Sauternes 2015	N.C.	18

Sous une belle robe dorée, ce 2015 à l'attaque douce reste marqué par une liqueur généreuse, qui prend une note d'abricot confit. Malgré la douceur, il préserve une belle finesse avec un fruit épuré et garde toujours une belle vivacité.

Blanc : 34 hectares.
Sémillon 90 %, Sauvignon blanc 8 %, Muscadelle 2 %
Production moyenne : 45 000 bt/an

CHÂTEAU HAUT-BERGERON
3, Piquey, 33210 Preignac
05 56 63 24 76 •
www.chateauhautbergeron.com • Vente et visites : au domaine sur rendez-vous.
Du lundi au vendredi de 10h à 17h.
Propriétaire : Hervé et Patrick Lamothe

CHÂTEAU LES JUSTICES

Julie Médeville et son mari Xavier Gonet, également propriétaires du légendaire château Gilette, dirigent ce joli cru bien connu des amateurs de bonnes affaires à Sauternes. Le domaine produit un sauternes délicieusement bouqueté et sans excès de liqueur. Le vin se développe assez rapidement en bouteille et rivalise, dans les grands millésimes, avec les bons crus classés de l'appellation. Une valeur sûre, dont la particularité est de ne pas être élevé en barrique.

Les vins : un nez somptueux sur l'écorce d'agrume qui donne un sentiment de grande fraîcheur au 2015. La bouche est dans la même veine, épurée, ciselée, avec une liqueur contenue mais qui porte loin le fruit en bouche avec de fins amers. Un beau référent comme toujours.

⇨ Sauternes 2015	N.C.	16,5

Le coup de ♥
⇨ Sauternes 2016	N.C.	17

Sans forcer le trait sur la liqueur, l'équilibre se fait ici par un fruit épuré et une belle vivacité qui porte la force de son terroir. Tension, finesse et vibration. Joli vin.

Blanc : 8,5 hectares.
Sémillon 80 %, Sauvignon blanc 15 %, Muscadelle 5 %
Production moyenne : 20 000 bt/an

CHÂTEAU LES JUSTICES
4, rue du Port, 33210 Preignac
05 56 76 28 44 •
www.gonet-medeville.com • Vente et visites : au domaine sur rendez-vous.
Du lundi au jeudi de 9h à 12h et de 14h à 17h sur rendez-vous, fermeture à 15h le vendredi.
Propriétaire : Julie et Xavier Gonet-Médeville

CHÂTEAU DE MALLE

Le vignoble, d'un seul tenant sur trois communes, se trouve à cheval sur les appellations Sauternes et Graves. La partie sauternaise, répartie sur les communes de Preignac et de Fargues, donne un vin élégant qui a beaucoup progressé ces dernières années sous la houlette de Paul-Henry de Bournazel. Assez facile d'accès durant sa jeunesse, ce sauternes vieillit également très bien dans les grands millésimes. Un bel exemple, bon et honnête, de second cru classé. Le domaine produit aussi un vin blanc sec (M de Malle), fortement marqué par le sauvignon, et un rouge agréable, mais rarement très dense, en appellation Graves.

Les vins : un 2016 riche et volumineux, puissant et intense, avec un nez qui évoque l'abricot bien mûr. Une bouche ample et solide plus musclée que raffinée, mais avec une belle densité. La bouche du 2014 se montre dense et puissante. Elle accompagne une liqueur bien équilibrée, dont la puissance tellurique donne une grande assise en bouche. Il va grandir en bouteille.

⇨ Sauternes 2014	31,20 €	15,5
⇨ Sauternes 2016	N.C.	17

Le coup de ♥
⇨ Sauternes 2015	N.C.	17,5

Le 2015 est d'un bloc, il s'impose par sa générosité et un fruit qui évoque l'abricot et la pêche blanche. À boire pour le plaisir sur le fruit de sa jeunesse, mais il évoluera sur quarante ans sans souci.

Rouge : 23 hectares.
Merlot 70 %, Cabernet-Sauvignon 30 %
Blanc : 29 hectares.
Sémillon 68 %, Sauvignon blanc 32 %
Production moyenne : 170 000 bt/an

CHÂTEAU DE MALLE
33210 Preignac
05 56 62 36 86 • www.chateau-de-malle.fr
● **Vente et visites : au domaine sur rendez-vous.**
De 10h à 12h et de 14h à 18h pour le château et ses jardins. Visite des chais du lundi au vendredi.
Propriétaire : Comtesse de Bournazel
Directeur : Paul-Henry de Bournazel

CHÂTEAU DE RAYNE VIGNEAU

Bénéficiant d'un splendide terroir (souvent comparé à celui d'Yquem), Rayne Vigneau a eu tendance à jouer au yoyo dans les vingt dernières années, avec toute une série de millésimes indignes de son rang. Il faut dire que le château est souvent tombé entre les mains de négociants peu scrupuleux quant à la qualité, et plus intéressés par le profit qu'ils pouvaient en tirer. Le domaine a été racheté en 2005 par le Crédit Agricole Grands Crus qui, pendant dix ans, a mené un travail de remise à niveau de la propriété et concédé de lourds investissements aux vignobles comme dans les bâtiments. Rayne Vigneau a été vendu en 2015 au groupe Trésor du Patrimoine (qui possède notamment le catalogue de vente par correspondance "L'Homme Moderne") créé en 1990 par Derek Rémy Smith. L'équipe actuelle est resté en place. Vincent Labergère, le directeur, souhaite renforcer la distribution de la marque avec ses déclinaisons (Clos L'Abeilley et Madame de Rayne) et développer la production de vin blanc sec sous la marque "Le sec de Rayne Vigneau". Derek Rémy Smith est tout à fait favorable à une appellation Sauternes Sec : "Tout ce qui aidera à la notoriété de cette appellation est bon à prendre ! Si le blanc sec, à court ou à moyen terme, incite les consommateurs à mieux apprécier les liquoreux, il ne faut pas hésiter." La rentabilité des propriétés de Sauternes est en effet depuis longtemps dans le rouge et la distribution des vins liquoreux est totalement en berne, en particulier sur la place de Bordeaux auprès des négociants. Nous adressons tous nos vœux de réussite au nouveau propriétaire.

Les vins : Rayne Vigneau 2015 est porté par une haute liqueur que l'on perçoit au nez. Cette générosité se confirme en bouche par un fruit ample et charnu, un rien collant en sucre. Un mois de vendange pour livrer le 2016, au très beau nez qui va de la pierre à fusil à l'abricot sec. La bouche charnue joue sur d'agréables amers type pamplemousse jaune, enrobée par une liqueur douce et gourmande.

⇨ Sauternes 2015	N.C.	17
⇨ Sauternes 2016	N.C.	18

Le coup de
⇨ Sauternes Madame de Rayne 2015	19,50 €	16

Madame de Rayne délivre une belle expression sur une note de pamplemousse rose. La bouche à la matière charnue et riche s'équilibre par de fins amers. Une belle entrée en matière dans l'univers de Rayne Vigneau.

Blanc : 84 hectares.
Sémillon 57 %, Sauvignon blanc 43 %
Production moyenne : 150 000 bt/an

CHÂTEAU DE RAYNE VIGNEAU
4, Le Vigneau, 33210 Bommes
05 56 76 61 63 ● www.raynevigneau.fr ●
Visites : sans rendez-vous.
Du lundi au mardi de 10h à 12h et de 14h à 18h.
Propriétaire : Financière Trésor du Patrimoine
Directeur : Vincent Labergere
Maître de chai : Guillaume Rateau
Œnologue : Henri Boyer

★
CHÂTEAU RIEUSSEC

Les Domaines Barons de Rothschild (château Lafite-Rothschild), propriétaire du château depuis 1984, sont associés depuis 2011 à la famille Dassault. Premier cru classé situé sur la commune de Fargues, Rieussec a toujours affiché une personnalité singulière, avec des vins d'une puissance et d'une richesse en liqueur parfois très prononcées. Dans la jeunesse des vins, la pourriture noble prend des arômes légèrement moins fins qu'ailleurs, mais le vieillissement compense ce bémol par de belles saveurs liquoreuses. Si Rieussec a pu décevoir dans des millésimes à hauts rendements, le curseur a été ajusté dans les millésimes plus

BORDEAUX SAUTERNAIS

récents. Les 2013 et 2015 expriment avec vigueur un style plus frais et délicat. Une progression à suivre de près.

Les vins : Le 2014 prend une note de pierre à fusil avec une liqueur abondante mais relayée par une belle vivacité. D'où cet agréable fruit épuré avec une belle note sur le citron confit. Le 2016, plantureux, offre du volume et une liqueur abondante, presque huileuse, qui prend toute la bouche. Son fruit est pur malgré une richesse rassasiante. R de Rieussec 2016, mi sémillon mi sauvignon, est un blanc très aromatique, vif sur le végétal, qui est loin du niveau de complexité du sauternes du même domaine.

▷ Bordeaux R de Rieussec 2016	17 (c) €	13,5
▷ Sauternes 2014	50 (c) €	17,5
▷ Sauternes 2016	N.C.	17

Le coup de ♥

▷ Sauternes Carmes de Rieussec 2015	18 €	17,5

Derrière une belle liqueur, le Carmes 2015 développe un nez d'agrumes, voire d'abricot bien mûr. Un vin tout en suavité, porté par la générosité de son terroir et la richesse du millésime.

Blanc : 90 hectares.
Sémillon 90 %, Sauvignon blanc 7 %, Muscadelle 3 %
Production moyenne : 90 000 bt/an

CHÂTEAU RIEUSSEC
**34, route de Villandraut, 33210 Fargues
05 57 98 14 14** ● www.lafite.com ● **Vente et visites : au domaine sur rendez-vous.
Lundi, jeudi et vendredi de 9h30 à 11h et de 14h à 15h30. Fermeture annuelle d'août à fin novembre.
Propriétaire :** Domaines Barons de Rothschild (Lafite)
Directeur : Éric Kohler

CHÂTEAU LA BOUADE

Propriété de la famille Pauly depuis 1914, le château La Bouade et le clos Mercier ont été repris en gérance, au début de l'année 2009, par Stéphane Wagrez et Olivier Fargues, deux jeunes vignerons dynamiques. En produisant trois cuvées différentes, ils ont hiérarchisé leur terroir et vinifié trois vins au niveau de sucres croissant, des cuvées Coccinelle et Château La Bouade, en Sauternes, au Clos Mercier, en Barsac. Cette propriété s'impose aujourd'hui comme une référence parmi les crus non classés du Sauternais.

Les vins : le 2013 offre une liqueur abondante, presque débordante, malgré un fruit de qualité qui évoque l'orange confite. Il est doux et onctueux, mais il manque un peu d'épine dorsale. Le Vieilles Vignes possède de l'énergie avec une belle note d'orange. C'est un sauternes vif, malgré une liqueur généreuse en bouche.

▷ Sauternes Cuvée Château 2013	18,50 €	14,5
▷ Vieilles Vignes 2013	15 €	15,5

Blanc : 25 hectares.
Sémillon 85 %, Sauvignon blanc 10 %, Muscadelle 5 %
Production moyenne : 30 000 bt/an

CHÂTEAU LA BOUADE
**4, impasse La Bouade, 33720 Barsac
05 56 27 30 53** ● www.chateaulabouade.fr
● **Vente et visites : au domaine sur rendez-vous.
De 9h à 12h et de 14h à 18h. Sur rendez-vous le week-end.
Propriétaire :** Héritiers Pauly
Directeur : Stéphane Wagrez et Olivier Fargues
Maître de chai : Stéphane Wagrez
Œnologue : Madame Sourolès

CHÂTEAU DE MYRAT

Après plusieurs décennies de sommeil, ce cru classé de Barsac a été entièrement replanté par la famille de Pontac, en 1988 (le premier millésime a été produit en 1990). Le vignoble de Myrat a désormais l'âge nécessaire pour produire des sauternes plus intenses et profonds que dans les premiers millésimes du renouveau de la propriété. C'est Xavier de Pontac, avec ses nièces Elisabeth de Pontac-Chabot et Slanie de Pontac-Ricard, qui gère ce cru familial et élabore des vins s'inscrivant désormais parmi les belles références de Barsac.

Les vins : 2016 donne une impression de richesse au nez que l'on retrouve en bouche. Un barsac onctueux avec une rémanence sur le pamplemousse rose qui donne de la vigueur. Le Château de Myrat gagne en finesse et en précision à chaque nouveau millésime.

▷ Barsac 2016	N.C.	17

Le coup de ♥

▷ Barsac 2015	N.C.	17

Belle complexité olfactive du 2015. Son équilibre s'impose par un volume de bouche ample, même si la vigueur du terroir de Barsac s'affirme. Il laisse ressurgir de fins amers qui évoquent le pamplemousse et, malgré la richesse du millésime, offre une belle fluidité.

Blanc : 22 hectares.
Sémillon 88 %, Sauvignon blanc 8 %, Muscadelle 4 %
Production moyenne : 30 000 bt/an

CHÂTEAU DE MYRAT
33720 Barsac
05 56 27 09 06 ● www.chateaudemyrat.fr ●
Vente et visites : au domaine sur rendez-vous.
Du lundi au vendredi de 10h à 17h, samedi et dimanche sur rendez-vous.
Propriétaire : Famille de Pontac
Directeur : Xavier de Pontac

CHÂTEAU RABAUD-PROMIS

Philippe Déjean et son fils Thomas ne ménagent pas leurs efforts pour que ce premier cru classé atteigne le niveau de ses pairs (Sigalas-Rabaud et Lafaurie-Peyraguey). Avec un terroir moins complexe, les vins, millésime après millésime, s'affirment avec davantage de liqueur et de rôti, tout en préservant un naturel et un équilibre digestes.

Les vins : le 2016 livre un nez frais et une bouche vive et épurée qui offre de l'éclat sans pour autant manquer de densité. Les orientations de la vendange se sont décidées demi-journée par demi-journée, afin d'obtenir une grande précision et une belle pureté du fruit. Pari réussi.

▷ Sauternes 2016   N.C.   17,5

Blanc : 30 hectares.
Sémillon 20 %
Production moyenne : 60 000 bt/an

CHÂTEAU RABAUD-PROMIS
33210 Bommes
05 56 76 67 38 ● **Vente et visites : au domaine sur rendez-vous.**
Sur rendez-vous en semaine de 8h à 12h et de 14h à 18h.
Propriétaire : Mme Déjean
Directeur : Philippe et Thomas Déjean

"Les épisodes de gel et de grêle en 2015, 2016 et 2017 ont frappé durement une majorité de vignerons, qui se trouvent aujourd'hui dans une situation fragile, sans stock, alors que la Bourgogne connaît un succès retentissant, en France et à l'export."

Jean-Emmanuel Simond, dégustateur des vins de Bourgogne
Membre du comité de dégustation de La Revue du vin de France

BOURGOGNE

—

ELLE SE RENOUVELLE EN PÉRIPHÉRIE

—

Face à l'inflation constante du prix du foncier, les vignerons investissent dans les appellations périphériques, autour du Chablisien, des Hautes-Côtes de Nuits et de Beaune.

C'est une situation paradoxale : plus célèbre que jamais, la Bourgogne, dont les climats ont été classés au Patrimoine mondial de l'Unesco, en 2015, souffre pourtant d'une pénurie récurrente de sa production, fortement réduite par les accidents climatiques. Au printemps 2016, Chablis a perdu plus de la moitié de sa production et 30 % au printemps 2017. Conséquences : une inflation constante et soutenue des tarifs des grands vins, de plus en plus rares et objets de spéculation. Autre phénomène inquiétant, la hausse des prix du foncier viticole, qui pèse sur de nombreux domaines familiaux, confrontés à des droits de successions exorbitants. Le dernier film de Cédric Klapisch, *Ce qui nous lie*, en livre un témoignage édifiant.

Pour contourner ces difficultés, la Bourgogne se renouvelle à la marge, dans les appellations périphériques, autrefois délaissées et aujourd'hui lieu d'installation de jeunes vignerons talentueux. Ainsi renaissent de petites appellations du Chablisien, les Hautes-Côtes de Nuits et de Beaune. Les vins de la Côte chalonnaise et du Mâconnais demeurent également accessibles. Maranges, Rully, Givry, Pouilly-Fuissé ou Saint-Romain proposent à des tarifs très raisonnables des cuvées remarquables.

Pour bon nombre d'amateurs, la Bourgogne représente un graal, grâce à la très grande diversité de son patrimoine viticole. Aucun autre vignoble au monde n'a été aussi méticuleusement découpé. Un seul chiffre en témoigne : 562, soit le nombre de premiers crus identifiés et délimités au mètre près. Comprendre toute la subtilité de la Bourgogne est un chemin de croix aussi long que passionnant. L'histoire et la nature des sols ont ici tellement individualisé de petites productions qu'elles ont conduit le législateur à multiplier les appellations d'origine contrôlée pour préserver ces différences et les faire comprendre au public.

Si la région a connu sa révolution viticole au début des années 1990, sous l'impulsion d'une nouvelle génération de vignerons plus rigoureux et surtout mieux formés, de trop nombreux producteurs vivent encore sur la réputation de leur village, considérant que le nom à lui seul suffit pour vendre ses vins. La petite taille des parcelles, qui induit une production très limitée de certaines cuvées, rend introuvables la plupart des plus grands vins de Bourgogne. Mais depuis une décennie, une formidable émulation s'est créée parmi la nouvelle génération au talent indéniable. Les grandes maisons de négoce se sont dotées d'infrastructures de très haut niveau.

Bien qu'on puisse encore, dans cette région, rendre visite aux vignerons, déguster et acheter les vins sur place, la demande mondiale est telle que de nombreux producteurs se voient aujourd'hui contraints de refuser les nouveaux clients. Il faut alors se tourner vers les cavistes qui possèdent des allocations auprès de ces domaines. Et à quelques exceptions près, les bourgognes vendus en grandes surfaces sont très décevants.

BOURGOGNE

LES APPELLATIONS
—

La Bourgogne viticole est un puzzle géologique et humain sans pareil, que le législateur a tenu à reconnaître et à préserver grâce à une hiérarchie claire des appellations, qui permet de se retrouver dans le dédale des différentes communes et des usages ancestraux.

LES APPELLATIONS RÉGIONALES
Au premier niveau, l'AOC Bourgogne définit des vins simples, produits sur l'ensemble du terroir bourguignon (Yonne, Côte-d'Or, Saône-et-Loire). On peut la préciser par un nom de cépage (Bourgogne aligoté) ou par un nom de sous-région qui en limite la production (Bourgogne Côte chalonnaise…). Alors que Bourgogne Passetoutgrain (mélange de pinot noir et de gamay) est en voie de disparition, l'AOC Bourgogne Grand Ordinaire a été remplacée par l'AOC Coteaux bourguignons, qui englobe les vignobles de Bourgogne et du Beaujolais et permet d'élaborer des vins monocépages ou d'assemblage dans les trois couleurs. Cette appellation permet de commercialiser des vins de Bourgogne abordables.

LES APPELLATIONS COMMUNALES
Elles représentent environ 30 % de la production bourguignonne, avec 44 appellations Villages, car elles portent le nom des villages dont sont issus les vins, comme par exemple Nuits-Saint-Georges ou Beaune.

LES APPELLATIONS PREMIER CRU
Il s'agit de parcelles, des climats, précisément délimitées au sein des appellations communales. Les vins y sont de qualité supérieure et le nom du premier cru est accolé à celui du village, comme par exemple gevrey-chambertin Les Cazetiers. On dénombre 562 premiers crus en Bourgogne.

LES APPELLATIONS GRAND CRU
Ce sont les meilleures parcelles cadastrées. Leur nom se suffit à lui-même, même si les grands crus dépendent aussi du village dont ils sont issus. Ils sont au nombre de 33 répartis ainsi du nord au sud :

Chablis : Blanchot, Bougros, Les Clos, Grenouilles, Preuses, Valmur, Vaudésir.
Gevrey-Chambertin : Chambertin, Mazis-Chambertin, Griotte-Chambertin, Charmes-Chambertin, Chapelle-Chambertin, Mazoyères-Chambertin, Ruchottes-Chambertin, Latricières-Chambertin, Chambertin-Clos de Bèze.
Morey-Saint-Denis : Clos de Tart, Clos Saint-Denis, Clos de la Roche, Clos des Lambrays, Bonnes-Mares.
Chambolle-Musigny : Bonnes-Mares, Musigny.
Vougeot : Clos de Vougeot.
Flagey-Échezeaux : Échezeaux, Grands Échezeaux.
Vosne-Romanée : La Tâche, Grande Rue, Richebourg, La Romanée, Romanée-Conti, Romanée-Saint-Vivant.
Aloxe-Corton, Ladoix-Serrigny et Pernand-Vergelesses : Corton, Corton-Charlemagne, Charlemagne.
Puligny-Montrachet : Montrachet, Bâtard-Montrachet, Bienvenues-Bâtard-Montrachet, Chevalier-Montrachet.
Chassagne-Montrachet : Montrachet, Bâtard-Montrachet, Criots-Bâtard-Montrachet.

LES VINS DE CHABLIS ET DE L'YONNE
À la limite nord de la maturité, les rouges bénéficient du réchauffement climatique avec des vins plus mûrs et mieux constitués. Les blancs sont remarquables : ils offrent finesse et nervosité, trouvent leur épanouissement dans les meilleurs terroirs de Chablis. Ils ne se révèlent vraiment qu'après cinq ans de garde et peuvent éblouir pour leurs vingt ans. En périphérie, les villages de Chitry et de Coulanges-la-Vineuse produisent des blancs et des rouges, alors que Saint-Bris est connu pour son sauvignon.

BOURGOGNE

LA CÔTE DE NUITS
De Dijon à Ladoix, les vins rouges de la Côte de Nuits, particulièrement ceux de Gevrey-Chambertin et de Nuits-Saint-Georges, ont tendance à être plus robustes que ceux de la Côte de Beaune, voire un peu sévères dans leur jeunesse. Chambolle-Musigny et Vosne-Romanée, dont les vins sont plus fins, possèdent un supplément de chair et de moelleux.

LA CÔTE DE BEAUNE
En Côte de Beaune, le grand cru Corton et les meilleurs pommards donnent en principe les vins les plus corsés, alors que Savigny, Beaune et Volnay livrent les vins les plus tendres. Mais c'est en blanc, avec les vins de Montrachet (Chassagne et Puligny), Meursault et les grands crus voisins que la Côte de Beaune s'exprime le mieux.

LA CÔTE CHALONNAISE
Les vins de la Côte chalonnaise sont immanquablement influencés par ceux de la Côte de Beaune, (cépages et hiérarchie traditionnelle). Elle compte dans ses appellations communales nombre de climats classés en premier cru et cultive aussi une identité forte. C'est dans la Côte chalonnaise que l'on retrouve les meilleurs aligotés.

LE MÂCONNAIS
Les vins du Mâconnais se montrent quant à eux plus proches de leurs voisins du Beaujolais. Bien que cette région soit très majoritairement productrice de vins blancs issus de chardonnay, elle est la seule à cultiver le gamay, en plus du pinot noir, pour ses vins rouges. Le vignoble y est éparpillé sur les coteaux.

LES CÉPAGES

LE PINOT NOIR
Le pinot noir est sans doute l'un des meilleurs cépages de la production viticole, mais il est aussi l'un des plus difficiles à cultiver. Ce qui le rend si séduisant, c'est sa capacité à offrir des arômes et une structure en bouche très variables selon le terroir sur lequel il mûrit. Grâce au pinot noir, les vignerons ont pu, de manière chirurgicale, définir cette mosaïque de terroirs si caractéristique de la Bourgogne.

LE CHARDONNAY
Si le pinot noir est le cépage roi des vins rouges de Bourgogne, le chardonnay est son équivalent pour les blancs. Les terroirs de Montrachet, Meursault ou encore Chablis forment une alliance parfaite avec le chardonnay, afin de produire parmi les plus grands vins blancs de la planète. Nulle part ailleurs, le chardonnay ne s'exprime avec autant de finesse et de précision.

L'ALIGOTÉ
L'aligoté ne possède pas les mêmes qualités que le chardonnay. Il est employé dans l'élaboration de vins qui ne portent pas le nom du village où il est cultivé (une seule exception : Bouzeron). Il s'appelle légalement bourgogne aligoté et peut aussi entrer dans la composition du crémant de Bourgogne.

LE GAMAY
Le très expressif gamay est omniprésent dans le Mâconnais, au sud de la Bourgogne. Il fait aussi la renommée des vins du Beaujolais. Cultivé plus au nord, il donne des vins sans trop de relief.

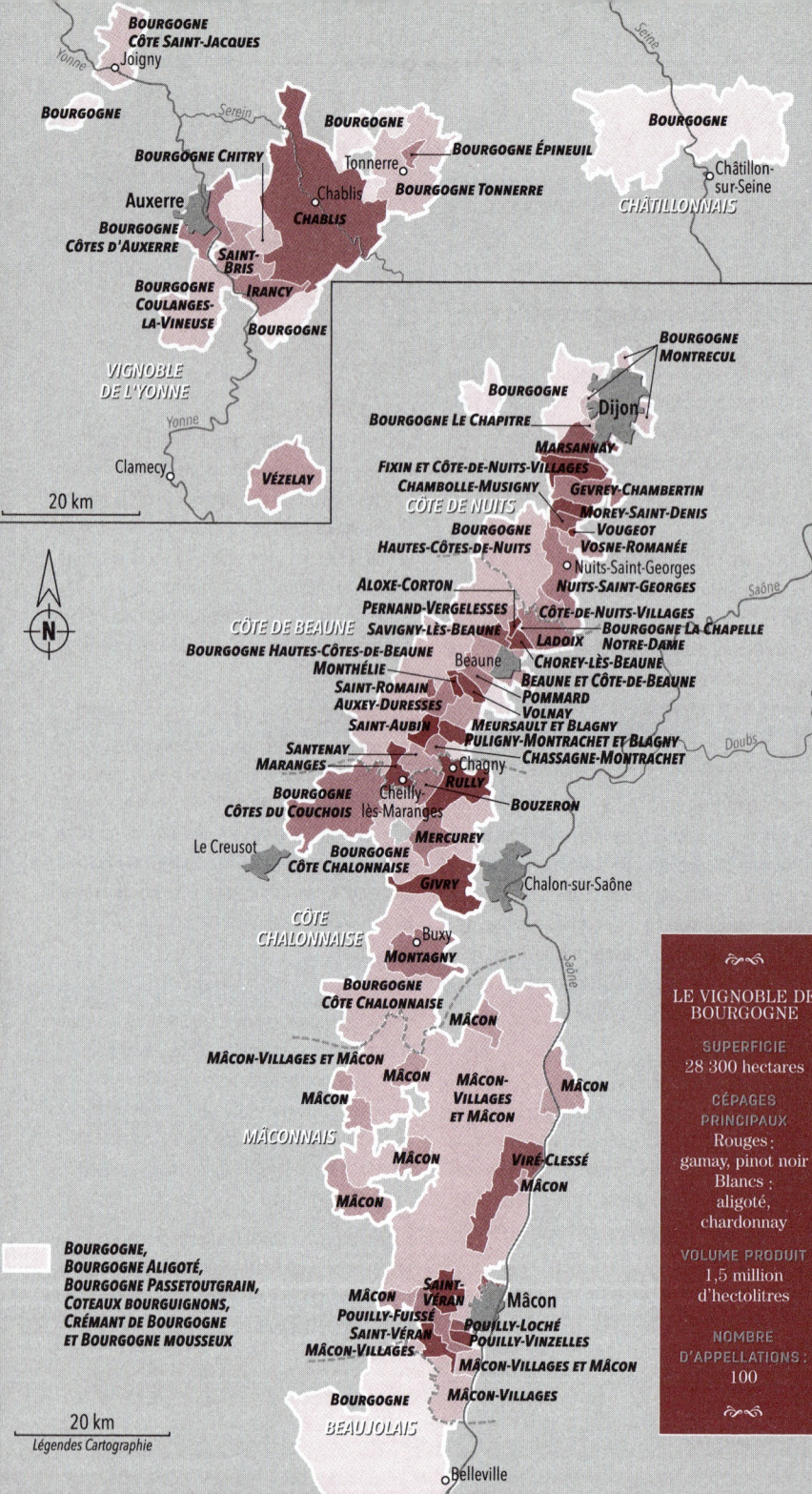

BOURGOGNE

OÙ TRINQUER ENTRE CHABLIS ET CHALON-SUR-SAÔNE

Suivez les deux ambassadeurs de la région, le pinot noir et le chardonnay, au fil des bonnes tables de la région.

CHAMBRES D'HÔTES

LES JARDINS DE LOÏS
Tout près des Hospices, la maison abrite cinq chambres et un gîte aussi élégants que confortables, sans oublier le hammam. De 160 à 195 € la nuit.
8, boulevard Bretonnière, 21200 Beaune. Tél. : 03 80 22 41 97
www.jardinsdelois.com

CAVISTES

DINGOVINO
900 références d'excellents domaines en bio ou en biodynamie. La Bourgogne représente environ la moitié de cette sélection.
29, rue Jeannin, 21000 Dijon.
Tél. : 03 80 28 50 88.
www.dingovino.com

LE CAVON DE BACCHUS
On trouvera dans cette maison nuitonne un millier de trésors en cave provenant d'une foule de domaines parmi les plus passionnants de Bourgogne.
19, rue Crébillon, 21700 Nuits-Saint-Georges. Tél. : 03 80 61 15 32.
www.cavon.com

RESTAURANTS

BISTROT LUCIEN
La Rôtisserie du Chambertin distille une cuisine de terroir particulièrement savoureuse, accompagnée d'une carte des vins très riche. Menus à partir de 26 €.
6, rue du Chambertin, 21220 Gevrey-Chambertin. Tél. : 03 80 34 33 20.
www.rotisserie-chambertin.com

LA MAISON DES CARIATIDES
Une des tables les plus en vue de Dijon, dirigée par Angelo Ferrigno. La carte des vins s'avère très solide. Menus de 23 à 38 €.
28, rue Chaudronnerie, 21000 Dijon.
Tél. : 03 80 45 59 25.
www.lamaisondescariatides.fr

BAR À VINS

LE BIST'ROCH
Voici le bar à vins joliment bricolé par le domaine Prieuré-Roch... Le Bist'Roch propose une sélection très convaincante de vins "nature", accompagnés de charcuteries et autres sardines.
22, rue du général-de-Gaulle, 21700 Nuits-Saint-Georges.
Tél. : 03 80 62 00 00.

FÊTES VIGNERONNES

DU 13 AU 15 OCTOBRE 2017 : LA PAULÉE DE LA CÔTE CHALONNAISE
Dégustation des vins de la région, messe de la Saint-Hubert sonnée par les trompes, visites dans les caves autour de Chalon-sur-Saône.

LES 21 ET 22 OCTOBRE 2017 : FÊTE DES VENDANGES DE CHABLIS
Au gré des animations et dégustations, les visiteurs pourront découvrir les vins de l'appellation et flâner dans les rues et les charmantes ruelles du village de Chablis.
www.chablis.fr

DU 17 AU 19 NOVEMBRE 2017 : VENTE DES HOSPICES DE BEAUNE
Le rendez-vous incontournable pour les amateurs. Les Hospices mettent en vente aux enchères l'ensemble de leur récolte avec la fameuse pièce de charité. L'occasion de passer un week-end à Beaune, capitale de la Bourgogne viticole.
www.hospices-de-beaune.com

NOS TROIS COUPS DE ♥

LA MAISON DU DOMAINE TRAPET
Une maison d'hôtes aux chambres charmantes, à la table remarquable.
4, rue du Chêne, 21220 Gevrey-Chambertin. Tél. : 03 80 34 30 40.
www.domaine-trapet.fr

DOMAINE BROCARD
Il propose deux studios à Chablis et trois appartements à Saint-Cyr-les-Colons, pour accueillir de 2 à 18 personnes.
3, route de Chablis, 89800 Préhy.
Tél. : 03 86 41 49 00.
www.brocard.fr

LA TABLE D'OLIVIER
On y apprend à déguster les blancs d'Olivier Leflaive en accord avec les plats. À partir de 65 €.
10, place du Monument, 21190 Puligny-Montrachet.
Tél. : 03 80 21 37 65.
www.olivier-leflaive.com

YONNE-CHABLISIEN

★★★

DOMAINE VINCENT DAUVISSAT

Le rigoureux et passionné Vincent Dauvissat gère cette propriété mythique depuis 1989. Il a succédé à son grand-père Robert, qui mettait déjà en bouteille en 1931, et à son père René, dont les vins étaient renommés. Le vignoble a toujours été entretenu comme un jardin et les sages rendements méritent tous les honneurs. Depuis 2002, le domaine reçoit des préparations biodynamiques, sans revendiquer de certification. La vinification en fût (qui ne prend jamais le pas sur la matière) est peu interventionniste, permettant l'expression des divers climats, surtout au vieillissement. Des chablis d'une rare sincérité, d'un style pur, compact, vibrant. La gamme se découvre chez les cavistes car il n'y a malheureusement plus de vin à vendre au domaine.

Les vins : le style Dauvissat fonctionne à merveille dans le millésime 2015 : franc et ferme, assez large d'épaules, le chablis est doté d'une excellente fraîcheur et d'une finale structurée. Une pointe de réduction à l'ouverture ne nuit pas à la séduction du Vaillons, dense, tendu, construit sur une acidité mûre et l'extrait sec propre aux millésimes solaires, doté d'une excellente capacité de garde. Subtil, davantage ancré dans une fraîcheur iodée relevée de touches de poivre blanc, Séchet montre un profil plus immédiatement tonique et droit. Sa matière vigoureuse et ferme possède un vrai tonus, même si le caractère désaltérant est légèrement en retrait. Beaucoup de complexité dans la palette aromatique du Forest : assez compact, sa matière dense et puissante demandera du temps pour révéler ses nuances. Agrémentée de fins amers, la finale est très étoffée mais conserve une pureté calcaire presque tactile. Austère, mais très intense, les Preuses a besoin d'aération : ses saveurs d'agrumes confits transpercent la bouche avec une pénétrante vigueur. Précis, très profond, il faut l'oublier dix ans en cave.

⌐ Chablis 2015	Épuisé	15,5
⌐ Chablis Grand Cru Les Preuses 2015	Épuisé	17,5
⌐ Chablis Premier Cru La Forest 2015	Épuisé	17
⌐ Chablis Premier Cru Séchet 2015	Épuisé	16,5
⌐ Chablis Premier Cru Vaillons 2015	Épuisé	17

Le coup de ♥

⌐ Chablis Grand Cru Les Clos 2015	Épuisé	18

Carré, très volumineux, ce grand cru évoque la roche chaude et le talc. Ample et très profond, il offre une texture presque tannique dans l'intensité de ses amers en finale : sa trame énergique et hautement salivante le portera très loin dans les années futures.

Rouge : 0,6 hectare.
Pinot noir 100 %
Blanc : 13,9 hectares.
Chardonnay 100 %
Production moyenne : 80 000 bt/an

DOMAINE VINCENT DAUVISSAT
8, rue Émile Zola, 89800 Chablis
03 86 42 11 58 • Pas de visites.
Propriétaire : Vincent Dauvissat

★★★

DOMAINE JEAN-PAUL ET BENOÎT DROIN

Nous connaissons bien ce beau domaine, riche d'une palette très complète de premiers et grands crus. Des raisins bien mûrs, des vins à la puissance assumée, qui expriment avec franchise leurs terroirs, sont autant de qualités à porter au crédit du travail de Benoît Droin, qui a rejoint le domaine en 1999. La précision des vins, leur générosité et les tarifs encore raisonnables font de cette adresse une source incontournable de grands blancs du Chablisien. Si les cuvées savent vieillir avec équilibre et digérer leur séjour en barrique, nous avouons quelques interrogations quant au style d'élevage, à notre sens pas toujours à même de restituer l'éclat attendu et l'intensité des saveurs qui font la gloire des grands vins locaux. En année fraîche (2014), comme dans un millésime plus chaud (2015), les vins sont remarquablement constitués mais nous aimerions ressentir à leur contact des émotions plus tangibles.

Les vins : grande délicatesse de saveurs et matière affinée dans ce remarquable petit chablis 2015, précoce et savoureux. Un peu alangui, le chablis 2015 se livre généreusement. Nous aurions aimé une pointe de fraîcheur supplémentaire. Belle énergie et tonus du Vaillons 2015, tendu par un boisé soigné qui l'allège et lui imprime une légère réduction mentholée de bon aloi. Montmains 2015 assume son expression confortable, mais joue sur la réduction de ses saveurs grillées pour tonifier sa finale. Réussi mais un peu simple. La matière policée et franche du Mont de Milieu 2015 se prolonge par une finale vigoureuse, manquant un peu de fraîcheur. Grande envergure de saveurs épicées et moelleuses dans le beau Fourchaume 2015, doté d'une réelle profondeur. Très salivant, son fruit évoque le pamplemousse. Encore peu aromatique, Vaulorent 2015 se distingue par son ampleur en bouche mais se montre un peu mou, dans le sillage d'un élevage en bois présent. Un peu patiné par les saveurs du bois, Montée de Tonnerre 2015 s'affirme avec franchise mais sa fin de bouche manque de tonus. À notre sens, le confort de l'élevage de ce Vaudésir 2015 a tendance à appesantir la matière de ce vin, qui gagnerait en éclat et en énergie avec un régime boisé allégé. La complexité arrive avec Valmur 2015, riche d'une trame tonique et d'un profil musclé, rehaussé d'amers épicés. Le profil solaire du millésime semble mettre en exergue les élevages dans de nombreux vins du domaine. Sphérique, irradiant de maturité solaire, Les Clos 2015 impressionne par sa densité et sa profondeur de saveurs. On pourra trouver la rémanence boisée de la finale un peu insistante.

➢ Chablis 2015	18 (c) €	15
➢ Chablis Grand Cru Les Clos 2015	61 (c) €	16,5
➢ Chablis Grand Cru Valmur 2015	47 (c) €	16,5
➢ Chablis Grand Cru Vaudésir 2015	47 (c) €	16,5
➢ Chablis Premier Cru Fourchaume 2015	34 (c) €	16,5
➢ Chablis Premier Cru Mont de Milieu 2015	34 (c) €	15,5
➢ Chablis Premier Cru Montmains 2015	30 (c) €	15
➢ Chablis Premier Cru Montée de Tonnerre 2015	37 (c) €	16
➢ Chablis Premier Cru Vaillons 2015	28 (c) €	15,5
➢ Chablis Premier Cru Vaulorent 2015	34 (c) €	15,5
➢ Petit Chablis 2015	13 (c) €	15

Le coup de ♥

➢ Chablis Grand Cru Grenouilles 2015	61 (c) €	17,5

Des notes de talc, de kumquat et de poudre de riz agrémentent la cuvée. Trame tendue, salivante, parsemée d'amers éclatants : c'est un grand vin immature, promis à un vieillissement glorieux.

Blanc : 26 hectares.
Chardonnay 100 %
Production moyenne : 180 000 bt/an

DOMAINE JEAN-PAUL ET BENOÎT DROIN
14 bis, rue Jean-Jaurès, 89800 Chablis
03 86 42 16 78 ●
www.jeanpaulbenoit-droin.fr ● Pas de visites.
Propriétaire : Benoît Droin

★★★
DOMAINE RAVENEAU

Alors que la technologie submergeait le vignoble chablisien, les frères Raveneau étaient les seuls, avec les Dauvissat, à rester fidèles aux vendanges manuelles, à l'élevage en fût, aux rendements contrôlés et à une maturité réelle des raisins. Désormais à leur apogée, les vins élaborés dans les années 1980 et 1990 dominent largement le reste de la production. De manière constante, ils associent la minéralité du terroir aux notes de miel de la grande maturité, le tout enrobé par l'élevage en fût, d'où un style unique qui leur assure un large succès international. Même si la concurrence dans la perfection s'avive, et que les Raveneau n'ont plus le privilège de l'excellence à Chablis, leurs vins conservent un caractère incomparable. Inutile de s'adresser au domaine, toute la production est vendue. On dégustera donc les vieux Raveneau au restaurant (les plus grandes tables en proposent toujours) pour savoir ce qu'est la quintessence d'un grand chablis à son apogée.

Les vins : nous n'avons hélas pas pu déguster les 2015. Le Chablis 2016 est un vin complet, mûr et fin, d'accès précoce, à la persistance notable pour un village. Beaucoup de finesse, d'allonge et un caractère salivant dans le Montmains 2016, qui se prolonge par des saveurs salines et évoque la mousse et le sol de la forêt. Supplément de maturité dans le Forêt 2016, charnu et encore un peu compact, qui se montre très complet et se prolonge par d'excellents amers. Délicat et nuancé dans ses notes florales de tilleul, Vaillons 2016 est un vin racé et plein, dans lequel l'âge plus avancé des vignes impose sa différence. Discret et raffiné, Butteaux 2016 se déploie tout en douceur de texture et en allonge, avec des saveurs de coquille d'huîtres. Ses saveurs iodées rappellent les embruns. Plus profond et austère que les autres premiers

BOURGOGNE YONNE - CHABLISIEN

crus, Montée de Tonnerre 2016 se distingue par sa matière mûre et ferme, très étoffée mais idéalement juteuse, avec une finale brillante et sapide. Tout en droiture et fermeté, Blanchots 2016, un rien strict au départ, monte en puissance et se déploie majestueusement dans un éventail de saveurs subtiles de craie et de pierre ponce. Son élégance est mémorable. Passé l'attaque nerveuse qui évoque le citron vert, Valmur 2016 se montre vigoureux, harmonieux et bien mûr. Avec ses amers toniques, il présente en finale un caractère légèrement plus solaire.

Chablis 2016	98 (c) €	15,5
Chablis Grand Cru Blanchot 2016	296 (c) €	18,5
Chablis Grand Cru Valmur 2016	323 €	18,5
Chablis Premier Cru Butteaux 2016	170 (c) €	17,5
Chablis Premier Cru Forêt 2016	161 (c) €	17
Chablis Premier Cru Montmains 2016	162 (c) €	16,5
Chablis Premier Cru Montée de Tonnerre 2016	194 (c) €	18
Chablis Premier Cru Vaillons 2016	168 (c) €	17

Le coup de ♥

Chablis Grand Cru Les Clos 2016	536 (c) €	19

Très solide, intense et précis, voici un vin caressant, ample et serein, doté d'une formidable envergure. L'empreinte solaire se mue ici en notes de chlorophylle, d'écorces d'agrumes et d'épices (coriandre, curry, gingembre). Phénoménal.

Blanc : 9,5 hectares.
Chardonnay 100 %
Production moyenne : 50 000 bt/an

DOMAINE RAVENEAU
**9, rue de Chichée, 89800 Chablis
03 86 42 17 46 ● Pas de visites.
Propriétaire : Jean-Marie et Bernard Raveneau**

SAMUEL BILLAUD

Le millésime 2009 a été le premier commercialisé par Samuel Billaud, viticulteur bien connu des amateurs de Chablis, puisqu'on lui doit les vinifications des grandes années du domaine Billaud-Simon, où il a longtemps officié. Fin connaisseur des nuances du chardonnay chablisien, Samuel a monté sa propre maison en achats de vin (2009) puis en achats de raisin (2010). À partir de 2014, 4 ha sont exploités en propre (trois premiers crus, Vaudésir et Les Clos), permettant la constitution d'une gamme fort complète (cinq premiers crus, six grands crus !), dont la qualité éclate pleinement avec le millésime 2015. Nous avons été éblouis par la fraîcheur, la précision et l'éclat des vins, et la deuxième étoile décernée cette année récompense le grand talent de ce vigneron.

Les vins : précision et fraîcheur remarquable dans le chablis 2015 : douceur de texture, grain salin, allonge épicée, c'est déjà un régal. Des notes de foin et d'herbes séchées se manifestent au nez du Vaillons 2015 : la bouche se livre tout en délicatesse de texture, dotée d'une fraîcheur admirable dans le contexte du millésime. La note de végétal mûr (estragon, coriandre) du Fourneaux 2015 se prolonge en bouche avec un profil charnu et ample, caressant, sans aspérités : un vin irrésistible dès maintenant, avec son voluptueux déroulé de saveurs. Une légère réduction ne vient en rien masquer l'intensité et la pureté des arômes du Séchet 2015 : harmonieux, doté d'une persistance très salivante, il déborde de saveurs de fruits jaunes frais. Intensité et précision ne sont pas de vains mots pour décrire Mont de Milieu 2015 : son profil épuré et le croquant du raisin saisi sur le fil de la maturité le rendent incisif, presque atypique dans le contexte du millésime. Peu expressif au nez, Montée de Tonnerre se montre sphérique, enrobé mais tonique à la fois : saturé d'acidité mûre, il atteint des sommets dans ses dimensions juteuses et épicées, jusque dans sa finale qui évoque l'amande verte. Somptueuse série des grands crus : caractère fumé du Bougros, entre pierre ponce et poivre blanc, dont la bouche intense est au service d'une matière épurée, tout en densité de sève et en extrait sec. Un grand vin svelte et inspiré, brillant, qui va à l'essentiel. Large d'épaules, détendu, Vaudésir se blottit dans son acidité mûre ; un vin paradoxal, salin et carré, presque tannique, doté d'une magistrale profondeur. Toujours plus austère, ciselé et compact, Blanchot mérite impérativement d'être attendu : ses saveurs tranchantes se démultiplient en une étoffe ferme, expression d'une matière ouvragée et virtuose. L'éclat singulier, la fraîcheur innée d'un raisin de noble origine brillent dans Les Preuses, marqué du feu de son terroir : matière dense, presque compacte mais aérienne, allonge épurée sur des saveurs de citron confit et de mélisse.

Chablis Grand Cru Blanchot 2015	58 €	17,5
Chablis Grand Cru Bougros 2015	49 €	17,5

Chablis Grand Cru Les Preuses 2015	58 €	18
Chablis Grand Cru Vaudésir 2015	58 €	17,5
Chablis Les Grands Terroirs 2015	15 €	15,5
Chablis Premier Cru Les Fourneaux 2015	24 €	16
Chablis Premier Cru Les Vaillons 2015	24 €	16,5
Chablis Premier Cru Mont de Milieu 2015	29 €	16
Chablis Premier Cru Montée de Tonnerre 2015	31 €	17
Chablis Premier Cru Séchet 2015	29 €	16,5
Chablis Grand Cru Valmur 2015	58 €	18,5

Le coup de ♥

| Chablis Grand Cru Les Clos 2015 | 58 € | 19 |

Touches poivrées et citronnées d'une grande pureté dans ce vin volumineux, d'une densité de matière peu commune. Sa profondeur de texture et sa vigueur le placent dans une catégorie à part. Prégnante, vibrante, sa finale le distingue parmi les grands vins du millésime.

Blanc : 4 hectares.
Chardonnay 100 %
Achat de raisins.
Production moyenne : 90 000 bt/an

SAMUEL BILLAUD
**8, boulevard Tacussel, 89800 Chablis
03 86 51 00 07 ● samuel-billaud.com ●
Vente et visites : au domaine sur rendez-vous.
Propriétaire : Samuel Billaud
Maître de chai : Samuel Billaud**

★★
DOMAINE WILLIAM FÈVRE

Propriété du groupe Henriot, ce domaine possède un vaste vignoble et une palette unique de grands terroirs chablisiens, valorisé grâce à une organisation méticuleuse : travail des sols, vendanges manuelles à date optimale, régulation des rendements. Le vinificateur, Didier Seguier, produit ainsi des chablis purs, très bien définis et nets. Si le domaine a connu dans les années 2000 quelques soucis d'oxydation prématurée, les vins des dix dernières années sont irréprochables. A l'exception du petit chablis, vinifications et élevages sont habilement répartis pour chaque cuvée entre fûts et cuves inox. Dans les meilleurs millésimes, on sera séduit par le respect du terroir, l'expression de la minéralité et une belle capacité de garde.

Les vins : nerveux, précis, aiguisé, le petit chablis est très réussi en 2015. Ample, vigoureux et énergique, le simple chablis 2015 se montre très accessible et équilibré, destiné à une consommation précoce. Chair ample et savoureuse dans ce Vaillons 2015 de belle envergure, au profil classique, qui a préservé une salutaire fraîcheur. Large d'épaules, Les Lys 2015 prend du volume sur son assise argileuse. Des accents citronnés égayent son fruit mûr et l'agrément de fins amers de finale. Il offre un très beau potentiel d'évolution. Charnu, assez tendre, Montmains 2015 est très bien défini, avec une belle pureté, dans une approche classique mais très aboutie. Délicatement parfumé, très subtil, Montée de Tonnerre 2015 se fait très convaincant dans ses saveurs nuancées et fraîches. Un vin juste, sans esbroufe, persistant et juteux en finale. Élégance aromatique et profondeur de saveurs sont des atouts majeurs pour le beau Vaulorent 2015, dont le volume frais et finement mentholé s'avère enthousiasmant. Un très beau chablis de grand caractère, qui lorgne vers le grands cru. Raffiné, presque velouté dans l'alliance de sa texture caressante et de la densité de sa matière mûre, Bougros 2015 est un grand vin solaire mais nerveux, de grandes dimensions, qui vieillira harmonieusement. Vin sphérique, à l'expression solaire contenue, Les Clos 2015 va loin dans la vigueur et la profondeur de saveurs, mais il nous semble manquer légèrement d'éclat et de tension. Sans doute faut-il patienter sagement avant de profiter de son expression plus assagie. Une forme d'austérité définit Les Preuses, serein et tendu, doté de fines touches épicées et de saveurs crayeuses toniques, et d'un éclat et d'une allonge raffinée. Pénétrant, ciselé mais sans apprêt, il irradie en bouche.

Chablis 2015	13 €	15
Chablis Grand Cru Bougros 2015	44,90 €	17
Chablis Grand Cru Les Clos 2015	60,90 €	17
Chablis Premier Cru Les Lys 2015	25,75 €	16
Chablis Premier Cru Montmains 2015	25,75 €	16
Chablis Premier Cru Montée de Tonnerre 2015	31,50 €	16
Chablis Premier Cru Vaillons 2015	25,75 €	15,5
Chablis Premier Cru Vaulorent 2015	35,25 €	16,5
Petit Chablis 2015	10,25 €	14,5

BOURGOGNE YONNE- CHABLISIEN

- Chablis Grand Cru Les Preuses 2015 — 54,50 € 17,5

Le coup de ♥
- Chablis Grand Cru Bougros Côte de Bouguerots 2015 — 48,50 € 18

Très étoffé, très riche en extrait sec, ce vin imposant dans son intensité de saveurs et sa concentration semble plonger dans la roche tant sa matière est saline, infusée de notes racinaires et de grands amers sapides. Nous pressentons un vieillissement radieux !

Blanc : 77 hectares.
Chardonnay 100 %

DOMAINE WILLIAM FÈVRE
21, avenue d'Oberwesel, 89800 Chablis
03 86 98 98 98 ● www.williamfevre.com ●
Vente et visites : au domaine sur rendez-vous.
Propriétaire : Groupe Henriot
Directeur : Christian Albouy
Maître de chai : Didier Seguier

★★

DOMAINE JEAN-HUGUES ET GUILHEM GOISOT

Depuis de nombreuses années, Ghislaine et Jean-Hugues Goisot, et désormais leur fils Guilhem, nous impressionnent par la qualité de leur production, d'une régularité sans faille. Certes, ils ne vinifient que des vins d'appellation régionale Bourgogne, mais avec une telle exigence et un tel talent que ces cuvées modestes atteignent une qualité très élevée. Pour y parvenir, un long et fastidieux travail permet d'obtenir des de grands raisins (certifiés en biodynamie), qu'ils vinifient ensuite avec soin. Les beaux terroirs crayeux des Côtes d'Auxerre conviennent aussi bien au sauvignon (Saint-Bris) qu'au chardonnay ; ils donnent souvent des vins trop maigres en raison de rendements excessifs. Chez Goisot, c'est le contraire : par leur tenue et leur intensité, la plupart des vins méritent d'être cités en exemple. Les sélections parcellaires Biaumont, Gondonne et Gueules de Loup sont à réserver absolument car les volumes sont limités. Très soignés et purs, certains blancs manquent un rien de maturité et peuvent offrir une personnalité un peu lisse. Les rouges sont admirables, particulièrement les 2015.

Les vins : expressif, l'aligoté 2015 offre volume et richesse, toujours dans un style sobre et précis. En Saint-Bris, le très soigné Exogyra Virgula se fait charnu et ferme, mais on le souhaiterait un peu plus affirmé dans son identité. Tendu et nerveux, Moury est porté par un élan calcaire : son caractère acidulé et un peu variétal mérite deux à trois ans de garde pour s'épanouir. Plus complexe et pénétrant, Corps de Garde pousse plus loin la maturité et s'enrichit d'un élevage partiel en fût, qui le rend ample et harmonieux. Les bourgognes sont réussis : Corps de Garde a préservé beaucoup de tonus et de fraîcheur, Biaumont offre éclat et sobriété de fruit, et Gondonne affiche un caractère poivré qui s'accommode d'un élevage ambitieux. Gueules de Loup est très strict, manquant de maturité de fruit. Un chablis Faucertaine fait son apparition en 2015, joli vin précis, salin et ample, au nez de pomme verte : un boisé un rien toasté doit encore s'intégrer. Splendide série de rouges, à commencer par Corps de Garde, servi par une trame juteuse, regorgeant de petits fruits acidulés et finement épicés, porté par des tanins fins. Encore réservé, l'Irancy conjugue volume réglissé et l'allonge salivante, prolongée de saveurs d'écorce de cacao.

- Bourgogne Aligoté 2015 — 10,40 (c) € 14,5
- Bourgogne Côtes d'Auxerre Gueules de Loup 2015 — 18,20 (c) € 15
- Bourgogne Côtes d'Auxerre Biaumont 2015 — 18,20 (c) € 16
- Bourgogne Côtes d'Auxerre Corps de Garde 2015 — 14,40 (c) € 15,5
- Bourgogne Côtes d'Auxerre Gondonne 2015 — 18,20 (c) € 15,5
- Chablis Faucertaine 2015 — 18,20 (c) € 15,5
- Saint-Bris Corps de Garde 2015 — 14,40 (c) € 16
- Saint-Bris Exogyra Virgula 2015 — 11,70 (c) € 15
- Saint-Bris Moury 2015 — 11,70 (c) € 15
- Bourgogne Côtes d'Auxerre Corps de Garde 2015 — 14,40 (c) € 16
- Irancy Les Mazelots 2015 — 19,50 (c) € 16,5

Le coup de ♥
- Bourgogne Côtes d'Auxerre La Ronce 2015 — 22,20 (c) € 16,5

Intensité aromatique et matière charnue, moelleuse et fraîche dans ce très beau pinot raffiné. Son envergure, sa finesse de tanins et son harmonie en font une cuvée à rechercher en priorité !

Rouge : 7,04 hectares.
Pinot noir 100 %
Blanc : 19,58 hectares.
Sauvignon blanc 41 %, Chardonnay 36 %, Aligoté 23 %
Production moyenne : 130 000 bt/an

DOMAINE JEAN-HUGUES ET GUILHEM
GOISOT ☾

30, rue Bienvenu-Martin,
89530 Saint-Bris-le-Vineux

03 86 53 35 15 • www.goisot.com • Vente
et visites : au domaine sur rendez-vous.

Propriétaire : Ghislaine, Jean-Hugues,
Guilhem et Marie Goisot

DOMAINE PATTES LOUP

Thomas Pico, installé à Courgis, travaille depuis 2004 ses vignes, qu'il a immédiatement converties en agriculture biologique. Le domaine s'est progressivement agrandi, et Thomas a désormais également la charge de la propriété familiale (Domaine de Bois d'Yver), dont sont issues ses vignes. Dans son souci de respect des terroirs, il refuse la machine à vendanger, s'impose le travail intégral des parcelles, situées sur la rive gauche du Serein (quatre premiers crus), et limite les rendements, lorsque ce n'est pas la nature qui s'en charge comme en 2016... Vinifications en levures indigènes, construction d'un nouveau chai en 2014 : les vins ont progressé rapidement, et dans les derniers millésimes, brillent d'un éclat singulier. Durement touché par la grêle de septembre 2015, puis les ravages du gel et des intempéries en 2016 et 2017, Thomas Pico a décidé d'allonger les élevages et de constituer un stock. Fort réussie, un blanc d'achat de raisins (en vin de France) voit aussi le jour cette année.

Les vins : à l'exception du Chablis générique, les 2015 sont encore en élevage, et ne seront commercialisés qu'en 2018. Avec un beau volume riche et extrait sec, le Chablis 2015 se montre plein et ample, avec des amers de citron confit. Précis, très soigné, c'est un vin de très bon niveau. Nourri par ses lies, Côtes de Jouan 2015, encore en élevage, offre beaucoup de relief en finale, avec une pointe d'amertume. Sa fraîcheur et sa tension sous-jacente devraient lui assurer une bonne évolution. Vaillons 2015 est un vin souple et rond, à la chair ample et veloutée, dans une expression précoce et tendre, mais très aboutie. Droit, précis et fin, Beauregard 2015 se montre nerveux, avec beaucoup d'éclat et de pureté. Le VDF Thomas Pico Chardonnay, bien dans le style du domaine, a toute sa place parmi la gamme : réalisé à base de raisins récoltés à Limoux, c'est un blanc mûr et frais, tendu, soigné et expressif, qui possède une vraie gourmandise. La précision des petits amers en finale en fait un vin de soif juteux et maîtrisé.

⇨ Chablis 2015	22 €	15,5
⇨ Chablis Premier Cru Beauregard 2015	38 (c) €	16,5
⇨ Chablis Premier Cru Côte de Jouan 2015	30 (c) €	16
⇨ Chablis Premier Cru Vaillons 2015	35 (c) €	16
⇨ Thomas Pico Chardonnay 2016	13 €	15

Le coup de
⇨ Chablis Premier Cru Butteaux 2015	39 (c) €	17

Associant gras et nervosité, Butteaux se présente tout en densité et allonge, avec une maturité éclatante et un volume profond, harmonieux.

Blanc : 15 hectares.
Chardonnay 100 %
Achat de raisins.
Production moyenne : 38 000 bt/an

DOMAINE PATTES LOUP ♣
**2, grande rue Nicolas Droin,
89800 Courgis**
03 86 41 46 38 • www.pattes-loup.com •
Vente et visites : au domaine sur
rendez-vous.
Propriétaire : Thomas Pico

★

DOMAINE JEAN-CLAUDE BESSIN

Le premier millésime en bouteille de Jean-Claude Bessin date de 1992, et ses vins ont depuis beaucoup progressé. Le vignoble a été restructuré, la production s'est affinée. Les vins ont perdu leur caractère austère et ont pris de la densité et de la chair, tout en restant d'une minéralité remarquable. La gamme est courte mais sans faille dès la cuvée de chablis vieilles vignes – un rendez-vous annuel à ne pas manquer. En premier cru, le parcellaire Fourchaume La Pièce au Comte est l'une des meilleures sélections de ce terroir, et se bonifie avec finesse pendant dix ans.

Les vins : soigné, doté d'une belle richesse, le chablis Vieilles Vignes 2015 est déjà fort séduisant avec son fruit juteux et sa sève énergique. Un rien chaleureux en finale, son équilibre est cependant irréprochable. Toujours finement mentholé, Montmains 2015 s'illustre par sa rete-

BOURGOGNE

291

nue, sa pureté de fruit et sa justesse de définition. Il évite tous les écueils du millésime, prolongé par de petits amers acidulés en finale. La Forêt 2015 se présente un rien réduit mais animé par une bonne vivacité. Son équilibre sobre, sa finesse de texture et le grain salivant de sa finale le rendent apte à un bon vieillissement. Parfumé, délicat au nez, le Fourchaume 2015 s'impose en largeur de bouche : charnu, juteux et épicé, il exprime une personnalité solaire mais sans aucun excès. Nous saluons l'intensité et la persistance de sa finale, qui évoque le citron vert dans son extrait sec. Fourchaume La Pièce au Comte est très complexe dans ses notes aromatiques d'algues, de cumin et de safran, offrent beaucoup d'envergure et une définition vigoureuse. Sa pureté de saveurs et son allonge le rapprochent d'un grand cru.

- Chablis Premier Cru Fourchaume 2015 — 22 € — 16
- Chablis Premier Cru La Forêt 2015 — 25 € — 15,5
- Chablis Premier Cru Montmains 2015 — 20 € — 15
- Chablis Vieilles Vignes 2015 — 14,50 € — 14,5
- Chablis Premier Cru Fourchaume La Pièce au Comte 2015 — 27 € — 16,5

Le coup de ♥
- Chablis Grand Cru Valmur 2015 — 32 € — 17

Des notes de zestes d'agrumes dominent encore le nez à ce stade. Une dimension crayeuse transparaît à l'aération, au service d'un volume salin imposant mais nuancé. Apaisé, serein mais solaire, c'est un vin mémorable, appelé à une longue évolution.

Blanc : 12,3 hectares.
Chardonnay 100 %
Production moyenne : 45 000 bt/an

DOMAINE JEAN-CLAUDE BESSIN
18, rue de Chitry, 89800 Chablis
03 86 42 46 77 ● dnejcbessin@gmail.com ●
Vente et visites : au domaine sur rendez-vous.
Propriétaire : Jean-Claude Bessin

DOMAINE BILLAUD-SIMON

Ce domaine familial implanté à Chablis depuis 1815 a changé de main en 2014, passant dans le giron de la Maison Faiveley de Nuits Saint-Georges, qui a ainsi agrandi son déjà riche patrimoine de 20 hectares des plus beaux terroirs chablisiens avec quatre grands crus : Les Clos, Les Preuses, Vaudésir et Les Blanchots ; quatre premiers crus : Montée de Tonnerre, Mont-de-Milieu, Fourchaume et Vaillons, ainsi que des chablis et petits chablis. Les 2014, signés par l'ancienne équipe, nous avaient laissé sur notre faim, la nouvelle équipe en place a signé les 2015, mais semble s'être laissé prendre au piège d'un style pesant, avec des vins trop ternes et dépourvus de fraîcheur. Nous retirons cette année une étoile, et suivrons attentivement l'évolution future.

Les vins : expressif, assez floral, Montée de Tonnerre 2015 se fait compact, assez terne, manquant d'éclat de fruit et de fraîcheur. Généreux et mûr, Vaudésir 2015 déroule une jolie allonge mais son fruit mâché, serré par le soufre, le rend indigne de son rang. Soigné, empreint d'une belle douceur saline, Les Blanchots 2015 est confortablement alangui dans son fruit mûr, hélas dépourvu de fraîcheur et plutôt pâteux en finale. C'est une déception.

- Chablis Grand Cru Les Blanchots 2015 — 80 € — 15,5
- Chablis Grand Cru Vaudésir 2015 — 65 € — 15,5
- Chablis Premier Cru Montée de Tonnerre 2015 — 40 € — 15

Le coup de ♥
- Chablis Premier Cru Mont de Milieu 2015 — 30 € — 15

Assez réservé, ce vin dense et structuré se présente cohérent même s'il manque un peu de fraîcheur. Épaisse, la finale se montre chaleureuse.

Blanc : 17 hectares.
Chardonnay 100 %
Production moyenne : 145 000 bt/an

DOMAINE BILLAUD-SIMON
1, quai de Reugny, 89800 Chablis
03 86 42 10 33 ● www.billaud-simon.com ●
Visites : sur rendez-vous uniquement aux professionnels.
Propriétaire : Famille Faiveley
Directeur : Olivier Bailly

DOMAINE COLINOT

Sur les traces de son noble père, avec lequel l'entente est hélas perfectible, la brillante et dynamique Stéphanie Colinot vinifie le pinot noir comme personne dans l'Yonne ; elle est capable de lui donner une couleur et une intensité de fruit inimitables, ainsi qu'une grande aptitude au vieillissement. Les Mazelots (l'assemblage pinot noir et césar, notamment) donne un vin plus corsé. Côte du Moutier est le plus aromatique, tandis que le Palotte se montre le plus souple et fruité. Le rapport qualité-prix de l'ensemble, tout comme l'accueil au domaine, doivent être soulignés. Cette maison entretient mieux qu'aucune autre la flamme des grands terroirs d'Irancy.

Les vins : structurés, profonds, les 2015 sont ici des vins de garde, qu'il faudra savoir attendre. Beaucoup de fraîcheur et des touches mentholées dans le nez du Vieilles Vignes, doté d'un bon volume, ses tanins abondants et mûrs encadrent un fruit assez tendre, qui évoque la soupe de fraise. Moins expressif au nez, les Boudardes est équilibré mais élancé, assez nerveux et aiguisé dans sa finale salivante et réglissée. On lui laissera le temps de s'harmoniser. Dans ses tonalités de petits fruits rouges, Les Cailles présente un joli croquant mais ses tanins un peu secs et mâchés le compriment en finale. Structurée, assez ferme, la cuvée Soufflot est encore sur la réserve, mais sa profondeur et son allonge sont superbes. Il faudra impérativement l'attendre pour qu'il révèle toute son envergure. Plus précoce dans son attaque déliée, Palotte livre une sève juteuse et des notes un peu fumées dans un fruit à la maturité poussée. Sa richesse se révèle à l'air : un vin consistant, persistant, encore un peu campé sur sa carrure tannique.

▬ Irancy Boudardes 2015	20 €	15,5
▬ Irancy Cuvée Soufflot 2015	21 €	16,5
▬ Irancy Les Cailles 2015	20 €	15
▬ Irancy Palotte 2015	21 €	16
▬ Irancy Vieilles Vignes 2015	20 €	15,5

Le coup de ♥
▬ Irancy Les Mazelots 2015	20 €	17

Des touches d'épices, de graphite et de ronce apportent beaucoup de caractère à ce vin, dont la trame très vigoureuse et robuste laisse transparaître une fraîcheur acidulée enfouie et un fruit intègre et franc. Mûrs, croquants, ses petits tanins l'emmèneront très loin.

Rouge : 13 hectares.
Pinot noir 95 %, César 5 %
Production moyenne : 80 000 bt/an

DOMAINE COLINOT
1, rue des Chariats, 89290 Irancy
03 86 42 33 25 • earlcolinot@orange.fr •
Vente et visites : au domaine sur rendez-vous.
Du lundi au samedi de 9h à 12h et de 14h à 18h. Dimanche de 9h à 12h. Sur rendez-vous auprès de Anita Colinot au 06 87 15 47 29.

Propriétaire : Anita et Jean-Pierre Colinot

ALICE ET OLIVIER DE MOOR

Situé dans le village de Courgis, ce petit domaine de 7,5 ha rayonne sur quatre appellations, bourgognes aligotés provenant de deux secteurs différents compris. Si ce couple de vignerons très attachant plante en 1989 la plupart de ses vignes, le premier vrai millésime date de 1995. Un travail acharné dans lesdites vignes (certifiées bio) et une approche au plus près de l'expression des terroirs se reflètent dans toutes les cuvées, d'une rare transparence de saveurs. Les aligotés libèrent une sapidité précieuse dans des jus dignes de crus. Leur version du sauvignon de Saint-Bris est tout aussi personnelle, incroyablement ancrée dans le terroir. Le domaine s'agrandit en 2017 de 2 ha de Chablis Premier cru, en Mont de Milieu et Vau de Vey.

Les vins : le VDF Sans Bruit, sauvignon de Saint-Bris non présenté à l'appellation et récolté très mûr, a conservé quelques sucres très discrets : il présente un équilibre hors du commun. Baroque, atypique, il est digeste et admirable dans son relief aromatique. L'aligoté 2015 est un vin franc, éclatant et digeste. Le bourgogne Chitry 2015, aux saveurs de fruits jaunes, ample et savoureux, est déjà très épanoui. Le Vendangeur Masqué, mûr et sphérique, manque un peu de profondeur. L'assemblage de différentes parcelles du chablis L'Humeur du Temps inclut cette année Bel-Air, un vin nuancé et équilibré, qui offre une chair moelleuse et naturellement élégante : un chablis très sincère. Le nerveux et vigoureux chablis Clardys exhale des saveurs de fenouil, de cumin et de pomme verte ; il se dote d'une chair dense et ferme. Bon potentiel de garde. Ample et sphérique, un peu jurassien dans ses saveurs (sols de marnes), le dense et profond chablis Coteau de Rosette décline les agrumes et le citron confit en une trame épicée et longue. Minuscule production vendangée mi-octobre, le subtil et scintillant aligoté Vendanges Tardives conserve 8gr de sucres, enfouis dans une matière limpide et étoffée. Il saura vieillir sans peine, à l'image du somptueux 2011.

▭ Aligoté Vendanges Tardives 2015	N.C.	17
▭ Bourgogne Aligoté 2015	18 €	15,5
▭ Bourgogne Chitry 2015	22 €	16
▭ Bourgogne Le Vendangeur Masqué 2015	20 €	15
▭ Chablis Clardys 2015	33 €	16,5
▭ Chablis Coteau de Rosette 2015	40 €	16,5

BOURGOGNE YONNE- CHABLISIEN

⊃ Chablis L'Humeur du Temps 2015	26 €	16
⊃ VDF Sans Bruit 2015	26 €	16,5

Le coup de ♥

⊃ Bourgogne Aligoté Plantation 1902 2015	24 €	16,5

Beaucoup de sève, de relief aromatique, des saveurs de noyau dans ce vin onctueux, épanoui et juteux, dont la gourmandise solaire éclate en une finale ferme et épicée. Un véritable cocktail de fruits prolongé d'une note poivrée et persistante.

Blanc : 9,8 hectares.
Chardonnay 65 %, Aligoté 30 %, Sauvignon blanc 5 %
Achat de raisins.
Production moyenne : 45 000 bt/an

ALICE ET OLIVIER DE MOOR ♣

17, rue Jacques Ferrand, 89800 Courgis
03 86 41 47 94 ● www.aetodemoor.fr ●
Vente et visites : au domaine sur rendez-vous.
Propriétaire : Alice et Olivier De Moor

DOMAINE CORINNE ET JEAN-PIERRE GROSSOT

Le domaine Grossot brille d'abord par la qualité remarquable de ses chablis génériques. Ces derniers sont le plus souvent produits sur la rive droite du Serein, sur des pentes et des terroirs en tout point comparables à ceux d'illustres voisins classés en premier cru. Faute de grands crus, la famille Grossot fait plus que de se consoler avec cinq premiers crus, tous remarquablement typés, et à prix fort raisonnables. Avis aux amateurs de chablis de terroir, ceux appréciant que le grain mûr du chardonnay roule longuement sur la langue, que de beaux amers évoluent vers des notes de craie sèche et fraîche après sept ou huit ans de bouteille, voici une gamme sincère et de bonne constitution.

Les vins : belle qualité du simple chablis 2015, aux saveurs de poire mûre, doté d'un bon relief et d'une finale étoffée. On trouvera du volume et des saveurs un peu iodées dans La Part des Anges, pourvu en 2015 d'un volume juteux adossé à une acidité mûre. Sa finale assez ferme indique qu'il possède de la réserve : on le boira dans les quatre à six ans. Troëmes 2015 exprime les touches de poivre blanc et de pierre ponce au nez : charnue, mûre et alanguie, sa bouche déploie une matière assez nuancée et concentrée. On sera bien avisé de le laisser vieillir, pour que sa densité de texture puisse un peu s'assouplir. Avec ses touches aromatiques de cumin, les Fourneaux s'illustre par la finesse de son grain mais se présente un peu mutique. Son milieu de bouche encore compact s'attendrira avec l'âge. Intensité aromatique et notes crayeuses étoffent le Fourchaume, un peu solaire, mais dont la fraîcheur des amers en finale contribue au bon équilibre. Le caractère plus froid et tardif du cru Vaucoupin sied très bien au millésime 2015, ce qui a permis a ce vin de préserver une salutaire fraîcheur et une finale incisive et hautement salivante.

⊃ Chablis 2015	10,90 €	14
⊃ Chablis La Part des Anges 2015	12,40 €	15,5
⊃ Chablis Premier Cru Fourchaume 2015	17,50 €	16
⊃ Chablis Premier Cru Les Fourneaux 2015	15,80 €	15,5
⊃ Chablis Premier Cru Troëmes 2015	13,60 €	15
⊃ Chablis Premier Cru Vaucoupin 2015	15,80 €	16

Le coup de ♥

⊃ Chablis Premier Cru Mont de Milieu 2015	17,50 €	16

Belle fraîcheur dans les saveurs de végétal noble de ce vin abouti et intense, de grande envergure, qui se distingue par son volume moelleux et une certaine gourmandise. Cette dernière est trompeuse, car il s'agit d'un vin complexe, de grande évolution, qui gagnera grandement au vieillissement.

Blanc : 18 hectares.
Chardonnay 100 %
Production moyenne : 90 000 bt/an

DOMAINE CORINNE ET JEAN-PIERRE GROSSOT

4, Route de Mont-de-Milieu, 89800 Fleys
03 86 42 44 64 ● www.chablis-grossot.com
● **Vente et visites : au domaine sur rendez-vous.**
Propriétaire : Corinne et Jean-Pierre Grossot

DOMAINE ISABELLE ET DENIS POMMIER

Isabelle et Denis Pommier se sont installés dans le village de Poinchy en 1990, avec 2 ha de vignes. Le vignoble en compte aujourd'hui 19. Certains premiers crus subissent une fermentation partielle sous bois, et toutes les vinifications sont effectuées en levures indigènes. L'ensemble de la production affiche une qualité irréprochable, notamment les vins d'entrée de gamme. Certifié en bio depuis 2014, ce domaine n'a jamais autant brillé que dans les derniers millésimes, remarquablement réussis, lui permettant d'accéder cette année à la première étoile.

Les vins : doté d'une précision et d'une finesse de saveurs qui force l'admiration, le petit chablis se hausse sans peine au niveau de qualité de bien des premiers crus : il est à citer en exemple ! Beaucoup d'éclat dans les saveurs de fruits mûrs (pêche jaune, pamplemousse) et de menthe de l'impeccable chablis générique, qui se distingue par sa sincérité et sa justesse de définition, avec une belle qualité d'amers en finale. Longuement élevée en cuves, la sélection parcellaire Les Reinettes affiche une grande douceur de texture : matière juteuse, saveurs de pommes mûres, relief tonique et élancé. Et quelle persistance à ce niveau ! Un souffle floral printanier infuse les saveurs du superbe et nerveux Croix aux Moines, dont la fraîcheur du volume crayeux transfigure la richesse du millésime. Beaucoup d'élégance aromatique dans l'incisif et rassembleur Côte de Léchet, d'une précision redoutable, servi par un élevage des plus adéquats. Il s'appuie sur ces amers nobles d'année chaude, admirablement domptés et intégrés, qui apportent tellement de caractère. En premier cru toujours, Fourchaume affiche un grand raffinement et des arômes purs. Un blanc salin et ciselé : transcendant le caractère du millésime, l'éclat de son fruit brille particulièrement en 2015, porté par une allonge et une acidité revigorantes. Le Bourgogne rouge délicatement épicé, encore très jeune, mérite un peu de temps pour se livrer pleinement, mais son fruit tendre et frais nous séduit.

⇨ Chablis 2015	12,70 €	15,5
⇨ Chablis Croix aux Moines 2015	15,50 €	16
⇨ Chablis Premier Cru Côte de Léchet 2015	19 €	16
⇨ Chablis les Reinettes 2015	N.C.	15,5
⇨ Petit Chablis Hautérivien 2015	10,50 €	15
⇨ Bourgogne Pinot Noir 2015	11 €	15,5
⇨ Chablis Premier Cru Fourchaume 2015	23 €	16,5

Le coup de
⇨ Chablis Premier Cru Troesmes 2015	19 €	16,5

Avec un caractère plus froid et réservé, mais doté d'une grande complexité, Troesmes livre une personnalité singulière, alliance d'un volume caressant et d'une fraîcheur végétale lancinante et lumineuse. Un coup de cœur.

Rouge : 2 hectares.
Pinot noir 100 %
Blanc : 17 hectares.
Chardonnay 100 %
Production moyenne : 130 000 bt/an

DOMAINE ISABELLE ET DENIS POMMIER ♣
31, rue de Poinchy, 89800 Poinchy
03 86 42 83 04 ● www.denis-pommier.com
● Vente et visites : au domaine sur rendez-vous.
Du lundi au vendredi.
Propriétaire : Isabelle et Denis Pommier

DOMAINE LAROCHE

La maison de négoce ainsi que le domaine Laroche appartiennent depuis 2009 au groupe Advini (ex Jeanjean). Grâce à une équipe technique compétente, menée par l'œnologue Grégory Viennois, le style s'est épuré, avec des élevages plus subtils pour des vins qui progressent en pureté d'expression, moins gras et opulents que par le passé. Des raisins justement mûrs sont ici vinifiés en barrique, sans jamais serrer ni maquiller les vins. L'expression des terroirs nous semble avoir progressé, le soufre se montre plus discret, le style précoce ne se fait pas pour autant flatteur : une adresse très en forme, qui a vocation à progresser dans le classement du guide.

Les vins : précision et fraîcheur dans le finement ouvragé Saint-Martin 2016, dont la trame millimétrée et la persistance crayeuse font honneur au domaine. Les Vaudevey 2015 se montre ferme, étoffé, assez puissant dans ce millésime qui gomme un peu sa finesse. Dans un style très maîtrisé, délicatement citronné, Les Beauroys se présente très affable, volubile et aimable, avec une jolie fraîcheur acidulée. Montmains associe des touches florales et de pomme verte, avec une bouche tendue, assez herbacée en finale : à notre sens, les raisins auraient gagné à être récoltés plus mûrs. On lui préfèrera la carrure, les saveurs poivrées et la chair riche du tonique Vaillons. Les Fourchaumes se montre encore un peu comprimé par la mise en bouteille, avec un réduction insistante : l'aération détend son volume charnu mais nerveux, prolongé d'amers énergiques aux saveurs de citron vert. Vin solaire, généreux mais vigoureux, Les Clos mérite un peu d'aération pour se libérer de son confort crémeux et citronné. Sa trame saline enfouie resurgira au vieillissement. Encore sur la réserve, Bouguerots s'illustre par la pureté de ses saveurs salines, tenant un discours très subtil, "mezza voce", mais pénétrant. Sa finale explosive (zestes de citron vert) et sa fraîcheur d'ensemble en font un vin de grand caractère.

- Chablis Grand Cru Les Clos 2015 — 59 € — 16,5
- Chablis Premier Cru Les Beauroys 2015 — 25,50 € — 15,5
- Chablis Premier Cru Les Fourchaumes Vieilles Vignes 2015 — 30 € — 16
- Chablis Premier Cru Les Montmains 2015 — 28,50 € — 14,5
- Chablis Premier Cru Les Vaillons Vieilles Vignes 2015 — 28,50 € — 15,5
- Chablis Premier Cru Les Vaudevey 2015 — 25,50 € — 15,5
- Chablis Saint-Martin 2016 — 18 € — 15,5
- Chablis Grand Cru Les Bouguerots 2015 — 49 € — 17

Le coup de ♥

- Chablis Grand Cru Les Blanchots 2015 — 49 € — 17,5

Beaucoup de fraîcheur aromatique, des notes d'aubépine, de thym et de talc dans ce vin profilé, très intense, porté par une superbe tension. Riche en extrait sec, porté par une allonge vibrante, voici le champion de la cave, promis à un bel avenir.

Blanc : 90 hectares.
Chardonnay 100 %
Production moyenne : 550 000 bt/an

DOMAINE LAROCHE
22, rue Louis-Bro, 89800 Chablis
03 86 42 89 00 ● **www.larochewines.com** ●
Pas de visites.
Propriétaire : AdVini
Directeur : Thierry Bellicaud
Maître de chai : Stéphane Barras
Œnologue : Grégory Viennois

★

DOMAINE CHRISTIAN MOREAU PÈRE ET FILS

Le fils de Christian Moreau, Fabien, jeune œnologue diplômé, a pris les commandes de ce domaine bien implanté en grand cru, notamment sur Les Clos, dont une parcelle isolée pour la cuvée Clos des Hospices. Le vignoble est entretenu avec soin et vendangé manuellement. Les vinifications ont gagné en finesse et en précision. Le bois est utilisé partiellement, jamais à l'excès, ce qui préserve un fruit brillant et un velouté élégant dans le toucher de bouche.

Les vins : franc, intense et large d'épaules, le simple chablis 2015 est sans apprêt, solidement constitué mais d'une précision enviable. Entre la poire et la coriandre, Vaillon délivre des arômes savoureux, soulignés par une matière juteuse et pleine, salivante en finale. Issue des vignes plantées en 1933, la cuvée de Vaillon Guy Moreau offre un supplément de sève et de tonus. Charnue, vigoureuse, elle s'avère cossue mais sans lourdeur, à l'énergie communicative. Vaudésir est un beau vin soigné, au profil solaire assumé. Aucune lourdeur cependant dans sa bouche épicée et ferme, à l'allonge poivrée. Beaucoup de raffinement floral dans l'expression aromatique du Blanchot : élancé, serein, civilisé. C'est un grand blanc épuré. À la jonction des saveurs iodées et végétales, le nez du superbe et revigorant Valmur évoque les algues et le citron vert. On succombera à son élégance et à sa qualité de texture, sans aspérités ni lourdeur. Tout en retenue, aucunement démonstratif, Les Clos offre un profil nuancé, avec sa chair droite aux saveurs pointillistes : un grand vin salin, solaire et majestueux, qui devra impérativement vieillir.

- Chablis 2015 — 15 € — 14,5
- Chablis Grand Cru Blanchot 2015 — 35 € — 16,5
- Chablis Grand Cru Valmur 2015 — 35 € — 16,5
- Chablis Grand Cru Vaudésir 2015 — 35 € — 16,5
- Chablis Premier Cru Vaillon 2015 — 25 € — 15,5
- Chablis Premier Cru Vaillon Guy Moreau 2015 — 29 € — 16
- Chablis Grand Cru Les Clos 2015 — 35 € — 17

Le coup de ♥

- Chablis Grand Cru Les Clos Clos des Hospices 2015 — 40 € — 18

Quelle intensité dans les arômes subtilement épicés de ce vin lumineux ! Émouvant de justesse et de persistance, il rebondit sans cesse sur les papilles en dévoilant de nouvelles facettes, toujours plus complexes. Un véritable tour de force.

Blanc : 11,8 hectares.
Chardonnay 100 %
Production moyenne : 80 000 bt/an

DOMAINE CHRISTIAN MOREAU PÈRE ET FILS ♣

**26, avenue d'Oberwesel, 89800 Chablis
03 86 42 86 34** ●
www.domainechristianmoreau.com ● **Vente et visites :** au domaine sur rendez-vous. De 10h à 12h et de 14h à 16h.
Propriétaire : Fabien Moreau

DOMAINE MOREAU-NAUDET

Le décès brutal de Stéphane Moreau est intervenu fin août 2016. Courageusement, son épouse Virginie a pris sa suite au domaine, et va s'attacher à poursuivre les orientations retenues jusqu'ici. Avec un travail soigné à la vigne, des élevages longs et des filtrations légères, les chablis du domaine s'affirment dans leur caractère, avec profondeur et salinité. Après quelques millésimes assez fortement boisés, le domaine s'est calé sur des élevages longs qui n'alourdissent ni n'aromatisent le chardonnay local, ici récolté juste mûr. Des chablis qui n'impressionnent pas de prime abord, tout en étant parfaitement digestes. Ce domaine de référence possède encore une marge de progression, et nous plaçons nos espoirs dans cet accomplissement.

Les vins : tension saline et fraîcheur traversent ce modèle de petit chablis, à la franchise gourmande. La précision de saveurs et la justesse de définition du chablis 2015 nous enchante, d'autant plus que le fruit reste brillant au sein d'une matière nerveuse, sans aucun excès solaire. Une forte réduction domine à ce stade dans le chablis Caractère, peu aimable et sec en finale. Après un peu d'aération, Forêts décline ses saveurs denses et épicées : sa richesse en extrait sec et sa tonicité sont fort convaincantes : il possède un vrai potentiel de garde. Assis sur un socle de fines saveurs amères empreintes d'agrumes confits, Vaillons 2015 associe habilement charnu et vigueur solaire. Vin déjà épanoui mais doté d'une revigorante énergie, Montmains nous paraît être cette année le plus abouti des premiers crus du domaine. La qualité de ses amers et l'intensité salivante de sa finale dessine les contours d'un grand vin de garde.

⌐ Chablis 2015	17,50 €	15,5
⌐ Chablis Caractère 2015	21,50 €	14,5
⌐ Chablis Premier Cru Forêts 2015	32 €	16
⌐ Chablis Premier Cru Vaillons 2015	32 €	15,5
⌐ Petit Chablis 2015	13,80 €	15
⌐ Chablis Premier Cru Montmains 2015	32 €	16,5

Le coup de ♥
⌐ Chablis Grand Cru Valmur 2015	59 €	17,5

Comme chaque année, ce vin impressionne : la profondeur de sa chair iodée, infusée de zestes de citrons verts, se fait enveloppante et moelleuse. Bâti pour l'avenir, c'est déjà un vin irrésistible.

Blanc : 22,5 hectares.
Chardonnay 100 %

DOMAINE MOREAU-NAUDET

**4, chemin de la Vallée de Valvan, 89800 Chablis
03 86 42 14 83** ●
moreau.naudet@wanadoo.fr ● **Pas de visites.**
Propriétaire : Virginie Moreau

PASCAL BOUCHARD

Pascal Bouchard, propriétaire puis négociant-propriétaire, a largement développé son affaire depuis sa création voici trente ans. Dans leur ensemble, ce sont des chablis mûrs et fruités, assez précoces, accessibles jeunes. En 2015, l'activité de négoce a été vendue au groupe Albert Bichot (Domaine Long-Depaquit). La famille devrait se concentrer uniquement sur ses vignes propres. Les 2015 ont été vinifiés par la nouvelle équipe.

Les vins : dans l'ensemble, la gamme s'avère décevante ; nous attendons mieux. Le crémant est un vin simple, large et acidulé, manquant de tension et de profondeur. Très variétal, le saint-bris est dominé par les arômes de thiol. Bourgogne-chardonnay, petit-chablis et chablis Vieilles Vignes sont simples, tendres mais soignés. Un peu réduit, le chablis Le Classique manque de pureté de fruit et se montre assez confectionné, dans un style commercial. Simple et amylique, Montmains n'est pas au niveau de ce qu'on doit attendre d'un premier cru. Fouchaume possède plus de personnalité mais sa maturité est un peu juste, ce qui simplifie son propos. Il ne manque toutefois pas de précision ni d'allonge. Assez subtil avec ses notes de pomme verte et d'herbes aromatiques, Vaudésir a préservé une certaine fraîcheur dans la matière ample et ferme de son milieu de bouche. Matière large et saveurs simples dans les Clos, un peu monolithique, dont le caractère assez herbacé et creux nous déçoit.

- Bourgogne Chardonnay Vin Bio 2015 — 11,30 € — 13
- Chablis Grand Cru Les Clos Les Vieilles Vignes 2015 — 36,90 € — 14,5
- Chablis Grand Cru Vaudésirs Les Vieilles Vignes 2015 — 35,50 € — 15
- Chablis Le Classique 2015 — 13 € — 13
- Chablis Les Vieilles Vignes 2015 — 13,70 € — 13,5
- Chablis Premier Cru Fourchaume Les Vieilles Vignes 2015 — 22 € — 14,5
- Chablis Premier Cru Montmains Les Vieilles Vignes 2015 — 21,40 € — 14
- Crémant de Bourgogne — 11,60 € — 13
- Petit Chablis Blancs Cailloux 2015 — 12,80 € — 13
- Saint-Bris 2015 — 11 € — 12,5
- Bourgogne Pinot Noir 2014 — 10,80 € — 13,5

Le coup de ♥
- Irancy 2015 — 11,80 € — 15,5

Mûr mais doté d'une belle vivacité, ce 2015 est équilibré, juteux, assez digeste, et doté d'un caractère avenant et précis : une belle réussite.

Rouge : Pinot noir 100 %
Blanc : Chardonnay 100 %
Production moyenne : 200 000 bt/an

PASCAL BOUCHARD ♣
3, rue du Pressoir, 89800 Chablis
03 86 42 18 64 ●
info@pascalbouchard.com ● Pas de visites.
Propriétaire : Alberic Bichot
Directeur : Fanny Lemettais

DOMAINE JEAN-MARC BROCARD

À force de persévérance et de travail, Jean-Marc Brocard et son fils Julien prouvent à ceux qui en douteraient que quantité et qualité sont parfaitement compatibles, à condition de s'en donner les moyens. Sur un vaste domaine viticole, l'équipe réussit à produire régulièrement une large gamme de blancs de l'Yonne. Les génériques sont toujours purs, et les climats dans un style plus profond conservent une identité tranchante, sans l'habillage du bois. Les étiquettes imprimées d'une petite coccinelle distinguent les crus travaillés en agriculture biologique. À noter qu'en 2015, Jean-Marc Brocard a fait don d'une vigne de premier cru en Côte de Léchet aux Hospices Civils de Beaune. C'est le premier vignoble de Chablis à rejoindre le célèbre vignoble caritatif. Nous ne comprenons pas pourquoi, alors que la gamme est vaste et complète, le domaine ne nous a fait parvenir que trois vins, dont aucun grand cru : nous sommes amenés à retirer l'étoile, à regret.

Les vins : précis, soigné, doté d'un bon volume, le chablis 2016 est une entrée de gamme assez nuancée et sans défaut. Mûr et floral, volumineux mais précis, Vau de Vey décline une chair savoureuse, assez pure et longiligne, dotée de saveurs d'agrumes assez nerveuses en finale. Expressif, assez riche et solidement constitué, Fourchaume se distingue par la profondeur de ses saveurs et sa persistance saline. Bien équilibré, c'est un excellent chablis d'accès précoce et consensuel.

- Chablis 2016 — 11,50 € — 14
- Chablis Premier Cru Vau de Vey 2015 — 22,50 € — 15,5

Le coup de ♥
- Chablis Premier Cru Fourchaume 2015 — 22,50 € — 16

Expressif, assez riche et solidement constitué, il se distingue par la profondeur de ses saveurs et sa persistance saline. Bien équilibré, c'est un excellent chablis d'accès précoce et consensuel.

Rouge : 5 hectares.
Pinot noir 100 %
Blanc : 139 hectares.
Chardonnay 100 %
Production moyenne : 900 000 bt/an

DOMAINE JEAN-MARC BROCARD ♣
3, route de Chablis, 89800 Prehy
03 86 41 49 00 ● www.brocard.fr ● Vente et visites : au domaine sur rendez-vous.
Du lundi au samedi de 9 h à 12 h et de 14 h à 19 h.
Propriétaire : Jean-Marc Brocard

CHÂTEAU DE BÉRU

Après une vie parisienne dans la finance, Athénaïs de Béru reprend en 2006 les 15 ha de vignes de la propriété familiale, qu'elle convertit rapidement en bio, puis dès 2010 en biodynamie. Énergique, déterminée, elle revient aux travaux des sols, vendange exclusivement à la main, élève longuement (deux hivers) en foudre, barrique et amphore. Les vins des derniers millésimes se distinguent par un éclat et une vigueur de constitution hors du commun, qui tranchent singulièrement avec la routine chablisienne. Les habitués des vins de l'Yonne dilués et végétaux seront déconcertés par cette exigence de maturité et d'intégrité du fruit, qu'on retrouve dans les rouges et les blancs (chablis et sauvignon) du domaine. Une petite activité de négoce sous la marque Athenaïs vient compléter la gamme.

Les vins : le chablis 2016, seul rescapé d'un millésime dévastateur, s'en sort haut la main, citronné et salin, incisif, prolongé de notes florales. Parmi les 2015, Côte aux Prêtres est tonique, vif et droit, ayant gardé fraîcheur et vivacité en finale. Léger boisé mentholé dans l'Orangerie, dont le tonus laisse la place à une large trame calcaire et à une finale tout en finesse. Le premier cru Mont de Milieu Athénaïs, structuré autour d'une robuste sève minérale, s'avère bâti pour la garde. Béru Monopole, fin et juteux, se montre complet, énergique, et doté d'une superbe densité de chair. Très aromatique, le saint-bris frais et pur offre un relief salivant apporté par une légère macération, qui dompte le caractère variétal du sauvignon. En rouge, le concentré et épicé Irancy Athénaïs, au jus riche et dense, offre une superbe maturité de fruits. Robuste et frais, le Côtes d'Auxerre Athénaïs au bel éclat de fruit évoque le noyau et la cerise.

▷ Chablis 2016	20 €	15,5
▷ Chablis Clos Béru Monopole 2015	50 €	16,5
▷ Chablis Côte aux Prêtres 2015	28 €	16
▷ Chablis Orangerie 2015	32 €	16
▷ Chablis Premier Cru Mont de Milieu Athénaïs 2015	40 €	16
▷ Chablis Premier Cru Montmains Athénaïs 2015	40 €	15
▷ Saint-Bris Mont'Embrasé Athénaïs 2015	20 €	16
▶ Bourgogne Côtes d'Auxerre Athénaïs 2015	20 €	15,5
▶ Irancy Athénaïs 2015	25 €	15,5

Le coup de ♥

▷ Chablis Premier Cru Vaucoupin 2015	48 €	16,5

Beaucoup d'élégance et de délicatesse dans ce vin élancé, particulièrement dans le contexte du millésime. Avec ses notes florales et chlorophylliennes, il se déploie tout en finesse et persistance.

Blanc : 15 hectares.
Chardonnay 100 %
Production moyenne : 65 000 bt/an

CHÂTEAU DE BÉRU ☾
32, grande Rue, 89700 Béru
03 86 75 90 43 ● www.chateaudeberu.com
● Vente et visites : au domaine sur rendez-vous.
Propriétaire : Athénaïs de Béru

LA CHABLISIENNE

Le plus important producteur de Chablis, La Chablisienne, fait partie des meilleures coopératives de France, aussi adroite au niveau commercial qu'en matière d'œnologie. Parmi les innombrables cuvées produites, il faut savoir faire le tri, mais tous les vins profitent aujourd'hui d'une parfaite maîtrise technique dans les pressurages et les élevages sur lies. Les grandes spécialités sont le chablis Vieilles Vignes, d'une grande régularité, et les premiers crus en bouteilles lourdes, qui rivalisent avec les meilleures productions de caves particulières. Et enfin, le célèbre grand cru Château Grenouilles, que l'on boit toujours trop jeune. Les entrées de gamme restent sans reproche mais possèdent peu de relief.

Les vins : les entrées de gamme (petit chablis, La Sereine et La Pierrelée) sont un peu justes en maturité de fruit et restent compacts, asséchés par le SO_2. Les Vénérables 2014 se distingue par son fruit expressif et vif, sa trame déliée et franche, et un caractère qui s'affranchit de l'élevage. Une fois de plus, Mont de Milieu est notre cuvée favorite dans la gamme des premiers crus du domaine : salin, mûr et plein, ce vin nerveux se montre complet, policé et dense. Assez charnu, frais et poivré, Vaulorent ne manque pas de caractère. Légèrement sec en finale, il lui manque un peu de persistance. Plein et juteux, doté d'une belle carrure et ampleur, Fourchaume affiche son caractère précoce et relativement tendre. Équilibré, c'est un des meilleurs premiers crus. Nuancé, se présentant avec une texture douce et presque suave en attaque, Montée de Tonnerre se montre profilé, ferme et élancé, un peu raide encore. Le grand cru Les Preuses, assez floral, doté d'une large assise, possède de la profondeur et de la persistance. Charnu, étoffé, vigoureux, il regorge de promesses pour l'amateur patient.

▷ Chablis La Pierrelée 2014	13,20 €	13,5
▷ Chablis La Sereine 2014	13,20 €	13,5
▷ Chablis Les Vénérables 2014	15,60 €	15
▷ Chablis Premier Cru Côte de Léchet 2014	17,80 €	14,5
▷ Chablis Premier Cru Fourchaume 2015	21,20 €	15

BOURGOGNE YONNE - CHABLISIEN

- Chablis Premier Cru Mont de Milieu 2014 — 22,80 € — 15,5
- Chablis Premier Cru Montée de Tonnerre 2014 — 22,80 € — 15
- Chablis Premier Cru Vaillons 2014 — 17,80 € — 13,5
- Chablis Premier Cru Vaulorent 2014 — 21,20 € — 15
- Petit Chablis Pas Si Petit 2016 — 10,80 € — 13
- Chablis Grand Cru Les Preuses 2014 — 37,30 € — 16

Le coup de ♥
- Chablis Grand Cru Château Grenouilles 2014 — 50,30 € — 17

Caractère réducteur et notes de menthe poivrée dans ce vin de grande envergure, dont la puissance et la vigueur irradient jusqu'en finale. Serré, il exhibe aujourd'hui sa trame musculeuse mais s'affinera dans quelques années.

Blanc : 1 125 hectares.
Chardonnay 100 %

LA CHABLISIENNE ♣

8, boulevard Pasteur, 89800 Chablis
03 86 42 89 89 ● www.chablisienne.com ●
Pas de visites.
Directeur : Damien Leclerc
Maître de chai : Cyril Gros
Œnologue : Vincent Bartement

DOMAINE BERNARD DEFAIX

Sylvain et Didier Defaix tiennent la barre du domaine familial de Milly, dont le vignoble est implanté sur la rive gauche du Serein. Leurs premiers crus, un peu moins connus que ceux de la rive droite, réservent de belles surprises dans les années chaudes – particulièrement sur le terroir de la Côte de Léchet. Grâce à des vinifications habiles et à des élevages sur lies en cuve, les vins gagnent en gras, et se protègent contre l'oxydation. Les cuvées issues du négoce (premier cru Fourchaume et grands crus), plus communes, portent simplement la mention Bernard Defaix. Les entrées de gamme sont d'un remarquable rapport qualité-prix.

Les vins : assez peu expressive, la cuvée vieille vigne ne manque pas de gras ni de fruit mûr. Avec ses notes mûres et citronnées, Les Lys est précoce et gourmand. Alangui, un rien opulent, Vaillons a conservé une jolie fraîcheur et d'agréables amers en finale. Doté d'un volume enviable, Côte de Léchet se montre mûr et énergique. Beaucoup de volume et d'intensité saline dans le Bougros qui ne se livre que partiellement : son boisé joufflu devra se fondre pour qu'il puisse pleinement s'exprimer. La richesse du millésime pare de touches légèrement exotiques (vanille, banane plantin) les arômes du dense et généreux grand cru Vaudésir. Son allonge caressante le rend déjà très accessible, mais sa vraie complexité ne viendra qu'au vieillissement.

- Chablis Grand Cru Bougros 2015 — 43,50 € — 15,5
- Chablis Premier Cru Côte de Léchet 2015 — 23 € — 15,5
- Chablis Premier Cru Les Lys 2015 — 23 € — 15
- Chablis Premier Cru Les Vaillons 2015 — 23 € — 15
- Chablis Vieille Vigne 2015 — 15,50 € — 15
- Chablis Grand Cru Vaudésir 2015 — 43,50 € — 16,5

Le coup de ♥
- Chablis Premier Cru Côte de Léchet Réserve 2015 — 25 € — 16

Un rien chaleureuse, cette sélection parcellaire de vignes âgées de 60 ans offre une réelle finesse et beaucoup de complexité, avec une acidité tonique et une allonge parsemée de fins amers. Il domine assurément la gamme des premiers crus.

Blanc : 27 hectares.
Chardonnay 100 %
Production moyenne : 250 000 bt/an

DOMAINE BERNARD DEFAIX
Milly - 17, rue du Château, 89800 Chablis
03 86 42 40 75 ● www.bernard-defaix.com
● **Vente et visites :** au domaine sur rendez-vous.
Propriétaire : Sylvain et Didier Defaix

DOMAINE D'ELISE

Installé depuis plus de vingt ans sur les hauteurs de Milly, face à Chablis, Frédéric Prain a su créer un style personnel de chablis élégants, digestes, à contre-courant des chardonnays démonstratifs. Une école oubliée par trop de domaines. Ce néo-vigneron sensible a clairement gagné aujourd'hui son statut de référence à Chablis. Sur un domaine d'un seul tenant, sa production de chablis et de petit chablis, ainsi qu'un peu de premier cru en Côte de Léchet, est régulière et hors du commun. Le vignoble est progressivement replanté en clones moins productifs.

Les vins : dans l'ensemble, les 2015 sont précoces et assez simples. Ample et délié, assez salivant, le chablis s'affirme par son envergure et sa générosité de saveurs. Ce n'est pas un modèle de finesse et il manque un peu de tonus. Expressif, le nez du chablis Galilée évoque la pomme Golden et les fleurs blanches. Joufflue, confortable, la bouche se donne avec facilité mais manque de structure et de profondeur. Un élevage un peu opulent habille le gourmand Côte de Léchet, immédiat et très tendre. On aimerait un peu plus de fraîcheur et de finesse dans ce vin flatteur.

- Chablis 2015 — 12 € 14,5
- Chablis Galilée 2015 — 15 € 15
- Chablis Premier Cru Côte de Léchet 2015 — 18 € 15

Le coup de ♥
- Petit Chablis 2015 — 9 € 14,5

Charnu, bien mûr, il possède plus de volume que d'habitude, avec une carrure appuyée sur de bons amers en finale.

Blanc : 13,5 hectares.
Chardonnay 100 %
Production moyenne : 80 000 bt/an

DOMAINE D'ELISE
Chemin de la Garenne, Carrefour Poinchy, 89800 Milly
03 86 42 40 82 ●
frederic.prain@wanadoo.fr ● **Vente et visites : au domaine sur rendez-vous.**
Propriétaire : Frédéric Prain

DOMAINE GARNIER ET FILS

Installé à Ligny-le-Chatel, terre de chablis et petit chablis, le domaine est tenu par deux frères passionnés, Xavier et Jérôme Garnier. La gamme couvre toutes les géologies et toutes les appellations de Chablis, et compte même un rouge d'Épineuil (les pinots noirs sont achetés par le domaine). Les grands et premiers crus proviennent d'achat de raisin. Vinifiés en levures indigènes, les vins bénéficient d'élevages soignés en cuve ou en fût, et ne subissent pas de filtration avant la mise en bouteille. Une production cohérente de chablis d'un style généreux.

Les vins : le bourgogne-épineuil se pare de saveurs de fruits rouges écrasés et de grenade, avec un grain acidulé et frais qui roule sur la langue. Avec ses tanins friands et son équilibre, il ralliera tous les suffrages. Petit chablis et chablis sont précoces et assez simples, et Grains Dorés associe volume et trame saline, avec un caractère sapide et franc : sa pureté de saveurs lui offre un vrai cachet. Parmi les premiers crus, notre préférence va au Montmains, tendre et ample, débordant de fruits jaunes, et dont la tension de sa finale vient rappeler toute le pedigree. Encore sur la réserve, le bien mûr Fourchaume est joufflu et salivant, volubile mais sérieux. Parmi les grands crus, saluons l'intensité et la finesse du Vaudésir, pénétrant et marqué par des notes de chlorophylle. On sera facilement séduit par sa trame svelte, ses saveurs caressantes, et son caractère avenant.

- Chablis 2015 — 18 (c) € 14
- Chablis Grains Dorés 2014 — 23 (c) € 16
- Chablis Premier Cru Beauroy 2015 — 25 (c) € 15
- Chablis Premier Cru Côte de Jouan 2015 — 27 (c) € 15,5
- Chablis Premier Cru Fourchaume 2015 — 30 (c) € 15,5
- Chablis Premier Cru Mont de Milieu 2015 — 28 (c) € 15,5
- Chablis Premier Cru Montmains 2015 — 28 (c) € 16
- Petit Chablis 2015 — 15 (c) € 13
- Bourgogne Epineuil 2015 — 16 (c) € 15,5

Le coup de ♥
- Chablis Grand Cru Les Clos 2014 — 55 (c) € 17

Matière ample et crayeuse, avec une carrure en avant et beaucoup de densité de texture dans Les Clos. Profond, précis et énergique, il a toutes les qualités requises et méritera d'être attendu au moins cinq ans.

- Chablis Grand Cru Vaudésir 2014 — 53 (c) € 16,5

Belle intensité et finesse dans le nez, pénétrant et marqué par des notes de chlorophylle. On sera facilement séduit par sa trame svelte, ses saveurs caressantes, et son caractère avenant. Harmonieux, persistant, il saura aussi très bien évoluer.

Rouge : Pinot noir 100 %
Achat de raisins.
Blanc : 24 hectares.
Chardonnay 100 %
Achat de raisins.
Production moyenne : 180 000 bt/an

DOMAINE GARNIER ET FILS
Chemin de Méré, 89144 Ligny-le-Châtel
03 86 47 42 12 ● www.chablis-garnier.com
● **Pas de visites.**
Propriétaire : Xavier et Jérôme Garnier

LE DOMAINE D'HENRI

Michel Laroche a créé une des plus grandes marques de Chablis sous son nom dans les années 90 – groupe cédé en 2010 à Advini –, et fait à nouveau l'actualité sur les rives du Serein : il continue de travailler et épaule ses filles dans la relance d'un domaine familial bâti à partir des vignes de son père, Henri, préservées lors de la vente de son groupe. L'aînée, Cécile, supervise la vigne et Margaux, la cadette, fait ses armes au commerce, toute deux accompagnées par l'œnologue et responsable viticole Thibaud Baudin. Le premier millésime est 2012 en Chablis et premier cru Fourchaume. Un chai moderne a été bâti à l'entrée de Chablis pour vinifier (à terme une vingtaine d'hectares) des vins toujours lisses, purs, finement grillés. Point fort actuel, une parcelle de 2 ha de Fourchaume avec des vignes dont les plus vieilles ont 80 ans, destinée à la cuvée Héritage, d'une rare densité.

Les vins : le chablis Les Allées du Domaine 2015 est un vin solide et bien fourni, mûr et généreux dans sa mâche citronnée et ses amers charnus. Expressif et ample, le chablis Saint-Pierre dévoile des saveurs nuancées et sapides, avec une finale saline mais un rien chaleureuse. Campé sur ses amers vigoureux, Troesmes ne manque pas de caractère. Sa matière ferme, encore austère, se détendra dans quatre à cinq ans. Fourchaume se montre soigné, énergique mais assez massif. Intense, un peu épais, il joue des muscles et de son opulence plus que de sa finesse. Avec un boisé plus marqué, Fourchaume Héritage se présente compact, serré dans sa matière opulente, un peu mate. On fera le pari de l'attendre pour qu'il dévoile l'étendue de ses nuances.

⌐ Chablis Les Allées du Domaine 2015	14,75 €	14,5
⌐ Chablis Premier Cru Fourchaume 2015	27,50 €	15
⌐ Chablis Premier Cru Troesmes 2015	24 €	15,5
⌐ Chablis Saint Pierre 2015	17,50 €	15
⌐ Chablis Premier Cru Fourchaume Héritage 2015	45 €	15,5

Le coup de ♥

⌐ Chablis Premier Cru Fourchaume L'Homme Mort Vieilles Vignes 2015	33 €	16

Des notes de citron confit et d'ananas distinguent la sélection parcellaire L'Homme Mort, qui pousse les curseurs avec beaucoup de puissance, de densité et de persistance. Racinaire, saline, la finale est brillante.

Blanc : 19,5 hectares.

Chardonnay 100 %
Production moyenne : 110 000 bt/an

LE DOMAINE D'HENRI
Route d'Auxerre, 89800 Chablis
03 86 40 65 17 ● www.ledomainedhenri.fr
● **Vente et visites** : au domaine sur rendez-vous.
De 10h à 12h et de 14h à 18h.
Propriétaire : Michel Laroche et ses enfants
Directeur : Michel Laroche
Maître de chai : Thibaud Baudin

DOMAINE LONG-DEPAQUIT

Maison beaunoise bien connue, Albert Bichot est propriétaire à Chablis du domaine Long-Depaquit, établi sur une prestigieuse palette de crus, dont le grand cru La Moutonne en monopole, bénéficiant de l'exposition la plus solaire de l'appellation. Les vins expriment souvent une rondeur et une générosité qui les rendent accessibles jeunes. Excepté pour les meilleurs grands crus, la gamme déçoit, car le profil très formaté des cuvées nous semble négliger l'expression des terroirs et dénote une viticulture trop peu attentive. Nous retirons donc cette année son étoile au domaine.

Les vins : simple, un peu réduit, le chablis 2015 est sec, sans vice ni vertu. En premier cru, Les Beugnons se montre étriqué, trop serrée par le SO_2. Nerveux et concentré, Les Vaillons répond bien aux attentes, mais nous aurions préféré un peu plus de maturité des raisins. Les Lys est figé par une protection sulfitique qui nous semble exagérée. Seul Les Vaucoupins nous convainc, servi par son profil plus tardif, qui s'exprime à ce stade avec plus de justesse et de franchise. En grands crus, Les Bougros se montre équilibré, avec une persistance saline et ferme, mais on aimerait plus d'éclat et d'intensité de saveurs. Marqué par la réduction, Les Vaudésirs s'avère charnu et assez tendre, mais trop durci par le SO_2, avec une finale pâteuse. Citronné en attaque, Les Blanchots se déploie avec aisance dans un éventail de saveurs mûres : bien réussi, il tient son rang. Enfin, Les Clos, introverti, a besoin de temps pour se mettre en place, mais sa densité de sève et son caractère serré sont de bon augure.

⌐ Chablis 2015	18,90 €	13
⌐ Chablis Grand Cru Les Blanchots 2015	47,90 €	16
⌐ Chablis Grand Cru Les Bougros 2015	45,40 €	15,5

⊃ Chablis Grand Cru Les Clos 2015	52,90 €	16
⊃ Chablis Grand Cru Les Vaudésirs 2015	52,90 €	15
⊃ Chablis Premier Cru Les Beugnons 2015	27,80 €	14
⊃ Chablis Premier Cru Les Lys 2015	28,20 €	14
⊃ Chablis Premier Cru Les Vaillons 2015	27,80 €	14,5
⊃ Chablis Premier Cru Les Vaucoupins 2015	30 €	15,5

Le coup de ♥

⊃ Chablis Grand Cru La Moutonne 2015	98 €	17

La pierre ponce, la craie fraîche et les épices se conjuguent dans ce vin tout en muscle, destiné aux amateurs patients capables de l'oublier en cave. Lorsque l'élevage sera intégré, ce sera un grand blanc solaire, opulent mais énergique, aux dimensions superlatives.

Blanc : 65 hectares.
Chardonnay 100 %
Production moyenne : 480 000 bt/an

DOMAINE LONG-DEPAQUIT
45, rue Auxerroise, 89800 Chablis
03 86 42 11 13 • www.albert-bichot.com •
Vente et visites : au domaine sur
rendez-vous.
Du lundi au samedi de 9h à 12h30 et de
14h à 18h. Fermé les samedis de
novembre à mars inclus.
Propriétaire : Albéric Bichot
Directeur : Matthieu Mangenot

DOMAINE LOUIS MICHEL ET FILS

Géré par Jean-Loup et Guillaume Michel, ce domaine fondé en 1850 s'est toujours fait le chantre des chablis premiers crus très purs et très nets, sans utilisation du bois. Discrets dans leur jeunesse, ces chardonnays sont bâtis pour évoluer de dix à vingt ans en bouteille. Le domaine développe un style de chardonnay de prime abord assez direct dans l'expression du fruit, mais avec des finales en retenue, voir très jugulées. En premier cru, nos favoris sont le Butteaux Vieilles Vignes et le Vaulorent, qui associent la puissance et la tension assurant la profondeur du vin.

Les vins : le simple chablis est généreux dans ses saveurs de poire mais manque un peu de tonus et d'éclat. Parmi les premiers crus, Montmain se montre chaleureux et un peu terne, et Montée de Tonnerre déçoit. Assez intense, charnu, Vaillons joue les séducteurs et se montre très tendre. Séchets 2015 se présente plus tendu, mais ample et empreint de saveurs poivrées et de jolis amers. Assez beurré, Butteaux ne manque ni de relief ni de nerf en finale, avec un profil plus cossu. Sa consistante version Vieilles Vignes présente davantage d'intensité saline, d'allonge et un profil bien élancé. Forêts évoque le sureau, et sa trame très droite et saline tranche aisément dans sa chair riche. Volume et allonge citronnée relèvent la bouche presque opulente du puissant Vaulorent, qui manque toutefois un peu de finesse. Profond, délié, Vaudésir offre une belle intensité de saveurs et une matière très profilée, mûre mais fraîche. Assez serré, très intense, Les Clos se structure autour d'une colonne vertébrale compacte, dotée d'amers et d'une générosité solaire, qu'on laissera s'assagir tranquillement.

⊃ Chablis 2015	15 €	14
⊃ Chablis Grand Cru Les Clos 2015	55 €	16,5
⊃ Chablis Grand Cru Vaudésir 2015	45 €	16
⊃ Chablis Premier Cru Butteaux 2015	22 €	15,5
⊃ Chablis Premier Cru Butteaux Vieilles Vignes 2015	26 €	16
⊃ Chablis Premier Cru Forêts 2015	24 €	15,5
⊃ Chablis Premier Cru Montmain 2015	21 €	14,5
⊃ Chablis Premier Cru Montée de Tonnerre 2015	28 €	14
⊃ Chablis Premier Cru Séchets 2015	22 €	16
⊃ Chablis Premier Cru Vaillons 2015	21 €	15
⊃ Chablis Premier Cru Vaulorent 2015	28 €	15,5

Le coup de ♥

⊃ Chablis Grand Cru Grenouilles 2015	55 €	16,5

Beaucoup d'intensité aromatique, de tension et une saine énergie infusent ce Grenouilles aux multiples facettes. Encore un peu austère, il se déploie en fraîcheur et termine sur la quinine.

Blanc : 25 hectares.
Chardonnay 100 %
Production moyenne : 140 000 bt/an

DOMAINE LOUIS MICHEL ET FILS
9, boulevard de Ferrières, 89800 Chablis
03 86 42 88 55 •
www.louismicheletfils.com • Vente et
visites : au domaine sur rendez-vous.

BOURGOGNE YONNE- CHABLISIEN

En semaine de 9h à 12h et de 13h30 à 17h.
Propriétaire : Famille Michel
Directeur : Guillaume Michel

Pinot noir 100 %
Blanc : 9,52 hectares.
Chardonnay 100 %
Production moyenne : 80 000 bt/an

DOMAINE OLIVIER MORIN

Le petit vignoble de Chitry joue une musique à part dans le concert icaunais. Olivier Morin est actuellement le plus régulier des producteurs de sa petite appellation plantée de chardonnay et de pinot noir. Il soigne ses vignes, évite les herbicides, surveille ses rendements et cueille ses raisins à la main. Il donne de la noblesse à de modestes bourgognes, avec une réussite plus évidente en blanc. Il est vrai que les pinots noirs de bonne maturité ne sont pas légion dans le secteur. Saluons d'autant plus le gourmand bourgogne-chitry Vau du Puits.

DOMAINE OLIVIER MORIN
2, chemin de Vaudu, 89530 Chitry
03 86 41 47 20 • www.olivier-morin.fr •
Vente et visites : au domaine sur rendez-vous.
Propriétaire : Olivier Morin

Les vins : la griotte et la framboise sont au rendez-vous dans le revigorant et pur rouge Vau du Puits, doté d'une superbe tension et d'une finale tendue mais croquante. Voilà un vin intègre, gourmand et vif, auquel il sera difficile de résister ! Très nerveux, Vau du Puits blanc est harmonieux, juste ; un vin assez profond, déjà salivant, précis et persistant, aux dimensions salines, avec un élevage en filigrane. Des notes cendrées agrémentent le nez du dynamique rouge Constance, digeste et frais, dont la maturité est fort bien gérée, jusque dans sa finale aiguisée. En version blanc, le vin est mûr et large d'épaules, généreux mais resté assez frais. On boira ce beau blanc sans trop tarder. Plus ferme et tonique, la cuvée Olympe se montre très convaincante. Prolongée de bons amers et de saveurs épicées, la bouche décline des saveurs de fruits mûrs et juteux.

⌐ Bourgogne Chitry Constance 2015	7,50 €	14,5
⌐ Bourgogne Chitry Olympe 2015	11 €	15,5
■ Bourgogne Chitry Constance 2015	7,50 €	15
■ Bourgogne Chitry Vau du Puits 2015	11 €	15,5
⌐ Bourgogne Chitry Vau du Puits 2014	18 (c) €	16

Le coup de ♥
■ Irancy 2015	13 €	16,5

Délicatement fumé, le nez est un ravissement. Quelle justesse de saveurs dans sa chair bouquetée, encadrée de tanins poudrés, dont la persistance est impressionnante ! Un irancy majeur, profond et svelte, déjà parfaitement harmonieux.

Rouge : 3,75 hectares.

NOUVEAU DOMAINE

DOMAINE OUDIN

Avec une dizaine d'hectares, ce domaine familial possède une vingtaine de parcelles sur la commune de Chichée, un secteur froid, très calcaire et cailloutteux. Diplômée d'œnologie, Nathalie Oudin reprend la suite de ses parents en 2007, secondée depuis 2013 par sa jeune sœur Isabelle. Le travail est sérieux à la vigne, bannissant les désherbants – seul un traitement chimique contre le mildiou est parfois utilisé (ce ne fut pas le cas en 2015). À la cave, les levures indigènes sont de rigueur, et les vins élevés exclusivement en cuves inox. La gamme est cohérente et fiable, avec la cuvée Les Serres (qui assemble les meilleures parcelles, issues de vignes souvent âgées), et deux premiers crus, Vaucoupins et le rare Vaugiraut (qui peut aussi prendre le nom de Vosgros). Nous accueillons avec plaisir ce domaine dans notre guide cette année.

Les vins : assez riche et ferme dans son volume expressif, le simple chablis 2015 a conservé de la tension et des notes épicées et salines en finale. Passé la légère réduction, le précis Les Serres 2014 déploie des saveurs franches et nuancées, avec du tonus et de l'élan. Très belle finale sur des notes de citron vert. Encore en élevage, Les Serres 2015 présente une matière ferme, presque tannique avec sa richesse en extrait sec. Il évoque le poivre et la pierre chaude, enrichi des notes grillées de son élevage sur lies. À revoir en bouteilles. Avec son volume calcaire et caressant, Vaugiraut 2015 est un vin charnu et svelte, assez solide avec sa mâche et sa jolie profondeur. Passé quelques notes racinaires, la finale se fait pure et fraîche.

⌐ Chablis 2015	11,20 €	14,5
⌐ Chablis Les Serres 2014	12,50 €	16
⌐ Chablis Les Serres 2015	12,50 €	15

⤑ Chablis Premier Cru
Vaugiraut 2015 — 16,50 € — 15,5

Le coup de

⤑ Chablis Premier Cru
Vaucoupin 2015 — 17,50 € — 16

Introduit par de la fleur d'oranger au nez et une note de végétal mûr d'une belle fraîcheur, Vaucoupin se montre droit et élancé, assez fin, et monte en puissance en finale. Réservé, élégant, intense : c'est un vin très réussi.

Blanc : 10 hectares.
Chardonnay 100 %
Production moyenne : 50 000 bt/an

DOMAINE OUDIN
5, rue du Pont, 89800 Chichée
06 42 40 71 90 ●
domaine.oudin@wanadoo.fr ● **Vente et visites :** au domaine sur rendez-vous.
Propriétaire : Nathalie et Isabelle Oudin
Maître de chai : Nathalie Oudin

CÔTE DE NUITS

★★★

DOMAINE JACK CONFURON-COTETIDOT

Le domaine est l'un des rares, avec le domaine Leroy, à pratiquer la vinification des raisins par grappe entière, quel que soit le millésime. Les vins se reconnaissent au premier nez par ce supplément de parfum apporté par la rafle et cette fraîcheur utile. Le domaine a toujours opté pour des vendanges tardives. Mais Jean-Pierre, l'aîné, et Yves, le cadet, tous deux œnologues, n'ont plus cette approche systématique qu'avaient leurs parents, toujours présents dans les vignes à leurs côtés. Aujourd'hui, c'est la dégustation des raisins au moment des vendanges, parcelle après parcelle, qui dicte à Yves et à Jean-Pierre le rythme des vendanges. Sur les derniers millésimes, les vins ont gagné en précision. Le domaine produit des vins baroques, des vins de texture portés par des maturités élevées mais peut-être moins excessives que par le passé, renforçant leur équilibre. Quel que soit le terroir, on retrouve une unité de style et une qualité d'une grande homogénéité. Fougueux dans leur jeunesse, ils prennent avec l'âge une complexité magnifique.

Les vins : gourmand et charnu, l'aligoté est un modèle de fruit pur et mûr, d'une excellente fraîcheur. Dense, le chardonnay évoluera bien sur quelques années. Des notes de poire fraîche et un volume nerveux font du meursault Clos du Cromin une bouteille de garde. Le simple chambolle au grand volume moelleux est construit autour d'une sève réglissée et finement végétale. Fraîcheur et maturité de fruit s'allient avec bonheur dans le nuits Vignes Rondes, solidement constitué, qui s'appuie sur des tanins épicés et croquants. Velouté et voluptueux, le vosne Les Suchots déborde de relief et de profondeur, avec des tanins sphériques et fermes : il est construit pour une longue évolution. Les accents finement kirschés du somptueux charmes-chambertin signent la maturité élevée du millésime. Sa carrure imposante demandera du temps pour se civiliser. Une matière intègre et robuste corsète le très vigoureux echézeaux, à la maturité juste et généreusement réglissée. Ce vin racé offre une grande consistance et plénitude, mais demeure très immature dans sa texture particulièrement ferme. Le gevrey 1996 offre des notes de fraises, d'épices douces

BOURGOGNE CÔTE DE NUITS

et d'orange sanguine. Délié, aiguisé par une acidité sapide, le fruit n'a rien perdu de sa fraîcheur et son éclat s'est noblement patiné.

⊂ Bourgogne Aligoté 2015	7 €	14,5
⊂ Bourgogne Chardonnay 2015	N.C.	14,5
⊂ Meursault Clos du Cromin 2015	N.C.	16
■ Chambolle-Musigny 2015	N.C.	15,5
■ Charmes-Chambertin Grand Cru 2015	95 €	18
■ Echezeaux Grand Cru 2015	N.C.	18
■ Gevrey-Chambertin 1996	30 €	17
■ Nuits-Saint-Georges Premier Cru Les Vignes Rondes 2015	60 €	17
■ Vosne-Romanée Premier Cru Les Suchots 2015	N.C.	17

Le coup de ♥

■ Gevrey-Chambertin Premier Cru Craipillot 2015	50 €	17,5

Avec un superbe fruit juteux et finement compoté, le gevrey Craipillot s'appuie sur une mâche savoureuse et fraîche apportée par la vendange entière. Sa persistance et son énergie sont remarquables.

Rouge : 10,7 hectares.
Pinot noir 100 %
Blanc : 0,7 hectare.
Production moyenne : 35 000 bt/an

DOMAINE JACK CONFURON-COTETIDOT
10, rue de la Fontaine,
21700 Vosne-Romanée
03 80 61 03 39 ● Visites : Pas de visites.
Propriétaire : Jack Confuron-Cotetidot

★★★

DOMAINES DAVID DUBAND - FRANÇOIS FEUILLET

Depuis 1991, date à laquelle il a repris le domaine familial, David Duband a parcouru bien du chemin. Il a débuté, comme les vignerons de sa génération, en produisant des vins denses et concentrés, souvent marqués par des notes boisées dominant le fruit. Petit à petit, il s'est éloigné de ce style pour aller vers la finesse. À partir du millésime 2008, s'amorce un virage avec l'arrivée de vinifications en raisins non égrappés. Aujourd'hui, ses cuvées précises et gracieuses s'inscrivent au sommet de la production de la Côte-d'Or. Elles répondent à ce que nous attendons de grands vins de Bourgogne : équilibrés, intenses mais harmonieux, lumineux et raffinés, avec un potentiel de garde construit sur l'élégance et pas seulement sur la puissance. Propriétaire de très beaux terroirs en Côte de Nuits, l'homme d'affaires François Feuillet (dont les vins sont aussi sous son nom) a misé juste en confiant ses vignes à David Duband.

Les vins : Louis Auguste, étoffé et souple, doté d'une excellente maturité fraîche dans l'expression de son fruit, finement épicé, brille par son équilibre. Beaucoup de douceur et une chair lissée par l'élevage, dans le très précis gevrey-chambertin, aux arômes de cerise. Très charmeur, le nuits-saint-georges offre un fruit juteux et franc, relevé de petits amers et d'une fraîcheur d'agrumes. Un peu confite, la maturité du morey Clos Sorbé le rend un peu lourd. Jus floral, épicé et moelleux : Les Procès est déjà très en place. Mûr et tonique, Les Pruliers présente un profil énergique et corsé, avec des saveurs de réglisse et de fève de cacao. Civilisé sans gommer le caractère sauvage du cru, c'est un vin de haute volée. À Chambolle, Les Sentiers ne manque pas de vigueur mais un peu d'éclat et de tonus, et le boisé reste assez prégnant. Délicatement parfumé, le latricières plonge dans la roche pour alimenter son volume salin en saveurs terriennes et forestières, avec de la ronce et de la mûre sauvage. Dommage que l'empreinte du bois soit aussi présente à ce stade, avec une finale toastée trop appuyée. L'échezeaux embaume l'orange sanguine et les fruits exotiques. Ferme mais ciselée, sa bouche recèle des nuances de végétal noble et une touche délicate de cacao en finale. Saluons l'intensité du clos-de-la-roche, aux notes de prune et de grenade. La fraîcheur infuse la chair de ce vin caressant mais très profond, dont la finale fait la queue de paon. Indéniable noblesse aromatique, entre les fleurs séchées, l'écorce d'agrumes et la rose poivrée dans le brillant chambertin, à l'élevage très soigné. L'allonge est magistrale dans ce vin qu'on devine de très longue évolution.

■ Bourgogne Hautes-Côtes de Nuits Louis Auguste 2015	25 (c) €	14,5
■ Chambertin Grand Cru 2015	300 (c) €	19
■ Chambolle-Musigny Premier Cru Les Sentiers 2015	110 (c) €	16
■ Clos de la Roche Grand Cru 2015	190 (c) €	18,5
■ Echezeaux Grand Cru 2015	190 (c) €	18
■ Gevrey-Chambertin 2015	55 (c) €	15,5
■ Latricières-Chambertin Grand Cru 2015	280 (c) €	17
■ Morey-Saint-Denis Premier Cru Clos Sorbé 2015	70 (c) €	15,5
■ Nuits-Saint-Georges 2015	50 (c) €	15,5

- Nuits-Saint-Georges Premier Cru Les Procès 2015 — 70 (c) € — 16,5
- Nuits-Saint-Georges Premier Cru Les Pruliers 2015 — 70 (c) € — 17

Le coup de ♥
- Charmes-Chambertin Grand Cru 2015 — 240 (c) € — 19

Quel éclat et profondeur aromatique dans ce très sensuel charmes-chambertin, dont les tanins poudrés et soyeux encadrent une chair à l'envergure florale et aérienne ! Épuré, essentiel, c'est simplement un très grand vin.

Rouge : 16 hectares.
Pinot noir 100 %
Blanc : 1 hectare.
Chardonnay 100 %
Production moyenne : 110 000 bt/an

DOMAINES DAVID DUBAND - FRANÇOIS FEUILLET ♣

12, rue du Lavoir, 21220 Chevannes
03 80 61 41 16 ●
www.domaine-duband.com ● **Vente et visites : au domaine sur rendez-vous.**
Propriétaire : David Duband et François Feuillet
Directeur : David Duband

DOMAINE BERNARD DUGAT-PY

Bernard Dugat-Py travaille en famille, en étroite complicité avec sa femme et son fils, Loïc, formé par son père. La transition est menée en toute complicité. Les vins gardent leur puissance et leur élégance, mais ont gagné en délicatesse. Ils sont au sommet de la production des vins de Côte d'Or. Le vignoble est conduit comme un jardin, avec un rare savoir-faire, une attention aux moindres détails. Issus de vieilles vignes de sélection massale, les raisins acquièrent ici une saveur unique, conférant aux vins une densité singulière. Vinifiés sans aucun artifice, avec une proportion importante de vendange entière, ils sont colorés, puissants, avec une forte empreinte du terroir, et ne se révèlent qu'après un vieillissement de plusieurs années. Le domaine est certifié en bio à partir de 2015.

Les vins : légèrement fumé dans l'expression de son fruit mûr, le gevrey Coeur de Roy enchante par le moelleux et la profondeur de sa chair burinée. Parfumé, juteux, il est immédiatement séducteur. Avec une matière florale, déliée, finement épicée et dont le fruit rappelle la myrtille, Les Evocelles se livre avec une certaine tendresse. Épicé et profond, Fonteny exhale un souffle réglissé et frais, qui polit son superbe fruit dense, à la maturité assagie. Admirable volume poudré et allonge florale dans le Champeaux, dont les saveurs d'écorces et d'agrumes en finale apportent du tonus après un milieu de bouche un peu alangui. Volume équivalent dans le floral Lavaux Saint-Jacques, dont le fruit juteux mais très mûr rebondit grâce à une acidité revigorante. On succombera aisément à la volupté du Petite-Chapelle, sensuel et intensément parfumé, qui s'appuie sur sa large carrure minérale pour supporter le volume de sa chair lancinante. Sa finale est somptueuse. Le nez du charmes-chambertin s'illustre par l'intensité et la profusion des notes épicées, et se prolonge par une chair très étoffée. Puissant mais velouté, très dense mais harmonieux, c'est un vin majestueux et fédérateur. Des nuances de moka, de cuir et de terre fraîche viennent relever l'aromatique du mazoyères. Infusé de saveurs d'agrumes, vigoureux et très persistant, son élan le portera très loin, sans lourdeur, parsemé de tanins croquants. Tout en puissance contenue, le chambertin se déploie avec lenteur. L'aération exhale de sublimes arômes de terre fraîche et de poivre noir, et ses saveurs serrées s'attendrissent pour révéler sa majesté d'expression.

- Chambertin Grand Cru 2014 — N.C. — 19,5
- Charmes-Chambertin Grand Cru 2015 — N.C. — 18,5
- Gevrey-Chambertin Coeur de Roy 2015 — N.C. — 15,5
- Gevrey-Chambertin Les Evocelles 2015 — N.C. — 16
- Gevrey-Chambertin Premier Cru Champeaux 2015 — N.C. — 16,5
- Gevrey-Chambertin Premier Cru Fonteny 2015 — N.C. — 17
- Gevrey-Chambertin Premier Cru Lavaux Saint-Jacques 2015 — N.C. — 17
- Gevrey-Chambertin Premier Cru Petite-Chapelle 2015 — N.C. — 17,5
- Mazoyères-Chambertin Grand Cru 2015 — N.C. — 18,5

Le coup de ♥
- Mazis-Chambertin Grand Cru 2015 — N.C. — 19

Plus réservé au départ, le mazis gagne à l'aération avec un supplément de fraîcheur épicée, et des amers nobles qui apportent un relief captivant. Tout en sève et en intensité pénétrante, cette grande matière vigoureuse,

BOURGOGNE CÔTE DE NUITS

très mûre mais racée, se présente déjà sous un jour glorieux, d'une extraordinaire puissance contenue.

Rouge : 9,5 hectares.
Pinot noir 100 %
Blanc : 1 hectare.
Chardonnay 100 %
Production moyenne : 35 000 bt/an

DOMAINE BERNARD DUGAT-PY ♣
Rue de Planteligone, BP 31,
21220 Gevrey-Chambertin
03 80 51 82 46 ● www.dugat-py.fr ● Pas de visites.
Propriétaire : Loïc Dugat

★★★
DOMAINE DES LAMBRAYS

Racheté par le groupe LVMH en avril 2014, le Clos des Lambrays continue de produire des vins exceptionnels. D'ici peu nous connaîtrons le successeur de Thierry Brouin, qui assurera la transition après son départ imminent. Sans être revendiquée, la viticulture est ici foncièrement bio, avec une grande partie du vignoble travaillée au cheval. Les jeunes vignes ainsi que les cuvées les moins réussies sont systématiquement déclassées en Morey-Saint-Denis premier cru (cuvée Les Loups). Le domaine est partisan d'une récolte précoce, mais avec un tri sévère ; la vinification s'effectue en général en vendange entière. Il possède également deux belles parcelles à Puligny, l'une sur le Cailleret, l'autre sur Les Folatières, qui gagnent en pureté à chaque millésime.

Les vins : le grand cru est un vin classique et très régulier, qui vieillit à la perfection.

Le coup de ♥
▬ Clos des Lambrays Grand Cru Clos des Lambrays 2015   190 € 19,5

Avec son élégance innée et sa fraîcheur, le nez du 2015 annonce un grand séducteur, sûr de lui et de son pedigree. L'apport de la vendange entière est déterminant dans un millésime comme 2015 : elle dote le vin d'une sève imposante mais respecte la pureté du fruit, déliant la texture tout en préservant l'harmonie et la finesse attendue. Avec ses tanins poudrés mais abondants, ce grand vin ira très loin au vieillissement.

Rouge : 10,3 hectares.
Pinot noir 100 %
Blanc : 0,66 hectare.
Chardonnay 100 %
Production moyenne : 45 000 bt/an

DOMAINE DES LAMBRAYS
31, rue Basse, 21220 Morey-Saint-Denis
03 80 51 84 33 ● www.lambrays.com ●
Vente et visites : au domaine sur rendez-vous.
Propriétaire : LVMH
Directeur : Thierry Brouin (gérant)

★★★
DOMAINE LEROY

Les vins produits par Lalou Bize-Leroy continuent d'enthousiasmer. Cette dégustatrice hors-pair possède l'une des visions les plus personnelles de toute la Bourgogne. La conduite de ses vignes en biodynamie ne souffre, à ses yeux, d'aucun compromis, quoi qu'il lui en coûte. Qu'importe si la nature lui fait parfois payer cher ses choix, comme en 1993, millésime marqué par une météo désastreuse : cette grande dame ne change rien au cap fixé. À cela s'ajoute une expérience unique de la vinification, là encore dans le respect de principes stricts, comme le non-égrappage des raisins. Tout cela a permis à Lalou Bize-Leroy, qui possède de surcroît une collection unique de grands terroirs, de produire quelques-uns des plus grands vins au monde. Les rendements infimes donnent ici des raisins d'une concentration de parfums et de saveurs sans égal.

Les vins : la série époustouflante des 2015 témoigne une nouvelle fois de l'incroyable niveau de soins et d'intuition requis pour engendrer de tels vins. Vigoureux, énergique avec son acidité importante, le pommard Les Vignots ouvre le bal, brillant et charnu, solide, à la finale salivante. Les vignes des Allots et des Lavières sont assemblées cette année : le nuits-villages se montre soyeux et frais, complet, à la finale veloutée. Floral (roses fraîches), le vosne Genaivrières déploie un soyeux finement épicé, presque cristallin dans sa pureté. Reglissé et frais, bouqueté, l'admirable chambolle Les Fremières développe une chair au velouté profond, tout en nuances, empreint d'un exquis raffinement. Exceptionnel volnay Santenots aux senteurs de cerise noire et de menthe, à la construction onctueuse et charnue, éclatant de saveurs et de maturité fraîche. Profond et épicé, le nuits les Boudots est un vin complet, serein et harmonieux, dans lequel la délicatesse des tanins ciselés intègre une matière à l'immense vitalité, jusque dans sa finale explosive. Dans un tourbillon d'arômes et de saveurs d'une fraîcheur exceptionnelle, le chambolle Charmes est un vin éclatant, flamboyant. Si son fond reste ferme, il est enrobé d'une moelleux irrésistible et sa texture reste très délicate. Désarmant de pureté et de transparence de saveurs, la romanée-saint-vivant captera tous les sens avec sa noblesse d'expression. Très épicé et intense dans son aromatique, le clos-de-vougeot brille de mille facettes dans la vitalité éclatante de ses saveurs. Un rien sévère dans sa jeunesse, c'est un vin exigeant et cérébral, solaire et harmonieux. La trame tannique imposante du musigny forme une architecture parfaite, tant ce vin céleste se révèle harmonieux dans toutes ses composantes. Il réconcilie le spirituel et le charnel et apporte ce sentiment précieux de croquer dans du raisin frais : mémorable. La menthe, la terre, le chocolat sont perceptibles mais n'entachent en rien la pureté d'anthologie du fruit du chambertin qui captive par ses nuances et sa persistance. Avec sa fraîcheur, son caractère revigorant mais réservé, c'est une beauté solaire.

- Chambertin Grand Cru 2015 — N.C. 20
- Chambolle-Musigny Les Fremières 2015 — N.C. 18
- Chambolle-Musigny Premier Cru Les Charmes 2015 — N.C. 19
- Clos de Vougeot Grand Cru 2015 — N.C. 19,5
- Musigny Grand Cru 2015 — N.C. 20
- Nuits-Saint-Georges 2015 — N.C. 17
- Nuits-Saint-Georges Premier Cru Les Boudots 2015 — N.C. 18,5
- Pommard Les Vignots 2015 — N.C. 17
- Romanée Saint-Vivant Grand Cru 2015 — N.C. 20
- Volnay Premier Cru Santenots 2015 — N.C. 18,5
- Vosne-Romanée Les Genaivrières 2015 — N.C. 17,5

Le coup de ♥
- Latricières-Chambertin Grand Cru 2015 — N.C. 20

Une vraie promenade en forêt : des ronces, des fraises des bois, un soupçon de pomme de pin et d'agrumes. Avec son admirable précision, son profil millimétré et pénétrant, ce vin est un sommet d'intensité et de de race.

Rouge : 18,13 hectares.
Pinot noir 100 %
Blanc : 3,86 hectares.
Aligoté 71 %, Chardonnay 29 %
Production moyenne : 40 000 bt/an

DOMAINE LEROY ☾
**15, rue de la Fontaine,
21700 Vosne-Romanée**
03 80 21 21 10 • www.domaineleroy.com •
**Visites : sur rendez-vous uniquement aux professionnels.
Propriétaire : Lalou Bize-Leroy**

★★★
DOMAINE JACQUES-FRÉDÉRIC MUGNIER

Le domaine a radicalement changé d'allure en 2004, passant de 4 à 14 ha avec la réintégration du Clos de la Maréchale à Nuits-Saint-Georges, qui était en fermage depuis 53 ans, sur lequel une production confidentielle de blanc a vu le jour. Ce monopole complète les autres vignes situées sur les meilleurs terroirs de Chambolle-Musigny : Musigny, en plein centre du Grand-Musigny, Bonnes-Mares, Les Amoureuses, Les Fuées. Frédéric Mugnier privilégie avant tout la finesse pour exprimer le terroir sans aucune fioriture, avec une constance digne d'éloges et une précision qui l'a logiquement installé en deux décennies parmi les producteurs majeurs de la Bourgogne. Jusqu'à nouvel ordre, le Musigny n'est plus commercialisé, conservé en vieillissement en bouteille dans les caves du domaine, jusqu'à ce que ce dernier considère qu'il ait atteint une évolution suffisante pour mériter sa mise sur le marché. Nous saluons cette décision qui illustre à nos yeux l'exigence de qualité que s'est fixée le vigneron et propriétaire du domaine.

Les vins : dès le simple chambolle, le cachet inimitable des vins du domaine transparaît : fraîcheur délicate d'un fruit aux notes de framboise, texture élancée et svelte, allonge finement ciselée.

- Chambolle-Musigny 2014 — N.C. 16

Le coup de ♥
- Nuits-Saint-Georges Premier Cru Clos de la Maréchale 2014 — N.C. 17

Un surcroît de maturité du fruit, finement compoté, apporte une dimension plus charnue et immédiate, presque moelleuse, dans la matière inspirée du nuits-saint-georges. Encore un peu réservé avec ses tanins épicés et toniques, il mérite une bonne aération préalable.

Rouge : 13 hectares.
Pinot noir 100 %
Blanc : 1 hectare.
Chardonnay 100 %
Production moyenne : 60 000 bt/an

BOURGOGNE CÔTE DE NUITS

DOMAINE JACQUES-FRÉDÉRIC MUGNIER
Château de Chambolle-Musigny,
21220 Chambolle-Musigny
03 80 62 85 39 • www.mugnier.fr • Pas de visites.
Propriétaire : Jocelyne et Frédéric Mugnier

★★★

DOMAINE PONSOT

Le domaine Ponsot est un ardent défenseur des vins élevés dans de vieilles barriques, tout autant que des raisins vendangés à haute maturité. Ici, peu ou pas de soufre, des élevages longs et un total respect de l'identité des sols. Par cette recherche de maturité, les vins se montrent charnels, d'une grande pureté, même s'ils peuvent flirter avec une pointe d'acidité volatile – compensant ainsi la maturité généreuse du raisin. Ils apportent une vision singulière au génie des terroirs et à la notion de grand vin de Bourgogne. Le domaine possède peu de villages et de premiers crus mais pas moins de onze grands crus.

Les vins : le domaine ne nous ayant pas fait parvenir ses vins cette année, nous sommes amenés à reconduire les notes et les commentaires de notre édition précédente. Les différents vins dégustés venaient tout juste d'être mis en bouteille, d'où la perception d'un fruit pas toujours dans son meilleur profil pour les rouges, qui mériteront probablement dans l'avenir une notation un peu plus élevée. À l'inverse, les blancs sont étonnants de précision, à l'image de ce très beau morey-saint-denis Mont Luisant, qui, rappelons-le, est l'expression même de son appellation à travers le cépage aligoté : belle vivacité de bouche et agréables notes d'agrumes. Le corton-charlemagne est droit, avec une belle ampleur de bouche. On explore les amers qui se traduisent par cette agréable note de pamplemousse jaune. Un vin tout en tension mais sans verdeur. En rouge, le morey-saint-denis premier cru, Les Alouettes, offre un fruit immédiat (cerise acidulée) et pur ; mais sa structure est un peu en avant dans ce vin droit, avec juste ce qu'il faut de charme. Le corton Bourdon à ce même air de famille, dans l'expression d'un fruit exempt de bois neuf. La mise en bouteille récente l'a rendu un peu simple. Mais la bouche, à l'inverse, s'impose par son volume, son onctuosité et ses tanins mûrs et fins. Une même signature aromatique pour le griotte-chambertin au jus éclatant en bouche, avec une belle matière soyeuse et dense. Le chapelle-chambertin s'exprime davantage sur le fruit noir. Il mêle virilité et élégance, offre beaucoup de fond dans cette matière dense et sérieuse, comme si l'empreinte du terroir s'exprimait avec force. Le clos-de-la-roche dégage un parfum plus sanguin, puis évolue vers le floral et le fruit. L'attaque de bouche sensuelle contraste avec une chair dense et solide en bouche.

▱ Morey-Saint-Denis Premier Cru Clos des Monts Luisants 2014   98 (c) €   16
▰ Chapelle-Chambertin 2014   295 (c) €   18
▰ Clos de la Roche Cuvée Vieilles Vignes 2014   667 (c) €   18,5
▰ Corton Grand Cru Cuvée du Bourdon 2014   177 (c) €   17
▰ Griotte-Chambertin 2014   295 (c) €   17,5
▰ Morey-Saint-Denis Premier Cru Cuvée des Alouettes 2014   106 (c) €   16
▱ Corton-Charlemagne Grand Cru 2014   244 (c) €   18,5

Rouge : 10 hectares.
Pinot noir 100 %
Blanc : 1 hectare.
Aligoté 100 %
Production moyenne : 50 000 bt/an

DOMAINE PONSOT
21, rue de la Montagne,
21220 Morey-Saint-Denis
03 80 34 32 46 •
www.domaine-ponsot.com • Pas de visites.
Propriétaire : Laurent Ponsot

★★★

DOMAINE DE LA ROMANÉE-CONTI

Le domaine est au cœur de ce qui fait le mythe de la Bourgogne. Peu d'étiquettes suscitent une telle admiration et une telle passion (hors de toute raison, diront certains). Bien sûr, les bouteilles sont rares et terriblement chères, mais la magie qui s'en dégage, à condition de donner aux vins le temps de prendre forme en bouteille, ne peut laisser personne indifférent. Les vignes atteignent désormais un âge moyen très élevé. Leur culture, largement inspirée par la biodynamie, permet à chaque terroir d'exprimer à travers les raisins ses particularismes avec une force insurpassable. Les vinifications sont d'une simplicité quasi biblique : le raisin est peu ou pas du tout égrappé, les températures ne sont jamais manipulées pour obtenir davantage de couleur ou des arômes plus marqués ; l'élevage s'effectue en bois neuf et le logement, en première année, dans l'admirable cave des anciens moines de Saint-Vivant, permet de gagner en fraîcheur aromatique. L'échezeaux et le grands-échezeaux jouent sur la finesse et la délicatesse des textures. La romanée-saint-vivant, issu d'une sélection impitoyable des meilleures parcelles, a considérablement progressé et atteint une sublime élégance. Le richebourg, après un petit passage à vide entre 1985 et 1996, a retrouvé toute son ampleur. Toujours fidèle à lui-même, la tâche donne le vin le plus complet de la Bourgogne, tandis que la romanée-conti a complètement retrouvé les secrets de son bouquet unique au monde, et la plénitude si divinement légère de son corps. Le montrachet, vendangé à moins haute maturité que par le passé, naît avec une grande intensité de saveurs, et prend, après huit à dix ans de vieillissement, un équilibre réellement sublime qui rend, en comparaison, tous les autres vins de l'appellation bien pâles.

Les vins : très aromatique dans une tonalité forestière, le corton se déploie avec une certaine grâce, de la sève et de la tension. Tonique, épicé, il s'affirme à l'aération et possède des réserves. Expressif dans ses senteurs d'épices et de terre fraîche, l'échezeaux se montre vif, caressant et tonique. Il donne beaucoup de plaisir immédiat avec ses saveurs d'agrumes et d'orange sanguine. Plus austère, marqué par un soupçon de réduction, le grands-échezeaux est un coureur de fond ciselé et ferme : épuré, tendu et élancé, c'est une beauté profonde et froide, à la maturité très fine, qui livre en finale des notes de cuir fin, de cacao et d'écorce. Vigoureux, le richebourg exprime des touches sauvages de ronces et d'aubépine et une maturité de fruit optimale. Énergique mais contenant sa force, il offre une expression ouverte, très civilisée, accompagnée d'une nuance de truffe et de champignon frais. Avec sa vigueur tellurique et sa trame tannique imposante, La Tâche rebondit sur la langue et ses saveurs kaléidoscopiques composent une étoffe serrée, dans un univers de sous-bois discret, de réglisse et de menthe. Sa mâche et sa puissance contenues emplissent la bouche avec noblesse. Avec des tanins d'une finesse inouïe, la romanée-conti se montre gracile, tout en pureté et délicatesse, avec une transparence de saveurs inoubliable. Toutes ses composantes sont en résonance, et sa fraîcheur se prolonge avec une persistance interminable. Une fraîcheur mentholée imprègne le Montrachet, très profond et persistant, assez extraverti et doté de grandes réserves acides enfouies. Il lui faudra du temps pour que tout se mette en place.

▱ Montrachet Grand Cru 2014   N.C. 18,5

▰ Corton Grand Cru 2014   N.C. 17,5
▰ Echezeaux Grand Cru 2014   N.C. 17,5
▰ Grands-Echezeaux Grand Cru 2014   N.C. 18,5
▰ La Tâche Grand Cru 2014   N.C. 19,5
▰ Richebourg Grand Cru 2014   N.C. 19
▰ Romanée-Conti Grand Cru 2014   N.C. 20

Le coup de ♥
▰ Romanée Saint-Vivant Grand Cru 2014   N.C. 19

Véritable dentelle de fruit floral, la romanée-saint-vivant se montre sans fard : jus frais et raffiné, très serein, parsemé de tanins poudrés. Sa finale est somptueuse, avec un relief tout en douceur.

Rouge : 24 hectares.
Pinot noir 100 %
Blanc : 0,85 hectare.
Chardonnay 100 %
Production moyenne : 80 000 bt/an

DOMAINE DE LA ROMANÉE-CONTI
**1, rue Derrière-le-Four,
21700 Vosne-Romanée
03 80 62 48 80** ● **Pas de visites.**
Propriétaire : Lalou Bize-Leroy, Aubert de Villaine et Henry-Frédéric Roch.

★★★
DOMAINE GEORGES ROUMIER

Christophe Roumier s'impose au sommet de la Côte de Nuits par des vins d'un équilibre magistral. Tantôt fins tantôt puissants, ils ne se révèlent qu'après quelques années de vieillissement. Le domaine possède un important patrimoine de vieilles vignes et quelques terroirs magnifiques en Bonnes-Mares, Musigny, ou sur le cru Les Amoureuses, en Chambolle-Musigny. Le Clos de la Bussière, acquis en 1953 et replanté dans les années 80, constitue, sur les derniers millésimes, une très bonne introduction aux vins du domaine. Peu de producteurs signent des vins d'une telle grâce, quel que soit le millésime, et les 2015, inoubliables, feront date et prouvent que le domaine n'a jamais atteint un meilleur niveau qu'aujourd'hui.

Les vins : des saveurs de fraise et de fruits mûrs parsèment la matière très charnue, ample et gourmande du chambolle-musigny. Étoffé, nerveux et éclatant, il possède une réelle fraîcheur. Très épicé et marqué par les fruits noirs, le morey Clos de la Bussière se présente frais et

BOURGOGNE CÔTE DE NUITS

assez précoce, mais toujours ferme, tendu et vigoureux dans son caractère, avec les saveurs nobles d'une expression végétale et mûre. Gracile et énergique, le chambolle Combottes combine le floral et l'épicé, avec de la cerise burlat et une finale poivrée : un vin tonique, pulpeux et énergique. Le chambolle Les Cras offre une matière svelte et athlétique, très profonde. Pur, lumineux, doté d'une mâche magnifique, ce vin très complexe se fait mentholé à l'aération. Des épices, mais aussi de l'églantine et de la fraise des bois emplissent le charmes-chambertin, vin nuancé, frais et sans aspérités qui se déploie par vagues aromatiques successives, jusque dans sa finale poudrée. Convaincant, droit et minéral, le ruchottes-chambertin se fait plus subtil et secret, avec une structure tannique millimétrée et ferme en finale et des arômes très purs de groseilles et framboises. Vin ferme, imposant et élancé, le voluptueux bonnes-mares possède un coffre et une envergure exceptionnelle. Admirable, sa qualité de tanins respecte toutes les saveurs de rose poivrée et d'épices nobles. Majestueux et calme, le musigny est un vin zen qui offre une précision de laser et une masse tannique tout en filigrane. Sa fraîcheur mémorable et ses dimensions superlatives en font un vin sublime. Très riche en extrait sec, presque tannique en 2015, le corton-charlemagne offre une densité de texture peu commune, avec de bons amers en finale et des saveurs de citron confit.

- Corton-Charlemagne Grand Cru 2015 — N.C. 18
- Bonnes-Mares Grand Cru 2015 — N.C. 19
- Chambolle-Musigny 2015 — N.C. 16
- Chambolle-Musigny Premier Cru Les Cras 2015 — N.C. 18
- Chambolle-Musigny premier cru Combottes 2015 — N.C. 17
- Charmes-Chambertin 2015 — N.C. 18,5
- Morey-Saint-Denis Premier Cru Clos de La Bussière 2015 — N.C. 17
- Musigny Grand Cru 2015 — N.C. 20
- Ruchottes-Chambertin Grand Cru 2015 — N.C. 18,5

Le coup de ♥

- Chambolle-Musigny Premier Cru Les Amoureuses 2015 — N.C. 19,5

Le cassis et la rose poivrée s'intègrent en douceur dans l'étoffe soyeuse de ce vin de texture noble et gainé, dont la profondeur et l'élégance sereine forment un véritable velours liquide. Magique !

Rouge : 11,67 hectares.

Pinot noir 100 %
Blanc : 0,2 hectare.
Chardonnay 100 %
Production moyenne : 40 000 bt/an

DOMAINE GEORGES ROUMIER
Rue de Vergy, 21220 Chambolle-Musigny
03 80 62 86 37 • www.roumier.com •
Vente et visites : au domaine sur rendez-vous.
Propriétaire : Christophe Roumier

DOMAINE ARMAND ROUSSEAU

Ce domaine est un des fleurons de la viticulture bourguignonne, précurseur dès les années 1920 des mises en bouteilles à la propriété. Après une période, dans les années 80-90, où le style des vins pouvait sembler léger et manquer de densité par rapport aux exigences d'extraction et de concentration qui prévalaient à l'époque, les bouteilles du domaine sont devenus aujourd'hui des objets de culte et l'incarnation d'un nouveau classicisme. Les vins ont pourtant conservé leurs fondamentaux, même si Éric Rousseau les a fait progresser par petites touches et a trouvé ses marques avec un subtil mélange d'élégance, de noblesse, de densité, mais aussi de soyeux et de notes tendrement épicées qui rendent les vins du domaine reconnaissables entre tous. La régularité de la qualité, bien servie par un patrimoine de vignes exceptionnel, compte tenu de la disparité des cuvées et des millésimes, est proprement époustouflante.

Les vins : le gevrey-chambertin offre un jus assez fin mais un rien sec, qui manque d'un soupçon de fraîcheur. Ferme et épicé, Les Cazetiers se montre dense, un peu compact, bien mûr et riche. Belle fraîcheur et douceur de texture dans le Lavaux Saint-Jacques, aux tanins fins et à l'allonge épicée. Le boisé est assez présent mais va se fondre. Le charmes-chambertin est un vin viril, campé sur ses tanins et drapé dans un boisé un peu sec. Très mûr et poivré, avec sa structure en relief, un rien un peu austère, un rien raide mais racé. Avec son nez d'épices et de cuir fin, le mazis-chambertin présente des tanins fermes, un rien secs dans leur texture. Vigoureux, ce vin se présente assez fermé. Des notes florales, du lilas et un léger fumé composent l'expression aromatique pure et intense du clos-de-la-roche. Fermeté, éclat, droiture, nervosité en finale constituent ce vin très réussi. Le nez du gevrey-chambertin Clos Saint-Jacques séduit dans ses notes de mara des bois et de menthe fraîche, avec un boisé finement toasté. L'attaque est serrée, le fruit un peu comprimé par l'élevage. Il est sans doute dans une phase un peu ingrate. Intense et pénétrant, le nez du chambertin associe humus, poivre noir et un côté métallique. Buriné, austère mais incontestablement racé et complexe, il faut le revoir dans 15 ans ! Le clos-de-bèze est également très réservé : patience indispensable.

- Chambertin Clos de Bèze Grand Cru 2015   N.C. 18,5
- Chambertin Grand Cru 2015   N.C. 18,5
- Charmes-Chambertin Grand Cru 2015   N.C. 17
- Clos de la Roche Grand Cru 2015   N.C. 17,5
- Gevrey-Chambertin 2015   N.C. 15
- Gevrey-Chambertin Premier Cru Clos Saint-Jacques 2015   N.C. 18
- Gevrey-Chambertin Premier Cru Les Cazetiers 2015   N.C. 16
- Mazis-Chambertin Grand Cru 2015   N.C. 17
- Premier Cru Lavaux Saint-Jacques 2015   N.C. 16,5

Le coup de ♥
- Ruchottes-Chambertin Grand Cru 2015   N.C. 18

Délicat et subtil, il s'annonce par des notes de bois de santal et d'églantine. Doté d'une grande finesse, il monte en puissance avec beaucoup d'envergure en finale, un sentiment de sérénité et de douceur épicée.

Rouge : 15 hectares.
Pinot noir 100 %
Production moyenne : 65 000 bt/an

DOMAINE ARMAND ROUSSEAU
1, rue de l'Aumônerie,
21220 Gevrey-Chambertin
03 80 34 30 55 ●
www.domaine-rousseau.com ● Pas de visites.
Propriétaire : Éric Rousseau

★★★
DOMAINE JEAN TRAPET PÈRE ET FILS

Producteur attentif et sensible, adepte convaincu, mais sage, de la biodynamie, Jean-Louis Trapet a positionné très haut le domaine familial. Une succession récente lui a fait perdre une partie de ses vignes au profit de ses cousins Rossignol, mais il dispose toujours d'un beau patrimoine avec trois grands crus et deux premiers crus. Toutes les cuvées sont également réussies, en grand comme en petit millésime, avec un respect du terroir digne d'éloges et dans un grand style qui fait honneur à la Bourgogne. Après des 2014 remarquables, le domaine signe en 2015 des vins d'anthologie, qui feront date.

Les vins : pureté de fruit, tension et vitalité font rayonner le Gevrey-Chambertin Ostrea, ouvragé mais serré, dont le cœur de bouche recèle une superbe énergie. Un supplément de finesse et une dimension florale rayonnent dans le gevrey Capita, à la fois plus ferme dans ses tanins mais aussi plus transparent en saveurs, parsemé d'éclats minéraux et toniques apportés par des amers nobles. Immature mais déjà une très grande bouteille. Le chapelle-chambertin est un vin phénoménal. Son raffinement aromatique s'appuie sur un fruit vibrant, à l'éclat un peu sauvage, admirablement proportionné autour d'une trame de petits tanins croquants et séveux. Il brille de mille feux par son intensité et sa pureté de saveurs. Poudré, harmonieux, véritable miracle d'élégance naturelle, le latricières atteint les plus hauts sommets dans la pureté hors du commun de sa matière digeste, et la vitalité revigorante de sa chair lumineuse.

- Chapelle-Chambertin Grand Cru 2015   N.C. 19
- Gevrey-Chambertin Ostrea 2015   N.C. 16
- Gevrey-Chambertin Premier Cru Capita 2015   N.C. 17,5
- Latricières-Chambertin Grand Cru 2015   N.C. 19,5

Le coup de ♥
- Chambertin Grand Cru 2015   N.C. 20

Poussant avec aisance le curseur de la concentration mais aussi de la noblesse des saveurs, le chambertin est à son meilleur dans ce vin majestueux, profilé, millimétré jusque dans la perfection formelle de ses tanins. Il dépasse par sa vigueur la plupart de ses pairs dans le millésime.

Rouge : 14,5 hectares.
Pinot noir 100 %
Blanc : 1,2 hectare.
Chardonnay 100 %
Production moyenne : 65 000 bt/an

DOMAINE JEAN TRAPET PÈRE ET FILS ☾
53, route de Beaune,
21220 Gevrey-Chambertin

BOURGOGNE CÔTE DE NUITS

03 80 34 30 40 ● www.domaine-trapet.com
● Vente et visites : au domaine sur rendez-vous.
Du lundi au vendredi de 9h à 12h et de 14h à 17h30.
Propriétaire : Jean-Louis et Jean Trapet

DOMAINE ARLAUD

Le domaine Arlaud s'impose comme l'une des valeurs montantes de Morey-Saint-Denis. Bertille Arlaud, la sœur, est aux labours avec son cheval, son frère Cyprien intervient en cave comme dans les vignes. Certifié en biodynamie depuis 2014, le domaine a perçu rapidement qu'il n'y avait pas besoin d'élaborer des vins extraits pour viser l'excellence : des raisins sains et de haute qualité suffisent. Avec un travail des sols portant ses fruits, des élevages de mieux en mieux maîtrisés et des notes boisées mieux intégrées, les vins sont d'une grande pureté, fins et très élégants, incluant quatre grands crus vinifiés en vendange partiellement égrappée, et une superbe entrée de gamme avec le bourgogne Roncevie. Le domaine mérite désormais d'accéder à la deuxième étoile pour ses efforts et la qualité très élevée de ses vins.

Les vins : l'excellent bourgogne offre une grande finesse aromatique, des tanins soyeux et nets. Bien mûrs, un rien fermes mais très purs, le gevrey et le chambolle-villages sont de très bon niveau. La pivoine et la fraise poivrées sont convoquées par l'athlétique morey Aux Cheseaux, dont la trame tannique discrète respecte les nuances de saveurs d'agrumes qui se prolongent en finale. Un peu moins expressif à ce stade, le morey Les Ruchots se montre plus enrobé, mais dans le respect de la fraîcheur du fruit, avec un surcroît de complexité en finale dans des saveurs d'écorce et de graphite. Quel charme immédiat dans le nez de rose et de griotte du gevrey Combottes ! Trame finement acidulée mais idéalement mûre, appuyée sur une myriade de petits tanins juteux, et allonge soyeuse, signent ici un vin mémorable. Le charmes-chambertin s'orne d'une touche de poivre et de cannelle, serti dans un fruit presque opulent dans son volume mais admirablement juste dans sa maturité. Un grand vin de garde qu'il faudra impérativement oublier. Somptueuses senteurs épicées, de fève de cacao et d'écorces, dans l'éclatant clos-de-la-roche, dont le déroulé de bouche soyeux mais ferme signe toute la noblesse du terroir.

▬ Bourgogne Roncevie 2015	24 €	15
▬ Chambolle-Musigny 2015	45 €	16
▬ Charmes-Chambertin Grand Cru 2015	140 €	18
▬ Clos de la Roche Grand Cru 2015	160 €	19
▬ Gevrey-Chambertin 2015	41 €	15,5
▬ Gevrey-Chambertin Premier Cru Aux Combottes 2015	85 €	17,5
▬ Morey Saint-Denis Premier Cru Aux Cheseaux 2015	65 €	16,5
▬ Morey Saint-Denis Premier Cru Les Ruchots 2015	75 €	16,5

Le coup de ♥
▬ Clos Saint-Denis Grand Cru 2015	180 €	19

Aérien, ouvragé comme du taffetas même dans ce millésime riche, le clos saint-denis impose avec un naturel désarmant la juxtaposition d'une trame séveuse et d'une délicatesse de texture presque désarmante de finesse. Un vin rare, magique.

Rouge : 14,3 hectares.
Pinot noir 100 %
Blanc : 1 hectare.
Aligoté 79 %, Chardonnay 21 %
Production moyenne : 60 000 bt/an

DOMAINE ARLAUD ☾
41, rue d'Epernay,
21220 Morey-Saint-Denis
03 80 34 32 65 ● www.domainearlaud.com
● Vente et visites : au domaine sur rendez-vous.
Propriétaire : Famille Arlaud

DOMAINE DE L'ARLOT

Le Clos de l'Arlot a donné son nom au domaine, propriété d'AXA Millésimes depuis 1987. Ce clos exploité en monopole entoure le bâtiment et donne un des blancs les plus originaux et séducteurs de la Côte de Nuits. L'autre vedette est le Clos des Forêts Saint-Georges, lui aussi exploité en monopole, qui associe puissance et élégance dans un équilibre presque parfait. Jacques Devauges s'est occupé des millésimes 2011 à 2013 et a vendangé et vinifié le 2014, incontestablement son plus beau millésime. Le domaine a accompli de grands progrès dans la compréhension des terroirs et dans leur mise en valeur. Les 2014 ont été élevés par la nouvelle directrice, Géraldine Godot, qui vinifiait au préalable pour la maison Alex Gambal.

Les vins : Clos de l'Arlot, blanc de grande envergure, de carrure et de texture, est encore un rien marqué par la fine réduction des lies. La matière généreuse reste tendue et légèrement fumée en finale. Version rouge, la réduction est encore perceptible au nez ; sa maturité saine et gourmande présente un supplément de sève et une fraîcheur mentholée en finale. Grande garde prévisible. Nous admirons la précision de saveurs et l'équilibre général du Clos des Forêts, juvénile et sobre, qu'il conviendra d'attendre. Beaucoup de cachet dans l'élégantissime romanée-saint-vivant, dont les tanins finement ouvragés laissent transparaître tout le souffle floral et la délicate mâche juteuse.

- Nuits-Saint-Georges Premier Cru Clos de l'Arlot Monopole 2015   75 (c) €   16
- Nuits-Saint-Georges Premier Cru Clos de l'Arlot Monopole 2015   75 (c) €   17
- Nuits-Saint-Georges Premier Cru Clos des Forêts Saint-Georges Monopole 2015   75 (c) €   17
- Romanée-Saint-Vivant Grand Cru 2015   360 (c) €   19

Le coup de ♥
- Vosne-Romanée Premier Cru Les Suchots 2015   105 (c) €   18

Franche, axée sur des notes de végétal mûr et de floral, l'expression des Suchots a su conserver une superbe fraîcheur de sève dans ce millésime assez solaire. Mûr, concentré mais sans la moindre lourdeur, ce vin caressant relève d'une élégance naturelle.

Rouge : 12,2 hectares.
Pinot noir 100 %
Blanc : 2,7 hectares.
Chardonnay 100 %
Production moyenne : 60 000 bt/an

DOMAINE DE L'ARLOT ♣

14, Rd 974, 21700 Prémeaux-Prissey
03 80 61 01 92 • www.arlot.com • **Vente et visites : au domaine sur rendez-vous.**
Du lundi au vendredi.
Propriétaire : AXA Millésimes
Directeur : Christian Seely
Maître de chai : Géraldine Godot
Œnologue : Daniel Llose

★★
DOMAINE BART

Il y a une cinquantaine d'années, le domaine André Bart ne possédait que six hectares de vignes. Sa surface a été notablement étendue avec l'apport par héritage d'une partie du célèbre domaine Clair-Daü. Arrivés à la propriété en 1982, les deux enfants, Martin et Odile, ont fondé un Groupement agricole d'exploitation en commun (GAEC) en 1987, pour continuer l'exploitation, avec des vins de style classique. Toujours de bonne facture, ces vins ont depuis quelques années gagné en régularité et en franchise d'expression. Les prix sont restés raisonnables et le domaine est très vite dévalisé.

Les vins : les terroirs de Marsannay sont adroitement mis en valeur par une large gamme de parcellaires, dont les Longeroies, onctueux et précoce, et le dense Au Champ Salomon. Nos préférés sont Le Clos du Roy, complexe et élégant, le marsannay Les Grandes Vignes, qui gagne en envergure et en moelleux, friandise mûre et digeste, et le frais La Montagne, pulpeux et épicé, juteux à souhait. Assez mûr, un rien confit, le simple fixin manque de tenue et de tonus. Le charnu Les Harvelets est excellent, mûr et tonique, finement acidulé en finale. Très marqué par les fruits noirs (myrtille, cassis), le clos-de-bèze présente une maturité plus avancée. Crémeux, presque opulent, il est profond mais le fruit est un peu figué.

- Chambertin Clos de Bèze Grand Cru 2015   N.C.   17,5
- Fixin 2015   N.C.   15
- Fixin Premier Cru Les Hervelets 2015   N.C.   17
- Marsannay La Montagne 2015   N.C.   16
- Marsannay Les Champs Salomon 2015   N.C.   15,5
- Marsannay Les Clos du Roy 2015   N.C.   16
- Marsannay Les Echézots 2015   N.C.   15
- Marsannay Les Grands Vignes 2015   N.C.   16
- Marsannay Les Longeroies 2014   N.C.   15,5
- Marsannay Les Ouzeloy 2015   N.C.   14,5

Le coup de ♥
- Bonnes-Mares Grand Cru 2015   N.C.   19

Subtil et très élégant, il est reposant, profond et serein : sans esbroufe, il va à l'essentiel et se présente déjà harmonieux, armé d'une myriade de tanins très fins.

Rouge : 18 hectares.
Pinot noir 100 %
Blanc : 3 hectares.
Aligoté 50 %, Chardonnay 50 %
Production moyenne : 85 000 bt/an

DOMAINE BART

23, rue Moreau, 21160 Marsannay-la-Côte
03 80 51 49 76 •
domaine.bart@wanadoo.fr • **Vente et visites : au domaine sur rendez-vous.**
Propriétaire : Famille Bart

BOURGOGNE CÔTE DE NUITS

★★

DOMAINE BRUNO CLAIR

Petit-fils de Joseph Clair, le fondateur du célèbre domaine Clair-Daü, Bruno Clair élabore, avec l'aide de Philippe Brun, des bourgognes classiques, souvent vifs et tranchants ; quelques années de garde leur sont indispensables, et ils sont immédiatement reconnaissables à leur matière épurée et leur belle persistance. Le domaine a mis en valeur les terroirs de Marsannay et ceux de Gevrey-Chambertin, dont le magnifique Clos Saint-Jacques et la pièce maîtresse du domaine : l'élégant et raffiné chambertin-clos-de-bèze. A partir de 2014, le domaine récupère 1 ha de Bonnes-Mares dans la commune de Morey-Saint-Denis. Les blancs, plus méconnus, sont tout aussi remarquables. Le domaine est d'une régularité digne d'éloges.

Les vins : les 2014 sont frais et nerveux, dans un profil tendu, aiguisés et épurés dans leurs saveurs. Trois jolis vins blancs, dont le charnu marsannay Source des Roches, pur et franc avec un profil nerveux, et le morey blanc, dont le volume charnu et droit se prolonge par de bons amers épicés. Parmi les marsannays rouges, Les Vaudenelles présente des tanins un peu anguleux mais une jolie sève épicée et des touches d'agrumes en finale, et Les Grasses Têtes offre plus de souplesse et des tanins fins, avec de l'élégance et une finale réglissée. Finesse acidulée et notes d'agrumes dans le très fin morey rouge En la Rue de Vergy : vin acidulé, tendu et précis, déjà délicieux à boire. Très pâle de robe, finement parfumé, le chambolle les Véroilles est très finement ouvragé, épuré, presque aérien, délicat et subtil. Tendu, assez vif et lumineux, le gevrey Clos du Fonteny déploie de petits tanins épicés et juteux. Un peu sauvage et fumé, il offre un caractère très original mais doit vieillir.

- Marsannay 2014 — N.C. 14,5
- Marsannay Source des Roches 2014 — N.C. 15,5
- Morey-Saint-Denis En la Rue de Vergy 2014 — N.C. 16
- Pernand-Vergelesses 2014 — N.C. 14
- Chambolle-Musigny Les Véroilles 2014 — N.C. 16
- Gevrey-Chambertin Premier Cru Clos du Fonteny 2014 — N.C. 17
- Marsannay Les Grasses Têtes 2014 — N.C. 15,5
- Marsannay Les Longeroies 2014 — N.C. 14,5
- Marsannay Les Vaudenelles 2014 — N.C. 15
- Morey-Saint-Denis En la Rue de Vergy 2014 — N.C. 16
- Savigny-lès-Beaune Premier Cru La Dominode 2014 — N.C. 10

Le coup de ♥
- Chambertin-Clos de Bèze Grand Cru 2014 — N.C. 18,5

Moelleux en attaque et ciselé, ce grand cru va à l'essentiel : dépouillé de tout superflu, il se montre vif et revigorant dans l'éclat de ses saveurs acidulées. L'âge saura l'attendrir.

Rouge : 17,3 hectares.
Pinot noir 100 %
Blanc : 4,56 hectares.
Chardonnay 100 %
Production moyenne : 110 000 bt/an

DOMAINE BRUNO CLAIR
5, rue du Vieux-Collège, BP 22, BP
22 21160 Marsannay-la-Côte
03 80 52 28 95 ● www.bruno-clair.com ●
Vente et visites : au domaine sur rendez-vous.
Du lundi au vendredi de 9h à 12h et de 14h à 17h.
Propriétaire : Famille Clair
Directeur : Bruno Clair

NOUVEAU DOMAINE

★★

CLOS DE TART

A son arrivée en 1995, Sylvain Pitiot a permis au Clos de Tart, propriété de la famille Mommessin, de retrouver toutes ses lettres de noblesse par un travail parcellaire de la vigne des plus qualitatifs. Le Clos de Tart s'est longtemps inscrit dans ce mouvement des vins concentrés, puissants, avec des élevages marquant fortement les vins. Jacques Devauges, qui a fait ses preuves au domaine de l'Arlot, a pris ici ses fonctions de régisseur en 2015, à la suite de Sylvain Pitiot. Ce très fin dégustateur et technicien habile a rapidement affiné le travail des chauffes des barriques, et diminué la proportion de fûts neufs, qui était auparavant invariablement de 100 %. D'un vin massif, concentré et puissant, souvent marqué de l'empreinte de l'élevage, le clos-de-tart semble s'orienter vers un vin plus en finesse, avec des tanins plus suaves, sans pour autant perdre de la légendaire profondeur de saveurs qu'offre ce cru historique, qui n'a connu que deux propriétaires en un millénaire. Ce domaine revient dans notre guide par la grande porte.

Les vins : avec moins de fûts neufs que par le passé, et une petite moitié de raisins en vendange entière, le 2015 recèle un formidable potentiel d'évolution. Et le 2016 en élevage s'annonce exceptionnel.

Le coup de ♥
- Clos de Tart Grand Cru 2015   N.C.   18,5

Il évoque les épices et les fruits rouges écrasés. Franc, dense et ferme, c'est un pinot sphérique et concentré, mais dont l'extraction est mesurée.

Rouge : 7,53 hectares.
Pinot noir 100 %
Production moyenne : 22 000 bt/an

CLOS DE TART
21220 Morey-Saint-Denis
03 80 34 30 91 • www.clos-de-tart.com •
Vente et visites : au domaine sur rendez-vous.
Sur rendez-vous.
Propriétaire : Famille Mommessin
Directeur : Sylvain Pitiot

★★
DOMAINE CLAUDE DUGAT

Plébiscité par les amateurs du monde entier, Claude Dugat a fait preuve d'une humilité sans pareil tout au long de sa carrière. Aujourd'hui, ses trois enfants reprennent le flambeau. Bertrand et Laetitia accompagnent leurs parents depuis de longues années. Jeanne est revenue depuis peu. Tout en conservant le style de vins fruités, charnels et denses qui ont fait le succès du domaine, la nouvelle génération veut évoluer vers des vins avec des élevages moins présents, et des vendanges plus précoces pour préserver fraîcheur et caractère digeste. Mais aussi ne jamais acidifier ni chaptaliser pour respecter au mieux ces raisins travaillés avec amour et exprimer avec encore plus de justesse l'identité de chacun de leurs terroirs. Des essais en biodynamie sont réalisés. Et si leur vin exprime toujours ce plaisir immédiat, lié au fruité éclatant du pinot, ce sont également de grands vins de garde, qui expriment à merveille toute la beauté et la force des terroirs de Gevrey-Chambertin.

Les vins : beaucoup de fraîcheur dans le délicat bourgogne, friandise juteuse et croquante qui déborde de cerise griotte. Gourmandise et caractère floral dans le très frais et éclatant gevrey-chambertin, dont les tanins denses respectent le fruit tonique. Un fruit vif, un peu strict mais marqué par la violette, donne le ton dans le nerveux gevrey premier cru, dont le style droit et tendu offre beaucoup de caractère. Le gevrey Lavaux Saint Jacques campe sur des tanins fermes : un vin rigoureux, à la trame serrée, dont l'intensité et la réserve dégagent un sentiment de noble austérité. Patience requise. Le charmes-chambertin conserve ce caractère tendu et cette sève intense, mais avec une énergie accrue : son profil vigoureux, dynamique, le rend très profond et salivant, évoquant la ronce et le végétal noble. Profilé et savoureux, le chapelle-chambertin associe finesse de fruit, délicatesse de texture à une trame charpentée. Avec ses tanins juteux, ce vin impose sa race exceptionnelle dès sa naissance.

- Bourgogne 2015   N.C.   15
- Chapelle-Chambertin Grand Cru 2015   N.C.   19
- Charmes-Chambertin Grand Cru 2015   N.C.   18
- Gevrey-Chambertin 2015   N.C.   16
- Gevrey-Chambertin Premier Cru 2015   N.C.   16,5
- Gevrey-Chambertin Premier Cru Lavaux Saint Jacques 2015   N.C.   17

Le coup de ♥
- Griotte-Chambertin Grand Cru 2015   N.C.   19,5

Un nez fumé annonce la matière sphérique et voluptueuse du très charnel griotte-chambertin. Avec son jus plein de sève, sa pulpe de fruit moelleuse, ce vin de toute beauté est un grand séducteur.

Rouge : 6 hectares.
Pinot noir 100 %
Production moyenne : 24 000 bt/an

DOMAINE CLAUDE DUGAT
1, place de la Cure,
21220 Gevrey-Chambertin
03 80 34 36 18 • **Pas de visites.**
Propriétaire : Claude Dugat

★★
DOMAINE DUJAC

Le domaine Dujac demeure fidèle à un type de pinot noir, très marqué par la vinification en raisins entiers. Le vin obtenu n'a que rarement une couleur soutenue, mais celle-ci tient et s'approfondit même au vieillissement. Surtout, les raisins entiers exaltent la finesse aromatique unique du cépage même si, sur un vin très jeune, le tanin apparaît végétal et un rien rigide.

BOURGOGNE CÔTE DE NUITS

Le très long vieillissement (trente ans ou plus) rend pleinement justice au parti pris d'élaboration, avec l'apparition de bouquets tertiaires souvent sublimes. Le domaine s'est agrandi en 2005 de parcelles prestigieuses (Malconsorts, Romanée-Saint-Vivant, Chambertin) et en 2014 de vignes à Puligny-Montrachet. Comme de nombreux domaines qui connaissent le succès et ne peuvent répondre aux sollicitations, le domaine Dujac a décidé de créer une petite structure d'achat de raisin. Aux superbes vins du domaine, s'ajoute désormais la production issue d'un petit négoce baptisé Dujac Fils et Père.

Les vins : l'intensité citronnée qui caractérise le nez du morey-saint-denis blanc rebondit en bouche avec une vivacité croquante et une belle ampleur. Des notes de fleur de vignes et de la mâche dans le puligny Combettes, vin ample, juteux et charnu, fort bien construit et persistant. Belle complexité aromatique, avec des fruits rouges et des saveurs d'épices douces dans le morey-saint-denis rouge, assez plein, mûr et salin : encore serré, il faut l'attendre. Le gevrey Aux Combottes offre une sève vigoureuse et un profil étoffé, énergique, encore serré mais vibrant. Avec ses tanins fins et sa fraîcheur de fruit, ce vin s'illustre plus par sa dynamique que par sa séduction immédiate. Beaucoup de densité et de fermeté dans le charmes-chambertin, aux tanins abondants et à l'allonge séveuse. La fraîcheur des épices et une note persistante de bâton de réglisse sont notables. L'aération révèle l'échezeaux dans sa finesse, ses saveurs épicées, sa profondeur nuancée : un vin aux tanins fins, très intense. Admirable finesse dans la trame pourtant serrée du clos-saint-denis, empreinte d'un surcroît de fraîcheur. Il déploie des saveurs d'écorces, d'amers nobles et de zan, jusque dans la finale salivante, étoffée, très persistante.

du clos-de-la-roche : dense, tout en sève et fermeté, ce vin très profond s'appuie une vigueur tannique peu commune. Sa richesse lui permettra de traverser les décennies sans faillir.

Rouge : 15 hectares.
Pinot noir 100 %
Achat de raisins.
Blanc : 3 hectares.
Chardonnay 100 %
Achat de raisins.
Production moyenne : 100 000 bt/an

DOMAINE DUJAC
7, rue de la Bussière,
21220 Morey-Saint-Denis
03 80 34 01 00 • dujac@dujac.com • Vente et visites : au domaine sur rendez-vous.
Le lundi, mardi, jeudi et vendredi.
Propriétaire : Famille Seysses
Directeur : Jeremy Seysses

★★

DOMAINE SYLVIE ESMONIN

Depuis 1998, ce petit domaine est entièrement géré par la scrupuleuse Sylvie Esmonin, ingénieur agronome, qui l'a porté au sommet. Son savoir-faire à la vigne, son sens de la vinification combiné à l'utilisation des fameux fûts du négociant Dominique Laurent font des étincelles. Représentants d'un style concentré et mûr, capable de très bien vieillir, les vins du domaine ne recherchent pas en priorité la fraîcheur et présentent parfois un grain de tanin un peu trop prégnant.

Les vins : le gevrey-chambertin déborde de fruit mûr et pulpeux, encore un peu primaire, mais bâti autour d'une trame énergique, avec de l'éclat et des saveurs réglissées en finale. Sa version Vieilles Vignes, presque saturée de saveurs pénétrantes, exhibe un boisé de grande qualité mais un rien appuyé. Incisive, son allonge offre une définition très nette.

Morey-Saint-Denis 2015	31,68 €	15,5
Puligny-Montrachet Premier Cru Les Combettes 2015	N.C.	17
Charmes-Chambertin Grand cru 2015	N.C.	17,5
Clos Saint-denis Grand Cru 2015	N.C.	18,5
Echezeaux Grand Cru 2015	N.C.	18
Gevrey-Chambertin Premier Cru Aux Combottes 2015	93,60 €	17
Morey-Saint-Denis 2015	34,56 €	15,5

Le coup de ♥

Clos de la Roche Grand Cru 2015	158,40 €	18,5

Agrumes, fer, terre fraîche, épices sont autant d'images évocatrices de l'univers aromatique

Gevrey-Chambertin 2015	35 €	15,5
Gevrey-Chambertin Vieilles Vignes 2015	40 €	16

Le coup de ♥

Gevrey-Chambertin Premier Cru Clos Saint-Jacques 2015	78 €	17

Moelleux et opulent, débordant d'un fruit extraverti et poussé dans sa maturité, le Clos Saint-Jacques est un vin de grande envergure, dont l'élevage luxueux est déjà bien intégré mais reste prégnant en bouche. Le temps saura fondre cette étoffe un rien démonstrative.

Rouge : 7,5 hectares.
Pinot noir 100 %
Blanc : 0,3 hectare.
Production moyenne : 30 000 bt/an

DOMAINE SYLVIE ESMONIN
**Clos Saint Jacques, 1 rue Neuve,
21220 Gevrey-Chambertin
03 80 34 36 44 ● sylvie-esmonin@orange.fr
● Pas de visites.
Propriétaire : Sylvie Esmonin**

DOMAINE JEAN GRIVOT

Vigneron emblématique de Vosne-Romanée, Étienne Grivot aime les maturités fraîches et cela se sent dans la qualité de ses vins. Un style classique dans le meilleur sens du terme, épuré et vif, qui a ses adeptes mais qui, parfois, par une certaine forme d'austérité, a pu dérouter des amateurs de vins plus généreux. Depuis quelques millésimes, coïncidant avec l'arrivée de la nouvelle génération, les vins possèdent davantage de profondeur et de richesse. Le point de maturité a légèrement évolué. Toutes les cuvées en ont tiré profit par davantage de soyeux et de volume, sans trahir cette fraîcheur qui signe leur succès mondial. Le domaine possède un superbe patrimoine de villages, premiers et grands crus.

Les vins : nous sommes admiratifs face aux 2015. Le vosne-romanée Bossières possède un excellent équilibre : maturité de fruit, trame élancée, fraîcheur finement acidulée et tanins fins, dans un style précoce et soigné. Dès le premier nez, Aux Boudots se distingue par un fruit pulpeux et mûr, avec une rémanence florale de pivoine. La finesse de texture et la justesse d'expression sont remarquables, dans un profil classique et pur, adossé à des tanins soyeux. Des tonalités plus épicées et une fraîcheur aromatique qui évoque l'orange sanguine sont notables dans l'expression du nuits Les Pruliers. Précis, assez serré, il présente toute la profondeur de sève et l'intensité attendue de ce grand terroir. Le vosne Les Beaux Monts est un séducteur élégant, qui charme par ses senteurs de rose et de bois de santal. Veloutée et suave, la texture enveloppe le palais, mais une tension sous-jacente confère droiture et solidité à ce vin subtil. Une fraîcheur mentholée et des notes de ronces viennent égayer le nez prolixe du clos-de-vougeot. C'est un vin de grande garde, très persistant, dont la dimension mettra du temps à se révéler.

▶ Clos de Vougeot Grand Cru 2015	N.C.	18
▶ Nuits-Saint-Georges Premier Cru Aux Boudots 2015	N.C.	17
▶ Nuits-Saint-Georges Premier Cru Les Pruliers 2015	N.C.	16,5
▶ Vosne-Romanée Bossières 2015	N.C.	15,5
▶ Vosne-Romanée Premier Cru Les Beaux Monts 2015	N.C.	17

Le coup de ♥
▶ Echezeaux Grand Cru 2015   N.C.   18

Une délicatesse de petits fruits noirs très frais, entre mûre et cassis, infuse cet Echezeaux nerveux et inspiré : concordance des arômes, raffinement de la texture épurée mais terrienne et finale épicée, éclatante et juste. Un vin de haute volée, au classicisme intemporel.

Rouge : 13,9 hectares.
Pinot noir 100 %
Blanc : 0,22 hectare.
Production moyenne : 55 000 bt/an

DOMAINE JEAN GRIVOT
**6, rue de la Croix Rameau,
21700 Vosne-Romanée
03 80 61 05 95 ● www.domainegrivot.fr ●
Vente et visites : au domaine sur rendez-vous.
Propriétaire : Etienne Grivot**

DOMAINE ROBERT GROFFIER PÈRE ET FILS

Ce domaine prisé depuis fort longtemps par les amateurs du monde entier voit la nouvelle génération lui impulser un nouveau souffle. Nicolas Groffier, né en 1984, et sa jeune sœur Julie, sont désormais aux commandes. Implanté à Morey-Saint-Denis, le domaine possède l'essentiel de ses vignes à Chambolle-Musigny, avec, entre autres, une magnifique parcelle dans Les Amoureuses. Des villages aux grands crus, les vins se révèlent fins, avec ce soyeux de texture qui symbolise à merveille le style du domaine. Comme le précise Nicolas Groffier, la recherche du domaine est axée sur "la concentration par les raisins et non en cave". Pari réussi sur toute la gamme. À partir du millésime 2014, le domaine ne commercialise plus que la moitié du dernier millésime, et préfère désormais ressortir des vins à maturité, conscient que nombre de ses vins sont sans doute bus trop tôt et sujets à spéculation. Nous saluons ce souci louable de présenter des vins accomplis, dont d'autres domaines seraient bien avisés de s'inspirer.

Les vins : réjouissant nez de raisin frais dans le croquant bourgogne rouge 2014, frais et délicieux dès aujourd'hui, avec ses tanins vifs et précis. Caractère frais et pur dans les arômes de fruits rouges, finement acidulés, du gevrey les Seuvrées 2013. Charnu et svelte, la précision salivante des saveurs s'avère aujourd'hui assez enthousiasmante. Ensorcelante, la complexité épicée et florale du chambolle Sentiers 2010 éclate dans le verre, avec une admirable fraîcheur aromatique et une texture juteuse, moelleuse et désaltérante. Le captivant chambolle Les Hauts Doix 2009 offre un bel aperçu de la palette des arômes d'évolution : ronces, orange sanguine, fleurs séchées. Épurée, sa texture solaire mais délicate danse gracieusement sur le palais. Prêt à boire ! Infusion de fruits rouges et d'épices dans le glorieux bonnes-mares 2005, qui s'approche lentement de son optimum et s'ancre dans une profondeur terrienne et lumineuse. On admirera sa patine, sa complexité de saveurs et sa noblesse de texture, que seule une légère sensation chaleureuse en finale vient amoindrir, ainsi qu'une saveur caramélisée en finale

- Bonnes-Mares 2005   N.C.   18,5
- Bourgogne 2014   N.C.   15
- Chambolle-Musigny Les Sentiers 2010   N.C.   17,5
- Chambolle-Musigny Premier Cru Les Hauts Doix 2009   N.C.   17,5
- Gevrey-Chambertin Les Seuvrées 2013   N.C.   17

Le coup de ♥
- Chambolle-Musigny Premier Cru Les Amoureuses 2006   N.C.   18,5

Entre la soupe de fraises, la rose anglaise et le sous-bois, des saveurs finement caramélisées infusent ce 2006, qui s'est merveilleusement développé avec l'âge. Une vraie émotion.

Rouge : 8 hectares.
Pinot noir 100 %
Production moyenne : 35 000 bt/an

DOMAINE ROBERT GROFFIER PÈRE ET FILS

3-5, route Grands-Crus,
21220 Morey-Saint-Denis
03 80 34 31 53 • Visites : Pas de visites.
Propriétaire : Famille Groffier
Directeur : Nicolas Groffier

★★
DOMAINE THIBAULT LIGER-BELAIR

Valeur montante de la Bourgogne, Thibault Liger-Belair a brillamment repris le domaine familial en 2001. Les vignes sont cultivées en bio et les rendements maîtrisés. S'il explore plusieurs pistes en terme de vinification, le vigneron alterne matière et finesse en fonction des cuvées et effectue un travail très important de sélection des bois en partenariat avec ses deux tonneliers attitrés, se limitant à un maximum de 50 % de fûts neufs. Suivant les cuvées et les millésimes, la proportion de raisins entiers varie sans dogmatisme. Vigneron entier et sincère, Thibault Liger-Belair affirme un style élégant et raffiné, et ses vins font désormais partie des références incontournables de la Côte d'Or.

Les vins : ils sont d'excellent niveau, à commencer par l'aligoté et le profond hautes-côtes-de-nuits. Assez épicé, La Charmotte livre des arômes intenses de fruit noirs et de cuir frais. Son volume charnu, son profil tendu et élancé, avec une mâche déjà savoureuse, lui confèrent un bel équilibre. On trouve beaucoup d'intensité de saveurs dans le gevrey Croix des Champs, velouté, sensuel et pur, dont le volume enveloppant masque presque la fine trame minérale. Une note de violette et des tanins soyeux dans le vosne Aux Réas, qui nous enchante par sa fraîcheur et son allonge raffinée. Les Saint-Georges impressionne par sa vigueur, sa densité de texture, son expression racée et compacte, terrienne, au fruit solide et juteux. La finesse florale (pivoines, roses) et aérienne des grands terroirs de Chambolle se retrouve pleinement dans le somptueux Gruenchers, qui déroule en bouche son étoffe caressante. Encore dans les limbes, le clos-vougeot reste assez muet mais sa carrure, sa vigueur de sève et son énergie contenue ne laissent aucun doute quant à son grand potentiel. Le richebourg se montre imposant et volumineux : il s'appuie sur un fruit d'une riche maturité, et se déploie avec une grande précision de saveurs. Sa puissance s'incline avec bonheur devant son énergie et sa vitalité de coureur de fond.

- Bourgogne Aligoté Clos des Perrières la Combe 2015   20 €   14,5
- Bourgogne Hautes-Côtes de Nuits Le Clos du Prieuré 2015   32 €   14,5
- Chambolle-Musigny Premier Cru Les Gruenchers 2015   130 €   18
- Clos de Vougeot Grand Cru 2015   170 €   18
- Gevrey Chambertin La Croix Des Champs 2015   65 €   16

- Nuits-Saint-Georges La Charmotte 2015 — 56 € 15,5
- Nuits-Saint-Georges Premier Cru Les Saint-Georges 2015 — 130 € 17,5
- Richebourg Grand Cru 2015 — 450 € 19
- Vosne-Romanée Aux Réas 2015 — 79 € 16,5

Le coup de ♥
- Charmes-Chambertin Grand Cru 2015 — 175 € 18,5

Un fruit un peu décadent infuse le charmes-chambertin. Son profil ciselé et la délicatesse de ses tanins en font un séducteur diabolique. Sa proportion élevée de vendange entière (70 %) lui confère une fraîcheur exceptionnelle, dans un style raffiné et somptueux, presque luxueux.

Rouge : 10 hectares.
Pinot noir 65 %
Blanc : Aligoté 100 %
Production moyenne : 58 000 bt/an

DOMAINE THIBAULT LIGER-BELAIR ♣
32, rue Thurot, 21700 Nuits-Saint-Georges
03 80 61 51 16 •
www.thibaultligerbelair.com • **Vente et visites : au domaine sur rendez-vous.**
Propriétaire : Thibault Liger-Belair

DOMAINE DENIS MORTET

Dans les années 1990, Denis Mortet a bousculé les standards bourguignons en produisant des vins modernes qui ont donné au pinot des densités et des teintes alors inhabituelles. Arnaud Mortet, son fils, brillant vinificateur, a rejoint le domaine au début des années 2000 et en a pris la charge six ans plus tard, au décès de son père. Il affirme petit à petit sa patte pour aller vers des vins moins soutenus (mais plus frais et gracieux) grâce à des vinifications plus douces. Si les élevages sont moins marqués que par le passé, ils peuvent encore progresser pour mener les vins vers davantage de raffinement.

Les vins : la maturité de fruit des Longeroies s'exprime par des notes de mûres et de réglisse, fraîcheur préservée en prime. Un vin précoce, au style contemporain et intègre. Cossu, bien mûr, le fixin Vieilles Vignes présente un boisé un peu collant. Finement toasté, le gevrey Mes Cinq Terroirs déploie une chair moelleuse et ample, parfaitement proportionnée, que des tanins mûrs soulignent adroitement. Les épices fraîches et les agrumes dominent dans le raffiné et très persistant gevrey Champonnets. Le gevrey Les Champeaux offre une douceur de texture qui s'appuie un peu trop sur la sucrosité apportée par l'élevage. Séduisant chambolle Aux Beaux Bruns, corsé et ample, très patiné par l'élevage, qui respecte le caractère du terroir. Plus frais, le gevrey Lavaux Saint-Jacques surclasse les premiers crus du domaine : de la tension et de vigoureuses saveurs de cuir et de poivre lui apportent un relief bienvenu. Brillant et volubile, le clos-de-vougeot regorge de saveurs d'agrumes et de fruits rouges entremêlés d'épices. Il faut l'aérer pour voir sa matière prendre. Il ne lui manque qu'un soupçon de fraîcheur, qui pourra revenir au vieillissement. Belle aromatique dans l'opulent mazis-chambertin, dont la texture somptueuse, presque crémeuse, illustre un aspect très mûr de la personnalité du cru, dans une interprétation extravertie. Superbe intensité aromatique dans le chambertin, auquel des saveurs de cerise noire, de café frais et de pain grillé apportent un relief hors du commun. Il s'adresse aux amateurs patients.

- Chambertin Grand Cru 2015 — N.C. 18,5
- Chambolle-Musigny Premier Cru Aux Beaux Bruns 2015 — N.C. 17
- Clos de Vougeot Grand Cru 2015 — N.C. 18
- Fixin Vieilles Vignes 2015 — N.C. 14,5
- Gevrey-Chambertin Mes Cinq Terroirs 2015 — N.C. 15,5
- Gevrey-Chambertin Premier Cru 2015 — N.C. 17
- Gevrey-Chambertin Premier Cru Lavaux Saint-Jacques 2015 — N.C. 17
- Gevrey-Chambertin Premier Cru Les Champeaux 2015 — N.C. 16
- Gevrey-Chambertin Premier Cru Les Champonnets 2015 — N.C. 17
- Marsannay Les Longeroies 2015 — N.C. 15,5
- Mazis-Chambertin 2015 — N.C. 17,5

Le coup de ♥
- Bonnes-Mares 2015 — N.C. 18,5

Le bonnes-mares s'exprime avec le caractère profond, nerveux et tonique du terroir. L'éclat du fruit y est plus intense que dans les autres vins du domaine. La grande finale carrée et réglissée indique son grand potentiel.

Rouge : 12 hectares.
Pinot noir 100 %
Production moyenne : 65 000 bt/an

DOMAINE DENIS MORTET
22, rue de l'Eglise,
21220 Gevrey-Chambertin

BOURGOGNE CÔTE DE NUITS

03 80 34 10 05
www.domaine-denis-mortet.com
Visites : Pas de visites.
Propriétaire : Laurence et Arnaud Mortet

★★

DOMAINE GEORGES MUGNERET-GIBOURG

Depuis le décès en 1988 du dynamique docteur (en ophtalmologie) Georges Mugneret, le domaine est géré avec sérieux et passion par ses deux filles Marie-Christine et Marie-Andrée. Le style éminemment classique et pur des vins du domaine reflète, avec une régularité exceptionnelle, des expressions saines, raffinées et particulièrement attachantes des grands terroirs de la Côte de Nuits. Le domaine produit un excellent vosne-romanée, prêt assez jeune et d'une finesse rare, ce qui permettra d'attendre les dix ans nécessaires pour apprécier les splendides échezeaux, clos-de-vougeot et autres ruchottes-chambertin.

Les vins : caractère épicé, floral, presque fumé dans le juteux et plein vosne-romanée, dont la justesse de saveurs et les fins tanins réglissés démontrent une fois de plus le grand talent du domaine. Ce vin incarne à merveille l'identité du village de Vosne-Romanée.

- Vosne-Romanée 2015   N.C.   16

Le coup de ♥
- Chambolle-Musigny Premier Cru Les Feusselottes 2015   N.C.   17,5

Quelle magnifique alliance de fraîcheur et de maturité de fruit dans le très complexe et brillant Les Feusselottes ! Avec sa texture poudrée et sa générosité contenue, il se montre déjà irrésistible, mais risque de se refermer.

Rouge : 6 hectares.
Pinot noir 100 %
Production moyenne : 30 000 bt/an

DOMAINE GEORGES MUGNERET-GIBOURG
5, rue des Communes,
21700 Vosne-Romanée
03 80 61 01 57
www.mugneret-gibourg.com • Vente et visites : au domaine sur rendez-vous.
Fermé le mercredi.
Propriétaire : Marie-Christine Teillaud et Marie-Andrée Nauleau

---

★★

DOMAINE MÉO-CAMUZET

Une des adresses les plus sûres de toute la Bourgogne. Jean-Nicolas Méo est un viticulteur méticuleux et un adroit vinificateur, qui sait produire de grands bourgognes parfumés, policés et suaves au premier abord, mais qui ont une étoffe et une profondeur de texture admirables, entre classicisme et modernité. Les parfums s'épanouissent avec quelques années de bouteille et le vin gagne encore en profondeur. Toutes ces qualités sont largement reconnues par le marché mondial ; les vins sont tous prévendus et il est impossible d'acheter au domaine. Jean-Nicolas a démarré en 2014 une aventure viticole en Oregon, qui s'annonce passionnante.

Les vins : le fixin Clos du Chapitre, svelte, athlétique et profilé, s'appuie sur des tanins fins et réglissés, mais un peu saturés. L'empreinte du bois ressort légèrement en finale, mais le temps l'harmonisera. Maturité de fruit poussée dans le vosne-romanée Les Chaumes 2015, dont l'interprétation plus extractive s'avère un rien démonstrative. Si sa puissance cède le pas à l'élégance attendue au vieillissement, il s'harmonisera sans difficulté. On trouve au nez du nuits Les Murgers de fines notes fumées, du cassis et une touche de poivre noir. Étoffé, luxuriant, il ne se révélera vraiment que dans six à huit ans minimum.

- Fixin Premier Cru Clos du Chapitre 2015   49 €   15
- Nuits-Saint-Georges Premier Cru Aux Murgers 2015   115 €   16,5
- Vosne-Romanée Premier Cru Les Chaumes 2015   115 €   15,5

Le coup de ♥
- Corton Grand Cru Les Perrières 2015   185 €   18

Cuir noble, poivre de Cayenne, cannelle : le nez se montre très évocateur dans ce corton au pedigree irréprochable. Servi par un grain de tanins patiné et sapide, ce vin terrien, vif et somptueux, se décline tout en ampleur moelleuse et densité de chair.

Rouge : 13,8 hectares.
Pinot noir 100 %
Blanc : 3,6 hectares.
Production moyenne : 70 000 bt/an

DOMAINE MÉO-CAMUZET
11, rue des Grands-Crus,
21700 Vosne-Romanée
03 80 61 55 55 • www.meo-camuzet.com
Visites : Pas de visites.

Propriétaire : Famille Méo

DOMAINE HENRI PERROT-MINOT ET DOMAINE CHRISTOPHE PERROT-MINOT

Les domaines Perrot-Minot possèdent un beau patrimoine de vins en Villages, premiers crus et grands crus, issus de vieilles vignes, qu'ils complètent par quelques achats de raisin – entre autres en Chambertin et en Clos de Bèze. Vigneron perfectionniste, Christophe Perrot-Minot produit des vins moins démonstratifs et plus raffinés que par le passé, laissant parler le terroir avec bien plus de naturel. Sur de très vieilles vignes telles La Richemone et La Combe d'Orveau, il a créé une cuvée baptisée Ultra (mention précisée sur la contre-étiquette), quintessence du terroir. Ses vins ont beaucoup gagné en finesse sur les derniers millésimes : immédiatement approchables, très fédérateurs, ils ont fait l'objet de tous les soins, dans un style prodigue, peut-être un peu luxueux et apprêté, mais séducteur en diable.

Les vins : le domaine a superbement réussi ses 2015. Leur finesse, leur fraîcheur et pureté sont très convaincantes, et les élevages judicieux bien que parfois un peu trop présents. Avec son excellente fraîcheur de fruit, le gevrey-chambertin se présente déjà radieux et précis, sans aspérités. Délicat, nerveux, le chambolle a un élevage un peu appuyé. Avec une touche d'écorce et d'orange sanguine, le morey En la Rue de Vergy raconte l'intensité de ses saveurs calcaires, dans un profil assez nerveux et marqué de saveurs acidulées. Floral, aérien, le vosne Champs Perdrix se fait voluptueux et très habilement patiné par l'élevage : ses saveurs sont justes et sa maturité sobre. Seul un boisé un peu prégnant restreint légèrement son élan. Sensuelle, déliée, la bouche du morey La Riotte est dominée par des saveurs d'épices. Excellent Les Murgers des Cras : trame soyeuse, dynamique, qualité salivante, grande finesse et jus désaltérant. Nez de grenade et de pivoine dans le chambolle Combe d'Orveau Ultra, dont le jus plein et velouté se déroule en bouche avec aisance, dans un festival de notes réglissées et de saveurs de petits fruits frais. Grande finesse aromatique de la cuvée Ultra, aux notes de ronces et de fraîcheur florale. Très énergique, revigorante, la bouche raconte toute la sève et l'allonge des vignes centenaires et leur puissance contenue, habilement domptée. Le nez du charmes-chambertin est un vrai ravissement, impressionnant de finesse et de fraîcheur pour le millésime. La bouche est éclatante, juteuse, avec des tanins très délicats, comme saupoudrés sur le fruit : un vin mémorable. Épicé, flamboyant, le Mazoyères-Chambertin présente un fruit plus mûr et une trame plus ferme et dense que celle du charmes : Nerveux, pourvu d'une énergie contagieuse, il irradie mais reste un rien comprimé par ses tanins d'élevage. Le poivre noir, le noyau de cerise et le cuir fin résonnent dans l'aromatique du somptueux chambertin, vibrant et élancé. Sa fraîcheur et ses grandes qualités tactiles trouvent écho jusque dans l'expression de la finale.

- Chambertin Grand Cru 2015 — N.C. 19
- Chambolle-Musigny 2015 — N.C. 15
- Chambolle-Musigny Premier Cru La Combe d'Orveau Ultra 2015 — N.C. 18
- Charmes-Chambertin Grand Cru 2015 — N.C. 19
- Gevrey-Chambertin 2015 — N.C. 16
- Mazoyères-Chambertin Grand Cru 2015 — N.C. 18
- Morey-Saint-Denis La Rue de Vergy 2015 — N.C. 15,5
- Morey-Saint-Denis Premier Cru La Riotte 2015 — N.C. 16
- Nuits-Saint-Georges Les Murgers des Cras 2015 — N.C. 16,5
- Nuits-Saint-Georges Premier Cru La Richemone Ultra 2015 — N.C. 17,5
- Vosne-Romanée Champs Perdrix 2015 — N.C. 15,5

Le coup de ♥
- Chambertin-Clos de Bèze Grand Cru 2015 — N.C. 20

La fraise, la menthe et les épices sont convoquées par son nez revigorant et frais. La bouche reprend ce tempo en sublimant un jus admirable de fraîcheur et de complexité, qui associe un style un rien flatteur à l'intensité magique d'un grand terroir porté à son pinacle. L'émotion de la gourmandise du pinot bourguignon porté à son sommet.

Rouge : 12 hectares.
Pinot noir 100 %
Production moyenne : 65 000 bt/an

DOMAINE HENRI PERROT-MINOT ET DOMAINE CHRISTOPHE PERROT-MINOT
**54, route des Grands Crus,
21220 Morey-Saint-Denis**
03 80 34 32 51 • www.perrot-minot.fr •
Vente et visites : au domaine sur rendez-vous.

BOURGOGNE CÔTE DE NUITS

Propriétaire : Christophe Perrot-Minot

★★
DOMAINE CHANTAL REMY

L'ancien domaine Louis Remy, rebaptisé Chantal Remy par le jeu des successions, a perdu une bonne partie de ses vignes. Peu interventionniste, Chantal Remy (accompagnée depuis peu par son fils) produit depuis 1988 des vins très classiques, gracieux et charnels, qui évoluent merveilleusement bien. Le domaine possède de très vieilles vignes dans le Clos de Laroche, en Latricières-Chambertin et en Chambertin grand cru. Notons aussi le Clos des Rosiers, des vignes plantées derrière le domaine, en bas du Clos des Lambrays, qui pourrait un jour prétendre au titre de premier cru, voire de grand cru, lorsqu'elles auront atteint un âge suffisant pour produire des grands vins.

Les vins : grande élégance aromatique et raffinement de texture dans le très élégant morey Clos des Rosiers : traversé d'un sillage de fruits frais d'une rare pureté d'expression, ce vin épuré et limpide incarne un modèle de vin bourguignon digeste et hors des modes. Réservé, le Clos de la Roche 2014 met du temps à livrer ses arômes envoûtants de lila et de champignon frais. L'extrême délicatesse de sa texture en dentelle se prolonge de tanins soyeux et poudrés, parsemés d'une myriade de petits amers nobles.

- Clos de la Roche Grand Cru 2014 102 € 18
- Morey-Saint-Denis Clos des Rosiers 2014 50 € 16,5

Le coup de ♥
- Latricières-Chambertin Grand Cru 2014 108 € 19

Les notes de grenade, de quinquina et de végétal noble rivalisent de finesse dans ce vin ravissant, dont la fraîcheur de sève et le naturel d'expression sont bouleversants. Persistance et intensité à l'unisson parachèvent cette petite merveille.

Rouge : Pinot noir 100 %
Production moyenne : 5 000 bt/an

DOMAINE CHANTAL REMY
1, place du Monument,
21220 Morey-Saint-Denis
03 80 34 32 59 •
www.domaine-chantal-remy.com • Vente et visites : au domaine sur rendez-vous.
Tous les jours de 10h à 12h et de 14h à 18h sauf le samedi et dimanche.

Propriétaire : Chantal Remy

DOMAINE EMMANUEL ROUGET

Emmanuel Rouget a fait ses classes dès 1979 avec le célèbre Henri Jayer, son oncle. En 1985, le neveu produit son premier vin, avant de reprendre progressivement les vignes de l'emblématique vigneron de Vosne-Romanée, décédé en 2006 - dont le célèbre Cros Parantoux. Les méthodes culturales sont celles apprises à son contact : tailles courtes et rendements raisonnés. En cave, prime le respect du raisin sain, sans excès de maturité, afin de préserver la fraîcheur et l'acidité du pinot. Emmanuel Rouget est sans doute le seul vrai héritier du style Jayer, cette recherche de vins fins, élégants et racés, au fruité intense et dont la complexité grandit avec le temps. Depuis maintenant quinze ans, il pratique des élevages plus longs sur lies, sans soutirage. Les vins ont gagné en épaisseur et en profondeur ce qu'ils ont peut-être perdu en spontanéité.

Les vins : le domaine ne nous ayant pas fait parvenir ses vins cette année, nous sommes amenés à reconduire les notes et les commentaires de notre édition précédente. Nous aimons le côtes-de-nuits, si délicat en bouche, qui délivre un fruit net et pur. Le vosne-romanée 2014 n'a pas terminé son élevage, mais s'affirme déjà par une bouche pleine, douce et veloutée, avec une belle persistance sur un fruit sapide. Le nuits-saint-georges au fruit éclatant, frais en bouche, s'impose d'année en année par sa présence raffinée et tellurique. Le vosne-romanée Les Beaumonts 2014 est dans le pur style de l'école d'Henri Jayer : un vin énergique, dont le boisé qui en souligne les contours fait chanter le fruit, avec un joli velouté de texture et une certaine élégance. Profond, l'échézeaux 2014 s'impose par son étoffe. Un rien plus exubérant, avec sa note de noyau de cerise et sa touche chocolatée, il se révélera dans les vingt ou trente prochaines années. Le millésime va comme un gant au Cros Parentoux 2014, vif et tendu, qui s'appuie davantage sur la dynamique d'un fruit vibrant que sur l'épaisseur. Ce vin d'altitude laisse ressurgir un fruit pur, frais et acidulé, avec une note de pierre froide et un soupçon de velouté propre à son ADN. La ligne d'horizon de ce vin issu d'un terroir mythique : une élégance majeure et une minéralité prégnante qui le portera loin dans le temps. L'échézeaux 2013 offre une belle attaque veloutée :

doté d'une matière généreuse et gourmande, son fruit est omniprésent mais légèrement gainé par l'élevage. Un vin racé et élégant.

- Côte de Nuits 2014 — 45 (c) € — 13,5
- Echézeaux Grand Cru 2013 — 415 (c) € — 18
- Echézeaux Grand Cru 2014 — 350 (c) € — 18,5
- Vosne-Romanée 2014 — 120 (c) € — 15
- Vosne-Romanée Premier Cru Cros Parantoux 2014 — 820 (c) € — 19
- Vosne-Romanée Premier Cru Les Beaumonts 2014 — 260 (c) € — 17
- Nuits-Saint-Georges 2014 — 80 (c) € — 15,5

DOMAINE EMMANUEL ROUGET
**18, route Gilly Les Cîteaux,
21640 Flagey-Échézeaux
03 80 62 86 61** ● **domaine.clf@wanadoo.fr**
● **Vente et visites : au domaine sur rendez-vous.**
Propriétaire : Emmanuel Rouget

★★
DOMAINE CÉCILE TREMBLAY

En quelques millésimes, cette talentueuse vigneronne a su s'imposer comme l'une des figures montantes de la nouvelle génération. En 2003, Cécile Tremblay récupérait les vignes de ses arrière-grands-parents, des parcelles à la surface très limitée mais idéalement situées, à Vosne-Romanée, Morey-Saint-Denis, Chambolle-Musigny ou encore Gevrey-Chambertin, qu'elle a converties naturellement en bio. Adepte des vinifications en raisins non-égrappés, l'intéressée vise moins les vins surpuissants que ceux trouvant leur équilibre à travers la structure et surtout, des textures extrêmement veloutées. Du vosne-romanée jusqu'au chapelle-chambertin, ils sont devenus des références incontournables. Le domaine a évolué dans la pureté de ses vins et dans la définition des crus.

Les vins : le très vigoureux morey-saint-denis, qui brille par sa profondeur de saveurs, est tout en carrure, prolongé de notes d'écorce et de cacao en finale. La matière veloutée et sobre du chambolle Les Cabottes s'illustre par un grain admirablement ouvragé : suave, intègre, poli par l'élevage, très épicé en finale, c'est un chambolle majeur. Senteurs de violette et de cassis frais dans le vosne Vieilles Vignes, sphérique et épicé, encore très immature mais nerveux : attendons-le. Corsé mais sapide, buriné, intègre et tonique, Les Murgers s'apprête à totalement digérer son élevage et s'impose comme une référence. Acidulé et vif, Les Rouges du Dessus est encore sur la réserve : sa douceur de texture, le soyeux de son grain de tanin et ses notes de graphite en finale nous captivent. Gracile et fin, le vosne Les Beaumonts possède une ampleur savoureuse et une trame en filigrane. Pénétrant, épicé et robuste au premier abord, l'échezeaux impressionne par son volume monumental et l'intensité de ses saveurs de fruits mûrs et vifs : c'est un vin terrien, vivace et revigorant. Si la vigueur et le caractère inflexible du cru sont encore dans les limbes, le magistral chapelle-chambertin monte en puissance en une polyphonie de saveurs, saturant la bouche de saveurs subtiles mais intenses, tel un coulis de petits fruits noirs infusé d'épices douces.

- Chambolle-Musigny Les Cabottes 2015 — 55 (c) € — 16,5
- Chapelle-Chambertin Grand Cru 2015 — 180 (c) € — 18,5
- Echezeaux Grand Cru 2015 — 180 (c) € — 18
- Morey-Saint-Denis Très Girard 2015 — 45 (c) € — 16
- Nuits-Saint-Georges Premier Cru Les Murgers 2015 — 80 (c) € — 17
- Vosne-Romanée Premier Cru Les Beaumonts 2015 — 120 (c) € — 17
- Vosne-Romanée Premier Cru Les Rouges du Dessus 2015 — 100 (c) € — 16,5
- Vosne-Romanée Vieilles Vignes 2015 — 55 (c) € — 17

Le coup de ♥
- Chambolle-Musigny Premier Cru Les Feusselottes 2015 — 100 (c) € — 17,5

Un nez ravissant et pur, parsemé de fleurs séchées et de fruits des bois, mène la danse dans ce chambolle Les Feusselottes de haute volée : une chair corsée, ciselée mais prenante, emplit harmonieusement la bouche. Un grand vin chaleureux et racé.

Rouge : 4 hectares.
Pinot noir 100 %

DOMAINE CÉCILE TREMBLAY ♣
**1, rue de la Fontaine,
21700 Vosne-Romanée
03 45 83 60 08** ●
www.domaine-cileltremblay.com ●
Visites : Pas de visites.
Propriétaire : Cécile Tremblay

BOURGOGNE CÔTE DE NUITS

DOMAINE DE LA VOUGERAIE

Le domaine de la Vougeraie, créé en 1999 par la réunion des plus beaux terroirs de la maison Boisset, a désormais atteint un rythme de croisière de très haut niveau. Les 67 parcelles sur 34 ha sont travaillées en biodynamie. depuis 2001. Bénéficiant d'infrastructures modernes, et d'une approche très respectueuse des terroirs en termes de vinification, le domaine s'impose comme un des plus prometteurs du paysage bourguignon actuel. Pierre Vincent, qui était régisseur du domaine depuis 2006, vient de partir en début d'année au domaine Leflaive.

Les vins : les rouges 2015 nous ont un peu déçus, certes savoureux et mûrs, mais patinés par des élevages prégnants, surtout nuits les Damodes, énergique et charpenté, et le gevrey les Evocelles. Le caractère épais, un peu collant du clos-de-vougeot le rend assez mutique. Des saveurs épicées et sucrées imprègnent l'expression aromatique du charmes-chambertin : sa sève et sa structure volumineuse viennent à point nommé pour intégrer l'élevage, et l'ensemble, sur la réserve, possède beaucoup de fond et d'envergure. Le bonnes-mares se montre vigoureux, doté d'une sève tellurique et d'une grande profondeur. Les fruits noirs reviennent à l'aération, avec une finale large et ferme. Supplément évident de complexité dans le nez du musigny, réservé mais majestueux, dont l'imposante stature et la persistance de saveurs dominent aisément les contingences. Les blancs se sont montrés très convaincants : le puligny Champ Gain offre beaucoup de vigueur et de volume, est un peu réservé mais de belle prestance. La pureté de saveurs, l'allonge effilée à l'austérité presque cistercienne du serré et complexe vougeot blanc nous ravit. Sa tension revigorante, sa finale crayeuse et franche signent un vin de grand caractère. Un peu réduit à l'ouverture, le corton-charlemagne, musclé et ample, livre une matière puissante, saline et austère : le temps arrondira les angles mais son intensité en finale indique un grand avenir. Floral et pénétrant, le nez du bâtard-montrachet est assez racé. Dense, il est un peu serré par l'élevage : à revoir au vieillissement. Entre le miel d'acacia et le tilleul, le bienvenues-bâtard trouve sa voie avec une matière bien mûre, corsée et solaire, dotée d'une grande richesse et profondeur de sève. Son allonge fraîche et impérieuse signe son pedigree.

- Bienvenues-Bâtard-Montrachet 2015   N.C 18
- Bâtard-Montrachet Grand Cru 2015   N.C   17
- Corton-Charlemagne Grand Cru Le Charlemagne 2015   N.C. 17,5
- Puligny-Montrachet Premier Cru Champ Gain 2015   N.C. 16
- Vougeot Premier Cru Le Clos Blanc de Vougeot 2015   N.C. 17
- Bonnes-Mares Grand Cru 2015   N.C. 17,5
- Charmes-Chambertin Grand Cru Les Mazoyères 2015   N.C. 17
- Clos de Vougeot Grand Cru 2015   N.C. 16,5
- Gevrey-Chambertin Les Evocelles 2015   N.C. 15
- Musigny Grand Cru 2015   N.C. 18,5
- Nuits-Saint-Georges Premier Cru Les Damodes 2015   N.C. 15,5

Le coup de
- Chevalier-Montrachet 2015   N.C. 19

Avec sa grande douceur de texture, ce somptueux blanc se montre épuré, harmonieux et très distingué. Son enveloppe solaire est proportionnée et tempérée par une fraîcheur mentholée et onctueuse, qui lui apporte énormément de cachet.

Rouge : 25 hectares.
Pinot noir 100 %
Blanc : 8 hectares.
Chardonnay 100 %
Production moyenne : 120 000 bt/an

DOMAINE DE LA VOUGERAIE ♣

7 bis, rue de l'Eglise,
21700 Prémeaux-Prissey
03 80 62 48 25 ●
www.domainedelavougeraie.com ● Vente et visites : au domaine sur rendez-vous.
Propriétaire : Jean-Claude Boisset
Directeur : Sylvie Poillot
Œnologue : Pierre Vincent

MAISON JEAN-CLAUDE BOISSET

Jean-Claude Boisset est à la tête d'un empire en Bourgogne regroupant plus d'une trentaine de marques. Longtemps associé à la production de vins moyens, voire médiocres, il a engagé depuis 1999 un changement de cap avec la création du domaine de la Vougeraie. Une seconde étape a été franchie en 2002 avec le repositionnement sur le créneau haut de gamme de sa marque phare : Jean-Claude Boisset. Pour y parvenir, il en a confié les rênes à un vinificateur de talent formé chez Lalou Bize-Leroy, Grégory Patriat. La production a été divisée par dix, un nouvel outil de vinification ultramoderne a été construit et une politique intelligente et exigeante d'achat de raisins est désormais menée. Le résultat est spectaculaire et les vins font aujourd'hui partie de l'élite bourguignonne.

Les vins : les blancs sont réussis. Finement grillé, précis, salin et mûr, Creux de Sobron est rendu gourmand par sa touche de miel frais. Riche et épanoui, porté par des saveurs d'agrumes et de petits amers salivants, Limozin s'avère puissant, énergique, doté d'un bon relief en finale. Très beaux arômes floraux, d'amande grillée et de noix de cajou dans le séduisant beaune premier cru Vignes Franches, à l'acidité tempérée de saveurs citronnées. Délié et ouvert, Trezin s'offre avec générosité, plus en largeur qu'en profondeur. De bons amers viennent lui donner du relief et du tonus. Parmi les rouges, retenons surtout le gevrey Les Murots, aux senteurs de framboise confite, qui crée le consensus par sa séduction sans apprêt et sa finale de tanins fondus. Un fruit assez vif et intense imprime la dynamique des Grèves. Tout en sève, assez serré et austère, un vin encore corseté par son élevage. Des épices et des notes de cuir fin viennent enrichir Les Charmes. Profond et structuré, ce vin très mûr est appuyé par des tanins abondants et massifs, un rien asséchants. Saveurs de fraises et d'épices douces dans le clos-de-la-roche, très bien défini et juste dans son propos, à la finesse enviable, mais dont les tanins un peu collants amoindrissent les qualités.

▭ Beaune Premier Cru Vignes Franches 2015	27 €	16
▭ Côte de Nuits-Villages Creux de Sobron 2015	18 €	15,5
▭ Meursault Le Limozin 2015	25 €	15,5
▭ Puligny-Montrachet Le Trezin 2015	29 €	16
▬ Beaune Premier Cru Les Grèves 2015	28 €	16
▬ Chambolle-Musigny 2015	28 €	15
▬ Chambolle-Musigny Premier Cru Les Charmes 2015	54 €	16
▬ Clos de la Roche Grand Cru 2015	110 €	16,5
▬ Gevrey-Chambertin Les Murots 2015	26 €	16
▬ Nuits-Saint-Georges Les Charbonnières 2015	26 €	15,5
▬ Savigny-lès-Beaune Premier Cru Les Peuillets 2015	22 €	15

Le coup de
▭ Meursault Premier Cru Les Charmes 2015	46 €	17

Magnifique matière mûre et savoureuse, déliée et précise : sa densité et son envergure de saveurs n'obèrent en rien la finesse et l'éclat du fruit. C'est une superbe réussite, dans un style intègre et généreux.

Rouge : Pinot noir 100 %
Achat de raisins.
Blanc : Chardonnay 100 %
Achat de raisins.
Production moyenne : 200 000 bt/an

MAISON JEAN-CLAUDE BOISSET
**Les Ursulines, 5, quai Dumorey,
21700 Nuits-Saint-Georges
03 80 62 61 61 • www.boisset.fr •
Visites : Pas de visites.
Propriétaire : Jean-Claude Boisset
Directeur : Grégory Patriat**

★
DOMAINE COMTE GEORGES DE VOGÜÉ

Implanté à Chambolle-Musigny, le domaine Comte Georges de Vogüé est l'une des propriétés majeures de la Côte-d'Or. Il possède la plus grande parcelle de Musigny, complétée par quelques crus magnifiques comme le chambolle-musigny Les Amoureuses ou le bonnes-mares, ainsi qu'un rare musigny blanc. Les vignes de Musigny (rouge) de moins de 25 ans sont repliées en Chambolle-Musigny premier cru. Les vins de cette propriété ont toujours été cités en exemple, à la fois pour leur régularité, leur raffinement mais aussi pour leur longévité. Ils donnent une lecture très épurée du terroir, avec un fruit d'une grande netteté, des vins tout en délicatesse et en nuances, jamais démonstratifs. Une sorte de beauté froide.

Les vins : le profil flamboyant du chambolle-musigny décline des saveurs de mûres, de cassis et de poivre noir. Vigoureuse, intègre, sa matière dense et structurée crée la synergie entre acidité et maturité, avec une grande tension interne et une concentration naturelle. Nous n'avons hélas pu déguster que deux vins, mais nous reviendrons beaucoup plus en détail l'an prochain sur la gamme complète des vins du domaine.

BOURGOGNE CÔTE DE NUITS

- Chambolle-Musigny Premier Cru 2015 — N.C. 18

Le coup de ♥
- Musigny Grand Cru Vieilles Vignes 2014 — N.C. 19

Il associe un univers aromatique frais et printanier (mousse, champignon frais, pivoine, gelée de fruits) à un profil énergique, digeste, dont la sève délicate garde une trame rigoureuse et un toucher calcaire en finale. Il vieillira avec grâce.

Rouge : 11,84 hectares.
Pinot noir 100 %
Blanc : 0,66 hectare.
Chardonnay 100 %
Production moyenne : 36 000 bt/an

DOMAINE COMTE GEORGES DE VOGÜE
Rue Sainte-Barbe,
21220 Chambolle-Musigny
03 80 62 86 25 • Vente et visites : au domaine sur rendez-vous.
Du lundi au vendredi de 9h à 12h et de 14h à 18h.
Propriétaire : Baronne B. de Ladoucette

DOMAINE PIERRE DAMOY

Pierre Damoy est en charge de ce prestigieux domaine depuis 1992. Il exploite la plus grande surface en propriété individuelle du fameux grand cru Clos de Bèze (plus de 5 hectares, dont une partie réservée pour le négoce), ce qui lui permet de procéder à des sélections sévères pour ses mises en bouteille, et de présenter deux cuvées. Son autre point fort : une très vieille vigne sur Chapelle-Chambertin, plus souple et plus tendre que son propre chambertin. La viticulture est raisonnée depuis de nombreuses années, sans apports d'engrais. Le domaine produit des vins classiques, assez puissants qui, depuis quelques millésimes, traduisent mieux l'expression des terroirs.

Les vins : les 2015 sont bâtis pour la garde, dès le Bourgogne rouge, marqué par les fruits noirs et des notes fumées. Le marsannay Les Longeroies est structuré par une sève énergique et des tanins mûrs et pleins. Le gevrey s'appuie sur des saveurs un peu extraites et un boisé qui densifie sa finale, mais son fruit reste tendre. Le gevrey Clos Tamisot offre plus d'élégance et de finesse dans les tanins. Grand raffinement du chapelle-chambertin, velouté et très mûr, dont le fruit souffre d'un léger manque de fraîcheur. Le nez du clos-de-bèze embaume la fraise et le thym. Assez suave, avec une qualité de fruit pulpeuse, ce vin enrobé et profond offre beaucoup de nuances et de finesse, et on prendra soin de l'oxygéner pour le détendre et révéler sa fraîcheur.

- Bourgogne 2015 — N.C. 14
- Chambertin Clos de Bèze Grand Cru 2015 — N.C. 18
- Chapelle-Chambertin Grand Cru 2015 — N.C. 16,5
- Gevrey-Chambertin 2015 — N.C. 15
- Gevrey-Chambertin Clos Tamisot 2015 — N.C. 15,5
- Marsannay Les Longeroies 2014 — N.C. 15

Le coup de ♥
- Chambertin Grand Cru 2015 — N.C. 18,5

Il est logé dans un corset de tanins serrés mais bien ouvragés : harmonieux, assurément impressionnant par son volume et l'intensité de sa sève. À oublier 15 ans en cave.

Rouge : 10,47 hectares.
Pinot noir 100 %
Achat de raisins.
Production moyenne : 20 000 bt/an

DOMAINE PIERRE DAMOY
11, rue du Maréchal-de-Lattre-de-Tassigny,
21220 Gevrey-Chambertin
03 80 34 30 47 •
www.domaine-pierre-damoy.com •
Visites : sur rendez-vous uniquement aux professionnels.
Propriétaire : Famille Damoy
Directeur : Pierre Damoy

MAISON DECELLE-VILLA

Cette maison a été fondée en 2009 par deux grands messieurs du vin, Olivier Decelle (Mas Amiel en Roussillon et Château Jean Faure à Saint-Émilion), et Pierre-Jean Villa, vigneron à Chavanay en Saint-Joseph, Condrieu et Côte-Rôtie. Basé à Nuits-Saint-Georges, cette structure lie une partie de vignes en propriété (3 ha cultivés en bio) sur les Côtes de Beaune et de Nuits à une autre uniquement en achat de raisin. Le fin technicien Jean Lupatelli supplée depuis le début les associés à la cave, et va recentrer dans les années à venir la production sur les vins issus des vignobles en propriété.

Les vins : mûr et franc, le bourgogne blanc séduit par sa mâche et son énergie. Charnu et citronné, le savigny-lès-beaune blanc convainc par son volume, sa franchise de saveurs et sa fraîcheur épicée. Floral et tendre, le saint-aubin libère un joli gras et des saveurs finement grillées. Un peu réduit mais généreux, le meursault s'offre langoureusement, avec équilibre. Les rouges sont fins et précis : caractère encore un rien lactique dans le nez bien mûr du chorey-les-beaune, expressif et complet, très plein et volumineux ; épices et fruits frais dans le fringant savigny Les Gollardes. Très épicé et intense, le beaune Clos du Roi se montre profilé, sphérique et de grande envergure. On aime son fruit séveux, que souligne un boisé de qualité un rien toasté. Les nuits et le vosne sont précoces et savoureux, avec un boisé un peu vernissé dans le dernier. Coloré, nerveux, le pommard s'appuie sur une trame veloutée. Sa justesse de saveurs et sa précision de texture séduiront à coup sûr, dans un style contemporain très soigné.

⇨ Bourgogne 2015	17 €	14,5
⇨ Meursault 2015	49 €	16
⇨ Saint-Aubin Premier Cru Sous Roche Dumay 2015	39,20 €	16
⇨ Savigny-lès-Beaune 2015	26,50 €	15
⬛ Beaune Premier Cru Clos du Roi 2015	41 €	16
⬛ Chorey-lès-Beaune Les Beaumonts 2015	26 €	16
⬛ Nuits-Saint-Georges 2015	36,50 €	16
⬛ Pommard Premier Cru Les Epenots 2015	56 €	16,5
⬛ Savigny-lès-Beaune Les Gollardes 2015	25 €	15,5
⬛ Vosne-Romanée 2015	58 €	15,5

Le coup de ♥
⬛ Nuits-Saint-Georges Premier Cru Aux Bousselots 2015   56 € 17,5

Encore sur la réserve, il offre un visage raffiné, encadré de petits tanins poudrés et débordant d'un fruit juteux aux saveurs d'agrumes. Harmonieux, persistant, il ira loin.

Rouge : 7 hectares.
Pinot noir 100 %
Achat de raisins.
Blanc : 3 hectares.
Chardonnay 100 %
Achat de raisins.
Production moyenne : 50 000 bt/an

MAISON DECELLE-VILLA
**3, rue des Seuillets,
21700 Nuits-Saint-Georges
03 80 53 74 35 ● www.decelle-villa.com ●
Visites : Pas de visites.**

Propriétaire : Olivier Decelle et Pierre Jean Villa
Directeur : Jean Lupatelli

NOUVEAU DOMAINE

DOMAINE HENRI GOUGES

Depuis près d'un siècle, la famille Gouges défend la qualité des vins de Nuits-Saint-Georges en général, et ceux du domaine familial en particulier, qui fût en 1929 parmi les tout premiers à mettre en bouteille à la propriété. Le domaine est aujourd'hui entre les mains de Christian Gouges, secondé par Grégory et Antoine Gouges. Le patrimoine de vignes comprend six premiers crus de Nuits-Saint-Georges rouges, et un premier cru blanc, le confidentiel mais fascinant La Perrière, issu d'une mutation du pinot noir. Avec une régularité sans faille, le domaine donne naissance à des vins francs, droits et profonds, qui ont su conquérir le goût d'amateurs exigeants. Aucun artifice d'élevage ni effet de style n'est utilisé. S'il faut toujours savoir être patient pour capter toute la complexité d'un grand Saint-Georges, Vaucrains ou Les Pruliers, les vins ont, depuis quelques millésimes, gagné en finesse et en soyeux avec un fruit plus tendre et immédiat, sans renier pour autant leur vigueur ni leur capacité de garde. Ce domaine nous semble en meilleur forme que jamais, référence absolue des grands terroirs nuitons. Sa présence est indispensable dans ce guide, qu'il réintègre avec la première étoile.

Les vins : la cerise confite traduit la maturité avancée du nuits. Les Chaignots, dont le caractère ample, chaleureux mais vigoureux, s'organise autour d'une matière réglissée. Il ne manque pas de fraîcheur. Superbe chair florale et saveurs de cerise burlat dans Les Pruliers, charnu mais élancé, civilisé et avenant, tout en fraîcheur, volume et moelleux, sans le caractère austère et un peu rigide que prend parfois ce cru. Les Saint-Georges se fait presque capiteux dans ses saveurs de pulpe de fruit. Tension, volume et élan se conjuguent en une chair burinée. Dans le Clos des Porrets Saint-Georges, des touches fumées et de cannelle, un caractère légèrement compoté mais frais composent une matière souple et précoce dédiée au fruit. Le cadre tannique est ferme mais d'une grande finesse de tanins. Des saveurs de mirabelle et une touche caramélisée apportent une vraie singularité au nuits blanc La Perrière. Avec une carrure de rouge, des notes d'amande et une

BOURGOGNE CÔTE DE NUITS

densité solaire mais équilibrée, ce vin sans lourdeur présente beaucoup d'allonge et de beaux amers en finale.

▻ Nuits-Saint-Georges Premier Cru La Perrière 2015	75 €	17
▬ Nuits-Saint-Georges Premier Cru Clos des Porrets Saint-Georges 2014	46 €	16,5
▬ Nuits-Saint-Georges Premier Cru Les Chaignots 2015	44 €	16,5
▬ Nuits-Saint-Georges Premier Cru Les Pruliers 2015	63 €	17,5
▬ Nuits-Saint-Georges Premier Cru Les Saint-Georges 2015	109 €	18

Le coup de ♥

▬ Nuits-Saint-Georges Premier Cru Les Vaucrains 2015	78 €	18

Caractère réservé et arômes de fève de cacao, de cuir frais et d'écorce dans ce premier cru, qui offre beaucoup de fraîcheur en attaque : un profil lancinant mais charnu, mûr mais tonique, dans ce vin spirituel et volubile.

Rouge : 13,2 hectares.
Pinot noir 100 %
Blanc : 1,3 hectare.
Divers blanc 100 %
Production moyenne : 60 000 bt/an

DOMAINE HENRI GOUGES
7, rue du Moulin,
21700 Nuits-Saint-Georges
03 80 61 04 40 ● www.gouges.com ● Pas de visites.
Pas de visites.
Propriétaire : Famille Gouges

★

DOMAINE HUGUENOT PÈRE ET FILS

Héritier d'une dizaine de générations de vignerons établis à Marsannay, Jean-Louis Huguenot a produit pendant longtemps des vins techniquement irréprochables qui glanaient de nombreuses médailles dans les concours. Plus discret, son fils Philippe est un jeune vinificateur ambitieux qui a su donner davantage de personnalité aux vins, sans pour autant obérer leurs qualités fondamentales. L'ensemble de la gamme se révèle très homogène, avec des vins solides qui se sont affinés depuis quelques millésimes.

Les vins : le marsannay blanc, tendu par l'élevage, est précis mais manque de fruit et de relief. Assez parfumé, jouflu, le bourgogne est bien constitué et sa fraîcheur le rend très approchable et gourmand. Marqué par un boisé crémeux, le côtes-de-nuits-villages possède un joli fruit frais et des tanins fins. Bien réussis, les marsannays rouges sont mûrs et équilibrés, en particulier Montagne, subtil et frais, La Charmes aux Prêtres, plus ample, et surtout Champs-Perdrix, un vin élancé et subtil doté d'une excellente finesse. Vigoureux, large d'épaules, le fixin Petits Crais est séduisant et précoce, sans l'allonge et la finesse de la plupart des marsannays. Assez gourmand, le gevrey Vieilles Vignes se montre précis, plutôt intense et vif, avec des tanins mûrs. Vin souple, tendre et précoce, le gevrey Les Crais se fait déjà très enjôleur. Dommage qu'une touche de vanille apportée par le bois soit un peu prégnante. Quelques notes d'épices et de fraises percent au nez du charmes-chambertin, encore austère, campé sur un élevage marqué mais de qualité. Salivante, la finale est de bon augure pour l'évolution.

▻ Marsannay Blanc 2015	19 €	13,5
▬ Bourgogne Pinot Noir 2015	14 €	14,5
▬ Charmes-Chambertin Grand Cru 2015	75 €	17
▬ Côte de Nuits Villages La Créole 2015	21 €	14
▬ Fixin Petits Crais 2015	23,50 €	15
▬ Gevrey-Chambertin Les Crais 2015	29 €	15
▬ Gevrey-Chambertin Vieilles Vignes 2015	35 €	15,5
▬ Marsannay 2015	20 €	15
▬ Marsannay Champs-Perdrix 2015	25 €	16
▬ Marsannay La Charme aux Prêtres 2015	25 €	15,5
▬ Marsannay Montagne 2015	23 €	15,5

Le coup de ♥

▬ Gevrey-Chambertin Premier Cru Les Fontenys 2015	48 €	16,5

Matière franche et profonde dans ce gevrey premier cru Fontenys, encore un peu serré par l'élevage mais dont la trame aiguisée et sapide rend très optimiste pour l'avenir.

Rouge : 19,5 hectares.
Pinot noir 100 %
Blanc : 2,5 hectares.
Chardonnay 100 %
Production moyenne : 115 000 bt/an

DOMAINE HUGUENOT PÈRE ET FILS ♣
7, ruelle du Carron,
21160 Marsannay-la-Côte
03 80 52 11 56 ●
www.domainehuguenot.com ● Vente et visites : au domaine sur rendez-vous.

Propriétaire : Famille Huguenot
Directeur : Philippe Huguenot
Œnologue : Pierre Millemann

DOMAINE LAURENT PÈRE ET FILS

Connu et reconnu pour ses vins de négoce, Dominique Laurent a démarré, depuis 2006, une nouvelle aventure avec son fils. Ils ont créé une petite structure dans laquelle ils sont producteurs et éleveurs. Jean s'occupe de la vigne, vinifie et élève les vins avec son père. La plus grande partie des vignes, idéalement implantées, qu'ils cultivent, sont louées à un ancien vigneron de Vosne-Romanée du domaine Hagelin-Jayer. Les Laurent aiment vinifier à partir de raisins non égrappés et élever leurs vins sans soufre. Le bois neuf maison est de rigueur. Dans l'ensemble, les blancs manquent souvent de fraîcheur mais les rouges sont profonds et solides : il faudra toutefois juger de l'intégration du bois neuf à mesure que les vins vieilliront, car certains ne surmonteront peut-être pas tout à fait ce régime parfois invasif. Mais les meilleurs s'inscriront sur la durée et parmi les plus beaux vins que compte la Bourgogne.

Les vins : le parti-pris oxydatif du meursault Poruzots nous déconcerte un peu, mais sa vigueur saline lui confère un vrai intérêt. Son caractère chaud en fin de bouche le rend assez épais et pesant. Pour le bourgogne rouge, attention à l'élevage envahissant qui peut vite masquer le fruit dans la jeunesse. Des senteurs fumées et une pointe de réduction marquent le nuits-saint-georges Les Quatre Vignes, mais nos réserves concernent surtout le caractère confit du fruit. Compact, corseté par son élevage, le gevrey Clos Saint-Pierre affiche une matière très mûre, mais les tanins restent fins et sauront dépasser le caractère toasté. Nous sommes confiants. Des touches d'épices, de cannelle et de réglisse parsèment le svelte et énergique chambolle Combe d'Orveau. On le reverra avec plaisir dans cinq à sept ans.

Meursault 1er cru Le Poruzot 1er Jus 2014	60 €	14
Bourgogne Cuvée MCMXXVI 2015	18 €	13,5
Chambolle-Musigny La Combe d'Orveau 2015	45 €	16
Clos Saint-Pierre 2015	45 €	15,5
Nuits-Saint-Georges Les Quatres Vignes 2015	32 €	14

Le coup de ♥

Clos Vougeot Grand Cru La Plante de l'Abbé 2015	180 €	16,5

Immature, épicé et fumé, ce vin présente un profil encore austère et des saveurs collantes apportées par un boisé très prégnant. Nous comprenons ce style qui fait ses preuves au vieillissement mais nous laisse circonspects lorsqu'on le déguste jeune.

Rouge : 8 hectares.
Pinot noir 100 %
Blanc : 2 hectares.
Chardonnay 100 %
Production moyenne : 25 000 bt/an

DOMAINE LAURENT PÈRE ET FILS
3, place de l'Eglise
21640 Flagey-Echézeaux
03 80 61 49 94 • jrdlaurent@live.fr • Pas de visites.
Propriétaire : Dominique Laurent
Directeur : Jean Laurent

DOMAINE PHILIPPE ET VINCENT LECHENEAUT

Les frères Philippe et Vincent Lecheneaut pratiquent une viticulture probe, sans esbroufe, proche du bio. Ils produisent des bourgognes de type classique, sans excès de corps ni de couleur, mais dotés d'une belle densité de matière et surtout proposant des expressions fidèles des terroirs. L'égrappage est partiel suivant les millésimes, conservant en 2015 jusqu'à 50 % de vendange entière, suivi de fermentations en levures indigènes. Une proportion d'un tiers de fûts neufs est renouvelée chaque année, marquant parfois un peu les vins d'un boisé de qualité, qui finit toujours par s'intégrer.

Les vins : compact, le chambolle s'appuie sur un fruit très mûr. Épicé, séveux, son boisé est un peu appuyé en finale. Le chambolle premier cru, plein et savoureux, offre une sève énergique et une persistance épicée. Dimension assez florale au nez dans le charmeur Les Charrières, fin et svelte, dont l'élégance est servie par de fines touches d'agrumes, contribuant à rendre plus tonique le fruit richement constitué du millésime. Raffiné, le nez des Damodes évoque le pot-pourri et le bois de santal. Assez apprêté, très soigné, il se présente sous un profil très avenant. Sa bouche élancée gagne en étoffe en

BOURGOGNE CÔTE DE NUITS

finale. La vendange entière du clos-de-la-roche imprime le premier nez : notes fumées et florales complexes. Ciselée en attaque, caressante mais ferme et structurée, la bouche possède une profondeur admirable et un équilibre irréprochable. Et quelle persistance !

- Chambolle-Musigny 2015 — 41 (c) € — 15
- Chambolle-Musigny Premier Cru Les Borniques Et Les Plantes 2015 — 66 (c) € — 16,5
- Clos de la Roche Grand Cru 2015 — 180 (c) € — 18,5
- Morey-Saint-Denis Premier Cru Les Charrières 2015 — 60 (c) € — 16,5
- Nuits-Saint-Georges Premier Cru Les Damodes 2015 — 66 (c) € — 17

Le coup de ♥
- Nuits-Saint-Georges Premier Cru Les Pruliers 2015 — 66 (c) € — 17,5

Un peu de réserve dans l'expression aromatique de ce vin, qui se distingue par sa trame énergique et sa précision de saveurs. Vigoureux, profond, il exprime son terroir avec beaucoup de justesse. Juteuse, salivante, la finale est captivante.

Rouge : 9 hectares.
Pinot noir 100 %
Blanc : 1 hectare.
Production moyenne : 40 000 bt/an

DOMAINE PHILIPPE ET VINCENT LECHENEAUT
14, rue des Seuillets,
21700 Nuits-Saint-Georges
03 80 61 05 96 • lecheneaut@wanadoo.fr •
Visites : Pas de visites.
Propriétaire : Philippe et Vincent Lecheneaut
Œnologue : Pierre Milleman

DOMAINE LIGNIER-MICHELOT

Virgile Lignier travaille dur pour hisser son domaine parmi l'élite bourguignonne. Ses efforts lui permettent d'obtenir des vins épurés et droits, parfois à la limite de l'austérité mais toujours avec un grand respect du fruit. Peu charnus, ses vins privilégient la finesse au volume de bouche, manquant parfois d'un rien d'épaisseur voire de maturité, mais dont le caractère digeste, infusé et délicat s'avère très convaincant. La réussite des 2015 est éclatante, avec des équilibres enthousiasmants. Si le domaine continue dans cette voie, il se rapprochera sérieusement de la deuxième étoile.

Les vins : le superbe bourgogne rouge, éclatant et plein de vitalité, apporte déjà beaucoup de plaisir. Matière infusée et sobre, juste, beaucoup d'élégance dans le délicat chambolle-musigny, très savoureux et friand. La Cuvée Jules se montre frais et parfumé, très friand, marqué par la framboise : nous sommes admiratifs de ce style infusé, délicat, qui respecte tous les parfums du fruit. Le morey Vieilles Vignes est tout en nerf et vivacité, et le morey En la Rue de Vergy associe fraîcheur, finesse aromatique et délicatesse de texture. Plusieurs magnifiques moreys premier cru : tanins ciselés, précis, pureté d'expression et allonge dans les Charmes ; plus ferme, Aux Chezeaux est tout en sève, sapide et juteux, innervé d'éclats minéraux ; doté d'un marqueur très fin de végétal mûr, Les Chenevery possède une trame serrée mais pointue, aiguisée et vite salivante à l'aération ; grande finesse et complexité dans Les Faconnières, qui évoque une cerise burlat très mûre et dont la finale est incisive. Mûr, presque opulent dans le caractère pulpeux du fruit, le charmes-chambertin est marqué par une légère surmaturité. Mais la matière reste légère, nuancée et saine. Parfums évanescents d'églantine et de petits fruits frais dans le Clos Saint-Denis : sapide, infusé et prégnant, c'est un vin d'esprit.

- Bourgogne Pinot Noir 2015 — 12 € — 15
- Chambolle-Musigny Premier Cru Cuvée Jules 2015 — 58 € — 17
- Chambolle-Musigny Vieilles Vignes 2015 — 35 € — 16
- Charmes-Chambertin 2015 — 150 € — 17
- Clos Saint-Denis 2015 — 130 € — 18,5
- Morey-Saint-Denis En la Rue de Vergy 2015 — 35 € — 16,5
- Morey-Saint-Denis Premier Cru Aux Charmes 2014 — 58 € — 17
- Morey-Saint-Denis Premier Cru Aux Chezeaux 2015 — 58 € — 16,5
- Morey-Saint-Denis Premier Cru Les Chenevery 2015 — 58 € — 16,5
- Morey-Saint-Denis Premier Cru Les Faconnières 2015 — 58 € — 17
- Morey-Saint-Denis Vieilles Vignes 2015 — 35 € — 16

Le coup de ♥
- Clos de la Roche 2015 — 130 € — 18

Beaucoup d'intensité aromatique, des notes de mûres et de poivre noir rendent le Clos de la Roche irrésistible, d'autant que la finesse de ses tanins et la fraîcheur acidulée de sa sève soulignent avec brio sa profondeur d'expression : magnifique.

Rouge : 10 hectares.
Pinot noir 90 %
Blanc : 0,24 hectare.
Chardonnay 100 %
Production moyenne : 60 000 bt/an

DOMAINE LIGNIER-MICHELOT
**39, rue du Jardins,
21220 Morey-Saint-Denis
06 07 31 24 07** •
virgile-lignier@wanadoo.fr • **Visites : sur rendez-vous uniquement aux professionnels.**
Propriétaire : Virgile Lignier
Directeur : Laure Lignier

DOMAINE ALAIN MICHELOT

Si Alain Michelot reste présent au domaine, sa fille Élodie a désormais en charge la production des vins. Elle a rejoint le domaine familial en 1996, suivie par son mari en 1998. Sans perdre la puissance qui a fait la réputation du domaine, les vins ont gagné en finesse et en élégance. S'ils se dégustent mieux jeunes, il faut leur laisser le temps de s'épanouir. Le domaine possède un bel éventail de premiers crus en Nuits-Saint-Georges et, depuis 2010, exploite une parcelle de Clos Vougeot.

Les vins : En la Perrière Noblot surprend par la richesse de ses arômes, aux touches exotiques, et son boisé qui évoque la colle et le caramel. Puissant, assez épais, ce blanc démonstratif et solaire peut assurément gagner en finesse. Aux Champs-Perdrix est dense, un peu extrait et légèrement marqué par le bois neuf. Nerveux, assez strict mais précis, il demande un peu de temps pour s'attendrir. Caractère tendu et vigoureux dans Les Cailles, vin vitaminé et élancé, encore un peu austère. La justesse de sa texture et sa droiture de sève en font une jolie bouteille de moyenne garde, mais le bois sèche un peu en finale. Aux Chaignots est un peu rigide, doté d'un fruit très vif et acidulé, que l'on souhaiterait moins austère et asséchant en finale. Marqué par un boisé lactique très appuyé, qui le comprime, le clos-vougeot se montre lisse et sec.

▭ Nuits-Saint-Georges Premier Cru Monopole En la Perrière Noblot 2015   39 €   14,5

▬ Clos Vougeot Grand Cru 2014   95 €   14,5

▬ Nuits-Saint-Georges Aux Champs-Perdrix 2014   35 €   15

▬ Nuits-Saint-Georges Premier Cru Aux Chaignots 2014   38 €   15

▬ Nuits-Saint-Georges Premier Cru Les Cailles 2014   38 €   15,5

Le coup de ♥

▬ Nuits-Saint-Georges Premier Cru La Richemone 2014   38 €   16,5

Marqué par le noyau de cerise, les épices et la prunelle, le vin présente une bouche ferme, avec des tanins salivants et un boisé bien intégré. Épuré, vigoureux, il vieillira avec bonheur.

Rouge : 7,7 hectares.
Pinot noir 100 %
Blanc : 0,3 hectare.
Chardonnay 100 %
Production moyenne : 35 000 bt/an

DOMAINE ALAIN MICHELOT
**6, rue Camille-Rodier,
21700 Nuits-Saint-Georges
03 80 61 14 46** •
domalainmichelot@orange.fr • **Vente et visites : au domaine sur rendez-vous.**
Propriétaire : Alain Michelot
Directeur : Elodie Michelot

DOMAINE PHILIPPE NADDEF

Philippe Naddef a débuté en 1983 en reprenant un vignoble de 2,5 ha légué par son grand-père. Depuis, il a fait du chemin avec des vins reconnaissables : solides, colorés et tanniques. L'empreinte du terroir est très marquée, avec les crus Mazis-Chambertin, Les Cazetiers ou Les Champeaux (en Gevrey-Chambertin), où le domaine possède beaucoup de très vieilles vignes. Ces vins, dont la solidité peut rebuter certains amateurs durant leurs premières années de vie, vieillissent bien et s'attendrissent et, comme les prix n'ont rien d'excessif, cette adresse demeure une valeur sûre.

Les vins : original dans ses saveurs d'agrumes et sa trame énergique, le marsannay blanc fait mouche avec son caractère tonique et sa persistance. Dense et bouqueté, le fixin regorge de sève et de fruit charnu. Son grand volume sait épouser des tanins fins, dans une expression heureuse et précoce. Tendre, juteux, le marsannay 2015 est déjà très aimable et savoureux. La sélection parcellaire Les Genelières se montre plus en relief, avec une trame plus serrée et une allonge plus épicée. Sa belle austérité se dissipera dans quatre à cinq ans. Complexe mais plus en retrait au nez, le marsannay Champs Perdrix est un modèle d'équilibre : jus délicat et floral, tanins très fins et poudrés, fruit croquant et ample. Trame droite et nerveuse dans ce très beau gevrey En Songe, assez ferme et étoffé, dont on pressent les qualités de vieillissement grâce à un grain de tanin très affiné et subtil. Le caractère crémeux apporté par l'élevage imprime sa marque sur la matière bien mûre de ce gevrey Vieilles Vignes, qui saura certainement dompter ces tanins abondants et réglissés.

- Marsannay Vieilles Vignes 2015 — 18,50 € — 15
- Fixin 2015 — 22 € — 15
- Gevrey-Chambertin En Songe 2015 — 34 € — 15,5
- Gevrey-Chambertin Vieilles Vignes 2015 — 42 € — 15,5
- Marsannay 2015 — 19,50 € — 15
- Marsannay Champs Perdrix 2015 — 26 € — 16
- Marsannay Les Genelières 2015 — 24 € — 15,5

Le coup de ♥
- Gevrey-Chambertin Premier Cru Les Champeaux 2015 — 60 € — 16,5

La griotte s'impose au nez du gevrey Les Champeaux, servi par une trame serrée : ce vin racé possède suffisamment de fond pour absorber la généreuse dose de bois neuf qui l'habille. La fraîcheur et l'intensité du fruit sont parfaitement préservés.

Rouge : 5 hectares.
Pinot noir 100 %
Blanc : 1 hectare.
Chardonnay 100 %
Production moyenne : 30 000 bt/an

DOMAINE PHILIPPE NADDEF
**30, route des Grands-Crus, 21220 Fixin
03 80 51 45 99 ●
www.bourgogne-naddef.com ● Vente et visites : au domaine sur rendez-vous.
Propriétaire : Philippe Naddef**

MAISON PHILIPPE PACALET

Adepte des vins vinifiés sans soufre en vendanges entières, mais sans dogmatisme, Philippe Pacalet a travaillé avec son oncle Marcel Lapierre dans le Beaujolais, de 1985 à 1991, avant d'arriver au domaine Prieuré Roch où il vinifie et découvre ses repères en Bourgogne. Il y restera jusqu'en 2001, date à laquelle il décide de développer sa propre activité de négoce. Il a commercialisé jusqu'à 27 appellations différentes, en rouge comme en blanc. Si le propre du négoce est l'achat de raisins, Philippe Pacalet passe un temps important à trouver des sources de qualité. Pour lui, l'élevage reste un moment crucial pour faire grandir les vins, si bien qu'il y apporte le plus grand soin possible. En plus de faire parler leur terroir, ses vins sont d'une douceur et d'une complexité incroyables, se révèlent délicieux dès leur prime jeunesse et savent vieillir parfaitement. Cette production se rapproche à grands pas de la deuxième étoile.

Les vins : profond, énergique, le gevrey-chambertin est doté d'un éclat de fruit enviable pour le millésime. Idéalement mûr, habillé de tanins réglissés et millimétrés, il délivre un fruit pur et délicatement fumé. Le nuits-saint-georges évoque la violette et les fleurs séchées au nez. Sa trame droite et nerveuse structure un fruit frais et épicé d'une grande précision et pureté de saveurs. On succombera facilement à ses sensations tactiles nobles et à son allonge élégante.

- Gevrey-Chambertin 2015 — 59,50 € — 16
- Nuits-Saint-Georges 2015 — 63 € — 16

Le coup de ♥
- Chambolle-Musigny Premier Cru Les Sentiers 2015 — 124,50 € — 17,5

L'acidité volatile est ici au service du vin, exaltant la finesse et la complexité dans une expression aromatique enthousiasmante (framboise, groseille). Raffiné, tonique, parsemé de saveurs d'agrumes frais, il possède un charme désarmant, auquel on succombera avec plaisir.

Rouge : 11 hectares.
Pinot noir 100 %
Blanc : 3 hectares.
Production moyenne : 60 000 bt/an

MAISON PHILIPPE PACALET
**12, rue de Chaumergy, 21200 Beaune
03 80 25 91 00 ●
www.philippe-pacalet.com ● Vente et visites : au domaine sur rendez-vous.
Propriétaire : Philippe et Monica Pacalet**

DOMAINE ROSSIGNOL-TRAPET

La division en 1990 des vignes du domaine Trapet a donné naissance aux domaines Rossignol-Trapet d'un côté, et Jean Trapet de l'autre. Moins connus que leur cousin Jean-Louis Trapet, les frères Rossignol, Nicolas l'aîné et David le cadet, ont toujours accordé une grande importance à la culture de la vigne. Ils passent à la culture biodynamique en 1997 et reconvertissent tout le domaine en 2004. Du simple gevrey-chambertin jusqu'aux grands crus, Nicolas et David produisent des vins remarquables, plus pleins et moins ciselés que ceux de leur cousin, grâce à un élevage plus appuyé. Au sommet du domaine, un chambertin épatant et un latricières-chambertin de haute volée.

Les vins : beaucoup de finesse et de pureté aromatique dans le simple bourgogne, nuancé et très précis, au fruit sain et brillant. Raffinement de la framboise et d'un trait végétal noble de raisins entiers dans Les Teurons, dont l'élevage millimétré respecte admirablement le fruit. Svelte et précis, tonique, c'est un beaune racé et plein de sève. Encore sur la réserve, le gevrey Vieilles Vignes est profilé et complet mais un peu comprimé par son élevage ; il possède assez de vitalité et de vigueur pour retrouver son équilibre. L'éclat lumineux du fruit et l'intensité des saveurs du gevrey Combottes en font un vin inspiré, buriné par un élevage soigné mais un peu prégnant. La race du terroir est ici indéniable, mais il faudra l'oublier quelques années. Serein, précis et majestueux, le chambertin se déploie dans une myriade de saveurs d'épices et la mâche d'un boisé luxuriant. Il s'harmonisera pleinement après une très longue garde.

- Beaune Premier Cru Les Teurons 2015 — 37,50 € — 17
- Bourgogne 2015 — 15 € — 15,5
- Chambertin Grand Cru 2015 — 160 € — 18,5
- Gevrey-Chambertin Premier Cru Aux Combottes 2015 — 65 € — 17
- Gevrey-Chambertin Vieilles Vignes 2015 — 30 € — 16

Le coup de ♥
- Chapelle-Chambertin Grand Cru 2015 — 105 € — 18

La classe innée de ce vin spirituel et harmonieux irradie. Doté d'une trame tannique ferme, ciselée et flamboyante comme une construction gothique, il est élancé, inspiré, d'une noble austérité. Il ira très loin même si l'élevage pourrait être un rien moins affirmé en finale.

Rouge : 13 hectares.
Pinot noir 100 %
Production moyenne : 60 000 bt/an

DOMAINE ROSSIGNOL-TRAPET
4, rue de la Petite-Issue,
21220 Gevrey-Chambertin
03 80 51 87 26 • www.rossignol-trapet.com

• **Visites :** Pas de visites.
Du lundi au vendredi de 9h à 12h et de 14h à 17h.
Propriétaire : David et Nicolas Rossignol
Œnologue : Pierre Milleman

NOUVEAU DOMAINE

DOMAINE AMIOT-SERVELLE

Christian et Elisabeth Amiot ont été rejoints en 2011 par leur fille Prune, diplômée d'oenologie. Situé pour l'essentiel sur les meilleurs Premiers crus de Chambolle, le domaine s'est enrichi en 2010 de vignes en Morey-Saint-Denis, Clos-Saint-Denis et Charmes-Chambertin. Orienté depuis 2003 vers une viticulture franchement bio (et certifiée à partir de 2008), le respect de l'environnement a permis aux vins de gagner en précision et en profondeur. Les vins sont désormais très consistants, réguliers, et expriment avec justesse et sensibilité leurs terroirs respectifs, même si quelques petits réglages dans les élevages peuvent améliorer quelques équilibres. Le domaine, longtemps habitué de notre guide, y retrouve une place amenée à progresser dans la hiérarchie.

Les vins : belle finesse du blanc, dont le fruit évoque la poire au sirop. Fraîcheur de fruit et saveurs gourmandes, croquantes, de cerise noire et de prunelle dans le bourgogne rouge, un vin assez robuste, à la maturité poussée. Matière mûre et ample, infusé d'un boisé épicé, dans la chair assez ferme et vigoureuse du chambolle-musigny. On l'attendra quelques années. Un fruit brillant et nuancé aux notes de terre imprègne le morey-saint-denis, un vin de belle vitalité à la carrure solide. Pas moins de six premiers crus de chambolle sont présentés : Les Plantes, puissant et ferme, serré par un boisé un peu collant ; Les Charmes, froid et épicé, compact et un peu austère ; Les Fuées, expressif, élancé et pourvu d'une acidité rafraîchissante ; Feusselottes, doux et soyeux, bâti sur des tanins fins, très marqué par la violette et la griotte ; Derrière la Grange, distingué et ciselé, d'une grande rigueur de définition, dont les saveurs intenses intègrent sereinement l'équilibre ; et Les Amoureuses, qui tient son rang avec un raffinement aromatique particulier, une texture soyeuse et poudrée : un vin d'une séduction assez ensorcelante, très mûr, persistant et expressif. Beaucoup de finesse et de fraîcheur dans le charmes-chambertin, dont la trame effilée et les arômes de mûres livrent une interprétation assez suave et délicate de ce grand terroir. La trame persistante et salivante s'allonge avec élégance en finale.

BOURGOGNE CÔTE DE NUITS

- Bourgogne Chardonnay 2015 — N.C. — 15
- Bourgogne Pinot Noir 2015 — N.C. — 15
- Chambolle-Musigny 2015 — N.C. — 15
- Chambolle-Musigny Premier Cru Derrière la Grange 2015 — N.C. — 17
- Chambolle-Musigny Premier Cru Les Amoureuses 2015 — N.C. — 18
- Chambolle-Musigny Premier Cru Les Charmes 2015 — N.C. — 16
- Chambolle-Musigny Premier Cru Les Feusselottes 2015 — N.C. — 16,5
- Chambolle-Musigny Premier Cru Les Fuées 2015 — N.C. — 16,5
- Chambolle-Musigny Premier Cru Les Plantes 2015 — N.C. — 16
- Charmes-Chambertin Grand Cru 2015 — N.C. — 18
- Morey-Saint-Denis 2015 — N.C. — 16

Le coup de ♥
- Clos Saint-Denis 2015 — N.C. — 18

Des petit fruits des bois, du bois de santal, de la menthe et une touche de lavande : il livre une magnifique palette aromatique. Sa texture offre une finesse soyeuse, et sa trame intense et vigoureuse devient presque incisive, en dépit de la maturité élevée du millésime.

Rouge : 6 hectares.
Pinot noir 100 %
Blanc : Chardonnay 100 %
Production moyenne : 30 000 bt/an

DOMAINE AMIOT-SERVELLE ♣
**34, rue Caroline-Aigle,
21220 Chambolle-Musigny
03 80 62 80 39** • www.amiot-servelle.com •
**Vente et visites : au domaine sur rendez-vous.
Sur rendez-vous.
Propriétaire : Christian et Elisabeth Amiot**

NOUVEAU DOMAINE

DENIS BACHELET

Un peu comme au domaine Dugat-Py, Denis Bachelet, 54 ans, possède en majorité des vignes âgées, parfois centenaires, d'où il tire des vins riches et intenses, qui possèdent une sève et une profondeur de chair peu communes. Rejoint par son fils il y a quelques années, ce vigneron discret, qui passe un temps considérable dans ses vignes, vinifie et élève le plus simplement du monde et recherche avant tout la finesse, soulignée par des élevages toujours subtils. Sur à peine plus de 3 ha, la gamme comprend un côtes-de-nuits villages, un gevrey-chambertin, un gevrey-chambertin les Evocelles, un gevrey premier cru Les Corbeaux et un charmes-chambertin. La grande majorité de la production part à l'international, et Denis Bachelet est une véritable star dans les pays anglo-saxons : il sera donc sans doute plus simple de dénicher quelques bouteilles à l'étranger qu'en France ! Élaborés sans artifices, ses vins profonds et intègres nous enthousiasment, et méritent amplement leur place dans notre guide.

Les vins : admirable fraîcheur du fruit frais, épicé, parfumé et mûr dans le gevrey-chambertin, charnu, gourmand et profond, qui embaume la cerise noire. Finement réglissés, les tanins sont vibrants ; un vin sincère, au grand potentiel, qui vaut bien des premiers crus. Nous n'avons malheureusement pas pu déguster cette année le charmes-chambertin.

- Gevrey-Chambertin 2015 — N.C. — 17

Le coup de ♥
- Gevrey-Chambertin Premier Cru Les Corbeaux 2015 — N.C. — 18

Il évoque au nez le noyau de cerise et la framboise à l'eau-de-vie. Étoffé, moelleux et salivant, ce magnifique vin est tenu par une trame ferme et veloutée, d'une grande intensité en finale.

DENIS BACHELET
**3, rue de la Petite Issue,
21220 Gevrey-Chambertin
03 80 51 89 09** • **Pas de visites.
Propriétaire : Denis Bachelet**

DOMAINE BERTHAUT-GERBET

La septième génération incarnée par Amélie Berthaut-Gerbet, ingénieur agronome et œnologue, s'est installée au domaine depuis 2013, et aide son père Denis Berthaut à maintenir un bon niveau. Pendant longtemps, les vins étaient tanniques et robustes ; ils avaient ensuite un peu changé de style grâce à une maturité plus poussée des raisins et à des extractions moins fortes. Les vins sont toujours denses et compacts, et doivent se garder au moins cinq ans. Nous avouons avoir quelques interrogations quant aux élevages très appuyés, qui compriment à notre sens le fruit.

Les vins : assez opulent, un peu grillé, le fixin-villages est construit sur la densité de sa matière. On retrouve des notes de cendres froides dans la matière travaillée du fixin Les Crais, construite sur la densité compacte et un peu terne d'un fruit assez extrait. En prise de bois, le dense fixin Les Arvelets s'appuie sur des saveurs sucrées confortables mais vite lassantes. Si l'élevage saura s'intégrer, nous nous interrogeons sur sa prégnance au vieillissement. Assez tonique avec de légères saveurs acidulées, le gevrey Clos des Chézeaux n'est pas dépourvu de fraîcheur mais pêche toujours par l'empreinte du bois, qui amoindrit l'éclat de son fruit et comprime sa finale. Structuré par un boisé épais, le gevrey Les Cazetiers se fait lactique, assis sur le volume mat de sa matière toute dédiée aux saveurs de l'élevage.

- Fixin 2015 — 17 € — 14
- Fixin Les Crais 2015 — 20 € — 14,5
- Fixin Premier Cru Les Arvelets 2015 — 34 € — 14,5
- Gevrey-Chambertin Clos des Chézeaux 2015 — 27 € — 15
- Gevrey-Chambertin Premier Cru Les Cazetiers 2015 — 45 € — 14

Le coup de ♥
- Vosne-Romanée 1ᵉʳ cru Les Petits Monts 2015 — 55 € — 15,5

Avec sa tension friande et son allonge raffinée, ce vin possède une forte personnalité. Dommage que les arômes issus de la macération préfermentaire et de l'enveloppe du bois marquent autant la finale.

Rouge : 15 hectares.
Pinot noir 100 %
Blanc : 0,5 hectare.
Chardonnay 100 %
Production moyenne : 60 000 bt/an

DOMAINE BERTHAUT-GERBET
Domaine Berthaut, 9, rue Noisot, 21220 Fixin
03 80 52 45 48 ●
www.domaine-berthaut.com ● **Visites : Pas de visites.**
Du lundi au samedi de 9h à 12h et de 14h à 18h30.
Propriétaire : Familles Berthaut et Gerbet
Directeur : Amélie et Denis Berthaut

DOMAINE RENÉ BOUVIER

Ce domaine familial depuis trois générations est certifié en bio depuis 2013, et possède un rare patrimoine de vignes âgées, avec une moyenne d'âge d'environ 50 ans. Bernard Bouvier fait partie de cette génération de vignerons qui ont apporté du sang neuf à la Bourgogne. Après avoir, comme beaucoup d'autres, cédé aux sirènes des vins modernes et très extraits, il a corrigé le tir et les vins vont vers davantage de finesse. Mais il faut faire attention aux élevages, parfois trop ostentatoires.

Les vins : les 2015 sont très mûrs et généreux, très denses et épais mais manquant souvent de structure acide, et un peu alourdis pas leurs élevages. Le vieillissement pourrait apporter plus d'harmonie. Charnu, le marsannay blanc est assez citronné et vif. Épicé, le marsannay Clos Salomon présente une bouche carrée et ferme. Savoureux et plus frais, le Clos du Roy offre des tanins fins et plus de souplesse. Le musculeux fixin pâtit d'un fruit très mûr et un peu terne, comme le vosne-romanée. Le fruit très mûr et épais du gevrey Les Jeunes Rois s'équilibre avec la fraîcheur épicée apportée par l'élevage. Le gevrey Racine du Temps offre la profondeur de saveurs des vieilles vignes, mais le fruit manque d'éclat et s'appesantit sur son boisé. Le fruit du chambolle les Fuées est confit, le vin manque d'équilibre. Expressif, le gevrey les Fontenys possède une trame séveuse, assez fraîche, et de l'allonge. Précis, juteux, assez vif, le chambolle Vieilles Vignes fait partie des meilleurs vins, plein et énergique. Épicé et très mûr, le charmes-chambertin est un vin de grand volume, aux saveurs un rien confiturées mais qui ne manque pas d'énergie interne.

- Marsannay Monopole Le Clos 2015 — N.C. — 14
- Chambolle-Musigny Premier Cru Les Fuées 2015 — N.C. — 14
- Chambolle-Musigny Vieilles Vignes 2015 — N.C. — 16
- Charmes-Chambertin Grand Cru 2015 — N.C. — 16
- Fixin Crais de Chêne 2015 — N.C. — 14,5
- Gevrey-Chambertin Les Jeunes Rois 2015 — N.C. — 14,5
- Gevrey-Chambertin Premier Cru Les Fontenys 2015 — N.C. — 16
- Gevrey-Chambertin Racines du Temps Très Vieilles Vignes 2015 — N.C. — 14,5
- Marsannay Champs Salomon 2015 — N.C. — 14
- Marsannay Clos du Roy Vieilles Vignes 2015 — N.C. — 15
- Vosne-Romanée 2015 — N.C. — 14

Le coup de ♥
- Echezeaux 2015 — N.C. — 16,5

Un peu fumé au nez, il se déploie avec envergure, dans le confort de son fruit très mûr et de ses tanins assez moelleux. Très riche, il devrait se tendre au vieillissement en bouteille.

Rouge : 13 hectares.

BOURGOGNE CÔTE DE NUITS

Pinot noir 100 %
Blanc : 4 hectares.
Chardonnay 100 %
Production moyenne : 100 000 bt/an

DOMAINE RENÉ BOUVIER ♣

**Chemin de Saule,
21220 Gevrey-Chambertin**
03 80 52 21 37 • rene-bouvier@wanadoo.fr
• **Vente et visites :** au domaine sur rendez-vous.
Propriétaire : Bernard Bouvier
Directeur : Dominique Menegon

NOUVEAU DOMAINE

DOMAINE GILLES DUROCHÉ

Vigneron à Gevrey-Chambertin, Gilles Duroché vendait beaucoup au négoce. L'arrivée en 2005 de son fils Pierre fait évoluer le domaine qui met désormais en bouteille la totalité de sa petite production. Le vignoble du domaine fait la part belle à différents villages et premiers crus de Gevrey, mais comprend aussi en grand cru des Charmes, Latricières et Chambertin Clos de Bèze. Le travail est ici des plus sérieux à la vigne - travail intégral des sols, entretien d'un patrimoine de vignes âgées, parfois centenaires, replantées avec les sélections massales du domaine - comme en cave - levures indigènes, élevages longs sans soutirage, pas de collage ni de filtration. Il en résulte des vins d'une grande finesse, avec des textures délicates, et une recherche avouée d'acidité et d'énergie. Vigneron discret, appliqué, Pierre Duroché affirme un style des plus convaincants, et nous tenons à faire figurer ce domaine dans notre guide.

Les vins : le bourgogne Roncevie est un très joli vin tendre et délicat, très fin et à la belle pureté de fruit. Le fruit pulpeux et épicé du gevrey Lavaux Saint-Jacques a préservé beaucoup de fraîcheur, une trame dense et de l'allonge. Réglissé en finale, il tapisse le palais avec une envergure moelleuse. Avec son fruit un rien compoté, le charmes-chambertin 2015 se montre savoureux et généreux dans sa mâche, solide mais nuancée. L'apport pour moitié de vendange entière apporte tension et énergie : c'est un vin profond, bâti pour la garde. Belle qualité de fruit dans le gevrey Jeunes Rois, dont les touches discrètes de végétal mûr agrémentent un jus friand, croquant et vif en finale. Assez épanoui, ce vin précoce est déjà délicieux. Épicé, mentholé et très épanoui, le gevrey Estournelles Saint-Jacques se définit par son ampleur et sa carrure. Sa sève comporte un cœur de tanins mûrs très croquants.

▬ Bourgogne Roncevie 2015 N.C. 15
▬ Charmes-Chambertin 2015 N.C. 17
▬ Gevrey-Chambertin Les Jeunes Rois 2014 N.C. 15,5
▬ Gevrey-Chambertin Premier Cru Estournelles Saint-Jacques 2014 N.C. 16,5
▬ Gevrey-Chambertin Premier Cru Lavaux Saint-Jacques 2015 N.C. 17

Le coup de ♥
▬ Charmes-Chambertin 2014 N.C. 17

Avec des notes de graphite, de ronces et de cacao, son nez sort du lot. Ample, caressante dans son moelleux de fruits rouges, la bouche forme une matière harmonieuse, intègre et persistante, dotée d'une sucrosité naturelle qui le rend facile d'accès.

DOMAINE GILLES DUROCHÉ

**7, place du Monument,
21220 Gevrey-Chambertin**
03 80 51 82 77 • www.vins-duroche.com •
Pas de visites.
Propriétaire : Pierre et Gilles Duroché

DOMAINE FAIVELEY

Erwan Faiveley a pris la suite de son père début 2005 et pratique depuis une révolution discrète dans ce vaste domaine au patrimoine de vignes exceptionnel. En 2006, il engage l'ancien directeur général de la maison Bouchard, Bernard Hervet, qui l'avait à l'époque entièrement dynamisée. Le style des vins n'a pas changé pour autant. Solidement bâtis autour d'une matière dense mais parfois austère, ils expriment un fruit discret mais franc qui n'apparaît qu'après un vieillissement plus ou moins long selon les terroirs. Si les boisés étaient autrefois un peu verts, ils prennent aujourd'hui des saveurs toastées que de meilleures maturités des raisins (comme c'est le cas en 2015) tendent toutefois à mieux intégrer. Dans l'ensemble, les vins offrent des tanins plus souples que par le passé.

Les vins : Clos Rochette se présente mûr et citronné mais un peu sec en finale, avec un tonus bienvenu. Encore sur la réserve, le puligny premier cru apparaît svelte et élancé : s'il est confortablement logé dans son élevage, sa maturité solaire est tempérée par une trame acide discrète. Toujours généreusement doté, presque un peu exotique dans ses saveurs, le corton-charlemagne s'appuie sur un élevage beurré et vanillé, amplement mérité par sa carrure : attendons son épanouissement. Expressif et délicatement épicé, le mercurey Clos du Roy se fait velouté et plein, doté de tanins abondants et fins. Si le nez est un peu réservé, la bouche séveuse et charnue du beaune Clos de l'Ecu se décline en une matière bien mûre et étoffée, parsemée de saveurs de petits fruits noirs et de cassis. Un peu austère et marqué par le bois, Aux Chaignots est pourvu d'une sève vigoureuse, qui s'épanouit en une carrure chaleureuse. Dommage que l'élevage le corsète et le comprime en finale. Les gevreys sont bien réussis, en particulier le moelleux, profond et épicé Cazetiers, et le nuancé et complexe Lavaux Saint-Jacques. Poivré et viril, le charmes-chambertin déroule sa matière veloutée et dense sur une large assise tannique. Son envergure et sa sève, très persistante, lui assureront une longue évolution favorable. Le nez du corton Clos des Cortons s'exprime dans un éventail de saveurs : cacao, cuir frais, humus, écorce. Burinée, imposante et corsée, la bouche fait la queue de paon et a admirablement intégré son élevage. Il est bâti pour défier le temps.

- ▻ Corton-Charlemagne Grand Cru 2015 — 220 € — 16,5
- ▻ Mercurey Monopole Clos Rochette 2015 — 15 € — 14
- ▻ Puligny-Montrachet Premier Cru Champ Gains 2015 — 75 € — 15
- ▶ Beaune Premier Cru Clos de l'Ecu Monopole 2015 — 45 € — 15,5
- ▶ Charmes-Chambertin Grand Cru 2015 — 185 € — 17,5
- ▶ Corton Grand Cru Monopole Clos des Cortons Faiveley 2015 — 185 € — 18
- ▶ Gevrey-Chambertin Premier Cru Lavaux Saint-Jacques 2015 — 95 € — 17
- ▶ Gevrey-Chambertin Premier Cru Les Cazetiers 2015 — 95 € — 16,5
- ▶ Gevrey-Chambertin Vieilles Vignes 2015 — 40 € — 15
- ▶ Mercurey Premier Cru Clos du Roy 2015 — 25 € — 15,5
- ▶ Nuits-Saint-Georges Premier Cru Aux Chaignots 2015 — 75 € — 15,5

Le coup de ♥
- ▶ Mercurey Monopole La Framboisière 2015 — 20 € — 15,5

Cet excellent mercurey, vif et élancé, propose un très beau fruit parfumé et expressif (framboises, fraises des bois, pivoine) : un des meilleurs millésimes de cette cuvée.

Rouge : Pinot noir 100 %
Achat de raisins.
Blanc : Chardonnay 100 %
Achat de raisins.
Production moyenne : 800 000 bt/an

DOMAINE FAIVELEY
**8, rue du Tribourg,
21700 Nuits-Saint-Georges
03 80 61 04 55** ●
www.domaine-faiveley.com ● **Visites : sur rendez-vous uniquement aux professionnels.
Propriétaire : Famille Faiveley
Directeur : Erwan Faiveley
Œnologue : Jérôme Flous**

DOMAINE OLIVIER GUYOT

Olivier Guyot cultive ses vignes à l'ancienne, en appliquant les principes de la biodynamie et en introduisant largement le travail au cheval. Ses vins, qui allient modernité et classicisme, ont largement progressé. Issues d'un beau patrimoine de vieilles vignes, les différentes cuvées sont de bon niveau, mais les élevages pêchent un peu par leur épaisseur et alourdissent parfois les vins. Ce domaine a une grande marge de progression.

Les vins : assez beurré et simple, l'aligoté est lourd, mutique. Assez épicé, le bourgogne ne manque ni de sève ni de fruit mûr. Ample, il a su préserver une certaine fraîcheur. Parmi les marsannays, nous préférons les Favières, à la trame fine et aux tanins juteux mais un rien métalliques. Charnu, appuyé sur un boisé un peu asséchant, le chambolle Vieilles Vignes, assez séducteur, est épais en finale. Nous aimerions plus de pureté et de vigueur. Dense et profond, le chambolle Les Fuées se distingue par sa tenue et l'expression de son fruit savoureux et précis, à dominante de cerise griotte. Parmi les gevreys, le premier cru Champeaux, corseté par l'élevage, se montre raide, austère et sec en finale : sa persistance épicée signe la qualité du terroir, qu'on souhaiterait mieux mis en valeur. Un peu fumé, le nez du clos-de-la-roche ne s'exprime pas encore complètement. Très mûr, le fruit a conservé une belle nervosité et l'éclat du terroir. Dommage que l'élevage l'alourdisse un peu. Patiné par le bois qui le marque de ses saveurs, le clos-saint-denis possède une trame vigoureuse et tonique, passée l'impression de délicatesse initiale. On le laissera sagement s'harmoniser.

- ▻ Bourgogne Aligoté David 2015 — 9 (c) € — 13
- ▶ Bourgogne Pinot Noir 2015 — 13 (c) € — 13,5
- ▶ Chambolle-Musigny Premier Cru Les Fuées 2015 — 58 (c) € — 15,5
- ▶ Chambolle-Musigny Vieilles Vignes 2015 — 40 (c) € — 14
- ▶ Clos Saint-Denis Grand Cru 2014 — 120 (c) € — 16,5

BOURGOGNE CÔTE DE NUITS

- Clos de la Roche Grand Cru 2015 — 120 (c) € — 16,5
- Gevrey-Chambertin Les Champs 2015 — 39 (c) € — 14
- Gevrey-Chambertin Premier Cru Les Champeaux 2015 — 55 (c) € — 14,5
- Marsannay La Montagne 2015 — 26 (c) € — 13
- Marsannay Les Favières 2015 — 24 (c) € — 14

Le coup de ♥
- Clos Vougeot Grand Cru 2015 — 130 (c) € — 17

Beaucoup de douceur veloutée dans l'attaque de cette cuvée raffinée, dont les tanins poudrés et la chair voluptueuse s'unissent harmonieusement. Allonge et précision sont au rendez-vous ; grand vin de garde.

Rouge : 13 hectares.
Pinot noir 100 %
Blanc : 2 hectares.
Chardonnay 75 %, Aligoté 25 %
Production moyenne : 60 000 bt/an

DOMAINE OLIVIER GUYOT
**39, rue de Mazy, 21160 Marsannay-la-Côte
03 80 52 39 71 ● www.domaineguyot.fr ●
Visites : Pas de visites.
De 10h à 12h et de 14h à 18h.
Propriétaire : Olivier Guyot**

ALAIN HUDELOT-NOËLLAT

Depuis 2008, le domaine Hudelot-Noëllat a été pris en charge par Charles Van Caneyt, petit-fils d'Alain Hudelot. Ce dernier lui a confié les clefs du domaine, alors qu'il sort tout juste de l'école. Le domaine possède un très bel éventail de premiers crus et, chose rare, un trio comprenant un grand richebourg, une romanée-saint-vivant et un clos-de-vougeot. Si le domaine a toujours produit de bons vins de facture classique, l'arrivée de la nouvelle génération impulse une évolution plus qu'une révolution. Au programme : la remise en labour des sols, la baisse des rendements et des raisins moins triturés en cave avec l'utilisation très partielle de vendanges non égrappées. Cette multitude de petits détails apporte un supplément de finesse. Ce domaine est fort prometteur. Nous recommandons les vins pour leur soyeux et leur profondeur, du simple village jusqu'au cru le plus magnifique du domaine, la romanée-saint-vivant.

Les vins : Avec sa grande pureté aromatique, sa texture soyeuse et son fruit sobre, Petits Vougeots lorgne vers Chambolle. Doux et élégant, il a été vendangé "al dente" pour préserver un maximum de fraîcheur. Le vosne Les Suchots est superbe : de la rose, des épices et une touche un peu exotique précèdent une chair veloutée et ferme, toute en densité et plénitude jusque dans les tanins charnus, avec la sève et la concentration apportée par les vignes centenaires. Pivoine, griotte, cerises anglaises, voici quelques-unes des évocations aromatiques suscitées par la très raffinée romanée-saint-vivant 2014. La trame se fait énergique, avec une étoffe tannique assez ferme et beaucoup de sève. Les tanins sont encore un rien anguleux en finale.

- Petits Vougeots 2015 — N.C. — 17
- Romanée Saint-Vivant Grand Cru 2014 — N.C. — 18
- Vosne-Romanée Premier Cru Les Suchots 2015 — N.C. — 17

Le coup de ♥
- Romanée Saint-Vivant Grand Cru 2015 — N.C. — 18,5

Encore un peu réservé dans ces arômes, ce vin s'exprime avec délicatesse et grâce, à partir de raisins idéalement mûrs au croquant préservé. Avec sa texture de taffetas, il se montre harmonieux dans l'alliance réussie de la finesse du cru et de l'envergure généreuse du millésime.

Rouge : 9,8 hectares.
Pinot noir 100 %
Blanc : 0,2 hectare.
Aligoté 100 %
Production moyenne : 50 000 bt/an

ALAIN HUDELOT-NOËLLAT
**5, ancienne RN 74,
21220 Chambolle-Musigny
03 80 62 85 17 ●
www.domaine-hudelot-noellat.com/ ● Pas de visites.
Propriétaire : Alain Hudelot-Noëllat
Directeur : Charles Van Caneyt**

DOMAINE CHANTAL LESCURE

L'efficace François Chavériat est depuis plusieurs années à la tête de ce beau domaine situé à Nuits-Saint-Georges, qui appartient à Aymeric et Thibault Machard de Gramont, et dont les vignes sont réparties entre Côte de Nuits et Côte de Beaune. Grâce à un travail énergique à la vigne, il produit sans aucune concession des vins solides et expressifs qui méritent plusieurs années de garde. Cette patience est payante car les vins évoluent bien en bouteilles.

Les vins : bien constitué avec son fruit séveux et épicé, et grâce à une assise tannique précise et ferme, le bourgogne Les Verduns est un pinot noir sérieux. Un nez épicé, des notes de prunelle et de fruit légèrement confit dans Le Clos des Topes Bizot, un peu serré. Sa finale stricte présente quelques amers végétaux. Le savigny-lès-beaune possède un fruit juteux et assez vif, mais son caractère végétal est hélas accentué par la sucrosité du bois, qui épaissit la finale. Très mûr, concentré, le pommard Les Vignots affirme sa carrure. Sa trame assez nerveuse est prolongée d'un trait de vert, sensé se porter garant de la fraîcheur du vin. Joli fond et fruit juteux dans Les Vaumuriens, profilé et net, servi par des tanins mûrs et légèrement chocolatés. Il possède un joli caractère et une finale aux notes de cassis.

- Bourgogne Les Verduns 2015   21 (c) €   14
- Côte de Beaune Le Clos des Topes Bizot 2015   26 (c) €   13,5
- Pommard Les Vaumuriens 2015   45 (c) €   15,5
- Pommard Les Vignots 2015   40 (c) €   14,5
- Savigny les Beaune Picotins 2015   26 (c) €   14

Le coup de ♥

- Pommard Premier Cru Les Bertins 2015   60 (c) €   16

Beaucoup de sève et de profondeur dans ce premier cru très dense, dont les notes d'écorces et de fruits noirs enrobent la finale. Solide, il doit impérativement être attendu.

Rouge : 15,4 hectares.
Pinot noir 100 %
Blanc : 2,6 hectares.
Chardonnay 95 %, Pinot gris 5 %
Production moyenne : 80 000 bt/an

DOMAINE CHANTAL LESCURE ♣

34, rue Thurot, 21700 Nuits-Saint-Georges
03 80 61 16 79 •
www.domaine-lescure.com • Vente et visites : au domaine sur rendez-vous.

Du lundi au jeudi de 9h à 12h et de 13h30 à 17h. Le vendredi de 9h à 12h et de 13h30 à 16h, et le samedi matin.

Propriétaire : Aymeric et Thibault Machard de Gramont

Directeur : François Chavériat

NOUVEAU DOMAINE

DOMAINE BERTRAND ET AXELLE MACHARD DE GRAMONT

À la suite d'une séparation avec ses frères, Bertrand Machard de Gramont a créé son domaine en 1983. Il a replanté les spectaculaires terrasses des Vallerots, un coteau très raide en terrasses sur les hauteurs de Nuits-Saint-Georges. C'est sur cette appellation que se trouvent la majorité des vignes de ce petit domaine. Après une autre vie, la fille de Bertrand, Axelle, est revenue au domaine en 2004. Elle y a initié la transition bio (certifiée en 2014) et un travail en douceur, tel que le foulage aux pieds en cuves tronconiques en bois après égrappage. Les choix de cette jeune femme énergique s'avèrent payants et les vins, sincères et entiers, livrent des expressions denses et sans fard de leurs terroirs respectifs. Les élevages peuvent encore être affinés et le domaine a une marge de progression certaine.

Les vins : grande acidité dans l'énergique aligoté, frais et nerveux, dont la tension se prolonge de petits amers en finale. Le bourgogne rouge est bien mûr et friand, assez tendre et charnu. La finale offre de la tension. Issu de jeunes vignes plantées en 2001 tout en haut de coteau, Le nuits Les Terrasses des Vallerots livre une bouche directe, moelleuse et complète, aux tanins croquants et frais, dans laquelle dominent myrtilles, épices et prunelles. Avec ses fruits noirs et ses notes fumées, Les Vallerots présente une matière riche, sincère et généreuse, avec de la sucrosité et de la densité. Issu d'un sol très maigre, Les Hauts Pruliers raconte la cerise noire et un léger fumé. Un vin de garde sincère et entier. Plus tendre et séducteur de prime abord, Les Allots s'exprime par des fruits noirs et de la griotte. Sa matière moelleuse reste un peu austère. Très épicé, le vosne-romanée évoque la pivoine et décline une bouche ample, veloutée et sérieuse, qui emplit la bouche sans lourdeur.

- Bourgogne Aligoté Le Chêne du Court 2016   11,50 €   14
- Bourgogne Les Grands Chaillots 2015   15 €   14,5
- Nuits-Saint-Georges Aux Allots 2015   34 €   16
- Nuits-Saint-Georges Les Hauts Pruliers 2015   35,50 €   16,5
- Nuits-Saint-Georges Les Terrasses des Vallerots 2015   27,50 €   15,5
- Nuits-Saint-Georges Les Vallerots 2015   32,50 €   15,5

BOURGOGNE CÔTE DE NUITS

━ Vosne-Romanée 2015   39 €   15,5

Le coup de ♥

━ Vosne-Romanée Les
   Barreaux 2015   50 €   16,5

Isolé pour la première fois en 2015, ce vin est élégant et tramé, avec une maturité contenue et un élevage judicieux. Avec son envergure et sa classe naturelle, c'est une superbe bouteille.

DOMAINE BERTRAND ET AXELLE
MACHARD DE GRAMONT ♣

13, rue de Vergy,
21700 Nuits-Saint-Georges
03 80 61 16 96 ●
www.bertrand-macharddegramont.fr/ ● Pas de visites.
Propriétaire : Bertrand Machard de Gramont
Directeur : Axelle Machard de Gramont

NOUVEAU DOMAINE

DOMAINE SYLVAIN PATAILLE

Après un BTS à Beaune, Sylvain Pataille est parti à Bordeaux pour ses études d'œnologie. De retour dans la Bourgogne natale, il a travaillé quelques années comme consultant, et a commencé en 1999 avec 1 ha, pour s'installer à temps plein en 2002. Aujourd'hui à la tête de 17 ha, ce vigneron talentueux et touche-à-tout multiplie les expériences mais se révèle aussi un des plus ardents défenseurs des terroirs de Marsannay et de Chenôve, avec le méconnu Clos du Chapitre, situé aux portes de l'agglomération dijonnaise. Engagé en bio depuis 2008, le domaine perd en 2016 la certification suite à l'usage d'un traitement prohibé, choix douloureux pour sauver le peu de raisins qui subsistait. Exigeant, Sylvain Pataille s'attache à élever longuement ses vins, parfois plus de deux ans, pratiquement sans soufre. Dans les trois couleurs, les vins affirment des personnalités sincères et pleines de vitalité ; ils méritent d'être plus amplement découverts. Nous sommes heureux de retrouver ce domaine dans notre guide.

Les vins : hors du commun, le bourgogne rosé Fleur de Pinot passe deux ans en fûts et intègre un peu de pinot beurot dans l'assemblage : son caractère vineux et épicé laisse la part belle aux saveurs d'agrumes et de salade de fruits. Très original, il mérite de vieillir. En blanc, l'aligoté Les Charmes aux Prêtres décline une texture très douce, enveloppée, avec des saveurs subtiles et complexes. On le laissera vieillir un peu. Le superbe aligoté Clos du Roy, à l'énergie citronnée et épicée, offre des saveurs juteuses et intègres qui le rendent revigorant, presque scintillantes en finale. Le marsannay La Charme aux Prêtres offre des saveurs d'épices et d'amandes amères. Sa carrure et son envergure moelleuse traduisent la générosité des sols argileux d'où il provient. Le charnu bourgogne Clos du Chapitre embaume la roche chaude et se fait caressant : des touches mentholées, du citron, composent une matière croquante à la personnalité affirmée. Nous sommes tombés sous le charme du Clos du Chapitre rouge : saveurs aériennes d'une fraîcheur remarquable, entre fraise des bois et framboise, préservée par un élevage long, sans aucune extraction. Tout en élégance naturelle, voici un grand pinot d'esthète, mûr et croquant, prolongé d'un trait de végétal noble. Parmi la vaste gamme des marsannays rouges, La Montagne est plein et vigoureux, Clémenchot provient de sols argileux, qui lui apportent une matière riche, séveuse, un rien austère mais intègre et parfaitement mûre. Le marsannay Clos du Roy présente un grand volume de fruit délié et juteux, et des saveurs calcaires sous-jacentes. Il va se tendre en bouteille. Le marsannay L'Ancestrale assemble les trois plus belles vieilles vignes du domaine : expressif et complexe, multidimensionnel, c'est un vin magnifique de profondeur et d'énergie, dont les saveurs de fruits noirs regorgent d'éclat.

▭ Bourgogne Aligoté Clos du
   Roy 2015   30 €   16

▭ Bourgogne Aligoté Les Charmes aux
   Prêtres 2015   30 €   15,5

▭ Bourgogne Aligoté les
   Avonnes 2015   25 €   14,5

▭ Marsannay 2015   25 €   16

▭ Marsannay Charme aux
   Prêtres 2015   45 €   16,5

▭ Bourgogne Rosé Fleur de
   Pinot 2015   30 €   15,5

━ Bourgogne Clos du
   Chapitre 2015   30 €   17

━ Marsannay Clos Du Roy 2015   30 €   16

━ Marsannay Clémenchot 2015   30 €   16

━ Marsannay L'Ancestrale 2015   68 €   17

━ Marsannay La Montagne 2015   30 €   15,5

- Marsannay Longeroies 2015   30 €   14,5

Le coup de ♥
- Marsannay Clos Du Roy 2014   30 €   16,5

Grande délicatesse de saveurs dans ce vin ciselé et digeste, très raffiné, qui a préservé toute l'intégrité du raisin. Éclatant, sincère, il recèle un charme très particulier.

Rouge : 8,7 hectares.
Pinot noir 90 %
Blanc : 3,8 hectares.
Aligoté 75 %, Chardonnay 25 %
Production moyenne : 55 000 bt/an

DOMAINE SYLVAIN PATAILLE
14, rue Neuve, 21160 Marsannay-la-Côte
03 80 51 17 35 •
domaine.sylvain.pataille@wanadoo.fr •
Vente et visites : au domaine sur rendez-vous.
Sur rendez-vous.
Propriétaire : Sylvain Pataille

DOMAINE HENRI ET GILLES REMORIQUET

Ce domaine familial propose des cuvées élaborées dans un style plutôt classique, qui vieillissent bien. Gilles Remoriquet, œnologue diplômé de l'Université de Dijon, est engagé dans la viticulture bourguignonne ; il conduit le domaine pour en faire un modèle, avec labours, contrôle des rendements, vendanges manuelles et élevages en fût. Le domaine possède une belle palette de nuits-saint-georges, dont de nombreux premiers crus vinifiés séparément. Les vins sont soigneusement élaborés, riches et denses, présentant une belle vinosité, mais nous avons le sentiment que des élevages plus fins leur rendraient justice.

Les vins : bien mûr, le nuits-saint-georges s'appuie sur un boisé un peu vernissé, qui serre légèrement la finale. Sa densité de saveurs lui assurera sans doute une évolution favorable. Saveurs plus incisives et tanins en relief dans Les Allots, vin mûr et nerveux, doté d'une excellente sève et d'un profil musclé et dynamique. Un le laissera vieillir en confiance. L'élevage envahissant des Bousselots le place un ton en-dessous des autres parcellaires. Également marqué par l'empreinte du bois, Les Damodes présente une trame assez svelte, soulignant la fraîcheur des notes d'agrumes dans un fruit mûr et acidulé. La finale se détendra au vieillissement. Avec son pedigree de haute volée, le vosne-romanée Au-Dessus des Malconsort offre allonge et tanins patinés, mais son boisé un peu épais semble alourdir la bouche : ce caractère massif ne lui rend pas forcément service.

- Nuits-Saint-Georges 2015   21 €   15
- Nuits-Saint-Georges Les Allots 2015   26 €   16
- Nuits-Saint-Georges Premier Cru Les Bousselots 2015   34 €   15
- Nuits-Saint-Georges Premier Cru Les Damodes 2015   35 €   16
- Vosne-Romanée Premier Cru Au-Dessus des Malconsorts 2015   55 €   15,5

Le coup de ♥
- Nuits-Saint-Georges Premier Cru Les Saint-Georges 2015   55 €   16,5

Intensité aromatique et matière dense, structurée, vigoureuse dans ce premier cru très ferme, dont la sève tannique puissante laisse place à un fruit vif et croquant. Grand vieillissement prévisible pour ce vin revigorant.

Rouge : 9 hectares.
Pinot noir 96 %, Pinot gris 2 %, Gamay noir à jus blanc 2 %
Blanc : 0,5 hectare.
Chardonnay 50 %, Aligoté 50 %
Production moyenne : 40 000 bt/an

DOMAINE HENRI ET GILLES REMORIQUET
25, rue de Charmois,
21700 Nuits-Saint-Georges
03 80 61 08 17 •
domaine.remoriquet@wanadoo.fr • Vente et visites : au domaine sur rendez-vous. Du lundi au vendredi de 8h à 12h et de 14h à 18h. Samedi et dimanche sur rendez-vous.
Propriétaire : Gilles Remoriquet

DOMAINE HENRI RICHARD

Henri Richard était l'un des premiers vignerons de Gevrey-Chambertin à vendre ses vins en bouteille. Plus tard, sa fille fit le choix de livrer en grande partie ses raisins au négoce. Mais avec l'arrivée de la nouvelle génération, Sarah Bastian (petite-fille d'Henri Richard), la volonté de valoriser le domaine par la production de vin fini a été remise au goût du jour. Le domaine a entamé une démarche vers l'agriculture biologique en 1996 (certifié depuis 2005). Guillaume Berthior, ingénieur œnologue, arrivé en 2013, s'occupe de la cave et de la vigne. Les vins sont travaillés à partir de raisins non égrappés. La production de cette génération nous a semblé des plus convaincantes, même si le domaine se cherche

BOURGOGNE CÔTE DE NUITS

encore un peu dans l'expression de chacun de ses terroirs. Il reste du chemin à parcourir pour aller vers l'excellence, mais les amateurs recherchant des vins plus fins et élégants que puissants et opulents trouveront ici leur bonheur. Nous vous recommandons tout particulièrement le coteaux-bourguignons ou le mazoyères-chambertin.

Les vins : le crémant est franc, doté d'une bulle fine et tonique, à la fois frais et de bonne envergure. Nous aimons le profil dense et carré de l'aligoté, fermenté et élevé en barrique : plein et savoureux, il a conservé une bonne vivacité en finale. Belle matière dense, solide et bien structurée dans le coloré gevrey Aux Corvées, qui se destine à quelques années de cave. Plus floral, le gevrey Les Tuileries est construit sur des tanins fins. Sa texture juteuse et son allonge le rendent assez précoce, dans un esprit ferme mais raffiné. Très beau volume et saveurs finement épicées dans le profond charmes-chambertin, doté d'une chair veloutée et dense. Sa fraîcheur de sève est habilement soulignée par l'élevage, encore un peu présent à ce stade.

- Bourgogne Aligoté Corvée de l'Eglise 2015 — 15 € — 14
- Crémant de Bourgogne Brut Nature — N.C. — 14,5
- Charmes-Chambertin 2015 — 120 € — 17
- Gevrey-Chambertin Aux Corvées 2015 — 40 € — 15
- Gevrey-Chambertin Les Tuileries 2015 — 45 € — 15,5

Le coup de ♥
- Mazoyères-Chambertin 2015 — 130 € — 17,5

Le Mazoyères livre des arômes complexes de prunelle et de cendre froide, appuyés sur des tanins fermes et bien mûrs. C'est un vin vigoureux, athlétique et nourrissant, dont la trame énergique se prolonge par des amers nobles qui évoquent les agrumes. On le laissera vieillir en confiance.

Rouge : 4,15 hectares.
Pinot noir 100 %
Blanc : 0,43 hectare.
Pinot blanc 50 %, Aligoté 50 %
Production moyenne : 9 000 bt/an

DOMAINE HENRI RICHARD ♣
75, route de Beaune,
21220 Gevrey-Chambertin
09 62 08 00 17 ●
www.domainehenririchard.com ● Vente et visites : au domaine sur rendez-vous.
Propriétaire : Famille Bastien
Directeur : Sarah Bastien

DOMAINE MARC ROY

Ce domaine installé à Gevrey-Chambertin ne possède que quelques terroirs de villages qu'une viticulture soignée valorise au plus haut niveau. Alexandrine Roy produit de très beaux vins profonds, charnus et raffinés, depuis qu'elle a repris le domaine familial, en 2003. Dans ce domaine de 3,8 ha, on produit quatre cuvées en Gevrey-Chambertin-Villages, dont deux cuvées parcellaires, et un marsannay blanc. Après une licence de droit et un BTS viticulture-œnologie, Alexandrine perpétue un savoir-faire familial qui a toujours misé sur le travail des sols afin d'obtenir des raisins de qualité. En soignant une multitude de petits détails, depuis son arrivée, Alexandrine a fait progresser le domaine. Si ses villages sont chers, ils sont largement au-dessus de bien des premiers crus qui n'atteignent pas le niveau de concentration et de complexité des vins de ce domaine fort prometteur.

Les vins : le dynamique Clos Prieur 2014 offre un profil épuré et franc. Acidulée et subtile, la finale accentue l'impression de fraîcheur générale. Avec sa finesse de petits fruits frais (framboises, fraise de bois), La Justice se déploie majestueusement en une myriade de saveurs épicées. Il se gardera sur une dizaine d'années, préservant son harmonie d'origine. Charnu, très mûr et réglissé, le fruit des Vieilles Vignes ne manque pas d'éclat mais aura besoin d'un peu de temps pour patiner ses tanins épicés. Assez beurré, le marsannay blanc expressif et mûr se présente sous un profil vif, jusque dans sa finale aux croquants amers. Sa densité saline, ses saveurs d'écorce d'agrumes et son volume plaident pour quelques années de garde. Nous aimons la douceur de texture du Clos Prieur 2015 patiné par l'élevage, dont la matière sphérique et corsée possède une mâche savoureuse et très profonde. Il doit impérativement être attendu 3 à 5 ans.

- Marsannay Les Champs Perdrix 2015 — 35 (c) € — 15
- Gevrey-Chambertin Clos Prieur 2014 — 70 (c) € — 15,5
- Gevrey-Chambertin Clos Prieur 2015 — 70 (c) € — 16,5
- Gevrey-Chambertin La Justice 2015 — 70 (c) € — 16

▶ Gevrey-Chambertin Vieilles
 Vignes 2015 60 (c) € 15,5

Le coup de ♥
▶ Gevrey-Chambertin Cuvée
 Alexandrine 2015 95 (c) € 16,5

Supplément de raffinement dans l'aromatique et la texture du délié de ce vin, à l'évidente séduction, qui se distingue également par la qualité rare de ses tanins poudrés. Son harmonie et sa persistance le situe parmi les expressions les plus précieuses de Gevrey, au niveau de bien des premiers crus.

Rouge : 3,3 hectares.
Pinot noir 100 %
Blanc : 0,5 hectare.
Chardonnay 100 %
Production moyenne : 15 000 bt/an

DOMAINE MARC ROY
8, avenue de la gare,
21220 Gevrey-Chambertin
03 80 51 81 13 ●
domainemarcroy@orange.fr ● Visites : Pas de visites.
Propriétaire : Alexandrine Roy

MAISON FRÉDERIC MAGNIEN – DOMAINE MICHEL MAGNIEN

Frédéric Magnien, 48 ans, a longtemps fait partie de ce reliquat de vignerons dit "modernistes" où le pinot a gardé des couleurs sombres et où le terroir s'exprime souvent plus par la puissance que par la finesse. Pendant de nombreuses années, il a produit des vins très colorés, parfois concentrés à la limite de la surextraction, avec des boisés dominateurs. Désormais converti à la biodynamie, le domaine vient d'opérer un tournant stylistique majeur avec à partir de 2015 des élevages partiels en jarres de terre cuite, qui affinent les expressions des vins et respectent mieux le fruit. Nous intégrons cette année sous la même entrée dans ce guide les vins que Frédéric Magnien vinifie au domaine de son père, Michel Magnien.

Les vins : assez nuancée, l'expression aromatique des Damodes annonce un fruit mûr, épicé et juteux, encadré de tanins réglissés, puissants mais veloutés. Maturité poussée dans Les Ruchots assez épicé, doté de tanins fermes et plutôt croquants, dont l'intégrité du fruit est soulignée par un élevage judicieux. Le nez des Borniques décline épices douces et fleurs séchées. Un beau jus voluptueux emplit la bouche, mûre et saturée, marquée par des touches végétales nobles en finale. Ce vin ambitieux n'a pas encore trouvé pleinement ses marques. Le nez complexe et raffiné de Petite Chapelle, avec des touches de cuir et d'agrumes, précède une matière ouvragée, aux tanins poudrés, dont la trame délicate sait épouser les nuances de ce cru singulier. L'élevage en jarre a brillamment contribué à affiner la structure. Les vins sous l'étiquette Michel Magnien se situent encore un ton en-dessous, mais on retiendra Les Sentiers, à la matière veloutée, onctueuse et poudrée : un vin de grande envergure, parsemé d'amers réglissés, à la finesse de tanins remarquable. De la mûre, une pointe de camphre et de bois de santal viennent épicer la chair moelleuse et aérienne du clos-saint-denis, porté par un équilibre et une allonge savoureuse. Le clos-de-la-roche est amoindri par des touches lactiques et de caramel.

▷ Morey-Saint-Denis Premier Cru Les
 Chaffots 2015 75 € 15,5
▶ Chambolle-Musigny Premier Cru Les
 Borniques 2015 99 € 16
▶ Chambolle-Musigny Premier Cru Les
 Sentiers 2015 105 € 16,5
▶ Clos Saint-Denis Grand
 Cru 2015 230 € 17
▶ Clos de la Roche Grand
 Cru 2015 230 € 16
▶ Gevrey-Chambertin Premier Cru Les
 Goulots 2015 90 € 15
▶ Gevrey-Chambertin Premier Cru Petite
 Chapelle 2015 200 € 17,5
▶ Morey-Saint-Denis Premier Cru Les
 Ruchots 2015 79 € 16
▶ Nuits-Saint-Georges Premier Cru Les
 Damodes 2015 79 € 16

Le coup de ♥
▶ Charmes-Chambertin Aux
 Charmes 2015 350 € 17,5

Superbe finesse aromatique dans ce vin patiné, somptueux et extraverti, dont la palette va de l'orange amère à la rose, en passant par la fève de cacao. Luxueux, complexe, ultra-persistant, c'est un vin convaincant.

Rouge : 24 hectares.
Pinot noir 100 %
Blanc : 1 hectare.
Chardonnay 100 %
Production moyenne : 300 000 bt/an

MAISON FRÉDERIC MAGNIEN – DOMAINE
MICHEL MAGNIEN ♣
**26, route Nationale,
21220 Morey-Saint-Denis**

03 80 58 54 20
www.frederic-magnien.com • Vente et visites : au domaine sur rendez-vous.

Du mardi au samedi de 10h à 12h30 et de 14h à 18h30. Le lundi de 9h à 12h30 et de 14h à 17h.

Propriétaire : Frédéric Magnien

CÔTE DE BEAUNE

★★★
DOMAINE D'AUVENAY

Lalou Bize-Leroy est seule propriétaire de ce petit domaine, qui porte le nom de la ferme fortifiée situé sur les hauteurs de Saint-Romain qui lui appartient. Avec deux grands crus en Côte de Nuits mais surtout de remarquables parcelles dans les grands terroirs de blancs de la Côte de Beaune, ce domaine applique les mêmes principes de culture et de vinification qu'au domaine Leroy, avec pour conséquence des vins peut-être encore plus inoubliables, car les tout petits rendements leur donnent une texture absolument unique, et une longueur en bouche phénoménale. A l'encontre de la mode actuelle, les blancs d'Auvenay sont vendangés très mûrs, vieillissent à la perfection et constituent une révélation pour tout ceux qui ont la chance d'y goûter un jour. Comme on s'en doute, le monde entier s'en arrache la moindre goutte.

Les vins : le bonnes-mares brille d'un éclat minéral et tendu : très droit, il est encore serré et fascinera par sa profondeur abyssale. Le mazis-chambertin joue de sa large carrure pour mettre en avant toute la densité de fruits rouges de ses raisins juteux et brillants : il déploie ses charmes en un déroulé de réglisse d'une rare noblesse gustative. En blanc, l'aligoté donne le ton avec un superbe volume juteux et mûr, tout en allonge et intensité. Introduit au nez par des notes de tilleul et de fleurs blanches, l'auxey-duresses les Clous se présente très savoureux et croquant dans l'expression de son raisin mûr. Ample et nuancé, l'auxey-duresses Les Boutonniers est un grand blanc sensuel, voluptueux et caressant, à la finale pénétrante. Une telle générosité de chair sans la moindre lourdeur relève du tour de force. Somptueux meursault Narvaux : carrure de vin rouge, persistance de grand cru, élégance formelle et arômes de citronnier en fleur. La bouche est un régal de saveurs de noisette fraîche ; la persistance s'avère hors du commun. Un nez de mirabelle et de fleurs séchées introduit le puligny En la Richarde, un vin assagi, profond et précis, d'une pureté de fruit renversante. Une fraîcheur mentholée, des notes de poivre blanc et de fleurs blanches emplissent le lumineux meursault Goutte d'Or, dont la profondeur et l'allonge valent celles de tous les grands crus. Parler de vin d'anthologie n'est pas un vain mot. Arrivée au domaine en

2012, la vigne du bâtard-montrachet donne un vin encore un peu compact, un rien pataud, "pas tout à fait apprivoisé" selon Lalou Bize-Leroy. Sa vibration grillée et sa densité indiquent qu'il est sur la bonne voie. Nougatine, noisette, saveurs de fruits frais font résonner le criots-bâtard-montrachet, encore très immature, habité d'une immense empreinte calcaire en finale. Tel un grand frère du Folatières, le chevalier-montrachet s'avère raffiné, ferme et vibrant, pétri de distinction. Sa luminosité, son éclat solaire irradie de mille feux, mais il demeure frais et épuré.

⟶ Auxey-Duresses Les Boutonniers 2015	N.C.	18
⟶ Auxey-Duresses Les Clous 2015	N.C.	18
⟶ Bourgogne Aligoté 2015	N.C.	17
⟶ Chevalier-Montrachet Grand Cru 2015	N.C.	20
⟶ Criots-Bâtard-Montrachet Grand Cru 2015	N.C.	20
⟶ Meursault Les Narvaux 2015	N.C.	18,5
⟶ Meursault Premier Cru Gouttes d'Or 2015	N.C.	19,5
⟶ Puligny-Montrachet En la Richarde 2015	N.C.	18,5
▬ Bonnes-Mares Grand Cru 2015	N.C.	19
▬ Mazis-Chambertin Grand Cru 2015	N.C.	19,5

Le coup de ♥
⟶ Puligny-Montrachet Premier Cru Les Folatières 2015	N.C.	19

Tension supplémentaire et pureté florale encore accrue dans ce vin magique : sa dynamique et sa plénitude n'ont que très peu d'équivalents.

Rouge : 0,5 hectare.
Pinot noir 100 %
Blanc : 3,4 hectares.
Chardonnay 90 %, Aligoté 10 %
Production moyenne : 8 000 bt/an

DOMAINE D'AUVENAY
21190 Meursault
03 80 21 23 27 ● **Vente et visites : au domaine sur rendez-vous.**
Visites réservées aux clients distributeurs.
Propriétaire : Lalou Bize-Leroy

DOMAINE COCHE-DURY

Modeste et travailleur, désormais en semi-retraite, Jean-François Coche-Dury a su éviter les pièges tendus par le succès mondial. Qu'importe si ses vins s'arrachent aux quatre coins de la planète et se négocient à des prix faramineux aux enchères, la famille Coche-Dury continue de travailler ses vignes sans relâche et de suivre ses vinifications avec la plus grande attention. Désormais entre les mains de son fils Raphaël, les vins sont aisément reconnaissables à leur style droit, tendu et finement aromatique, porté sur la noisette. Ils possèdent avant tout une profondeur, une sapidité et une allonge absolument uniques. Les fûts ne proviennent que de chez François Frères et Damy. Les neufs entrent au maximum à 20 % pour les villages et 50 % pour les grands crus. Nous sommes ici au sommet de ce que peut produire le chardonnay. Hélas, toute la production est vendue avant même la récolte, et il est impossible au domaine d'accepter de nouveaux clients. On peut en revanche trouver des vins de ce domaine à la carte de grands restaurants. En 2015, la cave de vinification s'est agrandie pour gagner en confort de travail.

Les vins : nous avons dégusté trois cuvées de 2014, millésime ici parfaitement maîtrisé et qui confirme notre impression de vins un peu moins austères dans leur prime jeunesse que par le passé. C'est dans la profondeur du fruit, dans la précision des arômes, que le domaine excelle, donnant toujours ce sentiment de vins à la fois lumineux et cristallins.

⟶ Meursault 2014	48 €	17
⟶ Meursault Les Rougeots 2014	55 €	17,5

Le coup de ♥
⟶ Meursault Premier Cru Genevrières 2014	75 €	18,5

Une fois encore, c'est le temps qui sera le meilleur allié de cette cuvée d'une profondeur somptueuse. Le "style Coche" signe bien entendu sa trame, avec cette précision millimétrée en bouche, mais sans austérité et avec le gras nécessaire pour l'enrober.

Rouge : 2,5 hectares.
Pinot noir 100 %
Achat de raisins.
Blanc : 7,8 hectares.
Chardonnay 94 %, Aligoté 6 %
Achat de raisins.
Production moyenne : 45 000 bt/an

DOMAINE COCHE-DURY
25, rue Charles-Giraud, 21190 Meursault
03 80 21 24 12 ● **Vente et visites : au domaine sur rendez-vous.**
Visites réservées aux clients fidélisés, sur rendez-vous.
Propriétaire : Raphaël Coche-Dury

BOURGOGNE CÔTE DE BEAUNE

★★★
DOMAINE DE COURCEL

Le domaine fait incontestablement partie des références de la Bourgogne pour les amateurs de pinots raffinés et racés. Il faut dire qu'Yves Confuron et Gilles de Courcel forment un sacré duo de perfectionnistes, soignant la viticulture et des vinifications en vendange entière qui expriment avec bonheur les subtilités des terroirs de Pommard. Comme la plupart des grands vins, les crus de la maison ont besoin de temps pour acquérir toute leur noblesse. Nous avons encore pu le vérifier cette année, en dégustant des millésimes accomplis qui nous ont ravis.

Les vins : si le domaine peut proposer des vins plus anciens à ses clients, nous retenons ici les 2015 absolument superbes. Du pinot noir à la déclinaison des premiers crus de Pommard, la série est somptueuse : les Rugiens, séveux, droit et finement épicé ; Fremiers, serré, à la limite de l'austérité, mais très persistant ; les Vaumuriens se montre plus charnu, plein, avec toujours cette signature épicée en finale. Au sommet, le Grand Clos des Épenots livre un vin d'une intensité sublime, avec une texture à la fois suave et intense. En 2014, Fremiers affiche une grande densité et beaucoup de fond. Il faut l'attendre.

- Pommard Premier Cru Fremiers 2014   56 €   17
- Pommard Premier Cru Fremiers 2015   N.C.   17,5
- Pommard Premier Cru Grand Clos des Epenots 2015   N.C.   18
- Pommard Premier Cru Rugiens 2015   N.C.   17,5

Le coup de ♥
- Bourgogne 2015   N.C.   16

Comment résister à ce "simple" pinot noir, à la densité remarquable et au toucher de bouche déjà irrésistible. Un "petit" qui a tout d'un grand par ses saveurs et sa persistance.

Rouge : 8 hectares.
Pinot noir 100 %
Blanc : Chardonnay 100 %
Production moyenne : 25 000 bt/an

DOMAINE DE COURCEL
Place de l'Eglise, 21630 Pommard
03 80 22 10 64 ●
courcel@domaine-de-courcel.com ● Pas de visites.
Propriétaire : Famille de Courcel

★★★
DOMAINE LEFLAIVE

Anne-Claude Leflaive, infatigable ambassadrice des grands vins authentiques, militante biodynamiste de longue date, a succombé à la maladie à l'âge de 59 ans en avril 2015. Tous les grands amateurs de chardonnay ont en mémoire au moins un de ses merveilleux vins de Puligny-Montrachet. Avec leur droiture exemplaire, leur côté cristallin et la définition parfaite du terroir dont ils sont issus, cette grande dame a fait de ses blancs des vins parmi les plus passionnants de la Bourgogne. Son neveu, Brice de la Morandière, lui a succédé à la tête du domaine, et en préserve l'esprit avec toujours à ses côtés le régisseur Éric Remy. Le domaine perpétue sa gestion du vignoble en biodynamie et le travail réalisé sur les sols lui permet d'atteindre, depuis une bonne décennie, malgré quelques millésimes touchés par des phénomènes d'oxydation prématurée, un niveau de grande perfection. Le domaine ne vend rien en direct, il faut donc se tourner vers les bons cavistes.

Les vins : les deux cuvées de 2014 dégustées sont de très haut niveau. Les Pucelles brille par sa définition et son côté cristallin, tout en offrant beaucoup de volume et de très belles notes d'agrumes en finale.

- Puligny-Montrachet Premier Cru Les Pucelles 2014   184 €   18,5

Le coup de ♥
- Puligny-Montrachet Premier cru Le Clavoillon 2014   104 €   17

La cuvée signe parfaitement le style de la maison. Ce Clavoillon est à la fois énergique, dense et sapide en finale. De l'éclat en bouche, sans artifices.

Blanc : 24 hectares.
Chardonnay 100 %
Production moyenne : 120 000 bt/an

DOMAINE LEFLAIVE ☾
**Place du Pasquier de la Fontaine,
21190 Puligny-Montrachet**
03 80 21 30 13 ● www.leflaive.fr ● Pas de visites.
Propriétaire : Famille Leflaive
Directeur : Brice de La Morandière
Maître de chai : Pierre Vincent

★★★
DOMAINE ROULOT

Les amateurs de meursaults purs, droits et minéraux ont depuis longtemps consacré ce domaine. Jean-Marc Roulot s'impose comme l'un des vinificateurs les plus adroits de l'appellation, grâce à son style que nous défendons avec conviction, tant les vins qu'il élabore apparaissent purs et vieillissent avec grâce. L'agriculture biologique, commencée en 1998, a fait place à la biodynamie au début des années 2000. L'élevage sur lies d'un an en fût et de six mois en cuve uniquement à partir de levures naturelles suit cette logique. Pouvant apparaître austères et "sur le fil du rasoir" dans leur jeunesse, les vins prennent une formidable ampleur avec l'âge. Hélas, la demande est telle pour ses vins qu'il est très difficile pour le domaine d'accepter de nouveaux clients ; on les trouve, en revanche, à la carte de très nombreux restaurants.

Les vins : Jean-Marc Roulot nous propose une sélection de vins, comme toujours, précis et ciselés. 2015 apporte une petite rondeur supplémentaire, un côté plus pulpeux dans la texture des vins à l'images des Tillets qui conservent néanmoins leur grande race minérale ou du Clos des Bouchères, à la magnifique définition florale. D'un profil plus nerveux, les 2014 dégustés nécessitent encore un peu de garde. Le Meix Chavaux semble sauvage, très agrumes et élancé ; le Charmes affiche son ampleur, sa persistance et sa définition. Un très grand vin qu'il serait dommage d'ouvrir avant une décennie.

▷ Bourgogne 2015	N.C.	15
▷ Meursault Les Meix Chavaux 2014	N.C.	16,5
▷ Meursault Les Tillets 2015	N.C.	17
▷ Meursault Premier Cru Charmes 2014	N.C.	18,5
▷ Meursault Premier Cru Clos des Bouchères 2015	N.C.	17

Le coup de ♥
▷ Auxey-Duresses 2014	N.C.	16,5

Une cuvée qui introduit parfaitement au "style Roulot", dotée d'une très belle précision de bouche, avec de la tension, de l'éclat et une grande salinité en finale. Un vin cristallin.

Rouge : 1 hectare.
Pinot noir 100 %
Blanc : 14 hectares.
Chardonnay 95 %, Aligoté 5 %
Production moyenne : 80 000 bt/an

DOMAINE ROULOT ♣
1, rue Charles-Giraud, 21190 Meursault
03 80 21 21 65 ● roulot@domaineroulot.fr
● Pas de visites.
Propriétaire : Famille Roulot
Directeur : Jean-Marc Roulot

★★
DOMAINE BONNEAU DU MARTRAY

Coup de tonnerre cette année ! Ce mythique et ancien domaine familial a été vendu en janvier dernier à l'américain Stanley Kroenke, par ailleurs propriétaire du célèbre domaine Screaming Eagle en Californie. Il détient désormais la majorité du capital, mettant ainsi fin à une histoire de 200 ans entre la propriété et la famille Bault de la Morinière. Il est évidemment trop tôt pour dire si des changements de fond interviendront en terme de culture de la vigne ou d'approche des vins. Le domaine Bonneau du Martray qui ne produit que deux cuvées, un corton et un corton-charlemagne, s'est taillé une solide réputation auprès des amateurs dans les années 80. S'il a été, comme bien d'autres, affecté ensuite par des soucis d'oxydation prématurée, il a retrouvé la voie du succès depuis quelques millésimes déjà. Nous continuerons à suivre son évolution de près.

Les vins : le corton-charlemagne est l'un des plus aboutis ces dernières années. Il affiche une densité et une précision de bouche superbes. Serré et intense, il est parti pour une longue vie.

▷ Corton-Charlemagne Grand Cru 2015	129 (c) €	18,5

Le coup de ♥
▶ Corton Grand Cru 2015	90 (c) €	18

Le corton 2015 possède force, intensité et équilibre. Un vin d'une admirable densité et d'une grande fraîcheur de fruit.

Rouge : 1,5 hectare.
Pinot noir 100 %
Blanc : 9,5 hectares.
Chardonnay 100 %
Production moyenne : 55 000 bt/an

DOMAINE BONNEAU DU MARTRAY ♣
2, rue de Frétille,
21420 Pernand-Vergelesses
03 80 21 50 64 ●
www.bonneaudumartray.com ● Pas de visites.

BOURGOGNE CÔTE DE BEAUNE

Propriétaire : Stanley Kroenke
Directeur : Armand de Maigret

DOMAINE MICHEL BOUZEREAU ET FILS

Depuis quelques millésimes, nous sommes enchantés par la régularité et le style précis des vins de Jean-Baptiste Bouzereau. Digestes, élégants et profonds, ils vieillissent avec harmonie. Le domaine possède de petites parcelles sur de beaux crus du secteur. Il vinifie ses blancs avec une grande précision, et sait s'adapter avec souplesse au caractère de chaque millésime. Jean-Baptiste Bouzereau recherche avant tout l'élégance et la pureté ; on rencontrera donc rarement dans ses vins les notes fortement grillées et réduites que certains amateurs associent au meursault.

Les vins : les 2015 sont ici hautement recommandables et méritent leur place dans la cave de tout amateur de grands bourgognes blancs intemporels. On commence par le simple bourgogne déjà accessible, on enchaîne par Les Tessons, bien défini, et on culmine avec des premiers crus au sommet : un Charmes qui fera date par son volume et sa persistance, un Genevrières un peu moins ouvert, mais très énergique et un Perrière, à ce stade un peu plus discret, mais qui impressionne par sa persistance.

Bourgogne Chardonnay 2015	N.C.	14,5
Meursault Premier Cru Charmes 2015	N.C.	18
Meursault Premier Cru Genevrières 2015	N.C.	18
Meursault Premier Cru Perrières 2015	N.C.	18
Puligny-Montrachet Premier Cru Le Cailleret 2015	N.C.	17

Le coup de ♥
Meursault Les Tessons 2015   N.C.   16,5

Un modèle de précision et de distinction pour ce meursault qui combine tension et volume de bouche. Nous adorons cet équilibre et sa profondeur. À encaver pour la décennie à venir.

Rouge : 1,7 hectare.
Pinot noir 100 %
Blanc : 10,3 hectares.
Chardonnay 100 %
Production moyenne : 65 000 bt/an

DOMAINE MICHEL BOUZEREAU ET FILS
5, rue Robert Thénard, 21190 Meursault
03 80 21 20 74 ●
www.michelbouzereauetfils.com ● Pas de visites.
Propriétaire : Michel et Jean-Baptiste Bouzereau

DOMAINE BUISSON-CHARLES

Dirigé par Catherine Buisson-Essa, la fille de Michel Buisson, bon pied bon œil, et son mari Patrick Essa, le domaine s'est étoffé d'une petite activité de négoce depuis 2011, qui leur permet de vinifier des cuvées de Puligny, Chassagne et Chablis. Toute la production est désormais réunie sous la marque Buisson-Charles. La force du vignoble, qui a toujours été labouré et n'a jamais connu de désherbant, consiste en une large palette de meursaults villages et premiers crus. Ils étaient jadis souvent riches et réduits dans leur jeunesse ; le style insufflé par Patrick Essa tend vers plus d'ouverture et de finesse, tout en conservant le potentiel de vieillissement. Désormais travaillés en vendange entière, les rares rouges ont gagné en bouquet, en personnalité, et continuent leur progression. L'ensemble est très prometteur.

Les vins : la série des 2015 porte le domaine vers les sommets. La précision et l'expression des terroirs sont ici remarquables, avec une admirable maîtrise de l'élevage, sans aucun effet de réduction. La déclinaison des meursaults nous enchante, de Bouches-Chères, limpide et cristallin, à Gouttes d'Or, sapide, tendu et très persistant, en passant par Charmes à la rondeur parfaitement maîtrisée. Issu d'achat de raisins, La Romanée est un rien moins vibrant, mais offre un équilibre très juste. Le Cailleret est quant à lui monumental de puissance et d'équilibre. Et pour ne pas gâcher la fête, les rouges sont eux aussi recommandables. Tout ceci nous conduit à attribuer une seconde étoile au domaine.

Chassagne-Montrachet Premier Cru La Romanée 2015	50 €	16,5
Meursault Les Tessons 2015	46 €	16
Meursault Premier Cru Bouches-Chères 2015	57 €	17,5
Meursault Premier Cru Charmes 2015	57 €	17,5
Meursault Premier Cru Goutte d'Or "Th. J." 2015	57 €	18

Meursault Premier Cru Les Cras 2015	57 €	17
Puligny-Montrachet Premier Cru Le Caillaret 2015	70 €	18
Bourgogne Hautes Coutures 2015	18 €	14,5
Pommard En Chiveau 2015	30 €	16
Volnay Premier Cru Santenots 2015	57 €	17

Le coup de ♥

| Meursault La Vigne de 1945 2015 | 38 € | 16,5 |

La définition et l'ampleur sont superbes. Un vin à la fois tendu et pulpeux, sans aucun fard ni effet de style, à l'équilibre magnifique.

Rouge : 1,65 hectare.
Pinot noir 100 %
Blanc : 4,8 hectares.
Chardonnay 92 %, Aligoté 8 %
Production moyenne : 45 000 bt/an

DOMAINE BUISSON-CHARLES ♣
3, rue de la Velle, 21190 Meursault
03 80 21 22 32 ● www.buisson-charles.com
● Vente et visites : au domaine sur rendez-vous.
De 9h à 12h et de 15h à 17h tous les jours sauf les samedis, dimanches et jours fériés.
Propriétaire : Catherine Buisson
Maître de chai : Patrick Essa

★★
DOMAINE FRANÇOIS CARILLON

Depuis 2010, François Carillon a pris son indépendance. Le vignoble familial a été partagé entre lui et son frère Jacques (voir le domaine Jacques Carillon). François exploite aujourd'hui un peu plus de 14 ha de vignes, essentiellement sur Puligny-Montrachet, où il demeure une très belle référence. La force du domaine Carillon a toujours été un énorme travail à la vigne : avec une si belle matière première, on ne peut faire que de beaux vins.

Les vins : la gamme est toujours très réjouissante, d'un avenant et gourmand aligoté aux pulignys, toujours très soignées. Enrobé et souple, le bourgogne est un joli vin au profil tendre ; le puligny-village est généreux, avec de l'ampleur et un côté assez large, tout comme Les Enseignères, aux notes de fruits jaunes. Champ Gain affiche un profil plus droit et tendu, talonné par une finale bien étirée. Au sommet, Les Combettes d'une admirable concentration et Les Perrières, éclatant.

Bourgogne 2015	13 €	14
Bourgogne Aligoté 2015	10 €	13,5
Puligny-Montrachet 2015	33 €	15,5
Puligny-Montrachet Les Enseignères 2015	39 €	16
Puligny-Montrachet Premier Cru Champ Gain 2015	50 €	16,5
Puligny-Montrachet Premier Cru Les Folatières 2015	58 €	16,5
Puligny-Montrachet Premier Cru Les Perrières 2015	62 €	17,5
Saint-Aubin Premier Cru Les Pitangerets 2015	18 €	14,5

Le coup de ♥

| Puligny-Montrachet Premier Cru Les Combettes 2015 | 62 € | 17,5 |

Une magnifique expression dans cette bouche intense, serrée et très équilibrée. Son intensité et sa persistance nous enthousiasment. Complet et racé.

Rouge : 0,5 hectare.
Pinot noir 100 %
Blanc : 14 hectares.
Chardonnay 100 %
Production moyenne : 100 000 bt/an

DOMAINE FRANÇOIS CARILLON
2-3, place de l'Église,
21190 Puligny-Montrachet
03 80 21 00 80 ● domaine.carillon@free.fr
● Vente et visites : au domaine sur rendez-vous.
Le mardi et jeudi de 9h à 12h et de 14h à 16h.
Propriétaire : François Carillon

★★
DOMAINE JACQUES CARILLON

Les deux frères Carillon ont séparé le domaine historique familial Louis Carillon en deux entités en 2010. Jacques exploite de son côté 5,5 ha de vignes, dont une parcelle de Bienvenues Bâtard-Montrachet de 0,5 ha. Il propose avec régularité des vins au profil moderne, très droits et aptes à un long vieillissement.

Les vins : ciselé et précis, avec une touche d'agrumes en finale, le puligny 2014 est d'une

BOURGOGNE CÔTE DE BEAUNE

admirable définition, moins austère que le 2013. Même remarque pour les premiers crus, tendus, mais bien enrobés.

- Puligny-Montrachet 2014   44 €   16,5
- Puligny-Montrachet Premier Cru Les Champs Canet 2014   80 €   18

Le coup de ♥
- Puligny-Montrachet Premier Cru Les Perrières 2014   80 €   18,5

Il offre l'ampleur et la persistance d'un grand cru. Profond, musclé, mais aussi précis dans son dessin, ce Perrières traversera le temps avec bonheur. Son admirable finale déroule des flots de saveurs.

Rouge : 0,5 hectare.
Pinot noir 100 %
Blanc : 5 hectares.
Chardonnay 100 %
Production moyenne : 30 000 bt/an

DOMAINE JACQUES CARILLON
1, Impasse Drouhin,
21190 Puligny-Montrachet
03 80 21 01 30 ●
www.jacques-carillon.com ● Pas de visites.
Propriétaire : Jacques Carillon

DOMAINE CHANDON DE BRIAILLES

Propriété familiale depuis 1834, Chandon de Briailles est un des rares domaines de ce rang à avoir converti l'intégralité de ses 14 ha à la culture biodynamique sans transition. Cette certification (complète depuis 2011) ne s'est pas faite sans difficulté : il y a eu, en 2008 notamment, des pertes de rendements. Aujourd'hui, le domaine maîtrise son sujet et s'ouvre sur de nouveaux horizons avec le travail au cheval des 3 ha en Corton. Les vinifications sont ici très traditionnelles, avec une forte proportion de vendange entière pour les vins rouges et une utilisation très modérée du fût de chêne neuf. Ces vins peuvent parfois dérouter durant leur jeunesse, mais ils révèlent leur expressivité après quelques années en cave. Le vieillissement leur rend grâce et ils déploient alors toute la complexité des grands pinots floraux et raffinés.

Les vins : les 2015 dégustés possèdent une grande classe et un grand raffinement en bouche. Tous sont de belle facture, à commencer par le corton, à la fois soyeux et profond, dont la matière est bien servie par une extraction et un élevage judicieux.

- Corton Grand Cru Clos du Roi 2015   N.C.   18
- Pernand-Vergelesses Premier Cru Ile des Vergelesses 2015   58 €   16,5

Le coup de ♥
- Savigny-lès-Beaune Premier Cru Les Lavières 2015   45,50 €   16,5

Ce vin issu d'un terroir calcaire livre un corps tendu et épicé, avec beaucoup de distinction et de classe en bouche. La vendange entière lui confère une petite fermeté que le temps assouplira.

Rouge : 12 hectares.
Pinot noir 100 %
Blanc : 2 hectares.
Chardonnay 100 %
Production moyenne : 55 000 bt/an

DOMAINE CHANDON DE BRIAILLES ☽
1, rue Sœur-Goby,
21420 Savigny-lès-Beaune
03 80 21 52 31 ●
www.chandondebriailles.com ● Vente et visites : au domaine sur rendez-vous.
Du lundi au vendredi de 9h à 12h et de 14h à 18h.
Propriétaire : François de Nicolay

MAISON CHANSON PÈRE ET FILS

Fondée en 1750 et détenue par Bollinger depuis 1999, cette classique maison beaunoise, au patrimoine de 43 ha de vignes plantées, a désormais pleinement trouvé ses marques et son style. Elle rivalise avec les meilleurs grâce à des vins précis et purs, en blanc et en rouge. Une cuverie dernier cri et les conseils pertinents de Jean-Pierre Confuron, à la vigne comme en vinification, expliquent la netteté d'expression de la large gamme du domaine. Un nouveau directeur, Vincent Avenel, a pris les rennes de la maison et succède à Gilles de Courcel à qui l'on doit sa redynamisation.

Les vins : avec un viré-clessé simple et gourmand, un savigny Hauts Marconnets ample et très précis ou encore un corton-vergennes puissant, intense, musclé et massif, les blancs sont très bien maîtrisés, avec un sens de l'équilibre qui les maintient toujours dans une forme d'élégance. Les rouges, vinifiés avec une proportion variable de vendange entière, conservent un fruité expressif et un côté digeste. Ne manquez pas le gevrey-chambertin, l'impérial beaune Clos des Mouches ou même le pernand-vergelesses, d'une définition qui force le respect.

- Chassagne-Montrachet Premier Cru Les Chenevottes 2015   86 €   17
- Meursault 2015   56 €   16
- Savigny-lès-Beaune Premier Cru Hauts Marconnets 2015   37,50 €   16
- Viré-Clessé 2015   17 €   13,5
- Beaune Premier Cru Clos des Mouches 2015   93 €   17,5
- Corton Grand Cru 2015   104 €   18
- Givry 2015   23,55 €   14,5
- Pernand-Vergelesses Premier Cru Les Vergelesses 2015   49 €   16,5

Le coup de ♥
- Gevrey-Chambertin 2015   58 €   17

Superbe définition, avec une expression du fruit qui saute au palais. La texture est soyeuse et le vin se montre profond et incroyablement intense pour un "villages".

Rouge : 30 hectares.
Pinot noir 100 %
Blanc : 13 hectares.
Chardonnay 100 %
Production moyenne : 180 000 bt/an

MAISON CHANSON PÈRE ET FILS
10, rue Paul-Chanson, 21200 Beaune
03 80 25 97 97 ●
www.domaine-chanson.com ● Vente et visites : au domaine sur rendez-vous.
Propriétaire : Société Jacques Bollinger
Directeur : Vincent Avenel
Œnologue : Jean-Pierre Confuron

DOMAINE JEAN CHARTRON

Valeur sûre pour tous les amateurs de vins blancs racés, ce domaine est l'un des plus anciens de Puligny-Montrachet. Il possède un joli patrimoine de vignes exploité habilement. Depuis 2004, à la suite de son père, Jean-Michel Chartron travaille ses vignes en agriculture biologique sans chercher la certification. La part de bois neuf a été réduite et les vins ont, depuis 2009, considérablement gagné en profondeur et en netteté, se débarrassant du caractère trop boisé qui les empêchait de s'exprimer pleinement.

Les vins : conformes au style de la maison, les 2015 sont d'excellente facture, gageant un côté épuré et précis, et habillés par des élevages discrets. Qu'il s'agisse du hautes-côtes-de-beaune, gourmand mais précis, du rully Montmorin qui se veut déjà immédiat, ou des crus plus "renommés", vous pouvez y aller en confiance. Ceux qui en ont les moyens pourront se tourner vers les fleurons de la maison, un saint-aubin expressif et net, un puligny Clos de la Pucelle droit comme un "I" et très persistant, un corton-charlemagne, tout en muscle et serré, ou un impérial et intemporel grand cru montrachet, à oublier 20 ans en cave.

- Bourgogne Hautes-Côtes de Beaune En Bois Guillemain 2015   14,50 €   14,5
- Chevalier-Montrachet Grand Cru Clos des Chevaliers 2015   205 €   18,5
- Corton-Charlemagne Grand Cru 2015   125 €   18
- Montrachet Grand Cru 2015   650 €   19
- Puligny-Montrachet 2015   39 €   16,5
- Puligny-Montrachet Premier Cru Clos de la Pucelle 2015   65 €   17,5
- Puligny-Montrachet Premier Cru Clos du Cailleret 2015   65 €   17
- Rully Montmorin 2015   16 €   14
- Saint-Aubin Premier Cru Les Murgers des Dents de Chien 2015   31 €   16,5

Le coup de ♥
- Savigny-lès-Beaune Les Pimentiers 2015   21,50 €   15

Un vin au prix accessible, qui offre déjà un plaisir soutenu. Sa bouche se montre ciselée, fine et droite, tout en apportant un volume très agréable.

Rouge : 1 hectare.
Pinot noir 100 %
Blanc : 13 hectares.
Chardonnay 100 %
Production moyenne : 120 000 bt/an

DOMAINE JEAN CHARTRON
8, Grande-Rue, 21190 Puligny-Montrachet
03 80 21 99 19 ● www.jeanchartron.com ●
Vente et visites : au domaine sur rendez-vous.
Jeudi, vendredi, samedi et dimanche de 10h à 12h et de 14h à 18h, de Pâques à fin novembre.
Propriétaire : Jean-Michel Chartron et Anne-Laure Chartron
Directeur : Jean-Michel Chartron

BOURGOGNE CÔTE DE BEAUNE

★★
DOMAINE BRUNO COLIN

Installé à son compte depuis le millésime 2004, Bruno Colin défend une vision nette et pure des chardonnays de Bourgogne. Les 8,30 ha de son domaine sont essentiellement répartis entre Chassagne-Montrachet, Puligny-Montrachet et Saint-Aubin, soit une très belle collection de terroirs de chardonnays parfaitement exploités et vinifiés, avec une gestion de l'élevage et une tension remarquables. Les rouges progressent. Voici donc une adresse très sûre.

Les vins : le millésime 2015 a été très habilement abordé en respectant le style de la maison, avec des vins enrobés et surtout équilibrés. Le saint-aubin affiche une tension minérale bienvenue, les chassagnes premiers crus jouent chacun la partition de leur terroir, avec au sommet un Blanchot-Dessus à la densité et à la persistance de grand cru. Confidentiel, mais immense de densité, le bâtard-montrachet défiera le temps et imposera son volume. Les rouges sont désormais raffinés et soyeux, avec des extractions modérées préservant le fruit, comme dans le délicieux santenay.

- Bâtard-Montrachet Grand Cru 2015   400 €   18,5
- Chassagne-Montrachet 2015   46 €   16
- Chassagne-Montrachet Premier Cru La Boudriotte 2015   70 €   17
- Chassagne-Montrachet Premier Cru La Maltroie 2015   70 €   17
- Chassagne-Montrachet Premier Cru Les Chaumées 2015   70 €   16,5
- Saint-Aubin Premier Cru Les Charmois 2015   42 €   16
- Chassagne-Montrachet Premier Cru La Maltroie 2015   50 €   16
- Maranges Premier Cru La Fussière 2015   32 €   15
- Santenay Premier Cru Les Gravières 2015   34 €   15,5

Le coup de ♥

- Chassagne-Montrachet Premier Cru Blanchot Dessus 2015   90 €   17,5

Très impressionnant de densité, il affiche une bouche à la puissance encore retenue, mais surtout beaucoup de potentiel et d'énergie. La finale, tout en équilibre, déroule longuement.

Rouge : 4 hectares.
Pinot noir 100 %
Achat de raisins.
Blanc : 4,3 hectares.
Chardonnay 100 %
Achat de raisins.
Production moyenne : 60 000 bt/an

DOMAINE BRUNO COLIN
3, impasse des Crêts,
21190 Chassagne-Montrachet
03 80 24 75 61 •
www.domaine-bruno-colin.com • Vente et visites : au domaine sur rendez-vous.
Du lundi au vendredi de 9h à 12h et de 13h30 à 17h.
Propriétaire : Bruno Colin

★★
DOMAINE MARC COLIN ET FILS

Voici un domaine de référence pour les amateurs de grands blancs classiques. Dans l'esprit de leur père, Caroline, Damien et Joseph Colin, polyvalents, perpétuent le mode de vinification de ces cuvées célèbres pour leur pureté et leur délicatesse. Les rouges ont aussi beaucoup progressé : les vins issus de vieilles vignes de pinot noir de Santenay et de Chassagne-Montrachet surprennent par leur vigueur. Avec une gamme des plus complètes sur les meilleurs terroirs de Saint-Aubin, c'est une adresse sûre et hautement recommandable.

Les vins : n'hésitez pas à encaver les beaux 2015 au profil un peu plus enrobé que les 2014, racés en bouche. La déclinaison des saint-aubin est impeccable de définition, avec, entre autre, un En Remilly porté par une trame intense et une acidité bien calée. En Puligny, Le Trezin apparaît encore retenu : la bouche s'étire et la finale est cristalline. La Garenne ajoute un volume plus constitué. En Chassagne, les Encégnières se joue plus fin et discret, alors que Les Vides Bourses est plus compact, plus en muscle et en tension. Enfin, heureux seront ceux qui pourront déguster les grands crus d'ici une décennie : le montrachet est d'une définition absolue !

- Bâtard-Montrachet Grand Cru 2015   300 (c) €   18
- Chassagne-Montrachet Les Encégnières 2015   42 (c) €   16,5
- Chassagne-Montrachet Premier Cru Les Vides Bourses 2015   65 (c) €   17,5
- Montrachet Grand Cru 2015   600 (c) €   19
- Puligny-Montrachet Premier Cru La Garenne 2015   70 (c) €   17,5

Puligny-Montrachet Trézin 2015	42 (c) €	16,5
Saint-Aubin Premier Cru En Montceau 2015	40 (c) €	16
Saint-Aubin Premier Cru En Remilly 2015	40 (c) €	16,5
Saint-Aubin Premier Cru La Chatenière 2015	40 (c) €	16,5
Saint-Aubin Premier Cru Le Charmois 2015	35 (c) €	16

Le coup de

| Chassagne-Montrachet Premier Cru Les Champs Gains 2015 | 65 (c) € | 17 |

Un fort beau classique, avec du gras, de l'ampleur, du charnu, mais une finale qui se retend. Cette bouteille signe le savoir-faire du domaine.

Rouge : 2,3 hectares.
Pinot noir 100 %
Blanc : 15 hectares.
Chardonnay 95 %, Aligoté 5 %
Production moyenne : 110 000 bt/an

DOMAINE MARC COLIN ET FILS
**9, rue de la Chatenière, 21190 Saint-Aubin
03 80 21 30 43 • www.marc-colin.com •
Vente et visites : au domaine sur rendez-vous.
Propriétaire : Caroline, Joseph et Damien Colin**

★★
DOMAINE PIERRE-YVES COLIN-MOREY

Pierre-Yves Colin est l'un des vinificateurs les plus doués de sa génération. Il a travaillé au domaine familial Marc Colin jusqu'en 2005, date à laquelle il a pris son indépendance. En 2001, il avait déjà lancé une petite activité de négoce. Il exploite aujourd'hui, avec son épouse Caroline Morey, 6 ha de vignes, qui représentent les deux tiers de sa production, le dernier tiers provenant d'achat de raisins. Les vignes sont travaillées et les vins élevés sans bâtonnage (majoritairement en demi-muid de 350 litres), et longuement, pour éviter collage et filtration. La gestion des élevages est le point fort du domaine. Mais chaque détail a ici son importance comme, par exemple, augmenter le diamètre des bouchons (de 22 à 24 mm) pour combattre les problèmes d'oxydation. Un bel exemple à suivre.

Les vins : les 2015 sont parfaitement maîtrisés. La déclinaison des terroirs en saint-aubin ou en chassagne-montrachet permet une très large palette d'expression du chardonnay, mais toujours avec équilibre et justesse. Bref, d'admirables classiques, à l'image du saint-aubin Les Combes à la bouche saline, ou de l'admirable chassagne Les Caillerets, profond, puissant, intense et minéral. Encavez ce que vous pourrez et ne vous pressez pas pour les boire.

Chassagne-Montrachet Les Encenières 2015	N.C.	16,5
Chassagne-Montrachet Premier Cru Abbaye de Morgeot 2015	N.C.	17
Chassagne-Montrachet Premier Cru Les Caillerets 2015	N.C.	17,5
Chevalier-Montrachet Grand Cru 2015	N.C.	18
Puligny-Montrachet Premier Cru Les Garennes 2015	N.C.	17
Saint-Aubin Premier Cru En Remilly 2015	N.C.	17
Saint-Aubin Premier Cru La Chatenière 2015	N.C.	16,5
Saint-Aubin Premier Cru Les Champlots 2015	N.C.	16,5
Saint-Aubin Premier Cru Les Combes 2015	N.C.	17

Le coup de

| Saint-Aubin Le Banc 2015 | N.C. | 16 |

Ce n'est pas la cuvée la plus prestigieuse du domaine, mais elle exprime parfaitement le savoir-faire de Pierre-Yves Colin. Le vin est droit, mais pas austère, et enrobé juste comme il faut. Un saint-aubin déjà très séduisant.

Rouge : 2 hectares.
Pinot noir 100 %
Blanc : 9 hectares.
Chardonnay 100 %
Production moyenne : 70 000 bt/an

DOMAINE PIERRE-YVES COLIN-MOREY
**21190 Chassagne-Montrachet
03 80 21 90 10 •
contact@pierreyvescolinmorey.fr • Pas de visites.
Propriétaire : Pierre-Yves Colin**

★★
DOMAINE DU COMTE ARMAND

Ce domaine, qui jouit d'une grande réputation, a toujours produit des vins puissants et riches. Fermes et tanniques durant leurs premières années de vie, les célèbres pommards de la maison – dont le Clos des Epeneaux en mono-

BOURGOGNE CÔTE DE BEAUNE

pole – ont gagné en raffinement sous l'impulsion de Benjamin Leroux. Après quinze millésimes, ce dernier a quitté le domaine en 2014 et transmis les rennes à Paul Zinetti, à ses côtés depuis 2010. Si les grands millésimes apparaissent très réussis, avec des potentiels de garde énormes, les plus petites années engendrent des vins durs et parfois un peu secs.

Les vins : un millésime 2015 de très belle facture : les vins possèdent l'ampleur habituelle que l'on trouve au domaine, et beaucoup de raffinement. C'est le cas des deux cuvées d'auxey-duresses. Le Clos des Epeneaux 2014 est superbe de droiture, avec un corps ample et surtout une grande persistance. Ne passez pas non plus à côté de l'aligoté charmeur et gourmand.

▭ Bourgogne Aligoté 2014	10 €	14
▬ Auxey-Duresses Village 2015	25 €	15,5
▬ Pommard Premier Cru Clos des Epeneaux 2014	80 €	18

Le coup de ♥
▬ Auxey-Duresses Premier Cru 2015	32 €	16

Un vin dense, avec de la matière et beaucoup d'élégance en finale, bien armé pour la garde. Il démontre le savoir-faire de la maison et le potentiel de cette appellation trop souvent méconnue.

Rouge : 9 hectares.
Pinot noir 100 %
Blanc : 1 hectare.
Chardonnay 50 %, Aligoté 50 %
Production moyenne : 42 000 bt/an

DOMAINE DU COMTE ARMAND
7, rue de la Mairie, 21630 Pommard
03 80 24 70 50 ●
www.domaine-comte-armand.com ● Pas de visites.
Propriétaire : Gabriel Armand
Directeur : Paul Zinetti

MAISON JOSEPH DROUHIN

Depuis quelques années, cette belle maison est dirigée par Frédéric Drouhin, épaulé par sa sœur Véronique pour les vins et par son frère Philippe aux vignes. Depuis juillet 2013, elle a ouvert une œnothèque au cœur de Beaune. Elle a trouvé sa vitesse de croisière et s'impose comme une valeur sûre. La maison s'appuie sur un vignoble biodynamique particulièrement bien pourvu en grands blancs – en Côte de Beaune mais aussi à Chablis (vins vendus sous la marque Drouhin-Vaudon) – dont le célèbre Clos des Mouches. Le style a toujours été axé sur la finesse et l'élégance, mais les vins ont beaucoup gagné en profondeur de constitution ces dernières années.

Les vins : le style digeste et accessible fait mouche et la gamme se montre sans excès, très expressive. Le rully offre une belle franchise et surtout un équilibre digeste et fin très louable ; Les Embazées brille par sa définition citronnée et sa petite réduction très maîtrisée. Le chassagne-montrachet Morgeot impose un beau volume, sans la moindre lourdeur, mais il est dépassé par la classe ciselée du Clos des Mouches. Massif et serré, le corton-charlemagne entrouvre à peine la porte : sa texture tannique impose une garde d'au moins dix ans pour le savourer. En rouge, le style est tout aussi digeste, et offre des touchers de bouche soyeux et veloutés, comme avec le vosne-romanée délicat et épicé, ou un charmes-chambertin somptueux.

▭ Chablis Grand Cru Les Clos 2015	47,60 €	16
▭ Chassagne-Montrachet 1er cru les Embrazées 2015	59,80 €	17
▭ Chassagne-Montrachet Premier Cru Morgeot Marquis de Laguiche 2015	67 €	17
▭ Corton-Charlemagne 2015	121,80 €	17,5
▭ Meursault Premier Cru Genevrière 2015	74,20 €	16,5
▭ Rully 2015	17,20 €	14,5
▬ Gevrey-Chambertin 2015	38,20 €	15,5
▬ Vosne-Romanée 2015	51,20 €	16
▭ Beaune Premier Cru Clos des Mouches 2015	85,80 €	17,5

Le coup de ♥
▬ Charmes-Chambertin 2015	159,20 €	18

Doté d'une densité splendide, mais aussi d'une profondeur et d'une suavité de fruit qui impressionnent, ce grand cru magistral impose sa classe. Sachez l'attendre.

Rouge : 26 hectares.
Pinot noir 100 %
Blanc : 46 hectares.
Chardonnay 100 %

MAISON JOSEPH DROUHIN
7, rue d'Enfer, 21200 Beaune
03 80 24 68 88 ● www.drouhin.com ●
Vente et visites : au domaine sur rendez-vous.
Du lundi au samedi de 10h à 12h et de 14h à 18h.
Directeur : Frédéric Drouhin (Président)

MAISON CAMILLE GIROUD

Cette belle maison beaunoise acquise en 2001 par les Colgin, Américains passionnés, compte aujourd'hui onze associés et propose une gamme des plus recommandables. Elle rencontre le succès et affiche une grande régularité depuis quelques millésimes. On le doit à l'œnologue ligérien David Croix, qui tient à conserver une taille de micro-négoce (60 000 bouteilles sur 30 appellations) et un esprit de facture classique, avec des élevages comportant 15 à 20 % de fûts neufs.

Les vins : dégustés juste avant mise, les vins sont apparus marqués par des élevages encore un peu présents. Les blancs ont un profil assez charnu et mûr, avec de la rondeur, sans pour autant faire preuve de mollesse. L'auxey est d'une approche friande, avec de la densité ; le chassagne est solide, plein et porté par un bois encore légèrement marqué. La franchise du fruit des rouges est quant à elle réjouissante : le hautes-côtes se montre juteux et croquant, le volnay Les Lurets exprime des notes vanillées et fruitées, avec du potentiel. Les grands crus s'avèrent richement constitués ; au sommet, un chambertin impérial, musclé et profond, qu'il faudra savoir attendre.

▷ Auxey-Duresses 2015	26,70 €	15
▷ Bourgogne 2015	17,60 €	14,5
▷ Chassagne-Montrachet Premier Cru Tête du Clos 2015	73,50 €	16,5
▷ Corton-Charlemagne Grand Cru 2015	120 €	17
▬ Bourgogne Hautes-Côtes de Beaune Crétot 2015	19 €	14,5
▬ Chambertin Grand Cru 2015	251 €	18,5
▬ Clos de Vougeot Grand Cru 2015	152 €	17,5
▬ Corton Grand Cru Le Clos du Roi 2015	88 €	17,5
▬ Volnay Premier Cru Les Lurets 2015	53 €	16

Le coup de ♥

▬ Gevrey-Chambertin Lavaut Saint-Jacques 2015	43 €	17

Un vin très énergique, dense et doté d'une très belle finesse. Un gevrey qui joue la carte du raffinement, avec une touche de moka en finale.

Rouge : 1 hectare.
Pinot noir 100 %
Achat de raisins.
Blanc : Chardonnay 100 %
Achat de raisins.
Production moyenne : 75 000 bt/an

MAISON CAMILLE GIROUD
3, rue Pierre-Joigneaux, 21200 Beaune
03 80 22 12 65 •
contact@camillegiroud.com • Vente et visites : au domaine sur rendez-vous.
Du lundi au vendredi.
Directeur : Carel Voorhuis

DOMAINE ALBERT GRIVAULT

Le domaine retrouve cette année sa deuxième étoile. Après un petit passage à vide au début des années 2000, les derniers millésimes que nous avons dégustés nous ont vraiment enthousiasmé. Joyau du domaine, le Clos des Perrières représente une parcelle de 1 ha, considérée unanimement comme la partie optimale du meilleur premier cru de Meursault. Il est exploité en monopole par le domaine Grivault, depuis 1873, ce dernier y produisant régulièrement des vins blancs remarquables, lesquels ont pu, par le passé, dépasser bien des grands crus. Le Clos du Murger s'avère également une cuvée de haute volée !

Les vins : si le domaine fait beaucoup parler de lui avec ses blancs, le pommard n'est pas à négliger : c'est un vin, ample, un rien réduit, mais doté d'une solide matière. Il faudra l'attendre. Du côté des blancs, la série des 2015 se montre époustouflante. Le Clos du Murger, charnu, tendu, est superbe d'équilibre ; Le Perrières apparaît énergique, avec de la pulpe, du gras, mais aussi beaucoup de définition ; quant au Clos des Perrières, c'est tout simplement un des meilleurs blancs de Bourgogne que nous ayons dégusté cette année.

▷ Meursault Clos du Murger 2015	48 (c) €	18
▷ Meursault-Perrières Premier Cru 2014	92 (c) €	18,5
▷ Meursault-Perrières Premier Cru 2015	95 (c) €	18,5
▬ Pommard Premier Cru Clos Blanc 2015	50 (c) €	16

Le coup de ♥

▷ Meursault Premier Cru Clos des Perrières 2015	116 (c) €	19,5

Voici un vin hors norme, d'une puissance et d'un équilibre qui forcent notre respect. Tendu, salin, mais aussi enrobé, il prolonge très longuement ses saveurs.

Rouge : 1 hectare.
Pinot noir 100 %
Blanc : 5 hectares.

BOURGOGNE CÔTE DE BEAUNE

Chardonnay 100 %
Production moyenne : 35 000 bt/an

DOMAINE ALBERT GRIVAULT
7, place du Murger, 21190 Meursault
03 80 21 23 12 •
albert.grivault@wanadoo.fr • Vente et visites : au domaine sur rendez-vous. De 9h à 17h.
Propriétaire : Héritiers Grivault
Directeur : Claire Bardet

ANTOINE JOBARD

Antoine Jobard, dans la lignée de son père François, produit des meursaults de haut niveau dans un style classique, avec des élevages très longs et sans aucun effet de style. Jamais lourds ni outrageusement boisés, les vins brillent par leur précision et surtout leur aptitude au vieillissement. Le Genevrières fait indiscutablement partie des meilleurs. Une valeur sûre pour les amateurs de grands blancs éternels.

Les vins : attention au caractère très réducteur des 2015 que nous avons dégustés. Les vins affichent une belle densité et du fond, mais peinent encore à se livrer. Le potentiel est néanmoins là, à l'image d'un bourgogne d'une bonne ampleur, d'un saint-aubin à la tension bien calée, ou encore d'une série de meursaults très expressifs, dont deux premiers crus de grande envergure.

⇨ Bourgogne 2015	19 €	14
⇨ Meursault Les Tillets 2015	41 €	16
⇨ Meursault Premier Cru Genevrières 2015	74 €	18
⇨ Saint-Aubin Premier Cru Sur le Sentier du Clou 2015	41 €	15

Le coup de ♥

⇨ Meursault Premier Cru Poruzots 2015	61 €	17

Le caractère réduit l'emporte encore, mais la structure du vin est très belle, avec de la précision, du fruit et surtout une belle persistance sur des notes crayeuses fines.

Blanc : 6,5 hectares.
Chardonnay 95 %, Aligoté 5 %
Production moyenne : 40 000 bt/an

ANTOINE JOBARD
2, rue de Leignon, 21190 Meursault
03 80 21 21 26 • antoine.jobard@orange.fr
• Pas de visites.

Propriétaire : François et Antoine Jobard
Directeur : Antoine Jobard

DOMAINE CATHERINE ET CLAUDE MARÉCHAL

Situé à l'écart de la Côte, dans la plaine de Bligny, bien que doté d'un important parcellaire à 100 % planté en Côte de Beaune, ce domaine est resté artisanal grâce à l'approche de Claude Maréchal, son propriétaire. Le pudique mot "vigneron" inscrit sur l'étiquette résume la vision simple et exigeante de cet homme. Vinifications naturelles et utilisation modérée du soufre sont ses tables de lois. Les boisés sont modérés et complexifient avec respect les terroirs. Si les vins se dévoilent élégants et délicatement parfumés, sans aucun effet de style, il convient toutefois de les conserver avec précaution. Les prix demeurent raisonnables.

Les vins : les amateurs de finesse et de fraîcheur de fruit seront ravis avec les 2015. Les rouges, à l'extraction délicate et au toucher soyeux, sont déjà irrésistibles, sans que cela hypothèque leur capacité de garde. Dès le bourgogne, qui régale par le croquant de son fruit, le ton est donné. Au sommet, on trouve le volnay profond et suave, et le pommard. Les blancs ne sont pas en reste, avec un aligoté mûr à souhait, mais sans lourdeur, un bourgogne beurré et charnu et un savigny de très belle ampleur, qui assume son côté solaire et sa richesse.

⇨ Bourgogne Aligoté 2015	13 (c) €	14
⇨ Bourgogne Cuvée Antoine 2015	20 (c) €	15
⇨ Savigny-lès-Beaune 2015	29 (c) €	16
▬ Auxey-Duresses 2015	27 (c) €	16
⇨ Bourgogne Gravel 2015	20 (c) €	14,5
▬ Chorey-lès-Beaune 2015	27 (c) €	16
▬ Pommard La Chanière 2015	43 (c) €	17
▬ Savigny-lès-Beaune Vieilles Vignes 2015	30 (c) €	16,5
▬ Volnay 2015	43 (c) €	17,5

Le coup de ♥

▬ Ladoix Les Chaillots 2015	27 (c) €	16

Nous adorons la franchise de fruit et la gourmandise de ce vin aérien. Le toucher de bouche est soyeux, avec beaucoup d'élégance. Irrésistible.

Rouge : 11,1 hectares.
Pinot noir 100 %
Blanc : 1,7 hectare.

Chardonnay 67 %, Aligoté 33 %
Production moyenne : 75 000 bt/an

DOMAINE CATHERINE ET CLAUDE MARÉCHAL
6, route de Chalon,
21200 Bligny-lès-Beaune
03 80 21 44 37 ●
www.bourgogne-marechal.com ● Pas de visites.
Propriétaire : Catherine et Claude Maréchal

★★
DOMAINE DE MONTILLE

C'est Étienne de Montille qui vinifie les rouges au domaine. Il produit, nous semble-t-il, des vins moins rigides que son père, et surtout plus fins et plus gracieux. On ne cherche pas ici à créer la sensation par la puissance aromatique ou le charnu des textures, mais à exprimer toute l'élégance naturelle des meilleurs terroirs de Volnay et de Pommard. Certes, les vins peuvent paraître austères, voire durs dans leurs premières années, mais ils évoluent généralement avec grâce. La grande force du domaine réside dans sa capacité à élaborer des très grands vins à la fois en blanc et en rouge. La troisième étoile se rapproche.

Les vins : amateurs pressés, passez votre chemin. Les rouges 2015 sont admirablement dotés, avec des matières profondes et une très grande race, mais restent impénétrables, à l'image du Clos Vougeot, énergique, musclé et racé, mais fermé. Le nuits-saint-georges affiche une petite réduction, mais un nuit à saluer. Les blancs sont eux aussi taillés pour affronter la garde : somptueux Perrières à la chair pulpeuse et impérial Corton-Charlemagne, vibrant, tannique et persistant.

- Corton-Charlemagne Grand Cru 2015 — 116 € — 18,5
- Meursault Premier Cru Les Perrières 2015 — 95 € — 18
- Beaune Premier Cru Les Grèves 2015 — 58 € — 16,5
- Clos Vougeot Grand Cru 2015 — 140 € — 18
- Nuits-Saint-Georges Premier Cru Aux Thorey 2015 — 65 € — 16

Le coup de ♥
- Volnay Premier Cru Les Taillepieds 2015 — 90 € — 17

Un vin qui combine raffinement, soyeux du grain et naturel du fruit. Il faudra être patient pour qu'il se livre totalement, mais le potentiel est superbe !

Rouge : 16,5 hectares.

Pinot noir 100 %
Blanc : 6,5 hectares.
Chardonnay 100 %
Production moyenne : 100 000 bt/an

DOMAINE DE MONTILLE ♣
Rue de Pied-de-la-Vallée, 21190 Volnay
03 80 21 39 14 ● www.demontille.com ●
Vente et visites : au domaine sur rendez-vous.
Le premier lundi de chaque mois.
Propriétaire : Famille de Montille
Directeur : Etienne de Montille
Maître de chai : Brian Sieve

★★
DOMAINE DE LA POUSSE D'OR

Magnifique propriété de Volnay, La Pousse d'Or doit sa renaissance à Patrick Landanger, qui a consacré d'importants moyens financiers et humains à redorer le blason de ce domaine emblématique. On lui doit une amélioration considérable de l'outil de vinification et l'acquisition de nouvelles parcelles, notamment sur la Côte de Nuits. Les crus sont tous remarquables.

Les vins : la série des 2015 est d'une très belle facture, avec des vin opulents, généreux, dans l'esprit du millésime, mais toujours digestes. Le santenay brille par l'éclat de son fruit et la belle rondeur de sa bouche, le chambolle, raffiné et suave, est très élégant ; derrière un boisé encore légèrement marqué, le Feusselottes déploie une très appréciable matière, au fruité net et brillant. Emblèmes de la maison, les volnays sont d'un raffinement exemplaire, plus accessible pour les 60 Ouvrées, plus serré pour la Bousse d'Or.

- Chambolle-Musigny 2015 — 40 € — 16
- Chambolle-Musigny Premier Cru Les Feusselottes 2015 — 75 € — 17
- Santenay Premier Cru Clos de Tavannes 2015 — 39 € — 16
- Volnay Premier Cru Clos de la Bousse d'Or 2015 — 70 € — 17,5
- Volnay Premier Cru Clos d'Audignac 2015 — 66 € — 17

Le coup de ♥
- Volnay Premier Cru Clos des 60 Ouvrées 2015 — 70 € — 17,5

Juteux, précis, avec un fruité explosif en bouche, ce premier cru est un régal. Il déroule un superbe toucher de bouche, soyeux et délicat, jusqu'à la finale finement acidulée.

Rouge : 16,3 hectares.

BOURGOGNE CÔTE DE BEAUNE

Pinot noir 100 %
Blanc : 0,7 hectare.
Chardonnay 100 %
Production moyenne : 70 000 bt/an

DOMAINE DE LA POUSSE D'OR
Rue de la Chapelle, 21190 Volnay
03 80 21 61 33 ● www.lapoussedor.fr ● Pas de visites.
Propriétaire : Patrick Landanger

ETIENNE SAUZET

Domaine de grande réputation créé au début du XXᵉ siècle, la maison Étienne Sauzet associe, depuis le début des années 1990, le négoce et la production d'une palette de pulignys rares. Les achats étant réalisés auprès des meilleurs viticulteurs de la région, la qualité des vins est absolument remarquable. Gérard Boudot, sa fille Émilie et son mari Benoît Riffault, qui dirigent aujourd'hui le domaine, préservent une approche très classique de la vinification et de l'élevage. Le style des chardonnay allie une grande pureté d'expression, la finesse et l'élégance, sans pour autant manquer de potentiel de vieillissement. Proche de la troisième étoile.

Les vins : la gamme est une fois encore admirable, avec des Perrières à la minéralité très affirmée, guidée par une très belle trame épurée. Le Champ-Canet est lui aussi vibrant et cristallin ; plus enrobées, Les Folatières vont encore plus loin dans la profondeur de bouche et la persistance. Les Combettes, encore sur la réserve, déploie une énergie fantastique.

▷ Puligny-Montrachet Premier Cru Champ-Canet 2015   95 (c) €   17,5
▷ Puligny-Montrachet Premier Cru Les Combettes 2015   180 (c) €   18
▷ Puligny-Montrachet Premier Cru Les Folatières 2015   107 (c) €   18
▷ Puligny-Montrachet Premier Cru Les Perrières 2015   79 (c) €   17,5

Le coup de ♥

▷ Bâtard-Montrachet Grand cru 2015   330 (c) €   19

Une bouteille aussi rare que magique : toute la puissance de constitution de Bâtard, une bouche musclée et énergique, et une finale interminable. Ceux qui auront la chance d'encaver cette bouteille devront faire preuve de patience.

Blanc : 14 hectares.

Chardonnay 100 %
Production moyenne : 100 000 bt/an

ETIENNE SAUZET
21190 Puligny-Montrachet
03 80 21 32 10 ● www.etiennesauzet.com ● Pas de visites.
Propriétaire : Jeanine Boudot
Directeur : Benoît Riffault et Gérard Boudot.

DOMAINE JEAN-CLAUDE BACHELET ET FILS

Jean-Baptiste et Benoît gèrent ce domaine familial avec brio. Jean-Claude, leur père, leur a cédé un beau vignoble de 10 ha, composé des plus beaux terroirs de Saint-Aubin, ainsi que de quelques notables parcelles à Chassagne-Montrachet – comme le fameux Blanchot-Dessus, proche voisin du grand cru Bâtard-Montrachet – et une parcelle en appellation Bienvenues-Bâtard-Montrachet. Issus de vendanges bien mûres, les vins sont vinifiés en levures indigènes. La durée des élevages s'étire, et les vins passent deux hivers en cave. Ils arborent un profil plus que tendu, mais les harmonies s'avèrent parfaitement gérées. Les rouges jouissent d'une efficace réalisation mais n'atteignent pas la dimension des blancs.

Les vins : les jus en blanc relèvent d'une qualité certaine, où équilibre et tension s'imposent. En Saint-Aubin, Les Charmois joue la rondeur, le fruité mûr et présente un joli volume de bouche, tandis qu'En Remilly se montre plus nerveux et longiligne. Point fort de la maison, les chassagnes ont tous une personnalité notable, Les Encégnières exhale les fruits jaunes, avec du gras et du volume ; en premier cru, Les Macherelles se livre dans un registre minéral, pas dénué de chair pour autant ; La Boudriotte ajoute encore davantage de profondeur et d'intensité. Quant au bienvenues-bâtard-montrachet, il est superbe d'intensité et de volume, doté d'une immense complexité en finale. Les rouges ont un profil moins abordable, marqués par une finale boisée. Sachez les attendre.

▷ Bienvenues-Bâtard-Montrachet Grand Cru 2015   150 €   18
▷ Chassagne-Montrachet Les Encégnières 2015   34 €   15,5
▷ Chassagne-Montrachet Premier Cru La Boudriotte 2015   45 €   16,5

Vin	Prix	Note
Chassagne-Montrachet Premier Cru Les Macherelles 2015	40 €	16,5
Puligny-Montrachet Les Aubues 2015	34 €	15,5
Puligny-Montrachet Premier Cru Sous le Puits 2015	53 €	17
Saint-Aubin Premier Cru En Remilly 2015	30 €	16
Saint-Aubin Premier Cru Les Charmois 2015	25 €	15,5
Chassagne-Montrachet Premier Cru La Boudriotte 2015	35 €	14,5
Saint-Aubin Premier Cru Derrière la Tour 2015	20 €	14,5

Le coup de ♥

Vin	Prix	Note
Chassagne-Montrachet Premier Cru Blanchot-Dessus 2015	72 €	17

Un chassagne de formidable constitution. La bouche est ample, charnue et pulpeuse, piquée par une trame de fraîcheur aux notes de menthol et d'agrumes qui le porte très loin. Superbe !

Rouge : 2,5 hectares.
Pinot noir 100 %
Blanc : 7 hectares.
Chardonnay 100 %
Production moyenne : 50 000 bt/an

DOMAINE JEAN-CLAUDE BACHELET ET FILS
1, rue de La Fontaine, Hameau de Gamay,
21190 Saint-Aubin
03 80 21 31 01 ● www.domainebachelet.fr
● Vente et visites : au domaine sur rendez-vous.
Propriétaire : Benoît et Jean-Baptiste Bachelet

DOMAINE BACHELET-RAMONET

Ce domaine régulier, conduit avec efficacité par Alain Bonnefoy et son épouse, possède l'une des palettes d'appellations les plus complètes de Chassagne-Montrachet avec, en rouge comme en blanc, les meilleurs premiers crus et deux grands crus. En premier cru, les terroirs s'enchaînent, chacun portant une définition bien affirmée. Il y a des profils et équilibres de bouche pour tous les goûts dans ces vins de style classique. Les prix demeurent raisonnables ; aucune raison de se priver.

Les vins : la série des 2015 se montre très intéressante, avec des vins qui combinent un beau volume de bouche, de la sève et toujours de l'équilibre en finale. Qu'il s'agisse du chassagne-villages, avenant et net, des Grandes Ruchottes, volumineux et ample, de Morgeot, tendu et sapide, ou encore de la Grande Montagne au profil plus serré, mais très persistant, ils expriment avec force leur terroir. Le Clos Saint-Jean rouge nous convainc un peu moins, avec son fruit au profil un peu fané.

Vin	Prix	Note
Bâtard-Montrachet Grand Cru 2015	100 €	18
Chassagne-Montrachet Premier Cru La Grande Montagne 2015	35 €	17
Chassagne-Montrachet Premier Cru Les Grandes Ruchottes 2015	35 €	17
Chassagne-Montrachet Premier Cru Morgeot 2015	35 €	17,5
Chassagne-Montrachet Premier Cru Clos Saint-Jean 2015	22 €	14

Le coup de ♥

Vin	Prix	Note
Chassagne-Montrachet 2015	25 €	16

Très jolie pureté dans ce vin à la fois droit et savoureux. Le fruit possède une appréciable pulpe et la tension est bien enrobée. Un chassagne de classe.

Rouge : 6,5 hectares.
Pinot noir 100 %
Blanc : 6,5 hectares.
Chardonnay 100 %
Production moyenne : 40 000 bt/an

DOMAINE BACHELET-RAMONET
11, rue du Parterre,
21190 Chassagne-Montrachet
03 80 21 32 49 ●
bachelet.ramonet@wanadoo.fr ● Vente et visites : au domaine sur rendez-vous.
Du lundi au vendredi de 8h à 11h30 et de 13h30 à 18h30 et le samedi matin. Fermé le dimanche et les jours fériés.
Propriétaire : Marie-Paule Bonnefoy
Maître de chai : Alain Bonnefoy

DOMAINE BALLOT MILLOT ET FILS

Cette maison, qui offre un très beau panorama des vins de Meursault, est conduite par Charles Ballot depuis 2000. Il a régulièrement produit une série de blancs de belle facture à des tarifs très raisonnables. On ne recherche ici aucun effet de style : les vins ont un profil digeste et faciles

BOURGOGNE CÔTE DE BEAUNE

d'accès. Les rouges possèdent un profil très (trop) sérieux et gagneraient à afficher plus de moelleux.

Les vins : avouons une petite déception. Les 2015 ont un profil plutôt tendre et délié, à l'image du meursault ou des Criots. Les Narvaux monte en puissance, avec plus de charnu. Les premiers crus nous semblent équilibrés, mais nous aimerions davantage de volume en milieu de bouche, à l'image d'un Charmes fin, mais sans grande allonge. L'étoile est en danger.

Meursault 2015	28 €	14,5
Meursault Les Criots 2015	33 €	15
Meursault Les Narvaux 2015	40 €	15
Meursault Premier Cru Charmes 2015	60 €	15,5
Meursault Premier Cru Genevrières 2015	65 €	16
Pommard Premier Cru Charmots 2015	39 €	14
Pommard Premier Cru Pézerolles 2015	50 €	15
Volnay Premier Cru Santenots 2015	40 €	14,5

Le coup de ♥

Meursault Premier Cru Perrières 2015	70 €	16

Le plus construit des vins de la gamme, avec une bouche de bonne ampleur, de la tension et une bonne persistance. Bel équilibre en fin de bouche qui demeure scintillante.

Rouge : 3 hectares.
Pinot noir 100 %
Blanc : 7 hectares.
Chardonnay 100 %
Production moyenne : 50 000 bt/an

DOMAINE BALLOT MILLOT ET FILS
**9, rue de la Goutte d'Or, BP 33,
21190 Meursault
03 80 21 21 39 • www.ballotmillot.com •
Vente et visites : au domaine sur
rendez-vous.
De 9h à 12h et de 14h à 17h.
Propriétaire : Charles Ballot**

DOMAINE DE BELLENE

Notre enthousiasme ne faiblit pas devant la gamme des vins proposés. Le domaine, installé dans les très belles caves de l'ancien réfectoire de l'abbaye de Cîteaux, à Beaune, a été créé en 2005 par Nicolas Potel à la suite de la vente de la maison de négoce qui portait son nom au groupe Cottin Frères. Il a acheté diverses parcelles de vignes en Côte de Beaune (Savigny-lès-Beaune, Beaune, Volnay) et Côte de Nuits (Nuits-Saint-Georges, Vosne-Romanée) qui ont toutes entre 50 à 110 ans d'âge. À cela s'ajoute une activité florissante de négoce (Roche de Bellene, environ 350 000 bouteilles, qui ne sont pas notées ici). Vignes et vins sont travaillés selon les méthodes biologiques et vinifiés sans aucun adjuvant œnologique, sans chaptalisation ni acidification.

Les vins : ne manquez pas les admirables 2015, à commencer par les blancs impeccablement maîtrisés, à la pulpe fruitée très séduisante. Le simple côtes-de-beaune est délicieux et charnu, le santenay offre une bouche à la fois tendue et enrobée. Mais notre enthousiasme s'intensifie avec la série des rouges dont la texture se révèle élégante et soyeuse. Le savigny Vieilles Vignes croque sous la dent, avec un fruité frais, le beaune Grèves apporte sa structure, sa profondeur et une très belle densité ; plus tendre le nuits-saint-georges Aux Chaignots ne manque pas d'allonge ni d'équilibre. Le vosne-romanée Les Suchots combine finesse, soyeux et toucher de bouche superbe, avec une persistance savoureuse qui le rend déjà irrésistible.

Côte de Nuits-Villages Les Monts de Boncourt 2015	28,50 €	15
Saint-Romain Vieilles Vignes 2015	26,60 €	15,5
Santenay Les Charmes Dessus 2015	28,50 €	15,5
Savigny-lès-Beaune 2015	28,50 €	16
Beaune Premier Cru Les Grèves 2015	66,50 €	17
Nuits-Saint-Georges Premier Cru Aux Chaignots 2015	89,30 €	16,5
Savigny-lès-Beaune Premier Cru Les Hauts Jarrons 2015	40 €	16
Savigny-lès-Beaune Vieilles Vignes 2015	28,50 €	16
Vosne-Romanée Premier Cru Les Suchots 2015	133 €	17,5

Le coup de ♥

Beaune Premier Cru Vieilles Vignes 2015	57 €	17

Cette cuvée du cinquantième anniversaire impose une grande ampleur, avec un fruit mûr, et mettra dix ans pour se livrer

Rouge : 17,25 hectares.
Pinot noir 100 %
Blanc : 5,45 hectares.

Chardonnay 100 %
Production moyenne : 70 000 bt/an

DOMAINE DE BELLENE
**39-41, rue du Faubourg Saint Nicolas,
21200 Beaune
03 80 20 67 64** ●
www.domainedebellene.com ● **Vente et
visites : au domaine sur rendez-vous.
Propriétaire : Anna et Nicolas Potel
Directeur : Nicolas Potel
Maître de chai : Sylvain Debord**

MAISON BOUCHARD PÈRE ET FILS

Cette vénérable maison historique, fondée en 1731 à Beaune, appartient depuis 1995 à la famille champenoise Henriot. Elle a connu ces dernières années une succession de dirigeants. Le dernier en date est Christian Albouy, entouré d'une équipe très compétente, dont Philippe Prost, en charge des vinifications. Exploitant 130 ha de vignes, la maison Bouchard couvre la quasi-totalité des appellations bourguignonnes. Les vins issus des vignes de la maison, sont d'ailleurs identifiés "domaine" afin de ne pas les confondre avec ceux issus de raisins achetés. Cette première catégorie se révèle d'un niveau plus régulier.

Les vins : au sein de la très large gamme de la maison, nous avons pu déguster une sélection représentative. Les blancs sont fiables, savoureux, présentent de belles matières, à commencer par un pouilly-fuissé rond et très agréable. Le beaune Clos Saint-Landry impose lui aussi de la rondeur et du volume, mais pâtit peut-être d'un léger manque de nervosité. Les meursaults sont bien calés, opulents et généreux, à l'instar du Genevrières, très intense et plein, et surtout d'un Perrières de toute beauté. Les grands crus, moins accessibles, offrent des concentrations superbes, à l'image du mythique montrachet, vibrant et interminable ! En rouge, les vins chantent l'élégance, toujours fins et digestes, tel le savigny à la jolie gourmandise. Néanmoins, on pourrait parfois souhaiter davantage de relief, comme dans le chambolle-musigny ; Les Suchots se montre plus convaincant, avec un beau fond et de l'allonge. Le corton, bien plus sérieux, se trouve encore dans la retenue, mais recèle un fond superbe.

▭ Beaune Premier Cru Clos Saint-Landry 2015   42,90 €   15

▭ Chevalier-Montrachet Grand Cru 2015   205 €   18,5
▭ Meursault Premier Cru Genevrières 2015   56,50 €   17
▭ Pouilly-Fuissé Vignes Romanes 2015   17,90 €   14,5
▬ Chambolle-Musigny 2015   32,90 €   15,5
▬ Le Corton Grand Cru 2015   89 €   18
▬ Savigny-lès-Beaune Premier Cru Les Lavières 2015   23,70 €   14,5
▬ Vosne-Romanée Premier Cru Les Suchots 2015   81 €   16,5
▭ Meursault Premier Cru Perrières 2015   59,90 €   17,5

Le coup de
▬ Beaune Premier Cru Grèves Vigne de l'Enfant Jésus 2015   80 €   17

Doté d'une très belle matière dense et profonde, avec de la sève et un élevage qui le porte bien, ce vin s'impose dans la gamme. Laissez-lui le temps de se fondre.

Rouge : 83 hectares.
Pinot noir 100 %
Blanc : 47 hectares.
Chardonnay 100 %
Production moyenne : 600 000 bt/an

MAISON BOUCHARD PÈRE ET FILS
**Château de Beaune, 15, rue du Château,
21200 Beaune
03 80 24 80 24** ●
www.bouchard-pereetfils.com ● **Vente et
visites : au domaine sur rendez-vous.
Du lundi au samedi de 10h à 12h30 et de
14h30 à 18h. Caveau ouvert du mardi au
dimanche matin.
Propriétaire : Groupe familial Henriot
Directeur : Christian Albouy**

★
DOMAINE CHEVALIER PÈRE ET FILS

Claude Chevalier, personnage chaleureux et bourguignon, a laissé la place à ses filles : Chloé, en charge des vinifications depuis 2010, et Julie, pour la partie commerciale et administrative. Anaïs, la benjamine, comptable de formation, va rejoindre ses sœurs au domaine. Les vins ont bien progressé en matière de définition ces dernières années et ils font désormais partie des valeurs sûres de la Bourgogne, en blanc comme en rouge.

BOURGOGNE CÔTE DE BEAUNE

Les vins : 2015 est le millésime le plus réussi que nous ayons dégusté au domaine. Les vins sont juteux et croquants à souhait, à commencer par le côte-de-nuits-villages ou le simple ladoix. Les premiers crus vont plus loin en matière de dimension, que ce soit pour le ladoix Le Clou d'Orge ou l'aloxe-corton Les Valozières, intense et doté d'une trame équilibrée et fraîche. Le corton demeure vraiment accessible en prix et tient son rang, intense et doté d'ampleur. Les blancs ont un profil bien mûr et offrent un côté séduisant, mais sans tomber dans la lourdeur.

- Corton-Charlemagne Grand Cru 2015 — 70 € 17,5
- Aloxe-Corton 2015 — 30 € 15,5
- Aloxe-Corton Premier Cru Les Valozières 2015 — 35 € 16
- Corton Grand Cru Le Rognet 2015 — 55 € 17
- Côte de Nuits-Villages 2015 — 20 € 14
- Gevrey-Chambertin 2015 — 30 € 15,5
- Ladoix Premier Cru Le Clou d'Orge 2015 — 25 € 15,5

Le coup de ♥

- Ladoix 2015 — 20 € 15

Voici une belle occasion de mettre en lumière cette appellation méconnue. Un ladoix franc, net et surtout généreusement fruité. On le boira sur le croquant de son fruit et la franchise de ses arômes.

Rouge : 13,5 hectares.
Pinot noir 100 %
Blanc : 2,5 hectares.
Chardonnay 100 %
Production moyenne : 80 000 bt/an

DOMAINE CHEVALIER PÈRE ET FILS
Hameau de Buisson, Cidex 18,
21550 Ladoix-Serrigny
03 80 26 46 30 •
www.domaine-chevalier.fr • Vente et visites : au domaine sur rendez-vous.
Du lundi au vendredi de 8h à 12h et de 13h30 à 17h. Le samedi de 9h à 12h et de 14h à 17h. Fermé dimanche et jours fériés.
Propriétaire : Claude Chevalier
Maître de chai : Chloé Chevalier
Œnologue : Kyriakos Kynigopoulos

DOMAINE FRANÇOISE ET DENIS CLAIR

Jean-Baptiste Clair a su porter le domaine familial, qui compte désormais 14 ha à Saint-Aubin et Santenay, à un niveau tout à fait recommandable. Leurs grands terroirs de Saint-Aubin (En Remilly, Les Murgers des Dents de Chien, Sur Gamay...) conjuguent des notes de craie sucrée, de la maturité et de la densité, sans perdre en fraîcheur, signature de Saint-Aubin. Les blancs sont fins et cristallins. Les rouges font partie des plus séduisants de Santenay. La famille Clair a été précurseuse dans la compréhension des avantages du refroidissement des raisins pour extraire le maximum de leur potentiel aromatique.

Les vins : en 2015, les rouges possèdent beaucoup de fond, tout en conservant du croquant et un côté juteux. Goûtez le Clos Genet, accessible, gourmand ; le Clos des Mouches, doté d'une belle élégance ; ou le Clos de Tavannes, plus construit. Les blancs ont une approche une peu plus technique, avec des boisés plus soutenus, comme Champlots, qui affiche un côté grillé marqué. Nous préférons la complexité et l'ampleur des Murgers des Dents de Chien.

- Puligny-Montrachet Premier Cru La Garenne 2015 — 45 € 16,5
- Saint-Aubin Premier Cru Les Champlots 2015 — 20 € 14
- Saint-Aubin Premier Cru Les Murgers des Dents de Chien 2015 — 27 € 16
- Saint-Aubin Premier Cru Sous Roche Dumay 2015 — 21 € 14,5
- Santenay Clos Genêt 2015 — 15 € 14,5
- Santenay Premier Cru Clos de la Comme 2015 — 22 € 16
- Santenay Premier Cru Le Clos des Mouches 2015 — 20 € 15

Le coup de ♥

- Santenay Premier Cru Clos de Tavannes 2015 — 24 € 16,5

Une extraction fine qui respecte le fruit, une texture soyeuse et une bouche qui demeure très juteuse : ce Clos de Tavannes est un modèle de bourgogne équilibré et digeste.

Rouge : 9 hectares.
Pinot noir 100 %
Blanc : 5 hectares.
Chardonnay 100 %
Production moyenne : 70 000 bt/an

DOMAINE FRANÇOISE ET DENIS CLAIR

14, rue de la Chapelle, 21590 Santenay
03 80 20 61 96 ● www.domaineclair.fr ●
Vente et visites : au domaine sur rendez-vous.

De 9h à 12h et de 14h à 18h.

Propriétaire : Famille Clair

Directeur : Jean-Baptiste Clair

DOMAINE COMTE SENARD

Le domaine possède un patrimoine de vignes tout à fait remarquable, presque exclusivement en rouge, notamment dans la montagne de Corton, qui est ici bien représentée. Depuis dix ans, Lorraine Senard-Pereira a pris la suite de son père Philippe aux commandes de l'exploitation. Elle y produit des vins de belle forme classique, mais très équilibrés. Les derniers millésimes nous ont enthousiasmé et la seconde étoile se rapproche ! À noter que le domaine propose aussi une table d'hôtes réputée.

Les vins : une série de 2014 et 2015 nous a été proposée : les vins sont remarquables, d'une grande précision dans leur construction. Le corton blanc est large et puissant, encore un peu brut, le charlemagne, plus effilé et très énergique. Les rouges font preuve d'équilibre : le chorey se livre tout en fruit et en suavité, l'aloxe-corton est plus tramé et intense, mais toujours subtil en saveurs. Le quatuor de corton ne suscite lui non plus aucun reproche. Au sommet, un Bressandes de grande race et de puissance maîtrisée à encaver pour au moins dix ans.

⇨ Corton Grand Cru 2014	92 €	17
⇨ Corton-Charlemagne Grand Cru 2014	97 €	18
▬ Aloxe-Corton 2015	26 €	15,5
▬ Chorey-lès-Beaune 2015	20 €	15
▬ Corton Grand Cru Clos des Meix 2014	79 €	17,5
▬ Corton Grand Cru Clos du Roi 2014	78 €	17,5
▬ Corton Grand Cru Les Paulands 2014	78 €	17,5
▬ Corton-Bressandes Grand Cru 2014	78 €	18

Le coup de ♥

▬ Aloxe-Corton Premier Cru Les Valozières 2014	50 €	16

Il exprime toute la complexité épicée de la vendange entière, avec une bouche aérienne, déliée, mais très profonde et surtout persistante. Grande race.

Rouge : 8 hectares.
Pinot noir 100 %
Blanc : 2 hectares.
Chardonnay 100 %
Production moyenne : 30 000 bt/an

DOMAINE COMTE SENARD
1, rue des Chaumes, 21420 Aloxe-Corton
03 80 26 40 73 ● www.domainesenard.com
● Vente et visites : au domaine sur rendez-vous.
Du mardi au samedi de 10h à 18h. Fermé en janvier.
Propriétaire : Philippe Senard
Directeur : Lorraine Senard-Pereira
Maître de chai : Lorraine Senard-Pereira

DOMAINE DES CROIX

Après avoir été la cheville ouvrière de la relance, depuis 2002, du négoce beaunois Camille Giroud, le Tourangeau de Montlouis David Croix a annoncé son départ pour 2016. Il entend se consacrer pleinement au domaine des Croix, avec l'appui de financiers passionnés, et le rachat de l'ancien domaine Duchet. Ce vignoble compte 5,5 hectares dans les appellations Beaune et Beaune premier cru. L'ensemble de la gamme est d'une grande cohérence : les rouges beaunois brillent par leur fruité attractif, leur mâche jamais dénuée de finesse (Les Bressandes), et un délicat équilibre entre la maturité sucrée et la finesse des amers (Les Grèves). Une adresse qui monte.

Les vins : le domaine ne nous ayant pas fait parvenir ses vins cette année, nous sommes amenés à reconduire les notes et les commentaires de notre édition précédente. Travaillés dans un esprit très délicat, avec des extractions modérées, les 2014 sont simplement délicieux. On ne boudera pas son plaisir avec le simple bourgogne aux notes élégantes et fines de fruits et de poivre. Un rien marqué encore par son bois, le savigny ne manque pas de fond, avec une matière qui doit encore se mettre en place. Le trio des beaunes premiers crus est très calé

BOURGOGNE CÔTE DE BEAUNE

dans l'expression de ses terroirs : le méconnu Pertuisots affiche une bouche très suave et des tanins veloutés, Les Bressandes est plus ferme et solide, et Les Grèves déploie un équilibre et une suavité envoûtants. Moins abordables aujourd'hui, les cortons font logiquement preuve de puissance et d'intensité, mais avec un raffinement certain, La Vigne au Saint cultivant un style plus mûr et charnu.

- Beaune 2014 — 22,50 € — 15,5
- Beaune Premier Cru Les Bressandes 2014 — 36 € — 16,5
- Beaune Premier Cru Pertuisots 2014 — 40 € — 16,5
- Bourgogne 2014 — 18 € — 14
- Corton Grand Cru La Vigne au Saint 2014 — 71 € — 17
- Savigny-lès-Beaune Premier Cru Les Peuillets 2014 — 33 € — 15
- Beaune Premier Cru Les Grèves 2014 — 45 € — 17
- Corton Grand Cru Les Grèves 2014 — 71 € — 17,5

Rouge : 6,5 hectares.
Pinot noir 100 %
Blanc : 0,25 hectare.
Chardonnay 100 %
Production moyenne : 25 000 bt/an

DOMAINE DES CROIX
2, rue Colbert, 21200 Beaune
09 65 23 46 88 •
contact@domainedescroix.com • Vente et visites : au domaine sur rendez-vous.
Propriétaire : TMF & C
Directeur : David Croix

MAISON DEUX MONTILLE SOEUR FRÈRE

Cette jeune maison, créée en 2003 par Alix de Montille et son frère Étienne, les enfants d'Hubert de Montille, continue sa route avec bonheur grâce à une politique d'achat intelligente et un parfait suivi des vinifications, assuré par Alix. Nous aimons beaucoup le style des vins : sans fard ni effet de style, voici de très beaux bourgognes qui vieillissent bien.

Les vins : la courte sélection cette année dévoile un montagny toujours abordable, charnu, mais aussi précis en bouche ; un saint-romain également très accessible et gourmand, avec de l'allonge et un très beau saint-aubin élancé.

- Montagny Premier Cru Les Coères 2015 — 26,50 € — 14,5
- Saint-Romain En Jarrons 2015 — 26 € — 14,5

Le coup de ❤

- Saint-Aubin Premier Cru Sur Gamay 2015 — 32 € — 15,5

La cuvée offre une belle générosité en bouche, grasse et exhalant des notes de fruits jaunes, sans lourdeur. La finale la retend et la porte bien.

Rouge : Pinot noir 100 %
Achat de raisins.
Blanc : Chardonnay 100 %
Achat de raisins.
Production moyenne : 30 000 bt/an

MAISON DEUX MONTILLE SOEUR FRÈRE
Rue des Fontaines, 21190 Volnay
03 80 21 39 14 • www.demontille.com •
Vente et visites : au domaine sur rendez-vous.
Le premier lundi de chaque mois.
Propriétaire : Alix et Etienne de Montille
Maître de chai : Brian Sieve

★

MAISON JANE EYRE

Piqué au virus du pinot noir en travaillant chez un caviste à Melbourne, Jane Eyre a quitté son Gippsland natal, voyagé en vinifiant (Nouvelle-Zélande, Allemagne), étudié l'œnologie, fait des allers-retours avec la Bourgogne avant de revenir à Beaune en 2004. Après s'être formée aux domaines Chevrot, Thierry Matrot et chez Dominique Lafon, cette quadragénaire rejoint en 2006 Chris Newman (voir Domaine Newman) qu'elle assiste toujours aujourd'hui. En 2011, forte de son expérience, elle lance une micro-activité en achat de raisins, principalement à Savigny, Gevrey, Aloxe-Corton (depuis 2013), sans oublier un grand cru en Corton-Renardes. Son style ? Un pinot fin, infusé, peu boisé, avec une volonté de préserver un fruité mûr et délicat en milieu de bouche. On peut boire les vins dans leur jeunesse. Jane Eyre continue à vinifier au sud de l'Australie quelques vins de négoce, avec l'appui de William Downie, l'homme qui signe les rouges les plus frais de l'État de Victoria.

Les vins : l'ensemble des 2015 offre un équilibre digeste que nous adorons, à commencer par un côte-de-nuits-villages tout en fruit. Doté d'une très belle structure, avec des notes épicées et des tanins admirables de finesse, le gevrey-chambertin 2015 est un modèle d'équilibre. Le savigny-lès-Beaune se montre délicat et floral, avec un côté aérien, alors que le beaune semble être marqué davantage par l'élevage, sans manquer de fond. Solide, Les Corbeaux déploie ses ailes avec vigueur et intensité, offrant une très belle longueur et une finale qui demeure juteuse. La première étoile est accordée cette année !

- Beaune Premier Cru Cents Vignes 2015 — 31 € — 16
- Gevrey-Chambertin 2015 — 30 € — 16
- Gevrey-Chambertin Premier Cru Les Corbeaux 2015 — 65 € — 17
- Savigny-lès-Beaune Premier Cru Aux Vergelesses 2015 — 31 € — 16

Le coup de
- Côte de Nuits-Villages 2015 — 20 € — 15

Un vin irrésistible, au fruité croquant, porté par un élevage aussi noble que discret. Sa bouche est suave et juteuse à souhait. En un mot : régalez-vous !

Production moyenne : 10 000 bt/an

MAISON JANE EYRE
**14, Grand Rue, 21200 Bligny-lès-Beaune
06 72 81 43 13 ● jeyre21@gmail.com ●
Vente et visites : au domaine sur rendez-vous.
Propriétaire : Jane Eyre**

★
DOMAINE FOLLIN-ARBELET

Depuis plus de vingt ans, Franck Follin-Arbelet poursuit l'élaboration de beaux vins de terroir indifférents aux modes. L'accent est mis sur le travail des vignes qui, sans relever d'une culture biologique, s'en approche. Son style de vinification classique respecte à la fois le raisin et la nature du millésime. Une mise en bouteille sans collage ni filtration l'a fait évoluer.

Les vins : seul blanc de la maison présenté, le corton-charlemagne, dense et charnu, se fend d'une pulpe généreuse et d'un équilibre remarquable. Laissez-lui le temps de se faire. Les rouges se situent au plus proche du fruit, tel le pernand-vergelesses, à la fois tendre et intense ; avec ses senteurs de fruits noirs, l'aloxe-corton séduit, une bonne allonge en prime. Les trois grands crus de la maison se révèlent particulièrement réussis en 2015, libérant beaucoup d'énergie et d'intensité, à l'image d'une romanée-saint-vivant à la fois concentrée et terriblement raffinée.

- Corton-Charlemagne Grand Cru 2015 — 140 € — 17,5
- Aloxe-Corton 2015 — 50 € — 15,5
- Aloxe-Corton Premier Cru Les Vercots 2015 — 60 € — 16
- Corton Grand Cru 2015 — 100 € — 17
- Corton-Bressandes Grand Cru 2015 — 110 € — 17,5
- Pernand-Vergelesses Premier Cru Les Fichots 2015 — 50 € — 16
- Romanée Saint-Vivant Grand Cru 2015 — 350 € — 18,5

Le coup de
- Aloxe-Corton Premier Cru Clos du Chapitre 2015 — 60 € — 16,5

Une bouteille de très belle facture, au fruité naturel intense et à la bouche d'un remarquable équilibre. La finale est portée par un petit souffle de fraîcheur tout à fait bienvenu.

Rouge : 5 hectares.
Pinot noir 100 %
Blanc : 1 hectare.
Chardonnay 100 %
Production moyenne : 25 000 bt/an

DOMAINE FOLLIN-ARBELET
**Les Vercots, 21420 Aloxe-Corton
03 80 26 46 73 ●
www.domaine.follin-arbelet.fr ● Vente et visites : au domaine sur rendez-vous.
Propriétaire : Franck Follin-Arbelet**

★
DOMAINE HENRI GERMAIN ET FILS

Le domaine défend une approche traditionnelle de la vinification des blancs et des rouges, sans épate, avec parfois – revers de la médaille – des vins qui ne se goûtent pas très facilement jeunes. Les meursaults se révèlent toutefois d'un remarquable classicisme, longs, harmonieux et racés. Les rouges ne sont désormais plus très loin derrière.

Les vins : leur élaboration ne conviendra pas aux amateurs trop pressés. Le caractère réducteur des vins nécessite une garde en cave. Le meursault file droit et livre une finale très saline, le chassagne s'avère plus arrondi, mais aussi plus dense et intense en finale.

- Chassagne-Montrachet Premier Cru Morgeot Les Fairendes 2015 — 48 € — 16,5

BOURGOGNE CÔTE DE BEAUNE

🍷 Meursault 2015 — 31,50 € 15,5

Le coup de ♥

🍷 Meursault Premier Cru Charmes 2015 — 49 € 17

Tout est en place dans ce vin à la bouche ample, légèrement enrobée, qui exhale des notes de fruits blancs et d'agrumes confits. Il brille par sa finale pleine de peps et d'éclat. Un admirable classique.

Rouge : 2 hectares.
Pinot noir 100 %
Blanc : 6 hectares.
Chardonnay 100 %
Production moyenne : 30 000 bt/an

DOMAINE HENRI GERMAIN ET FILS
4, rue des Forges, 21190 Meursault
03 80 21 22 04 ●
domaine.h.germain-et-fils@orange.fr ●
Vente et visites : au domaine sur rendez-vous.
De novembre à mars.
Propriétaire : Famille Germain
Directeur : Jean-François Germain

DOMAINE EMMANUEL GIBOULOT

Ce domaine défend avec conviction une vision personnelle et stylistique de ses vins. Tendres, digestes, jamais extraits ni boisés, ils offrent un naturel de fruit confondant, avec parfois l'impression, pour les blancs, d'être à la limite de la couverture en soufre. Pionnier de la biodynamie depuis trente ans, Emmanuel Giboulot a beaucoup fait parler de lui en 2013 et 2014 pour avoir été condamné, puis relaxé, après avoir refusé de traiter ses vignes contre la maladie de la flavescence dorée.

Les vins : le domaine ne nous ayant pas fait parvenir ses vins cette année, nous sommes amenés à recondoire les notes et les commentaires de notre édition précédente. Avec une protection en soufre à la limite, les vins jouent sur la corde raide. Terres Burgondes blanc est admirablement digeste, fin et frais. Il n'est pas aussi profond que Les Pierres Blanches, à la belle sapidité. En rouge, nous avons dégusté des 2015, au profil très gourmand. Terres Burgondes rouge réjouit par son fruité franc, et son côté gouleyant, servi par un degré alcoolique de 11,5 °C.

🍷 Côte de Beaune La Combe d'Eve 2014 — 34,75 € 15,5

🍷 IGP Sainte-Marie-la-Blanche Terres Burgondes 2015 — 15,10 € 14,5
🍷 Beaune Lulunne 2015 — 33,30 € 16
🍷 IGP Sainte-Marie-la-Blanche Terres Burgondes 2015 — 15 € 14,5
🍷 Côte de Beaune Les Pierres Blanches 2015 — 29,75 € 15,5
🍷 Bourgogne Hautes-Côtes de Nuits En Grégoire 2015 — 20,80 € 15,5

Rouge : 3,91 hectares.
Pinot noir 100 %
Blanc : 6,37 hectares.
Chardonnay 100 %
Production moyenne : 40 000 bt/an

DOMAINE EMMANUEL GIBOULOT ☾
4, rue de Seurre, 21200 Beaune
03 80 22 90 07 ●
emmanuel.giboulot@wanadoo.fr ● Vente et visites : au domaine sur rendez-vous.
Lundi, mardi & jeudi de 8h30 à 12h et de 14h à 17h30. Mercredi, vendredi et week-end.
Propriétaire : Emmanuel Giboulot

MAISON VINCENT GIRARDIN

Cette maison fait partie des valeurs sûres de la Bourgogne. Elle doit cette position à Vincent Girardin, qui l'a créée en 1992 avant de la céder 20 ans plus tard. C'est désormais la Compagnie des Vins d'Autrefois, implantée entre Bourgogne et Beaujolais, qui poursuit son développement dans l'esprit d'élaborer des vins de grande qualité. Éric Germain, qui signe les vins, élabore des cuvées toujours très nettes, précises et vieillissant bien.

Les vins : si nous saluons la très belle qualité des 2015, parfaitement ciselés, il faut avertir les amateurs : leur style peut apparaître à ce stade assez austère, avec des blancs épurés et dotés de trames acides cinglantes. Les matières étant de premier ordre, nous ne nous faisons pas de soucis pour leur évolution. Même Les Charmes est ici tendu et mordant, mais profond ; le Perrières, aux saveurs nobles d'agrumes déroule une très longue finale. Les pulignys sont cristallins, soutenus par une belle densité de bouche. L'intouchable bienvenues est quant à lui au sommet grâce à son intensité et ses saveurs. Les rouges nous apparaissent moins aboutis, avec un côté réducteur qui les prive de l'éclat de leur fruit à ce stade.

- Bienvenues-Bâtard-Montrachet Grand Cru 2015 — 360 € 18,5
- Chassagne-Montrachet Premier Cru Le Cailleret 2015 — 72 € 16,5
- Corton-Charlemagne Grand Cru 2015 — 120 € 18
- Meursault Les Narvaux 2015 — 50 € 15,5
- Meursault Premier Cru Les Charmes 2015 — 76 € 17
- Meursault Premier Cru Les Perrières 2015 — 100 € 17,5
- Puligny-Montrachet Premier Cru Les Combettes 2015 — 88 € 17
- Santenay Premier Cru Le Beauregard 2015 — 29 € 14,5
- Volnay Premier Cru Les Santenots 2015 — 54 € 16

Le coup de ♥

- Puligny-Montrachet Premier Cru Les Folatières 2015 — 96 € 18

Ce vin puissant mais très tendu offre une admirable définition. Patience, patience... sa persistance nous enthousiasme, mais il est actuellement sur la retenue. À ouvrir d'ici dix ans.

Rouge : 4 hectares.
Pinot noir 100 %
Achat de raisins.
Blanc : 10 hectares.
Chardonnay 100 %
Achat de raisins.
Production moyenne : 500 000 bt/an

MAISON VINCENT GIRARDIN
ZA Champs Lins, 5, Impasse des Lamponnes, 21190 Meursault
03 80 20 81 00 • www.vincentgirardin.com
• Visites : sur rendez-vous uniquement aux professionnels.
Propriétaire : Jean-Pierre Nié
Directeur : Marco Caschera (Directeur Commercial)
Œnologue : Éric Germain (Directeur Technique) et Christophe Marin

DOMAINE ANTONIN GUYON

Créée en 1960 par Antonin Guyon, ce domaine est aujourd'hui administré par son fils Dominique, passionné par la vinification, et suivi par l'œnologue grec Kyriakos Kynigopoulos. Sa fille Hombeline participe à la gestion quotidienne du domaine. Sur 47 ha, la gamme proposée est large, avec comme points forts, en Côte de Nuits, un remarquable chambolle Clos du Village et, en Côte de Beaune, quatre superbes cortons dont un corton-charlemagne.

Les vins : la série des blancs est impeccable de définition et de précision, à commencer par le pernand-vergelesses, tout à fait délicieux. Le meursault s'enrobe d'un noble volume, tout en conservant de la tension, le puligny file droit et libère une finale saline et gourmande ; le Corton-Charlemagne, sur la réserve, impose toute sa puissance. Les rouges offrent un beau naturel de fruit, des saveurs et parfois encore un petit boisé qui devra se fondre. Aloxe-corton et pernand-vergelesses séduisent par leur croquant frais. Le volnay, à la bouche charnue, impose une matière bien dense ; le gevrey La Justice est solide et tramé, marqué par une agréable fermeté tannique en finale. Les cortons demeurent des pièces maîtresses de la gamme.

- Corton-Charlemagne Grand Cru 2015 — 130 € 17,5
- Meursault-Charmes Premier Cru Les Charmes Dessus 2015 — 70 € 16,5
- Puligny-Montrachet Premier Cru Les Pucelles 2015 — 100 € 17
- Aloxe-corton Premier Cru Les Fournières 2015 — 43 € 15,5
- Chambolle-Musigny Les Cras 2015 — 47 € 16
- Corton-Bressandes Grand Cru 2015 — 70 € 17
- Gevrey-Chambertin La Justice 2015 — 40 € 16
- Pernand-vergelesses Premier Cru Les Vergelesses 2015 — 33 € 15
- Volnay Premier Cru Clos des Chênes 2015 — 49 € 16
- Corton Clos du Roy Grand Cru 2015 — 75 € 17,5

Le coup de ♥

- Pernand-Vergelesses Premier Cru Sous Frétille 2015 — 34 € 15,5

D'une très belle franchise, avec une bouche droite, sapide et de bonne longueur. Nous apprécions son équilibre et le naturel de son fruit tenu par une jolie acidité.

Rouge : 39,3 hectares.
Pinot noir 100 %
Blanc : 3,7 hectares.
Chardonnay 100 %
Production moyenne : 220 000 bt/an

DOMAINE ANTONIN GUYON
**2, rue de Chorey 21420 Savigny-lès-Beaune
03 80 67 13 24 •
www.guyon-bourgogne.com • Vente et visites : au domaine sur rendez-vous.**

BOURGOGNE CÔTE DE BEAUNE

Du lundi au vendredi de 8h à 12h et de 14h à 18h sur rendez-vous.
Propriétaire : Michel et Dominique Guyon
Directeur : Dominique Guyon (gérant)
Œnologue : Kyriakos Kynigopoulos

MAISON LOUIS JADOT

Cette prestigieuse maison de négoce est tenue avec une grande efficacité par Pierre-Henry Gagey, homme investi et très impliqué en Bourgogne. La maison possède une gamme des plus étendues et une très belle collection de terroirs, qui s'étend sur plus de 220 ha sur les principales appellations bourguignonnes. Frédéric Barnier, en charge des vinifications depuis 2012, impose petit à petit sa patte en épurant les vins. La régularité est l'un des points forts de la maison.

Les vins : notre dégustation a porté sur une série de 2014. Les blancs ont un profil droit et précis, à commencer par le Clos de Malte. Le beaune-grèves est d'une superbe intensité, une note d'agrumes confits souligne la finale ; le Clos de la Chapelle possède une très belle tension énergique pour un chassagne, avec une belle pureté de corps ; intense, déroulant une bouche impressionnante de saveurs, le corton-charlemagne s'avère magnifique, avec sa finale tout à fait éclatante. En rouge, les vins semblent s'être quelque peu refermés, mais les potentiels sont là. Le savigny déroule des saveurs tendres et finement fruitées ; le pommard est plus ferme. Nous lui préférons le gevrey Estournelles Saint-Jacques, d'une finesse et d'une distinction qui le placent au sommet.

- Beaune Premier Cru Grèves Le Clos Blanc 2014 — 48 € — 16
- Chassagne-Montrachet Premier Cru Morgeot Clos de la Chapelle Domaine de Magenta 2014 — 64 € — 17
- Corton-Charlemagne Grand Cru Domaine des Héritiers Louis Jadot 2014 — 136 € — 18
- Meursault Narvaux 2014 — 46,40 € — 16
- Santenay Clos de Malte 2014 — 24 € — 15
- Clos de Vougeot Grand Cru 2014 — 136 € — 18
- Gevrey-Chambertin Premier Cru Estournelles Saint-Jacques 2014 — 86,40 € — 17,5
- Pommard Premier Cru Clos de la Commaraine 2014 — 52,80 € — 15,5
- Savigny-lès-Beaune Premier Cru Clos des Guettes 2014 — 29,60 € — 15

Le coup de ♥
- Beaune Premier Cru Clos des Ursules 2014 — 56 € — 17

Très bel équilibre et bouche toute en suavité pour ce premier cru en monopole, qui incarne bien le style à la fois délié et fin des vins de la maison. Intense, raffiné et persistant, il évoluera bien.

Rouge : 163 hectares.
Pinot noir 100 %
Blanc : 62 hectares.
Chardonnay 100 %
Production moyenne : 8 000 000 bt/an

MAISON LOUIS JADOT
21, rue Eugène-Spuller, 21200 Beaune
03 80 22 10 57 ● www.louisjadot.com ●
Vente et visites : au domaine sur rendez-vous.
Sur rendez-vous de 9h à 12h et de 14h à 17h.
Propriétaire : Famille Kopf
Directeur : Pierre-Henry Gagey (Président)

DOMAINE MICHEL LAFARGE

Ce domaine traditionnel de Volnay, converti à la biodynamie depuis 2000, élabore des vins très classiques, qui mettent du temps à se révéler, mais expriment dans la durée une précision et une expression magnifiques des terroirs, sans aucun artifice.

Les vins : toujours travaillé sur l'élégance et la finesse, avec l'énergie du millésime, les 2015 sont admirables et s'épanouiront avec le temps. Le volnay Vendanges Sélectionnées est raffiné et intense ; le Clos des Chênes sera une très grande bouteille d'ici dix ans.

- Volnay Vendanges Sélectionnées 2015 — N.C. — 16,5

Le coup de ♥
- Volnay Premier Cru Clos des Chênes 2015 — N.C. — 18

Une quintessence de volnay qui exprime un naturel confondant de fruit, une texture aérienne, une bouche à la fois déliée, digeste, mais persistante. Un pur régal.

Rouge : 9,5 hectares.
Pinot noir 100 %
Blanc : 2,5 hectares.
Production moyenne : 60 000 bt/an

DOMAINE MICHEL LAFARGE
15, rue de la Combe, 21190 Volnay
03 80 21 61 61 ● www.domainelafarge.com
● Pas de visites.
Propriétaire : Famille Lafarge

★

DOMAINE HUBERT LAMY

Ambassadeur des vins de Saint-Aubin, Olivier Lamy continue à développer la réputation de cette appellation encore trop méconnue. Sa palette de terroirs (18, 5 ha dont 3,3 en rouge, entièrement travaillés), et son talent pour en exprimer toutes les nuances, permettent de comprendre à quel point tout amateur peut trouver ici des vins magnifiques, de vraies propositions alternatives aux chassagnes ou aux meursaults. Les blancs, issus de longs pressurages, sont élevés en demi-muid de 600 litres avec peu de bois neuf, ce qui les rend, dans leur jeunesse, "moins sexy". C'est pourquoi ils passent à la sortie d'élevage plus de six mois en cuve. Notons l'acquisition, en 2015, d'une parcelle de criots-bâtard-montrachet. Les volumes disponibles au domaine sont très limités.

Les vins : le domaine ne nous ayant pas fait parvenir ses vins cette année, nous sommes amenés à reconduire les notes et les commentaires de notre édition précédente. La précision des vins du domaine est une fois de plus à signaler en 2014, et la gamme ouvre la porte à la seconde étoile. Ciselés et tendus, ils devront toutefois être attendus pour développer tout leur potentiel et harmoniser structure acide et chairs joliment mûres. En Saint-Aubin, Derrière chez Édouard est une entrée en matière très convaincante, avec une belle harmonie. En Remilly joue la tension, à la limite de l'austérité, mais il ne dévie pas de sa trajectoire et termine limpide. Le Clos de la Chatenière vibre et offre de belles notes d'agrumes et de fruits blancs. Le Murgers des Dents de Chien coiffe l'ensemble par son intensité. C'est un saint-aubin d'une ampleur peu commune, avec une bouche de très grande ampleur et surtout une précision admirable dans la définition des saveurs. L'élevage est juste et l'ensemble est parti pour 10 ans au moins. Le puligny Les Tremblots est légèrement plus réduit et l'élevage est un peu plus marqué, tout en demeurant élégant.

▷ Puligny-Montrachet Les Tremblots 2014   51 €   16,5
▷ Saint-Aubin Premier Cru Clos de la Chatenière 2014   50 €   16,5
▷ Saint-Aubin Premier Cru Derrière chez Edouard 2014   37 €   16,5
▷ Saint-Aubin Premier Cru En Remilly 2014   50 €   16,5
▬ Santenay Premier Cru Clos des Gravières Vieilles Vignes 2014   40 €   14,5
▷ Saint-Aubin Premier Cru Les Murgers des Dents de Chien 2014   51 €   17

Rouge : 3,3 hectares.
Pinot noir 100 %
Blanc : 15,2 hectares.
Chardonnay 100 %
Production moyenne : 100 000 bt/an

DOMAINE HUBERT LAMY
20, rue des Lavières, 21190 Saint-Aubin
03 80 21 32 55 ●
www.domainehubertlamy.com ● Pas de visites.
Propriétaire : Olivier Lamy

★

MAISON OLIVIER LEFLAIVE FRÈRES

Personnage incontournable de la Côte de Beaune, Olivier Leflaive a construit au fil des ans, avec la complicité de son œnologue Franck Grux, une maison sérieuse. Les vins sont de belle facture, offrant un côté abordable et une jolie définition. La gamme, construite entre achats de raisins et vignobles en propriété, est solide.

Les vins : le domaine ne nous ayant pas fait parvenir ses vins cette année, nous sommes amenés à reconduire les notes et les commentaires de notre édition précédente. Nous avons dégusté une intéressante série de blancs. Le saint-romain est un vin accessible, bien travaillé et gourmand. Le meursault Blagny est défini, grillé et séduisant. Nous apprécions la très belle définition des Enseignères, mais le Champ Gain et surtout Les Folatières sont, en 2014, très réussis. Magistral Bâtard, taillé pour une garde de plusieurs décennies.

▷ Meursault Premier Cru Blagny Sous le Dos d'Ane 2014   65 (c) €   15,5
▷ Puligny-Montrachet Enseignères 2014   64 (c) €   15,5
▷ Puligny-Montrachet Premier Cru Champ Gain 2014   88 (c) €   16,5
▷ Saint-Romain Sous-le-Château 2014   25 (c) €   14,5
▷ Bâtard-Montrachet Grand Cru 2014   249 (c) €   18

BOURGOGNE CÔTE DE BEAUNE

- Puligny-Montrachet Premier Cru Les Folatières 2014   75 (c) €   17

Rouge : 83 hectares.
Pinot noir 100 %
Blanc : 13,5 hectares.
Chardonnay 100 %
Production moyenne : 700 000 bt/an

MAISON OLIVIER LEFLAIVE FRÈRES
10, place du Monument,
21190 Puligny-Montrachet
03 80 21 37 65 ● www.olivier-leflaive.com
● Vente et visites : au domaine sur rendez-vous.
Propriétaire : Olivier Leflaive
Directeur : Jean Soubeyrand
Maître de chai : Franck Grux
Œnologue : Philippe Grillet

CHÂTEAU DE LA MALTROYE

Ce château, dont les caves datent du XVᵉ siècle, est la propriété de la famille Cournut, depuis 1940. Ancien ingénieur en aéronautique, Jean-Pierre Cournut a magnifiquement revitalisé le vignoble, dont le patrimoine de crus est exceptionnel. D'importants travaux ont permis au domaine de se doter d'un outil de vinification ultraperformant.

Les vins : nous retrouvons un style à travers les 2015, surtout dans la série des blancs qui nous ravit. Le santenay, bien que très réduit, se dote d'une matière équilibrée, le Morgeot Vigne Blanche déploie une très belle énergie et retrouve toute sa tension ; le clos du Château est fougueux, salin et libère d'éclatantes saveurs d'agrumes en finale. Les rouges affichent un fruité généreux et frais, à commencer par le santenay aux notes de griottes ; les chassagnes se montrent encore fermés, annotés parfois d'un petit élevage encore perceptible, comme dans le Clos Saint-Jean, mais ils sont dotés d'un beau potentiel.

- Chassagne-Montrachet Premier Cru Clos du Château de la Maltroye 2015   N.C.   17
- Chassagne-Montrachet Premier Cru Les Grandes Ruchottes 2015   N.C.   17
- Chassagne-Montrachet Premier Cru Morgeot Vigne Blanche 2015   N.C.   17,5
- Santenay Premier Cru La Comme 2015   N.C.   14,5
- Chassagne-Montrachet Premier Cru La Boudriotte 2015   N.C.   16,5
- Santenay Premier Cru La Comme 2015   N.C.   15,5
- Chassagne-Montrachet Premier Cru Clos du Château de la Maltroye 2015   Épuisé   17

Le coup de ♥
- Chassagne-Montrachet Premier Cru La Romanée 2015   Épuisé   17,5

Il faudra lui laisser le temps de venir. La bouche déploie une intensité et une ampleur superbes, avec une tension qui le porte et amène très loin sa finale. Un chassagne à la fois ample et très précis.

Rouge : 6,5 hectares.
Pinot noir 100 %
Blanc : 8,5 hectares.
Chardonnay 100 %
Production moyenne : 60 000 bt/an

CHÂTEAU DE LA MALTROYE
16, rue Murée,
21190 Chassagne-Montrachet
03 80 21 32 45 ●
chateau.maltroye@wanadoo.fr ● Vente et visites : au domaine sur rendez-vous.
Propriétaire : Jean-Pierre Cournut

DOMAINE ALBERT MOROT

Geoffroy Choppin de Janvry continue à diriger efficacement ce joli domaine, doté d'une gamme complète et trop méconnue de premiers crus de Beaune, ainsi que de la meilleure parcelle des Vergelesses de Savigny, mentionnée depuis toujours sous le nom de Bataillère. Le travail effectué avec sérieux et dynamisme depuis quelques millésimes a payé : la régularité est désormais au rendez-vous et les vins s'imposent comme des valeurs sûres de l'appellation. Ils affichent une belle franchise, avec un côté plutôt moderne dans l'élevage, sans aucune caricature.

Les vins : le millésime 2015, avec son onctuosité et la rondeur de son fruit, a permis de produire des vins profonds au profil plutôt charmeur. Parmi une très vaste gamme de terroirs de Beaune, aux identité bien respectées, vous dégusterez entre autres un Bressandes flamboyant, un Grèves tout en allonge ou un Toussaints raffiné et soyeux. La gamme est très homogène.

- Beaune Premier Cru Aigrots 2015   32 €   15
- Beaune Premier Cru Aigrots 2015   28 €   16

- Beaune Premier Cru Cent Vignes 2015 — 28 € 15,5
- Beaune Premier Cru Grèves 2015 — 32 € 16,5
- Pommard 2015 — 23 € 15
- Savigny-lès-Beaune Premier Cru La Bataillère Aux Vergelesses 2015 — 23 € 15,5

Le coup de ♥
- Beaune Premier Cru Bressandes 2015 — 32 € 17

S'il n'est, à ce stade, ni le plus accessible, ni le plus avenant des premiers crus de Beaune, il en impose par sa profondeur et la persistance d'une bouche musclée et prometteuse, à la finale saline.

Rouge : 7,25 hectares.
Pinot noir 100 %
Blanc : 0,75 hectare.
Chardonnay 100 %
Production moyenne : 36 000 bt/an

DOMAINE ALBERT MOROT
Château de la Creusotte, 20, avenue Charles-Jaffelin, 21200 Beaune
03 80 22 35 39 • www.albertmorot.fr • Vente et visites : au domaine sur rendez-vous.
Propriétaire : Geoffroy Choppin de Janvry

DOMAINE LUCIEN MUZARD ET FILS

Vous pouvez faire confiance aux vins rouges de ce domaine dont nous louons le style depuis déjà quelques millésimes. Amateurs de cuvées digestes, florales et gourmandes, vous voilà à la bonne adresse. Pour autant, lesdites cuvées, à proportion significative de vendange entière, ne manquent pas de fond ni de potentiel. Les frères Claude et Hervé Muzard maîtrisent leur sujet. Nous sommes un peu plus circonspects sur les blancs, aux élevages trop démonstratifs à notre goût.

Les vins : les blancs possèdent une jolie matière, mais les boisés apparaissent un peu présents, surtout sur le corton-charlemagne qui en perd de l'éclat. Le puligny est, lui, mentholé et frais. Les santenays se montrent impeccables de droiture et d'équilibre. Les boisés sont intégrés et les fruités nets. Clos de Tavannes 2014 s'affiche dans un style très classique, mais avec beaucoup de raffinement : une belle référence pour l'appellation. À l'instar du très prometteur Clos Faubard en 2015, enrobé à souhait.

Les rouges sonnent plus juste et leur équilibre niveau fraîcheur nous conduit à attribuer une première étoile au domaine.

- Corton-Charlemagne Grand Cru 2015 — 75,90 € 16
- Puligny-Montrachet 2015 — 38,50 € 15
- Santenay Champs Claude 2015 — 19,50 € 14,5
- Santenay Premier Cru Beauregard 2015 — 25 € 15,5
- Santenay Premier Cru Clos Faubard 2015 — 23,50 € 16,5
- Santenay Premier Cru Clos de Tavannes 2015 — 27 € 16,5
- Santenay Premier Cru Clos des Mouches 2015 — 25 € 16
- Santenay Premier Cru Maladière 2015 — 23,50 € 15,5

Le coup de ♥
- Santenay Vieilles Vignes 2015 — 19 € 15,5

Nous vous recommandons cette cuvée à la fois gourmande, expressive et d'une très jolie profondeur. Elle n'impressionne pas par sa densité, qu'elle compense largement par une finesse de texture vraiment très agréable.

Rouge : 14 hectares.
Pinot noir 100 %
Blanc : 4 hectares.
Chardonnay 100 %
Production moyenne : 100 000 bt/an

DOMAINE LUCIEN MUZARD ET FILS
1, rue de la Chapelle, 21590 Santenay
03 80 20 61 85 •
lucienmuzard71@gmail.com • Vente et visites : au domaine sur rendez-vous. De 9h à 12h et de 13h30 à 17h.
Propriétaire : Claude et Hervé Muzard

DOMAINE C. NEWMAN

À partir de parcelles de grands crus achetées par son père Robert dans les années 1950, l'Américain d'origine autrichienne Christopher Newman a construit progressivement ce domaine, qui dispose désormais de vignes bien situées en Beaune et Beaune premier cru, notamment dans le méconnu Clos des Avaux. Le style des vins évolue depuis quelques années vers des extractions plus longues, au service de pinots assez denses, aux tanins soutenus. Hélas, le domaine s'est séparé de quelques-uns de ses plus beaux terroirs en grands crus.

BOURGOGNE

BOURGOGNE CÔTE DE BEAUNE

Les vins : la gamme des 2015 est franche et de belle facture, aux fruits expressifs. Le monthélie est un vin juteux et fin, élégant et déjà accessible. Les beaunes brillent par leur densité et leur profondeur, à l'image des Grèves, à la texture fine et soyeuse, au grand fond de bouche.

- Beaune Premier Cru Clos des Avaux 2015 — 31 € — 16,5
- Beaune Premier Cru Les Grèves 2015 — 36 € — 17
- Côte de Beaune La Grande Châtelaine 2015 — 18 € — 14,5
- Monthélie 2015 — 23 € — 15
- Pommard Vieilles Vignes 2015 — 31 € — 16

Le coup de ♥
- Beaune 2015 — 23 € — 15,5

Un vin très bien bâti, où le fruit se montre bien croquant en bouche. L'ensemble est charnu, bien constitué et demeure surtout très accessible en matière de prix.

Rouge : 5,25 hectares.
Pinot noir 100 %
Blanc : 0,25 hectare.

DOMAINE C. NEWMAN

29, boulevard Clemenceau, 21200 Beaune
03 80 22 80 96 •
www.domainenewman.com • Pas de visites.
Propriétaire : Mr. Newman

CHÂTEAU DE PULIGNY-MONTRACHET

Sorti du giron de la Banque Populaire et de la Caisse d'Épargne en 2012, le château de Puligny reste sous la direction d'Étienne de Montille, qui s'en est porté acquéreur avec l'appui d'actionnaires privés. Le domaine retrouve progressivement ses marques et produit à nouveau avec régularité des blancs précis et élégants à partir d'un vignoble cultivé en biodynamie. Les terroirs sont de plus en plus marqués, les vins possèdent un fond et une finesse plus affirmés. Les vignes les plus significatives se trouvent dans les appellations Saint-Aubin, Meursault et Puligny, dont quelques ares de Chevalier-Montrachet et Montrachet.

Les vins : 2015 apporte une jolie structure aux vins qui conservent néanmoins leur précision et leur tension habituelle. Le bourgogne affiche une grande gourmandise, le saint-aubin ajoute de la profondeur et de la vibration. Le puligny possède la chair et la pulpe : il est délicieux. Saluons la grande race et la persistance des Chalumeaux, doté d'une bouche équilibrée et sapide. Vinifié sans soufre, le monthélie est gourmand et abordable, proche du fruit.

- Puligny-Montrachet 2015 — 47 € — 16,5
- Puligny-Montrachet Premier Cru Lespuli Chalumeaux 2015 — 69 € — 17
- Saint-Aubin Premier Cru En Remilly 2015 — 34,50 € — 16
- Monthélie 2015 — 24 € — 14,5

Le coup de ♥
- Bourgogne Clos du Château 2015 — 22,50 € — 15

Un bourgogne générique de très belle facture, tout à fait dans l'esprit des vins du domaine. Tension et fraîcheur de bouche sont au rendez-vous, et il est déjà très accessible.

Rouge : 1 hectare.
Pinot noir 100 %
Blanc : 13 hectares.
Chardonnay 100 %
Production moyenne : 70 000 bt/an

CHÂTEAU DE PULIGNY-MONTRACHET ♣

Rue du But, 21190 Puligny-Montrachet
03 80 21 39 14 • www.demontille.com •
Vente et visites : au domaine sur rendez-vous.
Le premier lundi de chaque mois.
Propriétaire : Famille de Montille
Directeur : Etienne de Montille
Maître de chai : Jacques Montagnon

DOMAINE RAPET PÈRE ET FILS

Ce très vieux domaine familial a été créé en 1765. Vincent Rapet, qui en tient les rênes aujourd'hui, élabore des vins de style moderne, bien vinifiés et représentatifs de leur terroir. Quelques années de garde leur conviennent parfaitement et les prix des différentes cuvées demeurent tout à fait raisonnables. Il s'agit donc d'une adresse sûre, tant en blanc qu'en rouge.

Les vins : les rouges affichent en 2015 un profil très précis, avec des bouches bien ciselées. C'est le cas du chorey, facile et croquant, du très beau pernand ou du corton à l'ampleur superbe et au toucher de bouche remarquable. Toujours parfaitement vinifié, le corton-charlemagne demeure ici à un prix relativement accessible.

Corton-Charlemagne Grand Cru 2015	80 (c) €	18
Pernand-Vergelesses Premier Cru Sous Frétille 2015	35 €	15
Beaune Premier Les Cents Vignes 2015	40 (c) €	16
Chorey-lès-Beaune Vieilles Vignes 2015	21 €	14,5
Corton Pougets Grand Cru 2015	62 €	17
Savigny-lès-Beaune Premier Cru Aux Fournaux 2015	35 (c) €	15,5

Le coup de
| Pernand-Vergelesses Premier Cru Ile des Vergelesses 2015 | 40 € | 16 |

Une bouteille qui révèle le potentiel de cette appellation méconnue. Le fruit est net, frais, et la bouche possède une trame bien calée.

Rouge : 12 hectares.
Pinot noir 100 %
Blanc : 8 hectares.
Chardonnay 100 %
Production moyenne : 90 000 bt/an

DOMAINE RAPET PÈRE ET FILS
2, place de la Mairie,
21420 Pernand-Vergelesses
03 80 21 59 94 ● www.domaine-rapet.com
● Pas de visites.
Propriétaire : Vincent Rapet
Œnologue : Centre Oenologique Bourgogne

★

DOMAINE JEAN-CLAUDE REGNAUDOT ET FILS

La famille Regnaudot est vigneronne depuis quatre générations. Didier, le fils de Jean-Claude, a repris le domaine en 2000. Il s'étend sur 6,5 ha de vignes et comprend une petite partie de blanc avec un bourgogne et un santenay, mais les rouges dominent. Les vins affichent une bonne dimension, les fruits sont justes et les élevages toujours bien associés. Les rouges sont élevés 15 mois (30 % de fût pour les premiers crus). Nous avons été doublement convaincus par le niveau de concentration des vins ainsi que par la volupté et les touchers de bouche vraiment délicieux. Trouver des vins bien nés, juteux, sur le fruit et dotés d'ossatures de qualité, s'avère rare dans le sud de la Côte de Beaune.

Les vins : le style se montre vraiment très plaisant et nous apprécions ces vins de très grande gourmandise. C'est le cas du maranges, qui évite le côté rustique que l'on trouve parfois dans l'appellation. Le santenay est juteux et tendre. Quant aux premiers crus, très expressifs et de juste équilibre, ils sont très recommandables, à l'image de La Fussière, ferme et subtile à la fois, ou du très beau Clos des Loyères à la bouche de velours.

Maranges 2015	11,50 €	14,5
Maranges Premier Cru La Fussière 2015	14,50 €	16
Maranges Premier Cru Les Clos Roussots 2015	14,50 €	15,5
Maranges Premier Cru Les Clos des Loyères 2015	14,50 €	16
Santenay 2015	12,50 €	15

Le coup de
| Santenay Premier Cru Clos Rousseau 2015 | 16 € | 16 |

Ce vin à la fois fin et délicieusement persistant illustre bien le style de la maison. L'extraction et l'élevage sont justes, et nous aimons sa texture en bouche.

Rouge : 5,5 hectares.
Pinot noir 100 %
Blanc : 0,9 hectare.
Aligoté 85 %, Chardonnay 15 %

DOMAINE JEAN-CLAUDE REGNAUDOT ET FILS
6, Grande-Rue, 71150 Dezize-lès-Maranges
03 85 91 15 95 ●
regnaudot.jc-et-fils@orange.fr ● Vente et visites : au domaine sur rendez-vous.
Propriétaire : Jean-Claude Regnaudot
Directeur : Didier Regnaudot

★

DOMAINE NICOLAS ROSSIGNOL

Après avoir sillonné le monde et appris son métier de vigneron dans quelques grands domaines, Nicolas Rossignol est revenu s'installer en Bourgogne et a créé sa propre structure en 1997. Sa cuverie de Beaune lui permet, depuis le millésime 2011, d'éviter toute trituration. Vendanges en caissettes, table vibrante, puis table de tri affinent les cuvées. Il est passé, selon ses mots, "de l'extraction à l'infusion" afin d'être au plus près du terroir. Le style des rouges, au plus proche du fruit, aux textures toujours élégantes, nous ravit.

Les vins : la gourmandise est au rendez-vous avec le millésime 2015. Le bourgogne croque en bouche, exhalant des notes de cerises fraîches. Le beaune Reversées, d'une belle ampleur et d'un équilibre judicieux, offre beaucoup de plaisir. Le volnay se montre un rien plus strict, mais bien bâti tout de même. Il évoluera bien, comme le reste de la gamme.

- Beaune Premier Cru Reversées 2015 — 54 € | 16
- Bourgogne 2015 — 26 € | 14,5
- Pommard Les Noizons 2014 — 58 € | 15
- Savigny-lès-Beaune Premier Cru Fourneaux 2015 — 45 € | 15,5
- Volnay 2015 — 51 € | 16

Le coup de ♥
- Volnay Premier Cru Clos des Angles 2015 — 69 € | 17

Un volnay dense et plein, d'un remarquable raffinement de tanins. Le fruit est expressif et vraiment gourmand, avec une finale toute en fraîcheur.

Rouge : 16 hectares.
Pinot noir 100 %
Blanc : 1 hectare.
Chardonnay 50 %, Aligoté 50 %
Production moyenne : 110 000 bt/an

DOMAINE NICOLAS ROSSIGNOL
22, rue Jean-François Champollion,
21200 Beaune
03 80 24 35 62 •
www.nicolas-rossignol.com • Vente et visites : au domaine sur rendez-vous.
De 9h à 12h et de 14h à 18h.
Propriétaire : Nicolas Rossignol

DOMAINE TOLLOT-BEAUT ET FILS

Ce vaste domaine, qui possède une jolie palette de terroirs, propose des vins de belle facture, dans un style moderne qui privilégie désormais l'éclat du fruit et la juste expression du pinot. Les équilibres en matière d'extraction et de gestion du bois sont bien affirmés. Une belle maison de confiance.

Les vins : nous avons dégusté une sélection de deux vins, fidèles au style du domaine, dans un registre gourmand et digeste, tel le chorey-lès-beaune, à l'agréable croquant.

- Chorey-lès-Beaune 2015 — 25 € | 15,5

Le coup de ♥
- Savigny-lès-Beaune Premier Cru Champ Chevrey 2015 — 40 € | 16

Voici une fort belle cuvée qui préserve toute sa fraîcheur et le côté juteux du fruit. Il livre une bouche déjà très accessible, gourmande à souhait et qui termine sur des tanins très soyeux.

Rouge : 22 hectares.
Pinot noir 100 %
Blanc : 2 hectares.
Chardonnay 100 %
Production moyenne : 140 000 bt/an

DOMAINE TOLLOT-BEAUT ET FILS
Rue Alexandre-Tollot,
21200 Chorey-lès-Beaune
03 80 22 16 54 •
domaine@tollot-beaut.com • Visites : sur rendez-vous uniquement aux professionnels.
Propriétaire : Famille Tollot-Beaut
Directeur : Nathalie, Jean-Paul et Olivier Tollot

DOMAINE ANNE-MARIE ET JEAN-MARC VINCENT

En quelques années, Jean-Marc Vincent a affiné son style et présente désormais des vins d'une classe et d'une harmonie hors pair à Santenay, avec un naturel d'expression qui pourrait servir de modèle à bien des vignerons mieux dotés en grands terroirs. Hélas, les quantités disponibles sont minimes. Une petite activité de négoce vient compléter la gamme. Les deux couleurs se montrent remarquables, particulièrement Le Beaurepaire, un santenay incontournable.

Les vins : nous faisons confiance au domaine depuis déjà de nombreux millésimes et les 2015 ne nous déçoivent pas. Les blancs sont précis, tendus, mais aussi juteux et sans austérité. L'auxey-duresses déroule de jolies saveurs de fruits blancs, les santenays sont plus longilignes, avec un Beaurepaire de grande classe, ciselé et citronné en finale. Le puligny doit être attendu : sa tension retenue en fera une très belle bouteille d'ici cinq ans. Admirable pour un "village". Davantage de retenue pour les rouges, qui offrent tout de même des fruités et des textures fines. Le santenay Vieilles Vignes s'avère délicat et gourmand, marqué par une petite empreinte de bois encore perceptible ; les premiers crus sont solides, mais sans la moindre dureté ; Gravité, cuvée de vieilles vignes, limitée à 1200 bouteilles, joue sur un registre plus épicé et très profond, à oublier au moins cinq ans.

- Auxey-Duresses Les Hautés 2015 — 23,30 € | 15,5

▷ Puligny-Montrachet Corvées des Vignes 2015	35,50 €	16,5
▶ Santenay Gravité 2015	46 €	16,5
▶ Santenay Premier Cru Le Passetemps 2015	24,90 €	15
▶ Santenay Vieilles Vignes 2015	18 €	14,5
▷ Santenay Les Potets 2015	21,50 €	15,5
▶ Santenay Premier Cru Les Gravières 2015	24,90 €	16

Le coup de ♥
| ▷ Santenay Premier Cru Le Beaurepaire 2015 | 24,90 € | 16,5 |

Un vin de grande justesse, pas prétentieux, mais d'une admirable définition, avec un côté très digeste et accessible. Tout est en place, rien ne dépasse et il donne un sentiment d'harmonie.

Rouge : 3 hectares.
Pinot noir 100 %
Blanc : 3 hectares.
Chardonnay 100 %
Production moyenne : 33 000 bt/an

DOMAINE ANNE-MARIE ET JEAN-MARC VINCENT
3, rue Sainte-Agathe, 21590 Santenay
03 80 20 67 37 ● vincent.j-m@wanadoo.fr ●
Vente et visites : au domaine sur rendez-vous.
Propriétaire : Anne-Marie et Jean-Marc Vincent

DOMAINE THIERRY VIOLOT-GUILLEMARD

Petit vignoble familial conduit, depuis 1980, par Thierry Violot-Guillemard, ce domaine possède une belle collection de terroirs et élabore des vins francs au style classique, sans levure, avec un élevage long de 16 à 20 mois. Le vignoble est certifié en viticulture biologique depuis 2014. À noter qu'il propose également des chambres d'hôtes pour ceux qui souhaitent découvrir le vignoble. Comme les vins, il faudra les réserver à l'avance.

Les vins : le meursault possède un belle pulpe, avec de la chair et du gras ; les rouges sonnent juste dans leur extraction, avec un auxey solide, mais pas rustique, et des pommards élégamment construits pour l'avenir, avec toujours un bel éclat.

▷ Meursault Les Meix Chavaux 2015	30 €	15,5
▶ Auxey-Duresses Premier Cru Les Reugnes 2015	28 €	15,5
▶ Pommard Premier Cru Epenots 2015	52 €	17
▶ Pommard Premier Cru La Platière 2015	38 €	15,5

Le coup de ♥
| ▶ Pommard Premier Cru Rugiens 2015 | 52 € | 17,5 |

Très loin de l'image des pommards durs et sévères, ce Rugiens possède une très belle race, avec une finale musclée mais civilisée et surtout une persistance de saveurs prometteuse.

Rouge : 4,5 hectares.
Pinot noir 100 %
Blanc : 1,5 hectare.
Chardonnay 100 %
Production moyenne : 30 000 bt/an

DOMAINE THIERRY VIOLOT-GUILLEMARD ♣
7 rue Sainte Marguerite, 21630 Pommard
03 80 22 49 98 ● www.violot-guillemard.fr
● Vente et visites : au domaine sur rendez-vous.
De 8h à 20h.
Propriétaire : Thierry Violot-Guillemard

ALBERT BICHOT

Cette maison historique de Beaune n'a pas toujours brillé par la régularité et la qualité de ses vins. Les choses ont bien changé depuis l'arrivée aux commandes d'Albéric Bichot, artisan du renouveau qualitatif de la maison, qui peut s'appuyer sur un beau patrimoine viticole. Sous le blason Albert Bichot, on retrouvera les vins de quatre domaines : Long-Depaquit à Chablis (voir cette adresse), le Clos Frantin en Côte de Nuits, le domaine du Pavillon et le domaine Adélie en Côte chalonnaise. Chacune de ces structures possède son propre outil de vinification et des équipes dédiées, placées sous la houlette du directeur technique général, Alain Serveau. Grâce à des boisés mieux maîtrisés, des extractions plus fines et surtout un travail de fond opéré à la vigne, la maison retrouve son rang au sein des belles institutions bourguignonnes.

Les vins : nous avons été emballés par les blancs au profil bien droit, mais aussi enrobés comme il le faut : un meursault net et défini, un Charmes qui joue les séducteurs, mais sans lourdeur, et un corton-charlemagne ample, puissant et persistant de très jolie facture. Les rouges ont un côté un rien plus rigide, mais font

BOURGOGNE CÔTE DE BEAUNE

honneur à leur terroir : pointons le pommard Clos des Ursulines et ses notes épicées, avec un fruit qui demeure croquant, mais surtout un pommard Les Rugiens tout en force et en puissance qu'il faudra savoir attendre. En Côte de Nuits, le vosne-romanée du Clos Frantin est à la fois soyeux, intense et très élégant ; les grands crus sont aussi à la hauteur, avec un Echezeaux crayeux et plein, musclé et tendu ou encore un superbe Clos de la Roche, salin, juteux, à la finale pleine de fruit et d'éclat.

▷ Corton-Charlemagne Grand Cru Domaine du Pavillon 2015	135 (c) € 17,5
▷ Meursault Domaine du Pavillon 2015	55 (c) € 15,5
▶ Clos de Vougeot Grand Cru Domaine du Clos Frantin 2015	170 (c) € 17
▶ Clos de la Roche Grand Cru 2015	185 (c) € 18
▶ Corton Grand Cru Clos des Maréchaudes Domaine du Pavillon 2015	92 (c) € 17
▶ Echezeaux Grand Cru Domaine du Clos Frantin 2015	170 (c) € 17,5
▶ Nuits-Saint-Georges Premier Cru Monopole Château Gris 2015	65 (c) € 16,5
▶ Pommard Clos des Ursulines Domaine du Pavillon 2015	52 (c) € 15,5
▶ Pommard Premier Cru Les Rugiens Domaine du Pavillon 2015	80 (c) € 16,5
▶ Vosne-Romanée Premier Cru Les Malconsorts Domaine du Clos Frantin 2015	120 (c) € 17,5

Le coup de ♥

▷ Meursault Premier Cru Les Charmes Domaine du Pavillon 2015	75 (c) € 17

Il offre du volume et un beau gras, mais toujours beaucoup de fraîcheur et de densité. Une cuvée qui conserve beaucoup de tonus et offre une bouche à la finale précise.

Rouge : 33 hectares.
Pinot noir 100 %
Achat de raisins.
Blanc : 70 hectares.
Chardonnay 100 %
Achat de raisins.
Production moyenne : 650 000 bt/an

ALBERT BICHOT ♣
6 bis, boulevard Jacques-Copeau,
21200 Beaune
03 80 24 37 37 ● www.albert-bichot.com ●
Vente et visites : au domaine sur rendez-vous.
Visite et dégustation pour les particuliers uniquement au domaine Long-Depaquit à Chablis.

Propriétaire : Famille Bichot
Directeur : Albéric Bichot

DOMAINE HENRI ET GILLES BUISSON

Gilles Buisson, officiellement en retraite, laisse à ses deux fils Frédéric, vinificateur, et Franck, commercial, un des plus vastes domaines (19,5 ha) certifié AB (conversion 2009) du sud de la Côte de Beaune. Le grand-père suivait déjà la méthode Lemaire-Boucher, très "nature" pour l'époque. Les deux frères ont la tête bien sur les épaules, tout en étant motivés par des vinifications "plus libres". "Nous avons la chance de disposer de grande parcelles sur lesquelles nous pouvons tenter des essais", explique Franck. Encouragés par leur voisin Fred Cossard (Domaine de Chassorney), pionnier de la vinification sans soufre, ils élaborent un saint-romain blanc sans SO$_2$, depuis 2010. Le domaine compte une belle collection de parcelles, à Saint-Romain mais également à Pommard, Volnay, et possède trois cortons en grand cru dont 0,5 ha de Rognet en propriété. Un travail sérieux à la vigne et au chai par gravité leur permet de produire des vins profonds et racés, qui vieillissent bien. Une adresse sûre.

Les vins : comme à l'accoutumée, les blancs sont recommandables, notamment grâce à leur profil séduisant et accessible, pas dénué de fond. Le Jarron s'avère une parfaite entrée en matière : un vin droit, direct, chantant les fruits blancs ; Sous le Château est serré, minéral et tendu, avec une note citronnée, tandis que Sous la Velle s'illustre dans un registre plus charnu. Même remarque que l'an dernier pour les rouges, certaines cuvées présentent un caractère légèrement réducteur à l'ouverture, mais les matières sont radieuses : Sous Roche apparaît fin et droit, Combe Bazin, plus épicé et nerveux. Avec une passionnante définition de fruit et un toucher de bouche soyeux, le volnay joue la carte de l'élégance. Fermes et denses, les cortons doivent être oubliés en cave.

▷ Saint-Romain Sous la Velle 2015	27,50 (c) € 15,5
▷ Saint-Romain le Jarron 2015	23,80 (c) € 14,5
▷ Saint-Romaine Sous le Château 2015	27,50 (c) € 16
▶ Bourgogne 2015	18,80 (c) € 13
▶ Corton Grand Cru Le Rognet et Corton 2015	69,80 (c) € 17
▶ Corton Grand Cru Les Renardes 2015	72,80 (c) € 17

🍷 Saint-Romain Combe Bazin 2015	23,80 (c) €	15,5
🍷 Saint-romain Sous Roche 2015	24,80 (c) €	16
🍷 Volnay Premier Cru Chanlin 2015	49,20 (c) €	16,5
🍷 Saint-Romain Absolu 2015	29,80 (c) €	16,5

Le coup de ♥

🍷 Saint-Romain La Perrière 2015	27,20 (c) €	15

Une admirable version des vins de cette appellation trop méconnue, au vertueux volume en bouche, doté d'un côté enrobé, mais toujours énergique. L'équilibre et la gourmandise répondent présents.

Rouge : 12 hectares.
Pinot noir 100 %
Blanc : 7 hectares.
Chardonnay 100 %
Production moyenne : 60 000 bt/an

DOMAINE HENRI ET GILLES BUISSON ♣
2, impasse du Clou, 21190 Saint-Romain
03 80 21 22 22 ●
www.domaine-buisson.com ● **Vente et visites : au domaine sur rendez-vous. Du lundi au samedi de 9h à 12h et de 14h à 17h.**
Propriétaire : Franck et Frédérick Buisson
Directeur : Franck Buisson

DOMAINE CHEVROT ET FILS

Ce domaine exploite des vignes dans le sud de la Côte de Beaune depuis la fin du XIXᵉ siècle. Plusieurs générations s'y sont succédé. Aujourd'hui, les deux frères Chevrot, Pablo et Vincent, travaillent avec une passion communicative les 18 ha de la propriété, certifiée en agriculture biologique depuis le millésime 2011.

Les vins : le maranges 2015 exhale des notes de fruits blancs, tout en tension. Le premier cru La Fussière se montre charnu ; la version rouge, dense, affiche un joli fond et un fruit énergique. Appréciables densité et allonge du fruit pour Le Croix Moines. En rouge toujours, le santenay rejoint la délicatesse, fruité tendre et jolis tanins pour l'accompagner. Côté bourgognes, le Hautes-Côtes de Beaune blanc est fin et frais ; le rouge, gourmand et avenant. L'aligoté Tilleul s'avère ambitieux et dense, mais se trouve encore sous l'emprise de son boisé.

🍷 Bourgogne Aligoté Tilleul 2015	19,20 €	13,5
🍷 Bourgogne Hautes-Côtes de Beaune 2015	16,40 €	14,5
🍷 Maranges 2015	22,40 €	15
🍷 Maranges Premier Cru La Fussière 2015	38,50 €	15
🍷 Bourgogne Hautes-Côtes de Beaune 2015	15,10 €	14
🍷 Maranges Premier Cru La Fussière 2015	26 €	15,5
🍷 Maranges Premier Cru Le Croix Moines 2015	38,50 €	16
🍷 Santenay Premier Cru Clos Rousseau 2015	26 €	15,5

Le coup de ♥

🍷 Maranges Sur le Chêne 2015	18,70 €	15

Une cuvée de confiance qui traduit le style de la maison et démontre le potentiel gourmand des vins de l'appellation. Le fruité est souple, agréable, et la finale demeure juteuse.

Rouge : 13 hectares.
Pinot noir 98 %, Gamay noir à jus blanc 2 %
Blanc : 4,35 hectares.
Chardonnay 62 %, Aligoté 38 %
Production moyenne : 80 000 bt/an

DOMAINE CHEVROT ET FILS ♣
19, route de Couches,
71150 Cheilly-les-Maranges
03 85 91 10 55 ● www.chevrot.fr ● **Vente et visites : au domaine sur rendez-vous. Lundi au samedi de 9h à 12h et de 14h à 18h sur rendez-vous.**
Propriétaire : Pablo et Vincent Chevrot

DOMAINE EDMOND CORNU ET FILS

Aidé de son cousin Emmanuel et de son père Edmond, Pierre Cornu produit une large majorité de vins rouges à Ladoix et dans les villages avoisinants. La série de ladoix et d'aloxe-cortons est parfaitement gérée. Le domaine confirme d'année en année son statut dans le guide. Rares sont les vignerons qui révèlent des vins aussi sérieux dans ce secteur, une première étoile est en vue !

Les vins : le domaine ne nous ayant pas fait parvenir ses vins cette année, nous sommes amenés à reconduire les notes et les commentaires de notre édition précédente. Les 2014 se révèlent très gourmands et réussis, à commencer par un chorey Les Bons Ores, franc et juteux. Le ladoix Vieilles Vignes est un peu plus mince, mais offre de la finesse. Les aloxe-cortons combinent force et raffinement dans un très bel

BOURGOGNE CÔTE DE BEAUNE

équilibre : une belle évolution prévisible. Le corton-bressandes demeure accessible en terme de prix et offre la dimension que l'on attend de lui.

- Aloxe-Corton Premier Cru Les Valozières 2014 — 43,10 € — 16
- Chorey-lès-Beaune Les Bons Ores 2014 — 16,60 € — 15
- Ladoix Premier Cru La Corvée 2014 — 28,70 € — 16
- Ladoix Vieilles Vignes 2014 — 17,90 € — 14,5
- Aloxe-Corton Vieilles Vignes 2014 — 26,20 € — 15,5
- Corton Bressandes Grand Cru 2014 — 61,80 € — 17

Rouge : 14 hectares.
Pinot noir 100 %
Blanc : 2,25 hectares.
Chardonnay 100 %
Production moyenne : 80 000 bt/an

DOMAINE EDMOND CORNU ET FILS
Le Meix Gobillon, 6, rue du Bief, cidex 34, 21550 Ladoix
03 80 26 40 79 •
www.bourgogne-vigne-verre.com • Vente et visites : au domaine sur rendez-vous.
Propriétaire : Pierre Cornu

HENRI DARNAT

Si nous saluons le travail réalisé par la maison depuis une décennie, avec des vins affichant de belles maturités, nous percevons que les élevages pratiqués sont trop marquants et privent le fruit de leur éclat, conférant des sucrosités marquées en fin de bouche.

Les vins : doté d'un joli gras et d'une belle ampleur, avec de la fraîcheur, l'auxey-duresses introduit bien la gamme du domaine. Pour les cuvées de Meursault, nous sommes contraints de faire la même remarque que l'an dernier, à savoir que les vins nous apparaissent trop boisés. Le Clos Richemont est dominé par des arômes de noix de coco et de vanille qui étouffe la matière. Avec sa matière riche, le 611 supporte un peu mieux cet élevage.

- Chassagne-Montrachet Premier Cru Les Chaumées 2015 — 60 € — 15
- Meursault Clos du Domaine 2015 — 30 € — 15
- Meursault Le 611 2015 — 70 € — 16
- Meursault Premier Cru Clos Richemont Monopole 2015 — 60 € — 15,5

Le coup de ♥
- Auxey-Duresses Premier Cru Le Val 2015 — 26 € — 15

Il affiche de la maturité de fruit, du gras et de l'ampleur, et son support d'élevage se fait plus discret que dans les autres vins de la gamme. Séduisant et gourmand.

Rouge : Pinot noir 100 %
Blanc : Chardonnay 100 %
Production moyenne : 80 000 bt/an

HENRI DARNAT
Les Champs Lins, 21190 Meursault
03 80 21 43 72 • www.domainedarnat.fr •
Vente et visites : au domaine sur rendez-vous.
De 9h à 11h et de 14h à 17h.
Propriétaire : Famille Darnat
Directeur : Henri Darnat
Maître de chai : Henri Darnat

DOMAINE RODOLPHE DEMOUGEOT

Avec beaucoup de conviction, Rodolphe Demougeot a créé son domaine, en 1992, qui compte aujourd'hui 8 ha. Il produit surtout des vins rouges (hautes-côtes-de-beaune, savigny, beaune, pommard, auxey, monthélie) énergiques et denses, qui vieillissent souvent très bien. Nous connaissons moins sa production de blancs (beaune et meursault). Les rouges ont progressé ces dernières années, se montrant plus harmonieux et moins extraits, affranchis des finales dures qui marquaient souvent les millésimes passés. Les vins sont plutôt pulpeux et séduisants.

Les vins : nous sommes toujours enthousiastes face à des blancs de très belle facture, épurés et équilibrés, avec une mention pour le meursault, bien droit et salin. Les rouge affichent eux aussi des fruités francs, avec toujours ce muscle qui caractérise les vins du domaine. Les pommards ont du style et de la profondeur, avec un Les Charmots au jus corsé et à la très bonne persistance.

- Beaune Clos Saint-Désiré 2015 — 24 € — 15,5
- Meursault 2015 — 32 € — 16
- Beaune Les Beaux Fougets 2015 — 24 € — 15
- Pommard Les Vignots 2015 — 38 € — 16,5

- Pommard Premier Cru Les Charmots Le Coeur des Dames 2015 — 44 € — 17

Le coup de ♥
- Pommard 2015 — 30 € — 16

Avec son côté épicé et ses notes de fruits noirs, il séduit par son bel équilibre. Ferme, mais pas trop, la finale laisse augurer d'un beau vieillissement. Un fort bon classique.

Rouge : 5,9 hectares.
Pinot noir 100 %
Blanc : 1,6 hectare.
Chardonnay 100 %
Production moyenne : 40 000 bt/an

DOMAINE RODOLPHE DEMOUGEOT
2, rue du Clos-de-Mazeray,
21190 Meursault
03 80 21 28 99 ●
www.rodolphedemougeot.fr ● Vente et visites : au domaine sur rendez-vous. Du lundi au samedi, de 8h à 12h et de 13h30 à 19h.
Propriétaire : Rodolphe Demougeot

DOMAINE MICHEL ET JOANNA ECARD

Descendant du domaine familial Maurice Ecard, Michel Ecard a créé sa propre propriété viticole en 2004, avec son épouse Joanna. Comme souvent en Bourgogne, l'amateur doit être vigilant quant aux homonymies : le domaine Maurice Ecard et Fils existe toujours mais est exploité par une maison de négoce de Beaune. Le vignoble de Michel et Joanna (4 ha), entièrement situé dans le village de Savigny-lès-Beaune, comprend cinq premiers crus et deux appellations en villages. Les vins rouges présentent un style charnu et concentré, au fruit expressif, et l'ensemble de la production se montre fidèle aux différentes identités de terroirs.

Les vins : le millésime 2015 est ici très réussi et nous ne pouvons que vous conseiller de déguster ces beaux savignys au profil proche du fruit, juteux et croquant en bouche. Les prix étant particulièrement sages, il n'y a aucun raison de se priver des délicieux Peuillets, Narbanton ou Serpentières.

- Savigny-lès-Beaune Premier Cru Les Gravains 2015 — 20 € — 16
- Savigny-lès-Beaune Premier Cru Les Narbentons Cuvée Jeanne Ecard 2015 — 25 € — 16,5
- Savigny-lès-Beaune Premier Cru Les Rouvrettes 2015 — 18 € — 15
- Savigny-lès-Beaune Premier Cru Les Serpentières Cuvée Louis Ecard Guyot 2015 — 22 € — 16,5
- Savigny-lès-Beaune Vieilles Vignes 2015 — 15 € — 15

Le coup de ♥
- Savigny-lès-Beaune Premier Cru Les Peuillets 2015 — 19 € — 16

À moins de 20 €, cette bouteille livre un caractère gourmand et délicieusement fruité. Tout en rondeur, avec un toucher délicat, du soyeux et des notes de fruits rouges, c'est un régal.

Rouge : 3,7 hectares.
Pinot noir 100 %
Blanc : 0,3 hectare.
Production moyenne : 20 000 bt/an

DOMAINE MICHEL ET JOANNA ECARD
3, rue Boulanger-et-Vallée,
21420 Savigny-lès-Beaune
06 30 18 28 13 ●
ecard.michel.joanna@orange.fr ● Vente et visites : au domaine sur rendez-vous. De 9h à 12h et de 14h à 18h.
Propriétaire : Michel Ecard
Maître de chai : Michel Ecard

DOMAINE JESSIAUME

Une nouvelle équipe est à la tête du domaine après le départ de Marc et Pascal Jessiaume. Ils étaient restés en charge du domaine après son rachat en 2007, par Sir David Murray. Cinquième homme le plus riche d'Écosse, qui a fait fortune dans les minerais, est aussi l'un des plus importants marchands de vin d'Écosse. Il est déjà propriétaire de Château Routas en Coteaux Varois. Le domaine, qui remonte à 1850, se situe dans le village de Santenay. Il possède également des terroirs sur les crus de Volnay, de Beaune et d'Auxey-Duresses. Grâce à des moyens supplémentaires, le domaine a ouvert une activité de négoce en 2008. La gamme s'est élargie avec, en prime, une possibilité de vinifier des grands crus de la Côte de Nuits.

Les vins : jolie série de blancs en 2015, avec un bourgogne au profil fin et frais ou un auxey-duresses tendu et charnu. Dans un profil juteux et proche du fruit, les rouges sont très agréables ; le bourgogne croque sous la dent, le santenay est soyeux et élégant, alors que l'auxey-duresses se montre un rien plus serré, mais doté d'un avenir prometteur. Avec une jolie fermeté et une bouche dense, charnue, le beaune ira loin.

BOURGOGNE

BOURGOGNE CÔTE DE BEAUNE

⟃ Auxey-Duresses Premier Cru Les Ecussaux 2015	22,80 €	15
⟃ Bourgogne 2015	10,80 €	14
⟃ Santenay Premier Cru Les Gravières 2015	22,60 €	15
⬛ Auxey-Duresses 2015	14 €	14,5
⬛ Beaune Premier Cru Les Cent Vignes 2015	24,20 €	16
⬛ Bourgogne 2015	10,80 €	14,5
⬛ Santenay Clos du Clos Genet 2015	15 €	15
⬛ Volnay 2015	23,40 €	15
⬛ Volnay Premier Cru Les Brouillards 2015	28 €	16

Le coup de ♥

⬛ Santenay Premier Cru La Comme 2015	21,60 €	15,5

Une belle opportunité de découvrir cette appellation au travers d'un vin qui ne manque ni de charme ni de fond. Nous aimons son soyeux de texture et son allonge.

Rouge : 7,89 hectares.
Pinot noir 100 %
Blanc : 1,31 hectare.
Chardonnay 100 %
Production moyenne : 40 000 bt/an

DOMAINE JESSIAUME
10, rue de la Gare, 21590 Santenay
03 80 20 60 03 ● www.jessiaume.com ●
Vente et visites : au domaine sur rendez-vous.
Lundi au vendredi de 8h à 12h et de 13h à 17h. Le week-end sur rendez-vous.
Propriétaire : David Murray
Directeur : Megan McClune
Maître de chai : William Waterkeyn

DOMAINE LAMY-PILLOT

Exploitation familiale par excellence, le domaine Lamy-Pillot cultive 14,5 ha avec une série de belles parcelles sur Chassagne-Montrachet. Aujourd'hui dirigé par une des filles, Florence, et par son mari Sébastien, œnologue (ils ont parallèlement monté un micro-domaine de 2 ha), le domaine élabore de beaux blancs francs et nets, modernes, qui illustrent une très belle régularité. Karine, la fille aînée, et son mari Daniel, assurent la distribution des vins et commercialise une sélection de domaines bourguignons.

Les vins : les blancs, à la fois généreux, mais pas lourds, demeurent le point fort du domaine. Bien vinifiés, ils expriment un fruité pulpeux en 2015, à l'image des saint-aubin habilement construits et des deux chassagnes que nous avons pu déguster, parmi lesquels un Morgeot charnu qui évoluera à merveille. Les rouges conservent un caractère un peu plus strict, même s'ils ne manquent pas de précision. Le blagny est droit, élégant et frais, avec de la sève. Les chassagnes font montre d'une ampleur et d'un charnu supplémentaires : Morgeot offre un caractère épicé et profond, Clos Saint-Jean, plus serré et austère, offre beaucoup d'allonge.

⟃ Chassagne-Montrachet Pot Bois 2015	32 €	16
⟃ Chassagne-Montrachet Premier Cru Morgeot 2015	44 €	17
⟃ Saint-Aubin Les Pucelles 2015	25 €	15
⬛ Blagny Premier Cru La Pièce sous le Bois 2015	33 €	15,5
⬛ Chassagne-Montrachet Premier Cru Boudriotte 2015	30 €	16
⬛ Chassagne-Montrachet Premier Cru Clos Saint-Jean 2015	30 €	16,5
⬛ Chassagne-Montrachet Premier Cru Morgeot 2015	30 €	15,5
⬛ Saint-Aubin Premier Cru Les Castets 2015	21 €	15

Le coup de ♥

⟃ Saint-Aubin Premier Cru Le Charmois 2015	32 €	16

Doté d'une notable maturité de fruit, exprimée en bouche par des notes de fruits jaunes et blancs, il s'équilibre grâce à une finale tonique aux saveurs d'agrumes confits. Un vin de très belle persistance.

Rouge : 8 hectares.
Pinot noir 100 %
Blanc : 7 hectares.
Chardonnay 100 %
Production moyenne : 85 000 bt/an

DOMAINE LAMY-PILLOT
31, route de Santenay,
21190 Chassagne-Montrachet
03 80 21 30 52 ● www.lamypillot.fr ● Vente et visites : au domaine sur rendez-vous.
Tous les jours sauf le dimanche.
Propriétaire : René Lamy

DOMAINE LARUE

Ce domaine familial possède un large éventail de saint-aubin en blanc et en rouge. Vous y trouverez des vins francs, de qualité régulière, vinifiés dans un style moderne et immédiat par Didier et Denis Larue. Leurs enfants respectifs,

Bruno, puis Vivien, les ont rejoint en 2009 puis 2016. Le domaine remet le travail du sol en avant : travail à la chenillette et quelques parcelles conduites en viticulture biologique. Depuis 2012, l'amélioration des méthodes de réception des vendanges évite toute trituration, et les rouges ont gagné en finesse. De plus, les tarifs et l'accueil sont angéliques.

Les vins : le style des blancs et moderne, compte tenu des matières élégantes et de la petite pointe d'élevage qui n'est, néanmoins, pas envahissante. Les saint-aubin possèdent un profil droit, les pulignys sont tendus, mais pas austères. Le Trézin impose un côté crayeux et une jolie ampleur ; La Garenne, une fort belle réussite, va encore plus loin en définition et en allonge. Les rouges sont francs, mais arborent un côté plus austère, avec des bouches qui durcissent un peu en finale. Nous aimerions un peu plus de moelleux.

- Puligny-Montrachet Le Trézin 2015   27 €   16
- Puligny-Montrachet Premier Cru La Garenne 2015   37 €   16,5
- Puligny-Montrachet Premier Cru Sous le Puits 2015   31 €   16
- Saint-Aubin Premier Cru En Remilly 2015   25 €   15,5
- Aloxe-Corton 2015   25 €   14
- Blagny Premier Cru Sous le Puits 2015   30 €   14
- Chassagne-Montrachet Premier Cru La Boudriotte 2015   30 €   14,5
- Corton Grand Cru Les Perrières 2015   55 €   16
- Saint-Aubin En Montceau 2015   18 €   14,5

Le coup de ♥

- Saint-Aubin Premier Cru Murgers des Dents de Chien 2015   25 €   16

Voici une très jolie cuvée franche et nette, à la bouche bien enrobée, sans austérité, aux saveurs appréciables de fruits mûrs. Plein de charme, on peut le déboucher sans se presser.

Rouge : 6 hectares.
Pinot noir 100 %
Blanc : 11 hectares.
Chardonnay 100 %
Production moyenne : 75 000 bt/an

DOMAINE LARUE
**32, rue de la Chatenière,
21190 Saint-Aubin
03 80 21 30 74 ● www.larue-vins.com ●
Vente et visites : au domaine sur rendez-vous.**

De 8h à 12h et de 14h à 18h sauf le dimanche et les jours fériés.
Propriétaire : Didier et Denis Larue

MAISON LOUIS LATOUR

Dirigée par Louis-Fabrice Latour, cette illustre maison familiale tient à ses principes, notamment sa conception des grands vins de Bourgogne, loin des modes et des effets de style. Nous n'avons pas toujours trouvé notre compte dans des cuvées qui manquent parfois de souffle et de complexité. Notons toutefois, depuis quelques années, des progrès dans l'approche des blancs, plus précis et intenses. Les rouges ne suivent pas encore tout à fait cette voie.

Les vins : le millésime 2015 apporte une forme d'ampleur et de générosité bienvenue, même si quelques cuvées peinent à se départir d'une certaine rigidité. On démarre avec un bourgogne générique franc et gourmand ; la série des beaunes est intéressante, avec un Perrières à la texture soyeuse et un Vignes Franches au profil plus épicé. La série culmine avec le fameux corton Grancey, emblème de la maison, très racé. Nous louons la belle harmonie de bouche des blancs. Mettez en cave le corton-charlemagne gras et généreux, à la puissance encore retenue ; ou le puligny Les Referts, à la bouche élancée, large, intense, mais un rien terne à ce stade.

- Chassagne-Montrachet Premier Cru Caillerets 2015   65 €   15,5
- Corton-Charlemagne Grand Cru 2015   120 €   17,5
- Puligny-Montrachet Premier Cru Les Referts 2015   80,50 €   16
- Beaune Premier Cru Perrières 2015   50,50 €   16
- Beaune Premier Cru Vignes Franches 2015   53 €   16,5
- Corton Grand Cru Perrières 2015   86 €   17
- Coteaux Bourguignons Les Pierres Dorées 2015   13 €   13,5
- Santenay Premier Cru La Comme 2015   27,50 €   14,5

Le coup de ♥

- Corton Grand Cru Château Corton Grancey 2015   97 €   17,5

Ce vin au profil poivré et floral déploie aussi des notes de fruits noirs. La bouche est très dense et, comme toujours, il se révèlera pleinement avec le temps. Un corton à la fois musclé et soyeux.

Rouge : 40 hectares.

BOURGOGNE

BOURGOGNE CÔTE DE BEAUNE

Pinot noir 100 %
Achat de raisins.
Blanc : 10 hectares.
Chardonnay 100 %
Achat de raisins.
Production moyenne : 7 000 000 bt/an

MAISON LOUIS LATOUR
18, rue des Tonneliers, 21200 Beaune
03 80 24 81 00 • www.louislatour.com •
Visites : sur rendez-vous uniquement aux professionnels.
Propriétaire : Louis-Fabrice Latour
Maître de chai : Jean-Charles Thomas

BENJAMIN LEROUX

Talentueux vinificateur du célèbre domaine du Comte Armand, à Pommard, Benjamin Leroux a lancé à son propre compte une structure de négoce haut-de-gamme. Grâce à de solides approvisionnements et à un grand sens de l'élevage, il réalise des cuvées de très haut niveau sur une vaste palettes d'appellations. Les vins possèdent un style que nous louons, préservant la fraîcheur, le fruit et jouant sur des élevages modérés.

Les vins : la série de 2015 offre beaucoup de cohérence, avec des blancs à la juste maturité, au gras bien contré par les structures acides. Le saint-romain est délicieux et charnu, le Poruzot est ample et défini. Les rouges sont également très sérieux, avec, entre autres, un gevrey épicé et racé.

▭ Chassagne-Montrachet Premier Cru Abbaye de Morgeot 2015	N.C.	16,5
▭ Meursault Premier Cru Poruzot 2015	N.C.	17
▭ Saint-Romain Sous le Château 2015	N.C.	15,5
▬ Gevrey-Chambertin 2015	N.C.	16,5
▬ Vosne-Romanée 2015	N.C.	16

Le coup de ♥
▬ Savigny-lès-Beaune Premier Cru Hauts Jarrons 2015 — N.C. 15,5

Belles épices et fruit intense : une bouteille savoureuse de superbe facture, à l'équilibre gourmand et d'une très jolie définition.

Rouge : 0,4 hectare.
Pinot noir 100 %
Achat de raisins.
Blanc : 3,6 hectares.
Chardonnay 100 %
Achat de raisins.
Production moyenne : 100 000 bt/an

BENJAMIN LEROUX ☾
5, rue Colbert, 21200 Beaune
03 80 22 71 06 •
www.benjamin-leroux.com • Vente et visites : au domaine sur rendez-vous.
Propriétaire : Benjamin Leroux

DOMAINE RENÉ MONNIER-XAVIER MONNOT

Xavier Monnot dirige ce domaine sérieux de Meursault avec une approche assez moderne des vinifications et des élevages. Il produit des vins immédiatement séduisants, mais aussi capables de vieillir avec bonheur. Si l'aromatique des boisés est toujours présent, leur prise en bouche a gagné en précision ces dernières années.

Les vins : derrière des boisés parfois encore un peu marqués, la gamme est de confiance, à commencer par un maranges au fruité fin et tendre. Les beaunes possèdent du fond : nous louons le côté plus soyeux des Cent Vignes, doté d'une très belle trame, alors que Les Toussaints se montre un peu plus ferme. Sur des notes de cerises juteuses, le volnay Clos des Chênes est le vin le plus raffiné de la cave en rouge. En blanc, le bourgogne offre une belle fraîcheur fruitée ; les meursaults Le Limozin et Les Charmes s'expriment avec vigueur, tout comme Les Folatières à l'ampleur vraiment remarquable. Le chassagne joue une partition un peu plus exotique.

▭ Bourgogne 2015	N.C.	14
▭ Chassagne-Montrachet 2015	N.C.	15
▭ Meursault Premier Cru Les Charmes 2015	N.C.	17
▭ Puligny-Montrachet Premier Cru Les Folatières 2015	N.C.	17
▬ Beaune Premier Cru Les Cent Vignes 2015	N.C.	16
▬ Beaune Premier Cru Les Toussaints 2015	N.C.	15,5
▬ Maranges Premier Cru Clos de la Fussière 2015	N.C.	14,5
▬ Pommard Les Vignots 2015	N.C.	15,5
▭ Meursault Le Limozin 2015	N.C.	16

Le coup de ♥
▬ Volnay Premier Cru Clos des Chênes 2015 — N.C. 17

Le nez exhale de très belles notes de cerises griottes fraîches. Il déploie une bouche bien juteuse, mais aussi très élégante en terme de texture tannique.

Rouge : 7 hectares.

Pinot noir 100 %
Blanc : 9,5 hectares.
Chardonnay 85 %, Aligoté 15 %
Production moyenne : 100 000 bt/an

DOMAINE RENÉ MONNIER-XAVIER MONNOT
6, rue du Docteur-Rolland,
21190 Meursault
03 80 21 29 32 ● xavier-monnot@orange.fr
● Visites : Pas de visites.
Propriétaire : Xavier Monnot

DOMAINE AGNÈS PAQUET

C'est pour éviter la vente de la parcelle familiale d'Auxey-Duresses qu'Agnès Paquet, diplômée d'une école de commerce, a choisi d'épouser le métier de vigneron. Elle a signé son premier millésime en 2001. Elle exploite actuellement neuf hectares en blanc et en rouge, avec un style qui privilégie toujours la franchise et la fraîcheur, ce dont nous nous réjouissons.

Les vins : le domaine produit désormais un effervescent de type méthode traditionnelle, cuvée estivale à boire dans sa jeunesse, servie par une touche de sucre résiduel et un faible degré alcoolique. Les blancs sont francs et équilibrés, et peuvent se vanter d'un côté très digeste. Patience N°8 se veut plus ambitieux et taillé pour la garde. En rouge, nous saluons le croquant et le naturel du pinot.

▷ Ali Boit Boit et les 40 Buveurs 2016	9,35 €	13
▷ Auxey-Duresses Patience N°8 2015	23 €	16
▬ Auxey-Duresses 2015	19,50 €	14,5
▬ Bourgogne 2015	11,50 €	13,5

Le coup de ♥

▷ Auxey-Duresses 2015	19,50 €	15

Un vin de belle franchise, une valeur sûre de la maison. La bouche se montre tonique, droite mais sans austérité, sublimée par une finale sur les fruits blancs.

Rouge : 5 hectares.
Pinot noir 100 %
Blanc : 7 hectares.
Chardonnay 100 %
Production moyenne : 60 000 bt/an

DOMAINE AGNÈS PAQUET
10, rue du Puits-Bourret, 21190 Meloisey
03 80 26 07 41 ● www.vinpaquet.com ●
Vente et visites : au domaine sur rendez-vous.

Propriétaire : Agnès Paquet

NOUVEAU DOMAINE

DOMAINE PARIGOT PÈRE ET FILS

Alexandre, qui a pris la succession de ses parents, affine son style et continue à faire progresser les vins du domaine qui ont désormais gagné en finesse et en précision, sans pour autant perdre de leur densité. il s'agit ici d'une belle adresse de confiance où l'accueil est chaleureux et la qualité désormais régulière.

Les vins : nous apprécions la belle définition des 2015 au fruité respecté. Les extractions et les équilibres sont justes. Le hautes-côtes-de-beaune est un belle gourmandise, le volnay joue une juste partition de finesse et les pommards sont amples, avec beaucoup de jus, mais aussi du raffinement : le superbe Charmot affiche une grande race.

▬ Beaune Premier Cru Les Grèves 2015	N.C.	16
▬ Pommard Les Riottes 2015	N.C.	16
▬ Pommard Premier Cru Les Charmots 2015	N.C.	17
▬ Savigny-lès-Beaune Premier Cru Les Vergelesses 2015	N.C.	15
▬ Volnay Les Brouillards 2015	N.C.	15,5

Le coup de ♥

▬ Bourgogne Hautes-Côtes de Beaune Clos de la Perrière 2015	N.C.	14,5

Voici un vin accessible et très réussi dans ce beau millésime. Il affiche une belle franchise de fruit et de l'équilibre. Sa finale se montre gourmande et croquante.

Rouge : 26 hectares.
Pinot noir 100 %
Blanc : 3,5 hectares.
Chardonnay 85 %, Aligoté 15 %
Production moyenne : 120 000 bt/an

DOMAINE PARIGOT PÈRE ET FILS
8, route de Pommard, 21190 Meloisey
03 80 26 01 70 ●
domaine.parigot@orange.fr ● Vente et visites : au domaine sur rendez-vous.
Sur rendez-vous de 8h à 18h.
Propriétaire : Famille Parigot

BOURGOGNE

BOURGOGNE CÔTE DE BEAUNE

CHÂTEAU DE POMMARD

Le plus grand monopole privé de Bourgogne a été vendu en 2014 à un entrepreneur américain, Michael Baum, patron emblématique de la Silicon Valley. Le château, vieux de 300 ans et propriété de la famille Laplanche depuis 1936, avait été acquis en 2003 par le constructeur Maurice Giraud, qui a effectué de nombreux travaux et ouvert le lieu au public avec une galerie d'art et un restaurant. La production du Château de Pommard s'accompagne désormais d'une activité de négoce. Le domaine compte investir dans de nouveaux achats en blancs dans les prochaines années.

Les vins : nous avons pu déguster à nouveau un série de 2013. Les blancs affichent un profil très opulent, un peu bloqués aromatiquement par la réduction. Le meursault est dissocié entre une acidité imposante et une impression de début d'évolution. Même remarque sur le chassagne, à l'amertume trop marquée. Le Clos Marey-Monge est nettement plus intéressant, avec un boisé, certes encore présent, mais une très belle texture et une matière élégante en 2013.

Chassagne-Montrachet 2013	45 €	13,5
Ladoix Premier Cru Les Gréchons 2013	50 €	14
Meursault 2013	46 €	14
Pommard Clos Marey-Monge 2013	95 €	16,5

Le coup de ♥

Pommard Clos Marey-Monge 2014	110 €	16,5

Solide, mais raffiné. Sa matière est intense. L'élevage s'avère encore un peu marqué, mais le vin dispose de fond. Il faudra savoir l'attendre.

Rouge : 21 hectares.
Pinot noir 100 %
Achat de raisins.
Blanc : 1 hectare.
Chardonnay 100 %
Achat de raisins.
Production moyenne : 80 000 bt/an

CHÂTEAU DE POMMARD
**15, rue Marey-Monge, 21630 Pommard
03 80 22 12 59 ●
www.chateaudepommard.com ● Vente et visites : au domaine sur rendez-vous.
Tous les jours de 9h30 à 18h30.
Propriétaire : Michael Baum
Maître de chai : Emmanuel Sala**

NOUVEAU DOMAINE

DOMAINE MARC ROUGEOT

Marc Rougeot, désormais épaulé par son fils Pierre-Henri, exploite les 14 ha de ce domaine familial et traditionnel de Meursault. Les vins ont bien progressé ces dernières années, gagnant en précision et en éclat. C'est le résultat d'un travail conjoint à la vigne (conversion en bio) et à la cave, avec des vinifications plus douces et soignées. Le chemin emprunté nous séduit et les derniers millésimes justifient l'entrée dans le guide.

Les vins : la sélection de blancs est de fort belle tenue, avec un bourgogne charnu, mais pas lourd, un délicieux monthélie qui se révèle énergique et très élégant. Les Charmes propose un très beau volume, du gras et de l'ampleur, et préserve son énergie en finale. Le volnay Les Santenots est un peu plus mâché et demande à être revu.

Bourgogne Les Grandes Gouttes 2015	N.C.	14
Meursault Premier Cru Les Charmes 2015	N.C.	17
Saint-Romain La Combe Bazin 2015	N.C.	14,5
Volnay Premier Cru Les Santenots 2015	N.C.	15

Le coup de ♥

Monthelie Les Troisières 2015	N.C.	15,5

Une très jolie expression pour ce vin à la bouche très soignée et équilibrée. La tension est juste et le porte bien.

DOMAINE MARC ROUGEOT
**La Monatine, 21190 Meursault
03 80 21 20 59 ●
domaine.rougeot@wanadoo.fr ● Pas de visites.
Propriétaire : Marc Rougeot**

NOUVEAU DOMAINE

DOMAINE SYLVAIN MOREY

Installé dans le Lubéron depuis 2002 à la Bastide Claux, Sylvain a récupéré en 2014 les quelques hectares de vignes familiales en Bourgogne (ex domaine Jean-Marc Morey), dans les appellations Chassagne-Montrachet, Saint-Aubin et Santenay. Il y produit des vins au style classique, bien enrobés et jamais lourds. Ses premiers millésimes sont très encourageants. Un jeune talent à suivre de près...

Les vins : les blancs affichent un style précis et équilibré, avec des trames acides bien calées. Le saint-aubin est droit et scintillant. Très recommandables, les chassagnes sont digestes, bien élevés et fins, à l'image d'un Champs-Gains racé et longiligne ou d'un Caillerets à la finale parsemée de zeste de citron et de menthe fraîche. Les rouges possèdent un caractère un peu plus dur, mais de bonnes matières.

- Chassagne-Montrachet Premier Cru Les Caillerets 2015 — N.C. 17
- Chassagne-Montrachet Premier Cru les Champs-Gains 2015 — N.C. 16,5
- Saint-Aubin Premier Cru Les Charmois 2015 — N.C. 15
- Chassagne-Montrachet Premier Cru Les Champs-Gains 2015 — N.C. 15,5
- Santenay Premier Cru Grand Clos Rousseau 2015 — N.C. 15

Le coup de ♥
- Chassagne-Montrachet 2016 — N.C. 16

Habilement construit, avec une bouche équilibrée, de la fraîcheur et de la persistance. Un vin classique, digeste et souple à boire sans se presser.

Rouge : 1 hectare.
Blanc : 1,5 hectare.

DOMAINE SYLVAIN MOREY
3, rue Principale,
21190 Chassagne-Montrachet
06 99 70 26 05 • www.sylvainmorey.fr •
Pas de visites.
Propriétaire : Sylvain Morey

CHALONNAIS

DOMAINE VINCENT DUREUIL-JANTHIAL

Céline et Vincent Dureuil ont repris, en 1994, le domaine familial. Vincent fait partie de cette génération de vignerons bourguignons visionnaires et talentueux. Les durées d'élevages ont été rallongées, la proportion de bois neuf a été réduite. La gamme des vins se montre homogène et maintient un très haut niveau. Le domaine n'est pas fixé exclusivement à Rully. Il s'est agrandi peu à peu, avec une acquisition à Mercurey en 1974, puis le retour dans le giron familial de vignes à Puligny-Montrachet et un premier cru à Nuits-Saint-Georges. Tous les vins sont vinifiés avec la même exigence, et la même rigueur. Fin avril 2016, le gel puis le mildiou ont obligé à traiter les vignes en conventionnel, entraînant la perte de la certification bio, en place depuis 2009. Les vins de 2015 sont, eux, bio certifiés.

Les vins : le rully blanc donne le ton à une gamme homogène. La série des premiers crus 2015 montre la maîtrise du domaine : un exaltant Meix Cadot d'une grande pureté, serré et charnu, qui garde un profil désaltérant. Le Meix Cadot Vieilles Vignes boise un peu plus, mais reste un vin exemplaire. Les Margotés, pur et minéral, offre une note de craie du tableau, de fruits secs grillés et une maturité exemplaire. Bonne garde en prévision. Grésigny confirme un beau niveau de premier cru. La texture crémeuse du vin, les notes grillées apportées par l'élevage dominent mais s'affineront avec le temps. Son prix reste très raisonnable. Corvée des Vignes propose un style tendre fidèle à Puligny-Montrachet, avec la rigueur, l'épure et la grâce qui caractérise la gamme du domaine. Le premier cru Champs Gains conserve également le caractère crémeux classique de Puligny, montrant au passage un beau travail d'élevage dont on apprécie la précision. En rouge, le rully offre intensité et fraîcheur : sans bavure, irrésistible, à croquer et à garder ! Le rully Maizières est profond en couleur et intense en arômes. La bouche s'aligne sur un fruit frais et scintillant, le toasté, parfait, s'efface devant la chair du vin. Dans un tel millésime, ce vin atteint le niveau d'un premier cru. Chapitre est un premier cru impressionnant qui dévoile un fruit très framboisé, extrait, mûr et frais. Densité et tanins serrés sont au rendez-vous. Attendez-le. Plus fluet que ce dernier, La Fosse dénote dans une gamme si cohérente. Le

BOURGOGNE CHALONNAIS

Clos des Argillières dévoile un pinot noir concentré. La matière juste correspond aux standards de l'appellation, bien que ce 2015 soit en-dessous du 2014 en matière d'équilibre.

- ▱ Puligny-Montrachet Corvée des Vignes 2015 — 33 € 16,5
- ▱ Puligny-Montrachet Premier Cru Les Champs Gains 2015 — 39 € 16
- ▱ Rully 2015 — 17 € 15,5
- ▱ Rully Premier Cru Grésigny 2015 — 27 € 16,5
- ▱ Rully Premier Cru Le Meix Cadot Vieilles Vignes 2015 — 27 € 16,5
- ▱ Rully Premier Cru Les Margotés 2015 — 23 € 16,5
- ▰ Nuits-Saint-Georges Premier Cru Clos des Argillières 2015 — 39 € 15,5
- ▰ Rully 2015 — 17 € 15,5
- ▰ Rully Maizières 2015 — 19 € 16,5
- ▰ Rully Premier Cru Chapitre 2015 — 25 € 15,5
- ▰ Rully Premier Cru La Fosse 2015 — 27 € 13,5

Le coup de ♥
- ▱ Rully Premier Cru Le Meix Cadot 2015 — 22 € 16,5

Ce vin exaltant et d'une grande pureté, serré, est doté d'une puissance notable. Ses arômes floraux et vanillés sont complétés par un boisé noble. Sans aucune lourdeur, il garde un profil désaltérant.

Rouge : 7,86 hectares.
Pinot noir 99 %, Gamay noir à jus blanc 1 %
Blanc : 12,37 hectares.
Chardonnay 95 %, Aligoté 5 %
Production moyenne : 115 000 bt/an

DOMAINE VINCENT
DUREUIL-JANTHIAL ♣
10, rue de la Buisserolle, 71150 Rully
03 85 87 26 32 ●
www.dureuiljanthial-vins.com ● Vente et visites : au domaine sur rendez-vous.
Propriétaire : Vincent Dureuil

★★
DOMAINE JOBLOT

Le domaine Joblot est une très belle valeur sûre depuis plus de vingt ans en Bourgogne. Juliette, la fille de Jean-Marc Joblot, vinifie et gère la propriété familiale depuis 2012, suivant les orientations qui ont fait sa réputation. Le domaine maîtrise ses rouges. Pureté de fruit, profondeur, fraîcheur, tout est dit. Les blancs ont évolué vers des élevages plus modérés, avec moins de fût neuf, dans une recherche d'équilibre entre rondeur et tension, complexité aromatique et buvabilité.

Les vins : les deux givrys blancs sont bien différents dans leur style en 2015. En Veau est pur, plutôt fin en matière de boisé et très digeste. Clos de La Servoisine, voisin de vigne avec le Clos du Cellier aux Moines exprime déjà une grande finesse d'arômes de fleurs blanches, d'agrumes et de poivre Timut. La bouche est très ample avec un boisé avenant, au toasté bien maîtrisé. Le Clos des Bois Chevaux, vigne de pinot noir dans le prolongement du Clos Salomon, conserve naturellement en 2015 un fort niveau de concentration et d'équilibre, offrant un fruit scintillant et des tanins au relief imposant. Le Clos du Cellier aux Moines est un rouge brillant, coloré, dont les arômes font la part belle à des notes de roses en fleur, de cerise burlat. Un vin très bien géré en matière d'élevage et d'équilibre. Le Clos Marole brille par ses parfums, son jus framboisé pur et extrait, ses tanins encore saillants qui mériteront de la patience. Il n'atteint pas la réussite du 2014 mais maintient un haut niveau.

- ▱ Givry Premier Cru Clos de la Servoisine 2015 — 21 € 15,5
- ▱ Givry Premier Cru En Veau 2015 — 21 € 15,5
- ▰ Givry Premier Cru Clos Marole 2015 — 21 € 16,5
- ▰ Givry Premier Cru Clos des Bois Chevaux 2015 — 21 € 16,5
- ▰ Givry Premier Cru Clos du Cellier aux Moines 2015 — 21 € 16,5

Le coup de ♥
- ▰ Givry Premier Cru Clos de la Servoisine 2015 — 21 € 16,5

Ce rubis sombre un peu plus extrait, intensément mûr, offre une note de prunelle. Les tanins sont serrés, la matière est noble : une cuvée de longue garde.

Rouge : 11 hectares.
Pinot noir 100 %
Blanc : 3 hectares.
Chardonnay 100 %
Production moyenne : 85 000 bt/an

DOMAINE JOBLOT
4, rue Pasteur, 71640 Givry
03 85 44 30 77 ● www.domainejoblot.com
● Vente et visites : au domaine sur rendez-vous.
De 9h à 12h et de 14h à 17h d'octobre à décembre.
Propriétaire : Juliette Joblot
Maître de chai : Juliette Joblot

DOMAINE FRANÇOIS LUMPP

François Lumpp et Pierre, son fils aîné, proposent une belle gamme de givrys parfaitement constitués. Les blancs sont portés par un fil conducteur minéral, ce qui permet de les apprécier jeunes mais aussi de les garder en cave de nombreuses années. Les rouges ont une classe folle et se présentent comme des modèles d'élégance, des vins de grande précision qui disposent d'une incroyable capacité à digérer leur élevage boisé. Le domaine continue d'évoluer, avec de nouvelles plantations qui viennent étoffer la gamme. Les vins sont réguliers, hautement recommandables, tant en qualité qu'en matière de prix.

Les vins : dans un style plus arrondi qu'en 2014, les blancs 2015 ne manquent pas de charme, du très jovial Clos des Vignes Rondes, croquant, salin et savoureux, à Petit Marole, qui maintient une belle vivacité au sein d'un boisé qui évoque le saumon par ses accents fumés. Crausot, toujours plus mûr, réussit à conserver un peu de fraîcheur, se pare d'un boisé modéré judicieux : bonne garde assurée. Les rouges sont d'un fort beau gabarit : La Paulée, bourgogne sans prétention, est marqué par les fruits à noyaux, d'aspect velouté. Les premiers crus affolent les compteurs : Le Pied du Clou élève le débat en matière de maturité, avec ses notes de pivoine et de framboise, conservant néanmoins de la fraîcheur. Son étonnante accessibilité ne diminue pas son potentiel de garde. La Brûlée nous propose un accueil aromatique plutôt sensuel et profond ; la bouche confirme nos espérances, gardant l'élégance du 2014, avec un niveau de texture supplémentaire. Crausot est le vin le moins précis en arômes de toute la gamme. Petit Marole : pur, dans un registre de griotte au sirop et d'épices douces. Remarquable par son équilibre, il est frais, combinant le croquant du pinot noir et une incroyable gourmandise. Il a la carrure pour tenir la garde. Le Clos Jus dévoile une grande intensité de pinot noir, caractérisé par des notes grillées, de cerise noire et de poivre.

▷ Givry Clos des Vignes Rondes 2015	20 €	15
▷ Givry Premier Cru Crausot 2015	28 €	16,5
▷ Givry Premier Cru Crausot 2015	28 €	16,5
▷ Givry Premier Cru Petit Marole 2015	26 €	16
▬ Bourgogne La Paulée 2015	15 €	15
▬ Givry Premier Cru A Vigne Rouge 2015	28 €	17,5
▬ Givry Premier Cru Clos Jus 2015	28 €	16,5
▬ Givry Premier Cru Crausot 2015	23 €	16,5
▬ Givry Premier Cru La Brûlée 2015	23 €	16,5
▬ Givry Premier Cru Le Pied du Clou 2015	26 €	16
▬ Givry Premier Cru Petit Marole 2015	26 €	15,5

Le coup de

▬ Givry Premier Cru Clos du Cras Long 2015	28 €	17

Une robe d'un rouge sanguin comme disait Colette : nous aimons sa pureté et sa profondeur, ses senteurs de roses en bouquet, de confiture de cerise noire. La bouche remarquable offre une amplitude rare, un coulis velouté enrobant chaque parcelle de tanin. Le boisé se fond dans cette matière noble. Il fera le bonheur des plus patients d'entre nous.

Rouge : 7,5 hectares.
Pinot noir 100 %
Blanc : 1,5 hectare.
Chardonnay 100 %
Production moyenne : 45 000 bt/an

DOMAINE FRANÇOIS LUMPP
Le Pied du Clou, 36, avenue de Mortières, 71640 Givry
03 85 44 45 57 ● www.francoislumpp.com
● Vente et visites : au domaine sur rendez-vous.
De 9h à 11h30 et de 15h à 17h30.
Propriétaire : Isabelle et François Lumpp
Directeur : François Lumpp
Maître de chai : François Lumpp
Œnologue : Guillaume Lebras

DOMAINE DE VILLAINE

Aubert et Paméla de Villaine ont acheté ce domaine de Bouzeron en 1971. Leur neveu, Pierre de Benoist, applique depuis son arrivée, en 2001, la discipline de travail à la vigne transmise par son oncle : approche biodynamique sans certification, raisins cueillis et triés à la main, vinifications naturelles. Toute la gamme est de très haut niveau avec une série de rouges de belle facture. Le dernier-né du domaine est un saint-aubin premier cru Les Perrières.

Les vins : les blancs 2015 sont très hétérogènes. Les Clous Aimé montre une juste maturité, sur le fil, ce qui n'est pas inintéressant au vu de nombreux vins qui manquent de tension dans le millésime 2015. Le rully Saint-Jacques nous accueille par une petite note d'élevage boisé,

BOURGOGNE CHALONNAIS

dans un profil frais et délicat. La bouche supporte timidement ce chêne un peu trop blond et neuf. Grésigny est de haut niveau, mais laissez à son boisé le temps de s'intégrer. Les Perrières souffre d'un élevage trop marqué. Le jus, pourtant fin et délicat, ne le supporte pas. En rouge, La Digoine est un pinot noir désaltérant qui s'exprime à travers des notes de jus de framboise sauvage, à l'élevage bien géré, aux tanins fins. Montots est un mercurey encore jeune dans ses arômes, mais qui brille par sa consistance, sa fraîcheur et la qualité de l'élevage. Patientez pour en profiter. Le santenay Passetemps 2014 est un pinot droit, d'une grande pureté : dans ce millésime digeste et raffiné, des tanins fins habillent l'ensemble. Parmi les 2015, les rouges ont été mieux gérés que les blancs.

⊃ Bourgogne Côte Chalonnaise Les Clous Aimé 2015	16 €	14,5
⊃ Rully Les Saint-Jacques 2015	17,50 €	14
⊃ Rully Premier Cru Grésigny 2014	25 €	15
⊃ Saint-Aubin Premier Cru Les Perrières 2014	25 €	14
⊃ Bourgogne Côte Chalonnaise La Digoine 2015	17 €	16
⊃ Mercurey Les Montots 2015	19 €	15
⊃ Santenay Premier Cru Passetemps 2014	25 €	16,5

Le coup de ♥

⊃ Bouzeron 2015	15 €	15,5

La bouche est acidulée, croque au palais, montre une belle vitalité et de la minéralité. Elle exhale des notes racinaires, peu boisées, très épurées. C'est un aligoté doré qui désaltère, idéal à l'apéritif ou à table, avec une petite friture.

Rouge : 7,5 hectares.
Pinot noir 100 %
Blanc : 17 hectares.
Aligoté 53 %, Chardonnay 47 %
Production moyenne : 120 000 bt/an

DOMAINE DE VILLAINE ♣

2, rue de la Fontaine, 71150 Bouzeron
03 85 91 20 50 ● www.de-villaine.com ●
Vente et visites : au domaine sur rendez-vous.
Tous les jours de 9h à 12h et de 14h à 17h.
Propriétaire : Aubert et Paméla de Villaine, Pierre de Benoist
Directeur : Pierre de Benoist

★

DOMAINE STÉPHANE ALADAME

Stéphane Aladame a créé son domaine en 1992, à l'âge de 18 ans. Depuis, ce producteur très perfectionniste a progressé régulièrement, secondé par son épouse Julie. En marge du domaine, une petite activité de négoce a vu le jour en 2002. Ses montagny blancs sont des modèles de finesse et de fraîcheur : voici des vins peu boisés, de grande régularité, de bonne garde et proposés à des tarifs des plus raisonnables. Le domaine s'impose sur les tables gastronomiques françaises, et exporte seulement la moitié de sa production.

Les vins : cette gamme exclusive de blancs s'avère d'un niveau très homogène et enthousiasmant : le bourgogne Mon Blanc, clin d'œil plein de malice à Chamonix, est élevé à 80 % en cuve. Son nez très pur précède une bouche limpide et cristalline, qui donne envie d'organiser un apéritif ! Dans la série des montagny premiers crus, Les Maroques exhale la fleur d'acacia, suivie en bouche par une sensation miellée délicate et raffinée. Un vin de plaisir immédiat. Complexe et fin, le Vieilles Vignes affirme une empreinte minérale qui domine la maturité de vendanges. La bouche est élégante, le boisé s'invite sans marquer, tout est croquant, à peine gras. Les Vignes Derrière montre un caractère plus charmeur, suave mais maîtrisé. Vous pouvez garder en cave cette bouteille attractive à table.

⊃ Bourgogne Mon Blanc 2015	10 €	14,5
⊃ Montagny Premier Cru Les Coères 2015	20 €	16
⊃ Montagny Premier Cru Les Maroques 2015	17 €	15
⊃ Montagny Premier Cru Les Vignes Derrière 2015	18 €	15,5
⊃ Montagny Premier Cru Sélection Vieilles Vignes 2015	17 €	15

Le coup de ♥

⊃ Montagny Premier Cru Découverte 2015	13 €	15

Bien que le millésime pourrait annoncer un vin plus tendre que le 2014, le profil de ce 2015 reste sur le fil du rasoir, très épuré, dans un style chablisien. La bouche s'est cependant arrondie : un vin d'une grande sapidité et appétence, pour un prix d'ami !

Blanc : 7,7 hectares.
Chardonnay 100 %
Production moyenne : 40 000 bt/an

DOMAINE STÉPHANE ALADAME
20, rue du Lavoir,
71390 Montagny-lès-Buxy
03 85 92 06 01 ● www.aladame.fr ● Vente
et visites : au domaine sur rendez-vous.
Propriétaire : Stéphane Aladame

PAUL ET MARIE JACQUESON

La famille Jacqueson a beaucoup œuvré pour la réputation de l'appellation Rully, avec Henri, puis Paul, et désormais Marie et son frère Pierre. Ces trois générations n'ont cessé de faire progresser la qualité des vins de ce domaine familial et attachant, vins qui figurent parmi les plus fins de Bourgogne. Certes, ils ne tranchent ni par leur boisé tonitruant ni par leur surmaturité, et encore moins par leur puissance brute, mais ils affichent une rare harmonie, ce qui est moins populaire, mais satisfait davantage l'amateur. Le domaine fait preuve d'une égale réussite en blanc et en rouge. Les cuvées possèdent une grande franchise de fruit et offrent beaucoup de plaisir dès leur mise en bouteille, tout en évoluant favorablement.

Les vins : quelques disparités en 2015. Le style mûr du bouzeron Les Cordères sied bien au millésime. Le rully blanc se montre pur, assez tendre. Les Chaponnières, pinot noir mûr et croquant est à boire avec gourmandise. Raclot, d'habitude plus incisif, offre un chardonnay beurré, satiné : la richesse du millésime se fait sentir, avec un bon support minéral perçu en finale. Grésigny arbore des arômes très mûrs de viennoiseries, enrobés par un boisé toasté. La bouche offre une générosité et une amplitude remarquables. La rondeur du millésime l'accompagne, sans influence sur sa garde. Les Cloux pinote mais reste confit dans ses arômes ; assez riche, il subit les excès de maturité du millésime. Les Deux Cloux, sélection de deux premiers crus, Les Cloux et les Champs Cloux, impressionne par sa puissance, mais le boisé le comprime : le vin y perd finesse et fraîcheur. Les Naugues, au fruit juteux, exhale la framboise. Bien étoffé, charnu, avec un aspect tendu en finale, il sera à boire assez jeune. Les Veleys est extrait, confit, encore trop mûr. Champs Martin nous gratifie d'une aromatique plus fraîche : son duo framboise-griotte est la palette la plus élégante des 2015. La bouche satinée offre une belle maturité et une optimale gestion du boisé, sobre comme l'an dernier.

⇨ Rully 2015	15 €	15
⇨ Rully Premier Cru Grésigny 2015	19 €	16,5
⇨ Rully Premier Cru Margotés 2015	19 €	15,5
⇨ Rully Premier Cru Raclot 2015	19 €	15
▬ Mercurey Premier Cru Champs Martin 2015	21 €	15,5
▬ Mercurey Premier Cru Les Naugues 2015	19 €	14,5
▬ Mercurey Premier Cru Les Veleys 2015	19 €	15
▬ Rully Les Chaponnières 2015	15 €	14,5
▬ Rully Premier Cru Les Cloux 2015	19 €	14
▬ Rully Premier Cru Les Deux Cloux 2015	36 €	15

Le coup de

⇨ Rully Premier Cru La Pucelle 2015   19 €   15,5

Superbe fraîcheur minérale. Une empreinte crayeuse domine la palette des arômes, accompagnée par le côté crémeux du chardonnay. La bouche est ample, la prise de bois noble, l'ensemble assez cossu et la finale d'une belle finesse.

Rouge : 6 hectares.
Pinot noir 100 %
Blanc : 7 hectares.
Chardonnay 80 %, Aligoté 20 %
Production moyenne : 80 000 bt/an

PAUL ET MARIE JACQUESON
**12, rue Saint Laurent, 71150 Rully
03 85 43 26 05 ● www.jacqueson-vins.fr ●
Vente et visites : au domaine sur rendez-vous.
Propriétaire : Marie Jacqueson**

DOMAINE THEULOT JUILLOT

Nathalie et Jean-Claude Theulot ont repris le domaine familial en 1987. Les replantations patientes s'avèrent judicieuses, les vins gagnent en finesse, en élégance. Les vignes labourées, l'absence de pesticide, les tris, la vendange entière : tout est fait pour obtenir des jus purs, pleins et gourmands. L'effet boisé est présent sans jamais être prégnant. Ainsi, les contours des terroirs se dessinent mieux, la lecture dans le verre en est facilitée. La dégustation de leur 2015 et le haut niveau des 2014, avec des vins rouges de grande qualité, au potentiel élevé, nous incitent à leur accorder une étoile cette année. Ce domaine donne une belle image de la Côte chalonnaise.

Les vins : les premiers crus blancs impressionnent : Les Saumonts donne le ton avec des notes de céréales, une matière noble et

BOURGOGNE CHALONNAIS

concentrée, magnifique. Champs Martins offre dragées et amandes grillées : un vin assez galbé et boisé, mais l'équilibre est là. La Cailloute est intense, malgré une matière légèrement lactée par le bois. Un vin cohérent, frais, racé, persistant. Le festival des rouges commence avec un Vieilles Vignes profond, mûr, réglissé, bien élevé ; puis Château Mipont, auquel la vigne de 54 ans apporte toute la panoplie d'un grand vin du Chalonnais : très harmonieux en fruit, bien fondu. Les Croichots tutoie les sommets, et se montre plus mature en 2015 qu'en 2014. Champs Martin est précis, et son fruit domine largement son élevage. Nous saluons cette harmonie remarquable. Les Combins impressionne par la densité de son jus, un ruban juteux rappelant la mûre sauvage, les framboises au sirop, noblement velouté.

- Mercurey Premier Cru Champs Martins 2015 — 19,50 € — 15
- Mercurey Premier Cru La Cailloute 2015 — 21 € — 16
- Mercurey Premier Cru Les Saumonts 2015 — 19,50 € — 15,5
- Mercurey Château Mipont 2015 — 16,50 € — 15
- Mercurey Premier Cru Champs Martins 2015 — 19,50 € — 16,5
- Mercurey Premier Cru Les Combins 2015 — 20 € — 17
- Mercurey Premier Cru Les Croichots 2015 — 19,50 € — 17
- Mercurey Vieilles Vignes 2015 — 15,50 € — 14,5

Le coup de ♥
- Mercurey Premier Cru La Cailloute 2015 — 21 € — 17

Satiné, peu extrait, nous saluons la gestion habile d'un pinot noir parfaitement mûr. La framboise et la cerise dominent dans cette chair où l'équilibre entre fruité et boisé est réjouissante.

Rouge : 9,1 hectares.
Pinot noir 100 %
Blanc : 2,4 hectares.
Chardonnay 100 %
Production moyenne : 65 000 bt/an

DOMAINE THEULOT JUILLOT
4, rue de Mercurey, 71640 Mercurey
03 85 45 13 87 • www.theulotjuillot.eu •
Vente et visites : au domaine sur rendez-vous.
Du lundi au vendredi de 8h30 à 12h et de 13h30 à 18h, le week-end sur rendez-vous.

Propriétaire : Nathalie et Jean-Claude Theulot

DOMAINE LORENZON

Bruno Lorenzon exploite ce petit domaine familial depuis 1997, après un passé de globe-trotter du vin comme consultant en Afrique du Sud et comme directeur commercial de la tonnellerie de Mercurey. Les fûts sont donc sélectionnés avec soin, issu de bois séchés trois ans sur la propriété. Il est aujourd'hui certifié Ecocert sans pour autant le mentionner sur l'étiquette. Nous pouvons constater une évolution des vins dans le style, surtout en rouge, grâce à l'apport élevé de vendanges entières. Saluons une gestion très homogène du millésime 2015. La maîtrise des maturités était la clef et le domaine réalise un sans-faute.

Les vins : aérien, très fin, au profil chablisien, Les Truffières reste délicat, sans marque d'élevage boisé. La maturité a été bien maîtrisée. Dynamique et croquant, il nous évoque déjà une poêlée de grenouilles. Dans les premiers crus blancs de Mercurey, nous saluons Croichots au boisé discret, à la bouche fine et soyeuse. Champs Martin offre une belle expression minérale, dans un parfait sillage sec et acidulé. Les rouges ne démérient pas : Le Chapitre développe un profil parfaitement mûr : massif, terriblement concentré, avec des tanins enrobés et serrés, il faut l'attendre, comme Champs Martin. Carline, précis, mûr, sérieux et corsé, frais et mature, force le respect et vieillira bien.

- Mercurey Premier Cru Champs Martin 2015 — 29 € — 15,5
- Mercurey Premier Cru Croichots 2015 — N.C. — 14,5
- Montagny Premier Cru Les Truffières 2015 — 24 € — 14,5
- Mercurey Le Chapitre 2015 — 24 € — 15,5
- Mercurey Premier Cru Carline Clos des Champs Martin 2015 — 31 € — 17
- Mercurey Premier Cru Champs Martin 2015 — 29 € — 15,5

Le coup de ♥
- Mercurey Premier Cru Clos des Barraults 2015 — 29 € — 15,5

Bel équilibre dans ce vin profond, minéral, soyeux. C'est un jus précis et très digeste. L'élevage accompagne le vin sans jamais apporter d'effet pesant.

Rouge : 4 hectares.

Pinot noir 100 %
Blanc : 3 hectares.
Chardonnay 100 %
Production moyenne : 30 000 bt/an

DOMAINE LORENZON ♣

**14, rue du Reu, 71640 Mercurey
03 85 45 13 51 • domainelorenzon.com •
Vente et visites : au domaine sur
rendez-vous.
De 9h à 12h30 et de 13h à 17h30.
Propriétaire : Bruno Lorenzon
Directeur : Lorenzon**

DOMAINE FRANÇOIS RAQUILLET

Les amateurs de bons bourgognes à prix sage trouveront ici une bonne raison de s'arrêter. Issu d'une lignée de viticulteurs de père en fils, depuis treize générations, François Raquillet signe, depuis déjà de nombreux millésimes, des vins qui s'imposent comme de superbes valeurs sûres au sein de l'appellation Mercurey. La gamme est habituellement hautement recommandable, jusqu'à la rarissime cuvée Révélation, issue de ceps centenaires du cœur du terroir des Veleys. Mentionnons trois déceptions en 2015 : le bourgogne rouge, La Brigadière et Les Naugues : le premier pour son manque de fond et de maturité, le second pour son opulence et le troisième pour son boisé ostentatoire.

Les vins : Vieilles Vignes a déjà l'embonpoint du millésime, à boire jeune et à servir frais pour compenser son aspect un peu chaleureux. Les Veleys se montre ample et généreux, suave mais élégant. Côté rouge, le Chamirey est fringant, facile d'accès, gourmand, juteux : à boire jeune pour son côté acidulé. Deux nouvelles cuvées présentées, à commencer par Les Carabys parfumé de cerise, à la bouche tonique ; un pinot noir sur la fraîcheur à croquer jeune. Les Chazeaux, intense en fruit, est un vin de bonne garde à la suavité élégante. Les premiers crus sont superbes : Les Vasées profite d'un élevage intégré, charnu, précis, de tanins fermes et frais, mais demandera un peu de patience. Les Veleys, toujours bien mûr offre une bouche très extraite, serrée, juteuse et épicée. Velouté et fermeté le résument bien. Révélation, très extrait et puissant, tannique, propose un fruit plutôt massif. Le boisé particulièrement luxueux n'apporte pas de fraîcheur dans la jeunesse, il enrobe encore plus l'aspect pulpeux. À cacher en cave au moins cinq ans.

⊂ Mercurey Premier Cru Les Veleys 2015		24 €	15
⊂ Mercurey Vieilles Vignes 2015		15,60 €	13,5
▬ Bourgogne 2015		10,80 €	12,5
▬ Mercurey Chamirey 2015		15 €	14
▬ Mercurey Les Carabys 2015		17 €	14,5
▬ Mercurey Les Chazeaux 2015		18,50 €	15,5
▬ Mercurey Premier Cru Les Naugues 2015		24 €	15
▬ Mercurey Premier Cru Les Vasées 2015		22 €	16
▬ Mercurey Premier Cru Les Veleys 2015		24 €	16,5
▬ Mercurey Premier Cru Les Veleys Révélation 2015		38 €	16,5

Le coup de ♥
▬ Mercurey Vieilles Vignes 2015   17,50 €   15,5

Un pinot noir parfaitement mûr, au relief aromatique fruité, frais et profond de griotte. Son grain juteux est accompagné par un boisé élégant. La gestion du millésime est parfaite, le fruit croquant reste frais de bout en bout.

Rouge : 8,85 hectares.
Pinot noir 100 %
Blanc : 3,7 hectares.
Chardonnay 100 %
Production moyenne : 70 000 bt/an

DOMAINE FRANÇOISRAQUILLET

**19, rue de Jamproyes, 71640 Mercurey
03 85 45 14 61 •
www.domaine-raquillet.com • Vente et
visites : au domaine sur rendez-vous.
Du lundi au vendredi de 9h à 12h et de
13h30 à 18h30. Samedi matin de 9h à
12h. Samedi après-midi sur rendez-vous.
Propriétaire : François Raquillet**

CHÂTEAU DE CHAMILLY

Charmant château du XVIIe siècle au nord de Mercurey, propriété de la famille Desfontaine depuis le début du XIXe, il est géré depuis 1995 par Véronique Desfontaine, secondée depuis 2007 par ses deux fils, Arnaud et Xavier. Le cœur de leur production s'appuie sur les appellations Mercurey et Montagny, qu'ils complètent par quelques achats de raisins sur Saint-Aubin, Puligny-Montrachet et Corton, sauf pour ce millésime 2016 où les prix des raisins des deux dernières appellations ont été jugés déraisonnables. Leurs vignes sont travaillées en

BOURGOGNE CHALONNAIS

bio, sans certification à ce jour. La plupart des vins sont vinifiés sans soufre, dans le but de minimiser au possible un éventuel apport final ; cela rend les vins digestes sans pour autant pénaliser leur évolution. Vous ferez de bonnes affaires avec les mercureys et les montagnys.

Les vins : entrés l'an dernier dans le guide, ils maintiennent une cohérence qui nous avait interpellés, à commencer par le bourgogne aligoté, fin, mentholé, qui offrira de bonnes sensations à l'apéritif. Les Bassets, Les Reculerons et les Marcœurs offrent un panel homogène de fraîcheur, de finesse, et le léger crémeux dû au millésime. Charnu, Les Jardins montre plus de maturité et offre une grande persistance. La série de rouges mérite le détour : le bourgogne côte chalonnaise est raffiné et pourrait concourir parmi les meilleurs de son appellation. Les Monthelons montre une belle maturité de vendange et l'élevage boisé reste modeste. Clos La Perrière et Les Puillets : sublimes.

◻ Bourgogne Aligoté 2015	9,50 €	13,5
◻ Mercurey Les Marcoeurs 2015	18 €	14,5
◻ Montagny Les Bassets 2015	12 €	15
◻ Montagny Les Reculerons 2015	14 €	14
◻ Montagny Premier Cru Les Jardins 2015	18 €	15
◼ Bourgogne Côte Chalonnaise 2015	9,90 €	15
◼ Mercurey Clos La Perrière Monopole 2015	18 €	16,5
◼ Mercurey Les Monthelons 2015	15,50 €	15,5
◼ Mercurey Premier Cru Les Puillets 2015	21 €	17

Le coup de ♥

◻ Montagny Premier Cru Les Burnins 2015	19,50 €	16

Une belle expression de chardonnay où la fraîcheur et la digestibilité sont de mise. Un boisé judicieux accompagne avec respect ce premier cru.

Rouge : 12 hectares.
Pinot noir 100 %
Achat de raisins.
Blanc : 12 hectares.
Chardonnay 90 %, Aligoté 10 %
Achat de raisins.
Production moyenne : 120 000 bt/an

CHÂTEAU DE CHAMILLY
7, allée du Château, 71510 Chamilly
03 85 87 22 24 •
www.chateaudechamilly.com • Vente et visites : au domaine sur rendez-vous.
De 8h à 12h et de 13h30 à 18h30.

Propriétaire : Véronique Desfontaine et ses fils
Maître de chai : Xavier et Arnaud Desfontaines

CHÂTEAU DE CHAMIREY

Cette propriété majeure, qui appartient à la famille Devillard depuis 1934, bénéficie d'une très belle collection de parcelles à Mercurey, dont six premiers crus. Enrico Peyron, régisseur, est en charge des vinifications depuis 2008, dans un style moderne qui donne des vins riches en couleur et parfois extraits. La maîtrise des blancs semble être acquise, celle des vins rouges est moins évidente ; 2014 avait témoigné de quelques différences de niveau d'un premier cru à l'autre. Les 2015 semblent avoir globalement mieux géré l'affaire : une gamme pour le moins homogène et cohérente.

Les vins : les blancs sont à nouveau bien maîtrisés sur 2015. Le mercurey conserve cet éclat, ce boisé fin et affiche un bon potentiel de garde. En Pierrelet s'affirme mûr, doté d'un boisé juvénile présent et d'un bel équilibre. Les rouges, hormis deux déceptions, Clos l'Evêque et les Ruelles, sont plutôt réussis. Clos de la Maladière, que nous découvrons, se montre profond, intense, sur des notes de genièvre et surclasserait bien des premiers crus. Les Cinq, assemblage de cinq parcelles, s'exprime en finesse à travers un pinot noir délicat, plus infusé qu'extrait. Clos du Roi livre un boisé torréfié sous une palette de fruits mûrs, une mâche tendre et juteuse. En Sazenay reflète le pinot noir dans son expression la plus pure. Framboises et griottes s'enlacent sur un boisé bien géré, dans une bouche remarquable, veloutée et savoureuse.

◻ Mercurey 2015	22,60 €	15,5
◻ Mercurey En Pierrelet 2015	27,50 €	14,5
◼ Mercurey 2015	23,60 €	15
◼ Mercurey Clos de la Maladière 2015	27,50 €	17
◼ Mercurey Premier Cru Champs Martin 2015	34,60 €	16
◼ Mercurey Premier Cru Clos du Roi 2015	34,60 €	16
◼ Mercurey Premier Cru Clos l'Evêque 2015	34,60 €	14
◼ Mercurey Premier Cru En Sazenay 2015	34,60 €	16
◼ Mercurey Premier Cru Les Cinq 2015	64,90 (c) €	15

- Mercurey Premier Cru Les Ruelles 2015 — 34,60 € — 13,5

Le coup de ♥
- Mercurey Premier Cru La Mission 2015 — 36,80 € — 16

L'intensité et la pureté de ce vin impressionnent ; le boisé est luxueux, la bouche crémeuse et l'ensemble très bien géré. Un chardonnay précis, suave et ample, qui mérite son rang de premier cru.

Rouge : 23,69 hectares.
Pinot noir 100 %
Blanc : 14,8 hectares.
Chardonnay 100 %
Production moyenne : 300 000 bt/an

CHÂTEAU DE CHAMIREY
71640 Mercurey
03 85 45 21 16 ● **www.chamirey.com** ●
Vente et visites : au domaine sur rendez-vous.
D'avril à octobre : du lundi au samedi, de 10h à 19h. De novembre à mars : du lundi au vendredi, de 9h à 18h.
Propriétaire : Bertrand, Aurore et Amaury Devillard
Directeur : Bertrand Devillard
Maître de chai : Enrico Peyron
Œnologue : Robert Vernizeau

CLOS SALOMON

Le domaine doit son nom à la famille éponyme du XIVᵉ siècle, qui l'a transmis en 1632 à la famille Gardin de Séveirac. Depuis l'année 2016, il est géré par l'un des descendants, Ludovic du Gardin, auparavant associé à Fabrice Perrotto. Les vinifications ont été réalisées par ce tandem jusqu'au millésime 2015 inclus. Le vignoble est constitué d'un clos, monopole historique de 7 ha, en Givry premier cru, complété de deux parcelles de chardonnay : La Grande Berge en Givry premier cru, et 2 ha en Montagny. Petits rendements, travail et respect des sols, tout est mis en œuvre pour obtenir la meilleure résonance des terroirs. L'apport de boisé durant les élevages est modéré.

Les vins : 2015 nous offre une gamme courte, mais cohérente : Le Clou présente un équilibre parfait ; le choix d'un boisé avec seulement 15 % de fûts neufs est judicieux, et ses saveurs de miel le rendent déjà irrésistible. Les deux givrys premiers crus séduisent par leur authenticité. La Grande Berge offre le caractère mûr, affirmé et malicieux du chardonnay, bien compensé par la minéralité du terroir : son éclat acidulé est bienvenu dans un tel millésime.

- Givry Premier Cru La Grande Berge 2015 — 25 € — 15,5
- Montagny Le Clou 2015 — 16 € — 14,5

Le coup de ♥
- Givry Premier Cru 2015 — 25 € — 16,5

Très beau jus de pinot noir, bigarré, frais et juteux. L'élevage avec seulement 30 % de bois neuf rend l'ensemble plus digeste : il met le fruit et ce grand terroir en valeur. Un modèle qui devrait inspirer nombre de domaines.

Rouge : 7 hectares.
Pinot noir 100 %
Blanc : 2,5 hectares.
Chardonnay 100 %
Production moyenne : 50 000 bt/an

CLOS SALOMON
16, rue du Clos Salomon, 71640 Givry
03 85 44 32 24 ● **clos.salomon@orange.fr** ●
Vente et visites : au domaine sur rendez-vous.
De 9h à 12h et de 14h à 19h.
Propriétaire : Ludovic du Gardin

DOMAINE MICHEL JUILLOT

La famille Juillot a depuis longtemps œuvré pour le prestige et la qualité de l'appellation Mercurey. Le domaine, aujourd'hui porté par Laurent Juillot, couvre une trentaine d'hectares sur la Côte chalonnaise et la Côte de Beaune. Mêlant le savoir-faire historique de sa famille à son esprit novateur et moderne, Laurent vinifie ses vins en conservant une fidèle empreinte du terroir. Aux côtés de la kyrielle de premiers crus sur Mercurey, n'oublions pas de mentionner le corton-perrières rouge, éblouissant, et de regretter l'absence remarquée dans notre dégustation du corton-charlemagne, second joyaux des Juillot.

Les vins : tout en nuance, Les Thivaux, fin, parfumé, délicat, offre une bouche assez souple et digeste : un chardonnay très accessible au rapport prix-plaisir évident. Les Vignes de Maillonge se montre plutôt réussi, sobre en boisé, avec une belle énergie cette année. Les Champs Martins allie finesse et fraîcheur ; la bouche n'est pas d'un grand volume mais reste séduisante et digeste. La version rouge des Vignes de Maillonge nous satisfait par son intensité : maturité aboutie, profil ferme et fruitée, notes de petites griottes et boisé fin. Les Champs Martins propose une palette fruitée sur une matière enfin

BOURGOGNE

colorée : de la mâche, sans concentration intense, mais le jus est élégant et digeste. Clos du Roi s'avère superbe, mêlant allonge et fraîcheur bienvenue dans un tel millésime. La palme revient au corton, doté d'une grande densité, pulpeux et frais. Il est très rare de rencontrer un corton grand cru de ce niveau. Signalons deux ombres rouges au tableau : les mercureys premiers crus Les Combins, dilué et végétal, ainsi que Clos Tonnerre, imprécis, aux tanins verts et secs, à vite oublier.

▭ Mercurey Les Vignes de Maillonge 2015	17 €	16
▭ Mercurey Premier Cru Les Champs Martins 2015	25 €	15
▭ Rully Les Thivaux 2015	13 €	14,5
▬ Corton-Perrières Grand Cru 2015	67 €	18
▬ Mercurey Les Vignes de Maillonge 2015	17 €	14,5
▬ Mercurey Premier Cru Clos Tonnerre 2015	20 €	12
▬ Mercurey Premier Cru Clos du Roi 2015	28 €	16
▬ Mercurey Premier Cru Les Champs Martins 2015	23 €	15

Le coup de ♥

▬ Mercurey Premier Cru Clos des Barraults 2015	27 €	16,5

Ce vin profond, épicé, éclatant, offre une belle expression de pinot noir mûr. La bouche séduit par son volume de bouche ; la maturité du fruit s'avère parfaite. Ce fleuron du domaine rejoint le cercle des grands vins.

Rouge : 20,5 hectares.
Pinot noir 100 %
Blanc : 9,5 hectares.
Chardonnay 100 %
Production moyenne : 180 000 bt/an

DOMAINE MICHEL JUILLOT
59-59a, Grande-Rue, 71640 Mercurey
03 85 98 99 89 ●
www.domaine-michel-juillot.fr ● **Vente et visites : au domaine sur rendez-vous.**
Du lundi au vendredi de 9h30 à 12h et de 14h à 18h. Samedi de 9h30 à 18h30. Dimanche de 9h30 à 12h. Fermé les jours fériés ;.
Propriétaire : Laurent Juillot
Maître de chai : Laurent Juillot

DOMAINE JEAN-BAPTISTE PONSOT

Initialement créé par son grand-père Lucien, avec un peu plus de 8 ha en propriété sur Rully, dont deux-tiers en belles parcelles classées en premiers crus, Jean-Baptiste Ponsot réalise une gamme très soignée, qui lui a valu de faire son entrée dans notre guide l'an dernier. Les vignes sont en lutte raisonnée, les sols sont travaillés, les rendements maîtrisés ; les vins se montrent équilibrés et bien conçus, sans artifice boisé ni excès. Ses 2015 sont très réussis, plus homogènes que les 2014, parmi lesquels En bas de Vouvry et Montpalais s'étaient moins bien distingués.

Les vins : les blancs sont très satisfaisants. En bas de Vouvry retrouve un beau niveau, très classique, mûr, sublimé par un élevage toasté très élégant et crémeux. Molesme est un premier cru gracieux, suave ; la générosité du millésime est bien gérée. Montpalais bénéficie d'un élevage juste, la bouche est large, suave, l'amertume finale donne du relief. Un trio de rouges complète la gamme dont le rully, fidèle à un bon pinot griotté à souhait, totalement maîtrisé, et Molesme qui déroule une bouche volumineuse, un jus noble, un boisé à peine tactile et des tanins enrobés. Un vin juteux et velouté, à garder.

▭ Rully En Bas de Vouvry 2015	15 €	14,5
▭ Rully Premier Cru Molesme 2015	19 €	15,5
▭ Rully Premier Cru Montpalais 2015	19 €	15
▬ Rully 2015	16 €	15
▬ Rully Premier Cru Molesme 2015	19 €	15,5

Le coup de ♥

▬ Rully Premier Cru La Fosse 2015	20 €	16

La qualité de ce pinot noir, concentré et fin, est superbe. 2015 sourit à Rully en livrant un jus d'une parfaite maturité, au fruit sans lourdeur, frais et savoureux. Déjà prêt à boire grâce à l'enrobage naturel des tanins, il possède un potentiel de garde confortable.

Rouge : 2,7 hectares.
Pinot noir 100 %
Blanc : 5,8 hectares.
Chardonnay 100 %
Production moyenne : 60 000 bt/an

DOMAINE JEAN-BAPTISTE PONSOT
26, Grande-Rue, 71150 Rully
03 85 87 17 90 ●
domaine.ponsot@orange.fr ● **Vente et visites : au domaine sur rendez-vous.**
De 8h à 12h et de 14h à 17h.
Propriétaire : Jean-Baptiste Ponsot

DOMAINE RAGOT

Nicolas Ragot a repris les rênes, depuis 2008, de ce petit domaine familial de 9 ha. La gamme se compose de huit vins dont trois premiers crus en appellation Givry. Nous apprécions la constance de cette propriété : les blancs sont d'une pureté évidente, les rouges sont conduits dans un style digeste, sans lourdeur, intensément fruités et fins. Le très bon rapport qualité-prix de ces vins est toujours d'actualité. Soulignons également un travail très poussé vers une viticulture durable et écologique.

Les vins : peu de blancs, mais un Champ Pourot mûr et plutôt tendre : il n'a pas la prétention de longue garde mais demeure cohérent, suave et immédiat ; le plaisant Teppe des Chenèves bénéficie d'un boisé fin, avec toute la générosité du millésime. Les rouges rehaussent le niveau, à commencer par Vieilles Vignes, coloré, assez ferme, extrait. Il demandera du temps pour s'affiner. Teppe des Chenèves sent la confiture de framboise, arbore une densité de jus parfaite, terriblement parfumé : plaisir assuré et notable longévité en prévision. La Grande Berge nous est apparu oxydé, sans netteté. Le Clos Jus nous a redonné confiance : gorgé de fruits, exquis par sa pureté et sa profondeur, il affiche un potentiel sérieux pour l'avenir.

Givry Champ Pourot 2015	13 €	14
Givry Teppe des Chenèves 2015	18 €	15
Givry Premier Cru Clos Jus 2015	20 €	16,5
Givry Teppe des Chenèves 2015	18 €	16
Givry Vieilles Vignes 2015	15 €	15,5

Le coup de ♥

Givry Premier Cru Crausot 2015	20 €	16

Beau niveau de premier cru : intensité, relief, et un boisé mieux géré qu'en 2014. L'ensemble est élégant, très plaisant au palais, aérien et sensuel. Il vieillira bien.

Rouge : 7 hectares.
Pinot noir 100 %
Blanc : 2 hectares.
Chardonnay 100 %
Production moyenne : 45 000 bt/an

DOMAINE RAGOT
4, rue de l'École, 71640 Givry
03 85 44 35 67 ● www.domaine-ragot.com
● Vente et visites : au domaine sur rendez-vous.
De 8h à 12h et de 14h à 19h.
Propriétaire : Nicolas Ragot
Maître de chai : Nicolas Ragot

MÂCONNAIS

★★★
DOMAINE GUFFENS-HEYNEN

Doté d'un caractère bien trempé, Jean-Marie Guffens maîtrise mieux que tous l'art de vinifier et sublimer le chardonnay. On lui doit d'avoir révélé le potentiel des meilleurs terroirs du Mâconnais et développé l'intérêt à leur égard. Ses grands vins font l'unanimité, traversent le temps. Une "success-story", débutée en 1979. Déguster une des cuvées élaborées par cet artiste-vigneron hors norme constitue toujours un grand moment. Il partage son temps entre les vinifications haute-couture de ce domaine qui l'a fait connaître et sa magnifique propriété du Château des Tourettes, à quelques kilomètres d'Apt, dans le Luberon. Il y réalise depuis 1997, avec l'aide de son épouse Maine, une gamme accessible de vins de cépages mais aussi d'assemblages aux noms originaux qui rencontrent un franc succès. Les bouteilles sont rares, les visites au domaine Guffens-Heynens ; les amateurs peuvent toutefois tenter d'acquérir une caisse panachée pour découvrir un panel de quelques cuvées.

Les vins : le domaine nous a proposé un trio de premiers jus des 2015. Le mâcon-pierreclos 1er Jus de Chavigne correspond au premier jus du pressoir Coquard, élevé en fût 18 mois avec 25 % de bois neuf. Puissance, boisé toasté-grillé avenant, précision, pureté : il est remarquablement vinifié. La bouche est généreuse, minérale, ample. Aucun autre mâcon ne peut rivaliser. Le saint-véran offre de l'amplitude, un boisé précis, complété d'un relief acidulé inouï, livrant, la puissance et la quintessence d'un chardonnay hors du commun. Un grand vin qui vieillira merveilleusement bien, dépassant de loin les standards de l'appellation.

Mâcon-Pierreclos 1er Jus de Chavigne 2015	39,10 €	17
Saint-Véran 1er Jus 2015	47,30 €	17,5

Le coup de ♥

Pouilly-Fuissé 1er Jus des Hauts de Vignes 2015	71,85 €	18

Un véritable jus de caillou qui allie puissance et précision. Le chardonnay s'efface, le minéral tranche le gras du millésime, l'élevage boisé (seulement 25 % de fûts neufs) est un choix parfaitement judicieux.

Blanc : Chardonnay 100 %
Production moyenne : 20 000 bt/an

BOURGOGNE

BOURGOGNE MÂCONNAIS

DOMAINE GUFFENS-HEYNEN
Le Bourg 71960 Sologny
03 85 51 66 00 • www.verget-sa.fr/ • Vente et visites : au domaine sur rendez-vous.
Du lundi au jeudi de 8h à 12h et de 14h à 17h. Le vendredi de 8h à 12h.
Propriétaire : Jean-Marie Guffens

DOMAINE J.-A. FERRET

Fondé en 1840, ce domaine historique a maintenu un haut niveau de qualité grâce à l'abnégation de Jeanne Ferret, puis de sa fille Colette. La maison de négoce Louis Jadot a acquis la propriété en 2008, et a sagement choisi d'en confier les rênes à la jeune Audrey Braccini, brillante œnologue. La nouvelle responsable veut faire évoluer les pratiques culturales par des travaux des sols, avec l'objectif de convertir les 18 ha à la biodynamie. Depuis 2012, une nouvelle cave permet de loger toute la récolte du domaine, composée d'une majorité de vignes sur la commune de Fuissé, dont sont issus les parcellaires Tête de Cru et Hors Classe, complété de belles parcelles sur Vergisson. Vignes âgées et rendements faibles expliquent en partie l'exceptionnelle qualité des vins.

Les vins : le pouilly-fuissé du domaine démontre combien est judicieux le choix d'un élevage pour moitié sous bois et pour moitié en cuve, offrant ainsi un 2015 croquant, sans grande densité, mais qui évoluera tranquillement. Autour de la Roche, ferme et tendu, contournant la facilité du millésime, livre l'expression rafraîchissante du terroir de Vergisson. En phase d'évolution positive. Clos des Prouges et Le Clos livrent, pour le premier un beau jus de calcaire, tendu et frais et, pour le deuxième, un vin stylé, mûr et un brin chaleureux, qui parvient à maintenir son équilibre. Les Perrières propose la meilleure lecture du terroir de Fuissé. Audrey Braccini s'adapte, tempère les effets boisés, donne de l'allonge à ces chardonnays mûrs, pour toujours rester en état d'apesanteur, sans jamais confire. Tournant de Pouilly impressionne par sa pureté d'arômes. L'identité des cuvées est chaque fois bien marquée : les jus sont mûrs et précis, les élevages soignés. On peut acheter les yeux fermés dans cette adresse bien connue des professionnels et des amateurs.

▻ Pouilly-Fuissé 2015 23,80 € 15
▻ Pouilly-Fuissé Autour de la Roche 2015 23,80 € 16
▻ Pouilly-Fuissé Hors Classe Tournant de Pouilly 2015 38,70 € 17,5
▻ Pouilly-Fuissé Tête de Cru Clos des Prouges 2015 31,70 € 15,5
▻ Pouilly-Fuissé Tête de Cru Le Clos 2015 31,70 € 16
▻ Pouilly-Fuissé Tête de Cru Les Perrières 2015 31,70 € 17

Le coup de ♥
▻ Pouilly-Fuissé Hors Classe Les Ménétrières 2015 38,70 € 17,5

Très côte-d'orien dans ses arômes, ce jus de chardonnay parfaitement maîtrisé dégage de la fraîcheur à l'ouverture. Une grande amplitude, accompagnée de notes de fleurs blanches, de dragées, et de beurre frais : quelle pureté ! Un modèle pour toute l'appellation.

Blanc : 18,5 hectares.
Chardonnay 100 %
Production moyenne : 90 000 bt/an

DOMAINE J.-A. FERRET
61, rue du Plan, 71960 Fuissé
03 85 35 61 56 • www.domaine-ferret.com
• Vente et visites : au domaine sur rendez-vous.
Du lundi au vendredi de 9h à 12h et de 14h à 17h.
Propriétaire : Famille Kopf
Directeur : Audrey Braccini

DOMAINE JACQUES SAUMAIZE

Créé au début des années 1980, ce domaine s'est agrandi au fil des ans avec l'acquisition régulière d'une majorité de vieilles vignes. Il conserve toutefois une dimension très raisonnable, qui permet à Jacques et Nathalie Saumaize d'y mener un travail efficace. Depuis 2012, leur fils Anthony a rejoint l'exploitation. Les Saumaize ont choisi une agriculture raisonnée, en limitant les intrants. Ils signent avec une grande régularité des vins blancs au style impeccable, finement minéraux, parfaitement équilibrés en acidité et au boisé complètement maîtrisé. Leurs mâcons et saint-véran rivalisent avec bien des pouilly-fuissé et devraient être plébiscités par les amateurs en quête de bonnes affaires. Ce haut niveau que nous avons salué récemment sur les derniers millésimes et notamment le jeune 2016, cette constance dans la maîtrise des équilibres et la mise en valeur des terroirs, justifient l'attribution d'une deuxième étoile cette année.

Les vins : Montbrison affiche un style élancé, un boisé maîtrisé, avec une bonne dose de minéralité qui lui donne un sacré peps et assurera sa garde. Le vergisson Sur la Roche se montre très épuré : un vin vibrant, tendu et digeste, d'une grande appétence. Attendez au moins fin 2017. Sur les trois saint-véran présentés, La Vieille Vigne des Crèches montre une maturité plus élevée. L'ensemble reste svelte et vieillira très bien. Avec En Crèches, le minéral prend l'ascendant : on est sur les calcaires et cela se sent ! Clair, sapide, sans boisé pour garder le croquant. Ce caractère tendu a été conservé sur Poncetys, dont la bouche exhale les agrumes et offre une belle amertume finale : ultra-digeste pour un 2015 ! La série des pouilly-fuissé reflète le haut niveau du domaine : Les Scelles, très classique avec ses nuances fumées, se montre déjà intensément séducteur et nous permettra d'attendre les autres crus de la gamme. Nuance, au relief dynamique, gras et tonique à la fois, sera fort apprécié à table. Creuzettes offre de belles notes d'orgeat : un vin de plaisir immédiat qui pourra aussi vieillir. Plus fermé, les Vieilles Vignes conserve son capital pour l'avenir. Courtelongs, d'une grande maturité, persistant, s'avère plus beurré. Enfin, on finit avec le grand terroir complexe de la Maréchaude, posé sur un éboulis calcaire, situé sur Vergisson. Une touche florale (lilas) et une marque de craie précèdent une bouche parfaite en terme d'équilibre des saveurs. Voici 2000 bouteilles qui feront des heureux !

▷ Mâcon Bussières Montbrison 2015	12 €	15
▷ Mâcon-Vergisson Sur la Roche 2015	11 €	15
▷ Pouilly-Fuissé La Maréchaude 2015	20 €	17
▷ Pouilly-Fuissé Les Courtelongs 2015	20 €	17
▷ Pouilly-Fuissé Les Creuzettes 2015	19 €	16,5
▷ Pouilly-Fuissé Les Scelles 2015	17 €	15
▷ Pouilly-Fuissé Les Vieilles Vignes 2015	19 €	16
▷ Pouilly-Fuissé Nuance 2015	17 €	15,5
▷ Saint-Véran En Crèches 2015	14 €	14,5
▷ Saint-Véran La Vieille Vigne des Crèches 2015	16 €	16,5
▷ Saint-Véran Poncetys 2015	17 €	15

Le coup de ♥
▷ Pouilly-Fuissé Sur la Roche 2015   19 €   18

Un concentré de caillou. Le chardonnay s'efface dans cette bouche splendide, sapide, fraîche, persistante et d'une précision parfaite dans son élevage. Un très grand vin, n'en déplaise à l'INAO qui ne veut pas classer cette partie haute de la Roche en premier cru.

Blanc : 12 hectares.
Chardonnay 100 %
Production moyenne : 70 000 bt/an

DOMAINE JACQUES SAUMAIZE
746, route des Bruyères, 71960 Vergisson
03 85 35 82 14 ● www.saumaize.net ●
Vente et visites : au domaine sur rendez-vous.
Propriétaire : Jacques, Nathalie et Anthony Saumaize
Maître de chai : Jacques et Anthony Saumaize

VERGET

Jean-Marie Guffens a mis tout son talent et son exigence dans cette maison de négoce, créée en 1990 et qui reste solidement axée sur l'élaboration d'une gamme très qualitative, principalement de vins du Mâconnais. Depuis 2006 et l'arrivée de Julien Desplans, brillant œnologue, Jean-Marie Guffens transmet son savoir-faire, lui donnant la responsabilité des approvisionnements et des vinifications au sein de la maison Verget. Depuis 2012, Jean-Marie Guffens se consacre principalement au Domaine Guffens-Heynen ainsi qu'au Château des Tourettes, sa propriété dans le Luberon, près d'Apt.

Les vins : la gamme très homogène de 2015 montre la maîtrise des approvisionnements, des vinifications. Mention spéciale aux élevages parfaits ! Le Clos Saint-Pierre montre une vraie tonicité en bouche, une matière très fraîche et franche. La Roche, très tendu à l'ouverture, incroyablement bien géré en terme de consistance et de fraîcheur, doit son énergie à la roche de Vergisson ; pur, il tranche dans le gras du millésime. Le viré-clessé subit la bonhommie de 2015 : difficile de rester naturel et tendu à la fois. Sa matière pure et ses accents tendres et suaves séduisent néanmoins. Vigne de Saint-Claude affiche un insolent duo équilibre/fraîcheur et impressionne par sa rectitude, son peps et son boisé géré avec clairvoyance. Terroirs de V. brille par sa pureté et la qualité de son élevage. Les Combes propose avec jovialité une texture de chardonnay plus enveloppée mais complexe. L'aspect chaleureux en finale le fera évoluer plus vite dans le temps. Un trio de chablis s'ajoute à la gamme : Cuvée de la Butte, au style revigorant, Mont de

BOURGOGNE MÂCONNAIS

Milieu, aux arômes fins de coquilles d'huîtres, et Vaillons, plus concentré et plus ample, à la partition plutôt janséniste qui nécessitera quelques années de garde. Le puligny Sous le Puits ferme le bal, anobli par un boisé luxueux : un chardonnay galbé d'une maturité aboutie.

Chablis Cuvée de la Butte 2015	19,80 €	14,5
Chablis Premier Cru Mont de Milieu 2015	Épuisé	16,5
Chablis Premier Cru Vaillons Vignes des Minots 2015	Épuisé	16,5
Mâcon-Charnay Le Clos Saint-Pierre 2015	13,90 €	15
Mâcon-Vergisson La Roche 2015	16,30 €	16,5
Pouilly-Fuissé Les Combes Vieilles Vignes 2015	28,10 €	16,5
Pouilly-Fuissé Terroirs de V. 2015	21,90 €	16,5
Puligny-Montrachet Premier Cru Sous le Puits 2015	65,80 €	16
Saint-Véran Lieu (Inter)dit 2015	Épuisé	16,5
Viré-Clessé 2015	16,80 €	15

Le coup de ♥

Pouilly-Fuissé La Roche 2015	28,10 €	17,5

Un vin d'une grande pureté, où l'on retrouve le beau crémeux toasté de la Côte-d'Or. Ce terroir si singulier transcende le chardonnay : l'élevage est digne d'un premier cru dans ce grand vin de gastronomie.

Blanc : Chardonnay 100 %
Achat de raisins.
Production moyenne : 350 000 bt/an

VERGET

Le Bourg, 71960 Sologny
03 85 51 66 00 ● www.verget-sa.com ●
Vente et visites : au domaine sur rendez-vous.
Du lundi au jeudi de 8h à 12h et de 14h à 17h. Le vendredi de 8h à 12h.
Propriétaire : Jean-Marie Guffens
Maître de chai : Julien Desplans

DOMAINE BARRAUD

Le fils de la maison, Julien Barraud, tient désormais sa place au sein d'une des adresses les plus sûres du Mâconnais. Depuis de nombreuses années, Daniel et Martine Barraud excellent dans tous les secteurs de leur métier : de la vigne, méticuleusement travaillée, à la vinification, précise et experte, en passant par la qualité de l'accueil. Ils proposent des vins de garde magnifiques. Cependant cette année, une partie de leurs 2015, comparés aux précédents millésimes, se sont avérés globalement un peu moins réussis en terme d'équilibre et les choix d'élevage semblaient inadaptés à cette année solaire. La maison ne diffusera pas de cuvées de négoce sous son nom en 2015.

Les vins : parmi les trois mâcons 2015, nous préférons Les Pierres Polies et ses notes de brioche : une belle entrée de gamme croquante au fil conducteur salin, parfait pour l'apéritif. Le mâcon-fuissé offre une texture de bouche suave qui s'apprécie maintenant. Parmi les deux saint-vérans nous retiendrons En Crèches, entre fruit confit et zeste d'agrumes. Sa chair reste tendue, sans embonpoint. La série de six pouilly-fuissés subit le millésime et les élevages nous paraissent trop appuyés : la bouche d'En France, profil mûr et frais, beurré-lacté, bascule dans l'opulence et la richesse. Il est moins réussi qu'en 2014. Les Chataigniers, crémeux et toasté, affiche une bouche ample. La matière d'ensemble est superbe, mais le chardonnay s'offre avec une certaine mollesse. La Verchère porte son élevage un peu haut, offrant une note de saumon fumé sur une matière très riche, bien enrobée, qui laisse craindre un potentiel de garde limité. Sur La Roche livre un vin au boisé dominant, inadapté. Vivement les 2016 sur ce très beau terroir, bientôt classé premier cru. En Buland arbore une matière travaillée et polie. Le minéral est présent, et l'aidera à se maintenir ; mais il ne dépassera pas Les Crays, assurément le meilleur de la cave.

Mâcon Vergisson La Roche 2015	15 €	14
Mâcon-Chaintré Les Pierres Polies 2015	11 €	14
Mâcon-Fuissé 2015	11,80 €	15
Pouilly-Fuissé En Buland Vieilles Vignes 2015	27,90 €	16
Pouilly-Fuissé En France 2015	18,50 €	15
Pouilly-Fuissé La Verchère 2015	23,50 €	15,5
Pouilly-Fuissé Les Chataigniers 2015	18,50 €	15
Pouilly-Fuissé Sur La Roche 2015	23,50 €	13,5
Saint-Véran En Crèches 2015	15 €	15

Le coup de ♥

Pouilly-Fuissé Les Crays 2015	23,50 €	16,5

Son profil est frais, beurré, crémeux, enrobé d'un boisé habilement grillé. Un ensemble pur qui profite de la minéralité de Vergisson. L'élevage, malgré 20 % de fût neuf, s'intègre bien. Le terroir fait véritablement la différence ! Une belle prouesse dans un tel millésime.

Blanc : 11 hectares.
Chardonnay 100 %
Production moyenne : 70 000 bt/an

DOMAINE BARRAUD
3, Place de la Mairie, 71960 Vergisson
03 85 35 84 25 •
www.domainebarraud.com • Vente et visites : au domaine sur rendez-vous.
De 9h à 12h et de 14h à 18h. Fermé le dimanche.
Propriétaire : Julien Barraud

DOMAINE DE LA BONGRAN

S'appuyant sur une tradition ancienne de vins moelleux ("levroutés", disait-on autrefois), Jean Thévenet et son fils Gautier ont beaucoup œuvré pour la reconnaissance des vins à sucres résiduels dans cette partie de la Bourgogne. Leur production comprend également une très belle série de vins secs, dont l'ampleur et la richesse peuvent désarçonner quelques palais inexpérimentés. Le domaine a eu la bonne idée de mettre sur le marché des cuvées prêtes à boire. En dehors de la Bongran, les Thévenet produisent également des vins sur le domaine de Roally (Mâcon-Villages) et Émilian Gillet (Viré-Clessé).

Les vins : d'un style sec-tendre assumé et reflétant la capacité de leurs terroirs d'exception, ces bouteilles offrent des accords à table particulièrement subtils et sont capables de traverser le temps. Deux vins nous ont été présentés dont le Domaine Emilian Gillet 2014, aux notes de mirabelle, rhubarbe : un ensemble très mûr, ample et dynamique. Ce léger sec-tendre (environ 3g de sucre résiduel) s'appuie sur des vendanges à maturité parfaite et l'absence de tout boisé.

▻ Viré-Clessé Domaine Emilian
  Gillet 2014   15 €   15

Le coup de ♥
▻ Viré-Clessé Cuvée E.J.
  Thévenet 2011   20 €   15,5

Une note de bouillon de volaille à l'ouverture, qui évolue vers la truffe blanche. Le style est inimitable, singularisé par cette note surmaturée-passerillée qui permet des mariages à table audacieux : cuisine sucrée-salée, foie gras, fromages persillés.

Blanc : 17 hectares.
Chardonnay 100 %
Production moyenne : 88 000 bt/an

DOMAINE DE LA BONGRAN ♣
199, rue des Gillet, 71260 Clessé
03 85 36 94 03 • www.bongran.com •
Vente et visites : au domaine sur rendez-vous.
De 8h à 12h et de 13h30 à 17h.
Propriétaire : Gautier Thévenet

★
BRET BROTHERS

Ce négoce a été créé en 2001 par les frères Bret, également propriétaires du domaine de la Soufrandière. Le strict cahier des charges permet d'offrir une très vaste gamme de vins de qualité du Mâconnais et, depuis 2006, quelques cuvées du Beaujolais très séduisantes. Les raisins sont achetés sur pied, vendangés et vinifiés par l'équipe du domaine, avec des levures indigènes, et la grande majorité repose dans des pièces bourguignonnes. Quelques crus sont certifiés en agriculture biologique, ce qui est précisé sur les étiquettes. Pas de fût neuf dans les élevages, certaines barriques ont une dizaine d'années. Un choix habituellement judicieux pour laisser la première place au terroir et à l'effet millésime.

Les vins : l'année 2015 semble avoir été compliquée à gérer, comme en témoigne deux mâcons décevants. La Verchère impressionne par son volume, son gras assumé, toujours mûr : on retrouve une touche de noisette grillé de l'élevage en finale. Pour la table. En Combe est brioché, crémeux, avec un milieu de bouche épatant de volume, mais dont les saveurs s'estompent très vite. La série des fuissés nous ravit avec La Roche, à l'équilibre frais et mûr, mentholé, au boisé juste et à la bouche bien soutenue par le minéral de la roche de Vergisson ; En Carementrant, toujours crayeux, pur, est issu d'une vieille vigne qui brille sur ce millésime. La bouche est marquée par l'élevage : l'ensemble se veut généreux mais le minéral de Vergisson tempère cet effet. Le Clos Reyssié montre de beaux atouts : finesse, senteurs de bâton de réglisse et de badiane. La bouche est subtile, l'ensemble désaltère naturellement et vieillira très bien. Les Crays confirme la grandeur de ce terroir au pied de Vergisson, exprimant pleinement sa minéralité à travers des notes de caillou, d'amande fraîche et de peau d'agrume. Au palais, la tension prédomine. Charnu et dynamique, aux airs côte-d'orien, il confirme son statut de grand vin.

BOURGOGNE MÂCONNAIS

Glou de Jeff est un gamay bio jovial et frais, marqué par la rose et le pivoine. La bouche très gourmande favorise un fruit instantané et juteux. Il ne faudra pas le garder trop longtemps.

Mâcon-Chardonnay 2015	14 €	13
Pouilly-Fuissé Climat En Carementrant 2015	27 €	16
Pouilly-Fuissé Climat La Roche 2015	27 €	16
Pouilly-Fuissé Climat Le Clos Reyssié 2015	27 €	16,5
Pouilly-Fuissé Climat Les Crays 2015	29 €	18
Saint-Véran Climat En Combe 2015	19 €	13
Viré-Clessé Climat La Verchère 2015	19 €	14,5
Beaujolais-Villages Leynes Glou de Jeff 2016	12 €	14

Le coup de ♥

Pouilly-Fuissé Climat Les Chevrières 2015	27 €	16,5

Une réalisation bien maîtrisée : pureté et intensité des arômes, boisé noble et texture impressionnante. L'amertume participe au relief et donne de la persistance. Comme il reste cependant chaleureux, voici un vin à servir plutôt frais.

Rouge : 1 hectare.
Gamay noir à jus blanc 100 %
Achat de raisins.
Blanc : 9 hectares.
Chardonnay 100 %
Achat de raisins.
Production moyenne : 60 000 bt/an

BRET BROTHERS ♣
125, rue aux Bourgeois, 71680 Vinzelles
03 85 35 67 72 • www.bretbrothers.com •
Vente et visites : au domaine sur rendez-vous.
Visites à 10h30, 14h et 15h.
Propriétaire : Jean-Guillaume et Jean-Philippe Bret

ERIC FOREST

Descendant d'une famille bien connue implantée sur les terroirs de Vergisson depuis huit générations, Éric Forest fait partie de ces jeunes vignerons qui exploitent avec talent quelques-uns des meilleurs terroirs de Vergisson, ainsi qu'une parcelle sur les hauteurs de Davayé. Formé aux côtés de son grand-père, dont il a repris les vignes en 1999, et bénéficiant de bonnes connexions avec Jean-Marie Guffens, Éric a ainsi pu constituer une gamme de vins qui, par leurs expressions distinctes, leurs qualités et leur régularité, méritent pleinement d'accéder à la première étoile de notre guide. Ses 2014 sont cristallins, épurés. Ses 2015 ont été gérés avec talent, sans subir le millésime. La compréhension des terroirs fait la différence au moment des vendanges.

Les vins : Sur la Roche s'illustre à travers une belle énergie : on caresse la craie, on s'imprègne de la force de ce terroir. Certainement parmi les plus grands mâcons goûtés cette année. Mise en Bouche est un pouilly-fuissé dynamique qui s'élargit. Il a conservé de sa fraîcheur. Âme Forest rappelle la Côte-d'Or. Il est doté d'un boisé civilisé avec un toasté-grillé subtil. La bonhomie du millésime ne le gêne pas du tout. Le relief et surtout l'énergie du vin s'avèrent impressionnante. Les Crays offre un fin boisé, relayé par le calcaire de la roche de Vergisson. La bouche a une sacrée amplitude, 2015 oblige. La tension, la fraîcheur et l'énergie l'équilibrent. 24 Carats au boisé grillé nous accueille avec des notes de réduction des lies à la Coche-Dury. La bouche se montre d'un grand relief, ample et fraîche, le minéral supplante le millésime. Cette cuvée réalisée uniquement les grandes années est idéale pour se projeter dans le temps.

Mâcon-Vergisson Sur la Roche 2015	16 €	16,5
Pouilly-Fuissé 24 Carats 2015	35 €	18
Pouilly-Fuissé Ame Forest 2015	20 €	16
Pouilly-Fuissé Les Crays 2015	24 €	17
Pouilly-Fuissé Mise en Bouche 2016	16 €	15

Le coup de ♥

Pouilly-Fuissé La Roche 2015	25 €	17,5

Récolté sur les hauts de la roche de Vergisson, c'est un des plus grands vins du domaine. Les notes d'amande et d'abricot confirment un fruit à maturité. L'élevage est maîtrisé. Le minéral transcende ce chardonnay puissant, doté d'une énergie phénoménale.

Blanc : 5,5 hectares.
Chardonnay 100 %
Production moyenne : 35 000 bt/an

ERIC FOREST
56, rue du Martelet, 71960 Vergisson •
www.ericforest.fr • Vente et visites : au domaine sur rendez-vous.
Propriétaire : Éric Forest
Œnologue : Éric Forest

DOMAINE GUILLOT-BROUX

Créé en 1978 par Jean-Gérard Guillot, le domaine Guillot-Broux, en bio certifié Ecocert, est aujourd'hui l'un des plus sûrs de la région. Grâce à des vieilles vignes parfaitement tenues, le style des vins, résolument classique, s'appuyant sur des raisins bien mûrs et évitant tout effet de style ou d'élevage, ravit par son côté immédiat et sincère. Patrice et Emmanuel perpétuent l'œuvre de leur père, dans le même esprit.

Les vins : la série des quatre mâcons montre une bonne cohérence de la gamme. Geniévrières séduit par sa pointe exotique d'ananas, et de rhubarbe, et son jus nourri de la richesse du millésime désaltère pourtant. Les Combettes, assez gourmand avec ses notes de pâte de fruits à la poire, offre un style mûr et contenu. La minéralité soutient une matière à la fois fraîche et charnue. Un chardonnay de caractère. Les Perrières porte sa minéralité à fleur de verre, l'élevage s'efface même, tant la présence crayeuse est intense. Le millésime est bien géré, sans richesse excessive : fraîcheur et tension dominent. La série des rouges commence bien : très coloré, le nez du mâcon-cruzille Beaumont porte sur la confiture de framboise. Il affiche en 2015 un supplément de concentration évidente, qui n'occulte pas son aspect digeste. Attendez la fin d'année 2017 pour l'ouvrir ! Geniévrières propose un pinot noir particulièrement mûr qui manque d'un peu d'éclat et de gourmandise. Même constat pour La Myotte : un 2015 subi plutôt que maîtrisé (une matière plus en relief mais un fruit séché). La précision atteinte l'an dernier avec le 2014 nous manque.

▻ Mâcon Chardonnay Les Combettes 2015	20,50 €	15
▻ Mâcon Cruzille Les Perrières 2014	24 €	15,5
▻ Mâcon-Cruzille Les Geniévrières 2015	20,20 €	14,5
▬ Bourgogne La Myotte 2015	31,70 €	14
▬ Bourgogne Les Geniévrières 2015	22,40 €	13,5
▬ Mâcon Cruzille Beaumont 2015	22,40 €	16,5

Le coup de ♥

▻ Mâcon Cruzille Le Clos de la Mollepierre 2015	31,70 €	16,5

Le nez porte des nuances de miel fins et complexes, ponctués d'une touche de beurre frais. La bouche salivante reflète le millésime par sa richesse, mais le minéral et les beaux amers apportent de l'équilibre et de la persistance. C'est bien joué.

Rouge : 8 hectares.
Gamay noir à jus blanc 50 %, Pinot noir 50 %
Blanc : 9 hectares.
Chardonnay 100 %
Production moyenne : 90 000 bt/an

DOMAINE GUILLOT-BROUX ♣
**Le Bourg, Lieu-dit le Pâquier,
71260 Cruzille**
03 85 33 29 74 ● www.guillot-broux.com ●
**Vente et visites : au domaine sur rendez-vous.
De 9h à 12h et de 13h30 à 18h.
Propriétaire : Patrice et Emmanuel Guillot**

DOMAINE HÉRITIERS DU COMTE LAFON

Ce domaine, racheté en 1999, placé sous l'œil bienveillant de Dominique Lafon, a trouvé son style et sa vitesse de croisière. Il s'agrandit même grâce à l'apport de parcelles nouvelles qui forment ainsi un panel représentatif des beaux terroirs du Mâconnais. Caroline Gon gère la propriété au quotidien, où toutes les vignes sont conduites en bio et biodynamie. Ce domaine qui produit près de 150 000 bouteilles par an réalise un sans-faute. La cohérence de gamme et la capacité à gérer ce millésime 2015 traduisent un talent indéniable, qui oriente le domaine vers une étoile supplémentaire. L'an prochain, si les 2016 confirment cette dynamique.

Les vins : après le sans-faute des 2014, les 2015 étaient très attendus : nous n'avons pas été déçus. Le mâcon-prissé est bien tendu, d'un tranchant presque étonnant pour le millésime. Sa colonne vertébrale acidulée l'aidera à vieillir : un vin droit et pur. Le milly-lamartine nous permet de retrouver le profil de ce terroir. On joue sur le fil côté maturité. Vif, très citronné, il se montre chablisien comme l'était le 2014. Les Maranches s'avère toujours tendu, précis, avec un boisé modéré ; sa bouche salivante désaltère et rafraîchit plusieurs minutes. Le Monsard montre une vraie énergie ! Une lecture du millésime qui surprend, sans richesse ni embonpoint, avec un peps hors du commun. Aucune chance de se lasser après un verre ! Clos de la Crochette bénéficie d'un boisé luxueux, qui graisse ce séduisant jus à la ligne épurée. Clos du Four s'affiche d'une pureté cristalline, sapide, garante d'un dynamisme peu commun pour un 2015. Effet désaltérant indéniable et potentiel de garde évident. Le viré-clessé, moins ouvert lors de notre dégustation, demandera un peu de temps pour montrer ses atouts. Le pouilly-fuissé est fort en minéralité, avec une empreinte crayeuse et saline particulièrement marquée. Il clôt une gamme dont le potentiel de garde s'avère très élevé, qu'il faudra attendre avec patience, et inviter à table.

▷ Macon Milly-Lamartine Clos du Four 2015	N.C.	16
▷ Macon-Chardonnay Clos de la Crochette 2015	N.C.	15,5
▷ Mâcon Bussières Le Monsard 2015	N.C.	15
▷ Mâcon Milly-Lamartine 2015	N.C.	15
▷ Mâcon Prissé 2015	N.C.	14,5
▷ Mâcon Uchizy Les Maranches 2015	N.C.	15
▷ Pouilly-Fuissé 2015	N.C.	17
▷ Viré-Clessé 2015	N.C.	15,5

Le coup de ♥
▷ Saint-Véran 2015	N.C.	16

Sa maturité démonstrative se reflète dans l'exotisme des arômes. Issu d'une vigne de Prissé, il développe une belle intensité. La présence d'extrait sec est importante. Une belle énergie aidera dans le temps ce vin concentré et pur, qui laisse au palais de bonnes sensations rafraîchissantes.

Blanc : 26 hectares.
Chardonnay 100 %
Production moyenne : 170 000 bt/an

DOMAINE HÉRITIERS DU COMTE LAFON ♣
**4, rue Lamartine, 71960 Milly-Lamartine
03 80 21 22 17 ● comtes.lafon@gmail.com
● Vente et visites : au domaine sur rendez-vous.**
Propriétaire : Famille Lafon
Directeur : Dominique Lafon
Maître de chai : Caroline Gon

DENIS JEANDEAU

Passionné et talentueux, Denis Jeandeau représente la génération montante du Mâconnais, dotée d'une énergie vibrionnante, prête à déplacer la roche, qu'elle soit de Solutré ou de Vergisson. Un destin peu commun pour celui qui, à l'origine, s'apprêtait à reprendre le domaine familial lorsque ce dernier a été vendu. Ne se laissant pas décourager et souhaitant poursuivre son activité de vigneron, il complète ses 1 ha en propriété par des achats de raisins (5 ha) de beaux terroirs, principalement issus de vieilles vignes, qu'il vendange puis vinifie avec minutie. Ses progrès constants et son sens du travail bien fait le placent désormais parmi l'élite des vignerons de l'appellation. Son majestueux chai à barrique et la nouvelle cave sont enfin en place dans le village de Fuissé : un outil précieux et fonctionnel qui devrait encore lui permettre d'affiner ses vinifications et, pourquoi pas, de décrocher une deuxième étoile.

Les vins : les 2015 se placent à un très haut niveau. Le saint-véran nous offre des parfums de glace au lait, un boisé qui s'allie bien au chardonnay (pas de fût neuf). La bouche est ainsi cristalline, dynamique, et son bon support acide tempère l'effet millésime. Le pouilly-fuissé Vieilles Vignes montre une plus grande bonhommie, une suavité et richesse importantes. Le millésime prend le dessus. L'ensemble est cependant mûr et d'une grande pureté, mais ne traversera pas le temps. Secret Minéral s'impose souvent comme la pièce de résistance des fuissés du domaine. Le milieu de bouche se montre riche mais la minéralité lui donne de la tension. Son arc aromatique délicat, ses notes de viennoiseries, sa grande finesse : un véritable cristal de roche qui affiche ses origines, des parcelles sur Solutré et Vergisson.

▷ Pouilly-Fuissé Secret Minéral 2015	39 €	18
▷ Pouilly-Fuissé Vieilles Vignes 2015	25,90 €	16
▷ Saint-Véran 2015	21 €	16

Le coup de ♥
▷ Viré-Clessé 2015	21 €	16

D'une grande pureté évoquant la craie du tableau noir, ce chardonnay cristallin, très pur, offre une belle sensation saline en bouche. L'acidité est enrobée, le sillage minéral très fin, et sa digestibilité est hors du commun pour un 2015. La part élevée en cuve a dégraissé et affiné cette cuvée.

Blanc : 1 hectare.
Chardonnay 100 %
Achat de raisins.
Production moyenne : 30 000 bt/an

DENIS JEANDEAU
**161, rue du Bourg, 71960 Fuissé
03 85 40 97 55 ● www.denisjeandeau.com
● Vente et visites : au domaine sur rendez-vous.**

Propriétaire : Denis Jeandeau

CHÂTEAU DES RONTETS

Depuis plus de vingt ans, le couple franco-italien composé par Claire et Fabio Gazeau-Montrasi, architectes reconvertis en viticulteurs passionnés, a acquis une reconnaissance méritée grâce à l'excellence de leurs vins. Sur ce terroir unique qui culmine à 360 m d'altitude, ils produisent des pouilly-fuissé racés et complexes. Adeptes des élevages longs (près de deux ans sur les cuvées Birbettes et Pierrefolle) les vins acquièrent une maturité et des équilibres hors du commun. Le domaine, officiellement certifié en bio depuis 2005, est composé principalement de vignes de chardonnay sur Fuissé, avec une petite vigne d'un demi-hectare de gamay sur Saint-Amour. Le classement des premiers crus mériterait d'inclure ce hameau unique, en altitude, protégé par les forêts, en haut des Rontets. Mais l'INAO classera-t-il un terroir exploité en monopole ?

Les vins : 2015 est un millésime sans pluie ou presque, offrant une concentration naturelle et des équilibres loin d'une année classique. La parade a été trouvée avec la cuvée Una Tentum : isoler toutes les fins de presse, celles qui portent les jus les moins acides, tempérant ainsi la richesse des autres cuvées. À la clé, exotisme et senteurs d'abricot. Atypique par sa matière et d'une grande amplitude, Una Tantum reste remarquable par sa pureté. Clos Varambon, vinifié en grand foudre de chêne, est un chardonnay au caractère frais, parfaitement équilibré, au boisé totalement intégré avec une finale saline. Les Birbettes, la plus vieille vigne du domaine, offre une densité inouïe et une empreinte saline remarquable. Le saint-amour est vinifié dans un style libre et "nature" avec à peine une pincée de souffre. Le 2016 est une friandise qui se boit sur le fruit.

Pouilly-Fuissé Clos Varambon 2015	21,50 €	16
Pouilly-Fuissé Les Birbettes 2015	38 €	16
Pouilly-Fuissé Una Tantum 2015	18 €	15
Saint-Amour Côte de Besset 2016	21,50 €	15

Le coup de

Pouilly-Fuissé Pierrefolle 2015	28 €	16,5

Des notes de clémentine et d'ananas. Goûtée en cours d'élevage, cette cuvée arbore une fraîcheur naturelle, tout en affichant beaucoup d'étoffe et un jus très pur.

Rouge : 0,5 hectare.
Gamay noir à jus blanc 100 %
Blanc : 6,2 hectares.
Chardonnay 100 %
Production moyenne : 30 000 bt/an

**814, chemin des Rontés, 71960 Fuissé
03 85 32 90 18 • www.chateaurontets.com**
● **Vente et visites : au domaine sur rendez-vous.**
Propriétaire : Claire et Fabio Gazeau-Montrasi

DOMAINE SAUMAIZE-MICHELIN

Régulier et constant, ce domaine livre des vins qui expriment avec une grande justesse les beaux terroirs du Mâconnais. La recette est simple : travailler les sols, maîtriser les rendements, chercher des maturités abouties et ne pas dépasser 15 % de fût neuf dans les élevages. Depuis 2006, à la suite de rencontres déterminantes avec le géologue Yves Hérody, puis Pierre Masson, le domaine s'est converti à la biodynamie, sans pour autant être certifié. Christine et Roger Saumaize, épaulés par leur fils Vivien, possèdent quelques bijoux, parmi lesquels le Clos sur la Roche (sols calcaires) et Les Ronchevats (sols argileux), ainsi qu'une belle mosaïque de terroirs bien situés, qui forment une gamme des plus homogènes et permettent de réaliser des vins exceptionnels. Ceux-ci rivalisent sans complexe avec des premiers crus de la Côte d'Or. Ampelopsis n'existera pas en 2015, et 2016 est menacé compte tenu des fortes intempéries.

Les vins : maturité et pureté d'arômes pour le mâcon-villages, qui donne le ton d'un festival 2015 de très haut niveau. Des deux saint-véran, Les Crèches offre le meilleur profil, mûr et galbé, plus ouvert. Le boisé souligne sans empiéter sur la chair du vin. Le viré-clessé étale ses arômes crémeux et vanillés de chardonnay mûr. Un relief

BOURGOGNE MÂCONNAIS

acidulé étonnant ceinture la matière, et ce vin vous ravira sur une belle côte de veau crémée aux champignons. Sept fuissés présentés : Vignes Blanches, pur et aérien, signe l'expression du minéral ; Les Ronchevats nous habitue à ce caractère mûr, fort en muscle mais sec, stylé et svelte, et vieillira. Clos sur la Roche propose une fraîcheur naturelle. L'élevage se poste au second plan. Ce vin athlétique jouit d'un équilibre qui l'aidera à affronter le temps. La Maréchaude : puissance, précision, belle gestion de la maturité. La bouche crème un peu mais ce boisé juvénile va s'affiner. Les Courtelongs montre un style nordique bienvenu sur un tel millésime. Avec amplitude et fraîcheur, il séduit par sa persistance. Le Haut des Crays égale un premier cru de la Côte de Beaune : son caractère salin et sapide nous comble par sa persistance et ses parfums. Pentacrine est plus cossu, mais le minéral de Vergisson s'interpose, apportant de la tonicité.

▷ Mâcon-Villages 2015	11 €	15,5
▷ Pouilly-Fuissé Ampélopsis 2014	27 €	17
▷ Pouilly-Fuissé Clos sur la Roche 2015	23,50 €	17
▷ Pouilly-Fuissé La Maréchaude 2015	22,50 €	16
▷ Pouilly-Fuissé Le Haut des Crays 2015	23,50 €	17
▷ Pouilly-Fuissé Les Courtelongs 2015	23,50 €	16,5
▷ Pouilly-Fuissé Les Ronchevats 2015	22,50 €	16,5
▷ Pouilly-Fuissé Pentacrine 2015	16 €	16
▷ Pouilly-Fuissé Vignes Blanches 2015	17 €	15,5
▷ Saint-Véran 2015	11,80 €	13,5
▷ Saint-Véran Les Crèches 2015	14 €	16,5
▷ Viré-Clessé 2015	14 €	16

Le coup de ♥

▷ Mâcon-Vergisson Sur la Roche 2015	14 €	15,5

La précision dans les arômes (craie du tableau noir) restés mûrs et frais même dans un tel millésime : voilà un bel ouvrage, modèle de pureté et d'équilibre, au dosage parfait entre minéralité, tension et sapidité. Ce n'est qu'un mâcon diront certains, mais quel mâcon !

Rouge : 0,2 hectare.
Blanc : 9 hectares.
Chardonnay 100 %
Achat de raisins.
Production moyenne : 70 000 bt/an

DOMAINE SAUMAIZE-MICHELIN
Le Martelet, 51, impasse du Puits,
71960 Vergisson
03 85 35 84 05 •
saumaize-michelin@wanadoo.fr • Vente et visites : au domaine sur rendez-vous.
Propriétaire : Roger et Christine Saumaize

DOMAINE LA SOUFRANDIÈRE

Le domaine La Soufrandière, acquis par Jules Bret en 1947, a quitté la cave coopérative de Vinzelles en 1998. Les frères Bret, Jean-Philippe et Jean-Guillaume, débutent alors leur histoire commune à partir du millésime 2000, avec l'ambition de placer le domaine au sommet de la hiérarchie du Mâconnais. Il est certifié en biodynamie. Les terroirs sont situés essentiellement sur les appellations Mâcon-Vinzelles et Pouilly-Vinzelles. La parcelle Les Quarts, notre coup de cœur l'an dernier avec le millésime 2014, est travaillée et labourée au cheval depuis 2010. Nos dernières dégustations nous incitent à enlever une étoile au domaine.

Les vins : le style des vins s'affirme année après année avec une bonhomie récurrente, à l'image du Clos de Grand-Père, vinzelles d'ultra-maturité, planureux. L'amertume prend l'ascendant, sans compter les 14° d'alcool : il lui manque l'énergie et la fraîcheur pour s'équilibrer. Le pouilly-vinzelles est lui aussi très mûr, marqué par une note d'amidon et de cire d'abeille. L'absence de fraîcheur se fait sentir, et il ne va pas s'améliorer en bouteille, penchant déjà trop dans l'oxydatif. Le Climat Les Quarts s'avère plus frais et pur : le minéral prend totalement le dessus dès l'ouverture, la note de citron confit donne de l'éclat et complète l'aspect crémeux du chardonnay. D'un meilleur équilibre, l'empreinte calcaire lui donne de l'énergie et le boisé est fort bien géré.

▷ Mâcon-Vinzelles Le Clos de Grand-Père 2015	20 €	14
▷ Pouilly-Vinzelles 2015	24 €	14
▷ Pouilly-Vinzelles Climat Les Quarts 2015	34 €	17

Le coup de ♥

▷ Pouilly-Vinzelles Climat Les Longeays 2015	30 €	16,5

Une robe dorée intense. La maturité du chardonnay est poussée à ses limites, le boisé lui apporte finesse et fraîcheur, tempère son opulence. Un vin bio de grande classe à savourer à table, au bon potentiel de garde.

Blanc : 6 hectares.

Chardonnay 100 %
Production moyenne : 50 000 bt/an

DOMAINE LA SOUFRANDIÈRE ☾
**125, rue aux Bourgeois, 71680 Vinzelles
03 85 35 67 72** • **www.bretbrothers.com** •
**Vente et visites : au domaine sur
rendez-vous.
Propriétaire : Jean-Guillaume et
Jean-Philippe Bret**

NOUVEAU DOMAINE

DOMAINE FRANTZ CHAGNOLEAU

Originaire de Charente-Maritime, Frantz Chagnoleau a débuté sa carrière chez Olivier Merlin. Avec son épouse Caroline Gon, elle aussi œnologue (en charge du domaine Les Héritiers Comte Lafon), ils ont réuni près de 7 ha principalement à Saint-Albain, Chasselas, Prissé et Vergisson. Les vins sont issus de vignes d'une moyenne d'âge de 50 ans, toutes labourées, et le domaine s'approche des pratiques de la biodynamie par l'utilisation de tisanes et de levures indigènes (100 %). Nous saluons l'arrivée dans notre guide de ce domaine qui utilise tous les moyens pour mettre en valeur la plante, tout en vinifiant avec attention l'ensemble de sa gamme. Précision des élevages sous bois et justesse des maturités transparaissent dans toute la gamme. Nous pressentons que ce jeune duo qui a choisi par passion le sud de la Bourgogne n'a pas fini de faire parler de lui !

Les vins : ils sont tous certifiés bio, sauf notre coup de cœur Pastoral, un pouilly-fuissé issu d'une parcelle en cours de conversion, officiellement bio l'an prochain. Le mâcon Clos Saint-Pancras, récolté sur Saint-Albain, brille par sa droiture et sa précision aromatique. Vinifié en foudre, ce vin svelte se dote d'un boisé délicat. Sans porter les stigmates du millésime. Raspillères est un pur viré, plus mature dans ses parfums. Ample, il offre un ensemble bien géré, subtilement équilibré. Le saint-véran Prélude a des angles acidulés légèrement courbés, contenus, et de fins amers minéraux. À la Côte, parcelle sur la commune de Chasselas, se montre plus arrondi, plus tendre, offre un plaisir immédiat. La Fournaise, parcelle sur Prissé, porte bien son nom ; sa richesse l'orientera vers des viandes blanches crémées. Le duo de producteurs s'apprête à planter du pinot noir à Martailly-lès-Brancion : première récolte attendue en 2022.

▷ Mâcon-Villages Clos Saint-Pancras 2015	11,80 €	15
▷ Saint-Véran A la Côte 2015	20 €	15
▷ Saint-Véran La Fournaise 2015	20 €	15,5
▷ Saint-Véran Prélude 2015	17 €	15,5
▷ Viré-Clessé Les Raspillères 2015	16 €	15

Le coup de ♥

▷ Pouilly-Fuissé Pastoral 2015	22 €	16,5

Sa chair est tendue par la minéralité de Vergisson. L'élevage se met au niveau sans appesantir. La belle tenue d'ensemble apporte un confort de bouche particulièrement agréable. Densité, pureté, salinité finale : il a un bel avenir devant lui.

Blanc : 6,5 hectares.
Chardonnay 100 %
Production moyenne : 40 000 bt/an

DOMAINE FRANTZ CHAGNOLEAU ♣
**Le Carruge, 18 Chemin Des Prés,
71960 Pierreclos
06 80 65 13 19** •
www.domainefrantzchagnoleau.fr • **Vente
et visites : au domaine sur rendez-vous.
Propriétaire : Frantz Chagnoleau**

CORINNE ET OLIVIER MERLIN

Que de chemin parcouru par Corinne et Olivier Merlin, qui ont débuté en louant des vignes, complétées d'un métayage en 1987, avant de se développer dans les années 2000 par une activité d'achats de raisins ! En 2005, l'acquisition du domaine Arcelin à La Roche-Vineuse leur donne accès à 4 ha de vignes, complétant ainsi leur superbe gamme de vins blancs du Mâconnais. En 2006, un nouvel achat (2 ha) en Moulin-à-Vent, dont une partie sur le très qualitatif terroir de La Rochelle, coïncide avec une diminution du négoce. Nous saluons la qualité homogène des vins et tout particulièrement une gestion mesurée des élevages, maîtrise qu'Olivier Merlin a su accentuer au fil des millésimes.

Les vins : le mâcon Vieilles Vignes, suave, à la fraîcheur dynamique, arbore un style mûr et crémeux apporté par le millésime. Un vin toujours régulier. Les Cras se montre plus plantureux, enrobé. En trois dimensions, il est galbé par un boisé parfaitement adapté. Le viré-clessé : enveloppé, gracieux, avec le sillage acidulé qui lui va bien ; l'élevage reste bien intégré. Le pouilly-fuissé offre son empreinte minérale, son boisé fin et bien géré, son équilibre réjouissant. Sur la Roche, pur Vergisson, absorbe le côté solaire du millésime en compensant par sa minéralité. Il séduit par son équilibre, son boisé

BOURGOGNE MÂCONNAIS

parfait : il se gardera dix ans sans souci. Le Clos des Quarts développe une puissance et une structure conséquentes, mieux gérés en 2015 qu'en 2014. Un grand potentiel. N'oublions pas le saint-véran Grand Bussières, aux épaules larges mais à la belle salinité en finale, qui se dégustera sur quelques années, pas plus. Le pouilly-vinzelles 2015, mûr, précis dans l'élevage, est stable et bien géré ; un meilleur profil que le 2014. Des deux moulin-à-vent, nous retiendrons La Rochelle, très velouté, généreux, racé. Un vin de garde à ce jour plutôt massif.

▭ Mâcon La Roche Vineuse 2015	10,75 €	12
▭ Mâcon La Roche Vineuse Les Cras 2015	20,30 €	15
▭ Mâcon La Roche Vineuse Vieilles Vignes 2015	14,35 €	15,5
▭ Pouilly-Fuissé 2015	19,75 €	15,5
▭ Pouilly-Fuissé Château des Quarts Clos des Quarts 2015	34,10 €	15,5
▭ Pouilly-Fuissé Sur la Roche 2015	24,80 €	17
▭ Pouilly-Vinzelles Les Longeays 2015	20,60 €	15
▭ Saint-Véran Le Grand Bussière 2015	20,30 €	15
▭ Viré-Clessé Vieilles Vignes 2015	14,35 €	14,5
▬ Moulin-à-Vent 2015	14,10 €	14,5
▬ Moulin-à-Vent La Rochelle 2015	20,40 €	15

Le coup de ♥

▭ Pouilly-Fuissé Les Chevrières 2015	24,80 €	16

Un caractère étonnamment frais, pur, avec des notes de cire d'abeille, de crème d'amande. La bouche est d'une grande classe, fraîche, surfant sur la maturité du millésime. Le boisé juste apporte des saveurs grillées en finale.

Rouge : 3,2 hectares.
Gamay noir à jus blanc 100 %
Achat de raisins.
Blanc : 11,5 hectares.
Chardonnay 100 %
Achat de raisins.
Production moyenne : 140 000 bt/an

CORINNE ET OLIVIER MERLIN
305, route de la Boisserole, 71960 La Roche-Vineuse
03 85 36 62 09 ● www.merlin-vins.com ●
Vente et visites : au domaine sur rendez-vous.
De 8h à 12h et de 13h30 à 17h30.

Propriétaire : Corinne et Olivier Merlin
Directeur : Olivier Merlin
Maître de chai : Olivier Merlin

CHÂTEAU DE FUISSÉ

Ce domaine historique appartient à la famille Vincent depuis 1862. Le château est doté d'un vignoble de plus de 30 ha sur les appellations majeures du Mâconnais, ainsi que d'un petit vignoble de 3 ha sur le cru Juliénas. Sa caractéristique est de posséder beaucoup de vieilles vignes. Changement notable depuis le millésime 2014, la cuvée Vieilles Vignes, identifiée en tant que telle depuis 1969, disparaît de la gamme, pour mieux mettre en avant les parcellaires qui correspondent au futur cahier des charges des premiers crus de Pouilly-Fuissé. Antoine Vincent, qui incarne la 5e génération, vinifie les vins depuis 2003. Ce domaine mériterait de faire partie de l'élite de l'appellation, mais le manque de précision dans les élevages et dans la maturité des vendanges nous amène à lui ôter son étoile. Nous sommes persuadés de sa capacité à la regagner et même à aller plus haut.

Les vins : le mâcon dévoile une bonne maturité avec un élevage court bien adapté. Un vin très fruité, ample et suave. Le saint-véran nous a laissé perplexe par sa sensation de sous-maturité et son style enrobé qui vient droit du millésime. La série des fuissés, pourtant le cœur du domaine, connaît elle aussi des disparités : Tête de Cru peu complexe, simple chardonnay à la limite de la maturité (empreinte végétale étonnante dans un tel millésime) ; Les Brûlés, marqué par un élevage très fort, trop toasté-grillé, plombé par le millésime, peu digeste – et nous sommes réservés sur la garde. Dans Le Clos, à l'empreinte boisée juvénile, le caractère minéral l'emporte heureusement dans une bouche d'une grande largeur, chaleureuse et puissante. Le millésime 2015 montre néanmoins les limites de ce style toujours plus opulent d'année en année. La recherche de fraîcheur n'est pas au programme. Un coup de chapeau au juliénas, représentant tout de même 3 ha, plus réussi en 2015 qu'en 2014 : il retrouve ses couleurs vives, une trame solide et des tanins veloutés qui en feront un beau vin de repas.

▭ Mâcon-Villages 2015	13 €	14
▭ Pouilly-Fuissé Le Clos Monopole 2015	42,50 €	15,5
▭ Pouilly-Fuissé Les Brûlés 2015	39,50 €	14
▭ Pouilly-Fuissé Tête de Cru 2015	24 €	13,5

▷ Saint-Véran 2015	16 €	13
▶ Juliénas 2015	14,50 €	15

Le coup de ♥

▷ Pouilly-Fuissé Les Combettes 2015	42,50 €	16

Très mûr, il témoigne d'une belle gestion du millésime sur cette parcelle. L'élevage lui va bien, luxueux mais cousu main. La bouche est ample, tendant vers un style côte-d'orien. C'est une des cuvées les plus réussies du domaine. Seulement 3000 bouteilles.

Rouge : 3 hectares.
Gamay noir à jus blanc 100 %
Blanc : 37 hectares.
Chardonnay 100 %
Production moyenne : 150 000 bt/an

CHÂTEAU DE FUISSÉ
**419, rue du Plan, 71960 Fuissé
03 85 35 61 44 • www.chateau-fuisse.fr •
Vente et visites : au domaine sur rendez-vous.
Du lundi au vendredi de 9h à 12h et de 13h30 à 17h30.
Propriétaire : Famille Vincent
Directeur : Antoine Vincent
Œnologue : Antoine Vincent**

DOMAINE GILLES MORAT

Gilles Morat, natif de Vergisson, a créé son domaine en 1997. Avec son épouse Joëlle, ils signent ensemble des vins de caractère, fruit d'un travail rigoureux des sols, sans intrant chimique (sans certification). Ils ont ainsi pu révéler le potentiel et la diversité des terroirs de leur village. Un saint-véran et quatre pouilly-fuissés composent la gamme. Nous espérons que le haut de la Roche de Vergisson, qui dépasse de 20 mètres la limite fixée par l'INAO, sera finalement classé premier cru : les vins produits ont prouvé leur très haut niveau de qualité et ne méritent pas d'en être ainsi exclus.

Les vins : le saint-véran 2016 s'ouvre avec élégance ; un vin floral, délicatement miellé, à la bouche d'une grande rectitude. Parmi les fuissés, Bélemnites issu d'une parcelle plantée en 1956 se présente avec un côté crémeux : l'opulence du millésime prend le dessus, mais l'élevage reste judicieux, s'intercalant sans imposer. Terres du Menhir apparaît plus accompli en 2015 qu'en 2014. Le terroir de Vergisson a du mal à s'y exprimer : l'élevage aurait pu être tempéré. Aux Vignes Dessus lutte avec panache pour contrecarrer l'effet millésime. Résultat probant. Les notes d'orgeat et de miel parfument un chardonnay large et enveloppé à l'impression cristalline. Le boisé est bien géré, et le potentiel de garde est là.

▷ Pouilly-Fuissé Bélemnites 2015	19 €	16
▷ Pouilly-Fuissé Climat Aux Vignes Dessus 2015	21 €	15
▷ Pouilly-Fuissé Terres du Menhir 2015	17 €	15
▷ Saint-Véran 2016	13 €	16

Le coup de ♥

▷ Pouilly-Fuissé Climat Sur La Roche 2015	23 €	17

Le climat de Vergisson a quelque chose de magique qui donne un relief supplémentaire à ses vins. Le jus reste hydraté, garde sa tension minérale : notes de caillou et élevage adapté, tout est gracieux et persistant.

Blanc : 6 hectares.
Chardonnay 100 %
Production moyenne : 55 000 bt/an

DOMAINE GILLES MORAT
**595, route des Bruyères, 71960 Vergisson
03 85 35 85 51 • www.gillesmorat-vins.fr •
Vente et visites : au domaine sur rendez-vous.
Propriétaire : Gilles Morat
Maître de chai : Gilles Morat**

DOMAINE ROGER LASSARAT

Roger Lassarat et, depuis 2009, Pierre-Henri, son plus jeune fils, rayonnent sur près de 13 ha, répartis sur six appellations : cinq du Mâconnais et un cru du Beaujolais, acquis en 2008 et décliné en trois cuvées. Une de leurs parcelles de vieilles vignes de Moulin-à-Vent, soit 2,5 ha, est en partie la propriété du célèbre humoriste-imitateur Laurent Gerra. Rigueur, maîtrise des rendements et régularité caractérisent ce domaine, qui nous a habitué à des cuvées stylées, toujours dans un registre proche de chaque terroir. Le tempo, dynamique, maîtrise la rondeur ; les boisés s'accordent parfaitement à la fibre des vins.

Les vins : deux saint-véran pour commencer, Les Mûres, à la ligne pure et intense, très équilibré, et Le Cras, rafraîchi par un boisé précis, qui s'ouvre avec une grâce toute particulière sur une chair harmonieuse, à la perspective de garde confortable. Le viré-clessé Notre Envie n'a pas convaincu : il est marqué par la sous-maturité, un comble pour ce secteur. Le Clos du Martelet, précis dans ses arômes, mêle fleurs et miel avec l'empreinte d'un boisé élégant et

BOURGOGNE

domestiqué. Un bémol sur l'élevage, un peu trop appuyé. 4 Terres est un gamay sérieux, issu de quatre parcelles posées sur une roche granitique de Romanèche-Thorins : un jus particulièrement concentré avec ses saveurs de marc et de griotte. L'ensemble est assez brut et méritera un peu d'élevage.

⮕ Pouilly-Fuissé Clos du Martelet 2015	17 €	14,5
⮕ Saint-Véran Le Cras 2015	18 €	14,5
⮕ Saint-Véran Les Mûres 2015	18 €	14
⮕ Viré-Clessé Notre Envie 2015	15 €	13
⮕ Moulin-à-Vent 4 Terres 2015	15 (c) €	13,5

Le coup de ♥

⮕ Pouilly-Fuissé Clos de France 2015	18 €	16

Voici le terroir où la famille Lassarat s'exprime le mieux. Aidé par la fraîcheur et la fermeté de ce terroir inouï, sur la parcelle nommée En France, ce vin s'équilibre quasi-naturellement. Pureté et élégance, boisé juste : c'est assurément le meilleur vin du domaine.

Rouge : 3,5 hectares.
Gamay noir à jus blanc 100 %
Achat de raisins.
Blanc : 9 hectares.
Chardonnay 100 %
Achat de raisins.
Production moyenne : 90 000 bt/an

DOMAINE ROGER LASSARAT
121, rue du Martelet, 71960 Vergisson
03 85 35 84 28 • www.roger-lassarat.com •
Vente et visites : au domaine sur rendez-vous.
Propriétaire : Pierre-Henri Lassarat

NICOLAS MAILLET

Cet ancien domaine familial embouteille sa production depuis 1999. Nicolas Maillet, qui a pris la succession de son père, a quitté la cave coopérative et lancé ses propres cuvées sur le village de Verzé. Il propose une gamme de vins très purs, séduisants, dont la particularité est de se passer de tout artifice boisé. Le domaine (certifié en bio depuis 2008) propose également un délicieux gamay sur argilo-calcaire, en Mâcon-Verzé rouge.

Les vins : l'avantage d'un cépage au support acide comme l'aligoté est qu'il se comporte bien dans les millésimes solaires. Le 2015 se montre donc mûr, avec un bon équilibre, parsemé de fleurs des champs et de peau de mandarine, pour un relief aromatique frais. La pureté de la bouche, cristalline et suave à la fois, sera appréciée à l'apéritif. Le mâcon-igé est finement beurré, droit, doté d'une trame de vin frais, désaltérant. Le Chemin Blanc reste fidèle à son style, précis et pur, porté par des notes d'agrumes. Le style de bouche est très digeste, finalement peu influencé par le millésime. Sec, athlétique, c'est une vieille vigne qui plaît et étonne par son équilibre et sa grande sapidité. Le mâcon-verzé rouge est un magnifique gamay sur argilo-calcaire, tout scintillant, au fruit précis, juteux, empreint de cerise Morello. Et quel soyeux de bouche !

⮕ Bourgogne Aligoté 2015	13 €	14,5
⮕ Mâcon-Igé 2015	14 €	15
⮕ Mâcon-Verzé Le Chemin Blanc 2015	19,50 €	16,5
⮕ Mâcon-Verzé 2015	13 €	16

Le coup de ♥

⮕ Mâcon-Verzé 2015	14 €	15

Ce vin doré et énergique, aux notes d'orgeat et d'herbes sèches, maintient une belle vivacité dans le millésime 2015 : il s'enrobe légèrement, ce qui lui donne une certaine suavité. Une cuvée impeccable qui fait saliver au moment de l'apéritif, accompagnée d'une petite friture ou de gambas en tempura.

Rouge : 0,8 hectare.
Gamay noir à jus blanc 100 %
Blanc : 6,7 hectares.
Chardonnay 90 %, Aligoté 10 %
Production moyenne : 60 000 bt/an

NICOLAS MAILLET ♣
291, Route d'Igé, 71960 Verzé
03 85 33 46 76 •
www.vins-nicolas-maillet.com • Vente et visites : au domaine sur rendez-vous.
Propriétaire : Nicolas Maillet

DOMAINE THIBERT PÈRE ET FILS

À partir d'une toute petite parcelle acquise en 1967, le domaine s'est progressivement développé grâce à des achats de vignes pour atteindre aujourd'hui près de 30 ha répartis sur les quatre appellations de Pouilly, et en Mâcon-Fuissé, Mâcon-Prissé, Mâcon-Verzé et Saint-Véran. Il est désormais géré en famille par Christophe Thibert et sa sœur Sandrine. Nous apprécions la précision dans l'expression du terroir et la bonne gestion des élevages.

Les vins : le mâcon-verzé offre la fraîcheur d'un 2015 avec une maturité maîtrisée. La bouche garde un bon dynamisme : un vin d'éducation pour la découverte des premiers beaux terroirs du Mâconnais. Au-dessus du 2014 en chair comme en précision, le saint-véran Champ Rond 2015 fait partie des réussites du millésime, avec un bémol pour l'élevage, un peu trop marqué. Des deux pouilly-lochés, nous retiendrons En Chantone qui montre un meilleur équilibre : plus frais, élégant, dotés de fins amers ; la richesse est compensée par la fraîcheur du terroir ; il se gardera bien. Les pouilly-fuissé 2015 offrent une approche simple mais fidèle à l'appellation. Le Vieilles Vignes montre plus de gras, termine sur des amers minéraux. L'ensemble reste parfumé, sapide et désaltérant. Deux pouilly-fuissé 2013 nous permettent de voir l'évolution du millésime : Les Vignes Blanches 2013, finement beurré, empreint de la fraîcheur du chardonnay, qui dévoile de beaux parfums de tilleul, de réglisse et une touche d'élevage maîtrisée et Les Cras 2013, une magnifique bouteille.

▭ Mâcon-Verzé 2015	16 €	14,5
▭ Pouilly-Fuissé 2015	21 €	14,5
▭ Pouilly-Fuissé Vieilles Vignes 2015	23 €	15
▭ Pouilly-Fuissé Vignes Blanches 2013	32 €	15
▭ Pouilly-Loché 2015	20 €	14,5
▭ Pouilly-Loché En Chantone 2015	25 €	15
▭ Saint-Véran Champ Rond 2015	20 €	14,5

Le coup de ♥

▭ Pouilly-Fuissé Les Cras 2013	28 €	16,5

Magnifique évolution de ce vin charnu et suave. Une patine gracieuse et une fine fraîcheur accompagnent ses arômes crayeux, au style presque chablisien. Les années de bouteille apportent le miel et les épices.

Blanc : 29 hectares.
Chardonnay 100 %
Production moyenne : 160 000 bt/an

DOMAINE THIBERT PÈRE ET FILS
20, rue Adrien-Arcelin, 71960 Fuissé
03 85 27 02 66 ●
www.domaine-thibert.com ● **Vente et visites : au domaine sur rendez-vous. De 8h30 à 12h et de 13h30 à 18h30. Propriétaire : Famille Thibert**

" La Champagne a beaucoup progressé ces dernières années, dans la précision des vinifications comme dans les dosages. On voit émerger des vignerons qui ont su valoriser leur vignoble, montrant que le champagne est un grand vin de terroir."

Olivier Poels, dégustateur des vins de Champagne
Membre du comité de dégustation de La Revue du vin de France

CHAMPAGNE

—

DES TERROIRS EN EFFERVESCENCE

—

Le pétillant le plus célèbre du monde n'est pas qu'une boisson festive, mais bien le produit d'un terroir. Les grandes maisons suivent la trace des vignerons, en travaillant et en valorisant leurs sols.

Inscrit au patrimoine mondial de l'Unesco depuis 2015, enregistrant des records de vente à l'export, le vignoble champenois ne se repose pas sur ses lauriers. C'est même aujourd'hui l'un des plus dynamiques de France, grâce notamment à un véritable renouveau du style des cuvées.

Si certains croyaient que la toute-puissance des grandes maisons allait éteindre la volonté d'innovation, il n'en est rien. Car une nouvelle génération de vignerons est bien décidée à prendre son destin en main. Objectif : élaborer des vins de terroir, identitaires. En quelques années, les meilleurs vignerons, comme Anselme Selosse ou Francis Egly, ont su créer un nouveau style de champagne qui influence grandement les maisons. Celles-ci suivent le modèle vigneron, cultivent mieux leurs vignes et s'orientent vers le bio pour certaines. Comme la maison Louis Roederer, qui travaille en biodynamie plus de 86 hectares de vignes. Cet effort se retrouve évidemment dans les vins, plus précis et moins dosés.

Le vignoble couvre plus de 33 000 hectares dans la Marne, l'Aube et l'Aisne. Si les vignerons sont propriétaires de 89 % dudit vignoble, trois familles se partagent la production et la commercialisation du champagne :

Les maisons de négoce traditionnelles (N. M., négociant-manipulant, code inscrit au bas des étiquettes) disposent d'un vignoble plus ou moins étendu et s'approvisionnent surtout auprès d'un grand nombre de vignerons. Elles sont donc plus à même d'élaborer des cuvées complexes, d'autant plus nécessaires que les volumes à fournir sont importants. Leur force commerciale a répandu le champagne sur toute la planète. Elles contribuent par leur image de marque à son prestige.

Les caves coopératives (C. M.) fournissent, pour l'essentiel, les maisons de négoce en raisin ou en vin tranquille (le vin avant sa champagnisation), mais développent des marques commerciales de champagne qui fonctionnent comme celles des maisons de négoce. Les plus connues sont Nicolas Feuillatte, Veuve A. Devaux ou Mailly Grand Cru.

Les vignerons élaborateurs, appelés récoltants-manipulants (R. M.), n'offrent à la vente que le produit de leur vignoble. Leurs assemblages sont moins complexes que ceux des grandes maisons mais, aujourd'hui, les meilleurs compensent, à terroir égal, par des rendements moindres et un haut niveau de viticulture. Ils exportent peu et fournissent à la clientèle française une bouteille sur deux.

Ces trois familles peuvent produire des champagnes de marque auxiliaire (M. A.) pour une enseigne de la grande distribution ou un marché particulier.

Dans les grandes années, les vins des meilleurs vignerons possèdent un cachet difficile à égaler et une identité qui met en lumière toute la diversité de la Champagne. Une région viticole qui reste à découvrir touristiquement. Longtemps en retrait, le vignoble s'ouvre à l'œnotourisme. Des vignerons ont créé des chambres d'hôtes et les grandes maisons n'hésitent plus à livrer le dédale de leurs kilomètres de caves aux visiteurs.

LES TERROIRS

Le vignoble champenois, très morcelé, s'étend sur le territoire de plus de 300 communes, principalement sur les départements de la Marne, de l'Aube et de l'Aisne. On peut considérer que la Champagne est découpée en six grandes régions de production :

L'Aisne : élaborés avec une dominante de pinot meunier, les vins ont ici progressé. Ils sont souples et légers. Mais la majorité des récoltants-manipulants manque encore de technique.

L'Aube : cette région produit des vins réguliers, bien charpentés, souvent plus mûrs et donc moins frais, à fort caractère de terroir. Dans le secteur des Riceys, le pinot noir trouve une finesse exceptionnelle égalant au vieillissement celle des vins de la vallée de la Marne.

La Côte des Blancs : elle est reconnue pour la finesse et l'éclat de ses chardonnays, grâce auxquels on produit les champagnes blancs de blancs.

La Montagne de Reims : le sud, vers Ambonnay et Bouzy, donne des vins, surtout de pinot noir, corsés et de caractère, plus harmonieux à Ambonnay et plus terriens à Bouzy. Verzy et Verzenay, terroirs froids, produisent des pinots noirs plus nerveux et moins parfaits si on ne les assemble pas avec une proportion de raisins blancs. Vers Chigny-lès-Roses et Ludes, un encépagement équilibré engendre des vins universels, bons de l'apéritif au dessert.

La petite vallée de la Marne : de Dormans à Venteuil, elle donne des vins à peine plus corsés.

La grande vallée de la Marne : de Cumières à Mareuil-sur-Aÿ, elle donne les plus somptueuses cuvées de pinot noir. En grande année, elles atteignent leur apogée entre six à douze ans, et bien davantage dans certains cas.

Enfin, la Champagne produit également des vins tranquilles portant l'appellation Coteaux champenois (rouge, rosé et blanc), comme le bouzy rouge, ou encore le rosé des Riceys.

PREMIER CRU ET GRAND CRU

Les meilleures communes ont été classées selon leur prix de vente de raisins entre 90 et 100 % du prix maximal du cépage. Si le prix se situe entre 90 et 99 %, les villages sont classés Premier Cru et si le prix est à 100 %, ils portent la mention Grand Cru. Deux termes qui peuvent être apposés sur l'étiquette. Relativement précise, cette échelle englobe toutefois la production du village et non pas les meilleurs coteaux de chacun d'entre eux.

LES STYLES

BLANC DE BLANCS

C'est un champagne produit exclusivement à partir de raisins blancs de chardonnay. À l'inverse, blanc de noirs désigne un champagne produit à partir de raisins noirs de type pinot noir et pinot meunier.

NON DOSÉ, EXTRA-BRUT, BRUT, DRY, DEMI-SEC, SEC

Ces mots désignent des champagnes qui ont reçu différentes proportions de liqueur de dosage avant l'expédition des bouteilles. "Non dosé", "brut intégral" ou "brut nature", ces mentions indiquent l'absence de toute liqueur (et donc les champagnes les plus secs).

L'ART DU DOSAGE

Avant de commercialiser les bouteilles, le vigneron ou le chef de cave peut ajouter une liqueur de dosage, dite aussi "liqueur d'expédition". Celle-ci est souvent composée de sucre de canne dissous dans du vin. La quantité de liqueur ajoutée dans la bouteille varie en fonction du type de vin que l'on désire :

extra-brut : entre 0 et 6 grammes de sucre par litre,
brut : moins de 12 grammes de sucre par litre,
extra-dry : entre 12 et 17 grammes de sucre par litre,
sec : entre 17 et 32 grammes de sucre par litre,
demi-sec : entre 32 et 50 grammes de sucre par litre,
doux : plus de 50 grammes de sucre par litre.

Si le vin n'a pas reçu de liqueur de dosage ou si sa teneur est inférieure à 3 grammes de sucre par litre, on peut utiliser la mention "brut nature", "pas dosé" ou "dosage zéro".

LE CHAMPAGNE MILLÉSIMÉ

Dans les grandes années, il est possible de millésimer le champagne. Le vin contenu dans la bouteille est donc issu d'une seule et même année. En règle générale, cinq à six années sont millésimées par décennie.

LE CHAMPAGNE ROSÉ

La Champagne est la seule région française où il est autorisé de produire du rosé en mélangeant du vin rouge de Coteaux champenois (entre 10 et 15 %) à du blanc, avant champagnisation. L'autre technique consiste à champagniser un vin issu d'un pressurage un peu plus appuyé des raisins rouges ou par une courte vinification avec les peaux noires du raisin (saignée). Cette dernière technique produit un champagne à la teinte soutenue.

LES CÉPAGES
—
LE PINOT NOIR

Cépage le plus planté en Champagne (38 % des surfaces viticoles), le pinot noir donne des vins plus corsés, légèrement plus délicats à presser pour éviter que le jus soit coloré, peu acide, et souvent médiocre en petite année. Dans les assemblages, il apporte de la puissance et du corps. Il est surtout présent dans l'Aube, sur la Montagne de Reims et au cœur de la vallée de la Marne. Lorsque le vin est issu uniquement des deux pinots (noir ou meunier) ou d'un seul, il peut s'appeler blanc de noirs.

LE PINOT MEUNIER

Vigoureux, le pinot meunier donne des vins fruités et peu acides. Dans un assemblage, il apporte de la souplesse et sert surtout à lier les qualités dissemblables des deux autres cépages. Ses lieux de prédilection sont les coteaux de l'Aisne et ceux du début de la vallée de la Marne, car il s'exprime plutôt sur les terroirs argileux. Il compte pour 32 % de l'encépagement du vignoble.

LE CHARDONNAY

Cépage emblématique de la Côte des Blancs, le chardonnay se caractérise par ses arômes délicats. Il apporte de la fraîcheur, de la finesse et du nerf dans les assemblages. Vinifié seul, c'est sous la dénomination blanc de blancs qu'il peut être commercialisé. On le trouve également sur la rive gauche de la Marne, avec des îlots privilégiés sur la Montagne de Reims, où il produit des champagnes plus charpentés. Il représente 30 % du vignoble.

CHAMPAGNE

PÉTILLANTES ADRESSES D'ÉPERNAY À REIMS

Trinquons ! Au terroir, à la vigne et aux producteurs fabuleux : voici une sélection particulièrement effervescente !

CHAMBRES D'HÔTES DE VIGNERONS

LE CLOS DES TERRES SOUDÉES
Le couple de vignerons Isabelle et Éric Coulon a ouvert de très belles chambres d'hôtes de charme. Comptez 230 € pour la nuit, petit-déjeuner inclus.
25, rue Saint-Vincent, 51390 Vrigny.
Tél : 03 26 03 97 62.
www.closdesterressoudees.fr

CAVISTES

LES CAVES DU FORUM
Incontournable à Reims : 1 200 références de toute la France et un rayon vins étrangers très pointu.
10, rue Courmeaux, 51100 Reims.
Tél : 03 26 79 15 15.
www.lescavesduforum.com

RENDEZ-VOUS AU 36
Une maison de village transformée en cave qui présente les meilleurs champagnes au prix producteur.
36, rue Dom-Pérignon, 51160 Hautvillers. Tél : 03 26 51 58 37.
www.au36.net

LE 520
Avec ses 650 références, ce caviste propose la plus belle sélection de champagnes du pays. Tous les samedis matin, un producteur vous fait déguster ses cuvées.
1, avenue Paul-Chandon, 51200 Épernay.
Tél : 03 26 54 36 36. www.le520.fr

RESTAURANTS

L'ASSIETTE CHAMPENOISE
Arnaud Lallement est à la tête de la table la plus courtisée de Champagne (trois macarons). Carte de champagnes impressionnante.
40, avenue Paul-Vaillant-Couturier, 51430 Tinqueux. Tél : 03 26 84 64 64.
www.assiettechampenoise.com

LE BOCAL
Aux Halles du Boulingrin, plongez dans le Bocal. Un magnifique étal de poissons à emporter vous fera saliver. Derrière, une petite salle de restaurant de 14 couverts où des assiettes fraîches soufflent un air iodé : moules farcies, tartares (huîtres spéciales de Gillardeau, thon albacore…). Carte des vins autour de la Champagne.
27, rue de Mars, 51100 Reims.
Tél : 03 26 47 02 51.
www.restaurantlebocal.fr

RACINE
Le Japonais Kazuyuki Tanaka signe une cuisine ciselée et épurée jouant avec la caille, le homard, la lotte, le cochon ibérique… qui se marie à merveille avec le champagne. Carte des vins bien garnie de 200 références. Menu déjeuner à 45 € et deux menus dîner à 70 € et à 95 €.
6, place Godinot, 51100 Reims.
Tél : 03 26 35 16 95. www.racine.re

BAR À VINS

THE GLUE POT
Derrière ses allures de pub, une sélection pointue de belles cuvées de toute la France, que l'on peut accompagner d'un burger ou d'une planche de charcuterie.
49, place Drouet-d'Erlon, 51100 Reims.
Tél : 03 26 47 36 46.

FÊTE VIGNERONNE

DU 8 AU 10 DÉCEMBRE 2017 : FÊTE DES LUMIÈRES À ÉPERNAY
Les maisons de champagne et les monuments de la ville mis en lumière : festivités, dégustations et parades dans les rues.
www.habitsdelumiere.epernay.fr

NOS TROIS COUP DE ♥

LES AVISÉS
La grande maison de maître transformée en hôtel-restaurant par Corinne et Anselme Selosse est une véritable réussite. Le chef propose aussi des cours de cuisine ! Chambres de 250 à 390 € la nuit.
59, rue de Cramant, 51190 Avize.
Tél : 03 26 57 70 06.
www.selosse-lesavises.com

DOMAINE LES CRAYÈRES
L'un des plus beaux hôtels-restaurants de France. Une cuisine réalisée avec des produits locaux et une carte des vins qui compte près de mille références à des prix mesurés.
64, boulevard Henry-Vasnier, 51100 Reims. Tél : 03 26 24 90 00.
www.lescrayeres.com

LE WINE BAR BY LE VINTAGE
Assiettes de tapas et champagnes y font bon ménage. 1 400 vins à la carte.
16, place du Forum, 51100 Reims.
Tél : 03 26 05 89 94. www.winebar-reims.com

CHAMPAGNE

★★★
AGRAPART

La famille Agrapart, dans la région depuis la fin du XIXᵉ siècle, possède un superbe patrimoine de chardonnay en grand cru à Avize, Cramant, Oger et Oiry, valorisé par des méthodes de culture et de vinification artisanales, respectueuses du milieu naturel. Représentant la nouvelle génération, Pascal Agrapart, qui revendique haut et fort son appartenance aux récoltants-manipulants, a étendu la gamme en déclinant les cuvées parcellaires (fermentations malolactiques faites). Toutes les cuvées sont désormais des références dans l'expression appuyée de la minéralité champenoise. Les fins de bouche se révèlent claires (peu ou non dosées), les saveurs sapides, persistantes, sur des notes d'oxydation ménagées et salines. Le vieillissement en cave aidant, la finesse des bulles se montre remarquable. Ce domaine montre la voie à la région de la côte des Blancs, qui se laisse trop souvent aller à la facilité.

Les vins : encore jeune et sur la réserve, la cuvée Terroirs, construite sur près d'une moitié de 2013, impressionne par sa retenue profonde et le crémeux de sa bulle. N'hésitez pas à le garder quatre à cinq ans en cave. Plantée de six cépages (chardonnay, pinot noir, meunier, pinot blanc, arbane et petit meslier) en 2003, la parcelle de Complantée dévoilera son véritable potentiel lorsque les vignes seront plus âgées, mais cette version, encore extrêmement jeune (80 % de 2014), déroule le relief de cette complexité tout en gardant un côté juvénile. Laissez se reposer les 2011 encore cinq ans. Dans ce millésime, les cuvées sont d'un très haut niveau sans avoir la race et l'élan des 2010. La Minéral issu de vignes cinquantenaires d'Avize et Cramant évoluera avec droiture et salinité dans les 20 ans. L'Avizoise se distingue avec une étoffe et un volupté un cran au-dessus. La Vénus est tissée tout en dentelle avec une énergie impressionnante et une sublime définition du chardonnay (planté en 1959) du terroir de la Fosse, à Avize. À ouvrir dans dix ans.

⊳ Brut Nature Grand Cru Blanc de Blancs
  Venus 2011   160 (c) €   17

⊳ Extra Brut Grand Cru Blanc de Blancs
  L'Avizoise 2011   100 (c) €   17

⊳ Extra Brut Grand Cru Blanc de Blancs
  Minéral 2011   80 (c) €   17

⊳ Extra Brut Grand Cru Blanc de Blancs
  Terroirs   60 (c) €   16,5

⊳ Extra Brut Grand Cru
  Complantée   70 (c) €   16

Le coup de ♥
⊳ Brut Nature Grand Cru Blanc de Blancs
  EXP.12   220 (c) €   17,5

Sélectionné sur les têtes de cuvée des vieilles vignes d'Avize en 2012, ce brut nature est toujours surprenant avec ses saveurs à la fois salées et sucrées de raisin bien mûr. D'une intensité remarquable, il reste plus austère que les autres champagnes de la gamme. Quelle originalité !

Rouge : 0,5 hectare.
Pinot noir 100 %
Blanc : 11,5 hectares.
Chardonnay 100 %
Production moyenne : 90 000 bt/an

AGRAPART
57, avenue Jean-Jaurès, 51190 Avize
03 26 57 51 38 ●
info@champagne-agrapart.com ●
Visites : Pas de visites.
Propriétaire : Pascal Agrapart

★★★
BOLLINGER

La fermentation en petit fût de chêne, la conservation des vins de réserve en magnum (le grand marqueur du goût Bollinger), la maturation en cave des cuvées millésimées parfois plus de dix ans... Toutes ces méthodes ont contribué à créer le style très original de "Boll" comme disent les Champenois, "Boly" pour les Anglais. Sa force vient bien sûr d'un vignoble propre (cultivé et en conversion biologique partielle), à dominante de pinot noir (60 % des besoins) et d'approvisionnements très sélectifs en moûts et raisins, jamais en vins clairs, uniquement issus de la Marne. Bollinger suit un draconien cahier des charges de production. L'actionnariat, toujours familial, a confié son développement en 2007 à Jérôme Philipon. Il a rajeuni l'équipe en confiant, en 2013, la responsabilité des caves et du vignoble à Gilles Descôtes.

Les vins : la brut Spécial Cuvée, signature de la maison, offre une bouche de bel équilibre, avec ce volume qui la caractérise, et de la profondeur. Elle porte bien l'esprit de la maison. Si nous avions émis quelques réserves sur La Grande Année 2005, la 2007 qui lui succède se montre plus dynamique, portée par des notes d'agrumes nobles en finale. Enfin, comment rester insensible face au majestueux RD 2002, toujours intense, savoureux et terriblement persistant ?

⟤ Brut La Grande Année 2007	115 (c) €	17,5
⟤ Brut Spécial Cuvée	46 (c) €	16
⟤ Extra Brut RD 2002	245 (c) €	19

Le coup de ♥

▬ Brut Rosé	68 (c) €	17

Une superbe cuvée à la fois croquante et complexe. Le nez exprime les fleurs et les fruits rouges. La bouche se dévoile tout en vinosité et en élégance.

Rouge : 127 hectares.
Pinot noir 80 %, Pinot meunier 20 %
Achat de raisins.
Blanc : 39 hectares.
Chardonnay 100 %
Achat de raisins.

BOLLINGER
16, rue Jules-Lobet, BP 4, 51160 Aÿ
03 26 53 33 66 •
www.champagne-bollinger.com •
Visites : sur rendez-vous uniquement aux professionnels.
Propriétaire : Société Jacques Bollinger
Directeur : Jérôme Philipon
Chef de cave : Gilles Descôtes

★★★
ÉGLY-OURIET

Une formule résume la vision de Francis Égly : "Les vignes, c'est comme les chevaux : si tu veux bien les maîtriser, il faut les faire naître." En bon cavalier-éleveur, ce producteur dispose d'un vignoble approchant les 40 ans d'âge, construit par sa famille autour de sélections massales remarquables, à l'origine de la saveur rare de ses raisins et donc de ses champagnes. Depuis trois générations, la famille a édifié un patrimoine de vignes en grand cru (9,7 ha) à Bouzy, Verzenay et surtout Ambonnay (7,7 ha), au cœur du terroir. En premier cru, elle dispose de 2 ha en pinot meunier sur le terroir de Vrigny, dans la vallée de la Marne. À rebours d'une Champagne qui vend ses bouteilles de plus en plus jeunes, Francis Égly, à la suite de son père Michel, construit patiemment un trésor qui lui permet de commercialiser ses bruts après quatre ans de vieillissement, et ses millésimés au-delà de six ans. Tous les vins sont vinifiés en barrique (depuis 1995), sans fermentation malolactique (depuis 1999), afin de conserver davantage de fraîcheur. Les dates de dégorgement sont mentionnées sur les contre-étiquettes.

Les vins : une gamme de haute volée de champagnes matures et de grande sagesse. Les Vignes de Vrigny est une superbe entrée en matière avec un meunier savoureux ponctué d'une finale profonde et d'un croquant irrésistible. Tradition s'avère d'un excellent niveau, liant une bouche intense et une structure raffinée. L'élevage impeccable souligne le superbe rosé vieilli 52 mois en cave, avant de livrer un bouquet remarquable de saveurs (griotte, safran...) sur une matière ample, longue et élancée. Après le chaleureux 2006, le 2007 – qui a reposé 102 mois –, renoue avec la fraîcheur et l'austérité champenoise. Il est marqué par une fine évolution, tout en conservant de la retenue et de la fermeté. La quintessence du pinot noir d'Ambonnay se dévoile au travers des vieilles vignes du lieu-dit Les Crayères dans la cuvée blanc de noirs. Plus toasté, ce champagne nous procure des sensations fortes, avec des saveurs s'ouvrant crescendo et une tension poussant vers une longueur et une race phénoménales. Nous ne connaissons pas de coteaux-champenois plus élégant qu'Ambonnay Les Grands Côtés 2014, dont le parfum lardé-fumé de l'élevage est envahissant mais se fondra dans le temps pour laisser place à un vin caressant en dentelle et nuance. Ouvrez-le dès 2020.

⟤ Brut Grand Cru 2007	N.C.	17,5
⟤ Brut Grand Cru Les Crayères Blanc de Noirs Vieilles Vignes	75 €	18
⟤ Brut Grand Cru Tradition	33 €	16,5
⟤ Brut Premier Cru Les Vignes de Vrigny	26 €	16
▬ Brut Rosé Grand Cru	42 €	17
▬ Coteaux Champenois Ambonnay Les Grands Côtés 2014	N.C.	18

Le coup de ♥

⟤ Extra Brut Grand Cru VP	44 €	18

Un vieillissement magistral de 86 mois propulse ce champagne épanoui en retenue, au raffinement toasté et à l'allonge veloutée. Incroyable race.

Rouge : 10 hectares.
Pinot noir 78 %, Pinot meunier 22 %
Blanc : 2 hectares.
Chardonnay 100 %
Production moyenne : 100 000 bt/an

ÉGLY-OURIET
15, rue de Trépail, 51150 Ambonnay
03 26 57 00 70 • contact@egly-ouriet.fr •
Vente et visites : au domaine sur rendez-vous.
Propriétaire : Francis Égly

★★★
JACQUESSON

Nous sommes ici dans ce que la Champagne peut produire de meilleur en terme de vins de terroir à la personnalité affirmée. Le mérite en revient aux frères Chiquet, Jean-Hervé au commerce et Laurent aux vinifications, deux passionnés de grands vins du monde entier qui ont porté ici le niveau d'exigence à la vigne et en cave au sommet. Malgré le succès, les volumes n'enflent pas, au contraire : la maison se recentre sur des cuvées à forte personnalité de vignes parcellaires. Les vinifications sur lies en foudre sont maintenues, le dosage est faible ou absent, comme les filtrations. Cette maison d'artisan produit un champagne intense, robuste, racé. Le nom du brut non millésimé est un numéro (N° 735, N° 736, etc.) qui change à chaque nouveau tirage. Cette cuvée s'appuie sur les caractéristiques de l'année de base, avec une moitié de chardonnay et deux quarts de pinot noir et meunier, uniquement issus de grands crus et de premiers crus.

Les vins : une fois encore, la gamme, courte mais très efficace, nous séduit par la précision des vins présentés. La N° 740 entrera dans la légende ; la N° 736 en dégorgement tardif assume une évolution noble et complexe qui l'imposera à table. Sa pureté s'avère néanmoins admirable. Cuvée parcellaire, Corne Bautray 2007 est produit à Dizy et offre un crayeux en bouche remarquable, ainsi qu'une longueur et une tension salivantes de premier ordre. Superbe !

- Brut Cuvée N° 736 Dégorgement Tardif 2008   80 €   17
- Brut Premier Cru Dizy Corne Bautray 2007   130 €   18

Le coup de ♥
- Brut Cuvée N° 740 2012   45 €   17,5

Admirable cuvée encore à l'aube de sa vie, la N° 740, est portée par la dynamique de sa base de 2012. La bouche est diablement vivante et racée, avec une finale aux nobles amers.

Rouge : 14 hectares.
Pinot noir 65 %, Pinot meunier 35 %
Achat de raisins.
Blanc : 14 hectares.
Chardonnay 100 %
Achat de raisins.
Production moyenne : 270 000 bt/an

JACQUESSON
68, rue du Colonel-Fabien, 51530 Dizy
03 26 55 68 11 ●
www.champagnejacquesson.com ● Vente et visites : au domaine sur rendez-vous.
Du lundi au jeudi de 8h à 12h et de 13h30 à 17h30.
Propriétaire : Jean-Hervé et Laurent Chiquet
Directeur : Famille Chiquet

★★★
KRUG

La mythique maison rémoise, acquise en 1999 par le groupe LVMH, connaît une nouvelle ère de prospérité avec 90 % des expéditions réalisées à l'export, le Japon comme premier marché. Un élan commercial qu'accompagne un quatuor de choc : la présidente d'origine vénézuélienne Margareth Henriquez, secondée par Olivier Krug (fils d'Henri), le fidèle chef de cave Éric Lebel et l'œnologue Julie Cavil, qui suit plus particulièrement les clos. Les 20 ha de propriété, issus des plus nobles origines, correspondent à environ 30 % des approvisionnements, logiquement complétés par des achats parcellaires chez des vignerons. Tous les vins sont vinifiés en petit fût âgé (environ 5 000, 20 ans d'âge moyen), pendant deux mois, le temps de la phase fermentaire. Les fermentations malolactiques sont généralement faites en cuve. La Grande Cuvée est issue de 40 % de vin de réserve avec, dans l'assemblage, plus de 120 vins âgés parfois de plus de 20 ans. Elle est ensuite vieillie sur pointe, en cave, au minimum sept ans. Matures et riches, ces champagnes à la bulle tempérée, savoureux, persistants, complexes sans être compliqués, s'expriment au mieux lors d'un repas. Sur toutes les bouteilles ayant quitté les caves après septembre 2011, est mentionné un numéro d'ID (ex : 212021). Entrer ce numéro sur le site krug.com permet de connaître l'histoire de chaque bouteille : le trimestre où la bouteille a quitté les caves (premier chiffre), l'année de sortie (les deux suivants) et ses composants. Ce code permet de collectionner plusieurs bouteilles et de les laisser vieillir, puisque un champagne bien né n'a pas besoin d'être millésimé pour bien vieillir. Les rarissimes cuvées monocru et monocépage Clos du Mesnil (1,84 ha de chardonnay) et Clos d'Ambonnay (0,68 ha de pinot noir) n'en sont pas moins glorifiées par tous les grands amateurs pour leur raffinement absolu.

Les vins : la gamme positionne la maison au sommet, que ce soit la Grande Cuvée qui brille par sa complexité et sa puissance, sans jamais faire preuve de lourdeur. Le rosé est tendu et gourmand, mais surtout terriblement long. Quant au 2002, il ne prend pas une ride et s'impose comme une cuvée majeure de la champagne !

⊂ Brut 2002	225 (c) €	19
⊏ Brut Rosé	250 €	18,5

Le coup de ♥

⊂ Brut Grande Cuvée	159 (c) €	18

Cette 163ᵉ édition de la Grande Cuvée est particulièrement racée, portée par toute la complexité des vins de réserve. Une bouteille pour connaisseurs patients, car nous sommes persuadés qu'une garde supplémentaire de quelques années ajoutera encore à la magie.

Rouge : Pinot noir 100 %
Achat de raisins.
Blanc : Chardonnay 100 %
Achat de raisins.

KRUG
5, rue Coquebert, 51100 Reims
03 26 84 44 20 • www.krug.com •
Visites : sur rendez-vous uniquement aux professionnels.
Propriétaire : LVMH
Directeur : Margareth Henriquez (présidente), Olivier Krug (directeur)
Chef de cave : Éric Lebel
Œnologue : Julie Cavil

★★★
POL ROGER

À l'écart du tapage marketing, Pol Roger est une icône authentique de la Champagne, exemplaire par la précision, la générosité et la régularité de sa gamme. Une maison encore familiale qui possède un rare vignoble d'une centaine d'hectares, plantés notamment sur les coteaux d'Épernay, en côte des Blancs (Oiry, Cuis, Cramant), ainsi qu'à Mareuil et à Ambonnay ; autant de terroirs sources de haute qualité et de régularité. Les trois cépages sont présents par tiers, comme pour les achats (un équilibre qui se retrouve dans les cuvées) ; les fermentations malolactiques sont systématiques (ce qui apporte de la rondeur) ; les débourbages se font à froid (pour l'intensité aromatique). Pol Roger est la dernière maison de cette taille à remuer manuellement sur pupitre ses 1,6 million de bouteilles annuelles dans ses 7,5 km de caves sparnaciennes. Les cuvées se différencient à travers le vieillissement des vins de réserve, ainsi que par l'origine des crus. Pol Roger a retrouvé le style et la générosité des vins qui ont fait sa gloire dans les années 60, avec des cuvées comme Sir Winston Churchill (seulement dix millésimes produits en trente ans), ou la cuvée blanc de blancs millésimée, parangon des champagnes racés qui vieillissent remarquablement.

Les vins : difficile de prendre en défaut une gamme à la cohérence aussi parfaite. Le brut Réserve est simplement délicieux et digeste ; Pure, au dosage extra-brut, se révèle pointu, mais pas austère, doté d'une fabuleuse finale aux délicieuses notes d'agrumes. Le Vintage 2008 conserve une belle vivacité et une superbe ampleur complexe. Plus crémeux, le blanc de blancs 2009 s'ouvre dans un registre de fruits jaunes, avec une touche beurrée en finale et surtout une admirable longueur. Il ne s'incline que face à un somptueux Winston Churchill 2006 qui monte en puissance dans le verre et impose sa finale éclatante, sans pour autant atteindre la précision de la 2004.

⊂ Brut Blanc de Blancs 2009	90 (c) €	17,5
⊂ Brut Sir Winston Churchill 2006	218 (c) €	18
⊂ Brut Vintage 2008	58 (c) €	17
⊂ Extra Brut Pure	47 (c) €	16,5
⊏ Brut Rosé 2008	86 (c) €	16,5

Le coup de ♥

⊂ Brut Réserve	40 (c) €	16,5

L'intensité de saveurs de cette cuvée est remarquable. La bouche se montre vineuse, ample, mais tout en fraîcheur. Une référence en matière de brut sans année !

Rouge : 95 hectares.
Pinot meunier 55 %, Pinot noir 45 %
Blanc : 90 hectares.
Chardonnay 100 %
Production moyenne : 1 600 000 bt/an

POL ROGER
1, rue Winston-Churchill, 51200 Épernay
03 26 59 58 00 • www.polroger.com •
Visites : Pas de visites.
Propriétaire : Famille de Billy
Directeur : Laurent d'Harcourt
Œnologue : Dominique Petit

★★★
LOUIS ROEDERER

Voici un des plus beaux porte-étendard de la Champagne. Cette maison familiale s'appuie sur un vignoble de 240 ha (420 parcelles) à majorité pinot noir et classé en grand cru à 70 %. La viticulture est ici une réelle priorité : près de 15 %

des vignes sont en culture biologique et en biodynamie, le travail des sols se généralise. Seul un vignoble aussi exceptionnel explique le niveau d'harmonie et de concentration unique sur des volumes aussi importants. Ce n'est pas un hasard si le chef de cave, Jean-Baptiste Lécaillon, est œnologue mais aussi agronome. Tout comme Jean-Claude Rouzaud, qui a bâti l'empire actuel de grands vignobles internationaux Roederer dans lequel se retrouvent les champagnes Deutz, les domaines Ott en Provence, le château Pichon-Comtesse de Lalande à Pauillac, la maison Delas dans la vallée du Rhône, les portos Ramos Pinto, ou encore les californiens de Roederer Estate. En bonne intelligence, il a confié tôt les rênes du groupe à son fils, Frédéric Rouzaud, actuel président. Cette maîtrise du lien direct avec les vignobles et les vins explique la régularité de la production en Champagne comme ailleurs. Ici les fermentations malolactiques ne sont que partielles et aléatoires (entre 25 % et 50 %). Les jus sont travaillés sur lies en cuve et en foudre de chêne, afin de leur donner de l'épaisseur. Cristal (60 % pinot noir, 40 % chardonnay) est issu d'un vignoble dédié, toujours le même, de vieilles vignes, uniquement en grand cru. À partir du millésime 2011, Cristal est issue d'un vignoble à 100 % en biodynamie. L'ensemble de la gamme est d'une excellence et d'une régularité uniques à ce volume de production. Louis Roederer est aujourd'hui au sommet des maisons de Champagne.

Les vins : épurés et imprégnés par leur terroir, ils imposent leur précision. Le brut Premier s'illustre comme un modèle du genre ; le blanc de blancs 2010 offre une exquise gourmandise en bouche, dont la finale vibre aux notes d'agrumes et de fruits blancs. Plus arrondi, le Vintage 2009 offre une texture davantage confortable, mais sans aucune mollesse. Les cuvées Cristal exposent leur standard d'excellence millésime après millésime.

⟶ Brut Blanc de Blancs 2010	80 € 17
⟶ Brut Premier	41 € 16
⟶ Brut Vintage 2012	66 € 16,5
⟶ Brut Rosé 2012	70 € 17

Le coup de ♥
⟶ Brut Cristal 2009	200 € 18,5

Un Cristal tout en puissance, à la bouche charnue, mais nerveuse, qui déploie une très grande intensité de saveurs et surtout beaucoup de longueur. Il faudra néanmoins patienter au moins trois ans pour qu'il se livre totalement.

Rouge : 150 hectares.
Pinot meunier 50 %, Pinot noir 50 %
Achat de raisins.
Blanc : 90 hectares.
Chardonnay 100 %
Achat de raisins.
Production moyenne : 3 500 000 bt/an

LOUIS ROEDERER
21, boulevard Lundy, CS 40014, 51722 Reims Cedex
03 26 40 42 11 • www.louis-roederer.com
• **Visites :** sur rendez-vous uniquement aux professionnels.
Propriétaire : Famille Rouzaud
Directeur : Frédéric Rouzaud (Président)
Chef de cave : Jean-Baptiste Lécaillon

SALON

Propriété du groupe Laurent-Perrier depuis 1988, cette petite maison mythique, parangon du blanc de blancs, possède une activité bien autonome dans le groupe. Son champagne provient d'un seul cépage, le chardonnay, d'un seul cru, le Mesnil-sur-Oger et d'un seul millésime. Comme Delamotte, la grande sœur qui partage les mêmes locaux, Salon est dirigé par Didier Depond et les vinifications sont pilotées par le chef de cave de Laurent Perrier, Michel Fauconnet. Les chardonnays de Salon ne font pas leur fermentation malolactique pour préserver une plus haute acidité et favoriser la garde. Ce qui explique que les millésimes de Salon à leur sortie sont souvent fermés voire austères. Salon ne se révèle jamais vraiment avant quinze ans et brille dans l'alliance du raisin mûr et de la craie fraîche. Après une période de vieillissement sur pointe d'environ douze ans, Salon continue encore à manipuler ses bouteilles et magnum en pupitre. Les tirages en magnum progressent au point que Salon 2008 (pas commercialisé avant 2022) sortira uniquement en magnum.

Les vins : Salon vient de livrer le millésime 2006, un vin au raffinement exemplaire parti pour une noble évolution.

⟶ Brut Blanc de Blancs 2006	396 (c) € 18,5

Blanc : 10 hectares.
Chardonnay 100 %
Production moyenne : 60 000 bt/an

SALON
5, rue de la Brèche-d'Oger, 51190 Le Mesnil-sur-Oger
03 26 57 51 65 • www.salondelamotte.com
• Pas de visites.

Propriétaire : Groupe Laurent-Perrier
Directeur : Didier Depond (président)
Chef de cave : Michel Fauconnet

★★★
JACQUES SELOSSE

Comme l'œuvre de tout grand créateur, les champagnes d'Anselme Selosse s'apprivoisent. Puis, sans que l'on s'en rende compte, ils changent votre perception du champagne en vous rendant surtout plus exigeant ! Peu de vins au monde possèdent une telle profondeur, une telle résonance. Le travail complet du vignoble, la cueillette à maturité optimale, les vinifications sous de multiples origines de bois (en assemblage façon solera, chaque millésime ancien éduque les plus jeunes dans l'esprit des grands jerez) ou encore un stock de six ans en bouteilles qui continue de croître : tous ces procédés, tous ces efforts sont au service d'une expression toujours plus harmonieuse des terroirs. Le domaine, constitué par Jacques, le père d'Anselme, compte une quarantaine de parcelles sur la côte des Blancs, en chardonnay, réparties essentiellement sur Avize, mais également sur Cramant, Oger et Le Mesnil-sur-Oger, complétées avec du pinot noir venu d'Aÿ, d'Ambonnay et de Mareuil. La production (seulement 57 000 bouteilles/an) se compose d'Initial, principale cuvée (33 000 bouteilles) élaboré à partir de chardonnay (Avize, Cramant et Oger) de trois années successives, de Version Originale, d'un millésimé également blanc de blancs et de six lieux-dits, issus de l'assemblage d'années : quatre en pinot noir, La Côte Faron d'Aÿ, Le Bout du Clos d'Ambonnay, Sous le Mont de Mareuil/Aÿ, et deux en chardonnay, Les Carelles au Mesnil-sur-Oger, Les Chantereines à Avize, Chemin de Châlons à Cramant.

Les vins : trois vins époustouflants sont présentés cette année. Une remarquable alchimie se déroule dans Les Carelles, l'un des six lieu-dits isolés, où des vins de 2003 à 2010 sont assemblés et mettent en lumière ce coteau sud hyper calcaire du Mesnil-sur-Oger. Ce chardonnay hors-norme évoque la tourbe ; des nuances empyreumatiques et florales parfument un corps svelte avec une magnifique sensation de sucré naturel du raisin et de salé de la craie, portée par de fins amers salivants et sapides. Avec une soléra débutée en 1986, la cuvée Substance est naturellement plus marquée par cette noble oxydation, doté d'une densité d'extraits secs structurant ce vin poussé par une énergie amère nous fait pénétrer dans l'univers des grands vins andalous.

▷ Extra Brut Grand Cru Blanc de Blancs Les Carelles 100 € 19
▷ Extra Brut Grand Cru Blanc de Blancs Substance 140 € 19

Le coup de
▷ Brut Grand Cru Blanc de Blancs 2004 350 € 19,5

Ce 2004 est le fruit d'une récolte de deux parcelles d'Avize, Chantereines et Maladrie du Midi. Encore marqué par une touche boisée, ce champagne délié se magnifiera avec le temps en gardant une race incroyable et sa finale aérienne, typique du millésime.

Rouge : 1 hectare.
Pinot noir 100 %
Blanc : Chardonnay 100 %
Production moyenne : 57 000 bt/an

JACQUES SELOSSE
59, rue de Cramant, 51190 Avize
03 26 57 53 56 ●
www.selosse-lesavises.com ● Vente et visites : au domaine sur rendez-vous.
Propriétaire : Corinne et Anselme Selosse

★★
AR LENOBLE

Le travail réalisé par Anne Malassagne et son frère Antoine a porté cette jolie petite maison de Damery vers les sommets. La gamme des cuvées se porte admirablement bien, déclinant des styles qui conviennent à toutes les circonstances. Le vignoble en propre est équilibré par tiers, avec un avantage pour les beaux chardonnays de Chouilly. L'élevage se fait partiellement sous bois et les dosages sont bas. Les stocks de vieillissement ont progressé, ce qui se ressent dans l'harmonie d'une gamme tournée vers des champagnes confortables, aux matières patinées, et qui ne s'interdit pas des incursions convaincantes vers la modernité des bulles de fruit et de fraîcheur (cuvée Intense, Dosage Zéro). Vinification précise, vins de réserve à maturité, la gamme Lenoble perpétue l'esprit des bonnes maisons qui maîtrisent un vignoble de qualité.

Les vins : nous attribuons une seconde étoile à cette maison dont les vins, à commencer par le brut Intense, nous ont emballé. La cuvée Dosage Zéro ou le blanc de blancs, dont le style les prédispose pour la table, se distinguent également. Le rosé impose une estimable délicatesse, à travers des notes subtilement fruitées et un équilibre toujours très salin en finale. Le 2008, en blanc de blancs est aussi très solide, avec une bouche à l'énergie vraiment superbe, portée par de nobles amers en finale et surtout beaucoup de finesse. Le blanc de noirs 2012 joue quant à lui dans un registre plus musclé, mais très persistant. Gentilhomme 2009 se fond doucement et conserve une très grande intensité. Un champagne raffiné qui s'illustrera aux côtés d'une belle volaille.

Brut Grand Cru Blanc de Blancs 2008	51,30 €	17
Brut Grand Cru Blanc de Blancs Chouilly	33,10 €	16
Brut Grand Cru Blanc de Blancs Gentilhomme 2009	67 €	17
Brut Intense	28,60 €	15,5
Extra-Brut Premier Cru Blanc de Noirs 2012	52 €	17
Brut Rosé Terroir	40,30 €	16,5
Brut Nature Dosage Zéro	30,40 €	16

Le coup de ♥

Brut Grand Cru Blanc de Blancs Les Aventures	99 €	17,5

Nous redégustons avec joie le dernier tirage de la cuvée qui se présente particulièrement bien, avec une bouche tout en volume et en distinction. A la fois persistant et raffiné. Superbe !

Rouge : 1 hectare.
Pinot meunier 62 %, Pinot noir 38 %
Achat de raisins.
Blanc : 17 hectares.
Chardonnay 100 %
Achat de raisins.
Production moyenne : 320 000 bt/an

AR LENOBLE
**35, rue Paul Douce, 51480 Damery
03 26 58 42 60 ●
www.champagne-arlenoble.com ● Vente et visites : au domaine sur rendez-vous.
Propriétaire : Anne et Antoine Malassagne
Chef de cave : Antoine Malassagne**

FRANÇOISE BEDEL ET FILS

En 2015, l'installation dans la nouvelle cave à Chézy-sur-Marne fait passer un cap majeur au domaine de 8,5 ha de Françoise Bedel et de son fils Vincent Desaubeau, à ses côtés depuis 2003. Derrière des contours élémentaires, ce lieu lumineux mêle un modernisme architectural à de hautes valeurs écologiques. Un projet longtemps mûri, en parfaite adéquation avec la viticulture biodynamique et l'esprit savoureux, rond et énergique de leurs champagnes. Issus essentiellement du meunier, sur les terroirs hétérogènes de la porte occidentale de la Marne (limoneux, argileux, calcaires, garnis de pierres meulières), élevés longtemps en cave et peu dosés, ces champagnes peu connus du grand public sont d'une sincérité rare. Leur effervescence cajole le corps, leurs notes oxydatives subtiles nourrissent l'esprit.

Les vins : déjà dégusté l'année dernière, le brut Origin'elle, construit sur une base 2011 est à boire désormais. L'Âme de la Terre 2005 n'atteint pas le niveau de plénitude du 2002. Il sera à boire rapidement. Terminons en beauté avec Comme Autrefois 2003 (40 % meunier, 40 % pinot noir, 20 % chardonnay). Après un vieillissement de onze ans sous bouchon liège, ce 2003 très original, fermenté en fût, livre des saveurs tourbées, vanillées et automnales. Une matière riche et savoureuse, mais dotée d'une magnifique fraîcheur. Dans des millésimes compliqués comme 2011 et 2005, les cuvées ont davantage le niveau d'une étoile que de deux. Nous espérons un retour en force des prochains tirages.

Brut Origin'Elle	32 €	14,5
Extra Brut Comme Autrefois	90 €	17
Extra Brut Entre Ciel et Terre	45 €	16,5
Extra Brut L'Âme de la Terre 2005	57 €	16,5

Le coup de ♥

Brut Dis, Vin Secret	37 €	16

À dominante de 2008, il renoue avec l'énergie impulsée par la biodynamie. Ce 90 % meunier, vieilli sept ans sur lattes, est plein de sève, d'extraits secs et de vinosité pour la table.

Rouge : 7,2 hectares.
Pinot meunier 92 %, Pinot noir 8 %
Blanc : 1,22 hectare.
Chardonnay 100 %
Production moyenne : 60 000 bt/an

FRANÇOISE BEDEL ET FILS ☾
**71, Grande Rue, 02310 Crouttes-sur-Marne
03 23 82 15 80 ● www.champagne-bedel.fr
● Vente et visites : au domaine sur rendez-vous.
Du lundi au vendredi de 9h à 12h30 et de 13h30 à 18h. Les autres jours sur rendez-vous (mêmes horaires).
Propriétaire : Françoise Bedel
Directeur : Vincent Desaubeau**

★★ BILLECART-SALMON

Cette maison encore familiale, efficacement présidée par François Billecart, est implantée à Mareuil-sur-Aÿ depuis le XIXᵉ siècle. Elle a connu un fort développement ces vingt dernières années, sous l'impulsion de son dynamique directeur, Alexandre Bader, qui a fait de Billecart-Salmon une marque associée à la grande restauration dans le monde entier. La maison, qui se stabilise aux environs de deux millions de bouteilles, a investi dans un outil de production moderne à Oiry et livre une large gamme de vins toujours bien travaillés et majoritairement assis sur de très beaux pinots noirs.

Les vins : signature forte de la maison, le brut Réserve demeure impeccable dans ce tirage à la bouche de belle sapidité. L'extra-brut est porté par une belle trame fine et une bulle toujours digeste. Un vin très épuré. Bien construit et finement patiné par le temps, le Vintage 2007 livre une bouche suave et gourmande. Cultivant toujours son goût à part, la cuvée Sous Bois offre une bouche très intense, fine et sapide, avec une petite note d'épices en finale. Le blanc de blancs 2004 se montre toujours aussi fringant et raffiné, notamment grâce à un côté floral très agréable. Notre préférence va néanmoins à la somptueuse cuvée Nicolas François Billecart 2002 !

⊂ Brut Blanc de Blancs 2004	152 €	17
⊂ Brut Réserve	40,50 €	15,5
⊂ Brut Sous Bois	62 €	16,5
⊂ Brut Vintage 2007	62 €	16
⊂ Extra-Brut	42 €	15,5
▬ Brut Rosé Élisabeth Salmon 2006	190 €	17
▬ Brut Rosé	62 €	16,5

Le coup de ♥

⊂ Brut Nicolas François Billecart 2002	160 €	18

Comment résister à cette cuvée superbe, portée par une trame droite, pure et saline. Le vin est totalement en place et s'étire de façon incroyable. Un grand flacon.

Rouge : 80 hectares.
Pinot noir 50 %, Pinot meunier 50 %
Achat de raisins.
Blanc : 10 hectares.
Chardonnay 100 %
Achat de raisins.
Production moyenne : 1 800 000 bt/an

BILLECART-SALMON
40, rue Carnot, 51160 Mareuil-sur-Aÿ
03 26 52 60 22 ●
www.champagne-billecart.fr ● Vente et visites : au domaine sur rendez-vous.
Du lundi au jeudi de 9h à 12h et de 14h à 17h, le vendredi de 9h à 12h.
Propriétaire : Famille Roland-Billecart
Directeur : François Roland-Billecart (président)
Chef de cave : François Domi

★★ BÉRÊCHE ET FILS

Ce domaine du nord-ouest de la Montagne de Reims se singularise par une viticulture exemplaire, proche du bio, au service de champagnes expressifs, de caractère, issus de sélections et de vinifications parcellaires. C'est le résultat d'un travail familial rigoureux, effectué par Raphaël Bérêche, le vinificateur, et son frère cadet Vincent, responsable du vignoble. Ne vous fiez pas à leurs airs d'adolescents enjoués qui ne se prennent pas au sérieux, ils font désormais partie des grands vignerons de Champagne. Initiés en cela par leur père Jean-Pierre (il y a plus de vingt ans), les frères Bérêche perpétuent les élevages en fût et en demi-muid. Sur un terroir à dominante de pinot noir et de meunier, naturellement solide d'expression, la recherche de la maturité ne se fait jamais au détriment de la tension en bouche. Les dosages sont impalpables. La gamme (sauf les Réserve brut et extra-brut) est désormais tirée sous bouchon de liège et la date de dégorgement mentionnée sur les contre-étiquettes. L'intensité et le naturel des jus, les élevages ambitieux maîtrisés, le pari audacieux d'une sélection de négoce haut-de-gamme a conduit logiquement les frères Bérêche à la deuxième étoile en 2015. Nous vous recommandons de laisser leurs champagnes s'assagir et s'harmoniser un à deux ans en cave avant de les ouvrir.

Les vins : nous aimons la précision des saveurs (épices, zestes) et de la bulle dans le brut Réserve (2013/2014) issu de vignes trentenaires de pinot noir, meunier et chardonnay. C'est l'un des meilleurs bruts sans année de Champagne dans des volumes conséquents (60 000 bouteilles et 2000 magnums). Le Rive Gauche 2013 est un exemple de meunier concentré et sculpté avec précision. Délicatement vanillé, Les Beaux Regards 2013 est lié tout en dentelle avec une certaine suavité et une bulle claquante sous la langue. Le Rilly-la-Montagne 2013, encore discret et ferme, se

CHAMPAGNE

livrera avec le temps. Plus ouvert et charmeur que le 2008, le Cran 2009 s'avère parfait à boire à table dès maintenant. Le rosé Campania Remensis déroule un velouté de bouche remarquable et une densité parfaitement cadrée.

Brut Réserve	30 €	15,5
Extra Brut Premier Cru Les Beaux Regards 2013	48 €	16,5
Extra Brut Premier Cru Rilly-la-Montagne 2013	66 €	16,5
Extra Brut Rive Gauche 2013	48 €	16,5
Extra-Brut Premier Cru Le Cran 2009	66 €	16
Extra Brut Rosé Campania Remensis 2012	56 €	17

Le coup de ♥

Brut Reflet d'Antan Magnum	180 €	18

Avec plus de sagesse et d'harmonie, ce champagne assemblé des trois cépages est magistralement construit sur une réserve perpétuelle (base 2012). Plénitude, salinité et élan. Un équilibre rare.

Rouge : 6,5 hectares.
Pinot meunier 57 %, Pinot noir 43 %
Achat de raisins.
Blanc : 3,5 hectares.
Chardonnay 100 %
Achat de raisins.
Production moyenne : 100 000 bt/an

BÉRÊCHE ET FILS
**Le Craon de Ludes, 51500 Ludes
03 26 61 13 28** ● **www.bereche.com** ●
Vente et visites : au domaine sur rendez-vous.
Le vendredi uniquement.
Propriétaire : Famille Bérêche
Directeur : Raphaël et Vincent Bérêche

DEUTZ

Au fil des ans et sous la houlette de Fabrice Rosset, son président, cette vénérable maison, dans le giron de la famille Rouzaud (champagnes Louis Roederer), trace son sillon et impose la régularité de sa gamme toujours impeccable. Deutz colle à son terroir pour produire des champagnes, à dominante de pinot, harmonieux, pleins et déliés (fermentations malolactiques faites), sans artifice, aux bulles toujours très fines. La gamme homogène épouse son époque avec moins de vin de réserve dans l'assemblage du brut. Maîtresse des raisins noirs, Deutz se fait aussi une spécialité d'un vineux blanc de blancs avec le brillantissime Amour de Deutz. Depuis 2008, toute la gamme est habillée de la bouteille chic et évasée de la cuvée William. Le style du brut Classic (86 % de ses volumes), l'un des meilleurs en Champagne, a été rajeuni tout en demeurant singulier, bien typé pinot. La gamme de rosés est dans une forme resplendissante.

Les vins : le brut Classic demeure une valeur sûre, accessible et gourmand, un champagne toujours frais et digeste. Le blanc de blancs 2010 s'offre dans un registre vineux et dense à la fois : il atteint un bel apogée. Au sein des cuvées haut-de-gamme, difficile de résister au charme d'un Amour rosé 2007 aux senteurs florales et épicées. Un vin tout en délicatesse, aérien en finale. La version blanc évolue doucement, parmi les fruits secs, avec toujours cette grande finesse de texture et une salinité bienvenue en finale. Nous aimons la puissance brute et toujours maîtrisée de William Deutz, à la finale très dense et persistante.

Brut Amour de Deutz Blanc de Blancs 2007	150 (c) €	18
Brut Blanc de Blancs 2010	67 (c) €	16,5
Brut Classic	39 (c) €	16
Brut Amour de Deutz Rosé 2007	170 €	18
Brut Rosé 2012	60 (c) €	17
Brut Rosé	51 (c) €	16

Le coup de ♥

Brut Millésime 2012	57 (c) €	16,5

Le dernier né des millésimés offre une bouche percutante et un grand dynamisme. Un champagne tendu, mais enrobé et profond. Nous apprécions son côté polyvalent.

Rouge : 24,8 hectares.
Pinot noir 65 %, Pinot meunier noir 35 %
Achat de raisins.
Blanc : 6 hectares.
Chardonnay 100 %
Achat de raisins.
Production moyenne : 2 300 000 bt/an

DEUTZ
**16, rue Jeanson, BP 9, 51160 Aÿ
03 26 56 94 00** ●
www.champagne-deutz.com ● **Visites :** sur rendez-vous uniquement aux professionnels.
Propriétaire : Famille Rouzaud
Directeur : Fabrice Rosset (Président)
Chef de cave : Michel Davesne

★★ DOM PÉRIGNON

La marque Dom Pérignon, produite par Moët et Chandon, est une des plus brillantes réussites commerciales de la Champagne. Bien que le nombre de bouteilles produites demeure l'un des secrets industriels les mieux gardés, les Champenois bien informés s'accordent sur un volume compris entre 4 et 6 millions de bouteilles. Quel défi incroyable quand on connaît la qualité et la régularité de cette cuvée ! Ce tour de force est rendu possible par des approvisionnements en raisins de grandes origines : en moyenne 60 % de chardonnay, 40 % de pinot noir, mais cela peut s'inverser comme en 2003. Son effervescence éthérée, sa finesse de texture, son goût toasté savoureux est signé par Richard Geoffroy, chef de cave depuis 1996. Docteur en médecine, cet œnologue-comédien atypique interprète chaque millésime avec une rhétorique nouvelle. La dégustation d'une bouteille de Dom Pérignon est toujours une très belle expérience. La constance de la qualité, le style, l'image forcent le respect. Munissez-vous du code : les cuvées portent la lettre "P" pour "plénitude" : P1, sortie du nouveau millésime, à ouvrir au bout de 8 à 9 ans ; P2, pour une sortie de cave au bout de 12 à 14 ans ; P3 au-delà de 20 ans...

Les vins : dernier millésime mis sur le marché, le 2009 est ample, riche et pour tout dire exubérant. Un Dom Pé un rien racoleur, imprégné par la chaleur du millésime. Le rosé 2005 s'avère fondu, large et lui aussi très séducteur, mais porté par une note acidulée en finale qui le tend.

Brut 2009	150 €	16,5
Brut Rosé 2005	290 €	17

Le coup de ♥

Brut P2 2000	330 €	18

Les amateurs de champagnes vineux, au style démonstratif et opulent, savoureront cette cuvée de "seconde plénitude". Tout en largeur, avec d'abondantes notes de fruits secs, de beurre et de fruits exotiques, il impose une grande persistance.

Rouge : Pinot noir 100 %
Achat de raisins.
Blanc : Chardonnay 100 %
Achat de raisins.

DOM PÉRIGNON
9, avenue de Champagne, 51200 Épernay
03 26 51 20 00 ● **www.domperignon.com** ●
Vente et visites : au domaine sur rendez-vous.
Propriétaire : LVMH
Chef de cave : Richard Geoffroy

★★ PASCAL DOQUET

Installé à Vertus, Pascal Doquet bénéficie de 8,66 ha en propre sur de magnifiques terroirs de la Côte des Blancs – en grand cru au Mesnil-sur-Oger et en premier cru à Vertus, Bergères-les-Vertus et au Mont Aimé – et de quelques hectares dans les Côtes du Perthois, dans le secteur de Vitry-le-François. Soucieux de son vignoble, Pascal l'a converti en bio en 2007 (certification en 2010). Le style de ses chardonnays est résistant (levures indigènes), la vinification se fait partiellement en vieux fût, la fermentation malolactique est généralement effectuée, le dosage est a minima (de 3,5 à 6 g/l). Ses champagnes sont entiers, sincères, insistants dans la restitution des saveurs, dotés de longues finales crayeuses et racées. Si le rosé est un cran en dessous, les blancs sont de haute volée et mis sur le marché lorsqu'ils sont prêts à boire (les vins les plus jeunes dans les assemblages sont de 2010). Nous avons accordé sa deuxième au domaine l'année dernière.

Les vins : L'Arpège, percutant, plein de vie, ne fait pas dans le grand raffinement, mais c'est un champagne très goûteux. Le Diapason, issu du Mesnil-sur-Oger, prend son temps, dévoile finement une matière ample et évoluera avec grâce dans les quinze ans. Haut en couleur, le rosé Anthocyanes (2012, 2011 et 2010) fermente en fût et s'affiche avec beaucoup de chair, toujours légèrement rustique. La générosité solaire du millésime s'affirme dans le Mont-Aimé 2006, vineux, compacte et armé pour une belle poularde à table. Après dix ans, l'expression prend le dessus dans le Vertus Cœur de Terroir 2005.

Brut Grand Cru Blanc de Blancs Diapason	39 €	16
Brut Premier Cru Blanc de Blancs Le Mont Aimé 2006	44 €	16,5
Brut Premier Cru Blanc de Blancs Vertus Coeur de Terroir 2005	44 €	17
Extra Brut Blanc de Blancs Arpège	35 €	15
Extra-Brut Premier Cru Rosé Anthocyane	38 €	14,5

Le coup de ♥

Brut Grand Cru Blanc de Blancs Mesnil-sur-Oger Coeur de Terroir 2005	58 €	18

Ce 2005 n'a pas pris une ride et s'impose comme l'une des plus belles réussites dans

CHAMPAGNE

ce millésime solaire. Il semble même plus jeune et évoluera dans son style, salin et mûr, vingt ans ou au-delà.

Rouge : 0,45 hectare.
Pinot noir 100 %
Blanc : 8,15 hectares.
Chardonnay 100 %
Production moyenne : 65 000 bt/an

PASCAL DOQUET ♣
**44, chemin du Moulin de la Cense Bizet, 51130 Vertus
03 26 52 16 50** ●
www.champagne-doquet.com ● **Vente et visites :** au domaine sur rendez-vous.
Propriétaire : Pascal Doquet

★★
CHAMPAGNE GOSSET

La plus ancienne maison des vins de la Champagne, fondée en 1584, est la propriété depuis 1994 du groupe Renaud-Cointreau (cognac Frapin, Verveine du Velay). Après une poussée de croissance et quelques années de ventes de vins trop jeunes, Gossert est revenu à son meilleur niveau sous l'impulsion d'une équipe menée par son chef de cave Jean-Pierre Mareigner, décédé en mai 2016. Toute la production a déménagé en 2009 à Epernay dans les anciennes caves Jeanmaire. Une grande partie des vins de vieillissement reste stockée à Aÿ, village qui a construit la réputation de Gosset. La gamme est essentiellement issue de raisins noirs, et commercialisée après un long vieillissement sur pointe. Elle affiche une haute définition dans les deux couleurs, se montre d'une parfaite régularité et d'un rare tempérament pour une maison de cette taille.

Les vins : cette année encore, nous nous réjouissons de l'homogénéité d'une gamme très en place, à commencer par la Grande Réserve, toujours brillante et équilibrée. Le rosé offre finesse et croquant, sur une trame fine et une finale calcaire et sapide. Le Grand Millésime 2006 est porté par une bouche toujours équilibrée et surtout salivante en finale, l'une des marques de fabrique de cette maison. À point, Celebris Vintage 2004 se montre crémeux et de noble constitution, avec l'évolution nécessaire pour s'exprimer à table.

➢ Brut Grand Millésime 2006	56 €	17
➢ Brut Grand Rosé	54 €	16
➢ Extra Brut Rosé Celebris Vintage 2004	133 €	17,5
➢ Brut	43 €	16,5

**Le coup de **
➢ Brut Grand Blanc de Blancs	54 €	17

Il brille par son éclat et sa somptueuse fraîcheur. Un champagne appétant à souhait et d'une très belle définition en finale.

Rouge : 3 hectares.
Pinot noir 77 %, Pinot meunier 23 %
Achat de raisins
Blanc : 117 hectares.
Chardonnay 100 %
Achat de raisins
Production moyenne : 1 000 000 bt/an

CHAMPAGNE GOSSET
**12, rue Godart Roger, 51200 Épernay
03 26 56 99 56** ●
www.champagne-gosset.com ● **Vente et visites :** au domaine sur rendez-vous.
Propriétaire : Groupe Renaud Cointreau
Directeur : Jean-Pierre Cointreau (président)
Chef de cave : Odilon de Varine
Œnologue : Guillaume Berbé

★★
BENOÎT LAHAYE

L'étoile montante de Bouzy a choisi de traiter son vignoble par les plantes et les minéraux. "Il faut se réapproprier la terre", dit ce vigneron pragmatique qui, jadis, adorait la mécanique, mais se passionne aujourd'hui pour la traction animale. Il cultive à cheval, pour son plaisir, ses vignobles de Bouzy, Ambonnay et Tauxières-Mutry. Vinifiés en fût, fermentation malolactique faite, sans dosages dissimulateurs, ses champagnes blancs et rosés restituent des saveurs intenses de raisins mûrs (fruits blancs au sirop), et une texture robuste, parfois rude dans leur jeunesse, mais toujours servie par une bulle fine. Ces champagnes, qui vont au-delà de la dimension fruitée des pinots noirs qui a fait la légende du sud de la Montagne de Reims, construisent patiemment une dimension sapide supérieure, celle d'un grand cru. Une deuxième étoile imperturbable depuis 2015.

Les vins : avec une régularité sans faille, les champagnes de Benoît Lahaye expriment une énergie rare avec une sensation saline affriolante. Le brut nature (2013, 2012 et 2011) en témoigne avec une maturité d'arômes, une bulle apaisante et une finale aérienne. Plus soutenu, le blanc de noirs 2013 est portée par une force minérale impressionnante. Issue d'une parcelle complantée des sept cépages champenois récoltés le même jour, Le Jardin de la Grosse Pierre 2012, s'affiche avec discrétion et retenue sur un corps sculpté en dentelle. La Violaine, un assemblage de pinot noir et chardonnay, admirablement fondu et floral. Le 2007 vient du fruit de l'assemblage de pinot noir (80 %) et de chardonnay plantés en 1966. Vieilli sous bouchon liège, il déroule une trame bien mûre construite plus en largeur qu'en longueur, avec une fine oxydation ménagée.

Brut Grand Cru Le Jardin de la Grosse Pierre 2012	65 €	18
Brut Grand Cru Nature	31 €	16
Brut Nature Violaine 2012	60 €	17,5
Extra Brut Blanc de Noirs 2013	34 €	16
Extra Brut Grand Cru Millésime 2007	66 €	16,5

Le coup de ♥

Brut Rosé de Macération 2014	32 €	16

Bouquet net et expressif de pur pinot noir, macéré deux jours en grappe entière, une partie en amphore. Un champagne d'un grand confort, à la fois soyeux et délicat en bouche. Sublime.

Rouge : 3,8 hectares.
Pinot noir 98 %, Pinot meunier 2 %
Blanc : 0,6 hectare.
Chardonnay 84 %, Pinot noir 4 %, Pinot gris 4 %, Petit Meslier 4 %, Arbane 4 %
Production moyenne : 38 000 bt/an

BENOÎT LAHAYE
33, rue Jeanne d'Arc, 51150 Bouzy
03 26 57 03 05 • lahaye.benoit@orange.fr
• Vente et visites : au domaine sur rendez-vous.
Propriétaire : Valérie et Benoît Lahaye

★★
LARMANDIER-BERNIER

Si sa famille est originaire de Cramant, Pierre Larmandier s'est installé à Vertus en étendant le vignoble familial, en 2002, agrandissant et modernisant la cave, ce qui lui permet de vinifier une vendange de 16 ha répartis en grands crus de la Côte des Blancs, à Cramant (somptueuse cuvée Vieilles Vignes du Levant), à Chouilly, Oger et Avize. A la clé, un magnifique Les Chemins d'Avize depuis 2009, et en premier cru, à Vertus principalement. L'inox, et dans une moindre mesure les fûts, ont laissé la place aux foudres de chêne dans lesquels les vinifications s'opèrent sans levurage. La gamme valorise un travail soutenu dans le vignoble et le suivi des traitements biodynamiques. Nous saluons la franchise, l'intensité de goût et la puissance de saveurs de cette gamme peu ou non dosée. À noter qu'à ce niveau de qualité et d'exigence, les prix ne s'envolent pas démesurément.

Les vins : nous nous réjouissons d'une composition de blanc de blancs bien calée dès le Longitude, juvénile et salin, et le Terre de Vertus, plus exotique et complexe : deux champagnes très digestes. Le Vieille Vigne du Levant 2008 évolue tranquillement sur des notes tourbées venues de l'élevage, portées par une énergie et une concentration d'extraits secs. Il offre une allonge énergique, et est loin d'avoir dit son dernier mot. Dans un millésime plus compliqué, Les Chemins d'Avize 2011 se montre plus accessible avec de la rondeur, valorisée par la force de ce grand terroir.

Brut Nature Premier Cru Blanc de Blancs Terre de Vertus 2010	43,50 €	16
Extra Brut Grand Cru Blanc de Blancs Les Chemins d'Avize 2011	73 €	16,5
Extra Brut Grand Cru Vieille Vigne du Levant 2008	67 €	17,5
Extra Brut Premier Cru Longitude	36 €	15

Le coup de ♥

Extra Brut Premier Cru Rosé de Saignée	47 €	16

Superbe maîtrise de la saignée de ce rosé élevé en œufs béton. Ses 10 % de pinot gris enveloppent une matière juteuse et une finale claquante de fruits.

Rouge : 2 hectares.
Pinot noir 100 %
Blanc : 14 hectares.
Chardonnay 100 %
Production moyenne : 140 000 bt/an

LARMANDIER-BERNIER
19, avenue Général-de-Gaulle,
51130 Vertus
03 26 52 13 24 • www.larmandier.fr •
Vente et visites : au domaine sur rendez-vous.
Du lundi au samedi matin.
Propriétaire : Pierre et Sophie Larmandier

★★
GEORGES LAVAL

Vincent Laval a repris le domaine familial de Cumières et y poursuit dignement la culture biologique mise en place par son père depuis 1971. Sa petite production de champagnes, sans

CHAMPAGNE

chaptalisation, vinifiés en fût, est celle d'un artisan d'art. Ses vins s'adressent à nos papilles sans artifice et restituent l'expression sudiste des coteaux de ce village de la rive droite de la Marne. Ces champagnes vineux, d'une densité et d'une salinité incroyables, marqués par un boisé désormais parfaitement géré, s'abonnissent en garde dans une cave bien fraîche, plus de quinze ans.

Les vins : mis très jeunes sur le marché, ces 2014 et 2013 mériteraient d'être conservés plus longtemps pour développer la sagesse de leurs textures. Notons le remarquable assemblage à dominante de meunier de Garennes, à la bulle encore piquante, compensée par une mousse moelleuse. Les Cumières 2014 et le chardonnay Les Chênes 2013 sont encore sur la retenue mais offriront une trame veloutée, une bulle douce et une finale sapide d'ici deux ans. Quel éclat !

▱ Brut Nature Premier Cru Cumières	70 €	16,5
▱ Brut Nature Premier Cru Les Chênes 2013	150 €	17
▱ Extra Brut Garennes	50 €	15,5

Le coup de ♥

▱ Brut Nature Premier Cru Les Hautes Chèvres 2013	200 €	17,5

Splendide expression du meunier planté entre 1930 et 1971 dans ce lieu-dit de Cumières, fermenté et élevé. Énergique, salin, d'une pureté et d'un élan incroyables.

Rouge : 1,64 hectare.
Pinot meunier 62 %, Pinot noir 38 %
Blanc : 0,88 hectare.
Chardonnay 100 %
Production moyenne : 17 000 bt/an

GEORGES LAVAL ♣

16, Ruelle du Carrefour, 51480 Cumières
03 26 51 73 66 ● www.georgeslaval.com ●
Vente et visites : au domaine sur rendez-vous.
Propriétaire : Vincent Laval

★★
PHILIPPONNAT

Entrée dans le groupe Lanson-BCC en 1997, cette maison de taille moyenne est autonome dans ses approvisionnements et dans son élaboration. Elle retrouve un rayonnement dans les champagnes haut de gamme grâce à la personnalité retrouvée de son clos des Goisses, le plus vaste des clos champenois (5,5 ha) exposé plein sud sur des pentes abruptes en surplomb de la vallée de la Marne. Son désherbage chimique s'est arrêté en 2010. La montée de la marque est aussi la récompense des choix opérés dans toute la gamme par son président Charles Philipponnat, en poste depuis 2000. Il a amené le froid dans les vinifications, a réorienté vers plus de pinot noir (le meunier de la vallée de l'Adre disparaît progressivement, le chardonnay reste toujours secondaire), a augmenté la capacité de vinification sous bois sur lies sans bâtonnage et sans fermentation malolactique. "Je cherche à intensifier la complexité tout en accentuant aussi la fraîcheur", explique le producteur. "Mon but est de mettre plus d'esprit millésimé dans les non millésimés". De nouvelles cuvées parcellaires, une nouvelle bouteille, un changement d'habillage sont arrivés en 2014.

Les vins : toujours souple et fraîche, la cuvée Royale Réserve possède une jolie texture et une finesse très agréable en finale. La version non dosée est aussi parfaitement maîtrisée, avec du fond et sans agressivité. Doté d'une admirable vinosité et d'une bouche de caractère, le blanc de noirs impose un très bel équilibre. En blanc ou en rosé, les cuvées 1522 2007 affichent beaucoup de définition, portant toujours ce profil vineux. Cuvée exclusive, vinifiée intégralement sous bois, Les Cintres, issu de trois parcelles du Clos des Goisses, est un petit bijou, encore un peu marqué par son élevage, mais très énergique, à oublier en cave. Enfin mention aussi pour un 100 % pinot noir de Mareuil-sur-Aÿ extra-brut à la bouche encore serrée, mais très prometteuse.

▱ Brut Blanc de Noirs 2009	51 €	16
▱ Brut Royale Réserve	33 €	15,5
▱ Brut Royale Réserve Non Dosé	33 €	15,5
▱ Extra Brut Les Cintres 2008	265 €	18,5
▱ Extra Brut Mareuil-sur-Aÿ 2008	94 €	17,5
▰ Brut Réserve Rosée	41 €	15
▰ Extra Brut Rosé Premier Cru 1522 2007	90 €	17
▱ Brut Clos des Goisses 2008	138 €	18,5

Le coup de ♥

▱ Extra Brut Grand Cru 1522 2007	66 €	17

Une cuvée de table très bien constituée : une bouche à fois définie, saline, et persistante. Un champagne dont nous louons la complexité.

Rouge : 14,5 hectares.
Pinot noir 98 %, Pinot meunier 2 %
Achat de raisins.
Blanc : 2,5 hectares.
Chardonnay 100 %
Achat de raisins.
Production moyenne : 600 000 bt/an

PHILIPPONNAT
13, rue du Pont, CS 60002, Mareuil-sur-Aÿ
51160 Aÿ-Champagne
03 26 56 93 00 • www.philipponnat.com •
Vente et visites : au domaine sur
rendez-vous.
Propriétaire : Groupe Lanson-BCC
Directeur : Charles Philipponnat
Chef de cave : Thierry Garnier

★★
PIERRE PÉTERS

Le domaine a commercialisé son premier millésime en 1919. La famille Péters dispose d'excellentes parcelles de chardonnay au cœur du Mesnil-sur-Oger, village de grand cru de la Côte des Blancs. Leurs champagnes blancs de blancs sont à la fois classiques dans leur fraîcheur florale, crayeuse, et d'un parti pris assumé dans la puissance de l'expression des terroirs, tout particulièrement la mémorable cuvée Les Chétillons (une sélection massale de vieilles vignes réparties sur trois parcelles du lieu-dit Chétillon), l'un des meilleurs chardonnays champenois. Une nouvelle cuvée de haut vol a vu le jour l'an passé, L'Étonnant Monsieur Victor où Victor, le fils de Rodolphe Péters, dessine, inspiré par le plasticien japonais Takashi Murakami, une étiquette reproduisant un tableau célèbre de l'histoire biblique.

Les vins : construite sur une base du tonique millésime 2013, La Perle, composée de chardonnay de la Côte des Blancs et du Sézannais se déroule tout en rondeur sur une mousse délicate. Nous aimons la race et la tension qui se dégagent de L'Esprit de 2012, issu de quatre grands crus de la Côte des Blancs : Le Mesnil-sur-Oger, Oger, Avize et Cramant. Encore sur la réserve, il se révèlera avec grâce et nuance dans le temps. Les Chétillons s'élance avec race et raffinement et sera un grand champagne de garde. Ces champagnes maîtrisés et soignés sont un peu contenus, mais manquent d'une petite étincelle qui révèlerait leur éclat total.

▱ Brut Blanc de Blancs La
 Perle   30 (c) €   15
▱ Brut Grand Cru Blanc de Blancs
 L'Esprit 2012   45 (c) €   16,5

Le coup de ♥
▱ Brut Grand Cru Blanc de Blancs L'Etonnant
 Monsieur MK 10   150 (c) €   17,5

Magnifique réserve perpétuelle bâtie sur un millésime 2010, L'Étonnant Monsieur Victor MK.10, veloutée, délicate, exhale de fines notes de noisettes. Nous aimons sa finale savoureuse, tout en dentelle et poudrée.

Rouge : Pinot noir 100 %
Blanc : 20 hectares.
Chardonnay 100 %
Production moyenne : 165 000 bt/an

PIERRE PÉTERS
26, rue des Lombards, 51190 Le
Mesnil-sur-Oger
03 26 57 50 32 •
www.champagne-peters.com • Vente et
visites : au domaine sur rendez-vous.
Les mercredis et vendredis de 8h30 à 12h
et de 13h30 à 18h.
Propriétaire : Famille Péters
Directeur : Rodolphe Péters

★★
TARLANT

Voici l'un des domaines les plus dynamiques de Champagne : "Au plus près de l'origine, le vin de Champagne à l'état pur", peut-on lire sur les étiquettes de ce domaine familial. Au cœur de la rive gauche de la vallée de la Marne et de celle du Surmelin, Benoît Tarlant (le vinificateur) et sa sœur Mélanie (au commerce et à la communication), prennent la succession de leurs parents. Leur viticulture se révèle exigeante, adaptée à la mosaïque de sols et de sous-sols qu'ils exploitent : des sables au silex, des argiles et calcaires à la pure craie. Sans levurage ni enzymage, les deux-tiers des vinifications se font sous bois. Ces champagnes ont du volume, de la mâche et ils conservent une grande fraîcheur du fait d'un dosage léger : en 2010, l'intégralité de la production est passée en dosage a minima (extra-brut, 4,5 g/l) ou nul (nature). Une vraie politique de millésime est désormais en place et, comme les plus grands de Champagne, les Tarlant sortent des vins après huit ou dix années de cave, à leur optimum. Ce sans-faute nous conduit à accorder une deuxième étoile au domaine.

Les vins : une fois de plus, le brut Zéro est un bel exemple de champagne non dosé. Un 2004 légèrement miellé, fin et élancé, s'illustre dans L'Aérienne, dont le chardonnay (70 %) tend le pinot noir structurant. En 2009, le BAM ! nous enchante de son très bel équilibre entre pinot blanc, arbanne et petit meslier. Grande harmonie et fort tempérament de la Cuvée Louis, chardonnays et pinot noir à dominante de 2000 avec 15 % de 1999, 1998, 1997 et 1996 : les saveurs automnales et feuillues épousent un jus sage et apaisant. Superbe expression du millésime

CHAMPAGNE

caniculaire 2003 dans La Vigne Royale dont le pinot noir est doté d'une concentration de chair à la fois sucrée et salée, avec une fraîcheur incroyable pour une table d'hiver.

⌐ Brut Nature BAM !	99 €	17
⌐ Brut Nature Cuvée Louis	72 €	16,5
⌐ Brut Nature L'Aérienne 2004	68 €	15,5
⌐ Brut Nature La Vigne Royale Blanc de Noirs 2003	109 €	17
⌐ Brut Nature Zéro	31 €	15

Le coup de

⌐ Brut Nature La Vigne d'Antan 2002	148 €	17,5

Énergie phénoménale dans ce chardonnay non greffé, planté sur une parcelle silico-sableuse d'Œuilly : un goût salé, des saveurs iodées et une finale racée. Grand champagne.

Rouge : 9,1 hectares.
Pinot noir 75 %, Pinot meunier 25 %
Blanc : 3,9 hectares.
Chardonnay 80 %, Petit Meslier 10 %, Pinot meunier blanc 5 %, Arbane 5 %
Production moyenne : 100 000 bt/an

TARLANT
21, rue de la Coopérative, 51480 Œuilly
03 26 58 30 60 • www.tarlant.com • Vente et visites : au domaine sur rendez-vous.
Propriétaire : Famille Tarlant

★
AYALA & CO

Cette vénérable marque d'Aÿ, créée en 1860, appartient au voisin Bollinger depuis février 2005. La marque, dirigée par Hadrien Mouflard et son équipe, dont l'œnologue chef de cave Caroline Latrive, se relance autour d'un style de champagne plus frais, décliné en faible dosage (6 g/l) et en non dosé, les fermentations malo-lactiques permettant d'arrondir les angles. Ayala a aujourd'hui clairement trouvé son style, très différent de celui, plus vineux et marqué pinot noir, de sa maison mère.

Les vins : le brut Majeur suscite toujours autant plaisir dans sa fraîcheur et son approche, la version "nature" s'avère aussi très maîtrisée, fine et croquante. La maison livre un rosé aux notes de fruits rouges très fines et à la bulle élégante, ainsi qu'un blanc de blancs 2010 floral et énergique.

⌐ Brut Nature	34 (c) €	15,5
⌐ Brut Perle d'Ayala 2006	75 (c) €	15,5
⌐ Brut Rosé Majeur	39 (c) €	15,5
⌐ Brut Majeur	31 (c) €	16

Le coup de

⌐ Brut Blanc de Blancs 2010	49 (c) €	16

Un fabuleux blanc de blancs floral, énergique et très bien dessiné en bouche. Il possède une admirable pureté et une allonge salivante.

Rouge : 18 hectares.
Pinot noir 72 %, Pinot meunier 28 %
Achat de raisins.
Blanc : 1 hectare.
Chardonnay 100 %
Achat de raisins.
Production moyenne : 800 000 bt/an

AYALA & CO
1, rue Edmond de Ayala, 51160 Aÿ
03 26 55 15 44 • www.champagne-ayala.fr
● Pas de visites.
Propriétaire : Société Jacques Bollinger
Directeur : Hadrien Mouflard
Chef de cave : Caroline Latrive

★
FRANCIS BOULARD & FILLE

Ses champagnes inoubliables sont issus d'un vignoble biologique à dominante de pinot issu du massif de Saint-Thierry, dans la vallée de la Vesle. En 2009, Francis Boulard et sa fille, Delphine, ont pris leur indépendance sur 3 ha. Ils ont conservé les cuvées qu'ils vinifiaient sous la marque Raymond Boulard (Petraea et Les Rachais) et continuent la commercialisation des millésimes antérieurs. La gamme extra-brut et nature (dont Les Murgiers, majorité de meunier), "malo faite" est une référence dans la famille des champagnes puissants, sapides, de terroir. Le plus célèbre, le lieu-dit Les Rachais, chardonnay de 45 ans en sélection massale, vinifié en barrique, à la fois dense et frais, offre une grande présence en bouche. La cuvée Petraea, issue d'une réserve perpétuelle de plusieurs années, fera son retour fin 2017 avec un champagne assemblant trois millésimes de pinots noirs cinquantenaires désormais certifiés bio.

Les vins : deux versions de dosage sont déclinées dans la tonique cuvée Les Murgiers (base 2013). Nous avons une préférence pour l'extra-brut (5 g/l), plus gourmand et complexe que le brut nature, solide et nerveux. Le blanc de blancs Vieilles Vignes se distingue nettement cette année tandis que la Grande Montagne 2014 est plus marqué par le bois et n'a pas la fougue du reste de la gamme. Toujours doté d'une énergie traçante, Les Rachais 2010, ce chardonnay planté sur le sol siliceux-calcaire de la parcelle Heurtebise, déploie avec finesse une mousse subtile et une finale longue, ciselée et saline.

▱ Brut Nature Les Murgiers	34 €	14,5
▱ Brut Nature Les Rachais 2010	65 €	16,5
▱ Extra Brut Grand Cru Grande Montagne	35 €	15
▱ Extra Brut Les Murgiers	32 €	15

Le coup de ♥
▱ Extra Brut Blanc de Blancs Vieilles Vignes Bio	40 €	16

Vinifié dans des petits fûts usagés, ce chardonnay de la parcelle Le Murtet séduit par la percussion des saveurs anisées et de poivre blanc, mais également pour sa concentration de matière développée en 2012. Fine effervescence et relief de saveurs percutants dans ce champagne bio.

Rouge : 2,45 hectares.
Pinot meunier 56 %, Pinot noir 44 %
Blanc : 1,2 hectare.
Chardonnay 100 %
Production moyenne : 25 000 bt/an

FRANCIS BOULARD & FILLE
**Route Nationale, RD 944,
51220 Cauroy-les-Hermonville
03 26 61 52 77** ● **www.francis-boulard.com**
● **Vente et visites : au domaine sur rendez-vous.
Du lundi au samedi de 9h à 12h et de 14h à 18h.
Propriétaire : Francis Boulard et Delphine Richard-Boulard**

★
LECLERC BRIANT

Le crédo de cette petite maison de Cumières, fondée en 1872, est d'élaborer des champagnes singuliers, issus d'une viticulture soignée. Redynamisée par un couple de passionnés américains depuis 2012, elle s'inscrit dans la mouvance moderne de champagne à l'empreinte forte du terroir, aux dosages faibles et à l'utilisation très modérée du soufre. Hervé Jestin, le conseiller biodynamique le plus influent de Champagne, pilote les vinifications à partir de la reprise d'un vignoble de huit hectares, surtout à Cumières. Leclerc Briant connaît une brillante renaissance avec des champagnes biologiques de fort caractère, plus précis que jadis.

Les vins : la gamme s'avère une fois encore solide, le brut Réserve s'invite à l'apéritif et pour un début de repas, digeste et fin. Le rosé s'illustre aussi dans la fraîcheur et la digestibilité, avec des notes de fruits rouges très fines. Blanc de meunier et Pure Cramant, deux cuvées non dosées, font preuve d'une personnalité certaine.

▱ Brut 2009	51 €	16,5
▱ Brut	40 €	16
▱ Brut Nature Pure Cramant 2012	140 €	17
▱ Brut Rosé	45 €	16

Le coup de ♥
▱ Blanc de Meuniers	110 €	17

Ce champagne non dosé offre un éclat et une sapidité de bouche impressionnantes. L'ensemble se montre très dynamique, porté par de jolies saveurs franches de fruits frais.

Rouge : 4 hectares.
Pinot noir 53 %, Pinot meunier 47 %
Achat de raisins.
Blanc : 5 hectares.
Chardonnay 100 %
Achat de raisins.
Production moyenne : 120 000 bt/an

LECLERC BRIANT
**67, rue Chaude-Ruelle, BP 108,
51204 Épernay Cedex
03 26 54 45 33** ● **www.leclercbriant.com** ●
**Vente et visites : au domaine sur rendez-vous.
Propriétaire : Denise Dupré
Directeur : Frédéric Zeimett
Œnologue : Hervé Jestin**

★
DE SOUSA

Installé dans le village d'Avize, Erick De Sousa est l'un des plus entreprenants vignerons de sa génération. Dominé par le chardonnay, son vignoble, situé sur les meilleurs terroirs de la côte des Blancs (Avize, Cramant et Oger), avec un joli patrimoine de vieilles vignes, a été remis en culture complète. Il est désormais certifié en biodynamie. La vendange est vinifiée en fût, notamment pour la gamme des Caudalies (millésimés), qui a construit la réputation du domaine chez les amateurs de champagnes de terroir. Les cuvées offrent une forte personnalité avec des matières denses, toujours serties d'une bulle minutieuse et précise. L'empreinte de l'élevage sous bois marque certaines cuvées.

Les vins : on retrouve la richesse et la force des chardonnays mûrs du domaine avec le brut Réserve (base 2013), un champagne d'hiver à la bulle précise. Plutôt boisée et automnale, la cuvée 3A assemble chardonnays d'Avize et pinots noirs d'Ambonnay et Aÿ. Elle séduit par sa densité et sa vinosité sapide. Un peu plus lactée, la cuvée des Caudalies est le fruit d'une réserve perpétuelle de millésimes allant de 2011 à 1995, conservée en fûts, assagie et vineuse. La Mycorhize, issue d'une parcelle d'Avize travaillée au cheval, renoue avec une énergie terrienne et un allonge sapide, finement amère. L'Umami 2009 est en quête de la cinquième saveur en jouant sur une matière dense, menée par une bulle en dentelle. Grande énergie dans ce millésime solaire.

- Brut Grand Cru Blanc de Blancs Cuvée des Caudalies 2008   145 €   17
- Brut Grand Cru Blanc de Blancs Cuvée des Caudalies   47 €   15,5
- Brut Grand Cru Blanc de Blancs Réserve   34 €   15
- Brut Grand Cru Cuvée 3A   46 €   15,5
- Extra Brut Umami 2009   145 €   16,5

Le coup de ♥
- Extra Brut Grand Cru Blanc de Blancs Mycorhize   48 €   16,5

Une parcelle d'Avize, soigneusement travaillée au cheval, livre un 2012 d'une grande énergie terrienne, à l'allonge sapide finement amère.

Rouge : 2 hectares.
Pinot noir 67 %, Pinot meunier 33 %
Blanc : 8 hectares.
Chardonnay 100 %
Production moyenne : 100 000 bt/an

DE SOUSA
12, place Léon-Bourgeois, 51190 Avize
03 26 57 53 29
www.champagnedesousa.com • Vente et visites : au domaine sur rendez-vous.
Propriétaire : Erick de Sousa
Directeur : Charlotte de Sousa
Chef de cave : Valentin de Sousa
Œnologue : Erick de Sousa

DEHOURS ET FILS

Installée depuis quatre générations à Cerseuil, petit village des coteaux sud de la vallée, la maison dirigée par Jérôme Dehours a su diversifier les cuvées et les styles, à partir d'un vignoble très morcelé sur les deux rives de la Marne. Des champagnes de caractère, majoritairement construits autour du meunier, offrent une balance de jus sapides tout en jouant sur le fil d'une fine oxydation ménagée venue des vinifications en fûts anciens. Les assemblages des années sont particulièrement bien menés et les cuvées parcellaires révèlent une très belle définition. Nous sommes ravis de déguster une gamme précise d'un très bon niveau qui permet au domaine de retrouver son étoile.

Les vins : la gamme de ces champagnes construits majoritairement autour du meunier effectue un sans-faute. La Grande Réserve exprime à merveille un caractère automnal basé sur un fruit franc, tonique et hyper digeste. Un peu plus doré et enveloppé, le Terre de Meunier prend de délicates notes balsamiques et une fine oxydation ménagée en finale. Un must pour une poêlée de cèpes ! En 2009, les deux parcellaires dosés en extra-brut atteignent un niveau remarquable. Dans un millésime 2011 compliqué, le coteaux-champenois blanc Les Rieux trouve son équilibre sous une légère réduction grillée et une rondeur séduisante dès aujourd'hui.

- Brut Grande Réserve   23,15 €   15
- Coteaux Champenois Mareuil-le-Port Les Rieux 2011   26,70 €   14
- Extra Brut Terre de Meunier   28,10 €   15,5
- Extra-Brut Les Genevraux 2009   43,95 €   16
- Extra-Brut Mareuil-le-Port Maisoncelle 2009   43,95 €   16,5

Le coup de ♥
- Brut Trio S   56,30 €   17

Magnifique solera débutée en 1998, dont l'assemblage judicieux des millésimes emmène un vin complexe et ambitieux, conduit par une trame saline qui lui confère une superbe race. Beau champagne de volaille.

Rouge : 11 hectares.
Pinot meunier 86 %, Pinot noir 14 %
Blanc : 3,5 hectares.
Chardonnay 100 %
Production moyenne : 80 000 bt/an

DEHOURS ET FILS
2, rue de la Chapelle,
51700 Mareuil-le-Port-Cerseuil
03 26 52 71 75
www.champagne-dehours.fr • Vente et visites : au domaine sur rendez-vous.
Propriétaire : Famille Dehours
Directeur : Jérôme Dehours

DIEBOLT-VALLOIS

Fin vinificateur, assisté de ses enfants, Jacques Diebolt donne à son vignoble, principalement situé sur Cramant et Cuis (Côte des Blancs), une expression toute en élégance et en énergie, dans une gamme logiquement dominée par le chardonnay. Ce sont des modèles de champagnes gracieux, fermes et de très bonne garde – en témoigne le mythique Cramant 1953 –, notamment la cuvée Fleur de Passion 2008, vinifiée en fût sans fermentation malolactique. Une maison de référence en blanc de blancs, qui ne nous a jamais déçus.

Les vins : voici une gamme lisible et cohérente. Le Prestige (60 % de 2014) s'inscrit parfaitement dans le registre de blancs de blancs charnus, droits et aériens pour l'apéritif. Très belle définition du millésime 2010, avec un champagne fuselé, à la finale savoureuse et saline, animée de notes originales de saké. À ouvrir sur une volaille ou à oublier en cave, la Fleur de Passion 2008, d'un très haut niveau, sera lente à éclore.

Brut Blanc de Blancs 2010	30 €	16
Brut Blanc de Blancs Prestige	27 €	15

Le coup de ♥

Brut Blanc de Blancs Fleur de Passion 2008	65 €	18

Un pur cramant vinifié sans malo et élevé en fût qui dévoile de superbes notes évoquant de grands blancs andalous. Gainé par une grande concentration en extraits secs le sculptent en relief, ce grand champagne se révèlera avec le temps.

Rouge : 4 hectares.
Pinot noir 90 %, Pinot meunier 10 %
Achat de raisins.
Blanc : 10 hectares.
Chardonnay 100 %
Achat de raisins.
Production moyenne : 150 000 bt/an

DIEBOLT-VALLOIS
84, rue Neuve, 51530 Cramant
03 26 57 54 92 • www.diebolt-vallois.com •
Vente et visites : au domaine sur rendez-vous.
Du lundi au samedi, de 8h à 11h et de 14h à 17h30.
Propriétaire : Famille Diebolt

DRAPPIER

La famille Drappier remonte au XVIIe siècle. Jadis occupé par les moines cisterciens de Clairvaux, le siège de la maison comprend des caves voûtées du XIIe siècle. À la suite de son père, Michel Drappier suit les vinifications depuis 1979. La famille dispose d'un vaste vignoble à Urville (dont un tiers en culture biologique), complété par des approvisionnements issus de la Montagne de Reims, de Bouzy et d'Ambonnay. Les chardonnays proviennent de l'Aube et de Cramant. Drappier, ce sont des champagnes colorés, généreux dans leurs arômes, qui s'expriment en bouche par leur vinosité terrienne. On retrouve ici une dimension de terroir franche et sans fard, vinifiée avec des doses minimales de soufre. À noter : de la demi-bouteille jusqu'aux rarissimes primats (27 litres) et melchisédechs (30 litres), tous ces rares contenants sont élaborés ici avec prise de mousse dans le flacon d'origine.

Les vins : la cuvée Carte d'Or offre une approche facile et séduisante de la gamme, le vin est gourmand et net. Le pinot noir Brut Nature déploie une large ampleur, avec de la finesse, une incontestable signature de la maison. Le Quattuor joue parfaitement juste : élégance de bouche et fabuleuse intégration de bulle et de saveurs très florales. En Grande Sendrée, le blanc 2008 poursuit son évolution tranquillement, conserve sa profondeur et son ampleur. Un coureur de fond. Le rosé se montre plus prêt, moins sauvage, avec une finale tendre.

Brut Carte d'Or	31,75 €	15
Brut Charles de Gaulle	41 €	15
Brut Grande Sendrée 2008	77 €	17
Brut Nature Zéro Dosage	35 €	16
Brut Quattuor Blanc de 4 Blancs	62 €	16
Brut Rosé Grande Sendrée 2008	84 €	16,5

Le coup de ♥

Brut Carte d'Or 2002	61,65 €	16,5

C'est à table que vous ferez parler cette cuvée à la bouche à la fois profonde et charnue, mais à la finale complexe et tonique. Une agréable bulle fine enrobe le tout.

Rouge : 48 hectares.
Pinot noir 84 %, Pinot meunier 16 %
Achat de raisins.
Blanc : 9 hectares.
Chardonnay 88 %, Petit Meslier 3 %,
Fromenteau 3 %, Arbane 3 %, Blanc vrai 3 %
Achat de raisins.
Production moyenne : 1 600 000 bt/an

CHAMPAGNE

DRAPPIER
14, rue des Vignes, 10200 Urville
03 25 27 40 15 •
www.champagne-drappier.com • Vente et visites : au domaine sur rendez-vous.
De 8h à 12h et de 14h à 18h.
Propriétaire : Michel Drappier
Chef de cave : Yannick Desmarest

DUVAL-LEROY

Au sud de la Côte des Blancs, cette maison familiale a prospéré sous la férule de la directe et énergique Carol Duval-Leroy, entourée de ses fils Julien et Charles. Cette Belge, passionnée de chasse, a fait de Duval une marque moderne, accessible, désormais partenaire de la sommellerie française. La surface de la cave (vinification en fût, stockage) a doublé depuis 2009. La maison propose une très belle sélection de cuvées parcellaires, baptisées Précieuses Parcelles, bénéficiant d'un élevage sous bois, et qui, loin de relever du gadget, offrent chacune une personnalité intéressante. Les amateurs de champagne à la noble évolution seront ravis de retrouver cette version 1996 de la Femme de Champagne : une bouteille qui traverse le temps avec noblesse et qui déploie une très jolie complexité en bouche.

Les vins : le brut réserve de la maison se déguste facilement, notamment par son côté crémeux et souple. Il termine un rien pâteux. Fleur de Champagne ajoute une peu plus de dynamisme. Les choses bien plus sérieuses commencent avec la cuvée des MOF Sommeliers à la dynamique bien supérieure et à la bouche plus sapide. Les sélections parcellaires sont d'une très belle tenue : au sommet, un Clos des Bouveries 2006, admirable de définition, mais aussi un Petit Meslier 2007, sapide et vanillé, plein de promesses.

⌐ Brut Blanc de Blancs Prestige 2006	58,44 €	15,5
⌐ Brut Cuvée des MOF Sommeliers	40,67 €	15,5
⌐ Brut Femme de Champagne 1996	300 €	17,5
⌐ Brut Fleur de Champagne	36,26 €	14,5
⌐ Brut Précieuses Parcelles Clos des Bouveries 2006	92,78 €	17
⌐ Brut Réserve	30,77 €	14
⌐ Précieuses Parcelles Bouzy 2005	92,78 €	17
⌐ Brut Rosé	49,83 €	15
Le coup de ♥		
⌐ Précieuses Parcelles Petit Meslier 2007	92,78 €	17,5

3717 bouteilles de cette cuvée, aussi rare que racée, ont été élaborées. Le vin impressionne par sa définition et sa tension maîtrisée. L'élevage le porte sans l'étouffer.

Rouge : 100 hectares.
Pinot noir 50 %, Pinot meunier 50 %
Achat de raisins.
Blanc : 100 hectares.
Chardonnay 50 %, Petit Meslier 50 %
Achat de raisins.
Production moyenne : 4 000 000 bt/an

DUVAL-LEROY
69, avenue de Bammental, 51130 Vertus
03 26 52 10 75 • www.duval-leroy.com •
Vente et visites : au domaine sur rendez-vous.
Du lundi au vendredi de 9h à 12h et de 13h30 à 17h.
Propriétaire : Carol Duval-Leroy
Chef de cave : Sandrine Logette-Jardin

FLEURY

Pionnier de la biodynamie en Champagne depuis 1989, la famille Fleury, au premier rang de laquelle Jean-Pierre, le directeur, et Jean-Sébastien, chef de cave, élabore à partir de ses vignobles et des achats de raisins bio de savoureux champagnes à dominante de pinot noir. Leur vignoble aubois (barséquanais pour être plus précis) prend de l'âge et la viticulture mise en place apporte un supplément de saveurs à des jus vinifiés en partie sous bois, sous liège (Boléro, extra-brut millésimé) et sans soufre pour certaines cuvées. Atypique dans l'univers champenois, cette maison visionnaire exprime dans une gamme savoureuse la rondeur et la maturité du pinot de l'Aube.

Les vins : nous aimons ce style très délié et proche du fruit, sublimant des champagnes de grande franchise. Les bouches sont ciselées, à l'image du blanc de noirs, gourmand et juteux. Épicé et très salin, le Cépages Blancs 2009 s'étire très longuement, sur des amers nobles et avec une netteté élégante. Un vin de grande personnalité, tout comme le Robert Fleury qui, paradoxalement, malgré un dosage en extra-brut (2,9 g/l), semble plus confit en finale. Notes Blanches, tendu et d'une pureté admirable, va plus loin dans la définition ; vinifié sans soufre, Sonate 2011 joue dans un très beau registre, épicé, fin et persistant, avec beaucoup de personnalité.

⊃ Brut Blanc de Noirs	28 €	15,5
⊃ Brut Nature Notes Blanches 2011	50 €	16,5
⊃ Extra Brut Boléro 2006	41 €	16
⊃ Extra Brut Cépages Blancs 2009	39 €	16,5
⊃ Extra Brut Robert Fleury 2005	41 €	15,5
⊃ Extra Brut Sans Soufre Ajouté Sonate 2011	70 €	17,5
Brut Rosé de Saignée	34 €	16

Le coup de ♥

⊃ Brut Nature Fleur de l'Europe	31 €	16

Dosé en brut nature, Fleur de l'Europe est salivant et tendu, mais doté d'une attrayante allonge. L'expression radieuse d'un champagne épuré et droit, avec du style.

Rouge : 12,5 hectares.
Pinot noir 98 %, Pinot meunier 2 %
Achat de raisins.
Blanc : 2,7 hectares.
Chardonnay 77 %, Pinot blanc 15 %, Pinot gris 8 %
Achat de raisins.
Production moyenne : 200 000 bt/an

FLEURY ☾
**43, Grande Rue, 10250 Courteron
03 25 38 20 28** ● www.champagne-fleury.fr
● **Visites : sur rendez-vous uniquement aux professionnels.
Propriétaire : Jean-Pierre Fleury
Chef de cave : Jean-Sébastien Fleury**

★
VEUVE FOURNY ET FILS

Une nouvelle génération, incarnée par Charles-Henry et Emmanuel Fourny, préside désormais aux destinées de ce domaine bien implanté à Vertus, au sud de la Côte des Blancs, notamment sur le clos de Notre-Dame, qui fait partie du patrimoine familial depuis le XIXe siècle. La gamme a du goût, de la franchise, avec des blancs de chardonnay (dominants) solides et entiers, en partie élevés en fût.

Les vins : accessible, la gamme réjouit. Qu'il s'agisse du blanc de blancs Vertus premier cru, à la trame fine et digeste, mais aussi du brut Nature, toujours précis, ou de la Grande Réserve, le style de la maison, tout en élégance, est là. Le 2011 semble plus mou, avec une bouche crémeuse et une finale arrondie. La série des rosés s'avère également fort recommandable.

⊃ Brut Premier Cru Blanc de Blancs	27 €	16
⊃ Brut Premier Cru Blanc de Blancs Vertus	28 €	16
⊃ Brut Premier Cru Grande Réserve	26 €	15,5
⊃ Extra-Brut Premier Cru Blanc de Blancs Monts de Vertus 2011	40 €	15,5
Brut Rosé Premier Cru	30 €	15,5
— Extra Brut Rosé Premier Cru Les Rougemonts	38 €	16
— Extra-Brut Premier Cru Rosé Vinothèque 2011	49 €	16

Le coup de ♥

⊃ Brut Premier Cru Clos du Faubourg Notre-Dame 2007	95 €	17

Une cuvée dont l'élevage ne s'est pas encore tout à fait éclipsé, mais qui possède beaucoup de fond et de persistance.

Rouge : 2 hectares.
Pinot noir 100 %
Achat de raisins.
Blanc : 21 hectares.
Chardonnay 100 %
Achat de raisins.
Production moyenne : 190 000 bt/an

VEUVE FOURNY ET FILS
**5, rue du Mesnil, 51130 Vertus
03 26 52 16 30** ●
www.champagne-veuve-fourny.com ● **Vente et visites : au domaine sur rendez-vous.
Propriétaire : Emmanuel et Charles Fourny
Chef de cave : Emmanuel Fourny**

★
RENÉ GEOFFROY

Ce domaine d'Aÿ dirigé par Jean-Baptiste Geoffroy est le meilleur représentant du vignoble solaire et très pinot de Cumières. En aval d'Épernay, sur la rive droite de la Marne, ce cru simplement classé en "premier" est digne d'un grand quand le millésime fait la fête. Ici les vignes sont de plus en plus travaillées. Les vins naturellement plantureux ne font pas leur fermentation malolactique et les dosages sont légers. Leurs bulles dociles se montrent très expressives, aromatiques, généreuses en saveur de pinot (fruits rouges), toujours d'une excellente fraîcheur malgré leur vinosité et leur expression terrienne.

Les vins : Expression (base 2011 et 2012), avec 50 % de meunier, est un apéritif poignant. Le vieillissement apporte du gras et de la

CHAMPAGNE

complexité au vigoureux brut nature Pureté. Volupté 2008 n'a rien perdu de sa puissance et sa tension, mais les arômes évoluent vers des notes miellées. Servez-le sur une cuisine iodée. Savoureux et finement toasté, le 2005 évolue avec tendresse et charme : il s'avère parfaitement épanoui. Le 2004 est plus digeste. Les rosés, hauts en couleur, sont bâtis sur une structure généreuse et expressive, particulièrement l'impactant rosé de saignée.

Brut Nature Premier Cru Pureté	30 (c) €	15
Brut Premier Cru Expression	26 (c) €	14,5
Brut Premier Cru Volupté 2008	41 (c) €	15,5
Extra Brut Premier Cru 2004	210 (c) €	15,5
Extra Brut Premier Cru 2005	65 (c) €	15,5
Brut Premier Cru Rosé de Saignée 2013	35 (c) €	14,5

Le coup de ♥

Brut Nature Premier Cru Les Houtrants Complantés	120 (c) €	16,5

Marqué de notes originales de curcuma et de réglisse, ce champagne vient d'une parcelle complantée de pinot noir, meunier, chardonnay, arbanne et petit meslier. Il propose une accroche originale avec beaucoup de relief, et se montre presque tannique en bouche. Armé pour la garde, il fera merveille sur des viandes blanches.

Rouge : 12 hectares.
Pinot noir 56 %, Pinot meunier 44 %
Blanc : 2 hectares.
Chardonnay 100 %
Production moyenne : 120 000 bt/an

RENÉ GEOFFROY
4, rue Jeanson, 51160 Aÿ
03 26 55 32 31 ●
www.champagne-geoffroy.com ● Vente et visites : au domaine sur rendez-vous. De 9h à 12h et de 14h à 17h30.
Propriétaire : René et Jean-Baptiste Geoffroy

★
GONET-MÉDEVILLE

Xavier Gonet s'est installé à son compte à Bisseuil, premier cru de la vallée de la Marne, avec son épouse Julie, née Médeville, du château Gilette, à Sauternes. Ils disposent d'une palette de vignes originales : l'apport familial de grands chardonnays du Mesnil-sur-Oger (Louvière, Champ d'Alouette), de bons crus en pinot meunier (Mareuil) et en pinot noir (Ambonnay et Bisseuil). Afin d'assurer au vin une meilleure vivacité au vieillissement, les fermentations malolactiques sont bloquées. Une partie de plus en plus importante de vins clairs fermente par ailleurs en barrique, ce qui soutient la finesse des bulles. Nous apprécions la parfaite homogénéité d'une gamme personnelle, juste récompense d'efforts synchrones en viticulture et en vinification.

Les vins : la gamme fait honneur à des bruts sans année carrés et précis à dominante de chardonnay (70 %) à l'image du tradition et du rosé extra-brut, tonique et goûteux. Dans le millésime 2005, où la plupart des champagnes se fatiguent, la Grande Ruelle livre un magnifique vin, intense et vineux, porté par un bel élevage en barriques, savoureux et long, qui fera sensation sur une belle table d'hiver. Encore dans sa prime jeunesse, le coteaux-champenois Athénaïs 2015 livre une chair dense et une acidité enveloppée par un élevage luxueux et consensuel.

Brut Premier Cru Tradition	22 €	15
Extra Brut Grand Cru Ambonnay La Grande Ruelle 2005	85 €	16,5
Extra Brut Premier Cru Rosé	30 €	15
Coteaux Champenois Grand Cru Ambonnay Cuvée Athénaïs 2015	43 €	15

Le coup de ♥

Brut Premier Cru Blanc de Noirs	27 €	15,5

Irrésistible blanc de noirs, généreux et finement structuré. Une référence de pinot noir champenois.

Rouge : 5 hectares.
Pinot noir 100 %
Blanc : 5 hectares.
Chardonnay 100 %
Production moyenne : 90 000 bt/an

GONET-MÉDEVILLE
1, chemin de la Cavotte, 51150 Bisseuil
03 26 57 75 60 ●
www.gonet-medeville.com ● Vente et visites : au domaine sur rendez-vous.
Propriétaire : Xavier et Julie Gonet
Directeur : Xavier Gonet
Chef de cave : Xavier Gonet

CHARLES-HEIDSIECK

Cette petite pépite connaît un nouveau départ depuis son rachat en 2011 par la famille Descours (en même temps que sa grande sœur Piper-Heidsieck). L'ambition est claire : réveiller cette marque très associée à la grande gastronomie. Après la brutale disparition de Thierry Roset, Cyril Brun, transfert de chez Clicquot, a pris en avril 2015 les fonctions de chef de cave. La production limitée de Charles-Heidsieck s'oriente vers des champagnes racés, réguliers, à dominante de chardonnay. La gamme est plus en place que jamais.

Les vins : les amateurs du style maison ne seront pas déçus. Les derniers tirages sont fidèles, toujours dans ce registre exubérant et grillé, mais sans mollesse. Le rosé 2006 continue à évoluer, il s'alourdit un peu en finale : à boire. Le 2005 reste plus nerveux, tout en ayant développé un côté crémeux et pâtissier. L'infatigable Blanc des Millénaires 1995 a basculé dans un joli registre évolutif et complexe, mais avec encore du ressort en bouche. Un grand champagne de table.

⇨ Brut Blanc des Millénaires Charles Heidsieck 1995	145 €	18
⇨ Brut Millésimé 2005	65 €	15,5
⇨ Brut Rosé 2006	85 €	15
⇨ Brut Rosé Réserve	55 €	15,5

Le coup de ♥

⇨ Brut Réserve	40 €	16

Son style, exprimant une grande rondeur, des notes grillées et du gras en bouche, peut être clivant. Un champagne pour les amateurs de style vineux, porté par une proportion forte de vins de réserve.

Rouge : Pinot noir 50 %, Pinot meunier 50 %
Achat de raisins.
Blanc : Chardonnay 100 %
Achat de raisins.

CHARLES-HEIDSIECK
12, Allée du Vignoble, 51100 Reims
03 26 84 43 00 ●
www.charlesheidsieck.com ● Pas de visites.
Propriétaire : Groupe EPI
Directeur : Stephen Leroux
Chef de cave : Cyril Brun

OLIVIER HORIOT

Toujours issus du même cépage (le pinot noir), "nos vins sont liés à notre village, qui fut tantôt bourguignon, tantôt champenois au cours de siècles passés", raconte Olivier Horiot. On dénichera donc chez cet artisan engagé la plus intéressante déclinaison de rosé des Riceys et de coteaux-champenois (non filtré), vinifiés par lieu-dit : ils retrouvent la vivacité végétale et la finesse aromatique des pinots noirs septentrionaux, jadis largement produits dans la région. Parmi ces cuvées originales et instructives, En Barmont, qui possède en rouge et en rosé une trame mûre et subtilement rustique en bouche. Ils ont gagné en finesse, circulant habilement sur la frontière de l'expression végétale et minérale dudit pinot. Une aventure gustative unique amplifiée par une culture biodynamique qui révèle chaque millésime le plus naturellement possible. Sans hésitation, nous décernons sa première étoile au domaine pour la régularité et l'éclat des derniers millésimes.

Les vins : toutes les cuvées brillent par leur éclat et leur énergie. Ces vins plein de vie seront sublimes à table, à l'image des 5 Sens, doté d'un relief de saveurs salées et d'une finale racée, ou le pur pinot noir de Sève 2010, floral et vineux. Le champagne le plus original est certainement le puissant Métisse Noir & Blanc, dans lequel le pinot blanc accompagne le pinot noir. Le rosé de Saignée Sève 2010 s'impose comme une référence en la matière, subtilement équilibrée entre ampleur et fraîcheur.

⇨ Brut Nature 5 Sens 2011	52 €	16
⇨ Brut Nature Blanc de Noirs Sève 2010	38 €	15,5
⇨ Extra Brut Noirs & Blancs Métisse 2016	29 €	15,5
⇨ Brut Nature Sève Rosé de Saignée 2010	38 €	15,5

Le coup de ♥

⇨ Rosé des Riceys En Valingrain 2013	28 €	16

Impressionnante pureté et grand éclat de fruit dans ce rosé des Riceys délié, vineux et d'une extrême gourmandise. Un des plus beaux ambassadeurs de l'appellation.

Rouge : 6,8 hectares.
Pinot noir 94 %, Pinot meunier 6 %
Blanc : 1,7 hectare.
Chardonnay 50 %, Pinot blanc 25 %, Arbane 13 %, Petit Meslier 10 %, Pinot gris d'Alsace 2 %
Production moyenne : 40 000 bt/an

OLIVIER HORIOT

25, rue de Bise, 10340 Les Riceys
03 25 29 32 16 ● www.horiot.fr ● Vente et visites : au domaine sur rendez-vous.
Propriétaire : Olivier Horiot

LAHERTE FRÈRES

Chez Thierry Laherte et son fils Aurélien, l'expression "champagne de terroir" prend tout son sens. La gamme enchantera les amateurs de vins de Champagne authentiques et savoureux. Les Laherte exploitent un peu plus de 10 ha, surtout du meunier, dans la vallée de la Marne, du côté du Breuil et de Boursault et sur la Côte des Blancs en chardonnay. Le vignoble est en culture, replanté de vignes en sélections massales issues de vieilles parcelles maison. Les trois-quarts des vins sont vinifiés sous bois, en barrique. L'apport du chêne se trouve ici bien géré, sans outrance, souvent sans fermentation malolactique. La cuvée Les 7 est issue des sept cépages autorisés en Champagne : chardonnay, pinot meunier, pinot noir, pinot blanc, pinot gris, petit meslier et arbanne, plantés sur une parcelle située sur Chavot. La date de dégorgement est mentionnée sur chaque bouteille. Une adresse à ne pas manquer. Malheureusement, les vins sont mis trop tôt sur le marché. Nous vous conseillons de les conserver un à deux ans en cave pour les assagir.

Les vins : le blanc de blancs brut éveillera les huîtres. Délicieux Rosé de Meunier (base 2013), à l'équilibre juteux du meunier, un exemple dans cette couleur. Les Empreintes 2011 (pinot noir et chardonnay), franc et tout en rondeur, sera à boire rapidement. Très beau meunier des Vignes d'Autrefois 2012, droit et concentré pour la table. Pourtant profond, le pinot noir des Longues Voyes manque un peu de gourmandise. Dans un profil plus tonique et épicé que le 2012, le rosé de saignée Les Beaudiers 2013 séduira pour sa chair juteuse et expressive. Les 7 vient d'une solera (50 % 2013, le reste de 2012 à 2005) très originale. Il offre une bouche finement rustique, profonde, mais qui manque de charme.

⌐ Brut Nature Blanc de Blancs	32 (c) €	15
⌐ Extra Brut Les 7	60 (c) €	16
⌐ Extra Brut Les Empreintes 2011	40 (c) €	15
⌐ Extra Brut Les Vignes d'Autrefois 2012	45 (c) €	15,5
⌐ Extra Brut Premier Cru Les Longues Voyes 2012	45 (c) €	15,5
⌐ Extra Brut Rosé de Meunier	34 (c) €	15,5

Le coup de ♥
⌐ Brut Ultradition	28 (c) €	15

Environ 40 % de vins de réserve composent l'Ultradition (base 2014), un brut droit, fourni et salivant qui nous laisse sur une sensation presque salée.

Rouge : 5 hectares.
Pinot meunier 87 %, Pinot noir 11 %, Divers noir 2 %
Achat de raisins.
Blanc : 6 hectares.
Chardonnay 93 %, Petit Meslier 5 %, Divers blanc 2 %
Achat de raisins.
Production moyenne : 135 000 bt/an

LAHERTE FRÈRES

3, rue des Jardins, 51530 Chavot
03 26 54 32 09 ●
www.champagne-laherte.com ● Visites : Pas de visites.
Propriétaire : Thierry Laherte

LALLIER

Une étoile vient cette année récompenser le travail de Francis Tribaut. Cet enfant du pays, ancien chef de production chez Lanson-Pommery et proche des vignerons, a repris cette vénérable maison en 2004 et poursuit son développement avec une vision très exigeante et qualitative des vins. À la fois patron et chef de cave, il bénéficie d'infrastructures performantes et d'approvisionnements de très bon niveau, avec une part importante de grands crus mis en valeurs par des dosages très mesurés. La maison révolutionne depuis deux ans la présentation de ses vins en créant les séries R., pour récolte, suivi de trois chiffres correspondant à l'année de base qui a servi à élaborer le vin.

Les vins : l'ensemble de la gamme est remarquable et très soigné. R.013 est un champagne digeste, fin et très gourmand ; R.012 en version brut nature s'exprime aussi avec une belle classe en bouche et une bulle très fine ; le blanc de blancs offre un bouche crémeuse aux notes de zestes d'agrumes. Le 2008 est toujours vigoureux et évolue dans un beau registre confit.

⌐ Brut Grand Cru 2008	42 €	16,5
⌐ Brut Grand Cru Blanc de Blancs	38 €	16

⌐ Brut R.012	34 €	16
⌐ Brut R.012 Brut Nature	33 €	15,5
⌐ Brut R.013	32 €	15

Le coup de ♥
- Brut Grand Rosé Grand Cru — 38 € — 16,5

Un rosé tout en finesse, élaboré à partir de vignes sélectionnées, aux rendements faibles. Il offre un superbe éclat de fruit et une bouche très équilibrée et digeste.

Rouge : 30 hectares.
Pinot noir 100 %
Achat de raisins.
Blanc : 20 hectares.
Chardonnay 100 %
Achat de raisins.
Production moyenne : 400 000 bt/an

LALLIER
4, place de la Libération, 51160 Aÿ
03 26 55 43 40 ●
www.champagne-lallier.com ● Vente et visites : au domaine sur rendez-vous.
Du lundi au vendredi de 10h à 12h et de 14h à 17h.
Propriétaire : Francis Tribaut
Chef de cave : Francis Tribaut

LAURENT-PERRIER

Le groupe Laurent-Perrier (Delamotte, Salon, De Castellane, Jeanmaire, etc.) cinquième groupe de Champagne, a été le plus innovant sous l'ère de son fondateur Bernard Nonancourt, disparu en 2010 et auquel ont succédé ses filles. L'histoire de la maison est riche : 1959, création de Grand Siècle, première cuvée de prestige d'assemblage ; 1968, lancement du rosé brut non millésimé (pinot noir en macération) ; 1981, arrivée de l'ultra-brut, premier champagne peu dosé ; 1987, cuvée Alexandra Rosé, le rosé le plus haut de gamme de Champagne. L'historique chef de cave, Michel Fauconnet, reste le gardien du goût L.-P. construit autour du chardonnay. Le vignoble propre ne couvre que 10 % des approvisionnements. Aromatique, vive, à la fermentation malolactique faite partiellement, la gamme est pour beaucoup dans le succès mondial du champagne apéritif, en blanc comme en rosé, où la marque est toujours leader. Laurent-Perrier a connu une forte croissance en volume et en prix, pour une qualité d'un bon niveau mais stable.

Les vins : désormais dénommée La Cuvée, le brut sans année de la maison livre une bouche confortable, arrondie et consensuelle. Le millésimé 2007 est aujourd'hui à point, exhale des notes de fruits secs et une touche beurrée en finale. Plus confit et enrobé, le rosé joue le côté accessible et un peu racoleur. Nous aimerions un peu plus de dynamisme. Très prêt à boire, ce dernier tirage de la cuvée Grand Siècle se montre sous un angle évolutif qui appelle la table, avec des notes d'amandes en finale, tandis que le rosé Alexandra chante les fruits rouges et les pétales de rose, tout en subtilité.

⌐ Brut 2007	50 (c) €	15,5
⌐ Brut Grand Siècle	128 (c) €	17
⌐ Brut La Cuvée	37,80 (c) €	15
▬ Brut Alexandra Grande Cuvée Rosé 2004	380 (c) €	17
▬ Brut Rosé	72,50 (c) €	14,5

Le coup de ♥
- ⌐ Ultra Brut — 55 (c) € — 16

Signature forte de la maison, la cuvée Ultra Brut demeure très bien maîtrisée. La bouche est tendue, mais pas austère. En finale, un profil très salin et une touche d'agrumes.

Rouge : Pinot noir 94 %, Pinot meunier 6 %
Achat de raisins.
Blanc : Chardonnay 100 %
Achat de raisins.

LAURENT-PERRIER
32, Avenue de Champagne,
51150 Tours-sur-Marne
03 26 58 91 22 ● www.laurent-perrier.com
● Pas de visites.
Propriétaire : Famille de Nonancourt
Directeur : Stéphane Dalyac (Président)
Chef de cave : Michel Fauconnet

MARIE-NOËLLE LEDRU

Marie-Noëlle Ledru prépare progressivement sa retraite. Elle s'est séparée de la moitié de ses vignes et cultive désormais 2,5 ha de plantureux pinots noirs à Ambonnay. Que les aficionados de ses champagnes ultra-pinot, entiers, énergiques, d'une franchise exemplaire, se rassurent : cette grande vigneronne a conservé des stocks pour les satisfaire. Quand on sait que les prix demeurent accessibles, on comprend pourquoi les amateurs de grands vins bénissent cette adresse.

Les vins : ces cuvées nous enchantent toujours par leurs saveurs percutantes, proches des raisins de ces terroirs sudistes d'Ambonnay, à l'image de l'extra-brut goûteux et droit, ou du brut qui allie gourmandise et profondeur. La cuvée du Goulté 2011 n'atteint pas la race des plus grand millésimes mais on y trouve les belles saveurs du pinot noir d'Ambonnay, enfouies dans un jus riche en extraits secs, réconfortant pour être servi à table en fin d'année. Le 2008 est remarquable.

- Brut Grand Cru — 23,40 € — 15
- Extra Brut Grand Cru — 25,10 € — 15
- Extra Brut Grand Cru Cuvée du Goulté Blanc de Noirs 2011 — 35,50 € — 15,5

Le coup de ♥
- Brut Nature Grand Cru 2008 — 38,30 € — 17

Un grand champagne séveux, dont le caractère poignant fait un pied de nez aux champagnes épurés et stricts. Puissance terrienne et sapidité se marient dans ce beau vin de garde et de table.

Rouge : 1,4 hectare.
Pinot noir 100 %
Blanc : 0,3 hectare.
Chardonnay 100 %
Production moyenne : 15 000 bt/an

MARIE-NOËLLE LEDRU
**5, place de La Croix, 51150 Ambonnay
03 26 57 09 26** ●
info@champagne-mnledru.com ● **Vente et visites :** au domaine sur rendez-vous.
Propriétaire : Marie-Noëlle Ledru

LILBERT-FILS

Voici une famille de vignerons de la Côte des Blancs parmi les plus fiables et les plus anciennes – "Vignerons à Cramant depuis 1746 !". Bertrand Lilbert, fils de Georges, a repris officiellement le domaine en 2003, après un parcours d'œnologue-conseil. Leurs blancs de blancs sont issus d'assemblage heureux de Chouilly, Oiry et de Cramant pour le non millésimé, et du lieu-dit Les Terres des Buissons, à Cramant, pour le millésimé. Le style est moins austère que jadis ; les champagnes ont gagné en souplesse (surtout la cuvée Perle, tirage en mousse légère) tout en gardant un excellent potentiel de garde.

Les vins : le brut grand cru constitue une excellente affaire et fait toujours référence dans le monde des blancs de blancs. Perle s'affirme dans un registre plus toasté, dense et long qui s'invitera volontiers à table. Plus citronné qu'exotique, le Cramant 2011 n'est pas le millésimé le plus ambitieux de la maison et se livrera dans les cinq prochaines années.

- Brut Grand Cru Blanc de Blancs Cramant 2011 — 32 € — 14,5
- Brut Grand Cru Blanc de Blancs Perle — 26 € — 16

Le coup de ♥
- Brut Grand Cru Blanc de Blancs — 21 € — 15

Une base 2013 (50 %) offre de la tension et un profil ciselé très digeste à ce blanc de blancs, tout en confirmant le caractère finement exotique et savoureux de Cramant.

Blanc : 3,5 hectares.
Chardonnay 100 %
Production moyenne : 30 000 bt/an

LILBERT-FILS
**223, rue du Moutier, 51530 Cramant
03 26 57 50 16** ●
www.champagne-lilbert.com ● **Vente et visites :** au domaine sur rendez-vous.
Du lundi au vendredi de 10h à 12h et de 14h à 18h. Le samedi de 10h à 12h.
Propriétaire : Bertrand Lilbert
Œnologue : Bertrand Lilbert

MAILLY GRAND CRU

Illustrant à merveille ce que la coopérative peut produire de mieux, cette structure de petite taille, régulière, rayonne sur les pinots noirs de la grande Montagne de Reims. Ce secteur champenois s'avère méconnu en comparaison de la Côte des Blancs, surtout sa côte nord, face à Reims, qui produit tardivement des pinots noirs de grande structure acide. Dans les grands crus Mailly, Verzenay et Verzy, le génie humain de la Champagne permet de faire mûrir des raisins exposés plein nord. Ces pinots noirs aromatiques évoluent plus lentement, sur des notes acidulées. La coopérative vinifie presque le tiers des 230 ha du village qui s'assemble bien avec les chardonnays (25 %) du même cru, s'exprimant davantage dans le volume et la chair que dans la finesse et la fraîcheur. Les cuvées issues de sélections parcellaires (L'Intemporelle, Les Échansons) égalent le niveau des grandes de la maison, à prix accessible.

Les vins : Le grand cru brut Réserve, franc et solide, révèle un joli fond et de la rondeur. Le blanc de noirs s'avère solide et vineux à la fois. Empreint de la richesse du millésime, le 2009 conserve une belle élégance, mais se montre déjà un peu évolué. On le boira sans trop tarder. Un ton au-dessus, O de Mailly 2008, vibrant, s'illustre dans un très bel équilibre. Les Échansons 2007 atteint aussi son apogée, grâce à une remarquable complexité et une bouche qui encourage une confrontation avec des plats de volaille. Les cuvées L'Intemporelle, très bien calées, affichent une heureuse profondeur du fruit.

Brut Grand Cru Blanc de Noirs	36 (c) €	15
Brut Grand Cru Les Echansons 2007	85 (c) €	17
Brut Grand Cru Millésimé 2009	38 (c) €	15
Brut Grand Cru Réserve	31 (c) €	15,5
Brut O de Mailly 2008	50 (c) €	16,5
Extra Brut Grand Cru	35 (c) €	14,5
Brut Grand Cru L'Intemporelle Rosé 2009	72 (c) €	16,5
Brut Rosé	40 (c) €	15

Le coup de ♥

Brut Grand Cru L'Intemporelle 2010	62 (c) €	17

60 % pinot noir et 40 % chardonnay pour ce vin à la fois ferme et élégant, doté d'une très belle persistance et d'une finale à la minéralité bien affirmée. Ample, mais sans lourdeur.

Rouge : 50 hectares.
Pinot noir 100 %
Blanc : 20 hectares.
Chardonnay 100 %
Production moyenne : 500 000 bt/an

MAILLY GRAND CRU
**28, rue de la Libération,
51500 Mailly-Champagne
03 26 49 41 10** ●
www.champagne-mailly.com ● Pas de visites.
**Directeur : Jean-François Préau
Chef de cave : Sébastien Moncuit**

A. MARGAINE

Arnaud Margaine possède toutes ses vignes à Villers-Marmery, un premier cru au sud-est de la Montagne de Reims. Le secteur est réputé pour ses chardonnays puissants, savoureux, qui ont la particularité de donner des champagnes davantage charnus et plus accessibles jeunes que les grands crus de la Côte des Blancs. Beaucoup de maisons en raffolent. L'ensemble de la gamme a bien progressé et se montre toujours très régulier en prix. Une adresse en grande forme.

Les vins : une gamme claire et lisible de champagnes de table. On retrouve la force et une structure affirmée de Villers-Marmery dans le rosé qui ne lésine pas sur la couleur. Les conditions difficiles du millésime 2011 s'expriment dans le blanc de blancs Spécial Club, vigoureux mais marqué par les notes végétales de l'année. Le brut reste une excellente affaire.

Brut Spécial Club 2011	47 (c) €	14
Brut Rosé	26,90 €	14,5

Le coup de ♥

Brut Premier Cru	19,90 (c) €	15

L'impact des saveurs du chardonnay (90 %) mûr et ferme donne de la poigne et de la vigueur à ce champagne qui accompagnera à merveille un cocktail dînatoire.

Rouge : 0,6 hectare.
Pinot noir 100 %
Blanc : 6 hectares.
Chardonnay 100 %
Production moyenne : 58 000 bt/an

A. MARGAINE
**3, avenue de Champagne,
51380 Villers-Marmery
03 26 97 92 13** ● champagnemargaine.com
● **Vente et visites :** au domaine sur rendez-vous.
Du lundi au vendredi de 9h à 12h et de 14h à 18h. Samedi de 9h à 12h et de 14h à 17h.
Propriétaire : Arnaud Margaine

MARGUET

Face au clos d'Ambonnay dans le centre du village, la cave de Benoît Marguet est remplie de fûts et de foudres de chêne. Les premières fermentations sous bois, peu soufrées voire pas, donnent un style suave et vineux à des champagnes à dominante pinot d'une grande finesse. Une marge de progression dans les élevages est toutefois à souligner pour gagner encore en pureté. Une politique de sélection parcellaire enrichit une gamme à la forte identité. Avec leur texture vivante, iodée et fraîche, leur rare énergie et concentration d'extraits secs, voilà la nouvelle génération des champagnes de gastronomie. La première étoile a été décernée au domaine l'année dernière.

CHAMPAGNE

Les vins : parmi les bruts sans année, l'élevage sous bois et l'absence de soufre est mieux maîtrisé dans le Shaman 14 rosé, plus précis, que le Shaman 13 blanc. Deux champagnes goûteux, délicats et profonds. Année très compliquée en Champagne, 2011 a été très bien menée avec un Ambonnay blanc, assemblé de pinot noir et chardonnay, moelleux, délicat et salivant, ainsi qu'un Ambonnay rosé (60 % de chardonnay), plus harmonieux, salin et finement ferme et cendré. Un millésime que nous préférerons dans la jeunesse. Plus beurré, le chardonnay 2011 planté en 1982 sur la parcelle du Parc, à Ambonnay, prend un équilibre étonnant, tout en rondeur, avec une empreinte charmeuse du bois.

- Brut Nature Grand Cru Ambonnay 2011 — 46 € — 16
- Brut Nature Grand Cru Le Parc 2011 — 75 € — 15,5
- Extra Brut Grand Cru Shaman 13 — 32 € — 15
- Brut Nature Grand Cru Ambonnay 2011 — 50 € — 16
- Extra-Brut Grand Cru Rosé Shaman 14 — 34 € — 15,5

Le coup de ♥
- Brut Nature Premier Cru Sapience 2008 — 150 € — 17,5

Nous aimons l'équilibre apaisant de cet assemblage de pinot noir de Bouzy, meunier de Cumières et chardonnay de Trépail, à la grande énergie sapide, qui livre une sensation sucrée du raisin et de la texture, ainsi qu'une allonge savoureuse. La droiture sans la fermeté du millésime.

Rouge : 4,6 hectares.
Pinot noir 100 %
Achat de raisins.
Blanc : 3,4 hectares.
Chardonnay 100 %
Achat de raisins.
Production moyenne : 80 000 bt/an

MARGUET ☾
1, Place Barancourt, 51150 Ambonnay
03 26 53 78 61 •
www.champagne-marguet.fr • Vente et visites : au domaine sur rendez-vous.
De 8h à 12h et de 13h30 à 17h30.
Propriétaire : Benoît Marguet

★

CHRISTOPHE MIGNON

Installés près des villages de Leuvrigny et de Festigny, Laurence et Christophe Mignon donnent ses lettres de noblesse au cépage meunier de la vallée de la Marne. Cette cinquième génération cultive avec exigence un peu moins de 6,5 ha. Leurs champagnes, 100 % meunier – à l'exception de la cuvée Coup de Foudre –, peu ou non dosés, impressionnent par la pureté et la force de leurs saveurs. La première étoile a été attribuée dans le guide 2016.

Les vins : les papilles s'ébouriffent avec les meuniers assemblés de 2013 et 2012. Nous avons une préférence pour l'extra-brut où le dosage apporte un supplément de gourmandise et de complexité à la version nature. La différence entre les deux rosés s'avère marquée. Le rosé d'assemblage de 2013 et 2012 se montre délicieusement parfumé, les saveurs épicées et de fruits rouges et la fraîcheur acidulée claquent sous la langue. Un délice sur des tapas iodées. Le rosé de saignée est un rien rustique, mais quel caractère ! Saluons la finale nette et précise du puissant Coup de Foudre que l'élevage sous bois enveloppe.

- Brut Coup de Foudre — 39 € — 16
- Brut Nature — 29 € — 15
- Extra Brut — 29 € — 15,5
- Brut Rosé — 35 € — 15
- Brut Rosé de Saignée — 41 € — 15

Le coup de ♥
- Brut Nature 2010 — 42 € — 16,5

Un très beau meunier non dosé planté sur une parcelle sud/sud-ouest, vinifié en cuve. Il évoluera favorablement et signe une finale calcaire salivante.

Rouge : 6 hectares.
Pinot meunier 93 %, Pinot noir 7 %
Blanc : 0,5 hectare.
Chardonnay 100 %
Production moyenne : 45 000 bt/an

CHRISTOPHE MIGNON
La Boulonnerie, 51700 Festigny
03 26 58 34 24 •
www.champagne-christophe-mignon.com •
Vente et visites : au domaine sur rendez-vous.
Propriétaire : Christophe Mignon

BRUNO PAILLARD

Depuis sa création en 1981, son fondateur, et toujours manager, Bruno Paillard, a continué de mener de front de nombreuses activités, dont celle de PDG du groupe Lanson-BCC, deuxième groupe en volume de la Champagne. Issu d'une famille de vignerons et de courtiers en bouteilles, il est désormais épaulé par sa fille Alice, qui suit les relations avec le vignoble, dont une partie est aujourd'hui intégralement en culture. La viticulture se rapproche de l'éthique bio sans en revendiquer la certification. Depuis la fin des années 2000, nous retrouvons avec plaisir cette maison et l'esprit de ses cuvées typées chardonnay : aromatiques, expressives, étayées en bouche par des acidités fines et des bulles délicates. Les dates de dégorgement sont mentionnées sur les contre-étiquettes.

Les vins : la gamme dosée en totalité en extra-brut est cohérente et très équilibrée. La Première Cuvée affiche toujours beaucoup d'élégance ; le rosé impose ses agréables notes de fruits rouges frais, une belle précision et une finale toujours gourmande. Le blanc de blancs offre, avec le profil du millésime, une bouche crémeuse et arrondie, marquée également par un début d'évolution pour ce tirage de mars 2015. Assemblage 2008 demeure vif, porté par un joli corps. Nous aimons son éclatante chair pulpeuse. Réserve Privée est un champagne rond, à la bouche souple.

▷ Brut Assemblage 2008	58 €	16,5
▷ Brut Blanc de Blancs 2006	64,50 €	15,5
▷ Brut Blanc de Blancs Réserve Privée	32,58 €	15
▷ Brut Rosé Première Cuvée	48 €	15,5
▷ Brut Première Cuvée	36,50 €	15,5

Le coup de ♥
▷ Brut Nec Plus Ultra 2002	180 €	17,5

Habilement, le millésime 2002 succède au 2003 pour cette cuvée. Le vin offre un très beau volume et une bouche complexe à la finale de fruits secs.

Rouge : 20,3 hectares.
Pinot noir 70 %, Pinot meunier 30 %
Blanc : 11,7 hectares.
Chardonnay 100 %
Production moyenne : 400 000 bt/an

BRUNO PAILLARD
Avenue de Champagne, 51100 Reims
03 26 36 20 22 ●
www.champagnebrunopaillard.com ●
Visites : sur rendez-vous uniquement aux professionnels.

Propriétaire : Bruno Paillard (Président)

Chef de cave : Laurent Guyot

PIERRE PAILLARD

Dans le village de Bouzy, Benoît Paillard et ses deux fils, Antoine et Quentin, déroulent une dizaine d'hectares fractionnés sur ce grand cru de pinot noir. Ils possèdent aussi des chardonnays qui donnent des blancs de blancs solidement constitués. Bien mené, le vignoble offre une chair et une générosité savoureuses à une gamme de champagnes sensibles, vieillis dans une cave de craie profonde, qui demande toujours un peu de temps pour se livrer (le brut ne sort jamais à moins de trois ans). Le travail des parcellaires est approfondi avec la sortie en 2010 de cuvées issues de sélections massales de pinot noir sur les Maillerettes et de chardonnay sur les Motelettes. Les vignerons explorent également plusieurs contenants de vinifications et d'élevage (cuve inox, demi-muid, jarre de terre, œuf béton et boule d'argile) afin d'affiner l'expression des terroirs de Bouzy. Les nouveaux habillages, plus modernes, renseignent précisément chaque bouteille sur la proportion des cépages, le dosage et la date de dégorgement.

Les vins : le brut sans année s'illustre à travers Les Parcelles 12, faiblement dosé mais construit autour du pinot noir (60 %) et du chardonnay avec précision et droiture. Du côté des parcellaires de pinot noir, Les Maillerettes 2010 se distingue par sa race florale et saline de Bouzy, tout en finesse. Les Mottelettes 2010 est plus en rondeur et accessible. En 2006, la bulle de La Grande Récolte n'était pas aussi précise que les derniers millésimes. À boire désormais. Deux coteaux-champenois à découvrir : Les Gouttes d'Or blanc 2012, juteux et droit, plus précis que Les Mignottes 2012, dominé par une forte acidité volatile.

▷ Brut La Grande Récolte 2006	80 €	15
▷ Extra Brut Grand Cru Bouzy Les Parcelles	36 €	15
▷ Extra-Brut Grand Cru Bouzy Blanc de Blancs Les Mottelettes 2010	65 €	16

CHAMPAGNE

⌁ Extra-Brut Grand Cru Bouzy Blanc de Noirs
Les Maillerettes 2010   65 €   15

Le coup de ♥
⌁ Extra-Brut Grand Cru Bouzy Les Terres
Roses   45 €   15,5

Pourtant dominé par le chardonnay (70 %), ce champagne est bien marqué par les saveurs du pinot noir et s'étend tout en finesse avec une structure affirmée et fraîche.

Rouge : 7 hectares.
Pinot noir 100 %
Blanc : 4 hectares.
Chardonnay 100 %
Production moyenne : 95 000 bt/an

PIERRE PAILLARD
**2, rue du XXᵉ siècle, 51150 Bouzy
03 26 57 08 04 ●
www.champagne-pierre-paillard.fr ●
Visites : sur rendez-vous uniquement aux professionnels.
Propriétaire : Benoît et Antoine Paillard**

FRANCK PASCAL

Depuis vingt ans, ce domaine s'est engagé dans la culture bio puis biodynamique pour produire "des champagnes bio-compatibles digestes que le corps reconnaît et assimile facilement, procurant un plaisir en toute simplicité et une sensation de bien-être." Les conditions climatiques extrêmes de 2016 ont conduit Franck Pascal à traiter ses vignes chimiquement, entraînant la perte de son label de biodynamie. Question de survie. Aucun vin de 2016 ne sera vendu sous son étiquette. Le vignoble est à dominante de meunier et de pinot noir, sur argiles à silex et meulière, morcelé sur cinq communes de la rive droite de la vallée de la Marne. Les rendements sont faibles. Après une phase d'apprentissage des vinifications naturelles et quelques loupés, Franck donne naissance à des champagnes de caractère s'adressant à un public à la recherche de vinosité et de goût du terroir. Les vins sont désormais d'un niveau remarquable. Les dosages en extra-brut et les dates de dégorgement sont mentionnés sur chaque bouteille.

Les vins : les raisins mûrs et la douceur de la bulle enveloppent ces champagnes avec beaucoup de suavité malgré les dosages très faibles. Sans agression, le brut nature Fluence (60 % meunier) livre une chair tendre d'une grande gourmandise. À dominante de meunier (80 %), le Reliance se montre plus complexe, offrant des nuances anisées avec une sensation croquante du raisin. La Pacifiance, solera de 2008 à 2006, conjugue une grande énergie saline, une superbe délicatesse de texture et de fins amers en finale. Une production confidentielle (près de 468 bouteilles produites), mais quel vin !

⌁ Brut Nature Fluence   33 €   14,5
⌁ Brut Nature Pacifiance   97 €   17
⌁ Brut Nature Reliance   38 €   15,5
⌁ Brut Rosé Tolérance   47 €   14,5

Le coup de ♥
⌁ Extra Brut Blanc de Noirs
Harmonie 2010   58 €   16

Ce meunier/pinot noir allie énergie saline, sagesse, tendresse de la bulle et amertume marquée en finale. Un bouquet qui demandera un beau plat de poisson.

Rouge : 5,7 hectares.
Pinot meunier 87 %, Pinot noir 13 %
Blanc : 1,4 hectare.
Chardonnay 100 %
Production moyenne : 50 000 bt/an

FRANCK PASCAL
**34 bis, rue Valentine Régnier,
51700 Baslieux-sous-Châtillon
03 26 51 89 80 ●
www.deschampagnespourlavie.com ● Vente et visites : au domaine sur rendez-vous.
Propriétaire : Isabelle et Franck Pascal**

JOSEPH PERRIER

Fleuron du groupe Thienot, Joseph Perrier est une discrète maison implantée à l'écart du vignoble, à Châlons-en-Champagne. Encore dirigée par les descendants de Joseph Perrier (Jean-Claude Fourmont), la maison dispose d'originales caves gallo-romaines de plain-pied et d'un vignoble historique d'une vingtaine d'hectares dans la vallée de la Marne (Cumières, Hautvillers et Damery). Les pinots du domaine, majoritaires, donne une tonalité mature à la gamme, et les chardonnays lui donnent une minéralité et une puissance rares. Les efforts déployés se retrouvent dans la finesse et l'harmonie présentes à tous les niveaux de la gamme. Une bouteille unique, réplique d'un flacon du Second Empire, habille les cuvées spéciales millésimées.

Les vins : le Royale 2008 offre une jolie texture, mais semble manquer d'un rien de profondeur. Nous sommes circonspects devant le blanc de noirs 2009, aux notes fermentaires et à la bouche trop dure en finale. Joséphine 2008 est intense : ses agrumes fins parfument la finale. Parmi les non-millésimés, le rosé exprime de jolies notes de fraises écrasées, avec de la tension et de la délicatesse. La bulle est fine et la finale scintille. Le Royale blanc de blancs, délicat, est porté par une touche d'agrumes. Accessible et apéritive, la cuvée Royale est un bon champagne de début de repas, avec une bouche qui s'équilibre bien.

⟝ Brut Cuvée Royale	32 €	15
⟝ Brut Nature Blanc de Noirs 2009	62 €	13,5
⟝ Brut Royale 2008	48 €	15
⟝ Brut Royale Blanc de Blancs	40 €	15
⟝ Brut Royale Joséphine 2008	120 €	17,5
⟝ Brut Royale Rosé	47 €	16

Le coup de ♥

⟝ Extra Brut Esprit de Victoria Blanc de Blancs 2010   68 €   17

Une très belle réussite pour ce 100 % chardonnay au dosage très modeste. Cela lui donne beaucoup de raffinement et de précision en bouche. La bulle est aérienne et les saveurs en finale très délicates.

Rouge : Pinot meunier 57 %, Pinot noir 43 %
Achat de raisins.
Blanc : Chardonnay 100 %
Achat de raisins.
Production moyenne : 800 000 bt/an

JOSEPH PERRIER
**69, avenue de Paris, BP 80031,
51016 Châlons-en-Champagne
03 26 68 29 51 ● www.josephperrier.fr ●
Vente et visites : au domaine sur rendez-vous.
Propriétaire : Groupe Thiénot
Directeur : Jean-Claude Fourmont
Chef de cave : Jérôme Dervin**

PERRIER-JOUËT

Comme Mumm, Perrier-Jouët appartient depuis 2005 au groupe Pernod-Ricard. Ce dernier, géant mondial des vins et spiritueux, s'est fixé un objectif ambitieux pour cette perle : la hisser parmi les premières marques de luxe de la Champagne. La maison propose des champagnes très chardonnay, du fait d'un vignoble majoritairement situé sur Cramant et Avize, au style ample et baroque défendu par le chef de cave Hervé Deschamps, arrivé chez Perrier-Jouët en 1983. Sa célèbre bouteille Belle Époque, conçue et signée en 1902 par Émile Gallé, reste sous-estimée parmi les cuvées de prestige champenoises : nous avons encore pu le constater avec une dégustation verticale organisée cette année, qui démontre le beau potentiel de cette cuvée solide.

Les vins : nous émettons une petite réserve sur la cuvée Grand Brut, à la bouche ronde mais qui manque un peu de peps. Le Blason Rosé est porté par une gourmandise fruitée, aux notes de fraise, et se montre très consensuel. La série des Belle Époque nous projette dans une autre dimension, avec un 2008 de grande classe, et un blanc de blancs 2004 très raffiné et beurré.

⟝ Brut Belle Epoque Blanc de Blancs 2004	340 (c) €	17,5
⟝ Grand Brut	37 (c) €	14
⟝ Brut Blason Rosé	48 (c) €	14
⟝ Brut Rosé Belle Époque 2006	280 €	16,5

Le coup de ♥

⟝ Brut Belle Epoque 2008   125 (c) €   17,5

Toute l'intensité et la puissance de la Belle Époque, servie par un millésime de tension et de profondeur. Un champagne sapide, savoureux et très long, au potentiel remarquable.

Rouge : Pinot noir 63 %, Pinot meunier 37 %
Achat de raisins.
Blanc : Chardonnay 100 %
Achat de raisins.
Production moyenne : 2 500 000 bt/an

PERRIER-JOUËT
**28, avenue de Champagne, 51200 Épernay
03 26 53 38 00 ● www.perrier-jouet.com ●
Pas de visites.
Propriétaire : Pernod-Ricard
Directeur : César Giron
Chef de cave : Hervé Deschamps**

CHAMPAGNE ÉRIC RODEZ

Issu d'une longue lignée de vigneron, Éric Rodez, maire du village d'Ambonnay, cultive un peu plus de six hectares dans ce village classé grand cru. Réputé pour la générosité et la rondeur de ses pinots noirs, Ambonnay produit également des chardonnays savoureux et virils dont les Rodez savent remarquablement tirer parti. Les vinifications s'effectuent en cuve et en fût, les fermentations malolactiques sont partielles, les dosages légers (4 g/l) puisque les vins sont naturellement riches. Éric, qui a converti son vignoble en biodynamie, a été rejoint par son fils Mickael, 9ᵉ génération de Rodez, en 2014. La

CHAMPAGNE

régularité d'une gamme parfaitement en place nous conduit à décerner sa première étoile au domaine.

Les vins : le haut niveau des cuvées s'illustre dès la Cuvée des Crayères, assemblée de pinot noir (60 %) et chardonnay, au jus à la fois puissant et en dentelle. Un bel ambassadeur du style du domaine. Avec un élevage sous bois plus appuyé et une certaine rusticité, le blanc de noirs s'avère un cran en dessous du blanc de blancs, doté d'une rare densité naturelle, enveloppé par une bulle fine. Une part de macération (30 %) est assemblée dans le rosé, d'une teinte légère qui prévoit une élégance en bouche, d'un jus élancé, sans aucune austérité. Après un vieillissement judicieux en cave, le Dosage Zéro allie la maturité, la plénitude et le raffinement. Un exemple de champagne non dosé.

Brut Cuvée des Crayères	33,50 €	15
Brut Grand Cru Blanc de Blancs	40 €	15,5
Brut Grand Cru Blanc de Noirs	41,50 €	14,5
Brut Grand Cru Dosage Zéro	41,50 €	16,5
Brut Grand Cru Rosé	40 €	16

Le coup de ♥

Brut Grand Cru Cuvée des Grands Vintages	57 €	17

Une sélection de terroirs et de millésimes de 2008 à 2000 prend l'empreinte d'un élevage marqué, mais fin, pour souligner une matière pleine, vineuse. Sa fine évolution l'invite dès maintenant à table.

Rouge : 3,78 hectares.
Pinot noir 100 %
Blanc : 2,34 hectares.
Chardonnay 100 %
Production moyenne : 45 000 bt/an

CHAMPAGNE ÉRIC RODEZ ☾
4, rue de Isse, 51150 Ambonnay
03 26 57 04 93 ● www.champagne-rodez.fr
● Vente et visites : au domaine sur rendez-vous.
De 8h à 19h.
Propriétaire : Famille Rodez
Directeur : Eric et Mickael Rodez
Chef de cave : Eric Rodez
Œnologue : Mickael Rodez

★

TAITTINGER

Le flamboyant P.E.T. (Pierre-Emmanuel Taittinger), entouré désormais de ses enfants Vitalie et Clovis et d'une équipe rajeunie, remettent en ordre de marche cette maison majeure qui dispose de crayères historiques et d'un trésor de vignes (dont de rares sélections massales et 180 ha travaillés sans herbicides). "L'avenir de Taittinger n'est pas tant d'augmenter les volumes que de pouvoir augmenter la part des cuvées de luxe dans notre offre", explique Pierre-Emmanuel Taittinger, en mettant notamment l'accent sur la cuvée Comtes de Champagne. Le style est typé chardonnay (plus de 40 %), cépage que la maison n'hésite pas à payer cher comme Dom Pérignon ou Laurent-Perrier, un chardonnay travaillé en rondeur : fermentations malolactiques accomplies. Le dosage (9 g/l constant) est ici défendu comme un "exhausteur de goût, indispensable dans les bruts sans année". Nous sentons depuis quelques années une progression dans la densité des vins.

Les vins : le dernier tirage de la cuvée brut non millésimée est conforme au style de la maison, marqué intensément par le chardonnay qui lui confère une jolie élégance et un côté crémeux. Le rosé possède une teinte soutenue assumée, et un style vineux et ample. La bulle semble néanmoins un peu moins raffinée. La Prélude Grand Crus demeure très séduisante, avec des notes de brioches fines et une texture salivante.

Brut Prélude Grands Crus	48 €	16
Brut Réserve	39,30 €	15,5
Brut Rosé Prestige	52 €	14,5
Brut Blanc de Blancs Comtes de Champagne 2006	136 €	18

Le coup de ♥

Brut Millésimé 2012	52 €	16

Une très belle version du millésime, fidèle au mordant et à l'énergie de 2012. La bouche véhicule une très grande fraîcheur, et une finale doucement mentholée. À encaver en confiance.

Rouge : 183,85 hectares.
Pinot noir 77 %, Pinot meunier 23 %
Achat de raisins.
Blanc : 103,36 hectares.
Chardonnay 100 %
Achat de raisins.
Production moyenne : 6 219 500 bt/an

TAITTINGER
9, place Saint-Nicaise, 51100 Reims
03 26 85 45 35 ● www.taittinger.com ●

Visites : sans rendez-vous.
Propriétaire : Famille Taittinger
Directeur : Pierre-Emmanuel, Clovis et Vitalie Taittinger, Damien Le Sueur et Maxime Andriveau
Chef de cave : Loïc Dupont et Alexandre Ponnavoy

APOLLONIS
13, rue de Bel-Air, 51700 Festigny
03 26 58 34 01 ●
www.champagneapollonis.com ● Vente et visites : au domaine sur rendez-vous.
Du lundi au samedi de 9h à 12h et de 14h à 17h.
Propriétaire : Michel et Martine Loriot

APOLLONIS

Dans le village de Festigny (vallée de la Marne), Michel Loriot a repris l'exploitation familiale, en 1977. Ce mélomane a renommé le domaine Apollonis en 2016. Michel Loriot dispose d'une palette complète de cépages régionaux, avec la particularité de mettre en avant d'exceptionnelles vieilles vignes de meunier, une référence historique dans ce cépage. La musique, qui berce les vins en cave (la Symphonie pastorale de Beethoven pendant la seconde fermentation), est aussi diffusée dans les vignes (les vibrations protégeraient le végétal des maladies). La dégustation de la gamme confirme une production abordable et, surtout, une qualité d'ensemble sans faille chez ces champagnes suaves, qui reflètent l'identité des pinots mûrs du secteur de Festigny.

Les vins : les bruts non millésimés construits autour du meunier s'affirment dans un registre joliment fruité et tonique. On monte en intensité et finesse avec les millésimés, à l'image de l'Inspiration de Saison 2010, où la mousse déliée et fine mène vers une finale savoureuse. En blancs de blancs, Les Sources du Flagot 2007 assume la fermeté austère du millésime tout en étant marqué par l'évolution.

▷ Brut Blanc de Noirs Authentic Meunier	24,50 (c) €	14
▷ Brut Nature Palmyre	27 (c) €	14,5
▷ Extra Brut Blanc de Blancs Les Sources du Flagot 2007	40 (c) €	15
▷ Extra Brut Inspiration de Saison 2010	37,50 (c) €	15,5
▷ Brut Rosé Théodorine	26,50 (c) €	14

Le coup de ♥

▷ Extra Brut Monodie Meunier Vieilles Vignes 2008	48 (c) €	16

Un meunier planté en 1942 qui livre une superbe intensité. Ce beau champagne de table, salin, ciselé, s'épanouit tranquillement sans montrer de signe de faiblesse.

Rouge : 6,1 hectares.
Pinot meunier 94 %, Pinot noir 6 %
Blanc : 0,7 hectare.
Chardonnay 100 %
Production moyenne : 60 000 bt/an

CHARTOGNE-TAILLET

Le vignoble de Merfy, à 8 km de Reims, est installé sur le versant sud du massif de Saint-Thierry, dans la "petite" Montagne de Reims, où la présence de sables et de silices plus importante dans les sols procure aux vins des textures fines. Héritier d'une longue lignée de vigneron à Merfy, Alexandre Chartogne a repris l'exploitation de ses parents Philippe et Élisabeth depuis 2006. Il a déjà bien fait évoluer le style classique productiviste de la maison, l'orientant vers une meilleure compréhension des sols grâce à des sélections parcellaires poussées (entre six et dix cuvées selon les années de vendange) et la plantation de vignes franches. En cuverie, son ouverture d'esprit lui fait travailler de manière complémentaire le bois (fût), l'inox (cuve), l'argile (amphore) et le ciment (les œufs Nomblot). Nous saluons la progression de ce domaine.

Les vins : pourtant construit sur une base jeune de 2014 (60 %), la cuvée Sainte Anne (chardonnay/pinot noir) se montre déjà accessible et aérienne. Après une série de 2011 admirablement maîtrisés, à l'image du savoureux Heurtebise, les 2012 se placent nettement au-dessus. Les Barres offre une sensation de réglisse et une texture douce, tandis que le pinot noir Orizeaux allie droiture et raffinement avec un élevage mieux intégré.

▷ Brut Sainte Anne	25 (c) €	15
▷ Extra Brut Heurtebises 2011	49 (c) €	15
▷ Extra Brut Les Barres 2012	65 (c) €	16
▷ Extra Brut Orizeaux 2012	49 (c) €	16

Le coup de ♥

▷ Extra Brut Couarres Châteaux 2012	49 (c) €	16

Pur pinot noir planté en 1982, il reste sur la réserve, avec une belle expression saline et revigorante, tout en gardant cette douceur qui est la signature du domaine.

Rouge : Pinot meunier 57 %, Pinot noir 43 %
Blanc : Chardonnay 100 %
Production moyenne : 90 000 bt/an

CHAMPAGNE

CHARTOGNE-TAILLET
37, Grande Rue, 51220 Merfy
03 26 03 10 17 •
www.chartogne-taillet.com • Vente et visites : au domaine sur rendez-vous.
Propriétaire : Alexandre Chartogne

VEUVE CLICQUOT PONSARDIN

Le groupe de luxe LVMH, propriétaire depuis 1987, a fait de Veuve Clicquot la deuxième marque de champagne en volume avec son célèbre brut Carte Jaune (premier champagne vendu aux USA). La maison possède des vignobles en premier et en grand cru, surtout destinés aux cuvées millésimées et à La Grande Dame. Marqué par le pinot noir, les vins de Clicquot sont historiquement réputés pour leur bouche vineuse et structurée. Sixième chef de cave depuis un siècle, Dominique Demarville poursuit le travail dans ce sens et maintient l'âme de la maison, dans un style destiné à plaire à un large public.

Les vins : nous avons dégusté une courte sélection dans laquelle ne figurait hélas pas la cuvée Carte d'Or. Côté millésime, le 2008 joue dans un registre dynamique, avec une bouche qui conserve de la fraîcheur, et une finale portée par de jolis amers salins. Le 1989 demeure une superbe réussite, nous plongeant dans l'univers gustatif des vieux champagnes mûrs : noix, curry, sous-bois... à réserver à la table.

▻ Brut Rosé Cave Privée 1989	193 € 17,5
▻ Brut Vintage 2008	57,50 (c) € 16,5

Le coup de ♥
▻ Extra brut Extra Old	65 (c) € 16

Cette nouvelle cuvée repose sur un assemblage de différents millésimes de 1988 à 2010, le tout dosé à 3 g/l. En résulte un vin de belle complexité, avec une bouche aux douces notes d'épices et d'agrumes confits.

Rouge : 35 hectares.
Pinot noir 80 %, Pinot meunier noir 20 %
Achat de raisins.
Blanc : 305 hectares.
Chardonnay 100 %
Achat de raisins.

VEUVE CLICQUOT PONSARDIN
12, rue du Temple, 51100 Reims
03 26 89 54 40 • www.veuve-clicquot.com
• Vente et visites : au domaine sur rendez-vous.

Ouvert du 4 avril au 18 novembre 2017.
Du mardi au samedi de 9h30 à 12h30 et de 13h30 à 17h30.
Propriétaire : LVMH
Directeur : Jean-Marc Gallot
Chef de cave : Dominique Demarville

COESSENS

Ce producteur de la Côte des Bar (Aube) produit des champagnes mûrs, puissants, enrobés, vineux, qui séduiront les plus réfractaires à l'acidité. Ils sont issus d'une partie du vignoble familial (3,36 ha) cadastré "Largillier" qui tire son nom de la richesse des argiles de son sol de marnes kimméridgiennes. Cette petite production soignée, 100 % pinot noir, livre sa pleine dimension dans le cadre d'un repas ou d'un apéritif dînatoire. Jérôme Coessens a fait appel au Bourguignon Yves Confuron, talentueux vigneron du domaine Confuron-Cotetidot, adepte de la vinification en grappe entière, pour élaborer un coteaux-champenois rouge.

Les vins : les derniers tirages poursuivent le profil mûr et puissant du pinot noir. N'hésitez pas à calmer leur résistance en les gardant en cave. Le bouquet expressif et la grande densité du blanc de noirs déroutera les amateurs de champagnes discrets mais révèlera sa vinosité à table. Plus délié et accessible, le brut Nature combine la maturité et la force saline de l'argile. L'extra-brut 2009 est un exemple de champagne issu d'un millésime solaire, admirablement dompté par la fraîcheur. La vinification et l'élevage de huit mois en fût soutiennent le nez très toasté des Sens Boisés, et soulignent avec droiture une belle allonge de bouche.

▻ Brut Largillier Les Sens Boisés	51 € 15,5
▻ Brut Nature Blanc de Noirs	42 € 16
▻ Extra Brut Millésime 2009	56 € 15,5

Le coup de ♥
▻ Brut Nature Rosé	47 € 16

Un rosé haut en couleur ! Une grande richesse en extraits secs, des saveurs percutantes de fraises et de framboises, très mûres, rappelant les fruits du jardin. Avec un homard au cassis.

Rouge : 6,5 hectares.
Pinot noir 100 %
Production moyenne : 12 000 bt/an

COESSENS
Chemin les Farces, 10110 Ville-sur-Arce
03 51 63 70 48 •
www.champagne-coessens.com • Vente et visites : au domaine sur rendez-vous.

Propriétaire : Jérôme Coessens
Œnologue : Philippe Narcy

DELAMOTTE

Situé au Mesnil-sur-Oger, en pleine Côte des Blancs, Delamotte est historiquement un spécialiste du chardonnay de cette appellation. Une très ancienne maison, fondée en 1760, et acquise par Laurent-Perrier en 1988, la même année que la marque haut de gamme Salon. Les deux marques sont dirigées par le globe-trotter Didier Depond. Après avoir plus que doublé ses volumes en quinze ans et fait des concessions dans les approvisionnements, Delamotte fait remonter le chardonnay dans l'assemblage du brut, ses points forts restant le blanc de blancs et le millésimé. La marque revient en forme avec des champagnes apéritifs délicats. Des sulfitages moins marqués permettraient une meilleure ouverture des fins de bouche.

Les vins : nous apprécions la finesse de la gamme, à dominante très chardonnay. Le brut sans année est raffiné et fin ; le blanc de blancs, délicat et floral, est distingué. Le 2007 ajoute profondeur et complexité, avec une très belle tension en finale qui le relance. Le rosé est plus riche et volumineux.

▻ Brut Blanc de Blancs 2007	52 €	16,5
▻ Brut Blanc de Blancs	42 €	15,5
▬ Brut Rosé	52 €	14,5

Le coup de ♥
▻ Brut	30 €	15,5

Un champagne qui affiche une très jolie finesse à travers sa bouche délicate, servie par une bulle fine et digeste. Parfaitement apéritif, notamment grâce à sa finale tonique.

Rouge : Pinot noir 90 %, Pinot meunier 10 %
Achat de raisins.
Blanc : 5 hectares.
Chardonnay 100 %
Achat de raisins.
Production moyenne : 700 000 bt/an

DELAMOTTE
7, rue de la Brèche-d'Oger, 51190 Le Mesnil-sur-Oger
03 26 57 51 65 ● www.salondelamotte.com
● Pas de visites.
Propriétaire : Groupe Laurent-Perrier
Directeur : Didier Depond (président)
Chef de cave : Michel Fauconnet

DEVAUX

Devaux, marque pilote de l'Union auboise, solide et florissante coopérative, sélectionne ici la crème de son vignoble. L'Union compte plus de 800 vignerons et contrôle près de 1 400 ha de vignoble. Elle vend des vins de base à de nombreuses grandes maisons de la Marne et sélectionne une centaine d'hectares de ses raisins pour sa marque Veuve Devaux et la gamme D de Devaux, la plus intéressante. Le chef de cave Michel Parisot donne la priorité au pinot noir, élevé en foudre, dans un style digeste. La maison mérite toute l'attention des amateurs de champagnes fruités, à chair, bien charpentés par des jus d'excellente maturité.

Les vins : nous sommes étonnés que seules les cuvées de prestige aient été présentées. Des champagnes, vieillis cinq ans en cave, généreux et ronds à l'image de la Cuvée D. Dans le même profil, nous préférons l'Ultra D, plus tonique, et le D Rosé, joliment teinté et droit. Pour le deuxième millésime de la cuvée Sténopé 2009, élaborée en collaboration avec Michel Chapoutier, les chardonnays et pinots noirs sont vinifiés en fûts ; ils livrent une bulle encore un peu large et une matière riche, portée par un boisé consensuel. Pour une poularde crémée.

▻ Brut Cuvée D	37 €	14,5
▻ Brut Sténopé 2009	130 €	16
▻ Extra-Brut L'Ultra D	42 €	15
▬ Brut Rosé D	49 €	15

Le coup de ♥
▻ Brut D de Devaux 2008	62 €	15,5

L'énergie du millésime 2008 prend le pas sur la générosité sudiste de cette cuvée, dans laquelle le chardonnay et ses saveurs d'agrumes mûrs dominent légèrement le pinot noir. Un bon champagne de langoustine et de garde.

Rouge : 67 hectares.
Pinot noir 100 %
Blanc : 20 hectares.
Chardonnay 100 %
Production moyenne : 700 000 bt/an

DEVAUX
Domaine de Villeneuve,
10110 Bar-sur-Seine
03 25 38 30 65 ●
www.champagne-devaux.fr ● Vente et visites : au domaine sur rendez-vous.
De 10h à 18h sauf le dimanche.
Propriétaire : Union auboise
Directeur : Laurent Gillet
Chef de cave : Michel Parisot

CHAMPAGNE

NOUVEAU DOMAINE

DOYARD

Yannick Doyard et son fils, Charles, mettent en lumière des champagnes vigoureux et percutants. La gamme est principalement construite autour de chardonnays de Vertus, où se trouve le domaine, mais cette vieille famille champenoise bénéficie également de vignes dans des grands crus de la Côte des Blancs (Le Mesnil-sur-Oger, Oiry, Cramant, Avize et Oger) et quelques pinots noirs à Aÿ. Le style de ces champagnes est très affirmé grâce à une récolte bien mûre, une vinification en partie ou intégrale en fût, une fermentation malolactique bloquée et des dosages faibles selon les cuvées. Les blancs de blancs vieillissent au minimum quatre ans pour s'étendre avec force et beaucoup de caractère. Deux sont particulièrement originales et témoignent de l'histoire de la Champagne : l'Œil de Perdrix, où la robe du chardonnay est légèrement tachée par le pinot noir, et La Libertine, qui renoue avec la faible effervescence et le dosage riche que l'on buvait au XVIIIe siècle. De formidables compagnons de table.

Les vins : quel impact en dégustation ! Nous sommes ravis de la tension et de la droiture de ces champagnes, dès le brut sans année Vendémiaire (50 % de 2011), compact et vineux. Sans surprise, le Clos de l'Abbaye, issu du très compliqué millésime 2011, n'est pas aussi ambitieux que la cuvée briochée Révolution et l'intense blanc de blancs 2009. Avec sa robe tachée et ses notes florales expressives, les chardonnays d'Aÿ et d'Avize signent l'Œil de Perdrix 2013, la cuvée la plus originale. Avec La Libertine, on retrouve un champagne au goût d'antan, automnal et richement sucré.

- Brut Nature Grand Cru Blanc de Blancs Révolution 34 € 15,5
- Brut Premier Cru Blanc de Blancs Vendémiaire 26,50 € 15
- Doux La Libertine 120 € 14
- Extra-Brut Premier Cru Blanc de Blancs Clos de l'Abbaye 2011 59 € 14,5
- Extra Brut Grand Cru Œil de Perdrix 2013 55 € 16

Le coup de ♥
- Extra Brut Grand cru Blanc de Blancs 2009 55 € 17

Superbe 2009 de quatre grands crus (Le Mesnil-sur-Oger, Oger, Cramant et Avize), intégralement vinifié en fût avec malo bloquée. Un bouquet ouvert, exotique et anisé, avec une allonge épurée et savoureuse. Un très beau champagne de table prêt à boire.

Rouge : 1 hectare.
Pinot noir 100 %
Blanc : 10 hectares.
Chardonnay 100 %
Production moyenne : 40 000 bt/an

DOYARD
**39, avenue Général Leclerc, 51130 Vertus
03 26 52 14 74 • www.champagnedoyard.fr • Vente et visites : au domaine sur rendez-vous.
Propriétaire : Yannick et Charles Doyard**

GATINOIS

La maison Gatinois a perdu, en 2016, son formidable ambassadeur Pierre Cheval. Cet homme brillant et visionnaire avait, entre autres, porté le dossier des Coteaux, Maisons et Caves de Champagne jusqu'à leur inscription au Patrimoine mondial de l'Humanité le 4 juillet 2015. Louis Cheval-Gatinois a pris la succession de son père en 2010. Ce domaine familial dispose de parcelles remarquablement situées dans le village d'Aÿ : 27 parcelles, toutes en coteaux et à 90 % plantées de pinot noir. Les cuvées Tradition et Réserve soulignent le compromis entre puissance et finesse vineuse, avec des saveurs confites et grillées ainsi qu'une ovalité généreuse en bouche.

Les vins : une définition classique ferme et bien mené des terroirs d'Aÿ dans les tirages dégustés. Le brut Tradition nous offre une sensation acidulée et croquante des pinots noirs d'Aÿ (80 %) avec une légèreté rafraîchissante. Montons en intensité avec le brut Réserve, d'une générosité d'arômes de griottes, gourmand et enveloppé par une effervescence fine. Après six ans de vieillissement, le solaire 2009 évolue tranquillement avec vinosité et sublimera des mets délicats.

- Brut Grand Cru Millésime 2009 30 € 15
- Brut Grand Cru Réserve 22 € 15
- Brut Grand Cru Tradition 19 € 14,5

Le coup de ♥
- Brut Rosé Grand Cru 24 € 15

Bonne définition d'un rosé d'assemblage intense, structuré par une légère sensation tannique et par la colonne vertébrale du pinot noir d'Aÿ. 10 % de chardonnay.

Rouge : 6 hectares.

Pinot noir 100 %
Blanc : 1 hectare.
Chardonnay 100 %
Production moyenne : 50 000 bt/an

GATINOIS
7, rue Marcel-Mailly, 51160 Aÿ
03 26 55 14 26 ●
www.champagne-gatinois.com ● **Vente et visites : au domaine sur rendez-vous. Du lundi au samedi.**
Propriétaire : Louis Cheval-Gatinois

PIERRE GIMONNET ET FILS

La famille Gimonnet, propriétaire d'un vaste domaine dans la Côte des Blancs (dont 12 ha de grand cru), fait partie des précurseurs en matière de vinification parcellaire. Toutes les cuvées – à l'exception de Paradoxe, composée de pinot noir – sont donc issues de chardonnays provenant de Cuis et de Vertus, classés en premier cru, d'où les deux grands crus Cramant et Chouilly. Ce domaine a offert dans un passé récent des champagnes millésimés de référence dans les cuvées Spécial Club, Gastronome ou Fleuron.

Les vins : la gamme d'une multitude d'étiquettes de blanc de blancs est bien menée avec des cuvées mûres, suaves et équilibrées : notamment un Cuis 1er tonique, vigoureux Oger et un rosé de blancs, très marqué par l'expression citronnée du chardonnay (92 %). Montons en densité avec la cuvée Gastronome 2012 dont la chair dominée par le grand cru Chouilly (50 %) ravira des langoustines à la plancha. Fine évolution de la cuvée Fleuron qui fait la part belle aux chardonnays de Cramant et Chouilly dosés en extra-brut. Un 2010, moelleux finement anisé et long. Plus vigoureux, le 2008 demande à être servi à table pour estomper la finale plus sèche. Deux bouteilles Special Club à découvrir à table avec un juvénile 2010 complet, harmonieux et long, et un 2012 plus musclé pour une garde de plus de dix ans.

▷ Brut Cuis Premier Cru Blanc de Blancs 23 € 14,5
▷ Brut Grand Cru Oger Blanc de Blancs 30 € 15
▷ Brut Millésime de Collection 2006 50 (c) € 16,5
▷ Brut Premier Cru Blanc de Blancs Fleuron 2008 49 (c) € 16
▷ Brut Premier Cru Blanc de Blancs Fleuron 2010 34 (c) € 15,5
▷ Brut Premier Cru Blanc de Blancs Gastronome 2012 26 (c) € 15,5
▷ Brut Premier Cru Spécial Club 2005 36,80 € 16
▷ Brut Spécial Club Grand Cru Oger Blanc de Blancs 2012 125 (c) € 16,5
▷ Brut Premier Cru Rosé de Blancs 28,50 € 14,5

Le coup de ♥
▷ Extra Brut Premier Cru Œnophile 2008 43 (c) € 16,5

Très belle évolution en finesse et anisée de l'Oenophile, complexe et élancé. Majoritairement composé de chardonnays de Cramant et Chouilly, ce 2008 s'impose comme un beau vin de garde et de table.

Rouge : 0,5 hectare.
Pinot noir 100 %
Blanc : 27,5 hectares.
Chardonnay 100 %
Production moyenne : 250 000 bt/an

PIERRE GIMONNET ET FILS
1, rue de la République, 51530 Cuis
03 26 59 78 70 ●
www.champagne-gimonnet.com ● **Vente et visites : au domaine sur rendez-vous. Du lundi au vendredi de 8h30 à 12h et de 14h à 18h, samedi matin sur rendez-vous.**
Propriétaire : Olivier et Didier Gimonnet

ALFRED GRATIEN

Cette discrète maison qui perpétue le travail de ses vins clairs en fût, des champagnes à dominante chardonnay, dynamiques et complexes, appartient depuis 2000, comme la maison mère Gratien-Meyer à Saumur, à un important groupe de vins mousseux implanté à Wiesbaden (Allemagne). Dans des bâtiments historiques du centre d'Épernay, le chef de cave Nicolas Jaeger, qui a pris la suite de son père et grand-père, perfectionne une élaboration artisanale du champagne, progressivement rationalisée mais qui demeure limitée en volume. Presque tous ses raisins sont achetés à 40 km autour d'Épernay, au service de champagnes qui gomment et complexifient leur acidité naturelle élevée (puisque les fermentations malolactiques sont bloquées) par une vinification en fût. Les vieillissements en cave des vins millésimés se font sous bouchon de liège. La part du meunier s'atténue dans les derniers assemblages au profit du pinot noir.

Les vins : le 2004 se déguste toujours bien, dans un registre de noble évolution et de belle

CHAMPAGNE

complexité ; chez les non-millésimés, le brut s'illustre par ses notes de fruits blancs, élégantes et gourmandes en finale, et le rosé s'avère très digeste, fin et frais. Il possède une bouche à la finale saline et poivrée délicate. Le brut Paradis apparaît tendu, avec la complexité de l'élevage sous bois et une très grande allonge. Le Paradis Rosé, décadence délicieuse, offre un fruité délicat et une bouche très énergique.

▷ Brut 2004	52,40 €	16
▷ Brut	33,10 €	15
▷ Brut Paradis 2008	65,70 €	17
▷ Brut Paradis Rosé 2007	71 €	17
▷ Brut Rosé	35,65 €	15,5

Le coup de ♥
▷ Grand Cru Blanc de Blancs 2008 44 € 16,5

Dans un registre encore un peu austère, porté par des notes de pamplemousse, de citron et de mandarine, il déploie une bouche vive, longue et très prometteuse.

Rouge : Pinot meunier noir 100 %
Achat de raisins.
Blanc : Chardonnay 100 %
Achat de raisins.
Production moyenne : 300 000 bt/an

ALFRED GRATIEN
**30, rue Maurice-Cerveaux, BP 3,
51201 Épernay
03 26 54 38 20 ● www.alfredgratien.com ●
Vente et visites : au domaine sur rendez-vous.
Propriétaire : Henkell et Co. Sektkellerei
Directeur : Olivier Dupré
Chef de cave : Nicolas Jaeger**

GUIBORAT

Richard Fouquet a 18 ans lorsqu'il revient au domaine familial de Cramant, en 1993. Il est rejoint par sa femme, Karine, œnologue, en 2012. Le couple de vignerons bénéficie d'un patrimoine de vignes situées en Côte des Blancs, principalement sur les grands crus de Cramant et de Chouilly, dont des parcelles plantées en 1946 (Les Caurés) et en 1970 (Le Mont Aigu), lesquelles donnent des cuvées uniquement lors des millésimes exceptionnels. Vinifiés en cuve et partiellement sous bois pour les millésimes, leurs blancs de blancs dosés a minima (extra-brut ou brut nature) sont sans esbroufe, finement exotiques, et dotés de la profondeur généreuse de leurs terroirs. Un domaine à suivre de près.

Les vins : on se rapproche du fruit à chaque millésime. Assemblage de chardonnay de Chouilly, Oiry et Cramant, le Thétys.13 est joliment fruité avec un équilibre tonique. Plus en rondeur et à boire rapidement, le Prisme.11 est bien géré pour cette année difficile en Champagne. Du côté des parcellaires, le droit et vigoureux Le Mont Aigu 2008, superbe parcelle de Chouilly, est renforcé par le blocage de la fermentation malolactique. Un champagne encore gainé et un peu austère qui vieillira à merveille.

▷ Extra Brut Grand Cru Blanc de Blancs Téthys 13	28 (c) €	14
▷ Extra brut Grand Cru Blanc de Blancs Le Mont Aigu 2008	63 (c) €	16,5
▷ Extra-Brut Grand Cru Blanc de Blancs Prisme 11	34 (c) €	14

Le coup de ♥
▷ Extra Brut Grand Cru Blanc de Blancs 2010 45 (c) € 16

Issu d'un chardonnay planté en 1970 sur le grand cru Le Mont Aigu à Chouilly, voici une cuvée finement exotique qui évolue en finesse et en longueur.

Blanc : 8 hectares.
Chardonnay 100 %
Production moyenne : 25 000 bt/an

GUIBORAT
**99, rue de la Garenne, 51530 Cramant
03 26 57 54 08 ●
www.champagne-guiborat-fils.com ● Vente et visites : au domaine sur rendez-vous.
Propriétaire : Richard Fouquet**

HENRIOT

Disparu en avril 2015, à 79 ans, Joseph Henriot a contribué à la relance de trois grandes marques de champagne : Charles Heidsieck, Veuve Clicquot et enfin celle de sa famille, Henriot, que LVMH lui a cédée en 1994. Le groupe s'étend également en Bourgogne (Bouchard Père et Fils et William Fèvre), en Beaujolais (Château de Poncié, étiquetée Villa Ponciago à l'étranger) et dans les liqueurs (Lejay-Lagoute). C'est désormais Gilles de Larouzière, neveu de Joseph, qui préside le groupe. La maison dispose de bons apports historiques en Côte des Blancs et en Montagne de Reims. Henriot s'est fait une spécialité des champagnes droits, fins, un rien austères, dominés par le chardonnay.

Les vins : nous retrouvons la signature maison dans le brut Souverain, toujours crémeux et souple en bouche. Un champagne agréable qui manque néanmoins un peu de tonus. Le blanc de blancs offre une profondeur notable et une bulle fine. Le rosé, avec son nez très en fruits (fruits rouges frais), affiche de la tenue et un bon volume.

▱ Brut Blanc de Blancs	41,50 €	15
▱ Brut Souverain	33,50 €	14,5
▰ Brut	48,50 €	15

Le coup de ♥

▱ Brut Millésimé 2006	55 €	16

Ce champagne de gastronomie à la bouche volumineuse et nettement beurrée appelle la volaille et la crème.

Rouge : Pinot noir 90 %, Pinot meunier 10 %
Achat de raisins.
Blanc : Chardonnay 100 %
Achat de raisins.
Production moyenne : 1 800 000 bt/an

HENRIOT
**81, rue Coquebert, 51100 Reims
03 26 89 53 00 ●
www.champagne-henriot.com ● Visites : sur rendez-vous uniquement aux professionnels.
Propriétaire : Famille Henriot
Directeur : Gilles de Larouzière
Chef de cave : Laurent Fresnet**

HURÉ FRÈRES

François et Pierre Huré ont pris la suite de leur père Raoul en donnant une orientation terroir à des champagnes issus principalement de Ludes et Ville-Dommange, des premiers crus de la Montagne de Reims. À la tête de 10 ha et d'une activité de négoce, il produisent des vins au fruité tranchant, fournis, élancés, sans fermentation malolactique, dans lesquels la minéralité saline monte en puissance, millésime après millésime. La production est homogène. Une nouvelle gamme 4 éléments a vu le jour sous le nom Pierre et François Huré. Pour chaque cuvée, une parcelle, un cépage et un millésime sont mis en lumière par une vinification sans "malo" en demi-muids, un vieillissement sous bouchon liège et un dosage a minima (3 g/l). Une gamme ambitieuse qui mériterait quelques années de vieillissement supplémentaires pour atteindre leur plus bel équilibre. Un style en place de champagnes modernes qui respectent le caractère trempé de chaque lieu-dit.

Les vins : grâce à un travail méticuleux des frères Huré, la gamme s'affine au fil des millésimes. Les bruts sans année sont d'un niveau remarquable. Deux beaux millésimes sont à découvrir avec l'Inattendue 2012, un blanc de blancs aux doux arômes d'ananas et de poivre blanc, poussé par une trame finement structuré ; l'Instantanée 2008 allie force vineuse et oxydation ménagée. Amateurs de champagnes plus matures, goûtez Mémoire, une superbe soléra allant de 2013 à 1982 : complexe, torréfiée, vineuse, elle offre une superbe fraîcheur préservée. Du côté des cuvées parcellaires 2013, La Perthe se distingue, le meunier de La Grosse Pierre se montre énergique, franc et un tantinet nerveux, le chardonnay exposé au sud sur Les Blanches Voies séduit par sa tendresse et un côté plus exotique. Ils mériteraient un vieillissement prolongé.

▱ Brut Invitation	25 €	15
▱ Extra Brut 4 éléments Chardonnay Les Blanches Voies 2013	58 €	15,5
▱ Extra Brut 4 éléments Meunier La Grosse Pierre 2013	58 €	15
▱ Extra Brut Blanc de Blancs L'Inattendue 2012	33 €	15,5
▱ Extra Brut L'Instantanée 2008	32 €	15,5
▱ Extra-Brut Mémoire	50 €	16,5
▰ Brut Rosé L'Insouciance	30 €	15

Le coup de ♥

▱ Extra Brut 4 éléments Pinot noir La Perthe 2013	58 €	16

Une épatante froideur et une certaine retenue se dégagent du bouquet, mais la bouche de ce pinot noir, exposé ouest sur des argiles sablonneuses, s'étend avec beaucoup de suavité et beaucoup de charme, sans manquer de caractère ni de définition du terroir.

Rouge : 8 hectares.
Pinot noir 80 %, Pinot meunier 20 %
Blanc : 2 hectares.
Chardonnay 100 %
Production moyenne : 80 000 bt/an

HURÉ FRÈRES
**2, impasse Carnot, 51500 Ludes
03 26 61 11 20 ●
www.champagne-hure-freres.com ● Vente et visites : au domaine sur rendez-vous. Du lundi au vendredi de 8h30 à 12h et de 13h30 à 17h30.
Propriétaire : Pierre et François Huré**

ANDRÉ JACQUART

Une représentante de la nouvelle génération, Marie Doyard, petite-fille d'André Jacquart, dirige ce domaine discret mais de grande valeur, où les chardonnays du Mesnil-sur-Oger (sans fermentation malolactique) parlent avec générosité et précision. La cave et l'ensemble de l'outil de champagnisation ont déménagé à Vertus, village d'origine de la famille Doyard. La gamme est concise, peu ou pas dosée, sans faiblesse, et composée de purs blancs de blancs, en grand et premier cru.

Les vins : le 2007 se détache nettement du lot par sa plénitude et son harmonie. Plus serré et nerveux, le grand cru Mesnil Expérience est à la limite du style du champagne non dosé. Nous avons une préférence pour le premier cru Expérience, plus charnu, et accessible à tous.

⊳ Brut Nature Grand Cru Blanc de Blancs
  Mesnil Expérience   30 €   14,5
⊳ Brut Premier Cru Blanc de Blancs
  Expérience   22 €   14,5

Le coup de ♥
⊳ Brut Nature Grand Cru Blanc de Blancs
  Millésime Expérience 2007   40 €   16,5

Ce beau chardonnay allie la tension ferme du Mesnil-sur-Oger avec l'austérité du millésime 2007, emmenées par une matière racée et saline. Agréable réussite !

Rouge : 4 hectares.
Pinot noir 100 %
Blanc : 20 hectares.
Chardonnay 100 %
Production moyenne : 100 000 bt/an

ANDRÉ JACQUART
63, avenue de Bammental, 51130 Vertus
03 26 57 52 29 ● www.couleursdoyard.com
● **Vente et visites :** au domaine sur rendez-vous.
De 10h à 12h et de 14h à 17h30.
Week-end sur rendez-vous.
Propriétaire : Marie Doyard

LANCELOT-PIENNE

Située dans le centre du village de Cramant, la propriété s'étend sur un parc verdoyant qui offre une vue exceptionnelle sur le vignoble de la Côte des Blancs. C'est un domaine familial très chardonnay en grand cru (Avize, Chouilly, Cramant) et pinot meunier. Gilles Lancelot, œnologue, travaille ses vins clairs en cuve (pas de bois) pour accentuer leur expression minérale, et a fait le choix des fermentations malolactiques. Des champagnes aromatiques, accessibles jeunes et d'un rare rapport qualité-prix dans ses entrées de gamme.

Les vins : ces champagnes ne sont jamais dans l'esbroufe, ni la démonstration. Ils assument un fruit précis, à l'image du brut sélection, de bonne facture, oscillant entre chair gourmande et fraîcheur : un très bon champagne d'apéritif. Le blanc de blancs, joliment anisé et citronné, s'avère fringant pour une cuisine japonaise crue. Construite autour d'une belle ossature, la Table Ronde exprime un profil exotique de Cramant. La cuvée Marie Lancelot évolue finement vers des notes précises de moka, tout en gardant une fraîcheur juvénile.

⊳ Brut Blanc de Blancs   23,40 €   15
⊳ Brut Grand Cru Marie
  Lancelot 2010   40 €   16
⊳ Brut Grand Cru Table Ronde   27 €   15,5
⊳ Brut Sélection   25 €   14

Le coup de ♥
⊳ Brut Perceval 2012   36 €   16

Un chardonnay/pinot noir joliment épicé. Sa richesse en extraits secs, son relief de saveurs, sa structure et son allonge en font un compagnon de table dès maintenant.

Rouge : 4 hectares.
Pinot meunier 65 %, Pinot noir 35 %
Blanc : 4,5 hectares.
Chardonnay 100 %
Production moyenne : 65 000 bt/an

LANCELOT-PIENNE
1, place Pierre-Rivière, 51530 Cramant
03 26 59 99 86 ●
www.champagne-lancelot-pienne.fr ● **Vente et visites :** au domaine sur rendez-vous.
Du lundi au samedi de 9h à 12h et de 14h à 17h. Le dimanche de 10h à 12h.
Propriétaire : Gilles Lancelot

LANSON

La marque plus que bicentenaire (1760) est, depuis son rachat en 2006, le vaisseau amiral du groupe coté en bourse Lanson-BCC qui compte avec Lanson six autres maisons de champagne : Alexandre Bonnet, Boizel, Besserat de Bellefon, De Venoge, Chanoine et Philipponnat. Si l'ensemble est présidé par Bruno Paillard (voir cette adresse), Lanson est incarnée par son PDG, Philippe Baijot, fin tycoon et spécialiste des marques de grande distribution. L'emblématique chef de cave, Jean-Paul Gandon, qui a pris sa retraite en 2015, a passé le relais à Hervé Dantan, ancien de chez Mailly Grand Cru qui perpétue le style Lanson avec des champagnes à dominante de pinot, sans fermentation malolactique, marqués par une fraîcheur tendue, et bâtis pour la garde. Les stocks sont importants (plus de 20 millions de bouteilles) et permettent à Lanson de relancer son image en commercialisant en faible quantité une collection de grands millésimes dégorgés à la commande : la LVC, Lanson Vintage Collection.

Les vins : nous n'avons malheureusement pas pu déguster la cuvée Black Label, signature de la maison. Le Gold Label 2008 conserve beaucoup de tonicité, avec une bouche citronnée et vive. Un ensemble qui se fond lentement. L'Extra Age joue dans un registre épicé et complexe très intéressant. Le blancs de blancs 2002 semble moins précis que le Noble Cuvée d'assemblage, à la race superbe.

- Brut Blanc de Blancs Noble Cuvée 2002   105 (c) €   16,5
- Brut Extra Age   50 €   16
- Brut Gold Label 2008   35 (c) €   15

Le coup de ♥
- Noble Cuvée 2002   90 (c) €   17

Tout en équilibre et en harmonie, la Noble Cuvée 2002 est à fois tonique et assagie. La bouche "trace", sur des notes d'agrumes confits et d'épices douces. Un bouteille qui atteint un brillant niveau de complexité.

Rouge : Pinot noir 100 %
Achat de raisins.
Blanc : Chardonnay 100 %
Achat de raisins.
Production moyenne : 5 000 000 bt/an

LANSON
66, rue de Courlancy, 51100 Reims
03 26 78 50 50 ● www.lanson.com ● **Vente et visites : au domaine sur rendez-vous. Du lundi au vendredi de 9h à 11h et de 14h à 16h.**
Propriétaire : Groupe Lanson-BCC
Directeur : Philippe Baijot (Président)
Chef de cave : Hervé Dantan

PIERRE MONCUIT

Nicole Moncuit est l'une des rares vinificatrices de Champagne. Elle écrit, depuis plus de vingt ans, les plus belles pages du grand cru Mesnil-sur-Oger, dans un style personnel – initié par son père – qui allie une précision du fruit, une finesse de bulle et une souplesse, voire de la rondeur, pour des vins du Mesnil réputés pour leur droiture. Le domaine familial dispose d'un capital de vieilles vignes (plus de 50 ans) que l'on retrouve dans la confidentielle cuvée Nicole Moncuit. Une partie de la gamme, baptisée Hugues de Coulmet, provient de vignes du Sézannais, dont les chardonnays expriment un fruité primeur plus simple.

Les vins : la cuvée Pierre Moncuit-Delos est déclinée en brut (dosé à 7 g/l), sans grande envergure, souple et rondement mené, et en extra-brut, plus citronné, rafraîchissant et anguleux. Le rosé séduira les amateurs de champagnes ronds et suaves. Les 2006 évoluent rapidement et sont à boire dès maintenant, en particulier le brut, tandis que le non dosé conserve une trame plus droite. Plus fin et digeste, le Vieille Vigne 2004 est au-dessus du 2005, plus enrobé, et désormais épanoui.

- Brut Grand Cru Blanc de Blancs 2006   33 €   14
- Brut Grand Cru Blanc de Blancs Nicole Moncuit Vieilles Vignes 2005   50 €   15
- Brut Grand Cru Blanc de Blancs Non Dosé 2006   34 €   14,5
- Brut Grand Cru Blanc de Blancs Pierre Moncuit-Delos   20,50 €   14
- Extra Brut Grand Cru Blanc de Blancs Pierre Moncuit-Delos   21,50 €   14,5
- Brut Grand Cru Rosé   22 €   14

Le coup de ♥
- Brut Grand Cru Blanc de Blancs Nicole Moncuit Vieilles Vignes 2004   45 €   16

Il prend le dessus sur le 2005, en offrant un profil moins exubérant, plus fin, digeste et long. Un blanc de blancs classique, finement toasté.

Blanc : 19 hectares.
Chardonnay 100 %
Production moyenne : 180 000 bt/an

PIERRE MONCUIT
11, rue Persault-Maheu, 51190 Le Mesnil-sur-Oger
03 26 57 52 65 ● www.pierre-moncuit.fr ● **Vente et visites : au domaine sur rendez-vous.**
Du lundi au vendredi de 9h à 12h et de 14h à 18h, le samedi de 10h à 12h30 et de 14h à 18h.
Propriétaire : Nicole, Valérie et Yves Moncuit

MOËT ET CHANDON

LVMH est le plus puissant des acteurs champenois par l'étendue de son vignoble (environs 1200 ha, seulement un quart de ses besoins !) et la diffusion de ses marques (Moët, Veuve Clicquot, Ruinart, Krug, Mercier). Dans cette galaxie, Moët est le champagne le plus vendu au monde, avec comme porte-drapeau le brut Impérial qui représente 85 % de sa production. Le brillant chef de cave depuis 2005, Benoît Gouez, dispose depuis 2012 d'une nouvelle et spectaculaire cuverie high-tech sur le site de Montaigu, d'une capacité de plus de 35 millions de bouteilles. Le pari de Moët est que, quel que soit l'endroit de la planète, la qualité et le goût de son champagne soient quasi-inchangées : une palette aromatique suave, grillée et citronnée, des bulles fines, actives et jamais agressives, une texture douce et bondissante, une bouche courte sans rusticité. Le leader de la Champagne fait rimer quantité et qualité à un niveau unique. Aux côtés de cette cuvée qui porte l'emblème de la Champagne dans le monde entier, la maison cherche à monter en gamme. En 2015, Moët et Chandon a procédé au lancement de MC III. Dans sa bouteille coiffée d'argent et au fond plat gravé, cette cuvée est issue de l'assemblage multi-millésimes des trois cépages (chardonnay, pinot noir, meunier), et de trois familles de vin : des vins clairs vinifiés et élevés en cuve inox (2003), d'autres en foudre de chêne (2002, 2000, 1998) et des millésimes en bouteille (1999, 1998, 1993), débouchés et assemblés aux deux précédents, avant que le tout soit mis en bouteille. Cette dernière technique, appelée « remise en cercle », avait déjà été à la base chez Moët de la cuvée Esprit du Siècle, produite en petite quantité en magnum pour fêter l'an 2000. MC III, élaboré seulement aujourd'hui à 25 000 bouteilles, conjugue les expressions primaires, secondaires et surtout tertiaires du champagne dans un seul flacon. Une expérience réussie.

Les vins : le rosé est séduisant, avec un côté facile et très ouvert. Tant en blanc qu'en rosé, les Grand Vintage 2008 affichent un style plus épuré, toujours dans l'esprit de la maison, gourmands et séducteurs. Brut Impérial, la plus célèbre des cuvées de Champagne, assume un style très abordable.

▷ Brut Grand Vintage 2008	55 €	15,5
▷ Brut Rosé Grand Vintage 2008	55 €	15,5
▷ Brut Rosé Impérial	47 €	14,5
▷ Brut Impérial	40 €	14

Le coup de ♥

▷ Brut MCIII	450 €	17,5

Le style maison poussé à son paroxysme : MCIII est ample, crémeux, grillé et long à souhait. Un champagne très charmeur.

Rouge : Pinot noir 50 %, Pinot meunier 50 %
Achat de raisins.
Blanc : Chardonnay 100 %
Achat de raisins.

MOËT ET CHANDON
**20, avenue de Champagne, 51200 Épernay
03 26 51 20 00 ● www.fr.moet.com ● Vente
et visites : au domaine sur rendez-vous.
Propriétaire : LVMH
Chef de cave : Benoît Gouez**

MAISON MUMM

La quatrième marque en volume de la Champagne retrouve de la régularité avec l'ambition de continuer à monter lesdits volumes. Il n'est pas dans la tradition du groupe Pernod-Ricard, propriétaire depuis 2005, de jouer sur l'élitisme des marques. Mumm monte en gamme sans se couper du grand public dans sa politique de prix. Le chef de cave Didier Mariotti reconstitue ses volumes de vins de réserve, indispensables pour apporter du fond à un brut de grande diffusion. Il restaure aussi l'image de la maison en misant sur la relance de cuvées signées par leur cru d'origine (chardonnay de Cramant, pinot de Verzenay) ou d'assemblage millésimé (R. Lalou) et plus récemment deux cuvées de réserve de très belle expression.

Les vins : paré d'un nouvel habillage, le Cordon Rouge demeure une cuvée solide et agréable, à la bouche facile d'accès et la finale ronde. Le 2008 atteint une jolie maturité, le vin est élégant et toujours très fringant, avec une patine notable. Le rosé fait preuve de finesse, d'une plaisante tension et d'une touche acidulée en fin de bouche. Deux nouvelles cuvées réservées font leur apparition : un blanc de blancs et et un blanc de noirs, issus respectivement des millésimes 2012 et 2008. Leur définition ne manque pas d'intérêt. La maison est en forme et l'étoile se rapproche.

▷ Brut Cordon Rouge 2008	41 (c) €	15,5
▷ Brut Cordon Rouge	30 (c) €	14,5
▷ Brut Cordon Rosé	40 (c) €	14,5

Le coup de ♥

▷ Brut Blanc de Blancs RSRV 2016	40 (c) €	16,5

Nous sommes sous le charme de sa définition et de son allonge saline en bouche. Une cuvée de très belle race : du style et un côté très digeste.

Rouge : Pinot noir 76 %, Pinot meunier 24 %
Achat de raisins.
Blanc : Chardonnay 100 %
Achat de raisins.
Production moyenne : 8 000 000 bt/an

MAISON MUMM
**29, rue du Champ-de-Mars, 51100 Reims
03 26 49 59 69 ● www.mumm.com ● Vente
et visites : au domaine sur rendez-vous.**

Du 1er mars au 31 octobre : Tous les jours de 9h30 à 13h et de 14h à 18h. Du 1er novembre au 31 décembre : du au lundi au samedi de 9h30 à 12h et de 14h à 18h.
Propriétaire : Pernod Ricard
Directeur : César Giron
Chef de cave : Didier Mariotti

PALMER ET CO

Palmer est une marque commerciale appartenant à une coopérative champenoise de Reims. Dominés par les apports des grands noirs de la Montagne de Reims, ses assemblages favorisent le corps plus que la finesse. Avec le temps, l'ensemble se fond avec harmonie. Depuis quelques années, les vins restent vineux mais moins rustiques qu'auparavant, et on note une certaine adresse dans la production de blanc de blancs.

Les vins : le brut Vintage est structuré et charnu, présente de jolis amers en finale. Le blanc de blancs, frais, affiche des notes de réduction grillée, tandis que le blanc de noirs, puissant et dense, s'invitera plutôt à table compte tenu de sa texture. Un séduisant brut Réserve, enrobé et crémeux, mais le style Palmer est incarné à merveille par l'Extra Réserve : gourmand et facile.

⌐ Brut Blanc de Blancs	38 €	15
⌐ Brut Blanc de Noirs	38 €	15
⌐ Brut Réserve	29 €	14,5
⌐ Brut Vintage 2008	40 €	15,5
⌐ Extra Réserve 2016	32 €	15,5

Le coup de ♥
⌐ Brut Amazone de Palmer	90 €	16,5

Amazone, 50 % pinot noir, 50 % chardonnay, offre une belle déclinaison de saveurs automnales et une bulle bien intégrée.

Rouge : 205 hectares.
Pinot noir 80 %, Pinot meunier 20 %
Blanc : 205 hectares.
Chardonnay 100 %
Production moyenne : 1 000 000 bt/an

PALMER ET CO
67, rue Jacquart, 51100 Reims
03 26 07 35 07 ●
www.champagnepalmer.fr ● **Pas de visites.**
Directeur : Rémi Vervier
Chef de cave : Xavier Berdin

PIPER-HEIDSIECK

Piper-Heidsieck, marque très identifiée en grande distribution, connaît un renouveau profond depuis son rachat (avec sa petite sœur Charles-Heidsieck) en 2011 par le groupe EPI de la famille Descours (Bonpoint et JM Weston). Efficace chef de cave, Régis Camus a la tâche de faire remonter la qualité de vins afin de redonner tout son lustre à cette maison. Un travail de longue haleine (augmenter les vins de réserve, baisser les dosages, allonger le vieillissement en cave) qui commence à payer.

Les vins : le brut sans année est franc, rond et offre une bouche crémeuse, grillée et facile ; le 2008 s'illustre dans un bel équilibre, marqué par une imposante puissance en bouche. Un champagne de table. L'évolution de Rare 2002 est charmante : il conserve sa tension et son volume de bouche, avec du charnu et une finale bien enveloppée. En dosage demi-sec, le vin, riche, déploie des notes pâtissières. Quant à l'impétueux rosé Sauvage, il impose une forte personnalité, avec de la puissance et de la vinosité.

⌐ Brut 2008	38 (c) €	16
⌐ Brut	30 (c) €	14
⌐ Brut Rare 2002	135 (c) €	16,5
⌐ Brut Sublime	32 (c) €	14
⌐ Brut Rosé Sauvage	35 €	14

Le coup de ♥
⌐ Brut Essentiel	33 (c) €	15

Une cuvée qui joue l'exubérance en bouche, mais avec de la vivacité et un dosage bien fondu. Un vin charnu, crémeux et finalement savoureux.

Rouge : Pinot noir 50 %, Pinot meunier 50 %
Achat de raisins.
Blanc : Chardonnay 100 %
Achat de raisins.

PIPER-HEIDSIECK
12, allée du Vignoble, 51100 Reims
03 26 84 43 00 ● **www.piper-heidsieck.com**
● **Vente et visites :** au domaine sur rendez-vous.
Propriétaire : Groupe EPI
Directeur : Benoît Collard
Chef de cave : Régis Camus

CHAMPAGNE

R. POUILLON ET FILS

La maison Pouillon a été fondée en 1947. Le vignoble, implanté à Mareuil et Aÿ, et donc très pinot, s'est étendu jusqu'à la Côte des Blancs. Fabrice, petit-fils de Roger, se trouve à la tête de l'exploitation. La gamme s'est étoffée des cuvées Les Valnons (parcellaires d'Aÿ, pur chardonnay) et Les Blanchiens, 50 % chardonnay, 50 % pinot noir de Mareuil-sur-Aÿ.

Les vins : ces champagnes généreusement fruités jouent sur le fil de l'oxydation ménagée, apportant du relief de saveurs et de textures. Bien marqué par l'expression charnue du pinot noir de Mareuil-sur-Aÿ, le brut Réserve se montre extrêmement gourmand. La Solera est légèrement marquée par une accroche tannique et une bulle imposante qui s'assagira dans le verre. Les parcellaires nous enchantent : saluons la générosité et la franchise des Blanchiens 2010 (pinot noir/chardonnay) d'Aÿ, et la finesse racée des Valnons 2010 qui réservera des surprises avec le temps.

- Brut Nature Premier Cru Les Blanchiens 2010 — 45 € — 16
- Brut Premier Cru Soléra — 39 € — 15
- Brut Réserve 2016 — 27 € — 14,5
- Extra Brut Grand Cru Les Valnons 2010 — 45 € — 16,5

Le coup de ♥
- Extra Brut Chemin des Bois 2009 — N.C. — 16

Issu de Mareuil-sur-Aÿ, ce champagne finement oxydatif et vineux déroule une chair finement toastée, sertie d'une bulle friande et d'une finale sapide sur le pinot noir. Belle cuvée de table. Seulement 2313 bouteilles produites. Quel caractère !

Rouge : 4 hectares.
Pinot noir 80 %, Pinot meunier 20 %
Blanc : 2 hectares.
Chardonnay 100 %
Production moyenne : 55 000 bt/an

R. POUILLON ET FILS
17, rue d'Aÿ, 51160 Mareuil-sur-Aÿ
03 26 52 63 62 ●
www.champagne-pouillon.com ● Vente et visites : au domaine sur rendez-vous.
Propriétaire : Fabrice Pouillon

RUINART

La première maison de Champagne, créée le 1er septembre 1729, dispose des plus profondes crayères rémoises, inscrites à l'Unesco. Dans le giron de Moët & Chandon depuis 1963 (groupe LVMH aujourd'hui), Ruinart a failli mettre la clé sous la porte. Le réveil sonne dans les années 80, avec une équipe commerciale dédiée et le virage du blanc de blancs lancé par Jean-François Barot, chef de cave de 1985 à 2002. Il repense le "goût Ruinart" autour d'un chardonnay aromatique, réducteur, fin en bouche, aidé en cela par des approvisionnements de grands terroirs captés par les achats de LVMH. Phénoménal succès en France (75 % des ventes), Ruinart a doublé ses volumes en quinze ans grâce notamment à un marketing brillant autour du blanc de blancs et le passage de toute la gamme en bouteille prestige (2001). Des assemblages trop jeunes, sulfités et dosés des années 2000, laissent la place à des vins plus harmonieux sous la direction du chef de cave, Frédéric Panaïotis.

Les vins : le style de la maison s'exprime dans la cuvée de brut qui se veut accessible et toujours arrondie. Succès incontestable, le blanc de blanc ajoute un peu de vinosité, toujours très séducteur. Le rosé semble un peu empâté et termine sur une finale que nous souhaiterions plus dynamique. Nous louons en revanche le 2009 qui n'a rien perdu de sa tonicité et qui se complexifie admirablement. Joufflu et très ample, le Dom Ruinart 2006 ne possède pas la classe et la précision de son prédécesseur, le 2004. Il déploie déjà des notes de miel et de fruits secs. Dans un registre de notes fumées et de fruits rouges, la rosé est élégant et surtout servi par une bouche plus tendue.

- Brut — 45 (c) € — 15
- Brut Blanc de Blancs — 65 (c) € — 15,5
- Brut Blanc de Blancs Dom Ruinart 2006 — 160 (c) € — 16,5
- Brut Rosé — 65 (c) € — 14,5
- Brut Rosé Dom Ruinart 2004 — 270 € — 17,5

Le coup de ♥
- Brut Millésimé 2009 — 67 (c) € — 16

Un 2009 vineux et complexe. Sa bouche au dosage adéquat conserve un bon équilibre. Il témoigne d'une belle maîtrise de la richesse du millésime.

Rouge : Pinot noir 90 %, Pinot meunier 10 %
Achat de raisins.
Blanc : Chardonnay 100 %
Achat de raisins.
Production moyenne : 3 300 000 bt/an

RUINART
4, rue des Crayères, 51100 Reims
03 26 77 51 51 ● www.ruinart.com ● Vente et visites : au domaine sur rendez-vous.
Propriétaire : MHCS
Directeur : Frédéric Dufour

Chef de cave : Frédéric Panaiotis

FRÉDÉRIC SAVART

À 10 kilomètres à l'ouest de Reims, Écueil est un village historique pour le pinot noir, "un pinot fin réputé dans les années 60 alors que les villages aux alentours sont plantés surtout en meunier", explique Frédéric Savart. Il a repris avec passion les 4 ha de son père et élabore des champagnes jeunes, aromatiques, tendus et nuancés dans l'expression variétale, fruités. Il se passionne également pour les origines des bois destinés aux vinifications.

Les vins : à partir de 2013, les vins retrouvent un profil plus harmonieux, porté par un léger dosage (extra-brut) donnant plus d'envergure et de gourmandise à l'image de L'Année 2013 et du Mont Benoît. Déjà présentés pour l'édition précédente du guide, les 2012 Expression blanc et rosé, qui se montraient juvéniles, affichent une certaine austérité.

⇨ Brut Nature Expression 2012	80 (c) €	15
⇨ Extra Brut Le Mont Benoît 2013	72 (c) €	15,5
⇨ Extra Brut Premier Cru Dame de Coeur 2012	70 (c) €	15
⇨ Extra Brut Premier Cru L'Accomplie	38 (c) €	14,5
▬ Brut Nature Expression 2012	85 (c) €	15

Le coup de ♥
⇨ Extra Brut L'Année 2013	68 (c) €	16

Un 2013 ambitieux qui renoue avec un style plus vineux et complet que les millésimes précédents, lui apportant davantage de fond et de gourmandise, avec une bulle plus tendre apportée par le vieillissement sous liège.

Rouge : 3,5 hectares.
Pinot noir 100 %
Blanc : 0,5 hectare.
Chardonnay 100 %
Production moyenne : 40 000 bt/an

FRÉDÉRIC SAVART
1, chemin de Sacy, 51500 Écueil
03 26 84 91 60 ●
www.champagne-savart.com ● Vente et visites : au domaine sur rendez-vous.
Propriétaire : Frédéric Savart

J. DE TELMONT

Bertrand et Pascale Lhôpital, quatrième génération à la tête de la maison, ont su lui donner une nouvelle impulsion. Le vieillissement des vins en barrique, une approche bio pour les 30 ha du vignoble maison, un tiré-bouché sous liège et des cuvées au dosage bien adapté lui permettent de présenter une gamme très cohérente. Une marque à suivre de près !

Les vins : La brut Grande Réserve se dote d'une bouche ample, avec un style légèrement oxydatif, mais une belle persistance. Pour la cuvée sans soufre ajouté, admirable maîtrise de ce type de vinification : le résultat est fin, vibrant et très savoureux, sans la moindre déviation. Évolutif, mais encore en place, il faut boire OR 1735, à la bouche qui demeure nette en finale.

⇨ Brut Grande Réserve	22 €	14,5
⇨ Brut O.R 1735 2004	69 €	16,5
⇨ Brut Sans Soufre Ajouté	35 €	16

Le coup de ♥
▬ Brut Grand Rosé	24 €	15,5

Un rosé de joli caractère, avec de la tension et un côté fruits rouges frais, croquant et agréable. Il offre une belle finale juteuse sur le fruit. Un excellent rapport qualité-prix.

Rouge : Pinot meunier noir 100 %
Achat de raisins.
Blanc : Chardonnay 100 %
Achat de raisins.
Production moyenne : 750 000 bt/an

J. DE TELMONT
1, avenue de Champagne, 51480 Damery
03 26 58 40 33 ●
www.champagne-de-telmont.com ● Vente et visites : au domaine sur rendez-vous.
Par mail à lesateliers@champagne-de-telmont.com.
Propriétaire : Bertrand et Pascale Lhopital
Chef de cave : Sylvie Collas

J.-L. VERGNON

En 1950, Jean-Louis Vergnon a recréé le vignoble sur les coteaux de la Côte des Blancs, au Mesnil-sur-Oger, en le destinant à la coopérative. À partir de 1985, sa descendance élabore les premières bouteilles. Avec la volonté d'affirmer la nature droite et pure des chardonnays plantés à partir de la moitié des années 50 sur les grands crus du Mesnil, Avize et Oger et quelques parcelles en premier cru, l'œnologue Christophe Constant ordonne depuis 2001 le domaine et les vins pour la famille via des maturités pleines recentrées par des fermentations malolactique bloquées. Les crus sont travaillés en cuve inox, hormis la cuvée Confidence, dont la fermentation et l'élevage se passent en fût. Le style vigoureux est bien calé depuis plusieurs millésimes, particulièrement avec l'OG dans le très compliqué 2011.

Les vins : ces blancs de blancs vigoureux et riches en extrait sec ne sont pas à mettre entre toutes les mains. Pour séduire le plus grand nombre, servez le Conversation, un brut construit sur base 2013, à la fois charmeur et porté par des fins amers. Pour une approche plus ciselée et saline, optez pour l'extra-brut Éloquence. Le Rosémotion (base 2013) propose un assemblage très juste : une empreinte fine du pinot (10 % de vin rouge de Mailly) dans un chardonnay savoureux et élégant. L'OG 2011 se montre déjà flatteur et s'avère être l'une des plus belles réussites de ce millésime très difficile en Champagne. La Confidence 2010 est sapide et plein d'énergie ; mais avec une once d'arômes moins boisés, il exprimerait davantage l'éclat floral intrinsèquement présent.

- Brut Grand Cru Blanc de Blancs Conversation — 30 € — 15
- Brut Nature Grand Cru Blanc de Blancs Confidence 2010 — 65 € — 16,5
- Brut Nature Grand Cru Blanc de Blancs OG 2011 — 45 € — 16
- Brut Nature Premier Cru Blanc de Blancs Murmure — 28 € — 15
- Extra-Brut Grand Cru Blanc de Blancs Eloquence — 30 € — 15,5
- Extra-Brut Grand Cru Rosémotion — 35 € — 16

Le coup de ♥
- Extra-Brut Grand Cru Blanc de Blancs Expression 2009 — 65 € — 17

Pourtant vinifié et élevé en cuve, ce 2009 déborde d'énergie et prend des airs élégants de rancio ; avec une matière emplie d'extrait sec et d'énergie. Un champagne précis et harmonieux, pour la table.

Blanc : 5,26 hectares.
Chardonnay 100 %
Production moyenne : 70 000 bt/an

J.-L. VERGNON
1, Grande-Rue, 51190 Le Mesnil-sur-Oger
03 26 57 53 86 ●
www.champagne-jl-vergnon.com ● Vente et visites : au domaine sur rendez-vous.
De 8h à 12h et de 13h30 à 17h30.
Propriétaire : Didier Vergnon
Directeur : Christophe Constant

YANN ALEXANDRE

Situé à Courmas, petit village du nord-ouest de la Montagne de Reims, le vignoble, issu d'un héritage familial s'étend sur 30 parcelles et neuf communes. La production de champagnes fruités, à boire dans leur jeunesse, s'étoffe de cuvées plus originales. Des fins de bouche élégantes, fraîches, droites, dessinent une gamme moderne et expressive.

Les vins : débutons la dégustation avec des champagnes non millésimés, de bonne facture, à l'image du Noir (base 2011), rond et friand ; un Roche Mère (base 2010), plus complexe et ciselé et un rosé droit et joliment défini. Le compliqué millésime 2011 est bien géré dans l'extra-brut Sous les Roses, calcaire et droit. Des champagnes soignés et carrés pour plaire au plus grand nombre.

- Brut Nature Roche Mère — 27 € — 14,5
- Brut Noir — 23 € — 14
- Demi-Sec Sucré Noir — 24 € — 14,5
- Extra-Brut Sous les Roses 2011 — 48 € — 15

Le coup de ♥
- Brut Premier Cru Grande Réserve — 29 € — 15

Partiellement vinifié en fût et construit sur une base de 2009, Grande Réserve revêt une robe plus dorée, affiche un équilibre élégant avec une structure affirmée pour la table.

Rouge : 4,8 hectares.
Pinot meunier 80 %, Pinot noir 20 %
Blanc : 1,7 hectare.
Chardonnay 100 %
Production moyenne : 30 000 bt/an

YANN ALEXANDRE
3, rue Saint-Vincent, 51390 Courmas
06 81 03 81 79 ●
www.champagneyannalexandre.fr ● Vente et visites : au domaine sur rendez-vous.
Propriétaire : Yann Alexandre

NOUVEAU DOMAINE

PIERRE GERBAIS

Sous la houlette de Pascal Gerbais et de son fils Aurélien, le domaine Pierre Gerbais s'est inscrit parmi les plus singuliers de la Côte des Bar. Cette originalité réside notamment dans la présence du pinot blanc, vinifié seul ou à hauteur de près d'un tiers, accompagnent les classiques pinot noir et chardonnay. Ces champagnes de marnes kimméridgiennes n'ont pas l'envergure des grands crus mais nous ravissent par leur caractère sudiste bien trempé et leur chair entière que vous saurez apprécier à table.

Les vins : aussi bien en blanc qu'en rosé, le goût puissant et la matière des Grains de Celles appelle les cocktails dînatoires. Deux blancs surprenants : L'Osmose, chardonnay riche sans être saturant, et L'Originale, pinot blanc peu expressif, qu'il faut servir à table. Le pinot noir L'Audace s'affirme comme la cuvée la plus ambitieuse et le rosé de saignée peut encore gagner en finesse.

- Extra Brut Blanc de Blancs L'Originale — 55 € — 14
- Extra Brut Blanc de Blancs L'Osmose — 40 € — 15
- Extra-Brut Grains de Celles — 30 € — 14
- Brut Rosé de Saignée — 45 € — 14
- Extra-Brut Rosé Grains de Celles — 35 € — 14

Le coup de ♥
- Brut Nature L'Audace — 40 € — 15,5

Nettement plus doré et riche que le reste de la gamme, il offre une évolution généreusement toastée, de celles que l'on attend pour un pinot noir du coin. Une belle charpente pour la table.

Rouge : 10 hectares.
Pinot noir 100 %
Blanc : 8 hectares.
Chardonnay 50 %, Pinot blanc 50 %
Production moyenne : 150 000 bt/an

PIERRE GERBAIS
**13, rue du Pont, BP 17,
10110 Celles-sur-Ource
03 25 38 51 29 • www.gerbais.com • Vente et visites : au domaine sur rendez-vous.
Du lundi au samedi de 9h à 12h et de 14h à 17h.
Propriétaire : Famille Gerbais**

NOUVEAU DOMAINE

MOUZON-LEROUX

Sébastien Mouzon est issu d'une longue lignée de vignerons de la Montagne de Reims. En 2008, il quitte le modèle familial conventionnel pour voler de ses propres ailes avec ses 7,5 ha répartis en 55 parcelles du superbe grand cru de Verzy, fief du pinot noir. Une rencontre avec l'Alsacien Pierre Frick oriente le vigneron trentenaire vers la biodynamie et une certaine approche de la vinification (fermentation malolactique effectuée, vinification partielle ou complète en fûts, dosages a minima, etc.), pour être au plus proche du goût finement austère des argilo-calcaires de Verzy. En quelques millésimes, les champagnes atteignent un bon niveau : équilibrés, dotés d'allonges toniques sans être nerveux, mais la marge de progression est encore grande. À suivre de près.

Les vins : ces champagnes profonds sont dotés d'une belle énergie tonique. L'Atavique, construit sur une base de 2013 (à 80 %), est un très bon ambassadeur, dans un style aérien, jusqu'à une finale froide typique de son terroir. L'Incandescent rosé, pur pinot noir 2014, ne lésine pas sur la couleur et nous offre la sensation de croquer des fruits rouges. En 2011, l'Angélique a souffert de ce millésime compliqué et se montre un cran en dessous de l'Ineffable 2012. Débutée en 2010, la soléra L'Ascendant est convaincante mais nous sommes impatients de la déguster dans quelques années.

- Extra Brut Grand Cru Blanc de Blancs L'Angélique 2011 — 44 € — 15
- Extra Brut Grand Cru L'Ascendant — 37,50 € — 15,5
- Extra Brut Grand Cru L'Atavique — 28 € — 15,5
- Extra Brut Grand Cru L'Incandescent — 32,50 € — 15

Le coup de ♥
- Extra Brut Grand Cru Blanc de Noirs L'Ineffable 2012 — 44 € — 16

Très beau pinot noir de 2012 conjuguant la maturité du millésime avec un élevage en fût bien géré, marquant un rien le vin et lui donnant de l'allonge. On y entrevoit la race puissante du terroir, mais tout en retenue. Beau champagne de garde et de table.

Rouge : 4,5 hectares.
Pinot noir 96 %, Pinot gris 2 %, Pinot meunier 2 %
Blanc : 3 hectares.
Chardonnay 94 %, Pinot blanc 2 %, Petit Meslier 2 %, Arbane 2 %
Production moyenne : 60 000 bt/an

MOUZON-LEROUX ☾
**16, rue Basse des Carrières, 51380 Verzy
03 26 97 96 68 •
www.champagne-mouzon-leroux.com •
Vente et visites : au domaine sur rendez-vous.
Propriétaire : Sébastien Mouzon**

"Je vois chez les vignerons corses une véritable prise de conscience. Ils commencent à s'affranchir de la technologie œnologique et des levures exogènes, pour gagner en précision sur l'identité des terroirs et la valorisation des cépages autochtones."

Olivier Poussier, dégustateur des vins de Corse
Meilleur sommelier du monde et membre du comité de dégustation de La Revue du vin de France

CORSE

—

SES CÉPAGES AUTOCHTONES FONT SA FORCE

—

Avec deux très beaux millésimes récents, 2015 et 2016, et la volonté des vignerons de valoriser les terroirs et les cépages de l'Île de Beauté, la Corse enregistre des progrès conséquents.

Vignoble encore méconnu en France, la Corse distille sa culture insulaire dans ses vins, grâce à un patrimoine viticole que les vignerons défendent vigoureusement. L'originalité de l'encépagement autochtone du vignoble corse est la clé de voûte pour comprendre le profil de ses cuvées. Les terroirs et les conditions climatiques définissent une personnalité très éloignée des idées reçues. Il serait faux d'imaginer des vins lourds et épais à la manière de certaines bouteilles du Languedoc. Au contraire, la caractéristique commune de la plupart d'entre eux est la fraîcheur. C'est très net pour les blancs secs, toujours issus de vermentino et qui s'illustrent magnifiquement dans le millésime 2016. Ce cépage, dénommé rolle en Provence, trouve ici une expression et une finesse aromatique qu'il n'atteint jamais en Languedoc ni en Roussillon et rarement en Provence. La fraîcheur caractérise également les muscats, d'un équilibre beaucoup plus subtil, moins liquoreux que ceux du continent.

Pour les rouges d'appellation, qui se sont parfaitement exprimés en 2015, avec un profil juteux et gourmand, il faut distinguer les deux cépages principaux, le niellucio et le sciaccarello, chacun arborant un style très différent. Aucun des deux ne supporte la médiocrité, qu'elle soit induite par la faiblesse d'un terroir ou par le laxisme des hommes. Le niellucio est la version corse du sangiovese toscan et, comme lui, donne des vins colorés et équilibrés, dotés d'un volume certain et d'une structure tannique affirmée. On peut parfois lui reprocher de manquer de personnalité, et seuls les meilleurs producteurs, dans les grands terroirs (en particulier à Patrimonio), parviennent à le sublimer. De la personnalité, le sciaccarello, auquel on ne connaît aucun cousinage continental, n'en manque pas. On reconnaît aisément la couleur pâle et peu dense de ses vins, et leur style élancé, poivré, aux tanins très fins que l'on pourrait presque associer au pinot noir ou encore au grenache. Hélas ! Il est courant que les vins dominés par ce cépage soient davantage évanescents que fins.

Malgré la taille limitée de l'île, les différences sont très sensibles d'une région à l'autre, les vignobles se trouvant pour la plupart dans des zones littorales aux microclimats affirmés, encerclées par de hautes montagnes bloquant les nuages et les précipitations. La hiérarchie des crus et des producteurs corses est encore largement mouvante. Toutefois, on voit apparaître de jeunes vignerons reprenant les propriétés familiales ou créant leur domaine. Une nouvelle génération qui commence à imposer sa patte.

Enfin, si le vignoble de l'île s'étend sur neuf AOC et une IGP, un grand nombre de vignerons vendent leurs vins issus de cépages autochtones, comme le carcajolo, en Vin de France. Une situation qui tend à se développer largement et qui mériterait une révision des AOC pour mieux valoriser le patrimoine viticole corse.

LES APPELLATIONS

Le vignoble corse compte aujourd'hui neuf appellations d'origine contrôlée (AOC) et une IGP. La hiérarchie des appellations est similaire à celle que l'on trouve en Languedoc et dans le Rhône, avec une appellation régionale, cinq appellations de type "villages" et, au sommet de la hiérarchie, deux appellations communales. Enfin, il existe également une appellation de vin doux naturel, le muscat du Cap Corse.

IGP ÎLE DE BEAUTÉ
La grande plaine côtière, descendant de Bastia jusqu'au sud d'Aléria, se consacre aux vins de pays, issus de cépages à la mode (chardonnay, merlot, cabernet, etc.). Le climat venteux et ensoleillé convient parfaitement au chardonnay, qui n'affiche pas ici les caractères lactiques et lourds de nombre de ses homologues méridionaux, et retrouve sur ces terroirs une belle vivacité.

CORSE
Appellation régionale la plus vaste de l'île avec 1272 hectares. La principale zone de production se situe sur la côte orientale de la Corse, entre Bastia et Solenzara, au pied des arêtes rocheuses.

CORSE CALVI
D'une superficie de 204 hectares, cette appellation s'étend sur les coteaux et plateaux de la Balagne, au nord-ouest du massif montagneux. Calvi, avec ses étroites vallées côtières au sous-sol granitique et argilo-calcaire, possède du potentiel.

CORSE FIGARI
À l'extrême sud de l'île, l'AOC Corse Figari (131 hectares) est un terroir granitique et siliceux qui domine une multitude de petits golfes dessinés par la Méditerranée. Le climat très ventilé est l'un des plus arides de l'île.

CORSE SARTÈNE
L'appellation représente 215 hectares et englobe deux secteurs distincts, Tizzano, situé sur le littoral, et la vallée de l'Ortolo, qui s'enfonce dans les terres et englobe Propriano et sa région.

CORSE PORTO-VECCHIO
Le secteur de Porto-Vecchio (88 hectares) souffre d'un trop petit nombre de vignerons. Seuls quatre domaines sont installés sur l'appellation.

COTEAUX DU CAP CORSE
Avec seulement 30 ha en production et cinq vignerons, l'appellation se situe sur un terroir calcaire propice à la production de vins blancs issus de vermentino et de rouges de garde moyenne.

PATRIMONIO
L'appellation la plus prestigieuse de l'île (421 hectares) s'étend au pied du Cap Corse, autour du golfe de Saint-Florent. Les vignes sont plantées sur des coteaux calcaires produisant des vins rouges dominés par le niellucio, au caractère puissant, riche et fin. Les vignerons y produisent également quelques grands blancs, gras et complexes.

AJACCIO
Installée sur des sols granitiques dans des vallées perpendiculaires à la côte, l'appellation produit des vins rouges issus du sciaccarello qui possèdent, dans les grands millésimes, une expression racée. Les blancs élaborés à partir de vermentino progressent, avec des notes florales.

MUSCAT DU CAP CORSE
Au nord de l'île, y compris à Patrimonio, on élabore de très harmonieux vins doux naturels à partir de muscats, dont les atouts premiers sont le parfum, l'équilibre et la finesse. Les vignes (77 hectares) se trouvent sur de minces terrasses suspendues au-dessus de la mer.

CORSE

LES CÉPAGES

L'une des grandes richesses du vignoble corse est incontestablement son patrimoine viticole. Ainsi, la Corse compte plus d'une trentaine de cépages autochtones, une richesse considérable qui fait la typicité des vins locaux : nielluccio, sciaccarello, vermentino, biancone, barbarossa, murisco, riminese font partie de l'héritage local, millénaire, préservé à merveille par les vignerons insulaires. Ces cépages sont aussi remarquablement adaptés au climat local. Malheureusement, ils ne sont pas tous intégrés au sein du système des AOC et doivent être vendus en Vin de France, comme le carcajolo.

LE NIELLUCCIO

Son nom provient du mot niellu qui veut dire noir. En toute logique, il donne des vins à la robe soutenue d'un rouge profond. À l'origine de la renommée des vins de Patrimonio, ce cépage rouge, le plus important de Corse, est planté sur plus de 2 000 hectares, mais reste surtout présent dans le nord de l'île.

LE SCIACCARELLO

Son nom signifie "croquant sous la dent". Planté sur 600 hectares, il occupe surtout les terroirs granitiques de l'ouest de l'île, notamment autour d'Ajaccio, et sert à l'élaboration des vins rouges et rosés d'AOC.

LE VERMENTINO

Ce cépage est également surnommé la malvoisie de Corse. On le retrouve aussi en Provence. Sur l'île, le vermentino est le principal cépage blanc : on le retrouve dans toutes les appellations, sur 1 200 hectares. Il livre des vins blancs expressifs.

LE MUSCAT BLANC À PETITS GRAINS

Ce cépage blanc, très aromatique, n'est planté que sur quelques dizaines d'hectares. Il permet de produire un vin doux naturel, le muscat du Cap Corse.

L'ALEATICO

Très expressif, ce cépage sert, quant à lui, à l'élaboration des IGP rouges de la côte orientale. Il est également prisé pour l'élaboration des rosés aux notes exotiques.

LE BARBAROSSA

Assez marginal, mais prometteur en raison de ses qualités organoleptiques, ce cépage entre dans l'élaboration des vins rouges d'Ajaccio.

LE BIANCO GENTILE

Planté du côté de Patrimonio, de Figari et de Sartène, il engendre des vins blancs cristallins, aux notes de pamplemousse, voire d'abricot, selon le degré de maturité à partir duquel il est récolté.

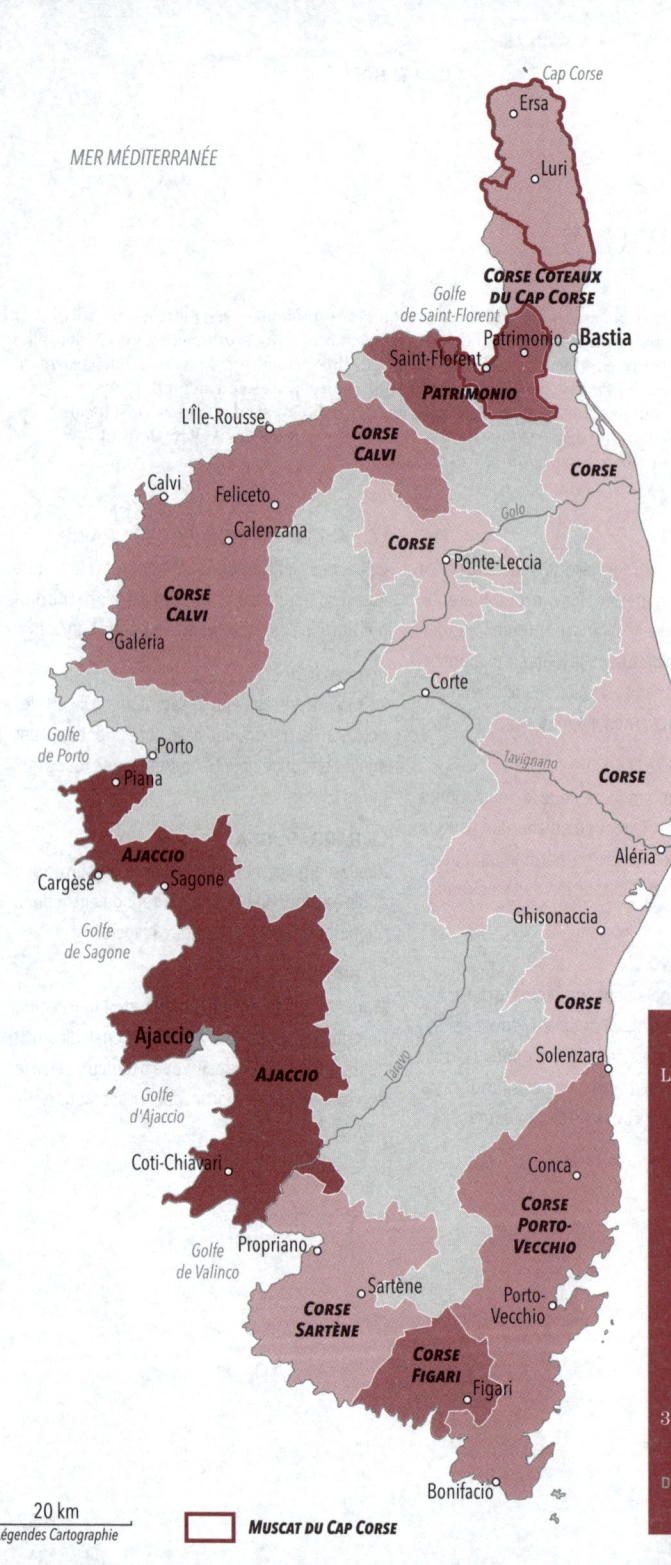

CORSE

OÙ S'ARRÊTER ENTRE BASTIA ET BONIFACIO ?

La Corse est l'une des destinations phare du tourisme en France. Les adresses pour découvrir ses richesses ne manquent pas. Voici notre sélection.

CHAMBRES D'HÔTES

DOMAINE DE MURTOLI
2 500 hectares ouverts sur la mer, formant une vallée verdoyante : plage de sable fin, maquis et golf. Un paradis où 17 bergeries luxueusement rénovées sont proposées à la location. Restaurant éphémère tenu par un chef triplement étoilé. À partir de 660 € la nuit en moyenne saison.
Vallée de l'Ortolo, 20100 Sartène.
Tél. : 04 95 71 69 24. www.murtoli.com

CASTEL BRANDO
Dans cette "maison d'Américains" au cœur du village, on trouve un spa et deux piscines. Possibilité de louer des vélos et des kayaks. L'un des meilleurs hôtels de Haute-Corse. De 105 à 270 €.
Erbalunga, 20222 Brando.
Tél. : 04 95 30 10 30.
www.castelbrando.com

CAVISTES

AUX VENTS D'ANGES
Christophe Talon partage sa passion du vin dans sa cave/bar à vins. 800 références de Corse et des vignobles continentaux, notamment en Bourgogne, dans le Rhône et le Languedoc.
40, avenue Paul-Doumer, 20220 Île-Rousse. Tél. : 04 95 47 66 18.

A LICCATA
Cette épicerie fine consacre une partie de sa cave aux vins corses, mais aussi à quelques grands bordeaux, bourgognes et champagnes.
21, rue du général-de-Gaulle, 20137 Porto-Vecchio. Tél. : 04 95 70 44 49.
www.aliccata.com

L'EMPREINTE DU VIN
C'est la cave de référence à Bastia. Belle sélection de vins au rez-de-chaussée et de spiritueux à l'étage. Une bonne étape à la sortie de l'aéroport pour remplir le coffre de la voiture avant de filer vers le Cap, où les cavistes sont inexistants…
Lieu-dit Saltatoghju, RN 193, 20600 Furiani. Tél. : 04 95 31 45 08.
www.empreinteduvin.com

BAR À VINS

LA CANTINA DI L'ORRIU
À Porto-Vecchio, il est impossible de ne pas se rendre chez Delia Andreani, dans l'antre de l'une des meilleures ambassades des produits corses ! Dans son épicerie et bar à vins, elle propose des bouteilles de toute l'île.
5, cours Napoléon, 20137 Porto-Vecchio.
Tél. : 04 95 25 95 89. www.orriu.com

RESTAURANTS

LA CORNICHE
Cet hôtel-restaurant propose l'une des plus belles cartes de vins corses et de champagnes de l'île et, surtout, un bel éventail de millésimes à maturité de grandes cuvées locales.
20200 San-Martino-di-Lota.
Tél. : 04 95 31 40 98.
www.hotel-lacorniche.com

FÊTES VIGNERONNES

JUILLET 2018 : FIERA DI U VINU
À Piazza (commune de Luri), sur les hauteurs de la Marine de San Severa, au cœur du Cap, vous dégusterez les vins de 50 vignerons. Ne manquez pas le grand bal du samedi !
www.foiresdecorse.com/fiera-di-u-vinu

NOS TROIS COUPS DE ♥

DOMAINE SAPARALE
D'anciennes maisons qui forment le village de Saparale au cœur d'une propriété exceptionnelle de 1 000 hectares ont été rénovées par les vignerons Julie et Philippe Farinelli. Un univers reposant à partir de 510 € les deux nuits.
5, cours Bonaparte, 20100 Sartène.
Tél. : 04 95 77 15 52.
www.lehameaudesaparale.com

CHEMIN DES VIGNOBLES
Dans les murs restaurés des chais d'une ancienne coopérative, Nicolas Stromboni a imaginé un superbe espace de 800 m². Cours d'œnologie, épicerie fine, bar à vins (2 600 références.)
16, avenue Noël-Franchini, 20090 Ajaccio. Tél. 04 95 51 46 61.
www.chemin-des-vignobles.fr

LA GAFFE
Ce restaurant de poisson propose une cuisine légère, moderne et efficace. Mais c'est surtout pour la diversité des vins (élue meilleure carte des vins de Corse en 2014) que l'on se rend à La Gaffe. Menus de 24,50 € (déj.) à 34 €.
Port de Plaisance, 20217 Saint-Florent. Tél. : 04 95 37 00 12.
www.restaurant-saint-florent.com

CORSE

★★★
DOMAINE COMTE ABBATUCCI

L'histoire du domaine Comte Abbatucci débute avec un visionnaire, Antoine Abbatucci, le fondateur de cette pépinière viticole, véritable conservatoire des cépages autochtones corses, dans le dernier tiers du XXe siècle. Le domaine profite aujourd'hui de ce beau matériel végétal, et du travail de Jean-Charles Abbatucci, le fils d'Antoine, qui a placé le domaine à un niveau supérieur. Ici la culture est au service de la définition du terroir, grâce à un beau travail sur les sélections massales et sur les porte-greffes les plus adaptés au sol et au climat. Le style des vins ne cesse de progresser en matière de finesse. Les débuts de gamme atteignent aujourd'hui un niveau jamais vu ; dans les magnifiques assemblages, chaque cépage s'implique en amenant des arômes, de la fraîcheur, de la matière ou de la consistance : les vins sont digestes et fins, grâce aussi au refus d'un interventionnisme excessif.

Les vins : le domaine confirme dès les deux premières cuvées de base son niveau, salué par une troisième étoile accordée l'an passé. Faustine blanc, aux notes de fenouil, brille par sa fraîcheur saline et sapide. Faustine rouge, superbe, manifeste un passage de cap en matière de maturité et d'harmonie. La bouche est pulpeuse, veloutée. Le rosé Valle di Nero, pur carcajolo nero se montre intense, au fruit scintillant (cerise), à la bouche dense, étoffée et, en même temps, fraîche et harmonieuse. Le Ministre Impérial possède l'étoffe et la finesse d'un grand cru de la Côte de Nuits : un jus puissant et épuré. Diplomate d'Empire propose des notes d'acacia, mellifères et racinaires. Sa bouche arbore la générosité et l'opulence du millésime 2015, sans ses excès.

▭ VDF Alte Rosso 2013	30 €	16,5
▭ VDF Collection Général de la Révolution 2014	65 €	17,5
▭ VDF Diplomate d'Empire 2015	65 €	17,5
▭ VDF Faustine Vieilles Vignes 2016	20 €	16
▬ VDF Valle di Nero 2015	40 €	16
▬ VDF Faustine Vieilles Vignes 2015	20 €	16,5

Le coup de ♥
▬ VDF Ministre Impérial 2015	65 €	18,5

Un nez superbe et délicat où dansent les notes de griotte macérée et d'épices douces sur une pointe de garrigue et d'encens. Sa bouche ample et large reste digeste. Un esprit très bourguignon.

Rouge : 15 hectares.
Sciacarello 70 %, Nielluccio 20 %, Divers noir 10 %
Blanc : 5 hectares.
Vermentino 75 %, Divers blanc 25 %
Production moyenne : 100 000 bt/an

DOMAINE COMTE ABBATUCCI
**Vignoble - Pont de Calzola,
20140 Casalabriva**
04 95 74 04 55 ●
www.domaine-abbatucci.com ● **Visites** : sur rendez-vous uniquement aux professionnels.
Propriétaire : Jean-Charles Abbatucci

★★
DOMAINE ANTOINE ARENA

L'année 2014 était un tournant dans l'histoire de la famille Arena : depuis ce millésime, les enfants d'Antoine Arena produisent leurs propres vins avec leurs propres étiquettes. Antoine et Marie ont gardé la vigne paternelle de Morta Maïo et le cépage biancu gentile. Une vigne de blanc sera bientôt en production sur Morta Maïo. 2013 était donc le dernier millésime pour le Carco rouge et le Grotte di Sole en rouge et en blanc sous la bannière Antoine Arena. Nous tenions à saluer Antoine et Marie pour tout le travail effectué depuis des années pour cette appellation et pour la réputation du vignoble corse. Les enfants sont sur des bons rails, et les anciens toujours dans la course : une vraie bonne nouvelle.

Les vins : le Carco blanc se montre bien mûr, avec une trame ample et enrobée. La finale est savoureuse. Le Bianco Gentile évoque les fruits jaunes ; un soupçon plus riche en milieu de bouche, il se montre quand même bien équilibré : une belle définition de ce cépage. Le muscat est superbe, grâce à un excellent niveau de maturité du raisin. Le patrimonio Morta Maïo séduit par ses tanins fins et sa bonhomie en milieu de bouche. Déjà prêt à boire, on pourra le garder quelques années.

▭ Muscat du Cap Corse 2015	24 €	17
▭ VDF Bianco Gentile 2015	22 €	17
▬ Patrimonio Morta Maïo 2014	22 €	17

Le coup de ♥
▭ Patrimonio Carco 2016	22 €	18

Superbe définition du fruit sur le floral et les épices : sa bouche est assez large et ronde, mais sans mollesse. Ce vin impose une belle puissance tout en gardant un juste équilibre. Nous aimons sa sapidité et son acidité finale.

Rouge : 2 hectares.
Niulluccio 100 %
Blanc : 3 hectares.
Muscat à petits grains blancs 33,33 %, Biancu gentile 33,33 %, Vermentino 33,33 %
Production moyenne : 30 000 bt/an

DOMAINE ANTOINE ARENA ♣
**Morta Maïo, 20253 Patrimonio
04 95 37 08 27 ●
antoine.arena@wanadoo.fr ● Vente et visites : au domaine sur rendez-vous.
Propriétaire : Antoine et Marie Arena**

★★
DOMAINE ANTOINE-MARIE ARENA

Antoine-Marie Arena a produit ses premiers vins en 2014. Le fils cadet d'Antoine Arena travaille et vinifie au domaine familial depuis des années. Il signe maintenant ses propres cuvées, prenant en charge les Hauts de Carco en blanc et le Carco en rouge, et a fait son entrée dans l'édition 2017. La lecture des vins et la sensibilité des nouvelles cuvées issues d'assemblages confirment le talent de ce jeune vigneron. La cohérence et la profondeur de ses vins ne fait aucun doute : nous lui attribuons une deuxième étoile bien méritée.

Les vins : ils donnent beaucoup d'émotion, montrent à la fois de la précision et de la justesse. Hauts de Carco affiche une grande pureté, une bouche puissante et ferme à la fois. Le Bianco Gentile est un modèle, possédant la maturité de ce cépage, sans ses inconvénients : ample, il est bien géré par des amers qui le recadrent. Bianchi, assemblage de vermentino, de biancu gentile et de muscat, se montre subtil. Il exhale des notes de rose et de cumin, nous ravit par sa bouche harmonieuse, son allonge de qualité ; pour un poulet au citron. Carco, peu extrait et infusé, se distingue par sa matière juste, sa finesse. Memoria est plus joufflu et pulpeux, mais conserve la précision du fruit et la qualité des tanins. Enfin, San Giovanni, encore très jeune, offre des nuances épicées et une matière de qualité. Il séduit par sa dimension.

⟶ VDF Bianchi 2016		13 €	16,5
▬ Patrimonio Carco 2015		18 €	18
▬ Patrimonio Memoria 2016		25 €	18
▬ VDF San Giovanni 2016		13 €	17
⟶ VDT Bianco Gentile 2016		18 (c) €	17,5

Le coup de ♥
⟶ Patrimonio Hauts de Carco 2016   18 €   18

Très belle expression de fruit sur des notes de citron confit, de verveine, de glycine, de fleurs blanches. La bouche se montre ample et équilibrée par des amers délicieux.

Rouge : 2,24 hectares.
Niulluccio 50 %, Morescone 25 %, Carcaghjolu neru 25 %
Blanc : 2,36 hectares.
Biancu gentile 40 %, Vermentino 40 %, Muscat à petits grains blancs 20 %
Production moyenne : 20 000 bt/an

DOMAINE ANTOINE-MARIE ARENA ♣
**Lieu-dit Morta Maïo, 20253 Patrimonio ●
antoinemarie.arena@gmail.com ● Vente et visites : au domaine sur rendez-vous.
De 16h à 19h.
Propriétaire : Antoine-Marie Arena**

★★
CLOS CANARELLI

En dix ans, l'énergique Yves Canarelli s'est affirmé comme le grand vigneron de la côte sud de la Corse, dans le secteur méridional de Figari. En travaillant sans relâche, il a repris en partie et planté un vignoble qui, à terme, représentera une trentaine d'hectares à Figari et cinq à Bonifacio. Car depuis trois ans, Yves Canarelli, associé à Patrick Fioramonti, directeur et sommelier de l'Hôtel Cala Rossa, recrée le premier clos de Bonifacio sur un plateau en surplomb de la ville, riche d'un calcaire rare sur l'île. Un terroir plein de promesses, planté à la barre à mine de blancs aux deux tiers (surtout vermentino) et de rouges (sciaccarellu, carcaghjolu neru, minustellu). À Figari, dans une cave désormais bien équipée, toujours supervisée depuis 2008 par l'œnologue "tête chercheuse" Antoine Pouponneau, la gamme éclectique continue de nous enthousiasmer. En passionné d'ampélographie, Yves Canarelli fait revivre tout un patrimoine de vieux cépages, dont, en blanc, le biancu gentile et, en rouge, le carcaghjolu neru, le minustellu, suivant ainsi les traces de l'Ajaccien Jean-Charles Abbatucci. Depuis 2009, il a repris une parcelle de vignes préphylloxériques sur le village d'Orazi (cuvée Terra d'Orazi) et vinifie une superbe cuvée dans de grandes amphores d'argile (Amphora). Cette cave écrit avec enthousiasme et détermination les plus belles pages de la nouvelle viticulture corse.

CORSE

Les vins : les blancs 2016 sont un peu engoncés au niveau des arômes. La fraîcheur est de mise pour ce millésime. Le figari blanc est juste, avec de la tension et une allonge saline. Le Bianco Gentile s'affiche dans un style peu massif mais n'est pas de la dimension des meilleurs. La cuvée Amphora s'avère plus aromatique avec ses notes de quinquina, et une bouche en relief. La nouvelle cuvée issue du terroir argilo-calcaire de Bonifacio séduit par ses arômes. Sa bouche, ronde en attaque, manque un peu de profondeur pour le moment. Le rosé, poudré et élégant, propose une acidité réjouissante. Les rouges sont délicieux, notamment la séduisante cuvée 2015, dont la bouche cohérente évoque la garrigue sauvage et la tapenade d'olive noire. Amphora 2016, juteuse, porte un fruit bien mûr et agréable. Le 2015 oscille entre le brûlé et le caoutchouc, mais son fruit a perdu de sa fraîcheur. La bouche s'avère dense et concentrée, les tanins sont plus décalés en finale.

▷ Corse Figari 2016	19,50 €	16
▷ VDF Amphora 2016	35 €	16,5
▷ VDF Bianco Gentile 2016	18,50 €	15,5
▷ VDF Tarra di Sognu 2014	Épuisé	16
▸ Corse Figari 2016	14 €	15,5
▶ Corse Figari 2015	17 €	16
▶ VDF Amphora 2015	36 €	16
▶ VDF Amphora 2016	35 €	17
▶ VDF MPG 2014	25 €	17

Le coup de ♥
▶ Corse Figari Alte Rocca 2014	41 €	18,5

Cette cuvée séduit par son nez poivré, comme un pineau d'Aunis, et son registre plus méditerranéen (fraise au sucre et épices douces). La texture est délicate, comme infusée, peu extraite. Un sciacarello infusé, long et d'une grande précision.

Rouge : 25 hectares.
Nielluccio 80 %, Syrah 10 %, Sciacarello 10 %
Blanc : 7 hectares.
Vermentino 100 %
Production moyenne : 130 000 bt/an

CLOS CANARELLI ♣
Tarabucetta, 20114 Figari
04 95 71 07 55 ●
closcanarelli2a@orange.fr ● Vente et visites : au domaine sur rendez-vous.
Propriétaire : Yves Canarelli

★★
YVES LECCIA

Yves Leccia et Sandrine, sa compagne, exploitent un vignoble de 15 ha essentiellement situé sur les parcelles E Croce et Partinelone. L'ensemble est labouré et travaillé, et les amendements sont organiques. Les cuvées YL en IGP Île de Beauté sont, en blanc, issues d'un assemblage de vermentino et de biancu gentile, et en rouge, d'une dominante de grenache avec 20 % de nielluccio. Depuis 2010, la cuvée Biancu Gentile est d'une grande régularité. Le domaine propose également un muscat du cap Corse et trois couleurs en appellation Patrimonio. Ici, tous les vins sont vinifiés en cuve inox.

Les vins : après une année de recul, les blancs 2015 démontrent la bonne gestion du millésime. L'Altru Biancu perd de son exubérance primaire pour se retrancher sur des arômes plus confits, et de beaux amers donnant de la persistance en bouche. Le patrimonio blanc 2015 est dans la même veine, avec davantage d'acidité, et s'affine avec le temps. Deux expressions de rosé : YL porte l'empreinte digeste du pressurage direct (notes poivrées). Le patrimonio affiche des couleurs plus intenses et un fruit scintillant : un rosé de repas vineux. Parmi les rouges, nous sommes vraiment sous le charme du patrimonio 2014, qui exprime bien la fraîcheur de ce millésime. YL propose une superbe expression de grenache dominant, plus compoté, sans perdre en fraîcheur de bouche. O Bà ! met en évidence la gourmandise du cépage minustellu, avec du grenache et du nielluccio : juteux, enveloppé, sans dureté de matière. Une piste à creuser pour le décret de l'appellation Patrimonio.

▷ IGP Île de Beauté Cuvée YL C281 2015	18,60 €	15
▷ IGP Île de Beauté YL 2016	18,60 €	16
▷ Patrimonio 2015	23,40 €	17
▸ IGP Île de Beauté YL 2016	13,80 €	15
▸ Patrimonio 2016	15 €	15,5
▶ IGP Île de Beauté YL 2015	18,60 €	16
▶ IGP Île de Beauté L'Altru Biancu 2015	21 €	16,5
▶ IGP Île de Beauté O Bà ! 2015	30 €	17

Le coup de ♥
▶ Patrimonio 2014	22,40 €	18

Un vin d'une grande complexité qui brille par des notes de laurier, d'épices douces, de garrigue, de noyau d'olive, sans excès. Juste et précise, la bouche propose un jus concentré et des tanins aboutis, ce qui est rare en Corse.

Rouge : 9,65 hectares.
Niellucciu 64 %, Grenache noir 26 %, Sciacarello 5 %, Minustellu 5 %
Blanc : 5,25 hectares.
Vermentino 65 %, Muscat à petits grains blancs 19 %, Biancu gentile 16 %
Production moyenne : 85 000 bt/an

YVES LECCIA
Lieu-dit Morta Piana, 20232 Poggio d'Oletta
04 95 30 72 33 • www.yves-leccia.com • Vente et visites : au domaine sur rendez-vous.
De 8h à 12h et de 14h à 18h.
Propriétaire : Yves Leccia
Maître de chai : Yves Leccia

DOMAINE JEAN-BAPTISTE ARENA

Jean-Baptiste, fils aîné d'Antoine Arena, exploite désormais le terroir de Grotte di Sole. Tous les vins sont encore vinifiés au domaine familial. Comme son frère Antoine-Marie, il travaillait aux côtés de son père depuis plusieurs années. La vigne et la vinification ne relèvent donc pas de territoires inconnus.

Les vins : ils possèdent leur propre style, qui se définit par une attention particulière portée à la maturité. Le terroir de Grotte di Sole affirme une certaine puissance qu'il est important de contenir. Le blanc, bien défini, harmonieux, se dévoile avec amplitude et largeur : un jus prometteur. Le rouge est plus mat au départ. Après aération, il affiche un profil très épicé et floral : un vin concentré, digeste et peu extrait, qui reste très frais. Le muscat est abouti, avec une parfaite maturité et de sublimes amers.

▷ Muscat du Cap Corse 2015	20 €	16,5
▷ VDF Grotte di Sole 2016	18 €	17

Le coup de ♥
▶ Patrimonio Grotte di Sole 2016	18 €	17,5

Après aération, on retrouve au nez des baies rouges et des épices. Bonne profondeur minérale pour ce vin encore un peu carré, surtout en finale, mais animé d'une belle énergie : il séduit par sa fraîcheur et son absence totale d'artifice.

Rouge : 1 hectare.
Niellucciu 100 %
Blanc : 3 hectares.

Vermentino 50 %, Muscat à petits grains blancs 50 %
Production moyenne : 16 000 bt/an

DOMAINE JEAN-BAPTISTE ARENA ♣
20253 Patrimonio •
jeanbaptiste.arena@orange.fr • Vente et visites : au domaine sur rendez-vous.
De 16h à 19h.
Propriétaire : Jean-Baptiste Arena

CANTINA DI TORRA - NICOLAS MARIOTTI BINDI

Après avoir travaillé quelques années comme chef de culture au domaine Leccia, Nicolas Mariotti Bindi a repris, en 2015, une vieille cave abandonnée sur la route d'Oletta. Il a effectué un travail de forçat pour remettre sur pied cet outil de travail, qui lui permet de mieux gérer sa production. L'ensemble du vignoble est certifié bio et tous les sols sont travaillés dans les règles de l'art. Les vinifications se font en cuve inox et en œuf-ciment de 16 hl.

Les vins : les trois cuvées Cantina di Torra offrent des expressions franches mais ne possèdent pas l'envergure des cuvées emblématiques. Le rouge, au fruit juteux, propose une bouche bien gérée pour un vin élevé seulement six mois. Le blanc, classique, dispose d'une bouche riche en alcool. Nous aimons beaucoup le VDF Mursaglia, pour sa dimension aromatique et ses épices. Un vin vivant, dont la richesse est contrebalancée par de beaux amers en finale. Vieillissement Prolongé manque de précision, mais la patine de l'oxydation ménagée et ses amers lui donnent du relief. Porcellese nous emmène dans un registre de garrigue, empyreumatique et fumé. La bouche puissante s'affinera. Malvasia Passitu, belle réussite, est doté d'une jolie harmonie.

▷ Patrimonio Cantina di Torra 2016	10 €	15
▷ VDF Malvasia Passitu 2016	20 €	16,5
▷ VDF Mursaglia Vieillissement Prolongé 2015	20 €	16
▬ Patrimonio Cantina di Torra 2016	10 €	14
▬ Patrimonio Cantina di Torra 2016	10 €	15
▬ Patrimonio Porcellese Vieilles Vignes 2016	18 €	16,5

Le coup de ♥
▷ VDF Mursaglia 2016	16 €	17

Une palette expressive sur des notes de fleurs blanches et de glycine, d'épices. Le nez est très pur ; la bouche, large, riche et puissante.

Rouge : 9,15 hectares.

CORSE

Nielluccio 100 %
Blanc : 5,7 hectares.
Vermentino 100 %
Production moyenne : 60 000 bt/an

CANTINA DI TORRA - NICOLAS MARIOTTI BINDI ♣
**Lieu-dit Torra, 20232 Oletta
06 12 05 24 59** ●
nicolasmariottibindi@icloud.com ● Vente et visites : au domaine sur rendez-vous.
Propriétaire : Nicolas Mariotti Bindi

CLOS NICROSI

Ce vignoble historique de l'île a été fondé par Dominique Nicrosi en 1850. Il a acquis sa notoriété avec ses descendants, Toussaint et Paul Luigi qui, dès le début des années 1960, ont bâti sa réputation de plus grand vin blanc de Corse. Aujourd'hui, le domaine est dirigé par Jean-Noël Luigi, entouré de son fils Sébastien et de sa fille Marine. Remarquablement situé en bordure de mer, dans la zone la plus septentrionale de l'île, dans le village de Rogliano, à la pointe du Cap Corse, le domaine bénéficie d'un vignoble soumis aux vents marins, sur des sols de schistes, qui "minéralisent" les blancs, évitant tout élevage sous bois. Le clos Nicrosi est très prisé des amateurs pour son délicieux muscat du cap Corse, et nous vous conseillons vivement son blanc sec, toujours très original, qui forme de délicieux accords à table. Sa capacité de vieillissement, dans les grands millésimes, est inégalée en Corse. Issu du cépage aleatico, le rappu est un vin rouge passerillé non muté, non millésimé, sorte de soléra, d'assemblage de jeunes et de vieux vins (sept ans).

Les vins : les 2016 se montrent assez ouverts et expressifs dès aujourd'hui. Le muscat est divin : le fruit d'un vrai savoir-faire, tant au niveau de la maturité de raisin que dans les équilibres de bouche, remarquables. Vieillissement optimal assuré en prime. Le rappu est un vin de méditation, dans lequel les fruits compotés se mélangent aux épices orientales et au bois précieux.

▶ VDT Rappu	15,50 €	16,5
⊃ Muscat du Cap Corse Muscatellu 2016	20,50 €	18

Le coup de ♥
⊃ Blanc de Blancs 2016	14 €	17

Une robe évoluée, talonnée par des notes mellifères au nez. Une touche de pomme cuite se révèle également. La bouche se montre assez ample et riche, tout en restant harmonieuse. De jolis amers lui donnent du relief et de la persistance.

Rouge : 2 hectares.
Sciacarello 50 %, Nielluccio 25 %, Aleatico 25 %
Blanc : 7 hectares.
Vermentino 70 %, Muscat à petits grains blancs 30 %
Production moyenne : 40 000 bt/an

CLOS NICROSI
**20247 Rogliano
04 95 35 41 17** ● www.closnicrosi.fr ●
Vente et visites : au domaine sur rendez-vous.
Du lundi au samedi de 10h à 12h et de 16h à 19h, de juin à octobre.
Propriétaire : Jean-Noël Luigi et ses enfants
Directeur : Sébastien et Marine Luigi

CLOS SIGNADORE

Marseillais d'origine, formé notamment au domaine de Pibarnon (Bandol), Christophe Ferrandis s'est installé il y a plus de dix ans près de Saint-Florent dans le village de Poggio d'Oletta. Il vinifie dans une ancienne bergerie équipée mais précaire. Son vignoble de 10 ha fait face au domaine Leccia à Morta Piana. Avec des vignes dont la moyenne d'âge avoisine les 40 ans (une partie arrachée en 2014), les rendements sont faibles. La culture est en bio, les vendanges se font en caissettes. Le style concentré et extrait de ses débuts évolue vers plus de finesse : "j'ai arrêté de faire des saignées depuis 2010", explique Christophe Ferrandis. Les rouges sont ainsi plus harmonieux, en particulier sur la cuvée du Clos Signadore et sur la cuvée A Mandria, produite dans les trois couleurs.

Les vins : le millésime 2016 est réussi. Les blancs affichent un fruit éclatant, à commencer par le séducteur A Mandria di Signadore ; plus profonde, la cuvée du domaine maîtrise son bois avec justesse. Les rosés sont délicieux, loin de toute technologie : celui du domaine vous ravira au repas. A Mandria di Signadore rouge est un vin juteux, dont les tanins demandent encore à se fondre.

⊃ Patrimonio A Mandria Di Signadore 2016	25 (c) €	15,5
⊃ Patrimonio Clos Signadore 2016	45 (c) €	16,5

- Patrimonio A Mandria Di
  Signadore 2016   16 (c) € 14,5
- Patrimonio Clos
  Signadore 2016   35 (c) € 15,5
- Patrimonio A Mandria Di
  Signadore 2016   25 (c) € 15,5

Le coup de ♥
- Patrimonio Clos
  Signadore 2014   45 (c) € 17

Un nez très fin et sudiste, aux notes de maquis et d'épices, souligne ce vin au boisé délicat, pulpeux et velouté. Encore serré, il se détendra à table.

Rouge : 7,5 hectares.
Nielluccio 100 %
Blanc : 2,5 hectares.
Vermentino 100 %
Production moyenne : 30 000 bt/an

CLOS SIGNADORE ♣
**Lieu-dit Morta Piana, 20232 Poggio d'Oletta
06 15 18 29 81 ● www.signadore.com ● Vente et visites : au domaine sur rendez-vous.
Propriétaire : Christophe Ferrandis**

★
DOMAINE GIUDICELLI

Muriel et son époux exploitent ce domaine sur le village de Poggio d'Oletta, où ils essayent de produire les vins les plus précis et fidèles au terroir. Ils ont opté depuis une dizaine d'années pour une culture bio, puis certifiée biodynamique depuis 2015. Les vins sont racés : le blanc est vinifié pour moitié dans un foudre tronconique Stockinger et pour moitié en inox. Le rouge, issu de vendange entière, est élevé presque deux années en cuve puis en foudre de bois. Le domaine brille dans l'élaboration des muscats. Il en produit quatre sortes, dont un vinifié en sec.

Les vins : le VDF muscat sec ne fait pas partie des plus beaux vins du domaine, et souffre d'amertume en finale. Le muscat du Cap Corse séduit par ses notes de rose et de fleur d'oranger. La gestion des sucres est parfaite. La version Fût est plus ronde, sans être fardée par le bois. Une belle harmonie sans lourdeur.

- Muscat du Cap Corse
  Classique 2015   28,60 € 15,5
- Muscat du Cap Corse
  Fût 2015   30,20 € 16
- VDF Muscat 2015   19,80 € 13,5

Le coup de ♥
- Patrimonio 2015   24,40 € 16,5

Une belle réduction sur les lies permet au vin de se recentrer sur ses arômes. Le grillé de la réduction n'empêche pas le vermentino de s'exprimer avec une certaine justesse. Bouche énergique pour ce millésime.

Rouge : 4 hectares.
Nielluccio 100 %
Blanc : 1,5 hectare.
Vermentino 100 %
Production moyenne : 33 000 bt/an

DOMAINE GIUDICELLI ☽
**Lieu-dit Poretto, 20253 Patrimonio
04 95 35 62 31 ●
muriel.giudicelli@wanadoo.fr ● Vente et visites : au domaine sur rendez-vous.
De 10h à 12h et 14h à 19h.
Propriétaire : Muriel Giudicelli**

★
DOMAINE LECCIA

En 2015, le domaine a connu quelques changements. Lisandru, le fils d'Yves Leccia est revenu au domaine auprès de sa tante Annette Leccia tandis que Nicolas Mariotti Bindi est parti monter sa cave. Les vins produits expriment une grande justesse. Les blancs sont toujours épurés, cristallins, et possèdent une belle aptitude au vieillissement. C'est l'un des seuls domaines à être resté fidèle à son style de rosés colorés et goûteux. Les muscats du Cap Corse sont de très haut niveau, avec toujours une recherche de surmaturité du raisin. Les rouges, élevés en inox, ont souvent besoin d'un peu de temps pour s'assouplir.

Les vins : ils sont comme toujours justes et sans artifice. Le blanc 2016 offre un peu plus de rondeur et de gras, combinés à une empreinte minérale qui donne de la profondeur. Le rosé 2016 est friand, avec une trame plus digeste encore que le 2015, grâce à son acidité. La fraîcheur des rouges 2014 et la qualité des tanins, dès leur prime jeunesse, sont la signature d'un joli millésime en Corse. Pettale 2014 est un jus sublime, alliant la juste maturité et une note de graphite. Le muscat du Cap Corse 2015 est issu d'une vendange qui dépasse la maturité physiologique : on y retrouve une pointe confite, avec des notes d'agrumes (cédrat), un jus ample et

CORSE

riche, et 117 g/l de sucres résiduels qui passent comme une lettre à la poste, grâce aux superbes amers.

Muscat du Cap Corse 2015	27 €	16,5
Patrimonio 2016	15 €	15,5
Patrimonio 2014	18,50 €	16
Patrimonio 2016	27 €	16,5

Le coup de ♥
| Patrimonio Pettale 2014 | 27 € | 18,5 |

Ses arômes sont justes, entre les fruits noirs et le cacao amer. Quelle bouteille ! Les tanins, bien gérés, arborent des contours nobles et bien définis.

Rouge : 8 hectares.
Niellucciu 100 %
Blanc : 5 hectares.
Muscat à petits grains blancs 55 %, Vermentino 45 %
Production moyenne : 50 000 bt/an

DOMAINE LECCIA ♣
Lieu-dit Morta Piana, 20232 Poggio d'Oletta
04 95 37 11 35 ● www.domaine-leccia.fr ●
Visites : sans rendez-vous.
Du lundi au samedi de 9h à 12h et de 14h à 18h.
Propriétaire : Annette et Lisandru Leccia
Directeur : Annette Leccia
Maître de chai : Lisandru Leccia

DOMAINE U STILICCIONU

Après avoir vinifié à Cahors, en Nouvelle-Zélande et à Tokaj, Sébastien Poly a repris, en 2006, ce petit domaine familial. Il bénéficie d'un patrimoine de vieilles vignes plantées dans les années 1960 dans la vallée granitique et argileuse du Taravo, non loin des domaines Comte Abbatucci et Vaccelli. Il vinifie sans levurage, avec très peu, voire sans sulfite. Ses vins conservent une grande franchise aromatique. Certifié en bio depuis 2009, il se convertit actuellement à la biodynamie, et propose des vins d'une gourmandise et d'une digestibilité rares en Corse. À ne pas manquer.

Les vins : le millésime 2014 séduit. Kalliste, délicieux, arbore beaucoup de mâche et de chair, sans rusticité. Tout est rond, frais et soyeux. Antica 2015 apparaît moins précis. Enfin, Sottu Scala est bien marqué par la maturité du millésime : riche, ample, avec un fruit plus suave.

Ajaccio Antica 2015	33 €	13,5
Ajaccio Sottu Scala 2015	33 €	16
Ajaccio Kalliste 2014	33 €	17

Le coup de ♥
| Ajaccio Damianu 2014 | 33 € | 16,5 |

Des notes de fraise au sucre, de cerise macérée, d'épices, de laurier et d'herbes du maquis. La bouche est peu extraite, la trame sapide, les tanins fins. Un vin persistant.

Rouge : 4 hectares.
Sciacarello 80 %, Niellucciu 15 %, Divers noir 5 %, Carcaghjolu neru 5 %
Blanc : 2 hectares.
Vermentino 100 %
Production moyenne : 15 000 bt/an

DOMAINE U STILICCIONU ☾
Stiliccione 20140 Serra-di-Ferro
04 95 22 41 19 ●
www.domaineustilicciunu.com ● Vente et visites : au domaine sur rendez-vous.
Propriétaire : Sébastien Poly Casa Bianca

DOMAINE DE VACCELLI

La famille Courrèges exploite, depuis 1961, le terroir d'arènes granitiques de la vallée du Taravo, tout au sud de l'appellation Ajaccio. Après des études d'œnologie à Nîmes et une formation au Clos Capitoro (Ajaccio), Gérard, fils d'Alain Courrèges, est désormais responsable des vinifications. La gamme est variée, avec pas moins de quatre qualités déclinées dans les trois couleurs, hormis la cuvée Unu : les cuvées Juste Ciel ! en VDF ; les cuvées du domaine, en entrées de gamme, des vins fruités d'un très bon rapport qualité-prix ; les cuvées Roger Courrèges, plus denses et issues de sélections de vendanges sur des vignes plus âgées ; et enfin Granit qui, comme leur nom l'indique, sont déterminées par des sélections de terroir. La parcelle 174 est une vieille vigne de haut de coteaux exposés nord.

Les vins : belle série de rosés : s'ils sont plus ou moins colorés, ils possèdent toujours une grande justesse de fruit, une finesse et une digestibilité rares. Les blancs sont réussis : Unu floral, à la bouche tendue et moins volumineuse, accessible dès maintenant. Le blanc du domaine 2015 est plus ample, sans tomber dans l'excès de richesse du millésime. Parmi les rouges, le fruit de Juste Ciel ! surprend par sa fraîcheur ; la bouche semble plus évoluée. Le rouge du domaine se veut démonstratif en 2015 avec un fruit qui évoque la griotte et la cerise macérée. Granit est plus sudiste, avec une pointe d'acétate, un volume de bouche délicat, des tanins fins et une allonge superbe. Nous atteignons la quintessence du sciaccarello avec Granit 174, au boisé digéré : un vin qui séduit par sa dimension et sa fraîcheur.

⇨ Ajaccio Vaccelli 2015	23 (c) €	16,5
⇨ Ajaccio Unu 2016	18 (c) €	15
▬ Ajaccio Unu 2016	16 (c) €	15,5
⇨ Ajaccio Vaccelli 2015	20 (c) €	16
▬ VDF Juste Ciel ! 2016	11 (c) €	14,5
▬ Ajaccio Vaccelli 2014	23 (c) €	17
▬ Ajaccio Granit 2014	36 (c) €	17,5
▬ VDF Juste Ciel ! 2013	11 (c) €	14,5
⇨ Ajaccio Granit 2015	36 (c) €	18

Le coup de ♥

▬ Ajaccio Granit 174 2014	60 (c) €	19

Un fruit juste et complexe : des épices douces, du poivre, des herbes du maquis pour une définition sudiste, sans défaut. La bouche est splendide : un toucher délicat, une matière infusée qui séduit, de la sapidité et de la longueur !

Rouge : 14,5 hectares.
Sciacarello 60 %, Grenache noir 24 %, Cinsault 9 %, Divers noir 7 %
Blanc : 3,5 hectares.
Vermentino 80 %, Divers blanc 20 %
Production moyenne : 80 000 bt/an

DOMAINE DE VACCELLI
Lieu-dit Aja-Donica 20123 Cognocoii-Monticchi
04 95 24 32 31 ● vaccelli@aol.com ● **Vente et visites : au domaine sur rendez-vous.**
Propriétaire : Alain Courrèges et Fils

DOMAINE D'ALZIPRATU

Ce vignoble, situé dans l'arrière-pays de la Balagne, est né dans les années 1970, de l'association entre Maurice Acquaviva et le baron de La Grange, propriétaire du couvent d'Alzipratu. À l'époque, Acquaviva amène 16 ha de vignoble, qui s'ajoutent aux 6 ha du baron. En 1996, la famille Acquaviva devient l'unique propriétaire du domaine, géré depuis 1992 par Pierre. Avec 40 ha, Alzipratu s'impose comme un domaine de premier ordre en Balagne.

Les vins : les blancs 2016 sont bien définis et offrent des expressions fruitées sans artifice. Le rouge Fiumeseccu 2015 se montre fringant, sur un fruit juteux et une matière de demi-puissance. Nous avons une préférence pour Iniziu 2014, pur niellucio, qui se livre avec beaucoup de fraîcheur et des tanins enrobés. Alticellu 2015, issu d'un assemblage de divers cépages, impose un fruit plus compoté, une bouche large et plus riche en alcool.

⇨ Corse Calvi Fiumeseccu 2016	11,35 €	15
⇨ Corse Calvi Lume 2015	33,60 €	15
⇨ Corse Calvi Pumonte 2016	21 €	16,5
▬ Corse Calvi 2016	10 €	13,5
▬ Corse Calvi Pumonte 2016	15,80 €	14,5
▬ Corse Calvi Alticellu 2015	30 €	15,5
▬ Corse Calvi Fiumeseccu 2015	10,75 €	15
▬ Corse Calvi Pumonte 2014	19,90 €	13,5
▬ Corse Calvi Pumonte 2015	19,90 €	15

Le coup de ♥

▬ Corse Calvi Iniziu 2014	30 €	16,5

Une belle expression fruitée, avec une pointe sauvage fumée et épicée. Ample et rond dans son milieu, le jus se resserre sur la fin mais le fruit est préservé et l'équilibre du vin reste cohérent. On ne ressent aucune dureté de style dans ce nielluccio.

Rouge : 30 hectares.
Syrah 7,5 %, Sciacarello 52,5 %, Niellucio 40 %
Blanc : 10 hectares.
Vermentino 100 %
Production moyenne : 180 000 bt/an

DOMAINE D'ALZIPRATU
Route de Zilia, 20214 Zilia
04 95 62 75 47 ●
www.domaine-alzipratu.com ● **Vente et visites : au domaine sur rendez-vous.**
Du lundi au vendredi de 9h à 12h30 et de 13h30 à 17h.
Propriétaire : Pierre Acquaviva

CLOS CANERECCIA

À Rotani, sur la route de Corte, Christian Estève a repris en main le vignoble de son père. Le domaine possède 21 ha de vignes. 6,8 ha sont vinifiés par Christian Estève et le reste des raisins part à la coopérative. Il a fallu peu de temps et peu de millésimes pour que Christian démontre son savoir-faire et sa compétence. L'ensemble des vins produits montre la pertinence et la cohérence de la gamme. Ceux vinifiés en amphore sont d'une grande précision.

Les vins : nous saluons la qualité et la cohérence des entrées de gamme du domaine. Les trois Cuvée des Pierre 2016 sont précises et bien en place, loin de tout excès de technologie. Le rosé du domaine est bien typé, ample et riche, pour la table. Le blanc 2015 propose une bouche

CORSE

plus large et plus sphérique. Le VDF Amphore Vermentinu arbore un profil aromatique plus confit. Sa perception presque tannique retend le vin. Biancu Gentile 2015 est ample et généreux : de beaux amers en finale le recadrent et apportent du dynamisme. Le Clos Canereccia rouge 2014 est dominé par les fruits noirs et des notes de tapenade. Le jus est séveux, sans être asséchant. Amphore Carcaghjolu Neru se montre cossu et dense.

⇨	Corse 2015	18 €	15,5
⇨	Corse Cuvée des Pierre 2016	11 €	14,5
⇨	VDF Amphore Vermentinu 2016	36 €	15,5
▬	Corse 2016	15 €	15
▬	Corse Cuvée des Pierre 2016	9 €	13,5
▬	Corse 2014	19 €	16
▬	Corse Cuvée des Pierre 2016	9 €	14
▬	VDF Amphore Carcaghjolu Neru 2014	36 €	16

Le coup de ♥

⇨	Corse Biancu Gentile 2015	24 €	16

Une palette aromatique bien mûre avec des notes de fruits jaunes et de citron confit. La bouche large offre corps et puissance, resserrés par ses amers finaux.

Rouge : 5 hectares.
Nielluccio 56 %, Grenache noir 20 %, Sciacarello 10 %, Syrah 9 %, Carcaghjolu neru 5 %
Blanc : 1,8 hectare.
Vermentino 77 %, Biancu gentile 23 %
Production moyenne : 45 000 bt/an

CLOS CANERECCIA
Rotani, 20270 Aleria
06 09 97 03 17 • closcanereccia@orange.fr
• **Visites :** sans rendez-vous.
Du lundi au samedi de 9h à 18h.
Propriétaire : Christian Estève

NOUVEAU DOMAINE

CLOS FORNELLI

Le Clos Fornelli est installé au village de Tallone, sur le piémont du massif de la Castagniccia. Josée Vanucci-Couloumere a repris avec son mari Fabrice le domaine de son père en 2005, et produit son premier millésime en 2006. En 2009, elle plante du biancu gentile et du minustellu. Tous les vins sont vinifiés en levures indigènes. La cuvée Clos Fornelli est issue des cépages sciacarello, nielluccio et minustellu. La Robe d'Ange en rouge est un pur sciacarello. Stella Rose est le résultat d'un duo entre le sciacarello et nielluccio.

Les vins : les entrées de gamme n'atteignent pas la complexité et la dimension des cuvées icônes du domaine, mais demeurent franches, à l'exception du rosé, un peu moderne. Le simple rouge 2016 possède un joli fruit et davantage de gourmandise que le 2015. Les deux cuvées La Robe d'Ange sont très recommandables : le blanc exprime un vermentino très pur ; le rouge est une belle expression de sciacarello, avec des notes de fraise au sucre et une bouche infusée. Stella Rose blanc apparaît bien mûr et son boisé se fondra dans le temps. La même cuvée en rouge propose une trame noble, un peu carrée en milieu de bouche, et une finale sapide.

⇨	Corse 2016	8,90 €	13,5
⇨	Corse Stella Rose 2014	17 €	15,5
⇨	VDF Biancu Gentile 2016	13 €	15,5
▬	Corse 2016	8,90 €	13
▬	Corse 2015	8,90 €	14
▬	Corse 2016	8,90 €	14,5
▬	Corse La Robe d'Ange 2016	9,90 €	16
▬	Corse Stella Rose 2015	17 €	15,5
▬	VDF Chiosu 2016	13 €	15,5

Le coup de ♥

⇨	Corse La Robe d'Ange 2016	10 €	16

Notes de fruits jaunes (pêche blanche) au nez, de glycine, et d'épices douces. La bouche se montre ample et ronde mais sans aucun déséquilibre. Une trame qui séduit par son volume et sa persistance.

Rouge : 16 hectares.
Sciacarello 60 %, Nielluccio 40 %, Minustellu 20 %
Blanc : 9 hectares.
Vermentino 60 %, Biancu gentile 20 %
Production moyenne : 65 000 bt/an

CLOS FORNELLI
Pianiccia, 20270 Tallone
06 61 76 46 19 • www.closfornelli.com •
Vente et visites : au domaine sur rendez-vous.
De 9h30 à 12h et de 15h à 18h.
Propriétaire : Josée Vanucci-Couloumène

CLOS VENTURI

À Ponte Leccia, village d'altitude situé au carrefour des routes filant vers Bastia, Ajaccio et Calvi, le Clos Venturi (15 ha de rouge et 16 ha de blanc) est l'un des domaines les plus récents de Corse. Il provient du détachement, en 2005, des meilleurs terroirs du domaine Vico, où Jean-Marc et Manu Venturi produisent également, sur 77 ha, des vins plus techniques de grande diffusion et d'un bon rapport qualité-prix. Un important travail de replantation de cépages autochtones est en cours au Clos Venturi, comme sur la culture en bio et l'utilisation des levures indigènes. Le chai est remarquablement équipé en contenants (fût, cuve, œuf) de tout type (bois, béton, inox).

Les vins : ils sont de plus en plus épurés. Les blancs affichent une vraie personnalité, de Chiesa Nera, plein, rond et salin en finale, au très bon jus du blanc domaine 2016, ventru, tendu en finale, et qui évoluera très bien, comme le prouve le 2012, qui se fond sur des notes minérales d'infusion et d'hydrocarbures, à l'image d'un sémillon sudiste ou d'un riesling âgé. A Mina est plus emportée par la chaleur du millésime. Le rosé arbore un style vineux, sur un fruit précis, alors que le rosé 1769 est plus moderne. En rouge, les deux cuvées de sciaccarello sont réussies : 1769 est plus immédiate ; Pur Sciaccarellu possède davantage de finesse et de profondeur. Le Pur Carcaghjolu est bien juteux et épicé, mais bouche un peu courte. Le Clos Venturi rouge 2015 souffre de notes animales et de tanins secs. Chiesa Nera rouge est bien défini par des notes de maquis sauvage, précis et homogène.

⟃ Corse 2016	20 €	16
⟃ Corse Domaine Vico A Mina 2015	24 €	15
⟃ VDF Chiesa Nera 2014	60 €	17
⟃ Corse 2016	17 €	15
⟃ Corse 1769 2016	13 €	13,5
⟃ Corse 2015	20 €	14,5
⟃ Corse 1769 Sciaccarellu 2015	17 €	15
⟃ Corse Domaine Vico U Fornu 2015	24 €	14,5
⟃ VDF 1769 Carcaghjolu Neru 2016	17 €	15
⟃ VDF Chiesa Nera 2014	60 €	16
⟃ Corse Pur Sciaccarellu 2014	60 €	17

Le coup de ♥

⟃ Corse 2012	30 €	16,5

Son fond minéral (pierre à fusil) lui donne de la noblesse. Ample et racée, l'ensemble se montre cohérent, et dévoile tout le potentiel du vermentino ; les amers compensent le manque d'acidité. Superbe persistance.

Rouge : 14 hectares.
Blanc : 16 hectares.
Production moyenne : 160 000 bt/an

CLOS VENTURI

Route de Calvi, 20218 Ponte Leccia
04 95 47 61 35 ● **domaine.vico@orange.fr**
● **Vente et visites** : **au domaine sur rendez-vous.**
De 9h à 12h et de 15h à 17h.
Propriétaire : Famille Acquaviva-Venturi

NOUVEAU DOMAINE

L'ENCLOS DES ANGES

Richard Spurr et son épouse Marjorie exploitent depuis 2007 un vignoble non loin de l'aéroport de Calvi, restructuré au cours de ces dernières années pour atteindre une superficie totale de 23 ha. L'acquisition récente de 3,5 ha leur a permis de mieux sélectionner les parcelles et de créer une deuxième étiquette baptisée Semper Fidelis. Les vignes, taillées en gobelet, sont assises sur des arènes en contreforts, en majorité granitiques, et pour une petite partie en plaine. Une parcelle de sciaccarello a été plantée en 2014 et livrera ses premiers jus d'ici quelques années. Richard produit trois vins, un par couleur, tous élaborés sans artifice ni intrant, vinifiés et élevés en cuves béton et inox. Les dernières cuvées ont gagné en précision et en finesse.

Les vins : ceux présentés ne souffrent d'aucune contestation. Le blanc 2014 évolue positivement. Ce millésime plutôt frais garde une tension de bouche et ses beaux amers minéraux donnent de la verticalité. Le jus est sapide. Le rosé, loin de toute mode, se montre sincère, destiné à la table.

⟃ Corse Calvi 2014	20 €	15,5
⟃ Corse Calvi 2016	11,50 €	14,5

Le coup de ♥

⟃ Corse Calvi 2015	14,50 €	16

Il se dévoile sur les fruits noirs, avec une touche sudiste d'olive noire. Le nez épicé fait preuve de précision ; le jus, étoffé, concentré, propose un cœur de bouche de qualité. Le vin est plein et les tanins sont bien gérés.

Rouge : 10,5 hectares.
Nielluccio 30 %, Sciaccarello 30 %, Syrah 20 %, Grenache noir 20 %
Blanc : 7,5 hectares.
Vermentino 100 %
Production moyenne : 40 000 bt/an

L'ENCLOS DES ANGES
Route de Bonifato, 20260 Calvi
06 19 85 16 39 ●
richard@enclosdesanges.com ● **Vente et visites : au domaine sur rendez-vous.**
Propriétaire : Richard Spurr

"Après deux beaux millésimes, 2015 et 2016, et malgré le gel de ce printemps, le Jura continue de valoriser son vignoble identitaire, grâce à une jeune génération de vignerons talentueux, qui se convertissent à la viticulture biologique."

Jean-Emmanuel Simond, dégustateur des vins du Jura
Membre du comité de dégustation de La Revue du vin de France

JURA

—

SES CUVÉES CONNAISSENT UN VRAI SUCCÈS

—

La nouvelle génération de vignerons a réalisé un travail considérable pour les cuvées jurassiennes, qui connaissent un succès grandissant, notamment à l'export.

Le Jura a vécu deux grands millésimes, en 2015 et en 2016, dans des styles différents. Malheureusement, la région a été victime du gel au printemps 2017, et a subi de très lourdes pertes dans certains secteurs, ce qui fragilise ces petites structures viticoles qui possèdent peu de stock. Ces épreuves n'ont pas entamé le moral des vignerons qui multiplient les efforts, afin de mieux faire connaître leur vignoble.

Fortement identitaire, longtemps méconnu, le vignoble jurassien est à présent pleinement fier de ses origines et de ses particularismes. Depuis une douzaine d'années, une nouvelle génération de vignerons est en train de faire éclater au grand jour la qualité exceptionnelle et la grande diversité des vins de cette petite région au patrimoine viticole riche, à l'identité unique.

Au-delà de la recherche de fraîcheur, ces nouveaux vignerons jurassiens s'efforcent souvent de réduire au maximum les intrants dans leurs vins, dont le soufre, aboutissement d'une démarche engagée par un travail biologique à la vigne de plus en plus répandu. Il peut en résulter des vins grandioses comme des expressions encore maladroites..

L Le Jura s'appuie également sur une grande diversité de terroirs. La région produit des vins rouges très originaux à partir de ses excellents cépages autochtones, comme le poulsard (appelé ploussard à Pupillin) et le trousseau, capables de donner des vins d'une grande variété d'expressions.

Egalement très planté, le pinot noir offre un visage différent de celui qu'il prend 100 kilomètres plus loin en Côte-d'Or, mais qui peut s'avérer de très grande qualité.

En blanc, les chardonnays, vinifiés seuls, trouvent dans certains terroirs d'Arbois et du sud des Côtes du Jura une expression originale et savoureuse, à des prix très raisonnables.

Mais le cépage le plus exceptionnel est ici le savagnin, riche en alcool naturel et en acidité, et susceptible de prendre le voile. Un voile bénéfique, formé par les bactéries locales, dans la barrique, et qui va protéger le vin pendant six longues années et lui permettre d'approfondir lentement sa saveur. Ailleurs, on obtiendrait du vinaigre ; ici, on en tire le vin jaune, à la saveur inimitable et envoûtante de noix et de morilles. Nombreux sont les amateurs qui vénèrent la palette aromatique du style oxydatif.

De plus en plus, les vignerons s'essayent au savagnin ouillé (ou naturé), démontrant qu'on ne peut nullement réduire son expression à celle qui résulte du travail oxydatif entre l'air et le vin pendant l'élevage. Ce type de vinification préserve à la fois le fruit et la fraîcheur.

Surtout, ce cépage brille par son extraordinaire capacité d'adaptation, offrant de grandes expressions de terroir, et livrant des vins qui se bonifient au vieillissement.

LES APPELLATIONS

Le vignoble jurassien compte sept appellations divisibles en deux grandes catégories. Quatre appellations sont en réalité des AOC "géographiques". C'est-à-dire qu'elles délimitent un territoire de production défini. Il s'agit d'Arbois, de Château-Chalon, de L'Étoile et des Côtes du Jura. L'autre catégorie regroupe trois AOC "produits", qui définissent des méthodes de production de vin particulières au sein du vignoble jurassien. Il s'agit du macvin du Jura, du crémant du Jura et du marc du Jura (eau-de-vie qui a obtenu son appellation en 2015). Enfin, n'oublions pas le vin de paille qui ne dispose pas d'une appellation propre, mais d'une mention traditionnelle.

ARBOIS

Son nom, issu du celte, signifie terre fertile. Aujourd'hui, Arbois est l'appellation la plus grande du Jura. Elle couvre 750 ha. Si elle produit à peu près 70 % des vins rouges et 30 % des vins blancs, son vignoble s'étend sur une mosaïque de terroirs répartis sur 12 communes au nord du Jura. Elle se définit à travers des vins blancs, jaunes, rouges et rosés généreux, richement bouquetés, fins et universels. Les cinq cépages autorisés dans le Jura peuvent être employés pour produire du vin d'Arbois.

CÔTES DU JURA

Cette appellation s'apparente plutôt à une AOC régionale puisqu'elle s'étend en fait sur 105 communes et 519 hectares, tout au long des coteaux jurassiens et jusqu'aux confins de la Bourgogne. L'appellation couvre un grand nombre d'expressions diverses, dont des blancs de savagnin étonnants du côté de la commune de Voiteur.

CHÂTEAU-CHALON

Sur 50 hectares, au cœur du vignoble jurassien, la commune de Château-Chalon permet d'admirer un impressionnant vignoble voué à la production exclusive de vins jaunes, un peu moins jaunes de robe qu'ailleurs, et d'une longévité inégalable (des vins de deux siècles sont encore buvables !). Il mérite largement son appellation propre et son rang parmi les plus grands vins blancs de France. D'ailleurs, les producteurs ont parfois préféré renoncer à l'appellation quand la récolte ne leur paraissait pas satisfaisante comme en 1974, 1980, 1984 et 2001.

L'ÉTOILE

Le village de L'Étoile, où est située cette appellation, tire son nom du fait que les cinq collines qui entourent le village forment une étoile. Certains en voient l'origine dans les étoiles fossilisées (les pentacrines) que l'on retrouve en nombre dans les sols viticoles. Plus concrètement, L'Étoile est située au sud, près de Lons-le-Saulnier, et compte 80 hectares de vignes, qui produisent uniquement des blancs d'une grande subtilité, à partir de chardonnay : la plupart sont vinifiés en mousseux et une très petite quantité en vin jaune finement bouqueté, à partir de savagnin.

MACVIN DU JURA

Appellation d'origine contrôlée depuis 1991, elle couvre en fait l'ensemble des vignobles jurassiens et représente 3 % de la production de la région. Le macvin du Jura est ce que l'on appelle une mistelle, un vin de liqueur. Mais à la différence de ses homologues, le macvin n'est pas produit à partir d'eau-de-vie de vin, mais d'eau-de-vie de jus de raisin non fermenté. Cette liqueur titre en moyenne entre 16 et 22° d'alcool. Les cinq cépages jurassiens, trousseau, poulsard, pinot noir, chardonnay et savagnin, sont tous autorisés dans la production de moûts destinés au macvin du Jura. Le macvin du Jura peut donc être blanc ou rouge, bien que la plupart des vignerons le produisent en blanc.

CRÉMANT DU JURA

Depuis l'obtention de l'AOC en 1995 (325 ha), la production de crémant ne cesse de croître au point d'atteindre aujourd'hui 18 % de la production totale de vins du Jura. Élaboré à partir de poulsard, de pinot noir, de trousseau, de chardonnay et de savagnin, il est produit à présent par la quasi-totalité des vignerons. Les raisins, obligatoirement vendangés à la main, sont transportés en caisses percées et pressurés par grappes entières.

VIN DE PAILLE

Le vin de paille dispose d'une mention traditionnelle qui traduit une méthode d'élaboration très particulière. On retrouve cette mention pour les AOC Côtes du Jura, Arbois et L'Étoile. Spécialité du Jura, le vin de paille est élaboré à partir de raisins cueillis à parfaite maturité et mis à sécher, parfois sur des claies à l'air libre, mais le plus souvent en chambre avec soufflerie artificielle. Ce séchage augmente naturellement la concentration en sucre et en extraits secs ; il en résulte des vins liquoreux au parfum plus puissant que subtil.

LES CÉPAGES

EN ROUGE :

LE PINOT NOIR

Cultivé depuis des siècles dans le Jura, il représente 10 % de l'encépagement total du vignoble.

LE POULSARD

Appelé aussi ploussard à Arbois et Pupillin, ce cépage est typiquement jurassien. Il est le deuxième cépage le plus répandu dans ce vignoble et représente 80 % des cépages rouges du Jura.

LE TROUSSEAU

C'est un cépage rouge très exigeant à cultiver. S'il ne représente que 5 % de l'encépagement total du vignoble jurassien, il donne des vins puissants, tanniques et plus colorés.

EN BLANC :

LE CHARDONNAY

C'est le cépage le plus répandu. Il représente 50 % de l'encépagement total. Le chardonnay est également appelé melon, moular ou gamay blanc dans le vignoble jurassien.

LE SAVAGNIN

Il se révèle exceptionnel, riche en alcool naturel et en acidité, et susceptible de prendre le voile. Les bactéries locales forment un voile bénéfique dans la barrique, qui va le protéger pendant six longues années et permettre au vin jaune d'approfondir lentement sa saveur inimitable de noix et de morilles. Les barriques ayant servi à l'élaboration du vin jaune sont réutilisées pour apporter un peu de ce goût prestigieux à d'autres vins blancs, plus accessibles.

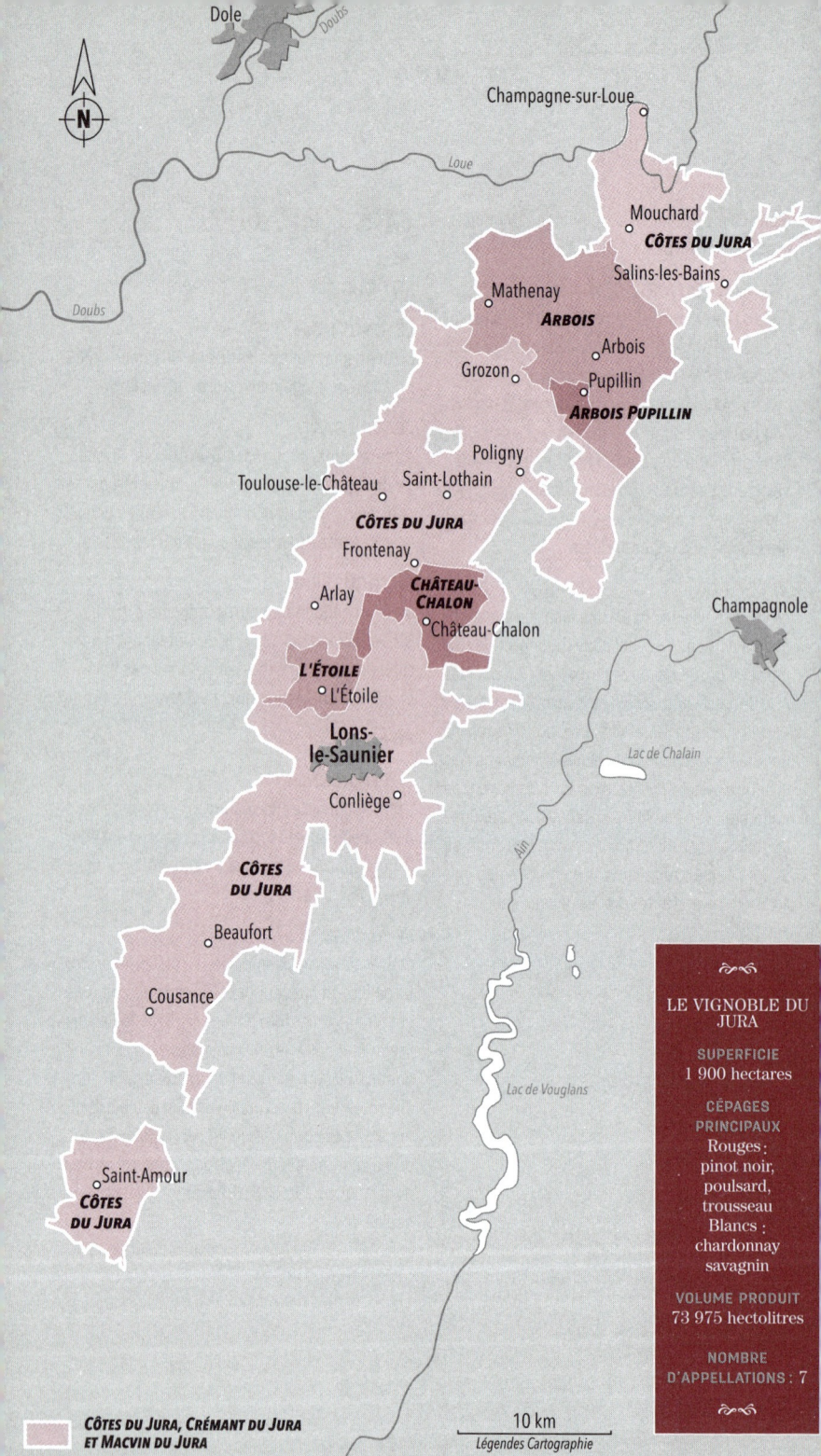

JURA

RAVISSEMENT GARANTI DANS LE VIGNOBLE JURASSIEN

—

Entre Arbois, Pupillin et l'Étoile, le vignoble du Jura regorge de belles tables pour découvrir les solides et les liquides locaux.

CHAMBRES D'HÔTES

CLOSERIE LES CAPUCINES
Dans un ancien couvent du XVIIe siècle, une maison bourrée de charme. Des chambres et des suites de très bon goût, un salon-bibliothèque, un sauna et une piscine dans le jardin. Une adresse remarquable ! De 125 à 290 € la nuit.
7, rue de Bourgogne, 39600 Arbois.
Tél. : 03 84 66 17 38.
www.closerielescapucines.com

CAVISTES

LES JARDINS DE SAINT-VINCENT
Cave et bar à vins, voici le repaire de Stéphane Planche ! Le patron aime les vignerons-artisans et présente une sélection pertinente de cuvées du Jura.
49, Grande Rue, 39600 Arbois.
Tél. : 03 84 66 21 75.
www.lesjardinsdestvincent.com

ESSENCIA
Cette adresse est à la fois une crémerie, où vous pourrez acheter de magnifiques comtés (Poligny en est la capitale !), et une cave, avec une sélection à 80 % en bio et biodynamie et des références très pointues de la région.
24, place Notre-Dame, 39800 Poligny. Tél. : 03 84 37 08 46.

RESTAURANTS

LE GRAPIOT
La cuisine gourmande et précise de Samuel Richard est soignée. Intéressante carte des vins du Jura mais aussi des autres vignobles français. Menus à partir de 23 € le midi, 32 € le soir.
Rue Bagier, 39600 Pupillin.
Tél. : 03 84 37 49 44.
www.legrapiot.com

LES CAUDALIES
Un établissement élégant situé au cœur d'Arbois. Hôtel grand confort, bonne table (menus de 16 à 62 € avec accords mets et vins) et carte des vins convaincante entretenue par le sommelier Philippe Troussard, distingué par le titre de Meilleur Ouvrier de France 2015. À noter que ce dernier propose aussi de nombreuses soirées œnologiques dans la belle cave du restaurant.
20, avenue Pasteur, 39600 Arbois.
Tél. : 03 84 73 06 54.
www.lescaudalies.fr

LE BISTROT DE LA TOURNELLE
Chaque été, de la fin du mois de juin au premier week-end de septembre, les propriétaires du domaine de la Tournelle ouvrent leur bistrot de plein air, dans un jardin entre rempart et rivière. Au menu, les vins du domaine et d'autres excellents vignerons de toute la France, et des assiettes gourmandes.
5, Petite Place, 39600 Arbois.
Tél. : 03 84 66 25 76.
www.domainedelatournelle.com

LE BON ACCUEIL
Menus à 46, 63 et 83 €. La carte des vins affiche les cent meilleures références jurassiennes et aussi de rarissimes bourgognes. Hôtel 3 étoiles (de 90 à 140 € la nuit).
1 chemin de la Grande Source, 25160 Malbuisson. Tél. : 03 81 69 30 58.
www.le-bon-accueil.fr

NOS DEUX COUPS DE ♥

L'ENTRE-CŒUR
À quelques kilomètres de Château-Chalon, cette belle demeure abrite quatre chambres rénovées avec goût. À table, tout est certifié bio, comme les vins du domaine. 90 € la nuit pour deux personnes.
192, rue de l'Église, Lieu-dit Les Vergers, 39210 Menétru-le-Vignoble.
Tél. : 06 95 08 73 54.
www.chambredhote-entrecoeur.fr

FÉVRIER 2018 : LA PERCÉE DU VIN JAUNE
La Percée du vin jaune est l'une des premières fêtes vigneronnes de France, attirant chaque année plus de 45 000 visiteurs. Au programme : dégustations de vins du Jura, concours de cuisine au vin jaune, vente aux enchères de vieux millésimes (la plus grande d'Europe) et, bien sûr, la cérémonie de mise en perce, durant laquelle le parrain ou la marraine de l'édition partage le millésime de l'année avec la foule. L'an prochain, la percée fait une pause. La prochaine édition aura donc lieu en février 2018 à L'Étoile.
Février 2018
www.percee-du-vin-jaune.com

JURA

★★★
DOMAINE GANEVAT

Jean-François Ganevat est revenu en 1998 dans le Jura, dans la combe de Rotalier, après de longues années à Chassagne-Montrachet, chez Jean-Marc Morey. Le domaine familial est riche en vieilles vignes et en diversité de terroirs. Fidèle à la philosophie des vins naturels sans pourtant s'en revendiquer, le vigneron maîtrise parfaitement la biodynamie et a affiné ses talents de vinificateur. Il s'est forgé une image très personnelle de ce que doit être un grand vin : chaque sélection parcellaire possède une personnalité bien singulière, avec des harmonies et des tensions variées qui reflètent les terroirs. Grâce à des rendements faibles, un travail considérable à la vigne et à une meilleure gestion dans la pureté des vins, les rouges, élevés de plus en plus en amphores, atteignent désormais un niveau remarquable, aussi aboutis que les blancs. Citons également le sublime vin jaune et l'incomparable Les Vignes de mon Père, élevé pendant dix ans. De nouvelles cuvées arrivent, issues des vieux cépages locaux oubliés, complantés à haute densité sur les coteaux... Les vins des derniers millésimes n'ont jamais été aussi bons, révélateurs de la qualité époustouflante que le Jura peut atteindre. Une troisième étoile vient cette année récompenser l'ampleur et la qualité du travail accompli, ne concernant que les vins du domaine, car l'activité de négoce originale et foisonnante (des dizaines de cuvées...), certes qualitative, ne saurait prétendre au même niveau.

Les vins : les rouges sont désormais irréprochables, à commencer par Cuvée de l'enfant terrible : des saveurs parfumées annoncent un fruit mûr et épicé, encore assez immature, mais apte à un bon vieillissement. Une intensité aromatique presque sudiste (grenade, agrumes et fleurs séchés) infuse le pinot noir Julien, dont le tapis de petits tanins poudrés s'articule autour d'un cœur de bouche concentré et séveux. Laissez-le vieillir. Avec son nez très libre de pot-pourri et de pivoine, le trousseau Plein Sud se fait inhabituellement mûr et prend des accents de grenache, offrant un caractère sudiste et gourmand. Revigorants et incisifs, les blancs 2014 possèdent une intensité et une tension rares. Parmi les chardonnays, superbe fraîcheur acidulée dans Les Gryphées, digeste et tonique. Tout en précision et élan dans ses fines saveurs citronnées, le sobre Grusse en Billat 2014 est inspiré. L'expression souvent généreuse des vieilles vignes de 1902 du Chalasses Vieilles Vignes sur marnes grises prend en 2014 un profil épuré. Nous adorons les interminables saveurs salines et vives de sa finale. Un léger surcroît de complexité épicé agrémente les saveurs du Grandes Teppes, vibrant et incroyablement tendu, presque austère à force d'énergie saline : on le laissera s'aérer ou vieillir pour qu'il s'exprime pleinement. Chalasses Marnes Bleues, blanc impétueux, concilie brio des saveurs d'épices et de fruits jaunes, d'une pénétrante intensité, avec l'étoffe ferme et réservée apportée par la carrure des sols de marnes. Toujours aussi frais et éclatant avec ses 130 mois d'élevage, Les Vignes de mon Père continue de nous bluffer par l'harmonie et l'intensité de ses saveurs. Relevé d'une fine touche de praline, ce vin ciselé et monumental nous émeut régulièrement. La pureté et la fraîcheur des arômes du vin jaune 2007 respectent à la perfection l'équilibre de sa bouche, exempt de tout excès oxydatif, et qui se prolonge en une admirable étoffe épicée et vibrante en finale. Raffinement extrême et fraîcheur des saveurs dans le grandiose macvin, peut-être un des plus beaux qu'il nous ait été donné de déguster.

- Côtes du Jura Chalasses Marnes Bleues 2014 — N.C. 17
- Côtes du Jura Chardonnay Grusse en Billat 2014 — N.C. 17
- Côtes du Jura Chardonnay Les Chalasses Vieilles Vignes 2014 — N.C. 17,5
- Côtes du Jura Chardonnay Les Grands Teppes Vieilles Vignes 2014 — N.C. 17
- Côtes du Jura Les Gryphées 2014 — N.C. 16,5
- Côtes du Jura Savagnin Les Vignes de mon Père 2006 — N.C. 19
- Côtes du Jura Vin Jaune 2007 — N.C. 19
- Vieux Macvin du Jura — N.C. 18
- Côtes du Jura Pinot Noir Cuvée Julien 2015 — N.C. 17
- Côtes du Jura Poulsard Cuvée de l'enfant terrible 2015 — N.C. 16,5
- Côtes du Jura Trousseau Plein Sud 2015 — N.C. 16,5

Le coup de ♥
- Côtes du Jura Sous la Roche 2014 — N.C. 18

Des saveurs florales et une fine touche miellée, très subtile et entêtante, s'agrègent à la matière ferme, lancinante et verticale qui anime et fait briller d'une énergie lumineuse ce vin essentiel. Grandiose !

Rouge : 3,5 hectares.
Pinot noir 43 %, Poulsard (ploussard) 35 %, Trousseau 22 %
Blanc : 9,5 hectares.
Chardonnay 74 %, Savagnin 26 %
Production moyenne : 35 000 bt/an

DOMAINE GANEVAT 🌙

La Combe, 39190 Rotalier
03 84 25 02 69 ● anne.ganevat@orange.fr ●
Vente et visites : au domaine sur rendez-vous.
Du lundi au vendredi.
Propriétaire : Jean-François Ganevat

DOMAINE JEAN MACLE

Goûter un château-chalon de Jean Macle est un moment intense. Un véritable "jaune", droit, pointu, harmonieux et digeste, dont le goût particulier n'est pas le seul élément précurseur de la complexité des arômes et des saveurs. Ce domaine traverse les millésimes avec une telle précision et une telle identité qu'il force le respect. Créé en 1850, il possède les terroirs parmi les plus pentus du cru, pouvant atteindre 50 % de déclivité. Le choix de planter des vignes sur des terroirs où personne, à une certaine époque, ne voulait s'aventurer, indique la détermination et la passion du vigneron pour le vignoble de Château-Chalon.

Les vins : vigoureux et intense, le côtes-du-jura va chercher dans les amers racinaires des saveurs d'agrumes et de safran d'une absolue fraîcheur. Assez ferme, il associe acidité saline et volume de chair en un ensemble harmonieux et très persistant. Équilibre très réussi dans le macvin, encore immature, dont les sucres nerveux titillent la bouche avec insistance jusque dans les amers épurés de la finale.

▷ Côtes du Jura 2012	15 €	17
▷ Macvin du Jura 2012	18,50 €	16,5

Le coup de ♥
▷ Château-Chalon 2009	45 €	18,5

Fraîcheur pénétrante et intensité presque cinglante des saveurs : seule l'aromatique trahit la générosité du millésime dans des senteurs de mirabelle et d'encens, d'une complexité étourdissante. Limpide, nerveux, cet immense vin trace sa voie avec la plus inflexible allonge.

Blanc : 12 hectares.
Chardonnay 80 %, Savagnin 20 %
Production moyenne : 40 000 bt/an

DOMAINE JEAN MACLE
15, rue de la Roche,
39210 Château-Chalon
03 84 85 21 85 ● macle1@wanadoo.fr ●
Vente et visites : au domaine sur rendez-vous.
Du lundi au samedi de 8h à 12h et de 14h à 18h.
Propriétaire : Famille Macle

DOMAINE ANDRÉ ET MIREILLE TISSOT

Quel parcours réalisé par Stéphane depuis 1990 ! Le domaine a gravi les échelons au fur et à mesure : la reconversion en bio s'est amorcée dès 1999 et, aujourd'hui, la totalité du domaine est en culture biodynamique. Nous saluons tous les efforts fournis, la vaste gamme n'a jamais été aussi complète et cohérente. Quel que soit le type de vin, tout est géré avec brio, finesse et grande intégrité des saveurs de fruit. Que dire des macvins qui sont les plus beaux de la région, où la rusticité souvent apportée par les marcs est ici merveilleusement bien fondue ! Les rouges et les vins oxydatifs ont acquis une finesse inoubliable. La rigueur du travail accompli et la saine émulation que connaît le domaine le placent au sommet de la production de la région. Et la gamme ne cesse de se perfectionner : la vie est belle pour Stéphane Tissot.

Les vins : le crémant BBF, pur chardonnay, a acquis finesse et complexité lors de ses quatre années de vieillissement sur lattes. Fraîcheur, délicatesse de bulles, caractère digeste : tout est en place. Indigène offre des notes de fruits rouges et une matière ample : sa gourmandise est d'autant plus notable qu'il est non dosé. Grand raffinement aromatique dans le somptueux pinot noir En Barberon, délicat et nerveux. Une légère aération vient révéler toute la pureté du fruit du Trousseau en Amphore : fraîcheur et éclat du fruit, subtilité de texture, intensité des arômes et parfums se répondent, offrant une vraie émotion. Attaque généreuse et tonique dans Les Graviers, doté d'un fruit ample et lumineux : la superbe finale salivante lui apporte éclat et vitalité. Fines notes citronnées au nez du chardonnay En Barberon, salin et tendu, porté par les saveurs perçantes d'intenses amers en finale. Rose Massale, issu d'une variété de chardonnay rose, propose une bouche ferme, assez carrée, dont l'intensité épicée est assez fédératrice. Il gagnera en profondeur à l'avenir. Au nez toujours, La Mailloche livre des touches fumées et d'amande verte. Très intense, revigorante, la bouche exprime tout le caractère de ce grand terroir, dans une trame nerveuse, vive et presque tranchante en finale : un grand blanc de garde. Le souffle de la finale du très raffiné Clos de la Tour de Curon n'a que peu d'équivalents dans la région. Le vin jaune En Spois s'impose par la consistance de sa chair pleine d'aplomb et de relief, avec une attaque presque moelleuse suivie d'une finale aux notes mellifères. Parfumé et onctueux, le macvin est sans doute le plus abouti du genre, avec sa formidable fraîcheur épicée et sa chair juteuse et aiguisée.

Arbois Chardonnay La Mailloche 2014	36 (c) €	17
Arbois Chardonnay Le Clos de la Tour de Curon 2014	88 (c) €	18
Arbois Chardonnay Les Graviers 2014	32 (c) €	16,5
Arbois Vin Jaune En Spois 2010	64 (c) €	17,5
Chardonnay Rose Massale 2015	36 (c) €	15,5
Crémant du Jura BBF	25 (c) €	16
Crémant du Jura Indigène	25 (c) €	15,5
Côtes du Jura Chardonnay En Barberon 2015	33 (c) €	17
Côtes du Jura Pinot Noir En Barberon 2015	40 (c) €	17
Macvin du Jura Pinot Noir 2015	36 (c) €	18
Arbois Trousseau en Amphore 2016	40 (c) €	18

Le coup de ♥

Château-Chalon 2010	78 (c) €	19

Une réussite exceptionnelle : fraîcheur aromatique, véritable kaléidoscope de saveurs et rigueur de définition composent un grand blanc suave et racé, d'une élégance irréprochable, à l'allonge superlative.

Rouge : 21,6 hectares.
Pinot noir 43 %, Trousseau 32 %, Poulsard (ploussard) 25 %
Blanc : 28,03 hectares.
Chardonnay 68 %, Savagnin 32 %
Production moyenne : 140 000 bt/an

DOMAINE ANDRÉ ET MIREILLE TISSOT ☾
Quartier Bernard,
39600 Montigny-lès-Arsures
03 84 66 08 27 ● www.stephane-tissot.com
● Vente et visites : au domaine sur rendez-vous.
Propriétaire : Bénédicte et Stéphane Tissot

DOMAINE LABET

Doté d'une grande sensibilité vigneronne, Julien Labet, aidé de son frère et de sa sœur, a repris les vignes de son père Alain, aujourd'hui regroupées sous une seule entité : domaine Labet. Situées dans ce Sud-Revermont si préservé et doté d'une géologie complexe, les vignes sont désormais toutes travaillées et converties progressivement à la plus saine des agricultures. Quelques années ont été nécessaires pour harmoniser la gamme, présentée uniquement intégralement à partir de 2013 sous les nouvelles étiquettes, intitulées "parcelles rares". De nombreuses micro-parcelles (entre 15 et 80 ares, souvent issues de vieilles vignes) sont vinifiées par Julien, tant en blanc (tous ouillés) qu'en rouges, ces derniers étant peut-être les plus exceptionnels à naître aujourd'hui dans la région. Les niveaux de soufre sont très faibles mais les équilibres impossibles à prendre en défaut dans les vins. Le domaine est aujourd'hui un des fers de lance du renouveau jurassien.

Les vins : la rare précision de saveurs et la persistance du crémant du Jura forcent le respect. La délicatesse de texture, la douceur du fruit et la fraîcheur sont d'autant plus remarquables dans Les Champs Rouges que ce vin titre presque 14° dans ce millésime solaire. L'acidité et les amers nobles compriment fort habilement toute sensation chaleureuse. Les fruits jaunes emplissent la bouche du chardonnay En Chalasse, dont la carrure en finale reste ferme mais épurée et saline. La Reine, grand blanc de garde, se joue du caractère du millésime 2015 et présente un éclat et une intensité de saveurs bien particulière. Complantation de différents cépages rouges jurassiens, Métis offre un nez de groseille et de fraises au sucre. Pourvu qu'on l'aère, on se régalera de son fruit. Frais, délicat, infusé, En Billat est un jus intègre, merveilleusement digeste : un vin "nature" haute couture. Très finement épicé, floral et réglissé, le trousseau est bluffant de finesse : il évoque la grenade et la gelée de framboise. Les Varrons se présente en deux versions : Sélection Massale offre raffinement de texture et petit cœur de bouche moelleux : attendez-le. Sélection Clonale, moins expressif, est plus mûr et charnu, d'une texture un peu plus épaisse et collante dans ses tanins. Généreux, assez alangui et mûr, le vin jaune se montre ample et voluptueux, exubérant et tout en allonge : un excellent vin, un ton en-dessous du grandiose 2008.

Crémant du Jura 2014	16 (c) €	16,5
Côtes du Jura Chardonnay En Chalasse 2015	26 (c) €	17
Côtes du Jura Chardonnay La Reine 2015	30 (c) €	17,5
Côtes du Jura Chardonnay Les Champs Rouges 2015	26 (c) €	16
Côtes du Jura Vin Jaune 2009	52 (c) €	18
Côtes du Jura Pinot Noir Les Varrons Sélection Clonale 2016	25 (c) €	16,5

- Côtes du Jura Pinot Noir Les Varrons Sélection Massale 2016   27 (c) €   17
- Côtes du Jura Poulsard En Billat 2016   27 (c) €   16,5
- Trousseau 2016   28 (c) €   17
- VDT Métis 2016   25 (c) €   15,5

Le coup de ♥
- Côtes du Jura Fleur de Savagnin En Chalasse 2015   27 (c) €   17,5

Grande complexité aromatique, entre épices, piment et écorce d'agrumes dans ce magnifique jus pénétrant à l'éclat singulier, et à la finale ciselée qui roule sur la langue.

Rouge : 3 hectares.
Pinot noir 80 %, Poulsard (ploussard) 15 %, Trousseau 5 %
Blanc : 10 hectares.
Chardonnay 85 %, Savagnin 15 %
Production moyenne : 58 000 bt/an

DOMAINE LABET ♣
**14, Montée des Tilleuls, 39190 Rotalier
03 84 25 11 13 •
domaine.labet@wanadoo.fr •** Vente et visites : au domaine sur rendez-vous.
Vendredi et samedi de 9h à 18h.
Propriétaire : Romain, Julien et Charline Labet

DOMAINE BERTHET-BONDET

Chantal et Jean Berthet-Bondet, tous deux ingénieurs agronomes, ont délaissé la ville en 1985 pour créer ce domaine de 11 ha situés à parité en appellation Château-Chalon et en Côtes du Jura. Récemment agrandi, le domaine est certifié en bio depuis 2013. Hélène, la fille de Jean, travaille désormais au domaine en tandem avec son père. La qualité progresse dans le sens de l'expression et de la pureté du fruit, ce dont nous nous réjouissons, et de nouvelles cuvées et étiquettes ont été intelligemment redéfinies sur les rouges et blancs ouillés. Nous saluons cette belle dynamique à l'œuvre au domaine en lui décernant cette année la première étoile.

Les vins : peu de vins présentés, car les 2016 étaient encore en élevage, mais également car le gel dévastateur de 2017 va imposer une commercialisation étalée desdits 2016. Ceux que nous avons dégustés avant leur mise en bouteille sont très prometteurs. Original et frais, très finement miellé et porté par des saveurs de fruits jaunes, le côtes-du-Jura Tradition est un modèle de fraîcheur. Juteux, croquant, intense, voilà un excellent blanc élevé deux ans sans ouillage. Le macvin, frais et patiné, est doté de sucres savoureux et limpides, sans lourdeur.

- Côtes du Jura Tradition 2013   13 €   16,5
- Macvin du Jura 2014   16,60 €   16,5

Le coup de ♥
- Château-Chalon 2009   34,50 €   18,5

Le 2009 est différent de celui dégusté l'an dernier, car élevé un an de plus. Sa complexité est accrue, sa fraîcheur également, et son éclat singulier le rend brillant, élancé et d'une pureté idéale. Sans doute un des plus grands château-chalon dégustés depuis longtemps à cette adresse.

Rouge : 2,7 hectares.
Pinot noir 42 %, Trousseau 29 %, Poulsard (ploussard) 29 %
Blanc : 12,8 hectares.
Savagnin 50 %, Chardonnay 50 %
Production moyenne : 50 000 bt/an

DOMAINE BERTHET-BONDET ♣
**7, rue de la Tour, 39210 Château-Chalon
03 84 44 60 48 • www.berthet-bondet.net •
Vente et visites :** au domaine sur rendez-vous.
Du lundi au samedi.
Propriétaire : Jean Berthet-Bondet

DOMAINE DE MONTBOURGEAU

Encore trop méconnue, l'appellation Étoile sait exprimer une grande finesse et montrer le caractère minéral de ses sols, pourvu que le producteur fasse preuve de tact et de sensibilité. Nicole Deriaux, aidé par son fils César, remplit parfaitement ces critères. Nous apprécions particulièrement le style du domaine, sans frou-frou ni artifice, offrant des vins droits et intenses. Les meilleurs du domaine, lorsqu'ils sont bien nés, atteignent une superbe finesse, surtout le savagnin et le vin jaune. Ce travail attentif et discret mérite plus de reconnaissance et l'attention des aficionados du Jura.

Les vins : gourmandise assez digeste, le crémant se montre tonique et franc. La cuvée générique L'Etoile va chercher des arômes de noix fraîche et de marc de raisin : charnu mais tendu, plein de sève, c'est un blanc de grand caractère. Plus réservée mais marquée par les saveurs typées du savagnin (curry, noix et amande), la cuvée En Banode possède une acidité plus aiguisée et une allonge savoureuse, empreinte de touches végétales. Le chardonnay Cuvée Spéciale, sincère dans le tranchant et l'intensité de ses amers, se détendra dans quelques années. Beaucoup de finesse et d'intensité aromatique dans le vin jaune 2009, droit et épicé, dont la fraîcheur et la persistance font mouche.

Crémant du Jura	9 €	14,5
L'Etoile 2014	11 €	16
L'Etoile Cuvée Spéciale 2013	16 €	16
L'Etoile En Banode 2014	13 €	16,5
L'Etoile Vin Jaune 2009	34 €	17

Le coup de ♥

L'Etoile Vin de Paille 2014	27 €	18

Magnifique exemple de vin de paille que cet admirable 2014 : juteux et salivant, riche mais tendu. Ses sucres très digestes tapissent la bouche sans aucune lourdeur, dans un éventail de saveurs où domine le sucre d'orge. Un véritable modèle de passerillage.

Rouge : 0,5 hectare.
Trousseau 80 %, Poulsard (ploussard) 20 %
Blanc : 9 hectares.
Chardonnay 72 %, Savagnin 28 %
Production moyenne : 50 000 bt/an

DOMAINE DE MONTBOURGEAU
**53, rue de Montbourgeau, 39570 L'Étoile
03 84 47 32 96** ● **www.montbourgeau.com**
● **Vente et visites : au domaine sur rendez-vous.**
De 9h à 12h et de 14h à 19h.
Propriétaire : Nicole Deriaux

DOMAINE PIGNIER

En biodynamie depuis 1998, certifié Demeter depuis 2003, ce vieux domaine familial qui date du XVIIIe siècle est installé dans le village de Montaigu, surplombant Lons-le-Saunier, avec des vignobles en coteaux sur les marnes du Lias et du Trias. Foudres, barriques, cuves ovoïdes en béton et mêmes jarres remplissent les très anciennes caves voûtées du XIIIe siècle des moines Chartreux, fierté de la famille Pignier. Les vieux cépages rouges ont encore ici droit de cité, tel l'argan, le petit beccan ou encore l'enfariné, assemblés dans la surprenante cuvée À Table avec Léandre. Il faut découvrir ces vins identitaires et sincères, produits avec passion par une fratrie (Jean-Etienne, Antoine et Marie-Florence Pignier). La première étoile a été décernée l'an dernier.

Les vins : Les Gauthières livre les saveurs mûres, généreuses mais croquantes et lisses d'un fruit désaltérant, poivré et nerveux, dont les petits tanins juteux assureront le vieillissement. Le chardonnay A la Percenette, doté d'une grande justesse de saveurs, est mûr mais croquant et digeste. Sa trame acidulée souligne habilement les fins amers qui le tendent. Le Gamay Blanc offre d'intenses saveurs de fruits jaunes et d'agrumes, de grands amers croquants. Le savagnin Sauvageon livre sans détour sa chair épicée mais alanguie : amers vigoureux, densité et fermeté se répondent à l'unisson en finale, en des saveurs de mélisse et d'acacia. Complexe et juteux, doté d'une grande fraîcheur d'arômes, le vin jaune se distingue par sa puissance contenue.

Côtes du Jura Gamay Blanc 2015	26 €	17
Côtes du Jura Sauvageon 2015	30 €	16,5
Côtes du Jura Vin Jaune 2009	42 €	17,5
Côtes du Jura À la Percenette 2015	19 €	16
Côtes du Jura Les Gauthières 2015	26 €	16,5

Le coup de ♥

VDF À Table avec Léandre 2015	24 €	17

Il est tout aussi revigorant et intense dans son expression de fruit que l'an dernier, doté de tanins réglissés et fins qui assoient avec pertinence son propos. La persistance en finale est admirable.

Rouge : 5 hectares.
Trousseau 40 %, Poulsard (ploussard) 40 %, Pinot noir 20 %
Blanc : 9 hectares.
Chardonnay 70 %, Savagnin 30 %
Production moyenne : 56 000 bt/an

DOMAINE PIGNIER
**11, place Rouget-de-Lisle, 39570 Montaigu
03 84 24 24 30** ●
www.domaine-pignier.com ● **Vente et visites : au domaine sur rendez-vous.**
Du lundi au samedi de 10h à 12h et de 14h à 18h30.
Propriétaire : Famille Pignier

★

DOMAINE DE LA TOURNELLE

Amoureux du vin, Évelyne et Pascal Clairet ont acquis ce domaine en 1991. Cultivant la vigne selon des principes nobles, ils se donnent tous les moyens pour réaliser des vins de terroir exempts de tout intrant chimique : vendanges manuelles, levures indigènes, maîtrise des doses (minimes) de SO_2, élevages longs en barrique et en foudre, et absence de filtration. L'adéquation de la maturité juste et des élevages précis révèlent toute la finesse et la pureté des terroirs. Une adresse à ne pas manquer, qui se revendique du vin naturel, et dont les cuvées réussissent à l'incarner dans ce qu'il a de meilleur. Le domaine, qui a longtemps figuré en bonne place dans notre guide, y retrouve la place qui lui est due.

Les vins : le domaine ne nous ayant pas fait parvenir ses vins cette année, nous sommes amenés à reconduire les notes et les commentaires de notre édition précédente. Peu coloré, le poulssard Uva Arbosiana ne titre que 10,5° ; quelle fraîcheur dans l'expression juteuse et fraîche de ce vin-friandise, subtilement épicé et désaltérant. Les Corvées sous Curon 2013 se donne sans retenue dans un florilège de fruit pur et lumineux. Les notes de fruits jaunes et de poivre blanc se prolongent avec délice dans une finale des plus désaltérantes. Le Fleur de Savagnin 2013 a été ouillé et prend déjà quelques notes "typées" qui signalent l'identité jurassienne. La chair souple et croquante, déliée et infusée, se montre remarquablement limpide et désaltérante.

▬	Arbois L'Uva Arbosiana 2014	11 €	15,5
▭	Arbois Fleur de Savagnin 2013	16,80 €	17
▭	Arbois Les Corvées sous Curon 2013	13 €	16,5

Rouge : 3,1 hectares.
Poulsard (ploussard) 57 %, Trousseau 43 %
Blanc : 4,3 hectares.
Chardonnay 54 %, Savagnin 46 %
Production moyenne : 36 000 bt/an

DOMAINE DE LA TOURNELLE ♣
5, Petite place, 39600 Arbois
03 84 66 25 76 ●
www.domainedelatournelle.com ● Vente et visites : au domaine sur rendez-vous.
Propriétaire : Évelyne et Pascal Clairet

LUCIEN AVIET ET FILS - CAVEAU DE BACCHUS

Désormais secondé par son fils Vincent, Lucien Aviet – dit "Bacchus", figure tutélaire incontournable du vignoble jurassien – perpétue la tradition de l'expression classique des vins locaux sur ses parcelles de vieilles vignes situées autour du merveilleux village vigneron de Montigny-les-Arsures. Tenants d'un style classique, les vins culminent généralement avec le vin jaune et le superbe trousseau de la Cuvée des Géologues (rappelons que Montigny est le berceau des meilleurs terroirs et variétés de trousseau, dont le fameux trousseau à la dame, aux grains très aérés).

Les vins : le domaine ne nous ayant pas fait parvenir ses vins cette année, nous sommes amenés à reconduire les notes et les commentaires de notre édition précédente. Le domaine ne nous a présenté qu'un seul vin, sur deux millésimes. Fruit tendre, franc et sobre, saveurs juteuses et finement épicées, Cuvée des Géologues 2014 est un vin digeste, précis et séduisant, dont on se régalera sans tarder. Le 2015, riche et joufflu aux saveurs épicées, offre une maturité poussée du fruit mais une fraîcheur préservée. Ses tanins mûrs et denses promettent un excellent vieillissement.

▬	Arbois Cuvée des Géologues 2014	14 €	16
▬	Arbois Cuvée des Géologues 2015	15 €	16,5

Rouge : 3 hectares.
Trousseau 100 %
Blanc : 3 hectares.
Chardonnay 50 %, Savagnin 50 %
Production moyenne : 24 000 bt/an

LUCIEN AVIET ET FILS - CAVEAU DE BACCHUS
4, rue de la Boutière,
39600 Montigny-lès-Arsures
03 84 66 11 02 ● caveaubacchus@orange.fr
● Vente et visites : au domaine sur rendez-vous.
De 8h à 12h et de 13h30 à 18h30.
Propriétaire : Vincent Aviet

NOUVEAU DOMAINE

DOMAINE PHILIPPE CHATILLON

Philippe Chatillon est resté 18 ans régisseur du domaine de la Pinte. Début 2013, il crée son domaine avec 3 ha, dont une partie déjà travaillée en biodynamie. Dans la continuité de son travail et dans le respect de ses convictions, il travaille toutes ses vignes à la pioche et à l'atomiseur à dos, et obtient rapidement la certification. Des produits naturels, bouse de corne et thé de compost, sont employés pour revitaliser les sols. Les vins sont ensuite élevés dans une cave du XVIIe siècle de Poligny ; une harpe en cristal et des bols chantants les harmonisent en cave, grâce aux vibrations du son. Nous sommes tombés sous le charme de ces vins purs et sans artifice, qui témoignent de tous les soins dont est capable ce nouveau styliste du Jura.

Les vins : beaucoup de nuances, de fraîcheur et d'intensité dans La Grande Chaude, blanc immaculé et très singulier, limpide et serein, d'une pureté renversante. En Marche 2013 (élevé en fût ouillé pendant quatre ans) est juteux et digeste, sobre dans ses saveurs, persistant ; il a conservé une empreinte du bois un peu trop prégnante, jetant comme un voile sur les saveurs transparentes du vin.

- Côtes du Jura En Marche Savagnin Vieilles Vignes 2013 — 26 € 15,5
- Côtes du Jura La Grande Chaude Chardonnay Vieilles Vignes 2015 — 17 € 16,5

Le coup de ♥
- Arbois Savagnin Les Nouvelles 2015 — 25 € 17

Le volume généreux apporté par les sols de marnes grises trouve son contrepoids dans les saveurs aiguisées de ce savagnin salivant, dont la finale incisive rappelle le citron vert. Le caractère abouti et sans fard de ce vin est presque déconcertant, tant il est persistant et épuré, lumineux.

Rouge : 1 hectare.
Trousseau 60 %, Pinot noir 40 %
Blanc : 2,2 hectares.
Savagnin 60 %, Chardonnay 25 %, Melon de Bourgogne 15 %
Production moyenne : 5 000 bt/an

DOMAINE PHILIPPE CHATILLON ♣
8 bis, rue du Collège, 39800 Poligny
06 45 39 17 63 ●
www.vins-philippechatillon.com/ ● Vente et visites : au domaine sur rendez-vous.
Propriétaire : Philippe Chatillon

DOMAINE FRÉDÉRIC LORNET

Montigny-les-Arsures est un village jurassien qui abonde en bons vignerons, dont plusieurs sont cités dans notre guide. Précurseur de l'ouillage des blancs, Frédéric Lornet fait partie des producteurs de qualité en Jura ; il suit son chemin avec sérieux et discrétion. Équilibrés, ses vins affichent souvent une belle identité de terroir mais la marge de progression est encore importante. Satisfaisants, les derniers vins présentés pourraient à notre sens offrir plus de fraîcheur et de respect du fruit.

Les vins : le poulsard, assez structuré, manque de fruit et termine par des saveurs un peu astringentes. Croquant et net, le trousseau est assez plein et s'épanouira dans trois à quatre ans. Plus profond et juteux que le simple trousseau, la sélection Trousseau des Dames est comme souvent un peu sévère mais plus étoffée, agrémentée de jolis amers qui rappellent l'orange sanguine. Il vieillira bien. Le meilleur foudre est retenu pour le trousseau Signé Roger : chair moelleuse et épicée, un peu pommadée, mais tendue par une colonne vertébrale acide qui laisse présager une évolution favorable. Le chardonnay Charles Rouget, nerveux et mûr, offre un profil sincère. Chair ample et épicée dans le chardonnay les Messagelins, qui se prolonge par une trame énergique et mérite un peu de temps pour se patiner. Expressif, assez tendre, Naturé possède du tonus et un support acide marqué. Un peu raide, il est certes digeste mais termine sur des saveurs tranchantes et des touches d'agrumes un rien végétales. Plus réservé que l'arbois Vin Jaune, le côtes-du-jura Vin Jaune offre une finale assez épaisse et manquant de fraîcheur. Beau raffinement aromatique dans le riche mais nerveux Vin de Paille, dont l'acidité tempère l'abondance des sucres. Le fruit manque un peu d'éclat.

- Arbois Chardonnay Les Messagelins 2015 — 13 € 15
- Arbois Naturé 2016 — 13 € 15
- Côtes du Jura Chardonnay Charles Rouget 2015 — 8,50 € 14,5
- Côtes du Jura Vin Jaune 2010 — 31 € 15
- Côtes du Jura Vin de Paille 2011 — 24 € 16
- Arbois Poulsard En Fertand 2015 — 14 € 14,5
- Arbois Trousseau 2015 — 10 € 15
- Arbois Trousseau Signé Roger 2015 — 19 € 15,5
- Arbois Trousseau des Dames 2015 — 14 € 15,5

Le coup de ♥
- Arbois Vin Jaune 2010 — 31 € 16,5

Il s'illustre par des notes de raisin sec et d'amande grillée, prolongées d'une matière fraîche, précise et équilibrée. Son allonge digeste lui fait honneur.

Rouge : 8 hectares.
Trousseau 56 %, Poulsard (ploussard) 31 %, Pinot noir 13 %
Blanc : 11 hectares.
Savagnin 55 %, Chardonnay 45 %
Production moyenne : 90 000 bt/an

DOMAINE FRÉDÉRIC LORNET
L'Abbaye, 39600 Montigny-lès-Arsures
03 84 37 45 10 ● frederic.lornet@orange.fr
● Vente et visites : au domaine sur rendez-vous.

De 10h30 à 12h et de 14h à 18h.
Propriétaire : Frédéric Lornet

DOMAINE DES MARNES BLANCHES

Jeunes trentenaires diplômés d'œnologie et originaires de la région, Pauline et Géraud Frémont ont repris, à partir de 2006, une dizaine d'hectares de vignes situées dans le Sud-Revermont. Certifié en agriculture biologique, le domaine a fait le choix de l'enherbement, du travail des sols et d'interventions minimales en vinification. Bien leur en a pris, car les vins se présentent homogènes, vigoureux et sains, reflets des beaux terroirs de ce sud du Jura en pleine renaissance. Si la régularité des vins n'est pas toujours parfaite, les derniers vins dégustés sont bien réussis, et le travail accompli commence à payer.

Les vins : bien mûr, le poulsard 2015 se montre un peu rustique et nous laisse sur une finale un peu asséchante. Assez sauvage, le trousseau s'épanouit à l'air et se civilise avec des saveurs de fruits bien mûrs et de grenade. Le crémant Réserve se montre tonique et carré, doté d'une bonne énergie, avec une mâche savoureuse. Très charnu, le chardonnay Les Molates s'avère solaire mais moelleux, empreint d'une sève vigoureuse. Franc et intense, En Levrette évolue dans un univers de fruits jaunes et de saveurs racinaires, relevé d'une finale épicée et salivante. 48 mois sous voile apportent beaucoup de complexité au savagnin Empreinte, qui s'enrichit de fines notes oxydatives tout en préservant beaucoup de fraîcheur et de sincérité.

▭ Chardonnay En Levrette 2015	16 €	16
▭ Crémant du Jura Réserve	14 €	15,5
▭ Côtes du Jura Chardonnay Les Molates 2015	11 €	15
▭ Côtes du Jura Savagnin Empreinte 2012	17,50 €	16,5
▬ Côtes du Jura Poulsard 2015	13 €	14
▬ Côtes du Jura Trousseau 2015	16 €	15,5

Le coup de ♥
▭ Côtes du Jura Savagnin En Quatre Vis 2015	15,50 €	16,5

Grande intensité aromatique dans le savagnin En Quatre Vis, dont la grande vivacité et la plénitude de matière signent une cuvée d'un excellent niveau, servie par une vigoureuse allonge épicée.

Rouge : 1,5 hectare.
Poulsard (ploussard) 35 %, Pinot noir 35 %, Trousseau 30 %
Blanc : 8 hectares.
Chardonnay 63 %, Savagnin 37 %
Production moyenne : 40 000 bt/an

DOMAINE DES MARNES BLANCHES ♣
3, Les Carouges, 39190 Sainte-Agnès
03 84 25 19 66 ●
www.marnesblanches.com ● Vente et visites : au domaine sur rendez-vous.
Propriétaire : Pauline et Géraud Fromont

NOUVEAU DOMAINE

DOMAINE DE LA PINTE

Ce vaste domaine de 34 ha sur Arbois et Pupillin a été fondé par Roger Martin, qui en plantant 14 ha de savagnin, en a fait dans les années 1950 le plus vaste domaine du Jura consacré à ce cépage. Son fils Pierre Martin en est aujourd'hui propriétaire. On pratique ici une viticulture en bio depuis 1999, et en biodynamie depuis 2009. Samuel Berger, nouveau régisseur, s'attache à affiner les élevages (en foudre, demi-muid et fût). De nombreux millésimes anciens sont encore disponibles ici à prix doux. Nous accueillons avec plaisir ce domaine, en belle forme, dans notre guide.

Les vins : trois cuvées présentées seulement, mais nous avons dégusté sur place en début d'année d'autres vins de bon niveau, en particulier plusieurs poulsards pleins de caractère. Assemblage de pinot noir et de poulsard, La Capitaine se montre digeste, frais et croquant, avec un fruit charnu et sobre encadré de petits tanins poudrés. Jolie fraîcheur aromatique dans le nez du trousseau, avec des notes de grenade et sirop de fraise. La fraîcheur idéale du millésime et la gourmandise du fruit mûr en font un vin juteux et très savoureux.

▬ Arbois La Capitaine 2016	15,50 €	15,5
▬ Arbois Trousseau 2016	19,50 €	16

Le coup de ♥
▭ Arbois Savagnin 2012	16,50 €	16

Épicé, très mûr et gorgé de fruits jaunes, il est éclatant, généreux et intense. Complet, vigoureux, c'est un blanc typé mais digeste, sincère et soigné.

Rouge : 11 hectares.
Poulsard (ploussard) 64 %, Pinot noir 18 %, Trousseau 18 %
Blanc : 22 hectares.
Savagnin 67 %, Chardonnay 29 %, Melon de Bourgogne 4 %
Production moyenne : 105 000 bt/an

JURA

DOMAINE DE LA PINTE ☽
Route d'Elyon, 39600 Arbois
03 84 66 06 47 ● www.lapinte.fr ● Vente et visites : au domaine sur rendez-vous.
De 9h à 12h et de 14h à 17h30.
Propriétaire : Pierre Martin
Directeur : Samuel Berger
Maître de chai : Emmanuelle Goydadin

DOMAINE RIJCKAERT

Talentueux vigneron, Florent Rouve a repris en 2013 l'activité de Jean Rijckaert, Belge qui a créé le domaine en 1998. Comme ce dernier l'avait entrepris, Florent partage son temps entre son vignoble du Jura et le Mâconnais. Les vins se montrent expressifs et de plus en plus convaincants, dans leurs équilibres et dans les nuances de terroir qu'ils expriment avec de plus en plus d'acuité : ces blancs intègres et profonds se montrent chaque année plus éclatants dans leur fruit. Le niveau est aujourd'hui excellent, le domaine doit absolument retrouver les faveurs des amateurs exigeants, et la première étoile est proche. Les vins du Mâconnais sont tout aussi réussis, en particulier les viré-clessé et pouilly-fuissé.

Les vins : belle réussite des 2015. Ample, la matière enrobée et souple de l'arbois Chardonnay se donne tout en générosité. On croque dans un fruit mûr ! Beaucoup de maturité et d'équilibre dans le fruit juteux du chardonnay Les Sarres, à la finale gourmande. Le fruit mûr du raisin est préservé dans le chardonnay En Paradis, qu'une finale épicée sait rendre appétant et vibrant, avec une note de mandarine confite. La fraîcheur est enfouie au sein de la chair riche de Vigne des Voises : passé l'attaque volumineuse, le vin se dote d'une vigueur de sève qui culmine en une finale éblouissante. Très ample et richement constitué, le savagnin Grand Élevage doit retrouver un peu de tension en bouteille : à ce stade il s'appesantit un peu sur le beurré généreux de l'élevage.

▭ Arbois Chardonnay 2015	13,25 €	15,5
▭ Arbois Savagnin Grand Élevage 2015	23,25 €	15,5
▭ Côtes du Jura Chardonnay Les Sarres 2015	14,95 €	16,5
▭ Côtes du Jura Vigne des Voises Vieilles Vignes 2015	16,50 €	16,5

Le coup de ♥

▭ Arbois Chardonnay En Paradis Vieilles Vignes 2015	16,50 €	16,5

Le fruit mûr du raisin est admirablement préservé dans ce vin ample et caressant, qu'une finale épicée sait rendre appétant et vibrant, avec une note de mandarine confite.

Blanc : 6 hectares.
Chardonnay 85 %, Savagnin 15 %
Production moyenne : 100 000 bt/an

DOMAINE RIJCKAERT
18, Grande Rue, 39600 Villette-les-Arbois
03 85 35 15 09 ● www.vinsrijckaert.fr ●
Vente et visites : au domaine sur rendez-vous.
Propriétaire : Florent Rouve

DOMAINE ROLET PÈRE ET FILS

L'appellation et la région doivent beaucoup au domaine Rolet. Fier de son grand vignoble de 65 hectares, il contribue à donner une bonne image des vins du Jura en France et à l'étranger. Le domaine réussit bien les spécialités jurassiennes (vin jaune, vin de paille). S'il a su conserver un style propre, alliance de facture classique et d'une bonne maîtrise technique, le domaine se montre trop irrégulier dans ses vins, qui manquent un peu d'inspiration, en particuliers les rouges.

Les vins : le domaine ne nous ayant pas fait parvenir ses vins cette année, nous sommes amenés à reconduire les notes et les commentaires de notre édition précédente. Le chardonnay est un peu lourd et manque de fraîcheur. La cuvée Tradition assemble chardonnay et savagnin, et prend des saveurs très typées, avec des notes de curry et une jolie fraîcheur sous-jacente, apportée par une acidité nerveuse. Le savagnin offre sa matière large, juteuse, dotée de tout le spectre des saveurs oxydatives jurassiennes. Épicé, généreux, encore compact, le vin jaune se présente un peu comprimé, mais profond. L'aération lui fera beaucoup de bien, et révèlera sa sève. Assez confit, Le Vin de Paille 2009 évoque la liqueur de figue, avec des saveurs saturées et prégnantes. L'acidité constitutive lui apporte le tonus nécessaire pour un bon équilibre, sans excès de sucrosité. La Cuvée 80ᵉ Anniversaire 2015 est réjouissante : structurée, mûre, finement épicée.

▭ Arbois Chardonnay 2013	11 €	14,5
▭ Arbois Tradition 2010	14,50 €	15
▭ Arbois Vin Jaune 2009	28,50 €	16
▭ Côtes Du Jura Savagnin 2010	16,50 €	15,5
▭ Arbois Vin de Paille 2009	23,50 €	16,5
▬ Cuvée 80ᵉ Anniversaire AOC Arbois 2015	13 €	15,5

Rouge : 24 hectares.

Poulsard (ploussard) 40 %, Trousseau 30 %, Pinot noir 30 %
Blanc : 40 hectares.
Chardonnay 59 %, Savagnin 41 %
Production moyenne : 320 000 bt/an

DOMAINE ROLET PÈRE ET FILS
Montesserin, Route de Dole, 39600 Arbois
03 84 66 00 05 ● www.rolet-arbois.com ●
Vente et visites : au domaine sur rendez-vous.
Au caveau, du lundi au samedi de 9h à 12h et de 14h à 18h30. Dimanche et jours fériés de 9h30 à 12h et de 14h30 à 18h30.
Propriétaire : Pierre, Bernard, Guy et Éliane Rolet
Œnologue : Emmanuel Lancon

"Le Languedoc en a fini avec sa crise de croissance. Ses meilleurs vignerons créent aujourd'hui leurs propres styles, réinventent l'identité des terroirs qui attendaient leurs interprètes."

Pierre Citerne, dégustateur des vins du Languedoc
Membre du comité de dégustation de La Revue du vin de France

LANGUEDOC

—

LE VIGNOBLE REVENDIQUE ENFIN SON IDENTITÉ

—

La métamorphose du Languedoc, jadis terre de vins de masse, est désormais fait avéré. Dans la droite ligne de ce mouvement, ses meilleurs vignerons portent les vins à un niveau sans cesse supérieur.

C'est l'un des grands enseignements de ces dernières années. Les meilleurs vignerons languedociens sont arrivés à une maturité stylistique qui leur permet enfin de s'affranchir de l'influence des vins de Bordeaux, du Rhône ou de Bourgogne, pour définir leur propre identité viticole. Ce fut long, mais des vignerons comme Olivier Jullien (Mas Jullien, en Terrasses du Larzac), Didier Barral (Domaine Léon Barra, à Faugères), Sylvain Fadat (Domaine d'Aupilhac, à Montpeyroux), Marlène Soria (Domaine Peyre Rose, en Coteaux du Languedoc) ou Basile Saint-Germain (Domaine des Aurelles, implanté à Nizas) interprètent à leur manière les terroirs qui les entourent. Ils sont aujourd'hui des modèles à suivre. En fait, c'est une suite logique à la révolution débutée il y a trente ans en Languedoc. Lassés d'une production centrée sur des vins riches en alcool et sans grand intérêt gustatif, plusieurs vignerons passionnés et surtout convaincus du potentiel de leurs terroirs ont démontré que l'on pouvait produire de grands vins en Languedoc. Désertant la plaine et réinvestissant les meilleurs coteaux, ils ont rapidement imposé leurs vins dans les dégustations.

Cette jeune génération a su produire des vins, notamment des rouges, qui correspondent à la personnalité de la région : un caractère généreux, sans déséquilibre ni lourdeur, et une palette aromatique méditerranéenne. Certains débats opposant cépages et appellations autour de la notion de terroir sont obsolètes : le style dépasse largement le cadre de l'encépagement. Le renouveau des cépages "autochtones" ou du moins "identitaires", comme le carignan, le cinsault, le macabeu, le grenache gris, voire le ribeyrenc, le carignan blanc ou le terret, s'avère toutefois être une excellente chose pour le Languedoc. Parallèlement, la politique de plantation massive de syrah, pas toujours adaptée pour la région, et aujourd'hui premier cépage en superficie, risque de peser durablement sur les vins languedociens...

Les rouges nous paraissent globalement d'un niveau supérieur à celui des blancs et des rosés. Petit à petit, les modèles de production évoluent, avec l'avènement de grandes cuvées non boisées. Pour autant, le style surmûri, extrait, boisé, hérité des années 90-2000, existe encore et fonctionne sur certains marchés.

Dernier avatar de cette évolution, la multiplication des appellations. Certes, cela souligne l'ambition de mieux identifier les meilleurs terroirs du Languedoc, mais malheureusement, cela manque de cohérence d'ensemble dans la hiérarchisation de ces AOC. Certaines émergent naturellement grâce à la volonté collective de producteurs ambitieux, mais d'autres ont toujours du mal à s'imposer. Il faudra quelques années pour que tout cela se mette en place. Enfin, au-delà des appellations, certains vignerons n'hésitent plus à sortir du carcan des AOC pour élaborer des cuvées plus personnelles. Ce qui brouille encore un peu plus la vision que l'on a de la hiérarchie des crus languedociens.

LANGUEDOC

LES APPELLATIONS
—

En trente ans, le vignoble languedocien s'est profondément restructuré, passant de 450 000 hectares à 218 000. Aujourd'hui, il se décline en cinq grandes catégories.

LES VINS SANS INDICATION GÉOGRAPHIQUE

Autrefois prépondérante, cette catégorie ne représente plus que 7 % de la production. Certains vignerons, qui souhaitent sortir du système des appellations, y élaborent des vins parfois très onéreux.

LES IGP D'OC

Cette catégorie représente près de 75 % de la production. Elle regroupe les vins qui ne bénéficient pas d'une AOC. S'il existe une dénomination générique Pays d'Oc IGP couvrant tout le Languedoc, il y a une subdivision pour chaque département (IGP Hérault, IGP Aude...). Enfin, le Languedoc bénéficie d'une kyrielle de dénominations locales : IGP Haute Vallée de l'Orb, IGP Côtes de Thau...

L'APPELLATION RÉGIONALE

Depuis 2007, il existe une nouvelle grande appellation régionale qui couvre l'ensemble du vignoble, l'AOC Languedoc. Elle est destinée à des vins d'entrée de gamme et remplace également l'ancienne dénomination : AOC Coteaux du Languedoc.

LES DÉNOMINATIONS DE L'AOC LANGUEDOC

Accolées au nom de l'AOC Languedoc, ces dénominations identifient douze secteurs. On trouve ainsi les AOC Languedoc-Quatourze, Languedoc-Pézenas, Languedoc-Grés de Montpellier, Languedoc-Sommières, Languedoc-Cabrières, Languedoc-Saint-Saturnin, Languedoc-Montpeyroux, Languedoc-Saint-Georges-d'Orques, Languedoc-La Méjanelle, Languedoc-Saint-Drézéry, Languedoc-Saint-Christol.

LES AOC

Cabardès : appellation de rouges et de rosés, qui marie les cépages "atlantiques" (cabernet, merlot, malbec) aux cépages "méditerranéens" (syrah, grenache). Quelques domaines se distinguent, mais beaucoup de travail reste à accomplir.

Malepère : reconnue depuis 2007, cette appellation requiert dans ses rouges au moins 50 % de merlot. Les caves coopératives dominent très largement, avec une production de masse. Deux ou trois bons domaines émergent depuis peu.

Limoux : crémant, blanquette ou méthode ancestrale constituent la majeure partie de la production. Les rouges doivent encore faire leurs preuves. Les blancs de chardonnay, mauzac ou chenin peuvent être remarquables sur les secteurs d'altitude.

Picpoul de Pinet : petite appellation littorale de vins blancs, d'un style tonique et parfois perlant, dédiés aux huîtres de Bouzigues.

Pic-Saint-Loup : situé au nord de Montpellier, adossée aux contreforts cévenols, Pic-Saint-Loup est une appellation à part entière depuis 2016, reconnue pour ses vins rouges structurés et fins élaborés principalement à partir de syrah et de grenache.

Saint-Chinian : ce vignoble du Haut-Languedoc est construit autour des hommes et non de la réalité du terroir. Il n'y a rien de commun entre les rouges de la zone des schistes du nord, très tendres et ceux de la partie sud, argilo-calcaires, denses et structurés. Depuis 2004, les secteurs de Berlou et de Roquebrun sont individualisés.

Faugères : il existe ici un potentiel intéressant pour des vins rouges sur schistes, plus élégants que la moyenne de la région. L'appellation progresse beaucoup autour d'assemblages souvent dominés par la syrah, mais où carignan et mourvèdre s'expriment avec panache. Depuis 2004, l'appellation Faugères peut produire du blanc sous son nom.

LANGUEDOC

Minervois : la production est aujourd'hui homogène ; quelques domaines sont au-dessus du lot ces dernières années. On souhaiterait parfois davantage de fraîcheur et d'originalité, et un encépagement moins focalisé sur la syrah.

Minervois La Livinière : cette distinction, à l'intérieur de l'appellation Minervois, concentre un certain nombre de vignerons de qualité, dont les vins s'affichent dans un style rond et suave.

Fitou : divisée en deux parties bien distinctes (littoral et intérieur), cette appellation ancienne possède de véritables atouts pour produire des vins rouges profonds et structurés. Malgré quelques exceptions, la qualité globale demeure prévisible, dans un style méditerranéen. Les caves coopératives sont omniprésentes.

Corbières : cette vaste appellation produit beaucoup, et pas toujours le meilleur. On y trouve de nombreux domaines très dynamiques, qui proposent des vins rouges de mieux en mieux construits, notamment dans des secteurs comme la Montagne d'Alaric. On note aussi l'émergence de secteurs d'altitude pour les blancs et les rosés.

Corbières-Boutenac : cette appellation se distingue maintenant avec quelques vignerons de talent.

Terrasses du Larzac : terroir d'altitude situé au nord-ouest de Montpellier, cette nouvelle AOC (créée en 2014) concentre un bon nombre de vignerons ambitieux.

La Clape : créée en 2015, cette appellation, située entre Narbonne et la mer, produit essentiellement des vins rouges (80 %) et une petite minorité de vins blancs (20 %).

Les muscats : dans cet ensemble, on retrouve les AOC historiques de Muscat de Frontignan (797 ha), Muscat de Lunel (321 ha), Muscat de Mireval (260 ha) et Muscat de Saint-Jean-de-Minervois (195 ha).

Clairette du Languedoc : la plus petite appellation du Languedoc produit des vins blancs tranquilles à partir du cépage clairette.

LES CÉPAGES

Le Languedoc est largement dominé par les cépages rouges (75 % du vignoble). Plus de cinquante d'entre eux sont cultivés dont voici les principaux, par ordre d'importance. La syrah arrive en tête avec plus de 40 000 hectares plantés, devant le grenache noir (38 300 hectares), le carignan (29 900 hectares) et le merlot (28 100 hectares).

LES CEPAGES ROUGES

Syrah, grenache noir, carignan noir, merlot, cabernet-sauvignon, cinsault, mourvèdre, cabernet franc, pinot noir, marselan, alicante, caladoc…

LES CEPAGES BLANCS

Les cépages blancs ne représentent que 23 % des vignes du Languedoc, avec une profonde mutation ces dernières années et la montée en puissance des cépages extérieurs. La star incontestée des cépages blancs de la région n'est autre que le chardonnay, celui qui a fait la réputation des grands vins blancs de Bourgogne, passé d'un millier d'hectares à 14 400 en vingt ans.

À part le chardonnay, on trouve également de nombreux cépages blancs : sauvignon, muscat (petits grains et d'Alexandrie), viognier, grenaches blanc et gris, macabeu, vermentino, piquepoul, colombard, roussanne, mauzac, ugni blanc, marsanne…

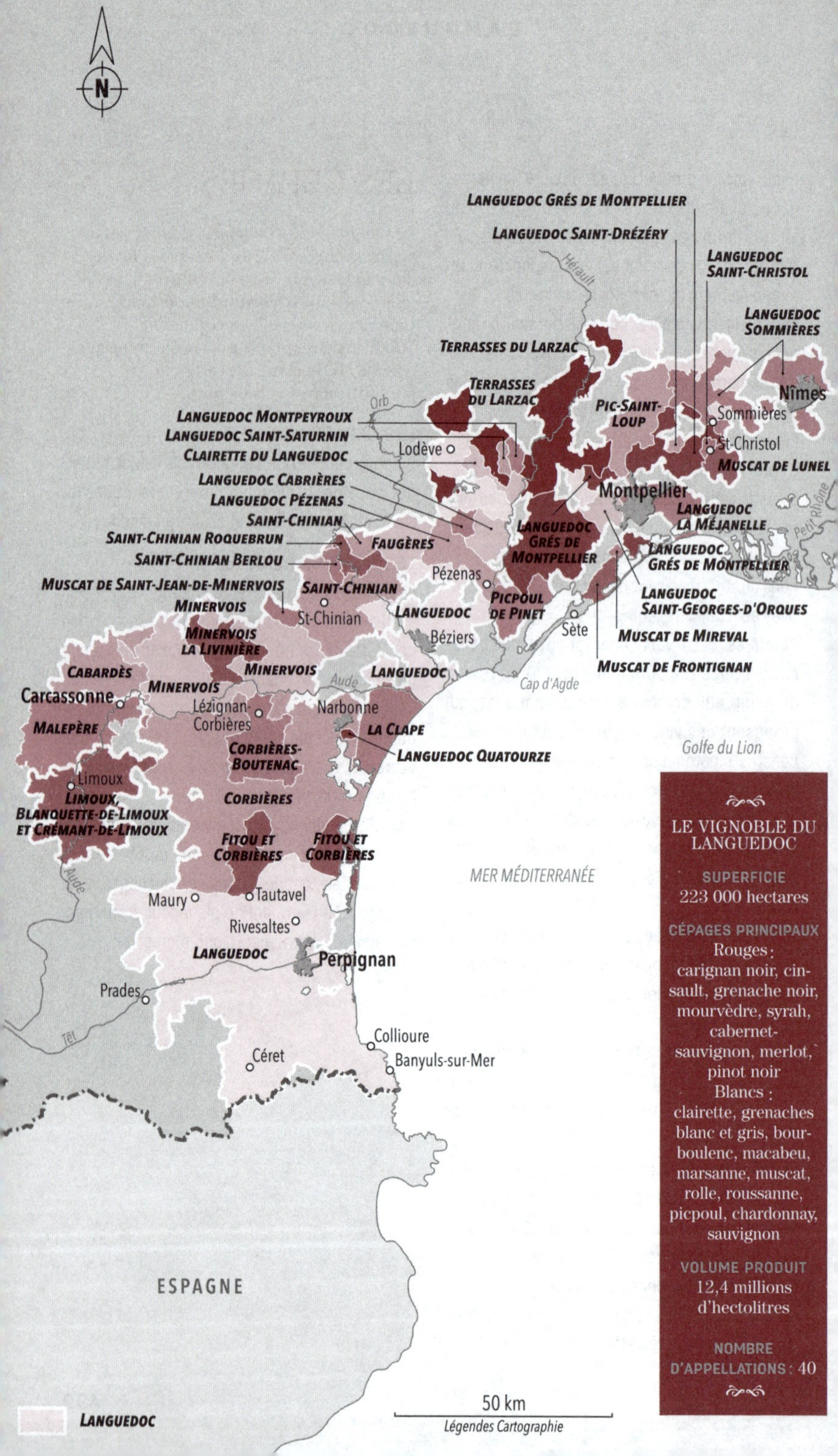

LE VIGNOBLE DU LANGUEDOC

SUPERFICIE
223 000 hectares

CÉPAGES PRINCIPAUX
Rouges : carignan noir, cinsault, grenache noir, mourvèdre, syrah, cabernet-sauvignon, merlot, pinot noir
Blancs : clairette, grenaches blanc et gris, bourboulenc, macabeu, marsanne, muscat, rolle, roussanne, picpoul, chardonnay, sauvignon

VOLUME PRODUIT
12,4 millions d'hectolitres

NOMBRE D'APPELLATIONS : 40

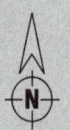

LANGUEDOC

NOS BALADES DE L'AUDE À L'HÉRAULT

Les généreux vins languedociens attisent la curiosité. Pour les découvrir dans les meilleures conditions, voici quelques pistes.

CHAMBRES D'HÔTES DE VIGNERONS

CHÂTEAU DE VALLOUBIÈRE
Au beau milieu des vignes, la très chic demeure de ce domaine viticole abrite quatre chambres d'hôtes de luxe, au design contemporain. De 99 à 169 € la nuit.
400, chemin de Valloubière, 34150 Saint-Jean-de-Fos.
Tél. : 04 11 89 70 53.
www.chateaudevalloubiere.com

DOMAINE DE CAZABAN
Talentueux vignerons de Cabardès, Claire et Clément Mengus ont ouvert de très agréables gîtes et chambres d'hôtes sur le domaine, dans un style assez contemporain. De 129 à 280 € la nuit.
Route de Mazamet, 11600 Villegailhenc. Tél. : 04 68 72 11 63.
www.domainedecazaban.com

CAVISTES

LES PETITS BOUCHONS
Pas moins de 500 références, avec une grande préférence pour le Languedoc.
28, boulevard Saint-Jean, 34150 Aniane.
Tél. : 04 67 66 17 06.
www.lespetitsbouchons-aniane.com

RESTAURANTS

OCTOPUS
Une table contemporaine et créative. 300 références à dominante "nature" avec une profonde sélection locale. Menus de 25 à 90 €.
12, rue Boieldieu, 34500 Béziers.
Tél. : 04 67 49 90 00.
www.restaurant-octopus.com

ROBERT RODRIGUEZ
De très bons produits locaux, bio de préférence, pour une cuisine bistronomique. La carte des vins est bluffante. Comptez 50 €.
39, rue Coste-Reboulh, 11000 Carcassonne.
Tél. : 04 68 47 37 80.

L'ARTICHAUT
Serrano à picorer, salades, lasagnes végétariennes, paleron de veau confit à la graisse de canard et morilles. 90 % des vins sont du coin, surtout en bio. Formule du midi à 14,90 €. Carte : 20-25 €.
14, place Carnot, 11000 Carcassonne.
Tél. : 09 52 15 65 14.

BOURDASSO
On se régale d'une cuisine italienne arrosée aux vins bio ou biodynamiques. Vente de vins à emporter et dégustations avec des vignerons. La carte (50 € environ) évolue toutes les deux semaines.
11220 Pradelles-en-Val.
Tél. : 04 68 78 08 31.
www.bourdasso.com

BARS A VINS

LA CAVE SAINT-MARTIN
Cave, bar à vins et épicerie fine, on y trouve des produits d'exception, comme l'agneau fermier de la région ou des poissons fumés, et une belle sélection de vins "nature".
26, avenue du Roc-de-l'Estang, 34460 Roquebrun. Tél. : 04 67 24 56 49.

CHAMEAU IVRE
Ce bar à vins a peut-être la plus belle sélection de vins de tout le Languedoc. Élu Caviste de l'année 2016 de La RVF.
15, place Jean-Jaurès, 34500 Béziers.
Tél. : 04 67 80 20 20.

FÊTES VIGNERONNES

DU 20 JUIN AU 5 SEPTEMBRE 2017 : LES ESTIVALES DE SAPORTA
Chaque mardi soir, rencontres vigneronnes au Mas Saporta et dégustations de languedocs.
www.coteaux-languedoc.com

19 ET 20 OCTOBRE 2017 : FÊTE DU VIN À CARCASSONNE
www.carcassonne.org

NOS DEUX COUPS DE ♥

LE MOULIN DE CIFFRE
En pleine nature, au cœur de l'appellation Faugères, l'ancien moulin à vent du château de Ciffre, transformé en gîte par Nicolas et Miren de Lorgeril (château de Pennautier), offre un cadre idyllique.
Le Moulin de Ciffre, 34480 Autignac.
Tél. : 04 68 72 65 29
www.lorgeril.com

CHÂTEAU DE JONQUIÈRES
Au cœur des Terrasses du Larzac, ce domaine du XIIᵉ siècle est entretenu avec beaucoup de soin. Quatre très jolies chambres d'hôtes de style face à un immense parc.
34725 Jonquières.
Tél : 04 67 96 62 58.
www.chateau-jonquieres.com

★★★
DOMAINE LES AURELLES

Depuis 1995, Basile Saint-Germain et son épouse Caroline travaillent avec une exigence écologique confinant au sacerdoce (sans engrais, ni désherbant, ni pesticide) ce vignoble situé sur les croupes villafranchiennes des environs de Nizas. Des rendements faibles, une attention aiguë portée à chaque détail, une volonté rare de ne commercialiser qu'à l'issue d'élevages très longs, dans des cuves émaillées : tout concourt, ici, à élaborer des vins civilisés, digestes, au fruit subtil, polis et lentement assagis par le temps. Solen est une cuvée associant carignan et grenache, élégante et plus précoce qu'Aurel, le "grand vin" à dominante de mourvèdre, soyeux, pénétrant et droit, tout en intégrité de fruit et en densité de sève. Pure roussanne, le rare Aurel blanc, élevé en barrique, s'exprime avec profondeur, plénitude et naturel : c'est l'un des plus grands blancs du Sud de la France. Idéalement réguliers, ces vins vieillissent tous admirablement. Le crescendo depuis quelques millésimes est impressionnant, les cuvées s'imposant régulièrement comme les plus abouties et les plus distinguées du Languedoc. La troisième étoile est venue récompenser l'an dernier cet engagement total qui, sans doute, nous réserve encore bien des surprises.

Les vins : les rouges 2012 prennent sans trembler le relais des sublimes 2011. Ils ont gagné en puissance et surtout en ouverture aromatique. Si Solen apparaît plus souple et plus immédiatement offert, les deux cuvées partagent un caractère profondément original, à la fois chaleureux et délicat, d'une grande précision dans la forme et d'une grande douceur tactile. À l'image des meilleurs châteauneufs, ce sont des grands vins qui revendiquent d'être des grands vins du Sud. Opulent et subtil, Aurel blanc 2013, par ses proportions et sa tonalité aromatique, évoque en revanche davantage les grands blancs de la colline de l'Hermitage que ceux de la Méditerranée.

▱ Coteaux du Languedoc
  Aurel 2013   N.C. 17,5
▬ Languedoc Pézenas Solen 2012   N.C. 17

Le coup de ♥
▬ Languedoc Pézenas Aurel 2012   N.C. 18

Tout en restant très subtil, le profil épicé, confit et fumé est pénétrant. L'ampleur de la chair, solaire de bout en bout mais jamais pesante, s'impose avec évidence. Une personnalité à la fois profondément méditerranéenne et pleinement originale.

Rouge : 7,5 hectares.

Grenache noir 39 %, Carignan 34 %, Mourvèdre 19 %, Syrah 8 %
Blanc : 1,05 hectare.
Roussanne 100 %
Production moyenne : 23 000 bt/an

DOMAINE LES AURELLES
**8, chemin des Champs Blancs, 34320 Nizas
04 67 25 08 34 ● www.les-aurelles.com ●
Vente et visites : au domaine sur rendez-vous.
Propriétaire : Basile Saint-Germain**

★★★
MAS JULLIEN

Plus qu'aucun autre vigneron du Languedoc, Olivier Jullien recueille l'admiration et le respect de ses pairs. Il est l'un des principaux artisans de la renaissance d'une viticulture rigoureuse dans la région, recherchant la combinaison nuancée de sols et de cépages autochtones variés, en rouge et en blanc, sur les terrasses du Larzac. La sincérité de ce visionnaire fuyant la compétition se projette sur ses vins profonds, digestes et généreux, sudistes par l'intensité et la variété de leurs saveurs, non par la simple maturité du raisin et son illusoire richesse en alcool. Des rouges frais et complets, à l'élevage millimétré, capables de briller sur plus de quinze ans de vieillissement, mais aussi un magnifique blanc hors des modes, font de ce domaine une référence.

Les vins : les rouges 2015 sont absolument remarquables, alliant vigueur de trame, maturité idéale et expressivité précoce. Carlan possède un caractère à la fois doux et sanguin, qui se résout en un équilibre proche de la perfection. C'est cependant Lous Rougeos qui nous impressionne le plus ; on sent dans le vin la saveur du labeur de reconquête opiniâtre de ce balcon d'éboulis calcaire située à 400 mètres d'altitude au fond de la "reculée" de Saint-Privat. Autour de Jonquières 2014 affiche un profil svelte, presque tranchant, beaucoup de finesse mais moins de pulsation vitale et de profondeur de saveur que les deux 2015. Ces vins, comme aussi le blanc 2015 et le rosé 2016, confirment ce que nous ressentions l'an dernier : un style désormais serein, enraciné, tourné vers l'émotion pudique des lieux, bien davantage que vers l'intensité dramatique.

▱ IGP Pays d'Hérault 2015   31 € 15,5
▬ Languedoc 2016   15 € 15

- Terrasses du Larzac Autour de Jonquières 2014 — 31 € — 15,5
- Terrasses du Larzac Carlan 2015 — 31 € — 17

Le coup de ♥
- Terrasses du Larzac Lous Rougeos 2015 — 31 € — 18

La teinte, très sombre, ne laisse pas présager l'insigne finesse d'une chair qui évoque une dentelle de pointes calcaires. La saveur, explosive, subtilement poivrée, accompagne l'expression brillante de ce "vin de montagne".

Rouge : 16 hectares.
Carignan 40 %, Mourvèdre 40 %, Syrah 20 %
Blanc : 4 hectares.
Carignan gris 60 %, Chenin 30 %, Divers blanc 10 %
Production moyenne : 70 000 bt/an

MAS JULLIEN ♣
Route de Saint-André, 3, chemin du Mas Jullien, 34725 Jonquières
04 67 96 60 04 • masjullien@free.fr •
Vente et visites : au domaine sur rendez-vous.
D'avril à octobre, de 14h à 18h du lundi au vendredi sans rendez-vous, sauf juillet et août, de 15h à 19h. Fermé de janvier à mars, et de novembre à décembre.
Propriétaire : Olivier Jullien

★★★

DOMAINE PEYRE ROSE

L'œuvre de Marlène Soria est unique en Languedoc. Ses vins sont indissociables de la volonté et du charisme de leur génitrice. Ils en sont cependant davantage que le simple reflet. Témoignant d'une unité stylistique et d'une capacité à vieillir rarissimes dans cette région, qui depuis trente ans ne cesse de se chercher, et de se redécouvrir, ses vins possèdent la part de mystère et de magie, d'inexplicable, propre à transformer un cru en mythe. Sur ses hauteurs de Saint-Pargoire, Marlène Soria donne naissance, depuis le début des années 90, à une production aussi restreinte que convoitée : un blanc, Oro, à base de rolle, de roussanne et de viognier, élevé près de dix ans en cuve et en bouteille, ainsi que trois rouges ; Marlène N° 3, toujours parfumé, toujours le plus précoce ; Clos des Cistes, le plus tendu dans sa jeunesse mais aussi le plus complexe, grandiose après cinq ou six ans de garde ; Clos Syrah Léone, à l'assise tannique large, au développement aromatique intense et volubile. Les rouges sont dominés par une syrah solaire, issue de très faibles rendements, longuement élevés en cave afin de civiliser les tanins : deux ans minimum en cuve, doublés d'autant de repos en bouteille. Ces cuvées impressionnent dans un premier temps par leur concentration et leur force. Se dévoile ensuite la profonde originalité de leur goût, surtout si l'on prend soin de les aérer en les carafant. Les derniers millésimes s'avèrent aussi exceptionnels que ceux qui ont marqué les années 90. Rouges ou blancs, ce sont les vins les plus héroïques et les plus mémorables du Languedoc. Nous ajouterons même que le cadre languedocien est sans doute trop étroit pour envisager cette production singulière.

Les vins : Marlène Soria nous a cette année proposé une magnifique dégustation tridimensionelle (à la fois verticale et horizontale, trois terroirs sur quatre millésimes). Quel voyage ! L'exploration d'un continent fait de bouquets volubiles, parfois presque décadents, et de matières puissantes, charnelles, armées de tanins que certains trouveront peut-être excessifs. Nous en sommes ressortis une fois de plus subjugués par le caractère hors-norme de ces vins. Les 2004 sont actuellement majestueux, d'une immense expressivité, avec une Syrah Léone qui se démarque par l'exubérance de son registre camphré et mentholé. Les 2005, tout aussi richement dotés et parfumés, nous inquiètent cependant par la présence de notes viandées plus évoluées, communes aux trois cuvées. Les 2006, pleins d'énergie, serrés, intenses, semblent en comparaison beaucoup plus jeunes. 2007, nouveau millésime, ravive la légende ! Encore très jeunes, d'une profondeur et d'une puissance de percussion qui semble encore supérieure aux millésimes précédents, ils manifestent déjà toute la complexité aromatique espérée.

- Coteaux du Languedoc Clos Syrah Léone 2004 — N.C. — 18
- Coteaux du Languedoc Clos Syrah Léone 2005 — N.C. — 16
- Coteaux du Languedoc Clos Syrah Léone 2006 — N.C. — 17,5
- Coteaux du Languedoc Clos Syrah Léone 2007 — N.C. — 18
- Coteaux du Languedoc Clos des Cistes 2004 — N.C. — 17,5
- Coteaux du Languedoc Clos des Cistes 2005 — N.C. — 16
- Coteaux du Languedoc Clos des Cistes 2006 — N.C. — 17,5
- Coteaux du Languedoc Marlène N°3 2004 — N.C. — 17
- Coteaux du Languedoc Marlène N°3 2005 — N.C. — 15,5

LANGUEDOC

▶ Coteaux du Languedoc Marlène N°3 2006	N.C.	17
▶ Coteaux du Languedoc Marlène N°3 2007	N.C.	17

Le coup de ♥

▶ Coteaux du Languedoc Clos des Cistes 2007	N.C.	19

On est happé par la profondeur aromatique, le chatoiement des tonalités complexes, harmonieuses, dans la veine balsamique et terrienne propre à la cuvée. Tension, plénitude, fraîcheur : le vin semble accompli mais possède dans sa structure d'immenses ressources. Ce monument offre déjà un énorme plaisir.

Rouge : 24 hectares.
Syrah 80 %, Grenache noir 15 %, Mourvèdre 5 %
Blanc : 2 hectares.
Rolle 65 %, Roussanne 33 %, Viognier 2 %
Production moyenne : 35 000 bt/an

DOMAINE PEYRE ROSE ♣
34230 Saint-Pargoire
04 67 98 75 50 • peyrerose@orange.fr •
Pas de visites.
Propriétaire : Marlène Soria

★★
DOMAINE D'AUPILHAC

À partir d'un petit vignoble hérité de son père, dominé par le mourvèdre et le carignan, Sylvain Fadat a construit depuis 1989 un domaine exemplaire, travaillé naturellement, à l'encépagement pluriel et équilibré. Le vignoble s'est progressivement agrandi avec la conquête de terrasses en altitude (Les Cocalières), plantées majoritairement en syrah et en cépages blancs. Les cuvées issues de sélections parcellaires comme les vins "génériques" (Lou Maset) sont très habilement maîtrisés, toujours empreints de fraîcheur. Sylvain Fadat, épaulé par son épouse Désirée, propose désormais une gamme large et homogène de vins de grande expression. Cette production a maintenant trouvé sa vitesse de croisière, avec des élevages plus subtils que naguère sur les grandes cuvées, qui atteignent régulièrement des sommets de charme et d'expressivité.

Les vins : ceux présentés cette année confirment la grande sûreté stylistique atteinte par Sylvain Fadat. Rosé de corps, Lou Maset est emblématique de la liberté intellectuelle du vigneron ; les arômes n'en font qu'à leur tête, c'est un rosé à l'opposé de la standardisation technologique hélas devenue consubstantielle du genre. Entre les deux blancs, également vins de matière, et de garde, notre préférence va à la cuvée Aupilhac (ugni, grenache blanc, clairette), moins grasse mais plus intense. Les rouges 2015 allient énergie, texture serrée et grande finesse ; on peut les attendre. Nous sommes particulièrement heureux de retrouver le carignan en pleine forme, vigoureux, profond et sanguin. À l'autre bout du spectre, La Boda 2014 continue de tracer son sillon singulier, diaphane, légèrement végétal, mais d'une merveilleuse sensualité. Le Clos 2013, flamboyant, piquant, richement doté en tanins sucrés et épicés par l'élevage en fût, joue une musique différente mais tout à fait aboutie.

▱ Languedoc 2016	N.C.	16
▱ Languedoc Les Cocalières 2016	N.C.	14
Languedoc Lou Maset 2016	N.C.	14,5
▶ Languedoc Lou Maset 2015	N.C.	15
▶ Languedoc Montpeyroux 2015	N.C.	16
▶ Languedoc Montpeyroux La Boda 2014	N.C.	17
▶ Languedoc Montpeyroux Le Clos 2013	N.C.	15,5

Le coup de ♥

▶ Languedoc Montpeyroux Les Cocalières 2015	N.C.	17,5

Le vin dégage d'emblée un très beau parfum "d'altitude", où la syrah (40 % de l'assemblage) exprime son profil le plus floral. La sensualité du fruit n'est pas masquée par la vigueur d'une structure encore juvénile. Une cuvée d'émotion.

Rouge : 20,5 hectares.
Mourvèdre 24 %, Carignan 23 %, Syrah 22 %, Grenache noir 16 %, Cinsault 13 %, Alicante 2 %
Blanc : 3,32 hectares.
Clairette 21 %, Rolle 14 %, Marsanne 14 %, Grenache blanc 14 %, Roussanne 14 %, Grenache gris 8 %, Carignan 8 %, Ugni blanc (trebbiano) 7 %
Production moyenne : 110 000 bt/an

DOMAINE D'AUPILHAC ☾
28-32, rue du Plô, 34150 Montpeyroux
04 67 96 61 19 • www.aupilhac.com •
Vente et visites : au domaine sur rendez-vous.
De 9h à 12h et de 14h à 17h.
Propriétaire : Sylvain Fadat

★★
CHÂTEAU LA BARONNE

Médecins et vignerons de père en fils : telle pourrait être la devise de la famille Lignères, qui se consacre avec passion à son vaste vignoble des Corbières, dans le secteur frais de la montagne d'Alaric. Conseillés par l'œnologue toscan Stefano Chioccioli depuis 2002, les propriétaires conduisent désormais leur domaine en agriculture biodynamique. La gamme se décline en sélections de terroirs (assemblages) ainsi qu'en cuvées de cépages purs (vieux carignan, roussanne, mourvèdre), souvent impressionnantes. L'élevage sous bois a acquis une plus grande précision, exaltant la profondeur de saveur des vins. Nous ne cachons pas notre admiration pour cette production idéaliste, qui, ayant rejoint l'élite de la région, ne cesse d'évoluer chaque année et de se remettre en question. Nous ne cacherons pas non plus nos interrogations quant à la forme parfois "expérimentale" de certaines cuvées instables ou affectées par des acidités volatiles fortes, susceptibles de désarçonner un certain nombre d'amateurs, et qui remettent en question la deuxième étoile attribuée il y a quelques années déjà.

Les vins : nous le soulignions l'an passé, il faut faire attention au niveau d'acidité volatile. Si certaines cuvées bénéficient de ce piquant, qui exalte l'expression et la fraîcheur du fruit, d'autres frisent l'acescence, avec des matières durcies et des profils simplifiés (Les Lanes 2015 et dans une moindre mesure Las Vals 2014). Cela ne cadre pas avec l'homogénéité ni avec la maîtrise attendues d'un domaine doublement étoilé. Cette (importante) réserve formulée, nous continuons d'admirer la franchise et l'harmonieuse intensité des matières. Sans artifice, ces matières vibrent, conservant toujours tonicité et allant. Avec une approche de la macération et des jarres en terre cuite de mieux en mieux interprétée, les blancs se montrent particulièrement admirables de fraîcheur et de cohérence, dans un style évidemment très "libre".

▭ VDF Las Vals Roussanne 2015	19 €	16
▭ VDF Le Grenache Gris de Jean 2016	17 €	15,5
▭ VDF Vermentino NW 2016	17 €	16
▬ Corbières Les Chemins 2015	15 €	15
▬ Corbières Les Chemins de Traverse 2016	16 €	15,5
▬ IGP Hauterive Las Vals 2014	21 €	14
Le coup de		
▬ IGP Hauterive Pièce de Roche 2014	30 €	16,5

Grande expression du carignan, profonde, austère, pure. Le vin attend son heure mais expose déjà une finesse tannique remarquable. Sa saveur piquante est aiguillonnée par une acidité volatile bien intégrée.

Rouge : 78 hectares.
Carignan 40 %, Grenache noir 16 %, Merlot 3 %, Cinsault 2 %, Cabernet franc 2 %, Syrah 18,5 %, Mourvèdre 18,5 %
Blanc : 12 hectares.
Vermentino 35 %, Grenache gris 25 %, Roussanne 19 %, Grenache blanc 14 %, Bourboulenc 7 %
Production moyenne : 250 000 bt/an

CHÂTEAU LA BARONNE ☾
11700 Fontcouverte
04 68 43 90 07 ●
www.chateaulabaronne.com ● Vente et visites : au domaine sur rendez-vous. De 9h à 11h30 et de 14h30 à 17h sur rendez-vous à la boutique au 21, rue Jean-Jaurès, 11700 Moux.
Propriétaire : Famille Lignères
Directeur : Jean Lignères

★★
DOMAINE LÉON BARRAL

Didier Barral a parcouru un long chemin depuis son installation sur les schistes paternels de Lenthéric, au début des années 90. En quête d'une expression authentique de son terroir, il ne ménage pas sa peine à la vigne. Aidé par son frère Jean-Luc, ce vigneron obstiné et visionnaire a mis en place un mode de culture permettant de respecter l'écosystème, de favoriser les interactions entre les règnes, végétal et animal, et de renforcer l'immunité de la vigne. Côté cave, comme la vendange est très saine et les raisins d'excellente constitution, l'élevage est "biblique". Après quelques risques pris au début des années 2000, les vins semblent être revenus à un excellent niveau de fiabilité. Le simple faugères est une entrée de gamme aux arômes personnalisés et aux tanins doux. Autour de la trilogie syrah, grenache, mourvèdre, Jadis illustre la puissance du style Barral : un vin entier, mûr, qui parle fort mais très juste, avec une expression toujours un rien sauvage, que l'aération affine. Une utilisation minimale du soufre explique l'acidité volatile parfois haute sur les

LANGUEDOC

années de grande chaleur ; acidité qui, dans la cuvée Valinière, exalte les arômes cacaotés et poivrés de la syrah et du mourvèdre. Pas de vente directe à la propriété, mais les Barral communiquent volontiers les adresses de leurs cavistes fidèles. De par leur singularité, leur caractère profondément original et noblement paysan, les vins de Didier Barral font partie des références essentielles du Languedoc.

Les vins : après des 2013 remarquables, 2014 apparaît comme un millésime plus fragile, marqué par des tonalités végétales insistantes (le faugérois) et parfois débordé par une acidité volatile qui nous rappelle la période "instable" des vins de Didier Barral (Jadis)... Il y a pourtant une complexité et un caractère indéniables dans ces vins. À ce stade, c'est la grande cuvée Valinière qui semble s'en sortir le mieux, mais nous savons que les vins du domaine sont capables d'évolutions surprenantes, y compris sur le long terme.

- Faugères 2014   20 (c) €   14
- Faugères Jadis 2014   28 (c) €   13

Le coup de ♥
- Faugères Valinière 2014   45 (c) €   16

Piquante et volubile, la grande cuvée de Didier Barral, basée sur le mourvèdre, offre en 2014 une trame suffisamment serrée pour intégrer la puissante acidité volatile à sa dynamique. Moins sereine que dans les millésimes précédents, elle s'exprime néanmoins avec une réelle noblesse de saveur et de toucher.

Rouge : 32 hectares.
Carignan 33 %, Mourvèdre 27 %, Syrah 20 %, Grenache noir 17 %, Cinsault 3 %
Blanc : 4 hectares.
Terret blanc (terret bourret) 80 %, Viognier 10 %, Roussanne 10 %
Production moyenne : 85 000 bt/an

DOMAINE LÉON BARRAL ♣
Lenthéric, 34480 Cabrerolles
04 67 90 29 13 ●
www.domaineleonbarral.com ● Vente et visites : au domaine sur rendez-vous.
Propriétaire : Didier Barral

★★
DOMAINE ALAIN CHABANON

Anticonformiste, exigeant et réservé, le Cévenol Alain Chabanon vient d'inaugurer sa toute nouvelle cave enterrée, en fêtant les vingt-cinq ans du domaine. Il a fait ses classes chez Alain Brumont (château Montus) à Madiran et en Corse, avant d'installer sa cave à Montpeyroux, en 1992. Nous nous inclinons devant la qualité du travail accompli ici, tant à la vigne (viticulture saine, petits rendements) qu'en cave (jusqu'à 36 mois d'élevage sur les grandes cuvées). Peu de domaines de la région offrent une gamme aussi aboutie et précise. Nous saluons aussi la capacité de vieillissement des vins, qui a peu d'équivalent. Toujours en décalage d'un à deux millésimes avec la production régionale, l'ensemble de la gamme se distingue par sa richesse de goût et son originalité, ce qui place le domaine parmi l'élite la plus restreinte de la région.

Les vins : le style s'avère toujours aussi précis et rigoureux. S'il tire parfois vers l'austérité dans des millésimes frais et plus légers comme 2012 ou 2014, il donne sa pleine mesure cette année avec de somptueux 2013. Dans ce millésime, nous avons été enthousiasmés par Le Merle aux Alouettes ; malgré l'ampleur de sa chair et sa saveur chocolatée, ce pur merlot conserve vigueur et tension. Amusez-vous à le glisser à l'aveugle au milieu de beaux pomerols (pas forcément du même millésime…). Enthousiasme aussi pour Les Boissières 2013, grenache à la fois solaire et réactif, langoureux et précis. Si L'Esprit de Font Caude 2012 est encore un peu recroquevillé sur son élevage, on peut toutefois avoir confiance dans la capacité d'évolution de la cuvée, qu'une verticale remontant au millésime 1994 a récemment illustrée. Parmi les deux blancs, très originaux, on peut hésiter entre la rondeur fruitée du Petit Trélans 2016 et le caractère patiné, plus profond, mais plus singulier, du Trélans 2013.

- IGP Pays d'Oc Petit Trélans 2016   N.C.   15,5
- IGP Pays d'Oc Trélans 2013   N.C.   16
- IGP Pays d'Oc Rosé Trémier 2016   N.C.   14
- IGP Pays d'Oc Le Merle aux Alouettes 2013   N.C.   16,5
- IGP Pays d'Oc Le Petit Merle aux Alouettes 2015   N.C.   14
- Languedoc Campredon 2015   N.C.   15,5
- Languedoc Les Boissières 2013   N.C.   16,5
- Languedoc Montpeyroux L'Esprit de Font Caude 2012   N.C.   14

Le coup de ♥
- Languedoc Saut de Côte 2007   N.C.   17

Expression épurée et complexe, finement terrienne et camphrée. La générosité languedocienne n'est pas bridée mais canalisée dans ce très bel exercice d'élevage (en cuve béton ovoïde).

Rouge : 15 hectares.
Mourvèdre 31 %, Syrah 31 %, Grenache noir 22 %, Merlot 16 %
Blanc : 3 hectares.

Chenin 63 %, Vermentino 37 %
Production moyenne : 55 000 bt/an

DOMAINE ALAIN CHABANON
Chemin de Saint-Étienne, 34150 Lagamas
04 67 57 84 64 • www.alainchabanon.com
• Vente et visites : au domaine sur rendez-vous.
Le mercredi et le samedi de 9h30 à 12h30. Le jeudi de 17h30 à 19h30.
Propriétaire : Alain Chabanon

★★
CLOS MARIE

Depuis leur installation en 1995 dans la zone du Pic Saint-Loup, Christophe Peyrus et Françoise Julien ont enchaîné à un rythme soutenu les expériences, indispensables pour saisir toutes les nuances de leurs terroirs. Le travail effectué au vignoble a amélioré la finesse des rouges du domaine. Ambition stylistique et prises de risque à bon escient ont permis d'atteindre un niveau qualitatif qui dépasse largement les canons languedociens. Des nuances aromatiques personnelles étoffent désormais les cuvées Simon et Les Glorieuses, qui possèdent la garde et la silhouette des grands du Rhône, sans les singer. Les cuvées Simon et Métairies du Clos sont vendues en primeur.

Les vins : le domaine ne nous ayant pas fait parvenir ses vins cette année, nous sommes amenés à reconduire les notes et les commentaires de notre édition précédente. Les 2013 ont besoin de temps ; les deux cuvées présentées sont supérieurement dotées, riches d'un fruit pur et profond, mais construites sur des tanins exigeants, qui, avec le trait de vert de la vendange entière, campent les vins à la limite de l'austérité. L'Olivette 2014 offre en revanche un plaisir immédiat, succulent.

- Languedoc Pic-Saint-Loup Métaires du Clos Vieilles Vignes 2013 25 € 16
- Languedoc Pic-Saint-Loup Simon 2013 25 € 16
- Languedoc Manon 2014 18 € 16,5
- Languedoc Pic-Saint-Loup L'Olivette 2014 16 € 15,5

Rouge : 19 hectares.
Syrah 45 %, Grenache noir 30 %, Carignan 10 %, Mourvèdre 10 %, Cinsault 5 %
Blanc : 3 hectares.
Rolle 20 %, Grenache blanc 20 %, Roussanne 20 %, Grenache gris 15 %, Carignan 15 %, Muscat à petits grains blancs 5 %, Clairette 5 %
Production moyenne : 95 000 bt/an

CLOS MARIE
Route de Cazeneuve, 34270 Lauret
04 67 59 06 96 • clos.marie@orange.fr •
Vente et visites : au domaine sur rendez-vous.
Propriétaire : Françoise Julien et Christophe Peyrus

★★
ERMITAGE DU PIC SAINT-LOUP

Par sa régularité depuis plusieurs millésimes, la famille Ravaille confirme sa place au sommet de la hiérarchie des producteurs de Pic Saint-Loup. Le célèbre pic se trouve d'ailleurs, comme les ruines de l'Ermitage, dans l'enceinte de la propriété. Le domaine est allé loin dans l'exigence culturale, notamment en ce qui concerne la sélection du matériel végétal. On retrouve le fruit de cette exigence dans les vins, d'une finesse d'expression accrue. Du très beau travail en blanc, avec un style en chair qui préserve la fraîcheur du fruit. Les rouges possèdent également une chair à la fois soyeuse et très fraîche ; le parfum prend le pas sur la matière, jamais pesante. La grande cuvée Guilhem Gaucelm, longuement élevée en foudre, est une des plus brillantes expressions languedociennes actuelles.

Les vins : dans un contexte où les vignerons du sud s'interrogent sur le niveau de maturité optimal des raisins, qui conditionne le style des cuvées, les frères Ravaille montrent une voie pertinente, voie d'équilibre entre grande fraîcheur et velouté de chair. Avec leurs vins (les deux rouges 2015, le blanc 2016 et l'émouvant Guilhem Gaucelm 2014), on discerne tous les détails d'un fruit croquant, réactif, sans avoir le sentiment que soient reniés par une sous-maturité disciplinaire l'origine, le lieu, le terroir ou le soleil.

- Languedoc Sainte-Agnès 2016 N.C. 14,5
- Languedoc Pic Saint-Loup Sainte-Agnès 2015 N.C. 16,5
- Languedoc Pic Saint-Loup Tour de Pierres 2015 N.C. 14,5

Le coup de ♥
- Languedoc Pic Saint-Loup Guilhem Gaucelm 2014 N.C. 18

Par le raffinement de son expression, ce vin transcende les limites du millésime. Il prend à son compte la pointe végétale récurrente en 2014 et l'intègre brillamment à une puissante

LANGUEDOC

évocation de garrigue et de jardin d'herbes aromatiques. La matière suit, svelte, avec beaucoup d'intensité et de délié.

Rouge : 35 hectares.
Syrah 40 %, Grenache noir 40 %,
Mourvèdre 10 %, Carignan 10 %
Blanc : 8 hectares.
Roussanne 50 %, Clairette 20 %, Grenache blanc 20 %, Marsanne 10 %
Production moyenne : 110 000 bt/an

ERMITAGE DU PIC SAINT-LOUP ♣
Cami Lou Castella,
34270 Saint-Mathieu-de-Tréviers
04 67 54 24 68 ● www.ermitagepic.fr ●
Vente et visites : au domaine sur rendez-vous.
De 9h à 12h et de 14h à 18h.
Propriétaire : Jean-Marc, Pierre et Xavier Ravaille

★★
DOMAINE DE LA GARANCE

Après une période de coopérative, Pierre Quinonero et Murielle Clavier procèdent à leur première mise en bouteille avec le millésime 1998. Situé au pied du village de Caux, le vignoble comprend de vieux carignans et d'antiques ugnis et clairettes, certaines souches ayant plus de cent ans. Les replantations de grenache et de syrah sont issues de sélections massales. Dans la cave bâtie entre amis, l'option de la vendange entière en longues macérations donne un rouge, Les Armières (90 % carignan), doté d'une solide acidité, et dont les tanins sont affinés dans des cuves en béton et des foudres en bois. Refusant toute facilité, longuement élevée, la petite production de blanc est l'une des plus personnalisées du Languedoc. Le style exigeant rend les vins parfois difficiles d'accès pour les néophytes, mais absolument passionnants.

Les vins : ce ne sont certes pas les plus policés du Languedoc, mais leur caractère extraordinaire, fougueux, indomptable, identitaire, rend leur dégustation jubilatoire. Presque en demi-corps, construit sur la persistance tannique et la profondeur aromatique, Les Armières 2014 est issu d'un millésime plus mince, austère ; le vin a néanmoins beaucoup à dire. Le 2004 propose un grand nez giboyeux, évoquant la marinade crue, et manifeste une grande vigueur en bouche. Les Claviers 2015 (80 % ugni blanc, 20 % grenache gris) poursuit la série de grandes réussites de ce blanc si singulier.

 Languedoc Les Armières 2004   34 €   16,5
 Languedoc Les Armières 2014   22 €   15
Le coup de ♥
VDF Les Claviers 2015   34 €   17

Un blanc au caractère immense, coloré, un peu sauvage, doté d'une structure acide et tannique de haut relief. Sa rémanence en bouche est impressionnante ; il est prêt pour des accords gastronomiques de forte intensité.

Rouge : 4 hectares.
Carignan 90 %, Syrah 10 %
Blanc : 2,5 hectares.
Ugni blanc (trebbiano) 80 %, Grenache gris 20 %
Production moyenne : 25 000 bt/an

DOMAINE DE LA GARANCE ♣
Chemin de Sallèles, 34720 Caux
04 67 09 30 74 ●
www.domaine-lagarance.com ● Vente et visites : au domaine sur rendez-vous.
Propriétaire : Pierre Quinonero

★★
MAS DES BROUSSES

C'est en 1997 que Géraldine Combes crée cette exploitation à Puéchabon, avec Xavier Peyraud (de l'illustre famille propriétaire du domaine Tempier, à Bandol). Le secteur tempéré permet à ces vignerons discrets d'élaborer des vins équilibrés, francs et toujours empreints d'une remarquable finesse de texture, avec des tanins soyeux. Ces qualités se retrouvent dans le Chasseur des Brousses (merlot et grenache), ainsi que dans le plus profond Mas des Brousses (syrah et mourvèdre). Bon sang ne saurait mentir : ce dernier cépage trouve ici l'une de ses plus magistrales expressions languedociennes. Délicieux dès leur jeunesse, ces vins sont capables de bien évoluer. La deuxième étoile a récompensé l'an dernier cette gamme sans esbroufe.

Les vins : il convient de saluer une nouvelle fois la profondeur de goût et la franchise (simplicité sans simplisme) des cuvées présentées. Très accessibles pécuniairement, le blanc, le rosé et Chasseur des Brousses s'expriment toujours avec une foncière originalité ; l'intensité du millésime 2016 les situe dans le lignée du très réussi 2015. Le terrasses-du-larzac, dégusté encore brut de cuve, promet énormément. Il n'y a pas de cuvée Mataro en 2014.

IGP Pays d'Oc 2016   11 €   14,5
 Languedoc Rosée des Brousses 2016   9 €   14,5

| ▬ IGP Pays d'Oc Chasseur des Brousses 2016 | 9 € | 15,5 |

Le coup de ♥
| ▬ Terrasses du Larzac 2015 | 16,50 € | 17 |

La saveur de ce vin frappe par sa puissance et en même temps par la richesse de ses nuances. Le corps élégant, très bien détouré, accompagne la pulsation de ce fruit brillant.

Rouge : 7 hectares.
Mourvèdre 43 %, Syrah 20 %, Merlot 20 %, Grenache noir 17 %
Blanc : 1 hectare.
Roussanne 15 %, Sauvignon blanc 15 %, Viognier 15 %, Chardonnay 15 %, Chenin 15 %, Vermentino 10 %, Clairette 10 %, Muscat à petits grains blancs 5 %
Production moyenne : 30 000 bt/an

MAS DES BROUSSES
**2, Chemin du Bois, 34150 Puéchabon
04 67 57 33 75 • www.masdesbrousses.fr •
Vente et visites : au domaine sur rendez-vous.
Propriétaire : Géraldine Combes et Xavier Peyraud**

★★
DOMAINE LES MILLE VIGNES

Lancé à la fin des années 80, ce petit domaine du secteur de La Palme (dans la partie maritime de l'appellation Fitou, au bord des étangs) est l'œuvre de Jacques Guérin, enseignant en viticulture à Orange, qui a désormais passé le relais à sa fille, Valérie. De petits rendements, des élevages qui respectent scrupuleusement la qualité du fruit, un travail proche de l'artisanat d'art, une absence de marque stylistique imposée : telles sont les clés de cette réussite. Si les prix sont élevés, les vins se montrent réellement enthousiasmants, dans toutes les typologies. La sérénité, la profondeur et surtout l'originalité des cuvées dégustées ont amené la deuxième étoile il y a deux ans.

Les vins : après des rouges 2014 un peu ingrats (mais qui s'améliorent avec le temps, à l'image d'un Dennis Royal nettement moins végétal que lorsque nous l'avions goûté l'an passé), le domaine signe de très beaux 2015, expressifs et en même temps mesurés. Dans cette veine, Chasse Filou se montre fin et nuancé ; Atsuko met en avant ses grenaches frais, suavement parfumés ; Les Vendangeurs de la Violette, aigu et raffiné, illustre le mourvèdre avec autant de talent que Dennis Royal, le carignan. Les blancs sont limpides, très proches du fruit, et le rosé 2016 d'une richesse peu commune. Originaux sans jamais forcer le trait, sans recherche de complication, sans la moindre ostentation, ces vins atteignent finalement à ce qui pourrait être une sorte de "classicisme languedocien".

▭ IGP Aude Le Pied des Nymphettes 2015	N.C.	16
▭ IGP Aude Muscat Sec 2015	N.C.	16
▬ IGP Aude Rosé 2016	N.C.	14,5
▬ Fitou Atsuko 2015	N.C.	16
▬ Fitou Chasse Filou 2015	N.C.	15
▬ Fitou Dennis Royal 2014	N.C.	14,5
▬ Fitou Les Vendangeurs de la Violette 2015	N.C.	16

Le coup de ♥
| ▬ Fitou Dennis Royal 2015 | N.C. | 16,5 |

Très typé carignan dans ses arômes (mûre, myrtille, garrigue...) comme dans sa structure nette et fraîche, voici un rouge équilibré, fin, précis, qui devrait évoluer avec grâce.

Rouge : 9 hectares.
Grenache noir 40 %, Mourvèdre 35 %, Carignan 25 %
Blanc : 2 hectares.
Grenache blanc 80 %, Carignan 15 %, Vermentino 2 %, Colombard 2 %, Clairette 1 %
Production moyenne : 25 000 bt/an

DOMAINE LES MILLE VIGNES
**24, Avenue San Brancat, 11480 La Palme
04 68 48 57 14 • www.lesmillevignes.fr •
Vente et visites : au domaine sur rendez-vous.
Propriétaire : Valérie Guérin**

★★
DOMAINE DE MONTCALMÈS

Vigneron chevronné, Frédéric Pourtalié connaît une réussite amplement méritée depuis son premier millésime (1999). Partagé entre les communes de Puéchabon, d'Aniane, de Saint-Jean-de-Fos et de Saint-Saturnin-de-Lucian, le vignoble compte aujourd'hui 23 ha : de la syrah et du grenache implantés sur un plateau de calcaire lacustre orienté nord, ainsi que du mourvèdre sur un terroir de galets roulés qui évoque Châteauneuf-du-Pape. Dans une vaste cave pouvant accueillir deux millésimes, est élaborée une unique grande cuvée rouge d'assemblage : syrah (60 %), grenache (20 %) et mourvèdre, égrappés et pigés, élevés vingt-quatre mois en barrique, sans collage ni filtration, dans la tradition la plus classique. Le blanc de marsanne et de roussanne à parité, vinifié en barrique, existe depuis 2004. En quinze ans, Montcalmès est devenu une référence incontestable du Languedoc.

Les vins : après un 2013 très brillant, on redescend d'une marche avec 2014. Frédéric Pourtalié se tire pourtant avec les honneurs de ce millésime piégeux. S'il manque de fruit et d'énergie par rapport à son prédécesseur, le rouge montre un caractère indéniablement fin et distingué. Le blanc propose une ampleur miellée et pralinée très rhodanienne.

⇨ Languedoc 2014   24 €   14,5

Le coup de

▬ Coteaux du Languedoc Terrasses du Larzac 2014   24 €   15

La matière gracile du millésime est très intelligemment traitée, en délicatesse. Tendre, souple en attaque, patinée, épicée, elle conclut la dégustation par une affirmation tannique encore un peu austère.

Rouge : Syrah 60 %, Mourvèdre 20 %, Grenache noir 20 %
Blanc : Roussanne 50 %, Marsanne 50 %
Production moyenne : 60 000 bt/an

DOMAINE DE MONTCALMÈS ♣
**Chemin du Cimetière, 34150 Puéchabon
04 67 57 74 16** •
www.domainedemontcalmes.fr • **Vente et visites : au domaine sur rendez-vous.
Propriétaire : Frédéric Pourtalié**

DOMAINE JEAN-MICHEL ALQUIER

Ce domaine majeur est l'une des adresses incontournables de Faugères. Vignerons discrets et avisés, Jean-Michel Alquier et son épouse s'attachent depuis plus de vingt ans à valoriser un vignoble dominé par de vieilles syrahs issues de sélections massales – parmi les premières plantées en Languedoc dans les années 1960 par le père, Gilbert – complétées de mourvèdre et de grenache. Ce dernier est dominant dans la cuvée La Maison Jaune, qui se déploie en finesse et en suavité. La syrah reprend le dessus dans Les Bastides d'Alquier, grand vin à la plénitude harmonieuse, capable d'évoluer avec bonheur sur plus de quinze ans. Un hectare de marsanne et de roussanne donne naissance à un blanc élevé en cuve, qui allie complexité et gourmandise. Le travail singulier accompli ici à l'écart des modes a permis au domaine d'accéder au cercle restreint des domaines phares de la région.

Les vins : le domaine ne nous ayant pas fait parvenir ses vins cette année, nous sommes amenés à reconduire les notes et les commentaires de notre édition précédente. Sculptées dans le fruit, burinées, les matières continuent d'impressionner par leur relief et leur profondeur. À l'exception des Bastides d'Alquier, les rouges du millésime 2013 imposent au dégustateur des tonalités végétales dominantes, en désaccord criant avec la richesse de constitution des vins. On attendait davantage d'harmonie dans ce beau millésime de fraîcheur.

⇨ Faugères Les Vignes du Puits 2014   17 €   15
▬ Faugères La Maison Jaune 2013   21 €   14,5
▬ Faugères Les Premières 2013   15 €   13,5
▬ Faugères La Maison Jaune 2011   23 €   16
▬ Faugères Les Bastides d'Alquier 2013   31 €   16

Rouge : 11 hectares.
Syrah 60 %, Grenache noir 35 %, Mourvèdre 5 %
Blanc : 1 hectare.
Marsanne 40 %, Grenache blanc 30 %, Roussanne 30 %
Production moyenne : 50 000 bt/an

DOMAINE JEAN-MICHEL ALQUIER
**37, route de Pézènes-les-Mines,
34600 Faugères
04 67 23 07 89** • **www.jmalquier.com** •
**Visites : sans rendez-vous.
Le lundi de 14h30 à 17h30. Du mardi au vendredi de 9h30 à 11h30 et de 14h à 17h30.
Propriétaire : Jean-Michel Alquier**

DOMAINE CANET VALETTE

Enfant de la coopération, Marc Valette est un vigneron languedocien pur jus, entier et sans concession. Bousculant les convenances, il a opté pour la cave particulière ; ses rouges, sombres et puissants, ont d'emblée interpellé confrères et consommateurs. Les élevages très longs (trois ans pour la cuvée Maghani) accompagnent des matières "brutes", comme on parle d'art brut. Avec le temps, les vins peuvent cependant acquérir un réel velouté de tanins. Si le vieillissement est leur allié, les derniers vins présentés nous semblent plus précoces et expressifs dans leur jeunesse, en un mot plus civilisés que par le passé. Le Une et Mille Nuits se boit sur cinq ans, alors que Maghani s'ouvre après six ou huit ans, demeurant le saint-chinian de terroir argilo-calcaire le plus puissant et le plus sincère de sa génération (de vieux millésimes sont toujours à la vente). Un domaine qui n'a jamais été aussi en forme qu'aujourd'hui.

Les vins : toujours beaucoup de caractère, des cuvées aux styles biens marqués. À travers la gamme présentée cette année, Marc Valette affirme une nouvelle fois sa stature de vigneron visionnaire et inspiré. Antonyme 2016, comme Une et Mille Nuits 2015 (avec la tannicité du millésime), sont des cuvées de grand charme, évidentes sans être le moins du monde simplistes. Ivresses… est un maître grenache, juteux et expressif ; la version 2016 nous a particulièrement séduits. Maghani confirme sa carrure de vin de grande garde. La version 2014 se met doucement en place et s'exprime déjà avec davantage de délié qu'il y a un an.

⊐ VDF Une et Mille Nuits 2016	N.C.	13
▬ Saint-Chinian Antonyme 2016	N.C.	14,5
▬ Saint-Chinian Maghani 2014	N.C.	15
▬ Saint-Chinian Une et Mille Nuits 2015	N.C.	15

Le coup de ♥
▬ Saint-Chinian Ivresses… 2016	N.C.	16

On est emporté par la séduction et la générosité de ce grenache chaleureux mais très fin, irrigué par une magnifique saveur de cerise amarena, confite et croquante à la fois.

Rouge : 20 hectares.
Syrah 25 %, Mourvèdre 25 %, Grenache noir 25 %, Carignan 15 %, Cinsault 10 %.
Blanc : 1 hectare.
Picpoul 66 %, Bourboulenc 34 %
Production moyenne : 75 000 bt/an

DOMAINE CANET VALETTE ♣
**Route de Causses-et-Veyran,
34460 Cessenon-sur-Orb
04 67 89 51 83** ● www.canetvalette.com ●
**Vente et visites : au domaine sur rendez-vous.
Propriétaire : Marc Valette**

CLOS CENTEILLES

Cette propriété originale, située dans l'environnement poétique du causse de Siran, est dirigée par Patricia Boyer-Domergue et sa fille Cécile. Leurs vins sont issus d'un travail d'une exemplaire probité, tourné vers la culture des cépages rares ou oubliés. L'expression du fruit au nez est toujours un peu confite alors qu'en bouche les vins manifestent une rare élégance et une grande finesse de texture – notamment les cuvées de pur cinsault. Dans les grandes cuvées, les vins ne sont vendus qu'à leur apogée. Le domaine produit un joli blanc sec à base de variétés oubliées : araignan blanc, riveyrenc blanc et gris, ainsi qu'une vendange passerillée, Erme, dans l'esprit des "vins nobles" jadis élaborés en Minervois. Il faut saluer la singularité et la force de cette démarche, vigneronne et mémorielle, qui offre un point de repère capital, non seulement pour le Minervois, mais pour le Languedoc tout entier. Autant que la philosophie culturale du domaine, la qualité des vins justifie l'étoile attribuée il y a deux ans.

Les vins : la rencontre de ces vins de haute expression, patrimoniaux, qui font le lien entre l'histoire ancienne et récente du Languedoc viticole, constitue chaque année un des temps forts de nos séances de dégustation. Certes, toutes les cuvées ne sont pas parfaites (comme l'an dernier, le cinsault de la cuvée Capitelle de Centeilles 2006 semble cuit, trop évolué, alors que le 2005 est toujours brillant), mais l'ensemble exprime à la fois une grande variété et grande originalité de goût. Les deux blancs issus de la vendange 2015, basés sur de multiples cépages, offrent ainsi beaucoup de présence et de saveur. Très aromatique, le minervois Carignanissimme illustre comme à son habitude la volubilité du cépage traité en macération carbonique. Les cuvées basées sur le cinsault, Campagne 2012 et Scintilha 2015, se distinguent par leur finesse mais aussi par une certaine fermeté. Riche et solide, le minervois La Livinière 2011 affiche un réel caractère.

⊐ IGP Côtes du Brian C de Centeilles 2015	19 €	16
⊐ IGP Côtes du Brian Mosaïque de Centeilles 2015	19 €	15
▬ IGP Côtes du Brian Claret de Centeilles La Part des Anges 2015	11 €	14
▬ Minervois Campagne de Centeilles 2012	13,50 €	15,5
▬ Minervois Capitelle de Centeilles 2006	24 €	12
▬ Minervois Carignanissimme de Centeilles 2013	12 €	16
▬ Minervois La Livinière 2011	19 €	15
▬ VDF Scintilha 2015	9 €	14

Le coup de ♥
▬ Minervois C de Centeilles 2011	16 €	16,5

Conjuguant finesse tannique, allonge et originalité de goût, c'est un minervois pas comme

LANGUEDOC

LANGUEDOC

les autres, puisqu'il n'est composé que de cépages historiques devenus rarissimes : piquepoul noir, riveyrenc, riveyrenc verdal, oeillade et morrastel. Un univers de sensations subtiles, nuancées, qui rappelle opportunément que le Minervois n'est pas que la terre de la syrah opaque et confiturée.

Rouge : 10,5 hectares.
Divers noir 33 %, Cinsault 27 %, Carignan 20 %, Syrah 10 %, Mourvèdre 10 %
Blanc : 1,5 hectare.
Divers blanc 60 %, Grenache gris 40 %
Production moyenne : 54 000 bt/an

CLOS CENTEILLES
Chemin de Centeilles, 34210 Siran
04 68 91 52 18 ● www.closcenteilles.com ●
Pas de visites.
Propriétaire : Patricia Boyer-Domergue

CLOS MAÏA

Géraldine Laval a repris en 2009 quelques parcelles de vignes d'altitude (350 à 400 mètres) dans les Terrasses du Larzac, sur le secteur de Pégairolles-de-l'Escalette. Après une solide formation et de nombreux stages chez de grands vignerons français, elle s'attache à retrouver les équilibres naturels de la vigne pour produire des vins digestes, droits et fins, d'une précision et d'une maîtrise remarquables au bout de seulement huit années de labeur. Planté de vieux grenaches, de cinsault, de carignan, de syrah, de terret et de chenin (arrivé en production en 2014), le domaine couvre à peine 5 ha. Nous sommes tombés sous le charme de cette production singulière et cohérente, emblématique de la nouvelle vague languedocienne.

Les vins : la belle verticale de 2010 à 2015 du Clos Maïa illustre le talent manifeste et la vision très claire de Géraldine Laval. Ce sont des vins de fort caractère, élégants mais toujours bien dotés en tanins. Les millésimes de haute maturité comme 2011 (qui se goûte mieux que l'an dernier) et 2013 renforcent le caractère séducteur et velouté du grenache, alors que les millésimes plus frais s'illustrent par une précision acérée. Les blancs 2014 et 2015 affichent eux-aussi une personnalité brillante.

▱ IGP Pays d'Hérault 2014	24 €	15,5
▱ IGP Pays d'Hérault 2015	23 €	16
▰ IGP Pays d'Hérault 2010	28 €	16
▰ IGP Pays d'Hérault 2011	27 €	16
▰ IGP Pays d'Hérault 2012	26 €	15
▰ IGP Pays d'Hérault Le Petit Clos 2015	13 €	15
▰ Terrasses du Larzac 2014	24 €	15,5
▰ Terrasses du Larzac 2015	23 €	16,5

Le coup de
▰ Languedoc Terrasses du Larzac 2013	25 €	18

Ce millésime continue à briller d'un éclat particulier. L'expression du fruit est toujours aussi fraîche, diverse, chatoyante, rehaussée par une magnifique floralité. La présence tannique s'étire en bouche avec une extrême finesse. Décidément un des sommets des Terrasses du Larzac !

Rouge : 4 hectares.
Grenache noir 40 %, Syrah 30 %, Carignan 28 %, Divers noir 2 %
Blanc : 1,4 hectare.
Roussanne 30 %, Grenache gris 30 %, Chenin 30 %, Terret blanc (terret bourret) 10 %
Production moyenne : 20 000 bt/an

CLOS MAÏA ♣
1, Grand-Rue, 34520 La Vacquerie
06 12 83 42 89 ● closmaia@hotmail.fr ●
Vente et visites : au domaine sur rendez-vous.
Propriétaire : Géraldine Laval
Maître de chai : Géraldine Laval

LES CLOS PERDUS

Le duo constitué par l'Australien Paul Old, ancien danseur, et Hugo Stewart, précédemment fermier en Angleterre, est à l'origine de ce projet original qui depuis 2003, fait vivre avec passion de vieilles vignes réparties entre Corbières et Roussillon. Paul Old est désormais seul aux commandes. Culture en biodynamie et approche minimaliste en cave (sans rien laisser au hasard cependant) permettent de proposer une série de cuvées de haute volée, conservant intacts le naturel du fruit et l'intensité des saveurs, en particulier sur le voluptueux et fin corbières Prioundo et les brillantes expressions des terroirs de Maury. Les vins savent vieillir et l'aération leur est bénéfique. Nous croyons beaucoup en ce domaine artisanal, un de ceux par lesquels passe la renaissance des vins des Corbières.

Les vins : nous saluons sans réserve la qualité éblouissante des cuvées dégustées. Les corbières de Paul Old (avec ceux de Guillaume Boussens du domaine de Dernacueillette) sont ceux qui cette année nous ont procuré les plus belles émotions, qui nous semblent aller le plus loin dans l'expression d'un caractère original. Très dense, très riche et pourtant éthéré, Mire la Mer 2014 impressionne. Plus en fraîcheur et en subtilité, la rare cuvée Frezas 2013, issue du terroir de Durban (entre Fraïsse des Corbières et Saint-Jean de Barrou) nous enchante. Quant au blanc l'Extrême, il affiche énormément de goût et de structure ; c'est un vin flamboyant, héroïque, à l'opposée de la tendance "sous-maturité/mannequinat anorexique" qui semble affecter un certain nombre de blancs sudistes.

▷ IGP Côtes Catalanes L'Extrême 2015	N.C.	16,5
▶ Corbières Mire la Mer 2014	N.C.	17

Le coup de ♥

▶ Corbières Frezas 2013	N.C.	17

Magnifique expression balsamique, très suggestive, rafraîchie par une vibrante acidité. L'armature tannique est à la fois ferme et fine. C'est un corbières tout en élégance, effilé par l'élevage : une cuvée majeure pour l'appellation.

Rouge : 14 hectares.
Grenache gris 55 %, Grenache noir 30 %, Macabeu 25 %, Carignan 17 %, Syrah 16 %, Mourvèdre 15 %, Lladoner pelut 15 %, Cinsault 7 %
Blanc : Terret blanc (terret bourret) 15 %, Muscat à petits grains blancs 5 %
Production moyenne : 30 000 bt/an

LES CLOS PERDUS ♣

17, rue du Marché, 11440 Peyriac-de-Mer
06 88 45 02 77 ● www.lesclosperdus.com ●
Vente et visites : au domaine sur rendez-vous.
Propriétaire : Paul Old, Ben Adams et Stuart Nix

DOMAINE LE CONTE DES FLORIS

C'est en l'an 2000 que Daniel Le Conte des Floris, ancien journaliste, a franchi le pas en créant ce petit et passionnant domaine de Pézenas. Sa formation bourguignonne se ressent dans son goût pour la déclinaison des terroirs, la gestion délicate de l'élevage en barrique et, in fine, dans des vins privilégiant la complexité aromatique et la fraîcheur. Le bouche-à-oreille a fait des blancs des stars du Languedoc, précurseurs dans leur style intense, précis et gourmand, au souffle préservé. En rouge, dans un style fin, très belle trilogie autour des déclinaisons du terroir avec les cuvées Villafranchien (grenache), Carbonifère (syrah) et Basaltique ; ce sont des vins qui ont parfois besoin d'un ou deux ans de garde pour trouver leurs marques.

Les vins : encore très jeunes, intenses mais pour l'heure discrets, les blancs 2015 affirment brillamment l'énergie hors du commun du carignan blanc, en duo avec la roussane dans Lune Rousse, avec la marsanne dans Pleine Lune. Les rouges 2014 témoignent de la réussite du secteur de Pézenas dans ce millésime compliqué, en particulier Villafranchien, clair, délié, très élégant. Homo Habilis 2013 constitue sans doute la version la plus aboutie à ce jour de cette cuvée de rouge, la plus ambitieuse du domaine.

▷ Languedoc Lune Rousse 2015	25 €	15
▷ Languedoc Pleine Lune 2015	17 €	15,5
▶ Languedoc Pézenas Villafranchien 2014	18 €	14,5

Le coup de ♥

▶ Languedoc Pézenas Homo Habilis 2013	25 €	16,5

La transparence de saveur est admirable, avec de subtiles notes épicées filigranant le fruit. Malgré sa richesse, la matière est cohérente, harmonieuse ; les tanins sont présents mais patinés par les vertus de l'élevage long.

Rouge : 5,5 hectares.
Syrah 30 %, Grenache noir 30 %, Mourvèdre 20 %, Carignan 15 %, Cinsault 5 %
Blanc : 2,5 hectares.
Carignan 40 %, Marsanne 35 %, Divers blanc 15 %, Roussanne 10 %
Production moyenne : 25 000 bt/an

DOMAINE LE CONTE DES FLORIS ♣

21, avenue Émile Combes, 34720 Pézenas
● www.domainelecontedesfloris.com ●
Vente et visites : au domaine sur rendez-vous.
Propriétaire : Daniel Le Conte des Floris

DOMAINE DE DERNACUEILLETTE

Impavide "vigneron d'altitude", Guillaume Boussens sonne, depuis le début des années 2000, le réveil des Hautes Corbières. Miraculeusement éloignés de la civilisation, ces terroirs bénéficient d'une fraîcheur climatique exceptionnelle, ainsi que d'une diversité géologique tout aussi étonnante – sur ces sols bigarrés, dont la couleur change d'une parcelle à l'autre, il n'est pas rare de découvrir de magnifiques cristaux. À cheval sur trois communes (Dernacueillette, Maisons et Montgaillard) le domaine ne produit, pour l'instant, que des rouges, basés sur la trilogie carignan, grenache, syrah ; leur caractère aromatique, très puissant, mentholé et épicé, entre garrigue et maquis, est inoubliable. Grâce à la volonté d'un homme, grâce à sa vision et à sa force de travail, s'exprime un grand terroir méconnu.

Les vins : les élevages en grands contenants (cuves ou foudres) longs, voire très longs, conviennent à merveille au profil à la fois intense et tendu des matières, préservant toutes les fines nuances aromatiques du vin. C'est la voie de la sagesse, empruntée par les plus grands vignerons du Languedoc. Parmi les cuvées déjà dégustées l'an dernier, le Château Les Hauts de Dernacueillette 2011 brille par sa richesse et son immense personnalité balsamique, à l'image d'un grand barolo. La cuvée Jacques 2012 a gagné en fondu et en ampleur. Davantage marqués par une tonalité chlorophyllienne, mais qui livre en l'espèce de beaux arômes de poivre vert et de menthe fraîche, les 2014 sont tout à fait convaincants. L'étoile est accordée cette année. Elle arrive très rapidement, c'est vrai, pour ce domaine entré dans notre guide l'an passé, mais cette rapidité est à la mesure de l'enthousiasme ressenti au contact de ces vins, qui défendent avec tant de brio une identité, un idéal esthétique.

■ Corbières 2012	13,80 €	15
■ Corbières 2014	13,50 €	15
■ Corbières Cuvée Anne Fleur 2013	18,50 €	15,5
■ Corbières Les Hauts de Dernacueillette 2011	25,50 €	17
■ IGP Pays de Cucugnan Le Petit Derna 2014	9,80 €	14

Le coup de ♥

■ Corbières Cuvée Jacques 2012	28,50 €	16,5

Un vin à la fois très élégant et volubile, avec de riches notes de résine camphrée, de cuir, de tabac à pipe... La matière, au fruit à peine confit, est irriguée par un courant de sève fraîche.

Rouge : 25 hectares.
Syrah 49 %, Carignan 35 %, Grenache noir 15 %, Alicante 1 %
Production moyenne : 35 000 bt/an

DOMAINE DE DERNACUEILLETTE
**15, rue Fleurie, 11330 Dernacueillette
06 70 79 38 46 ●
www.domainededernacueillette.fr ● Vente et visites : au domaine sur rendez-vous.
Propriétaire : Guillaume Boussens
Œnologue : Marc Quertinier**

CHÂTEAU DE JONQUIÈRES

Le château de Jonquières fait partie depuis longtemps des valeurs sûres du Languedoc. Les vins de cette propriété, à l'empreinte classique, restent toujours digestes et harmonieux – un classicisme que la nouvelle génération, qui dirige désormais l'exploitation, n'entend pas remettre en cause mais préciser. Les blancs expressifs et digestes associent chenin et grenache blanc. Les rouges vieillissent bien, notamment la cuvée La Baronnie, qui s'affine entre deux et huit ans de bouteille, et la régulière cuvée Lansade, une référence à l'exemplaire gourmandise.

Les vins : les blancs, qui l'an dernier nous laissaient perplexes, apparaissent cette fois bien réussis, tant Lansade 2016, rond et plaisamment anisé, que le plus riche La Baronnie 2015, dont le boisé apparaît mieux intégré que dans le millésime précédent. Les rouges 2014 définissent un joli cap, jouant très adroitement l'élégance sans pencher le moins du monde du côté de la rigidité ou de la maigreur.

▯ IGP Pays d'Hérault La Baronnie 2015	17 €	14,5
▯ IGP Saint-Guilhem-le-Désert Lansade 2016	11,50 €	14,5
▯ IGP Saint-Guilhem-le-Désert Lansade 2016	8,50 €	14
■ Terrasses du Larzac La Baronnie 2014	17 €	15,5

Le coup de ♥

■ Terrasses du Larzac Lansade 2014	11,50 €	15

Dominé par le carignan, voici un vin clair, gai, délivrant de fraîches notes d'agrumes. En bouche, la chair tonique et déliée prolonge et précise ces belles dispositions.

Rouge : 6,5 hectares.
Carignan 25 %, Syrah 25 %, Mourvèdre 20 %, Cinsault 20 %, Grenache noir 10 %
Blanc : 1,5 hectare.
Chenin 60 %, Grenache blanc 40 %
Production moyenne : 30 000 bt/an

CHÂTEAU DE JONQUIÈRES ♣
34725 Jonquières
06 66 54 22 66 ●
www.chateau-jonquieres.com ● Vente et visites : au domaine sur rendez-vous. Du lundi au samedi de 10h à 12h et de 14h à 19h. Dimanche sur rendez vous.
Propriétaire : Charlotte et Clément de Béarn-Cabissole

DOMAINE LEDOGAR

Poussée par une nouvelle génération incarnée par les fils Xavier et Mathieu, la famille Ledogar a reconverti, courant 1998, le domaine coopératif en cave particulière (anciennement domaine Grand Lauze). Le vignoble, d'une vingtaine d'hectares, s'étend sur les argiles et les calcaires mêlés de galets roulés et de grès rouges du terroir de la jeune appellation Corbières-Boutenac, dont les sols peu fertiles sont très favorables à la pleine expression aromatique des vieux carignans. En bio depuis 2009, au prix d'un gros travail, le vignoble compte deux tiers de carignan et de grenache, dont l'âge est compris entre 60 et 120 ans. Les blancs, de grand caractère, sont issus de macabeu et de carignan blanc. Les vins affichent ce petit supplément de vie, ce grain de fantaisie qui déclenchent l'émotion.

Les vins : 2015 comme 2016, millésimes de sécheresse, ont livré des vins de grande concentration tannique, concentration supportée par un fruité admirable. Ils doivent encore s'assagir, s'arrondir, à l'image du très beau corbières-boutenac, solaire et sauvage. Même le macabeu, coulant blanc de soif dans les millésimes précédents, se montre en 2016 plus dense en matière et en goût.

⇨ IGP Aude Maccabeu 2016	13 €	15,5
▬ VDF Roug'É-Clair 2016	10 €	14
▬ Corbières-Boutenac Ledogar 2015	22 €	16
▬ IGP Aude La Mariole 2016	8 €	14,5

Le coup de ♥
▬ Corbières La Compagnon 2016	12 €	15,5

Un fruit très intense, la prise de bouche est totale. Les tanins juteux laissent un sillage de mûre et de prunelle. Encore brut, mais quelle irrépressible vitalité !

Rouge : 17 hectares.
Carignan 40 %, Mourvèdre 15 %, Syrah 12 %, Grenache noir 10 %, Cinsault 8 %, Marselan 8 %, Cabernet-Sauvignon 7 %
Blanc : 3 hectares.
Carignan 60 %, Macabeu 30 %, Grenache blanc 5 %, Grenache gris 5 %
Production moyenne : 50 000 bt/an

DOMAINE LEDOGAR ♣
Place de la République,
11200 Ferrals-les-Corbières
06 81 06 14 51 ● xavier.ledogar@orange.fr
● Pas de visites.
Propriétaire : Xavier et Mathieu Ledogar

DOMAINE MAXIME MAGNON

Installé depuis plus de dix ans à son compte, Maxime Magnon a été influencé par l'école beaujolaise (macérations à froid, utilisation minimale du soufre). Il a su intelligemment garder le meilleur de cette approche pour définir un style aujourd'hui parfaitement en place, toujours caractérisé par sa grande digestibilité, doté d'une finesse de texture et d'une précision de saveurs remarquables. Ce style demeure unique en Corbières, même si les vins expriment avec davantage de profondeur que naguère les caractères du terroir. L'étoile est pleinement justifiée.

Les vins : la tannicité des rouges 2015 est soutenue. Malgré leur pureté de fruit impeccable et la fluidité de leur message aromatique, ce sont des vins qu'il faut attendre, même la cuvée Rozeta, plus profonde mais moins "désoiffante" que d'habitude. Ils mériteront des notes supérieures lorsqu'ils se seront décontractés. La Bégou, blanc de grenaches gris et blanc, encore légèrement voilé par l'élevage, offre néanmoins une belle vibration. Cette année c'est le superbe rosé/clairet Métisse qui nous a tapé dans l'œil !

⇨ Corbières La Bégou 2015	25 (c) €	15
▬ Corbières Campagnès 2015	26 (c) €	15
▬ Corbières Rozeta 2015	22 (c) €	15,5

Le coup de ♥
▬ Corbières Métisse 2016	17 (c) €	15,5

Rosé soutenu ou rouge tendre ? Le vin enchante en tout cas par son parfum, son glissant aérien suivi d'une fine accroche. Difficile d'imaginer "vin de soif" plus distingué !

Rouge : 8,5 hectares.
Carignan 50 %, Grenache noir 28 %, Cinsault 20 %, Syrah 2 %
Blanc : 5,5 hectares.
Grenache gris 70 %, Grenache blanc 25 %, Macabeu 5 %
Production moyenne : 38 000 bt/an

LANGUEDOC

DOMAINE MAXIME MAGNON ♣
125, avenue des Corbières, 11360 Durban Corbières
04 68 45 84 71 ●
maxime.magnon@orange.fr ● Vente et visites : au domaine sur rendez-vous.
Propriétaire : Maxime Magnon

MAS CAL DEMOURA

Depuis la reprise du domaine en 2003, nous avons pu mesurer l'étendue du talent et de la détermination d'Isabelle et Vincent Goumard. Ces qualités font d'eux des acteurs remarqués du très dynamique secteur des Terrasses du Larzac. L'équilibre précis de leurs cuvées multicépages s'exprime dans des profils de vins élancés, lisses, fruités et vigoureux. Ils peuvent s'apprécier jeunes mais les rouges méritent au moins deux à quatre ans de vieillissement. Les derniers millésimes ont donné des vins remarquables, qui progressent à la fois en profondeur, en finesse et en vitalité : il suffirait d'un peu plus de délié (de fantaisie, de lâcher-prise ?) pour que le domaine intègre la petite élite des meilleurs vignerons de la région.

Les vins : en 2015 la cuvée Terres de Jonquières succède à L'Infidèle. Bien que plus dense que le 2014, la continuité de goût est évidente. Avec sa très belle texture satinée, les Combariolles 2015 creuse l'écart avec un 2014 très net mais timide. L'expression de ces rouges intenses et soignés demeure pour l'heure monochrome, comme c'est souvent le cas dans la jeunesse des vins du secteur central des Terrasses du Larzac. Le blanc partage cet esprit rigoureux, méticuleux, avec une étincelle de plaisir en plus.

▬ Terrasses du Larzac Les Combariolles 2014	24 €	14
▬ Terrasses du Larzac Les Combariolles 2015	25 €	15,5
▬ Terrasses du Larzac L'Infidèle 2014	16,50 €	14
▬ Terrasses du Larzac Terre de Jonquières 2015	17,50 €	14,5

Le coup de ♥

▭ IGP Pays d'Hérault L'Etincelle 2016	16,50 €	16

Intense mais très fin, corsé mais scintillant, cet assemblage complexe dominé par le chenin traduit brillamment un travail de haute précision. C'est aujourd'hui l'un des plus beaux vins blanc du secteur des Terrasses du Larzac.

Rouge : 11,8 hectares.

Syrah 30 %, Grenache noir 25 %, Mourvèdre 20 %, Carignan 15 %, Cinsault 10 %.
Blanc : 2,2 hectares.
Chenin 55 %, Grenache blanc 20 %, Roussanne 10 %, Viognier 10 %, Muscat à petits grains blancs 3 %, Petit Manseng 2 %
Production moyenne : 45 000 bt/an

MAS CAL DEMOURA ♣
125, route de Saint-André, 34725 Jonquières
04 67 44 70 82 ● www.caldemoura.com ●
Vente et visites : au domaine sur rendez-vous.
Lundi à samedi de 10h à 12h et de 14h à 18h.
Propriétaire : Isabelle et Vincent Goumard
Maître de chai : Vincent Goumard

MAS CHAMPART

Vignerons aussi discrets que chevronnés, Isabelle et Matthieu Champart élaborent une gamme lumineuse qui porte l'empreinte des grands terroirs argilo-calcaires du sud de l'appellation Saint-Chinian. Des vins d'intuition, denses, tendus et structurés, qui puisent dans la garrigue calcaire un supplément de finesse minérale. En rouge, leurs fleurons sont Causse du Bousquet (majorité de syrah), principale cuvée du domaine, qui offre souvent un velouté fin et profond ; et le plus corsé Clos de la Simonette (majorité de mourvèdre), qui associe intensité aromatique, finesse et élégance, apte au vieillissement et requérant trois ou quatre ans pour s'épanouir. Les autres déclinaisons de terroirs en Saint-Chinian et en IGP Pays d'Oc sont plus simples mais aussi rigoureuses, avec un élevage précis en demi-muid. Les blancs se distinguent par une combinaison subtile de fraîcheur et de maturité du fruit. Les prix demeurent très raisonnables.

Les vins : malgré une année 2014 moins généreuse, les matières s'avèrent toujours droites, sobres et franches ; aucune trace de cette végétalité désagréable qui pénalise trop souvent le millésime, l'expression du fruit est parfaite. Incisif, mais doté d'une magnifique texture, le Clos de la Simonette 2013 domine un nouvelle fois nettement la gamme par son supplément de profondeur et d'élégance structurelle. Il faut l'attendre.

▭ Saint-Chinian 2015	13,50 €	14
▬ IGP Pays d'Oc 2015	9 €	15

- Saint-Chinian Causse du Bousquet 2014   14 €   14
- Saint-Chinian Clos de la Simonette 2014   21 €   16
- Saint-Chinian Côte d'Arbo 2015   9,20 €   13,5

Le coup de ♥
- IGP Pays d'Oc 2015   13,50 €   15,5

Avec 70 % de terret et 30 % de grenache blanc, cette cuvée "traditionnelle" offre un visage franc, tonique, pur et original. C'est incontestablement, et avec une grande régularité, l'un des meilleurs blancs de la région de Saint-Chinian.

Rouge : 10,3 hectares.
Cinsault 5,5 %, Cabernet franc 4,5 %, Syrah 33 %, Mourvèdre 22 %, Grenache noir 20 %, Carignan 15 %
Blanc : 2,7 hectares.
Terret blanc (terret bourret) 35 %, Grenache gris 15 %, Grenache blanc 10 %, Clairette 5 %, Viognier 5 %, Bourboulenc 5 %, Marsanne 12,5 %, Roussanne 12,5 %
Production moyenne : 45 000 bt/an

MAS CHAMPART
Bramefan 34360 Saint-Chinian
04 67 38 20 09 ou 04 67 38 05 59 •
www.mas-champart.com • Vente et visites : au domaine sur rendez-vous.
Propriétaire : Isabelle et Matthieu Champart

MAS HAUT-BUIS

Olivier Jeantet est un vigneron exigeant, qui suit sans relâche depuis plus de quinze ans une voie difficile (sa cave est installée en altitude, sur le causse du Larzac, et ses vignes dans les vallées de Pégairolles et de Lauroux) pour atteindre un haut niveau de qualité et de régularité avec des vins de grand caractère, en blanc comme en rouge. De vieux millésimes restent à la vente. Malgré un profil parfois un peu strict, nous aimons beaucoup la fraîcheur, la finesse et le caractère singulier des derniers vins dégustés.

Les vins : saluons la magnifique réussite du millésime 2015, pourtant compromis par les pluies diluviennes qui se sont abattues sur le Lodévois pendant les vendanges. L'évolution distinguée du 2008, qui développe une séduisante gamme aromatique autour du cade et de la résine de pin, permet de mesurer le potentiel de garde de la cuvée Costa Caoude.

- IGP Herault Les Agrunelles 2015   19,50 €   15,5
- Languedoc Costa Caoude 2008   30 €   16
- Languedoc Terrasse du Larzac Costa Caoude 2013   24 €   16
- Terrasse du Larzac Les Carlines 2015   13 €   15

Le coup de ♥
- Terrasses du Larzac Costa Caoude 2015   22 €   17

Un vin aérien, vif, parfumé, porté par le tranchant des terroirs calcaires de Lauroux et Pégairolles. Généreux malgré sa sveltesse et sa force de percussion, il équilibre grenache et carignan avec une magistrale évidence.

Rouge : 10 hectares.
Carignan 40 %, Grenache noir 40 %, Syrah 20 %
Blanc : 3 hectares.
Roussanne 40 %, Chardonnay 40 %, Grenache gris 10 %, Grenache blanc 10 %
Production moyenne : 40 000 bt/an

MAS HAUT-BUIS ♣
52, Grand Rue, 34520 La Vacquerie
06 13 16 35 47 • www.mashautbuis.com •
Vente et visites : au domaine sur rendez-vous.
Propriétaire : Olivier Jeantet

MAS D'ALEZON - DOMAINE DE CLOVALLON

Catherine Roque a créé deux domaines majeurs du panorama languedocien, Clovallon à Bédarieux dans la Haute Vallée de l'Orb, et le Mas d'Alezon à Faugères. Architecte de formation, passionnée par la vigne, elle a démarré en 1989 en plantant des cépages inattendus, notamment le pinot noir dont elle fut précurseuse dans la région. Cette autodidacte, mère de trois filles, reprend ensuite en 1997 un vignoble oublié au plus haut de l'appellation Faugères, le Mas d'Alezon. À force d'un travail méticuleux, le plus naturel possible, et en augmentant peu à peu la proportion de mourvèdre, elle vinifie aujourd'hui l'une des plus belles interprétations du cru, la confidentielle cuvée Montfalette. C'est un grand vin profond et subtil, d'une rare noblesse d'expression, qui sait vieillir avec grâce. Les vieilles vignes de la cuvée Le Presbytère et le blanc très personnel Cabretta figurent également parmi les expressions les plus passionnantes de l'appellation.

Les vins : après des 2014 très réussis, ces remarquables 2015 ponctuent et confirment largement le crescendo de l'expressivité des vins

LANGUEDOC

de Catherine Roque (et du plaisir que nous prenons à les boire). L'étoile accordée l'an passé est confirmée haut la main ! Les deux rouges ont magnifiquement su préserver l'éclat de leur fruit ; le blanc conjugue avec naturel gourmandise abricoté et aérienne finesse.

⇨ Faugères Cabretta 2015	18 €	16
▬ Faugères Le Presbytère 2016	12 €	16

Le coup de ♥
▬ Faugères Montfalette 2015	18 €	17

Teinte sombre, beaucoup de finesse dans l'expression aromatique, qui évoque tour à tour la menthe poivrée et la fleur de thym. L'accroche du mourvèdre (75 % de l'assemblage) n'est jamais rugueuse dans ce vin vibrant et profond, qui conserve une grande fraîcheur.

Rouge : 10 hectares.
Syrah 7,5 %, Mourvèdre 45 %, Grenache noir 17,5 %, Lladoner pelut 15 %, Carignan 15 %
Blanc : 2 hectares.
Roussanne 60 %, Clairette 20 %, Grenache blanc 10 %, Marsanne 10 %
Production moyenne : 20 000 bt/an

MAS D'ALEZON - DOMAINE DE CLOVALLON ☾
**1, route de Pézenas, 34600 Faugères
04 67 95 19 72 • mas@alezon.fr •** Vente et visites : au domaine sur rendez-vous.
Propriétaire : Catherine Roque

MAS DE DAUMAS GASSAC

Disparu au printemps 2016, Aimé Guibert fut l'un des pionniers de la quête de l'excellence dans le Languedoc, peut-être le plus décisif. Il a révélé, à la fin des années 70, ce terroir calcaire de la haute vallée du Gassac, dans les contreforts cévenols où les nuits sont fraîches, propices à l'épanouissement du cabernet-sauvignon. Outre sa production personnelle, il a su mettre en valeur le travail des vignerons locaux au travers d'une activité de négoce à grande échelle, qu'il faut considérer comme une production bien distincte de celle du Mas. Depuis quelques années déjà, les fils d'Aimé, Samuel, Gaël, Roman et Basile, avaient pris les rênes de l'exploitation. Peut-être davantage que tout autre rouge languedocien, Daumas Gassac a la capacité de résister au temps. Comme un médoc, dont il partage le cépage dominant, il lui faut souvent une dizaine d'années pour s'exprimer. Aujourd'hui, avec la multiplication des grandes cuvées languedociennes, avec une rigueur du travail vigneron et une conscience stylistique sans précédent parmi les meilleurs domaines de la région, la comparaison peut être difficile pour ce vin rigoureux, qui conserve son originalité contre vents et marées.

Les vins : dans la continuité du 2013 (et des millésimes qui ont fait la légende du cru, 1982, 1985, 1988, 1995, 1998...), le vin rouge de Daumas Gassac en 2015 s'affirme comme une réussite majeure. Musqué, exubérant, abricoté, avec une pointe de sucre résiduel, le blanc 2016 continue de cultiver un style très original, dont les millésimes anciens attestent la capacité évolutive surprenante.

⇨ IGP Saint Guilhem le Désert 2016	33 €	14,5

Le coup de ♥
▬ IGP Saint Guilhem le Désert 2015	Épuisé	16,5

Porté par la saveur caractéristique d'un cabernet-sauvignon à la fois très frais dans son spectre aromatique et bénéficiant d'une parfaite maturité tannique, d'une structure plus veloutée que dans certains millésimes précédents, voici une très belle édition de ce véritable mythe fondateur de l'aventure languedocienne.

Rouge : 29 hectares.
Cabernet-Sauvignon 40 %, Syrah 36 %, Merlot 19 %, Cabernet franc 2 %, Pinot noir 1 %, Malbec (cot) 1 %, Divers noir 1 %
Blanc : 13 hectares.
Sauvignon blanc 33 %, Viognier 26 %, Chardonnay 24 %, Petit Manseng 8 %, Divers blanc 5 %, Chenin 4 %
Production moyenne : 200 000 bt/an

MAS DE DAUMAS GASSAC
**Haute Vallée du Gassac 34150 Aniane
04 67 57 71 28 • www.daumas-gassac.com
• Vente et visites :** au domaine sur rendez-vous.
Toute l'année du lundi au samedi, de 10h à 18h. Fermé le dimanche et les jours fériés.
Propriétaire : Famille Guibert
Directeur : Samuel, Gaël, Roman et Basile Guibert

MAS DES CAPRICES

Anciens restaurateurs en Alsace, Pierre et Mireille Mann ont effectué leur retour aux sources, et cédé à l'envie irrépressible de devenir vignerons, en s'installant en 2005 dans le secteur maritime de l'appellation Fitou. Après trois années en cave coopérative, le temps de convertir le vignoble en bio, ils démarrent en 2009 la production du Mas des Caprices. Le vignoble est situé en grande partie sur le plateau de Leucate, en bordure de falaises surplombant la mer, dans un environnement magnifique et préservé. Composant harmonieusement entre des cuvées de soif et d'autres plus ambitieuses, les vins font la part belle aux cépages locaux (carignan et grenache gris), associant maturité et fraîcheur du fruit. Voici une adresse à découvrir en priorité, une gamme particulièrement cohérente, où la liberté de ton s'allie à la précision des saveurs.

Les vins : dans la continuité des années précédentes, on sent une grande attention portée à l'expression du fruit qui, dans toutes les cuvées, fait preuve d'amabilité et de disponibilité. Les typologies sont nombreuses, et elle sont toutes maîtrisées, des VDN aux vins de substance, en passant par de très pertinents vins de soif. Les blancs 2015 et 2016 sont particulièrement réussis, généreux, typés et fringants. La palme de l'originalité revient à la cuvée Confusion 2014, un rouge sec basé sur un grenache très mûr, presque décadent, dont le beau relief émerge de l'hédoniste saveur de framboise au chocolat.

- Corbières B. to B. (Blanc pour la Barrique) 2015 — N.C. 15,5
- Corbières Le Blanc de l'Œuf 2016 — N.C. 15
- Fitou Retour aux Sources 2015 — N.C. 15
- IGP Aude Confusion 2014 — N.C. 16
- Rivesaltes Grenat Grenat'In ! 2015 — N.C. 14,5

Le coup de ♥
- Fitou Anthocyane 2014 — N.C. 15,5

Voici un vin particulièrement réussi, plein et savoureux, avec un fruit légèrement confit mais qui reste frais, beaucoup de relief dans la saveur de résine, d'aiguille de pin et d'épices douces.

Rouge : 10 hectares.
Mourvèdre 33 %, Grenache noir 32 %, Carignan 31 %, Lladoner pelut 4 %
Blanc : 3 hectares.
Grenache blanc 35 %, Muscat à petits grains blancs 33 %, Grenache gris 17 %, Macabeu 15 %
Production moyenne : 54 000 bt/an

MAS DES CAPRICES ☾
5 et 7, impasse de la Menuiserie,
11370 Leucate-Village
06 76 99 80 24 ou 06 ●
www.mas-des-caprices.com ● Vente et visites : au domaine sur rendez-vous.

De la mi-juin à la mi-août : tous les jours, sauf le lundi, de 18h à 20h. Le dimanche de 11h à 13h. L'hiver et intersaisons sur rendez-vous uniquement.
Propriétaire : Mireille et Pierre Mann

MAS DES CHIMÈRES

Situé en bordure du plateau du Larzac, sur des terroirs argilo-sableux riches en oxyde de fer (la "ruffe") et basaltiques, non loin du lac du Salagou, ce domaine est une valeur sûre du secteur si divers des Terrasses du Larzac. Créée par Guilhem Dardé en 1993 à partir de vignes familiales qu'il a fallu désengager de la coopération, l'exploitation est aujourd'hui animée par l'ensemble de la famille. C'est en rouge que le domaine exprime tout son potentiel, avec des vins de haute expression. Nous recommandons fortement cette adresse, où de délicieux vieux millésimes sont toujours à la vente. La territorialité s'exprime depuis longtemps dans les cuvées de la famille Dardé ; la finesse des touchers de bouche a en revanche beaucoup progressé dans les derniers millésimes.

Les vins : les deux cuvées présentées font preuve d'un caractère, d'une finesse et d'un naturel absolument remarquables. Si 2014 avait montré les limites imposés par le terroir spécifique du Salagou dans une année jalouse, 2015 et 2016 voient le domaine franchir un cap. Réunissant l'évidence du fruit et l'esprit, ces vins sont des modèles pour tout le Languedoc.

- Languedoc Terrasses du Larzac Nuit Grave 2015 — 12,20 € 17

Le coup de ♥
- IGP Coteaux du Salagou Oeillade 2016 — 9 € 17

Un vin "simple" mais une réelle émotion, que reflète une note élevée. La limpidité de saveur est merveilleuse, un parfum expansif, une chair croquante, sans rien de forcé, aucune réduction malgré l'extrême jeunesse. C'est une leçon d'évidence et de générosité ; bravo au Languedoc d'avoir ressuscité de tels vins !

Rouge : 23 hectares.
Cinsault 29 %, Syrah 26 %, Carignan 15 %, Grenache noir 11 %, Mourvèdre 8 %, Merlot 7 %, Counoise 4 %
Blanc : Terret blanc (terret bourret) 30 %, Roussanne 5 %, Viognier 22,8 %, Grenache blanc 20,5 %, Carignan 11 %, Chardonnay 10,7 %
Production moyenne : 60 000 bt/an

LANGUEDOC

LANGUEDOC

MAS DES CHIMÈRES ♣

26, rue de la Vialle, 34800 Octon
04 67 96 22 70 ●
www.masdeschimeres.com ● Vente et visites : au domaine sur rendez-vous.
Juillet/Août, tous les jours de 10h à 12h et de 17h à 19h sauf dimanche après-midi.
Hors saison, samedi de 15h à 18h30, dimanche de 10h à 12h. En semaine sur rendez-vous.
Propriétaire : Guilhem Dardé

DOMAINE DE MOUSCAILLO

Pierre Fort est un vigneron opiniâtre et de caractère. De ses dix années passées dans le vignoble du château de Tracy, à Pouilly-sur-Loire, il a conservé un goût pour les blancs fins et minéraux. Avec son épouse, Marie-Claire, il a entrepris un retour aux sources sur le petit vignoble familial de Roquetaillade, le plus ferme des terroirs de Limoux. Dès le premier millésime (2004), une grande précision s'est exprimée dans les blancs, soigneusement vendangés en caissettes et vinifiés en demi-muids. Après l'arrivée d'un rouge dont les premiers millésimes nous avaient enthousiasmés, Pierre Fort montre qu'il sait se renouveler avec un crémant de Limoux qui se place naturellement au sommet de la hiérarchie de l'appellation. Et le domaine conserve une marge de progression.

Les vins : nous émettions dans les éditions passées des réserves sur les plus récents millésimes du rouge de pinot noir, trop souvent voilés par de violentes senteurs animales. Il n'ont pas été envoyés cette fois-ci, ce qui permet au domaine de temporairement conserver son étoile... Les deux cuvées présentées, un blanc et un effervescent, proposent de belles matières, droites, sapides et fermes, dans la droite ligne d'un "style Mouscaillo" que l'on peut désormais qualifier de classique.

⊂ Limoux 2015   15 €   15,5

Le coup de ♥
⊂ Crémant de Limoux   14 €   15

Beau tirage, coloré, crémeux, aux riches tonalités de pâtisserie beurrée et de fruits jaunes. La matière possède de l'extrait sec et de la saveur, qui équilibrent efficacement la vigueur de la bulle.

Rouge : 1 hectare.
Pinot noir 100 %
Blanc : 5 hectares.
Chardonnay 96 %, Mauzac 2 %, Chenin 2 %
Production moyenne : 25 000 bt/an

DOMAINE DE MOUSCAILLO

6, rue du Frêne, 11300 Roquetaillade
04 68 31 38 25 ● www.mouscaillo.com ●
Vente et visites : au domaine sur rendez-vous.
Propriétaire : Marie-Claire et Pierre Fort

DOMAINE NAVARRE

Thierry Navarre est un vigneron artisan qui cultive avec grand soin son vignoble sur les beaux coteaux schisteux du village pittoresque de Roquebrun. Il privilégie le grenache et le carignan pour ses saint-chinian profonds et complexes, qui évoluent en finesse sur des notes de laurier, de thym et d'épices. Le domaine travaille aussi à la pérennité de cépages locaux oubliés tels que l'œillade (raisin de table, cousin du cinsault) ou le ribeyrenc. La gamme est régulière et irréprochable : Le Laouzil, élevé en foudre, fait partie de la noblesse des vins de bistrots, ceux qui racontent toujours une histoire de terroir, l'histoire de la mine de crayon du schiste, celle du fruité charnu du carignan ou du grenache de coteau. Toujours franche et digeste, la Cuvée Olivier s'affirme comme une référence de l'appellation.

Les vins : la gamme présentée, centrée sur les millésimes 2015 et 2016 offre une vision merveilleusement riche en saveur du Languedoc. Les matières premières brillent par leur générosité fruitée, nuancée et expressive. Les saint-chinian Laouzil 2016 et Olivier 2015 apparaissent plus fins que naguère ; ce dernier montre une articulation de grand vin. À la fois subtil et désaltérant, le Vin d'Œillades est irrésistible en 2016, tout comme le nettement plus structuré, mais tout aussi captivant, Ribeyrenc 2015. La Conque 2013, vin d'altitude, offre un contrepoint ferme et acidulé au reste de la production. Notons les débuts du Terret blanc, rustique mais attachant.

⊂ VDF Terret 2015   8 €   14
⊃ Saint-Chinian Cuvée Olivier 2015   12 €   16,5
⊃ Saint-Chinian Le Laouzil 2016   9 €   15,5
⊃ VDF La Conque 2013   10 €   15
⊃ VDF Vin d'Œillades 2016   7 €   16

Le coup de ♥
⊃ VDF Ribeyrenc 2015   10 €   17

Un vin très clair au parfum sublime, richement fruité mais doté d'une complexité innée, miroir du paysage schisteux de Roquebrun. Malgré la délicatesse de la bouche, le peu d'alcool, c'est un vin de structure : les tanins sont affirmés, son magnétisme devrait croître avec le temps.

Rouge : 13 hectares.

Carignan 28 %, Grenache noir 24 %, Cinsault 23 %, Syrah 19 %, Divers noir 3 %, Merlot 3 %
Blanc : 1 hectare.
Production moyenne : 35 000 bt/an

DOMAINE NAVARRE
**15, avenue de Balaussan,
34460 Roquebrun
04 67 89 53 58** ● **www.thierrynavarre.com**
● **Vente et visites : au domaine sur rendez-vous.**
Sur rendez-vous de 9h à 12h et de 16h à 19h.
Propriétaire : Thierry Navarre

CHÂTEAU OLLIEUX ROMANIS

Pierre Bories a repris cette vaste propriété familiale, agrandie en 2006 par le vignoble voisin, Les Ollieux. Le tout est bien situé sur le terroir de molasses riches en galets roulés de Boutenac. Ce vigneron impliqué et ambitieux a acquis une autre propriété, Le Champ des Murailles, dans une zone sensiblement plus fraîche de l'appellation. La gamme est aujourd'hui restructurée, avec des habillages judicieux et des vins jouant sur la diversité de l'encépagement (avec une prédominance des vieux carignans). Les entrées de gamme (qui associent qualité et volume de production important) tout comme les judicieuses cuvées de prestige, incarnent le nouveau visage des Corbières : une image de vins dynamiques, civilisés, offrant un caractère original. La qualité d'ensemble est aujourd'hui réellement probante, même si certaines cuvées peuvent encore progresser dans l'affirmation de leur identité.

Les vins : il convient de saluer cette année la grande qualité des jus obtenus en 2015 et 2016, millésimes pourtant compliqués par un cruel manque d'eau qui a fait souffrir les vignes et les vignerons. Les efforts de la viticulture biologique appliquée sur une si grande surface payent. La gamme, large et diversifiée, offre un profil très cohérent. Les blancs ont bien progressé : ils s'expriment avec franchise, hors des canons stéréotypés et amyliques hélas dominants dans l'appellation. Tentativo de vinification plus "nature", Le Blanc est à la fois délicieux et brillant. Parmi les rouges, Atal Sia 2015 sera grand ; très tannique, il faut l'attendre. Pour l'heure la très savoureuse Cuvée Prestige fait jeu égal. On peut aussi apprécier le flair cosmopolite de la Cuvée Or, à l'élevage "luxueux" de mieux en mieux intégré.

▭ Corbières La Petite Muraille 2016	N.C.	14
▭ Corbières Le Blanc 2016	N.C.	16
▬ Corbières L'Ile aux Cabanes 2016	N.C.	15
▬ Corbières La Petite Muraille 2016	N.C.	14,5
▬ Corbières Lo Petit Fantet d'Hippolyte 2016	N.C.	15
▬ Corbières Or 2015	N.C.	15
▬ Corbières-Boutenac Le Champ des Murailles Grande Cuvée 2015	N.C.	14

Le coup de
▬ Corbières-Boutenac Prestige 2015 — 15,60 € — 16

Cette cuvée se singularise par sa richesse veloutée, son fruit généreux, aux accents rôtis, relevé de notes évoquant le cacao et la cannelle. Longue et savoureuse, elle bénéficie d'un élevage très bien mené, qui police le vin sans le raidir.

Rouge : 54 hectares.
Carignan 35 %, Syrah 26 %, Mourvèdre 22 %
Blanc : 12 hectares.
Roussanne 41 %, Grenache gris 33 %, Divers blanc 17 %, Marsanne 17 %, Grenache blanc 9 %
Production moyenne : 400 000 bt/an

CHÂTEAU OLLIEUX ROMANIS
**RD 613, TM 26, 11200 Montseret
04 68 43 35 20** ● **www.famillebories.com** ●
Vente et visites : au domaine sur rendez-vous.
Propriétaire : Pierre Bories

DOMAINE DU PAS DE L'ESCALETTE

Après une longue expérience chez Henri Pellé, à Menetou-Salon (Cher), Julien Zernott s'est installé en 2003 dans un vignoble d'altitude (entre 350 et 400 m) au pied du Larzac. Bien irriguées par les sources du Larzac et parcourues par les vents frais, les vignes y sont, pour moitié, âgées de plus de 60 ans. Pas à pas, épaulé par sa compagne Delphine, le propriétaire a développé et continue à affiner un style original, parfois strict, toujours digeste et aérien. Toutes les cuvées sont désormais bien en place ; dans le nouveau chai, vinifications et élevages ont gagné en précision. L'étoile est bien accrochée. Le domaine peut désormais viser encore plus haut, d'autant que dans les derniers millésimes le style des grandes cuvées apparaît encore plus vibrant et sensuel.

Les vins : succédant à un 2014 élaboré dans des conditions difficiles, mais réussi, 2015 fait figure

LANGUEDOC

de miraculé : un millésime littéralement sauvé des eaux. Le Grand Pas 2015 marque un tournant dans la jeune histoire du domaine, affichant un style fascinant de grenache d'altitude, à la fois opulent et scintillant de fraîcheur. Un style qui, en s'appuyant comme eux sur la vendange entière, n'est pas sans évoquer les grands grenaches contemporains du centre de l'Espagne. Libre et pur, Les Clapas n'est pas loin derrière. Quant au Pas de D, basé sur le carignan, il se montre particulièrement tranchant ; proche du minéral, encore austère, il attend son heure.

IGP Pays d'Hérault Les Clapas 2016	24 (c) €	14,5
Languedoc Ze Rozé 2016	11 (c) €	13
Languedoc Les Petits Pas 2016	12 (c) €	14
Languedoc Terrasses du Larzac Le Pas de D. 2014	19 (c) €	16
Languedoc Terrasses du Larzac Les Clapas 2015	16 (c) €	17

Le coup de ♥

Languedoc Terrasses du Larzac Le Grand Pas 2015	28 (c) €	18

D'abord discret, ce vin clair débute par des suggestions acidulées de grenade et de groseille. Avec un peu d'aération, il révèle une énergie et une profondeur considérables. La chair est à la fois diaphane et riche en tanins très fins, vive et subtilement confite.

Rouge : 16 hectares.
Grenache noir 40 %, Carignan 30 %, Syrah 20 %, Cinsault 10 %
Blanc : 2,5 hectares.
Grenache blanc 40 %, Carignan 40 %, Terret blanc (terret bourret) 20 %
Production moyenne : 70 000 bt/an

DOMAINE DU PAS DE L'ESCALETTE ♣

**Le Champ de Peyrottes, 34700 Poujols
04 67 96 13 42** ● www.pasdelescalette.com
● **Vente et visites :** au domaine sur rendez-vous.
Propriétaire : Julien et Delphine Zernott

CHÂTEAU PECH-REDON

Christophe Bousquet est un vigneron dynamique et volontaire, qui se bat (parfois dans l'adversité) pour porter haut les couleurs de La Clape, secteur maritime (c'est une ancienne île) au fort potentiel. Il a fait le choix agronomique de la viticulture biologique, a progressivement affiné ses vinifications et ses élevages, portant ses cuvées, autrefois robustes et généreuses en alcool, vers des expressions plus nuancées et équilibrées. Voici des vins au caractère très affirmé, ancrés dans leur territoire, structurés au sein d'une gamme aujourd'hui très cohérente. Ce magnifique travail, effectué dans des conditions homériques, dans un site qui est en première ligne face aux canicules et aux sécheresses, mérite largement l'étoile que nous accordons dans cette édition du Guide Vert.

Les vins : issus des millésimes 2015 et 2016, les vins actuellement commercialisés affichent une personnalité hors-norme, qui détonne en regard de la moyenne locale. Derrière la puissance et la profondeur des vins, il y a beaucoup de vie. Les blancs sont mémorables, ils expriment la profondeur de leur paysage olfactif de garrigue grâce à un extrait sec toujours présent dans le grain du vin. Très concentrés mais fins et suggestifs, libres du joug de l'élevage, les rouges 2015 semblent avoir franchi un cap, dans le sillage de la nouvelle cuvée de carignan, L'Éperon. Quant au rosé 2016, coloré et vineux, il botte littéralement le train aux innombrables cohortes de « vins d'été » pâlichons et amyliques avec lesquels le Languedoc concurrence, c'est un fait, la Provence.

Languedoc La Clape L'Epervier 2015	13 €	16,5
Languedoc La Clape La Centaurée 2014	18 €	16,5
Languedoc L'Epervier 2016	9,50 €	15
Languedoc La Clape L'Epervier 2015	16 €	16
Languedoc La Clape La Centaurée 2015	25 €	16
Languedoc Les Cades 2016	9,50 €	14
VDF L'Eperon 2015	13 €	16

Le coup de ♥

Languedoc La Clape La Centaurée 2015	18 €	17,5

Basé sur le bourboulenc (80 %), ce blanc est l'un des plus profonds et mémorables du pourtour méditerranéen. Coloré, riche en matière et en arômes d'une puissante originalité (abricot sec, pinède, immortelle...), il laisse en bouche un sillage souverain.

Rouge : 26 hectares.
Syrah 30 %, Grenache noir 20 %, Carignan 20 %, Mourvèdre 15 %, Cinsault 15 %
Blanc : 4 hectares.
Grenache blanc 50 %, Bourboulenc 50 %
Production moyenne : 70 000 bt/an

CHÂTEAU PECH-REDON ♣

Chemin de la Couleuvre, Route de Gruissan, 11100 Narbonne

04 68 90 41 22 ● www.pech-redon.com ●
Vente et visites : au domaine sur rendez-vous.
De 10h à 12h30 et de 14h à 18h.
Propriétaire : Christophe Bousquet

DOMAINE DE LA PROSE

Au terme de ses études d'œnologie à Bordeaux, Bertrand de Mortillet a rejoint le domaine familial, bien équipé depuis son lancement à la fin des années 90. Son terroir en culture biologique est situé sur Saint-Georges-d'Orques, aux portes occidentales de Montpellier. Il en est devenu le meilleur représentant actuel, avec des cuvées précises, dominées par la syrah, délicatement fumées. Spontanés et tendus, les très beaux blancs Cadières et Embruns possèdent une vraie personnalité, ce qui n'est malheureusement pas encore si fréquent dans la région pour cette couleur.

Les vins : issues des trois derniers millésimes, les trois cuvées présentées incarnent avec une belle continuité la ligne directrice de fraîcheur et de naturel qui caractérise la production du domaine. Nous voyons chez Bertrand de Mortillet une grande acuité stylistique, là où la spontanéité de ses vins, leur apparente simplicité, pourraient être interprétées par certains comme une forme de nonchalance.

Languedoc Cadières 2016	10 €	15
Coteaux du Languedoc Grés de Montpellier Embruns 2014	15 €	15

Le coup de ♥

Languedoc Embruns 2015	15 €	16

Expression fraîche, enrichie d'une note de genêt ; la matière est à la fois svelte et savoureuse. Cette cuvée en un an a gagné en richesse et en conversation.

Rouge : 10,2 hectares.
Syrah 70 %, Grenache noir 20 %, Cinsault 10 %
Blanc : 2,6 hectares.
Grenache blanc 40 %, Vermentino 30 %, Roussanne 30 %
Production moyenne : 30 000 bt/an

DOMAINE DE LA PROSE ☎
34570 Pignan
04 67 03 08 30 ●
domaine-de-la-prose@wanadoo.fr ● Pas de visites.
Propriétaire : Bertrand de Mortillet

ROC D'ANGLADE

Rémy Pédréno est un vigneron exigeant, idéaliste, qui ne produit que des vins de pays, donc hors des contraintes administratives de l'appellation Languedoc. Le style est original, tendu vers la recherche de la fraîcheur et de l'élégance. Issu de chenin (70 %), son blanc, savoureux et délicat, fort apprécié des sommeliers éclairés, fait partie du cercle restreint des meilleurs blancs du Sud. Le rouge, assemblage de carignan, mourvèdre, grenache et syrah, incarne un style digeste, friand mais sérieux. Les élevages en foudre ont fait progresser la qualité des vins ; c'est vers le vignoble que se dirige maintenant la quête esthétique du vigneron, avec l'implantation exemplaire de nouvelles parcelles sur le magnifique terroir calcaire des Mégères, à Langlade.

Les vins : le style élégant, finement ciselé du vigneron s'exprime avec beaucoup de sérénité dans les derniers millésimes. Avec un peu plus de chair que dans les version précédentes, le blanc 2015 conserve son caractère aigu et intense. Le rosé 2016, très charnu, épanoui, vineux, suit la même tendance. Magnifiquement parfumé, le rouge 2015 exprime en bouche une finesse très svelte, à la limite du dépouillement. La Reserva Especial, solera des derniers millésimes du vin rouge du domaine, approfondit un travail de style et de mémoire, hommage aux racines espagnoles du vigneron.

IGP Gard 2015	36 €	16
IGP Gard 2016	15 €	15
IGP Gard 2015	36 €	16

Le coup de ♥

IGP Gard Reserva Especial N° 4	77 €	17

Cette quatrième version de la Gran Reserva gardoise de Rémy Pédréno affiche une fine patine lactée, un piquant qui évoquent le panache des vins ibériques longuement élevés. La matière impose sa fermeté et sa longueur, avec un degré alcoolique toujours bas, une élégance qui reste stricte.

Rouge : 7 hectares.
Carignan 50 %, Mourvèdre 25 %, Divers noir 25 %
Blanc : 2 hectares.
Chenin 70 %, Grenache gris 15 %, Chardonnay 15 %, Carignan 5 %, Grenache blanc 5 %
Production moyenne : 36 000 bt/an

ROC D'ANGLADE ♣
700, Chemin de Vignecroze,
30980 Langlade

LANGUEDOC

04 66 81 45 83
remy.pedreno@rocdanglade.fr • Pas de visites.
Propriétaire : Rémy et Martine Pedreno
Directeur : Rémy Pedreno
Maître de chai : Rémy Pedreno
Œnologue : François Serres

DOMAINE JEAN-BAPTISTE SENAT

Vigneron et vinificateur doué, Jean-Baptiste Senat s'est en 1996 installé avec son épouse Charlotte sur le domaine familial, avec l'ambition de le reprendre sérieusement en main. Modèle pour les jeunes vignerons de la région, le couple Senat fait partie de cette nouvelle génération qui donne au Languedoc ses lettres de noblesse, grâce à des vins de gourmandise (Arbalète et Coquelicots ou La Nine) et des cuvées d'artisanat d'art (Mais Où Est Donc Ornicar, Le Bois des Merveilles). Les grenaches, conduits pour obtenir de petits rendements, s'expriment tout en finesse. Avec d'énergiques mourvèdres, ils constituent les fondamentaux du domaine. La gamme s'est enrichie d'un nouveau blanc fort prometteur.

Les vins : l'évolution vers davantage de tension et de délié amorcée par Jean-Baptiste Senat se poursuit avec les millésimes pourtant solaires, secs et concentrés que sont 2015 et 2016. L'expression du fruit est toujours très directe, d'un bout à l'autre de la gamme, dans l'immédiat et enjôleur Arbalète et Coquelicots 2016, comme dans le nettement plus construit Bois des Merveilles 2015. Le blanc de grenache (gris majoritaire) se montre enveloppant, savoureux, avec une rondeur sudiste qui parvient à rester tendue.

▭ IGP Aude Aux Amis de Ma Sœur 2016	15 €	15,5
▬ Minervois La Nine 2015	13 €	14,5
▬ Minervois Le Bois des Merveilles 2015	24 €	15,5
▬ Minervois Mais Où Est Donc Ornicar 2015	15 €	15,5

Le coup de ♥

▬ Minervois Arbalète et Coquelicots 2016	10 €	15

Pimpant ! Voici un vin absolument charmant, tout en parfum, avec en bouche la rondeur de l'été languedocien, mais sans la moindre dureté pour rappeler la sécheresse du millésime.

Rouge : 16 hectares.
Grenache noir 40 %, Carignan 30 %, Syrah 10 %, Mourvèdre 10 %, Cinsault 10 %
Blanc : 1 hectare.
Grenache gris 70 %, Grenache blanc 30 %
Production moyenne : 60 000 bt/an

DOMAINE JEAN-BAPTISTE SENAT ♣
12, rue de l'Argent-Double,
11160 Trausse-Minervois
04 68 79 21 40 • www.domaine-senat.com
• Pas de visites.
Propriétaire : Charlotte et Jean-Baptiste Senat

DOMAINE LA TERRASSE D'ÉLISE

Fils de vigneron, Xavier Braujou s'est constitué depuis 1998 un domaine de 14 ha, partagé entre Aniane et Saint-Jean-de-Fos. Cet artisan-vigneron solitaire et résolu élabore avec peu de moyens des vins de grand caractère, fruits d'un énorme travail sur de vieilles vignes en gobelet aux rendements très faibles, de l'ordre de 20 hl/ha en moyenne. Issus d'élevages longs en cuve et en vieux fûts, les cuvées (en IGP à l'exception du rare terrasses-du-larzac Élise) ont su préserver fraîcheur et velouté de fruit, racontant la noblesse des vieux cépages de la région. On peut faire de grands vins languedociens en monocépage, Xavier Braujou en fournit chaque année la preuve ! Une adresse confidentielle et indispensable, prisée des amateurs avertis comme des meilleurs sommeliers et cavistes.

Les vins : Xavier Braujou réitère la performance de l'an passé, avec un seul vin envoyé, et à nouveau une grande émotion. Moins explosive et exubérante qu'en 2013, cette cuvée de cinsault affinée deux ans en barriques usagées s'exprime avec une grâce absolue, unique en Languedoc.

Le coup de ♥

▬ IGP Hérault Les Hauts de Carol's 2014	32 €	18

Robe claire, immense finesse aromatique, rose fanée, orange sanguine, framboise... Cohérence de saveur enthousiasmante, qui fait écho à une forme gracile mais très sensuelle. Nous sommes sous le charme !

Rouge : 12 hectares.
Cinsault 50 %, Mourvèdre 50 %
Blanc : 2 hectares.
Marsanne 33 %, Roussanne 33 %, Chardonnay 33 %
Production moyenne : 40 000 bt/an

DOMAINE LA TERRASSE D'ÉLISE
1320, chemin de Capion, 34150 Aniane
06 22 91 81 39 ● terrassedelise@gmail.com
● Vente et visites : au domaine sur rendez-vous.
Propriétaire : Xavier Braujou

DOMAINE VAÏSSE

Installé dans les Terrasses du Larzac, à Puéchabon non loin d'Aniane, sur des terroirs de galets et d'argiles rouges, Pierre Vaïsse est un jeune vigneron qui a débuté avec seulement 2 ha de vignes en 2007. Parrainé par Frédéric Pourtalié (Montcalmès) et Laurent Vaillé (Grange des Pères), il s'attache à élever longuement ses vins (24 mois pour les rouges) pour leur apporter un velouté de chair et un soyeux de tanins peu communs. Nous plaçons beaucoup d'espoir dans ce jeune domaine dont la production, encore confidentielle, est appelée à augmenter, et qui fait déjà preuve d'une maîtrise impressionnante, en rouge comme en blanc. Les cuvées ont quitté la sphère des AOC et sont aujourd'hui toutes déclarées en IGP Pays d'Hérault.

Les vins : un peu plus tendres que les 2013 mais sans la moindre végétalité, les rouges 2014 apparaissent admirablement maîtrisés. À ce jeu de la pureté et de l'élégance, le carignan domine les assemblages basés sur le syrah et le mourvèdre. Pur viognier, le blanc 2016 surprend par la fraîcheur de son grain et l'allant de sa belle saveur guimauve et réglisse. L'expression aussi limpide d'un style à la fois naturel et sophistiqué mérite une première étoile.

▱ IGP Pays d'Hérault Hasard 2016	24 €	15,5
▬ IGP Pays d'Hérault Galibaou du Russe 2014	22 €	15,5
▬ IGP Pays d'Hérault L'Aphyllante 2014	21 €	15

Le coup de ♥
▬ IGP Pays d'Hérault Pur 2014	21 €	16,5

Sobre, fin, d'une grande netteté, voici un carignan magistralement interprété. Le fruit vibre, le corps du vin apparaît d'une finesse admirable mais sans le moindre creux ni la moindre angulosité. Bravo !

Rouge : 6,22 hectares.
Carignan 33 %, Syrah 33 %, Mourvèdre 33 %
Blanc : 0,78 hectare.
Viognier 100 %

DOMAINE VAÏSSE
12, route d'Aniane, 34150 Puechabon
06 22 10 07 41 ●
domaine.vaisse@orange.fr ● Vente et visites : au domaine sur rendez-vous.

À partir de 17h.
Propriétaire : Pierre Vaïsse

DOMAINE GUILHEM BARRÉ

Ce jeune domaine s'affirme comme l'un des moteurs du renouveau du Cabardès, transition entre le monde méditerranéen et le monde atlantique. Sur les 5 ha de terroir argilo-calcaire, situés à Ventenac-Cabardès, tout près de Carcassonne, ne sont pour l'heure cultivés que des cépages rouges (syrah, merlot, cabernet-sauvignon). Dès la création du domaine, en 2008, la viticulture très soigneuse mise en œuvre par Guilhem Barré, labellisée en bio, a permis d'élaborer des vins qui respirent le fruit et reflètent la valeur éthique d'un vrai travail vigneron. En quelques millésimes, le propos s'est précisé. La santé des matières est enthousiasmante, comme leur franchise ; leur expression peut encore s'affiner.

Les vins : après un millésime 2014 chiche mais bien négocié, les 2015 bombent le torse. Ces vins copieux, riches en extrait sec, conservent néanmoins un profil dynamique, avec une fraîcheur bienvenue dans la trame tannique. Cette belle réussite d'ensemble n'empêche pas les cuvées d'être pourtant bien individualisées : La Dentelle, toujours savoureusement poivrée ; Sous le Bois, causante, confite, merlotée ; Natural Mystic, plus fumée et automnale ; Fantaisie Singulière, parfumée, délurée, pimpante. Le grande forme du domaine est confirmée par les échantillons du millésime 2016, grâce auquel un pallier est manifestement franchi.

▬ Cabardès La Dentelle 2015	11,40 €	16
▬ Cabardès Natural Mystic 2015	15,50 €	15,5
▬ Cabardès Sous le Bois 2015	11,40 €	15,5
▬ VDF Fantaisie Singulière 2015	11,40 €	15,5
▬ VDF La Peyrière 2016	8,50 €	14

Le coup de ♥
▬ Cabardès Amphore 2015	24 €	16

La touche "terre humide" sied admirablement à cette forte matière, riche en tanins et en saveur, qui trouve un élan frais original au contact de la jarre en terre cuite. Essai réussi !

Rouge : 6,5 hectares.
Merlot 53 %, Syrah 39 %,
Cabernet-Sauvignon 8 %
Production moyenne : 25 000 bt/an

DOMAINE GUILHEM BARRÉ ♣
Chemin de Montolieu,
11610 Ventenac-Cabardès

LANGUEDOC

06 32 38 72 55 ●
www.domaineguilhembarre.com ●
Visites : sur rendez-vous uniquement aux professionnels.
Propriétaire : Guilhem Barré

DOMAINE CATHERINE BERNARD

Parcours atypique que celui de Catherine Bernard, mais, en même temps, assez représentatif d'un vignoble languedocien qui a dû se réinventer pour exister. La journaliste, étrangère au métier comme à la région, répond à l'appel des vignes en 2005, devenant vigneronne sur quelques hectares à Castelnau-le-Lez, aux portes de Montpellier. Cette métamorphose a donné lieu à un livre : "Dans les vignes. Chroniques d'une reconversion". Et les vins ? Avec une ferme volonté de conserver un fruit frais, croquant, notre vigneronne élabore peu de cuvées, mais très bien senties, pleines de caractère et en même temps de finesse. Ce sont des modèles de "buvabilité" et d'équilibre, sensibles et précis.

Les vins : les rouges continuent de jouer la fraîcheur à tout prix, jusqu'à la prédominance de l'acidulé sur la matière. Ils sont heureusement pourvu d'un fruité éclatant, qui accompagne la vivacité. Le 2015 montre une pointe de sécheresse dans ses tanins.

▶ IGP Pays d'Hérault La Carbonelle 2015 N.C. 14

Le coup de ♥
▶ VDF Le Carignan 2016 N.C. 15

Mûre et concentrée grâce au millésime, cette cuvée prend la forme d'une décharge de fruit, avec une tonalité très proche du noyau typique du carignan, cépage dont la veine acide est ici particulièrement mise en valeur.

Rouge : Carignan 35 %, Cinsault 23 %, Mourvèdre 18 %, Grenache noir 12 %, Marselan 12 %
Blanc : Terret blanc (terret bourret) 100 %
Production moyenne : 16 000 bt/an

DOMAINE CATHERINE BERNARD ☾
Route Sommières, lieu-dit Mas du Baron, 34160 Restinclières
06 83 03 35 55 ● cb.castelnau@wanadoo.fr
● Vente et visites : au domaine sur rendez-vous.
Propriétaire : Catherine Bernard

GÉRARD BERTRAND

En une décennie, l'ancien rugbyman international Gérard Bertrand s'est construit une entreprise d'un dynamisme exceptionnel en Languedoc. Il a d'ailleurs été élu meilleur négociant de l'année par La Revue du Vin de France en 2016. Partant du vignoble familial de Villemajou, dans les Corbières, sur le terroir de Boutenac, son empire se compte en millions de bouteilles vendues chaque année et comprend désormais plusieurs centaines d'hectares répartis sur plusieurs sites : Narbonne-Plage, avec le vaste Château L'Hospitalet en gérance (IGP Pays d'Oc et Coteaux du Languedoc), La Livinière (Château Laville-Bertrou), Bizanet (Cigalus en IGP Aude) et, plus récemment, Limoux (Domaine de l'Aigle). À partir des meilleures parcelles, l'œnologue Vincent Charleux produit plusieurs cuvées triées et vinifiées comme des "vins de garage" : Le Viala et le Clos d'Ora en Minervois, La Forge en Corbières, et Hospitalitas à La Clape. La gamme des vins s'étend désormais à de nouvelles appellations, depuis le rachat du domaine de la Sauvageonne en Terrasses du Larzac et du château La Soujeole en Malepère.

Les vins : le domaine ne nous ayant pas fait parvenir ses vins cette année, nous sommes amenés à reconduire les notes et les commentaires de notre édition précédente. L'échantillonnage de la vaste gamme de Gérard Bertrand témoigne de la sûreté technique de son équipe, avec notamment une belle qualité d'élevage, qui n'alourdit pas des matières déjà copieuses. Le cap de l'opulence est en effet maintenu, même dans un millésime frais comme 2014. Favorisé par ce millésime, les vins de Villemajou en Corbières Boutenac constituent plus que jamais la meilleure illustration du style maison.

▶ Corbières-Boutenac Château Villemajou Grand Vin 2014 25 € 15
▶ Coteaux du Languedoc La Clape Château L'Hospitalet Grand Vin 2014 25 € 14
▶ Coteaux du Languedoc La Clape L'Hospitalitas 2014 43 € 14,5
▶ Côtes du Roussillon Les Aspres Réserve 2014 5,95 € 13,5
▶ Côtes du Roussillon-Villages Tautavel Hommage 2013 19,90 € 14
▶ Côtes du Roussillon-Villages Tautavel Les Vignes Centenaires La Combes du Roi 2014 19,95 € 12,5
▶ IGP Haute Vallée de l'Aude Aigle Royal 2014 45 € 14,5
▶ Minervois la Livinière Le Viala 2014 43 € 13,5

▬ Corbières-Boutenac La Forge 2014	50 €	16
▬ Rivesaltes Legend Vintage 1974	140 €	17

GÉRARD BERTRAND ☾
Château l'Hospitalet, Route de Narbonne-Plage, 11100 Narbonne
04 68 45 54 45 ●
www.gerard-bertrand.com ● Visites : sans rendez-vous.
De 9h à 19h.
Propriétaire : Gérard Bertrand

NOUVEAU DOMAINE

DOMAINE BERTRAND-BERGÉ

Nous sommes heureux du retour dans le Guide Vert de ce domaine phare de l'extrême sud languedocien. Avec l'aide de l'œnologue Claude Gros, Jérôme Bertrand produit des fitous parmi les plus complets de l'appellation, reflets des terroirs spécifiques de Paziols. Si le domaine n'est sorti de la coopération qu'en 1993, l'histoire familiale est depuis six générations intimement liée à celle de la vigne dans cette partie de l'Aude qui confine au Roussillon. Intenses, francs, les vins font honneur à une appellation qui redéfinit actuellement son identité avec bonheur et audace. La gamme est vaste et bien structurée, avec de brillants points forts dans les rouges faisant la part belle au traditionnel carignan (Les Mégalithes) et les vins doux (tant les VDN que l'original et très réussi muscat non muté Proposition Tardive).

Les vins : la production continue d'évoluer dans le bon sens, avec notamment un travail affiné des élevages sous bois et l'apparition régulière de nouvelles cuvées judicieuses. Ainsi, l'ambitieuse cuvée Jean Sirven affiche dans le millésime 2014 un élevage toujours marqué, mais bien mieux intégré à l'identité du vin que naguère. La cuvée Origines constitue une "entrée de gamme" modèle, généreuse et bien typée. Les cuvées les plus excitantes demeurent Les Mégalithes et La Boulière, toutes deux denses, structurées mais fraîches, d'une remarquable profondeur. Hors Fitou, le rivesaltes ambré (pur macabeu) développe une remarquable gourmandise miellée, confite, un très fin rancio praliné.

▭ IGP Torgan Le Méconnu 2016	9 €	13
▭ IGP Vallée du Torgan La Boulière 2015	17 €	14
▭ Rivesaltes Ambré Grande Réserve	14 €	16
▬ IGP Torgan Le Méconnu 2016	8 €	12
▬ Fitou Ancestrale 2014	16 €	13,5
▬ Fitou Jean Sirven 2014	40 €	14,5
▬ Fitou La Boulière 2014	19 €	15,5
▬ Fitou Origines 2015	10 €	14,5
▬ IGP Vallée du Torgan Le Méconnu 2016	7 €	13
▬ Rivesaltes Ma-Ga 2015	19 €	14

Le coup de ♥
▬ Fitou Les Mégalithes 2015	15 €	16

Magnifique carignan, dense et serré, plein, sapide, qui conserve une remarquable fraîcheur dans son impénétrable suc de fruits noirs. Il n'oublie pas de rester gourmand malgré toute sa fougue et son intensité.

Rouge : 34 hectares.
Carignan 37 %, Grenache noir 35 %, Syrah 22 %, Mourvèdre 5 %, Merlot 1 %
Blanc : 2 hectares.
Muscat à petits grains blancs 68 %, Macabeu 32 %
Production moyenne : 110 000 bt/an

DOMAINE BERTRAND-BERGÉ ♣
38, avenue du Roussillon, 11350 Paziols
04 68 45 41 73 ● www.bertrand-berge.com
● Pas de visites.
Propriétaire : Jérôme Bertrand
Maître de chai : Jérôme Bertrand

DOMAINE BORIE LA VITARÈLE

Jean-François Izarn nous a quitté brusquement au printemps 2014, au moment où les vins de Borie La Vitarèle parvenaient, avec le millésime 2013, à une forme d'aboutissement. À propos de ces cuvées, reflets de la diversité des terroirs de l'appellation Saint-Chinian, nous évoquions lors des dégustations en primeur une formidable leçon de goûts du sol. Le duo qu'il formait avec Cathy Planès œuvrait depuis le début des années 90 pour faire vivre ces particularismes, avec une sensibilité vigneronne de plus en plus fine et une grande attention portée au vivant. L'aventure continue grâce à la volonté de Cathy et de sa fille Camille, désormais revenue au domaine. Nous avons décidé cette année d'enlever l'étoile, non pour sanctionner les vigneronnes, mais pour entériner le fait qu'il s'agit d'un nouveau départ, qu'il leur appartient désormais

LANGUEDOC

d'inventer leur propre interprétation du vin de Saint-Chinian, en tenant compte de l'évolution et du climat et des attentes du public.

Les vins : deux points (très) forts cette année, le blanc fin, incisif et juste, basé sur un encépagement vermentino, bourboulenc, clairette qui n'est pas celui préconisé par l'AOC Saint-Chinian ; et puis un grand Midi-Rouge, un vin complexe et voluptueux désormais au sommet de son expressivité. Les saint-chinian rouges 2015 et 2016 vont en revanche trop loin dans la maturité, avec un profil capiteux, un fruit confituré qui perd en netteté et en digestibilité, voire même légèrement oxydé pour Les Schistes.

- Languedoc Le Grand Mayol 2015   13 €   15,5
- Saint-Chinian Les Crès 2015   20 €   13,5
- Saint-Chinian Les Schistes 2015   15,50 €   12
- Saint-Chinian Les Terres Blanches 2016   9,90 €   13

Le coup de ♥
- Saint-Chinian Roquebrun Midi Rouge 2013   39 €   17

En un an, cette cuvée flamboyante a acquis un délié supplémentaire, avec un élevage désormais parfaitement intégré. Elle rivalise avec les cuvées de syrah les plus raffinées du Languedoc !

Rouge : 15 hectares.
Syrah 50 %, Grenache noir 40 %, Carignan 5 %, Mourvèdre 5 %
Blanc : 3 hectares.
Bourboulenc 35 %, Vermentino 35 %, Clairette 30 %
Production moyenne : 70 000 bt/an

DOMAINE BORIE LA VITARÈLE ♣
34490 Causses-et-Veyran
04 67 89 50 43 • **www.borielavitarele.fr** •
Vente et visites : au domaine sur rendez-vous.
Propriétaire : Cathy Izarn

DOMAINE MYLÈNE BRU

Depuis son premier millésime, en 2008, Mylène Bru fait entendre dans le paysage languedocien une petite musique très personnelle. Une quinzaine de parcelles perdues dans la garrigue, du côté de Saint-Pargoire (comme Marlène Soria), des vignes bichonnées, des raisins choyés, qu'elle laisse s'exprimer avec un minimalisme quasi mystique. Découlent de ce rapport très affectif au métier de vigneronne des vins au charme exubérant, auxquels les petits rendements dont ils sont issus confèrent assise et densité. Des vins qui ne peuvent laisser indifférent. Certains leur reprocheront un manque d'élevage, un fruit trop libre, ou encore des expressions aromatiques parfois brouillonnes. Nous pensons non seulement qu'ils méritent l'intérêt des amateurs, mais que leur style original s'avère éminemment adapté au caractère languedocien. Outre ses différentes cuvées de rouge, Mylène Bru élabore un très surprenant et charmant vin blanc de chasselas, capable de se complexifier avec quelques années de garde.

Les vins : si le niveau d'acidité volatile de la cuvée Monts et Merveille apparaît vraiment trop élevé, les autres propositions de Mylène Bru nous ont conquis. En 2015, Karm est un tempranillo dompté mais volubile, Rita un carignan de toute beauté. Les 2014, un peu plus revêches, sauvages, affichent néanmoins une belle personnalité.

- Coteaux du Languedoc Far-Ouest 2014   18 €   15
- VDF Karm 2015   23 €   14,5
- VDF Rita 2014   18 €   13,5

Le coup de ♥
- VDF Rita 2015   18 €   16

Très parfumé, coulant mais tonique, ce pur carignan distille sans compter une belle saveur balsamique, doublé d'un petit fumet animal qui s'intègre fort bien au paysage. Un bon carafage et beaucoup de plaisir en perspective !

Rouge : 4,5 hectares.
Carignan 40 %, Grenache noir 30 %, Syrah 15 %, Tempranillo 5 %, Cinsault 5 %, Marselan 5 %
Blanc : 0,5 hectare.
Chasselas 100 %
Production moyenne : 15 000 bt/an

DOMAINE MYLÈNE BRU ♣
Le Fon de Lacan, 34230 Saint Pargoire
06 83 08 97 30 •
www.facebook.com/domaine.mylene.bru/ •
Vente et visites : au domaine sur rendez-vous.
Propriétaire : Mylène Bru

DOMAINE DE CABROL

Dans une appellation Cabardès en plein renouveau, Claude Carayol a fait de son domaine de Cabrol une référence, avec des cuvées dont le profil flamboyant a su rapidement se dépouiller de toute rusticité. Les deux vins principaux évoluent lentement et témoignent de la dualité qui anime ce vignoble, tourné presque autant vers l'Atlantique que vers la Méditerranée : le Vent d'Ouest, plus animal dans les millésimes chauds, à dominante de cabernet-sauvignon ; le Vent d'Est, à dominante de syrah. La grande cuvée La Dérive associe cabernet-sauvignon et syrah des plus belles parcelles ; l'harmonie de ce vin s'est considérablement accrue depuis que les deux cépages sont co-fermentés.

Les vins : ils constituent plus que jamais des modèles pour l'appellation Cabardès qui, de marginale en Languedoc, se retrouve au cœur de la nouvelle grande région administrative. Les cuvées présentées illustrent à merveille ce double visage méditerranéen et atlantique, avec une grande sûreté stylistique. Très expressives dès leur jeunesse, directes, elles vieillissent admirablement, comme nous avons pu le constater en parcourant une verticale sur plus de vingt ans de la cuvée Vent d'Est, et comme le démontre encore cette année le Vent d'Ouest 2010. Très aromatique, amylique, richement texturé, le blanc demeure anecdotique.

▭ VDF Cuvée Quinze 2015	N.C.	13,5
▬ Cabardès La Dérive 2013	N.C.	15
▬ Cabardès Vent d'Est 2016	N.C.	15

Le coup de ♥

▬ Cabardès Vent d'Ouest 2010	12 €	16

Encore très sombre, sanguin, l'assemblage "atlantique" de Claude Carayol développe un puissant parfum de tapenade et de truffe. Beaucoup de santé et caractère en bouche aussi !

Rouge : 21 hectares.
Syrah 40 %, Cabernet-Sauvignon 40 %, Cabernet franc 10 %, Grenache noir 10 %
Blanc : 2 hectares.
Chenin 30 %, Viognier 20 %, Gros Manseng 20 %, Sémillon 10 %
Production moyenne : 60 000 bt/an

DOMAINE DE CABROL
D 118, 11600 Aragon
04 68 77 19 06 ● **www.domainedecabrol.fr**
● **Vente et visites : au domaine sur rendez-vous.**
Du lundi au samedi de 11h à 12h et de 15h à 19h. Le dimanche sur rendez-vous.
Propriétaire : Claude Carayol

DOMAINE DE CAZABAN

Installé avec sa compagne Claire à Villegailhenc dans l'appellation Cabardès, l'Alsacien Clément Mengus vinifie son premier millésime en 2007. Les vignes, essentiellement des syrahs et des merlots, sont certifiées en agriculture biologique. Comme dans d'autres domaines de Cabardès, elles ont été fortement touchées par les gelées de la fin du mois d'avril 2017. Servis par des élevages de grande qualité, les vins offrent un style très soigné et une belle diversité de saveurs : ce sont les cuvées les plus enjouées et raffinées de l'appellation. Nous signalons également l'existence de belles chambres d'hôtes sur le domaine.

Les vins : La gamme fait une nouvelle fois preuve d'une grande cohérence, du délicieux Jour de Vigne 2016 au patiné Le Coup des C 2013 ; les textures en particulier sont d'une finesse remarquable. Nous réitérons cependant la mise en garde de l'année passée concernant les pointes phénolées qui apparaissent sur certaines cuvées (blanc 2015, Petites Rangées 2015), et qui gêneront sans doute les amateurs indisposés par l'animalité.

▭ IGP Aude Coup de Foudre 2015	N.C.	13,5
▬ Cabardès Hors Série N° 1 2016	9 €	14
▬ Cabardès Demoiselle Claire 2015	11,20 €	15
▬ Cabardès Les Petites Rangées 2015	12,40 €	15
▬ IGP Pays d'Oc Jours de Vigne 2016	9 €	14,5

Le coup de ♥

▬ Cabardès Le Coup des C 2013	18 €	15,5

60 % merlot et 40 % syrah : l'assemblage est désormais typique de l'appellation. Très belle matière, jeune encore, dense mais aiguisée par l'élevage long, avec un très joli détail tannique.

Rouge : 8 hectares.
Syrah 37,5 %, Merlot 12,5 %, Cabernet-Sauvignon 12,5 %, Cabernet franc 12,5 %, Carignan 12,5 %, Grenache noir 12,5 %
Blanc : 2 hectares.
Grenache gris 25 %, Grenache blanc 25 %, Vermentino 25 %, Roussanne 12,5 %, Marsanne 12,5 %
Production moyenne : 45 000 bt/an

DOMAINE DE CAZABAN ☾
Route de Mazamet, 11600 Villegailhenc
04 68 72 11 63 ●
www.domainedecazaban.com ● **Vente et visites : au domaine sur rendez-vous.**
Sur rendez-vous.
Propriétaire : Claire et Clément Mengus
Directeur : Clément Mengus

LANGUEDOC

CLOS DU GRAVILLAS

Grâce à des vignerons comme Nicole et John Bojanowski, le carignan a pleinement retrouvé sa place comme élément constitutif de l'identité vineuse de la région. Les Bojanowski, producteurs artisans installés depuis 1999 sur le causse blanc et aride de Saint-Jean-de-Minervois, aiment ce cépage qui s'exprime à plein dans la gamme du domaine, même s'il n'en est pas le seul protagoniste. Ces rouges intenses et attachants trouveront aisément leur place à table, où leur rusticité justement domptée devient velours. Les vins montent en puissance, en particulier les blancs, et nous plaçons de grands espoirs dans ce domaine, qui ne cesse de progresser.

Les vins : la gamme continue de tracer son sillon, avec des vins francs et très proches de leur terroir, qui n'atteignent cependant pas tous une grande complexité d'expression. Le carignan Lo Vielh et le minervois blanc L'Inattendu dominent les débats par leur profondeur et leur naturelle complexité. Deux nouvelles cuvées très réussies, basées sur le muscat à petit grain, un vin orange (À Fleur de Peau) et un "pet'nat"' (Jour de Teuf), ouvrent de nouveaux horizons et témoignent de la vitalité créatrice de la propriété.

▭ Minervois L'Inattendu 2015	18 €	16
▭ Muscat Saint-Jean de Minervois Douce Providence 2015	10 €	14
▭ VDF A Fleur de Peau 2015	18 €	14
▭ VDF Jour de Teuf 2016	12 €	15
▬ IGP Côtes de Brian Sous les Cailloux des Grillons 2016	10 €	13,5
▬ Minervois Rendez-Vous Sur La Lune 2015	14 €	14

Le coup de ♥

▬ IGP Côtes de Brian Lo Vielh de 100 Ans 2015	18 €	16,5

Cette cuvée de grand caractère affiche en 2015 un profil particulièrement éloquent, une profonde saveur évoquant la garrigue, le tabac, le camphre, portée par des tanins drus mais fins, dans un ensemble long et leste.

Rouge : 5 hectares.
Syrah 40 %, Carignan 32 %, Cabernet-Sauvignon 10 %, Cinsault 6 %, Grenache noir 4 %, Counoise 3 %, Mourvèdre 3 %, Terret noir 2 %
Blanc : 3 hectares.
Muscat à petits grains blancs 35 %, Terret blanc (terret bourret) 34 %, Grenache blanc 20 %, Macabeu 5 %, Viognier 3 %, Roussanne 3 %
Production moyenne : 33 000 bt/an

CLOS DU GRAVILLAS ♣

34360 Saint-Jean-de-Minervois

04 67 38 17 52 ● www.closdugravillas.com
● Vente et visites : au domaine sur rendez-vous.

Propriétaire : Nicole et John Bojanowski

CAVE D'EMBRES-ET-CASTELMAURE

Vous en faire boire de toutes les couleurs ! Voilà le slogan de la coopérative la plus innovante du Languedoc. Du tréfonds des Corbières, celle-ci chahute les codes du vin avec des cuvées contemporaines et festives, qui séduisent un public jeune et toujours plus large. À la tête de cette agitation permanente, "Fidel", le président Patrick de Marien, et son "Che", l'œnologue Bernard Pueyo, n'ont pas hésité, il y a quelques années, à ouvrir leur cave aux vinificateurs rhodaniens Tardieu et Laurent (avec qui ils élaborent la Cuvée N° 3) et, au-delà, à remettre profondément en cause leur production. Les premiers rouges de la gamme sont, dans leur majorité, francs, secs, directs, avec une "désaltérance" fruitée très appréciable. Les cuvées plus ambitieuses modèrent l'usage du bois, voire le suppriment complètement avec bonheur, et offrent une alternative à prix juste aux cuvées haut-de-gamme des grands domaines de la région.

Les vins : nous avons goûté cette année de très jolis rouges "de tradition" ; le Rouge Vigneron 2016 et le Rouge Vieux 2014 sont francs, expressifs, savoureux et parfaitement lisibles dans leur expression territoriale. C'est décidément dans les vins de cuve que la cave s'exprime le mieux. Si la qualité des élevage sous bois des plus ambitieuses Pompadour et Grande Cuvée ne nous a pas convaincu, la N° 3, exotique, flatteuse et suave, constitue en revanche un exercice de style un peu anachronique (très années 90...) mais réussi.

▭ Corbières Le Blanc Paysan 2016	5,50 €	12,5
▬ Corbières La Cuvée N° 3 2015	21,50 €	14,5
▬ Corbières La Grande Cuvée 2015	11,95 €	12
▬ Corbières La Pompadour 2015	9,20 €	13
▬ Corbières Rouge Vieux 2014	5,80 €	14,5

- VDF La Buvette 2016 — 4,20 € — 13

Le coup de ♥
- Corbières Rouge Vigneron 2016 — 5,50 € — 14,5

Dense et joyeux, bien typé, avec une jolie saveur de carignan mentholé, balsamique : voici un vin facile à aimer, les deux pieds dans son terroir.

Rouge : 362 hectares.
Carignan 37 %, Grenache noir 35 %, Syrah 24 %, Cinsault 2 %, Divers noir 2 %
Blanc : 16 hectares.
Grenache blanc 61 %, Viognier 11 %, Marsanne 9 %, Macabeu 8 %, Divers blanc 6 %, Vermentino 5 %
Production moyenne : 1 000 000 bt/an

CAVE D'EMBRES-ET-CASTELMAURE
4, route des Canelles,
11360 Embres-et-Castelmaure
04 68 45 91 83 • www.castelmaure.com •
Pas de visites.
Propriétaire : Patrick de Marien (président)
Directeur : Bernard Pueyo
Maître de chai : Fabrice Santini

DOMAINE LES EMINADES

Implanté sur une géologie très variée, représentative de la diversité des terroirs de Saint-Chinian, ce domaine a été créé en 2002 par Patricia et Luc Bettoni. Les propriétaires cultivent avec soin un vignoble en majorité composé de très vieux carignans, complétés de grenache, de syrah et de cinsault. Ce sont des vins soignés, gourmands, qui veulent rester proches du fruit. La gamme jusqu'ici progressait à chaque nouveau millésime, mais semble marquer le pas. Sortent du lot un magnifique Vieilles Canailles, issu de carignans centenaires, et un étonnant blanc de sauvignon, Silice.

Les vins : désormais points forts du domaine, les deux blancs 2015 sont très réussis. Le saint-chinian parvient notamment à conserver une belle tension. Parmi les rouges, Cebenna 2015 affiche un profil bien sec, mais la Pierre Plantée 2015 et Sortilège 2014 retiennent l'attention par leur caractère empyreumatique original. Vieilles Canaille 2014 offre un joli jus tonique, intense et profond, marqué néanmoins par une réduction tenace (notes de cassis).

- Saint-Chinian Montmajou 2015 — 13,50 € — 15
- Saint-Chinian Cebenna 2015 — 12,50 € — 13
- Saint-Chinian La Pierre Plantée 2015 — 8,50 € — 13,5
- Saint-Chinian Sortilège 2014 — 16 € — 14
- Saint-Chinian Vieilles Canailles 2014 — 27 € — 14,5

Le coup de ♥
- IGP Coteaux de Fontcaude Silice 2015 — 16 € — 15,5

Toujours aussi original et percutant, ce blanc de sauvignon reste agile grâce à une structure acide fine et ferme. Sa belle densité, sa saveur sans variétalité, en feront le compagnon accommodant de nombreuses propositions gastronomiques.

Rouge : 12 hectares.
Syrah 35 %, Mourvèdre 10 %, Cinsault 10 %, Carignan 10 %
Blanc : 2 hectares.
Sauvignon blanc 40 %, Grenache blanc 40 %, Grenache blanc 35 %, Marsanne 20 %
Production moyenne : 45 000 bt/an

DOMAINE LES EMINADES ♣
9, rue Saint Baulery, 34360 Cébazan
04 67 36 14 38 • www.leseminades.fr • Pas de visites.
Propriétaire : Patricia et Luc Bettoni

CLOS FANTINE

Le Clos Fantine est une aventure familiale, débutée à Cabrerolles au milieu des années 1990. À la suite de leur père, Corine, Carole et Olivier Andrieu considèrent le respect du vivant comme fondement absolu de la pratique agronomique. La sincérité est totale, à la vigne comme à la cave, et les vins, élevés uniquement en cuve béton, se soucient peu des dogmes œnologiques actuels, mais se font les reflets, profonds, libres et multidimensionnels, de leur origine. Dans les derniers millésimes, la qualité s'avère enthousiasmante.

Les vins : le fruité généreux et vibrant des deux rouges 2015 présentés est véritablement réjouissant. La cuvée Courtiol, basée cette année sur le mourvèdre, ira sans doute plus loin dans le temps et dans la complexité aromatique, mais le plaisir procuré par la cuvée normale mérite qu'on la recherche tout aussi activement. Ce sont des faugères qui vibrent, à la fois drus et raffinés, comme nous les aimons.

- Faugères Cuvée Courtiol 2015 — 18 € — 16,5

Le coup de ♥
- Faugères 2015 — 12 € — 16

Chapeau bas devant tant de vigueur fruitée, devant une mâche aussi fraîche, sincère et

LANGUEDOC

enjouée ! L'assemblage grenache (60 %), carignan (20 %) et syrah (20 %) se fond en un chorus délicieusement sapide.

CLOS FANTINE
**La Liquière 34480 Cabrerolles
04 67 90 20 89 ● Visites : Pas de visites.
Propriétaire : Olivier Andrieu**

MAS FOULAQUIER

Situé au nord du cru Pic Saint-Loup, ce domaine est constitué d'une grande parcelle de coteau exposée sud-ouest sur des éboulis calcaires, plantée majoritairement en grenache et syrah. C'est le terroir de Foulaquier proprement dit, auquel se joint dans l'exploitation le terroir plus limoneux des Tonillières, exposé nord-est. Cette aventure, débutée en 1998, est menée par le couple formé par Pierre Jequier, ancien architecte, et Blandine Chauchat, ex-fonctionnaire parlementaire. Ces vignerons passionnés ont restructuré le domaine, dont les origines sont très anciennes, en l'orientant vers une certification en agriculture biologique puis biodynamique. Après quelques petits réglages, ils présentent une gamme renouvelée de vins sains, friands et parfumés, élevés pour la plupart en milieu réducteur.

Les vins : ils continuent d'explorer une approche originale de la typicité au sein de l'AOC Pic Saint-Loup, avec des matières subtiles, peu contraintes, originales et spontanées dans leurs parfums. Ce parti pris de fraîcheur et de liberté aboutit parfois à un léger manque de profondeur, ou à certaines fragilités dans l'équilibre des vins. Les blancs virent en tête !

▭ IGP Saint-Guilhem-le-Désert L'Oiseau Blanc 2015	17 €	15
▬ IGP Saint-Guilhem-le-Désert Le Petit Duc 2014	21 €	14,5
▬ IGP Saint-Guilhem-le-Désert Les Tonillières 2015	16 €	14
▬ IGP Saint-Guilhem-le-Désert Violetta 2015	13 €	13
▬ Languedoc Pic Saint-Loup L'Orphée 2015	15 €	14
▬ Languedoc Pic Saint-Loup Les Calades 2014	21 €	14,5

Le coup de ♥

▭ IGP Saint-Guilhem-le-Désert Chouette Blanche 2015	27 €	16

Musqué, anisé, riche en fruits jaunes, c'est un blanc de grande générosité et de haute expression. Grâce à un élevage effectué avec discernement, il allie cette séduction de texture et d'arômes à une fraîcheur préservée.

Rouge : 11,8 hectares.
Grenache noir 47 %, Syrah 38 %,
Carignan 14 %, Cinsault 1 %
Blanc : 1,5 hectare.
Clairette 32 %, Grenache gris 18 %, Rolle 17 %,
Bourboulenc 17 %, Grenache blanc 16 %
Production moyenne : 65 000 bt/an

MAS FOULAQUIER ☾
**Route des Embruscalles, 34270 Claret
04 67 59 96 94 ● www.masfoulaquier.com
● Vente et visites : au domaine sur rendez-vous.
De 10h à 18h.
Propriétaire : Blandine Chauchat, Pierre Jequier, Anne-Marie Fallot
Directeur : Blandine Chauchat, Pierre Jequier
Maître de chai : Blandine Chauchat, Pierre Jequier**

CHÂTEAU DE GAURE

Pierre Fabre, industriel belge, a suivi son rêve en rachetant en 2004 un vignoble perdu aux confins du Limouxin et de la Malepère, proche du village de Cépie, puis quelques parcelles totalisant 15 ha en Roussillon (dans le secteur de Latour-de-France). Devenu vigneron-artiste (il dessine lui-même ses étiquettes), Pierre Fabre s'est engagé dans la voie de l'agriculture biologique pour que la biodiversité s'exprime pleinement – les vignes sont entourées de champs et de forêts dans un environnement exceptionnel. Les blancs du secteur de Limoux et les rouges du Roussillon conjuguent caractère aromatique généreux et volume de bouche.

Les vins : même constat que l'an passé : les vins peuvent encore gagner en précision, la gamme en régularité. Les cuvées présentées offrent néanmoins des sensations particulièrement intenses, liées aux rendements extrêmement bas. Des deux rouges 2015, moins convaincants que le superbe blanc limouxin, Pour mon Père offre le plus de présence et de cohérence, alors que l'autre cuvée souffre d'un caractère très végétal qui contraste avec une matière pourtant richement dotée.

▬ Languedoc 2015	12 €	13,5
▬ Languedoc Pour Mon Père 2015	17 €	14,5

Le coup de ♥

▭ Limoux Oppidum 2015	17 €	16

Le plus flamboyant des blancs de Limoux ! Très mûr, musqué, avec une pointe de confit dans le fruit, une trace de douceur, il conserve une belle dynamique tout au long de la dégustation.

Rouge : 15 hectares.
Carignan 50 %, Grenache noir 30 %,
Syrah 10 %, Mourvèdre 10 %
Blanc : 25 hectares.
Chardonnay 80 %, Chenin 10 %, Mauzac 10 %
Production moyenne : 60 000 bt/an

CHÂTEAU DE GAURE ♣
Domaine de Gaure, 11250 Rouffiac-d'Aude
06 74 44 64 23 ●
www.chateaudegaure.com ● Vente et visites : au domaine sur rendez-vous.
Propriétaire : Pierre Fabre

LA GRANGE DE QUATRE SOUS

D'origine suisse-allemande, la propriétaire Hildegard Horat et son compagnon Alioune Diop n'ont cessé de progresser dans l'élaboration de vins de pays très personnels, sans tapage, avec méticulosité et passion. Sur un terroir assez frais (Assignan, non loin de Saint-Chinian), le domaine a été entièrement replanté avec un large éventail de cépages, majoritairement atlantiques pour les rouges. Le blanc Jeu du Mail (marsanne et viognier) possède un fort caractère, dans un esprit mûr et précis : à boire entre deux et cinq ans. Les rouges vieillissent admirablement, et les étiquettes ont été modernisées avec bonheur.

Les vins : les rouges 2014 montrent de la droiture, de la densité et de la fermeté. Ils apparaissent pour l'heure un peu durs mais vieilliront bien, développant les tonalités propres à leurs cépages atlantiques. Nous sommes cependant plus réservés sur le devenir de la cuvée Lo Molin, qui apparaît sèche et nettement phénolée. Soulignons en revanche la qualité des jolis blancs 2015, vifs, amples et originaux, à l'image de la petite arvine Bu N'Daw.

▱ IGP Pays d'Oc Le Jeu du Mail 2015	12 €	15
▱ VDF Bu N'Daw 2015	12 €	14,5
▬ IGP Pays d'Oc Les Serrottes 2014	14,30 €	14,5

Le coup de ♥
▬ IGP Pays d'Oc 2014	18,90 €	15

Dense, tannique, droit, c'est un coureur de fond, construit autour d'un important faisceau acide. Son austérité devrait se transformer en retenue élégante avec la garde.

Rouge : 5 hectares.
Syrah 30 %, Malbec (cot) 29 %, Cinsault 14 %, Cabernet-Sauvignon 11 %, Grenache noir 8 %, Cabernet franc 8 %
Blanc : 2,4 hectares.
Arvine 32 %, Viognier 24 %, Marsanne 23 %, Chardonnay 21 %
Production moyenne : 25 000 bt/an

LA GRANGE DE QUATRE SOUS ♣
34360 Assignan
04 67 38 06 41 ● www.quatresous.eu ●
Vente et visites : au domaine sur rendez-vous.
Propriétaire : Hildegard Horat

DOMAINE LES HAUTES TERRES

Depuis plusieurs années, la production de Gilles Azam, centrée autour de quelques cuvées bien définies, s'affirme comme un utile point de référence pour toute l'appellation Limoux. Fruits d'une viticulture attentive, consciente de la valeur du lieu et du socle historique, ces vins possèdent un caractère affirmé, des matières toujours intenses et fraîches, qui s'épanouiront au contact de l'air et en compagnie de nourritures riches en saveur.

Les vins : la tonicité des équilibres et la franchise des expressions sont les dénominateurs communs de toutes les cuvées. Il y a de la vie dans ces vins ! Les blancs se signalent par leur message tranchant et gourmand à la fois. Les rouges (majorité malbec) 2015 et 2016, pleins et vifs, regorgent d'un caractère de baies sauvages très attachant. Le crémant Joséphine est lui-aussi très réussi, précis, riche, bien nourri par les levures.

▱ Crémant de Limoux Joséphine	16 €	15,5
▱ Limoux Louis 2015	15 €	15,5
▱ Limoux Louis 2016	15 €	15,5
▬ Limoux Maxime 2016	14 €	16

Le coup de ♥
▬ Limoux Maxime 2015	14 €	16

Mentholé, agreste, serré, le fruit montre beaucoup d'allant, de fraîcheur ; la très belle matière de ce limoux rouge exprime avec brio et naturel la pointe sauvage d'un vrai vin d'altitude.

Rouge : 2,2 hectares.
Merlot 50 %, Malbec (cot) 30 %, Cabernet-Sauvignon 10 %, Cabernet franc 10 %
Blanc : 8,2 hectares.
Chardonnay 50 %, Chenin 25 %, Mauzac 25 %
Production moyenne : 65 000 bt/an

LANGUEDOC

DOMAINE LES HAUTES TERRES ♣
4, rue du Château, 11300 Roquetaillade
04 68 31 63 72 •
www.domaineleshautesterres.com • Vente et visites : au domaine sur rendez-vous.
Propriétaire : Gilles Azam
Directeur : Geneviève de Groot

DOMAINE HENRY

Nous sommes heureux et fiers d'avoir réintégré ce domaine original et attachant dans la sélection du guide. Issu d'une vieille famille vigneronne, François Henry travaille, avec son épouse Laurence, le terroir historiquement réputé de Saint-Georges d'Orques depuis 1992. Une curiosité gustative rare le pousse à des expériences originales, qui relient le Languedoc à ses racines agronomiques et culturelles. En se penchant ainsi sur le passé, le domaine ouvre de passionnantes voies vers l'avenir.

Les vins : pourtant issus d'un millésime compliqué dans les Grés de Montpellier (entrées maritimes pendant les vendanges), les rouges 2015 sont remarquables. Expressifs et parfaitement nets, ils semblent marquer un tournant dans l'homogénéité de la production du domaine. Nous sommes particulièrement sensible à l'absence de signature œnologique ou de volonté de s'arrimer à telle ou telle mode. Ces vins reflètent avant tout la sensibilité de leurs géniteurs. Le Mailhol, complantation de cépages attestés localement au XVIIIe siècle (morrastel, œillade noire et grise, riveyrenc, aspiran gris), continue de développer une originale complexité. Quant au généreux clairet Vin Vermeil, il fait en 2016 plus que jamais la nique aux rosés pâlichons.

- Languedoc Saint-Georges-d'Orques Vin Vermeil 2016   14 €   15,5
- Coteaux du Languedoc Le Coteau 2015   8 €   13,5
- Languedoc Grés de Montpellier Paradines 2015   12 €   15
- Languedoc Saint-Georges-d'Orques 2015   18 €   15
- VDF Le Mailhol 2011   37 €   16,5

Le coup de ♥
- Languedoc Saint-Georges-d'Orques Les Chailles 2015   30 €   16,5

Partagé entre grenache, mourvèdre et cinsault, ce vin fait honneur au cru de Saint-Georges d'Orques. La texture, très fine, enveloppe une trame serrée ; la forme est classique et classieuse, originale, hors mouvance.

Rouge : 9,2 hectares.
Syrah 30 %, Grenache noir 28 %, Cinsault 12 %, Mourvèdre 12 %, Carignan 10 %, Divers noir 8 %
Blanc : 1,8 hectare.
Chardonnay 85 %, Terret blanc (terret bourret) 15 %
Production moyenne : 30 000 bt/an

DOMAINE HENRY ♣
2, avenue d'Occitanie,
34680 Saint-Georges-d'Orques
04 67 45 57 74 • www.domainehenry.fr •
Vente et visites : au domaine sur rendez-vous.
Du lundi au samedi de 9h à 12h et de 14h à 19h. Congés : 1re quinzaine d'août.
Propriétaire : François et Laurence Henry
Maître de chai : François Henry
Œnologue : François Serres

DOMAINE LACROIX-VANEL

Depuis 1998, ce domaine de 10 ha situé sur le terroir villafranchien de Caux, non loin de Pézenas, est l'œuvre de Jean-Pierre Vanel, ancien restaurateur sétois. Reprise en 2016 par le jeune vigneron Marc-Olivier Bernard, la propriété vit une transition en douceur, qui devrait permettre la continuité du beau style, sensible et naturel, mis au point en l'espace de deux décennies. Élevés longuement sous bois, les rouges (dont la cuvée Mélanie à dominante de syrah) sont des vins généreux et haut en couleur, soigneusement élaborés. Ils revendiquent un caractère solaire, mûr, mais sans lourdeur grâce à un alcool maîtrisé. La confidentielle cuvée de mourvèdre …Ma Non Troppo mérite d'être recherchée.

Les vins : les derniers vins de Jean-Pierre Vanel sonnent juste. Les rouges 2015 sont encore un peu serrés mais pleins d'allant. Original, échevelé, dans la suggestion et le plaisir immédiat, le blanc 2016 est toujours aussi attachant. Espérons que le nouveau propriétaire sache garder le meilleur de la patte Vanel, caractérisée par des équilibres parfois précaires dans certaines cuvées, mais aussi, et toujours, par beaucoup de nuance, d'humanité, de franchise.

- Languedoc E Blanc 2016   12 €   15,5
- Languedoc Pézenas Fine Amor 2015   12 €   14,5
- Languedoc Pézenas Mélanie 2015   15 €   14,5

Le coup de ♥
- Languedoc Pézenas … Ma Non Troppo 2014   17 €   16

Avec 75 % de mourvèdre dans son assemblage, cette cuvée fait preuve d'un beau caractère, fort de notes minérales et épicées (muscade). Le corps apparaît gracile, mais riche en saveur et d'un délié vraiment très agréable.

Rouge : 8 hectares.
Syrah 50 %, Grenache noir 30 %, Cinsault 10 %, Mourvèdre 10 %
Blanc : 2 hectares.
Grenache blanc 90 %, Roussanne 10 %
Production moyenne : 30 000 bt/an

DOMAINE LACROIX-VANEL ♣
1 bis, rue Victor Hugo, 34720 Caux
04 67 89 36 05 ●
www.domainelacroix-vanel.com ● Vente et visites : au domaine sur rendez-vous.
Propriétaire : Marc-Olivier Bertrand

DOMAINE LA MADURA

Après des études poussées en biogénétique, en ampélographie et en œnologie, Cyril Bourgne a débuté sa carrière à Bordeaux (château de Fieuzal) avant d'entamer, avec son épouse, une aventure viticole plus personnelle dans le Languedoc. Le vignoble est entretenu avec rigueur et permet lors des vinifications, désormais menées dans la nouvelle cave immergée dans le paysage saint-chinianais, l'extraction de matières longues et fines. La précision de l'élevage en fût, mis en place sur le Grand Vin à dominante de syrah et de mourvèdre, ambitionne de renouveler l'expression contemporaine de Saint-Chinian. Dans les deux couleurs, la gamme se structure entre les cuvées Classic et Grand Vin ; si nous préférons d'habitude les rouges au style affirmé, les blancs semblent évoluer vers davantage de naturel et de complexité aromatique.

Les vins : de constitution légère, les rouges 2014 déçoivent un peu par rapport aux 2013, surtout la cuvée Grand Vin, trop boisée. Basés sur un original duo sauvignon-picpoul, les blancs en revanche sont de plus en plus intéressants et personnels.

▻ IGP Pays d'Oc Classic 2016	12,50 €	14
▻ IGP Pays d'Oc Grand Vin 2016	18,50 €	14,5
▬ Saint-Chinian Grand Vin 2014	19,90 €	13

Le coup de ♥
▬ Saint-Chinian Classic 2014	12,50 €	14

Souple, peu extrait, ce vin se développe en bouche avec une jolie finesse, qui met en valeur sa chair tendre, légèrement sucrée.

Rouge : 11 hectares.
Syrah 30 %, Mourvèdre 25 %, Grenache noir 25 %, Carignan 20 %
Blanc : 1,5 hectare.
Sauvignon blanc 60 %, Picpoul 40 %
Production moyenne : 50 000 bt/an

DOMAINE LA MADURA
Route de Salabert, 34360 Saint-Chinian
04 67 38 17 85 ● www.lamadura.com ●
Vente et visites : au domaine sur rendez-vous.
De 10h à 12h et de 14h à 17h.
Propriétaire : Cyril et Nadia Bourgne

MAS BRUGUIÈRE

Aidé de son épouse, Xavier Bruguière a pris la suite de son père Guilhem dans ce domaine historique du Pic Saint-Loup. Les vignes sont impeccablement tenues. Les rouges sont ronds, aromatiques, dominés – comme souvent dans ce secteur – par la syrah, mais toujours bien équilibrés par le grenache. Le blanc Les Mûriers est un vin consistant, à boire jeune, qui évolue vers plus de fraîcheur. La gamme se décline du simple et fruité Calcadiz, jusqu'à la cuvée principale La Grenadière, en passant par L'Arbouse, toujours frais et parfumé. Une nouvelle cuvée basée sur le mourvèdre, Le Septième, en référence à la septième génération, trouve peu à peu ses marques, avec un élevage plus fondu.

Les vins : le domaine ne nous ayant pas fait parvenir ses vins cette année, nous sommes amenés à reconduire les notes et les commentaires de notre édition précédente. Une grande sécurité de style émane des deux cuvées présentées, parfaitement situées dans leurs rôles respectifs, se posant en repères pour l'appellation.

▬ Languedoc Pic Saint-Loup L'Arbouse 2014	13 €	14
▬ Languedoc Pic Saint-Loup La Grenadière 2013	20 €	16

Rouge : 17 hectares.
Syrah 60 %, Grenache noir 30 %, Mourvèdre 10 %
Blanc : 3 hectares.
Roussanne 70 %, Marsanne 20 %, Vermentino 10 %
Production moyenne : 95 000 bt/an

MAS BRUGUIÈRE ♣
La Plaine, 34270 Valflaunes
04 67 55 20 97 ● www.mas-bruguiere.com
● Visites : sans rendez-vous.

LANGUEDOC

Le lundi, mardi, jeudi et vendredi de 10h à 12h et de 14h à 18h. Le samedi de 10h à 12h et de 15h à 18h. Fermé le mecredi et dimanche.
Propriétaire : Xavier Bruguière

MAS D'ESPANET

Ce beau domaine d'une vingtaine d'hectares se situe sur la commune de Saint-Mamert-du-Gard, à mi-chemin entre Uzès et Sommières, en limite de la nouvelle appellation Duché d'Uzès. La culture mise en œuvre par Agnès et Denys Armand est biodynamique, l'environnement sauvage, à l'orée d'un vaste bois de plus de 8 000 ha. Il s'agit d'un terroir très frais, ce qui explique que la moitié de la production soit dévolue aux blancs, remarquablement savoureux et tendus. Les rouges expriment la même fraîcheur gourmande, entièrement au service de la finesse du fruit. Cette production fait souffler un vent de fraîcheur sur l'image du vin languedocien.

Les vins : une très belle gamme. On trouve dans chaque vin beaucoup de vitalité, de saveur, de caractère, et un fruit qui s'exprime à chaque fois avec une évidence réconfortante. En rouge comme en blanc, la tonicité, l'éclat des 2015 suscitent l'admiration. L'étoile est proche, même si la cuvée Camille, un des blancs les plus originaux et accomplis du Languedoc, est déjà dans une classe à part.

▭ IGP des Cévennes Chacun son Chenin 2015	16 €	15
▭ Languedoc Eolienne 2015	13,50 €	16
▬ IGP Cévennes Freesia 2016	7 €	15
▬ IGP Cévennes Pinôt 2015	16 €	15,5
▬ Languedoc Eolienne 2015	13,50 €	15,5

Le coup de ♥
▭ Languedoc Camille 2013	24 €	17,5

Fort caractère et magnifique harmonie ! Grenache blanc et piquepoul longuement élevés s'associent dans une puissante saveur aux pointes oxydatives délicates (gras de jambon, noix verte), qui renforcent la générosité du fruit plutôt qu'elles ne la dominent. Grands accords gastronomiques en perspective.

Rouge : 10 hectares.
Cinsault 50 %, Ribeyrenc 10 %, Pinot noir 10 %, Syrah 10 %, Carignan 10 %
Blanc : 11 hectares.
Sauvignon blanc 20 %, Viognier 20 %, Grenache blanc 20 %, Chenin 10 %, Picpoul 10 %, Rolle 5 %, Petit Manseng 5 %, Riesling 3 %, Marsanne 3 %, Roussanne 3 %
Production moyenne : 80 000 bt/an

MAS D'ESPANET ☾
30730 Saint-Mamert-du-Gard
04 66 81 10 27 • www.masdespanet.com •
Vente et visites : au domaine sur rendez-vous.
Propriétaire : Denys Armand

LE MAS DE MON PÈRE

Si la jeune appellation Malepère peine à se faire connaître dans le vaste paysage languedocien, son visage qualitatif doit aujourd'hui beaucoup à Frédéric Palacios, vigneron passionné et intuitif, qui a accompli en très peu de temps un travail considérable. Très exigeant à la vigne, ne négligeant aucun soin, il vinifie séparément les différents cépages en petites cuves et positionne son domaine de 5 ha, situé sur les sols argilo-calcaires d'Arzens, parmi l'élite des nouveaux producteurs de l'Aude. Une découverte enthousiasmante de véritables vins d'artisans, parfois rugueux mais toujours sincères.

Les vins : plein fruit ! Toutes les cuvées se démarquent par leur profondeur et leur intensité de saveur, et possèdent un magnétisme indéniable, au-delà de leur impact immédiat. Les rouges 2015 ont cependant tous besoin de temps, pour arrondir leur forte charge tannique, et d'air pour dissiper une réduction parfois insistante. Réunissant les deux terroirs travaillés par Frédéric Palacios, Arzens et Quarante, Tu m'intéresses, assemblage merlot-malbec-carignan au toucher plus aérien, augure bien du millésime 2016.

▭ IGP Pays d'Oc Quitte ou double 2016	16 €	14
▬ IGP Pays d'Oc Cause toujours 2015	16 €	15
▬ Malepère M comme je suis 2015	12 €	14,5
▬ VDF Tu m'intéresses 2016	12 €	15

Le coup de ♥
▬ VDF C comme ça 2015	12 €	15,5

Ce pur carignan exemplaire conserve une grande vigueur dans la maturité. La proximité avec le fruit, lisible dans des notes de cerise noire, de noyau, est enthousiasmante.

Rouge : 5,25 hectares.
Merlot 27 %, Cabernet-Sauvignon 19 %, Malbec (cot) 19 %, Carignan 14 %, Cabernet franc 10 %, Grenache noir 7 %, Cinsault 4 %
Blanc : 0,25 hectare.
Chasan 100 %
Production moyenne : 18 000 bt/an

LE MAS DE MON PÈRE ♣
18, Chemin du Roudel, 11290 Arzens
04 68 76 23 07 •
lemasdemonpere.blog4ever ;com • Vente
et visites : au domaine sur rendez-vous.
Propriétaire : Frédéric Palacios

NOUVEAU DOMAINE
YANNICK PELLETIER

Voici déjà un moment que ces vins aux noms d'oiseaux et à consonance rabelaisienne (Les Coccigrues) nous séduisent : ils sont l'œuvre d'un jeune producteur enthousiaste, ancien caviste venu à la vigne après un passage chez Didier Barral, dont il s'inspire dans son approche respectueuse du vivant. Installé sur quelques abrupts coteaux de schistes du secteur de Saint-Nazaire-de-Ladarez, aux confins de Saint-Chinian et de Faugères, Yannick Pelletier est un vigneron rigoureux à la vigne, méticuleux, qui a construit une gamme très soignée de vins enjoués et digestes, proches du fruit et du terroir : L'Oiselet (cinsault et grenache), tout en fruit gourmand, L'Engoulevent (grenache et carignan) et Les Coccigrues (grenache, carignan, mourvèdre), issu de vieilles vignes.

Les vins : nous sommes ravis du retour en fanfare dans le Guide Vert d'un des vignerons les plus doués de la région de Saint-Chinian. Les trois cuvées frappent par leur puissance de suggestion aromatique, une véritable immersion dans le paysage de schistes qui s'accompagne du plaisir d'un fruit à chaque fois très sensuel. Les 2014 sont vraiment remarquables dans le contexte du millésime et L'Oiselet 2015, un pur délice.

▬ Saint-Chinian L'Engoulevent 2014	15 €	16
▭ VDF L'Oiselet 2015	11 €	16

Le coup de ♥

▬ Saint-Chinian Les Coccigrues 2014	23 €	16,5

Douceur et fraîcheur sont réunies dans ce vin puissant mais subtil, au fruit moelleux très marqué par les notes balsamiques et empyreumatiques du maquis schisteux, qui laisse ici un sillage d'encre et d'origan.

Rouge : 9 hectares.
Grenache noir 50 %, Carignan 18 %, Syrah 15 %, Cinsault 12 %, Mourvèdre 5 %
Blanc : Terret blanc (terret bourret) 100 %
Production moyenne : 30 000 bt/an

YANNICK PELLETIER
**Rue de la Bourrède,
34490 Saint-Nazaire-de-Ladarez**
06 64 66 38 90 • yapelletier@wanadoo.fr •
Pas de visites.
Propriétaire : Yannick Pelletier

DOMAINE CHRISTOPHE PEYRUS

Bien connu pour ses œuvres au Clos Marie, dont il est copropriétaire, grand connaisseur du secteur calcaire du Pic Saint-Loup, Christophe Peyrus a démarré cette nouvelle aventure à compter du millésime 2013, accompagné par trois associés issus d'horizons très divers. L'entité compte un peu plus de six hectares en production, sur le terroir frais et haut-perché de Cazevieille, qui transmet aux vins un caractère aérien enthousiasmant. L'intégration au Guide vert, après seulement trois millésimes, nous semble une évidence tant les vins s'expriment avec justesse, allant droit à l'essentiel et porteurs d'une modernité de ton à même de nourrir le débat autour de l'identité des vins du Pic.

Les vins : le domaine ne nous ayant pas fait parvenir ses vins cette année, nous sommes amenés à reconduire les notes et les commentaires de notre édition précédente. On sent la patte d'un grand styliste : les cuvées concilient plaisir et élégance, jovialité et retenue. 2013 débute l'aventure en fanfare. Plus léger, 2014 au corps évanescent distille de merveilleux parfums.

▬ Languedoc Pic Saint-Loup 2013	20 €	16
▬ Languedoc Pic Saint-Loup 2014	20 €	15,5
▭ VDF 2014	18 €	16,5
▬ Languedoc Pic Saint-Loup Spoutnik 2013	35 €	17

Rouge : 7,5 hectares.
Syrah 80 %, Grenache noir 20 %
Blanc : 1 hectare.
Malvoisie 25 %, Grenache gris 25 %, Clairette 25 %, Carignan 25 %
Production moyenne : 25 000 bt/an

DOMAINE CHRISTOPHE PEYRUS
Sauzet 34270 Cazevieille
04 67 91 20 12 • domainepeyus@orange.fr
• Pas de visites.
Propriétaire : Christophe Peyrus

LANGUEDOC

LANGUEDOC

PRIEURÉ DE SAINT-JEAN-DE-BÉBIAN

Haut lieu de l'histoire viticole languedocienne depuis les Romains, Bébian a connu des heures de gloire sous la propriété successive d'Alain Roux, qui planta syrah, grenache et mourvèdre, puis, dès 1994, des anciens propriétaires de La Revue du vin de France, Jean-Claude Le Brun et Chantal Lecouty, qui en firent un domaine phare du sud de la France. Nous nous sommes montrés critiques, au milieu des années 2000, sur la qualité des vins en matière d'harmonie et d'intégration du bois. Ceux de 2008 et 2009 semblaient confirmer le retour au meilleur niveau du domaine, ce qui n'a pas été pleinement confirmé par la suite. La dynamique œnologue Karen Turner, présente sur le domaine depuis 2004, est désormais en charge de la direction technique. Sous la houlette volontariste du jeune Benoît Pontenier, le niveau général semble à nouveau remonter. La nouvelle cave, monumentale, a été terminée à temps pour accueillir la vendange 2015. Nous espérons que cet outil permettra de préciser et d'approfondir le style des vins.

Les vins : les blancs 2015, vinifiés avec une sélection de levures indigènes du domaine, vont dans le bon sens. La matière du rouge du 2013 est intéressante, sa structure ne manque pas d'allure, le vin s'avère malheureusement encore trop cadré par un élevage dont les arômes boisés masquent la pleine expressivité du fruit.

- Languedoc La Chapelle de Bébian 2015 — 13,90 € 13,5
- Languedoc Pézenas 2013 — 26 € 13,5
- Languedoc Pézenas La Chapelle de Bébian 2014 — 12,40 € 13

Le coup de ♥
- Languedoc 2015 — 27 € 15,5

Une matière très présente, grasse, câline, davantage en velouté qu'en mordant ; la pureté du fruit mérite d'être saluée, l'intégration de l'élevage aussi.

Rouge : 18 hectares.
Syrah 55 %, Grenache noir 30 %, Mourvèdre 9 %, Cinsault 6 %
Blanc : 6 hectares.
Roussanne 60 %, Clairette 20 %, Grenache blanc 15 %, Viognier 5 %
Production moyenne : 100 000 bt/an

PRIEURÉ DE SAINT-JEAN-DE-BÉBIAN ♣
**Route de Nizas, 34120 Pézenas
04 67 98 13 60 • www.bebian.com • Vente et visites : au domaine sur rendez-vous.
Du 1er mai au 30 septembre, de 10h à 12h30 et de 14h à 18h30. Samedi de 10h à 13h et de 15h à 19h. Le reste de l'année, de 9h à 12h30 et de 14h à 17h30 Samedi et dimanche sur rendez-vous.
Directeur : Benoit Pontenier
Œnologue : Karen Turner**

CHÂTEAU DE RIEUX

Emmanuel de Soos, vigneron rigoureux et énergique, a fait de ce domaine bien situé l'une des valeurs sûres du Minervois. Il se concentre sur les rouges avec une excellente cuvée Château de Rieux, combinaison d'une large palette de cépages. Millésime après millésime, le vin prend du corps tout en demeurant digeste, savoureux, sans sécheresse, doté d'une allonge louable. La cuvée Riussanelle, typée cinsault et grenache, livre un rouge de soif délicieux et expressif. Une des adresses les plus fiables du Minervois.

Les vins : les deux 2015 sont très convaincants, fins et expressifs, dans la lignée sereine des belles réussites du domaine : la cuvée Riussanelle plus légère, spirituelle, la cuvée Château plus riche en matière. Il convient en revanche d'éviter le 2014, marqué par une végétalité peu engageante.

- Minervois 2014 — 12 € 12
- Minervois 2015 — 14 € 15

Le coup de ♥
- Minervois Riussanelle 2015 — 8 € 15

Cette cuvée tendre et savoureuse se pose en modèle d'équilibre. Sans fard ni inutile complication, elle livre un message rond et coulant, d'une profonde harmonie.

Rouge : 15 hectares.
Syrah 35 %, Cinsault 20 %, Carignan 20 %, Pinot noir 15 %, Grenache noir 10 %
Blanc : 7 hectares.
Viognier 65 %, Sauvignon blanc 35 %
Production moyenne : 40 000 bt/an

CHÂTEAU DE RIEUX
**Rue de la Jugie, 11160 Rieux-Minervois
06 86 45 53 63 • chateauderieux.com/ •
Vente et visites : au domaine sur rendez-vous.
Tous les jours de 8h à 20h.
Propriétaire : Emmanuel de Soos**

CHÂTEAU RIVES-BLANQUES

Le domaine est situé à 350 mètres d'altitude, sur un plateau dominant la vallée de l'Aude d'un côté, et offrant de l'autre une vue en cinémascope sur les Pyrénées enneigées. Rives-Blanques a bénéficié de la passion et des moyens de Jan et Caryl Panman, couple britannique venu de la finance, séduit par la beauté du site et par la palette qu'offrent les blancs limouxins. Dans une cave désormais parfaitement équipée, le chardonnay (100 % dans la cuvée Odyssée), le chenin (Dédicace) et le mauzac (Occitania), soumis à des rendements assez bas, sont vinifiés en cuve et en barrique. Une valeur sûre de Limoux : des vins équilibrés, expressifs et faciles d'accès.

Les vins : avec davantage de profondeur que leurs prédécesseurs, les 2015 marquent une progression. Les cuvées mettant en valeur chacune un cépage sont toutes de haut goût. Évitez en revanche la cuvée "de base" en IGP, caricaturalement amylique. Parmi les effervescents, comme l'an dernier la blanquette de Limoux, à la fois douce et relevée par une pointe d'amertume, retient l'attention davantage que les crémants.

⊂ Blanquette de Limoux 2015	12,75 €	14
⊂ Crémant de Limoux Blanc de Blancs 2015	12,75 €	12,5
⊂ Limoux Dédicace 2016	12,75 €	14,5
⊂ Limoux Le Limoux 2015	12,75 €	13,5
⊂ Limoux Occitania 2016	12,75 €	14,5
⊂ Limoux Odyssée 2015	12,75 €	14,5
⊂ Crémant de Limoux Vintage Rose 2015	13 €	12

Le coup de ♥
⊂ Limoux La Trilogie 2015	18,50 €	15,5

Cet assemblage de chardonnay, chenin et mauzac propose un grand confort tactile, le palais est enrobé. Intensité aromatique également au rendez-vous : miel, pomme séchée, tilleul… bel extrait sec, acidité tonique, élevage cohérent.

Blanc : 20 hectares.
Chardonnay 50 %, Mauzac 30 %, Chenin 20 %
Production moyenne : 100 000 bt/an

CHÂTEAU RIVES-BLANQUES
**Domaine Rives-Blanques 11300 Cépie
04 68 31 43 20** ● **www.rives-blanques.com**
● **Vente et visites : au domaine sur rendez-vous.
Tous les jours de 9h à 18h. Visite guidée le mardi matin.**

Propriétaire : Famille Panman
Directeur : Jan et Caryl Panman
Maître de chai : Jan-Ailbe Panman
Œnologue : Lab. Dubernet

DOMAINE DE LA RÉSERVE D'O

Le domaine est créé en 2004 par Frédéric et Marie Chauffray, vignerons passionnés et autodidactes, sur la commune d'Arboras, dans un des secteurs les plus hauts, et donc les plus frais, des Terrasses du Larzac. L'approche agronomique est biodynamique. Comme la viticulture, la vinification se veut très proche des cycles naturels – comprenez peu interventionniste. Les vins se sont très vite singularisés par leur gourmandise enjouée, qui offre un contrepoint intéressant au sérieux parfois ascétique de certains vins de cette jeune et si dynamique appellation. Le style est reconnaissable et, en peu d'années, le domaine a fait ses preuves, de la délicieuse cuvée sans sulfites SanSSoo, qui reprend la dénomination Saint-Saturnin, menacée de désuétude, à des exercices d'élevages plus longs qui évoluent avec bonheur.

Les vins : la séduction opère pleinement dans toutes les cuvées, on est à tu et à toi avec le fruit. Dominé par le cinsault, Bilbo 2016 est une véritable friandise, avec un croquant capable de faire oublier la sécheresse de l'année. Rare, malheureusement, le blanc du même millésime (grenache blanc, roussanne et chenin), offre un profil abricoté/acidulé plein de piquant.

⊂ IGP Saint-Guilhem le Désert 2016	17 €	15
■ Languedoc Bilbo 2016	15 €	15,5

Le coup de ♥
■ Terrasses du Larzac 2015	17 €	16,5

Assemblage de syrah et de grenache à égalité, complété par un peu de cinsault, voici un très beau 2015, sérieux et en même temps subtil, bien fourni en tanins mais laissant primer l'attrait et la réactivité du fruit.

Rouge : 11 hectares.
Syrah 54 %, Grenache noir 36 %, Cinsault 10 %
Blanc : 1,1 hectare.
Chenin 34 %, Grenache blanc 33 %, Roussanne 33 %
Production moyenne : 30 000 bt/an

DOMAINE DE LA RÉSERVE D'O
**Rue du Château, 34150 Arboras
06 76 04 03 88** ● **www.lareservedo.fr** ●
**Vente et visites : au domaine sur rendez-vous.
Propriétaire :** Marie et Frédéric Chauffray

LANGUEDOC

LANGUEDOC

DOMAINE SAINTE CROIX

Ce domaine s'affirme comme l'un des plus intéressants du terroir de Durban, au sud des Corbières, zone qui devrait bientôt accéder au statut de cru. Depuis leur premier millésime dans ce paysage très minéral, il y a maintenant plus de dix ans, Elizabeth et Jon Bowen ont peu à peu pris la mesure des connivences existant entre leur parcellaire aux sols complexes et la multiplicité des cépages locaux. La volonté d'expérimenter, en réinterprétant au passage un patrimoine local quasiment abandonné (notamment ampélographique), nous impressionne très favorablement. Le style s'est déjà considérablement affiné et la marge de progression, au vu de la sensibilité des vignerons et de la puissance des terroirs, demeure importante.

Les vins : les matières sont très proches du fruit initial, en fort relief, d'une intensité remarquable. Elles peuvent cependant s'exprimer de façon abrupte, ou brouillonne. Les 2014 sont réussis, intenses et sans végétalité. La cuvée Celestra, grenache solaire et exubérant, a bien progressé dans l'intégration de son élevage. Il y a toujours un peu de réduction dans les cuvées à dominante de carignan. La cuvée éponyme du cépage emblématique des Corbières, en vin de France, offre une qualité de tanins remarquable. Le blanc de grenache est enthousiasmant.

▶ Corbières Celèstra 2014	20 €	15
▶ Corbières Le Fournas 2014	10 €	14
▶ Corbières Magneric 2014	14 €	13
▶ VDF Carignan 2014	20 €	15,5
▶ VDF Pourboire Nature 2015	12 €	15

Le coup de ♥

▷ VDF La Serre 2015	12 €	16

Riche, tendu cependant, cet assemblage de grenache blanc (60 %) et de grenache gris (40 %) développe des belles notes de fruits mûrs, et même surmûrs, allant jusqu'à la nèfle blettie. La matière garde une allure fine et gourmande.

Rouge : 10 hectares.
Carignan 56 %, Grenache noir 23 %,
Syrah 18 %, Mourvèdre 3 %
Blanc : 1 hectare.
Grenache gris 50 %, Grenache blanc 50 %
Production moyenne : 28 000 bt/an

DOMAINE SAINTE CROIX ♣

7, avenue des Corbières,
11360 Fraïssé-des-Corbières
06 85 67 63 88 ● www.saintecroixvins.com
● Vente et visites : au domaine sur rendez-vous.
Propriétaire : Jon et Elizabeth Bowen

LA TRAVERSÉE

L'aventure de Gavin Crisfield, Irlandais de Belfast, sommelier et œnologue, est emblématique du renouveau languedocien. Après dix ans passés au domaine de la Sauvageonne, il s'installe en 2009, toujours à Saint-Privat, où il démontre très vite la pertinence de ses ambitions. Avec un peu plus de 4 ha de vignes et une géologie mouvementée (schistes, basalte, grès, calcaire), il s'attache à un travail artisanal très précis pour exprimer sa vision du terroir. À l'image des étiquettes, la gamme est on ne peut plus sobre. Elle va à l'essentiel, avec un pur cinsault qui exalte la finesse native du cépage et un rouge d'assemblage en appellation Terrasses du Larzac, élevé en cuve ovoïde de béton, profond, épuré, d'une grande droiture.

Les vins : purs, très frais, tanniques, les derniers millésimes 2014 et 2015 se présentent sous un jour un peu austère, 2015 possédant toutefois davantage de magnétisme et de fond. Le 2011 dégusté dans le cadre du Guide Vert présente une pointe viandée insistante, stigmate d'une évolution accélérée ; un magnum goûté quelques semaines plus tôt paraissait beaucoup plus fringant et juvénile.

▶ Languedoc Terrasses du Larzac 2011	25 €	14
▶ Terrasses du Larzac 2014	25 €	14

Le coup de ♥

▶ Terrasses du Larzac 2015	25 €	16,5

Concentré autour d'une forte tannicité, ce vin manifeste une grande énergie interne ; son profil reste pour l'heure tranchant, minéral, introverti. La qualité remarquable du fruit devrait éclater au grand jour dans les mois qui viennent.

Rouge : 4,5 hectares.
Syrah 45 %, Grenache noir 30 %,
Carignan 15 %, Cinsault 10 %
Production moyenne : 10 000 bt/an

LA TRAVERSÉE ♣

6, rue des Deux Ponts, Hameau Les Salces,
34700 Saint-Privat
04 67 88 11 07 ● www.latraversee.fr ●
Vente et visites : au domaine sur rendez-vous.
Propriétaire : Gavin Crisfield

DOMAINE TURNER PAGEOT

Sommelier baroudeur ayant vinifié en Italie, en France et dans plusieurs pays de l'hémisphère Sud, Emmanuel Pageot a uni ses efforts à ceux de sa compagne Karen Turner, directrice technique du Prieuré Saint-Jean-de-Bébian. Ensemble, ils travaillent en biodynamie un petit domaine du secteur de Gabian, qui propose une gamme très personnelle. Si les rouges montrent du caractère, ce sont ici les blancs qui surprendront le plus, car ils sortent véritablement des sentiers battus avec leurs matières denses, colorées et parfois franchement tanniques (macération des peaux).

Les vins : ils manifestent toujours une forte personnalité, avec des identités de forme et de terroir puissamment détournées dans le fruit. Les rouges semblent avoir définitivement réglé les problèmes de netteté aromatique qui ont pu les pénaliser par le passé. Très majoritairement grenache, la cuvée G230 montre des accents balsamiques très intéressants. Les blancs demeurent les vins les plus passionnants du domaine, avec deux 2014 de grand caractère, qui parviennent à l'originalité par l'usage de cépages souvent galvaudés en Languedoc, le sauvignon et la marsanne, et un 2016 de grand plaisir, un peu moins extrême dans son expression mais d'une grande originalité.

▷ VDF La Rupture 2014	16 €	15,5
▷ VDF Les Choix 2014	24 €	15,5
▬ Languedoc Pézenas B815 2015	23 €	14
▬ Languedoc Pézenas Carmina Major 2015	15 €	13,5
▬ Languedoc Pézenas G230 2015	23 €	15

Le coup de ♥

▷ Languedoc Le Blanc 2016	12 €	16

La marsanne macérée (30 % de l'assemblage) apporte profondeur et générosité structurelle à la chair tendre et abricotée de la roussanne vinifiée "traditionnellement". L'ensemble possède un caractère original, vif, très avenant, bien loin des caricatures que suscitent souvent les cépages rhodaniens en Languedoc.

Rouge : 6 hectares.
Grenache noir 54 %, Mourvèdre 30 %, Syrah 16 %
Blanc : 3 hectares.
Sauvignon blanc 58 %, Roussanne 20 %, Picpoul 17 %, Marsanne 5 %
Production moyenne : 35 000 bt/an

DOMAINE TURNER PAGEOT ☾
3, avenue de la Gare, 34320 Gabian
04 67 00 14 33 ● www.turnerpageot.com ●
Vente et visites : au domaine sur rendez-vous.
Propriétaire : Karen Turner et Emmanuel Pageot
Directeur : Emmanuel Pageot
Maître de chai : Emmanuel Pageot
Œnologue : Karen Turner

LES VIGNES OUBLIÉES

Jean-Baptiste Granier, jeune ingénieur agronome, a démarré le projet des Vignes Oubliées avec le tutélaire Olivier Jullien. La démarche est singulière autant que méritoire : elle est née du désir de conservation de vieilles parcelles sur la commune de Saint-Privat (un bout du monde comme le Languedoc en possède tant) condamnées par la logique économique coopérative, désormais cultivées en partenariat avec leurs propriétaires. Peut-être plus anecdotique mais tout aussi touchant, les vins sont élevés bien au frais dans une grotte, ancien moulin à huile. La cuvée éponyme en Terrasses du Larzac s'affirme depuis ses début, en 2007, comme un vin soigné et expressif, porteur d'un vrai message de terroir. Dans un style pimpant et digeste, la cuvée déclarée en Languedoc est un pur bonheur. Basée sur la clairette, le blanc est adroitement cadré pour l'élevage en bois.

Les vins : bien construits, purs, mais encore un peu introvertis, les 2015 méritent d'être attendus. Si le blanc possède une jolie matière, l'élevage est pour l'heure trop apparent. Les rouges ont cette "accroche fraîche" qui résume bien la philosophie d'un Languedoc qui sait aujourd'hui concilier intensité de goût et vivacité du fruit.

▷ VDF Blanc 2015	18,50 €	13,5
▬ Terrasses du Larzac 2015	18,50 €	14,5

Le coup de ♥

▬ Languedoc 2015	12,50 €	15

Tendre, parfumé, gourmand mais faisant preuve d'une certaine retenue, c'est un vin d'équilibre qui met en avant les vertus du cinsault des hautes terres de l'appellation Terrasses du Larzac.

Rouge : 9 hectares.
Grenache noir 60 %, Carignan 20 %, Syrah 20 %, Cinsault 10 %
Blanc : 0,3 hectare.
Grenache blanc 40 %, Clairette 30 %, Roussanne 30 %
Production moyenne : 35 000 bt/an

LANGUEDOC

LES VIGNES OUBLIÉES
3, rue de la Fontaine,
34700 Saint-Jean-de-la-Blaquière
06 72 77 38 88 ● lesvignesoubliees.com ●
Vente et visites : au domaine sur rendez-vous.
Propriétaire : Jean-Baptiste Granier

CHÂTEAU LA VOULTE-GASPARETS

Animées par la volonté de révéler la spécificité du terroir de Boutenac, cinq générations ont bâti la notoriété de ce domaine de référence des Corbières. Patrick Reverdy et son fils Laurent se sont attachés à valoriser leurs vieux carignans, colonne vertébrale de la production. Vinifié en macération carbonique, le carignan entre pour moitié dans l'assemblage de l'emblématique cuvée Romain Pauc. Alors que beaucoup progressent rapidement dans les Corbières, La Voulte-Gasparets ne s'est pas laissée distancer et propose, dans les derniers millésimes, des vins très réguliers qui, en outre, vieillissent souvent avec bonheur.

Les vins : les blancs restent fidèles à leurs styles respectifs, net et linéaire pour le corbières classique, gras et élevé pour la cuvée Paul et Louise, basée sur les cépages rhodaniens. En rouge, la cuvée Réservée propose une expression typée, franche, maîtrisée. 2015 et 2016 manifestent une belle intensité ; 2013 et surtout 2014 se montrent plus minces et herbacés. Attention aux tanins qui ont tendance à parfois présenter une certaine dureté. Avec un beau 2013 qui évolue sur le thym et le menthol, la cuvée Une Fois de Plus, basée sur le mourvèdre, prend doucement ses marques, même si elle est loin d'exprimer la même territorialité que le célèbre Romain Pauc, qui demeure plus que jamais le porte-étendard du domaine et de l'appellation. Très intenses, 2015 et 2016 devraient au moins égaler les magnifiques 2010 et 2011. 2014 souffre d'une certaine minceur et semble chlorotique en comparaison.

▱ Corbières 2016	8,80 €	13,5
▱ Corbières Paul et Louise 2015	18 €	13,5
▰ Corbières Cuvée Réservée 2014	Épuisé	12
▰ Corbières Cuvée Réservée 2015	9,30 €	14,5
▰ Corbières Cuvée Réservée 2016	9,30 €	14
▰ Corbières Réservée 2013	Épuisé	13,5
▰ Corbières Une Fois de Plus 2013	22 €	14,5
▰ Corbières Une Fois de Plus 2014	22 €	14,5
▰ Corbières-Boutenac Romain Pauc 2013	Épuisé	15
▰ Corbières-Boutenac Romain Pauc 2014	Épuisé	13
▰ Corbières-Boutenac Romain Pauc 2016	19,80 €	15

Le coup de ♥

▰ Corbières-Boutenac Romain Pauc 2015	19,80 €	16

Très serré, dense, empyreumatique, encore marqué par le bois, ce Romain Pauc est loin d'être accessible. Il manifeste une réelle distinction et possède beaucoup de fond, ce qui lui permettra d'égaler les grandes réussites de cette cuvée historique.

Rouge : 48 hectares.
Carignan 50 %, Grenache noir 25 %, Mourvèdre 15 %, Syrah 10 %
Blanc : 6,2 hectares.
Rolle 50 %, Grenache blanc 25 %, Roussanne 15 %, Marsanne 5 %, Macabeu 5 %
Production moyenne : 260 000 bt/an

CHÂTEAU LA VOULTE-GASPARETS
13, rue des Corbières, 11200 Boutenac
04 68 27 07 86 ●
www.lavoultegasparets.com ● Visites : sans rendez-vous.
Tous les jours de 9h à 12h et de 14h à 18h.
Propriétaire : Patrick Reverdy
Œnologue : Marc Dubernet

ZÉLIGE-CARAVENT

Le secteur du Pic Saint-Loup est l'un des plus qualitatifs du Languedoc, mais trop rares sont les vignerons capables d'exprimer pleinement le potentiel de ses terroirs. Petit-fils de vigneron, retourné par choix à la terre, Luc Michel fait partie de ces artisans talentueux. Aidé de sa compagne Marie, il s'attache à travailler manuellement ses 23 parcelles éparpillées dans la garrigue et certifiées en bio. Les vieux cépages locaux ont encore droit de cité (carignan, cinsault, aramon, carignan blanc) aux côtés de la syrah et du mourvèdre. Des vins savoureux, très francs, vinifiés sans intrants et élevés en cuve béton, qui s'expriment avec fraîcheur et naturel, produits d'un écosystème vivant. Certaines cuvées doivent toutefois gagner en précision et en nuances.

Les vins : encore assez gazeux, les 2015 proposent une interprétation parfumée et directe du millésime en Languedoc. Au vieillissement, certaines cuvées ont tendance à sécher (Fleuve Amour 2012), alors que d'autres évoluent avec davantage de sérénité, développant un caractère original enthousiasmant (Velvet 2010 ou encore l'alicante Bouschet Nuit d'Encre).

⊂ VDF Pour Toi Ma Belle 2015	N.C.	14,5
🍷 Languedoc Pic Saint-Loup Fleuve Amour 2012	28 €	13
🍷 Languedoc Pic Saint-Loup Ikebana 2012	14 €	14
🍷 Languedoc Pic Saint-Loup Ikebana 2015	N.C.	14,5
🍷 Languedoc Pic Saint-Loup Joli Coeur 2015	N.C.	14
🍷 VDF Nuit d'Encre	18 €	15

Le coup de ♥

🍷 Languedoc Pic Saint-Loup Velvet 2010	17 €	15,5

Belle évolution organique, avec une évocation de lièvre en marinade, de laurier, de saupiquet... Très savoureuse, la matière reste intense, sauvage, sa texture à la fois serrée et généreuse.

Rouge : 11 hectares.
Syrah 30 %, Cinsault 20 %, Carignan 20 %, Grenache noir 10 %, Mourvèdre 10 %, Divers noir 5 %, Alicante 5 %
Blanc : 1 hectare.
Chasan 80 %, Roussanne 15 %, Clairette 5 %
Production moyenne : 40 000 bt/an

ZÉLIGE-CARAVENT
**Chemin de la Gravette, 30260 Corconne
06 87 32 35 02 ● www.zelige-caravent.com
● Vente et visites : au domaine sur rendez-vous.
Propriétaire : Luc et Marie Michel**

NOUVEAU DOMAINE

DOMAINE DE CÉBÈNE

Après une riche expérience professionnelle dans le monde du vin bordelais, Brigitte Chevalier a posé ses valises à Faugères en 2007. Femme du vin mais néo-vigneronne, elle possède indéniablement de l'ambition, une vista, un sens de l'élégance "septentrionale" qu'elle veut donner à ses vins. En choisissant des vignes d'altitudes, en majorité exposées au nord, puis en creusant un chai enterré sous les schistes, au milieu des vignes, elle s'est donnée les moyens d'atteindre ses objectifs. La gamme est bien articulée entre vins de cuve (Ex Arena, grenache hors appellation produit sur les caractéristiques sables rouges de Corneilhan ; Les Bancèls, à majorité syrah, et le remarquable Belle Lurette issu de vieux carignans) et élevage en barrique de 500 litres (cuvée Felgaria, dominée par le mourvèdre). Les derniers millésimes goûtés en primeur parmi leurs pairs montrent bien que le domaine fait désormais partie de l'élite faugéroise.

Les vins : ils sont caractérisés par une approche en finesse ; les matières n'apparaissent jamais débordées par l'alcool. Si les 2014 sont malheureusement marqués par une verdeur de goût qui en diminue considérablement l'agrément, les 2015 montrent une belle tension et une grande netteté de fruit, et le 2013 présenté est superbe.

🍷 Faugères Belle Lurette 2015	17,50 €	14,5
🍷 Faugères Felgaria 2014	35 €	13
🍷 Faugères Les Bancèls 2014	15,50 €	12
🍷 Faugères Les Bancèls 2015	15,50 €	15
🍷 IGP Pays d'Oc Ex Arena 2015	12 €	13

Le coup de ♥

🍷 Faugères Felgaria 2013	34 €	16

La robe est encore très vive, le nez précieux, complexe, développant des notes d'encens et de cendre froide. La finesse de ce corps élancé, la saveur pointue et racée de la chair sont admirables. C'est un faugères de grande distinction.

Rouge : 11 hectares.
Grenache noir 30 %, Syrah 27 %, Carignan 25 %, Mourvèdre 18 %
Production moyenne : 35 000 bt/an

DOMAINE DE CÉBÈNE
**Route de Caussiniojouls, 34600 Faugères
06 74 96 42 67 ● www.cebene.fr ● Pas de visites.
Propriétaire : Brigitte Chevalier**

"Le vignoble ligérien s'exprime aujourd'hui grâce à ses appellations historiques, mais également à travers l'émergence de talents dans les petites appellations situées aux extrémités du fleuve, comme les Fiefs Vendéens ou les Côtes d'Auvergne."

Alexis Goujard, dégustateur des vins de Loire
Membre du comité de dégustation de La Revue du vin de France

LOIRE

-

DES TRÉSORS À PRIX RAISONNABLES

-

Le vignoble ligérien s'étend des contreforts du Forez aux Fiefs vendéens : un vivier de bonnes affaires.

Considérée comme l'une des régions viticoles les plus dynamiques de France, où la créativité des vignerons s'illustre à travers une très large variété de vins, la vallée de la Loire est aussi très complexe à appréhender. Les sancerres et les pouillys semblent plus proches des vins de Bourgogne que du Muscadet. Le fleuve, cordon ombilical long de 600 kilomètres, a permis l'émergence et la pérennité historique de ce vaste vignoble. Les vins de Loire trouvent leur force, leur originalité et leur juste nature en jouant sur les registres de la fraîcheur, du fruité, de cette digestibilité si rare dans les crus issus de millésimes chauds et des nouveaux vignobles du Sud.

Sans hiérarchie de terroirs comme en Bourgogne ou en Alsace, sans classement historique de domaines à la bordelaise, les terroirs et les domaines ligériens ne facilitent pas l'accès aux meilleurs producteurs. L'apport de la Loire au patrimoine des vins mondiaux est pourtant capital. On pourrait le résumer par la formule "Diversité, qualité et économie". Diversité, parce que cette région peut tout produire : du liquoreux le plus concentré au blanc le plus sec, du vin primeur au cru capable de vieillir, de la saveur la plus fruitée et proche du raisin au minéral apporté par la complexité des terroirs. Qualité, parce qu'une nouvelle génération de vignerons-artistes a compris qu'il fallait revenir à une viticulture plus attentive et moins productive, tout en perfectionnant les techniques de vinification dans le sens d'un plus grand respect du raisin. Enfin, d'un point de vue économique, la Loire demeure un vivier de bonnes affaires avec des touraines de charme à moins de 8 euros et de grands saumur-champigny ou chinons pour à peine le double. Bref, les vins de Loire ne mettront pas à sec votre porte-monnaie.

Mais tous ne se valent pas, loin de là. Un grand nombre de cuvées de blanc sec trop banales et trop acides ont de plus en plus de mal à trouver des acheteurs. Les rouges immatures, aux tanins verts et herbacés, ne plaisent qu'aux vignerons qui les produisent ou à des piliers de bars à vins peu regardants sur la qualité. Les liquoreux d'entrée de gamme, collectionneurs de médailles d'or aux concours officiels, scandaleusement édulcorés à grand renfort de chaptalisation, détournent le public des trésors qui dorment dans les meilleures caves du Layon ou de Vouvray. On cache généralement la misère de la production courante par le doux euphémisme "bon petit vin pas cher de producteur". Or nous refusons ici la langue de bois ou la démagogie ; nous vous présentons uniquement des producteurs capables de signer de grands vins de terroir et, répétons-le, sans vous ruiner.

Comme dans tous les vignobles septentrionaux, l'effet millésime est particulièrement amplifié dans la Loire. La vallée connaît toujours des phases ascendantes de maturité et de qualité durant trois ou quatre années, puis un apogée sur un ou deux millésimes, et souvent, une chute brutale par un millésime froid ou une gelée générale (comme en 1991). 2015 a failli être un millésime d'exception. Il l'est pour les blancs secs et liquoreux, moins pour les vins rouges.

Les vins ligériens, qui offrent donc de nombreuses caractéristiques favorables aux consommateurs, connaissent aujourd'hui un succès mérité.

LOIRE

LES APPELLATIONS

Le vignoble de la Loire est l'un des plus complexes de France en raison de la diversité des terroirs, des cépages et des appellations qui s'égrainent le long des 600 kilomètres du fleuve. Pour s'y retrouver, le mieux est encore de commencer en partant de son embouchure (le Muscadet) et de remonter son cours.

LE PAYS NANTAIS

Muscadet Sèvre-et-Maine, Muscadet Coteaux de la Loire, Muscadet Côtes de Grandlieu, Muscadet et les crus du Muscadet : ces quatre appellations contrôlées, très cousines, livrent des vins blancs secs, légers et souvent perlants, élaborés à partir du cépage melon de Bourgogne, localement appelé muscadet.

En principe, la première des quatre, de loin la plus vaste, définit les meilleurs terroirs, ce qui n'exclut pas, France oblige, les nombreuses exceptions. Ces vins se boivent jeunes et sans trop de modération, étant donné la louable modestie de leurs prix. Le gros-plant est également un blanc sec nantais, de plus petite envergure, issu du cépage folle blanche. Malgré une crise ininterrompue depuis quinze ans, une poignée de vignerons nantais se bat et séduit toujours de nouveaux amateurs avec des vins aux notes océanes et minérales exemplaires.

Depuis 2011, trois crus communaux chapeautent l'ensemble des appellations du Muscadet. Les crus de Clisson, Gorges et Le Pallet désignent les meilleures parcelles de ces villages.

LES FIEFS VENDÉENS

Le vignoble des Fiefs vendéens s'étend principalement au sud-ouest de la Vendée. Cette appellation a été créée en 2011. Aujourd'hui, plusieurs vignerons de talent mettent en avant les terroirs océaniques de ce secteur.

L'ANJOU

L'Anjou possède un patrimoine viticole d'une grande richesse, produisant toute la gamme possible de vins : blancs, rouges, rosés, secs, demi-secs, liquoreux, effervescents.

Anjou, Anjou-Villages et Anjou-Villages Brissac : la première de ces trois appellations est la plus vaste du Maine-et-Loire et désigne des vins blancs secs à dominante de chenin, des rosés secs légers à base de grolleau (les rosés demi-secs de cabernet franc ont droit à l'appellation Cabernet d'Anjou) et des rouges souvent simples, de gamay ou de cabernet.

La deuxième est réservée aux meilleurs terroirs de rouges (souvent sur schistes), à base de cabernet franc et de cabernet-sauvignon.

La troisième concerne dix communes entre la Loire et le Layon réputées pour leurs rouges de garde.

Savennières : à la porte occidentale d'Angers, la région privilégiée de Savennières donne des blancs secs (plus rarement demi-secs) issus du cépage chenin, corsés et pouvant merveilleusement vieillir. Cette appellation recense deux crus, la Roche-aux-Moines (19 ha) et la Coulée-de-Serrant (7 ha), qui appartient à un seul producteur.

Coteaux de l'Aubance, Coteaux du Layon, Coteaux du Layon-Villages (six communes), Bonnezeaux et Quarts de Chaume : ces appellations donnent naissance à des vins moelleux ou à des liquoreux somptueusement parfumés, lorsqu'ils sont sincèrement faits, issus de pourriture noble associée, suivant les terroirs, aux raisins passerillés (Chaume, Bonnezeaux). L'amateur se fera un plaisir d'apprendre à saisir les innombrables nuances qui distinguent les villages et les vinificateurs.

LOIRE

LE SAUMUROIS
Saumur : cette appellation produit des blancs secs de chenin, issus de sols calcaires, légers et plus fins que les anjous et d'un inégalable rapport qualité-prix. Certains terroirs, tel Brézé, sont réputés de longue date, et dignes de premiers crus. Les saumurs rouges manquent souvent de profondeur.

Saumur Puy-Notre-Dame : cette nouvelle AOC créée en 2008 couvre 17 communes et produit exclusivement des vins rouges puissants grâce à quelques producteurs ambitieux.

Saumur-Champigny : les vins, uniquement rouges, de cette appellation bénéficient d'un terroir plus solaire, argileux, et d'une forte émulation au sein d'une nouvelle génération de vignerons passionnés.

Coteaux de Saumur : cette appellation désigne des moelleux fort rares, qui se montrent parfois extraordinaires.

Saumur Mousseux et Crémant de Loire : une vieille tradition de vins mousseux, à base de chenin, de chardonnay et de cabernet franc, a fait la fortune de quelques négociants de la région de Saint-Florent.

LA TOURAINE
Le cœur de la vallée de la Loire illustre à merveille la polyvalence du vignoble, avec trois séries d'appellations.

Touraine : elle regroupe des rouges primeurs de gamay, des rouges de demi-garde avec l'appoint de cabernet et de côt (nom local du malbec), des blancs de sauvignon et de chenin, des rosés de pineau d'Aunis, de gamay, de pinot gris et de pinot noir. Les appellations Touraine-Amboise et Touraine-Mesland, récemment rejointes par l'AOC Touraine-Chenonceau, bénéficient d'une réputation plus affirmée.

Chinon, Bourgueil et Saint-Nicolas-de-Bourgueil : ces appellations communales produisent essentiellement des vins rouges à base de cabernet franc, souples, fruités et de demi-garde, capables cependant, dans les grands millésimes, d'atteindre des sommets.

Montlouis-sur-Loire et Vouvray : ces appellations se consacrent exclusivement au vin blanc de chenin qui prend ici toutes les formes possibles, du pétillant au liquoreux de légende, selon les millésimes. Longtemps distancée, Montlouis est aujourd'hui l'une des plus dynamiques appellations de Loire.

LES VIGNOBLES DU CENTRE
Sancerre, Pouilly-Fumé, Menetou-Salon, Quincy et les vignobles du Massif Central : les magnifiques coteaux marno-calcaires sont voués au sauvignon, qui se montre ici d'une finesse extrême, pour peu que l'on sache le récolter à maturité. Certains microclimats sont favorables au pinot noir, aux vins rouges plus légers qu'en Côte-d'Or, mais bien plus accomplis que dans l'Yonne ou en Champagne. En remontant encore vers la source de la Loire, les appellations Saint-Pourçain et Côtes d'Auvergne sont en pleine émulation grâce à des cuvées d'artistes.

LES CÉPAGES

LES PRINCIPAUX CÉPAGES BLANCS :
Le chenin : ce cépage local surnommé "plant d'Anjou" vers le Xe siècle a été popularisé sous le nom de chenin par Rabelais. Ce cépage tardif s'adapte à merveille aux différents microclimats de l'Anjou et de la Touraine. Récolté en début de vendanges, il permet d'élaborer des vins blancs secs et racés (Savennières, Saumur, Vouvray, Montlouis) ou pétillants (Saumur, Vouvray, Montlouis). Ramassé en fin de vendanges, après le développement du *botrytis*

LOIRE

cinerea ou un passerillage, il donne naissance à de grands vins demi-secs, moelleux et liquoreux (Coteaux du Layon, Chaume, Bonnezeaux, Vouvray, Montlouis). Sous cette forme et dans les grands millésimes, le chenin présente une aptitude de garde exceptionnelle.

Le sauvignon : cépage ligérien devenu une star mondiale, produit notamment en Nouvelle-Zélande et surtout à Bordeaux, dans les Graves. Dans la Loire, il est cultivé de la Touraine au Sancerrois, où il a acquis ses lettres de noblesse grâce au sancerre et au pouilly-fumé. Il s'exprime avec une extrême finesse sur ces terroirs de silex, de marne et de calcaire.

LES AUTRES CÉPAGES BLANCS

De nombreux autres cépages blancs participent à l'identité des vins de Loire. Le chardonnay, originaire de Bourgogne, est connu sous le nom d'"auvernat". Il est utilisé pour l'élaboration du crémant de Loire et du saumur brut.

Le melon de Bourgogne est le cépage unique de l'AOC Muscadet. Originaire de Bourgogne, il a été introduit dans la région par les moines vers 1635. Les roches cristallines du sud-est de Nantes lui communiquent plus de finesse que les zones des roches sédimentaires.

La folle blanche est originaire du sud-ouest de la France mais reste utilisée aujourd'hui pour produire le gros-plant du Pays nantais. Ce cépage rustique, implanté dans la région au Moyen Âge, s'adapte à une grande variété de climats et de sols.

LES PRINCIPAUX CÉPAGES ROUGES

Le cabernet franc : ce cépage est aux vins rouges d'Anjou et de Touraine ce que le chenin est aux vins blancs de la région. Il serait originaire du Pays basque espagnol. Le cabernet franc est généralement vinifié seul. Premier cépage rouge de la Loire, il est utilisé à Chinon, Bourgueil, Saint-Nicolas-de-Bourgueil, Saumur, Saumur-Champigny, Anjou et Anjou-Villages. Il permet en outre de réaliser des vins rouges d'assemblage en appellation Touraine. Il est généralement utilisé seul pour le cabernet d'Anjou et le cabernet de Saumur, et en assemblage pour certains rosés de l'appellation Touraine. Ses arômes de fruits noirs et de poivron, sa structure tannique le prédestinent aux vins de garde.

Le gamay : originaire du Beaujolais, ce cépage est particulièrement répandu en Touraine où il est souvent vinifié seul, ainsi qu'en Anjou. Plus à l'aise sur des sols argilo-siliceux et granitiques que calcaires, il peut donner des résultats à la fois surprenants et originaux, notamment lorsqu'il est utilisé en assemblage avec le cabernet ou le côt (malbec). Ce qui est le cas dans la région de Blois, où les grands millésimes de l'AOC Touraine-Mesland permettent d'élaborer des vins de semi-garde.

LES AUTRES CÉPAGES ROUGES

Le grolleau (ou groslot), apprécié pour son rendement, donne des rosés faciles à boire et fruités. Après le cabernet franc et le gamay, c'est le cépage rouge le plus planté en Val de Loire, bien qu'il ne permette pas d'élaborer de grands vins de garde.

Le cabernet-sauvignon, cépage du Bordelais, s'exprime sur les schistes des AOC Anjou-Villages et Anjou-Villages Brissac, et permet d'obtenir une structure tannique intéressante. Il constitue un bon complément du cabernet franc.

Le pineau d'Aunis (ou chenin noir), comme le grolleau, a été cultivé pour ses rendements importants.

Le pinot noir est le cépage rouge prépondérant du Centre-Loire (20 % de l'encépagement). Il est employé à Sancerre, Menetou-Salon, Reuilly, et entre, avec le gamay, dans les assemblages des vins des Coteaux du Giennois et de Châteaumeillant.

Le côt (ou malbec) a trouvé sa zone de prédilection en Touraine et, plus précisément, dans la vallée du Cher et à Montlouis-sur-Loire, où il a sérieusement concurrencé le grolleau.

LOIRE

PARTIR EN GOGUETTE LE LONG DU FLEUVE

Entre châteaux de la Renaissance et vignobles historiques, la vallée de la Loire regorge de bonnes adresses où loger et déguster les vins de la région en toute quiétude.

CHAMBRES D'HÔTES

LA PINSONNIÈRE
Olivier et Pascale Schwirtz, cavistes à Paris, tiennent ces quatre chambres d'hôtes (de 71 à 84 €) ainsi qu'une excellente table, les soirs de week-end. Stages "cuisine et vins".
Rue des Clos, lieu-dit Sanziers, 49260 Vaudelnay. Tél. : 02 41 59 12 95.
www.la-pinsonniere.fr

L'AMI CHENIN
France et Xavier Amat proposent trois chambres mi-troglodytes. Passionnés de vins bio et "nature", ils sont aussi cavistes : 300 vins environ. Chambres : 75-95 €. Table d'hôtes : 25 € sans les vins.
37, rue de Beaulieu, 49400 Saumur.
Tél. : 02 41 38 13 17.
www.amichenin.com

LE CHÂTEAU DE COLLIERS
Superbe vue sur la Loire. Cinq chambres d'hôtes à l'ancienne. De 136 à 169 € la nuit.
Route de Blois, 41500 Muides-sur-Loire. Tél. : 02 54 87 50 75.
www.chateau-colliers.com

CAVISTES

LE PALAIS GOURMET
Environ 900 références dont l'élite des vins de Loire (Foucault, Alliet, Vacheron, Foreau, Chidaine…).
4, place de la Paix, 41200 Romorantin. Tél. : 02 54 76 82 34.
www.palaisgourmets.fr

LE VIN
À La Charité-sur-Loire, le meilleur caviste du coin, c'est Jean-Paul Quenault, qui fait naturellement la part belle à la Loire sans oublier les grands noms du vignoble français.
7, place des pêcheurs, 58400 La Charité-sur-Loire.
Tél. : 03 86 70 21 30.

RESTAURANTS

AUBERGE DES ISLES
Une belle terrasse dans un superbe environnement au bord du Thouet, au pied du château de Montreuil-Bellay. Les vignerons Guillaume et Adrien Pire, Aymeric Hilaire, et le cuisinier David Beaufreton offrent une très belle adresse aux amateurs de vins avec une sélection de 170 références. Menu-carte de 21 à 27 €.
312, rue du Boëlle, 49260 Montreuil-Bellay. Tél. : 02 41 50 37 37.
www.auberge-des-isles.fr

FÊTES VIGNERONNES

LES 2 ET 3 AOÛT 2017 : LES GRANDES TABLÉES
À Saumur, chaque année, 3 000 convives participent à un repas géant dans les rues de la ville, organisé par les vignerons de Saumur-Champigny. Concerts et dégustations rythment le week-end.
www.saumur-champigny.com

LES 2 ET 3 SEPTEMBRE 2017 : VIGNES, VINS, RANDOS
Quatorze balades vigneronnes organisées en Muscadet, Anjou, Touraine et Centre-Loire. Avec dégustations dans les vignes, balades commentées par les vignerons. 5 € par personne. Gratuit pour les moins de 18 ans.
www.vvr-valdeloire.fr

NOS TROIS COUPS DE ♥

AUX SAVEURS DE LA TONNELLE
Julien Pougnant propose 500 références (moitié Val-de-Loire) qu'il connaît comme sa poche. Bar à vins en terrasse tout l'été pour savourer sur place.
4, rue de la Tonnelle, 49400 Saumur. Tél. : 02 41 52 86 62.
www.cave-a-vins-saumur.com

LA TOUR
La table étoilée de Baptiste Fournier est devenue incontournable. Cet élève d'Alain Passard et de Guy Savoy façonne une cuisine précise. Formule le midi à partir de 25 €. Le soir, menus de 45 à 75 € et à la carte.
31, place Nouvelle-Place, 18300 Sancerre. Tél. : 02 48 54 00 81.
www.latoursancerre.fr

GRAND HÔTEL DU LION D'OR
Une adresse incontournable pour les amateurs avertis. La carte, dressée au fil des ans par Didier Clément, chef passionné, propose 900 références dont 250 du Val-de-Loire avec de vieux millésimes (Philippe Foreau 1ère trie 1989, Charles Joguet 1986, 1987, 1988…). Menus de 49 à 140 €.
69, rue Georges-Clemenceau, 41200 Romorantin-Lanthenay.
Tél. : 02 54 94 15 15.
www.hotel-liondor-romorantin.fr

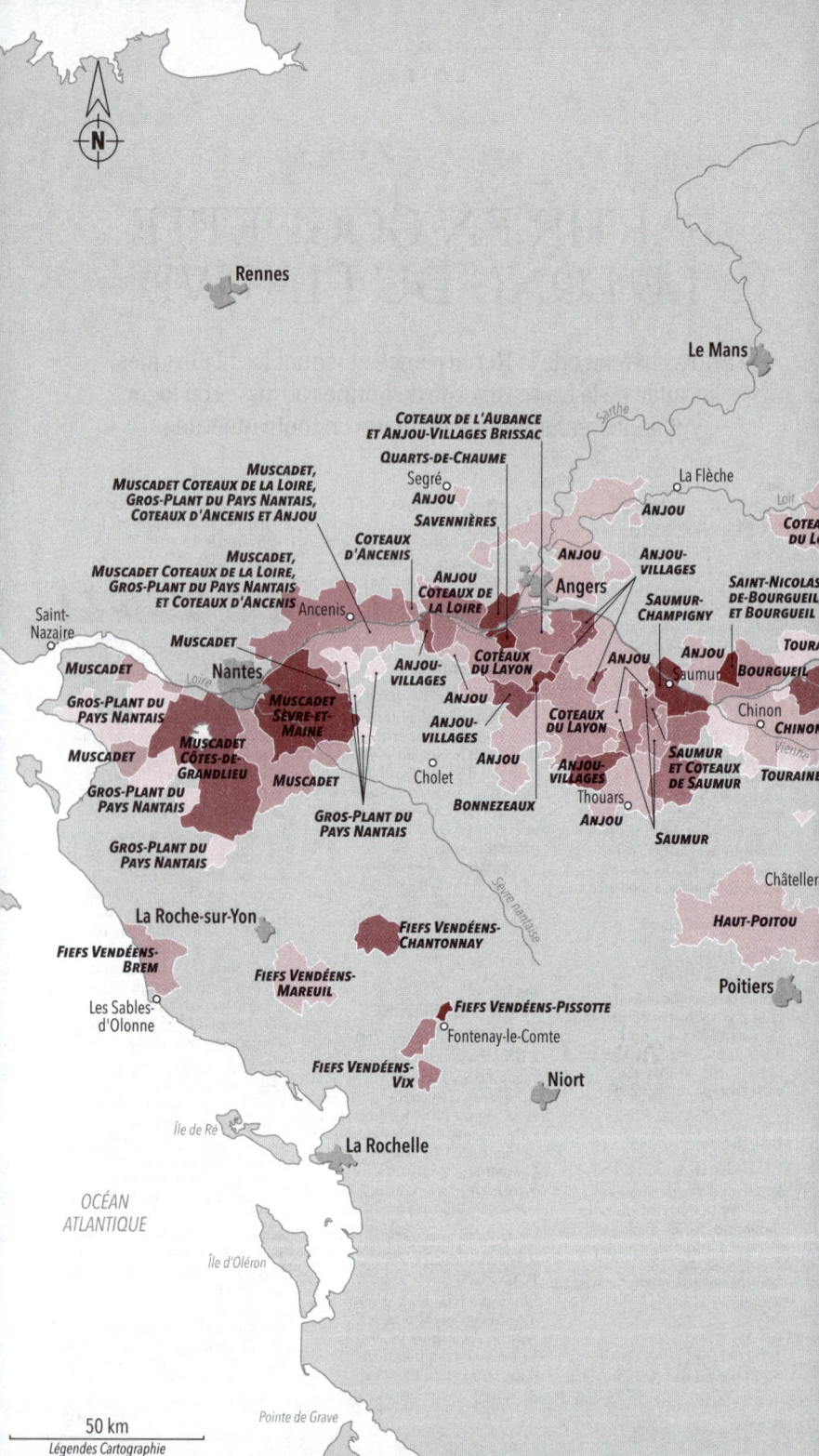

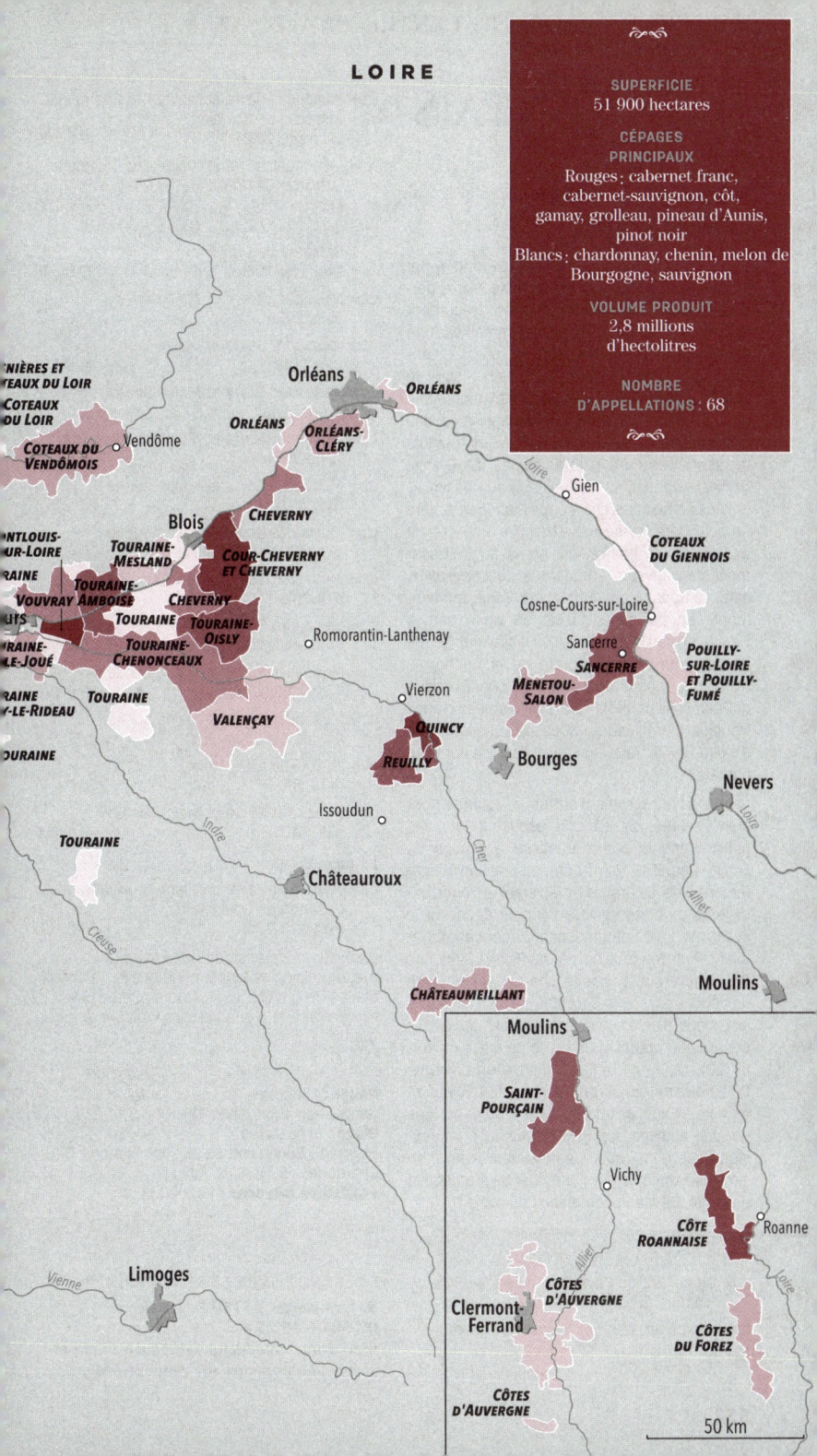

PAYS NANTAIS

★★
DOMAINE PIERRE LUNEAU-PAPIN

Pierre et son épouse, Monique, secondés par leur fils Pierre-Marie et son épouse Marie, perpétuent une viticulture attentive, racontant l'identité de chaque parcelle. Le domaine, d'une quarantaine d'hectares, s'étend sur Le Landreau, La Chapelle-Heulin et Vallet. Malgré le foisonnement des cuvées, le domaine préserve une étonnante cohérence dans la gamme, des très soignés "Froggy" et autres cuvées toujours désaltérantes mais plus sérieuses (La Grange Vieilles Vignes, Clos des Allées), aux brillantes cuvées parcellaires Les Pierres Blanches et Vera Cruz, la dernière-née. L d'Or offre une grande expression de granite, qui prend au vieillissement des saveurs étonnantes de complexité, sans se départir de sa fraîcheur. Terre de Pierre monte en puissance : c'est un vin à part, à l'image du lieu si singulier d'où il provient (terroir de serpentinite sur la butte de la Roche, au milieu des marais de Goulaine). Enfin, Excelsior et Pueri Solis pourront faire pâlir bien des blancs français plus illustres. Nous ne tarissons pas d'éloges sur le travail accompli dans ce domaine modèle !

Les vins : les cuvées d'entrée de gamme sont bien ficelées, digestes, et séduiront le grand public dans la prime jeunesse à l'image du Froggy Red 2016, gamay croquant à servir légèrement frais. La Grange et le Verger offrent d'excellents rapports qualité/prix pour découvrir le millésime 2016 : des muscadets concentrés et droits. Plus dense, la cuvée Les Pierres Blanches 2016 trouve sur les gneiss une certaine suavité de bouche et le Vera Cruz 2016 séduira les palais en quête d'amertume. La verticale du L d'Or confirme le potentiel de garde de cette cuvée : un 2016 tendu et ferme à mettre en cave, un 2012 coup de cœur, un 2010 finement vineux et à peine évolué, un 2007 prêt à boire sur une texture apaisée, et la cuvée Excelsior impressionne de prime abord, en évoluant avec densité, mais toujours avec une retenue aromatique élégante. De très bons blancs de table.

- Brut Méthode Traditionnelle L   10 €   14
- Gros Plant du Pays Nantais sur lie Folle Blanche 2016   7 €   14
- Muscadet Sèvre et Maine Cru Communal Schistes de Goulaine Excelsior 2007   27 €   16,5
- Muscadet Sèvre et Maine Cru Communal Schistes de Goulaine Excelsior 2010   22 €   16
- Muscadet Sèvre et Maine Cru Communal Schistes de Goulaine Excelsior 2014   18 €   16
- Muscadet Sèvre et Maine Cru Communal Schistes de Goulaine Excelsior 2015   19 €   16
- Muscadet Sèvre et Maine Pueri Solis 2009   30 €   16
- Muscadet Sèvre et Maine Vera Cruz 2016   16 €   15,5
- Muscadet Sèvre et Maine sur lie Clos des Allées 2016   12 €   15
- Muscadet Sèvre et Maine sur lie Froggy Wine 2016   9 €   14
- Muscadet Sèvre et Maine sur lie L d'Or 2007   22 €   15,5
- Muscadet Sèvre et Maine sur lie L d'Or 2010   20 €   16
- Muscadet Sèvre et Maine sur lie L d'Or 2016   16 €   16
- Muscadet Sèvre et Maine sur lie La Grange Vieilles Vignes 2016   9 €   14,5
- Muscadet Sèvre et Maine sur lie Le Verger 2016   9 €   14,5
- Muscadet Sèvre et Maine sur lie Les Pierres Blanches 2016   12 €   15,5
- IGP Val de Loire Froggy Red 2016   7,50 €   14
- Muscadet Sèvre et Maine sur lie L d'Or 2012   18 €   16,5

Le coup de ♥

- Muscadet Sèvre et Maine Cru Communal Schistes de Goulaine Excelsior 2012   20 €   16,5

Un évolution intense et iodée avec une matière pleine et ample qui rappelle de beaux blancs de Chablis, toujours marquée d'une finale droite et d'une certaine froideur. À servir à table.

Rouge : 1 hectare.
Gamay noir à jus blanc 100 %
Blanc : 41 hectares.
Melon de Bourgogne 83 %, Folle blanche 13 %, Chardonnay 3 %, Pinot noir 1 %
Production moyenne : 180 000 bt/an

DOMAINE PIERRE LUNEAU-PAPIN ♣
3, La Grange, 44430 Le Landreau
02 40 06 45 27 ●
www.domaineluneaupapin.com ● Vente et visites : au domaine sur rendez-vous.

Du lundi au vendredi de 9h30 à 12h30 et de 14h30 à 18h30. Le samedi sur rendez-vous.
Propriétaire : Famille Luneau
Directeur : Pierre-Marie et Marie Luneau
Maître de chai : Pierre-Marie Luneau

DOMAINE DE BELLE-VUE

Originaire du Muscadet, Jérôme Bretaudeau s'est installé en 2001 dans ce domaine situé à Gétigné. Réparties sur quatre communes, ses 11 ha de vignes, certifiés bio depuis 2012, ne produisent pas moins de dix cuvées : sa cave est un véritable laboratoire, avec des barriques, des foudres, des cuves inox ou béton, et des amphores..., d'autant plus qu'il vinifie 11 cépages différents ! Ce vigneron curieux, éclectique, qui adore déguster des jus du monde entier, propose des vins sincères et digestes. Notons que les blancs font ici leur fermentation malolactique, ce qui n'est pas si fréquent. Autre belle surprise, la qualité et la variété des rouges produits rappellent utilement que la région n'est pas monochrome. Ces muscadets purs et limpides incarnent le renouveau de l'appellation et méritent leur première étoile.

Les vins : les blancs sont d'une incroyable pureté de chair et d'une grande limpidité, particulièrement les 2016. Dans le solaire millésime 2015, une grande énergie se dégage des vins, dont un très surprenant La Justice 2015, chardonnay vivant élevé en amphore pendant seize mois. Les rouges originaux de merlot (Ornaté 2015 et La Monnerie 2014) n'atteignent pas encore le niveau des blancs mais sont très originaux.

▭ Muscadet Gaïa 2015	22 (c) €	16
▭ VDF La Justice 2015	22 (c) €	15,5
▬ VDF Champ des Cailloux 2015	14 (c) €	14,5
▬ VDF La Monnerie 2014	16 (c) €	15
▬ VDF Ornaté 2015	22 (c) €	14,5

Le coup de ♥

▭ Muscadet Granit Les Perrières 2016	14 (c) €	16

Un blanc époustouflant de pureté, droit et plein de gourmandise, étiré par de magnifiques amers en finale.

Rouge : 5 hectares.
Cabernet franc 50 %, Pinot noir 12,5 %, Merlot 12,5 %, Gamay noir à jus blanc 12,5 %, Cabernet-Sauvignon 12,5 %
Blanc : 10 hectares.
Melon de Bourgogne 75 %, Pinot gris 5 %, Folle blanche 5 %, Chardonnay 5 %, Savagnin 5 %, Sauvignon gris 5 %
Production moyenne : 65 000 bt/an

DOMAINE DE BELLE-VUE ♣
1, boulevard d'Alatri, 44190 Gétigné
06 12 85 19 62 ● jbretaudeau@free.fr ●
Vente et visites : au domaine sur rendez-vous.
Propriétaire : Jérôme Bretaudeau

DOMAINE BONNET-HUTEAU

Les frères Bonnet, Jean-Jacques et Rémi, héritiers de la propriété familiale située à La Chapelle-Heulin, ont converti les 40 ha de vignes à l'agriculture biologique en 2005. Quatre terroirs ont été vinifiés séparément pour dégager leur plus belle expression. Sur Les Dabinières, sol chaud de gneiss et de micaschistes, le fruit s'exprime en rondeur. Sur l'amphibolite et les micaschistes des Gautronnières, le cépage melon devient minéral et tendu. Les sols pauvres de granite des Laures amènent un vin plus dense et complet. Uniquement élaboré les belles années et avec un élevage de 18 mois sur lies (minimum requis), le cru communal Goulaine se livre en profondeur et semble armé pour la garde. Habilement vinifiés et soignés, les vins devront s'affranchir d'une sensation technique pour atteindre l'éclat des meilleurs et conserver leur étoile.

Les vins : après des 2015 assez riches et enrobés, on renoue en 2016 avec la fraîcheur recherchée dans un muscadet. Rond et agréablement citronné, Les Laures 2016 peut encore gagner en expression naturelle du fruit. Toujours dans un profil charmeur, Les Dabinières 2016 se livrera avec souplesse dans les cinq ans. Nous préférerons Les Gautronnières 2016 qui insiste davantage sur la fermeté et la tension. Le millésime 2013 s'affirme avec densité et de beaux amers dans le cru Goulaine, qui en 2012 déroule plus de puissance : un blanc réconfortant pour cet hiver.

▭ Muscadet Sèvre et Maine Goulaine 2012	17 (c) €	15,5
▭ Muscadet Sèvre et Maine Goulaine 2013	16 (c) €	15
▭ Muscadet Sèvre et Maine Goulaine 2014	16 (c) €	15
▭ Muscadet Sèvre et Maine sur lie Les Gautronnières 2015	10,60 (c) €	15

VALLÉE DE LA LOIRE ET CENTRE PAYS NANTAIS

- Muscadet Sèvre et Maine sur lie Les Gautronnières 2016 — 10,60 (c) € — 15
- Muscadet Sèvre et Maine sur lie Les Laures 2015 — 12,60 (c) € — 14,5
- Muscadet Sèvre et Maine sur lie Les Laures 2016 — 12,60 (c) € — 14,5
- Muscadet Sèvres et Maine sur lie Les Dabinières 2015 — 9,80 € — 14,5
- Muscadet Sèvres et Maine sur lie Les Dabinières 2016 — 9,80 € — 14,5

Le coup de ♥
- VDF Medolia 2015 — 21 (c) € — 15,5

Un élevage en œuf en terre cuite habilement maîtrisé donne une acidité énergique et de belles saveurs anisées. Voici l'équilibre revigorant que l'on recherche dans les autres vins du domaine.

Rouge : 2 hectares.
Cabernet franc 60 %, Cot (malbec) 30 %, Gamay noir à jus blanc 10 %
Blanc : 38 hectares.
Melon de Bourgogne 80 %, Pinot gris 10 %, Chardonnay 7 %, Folle blanche 3 %
Production moyenne : 270 000 bt/an

DOMAINE BONNET-HUTEAU ☾
**La Levraudière, 44330 La Chapelle-Heulin
02 40 06 73 87 ● www.bonnet-huteau.com**
● Vente et visites : au domaine sur rendez-vous.
**De 8h30 à 12h30 et de 14h à 18h.
Propriétaire : Rémi et Jean-Jacques Bonnet**

DOMAINE DE LA CHAUVINIÈRE

Jérémie Huchet reprend en 2001 le domaine familial à son père Yves, vigneron déjà estimé. Avec l'acquisition du clos Les Montys du château de Goulaine (vignes plantées en 1914), il étend son vignoble de Château-Thébaud et, depuis 2006, exploite en fermage le château de la Bretesche sur les coteaux de la Sèvre (gneiss). Au total, 57 ha sur lesquels Jérémie déploie toute son énergie. Dans les caves d'un ancien monastère, l'élevage se fait partiellement en foudre et en fût. Des cuvées parcellaires aux entrées de gamme, tout est recommandable dans ce domaine en pleine forme. Associé à Jérémie Mourat, Jérémie Huchet développe et approfondit une excellente petite gamme de négoce, sous le nom des Bêtes Curieuses, qui s'applique à mettre en avant les crus communaux.

Les vins : le nombre important de références rend la gamme difficile à lire mais n'empêche pas la cohérence et la précision de cuvées vinifiées de manière traditionnelle, qui expriment un fruit franc et digeste à l'image du millésime 2015 du Clos Les Montys. Nous sommes ravis de témoigner de la montée en puissance de la série des Bêtes Curieuses. Ces crus communaux gagnent en profondeur, en intensité et en éclat à chaque millésime. Après quelques années, ces vins restent juvéniles sans pour autant être statiques. Ils évoluent sur une trame iodée appétente. De grandes bouteilles de garde, d'un excellent rapport qualité-prix.

- Muscadet Les Bêtes Curieuses La Perdrix de l'Année 2016 — 7,10 € — 14
- Muscadet Sèvre et Maine Les Bêtes Curieuses Château-Thébaud 2012 — 14 € — 16,5
- Muscadet Sèvre et Maine Les Bêtes Curieuses Clisson 2010 — 14 € — 16
- Muscadet Sèvre et Maine Les Bêtes Curieuses Gorges 2013 — 14 € — 15,5
- Muscadet Sèvre et Maine Les Bêtes Curieuses Goulaine 2013 — 14 € — 16,5
- Muscadet Sèvre et Maine Les Bêtes Curieuses Monnières-Saint Fiacre 2014 — 14 € — 16
- Muscadet Sèvre et Maine sur Lie 2016 — 5,70 € — 14,5
- Muscadet Sèvre et Maine sur Lie Château de la Bretesche 2016 — 5,90 € — 14,5
- Vin Mousseux de Qualité La Bretesche 2014 — 11,50 € — 13,5

Le coup de ♥
- Muscadet Sèvre et Maine sur Lie Clos Les Montys Vigne de 1914 2015 — 13 € — 15,5

Finement fumé, l'un des vins les plus intenses de la gamme avec de délicates notes iodées ; une très belle énergie dans ce millésime solaire. Il vieillira avec style dans les quinze ans.

Blanc : 57 hectares.
Melon de Bourgogne 100 %
Production moyenne : 295 000 bt/an

DOMAINE DE LA CHAUVINIÈRE
**La Chauvinière, 44690 Château-Thébaud
02 40 06 51 90 ●
www.jeremie-huchet-vigneron.fr** ● Vente et visites : au domaine sur rendez-vous.
Propriétaire : Jérémie Huchet

DOMAINE HAUTE FÉVRIE

Claude Branger a débuté avec son père, en travaillant "derrière le cheval" sur 7 ha. Il en possède désormais 26,5 et son fils, Sébastien, arrivé officiellement en 2007 au domaine, le seconde activement. Ces vignerons consciencieux (pratiquant les vendanges manuelles) n'ont jamais cédé aux sirènes de la facilité. Ils aiment les muscadets mûrs mais bien secs. Les Gras Moutons (vignes de 40 ans) est issu des bords de Maine ; les raisins du Clos Joubert, vignes de 35 ans (1 ha) dominant la Sèvre, sont vinifiés et élevés en fût. Les monnières-saint-fiacre et château-thébaud sont de très brillants ambassadeurs de ces crus d'exception. On trouvera chez les Branger des muscadets précis et complets, qui font honneur à leur région.

Les vins : la gamme s'avère parfaitement cohérente, maîtrisée dès les "petites" cuvées citronnées et très rafraîchissantes. Le Clos de la Févrie est en place à l'image du 2016, et évolue à merveille comme en témoigne le juvénile 2006. Pour Les Gras Moutons, le 2006 confirme son évolution limpide. De bon augure pour l'exotique 2015 et le ciselé 2016. Du côté des crus communaux, nous avons une préférence pour le château-thébaud 2014, intense et joliment fumé, qui rivalisera avec les plus grands blancs dans le temps. Tant en 2014 qu'en 2009, le monnières-saint-fiacre se montre plus réservé et austère.

- Muscadet Sèvre et Maine Château-Thébaud Coteau de l'Ébeaupin 2014 12 € 16
- Muscadet Sèvre et Maine Monnières-Saint-Fiacre 2009 14 € 16
- Muscadet Sèvre et Maine Monnières-Saint-Fiacre 2014 12 € 15,5
- Muscadet Sèvre et Maine sur lie Clos de la Févrie 2006 16 € 15
- Muscadet Sèvre et Maine sur lie Clos de la Févrie 2015 6,80 € 14,5
- Muscadet Sèvre et Maine sur lie Clos de la Févrie 2016 6,80 € 15
- Muscadet Sèvre et Maine sur lie Les Gras Moutons 2006 16 € 15,5
- Muscadet Sèvre et Maine sur lie Les Gras Moutons 2015 7,60 € 15,5
- Muscadet Sèvre et Maine sur lie Les Gras Moutons 2016 7,60 € 15,5
- Muscadet Sèvre et Maine sur lie Moulin de la Gustais 2016 5,80 € 14
- Muscadet Sèvre-et-Maine sur lie 2016 5,40 € 14

Le coup de ♥
- Muscadet Sèvre et Maine sur lie Clos Joubert 2015 7,60 € 15,5

Nous aimons l'intensité de ce jus fin et limpide, extrêmement frais pour le millésime. Déjà accessible, il vieillira à merveille. Une excellente affaire.

Blanc : 26,5 hectares.
Melon de Bourgogne 100 %
Production moyenne : 170 000 bt/an

DOMAINE HAUTE FÉVRIE
109, La Févrie, 44690 Maisdon-sur-Sèvre
02 40 36 94 08 • www.lahautefevrie.com •
Vente et visites : au domaine sur
rendez-vous.
Du lundi au vendredi de 8h30 à 12h et de
14h à 18h. Samedi de 10h à 12h et de
14h à 17h.
Propriétaire : Sébastien Branger

DOMAINE LANDRON

Les cuvées de Jo Landron, figure vigneronne essentielle de la région, sont devenues des références dans la petite famille des muscadets de terroir. Les vins sont commercialisés de manière décalée avec, d'abord, l'Amphibolite, léger, à boire sur le fruit – très prisé des bars à vin. Puis, selon le cas, les argilo-sableux ou les grès, l'âge des vignes interférant dans le bel ordonnancement des terroirs. Dans les meilleures années, l'Hermine d'Or allie maturité et fraîcheur, et le Fief du Breil offre une très belle complexité.

Les vins : une vaste gamme pure et brillante s'offre à nous, de la bulle agréable (Atmosphère) à la remarquable verticale de Fief du Breil, muscadet racé d'un bon potentiel de garde. Nous nous réjouissons de la disponibilité de plusieurs millésimes à la vente, attestant de la fine évolution éclatante et parfumée des vins. Les 2016 et les 2013 se distinguent par leur tonicité tandis que les 2015 et les 2009 nous charment de leur expression exotique et vineuse, parfaite pour une table d'hiver. Le 2012 confirme sa plénitude et sa tension, et rivalisera avec de beaux blancs bourguignons.

- Muscadet Sèvre et Maine Amphibolite Nature 2016 12 € 15,5
- Muscadet Sèvre et Maine Fief du Breil La Haye Fouassière 2009 29 € 16

VALLÉE DE LA LOIRE ET CENTRE PAYS NANTAIS

- Muscadet Sèvre et Maine Fief du Breil La Haye Fouassière 2010   28 €   16
- Muscadet Sèvre et Maine Fief du Breil La Haye Fouassière 2013   24 €   15,5
- Muscadet Sèvre et Maine Le Fief du Breil La Haye Fouassière 2015   17 €   15
- Muscadet Sèvre et Maine sur Lie Les Houx 2009   12 €   16
- Muscadet Sèvre et Maine sur Lie Les Houx 2016   9,50 €   15,5
- Muscadet Sèvre et Maine sur lie Clos La Carizière 2015   9 €   14
- VDF Melonix 2016   12 €   15
- Vin Mousseux Atmosphères   12 €   13,5

Le coup de ♥
- Muscadet Sèvre et Maine Fief du Breil La Haye Fouassière 2012   26 €   16,5

Dans ce millésime, cette cuvée trouve une certaine plénitude, une énergie cailouteuse et une allonge complexe qui lui permettront de rivaliser avec de beaux chablis dans le temps.

Rouge : 1,6 hectare.
Pinot noir 100 %
Blanc : 49 hectares.
Melon de Bourgogne 90 %, Montil 4 %, Folle blanche 3 %, Chardonnay 3 %
Production moyenne : 260 000 bt/an

DOMAINE LANDRON
**Les Brandières, 44690 La Haye-Fouassière
02 40 54 83 27** ●
www.domaines-landron.com ● Vente et visites : au domaine sur rendez-vous.
Du lundi au vendredi de 10h à 12h30 et de 14h à 17h. Le samedi sur rendez-vous.
Fermé le dimanche.
Propriétaire : Jo Landron

★
DOMAINE DE LA PÉPIÈRE

Associé depuis 2010 à Rémi Branger et Gwénaëlle Croix, Marc Ollivier a créé ce domaine en 1984 à partir des vignes familiales et l'a peu à peu agrandi : 39 ha aujourd'hui. Ont été sélectionnées les meilleures parcelles et les plus vieilles vignes, essentiellement situées sur des sols granitiques. Le domaine est certifié en bio depuis 2010, et tout converge vers le respect de l'intégrité des raisins, avec vendanges manuelles, débourbages légers, absence de levurage comme d'enzymage. De croquants rouges de merlot, de côt et de cabernet servent d'introduction aux exceptionnelles cuvées Domaine de la Pépière et Clos des Briords (issues de vignes plantées en 1930), d'une rare intensité et sincérité de saveurs. Les crus communaux Clisson, Château-Thébaud et Monnières-Saint-Fiacre viennent brillamment compléter la gamme. Encore trop peu connu en France (90 % de la production est exportée), ce domaine mérite totalement la reconnaissance en marche.

Les vins : les blancs d'entrée de gamme sont de fabuleux vins de soif, citronnés et ciselés, à boire dans la prime jeunesse. Plus complexes, le Clos des Briords 2016 nous accompagne vers d'intenses crus communaux, dont la définition élégante s'affine à chaque millésime. De fantastiques vins de garde d'un rapport qualité-prix imbattable. En 2016, les rouges sont très toniques, même un peu austères. Granit offre la meilleure construction.

- Muscadet Sèvre et Maine Château-Thébaud 2012   14 (c) €   16,5
- Muscadet Sèvre et Maine Clisson 2015   14 (c) €   16
- Muscadet Sèvre et Maine Gorges 2014   14 (c) €   16,5
- Muscadet Sèvre et Maine Monnières-Saint Fiacre 2014   14 (c) €   16
- Muscadet Sèvre et Maine sur lie 2016   7,50 (c) €   15
- Muscadet Sèvre et Maine sur lie Clos des Briords 2016   9 (c) €   16
- Muscadet Sèvre et Maine sur lie Les Gras Moutons 2016   9 (c) €   15,5
- IGP Val de Loire Cuvée Granit 2014   8,50 (c) €   14,5
- IGP Val de Loire Cuvée Granit 2015   8,50 (c) €   14,5
- IGP Val de Loire La Pépie Cabernet Franc 2016   6,50 (c) €   13,5
- IGP Val de Loire La Pépie Côt 2016   7 (c) €   13,5

Le coup de ♥
- Muscadet Sèvre et Maine Clisson 2014   14 (c) €   16

À la fois ciselé et élancé, ce très énergique grand blanc de garde se mariera élégamment avec une cuisine japonaise.

Rouge : 3,5 hectares.
Cot (malbec) 42 %, Cabernet franc 42 %, Merlot 10 %, Cabernet-Sauvignon 6 %
Blanc : 35,5 hectares.
Melon de Bourgogne 100 %
Production moyenne : 200 000 bt/an

DOMAINE DE LA PÉPIÈRE ♣

La Pépière, 44690 Maisdon-sur-Sèvre
09 62 33 15 03 •
www.domainedelapepiere.com • Vente et visites : au domaine sur rendez-vous.
Propriétaire : Rémi Branger, Marc Ollivier et Gwénaëlle Croix (cogérants)

DOMAINE SAINT-NICOLAS

Thierry Michon, épaulé par ses fils, Antoine et Mickaël, dirige le seul domaine de stature internationale en Vendée. Sur le terroir atlantique de Brem, il possède des vignes cultivées intégralement en biodynamie, dont les rendements sont hélas globalement très faibles ces dernières années. Sous l'influence de l'océan, le vignoble produit des blancs de chenin et de chardonnay (fruits jaunes à noyau et finale saline), et des rouges de pinot noir longuement élevés (Jacques, La Grande Pièce), mais aussi de gamay, négrette et cabernet franc. Un éclectisme qui se retrouve dans des vins qui ne cessent de gagner en finesse, en pureté et en intensité de fruit. Leur équilibre naturel de plus en plus abouti les rend abordables jeunes, mais ils peuvent vieillir avec grâce : il ne faut pas hésiter à les aérer en carafe. La cave flambant neuve permettra au trio de vignerons d'affiner encore leurs cuvées.

Les vins : on renoue avec un millésime 2016 plus tonique et droit que le riche 2015, magnifiquement ciselé dans Le Haut des Clous. Les 2016 sont à boire sur le fruit, à l'image du gamay Gammes en May et de Reflets (assemblage de pinot noir, négrette, gamay et une touche de cabernet franc), un peu plus concentré. Les grandes cuvées sont colorées, poussées à forte maturité et plus extraites. Elles séduiront les amateurs de rouges ligériens denses et frais.

▱ Fiefs Vendéens Brem Les
Clous 2016   14 €   15

▬ Fiefs Vendéens Brem Gammes en
May 2016   10 €   13,5

▬ Fiefs Vendéens Brem
Jacques 2011   19 €   15,5

▬ Fiefs Vendéens Brem La Grande
Pièce 2013   42 €   16,5

▬ Fiefs Vendéens Brem Le
Poiré 2012   22 €   16,5

▬ Fiefs Vendéens Brem
Reflets 2016   13 €   14,5

Le coup de ♥
▱ Fiefs Vendéens Brem Le Haut des
Clous 2015   25 €   16

La richesse du millésime se transmet au travers d'une belle concentration en extrait sec et dans la densité de cette cuvée, qui conserve malgré tout une finale sapide. Un blanc automnal pour une volaille.

Rouge : 24 hectares.
Pinot noir 80 %, Négrette 8 %, Gamay noir à jus blanc 6 %, Cabernet franc 6 %
Blanc : 14 hectares.
Chenin 53 %, Chardonnay 32 %, Grolleau gris 15 %
Production moyenne : 50 000 bt/an

DOMAINE SAINT-NICOLAS ☾
11, rue des Vallées, 85470 Brem-sur-Mer
02 51 33 13 04 •
www.domainesaintnicolas.com • Vente et visites : au domaine sur rendez-vous.
Propriétaire : Thierry Michon et Fils

DOMAINE DE L'ÉCU

La famille Bossard a fait des choix radicaux depuis deux générations : terres travaillées, vignes issues de sélections massales, vendanges manuelles, levures indigènes. La pratique est, ici et depuis trente ans, à l'inverse des choix qui prévalent dans la région. Biodynamiste et pourtant très rationaliste, Guy Bossard a optimisé les facteurs de culture du sol et de la vigne, sans négliger la discipline précise des vinifications. En 2010, Frédéric Niger Van Herck, un néophyte dans le vin passionné de muscadet, a racheté le domaine, mais le maître Bossard accompagne la transition. Après quelques ajustements, le nouveau propriétaire prend ses marques et propose, sans changer d'un iota la gamme classique du domaine, des cuvées très personnelles, parfois déroutantes mais souvent enthousiasmantes, vinifiées avec succès en amphore.

Les vins : nous sommes toujours envoûtés par l'énergie et l'éclat des cuvées "terroirs", particulièrement Granite et Orthogneiss qui exhalent de superbes saveurs iodées, tout en conservant avec brio de la fraîcheur en 2015. L'élevage ambitieux de 20 mois en cuve, puis en fût, marque un peu trop l'intense cuvée Taurus 2013. Le Carpe Diem 2013 se montre extrêmement sapide mais son élevage en amphore a tendance à standardiser son goût. Deux rouges originaux et concentrés sont déclinés en 2014 en cabernet franc (Mephisto) et en cabernet-sauvignon (Red Noz).

▱ Muscadet Sèvre et Maine Gneiss 2015	10,70 €	15,5
▱ Muscadet Sèvre et Maine Orthogneiss 2015	11,40 €	16
▱ Muscadet Sèvre et Maine Taurus 2013	25,70 €	15,5
▱ VDF Carpe Diem 2013	31,70 €	15,5
▱ VDF Gros Pet'	7,20 €	14,5
▰ VDF Méphisto 2014	26,20 €	15
▰ VDF Red Noz 2014	14,20 €	15

Le coup de ♥

▱ Muscadet Sèvre et Maine Granite 2015	11,40 €	16

Très beau muscadet issu de vignes de 50 ans, limpide comme de l'eau de roche, juteux : un bol d'iode, ciselé, à l'allonge pure.

Rouge : 3 hectares.
Cabernet franc 45 %,
Cabernet-Sauvignon 40 %, Pinot noir 15 %
Blanc : 21 hectares.
Melon de Bourgogne 70 %, Folle blanche 15 %, Chardonnay 15 %
Production moyenne : 120 000 bt/an

DOMAINE DE L'ÉCU ☾
20, La Bretonnière, 44430 Le Landreau
02 40 06 40 91 ● www.domaine-ecu.com ●
Vente et visites : au domaine sur rendez-vous.
Lundi au vendredi de 9h à 12h30 et de 14h à 17h30.
Propriétaire : Frédéric Niger

VINCENT CAILLÉ

Les Caillé sont propriétaires de vignes depuis cinq générations. Installé à Monnières, Vincent Caillé travaille depuis 1986 avec exigence, dans le respect de la vie et de la biodiversité des sols. Labours, enherbement, culture bio depuis une vingtaine d'années, doublée d'essais en biodynamie : tout est fait pour obtenir des vins sains et sincères, dont les saveurs expressives dessinent la voie du renouveau pour la jeune génération des vins du Muscadet. Des plus simples (Gros Plant) jusqu'aux crus Gorges et Monnières-Saint-Fiacre, la gamme est remarquable et variée, puisqu'elle intègre une cuvée d'abouriou, cépage confidentiel du Sud-Ouest.

Les vins : une certaine franchise de goût et de saveurs se dégage de ces blancs bio. D'un profil plutôt rond et tendre, ils peuvent encore gagner en précision et en éclat. La marge de progression pour le rouge Opus N°4 2015, assemblant côt, cabernet-franc, abouriou et gamay, est encore importante.

▱ Gros Plant du Pays Nantais La Part du Colibri 2015	6,50 €	14
▱ Muscadet Opus N°7 2013	11 €	14,5
▱ Muscadet Sèvre et Maine Clos de la Févrie 2016	11 €	14
▱ Muscadet Sèvre et Maine Gorges 2014	14 €	15
▱ Muscadet Sèvre et Maine Terre de Gneiss 2015	21 €	14,5
▰ VDF Opus N°4 2015	12 €	13,5

Le coup de ♥

▱ Muscadet Sèvre et Maine Monnières-Saint-Fiacre 2012	13,50 €	16

Très beau millésime pour ce melon de Bourgogne élevé trois ans et demi en cuve, qui allie densité et race avec un gros potentiel de garde.

Rouge : 2 hectares.
Abouriou 100 %
Achat de raisins.
Blanc : 24 hectares.
Melon de Bourgogne 100 %
Achat de raisins.
Production moyenne : 120 000 bt/an

VINCENT CAILLÉ ♣
3, rue des Coteaux, 44690 Monnières
02 40 54 62 06 ● www.lefaydhomme.fr ●
Vente et visites : au domaine sur rendez-vous.
Propriétaire : Vincent Caillé

CLOS SAINT-ANDRÉ

Ce domaine ancien a été totalement restructuré depuis son rachat par Jérémie Mourat en 2006. Fils de Jean Mourat, le fondateur du vaste vignoble Marie du Fou, Jérémie a développé la qualité de ce terroir planté de chenin et de négrette, sur des méta-rhyolites et des schistes pourpres. Les vignes sont travaillées en bio, et les vins élevés principalement en cuve béton pour conserver au jus son fruit et sa trame minérale. Des vins ambitieux qui s'affinent d'année en année : désormais proche de la première étoile, voici une adresse incontournable de la dynamique appellation atlantique des Fiefs vendéens.

Les vins : Le vin mousseux de qualité (VMQ) Extra-brut 13.36 a beaucoup affiné sa bulle. L'élevage en œuf béton permet d'apporter une certaine douceur et suavité au chenin blanc Mareuil, particulièrement en 2015. Naturellement, le 2014 offre davantage de fraîcheur. Encore un peu confinés, ces vins pourraient gagner en éclat et délié en bouche. Vous serez séduits par la spontanéité, la précision et la sensation très juteuse des rouges 2016 déjà très gourmands. La négrette de Grenouillère est dotée d'un supplément de fond. L'exercice délicat de la surmaturité est bien mené dans les Terres Quarts 2015, riche mais cadré par une certaine droiture.

▭ Fiefs Vendéens Mareuil 2014	13 €	15
▭ Fiefs Vendéens Mareuil 2015	13 €	14,5
▭ Fiefs Vendéens Mareuil Mi-pente 2014	19 €	14,5
▭ IGP Val de Loire Vendée Terres Quarts 2015	15 €	15,5
▬ IGP Val de Loire Vendée Bellevue 2016	10 €	14,5
▬ IGP Val de Loire Vendée Grenouillère 2016	13 €	15
▬ IGP Val de Loire Vendée Moulin Blanc 2016	10 €	15

Le coup de ♥

▭ VMQ Extra Brut 13.36	15 €	15

Une bulle d'un pinot noir sur schistes, agréable, bien affirmée par une acidité tonique et une douce oxydation ménagée. Parfait pour un beau fromage affiné.

Rouge : 12 hectares.
Pinot noir 50 %, Négrette 50 %
Blanc : 17 hectares.
Chenin 90 %, Chardonnay 10 %
Production moyenne : 110 000 bt/an

CLOS SAINT-ANDRÉ ♣

Route de la Roche-sur-Yon,
85320 Mareuil-sur-Lay
02 51 97 20 10 ● www.mourat.com ● Vente et visites : au domaine sur rendez-vous.
De 9h à 12h30 et de 14h30 à 19h.
Propriétaire : Jérémie Mourat

DOMAINES ET CHÂTEAUX VÉRONIQUE GÜNTHER-CHÉREAU

Le négociant Bernard Chéreau avait acquis, en 1973, le château du Coing, restauré sous le Directoire. C'est sa fille, Véronique, qui en a hérité, désormais aidée de sa fille Aurore. Situé à la pointe formée par le confluent de la Sèvre et de la Maine, le vignoble de coteaux du château du Coing donne, sur les gneiss et orthogneiss, des vins gras qui évoluent avec majesté sur quinze ans et plus. Impliquée dans la reconnaissance des crus communaux, Véronique Günther-Chéreau possède également La Gravelle, propriété située à Gorges, qui produit des vins plus frais et minéraux dans leur jeunesse, ainsi que le domaine du Grand Fief de la Cormeraie, aux vins plus enrobés mais équilibrés, sur la commune de Monnières. La conversion en bio a démarré en 2010, et la qualité progresse dans ces domaines sérieux.

Les vins : dans cette gamme difficilement lisible, les blancs sont d'un bon niveau et dans un style classique. La Folle Blanche et le chardonnay Aurore se montrent simples et doivent être bus dans la prime jeunesse. Un an de bouteille fera le plus grand bien aux autres cuvées, particulièrement au château du Coing de Saint-Fiacre et au monnières-saint-fiacre 2014, d'une belle envergure et droits, qui évolueront favorablement dans les quinze prochaines années. Tant en 2015 qu'en 2010, le muscadet Comte de Saint-Hubert garde une trame droite, légèrement acidulée, qui enchantera une cuisine iodée.

▭ Gros Plant du Pays Nantais sur lie Folle Blanche 2016	6,50 €	13,5
▭ IGP Val de Loire Domaine du Coing Chardonnay Aurore 2016	6 €	13
▭ Muscadet Sèvre et Maine Château de la Gravelle Gorges 2013	14,50 €	15,5
▭ Muscadet Sèvre et Maine Château du Coing de Saint-Fiacre 2016	7,50 €	15
▭ Muscadet Sèvre et Maine Château du Coing de Saint-Fiacre l'Ancestrale Monnières-Saint-Fiacre 2013	14,50 €	15
▭ Muscadet Sèvre et Maine Château du Coing de Saint-Fiacre l'Ancestrale Monnières-Saint-Fiacre 2014	N.C.	15,5
▭ Muscadet Sèvre et Maine sur lie Château du Coing de Saint Fiacre Comte de Saint Hubert Vieilles Vignes 2015	10 €	15
▭ Muscadet Sèvre et Maine sur lie Château du Coing de Saint-Fiacre 2015	7,50 €	15
▭ Muscadet Sèvre et Maine sur lie Grand Fief de la Cormeraie 2015	8 €	14,5

VALLÉE DE LA LOIRE ET CENTRE PAYS NANTAIS

- Muscadet Sèvre et Maine sur lie Les Petits Jupons 2016 — 6,50 € — 14

Le coup de ♥
- Muscadet Sèvre et Maine sur Lie Château du Coing de Saint-Fiacre Comte de Saint-Hubert 2010 — 10 € — 15,5

Il n'a rien perdu de sa nervosité ni de son équilibre ample. Un très beau blanc de table qui se dévoile en toute discrétion, sans trace d'oxydation.

Blanc : 65 hectares.
Melon de Bourgogne 93 %, Chardonnay 5 %, Folle blanche 2 %
Production moyenne : 430 000 bt/an

DOMAINES ET CHÂTEAUX VÉRONIQUE GÜNTHER-CHÉREAU ♣

**Château du Coing,
44690 Saint-Fiacre-sur-Maine
02 40 54 85 24 • www.vgc.fr •** Vente et visites : au domaine sur rendez-vous. Tous les jours de 9h à 17h30, le samedi et le dimanche sur rendez-vous.
Propriétaire : Véronique Günther-Chéreau
Maître de chai : Rodolphe Meillerais

DOMAINE LES HAUTES NOËLLES

Constitué dans les années 1930, ce vaste domaine se trouve en appellation Muscadet Côtes de Grandlieu, située au sud-ouest de Nantes, autour des zones humides et des faibles pentes qui entourent le lac de Grand-Lieu. Engagé en culture biologique (et certifié depuis 2012) pour ses blancs, le domaine a été repris en 2010 par Jean-Pierre Guédon, ancien chef d'entreprise et passionné de vin, qui s'attache à travailler avec rigueur et précision, en vigne comme en cave. Parmi une gamme d'une quinzaine de vins, on trouvera de saines curiosités, comme ces IGP intitulés Hého. Les muscadets sont fins et vifs, relativement tendres mais bien précis.

Les vins : dans les trois couleurs, la gamme Hého présente des vins agréablement fruités, souples et bien ficelés, à boire dans la prime jeunesse. Les muscadets-côtes-de-grandlieu sont les blancs les plus aboutis, offrant volume et droiture. Les Granges 2015 apparaît particulièrement frais dans ce millésime solaire mais le muscadet Vieilles Vignes s'avère nettement trop boisé. En rouge, L'Intuition 2016 est à découvrir en priorité : un grolleau ambitieux, certainement l'un des plus complets de la région. Goûtez également à l'original L'inattendue, vin de paille de melon de Bourgogne et de grolleau gris.

- IGP Val de Loire Chardonnay 2016 — 7 € — 13,5
- IGP Val de Loire Hého Le Blanc 2016 — N.C. — 14
- Muscadet Côtes de Grandlieu sur lie Vieilles Vignes 2015 — 13,50 € — 14
- Muscadet-Côtes de Grandlieu sur lie Les Granges 2015 — 7,50 € — 15,5
- VDF L'Inattendue 2016 — 9,50 € — 15
- IGP Val de Loire Hého Le Rosé 2016 — 6 € — 13
- VDF Hého Les Bulles 2016 — 8,50 € — 13,5
- IGP Val de Loire Hého Le Rouge 2016 — 6,90 € — 14
- IGP Val de Loire L'Intuition 2016 — 8,50 € — 14,5
- IGP Val de Loire Red Gamay 2016 — 6,30 € — 13,5

Le coup de ♥
- Muscadet Côtes de Grandlieu sur lie Les Parcelles 2016 — 6,30 € — 15,5

Très belle intensité de saveurs et une trame ciselée. Il se mariera à merveille à une cuisine iodée.

Rouge : 8 hectares.
Gamay noir à jus blanc 56 %, Grolleau 32 %, Merlot 6 %, Cabernet franc 6 %
Blanc : 17 hectares.
Melon de Bourgogne 84 %, Grolleau gris 8 %, Chardonnay 5 %, Gros plant 3 %
Production moyenne : 120 000 bt/an

DOMAINE LES HAUTES NOËLLES ♣

**Rue de Nantes, la Haute Galerie,
44710 Saint-Léger-les-Vignes
02 40 31 53 49 •
www.les-hautes-noelles.com •** Vente et visites : au domaine sur rendez-vous.
Du 1er mai au 30 septembre, du lundi au samedi de 9h30 à 12h30 et de 14h à 17h30. Du 1er octobre au 30 avril, mardi et vendredi de 9h30 à 12h30 et de 14h à 17h30. Le samedi de 9h30 à 12h30 et de 14h à 17h30.
Propriétaire : Jean-Pierre Guédon
Maître de chai : Mickaël Brisset

NOUVEAU DOMAINE

DOMAINE LANDRON CHARTIER

Françoise et Bernard Landron avec leur fils Benoît dynamisent un secteur discret du pays nantais : le Muscadet Coteaux de la Loire pour les blancs et les coteaux d'Ancenis pour les rouges. Ici, le melon de Bourgogne s'exprime avec une rondeur charmante et le gamay donne de ravissantes cuvées fraîches à boire sur le fruit dans la jeunesse, à condition de ne pas aller chercher trop loin dans la matière. Autre originalité du coin, une appellation confidentielle : la Malvoisie Coteaux d'Ancenis, à travers laquelle le pinot gris exprime une originale robe rose dorée et quelques sucres résiduels très gourmands. Ce domaine bio (certification en 2013) s'oriente dans le bon sens.

Les vins : les blancs secs 2016 sont les plus aboutis, fringants et joliment citronnés. Les sucres résiduels de Révélation Malvoisie 2016 sont divinement intégrés avec une expression fraîche du raisin. En rouge, nous restons sur notre faim ; nous n'avons retenu que l'entrée de gamme Esprit Détente 2016, un gamay friand et frais.

▻ Malvoisie Coteaux d'Ancenis Révélation Malvoisie 2016	12 (c) € 14,5
▻ Muscadet Coteaux de la Loire sur Lie 2016	10 (c) € 14
▬ Coteaux d'Ancenis Esprit Détente 2016	9 (c) € 14

Le coup de ♥

▻ Muscadet Coteaux de la Loire Le Ponceau 2013	20 (c) € 15,5

Élevé 18 mois en cuve, ce melon se montre profond et mûr avec de douces senteurs de citron confit. Un beau blanc de table à la longueur appréciable.

Rouge : 15 hectares.
Gamay noir à jus blanc 80 %, Pinot gris 30 %, Cabernet franc 10 %, Cabernet-Sauvignon 5 %, Pinot noir 5 %
Blanc : 15 hectares.
Melon de Bourgogne 60 %, Folle blanche 10 %

DOMAINE LANDRON CHARTIER ♣
**260, Le bas Ponceau, 44850 Ligné
02 51 12 22 90 ● www.landronchartier.fr ●
Pas de visites.
Propriétaire : Benoît et Bernard Landron**

ANJOU-SAUMUR

★★★
CLOS ROUGEARD

Une histoire de huit générations de la famille Foucault à la tête du clos Rougeard s'éteint. Ce domaine mythique de dix hectares situé à Chacé vient d'être racheté par l'homme d'affaires Martin Bouygues. Sous l'impulsion de Jean-Louis Foucault, dit Charly, décédé en 2015, et son frère Bernard, alias Nady, le clos Rougeard s'est bâti une solide réputation auprès des amateurs de grands cabernets francs ligériens. Une sélection pointue du matériel végétal, une viticulture méticuleuse et des affinages longs de 18 à 30 mois en barrique, donnent naissance à de gracieux saumur-champignys qui se révèlent avec le temps : Le Clos (assemblage de deux parcelles), Les Poyeux (2,9 ha, parcelle de sol assez sableux ; allonge, finesse, fraîcheur), Le Bourg (parcelle plus calcaire, moins de 4 000 bouteilles ; dense, ferme, solaire). Plus confidentiel, un blanc issu d'à peine 1,5 ha, sur le grand cru calcaire de Brézé. Ce chenin s'exprime chaque année en sec dans un équilibre idéal entre fraîcheur et maturité, désormais moins boisé que par le passé, évoluant avec majesté vers une palette d'arômes grillés et de fruits jaunes confits. Il peut se boire sur 20 ans. Que les fidèles du domaine soient rassurés, Nady Foucault signera les prochains millésimes.

Les vins : à cause du gel violent en 2013, Les Poyeux n'ont pas été produits mais ce millésime a engendré des rouges demi-puissance avec un Clos droit et soyeux qui évoque déjà un beau pinot noir de Bourgogne, et un Bourg intense et toujours serré, prêt à se délier dans les prochaines décennies. Les 2014 s'expriment dans un profil ligérien très classique avec la profondeur, la race exceptionnelle et l'intensité de saveurs aériennes que l'on attend des cabernets francs du clos Rougeard. Le Brézé 2014 est naturellement marqué par sa fine réduction grillée et d'une richesse en extrait sec salivante et longue. Un blanc majestueux.

▻ Saumur Brézé 2014	65 (c) € 17,5
▬ Saumur-Champigny Le Bourg 2013	105 (c) € 18
▬ Saumur-Champigny Le Bourg 2014	105 (c) € 18,5
▬ Saumur-Champigny Le Clos 2013	55 (c) € 16

VALLÉE DE LA LOIRE ET CENTRE

| Saumur-Champigny Le Clos 2014 | 55 (c) € | 16,5 |

Le coup de ♥

| Saumur-Champigny Les Poyeux 2014 | 65 (c) € | 18 |

Grande subtilité et profondeur dans ce cabernet franc animé par la fraîcheur du cru et l'intensité des saveurs crayeuses qu'on lui connaît dans les grands millésimes de Loire. Quelle sève !

Rouge : 9 hectares.
Cabernet franc 100 %
Blanc : 1 hectare.
Chenin 100 %
Production moyenne : 20 000 bt/an

CLOS ROUGEARD
15, rue de l'Eglise, 49400 Chacé
02 41 52 92 65 • Vente et visites : au domaine sur rendez-vous.
Propriétaire : Martin Bouygues

★★★

DOMAINE DES ROCHES NEUVES

La plus belle progression de ces dix dernières années en Loire s'est effectuée au domaine des Roches Neuves. Le charismatique Thierry Germain y a défini une approche stylistique contemporaine de saumur-champigny, qui articule la juste maturité des cabernets et leur élevage en bois dans différents contenants, tout en pérennisant un fruité ligérien infusé, floral et croquant. L'énorme travail entrepris dans les vignes (en biodynamie, certaines labourées au cheval) s'illustre dès la simple cuvée du domaine, tout en fruit pur et digeste. La gamme est désormais irréprochable, entre l'admirable Franc de Pied, et La Marginale, si séduisant et aujourd'hui parfaitement calé dans son élevage. En suivant le même chemin, le chenin blanc s'est construit une identité distincte, à la maturité épurée, en tension et en fermeté, bien traduite dans la cuvée Insolite. Après le blanc Clos Romans en 2011, de confidentielles et nouvelles cuvées de sélections parcellaires de haute volée – Les Mémoires (vignes centenaires en rouge) et le Clos de l'Echelier (en rouge et blanc) – voient le jour en 2012, éclatantes de race : une montée en gamme éblouissante et un souci de qualité sans faille. Les vins de l'activité de négoce (sous le nom de Thierry Germain) n'entrent pas dans le champ de ce classement.

Les vins : la définition calcaire et la sensation cristalline des blancs est magistrale. L'exercice de chenins macérés huit mois en amphore est mené avec précision dans Terres 2014 et dessine une fine sensation tannique ainsi que de beaux amers salivants en finale. Les blancs 2015 sont brillamment domptés dans ce millésime solaire : une énergie saline revigorante à la clé. Les rouges, dépouillés de tout superflu, expriment le côté floral hyper aérien du cabernet franc et évoqueront avec le temps de beaux pinots noirs de Bourgogne. Ces 2015 dérouteront les amateurs de saumur-champigny, qui cherchent plus d'épaisseur de bouche. Ils impressionneront toujours par leur éclat et leur profondeur.

Saumur Clos Romans 2015	55 (c) €	18
Saumur Insolite 2015	20 (c) €	17,5
Saumur Terres 2014	40 (c) €	16,5
Saumur-Champigny 2016	12 (c) €	15
Saumur-Champigny Clos de l'Echelier 2015	35 (c) €	17,5
Saumur-Champigny La Marginale 2015	32 (c) €	17
Saumur-Champigny Terres Chaudes 2015	20 (c) €	16

Le coup de

| Saumur-Champigny Les Mémoires 2015 | 40 (c) € | 18 |

Un univers floral et délicatement épicé se dégage de ce cabernet franc de 111 ans, à la fois confortable et énergique. Grand vin.

Rouge : 26 hectares.
Cabernet franc 100 %
Blanc : 2,5 hectares.
Chenin 100 %
Production moyenne : 120 000 bt/an

DOMAINE DES ROCHES NEUVES ☾
56, boulevard Saint-Vincent, 49400 Varrains
02 41 52 94 02 • www.rochesneuves.com • Vente et visites : au domaine sur rendez-vous.
De 8h à 12h30 et de 13h30 à 17h30.
Propriétaire : Thierry Germain

★★

DOMAINE DU COLLIER

Sur les traces de son père, Charly, et de son oncle, Nady (Clos Rougeard), Antoine Foucault et sa compagne Caroline Boireau ont initié, en 1999, un parcours original dans la production de saumurs de terroir, avec une majorité de blancs sur les coteaux réputés de Brézé. Élevés en fût dans une profonde et magique cave troglodytique, leurs chenins secs et très mûrs se révèlent vivants et puissants. Esprit que cultivent aussi les rouges, dont La Charpentrie, qui rivalise en qualité avec les rares saumur-champigny de terroir. Les vins du domaine brillent au firmament des meilleures expressions de la Loire.

Les vins : un seul vin a été présenté cette année, le saumur 2014, incarnation remarquable du millésime.

Le coup de ♥
▷ Saumur 2014   28 (c) €   16,5

Un blanc sur la retenue, sans aucune trace d'élevage. Une bouche ciselée, animée par une myriade de saveurs de zestes et de cailloux ; la sensation devient vivement calcaire en finale.

Rouge : 2,5 hectares.
Cabernet franc 100 %
Blanc : 5 hectares.
Chenin 100 %
Production moyenne : 25 000 bt/an

DOMAINE DU COLLIER ♣
62, Place du Collier, 49400 Chacé
02 41 52 69 22 • domaineducollier.free.fr
• Vente et visites : au domaine sur rendez-vous.
Propriétaire : Antoine Foucault

COULÉE DE SERRANT

L'exceptionnel vignoble de la Coulée de Serrant s'étend en lisière d'une falaise schisteuse tombant directement dans la Loire, près d'Angers. La nature du lieu et la qualité de son exposition lui permettent de sortir du lot depuis des siècles. Restauré par madame Joly, dans les années 60, le domaine a été repris par son fils Nicolas. Ce brillant agitateur d'idées est un fondamentaliste de la culture biodynamique, qu'il a fait sienne à la Coulée de Serrant depuis 1981, date de la première certification. Sa fille Virginie reprend peu à peu la direction de la propriété au quotidien, et nous devinons dans quelle direction iront ses efforts pour que le domaine atteigne la régularité et la précision que méritent les vins de cet immense terroir, au potentiel de grand cru unique.

Les vins : après quelques minutes d'aération, le clos de la Bergerie 2015 prend des notes oxydatives au nez mais se révèle dans une bouche vibrante bien mûre, tramée par une légère sensation tannique et une amertume raffinée qui évoque des saveurs camphrées et de quinquina. Toujours avec cette énergie profonde, la Coulée de Serrant 2015 est d'une magnifique constitution, un peu plus tendre et exotique qu'en 2014.
▷ Savennières Coulée de
   Serrant 2015   52 €   17,5

Le coup de ♥
▷ Savennières Roche-aux-Moines Clos de la
   Bergerie 2015   30 €   16

Il interpelle par sa robe lumineuse. Son bouquet est doté d'une grande énergie mais reste fermé à double tour, tout en laissant s'échapper quelques notes épicées, de quinquina et racinaires, portées par une trame vigoureuse et légèrement tannique lui assurant longueur et forte personnalité.

Blanc : 15 hectares.
Chenin 100 %
Production moyenne : 42 000 bt/an

COULÉE DE SERRANT ☾
**Château de la Roche-aux-Moines,
49170 Savennières
02 41 72 22 32 •
www.coulee-de-serrant.com • Vente et visites : au domaine sur rendez-vous.
Du lundi au samedi de 9h à 12h et de 14h à 17h30.
Propriétaire : Nicolas Joly**

LA FERME DE LA SANSONNIÈRE

Viticulteur biodynamiste zélé, idéaliste et sensible, Mark Angeli élabore essentiellement des vins secs artisanaux de chenin. Tous atteignent le niveau d'originalité des grands crus. En vinification, les doses de soufre sont faibles ou inexistantes. Les blancs, aux robes soutenues, doivent être conservés impérativement au frais. À l'ouverture, les nez souvent levuriens paraissent toujours plus évolués que les bouches. Il faut passer ces vins en carafe pour qu'ils retrouvent leur intégrité. Mark Angeli, en binôme avec son fils Martial, a renoncé à participer aux dégustations d'agrément des appellations locales, dont il conteste l'équité. Toutes ses cuvées se déclinent en appellation Vin de France.

Les vins : un seul vin a été présenté cette année, une très belle réussite.

Le coup de ♥
▷ VDF La Lune 2015   22 (c) €   16,5

Les quelques grammes de sucres résiduels sont magnifiquement intégrés dans ce blanc d'une extrême douceur, portée par une énergie vibrante. Déjà très ouvert et accessible, il pourra se garder quelques années.

Rouge : 1,3 hectare.
Grolleau 100 %
Blanc : 6 hectares.
Chenin 100 %
Production moyenne : 20 000 bt/an

LA FERME DE LA SANSONNIÈRE
49380 Thouarcé
02 41 54 08 08 ●
fermedelasansonniere@ntymail.com ● Vente et visites : au domaine sur rendez-vous. Samedi matin.
Propriétaire : Mark Angeli
Directeur : Mark Angeli et Bruno Ciofi

★★
DOMAINE RICHARD LEROY

De son vignoble de poche (2,7 ha sur des schistes gréseux et rhyolites), Richard Leroy sélectionne ses raisins (en culture bio) comme un orpailleur, et produit de grands secs qu'il élève méticuleusement en barrique dans un garage reconverti en cave. Tous les fous du cépage chenin suivent avec passion cette excitante production. Depuis 2008, les vins ne sont plus produits en appellation Anjou, mais en Vin de France. Une rébellion contre l'organisation du système des appellations que suivent également les vignerons dans la mouvance de Mark Angeli (la Ferme de la Sansonnière). Ces chenins recherchés, produits en petite quantité et désormais sans soufre ajouté, sont en passe de s'inscrire parmi les meilleurs blancs de France.

Les vins : un millésime solaire 2015 habilement approché dans ces blancs où la richesse ne s'exprime pas dans l'exotisme et l'enrobage mais par la densité séveuse des extraits secs. L'acidité naturelle préservée donne une vitalité éclatante à ces grands chenins.

▷ VDF Rouliers 2015   25 (c) €   17

Le coup de ♥
▷ VDF Les Noëls de
  Montbenault 2015   35 (c) € 17,5

Grande densité d'extraits secs dans ce millésime solaire : ce vin affiche un éclat vivifiant et sapide, nous laisse sur une finale longue et stimulante.

Blanc : 2,7 hectares.
Chenin 100 %

DOMAINE RICHARD LEROY
52, Grande Rue, 49750 Rablay-sur-Layon
02 41 78 51 84 ● sr.leroy@wanadoo.fr ●
Visites : sur rendez-vous uniquement aux professionnels.
Propriétaire : Sophie et Richard Leroy

★★
DOMAINE ERIC MORGAT

Né sur la rive sud, Éric Morgat est désormais ancré à Savennières. Depuis 2004, les vendanges s'effectuent sur des chenins dorés sans botrytis, vinifiés en fût, avec fermentations malolactiques partielles (à 50 % dans les 2008). La gamme est désormais réduite à deux blancs, l'anjou Litus qui provient d'une vigne en bord de Layon, et le savennières Fidès, assemblage de différentes et précieuses parcelles (telles que Roche-aux-Moines, ou un coteau replanté à la Pierre Bécherelle). Les vins atteignent une rare précision, grâce aux interrogations constantes de ce vigneron perfectionniste, qui n'a de cesse d'affiner chaque détail pour progresser. Ses vins atteignent une précision et une intensité peu communes, qui les placent au sommet actuel de la région.

Les vins : le domaine ne nous ayant pas fait parvenir ses vins cette année, nous sommes amenés à reconduire les notes et les commentaires de notre édition précédente. Le compliqué millésime 2013 a été abordé avec une vraie adresse. Précis, élancé, l'anjou Litus s'appuie sur un élevage assez prégnant dont il s'est certes nourri, mais qui lui apporte de l'embonpoint. Entre acidulé et amer, la finale le tonifie un peu. Ferme et élancé, nerveux mais jamais graissé par l'élevage, le savennières Fidès s'affirme avec autorité dans une finale énergique, dotés d'amers nobles et gras. Il saura défier le temps.

▷ Anjou Litus 2013   35 (c) € 15,5
▷ Savennières Fidès 2013   45 (c) € 17,5

Blanc : 6 hectares.
Chenin 100 %
Production moyenne : 15 000 bt/an

DOMAINE ERIC MORGAT
Clos Ferrard, 49170 Savennières
02 41 72 22 51 ● www.ericmorgat.com ●
Vente et visites : au domaine sur rendez-vous.
Propriétaire : Eric Morgat

★★
CHÂTEAU DE VILLENEUVE

Villeneuve représente historiquement un grand terroir pour le chenin blanc sec et parfois liquoreux (appellation Coteaux de Saumur), au remarquable potentiel de vieillissement. Jean-Pierre Chevallier dirige avec exigence et passion le vignoble familial, partiellement situé sur la spectaculaire côte de Souzay. Traduisant au plus près l'expression de cette côte calcaire, cet œnologue formé à l'école bordelaise donne naissance à des rouges homogènes, colorés, à la matière fraîche, dans lesquels le fruit parle de plus en plus librement. Il a su affiner progressivement les élevages et s'affirmer avec régularité comme un des grands stylistes du paysage saumurois actuel.

Les vins : les blancs sont dénués de tout artifice et transmettent avec tension l'énergie de leur terroir argilo-calcaire. Élément indispensable pour ciseler le millésime solaire 2015 des Cormiers. En rouge 2016, nous avons une préférence pour le Clos de la Bienboire, fringant et digeste, par rapport au saumur-champigny classique, plus tendre. Les 2015 sont intéressants avec une certaine suavité qui les rend consensuels et faciles d'accès.

⬜ Saumur 2016	11 €	16
⬜ Saumur Les Cormiers 2015	17 €	16,5
⬛ Saumur-Champigny 2016	11 €	15
⬛ Saumur-Champigny Clos de la Bienboire 2016	12 €	15
⬛ Saumur-Champigny Les Vieilles Vignes 2015	16 €	16

Le coup de ♥
⬛ Saumur-Champigny Le Grand Clos 2015	25 €	17

Le calcaire parle et prend le dessus sur l'expression du cabernet-franc. Ce très beau rouge déploie une formidable texture douce jusqu'à une finale sapide et crayeuse.

Rouge : 20 hectares.
Cabernet franc 100 %
Blanc : 5 hectares.
Chenin 100 %
Production moyenne : 120 000 bt/an

CHÂTEAU DE VILLENEUVE ♣
3, rue Jean-Brevet,
49400 Souzay-Champigny
02 41 51 14 04 ●
www.chateaudevilleneuve.com ● Vente et visites : au domaine sur rendez-vous. De 9h à 12h et de 14h à 18h. Fermé dimanche et jours fériés.

Propriétaire : Jean-Pierre Chevallier

★
DOMAINE PATRICK BAUDOUIN

Patrick Baudouin, la soixantaine énergique, s'est battu pour imposer la production de liquoreux naturels en Layon à la fin du XXe siècle. Cet ancien libraire parisien, revenu sur la terre angevine de ses aïeux au début des années 1990, a connu bien des vicissitudes. L'arrivée d'un partenaire financier majoritaire (l'Union Harmonie Mutuelles) a permis au domaine de se doter de moyens supplémentaires et d'atteindre des objectifs qualitatifs élevés. Le travail engagé porte ses fruits et les vins n'ont jamais été aussi aboutis, avec de beaux rouges mais surtout des anjous blancs illustrant la diversité des terroirs, et en liquoreux, un admirable quarts-de-chaume. Plus que jamais, Patrick Baudoin joue un rôle actif pour la promotion du chenin angevin. Une petite gamme de négoce porte l'étiquette Patrick Baudoin Vins.

Les vins : subtil équilibre entre maturité des chenins secs et leur sensation cristalline, extrêmement appréciable dans le millésime solaire 2015. La fine "patte" apportée par les élevages signe les vins sans compromettre l'expression subtile des schistes angevins. Les rouges se montrent très charmeurs avec une légère fermeté mais sans l'austérité qui marque souvent les cabernets francs du secteur. Les liquoreux excellent tant dans le velouté de leur texture que dans l'éclat amer salivant qu'ils dévoilent. En 2013, le quart-de-chaume les Zersilles est une référence.

⬜ Anjou Effusion 2015	18 €	15,5
⬜ Anjou La Fresnaye 2015	18 €	16
⬜ Anjou Le Cornillard 2015	30 €	15,5
⬜ Anjoux Les Croix 2015	18 €	15,5
⬜ Coteaux du Layon 1896 2015	30 €	16,5
⬜ Coteaux du Layon Les Bruandières 2015	35 €	16,5
⬜ Savennières 2015	26 €	16
⬛ Anjou La Fresnaye 2015	16 €	15,5
⬛ Anjou Les Coteaux d'Ardenay 2015	18 €	16

VALLÉE DE LA LOIRE ET CENTRE ANJOU-SAUMUR

▬ Anjou Les Touches 2015		22 €	16

Le coup de ♥

▭ Quarts de Chaume Les Zersilles 2013		45 €	18

Superbe définition d'un quarts-de-chaume à la fois velouté, délicat, finement figué, à l'allonge fuselée, porté par des amers raffinés évoquant de magnifiques zestes d'agrumes.

Rouge : 3 hectares.
Cabernet franc 80 %,
Cabernet-Sauvignon 20 %
Blanc : 10,72 hectares.
Chenin 100 %
Production moyenne : 30 000 bt/an

DOMAINE PATRICK BAUDOUIN ♣
Princé, 49290 Chaudefonds-sur-Layon
02 41 74 95 03 ●
www.patrick-baudouin.com ● Vente et visites : au domaine sur rendez-vous.
Propriétaire : Patrick Baudouin
Maître de chai : Christophe Durand

DOMAINE STÉPHANE BERNAUDEAU

Stéphane Bernaudeau est la cheville ouvrière du domaine Mark Angeli. Les deux hommes ont construit ensemble la renommée du trublion angevin. Vigneron très méticuleux, Stéphane travaille un jardin de chenin. Dans le secteur de Martigné-Briand, il produit en petite quantité des vins entiers, impressionnants par leur mâche minérale en bouche. Un viticulteur rare doublé d'un vigneron artisan, qui a beaucoup progressé dans la précision de ses vinifications.

Les vins : le domaine ne nous ayant pas fait parvenir ses vins cette année, nous sommes amenés à reconduire les notes et les commentaires de notre édition précédente. Nouvelle cuvée de chenin, Les Onglés s'illustre par l'intensité de ses saveurs, débordantes de fruit mûr. La précision, la vitalité et l'élan de ce vin font immédiatement date. Le Terres Blanches est somptueux, mais ce sont les Nourrissons, parangon éblouissant du chenin ligérien, qui touche au sublime cette année.

▭ VDF Les Onglés 2014		22 (c) €	16,5
▭ VDF Les Nourrissons 2014		34 (c) €	19
▭ VDF Les Terres Blanches 2014		25 (c) €	17,5

Blanc : 3 hectares.

Chenin 100 %
Production moyenne : 3 800 bt/an

DOMAINE STÉPHANE BERNAUDEAU ♣
14, rue de l'Abondance, Cornu, Cornu
49540 Martigné-Briand
09 62 13 51 28 ●
stephane.bernaudeau@orange.fr ● Vente et visites : au domaine sur rendez-vous.
Propriétaire : Stéphane Bernaudeau

CHÂTEAU PIERRE BISE

Claude Papin, qui travaille avec son fils René, connaît par cœur chaque centimètre carré du Layon et de Savennières. Il a progressé dans la mise en valeur de son beau patrimoine de vignes, avec en particulier de récentes acquisitions en Savennières Roche-aux-Moines. Le domaine a toujours recherché dans ses liquoreux l'équilibre idéal entre passerillage et pourriture noble, selon les années et les terroirs : les liquoreux produits ici brillent au firmament de la production angevine. Les vins d'entrée de gamme, toutefois, manquent un peu de caractère, et la grande superficie du domaine rend difficile, sur les rouges et les blancs secs, la même exigence que sur les liquoreux.

Les vins : la série de blancs secs 2015 est de bonne facture avec l'exotisme fin de l'année et seront plutôt à boire jeune sauf le clos de Coulaine qui évoluera avec élégance dans les prochaines années. Les rouges 2015 sont bien policés lors de l'élevage pour offrir un équilibre suave. La spécialité du domaine reste les moelleux avec des coteaux-du-layon finement fumés et soulignés par un élevage luxueux, ainsi qu'un remarquable quarts-de-chaume doux et raffiné.

▭ Anjou Le Haut de la Garde 2015		10,75 €	14
▭ Anjou Les Rouannières 2015		17,30 €	14,5
▭ Coteaux du Layon L'Anclaie 2015		15,95 €	16
▭ Coteaux du Layon Rochefort 2016		13,75 €	15
▭ Savennières Clos de Coulaine 2015		14 €	15
▬ Anjou Villages Les Rouannières 2015		13,50 €	14,5

| Anjou-Villages sur Schistes 2015 | 10,75 € | 14,5 |

Le coup de ♥

| Quarts de Chaume Grand Cru 2015 | 29,75 € | 17 |

Ce 2015 digère tranquillement son élevage avec ses saveurs torréfiées et un toucher de bouche de grande douceur et une allonge raffinée.

Rouge : 9 hectares.
Cabernet-Sauvignon 50 %, Cabernet franc 50 %
Blanc : 45 hectares.
Chenin 100 %
Production moyenne : 120 000 bt/an

CHÂTEAU PIERRE BISE
**1, impasse Chanoine des Douves,
49750 Beaulieu-sur-Layon
02 41 78 31 44 ●
www.chateaupierrebise.com ● Pas de visites.
Propriétaire : René Papin**

DOMAINE THIBAUD BOUDIGNON

Ancien judoka de haut niveau, Thibaud Boudignon, jeune trentenaire, a fait ses classes dans les vignobles bordelais et bourguignons (chez Philippe Charlopin). Installé à Savennières, il a monté son petit domaine en 2008, pour une première récolte en 2009. Également responsable et gérant du domaine de la Soucherie, implanté au cœur du secteur du Layon, il participe grandement à l'émergence d'une nouvelle génération de vignerons dynamiques, aux idées larges, capables d'offrir une lecture renouvelée des vins locaux. La précision et l'équilibre désormais atteints par ses vins, couplés à des élevages plus longs, placent le domaine dans la petite élite qui contribue à faire des chenins ligériens certains des vins les plus excitants du monde vino actuel.

Les vins : ces chenins vont droit vers la précision et la cristallinité. Le millésime 2015 bien mûr convient parfaitement au style ciselé et salin de ces blancs. Sans esbroufe, ils séduiront les amateurs de grands vins ligériens.

| Anjou 2015 | 22 € | 16 |

| Savennières Les Fougeraies 2015 | 30 € | 16,5 |

Le coup de ♥

| Savennières Clos de la Hutte 2015 | 55 € | 16,5 |

Premier millésime de ce coteau à la roche affleurante récemment replanté. Il offre droiture, précision et une pureté impressionnante. Il gagnera en profondeur dans les prochains millésimes. Quelle vigueur !

Blanc : 4,5 hectares.
Chenin 100 %

DOMAINE THIBAUD BOUDIGNON
**13, chemin de la Monnaie,
49170 Savennières
06 63 41 65 87 ●
thibaud.boudignon@laposte.net ● Pas de visites.
Propriétaire : Thibaud Boudignon**

CLOS DE L'ELU

Charlotte et Thomas Carsin, Breton diplômé de biologie marine, resté dix ans consultant viticole en Champagne et en Provence, cultivent depuis 2008 25 ha de vignes sur de très beaux terroirs des environs de Saint-Aubin-de-Luigné. Vendanges manuelles, labours, culture en bio (certifiée en 2013), puis levures indigènes à la cave et vinification en grappe entière donnent une splendide gamme de vins aboutis, savoureux et énergiques, dont les intitulés invitent au voyage. Les grandes cuvées Magellan et Ephata montrent la voie à suivre pour la nouvelle génération de vignerons angevins, qui cherche à mieux valoriser ses terroir et ses vins. L'étoile a été décernée au domaine l'année dernière.

Les vins : la gamme est toujours passionnante de diversité d'expérimentations, de cépages, de vinifications et d'élevages à travers de nouvelles cuvées. Avec la volonté permanente de se rapprocher le plus précisément du fruit. Si vous avez un palais classique, goûtez en blanc au tonique chenin Roc'h Avel 2016 ou en rouge à l'assemblage de cabernet franc et de grolleau de L'Aiglerie 2015. Pour des sensations fortes, vous serez servis avec Désirade 2016, un sauvignon sec aux allures de muscat ou au floral Espérance 2015, un pineau d'aunis ambitieux macéré en grappe entière ou l'expressif Le Baiser d'Alexandrie 2015, fruit d'un grolleau gris macéré pendant neuf mois en amphore. Il y en aura pour tous les goûts.

| Anjou Roc'h Avel 2016 | 13 € | 15 |

VALLÉE DE LA LOIRE ET CENTRE ANJOU-SAUMUR

- Coteaux du Layon Premier Cru Chaume 2015 — 42 € — 15,5
- IGP Val de Loire Désirade 2016 — 16,50 € — 15
- IGP Val de Loire Le Baiser d'Alexandrie 2015 — 23 € — 15,5
- Anjou L'Aiglerie 2015 — 18 € — 15,5
- Anjou Villages Magellan 2015 — 33 € — 16
- IGP Val de Loire Indigène 2016 — 10,50 € — 15
- IGP Val de Loire Maupiti 2016 — 13 € — 15
- VDF Espérance 2015 — 23 € — 15,5

Le coup de ♥
- Anjou Ephata 2015 — 40 € — 16,5

Un chenin original bercé pendant 18 mois en petites jarres de terre cuit puis en cuve avant d'offrir un vin sec tout en discrétion aromatique, qui trouve, sous sa trame énergique, une douceur de texture très agréable.

Rouge : 11 hectares.
Cabernet franc 55 %, Grolleau 20 %, Gamay noir à jus blanc 16 %, Pineau d'Aunis 9 %
Blanc : 9 hectares.
Chenin 82 %, Sauvignon blanc 13 %, Grolleau gris 5 %
Production moyenne : 70 000 bt/an

CLOS DE L'ELU ♣
Route de Bellevue,
49190 Saint-Aubin-de-Luigné
02 41 78 39 97 ● www.closdelelu.com ●
Vente et visites : au domaine sur rendez-vous.
De 9h à 18h.
Propriétaire : Charlotte et Thomas Carsin

DOMAINE DU CLOSEL - CHÂTEAU DES VAULTS

Évelyne de Pontbriand ne ménage pas ses efforts pour valoriser son domaine angevin, qui entretient l'un des plus beaux patrimoines de vignes de Savennières, dominant la Loire. La gamme se décline par terroirs, ce qui aboutit à une expression plus nuancée des vins du cru, servi par une démarche en biodynamie. Savennières d'initiation, la cuvée La Jalousie est fine, à boire jeune, alors que le plus minéral Les Caillardières évolue bien sur cinq à six ans. Suivant la richesse du millésime, Clos du Papillon peut garder des sucres résiduels. De facture classique, les vins gagnent en finesse et en pureté dans les derniers millésimes, et vieillissent avec grâce. La première étoile a été attribué l'année dernière.

Les vins : loin des modes technologiques, les blancs conservent un équilibre traditionnel entre une légère austérité et une sensation surmûre. La Jalousie et Les Caillardières sont bien réussis cette année. l'anjou-villages 2014 offre une concentration plaisante et est plutôt facile d'accès.

- Savennières La Jalousie 2015 — 23 € — 15
- Savennières Les Caillardières 2015 — 27 € — 15,5
- Rosé de Loire Rayon de Soleil 2014 — 15 € — 14,5
- Anjou Une Emotion 2013 — 12 € — 15

Le coup de ♥
- Savennières Clos du Papillon 2015 — 36 € — 16

Belle retenue austère au nez comme en bouche. La sensation de raisin chaud anime ce vin serré qui a besoin de quelques années pour s'ouvrir.

Rouge : 2,5 hectares.
Cabernet franc 85 %, Cabernet-Sauvignon 15 %
Blanc : 13 hectares.
Chenin 100 %
Production moyenne : 40 000 bt/an

DOMAINE DU CLOSEL - CHÂTEAU DES VAULTS ☾
1, Place du Mail, 49170 Savennières
02 41 72 81 00 ●
www.savennieres-closel.com ● Vente et visites : au domaine sur rendez-vous.
Tous les jours de 10h à 18h30.
Propriétaire : Mme de Jessey
Directeur : Evelyne de Pontbriand
Maître de chai : Bruno Perray

DOMAINE DELESVAUX

Certifié en biodynamie depuis 2000, le domaine de Philippe Delesvaux et son épouse Catherine est passé maître dans la sélection des chenins passerillés et botrytisés, en s'interdisant toute chaptalisation. Le couple décline ses coteaux-du-layon suivant la richesse de tries : lorsque l'année le permet, les différentes parcelles attenantes sont vinifiées ensemble pour obtenir un SGN (en première trie), et la cuvée les Clos (en seconde trie). Une troisième trie, le Passerillé, sauve la mise certaines années durant lesquelles les deux tries précédentes sont inexistantes… Ce qui fût le cas en 2012, 2013 et 2014 !

Dans un style coloré et entier, les anjous rouges vinifiés en cuve reflètent l'intensité brute des schistes carbonifères.

Les vins : un belle série de 2015 s'annonce, notamment en blanc sec avec des vins dotés d'une belle énergie de chair soulignée par un élevage en barrique ancienne élégant. En rouge, nous avons une préférence pour l'original cabernet-sauvignon de La Montée de l'Épine, plus abouti que Le Roc, marqué d'une certaine fermeté en finale. Les coteaux-du-layon sont toujours pourvus d'une acidité qui les équilibre d'une certaine vitalité appétante.

▷ Anjou Authentique Franc de Pied 2015	20 €	16
▷ Anjou Feuille d'Or 2015	12 €	15,5
▷ Coteaux du Layon Passerillé 2015	11,50 €	15
▶ Anjou La Montée de l'Epine 2015	8,70 €	15,5
▶ Anjou Le Roc 2015	7,70 €	15

Le coup de ♥

▷ Coteaux du Layon Saint-Aubin Les Clos 2015	13,50 €	16

Une richesse liquoreuse subtilement domptée par une acidité franche donne à ce chenin un équilibre très fringant. Ce blanc énergique ne laissera pas indifférent.

Rouge : 3,6 hectares.
Cabernet-Sauvignon 50 %, Cabernet franc 50 %.
Blanc : 7 hectares.
Chenin 100 %

DOMAINE DELESVAUX
**Chemin des Essarts, La Haie Longue, 49190 Saint-Aubin-de-Luigné
02 41 78 18 71 •
domaine.delesvaux@hotmail.fr • Vente et visites : au domaine sur rendez-vous.
Du lundi au samedi.
Propriétaire : Catherine et Philippe Delesvaux-Radomski**

★

DOMAINE GUIBERTEAU

Installé depuis la fin des années 90, l'ambitieux et talentueux Romain Guiberteau exploite les vignes familiales avec d'excellentes parcelles à Montreuil, Saint-Just et surtout Brézé, grand cru historique de blanc, ainsi que le Clos des Carmes. Le décollage qualitatif remonte à 2002 (période de conversion en bio), avec toujours une longueur d'avance en blancs, qui comptent parmi les meilleurs saumurs. Les rouges ont progressé vers des tanins plus en finesse, l'ensemble des vins brille désormais par sa finesse et sa précision. La deuxième étoile est proche !

Les vins : seulement deux cuvées ont été présentées avec un très beau chenin des argilo-calcaires de Brézé 2014, pourvu d'une fine réduction grillée comparable à des beaux blancs de Bourgogne, prolongée par une bouche vigoureuse, quelques saveurs percutantes et une finale sculptée par une légère amertume. Un nouveau rouge est à découvrir en 2015.

▷ Saumur Brézé 2014	38 €	16

Le coup de

▶ Saumur-Champigny Les Moulins 2015	20 €	15

Cette nouvelle cuvée de rouge issue de vignes récemment reprises dévoile un beau cabernet franc peu extrait dans un jus en demi-corps, suave et très digeste.

Rouge : 7 hectares.
Cabernet franc 100 %
Blanc : 8 hectares.
Chenin 100 %
Production moyenne : 60 000 bt/an

DOMAINE GUIBERTEAU ♣
**3, impasse du Cabernet, Lieu-dit Mollay, 49260 Saint-Just-sur-Dive
02 41 38 78 94 •
www.domaineguiberteau.fr • Vente et visites : au domaine sur rendez-vous.
Propriétaire : Romain Guiberteau**

★

DOMAINE DAMIEN LAUREAU

Damien Laureau reprend en 1999 ce domaine viticole aux portes d'Angers. Il abandonne en 2006 une partie du vignoble en appellation Anjou, et se recentre sur l'appellation Savennières, dont 25 ares de Roche-aux-Moines. Les vins proviennent de vignes assez jeunes du secteur de Beaupréau, en début de plateau pour Les Genêts, et dans la pente (meilleur drainage) pour Le Bel Ouvrage (élevé à 50 % en barrique). Après quelques irrégularités, les derniers millésimes renouent avec la grande forme : le domaine a trouvé sa vitesse de croisière et devient incontournable sur son appellation.

Les vins : très belle série de savennières dès La Petite Roche 2016, un chenin sur le fruit qui conserve sa fine austérité naturelle. Les 2015 impressionnent à juste titre par leur puis-

VALLÉE DE LA LOIRE ET CENTRE ANJOU- SAUMUR

sance et leur race intrinsèques qui les mèneront avec caractère dans les prochaines décennies. Quel Bel Ouvrage 2014 ! À mettre en cave.

⊃ Savennières La Petite Roche 2016	23 €	15
⊃ Savennières Les Genêts 2015	35 €	15,5
⊃ Savennières Roche-aux-Moines 2015	67 €	17

Le coup de ♥

⊃ Savennières Le Bel Ouvrage 2015	48 €	16,5

Ce millésime ligérien est une aubaine pour l'expression vigoureuse des schistes. Voici un vin d'une très belle tenue pour la garde et la table.

Blanc : 9 hectares.
Chenin 100 %
Production moyenne : 30 000 bt/an

DOMAINE DAMIEN LAUREAU ♣
Chemin du Grand-Hamé, Epiré,
49170 Savennières
09 64 37 02 57 ● www.damien-laureau.fr ●
Vente et visites : au domaine sur rendez-vous.
Du lundi au samedi de 9h à 12h et de 14h à 18h.
Propriétaire : Damien Laureau

★

DOMAINE AUX MOINES

Monique Laroche et sa fille Tessa, œnologue, possèdent une propriété magnifique (acquise en 1981, passée de 4 ha à 10 aujourd'hui) et un rare patrimoine de grand cru La Roche-aux-Moines, au sommet des bords de Loire, près de la Coulée de Serrant. Un terroir magistral, peu productif, dont l'interprétation se retrouve avec nuance en bouteille. Depuis le début des années 2000, des options qualitatives ont été prises, faisant évoluer le style vers des savennières précis et secs (excepté la trie liquoreuse des Nonnes), désormais profonds et naturellement élégants. Le statut de grand domaine de Loire se trouve confirmé par des vins chaque année plus aboutis.

Les vins : si le Berceau des Fées 2016, issu de jeunes vignes, se montre simple et tendrement fruité, le savennières-roche-aux-moines 2015 est l'un des plus beaux chenins de Loire en 2015. Fantastique. L'anjou-villages rouge est moins passionnant.

⊃ VDF Le Berceau des Fées 2016	16 €	15
▬ Anjou-Villages 2015	15 €	14,5

**Le coup de **

⊃ Savennières Roche-aux-Moines 2015	25 €	17

Nous aimons l'épure et l'énergie de ce 2015 cristallin, qui ne souffre d'aucun excès de soleil. Tiré par d'élégants amers austères et stimulants, voici un grand blanc de terroir et de garde. Une prouesse dans ce millésime solaire.

Rouge : 0,78 hectare.
Cabernet franc 70 %,
Cabernet-Sauvignon 30 %
Blanc : 10,33 hectares.
Chenin 100 %
Production moyenne : 20 000 bt/an

DOMAINE AUX MOINES ♣
La-Roche-aux-Moines, 49170 Savennières
02 41 72 21 33 ●
www.domaine-aux-moines.com ● Vente et visites : au domaine sur rendez-vous.
Du lundi au samedi de 9h30 à 12h30 et de 14h à 18h30.
Propriétaire : Tessa Laroche

★

DOMAINE MÉLARIC

Baptisé à partir de la contraction de Mélanie et d'Aymeric, ce petit domaine a été créé par un jeune couple, en 2006, sur le vignoble du Puy-Notre-Dame. Mélanie, œnologue, a travaillé dans de nombreux vignobles français et étrangers avant de s'ancrer en terre ligérienne. Aymeric, ingénieur agronome et œnologue lui aussi, est passé au château Mas Neuf (Nîmes) avant de revenir dans la Loire chez Bernard Baudry. Construite sur de longs élevages, la qualité des vins s'est affinée, la gamme s'est élargie : beau parcours pour un couple travailleur et humble, qui a signé en peu de temps une gamme bicolore lisible, savoureuse et personnalisée, qui a permis au domaine d'accéder à la première étoile l'année dernière. Mais cette dernière ne sera pérenne que si quelques petits défauts parviennent à être corrigés...

Les vins : deux blancs secs 2014 évoluent rapidement tout en respectant une trame patinée et franche du fruit. Ils sont à boire désormais. Les rouges sont plus irréguliers avec Billes de Roche 2014, joliment extrait mais pas d'une grande pureté. Très beau et profond Clos de la Cerisaie 2013 et un ravissant grolleau Le Clos Rousseau 2015.

- Saumur Billes de Roche 2014 — 14,50 € — 15,5
- Saumur Les Fontenelles 2014 — 18 € — 14,5
- Saumur Puy Notre Dame Billes de Roche 2014 — 14 € — 14
- Saumur Puy Notre Dame Clos de la Cerisaie 2009 — 25 € — 15,5
- VDF Le Clos Rousseau 2015 — 17 € — 15,5

Le coup de ♥

- Saumur Puy Notre Dame Clos de la Cerisaie 2013 — 17 € — 16

De doux arômes chocolatés et de griotte se dégagent de ce cabernet franc issu d'argiles à silex, batailleur, qui offre une réelle suavité de tanins sur un jus plein de vitalité et une allonge fine et vivante. Il est loin d'avoir dit son dernier mot.

Rouge : 2 hectares.
Cabernet franc 80 %, Grolleau 20 %
Blanc : 2 hectares.
Chenin 100 %
Production moyenne : 15 000 bt/an

DOMAINE MÉLARIC ♣
2 bis, rue Saint-Hilaire,
49700 Doué-la-Fontaine
02 41 50 70 96 • www.vins-melaric.com •
Vente et visites : au domaine sur rendez-vous.
Du lundi au samedi.
Propriétaire : Aymeric Hillaire

★

DOMAINE NICOLAS REAU

Sans origine viticole, Nicolas Reau bifurque sur le tard vers la viticulture. Remarqué en Anjou dès 2002, il vinifie ensuite quelques excellents vins à Chinon mais perd les vignes. En Anjou, ses terroirs sont situés à Sainte-Radegonde, où Nicolas élabore les rouges Pompois et L'Enfant Terrible, et les blancs Clos des Treilles et Victoire. Les rouges ont gagné en précision sans rien perdre en générosité de saveurs, et les blancs conjuguent puissance et droiture. La nouvelle génération des grands vins angevins est ici à l'œuvre.

Les vins : derrière un nez bien mûr, le Victoire 2015 blanc souffle sur la bouche un jus vigoureux tiré par de beaux amers. Belle construction pour la table. Des rouges 2015 se dégagent d'originales notes de truffes, animant des matières percutantes et d'envergure, particulièrement L'Enfant Terrible. Déjà en place, il faut les encaver pour mesurer l'évolution de ces vins au fort tempérament.

- Anjou Victoire 2015 — 30 € — 15,5
- Anjou Pompois 2015 — 15 € — 15

Le coup de ♥

- Anjou L'enfant terrible 2015 — 30 € — 17

On retrouve un beau parfum truffé dans ce cabernet franc, déjà ouvert et magnifiquement constitué sur une matière voluptueuse sertie de tanins salivants. Très belle définition.

Rouge : 5 hectares.
Cabernet franc 100 %
Blanc : 1,5 hectare.
Chenin 100 %
Production moyenne : 25 000 bt/an

DOMAINE NICOLAS REAU ♣
19, route de Saint-Vergé,
79100 Sainte-Radegonde
06 24 63 20 75 • nicolasreau@yahoo.fr •
Vente et visites : au domaine sur rendez-vous.
Propriétaire : M. Aubry
Directeur : Nicolas Reau

★

DOMAINE RICHOU

Les frères Damien et Didier Richou sont présents depuis trois générations dans l'ouest des Coteaux de l'Aubance, sur des terroirs de schistes très identitaires. Ils ont toujours défendu avec ardeur les trois couleurs des vins angevins. La conversion en bio s'est accompagnée d'une progression qualitative, en régularité et en intensité d'expression des vins, qui place désormais le domaine parmi les meilleurs stylistes angevins.

Les vins : dans un secteur où le chenin peut se montrer riche et exubérant, les blancs du domaine sont toujours justes, précis et sur la retenue. Le millésime solaire 2015 a été bien dompté : en rouge, nous avons une nette préférence pour le gamay juteux et gourmand du Champ de la Pierre 2015. Les moelleux sont admirablement récoltés, atteignant de belles complexités tout en restant fins et digestes. La bulle Dom Nature 2011, à dominante de chardonnay, est un modèle du genre en Loire.

- Anjou Sec Les Rogeries 2015 — 14,50 € — 14,5
- Coteaux de l'Aubance Les 3 Demoiselles 2015 — 39 € — 16,5

VALLÉE DE LA LOIRE ET CENTRE — ANJOU-SAUMUR

⟹ Coteaux de l'Aubance Sélection 2015	13,60 €	15
⟹ Savennières La Bigottière 2015	18,50 €	15,5
⟹ VDF Dom Nature 2011	15,30 €	15
■ Anjou Gamay Le Champ de la Pierre 2015	11,80 €	15
■ Anjou Les 4 Chemins 2016	9,70 €	14,5

Le coup de ♥

⟹ Coteaux de l'Aubance Les Violettes 2014	23 €	16

Belle palette aromatique, oscillant entre la vanille, les épices, les fruits confits. Une chair dense et un sucre précis qui n'alourdit en aucun cas le vin.

Rouge : 14 hectares.
Gamay noir à jus blanc 50 %, Cabernet franc 37,5 %, Cabernet-Sauvignon 12,5 %
Blanc : 18 hectares.
Chenin 87 %, Chardonnay 13 %
Production moyenne : 120 000 bt/an

DOMAINE RICHOU ♣

Chauvigné, 49610 Mozé-sur-Louet
02 41 78 72 13 ● www.domainerichou.fr ●
Vente et visites : au domaine sur rendez-vous.
Du lundi au samedi de 9h à 12h et de 14h30 à 18h30.
Propriétaire : Didier et Damien Richou

CHÂTEAU YVONNE

Mathieu Vallée, frère de Gérald Vallée (La Cotelleraie, à Saint-Nicolas-de-Bourgueil), a repris ce domaine créé à Parnay. Il produit, dans les deux couleurs, des saumurs et des saumur-champigny francs, de plus en plus tournés vers le fruit. L'agriculture biologique permet des expressions de terroirs sérieuses et régulières, dans un respect croissant de la matière première, désormais davantage approfondie par la biodynamie. La qualité sincère des vins, doublée d'une régularité fort louable dans les millésimes plus compliqués, a permis au domaine de décrocher sa première étoile l'année dernière.

Les vins : finement élevés en barrique ancienne, les blancs prennent au nez des airs bourguignons, mais se révèlent en bouche en tant que magnifiques chenins secs, épurés et déliés vers des finales longues dotées d'une touche d'exotisme, signature du millésime 2015. Les rouges atteignent un très haut niveau de précision, de relief de saveurs et de vitalité séveuse. D'un grand naturel d'expression, ils se révèleront avec élan dans les prochaines décennies.

⟹ Saumur 2015	25 €	16
⟹ Saumur Le Gory 2015	40 €	16,5
■ Saumur-Champigny 2014	22 €	16,5
■ Saumur-Champigny L'Île Quatre Sous 2015	13 €	15
■ Saumur-Champigny La Folie 2015	14 €	16

Le coup de ♥

■ Saumur-Champigny Le Beaumeray 2014	40 €	17,5

Subtile profondeur calcaire dans cette nouvelle cuvée parcellaire, dont la vigne a été plantée dans les années 1950. Bien affiné pendant son élevage de deux ans en barrique, il est porté par une sève tout en relief et une finale extrêmement salivante.

Rouge : 8,5 hectares.
Cabernet franc 100 %
Blanc : 3 hectares.
Chenin 100 %
Production moyenne : 50 000 bt/an

CHÂTEAU YVONNE ♣

12, rue Antoine Cristal, 49730 Parnay
02 41 67 41 29 ●
chateau.yvonne@wanadoo.fr ● Vente et visites : au domaine sur rendez-vous.
Du lundi au samedi de 9h à 18h.
Propriétaire : Mathieu Vallée

CLOS DE L'ECOTARD

Fort de son expérience au domaine des Roches Neuves, Michel Chevré cultive pour lui, en bio, trois hectare de chenin sur une butte calcaire exposée sud. Très proche dans l'esprit des grands blancs façonnés chez Thierry Germain, son Clos de l'Ecotard fait incontestablement partie de ces grands vins blancs du Saumurois qui écrivent les lettres de noblesse de l'appellation.

Les vins : une verticale passionnante, de haut niveau. Des 2015 cristallins et limpides, avec un surcroît de densité pour Les Pentes le rendant plus harmonieux et fuselé. Les 2014 évoluent tranquillement en déployant une trame saline revigorante. Le 2013 présente toujours autant de sève et d'énergie.

⟹ Saumur 2013	Épuisé	16,5
⟹ Saumur 2014	Épuisé	17

▷ Saumur 2015 Épuisé 16,5

Le coup de ♥
▷ Samur Les Pentes 2015 43 € 17

L'étoffe et le volume de cette cuvée séduiront plus facilement que le Clos de l'Ecotard classique. Un magnifique équilibre, épuré et salin, en 2015.

Blanc : 3 hectares.
Chenin 100 %
Production moyenne : 20 000 bt/an

CLOS DE L'ECOTARD ♣
**182, rue des Ladres,
49260 Artannes-sur-Thouet
02 41 38 20 32 ● michelchevre@sfr.fr ●
Vente et visites : au domaine sur rendez-vous.
De 9h à 12h30 et de 14h à 17h30.
Propriétaire : Michel Chevré**

DOMAINE LES GRANDES VIGNES

Laurence, Dominique et Jean-François Vaillant travaillent en bonne entente familiale sur ce vaste domaine angevin, dont l'origine remonte au XVIIe siècle. Ils se sont fortement impliqués dans la biodynamie, et les vins de la propriété sont certifiés en bio et Demeter. Vinifiés sans aucun intrant exogène, ils ne sont ni collés ni filtrés, et ne voient aucune adjonction de SO$_2$ (à l'exception des liquoreux, et dans des proportions infimes). La recherche d'un caractère sain et franc se retrouve dans tous les vins de la gamme, large éventail des nombreuses possibilités d'expressions locales. Les amateurs trouveront ici de vieux millésimes de liquoreux, dont le grand bonnezeaux.

Les vins : une certaine spontanéité et un caractère entier se dégagent de ces vins élaborés de manière peu interventionniste. Les rouges 2016 d'entrée de gamme mettent en lumière les cépages ligériens de façon simple et fruitée. L'élevage en amphore de la cuvée Et ce Terra 2016 peut être encore affiné pour gagner en précision. En transition de dégustation, le cabernet d'anjou La Noue vous régalera de son jus croquant et joliment suave. Les blancs sont dorés et ouverts dans la prime jeunesse sur des arômes bien mûrs et natures. Ils peuvent parfois manquer de précision mais séduisent par leur sincérité. Les moelleux sont riches, une tension de bouche supplémentaire leur ferait le plus grand bien.

▷ Anjou La Varenne de Combre 2014 19 € 15
▷ Anjou La Varenne du Poirier 2015 15 € 14,5
▷ Coteaux du Layon Le Pont Martin 2015 19 € 15
▷ VDF Pin'Eau de la Loire 2016 14 (c) € 14
▬ Cabernet d'Anjou La Noue 2016 10 € 14
▬ VDF 100 % Cabernet Breton 2016 17 € 14
▬ VDF 100 % Groslot 2016 14 € 13
▬ VDF 100 % Pineau d'Aunis 2016 14 (c) € 14
▬ VDF Et ce Terra 2015 27 (c) € 14,5

Le coup de ♥
▷ Bonnezeaux Le Malabé 2015 28 € 16

Richement doré, ce vin offre des arômes automnaux, une grande concentration en sucre. Il est spontané et long.

Rouge : 36 hectares.
Cabernet franc 65 %, Grolleau 22 %, Pineau d'Aunis 8 %, Cabernet-Sauvignon 5 %
Blanc : 19 hectares.
Chenin 97 %, Chardonnay 3 %
Production moyenne : 220 000 bt/an

DOMAINE LES GRANDES VIGNES ☾
**La Roche-Aubry, Thouarcé
49380 Bellevigne-en-Layon
02 41 54 05 06 ●
www.domainelesgrandesvignes.com ● Vente et visites : au domaine sur rendez-vous.
De 9h à 12h et de 14h à 18h30.
Propriétaire : Laurence, Jean-François et Dominique Vaillant**

CHÂTEAU DU HUREAU

L'expression pure du fruit, la chair et le volume en bouche sont les saines obsessions de Philippe Vatan. Son terroir de la côte de Saumur donne des tanins frais à ses rouges et de belles acidités de garde aux blancs de chenin, secs (appellation Saumur) et liquoreux (Coteaux de Saumur). En Saumur-Champigny, le sommet est souvent atteint par la cuvée Lisagathe, sélection de vieilles vignes. Dans un style plus gouleyant et fruité, Les Fevettes s'avère un grand séducteur. À partir de 2006, la simple cuvée de saumur-champigny du domaine porte le nom de Tuffe, et une nouvelle parcelle a été isolée : Fours à Chaux.

Les vins : beaucoup de soin apporté aux élevages, notamment dans les blancs 2015 récoltés sur le fil de la maturité pour conserver de l'acidité dans ce millésime solaire. Quelques années de garde feront le plus grand bien à la cuvée

VALLÉE DE LA LOIRE ET CENTRE ANJOU-SAUMUR

Foudre. Cette année sied aux rouges, qui trouvent une belle maturité tout en conservant des trames sanguines très plaisantes, enveloppées par des textures suaves.

⊂ Saumur Argile 2015	14 €	15
⊂ Saumur Foudre 2015	20 €	15,5
■ Saumur-Champigny Fours à Chaux 2015	15 €	15,5
■ Saumur-Champigny Les Fevettes 2015	15 €	15,5
■ Saumur-Champigny Tuffe 2015	9,50 €	14,5

Le coup de ♥

■ Saumur-Champigny Lisagathe 2015	21 €	16

Dans un esprit plus ferme et austère dans la jeunesse, ce cabernet franc d'argilo-calcaire sur tuffeaux gagnera à vieillir quelques années. La patte douce de l'élevage fait son style.

Rouge : 16 hectares.
Cabernet franc 100 %
Blanc : 2 hectares.
Chenin 100 %
Production moyenne : 100 000 bt/an

CHÂTEAU DU HUREAU ♣
Dampierre-sur-Loire, 49400 Saumur
02 41 67 60 40 ●
www.chateauduhureau.com ● Vente et visites : au domaine sur rendez-vous. Du lundi au vendredi de 9h à 12h30 et de 14h à 17h30, le samedi de 10h30 à 12h30 et de 14h30 à 17h30.
Propriétaire : Philippe Vatan

DOMAINE OGEREAU

Vincent Ogereau est désormais associé à son fils Emmanuel, doté d'une solide formation internationale, bien décidé à poursuivre la voie des grands chenins de terroirs, en sec comme en liquoreux. Le domaine récolte avec rigueur des raisins sains (sans botrytis sur les secs) et offre une large gamme tricolore homogène, reflet de la mosaïque des schistes. Citons le terroir des Bonnes Blanches, qui donne l'un des coteaux-du-layon les plus complets et onctueux, se bonifiant sur quinze ans minimum. Le savennières Clos Le Grand Beaupréau a participé au réveil attendu de l'appellation.

Les vins : une température de service fraîche sera primordiale pour le crémant de Loire, rond et tendre. L'Anjouée rosé est plein de fruit et de gourmandise avec un sucre digeste pour l'heure du goûter. En blanc, les secs d'Anjou 2015 sont rondement menés, agréablement exotiques ; Vent de Spilite est doté d'un supplément de tension. L'expression élégamment austère du terroir prend le dessus dans les savennières, pleins et racés en 2015. Saluons la maîtrise exemplaire du botrytis dans les liquoreux toujours marqués de fines notes fumées complexes. De très beaux vins riches et subtils, mais qui, dans le cas des rouges, pourraient encore progresser en finesse.

⊂ Anjou En Chenin 2015	13 €	14,5
⊂ Anjou Vent de Spilite 2015	20 €	15,5
⊂ Coteaux du Layon Saint-Lambert 2015	15 €	16
⊂ Coteaux du Layon Saint-Lambert Bonnes Blanches 2015	25 €	16
⊂ Crémant de Loire Brut de Schistes	13 €	13,5
⊂ Savennières Clos le Grand Beaupréau 2015	20 €	16
⊂ Savennières L'Enthousiasme 2015	28 €	17
⊂ Cabernet d'Anjou L'Anjouée 2016	8,70 €	14
■ Anjou L'Anjouée 2015	8,70 €	14,5
■ Anjou-Villages Côte de la Houssaye 2015	18 €	15
■ Anjou-Villages Les Tailles 2015	13,50 €	15

Le coup de ♥

⊂ Quarts de Chaume Grand Cru La Martinière 2015	45 €	17

Très belle expression du chenin botrytisé planté sur une forte pente caillouteuse ; grande intensité de saveurs fumées et florales et une allonge grandiose. Un grand vin de méditation.

Rouge : 7,5 hectares.
Cabernet franc 45 %,
Cabernet-Sauvignon 40 %, Grolleau 7 %, Gamay noir à jus blanc 5 %, Pineau d'Aunis 3 %
Blanc : 15,8 hectares.
Chenin 99 %, Chardonnay 1 %
Production moyenne : 70 000 bt/an

DOMAINE OGEREAU
44, rue de la Belle-Angevine,
49750 Saint-Lambert-du-Lattay
02 41 78 30 53 ●
www.domaineogereau.com ● Vente et visites : au domaine sur rendez-vous. Dégustation et vente du lundi au samedi.
Propriétaire : Famille Ogereau
Directeur : Vincent et Emmanuel Ogereau

PITHON-PAILLÉ

Après la vente de leur vignoble à Philip Fournier (domaine FL), Jo et Isabelle Pithon ont créé cette propriété en 2008 avec Joseph Paillé, fils d'Isabelle, et Wendy, l'épouse de ce dernier, sommelière sud-africaine. Ils disposent de 7 hectares en propre et en bio, vinifient et élèvent des raisins de chenin et de cabernet franc des différents terroirs de la Loire. Dans ce mariage ligérien réussi du bel esprit des vins de soif et de quelques grandes cuvées de terroir, les blancs montent en puissance, en particulier l'exceptionnel Coteaux des Treilles.

Les vins : le domaine ne nous ayant pas fait parvenir ses vins cette année, nous sommes amenés à reconduire les notes et les commentaires de notre édition précédente. Sincère et mûr, le crémant présente une bulle discrète et de jolis amers. Le blanc L'Écart 2013 se montre fatigué et court : nous espérons qu'il s'agit d'une bouteille défectueuse. Tendre et enrobé, Mozaïk déploie une chair caressante, presque moelleuse : un vin précoce et sincère. Une évolution aromatique vers le miel et le coing pour cet anjou Coteaux des Treilles 2013 étoffé, vigoureux, dont l'intensité solaire s'estompe peu à peu et dans lequel s'impose une race minérale et vigoureuse. Il semble être arrivé à maturité. Le difficile millésime 2013 a donné un quarts de chaume de demi-corps, traversé d'une fine liqueur. Il se montre fin mais n'a pas l'envergure et la profondeur des grandes années. Très belle richesse confite dans le 4 Vents 2014 frais et plein de charme, doté d'un botrytis bien pur et d'une jolie allonge.

▻ Anjou L'Ecart 2013	30 €	13,5
▻ Anjou Mozaïk 2015	12 €	15
▻ Crémant de Loire Brut de Chenin	15 €	14,5
▻ Quarts de Chaume Grand Cru 2013	40 €	16
▻ Anjou Coteaux des Treilles 2013	50 €	16,5
▻ Coteaux du Layon 4 Vents 2014	22 €	16,5

Rouge : 2 hectares.
Cabernet franc 100 %
Blanc : 11 hectares.
Chenin 100 %
Production moyenne : 80 000 bt/an

PITHON-PAILLÉ ♣
19, rue Saint-Vincent,
49750 Saint-Lambert-du-Lattay
02 41 78 68 74 • www.pithon-paille.com •
Vente et visites : au domaine sur rendez-vous.

Propriétaire : Jo et Isabelle Pithon et Joseph et Wendy Paillé

LA PORTE SAINT JEAN

Talentueux trentenaire, Sylvain Dittière a travaillé chez les Gauby, chez Thierry Germain, au Château Yvonne et au Clos Rougeard, où il s'est lié à la famille Foucault. Cet apprentissage très sérieux l'a conduit naturellement à s'installer en 2011 à Montreuil-Bellay, dans une cave ancienne et très fraîche, parfaite pour les longs élevages qui sont sa marque de fabrique. Originale, la gamme comprend un sauvignon blanc sur sols argilo-sableux, élevé 14 mois en fût, et un chenin, La Perlée, qui a passé 24 mois en barrique. Très maîtrisés, les deux rouges offrent des saveurs prenantes et une franchise d'expression remarquable, patinés par des élevages d'une grande précision.

Les vins : le blanc La Perlée 2014 a trouvé sa place parmi les beaux chenins patinés de Loire. Le saumur-champigny 2015 se trouve sur la retenue et offre une superbe sensation séveuse, une bouche déliée par une finale calcaire salivante. Un grand caractère ligérien. Le Cormiers 2014 n'était pas d'une netteté incroyable.

▬ Saumur Les Cormiers 2014	28 €	16
▬ Saumur-Champigny 2015	20 €	15,5

Le coup de ♥
▻ VDF La Perlée 2014	25 €	16

De longs élevages de deux ans accompagnent une superbe matière déliée, complexe, délicatement épicée et fuselée, qui file vers une finale élégamment amère. Un très beau chenin cristallin.

Rouge : 3,5 hectares.
Cabernet franc 100 %
Blanc : 2,7 hectares.
Chenin 80 %, Sauvignon blanc 20 %
Production moyenne : 20 000 bt/an

LA PORTE SAINT JEAN
100, rue Porte Saint Jean
49260 Montreuil-Bellay
02 41 40 41 22 •
sylvain.dittiere@hotmail.fr • Vente et visites : au domaine sur rendez-vous.
Propriétaire : Sylvain Dittière

VALLÉE DE LA LOIRE ET CENTRE ANJOU- SAUMUR

DOMAINE DES SABLONNETTES

Joel Ménard est un vigneron bio honnête qui refuse toute chaptalisation ou manipulation œnologique. Ses vins vivants mettent du temps à se caler, occasionnant des problèmes lors des agréments dans les appellations : il a donc passé la plus grande partie de sa production en Vin de France et non plus en Anjou. Les coteaux-du-layon offrent des sucres digestes, fins et frais, et les rouges de soif, dont le grolleau, sont bien réussis.

Les vins : ils ont une approche très joviale et franche du fruit. Les rouges 2016 offrent la sensation de croquer dans la baie : on goûte un moût de grolleau dans Les Copains d'Abord, un autre de cabernet-sauvignon dans un Brin de Causette. Le blanc moelleux Fleurs d'Érables est irrésistiblement gourmand, oscillant entre des notes de poire bien mûre et de cannelle, prolongé par un sucre très digeste. À découvrir également, Du vin dans les Voiles 2011, un chenin élevé sous voile dont le goût de "jaune" soutient une matière sapide : pour un beau fromage à pâte dure.

▷ VDF Du Vin dans les Voiles 2011	18 €	16
▷ VDF Fleurs d'Erables 2016	13,10 €	15,5
▬ VDF Les Copains d'Abord 2016	9 €	14
▬ VDF Ménard le Rouge 2016	9 €	14
▬ VDF Un Brin de Causette 2016	12 €	14,5

Le coup de ♥

▬ VDF Le Quart d'Heure Ange Vin 2016	12 €	14,5

Seulement 9,5° d'alcool dans ce rosé joliment moelleux, d'une grande sincérité d'arômes épicées et de fruits, vers une finale de haute gourmandise. Servi frais, c'est une bombe de fruits !

Rouge : 4 hectares.
Cabernet franc 60 %, Gamay noir à jus blanc 30 %, Cabernet-Sauvignon 6 %, Grolleau 4 %
Blanc : 9 hectares.
Chenin 100 %
Production moyenne : 50 000 bt/an

DOMAINE DES SABLONNETTES ☾
Lieu-dit l'Espérance,
49750 Rablay-sur-Layon
02 41 78 40 49 ● www.sablonnettes.com ●
Vente et visites : au domaine sur rendez-vous.
Propriétaire : Christine, Joël et Jérémy Ménard

DOMAINE ANTOINE SANZAY

Formé au lycée de Montreuil-Bellay, Antoine Sanzay a repris le vignoble de ses grands-parents coopérateurs à la cave de Saint-Cyr-en-Bourg. Installé en 1999, il a livré lui aussi durant trois années toute sa vendange à la coopération, avant de se lancer en vinifiant petit à petit les vignes du domaine (vignoble enherbé et cultivé sous le rang). Son potentiel est enviable, avec notamment 4 ha sur le cru Les Poyeux. "Mon grand-père s'étonne de voir son petit-fils recultiver ses terres, comme avant-guerre ; moi, je veux lui prouver qu'il peut me faire confiance." Les derniers millésimes offrent plus de justesse dans les élevages et dans l'expression du fruit, et le blanc s'affirme comme un des meilleurs de la nouvelle école des chenins saumurois.

Les vins : le blanc sec est un chenin bien dans les clous dorés du millésime 2015 avec une grande franchise de goût. À l'image du saumur-champigny 2015, un à deux ans de bouteille feront le plus grand bien à des rouges sanguins et francs du collier dont les élevages peuvent être affinés.

▷ Saumur Les Salles Martin 2015	22 €	15,5
▬ Saumur-Champigny 2015	13,50 €	14,5
▬ Saumur-Champigny 2016	14 €	14,5
▬ Saumur-Champigny Les Terres Rouges 2016	25 €	15

Le coup de ♥

▬ Saumur-Champigny Les Poyeux 2015	32 €	15,5

Naturellement, Les Poyeux dévoile plus d'étoffe et de moelleux en bouche avec une allonge profonde et sapide. Il évoluera favorablement dans les prochaines années.

Rouge : 10,3 hectares.
Cabernet franc 100 %
Blanc : 1,3 hectare.
Chenin 100 %
Production moyenne : 35 000 bt/an

DOMAINE ANTOINE SANZAY ♣
19, rue des Roches-Neuves,
49400 Varrains
02 41 52 90 08 ●
antoine-sanzay@wanadoo.fr ● Vente et visites : au domaine sur rendez-vous.
Propriétaire : Antoine Sanzay

NOUVEAU DOMAINE

CHÂTEAU SOUCHERIE

Roger-François Béguinot, qui a fait fortune dans l'alimentation infantile, et son épouse ont craqué pour le château Soucherie en 2007. Ce patrimoine de 28 ha est fort bien situé sur un coteau de schistes orienté plein sud entre Beaulieu et Rochefort, en appellations Anjou, Savennières, Coteaux du Layon et Chaume. Aux commandes du vignoble et des vinifications, le méticuleux Thibaud Boudignon (également propriétaire de son domaine éponyme) oriente la production vers des vins précis et droits, particulièrement en blancs, sa spécialité.

Les vins : dans un profil moderne et brillant, le rosé de Loire 2016 Rose Pivoine peut gagner en naturel d'expression. Fermentés en demi-muids, les blancs secs tiennent un cap épuré et vigoureux, sans débord, aussi bien dans le millésime solaire 2015 en Anjou qu'en 2014, plus ferme, à Savennières. En Coteaux du Layon, la récolte de chenin surmaturé est menée de justesse pour conserver des bouquets précis (ananas, poivre blanc…) et des sucres résiduels parfaitement intégrés. Côté rouge, nous préférons les cuvées proches du fruit à l'image de Reliefs 2015 et Carmen 2016 (gamay/grolleau) car le Champ aux Loups 2014 peine à intégrer son élevage en barrique.

⇨ Anjou Ivoire 2015	13 €	14,5
⇨ Coteaux du Layon Exception 2015	25 €	15,5
⇨ Coteaux du Layon Premier Cru Chaume 2014	34 €	16
⇨ Coteaux du Layon Vieilles Vignes 2014	21 €	15
▬ Rosé de Loire Rose Pivoine 2016	8,50 €	13
■ Anjou Reliefs 2015	8,50 €	14,5
■ Anjou-Villages Champ aux Loups 2014	16 €	14
■ IGP Val de Loire Rouge Carmen 2016	11 €	14

Le coup de ♥

⇨ Savennières Clos des Perrières 2014	25 €	16

Un bouquet floral et des notes de citron confit l'animent. Un beau gras vigoureux se dégage de ce Clos sur sables, schistes et pierres volcaniques. L'élevage millimétré s'étend vers une allonge bien nette et droite.

Rouge : 9 hectares.
Cabernet franc 47 %, Gamay noir à jus blanc 35 %, Grolleau 18 %
Blanc : 19 hectares.
Chenin 94 %, Chardonnay 6 %
Production moyenne : 100 000 bt/an

CHÂTEAU SOUCHERIE
**La Soucherie, 49750 Beaulieu-sur-Layon
02 41 78 31 18 ● www.soucherie.fr ● Vente et visites : au domaine sur rendez-vous. Du lundi au samedi de 9h à 18h.
Propriétaire : Roger-François Béguinot
Maître de chai : Thibaud Boudignon**

NOUVEAU DOMAINE

CLAU DE NELL

Christian Jacques poursuit l'aventure initiée en 2008 par son épouse, emblématique figure de la Bourgogne, Anne-Claude Leflaive, pour faire renaître le Clau de Nell. Tout naturellement, les dix hectares de vignes d'un seul tenant plantées sur argilo-calcaires, grès rouges et silex sont cultivés en biodynamie depuis les années 2000. Les derniers millésimes de ce charmant domaine que nous suivons depuis plusieurs années se révèlent particulièrement éclatants et profonds. Tant en blanc de chenin qu'en rouge de cabernet franc et sauvignon, les élevages longs de 12 à 18 mois en fûts anciens sont adoptés. Ces vins séduiront les amateurs de grands anjous.

Les vins : on sent l'énergie et la sensibilité du vigneron dans les cuvées singulières de ce domaine, entre un chenin 2015 mûr et salin et trois rouges 2015 exprimant tous des nuances florales ; tant le cabernet franc séveux et délié, que la Violette, assemblé avec du cabernet-sauvignon (70 %) et du cabernet franc, plus ferme et qui devrait réserver des surprises avec le temps. Incroyable ambition du grolleau, trop oublié, qui peut donner de grands vins rouges.

⇨ IGP Val de Loire Chenin 2015	35 (c) €	16
■ Anjou Cabernet Franc 2015	30 (c) €	16
■ Anjou Violette 2015	31,50 (c) €	15,5

Le coup de ♥

■ IGP Val de Loire Grolleau 2015	33 (c) €	16

Quelle ambition pour ce pur grolleau absolument floral, à la fois limpide, vivifiant et subtilement parfumé. Une finale aérienne et délicatement ferme lui donne un équilibre revigorant. Une rareté.

Rouge : 8,5 hectares.
Cabernet franc 65 %, Grolleau 25 %, Cabernet-Sauvignon 10 %
Blanc : 1,5 hectare.

VALLÉE DE LA LOIRE ET CENTRE TOURAINE

Chenin 100 %
Production moyenne : 35 000 bt/an

CLAU DE NELL ☾
9 bis, rue des Noyers, 49700 Ammbillou Château
02 41 59 35 29 ● www.claudenell.com ●
Vente et visites : au domaine sur rendez-vous.
Propriétaire : Christian Jacques
Maître de chai : Sylvain Potin

TOURAINE
★★★

DOMAINE FRANÇOIS CHIDAINE

Depuis ses débuts en 1989, François Chidaine est devenu un acteur majeur des blancs de Loire, un styliste hors-pair désormais vénéré par de nombreux autres vignerons. Il fait partie de ceux qui ont révélé Montlouis, son fief d'origine, et au début des années 2000, il s'est agrandi à Vouvray, avec en particulier la reprise du clos Baudoin à la famille Poniatowski. Aidé par son épouse Manuéla, François n'a eu de cesse d'affiner les vinifications et les élevages, en menant un travail très exigeant dans les vignes, certifiées en biodynamie, depuis 1999. Nous ne tarissons pas d'éloges sur le niveau atteint par les vins de ce vigneron d'exception, ce qu'est venu confirmer fin 2015, une exceptionnelle dégustation exhaustive de toutes ses cuvées à l'occasion des 25 ans du domaine. Depuis 2005, la compagnie Chidaine & Cie s'est lancée dans une activité de négoce de qualité (achats de raisin), en blancs et rouges de Touraine. À partir de 2014, à la suite d'une décision malveillante émanant du syndicat des vins de Vouvray, les cuvées Argiles, Baudoin et Bouchet sont commercialisés en vin de France, ce dont les amateurs éclairés n'auront cure. Le domaine est aujourd'hui incontournable pour tout amoureux des grandes expressions ligériennes du chenin. Nous avons rendu hommage à l'œuvre de François Chidaine en accordant la troisième étoile dans notre édition précédente.

Les vins : après la dégustation d'un brut nature mûr et empli de saveurs, ouvrons le bal de ces blancs de haute volée, à la fois ciselé et sans aucune trace d'austérité froide que l'on retrouve couramment dans le secteur. Les vins de François Chidaine impressionnent par leur ouverture élégante et pure dans la jeunesse, tout en laissant présager de superbes potentiels de garde. Avec cette remarquable aptitude à s'adapter et sublimer un millésime, ces chenins brillants assument en 2015 leur pleine maturité et prennent de fines notes exotiques, évoquant de beaux mansengs de Jurançon. Ils se prolongent d'un bouquet iodé et d'une trame veloutée à la sensation saline époustouflante. Droiture et force sont incroyables, du scintillant Les Argiles jusqu'à l'ambitieux Bournais, plus racé et vivifiant dans sa version Franc de pied. L'intégration des sucres résiduels est magistrale, notamment dans les cuvées le clos Habert et Bouchet, sculptant magnifiquement ces vins pour la garde.

- Montlouis sur Loire Demi Sec Clos Habert 2015   20,70 €   17
- Montlouis sur Loire Sec Les Bournais 2015   24,50 €   17
- Montlouis-sur-Loire Brut Nature Méthode Traditionnelle 2015   14,10 €   15,5
- Montlouis-sur-Loire Demi Sec Les Tuffeaux 2015   18 €   16,5
- VDF Baudouin 2015   24,50 €   17
- VDF Bouchet 2015   20,70 €   17
- VDF Les Argiles 2015   18 €   16,5

Le coup de ♥
- Montlouis sur Loire Sec Les Bournais Franc de Pied 2015   73,50 €   17,5

Dans cette version franc de pied, Les Bournais expriment une tension plus saline que le classique tout en conservant les saveurs finement exotiques de ce millésime solaire. Une race et une profondeur incroyables.

Blanc : 40 hectares.
Chenin 95 %, Sauvignon blanc 5 %
Achat de raisins.
Production moyenne : 180 000 bt/an

DOMAINE FRANÇOISCHIDAINE
5, Grande-Rue, 37270 Montlouis-sur-Loire
02 47 45 19 14 •
www.francois-chidaine.com • Visites : sans rendez-vous.
Propriétaire : Manuéla et François Chidaine

★★★
DOMAINE DU CLOS NAUDIN

Les grands vins ont en commun avec les riches esprits de vous rendre intelligent. Ainsi, en dégustant les vouvrays de Philippe Foreau, tout devient clair, lisible dans le chenin ; ce qui est complexe est aussi ici gourmand, ce qui est bien mûr reste en conséquence tendu, ce qui est précocement bon se confirme et s'amplifie au cours des décennies. Oui, décidément, Philippe Foreau sait transmettre dans ses vins le bonheur qu'il prend à les projeter dans le seul et unique espace qui leur revient de droit : les grandes tables. Purs, longs en bouche, d'une persistance proverbiale, les vouvrays du Clos Naudin ont la régularité d'un métronome, et ce n'est pas le moindre des compliments quand on connaît les variations du climat ligérien. Les perruches (sols d'argiles à silex) donnent de la typicité aux vins du domaine, tout aussi à l'aise dans les sucres que dans les secs ; même les effervescents sont élaborés avec un soin extrême. Le style de ces vouvrays est souvent assez riche, plus baroque qu'au domaine Huet, et pas moins puissant dans les persistances de bouche. Tous conviennent admirablement à la gastronomie. Philippe Foreau passe désormais les rênes à son fils, Vincent. Une nouvelle page du domaine mythique s'ouvre.

Les vins : un équilibre étonnant, tout en chair, se dégage du sec 2016, limpide, pourvu d'une touche de sucres résiduels, balancé par une superbe délicatesse de texture et une fermeté de saveurs nobles pour vieillir une dizaine d'années. Les demi-secs s'élèvent à une élégance magistrale oscillant entre des saveurs de zestes de citron et une allonge finement amère, particulièrement en 2016. Tout est parfaitement juste et minutieux dans les moelleux, qui s'inscrivent une fois de plus parmi les bouteilles mythiques, conjuguant race amère, raffinement et complexité pour traverser les décennies. De très grands vins.

- Vouvray Demi Sec 2016   26 €   17
- Vouvray Moelleux 2015   30 €   18
- Vouvray Moelleux Réserve 2015   49 €   18,5
- Vouvray Moelleux Réserve 2016   49 €   18,5
- Vouvray Sec 2016   22 €   16

Le coup de ♥
- Vouvray Demi Sec 2015   26 €   17,5

Ce demi-sec s'ouvre tranquillement sur de notes de verveine, de sauge et de zeste. Une matière intense tirée en longueur par des amers magnifiques et finement racinaires. Quelle race !

Blanc : 12 hectares.
Chenin 100 %
Production moyenne : 55 000 bt/an

DOMAINE DU CLOS NAUDIN
14, rue de la Croix-Buisée, 37210 Vouvray
02 47 52 71 46 •
leclosnaudin.foreau@orange.fr • Vente et visites : au domaine sur rendez-vous.
Du lundi au samedi de 9h à 12h et de 14h à 17h30.
Propriétaire : Vincent Foreau

★★★
DOMAINE HUET

Ce domaine historique a été progressivement converti à la culture biodynamique par Noël Pinguet (parti en 2012), convaincu des bienfaits de la méthode (seul moyen d'exprimer dans un vin

VALLÉE DE LA LOIRE ET CENTRE TOURAINE

toutes les données du terroir), validée par une expérimentation systématique, quasi-scientifique. Rachetée en 2004 par Anthony Hwang, la propriété a conservé exactement les mêmes orientations, avec en particulier Jean-Bernard Berthomé, conforté comme régisseur et chef de culture. Après des fermentations à froid en fût usagé, la mise se fait rapidement, au printemps qui suit la vendange, à contre-courant de la mode œnologique. Quelle que soient la nature du millésime ou des vins (pétillants compris), la qualité se montre toujours extraordinaire, en adéquation avec l'excellence des terroirs. Le ciselé dans les contours de bouche, la précision dans les nuances minérales, sont uniques dans la Loire.

Les vins : tous les vins présentés sont de haute volée. Les deux bruts pétillants nous séduisent, le juvénile et fuselé 2013 et le 2009 à la vinosité apaisante, vieilli six ans sur lattes. En 2016, les secs sont tissés dans Le Haut-Lieu et Le Mont, qui conjuguent une haute précision aromatique, une texture déliée et une sensation vivifiante incroyable. Les sucres résiduels montent naturellement dans les demi-secs mais sont remarquablement intégrés par une énergie débordante et une droiture revigorante. Même constant pour les moelleux, déjà accessibles, qui s'élanceront avec tonicité et raffinement dans les prochaines décennies. Toujours limpides et très digestes, les Première Trie libèrent leur intensité et sapidité à chaque gorgée sans jamais saturer, particulièrement dans ce millésime d'équilibre qu'est 2016. Produit uniquement lors des grands millésimes, la cuvée Constance 2015 est envoûtante de richesse et de subtilité aromatique. Un grand vin de méditation.

- Vouvray Brut Huet 2013 — 18 € 15,5
- Vouvray Brut Réserve Huet 2009 — 30 € 16
- Vouvray Demi Sec Le Haut-Lieu 2016 — 22 € 16,5
- Vouvray Moelleux Cuvée Constance 2015 — 105 € 19
- Vouvray Moelleux Le Clos du Bourg 2016 — 30 € 18,5
- Vouvray Moelleux Le Clos du Bourg Première Trie 2016 — 50 € 19,5
- Vouvray Moelleux Le Haut-Lieu 2016 — 25 € 17
- Vouvray Moelleux Le Mont 2016 — 30 € 18
- Vouvray Moelleux Le Mont Première Trie 2016 — 50 € 19
- Vouvray Sec Le Haut-Lieu 2016 — 20 € 16
- Vouvray Sec Le Mont 2016 — 25 € 16,5

Le coup de
- Vouvray Demi Sec Le Mont 2016 — 25 € 17,5

Il prend de fines notes torréfiées, affiche une intensité de goût et de saveurs conduite par une énergie phénoménale. Magnifiquement vivifiant !

Blanc : 30 hectares.
Chenin 100 %
Production moyenne : 120 000 bt/an

DOMAINE HUET
11, rue de la Croix-Buisée, 37210 Vouvray
02 47 52 78 87 • www.domainehuet.com •
Vente et visites : au domaine sur rendez-vous.
Du lundi au samedi de 9h à 12h et de 14h à 18h.
Propriétaire : Famille Hwang
Directeur : Jean-Bernard Berthomé

★★
DOMAINE PHILIPPE ALLIET

Philippe Alliet et son épouse Claude, épaulés par leur fils Pierre, entretiennent un vignoble modèle, qui comprend le coteau de Noiré, magnifique pente argilo-calcaire exposée plein sud. Superbe cuvée de terroir, L'Huisserie offre le fruité intense de jeunes vignes, mais montre déjà une jolie finesse. Longtemps denses et très structurés, issus parfois d'extractions poussées, les vins ont gagné, dans les derniers millésimes, en fraîcheur de fruit et en naturel d'expression. Le domaine s'inscrit dans une vision contemporaine et ambitieuse des chinons, qui se positionnent aisément parmi les plus grands vins de la région.

Les vins : le chinon classique n'a pas été présenté. La dégustation est de haut niveau avec le Vieilles Vignes 2015, finement cendré, traduisant la trame ligérienne froide, et équilibré par la maturité du millésime. Déjà accessible, il vieillira avec élégance dans les quinze ans. Coteau de Noiré 2014 évoluera vingt ans et plus.

- Chinon L'Huisserie 2015 — 19 € 17
- Chinon Vieilles Vignes 2015 — 16 € 16,5

Le coup de ♥
- Chinon Coteau de Noiré 2015 — 22 € 17

Élevé 18 mois en fût puis en cuve, ce cabernet franc planté sur argiles à silex est naturellement sur la réserve. Après trois à quatre ans de bouteille, il révélera une structure raffinée et de grande envergure. Un grand rouge de garde.

Rouge : 17 hectares.
Cabernet franc 100 %
Blanc : 1 hectare.
Chenin 100 %
Production moyenne : 70 000 bt/an

DOMAINE PHILIPPE ALLIET
**L'Ouche-Monde,
37500 Cravant-les-Coteaux
02 47 93 17 62 •
philippe.alliet@wanadoo.fr • Vente et visites : au domaine sur rendez-vous.
Tous les jours sauf dimanche et jours fériés.
Propriétaire : Philippe Alliet**

★★
DOMAINE BERNARD BAUDRY

Bernard Baudry recherche la dimension soyeuse et civilisée des chinons, tout en restant au plus près de leur expression de terroir. Cette démarche, qu'il poursuit désormais avec son fils Mathieu, se double d'une certification bio. Une philosophie qui leur inspire aussi la plantation de vignes non greffées, franches de pied depuis dix ans (à la suite des plantations des années 80 de Charles Joguet), et l'implantation sur de nouveaux terroirs oubliés, tel l'excellent Clos Guillot à Chinon. Leur Croix Boissée (terroir argilo-calcaire de Cravant-les-Coteaux), bâti pour la garde, possède un supplément de velouté et parfois de sucrosité dans les années chaudes, ce qui n'est pas pour déplaire aux grands amateurs de vins de Saint-Émilion. Cette cuvée prend naturellement la tête des grands rouges de Touraine.

Les vins : nous aimons la définition entière et particulièrement mûre du cabernet-franc en 2015 dans chaque cuvée, dès le "simple" chinon. Les terroirs s'expriment à merveille, et avec beaucoup de sève dans les lieux-dits, au travers de bouquets subtilement floraux qui offrent une magnifique sensation crayeuse et de graphite particulièrement la très intense Croix Boissée. Encore sur la réserve, ces grands rouges s'ouvriront tranquillement à table dès 2019.

 Chinon La Croix Boissée 2015   22,50 €   17,5
 Chinon Le Clos Guillot 2015   18 €   17,5
 Chinon Les Grézeaux 2015   14 €   17

Le coup de ♥
 Chinon 2015   11 €   15,5

Très bel ambassadeur du millésime 2015 à Chinon, cette cuvée mûre, aux notes de graphite, structurée par de beaux tanins, doit se déguster carafée.

Rouge : 30 hectares.
Cabernet franc 100 %
Blanc : 2 hectares.
Chenin 100 %
Production moyenne : 140 000 bt/an

DOMAINE BERNARD BAUDRY ♣
**9, coteau de Sonnay,
37500 Cravant-les-Coteaux
02 47 93 15 79 • www.bernardbaudry.com
• Vente et visites : au domaine sur rendez-vous.
Du lundi au vendredi de 8h à 12h30 et de 14h à 18h, samedi de 9h à 13h.
Propriétaire : Bernard Baudry
Directeur : Matthieu Baudry**

★★
DOMAINE DE BELLIVIÈRE

Désormais secondés par leur fils Clément, Éric et Christine Nicolas ont été les premiers, il y a vingt ans, à relever avec panache le flambeau bien éteint des vins de la Sarthe. Leurs cuvées montrent tout le potentiel des terroirs oubliés. Les raisons du succès sont les mêmes que partout ailleurs en France : une viticulture élitiste, en partie en biodynamie, qui anticipe sur la notoriété du produit, et une vinification simple mais scrupuleuse. Le coteaux-du-loir Vieilles Vignes Eparses donne un blanc compact au remarquable raffinement aromatique (qui évolue sur la gentiane). On le fait généralement patienter avec L'Effraie (vigne de 25 ans). Le jasnières porte à juste titre le nom d'Élixir de Tuf (sélection de tries les grandes années). Notons aussi Calligramme (vignes de plus de 50 ans), Les Rosiers (jeunes vignes) et, depuis 2009, la nouvelle cuvée Prémices. Tous expriment avec limpidité leur terroir, et s'imposent comme des références pour tous les connaisseurs de chenin. Solides, les rouges de pineau d'Aunis doivent vieillir. Un nouveau chai en gravité a été inauguré avec la vendange 2015, et devrait permettre encore plus de précision dans le travail.

Les vins : l'énergie et la race des grands blancs 2015 se transmettent dès le demi-sec Prémices. Même dans ce millésime solaire, ces chenins conservent une retenue très élégante et des arômes nuancés d'une grande subtilité, oscillant entre zeste d'agrume, camphre, anis et poivre blanc. Les jasnières sont pourvus d'une légère austérité, traduisant la froideur de ce terroir. Ils se livreront, le Calligramme particulièrement, avec raffinement et un grain étincelant. De grands vins à laisser venir tranquillement dans le verre ou à oublier en cave quelques décennies. Le pineau d'aunis du Rouge-Gorge 2015 est l'un des plus intenses et aboutis du secteur, toujours joliment poivré et ferme.

☐ Coteaux du Loir Eparses Vieilles Vignes 2015	33 €	17,5
☐ Coteaux du Loir L'Effraie 2015	21 €	16,5
☐ Jasnières Les Rosiers 2015	23,50 €	17
☐ Jasnières Prémices 2015	15 €	16
■ Coteaux du Loir Rouge-Gorge 2015	21 €	16

Le coup de ♥

☐ Jasnières Calligramme 2015	41 €	18

Élevé 20 mois en fûts de 500 litres, ce chenin issu de vignes de 70 ans est époustouflant de pureté et d'éclat, mêlant des saveurs nuancées de zeste, d'épices poussées vers une finale ciselée et élégamment amère. Quelle bouteille !

Rouge : 5 hectares.
Pineau d'Aunis 100 %
Blanc : 11 hectares.
Chenin 100 %
Production moyenne : 42 000 bt/an

DOMAINE DE BELLIVIÈRE ☾
Bellivière, 72340 Lhomme
02 43 44 59 97 • www.belliviere.com •
Vente et visites : au domaine sur rendez-vous.
Du lundi au samedi.
Propriétaire : Éric Nicolas

★★
DOMAINE DE LA CHEVALERIE

Pierre Caslot, décédé en 2014, a su transmettre à ses enfants, Stéphanie et Emmanuel, le sens du devoir et la passion du vin partagé. Quatorzième génération établie au domaine, tout aussi passionnée de dégustation et d'accord mets/vins, Stéphanie Caslot apporte une touche de modernité salutaire dans l'univers bourgueillois. Rouges de garde (Busardières, Grand-Mont), rouge complet (Chevalerie), rouge de fruit (Galichets) : toute la palette du cabernet franc réussit aujourd'hui à la famille Caslot, qui s'est hissée au sommet de son appellation. Converti à la culture biodynamique, le vignoble est aujourd'hui l'un des plus sainement travaillés de Bourgueil.

Les vins : à cause des ravages du gel, seulement trois échantillons ont été présentés. Quelle joie de goûter à l'éclat floral et pur de ces cabernets francs ciselés et parfaitement équilibrés ! Le Diptyque 2015 s'avère être une excellente entrée en matière, dans un profil tonique et digeste. En 2014, les vins affichent une trame très ligérienne, déliée et énergique, qui les emmènera dans les quinze prochaines années.

■ Bourgueil Chevalerie 2014	18,50 €	16,5
■ Bourgueil Diptyque 2015	9 €	15

Le coup de

■ Bourgueil Grand-Mont 2014	28 €	17

Sous une légère réduction, ce cabernet franc planté à mi-pente dégage une superbe intensité florale et un éclat de fruit rare. Sa finale racée et déliée promet une évolution crayeuse, fine et sapide.

Rouge : 38 hectares.
Cabernet franc 100 %
Production moyenne : 200 000 bt/an

DOMAINE DE LA CHEVALERIE ☾
14, rue du Peu Muleau, 37140 Restigné
02 47 97 46 32 •
www.domainedelachevalerie.fr • Vente et visites : au domaine sur rendez-vous.
Du lundi au samedi de 10h à 12h et de 14h à 18h.
Propriétaire : Stéphanie et Emmanuel Caslot

★★
DOMAINE LA GRANGE TIPHAINE

Depuis leur vignoble de 15 ha répartis en Montlouis-sur-Loire, en Touraine et en Touraine-Amboise, Coralie et Damien Delecheneau se sont hissés parmi les références du secteur. Dans le plus grand respect de la nature et de leurs terroirs, le couple bichonne en biodynamie (certification en 2014) leurs vieilles vignes. Plusieurs pieds de côt sont même centenaires et font jaillir une cuvée d'une profondeur et d'une subtilité remarquables. Puis, en cave, les deux œnologues accompagnent avec talent et sensibilité des raisins sains récoltés à parfaite maturité. Des vinifications aux élevages en cuve béton et fût ancien, tout est absolument juste et mesuré, donnant naissance à de grands vins nuancés, jamais dans l'exubérance. À l'ouverture de chaque bouteille, les blancs de chenin se dévoilent avec une pureté et une délicatesse rares ; les rouges envoûtent par leur subtilité et leur éclat floral. Cette deuxième étoile nous semble être une évidence pour ce travail à quatre mains prodigieux.

Les vins : les terroirs sont magnifiquement interprétés dans ces vins nuancés, d'une parfaite justesse et d'une grande harmonie. Le pétillant naturel Nouveau Nez assume son caractère bien mûr et charnu. Le millésime solaire 2015 est magnifique appréhendé en blanc à travers des secs raffinés, comme le gracieux Clef de Sol et le crayeux Les Épinays, ou le demi-sec Les Grenouillères dont le sucre est intégré brillamment. Du côté des rouges, l'assemblage de cabernet franc et du côt séduit pour son raffinement et son équilibre déjà accessibles. Le pur côt Vieilles Vignes fait vibrer par sa volupté et sa profondeur florale.

⊃ Montlouis-sur-Loire Les Grenouillères 2015	19 € 16,5
⊃ Montlouis-sur-Loire Nouveau Nez 2015	16,50 € 15
⊃ Montlouis-sur-Loire Sec Clef de Sol 2015	18,50 € 16
● Touraine Amboise Clef de Sol 2015	18,50 € 17
● Touraine Amboise Côt Vieilles Vignes 2015	24 € 17

Le coup de ♥

⊃ Montlouis-sur-Loire Les Épinays 2015	28 € 17

On sent la finesse et la race du calcaire dans cette cuvée parcellaire de Montlouis-sur-Loire, déliée et raffinée. Une très belle bouteille.

Rouge : 7 hectares.
Malbec (cot) 40 %, Cabernet franc 30 %, Gamay noir à jus blanc 30 %
Blanc : 7 hectares.
Chenin 90 %, Sauvignon blanc 10 %
Production moyenne : 60 000 bt/an

DOMAINE LA GRANGE TIPHAINE ☾
Lieu-dit La Grange-Tiphaine,
37400 Amboise
02 47 30 53 80 ●
www.lagrangetiphaine.com ● Vente et visites : au domaine sur rendez-vous. De 9h à 17h30.
Propriétaire : Coralie et Damien Delecheneau

★★

DOMAINE DE LA TAILLE AUX LOUPS

Vigneron entreprenant et commerçant hors pair, Jacky Blot a énormément fait pour Montlouis, où il a été le premier à élever longuement les vins en fût. Installé depuis 1989, il a ensuite pris pied à Vouvray sur de beaux terroirs qu'il a parfaitement su valoriser. À noter que, comme pour François Chidaine, ses derniers vins sortent désormais en vin de France, à la suite de la décision, fort contestable, du syndicat de Vouvray. La gamme des vins est complète : Triple Zéro est une bulle de référence, incontournable. Soignés, élégants, les blancs secs se sont progressivement affinés, et atteignent désormais un éclat et une profondeur qui respectent parfaitement les terroirs. Tous sont issus de sélections parcellaires, à l'exception de Rémus, assemblage de terroirs. Les vins savent vieillir avec grâce, comme l'ont prouvé récemment plusieurs millésimes âgés de 10 à 15 ans. La deuxième étoile a été décernée l'année dernière.

Les vins : les 2015 transmettent la puissance du millésime mais sont magnifiquement domptés par une droiture traçante ponctuée par de beaux amers. Avec 2016, on renoue avec une fougue ligérienne revigorante : les vins sont basés sur une belle richesse en extrait sec dès le Rémus. Montée en intensité avec le Clos Michet au profil juteux et charmeur, tandis que le Clos Mosny offre une fermeté de saveurs plus persistante. La froideur des Hauts de Husseau imprime une finale élégamment austère et séduira les amoureux de blancs racés et fuselés. Le Clos de Venise retrouve son appellation en 2016 et s'élance vers une bouche finement poivrée et une finale aérienne. Quelle élégance !

⊃ Montlouis-sur-Loire Clos Michet 2015	16 € 16,5
⊃ Montlouis-sur-Loire Clos Michet 2016	18 € 16
⊃ Montlouis-sur-Loire Clos Mosny 2015	20 € 17
⊃ Montlouis-sur-Loire Clos Mosny 2016	22 € 17
⊃ Montlouis-sur-Loire Les Hauts de Husseau 2016	20 € 17
⊃ Montlouis-sur-Loire Sec Rémus 2015	15 € 16
⊃ Montlouis-sur-Loire Sec Rémus 2016	16 € 16
⊃ Montlouis-sur-Loire Triple Zero	15 € 15,5

VALLÉE DE LA LOIRE ET CENTRE TOURAINE

VDF Bretonniere 2015	18 €	16,5
VDF Clos de Venise 2016	26 €	17

Le coup de ♥
- Montlouis-sur-Loire Les Hauts de Husseau 2015 — 18 € — 17

Anciennement appelé Rémus Plus, ce chenin intense de vieilles vignes (entre 80 et 100 ans), très proche du calcaire, développe une énergie phénoménale et une tension ciselée stimulante, qui joue avec de fins amers en finale. Ébouriffant !

Blanc : 45 hectares.
Chenin 100 %
Production moyenne : 180 000 bt/an

DOMAINE DE LA TAILLE AUX LOUPS ♣

8, rue des Aitres,
37270 Montlouis-sur-Loire
02 47 45 11 11 • www.jackyblot.fr • **Vente et visites : au domaine sur rendez-vous. Tous les jours de 9h à 18h. Fermé le dimanche.**
Propriétaire : Jacky Blot

DOMAINE YANNICK AMIRAULT

Nicole et Yannick Amirault célèbrent en 2017 leur quarantième vendange ! Désormais épaulés par leur fils Benoît, ils pérennisent l'association du fruité gourmand des cabernets francs très mûrs et de la civilité charmeuse des vinifications sous bois (en cuve tronconique). Ces vins recèlent une maturité rare de tanins, qui déroute les aficionados de la verdeur "poivronnante" du cabernet. Les derniers millésimes marquent, pour notre plus grande joie, le retour du fruité et des tanins mûrs et délicats qui ont fait la notoriété du domaine. Tous les vins méritent cependant de vieillir pour se départir d'élevages parfois un peu marquants dans leur jeunesse.

Les vins : le niveau de la gamme en 2015 commence fort avec Les Malgagnes, un saint-nicolas-de-bourgueil ample qui se délie et prendrait presque une expression de pinot noir. Une texture plus délicate dans la version élevée en amphore : une réussite à découvrir absolument. Du côté de Bourgueil, Les Quartiers est bien mûr mais demande encore une bonne année de cave pour se détendre. Pour aller plus loin dans le temps, mettez en cave La Petite Cave 2015, doté d'une grande tension crayeuse pour traverser les années. En 2014, Le Grand Clos évoluera dans un profil plus digeste et aérien que les 2015.

Bourgueil La Petite Cave 2015	20 €	16,5
Bourgueil Les Quartiers 2015	14 €	15,5
Saint-Nicolas-de-Bourgueil Les Malgagnes 2015	20 €	15,5
Saint-Nicolas-de-Bourgueil Les Malgagnes Amphore 2015	25 €	16

Le coup de ♥
- Bourgueil Le Grand Clos 2014 — 15 € — 16

Un rouge précis, en pleine force de l'âge né dans un millésime garant de tension et d'une bouche déliée et aérienne. Il vieillira tout en finesse.

Rouge : 19 hectares.
Cabernet franc 100 %
Production moyenne : 90 000 bt/an

DOMAINE YANNICK AMIRAULT ♣

1, route du Moulin-Bleu, 37140 Bourgueil
02 47 97 78 07 • www.yannickamirault.fr • **Vente et visites : au domaine sur rendez-vous.
De 8h30 à 12h et de 14h30 à 18h30.
Propriétaire : Yannick Amirault**

DOMAINE DU BEL AIR

Pierre Gauthier a signé son premier millésime en 1995. La grande majorité des vignes est située sur les terroirs de tuffeau de Benais, le secteur le plus argilo-calcaire de Bourgueil, capable de donner des vins admirables de volume et de profondeur, mais parfois longs à se faire. Aujourd'hui aidé de son fils Rodolphe, Pierre Gauthier s'attache à mener une viticulture très attentive, avec en particulier un travail complet des sols. La reprise d'un terroir historique du secteur, le Clos Nouveau (un des derniers parcellaires véritablement ceint de murs) ajoute à la gamme le grand vin qu'elle méritait. Avec beaucoup de sagesse, le domaine se donne les moyens de ne commercialiser ses trois grandes cuvées de rouge qu'au bout de cinq années de vieillissement.

Les vins : tendre et friand, le bien mûr Jour de Soif se montre plus sérieux qu'il n'y paraît, et sa matière tramée indique qu'il est capable d'évoluer avec bonheur sur quelques années. On retrouve un volume moelleux et de l'amplitude dans le très charmeur Les Vingt Lieux Dits, dont le relief aiguisé en finale conclut l'expression sans fard d'un fruit intègre et finement épicé. Mûr et plein, Les Marsaules 2011 a conservé du fond et de la fraîcheur de fruit : on se régalera de sa finale salivante et finement réglissée, mais on regrettera la présence des marques de l'élevage, qui nous semblent un peu superflues.

- Bourgueil Clos Nouveau 2013   41,50 €   17
- Bourgueil Jour de Soif 2016   10,70 €   15
- Bourgueil Les Marsaules 2013   16,80 €   16
- Bourgueil Les Vingt Lieux Dits 2015   12,90 €   16

Le coup de
- Bourgueil Grand-Mont 2013   25,50 €   16

Ce 2013 ingère avec brio son élevage de 30 mois en fûts pour moitié neuf. Le terroir de Grand-Mont est parfaitement défini dans ce vin sur la réserve, poussé vers une allonge stimulante, concentré et idéalement bâti pour la garde.

Rouge : 20 hectares.
Cabernet franc 100 %
Production moyenne : 80 000 bt/an

DOMAINE DU BEL AIR ♣
7, rue de la Motte, 37140 Benais
02 47 97 41 06 •
www.domainedubelair-bourgueil.fr • Vente et visites : au domaine sur rendez-vous.
Propriétaire : Pierre Gauthier

DOMAINE CATHERINE ET PIERRE BRETON

Depuis plus de vingt ans, Catherine et Pierre Breton creusent avec succès leur sillon de vin bio en Touraine. Leur fils Paul les a désormais rejoint au domaine. Les tanins très fins et doux des longues macérations se retrouvent dès les délicieuses cuvées de soif Nuit d'Ivresse et Avis de Vin Fort ; peu protégé en soufre, ce dernier est à boire jeune. Les vins de terroir (Clos Sénéchal, Les Perrières, Picasse), plus intenses, n'ont jamais présenté autant de finesse et de précision que dans les derniers millésimes. Ils savent aussi très bien vieillir, comme quelques verticales récentes du domaine l'ont prouvé.

Les vins : la gamme est toujours bien construite, en commençant avec deux rouges sur le fruit et très gourmands à l'image du Grolleau 2016 et de la Dilettante 2015. Les concentrations et les élevages sous bois sont plus ambitieux pour les autres cuvées : Nuits d'Ivresse 2015, charmeur, Clos Sénéchal 2014, plus délié et qui reflète la fine austérité froide du millésime, et Les Perrières 2012, dense, aux tanins raffinés dont l'harmonie sera parfaite à partir de 2018. Le vouvray sec Pierres rousses 2015, énergique, est joliment patiné par son élevage en barrique ancienne.

- Vouvray La Pierre Rousse 2015   14 €   15,5
- Bourgueil Clos Sénéchal 2014   18 €   16
- Bourgueil La Dilettante 2015   14 €   15
- Bourgueil Les Perrières 2012   22 €   17
- Bourgueil Nuits d'Ivresse 2015   16 €   15,5

Le coup de
- IGP Val de Loire Grolleau 2016   10 €   15

Plein, sur un fruit gouleyant, épicé et hypercroquant, voici un grolleau joyeux à servir un peu frais en terrasse à la place d'un rosé.

Rouge : 15 hectares.
Cabernet franc 100 %
Blanc : 6 hectares.
Chenin 100 %
Production moyenne : 100 000 bt/an

DOMAINE CATHERINE ET PIERRE BRETON ♣
8, rue du Peu-Muleau, 37140 Restigné
02 47 97 30 41 • www.domainebreton.net •
Vente et visites : au domaine sur rendez-vous.
Du lundi au samedi de 10h à 12h et de 14h à 18h.
Propriétaire : Pierre et Catherine Breton

DOMAINE DE LA BUTTE

Le domaine, repris en 2002, appartient à Jacky Blot, propriétaire de la Taille aux Loups à Montlouis. Entrepreneur soucieux d'excellence, ce vinificateur de chenins charmeurs bouleverse le ronron rustique du cabernet bourgueillois. L'option d'isoler les parcelles à la vinification (en suivant le sens du coteau) et d'apporter une touche de sophistication dans l'élevage fut immédiatement payante. Le Haut de la Butte exprime la fraîcheur et la finesse des terres pauvres, le Mi-Pente est la plus grande cuvée de terroir créée à Bourgueil depuis longtemps, et le Pied de la Butte joue la simplicité précoce. Enfin, le Perrières, lieu-dit réputé, s'intercale entre le Haut de la Butte et le Mi-Pente, accordant le charme fruité du cabernet à la fraîcheur agreste typique du sol argilo-calcaire du cru. Les élevages se révèlent parfaitement adaptés et les vins offrent un visage contemporain et très abouti des différentes expressions des vins de Bourgueil.

Les vins : un bel affinage enveloppe ces 2016 toniques, portant vers de subtiles notes de graphite des matières menées en douceur. Le Pied de la Butte est toujours la cuvée la plus facile d'accès. On monte en intensité avec le Perrières, un cabernet franc séveux dévoilant une myriade de saveurs. Il s'ouvrira tranquillement dès l'automne 2018.

- Bourgueil Haut de la Butte 2016   16 €   15
- Bourgueil Perrières 2016   22 €   15,5

Le coup de ♥
- Bourgueil Mi-Pente 2016   25 €   16,5

Belle complexité et profondeur graphite donnant beaucoup d'élan et d'énergie à ce cabernet de plus de soixante ans souligné par un élevage soigné et élégant.

Rouge : 16 hectares.
Cabernet franc 100 %
Production moyenne : 60 000 bt/an

DOMAINE DE LA BUTTE ♣
La Butte, 37140 Bourgueil
02 47 97 81 30 ● www.jackyblot.fr ● Vente et visites : au domaine sur rendez-vous.
Propriétaire : Jacky Blot

★
DOMAINE VINCENT CARÊME

Le discret Vincent Carême, également producteur de steen (le nom local du chenin) en Afrique du Sud sous le nom Terre Brûlée (40 000 bouteilles/an), a contribué au renouveau de l'appellation Vouvray. Sur les 17,5 ha de chenin répartis sur les argiles à silex de Vernou-sur-Brenne et Nozay, le travail méticuleux en bio (certification en 2007) permet d'obtenir des raisins sains et éclatants en cave. Ce quadragénaire tend vers des chenins de plus en plus secs mais ses Peu Morier et Tendre intègrent avec énergie les sucres résiduels, offrant des blancs salins et sapides. Le curseur est poussé encore plus loin avec le démarrage de traitements biodynamiques et des élevages en fût ancien (400 litres) de plus en plus précis. Deux bulles savoureuses et mûres issues de méthode traditionnelle et ancestrale sont à découvrir.

Les vins : chaque cuvée impressionne par son énergie et son éclat, puisés dans une matière première saine et précise. L'effervescence est parfaitement maîtrisée, tant dans le brut 2014 ciselé, élevé 18 mois sur lattes, que dans L'Ancestrale 2015 franc du collier et plus exotique. Le sec 2016 séduira par sa pureté et son équilibré délié très digeste. À ouvrir dès 2018. Les sucres résiduels sont magnifiquement intégrés et soutiennent les matières mûres, sapides et finement amères du Peu Morier, du Tendre et du Moelleux.

- Vouvray Brut 2014   13,50 €   15
- Vouvray L'Ancestrale 2015   16,50 €   15
- Vouvray Le Peu Morier 2015   19 €   16,5
- Vouvray Sec 2016   14,50 €   15,5
- Vouvray Tendre 2015   15,50 €   16,5

Le coup de
- Vouvray Moelleux 2015   25 €   17

Ce moelleux a besoin de temps pour se livrer mais on perçoit sa race et sa profondeur. Sa sucrosité parfaitement intégrée balance entre tension et amertume et conduit à une finale éclatante. À carafer.

Blanc : 17 hectares.
Chenin 100 %
Production moyenne : 50 000 bt/an

DOMAINE VINCENT CARÊME ♣
1, rue du Haut-Clos,
37210 Vernou-sur-Brenne
02 47 52 71 28 ● www.vincentcareme.fr ●
Vente et visites : au domaine sur rendez-vous.
Lundi, mercredi, jeudi et vendredi de 10h à 12h30 et de 14h à 18h. Le mardi de 15h à 17h. Samedi sur rendez-vous.
Fermé le dimanche et les jours fériés.
Propriétaire : Vincent Carême

★
DOMAINE PATRICE COLIN

Patrice Colin, viticulteur passionné, s'est attaché à faire connaître, à travers ses vins du Vendômois (vallée du Loir), la capacité de ce vignoble sur le déclin à produire des vins certes rustiques, mais de goût et de terroir. Sur sa propriété entièrement cultivée en forte densité de plantation (7 500 pieds/ha), il reste des vignes de pineau d'Aunis (rouge), vieux d'une centaine d'années, ainsi que des chenins qui approchent les 80 ans. Les blancs sont les plus accessibles : ils se révèlent vifs, équilibrés, s'exprimant sur des saveurs de rhubarbe et de groseille. Les rouges (pineau d'Aunis, cabernet franc, pinot noir) se montrent plus sauvages dans les arômes : ils ont besoin d'un carafage. Nous saluons le long et minutieux travail d'artisan d'art de ce vigneron méritant.

Les vins : de délicieux vins gris de pineau d'aunis, sans esbroufe et d'un bel éclat, nous mettent en appétit pour le reste de la gamme. Les blancs 2016 ont besoin d'un an de bouteille pour apaiser leur fougue éclatante. Ces chenins affichent une fine austérité et une réserve plus froide qu'à Vouvray ou Montlouis-sur-Loire, qui leur confèrent un caractère sanguin et bien trempé. Le demi-sec Pente des Coutis 2015 est finement patiné, éclatant et sapide pour l'apéritif. Le riche patrimoine de vieilles vignes s'exprime au travers de rouges sincères et percutants de saveurs. Avec des vignes centenaires, le pineau d'aunis prend une dimension plus florale et profonde dans Les vignes d'Émilien 2015 et Intuition 2014.

▷ Coteaux du Vendômois Pente des Coutis 2015	9,20 €	16,5
▷ Coteaux du Vendômois Pierre à Feu 2016	7,90 €	15
▷ Coteaux du Vendômois Vieilles Vignes 2016	9,20 €	16
▬ Coteaux du Vendômois Gris 2016	6,75 €	15
▬ Coteaux du Vendômois Gris Bodin 2016	7,60 €	15
▬ VDF Les Perles Grises 2016	8,70 €	14
▬ Coteaux du Vendômois Intuition 2014	17 €	16,5
▬ Coteaux du Vendômois Pierre-François 2015	7,20 €	15
▬ Coteaux du Vendômois Vieilles Vignes 2015	8,35 €	15

Le coup de ♥

▬ Coteaux du Vendômois Les Vignes d'Emilien Colin 2015	11 €	16

Ce pur pineau d'aunis centenaire prend toujours ses airs poivrés, mais bien plus nuancés que dans les autres cuvées, avec une intensité et une profondeur rares dans l'appellation. Un beau rouge de table pour cet hiver.

Rouge : 16 hectares.
Pineau d'Aunis 62 %, Cabernet franc 14 %, Pinot noir 14 %, Gamay noir à jus blanc 10 %
Blanc : 8 hectares.
Chenin 90 %, Chardonnay 10 %
Production moyenne : 100 000 bt/an

DOMAINE PATRICE COLIN ♣
**5, impasse de la Gaudetterie,
41100 Thoré-la-Rochette**

02 54 72 80 73 ● www.patrice-colin.fr ●
Vente et visites : au domaine sur rendez-vous.

Du lundi au samedi de 9h à 12h et de 14h à 18h.

Propriétaire : Patrice et Valérie Colin

CHÂTEAU DE COULAINE

La propriété est dans la famille Bonnaventure depuis le Moyen Âge et le clos historique du château, le Turpenay, est planté de vignes depuis cette époque. En 1988, Étienne et Pascale de Bonnaventure entreprennent l'agrandissement du domaine. Ils font revivre l'esprit des grands vins de Beaumont, la première marche de l'appellation Chinon côté Loire, là où les cabernets, sous influence plus océanique, gagnent en dentelle et en finesse de fruit, comparés à ceux de l'est de l'appellation. Le château de Coulaine produit aujourd'hui une brillante gamme de chinons bio, qui conjuguent fruit frais et élégance de texture. Les millésimes ne gomment pas l'expression des terroirs : la souplesse (argile et silice de Beaumont) dans le Château de Coulaine, et la fermeté fraîche des terres argilo-calcaires dans Les Picasses, Clos de Turpenay (plein sud) et La Diablesse (dans sa version vieilles vignes). Depuis janvier 2017, Jean de Bonnaventure, le fils d'Étienne et de Pascale, est aux commandes du domaine.

Les vins : un duo de chenin poussés à belle maturité ouvre la dégustation. Le 2014 offre des arômes de fruits exotiques qui ne sont pas sans rappeler un gros mansengs de Jurançon. Les Pieds-Rôtis 2015 est riche, savoureux et pur. Les rouges nous emmènent au plus proche du raisin avec un chinon 2016 de bonne constitution, frais. Allons crescendo avec le Bonnaventure 2015, plein de vitalité et au volume de bouche mûr pour traverser les prochaines années. Le Clos de Turpenay 2014 a une mâche très séductrice, équilibrée par de fines notes fumées. Les Picasses 2014 s'envole !

▷ Chinon 2014	17 €	15
▷ Touraine Les Pieds-Rôtis 2015	14 €	14,5
▬ Chinon 2016	10,50 €	15
▬ Chinon Bonnaventure 2015	15 €	16

VALLÉE DE LA LOIRE ET CENTRE TOURAINE

- Chinon Clos de Turpenay 2014   19 €   16,5

Le coup de ♥
- Chinon Les Picasses 2014   18 €   16,5

Incroyable race florale dans ce cabernet franc plein de vitalité et d'énergie, avec la réserve et la fraîcheur cailloutteuse que l'on attend d'un grand chinon de garde. À mettre en cave.

Rouge : 17 hectares.
Cabernet franc 100 %
Blanc : 3 hectares.
Chenin 100 %
Production moyenne : 80 000 bt/an

CHÂTEAU DE COULAINE ♣

2, rue de Coulaine,
37420 Beaumont-en-Véron
02 47 98 44 51 •
bonnaventure.wixsite.com/
chateaudecoulaine • Vente et visites : au
domaine sur rendez-vous.
Tous les jours de 9h à 18h sauf le
dimanche et pendant les vendanges.
Propriétaire : Jean de Bonnaventure

DOMAINE DES HUARDS

Michel Gendrier et son épouse Jocelyne sont les fers de lance d'une viticulture artisanale de qualité en Sologne, notamment autour du cépage blanc romorantin en appellation Cour-Cheverny, qu'ils ont grandement contribué à valoriser. Un travail sérieux est mené dans le vignoble (certifié en bio) et permet la naissance de vins francs, droits, qui évoluent bien sur cinq ou sept ans, sur des notes de fruits rouges, de cire d'abeille et d'herbe fraîche. La qualité est désormais très régulière.

Les vins : les blancs restent une référence du secteur avec un cheverny Pure 2016, à dominante de sauvignon (85 %), bien ficelé par une sensation de douceur et une finale fringante. Nous sommes toujours satisfaits du romorantin des cour-cheverny : ce cépage ferme, voire un peu rustique dans la jeunesse, se détend avec vinosité après quelques années en conservant une structure finement amère. De beaux blancs de garde. Les rouges dévoilent de la concentration en conservant une certaine froideur d'arômes et une structure ferme en bouche. Ils séduiront les amateurs de rouges septentrionaux.

- Cheverny Pure 2016   12 €   15

- Cour-Cheverny François Ier Vieilles Vignes 2012   17 €   16
- Cheverny Prose 2015   10 €   14
- Cheverny Envol 2015   11 €   16
- Cheverny Le Vivier 2014   14 €   16

Le coup de ♥
- Cour-Cheverny Romo 2014   12 €   15,5

Fine évolution miellée de ce romorantin concentré qui conserve une trame vigoureuse, presque rustique. Un délicieux blanc de table pour l'automne.

Rouge : 18 hectares.
Pinot noir 70 %, Gamay noir à jus blanc 30 %
Blanc : 18 hectares.
Romorantin 50 %, Sauvignon blanc 42 %, Chardonnay 8 %
Production moyenne : 180 000 bt/an

DOMAINE DES HUARDS ☽

Les Huards, 41700 Cour-Cheverny
02 54 79 97 90 •
www.domainedeshuards.com • Vente et
visites : au domaine sur rendez-vous.
De 9h à 12h et de 14h à 18h30. Fermé le
dimanche.
Propriétaire : Jocelyne et Michel Gendrier

DOMAINE CHARLES JOGUET

Fondé en 1957 par Charles Joguet à Sazilly, sur la rive gauche de la Vienne, ce domaine est revenu au sommet de l'appellation Chinon. C'est une forme de consécration pour l'équipe en charge des vinifications et des vignes, choisie par le propriétaire Jacques Genet. Ils travaillent de concert dans un haut niveau d'excellence, compte tenu de la grandeur du domaine (40 ha). Ils ont surtout fait revivre un vibrant esprit de fraîcheur dans de grands cabernets, qui ont l'originalité de naître exposés nord-est. Peu de domaines de Loire possèdent de grandes cuvées aussi incontournables : Clos de la Dioterie (2 ha de vignes octogénaires sur sols argilo-calcaires, exposés nord-est, à Sazilly), Clos du Chêne Vert (2 ha dans la ville de Chinon), Les Varennes du Grand Clos (4,5 ha à Sazilly), ainsi que sa fraction Franc de Pied (1 ha de cabernets non greffés) plantée en 1982 et replantée pour moitié en 1992, puis en 1995. Le Clos de la Dioterie confirme son statut de parangon du chinon raffiné, modèle de finesse de tanins, dotés d'une force de caractère que peu de cabernets francs dans le monde possèdent. Les durées d'élevage s'allongent, intégrant désormais des demi-muids : le domaine pourra grimper dans notre hiérarchie lorsque les élevages des grandes cuvées se détendront un peu dès leur jeunesse.

Les vins : débutons la dégustation en 2015 avec un Silènes, simple et rafraîchissant. L'approche est bien plus juteuse et sapide avec Les Petites Roches et Les Charmes. La sensation de graphite et la trame calcaire puisée dans les Varennes du Grand Clos sont d'une grande justesse, concluant par une finale salivante. À ce stade de l'élevage, le Clos du Chêne Vert recèle de fines saveurs mûres enfouies dans une matière de grande ampleur. Le Clos de la Dioterie s'avère retenu mais sa force intrinsèque le portera sur les prochaines décennies. La richesse naturelle des 2015 devrait leur permettre de mieux intégrer leur élevage long que les 2014 qui, peut-être, auraient mérité un séjour en barrique moins important pour préserver l'éclat de ce millésime.

▷ Touraine Clos de la Plante Martin 2015	18 €	15
▬ Chinon Clos de la Dioterie 2014	32 €	16
▬ Chinon Clos de la Dioterie 2015	32 €	17
▬ Chinon Clos du Chêne Vert 2014	32 €	16
▬ Chinon Clos du Chêne Vert 2015	32 €	16,5
▬ Chinon Les Petites Roches 2015	11,50 €	15
▬ Chinon Silènes 2015	9,50 €	14

Le coup de ♥
▬ Chinon Les Varennes du Grand Clos 2015	24 €	16,5

Superbe matière dense structurée par une trame calcaire et finement graphite, magnifiquement conduite par une structure élancée et une grande allonge salivante.

Rouge : 35 hectares.
Cabernet franc 100 %
Blanc : 3 hectares.
Chenin 100 %
Production moyenne : 110 000 bt/an

DOMAINE CHARLES JOGUET ♣
La Dioterie, 37220 Sazilly
02 47 58 55 53 ● www.charlesjoguet.com ●
Vente et visites : au domaine sur rendez-vous.
Du lundi au vendredi de 10h à 13h et de 14h à 17h30. Samedi d'avril à septembre sur rendez-vous.
Propriétaire : Famille Genet
Directeur : Anne-Charlotte Genet
Maître de chai : Kevin Fontaine

DOMAINE LE ROCHER DES VIOLETTES

Xavier Weisskopf a découvert à Chablis le métier de vigneron. Formé à Beaune, vinificateur à Gigondas, il s'installe à Montlouis-sur-Loire en 2005. Il dispose d'une très bonne cave troglodytique au cœur de la ville d'Amboise. En culture totale, sans apport d'engrais ni produits chimiques, son vignoble âgé (chenin, cabernet, côt) et très morcelé, sur la commune de Saint-Martin-le-Beau, s'étend sur 13 ha, dont neuf en appellation Montlouis et quatre en Touraine. Les vendanges sont manuelles, le raisin est transporté en petites caisses pour préserver l'intégrité des baies et limiter l'oxydation. La pureté et la précision des vins, dans les deux couleurs, n'ont aujourd'hui que peu d'équivalents dans la région.

Les vins : un bel équilibre énergique se dégage du solaire millésime 2015 avec des blancs secs 2015 francs du collier, jouant sur le fil de l'oxydation ménagée tout en conservant une trame droite et salivante. En moelleux, le Grand Poirier 2015 est étoffé par un sucre juteux (saveurs de poire au sirop et d'infusion) et par une finale salivante et généreuse déjà accessible.

▷ Montlouis-sur-Loire Le Grand Poirier 2015	32 €	16
▷ Montlouis-sur-Loire Touche Mitaine 2015	15 €	15

Le coup de ♥
▷ Montlouis-sur-Loire La Négrette 2015	18 €	15,5

Jouant dans un registre légèrement doré, ce millésime solaire est bien dompté dans ce sec percutant aux saveurs tourbées, qui offre une sensation de fruit franc et droit.

Rouge : 2 hectares.
Malbec (cot) 100 %
Blanc : 13 hectares.
Chenin 100 %
Production moyenne : 65 000 bt/an

DOMAINE LE ROCHER DES VIOLETTES ♣
34, rue de la Roche, 37150 Dierre
02 47 23 52 08 ●
www.lerocherdesviolettes.com ● **Vente et visites : au domaine sur rendez-vous.**
Propriétaire : Xavier Weisskopf

DOMAINE SÉBASTIEN BRUNET

Sébastien Brunet reprend en 2006 les 3 ha de sa famille, qu'il a progressivement réussi à agrandir jusqu'à 15 ha de vignes aujourd'hui, répartis entre les communes de Vernou et de Chançay. Ce gros travailleur, discret et exigeant, cultive manuellement ses vignes, dans le plus grand respect de l'environnement. Il a installé une nouvelle cave pour vinifier en douceur toute la gamme des expressions du chenin vouvrillon, de la bulle aux moelleux, lorsque l'année s'y prête. Les expressions parcellaires sont favorisées, Arpent provenant des sols de silex, et Renaissance des argilo-calcaires. Bref, on ne manquera pas ici de vins particulièrement précis et équilibrés !

Les vins : deux styles bien distincts se dessinent dans les effervescents avec un Le Naturel hyper tonique et un 2009 plus riche, généreusement marqué d'arômes de noisette. Les aspérités font le charme et le caractère des secs 2016, davantage digeste et légers qu'opulents. Plus dense, Les Pentes de la Folie s'invitera volontiers à table, particulièrement le 2015 dont les arômes et l'équilibre rappellent un beau jurançon sec.

↦ Vouvray Arpent 2016	11 €	14,5
↦ Vouvray Brut 2009	15 €	15
↦ Vouvray Le Naturel 2015	13,50 €	14,5
↦ Vouvray Les Pentes de la Folie 2015	20 €	15,5
↦ Vouvray Renaissance 2016	15 €	15

Le coup de ♥

↦ Vouvray Les Pentes de la Folie 2016	20 €	15,5

Le juste équilibre entre ampleur et limpidité fera de ce chenin de Vernou-sur-Brenne le compagnon idéal d'une cuisine iodée et épurée.

Blanc : 15 hectares.
Chenin 100 %
Production moyenne : 65 000 bt/an

DOMAINE SÉBASTIEN BRUNET ♣
**6, rue Roche Fleurie, 37210 Chançay
02 47 56 73 52 •
earlbrunetsebastien@hotmail.fr • Vente et visites : au domaine sur rendez-vous.
Propriétaire : Sébastien Brunet**

CLOS DE LA MESLERIE

Dans une autre vie, Peter Hahn était consultant dans la finance à New York. Fou de vin, il voulait revenir au travail manuel, fondamental à ses yeux. Il change de vie et s'inscrit au lycée viticole d'Amboise, où Vincent Carême, son professeur, devient son ami et mentor. En 2002, Peter acquiert les 4 ha d'un clos à l'abandon, qu'il remet en état au prix d'un travail considérable. Il signe son premier millésime en 2008, obtient très vite la certification bio, et affirme sa philosophie personnelle : comme chaque millésime a sa propre personnalité, il ne cherche à produire qu'un seul vin tranquille par millésime (sec ou demi-sec), et un vin pétillant quand le millésime le permet. Ce vigneron de talent, qui contribue au renouveau du paysage vouvrillon, est entré dans notre guide l'année dernière.

Les vins : ils gagnent en limpidité et en pureté à chaque millésime. On ouvre la dégustation avec un brut 2014, tissé sur une bulle en dentelle, offrant une sensation de sucrosité et de fraîcheur. Puis le sec 2014 s'affirme ; on conclut avec le moelleux 2015, bâti sur un sucre digeste finement amer.

↦ Vouvray Moelleux 2015	23 €	15,5
↦ Vouvray Sec 2014	23 €	16

Le coup de ♥

↦ Vouvray Méthode Traditionnelle 2014	23 €	15,5

Un bel effervescent tissé par une bulle délicate, repose 18 mois sur lattes et s'étend sur un jus bien fourni, élancé, élégant et hyper digeste.

Blanc : 4 hectares.
Chenin 100 %
Production moyenne : 8 000 bt/an

CLOS DE LA MESLERIE ♣
**12, rue de la Meslerie,
37210 Vernou-sur-Brenne •
www.lameslerie.com • Vente et visites : au domaine sur rendez-vous.
Propriétaire : Peter Hahn**

DOMAINE DES CORBILLIÈRES

Installé dans le village d'Oisly, réputé pour ses sauvignons, Dominique Barbou maîtrise son vignoble, en culture totale, avec des rendements limités et des vinifications peu interventionnistes. Le domaine produit un solide Angeline qui sort le touraine rouge de son image "fruitée et gouleyante", auquel il adjoint une version plus délicate en tanins, la cuvée Les Dames. Les sauvignons recèlent un beau gras, surtout les sélections Fabel et Justine, qui se révèlent à leur meilleur avant deux années en bouteille. Une adresse et des valeurs sûres.

Les vins : les blancs sont de bons ambassadeurs du sauvignon de Touraine. Dans un registre fruité franc, sans thiol, ces cuvées affichent un profil gourmand, riche en 2015 et plus tonique en 2016. La densité des rouges va crescendo et nous avons une préférence pour les cuvées qui ne voient que la cuve, vectrice d'un fruité croquant. Les Dames 2015 et Angeline 2015 sont bien menés mais marqués par un élevage sous bois appuyé.

◻ Touraine Justine Barbou 2015	12,20 €	15
◻ Touraine Oisly Fabel Barbou 2015	9,70 €	14,5
◻ Touraine Oisly Fabel Barbou 2016	9,70 €	15,5
◻ Touraine Sauvignon 2016	6,70 €	14
■ Touraine Angeline 2015	11,50 €	14,5
■ Touraine Les Demoiselles 2015	6,70 €	14,5
■ Touraine Les Griottines 2016	6,50 €	14

Le coup de ♥

◻ Touraine Oisly Les XVI Rangs 2015	17 €	15,5

Des vignes de 53 ans donnent le sauvignon le plus ambitieux du domaine, élevé en cuve et en fût, ambitieux et complexe, destiné à la table.

Rouge : 8 hectares.
Pinot noir 35 %, Gamay noir à jus blanc 28 %, Malbec (cot) 23 %, Cabernet franc 8 %, Pineau d'Aunis 6 %
Blanc : 18 hectares.
Sauvignon blanc 100 %
Production moyenne : 170 000 bt/an

DOMAINE DES CORBILLIÈRES
41700 Oisly
02 54 79 52 75 ●
www.domainedescorbillieres.com ● Vente et visites : au domaine sur rendez-vous. Du lundi au samedi.
Propriétaire : Dominique Barbou

DOMAINE DE LA COTELLERAIE

Choisir de passer en vendanges manuelles alors que 90 % de l'appellation Saint-Nicolas-de-Bourgueil ramasse toujours à la machine, c'est un défi que Gérald Vallée s'est fixé dès 2004. Grand bien lui en a pris, car ses vins, qui sortaient épisodiquement de nos dégustations à chaque nouveau millésime, ont depuis gagné leurs galons de grands cabernets francs. Nous aimons le fruité précis des entrées de gamme, la tension calcaire exprimée dans Le Vau Jaumier, un coteau défriché il y a vingt ans, ainsi que l'esprit moelleux de L'Envolée, un bourgueil cossu et profond.

Les vins : ces rouges gagnent en finesse et précision du fruit à chaque millésime grâce à une viticulture méticuleuse et des élevages rigoureux. En 2016, La Croisée et Pigeur Fou offrent un équilibre tonique et gourmand, les rendant faciles d'approche. La trame froide ligérienne est bien domptée dans les grandes cuvées qui s'inviteront volontiers à table dans les dix prochaines années. Elles se placent parmi les plus ambitieuses de l'appellation.

■ Saint-Nicolas-de-Bourgueil La Croisée 2016	11 €	14,5
■ Saint-Nicolas-de-Bourgueil Le Vau Jaumier 2015	19 €	16
■ Saint-Nicolas-de-Bourgueil Les Perruches 2015	12 €	15,5
■ Saint-Nicolas-de-Bourgueil Pigeur Fou 2016	12 €	15

Le coup de ♥

■ Saint-Nicolas-de-Bourgueil L'Envolée 2014	22 €	16

Un élevage en fût bien mené dans ce cabernet franc d'envergure, à la fine structure, où s'exprime franchement et sûrement le fruit.

Rouge : 27 hectares.
Cabernet franc 96 %, Cabernet-Sauvignon 4 %
Production moyenne : 120 000 bt/an

DOMAINE DE LA COTELLERAIE ♣
2, La Cotelleraie,
37140 Saint-Nicolas-de-Bourgueil
02 47 97 75 53 ●
www.domaine-cotelleraie.fr ● Vente et visites : au domaine sur rendez-vous. De 9h30 à 12h et de 13h30 à 18h.
Propriétaire : Gérald Vallée

DOMAINE DE LA GARRELIÈRE

Ce domaine, en biodynamie non certifiée depuis plus de dix ans, impose ses cuvées dans nos dégustations depuis plusieurs saisons avec une rare régularité. Ses sauvignons savent se montrer mentholés, charnus et tendus en fin de bouche. Les rouges progressent fortement, notamment dans la maturité et la finesse de l'élevage.

Les vins : ces trois cuvées mettent en lumière trois cépages avec un fruit précis et pur en 2016 à l'image du Chenin de la Colline, très gourmand et tonique tout en offrant une allonge savoureuse, et un rouge de gamay juteux et joliment concentré qui enjolivera un repas joyeux du dimanche dans les deux ans.

- ⇨ Touraine Le Chenin de la Colline 2016 — 13 € — 15
- ▬ Touraine Gamay Sans Tra La La 2016 — 12,50 € — 15

Le coup de ♥
- ⇨ Touraine Le Blanc de la Mariée 2016 — 10 € — 14,5

Un sauvignon juteux, plus marqué par des arômes de fruits exotiques et d'agrumes, qui conserve un équilibre fringant et hyper gourmand.

Rouge : 8 hectares.
Cabernet franc 62,5 %, Gamay noir à jus blanc 37,5 %
Blanc : 12 hectares.
Sauvignon blanc 75 %, Chenin 17 %, Chardonnay 8 %
Production moyenne : 80 000 bt/an

DOMAINE DE LA GARRELIÈRE
37120 Razines
02 47 95 62 84 ● **www.garreliere.com** ●
Vente et visites : au domaine sur rendez-vous.
Tous les jours de 10h à 12h30 et de 14h30 à 19h.
Propriétaire : François Plouzeau

DOMAINE FABRICE GASNIER

Depuis quatre générations, la famille Gasnier exploite ce domaine de Cravant-les-Coteaux. Fabrice travaille 23 ha entièrement cultivés sur des terres légères. Nous retrouvons dans ses cuvées les notes florales, les textures délicates jamais très longues, mais si digestes, qui ont fait la légende des chinons rabelaisiens. Queue du Poëlon, qui met en valeur une parcelle de vignes de 60 ans, est élevé en cuve béton.

Les vins : à l'image de nombreux chinons blancs, le Coteau de Sonnay 2015 s'offre en rondeur plus qu'en tonicité. Les rouges présentent des matières charnues, proches du fruit. L'éclat du Pierres Chaudes 2016 est particulièrement séduisant. En 2014, la marge de progression pour les cuvées ambitieuses, élevées plus longtemps, est encore importante.

- ⇨ Chinon Coteau de Sonnay 2015 — 16 € — 15
- ▬ Chinon L'Ancienne 2014 — 11 € — 15
- ▬ Chinon Les Graves 2015 — 7,20 € — 14
- ▬ Chinon Queue de Poëlon 2014 — 15 € — 15
- ▬ Chinon Signature 2014 — 13 € — 15,5

Le coup de ♥
- ▬ Chinon Pierres Chaudes 2016 — 11 (c) € — 14,5

Un cabernet franc bien mûr et entier. Sa jolie tonicité le rend facile d'accès.

Rouge : 29,2 hectares.
Cabernet franc 100 %
Blanc : 0,8 hectare.
Chenin 100 %
Production moyenne : 130 000 bt/an

DOMAINE FABRICE GASNIER ☾
Chezelet, 37500 Cravant-les-Coteaux
02 47 93 11 60 ●
www.domainefabricegasnier.com ● **Vente et visites : au domaine sur rendez-vous.**
Du lundi au samedi de 8h à 12h et de 14h à 18h.
Propriétaire : Fabrice Gasnier

DOMAINE LA GRAPPERIE

Ingénieur agronome, Renaud Guettier a repris l'exploitation en polyculture de sa belle-famille à Bueil-en-Touraine, aux confins de la Sarthe et de la Touraine. Céréalier et éleveur, il acquiert, en 2004, 6 hectares de vignes dans les coteaux du Loir, toutes en vieilles vignes de chenin et pineau d'Aunis. Atypiques car patinés par de longs élevages, des vins sains et mûrs, formidablement toniques, voient ici le jour. Les matières vigoureuses, assagies par l'âge, sont parfaitement maîtrisées ; finement infusés, les rouges offrent délicatesse et parfums. La plupart des vins sont déclassés en Vin de France, et méritent de l'aération pour se débarrasser de leur gaz carbonique.

Les vins : le domaine ne nous ayant pas fait parvenir ses vins cette année, nous sommes amenés à reconduire les notes et les commentaires de notre édition précédente. Le Pressoir de Saint Pierre est une matière brute, revigorante et droite, dont les sucres se sont fondus, mais qui présente encore quelques scories de l'élevage. Sa vigueur de constitution, sa chair patinée et sa franchise le font sortir du lot. Dimensions épicées et vigueur acidulée du meilleur effet dans le blanc La Diablesse, dense, assez carré, qui ne manque pas de potentiel. L'exceptionnelle réussite du pinot d'Aunis en 2015 est patente dans Adonis, infusé, floral et frais, dont l'éclat salivant et la pureté du fruit finement épicé en font une bouteille irrésistible et précoce. Le Grand Clos montre des notes d'épices et de poire fraîche dans ce chenin profond et généreux, qui termine tranquillement ses sucres et associe volume et tension. Enfin, L'Enchanteresse est mûr, soyeux et désaltérant, le fruit croquant et poudré de ce vin inspiré est un régal absolu, prioritaire pour qui souhaite découvrir les sommets dont le pineau d'Aunis est capable.

▷ VDF La Diablesse 2014	23 €	16
▷ VDF Le Pressoir de Saint Pierre 2015	16 €	16
▶ VDF Adonis 2015	15 €	16,5
▷ Coteaux du Loir Le Grand Clos 2015	20 €	16,5
▶ VDF L'Enchanteresse 2015	22 €	17

Rouge : 3 hectares.
Pineau d'Aunis 100 %
Blanc : 3 hectares.
Chenin 100 %
Production moyenne : 15 000 bt/an

DOMAINE LA GRAPPERIE ♣
La soudairie, 37370 Bueil-en-Touraine
06 03 05 69 69 ● **www.lagrapperie.com** ●
● **Vente et visites : au domaine sur rendez-vous.**
Propriétaire : Renaud Guettier

DOMAINE GROSBOIS

Les pentes douces de la commune de Panzoult sont homogènes et composées en majorité de millarge, des sables jaunes quartziens, sur lesquels le cabernet franc produits des chinons moins tanniques que sur l'argilo-calcaire. "Ce terroir solaire à besoin d'être théâtralisé", explique Nicolas Grosbois, arrivé au domaine familial en 2008, après dix ans passés en tant que "flying winemaker". De la Nouvelle-Zélande et du Chili, ce trentenaire est revenu "vacciné" contre le bois. Il ne vinifie et n'élève ses rouges qu'en cuve. Ses deux meilleures cuvées (Vieilles Vignes et Clos du Noyer) donnent elles aussi la priorité à l'expression entière d'un raisin de goût, tout en misant sur la finesse. Nicolas Grosbois est également gérant associé au domaine des Hauts Baigneux (Azay-le-Rideau).

Les vins : avec un vignoble dévasté par le gel en 2016, Nicolas Grosbois a dû s'envoler dans le Sud-Ouest récolter et vinifier des raisins rouges pour sauver sa production avec une cuvée fruitée, La Cousine de ma Mère, très réussie. En Chinon, Gabare se montre spontané, avec une certaine suavité très agréable. Le Clos du Noyer exprime en 2015 une superbe ambleur qui se révèlera tranquillement à partir de 2018.

▶ Chinon Gabare 2016	18 €	15,5
▶ VDF La Cousine de ma Mère 2016	9,50 €	14,5

Le coup de ♥
▶ Chinon Clos du Noyer 2015	25 €	17

Superbe maturité et grande profondeur dans ce cabernet franc planté sur un sol argilo-siliceux, déroulant une mâche et un volume de grande ampleur. Encore sur la réserve, attendez 2018.

Rouge : 12 hectares.
Cabernet franc 100 %
Production moyenne : 42 000 bt/an

DOMAINE GROSBOIS ♣
Le Pressoir, 37220 Panzoult
02 47 58 66 87 ● **www.domainegrosbois.fr**
● **Vente et visites : au domaine sur rendez-vous.**
De 8h à 12h30 et de 13h30 à 17h.
Propriétaire : Nicolas Grosbois

DOMAINE STÉPHANE GUION

Ce domaine historique de la culture biologique (plus de 40 ans de recul) est possédé par Stéphane Guion, qui a suivi les principes impulsés par son père polyculteur. Sur la commune de Benais, où il a déménagé sa cave, il produit des cabernets francs plus acides que la moyenne et aux tanins plus fins. Sa cuvée Prestige (sélection de vignes entre 30 et 80 ans) aux notes de fruits noirs et de mine de crayon, livre dans sa jeunesse une bouche tendue et aiguisée, avec du fond et de l'énergie. Un bourgueil à la franchise revigorante mais parfois austère. L'ambitieuse cuvée des Deux Monts présente des élevages parfois appuyés. Les vins reflètent bien leurs terroirs et les prix sont angéliques.

Les vins : l'intégrité et la sincérité d'un fruit bien mûr s'exprime dès la cuvée domaine, un cabernet franc sanguin accessible dès le printemps 2018. Prestige 2015 s'est bien détendu en proposant toujours une charpente droite. La cuvée des Deux Monts 2014 trouve naturellement davantage de profondeur et un meilleur potentiel de garde.

VALLÉE DE LA LOIRE ET CENTRE TOURAINE

Bourgueil Domaine 2015	7,50 €	15
Bourgueil Domaine 2016	7,30 €	14,5
Bourgueil Prestige 2015	8,40 €	15,5

Le coup de ♥
- Bourgueil Cuvée des Deux Monts 2014 — 19,90 € — 16

Très bonne constitution, approche naturelle et très mûre du fruit grâce à une vinification respectueuse, pour ce vin plein et sincère qu'on pourra savourer dans les prochaines années.

Rouge : 8 hectares.
Cabernet franc 100 %
Production moyenne : 40 000 bt/an

DOMAINE STÉPHANE GUION ♣
3, route de Saint-Gilles, 37140 Benais
02 47 97 30 75 • www.domaineguion.com •
Vente et visites : au domaine sur rendez-vous.
Du lundi au samedi.
Propriétaire : Stéphane Guion

DOMAINE DE LA LANDE - TOURAINE

Ce domaine propose une gamme homogène et sans faille, des cabernets aux tanins toujours fins, à l'expression aromatique puissante (typée par des macérations à froid), qui développent des senteurs de pin et de graphite. Les vins vieillissent avec grâce et les derniers millésimes présentés sont très réussis.

Les vins : une approche traditionnelle et cohérente du bourgueil, sans esbroufe, grâce à des élevages justes déroulant un caractère ferme de cabernet franc, particulièrement avec les Graviers 2015. Les Pins 2014 propose une bonne fraîcheur, mais n'est pas d'une grande netteté.

- Bourgueil Les Graviers 2015 — 7 € — 14,5

Le coup de ♥
- Bourgueil Prestige 2015 — 12 € — 15,5

Un bon potentiel de garde s'annonce dans ce cabernet franc élevé en foudre sans fard, bien mûr et structuré pour les quinze prochaines années.

Rouge : 16,5 hectares.
Cabernet franc 100 %
Production moyenne : 50 000 bt/an

DOMAINE DE LA LANDE - TOURAINE ♣
20, route du Vignoble, 37140 Bourgueil
02 47 97 80 73 •
www.domainedelalande.com • **Vente et visites :** au domaine sur rendez-vous.
Du lundi au samedi de 9h à 12h et de 14h à 18h.
Propriétaire : François et Marc Delaunay

DOMAINE DE MONTCY

Italienne, originaire de Ligurie, Laura Semeria a décidé, en 2006, de devenir vigneronne. Après de nombreuses visites de vignobles, elle ressent un coup de cœur pour Cheverny et signe en septembre 2007, juste avant les vendanges, l'acquisition des 21 ha d'un domaine, rebaptisé domaine de Montcy. Rapidement convertie en bio, très impliquée dans l'œnotourisme, la propriété donne naissance à une large gamme de vins, vinifiés en levures indigènes et avec un usage très limité du soufre. Ils s'expriment dans un style sincère et généreux.

Les vins : les blancs 2016, à dominante de sauvignon pour le cheverny, et de romorantin pour le cour-cheverny, séduisent spontanément, se montrent déjà très ouverts et accessibles, tout en franchise. Quelques années de recul nous éclaireront sur le potentiel de garde de ces cuvées gourmandes et clinquantes. Le rouge Mes Racines 2015 s'inscrit dans un registre hyper-juteux et épicé, sans manquer de fond.

Cheverny Tradition 2016	11 €	14,5
Cheverny Mes Racines 2016	17 €	15

Le coup de ♥
- Cour-Cheverny 2016 — 15 € — 15,5

Un romorantin d'envergure, peu protégé pour le rendre déjà très ouvert et accessible, qui offre des notes finement rustiques de miel, de plantes, avec une légère sensation tannique.

Rouge : 10 hectares.
Pinot noir 55 %, Gamay noir à jus blanc 40 %, Cot (malbec) 5 %
Blanc : 11 hectares.
Sauvignon blanc 45 %, Romorantin 27,5 %, Chardonnay 27,5 %
Production moyenne : 70 000 bt/an

DOMAINE DE MONTCY ☾
La Porte Dorée, 32, route de Fougères, 41700 Cheverny
02 54 44 20 00 •
www.domaine-de-montcy.com • **Vente et visites :** au domaine sur rendez-vous.
Du lundi au samedi de 10h30 à 12h30 et de 14h à 18h30.
Propriétaire : Laura Semeria

DOMAINE DES OUCHES

Les bourgueils de Thomas et Denis Gambier montrent un style sérieux, coloré, concentré. Parfois austères dans leur jeunesse, ils vieillissent excellemment. Issue d'un sol de graviers, la cuvée Igoranda apporte de la souplesse à une gamme de vins assez tanniques. Le Coteau des Ouches, terroir d'argile et de sable, donne des cabernets francs très concentrés. Les Clos Boireaux, planté sur un sol sableux (perruches), offre des tanins aussi solides mais plus soyeux. Les vins sont élevés en foudre et en barrique, sauf la passionnante cuvée Romana, qui séjourne en jarre de terre cuite.

Les vins : les rosés et blancs 2016 mériteraient plus d'éclat mais sont de sympathiques cuvées sans esbroufe à boire dans la jeunesse. En rouge, 2016 renoue avec un profil plus anguleux que le solaire 2015, plus dense. Les Clos Boireaux et le Coteau des Ouches méritent encore un an de cave pour détendre leurs trames serrées tandis que La Romana, élevé en amphore, offre une certaine douceur de texture et une finale franche et riche.

▱ IGP Val de Loire Chenin 2016	10,50 €	14
▬ Bourgueil 2016	7 €	13,5
▬ Bourgueil Igoranda 2016	8,50 €	15
▬ Bourgueil Les Clos Boireaux 2015	10,50 €	15
▬ Bourgueil Romana 2015	26 €	15,5

Le coup de ♥
- ▬ Bourgueil Coteau des Ouches 2015 — 10,50 € — 15,5

La réglisse arrive à plein nez dans ce cabernet franc dense, entier et encore serré par son élevage en fût. Laissez-le deux ans en cave, il se révèlera avec profondeur.

Rouge : 16 hectares.
Cabernet franc 97 %, Cabernet-Sauvignon 3 %
Blanc : 0,15 hectare.
Chenin 100 %
Production moyenne : 70 000 bt/an

DOMAINE DES OUCHES
3, rue des Ouches,
37140 Ingrandes-de-Touraine
02 47 96 98 77 •
www.domainedesouches.com • Vente et visites : au domaine sur rendez-vous.
Du lundi au samedi de 9h à 12h et de 14h à 18h30.
Propriétaire : Thomas et Denis Gambier

DOMAINE DE L'R

Après une expérience espagnole (Ribera del Duero avec Bertrand Sourdais), Frédéric Sigonneau revient dans sa région d'origine et reprend en 2007 quelques parcelles sur Cravant-les-Coteaux, domaine aujourd'hui agrandi à 6 ha. La conduite du vignoble et les vinifications se revendiquent les plus naturelles possibles et le domaine trouve aujourd'hui sa vitesse de croisière avec plusieurs cuvées de caractère. Le sens aigu du fruit de Frédéric se révèle dès la cuvée Les 5 Éléments, mais Les Folies du Noyer Vert offre un surcroît de profondeur et de complexité. Et essayez donc de dénicher une des rares bouteilles de Mains Sales, pour une expérience voluptueuse !

Les vins : un croquant et hyper gourmand Le Canal des Grandes Pièces 2016. Les rouges ont trouvé en 2015 une belle maturité de cabernets francs extraits en douceur, offrant une sensation de proximité avec le fruit dans des jus pleins de vitalité. Les élevages en fût ancien sont bien maîtrisés et accompagnent des matières florales, particulièrement dans Les Mains Sales 2015 (400 bouteilles seulement).

▬ Chinon Le Canal des Grandes Pièces 2016	10 €	15
▬ Chinon Les 5 Éléments 2015	14 €	15,5
▬ Chinon Les Mains Sales 2015	30 €	16

Le coup de ♥
- ▬ Chinon Les Folies du Noyer Vert 2015 — 19 € — 16,5

Une belle trame calcaire se dégage de ce 2015 bien mûr, élevé un an en vieux fûts. Droit, fuselé et plein de vie, il nous mène vers une finale sapide et éclatante de vitalité.

Rouge : 7,7 hectares.
Cabernet franc 100 %
Blanc : 0,25 hectare.
Production moyenne : 30 000 bt/an

DOMAINE DE L'R ♣
14, Le Coteau de Sonnay,
37500 Cravant-les-Coteaux
02 47 98 03 57 • www.domainedelr.com •
Vente et visites : au domaine sur rendez-vous.
De 9h à 12h et de 14h à 17h.
Propriétaire : Frédéric Sigonneau

DOMAINE OLGA RAFFAULT

À la suite de Jean Raffault, le fils d'Olga, c'est désormais la petite-fille Sylvie (secondée par son mari, Éric de la Vigerie) qui dirige ce domaine réputé, produisant des vins parfumés et veloutés, mais au cœur tannique apporté par les sols argilo-calcaires, et qui exigent trois ans au moins pour s'assouplir. La cuvée Les Picasses est le vin emblématique du domaine. Les élevages progressent mais La Singulière reste un peu campée sur son boisé solide.

Les vins : le chinon blanc Champ-Chenin 2016 est assez simple et agréablement fruité. N'hésitez pas à passer en carafe les rouges, qui s'affichent dans un registre peu extrait et agréables pour Les Barnabés et les Peuilles. Naturellement, Les Picasses affichent plus profondeur et de finesse, particulièrement en 2012. Nous sommes en revanche moins séduits par La Singulière 2012, dont l'élevage ambitieux de deux ans sous bois enrobe la matière.

▱ Chinon Le Champ-Chenin 2016	16 €	14,5
▬ Chinon La Singulière 2012	18 €	14,5
▬ Chinon Les Barnabés 2015	9 €	14,5
▬ Chinon Les Peuilles 2014	12 €	14,5
▬ Chinon Les Picasses 2013	13 €	15

Le coup de ♥
▬ Chinon Les Picasses 2012	14 €	15,5

Un 2012 plus intense et et racé que le 2013. Déjà accessible, il évoluera avec finesse et de façon civilisée. Une belle définition de ce terroir argilo-calcaire.

Rouge : 23 hectares.
Cabernet franc 100 %
Blanc : 1 hectare.
Chenin 100 %

DOMAINE OLGA RAFFAULT ♣
**1, rue des Caillis, 37420 Savigny-en-Véron 02 47 58 42 16 ● www.olga-raffault.com ● Vente et visites : au domaine sur rendez-vous.
Du lundi au vendredi de 8h30 à 12h et de 14h à 18h. Le samedi sur rendez-vous.
Propriétaire : Eric et Sylvie de la Vigerie**

DOMAINE AURÉLIEN REVILLOT

Originaire du Mâconnais, ingénieur agronome et œnologue, Aurélien a travaillé dans l'Oregon au domaine Drouhin, et comme chef de culture, à partir de 2013, à l'excellent domaine de la Chevalerie à Bourgueil. Il a pu reprendre (essentiellement en location) sept petites parcelles à Bourgueil et Saint-Nicolas de Bourgueil, totalisant 2,25 ha, et a signé en 2012 son premier millésime. La qualité de ses vins éclate pleinement avec d'admirables 2014, et des 2015 très prometteurs. Quatre vins voient le jour, en quantités malheureusement infimes, mais qui valent l'effort de leur recherche ! La conversion bio est prévue.

Les vins : ils trouvent leur voie petit à petit avec, en 2015, des textures denses, bien polies et léchées lors de leur élevage en fût. D'ici quelques millésimes, ces cabernets francs gagneront en éclat et prendront un équilibre plus bourguignon.

▬ Bourgueil Les Aubuis 2015	16,50 €	15,5
▬ Bourgueil Sur les Hauts 2015	13,50 €	15,5

Le coup de ♥
▬ Saint-Nicolas-de-Bourgueil Le Clos 2015	14 €	15

Un saint-nicolas dense, ponctué de douces notes de graphite, d'une texture à la fois suave, bien enveloppée lors de son l'élevage, et poussée avec fermeté par une trame froide.

Rouge : 2,25 hectares.
Cabernet franc 100 %
Production moyenne : 7 000 bt/an

DOMAINE AURÉLIEN REVILLOT
**7, route de Haut-Champ, 37140 Restigné ● www.aurelien-revillot.fr ● Vente et visites : au domaine sur rendez-vous.
Propriétaire : Aurélien Revillot**

DOMAINE VINCENT RICARD

La cave de ce vigneron, qui a pris la suite de son père à Thésée, est devenue le rendez-vous des amateurs en quête de sauvignons tourangeaux exprimant, à travers des tries de vendanges et des sélections de terroirs, une palette de maturités subtiles. Vincent Ricard est un éclectique qui se risque aussi avec réussite à des pétillants naturels ou des rouges gourmands. Et comme notre homme est un bon vivant qui a le bec sucré, il n'hésite pas à vendanger tardivement certains sauvignons, voire même quelques gamays.

Les vins : une belle série de sauvignons secs s'annonce en 2016 dès le souple et tonique Le Petiot jusqu'à la très originale Tasciaca. Très expressive, la bulle Le Vinsans Ricard prend les airs doux de muscat, tout comme Armand 2016, moelleux, parfumé et très digeste. Le Vilain P'tit Rouge 2016 reste fidèle à un côté aromatique et à une bonne consistance fruitée.

▱ Touraine Les Trois Chênes 2016	11 €	15
▱ VDF Cuvée Armand 2016	15 €	15

⊳ VDF Le Vinsans Ricard 2014	12 €	14
▬ Touraine Le Petiot 2016	7,80 €	14
▬ Touraine Le Vilain P'tit Rouge 2016	11 €	14,5

Le coup de ♥

⊳ Touraine Chenonceaux Tasciaca 2016	11 €	15

Un sauvignon original porté à belle maturité, exhalant des odeurs de rose et de pêche ; il propose une belle longueur gourmande.

Rouge : 3 hectares.
Cot (malbec) 100 %
Blanc : 24 hectares.
Sauvignon blanc 100 %
Production moyenne : 170 000 bt/an

DOMAINE VINCENT RICARD ♣

**19, rue de la Bougonnetière, 41140 Thésée
02 54 71 00 17 ● www.domainericard.com
● Vente et visites : au domaine sur rendez-vous.
Propriétaire : Vincent Ricard**

DOMAINE FRANTZ SAUMON

Ce Berrichon a étudié la production forestière avant de foncer dans l'apprentissage de la viticulture à Montlouis. Il en profite, à la fin des années 90, pour dénicher quelques arpents sur l'appellation, et prendre des fermages. Depuis ses débuts, Frantz Saumon a fait du chemin. Artisan méticuleux et viticulteur assidu, ses vins recherchent des équilibres naturels et présentent un caractère sain et gourmand. Les étiquettes Un Saumon dans la Loire désignent des achats de raisins.

Les vins : les blancs et le rosé 2016 sont des assemblages de raisins achetés en Loire et dans le Sud-Ouest pour pallier le manque de raisins ravagés par le gel. Ils affichent une tonalité d'ailleurs, dans un registre facile et gourmand. Les bulles restent toujours des valeurs sûres, si on aime une chair juteuse et franche à l'apéritif, à l'image du pétillant originel Les Gars ! Les Filles ! 2015. En Montlouis-sur-Loire, le Pintray 2015 est dense, avec une sensation de sucrosité (demi-sec), et marqué par un élevage plus fort que le Minéral + 2015, finement poivré et délié.

⊳ Montlouis-sur-Loire Minéral + 2015	20 €	15,5
⊳ Montlouis-sur-Loire Pintray 2015	24 €	15
⊳ Montlouis-sur-Loire Pétillant Originel Les Gars ! Les Filles ! 2015	18 €	15
⊳ VDF La Petite Gaule du Matin 2016	15 €	14
⊳ VDF Vin de Frantz 2016	9 €	14
▬ VDF Vin de Frantz 2016	8 €	13,5

Le coup de ♥

⊳ Montlouis-sur-Loire Le Chapitre 2015	29 €	16

Ce chenin déroule un beau volume tout en restant plus en retenue et en élégance que les autres cuvées, finement anisé et joliment fumé vers une finale longue et ciselée. Quelle vigueur et persistance !

Rouge : 0,4 hectare.
Pinot noir 100 %
Achat de raisins.
Blanc : 5 hectares.
Chenin 100 %
Achat de raisins.
Production moyenne : 65 000 bt/an

DOMAINE FRANTZ SAUMON ♣

**15, Chemin des Cours,
37270 Montlouis-sur-Loire ●
f.saumon@sfr.fr ● Vente et visites : au domaine sur rendez-vous.
De 10h à 17h.
Propriétaire : Frantz Saumon**

DOMAINE PHILIPPE TESSIER

Philippe Tessier est vigneron depuis 1981, à la suite de son père qui avait créé le domaine vingt ans plus tôt. Passionné par le travail des vignes, il revendique une viticulture paysanne, artisanale, honnête et sincère, et force est de constater que ses vins se conforment, pour le meilleur, à ces préceptes. Certifié bio depuis 1998, le domaine se répartit sur les sables de Sologne, les sols d'argiles et silico-argileux entre différents cépages, dont le fameux romorantin. Désormais aussi complets en rouge qu'en blanc, ces vins sans fard contiennent des doses minimes de soufre, mais jamais au détriment de la précision et de la netteté aromatique. Nous sommes heureux d'accueillir ce vigneron dans notre guide.

Les vins : le domaine ne nous ayant pas fait parvenir ses vins cette année, nous sommes amenés à reconduire les notes et les commentaires de notre édition précédente. Sauvignon et chardonnay composent le cheverny La Charbonnerie 2015 à la vaste matière mûre et souple, très savoureuse. Avant la mise en bouteille, c'est un vin sapide et prometteur. Encore en cuve, le cour-cheverny 2015 est loin d'avoir terminé ses sucres mais la franchise de saveurs et la saine énergie qu'il manifeste lui assureront un bel équilibre. Les vignes de romorantin de plus de 45 ans composent La Porte Dorée, une cuvée de grande envergure, dont la matière large et nuancée est traversée de très gourmands amers, qui évoquent l'écorce de mandarine et apportent tonus et fraîcheur. À dominante de pinot noir, complété de gamay, Le Point du jour est un vin joyeux qui évoque la cerise dans son fruit vif et désaltérant. La vendange entière à 80 % apporte de la fraîcheur et de la sève dans cette matière bien mûre.

- Cheverny La Charbonnerie 2015 — 10,40 € — 15,5
- Cour-Cheverny 2015 — 9,70 € — 15,5
- Cour-Cheverny La Porte Dorée 2014 — 14,20 € — 17
- Cheverny Le Point du jour 2015 — 11,70 € — 16

Rouge : 11,5 hectares.
Pinot noir 60 %, Gamay noir à jus blanc 35 %, Malbec (cot) 5 %
Blanc : 11,9 hectares.
Arbois 7,5 %, Chardonnay 7,5 %, Romorantin 45 %, Sauvignon blanc 40 %
Production moyenne : 110 000 bt/an

DOMAINE PHILIPPE TESSIER ♣
La Rue Colin, 41700 Cheverny
02 54 44 23 82 • www.philippetessier.fr •
Vente et visites : au domaine sur rendez-vous.
Propriétaire : Philippe Tessier

VIGNOBLES DU CENTRE

★★★
DOMAINE DIDIER DAGUENEAU

Depuis la disparition de Didier Dagueneau, en septembre 2008, son fils Louis-Benjamin et sa fille Charlotte (pour le commercial) ont la responsabilité de ce domaine d'exception dédié au sauvignon blanc. Ils perpétuent l'esprit artisanal haut de gamme défini par leur père. Ici, les vendanges en caisses se font dans un délai très court, à maturité optimale, et à grand renfort de personnel. L'usage de levures sélectionnées dans leur vignoble, les débourbages serrés et les élevages longs sur lies sans soutirage demeurent la base d'une quête absolue de l'expression cristalline du sauvignon – rehaussée d'un élevage millimétré sous bois, dans des fûts de volume supérieur aux barriques, des "cigares" (320 l) ou des "tonnes" (600 l). Sept cuvées composent la gamme : Blanc fumé de Pouilly, assemblage de quatre parcelles ; Pur Sang, assemblage du secteur de la Folie ; Buisson Renard, un parcellaire de Saint-Andelain, plus compact ; Silex, pureté cristalline des argiles à silex ; sans oublier le rarissime Clos du Calvaire (20 ares plantés à 14 000 pieds/ha, arrachés en 2009 (2008 étant le dernier millésime) et replantés dans un autre sens à 10 000 pieds/ha), et l'Astéroïde, issu d'un vignoble franc de pied vendangé toujours très mûr. Enfin, dernier terroir (en attendant un rouge que Louis-Benjamin a envie de vinifier), le sancerre de Chavignol, issu du cœur du grand cru de la côte des Monts Damnés. Rappelons que les passionnés de l'épure des sauvignons maison doivent découvrir les précieux jurançons que la famille produit aux Jardins de Babylone (voir la partie Sud-Ouest). En janvier 2016, Louis-Benjamin Dagueneau a été élu "Vigneron de l'année" par La Revue du vin de France.

Les vins : dans un millésime 2015 solaire où bon nombre de sauvignons du secteur ont basculé dans l'opulence, les vins de la famille Dagueneau conservent une énergie phénoménale, fruit d'un travail méticuleux à la vigne et d'élevages longs. Épuré et équilibré, le Blanc Fumé sera le plus accessible dans la jeunesse. Attendez les autres cuvées, qui se livreront avec une richesse énergique d'ici 2020. Le Pur Sang s'étendra avec puissance et allonge à table dans les vingt ans. Avec sa race et sa tension, le Buisson Renard est certainement le plus frais dans ce millésime et traversera les prochaines décennies. La densité et la richesse de Silex se fondront avec le temps. À son habitude, Le Mont Damné à Sancerre exprime une ampleur séductrice, sans manquer de profondeur ni d'allonge ciselée.

Pouilly-Fumé Blanc Fumé de Pouilly 2015	55 (c) €	16
Pouilly-Fumé Pur Sang 2015	75 (c) €	17
Pouilly-Fumé Silex 2015	110 (c) €	18
Sancerre Le Mont Damné 2015	100 (c) €	17

Le coup de ♥

Pouilly-Fumé Buisson Renard 2015	90 (c) €	18

Sous cette robe limpide, frémit une énergie étincelante qui portera ce sauvignon ample et fuselé sur vingt ans, voire davantage. Attendez 2020 avant de commencer à le déboucher, à table.

Blanc : 11 hectares.
Sauvignon blanc 100 %
Production moyenne : 50 000 bt/an

DOMAINE DIDIER DAGUENEAU
Le Bourg, 58150 Saint-Andelain
03 86 39 15 62 • silex@wanadoo.fr • **Vente et visites :** au domaine sur rendez-vous.
Propriétaire : Louis-Benjamin et Charlotte Dagueneau

★★★
DOMAINE ALPHONSE MELLOT

Comme son père et 18 générations de vignerons sancerrois avant lui portant le même prénom, Alphonse Mellot Junior a installé le domaine familial au sommet de la hiérarchie. Aidé de sa sœur Emmanuelle, voilà plus de dix ans qu'il préside aux destinées du vaste domaine de la Moussière, qu'il a hissé au plus haut niveau de la viticulture mondiale, doté d'une solide connaissance des plus grands vins du monde. Culture totale, rendements au minimum, maturités optimales : ses cuvées acquièrent une précision rare et l'expression des parcellaires, en blanc comme rouge, est impressionnante, à ce jour la plus accomplie du Sancerrois. Ces dernières années, de brillants nouveaux vins ont vu le jour, tel Paradis, Le Manoir, les Herses ou encore Satellite, issue de Chavignol. Les Mellot ont étendu leur savoir-faire au domaine des Pénitents, planté de chardonnay et pinot noir, que nous notons également ici. La qualité, la régularité et la tenue dans le temps de tous les vins du domaine, que nous goûtons régulièrement, méritent tous les éloges. La troisième étoile a couronné l'année dernière les efforts et la carrière d'Alphonse Mellot Junior et Senior.

Les vins : nous espérons déguster les 2015 lors de la prochaine édition du guide. Dans ce millésime, bon nombre de vignerons du Sancerrois se sont fait piéger par de très hautes maturités, livrant des vins riches et parfois lourds. Après quelques années de bouteille, les 2014 des Pénitents, tant en rouge de pinot noir qu'en blanc de chardonnay, sont faciles d'accès. À Sancerre, nous ouvrons le bal avec La Moussière 2016, s'épanouissant dans un registre bien mûr et tonique. Les cuvées les plus récentes sont en pleine forme, comme Les Herses (argiles à silex), ample et vigoureux, et Le Paradis (argilo-calcaire), fringant et hyper digeste. Nous avons une préférence pour l'Edmond 2014, plus fuselé et raffiné que Génération XIX 2014. Tous deux sont richement bâtis pour la garde. Du côté des rouges, hauts en couleur, nous allons crescendo en concentration et en intensité de saveurs, de la Moussière prête à boire jusqu'au floral En Grands Champs, pour terminer par le dense et cossu Génération XIX. Ce millésime ligérien frais, à mettre en cave, leur donne un équilibre élancé et élégant.

IGP Côtes de la Charité Les Pénitents 2014	13,50 €	14,5
Sancerre Génération XIX 2014	40 €	17,5
Sancerre La Moussière 2016	18 €	16
Sancerre Le Paradis 2013	36 €	17
Sancerre Les Herses 2014	25 €	16,5
IGP Côtes de la Charité Les Pénitents 2014	16,50 €	14,5
Sancerre En Grands Champs 2014	71 €	18
Sancerre Génération XIX 2014	79 €	17,5
Sancerre La Moussière 2014	27 €	16

Le coup de ♥

Sancerre Edmond 2014	43 €	18

Encore sur la réserve, ce 2014 issu de vieilles vignes est pourvu d'une grande profondeur fuselée, conjuguant la richesse du style maison et l'allonge aérienne et fine de ce beau millésime.

Rouge : 15 hectares.
Pinot noir 100 %
Blanc : 39 hectares.
Sauvignon blanc 50 %, Chardonnay 50 %
Production moyenne : 300 000 bt/an

VALLÉE DE LA LOIRE ET CENTRE VIGNOBLES DU CENTRE

DOMAINE ALPHONSE MELLOT ☾
3, rue Porte César, 18300 Sancerre
02 48 54 07 41 • www.mellot.com • Vente et visites : au domaine sur rendez-vous. De 10h à 19h.
Propriétaire : Alphonse Mellot

Pinot noir 100 %
Blanc : 9 hectares.
Sauvignon blanc 100 %
Production moyenne : 60 000 bt/an

DOMAINE GÉRARD BOULAY

Les Boulay disposent à Chavignol d'un des plus beaux terroirs du village, le Clos de Beaujeu. Cette parcelle, à la pente de 70 %, se situe dans le secteur des Culs de Beaujeu, en orientation est/sud-est, tandis que la parcelle des Monts Damnés, qui partage la même nature crayeuse des sols, est exposée plein sud. Cette exposition au levant apporte une élégance et un raffinement aux sauvignons, qui ne s'expriment qu'au bout de cinq ans et sur vingt ans, en évoluant vers des senteurs de truffe blanche. Les vins sont entiers, généreux, d'une concentration exemplaire pour la garde, en particulier le très pur Comtesse et l'admirable rouge Oriane, capable à plus de vingt ans d'âge de se montrer éblouissant. La pureté des vins et leur expression fidèle aux terroirs de Chavignol nous conduisent à décerner la deuxième étoile au domaine.

Les vins : le beau sancerre 2016 est encore enfermé dans sa jeunesse mais se livrera avec une magnifique intensité à partir de 2018. Le millésime solaire 2015 a engendré pléthore de blancs trop lourds dans le Sancerrois. Gérard Boulay a su récolter à parfaite maturité cette année. De grands sauvignons blancs racés se profilent dans les cuvées de lieux-dits : un Monts Damnés, finement exotique, ample et long ; un clos de Beaujeu qui s'élance sur une trame plus déliée ; La Côte, plus riche, et une superbe Comtesse.

⌐ Sancerre 2016	13 €	15,5
⌐ Sancerre Clos de Beaujeu 2015	22 €	17
⌐ Sancerre La Côte 2015	22 €	16,5
⌐ Sancerre Monts Damnés 2015	22 €	16,5
▬ Sancerre Oriane 2015	25 €	15,5

Le coup de ♥
⌐ Sancerre Comtesse 2015	27 €	17,5

Naturellement, ce 2015 développe un certain exotisme. Il est construit sur une bouche ample avec une notable sensation calcaire qui lui donne allonge et race pour la garde. Encore serré : attendez 2019 pour commencer à l'ouvrir.

Rouge : 2 hectares.

DOMAINE GÉRARD BOULAY
Chavignol, 18300 Chavignol
02 48 54 36 37 •
boulayg-vigneron@wanadoo.fr • Vente et visites : au domaine sur rendez-vous.
Propriétaire : Gérard Boulay
Directeur : Thibaut Boulay

DOMAINE FRANÇOIS COTAT

Depuis 1998, le jovial François Cotat a repris les vignes de son père Paul, lui-même séparé de son frère Francis (domaine Pascal Cotat). François (qui produisait déjà du sancerre sous son nom depuis 1987, vous suivez toujours ?) dispose désormais, comme son cousin, de parcelles en Grande Côte et en Monts Damnés avec, en plus, une vigne encore plus pentue en Culs de Beaujeu, 4 ha mythiques. Sans oublier la cave familiale spartiate, dans une ruelle du bas de Chavignol, qu'il a conservée. Vendanges manuelles, aucun levurage, deux soutirages, pas de filtration et mise en bouteille précoce avant l'été : la méthode n'a pas changé depuis des lustres et donne de grands sancerres de feu, très mûrs et vibrants, à la garde phénoménale. Comme les vins sont réservés d'une année sur l'autre, le domaine n'a pas la possibilité de prendre de nouveaux clients.

Les vins : les blancs de François Cotat sont de fabuleux vins de garde. Nous regrettons seulement qu'ils soient ainsi comprimés dans la jeunesse, au détriment de l'éclat et de l'énergie. En 2015, la douceur de quelques sucres résiduels soutient des matières intenses qui porteront ces vins lors des prochaines décennies vers une expression profonde et caillouteuse, allant au-delà du sauvignon.

⌐ Sancerre Caillottes 2015	Épuisé	15,5
⌐ Sancerre Cul de Beaujeu 2015	Épuisé	16,5
⌐ Sancerre Monts Damnés 2015	Épuisé	16
▬ Sancerre 2015	Épuisé	15

Le coup de ♥
⌐ Sancerre Grande Côte 2015	Épuisé	17

Fermée pour quelques années, cette cuvée déroule un superbe velouté de bouche et une allonge de grande douceur, portée par une trame calcaire phénoménale. Un grand vin de garde à déboucher à partir de 2020.

Rouge : 0,55 hectare.
Pinot noir 100 %
Blanc : 3,6 hectares.
Sauvignon blanc 100 %
Production moyenne : 35 000 bt/an

DOMAINE FRANÇOISCOTAT
Chavignol, 18300 Sancerre
02 48 54 21 27 • Pas de visites.
Propriétaire : François Cotat

★★
DOMAINE VINCENT PINARD

Les fils de Vincent et Cosette Pinard, Florent, l'aîné, et Clément, secondent désormais leurs parents pour le meilleur du domaine et de Sancerre. Déjà d'un très bon niveau depuis quinze ans, ce domaine a accompli, en cinq ans, les progrès les plus impressionnants de toutes les caves du Centre. Leur réputation de grands spécialistes des rouges s'est confirmée avec la cuvée Vendanges Entières, splendide de fraîcheur et d'authenticité. Élevés en fût en tout ou partie, les blancs Nuance et Harmonie séduisent par leur équilibre et leur juste maturité. La cuvée Florès, d'expression plus directe, se situe dans la moyenne haute de l'appellation. L'arrivée des parcellaires de sauvignon sur Bué, d'une incroyable identité, a porté le domaine au sommet de son appellation. En 2007, ce fut l'arrivée des premières cuvées du Petit Chemarin et du Chêne Marchand ; puis de Grand Chemarin à partir de 2009, et Le Château en 2014. Bienvenue dans l'Éden du sauvignon !

Les vins : après le solaire et riche millésime 2015, les blancs de 2016 renouent avec davantage de tension tout en offrant l'expression bien mûre du millésime. Le ton est donné avec les cuvées d'assemblage épurées et énergiques. Nous avons une préférence pour la vitalité et les fins amers dessinés dans Nuance. Les élevages en demi-muid (sans bois neuf) et cuve sont admirablement ajustés, soulignant en filigrane les expressions bien trempées de chaque terroir plantée de vieilles vignes de sauvignon : la trame ciselée et droite du Petit Chemarin (exposition ouest, 2 800 bouteilles), l'envergure fuselée et la touche exotique du Grand Chemarin (plein sud, 2 100 bouteilles), la profondeur saline et la richesse du Château (3 800 bouteilles) et la retenue ample du Chêne Marchand (5 500 bouteilles). De magnifiques blancs de garde. Les rouges assument une maturité pleine : ce sont des vins denses et richement fruités comme en témoigne le ravissant et éclatant pinot noir 2016. Les grandes cuvées subissent un élevage ambitieux en barrique qui se fond après quelques années, livrant alors des matières voluptueuses et pleines, particulièrement pour Charlouise. Vendanges Entières, toujours plus floral et aérien est promis à une belle garde. Les rouges 2012 et Chêne Marchand 2014 de nouveau disponibles à la vente au domaine réjouiront les amateurs.

⊂ Sancerre Clémence 2016	14 €	15
⊂ Sancerre Florès 2016	14 €	15,5
⊂ Sancerre Grand Chemarin 2016	30,50 €	17,5
⊂ Sancerre Harmonie 2016	24,50 €	16,5
⊂ Sancerre Le Château 2016	30,50 €	17,5
⊂ Sancerre Nuance 2016	17 €	16
⊂ Sancerre Petit Chemarin 2016	30,50 €	17
⊂ Sancerre 2016	14 €	15
⊂ Sancerre 2016	19 €	16
⊂ Sancerre Charlouise 2012	35,50 €	17
⊂ Sancerre Charlouise 2015	26 €	17
⊂ Sancerre Vendanges Entières 2012	39 €	18
⊂ Sancerre Vendanges Entières 2015	35,50 €	17,5

Le coup de ♥
⊂ Sancerre Chêne Marchand 2016	30,50 €	18

Dans ce cru, l'un des plus prisés du Sancerrois, le sauvignon est toujours plus en retenue, affichant une fine austérité dans la jeunesse. Mais il dissimule une matière de grande envergure portée avec élan et puissance vers une finale calcaire. Grand blanc de garde.

Rouge : 4,5 hectares.
Pinot noir 100 %
Blanc : 12,5 hectares.
Sauvignon blanc 100 %
Production moyenne : 100 000 bt/an

DOMAINE VINCENT PINARD
42, rue Saint-Vincent, 18300 Bué
02 48 54 33 89 •
www.domaine-pinard.com • Vente et visites : au domaine sur rendez-vous. Fermé le dimanche.
Propriétaire : Famille Pinard

★★
DOMAINE VACHERON

Jean-Dominique Vacheron et son cousin Jean-Laurent ont opéré une véritable révolution culturelle au sein de ce domaine familial. Premier domaine de Sancerre certifié en culture biodynamique (2006), il produit aujourd'hui pas moins de six cuvées parcellaires de blancs. Ces déclinaisons, aussi légitimes que celles effectuées par climats dans les crus bourguignons, rappellent que Sancerre possède une grande variété de sols argileux plus ou moins empreints de silex et de calcaire, d'un niveau remarquable. Citons l'emblématique les Romains, premier lieu-dit à dominante de silex, isolé en 1997 dans un blanc vigoureux et finement austère ; quelques années plus tard, c'est un sol crayeux pauvre, orienté au Nord, magnifié dans un sauvignon ciselé et salin, le Guigne-Chèvres. Les rouges continuent de progresser dans l'expression éclatante du fruit. Les cousins Vacheron se remettent en question en permanence et leurs vins se hissent parmi les plus aboutis de cette appellation.

Les vins : laissez-vous revigorer par deux vins de 2016, le rosé savoureux, sans artifice, et le blanc "domaine", salin et juste. Nous sommes confiants quant au potentiel des solaires 2015, un millésime délicat que plusieurs domaines n'ont pas souhaité présenter. Les cuvées de lieux-dits prennent des airs exotiques avec des équilibres plus tendres que les 2014, mais se dotent d'une énergie intrinsèque vivifiante, notamment le Guigne-Chèvre qui tire son épingle du jeu cette année. Les quelques blancs de 2014 confirment la beauté de ce millésime frais, très ligérien : ils traverseront avec droiture et race plusieurs années de garde. L'année 2015 a été propice à la confection de rouges bien mûrs et ravissants, particulièrement Belle Dame, harmonieuse, séductrice et exprimant les notes fumées délicates de son sol de silex, tandis que Les Marnes s'affiche floral et savoureux. Cette gamme à la fois précise et vivante effectue un sans-faute.

⌑ Sancerre Chambrates 2014	35 (c) €	17
⌑ Sancerre Chambrates 2015	35 (c) €	16,5
⌑ Sancerre Guigne-Chèvres 2015	35 (c) €	17
⌑ Sancerre Le Paradis 2015	35 (c) €	16,5
⌑ Sancerre Pavé 2014	N.C.	17,5
⌑ VDF L'Enclos des Remparts 2014	N.C.	18
▬ Sancerre 2016	15 (c) €	15
▬ Sancerre 2015	25 (c) €	16
▬ Sancerre Belle Dame 2014	36 (c) €	16,5
▬ Sancerre Belle Dame 2015	36 (c) €	17
▬ Sancerres Les Marnes 2015	N.C.	17

**Le coup de **

⌑ Sancerre 2016	20 (c) €	15,5

Nous sommes impressionnés par la justesse et le niveau de cette cuvée produite à hauteur de 200 000 bouteilles par an. Un blanc salin, finement équilibré entre un fruit bien mûr et un côté fringant salivant. Bravo.

Rouge : 11,75 hectares.
Pinot noir 100 %
Blanc : 38 hectares.
Sauvignon blanc 100 %
Production moyenne : 350 000 bt/an

DOMAINE VACHERON ☏
**1, rue du Puits Poulton, 18300 Sancerre
02 48 54 09 93** ● **vacheron.sa@orange.fr** ●
**Vente et visites : au domaine sur rendez-vous.
De 10h à 12h et de 14h30 à 18h.
Propriétaire : Famille Vacheron**

★
DOMAINE ALEXANDRE BAIN

Natif de Pouilly, de parents promoteurs, Alexandre Bain est né sans vigne. Il s'installe en 2007 sur 5 hectares au lieu-dit Boisfleury (tendance argilo-calcaire) et signe cette même année son premier millésime. Il doit son goût de la terre à son grand-père agriculteur. Il le conjugue à son autre passion, la traction animale, puisqu'il travaille en labour à cheval une partie de son vignoble. Adepte de la culture biodynamique, il récolte des sauvignons mûrs, élevés en fût en sulfitant très peu. Ni levurés, ni chaptalisés, ni filtrés, ses vins se revendiquent naturels et sont dorés, généreux, parfois plus aboutis en bouche qu'au nez. Pouilly-Fumé retire l'appellation à partir de 2014 aux vins d'Alexandre Bain, lesquels, sans doute, détonnent trop au milieu du formatage satisfait, qui sert d'unique horizon à tant de vignerons du coin. Peu importe, une nouvelle étoile est née, dont nous prédisons que la renommée ira grandissante... à l'inverse de celle de l'appellation.

Les vins : le domaine ne nous ayant pas présenté ses vins cette année, nous sommes amenés à reconduire les notes et les commentaire de notre édition précédente. Les 2014 présentés sont de haute volée. Si le raisin, très doré et surmaturé, est manifeste au nez dans Mademoiselle M, la bouche à l'envergure moelleuse, traversée de saveurs de curry et d'amers vigoureux, se présente sans le moindre sucre résiduel : très original, ce vin stimulant ne laissera pas indifférent. Supplément de finesse et d'énergie dans le VDF Champ Couturier, bluffant dans sa capacité d'allier fraîcheur et grande maturité : captivant, persistant, il déchaînera les passions et les superlatifs. Dès le premier nez du VDF Pierre Précieuse, le dégustateur est transporté dans un univers à part, d'où l'expression variétale est bannie : saveurs désaltérantes, finement exotiques et épicées, maturité charnue et scintillante, fixée par un élevage savamment dosé.

⇨ VDF Mademoiselle M 2014	27 €	16,5
⇨ VDF Champ Couturier 2014	30 €	18
⇨ VDF Pierre Précieuse 2014	22 €	17

Blanc : 11 hectares.
Sauvignon blanc 100 %
Production moyenne : 52 000 bt/an

DOMAINE ALEXANDRE BAIN ☾
**Boisfleury, 18, rue des Levées,
58150 Tracy-sur-Loire
06 77 11 13 05** ●
alexandrebain.over-blog.fr ● Vente et visites : au domaine sur rendez-vous.
Propriétaire : Alexandre Bain

DOMAINE DANIEL CROCHET

Sur les sols de terres blanches et de caillottes de la commune de Bué, le discret Daniel Crochet, cousin de François, conduit ce domaine familial de qualité depuis 1996. Le travail est ici d'un grand sérieux, avec des vignes enherbées, des élevages sur lies et des vinifications soignées. Le domaine a la chance de profiter des plus belles parcelles du secteur, en particulier Plante des Prés et Chêne Marchand. Nous sommes impressionnés par la précision et la profondeur des rouges de pinot noir depuis quelques millésimes et saluons le travail méticuleux de ce vigneron discret en lui décernant sa première étoile.

Les vins : dans les trois couleurs, les sancerres du domaine sont toujours de belle facture, proches du fruit, avec une fermeté sancerroise salivante. En 2015, Plante des Prés n'a malheureusement pas l'éclat et la fraîcheur de 2014. Nous attendons impatiemment le 2016 et espérons qu'il arborera une définition aussi juste que Chêne Marchand 2016, droit et limpide. Mettez quelques bouteilles de Prestige rouge en cave.

⇨ Sancerre 2016	11 €	15
⇨ Sancerre Chêne Marchand 2016	17 €	16
⇨ Sancerre Plante des Prés 2015	17 €	15
⇨ Sancerre 2016	10,50 €	14,5
⇨ Sancerre 2015	11,60 €	15,5

Le coup de ♥
⇨ Sancerre Prestige 2015	20 €	16,5

Quelle profondeur florale et quelle structure, à la fois fine et ferme, dans ce pinot précisément extrait ! D'une belle envergure tannique et doté d'une certaine froideur ligérienne, il présente une superbe tenue. Ouvrez-le dès 2020.

Rouge : 3,4 hectares.
Pinot noir 100 %
Blanc : 6,2 hectares.
Sauvignon blanc 100 %
Production moyenne : 70 000 bt/an

DOMAINE DANIEL CROCHET
**61, rue de Venoize, 18300 Bué
02 48 54 07 83** ●
daniel-crochet@wanadoo.fr ● Vente et visites : au domaine sur rendez-vous.
De 9 h à 18h.
Propriétaire : Daniel Crochet

DOMAINE FRANÇOIS CROCHET

Ce gaillard ex-rugbyman s'est révélé depuis 2000 avec des sancerres rouges. L'ambition de François Crochet, qui dispose désormais d'une cave neuve, ne s'arrête pas au pinot noir. Ses sauvignons montent également en gamme et en précision, exprimant le style riche et mûr typique du secteur de Bué – particulièrement du Chêne Marchand. Fort réussis, de nouveaux parcellaires blancs (Le Grand Chemarin, Le Petit Chemarin) font leur apparition en 2014 et 2015. La précision remarquable, la justesse de définition des terroirs et le soin apporté à tous les vins dès les entrées de gamme, ont assuré sa première étoile au domaine l'an dernier.

Les vins : après des 2015 tendres et riches, les 2016 reprennent leur équilibre ligérien avec un profil bien mûr. La gamme de blancs est bien en place : un sancerre tradition bien représentatif du style du domaine annonce des cuvées de lieux-dits droites et sans artifice, notamment Chêne Marchand, l'un des meilleurs ambassadeurs de ce cru de Bué. Les rouges déroulent des matières plus vigoureuses et fermes. Quelques années de bouteilles leur feront le plus grand bien.

- Sancerre Exils 2016 — 20 € — 15,5
- Sancerre Le Grand Chemarin 2016 — 21 € — 16,5
- Sancerre Le Petit Chemarin 2016 — 22 € — 16,5
- Sancerre Les Amoureuses 2016 — 21 € — 16
- Sancerre 2015 — 14,50 € — 15,5
- Sancerre Les Marnes 2015 — 21 € — 15,5
- Sancerre Réserve de Marcigoué 2014 — 23 € — 15,5
- Sancerre 2016 — 19,50 (c) € — 15,5

Le coup de ♥
- Sancerre Le Chêne Marchand 2016 — 22 € — 17

Toujours finement épicée et sur la retenue dans la jeunesse, cette cuvée déploiera une superbe envergure, racée et saline, dans les prochaines années. Très beau vin.

Rouge : 3,5 hectares.
Pinot noir 100 %
Blanc : 7,5 hectares.
Sauvignon blanc 100 %
Production moyenne : 70 000 bt/an

DOMAINE FRANÇOISCROCHET
Marcigoue 18300 Bué
02 48 54 21 77 •
francoiscrochet@wanadoo.fr • Vente et visites : au domaine sur rendez-vous.
Du lundi au samedi de 9h à 12h et de 14h à 18h.
Propriétaire : François Crochet

DOMAINE JONATHAN DIDIER PABIOT

Porteur d'un patronyme courant à Pouilly-sur-Loire, Jonathan Pabiot est le fils de Didier, vigneron aux Loges. Il a repris les vignes de son grand-père en 2005. Cet ex-champion local de motocross a su remettre en cause la routine dans laquelle se complaisent trop de vignerons locaux. Décidé à remettre le vignoble à l'honneur, avec des pratiques exigeantes et hautement qualitatives (faibles rendements, agriculture bio), il a affiné son style et progresse rapidement, méritant nos éloges.

Les vins : après le tonique et fringant Florilège 2016, un sauvignon joliment précis, goûtons aux ensoleillés 2015, récoltés à bonne maturité et qui déploient des matières vineuses et pleines, au croquant de fruit préservé, voire dotés d'une certaine tension calcaire, comme dans Prédilection. La cuvée Eurythmie s'impose comme la plus exotique de la gamme.

- Pouilly-Fumé Aubaine 2015 — 28 € — 16
- Pouilly-Fumé Eurythmie 2015 — 40 € — 16
- Pouilly-Fumé Florilège 2016 — 18 € — 15

Le coup de ♥
- Pouilly-Fumé Prédilection 2015 — 30 € — 16

Sur les terres blanches de marnes kimméridgiennes, ce sauvignon prend une matière ample, bien recadrée par une finale calcaire. À la fois gourmand et profond.

Blanc : 18 hectares.
Sauvignon blanc 100 %
Production moyenne : 90 000 bt/an

DOMAINE JONATHAN DIDIER PABIOT ☾
1, rue Saint-Vincent, Les Loges,
58150 Pouilly-sur-Loire
03 86 39 01 32 •
pabiot-jonathan@wanadoo.fr • Vente et visites : au domaine sur rendez-vous.
Propriétaire : Jonathan Didier Pabiot

DOMAINE PELLÉ

Paul-Henry Pellé, fils d'Anne, est en charge du vignoble et des vinifications : ce vigneron exigeant, qui n'a de cesse d'affiner le travail des sols et les élevages, est pleinement engagé depuis dix ans dans une recherche de maturité optimale et d'expression variée des terroirs. Des simples cuvées fruitées aux très fines cuvées parcellaires (Vignes de Ratier, Le Carroir, Le Cris, Les Blanchais) en passant par d'honnêtes sancerres, la gamme est homogène et très soignée. Une activité de négoce est entreprise en Menetou-Salon sous le même patronyme.

Les vins : les blancs restent la référence de l'appellation. Après des 2015 riches et amples, 2016 renoue avec la fraîcheur et une approche fringante. Les Blanchais 2015 sera accessible plus jeune que sa très belle version 2014. En rouge, le pinot noir affiche un profil charmeur et plein qui séduira tous les palais. Un peu plus fermés, les 2014 envoûteront les amateurs de grands vins ligériens à la fois frais et intensément fruités. Les sancerres sont toujours agréables, sans avoir l'étoffe des menetou-salon.

- Menetou-Salon Les Blanchais 2015 — 18 € — 16,5
- Menetou-Salon Morogues 2016 — 11,50 € — 15,5

⌐ Menetou-Salon Vignes de Ratier 2015	15 €	15,5
⌐ Sancerre La Croix au Garde 2015	13,50 €	14,5
▬ Menetou-Salon Le Carroir 2014	17 €	16
▬ Menetou-Salon Les Cris 2014	19 €	17
▬ Menetou-Salon Morogues 2015	14 €	15
▬ Sancerre La Croix au Garde 2015	14,50 €	14

Le coup de ♥

⌐ Menetou-Salon Le Carroir 2014	15 €	16,5

Il est intéressant de déguster ce sauvignon de silex après quelques années de bouteille. Il définit parfaitement ce millésime frais : poivré, avec une trame austère mais élégante, et une chair élancée vers une finale poussée par de fins amers.

Rouge : 12 hectares.
Pinot noir 100 %
Blanc : 30 hectares.
Sauvignon blanc 100 %
Production moyenne : 250 000 bt/an

DOMAINE PELLÉ
Route d'Aubinges, 18220 Morogues
02 48 64 42 48 • www.domainepelle.com •
Vente et visites : au domaine sur rendez-vous.
De 8h à 12h et de 13h30 à 17h30.
Propriétaire : Famille Pellé
Directeur : Paul-Henry Pellé

DOMAINE MICHEL REDDE ET FILS

Ce grand domaine historique est dirigé avec sérieux et passion par Thierry Redde et ses deux fils, Sébastien et Romain. Les vins se retrouvent en Pouilly-Fumé et en Pouilly-sur-Loire : ce producteur est l'un des rares à posséder, et à planter encore, des vignes de chasselas (cuvée Gustave Daudin). À côté de vins assez classiques mais jamais enzymés ni levurés (La Moynerie ou encore le très mûr Majorum), une nouvelle gamme se décline par terroir à l'initiative de la nouvelle génération : Les Bois de Saint-Andelain (argiles à silex rouges), Les Cornets (marnes du kimméridgien), Champs des Billons (calcaire portlandien), et la dernière née, Barre à Mine (vignes en haute densité plantées à la barre à mine dans une ancienne carrière de silex). Vendanges manuelles, vinifications par gravité, conversion bio sont autant de choix payants qui expliquent la qualité accrue des derniers vins dégustés. La première étoile a été décernée l'année dernière.

Les vins : il est toujours passionnant de goûter à une rareté régionale, le chasselas de La Moynerie en Pouilly-sur-Loire. Avec La Moynerie en sauvignon, ce sont deux vins à boire rapidement en 2016. Retrouvons la fraîcheur ligérienne et la tension en 2014 avec les cuvées Les Cornets, charmeuse et accessible, Les Champs des Billons, jeune et vigoureuse et Les Bois de Saint-Andelain, étoffée et longue. D'une évolution lente, le Majorum 2012 s'avère toujours riche en extrait sec et vous ravira à table cet hiver. Déjà savoureuse, la cuvée Barre à Mine 2015 évoluera plus rapidement que la 2014.

⌐ Blanc Fumé de Pouilly Barre à Mine 2015	33 €	16
⌐ Blanc Fumé de Pouilly Les Champs des Billons 2014	32 €	16
⌐ Blanc Fumé de Pouilly Les Cornets 2014	33 €	15,5
⌐ Pouilly-Fumé La Moynerie 2015	17 €	14,5
⌐ Pouilly-Fumé Majorum 2012	45 €	16
⌐ Pouilly-Fumé Petit Fumé 2016	13 €	14
⌐ Pouilly-sur-Loire La Moynerie 2015	17 €	14

Le coup de ♥

⌐ Blanc Fumé de Pouilly Les Bois de Saint-Andelain 2014	33 €	16,5

Tourbillon de saveurs fumées et poivrées dans ce vin construit sur une belle mâche, à l'allonge saline et percutante. Très beau blanc de garde et de table.

Blanc : 40 hectares.
Sauvignon blanc 97 %, Chasselas 3 %
Production moyenne : 240 000 bt/an

DOMAINE MICHEL REDDE ET FILS
RN 7, La Route Bleue, La Moynerie, 58150 Saint-Andelain
03 86 39 14 72 • www.michel-redde.com •
Pas de visites.
Propriétaire : Thierry Redde

DOMAINE DES BÉRIOLES

Jean Teissèdre s'est imposé en peu de temps comme l'incarnation du renouveau de Saint-Pourçain. En 2011, il reprend les 7 ha de vignes familiales qui approvisionnaient la cave coopérative. Son style précis et nerveux se retrouve dans ses vins rouges de pinot noir et gamay, et ses blancs de chardonnay et tressalier, vieux cépage local auquel il redonne ses lettres de noblesse. Le niveau de finesse de ses vins est digne d'éloges.

Les vins : le rosé charnu s'illustre par sa gourmandise. En version chardonnay pour Aurence ou tressallier pour Trésaille, les blancs 2016 sont bien définis, en rondeur, respectant l'identité du fruit. Ils pourraient gagner en brillance. Le tressallier Autochtone s'avère particulièrement réussi. Les Grandes Brières est peu extrait et très digeste. Les pinots noirs d'Auvernat 2016 et d'Intrépide rouge 2015 mériteraient d'arborer davantage de charme fruité dans la jeunesse.

⇨ Saint-Pourçain Aurence 2016	11 €	14,5
⇨ Saint-Pourçain L'Intrépide 2015	18,50 €	15
⇨ Saint-Pourçain Trésaille 2016	12 €	14,5
⇨ Saint-Pourçain 100 % Gamay 2016	8,20 €	14
⇨ Saint-Pourçain Auvernat 2016	11,50 €	14,5
⇨ Saint-Pourçain Intrépide Rouge 2015	18,50 €	15
⇨ Saint-Pourçain Les Grandes Brières 2015	10,50 €	14,5

Le coup de ♥
⇨ VDF Autochtone 2015	26,50 €	15,5

On retrouve la tension du tressallier et une sensation florale dans ce beau blanc finement élevé en fût, qui offre de l'ampleur et de la finesse pour la table. Belle finale sapide.

Rouge : 5 hectares.
Pinot noir 60 %, Gamay noir à jus blanc 40 %
Blanc : 8 hectares.
Chardonnay 60 %, Tressalier 40 %
Production moyenne : 65 000 bt/an

DOMAINE DES BÉRIOLES
Place de l'Eglise, 03500 Cesset
06 14 23 40 72 ●
domainedesberioles@gmail.com ● Vente et visites : au domaine sur rendez-vous.
De 9h à 12h et de 14h à 18h30.
Propriétaire : Famille Teissèdre-Roux

CLOS SAINT-FIACRE

Bénédicte et Hubert Piel, entrepreneurs vignerons trentenaires, sont installés à 11 km d'Orléans. Ils ont repris, avec leur oncle Jacky Montigny, le domaine familial en 2001. Ce dernier est situé sur deux petites appellations méconnues – Orléans (80 ha, blanc, rouge, rosé) et Orléans-Cléry (28 ha de rouge) –, et en IGP Val de Loire. Le vignoble est enherbé et le travail de la vigne réalisé de manière à obtenir le meilleur équilibre entre une maturité optimale des raisins et l'expression du terroir : ébourgeonnage, dédoublage (systématique sur les cépages rouges), effeuillage (selon les années), suppression des grappes de seconde génération, vendange en vert (selon les années). Les blancs sont issus de chardonnay et d'un peu de sauvignon ; les rouges et rosés de pinot meunier et d'un soupçon de pinot noir.

Les vins : l'IGP Sauvignon et l'orléans (chardonnay et pinot gris) sont de délicieux blancs fringants à servir à l'apéritif. Le chardonnay de l'Excellence 2015 est issu d'une parcelle sablo-graveleuse : un vin plus ambitieux, que sa maturité tendre invite à boire avant le 2014. Nous nous régalons avec l'orléans rouge 2015 ! Une belle personnalité avec des notes de fruits rouges acidulés se dégage de l'orléans-cléry, un cabernet franc ferme. L'Excellence 2015 rouge se montre ambitieux mais demeure encore confiné par son élevage.

⇨ IGP Val de Loire Sauvignon 2015	12 €	14
⇨ Orléans 2016	8 €	14,5
⇨ Orléans Excellence 2015	15 €	15
⇨ Orléans Excellence 2015	15 €	15
⇨ Orléans-Cléry 2015	8 €	14,5

Le coup de ♥
⇨ Orléans 2015	8 €	14,5

Un assemblage original à dominante de meunier (70 %) avec du pinot noir. Un délicieux rouge, plein de charme, fruité, et peu extrait : une grande gourmandise à servir un peu frais.

Rouge : 8,8 hectares.
Pinot meunier 34 %, Pinot noir 34 %, Cabernet franc 32 %
Blanc : 8,4 hectares.
Chardonnay 80 %, Pinot gris 20 %
Production moyenne : 80 000 bt/an

CLOS SAINT-FIACRE
560, rue de Saint-Fiacre,
45370 Mareau-aux-Prés
02 38 45 61 55 ● www.clossaintfiacre.fr ●
Vente et visites : au domaine sur rendez-vous.
Propriétaire : Bénédicte Montigny-Piel et Hubert Piel

DOMAINE PHILIPPE GILBERT

Ce domaine dirigé par Philippe Gilbert est exploité en biodynamie. Les cuvées Les Renardières sont issues des vignes les plus âgées, de pinot noir et de sauvignon. Les blancs prennent du souffle, de la longueur saline depuis les derniers millésimes. Après une période fort boisée, les rouges ont pris de la finesse, sans perdre de leur maturité, et gagnent peu à peu en précision.

Les vins : les blancs sont nettement marqués par l'expression tendre et exotique du millésime 2015 ; particulièrement les Renardières, que ses quelques grammes de sucre résiduels empêchent de prétendre à l'appellation. Les rouges se distinguent cette année-là par leur belle maturité. Une certaine froideur se dégage du menetou-salon rouge 2014, en demi-puissance et agréable. Les Renardières 2014 se montre plus ambitieuse que le juteux et franc Hors-Série 2015 et l'agréable Les Chandelières 2015.

⇨ Menetou-Salon 2015	15 €	14,5
⇨ VDF Les Renardières 5 grammes 2015	24 €	14,5
■ Menetou-Salon 2014	16 €	14
■ Menetou-Salon Hors-Série 2015	20 €	15
■ Menetou-Salon Les Chandelières 2015	32 €	15

Le coup de ♥

■ Menetou-Salon Les Renardières 2014	25 €	16

Nous aimons l'intensité de saveurs du pinot dans ce beau millésime ligérien, construit sur un appréciable éclat de matière à l'allonge revigorante.

Rouge : 14,5 hectares.
Pinot noir 100 %
Blanc : 14,5 hectares.
Sauvignon blanc 100 %
Production moyenne : 130 000 bt/an

DOMAINE PHILIPPE GILBERT ✆
9, Les Faucards, 18510 Menetou-Salon
02 48 66 65 90 •
www.domainephilippegilbert.fr • **Vente et visites : au domaine sur rendez-vous.**
Du lundi au vendredi de 8h à 12h et de 14h à 17h.
Propriétaire : Philippe Gilbert
Maître de chai : Pierre-Louis Martin

DOMAINES MINCHIN

Vigneron énergique et entreprenant, Bertrand Minchin est implanté à Morogues, cru de Ménetou-Salon, avec le domaine La Tour Saint-Martin, et également à Valençay (Claux Delorme) : deux exploitations regroupées au sein des domaines Minchin. En Ménetou-Salon, la cuvée haut-de-gamme Honorine, élevée en fût, est aujourd'hui un vin précis et racé, et les rouges ont progressé en expression de fruit et en gourmandise. Rigoureux, homogènes, les valencays sont aromatiques et fruités, en blanc (sauvignon et chardonnay) comme en rouge (gamay et pinot noir, complétés de côt).

Les vins : belle réussite des 2016 en Menetou-Salon avec une blanc plus droit et tonique qu'en 2015. En 2015, l'Honorine, issu d'une parcelle de Morogues exposée sud/sud-est, se montre joliment exotique et tendre. Cette année, nous vous conseillons Fumet, plus tendu et rafraîchissant. Notons une progression des rouges avec un menetou-salon 2016 au nez subtil légèrement confituré qui conserve toutefois un profil digeste. Le Célestin 2015 est plus dense, construit pour évoluer favorablement sur quelques années. Côté Valencay, le blanc 2016 expressif, charmera dans la prime jeunesse. Agréablement exotique, l'Hortense a conservé en 2015 une bonne acidité qui le rend fringant aujourd'hui. En rouge, le Red de Rouge 2016 sera un gamay souple d'ici deux ans ; le Claux rouge 2016 est plus stimulant, Franc du Côt-Lié, richement épicé, progressera dans les cinq ans.

⇨ Menetou-Salon La Tour Saint Martin Honorine 2015	19,90 €	15
⇨ Menetou-Salon La Tour Saint Martin Morogues 2016	12,90 €	14,5
⇨ Touraine Le Claux Delorme Hortense en Sauvignon 2015	9,90 €	15
⇨ Valencay Le Claux Delorme 2016	8,90 €	14
■ Menetou-Salon La Tour Saint Martin Célestin 2015	21 €	15,5
■ Menetou-Salon La Tour Saint Martin Pommerais 2016	13,90 €	14,5
■ Touraine Le Claux Delorme Franc du Côt-Lié 2014	13 €	14,5
■ Touraine Le Claux Delorme Red de Rouge 2016	6,50 €	14
■ Valencay Le Claux Delorme 2016	8,90 €	14,5

Le coup de ♥

⇨ Menetou-Salon La Tour Saint Martin Fumet 2015	17 €	15,5

Dans un millésime solaire comme 2015, l'exposition plus fraîche nord/nord-est habille bien ce sauvignon mûr et finement exotique à la belle finale traçante. Beau blanc vineux pour la table dans les dix ans.

Rouge : 15 hectares.
Pinot noir 55 %, Gamay noir à jus blanc 25 %, Cot (malbec) 13 %, Cabernet franc 7 %
Blanc : 15 hectares.

Sauvignon blanc 100 %
Production moyenne : 210 000 bt/an

DOMAINES MINCHIN
Saint Martin 18340 Crosses
02 48 25 02 95 ●
www.domaines-minchin.com ● Visites : sans rendez-vous.
Du lundi au jeudi de 8h30 à 12h et de 13h30 à 17h. Le vendredi de 8h30 à 12h et de 13h30 à 16h. Le week-end sur rendez vous.
Propriétaire : Bertrand Minchin

DOMAINE DES POTHIERS

Proche de la source de la Loire, l'appellation Côte roannaise s'étend sur les premiers contreforts du Massif central, entre 400 et 500 m d'altitude. Ce vignoble confidentiel (un peu plus de 200 ha) est installé sur des sols sableux d'origine granitique. Le cépage rouge local est le gamay saint-romain, une variante du gamay que l'on retrouve seulement ici. Le blanc, en IGP d'Urfé, provient du chardonnay et parfois du pinot gris. Passionné par la vigne, Georges Paire, issu d'une famille d'éleveurs, commence à planter son vignoble dans les années 70. En 2005, son fils Romain le rejoint. Les plantations continuent, le cuvage est modernisé et l'exploitation se tourne vers la culture biologique. Aujourd'hui, le domaine a principalement une vocation viticole, même s'il conserve un petit élevage de vaches limousines. Nous apprécions ses vins soignés et sincères, de belle facture.

Les vins : la vaste gamme commence avec Éclipse, une bulle rosée de gamay enrobée par un sucre digeste et une effervescence douce. Le rosé Granit Rose 2016 n'a pas franchement d'intérêt. Côté blancs 2015, le chardonnay Fou de Chêne se montre finement toasté, plus savoureux et équilibré que le solaire pinot gris Hors Piste. Côté rouges, pleins feux sur un fruit fringant et revigorant en 2016 : un très bon millésime de gamay saint-romain se dessine, avec des vins qui allient une bonne concentration sertie d'une fraîcheur appétente. On sent le profil solaire du millésime 2015 avec des vins déjà épanouis qui tendent à basculer dans le trop mûr. Ils sont à boire désormais.

▭ IGP d'Urfé Fou de Chêne 2015	14,30 €	15
▭ IGP d'Urfé Hors Pistes 2015	14,30 €	14,5
▭ VDF Aris 2016	9,70 €	14
▬ Côte Roannaise Granit Rose 2016	7,90 €	12,5
▬ VDF Eclipse 2016	12 €	14
▬ Côte Roannaise 2016	9,70 €	15
▬ Côte Roannaise L'Intégrale 2015	18,10 €	14,5
▬ Côte Roannaise La Chapelle 2015	13,10 €	15
▬ Côte Roannaise N° 6 2016	9,70 €	14,5
▬ Côte Roannaise Référence 2016	8,10 €	14,5

Le coup de ♥
▬ Côte Roannaise Clos du Puy 2015	13,10 €	15

Souligné par un élevage finement mentholé, ce 2015 exprime les notes très mûres du millésime dans une bouche jouffue et bien faite. À boire désormais.

Rouge : 15 hectares.
Gamay noir à jus blanc 100 %
Blanc : 3 hectares.
Chardonnay 60 %, Pinot gris 40 %
Production moyenne : 100 000 bt/an

DOMAINE DES POTHIERS ☾
Les Pothiers, 42155 Villemontais
04 77 63 15 84 ●
www.domainedespothiers.com ● Vente et visites : au domaine sur rendez-vous.
De 9h à 12h et de 14h à 18h.
Propriétaire : Romain Paire

DOMAINE PASCAL ET NICOLAS REVERDY

Pascal Reverdy et sa belle-sœur Sophie dirigent ce très bon domaine un peu excentré et signent une gamme parcellaire de blancs fiables, de caractère, à l'expression fruitée et finement minérale, dotés de finales fumées. Ces derniers millésimes, les rouges ont nettement progressé, notamment sur l'élevage en bois, désormais plus civilisé, tout en respectant la gourmandise du pinot. Les cuvées devront retrouver un charme fruité et plus de chair, notamment en rouge, pour que le domaine regagne son étoile.

Les vins : les blancs d'argilo-calcaire se distinguent avec un Terre de Maimbray 2016 qui respecte l'identité sancerroise d'un fruit bien mûr avec une finale froide et fraîche. Les Anges Lots 2015 est naturellement plus riche et demande à être bu dans les cinq à six ans. En rouge, le Terre de Maimbray 2015 est un pinot noir mûr, le plus proche du fruit. À Nicolas s'avère plus serré et moins facile d'accès. Le 2015 est de meilleure constitution que le millésime précédent.

⇨ Sancerre Terre de Maimbray 2016	9,80 €	15
● Sancerre A Nicolas 2014	17 €	14,5
● Sancerre A Nicolas 2015	18 €	14,5
● Sancerre Terre de Maimbray 2015	10,80 €	15

Le coup de ♥

⇨ Sancerre Les Anges Lots 2015	16 €	15

Le caractère solaire du millésime et l'élevage d'un an sous bois marque ce sauvignon ample et charmeur. Déjà accessible, il sera à boire dans les cinq ans.

Rouge : 3 hectares.
Pinot noir 100 %
Blanc : 11 hectares.
Sauvignon blanc 100 %
Production moyenne : 100 000 bt/an

DOMAINE PASCAL ET NICOLAS REVERDY
Maimbray, 18300 Sury-en-Vaux
02 48 79 37 31 ● reverdypn@wanadoo.fr ● Vente et visites : au domaine sur rendez-vous.
Lundi, mardi, jeudi, vendredi et samedi de 10h à 12h et de 14h30 à 18h.
Propriétaire : Pascal et Sophie Reverdy

NOUVEAU DOMAINE

DOMAINE FLORIAN ROBLIN

Dans l'ombre des appellations voisines omniprésentes, Pouilly-Fumé et Sancerre, Florian Roblin fait rayonner les coteaux du Giennois. Ce fils d'agriculteur du coin est parti se former chez François Villard dans le Rhône et Alphonse Mellot à Sancerre, avant de revenir faire du vin sur ses terres natales en 2006. Deux terroirs se dessinent dans ce petit domaine, le Champ Gibault (argiles à silex) et la Coulée des Moulins (terres blanches), qui donnent naissance à des sauvignons blancs sans esbroufe et des rouges de pinot noir et gamay bien juteux.

Les vins : gourmands et toniques, les blancs 2016 sont déjà très plaisants dans la jeunesse. La Coulée des Moulins, élevé en barrique, dévoile davantage de volume et de profondeur que le Champ Gibault qui sera un délicieux sauvignon de soif. Ils peuvent gagner en naturel d'expression. Très belle réussite du Champ Gibault rouge 2016.

⇨ Coteaux du Giennois Champ Gibault 2016	10 €	14
⇨ Coteaux du Giennois Coulée des Moulins 2016	12 €	14,5

Le coup de ♥

● Coteaux du Giennois Champ Gibault 2016	12 €	15

Une macération de 32 jours pour cet assemblage de pinot noir (80 %) et de chardonnay dévoile un rouge juteux, arrondi par un élevage judicieux en fût, à la finale fruitée et appétente.

Rouge : 1 hectare.
Pinot noir 80 %, Gamay noir à jus blanc 20 %
Blanc : 2 hectares.
Sauvignon blanc 100 %
Production moyenne : 15 000 bt/an

DOMAINE FLORIAN ROBLIN
11, rue des Saints Martin, Maimbray, 45630 Beaulieu-sur-Loire
06 61 35 96 69 ●
domaine.roblin.florian@orange.fr ● Vente et visites : au domaine sur rendez-vous.
Fermé le dimanche.
Propriétaire : Florian Roblin

DOMAINE SÉROL

Sur cette propriété familiale depuis le XVIIIe siècle, Stéphane Sérol (aidé de sa compagne Carine) a pris, en 2000, la suite de son père Robert, précurseur de la qualité dans la région roannaise. Il a modernisé le domaine et élargi la gamme des vins. Sur sols de sables et granit, les 27 ha se composent de gamay saint-romain et d'un peu de viognier, étiqueté en IGP Urfé. Les derniers millésimes sont très prometteurs, et le domaine approfondit l'expression de la diversité des terroirs avec de nouvelles cuvées parcellaires.

Les vins : la haute maturité des rouges en 2015 a été magnifiquement domptée et la fraîcheur préservée, donnant des vins harmonieux dans ce millésime solaire. La définition et l'éclat des gamays saint-romain s'affinent et s'affirment nettement en 2016, l'un des millésimes les plus équilibrés du domaine. La concentration et la complexité vont crescendo : de la savoureuse cuvée Les Originelles jusqu'à Oudan, vinifié avec une part de grappes entières (50 %), plus floral et vigoureux. Deux ans de cave feront le plus grand bien à ce dernier. La bulle Turbullente et le rosé Cabochard sont d'agréables vins de soif à servir à l'heure du goûter. De Butte en Blanc 2016 est un viognier expressif, moderne et plaisant.

VALLÉE DE LA LOIRE ET CENTRE — VIGNOBLES DU CENTRE

IGP d'Urfé De Butte en Blanc 2016	14 €	14
Côte Roannaise Cabochard 2016	8,40 €	13
VDF Turbullent	12 €	13,5
Côte Roannaise Eclat de Granite 2016	9,80 €	15,5
Côte Roannaise Les Blondins 2016	11,50 €	14
Côte Roannaise Les Originelles 2016	8,40 €	14,5
Côte Roannaise Oudan 2016	14,60 €	16
Côte Roannaise Perdrizière 2016	16,80 €	15,5

Le coup de ♥

Côte Roannaise Les Millerands 2016	12,60 €	15,5

Les notes florales et la sensation juteuse de ces raisins concentrés animent une bouche pleine de charme et une allonge généreusement fruitée.

Rouge : 27,5 hectares.
Gamay noir à jus blanc 100 %
Achat de raisins.
Blanc : 1,5 hectare.
Viognier 100 %
Achat de raisins.
Production moyenne : 200 000 bt/an

DOMAINE SÉROL
Les Estinaudes, 42370 Renaison
04 77 64 44 04 ● www.domaine-serol.com
● Vente et visites : au domaine sur rendez-vous.
Du lundi au samedi de 9h à 12h et de 14h à 19h.
Propriétaire : Stéphane et Carine Sérol

DOMAINE VALÉRY RENAUDAT

Issu d'une lignée de vignerons berrichons, Valéry Renaudat s'installe en 1999 et porte le domaine familial à 18 ha, répartis entre Reuilly et Quincy. Issus de sauvignon blanc, pinot noir et pinot gris (pour le rosé), les vins sont faits à partir de raisins bien mûrs, sincères et gourmands, toujours soignés mais pas techniques. Le Sentier est une nouvelle cuvée de reuilly rouge, fort prometteuse.

Les vins : le gris 2016 de pinot gris et les sauvignons de Reuilly se dévoilent tout en rondeur et expressivité. Nous avons une préférence pour le quincy, plus tonique. Les rouges sont intéressants et extraits de manière à s'offrir avec tendresse, sur un fruité charmeur. L'élevage du Sentier peut être néanmoins affiné.

Quincy Les Nouzats 2016	10 €	14,5
Reuilly Les Lignis 2016	9,50 €	14
Reuilly Les Lignis 2016	9,50 €	13,5
Reuilly Le Sentier 2015	13,50 €	14,5

Le coup de ♥

Reuilly Les Lignis 2016	9,50 €	14,5

Un pinot noir sympathique, où des saveurs d'épices jouent avec un jus friand et agréable.

Rouge : 5 hectares.
Pinot noir 100 %
Blanc : 12 hectares.
Sauvignon blanc 100 %
Production moyenne : 150 000 bt/an

DOMAINE VALÉRY RENAUDAT
3, place des Écoles, 36260 Reuilly
02 54 49 38 12 ● www.valeryrenaudat.fr ●
Pas de visites.
Propriétaire : Valéry Renaudat

LES TERRES D'OCRE

Reprenant une partie des vignes de son oncle coopérateur, le jeune Florent Barichard a vinifié en 2013 son premier millésime en s'installant à Saint-Pourçain, après s'être formé à Vouvray chez Vincent Carême. Un travail parcellaire sérieux, des vinifications en levures indigènes, des élevages en cuve béton font naître des blancs et rouges mûrs et frais, dynamiques, qui contribuent à renouveler le paysage local. Dans le sillage du domaine des Bérioles, le domaine des Terres d'Ocre replace Saint-Pourçain parmi les appellations de Loire qui bougent et qui comptent.

Les vins : loin de tout arôme technologique et doté d'une chair gourmande, le rosé de gamay 2015 est à boire rapidement. Les assemblages de chardonnay (65 %) et de tressallier sont judicieux dans des blancs proches de leur fruit, sans esbroufe, avec un supplément de fraîcheur en 2016. La marge de progression s'avère plus importante pour les rouges mûrs et séduisants mais auxquels il manque une petite étincelle pour les rendre parfaitement digestes. L'ambitieux Les Ardelles 2014 mériterait un élevage sous bois plus fondu pour gagner en élégance.

▭ Saint-Pourçain Instan T 2015	9 €	14,5
▭ Saint-Pourçain Les Gravoches 2014	19 €	15,5
▬ Saint-Pourçain Instan T 2015	7 €	14
▬ Saint-Pourçain Instan T 2015	9 €	14
▬ Saint-Pourçain Les Ardelles 2014	19 €	15
▬ VDF Inédi T 2014	9 €	14,5

Le coup de ♥

▭ Saint-Pourçain Instan T 2016	9 €	15

Un assemblage dynamique de chardonnay (65 %) et de tressallier local, tout en relief, avec une trame juste et finale, de bonne fraîcheur pour la table.

Rouge : 7 hectares.
Gamay noir à jus blanc 62 %, Pinot noir 38 %
Blanc : 6 hectares.
Chardonnay 63 %, Tressalier 37 %
Production moyenne : 60 000 bt/an

LES TERRES D'OCRE
Les Vignes, 03500 Châtel-de-Neuvre
04 70 43 12 71 ● lesterresdocre@orange.fr
● **Visites : Pas de visites.**
Propriétaire : Florent Barrichard et Éric Nesson
Directeur : Eric Nesson
Maître de chai : Florent Barichard

"Derrière l'océan de vins rosés très commerciaux, qui font la majorité de la production provençale, l'excellence de ce terroir s'illustre avant tout par ses grands vins rouges et blancs parés pour la garde."

Alexis Goujard, dégustateur des vins de Provence
Membre du comité de dégustation de La Revue du vin de France

PROVENCE

—

LA PROVENCE RETROUVE SES CÉPAGES ANCIENS

—

Pour lutter contre le réchauffement climatique et produire des vins plus digestes, les vignerons provençaux remettent au goût du jour certains cépages autochtones, dont le degré d'alcool est plus faible.

C'est l'un des constats observés ces dernières années en Provence : la résurgence de cépages oubliés. Mieux adaptés aux contraintes du réchauffement climatique, des variétés comme la counoise, le carignan blanc ou la clairette rose sont aujourd'hui replantées par des vignerons, afin de produire des vins plus digestes, moins forts en alcool.

Si la Provence est louée par les visiteurs du monde entier pour son art de vivre, son climat ou encore pour la beauté de son littoral, la qualité de ses vins est rarement mise en avant. À dire vrai, peu de visiteurs s'en soucient. Là se trouve sans doute la raison première de l'hétérogénéité de la production viticole provençale : le public auquel elle est destinée ne manifeste que peu d'exigence.

À cette spécificité s'ajoute une relative absence de crus traditionnels à la réputation affirmée en France et à l'étranger. À l'exception de Bandol, dont le terroir et l'encépagement ont propulsé les vins dans le petit cercle des plus grands rouges français, la Provence n'a développé son image de marque qu'au moyen du rosé, certes rémunérateur, mais peu apte à gravir les marches de la renommée viticole.

Un autre phénomène freine paradoxalement la réputation des vins provençaux. De nombreux crus idéalement placés sur le littoral sont souvent préemptés par des investisseurs extérieurs, davantage séduits par la belle propriété au bord de l'eau et le site exceptionnel que par la production des vins. Certes, ces investisseurs extérieurs continuent de produire des cuvées, mais ils ont le plus souvent la volonté de produire vite et bien des rosés faciles à vendre. Ce phénomène rend le prix du foncier inaccessible et laisse peu de place à de jeunes vignerons qui souhaitent s'installer. Ces derniers sont obligés de se retrancher dans des zones plus accessibles, comme dans les Coteaux varois, à une heure de la Méditerranée.

Heureusement, depuis quelques années, une poignée de vignerons tente de démontrer qu'il n'y a pas de fatalité en Provence et que la région vaut bien mieux que l'image qu'elle donne. On trouve donc aujourd'hui, entre les Bouches-du-Rhône et la frontière italienne, de nombreux vins prometteurs dans plusieurs appellations comme Cassis, Bandol ou Côtes de Provence, et quelques très grandes cuvées possédant toutes les qualités pour se distinguer au sein de la large famille des rouges dits du Sud. Le domaines Tempier à Bandol, la Villa Baulieu en Coteaux d'Aix-en-Provence ou le Clos Saint-Joseph en Côtes de Provence imposent, par leur style, tout le potentiel des grands vins rouges provençaux.

Lorsqu'ils sont grands, les rouges de Provence combinent de façon tout à fait plaisante la richesse et la sensualité méridionales avec une distinction, une fraîcheur, qui ne sont pas sans rappeler, au vieillissement, quelques grands crus du Bordelais. Malheureusement, la région manque de valeurs sûres. Rares, celles-ci existent pourtant. Certaines familles solidement implantées ont pu créer des marques fortes, proposant des vins d'une qualité régulière et suivie. On peut louer ces crus qui, dans un environnement mouvant, n'ont jamais changé de cap et continuent, contre les modes et les conjonctures économiques, à consolider l'image du vignoble provençal.

LES APPELLATIONS

La Provence s'étend sur trois départements, le Var, les Bouches-du-Rhône et les Alpes-Maritimes. Son vignoble se divise en quatre catégories : IGP (anciennement Vin de pays), appellations régionales, appellations sous-régionales et appellations communales.

LES VINS D'IGP
Les vins d'Indication géographique protégée (IPG) représentent un tiers de la production, répartie sur deux départements, les Bouches-du-Rhône (IGP Alpilles) et le Var (Mont-Caume, des Maures, d'Argens, des Coteaux du Verdon et de la Sainte-Baume). Enfin l'IGP Méditerranée couvre l'ensemble du vignoble provençal.

LES APPELLATIONS RÉGIONALES
Elles regroupent les trois plus vastes appellations de la région : Côtes de Provence (20 300 ha) dans le Var, les Bouches-du-Rhône et les Alpes-Maritimes (87 % de rosé) ; coteaux d'Aix-en-Provence (4 100 hectares) ; et les Coteaux varois en Provence (2 200 hectares).

LES APPELLATIONS SOUS-RÉGIONALES
Reconnues en 2005, elles englobent les appellations Côtes de Provence Sainte-Victoire, entre les villes d'Aix-en-Provence, Rians et Trets, et Côtes de Provence Fréjus autour des communes de Fréjus, Saint-Raphaël et dans l'arrière-pays, vers Callas. La production de rosé domine très largement.

LES APPELLATIONS COMMUNALES
Palette : appellation de 46 hectares située au sud d'Aix-en-Provence et ne comptant que trois producteurs. Les blancs et les rosés sont d'une grande race, en particulier ceux du château Simone.

Cassis : vignoble du littoral couvrant 215 hectares et pouvant produire, chez les meilleurs vignerons, des blancs finement aromatiques, équilibrés et de belle fraîcheur.

Bandol : le plus reconnu des vignobles de Provence, en particulier pour ses rouges, issus en majorité du cépage mourvèdre, à la fois puissant, structuré, élégant, finement épicé et poivré. Les domaines élaborent aussi des rosés typés. Les blancs s'avèrent, sauf exception, relativement simples.

Bellet : petite appellation (60 hectares) située sur les hauteurs de Nice et qui tire son nom de la commune de Saint-Roman-de-Bellet. Elle produit majoritairement du vin rouge (42 %), des rosés (23 %) et des vins blancs (35 %).

Baux-de-Provence : à l'ouest des Bouches-du-Rhône, cette appellation au cœur du massif des Alpilles (320 ha), produit des vins charmeurs d'influence plus rhodanienne que provençale.

LES CÉPAGES

Grenache : cépage principal pour l'élaboration des vins rosés, le grenache représente près de 40 % de l'encépagement régional.

Syrah : répandue au nord du vignoble (14 %). Ses baies noires donnent des vins solides, riches en tanins, particulièrement aptes à vieillir.

Carignan : 13 % de l'encépagement, le carignan est bien adapté aux sols pauvres.

Mourvèdre : il fait la réputation des vins rouges de Bandol, et offre des vins musclés, bâtis pour la garde.

Tibouren : authentique cépage provençal, certainement importé par les Romains. Il est délicat, sert surtout à l'élaboration de rosés clairs et intervient également dans les assemblages.

Ugni blanc : utilisé dans le Gers et en Charente pour l'élaboration des eaux-de-vie, l'ugni blanc est particulièrement intéressant pour sa fraîcheur.

La clairette est aussi présente, comme **le sémillon**, qui sert à Bordeaux à l'élaboration de grands vins blancs floraux et minéraux. En Provence, le sémillon entre en faible proportion dans les vins blancs, mais apporte une certaine rondeur.

PROVENCE

PAUSES GOURMANDES ENTRE CASSIS ET NICE

Région touristique par excellence, la Provence compte de nombreuses adresses pour déguster les vins, comprendre le vignoble, savourer les produits locaux et se reposer dans de très belles conditions.

CHAMBRES D'HÔTES

CHÂTEAU SAINT-MARTIN
Adeline de Barry vous accueille dans ce château du XVIIIe siècle. Quatre chambres au mobilier historique, avec lits à baldaquin et murs tapissés de couleurs provençales.
Route des Arcs, 83460 Taradeau.
Tél. : 04 94 99 76 76.
www.chateaudesaintmartin.com

CAVISTES

LA PETITE LOGE
Une charmante cave dans le vieux Nice. Cochonnailles, foie gras, fromages et superbe sélection de vins à la carte, à boire sur place ou à emporter.
10, rue de la Loge, 06300 Nice.
Tél. : 04 93 01 63 28.
www.lapetiteloge.com

CAVE DE LA TOUR
L'une des plus anciennes caves de Nice, ouverte en 1947, et la seule à proposer l'ensemble des vins des propriétés de Bellet. Bonne table de produits traditionnels et quelques crus sur le magnifique comptoir.
3, rue de la Tour, 06300 Nice.
Tél. : 04 93 80 03 31.
www.cavedelatour.com

DA VINI CODE
"The largest wine cellar in riviera" : cette cave annonce 2 500 étiquettes… De quoi explorer les grandes régions de France et du monde, avec des signatures prestigieuses.
4 bis, avenue Augustin-Grangeon, 83990 Saint-Tropez.
Tél. : 04 94 56 27 90.
www.davinicode.com

RESTAURANTS

CHEZ NINO
Trois chambres modernes montées en mezzanine dans un bel immeuble provençal donnent sur le port et le château. Prenez votre petit-déjeuner en terrasse au soleil et n'hésitez pas à venir manger un loup le midi. À partir de 150 € la chambre (haute saison).
1, quai Jean-Jacques-Barthélémy, 13260 Cassis. Tél. : 04 42 01 74 32.
www.nino-cassis.com

CHEZ MICHEL
Ce petit restaurant est une étape indispensable. Bonne cuisine niçoise avec d'excellents beignets de légumes. Menu à 38,50 €.
1, place Saint-Michel, 06670 Castagniers-Village.
Tél. : 04 93 08 05 15.
www.chezmichel.fr

ANGELINA
C'est derrière le port que Jean Marchal, ancien de chez Dutournier, œuvre à Cassis. La soupe de poissons, les sardines rôties, le merlu à la plancha et la poire pochée sont au menu (37 €), comme les vins régionaux.
7, avenue Victor-Hugo, 13260 Cassis.
Tél. : 04 42 01 89 27.
www.restaurant-angelina-cassis.com

LE PIED DE NEZ
Une cuisine de bistrot bien léchée : tartare de poissons locaux, beignets de fleurs de courgettes, agneau des Alpes, tartelette de rhubarbe caramélisée. Une carte des vins bien fournie en vins provençaux, et signés de vignerons-artisans d'ailleurs.
8, montée Saint-Éloi, 83330 Le Castellet.
Tél. : 04 94 29 72 26.

LE BOUCHON
Cette cave-restaurant enchantera les amoureux de cuisine bistrotière. À la carte des vins : Tempier, Hauvette, Les Clos Perdus, Foillard, Pacalet… Droit de bouchon de 7 € pour déboucher les 800 références à table.
553, chemin des Canniers, 8319 Ollioules. Tél. : 04 94 93 48 02.
www.bouchon-cave-restaurant.com

NOS DEUX COUPS DE ♥

CLOS DU CAS
Derrière la baie de Bandol, il faudra grimper sur les terres du Castellet pour atteindre la sublime bastide du XVIIe siècle du vigneron Arnaud Pelegry. Deux chambres luxueuses, admirablement décorées d'objets design et de meubles manufacturés.
449, chemin du Canadeau, 83330 Le Castellet. Tél. : 04 94 32 73 31.
www.closducas.com

LA PART DES ANGES
Sélection assez bluffante de vins bio, biodynamiques ou "nature"… Des pépites de toutes les régions, à emporter ou à déboucher sur place (sans droit de bouchon) pour accompagner des assiettes remplies d'excellents produits.
17, rue Gubernatis, 06000 Nice.
Tél. : 04 93 62 69 80.
www.la-part-des-anges-nice.fr

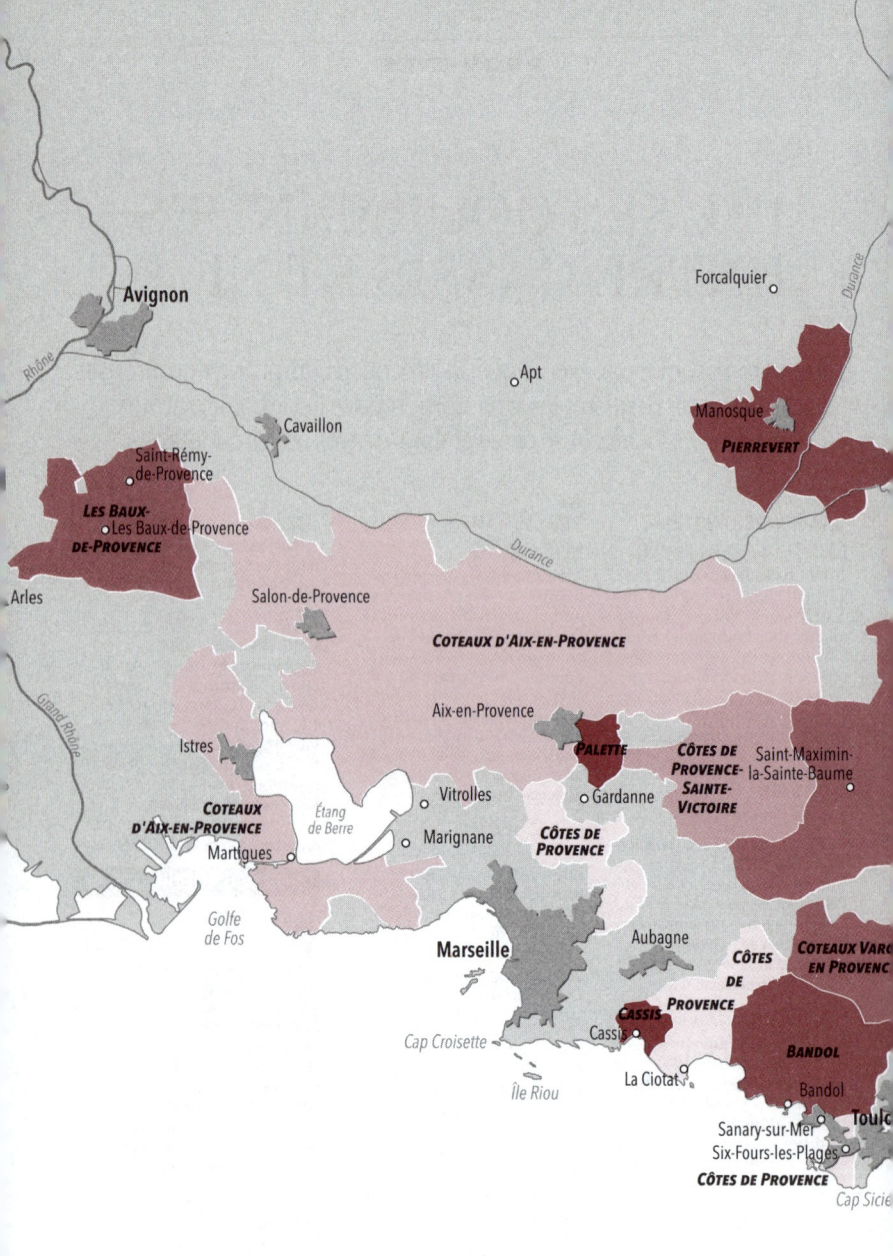

PROVENCE

Côtes de Provence
Villars-sur-Var

Lac de Castillon
Castellane

Lac de Sainte-Croix
Verdon

Saint-Roman-de-Bellet

Bellet
Nice

Pierrevert

Grasse
Baie des Anges
Antibes
Cannes

Coteaux Varois en Provence
Salernes
Draguignan

Côtes de Provence

Côtes de Provence-Fréjus
Les Arcs
Fréjus
Saint-Raphaël

Brignoles
Le Luc

Côtes de Provence
Sainte-Maxime
Grimaud
Saint-Tropez

Côtes de Provence-Pierrefeu

Côtes de Provence-La Londe
Hyères
Cavalaire-sur-Mer
Le Lavandou

Côtes de Provence-Pierrefeu
Cap Bénat

Îles d'Hyères   Île du Levant
Île de Port-Cros
Île de Porquerolles

LE VIGNOBLE DE PROVENCE

SUPERFICIE
29 760 hectares

CÉPAGES PRINCIPAUX
Rouges : braquet, folle noire, cabernet-sauvignon, carignan noir, cinsault, grenache noir, mourvèdre, syrah, tibouren
Blancs : bourboulenc, clairette, grenache blanc, rolle, sémillon, sauvignon, ugni blanc

VOLUME PRODUIT
1,3 millions d'hectolitres

NOMBRE D'APPELLATIONS : 8

PROVENCE

★★★
DOMAINE TEMPIER

Tempier est aujourd'hui le cru de référence du vignoble de Bandol. Tout a été mis en œuvre par la famille Peyraud pour se hisser au sommet d'une hiérarchie régionale (Provence) et surtout locale (Bandol). C'est aussi grâce au professionnalisme de Daniel Ravier, l'actuel directeur du domaine, que s'est amorcée cette reconquête. Il a pu lancer un important programme d'investissement dans la cave, avec un outil de vinification moderne, suivi d'une rénovation complète du parc des foudres. Puis, bien entendu, il a porté une attention toute particulière à un patrimoine viticole exceptionnel composé de très vieilles vignes de mourvèdre, carignan, cinsault et grenache, qui produisent, entre autres, trois célèbres cuvées. La Migoua (10 ha au Beausset-Vieux, la moitié de mourvèdre complétée par du grenache, du cinsault et de la syrah), La Tourtine (5,5 ha en restanques du Castellet exposées plein sud avec une large dominante de mourvèdre, du grenache et du cinsault) et Cabassaou (parcelle d'1,5 ha exposée plein sud, 95 % de mourvèdre avec une pointe de syrah et de cinsault). Les derniers millésimes atteignent un très haut niveau. Ils tirent toute la finesse des années plus souples (2008 et 2012), et parviennent à conserver une fraîcheur exceptionnelle sur les grandes années comme 2007 et 2011. Le domaine a acquis les 22 ha de vignes du domaine de La Laidière, à Sainte-Anne-d'Evenos, destinés principalement à la production de rosés, ce qui conduit Tempier à en produire désormais davantage que de rouges.

Les vins : comme chaque année, le blanc et le rosé 2016 sont bien ficelés et offrent un profil moderne sans l'ambition des rouges. Le millésime solaire 2015 est magnifiquement dompté dans des rouges raffinés et énergiques avec une cuvée La Migoua sanguine, une La Tourtine plus confite et dense et un Cabassaou de grande envergure.

🍷 Bandol 2016	26 €	14,5
🍷 Bandol 2016	21 €	14
🍷 Bandol Cabassaou 2015	59 €	17
🍷 Bandol La Migoua 2015	45 €	17
🍷 Bandol La Tourtine 2015	45 €	16,5

Le coup de
🍷 Bandol 2015	27 €	16,5

Assemblage des différents terroirs du domaine, cette cuvée est menée avec brio entre finesse de texture et intensité de saveurs avec la finale la plus digeste que la gamme.

Rouge : 32 hectares.
Mourvèdre 74,5 %, Cinsault 11,75 %, Grenache noir 11,25 %, Syrah 1,75 %, Carignan 0,75 %
Blanc : 4 hectares.
Clairette 64 %, Ugni blanc (trebbiano) 25 %, Bourboulenc 5 %, Marsanne 3 %, Rolle 3 %
Production moyenne : 200 000 bt/an

DOMAINE TEMPIER
1082, chemin des Fanges, 83330 Le Castellet
04 94 98 70 21 ●
www.domainetempier.com ● Vente et visites : au domaine sur rendez-vous. Du lundi au vendredi de 9h à 12h et de 14h à 18h.
Propriétaire : Famille Peyraud
Directeur : Daniel Ravier
Œnologue : Daniel Abrial

★★
DOMAINE DE LA BÉGUDE

Voilà 20 ans que les Bordelais Guillaume et Soledad Tari sont à la tête de cette propriété de 500 ha, au milieu de laquelle se nichent 20 ha de vignes cultivés en bio. L'une des principales caractéristiques de ce domaine viticole réside dans sa situation en altitude. À 410 m, La Bégude bénéficie d'un climat très différent de celui proche du littoral. Avec des amplitudes de température importantes entre le jour et la nuit, et un secteur venteux, les raisins de mourvèdre mûrissent doucement mais sûrement. Et le grenache prend sur ce terroir de "caillasses" une dimension que l'on trouve rarement à Bandol. Avec des arômes puissants de fruits noirs, d'olive noire, les rouges (50 % du volume) offrent toujours un esprit chaleureux, en limite supérieure de maturité ! Un style qui évolue vers un esprit plus autochtone. Le rosé est toujours remarquable par sa singulière vinosité. Avec des plantations supplémentaires en 2015, principalement de clairette, 5 ha de vignes seront dédiés au blanc. L'élevage boisé des rouges devra être plus discret et le blanc plus profond pour que le domaine conserve ses deux étoiles.

Les vins : L'Irréductible 2016 incarne l'une des plus belles définitions de rosé de Bandol. Le rosé domaine se montre bien plus simple, tout comme le blanc 2016, agréablement fruité et fluide. Les rouges 2015 affichent une certaine suavité mais sont enrobés par un élevage prégnant. La Brûlade 2013, pourtant issue d'une parcelle généreusement ensoleillée, se distingue par sa fraîcheur.

Bandol 2015	28 €	14
Bandol 2016	15 €	14,5
Bandol 2015	25 €	15
Bandol La Brûlade 2013	42 €	16
Bandol La Bégude 2015	15 €	14

Le coup de ♥

Bandol L'Irréductible 2016	20 €	16

Superbe définition pour ce rosé où le mourvèdre (80 %) domine nettement l'assemblage. Juteux, épicé, pur et extrêmement stimulant, il est à son meilleur à l'automne.

Rouge : 18,5 hectares.
Mourvèdre 80 %, Cinsault 10 %, Grenache noir 10 %
Blanc : 1,5 hectare.
Clairette 65 %, Ugni blanc (trebbiano) 18 %, Rolle 17 %
Production moyenne : 50 000 bt/an

DOMAINE DE LA BÉGUDE ♣
Route des Garrigues, 83330 Le Camp-du-Castellet
04 42 08 92 34 ●
www.domainedelabegude.fr ● Vente et visites : au domaine sur rendez-vous. de 10h à 17h.
Propriétaire : Guillaume Tari

★★
DOMAINE HAUVETTE

Dans son domaine situé sur le versant nord des Alpilles, la discrète Dominique Hauvette est une vigneronne de premier plan. Depuis son installation en 1988 sur les sols argilo-calcaires de Saint-Rémy-de-Provence, elle n'a de cesse d'élaborer des grands vins rouges et blancs. Exigeante dans ses choix de viticulture (biodynamie depuis 2003), de vinification (éraflage total et infusion des baies) et d'élevage (cuve, foudre, fût, œuf en béton), elle respecte comme personne les origines des sols et l'authenticité de ses terroirs pour produire de magnifiques rouges. La sensibilité de la vigneronne s'exprime au travers de cuvées pleines de vie, racées, tout en relief et résistantes pour la garde à l'image de l'intense Cornaline (grenache, syrah et cabernet-sauvignon) et l'Améthyste (à dominante de cinsault complété par du carignan et du grenache), parfumée et d'une finesse remarquable. Pressés délicatement en grappes entières, les superbes blancs gras aux amers nobles et salivants détonnent dans un paysage provençal, où la sous-maturité et les vins acidulés font la loi du marché. Tout bon amateur se doit d'avoir les vins de Dominique Hauvette en cave.

Les vins : en les dégustant, une sensation de bien-être nous anime. En blanc, Jaspe 2015 fait la part belle à une roussanne à la générosité ensoleillée, mais contenue par une grande délicatesse de texture et une fraîcheur caillouteuse. Dolia 2013, composé de roussanne, marsanne et clairette, vinifiée et élevée un an en béton, rappelle les notes exotiques d'un jurançon, magnifiquement équilibré, raffiné et élancé par de beaux amers. Les rouges séduisent par leur spontanéité et leur gourmandise dans leur jeunesse, tout en conservant profondeur et intensité. Le Roucas 2015 (50 % grenache) est plus coulant, serti de tanins fondus jusqu'à une finale hyper digeste. La Cornaline 2012 (20 % de cabernet-sauvignon) livre une expression méditerranéenne de pin et de résine et une densité de matière déliée, qui lui permettra de vieillir avec grâce dans les quinze prochaines années. L'Améthyste 2015 survole la dégustation.

IGP Alpilles Dolia 2013	38 €	17
IGP Alpilles Jaspe 2015	23 €	15,5
Les Baux-de-Provence Petra 2015	22 €	15
Les Baux-de-Provence Cornaline 2012	27 €	16,5
Les Baux-de-Provence Le Roucas 2015	22 €	15,5

Le coup de ♥

Les Baux-de-Provence Améthyste 2015	42 €	17

Incroyable bouquet épicé, floral, de garrigue, plein de vie, dans ce rouge à dominante de cinsault (70 %). Déjà irrésistiblement gourmand, il fait partie de ces grands vins vivants qui se révèlent au fil des minutes. Une texture extrêmement raffinée et quel souffle !

Rouge : 13 hectares.
Grenache noir 50 %, Cinsault 22 %, Syrah 15 %, Carignan 8 %, Cabernet-Sauvignon 5 %
Blanc : 3,25 hectares.
Roussanne 51 %, Clairette 39 %, Marsanne 10 %
Production moyenne : 40 000 bt/an

DOMAINE HAUVETTE ♣
2946, voie Aurélia,
13210 Saint-Rémy-de-Provence
04 90 92 08 91 ●
domainehauvette@wanadoo.fr ● Pas de visites.
Propriétaire : Dominique Hauvette

PROVENCE

★★
CHÂTEAU PRADEAUX

Château Pradeaux, à Saint-Cyr-sur-Mer, demeure un monument de l'appellation. La famille Portalis est propriétaire des lieux depuis 1752 et son descendant, Cyrille Portalis, en assume aujourd'hui la direction, épaulé depuis 2011 par son fils Étienne qui oriente les vins vers plus de finesse et de tension. À eux deux, ils défendent une vision très traditionnelle des bandols. Les amateurs avertis ont sans doute des souvenirs extraordinaires quant à la race et à l'aptitude au vieillissement de ces vins. Même s'ils se définissent difficilement dans leur jeunesse, leur potentiel est latent. Si l'on prend le risque de les comparer aux bandols de la nouvelle génération, comme les actuels vins produits par les domaines Tempier ou La Bégude, les vins de Pradeaux peuvent être distancés par des cuvées au style plus moderne, coloré, boisé et flatteur, se dégustant avec davantage de facilité dans leur jeunesse. Or, loin de toute dérive flatteuse, Pradeaux reste tel qu'il a toujours été : un rouge très classique, recherchant son épanouissement dans le temps, en renforçant sa puissance et sa singularité grâce à une vinification en grappe entière (rarissime à Bandol) et à des élevages très longs (jusqu'à 48 mois) en vieux foudres âgés de 40 à 80 ans ! C'est aussi ce qui explique leur profil à part. Continuez à les mettre aux moins dix ans en cave, ils vous surprendront toujours. Les derniers millésimes renouent avec les plus belles années du domaine. Six hectares, récemment plantés, entreront dans l'assemblage des rouges.

Les vins : Le Lys 2012 commence à se livrer en rondeur. Il n'est pas d'une grande envergure mais offre un parfum floral et un équilibre gourmand. À ouvrir dans les 7-8 ans.

- Bandol Le Lys de Château Pradeaux 2012   15 €   15

Le coup de ♥
- Bandol 2012   26 €   16,5

Une cuvaison de sept semaines, un élevage en foudre de 38 mois ; plutôt souple, il conserve la trame ferme de Pradeaux. À mettre en cave et à ouvrir en 2020.

Rouge : 18 hectares.
Mourvèdre 80 %, Cinsault 15 %, Grenache noir 3 %, Divers noir 2 %
Production moyenne : 40 000 bt/an

CHÂTEAU PRADEAUX
**676, chemin des Pradeaux,
83270 Saint-Cyr-sur-Mer**

04 94 32 10 21 ● www.chateau-pradeaux.com ● Vente et visites : au domaine sur rendez-vous. De 9h à 12h30 et de 15h à 18h.
**Propriétaire : Cyrille Portalis
Directeur : Étienne Portalis**

★★
CHÂTEAU REVELETTE

Situé dans un terroir frais des hauteurs de l'appellation, sur la commune de Jouques, et voisin du château de Vignelaure, ce somptueux domaine est entre les mains du talentueux Peter Fischer depuis le millésime 1985. Les vignes sont travaillées sans désherbant, insecticide ni autre produit chimique, certifié bio depuis 1998. La gamme se décline sur deux niveaux : outre les vins portant le nom de "Château" (ou "Domaine" pour le blanc), deux autres cuvées, étiquetées Le Grand Blanc et Le Grand Rouge, font référence en Provence. Depuis 2010, vous pouvez aussi déguster la cuvée Pur, en blanc et en rouge, produite en vin de France. Peter Fischer effectue désormais un travail de précision sur les élevages, avec notamment des cuves de béton en forme d'œuf pour les blancs. Élevés en barrique – 15 % de neuve et fût ancien pour le grenache –, les rouges apparaissent fermes dans leur jeunesse, mais s'épanouissent ensuite avec grâce dans les six à sept ans. La plantation de counoise et de carignan blanc, des cépages oubliés, semble indispensable à Peter Fischer pour apporter de la fraîcheur aux vins dans les prochaines années.

Les vins : le rosé (65 % grenache) se montre juteux, agréablement fruité et a gagné en naturel d'expression. Dans les blancs, la bonne part d'ugni fait la différence dans la fraîcheur des vins, notamment dans la cuvée domaine, fringante et équilibrée. La légère macération sied à merveille au solaire Le Grand Blanc 2015, dominé par le chardonnay, emporté avec énergie par son élevage luxueux. Les rouges expriment une belle fraîcheur, notamment le Pur 2016, un carignan sanguin sans austérité, tandis que le coteaux-d'Aix-en-Provence 2015 est d'un registre plus classique, droit et concentré. Élevé en barrique plus d'un an, Le Grand Rouge 2015 offre une certaine sensualité de texture, une allonge savoureuse et parfumée.

- Coteaux d'Aix-en-Provence 2016   13 €   14
- IGP Méditerranée Le Grand Blanc 2015   27 €   16
- VDF Pur 2016   16 €   15

Coteaux d'Aix-en-Provence 2016	12 €	14
Coteaux d'Aix-en-Provence 2015	13 €	15
VDF Pur Carignan 2016	16 €	14,5

Le coup de ♥

| IGP Méditerranée Le Grand Rouge 2015 | 27 € | 16 |

Un rouge de syrah (40 %), cabernet-sauvignon, grenache et pinot noir, ambitieux, solaire, élevé plus d'un an : il offre une certaine sensualité de texture avec une allonge savoureuse et parfumée.

Rouge : 22,5 hectares.
Grenache noir 37 %, Syrah 37 %, Cabernet-Sauvignon 21 %, Cinsault 5 %
Blanc : 7,5 hectares.
Ugni blanc (trebbiano) 34 %, Chardonnay 34 %, Rolle 15 %, Sauvignon blanc 12 %, Roussanne 5 %
Production moyenne : 130 000 bt/an

CHÂTEAU REVELETTE ♣

Chemin de Revelette, 13490 Jouques
04 42 63 75 43 ● www.revelette.fr ● Vente et visites : au domaine sur rendez-vous.
En hiver : du lundi au vendredi de 14h à 18h, le samedi de 10h à 12h et de 14h à 18h. En été : du lundi au samedi de 10h à 12h t de 14h à 18h.
Propriétaire : Peter Fischer

★★
CHÂTEAU SIMONE

Du haut des coteaux du château Simone, une toile de Cézanne se dessine : on admire les vignes centenaires accrochées sur les calcaires de Langesse s'ouvrir au nord vers la montagne Sainte-Victoire. "La Simone", comme la famille Rougier aime l'appeler, est certainement le cru le plus célèbre aux yeux des amateurs de grands vins blancs méditerranéens. Il est vrai que René et Jean-François Rougier cultivent ce blanc loin de toute technicité, affichant une race, un équilibre et une plénitude incroyables. L'un des secrets réside dans le pressurage lent et à l'élevage de vingt mois en foudres puis en barriques, ainsi qu'une parcelle de 8 ha, complantée de plusieurs cépages, principalement de clairette (avec 2 % de muscat qui font la différence !), vendangés et vinifiés assemblés. Le rosé, l'autre atout de Simone, apparaît toujours coloré, avec un fruité intense. Sa bouche, d'une grande concentration, présente un potentiel de garde comme en témoigne un superbe 1998, dégusté à l'automne 2016. Le rouge atteint désormais la dimension de certains grands vins du sud de la vallée du Rhône. Le grenache et le mourvèdre lui concèdent un esprit incarné par un niveau de maturité et un cœur de bouche plus abouti que dans les anciens millésimes.

Les vins : nous sommes ravis de déguster Les Grands Carmes de Simone, des vins de pays de bonne facture qui permettent de découvrir le goût concentré et sapide de "Simone", accessibles jeunes. Les palettes demeurent de fantastiques vins de garde à l'image du rouge 2013. Le rosé 2016, haut en couleur, est encore sur la réserve mais sa trame élancée et sa densité salivante évolueront avec style dans les quinze ans. Nous sommes confiants quant à la profondeur et au potentiel de garde du blanc 2014 : encore très jeune et riche, il se déliera avec grâce dès 2018. Un travail remarquable pour un volume de 50 000 bouteilles par an.

IGP Bouches du Rhône Les Grands Carmes de Simone 2014	16,50 €	14,5
Palette 2014	29,90 €	16,5
IGP des Bouches du Rhône Les Grands Carmes de Simone 2015	14,50 €	14,5
Palette 2016	22 €	16
IGP Bouches du Rhône Les Grands Carmes de Simone 2015	16,50 €	14,5

Le coup de ♥

| Palette 2013 | 29,50 € | 16,5 |

Quel éclat pour ce rouge à dominante de grenache et de mourvèdre ! Attendez encore un an que le long élevage en barriques s'estompe pour dévoiler une matière joliment tannique et finement lardée au beau fruit tendu et droit. D'une grande fraîcheur pour les quinze prochaines années.

Rouge : 13 hectares.
Grenache noir 23 %, Carignan 20 %, Syrah 20 %, Divers noir 13 %, Merlot 10 %, Mourvèdre 10 %, Cinsault 2 %, Cabernet-Sauvignon 2 %
Blanc : 12 hectares.
Clairette 45 %, Viognier 25 %, Ugni blanc (trebbiano) 22 %, Grenache blanc 3 %, Bourboulenc 3 %, Muscat d'alexandrie 2 %
Production moyenne : 100 000 bt/an

CHÂTEAU SIMONE
13590 Meyreuil
04 42 66 92 58 ● www.chateau-simone.fr ●
Vente et visites : au domaine sur rendez-vous.
Propriétaire : Famille Rougier
Directeur : Jean-François Rougier

PROVENCE

DOMAINE DE TERREBRUNE

Le dynamique Georges Delille, nonagénaire, a eu le nez fin en rachetant cette propriété varoise en 1968. Dans la commune d'Ollioules (extrême sud-est de l'AOP Bandol), le vignoble bio de trente ha bénéfice d'un sol de marnes argilo-calcaire du trias unique à Bandol qui lui confère un style à part. Ici, le rouge prend naturellement son expression la plus fine et la plus fraîche, sans jamais être exubérant. Aujourd'hui, le fils de Georges Delille, Reynald produit un rouge (85 % mourvèdre, 10 % grenache et 5 % cinsault) dont l'équilibre fin peut surprendre à côté de certains monstres tanniques de Bandol. Pourtant, sa tenue élégante dans le temps est incontestable (jusqu'à trente ans pour les années les plus denses). De vieux millésimes (jusqu'à 1987) sont d'ailleurs disponibles à la vente pour les professionnels. Le rosé, vineux et ciselé, respecte la tradition bandolaise avec des assemblages possédant au moins 60 % de mourvèdre et se révèle réellement après un an de bouteille. C'est en blanc (clairette, ugni blanc et bourboulenc) que la marge de progression est la plus grande pour le rendre plus accessible dans la jeunesse. Il faut atteindre cinq ans pour qu'il commence à offrir son expression iodée. L'équilibre gracieux de ces derniers millésimes porte le domaine à un très haut niveau qui nous conduit à lui attribuer sa deuxième étoile.

Les vins : toujours serré et discret dans la jeunesse, le blanc assemblé de clairette (50 %), ugni, bourboulenc, rolle et marsanne, a besoin de temps pour se détendre et livre une trame saline et florale. Même constat pour le rosé (60 % mourvèdre, grenache et cinsault), encore ferme et primaire, qui se révèlera à merveille dès 2018. Produit à 60 000 bouteilles par an, c'est une performance ! Dans le millésime 2014 hyper-compliqué, le 2014 est sublime.

⌐ Bandol 2016	18,50 €	15
⌐ Bandol 2016	17 €	15

Le coup de ♥
⌐ Bandol 2014	28 €	17,5

Une magnifique couleur habille un bouquet tout en retenue. Ce rouge (85 % de mourvèdre) d'une douceur de texture fraîche et iodée, est d'une surprenante facilité d'accès malgré son jeune âge. Il se livrera dans les trente ans.

Rouge : 27 hectares.
Mourvèdre 73 %, Grenache noir 15 %, Cinsault 12 %
Blanc : 3 hectares.
Clairette 50 %, Bourboulenc 20 %, Ugni blanc (trebbiano) 20 %, Marsanne 5 %, Rolle 5 %
Production moyenne : 120 000 bt/an

DOMAINE DE TERREBRUNE ♣
724, chemin de la Tourelle,
83190 Ollioules
04 94 74 01 30 ● www.terrebrune.fr ●
Vente et visites : au domaine sur rendez-vous.
Du lundi au samedi de 9h à 12h et de 14h30 à 18h. Juillet et août de 9h à 12h et de 15h à 18h30. Fermé dimanche et jours fériés.
Propriétaire : Famille Delille
Directeur : Reynald Delille

DOMAINE DE LA TOUR DU BON

La famille Hocquard est à la tête de ce domaine depuis 1968. Au Castellet, La Tour du Bon bénéficie d'un terroir particulier de souches calcaires et sableuses jouissant d'expositions variées qui font de lui, l'un des plus précoces de Bandol. Dès le milieu des années 80, le domaine se fait remarquer notamment la création, en 1987, de la cuvée Saint-Ferréol, un rouge solaire et fin issu de trois parcelles plantées autour d'une colline âgée de vingt millions d'années. Puis c'est à partir de 1990 et avec l'arrivée, à la tête de la propriété, d'Agnès Henry-Hocquard, que le vin prend une dimension supérieure ! Entourée de vinificateurs ligériens (Thierry Puzelat et Antoine Pouponeau), elle a su tenir le cap de l'excellence avec des vins conservant une grande personnalité et vieillissant harmonieusement dans un profil délicat sans jamais d'excès de maturité, d'extraction ou d'élevage. Depuis 2013, la vigneronne curieuse isole des mourvèdres pour la cuvée En Sol qu'elle vinifie en jarre de terre cuite. Une pratique ancestrale mais périlleuse (les vins peuvent tomber dans la lourdeur et manquer de précision) magnifiquement maîtrisée dans un rouge fin pourvu d'une rare sensation iodée. À découvrir absolument ! Ce domaine en pleine forme est certifié bio depuis 2014.

Les vins : le blanc 2016 à dominante de clairette, légèrement charnu, et le rosé 2016, précis et joliment fruité, avec une faible de teneur en mourvèdre (36 %), ne revendiquent pas la même ambition que les rouges et peuvent gagner en expression naturelle du fruit. Le millésime 2014 a été compliqué à Bandol mais magnifiquement géré dans le bandol classique où le mourvèdre

(60 %) est accompagné de grenache, cinsault et carignan. Une fine acidité volatile surplombe une texture douce et caressante avec un éclat de fruit revigorant. Issu d'une année solaire, 2011, le Saint-Ferréol (90 % mourvèdre), est plein, plus giboyeux et riche, tout en gardant une trame fraîche et salivante. À mettre en cave une dizaine d'années. Un parfum enivrant anime le pur grenache d'ici 2011, vendangé tardivement et muté judicieusement pour le rendre explosif de fruits, de pruneaux et d'épices avec une douceur et une densité de texture superbes.

▱ Bandol 2016	18 €	14
▱ Bandol 2016	16 €	14,5
▰ Bandol 2014	21 €	16
▰ Bandol Saint-Ferréol 2011	35 €	16
▰ VDT d'ici 2011	30 €	16

Le coup de ♥

▰ IGP Méditerranée En Sol 2015	44 €	16,5

Troisième millésime de ce pur mourvèdre macéré six mois en tinajas, limpide, floral, d'une fraîcheur naturelle et d'un grain de texture incomparables en Provence

Rouge : 14 hectares.
Mourvèdre 60 %, Grenache noir 30 %, Cinsault 7 %, Carignan 3 %
Blanc : 1 hectare.
Clairette 80 %, Ugni blanc (trebbiano) 10 %, Rolle 10 %
Production moyenne : 60 000 bt/an

DOMAINE DE LA TOUR DU BON ♣

**714, chemin de l'Olivette, 83330 Le Brûlat-du-Castellet
04 98 03 66 22 ● www.tourdubon.com ● Vente et visites : au domaine sur rendez-vous.
De 9h à 12h et de 14h à 18h.
Propriétaire : Famille Hocquard-Henry
Directeur : Agnès Henry
Maître de chai : Julien Pierre
Œnologue : Daniel Abrial**

DOMAINE DE TRÉVALLON

Bâtisseur du domaine de Trévallon à Saint-Étienne du Grès, à côté de Saint-Rémy-de-Provence, dès 1973, Éloi Dürrbach est devenu une figure emblématique de la Provence. Sur son terroir plus rhodanien que méditerranéen, exposé au nord, il a cru au cabernet-sauvignon et à la syrah pour produire de grands rouges. Il travaille son vignoble de 17 ha en agriculture biologique. Vigneron attentif et méticuleux, il produit des vins en IGP Alpilles d'une belle définition de terroir et d'une parfaite maturité de raisin, conjuguées à la justesse de la vinification en grappe entière et de l'élevage (jusqu'à deux ans en foudre). Ces méthodes permettent d'élaborer des vins à la fois denses, tendus et raffinés. À travers leur complexité aromatique (notes d'épices, de garrigue et de truffe noire), les rouges de Trévallon expriment une grande typicité méditerranéenne, tout en conservant une fraîcheur septentrionale. Sur 2 ha de cépages blancs (marsanne, roussanne, chardonnay et grenache), la famille Dürrbach produit des blancs en retenue, vineux et sertis de fins amers et de doux parfums floraux. Ne soyez pas étonnés si les étiquettes changent à chaque millésime. Le peintre René Dürrbach, père d'Éloi, a dessiné une cinquantaine d'œuvres avant sa mort. Elles sont choisies chaque année pour refléter le style du millésime.

Les vins : seul le rouge a été présenté. Sans l'étoffe du 2013, ce 2014 évoluera avec fraîcheur.

Le coup de ♥

▰ IGP Alpilles 2014	50 €	16

Ce n'est pas le millésime le plus dense produit par Éloi Dürrbach, mais compte tenu de son caractère compliqué, ce rouge conserve une matière finement extraite, digeste et marquée par une acidité volatile stimulante.

Rouge : 15 hectares.
Syrah 50 %, Cabernet-Sauvignon 50 %
Blanc : 2 hectares.
Marsanne 39 %, Roussanne 33 %, Grenache blanc 11 %, Clairette 9 %, Chardonnay 8 %
Production moyenne : 58 000 bt/an

DOMAINE DE TRÉVALLON ♣

**Avenue Notre-Dame du Château, 13103 Saint-Étienne-du-Grès
04 90 49 06 00 ●
www.domainedetrevallon.com ● Vente et visites : au domaine sur rendez-vous.
Propriétaire : Éloi Dürrbach**

DOMAINE LA BASTIDE BLANCHE

Ce domaine acheté en 1973 par Louis et Michel Bronzo produit des vins sérieux dans les trois couleurs, alliant puissance et finesse. Morcelé, le vignoble de près de 46 ha, essentiellement aménagé en restanques, permet de couvrir les diversités géologiques du terroir de Bandol. Stéphane Bourret, en charge des vinifications, pro-

PROVENCE

duit des rouges musclés et fougueux, plus terriens que maritimes, à l'image des deux grandes cuvées : Fontanéou (4 000 bouteilles par an), issu de terroirs d'argile rouge, exposé plein est à La Cadière-d'Azur, sur un assemblage de mourvèdre et de grenache, fin et racé ; et Estagnol (5 000 bouteilles par an), issu de sols argilo-calcaires avec des zones graveleuses, qui offre une matière très mûre et opulente. Issu principalement de clairette et d'ugni blanc, le blanc est sans aucun doute le plus régulier et le plus harmonieux de l'appellation. Après le passage à l'agriculture bio (certification 2012), l'équipe approfondit encore le travail de la vigne en suivant les préceptes de la biodynamie.

Les vins : en 2016, les rosés ne lésinent pas sur la couleur avec un peu plus de mourvèdre, un supplément de vinosité et de velouté dans la Cuvée Estagnol. Références de l'appellation, les blancs à dominante de clairette sont absolument bien maîtrisés, dans un registre précis, moderne et vineux. Ils prendront sans aucun doute une belle patine dans les dix ans. Si vous aimez les rouges de Bandol peu corpulents et tendus, préférez le classique 2014 au 2015. Le Fontanéou 2013 annonce un beau potentiel de garde ainsi qu'un avenir racé et droit, tandis que le 2014 sera à boire dans les quinze ans. Toujours plus confit et dense, la Cuvée Estagnol 2014 évoluera avec style.

🍷	Bandol Cuvée Estagnol 2016	20 €	15,5
🍷	Bandol 2016	15 €	14,5
🍷	Bandol Cuvée Estagnol 2016	18 €	14,5
🍷	Bandol 2014	18 €	15
🍷	Bandol 2015	18 €	15
🍷	Bandol Cuvée Estagnol 2014	26 €	15,5
🍷	Bandol Cuvée Fontanéou 2013	26 €	16
🍷	Bandol Cuvée Fontanéou 2014	26 €	15,5

Le coup de ♥
🍷	Bandol 2015	16,50 €	15

Un blanc bien mené, où la clairette se marie harmonieusement avec l'ugni, le bourboulenc, le rolle et le sauvignon. Limpide et ensoleillé, il affiche une trame savoureuse qui évoluera avec style dans les dix ans.

Rouge : 40,44 hectares.
Mourvèdre 60 %, Cinsault 21 %, Grenache noir 17 %, Syrah 1 %, Carignan 1 %
Blanc : 5,27 hectares.
Clairette 43 %, Bourboulenc 20 %, Ugni blanc (trebbiano) 19 %, Sauvignon blanc 9 %, Rolle 9 %
Production moyenne : 210 000 bt/an

DOMAINE LA BASTIDE BLANCHE ♣
367, route des Oratoires,
83330 Sainte-Anne-du-Castellet
04 94 32 63 20 ● www.bastide-blanche.fr ●
Vente et visites : au domaine sur rendez-vous.
Du lundi au vendredi. Été : de 9h à 18h et le samedi matin. Hiver : de 9h à 12h et de 13h à 17h.
Propriétaire : Michel, Julien et Nicolas Bronzo
Directeur : Stéphane Bourret

VILLA BAULIEU

L'homme d'affaires Pierre Guénant, qui a fait fortune dans la distribution automobile, a acquis en 2001 cette sublime propriété du XVIIᵉ siècle, située à Rognes. C'est après un long travail avec le conseiller bordelais Stéphane Derenoncourt qu'un peu moins de 12 ha ont été isolés sur un terroir bien particulier d'argilo-calcaire et marneux exposé nord et nord-est, à 400 mètres d'altitude, pour produire deux rouges et deux blancs en Coteaux d'Aix-en-Provence. Les cuvées Bérengère – baptisées du nom de la fille de Pierre Guénant, responsable du domaine – sont tout en douceur. Les grands vins de Villa Baulieu quant à eux sont particulièrement soignés et raffinés. Dans le blanc, le rolle joue avec le sauvignon huit mois en foudre et nous emmènent vers de subtiles notes pétrolées et anisées, loin des standards de la région. Le rouge tire son épingle du jeu. Issus de faibles rendements, les syrahs, grenaches et cabernet-sauvignon égrappés subissent un double tri en cave avant de fermenter en cuve béton puis d'être mis en barrique (35 % neuves) pour dix mois : ils donnent un vin qui s'inscrit, depuis le 2013, parmi les meilleurs de Provence. Cette production est à distinguer du Château Beaulieu, appartenant également à Pierre Guénant, qui produit des rosés fluets à grande diffusion. La première étoile est méritée.

Les vins : saluons l'affinage des élevages sous bois même si en blanc, la cuvée Bérengère 2014, légèrement exotique, presque alsacienne, peine encore à intégrer l'ampleur de l'élevage. Le blanc Villa Baulieu est à nouveau plein de surprises en 2014 ; en rouge, un élevage luxueux enrobe la cuvée Bérengère 2014 qui garde un fruit plaisant. Villa Baulieu 2014 repose sur une trame tannique encore ferme, empreinte de l'austérité de ce millésime pluvieux, et une concentration modérée qui s'appréciera dès l'hiver 2017.

▭ Coteaux d'Aix-en-Provence Cuvée Bérengère 2014	17 €	14,5
━ Coteaux d'Aix-en-Provence 2014	29 €	16
━ Coteaux d'Aix-en-Provence Cuvée Bérengère 2014	17 €	14,5

Le coup de
| ▭ Coteaux d'Aix-en-Provence 2014 | 29 € | 15,5 |

Un blanc soigné et ambitieux au caractère singulier, plus septentrional que provençal dans la droiture et la tension, oscillant entre des notes pétrolées et de sureau. Il livrera des surprises dans les quinze ans.

Rouge : 7 hectares.
Syrah 60 %, Cabernet-Sauvignon 25 %, Grenache noir 15 %
Blanc : 4,53 hectares.
Rolle 54 %, Sauvignon blanc 36 %, Sémillon 10 %
Production moyenne : 27 000 bt/an

VILLA BAULIEU
**Domaine de Beaulieu - RD14C,
13840 Rognes
04 42 50 20 19** ●
www.villabaulieuvignoble.com ● **Vente et visites : au domaine sur rendez-vous.
Du lundi au vendredi de 8h30 à 12h30 et de 14h à 18h.
Propriétaire : Pierre Guénant
Directeur : Bérengère Guénant
Maître de chai : Michel Fabre**

★

CLOS SAINT-VINCENT

"Gio" Sergi et son fils, Julien, cultivent ce micro-vignoble de 10 ha avec toute la rigueur et la passion du vin et de son terroir. Les vignes, plantées en terrasses sur la colline de Saquier, sont travaillées avec soin en biodynamie. Les vinifications se font en grande partie sous bois (muid et demi-muid), et sont suivies d'élevages ambitieux. Ces vignerons niçois se sont débarrassés des réductions qui pouvaient marquer les vins dans leur jeunesse, et ceux-ci ont gagné en éclat et précision du fruit. Les blancs de rolle se montrent plus vineux qu'ailleurs en Provence et les rouges à dominante de folle noire transmettent une fraîcheur florale rare dans la région. Les excellents vins dégustés sont revenus au sommet de l'appellation.

Les vins : les 2015 et 2016 confirment la superbe tenue et l'éclat des vins de la gamme. Le rosé, un pur braquet, aux saveurs expressives de rose et de poivre et à la chair salivante, est l'un des plus originaux de Provence, mais la marge de progression est encore importante. N'hésitez pas à ouvrir les blancs 2015 à partir du printemps 2018. Ces rolles pleins, droits et salins, ont besoin de temps. L'énergie florale et la concentration tannique bien menée de la folle noire dans Vino di Gio rouge 2015 lui promet un avenir racé dans les quinze ans.

▭ Bellet Le Clos 2015	28,60 €	15
▬ Bellet Le Clos 2016	19 €	15
▬ Bellet Vino di Gio 2015	28 €	15
━ Bellet Le Clos 2015	28,60 €	16
━ Bellet Vino di Gio 2015	59,50 €	16

Le coup de
| ━ Bellet Vino di Gio 2015 | 59,50 € | 16 |

Étonnante sensation de sucré-salé dans ce rolle dense, aux saveurs mûres de fruits jaunes, à la finale saline. Bâti pour dépasser les dix ans de garde.

Rouge : 6 hectares.
Folle noire 63 %, Braquet (brachet) 33 %, Grenache noir 4 %
Blanc : 4 hectares.
Rolle 100 %
Production moyenne : 30 000 bt/an

CLOS SAINT-VINCENT ☾
**Collet des Fourniers,
Saint-Roman-de-Bellet, 06200 Nice
04 92 15 12 69** ● **www.clos-st-vincent.fr** ●
**Vente et visites : au domaine sur rendez-vous.
Du lundi au vendredi de 9h à 12h et de 14h à 18h.
Propriétaire : Joseph Sergi
Maître de chai : Julien Sergi**

★

DOMAINE DU DEFFENDS

Ce domaine a fait figure de pionnier dans les années 60. À l'époque où la culture des grands vins était totalement inexistante dans cette appellation, Jacques de Lanversin, professeur de droit à la faculté d'Aix-Marseille, a entièrement planté le vignoble du Deffends. Sa volonté de produire un vin de référence l'a immédiatement animé. Très rapidement, avec notamment la cuvée Champs de la Truffière (à l'époque Clos de la Truffière), il a été reconnu parmi les meilleurs vignerons provençaux et a séduit les amateurs. Aujourd'hui, c'est sa femme Suzel qui s'occupe de cette propriété familiale, labellisée bio depuis 2014 et située sur les contreforts du mont Aurélien, au-dessus de Saint-Maximin. Avec un terroir argilo-calcaire pauvre et filtrant,

PROVENCE

et un capital de vieilles vignes, le domaine produit un bon nombre de cuvées, dans les trois couleurs. Notamment le fameux Champs de la Truffière, assemblage de vieux cabernet-sauvignon et de syrah élevés en barrique, qui étonnera par ses capacités de vieillissement. Les derniers millésimes de rouge, rosé et blanc sont d'un bon niveau.

Les vins : le Viognier de Jacques aussi bien que le Champ du Sesterce 2016 sont des blancs assez simples, expressifs et agréablement fruités. Même constat pour les rosés 2016, modernes et frais. Les rouges se distinguent nettement à l'image du Champ du Bécassier 2015 tandis que le Champ de la Truffière (syrah/cabernet-sauvignon) affiche davantage de rigidité en 2014. À déboucher dès l'hiver prochain.

- IGP de la Sainte-Baume Champ du Sesterce 2016   11,50 €   14
- IGP de la Sainte-Baume Viognier de Jacques 2016   16 €   13,5
- Coteaux Varois en Provence Rosé d'une Nuit 2016   10,50 €   13,5
- Coteaux Varois en Provence Rosé des Filles 2016   11,50 €   13,5
- Coteaux Varois en Provence Champs de la Truffière 2014   13,50 €   15

Le coup de ♥
- Coteaux Varois en Provence Champs du Bécassier 2015   10,50 €   15,5

À dominante de grenache avec un peu de syrah, ce rouge est joliment équilibré, infusé entre douceur et fermeté de tanins. Un parfum frais de garrigue fraîche l'invite dès aujourd'hui à table, mais on peut l'attendre six-sept ans.

Rouge : 12 hectares.
Syrah 35 %, Grenache noir 35 %, Cabernet-Sauvignon 20 %, Cinsault 10 %
Blanc : 2 hectares.
Vermentino 55 %, Viognier 35 %, Clairette 10 %
Production moyenne : 70 000 bt/an

DOMAINE DU DEFFENDS ♣
Chemin du Deffends,
83470 Saint-Maximin-la-Sainte-Baume
04 94 78 03 91 ● www.deffends.com ●
Vente et visites : au domaine sur rendez-vous.
Tous les jours sauf dimanche et jours fériés de 10h à 12h et de 15h à 18h.
Propriétaire : Famille de Lanversin

★ DUPÉRÉ-BARRERA

L'année 2016 est un tournant pour Emmanuelle Dupéré et Laurent Barrera. Le couple a vendu son domaine du clos de la Procure à Carnoules pour se consacrer exclusivement à leur activité de négoce haute couture de Provence, du Rhône Sud et du Languedoc. Choisissant avec exigence leurs approvisionnements, ils mettent en lumière des cuvées proches du fruit et juteuses dans la gamme En Caractère jusqu'à des vins plus ambitieux au caractère provençal bien trempé, particulièrement en rouge (80 % des volumes), à l'image de The Last One, ou TLM qui subit une macération de deux mois. Les multiples étiquettes séduiront les amateurs en quête de sensations fortes.

Les vins : une série de blancs bien différents avec En Caractère 2016, facile et friand tandis que le Nowat 2016 (rolle et ugni blanc), passé partiellement en demi-muids, dévoile plus de vinosité. Les vieux ugnis blancs 2015 du domaine du Clos de la Procure nous enchantent. L'unique rosé de Bandol présenté ne lésine pas sur la couleur ni le charnu, sans arômes technologiques. Dans la vaste gamme des rouges, des styles bien trempés se distinguent avec En Caractère 2015, une gourmandise déjà délicieusement fruitée comme on en attend en Provence, un peu moins structurée que le Nowat 2015. Deux cuvées macérées deux mois développent un belle palette d'arômes de fruits très mûrs et chocolatés, et une matière dense : la TLM 2015 (mourvèdre et syrah) et le Général Barrera 2012.

- Bandol India 2016   19 €   14
- Côtes de Provence Domaine du Clos de la Procure 2015   17 €   16
- Côtes de Provence En Caractère 2016   9 €   14
- Côtes de Provence Nowat 2016   15 €   14,5
- Bandol India 2016   15 €   14,5
- Bandol India 2015   19 €   14,5
- Côtes de Provence Cuvée Général Barrera 2012   34 €   16
- Côtes de Provence En Caractère 2015   10 €   14,5
- Côtes de Provence Nowat 2015   17 €   15
- Côtes de Provence TLM 2015   25 €   16

Le coup de ♥
- Côtes de Provence The Last One 2015   15 €   15,5

Ce grenache original et ambitieux, élevé 20 mois en œuf béton, dévoile une couleur délicate, exhale de jolies senteurs de garrigue. Sa bouche savoureuse et sa tenue tannique lui permettront de vieillir dix ans.

Production moyenne : 100 000 bt/an

DUPÉRÉ-BARRERA
254, rue Robert-Schumann, 83130 La Garde
04 94 23 36 08 ● www.duperebarrera.com
● **Vente et visites : au domaine sur rendez-vous.**
Propriétaire : Emmanuelle Dupéré et Laurent Barrera

DOMAINE MILAN

L'histoire de ce domaine ne date pas d'hier. En 1956, Robert Milan achète cette propriété vierge de vignoble à Saint-Rémy-de-Provence et plante de la vigne deux ans plus tard. Mais ce n'est qu'en 1973, qu'il décide de construire une cave pour vinifier ses raisins. Le domaine ne prend son véritable essor qu'avec l'arrivée de son fils Henri, en 1987. Avec la volonté de produire des vins naturels, ce vigneron iconoclaste, anarchiste de droite, se convertit dès 1988 en bio, puis évolue dans les années 90 vers des vinifications sans soufre bien loin des standards académiques. Sa rencontre en 1996 avec Claude Bourguignon, chercheur en agrobiologie des sols, permet à Henri d'expérimenter de nombreux cépages (grenache, syrah, merlot, nielucciu, alicante, vermentino, chenin, pinot gris...) et de donner une personnalité plus forte à ses vins. Avec de courtes macérations en vendange entière, les rouges se distinguent par leur finesse, leur goût naturel (enfin un vin qui a le goût du raisin) et des élevages en barrique, sans aucune brutalité ni recherche d'aromatisation, le but étant de consolider les vins à l'air et dans le temps ! Même constat pour les magnifiques blancs, Le Grand Blanc et La Carrée, parmi les plus ambitieux de Provence. Les vins d'Henri et ses enfants Emmanuelle et Théophile sont en pleine forme et ne laissent jamais indifférents.

Les vins : quelle gamme singulière et de caractère ! Les blancs enchantent toujours par leur sincérité et les saveurs percutantes qui donnent beaucoup de relief aux vins, tant en version assemblage de grenache, chardonnay, rolle, rousanne et muscat dans le Grand Blanc 2014, qu'en pure roussanne dans la Carrée 2013. En rouge, la gamme est plus étendue, avec deux cuvées à boire sur le fruit et légèrement fraîches : le Milan Nouveau 2016 et le Papillon 2016, élaboré sans soufre ajouté, sont deux bombes de fruits. Montons en complexité et en profondeur avec le solaire Vallon 2011, mis sur le marché lorsqu'il est prêt à boire ; et S&X 2015, un grenache délié et savoureux. En 2013, Le Jardin, un merlot vinifié en grappe entière, est encore très ferme et demande deux à trois ans de cave. Terminons avec le surprenant Saco Noblo Irago 2011, un grenache blanc partiellement botrytisé, aux notes pétrolées et à la trame finement oxydative, dont les amers raviront sur des anchois.

▷ VDF La Saco Noblo Irago 2011	20 €	15,5
▷ VDF Le Grand Blanc 2014	26 €	16
▷ VDF Le Papillon 2015	24 €	15
▷ VDF Brut Nature Rosé 2015	18 €	14
▶ VDF Le Jardin 2013	100 €	15,5
▶ VDF Le Papillon 2016	18 €	15
▶ VDF Le Vallon 2011	18 €	15,5
▶ VDF Milan Nouveau 2016	14 €	14
▶ VDF S&X 2015	30 €	16

Le coup de ♥
▷ VDF La Carrée 2013   100 € 16,5

Une pure roussanne, élevée longuement en fût, marquée d'une acidité volatile qui stimule sa matière sudiste. Magnifique douceur de texture vers une finale longue et pleine de vitalité.

Rouge : 8 hectares.
Grenache noir 40 %, Syrah 30 %, Mourvèdre 30 %
Blanc : 7 hectares.
Chardonnay 33 %, Grenache blanc 25 %, Rolle 17 %, Roussanne 17 %, Muscat à petits grains blancs 8 %
Production moyenne : 60 000 bt/an

DOMAINE MILAN ♣
Quartier La Galine,
13210 Saint-Rémy-de-Provence
04 90 92 12 52 ● www.domaine-milan.com
● **Vente et visites : au domaine sur rendez-vous.**
De 9h à 12h et de 15h à 19h.
Propriétaire : Famille Milan

CHÂTEAU DE PIBARNON

Henri de Saint-Victor crée le château de Pibarnon en 1978, et l'inscrit en quelques décennies parmi les propriétés emblématiques de Bandol (avec Tempier et Pradeaux). Son fils Éric est aux commandes du domaine depuis 2000 et cultive 52 ha de vignes (47 ha de rouge et 5 ha de blanc) sur les terroirs calcaires de La Cadière-d'Azur. Il produit deux rouges : le Château (92 % de mouvèdre et 8 % de grenache) armé pour la garde, et Les Restanques, accessible plus jeune, issu de jeunes vignes avec 70 % de mourvèdre et 30 % de grenache. Malgré quelques irrégularités durant les années 2000, les rouges, bons porte-paroles des vins de Bandol et de leur potentiel de garde, reviennent à leur meilleur niveau depuis 2010. Il faut dire qu'en sélectionnant des parcelles au cœur de son terroir, Éric de Saint-Victor a redonné dans les derniers millésimes de la chair et de l'ampleur dans des rouges au caractère soyeux et concentré, avec un équilibre entre le bois et l'expression du fruit hautement civilisée.

Les vins : sans surprise, le blanc 2016 reste toujours simple et agréablement fruité. N'hésitez pas à attendre un an avant d'ouvrir le rosé 2016, techniquement bien vinifié, précis, doté d'une certaine profondeur. Le temps a embelli le savoureux rosé Nuances 2015 élevé en jarres de grès. Un très bon rosé de table. En rouge, les Restanques 2014 propose une approche de bandol en douceur dès sa jeunesse. Le "château" 2013 est un cran au-dessus du suave 2014, habilement maîtrisé, mais qui offre moins de fond dans ce millésime compliqué.

🥂 Bandol 2016		25 €	13
🍷 Bandol 2016		21 €	14,5
🍷 Bandol Nuances 2015		28 €	15
🍷 Bandol 2014		32 €	15,5
🍷 Bandol Les Restanques de Pibarnon 2014		20 €	14,5

Le coup de ♥
🍷 Bandol 2013		32 €	16

Racé et vigoureux, il vieillira avec énergie et une structure affirmée sur vingt ans, tout en conservant une trame digeste.

Rouge : 47 hectares.
Mourvèdre 75 %, Grenache noir 10 %, Cinsault 10 %, Syrah 5 %
Blanc : 5 hectares.
Clairette 55 %, Bourboulenc 35 %, Ugni blanc (trebbiano) 10 %
Production moyenne : 200 000 bt/an

CHÂTEAU DE PIBARNON
410, chemin de la Croix-des-Signaux, 83740 La Cadière-d'Azur
04 94 90 12 73 ● www.pibarnon.com ●
Visites : sans rendez-vous.
Du lundi au samedi de 9h à 12h et de 14h30 à 18h, fermé le dimanche et les jours fériés.

Propriétaire : Éric de Saint-Victor
Maître de chai : Marie Laroze

DOMAINE RAY-JANE

Alain Constant aime prendre son temps pour vendanger, il est d'ailleurs souvent le dernier de l'appellation. Dans son bandol rouge, il fait entrer des raisins uniquement issus de vieilles vignes centenaires du Castellet, dont les plus âgées ont 130 ans ! Les autres vignes, plus jeunes (moins de 100 ans...), servent à produire son vin de pays avec une large dominante de mourvèdre ou en pur mourvèdre dans certains millésimes, comme le 2010. Son vignoble est cultivé tel un jardin. Les vins, d'un classicisme intemporel et d'un style à part, sont vinifiés en grappe entière (raisins non éraflés). En cave, l'utilisation de soufre s'avère modérée (en dehors des blancs) et les élevages longs, jusqu'à deux ans en foudre. Les vins se montrent puissants, parfois un peu rustiques, mais peuvent se garder plusieurs décennies. Profitez-en, le domaine propose des prix de vente encore très abordables et un large choix de millésimes anciens.

Les vins : côté rouge, le mourvèdre 2010 évoque le gibier avec des tanins plus secs, tandis que l'IGP Mont Caume 2013, floral, ouvert, gourmand, arbore une légère rugosité. Les derniers millésimes de Bandol sont plus tendus que solaires et se révèleront avec le temps. Les rosés sont agréablement fruités et vineux, particulièrement en Bandol. Les blancs 2016 sont plutôt expressifs, avec une faible acidité mais un équilibre savoureux, quoiqu'un peu serré par le soufre.

🥂 Bandol Sanary 2016		14,80 €	13
🥂 IGP Var 2016		10,20 €	13
🍷 Bandol Sanary 2016		12,30 €	14
🍷 IGP Var 2016		7,55 €	13,5
🍷 Bandol 2013		17 €	15
🍷 Bandol 2014		16,50 €	15,5
🍷 Bandol Cuvée du Falun 2013		26,50 €	16,5
🍷 IGP Mont Caume 2013		7,55 €	14
🍷 IGP Mont Caume Mourvèdre 2010		9,80 €	14

Le coup de ♥
🍷 Bandol 2016		12,80 €	14,5

Un bon bandol qui a fait sa malo, ce qui renforce son caractère savoureux. Il possède beaucoup de tempérament.

Rouge : 8 hectares.
Mourvèdre 90 %, Grenache noir 5 %,

Cinsault 5 %
Blanc : 2,25 hectares.
Clairette 90 %, Ugni blanc (trebbiano) 10 %

DOMAINE RAY-JANE ♣

353, avenue du Bosquet, 83330 Le Castellet
04 94 98 64 08 • www.ray-jane.fr • Vente et visites : au domaine sur rendez-vous. De 8h30 à 12h et de 14h à 19h. Fermé le dimanche.
Propriétaire : Alain Constant

★

DOMAINE RICHEAUME

Ce domaine est magnifiquement situé sur le village de Puyloubier, au pied de la montagne Sainte-Victoire, dans un décor naturel de terres rouges. Son histoire remonte à maintenant plus de quarante ans. Henning Hoesch, d'origine allemande et professeur à Yale, aux États-Unis, quitte le campus américain en 1972 et achète ce domaine de 65 ha alors vierge de toute culture. Il y plante 3 ha de vignes qu'il cultive en expérimentant la culture bio. Très rapidement, les vins se distinguent par leur intensité de corps et leur chair. Comme chez les plus grands vignerons, le respect des sols et la non-intervention dans la vigne s'associent à des outils de vinification modernes. C'est ainsi que la cave se dote d'outils performants permettant de créer les fameuses cuvées Les Terrasses et Columelle. Superbes d'intensité et de finesse, les vins sont néanmoins bien trop marqués et alourdis par le boisé des élevages en barriques. Si nous avons aimé ce style suave il y a quelques années, nous les trouvons aujourd'hui trop enrobés. Les élevages moins appuyés et plus précis permettraient au domaine de récupérer la deuxième étoile perdue l'an passé.

Les vins : déjà présenté l'année dernière, le Columelle blanc 2012 (clairette, rolle, viognier et sauvignon blanc) est toujours enveloppé par son élevage mais dévoile des notes anisées et pétrolées originales. Parmi les rouges, le Syrah 2014 intègre mieux l'élevage et se distingue cette année. Le Columelle 2014 et les Terrasses 2012 assument leurs profils colorés, concentrés et sudistes avec des bouches généreusement fournies.

▱ IGP Méditerranée Columelle 2012   35 €   15
▰ IGP Méditerranée Columelle 2014   40 €   15
▰ IGP Méditerranée Les Terrasses 2012   50 €   15,5

Le coup de
▰ IGP Méditerranée Syrah 2014   40 €   16

Cette syrah haute en couleur digère assez bien son élevage de 20 mois en fûts pour dérouler une bouche à la fois concentrée et soyeuse, qui devrait truffer avec le temps.

Rouge : 25 hectares.
Cabernet-Sauvignon 30 %, Syrah 30 %, Merlot 15 %, Grenache noir 15 %, Carignan 10 %
Blanc : 4 hectares.
Viognier 25 %, Sauvignon blanc 25 %, Rolle 25 %, Clairette 25 %
Production moyenne : 60 000 bt/an

DOMAINE RICHEAUME ♣
13114 Puyloubier
04 42 66 31 27 •
www.domaine-richeaume.com • Vente et visites : au domaine sur rendez-vous. De 8h à 12h et de 13h à 17h.
Propriétaire : Sylvain Hoesch

★

CHÂTEAU DE ROQUEFORT

Raimond de Villeneuve a totalement relancé ce domaine familial. Situé au pied du massif de la Sainte-Baume, à Roquefort-la-Bédoule, le vignoble au terroir argilo-calcaire, niché à 380 m d'altitude, jouit d'une bonne amplitude thermique entre le jour et la nuit, facteur favorable à la maturité lente des baies. Les influences maritimes régulatrices (Cassis est à 5 km) jouent également leur rôle. Bourré d'énergie et toujours prêt à remettre en question les contraintes imposées par les décrets d'appellation à la vigne comme en cave, Raimond de Villeneuve a depuis longtemps opté pour une culture bio fondée sur le travail des sols (certifié Ecocert en 2014). Tous les vins se révèlent d'un excellent niveau, des blancs digestes et des rosés ciselés aux rouges toujours concentrés mais s'exprimant en finesse. Une approche gourmande et profonde qu'on aimerait voir plus souvent dans la région.

Les vins : jamais dans l'exubérance, les blancs 2016 de rolle et clairette offrent un profil très rafraîchissant et gourmand, particulièrement Les Genêts. Le Corail 2016 est toujours une référence de précision et de goût même si son bouquet expressif le destine à un public large. Les Mûres 2014 renoue avec un style plus clas-

PROVENCE

sique et structuré de la Provence en conservant une fraîcheur haletante et un bon potentiel de garde.

- Côtes de Provence Les Genêts 2016 — 15 € 14,5
- IGP des Bouches-du-Rhône Petit Salé 2016 — 10 € 14
- Côtes de Provence Corail 2016 — 12,50 € 15
- Côtes de Provence Les Mûres 2014 — 15 € 16

Le coup de ♥
- IGP des Bouches-du-Rhône Gueule de Loup 2015 — 10 € 14,5

Peu extrait, parfumé et vinifié en cuve, ce rouge de soif délicieux ravigotera les palais en quête de gourmandise. Il faut le carafer.

Rouge : 20 hectares.
Grenache noir 38 %, Syrah 20 %, Carignan 13 %, Cinsault 12 %, Cabernet-Sauvignon 10 %, Mourvèdre 7 %
Blanc : 6 hectares.
Clairette 50 %, Rolle 38 %, Ugni blanc (trebbiano) 12 %
Production moyenne : 200 000 bt/an

CHÂTEAU DE ROQUEFORT ♣
D1 quartier des Bastides,
13830 Roquefort-la-Bédoule
04 42 73 20 84 • www.deroquefort.com •
Vente et visites : au domaine sur rendez-vous.
Du lundi au vendredi de 9h à 12h et de 14h à 17h.
Propriétaire : Raimond de Villeneuve
Œnologue : Daniel Abrial

DOMAINE DE LA RÉALTIÈRE

Pierre Michelland poursuit l'aventure du domaine familial, perché à 450 m d'altitude, à Rians, au nord des coteaux d'Aix-en-Provence. Ce vigneron quadragénaire cultive les vignes en bio depuis 1994, et en biodynamie depuis 2012. Il produit des vins de grande fraîcheur et de forte personnalité avec des entrées de gamme digestes au fruit dénué de tout artifice et deux grandes cuvées sous le nom Cante Gau. Avec les habituels syrah, grenache et cabernet-sauvignon, le rouge possède une part importante de carignan noir dans l'assemblage. En blanc, un cépage oublié est mis au goût du jour : le carignan blanc, issu de vieux ceps (une parcelle de 75 ares de 92 ans). Ce qui donne un vin granuleux un rien austère, mais incomparable dans la région. Nous avons attribué sa première étoile au domaine l'année dernière.

Les vins : tant en blanc avec Blanc Public 2016 (ugni blanc et clairette) qu'en rosé Pastel 2016, les entrées de gamme affichent une réelle spontanéité et une expression proche du fruit qui les rend délicieusement gourmands. En Cante Gau, le blanc 2015 brille par son originalité et le rouge 2014, construit sur le carignan, flirte sur le fil d'un jus peu protégé, en prouvant sa volonté de se rapprocher d'un fruit sain dont les angles peuvent être encore affinés.

- IGP Var Blanc Public 2016 — 11 € 14,5
- Coteaux d'Aix-en-Provence Pastel 2016 — 11 € 14
- Coteaux d'Aix-en-Provence Cante Gau 2014 — 20 € 15,5

Le coup de ♥
- VDF Cante Gau 2015 — 25 € 15,5

Un assemblage visionnaire de carignan blanc, sémillon, et ugni anime ce blanc tout en retenue, légèrement anisé et rocailleux, admirablement élevé en œufs béton, demi-muids et jarres. Il prouvera dès maintenant son énergie revigorante sur une cuisine iodée.

Rouge : 6 hectares.
Carignan 40 %, Grenache noir 26 %, Syrah 24 %, Cabernet-Sauvignon 10 %
Blanc : 1 hectare.
Carignan 80 %, Sémillon 15 %, Ugni blanc (trebbiano) 5 %
Production moyenne : 45 000 bt/an

DOMAINE DE LA RÉALTIÈRE ☾
Route de Jouques, 83560 Rians
04 94 80 32 56 • realtiere@terre-net.fr •
Vente et visites : au domaine sur rendez-vous.
De 10h30 à 12h et de 16h30 à 19h.
Propriétaire : Pierre Michelland

CHÂTEAU SAINTE-ANNE

Une petite quinzaine d'hectares, sur la commune de Sainte-Anne d'Évenos, constitue le vignoble de ce cru connu des amateurs de bandols bio. Dès les années 1970, François Dutheil de la Rochère, puis son épouse Françoise, ont été les pionniers dans la viticulture biologique puis des vinifications dites "nature", en Provence. Aujourd'hui, leur fils Jean-Baptiste, perpétue le style "Sainte-Anne" influencé par le climat particulièrement frais de ce secteur oriental de l'appellation. Nous sommes toujours impressionnés par la finesse du toucher des rouges et la douceur de leurs tanins, qui leur offrent un équilibre savoureux après trois à quatre ans, tout en leur promettant un potentiel de garde de plus de vingt ans. Haut en couleurs, le rosé est loin des standards œnologiques de la région et révèle un fort caractère. Certainement le plus abouti de l'appellation, le blanc assemblé de clairette et d'ugni peut se révéler d'une incroyable race après 5 à 6 ans de garde et vieillir magnifiquement pendant une vingtaine d'années. Le très bon niveau des derniers millésimes nous conduit à décerner la première étoile au domaine.

Les vins : avec une expression juteuse, proche du fruit, les cuvées séduisent par leur spontanéité à l'image du rosé haut en couleurs, savoureux, doté d'une texture apaisante et d'un naturel d'expression rare à Bandol. Dans un millésime 2014 compliqué et pluvieux, le rouge est très bien mené, finement sauvage et vivant. Il offre un élan digeste avec un grain un rien accrocheur en bouche. Donnez-lui encore deux ans de cave pour commencer à le boire, ou attendez-le jusqu'en 2030.

Bandol 2016	16 €	16
Bandol 2014	26 €	16

Le coup de ♥
Bandol 2016	20 €	16

Un matière pleine et fine, aux douces senteurs de poivre blanc et de sauge, d'une grande concentration en extraits secs, pousse cette cuvée à la sensation minérale. Un blanc unique en Provence, composé de clairette et d'ugni blanc plantés sur des argilo-calcaires exposés au nord-est.

Rouge : 11 hectares.
Mourvèdre 60 %, Grenache noir 20 %, Cinsault 20 %
Blanc : 2 hectares.
Ugni blanc (trebbiano) 50 %, Clairette 50 %
Production moyenne : 40 000 bt/an

CHÂTEAU SAINTE-ANNE ♣
Route nationale 8,
83330 Sainte-Anne-d'Évenos
04 94 90 35 40 ● chateausteanne@free.fr ● Vente et visites : au domaine sur rendez-vous.
Propriétaire : Françoise Dutheil de la Rochère

VILLA MINNA VINEYARD

Ce domaine familial a été repris en 1987, par Minna et Jean-Paul Luc. Par étape, différentes cuvées sont nées de ce vignoble situé à Saint-Cannat : en 1999 Minna Vineyard rouge, en 2004 Villa Minna rouge puis en 2005 Minna Vineyard blanc. Labellisé bio depuis 2012, le vignoble est tenu avec soin, les tailles courtes générant de faibles rendements sur un terroir pauvre de roche calcaire. Les vinifications en petits contenants et les élevages en fût bordelais donnent des vins d'une grande constitution, offrant beaucoup de style et de personnalité – loin de tout caractère technologique. Les élevages ont aussi la particularité d'être longs ! En effet, les bouteilles ne sont commercialisées qu'au bout de cinq ans pour les rouges et de trois ans pour les blancs. Tous les vins du domaine ont besoin de longues aérations.

Les vins : des cuvées à la forte personnalité composent cette gamme. Même après un élevage prolongé, les rouges peuvent encore être affinés mais ils séduisent par leur caractère finement fumé et cendré.

IGP Bouches du Rhône Minna 2013	22 €	15
IGP Bouches du Rhône Villa Minna 2013	14 €	14,5

Le coup de ♥
IGP Bouches du Rhône Minna 2014	22 €	15,5

Après un passage en carafe de deux heures, ce blanc de rolle, marsanne et roussanne offre un volume ambitieux, séduisant par ses notes exotiques, plus en largeur qu'en longueur.

Rouge : 5,14 hectares.
Cabernet-Sauvignon 31 %, Syrah 31 %, Mourvèdre 14 %, Caladoc 14 %, Marselan 10 %
Blanc : 2,5 hectares.
Vermentino 48 %, Roussanne 28 %, Marsanne 24 %
Production moyenne : 30 000 bt/an

VILLA MINNA VINEYARD ♣
Roque-Pessade, CD 17,
13760 Saint-Cannat
04 42 57 23 19 ● www.villaminna.fr ● Vente et visites : au domaine sur rendez-vous. Du lundi au vendredi de 9h à 12h30 et de 13h30 à 18h30. Le samedi de 9h à 12h30 et de 15h à 18h30. Fermé le dimanche et les jours fériés.
Propriétaire : Minna et Jean-Paul Luc
Maître de chai : Emile Wikman

PROVENCE

DOMAINE LES BASTIDES

Cette discrète propriété a été achetée en 1967 par Anne-Marie et Jean Salen, décédé en décembre 2015. Après avoir livré leurs raisins à la cave coopérative durant dix ans, ils décident en 1975 de vinifier eux-mêmes leur production. Sur le terroir du Puy-Sainte-Réparade, les 26 ha du vignoble, cultivé en bio depuis plus de quarante ans, donnent des vins d'un classicisme rare. Aujourd'hui, la propriété est dirigée par Carole Salen, et le style des vins se maintient dans la plus pure tradition du domaine. Jamais trop extraits ou en surmaturité (sans syrah dans son encépagement), le grenache et le cabernet-sauvignon prennent des arômes délicats de garrigue et de fruits macérés, non sans rappeler l'esprit de certains châteauneuf-du-pape. Les élevages se font en foudre, sur la durée, de façon à dompter et assouplir les tanins avec douceur, en créant une micro-oxydation qui se fait à peine sentir. Mais la grande spécialité du domaine reste le très fameux vin cuit. Dans la plus pure tradition provençale, le moût de raisin est cuit pendant six heures dans un chaudron à feu nu, puis il fermente doucement en cuve avant sa mise en bouteille pour être prêt à déguster à Noël avec les treize desserts provençaux !

Les vins : le blanc 2016 se montre souple et agréablement fruité, mais sans grande ambition. Nous préférons nettement le rosé du domaine 2016, juteux et charnu, aux Roses de Carole 2016, bien moins net. Les rouges, qui peuvent encore gagner en raffinement, restent le point fort du domaine.

⌐ Coteaux d'Aix-en-Provence 2016		10 €	13
⊟ Coteaux d'Aix-en-Provence Rosé Saignée 2016		8 €	14
▬ Coteaux d'Aix-en-Provence 2013		10 €	15

Le coup de ♥
▬ Coteaux d'Aix-en-Provence Valéria 2013		15 €	15,5

Le cabernet-sauvignon domine légèrement le grenache dans ce rouge élevé un an en cuve et deux ans en foudre, qui nous livre un jus délié, fin, avec une certaine fermeté de tanins.

Rouge : 20 hectares.
Grenache noir 50 %, Cabernet-Sauvignon 38 %, Cinsault 10 %, Mourvèdre 2 %
Blanc : 3 hectares.
Clairette 35 %, Rolle 35 %, Sauvignon blanc 15 %, Ugni blanc (trebbiano) 15 %
Production moyenne : 80 000 bt/an

DOMAINE LES BASTIDES ♣
98, Chemin des Bastides, Route de Saint-Canadet, 13610 Le Puy-Sainte-Réparade
04 42 61 97 66 ● carole.salen@orange.fr ●
Vente et visites : au domaine sur rendez-vous.
Propriétaire : Carole Salen

CHÂTEAU DE BELLET

Sur les hauteurs de la colline de Saquier, point culminant de Bellet (300 mètres), dominant la baie de Nice, le vignoble bénéficie d'une altitude relative permettant aux baies d'éviter les coups de chaud. S'ajoute une influence maritime régulatrice due au microclimat du secteur, faisant de l'appellation Bellet l'un des terroirs de Provence les plus intéressants – avec Palette et Bandol. Depuis 2012, le vignoble, auquel s'est ajouté celui des Coteaux de Bellet, permettant d'atteindre une superficie totale, à terme, de 13 ha, appartient au fond d'investissement La Française REM. En cave, Nicolas Mignone est en charge des vinifications, épaulé par l'œnologue bordelais Éric Boissenot. Le rosé issu de braquet, cépage local, reste la référence de l'appellation. L'ambition d'élaborer des blancs et des rouges de garde passe ici par des boisés imposants, même après quelques années, au détriment de l'éclat salin que le rolle et la folle noire peuvent exprimer ici. C'est pourquoi nous retirons son étoile au domaine, en espérant quelques ajustements.

Les vins : dans la gamme Baron G, seul le rosé 2016 a le niveau d'une étoile. Le blanc 2015 est habillé par un élevage luxueux sous bois qui enrobe ce rolle déjà naturellement généreux. Il manque d'élan et de personnalité. Idem, pour le rouge 2015 dont l'assemblage de folle noire (55 %) et de grenache, avec une pointe de braquet, est enveloppé par l'élevage et libère une matière enrobée masquant la profondeur intrinsèque du vin.

⌐ Bellet Baron G 2015		32 €	14,5
▬ Bellet Baron G 2015		36 €	14,5

Le coup de ♥
⊟ Bellet Baron G 2016		27 €	15,5

Haut en couleur, ce rosé singulier en Provence exhale des notes de roses, de fraises écrasées, et de poivre, sur un jus savoureux et stimulant. À son meilleur dans les deux ans.

Rouge : 3,38 hectares.
Folle noire 44 %, Braquet (brachet) 34 %, Grenache noir 22 %
Blanc : 3,16 hectares.

Rolle 90 %, Chardonnay 10 %
Production moyenne : 25 000 bt/an

CHÂTEAU DE BELLET ♣
482, chemin de Saquier, 440, route de Saquier, 06200 Nice
04 93 37 81 57 ● www.chateaudebellet.com
● **Vente et visites :** au domaine sur rendez-vous.
Été : de mai à fin septembre, ouvert tous les jours (même fériés) de 10h30 à 18h30. Visites à 11h, 12h, 14h, 15h, 16h et 17h.
Hiver : d'octobre à fin avril, ouvert du lundi au vendredi de 13h30 à 17h30. Visites à 14h, 15h et 16h.
Propriétaire : La Francaise REM
Directeur : Patrick Ribouton
Maître de chai : Nicolas Mignone
Œnologue : Éric Boissenot

CLOS MIREILLE

Les vins : avec 140 ha de terres, dont 50 plantés en vignes (à parts égales entre blanc et rouge), cette propriété, située sur le terroir de La Londe, est considérée comme un cru historique de la région. Durant plus de cent ans, la famille Ott en a été l'heureuse propriétaire, jusqu'à son rachat par les Champagnes Louis Rœderer, en 2004. Ce changement a permis d'insuffler une nouvelle dynamique, en particulier des investissements dans un nouvel outil de vinification, et la replantation d'un vignoble qui commençait sérieusement à vieillir. Au bout des rangs de vignes, il y a la plage, puis la mer ! Une situation qui a toujours favorisé la maturation des blancs, en particulier sur un choix d'encépagement original contenant 70 % de sémillon, complété de 30 % de rolle, plantés sur schistes et argiles.

Les vins : saluons l'équilibre, savoureux, droit et moderne du rosé 2016, qui, si vous êtes patients, se livrera entièrement à l'automne. Une performance pour cette cuvée produite à 145 000 bouteilles. N'hésitez pas à mettre le blanc 2016 en cave.

➤ Côtes de Provence Rosé Coeur de Grain 2016   26 €   14

Le coup de ♥
➤ Côtes de Provence Blanc de Blancs 2016   24 €   15,5

Ce blanc moderne trouve un gras original dans sa part importante de sémillon (70 %). L'expressivité franche du rolle prend une fine patine lors de son élevage court en foudre, avec une finale sapide. 90 700 bouteilles produites dans le millésime, bravo ! Essayez de la garder huit-dix ans en cave, vous serez surpris.

Rouge : 26 hectares.
Grenache noir 70 %, Cinsault 24 %, Syrah 6 %
Blanc : 26 hectares.
Sémillon 70 %, Rolle 30 %
Production moyenne : 220 000 bt/an

CLOS MIREILLE
Route du Fort de Brégançon, 83250 La Londe-les-Maures
04 94 01 53 50 ● www.domaines-ott.com ●
Visites : sans rendez-vous.
Du lundi au vendredi de 9h à 12h et de 14h à 18h.
Propriétaire : Champagne Louis Rœderer
Directeur : Jean-François & Christian Ott

CLOS SAINT JOSEPH

Niché sur les hauteurs de la vallée du Var, le Clos Saint Joseph est le seul domaine du département des Alpes-Maritimes à bénéficier de l'appellation Côtes de Provence. Sur les contreforts des Alpes, Constance Malangé et Roch Sassi cultivent ce petit vignoble familial de 5 ha, planté essentiellement de vieilles vignes, dont quelques cépages autochtones, comme le barbaroux, parmi les dix qui composent les assemblages du blanc, du rouge et du rosé. L'exposition sud-est du vignoble bénéficie d'entrées maritimes alliées à un tempérament montagnard, engendrant des vins de très haute volée. La caractéristique principale demeure l'exceptionnelle fraîcheur des parfums et la délicatesse des tanins pour les rouges, la singularité d'un rosé plein de relief (malheureusement produit en toute petite quantité) et la rondeur et la profondeur d'un blanc finement boisé. Trop peu connu du grand public, le Clos Saint Joseph est entré en 2016 dans le guide.

Les vins : la concentration et la vitalité de fruit sont présentes dans le blanc 2016, vineux de caractère, un soupçon trop enveloppé par son élevage. Attendez l'automne 2018 avant de l'ouvrir. En rouge, nous préférons l'assemblage 2015 à la Syrah, encore jeune et violacée et encore marquée par l'élevage. Une cuvée solaire à laisser encore deux ans en cave.

➤ Côtes de Provence Blanc de Blancs 2016   22 €   14,5

PROVENCE

PROVENCE

- Côtes de Provence Syrah 2015   40 € 14,5

Le coup de ♥
- Côtes de Provence 2015   22 € 15

Une belle chair fruitée, un corps charnu et une finale tannique l'invitent à illuminer une viande rouge mijotée dès maintenant.

Rouge : 3 hectares.
Syrah 50 %, Grenache noir 25 %,
Cabernet-Sauvignon 10 %, Mourvèdre 10 %,
Divers noir 5 %
Blanc : 2 hectares.
Rolle 50 %, Ugni blanc (trebbiano) 25 %,
Sémillon 20 %, Clairette 5 %
Production moyenne : 25 000 bt/an

CLOS SAINT JOSEPH
**168, route du Savel, 06710 Villars-sur-Var
04 93 05 73 29 ● clossaintjoseph@orange.fr
● Vente et visites : au domaine sur rendez-vous.
Propriétaire : Roch Sassi et Constance Malengé**

CHÂTEAU LA COSTE

Depuis le rachat, en 2002, par le milliardaire irlandais Patrick McKillen, cette propriété, située au Puy-Sainte-Réparade, qui produisait depuis les années 1960 des vins assez médiocres, a connu une mue complète, plus encore depuis 2006. Le vignoble de 123 ha a été entièrement restauré ; une cave ultramoderne, dessinée par l'architecte Jean Nouvel, a été construite et équipée d'outils de vinification dernier cri. Les vins sont classés en trois familles, d'un style simple et fruité à des cuvées beaucoup plus travaillées et élevées, qui s'affirment de plus en plus dans le paysage provençal. Le talentueux directeur du château la Coste, Matthieu Cosse, a claqué la porte de ce domaine du Puy-Sainte-Réparade au printemps 2017. Nous attendons avec impatience de découvrir la manière dont le travail pointu qu'il a entrepris sera poursuivi. Les vins n'ont malheureusement pas été présentés cette année.

Les vins : le domaine ne nous ayant pas fait parvenir ses vins cette année, nous sommes amenés à reconduire les notes et les commentaires de notre édition précédente. Les vins gagnent en précision au fil des millésimes. En blanc, l'entrée de gamme reste simplement légère et fruitée tandis que Les Pentes Douces 2015 offre une chair plaisante et le Grand Vin (rolle/chardonnay) est bien nourri par l'élevage en barriques. La Grande Cuvée 2015 (rolle/clairette/grenache blanc) pourrait révéler un plus bel éclat du fruit grâce à un élevage moins appuyé. En rosé, le Grand Vin 2015, s'inscrit parmi les plus aboutis de la région. Du côté des rouges, les tanins s'affinent pour laisser des matières concentrées et bien ficelés particulièrement sur le Grand Vin 2014.

- Coteaux d'Aix-en-Provence 2015   14,50 € 13,5
- Coteaux d'Aix-en-Provence Grande Cuvée 2015   45 € 14,5
- Coteaux d'Aix-en-Provence Les Pentes Douces 2015   18 € 14,5
- Coteaux d'Aix-en-Provence 2015   14,50 € 13
- Coteaux d'Aix-en-Provence Grand Vin 2015   19 € 15
- Coteaux d'Aix-en-Provence Grande Cuvée 2014   48 € 15
- Coteaux d'Aix-en-Provence Les Pentes Douces 2014   18 € 14
- IGP Bouches-du-Rhône Grand Vin 2015   26 € 15
- Coteaux d'Aix-en-Provence Grand Vin 2014   26 € 15,5

Rouge : 103 hectares.
Grenache noir 44 %, Syrah 27 %,
Cabernet-Sauvignon 24 %, Cinsault 5 %
Blanc : 20 hectares.
Vermentino 50 %, Grenache blanc 8.5 %, Ugni blanc (trebbiano) 6 %, Clairette 5,5 %,
Sauvignon blanc 30 %
Production moyenne : 700 000 bt/an

CHÂTEAU LA COSTE ♣
**2750, chemin de la Cride, 13610 Le Puy-Sainte-Réparade
04 42 61 89 98 ●
www.chateau-la-coste.com ● Vente et visites : au domaine sur rendez-vous.
Tous les jours de 10h à 19h.
Propriétaire : Patrick McKillen
Maître de chai : Raymond Gimenez**

DOMAINE CROIX-ROUSSE

C'est à Puget-Ville dans le Var que les Lyonnais Christophe et Christelle Durdilly se sont installés en 2005. Cet ancien sommelier a converti 7 ha en bio, et produit une gamme de vins déclinée en deux cuvées : Suvé du Vent et Pierres Précieuses. Ce jeune domaine provençal produit, depuis 2006, des vins issus de faibles rendements, vinifiés et élevés uniquement en cuve béton pour les rosés et les rouges et en œuf béton et cuves inox pour les blancs. Nous encourageons cette démarche vers des vins tout à fait originaux, concentrés, sincères et naturels. Le vigneron signe des cuvées d'une grande intensité. Depuis 2012, les vins sont retoqués aux portes de l'appellation Côtes de Provence en raison de leur fort tempérament (que nous défendons) contraignant le domaine à classer ses cuvées en IGP Var. On retrouve dans chaque vin la sensibilité du vigneron, qui est loin d'avoir dit son dernier mot.

Les vins : le Suvé du Vent blanc 2014 et le Pierres Précieuses rosé 2016 sortent toujours du lot en raison de leur chair et de leur vinosité. Le Suvé du Vent rouge 2014 gagne en finesse et en sincérité de saveurs, avec un cœur suave et gourmand.

- IGP Var Pierres Précieuses 2016   19 €   15
- IGP Var Suvé du Vent 2014   25 €   14,5

Le coup de ♥
- IGP Var Suvé du Vent 2014   25 €   15

Un blanc de clairette et d'ugni blanc terrien et savoureux, loin des codes standardisés et technologiques de la Provence. Nous sommes ravis que ce vin soit disponible au domaine après quelques années de bouteilles.

Rouge : 5 hectares.
Carignan 40 %, Mourvèdre 30 %, Cinsault 20 %, Syrah 5 %, Grenache noir 5 %
Blanc : 1 hectare.
Clairette 60 %, Trebbiano 40 %
Production moyenne : 25 000 bt/an

DOMAINE CROIX-ROUSSE ♣
304, chemin du Merlançon, Le Suvé du Vent, 83390 Puget-Ville
06 11 86 93 80 ●
www.domainecroixrousse.com ● **Vente et visites : au domaine sur rendez-vous.**
Propriétaire : Christophe et Christelle Durdilly

DOMAINE DU GROS'NORÉ

Le volubile Alain Pascal a fait de son domaine l'un des dignes représentants de l'appellation. En 1997, il reprend les 10 ha de vignes familiales situés sur le terroir argileux de La Cadière-d'Azur où il crée alors le domaine du Gros'Noré, en hommage à son père Honoré, connu dans le coin pour ses formes généreuses. Alain Pascal a bénéficié de vignes âgées, idéalement situées pour s'atteler à ses premières vinifications, en levures indigènes, sans filtration, avec des raisins issus de rendements faibles et des élevages doux en foudre. Depuis 2008, il isole une parcelle de 80 ares, exposée nord-ouest et plantée de 95 % de mourvèdre, et donne naissance à la Cuvée Antoinette, vouée à la garde. Les derniers millésimes, en particulier à partir de 2011, affichent un profil plus consensuel au détriment de la droiture et de la singularité qui faisaient briller les vins.

Les vins : dans un millésime 2014 pluvieux, le bandol trouve une bonne fraîcheur qui balance l'opulence des argiles et une sucrosité apportée par l'élevage. La Cuvée Antoinette 2013 est plus harmonieuse.

- Bandol 2014   21 €   14

Le coup de ♥
- Bandol Cuvée Antoinette 2013   44 €   15

La Cuvée Antoinette 2013 revêt une trame plus fraîche que le classique 2014. Sa fermeté lui promet un bel avenir.

Rouge : 8,5 hectares.
Mourvèdre 85 %, Grenache noir 8 %, Cinsault 5 %, Carignan 2 %
Blanc : 0,39 hectare.
Production moyenne : 80 000 bt/an

DOMAINE DU GROS'NORÉ
675, chemin de l'Argile, 83740 La Cadière-d'Azur
04 94 90 08 50 ● **www.gros-nore.com** ●
Vente et visites : au domaine sur rendez-vous.
Lundi au vendredi de 9h à 12h et de 13h30 à 17h30. Le Samedi de 10h à 12h et de 14h à 18h.
Propriétaire : Alain Pascal
Maître de chai : Alain Pascal

NOUVEAU DOMAINE

DOMAINE LAFRAN-VEYROLLES

Dans la même famille depuis 1405, en des temps où Louis II d'Anjou, époux de Yolande d'Aragon, régnait sur le comté de Provence, Lafran-Veyrolles se revendique à juste titre propriété historique de Bandol. Le vigneron, Jean-Marie Castell, perpétue un style traditionnel de rouges de Bandol à dominante de mourvèdre (jusqu'à 95 % dans la Cuvée Spéciale), élevé pour 18 mois en foudres, pour dompter la concentration puisée dans les sols d'argiles de la Cadière d'Azur. Les derniers millésimes sont très convaincants et plus accessibles dans la jeunesse tout en conservant un grand potentiel de garde.

Les vins : le rosé 2016 privilégie un gras savoureux sans aucune exubérance aromatique. Spécialité de la maison, les rouges séduiront les

PROVENCE

amateurs de bandols sauvages et droits, particulièrement la Cuvée Spéciale. Sans surprise, les 2014 se montreront plus digestes que les solaires 2015, armés pour la garde.

- Bandol 2016 — 17 € — 14,5
- Bandol 2014 — 22 € — 15
- Bandol 2015 — 21 € — 15
- Bandol C. Spéciale 2015 — 25 € — 15,5

Le coup de ♥
- Bandol C. Spéciale 2014 — 26 € — 15,5

Nous apprécions la structure et la fermeté de ce bandol qui se détendra avec le temps tout en conservant la trame digeste offerte par le millésime.

Rouge : 6 hectares.
Mourvèdre 80 %, Grenache noir 10 %, Cinsault 8 %, Carignan 2 %
Blanc : 1 hectare.
Production moyenne : 55 000 bt/an

DOMAINE LAFRAN-VEYROLLES
2115, route de l'Argile, 83740 La Cadière d'Azur
04 94 98 72 59 ● www.lafran-veyrolles.com
● Vente et visites : au domaine sur rendez-vous.
De 8h à 12h et de 14h à 18h.
Propriétaire : Mme Férec-Jouve
Directeur : Jean-Marie Castell
Œnologue : M. Abrial

CHÂTEAU MALHERBE

Ce célèbre domaine de Bormes-les-Mimosas, connu dans les années 70 pour la forme si particulière de ses bouteilles, revient en force parmi les grands vins de Provence. Depuis l'arrivée de la nouvelle génération de la famille Ferrari, heureuse propriétaire de ce site de bord de mer unique (terroir d'argiles bruns et rouges, de schistes, d'éclats de quartz et de sables anciens), les vins ont gagné en précision, en style et en expression. Les trois couleurs sont déclinées en deux gammes cohérentes selon différents encépagements et types de sols : sur des alluvions sablonneuses, le Pointe du Diable donne un blanc à dominante de rolle, tendu et frais ; un rosé de cinsault et de grenache, coloré et charnu ; et un rouge de syrah, de grenache et de cabernet-sauvignon vigoureux. Après quelques années de garde, les vins blancs demeurent le point fort du domaine. Pour mieux exprimer la personnalité maritime des cuvées, des élevages en œuf béton sont actuellement expérimentés. Le vignoble est certifié bio depuis 2015.

Les vins : avec leur assemblage savoureux et leur équilibre charnu, les blancs 2015 restent la référence du domaine et évoluent avec style après quelques années de garde. Les rosés se sont modernisés, avec des robes plus pâles et des vins plus techniques, mais conservent leur chair gourmande. Quant aux rouges, ils souffrent de tanins plus fermes comme le Malherbe 2014.

- Côtes de Provence Pointe du Diable 2015 — 21,50 € — 14,5
- Côtes de Provence 2016 — 20 € — 14,5
- Côtes de Provence Pointe du Diable 2016 — 15,90 € — 14
- Côtes de Provence 2014 — 28 € — 14
- Côtes de Provence Pointe du Diable 2013 — 23 € — 14

Le coup de
- Côtes de Provence 2015 — 30 € — 15

Belle expression dominante du sémillon sur schiste, livrant des saveurs exotiques et finement fumées. Un beau blanc de table et de garde comme il y en a rarement ici.

Rouge : 16,79 hectares.
Grenache noir 42 %, Mourvèdre 42 %, Syrah 16 %
Blanc : 8,71 hectares.
Rolle 58 %, Sémillon 42 %
Production moyenne : 70 000 bt/an

CHÂTEAU MALHERBE ♣
1, route du Bout du Monde, 83230 Bormes-les-Mimosas
04 94 64 80 11 ●
www.chateau-malherbe.com ● Vente et visites : au domaine sur rendez-vous.
En été, de 9h à 19h.
Propriétaire : Famille Ferrari
Directeur : Arnaud Ferrier
Maître de chai : Yves Pizana

NOUVEAU DOMAINE

ABBAYE SAINTE-MARIE DE PIERREDON

Sur le versant sud des Alpilles, au bout d'un long chemin cailloutaux, apparaît une sublime abbaye du XIIIe siècle, protégée par 600 ha de garrigue, de roches et 11 ha de vignes morcelés. Ce havre de paix a séduit Lorenzo Pellicioli, magnat des médias italiens (groupe De Agostini), en 2001. Le vignoble est alors converti en bio mais c'est seulement à l'arrivée d'Antoine Dürrbach (domaine de Trévallon), en 2013, que les vins vont se distinguer. Avec un encépagement pourtant peu commun dans le secteur, le vinificateur parvient à nous offrir des vins originaux, jamais dans l'exubérance, notamment un sauvignon blanc sudiste et tonique, et un merlot équilibré, franc du collier. À partir de 2015, année de la construction d'une cave flambant neuve, les élevages en fût sont, avec ambition, allongés à 18 mois. Ce domaine monte en puissance.

Les vins : les blancs 2016 sont en nette progression et particulièrement bien menés, offrant un caractère sudiste mûr, tout en conservant de la fraîcheur, à l'image du tonique et équilibré Sauvignon. L'Ultima Laude est un rolle tout en finesse. Passé 9 mois en barrique, le Prima Luce, désormais à boire, dévoile un joli corps. Le rosé Donna Rosa reste agréable, mais un ton en-dessous. Les rouges s'affinent à chaque millésime, avec un Merlot 2014 sanguin et mentholé, et un assemblage harmonieux entre cabernet-sauvignon et syrah dans Vespro 2013.

⟶ IGP Alpilles Prima Luce 2014	N.C.	14,5
⟶ IGP Alpilles Sauvignon 2016	N.C.	14,5
⟶ IGP Alpilles Ultima Laude 2016	N.C.	15
⟶ IGP Alpilles Donna Rosa 2016	N.C.	14
⟶ IGP Alpilles Merlot 2014	N.C.	14,5

Le coup de ♥
⟶ IGP Alpilles Vespro 2013	N.C.	15,5

Un assemblage judicieux et peu extrait de cabernet-sauvignon et de syrah, développant une matière tendue, ciselée avec une douceur tannique charmeuse.

Rouge : 7,5 hectares.
Syrah 40 %, Cabernet-Sauvignon 30 %, Merlot 20 %, Grenache noir 10 %
Blanc : 2,5 hectares.
Rolle 70 %, Sauvignon blanc 30 %
Production moyenne : 20 000 bt/an

ABBAYE SAINTE-MARIE DE PIERREDON ♣
Domaine de Pierredon
13210 Saint-Rémy-de-Provence
04 90 18 47 09 ●
www.abbayedepierredon.com ● Vente et visites : au domaine sur rendez-vous.
Du lundi au vendredi de 9h à 17h. Le week-end de 11h à 18h.
Propriétaire : Lorenzo Pellicioli
Œnologue : Antoine Dürrbach

DOMAINE LES TERRES PROMISES

Jean-Christophe Comor est installé depuis 2004 en Provence. Cet Aixois de naissance, ancien conseiller politique, est aujourd'hui à la tête d'un vignoble de près de 10 hectares répartis dans deux appellations : Coteaux Varois en Provence et Bandol (vinifié au château de Pibarnon). Dès son premier millésime, il opte pour une viticulture bio dans la mouvance des vins nature, aux expressions percutantes de fruits d'une grande sincérité de goût, avec "la vérité du caillou dans le verre" comme il aime le dire. Il défend une façon originale d'exprimer l'origine d'un terroir, d'un climat, dans ce vignoble provençal qui manque souvent d'identité. Doté d'un sens créatif, il n'hésite jamais à créer à chaque millésime, selon son inspiration, des cuvées surprenantes, aux noms inspirés par son ami écrivain Sébastien Lapaque. À l'image du carignan blanc de macération, l'Analepse, ou un rouge savoureux issu de vieux cinsaults, Autrement et Encore. Une nouvelle cave voûtée vient de voir le jour et devrait permettre au vigneron d'affiner son ouvrage.

Les vins : L'Apesanteur, une bulle rouge au notes de fruits sucrés tout juste apparue, pourrait gagner en rondeur gourmande. Un seul rosé a été présenté, L'Apostrophe 2016, d'une douceur de texture et pureté de fruit remarquable. On retrouve cette délicatesse et cette chair savoureuse dans les blancs À Bouche que Veux-Tu 2016 (clairette/rolle) et le très original et doré Analepse 2015, un carignan blanc macéré trois semaines qui dévoile une certaine densité, captée par des tanins affirmés. Un OVNI en Provence ! Les rouges sont proches du fruit. Qu'ils soient construit sur le carignan, comme l'Antidote 2016, ou le grenache, à l'image d'Alibi 2016, ils séduisent par leur gourmandise spontanée dans la jeunesse. L'Abracadabrantesque 2015, Au Hasard et Souvent 2015 et le bandol L'Amourvèdre sont plus concentrés, et structurés pour vieillir sept-huit ans.

⟶ IGP Sainte Baume A Bouche que Veux-Tu 2016	12 €	15
⟶ IGP Sainte Baume Analepse 2015	20 €	15
⟶ Coteaux Varois L'Apostrophe 2016	N.C.	14,5
⟶ Bandol L'Amourvèdre 2015	20 €	15
⟶ Coteaux Varois en Provence Abracadabrantesque 2015	15 €	15
⟶ Coteaux Varois en Provence Alibi 2016	15 €	14,5
⟶ IGP Sainte Baume L'Antidote 2016	12 €	14
⟶ IGP Var Au Hasard et Souvent 2015	30 €	15,5

PROVENCE

PROVENCE

- VDF L'Apesanteur 2015　　　　N.C.　13

Le coup de ♥
- Coteaux Varois en Provence Autrement et Encore 2015　　41 €　16

Délicieux cinsault de vieilles vignes, libre, délié et très proche du fruit. Une sensation d'infusion où la douceur des tanins donne un équilibre savoureux.

Rouge : 7,5 hectares.
Carignan 40 %, Divers noir 30 %, Cinsault 20 %, Syrah 10 %
Blanc : 3 hectares.
Carignan gris 50 %, Rolle 40 %, Clairette 10 %
Production moyenne : 67 000 bt/an

DOMAINE LES TERRES PROMISES ♣
Chemin de la Persévérance, 83136 La Roquebrussane
06 81 93 64 11 •
jean-christophe.comor@wanadoo.fr • Vente et visites : au domaine sur rendez-vous.
Propriétaire : Jean-Christophe Comor

TRIENNES

On associe davantage les personnalités d'Aubert de Villaine (La Romanée Conti) et de Jacques Seysses (Domaine Dujac) au vignoble de Bourgogne qu'à celui de Provence. Et pourtant, avec leur associée Aline Macaux, ils sont propriétaires de ce beau domaine depuis maintenant 25 ans. Une aventure provençale intéressante par la recherche de beaux terroirs au cœur du Var, à l'est d'Aix-en-Provence sur la commune de Nans-les-Pins, à l'abri de la Sainte-Baume. Avec des terroirs frais, un vignoble entièrement restructuré (totalement en bio en 2014, sauf les rosés), un encépagement d'influence bordelaise (cabernet-sauvignon et merlot) et de syrah permet de produire des vins rouges et rosés de belle qualité et réguliers à des prix très abordables, ainsi que deux blancs, dont un charmant pur viognier.

Les vins : désormais produit au volume impressionnant de 610 000 bouteilles chaque année, le rosé 2016 est un modèle du genre, léger et techniquement irréprochable dans la prime jeunesse. Expressifs, les blancs 2016, à travers lesquels le viognier impose ses arômes exubérants, charmeront le grand public. Le rouge Saint-Auguste 2015 est le vin le plus abouti.

- IGP Méditerranée Les Auréliens 2016　　　　9 €　13,5
- IGP Méditerranée Sainte Fleur Viognier 2016　　　　11,50 €　13,5
- IGP Méditerranée 2016　　　　8 €　13,5

Le coup de ♥
- IGP Méditerranée Saint Auguste 2015　　　　11,80 €　14

Un assemblage de syrah et cabernet-sauvignon, habilement vinifié pour le rendre rond et facile d'accès dans les trois-quatre ans.

Rouge : 25,1 hectares.
Syrah 50 %, Cabernet-Sauvignon 35 %, Merlot 15 %
Achat de raisins.
Blanc : 18,6 hectares.
Viognier 60 %, Chardonnay 20 %, Rolle 20 %
Achat de raisins.
Production moyenne : 400 000 bt/an

TRIENNES ♣
Le Logis de Nans, 4669, RDN 560, 83860 Nans-les-Pins
04 94 78 91 46 • www.triennes.com •
Vente et visites : au domaine sur rendez-vous.
Lundi au vendredi de 9h à 12h et de 13h à 18h. Le samedi de 10h à 18h.
Propriétaire : Jacques Seysses, Aubert de Villaine et Aline Macaux
Directeur : Rémy Laugier
Maître de chai : Tristan Gidelle
Œnologue : Rémy Laugier

CHÂTEAU VIGNELAURE

Ce domaine au passé prestigieux, précurseur dans la plantation sur une majorité de son vignoble du cabernet-sauvignon (d'inspiration bordelaise) au début des années 70, appartient depuis 2007 au Suédois Bengt Sundstrom. Avec Philippe Bru, le directeur technique, ils souhaitent exprimer au mieux tout le caractère de ce terroir argilo-calcaire d'altitude (de 350 à 480 m), en optimisant un vignoble désormais âgé et ayant connu, depuis son rachat, une phase importante de renouvellement ! Ce qui explique, entre autres, la création de cuvées d'entrée de gamme, vinifiées pour une consommation rapide (Le Page et La Source en rosé et en rouge). Les rouges sont de bons vins de garde.

Les vins : légers et modernes, les rosés 2016 n'ont pas grand intérêt. En revanche, le blanc 2016 des Coteaux d'Aix-en-Provence (60 % roussanne) monte en puissance : peu acide mais vineux et savoureux. Le rouge reste le vin le plus harmonieux. Le fin 2010 se distingue du puissant 2011 et du moins ambitieux 2012.

- IGP Méditerranée Le Page de Vignelaure 2015 — 9,50 € — 13,5
- IGP Méditerranée Vignelaure 2016 — 22 € — 15
- Coteaux d'Aix-en-Provence 2016 — 14,90 € — 13
- Coteaux d'Aix-en-Provence 2011 — 25 € — 15,5
- Coteaux d'Aix-en-Provence 2012 — 25 € — 15

Le coup de ♥
- Coteaux d'Aix-en-Provence 2010 — 25,50 € — 16

Saluons l'évolution tranquille de ce 2010 aux saveurs mentholées, à la matière intense et déliée. Il n'a pas dit son dernier mot.

Rouge : 47 hectares.
Cabernet-Sauvignon 30 %, Syrah 27 %, Grenache noir 24 %, Merlot 9 %, Cinsault 5 %, Carignan 5 %
Blanc : 6 hectares.
Rolle 29 %, Roussanne 24 %, Sauvignon blanc 24 %, Sémillon 16 %, Viognier 6 %
Production moyenne : 200 000 bt/an

CHÂTEAU VIGNELAURE ♣
**Route de Jouques, 83560 Rians
04 94 37 21 10 ● www.vignelaure.com ●
Vente et visites : au domaine sur rendez-vous.
Tous les jours de 8h à 18h.
Propriétaire : Bengt Sundstrom
Directeur : Philippe Bru**

CHÂTEAU BARBEYROLLES

C'est au château de Barbeyrolles, à Gassin, que la Provençale Régine Sumeire a initié un rosé très pâle avec sa fameuse cuvée Pétale de Rose dans les années 80. Depuis, beaucoup ont suivi ce style mais elle reste la référence en la matière. L'un de ses secrets réside dans le pressurage doux des raisins en grappe entière dont découle un jus parfumé à la texture délicate. Sur les schistes près de la Méditerranée, un blanc (sémillon, rolle et ugni) gras et savoureux et un rouge (syrah principalement) à la structure légère naissent des 12 ha conduits en bio. Ce domaine est sans aucun doute le plus intéressant du Golfe de Saint-Tropez. N'oubliez pas de goûter les rouges solaires et les rosés fringants, également vinifiés par Régine Sumeire et son neveu Pierre-François de Bernardi, du château La Tour de l'Évêque à Pierrefeu-du-Var.

Les vins : avec une régularité exemplaire, le rosé trouve en 2016 une extrême douceur et de délicates notes de garrigue et d'épices. Une référence en Provence. Le rouge n'a pas été présenté cette année.

- Côtes de Provence Pétale de Rose 2016 — 18 € — 15

Le coup de ♥
- Côtes de Provence Blanc de Blancs 2016 — 18 € — 14,5

Savoureux blanc de sémillon et rolle, toujours sur une retenue subtile. Le secret de son toucher de bouche extrêmement délicat réside dans la précision du pressurage.

Rouge : 10,63 hectares.
Grenache noir 39 %, Mourvèdre 31 %, Cinsault 16 %, Syrah 9 %, Cabernet-Sauvignon 5 %
Blanc : 1,37 hectare.
Ugni blanc (trebbiano) 37 %, Sémillon 34 %, Rolle 29 %
Production moyenne : 60 000 bt/an

CHÂTEAU BARBEYROLLES
**2065, route de la Berle, 83580 Gassin
04 94 56 33 58 ● www.barbeyrolles.com ●
Visites : sans rendez-vous.
De 9h à 18h, 19h en haute saison.
Propriétaire : Régine Sumeire**

"La vallée du Rhône septentrionale se distingue grâce à un millésime 2016 d'anthologie qui, sans posséder l'opulence du 2015, se révèle par une très belle acidité. Il faut toutefois que certains vignerons maîtrisent mieux leurs élevages sous bois."

Olivier Poussier, dégustateur des vins du Rhône septentrional
Meilleur sommelier du monde et membre du comité de dégustation de La Revue du vin de France

RHÔNE NORD

UN VIGNOBLE AU SOMMET DE SA QUALITÉ

La partie septentrionale de la vallée du Rhône connaît un succès sans précédent. Les plus grandes cuvées s'arrachent aujourd'hui à des prix voisins des grands crus bordelais et bourguignons.

Ses terroirs en terrasse font sa célébrité. Mais le vignoble du nord de la vallée du Rhône se joue des reliefs sur lesquels il s'est installé. Depuis quelques années, les prestigieuses appellations septentrionales de Côte Rôtie, d'Hermitage, de Condrieu et de Saint-Joseph connaissent un succès considérable, en France et à l'international. Elles sont aujourd'hui au sommet de leur qualité.

De Vienne à Valence, les vignes s'enracinent sur les rives du Rhône depuis plus de deux millénaires. Axe de communication par excellence, le fleuve donne à la fois son unité, son dynamisme, sa notoriété et sa foisonnante diversité aux vins de ce territoire. Le savoir-faire des vignerons est d'avoir su exploiter cette variété des sols et des climats pour produire au bon endroit les vins appropriés. Le Rhône est également un trait d'union entre deux bassins de production aux cultures viticoles différentes : la Bourgogne, mosaïque de minuscules terroirs précisément identifiés, où ne sont cultivés que le pinot noir et le chardonnay ; et le bassin méditerranéen, où une multitude de cépages plantés sur de vastes territoires ont longtemps servi à produire des vins de faible qualité.

Si le sud de la vallée du Rhône est influencé par la culture méditerranéenne, la partie septentrionale reste plutôt d'inspiration bourguignonne, avec des appellations de taille modeste et précisément découpées. D'ailleurs, la superficie de ce vignoble, comptant neuf appellations, ne représente que 3 838 ha, alors que la partie méridionale de la vallée compte 65 233 ha. La verticalité des terroirs explique aussi cette différence. Ici, les vignes sont plantées sur le flanc des coteaux granitiques dominant le Rhône, soit sur la rive gauche (Hermitage), soit sur la rive droite, mordant parfois sur les plateaux du Massif Central (Côte Rôtie, Condrieu, Saint-Joseph) ou sur une rare plaine alluvionnaire (Crozes-Hermitage).

De Lyon à Valence (frontière délimitant les parties septentrionale et méridionale de la vallée du Rhône), ce vignoble a le vent en poupe. Avec les coteaux abrupts de la Côte Rôtie, de l'Hermitage ou de Cornas, la vallée du Rhône surfe sur ses terroirs contrastés, mis en valeur par une viticulture de précision. Cela n'empêche pas la cohabitation de deux écoles : l'une, moderne, privilégiant le fruit et le côté immédiatement séduisant des vins ; et l'autre, plus classique, donnant des vins un peu moins expressifs dans leur jeunesse, qui affichent ensuite toute la noblesse des sols dont ils sont issus. Dans ce dernier courant, un grand nombre de vignerons se convertissent à la viticulture biologique.

Les vins des appellations septentrionales, s'ils sont plus réguliers, subissent les mêmes contraintes que ceux de Bourgogne. Leur succès et la rareté de la production conduit à une flambée des prix, notamment en Côte Rôtie et en Hermitage. Toutefois, il est encore possible de dénicher des pépites. Crozes-Hermitage, Saint-Joseph, Saint-Péray ou Cornas sont ainsi des mines de bonnes affaires qu'il faut absolument découvrir.

RHÔNE NORD

LES APPELLATIONS

Le vignoble septentrional de la vallée du Rhône compte seulement huit appellations communales et une appellation régionale, qui demeure très marginale.

L'AOC RÉGIONALE

Côtes-du-Rhône : Si dans le sud de la vallée du Rhône, cette appellation couvre 32 000 hectares, elle n'en représente que 50 dans sa partie septentrionale. Elle est néanmoins utilisée par quelques vignerons.

LES AOC SEPTENTRIONALES DE LA VALLÉE DU RHÔNE

Côte Rôtie : ces vins rouges issus de la syrah, parfois assemblée au viognier, sont produits sur les terrasses escarpées dominant Ampuis, sur la rive droite du Rhône. L'AOC ne couvre que 308 hectares. On reconnaît souvent son style fin, mais intense et suave, à ses parfums de violette. C'est aujourd'hui l'une des appellations les plus chères du Rhône.

Condrieu : voisin de la Côte Rôtie, Condrieu (192 hectares) produit des vins blancs issus du viognier, très aromatiques, gras mais frais, appréciés pour leur fruit gourmand. Ils peuvent être bus jeunes, mais les cuvées les plus passionnantes affichent une minéralité qui confère aux vins beaucoup de complexité et un potentiel de garde intéressant.

Château-Grillet : la plus petite AOC du Rhône s'étend sur seulement 3 hectares. Propriété de François Pinault, depuis 2011, son vignoble planté en amphithéâtre domine le Rhône entre 165 et 250 mètres d'altitude. Il donne un vin blanc qui vieillit admirablement.

Saint-Joseph : cette longue appellation qui s'étend sur près de 80 kilomètres, mais ne représente au total que 1 231 hectares de vignes, est située presque uniquement sur les coteaux abrupts bordant la rive droite du Rhône. Saint-Joseph produit des rouges assez fermes issus de syrah, et des blancs élaborés à partir de marsanne, avec quelquefois un peu de roussanne, qui peuvent être de grande qualité. Le niveau est variable selon les terroirs.

Crozes-Hermitage : la plus vaste des appellations du nord (1 683 hectares) et la seule, avec Hermitage, située sur la rive gauche. Plusieurs producteurs de talent ont fait progresser l'appellation ces dernières années. Les rouges sont des vins de moyenne garde ; les blancs demeurent, à ce jour, moins intéressants.

Hermitage : sans conteste, ces 137 hectares forment l'un des plus exceptionnels crus de France, grâce à un terroir et à une exposition remarquables. Les vins rouges, issus de syrah, sont propices à une longue garde. Les blancs, plus confidentiels, issus de marsanne et de roussanne, doivent absolument vieillir en cave pour dévoiler leur plénitude aromatique. D'une qualité exceptionnelle, les hermitages sont aujourd'hui parmi les vins les plus onéreux de France.

Cornas : située sur la rive droite du Rhône, dans le prolongement de Saint-Joseph, Cornas (145 hectares) ne produit que des vins rouges, puissants et épicés, issus de syrah. C'est actuellement l'une des appellations qui montent grâce à une génération de vignerons talentueux.

Saint-Péray : cette petite appellation de 89 hectares est la plus méridionale des AOC du nord de la vallée du Rhône. Elle produit uniquement des vins blancs, tranquilles et effervescents.

LES CÉPAGES

Dans la partie septentrionale de la vallée du Rhône, quatre cépages sont principalement utilisés, seuls ou en assemblage.

La syrah

Cépage rouge emblématique des appellations septentrionales de la vallée du Rhône, la syrah dessine la forte personnalité de ces vins. Colorée, résistante à l'oxydation, tannique, aromatique (framboise, cassis, violette, poivron…), la syrah peut être employée seule, comme dans l'appellation Cornas ou assemblée avec une petite quantité de cépages blancs. Ainsi, en Côte Rôtie, on emploie 80 % minimum de syrah et 20 % de viognier ; en Crozes-Hermitage et en Hermitage, au moins 85 % de syrah et jusqu'à 15 % de marsanne ou de roussanne. Enfin, en Saint-Joseph, on peut réaliser un vin avec au moins 90 % de syrah et jusqu'à 10 % de marsanne et de roussanne.

Le viognier

Unique cépage blanc de la région à entrer seul dans la composition de certaines appellations (Condrieu et Château-Grillet), le viognier aime les sols secs et caillouteux. S'il est riche en alcool, il peut donner aux vins à la fois de la rondeur et des parfums floraux (violette, aubépine, acacia), et leur conférer une certaine opulence en bouche. Il peut aussi développer des arômes minéraux, comme à Château-Grillet. Puis avec l'âge, les parfums du viognier évoluent vers des notes de miel, de musc, de pêche et d'abricot sec. Ce cépage peut éventuellement entrer dans l'assemblage des vins de Côte Rôtie, jusqu'à hauteur de 20 %, en complément de la syrah.

La marsanne

La marsanne est un cépage rustique très vigoureux et généreux, implanté sur des terrains peu fertiles de coteaux. Il se plaît sur les sols chauds et caillouteux des appellations septentrionales de la vallée du Rhône. Ce cépage donne des vins puissants, d'acidité moyenne, qui s'expriment par des arômes de fleurs et de noisette, lesquels se développent particulièrement au vieillissement. La marsanne est systématiquement employée en assemblage avec la roussanne, autre cépage blanc, que l'on rencontre dans les mêmes appellations. Elle est ainsi utilisée dans l'élaboration des vins blancs de Crozes-Hermitage, d'Hermitage, de Saint-Joseph et de Saint-Péray. Elle peut éventuellement entrer dans l'assemblage des vins rouges des AOC Crozes-Hermitage, Hermitage et Saint-Joseph.

La roussanne

C'est en quelque sorte le pendant de la marsanne mais leurs caractéristiques ne sont pas tout à fait les mêmes. La roussanne s'avère moins vigoureuse : délicate et d'une grande finesse, elle donne des vins d'une grande élégance, fins et complexes. Elle développe des notes plutôt florales (chèvrefeuille, iris…), très complémentaires des expressions aromatiques de la marsanne. Tout comme cette dernière, la roussanne entre dans la composition des vins blancs de Crozes-Hermitage, d'Hermitage, de Saint-Joseph et de Saint-Péray. Et tout comme la marsanne, elle peut éventuellement intégrer l'assemblage des vins rouges des appellations Crozes-Hermitage, Hermitage et Saint-Joseph.

RHÔNE NORD

OÙ FAIRE ESCALE ENTRE AMPUIS ET VALENCE ?

Les propositions œnotouristiques sont légion au cœur des célèbres vignobles de Crozes-Hermitage, de Cornas et de Saint-Joseph.

CHAMBRES D'HÔTES

LA FERME DES DENIS
Jean-Pierre et Jacqueline Sauvajon, anciens vignerons, ont créé des chambres d'hôtes dans leur ferme. On peut passer la nuit dans un lieu insolite, le Tonneau de Fortuné, chambre installée à l'intérieur d'un foudre. Équipée d'une cuisine, d'une salle d'eau et d'une terrasse, elle fait son effet (125 € la nuit).
18, Champ-de-Beaume, 26600 Chanos-Curson.
Tél. : 04 75 07 34 11. www.lesdenis.com

MAISON D'HÔTES LA GÉRINE
Quatre chambres pour deux nuits consécutives minimum en été dans cette maison perchée sur la colline, à Ampuis. Balades dans les vignes et repas chez le vigneron à la demande. 95-100 €.
2, côte de la Gérine, Vérenay. 69420 Ampuis. Tél. : 04 74 56 03 46, www.lagerine.com

CAVISTES

RHÔNE MAGNUM LA CAVE
Au croisement de la Nationale 7 et du 45e parallèle, Cyril et Laetitia Coniglio ont ouvert une cave où ils animent des dégustations autour de ces deux pôles géographiques.
19, avenue du 45e-Parallèle, 26600 Pont-de-l'Isère. Tél. : 04 26 60 42 80. www.rhone-magnum.fr

CARAFES EN FOLIE
À Tournon, ce caviste fait aussi bar à vins et restaurant. La carte des vins recense 350 cuvées à découvrir. Menus de 19,50 € à 30 €, à base de produits frais, à savourer sur la terrasse.
56, avenue du Maréchal-Foch, 07300 Tournon-sur-Rhône.
Tél. : 04 75 08 19 52.
www.carafes-en-folie.com

RESTAURANTS

LA PYRAMIDE
Cet hôtel-restaurant doublement étoilé, rénové en 2015, tenu par Patrick Henriroux, amoureux de la chartreuse, propose une superbe carte de vins du Rhône. Menu du marché à partir de 64 €.
14, boulevard Fernand-Point, 38200 Vienne. Tél. : 04 74 53 01 96.
www.lapyramide.com

ANNE-SOPHIE PIC
Art de vivre et gastronomie au sommet dans ce restaurant 3-étoiles conçu « comme une bulle hors du temps, intime et douillette ». 1 000 références de vins dont 70 % du Rhône nord. Également : épicerie et bistrot André. Menus de 110 à 330 €. Chambres de 280 à 600 €.
285, avenue Victor-Hugo, 26000 Valence. Tél. : 04 75 44 15 32, www.anne-sophie-pic.com

FÊTE VIGNERONNE

DU 15 AU 17 SEPTEMBRE 2017 : FÊTE DES VENDANGES À TAIN-L'HERMITAGE
Vignerons et amateurs célèbrent la 43e Fête des vendanges ce week-end.
www.hermitage-tournonais-tourisme.com

NOS TROIS COUPS DE ♥

LES GÎTES DE MICHEL CHAPOUTIER
Quatre très beaux gîtes dans d'anciennes maisons en pierre sur les hauteurs de Saint-Joseph, à Crozes-Hermitage et sur la colline d'Hermitage. À partir de 220 € le week-end.
18, avenue du Docteur-Paul-Durand, 26600 Tain-l'Hermitage. Tél. : 04 75 08 92 61.
www.chapoutier-gites.com

DES TERRASSES DU RHÔNE AU SOMMELIER
À la fois cave, bar à vins, fromagerie et épicerie fine, cette adresse abrite une magnifique sélection de vins du Rhône. Fabien Louis propose des visites du vignoble à vélo électrique.
22, rue des Bessards, 26600 Tain-l'Hermitage. Tél. : 04 75 08 40 56.
www.ausommelier-tain.com

LE BISTROT DE SERINE
Caviste et bistrot sympathique, propriété d'un cartel de talentueux vignerons (François Villard, Yves Cuilleron, Pierre-Jean Vila et Jean-Michel Gérin), il propose 400 références de vins du coin et de la vallée du Rhône. Menu à partir de 23 €.
16, boulevard des Allées, 69420 Ampuis. Tél. : 04 74 48 65 10, www.bistrotdeserine.com

★★★
CHAPOUTIER - SÉLECTIONS PARCELLAIRES

Depuis 2007, nous isolons dans cette adresse les vins provenant des sélections parcellaires (en propriété) des vignes de la maison dirigée par Michel Chapoutier. Malgré ses multiples obligations et diversifications, le cœur de sa maison bat toujours en Hermitage. Elle dispose du plus grand patrimoine foncier sur le cru (30,63 ha) et fait également des achats en raisins et en vins sur l'appellation. Le vignoble maison est cultivé en biodynamie (certification en 1999). En Hermitage, le De l'Orée est uniquement blanc : cette marsanne du secteur des Murets, berceau des blancs sur l'Hermitage, affiche un chic et une pureté superbes. Le Greffieux (lieu-dit) n'existe qu'en rouge. Il est issu d'un terroir sédimentaire des alluvions du Rhône, un terroir plus argileux qui marque les syrahs par leur générosité et leur donne un côté gourmand et friand. Le Méal (rouge et blanc) provient d'un illustre coteau orienté plein sud, avec des limons éoliens sur le haut du coteau, des galets roulés et des sédiments dans le bas. Les syrahs y sont opulentes, suaves ; les marsannes puissantes en alcool et miellées. L'Ermite (rouge et blanc) est le terroir le plus bourguignon de l'Hermitage, plus Conti que la Tâche. La Tâche serait plutôt Le Pavillon (rouge), plus riche, qui n'est pas un lieu-dit cadastré mais la sélection du grand secteur des Bessards : les syrahs sont plantées sur des micro-terrasses exposées sud et sud-est, qui livrent au soleil le moindre cep. Sol granitique, cristallin, il confie au plus patient dégustateur ses notes de graphite, d'encre de Chine, typique des Bessards. Nous touchons ici à ce que la vallée du Rhône produit de plus grand. Les blancs sont encore supérieurs aux rouges dans leur pureté et leur définition précise du travail parcellaire. Hélas, les quantités produites sont infimes et les prix excessivement élevés.

Les vins : le millésime 2015 est totalement respecté en terme de maturité et de dimension de bouche mais, comme l'année passée, nous aimerions que certains crus soit moins fardés par des boisés luxueux. L'élevage, dans ce millésime solaire, donne aux vins un côté sucré et suave qui peut paraître rébarbatif. Le Clos est fardé par le bois et sec en finale, engoncé. Nous lui préférons Les Varronniers qui se livre sur le poivre et les épices. Le jus doit encore se fondre mais la fraîcheur est au rendez vous. Deux côte-rôties : La Mordorée, sa jolie palette coincée entre le lardé-fumé et l'olive noire, au boisé plus posé, à la bouche dense et concentrée, doté d'un bon potentiel ; et Neve, d'une parcelle qui fait face a Côte Rozier, qui exhale des arômes lardés et d'âtre de cheminé, à la matière noble, et dont le bois sucre. La série des ermitages se montre plus avenante, surtout Le Méal, vin velouté aux tanins plus enrobés, qui affiche une parfaite adéquation entre fruit et élevage. Les Greffieux offre une bouche ample et fédératrice. Ermite, tendu, avec une pointe de graphite, voire de végétal, est d'une grande fraîcheur en bouche. Nous sommes séduits par Le Pavillon, à la fois bien mûr et conservant des arômes de fusain, de graphite. Sa bouche est longiligne et épurée, énergique. En Châteauneuf, nous choisissons Barbe Rac, subtil et fin. Les deux blancs sont parfaitement maîtrisés, affichant des bouches plus larges en conservant de la tension : Le Méal, finement réduit sur les lies, est plus cristallin, associant puissance et fermeté, alors que L'Orée s'avère plus solaire, conservant néanmoins du relief grâce à de beaux amers finaux. Nous serons attentifs lors de la prochaine édition : la troisième étoile est en danger

🍾 Ermitage De l'Orée 2015	N.C.	17
🍷 Châteauneuf-du-Pape Barbe Rac 2015	N.C.	18
🍷 Châteauneuf-du-Pape Croix de Bois 2015	N.C.	16,5
🍷 Crozes-Hermitage Les Varronniers 2015	N.C.	15,5
🍷 Côte Rôtie La Mordorée 2015	N.C.	16,5
🍷 Côte-Rôtie Neve 2015	N.C.	16
🍷 Ermitage L'Ermite 2015	N.C.	17
🍷 Ermitage Le Méal 2015	N.C.	16,5
🍷 Ermitage Le Pavillon 2015	N.C.	18
🍷 Ermitage Les Greffieux 2015	N.C.	16,5
🍷 Saint-Joseph Le Clos 2015	N.C.	15,5

Le coup de ♥

🍾 Ermitage Le Méal 2015	N.C.	18,5

Élégante robe jaune or pour ce vin réduit sur les lies, à la belle retenue. Au programme, une aromatique cristalline avec une certaine profondeur. La bouche, épurée, associe la puissance et la fermeté. Le vin est bien tendu pour le millésime et l'ensemble reste frais.

Rouge : 203 hectares.
Syrah 100 %
Achat de raisins.
Blanc : 47 hectares.
Marsanne 91 %, Viognier 9 %
Achat de raisins.
Production moyenne : 8 400 000 bt/an

CHAPOUTIER - SÉLECTIONS
PARCELLAIRES ☾

Maison Chapoutier, 18, avenue du
Docteur-Paul-Durand,
26600 Tain-l'Hermitage

04 75 08 28 65 • www.chapoutier.com •
Vente et visites : au domaine sur
rendez-vous.

Du lundi au vendredi de 9h à 13h et de
14h à 19h. Samedi de 9h30 à 13h et de
14h à 19h. Dimanche de 10h à 13h et de
14h à 18h.

Propriétaire : Michel Chapoutier

DOMAINE JEAN-LOUIS CHAVE

Jean-Louis Chave représente la 16ᵉ génération de vignerons de ce domaine créé en 1841. Rencontrer Jean-Louis et son père Gérard reste un moment qui marque à jamais. Les blancs proviennent de différentes parcelles (Peléat, Rocoules, Maison-Blanche, Ermite), les vins sont vinifiés sous bois avec précision, et l'élevage ne comprend jamais plus de 20 % de fût neuf. Nous sommes séduits par l'association de la puissance et de la fermeté, des beaux amers de la marsanne, dans ce vin. La part de roussanne ne dépasse pas 20 %. En rouge, l'assemblage est fait d'abord autour des Bessards, qui est le cœur de la cuvée, puis avec les terroirs de Beaume, Ermite, Meal, Dignières, Péléat. Le vin brille par sa finesse et sa sapidité. La fameuse cuvée Cathelin (hommage au peintre Bernard Cathelin) n'est produite que dans les millésimes exceptionnels. Et que dire du fabuleux vin de paille, si rare mais si bon ! Le travail à la vigne n'est pas un vain mot ici. Jean-Louis Chave a entrepris des travaux importants depuis une vingtaine d'années, avec la replantation de deux coteaux pentus (125 et 280 m) au lieu-dit Bachasson, sur le village de Lent, non loin du berceau de la famille Chave. En 2003, le vigneron replante le coteau de Chalais qui surplombe le Clos Florentin. L'histoire du domaine continue pour notre plus grand bonheur.

Les vins : déguster l'hermitage blanc 2014, vin immense, offre une grande émotion. Le rouge offre une aromatique sur le fil du rasoir. L'élan de fraîcheur donnée par la pointe de poivre du Sichuan nous séduit. La bouche est juste et le vin s'affirme dans l'allonge de bouche.

🍷 Hermitage 2014 — Épuisé 17

Le coup de ♥
🥂 Hermitage 2014 — 130 (c) € 19,5

Le nez se montre épuré et fin avec belle profondeur minérale, des notes de pain grillé et toasté, de noisette. La texture est savoureuse, culminant dans une superbe allonge. Le vin n'impose pas de sa puissance, se montre équilibré et précis, offre une grande finesse.

Rouge : 21 hectares.
Syrah 100 %
Blanc : 5 hectares.
Marsanne 80 %, Roussanne 20 %
Production moyenne : 56 000 bt/an

DOMAINE JEAN-LOUIS CHAVE ♣
37, avenue du Saint-Joseph, 07300 Mauves
04 75 08 24 63 •
domaine@domainejlchave.fr • Pas de visites.
Propriétaire : Gérard et Jean-Louis Chave
Directeur : Jean-Louis Chave

★★★
DOMAINE GONON

La régularité de cette propriété de Mauves atteint un niveau d'excellence auquel peu de domaines peuvent prétendre en appellation Saint-Joseph, en blanc comme en rouge. Il faut dire que les deux frères, Pierre et Jean Gonon, sont de fins viticulteurs et vinificateurs. Millésimes après millésimes, ils en ont fait la preuve ! Une viticulture exemplaire en coteaux (en bio) engendre des vins puissants, aux saveurs extrêmes et sans maquillage, dans la plus grande pureté des syrahs septentrionales et des roussannes et marsannes issues de sélections massales de vieilles vignes, donnant des blancs (cuvée des Oliviers) incroyablement parfumés. Ces derniers possèdent de surcroît un étonnant potentiel de garde. Dix ans de vieillissement en bouteille ne leur font pas peur. Tout comme les rouges, d'ampleur superbe en bouche et jamais dans l'esbroufe, qui expriment un caractère charnel et long avec toutes les nuances que peut restituer la syrah sur les plus belles pentes de Saint-Joseph.

Les vins : le blanc 2015 nous laisse rêveur : la dominante de marsanne dans ce vin issu d'un millésime solaire lui donne un élan de fraîcheur. La générosité en bouche est bien contrebalancée par la dimension cristalline venue du sol granitique. Les beaux amers jouent leur rôle. Le rouge 2015 s'impose comme une très belle bouteille qu'il faudra oublier en cave.

- Saint-Joseph Les Oliviers 2015   34 €   17,5

Le coup de ♥
- Saint-Joseph 2015   32 €   18,5

Une syrah septentrionale qui exhale le poivre, le lardé et la violette : une palette aromatique animée par une superbe fraîcheur. La bouche est ample et serrée, sans aucun déséquilibre. Un vin de grande classe !

Rouge : 7,5 hectares.
Syrah 100 %
Blanc : 2 hectares.
Marsanne 80 %, Roussanne 20 %
Production moyenne : 35 000 bt/an

DOMAINE GONON ♣
34, avenue Ozier, 07300 Mauves
04 75 08 45 27 ● gonon.pierre@wanadoo.fr
● Vente et visites : au domaine sur rendez-vous.
Du lundi au samedi.
Propriétaire : Pierre et Jean Gonon

★★★
DOMAINE JAMET

Le domaine Jamet est une icône de la vallée du Rhône. Depuis plus de 40 vendanges, Jean-Paul Jamet a toujours défendu un modèle de vin où le style, l'équilibre et la pureté du fruit sont primordiaux. L'art de l'assemblage des terroirs est ici sublimé. Loïc Jamet, le fils aîné, a rejoint en août 2015, Corinne et Jean-Paul au domaine. En Côte Rôtie, la cuvée Côte Brune provient uniquement du lieu-dit du même nom. La proportion de vendange entière varie en fonction des millésimes - en dehors de la Côte Brune (6 % de la production du domaine) qui n'est jamais éraflée - et la présence de bois neuf est homéopathique. Cela n'empêche pas le domaine de signer des cuvées exceptionnelles qui offrent des touchers de bouche gracieux et de grandes capacités de vieillissement. En 2015, les Jamet ont acquis 50 ares en Condrieu.

Les vins : les bouches des côte-rôtie 2014 sont particulièrement bien gérées pour ce genre de millésime. La côte-rôtie du domaine possède la patine habituelle de la maison. La bouche est veloutée et sa texture de demi-corps séduit par sa finesse. Le côtes-du-rhône 2015 offre la maturité du 2015 et une matière digne d'une côte-rôtie. L'IGP est est un vin de plaisir à la texture sans prétention, au fruit délicieux. Vermillon est fidèle au millésime dans son cœur de bouche sans tomber dans un côté pâteux. Une joli finale le resserre. Le côtes-du-rhône blanc nous séduit par son harmonie. Il est enrobé par la générosité du millésime mais garde un fond et une finale cristalline.

- Condrieu Vermillon 2015   48 €   16,5
- Côtes du Rhône 2015   20 (c) €   15,5
- Côte Rôtie 2014   72 (c) €   16,5
- Côtes du Rhône 2015   20 (c) €   15,5
- IGP Collines Rhodaniennes Vin de Pays 2015   20 (c) €   15

Le coup de
- Côte Rôtie Côte Brune 2014   130 (c) €   18

Le jus est parfaitement défini par un fruit juste aux notes typiques, fumées, de violette et de tapenade. La bouche est charnue, offre un volume supplémentaire. Voluptueux, il ne surjoue pas.

Rouge : 12 hectares.
Blanc : 2 hectares.
Production moyenne : 70 000 bt/an

DOMAINE JAMET
4600, route Recru, Le Vallin,
69420 Ampuis
04 74 56 12 57 ● www.domaine-jamet.com
● Vente et visites : au domaine sur rendez-vous.
Du lundi au vendredi.
Propriétaire : Corinne, Jean-Paul et Loïc Jamet

★★
DOMAINE CLUSEL-ROCH

Brigitte et Gilbert sont accompagnés par leur fils Guillaume depuis 2009. Les vins trouvent désormais une belle régularité dans les équilibres et les textures. Ce beau domaine situé dans la partie nord de l'appellation Côte Rôtie est labellisé bio depuis 2002. Les vignes plantées sont issues de sélections massales. Le demi-hectare de Condrieu provient des coteaux de Chery et les côte-rôties de lieux-dits comme Plomb, Chapon et Viallières. Les vins rejoignent un style très peu extrait avec une partie non éraflée. Le domaine s'est enrichi depuis quelques années d'une troisième appellation, Coteaux du Lyonnais.

Les vins : 2015 est de haute volée, d'une parfaite adéquation entre maturité et fraîcheur. Les vins affichent une finesse de style incroyable pour un millésime solaire. La côte-rôtie se montre florale, élégante et sans lourdeur. Viallière est plus cossu mais garde une belle sève de tanin qui s'oppose à sa richesse. Un joli vin de garde au boisé judicieux. Les Grandes Places relève du modèle : nous sommes impressionnés par sa mâche qui associe concentration et finesse. Oubliez-le en cave. Le condrieu est élégant et se distingue : rares sont les viogniers 2015 à ne pas tomber dans la molesse. Celui-ci brille en étant finement aromatique et sapide en bouche. En Coteaux du Lyonnais, les deux blancs affichent des styles différents : Traboules sera plus immédiat et plus facile dans sa jeunesse que L'Hecto, qui doit se fondre. Le rosé est un gamay bien défini. Traboules rouge se montre juteux, et propose un fruit démonstratif (griotte, poivre). Il s'appréciera dès sa prime jeunesse, contrairement à la cuvée de garde Les Galets, au fruit subtil et séducteur, à la bouche charnue.

⟹ Condrieu Verchery 2016	45 (c) €	16,5
⟹ Coteaux du Lyonnais L'Hecto 2016	15 (c) €	15
⟹ Coteaux du Lyonnais Traboules 2016	11 (c) €	14
⟹ Coteaux du Lyonnais Rosé 2016	10 (c) €	14,5
■ Coteaux du Lyonnais Traboules 2016	10 (c) €	15
■ Côte Rôtie 2015	42 (c) €	16,5
■ Côte Rôtie Viallière 2015	65 (c) €	17,5
■ Coteaux du Lyonnais Les Galets 2016	15 (c) €	15,5
■ Saint-Joseph 2016	22 (c) €	16,5

Le coup de ♥

■ Côte Rôtie Les Grandes Places 2015	85 (c) €	18,5

Une belle robe pour ce vin au fruit aussi démonstratif que son bois se montre nuancé. Sa matière est superbe et son allonge nous tire vers les notes de graphite qui forment l'empreinte des grands terroirs. Sa bouche demeure compacte pour le moment : encavez-le.

Rouge : 9 hectares.
Syrah 56 %, Gamay noir à jus blanc 44 %
Blanc : 1 hectare.
Chardonnay 50 %, Viognier 50 %
Production moyenne : 30 000 bt/an

DOMAINE CLUSEL-ROCH ♣
15, route du Lacat, Verenay 69420 Ampuis
04 74 56 15 95 ●
www.domaine-clusel-roch.fr ● Vente et visites : au domaine sur rendez-vous.

Du lundi au vendredi de 9h à 12h et de 14h à 18h. Le samedi de 9h à 12h. Fermé dimanche et les jours fériés.
Propriétaire : Brigitte Roch, Gilbert et Guillaume Clusel
Directeur : Guillaume Clusel

DOMAINE COMBIER

Laurent Combier, homme du ciel (fin aviateur) et de la terre, réalise, sur le domaine familial qu'il a fait prospérer, des syrahs d'une grande finesse avec régularité. Le niveau qualitatif n'a cessé de progresser en parallèle d'une compréhension ajustée de son vignoble (en bio depuis 1970) sur le plateau argilo-calcaire avec galets roulés de Pont-d'Isère. Sans posséder des terroirs de premier ordre, il a su révéler – comme son voisin Alain Graillot – le potentiel des crozes-hermitage, dont son Clos des Grives qui figure parmi les plus séduisantes et profondes syrahs du Rhône. Son aptitude au vieillissement s'avère remarquable (15 ans) dans les grands millésimes. Tous les vins, y compris les blancs, sont désormais de haute volée, même les entrées de gamme du négoce baptisées Laurent Combier.

Les vins : des blancs 2016 de bon niveau. La cuvée Laurent Combier, vinifiée en cuve, offre un fruit agréable et une bouche légère, digeste. Une belle bouteille à boire sur le fruit. Le crozes du domaine est plus typé par les saveurs de la marsanne. Doté d'un bon fond, ses amers le rendent persistants. Clos des Grives affiche la pointe mûre de la roussanne sans tomber dans la mollesse. Il séduit par son équilibre et sa gestion de la richesse. En rouge, Laurent Combier est juteux, sans prétention, offrira un certain plaisir ; la cuvée du domaine est très typée dans ses arômes avec l'expression de la syrah lardée-fumée. Le Clos des Grives est magique !

⟹ Crozes-Hermitage 2016	N.C.	16
⟹ Crozes-Hermitage Clos des Grives 2015	N.C.	17
⟹ Crozes-Hermitage Laurent Combier 2016	N.C.	15
■ Crozes-Hermitage 2015	N.C.	16
■ Crozes-Hermitage Cap Nord 2015	N.C.	16,5
■ Crozes-Hermitage Laurent Combier 2016	N.C.	15
■ Hermitage Laurent Combier 2014	N.C.	16,5

RHÔNE NORD

- Saint-Joseph Cap Nord 2015 — N.C. 15,5

Le coup de ♥
- Crozes-Hermitage Clos des Grives 2015 — N.C. 18

Une très belle expression qui associe l'aromatique du terroir à un élevage élégant. La maturité est juste, avec une bouche serrée, savoureuse et persistante. Un vin qui ira loin.

Rouge : 28 hectares.
Syrah 100 %
Blanc : 2 hectares.
Marsanne 62 %, Roussanne 38 %
Production moyenne : 180 000 bt/an

DOMAINE COMBIER ♣
1440, route de Lyon 26600 Pont-de-l'Isère
04 75 84 61 56 ●
www.domaine-combier.com ● Vente et visites : au domaine sur rendez-vous. De 9h à 12h et de 14h à 19h.
Propriétaire : Famille Combier
Directeur : Laurent et Julien Combier

DOMAINE DUCLAUX

Le domaine Duclaux est un vieux domaine, créé en 1928. David et Benjamin continuent à le faire grandir au fil des années. Ils ont produit leur premier condrieu en 2014, dénommé Les Caillets, en hommage à leur arrière-grand-père Frédéric Caillet, fondateur du domaine. La cuvée La Chana se dévoile sur un style fruité et peu extrait. Nous aimons les vins du domaine qui reflètent bien l'élégance et la finesse des sols de gneiss de la partie sud de l'appellation Côte Rôtie. Il faut noter également la parfaite maîtrise des élevages : les boisés sont toujours bien fondus.

Les vins : un haut niveau en 2015 : le coté séducteur des vins issu des coteaux du secteur de Tupins est totalement respecté. La recherche de finesse et la volupté prend tout son sens sur un millésime solaire. Nous sommes séduits par les textures veloutées et la sapidité des vins. La Chana est dans un style plus friand et accessible avec ces 7 % viognier. Un vin très juteux. La Germine est aussi délicat et prend une envergure supplémentaire. Le condrieu 2016 est vraiment élégant, frais en bouche.

- Condrieu Les Caillets 2016 — N.C. 16
- Côte Rôtie La Chana 2015 — N.C. 15,5
- Côte Rôtie La Germine 2015 — N.C. 16

Le coup de ♥
- Côte Rôtie Maison Rouge 2015 — N.C. 17

Une belle palette sur des arômes poivrés et floraux, épicés. La bouche se montre cossue, ample et veloutée. Un vin savoureux et soyeux.

Rouge : 5,8 hectares.
Syrah 100 %
Blanc : 0,25 hectare.
Viognier 100 %
Production moyenne : 25 000 bt/an

DOMAINE DUCLAUX
34, route de Lyon, 69420 Tupin-et-Semons
04 74 59 56 30 ●
www.coterotie-duclaux.com ● Vente et visites : au domaine sur rendez-vous.
Propriétaire : Benjamin et David Duclaux

★★
DOMAINE ALAIN GRAILLOT

Antoine et Maxime Graillot, les fils d'Alain, supervisent désormais l'ensemble des vinifications de cette propriété, qui compte plus d'une vingtaine d'hectares et illustre depuis de nombreuses années le potentiel qualitatif de l'appellation Crozes-Hermitage, longtemps réduite à la production de vins simplement fruités. Installé au cœur de la plaine alluviale de purs galets et de graves de La Roche-de-Glun, le domaine produit des syrahs plus fines et plus structurées que la plupart de celles du secteur. La force des vins réside dans le plaisir immédiat qu'ils procurent, même s'ils sont capables de vieillir avec complexité sur dix ans.

Les vins : les 2015 promettent et nous sommes séduits par cette bonne gestion d'un millésime solaire. Le crozes dévoile une juste définition de la syrah du plateau de Chassis. Lardé-fumé, suie, violette : il arbore une belle amplitude et une mâche civilisée qui lui confère sapidité et gourmandise. La Guiraude, plus cossue, propose une aromatique similaire mais avec davantage d'épices. La bouche impose une très belle mâche : l'ossature de tanin recentre la vinosité du millésime. La vendange entière prend ici tout son sens. Le saint-joseph est plus carré dans son milieu de bouche. Un vin sérieux à garder quelques années en cave.

- Crozes-Hermitage 2015 — 21 € 16,5

🍷 Saint-Joseph 2015   23 € 16,5

Le coup de ♥
🍷 Crozes-Hermitage La Guiraude 2015   35 € 17,5

Une belle palette avec un fruit bien mûr, juste souligné par les notes de poivre et d'olive noire. La définition est jeune, le boisé subtil et l'ensemble se montre cohérent. La bouche, dense, charnue préserve pour autant cette belle fraîcheur fruitée. Fraîcheur apportée par la vendange entière, qui recentre ici les débats.

Rouge : 19,5 hectares.
Syrah 100 %
Blanc : 2,5 hectares.
Marsanne 80 %, Roussanne 20 %
Production moyenne : 120 000 bt/an

DOMAINE ALAIN GRAILLOT
**105, chemin des Chênes Verts, 26600 Pont-de-l'Isère
04 75 84 67 52** ●
contact@domainegraillot.com ● Vente et visites : au domaine sur rendez-vous.
Propriétaire : Antoine et Maxime Graillot

★★
CHÂTEAU-GRILLET

Château-Grillet atteint un niveau incroyable dans ce millésime 2014, qui ne livre que 25 hl produit sur 2,7 ha de vignes. La propriété s'agrandit : après la création d'un second vin, Pontcin, en Côtes-du-Rhône, en 2011, Château-Grillet est devenu propriétaire d'une parcelle de Condrieu sur le lieu-dit Carterie. Les vignes ne sont pas encore entrées en production. L'ensemble du domaine est certifié en biodynamie depuis décembre 2016. Les vignes sont travaillées au treuil et à la pioche. Dans l'amphithéâtre exposé au sud de cette appellation-monopole, les raisins bénéficient d'un microclimat exceptionnel, chaud et ensoleillé, protégé des vents du nord. Les vignes, d'un âge moyen de 45 ans, sont plantées sur des pentes parfois vertigineuses, situées entre 150 et 250 m d'altitude, sur 76 terrasses appelées "chaillées".

Les vins : le plus beau millésime depuis le rachat de Château-Grillet par François Pinault. Le 2014 se gardera de longues années. Pontcins possède le style Grillet dans les arômes et les saveurs. L'attaque de bouche est plus large et ne dompte pas la richesse au même moment. C'est un très joli côtes-du-rhône.

🍷 Côtes du Rhône Pontcin 2014   N.C. 16

Le coup de ♥
🍷 Château Grillet 2014   N.C. 19

Une superbe définition sur des notes de glycine, de citron, et des notes plus racinaires pour finaliser la palette aromatique. La bouche longiligne offre une richesse maîtrisée par de beaux amers. Le cœur de bouche séduit par son épure. Doté d'une formidable allonge dans laquelle on retrouve l'acidité tonifiante du millésime 2014, ce vin à la finale saline est particulièrement subtil.

Blanc : 3,5 hectares.
Viognier 100 %

CHÂTEAU-GRILLET
**Château-Grillet 42410 Verin
04 74 59 51 56** ● www.chateau-grillet.com
● **Visites : sur rendez-vous uniquement aux professionnels.**
Propriétaire : François Pinault
Directeur : Frédéric Engerer
Œnologue : Alexandro Noli

★★
DOMAINE GUIGAL

Cette très belle propriété, acquise et rénovée par Marcel Guigal, réunit les vins les plus fameux de l'appellation Côte-Rôtie : La Mouline, La Turque et La Landonne ; les deux premières sont des marques, la dernière un terroir cadastré. Il faut aussi citer Fongeant, qui sera exploité prochainement, un terroir de la Côte Brune sur lequel Marcel et Philippe Guigal effectuent un travail pharaonique de terrassement. S'y ajoutent la cuvée Château d'Ampuis, ainsi que le condrieu La Doriane. Outre ces crus stars, on trouve la cuvée Vignes de l'Hospice, saint-joseph situé sur un magnifique terroir, ainsi que quelques grandes parcelles en Hermitage dont est issue la cuvée Ex-Voto. Marcel Guigal est solidement épaulé par son fils Philippe. Au-delà d'une qualité de vendange irréprochable, le style Guigal consiste surtout, pour les rouges, en un long élevage de deux ans et plus en fût et en foudre. Durant cet élevage sous bois, les vins se patinent. Ils acquièrent ainsi une texture veloutée mais aussi, quand les millésimes sont faibles, un boisé ostentatoire qui imprime une marque aromatique forte et apporte des tanins qui peuvent avoir du mal à se fondre. Si ces cuvées demeurent toujours des références quant à leur tenue dans le temps, une si forte empreinte de l'élevage gomme parfois la signature de ces terroirs d'exception.

RHÔNE NORD

Les vins : le domaine ne nous ayant pas fait parvenir ses vins cette année, nous sommes amenés à reconduire les notes et les commentaires de notre édition précédente. Les Vignes de l'Hospice, qui offre une belle définition du terroir, ne semble pas accepter son élevage. Le Saint-Joseph rouge 2013 se dote d'un nez précis et juste. L'élevage est de qualité, avec un fruit gourmand, entre la violette et les épices. La bouche se montre racée avec une trame étirée. En blanc, le Saint-Jospeh 2014 affiche une belle maturité conjuguée à un éclat de fraîcheur. Le boisé se fait sentir sans être dominateur. Le vin apparaît assez ample et rond à l'attaque. Ensemble profond, équilibré par une belle acidité, avec de beaux amers en fin de bouche. L'Hermitage Ex-Voto blanc est un vin équilibré associant la puissance et la fermeté. Ex-Voto rouge possède déjà la dimension et la race de ce terroir. La Doriane 2014 est certainement le plus beau millésime produit sur cette parcelle : il se distingue par son équilibre et sa finesse.

⊃ Condrieu La Doriane 2014	75 (c) €	17
⊃ Hermitage Ex-Voto 2012	300 (c) €	17
⊃ Saint-Joseph Lieu-dit 2014	30 (c) €	16
● Côte Rôtie Château d'Ampuis 2012	80 (c) €	16
● Côte Rôtie La Landonne 2012	400 (c) €	17
● Côte Rôtie La Mouline 2012	400 (c) €	16,5
● Saint-Joseph Vignes de l'Hospice 2013	55 (c) €	16
● Côte Rôtie La Turque 2012	400 (c) €	18
● Hermitage Ex-Voto 2012	500 (c) €	17,5
● Saint-Joseph Lieu-dit 2013	30 (c) €	16,5

Rouge : 50 hectares.
Syrah 100 %
Blanc : 25 hectares.
Marsanne 60 %, Viognier 33 %, Roussanne 7 %
Production moyenne : 100 000 bt/an

DOMAINE GUIGAL

Château d'Ampuis, 69420 Ampuis
04 74 56 10 22 ● www.guigal.com ● Vente et visites : au domaine sur rendez-vous.
Propriétaire : Famille Guigal
Œnologue : Philippe Guigal

★★
STÉPHANE OGIER

Depuis 2014, Séphane Ogier vinifie dans un chai ultracontemporain à Ampuis, où il dispose de tout l'espace pour vinifier un vignoble qui s'est beaucoup agrandi, et pour donner libre cours à son talent créatif. Sur les 18 ha qu'exploite ce domaine, 3,5 ha sont situés sur de très belles parcelles de Côte Rôtie. Stéphane a rejoint son père Michel, en 1997, après ses études d'œnologie à Beaune, dont il a conservé un goût pour l'élégance et la finesse. Les vins sont issus de raisins partiellement éraflés (50 % de vendange entière dans la cuvée Lancement). La précision des derniers millésimes, l'exigence dans la sélection des cuvées parcellaires, et le style qu'affichent désormais les vins placent le domaine parmi l'élite.

Les vins : les blancs du millésime 2015 sont certes bien mûrs mais quelques cuvées portent l'empreinte solaire, notamment celles issues de viognier. Nous préférons le condrieu La Combe de Malleval à la grande cuvée du domaine. Le condrieu se montre également plus harmonieux que les Vieilles Vignes de Jacques Vernay, lesquelles affichent plus de richesse et d'opulence. Le saint-joseph blanc offre une belle expression de marsanne : une attaque large, tendue par de beaux amers. Les rouges du domaine s'avèrent délicieux. La cuvée Réserve du Domaine témoigne d'un élevage modéré ; nous aimons son fruit bien scintillant. Les parcellaires sont superbes. Notre préférence va à la Côte Bodin pour sa pureté du fruit et sa texture infusée. Fongeant se montre plus dense. Bertholon, bien défini, offre une bouche ample et raffinée. La Belle Hélène apparaît plus marquée par son boisé à ce stade, mais le digérera. Le Passage, typé violette et poivre, est bien géré dans un style séducteur et digeste. L'Âme Sœur est davantage notée par le végétal du millésime. La petite cuvée de soif La Rosine rouge ne présente aucune lourdeur en bouche.

⊃ Condrieu La Combe de Malleval 2015	36 (c) €	16
⊃ Condrieu Les Vieilles Vignes de Jacques Vernay 2015	59 (c) €	15,5
⊃ IGP Collines Rhodaniennes Viognier de Rosine 2015	19 (c) €	14
⊃ Saint-Joseph Le Passage 2015	26 (c) €	15,5
● Côte Rôtie La Belle Hélène 2013	N.C.	18,5
● Côte Rôtie Montmain 2013	N.C.	17
● Côte Rôtie Réserve 2013	68 (c) €	16

- Côte Rôtie Viallière 2013 — N.C. 17,5
- Côte-Rôtie Bertholon 2013 — N.C. 18,5
- Côte-Rôtie But de Mont 2013 — N.C. 16,5
- Côte-Rôtie Fongeant 2013 — N.C. 17,5
- IGP Collines Rhodaniennes L'Ame Sœur 2014 — 35 (c) € 15
- IGP Collines Rhodaniennes Syrah La Rosine 2015 — 17 (c) € 14,5
- Saint-Joseph Le Passage 2014 — 21 (c) € 15,5

Le coup de
- Côte-Rôtie Côte Bodin 2013 — N.C. 18,5

Il associe la fraîcheur et la finesse dans ses arômes de rose, de violette et de poivre du Sichuan, offre une bouche concentrée en finesse, à la texture délicate. L'ensemble est peu extrait et harmonieux. Nous adorons cette bouteille pleine de distinction.

Rouge : 21 hectares.
Syrah 100 %
Blanc : 6 hectares.
Viognier 90 %, Marsanne 10 %
Production moyenne : 150 000 bt/an

STÉPHANE OGIER
**97, route de la Taquière 69420 Ampuis
04 74 56 10 75 • www.stephaneogier.fr •
Vente et visites : au domaine sur rendez-vous.
Propriétaire : Stéphane Ogier**

★★
DOMAINE ANDRÉ PERRET

André Perret poursuit son expansion et exploite un beau domaine situé à la fois en appellation Condrieu et dans le nord de Saint-Joseph, sur les rudes coteaux de Chavanay. Cette propriété, spécialisée surtout en vins blancs, a nettement progressé ces dernières années, grâce à un effort important dans le travail des sols. À ne pas manquer, ses deux cuvées vedettes en Condrieu, qui proviennent de deux des plus beaux lieux-dits du cru, le Coteau de Chéry et le Clos Chanson. Les rouges sont recommandables, particulièrement la cuvée Les Grisières.

Les vins : nous sommes surpris par la gestion des blancs 2015. Le condrieu du domaine affiche une certaine lourdeur aromatique et gustative. Les deux parcellaires sont plus maîtrisées : un Clos Chanson dompté et équilibré, et un Chéry qui possède la meilleure gestion de la richesse des trois. En rouge, le saint-joseph est dense. Les Grisières tout aussi sérieux mais doté de tanins plus fins.

- Condrieu 2015 — 28 € 15
- Condrieu Clos Chanson 2015 — 45 € 16
- Saint-Joseph 2015 — 17 € 14,5
- Saint-Joseph 2015 — 15 € 15
- Saint-Joseph Les Grisières 2015 — 20 € 16,5

Le coup de
- Condrieu Coteau de Chéry 2015 — 45 € 17

Une palette aromatique subtile pour ce type de millésime, où l'on navigue d'une pointe d'Earl Grey à la bergamote, en passant par les agrumes, la coriandre fraîche, et les épices. La bouche impose une puissance très maîtrisée. Un vin persistant et revigorant.

Rouge : 5,8 hectares.
Syrah 100 %
Blanc : 5,8 hectares.
Viognier 80 %, Marsanne 10 %, Roussanne 10 %
Production moyenne : 55 000 bt/an

DOMAINE ANDRÉ PERRET
**17, RN 86, Verlieu, 42410 Chavanay
04 74 87 24 74 • www.andreperret.com •
Vente et visites : au domaine sur rendez-vous.
Propriétaire : André Perret**

★★
DOMAINE MARC SORREL

La devanture vitrée du centre de Tain, entre deux rugissants feux rouges de la Nationale 7, surprendra les habitués des allées de platanes et des tapis rouges des châteaux viticoles. L'antre de Marc Sorrel est comme le vigneron, sans artifice, discret, un brin austère. Le domaine a été créé en 1928, par son grand-père Félix, notaire à Tain-l'Hermitage. Son rare patrimoine de vignes commence à se construire à cette époque. Après avoir vendu ses raisins aux négociants, la famille met en bouteille dans les années 70. Arrivé en 1982, Marc reprend le domaine en 1984. Il hérite de 2 ha plantés par son grand-père, situés dans la partie centrale de la colline. Il s'agrandit en Hermitage et en Crozes-Hermitage, et dispose aujourd'hui de 4 ha. Quatre cuvées d'hermitage sont produites, deux classiques blanc et rouge, et deux cuvées de prestige issues des plus vieilles vignes (âgées de 80 ans, travaillées au cheval). Le rouge Gréal, assemblage des lieux-dits Le Méal et Les Greffieux, et le blanc Les Rocoules. Avec Les Murets,

RHÔNE NORD

ce coteau des Roucoules (25 % de calcaire) est le terroir de blanc le plus complet de l'Hermitage. Moins typés par le granite que chez Chave, moins stricts, les généreux vins de Sorrel demandent aussi du temps pour s'épanouir, souvent dix ans. Les hermitages rouges (parfois agrémenté de 10 % de marsanne) sont vinifiés en vendange entière depuis 2012. Comme les syrahs sont ici d'une extrême maturité (Le Méal surtout), avec une pointe de sucrosité confite, la vendange entière apporte de l'éclat et une précision dans l'aromatique qui fait défaut au domaine dans les millésimes très chauds.

Les vins : des blancs 2015 parfaitement gérés, qui épousent le caractère vineux du millésime sans en présenter les excès, et proposent tous de beaux amers dès leur milieu de bouche, un relief fondamental qui apporte de la fraîcheur et supplante le manque de tension du millésime. Nous sommes séduits par la dimension du crozes blanc. Sa version rouge affiche une joli mâche : encore un peu carré pour le moment, il est bâti pour la garde. L'hermitage rouge se montre charnu, sans dureté. Le Gréal est assemblé d'une majorité de la parcelle Le Méal, avec 10 % de Greffieux. Le Gréal, comme Les Rocoules, demandera un peu de temps en cave.

⇨ Crozes-Hermitage 2015	18 €	16
⇨ Hermitage 2015	55 €	17
⇨ Hermitage Les Rocoules 2015	95 €	18
⇨ Crozes-Hermitage 2015	16 €	16
⇨ Hermitage 2015	55 €	18

Le coup de ♥
⇨ Hermitage Le Gréal 2015	95 €	19

Un vin aux arômes mûrs, qui propose un côté floral et épicé, avec un boisé délicat. Sa bouche dense et serrée invite à l'oublier en cave. Nous aimons ce style mûr et frais, sans complaisance, concentré mais pas fardé.

Rouge : 3 hectares.
Syrah 100 %
Blanc : 1 hectare.
Marsanne 90 %, Roussanne 10 %
Production moyenne : 12 000 bt/an

DOMAINE MARC SORREL
**128 bis, avenue Jean-Jaurès,
26600 Tain-l'Hermitage
04 75 07 10 07 ● www.marcsorrel.fr ●
Vente et visites : au domaine sur rendez-vous.
Propriétaire : Marc Sorrel**

★★
DOMAINE DU TUNNEL

Stéphane Robert conduit son domaine avec brio et élabore, dans sa nouvelle cave sur les hauteurs de Saint-Péray, des vins modernes, précis, qui s'imposent comme des références au sein des appellations Saint-Péray et Cornas. Ces cuvées renouvellent le style, parfois rustique et solaire, de ces deux petites appellations en pleine renaissance. Stéphane apporte à ses syrahs opaques des touches de raffinement gagnées dans la précision de maturité du raisin, dans l'extraction et dans l'élevage. Les vins vieillissent par ailleurs très bien.

Les vins : nous attendions les blancs 2015 avec impatience. Ce millésime possède une certaine bonhomie dès sa prime jeunesse. Les expressions fruitées sont davantage marquées par un côté plus confit, mais aucun des blancs dégustés ne tombe dans le crémeux. Le saint-péray Roussanne est bien enrobé mais garde une belle tension en finale. La Cuvée Prestige s'avère la plus maîtrisée ; le vin possède la générosité du millésime mais la bouche garde de la cohérence et de la fraîcheur. Le saint-joseph est cossu, toujours un peu ferme et anguleux en fin de bouche.

⇨ Saint-Péray Marsanne 2015	17 €	15,5
⇨ Saint-Péray Roussanne 2015	20 €	16
⇨ Saint-Joseph 2015	21 €	16
⇨ Saint-Péray Cuvée Prestige 2015	20 €	17

Le coup de ♥
⇨ Cornas Vin Noir 2015	39 €	17,5

Encore sur la réserve, ce vin jouit d'une certaine droiture et arbore un fruit abouti. Sa bouche charnue et veloutée gère mieux ses tanins que les autres cuvées du domaine. Gardez cette bouteille quelques années avant de l'ouvrir.

Rouge : 8 hectares.
Syrah 100 %
Blanc : 3 hectares.
Roussanne 50 %, Marsanne 50 %
Production moyenne : 40 000 bt/an

DOMAINE DU TUNNEL
**20, rue de la République, 7130 Saint-Péray
04 75 80 04 66 ●
domaine-du-tunnel@wanadoo.fr ● Vente et visites : au domaine sur rendez-vous.
Du lundi au samedi de 10h à 12h30 et de 14h à 18h30. Fermé le mercredi.
Propriétaire : Stéphane Robert**

DOMAINE GEORGES VERNAY

Évoquer ce domaine historique reste un moment particulier. Christine, ancienne professeur d'italien et de français, perpétue avec brio le travail effectué par son père Georges, décédé en mai 2017. Le domaine nous a démontré depuis des années sa capacité à faire un grand vin de Condrieu, et le potentiel du grand terroir de Vernon a évolué positivement avec le temps. Récemment dégusté, un vieux millésime comme le 2001 nous renseigne sur la capacité de ce terroir à dompter le viognier. Les Chaillées de l'Enfer est plus large et plus confit, mais il ne faut pas le sous-estimer. Les rouges sont constants depuis quelques années. Il est intéressant de constater que le simple côtes-du-rhône Sainte-Agathe se dévoile comme une belle syrah septentrionale, digne d'un cru. Les côte-rôtie (Maison Rouge et Blonde du Seigneur) et les saint-joseph se livrent toujours dans un style très fin. Ces vins, les plus denses de l'appellation, font certainement partie des plus subtils et des plus délicats de texture. En 2015, le domaine s'est agrandi d'un hectare en Côte-Rôtie, au lieu-dit Maison Rouge.

Les vins : des blancs bien gérés. Coteau de Vernon profite de son terroir pour esquiver l'effet millésime solaire. Le style des Chaillées de l'Enfer évolue vers plus de fraîcheur, un fruit moins confit. Les Terrasses de L'Empire est immédiat, sphérique, bien fait. En rouge, La Dame Brune souffre des stigmates d'un millésime compliqué par les attaques de drosophiles. Blonde du Seigneur garde finesse et toucher de bouche délicat. Maison Rouge est une belle réussite, longiligne, sans aspérité. Terres d'Encres est bien défini par des arômes de fruits noirs et d'épices. Le millésime 2015 lui donne charpente et dimension sans tomber dans l'extrême. Sainte-Agathe est d'un excellent rapport qualité-prix.

Condrieu Coteau de Vernon 2015	N.C.	18
Condrieu Les Chaillées de l'Enfer 2015	N.C.	17,5
Condrieu Les Terrasses de l'Empire 2015	N.C.	17,5
IGP Collines Rhodaniennes Viognier Le Pied de Samson 2015	N.C.	14
Côte Rôtie La Blonde du Seigneur 2014	N.C.	15
Côte Rôtie Maison Rouge 2014	N.C.	16,5
IGP Collines Rhodaniennes Syrah Fleurs de Mai 2015	N.C.	14
Saint-Joseph La Dame Brune 2014	N.C.	14,5
Saint-Joseph Les Terres d'Encre 2015	N.C.	15,5

Le coup de

Côtes du Rhône Sainte-Agathe 2015	N.C.	15,5

Très belle définition sur des notes de fumée et de poivre aromatique. Animé par une belle fraîcheur de syrah septentrionale, il propose une bouche dense, sans excès de matière, une trame sapide, fraîche et agréable, une race supplémentaire amenée par sa persistance.

Rouge : 10 hectares.
Syrah 100 %
Blanc : 10 hectares.
Viognier 100 %
Production moyenne : 100 000 bt/an

DOMAINE GEORGES VERNAY
1, RN 86, 69420 Condrieu
04 74 56 81 81 • www.georges-vernay.fr •
Vente et visites : au domaine sur rendez-vous.
De 9h à 12h et de 14h à 17h.
Propriétaire : Christine Vernay

DOMAINE PIERRE-JEAN VILLA

Créé en 2008, ce domaine s'affirme d'année en année. Il s'est progressivement agrandi sans perdre sa philosophie : produire des vins identitaires. 1 ha de crozes-hermitage est entré en production en 2015, issu de vignes situées sur les éboulis cailloux de Chanos-Curson. En rouge, la proportion de vendange entière varie en fonction des cuvées, et représente par exemple plus de 50 % sur les 2015. Les élevages de grande qualité soulignent et patient les vins sans les pommader. En blanc, les vins gardent de la finesse. Le condrieu est toujours parfaitement géré. La qualité et l'homogénéité des vins produits sont remarquables, et nous attribuons la deuxième étoile à ce domaine.

Les vins : un niveau remarquable. Saut de l'Ange 2016, pure roussanne, est certainement la plus aboutie depuis sa création. Elle affiche une parfaite maturité domptée par l'énergie du millésime. En rouge, nous ne pouvons qu'apprécier la gourmandise et la sapidité des 2015. Quel que soit le niveau de puissance des vins, les fruits sont préservés pour notre plus grand bonheur.

RHÔNE NORD

Préface affiche la couleur par son fruit juteux et sa trame enrobée. Tildé propose une certaine intensité aromatique sur la violette et le poivre, palette classique qui définit à merveille la syrah septentrionale. La côte rôtie Carmina monte en puissance mais garde un milieu de bouche pulpeux aux tanins aboutis. Fongeant explose sur un fruit brillant, préservé par un élevage fin. C'est la démonstration qu'une cuvée bâtie pour la garde peut exprimer de la finesse dès sa jeunesse. Esprit d'Antan est doté d'une jolie mâche. Les arômes sont en retrait à ce stade mais le fruit ne bascule pas sur des arômes plus cuits, comme on en trouve souvent sur la rive gauche du Rhône.

▷ Saint-Joseph Saut de l'Ange 2016	N.C.	17
▶ Côte Rôtie Carmina 2015	N.C.	17
▶ Côte Rôtie Fongeant 2015	N.C.	18
▶ IGP Collines Rhodaniennes Esprit d'Antan 2015	N.C.	16,5
▶ Saint-Joseph Préface 2015	N.C.	16
▶ Saint-Joseph Tildé 2015	N.C.	17

Le coup de ♥

▷ Condrieu Jardin Suspendu 2016	N.C.	18

Une palette aromatique avenante sur des notes exotiques et de fleurs blanches. Sa définition épicée se finalise sur des arômes de kumquat et de bergamote. La bouche offre un jus équilibré. Un condrieu ample, qui conserve une certaine sapidité grâce à l'acidité du millésime 2016.

Rouge : 9 hectares.
Syrah 100 %
Blanc : 3,5 hectares.
Viognier 70 %, Roussanne 30 %
Production moyenne : 40 000 bt/an

DOMAINE PIERRE-JEAN VILLA
5, route de Pélussin, 42410 Chavanay
04 74 54 41 10 ●
www.pierre-jean-villa.com ● Vente et visites : au domaine sur rendez-vous.
Propriétaire : Pierre-Jean Villa

★★
DOMAINE FRANÇOIS VILLARD

Ce n'est pas parce que le trublion François Villard ne se prend pas au sérieux qu'il ne faut pas considérer son travail avec l'attention que méritent les plus grands. Chaque millésime l'inspire, tant dans les jeux de mots pour baptiser ses cuvées que pour en créer de nouvelles. Ce qui explique la multiplication des étiquettes, qui a de quoi faire perdre son latin de cave au plus éclectique des œnophiles. Cet autodidacte aime les vendanges concentrées et tardives, pour aller chercher, non pas la surmaturité, mais la parfaite maturité. En rouge, La Brocarde en Côte-Rôtie et Reflet en Saint-Joseph s'affirment souvent parmi les plus grandes réussites du secteur. Les blancs sont généreux.

Les vins : le domaine est resté fidèle à son style dans l'utilisation de la vendange entière, option payante dans un millésime solaire comme 2015. En résulte de la fraîcheur et de l'énergie dans les arômes comme dans la trame de bouche. Les cuvées montent en puissance en fonction des appellations, de Certitude, qui possède la fraîcheur et la gourmandise d'un crozes, au cornas Jouvet à mettre en cave. Mairlant rouge possède une trame de demi-corps, où le fruit s'exprime sur la réglisse et la violette ; Reflets s'affirme comme une grande cuvée de garde ; Le Gallet Blanc séduit par son fruit et son côté poivré. Le boisé est nuancé et la cuvée reste bien équilibrée. La Brocarde se positionne un ton au-dessus : son boisé typé moka n'empêche pas le fruit de s'exprimer. La bouche est juvénile mais le fond superbe. Les blancs se montrent plus contrastés : Cour de Récré et Fruit d'Avilleran souffrent de cœurs de bouche avachis, ce qui n'est pas le cas des deux saint-péray. Version, sapide et sur le fruit, Version longue, plus enrobé et sucré par son élevage. Mairlant blanc est très typé marsanne et possède de beaux amers minéraux. La façon dont les blancs ont été gérés sur les parcellaires de Condrieu s'avère impressionnante : ils conservent fraîcheur et équilibre. Comme souvent, Les Terrasses du Palat s'impose comme le plus immédiat, tandis que Le Grand Vallon se montre ample et garde une bouche équilibrée. Villa Pontciana, dans un registre plus confit, est plus souligné par le bois ; Deponcins est notre préféré. Nous décernons cette année la deuxième étoile au domaine.

▷ Condrieu Le Grand Vallon 2015	36,10 €	16,5
▷ Condrieu Les Terrasses du Palat 2015	32,80 €	15,5
▷ Condrieu Villa Pontciana 2015	65,50 €	17
▷ Crozes-Hermitage Cour de Récré 2015	16,25 €	13,5
▷ Saint-Joseph Fruit d'Avilleran 2015	19 €	14
▷ Saint-Joseph Mairlant 2015	21,50 €	15,5
▷ Saint-Péray Version 2015	16,80 €	15,5

▻ Saint-Péray Version Longue 2015	21,50 €	16
▬ Cornas Jouvet 2015	30,20 €	16,5
▬ Crozes-Hermitage Certitude 2015	16,25 €	15,5
▬ Côte Rôtie La Brocarde 2015	76,50 €	17,5
▬ Côte Rôtie Le Gallet Blanc 2015	40,25 €	16,5
▬ Saint-Joseph Mairlant 2015	21 €	15
▬ Saint-Joseph Poivre et Sol 2015	16,80 €	14
▬ Saint-Joseph Reflet 2015	30,20 €	17
▬ VDF L'Appel des Sereines 2015	9,25 €	13,5
▬ VDF Seul en Scène 2015	30,20 €	16

Le coup de ♥

▻ Condrieu Deponcins 2015	40,25 €	18

La gestion du millésime est parfaite : des notes d'abricot et d'épices, une bouche large en attaque, ample et vineuse, pour un vin riche sans mollesse, qui termine sur de superbes amers.

Rouge : 20 hectares.
Syrah 100 %
Achat de raisins.
Blanc : 15 hectares.
Viognier 70 %, Marsanne 22 %, Roussanne 8 %
Achat de raisins.
Production moyenne : 350 000 bt/an

DOMAINE FRANÇOISVILLARD
**330, route du Réseau Ange,
42410 Saint-Michel-sur-Rhône
04 74 56 83 60 ● www.domainevillard.com
● Vente et visites : au domaine sur rendez-vous.
Du lundi au samedi de 10h à 16h30.
Propriétaire : François Villard**

★★
DOMAINE ALAIN VOGE

La totalité du vignoble est certifiée en biodynamie depuis 2013. Le domaine possède des vignes de coteaux exceptionnelles, entièrement travaillés à la main. Le potentiel de vieilles vignes contribue aussi à produire des vins à la forte personnalité. La cuvée Fleur de Crussol, située sur le lieu-dit La Côte provient d'une vigne de plus de 70 ans. Depuis le millésime 2015, la cuvée Terres Boisées porte le nom de la parcelle dont elle provient : Ongrie, situé sur des alluvions granitiques ; changement aussi pour Les Vinsonnes, qui devient Les Côtes, du nom de ce terroir situé sur le village de Mauves. En rouge, Vieille Fontaine provient de vignes de 80 ans plantées sur des granites décomposés. Les blancs associent la pleine maturité de la marsanne et une trame minérale. Certains blancs fermentés sous bois possèdent la patine de la réduction sur les lies. Les Bulles d'Alain est le plus bel effervescent en Saint-Péray. Les rouges, partiellement éraflés, conservent de la fraîcheur et de la fermeté, mais demandent un peu de temps en cave pour se révéler.

Les vins : La Bulle d'Alain 2012 continue de nous surprendre par sa complexité et sa persistance : elle démontre qu'un effervescent demande une matière première sérieuse et un bon vieillissement en cave. Les blancs 2015 sont plus enrobés que les 2014 mais restent bien gérés. Ongrie se montre un peu fardé par le bois. La bouche est plus cristalline. Fleur de Crussol gère mieux son élevage : le milieu se montre plus plein, plus gras, sans aucune mollesse de style. L'ensemble se révèle assez digeste pour ce millésime. En rouge, les matières sont bonnes, mais certaines cuvées mériteraient davantage d'harmonie. Les Côtes, malgré les 10 % de vendange entière, livrent des tanins finaux secs. Les Chailles s'illustre dans un style plus large, avec une empreinte de fraîcheur apportée par le granit. Les tanins, présents, apparaissent plus civilisés. Nous sommes surpris par la patine du bois dans Les Vieilles Vignes, aux notes bien mûres d'épices et de chocolat. La bouche nous séduit davantage grâce à sa consistance et sa finale homogène. Les Vieilles Fontaines est la cuvée la plus aboutie. Malgré 30 % de vendange entière, sa lecture de bouche associe efficacement concentration et volupté.

▻ Saint-Péray Fleur de Crussol 2015	30 €	16,5
▻ Saint-Péray Les Bulles d'Alain 2012	17 €	15
▻ Saint-Péray Ongrie 2015	24 €	15,5
▬ Cornas Les Chailles 2015	30 €	16
▬ Cornas Les Vieilles Vignes 2015	44 €	16
▬ Saint-Joseph Les Côtes 2015	24 €	15,5

Le coup de ♥

▬ Cornas Les Vieilles Fontaines 2015	80 €	17,5

Un jus de belle définition au fruit abouti. La fraîcheur se révèle avec une pointe de violette et d'herbes sèches. Le bois, qui ne marque pas le nez, se retrouve dans les arômes mais de façon subtile. La large bouche affiche une bonne amplitude. Le vin est charpenté et serré sans rusticité.

Rouge : 8 hectares.

Syrah 100 %
Blanc : 5 hectares.
Marsanne 100 %
Production moyenne : 70 000 bt/an

DOMAINE ALAIN VOGE ♣
4, impasse de l'Equerre, 07130 Cornas
04 75 40 32 04 ● www.alain-voge.com ●
Visites : sans rendez-vous.
Du lundi au vendredi de 9h à 18h. Le samedi sur rendez-vous.
Propriétaire : Alain Voge
Directeur : Albéric Mazoyer
Maître de chai : Laurent Martin

DOMAINE FRANCK BALTHAZAR

Ce domaine de Cornas a été créé en 1931 par Casimir Balthazar, le grand-père de Franck Balthazar, l'actuel propriétaire, aux commandes depuis 2002 à la suite de son père René. Tous les terroirs sont travaillés à la pioche et au treuil. Les vins sont vinifiés en cuve béton avec une vendange entière, et les élevages se font exclusivement en demi-muid (600 litres) sans aucun bois neuf. Nous sommes séduits par le style des vins, concentrés en finesse. Les trames associent la matière et la sapidité.

Les vins : à la hauteur de nos espérances ! Ils se présentent chacun avec une matière capable de les porter dans le temps. Nous aimons ce style sans artifice qui privilégie le fruit et le terroir. Casimir exhale le poivre, les fruits noirs et la violette, se livre mûr, mais avec beaucoup de fraîcheur. La bouche est longiligne. Ce vin demandera du temps.

● Cornas Casimir Balthazar 2015   30 €   17

Le coup de ♥
● Cornas Chaillot 2015   38 €   18

Des notes de fruits noirs et d'épices, de réglisse. Sa bouche longue affiche une envergure de qualité. Serré sans être austère, il est bâti pour la garde.

Rouge : 4 hectares.
Syrah 100 %
Production moyenne : 15 000 bt/an

DOMAINE FRANCK BALTHAZAR ♣
8, rue des Violettes, 07130 Cornas
06 20 05 41 79 ●
balthazar.franck@akeonet.com ● Vente et visites : au domaine sur rendez-vous.
Propriétaire : Franck Balthazar

DOMAINE BONNEFOND

Les deux frères Bonnefond ont repris le domaine familial au début des années 90, qui dispose d'un vignoble de qualité, avec des terroirs majeurs sur Côte Rôtie et Condrieu. Les parcellaires de Côte Rôtie sont très typées Côte Brune, avec de la matière et du potentiel de vieillissement. Le condrieu s'affine d'année en année, laissant plus de place au fruit et à l'équilibre de bouche. Les élevages un peu luxueux qui fardaient les vins, il y a quelques années, ont bien disparu.

Les vins : nous sommes satisfaits des rouges 2015. Colline de Couzou offre la bouche la plus avenante et la plus facile des trois cuvées. Dans Les Rochains le boisé ressort davantage. Ce vin a un gros potentiel. Le condrieu subit un peu le millésime et arbore une bouche riche, légèrement empâtée.

● Condrieu Côte-Chatillon 2015   35 €   15,5
● Côte Rôtie Colline de
  Couzou 2015   35 €   16
● Côte Rôtie Les Rochains 2015   50 €   17,5

Le coup de ♥
● Côte Rôtie Côte-Rozier 2015   45 €   17

Le fruit est juste et frais. Le boisé souligne sans dominer. La matière est belle et le jus soyeux. L'ensemble est raffiné avec une belle allonge.

Rouge : 8 hectares.
Syrah 100 %
Blanc : 1 hectare.
Viognier 100 %
Production moyenne : 30 000 bt/an

DOMAINE BONNEFOND
Mornas, route de Rozier, 69420 Ampuis
04 74 56 12 30 ●
gaec.bonnefond@orange.fr ● Vente et visites : au domaine sur rendez-vous.
Du lundi au vendredi de 9h à 12h et de 13h30 à 19h. Le week-end sur rendez-vous.
Propriétaire : Patrick et Christophe Bonnefond

DOMAINE LES BRUYÈRES

L'aventure a commencé lorsque David Reynaud a sorti son vignoble de 17 ha (aujourd'hui 20 ha) de la cave coopérative de Tain. En signant son premier millésime, il découvre la biodynamie et entame la certification du domaine des Bruyères dès 2005. Sa cave, tout en béton, est conçue autour du déplacement du raisin et du vin par gravité. Sa production de rouges vivants, issus de terres assez profondes, se fait remarquer avec brio dans les dégustations. La gamme s'étoffe de quelques achats de raisins de bonne source en Cornas et en Saint-Joseph. Les vins affichent un style mûr et charnu qui, après quelques excès de jeunesse et de surextraction, gagnent en finesse.

Les vins : nous sommes séduits par la cave en 2015. Les vins sont avenants et séducteurs mais ne tombent ni dans l'excès de maturité, ni dans l'exubérance aromatique. Ils ne se trouvent pas non plus fardés par des élevages luxueux. Georges Reynaud est vraiment juste dans son expression en se montrant gourmand. Les Croix se gardera. Les Beaumonts fera plaisir grâce à son fruit sans retenue et sa trame digeste. Le cornas se montre plus infusé, mais reste bien géré. Il sera plus immédiat comme beaucoup de 2014. Le blanc 2016 affiche une palette bien mûre, tout en gardant une trame bien faite.

Crozes-Hermitage Aux Bêtises 2016	18,50 €	15
Cornas Rebelle 2014	36 €	16
Crozes-Hermitage Georges Reynaud 2015	17 €	15,5
Crozes-Hermitage Les Beaumonts 2016	13 €	15
Crozes-Hermitage Les Croix 2015	22 €	16

Le coup de ♥

Saint-Joseph 350 M 2015	18,50 €	16

Une pointe de suie, de lardé-fumé au nez. La bouche assez dense est animée par une belle fraîcheur. Nous aimons la longueur de ce vin qui ne subit pas le millésime

Rouge : 18,5 hectares.
Syrah 100 %
Achat de raisins.
Blanc : 4,5 hectares.
Marsanne 80 %, Roussanne 20 %
Achat de raisins.
Production moyenne : 140 000 bt/an

DOMAINE LES BRUYÈRES
12, chemin du Stade,
26600 Beaumont-Monteux
04 75 84 74 14
www.domainelesbruyeres.fr • Vente et visites : au domaine sur rendez-vous. Du lundi au vendredi de 9h à 12h et de 14h à 18h. Samedi sur rendez vous.
Propriétaire : David Reynaud

DOMAINE CHAMBEYRON

Le domaine Chambeyron prend ses racines en 1895, et plusieurs générations se sont succédé. Mathieu Chambeyron a pris les rênes du domaine en 2010. Ce jeune vigneron appliqué produit des vins sans esbroufe. Les matières sont digestes et les boisés ne fardent pas. Ce petit domaine de 5 ha comprend de beaux terroirs : Chavaroche, Les Moutonnes, Lancement ainsi que le terroir de Vernon en Condrieu. Nous sommes séduits par ces vins qui associent puissance et finesse.

Les vins : 2015, bien géré, est à la hauteur de nos espérances. Les vins sont plus pleins que les 2014 mais le fruit reste frais et gourmand. Une adéquation pas des plus évidentes à réaliser sur ce millésime. Les deux vins d'entrée de gamme sont pulpeux, sur des notes de fruit noir, de violette et d'épices. Rapport qualité-prix exceptionnel, le côte-du-rhône se montre savoureux. La Chavarine se dote d'un fruit éclatant, d'une matière concentrée en finesse et de tanins civilisés. Dans L'Angeline, le vin enveloppe la bouche sans aspérité. Le premier millésime de Lancement s'avère vraiment réussi. La bouche est dense, harmonieuse, le fruit juste et les tanins aboutis.

Condrieu Vernon 2016	25 €	10
Côte-Rôtie L'Angeline 2015	39 €	17
Côtes du Rhône Vieilles Vignes 2015	10 €	15
IGP Collines Rhodaniennes 2015	8 €	14
Côte-Rôtie La Chavarine 2015	25 €	16,5

Le coup de ♥

Côte-Rôtie Lancement 2015	50 €	18,5

Des notes de violette et de pivoine nous accueillent dans ce vin mûr et frais. Saluons la gestion des boisés : le jus est concentré, le volume de bouche appréciable, la trame voluptueuse. Un charme très Côte Blonde pour ce vin qui possède de la marge mais se montre déjà très fin.

Rouge : 3,7 hectares.
Syrah 100 %
Blanc : 1,3 hectare.
Viognier 100 %
Production moyenne : 20 000 bt/an

DOMAINE CHAMBEYRON
197, impasse de la Mine 69420 Ampuis
04 74 56 15 05
www.cote-rotie-chambeyron.com • Vente et visites : au domaine sur rendez-vous. Du lundi au samedi de 14h à 18h.
Propriétaire : Mathieu Chambeyron

MAISON M. CHAPOUTIER

Avec 350 ha de vignes, 150 salariés et un chiffre d'affaires de 50 millions d'euros, Michel Chapoutier est passé d'une production annuelle de 4 à 8 millions de bouteilles en moins de dix ans. Un des plus brillants négociant-vigneron de France, qui détient le record mondial de notes 100/100 décernées par Robert Parker, doit toute sa notoriété à l'Hermitage, dont il préside le syndicat. Mais l'homme a tellement de casquettes ! Notamment la présidence de la puissante interprofession Inter Rhône, qu'il prend en novembre 2014, l'année de ses 50 ans, ainsi que celle de l'union des négociants (UMVIN). Implantée à Tain, depuis plus de 200 ans, son entreprise familiale M. Chapoutier rayonne dans le Rhône (Ferraton Père et fils), dans le Beaujolais (Maison Trénel), en Provence (château de Ferrages), dans le Roussillon (domaine Bila-Haut), en Australie (cinq domaines) et même en Alsace (domaine C5 Altenberg) et en Champagne (Sténopée avec Devaux) sans oublier et le domaine Pinta Vera au Portugal. Sous l'adresse Maison M. Chapoutier, nous regroupons les vins issus de la gamme provenant de l'activité de négoce qui ne possèdent pas la magie des grands crus parcellaires (voir Chapoutier Sélections Parcellaires). La maison est désormais dotée d'un site de vinification ultraperformant dans la zone artisanale de Tain. Les équipes de Michel Chapoutier ne ménagent pas leurs efforts pour tirer le meilleur parti de chaque cuvée. En Hermitage, il n'est pas facile de se retrouver dans la gamme où coexistent marques et sélections parcellaires. Le Chante-Alouette (blanc) et le Monier de la Sizeranne (rouge) sont élaborés à partir d'un assemblage d'achats de négoce et de vignes propres. Le Monier englobe les granites de Bessards, les terres sédimentaires des Greffieux, du Méal et des Murets : tout ce qui n'est pas jugé apte à rentrer dans les parcellaires. Dans les autres appellations, rouges et blancs sont à boire dans les cinq-six ans, souvent mûrs, sans dureté ni aromatisés par le bois. La régularité de la production est exemplaire. Rejoint par sa fille Mathilde, Michel Chapoutier développe une importante activité d'œnotourisme avec l'ouverture d'un hôtel et d'un restaurant gastronomique (le 1808) à Tain-l'Hermitage.

Les vins : en blanc, le début de gamme fait preuve de timidité. Le lubéron est un soupçon moderne. Le crozes-hermitage blanc, typé par la marsanne, nous semble un peu riche et large pour un 2016. Le saint-joseph Deschants se montre plus épuré, tendu et cristallin. L'empreinte du terroir est bien perceptible dans Les Granilites, qui associe maturité, fraîcheur et allonge de bouche, bien représentative de ce type de sol. Le saint-péray Pic et Chapoutier, bien défini, porte tension et fermeté minérale. Chante Alouette se dévoile sur un fruit avenant avec une matière large. Une belle rectitude finale lui donne de l'énergie. En rouge, le côtes-du-rhône Collection Bio : fruité et digeste. Il nous semple supérieur à Belleruche, plus extrait. Deschants déçoit par son manque de chair, contrairement à Les Granilites, au fruit juste et épicé, au fond de bouche sérieux et bien équilibré. Couronne de Chabot exhale la violette et le poivre au moulin, la texture de bouche est concentrée et veloutée. Le crozes Alléno est tout aussi dense mais plus rigide à ce stade : il manque de charme. Le cornas est doté d'un joli volume, mais sa lecture de bouche n'est pas en place. Les Bécasses possède de beaux arômes lardés-fumés, la matière est élégante. Monier de La Sizeranne n'est pas critiquable dans son volume, mais nous espérons que le boisé va s'estomper. Les vins méridionaux nous laissent un peu sur notre faim : seul le châteauneuf nous semble à la hauteur.

Vin	Prix	Note
Condrieu Invitare 2016	N.C.	16
Crozes-Hermitage La Petite Ruche 2016	N.C.	13,5
Hermitage Chante-Alouette 2016	N.C.	16
Luberon La Ciboise 2016	6,45 €	12,5
Saint-Joseph Deschants 2016	N.C.	13,5
Saint-Joseph Les Granilites 2016	N.C.	15,5
Saint-Péray Les Tanneurs 2016	N.C.	14
Saint-Péray Pic & Chapoutier 2016	17 €	15
Châteauneuf-du-Pape La Bernardine 2015	30,30 €	16
Cornas Les Arènes 2015	33,65 €	15
Costières de Nîmes La Ciboise 2016	6,15 €	13,5
Crozes-Hermitage Guer Van Yannick Allénon & Michel Chapoutier 2016	N.C.	14,5
Crozes-Hermitage La Petite Ruche 2016	N.C.	13,5
Crozes-Hermitage Les Meysonniers 2016	N.C.	14
Côtes du Rhône Belleruche 2016	8,55 €	13
Côtes du Rhône Collection Bio 2016	9,70 €	14
Hermitage Monier de La Sizeranne 2015	N.C.	15,5

- IGP Collines Rhodaniennes Lucidus 2015   N.C.   13,5
- Lirac 2016   11,90 €   13
- Rasteau 2015   12,25 €   13
- Saint-Joseph Couronne de Chabot Yannick Alléno & Michel Chapoutier 2015   N.C.   15,5
- Saint-Joseph Deschants 2015   17,50 €   13,5
- Saint-Joseph Les Granilites 2016   N.C.   15,5

Le coup de ♥
- Côte Rôtie Les Bécasses 2015   51,75 €   16

Une agréable palette avec un fruit net, posé, et une belle aromatique sur la violette et les épices. Beau jus à la matière assez longue sans lourdeur : un vin épuré.

Rouge : 203 hectares.
Syrah 70 %, Grenache noir 30 %
Blanc : 47 hectares.
Marsanne 90 %, Viognier 10 %
Production moyenne : 8 300 000 bt/an

MAISON M. CHAPOUTIER ☾
18, avenue du Docteur Paul-Durand,
26600 Tain-l'Hermitage
04 75 08 28 65 ● www.chapoutier.com ●
Vente et visites : au domaine sur rendez-vous.
Du lundi au vendredi de 9h à 12h30 et de 14h à 19h. Samedi de 9h30 à 13h et de 14h à 19h. Dimanche de 10h à 13h et de 14h à 18h.
Propriétaire : Michel Chapoutier

DOMAINE DU COULET

Ce domaine, parmi les plus grands de Cornas (15 ha), est piloté par Matthieu Barret. Depuis sa sortie de la coopérative de Tain et son premier millésime en 2001, le vignoble est passé de la culture bio à la biodynamie. Installé sur un secteur de terrasses et de coteaux assez frais et venteux, le vigneron propose trois cornas : Brise Cailloux, vinifié dans des cuves béton en forme d'œuf, qui exprime le fruité du cornas ; Les Terrasses du Serre (non-dégusté cette année), qui se définit comme un cornas plus classique, notamment dans son expression solaire ; Billes Noires, syrah très minérale, ferme, d'une grande droiture, qui s'épanouit après dix ans de bouteille.

Les vins : nous sommes charmés par Zinzin, bouteille dominée par le mourvèdre, juste et fraîche pour un millésime solaire. Nous mesurons toute la difficulté pour obtenir la pleine maturité de ce cépage. L'effet 2015 est bénéfique, offrant un vin finement poivré dont la charpente s'oppose à la richesse du millésime. Brise Cailloux s'avère moins floral, plus confit, avec une pointe de cacao. Sa bouche, néanmoins, indique son potentiel.

- Cornas Brise Cailloux 2015   35 €   16
- Côtes du Rhône-Villages Visan Zinzin 2015   14,50 €   15,5

Le coup de ♥
- Cornas Billes Noires 2013   70 €   17

Un nez marqué par des notes de pot-pourri avant d'évoluer positivement sur des notes de poivre au moulin et de pivoine. Une légère pointe d'acétate le souligne sans être contraignante. La bouche propose une trame concentrée en finesse qui préserve la fraîcheur du fruit. Ce vin est distingué.

Rouge : 14,7 hectares.
Syrah 100 %
Achat de raisins.
Blanc : 3,3 hectares.
Viognier 50 %, Roussanne 50 %
Achat de raisins.
Production moyenne : 20 000 bt/an

DOMAINE DU COULET ☾
43, rue du Ruisseau, 07139 Cornas
04 75 80 08 25 ● domaineducoulet.com ●
Vente et visites : au domaine sur rendez-vous.
Propriétaire : Matthieu Barret

DOMAINE PIERRE ET JÉRÔME COURSODON

La famille Coursodon est vigneronne depuis la fin du XIXᵉ siècle. Le domaine possède des vignes dans les secteurs réputés de Mauves, Tournon, Saint-Jean-de-Muzol et Glun. Les blancs affichent une belle personnalité, sans excès de bois. En rouge, la fameuse cuvée L'Olivaie provient du cœur de la Sainte-Épine, dans le village de Saint-Jean-de-Muzols. Les années passent et la gestion de l'élevage sur les rouges se montre de plus en plus judicieuse.

Les vins : nous sommes séduits par le niveau de la cave en 2016. Les blancs sont vraiment limpides, sans artifice, expriment la maturité et la fraîcheur. La cuvée Silice, vinifiée et élevée en cuve, se montre ainsi d'une grande fraîcheur. Étincelle démontre encore la cohérence de cet assemblage : le viognier est délicat et la bouche agréable. Côté rouges, Silice, classique, séduit

RHÔNE NORD

RHÔNE NORD

cependant par son fruit et sa matière souple. L'Olivaie se révèle plus dense avec une belle empreinte de graphite et un boisé nuancé. La Sensonne offre une chair dense et serrée, sans rusticité. Le Paradis Saint-Pierre offre une bouche plus dense et se gardera. La deuxième étoile est proche.

▻ VDF Etincelle 2016	17 €	15,5
▬ Saint-Joseph La Sensonne 2016	39 €	17
▬ Saint-Joseph Le Paradis Saint-Pierre 2016	40 €	17
▬ Saint-Joseph L'Olivaie 2016	29 €	16,5
▬ Saint-Joseph Silice 2016	22 €	15,5

Le coup de ♥

▻ Saint-Joseph Le Paradis Saint-Pierre 2016	29 €	17

La marsanne est parfaitement définie par les notes de miel et d'amande. Le boisé est nuancé. La bouche offre une belle allonge, nourrie d'amers splendides qui gèrent la richesse de ce vin.

Rouge : 14 hectares.
Syrah 100 %
Blanc : 3 hectares.
Production moyenne : 60 000 bt/an

DOMAINE PIERRE ET JÉRÔME COURSODON
3, place du Marché, 07300 Mauves
04 75 08 18 29 •
www.domaine-coursodon.com • Vente et visites : au domaine sur rendez-vous. De 9h à 12h et de 14h à 18h.
Propriétaire : Pierre et Jérôme Coursodon
Directeur : Jérôme Coursodon

CAVE YVES CUILLERON

Yves Cuilleron possède un dynamisme rare. Il n'a eu de cesse, depuis le début de la décennie, de compléter et d'étendre son domaine qui représente aujourd'hui 90 ha en Saint-Péray, Condrieu, Saint-Joseph, Côte Rôtie et Cornas. Cette expansion se complète d'une activité de négoce. Ce développement explique la construction d'une cave de presque 4 000 m2 à Chavanay, près du site des Vins de Vienne. Les meilleurs vins de la gamme, notamment les blancs, savent exprimer une réelle finesse. Les cuvées de prestige, Les Serines en Saint-Joseph rouge, Bassenon et Terres Sombres en Côte Rôtie, Les Chaillets et Ayguets en Condrieu, sont des vins de très haut niveau. Avec le millésime 2015, les noms des lieux-dits remplacent les noms commerciaux : La Digue remplace Saint-Pierre, Bonnivières remplace Terres Sombres, par exemple.

Les vins : le millésime 2015 a fait souffrir les condrieu, qui souffrent d'un manque de fraîcheur. La Petite Côte, sur des notes exotiques et florales, pêche par une certaine lourdeur en bouche. Les Chaillets demeure un peu mou. Vernon est mieux géré, mais nous sommes surpris par son boisé sucrant. La Digue, pure roussanne, offre pourtant un fruit aux notes prenantes d'abricot, dans une bouche cohérente. Le saint-péray est le plus digeste. Les rouges sont mieux gérés. Nous aimons le crozes Chassis qui possède le style et le toucher de bouche de ce terroir (attention au bois toutefois), mais nous lui préférons La Serine. En Côte Rôtie, nous préférons paradoxalement La Côte à l'élevage luxueux : sa mâche et sa dimension lui permettront de le gérer dans le temps. Bonnivières est toute aussi cossue mais voilé par une pointe d'acétate. Ripa Sinistra est assez précis dans son fruit. Il faut être vigilant dans le choix des dates de vendange avec ce terroir surexposé, mais le 2015 garde de la tension en bouche. Une proportion de vendange entière le resserre aussi.

▻ Condrieu La Petite Côte 2015	29,50 €	13,5
▻ Condrieu Les Chaillets 2015	40,90 €	15
▻ Condrieu Vernon 2015	N.C.	15,5
▻ Saint-Joseph La Digue 2015	22,50 €	15,5
▻ Saint-Joseph Lyseras 2015	N.C.	14,5
▻ Saint-Péray Biousse 2015	18,30 €	15,5
▬ Cornas Les Côtes 2015	43,20 €	16,5
▬ Crozes-Hermitage Chassis 2015	25,90 €	15,5
▬ Crozes-Hermitage Laya 2015	14,80 €	15
▬ Côte Rôtie Bonnivières 2015	N.C.	15,5
▬ IGP Collines Rhodaniennes Ripa Sinistra 2015	31,90 €	16

Le coup de ♥

▬ Saint-Joseph Les Serines 2015	29,50 €	16,5

Le bois est très bien géré. Un fruit de belle maturité qui reste frais. La mâche est de qualité. Une concentration qui s'exprime par un côté pulpeux. Un vin rond, gourmand, aux tanins bien gérés.

Rouge : 50 hectares.
Syrah 100 %
Blanc : 40 hectares.
Viognier 75 %, Marsanne 13 %, Roussanne 12 %
Production moyenne : 5 400 000 bt/an

CAVE YVES CUILLERON
**58 RD, 1086 Verlieu, Verlieu
42410 Chavanay
04 74 87 02 37 • www.cuilleron.com •
Vente et visites : au domaine sur rendez-vous.
Du lundi au samedi de 9h à 12h et de 14h à 17h30.
Propriétaire : Yves Cuilleron**

MAISON DELAS FRÈRES

Delas, maison qui a fêté son 180ᵉ anniversaire en 2015, est dans le giron du champagne Deutz depuis 1977, lui-même dans le groupe Louis Roederer. La priorité a été donnée aux vignobles avec beaucoup de plantation en sélection massale. Delas exploite en propre 30 ha, dont 10 très bien placés en Hermitage : 8 sur Les Bessards (dont une cuvée éponyme est isolée) et 2 sur L'Ermite. La maison complète sa gamme avec des achats de moûts ou de raisins. Elle défend un style de syrah ferme, marqué par le caillou, le granite. Un style assumé. Depuis le millésime 2012 et surtout 2013, grâce à une nouvelle cuverie en inox, le fruité et la finesse de tanins des rouges et la précision aromatique des blancs ont progressé nettement. Avec des fermentations malolactiques désormais partielles, les blancs ont gagné en fraîcheur. Delas est aujourd'hui un bel outsider face aux poids lourds E. Guigal, M. Chapoutier et P. Jaboulet Aîné.

Les vins : en blanc, les deux vins de Condrieu témoignent d'une gestion totalement différente du millésime, avec un Galopine aux arômes variétaux, à la bouche large et pâteuse, et un Clos Boucher tout aussi mûr mais dont la richesse de bouche n'est pas pesante ; son bois le souligne sans rendre sa perception crémeuse. Il faut le boire jeune. Les blancs 2016 sont avenant, leurs fruits expressifs : Saint Esprit est moderne et sapide, Les Launes nous semble un peu avachi, Les Chailleys est marqué par les notes d'abricot de la roussanne qui n'intervient pourtant dans l'assemblage qu'à hauteur de 20 %. Les rouges méridionaux sont moins aboutis, tant dans la définition du fruit que dans la cohérence des équilibres : le ventoux est chaleureux, le gigondas manque de fruit pour un 2015. Le châteauneuf est plus subtil, dans ce millésime de finesse, mais le boisé nous semble un peu fort et ressort sur des notes de fusain. Du côté des vins rouges septentrionaux, le vin le plus marqué par le végétal est le Domaine des Grands Chemins. François de Tournon est un peu embourgeoisé par son boisé mais sa matière nous semble cohérente. Sainte Epine reste le plus beau compromis entre volume de bouche et fraîcheur, bien que le bois soit encore luxueux. Le cornas est bien géré grâce à une trame plus en finesse qu'en puissance. Le style séduira. La côte-rôtie s'ouvre sur des nuances de lardé-fumé et d'âtre de cheminée. Le profil est classique, défini par une matière peu extraite. En Hermitage, Les Bessard impose plus de personnalité et de fond que Domaine des Tourettes, qui offre un ensemble de bouche plaisant, une texture de demi-corps et des tanins bien enveloppés. Nous sommes cependant convaincu que Les Bessard, en 2014, ne méritait pas autant de bois.

Condrieu La Galopine 2015	45,60 €	14,5
Crozes-Hermitage Les Launes 2016	16,80 €	13
Côtes du Rhône Saint Esprit 2016	8,10 €	13,5
Saint-Joseph Les Challeys 2016	22,20 €	14,5
Châteauneuf-du-Pape Haute Pierre 2014	37,20 €	14,5
Cornas Chante Perdrix 2014	32,40 €	15,5
Crozes-Hermitage Domaine des Grands Chemins 2014	21,60 €	13,5
Crozes-Hermitage Le Clos 2014	29,88 €	15,5
Crozes-Hermitage Les Launes 2015	15 €	13,5
Côte Rôtie Seigneur de Maugiron 2014	50,40 €	15,5
Côtes du Rhône Saint Esprit 2015	8,70 €	13
Gigondas Les Reinages 2015	22,20 €	14
Hermitage Domaine des Tourettes 2014	50,40 €	15,5
Hermitage Les Bessards 2014	138 €	16
Saint-Joseph François de Tournon 2014	23,40 €	15
Saint-Joseph Les Challeys 2015	18 €	14,5
Saint-Joseph Sainte-Epine 2014	37,20 €	16
Ventoux 2015	6,96 €	12

Le coup de ♥

Condrieu Clos Boucher 2015	51,60 €	16

Appréciable maturité avec un coté abricot et épicé ; un nez bien mûr sans exubérance. Le boisé est judicieux et ne farde pas. La bouche se montre ample et riche dans le profil du millésime mais sans excès. En sommes, une belle persistance.

Rouge : 30 hectares.

Syrah 100 %
Achat de raisins.
Blanc : 2 hectares.
Viognier 80 %, Marsanne 18 %, Roussanne 2 %
Achat de raisins.
Production moyenne : 2 000 000 bt/an

MAISON DELAS FRÈRES
ZA de l'Olivet, 07300 Saint-Jean-de-Muzols
04 75 08 60 30 • www.delas.com • Vente et visites : au domaine sur rendez-vous.
De 9h30 à 12h et de 14h30 à 18h30.
Fermé le dimanche sauf en juillet et en août.
Propriétaire : Champagne Deutz
Directeur : Jacques Grange

★
FERRATON PÈRE ET FILS

Refait "du sol au plafond" : l'expression tombe à pic pour introduire la renaissance de Ferraton et de sa nouvelle cave, sise à l'adresse historique du négociant dans une petite rue du centre de Tain-l'Hermitage. Acquis par la Maison M. Chapoutier en 2004, d'abord en partenariat avec la famille Ferraton, puis désormais à 95 %, le chantier est mené par le directeur Damien Brisset. La nouvelle cuverie en béton de petit format remplace les cuves en époxy. Arboriculteurs, les Ferraton ont développé un vignoble dans l'appellation Crozes-Hermitage avant d'acheter de l'hermitage dans les années 70. En Hermitage, la maison possède des vignes dans la partie basse des Dionnières : dans cette vaste zone, deux hectares centraux, juste en dessous des Murets. Une partie des vieilles vignes est destinée à la cuvée Les Dionnières, le reste part dans la cuvée Les Miaux avec du Méal. Elle possède deux parcelles sur Le Méal (8 000 m2), dont les jus sont aussi isolés ou assemblés. Côté Hermitage blanc, cap à l'est, dans les Beaumes, avec des blancs issus de marsanne et de roussanne, souvent plantés en foules, qui entrent dans la cuvée Reverdy. Vendangées toujours en maturité poussée, les syrahs sont égrappées, élevées en barrique et en demi-muid : Les Dionnières avec 20 % de bois neuf, et 40 % pour Le Méal. Les élevages durent de 16 à 18 mois, fermentation malolactique sous bois. Les mises en bouteille des blancs sont encore faites par la maison Chapoutier. Le style change avec des vins amples et expressifs, avantageant jusqu'à présent les rouges.

Les vins : saluons les rouges 2015, à commencer par Le Grand Courtil, qui démontre par son élégance qu'un vin peut être concentré sans être dur. Les Calendes affiche une bonne fraîcheur mais la bouche est plus carrée et l'ensemble moins harmonieux. On lui préférera l'aimable saint-joseph, très fin, rond, souple. La côte-rôtie propose une bouche posée et une matière digne du millésime sans dissociation. La série des hermitages est de bon niveau, avec un petit bémol pour Les Miaux, qui ne possède pas la finesse des deux autres. Dionnières est dense et concentré, possède la mâche digne de cette appellation, une matière noble et beaucoup d'allonge. Le Méal offre le meilleur compromis entre la densité que le vin révèle et sa perception finale. Les tanins sont plus fins et l'ensemble apparaît très typé. Du côté des blancs, le saint-péray est un joli vin ludique, offrant la fraîcheur et la trame digeste que nous sommes en droit d'attendre de cette appellation. Le saint-joseph La Source se montre friand mais nous lui préférons Les Oliviers, plus confit, plein en bouche, même si le 2015 est inférieur au 2014. Les vins du domaine Ferraton possèdent une vraie personnalité, et méritent une étoile.

⇨ Saint-Joseph La Source 2016	17 €	14,5
⇨ Saint-Joseph Les Oliviers 2015	40 €	16
⇨ Saint-Péray Le Mialan 2016	14 €	15
⇨ Crozes-Hermitage Calendes 2015	15 €	15
⇨ Crozes-Hermitage Le Grand Courtil 2015	25 €	16
⇨ Côte Rôtie Lieu-dit Montmain 2015	49 €	16,5
⇨ Ermitage Le Méal 2015	90 €	17,5
⇨ Ermitage Les Dionnières 2015	70 €	16,5
⇨ Hermitage Les Miaux 2015	45 €	16
⇨ Saint-Joseph Lieu-dit Bonneveau 2015	30 €	15,5

Le coup de ♥
⇨ Ermitage Le Reverdy 2015	70 €	18

Maturité et fraîcheur, palette bien fruitée, dans laquelle les notes de fruits jaunes côtoient les nuances de tilleul et de miel. La bouche impose un joli gras, tout en restant droite. Un équilibre juste et bienvenu.

Rouge : 6,5 hectares.
Syrah 100 %
Blanc : 1 hectare.
Roussanne 50 %, Marsanne 50 %
Production moyenne : 450 000 bt/an

FERRATON PÈRE ET FILS ☾
13, rue de la Sizeranne,
26600 Tain-l'Hermitage
04 75 08 59 51 • www.ferraton.fr • Vente et visites : au domaine sur rendez-vous.

Du lundi au samedi de 9h à 12h et de 14h à 18h.
Propriétaire : Michel Chapoutier
Directeur : Damien Brisset

DOMAINE GARON

Ce domaine s'agrandit et compte aujourd'hui 8,30 ha dont 1 ha de blanc. Les fils Garon mettent bien en valeur la diversité des terroirs de l'appellation Côte Rôtie. Nous sommes séduits par le style des vins du domaine, qui se distinguent par leur finesse de texture. Les fruits sont précis, les élevages montent en puissance en fonction des terroirs et de leur capacité à gérer le bois. Parmi les différentes cuvées, Sybarine évoque l'expression des sols granitiques. Les Triotes situé sur la Côte Blonde, à côté de Lancement, est sur schiste. Les Rochins naît sur le schiste brun de la Côte Brune.

Les vins : on commence par une ludique syrah 2016, provenant du plateau d'Ampuis, au fruit bien défini. Puis, en 2015, La Sybarine, avec son fruit aux notes chocolatées et de fraise cuite, affiche l'identité solaire du millésime, voire même un peu trop à notre goût. Nous lui préférons Les Triotes, au fruit juste poudré par l'élevage. La bouche est riche, mais bien tendue par la trame de tanin et les saveurs minérales. Lancement, pas encore en bouteille, est marqué par un fût luxueux, au milieu duquel le vin déploie une trame de qualité avec un milieu de bouche velouté et racé. Nous espérons tout de même que ce boisé se nuancera. Les Rochins est aussi noté d'un boisé rhum-raisins, voire coco, qui lui fait perdre de la fraîcheur. Nous ne sommes pas certains que le bois neuf était nécessaire sur ce type de millésime solaire. Les vins s'embourgeoisent, alors que nous aimons le style classique de ce domaine.

▶ Côte-Rôtie La Sybarine 2015	29 €	15,5
▶ Côte-Rôtie Lancement 2015	105 €	17
▶ Côte-Rôtie Les Rochins 2015	67 €	16,5
▶ IGP Collines Rhodaniennes Syrah 2016	13 €	14,5

Le coup de ♥
▶ Côte-Rôtie Les Triotes 2015	37 €	16,5

Une palette lardée-fumée, piquée de poivre et graphite. Le jus est fruité sans excès de bois, et animé par une belle fraîcheur ; la bouche se montre ample sans lourdeur de style. Tension minérale pour resserrer le tout : un dynamisme impressionnant pour un millésime chaud.

Rouge : 7,3 hectares.

Syrah 100 %
Blanc : 1 hectare.
Viognier 70 %, Marsanne 20 %, Roussanne 10 %
Production moyenne : 38 000 bt/an

DOMAINE GARON
58, route de la Taquière, 69420 Ampuis
04 74 56 14 11 ● www.domainegaron.fr ●
Vente et visites : au domaine sur rendez-vous.
De 10h à 12h et de 13h à 18h.
Propriétaire : Jean-François, Kévin et Fabien Garon

DOMAINE JEAN-MICHEL GERIN

On ne présente plus le domaine Gerin. Jean-Michel Gerin est l'un des pionniers du renouveau de la Côte Rôtie. Il est depuis quelques années assisté pas ses deux fils. Ils possèdent un joli vignoble situé en Côte Brune (La Landonne) et de beaux terroirs de coteaux situés sur la partie nord de l'appellation (Viallières et Grande Place). Les blancs ont gagné en profondeur et en race. À noter que la cuvée parcellaire Les Eguets en Condrieu montre déjà sur ces premiers millésime une dimension qui nous semble intéressante. Cependant, le style de vins rouges du domaine est très singulier avec des prises de bois dans la jeunesse que nous jugeons perturbantes. Nous ne critiquons pas les matières ni les textures des vins qui sont plutôt sérieuses, mais bel et bien les associations entre bois trop marquant et vin, qui ne sont pas toujours judicieuses. Nous avons ainsi récemment dégusté un La Landonne 1999 très bien conservé, à la texture charnue et cohérente mais le fond du vin était soulignée par les nuances de moka et torréfiées du bois pas encore fondues après quinze années de garde.

Les vins : le domaine ne nous ayant pas fait parvenir ses vins cette année, nous sommes amenés à reconduire les notes et les commentaires de notre édition précédente. En IGP, la Champine rouge se montre de moyenne maturité, avec une pointe de végétal, la texture est assez souple et facile. La version blanche exprime une palette sincère sur des notes de pêche blanche et d'abricot. Un vin démonstratif mais pas lourd. Le condrieu La Loye est séducteur, avec un fruit avenant mais plus posé. La bouche trouve en 2014 une belle fraîcheur. Avec Les Eguets on monte d'un cran dans la maturité

RHÔNE NORD

et dans la dimension du terroir, et le vin possède de la puissance et de beaux amers de bouche.

⇨ Condrieu La Loye 2014	30 €	15
⇨ IGP Collines Rhodaniennes La Champine 2014	12 €	14
▬ Côte Rôtie Champin le Seigneur 2013	35 €	16
▬ Côte Rôtie La Landonne 2013	139 €	18,5
▬ Côte Rôtie La Vialliere 2013	50 €	15
▬ Côte Rôtie Les Grandes Places 2013	85 €	16,5
▬ IGP Collines Rhodaniennes La Champine 2014	10 €	13,5
▬ Saint-Joseph 2014	17 €	14,5
⇨ Condrieu Les Eguets 2014	38 €	16

Rouge : 12 hectares.
Syrah 100 %
Blanc : 2,5 hectares.
Viognier 100 %
Production moyenne : 150 000 bt/an

DOMAINE JEAN-MICHEL GERIN
19, rue de Montmain, 69420 Ampuis
04 74 56 16 56 ● **www.domaine-gerin.fr** ● **Vente et visites : au domaine sur rendez-vous.**
De 8h à 12h et de 13h30 à 16h30.
Propriétaire : Jean-Michel Gerin

DOMAINE BERNARD GRIPA

Fabrice Gripa prend la relève et poursuit l'œuvre de son père dans le seul domaine de Mauves qui produit autant de blancs que de rouges. Les blancs s'illustrent dans quatre cuvées : deux saint-péray et deux saint-joseph. En Saint-Péray, Les Figuiers est une marque principalement produite avec les vignes du secteur des Putiers. Son acidité originale provient de son sol calcaire, et de l'assemblage à 70 % de roussanne, vinifié et élevé en fût (15 % de neuf). Les Pins (80 % marsanne), vinifié en cuve, est plus fruité, direct, à boire jeune. En Saint-Joseph, à côté de la cuvée classique, Le Berceau est une marsanne pure, plantée en 1920 sur la colline de Tournon, qui a conservé 50 % de pieds d'origine. Un secteur chaud mais bien irrigué. Après quinze ans, cette cuvée arrive dans son "palier secondaire", comme explique Fabrice Gripa. Elle explore alors un univers de réduction grillée, noble, d'une tension épicée, et prend de magnifiques accents truffés dans les millésimes acides (1996, 1980). Les saint-joseph rouges sont compacts, serrés et expressifs, associant sans mollesse ni lourdeur un corps plein à une palette aromatique savoureuse.

Les vins : les 2015 en blanc sont réussis. Ils affichent plus de gras et de bonhomie que l'an passé. Le saint-péray Les Figuiers en est un parfait exemple, séduisant par sa rondeur, tout en gardant de la rectitude. Les Pins s'avère un peu plus chaud dans son cœur de bouche. Les rouges sont amples, sans artifice ni excès de bois. La deuxième étoile est proche.

⇨ Saint-Péray Les Pins 2015	19 €	15
⇨ Saint-joseph 2015	20 €	15,5
▬ Saint-Joseph 2015	20 €	16
▬ Saint-joseph Le Berceau 2015	35 €	17

Le coup de ♥
⇨ Saint-Péray Les Figuiers 2015   25 €   16,5

Malgré la roussanne dominante dans l'assemblage, le nez reste très frais. Nous aimons ce fruit bien mûr mais qui reste posé. La bouche possède un joli gras et du volume. La tension en finale recadre bien la puissance de ce vin.

Rouge : 8 hectares.
Syrah 100 %
Blanc : 8 hectares.
Marsanne 70 %, Roussanne 30 %
Production moyenne : 80 000 bt/an

DOMAINE BERNARD GRIPA
5, avenue Ozier, 07300 Mauves
04 75 08 14 96 ● **gripa@wanadoo.fr** ● **Vente et visites : au domaine sur rendez-vous.**
De 8h30 à 12h et de 14h à 17h30.
Propriétaire : Fabrice Gripa

MAISON E. GUIGAL

Nous regroupons sous cette adresse les vins de négoce de la célèbre maison d'Ampuis. La rigueur de sélection dans les approvisionnements de Marcel Guigal et de son fils Philippe n'a d'égal que leur souci d'amener chaque vin au bout d'un cycle complet d'élevage. Pour comprendre cette démarche qui ne s'est pas construite en un millésime, il suffit de déboucher une bouteille du simple côtes-du-rhône rouge Guigal, assemblage d'achat en Côtes du Rhône, Côtes du Rhône Villages et même de crus dans les petits millésimes. La qualité de cette appellation fourre-tout est vraiment rehaussée. Dans les crus rouges, l'élevage en fût et en foudre dure généralement 24 mois et au-delà, avec peu de fûts neufs, 20 % dans les grands millésimes.

Les vins : parmi les rouges, le côtes-du-rhône rouge se montre bien friand pour un 2013, défini par une certaine jeunesse et bouche harmonieuse. Le crozes-hermitage se livre dans un style délicat. Digeste, il est prêt à boire. Le saint-joseph affiche une dimension supérieure grâce à sa bouche plus enveloppée. La côte-rôtie est raisonnablement souligné par son élevage et livre davantage de finesse que de densité. L'hermitage possède une matière et un jus plus rassemblés. Une belle allonge de tanins sculpte la finale de bouche de ce vin qui jouit d'un notable potentiel. La partie sudiste se montre plus divergente : le gigondas manque un peu de classe ; le châteauneuf 2012, plus fidèle dans sa trame à cette appellation, est charnu, dense. Sa matière lui assure un vieillissement optimal ; le joli côtes-du-rhône blanc est parfaitement géré : on profite de l'aromatique du viognier et de la marsanne sans aucune lourdeur, grâce à la clairette, au bourboulenc et à la grenache, qui recentrent la bouche et lui offrent une définition plus cristalline. Le crozes blanc 2016 est délicieux, épuré, typé marsanne, équilibrée et digeste. Le condrieu est plus massif, et manque de tension.

▭ Condrieu Guigal 2015	37 €	15,5
▭ Crozes-Hermitage Guigal 2016	15 €	15,5
▭ Côtes du Rhône Guigal 2015	9,90 €	14,5
▬ Crozes-Hermitage Guigal 2014	15 €	14,5
▬ Côte Rôtie Brune et Blonde 2013	40 €	15
▬ Côtes du Rhône Guigal 2013	9,90 €	14
▬ Gigondas Guigal 2014	19 €	13,5
▬ Hermitage Guigal 2013	41 €	16
▬ Saint-Joseph Guigal 2014	17 €	15,5

Le coup de ♥

▭ Hermitage Guigal 2014	36 €	17

Sa robe dorée recouvre une palette aromatique très mûre où l'empreinte de la marsanne est au maximum. Le boisé légèrement bacon souligne sans le flétrir le fruit. La bouche est assez riche, dotée d'une structure imposante, d'une jolie finale.

Rouge : 50 hectares.
Syrah 100 %
Achat de raisins.
Blanc : 25 hectares.
Marsanne 60 %, Viognier 33 %, Roussanne 7 %
Achat de raisins.
Production moyenne : bt/an

MAISON E. GUIGAL
Château d'Ampuis, 69420 Ampuis
04 74 56 10 22 ● www.guigal.com ● Vente et visites : au domaine sur rendez-vous.

Propriétaire : Famille Guigal
Œnologue : Philippe Guigal

PAUL JABOULET AÎNÉ

Fondée en 1834, la maison Paul Jaboulet Aîné est restée familiale jusqu'en 2006, date de son rachat par la compagnie financière Frey. À côté de son activité de négoce qui a fortement réduit ses volumes, "PJA" possède le deuxième plus important patrimoine de vignes en Hermitage. Ses 25 ha (21 de rouge, quatre de blanc) ont des places de choix dans Le Méal, Les Greffieux, Les Dionnières, Les Roucoules et quelques Bessards à l'extrême ouest du coteau. Cette institution produisait jusqu'au début des années 1990 quelques syrahs parmi les plus mythiques au monde, dont La Chapelle, issue de l'assemblage de syrahs âgées. Il s'élabore, suivant les millésimes, entre 30 et 80 000 bouteilles de La Chapelle rouge. La sélection se fait sur la finesse de tanins et la profondeur. Le milieu et le bas du coteau du Méal constitue le cœur de la cuvée. Après un an d'élevage, avec 15 à 20 % de fûts neufs, les lots les moins denses sont écartés et entrent dans La Petite Chapelle (nommée désormais Maison Bleue) à boire dans les cinq-sept ans.

Les vins : nous n'avons pas reçu cette année les cuvées de base du domaine. Les blancs 2016 sont plus digestes et faciles que les 2015. La Mule Blanche, assez facile de lecture, toujours aussi fédérateur, n'atteint pas une dimension terroir exceptionnelle. Le saint-joseph est bien plus profond, l'empreinte de la marsanne sur les granits lui apporte de l'éclat. Une bonne tension lui donne de la sapidité. Nous trouvons au condrieu, très typé, des amers finaux qui le décalent un soupçon. L'hermitage blanc affiche une belle puissance, domptée par une jolie amertume minérale. Côté rouge, l'ensemble de la cave est sérieuse. Nous aimons la volupté et la perception soyeuse de Domaine de Thalabert. Domaine de Roure est plus carré. Il est logique que ce terroir granitique de Gervans exprime une syrah plus sévère, mais l'austérité surplombe ici la finale. La côte-rotie, bien définie, offre un fruit pulpeux ; le boisé est un peu luxueux mais le vin possède les épaules pour le digérer. Le cornas a notre préférence. Enfin, l'hermitage Maison Bleue (ancien Petite Chapelle) est une version plus légère de ce terroir ; le boisé marque et la bouche manque un soupçon de finesse.

▭ Condrieu Les Grands Amandiers 2016	62 €	15,5

RHÔNE NORD

- Crozes-Hermitage Domaine Mule Blanche 2016 — 26,90 € — 14,5
- Hermitage Le Chevalier de Sterimberg 2015 — 56,40 € — 16,5
- Saint-Joseph La Croix des Vignes 2016 — 66,50 (c) € — 16
- Crozes-Hermitage Domaine De Thalabert 2015 — 30,10 € — 15
- Crozes-Hermitage Domaine de Roure 2015 — 42,90 € — 14,5
- Côte-Rôtie Les Pierrelles 2015 — 72,60 € — 16
- Hermitage La Maison Bleue 2015 — 61,40 € — 15,5

Le coup de ♥
- Cornas Domaine de Saint-Pierre 2015 — 63,80 € — 16,5

Son fruit assez juteux et mûr est enrobé par un boisé noble. La bouche est cossue, dotée de tanins civilisés. Les notes de noix de coco du bois ressortent en rétrolfaction.

Rouge : 103 hectares.
Syrah 100 %
Blanc : 22 hectares.
Marsanne 39 %, Viognier 33 %, Roussanne 28 %
Production moyenne : 3 000 000 bt/an

PAUL JABOULET AÎNÉ ♣
25, place du Taurobole,
26600 Tain-l'Hermitage
04 75 09 26 20 ● www.jaboulet.com ●
Vente et visites : au domaine sur rendez-vous.
De 10h à 19h.
Propriétaire : Caroline Frey
Œnologue : Caroline Frey

VIGNOBLES LEVET

Ce domaine créé en 1929 à Ampuis dispose d'un vignoble de 4 ha en Côte-Rôtie, qui se compose de différentes parcelles situées sur des lieux-dits à fort potentiel. Agnès Levet perpétue le travail réalisé par son père Bernard. Les vins sont destinés à la garde, grâce à une partie des vinifications en vendange entière, suivie de macération longue, avec des élevages de deux années. Le faible pourcentage de bois neuf permet à ces vins d'exprimer le fruit et la touche de graphite des sols. Leur qualité ne date pas d'aujourd'hui.

Les vins : le style et le classicisme de ce domaine sont totalement respectés. Sur un millésime solaire comme 2015, les vins se montrent plus accessibles, alors que les déguster jeunes est bien souvent une affaire d'initiés. Améthyste est la cuvée la plus ouverte, au fruit très démonstratif. La bouche : harmonieuse, des tanins policés. Maestria séduit par l'adéquation trouvée entre maturité et fraîcheur. Le boisé souligne un peu plus mais reste judicieux. La bouche est ample, charpentée en son milieu, et une belle sève de tanin lui donne rectitude et fraîcheur.

- Côte-Rôtie Améthyste 2015 — 36 (c) € — 16
- Côte-Rôtie Maestria 2015 — 41,50 (c) € — 18

Le coup de ♥
- Côte-Rôtie La Péroline 2015 — 44,50 (c) € — 19

La Péroline, issu de vieilles vignes du terroir de Chavaroche, offre une parfaite définition du fruit sur le côté floral de la vendange entière. Une belle fraîcheur poivrée et mentholée anime ce vin, à la bouche ample et structurée. Il faut l'oublier en cave pour le moment.

Rouge : 4,3 hectares.
Syrah 100 %
Production moyenne : 12 000 bt/an

VIGNOBLES LEVET
26, boulevard des Allées, 69420 Ampuis
04 74 56 15 39 ● www.coterotielevet.fr ●
Vente et visites : au domaine sur rendez-vous.
Du lundi au samedi de 9h à 17h.
Propriétaire : Agnès Levet

JULIEN PILON

Ce jeune producteur-négociant, installé à Condrieu, a fait ses classes dans le Roussillon au Mas Amiel, lors d'une année passée en Espagne à Terra Remota dans le secteur d'Empordà et chez Pierre-Jean Villa à Chavanay. Sa petite structure est spécialisée dans les blancs secs du nord de la vallée du Rhône, élaborés à partir d'achat de vins et surtout de raisins, vinifiés et élevés sous bois avec maestria. Une production destinée aujourd'hui aux cavistes et à la restauration. Il possède également une parcelle en Côte Rôtie et en Condrieu.

Les vins : les blancs sont fidèles au millésime 2016, de Mon Grand-Père était Limonadier, pas trop moderne, au plus confit Frontière, aux séduisantes notes de bergamote et d'orange. Sa bouche est plus large, et libère en finale une jolie amertume. Parmi les condrieu, Lône se montre plus joviale que Vernon : son aromatique, plus avenante, sa bouche plus légère. Le saint-joseph Dimanche à Lima exhale des arômes plus compotés, avec des notes d'abricot. La bouche est bien gérée : saluons l'adéquation entre maturité et fermeté. Le saint-péray limpide offre une allonge fraîche digne de l'appellation. Le saint-joseph est le plus immédiat des rouges grâce à son fruit bien défini. La côte-rôtie déroute par ses notes de cassis exacerbées. Le cornas séduit davantage, fidèle dans ses arômes et ses saveurs à son appellation, et doté d'une bouche concentrée et élégante à la fois.

▷ Condrieu Lône 2016	36 €	15
▷ Crozes-Hermitage Nuit Blanche 2016	19 €	15
▷ IGP Collines Rhodaniennes Frontière 2016	36 €	15,5
▷ IGP Collines Rhodaniennes Mon Grand-Père Etait Limonadier 2016	15,50 €	14
▷ Saint-Joseph Dimanche à Lima 2016	21 €	16
▷ Saint-Péray Les Maisons de Victor 2016	20 €	15,5
▶ Côte-Rôtie La Porchette 2016	41 €	15,5
▶ Saint-Joseph Rue des Poissonniers Paris XVIII 2016	22 €	15
▷ Condrieu Vernon 2016	52 €	16

Le coup de ♥

▶ Cornas L'Elégance du Caillou 2016	37 €	16

Appréciable palette ouverte sur des notes fumées-lardées et une belle épice, avec un bois notable qui apporte de la complexité, sans pour autant dominer. Le jus est sérieux mais fin, et offre une belle bouche assez délicate.

Rouge : 2,5 hectares.
Syrah 100 %
Achat de raisins.
Blanc : 10 hectares.
Viognier 50 %, Marsanne 35 %, Roussanne 15 %
Achat de raisins.
Production moyenne : 60 000 bt/an

JULIEN PILON
8, rue Cuvillière, 69420 Condrieu
04 74 48 65 38 ● www.julienpilon.fr ●
Vente et visites : au domaine sur rendez-vous.
Propriétaire : Julien Pilon
Œnologue : Egor Paladin

LES VINS DE VIENNE

Cela fait 20 ans que le trio Villard, Cuilleron et Gaillard a commencé l'aventure des Vins de Vienne. La gamme comporte quatre niveaux. Les amphores d'argent correspondent à des vins de fruit à consommer rapidement. Les amphores d'or se distinguent par des vins plus denses et plus charnus. Les Archevêques se positionnent comme des vins issus de sélection parcellaires et enfin les IGP Collines Rhodanienne proviennent du terroir de Seyssuel. Le vignoble compte 16 ha de vignes en totalité, dont 11 plantées à Seyssuel, entre 1996 et 2001.

Les vins : nous sommes un peu déçus par les blancs. Les deux 2016, certes brut de cuve, nous semblent avachis : le crozes manque de fraîcheur. La Chambée, plus cohérent, exprime bien le terroir mais manque d'un soupçon de peps. En 2015, Les Faures est décevant, enrobé et sans grande énergie pour un vin de cette appellation. Jeanraude s'avère très mûr sur l'abricot et la bergamote, mais la bouche fardée pèse un peu. La plus notable expression de blanc vient de la rive gauche avec Taburnum qui épouse la largeur de 2015 sans basculer. Les rouges du même millésime nous amènent plus de satisfaction. Certaines cuvées doivent encore digérer leur boisé, comme le cornas. Les plus aboutis sont Le Biez, vin frais aux notes de violette et réglisse. Les deux côte-rôtie s'avèrent réussis. Nous avons une préférence pour Les Grandes Places. Sotanum reste un des meilleurs vins du secteur de Seyssuel : un appréciable volume, une notable amplitude de bouche et des tanins bien enrobés. L'étoile est en danger.

▷ Condrieu Chambée 2016	35 €	15
▷ Condrieu Jeanraude 2015	42,50 €	14,5
▷ Crozes-Hermitage Maison Blanche 2016	24 €	14
▷ IGP Collines Rhodaniennes Taburnum 2015	35 €	15,5
▷ Saint-Péray Les Faures 2015	22 €	13
▶ Cornas Saint Pierre 2015	35 €	15
▶ Crozes-Hermitage Les Palignons 2015	20,50 €	14,5
▶ Côte-Rotie Les Essartailles 2015	37,50 €	16
▶ IGP Collines Rhodaniennes Héluicum 2015	21 €	16
▶ Saint-Joseph Le Biez 2015	25 €	15

RHÔNE NORD

- Côte-Rôtie Les Grandes
  Places 2015   49 €   16,5

Le coup de ♥
- IGP Collines Rhodaniennes
  Sotanum 2015   35 €   17,5

Un nez bien mûr et frais pour ce vin qui exhale la mûre et les épices. Animé par une certaine tension aromatique, le jus est bien fait, la bouche enveloppée, l'ensemble soyeux et fin.

Rouge : 12 hectares.
Syrah 100 %
Achat de raisins.
Blanc : 4 hectares.
Viognier 60 %, Marsanne 40 %
Achat de raisins.
Production moyenne : 460 000 bt/an

LES VINS DE VIENNE
1, Zone d'Activité de Jassoux,
42410 Chavanay
04 74 85 04 52 ● www.lesvinsdevienne.fr ●
Vente et visites : au domaine sur rendez-vous.
Du mardi au samedi de 9h à 12h30 et de 13h30 à 17h30.
Propriétaire : Yves Cuilleron, Pierre Gaillard, François Villard
Directeur : Pascal Lombard
Maître de chai : Christophe Angenieux
Œnologue : Pascal Lombard

DOMAINE BELLE

Derrière la colline de l'Hermitage, la cave de la famille Belle domine les hauteurs du village de Larnage. Louis, le grand-père de Philippe Belle, a été l'un des fondateurs de la coopérative de Tain. Philippe et son père Albert l'ont quitté en 1990. Depuis, le domaine ne cesse de s'agrandir. Le vignoble s'étend sur six communes, trois appellations (Crozes-Hermitage, Hermitage, Saint-Joseph) et couvre une superficie de 25 ha de vignes, auquel s'ajoutent des abricotiers et une activité de pépinière viticole gérée par Jean-Claude, le frère de Philippe Belle. Les vignes en Crozes-Hermitage sont très bien situées sur les coteaux de Larnage, d'où est issue la cuvée Louis Belle, et dans la plaine alluviale pour la cuvée Les Pierrelles. En Hermitage, une parcelle modeste est située dans le quartier des Murets pour le rouge, et dans le secteur sablo-calcaire de Péléas pour le blanc.

Les vins : nous aimons les blancs 2016, d'un Terres Blanches fringant et digeste au Roche Blanche bien équilibré, doté de tonicité, auquel une belle amertume donne du relief, en passant par l'hermitage qui associe générosité du millésime et amertume. Les rouges 2015 s'avèrent bien gérés et conservent une appréciable fraîcheur. Les Pierrelles sera plus immédiat. L'hermitage 2014 ne montre aucun stigmate du millésime. Le boisé est un soupçon luxueux, mais la bouche garde son équilibre et son harmonie. La finesse de texture et l'élégance des tanins de ce terroir sont au rendez-vous.

- Crozes-Hermitage Les Terres
  Blanches 2016   18,50 €   15,5
- Crozes-Hermitage Roche
  Blanche 2015   29 €   16
- Hermitage 2015   50 €   17
- Crozes-Hermitage Les
  Pierrelles 2015   17 €   15,5
- Hermitage Rouge 2014   55 €   16,5

Le coup de ♥
- Crozes-Hermitage Louis
  Belle 2015   25 €   16,5

Une expression fruitée sur des notes de violette et d'épices. Le boisé est un peu lacté. La bouche se montre ample et charnue, avec une belle dimension. Les tanins sont civilisés. Cet ensemble soyeux est aussi bâti pour bien vieillir quelques années.

Rouge : 21,5 hectares.
Blanc : 3,5 hectares.
Production moyenne : 120 000 bt/an

DOMAINE BELLE
510, rue de la Croix, 26600 Larnage
04 75 08 24 58 ● www.domainebelle.com ●
Vente et visites : au domaine sur rendez-vous.
Propriétaire : Philippe Belle

DOMAINE DE BONSERINE

Ce domaine possède des très beaux terroirs en Côte-Rôtie et deux parcelles de Condrieu, Les Eyguet, à Chavanay et La Garde, sur la commune de Saint-Michel-sur-Rhône. L'ensemble des vignobles est travaillé et labouré, les levures indigènes de rigueur. Ludovic Richard gère ce domaine acheté en 2006 par la maison Guigal, mais le domaine de Bonserine possède sa propre personnalité : ses vins sont bien différents tant dans les styles que dans les textures.

Les vins : La Sarrasine est marquée par une pointe végétale dont le drosophile suzukii, fort actif en 2014, est sûrement responsable. La Vialière 2014 n'est toutefois pas souligné par cette touche de pyrazine et se dévoile sur un fruit plus abouti, grâce à un boisé mieux géré. Ce terroir livre des trames plus élégantes que denses, le vin se montre cohérent et longiligne. Le boisé de La Garde est mieux intégré, plus subtil dans ce millésime 2013 que dans le 2012, auquel nous avions adressé quelques reproches. Nous pensons toutefois que ce vin cossu est marqué en finale par des amertumes dérivées de l'élevage.

- Côte Rôtie La Sarrasine 2014 33 € 13,5
- Côte Rôtie La Viallière 2014 53 € 15,5

Le coup de ♥
- Côte Rôtie La Garde 2013 62 € 16,5

Des nuances fumées au nez. Le boisé ne marque pas trop le fruit dans cette bouche cossue, offrant une meilleure amplitude en 2013 qu'en 2012. La vendange entière lui confère de l'élégance.

Rouge : 12 hectares.
Syrah 100 %
Blanc : 1 hectare.
Viognier 100 %
Production moyenne : 50 000 bt/an

DOMAINE DE BONSERINE
2, chemin Viallière, 69420 Ampuis
04 74 56 14 27 ●
www.domainedebonserine.fr ● Vente et visites : au domaine sur rendez-vous. Du lundi au samedi de 9h à 17h.
Propriétaire : Famille Guigal
Directeur : Ludovic Richard

DOMAINE YANN CHAVE

Pour faire plaisir à ses parents qui ne voulaient surtout pas qu'il devienne paysan, Yann Chave a fait de longues études d'économie et de gestion. Passé par Paris et les cabinets d'audit, l'inspection bancaire lui a ouvert les yeux : "J'ai compris loin de chez moi que mes deux passions ont toujours été le rugby et les vins, et c'est ici que ça se passait." Il a arrêté la production fruitière et a certifié en bio son domaine depuis 2008. Les vins ont gagné en personnalité, en intensité, privilégiant l'expression naturelle du fruit et du terroir, tant en rouge qu'en blanc. Les progrès sont nets ces dernières années, les rouges se situent aujourd'hui à un bon niveau, notamment Le Rouvre, sélection de vieilles syrahs sur le secteur des Chassis. Les élevages sont marqués par les chauffes fortes bordelaises du tonnelier Seguin-Moreau, qu'il assume en citant Marcel Guigal : "Un vin, c'est comme les enfants : ça doit être bien élevé."

Les vins : le blanc 2015 est bien né, ses amers tiennent bon devant sa richesse et le vin évolue positivement. Les rouges sont bien constitués, avec un crozes juteux, doté d'une matière sérieuse et d'une grande fraîcheur de style ; et un Rouvre plus carré, plus serré, à la trame en retrait. Ce dernier nous semble supérieur en dimension, mais on ne l'approchera pas facilement avant quelques années.

- Crozes-Hermitage 2015 20 € 15
- Crozes-Hermitage 2015 18 € 16
- Crozes-Hermitage Le Rouvre 2015 25 € 16

Le coup de ♥
- Hermitage 2015 70 € 17

Derrière un nez assez épanoui, ce vin est souligné par un boisé qui ne lui est pas préjudiciable. Sa bouche racée s'exprime avec finesse. Une jolie matière.

Rouge : 17,5 hectares.
Syrah 100 %
Blanc : 1,5 hectare.
Marsanne 70 %, Roussanne 30 %
Production moyenne : 100 000 bt/an

DOMAINE YANN CHAVE ♣
1170, chemin de la Burge,
26600 Mercurol
04 75 07 42 11 ● **www.yannchave.com** ●
Visites : sur rendez-vous uniquement aux professionnels.
Propriétaire : Yann Chave

CHRISTOPHE CURTAT

Christophe Curtat s'est installé en 2004 à Tournon. Il possède un vignoble de 7 hectares situé dans le centre et le sud de l'appellation Saint-Joseph. Ce vignoble morcelé met à l'honneur des sols granitiques. Nous avons été séduits par le fond et la finesse des vins. Les blancs mettent en évidence la roussanne, et surprennent par leur fraîcheur. Tous les vins sont vinifiés en levure indigène et les fermentations malolactiques sont même effectuées sur les blancs. En rouge, il s'autorise une partie de vendange entière en fonction des millésimes et il privilégie les élevages longs.

Les vins : le domaine ne nous ayant pas fait parvenir ses vins cette année, nous sommes amenés à reconduire les notes et les commentaires de notre édition précédente. Nous sommes séduits par Roussanne, où la gourmandise et la fraîcheur sont associées. La bouche reste énergique et tendue. Syrah est une cuvée de fruit sans prétention, et gère parfaitement sa fraîcheur. Le saint-joseph blanc impressionne. Rares sont les blancs dominés par le cépage roussanne qui possèdent autant de classe et de pureté dès leur plus jeune âge. C'est indéniablement une des plus belles cuvées du domaine. Le rouge se montre cossu ; une pointe d'acétate du bois souligne un peu le vin pour le moment, mais le niveau de maturité est juste et le fruit scintille en bouche. Un vin velouté et fin.

▷ IGP Roussanne 2014	15 €	15,5
▬ IGP Syrah 2014	11,10 €	14,5
▷ Saint-Joseph Sous l'Amandier 2014	20 €	17
▬ Saint-Joseph Nomade 2014	19 €	16

Rouge : 5 hectares.
Syrah 100 %
Blanc : 2 hectares.
Roussanne 80 %, Marsanne 20 %
Production moyenne : 35 000 bt/an

CHRISTOPHE CURTAT
**228, route de Lamastre,
07300 Tournon-sur-Rhône
06 25 67 39 40 • ccurtat@cegetel.net •
Vente et visites : au domaine sur rendez-vous.
Propriétaire :** Christophe Curtat
Maître de chai : Alexandre Riou
Œnologue : Mickael Carton

DOMAINE EMMANUEL DARNAUD

L'énergique Emmanuel Darnaud s'est taillé une solide réputation, depuis bientôt 15 ans, avec une production de vins de Crozes-Hermitage mûrs, sur le fruit. Ses syrahs se répartissent sur des alluvions à galets sur Mercurol, Pont-de-l'Isère et La Roche-de-Glun. Depuis 2011, un défi s'offre à lui : poursuivre l'œuvre de son beau-père et mentor Bernard Faurie auquel il a racheté les vieilles vignes de Saint-Joseph, sur le lieu-dit escarpé La Dardouille ("où le soleil tape"). Des coteaux abrupts qui prolongent Les Oliviers. "Je remets les coteaux en culture, un labeur de longue haleine, j'observe et m'inspire des voisins exemplaires, les frères Gonon, Jean-Louis Chave." Il ajoute : "Ces vieilles vignes (40 à 70 ans), c'est de l'or, elles me font vite évoluer. Bernard faisait de la vendange entière, moi j'égrappe, mais pour aller chercher en profondeur la délicatesse du terroir, la vendange entière m'intéresse". À suivre avec intérêt.

Les vins : Mise en Bouche est vraiment en phase dans ses arômes et ses saveurs, dans le style de vin qu'on peut produire sur des éboulis caillouteux. Les Trois Chênes s'avère plus vineux, charpenté. Le millésime 2015 lui donne une mâche supplémentaire sans le faire basculer dans un déséquilibre.

▬ Crozes-Hermitage Les Trois Chênes 2015	19 €	15,5
▬ Crozes-Hermitage Mise en Bouche 2016	16 €	15

Le coup de ♥

▬ Saint-Joseph La Dardouille 2015	28 €	16,5

Cette belle cuvée est issue d'un terroir emblématique du village de Tournon. Elle propose un nez mûr, recentré par une belle fraîcheur minérale. Son fruit sincère offre des notes d'épices et de poivre du Sichuan. Le fût souligne sans dominer une bouche associant concentration, volume et équilibre, prolongée par une trame serrée et une touche de graphite.

Rouge : 16,25 hectares.
Syrah 100 %
Blanc : 0,45 hectare.
Marsanne 100 %
Production moyenne : 75 000 bt/an

DOMAINE EMMANUEL DARNAUD
**21, rue du Stade, 26600 la Roche-de-Glun
04 75 84 81 64 •
www.domainedarnaud.com •** Vente et visites : au domaine sur rendez-vous.
Propriétaire : Emmanuel Darnaud

DOMAINE ERIC ET JOËL DURAND

Ce domaine, situé au sud de l'appellation Saint-Joseph (Chateaubourg), est aux mains des frères Durand. Éric et Joël produisent des vins sur les crus Cornas et Saint-Joseph. Ils sont connus pour leurs rouges ciselés et tracés par le granite. Depuis peu, ils vinifient des blancs en Saint-Joseph et Saint-Péray, au style précis. Si leur profil reste ainsi dans le futur, le domaine deviendra incontournable sur cette couleur. L'association entre cuve et bois sur les blancs génère des vins limpides.

Les vins : nous sommes séduits par les blancs 2016, à commencer par le saint-péray, juste, sapide et frais. Le saint-joseph se place un ton au-dessus avec une maturité davantage poussée et une envergure de bouche plus grasse. En rouge, nous sommes un peu déçus des palettes aromatiques : les vins manquent un peu de gourmandise et de juteux pour un millésime comme 2015. Les Coteaux et Prémices en sont de parfaites démonstrations. Lautaret est bien plus pulpeux et séduisant. Le cornas Empreinte épouse bien l'appellation. Confidences est la cuvée plus aboutie.

▱ IGP Collines Rhodaniennes Caprice 2015	12 €	12
▱ Saint-Joseph 2016	19 €	16
▱ Saint-Péray 2016	17 €	15,5
▬ Cornas Empreintes 2015	30 €	15,5
▬ Cornas Prémices 2015	24 €	14,5
▬ Saint-Joseph Lautaret 2015	23 €	16
▬ Saint-Joseph Les Coteaux 2015	19 €	14

Le coup de ♥

▬ Cornas Confidence 2015	47 €	16,5

Une belle définition de fruit, plus épanoui que dans les autres cornas. La matière en bouche est dense, avec des tanins plus rassemblés. Un vin plus concentré.

Rouge : 17 hectares.
Syrah 100 %
Blanc : 2,5 hectares.
Roussanne 50 %, Marsanne 50 %

DOMAINE ERIC ET JOËL DURAND
2, impasse de la Fontaine,
07130 Châteaubourg
04 75 40 46 78 ● ej.durand@wanadoo.fr ●
Visites : Pas de visites.
Propriétaire : Éric et Joël Durand

LIONEL FAURY

Le domaine est situé à Chavanay, dans le hameau de La Ribaudy, berceau de la famille Faury. Lionel Faury cultive 18 hectares en appellations Condrieu, Saint-Joseph, Côte-Rôtie et en IGP Collines rhodaniennes. Nous avons particulièrement apprécié les saint-joseph dans les derniers millésimes, qui prouvent que le nord de l'appellation possède un vrai potentiel.

Les vins : nous sommes un soupçon déçus de l'envergure des 2015. Nous adressons à Art Zélé les mêmes critiques qu'au 2014 : le manque de chair et de volume. Hedonism possède un fruit assez terne et l'alcool emporte un peu la bouche. Emporium est subtil et séduit par son fruit et son allonge de bouche. Reviniscence est marqué par des arômes végétaux (2014 a subi les assauts du drosophile). En blanc, le condrieu est floral et épicée, sa bouche sphérique mais cela manque d'énergie. La Berne est plus mûr, sur des notes d'abricot. Sa bouche est large, cohérente. Le saint-joseph blanc est mat, rétréci et rendu austère par le SO$_2$. Les amers le durcissent en fin de bouche. Nous retirons l'étoile attribuée à ce domaine.

▱ Condrieu 2015	N.C.	14,5
▱ Condrieu La Berne 2015	N.C.	15,5
▱ Saint-Joseph 2015	N.C.	14
▬ Côte Rôtie Emporium 2013	N.C.	16
▬ Côte Rôtie Reviniscence 2014	N.C.	14,5
▬ IGP Collines Rhodaniennes L'Art Zélé 2015	N.C.	13,5
▬ Saint-Joseph Hedonism 2015	N.C.	14

Le coup de ♥

▬ Saint-Joseph La Gloriette 2015	N.C.	16,5

Une palette très expressive. Il subit moins le millésime qu'Hedonism. Une certaine tension, fraîche et minérale, s'oppose à la maturité du raisin. La bouche est tonique, encore un peu carrée.

Rouge : 11,8 hectares.
Syrah 100 %
Blanc : 6,2 hectares.
Viognier 50 %, Marsanne 30 %,
Roussanne 20 %
Production moyenne : 80 000 bt/an

LIONEL FAURY
19 bis, la Ribaudy, 42410 Chavanay
04 74 87 26 00 ● www.domaine-faury.fr ●
Vente et visites : au domaine sur rendez-vous.
Propriétaire : Lionel Faury

DOMAINE DU MONTEILLET - STÉPHANE MONTEZ

L'impressionnante nouvelle cave qui se fond dans l'environnement granitique des hauteurs de Chavanay offre au visiteur une vue à 180° sur le Rhône. Stéphane Montez cultive, depuis 1997, trente hectares (dont 3,5 hectares en Côte Rôtie) de très beaux coteaux situés à moins de 2 km autour de sa cave. Une rare unité qui produit 40 % de blancs, dont le condrieu Les Grandes Chaillées, assemblage de petites parcelles éparpillées. Le parcellaire Chanson est issu du coteau sud-est de forte pente situé en contrebas de la cave, planté en 1982 et isolé depuis 2007. Plus dense, plus construit sur les amers, il faut l'attendre au moins deux ans. En rouge, le domaine possède une superbe parcelle de vieilles syrahs en Saint-Joseph, qui produit une généreuse et gourmande Cuvée du Papy. En

RHÔNE NORD

Côte-Rôtie, les élevages sont souvent exubérants mais donnent de la chair, surtout aux Grandes Places.

Les vins : les rouges 2015 sont réussis, du saint-joseph gourmand à la bouche pulpeuse jusqu'à la Cuvée du Papy, qui offre davantage de profondeur, mais perd de son côté juteux par une prise de bois qui ne nous semble pas des plus judicieuses. En Côte Rôtie, Bons Arrêts reflète le style fin et élégant du secteur de Tupins. La texture est raffinée et l'ensemble est digeste. Parmi les Grandes Places, nous préférons le 2013, dont l'élevage fut plus long que le 2014, mais qui paradoxalement le gère mieux. La prise de bois un peu mentholée du 2014 empêche la fraîcheur du fruit de s'exprimer. En blanc, le viognier est ludique et frais. Le condrieu Les Grandes Chaillées s'affiche exotique, la bouche est plus sphérique et manque d'énergie. Chanson est plus juste dans son jus ; la richesse est contrebalancée par des amers typées pomelos qui le recentrent. La Grillette 2013 provient d'une parcelle qui surplombe Château Grillet : il affiche une belle maturité sur des notes d'agrumes confite et de bergamote. La bouche est solaire et pleine en attaque, se fait tonique en finale grâce à des amers évoquant la quinquina. Le saint-joseph blanc manque de peps.

- ⇨ Condrieu Chanson 2015 — 42 (c) € — 16,5
- ⇨ Condrieu La Grillette 2013 — 60 (c) € — 16
- ⇨ Condrieu Les Grandes Chaillées 2015 — 38 (c) € — 14,5
- ⇨ IGP Collines Rhodaniennes Le Petit Viognier 2016 — 18 (c) € — 13,5
- ⇨ Saint-Joseph 2015 — 24 (c) € — 14
- ⇨ Côte Rôtie Les Grandes Places 2013 — 130 (c) € — 17
- ⇨ Côte Rôtie Les Grandes Places 2014 — 120 (c) € — 15,5
- ⇨ Côte-Rôtie Bons Arrêts 2015 — 70 (c) € — 17
- ⇨ Saint-Joseph 2015 — 19 (c) € — 15,5
- ⇨ Saint-Joseph Cuvée du Papy 2015 — 26 (c) € — 16

Le coup de ♥
- ⇨ Côte Rôtie Fortis 2015 — 53 (c) € — 16,5

Une expression du fruit scintillante, fidèle au millésime 2015. Le boisé est bien intégré. La bouche est cossue, concentrée en finesse. Le vin est charpenté mais les tanins sont rangés et l'ensemble se montre savoureux.

Rouge : 18 hectares.
Syrah 100 %
Blanc : 14 hectares.
Viognier 70 %, Roussanne 18 %, Marsanne 12 %
Production moyenne : 170 000 bt/an

DOMAINE DU MONTEILLET - STÉPHANE MONTEZ
7,le Montelier 42410 Chavanay
04 74 87 24 57 ● www.montez.fr ● **Vente et visites : au domaine sur rendez-vous. De 10h à 12h et de 14h à 18h30.**
Propriétaire : Stéphane Montez

DOMAINE PICHAT

Ce petit domaine de 4,5 ha produit des vins précis dans un style moderne. Les vins de pays, en blanc comme en rouge, proviennent du terroir de Champon. Le côte-rôtie Löss (Loess) tire son nom de la roche sur laquelle la vigne est plantée. D'autres beaux terroirs composent le domaine comme Fongeant en Côte Brune et Grandes Places. Cette dernière est l'icône du domaine, tant dans sa dimension que dans sa profondeur. Nous observons que les élevages fardent un peu trop les vins, surtout les rouges. C'est séducteur, mais nous préférerions davantage de fraîcheur et de fruit.

Les vins : les blancs 2016 sont plus digestes que les 2015 dégustés dans l'édition précédente du Guide Vert. Le condrieu est moins exubérant et sa définition plus longiligne. En rouge, Côtes de Verenay se dévoile sur un fruité juteux ; une certaine fraîcheur l'anime. Comme l'an passé, nous aimons Löss, à l'élevage bien géré, pour la finesse et le soyeux qu'il dégage. Nous sommes plus gênés par la relation entre le bois et le vin sur Champon's. La dimension et le volume de bouche du millésime 2015 s'avèrent supérieurs au 2016, mais l'empreinte du bois demeure, et sèche la finale. Les Grandes Places, pourtant 100 % fût neuf, convainc davantage : sa chair et son volume se portent garants de son potentiel de garde.

- ⇨ Condrieu La Caille 2016 — 35 (c) € — 15,5
- ⇨ IGP Collines Rhodaniennes Côtes de Vereray Viognier 2016 — 15 (c) € — 14
- ⇨ Côte-Rôtie Champon's 2015 — 35 (c) € — 15,5
- ⇨ IGP Collines Rhodaniennes Côtes de Verenay Syrah 2016 — 15 (c) € — 14
- ⇨ Côte-Rôtie Löss 2016 — 35 (c) € — 16

Le coup de ♥
- ⇨ Côte-Rôtie Les Grandes Places 2015 — 60 (c) € — 17

Un fruit bien défini, accompagné d'un élevage plus gracieux : le boisé se fond dans cette maturité fruitée, de laquelle ressort une pointe de violette et d'épice douce. La bouche se dote d'une notable envergure, à la mâche de qualité. L'ensemble demandera encore du temps pour acquérir une belle volupté. Un vin plein et cossu sans aucune dureté de style.

Rouge : 4,5 hectares.
Syrah 100 %
Blanc : 0,7 hectare.
Viognier 100 %
Production moyenne : 15 000 bt/an

DOMAINE PICHAT
6, chemin de la Viallière, 69420 Ampuis
04 74 48 37 23 ● www.domainepichat.com
● Vente et visites : au domaine sur rendez-vous.
Propriétaire : Stéphane Pichat

DOMAINE CHRISTOPHE PICHON

Christophe Pichon a pris la suite de son père et a commencé à acheter des vignes en 1991. Le domaine dispose de certains terroirs prestigieux comme Roche Coulante en blanc, ou Côte Blonde en rouge. Les vins que nous trouvions marqués par des excès de surmaturité et d'élevages trop boisés ont gagné en équilibre et en harmonie, même si nous regrettons toujours des élevages un peu trop appuyés.

Les vins : Viognier est un vin immédiat, ludique et facile. Le condrieu 2015 s'avère bien défini dans les arômes, la bouche typée 2015 dans sa dimension et sa largeur, mais cela reste cohérent. Caresse se situe au-dessus en matière de complexité et de volume de bouche. Malgré l'acidité basse, les beaux amers resserrent le vin. Patience se montre délicat, d'une belle harmonie entre la richesse, le sucre et l'acidité. Les rouges 2015 sont de bonne constitution. Le saint-joseph est sincère. Le cornas, très bien géré, se dévoile sur une matière concentrée et enrobée. Un vin plein, sans dureté de matière. La série des côte-rôtie est dominée par Rozier, qui affiche une superbe concentration. La Comtesse en Côte Blonde porte bien son nom : la matière noble se livre avec plus de délicatesse. Le boisé est luxueux mais nous ne sommes pas inquiets pour son avenir.

▭ Condrieu 2015	30 €	15
▭ Condrieu Caresse 2015	50 €	16
▭ Condrieu Patience 2016	29 €	16
▭ IGP Collines Rhodaniennes Viognier 2016	14 €	13
▭ Saint-Joseph 2015	22 €	14,5
▭ Cornas Allégorie 2015	30 €	16
▭ Côte Rotie Promesse 2015	34 €	15,5
▭ Côte Rôtie La Comtesse en Côte Blonde 2015	100 €	18
▭ IGP Syrah Mosaïque 2015	26 €	15,5
▭ Saint-Joseph 2015	18 €	15

Le coup de ♥
▭ Côte Rôtie Rozier 2015	49 €	17,5

Intensité et complexité pour ce vin au nez de fruits noirs et d'épices, au boisé fondu. La bouche possède une belle matière ample et séveuse, une trame de qualité, avec de beaux tanins. Typé Côte Brune, elle est dotée d'un beau potentiel.

Rouge : 10 hectares.
Syrah 100 %
Achat de raisins.
Blanc : 10 hectares.
Viognier 50 %, Marsanne 50 %
Achat de raisins.
Production moyenne : 100 000 bt/an

DOMAINE CHRISTOPHE PICHON
36, Le Grand Val, 42410 Chavanay
04 74 87 06 78 ● www.domaine-pichon.fr ●
Vente et visites : au domaine sur rendez-vous.
De 9h à 12h et de 14h à 18h.
Propriétaire : Famille Pichon

"Aujourd'hui, la partie méridionale de la vallée du Rhône offre un haut niveau de qualité et une grande variété de styles, tant en rouge qu'en blanc, mais également en rosé. Car ici, on sait aussi produire des rosés de gastronomie."

Roberto Petronio, dégustateur des vins du Rhône méridional
Membre du comité de dégustation de La Revue du vin de France

RHÔNE SUD

—

UNE GRANDE DIVERSITÉ DE STYLE

—

Le vignoble méridional de la vallée du Rhône est le miroir inversé de la partie septentrionale, en près de dix-sept fois plus grand. Il offre une très grande variété de terroirs et de styles de vins.

Voici une région qui s'épanouit pleinement aujourd'hui, grâce aux trois grands millésimes (2014, 2015 et 2016) successifs. La partie méridionale de la vallée du Rhône a ainsi pu exprimer la diversité de ses terroirs et de ses styles et démontrer l'émergence de vignerons de talent, d'appellations en plein renouveau, ou de secteurs qui, sous l'action collective de quelques vignerons, transcendent le terroir, comme dans le Luberon.

Le Rhône méridional délaisse les pentes vertigineuses des appellations nordistes et le découpage précis de micro-parcelles cadastrées, pour des collines, des terrasses et les plaines alluvionnaires des rives du fleuve, où les appellations s'étendent sur des milliers d'hectares. Alors que le nord est principalement monocépage (syrah en rouge, viognier ou marsanne en blanc), le sud prend un malin plaisir à multiplier les assemblages de cépages, même si le grenache domine en rouge. La géologie y est fort diversifiée, à l'image du terroir de Châteauneuf-du-Pape, où l'on trouve, outre les fameux galets roulés qui fleurissent sur toutes les cartes postales, des sols calcaires et sableux.

Tandis que le nord est avant tout un pays de crus, le sud s'impose comme un gros pourvoyeur de côtes-du-rhône, vin simple et bon marché qui inonde les comptoirs des bistrots et ne contribue guère à améliorer l'image de la région. Les crus du sud n'ont pas la "densité" ni l'homogénéité de leurs homologues nordistes. Cela n'empêche pas la région de produire de grands vins. Trouver des perles exige cependant davantage de recherches de la part de l'amateur.

La qualité des vins septentrionaux est certes plus régulière que celle des vins du sud, mais les quantités sont plus réduites et les prix, par conséquent, plus élevés. Les progrès considérables réalisés ces dernières années, tant par les vignerons indépendants que par les maisons de négoce, montrent combien le vignoble rhodanien s'inscrit aujourd'hui dans le renouveau, au nord comme au sud.

Au-delà de ces séparations, il existe un véritable trait d'union entre tous les vins de la vallée du Rhône : leur remarquable gourmandise. Rouges plein de santé, colorés, riches, dotés d'un fruit éclatant ; blancs gras et aromatiques. Voilà le profil idéal des meilleures cuvées locales !

Le vignoble rhodanien a le vent en poupe et connaît un important succès aussi bien en France qu'à l'international. Les États-Unis, mais aussi le Royaume-Uni et à présent la Chine sont séduits par ces vins charnus, fruités et digestes. Dans le même temps, le Rhône méridional a grandement progressé. Les meilleurs vignerons proposent des vins plus précis, sans perdre de vue la fraîcheur et la digestibilité.

Toutefois, les appellations étant vastes, on rencontre encore une forte hétérogénéité entre les crus d'une même appellation, que ce soit à Châteauneuf-du-Pape, à Cairanne ou à Vacqueyras. Une hétérogénéité amplifiée, naturellement, dans des appellations génériques comme les côtes-du-rhône.

RHÔNE SUD

LES APPELLATIONS

La partie méridionale de la vallée du Rhône compte deux appellations régionales, sept appellations sous-régionales et huit appellations communales.

LES AOC RÉGIONALES

Côtes-du-Rhône : cette appellation régionale est la plus importante en superficie puisqu'elle couvre 32 000 hectares, soit près de la moitié du vignoble rhodanien méridional. Si elle peut donner un peu de blanc, le rouge et le rosé représentent 95 % de la production, principalement issue de grenache noir.

Côtes-du-Rhône-Villages : cette dénomination de 8 600 hectares correspond aux terroirs de 95 communes du Gard, du Vaucluse, de l'Ardèche et de la Drôme, avec des règles de production plus strictes qu'en Côtes-du-Rhône. La qualité peut être remarquable à des prix souvent intéressants. Dix-huit villages peuvent accoler leur nom à celui de l'appellation : ce sont les Côtes-du-Rhône-Villages communaux comme Cairanne, Sablet (Vaucluse) ou Laudun (Gard) et, depuis décembre dernier, Sainte-Cécile, Suze-La-Rousse et Vaison-La-Romaine.

LES AOC SOUS-RÉGIONALES

Sous cette dénomination sont regroupées les **AOC Costières de Nîmes** (4 091 ha), **Grignan-Les-Adhémar** (1 316 ha), **Luberon** (3 362 ha), **Ventoux** (5 774 ha), **Duché d'Uzès** (271 ha), **Côtes du Vivarais** (220 ha) et **Clairette de Bellegarde** (8 ha). Elles ne présentent guère d'homogénéité dans leurs terroirs, ni dans la qualité des vins produits.

LES AOC COMMUNALES

Vinsobres : promue en 2005, cette appellation de 583 hectares est située au nord-ouest de la Drôme provençale. Elle produit des vins riches et amples mais manque encore de locomotives fortes.

Rasteau : en AOC depuis 2010, cette appellation (938 hectares) produit des vins rouges de constitution solide, mais au beau potentiel de vieillissement. On y trouve aussi de jolis vins doux naturels.

Gigondas : sur les coteaux et les pentes douces descendant vers la plaine, cette appellation de 1 208 hectares est faite pour le grenache. Elle est reconnue pour ses rouges élégants et plein de nuances. Les plus belles cuvées sont aptes à la longue garde. Ce cru recèle de très belles affaires.

Vacqueyras : assez comparable à Gigondas par son exposition et son encépagement, Vacqueyras (1 412 hectares) livre des vins plus musclés, mais moins élégants que ceux de l'appellation voisine.

Beaumes de Venise : l'appellation, réputée pour ses vins doux naturels issus de muscat, s'étend sur 635 hectares, sur trois types de terroirs différents. On y produit des rouges corpulents, principalement issus de grenache à 50 % et de syrah.

Châteauneuf-du-Pape : très étendue (3 133 hectares), l'appellation couvre cinq communes et des types de sols très différents (galets roulés, sables et calcaire). La qualité est loin d'être la même d'un cru à l'autre, d'autant que plusieurs styles de vinification et d'élevage cohabitent. Les meilleurs domaines produisent des vins rouges extraordinaires par leur richesse et leur tenue. Il faut savoir les attendre en cave : une longue garde leur réussit très bien. Les blancs, en net progrès depuis quelques années, n'ont pas toujours le génie des rouges.

Tavel : ce vignoble de la rive droite (911 hectares) est uniquement consacré au rosé. Le style est vineux, charnu, aromatique, agréable, et la qualité diverse.

Lirac : voisin gardois de Tavel, il représente 771 hectares. Les rouges sont assez fins, les rosés presque comparables aux tavels, les blancs parfois remarquables et les prix souvent compétitifs.

LES CÉPAGES

Contrairement au vignoble septentrional de la vallée du Rhône, où seulement quatre cépages sont autorisés, ils sont bien plus nombreux dans les vignobles méridionaux, à l'image du plus célèbre d'entre eux, Châteauneuf-du-Pape, où l'on en utilise traditionnellement treize.

LES CÉPAGES ROUGES

Le plus courant de tous est incontestablement **le grenache noir**. Il représente à lui seul 65 % de l'encépagement rouge du vignoble rhodanien. Cépage très vigoureux et fertile, il est présent dans la majeure partie des appellations de la région, comme à Gigondas (cépage principal, 50 % minimum de l'encépagement), en Côtes-du-Rhône (40 % minimum), en Côtes-du-Rhône-Villages (50 % minimum), et entre même dans la composition du célèbre vin de Châteauneuf-du-Pape.

On retrouve aussi **la syrah**, cépage emblématique de la vallée du Rhône qui, majoritaire dans le nord, représente dans le sud moins de 20 % de l'encépagement. De plus en plus utilisée dans les appellations méridionales (Gigondas, Grignan-les-Adhémar, Côtes du Luberon, Côtes du Ventoux), elle ne concurrence pas encore le grenache.

Le carignan, plus minoritaire encore, représente seulement 8 % de l'encépagement rouge. En revanche, il entre dans l'assemblage de nombreux crus, comme les côtes-du-rhône rouges et rosés (30 % maximum de l'encépagement), les côtes-du-rhône-villages rouges et rosés (20 % maximum de l'encépagement), mais aussi les costières-de-nîmes, les vins de Grignan-les-Adhémar, du Luberon et du Ventoux.

Enfin, le vignoble sud-rhodanien compte également 5 % de **cinsault** et 3 % de **mourvèdre**, lequel entre de manière significative dans l'assemblage du gigondas et des côtes-du-rhône-villages. On trouve aussi un peu de **counoise noire**, de **muscardin noir**, les **camarèse** et **vaccarèse noirs** ou **le picpoul noir**.

LES CÉPAGES BLANCS

La conception de vins blancs est extrêmement marginale dans le vignoble rhodanien, et ne représente que 6 % du total produit. Pour autant, certains cépages employés ne sont pas destinés à une production secondaire. Les blancs de Châteauneuf-du-Pape sont remarquables.

Le cépage blanc le plus répandu est **le grenache blanc** (26 % de l'encépagement en blanc). Il est à l'origine de vins assez corsés et ronds. Il partage toutefois sa suprématie avec **la clairette** (27 % de l'encépagement blanc). On retrouve ces deux cépages dans les principales appellations produisant du blanc comme Châteauneuf-du-Pape, Lirac, Tavel, Vacqueyras, Côtes-du-Rhône-Villages blancs (associés au grenache, au bourboulenc, à la marsanne et à la roussanne pour 80 % minimum de l'encépagement), Côtes-du-Rhône blancs (dans l'assemblage), Costières de Nîmes, Grignan-les-Adhémar, Luberon et Ventoux.

De manière plus marginale, on compte ensuite **le viognier** (12 %). Riche en alcool, il peut donner aux vins à la fois de la rondeur et des parfums floraux (violette, aubépine, acacia), et leur conférer une certaine opulence en bouche.

On retrouve ensuite **le bourboulenc** (9 % de l'encépagement) qui, à l'inverse du viognier, donne des vins frais et peu alcoolisés. Enfin, il existe des cépages secondaires comme **l'ugni blanc** ou **la marsanne** et **la roussanne**, tous les deux emblématiques de la vallée du Rhône, mais moins utilisées dans le sud et enfin, **le muscat**, employé dans l'élaboration des vins doux naturels de Beaumes de Venise.

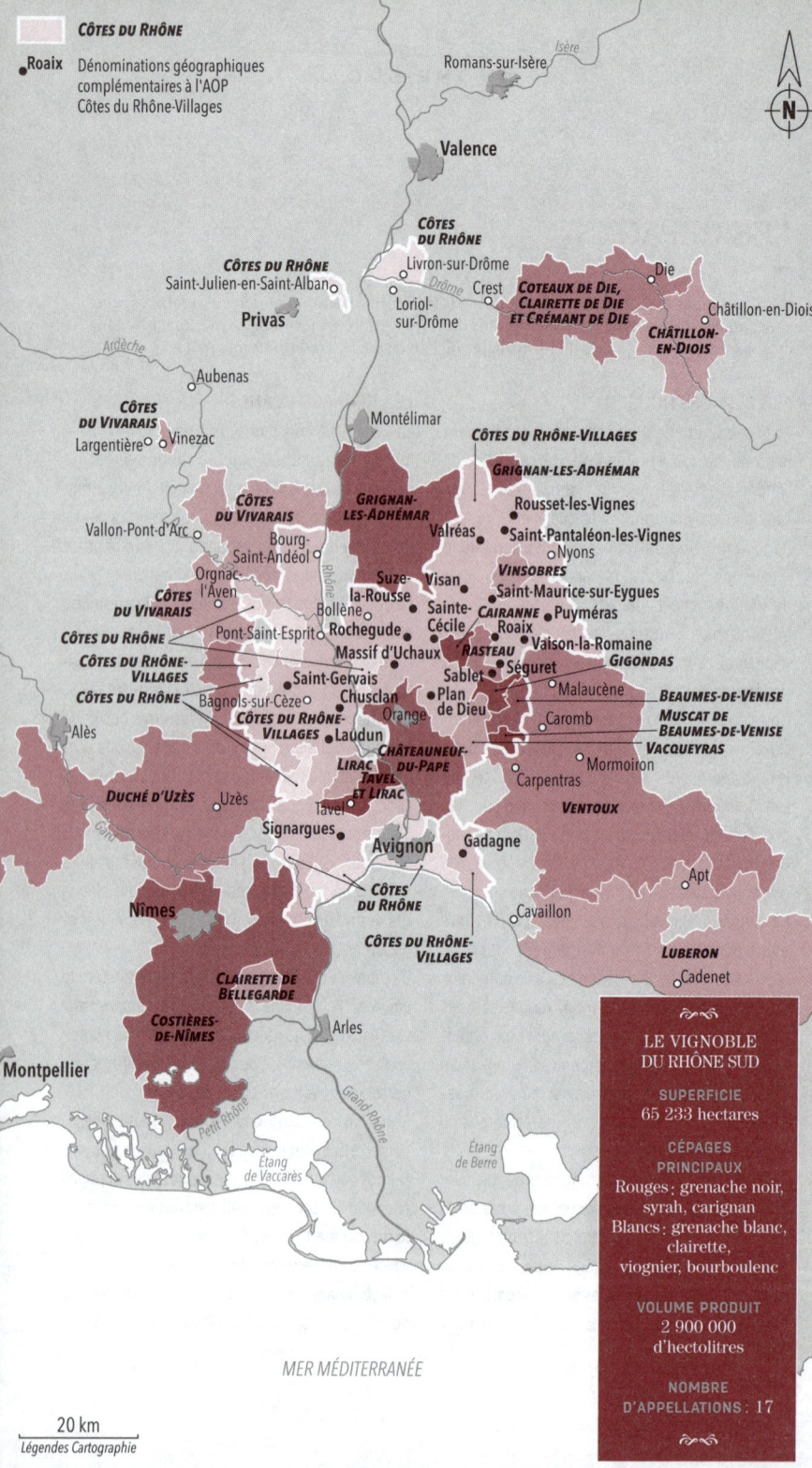

RHÔNE SUD

ONZE ÉTAPES DE RÊVE D'AVIGNON À VALENCE

Région très touristique grâce à des secteurs comme le Luberon ou l'Ardèche, elle propose de nombreux lieux de villégiature, de restaurants et de cavistes où apprécier pleinement les vins.

CHAMBRES D'HÔTES

NOTRE-DAME DE COUSIGNAC
Aux portes des gorges de l'Ardèche, quatre chambres et une suite au cœur de la nature. 45 à 100 € la nuit selon la saison.
Quartier Cousignac, 07700 Bourg-Saint-Andéol. Tél : 06 27 30 69 92.
www.ndcousignacvillegiature.fr

HÔTEL DE DIGOINE
Cinq chambres, une suite et un appartement dans un hôtel particulier du XVIIIe siècle.
5, quai Madier de Montjau, 07700 Bourg-Saint-Andéol
Tél : 04 75 54 61 07 et 06 61 65 21 25.
www.digoine.com

CAVISTES

AUX GOURMANDS
Bistrot-cave tenu par Nicolas Kalbache-Vernerey, maître sommelier passionné de vins, et son épouse Marie-Pierre en cuisine. 500 vins de la vallée du Rhône sont proposés.
8 place du Marché, 26200 Montélimar. Tél : 04 75 01 16 21.
www.aux-gourmands.fr

L'ENCLAVE VINOTHÈQUE
L'antre de Gisèle Garetto, qui vend des vins superbes à la restauration étoilée mais aussi aux particuliers. Sa cave est située entre les vignes et les champs de lavande : on y trouve 2 000 cuvées de grands noms du vignoble et plein de pépites, la plupart en bio et biodynamie.
Quartier Saint-Urbain, 84600 Valréas.
Tél : 04 90 35 17 96.
www.enclave-vinotheque.com

RESTAURANTS

L'OUSTALET
Tenu par le chef Laurent Deconinck, L'Oustalet propose des plats à partir des produits de la région, dont les truffes. La cave à vin est spectaculaire.
Place du village, 84190 Gigondas.
Tél : 04 90 65 85 30.
www.loustalet-gigondas.com

LE CLAIR DE LA PLUME
Dans cette ancienne maison de maître, nichée en bas du splendide château de Grignan, Le Clair de La Plume est un hôtel-restaurant de charme, où le talentueux chef étoilé Julien Allano signe une cuisine remarquable. Gastronomique le soir (à partir de 59 €), il sert une cuisine bistronomique et accessible au déjeuner (à partir de 24,50 €). Ne manquez pas le jardin méditerranéen, à l'entrée du village, ni la maison d'hôtes.
2 place du Mail, 26230 Grignan.
Tél : 04 75 91 81 30.
www.clairplume.com

BAR À VINS

LE BOUCHON
Sébastien Ventajol et Gil Barrot, deux jeunes vignerons d'Aiguèze, ont ouvert ce bar à vins, tapas et café de pays. Résultat, Le Bouchon est devenu le rendez-vous incontournable d'Aiguèze pour découvrir les vins de la région. Ceux-ci sont proposés à la dégustation et à la vente.
Place du Jeu de Paume, 30760 Aiguèze.
Tél : 04 66 39 47 70.
www.restolebouchon.blogspot.fr

V COMME VIN
Caviste et vendeur en ligne, cette enseigne a aussi pignon sur l'une des places d'Apt. Son catalogue recense plusieurs milliers d'étiquettes, dégustées et approuvées par les trois sommeliers maison.
871, avenue Victor-Hugo, 84400 Apt.
Tél : 04 90 04 77 38.

NOS TROIS COUPS DE ♥

DOMAINE DE MONTINE
Quatre gîtes et des animations autour de la truffe, de décembre à mars. À partir de 290 € la semaine.
Hameau de la Grande Tuilière, 26230 Grignan. Tél : 04 75 46 54 21.
www.domaine-de-montine.com

COTEAUX ET FOURCHETTES
Un restaurant et une cave bien achalandée, comptant plus de 250 références. Au caveau, les vins sont vendus au prix du domaine.
3340, route de Carpentras, 84290 Cairanne. Tél : 04 90 66 35 99.
www.coteauxetfourchettes.com

LE VIN DEVANT SOI
Une sélection de plus de 500 références (Rhône, Provence, Languedoc et Bourgogne). 32 vins sont proposés en permanence à la dégustation grâce aux machines Enomatic. Cours de dégustation et visites chez d'excellents vignerons.
4 rue du Collège-du-Roure, 84000 Avignon. Tél : 04 90 82 04 39.
www.levindevantsoi.com

RHÔNE SUD

★★★
CLOS DU MONT-OLIVET

Malgré son nom, ce domaine est très morcelé et rassemble à peu près tous les types de sols de l'appellation. Élaborés traditionnellement, les châteauneuf-du-pape rouges se montrent souvent réservés dans leur jeunesse. Ils sont construits pour se révéler dans le temps. Thierry Sabon a, depuis plusieurs millésimes, apporté finesse et raffinement à l'ensemble de la gamme, du simple côtes-du-rhône, jusqu'à la grande cuvée de châteauneuf-du-pape. Nous suivons les progrès de ce domaine depuis de longues années. Les vins, à dix ans, s'expriment avec grâce. À vingt ans, ils franchissent un nouveau cap, et livrent leur véritable potentiel : on apprécie alors pleinement leurs arômes de truffe, de sous-bois, mais aussi de fruit comme infusé dans le temps. Ce domaine conserve en cave des vins qui, aujourd'hui âgés de cinquante ans et plus, présentent une complexité extraordinaire, à l'image des 1957 ou 1955. Le châteauneuf-du-pape blanc est fougueux et distingué. Dans les bons millésimes, la propriété propose la Cuvée du Papet, dense et profonde, taillée pour la garde et qui atteint souvent un niveau exceptionnel. Tous les vins affichent un grand potentiel de garde.

Les vins : Le châteauneuf blanc offre une robe pâle mais un nez intense sur les herbes méridionales. Sa bouche saline et vive se montre épurée mais sans manquer de chair ni de maturité, livrant une sensation minérale sur la fin de bouche. Le côtes-du-rhône Vieilles Vignes 2015 offre un parfum de fraise des bois et donne déjà beaucoup de plaisir. A Séraphin 2015 propose un nez somptueux entre sorbet de myrtille et gelée de fruits noirs. La bouche est dense, les tanins souples et bien mûrs. Du volume, de la chair, une belle colonne vertébrale : on peut donc le boire sur le fruit ou le voir grandir sur dix ans et plus. La Cuvée du Papet s'affirme par un nez somptueux où le végétal noble et le fruit s'accordent. La bouche, charnue et en relief, possède une trame serrée, enrobée par un fruit solaire et gourmand, presque chocolaté.

Châteauneuf-du-Pape 2016	25 €	17,5
Châteauneuf-du-Pape La Cuvée du Papet 2015	45 €	19
Côtes du Rhône A Séraphin 2015	11,50 €	14,5
Côtes du Rhône Vieilles Vignes 2015	9 €	14,5

Le coup de ♥
| Châteauneuf-du-Pape 2015 | 25 € | 18,5 |

Une grande pureté du fruit, qui évoque la fraise écrasée avec une pointe de cerise à l'eau-de-vie. La maturité du millésime est bien présente. La bouche s'avère caressante, dotée de tanins d'une extrême délicatesse. C'est un vin tout en épure et de haute volée.

Rouge : 43 hectares.
Grenache noir 80 %, Syrah 10 %, Mourvèdre 6 %, Cinsault 4 %
Blanc : 3 hectares.
Clairette 30 %, Bourboulenc 30 %, Roussanne 25 %, Grenache blanc 15 %
Production moyenne : 180 000 bt/an

CLOS DU MONT-OLIVET
3, chemin du Bois de la Ville,
84230 Châteauneuf-du-Pape
04 90 83 72 46 ● www.clos-montolivet.com
● Pas de visites.
Propriétaire : Famille Sabon
Maître de chai : Thierry Sabon
Œnologue : Philippe Cambie

★★★
CHÂTEAU RAYAS

Plus qu'un mythe, Château Rayas est une réalité, celle d'un terroir unique sur l'appellation Châteauneuf-du-Pape, où le sable joue un rôle déterminant dans le profil du vin. Emmanuel Reynaud a repris en main le domaine au décès de son oncle, Jacques. Il a remis sur pied un vignoble qui en avait besoin, sans pour autant dévier de l'esprit qui y régnait : des raisins à dominante de grenache, très mûrs, vinifiés simplement en grappes entières puis élevés dans de vieux foudres. Ici, on cultive le raffinement et l'élégance. Difficile à comprendre jeune, Rayas prend toute son ampleur avec l'âge. Loin de produire des vins surconcentrés aux boisés démonstratifs, Emmanuel Reynaud perpétue la singularité du domaine en étant encore plus précis dans la définition du cru. Dans la continuité de cet effort, Château de Fonsalette est davantage qu'un simple côtes-du-rhône, il prolonge cet état d'esprit, à l'image d'un « petit Rayas », mais que l'on boira plus rapidement. Quant à Pignan, châteauneuf-du-pape plus classique dans sa forme, il correspond davantage à l'idée que l'on se fait des vins de cette appellation. Ici, on produit des crus comme il en existe peu en France. Et si certains amateurs sont tentés de cultiver la nostalgie des vins de Jacques Reynaud, Emmanuel produit sans l'ombre d'un doute des cuvées de toute beauté.

Les vins : le domaine ne nous ayant pas fait parvenir ses vins cette année, nous sommes amenés à reconduire les notes et les commentaires de notre édition précédente. La Pialade est une belle entrée en matière, offrant une bouche tout en douceur au fruité omniprésent de confiture de fraise des bois. Le Château Fonsalette rouge aura besoin d'air pour libérer une vaste palette aromatique qui débute par les épices avant d'évoluer, là aussi, vers les fruits des bois. La bouche ferme en attaque devient pleine et généreuse grâce à la souplesse d'un millésime qui commence à s'épanouir. Château Fonsalette blanc est étonnant de fraîcheur malgré une belle maturité du fruit. Son expression aromatique est guidée par les épices, avec une pointe de curry, suivie d'une note évoquant le maquis. Sa bouche, d'une grande douceur à l'attaque, développe une belle énergie et une complexité rare pour un simple côtes-du-rhône. Pignan est absolument épanoui. S'il possède la douceur d'un vin de Châteauneuf-du-Pape, sa complexité et son intensité n'ont rien à envier aux plus grands crus de la Côte-de-Nuits. Quant à Château Rayas rouge, égal à lui-même en rouge, c'est un vin magistral de raffinement, d'intensité et de profondeur. Il présente une bouche suave, tout en nuances, mais avec la persistance d'un vin qui, sous une apparente douceur, est bâti pour plusieurs décennies. Le Château Rayas blanc est un vin à part, dont l'intensité et la singularité aromatique se présentent en bouche à son image de sa persistance en bouche : phénoménale. Un vin d'une harmonie singulière où la haute maturité du raisin sert avec grâce la grandeur de ce splendide terroir.

▱ Châteauneuf-du-Pape 2006	115 €	20
▱ Côtes du Rhône Château Fonsalette 2006	50 €	17
▰ Châteauneuf-du-Pape 2006	125 €	20
▰ Côtes du Rhône Château Fonsalette 2006	55 €	17
▰ Côtes du Rhône La Pialade 2011	15 €	15
▰ Châteauneuf-du-Pape Pignan 2006	75 €	19

Rouge : 11 hectares.
Grenache noir 100 %
Blanc : 1 hectare.
Grenache blanc 50 %, Clairette 50 %
Production moyenne : 100 000 bt/an

CHÂTEAU RAYAS
Route de Courthézon,
84230 Châteauneuf-du-Pape
04 90 83 73 09 • www.chateaurayas.fr •
Vente et visites : au domaine sur rendez-vous.
Propriétaire : Emmanuel Reynaud

★★★
DOMAINE DU VIEUX DONJON

Les vins du domaine du Vieux Donjon comptent parmi les plus fins, les plus élégants et les plus réguliers de l'appellation Châteauneuf-du-Pape. Cette production devrait servir de modèle aux jeunes vignerons qui souhaitent produire des châteauneuf-du-pape raffinés et pas uniquement imposants. Cette propriété, réputée dans le monde entier, se trouve malheureusement sous-représentée en France. Vigneron méticuleux et talentueux, Lucien Michel a cédé peu à peu la place à ses deux enfants, Claire, arrivée en 2007, et François, en 2012. Cette nouvelle génération poursuit avec harmonie le style qui a fait la réputation du domaine, avec une seule cuvée, de très haute volée en rouge comme en blanc. Les raisins proviennent de trois secteurs : Pialon, Les Mourres de Gaud et La Marine. Raisins vendangés et vinifiés à maturité, partiellement éraflés puis élevés en foudre.

Les vins : le rouge 2015 s'étire en bouche avec des tanins solides et un fruit épuré. Il aura besoin de temps pour se livrer. Son nez évolue entre thym et romarin.

▰ Châteauneuf-du-Pape 2015	35 (c) €	18

Le coup de ♥
▱ Châteauneuf-du-Pape 2016	35 (c) €	18

Un nez fin tout en élégance qui évoque le massepain. La bouche se montre douce mais épurée, offrant la juste maturité méridionale et un sentiment de sérénité.

Rouge : 15 hectares.
Grenache noir 75 %, Syrah 10 %,
Mourvèdre 10 %, Cinsault 5 %
Blanc : 1 hectare.
Roussanne 50 %, Clairette 50 %
Production moyenne : 50 000 bt/an

DOMAINE DU VIEUX DONJON
Route de Courthézon, BP 66,
84232 Châteauneuf-du-Pape
04 90 83 70 03 • www.levieuxdonjon.fr •
Pas de visites.
Propriétaire : Lucien Michel

RHÔNE SUD

NOUVEAU DOMAINE

★★
CHÂTEAU DE BEAUCASTEL

Avec son terroir si particulier de galets roulés, le château de Beaucastel est l'un des emblèmes de Châteauneuf-du-Pape, d'autant que le domaine peut s'enorgueillir d'être l'un des seuls à faire appel aux 13 cépages autorisés pour élaborer sa cuvée de vin rouge. Un vin régulièrement de très bon niveau, mais qui subit la concurrence de cuvées venues bouleverser la hiérarchie de l'appellation. Certes, la rarissime et remarquable cuvée Hommage à Jacques Perrin, issue à grande majorité de mourvèdre et produite uniquement dans les grandes années, demeure une référence, tout comme le somptueux blanc roussanne Vieilles Vignes, qui se révèle avec le temps. Le château de Beaucastel demeure, sous la conduite efficace de la famille Perrin, une référence pour les vins du sud de la France, statut qu'il doit désormais partager avec d'autres domaines qui ont atteint, voire dépassé son niveau.

Les vins : Coudoulet 2016 s'impose comme un côtes-du-rhône de référence grâce à sa vivacité et son fruit gourmand. On le boira sur ledit fruit, même s'il peut grandir sur dix ans. Le châteauneuf blanc sent les herbes du sud et la garrigue à plein nez. Ce vin mûr garde une belle dynamique de bouche. En rouge, Coudoulet prend une note de fusain à l'ouverture, campe un peu sur sa structure. Attendez-le deux ou trois ans. Le châteauneuf est introverti : matière serrée et pointe d'amertume à cause de tanins puissants. Si les blancs méritent trois étoiles, les rouges, certes élégants, manquent un peu de cette magie que l'on attend des vins méridionaux. Ce domaine revient donc dans notre guide avec deux étoiles.

🕭 Châteauneuf-du-Pape Château de Beaucastel 2016   69 €   18,5
🕭 Côtes du Rhône Coudoulet 2016   21 €   14,5
🕭 Châteauneuf-du-Pape Château de Beaucastel 2015   69 €   17
🕭 Côtes du Rhône Coudoulet 2015   21 €   13,5

Le coup de ♥
🕭 Châteauneuf-du-Pape Roussanne Vieilles Vignes Château de Beaucastel 2016   130 €   19

Dans cette cuvée de vieille vigne 2016, le nez prend cette ampleur apportée par la roussanne, mais avec une belle gestion du fruit qui, sans manquer de maturité, ne tombe pas dans le confit. Long et large en bouche, il affiche un joli final salin. Un vin plein d'une belle allonge sur de délicats amers.

Production moyenne : 300 000 bt/an

CHÂTEAU DE BEAUCASTEL ♣
**Chemin de Beaucastel 84350 Courthézon
04 90 70 41 00 • www.beaucastel.com •
Vente et visites : au domaine sur rendez-vous.**
Propriétaire : Famille Perrin
Directeur : François Perrin et César Perrin
Maître de chai : Claude Gouan

★★
DOMAINE DES BERNARDINS

On cultive ici une vision traditionnelle, sans technologie ni modernisme excessifs. Pas étonnant que les muscats à petits grains donnent un nectar à la texture inégalée et à la richesse en liqueur équivalente à celle des plus grands sauternes. Le Domaine des Bernardins, reconnu pour la qualité de ses magnifiques muscats de Beaumes-de-Venise, produit aussi un très joli rouge, à forte personnalité, qui nous enchante. Romain Hall vinifie avec son père depuis 2007. Si le rouge représente 30 % de la production, il a toujours été présent, le plus vieux millésime répertorié datant de 1847. Le domaine vinifie à partir de raisins noirs, en grappe entière, auxquels sont ajouté 10 % de blanc lors de l'assemblage. Ce dernier joue un rôle important en apportant du gras, selon Romain. Les vins sont très aromatiques, et s'ils ont longtemps été un rien fougueux dans leur jeune âge, les derniers millésimes sont bien plus sages, précis, et d'une grâce magistrale, toujours aptes à une belle évolution dans le temps. Surtout, ce domaine produit des muscats renversants, dont on se régalera sur la jeunesse du fruit. Avec l'âge, dix ans, vingt ans et plus, il acquièrent une complexité incroyable. Il faut goûter l'un de ces nectars pour comprendre que le muscat est un grand vin à part entière, lorsqu'il naît sur un beau terroir et qu'il est travaillé comme il se doit.

Les vins : le Doré des bernardins offre un nez très aromatique qui embaume le muscat. Sa bouche se montre bien sèche et tendue. On le boira sur des asperges. Le beaumes-de-venise 2016 est marqué par la vendange entière, avec ses notes végétales qui se fondent dans le fruit. Cela pourra surprendre. Il propose une attaque sur un fruit croquant, désaltérant, et possède un beau potentiel d'évolution. Le 2015 préserve ce caractère de vendange entière : sa bouche semble s'être raffermie mais sans dureté. Encore dans sa gangue, son fruit est magnifiquement équilibré. Fruité et juteux à souhait, Les Balmes 2015 peut se déguster sur la jeunesse de son fruit mais grandira sur cinq ans. Hommage sent la liqueur de mandarine. Son nez intense offre le parfum d'une grande eau-de-vie qui s'intègre parfaitement dans la richesse de la liqueur. Sa bouche très suave évoque l'abricot et la mandarine confits. Un vin à garder encore de longues années.

⊳ IGP Vaucluse Doré des Bernardins 2015	6,90 €	13,5
⊳ Muscat de Beaumes de Venise Hommage	16,60 €	17
▬ Beaumes de Venise 2015	9,70 €	15
▬ Beaumes de Venise 2016	9,70 €	14,5
▬ Côtes du Rhône Les Balmes 2015	8,30 €	14

Le coup de ♥

⊳ Muscat de Beaumes de Venise 2016	13,60 €	17,5

Un vin égal à lui-même : dense, précis, il se distingue par l'intégration du sucre et son parfum captivant. Sa bouche parfaitement équilibrée est intense et raffinée. Un grand vin dont la complexité se renforcera avec les années.

Rouge : 8,2 hectares.
Grenache noir 68 %, Syrah 25 %,
Mourvèdre 3 %, Divers noir 2 %, Cinsault 2 %
Blanc : 17 hectares.
Muscat à petits grains blancs 75 %, Divers blanc 25 %
Production moyenne : 100 000 bt/an

DOMAINE DES BERNARDINS
**138, avenue Gambetta,
84190 Beaumes-de-Venise
04 90 62 94 13** ●
www.domaine-des-bernardins.com ● **Vente et visites : au domaine sur rendez-vous.
Du lundi au samedi de 9h à 12h et de 14h à 18h.
Propriétaire : Andrew et Elisabeth Hall, Renée Castaud-Maurin
Directeur : Romain Hall**

DOMAINE BOSQUET DES PAPES

Le vignoble du domaine est particulièrement morcelé. Composé d'une quarantaine de parcelles réparties dans différents secteurs de l'appellation, il s'appuie essentiellement sur le grenache et donne naissance à des vins au style classique, qui vieillissent fort bien. Avec la complicité de l'œnologue Philippe Cambie, ce domaine a amorcé un changement de style en produisant des vins plus élégants, sans perdre de leur personnalité. Ce travail a porté ses fruits : les vins s'imposent comme des références, à la fois par leur magnifique pureté de fruit et par la finesse de leur grain.

Les vins : le côtes-du-rhône est construit sur un fruit gourmand, autour de tanins souples. Le châteauneuf 2015 s'exprime au nez par un parfum captivant. La bouche se montre dense, un rien réservée. Le fruit reste assez gourmand voire un peu chaleureux en finale. Chante le Merle évoque la confiture de fraise des bois au nez, affichant sa richesse d'entrée de jeu. Le fruit reste juteux. À encaver pour cinq à six ans. La Folie présente une robe soutenue et un nez légèrement plus lacté. Les 10 % de barriques neuves prennent beaucoup de place dans sa palette aromatique. Le châteauneuf blanc sent la pâte d'amande et la pêche blanche. Classique dans sa forme, il nous propose un fruit généreux.

⊳ Châteauneuf-du-Pape Tradition 2016	24,50 €	16
▬ Châteauneuf-du-Pape Chante Le Merle Vieilles Vignes 2015	35,50 €	18,5
▬ Châteauneuf-du-Pape La Folie 2015	55,50 €	17,5
▬ Châteauneuf-du-Pape Tradition 2015	24,50 €	17
▬ Côtes du Rhône Domaine Nicolas Boiron 2015	8 €	14

Le coup de ♥

▬ Châteauneuf-du-Pape A la Gloire de Mon Grand-Père 2015	31,50 €	18,5

Il développe un parfum intense, du cacao à la cerise juteuse, en passant par une fine touche d'épices. La bouche en harmonie avec cette palette aromatique intense offre une matière douce aux tanins souples et murs, et un fruit magnifiquement équilibré. Un vin soyeux et long en bouche, au volume et à la maturité attendus sur ce millésime solaire.

Rouge : 30,5 hectares.
Blanc : 1,5 hectare.
Production moyenne : 69 000 bt/an

DOMAINE BOSQUET DES PAPES
**18, route d'Orange,
84232 Châteauneuf-du-Pape Cedex
04 90 83 72 33** ●
www.bosquetdespapes.com ● **Visites : sur rendez-vous uniquement aux professionnels.**

RHÔNE SUD

Du lundi au vendredi de 9h à 12h et de 14h à 18h. Les samedis sur rendez-vous. Fermé les dimanches et jours fériés.
Propriétaire : Nicolas Boiron
Maître de chai : Nicolas Boiron

VIGNOBLES ANDRÉ BRUNEL

Peu connu en France, André Brunel fait pourtant partie de l'élite de l'appellation Châteauneuf-du-Pape. Il produit des vins racés, dans un style où la minéralité et le raffinement sont des atouts majeurs. Toute la gamme est d'une grande régularité. Le châteauneuf-du-pape classique est une force tranquille, tout en finesse et en nuances. Les grandes années, le domaine produit en petite quantité une magnifique cuvée issue de vignes plantées en 1889 sur le plateau de Farguerol, baptisée Cuvée Centenaire, et qui a vu le jour en 1989. Rapidement, elle a connu un succès mondial largement mérité. Mais André Brunel possède encore quelques rares et magnifiques flacons anciens, de 1947 et 1967 ou, plus près de nous, des 1978, qui montrent un indéniable savoir-faire, que l'on retrouve dans la qualité des vins actuels.

Les vins : le châteauneuf-du-pape rouge 2015 est marqué par une note intense de thym et de romarin. Le fruit n'arrive qu'en deuxième lecture avec une note de cerise à l'eau-de-vie. La bouche est dense, relativement musclée. Ses tannins serrés se libéreront doucement après une garde d'au moins dix ans : un vin sérieux. Le châteauneuf-du-pape blanc 2016 est basé sur une belle fraîcheur végétale qui évoque le fenouil. La bouche se montre bien équilibrée, entre un fruit mûr mais qui garde du charnu et une belle allonge sapide. Un nez finement épicé et du fruit distingué dans Sommelongue : la bouche joue sur la délicatesse de tanins souples et un fruit déjà très ouvert. Enfin, Bécassonne est un blanc frais mais un peu simple et immédiat dans ses arômes, qui prend à l'air des notes agréables de fenouil. La bouche s'étire sur un fruit frais et désaltérant, mais bien équilibré.

⭢ Châteauneuf-du-Pape Les Caillloux 2016	24 €	17
⭢ Côtes du Rhône Domaine de la Bécassonne 2016	9 €	13,5
⭢ Châteauneuf-du-Pape Les Caillloux 2015	28 €	17
⭢ Côtes du Rhône Sommelongue 2015	9 €	14

Le coup de

⭢ Châteauneuf-du-Pape Domaine Les Caillloux 2014	24 €	17

Il délivre un fruit d'une grande pureté avec une petite note de fraise des bois et une texture d'une grande élégance, fine et soyeuse. Un très beau vin gracieux et raffiné.

Rouge : 50 hectares.
Grenache noir 65 %, Mourvèdre 20 %, Syrah 10 %
Blanc : 3 hectares.
Roussanne 50 %, Clairette 20 %
Production moyenne : 200 000 bt/an

VIGNOBLES ANDRÉ BRUNEL
2648, chemin de l'Oiselay, 84700 Sorgues
04 90 83 72 62 ●
www.domaine-les-cailloux.fr ● **Vente et visites :** au domaine sur rendez-vous. De 8h à 12h et de 14h à 17h.
Propriétaire : André Brunel
Directeur : Fabrice Brunel
Maître de chai : Romain Pitaud
Œnologue : Philippe Cambie

★★

DOMAINE CHARVIN

Situé dans les quartiers frais de Châteauneuf-du-Pape, le domaine Charvin produit des vins de facture très classique, sans éraflage, élevés en cuve béton. Sans perdre une certaine puissance, les vins ont depuis quelques millésimes gagné en finesse. La production s'appuie sur de vieux grenaches. Le simple côtes-du-rhône, une vraie gourmandise, nécessite quelques années de cave pour être à son meilleur, tout comme le châteauneuf-du-pape, dont le potentiel ne s'exprime qu'après une garde d'au moins cinq ans. Le domaine s'est enrichi de quelques vignes de raisins blancs et après quelques millésimes de calage, Laurent Charvin a trouvé son rythme de croisière. Son blanc va moins vers l'opulence et se montre plus juste en terme de maturité et d'énergie.

Les vins : le vin de pays aura besoin de temps pour se patiner ; marqué par une forte réduction, il offre déjà une bouche dense et ramassée, au fruit net et savoureux. Le côtes-du-rhône 2015 est plus gracieux. Très aérien, on peut le boire sur le fruit ou l'attendre pendant dix ans. Le châteauneuf-du-pape 2013, un rien fermé, laisse entrevoir au nez des petites notes d'épices et un parfum d'orangette. Mais la bouche campe encore sur sa solidité tannique : enfouissez-le dans votre cave. Le châteauneuf-du-pape blanc 2016 est classique, très marqué par le fenouil avec un sentiment de richesse au nez confirmé en bouche par un goût presque sucré. Un vin doux et gourmand, sphérique. Le côtes-du-rhône blanc 2016, très aromatique, est finement salin en bouche.

⟹ Châteauneuf-du-Pape 2016	30 €	16
⟹ Côtes du Rhône 2016	12 €	13
■ Châteauneuf-du-Pape 2013	30 €	16,5
■ Côtes du Rhône 2015	10,50 €	14
■ VDP Principauté Orange A Côté 2015	7 €	13

Le coup de ♥
■ Châteauneuf-du-Pape 2015	29 €	17,5

Un nez parfumé et intense sur le fruit rouge macéré et les épices douces. Sa complexité olfactive annonce un vin élégant et fin en bouche. Sa solide structure lui assure un demi-siècle de garde.

Rouge : 9,5 hectares.
Grenache noir 85 %, Syrah 5 %, Mourvèdre 5 %, Vaccarèse 5 %
Blanc : 0,5 hectare.
Bourboulenc 45 %, Roussanne 20 %, Clairette 20 %, Grenache blanc 15 %
Production moyenne : 35 000 bt/an

DOMAINE CHARVIN ♣
Chemin de Maucoil, 84100 Orange
04 90 34 41 10 ●
www.domaine-charvin.com ● Vente et visites : au domaine sur rendez-vous.
De 9h à 12h et de 14h à 17h.
Propriétaire : Laurent Charvin

CLOS DES PAPES

D'une régularité sans faille, la famille Avril exploite l'un des plus beaux domaines de Châteauneuf-du-Pape, composé d'une multitude de parcelles représentant les plus beaux terroirs de l'appellation. Refusant de céder aux modes des cuvées multiples, on ne produit ici qu'une seule et unique cuvée, en rouge comme en blanc, qui se maintient, décennie après décennie, dans le peloton de tête de Châteauneuf-du-Pape. Les vins présentent tout ce que nous sommes en droit d'attendre des châteauneufs du secteur : profondeur, velouté de texture et une richesse issue d'une maturité juste, jamais excessive, donnant un splendide potentiel de garde aux rouges comme aux blancs. L'archétype du grand châteauneuf-du-pape intemporel qui vieillit lentement, mais avec sérénité.

Les vins : nez précis au fruit gracieux et élégant pour le rouge 2015, qui danse entre note de petits fruits rouges et épices douces. Derrière une attaque délicate, le milieu de bouche s'affirme avec un rien de virilité. Porté par des tanins solides, voire rugueux, il doit encore grandir en bouteille.

■ Châteauneuf-du-Pape 2015	59 €	18

Le coup de ♥
⟹ Châteauneuf-du-Pape 2016	49 €	19

Un vin d'un réel raffinement. Son nez somptueux offre le sentiment de marcher à travers la garrigue. La bouche retranscrit à merveille ce raffinement. Un blanc de référence, millésime après millésime.

Rouge : 29 hectares.
Grenache noir 65 %, Mourvèdre 20 %, Syrah 10 %, Divers noir 5 %
Blanc : 3 hectares.
Roussanne 17 %, Bourboulenc 16,6 %, Grenache blanc 16,6 %, Picardan 16,6 %, Clairette 16,6 %, Picpoul 16,6 %
Production moyenne : 80 000 bt/an

CLOS DES PAPES
13, avenue Pierre-de-Luxembourg, BP 8, 84231 Châteauneuf-du-Pape Cedex
04 90 83 70 13 ●
clos-des-papes@clos-des-papes.com ● Pas de visites.
Propriétaire : Paul-Vincent Avril

DOMAINE JÉRÔME GRADASSI

Ancien cuisinier et chef étoilé, Jérôme Gradassi s'est reconverti dans le vin en 2004. Une reconversion qui prend ses racines dans une famille installée dans le vignoble châteauneuvois depuis des décennies puisque Jérôme est petit-fils de négociant par son père et de vigneron par sa mère. Il exploite un tout petit domaine de 5 ha, qu'il cultive seul avec le plus grand soin ; sa philosophie : faire du mieux qu'il peut avec les moyens dont il dispose. Il choisit une approche traditionnelle, des raisins peu ou pas éraflés et des fûts usagés – pas de bois neuf ! Travaillant avec la précision d'un chef étoilé, il aime les beaux produits, les raisins sains, riches et bien mûrs qu'il vinifie sans artifices. Ses blancs comme ses rouges se révèlent des valeurs sûres.

Les vins : le splendide blanc 2016 embaume la mer et le coquillage, complété d'une touche de fenouil. La bouche, tendue en attaque, se libère par une chair douce et pleine. On peut le boire sur le fruit ou le laisser grandir jusqu'à deux décennies.

Châteauneuf-du-Pape 2016	26 €	18

Le coup de

Châteauneuf-du-Pape 2015	22 €	19

Un nez parfumé qui évoque le thym, le romarin et les herbes du sud. Le fruit se libère à l'air et évoque la confiture de fraise des bois. Un châteauneuf-du-pape comme on les aime : gourmand, fin et équilibré. Splendide.

Rouge : 4,8 hectares.
Grenache noir 70 %, Mourvèdre 30 %
Blanc : 0,2 hectare.
Clairette 95 %, Grenache blanc 5 %
Production moyenne : 10 000 bt/an

DOMAINE JÉRÔME GRADASSI
20, rue de Verdun,
84230 Châteauneuf-du-Pape
04 90 83 79 56 •
dom.jerome.gradassi@wanadoo.fr • Vente et visites : au domaine sur rendez-vous.
Propriétaire : Jérôme Gradassi
Maître de chai : Jérôme Gradassi

★★
DOMAINE DE LA JANASSE

Cette grande propriété implantée à Courthézon, qui appartient depuis des générations à la famille Sabon, fait partie de l'élite châteauneuvoise. Les vignes de Châteauneuf-du-Pape sont en grande partie réparties sur la commune de Courthézon, avec un morcellement de parcelles et de sols que l'on retrouve à travers les diverses cuvées. Le domaine produit également des splendides, et importantes en volume, cuvées de côtes-du-rhône, provenant de vignes jouxtant l'appellation Châteauneuf-du-Pape. Avec des maturité souvent très élevées, les vins sont d'un style opulent, parfois un peu trop chaleureux lors des millésimes solaires. En contrepartie, les tanins et les textures sont toujours d'une grande finesse. Tout en conservant des textures un rien lisses depuis quelques millésimes, les vins sont moins portés sur la richesse et se montrent légèrement plus digestes.

Les vins : le vin de pays rosé est un peu simple. Nous lui préférons le côtes-du-rhône rosé, au nez de bourgeon de cassis, avec des notes de garrigue, dont la bouche vive et charnue offre un fruit gourmand. En blanc, le côtes-du-rhône affiche un nez franc et précis sur des notes d'herbes méridionales. La bouche offre un agréable équilibre entre vigueur et charnu, gourmandise et fraîcheur. Le viognier propose une bouche grasse et généreuse, le caractère du cépage reprend ses droits. Le côtes-du-rhône rouge est classique : un fruit net et équilibré mais des tanins solides qui doivent encore se fondre. Terre de Bussière 2014 montre une belle évolution aromatique sur des notes de suc de viande. La bouche conserve une certaine fermeté qui s'amadouera sur une belle viande saignante. Parmi les châteauneuf-du-pape, Tradition 2015 propose un nez profond sur le fruit confit. Il gagnera à être attendu deux ou trois ans pour patiner ses tanins. La cuvée Vieilles Vignes embaume le raisin sec et la confiture de fruit noir. La bouche gracieuse et douce est portée par cette maturité. Un vin très séduisant.

Côtes du Rhône 2016	10 €	13,5
VDP Principauté d'Orange Viognier 2016	10 €	13
Côtes du Rhône 2016	5 €	13
VDP Principauté d'Orange 2016	5,50 €	12,5
Châteauneuf-du-Pape Tradition 2015	32 €	15,5
Châteauneuf-du-Pape Vieilles Vignes 2015	74 €	17,5
Côtes du Rhône 2015	8 €	13,5
Côtes du Rhône-Villages Terre d'Argile 2015	15 €	14
VDP Principauté d'Orange Terre de Bussière 2014	9 €	14

Le coup de ♥

Châteauneuf-du-Pape Chaupin 2015	54 €	17

Un nez d'une grande élégance libère un fruit mûr. La bouche affiche ses ambitions avec des tanins fins et puissants, portés par la richesse assumée d'un fruit doux et sapide.

Rouge : 55 hectares.
Grenache noir 70 %, Mourvèdre 10 %, Carignan 10 %, Syrah 5 %, Divers noir 5 %
Blanc : 5 hectares.
Grenache blanc 60 %, Clairette 20 %, Roussanne 20 %
Production moyenne : 250 000 bt/an

DOMAINE DE LA JANASSE

27, chemin du Moulin, 84350 Courthézon
04 90 70 86 29 • www.lajanasse.com •
Vente et visites : au domaine sur rendez-vous.
Du lundi au vendredi de 8h à 18h. Le week-end sur rendez-vous.
Propriétaire : Aimé, Christophe et Isabelle Sabon

DOMAINE DE MARCOUX

Dirigé par Catherine et Sophie Armenier, le domaine de Marcoux s'impose au sommet des vins de l'appellation Châteauneuf-du-Pape. Il s'est orienté très tôt vers la culture biodynamique. Ici, les vins possèdent un naturel et une profondeur rares, une énergie et une puissance de bouche qui ne s'appuient sur aucun artifice d'élevage. Ces grands vins classiques, marqués par l'empreinte des grenaches mûrs, vieillissent à merveille. Malgré de fortes maturités, toutes les cuvées ont trouvé leur équilibre et paraissent moins chaudes que par le passé. La cuvée Vieilles Vignes, fleuron de la gamme, reste éblouissante de densité et de plénitude de corps, mais demande une garde importante. Les blancs s'imposent régulièrement parmi les plus beaux vins de l'appellation ; le travail des sols y est pour beaucoup. Les vins ont gagné en minéralité et en salinité. Année après année, le lirac devient une valeur incontournable.

Les vins : le châteauneuf-du-pape rouge offre un magnifique fruit épuré et pinotant. Malgré un fruit mûr et riche, le blanc laisse jaillir la salinité de son sol.

▱ Châteauneuf-du-Pape 2016	40 €	17
▬ Châteauneuf-du-Pape 2015	40 €	17

Le coup de ♥
▬ Châteauneuf-du-Pape Vieilles Vignes 2015   100 €   18,5

Son parfum évoque le fruit au chocolat. Un vin profond et riche au toucher de bouche fin, aux tanins tendres, à la matière suave et onctueuse. Du volume et de l'élégance, dans un esprit charnel, voire sensuel.

Rouge : 17 hectares.
Grenache noir 80 %, Syrah 10 %, Mourvèdre 10 %
Blanc : 1 hectare.
Roussanne 65 %, Divers blanc 25 %, Bourboulenc 10 %
Production moyenne : 20 000 bt/an

DOMAINE DE MARCOUX ♣

198, chemin de la Gironde, 84100 Orange
04 90 34 67 43 •
www.domainedemarcoux.com • Vente et visites : au domaine sur rendez-vous.
De 9h à 12h et de 14h à 17h.
Propriétaire : Catherine et Sophie Armenier

DOMAINE DE L'ORATOIRE SAINT-MARTIN

Frédéric et François Alary ont fait de ce domaine, bien situé sur le magistral terroir de Cairanne, l'un des crus majeurs de l'appellation, grâce à un travail méticuleux et respectueux de la vigne (rendements très limités, culture biologique, récolte à maturité optimale). Après avoir essayé et fait le tour de tous types de contenants, les deux frères élèvent désormais leur vins en foudre et en cuve béton, des modes d'élevages parfaitement adaptés aux vins du secteur. Ils produisent des vins cohérents, élégants et raffinés, qui livrent une belle interprétation civilisée du terroir. Il y a à la fois de l'amabilité, de la fougue et une énergie incroyable dans toute la gamme, pour un prix fort raisonnable.

Les vins : Haut-Coustias blanc offre une fine réduction à l'ouverture avant de retrouver la générosité du millésime dans une bouche pulpeuse et volumineuse. Ce vin de chair mérite quelques année de garde. En rouge, Les P'tits Gars, dégusté brut de cuve, offre un fruit déjà fort séduisant : un vin de soif consistant. Réserve des Seigneurs affiche un nez somptueux, entre notes sanguines et de fruits légèrement macérés, voire une touche de cigare Toscano. La bouche est dans le même registre, intense, équilibrée, mûre et soyeuse, chaleureuse et sereine, et exprime à merveille la finesse de ce terroir. Les Douyes traduit la chaleur du millésime dans un fruit plus confituré que frais. Laissez-le grandir en cave et servez-le légèrement frais afin d'apprécier son grain plutôt que son gras. Haut-Coustias évoque au nez le tabac blond davantage que le fruit. La bouche se montre dense, compacte et tendue, équilibrée par des tanins solides et fins. Encore dans la puissance de son jeune âge, il aura besoin de temps pour se patiner : patience.

▱ Côtes Du Rhône-Villages Cairanne Haut-Coustias 2015	19 €	15
▬ Côtes du Rhône Les P'tits Gars 2016	8,50 €	13,5

RHÔNE SUD

- Côtes du Rhône-Villages Cairanne Haut-Coustias 2015 — 19 € 15,5
- Côtes du Rhône-Villages Cairanne Les Douyes 2015 — 19 € 16
- Côtes du Rhône-Villages Cairanne Réserve des Seigneurs 2015 — 13 € 15,5

Le coup de ♥
- Côtes du Rhône-Villages Cairanne Réserve des Seigneurs 2016 — 12 € 14,5

Il sent les herbes du sud et livre une bouche mûre et vigoureuse. Ce vin plein, digeste et racé, fait saliver.

Rouge : 20 hectares.
Grenache noir 55 %, Mourvèdre 30 %, Syrah 10 %, Vaccarèse 3 %, Counoise 2 %
Blanc : 5 hectares.
Clairette 30 %, Roussanne 25 %, Marsanne 24 %, Grenache blanc 20 %, Viognier 1 %
Production moyenne : 100 000 bt/an

DOMAINE DE L'ORATOIRE SAINT-MARTIN ☾
**570, route de Saint-Roman,
84290 Cairanne
04 90 30 82 07** •
www.oratoiresaintmartin.com • Pas de visites.
Propriétaire : Frédéric et François Alary

★★
DOMAINE MARCEL RICHAUD

Il existe bien peu de vignerons aussi exigeants et complets en France, de la vigne au chai, que Marcel Richaud. Il est arrivé au sommet de son art depuis qu'il dispose d'un chai de vinification et d'élevage à la hauteur de ses ambitions. Pour l'amateur, le travail de ce producteur, sur son vaste domaine de 60 ha, est une bénédiction. Toute sa gamme atteint un niveau remarquable qui séduit immédiatement. Les vins gagnent, année après année, en finesse et en précision, tout en respectant l'équilibre et la maturité méridionale.

Les vins : Terre de Galets, intensément fruité, est harmonieux en bouche, et procurera beaucoup de plaisir au quotidien. Le cairanne 2015 évoque le thym et le romarin à l'ouverture. Sa bouche racée et gracieuse est d'une grande pureté. Un vin superbe. Le rasteau se démarque par sa bouche pulpeuse, consolidée par des tanins fins et puissants : on peut s'amuser à le boire sur le fruit mais il gagnera en harmonie après une petite garde. L'Ebrescade 2015 évoque la violette et la cerise noire bien mûre : d'un raffinement majeur, ce vin, année après année, gagne en pureté, en qualité de texture et en harmonie. La version 2014 accuse un nez racinaire avec le sentiment de prise de bois. Il faut l'aérer. Plein en bouche, il se montre un rien massif à ce stade. Le cairanne blanc respire le sud : on retrouve des notes de massepain, une bouche étonnamment vive pour le millésime, qui joue sur d'agréables amers type pamplemousse rose. Un vin déjà fort bon, et qui a cinq à dix ans devant lui.

- Côtes du Rhône L'Ebrescade 2014 — 20 € 14
- Côtes du Rhône L'Ebrescade 2015 — 20 € 16,5
- Côtes du Rhône Terre de Galets 2015 — 10 € 14
- Rasteau 2015 — 16 € 15,5
- Côtes du Rhône-Villages Cairanne 2015 — 15,50 € 15,5

Le coup de ♥
- Côtes du Rhône-Villages Cairanne 2015 — 14,50 € 15

Un nez qui évoque le thym et le romarin à l'ouverture. La bouche racée et gracieuse propose une texture fine et une élégance magnifique. Un fruit d'une grande pureté en dessine les contours. Superbe.

Rouge : 55,5 hectares.
Grenache noir 50 %, Mourvèdre 20 %, Syrah 15 %, Carignan 10 %, Counoise 5 %
Blanc : 4,5 hectares.
Bourboulenc 32 %, Clairette 30 %, Roussanne 25 %, Marsanne 7 %, Viognier 6 %
Production moyenne : 200 000 bt/an

DOMAINE MARCEL RICHAUD ♣
**470, route de Vaison-la-Romaine,
84290 Cairanne
04 90 30 85 25** •
marcel.richaud@wanadoo.fr • Vente et visites : au domaine sur rendez-vous. Du lundi au samedi de 9h à 12h et de 14h à 18h.
Propriétaire : Marcel Richaud

★★
CHÂTEAU DES TOURS - SARRIANS

Cette propriété située en bas de l'appellation Vacqueyras, dans le secteur de Sarrians, appartient à Emmanuel Reynaud, qui dirige aussi, depuis 1997, les Châteaux Rayas et Fonsalette. Elle est principalement dédiée à l'exaltation du cépage grenache en rouge comme en blanc. Le soin apporté à la viticulture et les risques pris lors des vendanges – les raisins sont les plus mûrs possibles – offrent une qualité de production très régulière. Les vins proposent une expression singulière du grenache, reconnaissable à l'aveugle au milieu de tous, jamais très fort en couleur mais toujours profond, élancé et épicé, avec un fruit exceptionnel. Ils nous servent de référent en termes d'équilibre et surtout de complexité, et montrent le potentiel de garde des vins du secteur. D'ailleurs, du simple vin de pays jusqu'au vacqueyras, ils sont toujours vendus après quelques années de vieillissement au domaine : c'est ainsi qu'ils s'affirment le mieux.

Les vins : le domaine ne nous ayant pas fait parvenir ses vins cette année, nous sommes amenés à reconduire les notes et les commentaires de notre édition précédente. Le rosé Parisy est sans équivalent, avec un nez envoûtant et une bouche légèrement sucrée. La gamme est toujours d'une grande cohérence. Le simple vin de pays rouge part sur des arômes de fraise des bois. La même cuvée en blanc sent les herbes, et offre la générosité d'un fruit gorgé de soleil. Avec le côtes-du-rhône rouge, on monte en élégance et en intensité. Le côtes-du-rhône blanc montre une belle vigueur en bouche. On les boira certainement avant le vacqueyras 2009, qui porte encore la chaleur du millésime, et qu'il faut encaver quelques années.

⊂ Côtes du Rhône 2012	15 €	15,5
⊂ IGP Vaucluse Domaine des Tours 2012	10 €	14
■ Côtes du Rhône 2012	15 €	15,5
■ IGP Vaucluse Domaine des Tours 2012	10 €	14,5
■ Vacqueyras 2009	27 €	15,5
■ VDT Parisy 2014	10 €	15

Rouge : 36 hectares.
Grenache noir 42 %, Cinsault 35 %, Counoise 10 %, Syrah 5 %, Merlot 5 %
Blanc : 3 hectares.
Clairette 100 %
Production moyenne : 120 000 bt/an

CHÂTEAU DES TOURS - SARRIANS
**Quartier des Sablons, 84260 Sarrians
04 90 65 41 75 ● chateaurayas.fr ● Vente et visites : au domaine sur rendez-vous. Du lundi au vendredi de 9h à 12h et de 14h à 18h, ouvert le samedi matin de 10h à 12h sur rendez-vous.
Propriétaire : Emmanuel Reynaud**

VIEUX TÉLÉGRAPHE

Sous le nom de Vieux Télégraphe, nous avons regroupé les domaines du Vieux Télégraphe, Piedlong ainsi que Les Pallières, en Gigondas, le tout appartenant aux frères Brunier. Les splendides galets de la Crau, terroir chaud, sont à l'origine de la typicité des vins du Vieux Télégraphe. Le domaine y produit une cuvée importante et unique, d'une grande régularité. Des raisins peu ou pas éraflés, élevés dans de vieux foudres, donnent des vins riches, ayant besoin d'une longue garde pour dissiper leur énergie. Dès lors, ils retrouvent toute la minéralité de ce superbe terroir. Situé au centre du village de Châteauneuf-du-Pape, le vignoble est majoritairement planté sur le plateau de Pielong et dans le quartier, plus sableux, de Pignan. Les vins sont toujours droits et purs, plus élégants qu'imposants. Le reste de la production est déclassé dans la cuvée Télégramme. Enfin, le domaine Les Pallières, magnifique vignoble de Gigondas, est situé en terrasses sous les Dentelles de Montmirail. Le vin s'exprime dans un style profond, structuré et sans lourdeur.

Les vins : Les Racines, long, avec ce qu'il faut de chair et d'épaisseur, propose un nez élégant et très fin. Les tanins sont solides et mûrs. Le fruit en bouche est frais. Terrasse du Diable 2014, frais en bouche, doit vieillir en cave deux à trois ans. Sa minéralité signe son terroir. La cuvée Télégramme 2015 accuse un nez qui évoque le pruneau, signant la haute maturité du millésime. Bouche dense et fluidité chaleureuse. Un nez évolué dans le respect du fruit pour Piedlong : on bascule vers des notes de suc de viande. La bouche est d'une grande délicatesse de texture. Jolie finale saline.

■ Châteauneuf-du-Pape Piedlong 2013	36 €	17,5
■ Châteauneuf-du-Pape Télégramme 2015	24 €	16
■ Gigondas Les Pallières Les Racines 2014	29 €	15,5
■ Gigondas Les Pallières Terrasse du Diable 2014	28 €	15

Le coup de ♥
■ Châteauneuf-du-Pape 2015	60 €	17,5

Nous aimons son nez complexe aux notes florales, sa bouche riche et solaire, à la finesse de grain préservée. On retrouve le terroir de la Crau dans ce fruit puissant et intense en bouche qui, affichant un haut degré de maturité, évolue sur d'élégantes notes d'écorces d'orange.

Rouge : 115 hectares.

Grenache noir 65 %, Syrah 15 %, Mourvèdre 15 %, Divers noir 5 %
Blanc : 8 hectares.
Clairette 40 %, Grenache blanc 30 %, Roussanne 15 %, Bourboulenc 15 %
Production moyenne : 410 000 bt/an

VIEUX TÉLÉGRAPHE
3, route de Châteauneuf-du-Pape, 84370 Bedarrides
04 90 33 00 31 • www.vieux-telegraphe.fr
• Vente et visites : au domaine sur rendez-vous.
Du lundi au vendredi de 8h à 12h et de 14h à 17h30.
Propriétaire : Frédéric et Daniel Brunier

★★ DOMAINE DE VILLENEUVE

Depuis le millésime 1995 (le troisième de la propriété), ce domaine au parcours remarquable n'a jamais déçu. Ses vins donnent l'exemple d'un classicisme castelnuvien renouvelé. Empreints d'harmonie et d'équilibre, ils brillent par leur profondeur de texture et leur soyeux. Dénué de lourdeur, le châteauneuf-du-pape possède beaucoup de fond.

Les vins : La Griffe affiche un nez légèrement sanguin. Le fruit reste pourtant digeste en bouche, avec des tanins d'une grande finesse. Déjà bon à boire, il mérite deux à trois ans de garde supplémentaire.

 Côtes du Rhône La Griffe 2016   20 €   14

Le coup de ♥
 Châteauneuf-du-Pape Les Vieilles Vignes 2014   38 €   18,5

Nous saluons l'élégance de sa palette aromatique, autour de la fraise des bois. La bouche est d'un délié et d'une délicatesse incroyables, sur des notes somptueuses de rose. Magistral.

Rouge : 12 hectares.
Grenache noir 60 %, Mourvèdre 18 %, Syrah 14 %, Cinsault 7 %, Divers noir 1 %
Production moyenne : 25 000 bt/an

DOMAINE DE VILLENEUVE ☾
Route de Courthézon, 84100 Orange
04 90 34 57 55 •
www.domaine-de-villeneuve.fr • Vente et visites : au domaine sur rendez-vous.
Propriétaire : Stanislas Wallut

★ LA BARROCHE

Le domaine La Barroche possède de très belles parcelles de vieilles vignes, plantées sur des secteurs prestigieux de l'appellation Châteauneuf-du-Pape, à la fois sur des terroirs de galets et de sable. C'est aujourd'hui Julien Barrot, valeur montante de Châteauneuf-du-Pape, qui supervise le domaine. Il change les pratiques culturales en apportant plus d'exigence à la tenue du vignoble : vendange en vert, baisse des rendements, travail des sols. Les progrès ne se font pas attendre. En cave, il pratique des extractions douces en gardant tout ou une partie de la rafle selon sa maturité. Les vins sont d'une grande élégance, fins et intenses, parfois avec des maturités un peu trop élevées, mais compensées par un fruit toujours généreux. La nouvelle cave est installée 16, chemin du Clos, à Châteauneuf.

Les vins : le châteauneuf-du-pape du domaine propose un nez élégant, parsemé de petites épices. La bouche garde cette harmonie. Déjà fort bon, il ne fera que grandir ces dix prochaines années.

 Châteauneuf-du-Pape 2014   35 €   16,5

Le coup de
 Châteauneuf-du-Pape Pure 2014   74 €   17,5

Un nez très délicat et nuancé. En bouche, Pure se démarque par une texture d'une grande finesse et un toucher de bouche extrêmement soyeux. Comme son nom l'indique, le fruit apparaît très épuré.

Rouge : 15 hectares.
Grenache noir 62 %, Mourvèdre 17 %, Syrah 13 %, Cinsault 5 %, Divers noir 3 %
Production moyenne : 35 000 bt/an

LA BARROCHE
19, avenue des Bosquets, 84230 Châteauneuf-du-Pape
06 62 84 95 79 •
www.domainelabarroche.com • Vente et visites : au domaine sur rendez-vous.
Propriétaire : Julien et Laetitia Barrot

★ DOMAINE DE BEAURENARD

Il faut avoir goûté les vieux châteauneuf-du-pape des années 1950 et 1960 du domaine Beaurenard, en rouge comme en blanc, pour comprendre à la fois le potentiel et l'évolution de la production de ce domaine emblématique dont le savoir-faire s'est transmis de génération en génération. Sans renier leur héritage, les frères Coulon ont quitté les vins traditionnels pour évoluer vers des vins plus modernes. Les rouges sont devenus sombres, denses, avec une certaine recherche de puissance, voire une pointe d'austérité. Dans les deux couleurs, les élevages sont marqués par un boisé prégnant, notamment la cuvée haut-de-gamme Boisrenard. Depuis quelques millésimes, leurs vins semblent trouver de meilleurs équilibres : ils sont plus dynamiques et vivants. Certifiée en agriculture biologique, la production de Daniel et Frédéric Coulon a évolué vers la biodynamie. Sans quitter la densité et la pointe de modernité recherchée, leurs vins musclés, absorbant mieux leur élevage, restituent avec plus de justesse un fruit prometteur dès le jeune âge, et une belle énergie puisée dans le sol de leurs vignes, qui les accompagnera dans le temps.

Les vins : le châteauneuf-du-pape blanc est encore dans l'empreinte du raisin au nez. La bouche s'impose par une matière vive, élancée, presque acidulée. Encavez-le. Boisrenard développe une note de fusain et de fruits noirs. On retrouve l'élégance de son nez en bouche. Un vin soyeux, volumineux, dont l'élevage en filigrane s'intègre au fruit. La bouche du châteauneuf-du-pape 2015 est signée par la maturité du millésime, avec un fruit ample et chaleureux. Le rasteau du domaine, au nez intense de fruits noirs bien mûrs, offre une bouche aux tanins souples, qui reflète à la fois la finesse et la force de ce terroir : servez-le frais.

⌐ Châteauneuf-du-Pape 2016	29,50 €	16
▬ Châteauneuf-du-Pape 2015	31 €	16
▬ Châteauneuf-du-Pape Boisrenard 2015	51 €	17,5
▬ Côtes du Rhône-Villages Rasteau 2015	13,50 €	14,5

Le coup de ♥
▬ Côtes du Rhône-Villages Rasteau Les Argiles Bleues 2015	22,50 €	15

D'une grande élégance : ce joli vin aux tanins fins, à la maturité élevée mais bien équilibrée, propose un toucher de bouche très agréable et se livre déjà.

Rouge : 63 hectares.
Grenache noir 70 %, Syrah 10 %, Mourvèdre 10 %, Cinsault 6 %, Muscardin 1 %, Vaccarèse 1 %, Terret rouge 1 %, Counoise 1 %
Blanc : 3 hectares.
Clairette 30 %, Bourboulenc 25 %, Roussanne 22 %, Grenache blanc 20 %, Picpoul 3 %
Production moyenne : 250 000 bt/an

DOMAINE DE BEAURENARD ☾

10, avenue Pierre-de-Luxembourg, 84230 Châteauneuf-du-Pape
04 90 83 71 79 ● www.beaurenard.fr ●
Vente et visites : au domaine sur rendez-vous.
Du lundi au samedi de 9h à 12h et de 13h30 à 17h30. Sur rendez-vous le dimanche.
Propriétaire : Daniel et Frédéric Coulon

DOMAINE BOIS DE BOURSAN

Le domaine Bois de Boursan a été créé au milieu des années 1950 par le père de Jean-Paul Versino. Ce dernier l'a rejoint en 1983, après avoir quitté l'université. Sa seule formation, il l'a puisée dans les livres et en suivant l'expérience de son père qui travaille depuis toujours en viticulture biologique. "Je n'ai pas été contaminé par la culture des années 80, qui incitait à faire du rendement en s'orientant vers le chimique", confie Jean-Paul. Ici, on produit de très beaux châteauneuf-du-pape dans un style classique à dominante de grenache non érafé, élevé en foudre. En 1995, le domaine s'agrandit de quelques parcelles de très vieilles vignes et, parallèlement, le marché est en demande de vins plus puissants. Ainsi naît la cuvée Félix, élevée dans des barriques usagées avec 25 % de mourvèdre. Si nous préférons la très belle cuvée Tradition pour son équilibre, sa profondeur et son soyeux, les amateurs de vins plus structurés se dirigeront vers la cuvée Félix. Dans un style très différent, ce sont deux vins de haute volée.

Les vins : le nez de Félix évoque le pruneau et la datte, voire l'encre de seiche. En bouche, après une attaque fine, il montre beaucoup de solidité.

▬ Châteauneuf-du-Pape Félix 2015	35 €	16,5

Le coup de ♥
▬ Châteauneuf-du-Pape 2015	20 €	16,5

Une légère réduction marque le premier nez du châteauneuf-du-pape, sans dénaturer le fruit. La bouche, charnue, offre une matière dense et trapue, portée par une maturité qui libère une note chaleureuse sur la fin de bouche.

Rouge : 15 hectares.
Grenache noir 75 %, Syrah 8 %, Mourvèdre 8 %
Blanc : 1 hectare.
Clairette 35 %, Roussanne 15 %, Bourboulenc 15 %
Production moyenne : 40 000 bt/an

RHÔNE SUD

DOMAINE BOIS DE BOURSAN ♣
44, chemin du Clos, Quartier Saint Pierre, 84230 Châteauneuf-du-Pape
04 90 83 73 60 •
boisdeboursan.perso.sfr.fr/ • Vente et visites : au domaine sur rendez-vous. Du lundi au vendredi de 8h à 12h et de 13h30 à 16h30. Sur rendez-vous le week-end.
Propriétaire : Famille Versino
Directeur : Jean et Jean-Paul Versino

DOMAINE LA BOUÏSSIÈRE

Le domaine La Bouïssière fait partie des références de l'appellation Gigondas. Son vignoble, bien situé sur les hauteurs des Dentelles de Montmirail, à 400 mètres d'altitude, donne des vins minéraux et intenses. Le domaine produit deux gigondas, une cuvée Tradition à base de grenache, de syrah et de mourvèdre, et une cuvée haut-de-gamme baptisée Font de Tonin. Cette dernière provient de très vieux grenaches (à 70 %) complétés par des mourvèdres de plus de 75 ans. Vendange égrappée dans sa quasi-totalité, cuvaison longue, élevage de douze mois en fût neuf pour partie, donnent naissance ici des vins fins, précis et racés. Le domaine possède également des vignes à Beaumes-de-Venise. Le premier millésime a vu le jour en 2012. Les frères Gilles et Thierry Faravel présentent des vins profonds et racés, qui développent avec les années une belle complexité.

Les vins : le vin de France au fruit d'une grande pureté se montre frais et ample avec des tanins souples. Il doit encore s'affiner à l'élevage mais fera un bon compagnon au quotidien grâce à sa finale chocolatée et sa petite note poivrée. Le beaumes-de-venise est doté d'un parfum intense de coulis de fruit rouge, de poivre, voire d'épices douces. Un millésime de plaisir par sa fraîcheur, bien que la maturité et la puissance des tanins aient été recherchées jusqu'au dernier centimètre de la peau. Patience pendant deux à trois ans. Le vacqueyras 2015, doté d'une note de végétal noble et d'un fruit mûr sans excès, propose une chair dense, un fruit intense, des tanins solides mais fins : une bouche chaleureuse et équilibrée. Un vin puissant dont les légers amers en fin de bouche se dissiperont dans le temps. Font de Tonin affiche une grande maturité et un parfum guidé par son élevage, avec des notes de raisins au rhum qui nous éloignent du fruit originel ; on pourra être séduit par l'épaisseur de sa texture plus que par la complexité de ses parfums.

Beaumes de Venise Tradition 2014	14 €	14,5
Gigondas Font de Tonin 2015	26 €	14
VDF Les Amis de la Bouïssière 2016	7,50 €	13,5
Vacqueyras Tradition 2015	15 €	14,5

Le coup de ♥
Gigondas Tradition 2015	16 €	16

Une note de cerise à l'eau-de-vie au nez. Sa bouche est racée et élégante, tout en affichant l'assise et la solidité du terroir de Gigondas. Un vin profond gorgé de fruit.

Rouge : 9 hectares.
Grenache noir 65 %, Syrah 25 %, Mourvèdre 10 %
Production moyenne : 30 000 bt/an

DOMAINE LA BOUÏSSIÈRE
15, rue du portail, 84190 Gigondas
04 90 65 87 91 • www.labouissiere.com/ •
Pas de visites.
Propriétaire : Gilles et Thierry Faravel
Œnologue : Laboratoire Philis

DOMAINE DU CAYRON

Avec des vignes âgées de 40 ans en moyenne et un vignoble bien exposé sur les coteaux de Gigondas, le Domaine du Cayron bénéficie de tous les atouts pour produire un très bon vin. On retrouve ici avec joie l'archétype du gigondas vigoureux mais élégant, élevé en foudre et en cuve, issu de raisins non éraflés.

Les vins : un seul vin proposé à la dégustation cette année, mais une belle réussite !

Le coup de ♥
Gigondas 2015	18 €	15

Derrière une robe soutenue, on retrouve un nez de cassis frais et basilic. La bouche se montre dense, avec du relief, voire de petites aspérités. Les tanins auront besoin de temps pour se patiner, même si le fruit qui les enrobe se montre charnu. En fin de bouche, on retrouve la maturité du millésime dans une touche chaleureuse.

Rouge : 17 hectares.
Grenache noir 78 %, Syrah 14 %, Cinsault 6 %, Mourvèdre 2 %
Production moyenne : 60 000 bt/an

DOMAINE DU CAYRON
59, rue de la Libération, 84190 Gigondas
04 90 65 87 46 •
cayron.faraud@alicepro.fr • Vente et visites : au domaine sur rendez-vous.

Du lundi au vendredi de 9h à 12h30 et de 13h30 à 17h30. Le samedi sur rendez-vous.

Propriétaire : Michel Faraud

DOMAINE JEAN DAVID

Installé à Séguret depuis trente ans, Jean David est issu d'une vieille famille paysanne. Il travaille selon les principes de l'agriculture biologique depuis 1985. Partisan des raisins non-éraflés, il est en perpétuelle recherche, privilégiant la rondeur à la puissance. Certaines de ses cuvées, tel Le Beau Nez rouge, sont vinifiées et élevées sans soufre mais rectifiées à la mise en bouteille. Amoureux des vieilles vignes de grenache, il livre la magie de ce grand cépage du sud dans ses vins soyeux et toujours intensément parfumés. Il produit également de merveilleux vins blancs. Toute la production est hautement recommandable.

Les vins : le blanc, mi-roussanne, mi-bourboulenc, est très aromatique avec une belle fraîcheur en bouche. Son attaque est ciselée, son milieu de bouche charnu. Un blanc méridional de belle facture. Le côtes-du-rhône rouge 2015 offre un nez somptueux qui mène droit dans la garrigue, complété par des notes de graines de fenouil et de fruit noir. Intense et parfumé, dans un respect magnifique du fruit. La bouche conserve cet esprit : elle présente à la fois une belle sève et une densité tannique qui lui assurera quelques années de garde. Le séguret 2015 s'impose par son nez sauvage à l'ouverture. Il évolue sur une note de fusain et de gelée de fruits noirs, voire de cacao. La bouche, dotée d'un fruit raffiné presque sucré, pur et intense, conserve cette chair et cette sensualité toute méridionale. Superbe. De couleur sombre, Le Beau Nez évoque la prune et la tarte fine au chocolat. La bouche dense, avec un fruit épais et généreux, aura besoin de temps pour amadouer la masse tannique solide, cependant équilibrée pour cette cuvée encore dans sa gangue.

▻ Côtes du Rhône Village Séguret 2016	9,50 €	13,5
▬ Côtes du Rhône 2015	8 €	14
▬ Côtes du Rhône-Villages Séguret 2015	10 €	14,5
▬ Côtes du Rhône-Villages Séguret Le Beau Nez 2016	14 €	14,5

Le coup de

▬ Côtes du Rhône-Villages Séguret Les Couchants 2015	16 €	15

Il livre un équilibre magistral entre un fruit mûr à souhait et des tanins souples, mais bien présents. Très parfumé, il évoque la petite cerise à l'eau-de-vie et le chocolat, signe d'une grande maturité des raisins. Un séguret de haute volée.

Rouge : 14,06 hectares.
Grenache noir 55 %, Cinsault 20 %, Counoise 13 %, Carignan 7 %, Syrah 5 %
Blanc : 0,94 hectare.
Roussanne 50 %, Bourboulenc 50 %
Production moyenne : 40 000 bt/an

DOMAINE JEAN DAVID ♣
Le Jas, 84110 Seguret
04 90 46 95 02 ●
www.domaine-jean-david.com ● **Vente et visites :** au domaine sur rendez-vous.
De 10h à 18h, sauf dimanches et jours fériés.
Propriétaire : Jean David
Maître de chai : Jean-Luc Auffret
Œnologue : Philippe Cambie

★

DOMAINE DE LA FERME SAINT-MARTIN

Situé dans le secteur de Suzette, juste au pied des Dentelles de Montmirail, le domaine pratique une agriculture biologique. Les vins sont vinifiés par terroir et par origine des sols. Le soufre est utilisé seulement pour la mise en bouteille. Brillant et discret vigneron de l'appellation Beaumes de Venise, Guy Jullien cède peu à peu les rênes du domaine à son fils, qui vinifie les vins depuis 2010 dans le même esprit, avec un rien de délicatesse en plus. Les vins produit sont fins, précis, intenses avec, pour fil conducteur, une minéralité qui n'est pas sans évoquer les Dentelles au pied desquelles les vins prennent naissance. Toutes les cuvées s'imposent comme des valeurs sûres, du ventoux au beaumes-de-venise.

Les vins : le ventoux rosé développe un parfum délicat de petits fruits rouges et d'épices. La bouche, équilibrée, s'impose par une matière épurée avec vivacité et un fruit à maturité, sans excès. Les Estaillades développe un nez gracieux et profond de réglisse voire de tabac blond. La bouche garde cet esprit des vins natures, au fruit généreux et précis. Les tanins sont puissants mais mûrs, prolongés par un final chocolaté. Les Romanins : un vin de soif déjà bon à boire sur le croquant de son fruit, même s'il grandira deux ou trois ans. Les Terres Jaunes présente un nez sanguin de viande fraîche. À l'air, des notes de fruits noirs s'imposent. La bouche veloutée signe un millésime de belle maturité. Un vin somptueux, déjà agréable, au potentiel énorme. On note un parfum de prune et de gelée de cerises noires pour le Saint-Martin. La bouche, dense, campe aujourd'hui sur sa structure même si le fruit reste très présent. Beaucoup de relief et une puissance à canaliser par un vieillissement prolongé. Patience. Quant au blanc, il libère peu à peu des notes d'herbes fraîches et d'abricot confit. Les 80 % de roussanne lui donne un nez presque exubérant et une bouche grasse et ample, portée par un fruit savoureux intense, tout en gardant de la fraîcheur ; allonge saline. Peu ou pas de soufre, mais une grande précision aromatique et une netteté dans le fruit en bouche exemplaire. Bravo !

Côtes du Rhône 2015	14,80 €	14
Ventoux Rosé d'Entrevon 2016	7,20 €	13,5
Beaumes de Venise Les Terres Jaunes 2015	10,80 €	15
Beaumes de Venise Saint-Martin 2015	14,30 €	15
Côtes du Rhône Les Romanins 2016	7,20 €	13,5
Ventoux Les Estaillades 2016	8,50 €	14,5

Le coup de ♥

Ventoux La Gérine 2016	8 €	14,5

Le nez somptueux évoque un bouquet de fleurs. La bouche retranscrit cette élégance par un toucher délicat et un fruit d'une grande pureté, très digeste. Un vin exemplaire qui confirme ce que nous avions dégusté en primeur.

Rouge : 23 hectares.
Grenache noir 52 %, Syrah 25 %, Cinsault 10 %, Mourvèdre 8 %, Counoise 5 %
Blanc : 2 hectares.
Clairette 45 %, Roussanne 45 %, Grenache blanc 10 %
Production moyenne : 100 000 bt/an

DOMAINE DE LA FERME SAINT-MARTIN ♣
84190 Suzette
04 90 62 96 40 •
www.fermesaintmartin.com • Vente et visites : au domaine sur rendez-vous.
De 10h à 12h et de 14h à 18h.

Propriétaire : Guy et Thomas Jullien

MOULIN DE LA GARDETTE

Ce domaine de Gigondas est depuis longtemps une valeur sûre de l'appellation. Il est exploité par Jean-Baptiste Meunier depuis 1990, et compte 10 ha constitués de 25 parcelles, où les vignes atteignent en moyenne l'âge respectable de 50 ans. Elles sont situées entre 100 et 330 mètres d'altitude. En 2012, le domaine est certifié bio. Il produit plusieurs cuvées, dont Ventabren, qui compte parmi les meilleurs vins du secteur. La première étoile a été obtenue dans notre édition 2016.

Les vins : la Petite Gardette 2016 est un concentré de fruits noirs macérés. Une grande maturité que l'on retrouve dans une bouche dense, riche et juteuse, aux tanins encore bien solides, mais fins. Il ne faudra pas le boire avant deux ou trois ans. La Petite Gardette 2015 se démarque par un nez solaire, faisant ressortir des notes puissantes de fruits noirs, voire de prune. À l'inverse, la bouche, malgré la richesse et la maturité, trouve un bel équilibre avec des tanins souples et tendres. Un vin de chair doté d'un joli grain. Le gigondas Tradition offre un beau nez sur le végétal noble, avec un fruit pur et solaire, bien équilibré. La bouche racée et juteuse propose de jolis petits amers typés cacao, qui accompagnent à merveille la richesse du millésime. Un classique de l'appellation. Ventabren 2014 retranscrit parfaitement l'esprit du millésime par ses notes de petits fruits rouges encore très frais. Sa bouche reste dense et massive, avec des tanins qui ont besoin de se fondre.

Gigondas La Petite Gardette 2015	N.C.	15
Gigondas La Petite Gardette 2016	N.C.	14,5
Gigondas Tradition 2015	17 €	16,5
Gigondas Ventabren 2014	25 €	15,5

Le coup de ♥

Gigondas Ventabren 2015	25 €	16,5

Un fruit très pur et une touche florale. La bouche, malgré sa densité, se montre raffinée et aérienne. Ce vin précis grandira sur vingt ans au minimum.

Rouge : 10 hectares.
Grenache noir 70 %, Syrah 17 %, Cinsault 7 %, Mourvèdre 6 %
Production moyenne : 30 000 bt/an

MOULIN DE LA GARDETTE ♣
Place de la Mairie 84190 Gigondas
04 90 65 31 51 ●
www.moulindelagardette.com ● Pas de visites.
Propriétaire : Jean-Baptiste Meunier

DOMAINE GUILLAUME GROS

Installé dans le Luberon en 2001, Guillaume Gros est un ancien sommelier qui a franchi la barrière pour aller jusqu'au bout de sa passion du vin. Il a fait ses classes en Alsace chez André Ostertag, où il a appris à observer la vigne et à déguster les raisins. Puis il s'est dirigé dans le Rhône chez Yves Gras, au Domaine Santa Duc, à Gigondas, pour finir au Domaine de la Janasse à Châteauneuf-du-Pape. Vigneron perfectionniste, Guillaume Gros ne revendique aucune appartenance, travaillant ses vignes dans un esprit proche de l'agriculture biologique et basé sur l'observation des cycles et de la lune. Il cherche à définir l'identité des terroirs du Luberon à travers ses 28 parcelles, mais ne veut surtout pas faire des vins pour touristes. Sa méthode : un travail sans relâche dans les vignes. Le résultat : des vins nets, précis, équilibrés, généreux mais sans maturités excessives. Blancs comme rouges s'avèrent des vins de référence.

Les vins : le domaine ne nous ayant pas fait parvenir ses vins cette année, nous sommes amenés à reconduire les notes et les commentaires de notre édition précédente. À Contre-Courant 2013 prend davantage l'identité d'un vin septentrional que méridional, avec cette recherche parfois excessive de fraîcheur et de minéralité ou de sous-maturité. Vin tendu, très incisif et ciselé, avec des notes d'herbes, qui rappellent un peu le Sud malgré sa chair peu épaisse. Le luberon rouge 2012, encore en cuve, affiche une robe sombre et une matière éclatante d'un fruit très légèrement patiné par cet élevage long, mais encore dans sa gangue, qui laisse ressurgir une note de suc de viande. Le Côteau de l'Ara 2012 évoque la réglisse, la gelée de fruits noirs ; il faudra du temps pour que cette bouche dense et concentrée se détende. Les Bigières 2012 offre un parfum de tabac brun et de cuir. Il prend une double orientation, entre une sensation de coulis de framboise et une note puissante de caoutchouc, qui peine à partir. Bouche dense et compacte. À attendre.

▷ VDF À Contre-Courant 2013   24 €   14
▬ Luberon Côteau de l'Ara 2012   24 €   14,5
▬ Luberon Les Biguières 2012   23 €   14,5
▬ Luberon 2012   14 €   15

Rouge : 7 hectares.
Grenache noir 50 %, Syrah 25 %, Carignan 20 %, Mourvèdre 5 %
Blanc : 1 hectare.
Grenache gris 65 %, Sauvignon blanc 35 %
Production moyenne : 18 000 bt/an

DOMAINE GUILLAUME GROS
325, Chemin du Carraire, Quartier Bouteiller 84660 Maubec
04 90 76 63 30 ●
www.domaineguillaumegros.com ● Vente et visites : au domaine sur rendez-vous.
Propriétaire : Guillaume Gros

VIGNOBLES MAYARD

Les vignobles Mayard possèdent un grand domaine de 43 ha en appellation Châteauneuf-du-Pape, qu'ils travaillent en agriculture dite raisonnée. Les principales cuvées sont le Clos du Calvaire, beau vin classique plein, riche, d'une belle complexité ; la cuvée Domaine du Père Pape, plus solide et plus ambitieuse, destinée à la garde. Enfin, issue du terroir de la Crau, une très belle cuvée qui mérite le détour : La Crau de ma Mère. Un vin solaire comme son terroir, à la fois puissant et racé.

Les vins : Clos du Calvaire offre un nez puissant de pruneau de réglisse et de confiture de fruit. La bouche se montre dense et ramassée. Il aura besoin de temps pour s'affiner. Domaine du Père Pape affiche une robe sombre et un nez sur la cerise noire, voire une touche de pruneau : une maturité extrême que l'on retrouve dans une bouche dense, dont les tanins puissants demanderont du temps pour se fondre. La Crau de ma Mère rouge nécessite une bonne aération ; la bouche délivre un très joli fruit, une matière assez souple à l'attaque. Ses tanins se fondront avec le temps.

▬ Châteauneuf-du-Pape Clos du Calvaire 2015   21 €   15,5
▬ Châteauneuf-du-Pape Domaine du Père Pape 2015   28 €   16
▬ Châteauneuf-du-Pape La Crau de Ma Mère 2013   34 €   16,5

Le coup de ♥
▷ Châteauneuf-du-Pape La Crau de Ma Mère 2015   26,50 €   16

Ce blanc charnu et sensuel prend au nez une note agréable d'amande fraîche et de fenouil.

RHÔNE SUD

La bouche très tendre est marquée par un fruit doux et mûr, avec de jolis amers en finale.

Rouge : 41 hectares.
Grenache noir 65 %, Syrah 15 %, Mourvèdre 15 %, Cinsault 5 %
Blanc : 2 hectares.
Grenache blanc 40 %, Clairette 30 %, Roussanne 20 %, Bourboulenc 10 %
Production moyenne : 100 000 bt/an

VIGNOBLES MAYARD

24, avenue Baron-le-Roy, BP 16,
84231 Châteauneuf-du-Pape Cedex
04 90 83 70 16 • www.vignobles-mayard.fr
• Vente et visites : au domaine sur rendez-vous.
De 10h à 18h30.
Propriétaire : Famille Mayard
Directeur : Françoise Roumieux
Œnologue : Philippe Cambie

DOMAINE L'OR DE LINE

Ingénieur agronome de formation, Gérard Jacumin a travaillé dans la finance à Paris avant de revenir au domaine familial en 1989. Parallèlement à son activité de vigneron, il enseigne, à l'université d'Avignon, le marketing, la finance et l'export. Sa formation d'ingénieur l'a poussé vers l'agriculture biologique, et la totalité du domaine est certifié bio depuis 2012. Mais cet homme dynamique aime les défis : par curiosité, il explore la biodynamie. Ce producteur méticuleux produit des vins charnus, gracieux et soyeux. Nous aimons la cuvée du domaine, à l'assemblage original avec ses 10 % de clairette rose. La magnifique cuvée haut-de-gamme Paule Courtil est à forte dominante de grenache. Ici, on érafle peu ou pas les raisins.

Les vins : le rouge du domaine 2015 s'affirme par un nez sanguin, une bouche à la fois dense et structurée, ainsi qu'un fruit d'une réelle gourmandise. Le blanc 2016 livre un nez sur le fenouil et la pâte d'amande. Son style valorise la richesse du fruit, qu'on retrouve dans une bouche généreuse qui offre une belle allonge sur une note saline. La qualité des vins est superbe, et mérite la première étoile accordée cette année.

▷ Châteauneuf-du-Pape 2016 24,50 € 17

▷ Châteauneuf-du-Pape 2015 24 € 16,5

Le coup de ♥
▷ Châteauneuf-du-Pape Paule Courtil 2015 37,50 € 18

Un nez somptueux, très floral et parsemé de petites notes de fraise des bois. La bouche affiche une grande délicatesse de texture et un toucher raffiné. Un vin qui s'impose davantage par son soyeux et son élégance que par sa puissance. Superbe.

Rouge : 7 hectares.
Grenache noir 55 %, Syrah 15 %, Mourvèdre 15 %, Divers noir 10 %, Clairette rose 5 %
Blanc : 2 hectares.
Grenache blanc 27 %, Picardan 24 %, Roussanne 20 %, Picpoul 14 %, Clairette 10 %, Bourboulenc 5 %
Production moyenne : 4 000 bt/an

DOMAINE L'OR DE LINE ♣

28, rue Porte Rouge,
84230 Châteauneuf-du-Pape
04 90 83 74 03 • www.chateauneufbio.com
• Vente et visites : au domaine sur rendez-vous.
Propriétaire : Gérard Jacumin

DOMAINE ROGER SABON

Les Sabon font partie des anciennes familles de Châteauneuf-du-Pape. Mais les générations se suivent et ne se ressemblent pas : autrefois, les vins de ce domaine étaient issus de vendanges non égrappées ; aujourd'hui elles le sont partiellement. Entre classicisme et modernité, les vins font la part belle au grenache. Toute la gamme montre une cohérence surprenante, visant la recherche de grande maturité. Ici, plus le vin est grand, plus il se doit d'être fin, et ce avec beaucoup de naturel.

Les vins : Les Olivets s'impose par un nez finement poivré, accompagné d'un fruit très suave (du fruit noir, du cacao) à l'ossature superbe. Une fin de bouche dense et un sentiment de haute maturité : il faudra l'attendre trois à quatre ans afin qu'il se livre pleinement. Le Secret des Sabon est marqué par des notes de confiture, de fruits noirs. La bouche délivre un fruit net, pur au grain d'une grande finesse. Velouté à souhait, son fruit mûr et harmonieux termine par une jolie finale sur la cerise à l'eau-de-vie. Superbe. La cuvée Prestige 2015 présente une robe soutenue, tandis que la bouche se démarque par une structure solide : le résultat de la densité apportée par du mourvèdre. Réserve 2015 s'exprime sur un nez épicé et réglissé. La bouche affiche sa densité, avec des tanins solides, mais fins, et un fruit plus vif que charnu, avec un grain délicat. Il y a une belle élégance dans son fruit et sa texture en bouche.

- Châteauneuf-du-Pape Les Olivets 2015   17,50 €   16,5
- Châteauneuf-du-pape Le Secret Des Sabon 2015   90 €   18
- Châteauneuf-du-pape Prestige 2015   35 €   17
- Châteauneuf-du-Pape Réserve 2015   23 €   17

Le coup de ♥
- Châteauneuf-du-Pape Renaissance 2016   26 €   17,5

Un nez complexe sur l'amande fraîche et le fenouil. Le fruit en bouche est précis. Nous apprécions son équilibre entre vivacité et profondeur. Un blanc qui a du fond et qui fait saliver. Superbe.

Rouge : 16 hectares.
Grenache noir 70 %, Syrah 10 %, Mourvèdre 10 %, Cinsault 5 %, Terret rouge 2 %, Muscardin 2 %, Counoise 1 %
Blanc : 1 hectare.
Roussanne 30 %, Grenache blanc 25 %, Clairette 25 %, Bourboulenc 20 %, Viognier 10 %
Production moyenne : 70 000 bt/an

DOMAINE ROGER SABON
Avenue Impériale,
84232 Châteauneuf-du-Pape
04 90 83 71 72 ● www.roger-sabon.com ●
Pas de visites.
Propriétaire : Denis et Gilbert Sabon

DOMAINE SAINT-PRÉFERT

Le domaine Saint-Préfert est situé dans le bas du village de Châteauneuf-du-Pape, dans le quartier dit des Petites Serres. Un terroir peu prisé de l'appellation, mais qu'Isabel Ferrando, ancienne banquière secondée par son époux, a su valoriser par un travail attentif, soigné et qualitatif dans les vignes. Elle y produit un vin moderne, d'une grande régularité, séduisant, immédiat, extrêmement soyeux et raffiné, auquel il manque un rien de fermeté.

Les vins : Le Classique exhale la gelée de fruit noir. La bouche est gourmande et souple, presque sucrée. Un vin tout en courbe et suave. Un bon classique avec une jolie note de cerise à l'eau-de-vie. La Réserve Auguste Favier sent le fusain au premier nez. La bouche est rassasiante et ramassée, plus nourrissante que digeste. Charles Giraud sent le cuir et le fusain, avec un fruit plus noir que rouge et un sentiment de haute maturité. La fraîcheur n'arrive qu'en deuxième lecture. Le fruit se complexifie tout en relâchant une note boisée délicate voire une petite touche de vernis. Le blanc propose un nez gracieux, intense. La bouche capte cet esprit par une matière tendue, saline, avec juste ce qu'il faut de maturité. Un beau classique du domaine.

- Châteauneuf-du-Pape 2016   44 €   17,5
- Châteauneuf-du-Pape Classique 2015   38 €   16,5
- Châteauneuf-du-Pape Collection Charles Giraud 2015   71 €   17
- Châteauneuf-du-Pape Réserve Auguste Favier 2015   48 €   16

Le coup de ♥
- Châteauneuf-du-Pape Domaine Isabel Ferrando Colombis 2015   53 €   18

Très parfumé, sur des fines notes de fraises des bois, c'est le vin le plus élégant du Domaine. La bouche, délicate en attaque, termine sur une finale dense et serrée, harmonieuse. Il se gardera plusieurs décennies.

Rouge : 26,5 hectares.
Grenache noir 60 %, Cinsault 15 %, Mourvèdre 15 %, Syrah 10 %
Blanc : 1,5 hectare.
Clairette 70 %, Roussanne 30 %
Production moyenne : 32 000 bt/an

DOMAINE SAINT-PRÉFERT ♣
425, chemin Saint Préfert,
84230 Châteauneuf-du-Pape
04 90 83 75 03 ● www.st-prefert.fr ● Vente et visites : au domaine sur rendez-vous.
De 8h à 12h et de 13h30 à 16h30.
Propriétaire : Isabel Ferrando
Maître de chai : Isabel Ferrando

DOMAINE LE SANG DES CAILLOUX

Ce beau domaine de Vacqueyras dispose d'un magnifique terroir sur un plateau de galets roulés. Certifié biologique dès 2010, certifié en biodynamie depuis 2012, avec des rendements strictement contrôlés, la propriété produit des vacqueyras imposants qui demandent du temps pour se révéler pleinement : ce sont des vins souvent très structurés et d'une grande richesse, aux maturités élevées, même si, sur les derniers millésimes, ils ont tendance à s'affiner. La cuvée Lopy est le vin le plus riche et dense du domaine mais, sur certains millésimes, nous préférons l'équilibre des cuvées d'entrée de gamme. Le blanc s'impose comme un joli référent dans le secteur avec un élevage mieux intégré que par le passé et un fruit harmonieux quel que soit le millésime.

Les vins : Un Sang Blanc, à la robe dorée, offre un nez puissant légèrement marqué par la présence d'un élevage sous bois, mais qui n'altère pas un fruit d'une grande maturité. La bouche, épaisse et chaleureuse, a le profil du millésime. La cuvée Lopy évoque la cerise noire juteuse et mûre, le cassis, voire le fusain. La bouche libère un fruit vif et tendu. Les tanins ne sont pas totalement fondus. Il faudra attendre au minimum quatre à cinq ans avant de l'ouvrir.

- Vacqueyras Un Sang Blanc 2015   25 €   14
- Vacqueyras Lopy 2014   21,50 €   14,5

Le coup de ♥
- Vacqueyras Doucinello 2014   16 €   14

Un nez fortement réduit qui évoque la poudre de fer et le sang frais, voire la myrtille. Une bouche dense mais juteuse, aux tanins très élégants, enrobés par un fruité abondant et généreux. Un vin équilibré et déjà bon à boire.

Rouge : 16,2 hectares.
Grenache noir 70 %, Syrah 20 %,
Mourvèdre 7 %, Cinsault 3 %
Blanc : 1,2 hectare.
Grenache blanc 25 %, Clairette 20 %,
Marsanne 15 %, Roussanne 15 %,
Bourboulenc 15 %, Viognier 10 %
Production moyenne : 60 000 bt/an

DOMAINE LE SANG DES CAILLOUX ☾
4853, route de Vacqueyras,
84260 Sarrians
04 90 65 88 64 ● www.sangdescailloux.com
● **Vente et visites :** au domaine sur rendez-vous.
Du lundi au vendredi de 9h30 à 12h et de 14h à 18h. Samedi après-midi de 15h à 18h. Samedi matin sur rendez-vous.
Propriétaire : Serge Férigoule

MAISON TARDIEU-LAURENT

Cette petite maison de négoce haut-de-gamme a été créée au début des années 1990, par Michel Tardieu et le Bourguignon Dominique Laurent, dans la vallée du Rhône. Grâce à de très beaux approvisionnements et un sens aigu de la vinification et de l'élevage, Michel Tardieu produit une gamme de vins réguliers, dans un esprit moderne.

Les vins : seules les cuvées d'entrée de gamme nous ont été soumis pour dégustation. Le Guy Louis rouge est dense, charnu et sensuel. La Cuvée Spéciale a de l'étoffe et de l'allonge, et affiche un fruit doux et vif. Parmi les blancs, Becs Fins se montre très aromatique, vigoureux en bouche, mais un peu simple dans ses parfums. Guy Louis manque de magie olfactive et propose une bouche bien équilibrée, très méridionale dans la générosité de son fruit. Le tavel prend un caractère épicé ; sa bouche, plus tendue que grasse, reste fort désaltérante. Cette sélection simple et réduite est-elle au niveau de l'étoile ? Nous en doutons.

- Côtes du Rhône Becs Fins 2016   8 €   13
- Côtes du Rhône Guy Louis 2016   15 €   13,5
- Tavel Vieilles Vignes 2016   12 €   14
- Côtes du Rhône Cuvée Spéciale 2015   16 €   13,5
- Côtes du Rhône Guy Louis 2015   16 €   13

Le coup de ♥
- Châteauneuf-du-Pape 2015   26 €   15

Des notes beurrées à l'ouverture. La bouche se montre dense, avec un fruit un peu en retrait et un élevage qui doit encore se fondre.

Production moyenne : 110 000 bt/an

MAISON TARDIEU-LAURENT
Les Grandes Bastides, Route de Cucuron,
84160 Lourmarin
04 90 68 80 25 ● www.tardieu-laurent.com
● **Vente et visites :** au domaine sur rendez-vous.
De 8h à 12h et de 14h à 17h.
Propriétaire : Famille Tardieu

DOMAINE DE LA VIEILLE JULIENNE

Jean-Paul Daumen dirige efficacement ce très beau domaine de Châteauneuf-du-Pape. Grâce à un remarquable travail dans les vignes et une approche très naturelle de la vinification, il y produit des vins classiques, très expressifs et élégants. Dotées d'un énorme potentiel de garde, les deux cuvées de la maison expriment la quintessence des vieux grenaches.

Les vins : Clavin 2014 a un nez assez frais qui évoque le thym et le romarin. Sa bouche campe sur des tanins un peu rudes, mais le fruit reste épuré et frais. Le châteauneuf-du-pape 2014 offre un nez aux notes de graphite conforme au style du domaine. Les tanins sont raides, et le fruit a du mal à trouver sa place. On attend davantage dans un millésime qui doit donner du plaisir. Les vins sont dans l'ensemble trop raides et manquent d'élégance. Cela nous conduit à retirer une étoile au domaine.

- Châteauneuf-du-Pape Les Trois Sources 2014 — 40,50 € — 14,5
- Côtes du Rhône lieu-dit Clavin 2014 — 14 € — 14

Le coup de ♥
- Côtes du Rhône lieu-dit Clavin 2016 — 14 € — 13,5

Un vin frais et désaltérant, finement salin. Nous aimons sa digestibilité et ses parfums séducteurs.

Rouge : 14,5 hectares.
Grenache noir 63 %, Cinsault 10 %, Mourvèdre 10 %, Syrah 7 %, Counoise 7 %, Divers noir 3 %
Blanc : 0,5 hectare.
Production moyenne : 45 000 bt/an

DOMAINE DE LA VIEILLE JULIENNE ☾
Le Grès, 84100 Orange
04 90 34 20 10 ● www.vieillejulienne.com ●
Vente et visites : au domaine sur rendez-vous.
Propriétaire : Jean-Paul Daumen

BASTIDE DU CLAUX

Sylvain Morey est natif de Chassagne-Montrachet. Pour ce fils de Bourguignon, les vins blancs ont peu de secrets. Après des études d'œnologie, il part dans le Luberon en 1995 et y loue de vieilles vignes. Il a dû s'adapter à une culture multicépage et à des terroirs diversifiés qu'il assemble en cave, unique condition pour des vins de bonne facture. Ce domaine produit des cuvées digestes et complexes, bien équilibrées. Les blancs sont remarquables ; les rouges parlent haut et fort de leur terre d'origine.

Les vins : Poudrière, rosé de couleur claire, dans l'esprit d'un blanc, joue sur les amers avec ces notes de pamplemousse jaune. La bouche est effilée, le fruit, vif. Barraban est marqué par un nez discret. Son fruit s'avère très épuré ; sa salinité, prononcée, fait longuement saliver. Malacare offre un doux mélange entre le fruit frais et le cigare Toscano. La dominante de syrah se manifeste par un fruit intense et des tanins encore légèrement rugueux, que le temps devrait patiner. Attendez-le deux ou trois ans. Un nez élégant, qui évoque le poivre de Sichuan, marque L'Orientale. La bouche est en résonance avec l'élégance olfactive de son fruit mûr, équilibré par des tanins puissants. Les 50 % de syrah marquent fortement son profil aromatique et sa texture. Odalisque est un blanc dense et intense au fruit mûr.

- Luberon Barraban 2015 — 11 € — 14
- Luberon L'Odalisque 2015 — 13,50 € — 14,5
- Luberon Poudrière 2016 — 10 € — 13
- Luberon L'Orientale 2015 — 20 € — 14,5
- Luberon Malacare 2015 — 13,50 € — 13,5

Le coup de ♥
- IGP Vaucluse Chardonnay 2015 — 12 € — 14

Assez fermé au nez, sa bouche se démarque par une belle amertume qui évoque les agrumes type pamplemousse. Un vin plus en finesse qu'en volume, persistant en bouche.

Rouge : 10 hectares.
Syrah 45 %, Grenache noir 25 %, Cinsault 17 %, Carignan 10 %, Mourvèdre 3 %
Blanc : 6 hectares.
Grenache blanc 30 %, Vermentino 15 %, Chardonnay 15 %, Ugni blanc (trebbiano) 10 %, Viognier 10 %, Clairette 10 %, Marsanne 5 %, Roussanne 5 %
Production moyenne : 70 000 bt/an

BASTIDE DU CLAUX
Campagne Le Claux, 84240 La Motte-d'Aigues
04 90 77 70 26 ● www.bastideduclaux.fr ●
Vente et visites : au domaine sur rendez-vous.
Propriétaire : SCEA SCB
Directeur : Sylvain Morey

DOMAINE CALENDAL

Cette petite exploitation de 4 ha ha comporte une proportion importante de vieux mourvèdres et grenaches. Elle réunit deux amis, Gilles Ferran, propriétaire du domaine des Escaravailles, et Philippe Cambie, œnologue et conseiller des plus beaux domaines de la vallée du Rhône méridionale.

Les vins : la production met en évidence le potentiel et l'élégance des plus beaux terroirs de Plan de Dieu.

- Côtes du Rhône-Villages Plan de Dieu Calendal 2015 — 18 € — 14,5

Rouge : 4 hectares.

RHÔNE SUD

Grenache noir 70 %, Mourvèdre 30 %
Production moyenne : 11 500 bt/an

DOMAINE CALENDAL
Les Escaravailles, 111, Combe de l'Eoune
84110 Rasteau
04 90 46 14 20 •
domaine.escaravailles@rasteau.fr • Vente et visites : au domaine sur rendez-vous.
De 9h à 12h et de 14h à 18h la semaine. Sur rendez-vous le week-end et jours fériés.
Propriétaire : Philippe Cambie et Gilles Ferran

CHÂTEAU LA CANORGUE

Le Château La Canorgue, l'un des grands domaines historiques du paysage viticole du Luberon, est situé dans le secteur de Bonnieux. Jean-Pierre Margan y a réalisé sa première vendange en 1974. C'est l'un des tout premiers domaines à s'être orienté vers une pratique culturale en agriculture biologique, tout en évoluant par petites touches vers la biodynamie, sans la revendiquer. Sa fille Nathalie, qui, après des études en sciences politiques voulait devenir grand reporter, rejoint son père en 2000. Elle veut faire du vin. Jean-Pierre Margan cherche à l'en dissuader. Elle se consacre finalement entièrement au domaine. Au Château La Canorgue, on aime la vendange entière, la syrah et les élevages dans des grands contenants. On y produit des vins hédonistes mais raffinés, gorgés de soleil, et portant toujours dans leur trame ce relief sauvage et majestueux du Luberon. De beaux vins classiques, indémodables qui, évidemment, ont toute leur place dans notre guide.

<u>Les vins</u> : le luberon rosé 2016 sent le bonbon anglais à l'ouverture, et affiche une matière vive et ciselée sans pour autant manquer de chair. Si l'on apprécie son caractère désaltérant, un rien de fruit en plus n'aurait pas été superflu. Le blanc 2016 affiche un nez élégant très marqué par des senteurs de garrigue et de fenouil. La bouche livre un fruit épuré. Vif, désaltérant, avec de fins amers. Le Viognier prend des notes d'abricot acidulé. La bouche volumineuse à l'attaque garde une notable vivacité sur le final. Un blanc pour amateurs de vin charnel et riche. En rouge, Beret Frog affiche une robe violine, un fruit doux charnel immédiat et fort gourmand. Un vin de soif, avec de la consistance et du croquant en bouche. Vendanges de Nathalie s'exprime par une jolie note de violette. La bouche équilibrée évoque un vin du Rhône nord par la délicatesse et la fraîcheur de son fruit : séduction immédiate grâce à sa texture fine et soyeuse. La Canorgue Prestige 2014 offre une certaine évolution olfactive par ses notes de viande mijotée, voire de poivron rouge grillé. La bouche, malgré une belle fraîcheur du fruit, livre une belle richesse ; les tanins sont tendres et souples. Il donne déjà du plaisir, et nous accompagnera cinq à dix ans. À l'ouverture de Coin Perdu, se dégage un parfum de fruits noirs, voire de fusain. La bouche se montre fine à l'attaque mais rapidement, elle libère une amertume assez prononcée dans cette matière dense et ramassée. Des tanins puissants dominent le fruit à ce stade : il faut l'attendre.

▭ IGP Méditerranée Canorgue Viognier 2016	10 €	13,5
▭ Luberon 2016	10 €	14
▬ Luberon 2016	9,20 €	13
▬ IGP Méditerranée Beret Frog 2016	5,90 €	13,5
▬ IGP Méditerranée La Canorgue Prestige 2014	15 €	14,5
▬ Luberon Coin Perdu 2015	20 €	14
▬ Luberon Vendanges de Nathalie 2016	9,20 €	14

Le coup de ♥

▬ Luberon 2015	9,90 €	14,5

Un nez sanguin précède une note de coulis de fruits noirs. Ce parfum intense donne beaucoup de charme à cette cuvée. La bouche profonde et soyeuse porte en elle la maturité du millésime par son velouté de texture et ce relief, cette densité, qui lui assurera une bonne décennie de garde.

Rouge : 30 hectares.
Syrah 60 %, Grenache noir 20 %, Carignan 5 %, Mourvèdre 5 %, Merlot 5 %, Cabernet franc 5 %
Blanc : 10 hectares.
Bourboulenc 20 %, Viognier 20 %, Roussanne 20 %, Marsanne 20 %, Clairette 20 %
Production moyenne : 220 000 bt/an

CHÂTEAU LA CANORGUE ♣
Route du Pont-Julien, 84480 Bonnieux
04 90 75 81 01 •
chateaucanorgue.margan@wanadoo.fr •
Pas de visites.
Propriétaire : Famille Margan
Directeur : Nathalie Margan

CAVE DES VIGNERONS D'ESTÉZARGUES

Cette cave coopérative gardoise dispose de très bons terroirs dans la zone de Tavel et démontre une réelle volonté de les laisser s'exprimer en toute honnêteté. On trouvera ici, à des prix défiant toute concurrence, une belle collection de cuvées intéressantes, aux caractères et aux expressions variés, qui devraient faire le bonheur du plus grand nombre.

Les vins : robe sombre et fruit éclatant pour le Domaine des Bacchantes, aux tanins présents et mûrs, doté d'une belle masse de fruit fraîche et croquante. Domaine des Fées offre un fruit qui tire sur la gelée de myrtille et une bouche volumineuse. Domaine Les Genestas est un peu réduit à l'ouverture. Son fruit se montre plus confit. Il faudra l'attendre une petite année. Le costières-de-nîmes du Domaine de Périllière se pare d'un fruit frais, avec une fine note poivrée. Sa bouche légèrement sucrée lui donne beaucoup de charme. Le signargues du Domaine de Périllière possède une robe d'encre. Son nez évoque le coulis de fruit noir. La bouche offre un fruit bien frais et des tanins encore très en relief. Il faudra l'attendre un ou deux ans. Les Grandes Vignes délivre un nez légèrement poivré : un vin de casse-croûte frais à la bouche précise, souple en attaque et à la finale chocolatée. Le Domaine de Pierredon propose un joli fruit souple en attaque, une bouche précise, et une finale chocolatée. Enfin, le Domaine La Montagnette propose une bouche dense et ferme aux tanins puissants.

- Costières de Nîmes Domaine de Périllière 2016   5 €   13,5
- Côtes du Rhône Domaine des Bacchantes 2016   7,30 €   13,5
- Côtes du Rhône Domaine des Fées 2016   7,30 €   13,5
- Côtes du Rhône Les Grandes Vignes 2016   5 €   13
- Côtes du Rhône-Village Signargues Domaine de Pierredon 2016   7,30 €   14
- Côtes du Rhône-Villages Signargues Domaine La Montagnette 2016   6,75 €   13
- Côtes du Rhône-Villages Signargues Domaine Les Genestas 2016   7,30 €   13,5
- Côtes du Rhône-Villages Signargues Domaine de Périllière 2016   6,75 €   13,5

Le coup de ♥
- Côtes du Rhône-Village Signargues Domaine de Sarrelon 2016   7,30 €   14

Un fruit net et précis, une bouche délicieuse à la chair gourmande et aux tanins d'une grande délicatesse. Un très beau vin.

Rouge : 510 hectares.
Grenache noir 48 %, Syrah 24 %, Cinsault 10 %, Carignan 8 %, Mourvèdre 6 %, Divers noir 2 %, Counoise 2 %
Blanc : 15 hectares.
Grenache blanc 47 %, Bourboulenc 21 %, Viognier 16 %, Clairette 8 %, Picpoul 5 %, Divers blanc 3 %
Production moyenne : 1 500 000 bt/an

CAVE DES VIGNERONS D'ESTÉZARGUES
478, route des Grès, 30390 Estézargues
04 66 57 03 64 •
www.vins-estezargues.com • Pas de visites.
Directeur : Frédéric Vincent (président) et Denis Deschamps (directeur)

DOMAINE DE LA CHARBONNIÈRE

En progrès constant depuis quelques millésimes, La Charbonnière constitue un cru sérieux et régulier de Châteauneuf-du-Pape. Michel Maret et ses deux filles, Caroline et Véronique, produisent des vins assez typiques et classiques de l'appellation, déclinés en plusieurs cuvées, dont la remarquable Vieilles Vignes, dominée par de beaux grenaches.

Les vins : le blanc embaume le fenouil et offre une chair douce et suave. Un châteauneuf plein et onctueux. Le vacqueyras prend une note sanguine et reste marqué par la fraîcheur du millésime. Les tanins doivent encore se fondre ; on peut le boire maintenant ou l'oublier une dizaine d'années pour qu'il livre la trame de son terroir. Le châteauneuf-du-pape Tradition évoque l'anchois au nez. La bouche, malgré une petite fermeté en attaque, se montre vive, avec un fruit presque chaleureux, et une pointe d'alcool en finale. Il doit se mettre en place. De fines notes d'épices enrichissent la palette aromatique de Mourre des Perdrix. Son fruit assez pur lui confère une touche chaleureuse, presque chocolatée en finale, et des tanins très fins. Vieilles Vignes 2013 balance entre les épices, le fruit macéré, et une touche de cuir fin. La bouche fine et gracieuse affiche un beau relief.

RHÔNE SUD

🔲	Châteauneuf-du-Pape Tradition 2015	25 €	15
🔴	Châteauneuf-du-Pape Mourre des Perdrix 2014	36,25 €	16
🔴	Châteauneuf-du-Pape Tradition 2014	24,50 €	15
🔴	Châteauneuf-du-Pape Vieilles Vignes 2013	42 €	16,5
🔴	Vacqueyras 2014	16 €	14,5

Le coup de ♥

🔴	Châteauneuf-du-pape Hautes Brusquières 2013	42 €	16,5

Une robe soutenue, un nez qui évoque le tabac, puis une note de graphite et de cerise à l'eau-de-vie. La bouche offre des tanins souples dans une matière épaisse et généreuse, plus en volume qu'en allonge de bouche. On retrouve le style maison dans la finale chaleureuse et cacaotée. Un vin gourmand, déjà bon à boire et qui grandira sur dix ans.

Rouge : 24,1 hectares.
Grenache noir 66 %, Mourvèdre 9 %, Cinsault 3 %, Syrah 21,6 %, Counoise 0,4 %
Blanc : 0,9 hectare.
Roussanne 40 %, Grenache blanc 40 %, Clairette 20 %
Production moyenne : 90 000 bt/an

DOMAINE DE LA CHARBONNIÈRE
26, route de Courthézon, BP 83,
84232 Châteauneuf-du-Pape Cedex
04 90 83 74 59 •
www.domainedelacharbonniere.com •
Vente et visites : au domaine sur rendez-vous.
Propriétaire : Michel Maret et Filles

DOMAINE CHAUME-ARNAUD

Ce vaste domaine de 35 ha est à cheval sur les vignobles de Saint-Maurice et de Vinsobres. Ici, dès 1997, date des dernières cultures maraîchères, le domaine a abandonné la polyculture pour se consacrer uniquement au vin. Valérie Chaume-Arnaud s'occupe de la cave, tandis que son compagnon Philippe supervise la vigne, que domine le grenache et qui donne la part belle au cinsault. Les vins produits sont intenses et pleins de vie, sans effet de style, et expriment à merveille les terroirs de Saint-Maurice et de Vinsobres. Ces beaux vins du Rhône méridional lorgnent vers le nord.

Les vins : le côtes-du-rhône blanc exhale un nez encore très primeur ; sa bouche dense et saline fait saliver. Une belle vitalité, de la chaleur et une jolie finale sur le citron confit. La Cadène blanc développe une séduisante richesse sur des notes de fenouil et de poire juteuse, avec du volume et une sensation presque sucrée. Le VDP 2016 affiche une robe sombre, un nez très expressif qui évoque la myrtille. Un bon vin de soif, au fruit croquant et délicieux, très frais et fluide, aux tanins fins et élégants. Un fruit plus confituré que frais pour le côtes-du-rhône 2016, avec une note de prune. La bouche traduit la finesse et la fraîcheur de ce terroir par une matière tout en allonge de bouche. Le vinsobres 2015 exhale le fruit noir intense et le poivre frais. Un vin dense, structuré, qu'on ne sortira pas de la cave avant trois ou quatre ans. Enfin, La Cadène rouge se démarque par un fruit en bouche d'une grande maturité, des tanins puissants mais souples, un beau volume et une solidité qui lui garantit dix bonnes années de cave.

🔲	Côtes du Rhône-Villages La Cadène 2015	11,50 €	14,5
🔴	Côtes du Rhône 2016	8,50 €	14
🔴	Côtes du Rhône Le Petit Coquet 2016	7,50 €	13,5
🔴	Côtes du Rhône-Villages Vinsobres 2015	11 €	15
🔴	VDP de Méditerranée 2016	5,50 €	13,5
🔴	Vinsobres La Cadène 2015	18 €	15
🔲	Côtes du Rhône Blanc 2016	8 €	14,5

Le coup de ♥

🔴	Côtes du Rhône-Villages Saint-Maurice 2015	10 €	14,5

Un vin au nez plus épicé que fruité, et très agréable. La bouche traduit la finesse et la fraîcheur du terroir de Saint-Maurice, à travers une matière toute en allonge de bouche. Un terroir à découvrir ou à redécouvrir.

Rouge : 31 hectares.
Grenache noir 50 %, Syrah 20 %, Mourvèdre 12 %, Cinsault 9 %, Marselan 8 %, Merlot 1 %
Blanc : 4 hectares.
Marsanne 40 %, Viognier 40 %, Roussanne 20 %
Production moyenne : 180 000 bt/an

DOMAINE CHAUME-ARNAUD
Les Paluds, 26110 Vinsobres
04 75 27 66 85 •
chaume-arnaud@wanadoo.fr • Vente et visites : au domaine sur rendez-vous. Du 1er mai au 30 septembre à 11h et à 18h. Le dimanche et le reste de l'année sur rendez-vous.
Propriétaire : Philippe Chaume et Valérie Chaume-Arnaud

LE CLOS DES GRILLONS

Nicolas Renaud était professeur d'histoire avant de devenir vigneron en 2007, en reprenant des vignes à Rochefort-du-Gard. À l'origine de cette passion, des visites dans ses jeunes années dans le vignoble et la mémoire d'un vin en particulier, et pas n'importe lequel : celui d'Henri Bonneau, célèbre producteur de Châteauneuf-du-Pape. Il fait son apprentissage à Châteauneuf-du-Pape, au domaine de la Vieille Julienne. Proche de l'esprit des vins sans soufre, il propose dès ses premiers millésimes des bouteilles magnifiques dans les trois couleurs. Nicolas Renaud vit une reconversion prometteuse. Il est devenu un talentueux vigneron et une valeur montante du sud de la vallée du Rhône.

Les vins : Esprit Libre est un rosé de caractère et de bistronomie, qui nous invite à passer à table. Les Grillons affiche une robe soutenue aux reflets dorés, un nez caractérisé par un fruit mûr, que l'on retrouve dans une bouche saline et ample. Vieux Sage, 100 % syrah qui ravira les amoureux de ce cépage, sent le bourgeon de cassis à plein nez : une palette olfactive un peu linéaire. La bouche se montre tendre et juteuse avec des tanins doux. Les Terres Rouges porte l'empreinte de son sol, avec un nez sanguin et un fruit très mûr. Il aura besoin de temps pour que sa puissance se tempère. Les Terres Blanches est marqué par une pointe de réduction, un fruit plus confit que frais, suivi d'une touche légèrement poivrée. La bouche se montre dense, avec des tanins un peu rustiques qui devraient se patiner après deux à trois ans de cave.

▷ Côtes du Rhône Les Grillons 2016	14,50 €	14
≈ VDF Esprit Libre 2016	15,50 €	15
■ Côtes du Rhône Les Terres Blanches 2015	16 €	14
■ Côtes du Rhône Les Terres Rouges 2015	16 €	14
■ Côtes du Rhône Vieux Sage 2016	15,50 €	13,5

Le coup de ♥

■ Côtes du Rhône À l'Ombre du Figuier 2015	16 €	15

Un nez de fruit confit entre datte et figue séchée. La magie des vieux grenaches opère dans le toucher de bouche élégant et soyeux. Son équilibre est superbe.

Rouge : 9,3 hectares.
Grenache noir 40 %, Cinsault 22 %, Syrah 20 %, Mourvèdre 14 %, Carignan 4 %
Blanc : 4,6 hectares.
Grenache blanc 29 %, Bourboulenc 17 %, Clairette 16 %, Picpoul 10 %, Viognier 6 %, Muscat à petits grains blancs 6 %, Ugni blanc (trebbiano) 6 %, Vermentino 5 %, Picardan 5 %
Production moyenne : 40 000 bt/an

LE CLOS DES GRILLONS
25, rue du Grand Pont,
30650 Rochefort-du-Gard
04 90 92 44 47 ● **closdesgrillons@yahoo.fr**
● **Vente et visites : au domaine sur rendez-vous.**
Propriétaire : Nicolas Renaud

DOMAINE EDDIE FÉRAUD ET FILS

Le domaine Eddie Feraud possède à Châteauneuf-du-Pape un petit et très beau vignoble implanté sur des safres et des grès sablonneux. Il n'est séparé des fameux sables du Rayas que par quelques rangées d'arbres. C'est de là que provient la cuvée haut-de-gamme Raisin bleu. Le jeune et très prometteur vigneron Yannick Féraud a rejoint son père (Eddie) au domaine familial en 2012. Un domaine où l'on travaille avec des raisins non égrappés et sans levures exogènes. Les vins sont élevés dans de vieux foudres. Si l'approche reste traditionnelle, Yannick a fait évoluer les vins vers davantage de finesse. Le simple châteauneuf-du-pape Tradition est déjà une valeur sûre.

Les vins : Le P'tit Plaisir offre un nez très aromatique et une bouche au fruité doux et fort séducteur. Un vin de plaisir à boire sur la spontanéité de son fruit. Le châteauneuf-du-pape blanc affiche une grande délicatesse et un fruit très pur. Un vin complexe, délicat, construit davantage sur la nuance que sur la puissance, à la finale saline et persistante. Raisins Bleus 2015 offre un nez solaire sur une note de confiture de fruits noirs. La bouche affiche une grande densité tannique, enrobée par une chair épaisse. Une cuvée qu'il faudra attendre plusieurs décennies en cave. Raisins Bleus 2014 se démarque par un nez un peu animal à l'ouverture : aérez-le bien pour libérer son fruit. Sa bouche juteuse, au fruit doux et onctueux, tapisse littéralement le palais par son volume et sa chair, jusqu'à sa finale chocolatée. Le châteauneuf-du-pape rouge 2014, tout en délicatesse de texture, offre le fruit tendre et souple d'un millésime de plaisir. On se régale déjà, et il possède encore de belles années devant lui.

▷ Châteauneuf-du-Pape Blanc 2016	25 €	17,5

RHÔNE SUD

- VDF Le P'tit Plaisir 2016 — 10 € — 13,5
- Châteauneuf-du-Pape 2014 — 22 € — 16
- Châteauneuf-du-Pape Raisins Bleus 2014 — 37 € — 18
- Châteauneuf-du-Pape Raisins Bleus 2015 — 40 € — 17,5

Le coup de ♥
- Châteauneuf-du-Pape Tradition 2015 — 25 € — 17

Il porte en lui un fruit gourmand, racé, juteux et fin. Ce vin d'un magnifique équilibre possède du fond et une très belle allonge sur un fruit doux et généreux. Superbe !

Rouge : 5,1 hectares.
Grenache noir 85 %, Mourvèdre 10 %, Clairette rose 2.5 %, Cinsault 2.5 %
Blanc : 0,25 hectare.
Clairette 50 %, Grenache blanc 40 %, Muscat à petits grains blancs 10 %
Production moyenne : 13 000 bt/an

DOMAINE EDDIE FÉRAUD ET FILS
9, avenue du général-de-Gaulle,
84230 Châteauneuf-du-Pape •
www.domaineferaudetfils.fr • Vente et visites : au domaine sur rendez-vous.
De 10h à 18h30.
Propriétaire : Eddie et Yannick Feraud
Directeur : Yannick Feraud

CHÂTEAU DE LA FONT DU LOUP

Le terroir de la Font du Loup se situe sur le haut d'une colline où les raisins ne souffrent jamais de surmaturité, et donnent des vins élégants et frais. Le domaine dispose de 20 ha d'un seul tenant, et doit son nom aux loups du mont Ventoux qui, selon la légende, venaient s'abreuver à la source située au cœur du domaine, qui appartient depuis quatre générations à la famille Mélia.

Les vins : dans la série des côtes-du-rhône, le rosé, sans manquer de chair, joue de finesse en proposant une bouche épurée, portée par une agréable note épicée. Joliment parfumé, le blanc présente une belle intensité aromatique. Il offre de la pulpe en bouche, tout en maintenant une certaine fraîcheur. Le rouge est gracieux, tout en douceur de bouche : un vin avec lequel on peut déjà prendre beaucoup de plaisir, que l'on peut aussi garder cinq à huit ans sans problème. Le châteauneuf-du-pape Tradition rouge s'exprime par un nez fortement épicé duquel jaillissent des notes poivrées. Ce vin en demi-corps, à l'attaque douce, porte une belle ossature. Le milieu de bouche est tenu par des tanins fins. Legend est un joli vin élégant, tandis que Puy Rolland offre toute la finesse de la Crau du nord.

- Côtes du Rhône Signature by la Font du Loup 2016 — 13 € — 13,5
- Côtes du Rhône Signature by la Font du Loup 2016 — 12 € — 13,5
- Châteauneuf-du-Pape 2015 — 28,50 € — 16,5
- Châteauneuf-du-Pape Le Puy Rolland 2015 — 35 € — 15
- Châteauneuf-du-Pape Legend 2015 — 80 € — 17
- Côtes du Rhône Signature by la Font du Loup 2015 — 12 € — 14

Le coup de ♥
- Châteauneuf-du-Pape 2016 — 30 € — 15,5

Un nez intense sur les herbes méridionales, avec une agréable sensation de fraîcheur et une fine réduction. La bouche offre une belle dualité entre sa douceur en attaque et sa finale qui s'étire avec vigueur et intensité. On peut le boire sur le fruit ou l'attendre dix à vingt ans.

Rouge : 18,5 hectares.
Grenache noir 60 %, Mourvèdre 20 %, Syrah 15 %, Cinsault 5 %
Blanc : 1,5 hectare.
Roussanne 30 %, Grenache blanc 30 %, Clairette 20 %, Bourboulenc 20 %
Production moyenne : 50 000 bt/an

CHÂTEAU DE LA FONT DU LOUP
Route de Châteauneuf-du-Pape,
84350 Courthézon
04 90 33 06 34 • www.lafontduloup.com •
Vente et visites : au domaine sur rendez-vous.
Du lundi au jeudi de 8h à 12h et de 13h à 17h. Le vendredi de 8h à 12h.
Propriétaire : Anne-Charlotte Mélia-Bachas
Directeur : Laurent Bachas
Maître de chai : Stéphane Dupuy d'Angeac

NOUVEAU DOMAINE

DOMAINE DU GOUR DE CHAULÉ

Voici plusieurs années que nous suivons les vins du domaine Gour de Chaulé. Nous avons pris notre temps pour les comprendre avant de les sélectionner. Loin des vins riches et très ouverts, qu'on rencontre avec plaisir dans le Rhône sud, ils sont au contraire légèrement introvertis. Si bien qu'il est aisé de passer à côté... Mais dès qu'ils prennent de l'âge ou que vous les laissez s'aérer, ils font ressortir tout leur raffinement. Stéphanie Fumoso produit des vins depuis 2007 dans le cœur historique de Gigondas. Dix ans pour trouver ses marques et affirmer son style sans trahir l'esprit de famille. Cela passe par des dosages en soufre plus modérés et une agriculture plus respectueuse de l'environnement. En cave, les foudres affinent les vins vinifiés en grappe entière. Du gigondas rosé au rouge (une seule cuvée), toute la gamme est de belle tenue. Pour amateurs de vins raffinés et de garde.

Les vins : le gigondas rosé 2016 se démarque par un parfum intense qui évoque la garrigue et les petits fruits rouges. Un fruit que l'on retrouve en bouche, appuyé par une belle salinité désaltérante. À boire été comme hiver. Le gigondas 2014 développe un nez sanguin puissant de ronces, voire de fruits noirs. La bouche accompagne cette belle palette aromatique par une trame serrée, sans la moindre dureté. Ces vins demandent du temps pour se faire mais le raffinement est au bout du chemin.

▬ Gigondas Amour de Rosé 2016	11 €	14
▬ Gigondas Cuvée Tradition 2014	15 €	16

Le coup de ♥

▬ Gigondas Cuvée Tradition 2015	15 €	16,5

Belle gestion du millésime : la maturité est présente mais pas débordante. Matière fine en bouche, plus longiligne que large avec un beau respect des équilibres, même si le vin reste un rien introverti. Cet ensemble élégant demandera du temps et de la patience pour s'épanouir pleinement.

Rouge : 10,5 hectares.
Grenache noir 80 %, Syrah 10 %, Mourvèdre 10 %
Production moyenne : 35 000 bt/an

DOMAINE DU GOUR DE CHAULÉ
6, route neuve, 84190 Gigondas
04 90 65 85 62 ● www.gourdechaule.com ●
Vente et visites : au domaine sur rendez-vous.
Propriétaire : Stéphanie Fumoso
Œnologue : Laurent Philis

MARTINELLE

Originaire d'Allemagne, Corinna Faravel découvre le vin en famille, puis à l'école hôtelière. Si elle débute avec le riesling allemand, elle est vite attirée par le vignoble français. Un stage en 1997 à Suze-la-Rousse, suivi d'un séjour chez le célèbre Marcel Richaud, précéderont son implantation dans le Ventoux en 2001. Elle partage la même passion pour le raisin que son époux, Thierry Faravel, vigneron à Gigondas et élabore des vins distincts mais avec le même panache. Cette viticultrice talentueuse a fait du chemin, et ses vins, produits sur les appellations Ventoux et Beaumes-de-Venise, sont devenus des valeurs sûres.

Les vins : le ventoux blanc 2016 livre un nez sur la pâte d'amande ; sa bouche ne trahit pas la maturité d'une belle vendange, de laquelle il tire son volume, sa chair et son ampleur, et qui lui donne de la gourmandise. Un vin plein et complexe. Le ventoux rouge offre un fruit délicieux, très myrtille, avec une sensation de tarte fine au chocolat. La bouche livre des tanins d'une grande souplesse. Le vin de France est composé par tiers de syrah, grenache et mourvèdre. Ce dernier vient renforcer le caractère poivré de cette cuvée, tout en lui conférant robustesse et solidité.

▭ Ventoux 2016	10 €	14
▬ VDF Le 15ème 2016	20 €	14,5
▬ Ventoux 2015	10 €	14,5

Le coup de ♥

▬ Beaumes de Venise 2015	15 €	15

La maturité du millésime s'exprime au travers d'un fruit plus noir que rouge, qui évolue sur des notes presque mentholées, de garrigue. En bouche, sa texture soyeuse, quasi-crémeuse est d'une grande douceur. Un vin qui s'étire en longueur, doté d'une grande finesse.

Rouge : 11,5 hectares.
Grenache noir 70 %, Syrah 20 %, Mourvèdre 8 %, Counoise 2 %
Blanc : 1,5 hectare.
Clairette 100 %
Production moyenne : 50 000 bt/an

MARTINELLE ♣
La Font Valet, 84190 Lafare
04 90 65 05 56 ● www.martinelle.com ●
Vente et visites : au domaine sur rendez-vous.
Propriétaire : Corinna Faravel

DOMAINE DE LA MONARDIÈRE

Christian Vache est un producteur important du village de Vacqueyras. Il laisse peu à peu la main à son fils Damien. La maîtrise des rendements et un travail plus attentif à la vigne restent un atout majeur dans la production du domaine.

Désormais très complète, la gamme se décline du simple vin de pays jusqu'aux vacqueyras colorés et structurés.

Les vins : Mon Vin de Pays sent le coulis de fruits noirs et le fusain. La bouche campe sur sa structure, faisant ressortir une forte amertume des tanins. Les Calades 2015 sent le cuir et le cigare toscan, on cherche un peu le fruit. Bouche fine et précise, aux tanins sérieux. Les 2 Monardes 2015 offre un nez sanguin et une note de prune, qui annonce une maturité abondante. La bouche épaisse le confirme, tout en préservant une belle vivacité et des tanins pointus, qui doivent se fondre. Finement épicé au nez, Le Rosé 2016 livre une bouche fruitée gourmande. Un rosé de chair élégant, destiné à une belle gastronomie et que l'on boira quelle que soit la saison. Galéjade blanc 2015 garde un peu l'empreinte de son élevage, mais le fruit, gourmand, reste charnu et assez pur.

⇨	Vacqueyras Galéjade 2015	N.C.	13,5
▬	Vacqueyras Le Rosé 2016	N.C.	14,5
▬	IGP Vaucluse Mon Vin de Pays 2016	N.C.	13
▬	Vacqueyras Les 2 Monardes 2015	N.C.	14
▬	Vacqueyras Les Calades 2015	N.C.	14

Le coup de ♥

▬	Vacqueyras Vieilles Vignes 2014	N.C.	14,5

Le Vieilles Vignes 2014 accuse une pointe de réduction à l'ouverture. La fraîcheur du millésime lui donne un profil assez fin, malgré une structure encore bien présente. Le fruit est frais et croquant. On peut déjà le boire mais sans urgence car il a dix bonnes années devant lui.

Rouge : 19 hectares.
Grenache noir 60 %, Syrah 20 %, Mourvèdre 10 %, Cinsault 4 %, Carignan 3 %, Counoise 3 %
Blanc : 1 hectare.
Roussanne 40 %, Clairette 30 %
Production moyenne : 80 000 bt/an

DOMAINE DE LA MONARDIÈRE ♣

930, chemin des Abreuvoirs,
84190 Vacqueyras
04 90 65 87 20 ● www.monardiere.fr ●
Vente et visites : au domaine sur rendez-vous.
Propriétaire : Martine, Christian et Damien Vache

MONTIRIUS

Ce grand domaine de Sarrians possède des vignes dans les appellations Vacqueyras et Gigondas. Il produit des vins dans ces deux appellations, mais également en Côtes du Rhône et en IGP Vaucluse. Éric Saurel l'a progressivement converti en agriculture biodynamique et l'a doté d'un cuvier flambant neuf, ce qui a permis aux vins de gagner en pureté. Les vins sont certifiés vegan depuis 2014.

Les vins : épicé, salin, doté de beaucoup d'allonge, Perle de Rosée est basé sur la finesse, avec un fruit épuré. Minéral 2016 offre un nez très droit et la sensation d'un raisin ramassé de manière précoce, à travers ses notes d'écorce d'agrume et d'herbe fraîche. La bouche délivre un fruit net et pur, tout en tension. Si l'on apprécie sa dynamique de bouche, l'acidité semble un peu inhabituelle pour un vin sudiste, mais lui donne beaucoup de mordant. À suivre. En rouge, La Muse Papilles est un vin dense dont une pointe d'amertume ressort en ce début de vie. Le temps devrait l'assagir même si le fruit manque un peu de générosité et de gourmandise. Garrigues offre une note de confiture de fruit noir. Le caractère solaire du millésime semble très présent dans l'expression du fruit. La bouche conserve une certaine austérité avec des tanins puissants et anguleux. Jardin Secret dispose d'une bouche gracile au fruit épuré, toujours peu charnue mais bien équilibrée. Le Clos, mi-syrah, mi-grenache, cuvée d'une belle finesse et dotée de tanins mûrs, se démarque par son volume et son soyeux. Confidentiel 2011 offre un nez évolué, une bouche tout en allonge, une trame serrée et des tanins fermes qui donnent un sentiment d'amertume. Confidentiel 2013, avec sa bouche fine et très soyeuse à l'attaque, est un vin dense, à attendre. Terres des Aînés est marqué par son nez frais. La bouche campe sur une masse tannique imposante. Il faudra le revoir dans cinq à six ans.

⇨	Vacqueyras Minéral 2016	25,30 €	14
▬	Vacqueyras Perle de Rosée 2016	12,80 €	13,5
▬	Côtes du Rhône Jardin Secret 2014	16,30 €	14
▬	Côtes du Rhône La Muse Papilles 2015	11,30 €	12,5
▬	Gigondas Confidentiel 2011	40,30 €	14
▬	Gigondas Confidentiel 2013	40,30 €	14
▬	Gigondas Terres des Aînés 2013	24,40 €	14
▬	Vacqueyras Garrigues 2015	16,30 €	13,5

➤ Vacqueyras Le Clos 2014	30,40 €	14

Le coup de ♥
▷ Vacqueyras Minéral 2008	25 €	14,5

Une évolution classique d'un blanc du sud, sur des notes de miel et de massepain, avec un sentiment de largeur et de générosité. A son apogée, la bouche conserve une belle vivacité et de la tenue malgré la sensation d'ouverture au nez. Un vin plus destiné à la table qu'à la simple dégustation, et qui dispose encore de quelques belles années devant lui.

Rouge : 60,18 hectares.
Grenache noir 61 %, Syrah 26 %, Mourvèdre 11 %, Carignan 1 %, Cinsault 1 %.
Blanc : 2,82 hectares.
Bourboulenc 39 %, Grenache blanc 30 %, Roussanne 30 %, Clairette 1 %
Production moyenne : 150 000 bt/an

MONTIRIUS ☾

1536, route de Sainte-Edwige,
84260 Sarrians
04 90 65 38 28 ● www.montirius.com ●
Vente et visites : au domaine sur rendez-vous.
Du lundi au vendredi de 9h à 12h et de 14h à 18h. Le samedi matin de 9h à 12h.
Fermé le dimanche et les jours fériés..
Propriétaire : Christine, Éric et Justine Saurel
Directeur : Christine Saurel
Maître de chai : Eric Saurel

DOMAINE MOULIN-TACUSSEL

Propriété de Robert Moulin, aujourd'hui à la retraite, le domaine Moulin-Tacussel est dirigé par Didier Latour. Sans se revendiquer en agriculture biologique, ses sols sont travaillés sans produits chimiques depuis plus de dix ans. Bénéficiant d'un terroir unique – un sol argilo-calcaire, protégé par des galets roulés et favorisé par un climat ensoleillé – les presque 7,5 ha du Domaine Moulin-Tacussel sont répartis sur dix parcelles situées dans les lieux-dits Palestor, Colombis, Le Lac, Coste Froide, Mont Pertuis, Grand Pierre et Le Mourre du Gaud. Le domaine exploite douze des treize cépages autorisés à Châteauneuf-du-Pape ; il ne manque que le terret noir.

Les vins : Annette offre un nez de fruit à chair blanche et de fenouil, une bouche ample et vigoureuse. En rouge, le châteauneuf-du-pape 2015 offre un fruit d'une grande fraîcheur sans pour autant manquer de maturité. Le grain de tanin se démarque par sa finesse. Il est construit sur le plaisir immédiat du fruit. La cuvée Hommage à Henry Tacussel 2015 se démarque par une note plus sanguine et une matière en bouche à la fois pleine et charnelle, ainsi que par une densité tannique accrue par rapport à la cuvée de base. Un vin dense dont le nez libère peu à peu un fruit plus complexe.

▷ Châteauneuf-du-Pape Annette 2016	30 €	16,5
➤ Châteauneuf-du-Pape 2015	23 €	16
➤ Châteauneuf-du-Pape Hommage à Henry Tacussel 2015	36 €	17

Le coup de ♥
▷ Châteauneuf-du-Pape 2016	25 €	16

Un nez élégant qui exhale la fraîcheur végétale. La bouche relaie cet esprit par une matière plus vive et ciselée que charnue. Jolie finale sur une note de pierre à fusil.

Rouge : 6,7 hectares.
Grenache noir 60 %, Syrah 10 %, Mourvèdre 10 %, Vaccarèse 5 %, Counoise 5 %, Muscardin 5 %, Cinsault 5 %
Blanc : 0,5 hectare.
Roussanne 40 %, Bourboulenc 10 %, Clairette 10 %, Picardan 5 %, Picpoul 5 %
Production moyenne : 13 000 bt/an

DOMAINE MOULIN-TACUSSEL

10, avenue des Bosquets,
84230 Châteauneuf-du-Pape
04 90 83 70 09 ●
www.domainemoulintacussel.fr ● Vente et visites : au domaine sur rendez-vous.
De 10h à 18h.
Propriétaire : Famille Moulin
Directeur : Didier Latour
Œnologue : Serge Mouriesse

CHÂTEAU MOURGUES DU GRÈS

Cette propriété élabore des vins dont nous avons assez souvent apprécié le style, avec un fruit éclatant, là où de nombreux autres domaines pèchent par une recherche d'extraction massive. Mais, dans les derniers millésimes, les vins sont souvent encombrés par des tanins puissants, durs en bouche, avec une pointe de rusticité, au détriment de l'équilibre et de la pureté du fruit, ce qui perturbe leur fluidité.

Les vins : Les Galets Rosés 2016 affiche une robe soutenue. Nez plus épicé que fruité, bouche dense et charnue, voire légèrement tannique. D'une grande maturité, un rosé à servir sur des plats d'été et d'automne. Capitelles rosé

RHÔNE SUD

2015 possède une robe légèrement orangée. Nez intense de pierre à fusil. Bouche plus vive que charnue, malgré la maturité du millésime avec un jolie finale épicée et bien tendue. Les Galets Dorés 2016, à la robe jaune paille, offre un joli nez expressif et une bouche au fruit gourmand, juteux et équilibré par une belle salinité. Le Capitelles blanc 2015 sent le pain d'épices, le fenouil et les fruits exotiques. Bouche volumineuse et gourmande, avec de jolis amers en finale. Terre d'Argence blanc 2015 affiche une robe soutenue. Une bouche volumineuse, onctueuse, très fine, avec un fruit doux, sapide et très sphérique. En rouge, Les Galets Rouges sent le fruit confit, le pruneau. Tanins souples et petite amertume disgracieuse en finale. À suivre. Terre d'Argence 2013 accuse une trace d'évolution avancée avec un nez sur le cuir, la terre humide. Bouche fraîche, avec une belle sève. Équinoxe 2013, à la robe sombre, reste dominé au nez comme en bouche par un élevage ambitieux, qui ternit le fruit plus qu'il ne le fait grandir.

- Costières de Nîmes Capitelles des Mourgues 2015   N.C.   14
- Costières de Nîmes Les Galets Dorés 2016   N.C.   14
- Costières de Nîmes Terre d'Argence 2015   N.C.   14
- Costières de Nîmes Capitelles des Mourgues 2015   N.C.   14
- Costières de Nîmes Les Galets Rosés 2016   N.C.   13,5
- Costières de Nîmes Equinoxe 2013   N.C.   12,5
- Costières de Nîmes Les Galets Rouges 2015   N.C.   13
- Costières de Nîmes Terre d'Argence 2013   N.C.   13,5

Le coup de ♥
- Costières de Nîmes Terre de Feu 2015   N.C.   14

Terre de Feu 2015 affiche une matière souple et une note plus poivrée que fruité au nez. Un vin à boire sur ce fruit juvénile, même si une certaine amertume rejaillit.

Rouge : 51 hectares.
Syrah 63 %, Grenache noir 28 %, Mourvèdre 4 %, Carignan 2 %, Marselan 2 %, Cinsault 1 %
Blanc : 14 hectares.
Roussanne 35 %, Viognier 15 %, Vermentino 10 %, Marsanne 5 %, Petit Manseng 5 %
Production moyenne : 350 000 bt/an

CHÂTEAU MOURGUES DU GRÈS ♣
1055, chemin Mourgues du Grès, 30300 Beaucaire

04 66 59 46 10 •
www.mourguesdugres.com • Vente et visites : au domaine sur rendez-vous. Du lundi au vendredi de 9h à 12h et de 14h à 18h. Samedi de 10h à 12h (toute l'année) et de 15h à 17h30 de mai à septembre.
Propriétaire : François Collard
Maître de chai : Emeric Garcia

DOMAINE PIQUE-BASSE

Originaire de Franche-Comté, Olivier Tropet est œnologue de formation. En 1998, il récupère l'exploitation et les vignes de son grand-père dans la vallée du Rhône, à Roaix, au pied du massif de Ventabren et à l'est du terroir de Rasteau, vignoble orienté est/sud-est, face au mont Ventoux. À ses débuts, il livre ses raisins à la cave coopérative. En 2007, il décide de produire son premier millésime au domaine. Le vin est issu de parcelles vendangées manuellement, cultivées de façon naturelle, sans désherbant et sans engrais chimiques. Nous suivons Olivier Tropet depuis plusieurs millésimes et, à chaque fois, ses vins nous séduisent par leur justesse de ton, que ce soit sur le trop méconnu terroir de Roaix, qu'il valorise à merveille, ou avec son somptueux rasteau.

Les vins : un Chasse Cœur 2015 avec une pointe de réduction au nez mais une bouche dense et pleine avec des tanins gras souples et mûrs. Un vin à attendre un an avant d'en tirer le meilleur. Avec 50 % de syrah et 50 % de merlot, La Brusquembille affiche une robe sombre, un fruit vif et croquant mais des tanins encore légèrement abrupts. L'As du Pique 2015 prend des notes sanguines au nez et une bouche juteuse et grasse avec des tanins souples et bien mûrs. Un roaix à la fois fin et solaire. Le rasteau 2015 accuse une petite réduction à l'ouverture. Nez d'olive noire, voire de tapenade et d'encre. Un sentiment de maturité élevée signe le millésime dans cette bouche profonde, aux tanins solides qu'accompagne un fruit riche et solaire. Si la finale prend une note cacaotée, elle est également marquée par une pointe d'amertume. A suivre. Quant au Rosé L'ambigu 2016, il se montre délicieux par une maturité juste et précise, un fruit frais et gourmand. Un rosé d'apéritif, qui fera aussi son effet sur une jolie cuisine méridionale.

- Côtes du Rhône-Villages Roaix L'Ambigu 2016   N.C.   14
- Côtes du Rhône Le Chasse-Cœur 2015   N.C.   13,5

- Côtes du Rhône-Villages Roaix L'As du Pique 2015   N.C.   14
- IGP Vaucluse La Brusquembille 2015   N.C.   13
- Rasteau 2015   N.C.   14

Le coup de ♥
- Côtes du Rhône-Villages Roaix Au Cœur du Ventabren 2015   N.C.   14,5

Un vin à la robe sombre et au nez gourmand, qui évoque la tarte aux myrtilles. La bouche accompagne ce sentiment de maturité par des tanins fins, souples et bien mûrs.

Rouge : 18,3 hectares.
Grenache noir 70 %, Syrah 15 %, Carignan 5 %, Mourvèdre 5 %, Cinsault 3 %, Counoise 2 %
Blanc : 1,5 hectare.
Clairette 5 %
Production moyenne : 70 000 bt/an

DOMAINE PIQUE-BASSE ♣
**445, route de Buisson, 84110 Roaix
04 90 46 19 82 • www.pique-basse.com •
Vente et visites : au domaine sur rendez-vous.
Propriétaire : Olivier Tropet**

DOMAINE RABASSE-CHARAVIN

Propriété historique du Rhône sud, à cheval entre Cairanne et Rasteau, le domaine Rabasse-Charavin est dirigé par Corinne Couturier depuis le milieu des années 1980. Depuis 1993, sa fille Laure travaille à ses côtés ; elle dirige le domaine depuis 2014. Un domaine qui, sans vouloir basculer vers l'agriculture biologique intégrale, laboure ses sols et n'utilise ni pesticide ni désherbant. Ici, les raisins sont ramassés à haute maturité et toujours vinifiés de façon à en retirer le plus de finesse possible. Si bien que les vins sont parfumés, élégants et généreux, avec des tanins d'une grande souplesse. Chaque année, en dehors du millésime en cours, le domaine propose à sa clientèle, en décembre, des vins plus âgés en magnum. Une belle occasion de boire des vins à maturité.

Les vins : le Rose Prune 2016, couleur framboise, offre une bouche charnue et pleine, presque tannique, avec une belle persistance sur le fruit frais. Du fruit en bouche également pour Ribouldingue, vin rouge de soif équilibré. La cuvée Laure délivre la chaleur du millésime 2015, tant dans ses parfums que dans la densité de son fruit. Les tanins demanderont deux ans de plus pour se fondre. On retrouve la fraîcheur du millésime 2014 avec N°1 by Couturier, une cuvée digeste à boire dès maintenant sur un plat. Chaleureux, Les Cailloux 2015 évoque presque la suie, le charbon et la prune. Pour les amateurs de vins puissants, à oublier deux ou trois ans au minimum. L'onctueux cairanne 2015 porte en lui une structure solide. Les tanins, pas totalement fondus, lui garantissent une belle décennie. Le rasteau offre douceur et élégance. Solidement constitué, on retrouve la touche chaleureuse du millésime en finale. La Cuvée d'Estevenas s'appuie sur une belle masse tannique, guidée par le fruit mûr de 2012.

- Côtes du Rhône Rose Prune 2016   7 €   13,5
- Côtes du Rhône Laure 2015   8 €   13
- Côtes du Rhône-Villages Cairanne 2015   13,50 €   14
- Côtes du Rhône-Villages Cairanne Cuvée d'Estevenas 2012   15 €   15
- Côtes du Rhône-Villages Cairanne N°1 by Couturier 2014   10 €   14
- Côtes du Rhône-Villages Plan de Dieu Les Cailloux 2015   12 €   13
- Rasteau 2015   13,50 €   14
- VDF Ribouldingue   6 €   13

Le coup de ♥
- Cuvée Abel Charavin 2015   N.C.   15

Dense et profond, ce rasteau puissant et soyeux s'appuie sur une belle masse tannique. Un vin de garde chaleureux.

Rouge : 35 hectares.
Grenache noir 60 %, Syrah 15 %, Mourvèdre 15 %, Carignan 5 %, Counoise 5 %
Blanc : 5 hectares.
Clairette 50 %, Roussanne 30 %, Bourboulenc 20 %
Production moyenne : 100 000 bt/an

DOMAINE RABASSE-CHARAVIN
**1030, chemin des Girard, 84290 Cairanne
04 90 30 70 05 •
www.rabasse-charavin.com • Vente et visites : au domaine sur rendez-vous.
Propriétaire : Laure Couturier
Œnologue : Alain Benquet**

DOMAINE RASPAIL-AY

Le vin de la propriété représente l'archétype du bon gigondas, plein, vigoureux, sans esbroufe. De constitution ferme et serrée, les meilleurs millésimes demandent quatre à cinq ans de garde pour s'ouvrir pleinement. Dès lors, ils prennent une belle complexité dans le temps en se bonifiant sur dix à vingt ans.

RHÔNE SUD

Les vins : comme tous les vins du domaine, ce 2014 grandira sur une bonne quinzaine d'années.

- Gigondas 2014   15 €   15,5

Rouge : 19 hectares.
Grenache noir 70 %, Syrah 25 %, Mourvèdre 5 %
Production moyenne : 50 000 bt/an

DOMAINE RASPAIL-AY
737, route des Princes d'Orange, 84190 Gigondas
04 90 65 83 01 ● www.gigondas-vin.com ●
Vente et visites : au domaine sur rendez-vous.
Propriétaire : Dominique Ay

Cinsault 7,5 %, Syrah 7,5 %, Grenache noir 65 %, Mourvèdre 20 %
Blanc : 0,8 hectare.
Clairette 33,34 %, Viognier 33,33 %, Marsanne 33,33 %
Production moyenne : 40 000 bt/an

DOMAINE LA ROUBINE ♣
613, Chemin du Goujar 84190 Gigondas
04 90 28 15 67 ●
www.domainelaroubine.com ● Visites : sans rendez-vous.
De 10h30 à 12h30 et de 15h à 18h, du 15 mars au 11 novembre.
Propriétaire : Eric et Sophie Ughetto
Œnologue : Philis Laurent

DOMAINE LA ROUBINE

Le domaine La Roubine produit des vins charnus et charmeurs en Gigondas, Vaqueyras, Sablet et Séguret. Éric Ughetto dirige le domaine, et a sorti sa première bouteille en 2000. Il cultive ses vignes selon les méthodes de l'agriculture biologique. Juste une envie : celle de voir vivre les sols – qu'il travaille avec modération pour maintenir la vie microbienne – et de pérenniser la vigne pour les générations futures. Une prise de conscience totalement en adéquation avec ses vins profonds et généreux, issus de raisins vendangés bien mûrs, vinifiés avec la rafle et élevés sans bois neuf. Ce domaine a deux axes majeurs : la simplicité, le bons sens, comme les grands-parents lorsqu'ils travaillaient la vigne, et la rigueur, celle qui consiste à apporter des raisins sains en cave. Ce domaine est une valeur sûre pour les amateurs de vins hédonistes.

Les vins : doté d'un nez sanguin, le gigondas alterne finesse et allonge en bouche avec un fruit plus éclatant que charnu : on retrouve le terroir dans cet équilibre entre élégance et fraîcheur. Le vacqueyras est sauvage, presque fougueux. Il porte une bouche dense, sérieuse, aux tanins puissants. Laissez-lui du temps pour se patiner.

- Gigondas 2015   14,60 €   16
- Vacqueyras 2015   12,50 €   15

Le coup de ♥
- Côtes-du-Rhônes Villages Sablet La Grange des Briguières 2015   9,70 €   14

Réglisse et cacao au nez. Une bouche volumineuse et gracieuse porte un fruit hédoniste et gourmand. Un vin riche et onctueux aux tanins fins et précis.

Rouge : 15 hectares.

DOMAINE SALADIN

À mi-chemin entre Montélimar et Avignon, sur la rive droite du Rhône, Élisabeth et Marie-Laurence Saladin sont à la tête de la propriété familiale transmise de père en fils et de père en fille depuis 1422. Elles cultivent onze cépages en culture bio, sur 17 ha, et proposent une gamme personnelle, d'une finesse rare pour des côtes-du-rhône, qui méritent le rang de cru.

Les vins : un peu réduit au nez, Chaveyron 1422 est marqué par une note fumée-lardée qui lui vient des 95 % de syrah. La bouche en tire son épaisseur et sa sève. Pour les amateurs de vins charnus. Haut Brissan s'illustre comme une pure cuvée de grenache, déclassée en vin de France : n'en tenez pas compte, car ce vin est d'une finesse et du complexité remarquable, avec une couleur légère mais un parfum intense et une bouche toute en nuance. Bravo ! Paul est un rouge élégant au fruit épuré. Per El, tendu, affiche la vivacité des vins de l'Ardèche. Son joli nez évoque la badiane. Tralala ! s'affiche en rosé de caractère à la bouche finement épicée. Digeste, équilibré : on s'en régalera à table.

- Côtes du Rhône Per El 2016   17 €   13,5
- Côtes du Rhône Tralala ! 2016   10 €   13,5
- Côtes du Rhône Paul 2016   14 €   13,5
- VDF Chaveyron 1422 2015   20 €   14
- VDF Haut Brissan 2016   20 €   15

Le coup de ♥
- Côtes du Rhône-Villages Fan dé Lune 2015   17 €   14,5

Derrière un nez profond entre fruit et fleur, on découvre un vin à la fois charnu et élégant, au grain d'une grande finesse.

Rouge : 16 hectares.
Grenache noir 65 %, Syrah 17 %, Carignan 12 %,

Mourvèdre 6 %
Blanc : 1 hectare.
Viognier 20 %, Grenache blanc 20 %, Clairette 20 %, Roussanne 13 %, Marsanne 13 %, Bourboulenc 13 %
Production moyenne : 60 000 bt/an

DOMAINE SALADIN ♣
Les Pentes de Salaman
07700 Saint-Marcel-d'Ardèche
04 75 04 63 20 ●
www.domaine-saladin.com ● **Vente et visites : au domaine sur rendez-vous. Du lundi au vendredi de 9h à 12h et de 14h à 18h. Le week-end sur rendez-vous.**
Propriétaire : Elisabeth et Marie-Laurence Saladin
Œnologue : Véronique David

NOUVEAU DOMAINE
CHÂTEAU LA VERRERIE

Propriété acquise par l'homme d'affaires Jean-Louis Descours (ancien patron des chaussures André) en 1981, La Verrerie produit, depuis le début des années 1990, une gamme de vins intéressante. Notamment de beaux rouges à dominante de syrah, qui vieillissent fort bien et développent des notes évoquant les vins du nord de la vallée du Rhône. La cuvée Grand Deffand, produite en petites quantités et uniquement dans les grands millésimes, est certainement l'un des meilleurs vins du Luberon.

Les vins : le rosé grenache cinsault est finement épicé, avec un fruit vif et acidulé, mais peu charnu. Il se destine à l'apéritif. Le Grand Deffand offre quant à lui un parfum intense évoquant les herbes du sud, la garrigue et la sauge. Un vrai rosé de gastronomie, charnu avec une matière profonde, due à une vendange parfaitement mûre. La version rouge, pure syrah, est marquée par une pointe de réduction. Sa bouche se démarque par son volume, ses tanins précis et sa finesse, mais laissez-lui quelques années pour se libérer totalement. Le luberon blanc offre un nez profond, et une bouche qui abonde dans le même sens. Le viognier offre des notes surprenantes d'herbes fraîches. Un sentiment de sous-maturité que l'on retrouve dans une bouche vive construite davantage sur l'acidité que sur le charnu du cépage.

▷ VDP du Vaucluse Viognier 2016   15 €   13,5
▬ Luberon Grand Deffand 2016   21 €   14,5
▬ Luberon Grenache Cinsault 2016   11 €   13,5

▬ Luberon Grand Deffand Syrah 2015   33 €   14,5

Le coup de ♥
▷ Luberon 2016   14 €   14,5
Le nez et la bouche offrent une certaine profondeur, une belle vivacité. On retrouve en finale des amers fins. Le fruit est bien mûr.

Rouge : 46 hectares.
Grenache noir 53 %, Syrah 36 %, Cinsault 8 %, Carignan 3 %
Blanc : 8 hectares.
Viognier 38 %, Bourboulenc 30 %, Clairette 12 %, Roussanne 11 %, Grenache blanc 9 %
Production moyenne : 230 000 bt/an

CHÂTEAU LA VERRERIE ♣
1810, route du Luberon 84360 Puget
04 90 08 32 98 ●
www.chateau-la-verrerie.fr ● **Vente et visites : au domaine sur rendez-vous. En été : de 9h30 à 18h30. En hiver : de 9h30 à 18h.**
Propriétaire : Famille Descours
Directeur : Olivier Adnot

"Tiraillé entre sa quête de fraîcheur et son ardent soleil, le Roussillon cherche son graal, l'équilibre parfait qui permet l'expression de son exceptionnel patrimoine de vieilles vignes."

Pierre Citerne, dégustateur spécialiste des vins du Roussillon
Membre du comité de dégustation de la Revue du Vin de France

ROUSSILLON

UNE TERRE DU SUD À LA RECHERCHE DE LA FRAÎCHEUR

De nombreux vignerons s'installent dans ce vignoble en ébullition où les talents et les bonnes affaires se dénichent à chaque coin de cave.

C'est une tendance marquante de l'élite des vignerons du Roussillon : tenter à tout prix de retrouver de la fraîcheur dans leurs cuvées, quitte à vendanger des raisins à la limite de la maturité. Si bien qu'il n'est plus rare de trouver des cuvées ne dépassant pas 12,5-13 ° d'alcool, alors que ce vignoble baigné de soleil, le plus aride de France, nous gratifiait, il y a encore quelques années, de vins dépassant allègrement les 14-15 ° d'alcool. Le Roussillon poursuit sa remise à niveau, entamée il y a plus de vingt ans. Et ce, malgré un millésime 2016 largement diminué par la sécheresse (une baisse de 30 % de la production). Si dans les années 60, le vignoble s'étendait sur plus de 70 000 ha, il en compte aujourd'hui 26 400, dont plus de 80 % en AOC. L'essentiel des vignes produisant des vins de pays et des vins de table a été arraché pour revaloriser la production du vignoble d'appellation.

Car tout est ici réuni pour produire de grands vins sur des terroirs d'exception au cœur des vallées (Tautavel, Agly) situées entre les Corbières et les Pyrénées. Au siècle dernier, le vignoble (en plaine) produisait des vins de masse, dont la seule vertu était le degré alcoolique. Au fil des ans, les plus belles parcelles de coteaux et d'altitude situées sur des sols pauvres avaient été abandonnées. Il a fallu attendre les années 90 et l'arrivée d'une nouvelle génération de vignerons pour relancer le vignoble. Gérard Gauby, les familles Parcé ou Cazes et d'autres encore ont chacun contribué au renouveau des vins du Roussillon. Depuis, c'est la reconquête permanente de terroirs autrefois abandonnés. Les sols, parfois schisteux, caillouteux, sablonneux ou même calcaires participent aussi de cette diversité.

Il en va de même pour les vins doux naturels. Car le Roussillon est intimement lié à ces vins, puisque 80 % de la production hexagonale en est originaire. Considérés comme les grands crus de la région, Banyuls, Maury, Rivesaltes ou encore Muscat de Rivesaltes suivent un processus d'élaboration particulier : raisins vendangés très mûrs (14,5° minimum d'alcool), puis fermentation bloquée par ajout d'alcool vinique neutre à 96 °, permettant de conserver un haut niveau de sucre naturel. Ce "mutage", effectué sur marc ou sur jus, donne naissance à un vin plus ou moins sucré. L'élevage traditionnel (de nombreux mois, voire plusieurs années) se déroule en milieu oxydatif (à l'air), en fûts de chêne, ou parfois dans des bonbonnes de verre, exposées en extérieur pour accélérer le vieillissement. Il existe un second type d'élevage, en milieu réducteur (à l'abri de l'air). Le vin, gardé en cuves de six à vingt-quatre mois, est mis en bouteilles précocement. Ainsi, tout le fruit se trouve préservé. Cette méthode est baptisée "rimage" ou "rimatge" (l'âge du raisin en catalan). Aujourd'hui, la production de VDN représente environ un quart du total de la production des vins de la région, soit environ 235 000 hl. Là encore, des styles novateurs où la fraîcheur et la tension des vins sont préservées apparaissent.

LES APPELLATIONS

Contrairement au Languedoc, le Roussillon ne conserve qu'une infime partie de ses superficies viticoles (1,6 %) consacrées à la production de vins sans indication géographique (anciennement vin de table). Par ailleurs, sur les 26 400 hectares de vignes que compte le département des Pyrénées-Orientales, 22 200 sont en AOC.

LES IGP DU ROUSSILLON

Cette catégorie, qui rassemble le pire, comme le meilleur puisque l'on y retrouve certaines cuvées de Gérard Gauby et d'autres grands vignerons roussillonnais, regroupe les vins qui ne bénéficient pas d'une appellation d'origine contrôlée, parce qu'ils ne sont pas produits sur une aire d'AOC, ou parce que leurs pratiques culturales ne correspondent pas à la réglementation fixée pour l'appellation. Cette production est majoritairement tenue par les caves coopératives roussillonnaises. Contrairement au Languedoc, le vignoble classé en IGP est minoritaire en Roussillon (22,4 %) par rapport aux AOC (76 %). Quatre IGP sont produites dans la région. On retrouve l'IGP d'Oc qui couvre l'ensemble des départements de l'ancienne région Languedoc-Roussillon. La principale est l'IGP des Côtes catalanes qui représente 75 % de la production. Enfin, deux IGP marginales sont encore produites : l'IGP de la Côte vermeille (0,07 % de la production) et l'IGP des Pyrénées-Orientales (0,3 % de la production).

LES AOC DES VINS SECS DU ROUSSILLON

Côtes du Roussillon, Côtes du Roussillon-Villages : une production hétérogène. Quand ils s'avèrent de bonne facture, les vins rouges sont solides, sans trop de lourdeur alcoolisée. Il existe un important potentiel de vieilles vignes de grenache et de carignan (jadis destinées à l'élaboration de vins doux), qui permet aux jeunes domaines de produire rapidement des cuvées de fort caractère. On observe aussi une montée en puissance des vins blancs (à dominante de grenaches gris et blanc) produits sur les calcaires du nord du département des Pyrénées-Orientales (Fenouillèdes). Quatre crus se distinguent en Côtes du Roussillon-Villages avec la mention du village. Tous sont situés dans la partie septentrionale du département des Pyrénées-Orientales. Il s'agit de Caramany, Latour de France, Lesquerde et Tautavel.

Collioure : cette appellation regroupe la production de vins secs rouges, blancs et rosés produits sur la même aire d'appellation que celle de Banyuls (vin doux naturel). D'un style équilibré et assez fin, les rouges sont en progrès, même s'ils ne justifient pas toujours leurs prix. Les blancs sont très prometteurs, les grenaches blanc et gris leur apportant un caractère affirmé.

Maury sec : dernière-née des appellations du Roussillon, l'AOC Maury sec a vu le jour en 2011. Elle concerne des vins rouges secs produits à dominante de grenache sur les terroirs de schistes de Maury. Pour l'instant, cette AOC ne représente que 185 hectares de vignes. Mais les débuts sont prometteurs et les vignerons locaux jouent le jeu pour que leurs meilleures cuvées sortent dans cette appellation. D'ailleurs, sur 43 producteurs, 17 produisent déjà du maury sec.

LES AOC DES VINS DOUX NATURELS DU ROUSSILLON

Banyuls, Banyuls Grand Cru : vins doux naturels de remarquable qualité. Il existe deux types de vins : le style traditionnel, vieilli plusieurs années en foudres, qui affiche une couleur ambrée et un rancio fin et superbe, et les vintages (ou rimatges), de couleur plus vive, aux arômes de fruits noirs. Le banyuls peut être produit en rouge et en blanc, cette dernière production étant bien plus confidentielle.

Rivesaltes : production de vins doux naturels plus importante et plus hétérogène en qualité qu'à Banyuls. Les meilleurs producteurs proposent cependant d'excellents rivesaltes traditionnels, très loin de certaines caricatures.

Muscat de Rivesaltes : quand il réussit à garder une certaine fraîcheur en bouche, le muscat de Rivesaltes est un vin aromatique et plein, idéal pour les desserts aux fruits. Il est produit à partir de deux cépages, le muscat à petits grains et le muscat d'Alexandrie. Cette très vaste AOC (4 400 ha) couvre les aires d'appellation de Rivesaltes, Banyuls et Maury. Elle représente à elle seule 45 % de la production de vins doux naturels du Roussillon.

Maury : vin doux naturel des contreforts pyrénéens, au style plus fougueux que les rivesaltes. Longtemps en retrait qualitativement par rapport à Banyuls, les meilleurs producteurs proposent des vins de très bon niveau dans cette appellation, où le grenache est façonné par les sols de schistes.

LES CÉPAGES

Comme en Languedoc, les cépages rouges sont dominants en Roussillon. Toutefois, contrairement à son voisin, la syrah ne s'y impose pas face au grenache noir et au carignan noir. De même, le merlot et le cabernet-sauvignon sont marginaux et ne représentent que quelques centaines d'hectares. Voici les principaux cépages rouges par ordre d'importance.

À la différence du Languedoc, la proportion de cépages blancs est plus importante dans le vignoble (environ 40 % de l'encépagement total). Cela s'explique par le fait qu'une grande partie des surfaces viticoles consacrées aux muscats, au macabeu et aux grenaches sert à l'élaboration des vins doux naturels. Voici les principaux cépages blancs par ordre d'importance.

LES CÉPAGES ROUGES :
Grenache noir (6 000 ha)
Syrah (4 400 ha)
Carignan noir (3 300 ha)
Mourvèdre (950 ha)
Merlot (540 ha)
Cabernet-sauvignon (460 ha)
Lledoner Pelut (170 ha)
Cabernet franc (90 ha)
Marselan (90 ha)
Cinsault (80 ha)
Pinot noir (23 ha)

LES CÉPAGES BLANCS :
Muscat à petits grains (2 900 ha)
Muscat d'Alexandrie (2 360 ha)
Macabeu blanc (1 700 ha)
Grenache blanc (1 230 ha)
Grenache gris (960 ha)
Chardonnay (430 ha)
Viognier (115 ha)
Vermentino (115 ha)
Roussanne (62 ha)
Sauvignon (60 ha)

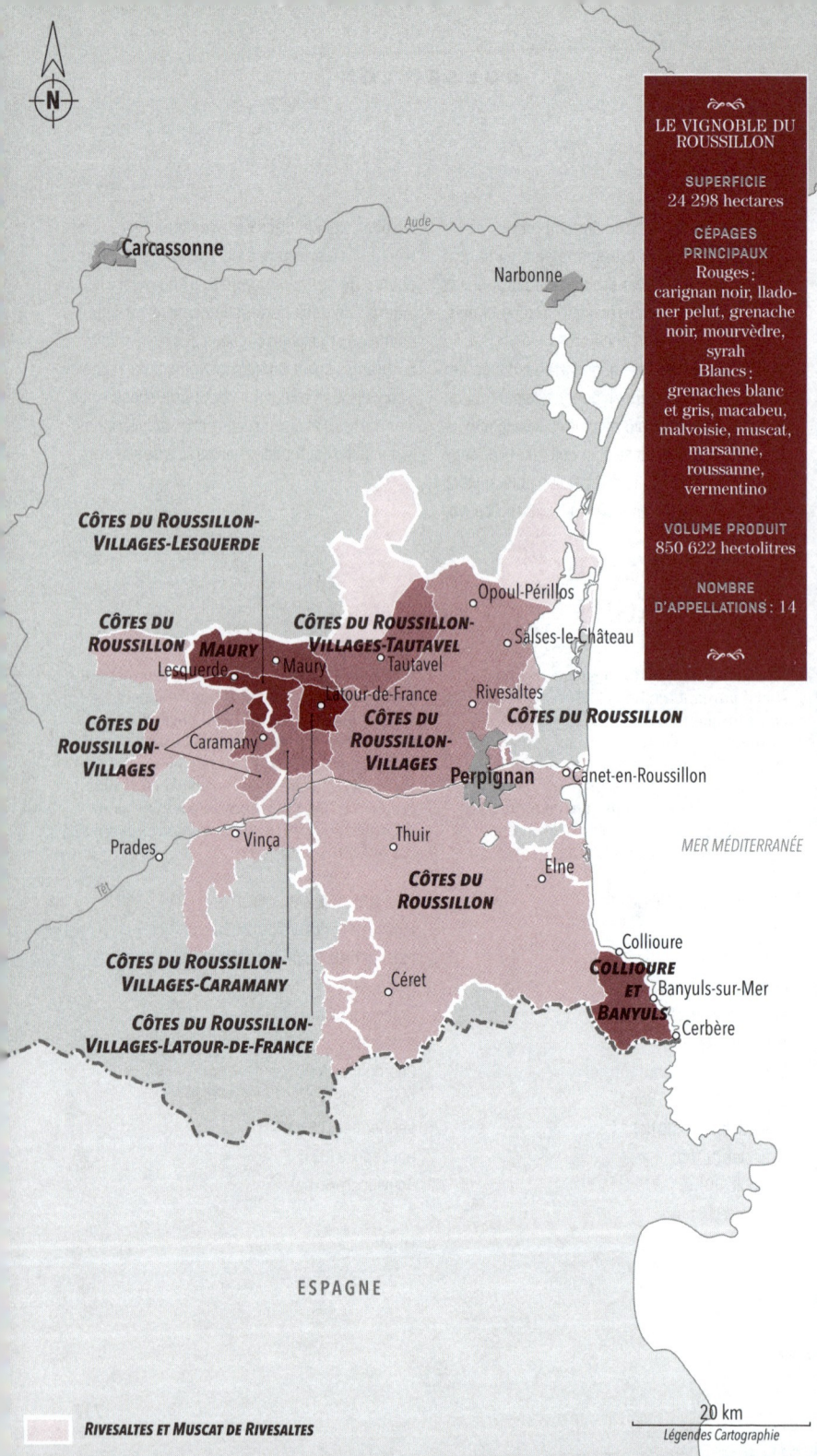

ROUSSILLON

DIX ADRESSES DE CHARME ENTRE MER ET PYRÉNÉES

Le climat solaire et généreux de la région se retrouve également dans les chambres d'hôtes, sur les tables et au fond des verres.

CHAMBRES D'HÔTES DE VIGNERONS

CHATEAU VALMY
Entièrement rénové en 2014, l'impressionnant château dispose de cinq chambres d'hôtes et d'un restaurant ouvert sur le vignoble. À partir de 220 €, la nuit.
Chemin de Valmy, 66700 Argelès-sur-Mer. Tél. : 04 68 81 25 70. www.chateau-valmy.com

VILLA BAUSIL
Sylvie et Marc Beaulieu ont transformé cette belle maison de maître en havre de paix, avec trois grandes chambres. 60 €, petit-déjeuner inclus.
4, impasse Bausil, 66310 Estagel. Tél : 04 68 52 28 35. www.villabausil.com

CAVISTES

VIA DEL VI
Ce bar à vins fait aussi office de caviste. Les vins du Roussillon y sont largement mis en avant.
43 bis, avenue du maréchal-Leclerc, 66000 Perpignan. Tél. : 04 68 67 84 96.

LES 9 CAVES
Un lieu unique, à la fois cave réunissant des vignerons bio de Banyuls, bistrot, salle de concert et d'exposition.
56, avenue du général-de-Gaulle, 66650 Banyuls-sur-Mer. Tél : 04 68 36 22 37. www.9caves.com

RESTAURANTS

LA BALETTE
Une cuisine d'une grande finesse à savourer sur la terrasse du restaurant, laquelle donne sur une petite plage et sur le port de Collioure. Belle carte des vins de la région. Comptez de 30 à 105 €.
Route de Port-Vendres, 66190 Collioure. Tél. : 04 68 82 05 07. www.relaisdestroismas.com

AUBERGE DU VIEUX PUITS
Gilles Goujon est le meilleur chef de la région (3 macarons). Menus de 115 à 205 €. Chambres ou suites de 165 à 325 €.
5, avenue Saint-Victor, 11360 Fontjoncouse. Tél. : 04 68 44 07 37. www.aubergeduvieuxpuits.fr

LES CLOS DE PAULILLES
Le restaurant repris par la maison Cazes en 2012 est axé sur la cuisine catalane.
Baie de Paulilles, 66660 Port-Vendres. Tél. : 04 68 81 49 79. www.cazes-rivesaltes.com/les-clos-de-paulilles/

BAR A VINS

L'ATELIER
Le bar à vins de Laurent de Besombes-Singla, du domaine Singla. L'ancien bâtiment des tracteurs a été reconverti en un lieu où déguster la production maison et les vins des amis.
52, rue Arago, 66250 Saint-Laurent-de-la-Salanque. Tél. : 09 67 30 77 90 et 06 11 77 07 11.

FÊTES VIGNERONNES

DU 4 AU 8 OCTOBRE 2017 : FÊTE DES VENDANGES DE BANYULS
Cinq jours de fête ponctués de découvertes autour du patrimoine catalan et des vins de Collioure et de Banyuls.
Office de tourisme de Banyuls-sur-Mer. Tél. : 04 68 88 31 58. fdv.banyuls.free.fr

LE 19 OCTOBRE 2017 : NUIT DES VINS PRIMEURS À PERPIGNAN
La nuit des vins primeurs se tient dans les bars, les restaurants et chez les cavistes de Perpignan.
www.vinsduroussillon.com

NOS DEUX COUPS DE ♥

HÔTEL-CAVE DE RIBERACH
L'ancienne cave coopérative de la commune a été transformée en 2012 en un hôtel-restaurant-cave. Riberach est aussi une propriété viticole qui cultive plus de 10 hectares en agriculture biologique. Chambres de 160 à 315 €, menus de 45 à 109 €.
2, route de Caladroy, 66720 Bélesta. Tél. : 04 68 50 30 10. www.riberach.com

AUBERGE DU CELLIER
Une adresse incroyable au centre du village de Montner. Pierre-Louis Marin, à la tête de sa table étoilée, livre une cuisine purement catalane de haut vol, à un prix accessible.
1, rue Sainte-Eugénie, 66720 Montner. Tél. : 04 68 29 09 78. www.aubergeducellier.com

ROUSSILLON

★★★
DOMAINE GAUBY

Depuis ses débuts au milieu des années 1980, Gérard Gauby, vigneron d'une haute exigence, poursuit avec l'aide de son fils, Lionel, et de son épouse, Ghislaine, sa quête permanente du grand vin à l'équilibre parfait. Il a connu plusieurs périodes de remise en question qui, progressivement, l'ont porté vers un style de vins rouges et blancs tendus, svelte et incroyablement digestes, qui enchantent par leur fraîcheur et lui valent de nombreux admirateurs. Jamais exempte de prise de risques, cette recherche de dépouillement révèle la quintessence du terroir varié de Calce, composé notamment d'étonnantes marnes noires sur lesquelles sont plantées les syrahs qui composent en partie la cuvée Muntada. Par un travail sans relâche des sols et de la vigne, les maturités phénoliques arrivent plus rapidement, permettant des degrés alcooliques souvent très modérés, comme en 2014. Ces vins blancs et rouges demandent au moins trois ou quatre ans de bouteille avant de s'ouvrir sagement, mais dix à quinze ans n'effraient pas les grandes cuvées – et tous se présentent au mieux après un long passage en carafe. Nous rendons hommage au parcours exemplaire d'une famille qui a su ouvrir de nouvelles voies et continue à réinventer la viticulture du Sud.

Les vins : après des 2014 bouleversants d'aérienne finesse, 2015 marque un nouveau stade dans l'évolution du style Gauby. Les vins acceptent (enfin ?) la richesse immanente de leur nature méditerranéenne tout en conservant une grâce singulière. Le succès est total, avec des Vieilles Vignes denses et percutantes, réjouissantes au palais ; bien posé sur sa longueur pour le blanc, mis en relief par la vitalité fraîche de la rafle pour le rouge. La Jasse 2016 réitère, et amplifie même, le succès du 2015, premier millésime de ce muscat macéré accessible et rayonnant. Les grandes cuvées rouge, les sublimes La Roque et Muntada, s'expriment déjà avec une séduction considérable, une profondeur aromatique très nuancée, aperçu du potentiel d'un fruit souverain, impressionnant d'énergie et de vigueur tannique.

▱ IGP Côtes Catalanes La Jasse 2016	16 €	17
▱ IGP Côtes Catalanes Vieilles Vignes 2015	32 €	16
▰ IGP Côtes Catalanes La Roque 2015	75 €	18,5
▰ IGP Côtes Catalanes Vieilles Vignes 2015	32 €	16,5

Le coup de ♥

▰ IGP Côtes Catalanes Muntada 2015	75 €	19

Profond et nuancé, fruit sublime, serré et puissant mais qui conserve une grâce totale.

Rouge : 27 hectares.
Grenache noir 40 %, Carignan 30 %, Syrah 20 %, Mourvèdre 10 %
Blanc : 15 hectares.
Grenache blanc 45 %, Macabeu 33 %, Muscat à petits grains blancs 12 %, Vermentino 5 %, Chardonnay 5 %
Production moyenne : 100 000 bt/an

DOMAINE GAUBY ♣
La Muntada, 66600 Calce
04 68 64 35 19 • www.domainegauby.fr •
Vente et visites : au domaine sur rendez-vous.
Du lundi au vendredi, de 9h à 12h.
Propriétaire : Gérard et Lionel Gauby

★★
CLOS DU ROUGE GORGE

Agrandi depuis 2014 de quelques nouvelles vignes, ce petit domaine situé sur des terrasses de schistes et de gneiss de Latour-de-France repose entièrement sur Cyril Fhal. Ayant débuté en 2002, ce vigneron passionné avance dans une démarche rigoureuse et cohérente, extrêmement exigeante à la vigne (tenue en biodynamie avec un soin méticuleux, au prix de milliers d'heures de travail) comme en cave (levures indigènes, élevage en demi-muid et foudre). Cet engagement moral et esthétique constitue un modèle pour une nouvelle génération de vignerons. Distingués, d'un grand raffinement naturel, loins de tout artifice, ces vins d'artiste, hélas difficiles à trouver, sont vénérés par une clientèle de fidèles.

Les vins : les cuvées dégustées cette année nous confortent dans l'évidence de la deuxième étoile accordée l'an dernier. Leur profondeur et leur élégance subtile n'ont guère d'équivalents dans la région. Parmi les rouges, la cuvée du domaine 2015, basée sur le carignan, se montre pour l'heure ferme et serrée, compacte mais dotée d'un formidable élan vital. On retrouve cette énergie dans l'Ubac 2014, un grand vin à la distinction encore un peu froide, qui a besoin d'air pour s'exprimer. Les Jeunes Vignes de grenache 2015 s'offrent en revanche sans réserve !

2015 marque aussi la première année officielle de l'Ubac blanc, grenache gris sculpté dans le minéral, profond et exigeant. Autre nouveauté, Le Pas de la Fount 2016 est un muscat d'Alexandrie macéré, qui joue ses belles notes d'abricot sec sur une trame grenue, légèrement lactique et poussée par la volatile.

⇨ IGP Côtes Catalanes 2015	21 (c) €	16,5
⇨ IGP Côtes Catalanes Le Pas de la Fount 2016	N.C.	15
➤ IGP Côtes Catalanes 2015	25 (c) €	16,5
➤ IGP Côtes Catalanes L'Ubac 2014	47 (c) €	18
➤ IGP Côtes Catalanes L'Ubac 2015	40 (c) €	17,5

Le coup de ♥

➤ IGP Côtes Catalanes Jeunes Vignes 2015	21 (c) €	17

On peut être saisi par l'aspect très tendre, avant d'être ensorcelé par le merveilleux parfum floral de ces grenaches à deux doigts de pinoter. Déliée mais bien en chair, en accord avec la suavité du cépage, c'est une cuvée plus structurée qu'il n'y paraît au premier abord, sans doute capable d'affiner encore avec le temps son élégance naturelle.

Rouge : 5 hectares.
Carignan 42 %, Grenache noir 42 %, Cinsault 16 %
Blanc : 1 hectare.
Grenache gris 50 %, Macabeu 36 %, Carignan 14 %
Production moyenne : 15 000 bt/an

CLOS DU ROUGE GORGE ♣
6, place Marcel-Vié,
66720 Latour-de-France
04 68 29 16 37 ● cyrilfhal@gmail.com ●
Vente et visites : au domaine sur rendez-vous.
Propriétaire : Cyril Fhal

DOMAINE GARDIÉS

Tenant d'un style classique, unanimement respecté par ses pairs, Jean Gardiés a repris le domaine familial en 1990, en privilégiant la production de vins rouges en appellation Côtes du Roussillon, diminuant ainsi fortement celle des vins doux, qui ne représentent plus que 4 ha du parcellaire. Répartis sur différents types de sols, les rouges font partie des meilleurs de la région, avec un beau volume en bouche et une grande précision de saveurs. Notons les progrès réalisés sur les blancs, avec des élevages désormais effectués en demi-muid de 600 litres, préservant l'empreinte minérale. La régularité exemplaire, les soins constants apportés au vignoble comme au chai et la finesse dont font désormais preuve tous les vins garantissent au domaine une place de choix au sein de la petite élite de la région.

Les vins : la voie tracée l'an dernier par le brillant carignan 2015 (toujours merveilleux dans sa subtilité pulpeuse) a été suivie par les cuvées rouges "historiques" du domaine, qui s'expriment dans ce millésime avec davantage de finesse, d'élégance de forme, de liberté aussi. Nous nous en réjouissons ! Au sein d'une gamme parfaitement étagée, les blancs 2016 brillent encore davantage que les 2015, avec toujours au sommet la rare cuvée de malvoisie Les Vignes de mon Père, tranchante mais généreuse, subtilement anisée et abricotée. Les VDN sont totalement maîtrisés, expressifs et séducteurs : mention spéciale au muscat-de-rivesaltes 2016 irrésistiblement fruité et au très riche rivesaltes ambré 1985, qui a passé 32 ans en fût et dont le rancio effilé semble presque andalou. Carton plein d'un bout à l'autre de la production !

⇨ Côtes du Roussillon Clos des Vignes 2016	26 €	16
⇨ Côtes du Roussillon Les Glacières 2016	16 €	15
⇨ IGP Côtes Catalanes Les Vignes de Mon Père Malvoisie 2016	30 €	17
⇨ Muscat de Rivesaltes Flor 2016	15 €	16
⇨ Rivesaltes Ambré 1985	96 €	17
⇨ Rivesaltes Ambré 2004	32 €	14,5
➤ Côtes du Roussillon Je Cherche le Ciel 2015	18 €	14,5
➤ Côtes du Roussillon-Villages La Torre 2015	36 €	16
➤ Côtes du Roussillon-Villages Les Millères 2015	14 €	14
➤ Côtes du Roussillon-Villages Tautavel Clos des Vignes 2014	24 €	15,5
➤ Rivesaltes Grenat Cerra 2015	18 €	14,5

Le coup de ♥

➤ Côtes du Roussillon-Villages Tautavel Les Falaises 2015	48 €	17

Matière très dense subtilement élevée, expression complexe évoquant la terre battue, l'encre, le poivre du Sichuan. En bouche, le grain se montre très fin, frais, le déroulé longiligne et persistant, avec un magnifique maillage tannique. Nous saluons la mue stylistique de cette cuvée de grande ambition vers une élégance accrue !

ROUSSILLON

- IGP Côtes Catalanes Les Vignes de mon Père Carignan 2015   30 €   17

Subtil, réservé, très jolie pulpe.

Rouge : 20 hectares.
Grenache noir 40 %, Syrah 20 %, Mourvèdre 20 %, Carignan 20 %
Blanc : 15 hectares.
Muscat à petits grains blancs 50 %, Grenache blanc 30 %, Roussanne 10 %, Macabeu 10 %
Production moyenne : 95 000 bt/an

DOMAINE GARDIÉS ♣
**Chemin de Montpins,
66600 Espira-de-l'Agly
04 68 64 61 16 ● www.domaine-gardies.fr ●
Vente et visites : au domaine sur rendez-vous.
Propriétaire : Jean Gardiés**

★★
MAS AMIEL

Première pierre de l'édifice viticole d'Olivier Decelle (également présent à Saint-Émilion avec le château Jean-Faure, en Haut-Médoc, et en Bourgogne avec la maison Decelle-Villa), ce vaste domaine, qui a longtemps été le fer de lance des grands vins doux naturels, évolue brillamment depuis son rachat il y a plus de quinze ans. Sans négliger – bien au contraire – les vins doux, Olivier Decelle a immédiatement perçu la grande aptitude des terroirs de Maury à produire des vins rouges secs de haute expression, et s'est donné les moyens de les réussir. La gamme s'agrandit et se réinvente par petites touches, avec des vins aimables jeunes, mais capables de vieillir, telle la cuvée Initial, et des cuvées parcellaires plus ambitieuses, qui atteignent un niveau spectaculaire dans les derniers millésimes.

Les vins : les maury secs 2016 affirment avec brio leur fraîcheur parfumée. Des ovnis dans ce millésime de sécheresse, ils n'ont pas de pairs cette année dans la jeune appellation ! La gamme des VDN est toujours aussi profonde et passionnante. En 2012, Charles Dupuy surclasse par son ampleur et sa vibration le pourtant très bon Vintage Réserve. Le Vintage 2014 souffre en revanche de l'étroitesse du millésime ; ce qui n'est pas le cas du Vintage blanc, très parfumé, aux sucres idéalement sveltes. Parmi les oxydatifs, notre préférence va toujours au 1985, un monument de puissance et de saveur. Plus fragile, le 1980 offre une attachante complexité. Dégusté à plusieurs reprises, le 1969 nous a toujours semblé manquer de netteté aromatique. Les 30 et 40 ans d'âge offrent quant à eux la complexité éthérée de merveilleux digestifs.

 Côtes du Roussillon Altaïr 2015   19 €   15
 Maury Vintage 2014   18 €   16,5
- Maury 1980   58 €   16,5
- Maury 1985   50 €   18
- Maury 30 Ans d'Age   44 €   16,5
- Maury Sec Alt. 433 M 2016   26 €   16
- Maury Sec Initial 2015   14,90 €   13
- Maury Sec Vers le Nord 2016   22 €   17
- Maury Sec Voyage en Météore 2016   22 €   16,5
- Maury Vintage 2014   18 €   13
- Maury Vintage Charles Dupuy 2012   37,50 €   17

Le coup de ♥
 Maury 40 Ans d'Age   67 €   18

Dépouillé et diaphane, le vin devient spirituel ; on se rapproche du spiritueux, de l'univers du vieil armagnac ! Suggestions entremêlées de vanille, de châtaigne grillée, de miel... La matière est en même temps arachnéenne et très solaire, on goûte le rayonnement quintessencié de l'astre sur les schistes.

Rouge : 143 hectares.
Grenache noir 75 %, Carignan 13 %, Syrah 10 %, Mourvèdre 2 %
Blanc : 12 hectares.
Grenache gris 47 %, Macabeu 33 %, Muscat à petits grains blancs 10 %, Muscat d'alexandrie 10 %
Production moyenne : 400 000 bt/an

MAS AMIEL ♣
**Domaine du Mas Amiel, 66460 Maury
04 68 29 01 02 ● www.masamiel.fr ●
Visites : sans rendez-vous.
De 8h30 à 12h30 et de 13h30 à 18h.
Propriétaire : Olivier Decelle
Directeur : Nicolas Raffy
Maître de chai : Nicolas Raffy**

★★
DOMAINE MATASSA

Le Sud-Africain Tom Lubbe a fait l'acquisition, entre 2001 et 2003, de nombreuses parcelles de vieilles vignes, disséminées entre Calce et les hauteurs des Fenouillèdes, jusqu'à 600 mètres d'altitude. Fort d'une expérience de vinification chez son voisin Gérard Gauby, ainsi que dans son pays d'origine, Tom Lubbe a développé un style très personnel, représentatif du dynamisme actuel de la vallée de l'Agly. Les préceptes de la biodynamie régissent le travail des vignes. Parfois marqués par la réduction dans leur jeunesse, les vins présentent un caractère vivant, et les élevages longs conservent la souplesse et la fraîcheur du fruit. Dotés d'un style décidément différent de celui des amis et confrères vignerons de Calce, les blancs et les rouges sont intenses, pleins de vitalité et de tension malgré des extractions très mesurées. Le travail, accompli dans la modestie, est considérable ; la prise de risque est désormais habilement gérée, et le domaine mérite sa deuxième étoile accordée il y a deux ans.

Les vins : ces 2015 vibrants confirment la qualité aérienne des 2014, avec un peu plus de plénitude de corps. On peut concilier degré alcoolique contenu, charme diaphane et gourmandise, Tom Lubbe le prouve depuis quelques millésimes. Cette liberté de ton peut s'accompagner (notamment dans le cas de Romanissa Casot, par ailleurs admirable dentelle de lladoner pelut framboisée et anisée) d'inflexions organiques et volatiles qui ne seront pas du goût des plus rigoristes parmi les amateurs.

▷ VDF Marguerite 2015	21 €	16
▶ VDF Matassa 2015	26 €	17
▶ VDF Romanissa Casot 2015	26 €	16,5

Le coup de ♥
▷ VDF 2015	26 €	17

70 % grenache gris, 30 % macabeu : voici un blanc particulièrement tonique et original. Malgré la faiblesse du degré alcoolique, il arbore une saveur pleine et un relief presque tannique. La finale s'étire sur de prenantes notes de lavande.

Rouge : 7 hectares.
Grenache noir 70 %, Carignan 30 %
Blanc : 8 hectares.
Grenache gris 60 %, Macabeu 40 %
Production moyenne : 30 000 bt/an

DOMAINE MATASSA ♣

4, Grande Rue, 66720 Montner
04 68 64 10 13 • www.matassawine.fr/ •
Vente et visites : au domaine sur rendez-vous.

Propriétaire : Thomas et Nathalie Lubbe

DOMAINE OLIVIER PITHON

En moins de dix ans, ce vigneron originaire d'Anjou, frère du fameux Jo Pithon des coteaux du Layon, s'est imposé parmi les domaines de référence du Roussillon. Olivier Pithon pratique une viticulture engagée, très respectueuse des terroirs et des cépages autochtones. Il affirme désormais un style bien personnel, donnant naissance à des vins authentiques et droits qui progressent d'année en année, plus précis et réguliers aujourd'hui dans les vins d'entrée de gamme. La cuvée D18, issue de grenache blanc et gris, s'est affirmée comme une des plus grands blancs du sud ; le macabeu est tout aussi exceptionnel. La nouvelle cave, sur les hauteurs de Calce, est désormais opérationnelle. La régularité, la franchise d'expression et l'intensité de saveurs des vins qui en sortent ont valu au domaine l'obtention rapide d'une deuxième étoile, encore brillamment confirmée cette année.

Les vins : qu'Olivier Pithon possède un don particulier pour les blancs est désormais chose connue. Les 2015 illustrent magnifiquement son talent, avec une cuvée Maccabeu d'anthologie et une D18 très richement constituée, qu'il faut attendre. Ils réunissent le meilleur des deux mondes : sveltesse, nuance, tension septentrionales ; et la générosité, le moelleux, les hanches pleines que doivent avoir les vins du Sud. Mon P'tit Pithon 2016 offre déjà un remarquable aperçu du style Pithon. Avec l'adoption de la vendange entière, le style des rouges s'est considérablement affiné. En 2014 le Colt (anciennement cuvée Le Clot) atteint des sommets d'élégance, alors que le Pilou (carignan) joue avec une volatile périlleuse...

▷ IGP Côtes Catalanes Cuvée Laïs 2015	17 €	16
▷ IGP Côtes Catalanes La D18 2015	N.C.	16,5
▷ IGP Côtes Catalanes Maccabeu 2015	N.C.	17,5
▷ IGP Côtes Catalanes Mon P'tit Pithon 2016	N.C.	15
▶ Côtes du Roussillon Cuvée Laïs 2015	17 €	16
▶ IGP Côtes Catalanes Le Pilou 2014	N.C.	15

ROUSSILLON

▶ IGP Côtes Catalanes Mon P'tit Pithon 2016	N.C.	14

Le coup de ♥

▶ IGP Côtes Catalanes Le Colt d'en Olby 2014	N.C.	18

En un an, cette cuvée a acquis une dimension de finesse considérable. Magnifique délicatesse, enjôleuse, d'un grenache aérien sans dureté ni maigreur, "pinotant", floral, auquel le trait de vert de la vendange entière sied à merveille.

Rouge : 9 hectares.
Grenache noir 50 %, Carignan 40 %, Mourvèdre 10 %
Blanc : 9 hectares.
Macabeu 40 %, Grenache gris 40 %, Grenache blanc 20 %
Production moyenne : 100 000 bt/an

DOMAINE OLIVIER PITHON ☾
**Chemin de Montner, 66600 Calce
09 88 66 94 78** ●
www.domaineolivierpithon.com ● Vente et visites : au domaine sur rendez-vous.
Propriétaire : Olivier Pithon et Sébastien Calmettes
Directeur : Olivier Pithon

DOMAINE DE LA RECTORIE

De retour sur les terres familiales depuis 1984, les frères Parcé se sont d'abord illustrés dans l'élaboration de banyuls mutés sur grains de type vintage (millésimés, prêts à boire jeunes), auxquels ils ont apporté une précision de saveurs et une intensité aromatique jusqu'alors inconnues. Depuis, Marc, épicurien, prosélyte du terroir catalan, et Thierry, vinificateur sensible, interprètent avec le même brio une partition en vins secs (appellation Collioure), digestes et salins, avec pour base les grenaches blancs, gris et rouges dont ils sont d'ardents défenseurs. Le vignoble, très morcelé, bénéficie d'expositions solaires et d'altitudes variées. Deux cuvées de haute expression rendent justice au potentiel de Collioure : Côté Mer est le reflet du terroir maritime, Montagne, celui du terroir de l'intérieur des terres, en altitude. L'Argile est un vin fondateur, de ceux qui ont insufflé aux vignerons de la région l'envie d'élaborer de grands blancs secs à partir de cépages locaux. Nous saluons la cohérence exceptionnelle de la gamme et la précision de saveurs des vins, dans les trois couleurs comme en VDN.

Les vins : comme l'an dernier, la sûreté stylistique force l'admiration. Chaque cuvée est précisément définie au sein d'une gamme très bien articulée. Les banyuls, dans leurs styles respectifs, procurent beaucoup de plaisir. Les collioures rouges 2015 partagent un profil solaire mais élégant, fortement structuré par une tannicité toujours distinguée. Par son supplément d'ampleur et de nuance, Montagne se place une fois de plus au-dessus du lot. Certains trouveront que tout cela reste néanmoins très cadré ; faut-il souhaiter un grain de folie, un prise de risque supplémentaire ?

▶ VDF Voile d'Argile	24 €	16
Collioure Côté Mer 2016	14 €	14,5
Banyuls Léon Parcé 2014	24 €	16
Banyuls Thérèse Reig 2015	18,50 €	16,5
Collioure Barlande 2015	26 €	15
Collioure Côté Mer 2015	14 €	14,5
Collioure L'Oriental 2015	19 €	14,5

Le coup de ♥

Collioure Montagne 2015	24 €	16,5

Derrière une teinte modérée s'épanouit un beau nez de griotte, d'épices et d'écorce, une bouche fine, réglissée, toujours fraîche et nuancée dans son propos malgré une générosité alcoolique certaine. Accroche tannique racée !

Rouge : 26 hectares.
Grenache noir 75 %, Syrah 10 %, Carignan 10 %, Counoise 3 %, Mourvèdre 2 %
Blanc : 4 hectares.
Grenache gris 90 %, Grenache blanc 10 %
Production moyenne : 80 000 bt/an

DOMAINE DE LA RECTORIE
**65, avenue du Puig-del-Mas,
66650 Banyuls-sur-Mer
04 68 88 13 45** ● **www.rectorie.com** ●
Vente et visites : au domaine sur rendez-vous.
Du lundi au samedi de 10h à 13h et de 14h à 19h.
Propriétaire : Thierry et Jean-Emmanuel Parcé

DOMAINE LES TERRES DE FAGAYRA

Marjorie et Stéphane Gallet, du domaine Le Roc des Anges, se sont lancés, en 2008, dans l'aventure des vins doux naturels. Avec une conviction rare et un souci de qualité extrême, ils façonnent dans leurs trois maurys de grandioses expressions de ces terroirs de schistes. Disponibles en tout petits volumes, ces vins, deux rouges et un blanc, transcendent les limites inhérentes au mutage en préservant éclat et fumé "minéral", terme qui s'impose ici avec évidence. Ils apportent un éclairage nouveau à un genre encore trop souvent conventionnel, et s'inscrivent d'emblée parmi les meilleurs producteurs de VDN.

Les vins : autant nous émettons des réserves sur le parti pris stylistique des vins sec de Marjorie et Stéphane Gallet, autant nous adhérons sans réserve aux VDN. Monumentale, la cuvée Op. Nord 2013 apparaît encore plus serrée et empyreumatique que l'an dernier, il faut l'attendre ! Elle cède (provisoirement) la plus haute marche à la cuvée du domaine 2015, sommet de charme et d'élégance.

▻ Maury Fagayra Blanc 2015	28 €	15
▬ Maury Op. Nord 2013	32 €	17

Le coup de ♥

▬ Maury Fagayra Rouge 2015	28 €	18

On ne peut être que conquis par ce merveilleux parfum de framboise et de mûre mêlées. La matière est à la hauteur, riche et ferme, suave et fraîche, précise, avec un aplomb tannique très typé Maury.

Rouge : 3,5 hectares.
Grenache noir 90 %, Carignan 10 %
Blanc : 0,5 hectare.
Grenache gris 85 %, Macabeu 15 %
Production moyenne : 7 000 bt/an

DOMAINE LES TERRES DE FAGAYRA ♣

1, route de Montner,
66720 Latour-de-France
04 68 29 16 62 • www.terresdefagayra.com
● Vente et visites : au domaine sur rendez-vous.
Propriétaire : Marjorie et Stéphane Gallet

DOMAINE DANJOU-BANESSY

Jeune vigneron passionné, Benoît Danjou a repris ce vieux vignoble hérité de son grand-père, jadis consacré à la production de rivesaltes. Désormais aidé de son frère Sébastien, il a progressivement converti le domaine aux vins blancs et rouges secs, tout en conservant sagement de magnifiques vieux rivesaltes, commercialisés au compte-gouttes. Reflets de différents terroirs et parcelles, souvent issus de vignes âgées, les vins offrent caractère et originalité. Avec un travail respectueux du vivant à la vigne, non-interventionniste en cave, le domaine a rapidement progressé, outrepassant les espoirs des observateurs ; il peut prétendre grimper encore dans notre hiérarchie. Entre références patrimoniales (vieux VDN et rancios) et audace des formules expérimentées dans les vins secs (qui flirtent parfois avec la sous-maturité), le domaine est d'ores et déjà devenu un point focal indispensable du paysage catalan actuel.

Les vins : voici une dégustation mitigée, perturbante… On perçoit dans toutes les cuvées une grande sensibilité vigneronne, des très belles nuances, de l'audace et du flair. On ressent aussi malheureusement certains "tics" trop apparents : réduction, acidité volatile, amertume de sous-maturité. L'Espurna 2013 par exemple ne se goûte pas comme le très grand cinsault que nous attendions : dense, ligneux, un peu sec, durci par une acidité volatile marquée, il se montre sous un jour bien renfrogné. Les rouges 2015, très clairs, expriment des notes d'agrumes élégantes et nuancées, mais se prolongent en bouche essentiellement au travers d'acidités mordantes et d'une certaine dureté. Quête fructueuse de la plus grande élégance ou dépouillement prématuré et contre-nature ? Comme dans le cas du Roc des Anges, c'est une question esthétique, donc subjective et passionnante…

▻ IGP Côtes Catalanes La Truffière 2015	45 (c) €	16,5
▬ Côtes du Roussillon-Villages La Truffière 2015	28 (c) €	15
▬ Côtes du Roussillon-Villages Roboul 2015	18 (c) €	14
▬ IGP Côtes Catalanes Les Myrs 2015	45 (c) €	14

Le coup de ♥

▻ Côtes du Roussillon Clos des Escounils 2015	32 (c) €	16

Cette déclinaison de grenaches complantés (blanc, gris, noir) conjugue une vivacité citronnée, renforcée par une petite réduction grillée (sésame), et une forme ronde, harmonieuse, avec des inflexions musquées qui adoucissent la finale.

Rouge : 11 hectares.
Grenache noir 50 %, Mourvèdre 20 %, Carignan 20 %, Syrah 5 %, Cinsault 5 %
Blanc : 6 hectares.
Grenache blanc 40 %, Grenache gris 35 %, Macabeu 20 %, Carignan 5 %
Production moyenne : 40 000 bt/an

ROUSSILLON

DOMAINE DANJOU-BANESSY ♣
1 bis, rue Thiers, 66600 Espira-de-l'Agly
04 68 64 18 04 •
contact@domainedanjou-banessy.com •
Vente et visites : au domaine sur rendez-vous.
Propriétaire : Sébastien et Benoît Danjou

DOMAINE BRUNO DUCHÊNE ♣
56, avenue Général de Gaulle, 66650 Banyuls-sur-Mer
06 09 74 28 39 • lapascole@orange.fr •
Vente et visites : au domaine sur rendez-vous.
Propriétaire : Bruno Duchêne
Maître de chai : Bruno Duchêne

DOMAINE BRUNO DUCHÊNE

Originaire du Loir-et-Cher, Bruno Duchêne a fait l'acquisition en 2002 de petites parcelles de vignes sur les coteaux escarpés surplombant Banyuls, à 300 mètres d'altitude. Dans cet environnement rude, où la pénibilité du travail est tout sauf une notion abstraite, l'homme accomplit un labeur acharné pour entretenir en agriculture biologique la plus grande partie de son vignoble, dont certaines parcelles sont bichonnées comme de petits jardins. À la cave, des vinifications douces – avec des doses minimes de soufre –, donnent naissance à des vins qui dépassent le qualificatif trop réducteur de "naturel" : issus de vieux grenaches et carignans, ce sont avant tout des vins digestes, aux matières suaves mais innervées d'une fraîcheur gagnée à la vigne. Des vins ensoleillés, gourmands, qui semblent irradier la bonne humeur et la spontanéité de leur géniteur.

Les vins : ces 2016 obvient au stress causé par la sécheresse. Naturel, jovialité, entrain du fruit sont réjouissants. À ce jeu, on tombe sous le charme irrésistible de La Luna, avant d'explorer La Pascole, expression solaire, "orientale", presque décadente, qui donne vraiment l'idée de ce que pourrait être un banyuls sec. Direct et sapide, miellé mais frais, le blanc Vall Pompo constitue lui aussi une très belle réussite, tout comme le banyuls, qui s'exprime en finesse malgré un aplomb tannique certain.

⇨ Collioure Vall Pompo 2016	34 €	16
▬ Banyuls Rimage Le Banyuls de Mòman 2016	34 €	16,5
▬ Collioure La Pascole 2016	34 €	16

Le coup de ♥
▬ IGP Côte Vermeille La Luna 2016	20 €	16,5

Ravissant fruit frais de grenache, immédiat, pulpeux. Il est encore un peu fou-fou, mais c'est un véritable délice.

Rouge : 3,5 hectares.
Grenache noir 90 %, Carignan 10 %
Blanc : 0,5 hectare.
Grenache blanc 100 %
Production moyenne : 12 000 bt/an

DOMAINE LAGUERRE

Éric Laguerre a fait ses armes chez Gérard Gauby, au domaine Le Soula. Depuis 2001, il vole de ses propres ailes à la tête du vignoble familial de 39 ha, sur les hauteurs des Fenouillèdes. Ayant été à bonne école, il a repris à son compte avec brio les méthodes qui ont mené au renouveau stylistique du Roussillon, avec deux cuvées déclinées en blanc et en rouge, qui cherchent à conjuguer fraîcheur et territorialité : Eos et Le Ciste. Les vins du domaine sont désormais certifiés en agriculture biologique. Après quelques fluctuations et approximations, le travail à la vigne et à la cave a gagné en maîtrise et les vins ont considérablement progressé en régularité ces dernières années.

Les vins : 2015 et 2016 ont été très bien gérés. Les cuvées sont cohérentes et harmonieuses, privilégiant la proximité du fruit. Des notes aromatiques très fraîches (poivre vert, menthol, ciste...) renforcent la tonicité des rouges. Les blancs se montrent tendus, pleins, avec sur Le Ciste 2015 un élevage réducteur grillé encore un peu présent.

⇨ Côtes du Roussillon EOS 2016	10,50 €	15
⇨ Côtes du Roussillon Le Ciste 2015	17 €	15
▬ Côtes du Roussillon Le Ciste 2015	17 €	15,5
▬ Côtes du Roussillon Le Passage 2016	10,50 €	14

Le coup de ♥
▬ Côtes du Roussillon EOS 2016	10,50 €	15

Un grenache (80 %) d'une singulière fraîcheur pour le millésime 2016, au fruit vibrant sur des notes de violette et de framboise écrasée.

Rouge : 19 hectares.
Grenache noir 50 %, Syrah 25 %, Carignan 10 %, Mourvèdre 5 %, Pinot noir 5 %, Cabernet-Sauvignon 5 %
Blanc : 20 hectares.
Grenache blanc 40 %, Macabeu 30 %, Marsanne 30 %, Roussanne 10 %, Rolle 10 %
Production moyenne : 80 000 bt/an

DOMAINE LAGUERRE ♣
12, rue de la Mairie,
66220 Saint-Martin-de-Fenouillet
04 68 59 26 92 ●
www.domainelaguerre.com ● Vente et visites : au domaine sur rendez-vous.
Propriétaire : Eric Laguerre

MAS MUDIGLIZA

Après un passage à Bordeaux, Dimitri Glipa s'est installé au cœur du vignoble du Roussillon, dans le secteur très qualitatif des Fenouillèdes. Comme beaucoup de vignerons talentueux du secteur, il produit, sur les meilleurs terroirs d'altitude, des vins issus de vieilles vignes qui séduisent par leur caractère concentré et gourmand. La qualité progresse régulièrement chaque année, et cette adresse s'installe parmi les valeurs sûres de la région.

Les vins : profonds et typés, riches sans la moindre pesanteur, le blanc Caudalouis et les maurys valent largement l'étoile. Nous sommes plus réservés quant aux rouges, nets, biens constitués eux aussi, mais dont le fruité méditerranéen semble en décalage avec un élevage un rien rigide, plus "aquitain" en tout cas.

- ▻ IGP Côtes Catalanes Caudalouis 2015   15 (c) €   16
- ▬ Côtes du Roussillon-Villages Carminé 2014   14 (c) €   14
- ▬ Côtes du Roussillon-Villages Symbiosis 2014   20 (c) €   13,5
- ▬ Maury 12 2012   20 (c) €   15,5
- ▬ Maury Grenat 2015   16 (c) €   16

Le coup de ♥
- ▻ IGP Côtes Catalanes Caudalouis 2016   15 (c) €   16

Remarquablement constitué, riche et pur, cet assemblage de grenache gris et de macabeu se montre déjà très abouti. La transparence de l'expression mérite d'être saluée.

Rouge : 13 hectares.
Grenache noir 50 %, Syrah 22 %, Carignan 18 %, Mourvèdre 10 %
Blanc : 2 hectares.
Grenache gris 70 %, Macabeu 30 %
Production moyenne : 37 000 bt/an

MAS MUDIGLIZA
20, rue de Lesquerde,
66220 Saint-Paul-de-Fenouillet
06 79 82 03 46 ● www.masmudigliza.fr ●
Vente et visites : au domaine sur rendez-vous.
Propriétaire : Dimitri Glipa

DOMAINE JEAN-PHILIPPE PADIÉ

Jean-Philippe Padié s'est installé en 2003 à Calce, village au nom minéral, fief et épicentre de la nouvelle vague de la "Catalogne Nord" fédérée autour de Gérard Gauby, chez qui il s'est formé après un passage au Mas Amiel. Trente parcelles sur 10 ha, des rendements très faibles, un fruit pur, un style ciselé et sobre, particulièrement limpide – et des cuvées désormais toutes classées en VDF. Les blancs étonnent par leur fraîcheur élancée, et les rouges, de plus en plus vinifiés en raisins entiers, se montrent très proches du raisin. Les derniers millésimes recèlent de véritables pépites, la précision s'est bien améliorée dans les deux couleurs, avec notamment des acidités volatiles mieux contenues. Une étoile vient logiquement récompenser l'évolution heureuse de cette production.

Les vins : la plupart des vins dégustés sont très jeunes, mais le style est réjouissant, conjonction de la fraîcheur (degrés modérés) et d'une réelle sensualité. Très tendre, Calice joue sa partition avec un charme désarmant. Les autres rouges du millésime 2016 affichent davantage de structure mais gardent un profil délié et digeste. Le Pacha 2015 est une belle découverte, un carignan majeur. Quant au blanc Fleur de Cailloux, précis et tonique, il nous conquiert par sa belle saveur de réglisse blanche.

- ▻ VDF Fleur de Cailloux 2016   16 €   16
- ▬ VDF Calice 2016   12 €   14,5
- ▬ VDF Gibraltar 2016   20 €   15,5
- ▬ VDF Le Tourbillon de la Vie 2016   N.C.   15,5
- ▬ VDF Petit Taureau 2016   15 €   15,5

Le coup de ♥
- ▬ VDF Le Pacha 2015   20 €   17

Assez peu de couleur, un nez percutant de noyau et de viande fraîche, proche du fruit et du cépage, mais aussi de l'ambiance balsamique et terpénique de la garrigue. Matière délicate, riche et mûre malgré le faible degré alcoolique. Une belle leçon de carignan !

Rouge : 9 hectares.
Carignan 39 %, Grenache noir 29 %, Syrah 20 %, Mourvèdre 12 %
Blanc : 9 hectares.
Grenache blanc 35 %, Grenache gris 34 %,

ROUSSILLON

Macabeu 31 %
Production moyenne : 40 000 bt/an

DOMAINE JEAN-PHILIPPE PADIÉ ♣
**11, rue des Pyrénées, 66600 Calce
04 68 64 29 85 • www.domainepadie.com •
Vente et visites : au domaine sur rendez-vous.
Propriétaire : Jean-Philippe Padié**

DOMAINE DE RANCY

Cet historique domaine de la vallée de l'Agly est aujourd'hui entre les mains de Jean-Hubert Verdaguer et de son épouse, Brigitte, qui ont ajouté, dès 2001, une gamme de vins secs à celle des vieux rivesaltes, fleuron de la production du domaine. À la vigne comme en cave, le travail est très attentif. Si les vins rouges sont de bon niveau, ce sont surtout les admirables vins doux naturels (dont une collection de vieux millésimes remontant jusqu'en 1948) qui assurent la renommée de cette adresse. Un domaine de référence qui mérite toute l'attention des amateurs, indispensable par la valeur mémorielle de ses vins, parmi ceux qui affirment avec le plus de panache la singularité de l'histoire viticole catalane.

Les vins : par leur puissance de goût et leur cohérence esthétique, les cuvées goûtées cette année confirment très largement l'étoile décernée l'an passé. Les rouges 2015 proposent une interprétation savoureusement identitaire de leurs cépages respectifs : grenache solaire mais finement mentholé, carignan tout en fraîcheur, très naturel, bien plus amène que dans les millésimes précédents. Les rivesaltes ambrés, basés sur le macabeu, sont toujours aussi remarquables, de la gourmande et abordable cuvée Rancy and Co, qui arbore déjà un joli rancio, aux exceptionnels millésimes, qui deviennent magiques lorsque le temps concentre les matières et les arômes.

⬜ Rivesaltes Ambré 2004	19 €	16,5
⬜ Rivesaltes Ambré Rancy and Co	15 €	15,5
⬛ IGP Côtes Catalanes Le Carignan de Rancy 2015	10,50 €	15,5
⬛ IGP Côtes Catalanes Le Grenache de Rancy 2015	10,50 €	15

Le coup de ♥
⬜ Rivesaltes Ambré 1952	155 €	19

Sous l'aplomb d'une acidité volatile forte se déploient les ailes de cet immense VDN, concentré et sublimé par le temps. La saveur se développe autour de notes de viande fumée, de datte, de créosote, de terre battue... avant de rejaillir sur l'orangette au terme d'une percutante (et tellement longue) finale sucrée-salée.

Rouge : 5 hectares.
Grenache noir 47 %, Mourvèdre 32 %, Carignan 21 %
Blanc : 12 hectares.
Macabeu 100 %
Production moyenne : 25 000 bt/an

DOMAINE DE RANCY ♣
**8, place du 8 Mai 1945,
66720 Latour-de-France
04 68 29 03 47 • www.domaine-rancy.com
• Vente et visites : au domaine sur rendez-vous.
De 10h à 13h et de 15h à 19h et le dimanche matin.
Propriétaire : Brigitte et Jean-Hubert Verdaguer**

DOMAINE LE ROC DES ANGES

Vignerons brillants et perfectionnistes, Marjorie et Stéphane Gallet travaillent ensemble depuis 2008 ; ils ont su imposer un ton très personnel à leur production, issue d'une majorité de vieux grenaches et carignans. Le domaine est désormais certifié en agriculture biologique et en biodynamie, et les vins ont acquis une finesse hors du commun. Si la cuvée 1903 (100 % carignan) a beaucoup contribué à la notoriété du domaine, Iglesia Vella (grenache gris de 60 ans) et L'Oca (macabeu sur schistes et argiles) en blanc s'affirment désormais au même niveau. La gamme s'est étoffée en nouveaux vins époustouflants (Chamane, muscat d'altitude sur schistes, Imalaya, carignan gris sur granit...). La montée en puissance du domaine est impressionnante ; elle s'accompagne d'une certaine forme de radicalité stylistique dans laquelle nous ne nous retrouvons plus. Sous prétexte de pureté et de tranchant, trop de cuvées confinent à la maigreur. Nous enlevons donc une étoile en espérant que ce signal pousse les vignerons à insuffler davantage de chair et de plaisir dans leurs créations.

Les vins : déjà goûtés l'an dernier, les blancs 2015 confirment leur pureté "d'eau de roche", avec des parfums vibrants, parfois sublimes (le muscat sec Chamane), mais des matières allant du très svelte à l'étique, qui laissent trop souvent place à des fins de bouche anguleuses et amères. Les rouges du même millésime compliquent encore la donne par des tanins pas assez mûrs pour être aussi sollicités qu'ils l'ont été. Si l'énergie vitale de certaine cuvées (Segna de Cor, Reliefs) emporte l'adhésion, d'autres, comme Les Trabassères, butent sur une amertume végétale qui raidit toute la matière et rend leur propos vraiment difficile à comprendre (et encore plus à aimer). Dans un millésime potentiellement généreux comme 2015, ce parti pris peut surprendre. Regoûté cette année, le rancio sous voile Cioran apporte une très intéressante diversion, nettement plus solaire, tout aussi pénétrante mais sans chercher coûte que coûte à "la jouer septentrional". Convenons que la proposition stylistique des vignerons a le mérite d'être claire et assumée, elle est en tout cas techniquement très maîtrisée. Libre à chacun d'y adhérer ou non, d'être touché ou gêné. De la beauté diaphane qui subjugue à la maigreur rachitique dont on a pitié, il n'y a parfois que l'épaisseur d'un cil.

▷ IGP Côtes Catalanes Chamane 2015	21 €	15
▷ IGP Côtes Catalanes Cioran	30 €	17
▷ IGP Côtes Catalanes L'Oca 2015	36 €	15,5
▷ IGP Côtes Catalanes LLUM 2015	19,60 €	14,5
▷ IGP ôtes Catlanes Pi Vell 2015	36 €	15,5
▶ Côtes du Roussillon-Villages Segna de Cor 2015	14,30 €	14,5
▶ Côtes-du-Roussillon-Villages Reliefs 2015	25 €	15,5
▶ IGP Côtes Catalanes 1903 2015	36 €	14
▶ IGP Côtes Catalanes Australe 2015	19 €	13,5
▶ IGP Côtes Catalanes Les Trabassères 2015	50 €	13
▶ IGP Côtes Catalanes Unic 2015	19 €	14,5

Le coup de ♥

▷ IGP Côtes Catalanes Iglesia Vella 2015	36 €	16,5

Cette cuvée de grenache gris force l'admiration par sa grande pureté, à l'instar des autres blancs du domaine. Bénéficiant d'un surcroît de richesse, d'un début de texture, elle reste gracile, tendue, très saline. Aurait-elle pu être plus grande encore avec davantage de maturité ?

Rouge : 30 hectares.
Carignan 50 %, Grenache noir 30 %, Syrah 15 %, Mourvèdre 5 %
Blanc : 10 hectares.
Grenache gris 60 %, Macabeu 30 %, Muscat à petits grains blancs 5 %, Grenache blanc 3 %, Carignan 2 %
Production moyenne : 70 000 bt/an

DOMAINE LE ROC DES ANGES ♣
1, route de Montner,
66720 Latour-de-France
04 68 29 16 62 • www.rocdesanges.com •
Vente et visites : au domaine sur rendez-vous.
Propriétaire : Marjorie et Stéphane Gallet

DOMAINE SARDA-MALET

Sous l'impulsion de Jérôme Malet, ce domaine désormais certifié bio se maintient à un haut niveau dans un style distingué et équilibré. Sont produits ici les vins les plus élégants de la plaine du Roussillon, en sec comme en doux. La cuvée de prestige Terroir Mailloles, puissante mais jamais excessive, témoigne en blanc comme en rouge d'une belle profondeur et d'une rare finesse de texture. Le rouge s'appuie sur une part importante de mourvèdre (jusqu'à 60 %) ; il affiche depuis quelques millésimes un boisé plus équilibré et discret qu'à ses débuts. La dégustation de millésimes plus anciens montre le potentiel de cette cuvée et sa capacité à vieillir harmonieusement sur une dizaine d'années – harmonie et longévité que l'on retrouve à un degré peut-être encore supérieur dans les rivesaltes, qui figurent avec une grande régularité parmi les meilleurs de l'appellation. Nous apprenons au moment du bouclage du guide que Jérôme Malet a décidé de mettre un terme à la production de cette historique propriété perpignanaise. Il se consacrera désormais au domaine de Fontbonau, dans les Côtes-du-Rhône, en partenariat avec Frédéric Engerer, directeur du château Latour.

Les vins : comme l'an dernier, le domaine nous a présenté une belle gamme de vins parvenus à maturité, riches, solaires, parfois plantureux mais toujours articulés. La maîtrise des VDN s'avère une fois de plus remarquable : on peut légitimement hésiter entre la vigueur épicée du grenat Carbasse et la finesse patinée de l'ambré Serrat.

▷ Côtes du Roussillon Terroir Mailloles 2010	23 €	15
▶ Côtes du Roussillon Terroir Mailloles 2010	23 €	14,5

ROUSSILLON

▭ Rivesaltes Grenat La
Carbasse 2011   20 €   16,5
Le coup de ♥
▭ Rivesaltes Ambré Le
Serrat 2005   19,50 €   16,5

60 % grenache gris et 40 % grenache blanc. Le nez s'offre sur une superbe déclinaison de noix grillée et de boiserie encaustiquée ; la bouche développe ce caractère en une saveur subtile et originale, grâce à une liqueur fine, très bien intégrée.

Rouge : 8 hectares.
Syrah 60 %, Grenache noir 40 %
Blanc : 2 hectares.
Roussanne 100 %
Production moyenne : 25 000 bt/an

DOMAINE SARDA-MALET
**12, Chemin de Sainte-Barbe,
66000 Perpignan**
04 68 57 72 38 ● sardamalet@wanadoo.fr ●
Pas de visites.
**Propriétaire : Jérôme Malet
Directeur : Sophie Malet**

★

LE SOULA

Sur les belles terrasses granitiques d'altitude de la région des Fenouillèdes, au nord-ouest de Maury, Gérard Gauby et quelques associés ont acquis ce domaine certifié en agriculture biologique. En 2016 Wendy Paillé a remplacé Gerald Stanley, qui dirigeait l'exploitation depuis 2008. Les vins rouges et blancs sont vinifiés en barrique sur la base de principes très naturels : levures indigènes, aucune acidification, aucune chaptalisation. Jamais pris en défaut de fraîcheur ou d'élégance, les rouges ont su récemment gagner en structure et en chair. Mais dès le premier millésime, en 2001, Le Soula s'est distingué essentiellement par ses blancs, qui nous ont impressionnés par leur pureté et leur intensité : l'association du macabeu, du sauvignon blanc et de plusieurs autres cépages y fait merveille. Les vins méritent souvent d'être attendus pour profiter de leur meilleure expression.

Les vins : les 2012 présentés cette année prolongent la très belle impression laissée par les 2011 goûtés l'an dernier. Ce sont des vins harmonieux dans leur évolution, délicats mais incisifs, d'une finesse et d'une fraîcheur de fruit remarquables.

▭ IGP Côtes Catalanes 2012   26 €   16
Le coup de ♥
▭ IGP Côtes Catalanes 2012   26 €   16,5

Une expression sereine, doucement patinée, sans la moindre usure, à la fois incisive et nuancée. Il faut l'aérer pour se libérer de la pointe réductrice du carignan (73 %) et profiter pleinement de l'élégance du toucher et de la saveur.

Rouge : 11,58 hectares.
Carignan 46 %, Syrah 38 %, Grenache noir 16 %
Blanc : 10,77 hectares.
Macabeu 36 %, Sauvignon blanc 28 %, Vermentino 25 %, Roussanne 3 %, Marsanne 3 %, Malvoisie 2 %, Grenache blanc 2 %, Grenache gris 1 %
Production moyenne : 44 000 bt/an

LE SOULA
**1, avenue des Fenouillèdes,
66220 Prugnanes**
04 68 35 69 31 ● www.le-soula.com ● Vente et visites : au domaine sur rendez-vous.
**Propriétaire : Gérard Gauby
Directeur : Wendy Paillé**

★

DOMAINE DES SOULANES

Installés à Tautavel, Cathy et Daniel Laffite ont repris, à la fin des années 1990, un vignoble situé au pied des pics rocheux du château de Quéribus. Quinze années d'apprentissage aux côtés du précédent propriétaire leur ont permis d'acquérir l'expérience nécessaire. Rebaptisé "Soulanes", terme qui désigne un coteau exposé sud/sud-est, le domaine propose une gamme de vins d'une précision et d'une netteté de saveurs rares, valorisant le caractère entier de matières premières pleines d'éclat. Le blanc Kaya (cépages traditionnels en exposition nord) surprendra plus d'un dégustateur. Un domaine en grande forme, que les amateurs doivent absolument découvrir, d'autant que les tarifs sont très sages.

Les vins : riches et juteux, les rouges 2016 semblent plus harmonieux que les 2015, déjà un peu secs et fanés. Le blanc Kaya et les maurys sont toujours remarquables. Parmi ces derniers, véritable "pôle d'excellence" du domaine, ont peut légitimement hésiter entre l'explosivité fruitée du grenat 2016, la puissance contenue, plus minérale, du Vieilles Vignes 2014 et l'harmonieuse complexité du Hors d'Âge, qui évoque toutes les facettes aromatiques d'une très belle oxydation ménagée.

- Côtes du Roussillon-Villages Sarrat del Mas 2015 — 14 € — 13
- IGP Côtes Catalanes Jean Pull 2016 — 9,50 € — 14
- IGP Côtes Catalanes Kaya 2016 — 12 € — 15
- IGP Côtes Catalanes Les Salines 2015 — 12 € — 13
- Maury Grenat 2016 — 14 € — 16
- Maury Hors d'Âge — 27 € — 16
- Maury Vieilles Vignes 2014 — 18 € — 15,5

Le coup de ♥
- IGP Côtes Catalanes Kaya 2016 — 14 € — 16,5

Ce blanc accompli se révèle par une formidable allonge, soutenue par la dynamique acide des carignans blanc et gris. La complexité aromatique, dans une gamme anis/cumin, est déjà notable. Brillant exercice de complémentarité entre les cépages historiques du Roussillon !

Rouge : 16 hectares.
Grenache noir 50 %, Carignan 30 %, Syrah 15 %, Mourvèdre 5 %
Blanc : 1,8 hectare.
Grenache gris 25 %, Grenache blanc 25 %, Carignan gris 25 %, Carignan 25 %
Production moyenne : 30 000 bt/an

DOMAINE DES SOULANES
Mas de las Frédas, 66720 Tautavel
04 68 29 12 84 •
www.domaine-soulanes.com • Vente et visites : au domaine sur rendez-vous.
Propriétaire : Cathy et Daniel Laffite
Directeur : Daniel Laffite
Maître de chai : Daniel Laffite

★
DOMAINE LA TOUR VIEILLE

Vincent Cantié s'emploie sans réserve à l'exigeante viticulture de la Côte Vermeille. Il cherche à traduire, tant en vins secs qu'en vins mutés, l'expression des grenaches noirs implantés sur argiles et sur schistes. Le niveau des vins secs s'améliore d'année en année et les banyuls sont très réussis : l'extension récente du chai offre un réel confort de travail et donc une qualité accrue.

Les vins : la dégustation est très homogène. Les vins sont expressifs, ils offrent beaucoup de plaisir immédiat. La déclinaison des banyuls, du fruit pétulant du Rimage à la complexité épicée du Reserva, s'avère particulièrement convaincante. Nous avons néanmoins le sentiment, comme l'an dernier, que ces cuvées pourraient aller encore plus loin dans l'intensité et le détail des expressions.

- Collioure Rosé des Roches 2016 — 9,60 € — 13
- Banyuls Reserva — 17,50 € — 15,5
- Banyuls Rimage 2016 — 12 € — 15,5
- Banyuls Rimage Mise Tardive 2013 — 16,80 € — 15,5
- Collioure Puig Ambeille 2015 — 14 € — 14,5
- Collioure Puig Oriol 2016 — 14 € — 15

Le coup de ♥
- Collioure Les Canadells 2016 — 14 € — 15

Déjà très ouvert, ce blanc généreux, large et charnu, s'appuie sur une jolie salinité en finale. Une cuvée de plaisir et d'expressivité, qui varie peu d'un millésime à l'autre.

Rouge : 10 hectares.
Grenache noir 65 %, Syrah 15 %, Mourvèdre 15 %, Carignan 5 %
Blanc : 2,5 hectares.
Grenache gris 50 %, Grenache blanc 20 %, Vermentino 10 %, Macabeu 10 %, Roussanne 10 %
Production moyenne : 70 000 bt/an

DOMAINE LA TOUR VIEILLE
12, route de Madeloc, 66190 Collioure
04 68 82 44 82 • www.latourvieille.com •
Vente et visites : au domaine sur rendez-vous.
Du lundi au vendredi de 9 à 12h et de 14h à 18h.
Propriétaire : Vincent Cantié
Maître de chai : Vincent Cantié

★
DOMAINE VIAL MAGNÈRES

Depuis le décès en 2013 de Bernard Sapéras, figure marquante du vignoble catalan, son fils Olivier et son épouse Chrystel dirigent ce domaine familial, qui abrite une large gamme de banyuls rouges et, plus rare, blancs. La prédominance des grenaches blancs et gris, sur un domaine soumis à une forte influence maritime, explique l'importance de la production de banyuls blancs, mais aussi son antériorité (dès 1986), ainsi que celle des blancs secs, en VDP puis en AOC Collioure. Si les rimages s'avèrent tendres et savoureux, les matières se complexifient avec l'âge, allant vers des rancios remarquables de profondeur. La maison possède ses

ROUSSILLON

spécialités, dont le Ranfio Cino, cousin des blancs secs élevés sous voile de Jerez, ou le banyuls Al Tragou, rancio doux très subtil, toujours commercialisé en millésime ancien. La qualité des vins secs progresse, ce dont nous nous réjouissons.

Les vins : généreux, solaires, les vins secs rouges et le rosé sont de bons exemples de l'expression balsamique des schistes de la Côte Vermeille. Les banyuls de style réducteur montrent également une belle générosité. Vin mémoriel, très subtil malgré sa fougue aromatique, Al Tragou 1990 perpétue brillamment le style de cette indispensable cuvée.

- Banyuls Rivage 2015   19 €   14,5
- Collioure Le Petite Couscouril 2016   9,50 €   13
- Banyuls Rimage 2016   17 €   14,5
- Collioure Le Petit Couscouril 2014   11,50 €   14
- Collioure Les Espérades 2014   15,50 €   15

Le coup de ♥
- Banyuls Al Tragou 1990   52 €   18

Derrière une chaude teinte rousse s'exprime une complexité patinée et maritime : cacao, caroube, goudron, anchois salé... La matière, en dentelle, presque évanescente, prolonge l'immersion dans cette précieuse typicité aromatique.

Rouge : 7 hectares.
Grenache noir 60 %, Syrah 25 %, Carignan 10 %, Mourvèdre 5 %
Blanc : 3 hectares.
Grenache blanc 50 %, Grenache gris 40 %, Vermentino 10 %
Production moyenne : 30 000 bt/an

DOMAINE VIAL MAGNÈRES
Clos Saint-André, 14, rue Édouard-Herriot, 66650 Banyuls-sur-Mer
04 68 88 31 04 ● www.vialmagneres.com ●
Vente et visites : au domaine sur rendez-vous.
De 9h à 12h et de 14h à 18h.
Propriétaire : Laurent Dal Zovo, Chrystel et Olivier Sapéras.

DOMAINE DE CASENOVE

Étienne Montés, ancien grand photographe de presse, est à la tête du domaine familial depuis la fin des années 1980. Connaissant parfaitement ses terroirs et leur potentiel, il décline une belle production en IGP Côtes Catalanes, allant du simple vin de fruit à des cuvées de grande ampleur – comme le très fameux Commandant François Jaubert. Les VDN se révèlent très sérieux mais ont parfois du mal à modérer leur caractère chaleureux. L'ensemble de la gamme est sincère, de bon niveau. L'amateur y trouvera de beaux vins authentiques, capables de très bien vieillir en cave. La pesanteur alcoolique est toutefois récurrente, ce qui entrave la finesse des expressions et nous a conduit à retirer l'étoile au domaine l'an dernier. Quelques réajustements techniques et stylistiques suffiraient sans doute pour dépoussiérer le style de ces matières dont la profondeur de goût est indéniable.

Les vins : de très jolis vins denses et expressifs, aussi pleins de fruit que de caractère et empreints d'une vraie territorialité : voilà une magnifique réponse aux réserves que nous avions exprimées l'an dernier quant au manque de "digestibilité" et de précision de certaines cuvées. Nous attendons de goûter l'ensemble de la gamme pour nous faire une opinion plus nette de son évolution.

- Côtes du Roussillon La Colomina   9 €   15
- IGP Côtes Catalanes La Garrigue 2014   14 €   15

Le coup de ♥
- IGP Côtes Catalanes Les Clares Petites 2016   9 €   15,5

Saluons la justesse de ce classique assemblage grenache/macabeu, doré, balsamique, puissamment méditerranéen, franc et de très belle tenue. Quel meilleur compagnon pour des poissons grillés au fenouil sauvage ?

Rouge : 30 hectares.
Carignan 50 %, Syrah 30 %, Grenache noir 20 %, Mourvèdre 10 %
Blanc : 15 hectares.
Grenache blanc 50 %, Macabeu 30 %, Muscat à petits grains blancs 12 %, Roussanne 5 %, Tourbat 3 %
Production moyenne : 30 000 bt/an

DOMAINE DE CASENOVE
66300 Trouillas
04 68 21 66 33 ●
www.domainelacasenove.com ● Pas de visites.
Propriétaire : Famille Montès
Directeur : Etienne Montès
Œnologue : Patrice Coll

DOMAINE CAZES

Une véritable institution du Roussillon, dont le vignoble en biodynamie (220 ha, le plus grand de France) a été adapté aux méthodes d'irrigation. La famille Cazes a confié, en 2004, la distribution et la commercialisation de sa production au négociant Jeanjean (devenu Advini après sa fusion avec Laroche), tout en restant cependant productrice et propriétaire. En 2012, le domaine s'enrichit de vins de Collioure et de Banyuls, avec le rachat du Clos des Paulilles. La gamme se divise en deux familles bien distinctes, suivies par Emmanuel Cazes. La première réunit les vins doux mutés (dits naturels) issus de la plaine de Rivesaltes. Vinifiés avec talent et expérience, ils constituent de véritables points de repère pour leurs appellations respectives, avec toujours des équilibres digestes et de magnifiques complexités gagnées au vieillissement. La seconde famille réunit les vins secs, qui après une phase de progression initiée par Emmanuel Cazes, puis Lionel Lavail (directeur général), apparaissent encore irréguliers, malgré la mise en place de nouvelles cuvées affûtées et pertinentes.

Les vins : la grande maison est en forme ! Les vins secs confirment l'évolution positive remarquée l'an dernier. Les rouges notamment vont vers davantage de chair et de fruit. Les nouvelles cuvées, John Wine, incursion maîtrisée dans l'univers du "sans soufre", et le balsamique collioure rouge Cap Béar, affirment au-delà de leur réussite une réelle volonté de rénovation stylistique. On sent qu'il y a de l'idée et de l'envie derrière ces vins. Toujours à Collioure, le blanc sec Cap Béar confirme sa dimension, et le muscat de Rivesaltes 2014 démontre, par sa finesse aromatique et sa douceur subtilement confite, tout l'intérêt qu'il y a à laisser vieillir cette cuvée quelques années.

▷ Collioure Les Clos de Paulilles 2016	18 €	14
▷ Muscat de Rivesaltes 2014	12,50 €	16
▬ Banyuls Grand Cru Clos des Paulilles 2013	32 €	14
▬ Collioure Les Clos de Paulilles 2015	16 €	14
▬ Collioure Les Clos de Paulilles Cap Béar 2015	27 €	15,5
▬ Côtes du Roussillon Hommage 2016	10,50 €	13
▬ Côtes du Roussillon John Wine 2016	10,50 €	15
▬ Côtes du Roussillon-Villages Alter 2015	13,90 €	13
▬ Côtes du Roussillon-Villages Ego 2014	10,90 €	13
▬ Côtes du Roussillon-Villages Le Credo 2013	40 €	14,5
▬ Maury Castell d'Agly 2016	11 €	14,5

Le coup de ♥
▷ Collioure Le Clos des Paulilles Cap Béar 2016   27 €   16,5

Ce pur grenache gris s'affirme pour la deuxième année consécutive comme un des blancs majeurs de l'appellation Collioure, et comme le vin sec le plus enthousiasmant de la maison Cazes. Beaucoup de matière sèche, animée par une tension remarquable, une saveur qui navigue entre peau d'agrumes et abricot sec.

Rouge : Syrah 35 %, Grenache noir 27 %, Mourvèdre 22 %, Merlot 10 %, Carignan 3 %, Tannat 2 %, Cabernet franc 1 %
Blanc : Muscat d'alexandrie 53 %, Muscat à petits grains blancs 32 %, Viognier 12 %, Vermentino 3 %
Production moyenne : 800 000 bt/an

DOMAINE CAZES ☾
4, rue Francisco-Ferrer, 66600 Rivesaltes
04 68 64 08 26 ● www.cazes-rivesaltes.com
● Vente et visites : au domaine sur rendez-vous.
Du lundi au vendredi de 9h à 12h et de 14h à 18h.
Propriétaire : Famille Cazes
Directeur : Lionel Lavail
Œnologue : Isabelle Roig

DOMAINE DES CHÊNES

Situé au pied des magnifiques falaises de Vingrau, ce domaine, propriété de l'œnologue Alain Razungles, se distingue historiquement par la qualité de ses blancs secs et doux, vinifiés à belle maturité. Le domaine s'enorgueillit également de vins rouges joliment dessinés, au relief solaire, qui font une large place aux traditionnels carignans et grenaches. Bien maîtrisés techniquement, ces vins nous paraissaient en retrait depuis quelques années, mais ils semblent aujourd'hui retrouver un fruit généreux et expressif, ainsi que la justesse de définition qui ont fait leur réputation.

Les vins : l'impression de l'année passée se confirme. La gamme est à la fois sûre dans son style et bien ancrée dans son terroir, sans prise de risque inconsidérée. Les blancs 2014 ont été à nouveau présentés : des vins dans un registre riche, doré, assez "rhodanien", soutenu par l'amertume. Les Magdaléniens se montre à nouveau le plus convaincant. Francs et pleins de caractère, les rouges expriment une intensité solaire (même en 2014) que l'élevage ne vient pas contrarier. Parmi les VDN, toujours harmo-

ROUSSILLON

nieux et typés, le muscat et le rivesaltes tuilé possèdent une belle dimension de complexité aromatique.

⟹ Côtes du Roussillon Les Magdaléniens 2014	13,40 €	14,5
⟹ Côtes du Roussillon Les Sorbiers 2014	10,40 €	13
⟹ IGP Côtes Catalanes Les Olivettes 2014	7,90 €	14
⟹ Muscat de Rivesaltes 2013	11,10 €	15,5
⟹ Rivesaltes Ambré 2008	17,10 €	14
⟹ Côtes du Roussillon-Villages Les Grands-Mères 2014	8,90 €	14,5
⟹ Côtes du Roussillon-Villages Tautavel La Carissa 2013	19,90 €	14,5
⟹ Côtes du Roussillon-Villages Tautavel Le Mascarou 2014	11,10 €	15

Le coup de ♥

⟹ Rivesaltes Tuilé 2007	17,20 €	15,5

Derrière une robe brique un peu nuageuse se développe un puissant complexe aromatique, évoquant la terre battue, la figue rôtie, les viandes séchées. La sucrosité est bien intégrée, relancée par un joli fond d'amertume. Un VDN exemplaire.

Rouge : 20 hectares.
Syrah 41 %, Grenache noir 35 %, Carignan 16 %, Mourvèdre 8 %
Blanc : 15 hectares.
Muscat à petits grains blancs 32 %, Grenache blanc 20 %, Macabeu 16 %, Grenache gris 13 %, Roussanne 12 %, Muscat d'alexandrie 7 %
Production moyenne : 40 000 bt/an

DOMAINE DES CHÊNES
7, rue du Maréchal-Joffre, 66600 Vingrau
04 68 29 40 21 ●
www.domainedeschenes.fr ● **Vente et visites : au domaine sur rendez-vous.**
Du lundi au vendredi de 9h à 12h et de 14h à 18h. Sur rendez-vous le samedi et le dimanche.
Propriétaire : Alain Razungles
Maître de chai : Alain Razungles

NOUVEAU DOMAINE

CLOS MASSOTTE

Créé en 2004 à partir de vignes familiales, ce domaine s'affirme comme l'un des plus intéressants du secteur des Aspres, l'un des plus passionnant à suivre dans ses propositions stylistiques. Les vins de Pierre-Nicolas Massotte se démarquent de plus en plus des typologies traditionnelles pour explorer des voies nouvelles, intuitives (comme intuitive se revendique la pratique agricole de cet ancien ingénieur commercial), parfois déstabilisantes, mais toujours porteuses d'une grande profondeur de goût, et, ce qui est le plus important, d'un réel plaisir. Toutes les cuvées sont désormais déclarées en Vin de France. Les vinifications sont audacieuses, avec des macérations souvent très longues, y compris pour les cépages blancs, les intrants proscrits. Ce type de liberté, en s'appuyant sur un patrimoine existant (des cépages traditionnels, des vignes pour certaines centenaires, ne l'oublions pas), fait du Roussillon contemporain l'agora du vin de demain, qui est tout le contraire d'un vin sans passé.

Les vins : les rouges possèdent en commun une mâche fournie mais sans agressivité, qui appelle la nourriture, une gourmandise de fruit que ne laisserait pas supposer a priori la longueur des macérations (six mois pour Sève 2016). Le pur mourvèdre Mer Veille 2014 a été élevé deux ans en cuve ovoïde : il y gagne en complexité et en délié, même si l'acidité volatile est aussi un peu plus présente que dans les autres cuvées. Macéré seulement sept jours, Ondine 2016 est un "orange" finement muscaté (15 % de muscat d'Alexandrie complétant le grenache gris et le macabeu) de grande expressivité et de grand charme.

⟹ VDF Ondine 2016	15 €	16
⟹ VDF Mer Veille 2014	38 €	16,5
⟹ VDF Sève 2016	16 €	16
⟹ VDF Vie 2013	12 €	15,5

Le coup de ♥

⟹ VDF Ondée 2013	28 €	17,5

Mi-muscat d'Alexandrie mi-grenache gris, quatre mois de macération et trois ans d'élevage en barrique non ouillée... c'est peut-être le vin le plus original que nous ayons goûté cette année en Roussillon. Un équilibre fascinant qui tient à la fois du rancio, du muscat et du vin orange ; trois aspects qui se fondent en une saveur pénétrante de marmelade d'orange amère.

Rouge : 6 hectares.
Syrah 37 %, Mourvèdre 24 %, Grenache noir 13 %, Cinsault 13 %, Carignan 13 %
Blanc : 2 hectares.
Grenache blanc 35 %, Muscat d'alexandrie 32 %, Grenache gris 25 %, Macabeu 8 %
Production moyenne : 15 000 bt/an

CLOS MASSOTTE ♣
3, rue des Alzines, 66300 Trouillas
04 68 53 49 66 ● **www.massotte.com** ●
Vente et visites : au domaine sur rendez-vous.

Propriétaire : Pierre-Nicolas Massotte

DOMAINE DU CLOT DE L'OUM

Installés sur les hauteurs de Belesta, Éric et Lèia Monné sont à la tête d'un patrimoine important de vieilles vignes, réparti entre terroirs de granit, de schistes et de gneiss. Le domaine est certifié en bio depuis 2003. À l'évidence, l'altitude contribue au caractère original et empreint de fraîcheur de ces vins, dont nous avons souvent apprécié le charme et l'élégance, soulignés par des tanins vifs. Il y a quelques écueils : les réductions en bouteille sont parfois insistantes et les textures austères, mais le fond est là.

Les vins : 2015 se montre plus hétérogène que nous ne l'espérions. Il y a même une trace de verdeur dans certaines cuvées. Saint-Bart et Le Clot en rouge, Cine Panettone en blanc conjuguent cependant avec brio tension et expressivité. Le Clot 2014 confirme par sa très belle évolution, sa finesse aromatique et structurelle, que la syrah peut trouver dans les hautes terres du Roussillon une très favorable terre d'adoption.

- Côtes du Roussillon Cine Panettone 2015   12 €   15
- Côtes du Roussillon Villages Caramany Gavatx 2015   9 €   13,5
- Côtes du Roussillon Villages Caramany La Compagnie des Papillons 2015   8 €   12,5
- Côtes du Roussillon-Villages Caramany Saint-Bart Vieilles Vignes 2015   11 €   15
- Côtes du Roussillon-Villages Le Clot 2015   10 €   15

Le coup de ♥
- Côtes du Roussillon-Villages Le Clot 2014   10 €   16

Cette élégante cuvée de syrah confirme la dégustation de l'année précédente. Un profil très Rhône Nord, avec violette et lard fumé, peu d'alcool, et une insistance empyreumatique que l'on attribue volontiers au sol, davantage qu'à l'élevage (en foudre).

Rouge : 9 hectares.
Syrah 40 %, Carignan 35 %, Grenache noir 15 %, Mourvèdre 10 %
Blanc : 3,5 hectares.
Macabeu 35 %, Carignan gris 30 %, Grenache gris 20 %
Production moyenne : 28 000 bt/an

DOMAINE DU CLOT DE L'OUM ♣
Route de Caladroy, 66720 Bélesta
0468578232 ● www.clotdeloum.com ●
Vente et visites : au domaine sur rendez-vous.
De 8h à 12h.
Propriétaire : Eric Monné

COUME DEL MAS

Philippe Gard est un amoureux des terroirs. Il passe son temps à les étudier, tentant de comprendre leurs subtilités pour mieux les mettre en valeur. Installé dans le hameau de Cosprons, entre Banyuls-sur-Mer et Port-Vendres, il exploite avec détermination un patrimoine de vieilles vignes remarquablement situées. Son savoir-faire en matière de vinification et d'élevage a rapidement placé sa production parmi les plus ambitieuses du secteur. Les banyuls en particulier bénéficient d'une intensité de matière et de saveur rares. Il arrive cependant que des élevages aux boisés insistants alourdissent et banalisent certaines cuvées.

Les vins : pas de problème de boisé dominant dans les cuvées dégustées cette année (mais nous n'avons pas goûté l'ensemble de la gamme). Malgré leur générosité, les rouges 2015 conservent une belle dynamique. Schistes, empyreumatique et confit, avec toute la délicatesse de chair du grenache ; Terrimbo, porté par un fruité plus juteux et exotique, davantage typé syrah. Capiteux et enrobé, le blanc Folio, très grenache gris, laisse filtrer de belles notes d'anis et d'ardoise frottée. Terrimbo rosé joue la carte de la gourmandise.

- Collioure Folio 2016   18 €   15
- Collioure Terrimbo 2016   12 €   13,5
- Collioure Schistes 2015   18 €   14,5
- Collioure Terrimbo 2015   21 €   15

Le coup de ♥
- Banyuls Galateo 2015   16 €   16

Le fruit est magnifiquement mis en scène, entre densité pulpeuse et fermeté tannique. Sa profondeur et sa qualité de saveur, sa netteté, son évidence en font un modèle du style "rimage" protégé de l'oxydation.

Rouge : 9 hectares.
Grenache noir 60 %, Mourvèdre 20 %, Syrah 10 %, Carignan 10 %
Blanc : 4 hectares.
Grenache gris 90 %, Divers blanc 10 %
Production moyenne : 40 000 bt/an

ROUSSILLON

COUME DEL MAS
3, rue Alphonse Daudet,
66650 Banyuls-sur-Mer
04 68 88 37 03 ● www.lacoumedelmas.com
● Vente et visites : au domaine sur rendez-vous.
Propriétaire : Philippe Gard
Maître de chai : Philippe Gard

DOMAINE DEPEYRE

Cette propriété, qui fait désormais partie des valeurs sûres du Roussillon, oriente sa production vers des rouges d'une définition généreuse. Les vins de Serge Depeyre, également régisseur du Clos des Fées d'Hervé Bizeul, continuent de progresser vers davantage de finesse, d'élégance et de fraîcheur, pour notre plus grande satisfaction, et se rapprochent du niveau de leurs meilleurs voisins. On trouvera ici des vins enrobés, généreux, flatteurs et gourmands.

Les vins : l'évolution des 2015 par rapport aux 2014 est favorable, avec des vins toujours riches en matière, mais plus dynamiques et mieux définis. La qualité du millésime y est sans doute pour quelque chose. Tendu malgré une maturité poussée, le blanc marque des points.

IGP des Côtes Catalanes Symphonie 2015	15 €	15
Côtes du Roussillon-Villages Tradition 2015	10 €	13,5

Le coup de ♥

Côtes du Roussillon-Villages Rubia Tinctoria 2015	18 €	15

Serrée, intense, cette cuvée à majorité de syrah (80 %) conserve un bel élan dans sa trame vigoureuse. La saveur prodigue des notes lardées, organiques et empyreumatiques à la fois. Elle appelle spontanément les viandes rouges grillées !

Rouge : 12 hectares.
Syrah 54 %, Grenache noir 25 %,
Carignan 18 %, Mourvèdre 3 %
Blanc : 1 hectare.
Grenache blanc 50 %, Grenache gris 50 %
Production moyenne : 18 000 bt/an

DOMAINE DEPEYRE
2, rue des Oliviers, 66600 Cases-de-Pène ●
www.domaine-depeyre-66.com ● Vente et visites : au domaine sur rendez-vous.
De 9h à 12h et de 14h à 18h.
Propriétaire : Brigitte Bile

DOMAINE LES ENFANTS SAUVAGES

Architecte de formation, Carolin Bantlin et son mari Nikolaus venaient en vacances en famille dans la région, lorsqu'ils ont décidé, en 1999, d'acquérir une bergerie en ruine entourée de vignes dans un secteur très isolé, aux confins de Fitou et d'Opoul. Définitivement installés à Fitou, en 2001, ils se forment chez Olivier Pithon, puis reprennent 12 ha perdus au cœur de la garrigue, sans aucun voisin. Ils font le choix de la biodynamie. Construits sur des matières franches et désaltérantes, leurs vins, Cool Moon en blanc (grenache gris, blanc et macabeu), Enfant Sauvage et Roi des Lézards en rouge (vieux carignan élevé en foudre) retranscrivent les saveurs de cet environnement exceptionnel. Une petite plantation de chenin en terrasses viendra bientôt élargir la gamme des vins.

Les vins : ils sont fins et cohérents, traités en délicatesse. Y compris dans le fragile millésime 2014, le pur carignan Roi des Lézards s'affirme comme un magnifique et indomptable spécimen de ce cépage, parfaitement adapté à la rocaille torride de ce secteur du sud des Corbières. Le blanc Cool Moon 2015, plaisamment mentholé, montre les signes d'un début oxydation.

IGP Côtes Catalanes Cool Moon 2015	20 €	14
IGP Côtes Catalanes Enfant Sauvage 2015	12 €	15

Le coup de ♥

IGP Côtes Catalanes Roi des Lézards 2014	18 €	16

C'est un carignan peu alcoolisé mais intense, savoureux, bénéficiant d'une vraie finesse tannique. La garrigue est évoquée avec talent.

Rouge : 5,4 hectares.
Carignan 35 %, Grenache noir 25 %,
Mourvèdre 15 %, Cinsault 15 %, Syrah 10 %
Blanc : 2,6 hectares.
Muscat à petits grains blancs 35 %, Grenache gris 20 %, Grenache blanc 20 %,
Vermentino 15 %, Macabeu 5 %,
Roussanne 5 %
Production moyenne : 25 000 bt/an

DOMAINE LES ENFANTS SAUVAGES ☾
10, rue Gilbert Salamo, 11510 Fitou
04 68 45 69 75 ●
www.les-enfants-sauvages.com ● Vente et visites : au domaine sur rendez-vous.
Propriétaire : Nikolaus et Carolin Bantlin

NOUVEAU DOMAINE

DOMAINE JOREL

Manuel Jorel est un vigneron plus que discret qui, depuis 2000, travaille avec beaucoup d'abnégation et de sensibilité, en agriculture biologique, un petit patrimoine de vignes dispersées dans les Fenouillèdes, principalement entre Maury et Saint-Paul. Nous aimons sa philosophie, son esprit d'indépendance, que l'on retrouve dans une gamme de vins d'une réelle profondeur, sans effets de manche mais qui transmettent le message de raisins sains, intenses, issus de très petits rendements et qui sont aussi le reflet d'une mosaïque des terroirs très divers. L'élevage s'effectue dans l'un des souterrains qui parcourent le centre ville de Saint-Paul-de-Fenouillet, dans des conditions de fraîcheur et d'hygrométrie qui évoquent les plus belle caves troglodytes ligériennes !

Les vins : les typologies sont diverses mais les vins partagent un esprit de sérieux, d'intensité et d'élégante profondeur. Ils sont avant tout destinés à la table. On est très loin des profils peu alcoolisés, en limite de sous-maturité, qui caractérisent une certaine frange de la production locale. La carignan Male Care 2015 par exemple conjugue maturité très poussée (saveur confite et richesse alcoolique) et réelle élégance de forme. Poussant encore plus loin cette logique, le maury se montre particulièrement distingué.

▭ VDF Bande de Gypse 2014	N.C.	15
▬ VDF Cuvée Seconde 2016	N.C.	14,5
▬ VDF Male Care 2015	14 €	15

Le coup de ♥
▬ Maury 2011	15 €	16

Ce VDN joue l'élégance davantage que la puissance, la texture davantage que la liqueur. Le fruit est épicé, framboisé, toujours encadré par des tanins présents, qui rafraîchissent la fin de bouche.

Rouge : 5,8 hectares.
Carignan 100 %
Blanc : 0,7 hectare.
Production moyenne : 8 000 bt/an

DOMAINE JOREL ♣
28, rue Arago,
66220 Saint-Paul-de-Fenouillet
04 68 59 19 31 ● www.domainejorel.fr ●
Vente et visites : au domaine sur rendez-vous.
Propriétaire : Manuel Jorel
Maître de chai : Manuel Jorel

MAS CRISTINE

Ce domaine a été repris en 2006 par trois vignerons, dont l'énergique Philippe Gard, de Coume del Mas. Ce dernier a fait appel à Andy Cook pour superviser le vignoble, situé à 250 mètres d'altitude, sur les schistes du massif des Albères, proche d'Argelès-sur-Mer, et non loin de Collioure et Banyuls. Nous intégrons ici également certains vins de la gamme Consolation, vins de cépages provenant de vignes des domaines Mas Cristine, Coume del Mas et parfois d'un pé de négoce. Accessibles et digestes, "consumer friendly" pour rester dans la veine anglophone des étiquettes, ces cuvées manquent toutefois de relief, de caractère.

Les vins : la gamme, ou plutôt les gammes, s'avèrent soigneusement élaborées, à partir de matières franches, sans aucun faux pas technique, mais dans un esprit passe-partout qui ne suscitera pas l'enthousiasme de l'amateur à la recherche d'originalité ou de territorialité.

▭ Côtes du Roussillon 2015	11,70 €	13
▭ Côtes du Roussillon Le Grill 2016	7,90 €	13
▭ IGP Côtes Catalanes Rock n' Rolle 2015	N.C.	12,5
▭ Rivesaltes Ambré	18 €	14
▬ Côtes du Roussillon 2015	11,70 €	13
▬ Côtes du Roussillon Le Grill 2016	7,90 €	13,5
▬ IGP Côtes Catalanes The Wild Boar 2015	N.C.	12,5

Le coup de ♥
▬ IGP Côtes Catalanes Red Socks 2015	N.C.	14,5

Carignan bien typé, versant mûr, crémeux, chocolaté, mais l'acidité native du cépage équilibre cette sucrosité.

Rouge : 15 hectares.
Syrah 50 %, Grenache noir 40 %, Carignan 10 %
Blanc : 10 hectares.
Grenache gris 25 %, Vermentino 20 %, Macabeu 20 %, Grenache blanc 20 %, Roussanne 9 %, Marsanne 4 %, Carignan gris 2 %
Production moyenne : 100 000 bt/an

MAS CRISTINE
Chemin de Saint André,
66700 Argelès-sur-Mer ●
www.mascristine.com ● Vente et visites : au domaine sur rendez-vous.
Lundi au vendredi de 10h à 17h (en hiver) et de 10h à 19h (en été).

ROUSSILLON

Propriétaire : Andy Cook, Philippe Gard et Julien Gill
Directeur : Julien Gill
Maître de chai : Andy Cook
Œnologue : Philippe Gard

DOMAINE POUDEROUX

Maury, dans la vallée de l'Agly, avec sa production de vins doux naturels, de côtes-du-roussillon et maintenant de maury sec, est une région qui attire les investisseurs, ce qui crée une émulation entre les domaines. Celui du "natif" Robert Pouderoux – dont le grand-père fut un pionnier du maury (le doux) – propose aujourd'hui une gamme sérieuse, délicieuse, en vintage comme en mise tardive. Longuement élevés, les derniers millésimes confirment la bonne forme de ce domaine, dont les vins se montrent très homogènes : les rouges sonnent juste et les vins doux restent des références.

Les vins : parmi les vins secs nous avons préféré le blanc (grenaches blanc et gris), généreux et frais, au rouge Montpin, correctement construit mais handicapé par la chair étriquée du millésime. Jouant la fraîcheur du fruit, le VDN est en revanche délicieux.

- IGP Côtes Catalanes Roc de Plane 2015   14,50 € 14,5
- Maury Montpin 2014   16 €   13

Le coup de ♥
- Maury Vendange 2015   16,50 € 15,5

Cerise fraîche et poudre de cacao : l'expression aromatique a capturé la vibration du fruit. La matière prolonge le croquant dans un bel exercice d'équilibre entre générosité et vivacité grenue.

Rouge : 11 hectares.
Grenache noir 80 %, Syrah 10 %, Mourvèdre 10 %
Blanc : 3 hectares.
Grenache blanc 90 %, Grenache gris 10 %
Production moyenne : 70 000 bt/an

DOMAINE POUDEROUX ♣
2, rue Emile-Zola, 66460 Maury
04 68 57 22 02 ●
www.domainepouderoux.fr ● Vente et visites : au domaine sur rendez-vous. De 11h à 19h.
Propriétaire : Robert Pouderoux
Maître de chai : Robert Pouderoux

LA PRÉCEPTORIE

Le domaine est né de l'association de trois anciens coopérateurs de Maury et de la jeune génération du domaine de la Rectorie, à Banyuls. Les protagonistes se sont installés en 2001 dans les vastes locaux d'une ancienne cave coopérative, avant de déménager dans un nouveau chai à Saint-Paul-de-Fenouillet. Le vignoble est situé au nord-ouest du département des Pyrénées-Orientales, sur le très qualitatif secteur d'altitude des Fenouillèdes. Ce domaine s'est peu à peu affirmé comme une valeur sûre ; les vins ont gagné en régularité et sont désormais dignes d'éloges, même s'ils doivent encore gagner en caractère, en profondeur et en subtilité.

Les vins : dans la lignée des millésimes précédents, les vins secs sont bien faits, précis, d'une belle franchise mais trop linéaires pour justifier l'étoile. Les deux cuvées de blancs montrent cependant en 2016 un surcroît de densité et de personnalité de bon augure.

- Côtes du Roussillon Coume Marie 2016   12 € 14,5
- Côtes du Roussillon Coume Marie 2015   12 €   14
- Maury Sec Copain Comme Cochon 2016   12 € 14,5

Le coup de ♥
- Côtes du Roussillon Terres Nouvelles 2016   18 €   15

Pur grenache gris, ce blanc coloré propose une bouche pleine et ferme, prometteuse, encore cadrée par l'élevage, mais au propos miellé et anisé très reconnaissable.

Rouge : 21 hectares.
Grenache noir 70 %, Carignan 16 %, Syrah 7 %, Mourvèdre 7 %
Blanc : 9 hectares.
Macabeu 50 %, Grenache blanc 30 %, Grenache gris 20 %
Production moyenne : 40 000 bt/an

LA PRÉCEPTORIE ♣
ZAC Le Réal, Rue de la Fou, 66220 Saint-Paul-de-Fenouillet
04 68 81 02 94 ● www.la-preceptorie.com
● Vente et visites : au domaine sur rendez-vous.
Propriétaire : Famille Parcé

RIBERACH

Voici l'un des projets les plus ambitieux que la région ait connu ces dernières années : enfant du pays, l'architecte Luc Richard, aidé de ses associés (un viticulteur, un maître de chai et un sommelier), a d'abord constitué, en 2006, un domaine sur le secteur d'altitude de Bélesta. Ils ont racheté les bâtiments de la coopérative locale, réhabilités en cave, mais aussi en un spectaculaire hôtel-restaurant. Déclinés pour mettre en avant les différents cépages de la région, les vins sont aboutis et soignés, avec de vrais coups de cœur, comme sur Hypothèse blanc, rare cuvée de pur carignan gris. Le domaine trouve sa vitesse de croisière avec des vins désormais à la personnalité plus affirmée.

Les vins : très belle dégustation cette année. Les rouges bénéficient de la tonicité du millésime 2013, et les blancs de la plénitude du 2015. Les profils restent axés sur la tension, indéniablement dans l'épure, mais avec un surcroît bienvenu de plénitude dans les textures. Noir ou gris, le carignan est ici maître des expressions les plus profondes et originales ; on le retrouve pur dans les cuvées Hypothèse, assemblé dans les Synthèse et la cuvée Fou-Thèse (cofermentation carignan/syrah à la complexité aromatique patinée par un élevage long). L'étoile se rapproche à grand pas !

- IGP Côtes Catalanes Hypothèse 2015 — 27 € — 17
- IGP Côtes Catalanes Synthèse 2015 — 15 € — 16
- IGP Côtes Catalanes Synthèse Gris 2014 — 15 € — 14,5
- IGP Côtes Catalanes Antithèse 2013 — 18 € — 14,5
- IGP Côtes Catalanes Fou-Thèse 2012 — 50 € — 16
- IGP Côtes Catalanes Synthèse 2013 — 15 € — 15
- IGP Côtes Catalanes Thèse 2014 — 18 € — 14,5

Le coup de ♥
- IGP Côtes Catalanes Hypothèse 2013 — 31 € — 17

Très belle pureté aromatique, suggestion de fumé, fruit proche du noyau, développement de la saveur dans un registre balsamique, résineux, camphré. La matière conjugue la tonicité du carignan et celle du millésime ; la finesse tannique est admirable, contribuant au caractère à la fois profond et accessible du vin.

Rouge : 6 hectares.
Grenache noir 40 %, Carignan 40 %, Syrah 20 %
Blanc : 4 hectares.
Carignan gris 25 %, Macabeu 25 %, Grenache noir 25 %, Grenache gris 25 %
Production moyenne : 40 000 bt/an

RIBERACH ♣
21, route Principale, 66720 Bélesta
04 68 50 56 56 ● **www.riberach.com** ●
Vente et visites : au domaine sur rendez-vous.
Propriétaire : Sarl Riberach

DOMAINE DES SCHISTES

Le domaine n'a pas usurpé son nom puisque l'essentiel de son vignoble se situe sur ces fameuses roches multicolores à la structure feuilletée, arrachées à la garrigue à coups de bulldozer. Jacques et Mickaël Sire tirent de ces sols pauvres des vins à la personnalité forte, et qui méritent de vieillir un peu. Les VDN et rancios sont excellents, les rouges et blancs secs se montrent encore un peu trop irréguliers. De nouvelles cuvées parcellaires, qui mettent en valeur l'encépagement historique du Roussillon, ouvrent toutefois de nouvelles et fort intéressantes perspectives

Les vins : la gamme est bien en place, les matières affichent une belle plénitude avec le millésime 2015. En conséquence, les rouges apparaissent à ce stade moins aériens qu'en 2014, avec toutefois un très joli Devant le Mas, lledoner pelut et grenache, serré mais tonique et fin. Parmi les blancs, nous avons préféré la Jasse d'en Biell, macabeu dominant, disert et délié. Le point fort réside une nouvelle fois dans les VDN et rancios secs, profonds, expressifs et toujours gourmands. Il faut découvrir Joïa, flamboyant muscat de Rivesaltes macéré !

- Côtes du Roussillon Casot d'en Gora 2015 — 15 € — 14
- Côtes du Roussillon Essencial 2016 — 9 € — 14
- Côtes du Roussillon Jasse d'en Biell 2015 — 16 € — 15
- IGP Côtes Catalanes Rancio Sec — 17 € — 16
- Muscat de Rivesaltes 2016 — 9 € — 16,5
- Rivesaltes VDN Solera — 18 € — 14
- Côtes du Roussillon-Villages Essencial 2016 — 8,50 € — 13,5
- Côtes du Roussillon-Villages Tautavel Devant le Mas 2015 — 14 € — 15,5
- Côtes du Roussillon-Villages Tautavel La Coumeille 2015 — 15 € — 14

ROUSSILLON

| Maury La Cerisaie 2014 | 14 € | 14 |

Le coup de ♥
| Muscat de Rivesaltes Joïa 2015 | 15 € | 16 |

La macération apporte un indéniable plus à ce muscat, qui manifeste une réelle tension. Le mutage et le sucre sont intégrés à la dynamique générale. Un parfum de lavande prenant et raffiné qui rehausse la belle maturité abricotée du fruit.

Rouge : 28 hectares.
Carignan 40 %, Syrah 30 %, Grenache noir 30 %
Blanc : 20 hectares.
Muscat à petits grains blancs 43 %, Grenache blanc 23 %, Grenache gris 17 %, Macabeu 17 %
Production moyenne : 100 000 bt/an

DOMAINE DES SCHISTES ♣
1, avenue Jean-Lurçat, 66310 Estagel ● www.domaine-des-schistes.com ● Vente et visites : au domaine sur rendez-vous. Propriétaire : Jacques et Mickaël Sire

DOMAINE VAQUER

Domaine historique du Roussillon, fondé en 1912, cette propriété est restée familiale et se retrouve aujourd'hui entre les mains de Frédérique Vaquer, bourguignonne et œnologue de formation, veuve de Bernard Vaquer, décédé en 2001. Sur les sols argilo-siliceux et cailloux typiques des Aspres, elle mène une viticulture qu'elle définit comme la plus raisonnable possible, pour l'instant sans aucune certification. Gérés avec brio, les élevages s'effectuent en cuves émaillées ou en cuves ciments. Ces vins énergiques, originaux, hors des modes, possèdent des équilibres qui préservent la fraîcheur, même lorsque les degrés alcooliques sont élevés. Parfaitement conservés dans des caves d'altitude, de somptueux vieux millésimes sont toujours à la vente au domaine, vinifiés par le légendaire Fernand Vaquer, qui fut parmi les premiers producteurs de la région à mettre son vin en bouteille, dès les années 60.

Les vins : nous avons cette année une fois encore dégusté des vins de mémoire remarquables, encore accessibles, y compris en termes tarifaires. Les blancs de macabeu, 1985 (plus tendu) et 1986 (plus riche), sont à ce titre particulièrement admirables ; ils continuent de surprendre par leur fraîcheur et leur harmonie. La production actuelle perpétue cet esprit, livrant des expressions drues, sincères, qui collent au terroir des Aspres.

Côtes du Roussillon Esquisse 2016	9,80 €	14
IGP Côtes Catalanes Escapade Muscat 2016	6,50 €	13,5
Muscat de Rivesaltes 1995	36 €	16
VDP Catalanes Blanc de Blancs Tradition 1985	N.C.	17
VDP des Côtes Catalanes Maccabeo 1986	18 €	16,5
Côtes du Roussillon Cuvée Bernard 2015	8,90 €	14
Côtes du Roussillon Les Aspres L'Exception 2014	15 €	13
IGP Côtes Catalanes L'Expression 2015	11 €	14,5
Rivesaltes Grenat L'Extrait 2015	12 €	15
VDP Catalanes Fernand Vaquer 1986	25 €	15,5

Le coup de ♥
| Rivesaltes Ambré Hors d'Âge Héritage 1986 | 39 € | 17 |

Encore clair d'aspect, ce VDN tendu et original propose une saveur mémorable de touron d'amandes douces et de beurre frais, avant de ponctuer sa finale, solaire mais stricte, d'une suggestion florale et épicée à la fois (giroflée).

Rouge : 12 hectares.
Grenache noir 36 %, Carignan 33 %, Syrah 31 %
Blanc : 5 hectares.
Macabeu 25 %, Muscat à petits grains blancs 25 %, Grenache gris 10 %, Grenache blanc 10 %, Muscat d'alexandrie 8 %
Production moyenne : 40 000 bt/an

DOMAINE VAQUER
1, rue des Ecoles, 66300 Tresserre
04 68 38 89 53 ●
www.domaine-vaquer.com ● Vente et visites : au domaine sur rendez-vous.
Propriétaire : Famille Vaquer
Directeur : Frédérique Vaquer

DOMAINE VINCI

Après avoir bourlingué aux quatre coins de la planète vin, Emmanuelle Vinci et Olivier Varichon se sont établis à Estagel, dans la vallée de l'Agly. Ils apportent tous les soins possibles à leur petit domaine (culture biologique, gestion pied par pied des vieilles vignes en gobelet, etc.) pour élaborer en rouge comme en blanc (admirable Coyade) de vrais vins d'artisan, au caractère affirmé, destinés à des amateurs avertis. Quelques petits réglages sont encore nécessaires, en particulier dans la netteté et la stabilité du fruit, pour exprimer pleinement le potentiel que l'on devine dans ces cuvées.

Les vins : peu alcoolisés mais intenses, déliés, les 2014 que nous avons dégustés offrent avec franchise un caractère toujours nuancé et personnel, mais "fragile". Attention aux animalités dominatrices et à l'acidité volatile ! Ce sont indéniablement des vins qui ont quelque chose à dire, un potentiel poétique, mais qui parleront aux amateurs tolérants et aventureux davantage qu'aux hygiénistes du vin.

- 🍷 IGP Côtes Catalanes Coste 2014   24 €   15
- 🍷 IGP Côtes Catalanes Inferno 2014   24 €   14
- 🍷 IGP Côtes Catalanes Rafalot 2014   24 €   13,5

Le coup de ♥
- 🍾 IGP Côtes Catalanes Coyade 2014   24 €   16,5

Peu alcoolisé (12°), ce percutant macabeu s'étire avec grâce sur une magnifique persistance mentholée. Avec une grande liberté de ton, mais sans se perdre sur les chemins de ladite liberté, il associe des notes de pain rassis, de blé noir, de fenouil…

Rouge : 5 hectares.
Carignan 50 %, Grenache noir 30 %, Mourvèdre 20 %.
Blanc : 2 hectares.
Macabeu 100 %
Production moyenne : 15 000 bt/an

DOMAINE VINCI ♣
11, rue Pasteur, 66600 Espira-de-l'Agly ● www.domainevinci.fr ● **Visites :** Pas de visites.
Propriétaire : Olivier Varichon et Emmanuelle Vinci

CAVE L'ÉTOILE

Fondée en 1921, la plus ancienne cave coopérative de Banyuls se pose depuis près d'un siècle en incontournable référence de la viticulture catalane. Son retour dans le Guide Vert, effectif dans notre édition 2017, est justifié par l'incontestable qualité des banyuls traditionnels, soumis à des élevages oxydatifs en foudre et en bonbonne de verre, mais aussi par les réels progrès accomplis dans l'élaboration des vins secs, frais et expressifs, ainsi que dans celle des banyuls type rimage, privilégiant le croquant du fruit. Au-delà du folklore d'une cave citadine et de l'idiosyncrasie des cuvées emblématiques, la Cave L'Étoile regarde résolument vers l'avenir et aura sans nul doute un rôle à jouer dans la réflexion sur l'évolution de la viticulture de la Côte Vermeille, fragile car pratiquement impossible à mécaniser.

Les vins : les collioures confirment les bonnes impressions des dégustations primeurs. Comme l'an dernier la bonne surprise vient des rouges, en 2016 de jolis jus sapides au relief très plein mais sans pesanteur. Le banyuls rimage est lui aussi très bien maîtrisé : un alléchant jus de mûre, parmi les meilleurs de l'appellation. Les banyuls oxydatifs sont fidèles à leur haute réputation. Même des millésimes relativement récents comme 2007 montrent une patine rancíotée de haut goût, développant des arômes iodés, des notes allant de la saumure au quinquina. Ces gammes aromatique s'intensifient avec l'âge, jusqu'à devenir des expériences sensorielles bouleversantes, comme le rare millésimé 1966, goûté dans un autre cadre. Le Doux Paillé Hors d'Âge, spécialité issue de raisins blancs, est vieilli en bonbonnes au soleil sur le toit terrasse de la cave. Comme dans le cas des traditionnels banyuls tuilés, le rancio a efficacement dompté le sucre et le mutage ; l'ensemble évolue harmonieusement vers la figue sèche et le praliné.

- 🍷 Banyuls 2015   N.C.   14,5
- 🍷 Collioure Les Toiles Fauves 2016   N.C.   14
- 🍷 Collioure Les Toiles Fauves 2016   N.C.   12
- 🍷 Banyuls Grand Cru 2009   N.C.   15
- 🍷 Banyuls Rimage 2016   N.C.   15
- 🍷 Banyuls Select Vieux 1990   N.C.   17
- 🍷 Collioure Les Toiles Fauves 2016   N.C.   14,5
- 🍷 Collioure Montagne 2016   N.C.   15

Le coup de ♥
- 🍷 Banyuls Grand Cru 2007   N.C.   16,5

Le rancio développe un admirable caractère iodé, qui évoque la coque de bateau (en bois !). Le vin affirme son caractère en bouche, dans un équilibre peu sucré intéressant, qui laisse la place aux arômes et se résout en une finale tonique, nettement salée.

Rouge : 130 hectares.
Grenache noir 70 %, Grenache gris 20 %, Carignan 5 %, Syrah 3.5 %, Mourvèdre 1.5 %
Blanc : 10 hectares.
Grenache blanc 89 %, Grenache gris 7.5 %, Vermentino 3.5 %
Production moyenne : 230 000 bt/an

CAVE L'ÉTOILE
26, avenue du Puig-del-Mas, 66650 Banyuls-sur-Mer

04 68 88 00 10 • www.banyuls-etoile.com •
Vente et visites : au domaine sur
rendez-vous.
De 10h à 12h et de 15h30 à 18h du
week-end de Pâques à fin septembre.
Ouvert le reste de l'année de 8h à 12h et
de 14h à 18h du lundi au vendredi.
Propriétaire : Bruno Cazes

DOMAINE DU TRAGINER

Jean-François Deu mène depuis 1975 ce domaine artisanal de Banyuls, progressivement tourné vers l'agriculture biologique (certification depuis 1997) et biodynamique. La biodynamie est comprise ici comme un retour à l'empirisme ancestral, à l'observation de la nature et au respect du vivant. Le Traginer, c'est le muletier ; le labour des vignes à la mule a ici encore cours. Si la production peut parfois sembler disparate, notamment à cause de la diversité des élevages, elle offre des vins d'une grande sincérité, issus de rendements très faibles, d'une profondeur aujourd'hui rare dans les appellations Banyuls et Collioure.

Les vins : les matières sont remarquables, intenses, burinées dans un fruit riche en extraits secs. Elles constituent une admirable illustration de l'intensité de saveur que peuvent atteindre les raisins de la Côte Vermeille. Le collioure blanc a, en un an, pris de la profondeur. Dans des styles opposés, les deux banyuls sont superbes.

⇨ Collioure 2015	21 €	15,5
▬ Banyuls Grand Cru 2008	32 €	16,5
▬ Collioure Vieilli Foudre 2015	18 €	15

Le coup de ♥

▬ Banyuls Rimage 2016	23 €	17

Cette cuvée irradie une densité gourmande et veloutée hors-norme. La crème de mûre est merveilleusement relevée d'accents torréfiés évoquant les schistes chauds et la réglisse.

Rouge : 8 hectares.
Grenache noir 57 %, Carignan 17 %, Syrah 13 %, Mourvèdre 13 %
Blanc : 8 hectares.
Grenache blanc 70 %, Grenache gris 30 %
Production moyenne : 35 000 bt/an

DOMAINE DU TRAGINER ☏
56, avenue du Puig Del Mas,
66650 Banyuls-sur-Mer
04 68 88 15 11 • www.traginer.fr • Vente
et visites : au domaine sur rendez-vous.
Propriétaire : Jean-François Deu
Maître de chai : Jean-François Deu

"C'est un vignoble qui connaît un vrai succès à l'export avec ses vins les plus ambitieux. La Savoie devient aujourd'hui la région tendance, comme le Jura il y a dix ans."

Jean-Emmanuel Simond, dégustateur des vins de Savoie
Membre du comité de dégustation de La Revue du vin de France

SAVOIE

—

UN VIGNOBLE DE MONTAGNE EN PLEINE ASCENSION

—

La Savoie connaît une véritable révolution, menée par de jeunes vignerons ambitieux et dynamiques.

C'est un constat réjouissant dont beaucoup de consommateurs français n'ont pas conscience. Aujourd'hui, les meilleures cuvées de vins de Savoie se vendent à l'export de 50 à 60 euros. Une véritable révolution, due à l'émergence d'une nouvelle génération de vignerons dynamiques et ambitieux qui ont su valoriser leur production montagnarde. Comme le Jura auparavant, la Savoie traverse une période de mutation qualitative, malgré des millésimes récents pénalisés par une climatologie défavorable : 2016 et 2017 ont subi les foudres du gel, ce dernier de manière moins prononcée.

Longtemps la quasi-totalité de la production s'est écoulée localement. En partant à la conquête de l'étranger, les vins de Savoie, meilleurs domaines en tête, retrouvent leur ancien rang. Car au Moyen Âge, ces vins étaient servis à la cour du roi et, au début du XIXe siècle, le vignoble savoyard était dix fois plus étendu qu'aujourd'hui.

Pourtant, de prime abord, la Savoie est d'un accès ardu, avec ses 25 cépages, ses dénominations locales et ses appellations. Ardu comme les pentes parfois vertigineuses de ses coteaux, ou les cimes enneigées qui surplombent les rangs de vignes. Complexité des cépages et des crus, volume souvent restreint des meilleurs vins, distribution surtout limitée à la région de production… L'amateur est parfois bien à la peine pour découvrir les merveilles cachées que recèle la région. Or, la Savoie révèle tout autre chose dès lors que l'on se penche sur son identité riche et ses différents terroirs de caractère.

Depuis une dizaine d'années, le style évolue, les cuvées gagnent en précision. Comme dans les autres régions viticoles, les vignerons sont en recherche de fraîcheur dans leurs vins. Ils se convertissent aussi massivement à la viticulture biologique ou biodynamique. Les jeunes multiplient également les cuvées "nature". Et mettent en avant les multiples terroirs et cépages qui composent ce vignoble éparpillé sur quatre départements (Savoie, Haute-Savoie, Ain et Isère). Cinq grands cépages blancs se distinguent par leur qualité : jacquère, roussette, chasselas, gringet et bergeron (qui n'est autre que la roussanne de la vallée du Rhône). Aligoté et chardonnay sont également présents dans certains vignobles. Les cépages rouges comprennent essentiellement la mondeuse, le gamay, le pinot noir et le rare persan, vieux plant local réhabilité par les vignerons les plus ambitieux. Le poulsard jurassien subsiste dans le Bugey. Au titre des curiosités, citons encore la mondeuse blanche, la molette ou la malvoisie.

Les meilleurs vins proviennent le plus souvent des cépages altesse et roussanne, capables d'une grande complexité et au potentiel de vieillissement certain. En rouge, hormis de bons gamays ou pinots noirs, hélas, trop rares, la révélation provient essentiellement de la mondeuse. Très désaltérants, ces rouges sont capables d'égaler en couleur et en finesse les meilleures cuvées de syrah, avec la même gamme aromatique de poivre et de petits fruits rouges.

SAVOIE

LES APPELLATIONS

L'appellation régionale Savoie est très vaste : elle s'étend des rives du Lac Léman, jusqu'au sud de Chambéry, le long de la rive droite de l'Isère. Au total, 52 communes intègrent l'aire d'appellation. L'AOC Savoie peut être suivie d'un nom de cru. Il en existe vingt : Ayse, Crépy Marignan, Ripaille, Marin, Frangy, Seyssel, Chautagne, Marestel, Jongieux, Monthoux, Monterminod, Saint-Jeoire du Prieuré, Apremont, Les Abymes, Chignin Bergeron, Montmélian, Arbin, Cruet et Saint-Jean-de-la-Porte. Mais seuls quinze crus sont répertoriés pour les vins tranquilles et un seul, Ayse, peut être employé pour la production de vins mousseux. Certains livrent des vins perlants comme Crépy. Chignin et Arbin sont aujourd'hui les crus et les villages où se situent le plus de vignerons intéressants.

SAVOIE

Si Chignin est considéré comme le plus beau cru de Savoie, particulièrement célèbre pour sa roussanne, il ouvre aussi le défilé des crus de la combe de Savoie. En suivant les courbes de l'Isère qui coule au cœur de la vallée, on trouve les pentes ensoleillées des crus Montmélian et Arbin, où mûrit la mondeuse.

CRÉPY

Cette micro-appellation communale de 80 hectares, proche de la Suisse, au bord du lac Léman est exclusivement plantée de chasselas. Elle produit des vins blancs vifs et peu alcoolisés.

ROUSSETTE DE SAVOIE

Cette appellation régionale s'étend sur les bords du Rhône, entre Frangy et Jongieux, et en Bugey. Le cépage altesse est dominant, le chardonnay est aussi utilisé en appoint. Lorsqu'un cru est revendiqué (Frangy, Jongieux, Marestel, Monthoux, Bugey Montagnieu, Bugey Virieu-le-Grand), l'altesse doit être présente à 100 %. Ces vins offrent plus de finesse et d'allonge que ceux issus du chasselas ou de la jacquère. Pour revendiquer cette appellation au sein de l'AOC Savoie, ces vins blancs tranquilles doivent être élaborés exclusivement à partir du cépage altesse, appelé aussi roussette. Le nom de cru peut être également apposé à cette appellation si les vignes proviennent des crus de Frangy, Marestel et Monterminod. Les vins ont davantage de finesse et d'allonge que ceux de chasselas. L'appellation Roussette de Savoie représente aujourd'hui 9 % de la production savoyarde.

SEYSSEL

Cette petite enclave située sur la rive droite du Rhône, à proximité du vignoble de Bugey, plus portée vers la roussette, donne un vin tranquille corsé. L'appellation peut également produire un vin pétillant à partir d'un assemblage de roussette et de chasselas.

BUGEY

Reconnue comme une AOC depuis 2011, l'appellation Bugey est située dans l'Ain et s'étend sur 68 communes. Elle représente un peu plus de 250 hectares en exploitation, répartis en trois îlots (Cerdon, Montagnieu et Belley). Bugey produit des vins blancs tranquilles et pétillants à partir de chardonnay (50 % minimum). Les cépages complémentaires sont l'aligoté, l'altesse, la jacquère, le pinot gris et la mondeuse blanche ; l'appellation produit également des vins rouges et rosés à partir de gamay, de pinot noir, de mondeuse et de poulsard. L'AOC Bugey peut être accolée à l'un des deux microcrus identifiés (AOC Bugey Manicle, AOC Bugey Montagnieu), tout comme l'AOC Roussette du Bugey (AOC Roussette du Bugey Montagnieu et AOC Roussette du Bugey Virieu-le-Grand).

SAVOIE

LES CÉPAGES

La Savoie compte 25 cépages différents et produit une infinité de petits crus, essentiellement des blancs faibles en alcool et riches en gaz carbonique naturel, cette dernière caractéristique leur donnant un aspect perlé, et même effervescent. Nerveux, acidulés, ils sont idéalement adaptés à la gastronomie de montagne.

Les blancs les plus fins proviennent du cépage altesse, également appelé roussette et qui donne son nom à l'AOC Roussette du Bugey. On compte aussi, parmi les cépages blancs, la roussanne, plantée dans le secteur de Chignin et qui prend ici le nom de bergeron.

Le principal cépage savoyard s'appelle la jacquère et représente près de 50 % des surfaces plantées. On le retrouve principalement dans les crus des Abymes, d'Apremont, de Chignin, de Cruet et de Saint-Jeoire-Prieuré. Le chasselas est surtout présent en Haute-Savoie dans les appellations de Crépy, de Marin ou de Ripaille. S'il est assez commun lorsqu'il est vinifié en vin blanc sec, le chasselas donne de la saveur aux vins pétillants de la région.

Plus confidentiel, le célèbre chardonnay est aussi présent dans certains crus. Parmi les autres cépages originaux cultivés en Savoie, on trouve la malvoisie, la molette et la mondeuse blanche.

Du côté des cépages rouges, le gamay est le plus employé. Il produit des vins gourmands et fruités. Il excelle notamment dans les crus de Jongieux et Chautagne. Le pinot noir s'est également bien adapté aux vallées alpines.

Mais pour beaucoup, la révélation provient des meilleurs rouges élaborés à partir du cépage mondeuse, originaire de la région et qui fait le succès des vins des domaines Trosset, Berlioz ou des Ardoisières. Merveilleusement désaltérants, les mondeuses égalent en couleur et en finesse les bonnes cuvées de syrah, au moins une année sur trois ou sur quatre, car les petits millésimes sont fréquents.

En Bugey, la diversité est moins importante : sont utilisés comme cépages rouges, le gamay, le pinot noir et la mondeuse ; en blanc, chardonnay, altesse, jacquère, mondeuse blanche et pinot gris sont privilégiés.

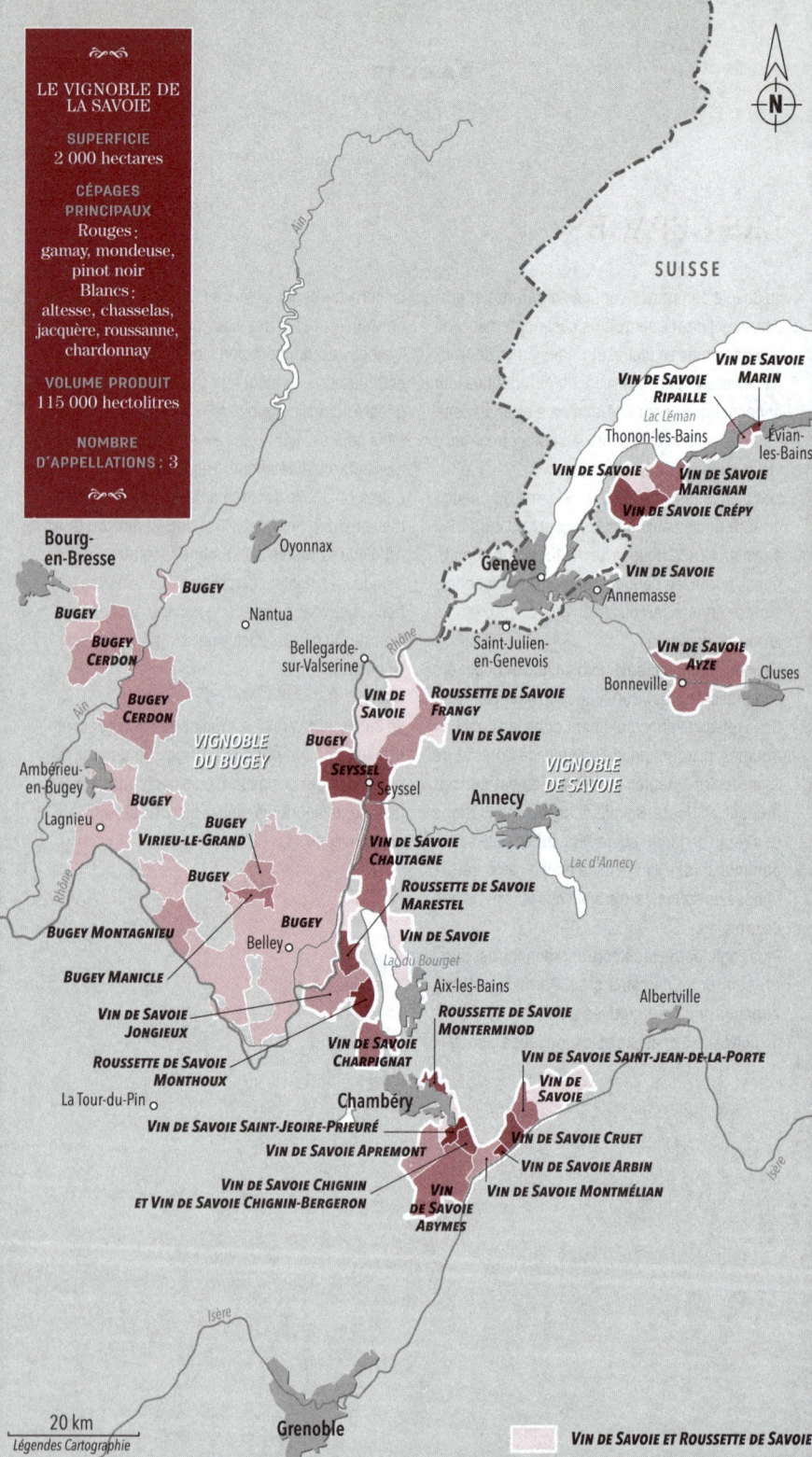

SAVOIE

SLALOMER DU RHÔNE AU LAC LÉMAN

Si les vignerons savent accueillir les visiteurs comme il se doit, les vins de Savoie sont également mis en avant chez les cavistes et sur les belles tables gastronomiques de la région.

CHAMBRES D'HÔTES

MOULIN DE LÉRÉ
Cinq petites chambres agréables (de 85 à 112 €) dans un ancien moulin au cœur des Alpes du Léman. Cuisine maison. Deux menus : 29-70 €.
Sous la Côte, 74470 Vailly.
Tél. : 04 50 73 61 83.
www.moulindelere.com

LE BONHEUR DANS LE PRÉ
Hôtel familial… et caviste sur rendez-vous. Sept chambres agréables (83-115 €), menu unique le soir (38 €) et une centaine de références.
Cyril et Ludyvine Marcillon.
2011, route de Bellevue, 74380 Lucinges. Tél. : 04 50 43 37 77.
www.lebonheurdanslepre.com

HÔTEL DU PORT
Une institution de la cité médiévale d'Yvoire. Chambres : 160 à 390 €. Menus de 41 à 59 €.
Rue du Port, 74140 Yvoire.
Tél. : 04 50 72 80 17.
www.hotelrestaurantduport-yvoire.com

CAVISTES

LES VINS DUVERNAY
2 500 étiquettes : de nombreux crus des pays du mont Blanc et du pourtour lémanique (Savoie, Suisse, Italie).
12, rue du capitaine-Charles-Dupraz, 74100 Annemasse. Tél. : 04 50 92 20 20.
www.vins-duvernay.com

LES ZINZINS DU VIN
Caviste bien approvisionné : 1 900 vins de toutes les régions.
4, rue de l'Artisanat - ZA des Esserts, 74140 Douvaine. Tél. : 04 50 85 16 68.
www.leszinzinsduvin.fr

RESTAURANTS

HAMEAU ALBERT IER
La carte des vins compte plus de 1 000 références, dont les meilleures cuvées de Savoie.
38, route du Bouchet, 74400 Chamonix. Tél. : 04 50 53 05 09.
www.hameaualbert.fr

BAUD
Voici une très belle table qui met un point d'honneur à mettre en avant les vins de Savoie. Une vingtaine de références à la carte.
181, avenue du Léman, 74380 Bonne.
Tél. : 04 50 39 20 15.
www.hotel-baud.com

LE REFUGE DES GOURMETS
Une carte de 150 vins, dont quelques belles lignes de la vallée du Rhône.
90, route des Framboises, 74140 Machilly. Tél. : 04 50 43 53 87.
www.refugedesgourmets.com

BAR À VINS

VIN CHEZ MOI
Une ambiance chaleureuse, une belle sélection de vins de toute la France, dont un effort sur la Savoie, et des ardoises de charcuterie et de fromages pour accompagner toutes ces belles choses.
4, rue Centrale, 74940 Annecy-le-Vieux.
Tél. : 04 50 27 72 50.
www.vin-chez-moi.com

FÊTES VIGNERONNES

20 ET 22 OCTOBRE 2017 : LE FASCINANT WEEK-END
Musique, balades, randonnées, dégustation de vins de Savoie dans les caveaux ouverts pour l'occasion.
www.fascinant-week-end.fr

DU 18 AU 24 JANVIER 2018 : LA SEMAINE VIGNERONNE
La station de Samoëns accueille la Semaine vigneronne, qui allie ski et œnologie. Près de 20 vignerons partageront avec vous le fruit de leur passion.

NOS DEUX COUPS DE ♥

RAPHAËL VIONNET
En cuisine, le jeune chef s'inspire de ses origines jurassiennes. Côté vins, la carte bien fournie propose 300 références dont la moitié en bio, biodynamie et "nature", et bien sûr des crus de Savoie.
43, avenue du général-Leclerc, 74200 Thonon-les-Bains.
Tél. : 04 50 72 24 61.
www.raphaelvionnet.fr

LE BARICOU
Incontournable ! On compte ici 1 800 références de grands crus de Bourgogne, de Bordeaux et de Savoie.
Rue des Verdons, 73120 Courchevel 1850. Tél. : 04 79 00 77 72.
www.lebaricou.com

SAVOIE

DOMAINE DES ARDOISIÈRES

Le domaine est né de la replantation, en 1998, du coteau de Cevins, 6 ha de micaschistes en terrasses entre Albertville et Moutiers, entreprise par Michel Grisard. Arrivé en 2003 pour seconder ce dernier, Brice Omont, ingénieur agricole champenois, s'investit sans compter dans le projet et se retrouve depuis 2008 à la tête d'un domaine certifié bio et qui compte désormais 13 ha. La viticulture en biodynamie est ici héroïque (la pente peut atteindre 70 %), les rendements sont très faibles, les vins majoritairement issus de cépages complantés et assemblés. Les résultats s'avèrent admirables : les vins sont éblouissants et originaux, et creusent encore l'écart au vieillissement. Améthyste complète le persan par de la mondeuse, Argile associe jacquère, chardonnay et mondeuse blanche, Schiste se compose de jacquère, mondeuse blanche, roussanne et pinot gris. Seul Quartz est monocépage, issu de l'altesse. S'il existe aujourd'hui un domaine à découvrir en priorité dans la région, emblématique du renouveau qualitatif savoyard, c'est bien celui-ci.

Les vins : irrésistibles notes de framboises, de pivoine et de rose séchée dans Améthyste 2015, vin aux tanins poudrés, d'une insigne fraîcheur, qui a su gérer admirablement la maturité du millésime. L'apport poivré en finale signe la présence inspirée du persan, qui entre en majorité dans l'assemblage. Quelques scories fermentaires marquent encore le nez d'Argile 2015, discret au départ, qui monte en puissance à l'aération : une trame acide et mûre porte une chair élancée et complexe dans ses saveurs racinaires. Ce vin réunit les extrêmes, avec une identité terrienne et un profil quasiment aérien ! Un régal dès sa jeunesse !

IGP Vin des Allobroges Argile 2015	16 €	16,5
IGP Vin des Allobroges Schiste 2015	30 €	18
IGP Vin des Allobrogie Améthyste 2015	49 €	18

Le coup de ♥

IGP Vin des Allobroges Quartz 2015	64 €	18,5

Admirable profil aromatique dans ce vin d'exception, dans lequel la cardamome et la fleur d'oranger s'épousent avec bonheur. Limpide, la bouche atteint un niveau d'épure et d'intensité hors du commun : le raffinement de l'altesse est poussé à son paroxysme.

Rouge : 3 hectares.
Gamay noir à jus blanc 40 %, Persan 40 %, Mondeuse noire 20 %
Blanc : 10 hectares.
Jacquère 32 %, Altesse 20 %, Chardonnay 16 %, Mondeuse blanche 13 %, Roussanne 10 %, Pinot gris d'Alsace 9 %
Production moyenne : 45 000 bt/an

DOMAINE DES ARDOISIÈRES ♣
Le Villard, 73250 Fréterive
06 76 94 58 78 •
www.domainedesardoisieres.fr • Vente et visites : au domaine sur rendez-vous.
Propriétaire : Brice Omont

DOMAINE BELLUARD

Le village d'Ayse est situé au cœur de la vallée de l'Arve. Son vignoble historique est planté sur des coteaux pentus (éboulis de calcaire et de sédiments glaciaires). Le domaine Belluard cultive le cépage gringet, un fort caractère qui fait partie de la famille du traminer comme le savagnin et le heida valaisan. Le domaine est passé en culture biodynamique (non certifiée) à partir de 2000. Désormais seul maître à bord, Dominique Belluard s'attache à proposer des vins justes, dotés d'une grande finesse et d'une forte personnalité aromatique : nous admirons son travail si abouti et régulier, et le domaine brille au firmament de la petite élite des meilleurs domaines de la région.

Les vins : avec sa finesse extrême, la bulle du Mont-Blanc Brut Zéro 2013 cisèle une bouche ample, droite, irréprochable dans la précision et l'intensité de ses saveurs. Quelle élégance aromatique dans cette altesse Grandes Jorasses 2015 : lilas, poire et coing frais infusent une bouche pure, aux saveurs charnues mais aériennes. Digeste, sobre, dense mais épuré, ce vin essentiel transfigure le cépage. Plus capiteux, le nez de la cuvée Les Alpes 2015 se fait floral, entre fleurs séchées et lavande. Assez limpide, salivante dans ses amers nobles, la bouche se déploie avec carrure et allonge. Désormais élevée en œuf béton, la mondeuse offre une finesse exceptionnelle en 2015, avec des parfums de myrtille et fruits des bois favorisés par une belle acidité volatile. Intègre, sobre et policé, ce jus gourmand encore immature s'illustre par sa tension, sa fraîcheur et une pureté d'anthologie. On le laissera vieillir !

Vin de Savoie Altesse Grandes Jorasses 2015	17 €	17

▷ Vin de Savoie Ayse Brut Les Perles du
Mont-Blanc 2013   12 €   16

▷ Vin de Savoie Ayse Mont-Blanc Brut
Zéro 2013   18 €   17,5

▷ Vin de Savoie Gringet Les
Alpes 2015   17 €   17

▶ Vin de Savoie Mondeuse 2015   25 €   17

Le coup de ♥

▷ Vin de Savoie Gringet Le
Feu 2015   30 €   18

Fraîcheur épurée, noblesse de saveurs et allonge sereine dans ce Feu majestueux, à l'étourdissante complexité aromatique : chlorophylle, angélique, truffe blanche, notes racinaires... Ce grand vin se joue du caractère solaire du millésime.

Rouge : 0,6 hectare.
Mondeuse noire 100 %
Blanc : 9,9 hectares.
Gringet 95 %, Altesse 5 %
Production moyenne : 50 000 bt/an

DOMAINE BELLUARD
**283, Les Chenevaz 74130 Ayse
04 50 97 05 63** ● **www.domainebelluard.fr**
● **Vente et visites : au domaine sur rendez-vous.**
Propriétaire : Dominique Belluard

LES FILS DE CHARLES TROSSET

Ce domaine est installé sur les beaux coteaux du village d'Arbin, terroir de prédilection de la mondeuse. Joseph Trosset a pris sa retraite ; Louis Trosset est désormais seul aux commandes sur 2,3 ha seulement, puisque la superficie a été réduite. Ici, les vinifications sont effectuées par parcelle, les fermentations restent classiques et les élevages, en cuve, durent de 8 à 12 mois. Les mondeuses renferment une vraie race et, à leur meilleur, se distinguent par leur classe et leur pureté aromatique, proposant souvent une fraîcheur anisée. Les très faibles volumes produits, moins de 20 000 bouteilles par an, font de ce domaine une adresse trop confidentielle. Ces vins très réguliers offrent une grande capacité de vieillissement.

Les vins : beaucoup de fraîcheur et de sobriété dans l'expression délicate mais droite de cet excellent bergeron Symphonie d'Automne 2016. Il gagnera en complexité dans deux ou trois ans. Son aîné 2015 offre un volume confortable et des saveurs exotiques mais un rien ternes, tandis que le 2014 évolue très bien avec des saveurs qui minéralisent, sans perdre aucune fraîcheur. Épicé, mûr et séveux, Harmonie 2016 est tendu, frais et floral, doté d'un beau volume moelleux. Aiguisés, les tanins font preuve de relief en finale mais sauront s'intégrer. La cuvée 2015 est hélas gâchée par les brettanomyces (déviation bactérienne). Complexité aromatique et fraîcheur infusent le sincère Prestige des Arpents 2015, au caractère très attachant. Des notes lardées-fumées et un fruit salivant caractérisent Confidentiel 2015, ample et étoffé, appuyé sur de petits tanins abondants et poudrés.

▷ Vin de Savoie Chignin-Bergeron
Symphonie d'Automne 2014   13 €   15,5

▷ Vin de Savoie Chignin-Bergeron
Symphonie d'Automne 2015   12 €   15,5

▷ Vin de Savoie Chignin-Bergeron
Symphonie d'Automne 2016   12 €   16,5

▶ Vin de Savoie Arbin Mondeuse
Confidentiel 2014   15 €   15,5

▶ Vin de Savoie Arbin Mondeuse
Confidentiel 2015   14,50 €   16,5

▶ Vin de Savoie Arbin Mondeuse
Harmonie 2015   13 €   13

▶ Vin de Savoie Arbin Mondeuse
Harmonie 2016   14 €   15,5

▶ Vin de Savoie Arbin Mondeuse Prestige
des Arpents 2015   13 €   16,5

Le coup de ♥

▶ Vin de Savoie Arbin Mondeuse Prestige
des Arpents 2016   14 €   17

Magnifique volume, arômes de myrtille et éclat du fruit frais dans cette superbe cuvée, à la gourmandise irrésistible et au tanins poudrés, souples et mûrs.

Rouge : 2 hectares.
Mondeuse noire 100 %
Blanc : 0,3 hectare.
Roussanne 100 %
Production moyenne : 19 500 bt/an

LES FILS DE CHARLES TROSSET
**280, chemin des Moulins, 73800 Arbin
04 79 84 30 99** ●
lechaidesmoulins@gmail.com ● **Vente et visites : au domaine sur rendez-vous.**
Propriétaire : Louis Trosset

SAVOIE

DOMAINE PARTAGÉ GILLES BERLIOZ

Fils d'ouvrier, Gilles Berlioz est un vigneron autodidacte et heureux. Paysagiste de formation, il démarre en 1990 avec 0,8 ha sur le secteur de Chignin, aidé de sa compagne Christine. Il dispose de 6 ha, labourés à l'aide d'un cheval, convertis en bio en 2005 puis en biodynamie (non certifiée). Du simple chignin jusqu'à la mondeuse, en passant par les exceptionnels chignin-bergerons vinifiés en sélections parcellaires, tous les vins offrent des expressions saines et sereines qui sonnent formidablement juste, et possèdent une telle profondeur de saveurs que nous les plaçons au sommet de la production locale. Très limitées en volume, les cuvées partent majoritairement à l'export, et les amateurs avisés s'arrachent ces vins d'orfèvre. L'accueil est chaleureux et passionné. Une adresse incontournable, renommée à partir de 2016 "Domaine partagé Gilles Berlioz".

Les vins : volume sapide et digeste dans Chez l'Odette, une jacquère sobre et salivante. On s'en désaltèrera avec joie ! De généreuses saveurs de prune et de brugnon marquent l'aromatique de la roussette El Hem : son tonus en bouche et son acidité désaltérante équilibrent parfaitement sa matière charnue. Les bergerons 2016 sont excellents : évoquant le nougat, le miel et la cardamome, les Filles possède beaucoup de caractère. Plus épicé, gourmand et original dans ses arômes de cassonade et de tourbe, Les Fripons a poussé loin la maturité mais sa chair moelleuse et fraîche, infusée de notes poivrées et épicées. Saluons l'éclat floral et la fraîcheur délicatement poivrée de l'exceptionnelle mondeuse La... Deuse...

▷ Roussette de Savoie El Hem 2016	N.C.	16
▷ Vin de Savoie Chignin Chez l'Odette 2015	N.C.	16
▷ Vin de Savoie Chignin-Bergeron Les Filles 2016	N.C.	16
▷ Vin de Savoie Chignin-Bergeron Les Fripons 2016	N.C.	16,5
▶ Vin de Savoie Mondeuse La... Deuse... 2016	N.C.	16,5

Le coup de ♥

▷ Vin de Savoie Chignin-Bergeron Les Christine 2016	N.C.	17

La dernière-née des cuvées du domaine, initiée en 2014 : c'est un chignin-bergeron floral et finement miellé, auquel des notes d'orge et de malt apportent un relief nuancé et sapide. Un vin baroque, juteux et profond, de grande envergure.

Rouge : 1,2 hectare.
Mondeuse noire 100 %
Blanc : 4,8 hectares.
Roussanne 60 %, Jacquère 25 %, Altesse 15 %
Production moyenne : 25 000 bt/an

DOMAINE PARTAGÉ GILLES BERLIOZ
**Le Viviers, Cidex 4000, 73800 Chignin
06 07 13 48 17** ●
domainepartagegillesberlioz.fr/ ● **Vente et visites : au domaine sur rendez-vous.
Propriétaire : Gilles Berlioz**

DOMAINE DU CELLIER DES CRAY

Adrien Berlioz, jeune cousin (et voisin) de Gilles Berlioz, s'est installé en 2006. Vigneron exigeant et rigoureux, il travaille lui-même en bio toutes ses vignes, y compris celles situées sur les coteaux les plus abrupts. Avec 14 cuvées différentes sur un peu plus de 5 ha, la production est confidentielle. On trouvera difficilement ces vins d'artisans sauf chez d'excellents et rares cavistes, surtout lorsqu'on sait que les volumes de 2016 ne représentent que 30 % d'une récolte normale. Nous sommes admiratifs du niveau qualitatif de ces vins énergiques et francs, qui progressent inexorablement chaque année, et vieillissent avec grâce, comme l'a prouvé cette année le bergeron Euphrasie 2013. Le domaine a obtenu sans peine sa première étoile l'an dernier, et la voie s'ouvre à sa progression dans la hiérarchie.....

Les vins : le niveau des vins présenté est très élevé. Élégant, mûr et floral, le chignin Cuvée des Gueux est un excellent blanc de soif. La fraîcheur et la finesse florale du nez de l'altesse Zulime nous enchante. Sa bouche regorge de saveurs de fruits frais (pêche, abricot...). Magnifique intensité et fraîcheur dans le bergeron Raipoumpou 2016, qui embaume les fleurs et les fruits jaunes, et déploie sa chair subtile et moelleuse le long d'une discrète trame acide. Des notes de poires bien mûres font du juteux et ample bergeron Euphrasie 2015 une véritable gourmandise. Le nez finement fumé du bergeron Albinum précède une chair svelte et concentrée, très mûre, mais dont l'éclat lumineux du fruit apporte tonus et caractère digeste. La mondeuse Marie-Clothilde est toute en finesse et fraîcheur. Grand potentiel, grande réussite.

▷ Roussette de Savoie Zulime 2016	24 €	16,5
▷ Vin de Savoie Chignin La Cuvée des Gueux 2016	14,50 €	15,5
▷ Vin de Savoie Chignin-Bergeron Albinum 2016	30 €	17
▷ Vin de Savoie Chignin-Bergeron Euphrasie 2015	28 €	17
▷ Vin de Savoie Chignin-Bergeron Raipoumpou 2014	N.C.	16
▷ Vin de Savoie Chignin-Bergeron Raipoumpou 2015	26 €	16,5
▷ Vin de Savoie Chignin-Bergeron Raipoumpou 2016	26 €	17
▶ Vin de Savoie Mondeuse Marie Clothilde 2016	26 €	17

Le coup de ♥

▷ Vin de Savoie Chignin-Bergeron Euphrasie 2013	N.C.	17,5

Grande complexité dans ce vin assagi et ample, dont les saveurs finement acidulées dessinent une bouche langoureuse mais tonique, aux amers nobles. Bravo !

Rouge : Mondeuse noire 77 %, Persan 23 %
Blanc : Bergeron (roussanne) 79 %, Chignin 14 %, Roussanne 7 %
Production moyenne : 20 000 bt/an

DOMAINE DU CELLIER DES CRAY
Hamau le Viviers, 78300 Chignin
04 79 28 00 53 ●
adrienberlioz@hotmail.com ● Vente et visites : au domaine sur rendez-vous.
Propriétaire : Adrien Berlioz

DOMAINE LA COMBE DES GRAND'VIGNES

Fort d'une tradition viticole transmise de père en fils, ce domaine est géré par deux frères amoureux des beaux terroirs de coteaux. Nous apprécions particulièrement les vins blancs : leur niveau de pureté et de finesse les place parmi les meilleurs de la région. Les mondeuses sont vinifiées sans soufre depuis 2016 ; les rouges progressent. Plusieurs cuvées (Argile/Schiste en Chignin, Les Salins en Chignin-Bergeron) valorisent les expressions parcellaires, et tous les vins sont désormais élevés un an minimum. Le travail de la vigne, exigeant et précis, est très propre, en début de conversion bio, et seules les levures indigènes ont désormais droit de cité. Une première étoile est venue couronner, dans notre édition 2017, ces efforts et la dynamique à l'œuvre.

Les vins : Sel de Marius assemble pinot noir et gamay dans un vin mûr et juteux, tonique, très précis et engageant. Une fois aéré, la mondeuse Les Granges Tissot se présente assez tendre, soignée et juste dans son fruit patiné. La finale trahit le marqueur du bois. L'autre mondeuse, Et ma goutte de… est plus stricte, acidulée et végétale en 2016. Belle pureté aromatique et touches florales dans le chignin Vieilles Vignes, salivant et précis, toujours fiable, doté d'une réelle intensité et d'allonge. Belles saveurs de poire mûre et notes d'acacia dans Baron Decouz, précoce et équilibré. Saveurs d'amande et de gentiane dans Exception, dont le profil vif et les amers de fin de bouche assurent l'harmonie, en assumant une généreuse maturité de fruit. La glycine et l'acacia emplissent la bouche du Saint-Anthelme, énergique, solaire mais vigoureux : il fait la queue de paon en finale et devrait bien évoluer. Issu d'une parcelle en terrasse à la viticulture héroïque.

▷ Roussette de Savoie Baron Decouz 2015	15,40 €	15,5
▷ VDF Princesse Leïa 2015	19 €	16
▷ Vin de Savoie Chignin Vieilles Vignes 2016	8,80 €	15,5
▷ Vin de Savoie Chignin-Bergeron Exception 2016	16,80 €	15,5
▷ Vin de Savoie Chignin-Bergeron Les Salins 2015	20,10 €	16
▷ Vin de Savoie Chignin-Bergeron Saint Anthelme 2015	19,50 €	16
▶ Vin de Savoie Mondeuse Et ma goutte de… 2016	13,20 €	14,5
▶ Vin de Savoie Mondeuse Les Granges Tissot 2015	18,10 €	15,5
▶ Vin de Savoie Sel de Marius 2015	10,50 €	15,5

Le coup de ♥

▷ Vin de Savoie Chignin Argile sur Schiste 2015	9,90 €	16,5

La version 2015 du Argile sur Schiste fait honneur à cette cuvée : éclat et fraîcheur de saveurs, volume et précision, finale parsemée de petits amers incisifs. Une des plus grandes expressions savoyardes de la jacquère.

Rouge : 2,75 hectares.
Mondeuse noire 55 %, Pinot noir 25 %, Gamay noir à jus blanc 20 %
Blanc : 8,07 hectares.
Jacquère 50 %, Bergeron (roussanne) 42 %, Chardonnay 4 %, Altesse 4 %
Production moyenne : 65 000 bt/an

SAVOIE

DOMAINE LA COMBE DES GRAND'VIGNES
Le Viviers, 73800 CHIGNIN
04 79 28 11 75 • www.chignin.com • Vente et visites : au domaine sur rendez-vous. Du lundi au samedi, de 9h à 12h et de 14h à 19h. Le dimanche de 9h30 à 13h.
Propriétaire : Denis et Didier Berthollier

DOMAINE GIACHINO

Installés en 1988, David et Frédéric Giachino travaillent une dizaine d'hectares. Les vignes, situées à Chapareillan, non loin du mont Granier, font face au massif des Bauges et surplombent la vallée de l'Isère. Certifié en bio depuis 2008, le domaine suit les préceptes biodynamiques, vendange à la main, vinifie avec les levures indigènes et sans autre SO_2 qu'à la mise en bouteille. Le résultat ? D'excellentes matières premières vinifiées en douceur, qui donnent des vins sobres, sains et digestes, tant en blanc qu'en rouge. Le rare cépage persan offre peut-être à cette adresse son plus beau résultat. La gamme est remarquablement homogène, et montera en puissance les prochaines années, car le domaine vient de reprendre les vignes de Michel Grisard (Prieuré Saint-Christophe). Nous aimerions d'ailleurs que le domaine nous présente ces nouveaux vins !

Les vins : d'abord frais, simple et citronné, Monfarina 2016 est soutenu par une acidité salivante. Des arômes de coing et de glycine dominent la bouche charnue mais svelte de la roussette 2016, dont l'élégance naturelle se poursuit par une note finement épicée. Encore un peu strict avec son profil nerveux, il gagnera à vieillir un ou deux ans. Friand, acidulé et délicatement poivré, le rouge Frères Giac associe gamay, syrah et l'étraire de la Dhuy (cousin du persan). L'acidité est bien marquée dans sa bouche souple, dans laquelle le fruit se fait gourmand et frais. Avec son caractère un peu rustique, c'est un vin sincère et abouti. Très parfumée et florale avec ses notes de lilas, de framboise et de cannelle, la mondeuse 2016 est très réussie : ample et riche en sève, cadrée par des tanins fermes. On l'attendra un ou deux ans.

⇨ Roussette de Savoie Altesse 2016	15 (c) €	15,5
⇨ Vin de Savoie Monfarina 2016	11 (c) €	15
⇨ IGP Coteaux du Grésivaudan Frères Giac 2016	12 €	15
⇨ Vin de Savoie Mondeuse 2016	15 €	16
Le coup de ♥		
⇨ Vin de Savoie Persan 2016	19 €	17

Le cassis, la myrtille et les fruits noirs dominent la matière juteuse et profonde de ce vin de grandes dimensions, tout en fraîcheur de sève.

Rouge : 7,5 hectares.
Mondeuse noire 70 %, Divers noir 15 %, Persan 10 %, Gamay noir à jus blanc 5 %
Blanc : 7,5 hectares.
Jacquère 60 %, Altesse 35 %, Divers blanc 5 %
Production moyenne : 40 000 bt/an

DOMAINE GIACHINO ♣
Le Palud, Chemin du Mimoray, 38530 Chapareillan
04 76 92 37 94 • www.domaine-giachino.fr • Vente et visites : au domaine sur rendez-vous.
Propriétaire : David et Frédéric Giachino

★

DOMAINE J.-P. ET J.-F. QUÉNARD

Les Quénard sont nombreux dans le village de Chignin, mais Jean-François se distingue sans peine. Les vins rouges ont beaucoup progressé et atteignent désormais un vrai niveau d'excellence, et les blancs expriment un juste équilibre en bouche, régulièrement fiables et soignés, désormais vinifiés en levures indigènes. Nous saluons la régularité du travail accompli et la cohérence de la vaste gamme, qui s'affine chaque année par petites touches, mais peut encore progresser.

Les vins : nerveux, précis et ferme, Sous la Tonnelle est un rosé croquant de très bon niveau. Beaucoup plus fringant que l'an dernier. Encore un rien réduit, le gamay Fanny 2016 séduit par son profil juteux et plein. Goûté peu avant la mise, le pinot noir La Baraterie 2016 enveloppe d'une touche fumée ses saveurs de fruits noirs. Sa concentration naturelle a su préserver tout l'éclat d'un fruit floral. La mondeuse Terres Rouges se fait tonique et prometteuse, mais encore brut de décoffrage : attendez début 2018. La mondeuse Elisa a besoin d'aération mais sort aisément du lot par sa densité pulpeuse, sa délicatesse de texture et ses tanins ciselés. En Chignin, on retiendra surtout Anne de la Biguerne 2016 : les vignes de plus de 60 ans creusent l'écart dans une matière ferme et élancée, encore immature, mais dont le relief en finale indique tout le potentiel. Grand volume caressant dans la florale Roussette Anne-Sophie (lilas, glycine), finement épicée, servie par un élevage habile. De très jolis bergerons : voluptueux Au Pied des Tours, mais nous lui préférons Les Eboulis 2016, vigoureux et pur, à l'élégance irréprochable. Avec ses 53 gr de sucres, le moelleux Le B d'Alexandra est un bergeron interdit d'appellation, déjà digeste et assagi, déployant sa fine sève et de beaux amers dans une trame assez compacte.

▷ Roussette de Savoie Anne-Sophie 2015	14 €	16
▷ VDF Le B d'Alexandra 2015	24 €	16,5
▷ Vin de Savoie Chignin Anne de la Biguerne 2016	9 €	15,5
▷ Vin de Savoie Chignin Vers les Alpes 2016	7,50 €	14
▷ Vin de Savoie Chignin-Bergeron Au Pied des Tours... 2016	15,50 €	15,5
▷ Vin de Savoie Chignin-Bergeron Les Eboulis 2016	13,50 €	16,5
▶ Vin de Savoie Sous la Tonnelle 2016	7,80 €	14,5
▶ Vin de Savoie Gamay Fanny 2016	7,80 €	15
▶ Vin de Savoie Mondeuse Elisa 2016	14,80 €	16,5
▶ Vin de Savoie Mondeuse Terres Rouges 2016	11 €	15,5
▶ Vin de Savoie Pinot Noir La Baraterie 2016	12 €	15,5

Le coup de ♥

▶ Vin de Savoie Persan Les 2 Jean 2016	16 €	16,5

Grande fraîcheur aromatique et notes florales dans ce rouge délicat, porté par une acidité salivante. Un vibrant hommage au potentiel encore sous-estimé de ce cépage si identitaire.

Rouge : 4,5 hectares.
Mondeuse noire 56 %, Gamay noir à jus blanc 22 %, Pinot noir 11 %, Persan 11 %
Blanc : 15 hectares.
Jacquère 55 %, Bergeron (roussanne) 34 %, Altesse 6 %, Chardonnay 5 %
Production moyenne : 130 000 bt/an

DOMAINE J.-P. ET J.-F. QUÉNARD
Caveau de la Tour Villard, 73800 Chignin
04 79 28 08 29 ● www.jfquenard.com ●
Visites : sur rendez-vous uniquement aux professionnels.
Propriétaire : Jean-François Quénard

LES VIGNES DE PARADIS

Dominique Lucas partage son temps entre un petit domaine en Bourgogne, situé à Pommard, et son vignoble du Chablais, mené en biodynamie. Sorti de l'appellation Crépy, trop restrictive pour les expressions de vins auxquelles il aspire, il a planté des cépages différents de ses voisins et voue tout son travail à l'accomplissement d'un véritable artisanat d'art. Il ne néglige pas pour autant le chasselas, exprimé dans Un P'tit Coin de Paradis, issu des premiers tris, mais aussi dans le profond Un Matin Face au Lac. Une cuvée C de Marin vient de voir le jour, en plus des originaux IGP, issus de cépages inattendus. Leur qualité est telle que ce vigneron se place parmi les talents de la région à suivre absolument : jamais chaptalisés, vinifiés avec des doses minimes de soufre, ses vins comptent parmi les plus excitants du paysage savoyard actuel.

Les vins : C de Marin assume le caractère solaire du millésime 2015, sans pour autant manquer de fraîcheur ni de dimension saline en finale. Un P'tit Coin de Paradis offre un superbe nez d'une grande complexité et une bouche élancée, sobre mais ferme. Belle gourmandise et fruit idéalement mûr dans le généreux chardonnay, qui allie carrure et vigueur de sève. Noisette grillée et fruits secs agrémentent l'aromatique du savagnin, énergique, profilé, qui se déploie avec majesté et révèle un relief réglissé, doté d'une belle profondeur jusque dans la finale saline. Un vin de grand caractère, très abouti, sans les stigmates du millésime. Chaleureux, le pinot gris provient de raisins à haute maturité. Sa richesse en alcool, doublée d'une pointe de sucrosité, ne parvient pas à préserver en lui toute la fraîcheur souhaitée.

▷ IGP Vin des Allobroges Pinot Gris 2015	15 €	15
▷ IGP Vin des Allobroges Savagnin 2015	16 €	16,5
▷ IGP Vin des Allobrogies C de Marin 2015	16 €	15,5
▷ IGP Vin des Allobrogies Chardonnay 2015	15 €	16
▷ IGP Vin des Allobrogies Un P'tit Coin de Paradis 2015	13 €	16

Le coup de ♥

▷ IGP Vin des Allobrogies Un Matin Face au Lac 2015	16 €	16,5

Finement fumé, Un Matin Face au Lac libère des saveurs de mirabelle et de fleurs séchées.

SAVOIE

Dense et charnu, il pousse les curseurs du chasselas dans cette expression parcellaire superlative, juteuse et enthousiasmante.

Rouge : 1,67 hectare.
Pinot noir 80 %, Gamay noir à jus blanc 20 %
Blanc : 7,81 hectares.
Chasselas 54 %, Chardonnay 16 %, Sauvignon blanc 6 %, Aligoté 6 %, Savagnin 6 %, Pinot gris 6 %, Altesse 3 %, Chenin 3 %
Production moyenne : 35 000 bt/an

LES VIGNES DE PARADIS ☾
167, route du Crépy, 74140 Ballaison
04 50 94 31 03 ●
www.les-vignes-de-paradis.fr ● Vente et visites : au domaine sur rendez-vous.
Du lundi au samedi de 9h à 19h30.
Propriétaire : Dominique Lucas

DOMAINE DUPASQUIER

Installés près de Jongieux dans le pittoresque village d'Aimavigne, au pied du vertigineux coteau de Marestel, les Dupasquier se succèdent depuis cinq générations et cultivent avec raison leurs vignes (enherbement, absence de produits de synthèse). Partisan d'élevages longs en foudre, David et Véronique Dupasquier commercialisent les vins après quelques mois ou années de vieillissement en bouteille. Les vins d'entrée de gamme sont trop simples et appartiennent à un style qui nous paraît aujourd'hui daté. La roussette Marestel est le grand vin du domaine, capable de se bonifier sur 30 à 40 années de garde dans les bons millésimes dans une étonnante diversité de saveurs, sans perdre sa fraîcheur. Avec un petit rééquilibrage, le domaine pourrait rapidement grimper dans notre hiérarchie...

Les vins : assez monolithique, le gamay 2015 manque un peu de fraîcheur et finit sec. Beaucoup de réduction dans Jacquère 2015, mûr mais plat, écrasé par le soufre. L'Altesse, qui manque un peu de précision, présente un caractère floral et mûr, exotique dans ses notes de papaye et de fruit de la passion. Assez tonique, la bouche a conservé de la fraîcheur. Nous aimons davantage le très beau pinot noir : tonique et acidulé en finale, il se montre digeste et désaltérant, dans le respect du meilleur style classique.

▷ Vin de Savoie Jacquère 2015	8,70 (c) €	13
▬ Vin de Savoie Gamay 2015	9,80 €	13,5
▬ Vin de Savoie Pinot Noir 2014	N.C.	15,5
▷ Rousette de Savoie Altesse 2014	10,80 €	15

Le coup de ♥

▷ Rousette de Savoie Marestel Altesse 2013	N.C.	17

Notes florales (glycine, coing, pêche de vigne) et saveurs de fruits mûrs dans ce vin très épanoui et gourmand : finale épicée, matière onctueuse et sèche, grande persistance.

Rouge : 6,3 hectares.
Pinot noir 35 %, Mondeuse noire 35 %, Gamay noir à jus blanc 30 %
Blanc : 8,7 hectares.
Altesse 58 %, Jacquère 28 %, Chardonnay 14 %
Production moyenne : 80 000 bt/an

DOMAINE DUPASQUIER
Aimavigne, 73170 Jongieux
04 79 44 02 23 ●
domainedupasquier.over-blog.com/ ●
Visites : sans rendez-vous.
Jeudi, vendredi et samedi de 10h à 12h et de 15h à 18h30.
Propriétaire : David et Véronique Dupasquier

DOMAINE GENOUX - CHÂTEAU DE MÉRANDE

Engagé depuis 2009 en biodynamie, et certifié en 2015, ce domaine situé sur le cru Arbin propose une large gamme de vins provenant des sols de coteaux et moraines glaciaires environnants. La mondeuse domine ici, occupant les deux tiers de la superficie. Attachés aux petits rendements et aux vendanges manuelles, les frères André et Daniel Genoux ont repris, en 2001, les bâtiments du Château de Mérande et se sont associés à Yann Pernuit en 2008. Les vinifications s'effectuent désormais en levures indigènes et sans SO_2. Les cuvées Latitude N45, La Noire et Belle Romaine, issues de mondeuse le plus souvent en vendange entière, participent pleinement au renouveau actuel du vignoble savoyard.

Les vins : très aromatique dans ses arômes de genêt, la roussette Son Altesse 2015 issue de la première trie se montre vigoureuse, avec une finale un rien appuyée dans ses amers. Un peu plus de fraîcheur ne nous aurait pas déplu. Le nez de la roussette Comtesse Blanche 2015, issue de la seconde trie, évoque la noix de coco fraîche. Séveuse, concentrée, la bouche est étoffée mais un peu épaisse, alourdie en finale par le bois. L'harmonieux bergeron Grand Blanc 2015 présente la juste maturité d'une matière juteuse, assez nerveuse, dont le boisé discret vient souligner l'expression du fruit. La gelée de fruits noirs et les épices apportent du caractère au nez de Latitude N45 2014, précise et juteuse, dotée d'une excellente énergie. Les tanins serrés de ce vin complet et intègre vont se détendre. Une acidité volatile bien ajustée apporte des notes de feutre au nez de La Noire 2014. Profond, dense et nuancé, un vin prometteur, au grand potentiel.

▷ Roussette de Savoie La Comtesse Blanche 2015	18 €	15
▷ Roussette de Savoie Son Altesse 2015	14 €	15
▷ Vin de Savoie Chignin-Bergeron Le Grand Blanc 2015	15 €	16
▶ Vin de Savoie Arbin La Noire 2014	32 €	16,5
▶ Vin de Savoie Arbin Mondeuse Latitude N45°30.506' 2014	18 €	16

Le coup de ♥

▶ Vin de Savoie Arbin Mondeuse La Belle Romaine 2015	14 €	16,5

Concentré, ce rouge dense et profond issu de vendanges entières associe une trame serrée à un fruit frais et expressif, aux notes de sauge et de menthe. Persistant, harmonieux, c'est un vin très complet, apte à la garde mais déjà séduisant.

Rouge : 8 hectares.
Mondeuse noire 95 %, Gamay noir à jus blanc 3 %, Persan 2 %
Blanc : 4 hectares.
Roussanne 56 %, Altesse 37 %, Jacquère 7 %
Production moyenne : 60 000 bt/an

DOMAINE GENOUX - CHÂTEAU DE MÉRANDE ☾
Chemin de Mérande, 73800 Arbin
04 79 65 24 32 • **www.domaine-genoux.fr** •
Vente et visites : au domaine sur rendez-vous.
De 9h à 12h et de 14h à 18h.
Propriétaire : André et Daniel Genoux, Yann Pernuit
Directeur : André Genoux

DOMAINE PASCAL ET ANNICK QUENARD

Ce beau domaine familial situé dans le village de Chignin s'attache à mettre en valeur un patrimoine de vieilles vignes (parfois plus que centenaires), grâce à une agriculture propre et attentive, des vendanges manuelles et des vinifications peu interventionnistes. Il en résulte une belle gamme de vins francs et expressifs, aux saveurs intègres, tant en blanc qu'en rouge, avec en particulier des mondeuses très abouties. Depuis 2016, les vins sont certifiés en agriculture biologique et le domaine s'essaie également à la biodynamie. Ce travail sérieux et régulier paie, et les derniers vins sont de haute volée. La première étoile approche, si les 2016, encore immatures, tiennent toutes leurs promesses dans les prochains mois.

Les vins : florale, juteuse, La Sauvage se livre avec fraîcheur et sincérité. Son caractère glissant et ses tanins polis en font un joli rouge typé, déjà prêt à boire. Avant la mise en bouteille, le 2016 séduit par sa finesse et sa sobriété : fin et subtil, il se présente tout en fraîcheur et en précision digeste, reflet du profil du millésime. Un peu évoluée, la mondeuse l'Étoile de Gaspard 2015 demeure très agréable à boire aujourd'hui, mais son fruit a perdu de l'éclat. Précis, digeste, vif, le simple chignin est une jacquère équilibrée, à la finale saline. Aromatique, salivant et précis, Vieilles Vignes 1903 se fait intense, avec allonge et retenue. En Bergeron, on préférera le désaltérant Sous les Amandiers 2016, nerveux et précis, au 2015, chaleureux et plus simple. Noé 2015 a bien évolué depuis l'an dernier, s'agrémentant de saveurs d'amande et de miel d'acacia. Ample, finement poivré, il se montre solaire mais intense et pénétrant ; on pourra le laisser vieillir quelques années. Toujours moelleux et profond, lové dans ses sucres confortables mais discrets, Sève 2015 a été récolté en légère surmaturité et a trouvé un équilibre très juste. Sa fine amertume en finale fait mouche également.

▷ Vin de Savoie Chignin 2016	8 €	15
▷ Vin de Savoie Chignin Vieilles Vignes 1903 2015	10 €	16
▷ Vin de Savoie Chignin-Bergeron Noé 2015	17 €	16,5
▷ Vin de Savoie Chignin-Bergeron Sous Les Amandiers 2015	13 €	15
▷ Vin de Savoie Chignin-Bergeron Sous Les Amandiers 2016	13 €	15,5
▷ Vin de Savoie Chignin-Bergeron Sève 2015	21 €	16,5
▶ Vin de Savoie Mondeuse L'Etoile de Gaspard 2015	15 €	15
▶ Vin de Savoie Mondeuse La Sauvage 2015	12 €	15,5
▶ Vin de Savoie Mondeuse La Sauvage 2016	12 €	16

Le coup de ♥

▶ Vin de Savoie Mondeuse Lunatique 2015	19 €	16,5

Vinifié sans soufre, marqué par la réduction à l'ouverture, Lunatique a besoin d'un peu d'aé-

SAVOIE

ration pour retrouver toute la pureté de son fruit : croquant, finesse de tanins, matière tendre et charnue, et finale épicée sont autant d'atouts pour cette mondeuse de haute volée.

Rouge : 1,5 hectare.
Mondeuse noire 80 %, Gamay noir à jus blanc 20 %
Blanc : 5 hectares.
Roussanne 60 %, Jacquère 40 %
Production moyenne : 30 000 bt/an

DOMAINE PASCAL ET ANNICK QUÉNARD ♣
Le Villard, Les Tours, 73800 Chignin
04 79 28 09 01 ●
www.quenard-chignin-bergeron.com ●
Vente et visites : au domaine sur rendez-vous.
Propriétaire : Pascal Quenard

DOMAINE ANDRÉ ET MICHEL QUÉNARD

Les Quénard n'ont pas choisi la facilité : ils cultivent leurs vignes en terrasses, sur les fortes pentes des coteaux de Torméry. Elles sont exposées plein sud et reçoivent un maximum de soleil, à 300 m d'altitude, avec une densité élevée de 9 000 pieds à l'hectare. Avec Guillaume et Romain Quénard, la nouvelle génération est désormais à l'œuvre au domaine. Si les vins sont globalement bien élaborés, ils pêchent par un manque de tension en année chaude ; nous attendons plus de précision et de fraîcheur de fruit.

Les vins : nous apprécions le crémant de Savoie extra-brut, soigné et gourmand. Tendres, un peu opulents, les blancs 2015 sont solaires et manquent d'un soupçon de tonus : Les Abymes se présente très mûr, un peu rondouillard, comme le chignin Vieilles Vignes. Moelleux, un peu lourd, le chignin-bergeron Les Terrasses 2015 est devancé par le 2014, puissant, alangui, mais doté d'un relief supplémentaire. En 2015 comme en 2014, la mondeuse Vieilles Vignes ne manque ni de volume ni de densité. Le vin présente une amertume un peu végétale en finale. Nous lui préférons la mondeuse Terres Brunes, dont la haute maturité du fruit n'est pas dénuée de fraîcheur en 2015.

▷ Crémant de Savoie Extra Brut 2015	9,50 €	15
▷ Vin de Savoie Chignin Vieilles Vignes 2016	7 €	14
▷ Vin de Savoie Chignin-Bergeron 2015	11 €	14,5
▷ Vin de Savoie Chignin-Bergeron Le Grand Rebossan 2015	15 €	15,5
▷ Vin de Savoie Chignin-Bergeron Les Terrasses 2015	15 €	14,5
▷ Vin de Savoie Chignin-Bergeron Les Terrasses 2016	15 €	15
▬ Vin de Savoie Arbin Mondeuse Terres Brunes 2015	11,50 €	15,5
▬ Vin de Savoie Arbin Mondeuse Terres Brunes 2015	11,50 €	15,5
▬ Vin de Savoie Chignin Mondeuse Vieilles Vignes 2015	11,50 €	14,5
▬ Vin de Savoie Chignin Mondeuse Vieilles Vignes 2016	9,90 €	15
▬ Vin de Savoie Chignin Pinot Noir 2016	8,90 €	14

Le coup de ♥

▷ Vin de Savoie Chignin-Bergeron Le Grand Rebossan 2014	15 €	15,5

Notes de mirabelle dans ce vin juteux et épicé : du tonus, une trame ferme et de l'allonge. La maturité est poussée mais l'ensemble reste équilibré.

Rouge : 7,5 hectares.
Mondeuse noire 100 %
Blanc : 18,5 hectares.
Jacquère 50 %, Roussanne 48 %, Altesse 2 %
Production moyenne : 215 000 bt/an

DOMAINE ANDRÉ ET MICHEL QUÉNARD
Torméry, Cidex 210, 73800 Chignin
04 79 28 12 75 ● www.am-quenard.fr ●
Vente et visites : au domaine sur rendez-vous.
Du lundi au samedi - fermé de 12h à 14h..
Propriétaire : Michel Quénard

DOMAINE FABIEN TROSSET

Fabien Trosset et sa compagne Chloé ont repris, en 2011, le domaine de Jean-Louis Trosset, cousin germain de Louis et Joseph Trosset. En 2013, ils ont agrandi l'exploitation avec une partie des vignes du domaine Joseph Trosset, totalisant ainsi 16 ha. La plus grande partie des vignes est plantée sur le terroir d'Arbin et met à l'honneur la mondeuse, avec en particulier la très complète cuvée Avalanche. Ce jeune domaine progressera lorsque les vins gagneront en franchise et pureté d'expression, en s'affranchissant de leur caractère encore un peu trop formaté.

Les vins : La Devire 2016 est une roussette assez gourmande, mûre et fraîche, croquante et précise, à laquelle il manque un petit supplément d'âme. Assez nerveux et de bon volume, Les Cerisiers 2016 s'est nourri de ses lies. Propre, trop marqué par la réduction, il manque un peu de caractère. Floral et ferme, Les Eboulis 2016 se montre assez scolaire et évoque un bonbon. Sa légère réduction se dissipera, mais il restera assez technique.

⇨ Roussette de Savoie La Devire 2016	9 €	15
⇨ Vin de Savoie Chignin-Bergeron Les Cerisiers 2016	11 €	15
▶ Vin de Savoie Arbin Mondeuse Les Eboulis 2016	10 €	14,5

Le coup de ♥

▶ Vin de Savoie Arbin Mondeuse Avalanche 2015	12 €	16

Volume et profondeur sont au rendez-vous dans ce vin mûr, doté de mâche et de saveurs épicées et poivrée. Son élevage intégré lui permettra de bien évoluer.

Rouge : 13 hectares.
Mondeuse noire 100 %
Blanc : 3 hectares.
Roussanne 60 %, Altesse 40 %
Production moyenne : 70 000 bt/an

DOMAINE FABIEN TROSSET
142, chemin des Moulins, 73800 Arbin
04 57 36 45 03 ●
www.domainetrossetfabien.com ● Vente et visites : au domaine sur rendez-vous. De 8h à 12h et de 14h à 18h.
Propriétaire : Fabien Trosset

NOUVEAU DOMAINE

DOMAINE DES CÔTES ROUSSES

Après un master en aménagement des territoires ruraux, Nicolas Ferrand se rend compte qu'il préfère les faire vivre au lieu de les observer. Il installe son domaine en 2013 et exploite aujourd'hui 5 ha de vignes étagées dans les coteaux de la Combe de Savoie, sous le massif des Bauges, avec des parcelles situées jusqu'à 600 m d'altitude. Le domaine s'agrandit peu à peu avec quelques plantations, a vite banni les herbicides et vise une rapide certification bio. Les vins sont vinifiés sans soufre, les blancs sur lies totales, les rouges majoritairement en grappes entières, vinifiés et parfois embouteillés sans soufre : la prise de risque est parfaitement mesurée, la précision et la régularité des vins nous ont impressionnés. Nous accueillons avec enthousiasme ce jeune domaine, promis à un bel avenir.

Les vins : La Pente 2016, vinifié sans soufre, offre un fruit pur et tendre. Parfaitement digeste avec ses 11 % d'alcool, c'est un modèle de vin sobre et salivant. Très expressive, Ensemble se fait voluptueuse : un blanc de repas, franc et volubile. Piste Rouge, assemblage de cabernet-sauvignon et de pinot noir, vinifié en grappes entières, déborde de fruits frais, juteux et croquant, offre un beau volume. Sa finale est habilement relevée par les saveurs épicées du cabernet mené à bonne maturité. Savoureuse mondeuse Montagnes Rousses, dans laquelle fruits noirs frais et épices douces se répondent à l'unisson, et dont la fine sève tannique demande encore quelques mois pour une complète intégration. Saint-Jean de la Porte présente beaucoup de densité. Habilement vinifié dans le respect du fruit, cette mondeuse étoffée est bâtie sur des tanins abondants mais salivants. On l'attendra sagement un an ou deux.

⇨ Roussette de Savoie Ensemble 2015	15 €	16
⇨ Vin de Savoie La Pente 2016	10 €	15
▶ Vin de Savoie Montagnes Rousses 2015	15 €	16
▶ Vin de Savoie Piste Rouge 2016	11 €	15,5
▶ Vin de Savoie Saint-Jean-de-la-Porte 2015	18 €	16

Le coup de ♥

⇨ Vin de Savoie Armenaz 2016	12 €	16,5

Cette sélection parcellaire de Jacquère se fait plus aromatique, avec une maturité poussée du fruit, qui se retrouve dans les saveurs acidulées d'une matière délicatement charnue. Finale saline et éclatante dans ce blanc persistant, admirable.

Rouge : 1,8 hectare.
Mondeuse noire 72 %,
Cabernet-Sauvignon 21 %, Pinot noir 7 %
Blanc : 3,4 hectares.
Jacquère 60 %, Altesse 31 %, Chardonnay 6 %, Roussanne 3 %
Production moyenne : 23 000 bt/an

DOMAINE DES CÔTESROUSSES
546, route de Villard-Marin 73290 La Motte-Servolex
04 79 25 66 90 ● www.lescotesrousses.com
● Vente et visites : au domaine sur rendez-vous.
Propriétaire : Nicolas Ferrand

"La mosaïque de terroirs et l'association de cépages, autochtones et internationaux, sont la force du Sud-Ouest. Ses vins, authentiques et identitaires, produits par des vignerons innovants, excitants de diversité, méritent davantage de reconnaissance."

Romain Iltis, dégustateur des vins du Sud-Ouest
Meilleur sommelier de France 2012 et Meilleur Ouvrier de France 2015, membre du comité de dégustation de La Revue du vin de France

SUD-OUEST

—

UNE RÉGION QUI S'APPUIE SUR SES CÉPAGES LOCAUX

—

En dix ans, le Sud-Ouest et sa mosaïque de vignobles, de Bergerac à Irouléguy, en passant par Cahors et Gaillac, a vu ses appellations prendre conscience de la valeur de leurs cépages autochtones.

La réappropriation des cépages autochtones par les vignerons du Sud-Ouest impulse une nouvelle vision des crus de la région. La mise en avant du malbec, du tannat, du courbu et autre négrette, qui s'illustrent au travers de vins typés et de haute qualité, est le résultat d'efforts importants de la part d'une nouvelle génération de vignerons.

Le Sud-Ouest regroupe quelques appellations célèbres, dont Cahors est certainement la plus connue. Si son vin noir était, au Moyen Âge, plus fameux que le clairet bordelais, le manque de structures commerciales efficaces et de moyens de communication ont contribué, au fil des siècles, à son déclin progressif face à la toute-puissance de Bordeaux. La crise du phylloxéra fut aussi très préjudiciable à cette région, qui dut attendre le début des années 70 pour connaître un nouvel essor.

Aujourd'hui, le Sud-Ouest comprend quatre grandes zones de production : le Bergeracois, la vallée de la Garonne, le haut-pays et le piémont pyrénéen. Les deux premières, si proches de Bordeaux, tentent de faire entendre une voix originale. Au cours des dernières décennies, Cahors a pratiqué un double langage qui lui a nui : les vignerons vantaient l'accent rocailleux et les tanins accrocheurs de leurs vins et, en même temps, augmentaient la proportion de merlot au détriment du malbec, tout en poussant les rendements. Conséquence : des vins ronds, faciles et très souples, sans autre ambition que celle de concurrencer les "petits bordeaux". Depuis trente ans, une nouvelle génération de producteurs a repris les choses en main, définissant un style à la fois élégant et vigoureux. La génération actuelle approfondit l'œuvre de ces pionniers du renouveau et affine cette démarche avec conviction et lucidité. Les plus grands vins du Sud-Ouest proviennent peut-être du piémont pyrénéen. Riches, séveux, racés et dotés d'une très originale vivacité, les blancs moelleux de Jurançon ne ressemblent à nul autre. Leur sveltesse en fait des compagnons de table plus accommodants que les sauternes. Là encore, depuis une vingtaine d'années, une génération de viticulteurs a su redonner une nouvelle ambition à ce grand vin. Un peu plus au nord, Madiran a effectué sur la même période un spectaculaire travail de redéfinition stylistique de ses cuvées. Corpulent, très tannique et rustique, le madiran est devenu, sous la houlette de quelques viticulteurs, un vin rouge moderne, profond, puissant et fin.

Enfin, les autres vignobles, en particulier ceux de la région toulousaine et de l'extrême sud-ouest du pays, retrouvent une image de marque, souvent grâce à un producteur visionnaire ou à une cave coopérative très dynamique. Il est probable que le futur des grands vins du Sud-Ouest s'écrive à Irouléguy, à Fronton, à Gaillac ou à Marcillac. C'est, pour le consommateur, l'assurance de faire de véritables découvertes à des prix restés sages. Et en dehors des meilleures cuvées de rouges, nous vous conseillons d'encaver les plus beaux liquoreux de la région, qui se vendent à des tarifs très acceptables et peuvent se révéler tout à fait somptueux.

LES APPELLATIONS

Réparties sur le plus vaste territoire de France, allant de Bergerac au nord, à Irouléguy au sud et à Marcillac, à l'est, en Aveyron, les appellations du Sud-Ouest sont les représentantes d'identités très fortes, marquées par des cépages autochtones.

LE BERGERACOIS

Bergerac, Côtes de Bergerac : Bergerac constitue l'appellation de base en rouge, en rosé et en blanc. Ce sont majoritairement des vins simples, équilibrés, souvent très bon marché. Les côtes-de-bergerac proposent davantage d'ambition et d'intensité.
Pécharmant : petite appellation de rouges située au-dessus de la ville de Bergerac, sur la rive droite de la Dordogne. Les vins possèdent une expression originale, mais ce terroir manque de leader.
Montravel : appellation de vins blancs du Bergeracois. Quelques producteurs ambitieux font fermenter le vin en barrique à la manière des nouveaux bordeaux blancs. L'élaboration des rouges est également envisageable.
Côtes de Montravel, Monbazillac, Côtes de Bergerac moelleux, Haut-Montravel, Rosette, Saussignac : appellations de vins moelleux et liquoreux du Bergeracois. Même si la qualité se révèle beaucoup trop hétérogène, on trouve ici des perles à des prix encore sages.

LA VALLÉE DE LA GARONNE

Côtes de Duras, Brulhois, Buzet, Côtes du Marmandais : voisins du Bordelais, l'encépagement y est similaire. Ce sont des vins d'un très bon rapport qualité-prix, mis en valeur par des caves coopératives performantes. Quelques domaines de pointe ont ouvert de nouvelles perspectives.

LE HAUT-PAYS

Fronton : misant sur l'originalité du cépage négrette, les vins rouges s'y montrent parfumés, francs et très fruités. Une appellation en progrès.
Cahors : stimulé par une nouvelle génération, ce vignoble rouge réaffirme son identité autour du cépage malbec. La qualité s'améliore, avec des vins à la fois plus profonds et plus proches du fruit.
Gaillac : une élite vigneronne montre tout le potentiel de cette appellation présentant tous les types de vins autorisés en blanc, et surtout en rouge, ce qui ne facilite pas la perception d'une typicité de cru pour le consommateur. Les vins blancs paraissent les plus intéressants.
Marcillac : petite appellation aveyronnaise en pleine renaissance. Les vins rouges, agrestes et parfumés, sont élaborés à partir du mansois, alias fer servadou ou braucol. On trouvera aussi deux appellations en devenir : Estaing (ou Entraygues) et Le Fel.

LE PIÉMONT PYRÉNÉEN

Madiran : vins rouges colorés, charpentés, tanniques et capiteux. Une nouvelle génération de vignerons leur a fait perdre leur rusticité traditionnelle.
Pacherenc du Vic-Bilh : vins blancs secs et moelleux. Sans posséder la profondeur ni la race des meilleurs jurançons, ils bénéficient des qualités des mêmes cépages.
Saint-Mont : vins rouges, rosés et blancs simples, francs et bon marché, surtout représentés par une coopérative remarquable. De plus en plus d'ambition et une production qui s'affine.
Jurançon : blancs secs et moelleux racés, originaux, vifs et frais. Les moelleux vieillissent très bien.
Irouléguy : lieu de naissance supposé du cabernet franc, l'AOC basque est aujourd'hui reconnue grâce au travail de vignerons ambitieux qui élaborent des blancs de haut vol et des rouges massifs. Irouléguy affiche une envergure de grand terroir.
Tursan : cette appellation se révèle doucement grâce à quelques vignerons. Son cépage : le baroque.

SUD-OUEST

LES CÉPAGES

LES CÉPAGES ROUGES

La proximité de Bordeaux influence l'emploi des cépages comme le merlot, le cabernet-sauvignon et le cabernet franc, dans les vignobles de Bergerac, Duras, Marmande ou Buzet. Au-delà, les autres appellations favorisent la résurgence de cépages autochtones.

Cahors est le berceau du malbec, appelé aussi côt. Il produit un vin dense et anguleux, appelé autrefois le "vin noir". Plus au sud, à Madiran, c'est le tannat qui signe le style des vins rouges de l'appellation. Des crus charpentés mais qui peuvent s'avérer rustiques s'ils ne sont pas vinifiés avec précision. À Fronton, la négrette est le cépage majoritaire. Il est à l'origine d'un vin fruité et aromatique. Alors qu'à Marcillac, le fer servadou, que l'on retrouve aussi en cépage secondaire dans d'autres appellations, entre à 90 % dans l'assemblage des vins de l'appellation. Dans ces AOC du Haut-Pays, le gamay et la syrah sont également bien implantés. On retrouve aussi de manière plus anecdotique des cépages comme le pinot noir, le jurançon noir, le mouyssaguès (Entraygues et Le Fel), le braucol, le prunelard et le duras.

Enfin, il est un cépage planté dans tout le Sud-Ouest, mais aussi en Bordelais, qui viendrait du Pays basque (de l'appellation Irouléguy) et a trouvé ses lettres de noblesse sur les rives de la Garonne et de la Loire : le cabernet franc.

LES CÉPAGES BLANCS

On retrouve la même influence bordelaise dans l'implantation des cépages blancs. Le sauvignon et le sémillon sont plutôt présents dans le Bergeracois, à Duras et à Marmande, pour l'élaboration de vins blancs secs, mais surtout de beaux liquoreux (Monbazillac). Puis ces deux cépages cèdent le pas en direction de Toulouse et de Pau à des spécimens plus originaux.

Le cépage le plus intéressant de tous, pour l'élaboration de vins liquoreux, n'est autre que le petit manseng, accompagné de son frère, le gros manseng. Ils sont les artisans de la réussite des liquoreux de Pacherenc et de Jurançon. En compagnie de ces derniers, on retrouve généralement le courbu, dans des proportions moindres.

Dans le Gers, au pays des blancs secs, sont aussi plantés le chardonnay, le colombard, la muscadelle, la folle blanche et le mauzac. Ce dernier est lui aussi employé dans le Gaillacois à hauteur de 50 % minimum. N'oublions pas un cépage ligérien qui s'acclimate parfaitement en cette terre de cocagne : c'est le chenin, présent dans de nombreuses appellations.

Enfin, Gaillac emploie un cépage planté uniquement sur ses terroirs et qui porte le doux nom de "loin de l'œil". Un nom donné par les anciens : le raisin possède un pédoncule très long qui le retient loin de la tige de la grappe et donc, loin de l'œil.

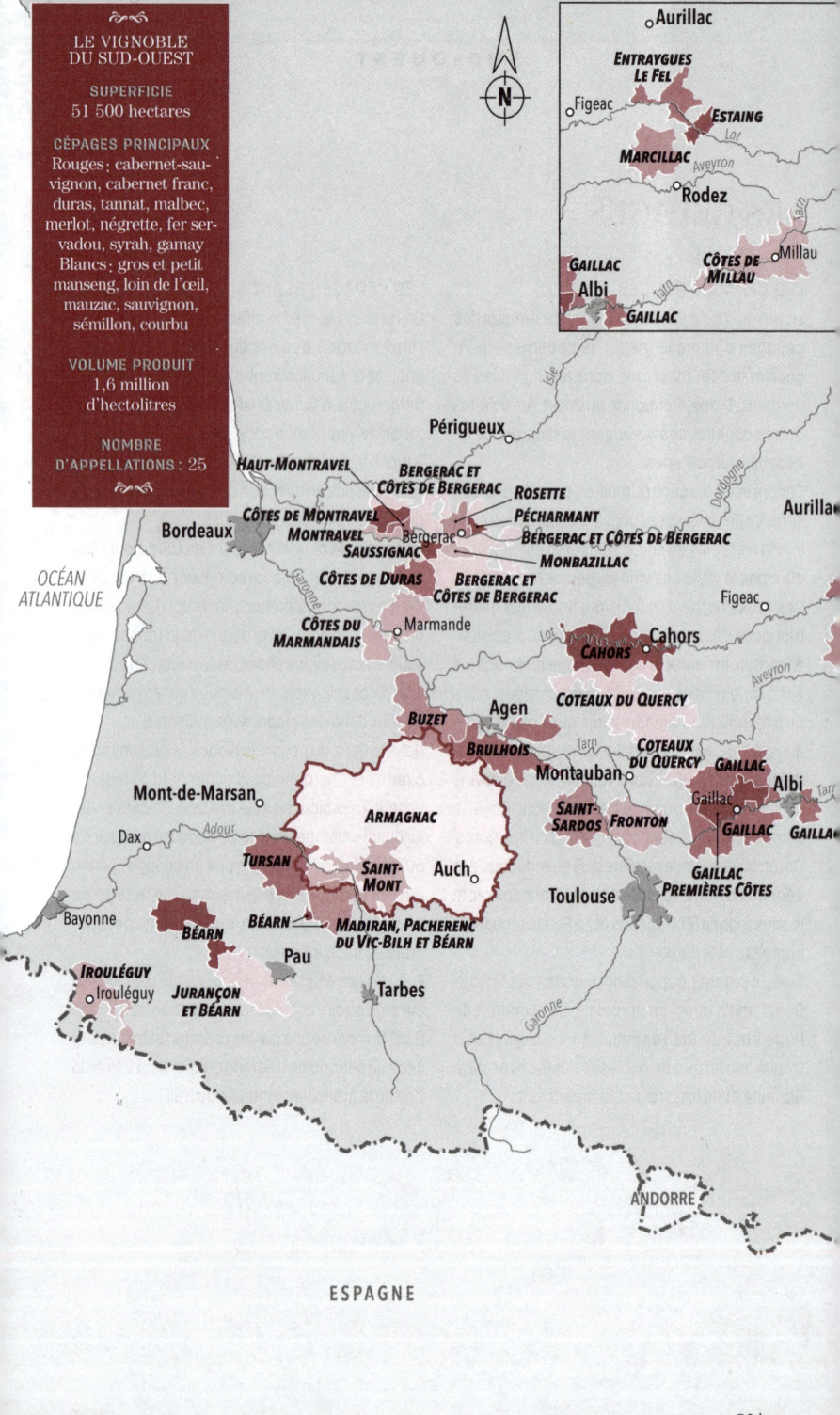

SUD-OUEST

TREIZE ÉTAPES DU PAYS BASQUE À LA DORDOGNE

Célèbre pour son exceptionnel patrimoine gastronomique, le Sud-Ouest est une terre favorable à l'œnotourisme. Accueil chaleureux garanti dans ces adresses sélectionnées avec soin !

■ CHAMBRES D'HÔTES

CHÂTEAU FEELY
Deux gîtes écologiques surplombant la vallée. Des cours de dégustation et des journées vigneronnes sont proposées.
La Garrigue, 24240 Saussignac.
Tél. : 05 53 22 72 71.
www.chateaufeely.com

DOMAINE MOURGUY
Ce domaine familial a ouvert des chambres coquettes et bien tenues. On peut visiter la cave et goûter les vins.
Etxeberria, 64220 Ispoure.
Tél. : 06 78 84 89 25

■ CAVISTES

CAVE DU SOMMELIER
450 références. Une maison pointue et dynamique !
16, rue Armand-Dulamon, 40000 Mont-de-Marsan.
Tél. : 05 58 85 94 18.

LE CHAI
1 200 références bien choisies du Sud-Ouest et de tous les vignobles de France.
Zone Actiparc, 86, route de Bayonne, 64140 Billère. Tél. : 05 59 27 05 87.
www.lechai.fr

L'ART ET LE VIN
Une des références du Bergeracois pour dénicher les vins de la région ainsi que quelques produits du terroir.
17, Grand Rue, 24100 Bergerac.
Tél. : 05 53 57 07 42.
www.artetvin-bergerac.fr

CHAI VINCENT
Un bon millier de cuvées remplissent les étagères de cette maison toulousaine tournée vers les crus sudistes.
38, rue d'Astorg, 31000 Toulouse.
Tél. : 05 61 12 34 51.
www.chai-vincent.fr

L'ENVIE
Sélection très solide d'un millier de références de France et du monde, large choix de magnums et 32 vins en dégustation permanente.
9 ter, place Lapérouse, 81000 Albi. Tél. : 05 63 76 83 51.

■ RESTAURANTS

LA TOUR DES VENTS
Cette table étoilée propose une cuisine aux prix mesurés et des vins de la région très bien mis en avant. Menus de 39 à 69 €.
Moulin de Malfourat, 24240 Monbazillac. Tél. : 05 53 58 30 10.
www.tourdesvents.com

ARCE
Charme et authenticité : la cuisine basque est à l'honneur dans cette maison au bord de la Nive. Menus à partir de 32 €.
Route du Col d'Ispéguy, 64430 Saint-Étienne-de-Baïgorry.
Tél. : 05 59 37 40 14
www.hotel-arce.com

LE GINDREAU
Pascal Bardet a pris la suite d'Alexis Pelissou. Ici, la truffe est toujours magnifiée.
46150 Saint-Médard.
Tél. : 05 65 36 22 27.
www.legindreau.com

■ FÊTES VIGNERONNES

MARS 2018 : SAINT-MONT, VIGNOBLE EN FÊTE
Dégustations, démonstrations culinaires, soirée festive le samedi, concert...
www.mairie-saintmont.com

NOS TROIS COUPS DE ♥

MAS AZÉMAR
La maison a été entièrement rénovée par Sabine et Claude Patrolin, qui en ont fait un nid douillet. Compter 117 euros, petit-déjeuner inclus pour deux personnes. Et à partir de 37 euros pour le dîner, vin et café compris.
Le Mas Azémar, rue du Mas de Vinssou. 46090 Mercues.
Té. : 05 65 30 96 85. www.masazemar.com

MONASTÈRE DE SAINT-MONT
Dominant le village, le château-monastère propose des chambres d'hôtes exceptionnelles. Les vignes, autour du château, produisent le vin élaboré par la cave de Plaimont, à déguster à la table d'hôte.
32400 Saint-Mont.
Tél. : 05 62 69 62 87.
www.plaimont.com

DOMAINE DE SAINT-GÉRY
Patrick Duler produit les meilleurs jambons au monde. Ce cuisinier-paysan, avec son épouse Pascale, a créé un restaurant gastronomique avec cinq chambres d'hôtes. Un lieu unique.
46800 Lascabanes.
Tél. : 05 65 31 82 51.
www.saint-gery.com

SUD-OUEST

★★★
CAMIN LARREDYA

Sur les onze hectares de son superbe vignoble planté en terrasse dans un cirque verdoyant de La Chapelle-de-Rousse, Jean-Marc Grussaute a hissé Camin Larredya au sommet de l'appellation Jurançon. À force de persévérance et de travail à la vigne (sélections massales et certification bio en 2007) comme en cave (affinement des assemblages, des pressurages et des élevages), cet ancien joueur de rugby de la Section Paloise parvient à produire des vins blancs secs et moelleux de haute volée. Ils allient la force du terroir jurançonnais (traduite par une fougue amère et acide), l'éclat des jus, des acidités lumineuses, des amers salivants et la finesse due à une parfaite maîtrise de la vinification. Toujours en quête des plus beaux terroirs de l'appellation, le vigneron béarnais a défriché un superbe coteau calcaire (1,20 ha), dans la commune de Lasseube. Il a planté du petit manseng, du camaralet et du lauzet sur ce terroir spécifique, dont le sol dur et la forte pente avaient jusque-là dissuadé les vignerons. Le niveau et la régularité des vins sont aujourd'hui inégalés dans le Sud-Ouest. La troisième étoile a été décernée au domaine l'année dernière.

Les vins : on notera la précision et la justesse des équilibres dans toutes les cuvées. Les secs se révèlent d'un très bon niveau. La Part Davant est, en 2015, ouvert et croquant à souhait. Le 2016 affiche un potentiel salin qui le rend plus élancé. La Virada séduit par sa complexité : 2016 est éclatant de pureté et de fruits, et devra encore s'harmoniser ; le 2015 relève d'une vraie lecture des terroirs du Jurançon. Originale, la cuvée Lo Niranja, vin orange (comme pour un rouge, les raisins blancs ont fermenté avec les peaux et les rafles) propose une gamme aromatique surprenante sur des notes de massepain et de cendre, dans un équilibre demi-sec. La cuvée moelleuse Costat Darreer, seul vin d'achat de raisins, baptisée "la cuvée de copains", légitime ce qualificatif par son caractère fruité, accessible et digeste. Au Capcéu est un moelleux de grande classe. 2015 se montre juteux, tendre et déjà un peu truffé ; 2016 s'affiche comme une des cuvées inratables du millésime, aux notes d'orange sanguine et de miel de sapin.

⊃ Jurançon Au Capcèu 2016	25 €	16,5
⊃ Jurançon Au Capcéu 2015	24 €	18
⊃ Jurançon Costat Darrèr 2016	13,50 €	15,5
⊃ Jurançon Sec La Part Davant 2015	14 €	16
⊃ Jurançon Sec La Part Davant 2016	15 €	17
⊃ Jurançon Sec La Virada 2016	23 €	17,5
⊃ VDF Lo Niranja 2015	30 €	16

Le coup de
⊃ Jurançon Sec La Virada 2015	22 €	18

L'exotisme du nez est complété par d'élégantes et complexes notes de pistache et d'amande amère. La fraîcheur apparaît tendue, millimétrée, et empreinte de pureté. La mandarine, l'orange, les fruits exotiques apportent des arômes gourmands. L'allonge s'étire sans perdre d'éclat. Un modèle de précision.

Blanc : 11 hectares.
Petit Manseng 70 %, Gros Manseng 20 %, Courbu 5 %, Camaralet 3 %, Lauzet 2 %
Achat de raisins.
Production moyenne : 45 000 bt/an

CAMIN LARREDYA ☾
La Chapelle-de-Rousse, 2051, Chemin Larredya, 64110 Jurançon
05 59 21 74 42 • www.caminlarredya.fr •
Vente et visites : au domaine sur rendez-vous.
Propriétaire : Jean-Marc Grussaute

★★
DOMAINE ARRETXEA

Michel et Thérèse Riouspeyrous s'affirment de plus en plus comme des références d'Irouléguy. Leur travail en biodynamie sur des terroirs de schistes et de grès rouges montrent le potentiel de ces vins de montagne. Les blancs sont de haut vol, une plus grande définition des rouges emmènera le domaine vers les sommets. L'arrivée d'Iban, le fils aîné, et bientôt de son frère Teo, formés tous les deux chez d'autres vignerons de référence du Sud-Ouest, laisse entrevoir une continuité dans la dynamique actuelle. La deuxième étoile est une évidence.

Les vins : la cuvée Hegoxuri, dégustée encore en élevage, dévoile déjà beaucoup d'arômes de fleurs grasses dans une texture onctueuse. Elle saura être accessible tôt. Les cuvées Schistes et Grès sont de vrais modèles de précision et de minéralité. Grès s'ouvrira plus rapidement. Le rosé est taillé pour la table des beaux jours. Le rouge classique, proposé en 2014, se montre ouvert, structuré par de beaux tanins et fruité à souhait. La cuvé Haitza bénéficie d'une belle maîtrise de l'élevage qui enrobe la puissance naturelle du tannat.

Irouléguy Hegoxuri 2016	21 €	15
Irouléguy Hegoxuri Grès 2015	27 €	16
Irouléguy 2016	11,50 €	14
Irouléguy 2014	14 €	16
Irouléguy Haitza 2015	21 €	16,5

Le coup de ♥

| Irouléguy Hegoxuri Schistes 2015 | 27 € | 17 |

Des notes de pierres chaudes et d'infusion impriment la première approche du vin. L'attaque délicate et précise annonce une acidité ciselée et droite. Les notes de citronnelle et de kumquat laissent place à une minéralité fumée et saline en finale.

Rouge : 6 hectares.
Tannat 65 %, Cabernet franc 25 %, Cabernet-Sauvignon 10 %
Achat de raisins.
Blanc : 2,3 hectares.
Gros Manseng 55 %, Petit Manseng 35 %, Petit Courbu 10 %
Achat de raisins.
Production moyenne : 36 000 bt/an

DOMAINE ARRETXEA ♣
64220 Irouléguy
05 59 37 33 67 ● **arretxea@free.fr** ● **Vente et visites : au domaine sur rendez-vous. De 14h30 à 18h30.**
Propriétaire : Thérèse et Michel Riouspeyrous

★★
DOMAINE COSSE MAISONNEUVE

Matthieu Cosse et Catherine Maisonneuve se sont rencontrés sur les bancs de l'école, où ils ont eu l'idée de produire des grands vins de Cahors. En 1999, ils reprennent des vignes sur les éboulis-calcaires de Lacapelle-Cabanac qu'ils développent au fur et à mesure jusqu'à atteindre 17 ha. La biodynamie est selon eux incontournable pour exprimer l'énergie du terroir et obtenir des vins les plus fins possibles. Rapidement, ces vignerons méticuleux se font connaître notamment pour la cuvée Les Laquets, un cahors issu de vignes sexagénaires élevés de 18 à 24 mois en fût. En parallèle, ils travaillent sur une parcelle idéale composée des fameuses argiles riches en fer (sidérolithique), où ils plantent des malbecs issus de sélections massales centenaires, dénichés en Touraine, qui donneront le premier millésime de La Marguerite en 2011. Un vin d'une texture veloutée unique à Cahors. Leur approche moderne et précise

enthousiasme. La deuxième étoile promise se confirme cette année, grâce à l'incroyable potentiel des 2015. En route vers les sommets.

Les vins : les 2014 confirment le potentiel affiché l'an passé ; les 2015 seront en bouteille à l'automne 2017 et montrent déjà leur potentiel. La Fage, gourmand et juteux, affiche des tanins déjà pulpeux et élégants. Les Laquets 2014 s'impose comme la cuvée la plus aboutie aujourd'hui, tandis que le 2015, plus dense et serré, est empreint d'une grande salinité. Le Combal 2015 est un vin d'avenir, fruité et dense. La Marguerite affirme dans les deux millésimes profondeur, précision et minéralité, et se range parmi les très grands vins de France.

Cahors La Fage 2014	14 €	15,5
Cahors La Marguerite 2014	55 €	17,5
Cahors La Marguerite 2015	55 €	19
Cahors Le Combal 2015	10 €	18
Cahors Les Laquets 2015	28 €	17

Le coup de ♥

| Cahors Les Laquets 2014 | 28 € | 17,5 |

Fins et soyeux, les fruits se succèdent avec précision et intensité sans faiblir dans l'allonge, imprimée de minéralité saline. Ce vin déjà ouvert est superbe.

Rouge : 21 hectares.
Malbec (cot) 100 %
Production moyenne : 85 000 bt/an

DOMAINE COSSE MAISONNEUVE ☾
Les Beraudies, 46700 Lacapelle-Cabanac
06 78 79 57 10 ●
cossemaisonneuve@orange.fr ● **Vente et visites : au domaine sur rendez-vous. De 8h à 12h et de 14h à 18h.**
Propriétaire : Matthieu Cosse et Catherine Maisonneuve

★★
CHÂTEAU DU CÈDRE

Depuis plus de quinze ans, les frères Verhaeghe, Pascal à la vinification et Jean-Marc au vignoble, font du château du Cèdre la référence de l'appellation. Il faut dire qu'ils bénéficient d'un terroir exceptionnel : d'une part, un cône d'éboulis calcaire particulièrement pierreux et constamment en mouvement, le fameux "Tran", qui donne des vins fins et élégants ; d'autre part, un sol de galets sur sables ferrugineux, conférant davantage de puissance aux vins. Issues de vendanges idéalement mûres et sélectionnées,

SUD-OUEST

les cuvées, toujours très colorées, atteignent un rare niveau de qualité et de régularité grâce à des tanins raffinés et des matières veloutées.

Les vins : le blanc est facile d'accès et friand. Les rouges offrent une plus grande force de caractère. Les deux cuvées sans soufre, Extra-Libre et Extra-Libre Le Cèdre, portent une vraie franchise de fruits et des tanins intenses et intégrés. Il faut suivre leur évolution dans le temps. Château Le Cèdre affiche déjà une haute densité. Le Cèdre est plus soyeux, policé par son élevage en barrique qui le rend plus accessible. G.C. s'affiche comme un des grands vins rouges du sud-ouest. Malbec Vintage, muté tel un banyuls, reste une curiosité plaisante par ses notes chocolatées et de fruits noirs.

⊳ IGP Côtes du Lot Le Cèdre Blanc 2016	26 €	13,5
▬ Cahors 2014	14,80 €	16,5
▬ Cahors Extra-Libre 2016	14,80 €	16
▬ Cahors Extra-Libre Le Cèdre 2016	34 €	16
▬ Cahors Le Cèdre 2014	34 €	17
▬ Vin de Liqueur Malbec Vintage 2014	20 €	15

Le coup de ♥

▬ Cahors G.C. 2014	75 €	18

L'élevage est maîtrisé et juste dans ce vin très concentré. Fruité et cendré, le nez impose déjà la puissance aromatique future. La bouche est ample, aux tanins élégants et encore un peu rigides. Les épices émergent avec finesse et introduisent une longueur sapide et subtilement saline.

Rouge : Malbec (cot) 94 %, Tannat 3 %, Merlot 3 %
Blanc : Viognier 100 %
Production moyenne : 110 000 bt/an

CHÂTEAU DU CÈDRE ♣
**Bru, 46700 Vire-sur-Lot
05 65 36 53 87** ●
www.chateauducedre.com ● Vente et visites : au domaine sur rendez-vous. De 9h à 12h et de 14h à 18h.
Propriétaire : Pascal et Jean-Marc Verhaeghe

★★

MICHEL ISSALY

Éloigné de toute chapelle, sauf bien sûr celle de Sainte-Cécile d'Avès, qui veille sur ses vignes des premières côtes gaillacoises, Michel Issaly possède des convictions vigneronnes fortes. Il s'est fixé l'objectif d'élaborer les vins les plus proches de la vérité du raisin et du terroir. Nous saluons son engagement en faveur des cépages autochtones, sa recherche permanente de la meilleure maturité et le niveau de concentration naturelle de ses cuvées. En réduisant la taille du domaine pour maîtriser lui-même la viticulture, vinifications et élevages, Michel Issaly atteint désormais un niveau de qualité admirable, et peu de vins de la région égalent cette dimension et cette franchise de saveurs. Une production intense et originale.

Les vins : Cavaillès Bas est un blanc généreux et aromatique, fruité à souhait. L'Origine Mauzac s'avère franc et droit mais un peu plus instable. Le Grand Tertre apparaît un peu réduit et sur la dureté. En Gaillac, Le Sang, intense, fruité et de belle profondeur, est taillé pour la garde. Combe d'Avès confirme son style et l'expression de l'assemblage duras et braucol : 2010 est aujourd'hui en pleine expression, 2012 devra patienter encore un peu. Le Clos Rayssac se révèle en 2015 dense et charnu. Il exprime déjà un fruité généreux. Le Vin de l'Oubli, élevé sous voile, combine des notes issues de la surmaturité avec une touche de caramel et de noisette grillée : surprenant ! Le gaillac moelleux La Quintessence brille par ses arômes de mangue et de poire blette.

⊳ Gaillac Doux La Quintessence 2015	30 €	18
⊳ L'Origine Mauzac 2016	8 €	13,5
⊳ VDF Le Vin de l'Oubli 2004	38 €	17
⊳ VDF Sec Les Cavaillès Bas 2015	13 €	14,5
▬ Gaillac Combe d'Avès 2012	18 €	15,5
▬ Gaillac Le Sang 2016	45 €	15
▬ VDF Le Clos Rayssac 2015	11 €	15,5
▬ VDF Le Grand Tertre 2015	25 €	13,5

Le coup de ♥

▬ Gaillac Combe d'Avès 2010	25 €	16

Le vin est aujourd'hui abouti : charnu, généreux, subtilement épicé. Les éléments sont en place pour un plaisir actuel intensément fruité. L'allonge étire la matière, offrant une sensation accentuée de chair.

Rouge : 3,3 hectares.
Braucol (fer servadou) 40 %, Duras 40 %, Prunelart 20 %
Blanc : 3,2 hectares.
Mauzac 50 %, Len de l'ehl 40 %, Ondenc 10 %
Production moyenne : 15 000 bt/an

MICHEL ISSALY ☾
817, route de la Ramaye, Sainte-Cécile d'Avès, 81600 Gaillac

05 63 57 06 64 • www.michelissaly.com •
Vente et visites : au domaine sur rendez-vous.
De 10h à 12h et de 14h30 à 18h.
Propriétaire : SCEA La Ramaye
Directeur : Michel Issaly

LES JARDINS DE BABYLONE

Ce vignoble de 3,1 ha est installé en terrasses sur les coteaux du village d'Aubertin, réputé pour la vivacité particulière des vins qu'on y produit. Avec l'aide précieuse de Guy Pautrat, Louis-Benjamin Dagueneau s'investit sans relâche pour porter au plus haut niveau la production confidentielle de ce domaine, auquel il prodigue les mêmes soins qu'à ceux de Pouilly et de Sancerre. Après des vendanges manuelles par tris successifs, les fermentations s'effectuent sous bois neuf dans différents contenants qui étaient chers à Didier Dagueneau, entre autres demi-muids et cigares. Peu alcoolisés, d'une grande finesse et d'une précision aromatique exceptionnelle, ces vins de petit manseng possèdent un esprit singulier, peut-être plus germanique que béarnais... Ils contribuent en tout cas pleinement à la dynamique actuelle de l'appellation, nourrie de la variété des propositions stylistiques. Le sec, à dominante de camaralet (à 65 %, cépage local peu acide et peu alcooleux), accompagné de lauzet, de petit, de gros courbu et de gros manseng, monte en puissance.

Les vins : le domaine ne nous ayant pas fait parvenir ses vins cette année, nous sommes amenés à reconduire les notes et les commentaires de notre édition précédente. Le jurançon 2012 est de haut vol. Superbe intensité et brillance du petit manseng moelleux dont le sucre et l'acidité sont parfaitement intégrés. Il évoluera dans les quinze ans. Un demi-sec va bientôt voir le jour.

▷ Jurançon Moelleux 2012   67 (c) €   17

Blanc : 3,1 hectares.
Gros Manseng 9,7 %, Petit Manseng 64,5 %, Petit Courbu 5 %, Lauzet 4,8 %, Camaralet 16 %
Production moyenne : 5 300 bt/an

LES JARDINS DE BABYLONE
Chemin de Cassioula, 64290 Aubertin
05 59 04 28 15 • silex@wanadoo.fr • Vente et visites : au domaine sur rendez-vous. Sur rendez-vous uniquement.
Propriétaire : Louis-Benjamin Dagueneau et Guy Pautrat

DOMAINE PLAGEOLES

La famille Plageoles a marqué de son empreinte l'histoire récente du vin à Gaillac. Robert, et aujourd'hui Bernard, qui a pris brillamment sa suite, ont été les pionniers de la défense des cépages locaux et des techniques de vinification ancestrales. La relève est assurée progressivement par les fils de Bernard, Florent et Romain, qui défendent corps et âme les douze variétés de leur vignoble dont le délicieux prunelart, le rarissime verdanel ou le quatuor de mauzac (vert, roux, rose et noir). Hors des modes et des sentiers battus, le domaine continue de produire avec exigence des vins exclusivement en mono-cépage à forte personnalité, à la fois identitaires et d'une grande modernité de goût. Ce travail de la tête, du cœur et des mains est pleinement traduit dans une gamme de cuvées irréprochables, visant la pureté et la droiture.

Les vins : une des valeurs sûres du Sud-Ouest. La gamme, un peu large, s'identifie par les cuvées en mono-cépage, et affiche une identité établie qui fait la force du domaine. Le Mauzac Nature, méthode gaillacoise, est croquant et frais. Les blancs secs arborent un vrai fond, avec l'Ondenc, plus tendre, et le Verdanel qui affiche chair et complexité en 2016. Le Mauzac Vert 2015 se pose aujourd'hui comme un réel compagnon gastronomique, tandis que le 2016 est plus marqué par les arômes d'infusion. En rouge, le Mauzac Noir semble plus difficile d'approche à cause de ses notes de cuir et de sa trame plus serrée. Le Braucol est charmeur et délicatement minéral. Duras possède une belle structure, suave et épicée qui s'épanouit aujourd'hui. Un des must du domaine reste le Prunelart, avec sa densité de matière et sa palette aromatique de réglisse, cuir et genièvre. Les moelleux ne sont pas en reste. Loin de l'Œil 2015 se montre onctueux, pâtissier et digeste tandis que le Vin d'Autan 2009 aligne tous les marqueurs d'un grand liquoreux. Une vraie sensations : Vin de Voile ! Il n'a rien à envier aux vins d'autres régions spécialisées en la matière, grâce à son équilibre et ses arômes de curry doux, de noisettes et de fruits secs.

▷ Gaillac Doux Loin de L'Œil 2015   10,85 €   16
▷ Gaillac Doux Vin d'Autan 2009   50 €   16,5
▷ Gaillac Mousseux Mauzac Nature 2016   14,65 €   14,5
▷ Gaillac Sec Mauzac Vert 2016   12,45 €   14,5
▷ Gaillac Sec Ondenc 2016   12,45 €   15
▷ Gaillac Sec Vin de Voile 2009   30 €   18

SUD-OUEST

◻ VDF Sec Verdanel 2016	14,65 €	15,5
◼ Gaillac Braucol 2016	9,45 €	15,5
◼ Gaillac Duras 2015	14,65 €	16
◼ IGP Côtes du Tarn Prunelart 2015	18 €	16,5
◼ VDF Mauzac Noir 2016	9,45 €	15

Le coup de

◻ Gaillac Premières Côtes Sec Mauzac Vert 2015	12,45 €	16

Un nez ouvert et épanoui, marqué par les fruits jaunes très mûrs. La générosité du millésime procure une sensation de gras, équilibrée par une belle acidité. Complexes, les notes de tilleul, de citronnelle et de fruits se combinent avec finesse. Très belle allonge minérale et mentholée.

Rouge : 9 hectares.
Duras 33 %, Braucol (fer servadou) 28 %, Prunelart 22 %, Syrah 17 %
Blanc : 25,5 hectares.
Mauzac 59 %, Muscadelle 12 %, Len de l'ehl 12 %, Ondenc 12 %, Divers blanc 5 %
Production moyenne : 90 000 bt/an

DOMAINE PLAGEOLES ♣
Route des Très-Cantous,
81140 Cahuzac-sur-Vère
05 63 33 90 40 ● www.vins-plageoles.com ●
Vente et visites : au domaine sur rendez-vous.
D'avril à septembre de 9h à 12h et de 15h à 19h. D'octobre à mars de 9h à 12h et de 14h à 18h.
Propriétaire : Bernard, Myriam, Florent et Romain Plageoles

CHÂTEAU TIRECUL LA GRAVIÈRE

Claudie et Bruno Bilancini s'affirment année après année comme des références du Bergeracois et de Monbazillac. Leurs prises de risque et leurs efforts sont récompensés par des vins liquoreux qui peuvent être comparés sans risque aux meilleurs sauternais. Le domaine alimente une actualité dynamique, notamment par une diversification de la gamme. Un blanc sec, Ulma, à base de sémillon, muscadelle et chenin, dégusté en brut de cuve, se révèle d'un notable potentiel. Les rouges entrent en production et se révèlent de belle qualité. Boucicaut et Boucicaut Nature, à majorité de merlot, se révèlent denses et fruités.

Les vins : le blanc 2016, encore en élevage, promet une belle déclinaison aromatique, teintée d'herbes fraîches et d'infusions. Les Boucicaut rouges sont de belles réussites, même si celle sans soufre manque un peu de profondeur. Les Cassots, dégusté en "primeur", devrait nous enchanter lors de sa mise en marché dans un an par sa sensation juteuse, sa puissance et son fruit. Les monbazillacs sont d'une rare précision. Les Pins, charmeur, est déjà prêt. La cuvée Madame et la SGN, typés et pâtissiers, deviendront des nectars recherchés et reconnus.

◻ Bergerac Ulma 2016	8,50 €	14,5
◻ Monbazillac Madame 2012	85 €	17
◻ Monbazillac SGN 2013	22 €	17
◼ Bergerac Boucicaut 2016	9 €	14,5
◼ Bergerac Boucicaut Nature 2016	10 €	14
◼ Bergerac Les Cassots 2016	12 €	15,5

Le coup de

◻ Monbazillac Les Pins 2014	11 (c) €	16,5

Une approche charmeuse, des effluves de miel et de fruits confits. L'attaque est belle, la bouche pulpeuse et crémeuse. Les notes d'abricots frais et de poire à l'eau-de-vie se combinent à un registre pâtissier rappelant la vanille. Très complexe, la longueur présage un avenir radieux.

Rouge : 6 hectares.
Merlot 70 %, Cabernet franc 20 %, Cabernet-Sauvignon 10 %
Blanc : 9 hectares.
Sémillon 50 %, Muscadelle 40 %, Chenin 6 %, Sauvignon blanc 4 %
Production moyenne : 45 000 bt/an

CHÂTEAU TIRECUL LA GRAVIÈRE ♣
24240 Monbazillac
05 47 77 07 60 ● www.tirecul-la-graviere.fr
● Vente et visites : au domaine sur rendez-vous.
En décembre et janvier, du lundi au vendredi de 9h à 12h et de 14h à 17h30.
Le reste de l'année jusqu'à 18h ou sur rendez-vous.
Propriétaire : Claudie et Bruno Bilancini

CHÂTEAU TOUR DES GENDRES

Voilà maintenant plus de vingt-cinq ans que Luc de Conti nous régale avec ses vins de Bergerac. Par touches successives, il a pris connaissance de son terroir, a maîtrisé de mieux en mieux la maturité des raisins et les élevages en barriques, toujours à la recherche des meilleurs équilibres. Le vignoble de 55 ha, entièrement converti en agriculture biologique, produit les vins les plus homogènes et réguliers du Bergeracois : des blancs secs d'une belle qualité et des rouges en pleine ascension. Le Château Tour des Gendres est aujourd'hui un porte-drapeau intelligent et avant-gardiste pour toute la région. Le retour de la deuxième étoile est largement mérité.

Les vins : les blancs sont des réussites même si l'effet millésime 2015 alourdit un peu les matières. Le Pet'Nat', effervescent de méthode ancestrale, aiguisera les appétits par ses bulles craquantes et fruitées. Le Moulin des Dames et le 100 % muscadelle de la cuvée Conti-ne Périgourdine exhibent leurs notes de fruits blancs très mûrs, typés 2015. La cuvée des Conti reste une valeur sûre et la cuvée Anthologia porte admirablement son nom : une rare expression de sauvignon salin et sans exubérance. Le saussignac s'avère d'un bel équilibre, sans lourdeur. Les rouges sont à la fête. Le Classique et La Gloire de Mon Père sont déjà charmeurs : ils pourront se boire dès 2019. La vigne d'Albert, une approche de complantation, séduit par sa rusticité et sa sensation d'authenticité. Les deux cuvées parcellaires sont de grands vins : Les Gendres derrière le Chai présente finesse et minéralité, Les Anciens Francs relève d'une expression rare de vieux cabernets francs sur sols argilo-calcaires.

▷ Bergerac Sec Anthologia 2014	39 €	16
▷ Bergerac Sec Conti-ne Périgourdine 2015	15 €	13,5
▷ Bergerac Sec Cuvée des Conti 2016	9 €	14,5
▷ Bergerac Sec Moulin des Dames 2015	19 €	14,5
▷ Saussignac Tour des Gendres 2015	19 €	15,5
▷ VDF Pét' Nat' 2016	9 €	13
▬ Bergerac La Vigne d'Albert 2016	10 €	16
▬ Bergerac Le Classique 2016	7 €	15
▬ Côtes de Bergerac La Gloire de Mon Père 2015	13 €	15
▬ Côtes de Bergerac Les Gendres derrière le chai 2015	25 €	15,5

Le coup de ♥

▬ Côtes de Bergerac Les anciens Francs 2015	25 €	16,5

Sous une robe sombre s'échappent des notes intenses de fruits noirs et d'épices. Une charpente tannique et serrée structure une bouche encore un peu rigide mais précise. L'allonge intense entretient la sensation de finesse. À boire en 2022.

Rouge : 30 hectares.
Merlot 40 %, Cabernet franc 25 %, Malbec (cot) 20 %, Cabernet-Sauvignon 15 %
Blanc : 25 hectares.
Sauvignon blanc 40 %, Sémillon 40 %, Muscadelle 10 %, Chenin 10 %
Production moyenne : 270 000 bt/an

CHÂTEAU TOUR DES GENDRES ♣
Les Gendres, 24240 Ribagnac
05 53 57 12 43 ●
www.chateautourdesgendres.com ● **Vente et visites : au domaine sur rendez-vous. Du lundi au vendredi de 9h à 12h et de 14h à 17h30.**
Propriétaire : Famille de Conti
Directeur : Francis et Luc de Conti

★★

CLOS TRIGUEDINA

Jean-Luc Baldès est le vigneron incontournable de Cahors, et le Clos Triguedina demeure l'une des propriétés phares de l'appellation. Implanté sur quatre communes à l'ouest de Cahors, Puy-l'Évêque, Vire-sur-Lot, Floressas et Touzac, le vignoble s'étend essentiellement sur la deuxième et la troisième terrasses du Lot. Jean-Luc Baldès mène de main de maître 65 ha de vignes et produit des vins fortement marqués par le terroir, intensifiés par la recherche d'une maturité poussée du malbec, en particulier dans la cuvée Probus et la fameuse The New Black Wine, en hommage au vin noir de Cahors.

Les vins : le millésime 2014 est synonyme de vins denses et profonds. Les Galets, issu d'un terroir argilo-calcaire riche en fer, s'ouvrira plus tôt. Gourmand et fruité. Au Coin du Bois (argile rouge sur calcaire) se révèle dense et puissant. Les Petites Cailles, sur le plateau calcaire, est aujourd'hui plus serré. Probus et The New Black Wine, cuvées phares du domaine, sont aujourd'hui difficiles d'approche en raison de leur puissance et de leur densité. Si le potentiel de garde de ces vins s'impose comme une évidence, les approcher dans la jeunesse est difficile. On les aimerait plus avenants.

▬ Cahors 2014	17,90 €	14
▬ Cahors Au Coin du Bois 2014	28 €	15
▬ Cahors Les Galets 2014	28 €	15,5
▬ Cahors Les Petites Cailles 2014	28 €	15

SUD-OUEST

▬ Cahors The New Black Wine 2014 — 70 € — 15

Le coup de ♥
▬ Cahors Probus 2014 — 35 € — 15,5

Le nez est profond et intense, teinté de cuir et de fruits noirs mûrs. Belle mâche et densité apportées par des tanins fins et serrés. L'élevage est encore un peu marqué aujourd'hui. Laissez-le vieillir cinq ans et plus.

Rouge : 61 hectares.
Malbec (cot) 89 %, Merlot 10 %, Tannat 1 %
Blanc : 4,4 hectares.
Chardonnay 40 %, Viognier 40 %, Chenin 20 %
Production moyenne : 400 000 bt/an

CLOS TRIGUEDINA
Les Poujols, 46700 Vire-sur-Lot
05 65 21 30 81 ● www.jlbaldes.com ● Vente et visites : au domaine sur rendez-vous.
De 9h à 12h et de 14h à 18h.
Propriétaire : Jean-Luc Baldès
Maître de chai : Frabrice Bearn

DOMAINE L'ANCIENNE CURE

Ce grand domaine bio de Bergerac commercialise un vaste éventail de cuvées, chacune correspondant à un niveau différent de concentration et d'aptitude au vieillissement. La gamme Jour de Fruit se compose de vins immédiats et francs, au caractère fruité et variétal. Nous vous recommandons particulièrement ceux portant la mention L'Abbaye, à l'ossature et au caractère plus affirmés, qui sont issus de sélections parcellaires et de vieilles vignes. L'Extase désigne les cuvées de prestige, très concentrées et ambitieuses. Nous sommes ravis de voir l'appellation Pécharmant ainsi revendiquée et produite à ce niveau, preuve des ressources non exploitées de ce terroir.

Les vins : les blancs secs affichent des notes d'infusions et de fleurs, un peu masquées par le bois dans L'Extase. Les bergeracs rouges sont des vins sérieux et construits. Le côtes-de-bergerac rouge affiche une plus grande ambition. Les Pécharmant se révèlent plus profonds. Le côtes-de-bergerac moelleux, aux notes de pêche et de poire, relève d'une approche digeste. Les monbazillacs brillent par leur équilibre : mention spéciale pour la complexe cuvée Extase. Le style global est technique et précis, même s'il manque parfois d'émotion.

▭ Bergerac Sec Jour de Fruit 2016 — 8 € — 14
▭ Bergerac Sec L'Abbaye 2015 — 13,50 € — 15
▭ Bergerac Sec L'Extase 2013 — 21 € — 14
▭ Côtes de Bergerac Moelleux Jour de Fruit 2016 — 8 € — 13
▭ Monbazillac Jour de Fruit 2014 — 11,50 € — 14
▭ Monbazillac L'Abbaye 2011 — 24 € — 14,5
▭ Monbazillac L'Extase 2011 — 45 € — 15
▬ Bergerac Jour de Fruit 2016 — 8 € — 14,5
▬ Bergerac L'Abbaye 2014 — 13,50 € — 15,5
▬ Côtes de Bergerac L'Extase 2014 — 21 € — 14,5
▬ Pécharmant Jour de Fruit 2015 — 10 € — 14,5

Le coup de ♥
▬ Pécharmant L'Abbaye 2014 — 17 € — 15,5

L'expression du fruit s'échappe avec finesse de ce nez charmeur. Les tanins fins élancent ce vin charnu qui s'exprime sur le cassis et le cacao. L'allonge, délicatement amère, apporte de la sapidité.

Rouge : 15 hectares.
Merlot 46 %, Cabernet franc 26 %, Cabernet-Sauvignon 19 %, Malbec (cot) 9 %
Blanc : 32 hectares.
Sémillon 58 %, Sauvignon blanc 19 %, Muscadelle 8 %, Chenin 6 %, Sauvignon gris 5 %, Ondenc 4 %
Production moyenne : 180 000 bt/an

DOMAINE L'ANCIENNE CURE ♣
L'Ancienne cure, 24560 Colombier
05 53 58 27 90 ●
www.domaine-anciennecure.fr ● Vente et visites : au domaine sur rendez-vous.
Du lundi au samedi de 9h à 18h, dimanche et jours fériés sur rendez-vous.
Propriétaire : Christian Roche

DOMAINE DE BRIN

Damien Bonnet appartient à cette nouvelle génération qui fait un bien immense à l'appellation Gaillac. En 2008, il reprend les vignes du domaine familial, une dizaine d'hectares situés à Castanet, sur les sols argilo-calcaires du plateau cordais. Le domaine compte 12 ha aujourd'hui, dont neuf en production. Très rapidement, il met en pratique des choix tranchés : travail des sols, culture biologique, vendanges manuelles. Cette vision exigeante du métier de vigneron (prolongée par un talent de vinificateur certain) lui permet de donner naissance aux vins du futur, conjuguant l'hédonisme et le caractère, le goût de ce qu'ils sont et le goût de l'endroit d'où ils viennent. Pourvu d'une grande sensibilité, le jeune vigneron a atteint en quelques millésimes un niveau digne d'une première étoile, accordée l'année dernière.

Les vins : ils sont empreints de digestibilité. DBulles, élaboré en méthode ancestrale, friand, affiche une bulle fine. Le gaillac sec est empreint d'infusion, gras et frais. Les rouges sont précis et séduisants, d'un bel équilibre. Vendemia est un rouge fruité. Brin de Temps offre davantage de matière. Anthocyane charmera par sa structure plus charnue et ses notes de cuir. La cuvée Amphore est une notable réussite, dense, sapide, et peu marquée par le contenant d'élaboration. Brin de folie porte bien son nom, associant des notes de framboise écrasée, de caramel, voire de sirop d'érable. Loin de l'Œil, plus classique avec ses saveurs de poire blette et de fruits au sirop, s'avère un peu lourd.

Gaillac Sec Pierres Blanches 2016	12 €	15
Gaillac Vendanges Tardives Loin de l'Oeil 2015	18 €	14,5
VDF Méthode Ancestrale DBulles 2016	12 €	14
VDF Brin de Folie 2015	14 €	14,5
Gaillac Amphore 2015	16 €	15,5
Gaillac Anthocyanes 2015	10 €	15,5
Gaillac Brin de Temps 2015	14 €	14,5
Gaillac Vendemia 2015	7,50 €	15

Le coup de ♥

Gaillac Braucol 2015	18 €	16

Le nez, aujourd'hui plus réservé, exprime la myrtille. La bouche est plus charmeuse, ouverte et gourmande, grâce à des tanins fins, encore un peu denses. L'allonge est digeste. À boire dans quatre à six ans.

Rouge : 8 hectares.
Cabernet-Sauvignon 9,94 %, Prunelart 8,97 %, Syrah 7,98 %, Braucol (fer servadou) 31,88 %, Duras 28,83 %, Merlot 12,40 %
Blanc : 4 hectares.
Mauzac 43,63 %, Len de l'ehl 24,77 %, Mauzac 20,60 %, Ondenc 11 %
Production moyenne : 50 000 bt/an

DOMAINE DE BRIN ♣
Lieu-dit Brin, 81150 Castanet
05 63 56 90 60 ● **www.domainedebrin.com**
● **Vente et visites : au domaine sur rendez-vous.**
Du lundi au samedi de 9h à 12h et de 14h à 18h.
Propriétaire : Damien Bonnet

★

DOMAINE BRU-BACHÉ

Au milieu des années 1990, Claude Loustalot prend la relève de son oncle Georges Bru-Baché sur les 11 ha de vignes situés sur de pentes des Castérasses, exposés majoritairement à l'est et dominant la ville de Monein. Du refus instinctif du tout chimique jusqu'à une viticulture proche de la biodynamie, sans revendiquer de label, le parcours de ce vigneron sensible et pragmatique trouve son aboutissement dans les vins des derniers millésimes, issus de raisins qui n'ont jamais été aussi sains.

Les vins : le domaine ne nous ayant pas fait parvenir ses vins cette année, nous sommes amenés à reconduire les notes et les commentaires de notre édition précédente. Les secs s'avèrent précis et pleins. Le jurançon sec 2014 exhale des notes racinaires originales sur un jus vigoureux signé d'une fine amertume. Plus doré et dense, Les Castérasses 2014 se démarque avec ses saveurs de quinine et sa finale ciselée. Parmi les moelleux, le 2014 est franc, juste, marqué par le bouquet expressif du gros manseng. Finement fumé par l'élevage en barrique, la structure et la tension du petit manseng étirent un sucre raffiné et une finale doucement camphrée dans Les Castérasses 2014. Les deux grandes cuvées de moelleux vieilliront avec grâce pendant les vingt ans : la Quintessence 2014 regorge d'arômes d'ananas ; elle est dotée de la force du terroir de Monein, et adoucie par un sucre fin. Produit uniquement les grandes années, l'Éminence 2010 possède un nez nuancé et une bouche stimulante, qui reflètent magnifiquement l'identité de l'appellation : svelte et vigoureuse.

Jurançon Les Castérasses 2014	14 €	15,5
Jurançon Moelleux La Quintessence 2014	21 €	16
Jurançon Sec 2014	8 €	14,5
Jurançon Sec Les Castérasses 2014	12 €	15
Jurançon 2014	10 €	15
Jurançon Moelleux L'Eminence 2010	50 €	17,5

Blanc : 11 hectares.
Petit Manseng 75 %, Gros Manseng 25 %
Production moyenne : 45 000 bt/an

DOMAINE BRU-BACHÉ ♣
39, rue Barada, 64360 Monein
05 59 21 36 34 ● **www.jurancon-bio.com** ●
Vente et visites : au domaine sur rendez-vous.

De 9h à 12h et de 14h à 18h.
Propriétaire : Claude Loustalot

CHÂTEAU DE CHAMBERT

Domaine historique de Cahors, fameux dès le XIXe siècle, Chambert a été racheté en 2007 par Philippe Lejeune, originaire de la région et entrepreneur à succès dans les services informatiques. Celui-ci n'a pas lésiné sur les moyens pour redonner au château tout son lustre. C'est aujourd'hui le plus vaste domaine de Cahors (65 ha) cultivé en biodynamie. Le fameux consultant Stéphane Derenoncourt dispense ici ses conseils. Le domaine a reçu sa première étoile dans l'édition précédente.

Les vins : les 2012, dégustés à nouveau cette année, s'avèrent de beaux représentants de Cahors. La cuvée classique, aujourd'hui ouverte, développe une grande complexité aromatique sans perdre de mâche. Le Grand Vin perpétue la tradition de vin de patience de cette appellation : il est actuellement en phase de fermeture. La noblesse de sa matière lui promet un avenir radieux. On attend les prochains millésimes avec intérêt.

➡ Cahors Grand Vin 2012   34 €   15,5

Le coup de ♥
➡ Cahors 2012   18,50 €   15,5

Les fruits noirs dominent un nez intense. Un vin structuré et doté d'une belle matière, qui s'ouvre. Les notes de cuirs associées aux fruits noirs, tels la myrtille, procure une sensation juteuse dans l'allonge. À carafer avant de servir.

Rouge : 62 hectares.
Malbec (cot) 80 %, Merlot 20 %
Blanc : 3 hectares.
Chardonnay 100 %
Production moyenne : 250 000 bt/an

CHÂTEAU DE CHAMBERT ☎
**Les Hauts-Coteaux, 46700 Florissas
05 65 31 95 75 ● www.chambert.com ●
Vente et visites : au domaine sur rendez-vous.
Du lundi au vendredi de 9h à 12h et de 14h à 17h. Visites guidées du lundi au vendredi en juillet et en août à 11h et 15h30.
Propriétaire : Philippe Lejeune
Œnologue : Vincent Neuville**

★

CLOS JOLIETTE

Le Clos Joliette est un véritable mythe parmi les vins du Sud-Ouest. Il s'agit d'un vin rare : le vignoble est minuscule, moins de 2 ha de très vieux petit manseng en sélection massale, et les rendements particulièrement faibles. Aux antipodes des vins technologiques, avec un équilibre pouvant varier du sec au moelleux selon les années, Joliette possède une personnalité flamboyante, absolument unique à Jurançon (appellation que le domaine ne revendique plus). Depuis le décès de Michel Renaud, Jean-Marc Grussaute (Camin Larreyda) et quelques compagnons vignerons du Sud-Ouest s'occupent du domaine en attendant la vente de ce terroir exceptionnel et hors norme.

Les vins : nous sommes ravis de découvrir le "nouveau joliette", d'une grande personnalité. Il faut néanmoins le laisser en cave trois à cinq ans minimum afin de profiter de tout son potentiel.

Le coup de ♥
➡ VDF Premier Tri 2016   N.C.   17

Le nez intense et élégant exhale les fruits confits et les fleurs grasses. La bouche est énergique, structurée par une acidité ferme et droite, complétée par une douceur qui apporte le volume et un équilibre demi-sec. Exotique, fleur de molène, miel de fleurs : la complexité à venir est évidente. Sa très belle allonge minérale le portera dans les années à venir.

Blanc : 1 hectare.
Petit Manseng 100 %
Production moyenne : 2 500 bt/an

CLOS JOLIETTE
**64110 Jurançon
06 32 40 12 11 ● Pas de visites.
Propriétaire : Famille Renaud**

CLOS LAPEYRE

La famille Larrieu a signé son premier millésime en 1985. Depuis, avec la régularité d'un métronome, Jean-Bernard Larrieu décline toute une série de cuvées correspondant à différents degrés de maturité et moments de consommation. Issus du terroir de La Chapelle-de-Rousse, les vins se singularisent par une certaine droiture dans leur jeunesse. Une viticulture particulièrement soignée ainsi qu'une grande maîtrise de la vinification et des élevages permettent à ce domaine de faire partie des incontournables de l'appellation. Les vins secs illustrent le potentiel de profondeur et de longévité de cette typologie à Jurançon.

Les vins : si les deux cuvées de base, en sec et moelleux, sont élaborées en cuve et à boire sur la jeunesse, on saluera l'effort de vieillissement qui permet de mettre sur le marché des cuvées matures. Vitatge Viehl et Mantoulan sont des secs gastronomiques, tendus et de grande finesse, qui possèdent un vrai potentiel de garde. La justesse de l'équilibre des moelleux en font des vins de plaisir. Balaguèra relève de la haute couture.

➢ Jurançon 2016	13,40 €	15
➢ Jurançon Sec 2016	10,70 €	14,5
➢ Jurançon Sec Mantoulan 2012	19,50 €	15
➢ Jurançon Sec Vitatge Vielh de Lapeyre 2013	14,30 €	15,5

Le coup de ♥

➢ Jurançon Moelleux La Magendia 2014	18 €	15,5

Nez fin et élégant ; attaque nette. Un vin d'un bel équilibre, crémeux, pâtissier, d'une grande complexité. L'éclat du fruit de la passion et de la banane, tenu par une acidité structurante, est sublimé par une longueur sapide.

Blanc : 18 hectares.
Petit Manseng 60 %, Gros Manseng 40 %
Production moyenne : 80 000 bt/an

CLOS LAPEYRE ♣
Chemin du Couday - Chapelle de Rousse, 64110 Jurançon
05 59 21 50 80 ● www.jurancon-lapeyre.fr
● **Vente et visites :** au domaine sur rendez-vous.
Du lundi au samedi de 9h à 12h et de 14h à 18h, dimanche sur rendez-vous.
Horaires particuliers, nous contacter.
Propriétaire : Jean-Bernard Larrieu

★
CLOS DE GAMOT

Le Clos de Gamot est situé rive droite, à Prayssac, en deuxième et troisième terrasses, au beau milieu de l'admirable single que le Lot découpe dans le plateau kimméridgien. Conduit par Martine Jouffreau et son époux Yves Hermann, singulièrement à l'écart des modes et des curiosités, le Clos de Gamot représente aujourd'hui l'aspect le plus "traditionnel" du cahors, après avoir été l'un des domaines les plus novateurs de la région. Ici pas de barrique ; l'élevage, qui dure environ deux ans, se fait uniquement en foudre et demi-muid. En résultent des vins qui ne jouent jamais l'abondance de la chair ou le fruit primesautier. Parfaitement nets et harmonieux dans les derniers millésimes, ils ne sont pas sans rappeler les grands classiques piémontais ou toscans, et nécessitent comme eux une réelle culture du goût pour être compris. Œuvre de Jean Jouffreau, le Clos Saint-Jean (à peine plus d'un hectare planté en 1993 à même la rocaille calcaire, à haute densité) témoigne de la grandeur des terroirs de coteaux aujourd'hui presque totalement abandonnés.

Les vins : Le Gamotin, nouveau de la gamme, permet une approche facile et fruitée, sans manquer de fond. Le Clos de Gamot se révèle pulpeux, équilibré, et s'ouvrira dans trois ou quatre ans. Le Clos Saint-Jean s'impose comme le témoin du potentiel trop méconnu des grands vins de Cahors.

➤ Cahors 2014	12,50 €	15
➤ Cahors Le Gamotin 2015	9 €	14,5

Le coup de

➤ Cahors Clos Saint-Jean 2009	25 €	16

Ouvert et puissant, le registre du malbec s'y dévoile : le sous-bois, le goudron, l'épice, la torréfaction se succèdent dans cette matière dense et charnue. La longueur, digeste et sapide, étire le vin et prolonge le plaisir.

Rouge : 18 hectares.
Malbec (cot) 100 %
Production moyenne : 50 000 bt/an

CLOS DE GAMOT
46220 Prayssac
05 65 22 40 26 ●
www.famille-jouffreau.com ● **Vente et visites :** au domaine sur rendez-vous.
Propriétaire : Famille Jouffreau
Directeur : Martine et Yves Jouffeau-Hermann
Maître de chai : Martine et Yves Jouffeau-Hermann

★
CHÂTEAU LA COLOMBIÈRE

Ce domaine emblématique du terroir de Villaudric produit des vins particulièrement sincères et digestes. Formant un couple de jeunes vignerons déterminés et enthousiastes, Diane et Philippe Cauvin ont fait le choix depuis 2006 de conduire leur vignoble en biodynamie (certification en 2012). Toujours en ébullition, ils se sont affirmés avec une offre œnotouristique de premier plan pour les groupes ou les particuliers. Décliné en plusieurs cuvées, parfois de pure négrette, le style des vins de La Colombière est équilibré, fin et subtil, sans artifice ni maquillage. Exemplaire, cette vision personnelle constitue un repère précieux dans la progression actuelle de l'appellation Fronton.

Les vins : une gamme dynamique et vivante. Le pétillant Colombulle explose d'arômes de fruits des bois. Parfait pour les beaux jours. Le Grand B offre une vraie personnalité par ses notes de citronnelle, de curry et d'herbe fraîche, enrobée dans un beau gras. Fronton Réserve s'avère digeste et un peu facile. Coste Rouge est plus construit, charnu et sapide. Le Fronton Flingueurs relève d'une approche de la négrette immédiate et friande, teintée de violette, plaisante à souhait.

- VDF Le Grand B 2015 — 21 € — 15
- VDF Colombulle — 12 € — 13,5
- Fronton Coste Rouge 2014 — 14 € — 14,5
- Fronton Les Frontons Flingueurs 2016 — 10 € — 14
- Fronton Réserve 2015 — 11,50 € — 13,5

Le coup de ♥
- Fronton Bellouguet 2014 — 16 (c) € — 15

La combinaison du fruit et du poivre noir attise la gourmandise globale de ce vin charnu. Son acidité allonge l'ensemble de manière très sapide et intensifie les notes de gelée de groseille et de framboise.

Rouge : 13 hectares.
Négrette 65 %, Syrah 11 %, Cot (malbec) 8 %, Cabernet franc 7 %, Gamay noir à jus blanc 7 %, Cabernet-Sauvignon 2 %
Blanc : 2 hectares.
Bouysselet 75 %, Chenin 15 %, Sauvignon blanc 10 %
Production moyenne : 60 000 bt/an

CHÂTEAU LA COLOMBIÈRE
**190, route de Vacquiers, 31620 Villaudric
05 61 82 44 05 •
www.chateaulacolombiere.com • Vente et visites : au domaine sur rendez-vous.
Du lundi au vendredi de 9h30 à 12h30 et de 14h à 18h. Samedi sur rendez-vous uniquement.
Propriétaire : Diane et Philippe Cauvin**

DOMAINE ELIAN DA ROS

Adepte de la biodynamie, Elian Da Ros, qui a fait ses classes au domaine Zind-Humbrecht en Alsace, s'est installé dans les Côtes du Marmandais en 1998. La qualité des vins et la forte personnalité de leur géniteur ont permis au domaine de se hisser rapidement au plus haut niveau de l'appellation. Sa notoriété et son exemplarité dépassent aujourd'hui largement ce cadre. Le rare cépage local abouriou trouve ici son plus ardent défenseur et son meilleur interprète. Blancs, rouges ou même rosés, du vin de soif gourmand aux vins d'ambition travaillés et élevés sous bois, qui exigent de vieillir en cave, tous méritent d'être découverts pour leur tempérament affirmé et intègre.

Les vins : Coucou Blanc affiche une belle sapidité et des notes envoûtantes d'infusions. Abouriou exprime une intensité fruitée et poivrée au caractère immédiat. Le Vin est une Fête possède des tanins structurants et d'élégantes notes de quetsches. Les deux cuvées qui recèlent le plus gros potentiel sont Chante Coucou, particulièrement abouti en 2014, et Clos Baquey, une référence taillée pour la garde.

- Côtes du Marmandais Coucou Blanc 2015 — 18,50 € — 15,5
- Côtes du Marmandais Abouriou 2015 — 13 € — 14,5
- Côtes du Marmandais Clos Baquey 2012 — 30 € — 16,5
- Côtes du Marmandais Le Vin est une Fête 2015 — 9,25 € — 15

Le coup de ♥
- Côtes du Marmandais Chante Coucou 2014 — 18,50 € — 16

La complexité du nez n'est que le prélude d'une bouche dense et construite. Les tanins, fins et encore un peu fermes, procurent une sensation de mâche qui accentue la puissance aromatique, notamment le poivre dans l'allonge.

Rouge : 18 hectares.
Syrah 7,5 %, Malbec (cot) 7,5 %, Cabernet franc 25 %, Merlot 20 %, Abouriou 15 %, Cabernet-Sauvignon 15 %
Blanc : 2,5 hectares.
Sauvignon blanc 60 %, Sémillon 30 %, Sauvignon gris 10 %
Production moyenne : 80 000 bt/an

DOMAINE ELIAN DA ROS ♣
**La Clotte, 47250 Cocumont
05 53 20 75 22 • www.eliandaros.fr • Vente et visites : au domaine sur rendez-vous.
Propriétaire : Elian Da Ros**

DOMAINE GUIRARDEL

Françoise Casaubieilh et son mari Pierre Coulomb exploitent avec beaucoup de soin et de détermination ce petit domaine, dans la même famille depuis quatre siècles. Sur ce très beau terroir d'un seul tenant, face aux Pyrénées, ils se consacrent à l'élaboration de jurançons moelleux et liquoreux et désormais aux vins secs. Les cuvées sont digestes, séductrices, toujours justes dans leur définition, riches en personnalité, en particulier le singulier Marrote, issu d'une parcelle très riche en galets, doté d'une finesse et une intensité étonnantes. Le domaine est certes petit par la taille, mais représente un moteur capital dans la dynamique jurançonnaise actuelle.

Les vins : trois cuvées pour ce domaine empreint de personnalité. Le Sec est déjà ouvert et prêt, sur des notes matures. Bi dé Casau est un modèle d'équilibre. Marrotte, taillé pour la garde, séduit déjà par son fruit et ses saveurs miellées. Un modèle du genre.

⊂ Jurançon Bi de Prat Marrote 2012	33,50 €	15
⊂ VDF Le Sec 2014	26,60 €	14,5

Le coup de ♥

⊂ VDF Bi dé Casau 2013	21,80 €	15,5

Le nez complexe et intense associe les fruits de la passion, le poivre et des effluves de truffe. L'équilibre magistral est porté par une acidité affirmée et intégrée à une douceur maîtrisée. C'est une explosion d'arômes : miel, orange sanguine… Il offre une longueur digeste, au réel potentiel minéral.

Blanc : 6 hectares.
Petit Manseng 66 %, Gros Manseng 34 %
Production moyenne : 12 000 bt/an

DOMAINE GUIRARDEL ♣

Chemin Bartouille, 64360 Monein
05 59 21 31 48 ● www.guirardel.fr ● Vente et visites : au domaine sur rendez-vous.
Propriétaire : Françoise Casaubieilh et Pierre Coulomb

DOMAINE HAUT-CAMPAGNAU

Ancien moniteur de ski et de voile, Dominique Andiran est à la tête de ce vignoble conduit en agriculture biologique, situé à Montréal-du-Gers, en pays d'Armagnac. Cet autodidacte produit des vins étonnants, originaux et travaillés à l'instinct, issus des cépages autochtones régionaux. Se démarquant radicalement de ses voisins des Côtes de Gascogne, il a choisi la voie d'une fantaisie inspirée pour exprimer son terroir, un monde où vins secs et moelleux coexistent avec des tries tardives vinifiées en sec, ou avec des vins de voile élevés six ans en barrique… L'amateur curieux et soucieux de boire sain multipliera, ici, les découvertes.

Les vins : novatrices et innovantes, ces cuvées ne peuvent qu'intriguer et questionner le dégustateur. Déjà riche de plusieurs vins originaux, la gamme s'étend d'avantage pour toujours plus d'expériences gustatives. Chut ! est gras et ample, marqué par des notes d'infusions. Ruminant des Vignes affiche un caractère rancio. Pissenlit et Pince-Moi ! démontrent la parfaite maîtrise de la technique de l'élevage oxydatif : complexes, leur équilibre est de grande précision. Magnus, seul rouge de la gamme, décline un caractère de fruits noirs dans une texture veloutée. Soyeux et Soyeux d'Hiver sont le pendant moelleux de la gamme. Le premier se montre raffiné et digeste, le second s'avère plus en retenue pour le moment.

⊂ VDF Chut ! 2015	15 €	13,5
⊂ VDF Pissenlit 2008	50 €	16
⊂ VDF Ruminant des Vignes 2013	28 €	15
⊂ VDF Soyeux 2014	12 €	15
⊂ VDF Soyeux d'Hiver 2014	20 €	13,5

Le coup de ♥

⊂ VDF Pince Moi ! 2014	60 €	16,5

Cette cuvée typée est superbement maîtrisée et complexe. Les notes de curry doux et de noisette complètent les arômes de fruits blancs. Une touche fumée allonge l'ensemble et accentue la sensation saline de la finale.

Rouge : 3 hectares.
Merlot 80 %, Tannat 20 %
Blanc : 4 hectares.
Gros Manseng 31 %, Colombard 27 %, Sauvignon rose 18 %, Chardonnay 18 %, Petit Manseng 6 %
Production moyenne : 30 000 bt/an

DOMAINE HAUT-CAMPAGNAU ♣

2, place de l'Hôtel-de-Ville,
32250 Montréal-du-Gers
05 62 29 11 56 ●
hautcampagnau@aliceadsl.fr ● Vente et visites : au domaine sur rendez-vous.
Propriétaire : Dominique Andiran

SUD-OUEST

★

DOMAINE ILARRIA

Situé au cœur du village d'Irouléguy, ce domaine appartient à la famille de Peio Espil depuis plusieurs siècles. Singularité et identité ne sont pas de vains mots au Pays basque. La conduite en agriculture biologique des vignes, certifiée depuis quinze ans, renforce l'expression des terroirs et des cépages locaux. Cet enracinement se révèle pourtant tout sauf statique pour Peio Espil, ce pèlerin de l'idéal vineux, véritable tête chercheuse de l'appellation. Charnus, profonds, libres dans leur expression, les vins ont désormais atteint un niveau de qualité qui en font des modèles stylistiques propres à interroger les vignerons bien au-delà d'Irouléguy.

Les vins : le rosé, fringant et frais, saura accompagner la table grâce à son amertume élancée. Le blanc est d'une belle pureté, marqué par des notes d'infusion et d'herbes fraîches. Le rouge, à majorité de tannat, se révèle mûr et d'une belle charpente. La cuvée Bixinto nécessitera une garde de trois à cinq ans pour digérer son boisé un peu généreux.

🗋 Irouléguy 2015	17 €	15
🗋 Irouléguy 2016	N.C.	13,5
🍷 Irouléguy Bixintxo 2013	22 €	15

Le coup de ♥
🍷 Irouléguy 2014	14 €	15,5

Complexe et épicé, le nez s'affiche raffiné et précis. La texture est élégante, marquée par des tanins présents et mûrs. La longueur est élancée, digeste et éclatante.

Rouge : 8 hectares.
Cabernet franc 48 %, Tannat 34 %,
Cabernet-Sauvignon 18 %
Blanc : 2 hectares.
Petit Manseng 70 %, Petit Courbu 30 %
Production moyenne : 30 000 bt/an

DOMAINE ILARRIA ♣
Bourg, 64220 Irouléguy
05 59 37 23 38 ● **www.domaine-ilarria.fr** ●
Vente et visites : au domaine sur rendez-vous.
Sur rendez-vous de septembre à juin. De 10h à 12h et de 14h à 18h en juillet et août.
Propriétaire : Peio Espil

★

CHÂTEAU JONC-BLANC

Situé sur un terroir argilo-calcaire dominant la rive droite de la Dordogne, ce domaine s'impose comme l'une des locomotives du renouveau de Bergerac. Isabelle Carles et Franck Pascal vinifient des vins vivants et purs, aux expressions intenses et d'une grande fraîcheur, qu'ils proposent à des prix très abordables. Nous sommes admiratifs des choix effectués et des risques pris par ces vignerons. Basée sur un travail méticuleux et une réflexion approfondie sur le vivant, leur démarche ne peut qu'interpeller les acteurs de la viticulture locale et, à terme, faire progresser la qualité. La majorité des cuvées sont sans soufre, le reste est élaboré avec le moins d'intrants possible. La gamme Pure est issue de sélections parcellaires, livrant une identité plus forte, puis élevée en foudre pendant deux ans afin d'affiner les matières.

Les vins : si la démarche sans soufre est intéressante, les vins peuvent affiner leur expression et gagner en pureté. Le Sens du Fruit, blanc comme rouge, affiche des arômes primaires : accès juteux et immédiat. Acacia est plus mature, sur des notes de curry et de noisette. Le fruité Le Vin en Rose demeure frais. Class IK est plus construit et structuré. Antigel charmera par ses arômes cacaotés et de mûre écrasée. Les cuvées Pure T se montrent plus denses et intenses.

🗋 VDF Acacia 2015	15 €	14
🗋 VDF Les Sens du Fruit 2015	10 €	13
IGP Périgord Le Vin en Rose 2016	9,50 €	13
🍷 Bergerac Class IK 2015	14 €	14,5
🍷 VDF Antigel 2016	8 €	14,5
🍷 VDF Les Sens du Fruit 2015	10 €	14
🍷 VDF Pure T Merlot 2014	22 €	14

Le coup de ♥
🍷 VDF Pure T Cabernet 2015	24 €	15

Le nez expressif affiche un caractère de cassis et violette. La bouche est charnue, élégante, structurée par des tanins denses et fins. Les notes de fruits compotés aromatisent l'ensemble. L'allonge entretient cette sensation de fruits cuits.

Rouge : 12 hectares.
Merlot 46 %, Cabernet franc 44 %, Malbec (cot) 10 %
Blanc : 7 hectares.
Sémillon 57 %, Sauvignon blanc 18 %, Sauvignon gris 16 %, Gros Manseng 9 %
Production moyenne : 80 000 bt/an

CHÂTEAU JONC-BLANC ♣
Le Jonc-Blanc, 24230 Vélines
05 53 74 18 97 • jonc.blanc@free.fr •
Vente et visites : au domaine sur rendez-vous.
Propriétaire : Isabelle Carles et Franck Pascal

DOMAINE LABRANCHE-LAFFONT ♣
32400 Maumusson-Laguian
05 62 69 74 90 •
christine.dupuy@labranchelaffont.fr •
Vente et visites : au domaine sur rendez-vous.
Du lundi au samedi de 9h à 12h30 et de 14h à 19h, le dimanche sur rendez-vous.
Propriétaire : Christine Dupuy

DOMAINE LABRANCHE-LAFFONT

Christine Dupuy a repris la propriété familiale et exploite aujourd'hui 20 ha à Madiran dans le secteur de Maumusson. Sur ses terroirs d'argile et de galets, elle s'attache à proposer des vins sincères et droits, qui offrent une lecture affinée du tannat. Avec un patrimoine de très vieilles vignes (dont une parcelle préphylloxérique, vinifiée à part dans les grandes années), ainsi qu'une viticulture saine, certifiée bio en 2014, elle privilégie le respect du vivant. Ce domaine, appelé à encore progresser, dispose de beaucoup d'atouts.

Les vins : le pacherenc sec ne manque pas de fruit même si son élevage l'étrique un peu. La version moelleuse trouve un bel équilibre dans le chaud millésime 2015 et promet une belle complexité à venir. Les madirans proposent de beaux jus, aux arômes précis et typés de tannat, dotés de tanins digestes et de beaux amers. La générosité a peut être empêché de trouver l'équilibre : les acidités sont un peu stricte. La cuvée Préphylloxérique reste un moment d'exception.

Pacherenc du Vic-Bilh Moelleux 2015	14 €	15,5
Pacherenc du Vic-Bilh Sec 2016	12 €	14
Madiran Tradition 2015	9 €	14,5
Madiran Vieilles Vignes 2015	14 €	15

Le coup de ♥

Madiran Préphylloxérique 2010	58 €	16

Le nez profond, aux notes de cuir et de goudron portées par la densité des tanins de ce vin charnu et ouvert, laisse s'échapper des effluves de fruits noirs. L'allonge surprend par sa minéralité. À carafer impérativement.

Rouge : 17 hectares.
Tannat 85 %, Cabernet franc 10 %, Cabernet-Sauvignon 5 %
Blanc : 3 hectares.
Petit Manseng 60 %, Gros Manseng 40 %
Production moyenne : 100 000 bt/an

DOMAINE MOUTHES LE BIHAN

Le vignoble des Côtes de Duras se situe en Lot-et-Garonne, dans le prolongement du plateau de l'Entre-deux-Mers. L'agriculture y a depuis longtemps pris le pas sur la viticulture, mais Catherine et Jean-Mary Le Bihan ont, eux, franchi le pas dans l'autre sens, il y a une dizaine d'années. Une aubaine pour cette appellation qui manquait de locomotive. Amoureux de leur terroir, ils cherchent à intégrer la vigne au sein d'un écosystème viable. Leurs vins, originaux et sincères, issus des cépages bordelais, mais loin des canons stylistiques girondins, se sont vite imposés comme les meilleurs du secteur.

Les vins : La Pie Colette rosé est immédiat et fruité, rafraîchissant à souhait. Vieillefont blanc, déjà ouvert, s'illustre dans un caractère fruité et généreux. En blanc toujours, La Pie Colette est plus marqué par des arômes de camomille et de fleurs grasses, allongé par des amers nobles en finale. Version rouge, la cuvée s'offre déjà par ses tanins gourmands. Pérette et Les Noisetiers offre un caractère plus évolutif de noisette et de pistache : idéal pour les viandes blanches. L'Aimé Chai est plus simple. Les Apprentis offre une réelle approche du terroir. Vieillefont rouge s'avère dense et construit, intensément fruité. La Lionne et le Désert est l'un des vins les plus réussis dans son style de surmaturité.

Côtes de Duras Moelleux La Lionne et le Désert 2011	26 €	16
Côtes de Duras Sec Pérette et Les Noisetiers 2011	N.C.	15
Côtes de Duras Sec Vieillefont 2014	N.C.	13,5
Côtes de Duras La Pie Colette 2016	N.C.	13,5
Côtes de Duras L'Aimé Chai 2014	N.C.	14
Côtes de Duras La Pie Colette 2015	N.C.	14

SUD-OUEST

◗ Côtes de Duras Vieillefont 2012 N.C. 14,5

Le coup de ♥
◗ Côtes de Duras Les
  Apprentis 2012 N.C. 15,5

Les fruits noirs et les épices douces sont portés par un caractère toasté. L'attaque est pleine, les tanins denses apportent mâche et chair. L'élevage juste permet à une déclinaison de fruits noirs d'afficher tout son potentiel. La longueur est sapide et minérale.

Rouge : 12 hectares.
Merlot 40 %, Cabernet-Sauvignon 20 %, Cabernet franc 20 %, Malbec (cot) 20 %
Blanc : 10 hectares.
Sémillon 40 %, Sauvignon blanc 40 %, Muscadelle 20 %
Production moyenne : 80 000 bt/an

DOMAINE MOUTHES LE BIHAN ☾
Mouthes, 47120 Saint-Jean-de-Duras
05 53 83 06 98 ●
www.mouthes-le-bihan.com ● **Vente et visites :** au domaine sur rendez-vous.
Propriétaire : Catherine et Jean-Mary Le Bihan

DOMAINE LE ROC

Voici l'un des domaines incontournables de Fronton, où la très dynamique famille Ribes produit depuis trente ans des vins de haut niveau. Toujours à la recherche de la finesse et de l'expression la plus pure et la plus intense du cépage autochtone négrette, les cuvées se distinguent les unes des autres par des concentrations différentes. Les derniers millésimes se sont encore affinés. Plus équilibrés dans les tanins et les élevages, très libres, ils possèdent une personnalité aromatique irrépressible : voici des vins dont on se régalera sans réserve. La régularité de la production ces dernières années nous amène à lui décerner sa première étoile.

Les vins : Le Roc Blanc, fermenté en barrique, confirme la réussite de l'an passé. Ample et frais, les notes de mirabelle et de poivre évoluent dans un vin large et charmeur. La négrette est le cépage dominant du domaine. La cuvée Folle Noire d'Ambat se trouve déjà prête, taillée sur la gourmandises et la pureté des fruits et des épices. La cuvée Don Quichotte reste la plus complète. Réservée 2014 s'avère plus construite et encore un peu marquée par ses deux ans d'élevage en barrique.

◗ VDF Le Roc Blanc 2016 8 € 15

◗ Fronton La Folle Noire
  d'Ambat 2016 8 € 14,5
◗ Fronton Réservée 2014 10 € 15

Le coup de ♥
◗ Fronton Don Quichotte 2016 12,50 € 15,5

D'envoûtants arômes de fraise écrasée et de poivre gris portent le nez. Les tanins sont gourmands et élégants, procurant une belle mâche. Les fruits rouges, la framboise notamment, dominent, assaisonnés par des notes de violette et de poivre noir. A boire ou à garder quatre ans.

Rouge : 21 hectares.
Négrette 60 %, Syrah 30 %, Cabernet-Sauvignon 10 %
Blanc : 2 hectares.
Sémillon 40 %, Chardonnay 40 %, Viognier 10 %, Muscadelle 10 %
Production moyenne : 110 000 bt/an

DOMAINE LE ROC
1605 C, route de Toulouse, 31620 Fronton
05 61 82 93 90 ● www.leroc-fronton.com ●
Vente et visites : au domaine sur rendez-vous.
Du lundi au samedi de 9h à 12h et de 14h à 18h.
Propriétaire : Famille Ribes

DOMAINE DE SOUCH

Avec toujours autant d'énergie et de plaisir qu'aux premiers jours de Souch, Yvonne Hegoburu se consacre à temps plein à ce magnifique domaine du village de Laroin, pionnier de la viticulture biodynamique en Jurançon. Le travail rigoureux des sols à la vigne (plantée à 300 mètres d'altitude) est relayé par des tris précis lors de la récolte et des vinifications soignées. Cela donne des vins de haute qualité, souvent très racés, pâtissant toutefois d'un manque de régularité dans les derniers millésimes.

Les vins : le jurançon sec 2014 confirme son potentiel affirmé l'an passé. Les vins moelleux possèdent une bonne énergie grâce à leur acidité tendue et droite, et une réelle expression aromatique. La Cuvée de Marie Kattalin reste un modèle du genre.

◗ Jurançon Moelleux 2015 24 € 15

▻ Jurançon Sec 2014   19 €   15,5

Le coup de ♥

▻ Jurançon Moelleux Cuvée de Marie Kattalin 2014   35 €   16,5

Le nez est déjà ouvert, sur des notes envoûtantes de fruits jaunes bien mûrs, complétées d'une touche de truffe. Encore primaire, la bouche méritera un peu de cave pour affiner sa superbe matière. Tendue, la structure exprime un registre pâtissier complexe, aux notes de girofle.

Blanc : 6,78 hectares.
Petit Manseng 70 %, Gros Manseng 20 %, Petit Courbu 10 %
Production moyenne : 15 000 bt/an

DOMAINE DE SOUCH ♣

805, chemin de Souch, 64110 Laroin
05 59 06 27 22 ●
www.domainedesouch.com ● **Vente et visites : au domaine sur rendez-vous. Du lundi au samedi de 9h à 12h30 et de 14h à 17h30. Hors de ces horaires et jours fériés sur rendez-vous.**
Propriétaire : Yvonne Hegoburu
Directeur : Emmanuel Jecker et Maxime Salharang

CHÂTEAU BAROUILLET

Vincent Alexis incarne la nouvelle génération de vignerons qui font bouger le Bergeracois. Jusqu'à son arrivée au domaine de Pomport en 2009, ses parents vendaient la totalité de la production en vrac. Le jeune homme, qui a roulé sa bosse dans des domaines à travers le monde, a changé de cap pour mettre les bergeracs, pécharmants et monbazillacs en bouteille. Il entreprend progressivement la conversion en bio de ses 43 ha, et a signé son premier millésime en 2010. Proches du fruit et sans maquillage, les rouges se montrent peu extraits et digestes ; la spontanéité des blancs secs nous ravit et les blancs moelleux dévoilent des sucres rafraîchissants. Ce sont de délicieuses bouteilles pour des bistrotiers de goût. Peu sulfités, les blancs doivent gagner en précision pour ne pas basculer dans l'oxydation trop rapidement.

Les vins : le blanc Bergecrac, dégusté brut de fût et sans soufre, se montre facile, floral et primeur, tout comme le chardonnay Gaïa. Ils pourront être bus rapidement. La cuvée Truculence, élevée à 50 % en amphore se révèle d'une belle originalité, charmeuse et saline. Les rouges, sans soufre, manquent un peu de précision en Bergerac mais s'avèrent délicieux en Pécharmant, appellation trop peu utilisée. Le monbazillac classique est un standard du genre en moelleux, accessible et gourmand, tandis que la cuvée Apicula, à 300 g/l, brille par sa concentration, mais pas par sa digestibilité.

▻ Bergerac Bergecrac 2016   7,50 €   14
▻ Bergerac Truculence 2016   19 €   15
▻ Monbazillac 2015   10 €   14,5
▻ VDF Apicula 2012   28 €   13,5
▻ VDF Gaïa 2016   13 €   13
▻ VDF La Gouyate 2016   7,50 €   13,5
▬ Bergerac Bergecrac 2016   7,50 €   14
▬ Bergerac Larcin 2016   14 €   13
▬ Pécharmant 2015   10 €   14,5
▬ Pécharmant Hécate 2015   19 €   15

Le coup de ♥

▬ Pécharmant Louise 2015   35 €   15

Sur la réserve olfactivement, la bouche de cette cuvée concentrée se révèle intense et charpentée. Des notes de pruneau, de cacahuète et de mûre enjouent l'ensemble. Encore un peu compact, il s'ouvrira dans trois à quatre ans.

Rouge : 16 hectares.
Merlot 35 %, Cabernet-Sauvignon 25 %, Cabernet franc 20 %, Malbec (cot) 15 %, Merille 5 %
Blanc : 27 hectares.
Sémillon 35 %, Sauvignon blanc 20 %, Muscadelle 15 %, Chenin 10 %, Sauvignon gris 10 %, Chardonnay 6 %, Ugni blanc (trebbiano) 2 %, Ondenc 2 %
Production moyenne : 90 000 bt/an

CHÂTEAU BAROUILLET

Le Barouillet, 24240 Pomport
05 53 58 42 20 ● **www.barouillet.com** ●
Visites : sans rendez-vous.
Toute l'année de 8h à 12h30 et de 13h30 à 19h. Sur rendez-vous le week-end et jours fériés.
Propriétaire : Vincent Alexis

DOMAINE BELMONT

Ce domaine, créé ex nihilo en 1993, par Christian Belmon, un architecte amoureux du vin, s'est imposé en quelques années comme l'un des plus intéressants de la région. Le choix des cépages (chardonnay pour les blancs, syrah et cabernet franc pour les rouges) n'a pas été laissé au hasard, et tout a été mis en place pour produire le meilleur vin possible. En rouge comme en blanc, le style reflète le terroir calcaire particulier, et s'oriente résolument vers la droiture et la tension. Christian Belmon est décédé prématurément en 2010. Son épouse Françoise est désormais aux commandes, et les vins des derniers millésimes poursuivent l'œuvre initiée.

Les vins : les blancs à base de chardonnay possèdent un bel équilibre, avec un boisé fin et une longueur sapide. Les deux Syrah S sont faciles et gourmandes tandis que les autres rouges devront rester en cave trois à quatre ans pour affiner leur potentiel aromatique.

▷ IGP Côtes du Lot Dolmen 2015   25 €   14,5
▷ IGP Côtes du Lot Montaigne 2015   25 €   15,5
▶ IGP Côtes du Lot Syrah S 2014   14,50 €   15
▶ IGP Côtes du Lot Syrah S 2015   9,50 €   14,5

Le coup de ♥
▶ IGP Côtes du Lot Belmont 2014   19 €   15

Le cabernet franc est assaisonné par les 5 % de syrah. Des tanins élégants entretiennent une sensation charnue, parsemée de notes de cerises sauvages. La longueur, déjà gourmande, se mettra en place après deux ans de garde.

Rouge : 4,6 hectares.
Syrah 52 %, Cabernet franc 48 %
Blanc : 1,4 hectare.
Chardonnay 100 %
Production moyenne : 25 000 bt/an

DOMAINE BELMONT
Le Gagnoulat, 46250 Goujounac
05 65 36 68 51 ●
www.domaine-belmont.com ● Vente et visites : au domaine sur rendez-vous.
Du lundi au vendredi de 8h30 à 18h30.
Le week-end sur rendez-vous.
Propriétaire : Françoise Belmon
Maître de chai : Laurent Fleurat

CLOS BENGUÈRES

Petit domaine familial de la zone occidentale de l'appellation, près de Monein, le Clos Benguères fait partie de ces propriétés à la fois enracinées dans l'histoire du cru et résolument tournées vers l'avenir. Après avoir repris la direction de l'exploitation en 1999, Thierry Bousquet met progressivement en application ses fortes convictions : viticulture bio labellisée, refus de la standardisation des goûts (ce vigneron sensible est un pourfendeur des arômes thiolés, qui font par trop ressembler les jurançons aux côtes-de-gascogne). Parmi ses cuvées au style

généreux et très franc, on rencontrera encore quelques approximations, mais l'avenir est ici, indubitablement.

Les vins : le sec Les Galets est encore un peu primeur, voire strict, mais n'a pas dit son dernier mot. Les Pierres qui Roulent affiche plus d'ambition et un vrai potentiel salin sous son élevage. Plaisir d'Automne 2015 est un vin moelleux digeste et frais, plaisant grâce à ses notes de poire Williams. Le Chêne Couché partira à la cave. Un dosage plus juste des élevages fera progresser le domaine.

▷ Jurançon Plaisir d'Automne 2015   11,50 €   14,5
▷ Jurançon Sec Les Galets 2016   10,50 €   14
▷ Jurançon Sec Les Pierres qui Roulent 2015   18 €   14,5

Le coup de ♥
▷ Jurançon Moelleux Le Chêne Couché 2015   17,50 €   15,5

Le nez, encore un peu boisé, exprime des notes de vanille et de fruits secs. Des notes de châtaigne et de fruits blancs sont un peu enrobées par le sucre et le bois. La longueur sapide tend la finale pour une sensation de digestibilité. Un vin ample et gras, fidèle au millésime dans sa concentration.

Blanc : 4,41 hectares.
Gros Manseng 52 %, Petit Manseng 45 %, Camaralet 3 %
Production moyenne : 20 000 bt/an

CLOS BENGUÈRES ♣
Chemin de l'École, 64360 Cuqueron
06 21 18 57 12 ● www.clos-bengueres.fr ●
Vente et visites : au domaine sur rendez-vous.
De 9h à 18h. Dimanche sur rendez-vous.
Propriétaire : Thierry Bousquet

DOMAINE BERTHOUMIEU

Didier Barré, figure du vignoble, a conduit avec savoir-faire et ambition ce domaine familial. Sa philosophie était d'exploiter la totalité des cépages autorisés, dont le fer servadou. Le domaine a été aujourd'hui cédé à deux autres vignerons emblématiques : Lionel Osmin et Alain Bortolussi, du Château Viella. L'entité devrait être préservée et les deux associés se sont répartis les tâches afin de continuer à respecter les deux zones bien distinctes de Madiran qui composent ce vignoble : une partie argilo-caillouteuse d'exposition sud et une partie argilo-limoneuse à l'est.

Les vins : nous avons dégusté des cuvées élaborées par Didier Barré. Le style est fidèle, fruité et accessible sans perdre en matière. Le blanc laisse entrevoir une cuvée réussie et gastronomique. La cuvée Haute Tradition répond au standard de l'appellation, dense et fruité. La cuvée Charles de Batz reste une référence, avec un réel potentiel de garde. On appréciera le travail de l'élevage, tout en finesse, sur la cuvée MCM 2014. Le Pacherenc du Vic-Bilh est plaisant et gourmand, quoiqu'un peu monolithique dans ses arômes.

- Pacherenc du Vic-Bilh Moelleux Symphonie d'Automne 2015 — 26 € — 13,5
- Pacherenc du Vic-Bilh Sec Les Pierres de Grès 2016 — 11 € — 13,5
- Madiran Charles de Batz 2014 — 15 € — 14,5
- Madiran Haute Tradition 2014 — 9,50 € — 14
- Vin de Liqueur Tanatis 2012 — 16 € — 14

Le coup de ♥
- Madiran Vitis MCM 2014 — 29 € — 15

Le nez est intense, aux senteurs de fruit et de cuir. L'intensité du fruit se prolonge en bouche, intensifiée par des tanins denses et soyeux. La garde permettra à ce vin ouvert d'affiner sa matière et d'affirmer les notes d'épices perçues dans l'allonge.

Rouge : 22 hectares.
Tannat 64 %, Cabernet-Sauvignon 18 %, Cabernet franc 11 %, Pinenc 7 %
Blanc : 3 hectares.
Petit Manseng 61 %, Gros Manseng 28 %, Petit Courbu 11 %
Production moyenne : 180 000 bt/an

DOMAINE BERTHOUMIEU
**Dutour, 32400 Viella
05 62 69 74 05 ●
www.domaine-berthoumieu.com** ● **Vente et visites : au domaine sur rendez-vous. Chaque samedi de 9h à 12h et de 14h à 18h, en semaine sur rendez-vous.
Propriétaire : Famille Bortolussi**

VIGNOBLES ALAIN BRUMONT

Le château Bouscassé est le berceau de la légendaire famille Brumont. Grand bâtisseur de l'appellation, Alain Brumont est une des images incontournables de Madiran. Lorsqu'il a repris les rênes du domaine en 1978, il a convaincu son père de son potentiel et relancé le domaine familial de Bouscassé. Étendu sur 17 ha, le domaine est aujourd'hui maître de 240 ha, principalement plantés sur les crêtes de Maumusson. Dans cette dynamique, il achète en 1980 le Château Montus et ses belles parcelles de tannat, le cépage emblématique. Moteur de l'appellation, il se met à son service pour la promouvoir aux quatre coins du monde. Le style Bouscassé, enrichi de cabernet-sauvignon, se veut plus classique et digeste. Montus porte les marqueurs internationaux : haute maturité, alcool et élevage. Si les deux styles peuvent diviser, ils reflètent bien la double approche d'Alain Brumont.

Les vins : la gamme ratisse l'ensemble des possibilités du tannat. Une des forces des Vignobles Brumont est d'offrir des vins déjà assouplis. Laroche Brumont l'Eglise se montre dense et fruité, tandis que Tour de Bouscassé, un peu plus boisé, sera plus rugueux. Au Château Bouscassé, Argile Rouge est prêt et digeste ; la cuvée Château développe une belle profondeur et affiche sa typicité. Segondine Haut Lieu impose son caractère de cuir et de fruits noirs. La cuvée Vieilles Vignes sera pour les amateur de vins plus serrés. Au Château Montus, les tanins sont plus enrobés, le fruit plus compoté : Montus Prestige étonnera par ses notes de cuir et de goudron, pour les mets riches et puissants ; XL 1996 arrive aujourd'hui à maturité, exprimant des notes de truffe et d'épices. Les blancs sont moins démonstratifs mais précis : le pacherenc sec Château Montus possède mâche et exotisme, tandis que Les Jardins de Bouscassé sera plus fin, teinté d'infusion et de pomme blette. Enfin, Vendémiaire, version moelleuse du pacherenc, combine avec équilibre l'abricot frais, le raisin de Corinthe et la truffe.

- Pacherenc du Vic-Bilh Château Montus Blanc 2013 — N.C. — 14,5
- Pacherenc du Vic-Bilh Sec Château Bouscassé Jardins 2012 — N.C. — 15
- Madiran Château Bouscassé Argile Rouge 2008 — N.C. — 14
- Madiran Château Bouscassé Segondine Haut Lieu 2009 — N.C. — 14,5
- Madiran Château Bouscassé Vieilles Vignes 2007 — 26,80 € — 14,5
- Madiran Château Montus 2012 — 20,90 € — 14
- Madiran Château Montus Prestige 1999 — N.C. — 14,5
- Madiran Château Montus XL 1996 — N.C. — 15
- Madiran Laroche Brumont-Eglise 2010 — N.C. — 14,5
- Madiran Tour Bouscassé 2012 — N.C. — 14

SUD-OUEST

▷ Pacherenc du Vic-Bilh Moelleux Château Bouscassé Vendémiaire 2010   N.C.   16

Le coup de ♥
▬ Madiran Château Bouscassé 2013   N.C.   15,5

La précision de la matière entretient la force qui se dégage de ce vin. Amples, les tanins encore denses restent intégrés à la matière et soutiennent un fruité généreux. Les notes de cacao portent l'allonge avec puissance.

Rouge : 225 hectares.
Tannat 70 %, Cabernet-Sauvignon 24 %, Cabernet franc 4 %, Pinot noir 2 %
Blanc : 45 hectares.
Courbu 80 %, Petit Manseng 20 %
Production moyenne : 1 100 000 bt/an

VIGNOBLES ALAIN BRUMONT
32400 Maumusson-Laguian
05 62 69 74 67 ● www.brumont.fr ● Vente et visites : au domaine sur rendez-vous.
Sur rendez-vous.
Propriétaire : Alain Brumont

CAUSSE MARINES

Ce domaine affirme ses convictions au travers de vins fermes, droits et très personnels. Tous les gaillacs, en blanc comme en rouge, sont des signatures singulières de cépages, de terroirs, de degrés de maturité ou de styles de vinification. Affranchies de l'appellation, les cuvées reflètent une vraie recherche d'expressions nouvelles et innovantes. Un passage en carafe facilite grandement l'expression totale des vins.

Les vins : les effervescents, élaborés en méthodes ancestrales, sont fruités à souhait, et un peu riche pour le rosé Raides Bulles. Les blancs, Zacmau et Dencon, relèvent d'un style ample, un peu marqué par le bois. Les Greilles se montre plus classique et fruité. Zacm'orange est fait pour la table. Rat des Pâquerettes reflète l'expression du duras, tandis que les cuvées Causses Toujours et 7 Souris sont plus construites et affichent une belle maîtrise des maturités et tanins. Le gaillac rouge offre matière et sapidité.

▷ Gaillac Les Greilles 2016   12,50 €   14
▷ VDF Dencon 2015   17 €   13,5
▷ VDF Presqu'Ambulles 2015   12,50 €   14
▷ VDF ZacMau 2015   17 €   13,5
▷ VDF Zacm'Orange 2016   17,50 €   14
▷ VDF Mousseux Demi-Sec Raides Bulles 2015   13,50 €   13

▬ Gaillac Peyrouzelles 2016   11,50 €   14,5
▬ VDF 7 Souris 2015   32 €   14
▬ VDF Causse Toujours 2015   17 €   14,5

Le coup de ♥
▬ VDF Du Rat des Pâquerettes 2016   13,50 €   15

Des senteurs de petits fruits rouges aiguisent son nez élégant. Fruité à souhait, le duras offre ici un vin charnu, intense et marqué par les fruits noirs et l'épice. Les tanins pulpeux entretiennent l'expression aromatique dans l'allonge.

Rouge : 6 hectares.
Syrah 35 %, Duras 35 %
Blanc : 6 hectares.
Mauzac 60 %, Muscadelle 27 %, Ondenc 7 %, Sémillon 6 %
Production moyenne : 50 000 bt/an

CAUSSE MARINES ☾
Le Causse, 81140 Vieux
05 63 33 98 30 ● www.causse-marines.com
● Vente et visites : au domaine sur rendez-vous.
Propriétaire : Patrice Lescarret et Virginie Maignien

LE CLOS D'UN JOUR

Dans un environnement préservé, Véronique et Stéphane Azémar bichonnent leurs 7 hectares de vignes, vendangées entièrement à la main, l'élevage variant selon les cuvées (fût de chêne, cuve et même jarre en terre cuite, une expérience loin d'être anecdotique).

Les vins : le domaine ne nous ayant pas fait parvenir ses vins cette année, nous sommes amenés à reconduire les notes et les commentaires de notre édition précédente. La recherche de parfums subtils et d'une matière qui dompte la fermeté du malbec est évidente, mais elle ne doit pas se faire au détriment de la droiture. Le Clos d'un Jour 2014 se montre agréablement fruité mais laissez-le s'assouplir un an en cave. La cuvée Un Jour sur Terre 2014 se démarque par la délicatesse de sa texture et son parfum floral. Les vins devront gagner en tension et en précision pour que le domaine reprenne son étoile, que nous lui avons retiré l'année dernière.

▬ Cahors 2014   11 €   14
▬ Cahors Un Jour... 2013   17 €   14,5
▬ Cahors Un Jour sur Terre 2014   17 €   15,5

Rouge : 6,5 hectares.

Malbec (cot) 95 %, Merlot 5 %
Blanc : 0,5 hectare.
Noual 60 %, Chenin 40 %
Production moyenne : 20 000 bt/an

LE CLOS D'UN JOUR ♣
46700 Duravel
05 65 36 56 01 ● **www.leclosdunjour.fr** ●
Vente et visites : au domaine sur rendez-vous.
De 9h à 19h.
Propriétaire : Véronique et Stéphane Azémar

NOUVEAU DOMAINE

CHÂTEAU COMBEL LA SERRE

Jean-Pierre et son fils Julien Ilbert veillent aujourd'hui à la destinée de ce domaine créé en 1901, situé à 17 km de Cahors. Ils ont quitté la cave coopérative en 1998 pour devenir vignerons, et sont engagés en conversion bio depuis 2013. Leur domaine de 23 ha, planté de malbec, développe les différentes facettes qu'offre ce cépage. Sur le plateau de Cournou, ils montrent un style intermédiaire qui associe l'approche fruité et gourmande à la profondeur que peut leur donner les sols argilo-calcaires. Si l'on peut saluer la démarche d'une recherche parcellaire, la multitude de cuvées ne démontre pas encore de réelle nuance dans le verre. À ne pas rater : un blanc 100 % vermentino, tonique et rafraîchissant. Nous sommes ravis de le faire apparaître cette année dans nos pages.

Les vins : une vision actuelle de Cahors, à la fois moderne et authentique. Le blanc De la Terre à la Lune, 100 % vermentino, se déguste sec, sur la vivacité et les notes de fleur d'acacia. Le rosé, justement appelé L'Épatant antidote à la chaleur des Causses, s'avère frais, digeste et gourmand. Les rouges sont ici 100 % malbec. La Vigne juste derrière chez Carbo 2016 est élaborée en macération carbonique pour une consommation immédiate. Les cuvées Le Pur Fruit du Causses et Château sont des assemblages de terroirs, aux tanins mûrs et accrocheurs, dominés par les arômes de griottes. Les autres cuvées représentent un vrai travail parcellaire. Au Cerisier, élevé en cuve, est plus dense et affiche des notes de violette et de cassis. Le Lac aux cochons, sombre et dense, se révèle d'une grande matière, et devra attendre trois à quatre ans en cave. Hélas, la multiplicité des cuvées brouille un peu le message.

▷ IGP Côtes du Lot De la Terre à la Lune 2016   12 €   14
▷ VDF L'épatant antidote à la chaleur du Causse 2016   7 €   13,5
▬ Cahors 2014   10,90 €   14
▬ Cahors Au Cerisier 2015   15 €   14,5
▬ Cahors Le Lac aux Cochons 2014   25 €   15,5
▬ Cahors Le Pur Fruit du Causse 2015   7,50 €   13
▬ IGP Côtes du Lot La Vigne juste derrière chez Carbo 2016   8,80 €   13,5

Le coup de ♥
▬ Cahors Les Peyres Levades 2014   25 €   16

Le nez est intense et profond. La bouche est dense, charnue, structurée par des tanins fins et élégants. Le fruité charme, complété de notes racinaires, d'épices et de cacao. Une superbe longueur charnue. À boire dans les 3 à 5 ans.

Rouge : 21 hectares.
Malbec (cot) 100 %
Blanc : 1 hectare.
Vermentino 100 %
Production moyenne : 100 000 bt/an

CHÂTEAU COMBEL LA SERRE ♣
Cournon, Lieu-dit La Serre,
46140 Saint-Vincent-Rive-d'Olt
05 65 30 71 34 ● **www.combel-la-serre.com**
● **Visites : sans rendez-vous.**
Du lundi au samedi de 9h à 12h et de 14h à 18h.
Propriétaire : Julien Ilbert

DOMAINE DU CROS

Le vignoble de Marcillac est en pleine croissance qualitative et possède de nombreux atouts pour briller. Philippe Teulier, actuel président de l'appellation, en est aussi le plus important producteur indépendant, ainsi que son meilleur ambassadeur. Le style de ses vins, sage et maîtrisé, reflète avec une parfaite sincérité toutes les qualités du fer servadou, appelé mansois dans l'Aveyron et braucol à Gaillac, qui s'exprime à Marcillac avec davantage de fraîcheur et d'originalité qu'ailleurs dans le Sud-Ouest.

Les vins : la friandise est le maître mot des vins à base de mansois. Lo Sang del País, toujours enjoué et friand, reste un vin de plaisir facile et jouissif. La générosité et la puissance du millésime 2015 permettent à la cuvée Vieilles Vignes d'atteindre un niveau d'équilibre rare.

SUD-OUEST

- Marcillac Lo Sang del País 2016 — 7,50 € — 14

Le coup de ♥
- Marcillac Vieilles Vignes 2015 — 11 € — 15

Nez intense, poivré, exhalant la violette et les fruits noirs. Belle trame : le vin est construit, ample, généreux. Au programme : fruit en gelée, fraise, réglisse, et longueur sapide.

Rouge : 31 hectares.
Fer servadou (braucol) 100 %
Blanc : 2 hectares.
Production moyenne : 165 000 bt/an

DOMAINE DU CROS
Le Cros, 12390 Goutrens
05 65 72 71 77 •
www.domaine-du-cros.com • Vente et visites : au domaine sur rendez-vous.
Du lundi au samedi de 9h à 12h et de 14h à 18h.
Propriétaire : Philippe et Julien Teulier
Maître de chai : Philippe et Julien Teulier

CHÂTEAU FLOTIS

Géré par la famille Ribes (également propriétaire du domaine Le Roc), bien connue à Fronton, ce domaine a mis un certain temps à trouver ses marques. Le style est désormais flamboyant ; les cépages classiques de l'appellation, négrette, syrah et cabernet-sauvignon, y développent une grande expressivité aromatique. Flotis produit des vins structurés et intenses, plus "virils" que ceux du domaine Le Roc, parfois un peu difficiles d'accès mais très riches en caractère.

Les vins : le rosé offre les marqueurs de fraise et de framboise de la négrette et du gamay. L de Flotis rouge séduit par son caractère immédiat, Jeanne est plus serré et dense, teinté de réglisse et de cassis. Si Noire s'impose comme la cuvée la plus aboutie.

- Fronton L de Flotis 2016 — 8 € — 13,5
- Fronton Jeanne 2015 — 10 € — 13,5
- Fronton L de Flotis 2015 — 8 € — 14

Le coup de ♥
- Fronton Si Noire 2015 — 15 € — 15

Le nez charme, teinté de poivre noir. La bouche est dense, intense et sans agressivité, grâce à une acidité sous-jacente tonique. Les notes de fruits noirs et de réglisse enjolivent l'ensemble. Belle longueur gourmande.

Rouge : 25 hectares.
Négrette 60 %, Syrah 20 %, Gamay noir à jus blanc 15 %, Cabernet-Sauvignon 5 %
Blanc : 1 hectare.
Chardonnay 80 %, Muscadelle 20 %
Production moyenne : 70 000 bt/an

CHÂTEAU FLOTIS ♣
1013, chemin de Flotis, 31620 Castelnau d'Estrefonds
06 10 45 87 76 • www.chateau-flotis.com •
Vente et visites : au domaine sur rendez-vous.
Propriétaire : Cathy Ribes et Katia Garrouste

DOMAINE GUTIZIA

C'est en 2011 que Cécile Sabah et Sébastien Clauzel réalisent leur rêve basque. Après des vinifications dans le Bordelais et dans la vallée du Rhône, ils dénichent 4,5 ha de vignes de tannat, de cabernet-sauvignon et de cabernet franc en fermage, à Irouléguy. Les vins des premiers millésimes se montrent convaincants. Dans une appellation où les rouges tanniques demandent du temps pour se détendre tranquillement en cave, le couple de trentenaires parvient à vinifier des rouges accessibles jeunes, tout en gardant des matières concentrées pour les faire vieillir quelques années. Un hectare et demi de gros et de petits mansengs vient d'être planté pour produire un blanc.

Les vins : on notera la puissance fruitée des vins rouges, généreux et typés. La cuvée classique, à base majoritaire de cabernet franc et de cabernet sauvignon, se montre juteuse à souhait tandis que le soin apporté à la cuvée Dotorea, à majorité de tannat, laisse entrevoir un beau potentiel.

- Irouléguy 2016 — 10 € — 14

Le coup de ♥
- Irouléguy Dotorea 2016 — 14 € — 14,5

La densité de la matière laisse paraître un fruité gourmand de myrtilles et de cassis, même si la cuvée se trouve encore un peu fermée. Une garde de trois à quatre ans lui permettra d'affiner ses tanins. À carafer.

Rouge : 4 hectares.
Cabernet franc 35 %, Tannat 35 %, Cabernet-Sauvignon 30 %
Blanc : 1,5 hectare.
Gros Manseng 60 %, Petit Manseng 40 %
Production moyenne : 9 500 bt/an

DOMAINE GUTIZIA
Quartier Leispars,
64430 Saint-Étienne-de-Baïgorry

05 59 37 52 84 ● www.gutizia.fr ● Vente et visites : au domaine sur rendez-vous. Visite accompagnée d'un sentier pédagogique.
Propriétaire : Sébastien Clauzel et Cécile Sabah

CHÂTEAU HAUT-MONPLAISIR

Dirigé par Cathy et Daniel Fournié, le domaine compte 18 ha de vignes, essentiellement situées sur la troisième terrasse du Lot, qu'ils ont converties en bio en 2009. Les blancs et rosés restent un peu simples, mais on notera une vrai réflexion sur les élevages afin de mieux les intégrer à la matière. La cuvée sans soufre ne manque pas d'intérêt.

Les vins : le blanc est facile d'accès et manque un peu de fond. Le rosé se teinte de friandes notes de framboise et pamplemousse rose. En Cahors, L'Envie exprime un fruit intense. Le Tradition offre des tanins précis, une bouche ample et des notes de fruits cuits, arborant ainsi une belle typicité. Pur Plaisir est une vision plus technique et internationale du malbec, au boisé dominant.

▱ IGP Côtes du Lot Sec Monplaisir 2016	8 €	13,5
▬ IGP Côtes du Lot Sec Monplaisir 2015	6,50 €	13,5
▬ Cahors L'Envie (Sans soufre ajouté) 2016	14,50 €	14
▬ Cahors Pur Plaisir 2014	26 €	14
▬ Cahors Tradition 2014	8 €	14,5

Le coup de ♥

▬ Cahors Prestige 2014	13 €	15,5

Déjà ouvert, ample et intensément fruité. La chair et les tanins fins structurent une bouche intense. L'élevage soutient l'expression des fruits noir et du cuir. La longueur s'étire avec finesse.

Rouge : 27 hectares.
Malbec (cot) 50 %, Merlot 25 %, Cabernet franc 25 %
Blanc : 3 hectares.
Chardonnay 60 %, Viognier 40 %
Production moyenne : 150 000 bt/an

CHÂTEAU HAUT-MONPLAISIR ♣
46700 Lacapelle-Cabanac
05 65 24 64 78 ●
www.chateauhautmonplaisir.fr ● Vente et visites : au domaine sur rendez-vous.
Du lundi au vendredi de 9h à 12h et de 14h à 18h. Samedi ouvert en période estivale.
Propriétaire : Cathy et Daniel Fournié

CHÂTEAU LES HAUTS DE CAILLEVEL

Sylvie Chevallier organisait des événements sportifs et Marc Ducrocq était l'un des responsables du Paris-Dakar. Ils ont effectué un virage à 180 degrés en devenant vignerons à Bergerac. Disposant d'un vignoble de près de 18 ha en bio d'un seul tenant, au lieu-dit Caillevel (caillou sur le vallon), le couple produit des rouges, blancs secs et moelleux sincères et gourmands, voire de magnifiques monbazillacs de garde lors des grands millésimes. La gamme est d'un excellent rapport qualité-prix.

Les vins : le bergerac blanc Fleur de Roche et le rouge Fruissance privilégient une approche fruitée qui les rend immédiat et gourmand. Les côtes-de-bergerac s'avèrent plus structurés et denses, avec un choix judicieux de grands contenants de 300 ou 400 litres pour l'élevage, permettant de ne pas gommer le fruit par un boisé trop puissant. Les Terres Chaudes se dégustera dans deux à trois ans tandis qu'Ebène prouve que de grands rouges peuvent naître dans le bergeracois. Les moelleux sont de belle facture même si la haute maturité de 2015 alourdit un peu la structure. Grains de Folie 2009 est un liquoreux de garde qui s'ouvre à peine.

▱ Bergerac Fleur de Roche 2016	6,50 €	14
▱ Monbazillac Grains de Folie 2009	15,50 €	14
▱ Monbazillac Les Brumes 2015	11,90 €	13,5
▬ Bergerac Fruissance 2016	6,60 €	13,5
▬ Côtes de Bergerac Les Terres Chaudes 2015	9,95 €	14,5

Le coup de ♥

▬ Côtes de Bergerac Ebène 2015	15,50 €	15

Son nez déjà ouvert traduit la générosité du millésime par des notes de myrte, de genièvre et d'herbes aromatiques. La bouche est dense, structurée par des tanins fins. Un vin sapide à garder deux à quatre ans.

Rouge : 9,4 hectares.
Merlot 42 %, Cabernet-Sauvignon 30 %, Cabernet franc 21 %, Malbec (cot) 5 %, Merille 2 %
Blanc : 8,05 hectares.

SUD-OUEST

Sémillon 47 %, Sauvignon blanc 25 %, Muscadelle 17 %, Sauvignon gris 6 %, Ugni blanc (trebbiano) 2 %, Chenin 2 %
Production moyenne : 50 000 bt/an

CHÂTEAU LES HAUTS DE CAILLEVEL ♣
24240 Pomport
06 10 86 43 15 ●
www.leshautsdecaillevel.fr ● Vente et visites : au domaine sur rendez-vous. De 9h à 12h et de 14h à 18h.
Propriétaire : Sylvie Chevallier
Maître de chai : Marc Ducrocq

CHÂTEAU LA REYNE

Johan Vidal a relancé et restructuré le domaine familial, en s'efforçant d'augmenter les densités de plantation, de diminuer les rendements et de construire une gamme homogène, marquée par des vinifications plus adaptées. Les vins associent couleur et intensité de fruit, tout en s'affinant dans l'extraction des tanins. Les derniers millésimes sont d'un très bon niveau, avec des cuvées séduisantes, au boisé de mieux en mieux maîtrisé, et dotées d'une définition plus précise du fruit.

Les vins : la puissance du millésime a certainement incité ce vigneron à amplifier ses élevages. Dommage, car on y perd en fruité et en charme. D'un style international, le blanc est gras et onctueux. Le cahors prestige s'ouvrira plus tôt, tandis que L'Excellence, fermé, traduit la générosité de l'élevage. Le Vent d'Ange paraît plus équilibré et abouti.

IGP Côtes du Lot Elio 2015	11,50 €	13
Cahors L'Excellence 2015	20 €	13,5
Cahors Le Prestige 2015	10 €	13,5

Le coup de ♥

Cahors Vent d'Ange 2015	37 €	14,5

Il devra digérer son ambitieux élevage : fruité et cendré, on y décèle un potentiel aromatique en devenir, aujourd'hui dominé par les notes de torréfaction.

Rouge : 32 hectares.
Malbec (cot) 85 %, Merlot 10 %, Tannat 5 %
Blanc : 2 hectares.
Chardonnay 95 %, Viognier 5 %
Production moyenne : 190 000 bt/an

CHÂTEAU LA REYNE
Leygues, 46700 Puy-l'Évêque
05 65 30 82 53 ● chateaulareyne.unblog.fr
● Vente et visites : au domaine sur rendez-vous.

Du lundi au vendredi de 9h à 12h et de 14h à 19h. Sur rendez-vous le week-end et jours fériés.
Propriétaire : Johan Vidal

CHÂTEAU LAGRÉZETTE

Alain-Dominique Perrin n'a rien laissé au hasard pour faire du château Lagrézette le chef de file de l'appellation Cahors. Des travaux impressionnants ont été effectués au vignoble et au chai pour produire le meilleur vin possible. Sur les conseils de l'œnologue bordelais, Michel Rolland, les principes fondés sur la faible charge de raisins par pied et la recherche de maturité optimale ont été appliqués sans tabou. Si les différentes cuvées ne pèchent jamais par manque de concentration, le boisé, souvent trop appuyé, n'apporte rien à l'expression du caractère d'un grand cahors.

Les vins : Le Rosé de Julie sera idéal pour les chaleurs à venir. Le blanc Merveille de Rocamadour maîtrise avec justesse la puissance aromatique du viognier. Les rouge offrent ici une vision internationale du cahors. Le Château Lagrezette sera prêt dès que son boisé, surmûri et compoté, sera digéré, dans quatre à cinq ans. L'importance des élevages des deux grandes cuvées Paragon et Pigeonnier démontre l'ambition du domaine mais les vins manquent de digestibilité.

IGP Côtes du Lot Merveilles de Rocamadour 2015	22 €	14,5
IGP Côtes du Lot Le Rosé de Julie 2016	16 €	13,5
Cahors Chevalier du Château Lagrézette 2015	16 €	14
Cahors Château Lagrézette 2014	30 €	14,5
Cahors Le Pigeonnier 2014	200 €	14,5

Le coup de ♥

Cahors Paragon 2014	140 €	15

Un nez concentré et encore un peu réservé laisse entrevoir un beau potentiel. La bouche est dense et puissante, avec des tanins encore un peu fermes et un élevage marqué. Des notes de cuir et d'épices se distinguent. Gardez-le quatre ou cinq ans en cave.

Rouge : 76 hectares.
Malbec (cot) 82 %, Merlot 13 %, Syrah 2 %, Tannat 2 %, Cabernet franc 1 %
Blanc : 9 hectares.
Chardonnay 69 %, Viognier 23 %, Muscat à petits grains blancs 8 %
Production moyenne : 300 000 bt/an

CHÂTEAU LAGRÉZETTE
46140 Caillac
05 65 20 07 42 ●
www.chateau-lagrezette.tm.fr ●
Visites : sans rendez-vous.
Tous les jours de 9h à 12h et de 14h à 18h.
Propriétaire : Alain-Dominique Perrin
Maître de chai : Cédric Blanc

CHÂTEAU LAMARTINE

La famille Gayraud, représentée par Alain jusqu'en 2015, prépare l'avenir. Benjamin, riche d'expérience viticole dans l'hémisphère sud, a rejoint le domaine. Sa sœur, Lise, qui fini ses études, va également le rejoindre. Le domaine propose les grands classiques de l'appellation : des vins toujours remarquablement vinifiés et issus des plus beaux terroirs et notables expositions du secteur de Soturac. Outre le cahors classique, le domaine produit deux cuvées spéciales : Cuvée Particulière et Expression. La première présente un profil élégant et fruité, la seconde est plus enrobée par l'élevage de vingt mois en fût neuf. La nouvelle cuvée, Tandem, a été créée pour marquer l'arrivée de cette nouvelle génération.

Les vins : les cuvées affirment la marque typique du cahors, dense et profond. Le cahors Château Lamartine 2014 est déjà bien épanoui. Le fruit domine le style qui se complexifie dans la Cuvée Particulière, un style remarquablement maîtrisé compte tenu du nombre de bouteilles produites. La cuvée Expression, plus ambitieuse en bois, nécessitera une courte garde pour digérer l'élevage un peu généreux, surtout en 2015. Reste à découvrir l'évolution des vins élaborés par le "tandem" familial. On nous annonce déjà un blanc à venir.

▬ Cahors 2014	8,50 €	14
▬ Cahors Cuvée Particulière 2014	12 €	14,5
▬ Cahors Cuvée Particulière 2015	12 €	14,5
▬ Cahors Expression 2014	24 €	15,5
▬ Cahors Expression 2015	24 €	14,5

Le coup de ♥
▬ Cahors Tandem 2016   9,50 € 15

Une réelle pureté de fruit le caractérise. Sans rechercher la puissance, ce vin facile d'accès et plaisant remplit la bouche avec gourmandise. Soyeuses, les notes de cassis et de myrtille enjolivent la longueur sapide.

Rouge : 35 hectares.
Malbec (cot) 93 %, Tannat 4 %, Merlot 3 %
Blanc : 2,5 hectares.
Production moyenne : 220 000 bt/an

CHÂTEAU LAMARTINE
Lamartine, 46700 Soturac
05 65 36 54 14 ●
www.cahorslamartine.com ● **Vente et visites : au domaine sur rendez-vous.**
Du lundi au samedi de 9h à 12h et de 14h à 18h30.
Propriétaire : Alain Gayraud

LESTIGNAC

Camille et Mathias Marquet font partie de ces jeunes vignerons qui font bouger les lignes à Bergerac. Sortis des études (de psychologie pour elle et de commerce et de viticulture pour lui) puis d'un voyage en Nouvelle-Zélande, ils reprennent en 2008, la ferme familiale de Sigoulès, qui était sur le point d'être vendue. Dès le départ, ils orientent le vignoble de 12 ha vers le bio puis vers la biodynamie, avec une approche peu interventionniste en cave. Sans être extrémistes du "sans soufre ajouté", ces vignerons curieux s'essaient à différents contenants de vinification et d'élevage et nous font explorer des blancs (sauvignon principalement) et des rouges (merlot, cabernet franc et cabernet-sauvignon) sincères, proches du fruit mais qui révèlent une certaine profondeur.

Les vins : le blanc, élevé en barrique, affiche une belle matière sans excès de bois. Les cuvées Plouf et Va te faire boire sont travaillées pour un plaisir immédiat et pourraient être un peu plus personnalisées. Leur originalité tient dans l'utilisation du sémillon blanc dans les assemblages, de 30 à 40 %, pour les assouplir. L'évolution annuelle des noms de cuvées ne facilite guère l'identification du style des vins. La cuvée Racigas montre un réel intérêt et prouve un vrai travail de terroir. La voie à suivre pour les autres cuvées ?

▭ VDF Croivé 2015	16 €	14
▬ VDF Plouf 2015	16 €	13
▬ VDF Va te faire boire 2016	12 €	13,5

Le coup de ♥
▬ VDF Racigas 2015   24 € 15,5

Les tanins fins et élégants constituent l'ossature de ce vin 100 % merlot. Le fruit se dévoile sur des notes de cassis et de violette, teintées d'une touche de torréfaction. Une sensation de profondeur émerge dans la longueur. Il se dévoilera dans trois ans.

Rouge : 6 hectares.
Merlot 50 %, Cabernet franc 40 %,
Cabernet-Sauvignon 10 %
Blanc : 6 hectares.
Sémillon 50 %, Sauvignon blanc 40 %,

SUD-OUEST

Muscadelle 7 %, Ugni blanc (trebbiano) 3 %
Production moyenne : 35 000 bt/an

LESTIGNAC ♣
4, route de Sigoulès, 24240 Sigoulès
05 53 23 74 86 •
chateaulestignac.weetoolbox.com • Vente et visites : au domaine sur rendez-vous.
Propriétaire : Camille et Mathias Marquet

MAS DEL PÉRIÉ

Fabien Jouves a repris en 2006 un vignoble familial situé sur les coteaux de Trespoux, secteur le plus élevé de l'appellation. En viticulture bio, ce domaine propose une vision intelligente et moderne du vin de Cahors, s'appuyant sur une volonté de préserver le fruité du malbec tout en retranscrivant l'expression des terroirs. Les vins produits hors du cadre de l'appellation se font remarquer par leur justesse, leur spontanéité et leur fraîcheur. Les sélections parcellaires, les longs élevages sur lies se revendiquent d'un modèle bourguignon, affiché également par la forme des bouteilles, inhabituelle à Cahors. Cette adresse commence à sérieusement compter et fait grand bien à son appellation

Les vins : le blanc de chenin, facile et frais, exprime un fruit généreux. Les rouges sont digestes et énergiques : l'élevage sans barrique de chêne préserve la pureté du fruit. La Roque est une approche légère et gourmande du malbec. Les Escures offre une vision plus concentrée et subtilement saline en finale. Les Acacias paraît la cuvée la plus aboutie. Les autres cuvées sont travaillées en contenants plus originaux : Amphore, déjà ouvert et un peu plus animal ; B737, élevé en cuve ovoïde, qui possède une structure dense et profonde, marquée par le cassis, et des tanins élégant.

▱ VDF Les Pièces Longues 2016	20 €	13,5
▬ Cahors Amphore 2016	29 €	14,5
▬ Cahors B763 2015	49 €	15
▬ Cahors La Roque 2016	16 €	13,5
▬ Cahors Les Escures 2016	11 €	15

Le coup de ♥
▬ Cahors Les Acacias 2015   25 €   15,5

Le nez aux notes de cuir est encore un peu sur la réserve. La bouche, dense, exprime déjà une belle complexité. Les touches typique de fruits noirs sont complétés par de raffinées saveurs de bois noble, de tabac et de thé fumé. L'allonge s'étire de manière digeste, sans dureté.

Rouge : 18 hectares.

Malbec (cot) 100 %
Blanc : 2 hectares.
Chenin 100 %
Production moyenne : 80 000 bt/an

MAS DEL PÉRIÉ ☾
Le Bourg, 46090 Trespoux-Rassiels
05 65 30 18 07 • www.masdelperie.com •
Vente et visites : au domaine sur rendez-vous.
Propriétaire : Fabien Jouves

LIONEL OSMIN & CIE

Installé à Pau, ce dynamique négociant s'est officiellement lancé en 2010. Lionel Osmin propose des vins d'appellations du Sud-Ouest, mettant en avant la variété des cépages locaux et le caractère des terroirs. Travaillant en partenariat étroit avec des vignerons, cette signature qualitative produit des vins à prix sages et très habilement vinifiés. En écho aux sensibilités actuelles, ils valorisent le fruit dans l'optique d'une consommation précoce. La qualité exemplaire des derniers millésimes a conduit La RVF à lui décerner le prix de "Négociant de l'année 2015". Une nouvelle gamme a vu le jour, où Lionel Osmin met en lumière des cuvées de vieux (ou plus récents) cépages du Sud-Ouest : mauzac, ondenc, abouriou, prunelard et ekigaïna. À travers ces variétés, une partie de l'histoire de la région est à découvrir.

Les vins : balayant l'ensemble du Sud-Ouest, les vins se déclinent dans des registres variés et adaptés à tous les moments. Les approches de vins monocépages favorisent la découverte. Une mention pour l'Ondenc, floral et digeste, au boisé bien intégré. Le côtes-du-marmandais, à base d'abouriou, recèle un vrai bonheur fruité ; idem pour le VDF Ekigaïna, issu de ce cépage oublié (croisement entre le tannat et le cabernet-sauvignon créé en 1955) et destiné aux beaux jours. Le buzet et le cahors se révèlent construits et plus denses, taillés pour la garde. Les jurançons (le sec Cami Salié et le moelleux Foehn) possèdent une trame acide qui les rend dynamiques. L'irouleguy blanc s'avère un peu plus en retrait car un peu court, tandis que le rouge se révèlera dans trois ou quatre ans. Le vin moelleux Chambre d'amour, miellé et floral, intègre avec élégance ses 58 g/l de sucre : un futur plaisir facile et fruité. La cuvée Solera, élaborée comme un maury, c'est-à-dire en bonbonne et au soleil, s'impose comme une curiosité gourmande de fin de repas.

▱ IGP Comté Tolosan Ondenc 2015	11 €	14
▱ Irouléguy Euskal Egun 2015	29 €	13,5

⊂ Jurançon Moelleux Foehn 2012	18,90 €	14
⊂ Jurançon Sec Cami Salié 2015	12,50 €	13
⊂ VDF Moelleux Villa Chambre d'Amour 2016	7,90 €	14,5
■ Buzet Merlot et Cabernet Sauvignon 2015	8,90 €	13,5
■ Cahors 2014	9,90 €	14
■ Côtes du Marmandais Abouriou 2015	11 €	14,5
■ Irouléguy Donibane 2014	24,90 €	13,5
■ VDF Ekigaïna 2015	11 €	13,5

Le coup de ♥

■ VDL Estela Solera 2012	29,50 €	15

Charmeuses, les effluves de pruneau et de fruit cuit signent une approche gourmande. La bouche est intense, combinant les notes de quetsches en confiture et de thé noir. La longueur s'étire sur de plaisantes notes de cacao. Pour les plaisirs automnaux.

Rouge : 40 hectares.
Blanc : 60 hectares.
Production moyenne : 950 000 bt/an

LIONEL OSMIN & CIE
**ZI Berlanne, 6, rue de l'Ayguelongue, 64160 Morlaàs
05 59 05 14 66 ● www.osmin.fr ● Pas de visites.
Propriétaire : Lionel Osmin
Maître de chai : Damiens Sartori**

PRODUCTEURS PLAIMONT

Issu du regroupement de plusieurs structures coopératives dans les années 70, Plaimont est aujourd'hui l'un des acteurs majeurs du Sud-Ouest (40 millions de bouteilles vendues annuellement) et communicationnel, assurant par exemple 98 % de la production de l'appellation Saint-Mont. Sous la houlette de dirigeants visionnaires, Plaimont Producteurs est à l'origine de nouveaux paradigmes qui ont sauvé le vignoble gascon. Très au point techniquement, cette mégastructure s'affirme depuis quelques années au travers de vins de niche, reflets des terroirs, visant la grande expression du patrimoine humain et végétal. La sensibilité esthétique fait son chemin, avec des cuvées haut de gamme beaucoup plus subtiles et plaisantes que naguère.

Les vins : les blancs se trouvent un peu en retrait en 2015. Les Vignes Retrouvées affirme un caractère floral et facile d'accès, déjà prêt à boire. L'Empreinte, frais et vif, manque un peu de complexité. La cuvée Le Faîte se montre plus réussie, empreinte de minéralité et d'un vrai potentiel de garde. La pluralité des cuvées en rouge offre un intéressant aperçu des possibilités de la région. Les rouges de l'AOC Saint-Mont, à base de tannat, cabernet sauvignon et de pinenc (autre nom du fer servadou) se déclinent dans plusieurs styles, notamment les 2014. Le Château Saint-Go possède une structure tannique dense et une rusticité charmeuse. L'Absolu des Trois Terroirs, assemblage des nuances géologiques de l'appellation, joue le charme et la gourmandise. Les Vieilles Vignes, ouvert et facile d'accès, est travaillé sur le fruit. Le Vignes Préphylloxériques 2015 issu de tannat et pinenc possède profondeur, arômes de fruits noirs et cacao. Patientez au moins cinq ans pour l'apprécier. Monastère 2008, mature, dévoile des notes de truffes, de cuir : prêt à boire. Les madirans reflètent avec brio la puissance de ce terroir.

⊂ Pacherenc du Vic-Bilh Moelleux Saint-Albert 2015	15 €	14,5
⊂ Pacherenc du Vic-Bilh Moelleux Saint-Sylvestre 2014	35 €	15
⊂ Saint-Mont L'Empreinte 2015	12 €	13
⊂ Saint-Mont Le Faîte 2015	18 €	14
⊂ Saint-Mont Les Vignes Retrouvées 2015	7,80 €	13,5
■ Château Arricau Bordes 2014	12,95 €	14,5
■ Madiran Plénitude 2014	17 €	15
■ Saint-Mont Château Saint-Go 2014	9,80 €	13,5
■ Saint-Mont L'Absolu des Trois Terroirs 2014	17 €	14,5
■ Saint-Mont Monastère de Saint-Mont 2008	17 €	14,5
■ Saint-Mont Vignes Préphylloxériques 2015	65 €	16
■ Vieilles Vignes 2014	7,50 €	14

Le coup de ♥

■ Saint-Mont La Madeleine 2015	35 €	15,5

Élevé dans des fûts de 400 litres, le vin offre un nez raffiné, subtilement cacaoté. Belle chair, au caractère de cerises noires. La structure dense et puissante est raffermie par des tanins encore un peu durs. L'allonge enjolive l'ensemble par ses senteurs de poivre et de cuir. Parfait dans deux ou trois ans.

Rouge : 1 300 hectare.
Tannat 65 %, Pinenc 15 %,
Cabernet-Sauvignon 10 %, Cabernet franc 10 %
Blanc : 1 200 hectare.
Gros Manseng 70 %, Arrufiac 15 %, Courbu 15 %
Production moyenne : 40 000 000 bt/an

SUD-OUEST

PRODUCTEURS PLAIMONT
Route d'Orthez, 32400 Saint-Mont
05 62 69 62 87 ● www.plaimont.com ●
Vente et visites : au domaine sur rendez-vous.
Du lundi au samedi de 9h à 12h30 et de 14h30 à 19h. Le dimanche de 14h à 18h pendant l'hiver et de 10h à 19h pendant l'été.
Propriétaire : Joël Boueilh
Directeur : Olivier Bourdet-Pees
Œnologue : Christine Cabri

CHÂTEAU PLAISANCE

Depuis des années, Marc Penavayre est un des acteurs principaux du renouveau frontonnais. Sur son domaine familial, situé sur la plus haute terrasse du Tarn, il a mis en place une viticulture de plus en plus saine, ce qui lui a permis d'affirmer un style personnel. Ce sont des vins en puissance et en profondeur, qui s'expriment de façon moins immédiate que chez les autres ténors de l'appellation. Sans "intrants exogènes" depuis 15 ans, les rouges ne sont pas filtrés. La multitude de cuvées, aux noms locaux, rend la gamme difficilement lisible.

Les vins : Itravaillées en "nature", ils n'intègrèrent aucun intrant. Les blancs Cruchinet et Ahumat sont secs et pleins de fraîcheur, à déguster sur leurs arômes primaires. Les deux cuvées moelleuses suscitent un réel plaisir sans trop de richesse. Maëlle est digeste, gourmand et miellé, Lakaat-e-Barzh, muscat moelleux rosé, porte les bons côtés du muscat du sud sans l'alcool du mutage. Les rouges couvrent plusieurs styles. Grain de Folie, assemblage de gamay et syrah, et Rend Son Jus, à base de jurançon noir, privilégient le fruité immédiat. Le Negret Pounjut est un vieux cépage réhabilité, taillé sur la légèreté et le fruit. Tot Co Que Cal affiche des tanins encore un peu rigides. Château Plaisance (négrette, syrah et cabernet franc) à l'élevage un peu plus long, se montre typé et séveux. Serr da Beg, qui remplace With Or Without You sans soufre, honore ses 100 % negrette avec d'envoûtantes notes de violette.

🡪	IGP Comté Tolosan Maelle 2016	9 €	14,5
🡪	VDF Cruchinet 2016	12,50 €	14
🡪	VDF l'Ahumat 2016	12,50 €	14,5
	VDF Lakaat-e-Barzh 2016	9 €	15
🡪	Fronton 2015	7,50 €	15
🡪	Fronton Alabets 2015	11,20 €	13,5
🡪	Fronton Serr Da Beg 2016	14 €	14,5
🡪	Fronton Tot Co Que Cal 2015	18,50 €	14,5
🡪	IGP Comté Tolosan Grain de Folie 2016	6,50 €	13,5
🡪	VDF Negret Pounjut 2016	8 €	13
🡪	VDF Rend Son Jus 2016	6,80 €	13,5

Le coup de ♥

🡪	Fronton Thibaut de Plaisance 2015	10 €	15

Un nez envoûtant de cassis, de violette, avec une touche de poivre noir. Ce vin charnu aux tanins équilibrés est enjolivé par de subtiles senteurs poivrées. La longueur se montre éclatante et digeste. Belle réussite de l'association entre négrette et syrah.

Rouge : 26 hectares.
Négrette 60 %, Syrah 20 %, Gamay noir à jus blanc 10 %, Jurançon noir 3 %, Divers noir 3 %, Cabernet franc 2 %, Negret Pounjut 2 %
Blanc : 4 hectares.
Sauvignon blanc 30 %, Chenin 30 %, Sémillon 20 %, Muscat d'alexandrie 20 %
Production moyenne : 120 000 bt/an

CHÂTEAU PLAISANCE ♣
102, place de la Mairie, 31340 Vacquiers
05 61 84 97 41 ● www.chateau-plaisance.fr
● Vente et visites : au domaine sur rendez-vous.
Du mercredi au samedi de 9h à 12h et de 15h à 19h.
Propriétaire : Marc Penavayre

CHÂTEAU PONZAC

Sur son plateau argilo-calcaire, à Carnac-Rouffiac, Matthieu Molinié semble posséder une longueur d'avance. Sorti de la coopération en 2000, il gère aujourd'hui les 30 ha du Château Ponzac. Mots-clefs : modestie et implication totale, gamme intelligemment structurée, vrai discours de terroir. On retrouve la grande sensibilité du vigneron dans chaque bouteille, au rapport qualité-prix excellent.

Les vins : ce domaine démontre son évolution positive et sa réflexion sur les élevages, en livrant un blanc croquant et facile. La cuvée Maintenant est un vin fruité et déjà mûr à déguster. Patiemment s'avère davantage sur la réserve : son passage en fût l'étrique un peu. À carafer impérativement. Eternellement apparaît plus policé et accessible mais ne manque pas de fond. La cuvée Côt en Dolia, autre nouveauté du domaine, charme par son approche novatrice, fruit de l'élevage en jarre de terre cuite pendant douze mois. Une autre vision du malbec qui séduit.

🡪	VDF Chenin Ponzac 2016	9,50 €	13,5

🍷 Cahors Eternellement 2015	17 €	15
🍷 Cahors Maintenant 2015	6,50 €	14
🍷 Cahors Patiemment 2015	9 €	15,5

Le coup de ♥

🍷 Cahors Côt en Dolia 2015	18 €	15,5

Le nez est fin, complexe, sur des notes de pivoine, de cassis et de cerise. La bouche charme, déjà ouverte, combinant le fruité aux tanins polis et structurants. La longueur se montre digeste, teintée de cuir et de réglisse.

Rouge : 29,5 hectares.
Malbec (cot) 100 %
Blanc : 0,5 hectare.
Chenin 100 %
Production moyenne : 50 000 bt/an

CHÂTEAU PONZAC
Le Causse, 46140 Carnac-Rouffiac
05 65 31 99 48 ● www.chateau-ponzac.fr ●
Vente et visites : au domaine sur rendez-vous.
De 9h à 19h.
Propriétaire : Matthieu Molinié

UROULAT

Un des leaders de l'appellation. Charles Hours et sa fille Marie se sont fortement investis pour faire connaître le jurançon. Si le moelleux reste un beau vin typé, au vrai potentiel de garde, le sec se révèle plus faible et un peu strict. Nous espérons plus de grâce dans les prochains millésimes pour que le domaine retrouve son étoile.

Les vins : le moelleux de 2014, déjà dégusté l'an passé, s'est affiné et ouvert. Son allonge miellée en fait un vin gourmand et digeste. Buvons maintenant le sec, avec des mets charnus pour contrebalancer son acidité marquée.

◻ Jurançon Sec Marie 2014	14,50 €	14

Le coup de ♥

◻ Jurançon 2014	21,50 €	15,5

Le nez de cette cuvée pleine et élégante se montre réservé. Pulpeux et confit, le vin se révèle dans un miellé très digeste, en longueur, accompagné par des notes exotiques.

Blanc : 16 hectares.
Manseng 100 %
Production moyenne : 75 000 bt/an

UROULAT
Chemin Uroulat, 64360 Monein
05 59 21 46 19 ● www.uroulat.com ● Vente et visites : au domaine sur rendez-vous.
Propriétaire : Charles et Marie Hours
Directeur : Charles Hours
Maître de chai : Charles Hours

CHÂTEAU VIELLA

Le château Viella fait partie des domaines de pointe de l'appellation, pour le vin comme pour l'œnotourisme, dont le propriétaire, Alain Bortolussi, est un partisan convaincu. Ses 25 ha d'un seul tenant, situés sur des pentes et des coteaux exposés au sud, donnent des vins concentrés et d'un velouté rare, presque exotiques. Toujours d'un excellent rapport qualité-prix, les vins de Viella affichent une grande régularité. Charmeurs sans être racoleurs, ils sont approchables dès leur prime jeunesse grâce à la richesse d'un fruit très mûr, mais bien équilibré. Sans démériter, le style des vins campe sur une conception opulente et musclée du madiran. L'arrivée de la 4e génération, avec Marion et Claire, les deux filles d'Alain, marque une nouvelle étape pour le domaine.

Les vins : leur rapport qualité-prix est indéniable. Le pacherenc du vic-bilh représente avec justesse les vins blancs de cette zone, charmeurs et denses, sans excès. Les deux cuvées de Madiran s'apprécient déjà aujourd'hui grâce à des tanins veloutés, permettant une approche plus facile. On gardera néanmoins un peu plus longtemps en cave la cuvée Prestige.

🍷 Madiran Prestige 2015	12 €	16
🍷 Madiran Tradition 2016	6 €	15

Le coup de ♥

◻ Pacherenc du Vic-Bilh 2016	7 €	15,5

Les effluves florales et fruitées s'épanouissent déjà dans ce blanc de belle ossature. L'élevage en barrique est bien maîtrisé, apportant du gras et se faisant socle pour les arômes de fruits blancs et de camomille. Le vin s'étire ensuite sur une minéralité épicée.

Rouge : 20 hectares.
Tannat 65 %, Cabernet franc 25 %, Cabernet-Sauvignon 10 %
Blanc : 5 hectares.
Petit Manseng 65 %, Gros Manseng 30 %, Arrufiac 5 %
Production moyenne : 150 000 bt/an

CHÂTEAU VIELLA
Route de Maumusson, 32400 Viella
05 62 69 75 81 ● www.chateauviella.fr ●
Visites : sans rendez-vous.
Du lundi au samedi de 8h30 à 12h et de 14h à 18h30 sans rendez-vous. Dimanche sur rendez-vous.
Propriétaire : Alain Bortolussi

INDEX DES APPELLATIONS

Retrouvez les vins sélectionnés grâce à leurs appellations.

Ajaccio
Domaine de Vaccelli 477
Domaine U Stiliccionu 476

Aloxe-Corton
Domaine Chevalier Père et Fils 364
Domaine Comte Senard 365
Domaine Edmond Cornu et Fils 380
Domaine Follin-Arbelet 367
Domaine Larue 383

Aloxe-Corton Premier Cru
Domaine Antonin Guyon 369
Domaine Chevalier Père et Fils 364
Domaine Comte Senard 365

Alsace
Cave de Ribeauvillé 97
Domaine Frédéric Mochel 96
Domaine Jean-Louis et Fabienne Mann 87
Domaine Loew 74
Domaine Marcel Deiss 67
Domaine Paul Kubler 85
Domaine Pfister 97
Domaine Trapet 90
Vignoble Clément Klur 95

Alsace Auxerrois
Domaine Loew 74

Alsace Chasselas
Domaine André Kientzler 74
Domaine Schoffit 76

Alsace Edelzwicker
Domaine Dirler-Cadé 73

Alsace Gewurztraminer
Domaine Agapé 79
Domaine André Kientzler 74
Domaine Bott-Geyl 71
Domaine du Clos Saint-Landelin-Véronique et Thomas Muré 72
Domaine Frédéric Mochel 96
Domaine Jean-Luc Mader 86
Domaine Jean-Marie Haag 94
Domaine Jean Sipp 88
Domaine Laurent Barth 79
Domaine Loew 74
Domaine Léon Beyer 81
Domaine Léon Boesch 83
Domaine Ostertag 68
Domaine Paul Blanck 82
Domaine Paul Ginglinger 84
Domaine Paul Kubler 85
Domaine Zinck 90
Domaines Schlumberger 87
Famille Hugel 84
Josmeyer 73
Schœnheitz 99
Trimbach 77
Vignoble Clément Klur 95

Alsace Gewurztraminer Grand Cru
Agathe Bursin 83
Cave de Ribeauvillé 97
Christian et Véronique Hebinger .94
Domaine Émile Beyer 81
Domaine Étienne Simonis 99
Domaine Agapé 79
Domaine Albert Boxler 66
Domaine Albert Mann 67
Domaine Barmès-Buecher 70
Domaine Bott-Geyl 71
Domaine Jean-Louis et Fabienne Mann 87
Domaine Jean-Luc Mader 86
Domaine Jean-Marc Bernhard ...80
Domaine Jean-Marie Haag 94
Domaine Jean-Philippe et Jean-François Becker 91
Domaine Laurent Barth 79
Domaine Loew 75
Domaine Léon Boesch 83
Domaine Meyer-Fonné 75
Domaine Paul Blanck 82
Domaine Paul Ginglinger 84
Domaine Pierre Frick 92
Domaine Schoffit 77
Domaine Trapet 90
Domaine Vincent Stoeffler 89
Domaines Schlumberger 87
Jean-Baptiste Adam 91
Louis Sipp 89
Martin Schaetzel by Kirrenbourg .76

Alsace Gewurztraminer Sélection de Grains Nobles
Domaine Albert Mann 67
Jean-Baptiste Adam 91

Alsace Gewurztraminer Vendanges Tardives
Domaine Albert Mann 67
Domaine Bott-Geyl 71
Domaine Jean-Marie Haag 94
Domaine Léon Boesch 83
Domaine Meyer-Fonné 75
Domaine Paul Blanck 82
Domaine Valentin Zusslin 78
Domaine Weinbach 69
Henry Fuchs 93

Alsace Grand Cru
Domaine Marcel Deiss 67

Alsace Muscat
Domaine André Kientzler 74
Domaine Dirler-Cadé 72
Domaine du Clos Saint-Landelin-Véronique et Thomas Muré 72
Domaine Loew 74
Domaine Ostertag 68
Domaine Rémy Gresser 93
Domaine Schoffit 76
Domaine Vincent Stoeffler 89
Domaine Zinck 90
Henry Fuchs 93
Kuentz-Bas 85
Martin Schaetzel by Kirrenbourg .76
Schœnheitz 99

Alsace Muscat Grand Cru
Domaine André Kientzler 74
Domaine Dirler-Cadé 73
Domaine Frédéric Mochel 96
Domaine Schoffit 76
Domaine Zind Humbrecht 70

Alsace Muscat Vendanges Tardives
Agathe Bursin 83
Domaine Jean-Marc Bernhard ...80

Alsace Pinot Blanc
Domaine Étienne Simonis 99
Domaine Albert Boxler 66
Domaine Albert Mann 67
Domaine Eric Rominger 98
Domaine Léon Beyer 81
Domaine Meyer-Fonné 75
Domaine Ostertag 68
Domaine Paul Kubler 85
Domaine Pfister 96
Domaine Weinbach 69
Domaine Zinck 90
Josmeyer 73
Louis Sipp 89

INDEX DES APPELLATIONS

Alsace Pinot Gris

Christian et Véronique Hebinger .94
Domaine Émile Beyer 81
Domaine Étienne Simonis 99
Domaine Barmès-Buecher 70
Domaine Bott-Geyl 71
Domaine Dirler-Cadé 73
Domaine Eric Rominger 98
Domaine Frédéric Mochel 96
Domaine Jean-Luc Mader 86
Domaine Jean-Marc Bernhard 80
Domaine Jean-Marie Haag 94
Domaine Jean-Philippe et
Jean-François Becker 91
Domaine Jean Sipp 88
Domaine Laurent Barth 79
Domaine Loew 74
Domaine Léon Beyer 81
Domaine Léon Boesch 83
Domaine Ostertag 68
Domaine Paul Ginglinger 84
Domaine Pfister 96
Domaine Schoffit 76
Domaine Valentin Zusslin 78
Domaine Vincent Stoeffler 89
Domaine Weinbach 69
Domaine Zinck 90
Domaine Zind Humbrecht 70
Domaines Schlumberger 87
Jean-Baptiste Adam 91
Kuentz-Bas 85
Trimbach 77

Alsace Pinot Gris Grand Cru

Christian et Véronique Hebinger .94
Domaine Albert Boxler 66
Domaine André Kientzler 74
Domaine Bott-Geyl 71
Domaine Jean-Louis et Fabienne
Mann 87
Domaine Jean-Luc Mader 86
Domaine Jean-Marc Bernhard 80
Domaine Jean-Philippe et
Jean-François Becker 91
Domaine Jean Sipp 88
Domaine Ostertag 68
Domaine Rieflé-Landmann 98
Domaine Rémy Gresser 93
Domaine Schoffit 76
Domaine Vincent Stoeffler 89
Domaines Schlumberger 87
Kuentz-Bas 85
Louis Sipp 89

Alsace Pinot Gris Sélection de Grains Nobles

Domaine Albert Mann 67
Domaine Schoffit 76
Famille Hugel 84
Louis Sipp 89

Alsace Pinot Gris Vendanges Tardives

Domaine Jean-Philippe et
Jean-François Becker 92
Domaine Paul Blanck 82
Domaine Paul Kubler 85
Domaine Schoffit 76
Kuentz-Bas 85

Alsace Pinot Noir

Agathe Bursin 83
Cave de Ribeauvillé 97
Christian et Véronique Hebinger .94
Domaine Émile Beyer 81
Domaine Albert Mann 67, 68
Domaine Barmès-Buecher 70
Domaine Bott-Geyl 71
Domaine des Marronniers 95
Domaine du Clos
Saint-Landelin-Véronique et
Thomas Muré 72
Domaine Jean-Louis et Fabienne
Mann 87
Domaine Jean-Luc Mader 86
Domaine Jean-Marc Bernhard 80
Domaine Jean Sipp 88
Domaine Laurent Barth 79
Domaine Loew 75
Domaine Léon Beyer 81
Domaine Meyer-Fonné 75
Domaine Paul Ginglinger 84
Domaine Pfister 97
Domaine Pierre Frick 92
Domaine Rieflé-Landmann 98
Domaine Rémy Gresser 93
Domaine Schoffit 77
Domaine Vincent Stoeffler 89
Domaine Weinbach 69
Domaine Zinck 90
Famille Hugel 84
Henry Fuchs 93
Kuentz-Bas 85
Martin Schaetzel by Kirrenbourg .76
Schœnheitz 99
Trimbach 77, 78
Vignoble Clément Klur 95

Alsace Riesling

Agathe Bursin 83
Cave de Ribeauvillé 97
Christian et Véronique Hebinger .94
Domaine Émile Beyer 81
Domaine Étienne Simonis 99
Domaine André Kientzler 74
Domaine Barmès-Buecher 70
Domaine des Marronniers 95
Domaine Dirler-Cadé 73
Domaine du Clos
Saint-Landelin-Véronique et
Thomas Muré 72
Domaine Eric Rominger 98
Domaine Jean-Louis et Fabienne
Mann 87
Domaine Jean-Luc Mader 86
Domaine Jean-Marc Bernhard 80
Domaine Jean-Marie Haag 94
Domaine Jean Sipp 88
Domaine Laurent Barth 79
Domaine Loew 74, 75

Domaine Léon Beyer 81
Domaine Léon Boesch 83
Domaine Meyer-Fonné 75
Domaine Ostertag 68
Domaine Paul Blanck 82
Domaine Paul Ginglinger 84
Domaine Paul Kubler 85
Domaine Pfister 96
Domaine Rieflé-Landmann 98
Domaine Rémy Gresser 93
Domaine Schoffit 77
Domaine Trapet 90
Domaine Valentin Zusslin 78
Domaine Vincent Stoeffler 89
Domaine Weinbach 69
Domaine Zinck 90
Domaine Zind Humbrecht 70
Domaines Schlumberger 87
Famille Hugel 84
Henry Fuchs 93
Jean-Baptiste Adam 91
Josmeyer 73
Kuentz-Bas 85
Martin Schaetzel by Kirrenbourg .76
Schœnheitz 99
Trimbach 77, 78

Alsace Riesling Grand Cru

Agathe Bursin 83
Cave de Ribeauvillé 97
Christian et Véronique Hebinger .94
Domaine Émile Beyer 81
Domaine Étienne Simonis 99
Domaine Agapé 79
Domaine Albert Boxler 66
Domaine Albert Mann 67
Domaine André Kientzler 74
Domaine Barmès-Buecher 70
Domaine Bott-Geyl 71
Domaine des Marronniers 95
Domaine Dirler-Cadé 73
Domaine du Clos
Saint-Landelin-Véronique et
Thomas Muré 72
Domaine Frédéric Mochel 96
Domaine Jean-Louis et Fabienne
Mann 87
Domaine Jean-Luc Mader 86
Domaine Jean-Marc Bernhard 80
Domaine Jean-Philippe et
Jean-François Becker 92
Domaine Jean Sipp 88
Domaine Meyer-Fonné 75
Domaine Paul Blanck 82
Domaine Paul Ginglinger 84
Domaine Pierre Frick 92
Domaine Rémy Gresser 93
Domaine Schoffit 77
Domaine Trapet 90
Domaine Vincent Stoeffler 89
Domaine Weinbach 69
Domaine Zinck 90
Domaine Zind Humbrecht 70
Domaines Schlumberger 87
Henry Fuchs 93
Jean-Baptiste Adam 91
Josmeyer 73

INDEX

Kuentz-Bas 85
Louis Sipp 89
Martin Schaetzel by Kirrenbourg .76
Vignoble Clément Klur 95

Alsace Riesling Sélection de Grains Nobles

Domaine Albert Boxler 66
Domaine Bott-Geyl 71
Domaine du Clos Saint-Landelin-Véronique et Thomas Muré 72
Domaine Rémy Gresser 93
Famille Hugel 84
Schœnheitz 99

Alsace Riesling Vendanges Tardives

Agathe Bursin 83
Domaine Bott-Geyl 71
Domaine Dirler-Cadé 73
Domaine Jean-Marc Bernhard 80
Domaine Jean-Marie Haag 94
Domaine Schoffit 77
Domaine Valentin Zusslin 78
Domaine Weinbach 69
Schœnheitz 99

Alsace Sylvaner

Domaine Agapé 79
Domaine Albert Boxler 66
Domaine des Marronniers 95
Domaine Dirler-Cadé 73
Domaine du Clos Saint-Landelin-Véronique et Thomas Muré 72
Domaine Jean-Marie Haag 94
Domaine Jean-Philippe et Jean-François Becker 92
Domaine Léon Boesch 83
Domaine Ostertag 68
Domaine Paul Ginglinger 84
Domaine Rieflé-Landmann 98
Domaine Valentin Zusslin 78
Domaine Vincent Stoeffler 89
Henry Fuchs 93
Josmeyer 73
Kuentz-Bas 85
Martin Schaetzel by Kirrenbourg .76

Anjou

Château Pierre Bise 566
Château Soucherie 577
Clau de Nell 577
Clos de l'Elu 567, 568
Domaine Delesvaux 569
Domaine du Closel - Château des Vaults 568
Domaine Eric Morgat 564
Domaine Les Grandes Vignes ... 573
Domaine Nicolas Reau 571
Domaine Ogereau 574
Domaine Patrick Baudouin 565, 566
Domaine Richou 571, 572
Domaine Thibaud Boudignon ... 567

Pithon-Paillé 575

Anjou Gamay

Domaine Richou 572

Anjou-Villages

Château Pierre Bise 566, 567
Château Soucherie 577
Clos de l'Elu 568
Domaine aux Moines 570
Domaine Ogereau 574

Arbois

Domaine André et Mireille Tissot 488
Domaine de la Pinte 493
Domaine de la Tournelle 491
Domaine Frédéric Lornet 492
domaine Philippe Chatillon 492
Domaine Rijckaert 494
Domaine Rolet Père et Fils 494
Lucien Aviet et Fils - Caveau de Bacchus 491

Bandol

Château de Pibarnon 628
Château Pradeaux 620
Château Sainte-Anne 631
Domaine de la Bégude 619
Domaine de la Tour du Bon 623
Domaine de Terrebrune 622
Domaine du Gros'Noré 635
Domaine La Bastide Blanche ... 624
Domaine Lafran-Veyrolles 636
Domaine Les Terres Promises ..637
Domaine Ray-Jane 628
Domaine Tempier 618
Dupéré-Barrera 626

Banyuls

Cave L'Étoile 741
Coume Del Mas 735
Domaine Bruno Duchêne 726
Domaine de la Rectorie 724
Domaine du Traginer 742
Domaine La Tour Vieille 731
Domaine Vial Magnères 732

Banyuls Grand Cru

Domaine Cazes 733
Domaine du Traginer 742

Barsac

Château Climens 267
Château Coutet 268
Château de Myrat 278
Château Doisy Daëne 270
Château Nairac 272

Bâtard-Montrachet

Domaine de la Vougeraie 326
Etienne Sauzet 360
Maison Olivier Leflaive Frères 371

Bâtard-Montrachet Grand Cru

Domaine Bruno Colin 354
Domaine Marc Colin et Fils 354

Beaujolais

Château des Jacques 107
Domaine Damien Coquelet 118
Domaine Daniel Bouland 106
Domaine de Fa 119
Domaine des Marrans 120
Domaine des Terres Dorées 117
Domaine Dominique Piron 116
Domaine du Vissoux 109, 110
Georges Descombes 106

Beaujolais-Villages

Bret Brothers 402
Château Thivin 109
Domaine Chignard 112
Domaine des Marrans 120
Domaine des Nugues 121
Domaine Jean-Marc Burgaud 111
Domaine Nicolas Chemarin 111
Domaine Paul Janin et Fils 108

Beaumes de Venise

Domaine de la Ferme Saint-Martin 696
Domaine des Bernardins 685
Domaine La Bouïssière 694
Martinelle 707

Beaune

Domaine C. Newman 374
Domaine des Croix 366
Domaine Emmanuel Giboulot 368
Domaine Rodolphe Demougeot 380
Maison Joseph Drouhin 356

Beaune Premier Cru

Domaine Albert Morot 372, 373
Domaine C. Newman 374
Domaine de Bellene 362
Domaine de Montille 359
Domaine des Croix 366
Domaine Faiveley 339
Domaine Jessiaume 382
Domaine Nicolas Rossignol 376
Domaine Parigot Père et Fils 385
Domaine Rapet Père et Fils 375
Domaine René Monnier-Xavier Monnot 384
Domaine Rossignol-Trapet 335
Maison Bouchard Père et Fils ..363
Maison Chanson Père et Fils ... 353
Maison Decelle-Villa 329
Maison Jane Eyre 367
Maison Jean-Claude Boisset ... 327
Maison Louis Jadot 370
Maison Louis Latour 383

Bellet

Château de Bellet 632

796

INDEX DES APPELLATIONS

Clos Saint-Vincent 625

Bergerac
Château Barouillet 781
Château Jonc-Blanc 778
Château Les Hauts de
Caillevel 787
Château Tirecul La Gravière 770
Château Tour des Gendres 771
Domaine L'Ancienne Cure 772

Bienvenues-Bâtard-Montrachet
Domaine de la Vougeraie 326
Domaine Jean-Claude Bachelet et
Fils 360
Maison Vincent Girardin 369

Blagny
Domaine Lamy-Pillot 382
Domaine Larue 383

Blaye
Château Bel-Air La Royère 142

Blaye Côtes de Bordeaux
Château Bel-Air La Royère 142
Château Les Jonqueyres 143

Bonnes-Mares
Domaine Bart 315
Domaine de la Vougeraie 326
Domaine Denis Mortet 321
Domaine Georges Roumier 312
Domaine Robert Groffier Père et
Fils 320

Bonnes-Mares Grand Cru
Domaine d'Auvenay 347

Bonnezeaux
Domaine Les Grandes Vignes 573

Bordeaux
Ad Vitam Æternam 134
Château Belle Garde 135
Château de Bel 135
Château de Bouillerot 136
Château de La Rivière 152
Château Jean Faux 138
Château Mirambeau Papin 139
Château Mouton Rothschild 209
Château Penin 140
Château Reynon 141
Château Rieussec 278
Château Roc de Cambes 144
Château Sigalas Rabaud 273
Château Suduiraut 273
Château Tire Pé 142
Clos des Lunes 137
Domaine de Courteillac 132
Domaine de L'Alliance 274

Bordeaux Clairet
Château Penin 140

Bordeaux Supérieur
Château Bolaire 136
Château Brande-Bergère 136
Château de Bel 135
Château de Reignac 134
Château Fleur Haut-Gaussens .. 132
Château Grée Laroque 137
Château Jean Faux 138
Château L'Isle Fort 138
Château Le Pin Beausoleil 133
Château Mirambeau Papin 139
Château Moutte Blanc 140
Château Penin 140
Domaine de Courteillac 132

Bourgogne
Alice et Olivier De Moor 293
Antoine Jobard 358
Château de
Puligny-Montrachet 374
Domaine Agnès Paquet 385
Domaine Amiot-Servelle 336
Domaine Arlaud 314
Domaine Bertrand et Axelle
Machard de Gramont 341
Domaine Buisson-Charles 351
Domaine Catherine et Claude
Maréchal 358
Domaine Chantal Lescure 341
Domaine Claude Dugat 317
Domaine de Courcel 348
Domaine des Croix 366
Domaine François Carillon 351
Domaine François Lumpp 389
Domaine François Raquillet 393
Domaine Gilles Duroché 338
Domaine Guillot-Broux 403
Domaine Henri et Gilles
Buisson 378
Domaine Huguenot Père et
Fils 330
Domaine Isabelle et Denis
Pommier 295
Domaine Jack
Confuron-Cotetidot 306
Domaine Jessiaume 382
Domaine Laurent Père et Fils ... 331
Domaine Lignier-Michelot 332
Domaine Marc Rougeot 386
Domaine Michel Bouzereau et
Fils 350
Domaine Nicolas Rossignol 376
Domaine Olivier Guyot 339
Domaine Pierre Damoy 328
Domaine René Monnier-Xavier
Monnot 384
Domaine Robert Groffier Père et
Fils 320
Domaine Rossignol-Trapet 335
Domaine Roulot 349
Domaine Stéphane Aladame ... 390
Domaine Sylvain Pataille 342
Maison Camille Giroud 357
Maison Decelle-Villa 329
Pascal Bouchard 298

Bourgogne Aligoté
Alice et Olivier De Moor 293, 294
Château de Chamilly 394
Domaine Bertrand et Axelle
Machard de Gramont 341
Domaine Catherine et Claude
Maréchal 358
Domaine Chevrot et Fils 379
Domaine d'Auvenay 347
Domaine du Comte Armand 356
Domaine Henri Richard 344
Domaine Jack
Confuron-Cotetidot 306
Domaine Jean-Hugues et Guilhem
Goisot 290
Domaine Olivier Guyot 339
Domaine Sylvain Pataille 342
Domaine Thibault Liger-Belair ... 320
Nicolas Maillet 410

Bourgogne Chitry
Alice et Olivier De Moor 293
Domaine Olivier Morin 304

Bourgogne Côte Chalonnaise
Château de Chamilly 394
Domaine de Villaine 390

Bourgogne Côtes d'Auxerre
Château de Béru 299
Domaine Jean-Hugues et Guilhem
Goisot 290

Bourgogne Épineuil
Domaine Garnier et Fils 301

Bourgogne Hautes-Côtes de Beaune
Domaine Chevrot et Fils 379
Domaine Jean Chartron 353
Domaine Parigot Père et Fils ... 385
Maison Camille Giroud 357

Bourgogne Hautes-Côtes de Nuits
Domaine Emmanuel Giboulot ... 368
Domaine Thibault Liger-Belair ... 320
Domaines David Duband - François
Feuillet 306

Bourgogne rosé
Domaine Sylvain Pataille 342

Bourgueil
Domaine Aurélien Revillot 596
Domaine Catherine et Pierre
Breton 585
Domaine de la Butte 586
Domaine de la Chevalerie 582
Domaine de La Lande -
Touraine 594
Domaine des Ouches 595
Domaine du Bel Air 585

Domaine Stéphane Guion 594
Domaine Yannick Amirault 584

Bouzeron
Domaine de Villaine 390

Brouilly
Château Thivin 109
Domaine de la Grand'Cour 120
Domaine du Vissoux 109
Domaine Laurent Martray 115
Georges Descombes 106
Julien Duport 119

Buzet
Lionel Osmin & Cie 791

Cabardès
Domaine de Cabrol 529
Domaine de Cazaban 529
Domaine Guilhem Barré 525

Cabernet d'Anjou
Domaine Les Grandes Vignes 573
Domaine Ogereau 574

Cadillac Côtes de Bordeaux
Château La Rame 141
Château Mirambeau Papin 139
Château Reynon 141

Cahors
Château Combel La Serre 785
Château de Chambert 774
Château du Cèdre 768
Château Haut-Monplaisir 787
Château La Reyne 788
Château Lagrézette 788
Château Lamartine 789
Château Ponzac 793
Clos de Gamot 775
Clos Triguedina 771, 772
Domaine Cosse Maisonneuve 767
Le Clos d'Un Jour 784
Lionel Osmin & Cie 791
Mas Del Périé 790

Cairanne
Domaine Rabasse-Charavin 711

Canon-Fronsac
Château Canon Pécresse 149
Château Vrai Canon Bouché 149

Castillon Côtes de Bordeaux
Château d'Aiguilhe 146
Clos Puy Arnaud 146, 147
Domaine de l'A 145

Chablis
Alice et Olivier De Moor .. 293, 294
Château de Béru 299
Domaine Bernard Defaix 300

Domaine Christian Moreau Père et Fils 296
Domaine Corinne et Jean-Pierre Grossot 294
Domaine d'Elise 301
Domaine Garnier et Fils 301
Domaine Isabelle et Denis Pommier 295
Domaine Jean-Claude Bessin 292
Domaine Jean-Hugues et Guilhem Goisot 290
Domaine Jean-Marc Brocard 298
Domaine Jean-Paul et Benoît Droin 287
Domaine Laroche 296
Domaine Long-Depaquit 302
Domaine Louis Michel et Fils 303
Domaine Moreau-Naudet 297
Domaine Oudin 304
Domaine Pattes Loup 291
Domaine Raveneau 288
Domaine Vincent Dauvissat 286
Domaine William Fèvre 289
La Chablisienne 299
Le Domaine d'Henri 302
Pascal Bouchard 298
Samuel Billaud 289
Verget 400

Chablis Grand Cru
Domaine Bernard Defaix 300
Domaine Billaud-Simon 292
Domaine Christian Moreau Père et Fils 296
Domaine Garnier et Fils 301
Domaine Jean-Claude Bessin 292
Domaine Jean-Paul et Benoît Droin 287
Domaine Laroche 296
Domaine Long-Depaquit .. 302, 303
Domaine Louis Michel et Fils 303
Domaine Moreau-Naudet 297
Domaine Raveneau 288
Domaine Vincent Dauvissat 286
Domaine William Fèvre 289, 290
La Chablisienne 300
Maison Joseph Drouhin 356
Pascal Bouchard 298
Samuel Billaud 288, 289

Chablis Premier Cru
Château de Béru 299
Domaine Bernard Defaix 300
Domaine Billaud-Simon 292
Domaine Christian Moreau Père et Fils 296
Domaine Corinne et Jean-Pierre Grossot 294
Domaine d'Elise 301
Domaine Garnier et Fils 301
Domaine Isabelle et Denis Pommier 295
Domaine Jean-Claude Bessin 292
Domaine Jean-Marc Brocard 298
Domaine Jean-Paul et Benoît Droin 287
Domaine Laroche 296

Domaine Long-Depaquit 303
Domaine Louis Michel et Fils 303
Domaine Moreau-Naudet 297
Domaine Oudin 305
Domaine Pattes Loup 291
Domaine Raveneau 288
Domaine Vincent Dauvissat 286
Domaine William Fèvre 289
La Chablisienne 299, 300
Le Domaine d'Henri 302
Pascal Bouchard 298
Samuel Billaud 289
Verget 400

Chambertin
Domaine Armand Rousseau 313
Domaine Henri Perrot-Minot et Domaine Christophe Perrot-Minot 323
Domaine Jean Trapet Père et Fils 313
Domaine Leroy 309
Domaine Pierre Damoy 328
Domaines David Duband - François Feuillet 306

Chambertin-Clos-de-Bèze
Domaine Bart 315
Domaine Bruno Clair 316
Domaine Henri Perrot-Minot et Domaine Christophe Perrot-Minot 323
Domaine Pierre Damoy 328

Chambertin-Clos-de-Bèze Grand Cru
Domaine Armand Rousseau 313

Chambertin Grand Cru
Domaine Bernard Dugat-Py 307
Domaine Denis Mortet 321
Domaine Rossignol-Trapet 335
Maison Camille Giroud 357

Chambolle-Musigny
Domaine Amiot-Servelle 336
Domaine Antonin Guyon 369
Domaine Arlaud 314
Domaine Bruno Clair 316
Domaine Cécile Tremblay 325
Domaine de la Pousse d'Or 359
Domaine Georges Roumier 312
Domaine Henri Perrot-Minot et Domaine Christophe Perrot-Minot 323
Domaine Jack Confuron-Cotetidot 306
Domaine Jacques-Frédéric Mugnier 309
Domaine Laurent Père et Fils 331
Domaine Leroy 309
Domaine Lignier-Michelot 332
Domaine Olivier Guyot 339
Domaine Philippe et Vincent Lecheneaut 332
Domaine René Bouvier 337

INDEX DES APPELLATIONS

Domaine Robert Groffier Père et Fils 320
Domaines David Duband - François Feuillet 306
Maison Bouchard Père et Fils ... 363
Maison Jean-Claude Boisset 327
Maison Philippe Pacalet 334

Chambolle-Musigny Premier Cru

Domaine Comte Georges de Vogüé 328
Domaine Cécile Tremblay 325
Domaine Denis Mortet 321
Domaine Georges Mugneret-Gibourg 322
Domaine Georges Roumier 312
Domaine Henri Perrot-Minot et Domaine Christophe Perrot-Minot 323
Domaine Olivier Guyot 339
Domaine Robert Groffier Père et Fils 320
Domaine Thibault Liger-Belair ... 320
Maison Frédéric Magnien – Domaine Michel Magnien 345

Champagne

Égly-Ouriet 419
A. Margaine 443
Agrapart 418
Alfred Gratien 454
André Jacquart 456
Apollonis 449
AR Lenoble 424
Ayala & Co 432
Benoît Lahaye 429
Billecart-Salmon 425
Bollinger 419
Bruno Paillard 445
Bérêche et Fils 426
Champagne Éric Rodez 448
Champagne Gosset 428
Charles-Heidsieck 439
Chartogne-Taillet 449
Christophe Mignon 444
Coessens 450
De Sousa 434
Dehours et Fils 434
Delamotte 451
Deutz 426
Devaux 451
Diebolt-Vallois 435
Dom Pérignon 427
Doyard 452
Drappier 435
Duval-Leroy 436
Fleury 437
Francis Boulard & Fille 433
Franck Pascal 446
Françoise Bedel et Fils 424
Frédéric Savart 461
Gatinois 452
Georges Laval 430
Gonet-Médeville 438
Guiborat 454
Henriot 455
Huré Frères 455
J.-L Vergnon 462
J. de Telmont 461
Jacques Selosse 423
Jacquesson 420
Joseph Perrier 447
Krug 421
Laherte Frères 440
Lallier 440, 441
Lancelot-Pienne 456
Lanson 457
Larmandier-Bernier 429
Laurent-Perrier 441
Leclerc Briant 433
Lilbert-Fils 442
Louis Roederer 422
Mailly Grand Cru 443
Maison Mumm 458
Marguet 444
Marie-Noëlle Ledru 442
Moët et Chandon 458
Mouzon-Leroux 463
Olivier Horiot 439
Palmer et Co 459
Pascal Doquet 427
Perrier-Jouët 447
Philipponnat 430
Pierre Gerbais 463
Pierre Gimonnet et Fils 453
Pierre Moncuit 457
Pierre Paillard 445, 446
Pierre Péters 431
Piper-Heidsieck 459
Pol Roger 421
R. Pouillon et Fils 460
René Geoffroy 438
Ruinart 460
Salon 422
Taittinger 448
Tarlant 432
Veuve Clicquot Ponsardin 450
Veuve Fourny et Fils 437
Yann Alexandre 462

Chapelle-Chambertin

Domaine Claude Dugat 317
Domaine Jean Trapet Père et Fils 313
Domaine Pierre Damoy 328
Domaine Ponsot 310

Chapelle-Chambertin Grand Cru

Domaine Cécile Tremblay 325
Domaine Rossignol-Trapet 335

Charmes-Chambertin

Domaine Amiot-Servelle 336
Domaine Armand Rousseau ... 313
Domaine Dujac 318
Domaine Georges Roumier 312
Domaine Gilles Duroché 338
Domaine Henri Perrot-Minot et Domaine Christophe Perrot-Minot 323
Domaine Henri Richard 344
Domaine Huguenot Père et Fils 330
Domaine Jack Confuron-Cotetidot 306
Domaine Lignier-Michelot 332
Domaine René Bouvier 337
Domaines David Duband - François Feuillet 307
Maison Frédéric Magnien – Domaine Michel Magnien 345

Charmes-Chambertin Grand Cru

Domaine Arlaud 314
Domaine Bernard Dugat-Py ... 307
Domaine Claude Dugat 317
Domaine de la Vougeraie 326
Domaine Faiveley 339
Domaine Thibault Liger-Belair 321

Chassagne-Montrachet

Château de la Maltroye 372
Château de Pommard 386
Domaine Bachelet-Ramonet ... 361
Domaine Bruno Colin 354
Domaine Jean-Claude Bachelet et Fils 360
Domaine Lamy-Pillot 382
Domaine Marc Colin et Fils 354
Domaine Pierre-Yves Colin-Morey 355
Domaine René Monnier-Xavier Monnot 384
Domaine Sylvain Morey 387
Maison Joseph Drouhin 356
Maison Louis Jadot 370
Maison Louis Latour 383

Chassagne-Montrachet Premier Cru

Benjamin Leroux 384
Château de la Maltroye 372
Domaine Bruno Colin 354
Domaine Buisson-Charles 350
Domaine Henri Germain et Fils .. 367
Domaine Jean-Claude Bachelet et Fils 360, 361
Domaine Lamy-Pillot 382
Domaine Larue 383
Domaine Marc Colin et Fils 354, 355
Domaine Pierre-Yves Colin-Morey 355
Domaine Sylvain Morey 387
Henri Darnat 380
Maison Camille Giroud 357
Maison Chanson Père et Fils .. 353
Maison Vincent Girardin 369

Château-Chalon

Domaine André et Mireille Tissot 488
Domaine Berthet-Bondet 489
Domaine Jean Macle 487

799

INDEX

Château-Grillet
Château-Grillet 651

Châteauneuf-du-Pape
Chapoutier - Sélections parcellaires 646
Château de Beaucastel 684
Château de la Font du Loup 706
Château Rayas 683
Clos des Papes 687
Clos du Mont-Olivet 682
Domaine Bois de Boursan 693
Domaine Bosquet des Papes 685
Domaine Charvin 687
Domaine de Beaurenard 693
Domaine de la Charbonnière 704
Domaine de la Janasse 688
Domaine de la Vieille Julienne 701
Domaine de Marcoux 689
Domaine de Villeneuve 692
Domaine du Vieux Donjon 683
Domaine Eddie Féraud et Fils . 705, 706
Domaine Jérôme Gradassi 688
Domaine L'Or de Line 698
Domaine Moulin-Tacussel 709
Domaine Roger Sabon 699
Domaine Saint-Préfert 699
La Barroche 692
Maison Delas Frères 663
Maison M. Chapoutier 660
Maison Tardieu-Laurent 700
Vieux Télégraphe 691
Vignobles André Brunel 686
Vignobles Mayard 697

Chénas
Domaine Bernard Santé 122
Domaine des Pierres 121
Domaine Dominique Piron 116
Domaine Jules Desjourneys 112
Domaine Thillardon 123

Chevalier-Montrachet
Domaine de la Vougeraie 326
Domaine Jean Chartron 353
Maison Bouchard Père et Fils .. 363

Chevalier-Montrachet Grand Cru
Domaine d'Auvenay 347
Domaine Pierre-Yves Colin-Morey 355

Cheverny
Domaine de Montcy 594
Domaine des Huards 588
Domaine Philippe Tessier 598

Chinon
Château de Coulaine 587, 588
Domaine Bernard Baudry 581
Domaine Charles Joguet 589
Domaine de l'R 595
Domaine Fabrice Gasnier 592

Domaine Grosbois 593
Domaine Olga Raffault 596
Domaine Philippe Alliet 580

Chiroubles
Domaine Damien Coquelet 118
Domaine Daniel Bouland 106
Domaine des Marrans 120
Georges Descombes 106

Chorey-lès-Beaune
Domaine Catherine et Claude Maréchal 358
Domaine Comte Senard 365
Domaine Edmond Cornu et Fils 380
Domaine Rapet Père et Fils 375
Domaine Tollot-Beaut et Fils 376
Maison Decelle-Villa 329

Clos de la Roche
Domaine Armand Rousseau 313
Domaine Chantal Remy 324
Domaine Dujac 318
Domaine Lignier-Michelot 332
Domaine Olivier Guyot 340
Domaine Ponsot 310
Domaines David Duband - François Feuillet 306

Clos de la Roche Grand Cru
Albert Bichot 378
Domaine Arlaud 314
Domaine Philippe et Vincent Lecheneaut 332
Maison Frédéric Magnien – Domaine Michel Magnien 345
Maison Jean-Claude Boisset 327

Clos des Lambrays Grand Cru
Domaine des Lambrays 308

Clos de Tart
Clos de Tart 317

Clos de Vougeot
Domaine Alain Michelot 333
Domaine de la Vougeraie 326
Domaine Laurent Père et Fils 331
Domaine Leroy 309
Maison Camille Giroud 357

Clos de Vougeot Grand Cru
Albert Bichot 378
Domaine de Montille 359
Domaine Denis Mortet 321
Domaine Jean Grivot 319
Domaine Olivier Guyot 340
Domaine Thibault Liger-Belair 320
Maison Louis Jadot 370

Clos Saint-Denis
Domaine Amiot-Servelle 336
Domaine Dujac 318
Domaine Lignier-Michelot 332
Domaine Olivier Guyot 339

Clos Saint-Denis Grand Cru
Domaine Arlaud 314
Maison Frédéric Magnien – Domaine Michel Magnien 345

Collioure
Cave L'Étoile 741
Coume Del Mas 735
Domaine Bruno Duchêne 726
Domaine Cazes 733
Domaine de la Rectorie 724
Domaine du Traginer 742
Domaine La Tour Vieille 731
Domaine Vial Magnères 732

Condrieu
Cave Yves Cuilleron 662
Domaine André Perret 653
Domaine Bonnefond 658
Domaine Chambeyron 659
Domaine Christophe Pichon 675
Domaine Clusel-Roch 649
Domaine du Monteillet - Stéphane Montez 674
Domaine Duclaux 650
Domaine François Villard . 656, 657
Domaine Georges Vernay 655
Domaine Guigal 652
Domaine Jamet 648
Domaine Jean-Michel Gerin 666
Domaine Pichat 674
Domaine Pierre-Jean Villa 656
Julien Pilon 669
Les Vins de Vienne 669
Lionel Faury 673
Maison Delas Frères 663
Maison E. Guigal 667
Maison M. Chapoutier 660
Paul Jaboulet Aîné 667
Stéphane Ogier 652

Corbières
Cave d'Embres-et-Castelmaure 530, 531
Château La Baronne 505
Château La Voulte-Gasparets ... 542
Château Ollieux Romanis 521
Domaine de Dernacueillette 514
Domaine Ledogar 515
Domaine Maxime Magnon 515
Domaine Sainte Croix 540
Les Clos Perdus 513
Mas des Caprices 519

Corbières-Boutenac
Château La Voulte-Gasparets .. 542
Château Ollieux Romanis 521
Domaine Ledogar 515

INDEX DES APPELLATIONS

Gérard Bertrand 526, 527

Cornas
Cave Yves Cuilleron 662
Domaine Alain Voge 657
Domaine Christophe Pichon 675
Domaine du Coulet 661
Domaine du Tunnel 654
Domaine Eric et Joël Durand 673
Domaine Franck Balthazar 658
Domaine François Villard 657
Domaine Les Bruyères 659
Julien Pilon 669
Les Vins de Vienne 669
Maison Delas Frères 663
Maison M. Chapoutier 660
Paul Jaboulet Aîné 668

Corse
Clos Canarelli 472
Clos Canereccia 478
Clos Fornelli 478
Clos Venturi 479
Domaine d'Alzipratu 477

Corse Calvi
L'Enclos des Anges 479

Corse Figari
Clos Canarelli 472

Corton-Charlemagne
Domaine de la Vougeraie 326

Corton-Charlemagne Grand Cru
Albert Bichot 378
Domaine Antonin Guyon 369
Domaine Bonneau du Martray .. 349
Domaine Chevalier Père et Fils 364
Domaine Comte Senard 365
Domaine de Montille 359
Domaine Faiveley 339
Domaine Follin-Arbelet 367
Domaine Georges Roumier 312
Domaine Jean Chartron 353
Domaine Lucien Muzard et Fils 373
Domaine Ponsot 310
Domaine Rapet Père et Fils 375
Maison Camille Giroud 357
Maison Joseph Drouhin 356
Maison Louis Jadot 370
Maison Louis Latour 383
Maison Vincent Girardin 369

Corton Grand Cru
Albert Bichot 378
Domaine Antonin Guyon 369
Domaine Bonneau du Martray .. 349
Domaine Chandon de Briailles .. 352
Domaine Chevalier Père et Fils 364
Domaine Comte Senard 365
Domaine de la Romanée-Conti 311
Domaine des Croix 366
Domaine Edmond Cornu et Fils 380
Domaine Faiveley 339
Domaine Follin-Arbelet 367
Domaine Henri et Gilles Buisson 378
Domaine Larue 383
Domaine Méo-Camuzet 322
Domaine Ponsot 310
Domaine Rapet Père et Fils 375
Maison Bouchard Père et Fils .. 363
Maison Camille Giroud 357
Maison Chanson Père et Fils 353
Maison Louis Latour 383

Corton-Perrières Grand Cru
Domaine Michel Juillot 396

Costières de Nîmes
Cave des Vignerons d'Estézargues 703
Château Mourgues du Grès 710
Maison M. Chapoutier 660

Coteaux Bourguignons (Côte de Beaune)
Maison Louis Latour 383

Coteaux Champenois
Égly-Ouriet 419
Dehours et Fils 434

Coteaux d'Aix-en-Provence
Château La Coste 634
Château Revelette 620, 621
Château Vignelaure 639
Domaine de La Réaltière 630
Domaine Les Bastides 632
Villa Baulieu 625

Coteaux d'Ancenis
Domaine Landron Chartier 561

Coteaux de l'Aubance
Domaine Richou 571, 572

Coteaux du Giennois
Domaine Florian Roblin 609

Coteaux du Languedoc
Domaine Henry 534
Domaine Les Aurelles 502
Domaine Mylène Bru 528
Domaine Peyre Rose 503, 504

Coteaux du Languedoc Grés de Montpellier
Domaine de la Prose 523

Coteaux du Languedoc La Clape
Château Pech-Redon 522

Gérard Bertrand 526

Coteaux du Languedoc Pézenas
Domaine Turner Pageot 541

Coteaux du Languedoc Terrasses du Larzac
Domaine de Montcalmès 510

Coteaux du Layon
Château Pierre Bise 566
Château Soucherie 577
Domaine Delesvaux 569
Domaine Les Grandes Vignes 573
Domaine Patrick Baudouin 565
Pithon-Paillé 575

Coteaux du Layon Chaume
Château Soucherie 577
Clos de l'Elu 568

Coteaux du Layon Saint-Lambert
Domaine Ogereau 574

Coteaux du Loir
Domaine de Bellivière 582
Domaine La Grapperie 593

Coteaux du Lyonnais
Domaine Clusel-Roch 649

Coteaux du Vendômois
Domaine Patrice Colin 587

Coteaux Varois
Domaine Les Terres Promises ... 637

Coteaux Varois en Provence
Domaine du Deffends 626
Domaine Les Terres Promises 637, 638

Côte de Beaune
Domaine C. Newman 374
Domaine Chantal Lescure 341
Domaine Emmanuel Giboulot ... 368

Côte de Brouilly
Château Thivin 109
Domaine Daniel Bouland 106
Domaine des Terres Dorées 117
Domaine Laurent Martray 115
Julien Duport 119

Côte de Nuits
Domaine Emmanuel Rouget 325

Côte de Nuits-Villages
Domaine Chevalier Père et Fils 364

INDEX

Domaine de Bellene 362
Domaine Huguenot Père et Fils 330
Maison Jane Eyre 367
Maison Jean-Claude Boisset 327

Côte Roannaise
Domaine des Pothiers 608
Domaine Sérol 610

Côte-Rôtie
Cave Yves Cuilleron 662
Chapoutier - Sélections parcellaires 646
Domaine Bonnefond 658
Domaine Chambeyron 659
Domaine Christophe Pichon 675
Domaine Clusel-Roch 649
Domaine de Bonserine 671
Domaine du Monteillet - Stéphane Montez 674
Domaine Duclaux 650
Domaine François Villard 657
Domaine Garon 665
Domaine Georges Vernay 655
Domaine Guigal 652
Domaine Jamet 648
Domaine Jean-Michel Gerin 666
Domaine Pichat 674
Domaine Pierre-Jean Villa 656
Ferraton Père et Fils 664
Julien Pilon 669
Les Vins de Vienne 669, 670
Lionel Faury 673
Maison Delas Frères 663
Maison E. Guigal 667
Maison M. Chapoutier 661
Paul Jaboulet Aîné 668
Stéphane Ogier 652, 653
Vignobles Levet 668

Côtes de Bergerac
Château Les Hauts de Caillevel 787
Château Tour des Gendres 771
Domaine L'Ancienne Cure 772

Côtes de Bordeaux Saint-Macaire
Château de Bouillerot 136

Côtes de Bourg
Château Brûlesécaille 144
Château Falfas 145
Château Fougas 143
Château Roc de Cambes 144

Côtes de Duras
Domaine Mouthes Le Bihan 779, 780

Côtes de Provence
Château Barbeyrolles 639
Château de Roquefort 630
Château Malherbe 636
Clos Mireille 633

Clos Saint Joseph 633, 634
Dupéré-Barrera 626

Côtes du Jura
Domaine André et Mireille Tissot 488
Domaine Berthet-Bondet 489
Domaine des Marnes Blanches 493
Domaine Frédéric Lornet 492
Domaine Ganevat 486
Domaine Jean Macle 487
Domaine Labet 488, 489
domaine Philippe Chatillon 492
Domaine Pignier 490
Domaine Rijckaert 494
Domaine Rolet Père et Fils 494

Côtes du Marmandais
Domaine Elian Da Ros 776
Lionel Osmin & Cie 791

Côtes du Rhône
Cave des Vignerons d'Estézargues 703
Château-Grillet 651
Château de Beaucastel 684
Château de la Font du Loup 706
Château des Tours - Sarrians 691
Château Rayas 683
Clos du Mont-Olivet 682
Domaine Bosquet des Papes 685
Domaine Chambeyron 659
Domaine Charvin 687
Domaine Chaume-Arnaud 704
Domaine de l'Oratoire Saint-Martin 689
Domaine de la Ferme Saint-Martin 696
Domaine de la Janasse 688
Domaine de la Vieille Julienne 701
Domaine de Villeneuve 692
Domaine des Bernardins 685
Domaine Georges Vernay 655
Domaine Jamet 648
Domaine Jean David 695
Domaine Marcel Richaud 690
Domaine Pique-Basse 710
Domaine Rabasse-Charavin 711
Domaine Saladin 712
Le Clos des Grillons 705
Maison Delas Frères 663
Maison E. Guigal 667
Maison M. Chapoutier 660
Maison Tardieu-Laurent 700
Montirius 708
Vignobles André Brunel 686

Côtes du Rhône-Villages
Domaine Chaume-Arnaud 704
Domaine de la Janasse 688
Domaine Marcel Richaud 690
Domaine Saladin 712

Côtes du Rhône-Villages Cairanne
Domaine de l'Oratoire Saint-Martin 689, 690
Domaine Marcel Richaud 690
Domaine Rabasse-Charavin 711

Côtes du Rhône-Villages Plan de Dieu
Domaine Calendal 701
Domaine Rabasse-Charavin 711

Côtes du Rhône-Villages Roaix
Domaine Pique-Basse 710, 711

Côtes du Rhône-Villages Sablet
Domaine La Roubine 712

Côtes du Rhône-Villages Saint-Maurice
Domaine Chaume-Arnaud 704

Côtes du Rhône-Villages Séguret
Domaine Jean David 695

Côtes du Rhône-Villages Signargues
Cave des Vignerons d'Estézargues 703

Côtes du Rhône-Villages Vinsobres
Domaine Chaume-Arnaud 704

Côtes du Rhône-Villages Visan
Domaine du Coulet 661

Côtes du Roussillon
Domaine Cazes 733
Domaine Danjou-Banessy 725
Domaine de Casenove 732
Domaine des Chênes 734
Domaine des Schistes 739
Domaine du Clot de l'Oum 735
Domaine Gardiés 721
Domaine Laguerre 726
Domaine Olivier Pithon 723
Domaine Sarda-Malet 729
Domaine Vaquer 740
La Préceptorie 738
Mas Amiel 722
Mas Cristine 737

Côtes du Roussillon Les Aspres
Domaine Vaquer 740
Gérard Bertrand 526

Côtes du Roussillon-Villages
Domaine Cazes 733
Domaine Danjou-Banessy 725
Domaine Depeyre 736

INDEX DES APPELLATIONS

Domaine des Chênes 734
Domaine des Schistes 739
Domaine des Soulanes 731
Domaine du Clot de l'Oum 735
Domaine Gardiés 721
Domaine Le Roc des Anges 729
Mas Mudigliza 727

Côtes du Roussillon-Villages Tautavel

Domaine des Chênes 734
Domaine des Schistes 739
Domaine Gardiés 721
Gérard Bertrand 526

Cour-Cheverny

Domaine de Montcy 594
Domaine des Huards 588
Domaine Philippe Tessier 598

Crémant d'Alsace

Cave de Ribeauvillé 97
Christian et Véronique Hebinger 94
Domaine Émile Beyer 81
Domaine Dirler-Cadé 72
Domaine du Clos Saint-Landelin-Véronique et Thomas Muré 72
Domaine Frédéric Mochel 96
Domaine Valentin Zusslin 78
Domaine Zinck 90
Henry Fuchs 93
Jean-Baptiste Adam 91
Vignoble Clément Klur 95

Crémant de Bourgogne

Domaine du Vissoux 109
Domaine Henri Richard 344
Pascal Bouchard 298

Crémant de Limoux

Château Rives-Blanques 539
Domaine de Mouscaillo 520
Domaine Les Hautes Terres 533

Crémant de Loire

Domaine Ogereau 574
Pithon-Paillé 575

Crémant de Savoie

Domaine André et Michel Quénard 758

Crémant du Jura

Domaine André et Mireille Tissot 488
Domaine de Montbourgeau 490
Domaine des Marnes Blanches 493
Domaine Labet 488

Criots-Bâtard-Montrachet

Domaine d'Auvenay 347

Crozes-Hermitage

Cave Yves Cuilleron 662
Chapoutier - Sélections parcellaires 646
Domaine Alain Graillot 650, 651
Domaine Belle 670
Domaine Combier 649, 650
Domaine Emmanuel Darnaud 672
Domaine François Villard . 656, 657
Domaine Les Bruyères 659
Domaine Marc Sorrel 654
Domaine Yann Chave 671
Ferraton Père et Fils 664
Julien Pilon 669
Les Vins de Vienne 669
Maison Delas Frères 663
Maison E. Guigal 667
Maison M. Chapoutier 660
Paul Jaboulet Aîné 668

Echezeaux

Domaine de la Romanée-Conti 311
Domaine Dujac 318
Domaine Emmanuel Rouget 325
Domaine Jack Confuron-Cotetidot 306
Domaine René Bouvier 337
Domaines David Duband - François Feuillet 306

Echezeaux Grand Cru

Albert Bichot 378
Domaine Cécile Tremblay 325
Domaine Emmanuel Rouget 325
Domaine Jean Grivot 319

Faugères

Clos Fantine 531
Domaine de Cébène 543
Domaine Jean-Michel Alquier 510
Domaine Léon Barral 506
Mas d'Alezon - Domaine de Clovallon 518

Fiefs Vendéens

Clos Saint-André 559
Domaine Saint-Nicolas 557

Fitou

Domaine Bertrand-Bergé 527
Domaine Les Mille Vignes 509
Mas des Caprices 519

Fixin

Domaine Bart 315
Domaine Berthaut-Gerbet 337
Domaine Denis Mortet 321
Domaine Huguenot Père et Fils 330
Domaine Philippe Naddef 334
Domaine René Bouvier 337

Fixin Premier Cru

Domaine Berthaut-Gerbet 337
Domaine Méo-Camuzet 322

Fleurie

Château de Poncié 117
Château des Bachelards – Comtesse de Vazeilles 110
Château des Jacques 107
Clos de la Roilette 122
Domaine Chignard 112
Domaine de Fa 119
Domaine de la Grand'Cour 120
Domaine des Marrans 120
Domaine des Nugues 121
Domaine des Terres Dorées 117, 118
Domaine du Vissoux 109
Domaine Guillaume Chanudet 118
Domaine Jean Foillard 113
Domaine Jules Desjourneys 112
Georges Descombes 106
Julien Sunier 123

Francs Côtes de Bordeaux

Château Marsau 152
Château Puygueraud 148

Fronsac

Château Dalem 150
Château de Carles 146
Château de La Dauphine 151
Château de La Rivière 152
Château Fontenil 147
Château La Rousselle 148
Château La Vieille Cure 149
Château Les Trois Croix 153

Fronton

Château Flotis 786
Château La Colombière 776
Château Plaisance 792
Domaine Le Roc 780

Gaillac

Causse Marines 784
Domaine de Brin 773
Domaine Plageoles 769, 770
Michel Issaly 768

Gevrey-Chambertin

Benjamin Leroux 384
Denis Bachelet 336
Domaine Antonin Guyon 369
Domaine Arlaud 314
Domaine Armand Rousseau 313
Domaine Bernard Dugat-Py 307
Domaine Berthaut-Gerbet 337
Domaine Bruno Clair 316
Domaine Chevalier Père et Fils 364
Domaine Claude Dugat 317
Domaine de la Vougeraie 326
Domaine Denis Mortet 321
Domaine Dujac 318
Domaine Faiveley 339
Domaine Gilles Duroché 338
Domaine Henri Perrot-Minot et Domaine Christophe Perrot-Minot 323

INDEX

Domaine Henri Richard 344
Domaine Huguenot Père et Fils 330
Domaine Jack Confuron-Cotetidot 306
Domaine Jean Trapet Père et Fils 313
Domaine Laurent Père et Fils 331
Domaine Marc Roy 344, 345
Domaine Olivier Guyot 340
Domaine Philippe Naddef 334
Domaine Pierre Damoy 328
Domaine René Bouvier 337
Domaine Robert Groffier Père et Fils 320
Domaine Rossignol-Trapet 335
Domaine Sylvie Esmonin 318
Domaine Thibault Liger-Belair 320
Domaines David Duband - François Feuillet 306
Maison Camille Giroud 357
Maison Chanson Père et Fils 353
Maison Jane Eyre 367
Maison Jean-Claude Boisset 327
Maison Joseph Drouhin 356
Maison Philippe Pacalet 334

Gevrey-Chambertin Premier Cru

Domaine Arlaud 314
Domaine Bernard Dugat-Py 307
Domaine Berthaut-Gerbet 337
Domaine Denis Mortet 321
Domaine Faiveley 339
Domaine Olivier Guyot 340
Domaine Philippe Naddef 334
Domaine Rossignol-Trapet 335
Domaine Sylvie Esmonin 318
Maison Frédéric Magnien – Domaine Michel Magnien 345
Maison Jane Eyre 367
Maison Louis Jadot 370

Gigondas

Domaine du Cayron 694
Domaine du Gour de Chaulé 707
Domaine La Bouïssière 694
Domaine La Roubine 712
Domaine Raspail-Ay 712
Maison Delas Frères 663
Maison E. Guigal 667
Montirius 708
Moulin de la Gardette 696
Vieux Télégraphe 691

Givry

Domaine François Lumpp 389
Domaine Ragot 397
Maison Chanson Père et Fils 353

Givry Premier Cru

Clos Salomon 395
Domaine François Lumpp 389
Domaine Joblot 388
Domaine Ragot 397

Grands-Échezeaux

Domaine de la Romanée-Conti ..311

Graves

Château Crabitey 262
Château de Chantegrive 261
Château Rahoul 264
Château Respide Médeville 265
Clos Floridène 256
Vieux Château Gaubert 267

Griotte-Chambertin

Domaine Claude Dugat 317
Domaine Ponsot 310

Gros Plant du Pays nantais

Domaine Pierre Luneau-Papin ...552
Domaines et Châteaux Véronique Günther-Chéreau 559
Vincent Caillé 558

Haut-Médoc

Château Belgrave 220
Château Belle-Vue 221
Château Cambon La Pelouse 235
Château Cantemerle 222
Château d'Agassac 235
Château de Camensac 236
Château La Lagune 228, 229
Château La Tour Carnet 235
Château Moutte Blanc 140
Château Peyrabon 245
Château Peyrat-Fourthon 245
Château Sociando-Mallet 219

Hermitage

Chapoutier - Sélections parcellaires 646
Domaine Belle 670
Domaine Combier 649
Domaine Guigal 652
Domaine Jean-Louis Chave 647
Domaine Marc Sorrel 654
Domaine Yann Chave 671
Ferraton Père et Fils 664
Maison Delas Frères 663
Maison E. Guigal 667
Maison M. Chapoutier 660
Paul Jaboulet Aîné 668

IGP Alpilles

Abbaye Sainte-Marie de Pierredon 637
Domaine de Trévallon 623
Domaine Hauvette 619

IGP Aude

Domaine de Cazaban 529
Domaine Jean-Baptiste Senat 524
Domaine Ledogar 515
Domaine Les Mille Vignes 509
Mas des Caprices 519

IGP Bouches-du-Rhône

Château de Roquefort 630
Château La Coste 634
Château Simone 621
Villa Minna Vineyard 631

IGP Cévennes

Mas d'Espanet 536

IGP Collines Rhodaniennes

Cave Yves Cuilleron 662
Domaine Chambeyron 659
Domaine Christophe Pichon 675
Domaine du Monteillet - Stéphane Montez 674
Domaine Eric et Joël Durand 673
Domaine Garon 665
Domaine Georges Vernay 655
Domaine Jamet 648
Domaine Jean-Michel Gerin 666
Domaine Pichat 674
Domaine Pierre-Jean Villa 656
Julien Pilon 669
Les Vins de Vienne 669, 670
Lionel Faury 673
Maison M. Chapoutier 661
Stéphane Ogier 652, 653

IGP Comtés rhodaniens

Château des Bachelards – Comtesse de Vazeilles 110

IGP Comté Tolosan

Château Plaisance 792
Lionel Osmin & Cie 790

IGP Coteaux de Fontcaude

Domaine Les Eminades 531

IGP Coteaux du Grésivaudan

Domaine Giachino 754

IGP Coteaux du Salagou

Mas des Chimères 519

IGP Côtes Catalanes

Domaine Gardiés 721
Clos du Rouge Gorge 721
Domaine Danjou-Banessy 725
Domaine de Casenove 732
Domaine de Rancy 728
Domaine Depeyre 736
Domaine des Chênes 734
Domaine des Schistes 739
Domaine des Soulanes 731
Domaine Gardiés 722
Domaine Gauby 720
Domaine Le Roc des Anges 729
Domaine Les Enfants Sauvages 736
Domaine Olivier Pithon 723, 724
Domaine Pouderoux 738

INDEX DES APPELLATIONS

Domaine Vaquer 740
Domaine Vinci 741
Le Soula 730
Les Clos Perdus 513
Mas Mudigliza 727
Riberach 739

IGP Côtes de la Charité
Domaine Alphonse Mellot 599

IGP Côtes du Brian
Clos Centeilles 511
Clos du Gravillas 530

IGP Côtes du Lot
Château Combel La Serre 785
Château du Cèdre 768
Château Haut-Monplaisir 787
Château La Reyne 788
Château Lagrézette 788
Domaine Belmont 782

IGP Côtes du Tarn
Domaine Plageoles 770

IGP Côte Vermeille
Domaine Bruno Duchêne 726

IGP d'Urfé
Domaine des Pothiers 608
Domaine Sérol 610

IGP Gard
Roc d'Anglade 523

IGP Hauterive
Château La Baronne 505

IGP Haute Vallée de l'Aude
Gérard Bertrand 526

IGP Île-de-Beauté
Yves Leccia 472

IGP Méditerranée
Château La Canorgue 702
Château Revelette 620, 621
Château Vignelaure 639
Domaine de la Tour du Bon 623
Domaine Richeaume 629
Triennes 638

IGP Mont Caume
Domaine Ray-Jane 628

IGP Pays d'Hérault
Château de Jonquières 514
Clos Maïa 512
Domaine Catherine Bernard 526
Domaine du Pas de l'Escalette 522
Domaine La Terrasse d'Élise 524
Domaine Vaïsse 525

Mas Cal Demoura 516
Mas Haut-Buis 517
Mas Jullien 502

IGP Pays d'Oc
Le Mas de Mon Père 536
Domaine Alain Chabanon 506
Domaine de Cazaban 529
Domaine de Cébène 543
Domaine La Madura 535
La Grange de Quatre Sous 533
Mas Champart 516, 517
Mas des Brousses 508, 509

IGP Pays de Cucugnan
Domaine de Dernacueillette 514

IGP Périgord
Château Jonc-Blanc 778

IGP Principauté d'Orange
Domaine Charvin 687
Domaine de la Janasse 688

IGP Sainte-Baume
Domaine du Deffends 626
Domaine Les Terres Promises ... 637

IGP Sainte-Marie-la-Blanche
Domaine Emmanuel Giboulot 368

IGP Saint-Guilhem-le-Désert
Château de Jonquières 514
Domaine de la Réserve d'O 539
Mas de Daumas Gassac 518
Mas Foulaquier 532

IGP Val de Loire
Château Soucherie 577
Clau de Nell 577
Clos de l'Elu 568
Clos Saint-André 559
Clos Saint-Fiacre 606
Domaine Catherine et Pierre Breton 585
Domaine de la Pépière 556
Domaine des Ouches 595
Domaine Les Hautes Noëlles 560
Domaine Pierre Luneau-Papin .. 552
Domaines et Châteaux Véronique Günther-Chéreau 559

IGP Vallée du Torgan
Domaine Bertrand-Bergé 527

IGP Var
Domaine Croix-Rousse 635
Domaine de La Réaltière 630
Domaine Les Terres Promises ... 637
Domaine Ray-Jane 628

IGP Vaucluse
Bastide du Claux 701

Château des Tours - Sarrians 691
Domaine de la Monardière 708
Domaine Pique-Basse 711

IGP Vin des Allobroges
Domaine des Ardoisières 750
Les Vignes de Paradis 755

Irancy
Château de Béru 299
Domaine Colinot 293
Domaine Jean-Hugues et Guilhem Goisot 290
Domaine Olivier Morin 304
Pascal Bouchard 298

Irouléguy
Domaine Arretxea 767
Domaine Gutizia 786
Domaine Ilarria 778
Lionel Osmin & Cie 790, 791

Jasnières
Domaine de Bellivière 582

Juliénas
Château de Fuissé 409
Domaine Bernard Santé 122
Domaine des Marrans 120

Jurançon
Camin Larredya 766
Clos Benguères 782
Clos Lapeyre 775
Domaine Bru-Baché 773
Domaine de Souch 780, 781
Domaine Guirardel 777
Les Jardins de Babylone 769
Lionel Osmin & Cie 791
Uroulat 793

L'Étoile
Domaine de Montbourgeau 490

Ladoix
Château de Pommard 386
Domaine Catherine et Claude Maréchal 358
Domaine Chevalier Père et Fils 364
Domaine Edmond Cornu et Fils 380

Ladoix Premier Cru
Domaine Chevalier Père et Fils . 364

Lalande-de-Pomerol
Château La Fleur de Boüard 147

Languedoc
Château de Gaure 532
Château Pech-Redon 522
Clos Marie 507
Domaine Alain Chabanon 506
Domaine Borie La Vitarèle 528

INDEX

Domaine d'Aupilhac 504
Domaine de la Garance 508
Domaine de la Prose 523
Domaine de la Réserve d'O 539
Domaine de Montcalmès 510
Domaine du Pas de
l'Escalette 522
Domaine Lacroix-Vanel 534
Domaine Le Conte des Floris 513
Domaine Turner Pageot 541
Ermitage du Pic Saint-Loup 507
Les Vignes Oubliées 541
Mas d'Espanet 536
Mas des Brousses 508
Mas Haut-Buis 517
Mas Jullien 502
Prieuré de
Saint-Jean-de-Bébian 538

Languedoc Grés de Montpellier
Domaine Henry 534

Languedoc La Clape
Château Pech-Redon 522

Languedoc Montpeyroux
Domaine Alain Chabanon 506
Domaine d'Aupilhac 504

Languedoc Pézenas
Domaine Lacroix-Vanel 534
Domaine Le Conte des Floris 513
Domaine Les Aurelles 502
Domaine Turner Pageot 541
Prieuré de
Saint-Jean-de-Bébian 538

Languedoc Pic Saint-Loup
Clos Marie 507
Domaine Christophe Peyrus 537
Ermitage du Pic Saint-Loup 507
Mas Bruguière 535
Mas Foulaquier 532
Zélige-Caravent 543

Languedoc Saint-Georges-d'Orques
Domaine Henry 534

Languedoc Terrasses du Larzac
Clos Maïa 512
Domaine de la Réserve d'O 539
Domaine du Pas de
l'Escalette 522
La Traversée 540
Mas des Chimères 519
Mas Haut-Buis 517

La Tâche
Domaine de la Romanée-Conti .. 311

Latricières-Chambertin
Domaine Chantal Remy 324

Domaine Jean Trapet Père et
Fils 313
Domaine Leroy 309
Domaines David Duband - François
Feuillet 306

Les Baux-de-Provence
Domaine Hauvette 619

Limoux
Château de Gaure 532
Château Rives-Blanques 539
Domaine de Mouscaillo 520
Domaine Les Hautes Terres 533

Lirac
Maison M. Chapoutier 661

Listrac-Médoc
Château Clarke 223
Château Fourcas-Dupré 238
Château Fourcas Hosten 225
Château Mayne Lalande 243

Luberon
Bastide du Claux 701
Château La Canorgue 702
Château La Verrerie 713
Domaine Guillaume Gros 697
Maison M. Chapoutier 660

Mâcon
Bret Brothers 402
Corinne et Olivier Merlin 408
Domaine Barraud 400
Domaine Héritiers du Comte
Lafon 404
Domaine La Soufrandière 406
Eric Forest 402

Mâcon Bussières
Domaine Héritiers du Comte
Lafon 404
Domaine Jacques Saumaize 399

Macon-Chaintré
Domaine Barraud 400
Domaine des Pierres 121

Mâcon Chardonnay
Domaine Guillot-Broux 403

Mâcon-Charnay
Verget 400

Mâcon Cruzille
Domaine Guillot-Broux 403

Mâcon-Fuissé
Domaine Barraud 400

Mâcon-Igé
Nicolas Maillet 410

Mâcon Milly-Lamartine
Domaine Héritiers du Comte
Lafon 404

Mâcon-Pierreclos
Domaine Guffens-Heynen 397

Mâcon Prissé
Domaine Héritiers du Comte
Lafon 404

Mâcon Uchizy
Domaine Héritiers du Comte
Lafon 404

Mâcon-Vergisson
Domaine Jacques Saumaize 399
Domaine Saumaize-Michelin ... 406
Verget 400

Mâcon-Verzé
Domaine Thibert Père et Fils ... 411
Nicolas Maillet 410

Mâcon-Villages
Château de Fuissé 408
Domaine Frantz Chagnoleau 407
Domaine Saumaize-Michelin ... 406

Macvin du Jura
Domaine André et Mireille
Tissot 488
Domaine Berthet-Bondet 489
Domaine Ganevat 486
Domaine Jean Macle 487

Madiran
Château Viella 793
Domaine Berthoumieu 783
Domaine Labranche-Laffont 779
Producteurs Plaimont 791
Vignobles Alain Brumont .. 783, 784

Malepère
Le Mas de Mon Père 536

Malvoisie Coteaux d'Ancenis
Domaine Landron Chartier 561

Maranges
Domaine Chevrot et Fils 379
Domaine Jean-Claude Regnaudot
et Fils 375

Maranges Premier Cru
Domaine Bruno Colin 354
Domaine Chevrot et Fils 379
Domaine Jean-Claude Regnaudot
et Fils 375
Domaine René Monnier-Xavier
Monnot 384

INDEX DES APPELLATIONS

Marcillac
Domaine du Cros 786

Margaux
Château Boyd-Cantenac 212
Château Brane-Cantenac 212
Château Cantenac-Brown 213
Château d'Issan 226
Château Dauzac 223
Château des Eyrins 224
Château Desmirail 238
Château du Tertre 234
Château Ferrière 224
Château Giscours 215
Château Kirwan 227
Château La Tour de Mons 247
Château Labégorce 227
Château Lascombes 229
Château Malescot
Saint-Exupéry 217
Château Margaux 208
Château Marquis d'Alesme 243
Château Marquis de Terme 242
Château Monbrison 244
Château Moutte Blanc 140
Château Palmer 210
Château Prieuré-Lichine 232
Château Rauzan-Gassies 233
Château Rauzan-Ségla 218
Château Siran 234

Marsannay
Domaine Bart 315
Domaine Bruno Clair 316
Domaine Denis Mortet 321
Domaine Huguenot Père et Fils 330
Domaine Marc Roy 344
Domaine Olivier Guyot 340
Domaine Philippe Naddef 334
Domaine Pierre Damoy 328
Domaine René Bouvier 337
Domaine Sylvain Pataille .. 342, 343

Maury
Domaine Cazes 733
Domaine des Schistes 740
Domaine des Soulanes 731
Domaine Jorel 737
Domaine Les Terres de Fagayra 725
Domaine Pouderoux 738
La Préceptorie 738
Mas Amiel 722
Mas Mudigliza 727

Maury sec
Mas Amiel 722

Mazis-Chambertin
Domaine Armand Rousseau 313
Domaine Bernard Dugat-Py 307
Domaine Denis Mortet 321

Mazis-Chambertin Grand Cru
Domaine d'Auvenay 347

Mazoyères-Chambertin
Domaine Henri Perrot-Minot et Domaine Christophe Perrot-Minot 323
Domaine Henri Richard 344

Mazoyères-Chambertin Grand Cru
Domaine Bernard Dugat-Py 307

Médoc
Château L'Inclassable 241
Château La Tour By 246
Château Les Grands Chênes 240
Château Potensac 231
Château Rollan de By 233
Clos Manou 237
Goulée by Cos d'Estournel 239

Menetou-Salon
Domaine Pellé 604, 605
Domaine Philippe Gilbert 607
Domaines Minchin 607

Mercurey
Château de Chamilly 394
Château de Chamirey 394
Domaine de Villaine 390
Domaine Faiveley 339
Domaine François Raquillet 393
Domaine Lorenzon 392
Domaine Michel Juillot 396
Domaine Theulot Juillot 392

Mercurey Premier Cru
Château de Chamilly 394
Château de Chamirey 394, 395
Domaine Faiveley 339
Domaine François Raquillet 393
Domaine Lorenzon 392
Domaine Michel Juillot 396
Domaine Theulot Juillot 392
Paul et Marie Jacqueson 391

Meursault
Albert Bichot 378
Antoine Jobard 358
Château de Pommard 386
Domaine Albert Grivault 357
Domaine Ballot Millot et Fils 362
Domaine Buisson-Charles 350, 351
Domaine Coche-Dury 347
Domaine d'Auvenay 347
Domaine Henri Germain et Fils .368
Domaine Jack Confuron-Cotetidot 306
Domaine Laurent Père et Fils 331
Domaine Michel Bouzereau et Fils 350
Domaine René Monnier-Xavier Monnot 384

Domaine Rodolphe Demougeot 380
Domaine Roulot 349
Domaine Thierry Violot-Guillemard 377
Henri Darnat 380
Maison Bouchard Père et Fils ..363
Maison Chanson Père et Fils 353
Maison Decelle-Villa 329
Maison Deux Montille Soeur Frère 366
Maison Jean-Claude Boisset 327
Maison Louis Jadot 370
Maison Olivier Leflaive Frères 371

Meursault Premier Cru
Albert Bichot 378
Antoine Jobard 358
Benjamin Leroux 384
Domaine Albert Grivault 357
Domaine Antonin Guyon 369
Domaine Ballot Millot et Fils 362
Domaine Buisson-Charles 350, 351
Domaine de Montille 359
Domaine Henri Germain et Fils .368
Domaine Marc Rougeot 386
Domaine Michel Bouzereau et Fils 350
Domaine René Monnier-Xavier Monnot 384
Domaine Roulot 349
Henri Darnat 380
Maison Joseph Drouhin 356
Maison Vincent Girardin 369

Minervois
Château de Rieux 538
Clos Centeilles 511
Clos du Gravillas 530
Domaine Jean-Baptiste Senat ...524

Minervois-La-Livinière
Clos Centeilles 511
Gérard Bertrand 526

Monbazillac
Château Barouillet 781
Château Les Hauts de Caillevel 787
Château Tirecul La Gravière 770
Domaine L'Ancienne Cure 772

Montagne-Saint-Emilion
Château de Bel 135
Château La Couronne 150

Montagny
Château de Chamilly 394
Clos Salomon 395

Montagny Premier Cru
Château de Chamilly 394
Domaine Lorenzon 392
Domaine Stéphane Aladame 390

INDEX

Monthélie
Château de Puligny-Montrachet 374
Domaine C. Newman 374
Domaine Marc Rougeot 386

Montlouis-sur-Loire
Domaine de la Taille aux Loups 583, 584
Domaine François Chidaine 579
Domaine Frantz Saumon 597
Domaine La Grange Tiphaine 583
Domaine Le Rocher des Violettes 589

Montrachet
Domaine de la Romanée-Conti ..311

Montrachet Grand Cru
Domaine Marc Colin et Fils 354

Morey-Saint-Denis
Domaine Amiot-Servelle 336
Domaine Bruno Clair 316
Domaine Chantal Remy 324
Domaine Cécile Tremblay 325
Domaine Dujac 318
Domaine Georges Roumier 312
Domaine Henri Perrot-Minot et Domaine Christophe Perrot-Minot 323
Domaine Lignier-Michelot 332
Domaine Philippe et Vincent Lecheneaut 332
Domaines David Duband - François Feuillet 306

Morey-Saint-Denis Premier Cru
Domaine Arlaud 314
Domaine Henri Perrot-Minot et Domaine Christophe Perrot-Minot 323
Domaine Lignier-Michelot 332
Domaine Ponsot 310
Maison Frédéric Magnien – Domaine Michel Magnien 345

Morgon
Château des Jacques 108
Domaine Damien Coquelet 119
Domaine Daniel Bouland 106
Domaine des Marrans 120
Domaine des Nugues 121
Domaine des Terres Dorées 117, 118
Domaine Dominique Piron 116
Domaine Jean-Marc Burgaud 111
Domaine Jean Foillard 113
Domaine Jules Desjourneys 112
Domaine Louis Claude Desvignes 107
Domaine Mee Godard 113
Georges Descombes 106
Julien Sunier 123

Marcel Lapierre 114

Moulin-à-Vent
Château des Jacques 108
Château du Moulin-à-Vent 116
Corinne et Olivier Merlin 408
Domaine Bernard Santé 122
Domaine des Terres Dorées 118
Domaine Dominique Piron 116
Domaine du Vissoux 109, 110
Domaine Jules Desjourneys 112
Domaine Labruyère 114
Domaine Mee Godard 113
Domaine Paul Janin et Fils 108
Domaine Roger Lassarat 410
Domaine Th. Liger-Belair 115

Moulis
Château Branas Grand Poujeaux 221
Château Chasse-Spleen 222
Château Mauvesin-Barton 243
Château Poujeaux 232

Muscadet
Domaine de Belle-Vue 553
Domaine de la Chauvinière 554
Vincent Caillé 558

Muscadet Coteaux de la Loire
Domaine Landron Chartier 561

Muscadet Côtes de Grandlieu
Domaine Les Hautes Noëlles 560

Muscadet Sèvre et Maine
Domaine Bonnet-Huteau ..553, 554
Domaine de l'Écu 558
Domaine de la Chauvinière 554
Domaine de la Pépière 556
Domaine Haute Févrie 555
Domaine Landron 555, 556
Domaine Pierre Luneau-Papin ..552
Domaines et Châteaux Véronique Günther-Chéreau 559, 560
Vincent Caillé 558

Muscat de Beaumes-de-Venise
Domaine des Bernardins 685

Muscat de Rivesaltes
Domaine des Chênes 734
Domaine des Schistes 739, 740
Domaine Gardiés 721
Domaine Sarda-Malet 730
Domaine Vaquer 740

Muscat de Saint-Jean-de-Minervois
Clos du Gravillas 530

Muscat du Cap Corse
Clos Nicrosi 474
Domaine Antoine Arena 470
Domaine Giudicelli 475
Domaine Jean-Baptiste Arena ..473
Domaine Leccia 476

Musigny
Domaine Comte Georges de Vogüé 328
Domaine de la Vougeraie 326
Domaine Georges Roumier 312

Musigny Grand Cru
Domaine Leroy 309

Nuits-Saint-Georges
Domaine Alain Michelot 333
Domaine Bertrand et Axelle Machard de Gramont 341
Domaine de l'Arlot 315
Domaine de la Vougeraie 326
Domaine Emmanuel Rouget 325
Domaine Henri et Gilles Remoriquet 343
Domaine Henri Gouges 330
Domaine Henri Perrot-Minot et Domaine Christophe Perrot-Minot 323
Domaine Jack Confuron-Cotetidot 306
Domaine Laurent Père et Fils 331
Domaine Leroy 309
Domaine Philippe et Vincent Lecheneaut 332
Domaine Thibault Liger-Belair 321
Domaines David Duband - François Feuillet 306, 307
Maison Decelle-Villa 329
Maison Jean-Claude Boisset 327
Maison Philippe Pacalet 334

Nuits-Saint-Georges Premier Cru
Albert Bichot 378
Domaine Alain Michelot 333
Domaine Cécile Tremblay 325
Domaine de Bellene 362
Domaine de Montille 359
Domaine Faiveley 339
Domaine Henri Perrot-Minot et Domaine Christophe Perrot-Minot 323
Domaine Jacques-Frédéric Mugnier 309
Domaine Jean Grivot 319
Domaine Méo-Camuzet 322
Domaine Thibault Liger-Belair 321
Domaine Vincent Dureuil-Janthial 388
Maison Frédéric Magnien – Domaine Michel Magnien 345

Orléans
Clos Saint-Fiacre 606

INDEX DES APPELLATIONS

Orléans-Cléry
Clos Saint-Fiacre 606

Pacherenc du Vic-Bilh
Château Viella 793
Domaine Berthoumieu 783
Domaine Labranche-Laffont 779
Producteurs Plaimont 791
Vignobles Alain Brumont . . 783, 784

Palette
Château Simone 621

Patrimonio
Cantina Di Torra - Nicolas Mariotti Bindi 473
Clos Signadore 474, 475
Domaine Antoine-Marie Arena ... 471
Domaine Antoine Arena 470
Domaine Giudicelli 475
Domaine Jean-Baptiste Arena ... 473
Domaine Leccia 476
Yves Leccia 472

Pauillac
Château Batailley 211
Château Clerc Milon 223
Château Croizet-Bages 238
Château d'Armailhac 220
Château Duhart-Milon 224
Château Grand-Puy-Lacoste 215
Château Grand-Puy Ducasse 240
Château Haut-Bages Libéral 240
Château Haut-Batailley 226
Château Lafite Rothschild 206
Château Latour 207
Château Lynch-Bages 216
Château Lynch-Moussas 242
Château Mouton Rothschild 209
Château Peyrabon 245
Château Pibran 245
Château Pichon-Longueville Baron 210
Château Pichon Longueville Comtesse de Lalande 218
Château Pontet-Canet 211
Château Pédesclaux 246

Pécharmant
Château Barouillet 781
Domaine L'Ancienne Cure 772

Pernand-Vergelesses
Domaine Bruno Clair 316

Pernand-Vergelesses Premier Cru
Domaine Antonin Guyon 369
Domaine Chandon de Briailles ... 352
Domaine Follin-Arbelet 367
Domaine Rapet Père et Fils 375
Maison Chanson Père et Fils 353

Pessac-Léognan
Château Bouscaut 254
Château Brown 260
Château Carbonnieux 255
Château Couhins 262
Château Couhins-Lurton 257
Château de Fieuzal 258
Château de Rouillac 266
Château Gazin-Rocquencourt 263
Château Haut-Bailly 250
Château Haut-Brion 248
Château La Garde 263
Château La Louvière 264
Château La Mission Haut-Brion 249
Château Larrivet Haut-Brion 258, 259
Château Latour-Martillac 259
Château Les Carmes-Haut-Brion 256
Château Malartic-Lagravière 251
Château Olivier 260
Château Pape Clément 252
Château Seguin 266
Château Smith Haut-Lafitte 253
Domaine de Chevalier 250

Petit Chablis
Domaine d'Elise 301
Domaine Garnier et Fils 301
Domaine Isabelle et Denis Pommier 295
Domaine Jean-Paul et Benoît Droin 287
Domaine Moreau-Naudet 297
Domaine William Fèvre 289
La Chablisienne 300
Pascal Bouchard 298

Pomerol
Château Beauregard 159
Château Bonalgue 165
Château Bourgneuf 160, 161
Château Certan de May 165
Château Clinet 156
Château de Bel 135
Château du Domaine de l'Église .161
Château Feytit-Clinet 162
Château Gazin 163
Château Hosanna 158
Château L'Eglise-Clinet 154
Château L'Evangile 157
Château La Clémence 166
Château La Conseillante 157
Château La Croix de Gay 167
Château La Fleur-Pétrus 158
Château La Pointe 167
Château La Rose Figeac 168
Château La Violette 165
Château Lafleur 154
Château Latour à Pomerol 163
Château Le Bon Pasteur 160
Château Le Gay 162
Château Le Pin 159
Château Montviel 167
Château Nénin 159
Château Petit-Village 164
Château Rouget 164
Château Trotanoy 155
Château Vray Croix de Gay 168
Clos du Clocher 166
Clos l'Église 161
Pétrus 155
Vieux Château Certan 156

Pommard
Albert Bichot 378
Château de Pommard 386
Domaine Albert Morot 373
Domaine Buisson-Charles 351
Domaine C. Newman 374
Domaine Catherine et Claude Maréchal 358
Domaine Chantal Lescure 341
Domaine de Courcel 348
Domaine Leroy 309
Domaine Nicolas Rossignol 376
Domaine Parigot Père et Fils 385
Domaine René Monnier-Xavier Monnot 384
Domaine Rodolphe Demougeot 380, 381

Pommard Premier Cru
Albert Bichot 378
Domaine Albert Grivault 357
Domaine Ballot Millot et Fils 362
Domaine de Courcel 348
Domaine du Comte Armand 356
Domaine Parigot Père et Fils 385
Domaine Thierry Violot-Guillemard 377
Maison Decelle-Villa 329
Maison Louis Jadot 370

Pouilly-Fuissé
Bret Brothers 402
Château de Fuissé 408, 409
Château des Rontets 405
Corinne et Olivier Merlin 408
Denis Jeandeau 404
Domaine Barraud 400
Domaine Frantz Chagnoleau 407
Domaine Gilles Morat 409
Domaine Guffens-Heynen 397
Domaine Héritiers du Comte Lafon 404
Domaine J.-A. Ferret 398
Domaine Jacques Saumaize 399
Domaine Roger Lassarat 410
Domaine Saumaize-Michelin 406
Domaine Thibert Père et Fils 411
Eric Forest 402
Maison Bouchard Père et Fils ...363
Verget 400

Pouilly-Fumé
Domaine Didier Dagueneau 599
Domaine Jonathan Didier Pabiot 604
Domaine Michel Redde et Fils .605

Pouilly-Loché
Domaine Thibert Père et Fils 411

INDEX

Pouilly-sur-Loire
Domaine Michel Redde et Fils ... 605

Pouilly-Vinzelles
Château des Bachelards –
Comtesse de Vazeilles 110
Corinne et Olivier Merlin 408
Domaine La Soufrandière 406

Puisseguin-Saint-Emilion
Château Clarisse 150

Puligny-Montrachet
Château de
Puligny-Montrachet 374
Domaine Anne-Marie et Jean-Marc
Vincent 377
Domaine d'Auvenay 347
Domaine Dujac 318
Domaine François Carillon 351
Domaine Hubert Lamy 371
Domaine Jacques Carillon 352
Domaine Jean-Claude Bachelet et
Fils 361
Domaine Jean Chartron 353
Domaine Larue 383
Domaine Lucien Muzard et
Fils 373
Domaine Marc Colin et Fils 355
Domaine Vincent
Dureuil-Janthial 388
Etienne Sauzet 360
Maison Jean-Claude Boisset 327
Maison Olivier Leflaive Frères 371

**Puligny-Montrachet
Premier Cru**
Château de
Puligny-Montrachet 374
Domaine Antonin Guyon 369
Domaine Buisson-Charles 351
Domaine de la Vougeraie 326
Domaine Faiveley 339
Domaine François Carillon 351
Domaine Françoise et Denis
Clair 364
Domaine Jean-Claude Bachelet et
Fils 361
Domaine Jean Chartron 353
Domaine Larue 383
Domaine Leflaive 348
Domaine Marc Colin et Fils 354
Domaine Michel Bouzereau et
Fils 350
Domaine Pierre-Yves
Colin-Morey 355
Domaine René Monnier-Xavier
Monnot 384
Domaine Vincent
Dureuil-Janthial 388
Etienne Sauzet 360
Maison Louis Latour 383
Maison Olivier Leflaive Frères ... 371, 372
Maison Vincent Girardin 369
Verget 400

Quarts de Chaume
Château Pierre Bise 567
Domaine Ogereau 574
Domaine Patrick Baudouin 566
Pithon-Paillé 575

Quincy
Domaine Valéry Renaudat 610

Rasteau
Domaine de Beaurenard 693
Domaine Marcel Richaud 690
Domaine Pique-Basse 711
Domaine Rabasse-Charavin 711
Maison M. Chapoutier 661

Régnié
Domaine Jean-Marc Burgaud 111
Domaine Nicolas Chemarin 111
Georges Descombes 106
Julien Sunier 123

Reuilly
Domaine Valéry Renaudat 610

Richebourg
Domaine de la Romanée-Conti .. 311

Richebourg Grand Cru
Domaine Thibault Liger-Belair 321

Rivesaltes
Domaine Bertrand-Bergé 527
Domaine de Rancy 728
Domaine des Chênes 734
Domaine des Schistes 739
Domaine Gardiès 721
Domaine Sarda-Malet 730
Domaine Vaquer 740
Gérard Bertrand 527
Mas Cristine 737
Mas des Caprices 519

Romanée-Conti
Domaine de la Romanée-Conti .. 311

Romanée-Saint-Vivant
Alain Hudelot-Noëllat 340
Domaine de l'Arlot 315
Domaine de la Romanée-Conti ... 311
Domaine Follin-Arbelet 367
Domaine Leroy 309

Rosé de Loire
Château Soucherie 577
Domaine du Closel - Château des
Vaults 568

Rosé des Riceys
Olivier Horiot 439

Roussette de Savoie
Domaine des Côtes Rousses 759
Domaine du Cellier des Cray 753

Domaine Dupasquier 756
Domaine Fabien Trosset 759
Domaine Genoux - Château de
Mérande 757
Domaine Giachino 754
Domaine J.-P. et J.-F. Quénard ... 755
Domaine La Combe des
Grand'Vignes 753
Domaine partagé Gilles Berlioz .. 752

Ruchottes-Chambertin
Domaine Armand Rousseau 313
Domaine Georges Roumier 312

Rully
Domaine de Villaine 390
Domaine Jean-Baptiste
Ponsot 396
Domaine Jean Chartron 353
Domaine Michel Juillot 396
Domaine Vincent
Dureuil-Janthial 388
Maison Joseph Drouhin 356
Paul et Marie Jacqueson 391

Rully Premier Cru
Domaine de Villaine 390
Domaine Jean-Baptiste
Ponsot 396
Domaine Vincent
Dureuil-Janthial 388
Paul et Marie Jacqueson 391

Saint-Amour
Château des Rontets 405
Domaine Damien Coquelet 119
Domaine de Fa 119
Domaine des Pierres 121
Domaine des Terres Dorées 118

Saint-Aubin
Domaine Lamy-Pillot 382
Domaine Larue 383
Domaine Pierre-Yves
Colin-Morey 355

Saint-Aubin Premier Cru
Antoine Jobard 358
Château de
Puligny-Montrachet 374
Domaine Bruno Colin 354
Domaine de Villaine 390
Domaine François Carillon 351
Domaine Françoise et Denis
Clair 364
Domaine Hubert Lamy 371
Domaine Jean-Claude Bachelet et
Fils 361
Domaine Jean Chartron 353
Domaine Lamy-Pillot 382
Domaine Larue 383
Domaine Marc Colin et Fils 355
Domaine Pierre-Yves
Colin-Morey 355
Domaine Sylvain Morey 387
Maison Decelle-Villa 329

INDEX DES APPELLATIONS

Maison Deux Montille Soeur Frère 366

Saint-Bris
Château de Béru 299
Domaine Jean-Hugues et Guilhem Goisot 290
Pascal Bouchard 298

Saint-Chinian
Domaine Borie La Vitarèle 528
Domaine Canet Valette 511
Domaine La Madura 535
Domaine Les Eminades 531
Domaine Navarre 520
Mas Champart 516, 517
Yannick Pelletier 537

Sainte-Croix-du-Mont
Château La Rame 141

Sainte-Foy-Bordeaux
Château Hostens-Picant 151

Saint-Emilion
Château Brûlesécaille 144

Saint-Emilion Grand cru
Château Angélus 169
Château Ausone 170
Château Barde-Haut 192
Château Beau-Séjour Bécot 172
Château Beauséjour Héritiers Duffau-Lagarrosse 173
Château Belair-Monange 173
Château Bellefont Belcier 192
Château Bellevue 183
Château Berliquet 182
Château Canon 174
Château Canon-La-Gaffelière 175
Château Cheval Blanc 171
Château Corbin 194
Château Corbin Michotte 194
Château Dassault 184
Château de Bel 135
Château de Pressac 201
Château Destieux 184
Château Faugères 195
Château Figeac 171
Château Fleur Cardinale 196
Château Fombrauge 196
Château Fonplégade 197
Château Fonroque 185
Château Grand-Pontet 187
Château Grand Corbin-Despagne 186
Château Grand Mayne 186
Château Guadet 198
Château Jean-Faure 187
Château La Clotte 188
Château La Couspaude 195
Château La Dominique 196
Château La Gaffelière 176
Château La Marzelle 200
Château La Serre 203
Château La Tour Figeac 191

Château Larcis-Ducasse 177
Château Larmande 198
Château Laroque 199
Château Laroze 199
Château Le Prieuré 201
Château Les Grandes Murailles .. 197
Château Magrez-Fombrauge 188
Château Monbousquet 200
Château Moulin Saint-Georges 189
Château Pavie 178
Château Pavie-Macquin 179
Château Pavie Decesse 178
Château Penin 140
Château Péby Faugères 189
Château Quinault l'Enclos 190
Château Quintus 202
Château Rochebelle 190
Château Rol Valentin 202
Château Sansonnet 203
Château Soutard 191
Château Tertre Rotebœuf 180
Château Teyssier 204
Château Troplong Mondot 180
Château Trotte Vieille 181
Château Valandraud 182
Château Villemaurine 205
Clos de L'Oratoire 193
Clos des Jacobins 193
Clos Fourtet 175
Clos Saint-Martin 183
La Mondotte 177

Saint-Estèphe
Château Calon-Ségur 213
Château Clauzet 236
Château Cos d'Estournel 214
Château Cos Labory 237
Château de Pez 231
Château Haut-Marbuzet 226
Château Lafon-Rochet 228
Château Le Crock 237
Château Lilian Ladouys 241
Château Meyney 230
Château Montrose 217, 218
Château Ormes de Pez 230
Château Petit Bocq 244
Château Phélan Ségur 231
Château Tronquoy-Lalande 247

Saint-Joseph
Cave Yves Cuilleron 662
Chapoutier - Sélections parcellaires 646
Christophe Curtat 672
Domaine Alain Graillot 651
Domaine Alain Voge 657
Domaine André Perret 653
Domaine Bernard Gripa 666
Domaine Christophe Pichon 675
Domaine Clusel-Roch 649
Domaine Combier 650
Domaine du Monteillet - Stéphane Montez 674
Domaine du Tunnel 654
Domaine Emmanuel Darnaud 672
Domaine Eric et Joël Durand 673
Domaine François Villard .. 656, 657

Domaine Georges Vernay 655
Domaine Gonon 648
Domaine Guigal 652
Domaine Jean-Michel Gerin 666
Domaine Les Bruyères 659
Domaine Pierre-Jean Villa 656
Domaine Pierre et Jérôme Coursodon 662
Julien Pilon 669
Les Vins de Vienne 669
Lionel Faury 673
Maison Delas Frères 663
Maison M. Chapoutier 660, 661
Paul Jaboulet Aîné 668
Stéphane Ogier 652, 653
Ferraton Père et Fils 664
Maison E. Guigal 667

Saint-Julien
Château Beychevelle 221
Château Branaire-Ducru 212
Château du Glana 239
Château Ducru-Beaucaillou 206
Château Gloria 225
Château Gruaud Larose 216
Château Lagrange 228
Château Lalande-Borie 241
Château Langoa Barton 229
Château Léoville Barton 207
Château Léoville Las Cases 208
Château Léoville Poyferré 217
Château Moulin Riche 244
Château Saint-Pierre 219
Château Talbot 234
Clos du Marquis 214

Saint-Mont
Producteurs Plaimont 791

Saint-Nicolas-de-Bourgueil
Domaine Aurélien Revillot 596
Domaine de la Cotelleraie 591
Domaine Yannick Amirault 584

Saint-Péray
Cave Yves Cuilleron 662
Domaine Alain Voge 657
Domaine Bernard Gripa 666
Domaine du Tunnel 654
Domaine Eric et Joël Durand 673
Domaine François Villard .. 656, 657
Ferraton Père et Fils 664
Julien Pilon 669
Les Vins de Vienne 669
Maison M. Chapoutier 660

Saint-Pourçain
Domaine des Bérioles 606
Les Terres d'Ocre 611

Saint-Romain
Benjamin Leroux 384
Domaine de Bellene 362
Domaine Henri et Gilles Buisson 378, 379
Domaine Marc Rougeot 386

811

INDEX

Maison Deux Montille Soeur Frère 366
Maison Olivier Leflaive Frères 371

Saint-Véran

Bret Brothers 402
Château de Fuissé 409
Corinne et Olivier Merlin 408
Denis Jeandeau 404
Domaine Barraud 400
Domaine Frantz Chagnoleau 407
Domaine Gilles Morat 409
Domaine Guffens-Heynen 397
Domaine Héritiers du Comte Lafon 404
Domaine Jacques Saumaize 399
Domaine Roger Lassarat 410
Domaine Saumaize-Michelin 406
Domaine Thibert Père et Fils 411
Verget 400

Sancerre

Domaine Alphonse Mellot 599
Domaine Daniel Crochet 603
Domaine Didier Dagueneau 599
Domaine François Cotat 600
Domaine François Crochet 604
Domaine Gérard Boulay 600
Domaine Pascal et Nicolas Reverdy 609
Domaine Pellé 605
Domaine Vacheron 602
Domaine Vincent Pinard 601

Santenay

Domaine Anne-Marie et Jean-Marc Vincent 376, 377
Domaine de Bellene 362
Domaine Françoise et Denis Clair 364
Domaine Jean-Claude Regnaudot et Fils 375
Domaine Jessiaume 382
Domaine Lucien Muzard et Fils 373
Maison Louis Jadot 370
Maison Vincent Girardin 369

Santenay Premier Cru

Château de la Maltroye 372
Domaine Anne-Marie et Jean-Marc Vincent 377
Domaine Bruno Colin 354
Domaine Chevrot et Fils 379
Domaine de la Pousse d'Or 359
Domaine de Villaine 390
Domaine Françoise et Denis Clair 364
Domaine Hubert Lamy 371
Domaine Jean-Claude Regnaudot et Fils 375
Domaine Jessiaume 382
Domaine Lucien Muzard et Fils 373
Domaine Sylvain Morey 387
Maison Louis Latour 383

Maison Vincent Girardin 369

Saumur

Château de Villeneuve 565
Château du Hureau 574
Château Yvonne 572
Clos de l'Ecotard 572, 573
Clos Rougeard 561
Domaine Antoine Sanzay 576
Domaine des Roches Neuves 562
Domaine du Collier 563
Domaine Guiberteau 569
Domaine Mélaric 571
La Porte Saint Jean 575

Saumur-Champigny

Château de Villeneuve 565
Château du Hureau 574
Château Yvonne 572
Clos Rougeard 561, 562
Domaine Antoine Sanzay 576
Domaine des Roches Neuves 562
Domaine Guiberteau 569
La Porte Saint Jean 575

Saumur Puy-Notre-Dame

Domaine Mélaric 571

Saussignac

Château Tour des Gendres 771

Sauternes

Château Caillou 275
Château d'Yquem 269
Château de Fargues 268
Château de Malle 276
Château de Rayne Vigneau 277
Château Doisy-Védrines 275
Château Gilette 270
Château Guiraud 271
Château Haut-Bergeron 276
Château La Bouade 278
Château La Tour Blanche 274
Château Lafaurie-Peyraguey 272
Château Les Justices 276
Château Rabaud-Promis 279
Château Raymond-Lafon 272
Château Rieussec 278
Château Sigalas Rabaud 273
Château Suduiraut 273
Clos Haut Peyraguey 269
Domaine de L'Alliance 274

Savennières

Château Pierre Bise 566
Château Soucherie 577
Domaine Damien Laureau 570
Domaine du Closel - Château des Vaults 568
Domaine Eric Morgat 564
Domaine Ogereau 574
Domaine Patrick Baudouin 565
Domaine Richou 572
Domaine Thibaud Boudignon 567

Savennières Coulée-de-Serrant

Coulée de Serrant 563

Savennières Roche-aux-Moines

Coulée de Serrant 563
Domaine aux Moines 570
Domaine Damien Laureau 570

Savigny-lès-Beaune

Domaine Catherine et Claude Maréchal 358
Domaine Chantal Lescure 341
Domaine de Bellene 362
Domaine Jean Chartron 353
Domaine Michel et Joanna Ecard 381
Maison Decelle-Villa 329

Savigny-lès-Beaune Premier Cru

Benjamin Leroux 384
Domaine Albert Morot 373
Domaine Bruno Clair 316
Domaine Chandon de Briailles 352
Domaine de Bellene 362
Domaine des Croix 366
Domaine Michel et Joanna Ecard 381
Domaine Nicolas Rossignol 376
Domaine Parigot Père et Fils 385
Domaine Rapet Père et Fils 375
Domaine Tollot-Beaut et Fils 376
Maison Bouchard Père et Fils 363
Maison Chanson Père et Fils 353
Maison Jane Eyre 367
Maison Jean-Claude Boisset 327
Maison Louis Jadot 370

Tavel

Maison Tardieu-Laurent 700

Terrasses du Larzac

Château de Jonquières 514
Clos Maïa 512
La Traversée 540
Les Vignes Oubliées 541
Mas Cal Demoura 516
Mas des Brousses 509
Mas Haut-Buis 517
Mas Jullien 503

Touraine

Château de Coulaine 587
Domaine Charles Joguet 589
Domaine de la Garrelière 592
Domaine des Corbillières 591
Domaine Vincent Ricard 596, 597
Domaines Minchin 607

Touraine Amboise

Domaine La Grange Tiphaine 583

INDEX DES APPELLATIONS

Touraine Chenonceaux
Domaine Vincent Ricard 597

Touraine Oisly
Domaine des Corbillières 591

Vacqueyras
Château des Tours - Sarrians 691
Domaine de la Charbonnière 704
Domaine de la Monardière 708
Domaine La Bouïssière 694
Domaine La Roubine 712
Domaine Le Sang des Caillloux ..700
Montirius 708, 709

Valençay
Domaines Minchin 607

Ventoux
Domaine de la Ferme Saint-Martin 696
Maison Delas Frères 663
Martinelle 707

Vin de Corse
Clos Venturi 479

Vin de Corse Calvi
Domaine d'Alzipratu 477

Vin de France
Domaine Pattes Loup 291
Alice et Olivier De Moor 293, 294

Vin de France (Alsace)
Château Pech-Redon 522

Vin de France (Anjou-Saumur)
Clos de l'Elu 568
Domaine aux Moines 570
Domaine des Sablonnettes 576
Domaine Les Grandes Vignes 573
Domaine Mélaric 571
Domaine Richard Leroy 564
Domaine Richou...........................572
La Ferme de la Sansonnière 563
La Porte Saint Jean 575

Vin de France (Beaujolais)
Domaine des Marrans 120
Domaine des Nugues 121
Julien Sunier 123
Marcel Lapierre 114

Vin de France (Bordeaux)
Château de Bel 135
Clos Puy Arnaud 147
Domaine de Galouchey 153

Vin de France (Centre)
Domaine Alexandre Bain 603

Vin de France (Corse)
Cantina Di Torra - Nicolas Mariotti Bindi 473
Clos Canarelli 472
Clos Canereccia 478
Clos Fornelli 478
Clos Nicrosi 474
Clos Venturi 479
Domaine Antoine-Marie Arena 471
Domaine Antoine Arena 470
Domaine Comte Abbatucci 470
Domaine de Vaccelli 477
Domaine Giudicelli 475
Domaine Jean-Baptiste Arena 473

Vin de France (Jura)
Domaine Pignier 490

Vin de France (Languedoc)
Le Mas de Mon Père 536
Cave d'Embres-et-Castelmaure .531
Château La Baronne 505
Clos Centeilles 511
Clos du Gravillas 530
Domaine Canet Valette 511
Domaine Catherine Bernard 526
Domaine Christophe Peyrus 537
Domaine de Cabrol 529
Domaine de la Garance 508
Domaine Guilhem Barré 525
Domaine Henry 534
Domaine Ledogar 515
Domaine Matassa 723
Domaine Mylène Bru 528
Domaine Navarre 520
Domaine Sainte Croix 540
Domaine Turner Pageot 541
Les Vignes Oubliées 541
Yannick Pelletier 537
Zélige-Caravent 543

Vin de France (Loire)
Domaine de Belle-Vue 553
Domaine des Bérioles 606
Domaine des Pothiers 608
Domaine des Sablonnettes 576
Domaine François Chidaine 579
Domaine Frantz Saumon 597
Domaine Grosbois 593
Domaine Landron 556
Domaine Les Hautes Noëlles 560
Domaine Philippe Gilbert 607
Domaine Vacheron 602
Les Terres d'Ocre 611
Vincent Caillé 558

Vin de France (Pays nantais)
Domaine Bonnet-Huteau 554
Domaine de l'Écu 558
Domaine de la Chauvinière 554
Domaine des Sablonnettes 576
Domaine Frantz Saumon 597
Domaine La Grapperie 593
Domaine Les Hautes Noëlles 560

Domaine Pierre Luneau-Papin ...552
Domaine Stéphane Bernaudeau 566
Domaine Sérol 610
Domaine Vincent Ricard 596

Vin de France (Provence)
Château Revelette 620, 621
Clos Canereccia 478
Domaine de La Réaltière 630
Domaine Les Terres Promises ..638
Domaine Milan 627

Vin de France (Rhône nord)
Domaine François Villard 657
Domaine Pierre et Jérôme Coursodon 662
Martinelle 707

Vin de France (Rhône sud)
Domaine Eddie Féraud et Fils 706
Domaine Guillaume Gros 697
Domaine La Bouïssière 694
Domaine Rabasse-Charavin 711
Domaine Saladin 712
Le Clos des Grillons 705

Vin de France (Roussillon)
Clos Massotte 734
Domaine Jean-Philippe Padié 727
Domaine Jorel 737
Domaine Matassa 723
La Grange de Quatre Sous 533

Vin de France (Savoie)
Domaine J.-P. et J.-F. Quénard 755
Domaine La Combe des Grand'Vignes 753

Vin de France (Sud-Ouest)
Camin Larredya 766
Causse Marines 784
Château Barouillet 781
Château Combel La Serre 785
Château Jonc-Blanc 778
Château La Colombière 776
Château Plaisance 792
Château Ponzac 792
Château Tour des Gendres 771
Clos Joliette 774
Domaine de Brin 773
Domaine Guirardel 777
Domaine Haut-Campagnau 777
Domaine Le Roc 780
Domaine Plageoles 770
Lestignac 789
Lionel Osmin & Cie 791
Mas Del Périé 790
Michel Issaly 768

813

INDEX

Vin de France (Touraine)
Domaine de la Taille aux Loups 584
Domaine La Grapperie 593
Domaine Patrice Colin 587
Domaine Vincent Ricard 597

Vin de Liqueur (Sud-Ouest)
Château du Cèdre 768
Lionel Osmin & Cie 791

Vin de pays de la Méditerranée (Rhône sud)
Domaine Chaume-Arnaud 704

Vin de pays des Côtes Catalanes
Domaine Vaquer 740

Vin de pays du Vaucluse
Château La Verrerie 713

Vin de Savoie
Domaine André et Michel Quénard 758
Domaine Belluard 750, 751
Domaine des Côtes Rousses 759
Domaine du Cellier des Cray 753
Domaine Dupasquier 756
Domaine Fabien Trosset 759
Domaine Genoux - Château de Mérande 757
Domaine Giachino 754
Domaine J.-P. et J.-F. Quénard 755
Domaine La Combe des Grand'Vignes 753
Domaine partagé Gilles Berlioz 752
Domaine Pascal et Annick Quenard 757
Les Fils de Charles Trosset 751

Vin de table (Corse)
Domaine Antoine-Marie Arena .. 471

Vin de table (Rhône sud)
Château des Tours - Sarrians 691

Vin de table d'Alsace
Domaine Zind Humbrecht 70

Vin de table de France
Domaine Agnès Paquet 385

Vin de table de Provence
Domaine de la Tour du Bon 623

Vin de table du Jura
Domaine Labet 489

Vin mousseux de qualité
Clos Saint-André 559

Viré-Clessé
Bret Brothers 402
Corinne et Olivier Merlin 408
Denis Jeandeau 404
Domaine de la Bongran 401
Domaine Frantz Chagnoleau 407
Domaine Héritiers du Comte Lafon 404
Domaine Roger Lassarat 410
Domaine Saumaize-Michelin 406
Maison Chanson Père et Fils 353
Verget 400

Volnay
Domaine Catherine et Claude Maréchal 358
Domaine Jessiaume 382
Domaine Leroy 309
Domaine Michel Lafarge 370
Domaine Nicolas Rossignol 376
Domaine Parigot Père et Fils 385

Volnay Premier Cru
Domaine Antonin Guyon 369
Domaine Ballot Millot et Fils 362
Domaine Buisson-Charles 351
Domaine de la Pousse d'Or 359
Domaine de Montille 359
Domaine Henri et Gilles Buisson 379
Domaine Jessiaume 382
Domaine Marc Rougeot 386
Domaine Michel Lafarge 370
Domaine Nicolas Rossignol 376
Domaine René Monnier-Xavier Monnot 384
Maison Camille Giroud 357
Maison Vincent Girardin 369

Vosne-Romanée
Alain Hudelot-Noëllat 340
Benjamin Leroux 384
Domaine Bertrand et Axelle Machard de Gramont 342
Domaine Cécile Tremblay 325
Domaine de l'Arlot 315
Domaine Emmanuel Rouget 325
Domaine Georges Mugneret-Gibourg 322
Domaine Henri Perrot-Minot et Domaine Christophe Perrot-Minot 323
Domaine Jean Grivot 319
Domaine Leroy 309
Domaine René Bouvier 337
Domaine Thibault Liger-Belair ... 321
Maison Bouchard Père et Fils ... 363
Maison Decelle-Villa 329
Maison Joseph Drouhin 356

Vosne-Romanée Premier Cru
Albert Bichot 378
Domaine Berthaut-Gerbet 337
Domaine Cécile Tremblay 325
Domaine de Bellene 362
Domaine Emmanuel Rouget 325
Domaine Henri et Gilles Remoriquet 343
Domaine Jack Confuron-Cotetidot 306
Domaine Jean Grivot 319
Domaine Méo-Camuzet 322

Vougeot Premier Cru
Alain Hudelot-Noëllat 340
Domaine de la Vougeraie 326

Vouvray
Clos de la Meslerie 590
Domaine Catherine et Pierre Breton 585
Domaine du Clos Naudin 579
Domaine Huet 580
Domaine Sébastien Brunet 590
Domaine Vincent Carême 586

INDEX DES DOMAINES MAISONS ET CAVES

Ce premier index répertorie tous les producteurs cités par ordre alphabétique du nom du château, de la cave ou de la maison de négoce. Comme pour le guide, c'est le nom de la marque ou de la propriété qui détermine l'ordre alphabétique, non les mots "château" ou "domaine".

A

A (Domaine de l') 145
Abbatucci (Domaine Comte) 470
Adam (Jean-Baptiste) 91
Ad Vitam Æternam 134
Agapé (Domaine) 78
Agassac (Château d') 235
Agrapart et Fils 418
Aiguilhe (Château d') 145
Aladame (Domaine Stéphane) ..390
Alliance (Domaine de L') 274
Alliet (Domaine Philippe) 580
Alquier (Domaine Jean-Michel) 510
Alzipratu (Domaine d') 477
Amiot-Servelle (Domaine) 335
Amirault (Domaine Yannick) 584
Ancienne Cure (Domaine de l') ..772
Angélus (Château) 169
Apollonis 449
Ardoisières (Domaine des) 750
Arena (Domaine Antoine) 470
Arena (Domaine Antoine-Marie) 471
Arena (domaine Jean-Baptiste) 473
Arlaud (Domaine) 314
AR Lenoble 423
Arlot (Domaine de l') 314
Armailhac (Château d') 220
Arretxea (Domaine) 766
Aupilhac (Domaine d') 504
Aurelles (Domaine Les) 502
Ausone (Château) 169
Auvenay (Domaine d') 346
Aviet et Fils - Caveau de Bacchus (Lucien) 491
Ayala & Co 432

B

Bachelards (Château des) 110
Bachelet (Denis) 336
Bachelet (Domaine Jean-Claude et Fils) 360
Bachelet-Ramonet (Domaine) ... 361
Bain (Domaine Alexandre) 602
Ballot Millot et Fils (Domaine) 361
Balthazar (Domaine Franck) 658
Barbeyrolles (Château) 639
Barde-Haut (Château) 192
Barmès-Buecher (Domaine) 70
Baronne (Château La) 505
Barouillet (Château) 781
Barral (Domaine Léon) 505
Barraud (Domaine) 400
Barré (Domaine Guilhem) 525
Barroche (Domaine La) 692
Bart (Domaine) 315
Barth (Domaine Laurent) 79
Bastide Blanche (Domaine La) 623
Bastide du Claux 701
Bastides (Domaine Les) 632
Batailley (Château) 211
Baudouin (Domaine Patrick) 565
Baudry (Domaine Bernard) 581
Baulieu (Villa) 624
Beaucastel (Château de) 684
Beauregard (Château) 159
Beaurenard (Domaine de) 692
Beau-Séjour Bécot (Château) 172
Beauséjour Héritiers Duffau-Lagarrosse (Château) ...172
Becker (Domaine Jean-Philippe et Jean-François) 91
Bedel et Fils (Françoise) 424
Bégude (Domaine de la) 182
Bégude (La) 618
Bel (Château de) 134
Bel Air (Domaine du) 584
Bel-Air La Royère (Château) 142
Belair-Monange (Château) 173
Belgrave (Château) 220
Belle (Domaine) 670
Bellefont Belcier (Château) 192
Belle Garde (Château) 135
Bellene (Domaine de) 362
Bellet (Château de) 632
Belle-Vue (Château) 220
Belle-Vue (Domaine de) 553
Bellivière (Domaine de) 581
Belluard (Domaine) 750
Belmont (Domaine) 781
Benguères (Clos) 782
Bérêche et Fils 425
Bérioles (Domaine des) 605
Berlioz (Domaine Gilles) 752
Berliquet (Château) 182
Bernard (Domaine Catherine) ... 526
Bernardins (Domaine des) 684
Bernaudeau (Domaine Stéphane) 566
Bernhard (Domaine Jean-Marc) ..80
Berthaut-Gerbet (Domaine) 336
Berthet-Bondet (Domaine) 489
Berthoumieu (Domaine) 782
Bertrand (Gérard) 526
Bertrand-Bergé (Domaine) 527
Béru (Château de) 298
Bessin (Domaine Jean-Claude) ..291
Beychevelle (Château) 221
Beyer (Domaine Emile) 80
Beyer (Domaine Léon) 81
Bichot (Domaines Albert) 377
Billaud (Samuel) 288
Billaud-Simon (Domaine) 292
Billecart-Salmon 425
Bise (Château Pierre) 566
Blanck (Domaine Paul) 82
Boesch (Domaine Léon) 82
Bois de Boursan (Domaine) 693
Boisset (Maison Jean-Claude) ..326
Bolaire (Château) 135
Bollinger 418
Bonalgue (Château) 165
Bongran (Domaine de la) 401
Bonneau du Martray (Domaine) 349
Bonnefond (Domaine) 658
Bonnet-Huteau (Domaine) 553
Bon Pasteur (Château Le) 160
Bonserine (Domaine de) 670
Borie La Vitarèle (Domaine) 527
Bosquet des Papes (Domaine) 685
Bott-Geyl (Domaine) 71
Bouade (Château La) 278
Bouchard (Domaine Pascal) 297
Bouchard Père et Fils 363
Boudignon (Domaine Thibaud) ..567
Bouillerot (Domaine de) 136
Bouïssière (Domaine La) 694
Bouland (Domaine Daniel) 106
Boulard & Fille (Francis) 432
Boulay (Domaine Gérard) 600
Bourgneuf (Château) 160

815

INDEX

Bouscaut (Château) 254
Bouvier (Domaine René) 337
Bouzereau (Domaine Michel et Fils) 350
Boxler (Domaine Albert) 66
Boyd-Cantenac (Château) 211
Branaire-Ducru (Château) 212
Branas Grand Poujeaux (Château) 221
Brande-Bergère (Château) 136
Brane-Cantenac (Château) 212
Bret Brothers 401
Breton (Domaine Catherine et Pierre) 585
Briant (Leclerc) 433
Brin (Domaine de) 772
Brocard (Domaine Jean-Marc) .. 298
Brown (Château) 260
Bru (Domaine Mylène) 528
Bru-Baché (Domaine) 773
Brûlesécaille (Château) 144
Brumont (Vignobles Alain) 783
Brunel (Vignobles André) 686
Brunet (Domaine Sébastien) 590
Bruyères (Domaine Les) 658
Buisson (Domaine Henri et Gilles) 378
Buisson-Charles (Domaine) 350
Burgaud (Domaine Jean-Marc) ...110
Bursin (Agathe) 83
Butte (Domaine de la) 585

C

Cabrol (Domaine de) 528
Caillé (Vincent) 558
Caillou (Château) 275
Calendal (Domaine) 701
Calon-Ségur (Château) 213
Cambon La Pelouse (Château) 235
Camensac (Château de) 236
Camin Larredya 766
Canereccia (Clos) 477
Canet Valette (Domaine) 510
Canon (Château) 173
Canon-la-Gaffelière (Château) .. 174
Canon Pécresse (Château) 149
Canorgue (Château La) 702
Cantemerle (Château) 222
Cantenac-Brown (Château) 213
Cantina Di Torra - Nicolas Mariotti Bindi 473
Carbonnieux (Château) 254
Carême (Domaine Vincent) 586
Carillon (Domaine François) 351
Carillon (Domaine Jacques) 351
Carles (Château de) 146
Carmes-Haut-Brion (Château Les) 255
Casenove (Domaine de) 732
Causse Marines 784
Cave des Vignerons d'Estézargues 703
Cayron (Domaine du) 694

Cazaban (Domaine de) 529
Cazes (Domaine) 732
Cébène (Domaine de) 543
Cèdre (Château du) 767
Cellier des Cray (Domaine du) 752
Certan de May (Château) 165
Chabanon (Domaine Alain) 506
Chablisienne (La) 299
Chagnoleau (Domaine Frantz) ...407
Chambert (Château) 774
Chambeyron (Domaine) 659
Chamilly (Château de) 393
Chamirey (Château de) 394
Chandon de Briailles (Domaine) 352
Chanson Père et Fils (Maison) ..352
Chantegrive (Château de) 261
Chanudet (Domaine Guillaume) .. 118
Chapoutier (Maison) 660
Chapoutier - Sélections Parcellaires 646
Charbonnière (Domaine de la) .. 703
Chartier (Domaine Landron) ... 560
Chartogne-Taillet 449
Chartron (Domaine Jean) 353
Charvin (Domaine) 686
Chasse-Spleen (Château) 222
Chatillon (Domaine Philippe) ... 491
Chaume-Arnaud (Domaine) 704
Chauvinière (Domaine de la) .. 554
Chave (Domaine Jean-Louis) .. 647
Chave (Domaine Yann) 671
Chemarin (Domaine Nicolas) ... 111
Chênes (Domaine des) 733
Cheval Blanc (Château) 170
Chevalerie (Domaine de la) 582
Chevalier (Domaine de) 249
Chevalier Père et Fils (Domaine) 363
Chevrot et Fils (Domaine) 379
Chidaine (Domaine François) .. 578
Chignard (Domaine) 112
Clair (Domaine Bruno) 316
Clair (Domaine Françoise et Denis) 364
Clarisse (Château) 150
Clarke (Château) 222
Clau de Nell 577
Clauzet (Château) 236
Clémence (Château La) 166
Clerc Milon (Château) 223
Clicquot Ponsardin (Veuve) 450
Climens (Château) 267
Clinet (Château) 156
Clos Canarelli 471
Clos Centeilles 511
Clos d'Un Jour (Le) 784
Clos de Gamot 775
Clos de l'Ecotard 572
Clos de l'Elu 567
Clos de l'Oratoire 193
Clos de la Meslerie 590
Clos des Grillons (Le) 705
Clos des Jacobins 193
Clos des Lunes 137
Clos des Papes 687

Clos de Tart 316
Clos du Clocher 166
Clos du Gravillas 530
Clos du Marquis 214
Clos du Mont-Olivet 682
Clos du Rouge Gorge 720
Closel - Château des Vaults (Domaine) 568
Clos Floridène 256
Clos Fornelli 478
Clos Fourtet 175
Clos Haut Peyraguey 269
Clos Joliette 774
Clos l'Église 161
Clos Lapeyre 774
Clos Maïa 512
Clos Manou 236
Clos Marie 507
Clos Massotte 734
Clos Mireille 633
Clos Naudin (Domaine du) 579
Clos Nicrosi 474
Clos Perdus (Les) 512
Clos Puy Arnaud 146
Clos Rougeard 561
Clos Saint-André 558
Clos Saint-Fiacre 606
Clos Saint Joseph 633
Clos Saint-Landelin-Véronique et Thomas Muré (Domaine de) 71
Clos Saint-Martin 183
Clos Saint-Vincent 625
Clos Salomon 395
Clos Signadore 474
Clos Venturi 478
Clot de l'Oum (Domaine du) ... 735
Clusel-Roch (Domaine) 648
Coche-Dury (Domaine) 347
Coessens 450
Colin (Domaine Bruno) 354
Colin (Domaine Patrice) 586
Colin et Fils (Domaine Marc) .. 354
Colin-Morey (Domaine Pierre-Yves) 355
Colinot (Domaine Anita, Jean-Pierre et Stéphanie) 292
Collier (Domaine du) 562
Colombière (Château La) 775
Combe des Grand'Vignes (Domaine La) 753
Combel la Serre (Château) 785
Combier (Domaine) 649
Comte Armand (Domaine du) ... 355
Comte Georges de Vogüé (Domaine) 327
Comte Senard (Domaine) 365
Confuron-Cotetidot (Domaine Jack) 305
Conseillante (Château La) 157
Conte des Floris (Domaine Le) .. 513
Coquelet (Domaine Damien) 118
Corbillères (Domaine des) 590
Corbin (Château) 194
Corinne et Olivier (Maison) 407
Cornu (Domaine Edmond et Fils) 379

INDEX DES DOMAINES, MAISONS ET CAVES

Cos d'Estournel (Château) 214
Cos Labory (Château) 237
Cosse Maisonneuve (Domaine) 767
Coste (Château La) 634
Cotat (Domaine François) 600
Cotelleraie (Domaine de la) 591
Côtes Rousses (Domaine des) ...759
Couhins (Château) 261
Couhins-Lurton (Château) 256
Coulaine (Château de) 587
Coulée de Serrant 563
Coulet (Domaine du) 661
Coume Del Mas 735
Courcel (Domaine de) 348
Couronne (Château La) 150
Coursodon (Domaine Pierre et Jérôme) 661
Courteillac (Domaine de) 132
Couspaude (Château La) 195
Coutet (Château) 268
Crabitey (Château) 262
Crochet (Domaine Daniel) 603
Crochet (Domaine François) 603
Crock (Château Le) 237
Croix (Domaine des) 365
Croix de Gay (Château La) 166
Croix-Rousse (Domaine) 634
Croizet Bages (Château) 237
Cros (Château du) 785
Cuilleron (Cave Yves) 662
Curtat (Christophe) 671

D

Dagueneau (Domaine Didier) 598
Dalem (Château) 150
Damoy (Domaine Pierre) 328
Danjou-Banessy (Domaine) 725
Darnat (Henri) 380
Darnaud (Domaine Emmanuel) ..672
Da Ros (Domaine Elian) 776
Dassault (Château) 183
Dauphine (Château de La) 151
Dauvissat (Domaine Vincent) ... 286
Dauzac (Château) 223
David (Domaine Jean) 695
Decelle-Villa (Maison) 328
Defaix (Domaine Bernard) 300
Deffends (Domaine du) 625
Dehours et Fils 434
Deiss (Domaine Marcel) 66
Delamotte 451
Delas Frères (Maison) 663
Delesvaux (Domaine) 568
De Moor (Alice et Olivier) 293
Demougeot (Domaine Rodolphe) 380
Depeyre (Domaine) 736
Dernacueillette (Domaine de) 513
Descombes (Georges) 106
Desjourneys (Domaine Jules) 112
Desmirail (Château) 238
De Sousa 433
Destieux (Château) 184

Desvignes (Domaine Louis Claude) 107
Deutz 426
Deux Montille Sœur Frère (Maison) 366
Devaux 451
Diebolt-Vallois 435
Dirler-Cadé (Domaine) 72
Doisy Daëne (Château) 270
Doisy-Védrines (Château) 275
Domaine de l'Eglise (Château du) 161
Dominique (Château La) 184
Dom Pérignon 427
Doquet (Pascal) 427
Doyard 452
Drappier 435
Droin (Domaine Jean-Paul et Benoît) 286
Drouhin (Joseph) 356
Duband - Feuillet (Domaine David - François) 306
Duchêne (Domaine Bruno) 726
Duclaux (Domaine) 650
Ducru-Beaucaillou (Château) 206
Dugat (Domaine Claude) 317
Dugat-Py (Domaine Bernard) 307
Duhart-Milon (Château) 224
Dujac (Domaine) 317
Dupasquier (Domaine) 756
Dupéré-Barrera (Domaine) 626
Duport (Julien) 119
Durand (Domaine Éric et Joël) ...672
Dureuil-Janthial (Domaine Vincent) 387
Duroché (Domaine Gilles) 338
Duval-Leroy 436

E

Ecard (Domaine Michel et Joanna) 381
Écu (Domaine de l') 557
Eglise-Clinet (Château L') 154
Egly-Ouriet 419
Elise (Domaine d') 300
Embres-et-Castelmaure (Cave d') 530
Eminades (Domaine Les) 531
Enclos des Anges (L') 479
Enfants Sauvages (Domaine Les) 736
Ermitage du Pic Saint-Loup 507
Esmonin (Domaine Sylvie) 318
Étoile (Cave de L') 741
Evangile (Château L') 157
Eyre (Maison Jane) 366
Eyrins (Château des) 224

F

Fa (Domaine de) 119
Faiveley (Domaine) 338
Falfas (Château) 144
Fantine (Clos) 531

Fargues (Château de) 268
Faugères (Château) 195
Faury (Domaine) 673
Feraud (Domaine Eddie) 705
Ferme de la Sansonnière (La) ..563
Ferme Saint-Martin (Domaine de la) 695
Ferraton Père et Fils (Domaine) 664
Ferret (Domaine J.-A.) 398
Ferrière (Château) 224
Fèvre (Domaine William) 289
Feytit-Clinet (Château) 162
Fieuzal (Château de) 257
Figeac (Château) 171
Fleur Cardinale (Château) 196
Fleur de Boüard (La) 147
Fleur Haut Gaussens (Château) 132
Fleur-Pétrus (Château La) 157
Fleury 436
Flotis (Château) 786
Foillard (Domaine Jean) 113
Follin-Arbelet (Domaine) 367
Fombrauge (Château) 196
Fonplégade (Château) 197
Fonroque (Château) 185
Font du Loup (Château de la) ...706
Fontenil (Château) 147
Forest (Éric) 402
Fougas (Château) 143
Foulaquier (Mas) 532
Fourcas-Dupré (Château) 238
Fourcas Hosten (Château) 225
Fourny et Fils (Veuve) 437
Frick (Domaine Pierre) 92
Fuchs (Henry) 92
Fuissé (Château) 408

G

Gaffelière (Château La) 176
Galouchey (Domaine de) 153
Ganevat (Domaine) 486
Garance (Domaine de la) 508
Garde (Château La) 262
Gardette (Moulin de la) 696
Gardiés (Domaine) 721
Garnier et Fils (Domaine) 301
Garon (Domaine) 665
Garrelière (Domaine de la) 591
Gasnier (Domaine Fabrice) 592
Gatinois 452
Gauby (Domaine) 720
Gaure (Château de) 532
Gay (Château Le) 162
Gazin (Château) 163
Gazin-Rocquencourt (Château) 263
Genoux - Château de Mérande (Domaine) 756
Geoffroy (René) 437
Gerbais (Pierre) 462
Gerin (Domaine Jean-Michel) 665

INDEX

Germain et Fils (Domaine Henri) 367
Giachino (Domaine) 754
Giboulot (Domaine Emmanuel) .. 368
Gilbert (Domaine Philippe) 606
Gilette (Château) 270
Gilles Morat (Domaine) 409
Gimonnet (Pierre et Fils) 453
Ginglinger (Domaine Paul) 83
Girardin (Maison Vincent) 368
Giroud (Maison Camille) 357
Giscours (Château) 214
Giudicelli (Domaine) 475
Glana (Château du) 239
Gloria (Château) 225
Godard (Domaine Mee) 113
Goisot (Domaine Jean-Hugues et Guilhem) 290
Gonet-Médeville 438
Gonon (Domaine) 647
Gosset 428
Gouges (Domaine Henri) 329
Goulée by Cos d'Estournel 239
Gour de Chaulé (Domaine du) 706
Gradassi (Domaine Jérôme) 687
Graillot (Domaine Alain) 650
Grand'Cour (Domaine de la) 120
Grand Corbin Despagne (Château) 186
Grandes Murailles (Château Les) 197
Grandes Vignes (Domaine Les) 573
Grand Mayne (Château) 186
Grand-Pontet (Château) 187
Grand-Puy Ducasse (Château) .. 239
Grand-Puy-Lacoste (Château) 215
Grands Chênes (Château Les) .. 240
Grange de Quatre Sous (La) 533
Grange Tiphaine (Domaine La) .. 582
Grapperie (Domaine La) 592
Gratien (Alfred) 453
Grée Laroque (Château) 137
Gresser (Domaine Rémy) 93
Grillet (Château) 651
Gripa (Domaine Bernard) 666
Grivault (Domaine Albert) 357
Grivot (Domaine Jean) 319
Groffier (Domaine Robert Père et Fils) 319
Gros'Noré (Domaine du) 635
Gros (Domaine Guillaume) 697
Grosbois (Domaine) 593
Grossot (Domaine Corinne et Jean-Pierre) 294
Gruaud Larose (Château) 215
Guadet (Château) 198
Guffens-Heynen (Domaine) 397
Guiberteau (Domaine) 569
Guiborat 454
Guigal (Domaine) 651
Guigal (Maison E.) 666
Guillot-Broux (Domaine) 403
Guion (Domaine Stéphane) 593
Guirardel (Domaine) 777
Guiraud (Château) 270

Günther-Chéreau (Domaines et Châteaux Véronique) 559
Gutizia (Domaine) 786
Guyon (Domaine Antonin) 369
Guyot (Domaine Olivier) 339

H

Haag (Domaine Jean-Marie) 94
Haut-Bages Libéral (Château) 240
Haut-Bailly (Château) 250
Haut-Batailley (Château) 225
Haut-Bergeron (Château) 275
Haut-Brion (Château) 248
Haut-Campagnau (Domaine) 777
Haute Févrie (Domaine La) 555
Hautes Noëlles (Domaine des) 560
Hautes Terres (Domaine Les) ... 533
Haut-Marbuzet (Château) 226
Haut-Monplaisir (Château) 787
Hauts de Caillevel (Château Les) 787
Hauvette (Domaine) 619
Hebinger (Domaine Christian et Véronique) 94
Heidsieck (Charles) 439
Henri (Le Domaine d') 302
Henriot 454
Henry (Domaine) 534
Héritiers du Comte Lafon (Domaine) 403
Horiot (Olivier) 439
Hosanna (Château) 158
Hostens-Picant (Château) 151
Huards (Domaine des) 588
Hudelot-Noëllat (Alain) 340
Huet (Domaine) 579
Hugel (Famille) 84
Huguenot Père et Fils (Domaine) 330
Hureau (Château du) 573
Huré Frères 455

I

Ilarria (Domaine) 778
Inclassable (Château L') 241
Isabelle et Denis Pommier (Domaine) 295
Isle Fort (Château L') 138
Issaly (Michel) 768
Issan (Château d') 226

J

Jaboulet Aîné (Paul) 667
Jacquart (André) 455
Jacques (Château des) 107
Jacqueson (Paul et Marie) 391
Jacquesson 420
Jadot (Maison Louis) 370
Jamet (Domaine) 648
Janasse (Domaine de la) 688
Janin et Fils (Domaine Paul) 108

Jardins de Babylone (Les) 769
Jeandeau (Denis) 404
Jean-Faure (Château) 187
Jean Faux (Château) 138
Jessiaume (Domaine) 381
Jobard (Antoine) 358
Joblot (Domaine) 388
Joguet (Domaine Charles) 588
Jonc-Blanc (Château) 778
Jonqueyres (Château Les) 143
Jonquières (Château de) 514
Jorel (Domaine) 737
Josmeyer 73
Juillot (Domaine Michel) 395
Juillot (Domaine Theulot) 391
Justices (Château Les) 276

K

Kientzler (Domaine André) 74
Kirwan (Château) 227
Klur (Domaine Clément) 95
Krug 420
Kubler (Domaine Paul) 85
Kuentz-Bas (Domaine) 85

L

Labégorce (Château) 227
Labet (Domaine) 488
Labranche-Laffont (Domaine) ... 779
Labruyère (Domaine) 114
La Clotte (Château) 188
Lacroix-Vanel (Domaine) 534
Ladouys (Château Lilian) 241
Lafarge (Domaine Michel) 370
Lafaurie-Peyraguey (Château) 271
Lafite Rothschild (Château) 206
Lafleur (Château) 154
Lafon-Rochet (Château) 227
Lafran-Veyrolles (Domaine) 635
Lagrange (Château) 228
Lagrézette (Château) 788
Laguerre (Domaine) 726
Lagune (Château La) 228
Lahaye (Benoît) 428
Laherte Frères 440
Lalande-Borie (Château) 241
Lallier 440
Lamartine (Château) 789
Lambrays (Domaine des) 308
Lamy (Domaine Hubert) 371
Lamy-Pillot (Domaine) 382
Lancelot-Pienne 456
Lande (Domaine de La) 594
Landron (Domaine) 555
Langoa Barton (Château) 229
Lanson 456
Lapierre (Marcel) 114
Larcis-Ducasse (Château) 176
La Reyne (Château La) 788
Larmande (Château) 198
Larmandier-Bernier 429
Laroche (Domaine) 295
Laroque (Château) 199

INDEX DES DOMAINES, MAISONS ET CAVES

Laroze (Château) 199
Larrivet Haut-Brion (Château) 258
Larue (Domaine) 382
Lascombes (Château) 229
Lassarat (Domaine Roger) 409
Latour (Château) 207
Latour (Louis) 383
Latour à Pomerol (Château) 163
Latour-Martillac (Château) 259
Laureau (Domaine Damien) 569
Laurent (Dominique) 331
Laurent-Perrier 441
Laval (Georges) 429
Leccia (Domaine) 475
Leccia (Yves) 472
Lecheneaut (Domaine Philippe et Vincent) 331
Ledogar (Domaine) 515
Ledru (Marie-Noëlle) 441
Leflaive (Domaine) 348
Leflaive Frères (Maison Olivier) ... 371
Léoville Barton (Château) 207
Léoville Las Cases (Château) 208
Léoville Poyferré (Château) 216
Leroux (Maison Benjamin) 384
Leroy (Domaine) 308
Leroy (Domaine Richard) 564
Lescure (Domaine Chantal) 340
Lestignac 789
Levet (Vignobles) 668
Liger-Belair (Domaine Th.) 114
Liger-Belair (Domaine Thibault) 320
Lignier-Michelot (Domaine) 332
Lilbert-Fils 442
Loew (Domaine) 74
Long-Depaquit (Domaine) 302
Lorenzon (Domaine) 392
Lornet (Domaine Frédéric) 492
Louvière (Château La) 263
Lumpp (Domaine François) 389
Luneau-Papin (Domaine Pierre) 552
Lynch-Bages (Château) 216
Lynch-Moussas (Château) 242

M

Machard de Gramont (Domaine Bertrand et Axelle) 341
Macle (Domaine Jean) 487
Mader (Domaine Jean-Luc) 86
Madura (Domaine La) 535
Magnien (Maison Fréderic – Domaine Michel Magnien) 345
Magnon (Domaine Maxime) 515
Magrez-Fombrauge (Château) ... 188
Maillet (Nicolas) 410
Mailly Grand Cru 442
Malartic-Lagravière (Château) 251
Malescot Saint-Exupéry (Château) 217
Malherbe (Château) 636
Malle (Château de) 276
Maltroye (Château de la) 372
Mann (Domaine Albert) 67
Mann (Domaine Jean-Louis et Fabienne) 86
Marcoux (Domaine de) 689
Maréchal (Domaine Catherine et Claude) 358
Margaine (A.) 443
Margaux (Château) 208
Marguet Père & Fils 443
Marnes Blanches (Domaine des) 493
Marquis d'Alesme (Château) 242
Marquis de Terme (Château) 242
Marrans (Domaine des) 120
Marronniers (Domaine des) 95
Marsau (Château) 152
Martinelle 707
Martray (Domaine Laurent) 115
Marzelle (Château La) 199
Mas Amiel 722
Mas Bruguière 535
Mas Cal Demoura 516
Mas Champart 516
Mas Cristine 737
Mas d'Alezon - Domaine de Clovallon 517
Mas d'Espanet 536
Mas de Daumas Gassac 518
Mas Del Périé (Domaine) 790
Mas de Mon Père (Le) 536
Mas des Brousses 508
Mas des Caprices 518
Mas des Chimères 519
Mas Haut-Buis 517
Mas Jullien 502
Matassa (Domaine) 722
Mauvesin-Barton (Château) 243
Mayard (Vignobles) 697
Mayne Lalande (Château) 243
Mélaric (Domaine) 570
Mellot (Domaine Alphonse) 599
Méo-Camuzet (Domaine) 322
Meyer-Fonné (Domaine) 75
Meyney (Château) 230
Michel et Fils (Domaine Louis) .. 303
Michelot (Domaine Alain) 333
Mignon (Christophe) 444
Milan (Domaine) 627
Mille Vignes (Domaine Les) 509
Minchin (Domaines) 607
Mirambeau Papin (Château) 139
Mission Haut-Brion (Château La) 248
Mochel (Domaine Frédéric) 96
Moët et Chandon 457
Moines (Domaine aux) 570
Monardière (Domaine de la) 707
Monbousquet (Château) 200
Monbrison (Château) 243
Moncuit (Pierre) 457
Mondotte (La) 177
Monnier-Xavier Monnot (Domaine René) 384
Montbourgeau (Domaine de) 489
Montcalmès (Domaine de) 509
Montcy (Domaine de) 594
Monteillet (Domaine du) 673
Montille (Domaine de) 359
Montirius 708
Montrose (Château) 217
Monviel (Château) 167
Moreau (Domaine Christian Père et Fils) 296
Moreau-Naudet (Domaine) 297
Morey (Domaine Sylvain) 386
Morgat (Domaine Eric) 564
Morin (Domaine Olivier) 304
Morot (Domaine Albert) 372
Mortet (Domaine Denis) 321
Moulin-à-Vent (Château du) 116
Moulin Riche (Château) 244
Moulin Saint-Georges (Château) 189
Moulin-Tacussel (Domaine) 709
Mourgues du Grès (Château) 709
Mouscaillo (Domaine de) 520
Mouthes Le Bihan (Domaine) 779
Mouton Rothschild (Château) 209
Moutte Blanc (Château) 139
Mouzon-Leroux 463
Mudigliza (Mas) 727
Mugneret-Gibourg (Domaine Georges) 322
Mugnier (Domaine Jacques-Frédéric) 309
Mumm (Maison) 458
Muzard et Fils (Domaine Lucien) 373
Myrat (Château de) 278

N

Naddef (Domaine Philippe) 333
Nairac (Château) 272
Navarre (Domaine) 520
Nénin (Château) 158
Newman (Domaine C.) 373
Nugues (Domaine des) 121

O

Ogereau (Domaine) 574
Ogier (Stéphane) 652
Olivier (Château) 260
Ollieux Romanis (Château) 521
Oratoire Saint-Martin (Domaine de l') 689
Or de Line (Domaine L') 698
Ormes de Pez (Château) 230
Osmin & Cie (Lionel) 790
Ostertag (Domaine) 68
Ouches (Domaine des) 595
Oudin (Domaine) 304

P

Pabiot (Domaine Jonathan Didier) 604
Pacalet (Maison Philippe) 334
Padié Jean-Philippe (Domaine) .. 727
Paillard (Bruno) 445

819

INDEX

Paillard (Pierre) 445
Palmer & Co 459
Palmer (Château) 209
Pape Clément (Château) 252
Paquet (Domaine Agnès) 385
Parigot Père et Fils (Domaine) .. 385
Pascal (Franck) 446
Pas de l'Escalette (Domaine du) 521
Pataille (Domaine Sylvain) 342
Pattes Loup (Domaine) 291
Pavie (Château) 177
Pavie Decesse (Château) 178
Pavie-Macquin (Château) 179
Péby Faugères (Château) 189
Pech-Redon (Château) 522
Pédesclaux (Château) 246
Pellé (Domaine Henry) 604
Pelletier (Yannick) 537
Penin (Château) 140
Pépière (Domaine de la) 556
Perret (Domaine André) 653
Perrier (Joseph) 446
Perrier-Jouët 447
Perrot-Minot (Domaines Henri et Christophe) 323
Péters (Pierre) 431
Petit Bocq (Château) 244
Petit-Village (Château) 163
Pétrus 155
Peyrabon (Château) 244
Peyrat-Fourthon (Château) 245
Peyre Rose (Domaine) 503
Peyrus (Domaine Christophe) ... 537
Pez (Château de) 230
Pfister (Domaine) 96
Phélan Ségur (Château) 231
Philipponnat 430
Pibarnon (Château de) 627
Pibran (Château) 245
Pichat (Domaine) 674
Pichon (Domaine Christophe) ... 675
Pichon-Longueville Baron (Château) 210
Pichon Longueville Comtesse de Lalande (Château) 218
Pierres (Domaine des) 121
Pignier (Domaine) 490
Pilon (Julien) 668
Pin (Château Le) 159
Pinard (Domaine Vincent) 601
Pin Beausoleil (Château Le) 133
Pinte (Domaine de la) 493
Piper-Heidsieck 459
Pique-Basse (Domaine) 710
Piron (Domaine Dominique) 116
Pithon (Domaine Olivier) 723
Pithon-Paillé 575
Plageoles (Domaine) 769
Plaimont Producteurs 791
Plaisance (Château) 792
Pointe (Château La) 167
Pol Roger 421
Pommard (Château de) 386
Poncié (Château de) 117
Ponsot (Domaine) 310

Ponsot (Domaine Jean-baptiste) 396
Pontet-Canet (Château) 210
Ponzac (Château) 792
Porte Saint Jean (La) 575
Potensac (Château) 231
Pothiers (Domaine des) 608
Pouderoux (Domaine) 738
Pouillon (R. et Fils) 460
Poujeaux (Château) 232
Pousse d'Or (Domaine de la) 359
Pradeaux (Château) 620
Préceptorie (La) 738
Pressac (Château de) 201
Prieuré (Château Le) 201
Prieuré de Saint-Jean-de-Bébian 538
Prieuré-Lichine (Château) 232
Prose (Domaine de la) 523
Puligny-Montrachet (Château de) 374
Puygueraud (Château) 148

Q

Quénard (Domaine André et Michel) 758
Quénard (Domaine J.-P. et J.-F.) .. 754
Quenard (Domaine Pascal et Annick) 757
Quinault l'Enclos (Château) 190
Quintus (Château) 202

R

R (Domaine de l') 595
Rabasse-Charavin (Domaine) 711
Rabaud-Promis (Château) 279
Raffault (Domaine Olga) 595
Ragot (Domaine) 397
Rahoul (Château) 264
Rame (Château La) 140
Rancy (Domaine de) 728
Rapet Père et Fils (Domaine) 374
Raquillet (Domaine François) 393
Raspail-Ay (Domaine) 711
Rauzan-Gassies (Château) 232
Rauzan-Ségla (Château) 218
Raveneau (Domaine) 287
Rayas (Château) 682
Ray-Jane (Domaine) 628
Raymond-Lafon (Château) 272
Rayne Vigneau (Château de) 277
Réaltière (Domaine de La) 630
Reau (Domaine Nicolas) 571
Rectorie (Domaine de la) 724
Redde Michel et Fils (Domaine) 605
Regnaudot (Domaine Jean-Claude et Fils) 375
Reignac (Château de) 133
Remoriquet (Domaine Henri et Gilles) 343
Remy (Domaine Louis) 324
Réserve d'O (Domaine de la) ... 539

Respide Médeville (Château) 265
Revelette (Château) 620
Reverdy (Domaine Pascal et Nicolas) 608
Revillot (Domaine Aurélien) 596
Reynon (Château) 141
Ribeauvillé (Cave de) 97
Riberach 739
Ricard (Domaine Vincent) 596
Richard (Domaine Henri) 343
Richaud (Domaine Marcel) 690
Richaume (Domaine) 629
Richou (Domaine) 571
Rieflé-Landmann (Domaine) 98
Rieussec (Château) 277
Rieux (Château de) 538
Rijckaert (Domaine) 494
Rives-Blanques (Château) 539
Rivière (Château de la) 152
Roblin (Domaine Florian) 609
Roc (Domaine Le) 780
Roc d'Anglade 523
Roc de Cambes (Château) 143
Roc des Anges (Domaine Le) ... 728
Rochebelle (Château) 190
Rocher des Violettes (Domaine Le) 589
Roches Neuves (Domaine des) 562
Rodez (Eric) 447
Roederer (Louis) 421
Roilette (Clos de la) 121
Rolet Père et fils (Domaine) 494
Rollan de By (Château) 233
Rol Valentin (Château) 202
Romanée-Conti (Domaine de la) 310
Rominger (Domaine Eric) 98
Rontets (Château des) 405
Roquefort (Château de) 629
Rose Figeac (Château La) 168
Rossignol (Domaine Nicolas) 375
Rossignol-Trapet (Domaine) 334
Roubine (Domaine La) 712
Rougeot (Domaine Marc) 386
Rouget (Château) 164
Rouget (Domaine Emmanuel) ... 324
Rouillac (Château de) 265
Roulot (Domaine) 349
Roumier (Domaine Georges) 311
Rousseau (Domaine Armand) 312
Rousselle (Château La) 148
Roy (Domaine Marc) 344
Ruinart 460

S

Sablonnettes (Domaine des) 576
Sabon (Domaine Roger) 698
Sainte-Anne (Château) 630
Sainte Croix (Domaine) 540
Sainte-Marie de Pierredon (Abbaye) 636
Saint-Nicolas (Domaine) 557
Saint-Pierre (Château) 219

820

INDEX DES DOMAINES, MAISONS ET CAVES

Saint-Préfert (Domaine) 699
Saladin (Domaine) 712
Salon 422
Sang des Cailloux (Domaine Le) 699
Sansonnet (Château) 203
Santé (Domaine Bernard) 122
Sanzay (Domaine Antoine) ... 576
Sarda-Malet (Domaine) 729
Saumaize (Domaine Jacques) ... 398
Saumaize-Michelin (Domaine) .. 405
Saumon (Domaine Frantz) ... 597
Sauzet (Etienne) 360
Savart 461
Schaetzel by Kirrenbourg (Martin) 75
Schistes (Domaine des) 739
Schlumberger (Domaine) 87
Schoenheitz 98
Schoffit (Domaine) 76
Seguin (Château) 266
Selosse (Jacques) 423
Senat (Domaine Jean-Baptiste) 524
Sérol (Domaine) 609
Serre (Château La) 203
Sigalas Rabaud (Château) ... 272
Simone (Château) 621
Simonis (Domaine Etienne) ... 99
Sipp (Domaine Jean) 88
Sipp (Louis) 88
Siran (Château) 233
Smith Haut-Lafitte (Château) ... 253
Sociando-Mallet (Château) ... 219
Sorrel (Domaine Marc) 653
Souch (Domaine de) 780
Soucherie (Château) 577
Soufrandière (Domaine La) ... 406
Soula (Le) 730
Soulanes (Domaine des) 730
Soutard (Château) 191
Stoeffler (Domaine Vincent) ... 89
Suduiraut (Château) 273
Sunier (Julien) 122

T

Taille aux Loups (Domaine de la) 583
Taittinger 448
Talbot (Château) 234
Tardieu-Laurent (Maison) 700
Tarlant 431
Telmont (J. de) 461
Tempier (Domaine) 618
Terrasse d'Élise (Domaine La) ... 524
Terrebrune (Domaine de) 622
Terres d'Ocre (Les) 610

Terres de Fagayra (Domaine Les) 724
Terres Dorées (Domaine des) 117
Terres Promises (Domaine Les) 637
Tertre (Château du) 234
Tertre-Rotebœuf (Château) 179
Tessier (Domaine Philippe) ... 597
Teyssier (Château) 204
Thibert Père et Fils (Domaine) ... 410
Thillardon (Domaine) 123
Thivin (Château) 108
Tirecul La Gravière (Château) ... 770
Tire Pé (Château) 141
Tissot (Domaine André et Mireille) 487
Tollot-Beaut et Fils (Domaine) ... 376
Tour Blanche (Château La) ... 274
Tour Carnet (Château La) 235
Tour de By (Château La) 246
Tour de Mons (Château La) ... 246
Tour des Gendres (Château) ... 770
Tour du Bon (Domaine de la) ... 622
Tour Figeac (Château La) 191
Tournelle (Domaine de la) ... 490
Tours (Château des) 690
Tour Vieille (Domaine La) 731
Traginer (Domaine du) 742
Trapet (Domaine) 89
Trapet Père et Fils (Domaine Jean) 313
Traversée (La) 540
Tremblay (Domaine Cécile) ... 325
Trévallon (Domaine de) 623
Triennes 638
Triguedina (Clos) 771
Trimbach 77
Trois Croix (Château Les) ... 153
Tronquoy-Lalande (Château) ... 247
Troplong Mondot (Château) ... 180
Trosset (Domaine Fabien) ... 758
Trosset (Les Fils de Charles) ... 751
Trotanoy (Château) 155
Trottevieille (Château) 181
Tunnel (Domaine du) 654
Turner Pageot (Domaine) 541

U

Uroulat 793
U Stiliccionu (Domaine) 476

V

Vaccelli (Domaine) 476
Vacheron (Domaine) 602
Vaïsse (Domaine) 525
Valandraud (Château) 181

Valéry Renaudat (Domaine) 610
Vaquer (Domaine) 740
Verget 399
Vergnon (J.-L.) 461
Vernay (Domaine Georges) ... 655
Verrerie (Château La) 713
Vial Magnères (Domaine) 731
Vieille Cure (Château La) 149
Vieille Julienne (Domaine de la) 700
Viella (Château) 793
Vieux Château Certan 156
Vieux Château Gaubert 266
Vieux Donjon (Domaine du) ... 683
Vieux Télégraphe 691
Vignelaure (Château) 638
Vignes de Paradis (Les) 755
Vignes Oubliées (Les) 541
Villa (Domaine Pierre-Jean) ... 655
Villaine (Domaine de) 389
Villa Minna Vineyard 631
Villard (Domaine François) ... 656
Villemaurine (Château) 204
Villeneuve (Château de) 565
Villeneuve (Domaine de) 692
Vincent (Domaine Anne-Marie et Jean-Marc) 376
Vinci (Domaine) 740
Vins de Vienne (Les) 669
Violette (Château La) 164
Violot-Guillemard (Domaine Thierry) 377
Vissoux (Domaine du) 109
Voge (Domaine Alain) 657
Vougeraie (Domaine de la) ... 326
Voulte-Gasparets (Château La) 542
Vrai Canon Bouché (Château) ... 149
Vray Croix de Gay (Château) ... 168

W

Weinbach (Domaine) 69

Y

Yann Alexandre 462
Yquem (Château d') 268
Yvonne (Château) 572

Z

Zélige-Caravent 542
Zinck (Domaine) 90
Zind Humbrecht (Domaine) ... 69
Zusslin (Domaine Valentin) ... 78

INDEX DES PROPRIÉTAIRES

Certains domaines ou maisons sont plus connus sous le patronyme de celui qui les anime que sous leur nom officiel. On retient également sans effort le nom d'un propriétaire tout en recherchant vainement celui de sa propriété. L'objet de cet index est donc de vous permettre de retrouver le vin de vos rêves grâce au nom de celui qui l'a créé ou inspiré.

A

Abbatucci (Jean-Charles) 470
Acquaviva (Pierre) 477
Acquaviva et Venturi 478
Adam (Jean-Baptiste) 91
Adams (Steve et Denise) 197
AdVini 295
AG2R La Mondiale 191, 198
Agrapart (Pascal) 418
Aladame (Stéphane) 390
Alary (Frédéric et François) 689
Albada-Jelgersma (Eric) 214, 234
Alexandre (Yann) 462
Alexis (Vincent) 781
Alibrand (Valérie et Daniel) 274
Alliet (Philippe) 580
Alquier (Jean-Michel) 510
Amiot (Christian et Elisabeth) .. 335
Andiran (Dominique) 777
Andrieu (Olivier) 531
Angeli (Mark) 563
Arena (Antoine et Marie) 470
Arena (Antoine-Marie Arena) ... 471
Arena (Jean-Baptiste) 473
Arfeuille (Luc d') 203
Arlaud (Famille) 314
Armand (Denys) 536
Armand (Famille) 140
Armand (Gabriel) 355
Armenier (Catherine et Sophie) 689
Arnaud, Albert (Bernard, Frère) 190
Assurance Generali 167
Aubert (Jean-Claude) 195
Aubry (M.) 571
Audoy (Bernard) 237
Aviet (Vincent) 491
Avril (Paul-Vincent) 687
AXA Millesimes 163, 210, 245, 273, 314
Ay (Dominique) 711
Azam (Gilles) 533
Azemar (Véronique et Stéphane) 784

B

Bachelet (Benoît et Jean-Baptiste) 360
Bachelet (Denis) 336
Bain (Alexandre) 602
Baldès (Jean-Luc) 771
Ballande (Groupe) 232
Ballot (Charles) 361
Balthazar (Franck) 658
Baly (Philippe et Dominique) 268
Bantlin (Nikolaus et Carolin) 736
Barbou (Dominique) 590
Bardinet (Anabelle) 194
Barichard-Nesson 610
Barmès (Geneviève, Sophie et Maxime) 70
Barral (Didier) 505
Barraud (Daniel et Julien) 400
Barrault (David) 141
Barré (Didier) 782
Barré (Guilhem) 525
Barreau-Badar (Odette) 165
Barret (Matthieu) 661
Barrot (Christian et Julien) 692
Bart (Famille) 315
Barth (Laurent) 79
Barthelmé (Maurice et Jacky) 67
Barton (Famille) 207, 229
Barton-Sartorius (Lilian) 243
Bastien (Famille) 343
Baudouin (SAS Domaine Patrick) 565
Baudry (Bernard) 581
Baum (Michael) 386
Bazin de Jessey (Famille) 568
Beaumartin (Famille) 199
Béchet (Jean-Yves) 143
Becker (Famille) 91
Bécot (Gérard et Dominique) ... 172
Bedel (Françoise) 424
Béguinot (Roger-François) 577
Belle (Philippe) 670
Belluard (Dominique) 750
Belmon (Françoise) 781
Benoit de Nyvenheim (Patricia et Arnaud) 137
Bérêche (Famille) 425
Berlioz (Andrien) 752
Berlioz (Gilles) 752
Bernard (Catherine) 526
Bernard (Famille) 137, 249
Bernard (Patrick) 244
Bernard, Robert Peugeot, Xavier Planty, Stephan von Neipperg (Olivier) 270
Bernaudeau (Stéphane) 566
Bernhard (Famille) 80
Berthaut et Gerbet (Familles) 336
Berthet-Bondet (Jean) 489
Berthollier (Denis et Didier) 753
Bertrand (Gérard) 526
Bertrand (Jérôme) 527
Bessin (Jean-Claude) 291
Bethmann (Famille de) 260
Bettoni (Patricia et Luc) 531
Beyer (Luc et Christian) 80
Beyer (Marc) 81
Bichot (Albéric) 302, 377
Bignon-Cordier (Nancy) 234
Bilancini (Claudie et Bruno) 770
Bile, Depeyre (Brigitte, Serge) ... 736
Billaud (Samuel) 288
Billy (Famille de) 421
Bize-Leroy (Lalou) 308, 346
Bize-Leroy, Aubert de Villaine et Henry-Frédéric Roch (Lalou) 310
Blanck (Frédéric et Philippe) 82
Blot (Jacky) 583, 585
Boesch (Colette, Gérard, Marie et Matthieu) 82
Boidron (Jean-Noël) 194
Boiron (Nicolas) 685
Boisset (Jean-Claude) 326
Bojanowski (Nicole et John) 530
Bollinger (Société Jacques) 352, 418, 432
Bonfils (Aline) 706
Bonnefond (Patrick et Christophe) 658
Bonnefoy (Marie-Paule) 361
Bonnet (Damien) 772
Bonnet (Rémi et Jean-Jacques) 553
Bonnie (Alfred-Alexandre) .. 251, 263
Borie (Famille) 206, 241
Borie (François-Xavier) 215, 225
Bories (Pierre) 521
Bortolussi (Alain) 793
Bos (Thierry) 136
Bott (Jean-Christophe) 71
Boüard de Laforest (Héritiers de) 169
Bouchard (Pascal) 297
Boudignon (Thibaud) 567
Boudot (Jeanine) 360
Boueilh (Joël) 791
Bouland (Daniel) 106
Boulard et Delphine Richard-Boulard (Francis) 432

INDEX DES PROPRIÉTAIRES

Boulay (Gérard) 600
Bourgne (Cyril et Nadia) 535
Bournazel (Comtesse de) 276
Bourotte-Audy (Famille) 165, 166
Bousquet (Christophe) 522
Bousquet (Thierry) 782
Boussens (Guillaume) 513
Bouvier (Bernard) 337
Bouygues (Martin et Olivier) 217, 247
Bouzereau (Michel et Jean-Baptiste) 350
Bowen (Jon et Elizabeth) 540
Boxler (Jean-Marc et Jean) 66
Boyer-Domergue (Patricia) 511
Branger (Sébastien) 555
Branger, Marc Ollivier et Gwenaëlle Croix (Rémi) 556
Braujou (Xavier) 524
Bret (Jean-Guillaume et Jean-Philippe) 401, 406
Bretaudeau (Jérôme) 553
Breton (Pierre) 585
Brocard (Jean-Marc) 298
Bronzo (Michel, Julien et Nicolas) 623
Bru (Mylène) 528
Bruguière (Xavier) 535
Brumont (Alain) 783
Brun (Jean-Paul) 117
Brunel (André) 686
Brunet (Sébastien) 590
Brunier (Frédéric et Daniel) ... 691
Buffo, Péneau (Xavier, Xavier) ... 134
Buisson (Franck et Frédérick) ... 378
Buisson (Michel) 350
Burgaud (Jean-Marc) 110
Bursin (Agathe) 83
Butler (Arnaud de) 262

C

CA Grands Crus 230, 239
Caillé (Vincent) 558
Cambie, Ferran (Philippe, Gilles) 701
Canarelli (Yves) 471
Cantié et Christine Campadieu (Vincent) 731
Carayol (Claude) 528
Carême (Vincent) 586
Carillon (François) 351
Carillon (Jacques) 351
Carles, Pascal (Isabelle, Franck) 778
CARMF 200
Carsin, du Bouëxic (Thomas, Grégoire) 567
Carteyron (Patrick) 140
Casaubieilh, Coulomb (Françoise, Pierre) 777
Caslot (Stéphanie, Emmanuel, Pierre) 582
Castéja (Famille) 211
Castéja (Héritiers de Pierre) ... 275
Castéja (Philippe) 161, 181
Castel, Suntory (Pierre, groupe) ... 221
Cathiard (Daniel et Florence) ... 253
Cauvin (Diane et Philippe) 775
Cazenave (Olivier) 134
Cazes (Bruno) 741
Cazes (Famille) 216, 230, 732
Chabanon (Alain) 506

Chadronnier (Famille) 152
Chagnoleau (Frantz et Caroline) 407
Chambeyron (Mathieu) 659
Champart (Isabelle et Matthieu) 516
Chanudet (Guillaume) 118
Chapoutier (Michel) ... 646, 660, 664
Chartogne (Alexandre) 449
Chartron (Jean-Michel) 353
Charvin (Laurent) 686
Chasseuil (Jérémy) 162
Chatillon (Philippe) 491
Chauchat, Pierre Jequier, Anne-Marie Fallot (Blandine) ... 532
Chauffray (Marie et Frédéric) ... 539
Chaume et Valérie Chaume-Arnaud (Philippe) 704
Chave (Gérard et Jean-Louis) ... 647
Chemarin (Nicolas) 111
Chermette (Pierre-Marie et Martine) 109
Cheval-Gatinois (Pierre, Marie-Paule et Louis) 452
Chevalier (Claude) 363
Chevallier (Jean-Pierre) 565
Chevallier (Sylvie) 787
Chevré (Michel) 572
Chevrier-Loriaud (Corinne) 142
Chevrot (Pablo et Vincent) 379
Chidaine (Manuéla et François) 578
Chignard (Cédric) 112
Chiquet (Jean-Hervé et Laurent) 420
Choppin de Janvry (Geoffroy) ... 372
Cisneros (Laurent) 265
Clair (Denis) 364
Clair (Famille) 316
Clairet (Évelyne et Pascal) 490
Clauzel et Sabah (Sébastien et Cécile) 786
Coche-Dury (Jean-François) ... 347
Cochran (Véronique) 144
Coessens (Jérôme) 450
Cointreau (Groupe Renaud) ... 428
Colin (Bruno) 354
Colin (Caroline, Joseph et Damien) 354
Colin (Patrice et Valérie) 586
Colin (Pierre-Yves) 355
Colinot (Anita, Jean-Pierre et Stéphanie) 292
Collard (François) 709
Collotte (Chrystel et Pascal) ... 138
Combes et Xavier Peyraud (Géraldine) 508
Combier (Pierre) 649
Comor (Jean-Christophe) 637
Compagnie des Vins d'Autrefois 368
Confuron-Cotetidot (Jack) 305
Conseil Régional d'Aquitaine ... 274
Constant (Alain) 628
Cook (Andy) 737
Coquelet (Damien) 118
Cornu (Pierre) 379
Cosse et Catherine Maisonneuve (Matthieu) 767
Cotat (François) 600
Coudert Père et Fils 121
Coulon (Daniel et Frédéric) ... 692

Courcel (Famille de) 348
Cournut (Jean-Pierre) 372
Courrèges (Alain et Fils) 476
Coursodon (Pierre et Jérôme) ... 661
Couturier (Corinne et Laure) ... 711
Crédit Agricole Grands Crus ... 246
Crisfield (Gavin) 540
Crochet (Daniel) 603
Crochet (François) 603
Croix (David) 357
Cruse et Jacky Lorenzetti (Famille) 226
Cuilleron, Pierre Gaillard, François Villard (Yves) 669
Curtat (Christophe) 671
Cuvelier (Famille) 216, 237, 244
Cuvelier (Philippe) 175, 197, 232

D

Dagueneau (Louis-Benjamin et Charlotte) 598
Dagueneau et Guy Pautrat (Louis-Benjamin) 769
Damoy (Famille) 328
Danjou-Banessy (Famille) 725
Daohe Wines & Spirits 132
Dardé (Guilhem) 519
Darnat (Henri) 380
Darnaud (Emmanuel) 672
Da Ros (Elian) 776
Dassault (Famille) 183
Daumen (Jean-Paul) 700
Dauriac (Christian) 166, 184
Dauvissat (Vincent) 286
Davau (Viviane) 148
David (Jean) 695
Davis (Mme E. M. et fils) 243
de Bailliencourt (Famille) 163
de Béarn-Cabissole (Charlotte et Clément) 514
de Béru (Athénaïs) 298
de Bonnaventure (Etienne et Pascale) 587
de Bortoli (Patrice) 139
de Boüard (Hubert et sa famille) 147
Decelle (Olivier) 187, 722
Decelle, Villa (Olivier, Pierre Jean) 328
de Conti (Famille) 770
Decoster (Bernard et Thibaut) ... 193
Decoster (Florence et Dominique) 196
Defaix (Sylvain et Didier) 300
Dehours (Famille) 434
Deiss (Jean-Michel) 66
Déjean (Mme) 279
de Lambert (Famille) 272
Delaunay (François et Marc) ... 594
de la Vigerie (Eric et Sylvie) ... 595
Delecheneau (Coralie et Damien) 582
Delesvaux-Radomski (Catherine et Philippe) 568
Delille (famille) 622
Delon (Famille) 208, 214
Delon (Jean-Hubert) 158, 231
de Lur Saluces (Alexandre) ... 268
de Malet Roquefort (Léo) 176
de Marien (Patrick) 530
de Montille (Alix et Etienne) ... 366

INDEX

de Montille (Famille) 374
De Moor (Alice et Olivier) 293
de Mortillet (Bertrand) 523
Demougeot (Rodolphe) 380
Denz (Silvio) 189, 195, 271
de Pontac (Famille) 278
Derenoncourt (Christine et
Stéphane) 145
Deriaux (Nicole) 489
de Rothschild (Domaines
Barons) 157
de Saint-Victor (Éric) 627
Descombes (Georges et
Ghislaine) 106
Descours (Famille) 713
Desfontaine et ses fils
(Véronique) 393
de Sousa (Erick) 433
Despagne (Famille) 186
Despagne (Nathalie) 168
Desvignes (Claude-Emmanuelle et
Louis-Benoît) 107
Deu (Jean-François) 742
Deutz (Champagne) 663
de Vazeilles (Alexandra) 110
Devillard (Bertrand, Aurore et
Amaury) 394
Diebolt Père et Fils (Famille) 435
Dief (Françoise et Stéphane) 236
Dirler (Jean et Ludivine) 72
Dittière (Sylvain) 575
Doquet (Pascal) 427
Douce, Jeantet (Sylvie,
François) 138
Doucette (Baronne B. de la) 327
Dourthe 204, 262, 264
Dourthe (Vignobles) 220
Doyard (Marie) 455
Doyard (Yannick) 452
Drappier (Michel) 435
Droin (Benoît) 286
Drouhin (Frédéric) 356
Droulers (M. & Mme) 146
Duband et François Feuillet
(David) 306
Duboscq (Henri) 226
Dubourdieu (Denis et Florence) ..141, 256
Dubourdieu (Pierre et Denis) 270
Duchêne (Bruno) 726
Duclaux (Benjamin et David) 650
Duffau (Eric) 135
Duffau-Lagarrosse (Héritiers) ...172
du Gardin (Ludovic) 395
Dugat (Bernard et Loïc) 307
Dugat (Claude) 317
Dupasquier (David) 756
Dupéré (Emmanuelle), Barrera
(Laurent) 626
Duperray (Fabien) 112
Duport (Julien) 119
Dupré (Denise) 433
Dupuy (Christine) 779
Durand (Éric et Joël) 672
Durantou (Denis) 154
Durdilly (Christophe et
Christelle) 634
Dureuil (Vincent) 387
Duroché (Pierre et Gilles) 338
Dürrbach (Éloi) 623
Dutheil de la Rochère
(Françoise) 630
Dutraive (Jean-Louis) 120
Duval-Leroy (Carol) 436

E

Eagle Dynasty Ltd 160
Ecard (Michel) 381
Egly (Francis) 419
EPI (Groupe) 439, 459
Esmonin (Sylvie) 318
Espil (Peio) 778
Estève (Christian) 477

F

Fabre (Pierre) 532
Fadat (Sylvain) 504
Faiveley (Erwan) 338
Faiveley (Famille) 292
Faller (Famille) 69
Faniest (Philippe) 190
Faraud (Michel) 694
Faravel (Corinna) 707
Faravel (Gilles et Thierry) 694
Fauchey (Rémy) 241
Faury (Lionel) 673
Fayat (Clément) 184
Feraud (Eddie et Yannick) 705
Ferenbach (Colin) 149
Férigoule (Serge et Frédéric) ...699
Ferrand (Nicolas) 759
Ferrandis (Christophe) 474
Ferrando (Isabel) 699
Ferrari (Famille) 636
Fhal (Cyril) 720
Financière Trésor du
Patrimoine 277
Fischer (Peter) 620
Fleury (Jean-Pierre) 436
Foillard (Jean) 113
Follin-Arbelet (Franck) 367
Foreau (Philippe) 579
Forest (Éric) 402
Fort (Marie-Claire et Pierre) ...520
Foucault (Antoine) 562
Foucault (Charly et Nady) 561
Fouquet (Richard) 454
Fourcade (Sophie) 183
Fournié (Cathy et Daniel) 787
Fourny (Emmanuel et Charles) .437
Foyer de charité de
Châteauneuf-de-Galaure 163
Francaise REM (La) 632
Frère, Arnault (Albert, Bernard) 170
Frey (Caroline) 667
Frey (famille) 228
Frick (Chantal, Jean-Pierre et
Thomas) 92
Fromont (Pauline et Gérard) 493
Fuchs (Famille) 92

G

Gallet (Marjorie et Stéphane) ...724, 728
Gambier (Thomas et Denis) ...595
Ganevat (Jean-François) 486
Garcin-Cathiard (Sylviane) 161, 192
Gard (Philippe) 735
Gardiés (Jean) 721
Gardinier (Famille) 231
Garnier (Xavier et Jérôme) 301
Garon (Jean-François, Kévin et
Fabien) 665
Gasnier (Fabrice) 592
Gauby (Gérard et Lionel) 720
Gauby, Richards Walford, Gérald
Standley (Gérard) 730
Gauthier (Pierre) 584
Gautreau (Jean) 219
Gayraud (Alain) 789
Gazeau-Montrasi (Claire et
Fabio) 405
Gelin (Gilles) 121
Gendrier (Jocelyne et Michel) ...588
Genet (Jacques) 588
Genoux, Pernuit (André et Daniel,
Yann) 756
Geoffray (Claude) 108
Geoffroy (René et
Jean-Baptiste) 437
George Thienpont (Héritiers) ...148
Gerbais (Famille) 462
Gerin (Jean-Michel) 665
Germain (Famille) 367
Germain (Thierry) 562
Gervoson (Philippe) 258
GFA Dalibot 136
GFA Rodet Récapet 144
Giachino (David et Frédéric) ...754
Giboulot (Emmanuel) 368
Gilbert (Famille) 606
Gimonnet (Olivier et Didier) ...453
Ginglinger (Michel) 83
Giudicelli (Muriel) 475
Glipa (Dimitri) 727
Godard (Mee) 113
Goisot (Famille) 290
Goldschmidt et François Pinault
(Paul) 168, 201
Gonet (Xavier et Julie) 438
Gonet-Médeville (Julie et
Xavier) 224, 265, 270, 276
Gonon (Pierre et Jean) 647
Gouges (Famille) 329
Goumard (Isabelle et Vincent) ...516
Gradassi (Jérôme) 687
Graillot (Antoine & Maxime) ...650
Graillot (Antoine et Maxime) ...119
Granier (Jean-Baptiste) 541
Gratiot-Alphandery (Famille) ...176
Gresser (Rémy) 93
Gripa (Fabrice) 666
Grivault (Héritiers) 357
Grivot (Etienne) 319
Groffier (Famille) 319
Gros (Guillaume) 697
Grosbois (Nicolas) 593
Grossot (Corinne et
Jean-Pierre) 294
Groupama 235
Groupe Brilliant 152
Grussaute (Jean-Marc) 766
Guédon (Jean-Pierre) 560
Guenant (Pierre) 624
Guérin (Valérie) 509
Guettier (Renaud) 592
Guffens (Jean-Marie) 397, 399
Guibert (Samuel, Gaël, Goman et
Basile) 518
Guiberteau (Romain) 569
Guigal (Famille) 651, 666, 670
Guillemet (Famille) 211
Guillot (Patrice et Emmanuel) ...403

INDEX DES PROPRIÉTAIRES

Guinaudeau (Jacques et Sylvie) .154
Guion (Stéphane) 593
Günther-Chéreau (Véronique) 559
Guyon (Jean) 233
Guyon (Michel et Dominique) 369
Guyot (Olivier) 339

H

Haag (Jean-Marie) 94
Hahn (Peter) 590
Halabi (Simon) 213
Hall, Renée Castaud-Maurin
(Andrew et Elisabeth) 684
Hallek (Ingrid et Michael) 133
Halley (Guillaume) 151
Hauvette 619
Haverlan (Dominique) 266
Hebinger (Christian et
Véronique) 94
Hegoburu (Yvonne) 780
Henkell et Co. Sektkellerei 453
Henriot (Famille) 454
Henriot (Groupe) 117
Henriot (Groupe familial) 289, 363
Henry (François et Laurence) 534
Hillaire (Aymeric) 570
Hocquard-Henry (Famille) 622
Hoesch (Sylvain) 629
Horat (Hildegard) 533
Horiot (Olivier) 439
Hostens-Picant (Yves et
Nadine) 151
Hours (Charles et Marie) 793
Huchet (Jérémie) 554
Hudelot-Noëllat (Alain) 340
Hugel (Famille) 84
Huguenot (Famille) 330
Humbrecht (Olivier) 69
Huré (Raoul et François) 455
Hwang (Famille) 579

I

Ilbert(Jean-Pierre et Julien) 785
Inra 261
Issaly (Michel) 768
Izarn (Cathy) 527

J

Jacqueson (Marie) 391
Jacumin (Gérard and Paule) 698
Jamet (Corinne, Jean-Paul et
Loïc) 648
Janin (Eric) 108
Jeandeau (Denis) 404
Jeantet (Olivier) 517
Jobard (François et Antoine) 358
Joblot (Juliette) 388
Joly (Nicolas) 563
Jouffreau (Famille) 775
Jouves (Fabien) 790
Juillot (Laurent) 395
Julien et Peyrus (Françoise et
Christophe) 507
Jullien (Guy et Thomas) 695
Jullien (Olivier) 502

K

Kientzler (Thierry) 74
Klur (Clément) 95

Kopf (Famille) 107, 370, 398
Kressmann (Famille Jean) 259
Kubler (Philippe) 85

L

Labet (Romain, Julien et
Charline) 488
Laborde (Famille) 156
Labruyère (Famille) 114, 164
Lafarge (Michel et Frédéric) 370
Laffite (Cathy et Daniel) 730
Lafon (Famille) 403
Lagneaux (Famille) 244
Laguerre (Eric) 726
Lahaye (Valérie et Benoît) 428
Laherte (Thierry) 440
Lamothe (Hervé et Patrick) 275
Lamy (Olivier) 371
Lamy (René) 382
Lancelot (Gilles) 456
Landanger (Patrick) 359
Landeau (Xavier) 139
Landron (Benoît et Bernard) 560
Landron (Jo) 555
Lanson-BCC (Groupe) 430, 456
Lanversin (Famille de) 625
Lapierre (Famille) 114
Larmandier (Pierre et Sophie) ...429
Laroche (Tessa) 570
Laroche et ses filles (Michel) 302
Larrieu (Jean-Bernard) 774
Lartigue (Bernard) 243
Larue (Didier et Denis) 382
Lassarat (Pierre-Henri) 409
Latour (Louis-Fabrice) 383
Laureau (Damien) 569
Laurent (Dominique) 331
Laurent-Perrier (Groupe) 422, 451
Laval (Géraldine) 512
Laval (Vincent) 429
Le Bault de la Morinière
(Jean-Charles) 349
Le Bihan (Catherine et
Jean-Mary) 779
Lebreton (Famille) 166
Le Calvez (Didier) 150
Leccia (Annette) 475
Leccia (Yves) 472
Lecheneaut (Philippe et
Vincent) 331
Le Conte des Floris (Daniel) 513
Ledogar (Xavier et Mathieu) 515
Ledru (Marie-Noëlle) 441
Lefévère (Famille) 203
Leflaive 371
Leflaive (Famille) 348
Lejeune (Philippe) 774
Leroux-Laing (SARL) 384
Leroy (Sophie et Richard) 564
Lescarret, Maignien (Patrice,
Virginie) 784
Lesquen (Patrick de) 182
Levêque (Famille) 261
Levet (Agnès) 668
Lhopital (Bertrand et Pascale) ...461
Lhuillier (Hervé) 132
Liger-Belair (Thibault) 114, 320
Lignères (Famille) 505
Lignier (Virgile) 332
Lilbert (Bertrand) 442
Loew (Caroline et Étienne) 74

Lorenzetti (Jacky et Françoise) .241,
246
Lorenzon (Bruno) 392
Loriot (Michel et Martine) 449
Lornet (Frédéric) 492
Loustalot (Claude) 773
Lubbe (Thomas et Nathalie) 722
Luc (Minna et Jean-Paul) 631
Lucas (Dominique) 755
Luigi et ses enfants
(Jean-Noël) 474
Lumpp (Isabelle et François) 389
Luneau (Famille) 552
Lurton (André) 256, 263
Lurton (Bérénice) 267
Lurton (Denis) 238
Lurton (Henri) 212
Lurton-Cogombles (Sophie) 254
Luxembourg (Prince Robert
de) 202, 248
LVMH .268, 308, 427, 450, 457, 460

M

Machard de Gramont (Aymeric et
Thibault) 340
Machard de Gramont
(Bertrand) 341
Macle (Laurent) 487
Macquin (Faimlle Corre) 179
MACSF (groupe) 229
Mader (Jérôme) 86
Magnien (Frédéric) 345
Magnon (Maxime) 515
Magrez (Bernard) 188, 196, 235,
240, 252, 269
MAIF 223
Maillet (Nicolas) 410
Malassagne (Anne et Antoine) .423
Malet (Jérôme) 729
Mälher-Besse et Sichel
(Familles) 209
Mann (Jean-Louis) 86
Mann (Mireille et Pierre) 518
Manoncourt (Famille) 171
Maréchal (Catherine et
Claude) 358
Maret et Filles (Michel) 703
Margaine (Arnaud) 443
Margan (Famille) 702
Marguet (Benoît) 443
Marie (Annick et Jean-Pierre) 235
Mariotti Bindi (Nicolas) 473
Maroteaux (Famille) 212
Marquet (Camille et Mathias) 789
Martin (Pierre) 493
Martray (Laurent) 115
Mau et Dirkzwager (Familles) ...260
Mayard (Famille) 697
McKillen (Patrick) 634
Meffre (Vignobles) 239
Mélia-Bachas (Anne-Charlotte) .706
Mélinand (Famille) 120
Mellot (Alphonse) 599
Ménard (Christine, Joël et
Jérémy) 576
Mengus (Claire et Clément) 529
Mentzelopoulos (Corinne) 208
Méo (Famille) 322
Merlaut (Famille) 215
Merlin (Corinne et Olivier) 407
Meslier (Famille) 272

825

INDEX

Meslin (Guy) 199
Meunier (Jean-Baptiste) 696
Meyer (Famille) 73
Meyer (Félix et François) 75
Miailhe (Famille) 233
Michel (Famille) 303
Michel (Luc et Marie) 542
Michel (Lucien) 683
Michelland (Pierre) 630
Michelot (Alain) 333
Michon (Antoine et Thierry) 557
Mignon (Christophe) 444
Milan (Henri) 627
Minchin (Bertrand) 607
Mitjavile (François) 143
Mitjavile (François et Emilie) ... 179
Mochel (Guillaume) 96
Moët Hennessy 420
Moliné (Matthieu) 792
Momméja (Laurent et Renaud) 225
Mommessin (Famille) 316
Moncuit (Nicole, Valérie et Yves) 457
Monné (Eric et Lèia) 735
Monnot (Xavier) 384
Montaut (Pascal et Isabelle) 143
Montès (Famille) 732
Montez (Stéphane) 673
Montille (Famille de) 359
Montiny-Piel, Piel (Bénédicte, Hubert) 606
Morat (Gilles) 409
Moreau (Fabien) 296
Moreau (Stéphane) 297
Morey (Sylvain) 386
Morgat (Eric) 564
Morin (Olivier) 304
Mortet (Laurence) 321
Moueix (Alain) 185
Moueix (Etablissements J.-P.) ... 173
Moueix (Ets Jean-Pierre) 158
Moueix (Famille) 155, 157
Moueix (Jean-François) 155
Moulin (Robert) 709
Moulin et Cathiard (Familles) ... 159
Mourat (Jérémie) 558
Mouzon (Sébastien) 463
Mugnier (Jocelyne et Frédéric) .. 309
Muller (Xavier) 442
Mulliez (Famille) 220
Mulliez (Héritiers Vincent) 135
Muré (Véronique et Thomas) 71
Murray (David) 366
Murray (Sir David) 381
Muzard (Claude et Hervé) 373

N

Naddef (Philippe) 333
Narboni (Pierre) 245
Navarre (Thierry) 520
Neipperg (Stephan von) 174, 177
Newman 373
Nicolas (Eric) 581
Nicolas (Héritiers) 157
Nicolay (François de) 352
Niger (Frédéric) 557
Nonancourt (Famille) 441
Nony (Marie-Françoise, Jean-Antoine et Damien) 186

O

Ogereau (Famille) 574
Ogier (Stéphane) 652
Old, Adams, Nix (Paul, Ben, Stuart) 512
Omont (Brice) 750
Onclin (Famille) 204
Onclin (Justin) 221
Osmin (Lionel) 790
Ostertag (André) 68
Ott (Jean-François & Christian) . 633
Oudin (Jean-Claude) 304

P

Pabiot (Jonathan Didier) 604
Pacalet (Philippe et Monica) 334
Padié (Jean-Philippe) 727
Pagès (Famille) 238, 246
Paillard (Benoît et Antoine) 445
Paillard (Bruno) 445
Paire (Denise, Georges et Romain) 608
Palacios (Frédéric) 536
Panman (Jan et Caryl) 539
Pantanacce (Gérard), Pelletier (Marco), Terrade (Jean et Claudia) 153
Papin (Christophe et René) 566
Paquet (Agnès) 385
Parcé (Joseph) 738
Parcé (Thierry et jean-Emmanuel) 724
Parent (Famille) 162, 164, 167
Pariente (Xavier) 180
Parigot (Famille) 385
Parinet (Édouard et Jean-Jacques) 116
Pascal (Alain) 635
Pascal (Isabelle et Franck) 446
Pataille (Sylvain) 342
Patrick Léon (Famille) 153
Pauly (Héritiers) 278
Pécresse (Famille) 149
Pedreno (Rémy et Martine) 523
Pellé (Paul-Henry) 604
Pelletier (Yannick) 537
Pellicioli (Lorenzo) 636
Penavayre (Marc) 792
Pernod-Ricard 447, 458
Perret (André) 653
Perrin (Alain-Dominique) 788
Perrin (Famille) 254, 684
Perrodo (Famille) 227, 242
Perrot-Minot (Christophe) 323
Perse (Gérard) 177, 178
Péters (Famille) 431
Petrus Lignac (Guy) 198
Peyraud (Famille) 618
Peyrus (Christophe) 537
Pfister (Famille) 96
Pichat (Stéphane) 674
Pichet (Groupe) 255
Pichon (Christophe) 675
Pico (Thomas) 291
Pierre (Michel et Marie-Josée) .. 275
Pignier (Famille) 490
Pilon (Julien) 668
Pinard (Famille) 601
Pinault (François) 207, 651
Piron et Julien Revillon (Dominique) 116
Pithon et Sébastien Calmettes (Olivier) 723
Pithon-Paillé SARL 575
Plageoles (Famille) 769
Plouzeau (François) 591
Poly (Sébastien) 476
Pommier (Isabelle et Denis) 295
Ponsot (Jean-Baptiste) 396
Ponsot (Laurent) 310
Pontenier (Benoit) 538
Portalis (Cyrille) 620
Potel (Anna et Nicolas) 362
Pouderoux (Robert) 738
Pouillon (Fabrice) 460
Pourquet-Bécot (Famille) 187
Pourtalié (Frédéric) 509
Pradel de Lavaux et de Boüard de Laforest (Familles) 182
Prain (Frédéric) 300

Q

Quénard (Jean-François) 754
Quénard (Michel) 758
Quenard (Pascal) 757
Quenardel (Henri) 459
Quenin (Jean-François) 201
Quié (Famille) 232
Quié (Jean-Michel) 237
Quinn (Brenda et Lochlann) 257
Quinonero (Pierre) 508

R

Ragot (Nicolas) 397
Rapet (Vincent) 374
Raquillet (François) 393
Ravaille (Jean-Marc, Pierre et Xavier) 507
Raveneau (Jean-Marie et Bernard) 287
Razungles (Alain) 733
Redde (Thierry) 605
Regnaudot (Jean-Claude) 375
Remoriquet (Henri et Gilles) 343
Remy (Chantal) 324
Renaud (Famille) 774
Renaud (Nicolas) 705
Renaudat (Valéry) 610
Renos (John) 192
Rettenmaier (Otto) 191
Reverdy (Pascal et Sophie) 608
Reverdy (Patrick) 542
Revillot (Aurélien) 596
Reybier (Michel) 214, 239
Reynaud (David) 658
Reynaud (Emmanuel) 682, 690
Riberach (Sarl) 739
Ribes (Famille) 780
Ribes et Katia Garrouste (Cathy) 786
Ricard (Vincent) 596
Richaud (Marcel) 690
Richou (Didier et Damien) 571
Rieflé (Jean-Claude) 98
Riouspeyrous (Thérèse et Michel) 766
Robert (Stéphane) 654
Robin (Alexandra et Nicolas) 202

INDEX DES PROPRIÉTAIRES

Roch, Gilbert et Guillaume Clusel (Brigitte) 648
Roche (Christian) 772
Rodez (Famille) 447
Roland-Billecart (Famille) 425
Rolet (Pierre, Bernard, Guy et Éliane) 494
Rolland (Michel et Dany) 147
Rominger (Famille) 98
Roque (Catherine) 517
Rossignol (David et Nicolas) 334
Rossignol (Nicolas) 375
Rothschild (Benjamin de) 222
Rothschild (Famille) 206
Rothschild (Famille de) 209, 220, 223, 224
Rothschild (Lafite) (Domaines Barons de) 277
Rougeot (Marc) 386
Rouget (Emmanuel) 324
Rougier (Famille) 621
Roulot (Jean-Marc) 349
Roumier (Christophe) 311
Rousseau (Éric) 312
Rouve (Florent) 494
Rouzaud (Famille) 218, 230, 421, 426
Roy (Alexandrine) 344
Rullier-Loussert (Brigitte) 150

S

Sabon (Aimé, Christophe et Isabelle) 688
Sabon (Famille) 682, 698
Saint-Germain (Basile) 502
Saladin (Louis, Annick, Elisabeth et Marie-Laurence) 712
Salen (Carole) 632
Santé (Bernard) 122
Sanzay (Antoine) 576
Sapéras (Chrystel et Olivier) 731
SAS Les Grands Vignobles de Bordeaux 149
Sassi, Malengé (Roch, Constance) 633
Saumaize (Jacques et Anthony) 398
Saumaize (Roger et Christine) 405
Saumon (Frantz) 597
Saurel (Christine et Éric) 708
Savart (Frédéric) 461
SCEA Férec-Jouve 635
SCEA SCB 701
Schaetzel (Jean) 75
Schlumberger (Famille) 87
Schoenheitz (Dominique et Henri) 98
Schoffit (Bernard et Fabienne) 76
Schÿler (Famille) 227
Seguin (SC Domaine de) 266
Selosse (Corinne et Anselme) 423
Semeria (Laura) 594
Senard (Philippe) 365
Senat (Charlotte et Jean-Baptiste) 524
Sénéclauze (Famille) 242
Sergi (Joseph) 625
Sérol (Stéphane et Carine) 609
Seysses (Famille) 317
Seysses, Aubert de Villaine et Aline Macaux (Jacques) 638
Sigonneau (Frédéric) 595
Simonis (Etienne) 99
Sioen (Mme) 199
Sipp (Jean-Guillaume) 88
Sipp (Vincent) 78
Sipp et famille (Pierre) 88
Sire (Jacques) 739
SMABTP 222
Soos (Emmanuel de) 538
Soria (Marlène) 503
Sorrel (Marc) 653
Spurr (Richard) 479
Stoeffler (Vincent) 89
Sumeire (Régine) 639
Sundstrom (Bengt) 638
Sunier (Julien) 122
Suntory (Groupe) 228
Suravenir (Assurances) 213

T

Taittinger (Famille) 448
Tardieu (Michel) 700
Tari (Guillaume) 618
Tari (Nicole) 272
Tarlant (Famille) 431
Teillaud et Marie-Andrée Nauleau (Marie-Christine) 322
Teissèdre (Famille) 605
Tesseron (Alfred et héritiers Gérard) 210
Tesseron (Michel) 227
Tessier (Philippe) 597
Teulier (Philippe et Julien) 785
Theulot (Nathalie et Jean-Claude) 391
Thévenet (Jean et Gautier) 401
Thibert (Famille) 410
Thiénot (Groupe) 446
Thienpont (Famille) 156
Thienpont (Jacques) 159
Thillardon (Charles et Paul-Henri) 123
Thiou (Thomas) 150
Thunevin (Ets) 181
Tissot (Bénédicte et Stéphane) 487
TMF & C 365
Tollot (Famille) 376
Tottoli (Samuel) 85
Trapet (Famille) 89
Trapet (Jean-Louis et Jean) 313
Tremblay (Cécile) 325
Triaud (Françoise) 219, 225
Tribaut (Francis) 440
Trichard (Jean-François) 121
Trimbach (Famille) 77
Tropet (Olivier) 710
Trosset (Fabien) 758
Trosset (Louis) 751
Turner, Pageot (Karen, Emmanuel) 541

U

Ughetto (Eric) 712
Union auboise 451

V

Vache (Martine, Christian et Damien) 707
Vacheron (Famille) 602
Vaillant (Laurence, Jean-François et Dominique) 573
Vaïsse (Pierre) 525
Valette (Marc) 510
Valette (Thierry) 146
Vallée (Gérald) 591
Vallée (Mathieu) 572
Vanel (Jean-Pierre) 534
Vanucci-Couloumène (Josée) 478
Vaquer (Famille) 740
Varichon (Olivier) 740
Vatan (Philippe) 573
Vatelot (Yves) 133
Vauthier (Famille) 169, 189
Vayron (Xavier et Dominique) 160
Velge (Maurice) 236
Verdaguer (Brigitte et Jean-Hubert) 728
Vergnon (Didier) 461
Verhaeghe (Pascal et Jean-Marc) 767
Vernay (Christine) 655
Versino (Famille) 693
Vidal (Johan) 788
Villa (Pierre-Jean) 655
Villaine (Aubert et Paméla de) 389
Villard (François) 656
Villars-Foubet (Céline) 222
Villars-Foubet, Merlaut (Céline, Jean) 236
Villars-Lurton (Claire) 224, 240
Villeneuve (Raimond de) 629
Vincent (Anne-Marie et Jean-Marc) 376
Vincent (Famille) 408
Vincent (Frédéric) 703
Violot-Guillemard (Thierry) 377
Voge (Alain) 657
Von Neipperg (Stephan) 145, 193

W

Wach (Guy) 95
Wallut (Stanislas) 692
Weisskopf (Xavier) 589
Wertheimer (Famille) 173, 218
Wilmers (Robert G.) 250

Y

Yann Chave (Domaine) 671
Yannick Amirault (Domaine) 584
Yves Cuilleron (Cave) 662

Z

Zernott (Julien et Delphine) 521
Zinck (Philippe et Pascale) 90
Zuger (Jean-Luc) 217
Zusslin (Famille) 78

INDEX DES DOMAINES BIO OU BIODYNAMIQUES

A

Abbatucci (Domaine Comte) 470
Adam (Jean-Baptiste) 91
Amiot-Servelle (Domaine) 336
Amirault (Domaine Yannick) 584
Ancienne Cure (Domaine de l') ..772
Ardoisières (Domaine des) 750
Arena (Domaine Antoine) 471
Arena (Domaine Antoine-Marie) .471
Arena (domaine Jean-Baptiste) .473
Arlaud (Domaine) 314
Arlot (Domaine de l') 315
Arretxea (Domaine) 767
Aupilhac (Domaine d') 504

B

Bachelards (Château des) 110
Bain (Domaine Alexandre) 603
Balthazar (Domaine Franck) 658
Barmès-Buecher (Domaine) 71
Baronne (Château La) 505
Barral (Domaine Léon) 506
Barré (Domaine Guilhem) 525
Barth (Domaine Laurent) 79
Bastide Blanche (Domaine La) .624
Bastides (Domaine Les) 632
Baudouin (Domaine Patrick) 566
Baudry (Domaine Bernard) 581
Beaucastel (Château de) 684
Beaurenard (Domaine de) 693
Becker (Domaine Jean-Philippe et Jean-François) 92
Bedel et Fils (Françoise) 424
Bégude (La) 619
Bel Air (Domaine du) 585
Bellet (Château de) 633
Belle-Vue (Domaine de) 553
Bellivière (Domaine de) 582
Benguères (Clos) 782
Bernard (Domaine Catherine) ...526
Bernaudeau (Domaine Stéphane) 566
Bernhard (Domaine Jean-Marc) ...80
Berthet-Bondet (Domaine) 489
Bertrand (Gérard) 527
Bertrand-Bergé (Domaine) 527
Béru (Château de) 299
Beyer (Domaine Emile) 81
Bichot (Domaines Albert) 378
Boesch (Domaine Léon) 83
Bois de Boursan (Domaine de) ..694
Bongran (Domaine de la) 401
Bonneau du Martray (Domaine) 349
Bonnet-Huteau (Domaine) 554
Borie La Vitarèle (Domaine) 528
Bott-Geyl (Domaine) 71
Bouchard (Domaine Pascal) 298
Bouillerot (Château de) 136
Boulard & Fille (Francis) 433
Bouvier (Domaine René) 338
Bret Brothers 402
Breton (Domaine Catherine et Pierre) 585
Briant (Leclerc) 433
Brin (Domaine de) 773
Brocard (Domaine Jean-Marc) ...298
Bru (Domaine Mylène) 528
Bru-Baché (Domaine) 773
Brunet (Domaine Sébastien) 590
Bruyères (Domaine Les) 659
Buisson (Domaine Henri et Gilles) 379
Buisson-Charles (Domaine) 351
Butte (Domaine de la) 586

C

Caillé (Vincent) 558
Camin Larredya 766
Canet Valette (Domaine) 511
Canon-la-Gaffelière (Château) ...175
Canorgue (Château La) 702
Cantina Di Torra - Nicolas Mariotti Bindi 474
Carême (Domaine Vincent) 586
Causse Marines 784
Cazaban (Domaine de) 529
Cazes (Domaine) 733
Cèdre (Château du) 768
Chabanon (Domaine Alain) 507
Chablisienne (La) 300
Chagnoleau (Domaine Frantz) ...407
Chambert (Château) 774
Chandon de Briailles (Domaine) 352
Chapoutier (Maison) 661
Chapoutier - Sélections Parcellaires 647
Chartier (Domaine Landron) 561
Charvin (Domaine) 687
Chatillon (Domaine Philippe) 492
Chaume-Arnaud (Domaine) 704
Chave (Domaine Jean-Louis) 647
Chave (Domaine Yann) 671
Chevalerie (Domaine de la) 582
Chevrot et Fils (Domaine) 379
Chidaine (Domaine François) 579
Clau de Nell 578
Climens (Château) 267
Clos Canarelli 472
Clos d'Un Jour (Le) 785
Clos de l'Ecotard 573
Clos de l'Elu 568
Clos de la Meslerie 590
Clos du Gravillas 530
Clos du Rouge Gorge 721
Closel - Château des Vaults (Domaine du) 568
Clos Lapeyre 775
Clos Maïa 512
Clos Marie 507
Clos Massotte 734
Clos Perdus (Les) 513
Clos Puy Arnaud 147
Clos Rougeard 562
Clos Saint-André 559
Clos Saint-Landelin-Véronique et Thomas Muré (Domaine du) 72
Clos Saint-Vincent 625
Clos Signadore 475
Clot de l'Oum (Domaine du) ...735
Clusel-Roch (Domaine) 649
Colin (Domaine Patrice) 587
Collier (Domaine du) 563
Colombière (Château La) 776
Combel la Serre (Château) 785
Combier (Domaine) 650
Conte des Floris (Domaine Le) ..513
Cosse Maisonneuve (Domaine) .767
Coste (Château La) 634
Cotelleraie (Domaine de la) ...591
Coulaine (Château de) 588
Coulée de Serrant 563
Coulet (Domaine du) 661
Croix-Rousse (Domaine) 635

D

Dalem (Château) 151
Danjou-Banessy (Domaine) 726
Da Ros (Domaine Elian) 776
Dauphine (Château de La) 151
David (Domaine Jean) 695
Deffends (Domaine du) 626
Deiss (Domaine Marcel) 67
Delesvaux (Domaine) 569
De Moor (Alice et Olivier) 294
De Sousa 434
Dirler-Cadé (Domaine) 73
Doquet (Pascal) 428

INDEX DES DOMAINES BIO OU BIODYNAMIQUES

Duband - Feuillet (Domaine David - François) 307
Duchêne (Domaine Bruno) 726
Dugat-Py (Domaine Bernard) 308
Dujac (Domaine) 318
Dureuil-Janthial (Domaine Vincent) 388

E
Écu (Domaine de l') 558
Eminades (Domaine Les) 531
Enfants Sauvages (Domaine Les) 736
Ermitage du Pic Saint-Loup 508

F
Falfas (Château) 145
Ferme de la Sansonnière (La) 564
Ferme Saint-Martin (Domaine de la) 696
Ferraton Père et Fils (Domaine) 664
Ferrière (Château) 225
Fleury 437
Flotis (Château) 786
Foillard (Domaine Jean) 113
Fonplégade (Château) 197
Fonroque (Château) 185
Fougas (Château) 143
Foulaquier (Mas) 532
Frick (Domaine Pierre) 92
Fuchs (Henry) 93

G
Ganevat (Domaine) 487
Garance (Domaine de la) 508
Gardette (Moulin de la) 697
Gardiés (Domaine) 722
Gasnier (Domaine Fabrice) 592
Gauby (Domaine) 720
Gaure (Château de) 533
Genoux - Château de Mérande (Domaine) 757
Giachino (Domaine) 754
Giboulot (Domaine Emmanuel) .. 368
Gilbert (Domaine Philippe) 607
Ginglinger (Domaine Paul) 84
Giudicelli (Domaine) 475
Goisot (Domaine Jean-Hugues et Guilhem) 291
Gonon (Domaine) 648
Grand'Cour (Domaine de la) 120
Grand Corbin Despagne (Château) 186
Grandes Vignes (Domaine Les) . 573
Grange de Quatre Sous (La) 533
Grange Tiphaine (Domaine La) .. 583
Grapperie (Domaine La) 593
Gresser (Domaine Rémy) 94
Grillet (Château) 651
Grosbois (Domaine) 593
Guadet (Château) 198

Guiberteau (Domaine) 569
Guillot-Broux (Domaine) 403
Guion (Domaine Stéphane) 594
Guirardel (Domaine) 777
Guiraud (Château) 271
Günther-Chéreau (Domaines et Châteaux Véronique) 560

H
Haut-Campagnau (Domaine) 777
Hautes Noëlles (Domaine des) . 560
Hautes Terres (Domaine Les) 534
Haut-Monplaisir (Château) 787
Hauts de Caillevel (Château Les) 788
Hauvette (Domaine) 619
Hebinger (Domaine Christian et Véronique) 95
Henry (Domaine) 534
Héritiers du Comte Lafon (Domaine) 404
Horiot (Olivier) 440
Huards (Domaine des) 588
Huet (Domaine) 580
Huguenot Père et Fils (Domaine) 330
Hureau (Château du) 574

I
Ilarria (Domaine) 778
Isabelle et Denis Pommier (Domaine) 295
Issaly (Michel) 768

J
Jaboulet Aîné (Paul) 668
Jean Faux (Château) 138
Joguet (Domaine Charles) 589
Jonc-Blanc (Château) 779
Jonqueyres (Château Les) 143
Jonquières (Château de) 515
Jorel (Domaine) 737
Josmeyer 73

K
Klur (Domaine Clément) 95
Kuentz-Bas (Domaine) 86

L
Labet (Domaine) 489
Labranche-Laffont (Domaine) ... 779
Lacroix-Vanel (Domaine) 535
Lafarge (Domaine Michel) 371
Laguerre (Domaine) 727
Lahaye (Benoît) 429
Lande (Domaine de La) 594
Landron (Domaine) 556
Lapierre (Marcel) 114
Larmandier-Bernier 429
Laureau (Domaine Damien) 570

Laval (Georges) 430
Leccia (Domaine) 476
Ledogar (Domaine) 515
Leflaive (Domaine) 348
Leroux (Maison Benjamin) 384
Leroy (Domaine) 309
Leroy (Domaine Richard) 564
Lescure (Domaine Chantal) 341
Lestignac 790
Liger-Belair (Domaine Th.) 115
Liger-Belair (Domaine Thibault) .. 321
Loew (Domaine) 75
Lorenzon (Domaine) 393
Luneau-Papin (Domaine Pierre) 552

M
Machard de Gramont (Domaine Bertrand et Axelle) 342
Mader (Domaine Jean-Luc) 86
Magnien (Maison Frédéric – Domaine Michel Magnien) 345
Magnon (Domaine Maxime) 516
Maillet (Nicolas) 410
Malherbe (Château) 636
Mann (Domaine Albert) 68
Mann (Domaine Jean-Louis et Fabienne) 87
Marcoux (Domaine de) 689
Marguet Père & Fils 444
Marnes Blanches (Domaine des) 493
Martinelle 707
Mas Amiel 722
Mas Bruguière 535
Mas Cal Demoura 516
Mas d'Alezon - Domaine de Clovallon 518
Mas d'Espanet 536
Mas Del Périé (Domaine) 790
Mas de Mon Père (Le) 537
Mas des Caprices 519
Mas des Chimères 520
Mas Haut-Buis 517
Mas Jullien 503
Matassa (Domaine) 723
Mélaric (Domaine) 571
Mellot (Domaine Alphonse) 600
Milan (Domaine) 627
Moines (Domaine aux) 570
Monardière (Domaine de la) 708
Montcalmès (Domaine de) 510
Montcy (Domaine de) 594
Montille (Domaine de) 359
Montirius 709
Moreau (Domaine Christian Père et Fils) 297
Morgat (Domaine Eric) 564
Mourgues du Grès (Château) 710
Mouthes Le Bihan (Domaine) 780
Mouzon-Leroux 463

INDEX

O

Oratoire Saint-Martin (Domaine de l')..................690
Or de Line (Domaine L')..................698
Ostertag (Domaine)..................68

P

Pabiot (Domaine Jonathan Didier)..................604
Padié Jean-Philippe (Domaine)..728
Pas de l'Escalette (Domaine du)..................522
Pattes Loup (Domaine)..................291
Pech-Redon (Château)..................522
Pépière (Domaine de la)..................557
Peyre Rose (Domaine)..................504
Pignier (Domaine)..................490
Pinte (Domaine de la)..................494
Pique-Basse (Domaine)..................711
Pithon (Domaine Olivier)..................724
Pithon-Paillé..................575
Plageoles (Domaine)..................770
Plaisance (Château)..................792
Pontet-Canet (Château)..................211
Pothiers (Domaine des)..................608
Pouderoux (Domaine)..................738
Préceptorie (La)..................738
Prieuré de Saint-Jean-de-Bébian..................538
Prose (Domaine de la)..................523
Puligny-Montrachet (Château de)..................374

Q

Quenard (Domaine Pascal et Annick)..................758

R

R (Domaine de l')..................595
Raffault (Domaine Olga)..................596
Rancy (Domaine de)..................728
Ray-Jane (Domaine)..................629
Réaltière (Domaine de La)..................630
Reau (Domaine Nicolas)..................571
Revelette (Château)..................621
Ribeauvillé (Cave de)..................97
Riberach..................739
Ricard (Domaine Vincent)..................597
Richard (Domaine Henri)..................344
Richaud (Domaine Marcel)..................690
Richaume (Domaine)..................629
Richou (Domaine)..................572
Rieflé-Landmann (Domaine)..................98
Roc d'Anglade..................523
Roc des Anges (Domaine Le)..................729
Rocher des Violettes (Domaine Le)..................589
Roches Neuves (Domaine des)..................562
Rodez (Eric)..................448
Rominger (Domaine Eric)..................98
Rontets (Château des)..................405
Roquefort (Château de)..................630
Rose Figeac (Château La)..................168
Rossignol-Trapet (Domaine)..................335
Roubine (Domaine La)..................712
Roulot (Domaine)..................349

S

Sablonnettes (Domaine des)..................576
Sainte-Anne (Château)..................631
Sainte Croix (Domaine)..................540
Sainte-Marie de Pierredon (Abbaye)..................637
Saint-Nicolas (Domaine)..................557
Saint-Préfert (Domaine)..................699
Saladin (Domaine)..................713
Sang des Cailloux (Domaine Le)..................700
Sanzay (Domaine Antoine)..................576
Saumon (Domaine Frantz)..................597
Schistes (Domaine des)..................740
Senat (Domaine Jean-Baptiste)..................524
Simonis (Domaine Etienne)..................99
Sipp (Louis)..................89
Souch (Domaine de)..................781
Soufrandière (Domaine La)..................407
Soula (Le)..................730
Soulanes (Domaine des)..................731
Stoeffler (Domaine Vincent)..................89
Sunier (Julien)..................123

T

Taille aux Loups (Domaine de la)..................584
Terrebrune (Domaine de)..................622
Terres de Fagayra (Domaine Les)..................725
Terres Promises (Domaine Les)..................638
Tessier (Domaine Philippe)..................598
Thillardon (Domaine)..................123
Tirecul La Gravière (Château)..................770
Tire Pé (Château)..................142
Tissot (Domaine André et Mireille)..................488
Tour des Gendres (Château)..................771
Tour du Bon (Domaine de la)..................623
Tournelle (Domaine de la)..................491
Traginer (Domaine du)..................742
Trapet Père et Fils (Domaine Jean)..................313
Traversée (La)..................540
Tremblay (Domaine Cécile)..................325
Trévallon (Domaine de)..................623
Triennes..................638
Turner Pageot (Domaine)..................541

U

U Stilicciunu (Domaine)..................476

V

Vacheron (Domaine)..................602
Vernay (Domaine Georges)..................655
Verrerie (Château La)..................713
Vieille Julienne (Domaine de la)..................701
Vignelaure (Château)..................639
Vignes de Paradis (Les)..................756
Villaine (Domaine de)..................390
Villa Minna Vineyard..................631
Villeneuve (Château de)..................565
Villeneuve (Domaine de)..................692
Vinci (Domaine)..................741
Violot-Guillemard (Domaine Thierry)..................377
Voge (Domaine Alain)..................658
Vougeraie (Domaine de la)..................326

W

Weinbach (Domaine)..................69

Y

Yvonne (Château)..................572

Z

Zélige-Caravent..................543
Zind Humbrecht (Domaine)..................70
Zusslin (Domaine Valentin)..................78